Ingrid Neumann-Holzschuh et Julia Mitko

Grammaire comparée des français d'Acadie et de Louisiane (GraCoFAL)

―

Avec un aperçu sur Terre-Neuve

DE GRUYTER

ISBN 978-3-11-041686-2
e-ISBN (PDF) 978-3-11-042093-7
e-ISBN (EPUB) 978-3-11-042100-2

Library of Congress Control Number: 2018934239

Bibliographic information published by the Deutsche Nationalbibliothek
The Deutsche Nationalbibliothek lists this publication in the Deutsche Nationalbibliografie;
detailed bibliographic data are available on the Internet at: http://dnb.dnb.de.

© 2018 Walter de Gruyter GmbH, Berlin/Boston
Typesetting: jürgen ullrich typosatz, Nördlingen
Printing and binding: CPI books GmbH, Leck

www.degruyter.com

Préface

Le présent ouvrage est le fruit de plusieurs années de recherches sur les variétés du français nord-américain, nées d'une coopération franco-allemande et effectuées dès le départ au sein d'une équipe. L'idée d'une grammaire comparée a vu le jour au début des années 2000 au cours de mes conversations avec Patrice Brasseur (Avignon), dialectologue et spécialiste du français de Terre-Neuve et de Saint-Pierre-et-Miquelon, et Raphaële Wiesmath (Munich), qui venait d'achever un vaste travail de recherche sur le français acadien. J'ai pu pour ma part apporter aux discussions ma connaissance du français et du créole de Louisiane. Malgré la multiplication – bienvenue – des travaux consacrés au français nord-américain au cours des deux dernières décennies, une étude comparative d'une plus grande ampleur portant sur la morphosyntaxe de ces variétés faisait à l'époque défaut. C'est ainsi qu'est apparue l'idée de comparer trois variétés étroitement liées, les français d'Acadie, de Louisiane et de Terre-Neuve, afin de mettre en évidence, grâce à l'analyse détaillée d'un choix de structures grammaticales, de possibles convergences et divergences entre ces variétés certes apparentées, mais néanmoins distinctes. L'objectif était également de décrire les tensions caractéristiques de ces variétés tiraillées entre préservation linguistique et évolution future. Notre travail entendait fournir une contribution substantielle à la recherche sur le français nord-américain, mais aussi réunir des matériaux utiles à la linguistique variationnelle du français en général, à l'étude de la diachronie du français, de même qu'aux études créoles.

Les travaux de la GraCoFAL ont pu démarrer en 2003 grâce à un financement de la Fondation allemande pour la recherche (*Deutsche Forschungsgemeinschaft*, DFG) d'une durée de six ans, soutien financier pour lequel je tiens à exprimer ici toute ma reconnaissance. Dans la phase initiale, jusqu'en 2006/2007, Raphaële Wiesmath et Patrice Brasseur ont largement contribué à façonner cette grammaire, conçue en commun par nous trois ; en 2003, j'ai présenté pour la première fois le projet à l'Indiana University de Bloomington, dans le cadre du colloque « Le français aux États-Unis ». Cette conférence a débouché sur notre article commun de 2005 sur les pronoms personnels, qui a d'une certaine manière posé les jalons des travaux ultérieurs. Durant cette phase, Raphaële Wiesmath a exploité les données sur le français acadien et intégré au projet une partie de son corpus. Patrice Brasseur a effectué plusieurs visites de travail à Regensburg (Ratisbonne), en partie financées par l'Office allemand d'échanges universitaires (DAAD, programme PROCOPE), lors desquelles il a non seulement fourni une partie de ses données sur Terre-Neuve, mais également fait bénéficier le projet de ses vastes connaissances des dialectes français et du français nord-américain. Malheureusement, d'autres obligations l'ont contraint à mettre fin à sa collaboration en 2006, et de 2008 à 2009, Raphaële Wiesmath a dû limiter sa participation à un rôle consultatif. Qu'ils soient ici tous les deux sincèrement remerciés pour leur engagement et leur esprit de coopération ! Je tiens de même à remercier chaleureusement les collaboratrices de la première phase du projet, Edith Szlezák, Anika Falkert, puis Julia Reinel (née Hennemann), qui ont compilé les données sans relâche, tout en consultant et en dépouillant les divers corpus et les autres matériaux. Outre leur participation au projet, leur travail a abouti à la publication de trois thèses de doctorat consacrées à la francophonie nord-américaine, en l'occurrence les parlers des Îles-de-la-Madeleine (Falkert 2010), du Massachusetts (Szlezák 2010) et de la Nouvelle-Écosse (Hennemann 2014) ; les données linguistiques recueillies dans ces travaux ont été en partie intégrées dans la GraCoFAL. Bien qu'à partir de 2005, différentes obligations administratives à l'Université de Regensburg m'aient empêchée durant quelques années de me consacrer pleinement au projet, le travail fourni a permis d'établir jusqu'au terme du financement de la DFG en 2008/2009 un vaste recueil de données, organisées en chapitres et formant la base d'un premier manuscrit, encore très provisoire.

En 2011 a débuté une deuxième étape, avec l'arrivée sur le projet de Julia Mitko : grâce à un travail en plusieurs phases successives sur le manuscrit primitif, les matériaux disponibles ont été systématiquement exploités, la grammaire prenant alors peu à peu sa forme actuelle, où l'analyse syntaxique est complétée par des commentaires historiques et variationnels. C'est à juste titre que Julia Mitko est la coauteure de cette grammaire, et je souhaite lui exprimer ma plus profonde reconnaissance pour son dévouement et l'esprit de parfaite entente intellectuelle qui a animé notre collaboration. Sans elle, la GraCoFAL n'aurait jamais vu le jour.

Je voudrais par ailleurs remercier les nombreuses personnes dont le soutien a, d'une manière ou d'une autre, accompagné ce travail au fil des ans. Ce sont tout d'abord mes collègues Laurence Arrighi (Moncton) et Thomas A. Klingler (La Nouvelle-Orléans), qui se sont proposés pour relire différentes parties du manuscrit, et que je remercie tous deux pour leurs commentaires et leurs suggestions ! Je suis également reconnaissante à mes amis et collègues louisianais pour leur soutien durant mes deux voyages de recherche en 2005 et 2009, Richard Guidry, hélas disparu prématurément, Dominique Ryon, et Amanda Lafleur : ils ont fait preuve d'une patience infinie pour m'aider dans l'interprétation des données sur le français louisianais. Merci aussi à Sylvie Dubois (Bâton-Rouge), à Barry Ancelet (Lafayette) et à nouveau à Thomas Klingler (La Nouvelle-Orléans), qui m'ont apporté une aide précieuse dans mes travaux aux archives des universités de Bâton-Rouge, Lafayette et Tulane, et se sont toujours montrés prêts à discuter de la situation linguistique en Louisiane. De plus, Sylvie Dubois m'a permis de consulter en 2005 sa base de données sur le français de Louisiane. Et je ne saurais oublier Marjorie Esman, dont la maison de La Nouvelle-Orléans est désormais devenue pour moi un deuxième chez-moi ! Ma gratitude va également à mes collègues Kevin Rottet, Albert Valdman et Annegret Bollée, pour nos échanges longs et fructueux à propos de tel ou tel problème spécifique de la grammaire, mais aussi, à l'occasion, de l'adversité rencontrée par les projets scientifiques de grande ampleur...

Ingrid Neumann-Holzschuh

Nous tenons toutes deux à remercier plusieurs personnes qui ont pris une part déterminante à la réussite du projet, notamment dans sa phase finale : merci aux éditions De Gruyter d'avoir accueilli notre grammaire dans leur programme, et notamment à Ulrike Krauß, Gabrielle Cornefert et Stefan Diezmann, toujours disponibles pour nous conseiller et nous assister dans la préparation de l'impression de l'ouvrage. Par ailleurs, nous remercions particulièrement Emmanuel Faure, qui a revu avec un grand soin la langue du manuscrit, et dont les connaissances de linguiste ont inspiré des suggestions et commentaires importants lors de la rédaction finale.

Enfin, *last but not least*, nous tenons bien évidemment à remercier nos familles, qui ont dû accepter pendant de nombreuses années que la grammaire nous prenne autant de temps, reléguant parfois d'autres domaines au second plan. Nous dédions cet ouvrage à Matthias, Isabel et Elena Holzschuh, ainsi qu'à Bernhard Mitko.

Ingrid Neumann-Holzschuh   Julia Mitko

Table des matières

Préface —— V

Introduction —— XI

Liste des abréviations —— LIX

Liaison et agglutination —— 1

Le groupe nominal

Le genre —— 23

Le nombre —— 40

L'article —— 51

Les déterminants et les pronoms démonstratifs —— 64

Les déterminants et les pronoms possessifs —— 87

Les déterminants indéfinis —— 101

Les pronoms indéfinis —— 120

Tout —— 138

Les pronoms personnels —— 160

Y et *en* et le présentatif *(il) y (en) a* —— 243

Le groupe verbal

Le non-accord du verbe —— 257

Les verbes auxiliaires *avoir* et *être* —— 277

Les constructions pronominales —— 292

Le Subjonctif —— 307

Le conditionnel —— 337

Le futur —— 361

Les temps du passé —— 382

Les périphrases verbales —— 408

Les formes nominales du verbe : l'infinitif, le gérondif et le participe présent —— 446

La phrase

L'interrogation —— 475

La relative —— 533

L'impératif et l'exclamatif —— 570

La négation —— 579

La connexion —— 600

La subordination —— 665

La comparaison et le rapport proportionnel —— 733

Les adverbes —— 750

Les prépositions —— 801

Annexe

Formes verbales remarquables —— 885

Bibliographie —— 912

Introduction

I	**Présentation générale**
I.1	Vers une étude comparée des français d'Amérique
I.2	Les régions
I.2.1	L'Acadie
I.2.2	Terre-Neuve
I.2.3	La Louisiane
I.3	Remarques méthodologiques
I.3.1	Réflexions sur le matériau vernaculaire disponible
I.3.2	Commentaires
I.4	Sources et corpus consultés
I.5	Grille de lecture et conventions de transcription
I.5.1	Grille de lecture
I.5.2	Les conventions de transcription
I.5.3	La prononciation
II	**Observations sociohistoriques et variationnelles**
II.1	Le français acadien
II.1.1	Histoire sociodémographique de l'Acadie
II.1.2	Le français acadien – genèse et variation diatopique
II.1.3	La situation aux XXe et XXIe siècles
II.2	Les Acadiens hors des provinces Maritimes
II.3	Le français louisianais
II.3.1	Histoire sociodémographique de la Louisiane
II.3.2	Le français louisianais – genèse et variation diatopique
II.3.3	La situation aux XXe et XXIe siècles
III	**Cadre théorique**
III.1	Grammaire et variation
III.2	Les français nord-américains – un espace variationnel aux limites perméables
III.3	Variation et changement linguistique
III.4	Les français nord-américains et le(s) français de France
IV	**Perspectives de recherche**

Introduction

I Présentation générale

I.1 Vers une étude comparée des français d'Amérique

L'objectif du présent ouvrage est de brosser un portrait linguistique des variétés de français parlées en Acadie (aujourd'hui les provinces Maritimes, Nouvelle-Écosse, Nouveau-Brunswick, Île-du-Prince-Édouard, ainsi que les Îles-de-la-Madeleine), à Terre-Neuve et en Louisiane et de contribuer ainsi à une meilleure connaissance du français d'Amérique du Nord dans son ensemble, comme l'ont déjà suggéré entre autres Chaudenson (1995) et Valdman (1994). Dans cette perspective et en se restreignant délibérément à ces variétés, notre étude entend s'inscrire dans le vaste projet d'une grammaire comparée de l'ensemble des variétés nord-américaines de français, qui reste encore à entreprendre. Ainsi, Gadet (2011 : 132) constate à juste titre que malgré « [l]'amplitude de matériau vernaculaire », il n'y a guère jusqu'à présent pour le français d'études comparatives équivalentes à celles qui existent sur l'anglais[1].

Le choix de comparer précisément les français d'Acadie, de Terre-Neuve et de Louisiane est motivé par diverses raisons. Il s'agit bien entendu de variétés qui se distinguent les unes des autres, avec des histoires sociodémographiques qui leur sont propres, mais les affiliations historiques entre elles ne peuvent être niées. À Terre-Neuve et en Louisiane, les Acadiens immigrés dans la foulée du *Grand Dérangement* du XVIIIe s. constituent un élément francophone considérable à l'intérieur de la structure démographique de ces régions. Cela explique que King (2013 : 1) compte le franco-terre-neuvien (FTN) et le français louisianais (FL) parmi les diasporas acadiennes, soulignant la parenté étroite entre français acadien (FA) et français louisianais. Si l'on peut donc considérer Terre-Neuve et la Louisiane comme parties intégrantes du domaine linguistique acadien, il faut toutefois souligner que l'élément acadien ne fut qu'un des apports – certes important à Terre-Neuve et non négligeable en Louisiane – qui contribuèrent à la formation de ces variétés, et que celles-ci sont autonomes au sein de l'espace francophone nord-américain (*cf.* ci-dessous II.2., II.3.).

Les variétés étudiées ici ont également en commun, contrairement au français québécois (FQ), d'être minoritaires dans un environnement anglophone, le statut du français étant plus ou moins précaire dans ces régions, surtout à Terre-Neuve et en Louisiane. Toutes ces variétés sont exposées à l'anglais, ce qui n'est pas sans avoir laissé des traces à tous les niveaux linguistiques, parmi lesquels la morphosyntaxe.

Malgré l'existence de nombreuses études consacrées au français acadien, au français louisianais et au franco-terre-neuvien, adoptant elles aussi une perspective partiellement comparative tout en restant en règle générale centrées sur quelques phénomènes isolés, il y

---

[1] *Cf.* aussi Gadet (2014 : 67) : « Peu de tableaux d'ensemble de l'acadien, donc, mais aussi peu de synthèses sur la variation à travers toute la francophonie (voir la différence avec l'anglophonie). » – Gadet (2011 : 131) cite pour l'anglais entre autres les travaux de Kortmann/Szmrecsanyi (2004) et Mesthrie/Bhatt (2008). Mentionnons aussi les études de Kortmann/Schneider (éds., 2004) et Schneider (2007, 2011).

a peu d'ouvrages comparatifs, exception faite des travaux de Charles (1975) et de King (2013)[2]. Alors que l'étude quelque peu ancienne de Charles est basée sur un corpus très restreint[3], les données présentées par King et portant essentiellement sur la Nouvelle-Écosse, l'Île-du-Prince-Édouard et Terre-Neuve sont appuyées en partie sur des corpus établis par les soins de l'auteure elle-même et en partie sur des corpus existants et la littérature secondaire (2013 : 32–42). King a choisi quelques phénomènes linguistiques suscitant un intérêt particulier d'un point de vue aussi bien comparatiste qu'historique, tout en enrichissant son analyse par les résultats d'études quantitatives. Pour notre part, nous avons consciemment opté pour une démarche purement descriptive et comparative en faisant largement abstraction des analyses quantitatives et sociolinguistiques qui caractérisent les études variationnistes. En effet, le projet GraCoFAL entend explicitement être une « grammaire » dans le sens d'un « ensemble de régularités qui président à la construction, à l'usage et à l'interprétation des énoncés » (Riegel et al. 2011 : 22). Ainsi, la GraCoFAL rappelle par sa structure les grammaires dites « traditionnelles », qui font abstraction des processus de dérivation et de composition des mots ainsi que des aspects phonétiques/phonologiques pour se restreindre essentiellement à la morphosyntaxe. La GraCoFAL est principalement une grammaire comparée et différentielle, qui confronte le français acadien, le franco-terre-neuvien et le français louisianais dans certains domaines choisis pour établir entre ces variétés des différences et des ressemblances, mais son enjeu est en outre de les mettre en rapport avec d'autres variétés nord-américaines du français, ainsi qu'avec le français de France. C'est donc un intérêt « panfrancophone » (Chaudenson et al. 1993, Gadet 2014 : 68) et « transgéographique » (Arrighi 2014 : 109) qui sous-tend le présent ouvrage. Nous tenons cependant à souligner que nous ne saurions prétendre à l'exhaustivité en ce qui concerne nos remarques variationnelles et historiques. Notons aussi que la variation observée sera expliquée principalement selon la répartition géographique et les facteurs propres au système même du français, plutôt que par des paramètres sociolinguistiques comme l'âge, le sexe et le statut socio-éoconomique des locuteurs.

La GraCoFAL est destinée à tous ceux dont les travaux les conduisent à s'intéresser au français nord-américain dans une optique morphosyntaxique. L'ouvrage vise à constituer une référence pour des études comparatistes plus amples couvrant tout l'espace de l'Amérique francophone, mais aussi une source pour des travaux d'inspiration diachronique ainsi que pour ceux portant sur les « universaux des vernaculaires » (Gadet 2011 : 138), le contact des langues et les phénomènes de changement linguistique.

---

[2] Mentionnons aussi les recueils d'articles de Brasseur (éd., 1998), Brasseur/Falkert (éds., 2005) et Valdman et al. (éds., 2005) avec leur précieux apport pour la recherche sur les variétés nord-américaines du français, ainsi que les différents volumes de la collection *Les voies du français* (dirigée par France Martineau, Université d'Ottawa), qui sont une source d'inspiration constante pour ce domaine de recherche.

[3] Le corpus se compose de trois contes acadiens (deux du Nouveau-Brunswick, un de la Nouvelle-Écosse) et de trois contes louisianais (il s'agit là d'un échantillon des contes collectés par Brandon 1955). Tous ont été enregistrés dans les années 1950.

I.2 Les régions

I.2.1 L'Acadie

Bien que l'Acadie n'existe plus aujourd'hui en tant que territoire géographique, le terme est toujours courant pour désigner l'*Acadie des Maritimes* – comprenant les provinces Maritimes (Nouvelle-Écosse, Nouveau-Brunswick, Île-du-Prince-Édouard) – et l'*Acadie de l'Atlantique* (*cf.* Basque et al. 1999) qui, outre ces trois provinces, englobe également l'archipel des Îles-de-la-Madeleine (Québec) et la péninsule de Port-au-Port à Terre-Neuve (Terre-Neuve et Labrador). Au sein des Maritimes, la communauté acadienne est aujourd'hui dispersée géographiquement[4].

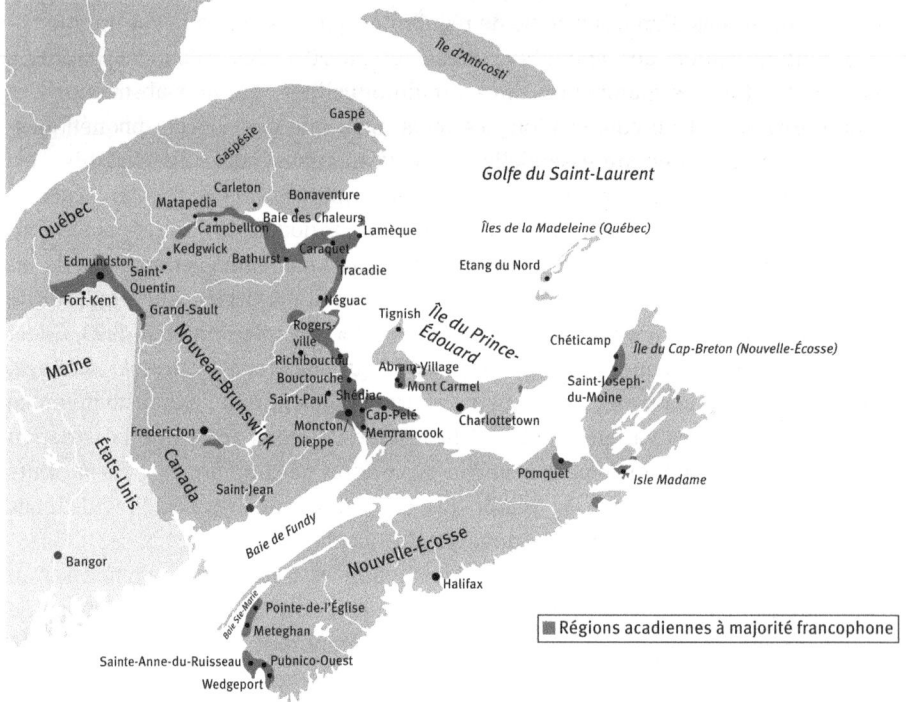

Carte 1 : La répartition des variétés acadiennes dans les provinces Maritimes (d'après http://maisondelacadie.com)

▶ La Nouvelle-Écosse

Parmi les cinq isolats francophones en Nouvelle-Écosse, la Baie Sainte-Marie (municipalité de Clare, comté de Digby avec entre autres les communautés de Pointe-de-l'Église et Meteghan) dans le Sud-Ouest, peuplée à partir de 1768, est aujourd'hui la région la plus impor-

---

[4] *Cf.* Wiesmath (2006 : 20s.) : « Aujourd'hui, le nom d'*Acadie* n'est guère justifiable d'un point de vue géographique. Seule l'appartenance au peuple acadien et la volonté de maintenir une identité propre à celui-ci permet aux Acadiens de se distinguer à l'intérieur d'une société majoritairement anglophone. » *Cf.* aussi Péronnet (1995 : 399) : « Strictement parlant, l'Acadie n'existe plus aujourd'hui. Il n'existe que des Acadiens [...] ».

tante en ce qui concerne l'extension géographique et le nombre des locuteurs du français. La variété vernaculaire locale, communément appelée *acadjonne* conformément à la prononciation typique [ɔn] de la terminaison standard [ɛ̃] (Boudreau/L. Dubois 2007 : 117, Boudreau 2011), est considérée comme la variété la plus conservatrice du français acadien (*cf.* ci-dessous II.1.2.). À la Baie Sainte-Marie s'ajoutent quatre autres régions francophones : Pubnico (municipalité d'Argyle, comté de Yarmouth) à l'extrémité sud-ouest de la Nouvelle-Écosse, ainsi que Pomquet (comté d'Antigonish) – la plus petite des régions acadianophones actuelles –, Chéticamp (comté d'Inverness) et l'Isle Madame (comté de Richmond) dans le Nord-Est de la province[5]. Face à la relative homogénéité de la population à la Baie Sainte-Marie et à Chéticamp, Pubnico, Pomquet et l'Isle Madame se démarquent par un « peuplement en "mosaïque" » (Flikeid 1989b : 184) et sont par conséquent plus exposés à l'influence de l'anglais.

▶ **Le Nouveau-Brunswick**

On distingue trois sous-espaces francophones, le Nord-Est avec la péninsule acadienne (surtout le comté de Gloucester), le Nord-Ouest (la région de Madawaska, située aux confins de l'État américain du Maine, *cf.* Couturier 2002) et le Sud-Est (Moncton et les environs), les trois étant séparés les uns des autres par des comtés anglophones (Wiesmath 2006 : 44). La péninsule acadienne est majoritairement peuplée de francophones d'origines diverses (dont des réfugiés de l'ancienne Acadie et des Acadiens revenus du Québec après le *Grand Dérangement*), et grâce à sa situation isolée, elle est relativement peu soumise à l'influence de l'anglais. Dans la région du Nord-Ouest, le français local – appelé *brayon* et également langue dominante – est davantage influencé que les autres par le français québécois (King 2013 : 13). Quant au Sud-Est, le français est dans l'ensemble une langue minoritaire, sauf dans le comté de Kent (*cf.* la carte dans Wiesmath 2006 : 41). À Moncton, où la population francophone s'élève à environ 34 % (Wiesmath 2006 : 45), l'intensification du contact avec l'anglais s'est répercutée sur la langue, d'où la naissance du vernaculaire appelé *chiac*, qui, tout en constituant une variété acadienne (*cf.* Perrot 2005a : 318, 2014b : 200, King 2008), est toutefois largement imprégné d'anglais, sans compter les influences du français québécois et du français standard. Caractérisée par « un contact de langue intensif et de type inégalitaire » (Perrot 2014a : 213), la région de Moncton est marquée par « un continuum complexe de variétés » (Arrighi 2005 : 60), allant du français régional relativement proche de la norme à des variétés vernaculaires influencées à des degrés divers par l'anglais (*cf.* ci-dessous I.4.).

▶ **L'Île-du-Prince-Édouard**

C'est surtout le comté de Prince dans l'Ouest de la province (région de Tignish, avec entre autres les villes de Tignish et de Saint-Louis, et région d'Évangéline, avec entre autres la communauté d'Abram Village) qui est peuplé par les Acadiens, mais le français est en train de céder à la pression de l'anglais, surtout en dehors d'Évangéline (Wiesmath 2006 : 44, King 2013 : 15–17).

---

5 *Cf.* Hennemann (2014 : 33–36). – À Chezzetcook et à Larry's River, la langue acadienne a complètement disparu.

I.2.2 Terre-Neuve

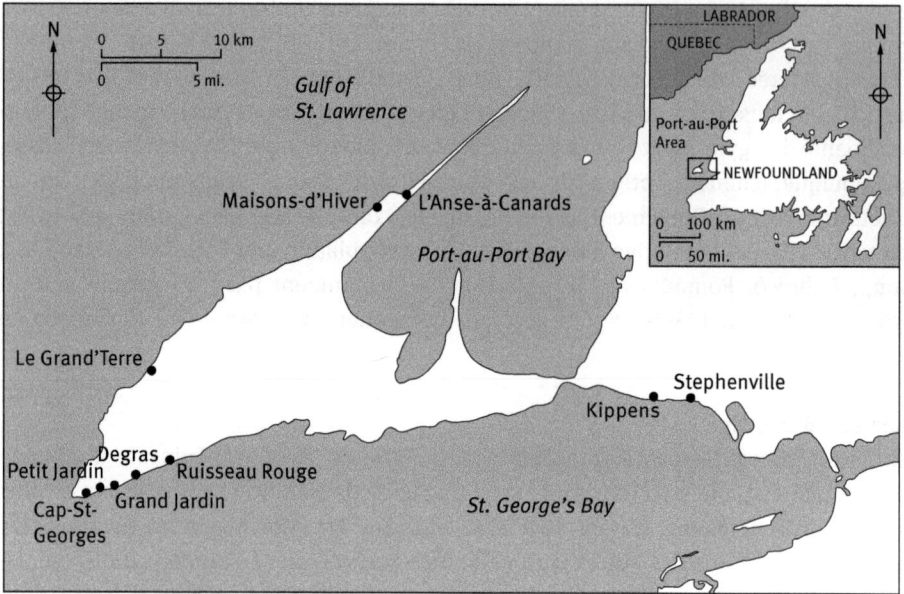

Carte 2 : Terre-Neuve (d'après King 2013 : 17)

En ce qui concerne Terre-Neuve, la présence du français se limite plus ou moins à la presqu'île de Port-au-Port[6], à l'extrême ouest de l'île de Terre-Neuve, notamment dans les communautés de l'Anse-à-Canards, Maisons-d'Hiver, La Grand-Terre et Le Cap-Saint-Georges (Brasseur 2001 : IX).

---

[6] À cela s'ajoutent Kippens et Stephenville, situés dans la Baie Saint-Georges, majoritairement anglophone aujourd'hui (Brasseur 2001 : IX, King/Butler 2005 : 174).

I.2.3 La Louisiane

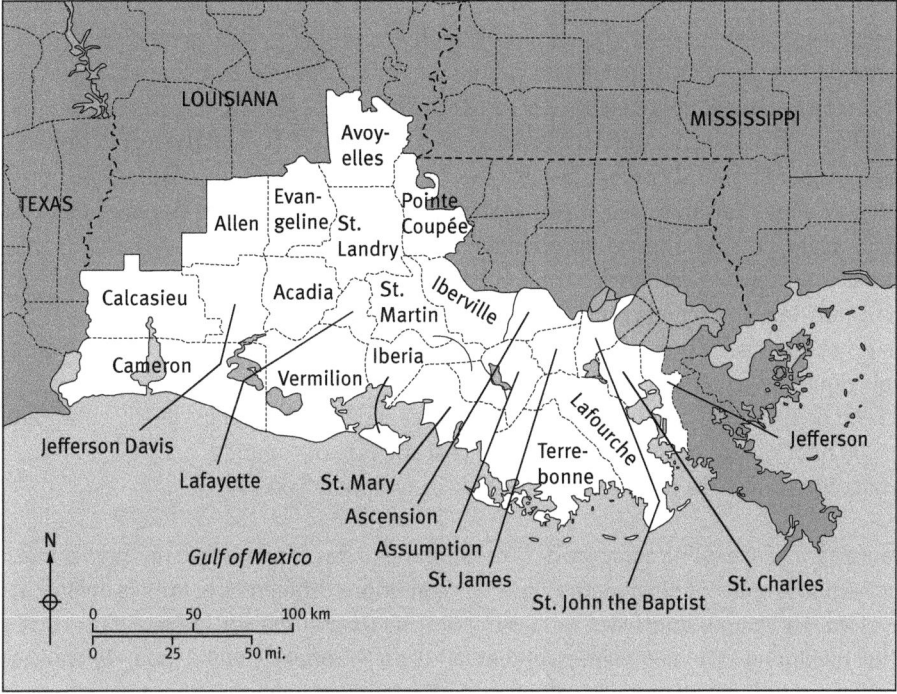

Carte 3 : Le Sud de la Louisiane (d'après King 2013 : 20)

En 1971, 22 paroisses situées dans le Sud de la Louisiane ont adopté officiellement l'appellation « Acadiana »[7], ce qui ne veut toutefois pas dire que la population francophone de toutes ces paroisses remonte effectivement aux Acadiens[8]. Aujourd'hui, on trouve le plus grand nombre de francophones dans les paroisses de Vermilion, St. Martin et St. Landry, mais on note également une présence non négligeable du français dans les paroisses de Terrebonne et Lafourche, y compris parmi la population amérindienne (*cf.* Dajko 2009).

I.3 Remarques méthodologiques

I.3.1 Réflexions sur le matériau vernaculaire disponible

Il s'agissait pour nous, sur la base de corpus existants et d'autres sources disponibles, de rassembler le plus de données possible sur les variétés du français des provinces Maritimes et le français louisianais (*cf.* ci-dessous I.4.). On a également intégré des observations sur le franco-terre-neuvien et le parler des Îles-de-la-Madeleine. Mais précisons d'emblée que

---

[7] Pour la création de ce terme, *cf.* Trépanier (1991, 1993), Le Menestrel (1999).
[8] Cela vaut particulièrement pour Évangéline, Avoyelles et les paroisses de la vallée du Mississippi (*cf.* Trépanier 1991, Klingler 2015 : 628). *Cf.* ci-dessous II.3.

contrairement aux autres variétés étudiées ici, nous n'avions pas à notre diposition un corpus franco-terre-neuvien proprement dit, de sorte que l'analyse de cette variété s'appuie presque exclusivement sur les exemples indiqués dans le *Dictionnaire des régionalismes du français de Terre-Neuve* de Brasseur (2001) ; ceux-ci sont toutefois complétés par le recours à des études consacrées à cette variété, notamment celles de Ruth King.

Pour chaque phénomène linguistique décrit dans la GraCoFAL, l'analyse des corpus se voit complétée par un tour d'horizon de la recherche sur les phénomènes en question, ce qui nous permettra dans certaines sections d'étoffer les descriptions par des données chiffrées pour mieux juger de l'importance du phénomène présenté. Toutefois, c'est bien l'analyse grammaticale qui reste le véritable but de notre ouvrage et non les données quantitatives, celles-ci restant dans l'ensemble plutôt marginales.

Lors du choix des corpus et de l'établissement d'un stock d'exemples, deux questions méthodologiques de principe se sont posées :
– Quel état de la langue la grammaire est-elle censée refléter ? Le seul usage dit « traditionnel », ou bien l'usage contemporain doit-il aussi être pris en compte ?
– Les corpus consultés se prêtent-ils vraiment à une comparaison ?

La prudence est de mise si l'on compare des corpus établis à des dates plus ou moins distantes, avec des méthodes souvent divergentes, dans des conditions différentes et auprès de populations diverses. La comparabilité des faits est certes mieux assurée sur la base d'un corpus offrant un maximum d'homogénéité, comme celui de Péronnet (1989a) pour le français acadien et ceux de Conwell/Juilland (1963) et de Rottet (2001, chapitre 6) pour le français louisianais, ciblant l'usage traditionnel. Si nous avons renoncé à cette restriction, qui négligerait à notre avis la complexité linguistique de ces variétés, c'est en ayant parfaitement conscience du problème posé par la mise en regard de situations dissemblables (*cf.* aussi Arrighi 2014 : 118s.). En élargissant d'une part la perspective jusqu'aux semi-locuteurs de Louisiane (Rottet 2001), on court le risque de comparer la situation d'une Louisiane où le français est en étiolement avec une francophonie acadienne vivace dans les provinces Maritimes. En ne considérant d'autre part que des phénomènes relevant du seul parler « traditionnel » et parfois guère vivants aujourd'hui (ce qu'il importe évidemment de mettre en évidence), on perdrait de vue le changement en diachronie. Si nous avons finalement tenu à intégrer dans la grammaire aussi bien l'usage traditionnel que l'usage contemporain, c'est parce que ce procédé nous permet d'évaluer la proximité ou la distance de ces variétés dans l'histoire et à l'époque actuelle, et d'esquisser la direction dans laquelle elles pourraient évoluer.

Outre l'hétérogénéité des sources quant à l'usage documenté (« traditionnel » vs. « contemporain »), l'hétérogénéité des méthodes d'enquête et des groupes d'informateurs constitue un impondérable supplémentaire, qui doit être pris en compte. Pour ce qui est des corpus à notre disposition, ils sont du moins homogènes en ce sens qu'ils se fondent tous principalement sur des interviews. Ils diffèrent pourtant dans le détail, par exemple les conditions d'enregistrements, effectués en présence ou en l'absence de l'enquêteur, la méthode d'enquête (enquête dirigée, sur la base d'un questionnaire, ou entretiens libres, voire méthodes mixtes), la date d'enregistrement et le profil sociolinguistique des locuteurs (*cf.* ci-dessous I.4.). Problème supplémentaire, les corpus ne sont pas tous complétés par des fichiers audio, ou ne le sont qu'en partie, et il n'y a pas toujours de transcriptions phonétiques. Notre analyse se fonde donc souvent sur une transcription en grande partie normalisée ou plutôt sur une orthographe aménagée[9], possible source de fautes d'analyse et sûrement l'un des points les plus délicats dans l'établissement de cette grammaire. Dans les cas où nous disposions de fichiers audio pour un corpus ou pour certaines parties de celui-ci, nous avons pu vérifier les exemples, ce qui importe surtout lorsque la prononciation des formes entre en ligne de compte. En outre, la plupart des rédacteurs des corpus ont signalé un certain nombre de traits phonétiques – soit en rendant la phonie par la graphie standard (*i z-étaient*), soit en recourant par endroit à des transcriptions phonétiques ([izete]/[izetɛ]).

Malgré toutes ces réserves, nous sommes d'avis que l'hétérogénéité des corpus peut aussi constituer un atout lorsqu'il s'agit de faire ressortir l'idée des diverses « zones de variabilité » en français (*cf.* ci-dessous III.3.) et généralement de la variabilité inhérente à toute langue naturelle. En outre, la prise en considération supplémentaire de recherches consacrées aux phénomènes décrits dans cette grammaire nous permettra non seulement de compléter nos résultats et d'approfondir notre analyse, mais aussi de distinguer le cas échéant les hapax et les phénomènes sporadiques ou les lapsus des traits récurrents et fermement établis.

I.3.2 Commentaires

Dans les commentaires, nous fournissons autant d'informations variationnelles et historiques qu'il nous a paru nécessaire pour assurer la contextualisation du phénomène en question. Pour mieux cerner la répartition et l'importance d'un phénomène, nous avons donc essayé – du moins jusqu'à un certain degré et sans prétendre à l'exhaustivité – d'éclairer son apparition dans d'autres variétés nord-américaines ou européennes de français, contemporaines ou historiques. Par cette démarche, nous nous efforçons de satisfaire aux désidératas formulés par Martineau (2011c : 244ss.) pour situer les traits considérés comme acadiens ou « cadiens » dans un contexte historique et diasystématique complexe (*cf.* aussi ci-dessous III). Chaque chapitre peut ainsi servir de point de départ à de plus amples analyses diasystématiques consacrées aux variétés étudiées ici, ou à un élargissement de la perspective à des faits panfrancophones.

Les *variétés laurentiennes*, dont les français québécois (FQ) et ontarien, ainsi que les variétés de l'Ouest comme le franco-manitobain et le français mitchif – variété de français parlée par les descendants des Métis de l'ancienne colonie de la Rivière Rouge[10] –, ne sont

---

9 Stäbler (1995), Arrighi (2005), Wiesmath (2006), Falkert (2010), Hennemann (2014) et Fritzenkötter (2015) ont transcrit selon le modèle HIAT (*Halbinterpretative Arbeitstranskription*, transcription de travail semi-interprétative) exposé par Ehlich (1993). Les aménagements consistent par exemple à signaler certains faits non linguistiques (gestes s'ils sont importants pour la compréhension de l'énoncé) ou para-linguistiques (par ex. ((rire))) et un certain nombre de particularités phonétiques qui se sont révélées très précieuses pour notre analyse. Arrighi parle à propos de sa transcription d'une « translittération » (2005 : 71) : « [...] notre transcription peut être qualifiée de "translittération" dans la mesure où nous utilisons les "lettres" de l'alphabet, avec un recours minimum aux signes phonétiques. En effet, dans une volonté de rendre la transcription la plus accessible possible, nous avons choisi une transcription orthographique aménagée [...] » En ce qui concerne la restitution des syllabes syncopées, elle note que « [t]rès généralement, nous avons choisi de rétablir les consonnes ou les voyelles syncopées et les syllabes tronquées (cas d'apocope par exemple) sauf dans les cas d'aphérèse affectant plusieurs verbes [...] » (Arrighi 2005 : 72), ce qui doit évidemment inciter à la prudence lors de l'analyse.

10 Cette variété, qui a des origines laurentiennes (*cf.* Papen 2004 : 109), est appelée soit *français des Mitchifs* ou *des Métis*, soit *français mitchif* ou *métis* (pour la terminologie, *cf.* Papen 2004, 2006). Dans ce volume, nous

traitées dans les « Commentaires » et les notes en bas de page que de façon non systématique et uniquement selon les données disponibles dans la littérature secondaire que nous avons consultée. Il incombera à de futures recherches de comparer systématiquement les résultats présentés dans la GraCoFAL avec les données des variétés laurentiennes ainsi que d'autres variétés nord-américaines, comme le parler du Missouri, analysé par exemple par Carrière (1937) et Thogmartin (entre autres 1970 et 1979)[11] ou le *Mississippi Gulf Coast French*, langue en voie d'extinction décrite par Moreton (2001)[12], dont les résultats n'ont pas non plus été systématiquement pris en compte ici.

Quant aux données présentes dans le non-standard de France, nous nous en remettons aux ouvrages de référence établis, comme Frei (1929), Bauche (^{2}1951), Guiraud (1965), Gadet (par exemple 1989, 1992, 1996/1997), Blanche-Benveniste (1990, 1997, 2010), tout en étant pleinement conscientes de la problématique d'une démarche qui consiste à établir un lien entre des phénomènes du français d'outre-mer et le français tel qu'il est parlé au XXe s. en France (*cf.* ci-dessous III.4.). Une comparaison avec des variétés non-standard historiques en France, comme celles documentées par exemple par Deloffre (1961/^{2}1999) et Ernst/Wolf (éds., 2005 ; *cf.* aussi Ernst 2010), reste encore à faire.

Comme toutes les variétés de français d'outre-mer qui n'ont guère été touchées par les développements en cours en France pendant des siècles, les variétés concernées ont préservé des phénomènes linguistiques qui passent aujourd'hui pour vieillis en France ou qui n'ont survécu qu'au niveau dialectal (dans la mesure toutefois où des traits dialectaux existent encore en France) ; ces phénomènes seront eux aussi décrits dans la GraCoFAL. À juste titre, Comeau (2011) et King (2013 : 1) qualifient le français acadien de « window on the past », ce qui n'implique nullement qu'on regarde l'Amérique du Nord comme un « site réservé à l'archéologie linguistique » (Chaudenson 1995 : 11). Mais selon Boudreau (2011 : 76), ce sont précisément ces « archaïsmes » qui servent à légitimer l'appellation « français acadien ». Il est aujourd'hui incontesté qu'une meilleure connaissance des variétés d'outre-mer aide non seulement à mieux cerner les traits populaires et dialectaux qui caractérisaient le français parlé dans le Nord, le Centre et l'Ouest de la France aux XVIIe et XVIIIe s., mais aussi à obtenir une meilleure idée du ou des français parlé(s) par les colons une fois arrivés dans le Nouveau

---

avons opté pour le terme de *français mitchif*. Il ne s'agit donc pas de la langue hybride franco-crie parlée par les Métis, langue fortement menacée, et appelée *mitchif* (*cf.* Papen 2005, Bakker/Papen 1997). Pour les variétés de français dans l'Ouest du Canada, *cf.* par exemple Hallion (2000), Papen (2006) et Papen/Hallion (éds., 2014) ainsi que Martineau (2009d).

11 Signalons aussi l'existence d'un corpus de contes folkloriques français du Missouri (Thomas/Thomas 1981), et la thèse de doctorat de Thomas (1979), consacrée à quelques aspects de la langue française et de la culture d'Old Mines. Ces deux ouvrages ne sont pas analysés dans la GraCoFAL.

12 Dans les années 1990, le *Mississippi Gulf Coast French* (MGCF, *cf.* Moreton 2001) était encore parlé par à peu près 25 à 50 Blancs et gens de couleur âgés dans la région de Delisle, Mississippi. Cette région fut l'une des premières colonies françaises sur la côte du golfe, dont la variété – remontant au début du XVIIIe s. – doit être considérée comme la dernière des variétés isolées du *français colonial* à avoir survécu aux États-Unis. Bien qu'influencé au cours du temps aussi bien par le français louisianais que par le créole louisianais (un rôle non négligeable revient aussi aux réfugiés de Saint-Domingue), le MGCF se distingue du français louisianais par l'absence de certains traits souvent attribués à l'acadien. Le plus jeune des informateurs de Moreton – par ailleurs tous bilingues – étant né en 1930, on peut présumer que cette variété du français n'existe plus aujourd'hui.

Monde[13]. Sur cette toile de fond, nous sommes amenées de manière récurrente à nous demander dans quelle mesure un phénomène donné constitue un conservatisme ou plutôt une innovation et si, dans ce dernier cas, celle-ci s'inscrit – éventuellement – dans une dynamique générale de l'oral. Nous tenons à souligner que dans le cadre d'une telle grammaire, les commentaires à ce sujet doivent forcément rester fragmentaires : ils ne peuvent être que de premières pistes à suivre, en ce qui concerne tant le dépouillement des grammaires historiques – nos commentaires historiques se limitent au strict nécessaire – que l'analyse des sources de la fin du XIXe et du début du XXe s. sur les variétés étudiées ici, tels les ouvrages de Pascal Poirier (1928) et de Geddes (1908), ou les *Lettres de Marichette* (Gérin/Gérin 1982)[14] pour le français acadien, ou De la Houssaye (1983 [1888]) pour le français louisianais. Ces derniers ouvrages sont certes mentionnés à plusieurs reprises pour compléter la perspective, mais les sources anciennes ne sont pas dépouillées de façon systématique[15]. Dans le contexte des commentaires diasystématiques et historiques, nous esquissons aussi quelques remarques portant sur le changement linguistique dans les variétés qui nous intéressent, en recourant au modèle de description élaboré par Chaudenson et al. (1993), tout en considérant également les effets du changement induit par le contact linguistique (*cf.* ci-dessous III.3.).

I.4 Sources et corpus consultés

Nos analyses s'étayent essentiellement sur les sources et corpus suivants[16] :

▶ **Pour le français acadien**
- Le corpus d'**Arrighi** (2005), accompagnant son étude panacadienne, repose sur deux sources : des enregistrements effectués par l'auteure lors d'un séjour de près de deux ans (2002–2003) dans les provinces Maritimes (Nouveau-Brunswick, Nouvelle-Écosse, Île-du-Prince-Édouard), et d'autres, datant des années 1980 et 1990, « effectués par des chercheurs ou des étudiants rattachés au Centre d'Études Acadiennes de l'Université de

---

13 *Cf.* Chaudenson (1994, 1995), Wittmann (1995), Valdman (2011 : 394s.) ; *cf.* aussi ci-dessous II.1.2.
14 L'auteure présumée des *Lettres de Marichette* est Émilie C. LeBlanc (1863–1935), originaire de Memramcook (Nouveau-Brunswick), qui s'est ensuite établie à Weymouth en Nouvelle-Écosse, dans le comté de Digby (Gérin/Gérin 1979 : 80, pour « Émilie Leblanc », *cf.* aussi fr.wikipedia.org). – Pour une étude sur le français acadien tel qu'il ressort de la correspondance privée au XIXe s., *cf.* Martineau/Tailleur (2011).
15 Cela vaut également pour les travaux sur le français louisianais écrits dans les années 1930 à 1960, dont les thèses soumises pour la plupart à la Louisiana State University de Baton Rouge (*cf.* Phillips 1979 : 107s., Rottet 2001 : 139s.), à l'exception de celles de Guilbeau (1950) et de Brandon (1955).
16 À ces corpus et sources qui ont servi de base à l'établissement de la GraCoFAL s'ajoutent d'autres ouvrages indiqués au fur et à mesure dans les chapitres de la grammaire. Pour des informations détaillées concernant l'état de recherche, *cf.* pour les variétés acadiennes, Arrighi (2005 : 39–45), Comeau (2011 : 19–37), King (2013 : 23–35), Hennemann (2014 : 40–48). Pour un bilan de la recherche sur la morphosyntaxe du français louisianais, *cf.* Rottet (2001 : 139–141).

Moncton » (C. E. A.) (Arrighi 2005 : 65)[17]. Les enregistrements d'Arrighi ont été faits en présence de l'auteure, dans la plupart des cas aussi avec l'assistance de locuteurs acadiens. La durée totale s'élève à 35 heures. La moyenne d'âge des locuteurs, en majorité des femmes, est de 45 ans ; ils ont en général passé toute leur vie dans les provinces Maritimes et sont de langue maternelle française. En tout, il y a 24 informateurs du Nouveau-Brunswick, 4 de Nouvelle-Écosse et 8 de l'Île-du-Prince-Édouard (2005 : 66). 17 informateurs ont fait des études supérieures, 21, souvent plus âgés, ont arrêté leur scolarité avant le secondaire ou au milieu de celui-ci (2005 : 67).

La transcription suit la méthode HIAT d'Ehlich (1993) (*cf.* ci-dessus note 9) ; nous n'avions pas de fichier audio à notre disposition, mais Arrighi (2005 : 70ss.) indique quelques traits particuliers de la prononciation et les principes de sa transcription. Nous citons les exemples de cet ouvrage de deux manières différentes :

- Si l'exemple en question figure dans l'ouvrage même, nous indiquons le nom de l'auteure et la date de référence (2005), la page de la citation, le prénom du locuteur, son lieu de résidence, le numéro de l'enregistrement et le passage de la transcription :
  - non à / euh étudier euh : c'est TOUGH j'sais ben une fois c'est fini là . ben avant de te marier là . *enjoye*-toi tcheques années (NB – Arrighi 2005 : 425, Rita NB 18 : 187–189)

La citation est donc prise à la page 425 de l'étude d'Arrighi, la locutrice s'appelle Rita et vit au Nouveau-Brunswick ; l'interview porte le numéro 18 et le passage en question apparaît aux lignes 187 à 189 de la transcription.

- Si l'exemple en question est pris directement dans le corpus (mis à notre disposition par l'auteure), le numéro de la page est absent et le mot *corpus* est ajouté ; le reste de l'indication de la source est identique au premier cas de figure :
  - pourquoi j'ai choisi faire l'aquarelle euh : . euh parce que je suis daltonienne ((rires)) euh : ben parce que je suis daltonienne (NB – Arrighi 2005, corpus, Rachelle NB 1 : 58–60)

- **Hennemann** (2014)[18] a basé son analyse du parler de l'Isle Madame (ILM) sur trois corpus, dont l'un établi par ses propres soins lors d'un séjour de recherche en Nouvelle-Écosse entre août et décembre 2005. En outre, afin de vérifier ses analyses, Hennemann a consulté deux autres corpus, datant des années 1980, et conservés au Centre culturel La Picasse de Petit-de-Grat (*Corpus Labelle* et corpus de la *Société historique acadienne de l'Isle Madame*), qui resteront toutefois en dehors de notre analyse. Le corpus recueilli par Hennemann comprend 43 entrevues semi-dirigées d'une durée totale d'environ 56 heures et des notes prises lors du séjour de l'auteure sur les lieux, désignées comme « Corpus oral ». Le corpus comprend des entretiens entre deux ou plusieurs locuteurs acadiano-

---

[17] Pour la description du corpus, *cf.* Arrighi (2005 : 65–79). Arrighi (2005 : 56) fait abstraction du parler du Nord-Ouest du Nouveau-Brunswick, étant donné la forte influence québécoise dans cette zone.

[18] Pour la description du corpus, *cf.* Hennemann (2014 : 49–52). L'abréviation *ILM* pour « Isle Madame » figure chez Hennemann. Pour le corpus en ligne *cf.* http://parleracadien.ESV.info.

phones, l'auteure évitant autant que possible de se mêler aux conversations. Dans le choix de ses locuteurs de l'Isle Madame, l'auteure a veillé à ce que la courbe d'âge des locuteurs corresponde « de manière approximative à la répartition par âge de la population francophone de l'Isle Madame » (Hennemann 2014 : 50).

Bien que les données aient été collectées à l'Isle Madame, à la Baie Sainte-Marie et à Pubnico, Hennemann n'en a publié sur internet que la partie portant sur l'Isle Madame, puisque c'est la région sur laquelle est centré son ouvrage. Dans la GraCo-FAL nous nous référons également aux parties non publiées, mises à notre disposition par l'auteure. La transcription suit la méthode d'HIAT d'Ehlich (1993) (*cf.* ci-dessus note 9), mais il existe des fichiers audio permettant de vérifier la prononciation. Nous citons les exemples de cet ouvrage comme suit :

- Si l'exemple en question figure dans l'ouvrage, nous indiquons le nom de l'auteure, la date de parution de l'ouvrage, la page de la citation et la région :
    - J'ai mandé à Norma s'a savait qui-ce qui était l'inspecteur parce c'était pas ieunne de l'Isle Madame. (NÉ – Hennemann 2014 : 307, ILM)

- Si l'exemple est pris directement dans le corpus, nous indiquons celui-ci par *Hennemann* et ajoutons la région (BSM, PUB ou ILM) et l'abréviation du nom du locuteur :
    - Non, i vouliont savoir qui-ce que j'étais. (NÉ – Hennemann, ILM, EL)

- Le corpus de **Wiesmath** (2006), d'environ 16 heures, a été établi par l'auteure en juillet/août 1996 et 1997 dans la région de Moncton. Les locuteurs interviewés par Wiesmath vivaient dans des villages majoritairement francophones. Wiesmath distingue une partie plus informelle du corpus, essentiellement des conversations privées (numéros 1 à 7), d'une partie plus formelle (numéros 8 à 14), qui comprend entre autres des enregistrements d'interviews à la radio, des conférences, un cours magistral et une représentation culturelle devant un public. La graphie de la transcription suit la méthode HIAT d'Ehlich (1993), il existe des fichiers audio contenant 8 heures sur les 16 enregistrées par Wiesmath (*cf.* le CD-ROM dans Wiesmath 2006). Nous citons les exemples de cet ouvrage comme suit :
    - Si l'exemple en question figure dans l'ouvrage publié, nous indiquons le nom de l'auteure et la date de parution de l'ouvrage, la page de la citation, le numéro de l'interview, l'abréviation du nom du locuteur et l'endroit de la citation dans l'interview :
        - pis là pour deux trois jours ç'allait ben ben la troisième quatrième jour le diable a pris dans la cabane [...] (NB – Wiesmath 2006 : 94, Wiesmath 8, A : 211)

    - Si l'exemple est pris directement dans le corpus, nous indiquons le corpus par *Wiesmath* et ajoutons le numéro de l'interview, l'abréviation du nom du locuteur et l'endroit de la citation dans l'interview :
        - qui ce qu'était lui ? (NB – Wiesmath 7, O : 417)

– Le corpus **Boudreau-L. Dubois** porte sur le Sud-Est et la Côte-Est du Nouveau-Brunswick et a été recueilli par Annette Boudreau et Lise Dubois dans différentes écoles au NB[19]. Il comprend des entretiens avec des élèves francophones de 17 et 18 ans, dirigés par un questionnaire. La graphie de la transcription est largement normalisée. Ce corpus n'est pas systématiquement dépouillé et servira essentiellement à compléter le stock d'exemples dans les chapitres « La relative » et « L'interrogation ». Nous citons les exemples de Boudreau-L. Dubois en indiquant le corpus par *A. Boudreau*, la date de la parution de l'étude de Boudreau (1998) et la ligne de la citation.
  - à qui à qui-ce que tu penses quand-ce tu dis ça (NB – A. Boudreau 1998, l. 281)

Nous complétons les listes d'exemples pour le français acadien par le recours aux ouvrages de Comeau (2011), Cormier (1999), Flikeid (divers titres, *cf.* la bibliographie), Fritzenkötter (2015), Gesner (1979a/b, 1984/85, 1985), King (2000, 2013 et divers titres, *cf.* la bibliographie), Motapanyane (1997), Péronnet (1989a/b), Ryan (1982) et d'autres, dont des sources plus anciennes, comme Poirier (1993 [1925]) et Gérin/Gérin (*Lettres de Marichette*, 1982).

La variété parlée aux Îles-de-la-Madeleine (IdlM) a été prise en compte sur la base des travaux de Falkert (entre autres 2010) et du *Dictionnaire des régionalismes du français parlé des îles de la Madeleine* de Naud (1999). La morphosyntaxe de cette variété correspond largement à celle de l'acadien des Maritimes, tout en affichant des parallèles avec le français québécois et partiellement avec le franco-terre-neuvien. On indiquera donc le cas échéant des parallèles ou des divergences avec les autres variétés présentées, mais cette démarche ne vise aucunement à l'exhaustivité et se veut plutôt un complément, apte à élargir l'assise des données.

– Le corpus de **Falkert** (2010)[20] englobe des entretiens semi-dirigés en présence de l'auteure, majoritairement enregistrés dans des lieux privés et effectués entre octobre et décembre 2003, dont 12 heures (sur un total de 25) ont été transcrites et numérisées. Le corpus regroupe 22 locuteurs (11 femmes, 11 hommes) « nés aux Îles-de-la-Madeleine dont l'âge varie entre 14 et 92 ans » (2010 : 133), travaillant ou ayant travaillé pour une large part dans l'industrie de pêche. Le corpus est présenté dans une version adaptée de la méthode HIAT d'Ehlich (1993) (*cf.* ci-dessus note 9 et Falkert 2010 : 139, note 88). Nous citons les exemples du corpus Falkert (2010) en indiquant, outre le nom de l'auteure et la date de parution de l'ouvrage, le mot *corpus*, l'endroit de la citation dans l'interview et la page du CD-ROM où figure la citation :
  - j'ai dit je pourrais-ti vous rencontrer . il a dit oui… (IdlM – Falkert 2010, corpus : 464, p. 170, CD-ROM)

---

[19] Nous remercions Raphaële Wiesmath d'avoir mis ce corpus à notre disposition.
[20] Pour la description de ce corpus, *cf.* Falkert (2010 : 133–148). L'abréviation *IdlM* pour « Îles-de-la-Madeleine » figure chez Falkert.

Le *chiac* du Nouveau-Brunswick, bien qu'étant également l'une des variétés du français acadien (*cf.* ci-dessus I.2.1.), ne fera pas ici l'objet d'une analyse approfondie. À ce sujet, le lecteur a de nombreuses études à sa disposition, notamment la riche thèse de Perrot (1995) et celle de Young (2002), ainsi que les articles ultérieurs publiés par Perrot (*cf.* la bibliographie dans ce volume). Variété fortement influencée par l'anglais, le chiac est principalement associé aux adolescents et aux jeunes adultes de la région de Moncton[21]. Perrot (1995 : 287) le caractérise comme « un système autonome par rapport aux deux langues de base dont il est issu », dont la dynamique actuelle se caractérise « par deux mouvements en apparence contradictoires, l'anglicisation et la "refrancisation" » (Perrot 2014a : 201), cette dernière étant surtout due à l'influence des écoles. Il s'agit donc d'une véritable variété de contact, qui est moins le signe d'un étiolement linguistique que l'expression de l'hétérogénéité linguistique et culturelle (*cf.* ci-dessous II.1.3.)[22]. On trouvera dans le présent ouvrage, de manière récurrente mais non systématique, des exemples de *chiac*, ainsi que des remarques le concernant, principalement dans les passages où il est question de l'influence de l'anglais.

- Le corpus **Perrot** (1995) a été établi par les soins de l'auteure lors de deux séjours à Moncton au printemps et en automne 1991. Les 44 informateurs de l'enquête, tous de langue maternelle française et originaires de Moncton, étaient des élèves de onzième et douzième années (16 à 18 ans) de l'école Mathieu Martin. Le chiac de Moncton étant essentiellement le fait de la population jeune, le critère de l'âge était primordial dans le choix des locuteurs. En l'absence de l'auteure, les jeunes ont répondu pendant une trentaine de minutes par groupes de deux à un questionnaire portant sur la vie quotidienne des adolescents à Moncton. L'enregistrement a été vérifié par la suite par des locuteurs natifs non impliqués dans l'enquête. Si nous citons des exemples chiac du corpus de Perrot, nous indiquons par l'abréviation *vol. 2* que nous nous référons au deuxième tome de sa thèse (Perrot 1995), qui contient la transcription ; le premier volume contient la partie théorique :
  - tu sais quoi-ce que je parle de là (NB – Perrot 1995, vol. 2 : 68, chiac)

▶ Pour le franco-terre-neuvien

Comme nous l'avons fait remarquer (*cf.* ci-dessus I.3.1.), nos observations s'en remettent essentiellement à Brasseur (2001) et à quelques titres de la littérature secondaire, dont ceux de

---

[21] Pour l'origine de ce terme, *cf.* Boudreau (2011 : 89). – S'il est difficile d'en dater la naissance, on peut quand même affirmer avec certitude, selon Boudreau (2011 : 88s.), « qu'il était utilisé au début des années 1960 ». Elle précise cependant que « le mélange de langues, qu'on l'appelle le *chiac* ou autrement, existe à des degrés divers depuis la fin du 17ᵉ siècle. »

[22] *Cf.* Boudreau/Perrot (2010 : 58) : « La matrice française dans laquelle sont insérés les éléments anglais est quant à elle marquée par l'instabilité des formes, les variantes traditionnelles alternant, à des degrés divers selon les locuteurs, avec les variantes standard ». King (2008 : 139) souligne cependant que les phénomènes attribués communément au chiac s'observent aussi dans d'autres variétés acadiennes, mettant ainsi en doute la spécificité linguistique du chiac de la région monctonienne ; *cf.* en revanche Perrot (2014a : 214s.).

King, ses études sur le français acadien fournissant toujours des renseignements précieux sur la variété franco-terre-neuvienne (par exemple King 2013).
- Le corpus à la base du *Dictionnaire* de Brasseur (2001)[23] s'appuie pour l'essentiel sur des enquêtes de terrain effectuées par l'auteur lui-même dans les années 1980 et 1990. Les locuteurs sont nés dans la première moitié du XXe s., voire à la fin du XIXe s. (pour plus de détails concernant la méthode d'enquête, *cf.* Brasseur 2001 : XXIII–XXV). Nous citons les exemples du dictionnaire de Brasseur en indiquant le nom de l'auteur, la date de parution de l'ouvrage, l'entrée dans le dictionnaire et la page :
  - I les ont tués, je pense i viveriont encore, pace que je crois qu'un corbeau vit cent ans. (TN – Brasseur 2001 : s.v. *vivre*, p. 472)

▶ Pour le français louisianais
- ***Découverte* 2003** (*À la découverte du français cadien à travers la parole / Discovering Cajun French through the Spoken Word*) : le corpus, établi par l'équipe réunie autour d'Albert Valdman et englobant 35 textes et plus de 100 minutes d'échantillons oraux de 1960 à 2000, couvrant le parler de 32 localités dans 13 paroisses principalement à l'intérieur de l' « Acadiana » (*cf.* CD-ROM), constitue la base sur laquelle s'appuie le *Louisiana French Dictionary Project* (LFDP, sous la direction d'Albert Valdman), dont est issu le *Dictionary of Louisiana French* (2010). La graphie est normalisée, mais le CD-ROM contient également des fichiers audio.

  Nous citons ce corpus par le mot *Découverte* et signalons le lieu et la paroisse où l'enregistrement a été réalisé :
  - Et si le monde était plein plein pauvre, *Well* il travaillait pour cinquante sous par jour. (LOU – *Découverte*, Pointe-aux-Chênes, Terrebonne)

- Le corpus de **Stäbler** (1995)[24] se base sur des entretiens informels menés sous l'égide de l'auteure en 1988 et 1989, avec des locuteurs âgés de 22 à 84 ans[25] habitant à Vermilion (10) et St. Landry (5), Lafayette (2), Acadie (1) et St. Martin (1). Ces entretiens comprenaient une à quatre personnes ; en tout, le corpus publié en 1995 recueille 10 textes, qui constituent un échantillon des 28 entrevues enregistrées à l'origine dans le cadre de la thèse de l'auteure. La transcription suit la méthode HIAT d'Ehlich (1993) (*cf.* ci-dessus note 9) et il existe un fichier audio pour chaque texte. Nous citons les exemples de cet ouvrage comme suit :
  - Si l'exemple figure dans la partie théorique de l'ouvrage (vol. 1), nous indiquons le nom de l'auteure, la date de parution de l'ouvrage et la page de la citation :
    - et on arrivait là-là * le dedans la maison brûlait joliment bien (LOU – Stäbler 1995 : 150)

  - Si l'exemple est pris directement dans le corpus, qui existe également sous forme de livre paginé, nous en indiquons la page tout en ajoutant le mot *corpus* :

---

[23] Pour la description de ce corpus, *cf.* Brasseur (2001 : XXIII–XXV).
[24] Pour la description du corpus, *cf.* Stäbler (1995, corpus, p. xi–xxiv). – Nous remercions Nathan Rabalais pour la relecture soigneuse de ce corpus et les indications précieuses qu'il nous a données.
[25] 14 locuteurs sur les 19 qui ont participé aux entrevues retenues pour l'ouvrage de 1995 avaient dépassé la cinquantaine au moment des enregistrements.

- et tout quelqu'un avait sa récolte de coton dans son hangar . il allait au moulin . il moudait sa balle il ramenait sa balle il mettait en haut l'hangar (LOU – Stäbler 1995 : 136, corpus)

- L'ouvrage de **Rottet** (2001)[26], consacré au français parlé à Terrebonne et Lafourche, offre des extraits d'un corpus constitué d'entretiens menés pour l'essentiel par l'auteur en 1993, d'enregistrements de conversations libres, d'un questionnaire sociolinguistique et d'exemples à traduire (de l'anglais en français) établis par l'auteur afin d'élucider des problèmes morphosyntaxiques spécifiques. Le corpus visait à représenter le langage de trois groupes d'âge, des deux sexes et d'origine « cadienne » et amérindienne (78 personnes dans l'ensemble, 74 interviews ont été retenues pour l'ouvrage). Il s'agissait, pour Rottet, de comparer le parler louisianais traditionnel avec l'usage contemporain, notamment celui des semi-locuteurs dans le but de saisir les changements linguistiques intergénérationnels. La graphie est normalisée mais signale quelques particularités phonétiques ; il n'y a pas de fichier audio. Nous citons les exemples de cet ouvrage en indiquant le nom de l'auteur, la date de parution de l'étude et la page de la citation ; de plus, suivant les indications de Rottet, qui distingue entre *Older Fluent Speakers* (29 locuteurs), *Younger Fluent Speakers* (17) et *Semi-Speakers* (28) (Rottet 2001 : 90), nous signalons le groupe auquel le locuteur appartient (*cf.* Appendix II dans Rottet 2001 : 283–285) :
    - Dès que la grand'nuit s'a fait eusse se couchait, 'ce que dans ce temps-là il avait assez de moustiques, il follait que t'aouèyes des baires pour te couvère avec, les moustiques t'aurait manjhé. (LOU – Rottet 2001 : 175, loc. âgée)

- ***Dictionary of Louisiana French* (DLF)** (2010) : basé en grande partie sur le corpus *Découverte* 2003 mais aussi sur de nombreuses autres sources, plus anciennes (*cf.* pour la liste des référence, DLF 2010 : xxvii–xxix), le *Dictionary of Louisiana French* (sous la direction d'Albert Valdman et Kevin J. Rottet) est une source précieuse pour le français louisianais, grâce d'une part aux lemmes présentés, d'autre part au riche matériau vernaculaire fourni au lecteur dans les exemples, se prêtant ainsi également à des conclusions concernant la morphosyntaxe. La graphie est largement normalisée, mais les exemples pris dans le corpus *Découverte* figurent en partie sur les fichiers audio de celui-ci (*cf.* ci-dessus). Nous citons le dictionnaire en indiquant l'abrévation DLF et la date de parution de l'ouvrage, l'entrée dans le dictionnaire, la page de l'exemple et l'abréviation de la paroisse proposée par le DLF (par exemple *LF* = *Lafourche*) (*cf.* « Liste des abréviations ») ; s'il s'agit d'une source écrite, nous ajoutons l'abréviation de celle-ci, telle qu'elle figure dans le dictionnaire (par exemple *Gu00* = *Guidry 2000*) (pour la liste des abréviations des sources écrites, nous renvoyons au DLF 2010 : xxxi).
    - On avait juste un éventail comme ça pour t'éventer avec ta main, et il faisait chaud pareil comme il fait ici asteur. (LOU – DLF 2010 : s.v. *pour*, p. 486, LF)

---

[26] Pour la description de ce corpus, *cf.* Rottet (2001 : 77–101).

– Le corpus sociolinguistique recueilli par Sylvie Dubois (*cf.* S. Dubois 2005, 2015) porte sur les paroisses de St. Landry, Vermilion, Avoyelles et Lafourche et comprend cinq générations de locuteurs cadiens. Nous n'avons pu y accéder que partiellement, mais nous en citons quelques exemples, pris notamment dans la thèse de doctorat de Girard Lomheim (2016, *cf.* le chap. « Les pronoms personnels »).

De nombreuses études approfondies sont consacrées au français louisianais. Nous nous référons de manière récurrente à Conwell/Juilland (1963), aux études de Rottet (*cf.* la bibliographie) et de Papen/Rottet (1996, 1997), de Dajko (2009), à la thèse de Girard Lomheim (2016, parue en 2017), ainsi qu'aux études plus anciennes, dont Guilbeau (1950) et Brandon (1955), et de façon très sporadique Ditchy (1932)[27].

Au vu des sources et corpus présentés dans les paragraphes qui précèdent, on aura noté que l'interview constitue jusqu'à présent la base préférée pour collecter des informations sur une variété orale. L'atout de « cette monotonie de genres discursifs » (Gadet 2011 : 132) est certes une meilleure comparabilité des faits, mais d'autre part celui-ci implique le risque de distordre la complexité langagière, puisque des phénomènes qui se manifestent uniquement dans des contextes naturels vont échapper aux enquêteurs. La diversification des genres discursifs – et cela implique aussi la prise en compte de sources écrites de différentes époques – reste ainsi l'un des désidératas de la recherche sur les variétés du français (*cf.* Baronian 2006 : 16).

I.5 Grille de lecture et conventions de transcription

I.5.1 Grille de lecture

Chaque chapitre de la GraCoFAL englobe trois rubriques, les préliminaires, la description des phénomènes et les commentaires. Les « Préliminaires » comprennent une première présentation du phénomène grammatical en question et le résumé des points essentiels au cœur du chapitre respectif. La majeure partie du chapitre est consacrée à la description du phénomène, étayée par une documentation riche en exemples. Suit enfin le « Commentaire », qui ouvrira la perspective sur des observations historiques et variationnelles (*cf.* ci-dessus I.3.2.). Cette grille, souple, est adaptée à chaque chapitre selon le besoin de contextualisation et les données disponibles dans la littérature scientifique.

I.5.2 Les conventions de transcription

Notre but était de rester dans la mesure du possible fidèles à la source citée, mais quelques adaptations ont néanmoins été inévitables. À côté des rares exemples pris dans Guilbeau

---

[27] Ditchy s'appuie sur les notes d'un chercheur anonyme « qui, pendant de longues années, avec un soin pieux, s'est attaché à étudier la langue et les coutumes des derniers descendants des Acadiens du dix-huitième siècle » et dont « le travail fut terminé en 1901 » (Ditchy 1932 : 10). Cet ouvrage ne précise pas l'origine géographique des phénomènes décrits et ne donne aucun renseignement sur la prononciation ni sur le statut social des locuteurs : il ne peut donc servir de base fiable pour une description de la situation linguistique complexe de la Louisiane francophone.

(1950), transcrits dans l'original dans une graphie phonétique insolite aujourd'hui et adaptés par nous au système de l'API, cela concerne, à plus grande échelle, toutes les autres sources dans la mesure où celles-ci manifestent des mises en relief effectuées par les auteurs selon les besoins et les buts de leur propre recherche, que nous ne pouvions bien sûr pas préserver : si dans l'original les caractères étaient espacés ou imprimés en italiques ou en gras, nous nous sommes décidées à renoncer à ces procédés typographiques pour permettre l'harmonisation la plus large possible.

On trouve néanmoins des mots imprimés en gras dans quelques exemples, mais uniquement dans les cas où le terme ainsi mis en exergue apparaît plus d'une fois dans la citation et où seule la forme imprimée en gras correspond au phénomène étudié.

- quoi c'est d'autre itou qu'i y a de/ de euh qui est rouge **là** j'en ai pas/ j'en ai pas icitte j'en ai pas vu là icitte (NB – Wiesmath 2003 : 300, Wiesmath 1, B : 349)

Le premier *là* est en caractères gras pour signaler *là* dans son rôle de marqueur de clôture de la relative ; seul le premier *là* remplit cette fonction ; le deuxième *là*, par contre, est spatial et n'entre pas en ligne de compte dans le paragraphe en question.

Retenons en outre les points suivants :
- Les exemples n'ont été qu'exceptionnellement annotés et traduits.
- L'usage des italiques, des capitales d'imprimerie ou des petites capitales pour les mots empruntés à l'anglais a été respecté conformément à l'original. Dans les exemples tirés du *Dictionnaire* de Brasseur (2001), les anglicismes ont été homogénéisés et mis en italique.
  - quand j'allais à Montréal les gros PARTY dans la TRAIN pis tout ça ça *partait* toute la nuit tu pouvais pas dormir (NB – Arrighi 2005 : 142, Catherine NB 19 : 158–160) (*PARTY, TRAIN* = noms, *partait* = verbe, « faire la fête »)

- L'astérisque figure dans certains exemples pour signaler l'ellipse d'un mot.
  - ce temps là tu pouvais pas acheter un SUIT touT faiT fallait * tu fais faire ta/ ta SUIT (ÎPÉ – Arrighi 2005 : 292, Délima ÎPÉ 5 : 27–28)

Hennemann (2014) et Wiesmath (2006) signalent aussi par l'astérisque l'absence de liaison ; nous avons préservé cette marque dans les exemples cités :
- C'est nous-autres qu'on a eu le premier* [prəmje] autobus. (NÉ – Hennemann, ILM, CL)

- Notons les différentes fonctions des crochets ([...]) chez les auteurs. Conwell/Juilland (1963) placent entre crochets des mots qui ne sont pas prononcés mais devraient y figurer selon les règles du standard :
  - il fallait [qu']il fait des bouts à cheval (LOU – Conwell/Juilland 1963 : 154)

Dans Rottet (2001), les crochets apparaissent dans les transcriptions phonétiques et, dans un article du même auteur portant sur l'emploi du conditionnel en tant qu'habituel en FL (Rottet 2011), ils figurent pour ajouter des explications sur les formes employées.
- Dans les vieux temps, le monde déménageait des bâtisses. Ça aurait mis [= ils mettaient] des rolons en dessous et ça l'aurait halé [= ils le tiraient] avec des mulets. (LOU – Rottet 2011 : 316)

En ce qui concerne notre propre usage, signalons que nous utilisons les crochets pour
- marquer des ellipses dans les citations,
- ajouter des informations,
- indiquer des transcriptions phonétiques (par ex. *tiendre* [tʃjɛ̃nd]).

I.5.3 La prononciation

On ne saurait approfondir ici les spécificités de la prononciation dans les différentes régions. Le lecteur consultera à ce sujet l'abondante littérature et les remarques accompagnant les corpus à la base de notre étude[28].

Nous nous contentons ici de mentionner quelques traits phonétiques récurrents considérés comme caractéristiques des variétés concernées dans notre étude.

▶ Les voyelles
- Prononciation non systématique de la diphtongue transcrite *oi*, réalisée [wɑ], [wɔ] en syllabe finale ouverte et dans les syllabes non finales, et [wa], [wɛ], [we] en syllabe finale fermée ; [wɛ] est très courant en Acadie, surtout devant *l* et *r* ; [wɛ]/[we] peut aussi apparaître en syllabe finale ouverte, cette réalisation ne dépendant pas seulement de la structure de la syllabe mais aussi du registre linguistique et du mot en question. La prononciation [wɛ] est relevée en français louisianais, mais elle y est peu courante[29].
- [u] à la place de [o] dans la syllabe fermée non-tonique (à cet égard, *os* [us] constitue une exception) et devant les nasales : *donner* [dune]. Ce phénomène, appelé « ouïsme », est récurrent en français acadien, à l'exception des Îles-de-la-Madeleine où il reste confiné à quelques mots isolés (Falkert 2010 : 174, 182) ; sporadique en français louisianais, il constitue une survivance des XVIe et XVIIe s. et reste attesté dans certains parlers de l'Ouest de la France (Falkert 2010 : 183).
- Passage de [ɛ] à [a] : dans la syllabe non finale devant le groupe *r* + consonne, le phénomène est répandu dans tous les parlers acadiens et en français louisianais (*certain* [sartɛ̃], *personne* [parsun]) ; dans la syllabe finale devant *r* (*faire* [far]), il est relevé dans certains parlers (la Baie Sainte-Marie, Pubnico, Île-du-Prince-Édouard). En finale absolue (par ex. *jamais* [ʒama], *était* [eta]), ce trait est courant dans les parlers acadiens à l'exception du Nouveau-Brunswick, de sorte que les formes du conditionnel peuvent être homonymes de celles du futur, et celles de l'imparfait de celles du passé simple (*cf.* les chap. « Le conditionnel », « Le futur », « Les temps du passé ») (Flikeid 1994a : 295s., Falkert 2010 : 179).
- Passage non systématique de [ɥi] à [i] comme en français populaire de France : *lui* [li], [i], ou à [y] : *çu-là* « celui-là », *suis* [sy].

---

28 Pour le FA, *cf.* entre autres : Lucci (1972), Flikeid (1984), Arrighi (2005 : 71–79), Wiesmath (2006, Introduction au CD-ROM) et Falkert (2010), où l'on trouvera aussi de nombreux titres traitant la prononciation en FA, Cichocki (2012), Hennemann (2014 : 53s.) ; pour le FTN : Brasseur (2001 : XXVIIIss.) ; pour le FL, *cf.* entre autres Conwell/Juilland (1963), Papen/Rottet (1997), Rottet (2001 : 99s.) ainsi que les études de Durand/Lyche (2008), Klingler/Lyche (2012) et Lyche (1995, 1999, 2010).

29 *Cf.* Falkert (2010 : 185), Cichocki (2012 : 217), Hennemann (2014 : 53), Brasseur (2001 : XXX), Papen/Rottet (1997 : 74).

- En français louisianais, la voyelle [a] après [w] tend vers [ɑ] ou [ɔ] et la nasale [ã] vers [ɔ̃] (Conwell/Juilland 1963 : 46s., 54s., 74, Papen/Rottet 1997 : 74s.) ; en acadien, on constate un grand flottement dans la prononciation de *-on/-an* en syllabe accentuée ouverte, qui ne sont pas toujours différenciés ; dans le langage traditionnel, [ɔ̃] en finale tend vers [ã], par exemple dans la terminaison verbale *-ont/-iont* (*cf.* Falkert 2010 : 232, Cichocki 2012 : 218).
- Désarrondissement de [y] en [i], surtout en franco-terre-neuvien et en français louisianais : *du tout* [di tu].

▶ **Les consonnes**
- Amuïssement de la liquide après consonne en fin de mot : *quatre* [kat], *table* [tab], comme dans toutes les variétés orales du français.
- Palatalisation récurrente mais non systématique de [k, g] et [t, d] devant les voyelles palatales et les semi-voyelles : *queue* [tʃø], *gueule* [dʒœl], [dʒøl], *tiède* [tʃjɛd], *dieu* [dʒø], [dʒjø][30].
- En Acadie, le *r*, apical dans le parler traditionnel et encore aujourd'hui chez les locuteurs les plus âgés, est de plus en plus réalisé de façon dorso-vélaire, les jeunes étant partagés entre les deux variantes et adoptant souvent la variante standard ; en ce qui concerne le maintien du *r* apical, les variétés de la Nouvelle-Écosse se montrent plus conservatrices que les autres variétés étudiées ici[31]. En français louisianais, le *r* apical est la variante courante en début de syllabe, la variante dorso-vélaire peut apparaître selon Conwell/Juilland (1963 : 61) en position intervocalique mais surtout en finale du mot (pour la paroisse d'Évangéline, Klingler/Lyche 2012 : 37 n'attestent que le *r* apical).
- Amuïssement de [v] dans [vw] : *voir* [wɛr], [war].
- Redoublement fréquent du pronom personnel objet *l'* en position intervocalique : *on l-l'a dit*.
- Réduction des groupes complexes [st], [sk] : *juste* [ʒys], *néfaste* [nefas].
- Métathèse du *r* : *revenu* [ɛrvəny].
- Prononciation du *h* aspiré et du *j* initial, réalisés [h] : *honte* [hɔ̃t], *jhamais* [hãme], *j(e)* [h][32].

---

30 Dans le corpus madelinien de Falkert (2010 : 255), « [l]a palatalisation a été relevée uniquement pour les témoins de 60 ans et plus ». La palatalisation, courante dans les variétés acadiennes, est également attestée pour le français louisianais (*cf.* Conwell/Juilland 1963 : 118). – L'assibilation (/t/ → [ts], /d/ → [dz]) apparaît dans le corpus de Falkert de manière non systématique « chez les locuteurs de moins de 40 ans, et chez ceux qui [...] vivent en contact avec le français québécois » (Falkert 2010 : 255). L'assibilation, très répandue en français québécois, est absente des parlers acadiens, à l'exception de la variété parlée à l'Île-du-Prince-Édouard et de celle parlée dans le Nord-Ouest du Nouveau-Brunswick, influencée par le français québécois (King/Ryan 1989 : 258, Flikeid 1994a : 315, Cichocki 2012 : 220, Falkert 2010 : 155). En français louisianais, l'assibilation est rare hors de la paroisse d'Évangéline (Klinger/Lyche 2012).
31 *Cf.* Flikeid (1994a : 296), Falkert (2010 : 211), Cichocki (2012 : 222s.).
32 La variante aspirée de [ʒ] est bien attestée en Nouvelle-Écosse, aux Îles-de-la-Madeleine, à Terre-Neuve et en Louisiane, elle est moins courante au Nouveau-Brunswick (Falkert 2010 : 159s.). – Rottet (2001 : 100) transcrit *h* aspiré par *jh* dans son corpus.

II Observations sociohistoriques et variationnelles

II.1 Le français acadien

II.1.1 Histoire sociodémographique de l'Acadie

La naissance du français acadien remonte à la fondation de Sainte-Croix et de Port-Royal – aujourd'hui Annapolis Royal dans la Baie Française (*Bay of Fundy*) en Nouvelle-Écosse[33]. C'est ici que vit le jour la première colonie permanente des Français dans le Nouveau Monde, en 1604, quatre ans avant la fondation de la ville de Québec. La véritable colonisation ne s'effectuera certes qu'à partir du milieu des années 1630, mais la date revêt néanmoins une forte valeur symbolique pour la fondation de la colonie française de la « Nouvelle-France ». Dès leur fondation et leur colonisation, le Québec et l'Acadie prirent des chemins différents[34]. Selon la comparaison effectuée par Massignon (1962) entre les patronymes français d'Acadie et ceux du Québec dans les années 1700, plus de la moitié des patronymes des colons de l'Acadie provenaient d'une région nettement localisable dans le Centre-Ouest de la France, à savoir les régions au sud de la Loire correspondant aux anciennes provinces du Poitou, de l'Aunis, de l'Angoumois et de la Saintonge ; en revanche, les patronymes des colons qui s'installèrent dans la vallée du Saint-Laurent indiquaient l'importance des contingents en provenance de la Normandie, du Perche et de l'Île de France (*cf.* Péronnet 1995 : 401)[35]. La différence en ce qui concerne la provenance des colons, le fait que l'Acadie se développe dès le début indépendamment du Québec et entretienne des relations tout à fait différentes avec la métropole, ainsi que l'homogénéité linguistique et sociale des Acadiens comptent parmi les raisons principales expliquant les différences qui existent encore aujourd'hui entre les français de l'Acadie et du Québec (*cf.* aussi II.1.2.).

Le destin du français dans l'ancienne Acadie, qui comprenait principalement la Nouvelle-Écosse moderne[36], est inextricablement lié aux guerres coloniales franco-britanniques. Commençant dès la fondation de Port-Royal, situé dans la sphère d'influence britannique, celles-ci culminèrent lors de la Guerre de Succession d'Espagne. Cette guerre se solda par le traité d'Utrecht, en 1713, qui allait régler les droits de possession des colonies européennes en Amérique du Nord au détriment de la France. À côté de Terre-Neuve, où les Français n'avaient désormais plus que des droits de pêche restreints, la péninsule acadienne tomba aux mains des Anglais[37]. À cette date, on y comptait entre 1 500 et 2 000 colons (King 2013 : 3) qui, ne se considérant plus comme des Français ni comme des « Canadiens » à l'instar des colons établis

---

[33] *Cf.* Flikeid (1994a), Kolboom (2005), Arrighi (2005 : 13–38), Wiesmath (2006 : 22s.), King (2013 : 2ss.), Hennemann (2014 : 13–19).
[34] Pour l'origine du terme *Acadie*, *cf.* Wiesmath (2006 : 21) et Hennemann (2014 : 12).
[35] *Cf.* aussi Charpentier (1994, 1996), Flikeid (1994a), Bouchard/Tremblay (1995), Wittmann (1995), Faribault (2000), Thibault (2003).
[36] Outre la Nouvelle-Écosse moderne, appelée alors *Acadie péninsulaire*, lieu principal de la colonisation acadienne, il existait l'*Acadie terre ferme*, le Nouveau-Brunswick moderne, où se trouvaient à l'époque quelques installations dans le Sud et autour de la Baie-des-Chaleurs (*cf.* Flikeid 1994a : 276, Kolboom 2005, Wiesmath 2006 : 20s.). Ces régions étaient appelées *Nova Scotia* par les Écossais à partir de 1621 (Wiesmath 2006 : 22).
[37] La division moderne en Nouvelle-Écosse, Nouveau-Brunswick et Île-du-Prince-Édouard s'est faite progressivement après la conquête britannique définitive, de 1763 à 1784 (Flikeid 1997 : 261).

le long du Saint-Laurent, avaient adopté une identité acadienne et étaient qualifiés comme tels (*cf.* Boudreau 2011 : 82). D'autres territoires acadiens comme l'Île-Royale (aujourd'hui Île-du-Cap-Breton et partie de la Nouvelle-Écosse), l'Île-Saint-Jean (aujourd'hui la province canadienne de l'Île-du-Prince-Édouard), la côte du Nouveau-Brunswick et le reste de la Nouvelle France restèrent français après 1713. Dans un premier temps, les Acadiens s'arrangèrent avec les Britanniques, obtenant le statut de Français neutres (*French neutrals*) en 1730 et jurant fidélité au roi anglais Georges II tout en restant sujets français (Wiesmath 2006 : 25). Mais le conflit franco-anglais se poursuivait ; avec la prise de Louisbourg, les Anglais conquirent l'Île-Royale en 1758, dont les colonies acadiennes furent détruites, de même que celles de l'Île-Saint-Jean. À la fin de la Guerre de Sept Ans, en 1763, les Français cédèrent toutes leurs possessions d'Amérique du Nord aux Anglais[38] : à partir de ce moment-là, les francophones vécurent tous sous le régime britannique à l'exception d'une partie de la Louisiane, qui était sous la domination des Espagnols.

Le destin des Acadiens avait pourtant changé bien avant 1763 : sous prétexte qu'ils refusaient de prêter serment d'allégeance à la couronne britannique et constituaient donc un danger, mais aussi pour des raisons économiques – ils disposaient de terres fertiles –, environ 10 000 Acadiens furent expulsés entre 1755 et 1765 de leurs territoires lors du *Grand Dérangement* (King 2013 : 5)[39]. Un grand nombre d'entre eux furent d'abord déportés dans les colonies britanniques du littoral atlantique, d'autres s'enfuirent dans les territoires français adjacents (Île-Royale, Île-Saint-Jean), d'où ils furent expulsés à partir de 1758 vers la France après la conquête britannique de ces régions. D'autres groupes encore s'installèrent au Québec (surtout sur la presqu'île de Gaspé), aux Îles-de-la-Madeleine, en Louisiane ou vers la fin du XVIIIe s. à Terre-Neuve (King 2013 : 11)[40]. Une partie des Acadiens ne trouvèrent une nouvelle patrie qu'après une longue odyssée dans les années 1780 dans le Sud de la Louisiane, possession espagnole à partir de 1762. Ils y retrouvèrent d'autres Acadiens qui s'étaient déjà réfugiés là juste après le *Grand Dérangement*. En Louisiane, les réfugiés rencontrèrent d'autres francophones mais réussirent dans un premier temps à garder leur identité ethnique et linguistique (*cf.* ci-dessous II.3.1.). Les anciennes terres acadiennes en Nouvelle-Écosse furent reprises par les Anglais, la Nouvelle-Écosse devenant ainsi une « colonie majoritairement anglaise et protestante » (Wiesmath 2006 : 26).

Dès la fin des années 1760, une partie des Acadiens, notamment en Nouvelle-Angleterre, regagnèrent la patrie acadienne et formèrent avec ceux qui avaient échappé à la déportation la base ethnique des Franco-Canadiens dans les provinces Atlantiques[41]. La Baie Sainte-Marie et les environs de Pubnico furent repeuplés assez tôt par des Acadiens de la région de

---

38 À l'exception des îles de Saint-Pierre et de Miquelon au large de Terre-Neuve.
39 Le nombre d'Acadiens en Nouvelle-Écosse dans la période précédant immédiatement la déportation, est estimé à env. 12 000 (Kolboom 2005 : 76 pour l'année 1746, King 2013 : 5 pour l'année 1750), voire 14 000 (Flikeid 1994a : 276 pour le moment de la déportation). Notons que Brasseaux (1991) signale un chiffre sensiblement plus bas de personnes expulsées, à savoir 6 000 à 8 000 (*cf.* Salmon 2009 : 8).
40 *Cf.* King (2013 : 4–12), Kolboom (2005 : 72ss.), Flikeid (1997 : 261s.), Bouchard/Tremblay (1995 : 310–314). Quelques exilés restèrent en Nouvelle-Angleterre, où d'autres Acadiens les rejoignirent au XIXe s. (Thibault 2003 : 902).
41 Seuls 4 000 Acadiens environ avaient réussi à rester (Bouchard/Tremblay 1995 : 314).

Port-Royal, ce qui pourrait expliquer que les variétés parlées dans ces régions passent encore aujourd'hui pour plus conservatrices que celles des zones recolonisées plus tard, comme Chéticamp (Flikeid 1994a, King 2013 : 6). Ces dernières (de même que le Nord-Est du Nouveau-Brunswick) furent en outre repeuplées par une population plus hétérogène, qui avait passé le temps de la déportation dans des endroits très différents (Île-du-Prince-Édouard, Saint-Pierre-et-Miquelon, France), ce qui conduisit selon King (2013 : 6) à un certain nivellement des traits linguistiques acadiens distinctifs. En 1771, environ 8 400 Acadiens vivaient de nouveau dans différents points non contigus de l'ancienne Acadie, entourés de colonies anglaises, ainsi que dans le Nord-Est du Nouveau-Brunswick, où il y avait peu d'Acadiens avant la déportation, mais où il s'en installa par la suite un grand nombre de provenance différente (Wiesmath 2006 : 26)[42]. Du fait des conditions de vie très différentes pendant la déportation et des situations de contact linguistique différentes auxquelles étaient exposés les réfugiés dans la diaspora, les structures des colonies et la situation linguistique après le *Grand Dérangement* étaient tout autres qu'avant 1755. Comme le contact avec l'ancienne métropole était en outre rompu, le français de France n'avait plus d'influence sur ces communautés, dont le français commença à suivre en partie son propre chemin, selon le degré d'isolement ou d'ouverture vers l'extérieur.

Jusqu'à l'*Acte de l'Amérique du Nord britannique* de 1867, par lequel s'unirent le Québec, l'Ontario, le Nouveau-Brunswick et la Nouvelle-Écosse pour former le *Dominion of Canada*, les Anglais tolérèrent largement la culture et la langue des Acadiens, mais les taux de pauvreté et d'analphabétisme étaient élevés parmi ceux-ci. Quand le Nouveau-Brunswick et la Nouvelle-Écosse rejoignirent la confédération canadienne, la question de la langue devint pour l'essentiel l'affaire des provinces. Malgré certains droits particuliers accordés aux locuteurs des langues minoritaires et les efforts de l'église catholique, l'enseignement scolaire et d'autres domaines publics furent largement anglicisés dans ces deux provinces au cours du XIXe s. (King 2013 : 8).

Dans la deuxième moitié du XIXe s. un contre-courant naquit, les Acadiens affichant pour la première fois leur propre identité et exigeant, avec le soutien de la France et du Québec, l'instauration d'écoles francophones ; « [p]eu à peu, une première génération d'intellectuels se penchait sur son patrimoine culturel », dont Pascal Poirier (1852–1933), l'auteur du *Glossaire acadien* et du *Parler franco-acadien et ses origines* (Wiesmath 2006 : 28). En 1881 eut lieu la première Convention nationale acadienne, aux alentours de laquelle on peut dater « l'émergence du discours national » (Arrighi 2005 : 18)[43].

---

[42] Vers la fin du XVIIIe s., la population acadienne connut un accroissement régulier (Flikeid 1994a : 278), Arrighi (2005 : 15) parle de 13 000 personnes vivant à cette époque dispersées en différents lieux des actuelles provinces Maritimes.

[43] Pour une description des processus de légitimation de la communauté acadienne, *cf.* LeBlanc/Boudreau (2016). Entamé au XIXe s. (outre la langue, *l'acadianité* se construisit autour de symboles comme le drapeau et l'hymne national, ainsi que le poème *Évangéline* d'Henry Wadsworth Longfellow), le débat identitaire tourna à partir des années 1960/1970 principalement autour de l'authenticité linguistique, les Acadiens mettant l'accent, dans cette construction identitaire, sur les différences entre le français acadien, d'une part, et d'autre part, le québécois et le français de France moderne. Vers la fin du XXe s., suite à des transformations économiques considérables, ils ont commencé à exploiter le tourisme culturel pour se présenter comme un groupe authentique et distinct (des Anglais comme des Québécois), qui se différencie surtout par sa façon de parler.

Le mouvement acadien gagna un nouvel élan dans les années 1960 : la première université francophone des Maritimes fut fondée à Moncton en 1963, en 1969, la province du Nouveau-Brunswick se déclara officiellement bilingue (*Loi sur les langues officielles*). La *loi 88* (1981) « prescrivait l'égalité des deux communautés linguistiques du Nouveau-Brunswick » (Wiesmath 2006 : 29), visant désormais également la fonction publique, encore marquée à l'époque par l'inégalité entre les deux groupes[44]. Les années 1970 et 1980 virent la naissance d'une scène culturelle franco-acadienne vivante, notamment au Nouveau-Brunswick, qui a largement contribué à la promotion du français acadien (*cf.* Kolboom 2005 : 221ss., Boudreau 2016 : 201ss.). En Nouvelle-Écosse, à l'Île-du-Prince-Édouard et à Terre-Neuve, le français n'a toujours pas de statut particulier aujourd'hui, le droit à l'enseignement en français étant pourtant garanti par la *Charte canadienne des droits et libertés* de 1982 (*cf.* ci-dessous II.1.3.).

II.1.2 Le français acadien – genèse et variation diatopique

La base des variétés de l'acadien est un français imprégné par les dialectes du Centre-Ouest de la France, parlés par les colons d'origine majoritairement paysanne qui émigraient au XVIIe s. notamment depuis le Haut-Poitou vers la province actuelle de la Nouvelle-Écosse (Charpentier 1994, Wiesmath 2006 : 31ss.). Ce serait toutefois sous-estimer la complexité de la réalité linguistique à l'époque que de réduire l'acadien aux seuls dialectes poitevins, voire aux parlers des régions situées entre la Loire et la Gironde. La langue des premiers colons affichait sans doute aussi des traits des dialectes adjacents du Centre ou ceux d'un français commun déjà largement répandu. Il est en effet remarquable que certains traits morphosyntaxiques caractéristiques du poitevin (*cf.* Horiot 1995) soient absents de l'acadien malgré ce substrat dialectal nettement localisable, et que l'inventaire des formes acadiennes soit souvent identique à celui d'autres variétés nord-américaines de français qui remontent plutôt aux dialectes du Nord et du Centre de la France. C. Poirier (1994a : 262) en conclut que

> « ce parler ne peut, d'aucune façon, être considéré comme le continuateur direct d'un dialecte de France ; l'acadien présente au contraire un ensemble de traits hérités de la grande région du Sud-Ouest du domaine d'oïl (notamment du Poitou et de la Saintonge)[45] ».

La question de savoir quand et comment ces processus de nivellement linguistique se sont produits – soit en Nouvelle-France, où les conditions sociolinguistiques particulières facili-

---

44 *Cf.* Wiesmath (2006 : 29s). Pour les législations linguistiques provinciales, *cf.* Arrighi (2005 : 35–38), qui souligne que depuis la conquête, le statut des Acadiens a beaucoup varié. En Nouvelle-Écosse et à l'Île-du-Prince-Édouard « on est passé de la répression à la tolérance, sans plus » ; c'est seulement au Nouveau-Brunswick que « les francophones sont parvenus à imposer leur présence comme facteur politique et social de première importance » (2005 : 38).
45 *Cf.* aussi Flikeid (1997 : 268) : « What appears probable is that there was a strong influence of the emerging central, standardized variety of French along with the substratum represented by the western French *patois* » ; *cf.* aussi Massignon (1962 : 753) : « Il est remarquable, en dépit de cet isolement, que le langage des Acadiens ne soit pas devenu un français dialectal, mais ait conservé un large fonds commun avec le français de France, et avec le français canadien, leur permettant de comprendre sans peine les rares voyageurs et missionnaires venant de France ou du Canada. » – Pour la question du rôle des *patois* dans la formation du français acadien, *cf.* aussi Charpentier (1994), Péronnet (1995) et Flikeid (1994a : 286ss.).

taient sans doute de tels processus, soit sur le territoire de la France, avant le départ des colons, grâce à la domination croissante exercée sur les patois par le français commun – fait l'objet de vifs débats, notamment en référence au Québec[46]. Selon Chauveau (2009 : 49), les colons de l'ancienne Acadie connaissaient probablement, en plus de leur dialecte, une variété émergente du français commun bien avant l'embarquement pour la Nouvelle-France :

> « Il est cependant plus probable, au vu des traces qu'en garde l'acadien, que le dialecte constituait leur usage linguistique premier et spontané, en même temps qu'ils connaissaient le français, et que leur émigration vers le Nouveau Monde les a conduits à dédialectaliser rapidement et quasi systématiquement leur usage linguistique. Cette élimination presque totale des spécificités dialectales aura été l'un des éléments déterminants de leur intégration à la nouvelle communauté humaine qui se formait, dans la première moitié du 17e siècle, en Acadie. »

Dans le même sens, C. Poirier affirme que les premiers colons arrivant en Nouvelle-France parlaient déjà le français commun :

> « L'étude comparée des français d'Amérique donne de la France d'oïl du XVIIe siècle l'image d'un territoire où coexistaient les patois traditionnels liés entre eux par une variété fluctuante de français populaire. S'il n'y a pas eu choc des patois en Nouvelle-France, c'est qu'il s'était déjà produit dans les régions de France une certaine forme d'unification linguistique. » (C. Poirier 1994a : 261)

L'hypothèse de l'existence d'un français populaire commun sur l'ensemble du territoire d'oïl qui allait former la base du français colonial n'exclut cependant pas le déclenchement de processus de nivellement supplémentaires, une fois les colons arrivés sur le continent américain, étant donné que « l'aventure coloniale a sans doute modifié leurs comportements linguistiques et sociolinguistiques » (Chaudenson 1994 : 173), précipitant ainsi la disparition des patois. Pour ce qui est de l'ancienne Acadie, Flikeid (1994a : 320) suppose qu'« une unité linguistique considérable » devait y régner, unité qui fut définitivement ébranlée dans la foulée de la déportation.

L'émergence de la variation géolinguistique dans l'Amérique francophone est principalement due, selon C. Poirier (1994a : 256s., 1994b), aux différences dans la composition des groupes de colons, qui n'étaient pas identiques au Québec, en Acadie et en Louisiane, à l'histoire propre à chacune des colonies, y compris aux différents mouvements des populations, au degré de l'influence du français métropolitain ainsi qu'à l'influence multiforme de l'anglais. Dans ce contexte, les divergences entre les variétés de l'Acadie des Maritimes et de Terre-Neuve d'une part et le français québécois d'autre part s'expliqueraient donc ainsi : à la différence du français québécois, le substrat dialectal de l'acadien était assez homogène, grâce à la nette dominance d'éléments poitevins, et en outre, le contact entre l'ancienne Acadie et la France se rompit dès 1713, soit 50 ans plus tôt qu'au Québec, de sorte que l'acadien évolua comme une langue minoritaire extrêmement isolée « vis-à-vis des contacts extérieurs ou normatifs » (Flikeid 1994a : 320). Dès ce moment-là, l'acadien

---

[46] Pour le débat autour du « choc des patois » dans la Nouvelle-France, *cf.* Mougeon/Beniak (1994) et les différentes contributions dans le volume édité par ces auteurs (Mougeon/Beniak, éds., 1994) ainsi que Wittmann (1995 : 290), qui souligne pour l'émergence du français québécois l'importance du français populaire de Paris et d'une koinè interdialectale.

subit la pression permanente de l'anglais et fut exposé à un processus de refoulement massif. De plus, alors que la situation du Québec était caractérisée par la continuité linguistique, historique et géographique, le *Grand Dérangement* marqua une césure décisive pour les Acadiens, qui se dispersèrent en petits groupes isolés, perdant ainsi pour une longue période le sentiment de leur unité linguistique et de leur identité. Enfin, bien que le contact entre le Canada et la France soit interrompu à partir de la conquête anglaise en 1763, les Canadiens francophones du Saint-Laurent restèrent dominants et réussirent à affirmer leur identité vis-à-vis de la couronne britannique (King 2013 : 7) ; en revanche, les Acadiens, constituant une minorité, s'assimilèrent largement, de sorte que jusqu'au XXe s., le français acadien resta isolé, voire plus ou moins oublié, y compris par le mouvement francophone.

Les facteurs expliquant la formation des sous-variétés acadiennes sont majoritairement liés à la déportation. Même si l'on considère comme Flikeid (1994a : 276, 289, 307s.) que le processus d'unification linguistique fut déjà freiné dans la période précédant la déportation du fait de l'« essaimage » des établissements acadiens à partir de 1670, les facteurs décisifs étaient les différences concernant le lieu et la durée de l'exil et la recomposition de la population après la réinstallation en Acadie. Cette réinstallation ne mit toutefois pas un terme à la dispersion géographique des Acadiens puisqu'ils furent obligés par les Anglais « à s'établir en petits groupes éloignés les uns des autres » pour empêcher leur concentration (Wiesmath 2006 : 26)[47]. Dans cette aire linguistique fragmentée, l'acadien parlé en Nouvelle-Écosse actuelle, notamment à la Baie Sainte-Marie et à Pubnico, s'avère plus conservateur que celui parlé au Nouveau-Brunswick, grâce à la réinstallation relativement précoce dans cette zone des Acadiens en provenance notamment de la Nouvelle-Angleterre, ce qui assurait une certaine continuité entre l'ancienne et la nouvelle Acadie (Wiesmath 2006 : 43)[48]. De plus, certains endroits comme Grosses-Coques, Pointe-de-l'Église (Baie Sainte-Marie) ou Pubnico restaient extrêmement isolés, formant des îlots francophones dans un environnement anglophone et préservant ainsi plus facilement des traits conservateurs. Boudreau (2011 : 85) considère la variété de la Baie Sainte-Marie – appelée *l'acadjonne* – comme « le représentant le mieux conservé de l'état le plus ancien du français d'Amérique du Nord » (*cf.* aussi Boudreau/L. Dubois 2007 : 103). Dans ces îlots conservateurs, les locuteurs sont d'ailleurs, encore aujourd'hui, convaincus de parler une variété « plus authentique » du français acadien et, davantage que les Néo-Brunswickois, ils se sentent proches des « cousins américains » de Louisiane (Boudreau/Le Blanc-Côté 2003). Au Nouveau-Brunswick, en revanche, le brassage linguistique résultant des arrivées successives et plus tardives de groupes de colons d'origines diverses ainsi que l'influence tangible du Québec à certains endroits contribuent à expliquer le caractère moins conservateur de la variété locale[49].

---

47 Pour la variation interne de l'acadien des provinces Atlantiques, *cf.* surtout Flikeid (1989a, 1994a, 1997).
48 Dans l'hypothèse de Flikeid (1994a), c'est grâce à cette continuité historique que les communautés acadiennes du Sud-Ouest de l'ancienne Acadie ont pu conserver un état de langue plus proche de la koinè qui se serait constituée en Acadie entre 1630 et 1670.
49 Pour l'hypothèse d'un continuum entre les sous-variétés acadiennes, *cf.* ci-dessous III.2.

Nonobstant cette diversité incontestée, Flikeid (1994a : 320) souligne que « [l]'homogénéité intérieure de l'acadien est importante : toutes les considérations sur la variabilité ne doivent pas faire oublier cela. » Même si cette homogénéité était sans doute plus grande dans l'ancienne Acadie qu'aujourd'hui, les ressemblances actuelles entre ces sous-variétés, entre autres sur le plan morphosyntaxique, sont indéniables.

II.1.3 La situation aux XXe et XXIe siècles

Grâce à un taux de natalité relativement élevé, les Acadiens se sont maintenus en tant que groupe ethnique dans les provinces Maritimes, le nombre de locuteurs de l'acadien étant toutefois globalement en recul. Entre 2006 et 2016, le nombre des personnes déclarant avoir pour langue maternelle le français a reculé, passant au Nouveau-Brunswick d'environ 33 % de la population totale à 30,8 % (soit 230 010 locuteurs en 2016), en Nouvelle-Écosse de 3,9 % à 3,2 % (soit 29 425 locuteurs en 2016) et à l'Île-du-Prince-Édouard de 4,4 % à 3,4 % (soit 4 855 locuteurs en 2011)[50].

Au début du XXIe s., dans les provinces Maritimes, le français est loin d'avoir acquis un statut comparable au français québécois, d'autant que son ancrage sur le terrain diffère sensiblement d'une région acadianophone à l'autre, même s'il existe aujourd'hui dans chacune d'elles la possibilité de fréquenter une école française, d'avoir accès à des médias français (TV, radio, presse) et de pratiquer la culture acadienne dans des centres culturels ou lors des grandes fêtes. La dispersion des régions acadianophones, la disparité des milieux sociolinguistiques des locuteurs et le contact avec l'anglais, plus ou moins intense selon la région, constituent des problèmes majeurs pour le maintien du français acadien, « le référent central de l'identité acadienne » (Boudreau 2011 : 72). En Acadie, la langue régionale est confrontée non seulement à l'anglais, mais aussi à d'autres variétés du français : la langue standard à l'école et le français québécois dans certains médias, ce qui peut exacerber un sentiment d'infériorité et se solder par l'abandon des traits de langue jugés « acadiens »[51].

C'est au Nouveau-Brunswick que le français est le mieux établi, le bilinguisme y étant considéré comme un atout, y compris sur le marché de travail, et le français jouissant dans cette province du statut de langue officielle (Wiesmath 2006 : 47). Mais bien que la situation actuelle du français soit plus favorable que dans les années 1950/1960, l'anglais est omniprésent et la situation demeure complexe. D'un côté, le français acadien est « favorablement connoté parce qu'interprété comme la langue de l'origine », mais de l'autre, « tout ce qui peut se rattacher au français dit standard est assorti de valeurs positives » (Boudreau 2016 : 56 en référence à la situation à Moncton). Selon Péronnet (1995 : 402), la situation au Nouveau-Brunswick – et plus particulièrement dans la région de Moncton – est caractérisée, à la fin du XXe s., par le recul de l'acadien traditionnel et une instabilité linguistique extrême. Notamment en milieu urbain, la diglossie « classique » entre le français et l'anglais a cédé la place à « une situation de bilinguisme », marquée par le contact libre entre les langues et la perte de

---

50 www.statcan.gc.ca, consulté le 2 août 2017. *Cf.* King (2013 : 13), Hennemann (2014 : 64s.).
51 *Cf.* aussi Péronnet (1995 : 415), Flikeid (1994a : 293), Hennemann (2014 : 103ss.), Boudreau (2016 : 49–71). Bien que les traits régionaux aident à distinguer le français acadien du français standard et du français québécois, aspect important pour la construction de l'identité collective, l'ambivalence des Acadiens vis-à-vis de leur idiome reste entière (*cf.* Boudreau 2011 : 79s.).

leur répartition fonctionnelle traditionnelle. Arrighi (2005 : 31) voit le français acadien traditionnel évoluer dans deux directions opposées : vers un « français non-standard plus ou moins anglicisé » d'une part, et vers « un français se rapprochant graduellement du standard » d'autre part[52]. Dans la même veine, Perrot (2005a : 310, 2014a : 201) discerne pour le parler de Moncton deux mouvements contradictoires, l'anglicisation et la « refrancisation/standardisation », et Boudreau (2016 : 56) parle à propos des pratiques langagières à Moncton d'un continuum entre l'usage du standard canadien et « un français très anglicisé ».

L'émergence et la diffusion d'un français plus standardisé, l'affaiblissement du français acadien traditionnel ainsi que le progrès du bilinguisme sont des signes d'une transformation sociale importante. Le chiac, l'une des variétés composant ce continuum de français et longtemps stigmatisé comme « mélange », reste dévalorisé, mais des « mouvements de contre-légitimité » sont « de plus en plus visibles, particulièrement chez les jeunes et les artistes » (Boudreau 2016 : 56). Se référant « à tout ce qui s'éloigne de l'idée d'un français canadien (acadien) idéalisé » (Boudreau 2012 : 102), le chiac jouit aujourd'hui d'une certaine popularité véhiculant une identité francophone spécifique (Perrot 2005a : 312, 2014b)[53].

En Nouvelle-Écosse, le nombre des francophones est beaucoup plus réduit, le français ne jouant un certain rôle que par endroits[54]. Même après la reconnaissance officielle de l'enseignement français par la *Loi sur l'éducation* (*Loi 65*), en 1981, les réserves envers le français restent grandes, et il a d'ailleurs fallu attendre l'année scolaire 2000–2001 pour voir établies des écoles où « tous les programmes scolaires, sauf le cours d'anglais, sont officiellement en français, de la maternelle à la 12e année » (Ross 2001 : 168, *cf.* aussi Petraș 2016 : 57–65). Mais même aujourd'hui, seuls « 30 % des Acadiens néo-écossais […] se prononcent en faveur d'une scolarisation complète en français » (Hennemann 2014 : 98).

Deux autres facteurs ont toutefois favorisé le renforcement du français en Nouvelle-Écosse : la fondation de l'université francophone Sainte-Anne à Pointe-de-l'Église, à la Baie Sainte-Marie, en 1977, qui était un collège francophone depuis 1890, et l'installation de radios communautaires depuis 1991, qui représentent une alternative aux stations publiques et commerciales dans les communautés minoritaires[55].

Malgré ces efforts pour améliorer le statut du français en Nouvelle-Écosse, celui-ci n'est toujours pas reconnu comme langue officielle dans cette province (Hennemann 2014 : 80) et l'attitude des francophones vis-à-vis de leur langue reste ambivalente. L'étude de Fritzenköt-

---

[52] Pour les changements linguistiques en cours en FA, notamment en direction du français standard, *cf.* Péronnet (1996) et Péronnet/Kasparian (1998).

[53] Selon Arrighi (2005 : 60), le chiac « est maintenant souvent envisagé comme un reflet de la réalité dans laquelle vivent les jeunes Acadiens de Moncton et des environs et un "outil" permettant à une génération de maintenir son identité en participant à la fois à la culture acadienne, française canadienne (par l'influence du québécois) et canadienne anglophone ». *Cf.* aussi Boudreau/Perrot (2010), qui soulignent l'importance de la bande dessinée *Acadieman* comme porte-parole du chiac, véhiculant un nouveau sentiment identitaire. Comme le montre le recours croissant à cette variété dans l'espace public, le chiac n'est donc plus « strictement une stratégie de communication privée » (Arrighi 2013 : 21).

[54] À propos de la vitalité ethnolinguistique en Nouvelle-Écosse, *cf.* Hennemann (2014 : 76–112) et Petraș (2016 : 46–65).

[55] À propos du débat sur le statut de la variété régionale, *l'acadjonne*, entre autres comme langue de la radio communautaire à la Baie Sainte-Marie, *cf.* Boudreau/L. Dubois (2007) et Petraș (2016).

ter (2015, chap. 4), basée sur des enregistrements réalisés parmi des lycéens et des étudiants francophones à la Baie Sainte-Marie et à Pubnico, fait ressortir chez un grand nombre de jeunes leur fierté vis-à-vis de l'identité acadienne (définie par l'histoire, la culture, la langue et les ancêtres) et de leurs compétences linguistiques, alors même que les deux tiers d'entre eux considèrent le français acadien comme moribond. Pour ce groupe au moins, c'est l'anglais qui est la langue privilégiée à l'extérieur et dans l'utilisation des médias. Comme au Nouveau-Brunswick, l'insécurité linguistique est grande, étant donné la coprésence de l'anglais, du français standard et du français québécois.

Le statut du français apparaît comme plus fragile encore à l'Île-du-Prince-Édouard, où il est seulement enseigné en tant que langue seconde, à l'exception de la région d'Évangéline (existence de l'École Évangéline depuis les années 1970) et de Tignish (où existe l'École Pierre-Chiasson depuis 2001) (King 2013 : 9s.). La prédominance de l'anglais dans la vie de tous les jours est incontestée, l'assimilation de la population acadienne ne cessant de progresser (Wiesmath 2006 : 48).

II.2 Les Acadiens hors des provinces Maritimes

En dehors des provinces Maritimes sur la côte est du Canada, des acadianophones vivent aujourd'hui sur la péninsule de Port-au-Port à Terre-Neuve, au Québec (Îles-de-la-Madeleine, péninsule de Gaspé, Basse-Côte-Nord, communautés disséminées dans le Sud du Québec (« les petites Cadies »)), ainsi que sur les îles françaises de Saint-Pierre-et-Miquelon. De plus, dans les États de la Nouvelle-Angleterre, aux États-Unis, on trouve encore sporadiquement des descendants des Acadiens ayant émigré pour chercher du travail à la fin du XIXe s. (Flikeid 1997 : 260s., Szlezák 2010).

La présence acadienne à Terre-Neuve date de la deuxième moitié du XVIIIe s. lorsqu'après la déportation, de nombreux Acadiens gagnèrent la péninsule de Port-au-Port et la Baie Saint-Georges[56]. Une partie de ces réfugiés venaient directement de l'Île-du-Cap-Breton, en Nouvelle-Écosse, d'autres arrivaient par les Îles-de-la-Madeleine ou Saint-Pierre-et-Miquelon. La coexistence à Terre-Neuve de colons acadiens et de colons en provenance de France, notamment à partir des années 1830 (principalement originaires de Normandie et du Nord de la Bretagne, *cf*. Brasseur 2001 : X), a laissé son empreinte sur le langage (*cf*. aussi King 2013 : 11). Cependant, malgré un certain nivellement dialectal, les métropolitains semblent s'être majoritairement adaptés aux Acadiens, de sorte que le franco-terre-neuvien peut être considéré comme une variété acadienne, affichant surtout des traits communs avec le parler de l'Île-du-Cap-Breton et marquée, malgré sa relative jeunesse du fait de l'installation tardive des Acadiens, par des traits conservateurs dus à son isolement géographique[57].

Dès 1713, la France ne possédait plus à Terre-Neuve que des droits de pêche – auxquels elle ne renonça qu'au début du XXe s. (Brasseur 2001 : XI) –, de sorte que l'assimilation à

---

[56] Pour Terre-Neuve et l'histoire de sa colonisation *cf*. surtout King (1989 et 2013 : 10–12), King/Butler (2005), Magord (1995), Brasseur (2001 : IX–XII).
[57] *Cf*. Brasseur (2001 : XXII), Hennemann (2014 : 30), King/Butler (2005 : 169ss.).

l'environnement anglais fut précoce, surtout à la Baie Saint-Georges. Sur la presqu'île de Port-au-Port, le nombre des francophones allait aussi en diminuant ; ici, c'est surtout l'immédiat après-guerre, les années 1950, qui fut marqué par l'assimilation au contexte anglais. En 2006, il n'y avait plus que 1 885 Franco-Terre-Neuviens qui désignaient le français comme leur langue maternelle (King 2013 : 13)[58]. Un nouvel intérêt pour le français naquit certes dans les années 1970, lorsque la péninsule de Port-au-Port/Baie Saint-Georges fut reconnue comme district bilingue et que des efforts furent entrepris pour introduire le français dans l'enseignement (King 2013 : 16s.). Et pourtant, même si l'on constate depuis les années 1980 une certaine fierté vis-à-vis de l'héritage culturel acadien et que les jeunes essaient d'établir des liens avec la francophonie acadienne (King/Butler 2005 : 169), la situation du français à Terre-Neuve reste précaire (King 2013 : 18) et « [l]e bilinguisme est aujourd'hui de règle dans la communauté francophone » (Brasseur 2001 : XX). Dans les écoles, ce sont l'anglais et le français standard qui sont enseignés, de sorte que l'insécurité linguistique des Franco-Terre-Neuviens est grande (Brasseur 2001 : XVIII–XX). Ici, le français ne survivra certainement pas en tant que langue maternelle (King 2013 : 18, *cf.* aussi King 1989 : 242).

D'un point de vue linguistique, les Îles-de-la-Madeleine font partie de l'Acadie depuis le *Grand Dérangement* – en 1761, l'archipel fut colonisé par des Acadiens en provenance notamment de l'Île-du-Prince-Édouard et du Cap Breton (Falkert 2010 : 46) –, du point de vue administratif cependant elles appartiennent au Québec depuis 1774, ce qui implique que contrairement aux provinces Maritimes, le français est aujourd'hui la seule langue officielle. D'après le recensement de 2016, près de 96 % des 12 010 habitants indiquent le français comme langue maternelle (www.statcan.gc.ca, consulté le 2 août 2017). Les Madelinots se sentent encore fortement liés à l'Acadie[59] ; considérant le *Grand Dérangement* comme une part constitutive de leur histoire, ils « revendiquent leur appartenance au groupe acadien à travers ce passé commun » (Falkert 2010 : 53). Contrairement aux variétés des provinces Maritimes, l'acadien des Îles-de-la-Madeleine n'a guère été soumis à l'influence directe de l'anglais, mais ce sont le français québécois et le français standard qui sont transmis par l'enseignement et les médias, marquant ainsi surtout le langage des jeunes (Falkert 2010 : 81ss.).

En Nouvelle-Angleterre, on ne parle guère plus l'acadien aujourd'hui, la conscience d'une spécificité ethnique restant néanmoins vivante (Szlezák 2010, Fox/Smith 2005).

---

[58] Notons que dès 1980, lors d'une enquête sur le terrain, King estimait le nombre des locuteurs à un total de 400 à 1 000 seulement (King 2013 : 18) ; selon Brasseur (2001 : IX) le nombre des locuteurs du français en tant que première langue s'élève à « un millier de personnes ». – Le recensement de 2016 indique le nombre de 2 355 locuteurs français de langue maternelle pour Terre-Neuve et le Labrador, ce qui correspond à un demi pour cent de la population (*cf.* www.statcan.gc.ca, consulté le 2 août 2017).
[59] Selon l'enquête de Falkert (2010 : 58), 31,9 % des personnes interrogées se sentent « acadiennes », 34,1 % « québécoises » et 22,7 % les deux à la fois, de sorte que l'auteure parle d'une « identité composite de la population madelinienne » (Falkert 2010 : 84).

II.3 Le français louisianais

II.3.1 Histoire sociodémographique de la Louisiane

Après la découverte du delta du Mississippi en 1682, Robert Cavalier de la Salle prit possession au nom du roi de France, Louis XIV, de la région située entre les grands lacs et le golfe du Mexique, la baptisant en son honneur « Louisiane ». Mais ce ne fut qu'en 1699 que commença la véritable colonisation des alentours de l'embouchure du Mississippi. La Nouvelle-Orléans fut fondée en 1718 et les premiers négriers de la côte sénégambienne arrivèrent dès 1719[60]. Au début, la colonie n'était guère rentable et une société de plantation, où le nombre des esclaves en provenance de l'Afrique dépassait celui des Blancs, ne se développa que vers la fin du XVIIIe s. Au traité de Paris (1763), la France dut céder la nouvelle colonie aux Espagnols, qui administrèrent la Louisiane jusqu'en 1800, sans guère laisser de traces linguistiques. Cette période fut marquée non seulement par l'accroissement rapide du nombre des esclaves, mais aussi par l'arrivée d'environ 3 000 Acadiens, expulsés lors du *Grand Dérangement* et qui vinrent s'établir en plusieurs vagues entre 1764/65 et 1785 dans le Sud de la Louisiane (Brasseaux 1996 : 91, 1998 : 30)[61]. Les premiers arrivés s'installèrent d'abord dans la vallée du Mississippi, puis dans les prairies encore largement vierges de l'Ouest de l'Atchafalaya (district des Attakapas), notamment dans les paroisses actuelles de St. Landry et de Vermilion. Une dernière vague d'immigration des Acadiens toucha la Louisiane vers 1785, un grand nombre d'entre eux s'étant d'abord réfugiés en France, avant de s'installer dans la région de Lafourche et de Terrebonne. En dehors de l'apport acadien, la francophonie du Sud de la Louisiane fut considérablement consolidée par plus de 10 000 Blancs, gens de couleur et esclaves fuyant les troubles de Saint-Domingue (aujourd'hui Haïti) au début du XIXe s. (Dessens 2007), et par quelques milliers de Français métropolitains, appelés « foreign French », qui arrivèrent en Louisiane pendant la première moitié du XIXe s. (*cf.* Brasseaux 1990). Ces immigrants, sans doute originaires de différentes régions de France, quittaient leur patrie pour des raisons politiques ou économiques, et ils s'établirent de préférence à la Nouvelle-Orléans. Durant cette époque, « il n'y a pas une seule variété originelle de français » (S. Dubois 2014 : 161), mais la coexistence de plusieurs variétés. Après la vente de la colonie aux États-Unis par Napoléon en 1803, la partie sud de la Louisiane devint le 18e État fédéral en 1812, ce qui ne changea d'abord rien à la position de force du français, mais signifiait à la longue une américanisation progressive de la population et le recul graduel du français, de sorte que l'époque allant de 1830 à 1870 est caractérisée par « l'émergence d'un bilinguisme collectif » (S. Dubois 2014 : 162). Après la guerre de Sécession (1861–65), le contact avec la France fut fortement restreint. Le fait que l'anglais soit déclaré seule langue de la vie publique impliquait la perte du statut spécifique du français, progressivement refoulé du domaine public.

L'histoire sociodémographique particulière de la Louisiane explique que sa situation linguistique soit complexe dès le début, et c'est grâce à l'apport des différents groupes que

---

[60] Pour l'histoire de la colonisation de la Louisiane, *cf.* Hall (1992), Klingler (2003), pour l'histoire des Acadiens en Louisiane, *cf.* Brasseaux (1987, 1992, 1998) et Salmon (2009 : 5–27). Pour une esquisse des grandes périodes sociolinguistiques en Louisiane, *cf.* S. Dubois (2014).

[61] D'autres sources parlent de 4 000 exilés acadiens en Louisiane (*cf.* Salmon 2009 : 10).

s'est formé le français louisianais. Les colons des premières années vinrent principalement de France et du Québec actuel et on est fondé à supposer qu'il s'est alors formé une variété du français colonial, certes imprégnée par le français populaire tel qu'il était parlé dans le Centre et le Nord-Ouest de la France aux XVIIe et XVIIIe s (*cf.* ci-dessus II.1.2.), mais ayant indubitablement subi des restructurations par rapport au français de France de l'époque. Le parler des premiers colons se distinguait sûrement de celui des Acadiens, qui arrivèrent par la suite, même si l'on ne doit pas surestimer les différences entre ces variétés (*cf.* ci-dessous II.3.2.)[62]. La situation linguistique en Louisiane était d'autant plus complexe qu'il se forma dès la première moitié du XVIIIe s. une langue créole endogène à base française (le créole louisianais), à côté du français colonial[63].

Pour ce qui est des Acadiens et de leurs descendants, appelés plus tard *Cajuns*, *Cadjins* ou *Cadiens*, ce groupe resta d'abord relativement isolé comme minorité francophone, surtout dans les paroisses de l'Ouest de l'Atchafalaya, préservant ainsi localement ses particularités linguistiques et culturelles malgré l'intensification progressive du contact avec les autres groupes francophones.

Grâce entre autres à l'arrivée des réfugiés de Saint-Domingue et de la France post-révolutionnaire et napoléonienne, une nouvelle élite de propriétaires se forma à la Nouvelle-Orléans et sur les plantations du Mississippi et du Bayou Têche au début du XIXe s. Riches et en partie également issus de milieux intellectuels, les membres de cette élite – « Créoles » blancs[64], mais aussi Créoles de couleur, ainsi que quelques Acadiens – se référaient consciemment à la culture française et au français parlé en France, de sorte que le *français de plantation/Plantation Society French* parlé par ce groupe se distinguait non seulement du *français colonial* des premiers temps et du français parlé par les réfugiés acadiens, mais aussi du français tel qu'il était parlé à l'époque le long du Saint-Laurent (Picone/Valdman 2005)[65]. En effet, alors que le contact entre la Louisiane et la France est resté vivant jusqu'à la Guerre de Sécession, celui entre le Canada et la France se dégradait de plus en plus depuis la seconde moitié du XVIIIe s. (Picone 2015 : 271), ce qui explique en partie les différences linguistiques. Les cercles instruits des Blancs et des gens de couleur libres de la Nouvelle-Orléans furent les protagonistes d'une renaissance de la langue et de la culture françaises dans la deuxième moitié du XIXe s. (*cf.* Urbain 2016/2017), de sorte que la Louisiane resta un « carrefour » linguistique et culturel, dont les caractéristiques étaient la diversité linguistique

---

[62] *Cf.* Picone (2015 : 271) : « Francophone Louisiana had two mother countries, linguistically speaking : Canada (both Quebec and Acadia) and France ». Au vu de la situation sociolinguistique spécifique de la Louisiane coloniale, caractérisée par le manque de cohésion sociale, Picone souligne que la question du « choc des patois » se pose autrement en Louisiane qu'au Canada.

[63] Le créole louisianais est encore parlé dans quatre paroisses non contiguës (St. Martin, Pointe Coupée, St. Tammany, St. Charles). Pour sa répartition géographique et sa genèse, *cf.* Neumann (1985), Klingler (2003).

[64] Le terme *créole/Creole* – à la fois ethnonyme et glottonyme – est ambigu et son histoire est complexe (*cf.* Le Menestrel 1999 : 94–107, Urbain 2016/2017). À propos du problème des « étiquettes linguistiques » en Louisiane, *cf.* Klingler (2005).

[65] Pour une documentation du français louisianais tel qu'il est reflété dans la correspondance des XVIIIe et XIXe s., *cf.* S. Dubois (éd., 2010).

et l'hétérogénéité culturelle jusqu'au tournant du siècle[66]. Le déclin du français allait malgré tout s'avérer irrévocable.

Ainsi, alors qu'au XIXe s., le français et ses variétés se maintenaient encore, le XXe s. fut marqué par un refoulement progressif qui persiste encore. La constitution de 1921 établit l'anglais comme seule langue officielle de la Louisiane et interdit l'usage d'autres langues à l'école, la pratique de la langue française passant pour un signe de pauvreté et d'arriération. L'introduction du service militaire obligatoire, l'essor de l'industrie pétrolière et la diffusion des médias poussèrent de plus en plus de francophones louisianais vers l'usage de l'anglais, le climat sociopolitique renforçant l'isolement de la population francophone et créolophone (S. Dubois 2014 : 166). Dans la première moitié du XXe s., le *français de plantation* n'était plus maîtrisé en tant que langue maternelle que par les membres de quelques familles blanches implantées depuis longtemps à la Nouvelle-Orléans[67], le français des Cadiens, établis comme agriculteurs ou artisans notamment dans les paroisses de l'Ouest, et le créole louisianais résistant encore relativement bien pendant un certain temps, malgré l'adaptation progressive à l'entourage anglo-américain sur le plan aussi bien linguistique que culturel. Le terme *Cadien* avait cependant perdu son enracinement dans les milieux des descendants des Acadiens. Dans la mesure où les frontières entre les différents groupes francophones étaient devenues de plus en plus perméables, surtout dans les couches les plus pauvres de la population, ce terme s'est généralisé dans le Sud de la Louisiane pour désigner la population francophone rurale, pauvre et blanche, indépendamment de son ascendance (Dajko 2009 : 51s., Klingler 2015 : 629)[68].

II.3.2 Le français louisianais – genèse et variation diatopique

Comme dans l'Acadie des Maritimes, les régions francophones en Louisiane ne forment pas un ensemble cohérent. Même si le morcellement dialectal du français louisianais n'est pas nettement marqué (*cf.* S. Dubois 2005, 2015), on peut distinguer des sous-espaces comme les paroisses du Centre et du Sud-Ouest, celles du Sud-Est (Terrebonne et Lafourche) et celles du Nord (Avoyelles et Évangéline)[69]. Cette division approximative, fondée sur différents paramè-

---

[66] *Cf.* Neumann-Holzschuh (2014), Baronian (2010, 2016) et les articles dans le volume édité par Dessens/Le Glaunec (éds., 2016), notamment Thibault (2016).

[67] Selon Picone (2015 : 279), le français parlé encore aujourd'hui par quelques locuteurs dans la paroisse de Plaquemine et sur Grand Isle semble être un « dialectal descendant of Plantation society French ».

[68] *Cf.* Brasseaux (1992 : 104) : « [...] *Cajun* was used by Anglos to refer to all persons of French descent and low economic standing, regardless of their ethnic affiliation ». – Dans l'étude de Dajko (2009), le terme *Cajuns* se réfère aux Francophones blancs par opposition aux *Indians*, les Amérindiens francophones (*cf.* Dajko 2009 : 65s.).

[69] En référence aux quatre paroisses qu'elle a étudiées (Lafourche, Vermilion, St. Landry et Avoyelles), S. Dubois (2005 : 297) constate qu'« on tracerait une isoglosse substantielle entre Lafourche et les autres localités, une autre d'égale importance qui rendrait compte des écarts variables entre Avoyelles et les autres paroisses ». *Cf.* aussi S. Dubois (2015 : 649) et Baronian (2010, 2016). Les paroisses du Nord (Avoyelles, Évangéline), où les Acadiens ont longtemps formé une minorité, s'apparentent souvent au Sud-Est par certains traits conservateurs.

tres phonétiques et morphosyntaxiques[70], a été associée dans la recherche à l'histoire coloniale du Sud de la Louisiane, notamment aux différentes vagues d'immigration acadienne. Ainsi, les paroisses des prairies du Centre et de l'Ouest (Acadia, Assumption, Lafayette, Vermilion) semblent avoir été plus fortement imprégnées par la première vague d'immigration que celles du Sud-Est, peuplée surtout au cours de la dernière vague migratoire à partir de 1785, et celles du Nord, qui suivent en partie leur propre voie.

Il ne faut cependant pas surévaluer le poids de l'histoire coloniale. Les raisons de la variation diatopique de la Louisiane sont multiples, et outre le passé colonial, l'intensité variable du contact (linguistique) entre les différents groupes francophones dans le Sud de la Louisiane constitue un autre facteur d'explication à prendre en considération[71]. C'est néanmoins à juste titre que Picone (2006 : 221), en référence entre autres aux études de S. Dubois (cf. 2005 : 300), met en garde contre l'exagération de « l'ampleur de cette diversité, car dans tous les endroits examinés le chercheur trouvera également une unité fondamentale aux niveaux phonologique, morphosyntaxique et lexical ». Le français louisianais est essentiellement le produit du contact entre diverses variétés non standard, « y compris les français "colonial" et "acadien" du 18ᵉ s. et le français "de la société de plantation" du 19ᵉ s. » (Rottet 2005b : 213)[72] – une situation de contact très spécifique donc, qui explique le nivellement accéléré de certains caractères proprement dialectaux, caractéristique des variétés des diasporas « secondaires » comme celle des Acadiens ayant émigré vers la Louisiane[73], ce qui n'exclut par ailleurs nullement le maintien de certains traits dialectaux dans toutes les paroisses encore francophones de la Louisiane (S. Dubois 2015 : 652).

> « L'unité dialectale en Louisiane s'expliquerait alors, d'une part, par l'homogénéité du français populaire d'alors, malgré la diversité de langues et de patois qui se parlaient à l'époque coloniale et d'autre part, par un effet de nivellement progressif, rendant encore plus uniforme le français louisianais actuel. » (Picone 2006 : 229)

Étant donné la complexité de la situation linguistique de la Louisiane coloniale, les différences parfois frappantes entre le français louisianais et le français acadien sont plus aisément compréhensibles. Variété forgée sur la base de divers états du français parlé aux XVIIIᵉ et XIXᵉ s., le français louisianais ne se réduit certainement pas au seul élément acadien et n'appartient donc que partiellement à l'espace variationnel de l'acadien. Si aujourd'hui, on parle de *français cadien* (*Cajun French*), c'est donc un « label » (Klingler 2009, 2015) ou une « étiquette trompeuse » (Neumann-Holzschuh 2009a), sous laquelle se cache une variété

---

70 La distribution régionale de la terminaison verbale acadienne *-ont* à la 3ᵉ pers. pl. et l'emploi des pronoms d'interrogation correspondant à « qu'est-ce qui/que » en français standard, à savoir *quoi* et *qui* (« inanimé », c.-à-d. en référence aux choses), ont été mis en relation avec la structure de l'implantation des colons. *Cf.* Byers (1988), S. Dubois (2005, 2015), Rottet (2004), ainsi que le chap. « L'interrogation » de ce volume.
71 Dans les paroisses comme St. Martin, où on parle aussi le créole, le français louisianais possède des traits particuliers, puisqu'un continuum linguistique complexe s'y est créé entre les deux langues.
72 C'est à juste titre que Rottet (2005b : 213) continue : « Mais dans l'esprit des Louisianais, et souvent celui des chercheurs, c'est la contribution acadienne qui l'emporte toujours ». *Cf.* aussi Rottet (2006), S. Dubois (2005 : 301), Picone (2006), Neumann-Holzschuh (2009a, 2014), Klingler (2009, 2015).
73 *Cf.* Chaudenson et al. (1993 : 44) pour une classification des diasporas liées à la colonisation. Les diasporas secondaires sont « opérées à partir d'un des points déjà colonisés ».

indépendante du français nord-américain parlée non seulement par les descendants des Acadiens, mais aussi par d'autres membres de la communauté linguistique française de souche différente. Par conséquent, il est sûrement plus juste de nommer cette variété *français louisianais/Louisiana French* plutôt que *cadien*[74].

Si le terme de *français cadien/Cajun French* reste néanmoins en usage en linguistique et ailleurs, c'est certes à cause des traces laissées par l'acadien dans cette variété, mais surtout du poids identitaire que comporte ce terme pour les francophones en Louisiane et en Acadie, qui restent attachés à leur origine commune[75].

II.3.3 La situation aux XXe et XXIe siècles

La première moitié du XXe s. fut caractérisée par un mouvement d'anglicisation en tous sens en Louisiane, englobant dès les années 1940/1950 également les *Cadiens* et les créolophones. Même si les premières tentatives de renaissance francophone datent de la fin des années 1950 (S. Dubois 2014 : 170), une vraie césure dans l'histoire de la langue française est constituée par l'année 1968, lorsque dans le sillage du Mouvement des droits civiques (*Civil Rights Movement*), les minorités ethniques et linguistiques des États-Unis commencèrent à valoriser leur altérité. En Louisiane, ce mouvement a induit dans son sillage une nouvelle conscience ethnique et contribué à attribuer au terme *Cadien/Cajun* une connotation positive. Bien que ce soit d'abord l'héritage culturel des Cadiens qui ait joué un rôle majeur dans le regain de confiance en soi et l'affirmation identitaire, cet héritage fut progressivement ressenti comme « un héritage louisianais en général » (S. Dubois 2002 : 127), le terme de *Cadien/Cajun* impliquant, au-delà des descendants des Acadiens, tous les Blancs qui d'une façon ou d'une autre, avaient des racines françaises et vivaient dans le Sud de la Louisiane[76]. En 1971, les 22 paroisses du Sud de la Louisiane se regroupent officiellement sous l'étiquette « Acadiana », sans que, comme nous l'avons vu ci-dessus, toute la population francophone de ces paroisses remonte ethniquement aux Acadiens (*cf.* Klingler 2015 : 628). Cette « cajunization of French Louisiana » (Trépanier 1991 : 164) a certes eu pour résultat de reléguer au second plan des groupes allophones, notamment la population créolophone majoritairement noire, mais aussi de faire du *Cajun Country* avec sa « capitale » Lafayette un pôle d'attraction touristique.

La valorisation du terme *Cadien/Cajun* et l'unification du Sud de la Louisiane sous une nouvelle étiquette sont pour une grande part dues aux efforts du *Council for the Development of French in Louisiana (CODOFIL)*, fondé en 1968. Par ses programmes scolaires – parfois contestés, car prônant le français académique –, le *CODOFIL* n'a certes pas réussi à freiner le déclin du français sur le long terme, mais dans les années 1970 et 1980 ses activités menèrent – du moins dans certaines parties de la population – à une nouvelle prise de conscience des particularités culturelles et linguistiques de cette région. Il en va de même

---

74 Dans la GraCoFAL, nous recourons donc au terme *français louisianais*, employé également dans le *Dictionary of Louisiana French* de Valdman et al. (2010). Si nous employons le terme *cadien*, c'est là où celui-ci figure dans les travaux cités.

75 Klingler (2015 : 633) est d'avis que l'emploi du terme *Cajun French* implique une « rehistoricisation » qui exagère le lien entre les Cadiens actuels et les exilés acadiens du XVIIe s. – *Cf.* aussi S. Dubois (2016).

76 Selon Trépanier (1993 : 379), « deux types de Cadjins on été reconnus : le "vrai" ou "pur" Cadjin de descendance acadienne et le "nouveau" Cadjin, Louisianais de culture française et de race blanche ».

avec ce qu'on a appelé la *Cajun Renaissance* (Renaissance cadienne) (*cf.* Le Menestrel 2015), soutenue principalement par des Cadiens plutôt jeunes, engagés et souvent issus de milieux intellectuels : elle a eu sa part dans le renforcement du sentiment identitaire des Cadiens, sans toutefois empêcher « que le nombre de francophones [ne soit] en chute libre depuis plusieurs décennies » (S. Dubois 2016 : 145). Le français louisianais n'est plus une langue d'usage quotidien avec les fonctions multiples que cela implique : exception faite de la musique, il est peu présent dans la vie de tous les jours, il n'y a guère que les patronymes et les toponymes, les textes de quelques publicités et les cartes des restaurants ou bien les écriteaux bilingues sur les sites touristiques pour évoquer le passé français. Pour le reste, cette langue reste confinée à « des îlots de francophones âgés qui utilisent le français dans certains types d'interactions et avec certains interlocuteurs » (S. Dubois 2016 : 143). Dans l'ensemble, « [l]a Louisiane française est devenue une région tout à fait américaine » (Trépanier 1993 : 390).

Il est difficile d'évaluer le nombre actuel des locuteurs. Selon l'*American Community Survey 5-Years-Estimates* (ACS) datant de 2015, 101 330 locuteurs âgés de plus de 5 ans affirment parler français à la maison (*home language*), 18 470 le « cajun » et 6 706 le créole français (www.census.gov/programs-surveys/acs, consulté le 11 juillet 2017), ce qui correspond au total à moins de 3 % de la population en Louisiane[77]. Ces chiffres sont toutefois trompeurs à plusieurs égards : outre le fait qu'il s'agit seulement d'estimations, il faut reconnaître aussi qu'ils ne renseignent aucunement sur le degré réel de maîtrise de la langue ; enfin, les termes *cadien/Cajun/créole/Creole* sont polyvalents en Louisiane (Le Menestrel 1999 : 94ss., 158), ce qui rend extrêmement subjectif tout jugement sur sa propre langue. Les chiffres réels sont sans doute encore inférieurs[78].

Il ressort de l'étude intergénérationnelle de S. Dubois (*cf.* 2005, 2015) que la dernière génération ayant eu le français comme seule langue maternelle est née entre 1890 et 1901. La génération suivante, née entre 1905 et 1915, a encore connu une socialisation avec prédominance du français, mais dans cette tranche d'âge, on rencontre déjà les premiers locuteurs bilingues. Leurs enfants (nés entre 1916 et 1933), encore majoritairement socialisés en français, mais subissant la pression sociale et économique de l'anglais, ont souvent commencé à apprendre l'anglais dès leur plus jeune âge, à côté du français. Cette génération a fini par considérer de plus en plus le français comme un facteur de stigmatisation, mais l'a encore transmis à la génération suivante, née entre 1934 et 1951. Celle-ci, bilingue dans sa majorité, parlait encore les deux langues à la maison, tout en usant uniquement de l'anglais avec les enfants. Ainsi, les membres de la génération née entre 1953 et 1978, privés de l'apprentissage du français au sein de la famille (la « génération perdue », Le Menestrel 1999 : 128), sont majoritairement anglophones et ont tout au plus une connaissance rudimentaire ou passive

---

[77] Depuis 1980 (où on compte encore 6,9 % de locuteurs du cadien et du créole), le chiffre des francophones et des créolophones a reculé de plus de la moitié. Pour les chiffres du bureau de recensement des États-Unis pour les années 1980, 1990, 2000 et 2010, *cf.* Atran-Fresco (2016 : 36).

[78] Le calcul approximatif de S. Dubois (2016 : 146), étayé par les données du recensement, devrait se rapprocher davantage de la réalité : « on obtient 96 119 répondants déclarant parler français à la maison en 2010 en Louisiane. On constate ainsi une perte de 30 % de locuteurs francophones de 1990 à 2000 et de près de 62 % de 1990 à 2010. Au total, seulement 2,1 % de la population louisianaise parle le français ».

du français louisianais, acquise grâce à la socialisation linguistique assurée par les grands-parents ou parce qu'ils ont grandi dans des régions isolées où le français a pu se maintenir plus longtemps. L'unique langue familiale de cette tranche d'âge (la dernière présentée dans l'enquête de S. Dubois) est maintenant l'anglais. Si les jeunes d'aujourd'hui ont néanmoins quelques notions de français, ils ont appris cette langue – dans sa variante standard – à l'école ou à l'université (*cf.* Atran-Fresco 2016 : 155ss.). Bien qu'ayant été socialisée en anglais, cette génération reste fière de ses racines françaises et tient souvent à participer aux manifestations culturelles cadiennes et créoles.

La langue est mieux préservée dans la population amérindienne de la paroisse de Lafourche, où même les enfants parlent encore le français et où il existe encore des locuteurs plus âgés qui parlent uniquement le français (Dajko 2009 : 54). Toutefois, le français louisianais doit aujourd'hui être qualifié de « langue moribonde », les locuteurs étant en très grande partie des semi-locuteurs dont l'insécurité linguistique est grande. Dans son étude de 2001, consacrée aux changements linguistiques intergénérationnels et à l'étiolement linguistique, Rottet souligne que les facteurs « âge » et « compétence » sont fortement corrélés, les compétences se perdant d'une façon spectaculaire chez les locuteurs jeunes ; les répercussions sur la langue sont majeures, nous aurons l'occasion d'y revenir dans les divers chapitres de cette grammaire (*cf.* Rottet 2001 : 88–91, 263s.).

Il n'en reste pas moins qu'indépendamment du maintien de la langue, l'héritage « cadien » et « francophone » continuera à marquer la Louisiane de son empreinte. Même si l'identité cadienne n'est plus liée ni à la maîtrise de la langue ni à des racines acadiennes (*cf.* S. Dubois/Melançon 1997), cette identité (ou celle du francophone louisianais en général) reste axée sur les mythes du passé, toujours vivants, et même entretenus par une politique touristique et culturelle soucieuse de promouvoir la culture « cadienne », véhiculée pourtant la plupart du temps en anglais[79]. Selon S. Dubois (2016), cette nouvelle réalité du français en Louisiane est caractérisée par « la commercialisation de l'héritage » et « la mythification de l'identité cadienne », ce qui n'a certainement rien à voir avec la réalité de la culture francophone dans cet État[80].

Bien que la Louisiane n'ait pas mis en place une politique linguistique visant le maintien du français à grande échelle – son statut n'est que vaguement défini par la constitution de cet État (*cf.* S. Dubois 2002) –, les responsables politiques ont fini par reconnaître la haute valeur symbolique de la langue française qui, combinée à la musique et à la cuisine régionale, constitue également un facteur économique non négligeable (Le Menestrel 1999, Atran-Fresco 2016).

> « Contrairement aux provinces maritimes, où les efforts sociopolitiques visent la maintenance et la planification linguistique du français parlé par les Acadiens dans plusieurs domaines, la stratégie politique en Louisiane s'apparente essentiellement à un effort de revitalisation de la culture francophone.

---

[79] *Cf.* Salmon (2009 : 26) : « La communauté cadienne est devenue une "image de marque" pour la promotion de la Louisiane au niveau touristique et l'héritage cadien s'est peu à peu assimilé avec l'héritage louisianais en général. »

[80] *Cf.* aussi Blyth (1997 : 34) : « Throughout French-speaking Louisiana, people show strong approval for language and culture preservation as *abstractions*. »

Le français est présenté comme une langue à valeur historique, plutôt d'un attribut local, dont la connaissance partielle est considérée comme souhaitable. » (S. Dubois 2002 : 126)

Grâce à quelques nouvelles lois, les programmes scolaires français sont pourtant davantage soutenus qu'auparavant ; le français étant appelé à jouer un rôle majeur pour faire prospérer le tourisme et les relations économiques et culturelles avec les pays francophones, même la jeune génération de militants est passée de la préservation du français local au développement de programmes de français langue seconde (*cf.* S. Dubois 2016 : 148). Reste toutefois à savoir si ces efforts visant à un renforcement de l'institutionnalisation et de la prise de conscience du fait français dans la société louisianaise (cf. Atran-Fresco 2016) seront suffisants pour garantir la survie du français en tant que langue fonctionnelle. Aussi longtemps que le français n'est pas perçu comme « un projet d'avenir pour l'ensemble de la société louisianaise » (S. Dubois 2014 : 174), son avenir en Louisiane reste incertain.

III Cadre théorique

III.1 Grammaire et variation

La GraCoFAL entend être une contribution à une grammaire comparée de toutes les variétés nord-américaines du français, mais elle veut aussi permettre une meilleure compréhension de la variation morphosyntaxique en français en général[81].

En référence directe au français acadien, Gadet (2014) se demande ce que signifie en fin de compte le terme *variété* :
- Quels sont les critères linguistiques définitoires d'une *variété* ? Ce terme est-il pertinent pour le français acadien[82] ?
- Y a-t-il des traits linguistiques qui soient propres au français acadien (*cf.* ci-dessous III.2.) ?

La question de la désignation (*le parler acadien, le parler franco-acadien, la langue acadienne, l'acadien, le français acadien, le parler français acadien*) et des traits linguistiques qui la justifieraient (*cf.* Gadet 2014 : 63, Arrighi 2014) concernent également le français louisianais et le franco-terre-neuvien, comme d'ailleurs la question générale suivante :

> « Les variétés constituent-elles autre chose que des entités déterminées sur des motivations d'abord sociohistoriques [...] dont les linguistes se saisissent pour tenter d'en établir la légitimité ? » (Gadet 2014 : 63s.)

Nous sommes bien sûr conscientes que dans le cadre d'une introduction, nous ne pouvons qu'effleurer ces problèmes cruciaux de la linguistique variationnelle. Dans notre recherche, nous nous sommes d'abord laissé guider par une certaine idée reçue sur l'objet de notre

---
81 À propos des objectifs de l'étude de la variation morphosyntaxique en français, *cf.* Gadet (2011 : 133s.).
82 Pour une critique du terme de *variété*, *cf.* Gadet (2007 : 161 et notamment 2009, 2014), qui constate cependant aussi que malgré toutes ses réserves, « il apparaît difficile de se passer totalement de cette notion » (2009 : 175).

travail, basée sur des critères d'ordre historique et géographique. Il est évident qu'en ce qui concerne les variétés qui nous intéressent, c'est d'abord le facteur diatopique qui permet de fonder une catégorisation[83], et c'est donc en tenant compte de leur localisation que nous distinguons entre les français d'Acadie, de Terre-Neuve et de Louisiane. Mais c'est aussi la connaissance de l'histoire particulière des régions en question et les affiliations historiques qui en résultent entre ces variétés qui nous ont guidées dans le choix des domaines sur lesquels se concentre notre étude (*cf.* ci-dessus II). Tout en partageant avec les autres variétés nord-américaines le fait historique qu'elles remontent toutes au français populaire commun dialectalement plus ou moins fragmenté de l'époque coloniale, les variétés étudiées ici sont en outre liées par l'héritage acadien, qui a laissé des traces linguistiques et culturelles importantes en Louisiane comme à Terre-Neuve.

La question des critères définitoires d'une *variété* reste cependant entière. Si l'on parle du « français de Grosses-Coques », « de la Baie Sainte-Marie », « de la Nouvelle-Écosse », du « français acadien », « canadien » ou « d'Amérique du Nord », s'agit-il, à chacun de ces niveaux, de *variétés* (*cf.* Gadet 2014 : 64) ou s'agirait-il peut-être, à certains d'entre eux, de *sous-variétés*[84] ? À juste titre, Dufter/Stark (2002 : 85) se demandent « [c]ombien de variation linguistique observable faut-il pour postuler une variété ? », et Gadet (2014 : 65) va jusqu'à constater qu'« aucune définition de *variété* n'apparaît donc s'imposer d'un point de vue linguistique […] »[85]. Dans le fond, il semble bien que le terme même de *variété* soit une construction (Arrighi 2014 : 101, Gadet 2007 : 22), et s'il est difficile de justifier cet étiquetage en recourant à des faits purement linguistiques, cela est d'autant plus vrai si l'on se réfère au seul plan morphosyntaxique qui fait pourtant l'objet de notre ouvrage.

Comme Dufter/Stark (2002) et Gadet (2014), nous sommes convaincues qu'une variété se caractérise par un système complexe, impliquant tous les niveaux de la langue (phonétique, grammatical, lexical, pragmatico-discursif). Si nous nous restreignons au seul niveau morphosyntaxique, c'est en étant bien conscientes de ne décrire ainsi qu'un segment de la variabilité dont témoignent les variétés qui nous intéressent.

En ce qui concerne les particularités linguistiques ou « traits typiques » des variétés concernées, l'analyse montrera certes que nombre de ces traits se retrouvent dans plusieurs autres français parlés en Amérique du Nord ou en Europe, ce qui fait ressortir toute la problématique de considérer un acte de langage proféré à un certain endroit, à un certain moment par un certain locuteur comme la réalisation concrète d'une certaine variété. Nous sommes néanmoins convaincues qu'il existe des caractéristiques générales – des faisceaux de traits plutôt que tel ou tel trait isolé – qui singularisent chacune des variétés, indépendamment du fait que certains traits apparaissent (ou non) ailleurs ; et si des traits sont présents ailleurs, ils ne le sont pas nécessairement au même degré et avec la même fréquence (*cf.* aussi

---

[83] *Cf.* aussi Drescher/Neumann-Holzschuh (2010 : 13s.).

[84] Péronnet (1986 : 69) distingue la *langue acadienne/le français acadien* des *parlers acadiens* : la langue parlée dans les provinces Maritimes « est à la fois "unique" par ses caractéristiques générales et "diverse" par ses particularités régionales ». *Cf.* aussi Flikeid (1997), Arrighi (2014 : 108s.), Hennemann (2014 : 19).

[85] *Cf.* Gadet (2014 : 66), qui note qu'il y a bien « un accent acadien » « identifiable et reconnaissable » ainsi qu'un lexique parfois spécifique à l'acadien, mais se demande toutefois si prononciation et lexique suffisent « à faire de l'acadien une variété ».

Gadet 2011 : 128). À cet égard, on aura aussi l'occasion tout au long de cette étude de souligner les différences entre les variétés acadiennes et le français louisianais.

Reste un dernier point qui justifie l'emploi du terme de *variété* en rapport avec les français étudiés ici : c'est que les locuteurs du français acadien, du franco-terre-neuvien et du français louisianais ont une certaine représentation d'eux-mêmes et fondent leur identité de groupe (minoritaire) entre autres sur la langue qu'ils parlent[86]. Peu importe qu'ils en soient fiers – revendiquant nettement leur identité « (a)cadienne » – ou qu'ils la dévalorisent en opposant par exemple leur façon de parler au modèle du français québécois ou du français de France, c'est en tout cas un facteur idéologique important qui entre en ligne de compte pour retenir le terme de *variété* et l'attribuer au français d'une certaine région.

Pour des raisons surtout pragmatiques, nous considérons donc le français acadien, le franco-terre-neuvien et le français louisianais comme des variétés nord-américaines du français qui, remontant historiquement à l'époque coloniale et localisables grâce à leur situation géographique « insulaire » particulière, affichent des faisceaux de traits communs. Loin d'être homogènes, elles sont aussi marquées par une variabilité interne et comprennent donc ce qu'on peut appeler des « sous-variétés » locales et diastratiques, notamment diagénérationnelles. Nous sommes conscientes que chaque phénomène décrit ici a une histoire et un enracinement social ou local qui lui sont propres[87]. C'est sur cette toile de fond que les « Commentaires » de la GraCoFAL ont toute leur raison d'être : ils permettent de contextualiser les phénomènes, de les situer dans le temps et dans l'espace et de relativiser ce qu'on pourrait considérer autrement comme une « spécificité ».

III.2 Les français nord-américains – un espace variationnel aux limites perméables

Étant donné que les parlers qui nous concernent font tous partie de l'espace variationnel du français, il est évident que les ressemblances entre les variétés concernées ici sont plus grandes que les divergences (*cf.* aussi Gadet 2009 : 182). Gadet (2014 : 74s.) le rappelle,

> « il n'y a pas vraiment de phénomènes syntaxiques typiques de l'Acadie, qu'on ne rencontrerait nulle part ailleurs, ni en Amérique, ni en Europe, ni ailleurs dans le monde, et non plus dans l'ensemble des usages que Chaudenson appelle "marginaux". » (Gadet 2014 : 74s.)[88]

---

[86] *Cf.* par exemple les études de Boudreau/Perrot (2010), Boudreau (2016), Atran-Fresco (2016). Pour les diverses dénominations des différentes variétés de l'acadien et les représentations qui y sont liées, *cf.* Boudreau (2011, 2012).

[87] *Cf.* Gadet (2014 : 74) et aussi Gadet (2009 : 187) : « Ainsi, la fréquence des périphrases verbales en acadien se situe du côté de la conservation de structures européennes, marginalisées dans l'évolution du français standard (Wiesmath 2005), et s'avère relativement localisée. Au contraire, la possibilité d'effacement de *que*, où agissent des contraintes phonologiques et syntaxiques, est sûrement plus proche du discursif, et on peut s'attendre à voir ce phénomène assez bien répandu dans la francophonie, sans localisation. »

[88] Arrighi (2014 : 121) met elle aussi en garde contre la tendance à « figer cette langue [le français acadien] dans l'exotisme linguistique qui mène à la stéréotypie » en surestimant ses particularités. Pour le terme de *français marginal*, *cf.* ci-dessous.

Dans la mesure du possible nous prendrons en compte tout l'espace nord-américain pour évaluer le rôle d'un « acadianisme » (ou d'un « cadianisme »). Cette prise en compte de l'ensemble est le seul moyen pour localiser avec plus de justesse les convergences et les divergences entre les variétés et jauger à sa juste valeur l'autonomie de chacune d'elles.

Différents auteurs ont suggéré de recourir au modèle d'un continuum pour appréhender la réalité des variétés nord-américaines du français[89]. Cette approche comporte toutefois des problèmes méthodologiques et doit partant être adoptée avec prudence, parce qu'il est impossible de mesurer exactement la distance entres les divers systèmes issus du français. Un premier problème réside dans l'aspect diachronique : si un trait de langue disparaît au cours du temps, peut-il alors être pertinent pour la place d'une variété sur un continuum potentiel ? Une deuxième difficulté est liée au fait que le changement linguistique ne touche pas toutes les catégories grammaticales de la même manière, si bien qu'il est impossible de considérer une variété en bloc comme la « plus conservatrice » ou la « plus innovatrice ». Étant donné que chaque catégorie a sa propre histoire (*cf.* ci-dessus III.1. et Gadet 2014 : 74), une variété peut s'avérer conservatrice pour une catégorie particulière tout en étant innovatrice pour une autre. Il est donc délicat de parler d'un continuum entre les variétés conservatrices et innovatrices en Acadie, comme le propose Flikeid (1997 : 264s., *cf.* note 89), et à plus forte raison encore pour ce qui est de tout l'espace variationnel nord-américain (*cf.* Neumann-Holzschuh/Wiesmath 2006). Il est sûrement plus juste de suggérer l'existence d'un espace variationnel complexe aux limites perméables, dans lequel quelques variétés se démarquent par une fréquence plus élevée de certains traits et non par l'absence ou la présence de tel ou tel trait particulier. Dans cet espace, large, il y a des sous-espaces, dont indéniablement un espace acadien, de même qu'un espace laurentien et louisianais, mais qui reposent également sur des fondements idéologiques, c.-à-d. non-linguistiques.

---

89 Sur la base d'une comparaison de particularités morphosyntaxiques sélectives, Flikeid (1997 : 264s., *cf.* aussi Wiesmath 2006 : 46) distingue trois aires linguistiques en Acadie : 1. la Baie Sainte-Marie, jugée particulièrement « conservatrice » du fait, par exemple, du maintien du passé simple et de la particule de négation *point* (*cf.* aussi Comeau 2011 : 27ss) ; 2. l'Est de la Nouvelle-Écosse avec Chéticamp, Pomquet et l'Isle Madame ainsi que l'Île-du-Prince-Édouard, qui occupent une position médiane en ce qui concerne la distinction entre conservatisme et modernité avec par exemple le maintien de la terminaison -*ont* à la 3e pers. pl., du subjonctif imparfait et du *je collectif* d'une part, mais la (quasi-)disparition du passé simple d'autre part ; 3. le Nouveau-Brunswick, qui présente pourtant un tableau très disparate selon le degré d'influence du québécois, du français standard et de l'anglais, les parlers ruraux du Sud-Est restant plus fidèles à l'acadien traditionnel (*cf.* ci-dessus I.2.1. et Wiesmath 2006 : 45), alors qu'à Madawaska (États-Unis) et dans le comté du même nom au Nouveau-Brunswick, les traits considérés comme acadiens sont le moins présents. – Nous citons ce continuum d'« archaïcité » des parlers avec réserve, puisqu'il ressortira du présent ouvrage que toute caractérisation globale d'une variété s'avère très délicate ; à juste titre Arrighi (2014 : 115) se demande « dans quelle mesure on retrouve encore actuellement les tendances définies par Flikeid ». – Pour la notion de continuum, *cf.* aussi Chaudenson et al. (1993 : 120), Arrighi (2005 : 78), Neumann-Holzschuh/Wiesmath (2006).

III.3 Variation et changement linguistique

La variabilité est une caractéristique universelle des langues vivantes, de même que le changement qui peut en résulter. Dans leur « approche panlectale de la variation du français » Chaudenson et al. (1993) partent du principe que la variation n'affecte pas la totalité du système linguistique, mais se trouve limitée à des « aires » ou « zones » de variabilité correspondant « à des points de "faiblesse" ou de "fragilité" du système linguistique français qui déclenchent des processus d'autorégulation » (1993 : 6s.). Ceux-ci peuvent notamment être observés dans les français « marginaux », tels que définis entre autres par Chaudenson et al. (1993 : 44, 79) et Chaudenson (1989 : 84, 1994 : 174, 1995 : 14), au nombre desquels figurent avant tout, selon ses auteurs, le français louisianais et le français du Missouri, donc des variétés de la diaspora « secondaire », mais aussi le français de Saint-Barthélemy et de Saint-Thomas (Chaudenson 1994 : 174)[90]. Peu ou pas exposées à l'influence du standard, situées à la périphérie de l'espace francophone et transmises par voie purement orale, ces variétés offrent les meilleures conditions permettant le jeu de ces processus. Mais il est certain que d'autres variétés issues du milieu colonial présentent également des restructurations dans le domaine de la morphosyntaxe, qui peuvent induire des changements paradigmatiques et syntagmatiques[91].

Parmi les processus « autorégulateurs » qui visent à l'« optimalisation du système » (*cf.* Chaudenson et al. 1993 : 16, 27s.), on trouve entre autres la réduction de la complexité morphologique et l'augmentation de la transparence des structures, dont résulte une préférence pour les formes régulières, fréquentes, analytiques et saillantes (Chaudenson et al. 1993 : 28). Les tendances à la simplification et à l'analyticité sont considérées par Gadet (2011 : 138) comme des « universaux des vernaculaires », qui, tout en caractérisant les vernaculaires en général, se manifestent aussi dans des situations d'érosion linguistique, mais également dans le langage enfantin, l'apprentissage imparfait de la langue ou l'apprentissage d'une langue seconde[92].

Suivant la logique de cette approche, le français louisianais aurait par exemple « optimalisé » le système des désinences verbales en généralisant la forme de la 3ᵉ pers. du singulier

---

90 Gadet (2009 : 185) formule des réserves vis-à-vis du terme *français marginaux*, puisqu'« une telle dénomination entérine la place "à la marge", qui ne peut être assignée que du point de vue de la norme » (*cf.* aussi Gadet 2011 : 130).
91 Le français acadien, quant à lui, est aujourd'hui assez bien équipé institutionnellement, « la plupart des francophones d'Acadie ont la possibilité d'utiliser leur langue maternelle dans tous les contextes communicatifs » et il n'est donc pas à considérer comme « marginal » (Arrighi 2014 : 121). Il faut cependant reconnaître que les francophones en Acadie vivent dans un milieu anglophone dominant et que malgré tous les efforts en faveur du français, l'assimilation à ce milieu continue.
92 En ce qui concerne le terme de *tendances*, Chaudenson et al. (1993 : 8) distinguent entre les *tendances* (la fonctionnalisation ou l'optimalisation du système) et les *processus*, donc les moyens mis en œuvre pour se rapprocher davantage du stade optimal. Dans le présent ouvrage, nous nous servons du terme de *tendance* pour nous référer à la dynamique évolutive de la langue, telle qu'elle résulte des stratégies déployées par les locuteurs pour optimaliser l'acte de parole. Nous sommes bien conscientes du fait que les langues ne suivent pas elles-mêmes des tendances quelconques, mais que ce sont les locuteurs qui choisissent certaines stratégies pour garantir la réussite de leurs actes de parole (*cf.* aussi Gadet/Jones 2008 : 245s.) (*cf.* ci-dessous III.4.).

pour tout le paradigme verbal ou en formant systématiquement le futur par le morphème invariable *va* suivi de l'infinitif. Il semble par ailleurs que les lieux de variabilité grammaticale soient semblables à travers le monde francophone dans les variétés non soumises à la pression de la norme : en font partie par exemple les domaines de la subordination et de la construction des relatives, les prépositions, les temps et les modes verbaux (*cf.* le subjonctif) et les pronoms personnels[93]. Pour esquisser la direction d'une évolution possible, nous parlerons le cas échéant de « tendances » à l'œuvre dans les variétés concernées, qui s'inscrivent souvent dans la dynamique générale du français parlé et qui vont souvent de pair avec des processus universels du changement linguistique comme la réanalyse et la grammaticalisation (*cf.* par exemple Heine/Kuteva 2005). Ces remarques seront faites – bien entendu – avec toute la prudence requise lorsqu'il s'agit d'esquisser des évolutions potentielles.

À côté du changement linguistique déclenché par des facteurs intrasystémiques, la variabilité et le changement qui peut en résulter sont déterminés par les facteurs extrasystémiques (sociolinguistiques) et intersystémiques (contact des langues) (Chaudenson et al. 1993 : 15–37). Toutes les variétés qui nous intéressent ici subissent la forte influence de l'anglais, mais comme nous l'avons vu ci-dessus en I.2., cette influence varie considérablement d'une région à l'autre. La péninsule acadienne, au Nouveau-Brunswick, y est moins soumise que la région de Moncton et les régions néo-écossaises isolées en plein territoire anglophone, alors qu'en Louisiane et à Terre-Neuve, le statut du français est encore plus fragile : le nombre de francophones y est en chute libre depuis longtemps, et le français n'est plus maîtrisé par les jeunes. Dans toutes les zones à environnement anglophone, on constate l'existence d'un bilinguisme asymétrique au détriment du français, qui souffre d'un manque de prestige par rapport à la langue dominante. Mais malgré l'influence incontestable de l'anglais, il faut toujours juger au cas par cas pour essayer d'établir le poids réel du contact linguistique dans une évolution et résister à la tentation de voir *a priori* dans l'anglais la source principale des changements[94].

Dans le cadre de cette grammaire nous ne serons pas à même d'approfondir la question des conséquences du contact de langue et du « copiage de code » (*code copying*, Johanson 2002)[95]. Toutefois, des phénomènes induits par ce contact, comme le calque ou l'emprunt lexical, seront bien sûr pris en compte, par exemple lors de la description de l'emploi du conditionnel passé pour exprimer l'aspect habituel (*cf.* le chap. « Le conditionnel », II.2.2.) ou de l'analyse de l'adverbe *BACK*, unité empruntée qui s'est émancipée de son usage dans la langue source (*cf.* le chap. « Les adverbes », IV.2.).

---

93 *Cf.* dans le même sens Gadet (2009 : 186), qui constate une « relative stabilité des zones de variation », soulignant que les mêmes phénomènes grammaticaux peuvent apparaître « dans des situations sociolinguistiquement diversifiées », mais « pas nécessairement avec toutes les mêmes caractéristiques, les mêmes fréquences ni les mêmes contraintes. »
94 *Cf.* Gadet (2009 : 174) : « Il ne s'agit pas de dire qu'il n'y a jamais influence des langues de contact, mais il s'agit plutôt de ne pas en faire un mode d'explication hâtif, unique ni même prioritaire, en tout cas tant que les possibilités du français n'ont pas été longuement explorées. »
95 Sur ce point, *cf.* Wiesmath (2001), Gadet/Jones (2008), Neumann-Holzschuh (2009b, 2014), King (2000, 2013).

Comme dans toutes les variétés nord-américaines de français, ce sont principalement des noms et des verbes qui sont empruntés[96], mais les variétés qui nous intéressent ici diffèrent quant au degré d'intégration de ces emprunts anglais (*cf.* Wiesmath 2001, Rottet/Golembeski 2001). Tandis que les différences dans le marquage du pluriel des noms anglais empruntés sont moindres – au Canada et en Louisiane, le *-s* du pluriel anglais n'est généralement pas réalisé (*cf.* Arrighi 2005 : 76s.)[97] –, les variétés diffèrent quant à l'intégration des verbes anglais : adaptés morphologiquement et phonologiquement au système français en acadien (*i startiont*, Wiesmath 2001 : 162, *j'ai watché ça*, Arrighi 2005 : 77), ils sont généralement adoptés tels quels comme des « formes nues » en français louisianais, sans la marque de la personne et du temps[98]. En français louisianais, les formes non intégrées abondent au présent et caractérisent aussi l'infinitif et le participe passé (*il a été* feed *des veaux pour un an*, *cf. Découverte*, Terrebonne ; *J'ai* drive *en ville*, Klingler et al. 1997 : 176 ; *il aurait* fail, *cf. Découverte*, Terrebonne).

Mais l'origine d'un changement n'est pas toujours si facile à repérer. En effet, le changement peut aussi découler de plusieurs sources (« multiple causation »)[99]. Pour nombre de phénomènes qu'on aura l'occasion de décrire dans la GraCoFAL, il est difficile, voire impossible de repérer une seule origine, par exemple la généralisation d'*avoir*, l'omission du *que* dans les complétives et les relatives, ou les prépositions orphelines[100]. Dans ce contexte entrera en ligne de compte le concept de *convergence*, qui part de l'hypothèse que des structures en apparence identiques entre les systèmes des langues en contact œuvrent en faveur de l'emprunt structurel, dont le résultat est un isomorphisme accru entre ces langues[101].

III.4 Les français nord-américains et le(s) français de France

Dans cet ouvrage, on fera constamment référence au français de France, aussi bien aux variétés parlées qu'au français standard (FS). Nous entendons par le terme de *français standard* le français de référence tel qu'il est décrit et normalisé par les manuels de référence

---

96 La GraCoFAL ne traite pas des marqueurs discursifs, autre catégorie d'emprunts fréquents. Pour en savoir plus, on consultera par exemple les études de Chevalier (2000, 2007), Neumann-Holzschuh (2009c) et Petraş (2016).
97 Notons toutefois que selon S. Dubois et al. (2006b : 210), le taux de maintien du *-s* du pluriel anglais s'élève à 28 % en français louisianais (*cf.* le chap. « Le nombre », IV.1).
98 *Cf.* Picone (1997), Klingler et al. (1997 ; ces auteurs parlent de la « neutralisation des codes » en français louisianais). Selon Rottet/Golembeski (2001 : 108), il s'agit là d'un phénomène récent. – Il en va de même en français du Massachusetts qui se trouve dans une situation comparable à la Louisiane en ce qui concerne l'exposition à l'anglais et le degré d'étiolement de la langue (*cf.* Szlezák 2010 : 218).
99 Pour la théorie d'une causalité multiple du changement linguistique, *cf.* entre autres Thomason/Kaufman (1988 : 57), Johanson (2002 : 308), Aikhenvald (2006 : 9).
100 *Cf.* Gadet/Jones (2008 : 244) : « (1) it is difficult to separate out internal and external factors in language change in terms of their effects on the structure of certain varieties of French and (2) these processes are certainly not exclusive. »
101 Pour le terme de *convergence*, *cf.* aussi Chaudenson et al. (1993 : 66ss.), Matras (2009 : 234ss.) et les contributions dans Besters-Dilger et al. (éds., 2014).

en France métropolitaine. Le français de référence auquel nous renvoyons n'est donc pas le français québécois ni une autre variété parlée en Amérique du Nord ou en Europe. Nous présenterons essentiellement dans cet ouvrage les « zones de variabilité » (*cf.* ci-dessus III.3.), où l'on constate les traits ressentis comme des « écarts » par rapport au standard, tout en étant conscientes du fait que le français standard n'est qu'une « abstraction servant de modèle à des faits de langue existants » (Rebourcet 2008 : 108). Cependant, le recours à ce terme n'implique ici en aucun cas que le standard soit pris comme modèle. La langue telle qu'elle est décrite dans les manuels de référence nous sert simplement de moyen de comparaison permettant de mieux cerner ces « zones de variabilité » en français acadien, terre-neuvien et louisianais. L'élargissement de la perspective à des faits historiques et diasystématiques montrera que les différences par rapport au standard actuel datent souvent de l'époque précédant la codification de la langue, ou bien se sont établies indépendamment de ce processus : le terme d'*écart* par rapport au standard n'est donc qu'un terme descriptif, ne suggérant nullement une filiation historique au sens où l'usage dans les variétés concernées se serait écarté au fil du temps d'un standard préalablement établi.

En ce qui concerne le non-standard, les ouvrages consultés datent majoritairement du XXe s. (comme Frei, Bauche, Guiraud, Gadet), parfois même du premier tiers de celui-ci, exception faite de l'étude plutôt sommaire de Ball (2000) et de celle de Blanche-Benveniste (2010), centrée sur la langue « parlée » et qui consacre une partie non négligeable à la prosodie et à la syntaxe de l'oral. Les études sur les dialectes en France datent elles aussi toutes du début ou de la première moitié du XXe s., reflétant des faits linguistiques de la fin du XIXe et du début du XXe s. (notamment l'ALF), donc un état de langue révolu, et nous ne chercherons en aucun cas à déterminer si tel ou tel trait dialectal a survécu jusqu'à aujourd'hui. Notons que nous nous en tenons aux indications du FEW et de l'ALF en ce qui concerne l'appellation des régions (souvent désignées par les noms des anciennes provinces) où a été repéré un phénomène linguistique dont nous parlons.

Toutefois, nous sommes d'avis que les études anciennes sont précieuses dans un contexte où il s'agit de retracer des phénomènes linguistiques et d'en trouver de possibles sources sur le sol français. Dans le souci de contextualiser les phénomènes, il nous paraît donc tout à fait justifié de recourir à ces ouvrages malgré leur ancienneté ou plutôt *à cause* de celle-ci. Ce recours nous permettra de situer dans un contexte socio-historique et géographique des traits – souvent dits « archaïques » (*cf.* Boudreau 2011 : 76) – qui ont survécu dans les variétés concernées.

Signalons par ailleurs qu'il règne un certain flou dans les désignations des divers registres ou niveaux de langue du français[102] : les termes *français familier*, *vulgaire*, *populaire* manquent de précision, les mêmes phénomènes linguistiques étant qualifiés d'« avancés » par les uns (par exemple Frei 1929), de « populaires » (Bauche ^{2}1951, Guiraud 1965, Gadet 1992), « familiers » ou « ordinaires » (Gadet 1989, 1996/1997) par d'autres. Les causes de cette divergence sont multiples. Quelques phénomènes sont évalués différemment aujourd'hui et au XXe s. Le problème de fond, c'est toutefois l'absence de critères définitoires linguistiques

---

[102] *Cf.* Bauche (^{2}1951 : 24, 26s., 133), Gadet (1989 : 32, 148, 156 note 42, et 1992 : 24).

qui justifieraient ces désignations, basées sur des évaluations subjectives, car reposant sur des critères extralinguistiques[103].

Cela étant dit, nous soulignons que l'aire linguistique de la France en tant qu'espace variationnel ne pourra certes pas être analysée ici dans toute sa complexité, mais sa prise en compte aidera à ne pas regarder les (a)cadianismes comme des « exotismes » (*cf.* ci-dessus III.1., III.2.).

IV Perspectives de recherche

Comme nous l'avons dit en I.1., la GraCoFAL entend contribuer au vaste projet d'une comparaison transgéographique qui engloberait autant de variétés de français que possible, sinon toutes, des plus proches aux plus éloignées les unes des autres. Ce travail, immense, reste encore à faire (*cf.* aussi Baronian 2006). Il sera prometteur sous un double aspect : il permettra d'une part la comparaison en synchronie des variétés vernaculaires du français et aidera à mieux comprendre l'évolution de celui-ci en dehors de l'Hexagone ; en outre, dans une perspective diachronique, ce travail comparatif offrira la possibilité de mieux connaître les stades antérieurs du français. En ce qui concerne les variétés nord-américaines, leur étude comparative permettra aussi de tirer des conclusions sur les français populaires de l'époque coloniale, y compris la langue des colons eux-mêmes, et représentera ainsi une ressource importante pour une compréhension de la genèse de toutes les variétés d'outre mer. Pour le moment nous avons cependant dû nous contenter de quelques observations non-systématiques en référence aux thèmes de recherche qui ont attiré notre attention dans cet ouvrage, tout en ouvrant au moins quelques perspectives sur les parlers nord-américains et franco-français, parfois aussi sur la diachronie.

Une autre approche prometteuse appelle également de futures recherches : la comparaison entre les variétés étudiées ici et les créoles à base française, suggérée entre autres par Chaudenson (1994, 1998, 2001 : 133ss., 2005a et b)[104]. Cette comparaison serait fructueuse, car éclairante en ce qui concerne la compréhension non seulement de l'évolution du français dans certaines régions et dans certaines conditions sociohistoriques, mais elle ouvrirait également une perspective pour de possibles mécanismes universels (*cf.* ci-dessus III.3.).

---

103 *Cf.* Gadet (1992 : 27) : « le français populaire est pour l'essentiel un usage non standard stigmatisé, que le regard social affuble de l'étiquette de populaire : tout ce qui est familier est susceptible d'être taxé de populaire si le locuteur s'y prête, et seuls certains traits populaires sont étrangers à l'usage familier non populaire. » Cette part de subjectivité, critiquée ici en ce qui concerne le terme *populaire*, sous-tend la définition de chaque registre.
104 Selon l'hypothèse de Chaudenson, les français « marginaux » d'Amérique du Nord témoignent à certains égards des survivances du français parlé par les colons (1989 : 28), un « français koïnèisé, sans doute marqué par des régionalismes d'oïl » qui peut être considéré comme le « terminus a quo » commun des français d'Amérique et des créoles français (Chaudenson 2005b : 510). Les français d'Amérique représentent donc le « chaînon manquant » de la créolisation, qui constitue, selon Chaudenson (1989 : 93), « l'extension et la radicalisation des tendances autorégulatrices du français ». *Cf.* Valdman (1979, 1994, 2011, 2015), Chaudenson (1992 : 136 ss.), Chaudenson et al. (1993), Mougeon/Beniak (1994 : 43), Brasseur (1997), Bollée/Neumann-Holzschuh (1998) et Neumann-Holzschuh (2008).

Même si les français d'Amérique du Nord ne doivent en aucun cas être réduits à « des vestiges linguistiques du français populaire du XVIIe siècle » (Chaudenson et al. 1993 : 114), ils permettent néanmoins certaines conclusions concernant le français colonial, ce français « fort variable puisque formé à partir de diverses variétés topolectales et stratolectales du français des XVIIe et XVIIIe siècles » (Valdman 2015 : 433) et « cible de la créolisation » (Valdman 2011 : 395). Ils peuvent ainsi fournir un point de départ valide pour l'étude de la genèse des créoles. Puisqu'une telle démarche dépasserait largement le cadre de cet ouvrage, nous ne signalerons que ça et là dans les notes de bas de page certains aspects touchant les créoles à base française, afin d'indiquer des pistes intéressantes pour de futures recherches.

Liste des abréviations

Régions :

NÉ = Nouvelle-Écosse
ILM = Isle Madame
BSM = Baie Sainte-Marie
PUB = Pubnico
NB = Nouveau-Brunswick
ÎPÉ = Île-du-Prince-Édouard
IdlM = Îles-de-la-Madeleine
TN = Terre-Neuve
LOU = Louisiane
ONT = Ontario

Paroisses en Louisiane (selon le *Dictionary of Louisiana French*, DLF 2010 : xxxiii) :

AC = Acadia
AL = Allen
AN = Ascension
AS = Assumption
AV = Avoyelles
CL = Calcasieu
CM = Cameron
EV = Evangeline
IB = Iberia
IV = Iberville
JE = Jefferson
JD = Jefferson Davis
LA = Lafayette
LF = Lafourche
LI = Livingston
PQ = Plaquemines
PC = Pointe Coupée
SD = Saint Bernard
SC = Saint Charles
SJ = Saint James
SB = Saint John the Baptist
SL = Saint Landry
SM = Saint Martin
SY = Saint Mary
ST = Saint Tammany
TB = Terrebonne
VM = Vermilion
WB = West Baton Rouge

Variétés du français :

FA = français acadien
FTN = franco-terre-neuvien
FL = français louisianais
FQ = français québécois
MGCF = Mississippi Gulf Coast French

Liaison et agglutination

Préliminaires

I	**La liaison**
I.1	Le domaine central de la liaison
I.1.1	Liaison entre le déterminant et le nom
I.1.2	Liaison entre le sujet et le verbe
I.1.3	Liaison entre le pronom objet et le verbe
I.2	Absence de liaison
I.2.1	Adjectif + nom au singulier
I.2.2	Absence de liaison après les adverbes, les prépositions et les conjonctions monosyllabiques
I.2.3	Absence du [z] de liaison comme marque du pluriel dans les adjectifs antéposés au nom
I.3	Liaison « fautive » et consonnes euphoniques
I.3.1	[z] de liaison dans un contexte pluriel
I.3.2	[z] euphonique
I.3.3	*t* et *n* euphoniques
I.3.4	*l* euphonique
II	**Fausse coupure et agglutination**

Liaison et agglutination

Préliminaires

Le présent chapitre traitera des tendances générales concernant la liaison dans les parlers concernés. Il examinera les entourages qui favorisent la liaison et l'impact que le phénomène de la liaison peut avoir sur le décodage du message et le développement du vocabulaire.

Nous tenons à souligner que la distinction classique entre *liaison obligatoire* et *liaison facultative*, déjà hautement problématique en ce qui concerne le français de France[1], n'a aucun sens dans les parlers qui nous intéressent ici. Il n'y pas de règle du standard qui ne soit enfreinte dans telle ou telle occurrence.

On ne saurait pas non plus parler de *liaison fautive* : en effet, les parlers étudiés ici suivent en partie d'autres règles d'usage que la langue standard ; ainsi le *t* de « fausse liaison » dans *un gros-t-ours* peut-il servir à marquer le singulier par contraste avec la consonne de liaison [z] qui est fortement associée à l'expression du pluriel[2].

En outre, le phénomène de la liaison s'avère d'autant plus complexe qu'il est souvent difficile de décider si l'on a affaire à une liaison (« fautive ») ou à un cas d'agglutination de l'article, notamment en FTN et en FL, où il n'est pas rare que le [z] de l'article au pluriel se soit agglutiné à un nom à initiale vocalique (ex. : *un(e) z-oie*) (*cf.* ci-dessous section II).

Soulignons que l'usage est très flottant et qu'il peut varier chez un même locuteur dans une même situation de communication.

I La liaison

Globalement, on peut faire un double constat :
- En général, la liaison est plus rare qu'en français hexagonal (*cf.* Poirier 1928 : 179). Pour le FL, on a constaté l'extrême restriction des contextes de liaison en général ; la liaison y est limitée principalement aux contextes *clitique + verbe* et au groupe *déterminant + nom*[3],

---

[1] Nous renvoyons à l'analyse approfondie de Laks (2009 : 237–267) qui, statistiques détaillées à l'appui, montre entre autres que certaines des liaisons dites *obligatoires* sont réalisées avec la même fréquence que les plus usuelles des liaisons dites *facultatives*. Laks (2009 : 262) attire l'attention sur le fait que dans un corpus socialement équilibré aucune des liaisons dites *obligatoires* n'est réalisée à 100 %. Laks propose donc le modèle d'un continuum, aux deux pôles duquel les termes *obligatoire/facultatif* ont leur sens sans que les limites soient clairement marquées au milieu. Il constate que « les deux catégories qui découpent le continuum (obligatoire, facultatif) sont des constructions abstraites, elles-mêmes encore hétérogènes et marquées par une grande variabilité interne. » (Laks 2009 : 259)
[2] De même, en français parlé, on évite les contextes du singulier où [z] est la consonne de liaison appropriée (*un gros homme, un gros âne*) (Durand/Lyche 2008 : 45s.).
[3] *Cf.* Lyche (1999 : 30), Lyche (2010 : 40), Klingler/Lyche (2012 : 305).

alors que la liaison est « quasiment absente » dans les cas jugés « facultatifs[4] » en français hexagonal[5].
- Les liaisons réalisées diffèrent souvent du standard tel qu'il est décrit dans les manuels de référence, par ex. dans les cas où la liaison sert à marquer le pluriel (*cf.* pour le FL : Lyche 1999 : 30s., Klingler/Lyche 2012 : 305s.).

Signalons dans ce contexte le rôle de la prosodie pour expliquer les différences d'usage dans le domaine de la liaison par rapport au français parlé hexagonal. En FL, le nombre réduit des liaisons s'explique entre autres par la plus grande indépendance du mot lexical à l'intérieur de la chaîne parlée. Le groupe rythmique est sensiblement plus réduit qu'en français hexagonal et il y a une forte tendance à maintenir l'accent sur chaque unité lexicale (Conwell/Juilland 1963 : 32, Lyche 1999 : 26) ; ce phénomène relâche la cohérence du groupe rythmique et est sûrement dû à l'influence de l'anglais (Lyche 1999 : 35, Klingler/Lyche 2012 : 306). Plus le mot lexical garde son autonomie au sein de la chaîne parlée, moins il y a tendance à l'intégrer à l'aide d'une élision, d'un enchaînement ou d'une liaison dans l'unité supérieure que constitue le groupe rythmique.

Commentaire
En français hexagonal moderne, un noyau dur des liaisons subsiste assez clairement à travers l'histoire (Laks 2009 : 243), même dans la langue non standard (Gadet 1989 : 80)[6]. Face à cette stabilité du noyau dur, il y a au cours de l'histoire une variation importante en ce qui concerne les liaisons dites *facultatives*. En français de France, elles ont reculé sensiblement dans les deux premiers tiers du XXe s., pour atteindre un minimum dans les années 1970 à 1980 avant de connaître une renaissance rapide dès les années 1990 (Laks 2009 : 247). En France, plus que jamais, les liaisons dites *facultatives* sont aujourd'hui des « indicateurs sociaux très forts » (Gadet 1989 : 80, 71 ; 1992 : 47) qui permettent aux locuteurs de se placer socialement et/ou de s'adapter à différentes situations communicatives. La liaison est donc « un phénomène essentiellement sociostylistique » (Laks 2009 : 245, *cf.* aussi note 1 ci-dessus).

I.1 Le domaine central de la liaison

Les consonnes de liaison couramment employées dans les variétés étudiées ici sont [z], [n] et [t][7]. [l] est également consonne de liaison, puisqu'il existe des mots où le *l* final ne se prononce que si le mot suivant commence par une voyelle : les pronoms sujet *i(l)* et *a(l)*.

---

4 Lyche (2010 : 40) préfère le terme de *liaison variable*. – *Cf.* aussi Durand/Lyche (2008 : 53) qui font la différence entre *liaison catégorique, variable* ou *absente* (termes utilisés en anglais : « system-categorical », « system-variable », « system-absent »).
5 Conwell/Juilland (1963 : 36) estiment qu'en FL, la fréquence de la réalisation de la liaison et de l'enchaînement est inférieure d'environ un tiers à celle du FS. – Le même constat vaut pour d'autres parlers français nord-américains : pour la variété du français parlée dans l'Alberta, Walker (2011 : 425) constate un recul des liaisons obligatoires et facultatives, alors que le nombre des liaisons « fautives » semble augmenter (liaison malgré le *h* aspiré et liaison avec les noms propres).
6 Pour le maintien de la liaison obligatoire dans le non-standard, *cf.* aussi Bauche ([2]1951 : 52), Gadet (1992 : 47).
7 Durand/Lyche (2008 : 58) indiquent, pour leur corpus du français parlé, l'ordre de fréquence suivant : [z] > [n] > [t] > [r] > [p].

La liaison est assez bien respectée dans les cas suivants[8] :

I.1.1 Liaison entre le déterminant et le nom

La liaison s'effectue régulièrement entre le déterminant et le nom, notamment au pluriel (*cf.* Durand/Lyche 2008 : 53[9]). Parmi ces déterminants, on compte aussi en FA et en FTN le déterminant possessif de la 3e pers. pl., qui prend traditionnellement dans ces variétés la forme *leu* + consonne, *leuz* + voyelle ; la liaison peut s'effectuer avec [z] même en contexte singulier[10] (*cf.* le chap. « Les déterminants et les pronoms possessifs, I.1. »).

▶ **Au singulier**
- il a descendu cet été lui [sɛtete] (NÉ – Hennemann, ILM, EL)
- un an [ɛ̃nɑ̃] (NB – Wiesmath 4, M : 75)
- i faisoint leuz-OWN savon dans ce temps-là (NB – Wiesmath 1, B : 810)
- Je tais satisfait de leu-z-ouvrage ! (TN – Brasseur 2001 :s.v. *leu*, p. 274)[11]
- ɛ̃n 'fwɔ i j avɛ œ̃ 'nɔm (LOU – Brandon 1955 : 392)

▶ **Au pluriel**
- son frère Alfred aussi est bien malade à / aux Etats [ozeta] (NÉ – Hennemann, ILM, EL) (expression figée, lexicalisée)
- Ben lui il est fort pour dounner des avis [dezavi] (NÉ – Hennemann, ILM, AF)
- les engins [lezɑ̃ʒɛ̃] là (NB – Wiesmath 4, M : 4)
- on a monté aux Etats [ozeta] (NB – Wiesmath 4, M : 81) (expression figée, lexicalisée)
- mes enfants [mezɑ̃fɑ̃] sont mariés (NB – Wiesmath 4, M : 89)
- pis i pouvaient donner l'eau aux/ à leux [løz] animaux (NB – Wiesmath 2006 : 81 ; Wiesmath 2, E : 308)
- [...] i faisont di train avec leus [løz] ailes [...] (TN – Brasseur 2001 : s.v. *cacaoui*, p. 85)
- nos enfants [no z ɑ̃'fɔ̃] (LOU – Brandon 1955 : 392)
- il y a un de ces hommes là [i j a œ̃ t se 'zɔm la] (LOU – Brandon 1955 : 381)
- les affaires [lezafær] étiont/ étiont dures . et la vie était dure (LOU – Stäbler 1995 : 5, corpus – enregistrement)
- J'yeux dis de montrer à leurs enfants parler français. (LOU – Rottet 2001 : 125, loc. âgée)

---

8 Nous nous contenterons de donner quelques rares exemples conformes au standard à seule fin d'expliciter le type de liaison dont il s'agit.
9 Dans le cas de figure *les* + nom à initiale vocalique, les cas d'hésitation ou de rupture de la phrase sont les seuls exemples d'absence de la liaison dans les corpus oraux dépouillés par Durand/Lyche (2008 : 53).
10 Pour le Sud-Est du NB : Péronnet (1989a : 39) ; pour TN : Brasseur (2001 : s.v. *leu*, p. 274).
11 Pour le FL, Brandon (1955 : 444) signale également la forme *leur-z-ouvrage* en faisant remarquer qu'il s'agit non seulement d'un cas de liaison « fautive », « mais aussi de la survivance d'une prononciation du XVIIe siècle ». Notons qu'en FL, il pourrait s'agir également d'un cas d'agglutination : *z-ouvrage* (*cf.* ci-dessous II). – Pour le FL, Ditchy (1932 : 138) est la seule source à signaler la forme *leus* : « Les femmes vienront avé leus hommes. »

Il arrive pourtant que la liaison ne soit pas réalisée[12] :
- C'est mon* [mɔ̃] anniversaire de mariage (NÉ – Hennemann, ILM, CL)
- il y a beaucoup des* [de] îles (NÉ – Hennemann, BSM, AnS)

- les [le] affaires (IdlM – Falkert 2010, corpus : 171 et 179, p. 451, CD-ROM), à côté de : les [lez] affaires (IdlM – Falkert 2010, corpus : 171, p. 451)

La tendance à marquer le pluriel par le déterminant est très forte. À l'élision de la préposition *de*, les parlers étudiés ici préfèrent généralement le maintien de la forme pleine de l'article partitif/indéfini au pluriel après les négations et les quantificateurs ainsi que dans les compléments prépositionnels (« liaison abusive », *cf.* pour TN : Brasseur 2001 : s.v. -*z*-, p. 477 ; *cf.* le chap. « Article », V.3.) :
- Mais on / des / on a beaucoup des Américains qui vient. (NÉ – Hennemann, ILM, EL)

- Y avait pas de-z-engins comme asteure. (TN – Brasseur 2001 : s.v. -*z*-, p. 477)
- Je fais pas des habits de-z-hommes. (TN – Brasseur 2001 : s.v. -*z*-, p. 477)
- Toutes sortes de-z-histoires. (TN – Brasseur 2001 : s.v. -*z*-, p. 477)

- y avait un tas de z-animaux à faire boire (LOU – *Découverte*, Pointe Noire, Acadia)

I.1.2 Liaison entre le sujet et le verbe
La liaison se maintient bien entre le pronom sujet et le verbe :
- vous étiez nés d/ [vuzetjene] (NÉ – Hennemann, ILM, EL)
- i z-avont donné un verre d'eau (NÉ – Arrighi 2005 : 224, Marcelin NÉ 2 : 269–270)

- [...] en anglais is [iz] appelont ça des *caraways* [angl. 'cumin'], *caraway seeds*, ça c'est des graines d'anis [...] (TN – Brasseur 2001 : s.v. *anis*, p. 18)
- on était [ɔ̃ ne te], ils ont [i z ɔ̃] (LOU – Conwell/Juilland 1963 : 35)
- ils avaient [i za vɛ], ils ont mis ça extra [i zɔ̃ mi sa ɛk stra] (LOU – Conwell/Juilland 1963 : 145)

Mais on note aussi des cas d'absence de liaison ; selon Falkert (2010 : 163), qui se réfère aux Îles-de-la-Madeleine, ce phénomène est même assez fréquent en ce qui concerne le *n* de liaison.
- La prochaine fois tu descendras, on* ira [ɔ̃ ira]. (NÉ – Hennemann, ILM, EL)
- on^y va pas [ɔ̃ivapa] (IdlM – Falkert 2010 : 163)
- *on ôte* [ɔ̃ ot] (Papen/Rottet 1997 : 78)
- vous êtes [vuɛt] familière avec les grosses vaches (LOU – Stäbler 1995 : 9, corpus – enregistrement)

Parfois, le pronom sujet ne subsiste que sous la forme de la marque de la liaison [z] (*cf.* aussi Lyche 2010 : 37, Arrighi 2005 : 248) :
- z-avez jamais tendu dire qu'on mettait les œuFs . euh à l'eau à bouillir (NÉ – Arrighi 2005 : 248, Évangéline D. NÉ 23 : 104–105)

---

12 Pour le FL, le DLF note que, devant voyelle, on entend « souvent » [dez], ce qui implique évidemment des cas de non-respect de la liaison (DLF 2010 : s.v. *un*, p. 638).

- oh oui z-étaient vraiment corrects pour ça y en avait des ROUGH (NB – Arrighi 2005 : 224, Willy NB 9 : 111)
- i avont fait quoi z-étaient supposés de faire (NB – Arrighi 2005 : 248, Zélia NB 17 : 90–91)
- que zapelons ici élection (LOU – Lyche 2010 : 37, « qu'ils appelont »[13])
- z'appelaient moi (LOU – Brandon 1955 : 437)
- le lion lui a dit [qu'il]s allaient faire route ensemble [lə ljɔ̃ j a di z alɛ fɛːr rut ɑ̃'sɑ̃ːm] (LOU – Brandon 1955 : 382)

Comme les pronoms sujets *nous* et *vous* ne sont pas (*nous*) ou guère (*vous*) en usage, c'est la 3ᵉ pers. pl. qui est en principe la seule concernée par la liaison. Or à ce sujet il faut noter que conformément à l'ancien usage la forme du pronom personnel atone de la 3ᵉ pers. pl., [i]/[il], n'a pas de -*s* analogique. Ainsi s'explique que les cas de liaison avec [z] – en l'occurrence : [iz] – soient concurrencés par les formes [ij], [j] et [il] ; la forme [iz] apparaît surtout dans les productions des locuteurs les plus standardisants (*cf.* pour plus de détails, le chap. « Les pronoms personnels », VI.1.1.). King (2013 : 131, note 18) signale que le [z] de liaison n'est jamais réalisé dans son corpus terre-neuvien et qu'il n'est courant ni à l'ÎPÉ ni au NB ni en NÉ[14]. Pour la LOU, nous notons la coexistence des formes [il] et [iz] dans la liaison[15] (*cf.* DLF 2010 : s.v. *ils*, p. 339).

[i]/[il]/[j]
- i avont des / des lits de bois (NÉ – Hennemann, ILM, IS)
- il-avont venu icitte (NÉ – Arrighi 2005 : 222, Marcelin NÉ 2 : 242-243)
- i avont [j avɔ̃] défait l'église (NB – Wiesmath 3, D : 3)
- [j avɔ̃] toutt signé (NB – Péronnet 1989a : 145)
- moi je dis il-ariont dû continuer (ÎPÉ – Arrighi 2005 : 222, Rose ÎPÉ 7 : 290)
- [ilarivɔ̃] « ils arrivent » (TN – King 2013 : 131, note 18)
- [...] ben i appelont ça l'amiauler (TN – Brasseur 2001 : s.v. *amiauler, ramiauler* « amadouer, apprivoiser », p. 16)
- [ilaʃte] « ils achetaient » (LOU – Stäbler 1995 : 8, corpus)

I.1.3 Liaison entre le pronom objet et le verbe

La liaison est courante entre le pronom objet et le verbe ; signalons que le pronom objet peut perdre la consonne initiale (aphérèse du *l*).

- Sus le bord à ma mère, je les ai vus [ʒezevy] (NÉ – Hennemann, ILM, CL)
- pis je les ai [leze] attendus (NB – Wiesmath 3, D : 111)
- le prêtre nous enseignait [nuzɑ̃sɛɲɛ] (NB – Wiesmath 4, M : 56)
- [e i le z a garɔʃe] (LOU – Brandon 1955 : 400)

---

13 *Cf.* le commentaire de Lyche (2010 : 37, note 9) : « La flexion *ons* indique dans le texte aussi bien une première personne du singulier (*J'les laissons crier*) qu'une troisième personne du pluriel, comme ici, ou également la première personne du pluriel (*et zallons toujours not train*). » Pour la forme *je* + -*ons*, *cf.* le chap. « Les pronoms personnels », II.1.1.
14 *Cf.* pour la BSM (NÉ) également Fritzenkötter (2015 : 112).
15 Le pronom sujet *il(s)* est pourtant rarement employé en FL aujourd'hui (*cf.* le chap. « Les pronoms personnels », VI).

Mais la liaison n'est pas toujours réalisée :
- les envoyer [le-ã voj je] (LOU – Conwell/Juilland 1963 : 35)

Commentaire
Le point commun entre les parlers étudiés et le français de France est le rôle considérable joué par la liaison avec [z] pour marquer le pluriel[16] (*cf.* aussi Bauche ²1951 : 53, Gadet 1992 : 49). En français de France, lorsqu'il s'agit de marquer le pluriel, les liaisons dites *facultatives* apparaissent avec une fréquence frisant le taux des liaisons obligatoires (Laks 2009 : 257). Dans le langage populaire, la liaison tend selon Gadet (1992 : 49) à fonctionner « non comme indicateur stylistique comme en français standard, mais comme marque grammaticale autonome de pluriel ». De plus, on y maintient fréquemment la forme pleine de l'article après les quantificateurs pour faire apparaître le [z], marque du pluriel : *des tas de-Z-hommes* (Blanche-Benveniste 2010 : 56). Toutefois, cette « liaison abusive » semble plus courante dans les variétés étudiées ici qu'en français populaire (*cf.* pour TN : Brasseur 2001 : s.v. *-z-*, p. 477).

I.2 Absence de liaison

Dans tous les cas autres que ceux mentionnés en I.1., la liaison est réalisée de façon aléatoire. Retenons qu'en cas d'absence de liaison, des voyelles avoisinantes peuvent se fondre en une seule voyelle allongée, comme par ex. *ça doit être* [sa dwɛːt] (LOU – Conwell/Juilland 1963 : 34).

Signalons quelques cas notables d'absence de liaison très courants, sinon réguliers[17] :

I.2.1 Adjectif + nom au singulier
La liaison n'est généralement pas réalisée entre un adjectif antéposé et un nom au singulier, notamment en FL (Lyche 1999 : 31, Klingler/Lyche 2012 : 305). Dans ce cas, il y a hiatus entre l'adjectif antéposé et le nom. On peut en conclure que la fonction primordiale de la liaison n'est donc pas d'éviter le hiatus[18].

- C'est nous-autres qu'on a eu le premier* [prəmje] autobus. (NÉ – Hennemann, ILM, CL)

- on a eu une grosse tempête au premier* avril (NB – Wiesmath 1, G : 494)

- un bon / éducateur ; un gros, gros / homme (LOU – Klingler/Lyche 2012 : 305)
- [dɛrnje orɑ̃ʒ] à côté de [dɛrnjɛrorɑ̃ʒ] (LOU – Dajko 2009 : 170)
- bon orateur [bɔ̃ o ra tɶr], à côté de : [bɔ nɔ ra tɶr] (LOU – Conwell/Juilland 1963 : 35)

mais aussi :
- le petit enfant [ptitɑ̃fɑ̃] est mort (LOU – Stäbler 1995 : 170, corpus – enregistrement)

---

16 *Cf.* aussi Klingler/Lyche (2012 : 305) qui constatent à propos du FL que la liaison est en grande partie restreinte au marquage du pluriel. Pour les variétés du français en général, l'importance de ce facteur est soulignée par Durand/Lyche (2008 : 45).
17 Conwell/Juilland (1963 : 35) signalent en outre que les expressions figées qui apparaissent systématiquement avec la liaison en FS n'apparaissent pas nécessairement ainsi en FL, comme *Etats-Unis* [e ta-y ni] ou [e ta zy ni].
18 Durand/Lyche (2008 : 45) soulignent que le facteur « évitement de l'hiatus » a beaucoup moins de poids pour expliquer la liaison qu'on ne le prétend communément.

I.2.2 Absence de liaison après les adverbes, les prépositions et les conjonctions monosyllabiques

La liaison se fait de manière très aléatoire après les prépositions monosyllabiques qui, en français parlé de France, sont généralement liées au nom qu'elles introduisent : *chez, dans, en, sans*.
- i s'en vont en* Irlande (NÉ – Hennemann, PUB, BéD)
- Mais elle, je crois qu'elle a commencé dans* avril. (NÉ – Hennemann, ILM, DO)
- Ils mettent ça dans* un grand pot. (NÉ – Hennemann, ILM, DO)
- sans* ouvrir le couvercle (NÉ – Hennemann, BSM, SC)

- à la maison chez eux [a la 'me'zɔ̃ ʃe ø] (LOU – Brandon 1955 : 394)
- en Acadie [ã a ka di] (LOU – Conwell/Juilland 1963 : 35)
- en arrière [ã na rjar] ou bien [ã a rjar] (LOU – Conwell/Juilland 1963 : 35)
- Et il follait qu'on parle comme les autres dan' Amérique. (LOU – Rottet 2001 : 119, loc. âgé)
- non on va juste chez [ʃe] une (LOU – Stäbler 1995 : 68, corpus – enregistrement)
- dans une [dã ɛn] laiterie (LOU – Stäbler 1995 : 15, corpus – enregistrement)

A fortiori, les prépositions polysyllabiques ne sont pas liées aux mots qu'elles introduisent :
- des fois après* une pluie hein (NB – Wiesmath 1, B : 734s.)

- [a vɔ̃ ø], [apre a war] – « avant eux », « après avoir » (LOU – Conwell/Juilland 1963 : 35)

Les adverbes et les conjonctions monosyllabiques ayant un lien syntaxique moins fort avec le mot suivant que la préposition et le nom dans le groupe prépositionnel sont liés encore moins fréquemment : *très, trop* ; *pas, plus* ; *quand*[19]. Ces cas de non-liaison sont également courants en français de France.
- Pas* encore, non. (NÉ – Hennemann, BSM, RG)

- pour pas* aller à la guerre (NB – Wiesmath 4, M : 45)

- quand il venait [kã i və ne] (LOU – Conwell/Juilland 1963 : 35)
- plus autant [py-o tɔ̃] (LOU – Conwell/Juilland 1963 : 34)
- très intéressant [tre-ɛ̃ te rɛ sã], trop épaisse [tro e pɛs] (LOU – Conwell/Juilland 1963 : 35)
- enfin c'est plus trop [tro] amusant (LOU – Stäbler 1995 : 194, corpus – enregistrement)
- éyoù tu peux pas arriver [pa arive] (LOU – Stäbler 1995 : 194, corpus – enregistrement)

Commentaire
En français parlé de France « [l]es prépositions *sans, en, dans*, sont très souvent liées au nom qui suit […] et plus rarement au groupe verbal […] » ; pourtant, « on entend souvent des cas de non liaison pour *sans une hésitation, dans un jour, en un jour* » (Blanche-Benveniste 2010 : 52). Mais en général, Laks (2009 : 257) constate que « le poids des monosyllabiques croît : plus le mot liaisonnant est court, plus la tendance à réaliser la liaison se renforce historiquement ».

---

[19] En ce qui concerne la conjonction *quand*, notons que le [t] prononcé ici n'est pas nécessairement le fait d'une liaison ; *quand* prend souvent un [t] final même en dehors du contexte de la liaison (*cf.* le chap. « La subordination », II.1.1.) ; Durand/Lyche (2008 : 50, note 19) parlent, dans ce contexte, d'une « réanalyse » de *quand* comme une conjonction avec consonne finale prononcée. Notons pourtant que cette forme se trouve aussi dans les dialectes du Nord et de l'Ouest de la France et en français populaire, voire familier (FEW 2/2, 1416b, Bauche ²1951 : 124).

I.2.3 Absence du [z] de liaison comme marque du pluriel dans les adjectifs antéposés au nom

Bien que la fonction principale de la liaison soit, à l'oral, de marquer le pluriel (*cf.* Klingler/ Lyche 2012, Lyche 1995), la liaison est loin d'être systématique dans ce cas.

En FA/FTN, la non-liaison est fréquente au pluriel entre l'adjectif antéposé et le nom, notamment au féminin[20] (Péronnet 1989a : 104 ; *cf.* le chap. « Le genre »), alors qu'en FL, la liaison semble se maintenir dans ce cas (Guilbeau 1950 : 82, Conwell/Juilland 1963 : 35). En l'absence de liaison, il y a soit hiatus (*vrais* Acadiens* [vrɛakɑdjẽ]), soit enchaînement avec la consonne finale prononcée dans la forme du singulier (*vieilles* autos* [vjɛjoto]). Ces cas pourraient aussi constituer des exemples de la tendance à l'invariabilité de l'adjectif épithète, puisque le pluriel est déjà marqué par le déterminant.

- vous êtes pas des vrais Aca/ des vrais* Acadiens (NÉ – Hennemann, ILM, BJ)
- des p'tites* histoires (NÉ – Hennemann, PUB, ID)
- Vraiment, les seules* affaires qu'il avont à l'église [...] (NÉ – Hennemann, BSM, SC)
- des longues* heures (NÉ – Hennemann, PUB, ArD)
- Les / les vieilles* autos (NÉ – Hennemann, PUB, LaD)

- des [bɛl] histouères (NB – Péronnet 1989a : 104)
- c'est comme euh c'est tout' des / c'est comme des petites* affaires qui poussent après le / la m/ l'affaire euh. la MAIN THING là qui est là là <la tige> la tige là ouéy. c'est tout' des petites* affaires qui poussent [...] (NB – Wiesmath 1, R : 118–120)

Avec certains adjectifs et déterminants indéfinis, la liaison est peu usitée.
- et pis le monde arrêtait à des certaines* endroits [sɛrtɛnɑ̃drwɑ] (NÉ – Hennemann, PUB, ID)
- mais père Maurice, son père, i a quelques* années de plus jeune que moi (NÉ – Hennemann, PUB, ID)[21]
- les dernières* années [dɛrnjerane] (NÉ – Hennemann, BSM, AnS)
- des différentes* espèces (NÉ – Hennemann, PUB, ArD)

- Ça fait que [tʃœk] années après ça [...] (NB – Péronnet 1989a : 69)
- après quelques années [kɛkane] (NB – Wiesmath 4 : M273)

- J'avais vingt quèques années, [tʃjɛk ane], ce temps-là. (TN – Brasseur 2001 : s.v. *quèque*, p. 378)
- [...] Ce tait un petit peu différent [difarɑ̃] hein, tu sais, i faisiont des petites différentes [difarɑ̃t] affaires. [...] (TN – Brasseur 2001 : s.v. *set*, p. 419)

Cf., par contre, en FL :
- [diferɑ̃dzafɛr] (LOU – Guilbeau 1950 : 138)
- [sɛrtɛ̃zɔ̃m] (LOU – Guilbeau 1950 : 138)

Quant au déterminant indéfini *plusieurs*, la variété acadienne traditionnelle le réalise sans *s*[22].
- Eum, n-en a plusieurs* accidents de même aussi (NÉ – Hennemann, BSM, SC)
- Là, à Chéticamp, i les laissont rentrer à plusieurs* endroits. (NÉ – Hennemann, ILM, EL)

---

[20] Selon Péronnet (1989a : 104), qui étudie le Sud-Est du NB, ce type de non-liaison existe seulement avec les noms féminins ; dans ce cas, c'est une autre consonne que [z] qui assure l'enchaînement.
[21] *Quelques* apparaît sous les formes invariables : [tʃœk], [tʃɛk], [kœk] ou [kɛk]. *Cf.* pour TN, Brasseur (2001 : s.v. *quèque*, p. 378) : « Au pl[uriel], pas de [z] de liaison devant un mot à initiale vocalique. » *Cf.* le chap. « Les déterminants indéfinis ».
[22] *Cf.* pour le Sud-Est du NB : Péronnet (1989a : 73). Pour TN, Brasseur (2001 : s.v. *plusieur(s)*, p. 359) signale l'existence de deux formes.

- Ça s'a fait de même pour [plyzjør] années. (NB – Péronnet 1989a : 73)

Cf. par contre en FL :

- fait j'ai couri de l'ouvrage pour plusieurs années [plyzjœrzane] (LOU – Städler 1995: 187, corpus – enregistrement).

Commentaire
Bauche (²1951 : 53) note que dans le langage populaire, les adjectifs « ayant au féminin une forme distincte de celle du masc[ulin] entraînent rarement la liaison » : *les belles amies* [le bɛl ami], *les petites amies* [le ptit ami]. Blanche-Benveniste (2010 : 52) relève pour le français parlé de France « une tendance nouvelle à ne pas faire de liaison pour certains éléments antéposés au nom », dont *autres*, *certains* et *mêmes*. Durand/Lyche (2008 : 45) notent la non-liaison en français parlé également avec l'adjectif *petit* : « beaucoup de p(e)tits [t] hotels ».

En ce qui concerne le déterminant indéfini *plusieurs*, la forme sans *-s* est la forme courante dans l'ancien usage (*cf.* Foulet 1967 : 187) ; il serait donc erroné d'y voir une « absence de liaison ».

I.3 Liaison « fautive » et consonnes euphoniques

[z], [t] et [n] constituent les consonnes de liaison les plus souvent produites[23]. Ce sont aussi celles qui apparaissent le plus souvent dans les cas dits de « liaison fautive »[24]. Il y a des cas systématiques d'insertion de consonnes pour marquer le nombre grammatical ou pour des motifs euphoniques.

On distinguera les cas suivants :
- le [z] de liaison, marque du pluriel (I.3.1.),
- [z] euphonique dans d'autres contextes (I.3.2.),
- [t] et [n] euphoniques (I.3.3.),
- [l] euphonique (I.3.4.).

I.3.1 [z] de liaison dans un contexte pluriel
- La marque du pluriel, [z], apparaît avec une grande régularité après les chiffres.
  - quatre-z-enfants (NÉ – Hennemann, ILM, oral, 16)
  - huit-z-élèves (NÉ – Hennemann, ILM, oral, 16)
  - on est neuf z-enfants . dans la famille chez nous (NB – Arrighi 2005 : 352, Zélia NB 17 : 42–43)
  - cinq-z Allemandes que je t'ai parlé hier (IdlM – Falkert 2010, corpus : 140, p. 302, CD-ROM)
  - soixante-z-hommes (TN – Brasseur 2001 : s.v. –*z*-, p. 477)
  - [J'ai] neuf-z-enfants (LOU – Rottet 2001 : 121, loc. âgé) (mais *cf. z-enfant* section II ci-dessous)
  - Nous-autres, on a eu huit-z-enfants (LOU – Rottet 2001 : 123, loc. âgé)

---

[23] Notons qu'en ce qui concerne le FL – et dans une moindre mesure le FTN –, il est souvent difficile de décider si, dans le cas de *z* et *n* devant les noms à initiale vocalique, il y a agglutination ou liaison (*cf.* section II).
[24] Dans les cas où la consonne de liaison prononcée n'est pas indiquée dans la graphie, Durand/Lyche (2008 : 40) parlent de « liaison épenthétique » : *quat' [z] enfants*, *il va [t] à Paris*.

- les parents souvent auraient invité trois, quatre, quatre ou cinq z-enfants pour aller chez eux (LOU – *Découverte*, Carencro, Lafayette)
- ben y a cinq acres [sẽzak] (LOU – Stäbler 1995 : 72, corpus – enregistrement)

En ce qui concerne le [z] de liaison après les chiffres en FL, Klingler/Lyche (2012 : 305) font remarquer qu'il n'est présent que dans les cas où il sert à indiquer le pluriel : donc, il est présent dans l'expression *cinq [z] écoles*, alors qu'il est absent dans *il a cinq / ans* (référence à l'âge) et *il est cinq / heures* (référence à un moment précis de la journée).
- Les pronoms d'objet indirect de la 3e pers. pl., *leur*, *leuz* et *yeux*, peuvent être liés par [z] au verbe qui suit (pour les formes, *cf.* le chap. « Les pronoms personnels », VI.1.5.).
  - T'sais … pis je / je / je leur-z-ai dit : ça a besoin d'être le français-là qu'on apprend à l'école. (NÉ – Hennemann, ILM, BJ)
  - Puis, laissons-nous leur-z-expliquer exactement qu'est-ce qui s'est passé. (NÉ – Hennemann, ILM, BJ)
  - I [jøz] avait rencharyé de tout le temps écouter Jacques su n'importe quoi ce qu'i [jø] dirait. (NB – Péronnet 1989a : 163)
  - il leur-z-a donné chacun un wagon d'argent (LOU – Brandon 1955 : 444)
  - [ʒ va jœz ede] (*yeux* à côté de [lœrz]) (LOU – Guilbeau 1950 : 151s., transcription phonétique adaptée INH/JM)

Les formes des pronoms d'objet indirect [løz]/[jøz] + voyelle sont figées et traditionnelles et on ne saurait qualifier l'apparition de [z] devant les noms à initiale vocalique de liaison fautive. En ce qui concerne [lœrz], par contre, il y a bien liaison fautive.

Commentaire
Dans le non-standard hexagonal, la liaison avec [z] après les chiffres est tout à fait courante (Bauche ^{2}1951 : 88s.). Aujourd'hui, le phénomène est largement répandu : même « les professionnels de la parole [...] tendent à placer automatiquement un [z] » dans ce contexte, du moins après *mille* : *une rencontre de quatre mille-Z-enfants – dix mille-Z-Égyptiens* (Blanche-Benveniste 2010 : 56).
Le [z] est si fortement lié à l'idée du pluriel dans la langue parlée qu'il apparaît même « dans des positions qui ne sont pas normalement intéressées par le pluriel, entre un adverbe et un adjectif ou entre une préposition et un nom » (Blanche-Benveniste 2010 : 56) : *des maisons tout-à-fait-z-ordinaires, vous vouliez quoi comme Z-arbres* (Blanche-Benveniste 2010 : 56, *cf.* Durand/Lyche 2008 : 56[25]).

I.3.2 [z] euphonique
Dans les cas suivants, la consonne de liaison /z/ apparaît régulièrement en dehors d'un contexte pluriel.
- Le pronom *en* qui, à l'impératif, apparaît sous l'allomorphe [zã] dans la langue standard (*parles-en*), prend aussi cette forme en FA/FTN/FL après les pronoms toniques (par contraste avec la forme du standard : *m'en*). Plutôt que d'un cas de fausse liaison, il s'agit de la surgénéralisation de l'allomorphe *z-en*, qui s'est spécialisé en position postverbale (*cf.* le chap. « *Y* et *en* et le présentatif *(il) y (en) a* », II.3.).

---

[25] Durand/Lyche (2008 : 56) parlent, dans ce cas, d'« "over-spreading" of the plural marker ».

- [...] Envoie-moi-z'en pus d'autres. (NÉ – Hennemann, ILM, Corpus oral 2)
- 'pporte-moi-z-en (LOU – Brandon 1955 : 443)
- Donne mon en [zã] pas. (LOU – Papen/Rottet 1997 : 87)

Nota bene : Dans le langage des jeunes semi-locuteurs interviewés dans l'étude de Rottet, *zen* apparaît également en dehors du contexte de l'impératif, s'il se trouve postposé au verbe :
- Mon j'ai déjà acheté zen. (LOU – Rottet 2001 : 213, semi-locutrice)
- Tu peux les donner zen ? (LOU – Rottet 2001 : 213, semi-locutrice)

– [z] apparaît, en FA et en FTN, dans le mot *avant-hier*.
- avant-z-hier (FA – Poirier 1928 : 179, É. Boudreau 1988 : 52)
- Alle a iu quateur-vingt quatre avant-z-hier. (TN – Brasseur 2001 : s.v. *quatre*, p. 378)

– Dans le parler traditionnel du NB, le déterminant interrogatif *quel* peut apparaître sous la forme [tʃøz] (« quel, quelle, quels, quelles ») au pluriel comme au singulier (Péronnet 1989a : 70) (à côté de [tʃœl] au singulier).
- n'importe [tʃøz] enfant (NB – Péronnet 1989a : 70)

Commentaire

Dans le non-standard hexagonal, l'impératif se construit également avec la forme *z-en* qui est postposée au pronom tonique de la 1re et de la 2e pers. sg. (type : *donne-moi-z-en*), plus rarement de la 3e pers. (type : *lui-z-en, leur-z-en*) (Gadet 1992 : 66) (*cf.* le chap. « *Y* et *en* et le présentatif *(il) y (en) a* »).

S'exprimant sur le statut des consonnes de liaison en français laurentien, Côté (2010 : 1286) souligne le caractère spécifique des consonnes de liaison *z* et *t* précédant les enclitiques (type : *z-en, z-y*, mais aussi *t-il, t-elle, t-on*). Contrairement aux autres consonnes de liaison, celles-ci sont, selon Côté, lexicalisées comme consonnes initiales.

I.3.3 *t* et *n* euphoniques

L'une des fonctions de la consonne [t] en tant que consonne de liaison en contexte vocalique est de marquer le singulier par contraste avec [z], marque du pluriel. Là où une liaison avec [z] serait possible (*un gros arbre*), celle-ci est évitée pour prévenir tout risque d'équivoque quant au nombre grammatical (*cf.* aussi le chap. « Le genre », V.2.1.) :
- un grôt âbre, un grôt homme (NÉ – É. Boudreau 1988 : 146) (mais aussi, selon Boudreau : *des grôt âbres, des grôt hommes*)
- un vrai-t-arbre de Noël (NÉ – Hennemann, BSM, SC)
- un gros-t arbre (NB – Péronnet 1989b : 219)
- un gros-t-ours ... un gros-t-ours noir (NB – Wiesmath 1, B : 309–310)
- Le gros-t-os qu'est dans la morue (TN – Brasseur 2001 : s.v. *-t-*, p. 436)
- Un vieux-t-homme (TN – Brasseur 2001 : s.v. *-t-*, p. 436)

- j'ai dit au v/ au [vjøtõm] (LOU – Stäbler 1995 : 113, corpus)

[t] euphonique apparaît indépendamment du nombre grammatical[26] dans :
- c'est tout' de quoi du vieux temps hein des/ . des vieux-t-engins pis . c'est tout' de quoi de soixante et quinze quatre-vingt ans de vieux . mon vieux-t-engin c'est de quoi qui est vieux (NB – Wiesmath 3, D : 28–30)
- pis le COMPUTER fait l'ouvrage de / de cinq-t-hommes (NB – Wiesmath 2006 : 92, Wiesmath 3, D : 457)

Le [t] euphonique sert à éviter le hiatus, notamment en contexte verbal (par ex. entre l'auxiliaire et le participe ou entre le verbe et le complément prépositionnel) :
- Ça demande quelle est la première langue que t'as appris-t-à la maison. (NÉ – Hennemann, ILM, BJ)
- Mon père nous avait laissé t'une grosse héritage. (NB – Péronnet 1989b : 217)
- je sus-t-arrivée (IdlM – Falkert 2010, corpus : 97, p. 48, CD-ROM)
- je sus-t-un gars / je sus un homme / j'étais un homme extrêmement vaillant (IdlM – Falkert 2010, corpus : 208s., p. 307, CD-ROM)
- Quand tu rentres dans le grand bois, t'es-t-à l'abri. (TN – Brasseur 2001 : s.v. *bois*, p. 61)
- il va-t-être (LOU – Dajko 2009 : 170) (« fréquemment attesté dans le corpus », Dajko 2009 : 170)
- Ces filles là t-avaient pas de frères. (LOU – *Découverte*, Pointe-aux-Chênes, Terrebonne)

Le [n] euphonique apparaît couramment dans les cas suivants :
- Très fréquemment, *n* figure devant *avoir* pour former l'expression elliptique *n-a* au sens de « il y a », le *n* remontant sans doute à *en* dans le tour *il y en a*[27] ; il s'agit d'une forme figée dans les parlers étudiés ici :
  - N'y a plusieurs* activités (NÉ – Hennemann, PUB, ID)
  - Ina plein du monde asteur-là, asteur eusse connaît qui eusse après faire, et 'na plein du monde eusse est après apprendre pour eusse-mêmes comment parler en français [...] (LOU – Rottet 2001 : 122, loc. jeune)
  - Ben, il n-avait un qu'en avait quatre là (LOU – *Découverte*, Mamou, Évangéline)

- Dans le cas de la forme *n-en*, il s'agit d'une variante figée du pronom *en* au même titre que *z-en* (*cf.* le chap. « *Y* et *en* et le présentatif *(il) y (en) a* »). Si *z-en* est la variante de *en* en postposition, *n-en* en est la variante en contexte préverbal.
  - Mon fils n-en a mangé. (NÉ – Hennemann, ILM, DO)
  - Asteure le monde n-en a trop (NÉ – Hennemann, ILM, IS)
  - je veux nen faire dix [des napperons] (NB – Wiesmath 2006 : 77, Wiesmath 6, L : 303)
  - Oh oui vous pouvez nen trouver ! (TN – Brasseur 2001 : s.v. *nen*, p. 315)
  - Nen voulez-vous iène ? (TN – Brasseur 2001 : s.v. *iun, iène, ieune*, p. 256)

---

26 Notons aussi que dans les parlers étudiés ici, comme dans le non-standard de France (Bauche ²1951 : 89), le chiffre *80* ne prend pas de *s* à la fin.
27 Il pourrait aussi s'agir, dans le cas de *ina*, de la substitution de *n* à *l* comme elle se rencontre également dans d'autres formes : ex. *nunne part* « nulle part » (Poirier 1993 [1925] : s.v. *nunne part*, *cf.* aussi Poirier 1928 : 150, É. Boudreau 1988 : 180). De là aussi la difficulté d'analyser *on l-a* pour « on a » : s'agit-il de l'insertion d'une consonne *l* euphonique ou de la permutation de *l* et *n* (*cf.* ci-dessous I.3.4. et II) ?

- Je nen prendrais si j'aurais faim. (LOU – Rottet 2001 : 212[28])
- il fallait qu'on hale du bois dans la maison, il fallait qu'on n'en hale dans l'hangar (LOU – *Découverte*, Pointe-aux-Chênes, Terrebonne)

– Le [n], ancienne consonne de liaison, peut se trouver agglutiné à un nom à initiale vocalique (*cf.* section II).
- Un autre-n-homme (TN – Brasseur 2001 : s.v. *-n-*, p. 313)

- Et mon pape connaissait parler n-anglais là (LOU – *Découverte*, Pointe-aux-Chênes, Terrebonne)

Commentaire
Le *t* euphonique existe aussi dans le non-standard hexagonal, ainsi que dans quelques parlers dialectaux, comme en Normandie (Brasseur 2001 : s.v. *-t-*, p. 436). Selon Bauche, la langue populaire place « souvent des *z* et des *t* de liaison où il n'en faut point » (Bauche ²1951 : 53), soit par euphonie (*peu z à peu* ; *il va t et vient* ; *il faudra t aller*, Bauche ²1951 : 53), soit par hypercorrection, soit par souci de marquer la distinction entre le singulier et le pluriel. Mais en général, le *t-* euphonique semble jouer un rôle marginal (Péronnet 1989a : 105, Bauche ²1951 : 58[29]). Quand il s'agit d'un adjectif devant un nom à initiale vocalique, le non-standard hexagonal, comme le FL[30], semble accepter plus librement le hiatus (*cf.* Frei 1929 : 192) : *un gran artiste, un vieu arbre, un beau édifice, un nouveau immeuble*.

Les consonnes euphoniques sont également courantes dans les variétés laurentiennes du français ; le *t* euphonique par ex. est bien attesté en franco-manitobain : *je suis t-à pied, tu es t'arrivé ici, ça va t-être toute* (Hallion 2000 : 284ss., p. 291).

I.3.4 *l* euphonique
Aussi bien dans les parlers qui nous intéressent ici que dans les variétés laurentiennes, le *l* s'insère fréquemment entre un pronom sujet – principalement *on* et *ça* – et les verbes *avoir* et *être*, parfois aussi devant d'autres verbes comme *aller*. En FL, Papen/Rottet (1996 : 242) relèvent, pour le pronom sujet de la 1ʳᵉ pers. pl., la forme [ɔ̃l] ; ils ne parlent toutefois pas de l'insertion d'une consonne euphonique, mais présentent la forme plutôt comme une variante de [ɔ̃n] devant voyelle (*cf.* aussi Rottet 2001 : 150) ; la forme [ɔ̃l] est également bien attestée au NB. Arrighi (2005 : 245) note à propos du « *l* de liaison » que dans son corpus, « on favorise, en effet, l'apparition d'un *l* superfétatoire mais cette insertion est aussi possible avec d'autres pronoms. » Parfois, le *l* apparaît même si le pronom est omis. Reste à savoir s'il s'agit, dans le cas de [ɔ̃n] – [ɔ̃l], de l'insertion d'un *l* superfétatoire devant voyelle ou de la substitution de *l* à *n*, telle qu'on la trouve aussi dans d'autres formes (*cf.* ci-dessus note 27 pour *nunne part* « nulle part » et ci-dessous, II, pour *loummer/lommer/nommer, lombril/nombril, luméro/numéro*).

---

[28] La forme *nen*, préverbale, est en net recul en LOU chez les locuteurs les plus jeunes, qui préfèrent la postposition de la forme *zen* (*cf.* Rottet 2001 : 212) ; le procédé, répandu aussi en franco-terre-neuvien, est une « innovation » en FL (Rottet 2001 : 213).

[29] « [La liaison avec *t* est] Très rare en L[angage]P[opulaire], car elle est inutile, ne marquant pas le pluriel. » (Bauche ²1951 : 58)

[30] *Cf.* le chap. « Le genre », V.2., *cf.* Brandon (1955 : 422s.), Papen/Rottet (1997 : 90), Neumann-Holzschuh (2006 : 263). *Cf.* aussi Phillips (1936 : 35) pour le FL, qui note que les adjectifs *nouveau, beau* et *vieux* « gardent ces mêmes formes devant un nom masculin commençant par une voyelle : [...] *l'beau homme* [...]. »

- ça payait pus hein . on l-avait plus cher là qu'icitte tu as/ tu avais deux / deux fois le prix (NB – Arrighi 2005 : 245, Willy NB 9 : 41–42)
- après cinquante cordes de bois on l-avait cinquante cennes de bonus ça faisait un bon montant là quand tu avais/ tu avais cinquante cordes de bois . ben l-avait je sais pas combien qu'i payont (NB – Arrighi 2005 : 245, Willy NB 9 : 42–45)
- ça m'étonne qu'on l-a pas mouru (NB – Arrighi 2005 : 153, Annie NB 10 : 305–306)
- on l-était quatre enfants (NB – Arrighi 2005 : 218, Annie NB 10 : 6)
- pis moi quand/quand je l-ai venu à Saint-Jean pis (NB – Arrighi 2005 : 245, Sarah NB 20 : 45)
- on se faisait assimiler . euh beaucoup plus avant que . . on l-ait eu des écoles avant qu'on l-ait eu l'éducation en français (ÎPÉ – Arrighi 2005 : 245, André ÎPÉ 12 : 161–162)
- on l-allait aux danses à Richmond c'était une dizaine de milles de chez nous (ÎPÉ – Arrighi 2005 : 322, André ÎPÉ 12 : 253–254)
- [ɔ̃na] = [ɔ̃la] (LOU – Guilbeau 1950 : 145, Rottet 2001 : 150) (« on a »)

Commentaire
En ce qui concerne les variétés laurentiennes, le *l* euphonique est bien attesté en FQ (Morin 1982), en franco-minnesotain, en franco-albertain et en franco-manitobain (Papen 2006 : 164, Hallion 2000 : 256s.). Chaudenson (1989 : 68) analyse le *l* comme une prosthèse devant *être* et *avoir* et en signale l'importance dans le français du Missouri (*cf.* aussi Chaudenson et al. 1993 : 83).

II Fausse coupure et agglutination

Les phénomènes de liaison (*z-*, *n-* + voyelle) et d'élision (*le*, *la* → *l'* + voyelle) qui se produisent à l'intérieur de la chaîne parlée peuvent entraîner des erreurs quant à la bonne coupure entre les mots. Comme la structure syllabique typique du français consiste en une séquence *consonne + voyelle* (CV) (*cf.* ci-dessous « Commentaire »), il y a de fortes tendances à réanalyser à l'oral la consonne de liaison ou l'article élidé comme la consonne initiale du mot qui suit. Il est parfois difficile de distinguer les cas de liaison *ad hoc* et productive des cas de liaison fossilisée et lexicalisée où l'ancienne consonne de liaison ou l'ancien article – *z*, *n* ou *l* – ont fini par faire partie intégrante d'un nom originellement à initiale vocalique. Ce qui est certain, c'est que l'agglutination est achevée dans les cas où l'ancienne consonne de liaison ou l'article élidé apparaissent dans *tous* les contextes et qu'ils n'alternent plus avec d'autres consonnes. Ces cas sont rares dans les parlers étudiés ici et s'observent principalement en FTN et en FL[31] :
- Dans les parlers acadiens et en FTN, l'agglutination est achevée en ce qui concerne le pronom tonique de la 3[e] pers. pl., *zeux*[32] (*cf.* le chap. « Les pronoms personnels », VI.1.2.) ;
- sont concernés, en outre, par ex., en FTN, les noms *zhuitre* et *zyeux* ;

---

[31] Dans le contexte de la forme *zoie*, Thibault (2009 : 86, note 18) remarque que « [d]ans l'ensemble des français nord-américains, le type agglutiné n'est véritablement attesté qu'à Terre-Neuve et en Louisiane. » Ceci est également vrai pour d'autres formes agglutinées.
[32] La forme du féminin, *zelles*, ne semble apparaître qu'après la préposition *avec* ; il s'agit donc pour cette forme d'un phénomène de liaison (*cf.* la forme ancienne de la préposition : *avecques*) et non pas d'une forme figée (*avec-z-elles*, *cf.* Poirier 1993 [1925] : s.v. *Z*, p. 401). – Nous constatons l'absence de la forme *zelles* dans les corpus à notre disposition (*cf.* aussi Brasseur 2001 : s.v. *zeux*, p. 477). Péronnet (1989a : 169) qualifie cette forme

- en FL, par ex., les noms *zoie* et *zoiseau* (LOU – Lafourche ; *cf.* Dajko 2009 : 172[33] ; *cf.* aussi DLF 2010 : s.v. *zoie*, p. 665, s.v. *zozo*, p. 665, Klingler/Lyche 2012 : 305s.).

En revanche, outre les cas d'agglutination *achevée*, il y a un grand nombre de mots[34] qui, à initiale vocalique en FS, apparaissent variablement avec *z*, *n* ou *l* initiaux dans les parlers étudiés ici (notamment en FTN et en FL), sans que cette consonne initiale corresponde à la consonne de liaison attendue dans un contexte donné. On peut en conclure à une insécurité importante quant à la bonne forme de ces mots et à l'existence d'un procès de réanalyse de la coupure entre les mots en cours sans que, jusqu'à présent, l'une des formes en concurrence ne se soit définitivement établie en tout contexte. À tout ce qui paraît, le lexique mental des locuteurs englobe plutôt une variété de formes pour un seul référent et les locuteurs en sont bien conscients[35]. C'est donc l'instabilité formelle qui caractérise ces noms.

Est agglutiné de préférence :
- le [z] aux mots qui apparaissent généralement au pluriel[36] : *z-animaux*, *z-enfants*, *z-hommes*, *z-oies*, *z-oreilles*, *z-oiseaux* ;
- le [l] aux mots qui apparaissent généralement au singulier (défini), *l-ail* (à côté de *z-ails* et *ail*). S'y ajoute le verbe *aimer*, où c'est le pronom d'objet direct qui est agglutiné : *laimer* (pour TN : Brasseur 2001 : s.v. *laimer*, *lamer*, p. 268 ; ainsi que l'adjectif : *laimable* ; Brasseur 2001 : s.v. *laimable*, p. 267 ; pour le FL : Dajko 2009 : 168[37]).
- le [n] aux mots qui sont généralement accompagnés d'un article indéfini, d'un déterminant possessif, d'un adjectif ou d'une préposition à finale vocalique nasale[38] : *n-animau*, *n-oie* (Brasseur 2001 : s.v. *noie*, p. 318), *n-oncle*, *n-aigle* (Brasseur 2001 : s.v. *naigle*, p. 313).

Pour le FL, le DLF (2010) note l'agglutination de *l* dans les mots suivants : *l-endroit*, *l-hibou*, *l-hoquet*, *lombre*, *longuent* ; l'agglutination de *n* dans les mots : *n-anglais*, *nonc/n-oncle/ noncle* ; l'agglutination de *z* dans les mots : *z-acre*, *z-agrafe*, *z-aignée*, *z-ail*, *z-aile*, *z-ampoule*,

---

de *belgicisme*. Arrighi (2005 : 236s.) signale sous réserves la forme *zeusse* comme forme potentielle du féminin, tout en ajoutant que le contexte des occurrences ne lui permet pas de statuer définitivement.

33 *zoie* – dans le corpus de Dajko avec *z* dans 100 % des cas (2009 : 172) ; *zoiseau* – 3 des 58 occurrences sans *z* (*ibid.*).

34 Essentiellement des noms, auxquels s'ajoute le verbe *aimer* → *laimer* (*cf.* ci-dessous).

35 Durand/Lyche (2008 : 56, faisant référence à Morin 2003 : 14) citent un locuteur du FL qui explique : « [...] t'as *larbre*, *narbre*, *arbre* ou *zarbre* : *un narbre*. [...] En anglais, t'uses **un** mot. [...] Et en français, t'as quatre mots pour *un narbre* ou *un n...* /[hésite]/ *un* /[se reprend]/ *larbre*. [...] » (ce sont les auteurs qui soulignent) (*cf.* également Lyche 2010 : 40).

36 Dans le même sens, *cf.* pour le mitchif, langue hybride, Papen (2011 : 239s.), qui constate que « les noms en question se trouvent statistiquement très souvent utilisés dans un contexte pluriel. La fréquence de la consonne /z/ dans un tel contexte fait en sorte que les locuteurs ont réanalysé la forme de ces mots et que, dans leur lexique mental, ils prennent maintenant régulièrement une consonne initiale en *z-* dans tous les contextes. » (*cf.* « Commentaire » ci-dessous).

37 Dajko (2009 : 168) juge le phénomène restreint essentiellement à la région de Dulac/Grand Caillou (TB) et le qualifie de typique du parler des Amérindiens. Mais elle fait remarquer que le phénomène d'agglutination de *l* à l'initiale des verbes commençant par une voyelle est « très répandu » dans les parlers français du Canada (Dajko 2009 : 168, citant Papen 2004).

38 *Cf.* dans le même sens pour le mitchif Papen (2011 : 240).

z-ananas, z-araignée, z-arbre, zarico(t), z-automobile, z-enfants, z-habitant, z-hameçon, z-herbe, z-hibou, z-huître, zieu/zyeu(x), zieuter, z-indien, z-intestin, z-œufs, z-oreille, zoie, z-ognon, z-oiseau, z-orteil, z-ouïe, z-outil. Ajoutons que, pour la plupart de ces mots, les variantes avec initiale vocalique coexistent avec les formes agglutinées.

« ail »
- EL : Pis ma mère faisait du savon, pa a mettait du lail [MS : Oui, du lail.] EL : ...dedans pour / euh (NÉ – Hennemann, ILM, EL)

- *ail, z-ail, lail* (LOU – DLF 2010 : s.v. *ail*, p. 18)

« aile »
- Une z-aile de poule. (LOU – DLF 2010 : s.v. *aile*, p. 18) (« A chicken wing »)

« anglais »
- Ej voulais pas qu'eux-autres aye la misère que mon j'ai eu pour apprendre le nanglais. (LOU – Rottet 2001 : 120, loc. âgée)
- *anglais* [ãgle], [nãgle] (LOU – DLF 2010 : s.v. *anglais*, p. 28). Dajko (2009 : 169) note en outre [lãgle]

« animal »
- un petit-n-animau (TN – Brasseur 2001 : s.v. *-n-*, p. 313)

« arbre »
- *arbre* [arb(r), larb(r), zarb(r)] (LOU – DLF 2010 : s.v. *arbre*, p. 35)

« argent »
- Je veux tout en grand [...] votre lor et votre largent, i dit, que vous avez. (TN – Brasseur 2001 : s.v. *lor*, p. 279) (« votre or et votre argent »)

« essence » et « huile »
- Il follait que ça soye bien bien soigné pour être sûr que aucun z-essence ou aucun n-huile va pas dans les eaux. (LOU – DLF 2010 : s.v. *aucun*, p. 46, LF)

« homme »
- Un autre-n-homme (TN – Brasseur 2001 : s.v. *-n-*, p. 313)

« huître »
- la zhuitre [zɥit] (TN – Brasseur 2001 : s.v. *zhuitre*, p. 477)

- *huitre* [ɥit, zwit, zɥit] (LOU – DLF 2010 : s.v. *huitre*, p. 336)
- La z-huître va vivre dans cette eau là. (LOU – *Découverte*, Isle Jean Charles, Terrebonne)

« œuf »
- *œuf* [œf, zœf] (LOU – DLF 2010 : s.v. *œuf*, p. 424)

« oignon »
- *oignon* [ɔjɔ̃], [wãjɔ̃], [zɔ̃jɔ̃] (DLF 2010 : s.v. *oignon*, p. 425), Dajko (LOU – 2009 : 170) atteste aussi *noignon*.

« oie »
- Il aviont un zoie qui couvait. (TN – Brasseur 2001 : s.v. *zoie*, p. 478)
- Le canard je sais, pace que j'ai élevé des canards. Ça c'est le jars et la cane. Et puis... Mais pour le noie... (TN – Brasseur 2001 : s.v. *jars*, p. 278) (« en ce qui concerne l'oie... »)

- *oie* [zoie] (LOU – DLF 2010 : s.v. *oie*, p.424)
- Quand il voulait bourrer son fusil pour tirer la z-oie, il a pris un chiffon de mousse, il l'a bien tapée, la musquette. (LOU – DLF 2010 : s.v. *oie*, p. 425, VM)

« oiseau »
- *oiseau* [wazo], [zwazo], [zozo] (DLF 2010 : s.v. *oiseau*, p. 425)
- Moi je crois que c'est le plus joli joli z-oiseau ça. (LOU – *Découverte*, Mamou, Évangéline)

« oncle »
- Le défunt noncle Ben. (TN – Brasseur 2001 : s.v. *noncle*, p. 318)
- *oncle* [ɔ̃k(l)], [nɔ̃k(l)] (LOU – DLF 2010 : s.v. *oncle*, p. 426)
- Je devais parler pour mes tantes et mes noncles. (LOU – DLF 2010 : s.v. *oncle*, p. 426, SM)
- Noncle Paul. (LOU – DLF 2010 : s.v. *oncle* , p. 426)

« ours »
- *ours* [us, nus] à côté de *zours, lours, wours* (une occurrence) (LOU – Dajko 2009 : 169 et 173), la forme non agglutinée étant de beaucoup la plus fréquente

« yeux »
- [en NÉ seulement dans les tours figés] Pis eux jouiont au bout de zyeux. (NÉ – Hennemann, ILM, AF)
- les zyeux [zjø] (TN – Brasseur 2001 : s.v. *zyeux*, p. 478)
- Il a un zyeu en vitre. (LOU – DLF 2010 : s.v. *zyeu*, p. 665, SM) (L'agglutination semble bel et bien achevée dans ce cas.)

L'agglutination n'est qu'un aspect de l'instabilité de l'initiale, dont l'envers est constitué par l'aphérèse : ainsi les mots à initiale *l* ou *n* apparaissent-ils également sous une forme sans consonne initiale, notamment en FTN et en FL : *abourer* ← *labourer*, *ambris* ← *lambris* (« cloison, contre-cloison ») (Brasseur 2001 : XLIII), *endemain* ← *lendemain* (TN – Brasseur 2001 : s.v. *endemain*, p. 179). Le nom *le nombril* – où le *n* du FS constitue une agglutination par rapport au mot latin UMBILICUS – existe sous diverses formes en FL, dont certaines sans la consonne initiale : *nombril, nambouri, nombouril, ombril, ombouril* [nɔ̃bri, nãburi, nɔ̃buri, ɔ̃bri, ɔ̃bori] (LOU – DLF 2010 : s.v. *nombril*, p. 416s.).

Pour compléter le tableau de l'instabilité de l'initiale des mots commencés par *l* ou *n*, ou dans lesquels ces consonnes sont prononcées dans la liaison, nous signalons des cas de permutation entre *l* et *n* dans certains contextes[39] :
- *n-on* (« l'on ») (FA/FTN – Poirier 1928 : 180, Brasseur 2001 : s.v. *no, non*, p. 317) ; la forme n'est pas attestée par le DLF (2010) pour le FL.
- *loummer* (NÉ – É. Boudreau 1988 : 163) et *lommer* pour *nommer* (TN – Brasseur 2001 : s.v. *lommer*, p. 278)
- *lombril* à côté de *nombril* (NÉ – É. Boudreau 1988 : 163)
- *luméro* à côté de *numéro* (*cf*. DLF 2010 : s.v. *numéro* → *luméro*, p. 420).

Commentaire
L'agglutination des consonnes de liaison et de l'article élidé constitue un trait caractéristique du non-standard. Le procédé joue un certain rôle dans le développement du vocabulaire. Dans l'histoire du lexique français, l'agglutination a contribué à fixer la forme moderne de quelques noms antérieurement à initiale vocalique, aujourd'hui à initiale consonantique (*cf*. les agglutinations lexicalisées telles que *le lendemain, le*

---

[39] Le « *n* auxiliaire » au lieu du *l* existe, selon Poirier (1928 : 180) « en Normandie et dans d'autres endroits de France. »

lierre, la dinde, le nombril[40]). Elle est aussi la source de nombreuses formations de mots dans les créoles à base française (Chaudenson 2003 : 263–265), alors que, dans le mitchif, langue hybride, le statut des consonnes initiales des mots qui commencent par une voyelle en FS est débattu[41].

La culture écrite empêche aujourd'hui en français standard le passage de l'initiale vocalique à l'initiale consonantique, mais dans le non-standard le procédé est encore vivant, au moins jusqu'au milieu du XXe s. : *cf. nange, nenfant, nœil, zoiseau* (Frei 1929 : 99), *zyeuter* (XIXe s., d'après le pluriel populaire *zyeux*) (Dauzat 1949 : 188). Frei (1929 : 99) suggère que le procédé s'inscrit parfaitement dans le sens de l'évolution vers l'initiale consonantique qui caractérise selon lui le français à travers le temps. Indiquons dans ce contexte que l'aphérèse des *voyelles* initiales est aussi de nature à confirmer la prédilection de l'oral pour la structure syllabique C-V. En se référant au FTN, Brasseur (2001) relève l'importance du phénomène « avec les mots qui commencent par [a], [e], plus rarement [i], [o], [y], [ã], [ɛ̃] » (Brasseur 2001 : XLIII) : *corder, partenir, racher, ranger*, etc. (TN – Brasseur 2001 : XLIIIs.). Pour le non-standard, Frei (1929 : 100) signale les formes *nigmatique* et *location*.

---

40 Pour plus de détails et une liste de mots, *cf.* Dauzat (1949 : 187s.).

41 Selon Rhodes (2009 : 435), le mitchif aurait parachevé pour les noms d'origine française l'évolution vers la structure syllabique C-V ; ainsi, la liaison n'y existe-t-elle plus en tant que phénomène phonologique et joue aujourd'hui un rôle morphologique : tous les noms d'origine française commencent par une consonne qui varie selon le contexte grammatical. Cette hypothèse « morphologique » est réfutée par Papen (2011 : 218 passim). Selon lui, la liaison en tant que phénomène phonologique existe encore en mitchif. Il n'y a que certains mots qui, suite à une réanalyse, prennent toujours la même consonne initiale (2011 : 240). Pour le reste, Papen note que dans 84 % des occurrences, il y a encore « liaison attendue » (c'est-à-dire que l'on rencontre la consonne de liaison qui doit apparaître dans le contexte en question selon les règles du FS) (Papen 2011 : 240).

Le groupe nominal

Le genre

Préliminaires

I	**Le genre naturel**
II	**Le genre grammatical : les noms à initiale vocalique**
II.1	Genre masculin → genre féminin
II.2	Genre féminin → genre masculin
III	**Les noms à initiale consonantique**
III.1	Genre masculin → genre féminin
III.2	Genre féminin → genre masculin
IV	**Le genre des noms anglais**
V	**Les marques du genre pour l'adjectif**
V.1	L'emploi régulier
V.2	Les écarts par rapport au FS
V.2.1	Les écarts systématiques
V.2.2	L'affaiblissement de la catégorie du genre grammatical
V.2.3	Les formes créées par analogie

Le genre

Préliminaires

La catégorie du genre grammatical montre des signes d'affaiblissement dans les variétés étudiées ici[1], même s'il est vrai qu'une partie des cas de flottement reflète une hésitation dans l'usage déjà ancienne dans l'histoire de la langue. Les différences par rapport au FS sont évidentes dans les cas où le genre grammatical est fixé par convention, et ce sont les noms à initiale vocalique (NIV) qui sont les premiers concernés (*cf.* section II).

Au pluriel, la catégorie du genre est neutralisée (*les*, *des*), et ce davantage dans les parlers étudiés ici qu'en FS : en FA/FTN/FL, les syntagmes nominaux féminins sont généralement repris par des pronoms masculins (*i(ls)*, *zeux*, *eux-autres*), ce à quoi vient s'ajouter la tendance à remplacer les formes personnelles, *ils* et *elles*, par la forme neutre *ça* (*cf.* le chap. « Les pronoms personnels », VI et VII).

I Le genre naturel

Là où le genre grammatical est déterminé par le genre naturel, l'usage en FA/FTN/FL correspond généralement à l'usage standard. La distinction entre *genre* (= grammatical) et *sexe* (= naturel) s'avère donc pertinente (Péronnet 1989b : 218) ; la marque grammaticale reflète l'opposition réelle entre homme/femme, mâle/femelle, d'autant plus que la langue oppose souvent les sexes au niveau lexical également (*femme – homme, fille – gars/garçon/ boug, mère – père, sœur – frère, vache – bœuf*, etc.).

- Sa / euh / Dominique Marchand, sa mère était une / une sœur à / à / le père à Monseigneur Fougère (NÉ – Hennemann, ILM, CL)

- pis la maîtresse nous le rexpliquait . à peu près quoi ce qu'a'savait ielle aussi (NB – Wiesmath 2006 : 199 ; Wiesmath 4, M : 17)

- Lui tait le jars pis elle tait la cane. (TN – Brasseur 2001 : s.v. *jar*, p. 258) (*le jar* = « canard mâle », *la cane* = « femelle du canard »)

- Équand-ce que lui, on l'a élevé à lui, la vieille belle-mère commençait à être joliment vieille (LOU – Rottet 2001 : 121, loc. âgé)

Les contre-exemples sont rares ; ce n'est que dans le groupe des locuteurs jeunes du FL que Rottet (2001 : 216s.) note d'importantes déviances dans l'attribution du genre – le déterminant possessif *mon* est choisi pour un nom de sexe féminin (*mère, sœur*) – ; en outre, dans le groupe des semi-locuteurs, la catégorie même du genre grammatical semble s'être perdue

---

[1] Pour une analyse plus approfondie, *cf.* pour le Sud-Est du NB, Péronnet (1989a : 118–138 et 1989b) ; pour le parler montréalais *cf.* Barbaud et al. (1982). Nous empruntons aux études de Péronnet les abbréviations NIC (nom à initiale consonantique) et NIV (nom à initiale vocalique).

(pour l'affaiblissement de la catégorie du genre dans le domaine des adjectifs, *cf.* ci-dessous V.2.2.). De même, on trouve dans le corpus de Stäbler :
- un de mes petits nièces après se marier (LOU – Stäbler 1995 : 180, corpus)

Parfois, des formes sont créées par analogie pour introduire à l'oral une distinction de genre inexistante en FS[2].
- Mon amise qu'est canadien, elle montre le français à les enfants au Bayou Bœuf. (LOU – DLF 2010 : s.v. *amise*, p. 26 et s.v. *mon*[1], p.403, LF)

Cet exemple montre le souci de marquer le genre naturel féminin du sujet en créant une forme analogique, tandis que l'adjectif attribut, qui indiquerait d'ailleurs le sexe du sujet, reste pour sa part invariable (*cf.* ci-dessous V.2.2.).

II Le genre grammatical : les noms à initiale vocalique

On note un grand flottement dans l'assignation du genre aux noms à initiale vocalique (NIV). Ceci s'explique sans doute par divers phénomènes de neutralisation de genre : en effet, dans le discours, le genre des NIV reste la plupart du temps non identifiable[3]. On pensera par ex. aux déterminants (articles définis et indéfinis, déterminants démonstratifs, possessifs et indéfinis) qui, devant voyelle, prennent une forme épicène, et ce encore davantage dans les parlers étudiés ici qu'en français parlé de France[4]. Même les indices présents dans le cotexte – par ex. l'accord de l'adjectif ou du participe ou l'usage d'un pronom – ne permettent généralement pas d'identifier le genre d'un NIV[5]. Globalement, il existe une tendance à assigner le genre féminin aux NIV[6], même si cette assignation est également fonction de facteurs sociolinguistiques et varie d'un locuteur à l'autre, et parfois même chez un seul et même locuteur[7].

---

[2] Notons que les créations par analogie de quelques substantifs existent aussi dans le non-standard hexagonal : *chefesse, typesse, gonzesse, dabesse* pour les substantifs *chef, type, gonze, dab* (Gadet 1992 : 59).
[3] Dans le corpus de Péronnet (1989b : 216), les cas indécidables sont majoritaires (21 cas sur un total de 33 NIV). Pour le FL, *cf.* Guilbeau (1950 : 120s.). Pour le français parlé à Montréal, Barbaud et al. (1982 : 108) font remarquer que, sur plus de 10 000 NIV du corpus Sankoff-Cedergren dépouillé pour leur étude, 1 044 seulement ont pu être identifiés quant à leur genre.
[4] *Cf.* Péronnet (1989b : 216) ; pour le FQ, Barbaud et al. (1982 : 103) signalent « une convergence de phénomènes phonétiques qui ont affecté l'ensemble des déterminants devant voyelle, entraînant la neutralisation d'alternances phonologiques porteuses d'une information de genre ».
[5] *Cf.* les chap. « L'article », « Le non-accord du verbe », « Les pronoms personnels » pour davantage d'informations sur la faiblesse du marquage du genre dans ces domaines.
[6] Selon Guilbeau (1950 : 120), en FL, 76 % des NIV sont de genre féminin.
[7] Pour le français parlé à Montréal, Barbaud et al. (1982 : 122 passim) notent que la tendance à la féminisation des NIV est inversement proportionnelle au niveau d'études et au statut socio-économique des locuteurs : elle décroit d'autant que ceux-ci augmentent, *cf.* « Commentaire » ci-dessous.

II.1 Genre masculin → genre féminin

Parmi les mots qui se voient souvent assigner le genre féminin en FA/FTN/FL, les plus fréquents sont les suivants : *accent*[8], *accident*, *amour*, *animau* (cependant généralement masculin), *argent*[9], *arpent*, *emploi*, *endroit*, *étage*[10], *été*, *habit*[11], *héritage*[12], *hiver*, *hôpital*[13], *hôtel*[14], *office*, *organe*, *ornement*, *ouvrage*[15].

- C'était-ti eune grosse endroit [...] (NÉ – Hennemann, BSM, SC)
- J'voyons dans le « Free Press », organe anglaise du pont, que les noirs vont youté la place des blangnes. (NÉ – *Lettres de Marichette*, Gérin/Gérin 1982 : 123)
- Qu'est-ce que tu fais de ton argent ? – J'la mets à la banque. (NÉ – É. Boudreau 1988 : 48)
- ça tuait une grosse animau pis i pendrisiont ça dans le grand magasin dè/ derrière. (NÉ – Hennemann, ILM, IS)
- Demain, i dit, c'est la dernière argent que tu vas faire avec moi. (NB – Péronnet 1989b : 216)
- Mon père nous avait laissé t'une grosse héritage. (NB – Péronnet 1989b : 217)
- Y a une belle hôtel nouvelle, là, qui s'a bâtie. (NB – Péronnet 1989b : 217)
- la même ouvrage se fait avec un machine (NB – Wiesmath 3, D : 314)
- [...] j'ai abandonné la deuxième étage [...] (TN – Brasseur 2001 : s.v. *étage*, p. 189)
- C'est de la dure ouvrage, pour sûr. (TN – Brasseur 2001 : s.v. *ouvrage*, p. 328)
- ayoù est la office à WARD (LOU – Stäbler 1995 : 180, corpus)
- une petite hôpital [yn tit o pi tal] (LOU – Conwell/Juilland 1963 : 139)
- une sincère amour (LOU – Brandon 1955 : 416) (*cf.* DLF 2010 : s.v. *amour*, p. 26 : masc./fém.)

II.2 Genre féminin → genre masculin

Les exemples de l'assignation du genre masculin à un NIV féminin en FS sont plus rares[16]. Comptent parmi ces noms, par ex. : *affaire* (en général, féminin[17] ; *cf.* DLF 2010 : s.v. *affaire*, p. 14 : masc./fém.), *anse*, *ambulance* (Conwell/Juilland 1963 : 138 : masc., DLF 2010 : s.v. *ambulance*, p. 24 : fém.), *huile*[18], *oie/noie/zoie* (TN – Brasseur 2001 : s.v. *oie*, p. 323), *oreille*[19].

---

8 Dans le parler montréalais, *accent* est généralement masculin (Barbaud et al. 1982 : 118s.).
9 Bauche (²1951 : 82) signale que *argent* est de genre féminin dans le langage populaire de France ; il en va de même dans d'autres variétés, dont celle de l'Île-aux-Coudres, Québec (Seutin 1975 : 100).
10 Toujours masculin dans le langage populaire de France (Bauche ²1951 : 82).
11 *habit*, fém., également à l'Île-aux-Coudres, Québec (Seutin 1975 : 94).
12 *héritage*, fém., dans le langage populaire de France (Bauche ²1951 : 82).
13 Pour le FL, *hôpital*, fém., confirmé par Conwell/Juilland (1963 : 139).
14 *hôtel*, fém., dans le langage populaire hexagonal (Bauche ²1951 : 82).
15 *ouvrage*, fém., fréquemment dans les parlers dialectaux de France (FEW 7, 362a) ainsi qu'en FQ (Brasseur 2001 : s.v. *ouvrage*, p. 328 ; GPFC : s.v. *ouvrage*) ; *cf.* pour le langage populaire Bauche (²1951 : 82).
16 Les faits constatés pour le FA, le FTN et le FL divergent quelque peu de ce que Barbaud et al. ont noté pour le parler de Montréal. Ces derniers nient jusqu'à l'existence d'une « masculinisation » des NIV et soulignent que ce qu'on prend pour telle « n'est pas autre chose qu'une mauvaise interprétation d'un cas de neutralisation banal » (Barbaud et al. 1982 : 128 ; *cf.* aussi 111 et *passim*).
17 *Affaire* est toujours de genre féminin en FTN (Brasseur 2001 : s.v. *affaire*, p. 9).
18 *Huile* compte aussi parmi les mots à initiale consonantique *cf.* ci-dessous III.2.
19 *Cf.* pour TN : Brasseur (2001 : s.v. *oreille*, p. 324) ; *oreille* au sens de « nageoire », de genre masculin.

Dans les exemples suivants, aussi bien les déterminants que la forme des adjectifs épithètes aident à identifier le genre grammatical.

- Pis ça c'est le premier* [prəmje] affaire que j'ai faiT à l'école. (NÉ – Hennemann, ILM, MS)
- c'est beaucoup un gros affaire (LOU – Stäbler 1995 : 180, corpus)
- ces vieux ambulances (LOU – Conwell/Juilland 1963 : 138)

Commentaire

S'appuyant sur les remarques de Bauche (^{2}1951 : 81), Frei (1929 : 51), Guiraud (1969 : 31–33 ; *cf.* aussi 1965 : 31–33) et sur les données de l'ALF, Péronnet (1989a : 43 et 129) constate que les dialectes d'oïl et le non-standard hexagonal affichent une tendance nette à assigner le genre féminin aux NIV. Pour le langage populaire, Gadet (1992 : 58) précise néanmoins cette règle tendancielle en soulignant que le langage populaire attribue le genre selon deux critères : (1) les noms se terminant par une voyelle phonique sont regardés comme étant de genre masculin, les noms se terminant par une consonne phonique (indépendamment de la présence du schwa dans la graphie) sont considérés comme féminins. (2) En cas de doute, les mots à initiale vocalique sont toujours interprétés comme étant de genre féminin (*cf.* dans le même sens Guiraud 1965 : 33). Gadet fournit entre autres les exemples *une air, une ulcère, une clope, un auto, le toux* (1992 : 58).

Pour la langue parlée hexagonale, Blanche-Benveniste (2010) note que l'assignation du genre aux noms ne soulève en général aucun problème pour les adultes, ce qui n'empêche qu'il y ait des « usages non normatifs, surtout avec une initiale vocalique » : *un/une après-midi – un/une autoroute – un/une oasis – un/une azalée* ; mais, à tout prendre, ces cas sont « peu de chose au regard de l'ensemble du lexique » (Blanche-Benveniste 2010 : 58). Malgré certaines insécurités, on peut donc constater que la catégorie grammaticale en tant que telle se maintient bien en France dans la langue parlée (*cf.* également Gadet 1992 : 59).

La tendance à la féminisation des NIV est également relevée dans les variétés laurentiennes du français[20]. L'étude de Barbaud et al. (1982) fait ressortir l'importance des facteurs sociolinguistiques pour expliquer le degré du phénomène : ils constatent que « plus les locuteurs sont scolarisés et matériellement bien nantis, moins ils ont tendance à féminiser les NIV » (1982 : 128).

III Les noms à initiale consonantique

En règle générale, les noms à initiale consonantique (NIC) ont le même genre grammatical qu'en FS (*cf.* Péronnet 1989a : 118), les exceptions à cette règle étant peu nombreuses.

Certains des écarts par rapport au FS s'expliquent par le fait que ces mots ont changé de genre depuis l'ancien français ou bien que le genre de ces substantifs n'était pas encore fixé du temps de la colonisation.

---

20 *Cf.* Barbaud et al. (1982 : 128), Péronnet (1989a : 129), Léard (1995 : 178).

III.1 Genre masculin → genre féminin

Voici un échantillon des NIC – masculins en FS – qui sont fréquemment féminins dans les parlers étudiés ici[21] : *blâme*[22], *bol*[23], *cyclone*[24], *geste*[25], *garage*, *membre*[26], *poison*[27], *poisson*, *pré(e)*[28], *problème*, *serpent*[29], *siècle*[30]. En ce qui concerne les semi-locuteurs du FL, d'autres noms sont également concernés (Rottet 2001 : 216).

- Eune problème, pis une grosse problème. (NÉ – Hennemann, ILM, CL)

- L'île est gardée par [yn sarpã]. (NB – Péronnet 1989a : 119) (= « serpent »)
- Eddi était dans la garage (NB – Wiesmath 3, E : 155)

- C'est moi qui portait la blâme. (TN – Brasseur 2001 : s.v. *blâme*, p. 59)
- La membre est clouté sus la sole ielle. (TN – Brasseur 2001 : s.v. *membre*, p. 296)
- Ben vous allez mettre ça dessus pis ça va le guérir. Ça tire la poison. (TN – Brasseur 2001 : s.v. *poison*, p. 361)

- j'aimerais mieux manier un cocodrie qu'une serpent sonnette (LOU – Stäbler 1995 : 21, corpus)
- c'était ça qu'était à la blâme pour tout ça (LOU – Stäbler 1995 : 128s., corpus)
- T'as mangé deux grosses bols de couche-couche. (LOU – DLF 2010 : s.v. *bol*, p. 78)
- Il a anvalé la poison. (LOU – DLF 2010 : s.v. *poison*, p. 478, SM)
- On va être trop content tu vas à la magasin. (LOU – Rottet 2001 : 216, semi-locuteur)

III.2 Genre féminin → genre masculin

Les mots suivants, de genre féminin en FS, sont soit masculins, soit féminins dans les variétés étudiées ici : *boutique*[31], *catéchèse* (les deux genres sont possibles), *dinde* (en règle générale

---

21 *Cf.* pour le NB : Péronnet (1989a : 118) ; pour le FL : Conwell/Juilland (1963 : 138s.), Guilbeau (1950 : 121), Papen/Rottet (1997 : 79).
22 *blâme* (« faute »), fém., en Acadie et en FL traditionnel, non attesté en France (Brasseur 2001 : s.v. *blâme*, p. 59).
23 *bole* (« bol »), fém., dans les parlers du Canada (Brasseur 2001 : s.v. *bole*, p. 63) et en FL traditionnel (Conwell/Juilland 1963 : 139, DLF 2010 : s.v. *bol*, p. 78 : occasionnellement masc.).
24 *cyclone*, fém., en FL (Conwell/Juilland 1963 : 139, DLF 2010 : s.v. *cyclone*, p. 178 : masc./fém.)
25 *Cf.* Péronnet (1989a : 119) : [yn ptit ʒɛs]
26 *membre*, fém., « attesté dans l'île anglo-normande de Jersey (FEW 6/1, 690a MEMBRUM) » (Brasseur 2001 : s.v. *membre*, p. 296).
27 *poison*, fém., déjà en ancien français et encore dans divers parlers dialectaux de France, « notamment dans l'Ouest (FEW 9, 256a POTIO) », aussi bien que dans les parlers du Canada (Brasseur 2001 : s.v. *poison*, p. 360, pour le FQ : GPFC : s.v. *poison*) et en FL (Papen/Rottet 1997 : 79, DLF 2010 : s.v. *poison*, p. 478 : occasionnellement de genre masc.) ; quelquefois féminin dans le langage populaire (Bauche [2]1951 : 82).
28 Utilisé au féminin, le nom *prée* signifie « clairière humide » (Brasseur 2001 : s.v. *prée*, p. 370 ; *cf.* aussi Péronnet 1989a : 119) et est attesté en français jusqu'au XVIIIe s., aujourd'hui encore « dans les parlers de l'Ouest et du Centre (FEW 9, 334a PRATUM) » (Brasseur 2001 : s.v. *prée*, p. 370).
29 *serpent*, fém., confirmé pour le FL par Guilbeau (1950 : 121), Papen/Rottet (1997 : 79), DLF (2010 : s.v. *serpent*, p. 578 : masc./fém.).
30 *siècle*, fém., *cf.* pour le FL : Conwell/Juilland (1963 : 139) (mais : DLF 2010 : s.v. *siècle*, p. 581 : masc.).
31 *boutique*, masc., aussi « dans les parlers picards, wallons, lorrains (FEW 25, 21a–b APOTHECA) » (Brasseur 2001 : s.v. *boutique*, p. 72).

masc.)³², *calèche, chose/chouse* (assez souvent masc.), *couleur*³³, *télévision* (parfois de genre masc., surtout en référence au poste de télévision), *houle*³⁴, *huile* (cf. ci-dessus note 18), *maison, noce* (soit masc., soit fém.), *photo, plaint*³⁵, *qualité, radio*³⁶, *recherche, semaine, tarière*³⁷.

- Mais USUALLY c'est la râpure ou un dinde. (NÉ – Hennemann, BSM, SC)
- Vraiment, les seules* affaires qu'il avont à l'église, moi que j'ai, pour les heunes c'est qu'ils avont le / catéchèse là, le / le chouse pour la catéchèse. (NÉ – Hennemann, BSM, SC)
- SO j'avais un gros photo de lui et ma mère (NÉ – Hennemann, ILM, DO) (*photo* – toujours masc. dans le corpus Hennemann)
- Il est venu icitte pour visiter, pour un noce, un mariage de son cousin. (NÉ – Hennemann, ILM, DO)
- I avont fait fricasser [dy dɛ̃d], du canard. (NB – Péronnet 1989a : 121)
- juste surveiller le télévision tout le temps […] pis euh surveiller le/la télévision tout le temps (NB – Wiesmath 1, R : 1002s. et 1005)
- IRVING montait avec ses gros TANKER délivrer du huile <hm> […] (NB – Wiesmath 2006 : 138, Wiesmath 1, B : 910s.)
- Pis après ça tu prenais un tarière pis tu peurçait les trous. (TN – Brasseur 2001 : s.v. *tarière*, p. 440)
- […] je faisais du huile avec […] (TN – Brasseur 2001 : s.v. *huile*, p. 249)
- j'ai resté dix-huit/ euh huit mois je crois . avec/ avec le chose-là (LOU – Stäbler 1995 : 41, corpus)
- là le noce . on va avoir un gros noce (LOU – Stäbler 1995 : 180, corpus)
- mais *cf.* aussi : la noce tardait pas boucoup (LOU – Rottet 2001 : 152, loc. âgé)

En FL, l'affaiblissement de la catégorie du genre est particulièrement accusé :
- vous-autres a passé en avant de la maison à CECIL . t'as pas montré le gros maison à CECIL (LOU – Stäbler 1995 : 180s., corpus)
- dedans mon petite char (LOU – Stäbler 1995 : 183, corpus)
- dedans le porte de le char (LOU – Stäbler 1995 : 183, corpus)
- Viens icitte au table et manjher du gombo. (LOU – Rottet 2001 : 216, semi-loc.)

Commentaire

Les écarts que Rottet (2001 : 215–218) signale pour les semi-locuteurs en LOU dans le domaine du nombre grammatical, du genre grammatical et de l'article sont d'une telle envergure qu'il faut en conclure que ces catégories sont en pleine déliquescence chez ce groupe de locuteurs. Les locuteurs semblent ignorer jusqu'à leur existence. L'absence d'une distinction de genre des noms en anglais y est sûrement pour quelque chose.

---

32 *Cf.* l'origine du mot *dinde* : (1) *la poule d'Inde* (fém.), (2) *le coq d'Inde* (masc.). Selon le syntagme d'origine, le mot *dinde* est donc de genre masculin ou de genre féminin. Le genre masculin est courant en français américain ainsi que dans les départements de la Haute-Marne, de la Seine-Maritime et de l'Allier (Péronnet 1989a : 121) – En FL, *le dinde* [dɛ̃d, dɛ̃n, dɛ̃] réfère au mâle, *la dinde* à la femelle (DLF 2010 : s.v. *dinde*, p. 213).
33 *couleur*, aussi masc. dans le langage populaire de France (Bauche ²1951 : 81).
34 *Cf.* Brasseur (2001 : s.v. *houle, roule*, p. 249 : masc.)
35 *plaint* (« la plainte »), masc. au NB (Péronnet 1989a : 123), est attesté en ancien français et, selon Péronnet (1989a : 124) dans les parlers de Saintonge, du Centre, de l'Allier, de Saône-et-Loire, des Ardennes et ailleurs (en référence à FEW 9, 16b).
36 *radio* : masc., fém. (DLF 2010 : s.v. *radio*, p.516)
37 *tarière*, masc., déjà dans l'ancienne langue et aujourd'hui « dans divers parlers dialectaux, notamment en Normandie et en Saintonge (FEW 13/1, 112b–113a TARATRUM) » aussi bien qu'au Québec et en LOU (Brasseur 2001 : s.v. *tarière*, p. 440, pour le FQ : GPFC : s.v. *tariére* [sic]).

Les locuteurs âgés, en revanche, ne montrent aucune difficulté à maîtriser ces catégories, à l'exception des NIV, dont l'attribution à l'un ou l'autre des deux genres présente des hésitations dans tous les parlers concernés ici.

Différents auteurs ont relevé les spécificités de l'assignation du genre dans les parlers outre-atlantiques[38]. Pour comprendre l'instabilité dans ce domaine, il faut tenir compte de trois facteurs :
- Le poids de l'histoire : avant la codification de la langue au XVIIe s., on note quelques fluctuations[39] dans l'assignation du genre, lesquelles concernent aussi bien les NIV que les NIC[40].
- L'étiolement d'une catégorie grammaticale à faible rendement fonctionnel : la catégorie de genre a un rendement fonctionnel relativement faible par rapport à d'autres catégories grammaticales comme le nombre[41]. En fait, les cas où le genre grammatical est motivé par le genre naturel sont très limités dans le lexique. Or, une catégorie qui repose sur la convention (qui est donc arbitraire et opaque) a tendance à se perdre plus vite que d'autres catégories (iconiques), et cela d'autant plus dans un contexte où les compétences linguistiques sont menacées par des facteurs externes (dans notre cas : la prédominance de l'anglais). Mais on note ici également une tendance à l'invariabilité que Frei (1929) avait déjà relevée pour le non-standard hexagonal et qui, à certains égards, caractérise également les français « marginaux » (*cf.* Chaudenson et al. 1993 : 89 *passim*).
- L'inexistence du marquage du genre nominal en anglais (*cf.* Introduction III.3.).

IV Le genre des noms anglais

En français de France, les emprunts anglais se voient généralement attribuer le genre masculin ; dans les variétés acadiennes, il est impossible d'établir une règle générale à cet égard (Péronnet 1989a : 124). Alors que selon les chiffres indiqués dans la littérature secondaire[42], la plupart des mots anglais sont interprétés comme étant de genre féminin dans les variétés acadiennes, les données des corpus consultés ne nous permettent pas de nous prononcer de manière catégorique en la matière, le nombre d'emprunts anglais de genre

---

38 *Cf.* pour le NB : Péronnet (1989a : 118ss.) ; pour TN : Brasseur (2001 : XLIV) ; pour la LOU : Guilbeau (1950 : 120s.), Brandon (1955 : 416), Conwell/Juilland (1963 : 139), Papen/Rottet (1997 : 78s.) ; pour le FQ : Péronnet (1989b : 220, faisant référence à Seutin 1975 : 94–107), Meney (1999 : XVI).
39 Même si, dans l'ensemble, le nombre des changements de genre au cours de l'histoire de la langue reste assez limité (Foulet 1967 : 3).
40 *Cf.* par ex. Gougenheim (1974 : 40 ; 42s.), Wolf (1987 : 21), Spillebout (1985 : 26s.).
41 *Cf.* Neumann-Holzschuh (2006) pour une discussion de la faiblesse de la catégorie du genre dans les français « marginaux » et les créoles.
42 Dans son étude sur le Sud-Est du NB, Péronnet (1989a : 124) parle d'une « nette préférence pour le genre féminin » : sur « 27 noms anglais dont le genre est marqué par le contexte, 19 sont de genre féminin, et 8 de genre masculin. » (Péronnet 1989a : 123) – Dans les corpus d'Arrighi et de Wiesmath (NB), cette prépondérance n'est plus aussi nette. Fritzenkötter (2015 : 179) constate pour son corpus de jeunes locuteurs, établi à la BSM, qu'il est impossible d'établir une règle pour l'assignation du genre aux noms empruntés. – Pour la situation complexe en FQ, *cf.* Léard (1995 : 178s.).

masculin y étant considérable. Ce qu'on peut retenir, c'est que l'assignation du genre varie non seulement d'un locuteur à l'autre mais aussi chez un même locuteur, ce qui rend l'analyse extrêmement délicate. Dans les exemples cités ci-dessous, on notera également que le genre du mot français correspondant à l'emprunt anglais ne semble jouer aucun rôle dans le choix du genre de l'emprunt. Tout indique que la catégorie du genre, déjà fragilisée pour les termes indigènes, a perdu sa raison d'être pour les emprunts.

En FL, la tendance est nette : les emprunts anglais se voient généralement assigner le genre masculin[43]. Les contre-exemples sont rares, parmi lesquels le nom *shop*, signalé comme étant soit masculin, soit féminin (DLF 2010 : s.v. *shop*^{2}, p.580) et qui, effectivement, dans les corpus, semble plus fréquemment féminin.

▶ **La variation dans l'assignation de genre aux emprunts**
- quand j'allais à Montréal les gros PARTY dans la TRAIN pis tout ça ça *partait* toute la nuit tu pouvais pas dormir (NB – Arrighi 2005 : 142, Catherine NB 19 : 158–160) (*PARTY* = masc., *TRAIN* = fém.)
- en ce temps-là tu pouvais pas acheter un SUIT touT faiT fallait tu fais faire ta/ ta SUIT (ÎPÉ – Arrighi 2005 : 153, Délima ÎPÉ 5 : 27–28) (*SUIT* tantôt masc., tantôt fém.)
- Si tu joues une *game* tout seul, le Diable viendra jouer la *game* avec toi. (TN – Brasseur 2001 : s.v. *game*, p. 218) *vs*. Joliment du monde qui jouait le trois-sept là ; c'est un *game* c'est appelé le trois-sept. (TN – Brasseur 2001 : s.v. *trois-sept*, p. 457)
- quelqu'un avec un gros TRUCK je dis [...] il avait peur d'aller d'avant sa belle TRUCK (LOU – Stäbler 1995 : 113, corpus)

▶ **Divers**
business :
- Parce tu sais dans ce temps-là, le BUSINESS / ... tu te vendais une SANDWICH cinquante CENTS. (NÉ – Hennemann, ILM, EL)
- je fais une très très bonne BUSINESS ici [...] (NB – Arrighi 2005 : 187, Michelle NB 16 : 322–324)
- comme une besogne là une BUSINESS là (NB – Wiesmath 2, E : 168)
- c'est comme un BUSINESS une laiterie (LOU – Stäbler 1995 : 14, corpus)

cake :
- c'est un CAKE qu'i m'avaient fait (NÉ – Hennemann, ILM, IS)
- qu'i ait du FROSTING sus le CAKE c'est beau . quand ce que le FROSTING est sorti i y a plus rien i y a plus ienque le CAKE (NB – Wiesmath 2006 : 177; Wiesmath 2, E : 741)
- Tu mangeais la *cake* au sel, pis tu rêvais le soir. (TN – Brasseur 2001 : s.v. *cake*, p. 86)

fun :
- C'tait le FUN. (NÉ – Hennemann, BSM, RG)
- t'avais de la FUN avec ça hein (NB – Wiesmath 3, D : 286)
- On a-ti [tsi] eu de la fun ! (ÎPÉ – Ryan 2005 : 306)

---

[43] Guilbeau (1950 : 121), Conwell/Juilland (1963 : 130), Papen/Rottet (1997 : 79). – Dans le corpus de Stäbler (1995), on compte deux emprunts de genre féminin contre 42 de genre masculin (en ce qui concerne les cas univoques et abstraction faite des cas de genre naturel).

- C'est ça qui fait du *fun* ! (TN – Brasseur 2001 : s.v. *fun*, p. 213)
- *Well*, dans le vieux temps là c'était du *fun compared* que c'est asteur. (LOU – *Découverte*, Pointe-aux-Chênes, Terrebonne)

job :
- Je quitterai ma JOB (NÉ – Hennemann, ILM, BJ)
- je pense pas que ça la dérange parce qu'al a sa JOB pis ça là. (NÉ – Hennemann, ILM, DO)
- i cherchait une JOB (NB – Wiesmath 8, Q : 47)
- Pis c'est ta *job* ça ? (TN – Brasseur 2001 : s.v. *job*, p. 260)
- il a pas un gros JOB (LOU – Stäbler 1995 : 203, corpus)

shop :
- j'ai gradué/ j'ai gradué euh de Jean Raymond pis j'ai été travailler à la SHOP (NB – Arrighi 2005 : 140, Michelle NB 16 : 46–47)
- Nous-autres quand on allait aux huîtres, des fois les huîtres se vendaient pas un tas bien à la *shop* dans le village de Houma. (LOU – *Découverte*, Pointe-aux-Chênes, Terrebonne)
- Tu faisais de l'ouvrage dans une SHOP, comme ouvert les huîtres. Une chop à z-huîtres. [...] (LOU – DLF 2010 : s.v. *shop*², p. 581) (ici : angl. « workshop, workroom »)

V Les marques du genre pour l'adjectif

La catégorie du genre se présente également affaiblie en ce qui concerne les adjectifs – épithètes, mais en tout premier lieu attributs[44] – et les participes passés (*cf.* surtout V.2.2.). Cette remarque concerne surtout le FL. Brandon note déjà au milieu des années 1950 que le « fait le plus frappant dans l'usage de l'adjectif épithète est son désaccord en genre » (Brandon 1955 : 421 ; *cf.* aussi Papen/Rottet 1997 : 89s.).

À l'opposé de cette tendance générale, on relève certains cas où une distinction de genre a été introduite par analogie là où, en FS, cette distinction est absente à l'oral.

V.1 L'emploi régulier

▶ **Adjectif épithète**
- c'est comme une petite maison (NÉ – Hennemann, ILM, MS)
- ah ben je/ j'ai été à la mauvaise place. (NB – Wiesmath 1, B : 78)
- Trois piasses pour une toute tite taille de viande. (TN – Brasseur 2001 : s.v. *tit, tite*, p. 448)
- Les grosses femmes i s'embourbiont ! Beau chemin ! [...] (TN – Brasseur 2001 : s.v. *arracher, racher*, p. 26)
- dans la compagnie il y a une grosse pompe (LOU – Stäbler 1995 : 73, corpus)
- Lui il est beau garçon et sa sœur, elle est belle fille. (LOU – DLF 2010 : s.v. *beau*¹, p. 66, LA)
- une bâtisse haute (LOU – DLF 2010 : s.v. *haut*¹, p.330, TB)

---

[44] Quant à la place de l'adjectif épithète, les variétés étudiées ici suivent *grosso modo* les mêmes règles que le FS (*cf.* pour le FL : Papen/Rottet 1997 : 90).

▶ **Adjectif attribut**
- [les religieuses à Arichat] Oui, pis ceuses-là, i sont vieilles. (NÉ – Hennemann, ILM, MS)
- La cull, ça c'est la morue qu'est pas trop bonne [...] (TN – Brasseur 2001 : s.v. *cull*, p. 140)
- Alle est pas vieille [...] (TN – Brasseur 2001 : s.v. *a, alle* p. 1)

- quand j'étais petite (LOU – Stäbler 1995 : 61, corpus ; locutrice)
- L'eau était haute. (LOU – DLF 2010 : s.v. *haut*^{1}, p. 330, AS)

V.2 Les écarts par rapport au FS

Quelques écarts dans la formation du féminin des adjectifs sont systématiques, d'autres témoignent plutôt d'un affaiblissement de la catégorie.

V.2.1. Les écarts systématiques
Les écarts par rapport au FS sont traditionnels et systématiques dans les cas suivants :

▶ **Les adjectifs en *-eur*, *-euse***
En FA/FTN (traditionnel), les adjectifs en *-eur*, *-euse* se prononcent régulièrement [ø], [øz] : [mɑ̃tø] *menteur*, [trɔtø] *trotteur* (Péronnet 1989a : 78s., *cf.* aussi Poirier 1928 : 177s.). Il n'y a donc pas de différence entre le groupe des adjectifs en *-eur*, *-euse* et en *-eux*, *-euse*. Notons que la prononciation sans consonne finale était de règle aux XVIe et XVIIe s. (*cf.* Poirier 1928 : 177^{45}). En FL, en revanche, on distingue entre les deux groupes (*-eur* [œr], *-eux* [ø]).

▶ **L'adjectif *neuf***
Selon Poirier (1928 : 124^{46}), dans les parlers de l'Acadie des Maritimes *traditionnels*, on prononce l'adjectif *neuf* sans consonne finale au masculin : [nø] ; la forme du féminin correspond à celle du standard : [nœv]. En prenant en compte tous les corpus consultés, il faut distinguer selon la région :
- En NÉ et au NB, l'adjectif *neuf* se prononce soit [nø] (masc.)/[nœv] (fém.), marquant clairement l'opposition des genres (c'est ce que suggèrent Poirier 1928 et Péronnet 1989a), soit [nœf] pour les deux genres (forme épicène). Parfois on relève la forme du féminin avec consonne finale sonore, [nœv], en tant que forme épicène (*cf.* ci-dessous).
- À TN, cet adjectif, prononcé [nœf], compte parmi les adjectifs invariables (Brasseur 2001 : s.v. *neuf*, p. 316 ; *cf.* ci-dessous).
- Pour la LOU, le DLF (2010 : s.v. *neuf*^{1}, p. 414) note les formes [nœf, nø, nœv]. Brandon (1955 : 421), par contre, n'indique qu'une seule forme épicène équivalente au féminin : [nœv]. Papen/Rottet (1997 : 91) ne notent que la forme épicène [nœf].

   neuf = [nø] au masculin, [nœv] au féminin
   - Mais quand ça a venu les bâtiments neufs [nø] qu'ont changé la modernité [...] (NÉ – Hennemann, PUB, ID)

---

45 Pour la tendance à l'amuïssement des consonnes finales en moyen français, *cf.* aussi Pope (1952 : 219–222).
46 Confirmé par Péronnet (1989a : 88) et par les données des corpus néo-écossais et néo-brunswickois à notre disposition.

- allez allez ôte pas tes souliers non non non moi j'ôte mes souliers neufs [nø] c'est tout' (NB – Wiesmath – 1, B : 62)
- jusqu'à leu place neuve là (NB – Wiesmath 2, E : 414)
- Je m'ai acheté des souliers [nø] pis une robe [nœv]. (NB – Péronnet 1989a : 88)

neuf = forme épicène [nœf]
- Si y a de quoi qu'est pas bien avec toi, t'es stropié, le gouvernement te bâtit une maison neuf. (TN – Brasseur 2001 : s.v. *neuf*, p. 316)
- Ça fait, c'est cet argent il a gagné là qui nous a donné le chifferobe et quatre chaises neufs. (LOU – *Découverte*, Mamou, Évangéline)

neuve = forme épicène [nœv]
- pis c'est un CAR neuve (NB – Arrighi 2005 : 124, Suzanne L. NB 18 : 713–714)
- un fusil neuve (LOU – Brandon 1955 : 421, VM)
- J'ai travaillé huit ans sur ce bateau quand il était tout neuve. (LOU – *Découverte*, Pointe-aux-Chênes, Terrebonne)

Notons en passant que la consonne finale *f* peut manquer dans le chiffre *neuf*, notamment devant consonne (*cf.* Brasseur 2001 : s.v. *neuf*, p. 316[47]). Devant voyelle, la liaison fautive avec [z] est fréquente (*cf.* le chap. « Liaison et agglutination », I.3.1.).

Le chiffre *neuf*
- Pis quand-ce la lune est pleine, la mer devalle de vingt-huit à vingt-neuf [nø] pieds. (NÉ – Hennemann, BSM, RL)
- Je l'ai quitté comme ça pour neu jours. (TN – Brasseur 2001 : s.v. *neu*, p. 316)

▶ **Les adjectifs terminés en [f], [k] et [t]**
Les adjectifs terminés en [f], [k] et [t] sont souvent invariables ; la consonne finale est présente dans la forme masculine :
- [ʃetif] *chétif*[48], [maladif] *maladif* (NB : Péronnet 1989a : 88)
- [drwat]/[drɔt]/[drwɛt/dret/drɛt] *droit* (FA : Poirier 1928 : 159 ; TN : Brasseur 2001 : s.v. *droit*, p. 168 ; LOU : Brandon 1955 : 421, Papen/Rottet 1997 : 89 , DLF 2010 : s.v. *droit*, p. 223)
- [frɛt] *froid* (FA : Poirier 1928 : 159 ; NB : Péronnet 1989a : 84 ; TN : Brasseur 2001 : s.v. *froid*, p. 210, la forme du féminin est qualifiée de « rare » ; LOU : DLF 2010 : s.v. *frète*, p. 301 à côté de *froid, e*)
- [ɛ̃tʃɛt] *inquiet* (NB : Péronnet 1989a : 82 ; TN : Brasseur 2001 : s.v. *inquiet*, p. 255)
- [nœf] (TN : Brasseur 2001 : s.v. *neuf*, p. 316 ; *cf.* ci-dessus ; LOU : Papen/Rottet 1997 : 89), [nœv] (LOU : Brandon 1955 : 421)
- [plat] *plat* (NB : Péronnet 1989a : 82 ; TN : Brasseur 2001 : s.v. *plat*, p. 356 ; LOU : Papen/Rottet 1997 : 89, DLF 2010 : s.v. *plate*[1] (*plat*), p. 472)

---

47 Prononciation vieillie ou régionale en France, présente aussi dans les parlers du Doubs et à Jersey aussi bien qu'au Québec (Brasseur 2001 : s.v. *neu*, p. 316). – Les données des corpus ne confirment donc pas le constat de Poirier (1928 : 124), selon lequel le *f* est toujours prononcé dans le chiffre.

48 Pour le FL, le DLF note les formes [ʃeti], [ʃetit] (DLF 2010 : s.v. *chéti*, p. 129).

- [sɛk] *sec* (NB : Péronnet 1989a : 88 ; TN : Brasseur 2001 : s.v. *sec*, p. 416 ; LOU : Brandon 1955 : 421, Papen/Rottet 1997 : 89, DLF 2010 : s.v. *sec*, p. 574, la forme du féminin est qualifiée de « rare »)
- [vœv] *veuf* – la forme du féminin peut apparaître comme forme épicène, comme c'était le cas jusqu'au XVIe siècle (*cf.* TN : Brasseur 2001 : s.v. *veuve*, p. 468 ; LOU : DLF 2010 : s.v. *veuve*, p. 648, la forme masculine est qualifée de « rare »).
- [vif] *vif* (NB : Péronnet 1989a : 88 ; LOU : Papen/Rottet 1997 : 89, DLF 2010 : s.v. *vif*, p. 650 à côté de la forme standard *vif/vive*)
    - Les vieilles feuilles (de choux) [sɛk] (NB – Péronnet 1989a : 88)

    - Ça c't un bel âbre, pis droit [drwat] comme un jonc. (TN – Brasseur 2001 : s.v. *droit*, p. 168)
    - Pis la sueur fret [frɛt] coulait sus lui (TN – Brasseur 2001 : s.v. *fret*, p. 210)
    - Je tais inquiet [ẽtʃɛt] pour chez nous. (TN – Brasseur 2001 : s.v. *inquiet*, p. 255)
    - [...] de la bonne morue bien blanche, bien sec [sɛk] (TN – Brasseur 2001 : s.v. *sec*, p. 416)

    - avé le pied droite (LOU – Brandon 1955 : 421)
    - [alle] faisait une fricassée de patates avec des chevrettes secs dedans (LOU – Rottet 2001 : 124, loc. âgée)
    - une poussière sec (LOU – DLF 2010 : s.v. *sec*, p. 574)
    - Elle est vif avec ses ouvrages. (LOU – DLF 2010 : s.v. *vif*, p. 650)

▶ **L'adjectif *grand***
L'adjectif *grand* est souvent invariable[49].
- pis c'était une grand marche là ç'arait été coumme quatre heures de marche trois heures [...] (NB – Wiesmath 2, F : 281–282)
- ma mère a mouri [...] elle est me/ morte des grands fièvres (NB – Arrighi 2005 : 122, Annie NB 10 : 5–6)

- on a commencé à faire des PARTIES dedans une grand chambre . ceux-là qu'avaient des grands chambres invitaient monde d'aller pour une 'tite soirée (LOU – Stäbler 1995 : 48, corpus)
- avec grand [grã] impatience (LOU – Brandon 1955 : 422)
- Notre band était après jouer sur la grand'rue à Jack's Place. (LOU – DLF 2010 : s.v. *grand*[1], p. 318, LA)
- Et ils avoint des grands filles, tu connais, des grands garçons (LOU – *Découverte*, Mamou, Évangéline)

▶ **Les adjectifs ayant trois formes en FS**
Les adjectifs ayant trois formes en FS (*beau/fou/nouveau/vieux*), très courants, n'en ont que deux dans les variétés étudiées ici. En FA/FTN, la forme du masculin peut être liée, devant voyelle, par un *t* euphonique (liaison « fautive »). D'ailleurs, le *t* de liaison « fautive » est aussi inséré après un adjectif à deux formes si celui-ci se termine par une voyelle (*cf.* ci-dessous *gros-t-arbre, gros-t-ours*). En FL, en revanche, il y a un hiatus entre l'adjectif au masculin et le NIV[50] (*cf.* le chap. « Liaison et agglutination », I.3.3.).
- le vieux-t [vjøt] aveugle (NB – Péronnet 1989b : 218)
- un gros-t arbre (NB – Péronnet 1989b : 219)

---

49 Comptant parmi les adjectifs du latin qui n'avaient que deux terminaisons (masc./fém. et neutre, lat. GRANDIS,-E), l'adjectif *grand* a longtemps résisté à la formation d'une forme féminine ; la langue moderne a même scellé l'ancien usage dans certains cas : ex. *la grand-mère*.
50 *Cf.* Brandon (1955 : 422s.), Papen/Rottet (1997 : 90), Neumann-Holzschuh (2006 : 263).

- un gros-t-ours (NB – Wiesmath 1 : B310)[51]
- un vieux-t-homme (TN – Brasseur 2001 : s.v. -t-, p. 436)
- un vieux / homme (LOU – Brandon 1955 : 422)
- un gros homme [ɛ̃groom] (LOU – Papen/Rottet 1997 : 90)
- un beau homme [ɛ̃boom] (LOU – Papen/Rottet 1997 : 90).

Commentaire
Certaines des formes citées ci-dessus (*sec* [sɛk] épicène, *veuve* [vœv] épicène, *vif* [vif] épicène) existent dans le domaine d'oïl, dans les dialectes du Centre-Ouest, *sec* aussi dans le Nord et le Nord-Est, *vif* presque partout dans le domaine d'oïl (Péronnet 1989a : 91–96, se référant à l'ALF 1209, 1382, 1391).

Les adjectifs épicènes se terminant en -*t* (type *plat, inquiet* [ɛ̃tʃɛt], *froid* [frɛt][52]) existent dans deux zones dans l'Hexagone, « l'une au nord, l'autre au sud du Poitou » (Péronnet 1989a : 97, citant Pignon 1960 et l'ALF 1259, 612). Les adjectifs se terminant en -*eur*, -*euse* sont attestés avec les prononciations [ø]/[øz] dans le Centre-Ouest, le Centre et le Nord (à côté de la prononciation [u]/[uz], relevée dans quelques zones dans l'Ouest et l'Est, *cf.* ALF 249, Péronnet 1989a : 103).

En FQ, on relève les mêmes formes épicènes (à l'exception de l'adjectif *sec* [sɛk], [sɛʃ], [ʃɛs][53], et du nom *veuf* où il y a concurrence entre les formes [vœf] et [vœv] comme forme épicène)[54].

Pour le langage populaire hexagonal, l'invariabilité des adjectifs se terminant en [k] et [f] est attestée par Frei (1929 : 191s.) (*une femme maladif, une boisson sec*) et par Bauche (^{2}1951 : 85) (« *elle est maladif, une femme maladif, une balle explosif* (« explosible »), *ma veste est sec, une boisson sec* »).

V.2.2 L'affaiblissement de la catégorie du genre grammatical

Outre les écarts systématiques, il faut retenir que la tendance à l'invariabilité relevée dans plusieurs autres sous-domaines de la grammaire se traduit en ce qui concerne les adjectifs, par une tendance à ne plus réaliser l'accord entre l'adjectif et le nom qu'il accompagne. C'est généralement la forme masculine qui est choisie pour les deux genres[55]. Cette tendance est moins prononcée pour les adjectifs épithètes que pour les adjectifs attributs et les participes passés, et elle est plus évidente en FL[56] que dans les autres parlers. En ce qui concerne l'adjectif attribut et le participe passé (avec *être* mais surtout avec *avoir*), les variétés concernées ici partagent cette tendance à l'invariabilité avec le non-standard hexagonal[57].

---

51 En FA, on note aussi la prononciation avec *ouïsme* (pour le terme, *cf.* « Introduction ») : *grous*.
52 Selon Brasseur (2001 : s.v. *fret*, p. 211) la forme masculine est « aujourd'hui cantonnée à la Bretagne romane, aux Mauges et à la région de Loches (FEW 3, 797b FRIGIDUS ; ALBRAM 538 ; ALCe 2) », tandis que la forme féminine [frɛd] « est largement répandue », par ex., « en Normandie (ALN 561*), en Île-de-France, dans le Perche, en Orléanais, en Touraine (ALIFO 443), en Bretagne romane (ALBRAM 538) ou dans le Centre (ALCe 3) » (*ibid.*).
53 La métathèse est aussi attestée à TN (*cf.* Brasseur 2001 : s.v. *chesse*, p. 108).
54 Pour le FQ, *cf.* Seutin (1975 : 125, Île-aux-Coudres), Péronnet (1989a : 97), Brasseur (2001 : s.v. *inquiet*, p. 255, s.v. *plat*, p. 357, s.v. *sec*, p. 416, s.v. *veuve*, p. 468).
55 Pour le FTN, Brasseur (2001 : L) constate : « un nom féminin est souvent qualifié par un adjectif masculin ; un sujet féminin peut posséder un attribut masculin. Mais l'inverse ne se produit jamais. Le phénomène peut donc aussi bien être décrit comme la généralisation des formes du masculin. » *Cf.* aussi, pour le FL, Papen/Rottet (1997 : 90) qui constatent que l'accord n'est souvent pas fait, notamment dans la jeune génération.
56 *Cf.* pour le FL Neumann-Holzschuh (2006 : 262s.) se référant au corpus de Stäbler 1995.
57 *Cf.* Frei (1929 : 163s.), Bauche (^{2}1951 : 86 ; 110), Gadet (1992 : 55s ; 63s.).

▶ **Adjectif épithète**
- ma vieux ferme (NB – Wiesmath 2, E : 436)
- un de mes petits nièces après se marier (LOU – Stäbler 1995 : 180, corpus)
- la terre mou (LOU – Brandon 1955 : 422)

▶ **Adjectif attribut**
- je suis ben content avec ma vie (NB – Arrighi 2005 : 194, Angèle NB 13 : 97) (locutrice)
- les sociétés qui sont ignorants des maladies mentales [...] (NB – Arrighi 2005 : 194, Suzanne L. NB 18 : 75–77)
- je suis pas beaucoup instruit je suis pas instruit (ÎPÉ – Arrighi 2005 : 194, Délima ÎPÉ 5 : 56) (locutrice)
- alle est mort (LOU – Papen/Rottet 1997 : 98)
- elle arrivait bien content (LOU – Brandon 1955 : 422)
- l'eau était assez haut (LOU – Stäbler 1995 : 113, corpus) (mais aussi : *L'eau était haute*. – DLF 2010 : s.v. *haut¹, e*, p. 330)
- ma sœur est un tas un tas plus grand que moi. (LOU – DLF 2010 : s.v. *grand¹*, p. 318, SM)
- Mon amise qu'est canadien, [...]. (LOU – DLF 2010 : s.v. *amise*, p. 26 et s.v. *mon¹*, p. 403, LF)

▶ **Participe passé**
- Ça, c'est la seule langue qu'il ont appris. (NÉ – Hennemann, ILM, BJ)
- j'avais une petite brouette fait [fɛ] avec des roues (NB – Arrighi 2005 : 193, Odule NB 21 : 17)
- c'est une décision que eux-autres avont pris (ÎPÉ – Arrighi 2005 : 193, André ÎPÉ 12 : 180)
- la lettre a été écrit (LOU – Papen/Rottet 1997 : 98)
- il ... a coupé la viande et l'a cuit (LOU – Brandon 1955 : 474)

Le phénomène du non-accord du participe passé est aujourd'hui très avancé, sinon systématique, en FL (Brandon 1955 : 473, Conwell/Juilland 1963 : 153) ; l'accord est mieux respecté si des participes passés très courants *mort(e)*, *ouvert(e)*, *cuit(e)*, *pourri(te)* servent d'adjectifs épithètes ou attributs (Papen/Rottet 1997 : 98).

Une autre forme d'invariabilité concerne toutes les variétés étudiées ici : elle consiste à reprendre le nom – indépendamment du genre grammatical – par la forme neutre *ça* (pour le NB : Péronnet 1989a : 102 ; pour le FL : Neumann-Holzschuh 2006 : 263) ; cette tendance est très prononcée au pluriel. (*cf.* le chap. « Les pronoms personnels », VII).

V.2.3 Les formes créées par analogie

Quelques adjectifs, invariables en genre en français parlé, sont variables dans les variétés étudiées ici. Souvent, il s'agit d'héritages du langage non-standard hexagonal qui continuent d'exister aussi bien outre-Atlantique que sur le sol français[58]. La liste des adjectifs de cette rubrique est brève :

---

58 À propos du français parlé de France, Blanche-Benveniste (2010 : 61) voit dans l'ajout du [t] pour la forme du féminin (p.ex. *pourrite*) un trait du langage enfantin ; elle ne signale aucune forme déviante de l'adjectif dans le langage des adultes.

- *cru – crutes* (NB : Péronnet 1989a : 27 ; TN : Brasseur 2001 : s.v. *crut*, p. 137s. ; LOU : DLF 2010 : s.v. *cru*, p. 176)
- *pointu – pointuse* (NB : Péronnet 1989a : 90)
- *poilu – poiluse* (NB : Péronnet 1989a : 90)
- *bleu – bleuze/bleuse* (LOU : Rottet 2001 : 163, DLF 2010 : s.v. *bleu*^{1}, p. 75)
- *léger* [leʒɛr] – *légerte* [leʒɛrt] (NÉ : É. Boudreau 1988 : 161 ; FA : Poirier 1928 : 153 ; LOU : DLF 2010 : s.v. *légère* (parfois masc. : *léger*), *légèrte* au féminin, p. 364)
- *mûr – mûrte* [myrt] (LOU – Papen/Rottet 1997 : 89)

    • [À propos des fraises.] Oh ici i les mangeont crutes là. [...] (TN – Brasseur 2001 : s.v. *cru*, p. 137)

    • C'est la viande crute (LOU – DLF 2010 : s.v. *cru*, p. 176, LA)
    • C'est une robe bleuse qu'alle s'a acheté. (LOU – DLF 2010 : s.v. *bleu*, p. 75, TB)

En FA/FTN, on relève les formes *deusse* et *troisse* en position accentuée.
- *Deusse* [døs] est qualifié de « forme épicène » en position accentuée par Brasseur et de « féminin » par Poirier (1993 [1925] : s.v. *deux*) et par Péronnet (NB : Péronnet 1989a : 27 ; 90[59] ; TN : Brasseur 2001 : s.v. *deusse*, p. 159) (*cf.* aussi É. Boudreau 1988 : 27). Wiesmath signale la forme *deuses* dans son corpus (2006, *cf.* ci-dessous).
- Les formes *trois*, *troisse*[60]/*troises* sont attestées en NÉ (É. Boudreau 1988 : 27) et au NB (Péronnet 1989a : 27 ; 90) ; elles sont absentes des autres régions. Tout comme Poirier (1993 [1925] : s.v. *trois*), É. Boudreau (1988 : 235) qualifie la forme avec sifflante de féminin.
- Pour le FL, Conwell/Juilland notent pour *deux* la prononciation standard [dø] (1963 : 96), d'autre part, ils relèvent une forme avec un [z] parasitaire qu'ils qualifient de « liaison fautive » qui se serait répandue à d'autres contextes : *deux derniers allemands* /døᶻ dɛr nje zal mɔ̃/ (1963 : 119). Cet exemple pourrait tout aussi bien indiquer l'existence de la prononciation avec consonne finale sur le terrain.

    • T'as deux plumes, moi, j'en ai deusses. (NÉ – É. Boudreau 1988 : 27)
    • J'en ai demandé troisses. (NÉ – É. Boudreau 1988 : 27)

    • Il a dit, c'est la premiére [sic] punition. Ben, il a dit, y en a encore [døs]. (NB – Péronnet 1989a : 106)
    • deuses ou troises qu'i ont pris ouais . qu'i appelaient des euh . . SEATURTLE [...] (NB – Wiesmath 2006 : 85, Wiesmath 5, C : 141)
    • si t'en manges euh troises par jour euh pour euh vingt ans euh grande possibilité que tu vas/ tu vas avoir du cholestérol dans ton sang (NB – Wiesmath 2006 : 245, Wiesmath 12, N : 148)
    • euh on appelle ça des CAN de cinq gallons ça tienait un cinq gallons d'eau ben tu 'n avais deuses SO tu les emplisais d'eau [...] (NB – Wiesmath 1, B : 657–658)

    • I étiont deusse hein ! (TN – Brasseur 2001 : s.v. *deusse*, p. 159)

---

59 Notons que Péronnet parle de l'existence de deux formes selon le genre : *deux*, *deusse*, alors qu'il pourrait s'agir, avec *deusse*, à en juger par ses exemples (1989a : 106), d'une forme accentuée, éventuellement épicène. Se référant à l'ALF, Péronnet fait elle même remarquer que les occurrences des formes *deusse* et *troisse* présentes en France ne sont pas univoques (*cf. ibid.*) : il pourrait bien s'agir de formes épicènes en position accentuée.

60 Prononcé, selon Poirier (1993 [1925] : s.v. *trois*), *troièsse*.

Commentaire

Notons, pour le non-standard de France, les créations analogiques suivantes :
- Formes du féminin : *bleuse* (Bauche ²1951 : 86, Frei 1929 : 47) et *bizarde* (fém. de *bizarre*) (Bauche ²1951 : 86, Frei 1929 : 47), *avarde* (Frei 1929 : 47, Gadet 1992 : 59), *hilarde*, *ignarde* (Frei 1929 : 47), *partisante* (Gadet 1992 : 59)
- Formes du masculin : *tied* à côté de *tiède* (Frei 1929 : 52), *pécunier* (la forme *pécuniaire* [pekynjɛr] étant prise pour un féminin de type *-er/-ère*) (Gadet 1992 : 59).

Le féminin *crute* de l'adjectif *cru* remonte au Moyen-Âge et survit dialectalement en France et dans les parlers du Canada (*cf.* Brasseur 2001 : s.v. *crut*, p. 138).

La prononciation des chiffres *deux* et *trois* avec un *s* final est attestée dans le non-standard hexagonal (*cf.* Frei 1929 : 70, Bauche ²1951 : 88 : quelquefois *deuss*, *troiss*) ; il s'agit d'une forme épicène.

Le nombre

Préliminaires

I   Les noms en *-al*/*-aux*
I.1   [al] au singulier
I.2   [al] au pluriel
I.3   [o] au singulier
I.4   [o] au pluriel

II   Les noms de la catégorie *consonne → zéro*

III   *œil, yeux*

IV   Les emprunts et les phénomènes de calque
IV.1   Le pluriel des noms empruntés à l'anglais
IV.2   Le changement du nombre

Le nombre

Préliminaires

Pour la grande majorité des noms, la catégorie du nombre est marquée, en français *parlé*, par des moyens externes au nom. Ce sont les déterminants (articles, quantificateurs, déterminants indéfinis)[1] et éventuellement la forme du verbe[2] qui, en règle générale, apportent les informations sur le nombre grammatical, par ex. par la qualité de la voyelle du déterminant ([le], [de]) ou par la consonne de liaison [z][3].

En FS, les noms suivants sont les seuls à porter une marque morphologique de nombre :
- certains noms terminés au singulier en [al] → pl. [o], type *cheval* → *chevaux*
- certains noms terminés au singulier en [aj] → pl. [o], type *travail* → *travaux*
- les noms terminés au singulier par une consonne, au pluriel par une voyelle : sg. consonne → pl. zéro, type *bœuf* [bœf] → *bœufs* [bø]

En FA, en FTN et en FL, les variantes morphophonématiques sont très souvent remplacées par une forme unique au singulier et au pluriel[4].

I Les noms en *-al/-aux*

Dans les variétés étudiées ici, les formes en [al] et celles en [o] pour les mots du type *cheval/chevaux*, *journal/journaux* coexistent sans marquer forcément le nombre grammatical ; c'est plutôt l'une des deux formes, soit celle en [al], soit celle en [o], qui s'est généralisée. Pour ce

---

1 Pour la forme et l'emploi des articles et des déterminants indéfinis, *cf.* les chap. « L'article », « Les déterminants indéfinis ». – Notons en passant que dans le corpus madelinien de Falkert (2010), le nom *les gens* est souvent prononcé avec un *-s* final, ex. : « c'est putôt des gens' qui vient d'eune autre place » (IdlM – Falkert 2010, corpus : 205–206, p. 177, CD-ROM).
2 À condition toutefois que l'accord au pluriel soit fait et qu'il y ait une distinction perceptible entre la forme du singulier et la forme du pluriel. Péronnet (1989a) note à ce propos pour les parlers acadiens que « le rendement des marques du pluriel est beaucoup plus élevé [...] qu'en FS », grâce notamment à la terminaison *-ont* à la 3e personne du pluriel pour les verbes au présent, à l'imparfait, au subjonctif et au conditionnel (Péronnet 1989a : 27s.). – Ajoutons qu'après l'adjectif épithète antéposé, la liaison en [z] ne s'effectue pas toujours, notamment s'il s'agit d'un substantif féminin (*cf.* Péronnet 1989a : 104). En l'absence de la liaison, il incombe au seul article de marquer le pluriel, alors que le groupe *adjectif + nom* reste invariable (*cf.* le chap. « Liaison et agglutination »).
3 Le [z] de liaison devient un marqueur de pluriel par excellence (*cf. quatre-z-enfants*) (Péronnet 1989a : 28 ; *cf.* le chap. « Liaison et agglutination »).
4 *Cf.* Poirier (1928 : 142ss.), Péronnet (1989a : 109), Papen/Rottet (1997 : 79). – Les passages qui suivent dressent une liste de formes qui ont été relevées dans les corpus consultés sans indiquer de renseignements en ce qui concerne la fréquence des variantes respectives. On se trouve face à un grand flottement dans l'usage. Là où les variantes morphophonématiques ne subsistent pas, on note la généralisation tantôt du singulier, tantôt du pluriel. Mais le choix de la forme dépend également de critères sociolinguistiques, tels l'âge du locuteur et sa familiarité avec le FS.

qui est du nom *animal/animaux*, se dessine en FA et en FTN la tendance à généraliser la forme en [o] (Brasseur 2001 : s.v. *animau*, p. 18), alors que les formes en [al] et en [o] coexistent en FL sans apporter d'information sur le nombre grammatical[5].

En ce qui concerne les adjectifs, c'est la terminaison en [al] qui prédomine au singulier et au pluriel. Dans quelques rares cas, la forme en [o] s'est généralisée.

I.1 [al] au singulier

Cet usage correspond au FS.

► **Les substantifs**
- Pis dans c't' temps-là, t'allais charcher les docteurs en / en cheval pis en carriole. (NÉ – Hennemann, ILM, EL)
- Oui, ben sa femme est-i pas dans l'hôpital Sainte-Anne ? (NÉ – Hennemann, ILM, EL)
- Un / un orignal, c'est un / une DEER. (NÉ – Hennemann, ILM, DO)
- Pis i coupe la patte du [ʒval] au genou. (NB – Péronnet 1989a : 110)
- On est obligé de faire des levées chaque bord du [kanal], et faire un aboiteau à la tête du [kanal]. (NB – Péronnet 1989a : 110)
- Le gréement de son cheval i tait en argent et pis son caberouet pareil. (TN – Brasseur 2001 : s.v. *gréement*, p. 235)
- J'avons un journal qui s'appelle le gaboteur. (TN – Brasseur 2001 : s.v. *gaboteur*, p. 215)
- I y avait une grosse animal qu'était crevée. (LOU – DLF 2010 : s.v. *animal* (*animau*), p. 28, LA, Anc.)
- Il y avait un cheval, des fois on mettait deux chevaux si c'était trop un gros rang. (LOU – *Découverte*, Châtaignier, Évangéline)

► **Les adjectifs**
- avant que j'uis devenu agent de développement rural (NÉ – Hennemann, ILM, BJ)

I.2 [al] au pluriel

Pour nombre de noms terminés en [al], on note la généralisation de la forme du singulier. On relève ainsi, par ex., *les canals, les chevals, les hôpitals, les journals, les mals*[6]. Brasseur (2001 : s.v. *chenal*, p. 108 et *passim*) note, pour le FTN, que cette variété « ne connaît pas l'usage des pluriels irréguliers du français normé ».

► **Les substantifs**
- Il aviont des chevals pis tu passais dans les bancs de neige. [...] (NÉ – Hennemann, ILM, EL)

---

5 Dans le corpus *Découverte*, on compte 5 fois le pluriel *animals*, 5 fois *animaux*.
6 Pour la NÉ : Geddes (1908 : 109s.) ; pour le FL : Brandon (1955 : 415), Conwell/Juilland (1963 : 138), DLF (2010 : s.v. *canal*, p.104 ; s.v. *cheval*, p.130 ; s.v. *mal*, p. 379).

- Il veut aller dans le bois faire la chasse. Il veut aller aux orignaux. Orignals ? [...] (NÉ – Hennemann, ILM, EL)
- les p'tits libérals pouvions pas sortir dans la street sans attraper des saces (NÉ – *Lettre de Marichette*, Gérin/Gérin 1982 : 124) (adjectif substantivé)
- pis là les/ les animaux les vaches les chevals tout' ça . c'était pas enfermé (NB – Wiesmath 4, M : 385)
- on a fait les traitements d'eau potable dans plusieurs écoles dans la province Nouveau-Brunswick on a fait des hôpitals (NB – Wiesmath 12, J : 137)
- Le scorbu ça c'est des mals qui venaient sus une personne [parsɔn]. [...] (TN – Brasseur 2001 : s.v. *scorbu*, p. 416)
- Je crois que c'est dans les journals. (TN – Brasseur 2001 : s.v. *journal*, p. 262)
- Dans ce temps-là c'était un chemin que tu pouvais menir [dessus] avec des chevals[7]. (LOU – Rottet 2001 : 171, loc. âgé)
- Alle a encore des mals dans l'estomac, [...] (LOU – *Découverte*, Châtaignier, Évangéline)
- Essayer d'observer la différence que il y a parmi les animals et parmi le monde. (LOU – DLF 2010 : s.v. *animal*, p. 28, EV)

▶ **Les adjectifs**
- i sont spécials pas mal . (NB – Arrighi 2005, corpus, Stéphanie NB 11 : 115–116) (*i* = « les chats »)
- D'habitude, vous savez des étés … normals, bien, le mois de juillet on a du beau temps. (TN – Brasseur 2001 : s.v. *normal*, p. 319)
- Les deux paniers sont égals. Prends cil-là tu veux. (LOU – DLF 2010 : s.v. *égal,-e*[1], p. 233, LA)

I.3 [o] au singulier

À côté du substantif *animau*, on relève la terminaison [o] au singulier pour *un journau* et *un chevau*.

▶ **Les substantifs**
- Pis i y a les souliers. Mon vieux pépé, chus nous i faisait les / quand qu'i tuait un animau là, i appeliont ça les souliers de peau (NÉ – Hennemann, ILM, IS)
- Pis le souère toujou, à la brunante, i va à l'écurie pis il attele [sic] un [ʒwo] su un « express ». (NB – Péronnet 1989a : 110)
- ta viande moi je dis ta viande se fait pas tu sais là coumme/ dans ce temps-là ton animau grandissait naturel (NB – Wiesmath 1, B : 572)
- Chez nous ça j'appelions des foies mous c'était les poumons, d'un animau. (TN – Brasseur 2001 : s.v. *foie*, p. 205)
- [À propos des feuilletons.] Ça s'en revenait à tous les semaines dans le journau. (TN – Brasseur 2001 : s.v. *journal, jornal, journau*, p. 262)
- Deux de même ça te faisait le quintau. (TN – Brasseur 2001 : s.v. *quintau*, p. 381) (*quintal* – ancienne unité de mesure)

---

[7] Le DLF (2010 : s.v. *cheval*, p. 130), note les formes du pluriel : *chevals* [ʃval] et – « occasionnellement » – *chevaux* [ʃvo]. Dans le corpus de *Découverte*, par contre, on compte 6 fois le pluriel *chevals*, 14 fois *chevaux*.

- Une bride c'est pour un animau que tu vas monter dessus. (LOU – DLF 2010 : s.v. *animal, (animau)*, p. 28, LA)

▶ **Les adjectifs**
- alors ça c'est vitaux c'est primaire c'est essentiel... (NB – Wiesmath 14, Y : 322) (cours magistral !)

I.4 [o] au pluriel

- avec la peau des animaux (NÉ – Hennemann, ILM, EL)
- ste machine-ici là c'est euh une/ une machine électronique c'est installé à tout' les hôpitaux (NB – Wiesmath 12, J : 171)
- pis i s'en ameniont une cruche . pis la menasse venait dans des bocaux qu'on appelait c'était des quarts de quatre-vingt-dix gallons (NB – Wiesmath 3, D : 39)
- quand j'étais sus mon grand-père là là on avait vingt/ vingt-quatre pièces d'animaux là trois chevals (NB – Wiesmath 3, D : 139)
- Dans l'automne je bûchions le bois, dans l'hiver je le halions avec les chevaux (TN – Brasseur 2001 : s.v. *haler*, p. 242)
- SHIRLEY aimait les 'tits animaux les petits animaux-là (LOU – Städler 1995 : 16, corpus)
- Les animaux ont froid dans l'hiver. (LOU – DLF 2010 : s.v. *animal, (animau)*, p. 28, SM)

Commentaire

Jusqu'à la normalisation de la langue au XVIIe s., il règne une certaine instabilité quant au pluriel des substantifs et des adjectifs terminés en *-l*. Au pluriel, la forme en [o] est assez bien établie au XVIe s. (Gougenheim 1974 : 50). Mais, à la même époque, on relève aussi des formes en [o] au singulier (« la cause d'un pauvre animau que je suis [...] ») et Henri Estienne critique la forme *le chevau* comme une faute qui s'observe chez les courtisans (Gougenheim 1974 : 52). Brunot/Bruneau (1949 : 194) confirment les hésitations quant à la forme correcte du pluriel de certains noms en [al]/[aj] ; ils citent, pour l'époque (pré)classique les substantifs *madrigals, cristals, épouvantaux, portaux*. Les règles d'usage fixées au XVIIe s. ne sont pourtant que partiellement systématiques (*cf.* les exceptions : *bal → bals* ; *naval → navals*)[8]. Les régularisations des formes du pluriel des noms/adjectifs en [al]/[o], que l'on relève dans les variétés étudiées ici, pourraient donc refléter les flottements d'usage qui datent de l'époque préclassique (Gérin 1980 : 91s.).

Dans la langue parlée, mais aussi dans la langue littéraire[9], l'insécurité est grande quant à la forme correcte du pluriel de certains noms, à l'exception des lexèmes les plus fréquents où la variation morphophonématique [al]/[aj] → [o] est « bien intégré[e] dans le système, et généralement respecté[e] » (Gadet 1992 : 57). Cette insécurité entraîne chez certains locuteurs une stratégie d'évitement de ces formes (*cf.* Blanche-Benveniste 2010 : 55). Dans les parlers régionaux (*cf.* Gérin 1980 : 91) et dans le non-standard, des tendances à la régularisation des substantifs irréguliers sont signalées, même pour les lexèmes courants[10].

---

[8] Il existe pour certains noms des différenciations sémantiques : *les ciels* vs. *les cieux, les terminals* vs. *les terminaux* (pour plus de détails, *cf.* Blanche-Benveniste 2010 : 55).

[9] Gérin (1980 : 90) donne quelques exemples des hésitations qui persistent : *des étaux* (Paul Claudel), *les étals* (Arthur Rimbaud), *les idéals* (Victor Hugo), *les idéaux* (Jean Rostand).

[10] Bauche (^{2}1951 : 78) note *les chevals, les amirals, les mals* ; Price (1971 : 104) : *un animau, un chevau* ; Gadet (1992 : 57) : *les animals*. – Pour le français du Missouri, *cf.* Thogmartin (1970 : 42) qui qualifie d'option le changement de [al] en [o].

II Les noms de la catégorie *consonne* → *zéro*

Quant à la prononciation des trois substantifs concernés ici – *œuf(s)*, *bœuf(s)*, *os* – nous retenons les tendances suivantes :
- En NÉ et au NB, la prononciation sans consonne finale est bien établie au singulier pour les noms *œuf(s)*, *bœuf(s)* : [ø], [bø][11], la forme avec consonne finale étant rare. Pour *os*, la forme avec consonne s'utilise au singulier ; au pluriel, il existe les deux formes, avec ou sans consonne finale : [os]/[us], [o]/[u][12].
- En FTN, la forme avec consonne finale s'est généralisée : *œuf(s)* [œf], *bœuf(s)* [bœf], *os* [os] (rarement [o]) (*cf.* Brasseur 2001 : s.v. *œuf(s)*, p. 322, s.v. *bœuf*, p. 60, s.v. *os*, p. 325).
- En FL, la forme du singulier est généralement prononcée avec la consonne finale ; au pluriel, les deux formes coexistent avec une fréquence inégale. Selon Papen/Rottet (1997 : 79), face à la généralisation de la forme avec consonne finale, on ne trouve que quelques locuteurs, en particulier parmi les locuteurs âgés, qui respectent la variation morphophonématique[13].

Singulier :
œuf – [œf, zœf[14]] (DLF 2010 : s.v. *œuf*, p. 424)
bœuf – [bœf] (DLF 2010 : s.v. *bœuf*, p. 77)
os [ɔs, zo] (DLF 2010 : s.v. *os*, p. 429)

Pluriel :
œufs – [œf, ø, zœf, zø] (DLF 2010 : s.v. *œuf*, p. 424)
bœuf [bœf] (DLF 2010 : s.v. *bœuf*, p. 77)
os [os, ɔs, zo] (DLF 2010 : s.v. *os*, p. 429)

▶ Le singulier

Avec consonne finale
- Pis là, on fait cuire de la viande et du / du bœuf [bœf]. (NÉ – Hennemann, ILM, DO)

- on avait des cochons on avait des/ des animaux qui pouvaient nous donner le/ le bœuf [bœf] (NB – Wiesmath 6, L : 99)

- [À propos de la morue.] Avec ton couteau tu la tranches, tu finis, tu tires l'os [os] de dedans, là. (TN – Brasseur 2001 : s.v. *os*, p. 325)

- [ʃy bitʲe kɔ̃ ʃ kuʃe lswˈɔr mɔ̃ʒe œ̃ ˈnœf] (LOU – Brandon 1955 : 387) (« je suis habitué quand je me couchais le soir, à manger un œuf »)
- Ça mangeait bien peu du bœuf dans ce temps-là. (LOU – DLF 2010 : s.v. *bœuf*, p. 77, TB)

---

11 Les données des corpus consultés sont confirmées, pour la NÉ, par É. Boudreau (1988 : 26), Thibodeau (1988 : 21 ; 133), pour le NB par Péronnet (1989a : 111 ; 113), pour les parlers acadiens en général par Poirier (1928 : 124) : « À la fin des mots en *euf* et en *œuf*, [le *f*] est muet : un habit *neu*, un *beu*, des *beus*, un *eu*, des *eus* [...] ».
12 À propos de l'ouïsme *cf.* le chap. « Introduction ».
13 *Cf.* aussi Brandon (1955 : 414), Conwell/Juilland (1963 : 138), Guilbeau (1950 : 119).
14 Pour l'agglutination de [z], *cf.* le chap. « Liaison et agglutination », II.

Sans consonne finale
- Moi j'ai vu pour aller à l'école là mon père prenait le gros bœuf [bø] là, j'avions un gros bœuf [bø] avec des cornes bruns. (NÉ – Hennemann, ILM, EL)
- La vieille i a emporté un [ø] fricassé. (NB – Péronnet 1989a : 111)
- Quoi ce qu'i avait su l'échine ? Un grous [bø]. (NB – Péronnet 1989a : 113)
- pis le bœuf [bø] (NB – Wiesmath 1, B : 538)
- son père dit taise-toi c'est pas beau ça . et tu dis la/ le bœ [bø] a surpris la vache blanche (NB – Wiesmath 8, Q : 26)
- [ty ty bœ, bœ bwɔ lo] (LOU – Brandon 1955 : 405) (« tu tues [le] bœuf, [le] bœuf boit l'eau ») (Le même locuteur utilise aussi la forme avec consonne finale.)

▶ Le pluriel
Avec consonne finale
- I-l-avoint / son / les os [o]/ les os [ɔs] là sont / sa jambe était / oh, ANYWAY. (NÉ – Hennemann, BSM, SC)
- chez les trappistines i ont . les os [ɔs]. de / euh le petit Saint Théophile [...] (NB – Wiesmath 6, L : 56)
- chercher des œuf' [œf] (IdlM – Falkert 2010, corpus : 113, p. 493, CD-ROM)
- I nen a qui prononçont [de z ø], mais c'est [de z œf]. (TN – Brasseur 2001 : s.v. œuf, p. 322)
- [...] quand je tais gamin y avait pas mal du monde des gens qui halaient du bois avec les bœufs [bœf]. (TN – Brasseur 2001 : s.v. haler, p. 242)
- Par ici c'est tout [tut] des os [os] : morue, poisson, c'est tout des os [os] ! (TN – Brasseur 2001 : s.v. os, p. 325)
- [ʒ me asi 'syr le 'zœf de zwɔ mwɔ 'mɛm] (LOU – Brandon 1955 : 403) (« je me suis assis sur les œufs des oies moi-même ») (Le même locuteur emploie aussi la forme sans consonne finale, au pluriel, cf. ci-dessous.)

Sans consonne finale
- le / le poisson va pondre leurs œufs [ø] pour / (NÉ – Hennemann, PUB, ArD)
- Moi, je prends une / euh / une pilule par semaine, pis c'est du ACTONEL pour mes os [u]. (NÉ – Hennemann, ILM, EL)
- SO ça te dounnait tes œufs [ø] (NB – Wiesmath 1, B : 535)
- moi je me rappelle que on avait/ on vendait des œufs [ø] on vendait du beurre . du bois [...] (NB – Wiesmath 6, L : 96)
- elle savait pas que c'était des euh comme des vaches des/ des bœufs [bø] a'/ a' comprenait pas quoi c'était alle avait jamais vu ça . bêtes à cornes (NB – Wiesmath 6, L : 240)
- [mɛ le 'zœ də 'zwɔ a 'kuve] (LOU – Brandon 1955 : 403) (« mets les œufs [de l']oie à couver ») (Le même locuteur emploie aussi la forme avec consonne finale, au pluriel, cf. ci-dessus.)

Commentaire
Pour le FQ[15] et le parler hexagonal[16], on note une forte tendance à la prononciation des consonnes finales. En France, cette évolution est actuellement en cours et concerne en première ligne les mots monosyllabiques (par

---

15 Cf. ALEC 479, ALEC 609a-b, cf. Brasseur (2001 : s.v. bœuf, p. 60, et œuf, p. 322). – Péronnet (1989a : 113) note pour la variété de l'Île-aux-Coudres : [œf] est la forme généralisée, bœuf se prononce, en revanche, sans consonne finale, la forme avec consonne, [bœf], étant réservée « à la boucherie » (ibid., en faisant référence à Seutin 1975 : 64).
16 Cf. Bauche ([2]1951 : 78), Gadet (1992 : 58) ; pour os : Blanche-Benveniste (2010 : 55).

ex. *le but, le fait, donc, soit*, dont on entend des variantes avec ou sans consonne finale) ; le processus, déclenché dès l'époque de l'alphabétisation, n'a cessé de s'accentuer à partir de la seconde moitié du XXᵉ s. (*cf.* par ex. Gadet 1996/1997 : 46).

Les variétés acadiennes quant à elles ont partiellement conservé les prononciations sans consonne finale, typiques du moyen français[17].

III *œil, yeux*

Pour *œil* (sg.), *yeux* (pl.) nous notons les formes suivantes :

▶ Le singulier
- *un œil* [œj] (NÉ, NB, TN, LOU – DLF 2010 : s.v. *œil*, p. 424) / [ɛj] (TN – Brasseur 2001 : s.v. *œil*, p. 322)
- *un zyeu* (*zieu*) [zjø] (LOU) (DLF 2010 : s.v. *zyeu*, p. 665) (*cf.* le chap. « Liaison et agglutination », II)

▶ Le pluriel
- *des yeux* [jø] (NÉ, NB, LOU), [zjø] (TN – Brasseur 2001 : s.v. *zyeux*, p. 478 ; LOU – DLF 2010 : s.v. *zyeu* (*zieu*), p. 665)
- *des œils* [œj] (TN) dans l'expression figée : *œil de bouc* « irisation du soleil qui présage un coup de vent » (Brasseur 2001 : s.v. *œil*, p. 322)[18]

  • RF : si tu regardes là, si tu jètes un coup d'œil là [Enquêtrice : Ah oui, génial.] RF : tu / tu verras le [Enquêtrice : ... le petit restaurant] (NÉ – Hennemann, ILM, RF)
  • ça me fatigue les yeux (NÉ – Hennemann, PUB, ID)
  • j'avais été me faire opérer de les yeux (NB – Wiesmath 3, D : 552)
  • avec vraiment as/ beaucoup beaucoup d'amour dans ses yeux [sezjø] (NB – Wiesmath 13, H : 295)
  • Il avait iu son œil sus ielle y avait des années et des années ! (TN – Brasseur 2001 : s.v. *œil*, p. 322)
  • [À propos d'un squelette.] Je vire de bord pis je le garde : les trous de zyeux là, les dents [...] (TN – Brasseur 2001 : s.v. *zyeux*, p. 478)
  • Il a un zyeu en vitre. (LOU – DLF 2010 : s.v. *zyeu*, p. 665, SM)
  • [e lə ʒeã lə rə'gaːrd avɛk le zjø tu 'grã] (LOU – Brandon 1955 : 401) (« et le géant le regarde avec les yeux tout grands »)
  • [...] il pouvait choisir de un blonde ou un brunette, un z-yeux noirs qu'on appelle — l'américain appelle ça un œil brun [...] (LOU – *Découverte*, Hessmer, Avoyelles)

---

17 La question de savoir si une consonne finale était prononcée ou non en moyen français et jusqu'au XVIᵉ s. dépendait largement de la position du mot au sein de la phrase ; la prononciation variait surtout dans les mots monosyllabiques (Pope 1952 : § 611–623, Price 1971 : 46–48). – *Cf.* aussi, pour l'acadien, les mots suivants où la consonne finale -*r*, -*l*, -*k* – est muette : *il* [i] (Poirier 1928 : 138), *qu'ri* (« quérir ») (Poirier 1928 : 153), *sur* [sy] (Poirier 1928 : 154), *toujours* [tuʒu] (Poirier 1928 : 154), *leur* [lø] (Poirier 1928 : 155), *neuf* [nø] (Poirier 1928 : 124), en tant qu'adjectif et, plus rarement, en tant que chiffre : *dix-neuf* [disnø] *cent quinze* (NÉ – Hennemann, ILM, EL).
18 Notons qu'au figuré, le pluriel *œils* existe aussi en FS (*les œils d'une aiguille, cf. Le Petit Robert* 2013 : s.v. *œil*).

IV Les emprunts et les phénomènes de calque

Pour le pluriel des noms empruntés à l'anglais, il faut distinguer selon le degré d'intégration de l'emprunt au système français. Plus les emprunts sont fréquents, plus ils sont intégrés et moins il y a la tendance à prononcer la consonne finale (*s*, *z*, *ez*) du pluriel anglais[19].

IV.1 Le pluriel des noms empruntés à l'anglais

Nous retenons les tendances suivantes :
- En FA et en FTN, la consonne finale du pluriel anglais est, en règle générale, muette (*cf.* Péronnet 1989a : 118)[20] ; font exception (a) les mots qui, en anglais, apparaissent généralement au pluriel et sont empruntés tels quels (« pluralia tantum ») et (b) les cas de changement de code (qui peut d'ailleurs se limiter à un seul mot, *cf.* King 2013 : 134, note 4) comme dans : « t'avais pas de FREEBIES » (NB – Wiesmath 1, B : 985).
- En ce qui concerne le FL, les noms apparaissent majoritairement sans la marque du pluriel de l'anglais, même si les contre-exemples sont nombreux et que Dubois et al. (2006b : 210) indiquent même le chiffre de 28 % de réalisations de *-s* du pluriel anglais (*les trucks*)[21]. Pour certains mots (*dollar*, *bean*), les formes avec et sans *-s* sont courantes et apparaissent côte à côte chez le même locuteur[22].
    - Et là leurs *beans* blancs, eux-autres plantaient des *beans* blancs. [...] Et là ça tapait ça, là tous les feuilles sortaient dessus, tous les peaux sortaient dessus les *beans*, et là eux-autres avait de quoi pour évanner ça. Et là ça c'était les *bean*, les *white bean* qu'on avait pour l'année. (LOU – *Découverte*, Pointe-aux-Chênes, Terrebonne)

▶ **Emprunts sans *-s* ([s], [z], [ez]) du pluriel anglais**
- ma maman les fait comme avec la bois, t'sais, coumme des TEA BISCUIT à faire. (NÉ – Hennemann, BSM, SC)

---

19 *Cf.* aussi Turpin (1998) pour le Sud-Est du NB. – King retient à propos du chiac de Moncton que 42 % des emprunts apparaissent avec le *-s* final, mais elle signale aussi que le marquage dépend du degré d'intégration de l'emprunt (2008 : 157s.). – Pour le corpus Ottawa/Hull, *cf.* Poplack et al. (1988 : 67s.) et aussi King (2008 : 157).
20 Pour le parler des jeunes à Clare à la BSM (NÉ), Fritzenkötter (2015 : 181) constate pourtant que le *-s* du pluriel anglais est prononcé dans environ un quart des emprunts.
21 Dubois et al. (2006b : 210) constatent aussi que « 21 % des noms singuliers apparaissent également avec le *-s* pluriel (*le trucks*). », l'emprunt est donc effectué avec ou sans la marque du *-s* même si cette marque n'est pas toujours exigée par le contexte.
22 Picone (1997) et Klingler et al. (1997 : 176) voient, dans les cas de non-intégration au système, un phénomène d'*intercode* ; le même phénomène est à l'œuvre dans les cas de non-intégration des verbes anglais. – Rottet (2001 : 218) fait remarquer qu'il arrive que les locuteurs ayant une connaissance imparfaite du français marquent le pluriel au niveau du nom et non du déterminant : « Mon cousinzes [kuzɛ̃z] va à acheter gumbo. » Il s'agit sans doute d'une influence anglaise, où le déterminant reste invariable (*my*), alors que c'est le nom qui porte la marque du pluriel.

- coumme du monde qu'a des FIRE PLACE ou quelque chose. (NÉ – Hennemann, BSM, SC)
- EL : A s'avait apporté eune FLASH LIGHT [MS : Oui.] EL : … avec des BATTERY (NÉ – Hennemann, ILM, EL)
- Il y a beaucoup des / des / des SEAL. […] (NÉ – Hennemann, ILM, DO)
- deuses ou troises qu'i ont pris ouais . qu'i appelaient des euh . . SEATURTLE […] (NB – Wiesmath 2006 : 85, Wiesmath 5, C : 141)
- mais i avont des GATE pour que l'eau peut sortir là (NB – Wiesmath 2006 : 156, Wiesmath 1, B : 203)
- ça va dans tout' les COMPUTER […] (NB – Wiesmath 2006 : 184, Wiesmath 3, D : 329)
- parce qu'i avont des TANK là (NB – Wiesmath 2006 : 249, Wiesmath 2, E : 590)
- […] mais a [sic] touT des JOB ça travaille dur (NB – Arrighi 2005 : 411, Odule NB 21 : 189–190)
- t'achetais de la mélasse pour cinquante CENT le gallon une livre de thé * payais cinquante-cinq CENT (ÎPÉ – Arrighi 2005 : 252, Théodore ÎPÉ 4 : 98–100)
- on avait des BOAT qui trempaient vois-tu pis là on allait à bord des BOAT là (ÎPÉ – Arrighi 2005 : 426, Théodore ÎPÉ 4 : 35)
- Des *long-johns* [lɔ̃g dʒɔn] asteure ça c'est des hardes de dessous, c'est des vêtements d'en dessous, mais qui sont toute la longueur. (TN – Brasseur 2001 : s.v. *long-johns*, p. 279)
- Je faisions des *cakes* [kek] à la melasse, des *cakes* rondes, pis des gâteaux aussi, des gâches […] (TN – Brasseur 2001 : s.v. *melasse*, p. 296)
- C'est son vent. Y a de quoi de *wrong* avec son haleine … les foies. Les *heaves* [hi:v] prend dans les foies. (TN – Brasseur 2001 : s.v. *heaves*, p. 246)
- j'étais après cuire des NUTRIA (LOU – Stäbler 1995 : 83, corpus)
- il m'amenait des / des LUNCH de sirop (LOU – Stäbler 1995 : 3, corpus)
- Ouais, on se faisait des *party*. […] si on avait quelques *friend*, on s'aurait invité à venir à soir, ouais. (LOU – *Découverte*, Châtaignier, Évangéline)
- Prends mes deux GRANDDAUGHTER de mon garçon là (LOU – Rottet 2001 : 127, loc. âgée)

▶ **Emprunts avec -s ([s], [z], [ez]) du pluriel anglais**
- Ielle était un chouse avant, un / euh / les / euh / coumme les GIRLS SCOUTS là, les chouses, al était une cheftaine de ça là. (NÉ – Hennemann, BSM, SC)
- pis dans c't' temps-là i faisiont pas des grosses salaires sus BOOTS. (NÉ – Hennemann, ILM, MD)
- pis i *watchtiont* les GAMES de HAWKS sur le TV (NB – Arrighi 2005 : 138, Laura NB 8 : 37)
- […] pis on jouait au SOCCER les FRIENDS pis touT ça (NB – Arrighi 2005 : 415, Marco NB 15 : 4–6)
- Ben des *logans* [logœns], ça c'ène botte, avec des lacets, […] (TN – Brasseur 2001 : s.v. *logans*, p. 278)
- il veut garder ses/ les/ les paires dans les BREEDERS (LOU – Stäbler 1995 : 20, corpus)
- ils sont après STACK les RIGS au / aux OFFSHORE-BUILDINGS-là (LOU – Stäbler 1995 : 56, corpus)
- Et là il traversait les PASTURES et il allait parler à sa grand-mère. (LOU – Rottet 2001 : 135, loc. âgée)

IV.2 Le changement du nombre

Probablement sous l'influence de l'anglais, quelques substantifs français s'emploient de préférence au pluriel dans les variétés étudiées ici (*cf.* les *pluralia tantum* : *trousers*, *shorts*, *jeans* en anglais ; Meney 1999 : XVI), alors qu'ils s'emploient au singulier en FS, ou bien inversement, la forme apparaît, en FA/FTN/FL, au singulier alors qu'elle est au pluriel en FS (pour l'emploi préférentiel du singulier pour les termes *noce*[23] et *vacance*, *cf.* les singuliers *wedding* et *vacation* en anglais).

▶ Le pluriel (*cf.* le pluriel en anglais)[24]
- Moi je dis c'est des chulottes. Pis là, c'est des pantalons. (NÉ – Hennemann, ILM, GL)
- pis on mettait nos souliers neufs pis nos/ nos/ nos culottes là (NB – Wiesmath 1, B : 256)

▶ Le singulier (*cf.* le singulier en anglais)
- i prenait sa vacance dans le temps qu'on s/ s/ on était là pis on allait dans le temps de la vacance (NÉ – Hennemann, BSM, AnS)
- je travaillais après l'école les fins de semaines pis touT la vacance d'été (NÉ – Hennemann, ILM, CL)
- Il est venu icitte pour visiter, pour un noce, un mariage [...] de son cousin. (NÉ – Hennemann, ILM, DO)
- peut-être qu'i y a quelqu'un qui veut hum je sais pas par exemple prendre une vacance (NB – Wiesmath 11, U : 17)

▶ Les deux formes
- C : et là le noce . on va avoir un gros noce CYNTHIA . oh ça va être un gros noce (LOU – Stäbler 1995 : 180, corpus)
- A : Je vas me . faire mes noces là-bas C : on va tous trouver un BOY-FRIEND avec un tas d'argent à <cette> noce icitte (LOU – Stäbler 1995 : 182, corpus)

---

23 En ce qui concernce le terme *la/les noce(s)*, il y a concurrence entre le singulier et le pluriel en FS (*cf.* Grevisse/Goosse 2008 : § 511e, p. 668), le pluriel ayant le sens de « mariage », le singulier se référant à la « cérémonie de mariage » et à « l'ensemble des réjouissances qui l'accompagnent » (*cf.* TLF en ligne, *Le Petit Robert* 2013 : s.v. *noce*) ; en outre, le singulier connaît des sens figurés. Pour le genre de *noce* dans les variétés étudiées ici, *cf.* le chap. « Le genre », III.2.

24 Grevisse/Goosse notent l'hésitation qu'il y a en français de France entre le pluriel et le singulier pour « les noms désignant des vêtements couvrant le bas du tronc et les jambes », le singulier étant toutefois plus fréquent, le pluriel passant « dans certains cas » comme plus familier ; pour les termes archaïques ou régionaux *braies*, *chausses* et *grègues*, le pluriel est constant (2008 : § 511b, p. 667). – On peut donc constater qu'il y a une certaine convergence entre l'usage (archaïque) français et l'anglais.

L'article

Préliminaires

I	**Les formes de l'article défini**
II	**Les formes de l'article indéfini**
III	**Les formes de l'article partitif**
III.1	L'article partitif au singulier
III.2	L'article indéfini/partitif au pluriel
IV	**Les formes contractées et non-contractées de l'article**
V	**Particularités d'emploi**
V.1	L'article partitif devant le groupe adjectival
V.2	L'article précédant les chiffres
V.3	La forme pleine de l'article après les quantificateurs et la négation
V.4	L'article indéfini devant les noms en fonction d'attribut du sujet
V.5	Absence de l'article

L'article

Préliminaires

Les formes et l'usage des articles définis et indéfinis correspondent largement au FS. Les différences constatées constituent pour certaines des persistances d'usages anciens, tandis que d'autres reflètent des développements récents.

I Les formes de l'article défini

Les formes de l'article défini correspondent largement à celles du français parlé de France.
   Ces formes sont :
- Pour le masculin sg. : *le* [lə] (+ consonne), *l'* [l] (+ voyelle/consonne)
- Pour le féminin sg. : *la* (+ consonne) [la] (NÉ, NB, TN, LOU), [lɑ] (+ consonne) (LOU), *l'* (+ voyelle)[1]
- Pour les deux genres au pluriel : *les* [le] (+ consonne), [lez] (+ voyelle)

Le syntagme nominal défini est fréquemment renforcé par la particule *-là* (*cf.* les chap. « Les déterminants et les pronoms démonstratifs », III.1., et « La connexion », II.1., pour les différentes fonctions de *là*).
   Quant à la forme de l'article défini, nous faisons les observations suivantes :
- À l'intérieur de la chaîne parlée, le schwa peut tomber devant consonne[2], phénomène également courant en français parlé en général[3].

---

1 Pour la prononciation dans différentes régions de LOU, *cf.* déjà Conwell/Juilland (1963), plus récemment Klingler/Lyche (2012). En général, on remarque une tendance à la vélarisation de *a* en FL (*cf.* Stäbler 1995 : xv–xvi, corpus ; *cf.* Guilbeau 1950 : 294).
2 Cette remarque ne se limite pas au seul article défini, mais vaut pour le schwa en général. Sans nous arrêter davantage sur la « loi des trois consonnes » établie par Maurice Grammont, précisons seulement qu'en français parlé de France le schwa peut tomber s'il n'est précédé que d'une consonne, alors qu'il a tendance à se maintenir après un cumul d'au moins deux consonnes (Gadet 1989 : 82 ; *cf.* aussi Blanche-Benveniste 2010 : 28). – Les sources dépouillées pour les besoins de notre étude ne précisent qu'exceptionnellement si le schwa est prononcé ou non. *Cf.* Péronnet (1989a : 21) à propos de la transcription utilisée dans son ouvrage: « [...] nous avons préféré garder les *e muets*, le lecteur sachant très bien que ceux-ci tombent souvent en français parlé, quel qu'il soit. » C'est ainsi que dans les cas où nous ne disposons que de transcriptions et pas d'enregistrements, nous n'avons pas toujours pu vérifier la prononciation exacte d'une occurrence donnée (par ex. : le *Dictionnaire* de Brasseur 2001). Là où nous avons pu vérifier la prononciation, nous l'avons indiquée entre crochets.
3 Le phénomène semble particulièrement répandu en FL. Conwell/Juilland (1963 : 129, note 7) notent que le schwa manque rarement dans le parler de Lafayette, mais systématiquement dans celui d'Évangéline. – *Cf.* plus récemment les études de Chantal Lyche sur le schwa (p. ex. 1995 ; 1999 ; Klingler/Lyche 2012). Klingler/Lyche (2012 : 298) constatent l'absence du schwa dans la majorité des monosyllabes, mais l'absence ou la présence du schwa dépend aussi du poids informationnel du syntagme nominal en question (Klingler/Lyche 2012 : 300) ; de plus, *le* garde sa forme pleine devant les emprunts à l'anglais (*ibid.*). La « loi des trois consonnes » est régulièrement appliquée (Klingler/Lyche 2012 : 297), mais le schwa peut tomber dans bien des cas au-delà : « Il

- Euh, tu faisais le [l] ménage avec ta mère, j'ais pas ? (NÉ – Hennemann, ILM, EL)
- i disaient « OH c'est la/ c'est la fra c'est l'français standard [...] » (NÉ – Fritzenkötter 2015 : 270, BSM)
- en dedans de moi je l'ai tout le temps [tultã]⁴ fêtée (NB – Wiesmath 2, F : 40–41)
- [i] travaille dans le magasin [lmagazẽ] WALMART (NB – Wiesmath 4, M : 92)
- l'monde, l'paradis (LOU – Brandon 1955 : 418)
- ah oui j'ai. chassé tout le temps [tultã] de ma vie (LOU – Stäbler 1995 : 31, corpus)
- À la maison l(e) soir // Et l(e) lendemain matin // dans l(e) clos // dans l(e) gym ça nous faisait rentrer // C'est l(e) cinq de septembre // L(e) premier [lprømje] décembre dans 48 (LOU – Klingler/Lyche 2012 : 300)

– Par aphérèse, le [l] de l'article défini peut tomber. Selon Wiesmath (2006, *Introduction* au CD-ROM), « la chute du [l] de l'article défini est un phénomène récurrent, mais pas forcément systématique » (en faisant référence au Sud-Est du NB). Le phénomène est très répandu aux Îles-de-la-Madeleine, notamment après une préposition (*cf.* corpus Falkert 2010)⁵.

- Et pis j'avions 'es poules, 'es cochons (NÉ – Hennemann, ILM, EM)
- [tuanyi] « tout la nuit » (NB – Wiesmath 2006, *Introduction* au CD-ROM)
- dans=es maisons (IdlM – Falkert 2010, corpus : 10–11, p. 42, CD-ROM) (« dans les maisons »)
- ceux-là qui voulaient menir à=a salle (IdlM – Falkert 2010, corpus : 65–66, p. 146, CD-ROM) (« à la salle »)
- tous=es deux (IdlM – Falkert 2010, corpus : 69, p. 328, CD-ROM) (« tous les deux »)
- sus=es îles (IdlM – Falkert 2010, corpus : 163, p. 402, CD-ROM) (« sur les îles »)
- tuer 'a bétaille à sept têtes (LOU – Brandon 1955 : 418)
- c'étaient 'es demestiques (LOU – Brandon 1955 : 419)

Les peut être réduit à [ez] ou à [z] devant voyelle :
- [zetazyni] (NB – Wiesmath 1, R : 989) (« les États-Unis »)

– Fréquemment, on note l'absence de contraction de l'article défini avec les prépositions *à* et *de*, aussi bien en FA (Hennemann 2014 : 185) et en FTN qu'en FL (*cf.* ci-dessous IV).
- Euh / Dominique Marchand, sa mère était une / une sœur à / à / le père à Monseigneur Fougère (NÉ – Hennemann 2014 : 185, ILM)

---

suffit d'un accent fort pour que deux schwas rythmiques consécutifs soient absents en cadien [...] » (Lyche 1999 : 32).

4 *Tout le temps* sous la forme [tultã] doit être considéré comme une expression figée où l'article a perdu son autonomie (Klingler/Lyche 2012 : 300).

5 Il est aussi très courant dans d'autres parlers français d'outre-Atlantique. – Pour la variété acadienne parlée à Van Buren (dans la vallée du Haut Saint-Jean, Maine, États-Unis), Smith (2005 : 229–237) constate l'absence du *l* dans les pronoms personnels des 3ᵉ personnes (*il, le/la/les, lui, leur*) et dans les articles définis (*le, la, les*) et discute les conséquences de ce phénomène pour l'évaluation de cette variété comme ayant un caractère plutôt synthétique ou plutôt analytique (2005 : 236). Les articles prennent les formes [ə], [ɛl] (« le »), [a] (« la »), [je]/ [jez] (« les ») ou bien [e] (dans les expressions figées du type *tous les deux* [tuedø]) (Smith 2005 : 232s.). En combinaison avec les prépositions, on note diverses formes synthétiques ; un procédé est l'allongement de la voyelle comme dans « sur la [sa :] business » (2005 : 234). – Pour le MGCF : Moreton (2001 : 107).

- tu sais ce qu'i vendent à les pharmacies là (NB – Arrighi 2005, corpus, Catherine NB 18 : 53–54)
- j'avais été me faire opérer de les yeux (NB – Wiesmath 3, D : 552)
- J'allions là tous les soirs porter des *lunchs* à les hommes qui pêchaient à les trapes, là, l'épelan. (TN – Brasseur 2001 : s.v. *à*, p. 1) (*l'épelan* = « l'éperlan »)
- mais j'avais mon pistolet dedans le porte de le char (LOU – Stäbler 1995 : 183, corpus)

– On note des cas d'absence de l'élision, notamment en FL :
- [il ɔ̃ 'tye lə 'ɔm] « ils ont tué l'homme » (LOU – Brandon 1955 : 396)
- DOWNTOWN oh. ayoù est la office à WARD (LOU – Stäbler 1995 : 180, corpus)

Devant les emprunts, le maintien de la forme pleine de l'article semble être systématique dans certaines régions (*cf.* pour le FL : Klingler/Lyche 2012 : 301)[6].
- le OLD-FASHIONED (NÉ – Hennemann, PUB, ID)
- la INDIAN RESERVE (NÉ – Hennemann, ILM, CL)
- Ce tait autour du *airport*. (TN – Brasseur 2001 : s.v. *airport*, p. 11)
- oui dans le OLD FOLKS HOME (LOU – Stäbler 1995 : 90, corpus)
- Je l'ai ramencé ici dans l/ dans le ALBUM-là (LOU – Klingler/Lyche 2012 : 300)

– On note la métathèse occasionnelle de l'article devant consonne en FL : *le train* → /əltrẽ/[7].
- Va voir dessus le [el] gros CEDAR CHEST (LOU – Klingler/Lyche 2012 : 297)
- Le [ɛl] monde allait chez quelqu'un d'autre. (LOU – Klingler/Lyche 2012 : 297)

– En FL, la distinction de genre n'est pas toujours faite (*cf.* le chap. « Le genre »). Là où les connaissances du français sont lacunaires et où l'influence de l'anglais est forte (signalée par le nombre des calques, des emprunts et des changements de code), il arrive que l'article *le* [lə] soit utilisé comme forme épicène.
- c'est dedans Lafayette le 'tite fête de le 'tite fille (LOU – Stäbler 1995 : 185, corpus)
- J'a dit à les enfants à préparer pour le messe. (LOU – Rottet 2001 : 210, semi-locuteur)

– Occasionnellement, dans la paroisse de Lafourche, l'article défini *le* est prononcé [lɔ]/[lo], notamment – mais pas exclusivement – par les Amérindiens (Dajko 2009 : 107s.).

---

6 Selon Klingler/Lyche (2012 : 301), l'insertion de l'emprunt est signalée par une pause après l'article. – Il existe cependant des exemples de la chute du schwa, *cf.* : *pour de l'INSOLATION* (NB – Wiesmath 1, B : 822 ; avec l'article partitif).

7 Conwell/Juilland (1963 : 129, note 7) situent le phénomène à Avoyelles et à Terrebonne ; *cf.* aussi Papen/Rottet (1997 : 79) ; Klingler/Lyche (2012 : 297). – Signalons que Frei (1929 : 103) qualifie la métathèse du schwa de trait typique du français « avancé » qui répond, selon lui, à la prédilection de ce registre à fermer les syllabes. Gadet (1992 : 37s.) confirme ce phénomène pour le français dit *populaire* d'aujourd'hui. – Le phénomène est aussi signalé en FQ (Klingler/Lyche 2012 : 297).

II Les formes de l'article indéfini

Quant à la forme de l'article indéfini, nous retenons les spécificités suivantes :
– Il existe une tendance à nasaliser les voyelles en contexte nasal, de sorte que les formes féminines de l'article indéfini, *une, ène, eune*, sont très fréquemment nasalisées (assimilation régressive)[8].
– Devant les noms à initiale vocalique (NIV), la distinction de genre est (en règle générale[9]) neutralisée dans l'article indéfini du singulier (*un, une*) en FA, en FTN et en FL : l'article indéfini est alors indistinctement [ɛ̃n]/[œ̃n] (avec nasalisation)[10]. De là s'explique aussi le grand flottement dans l'assignation du genre à ces noms. Il n'y a donc distinction de genre qu'avec les noms à initiale consonantique (NIC) (*cf.* aussi chap. « Le genre »).
  • il aviont attrapé de la FLU ène [ɛ̃n] année (NÉ – Hennemann, ILM, EL)
  • Sont eune [œ̃n] heure en arrière (NÉ – Hennemann, ILM, EL)

  • [ɛ̃n] affaire, [ɛ̃n] appartement (NB – Péronnet 1989a : 40)
  • [Marie-Jo Thério] chantait pour [ɛ̃n] heure (NB – Wiesmath 2, F : 15)

  • […] C'est pareil comme ène aiguille. (TN – Brasseur 2001 : s.v. *piquois*, p. 352)
  • Oh ben ène épinglette ça c'est ène épingle pour mettre sus la robe, quoi. […] (TN – Brasseur 2001 : s.v. *épinglette*, p. 185)

– Devant les NIC, les formes du masculin sont : [ɛ̃]/[œ̃][11] (FA, FTN, FL). Parfois, la consonne nasale est réalisée même dans la forme du masculin. Pour le FL, Brandon (1955 : 417) relève aussi la forme *eune* [œn] au masculin.
  • pis il avait té d'un [dɛ̃] magasin (NÉ – Hennemann, ILM, AF) (« dans un magasin », *cf.* le chap. « Les prépositions », I.2.1.)
  • n'y a ène / ène / ène garçon ici (NÉ – Hennemann, BSM, SC)
  • à moins que tu le / le prendrais avec un [avɛkɛ̃] petit (NB – Wiesmath 1, R : 326–327)

  • [œ̃ ʒuːr] (LOU – Brandon 1955 : 392)
  • [ˈɛ n ã ˈɛ ʒur] (LOU – Brandon 1955 : 383)
  • [œn rəpɑ] (LOU – Brandon 1955 : 417) (« eune repas »)

– Les formes du féminin sont :
  – [ɛn]/[ɛ̃n] et [œn]/[œ̃n] (FA, FTN, FL)[12]
  – la forme standard : [yn] + consonne semble courante, y compris sous une forme nasalisée [ỹn], en NÉ et au NB (*cf.* Péronnet 1989a : 40) ; elle est « extrêmement rare » en FL (Papen/Rottet 1997 : 79).

---

8 *Cf.* pour TN : Brasseur (2001 : XXXIII) ; pour la LOU : DLF (2010 : s.v. *un*, p. 638), Brandon (1955 : 417).
9 Dans toutes les sources, on relève aussi des formes standard.
10 Pour le FQ, *cf.* Barbaud et al. (1982 : 105) qui constatent une neutralisation similaire devant les NIV, l'article indéfini prenant la forme [œ̃n].
11 Comme en France, la voyelle nasale [œ̃] a généralement été remplacée par [ɛ̃], *cf.* Péronnet (1989a : 40), Brasseur (2001 : XXXII), DLF (2010 : s.v. *un (ein, eun)*, p. 638), Conwell/Julland (1963 : 130s.).
12 *Cf.* Péronnet (1989a : 40), Brasseur (2001 : s.v. *ène*, p. 179), DLF (2010 : s.v. *un*, p. 638).

- eune [œ̃n] bâtisse là (NÉ – Hennemann, ILM, CL)
- eune [œ̃n] loi (NÉ – Hennemann, ILM, MD)
- Moi, je prends une / euh / une [ỹn] pilule par semaine (NÉ – Hennemann, ILM, EL)
- ène [ɛ̃n] demi-heure avant tu manges (NÉ – Hennemann, ILM, AF)
- pis i y a une [yn] source sus ma terre (NB – Wiesmath 1, B : 7)
- pis juste une [ɛn] maîtresse (NB – Wiesmath 4, M : 26–27)
- [...] Tu boëttais ça pis tu jetais ça à la mer, avec eune bouée chaque bout. (TN – Brasseur 2001 : s.v. *boëtter*, p. 60)
- Entour ici y en a ène tapée qui peut parler français pis anglais. (TN – Brasseur 2001 : s.v. *tapée*, p. 439)
- Des fois on peut bien aller eine semaine. (LOU – DLF 2010 : s.v. *un*, p. 638, JE)
- Là, il s'a trouvé embourbé dans une vilaine affaire. (LOU – DLF 2010 : s.v. *un*, p. 638, EV)
- einne [ɛ̃n] certaine distance (LOU – Brandon 1955 : 418)

Notons que les trois formes – *une*, *ène*, *eune* avec ou sans nasalisation – peuvent coexister chez le même locuteur.
- Assez souvent, le syntagme nominal indéfini est renforcé par *-là* (*cf.* le chap. « Les déterminants et les pronoms démonstratifs », III.1., et « La connexion », II.1., pour les différentes fonctions de *là*).

Commentaire

En ancien français, toutes les voyelles ont une qualité nasale devant les consonnes nasales *m*, *n*. Au cours de l'histoire, la voyelle nasalisée s'ouvre, [ỹn] devenant alors, au masculin, [œ̃] + consonne, [œ̃n] + voyelle (pour perdre, par la suite, au cours du XXe s., la qualité arrondie : [ɛ̃], [ɛ̃n]). Au féminin, le développement de la prononciation a suivi deux voies selon les régions : (1) en français de France, il y a eu dénasalisation sans ouverture : [ỹnə] → [yn(ə)] ; (2) dans d'autres régions, dont le Canada, il y a eu ouverture et dénasalisation: [ỹnə] → [œ̃nə] → [œn(ə)].

Le FA, le FTN et le FL ont conservé la tendance à la nasalisation des voyelles « dans un environnement consonantique nasal » (Brasseur 2001 : XXXII).

La forme [ɛ̃n]/([œ̃n]) apparaît devant tous les NIV[13] (*cf.* le chap. « Le genre »). Péronnet signale une neutralisation semblable de l'article indéfini devant les NIV dans les dialectes d'oïl ; elle distingue plusieurs cas de figure selon les régions :

« [...] la forme [yn] (et sa variante à voyelle orale [in]) apparaît surtout dans le Centre-Ouest, tandis que dans le Nord on retrouve surtout la forme [ɛ̃n]. En Normandie et en Bretagne, ainsi que dans la région parisienne, on trouve l'une ou l'autre forme neutralisée, selon les localités. » (Péronnet 1989b : 221)

Péronnet (1989b : 222) attire l'attention sur le fait que la prononciation de l'article indéfini devant voyelle dans le Centre-Ouest (à savoir [in]) diverge de la prononciation acadienne [ɛ̃n], alors qu'historiquement, le parler acadien est fortement marqué par les dialectes du Centre-Ouest. Elle explique cette différence par le fait que le processus de dénasalisation était encore en cours au moment de la fondation de l'Acadie. Apparemment, « l'évolution de la dénasalisation [a] suivi des cours différents en Acadie et dans le Centre-Ouest de la France » (Péronnet 1989b : 222).

---

[13] Selon Péronnet (1989a : 46), on peut retenir « le phénomène de nasalisation comme hypothèse d'explication de la forme unique nasalisée [ɛ̃n] ».

III Les formes de l'article partitif

Les formes de l'article partitif correspondent *grosso modo* au FS[14].

III.1 L'article partitif au singulier

Ces formes sont les suivantes :

▶ **Au masculin :** *du* **(NÉ, NB, TN, LOU) ;** *di* **(TN/LOU) (+ consonne)**
- J'ai pris du rattrapage scolaire pour deux années. (NÉ – Hennemann, ILM, DO)
- EL : Pis ma mère faisait du savon, pa[15] a mettait du lail [MS : Oui, du lail.] EL : …dedans pour / euh (NÉ – Hennemann, ILM, EL) (pour la forme *du lail*, *cf.* le chap. « Liaison et agglutination », II)
- ça fait du FUN là (NB – Wiesmath 2, E : 6)[16]
- Un cataplâme qu'on appelle ça : tu prends du pain, pis tu le *soake* [angl. *to soak* « tremper »] dans de l'eau, pis tu mets du huile de morue […] (TN – Brasseur 2001 : s.v. *cataplâme*, p. 96; *huile* est masculin à TN[17])
- Faire di mal, vous voulez dire mettre des souhaits sus ieusses ? (TN – Brasseur 2001 : s.v. *di*, p. 160)
- ça connaît pas quoi c'est du maïs non c'est du grain d'Inde (LOU – Stäbler 1995 : 6, corpus)
- il fallait qu'on hale du bois dans la maison (LOU – *Découverte*, Pointe-aux-Chênes, Terrebonne)

▶ **Au féminin au sg. :** *de la* **[d(ə)la] (+ consonne)**
- OH c'est d'la FAKE viande (NÉ – Fritzenkötter 2015 : 192, BSM)
- c'est d'la misère à écrire en acadien (NÉ – Fritzenkötter 2015 : 142, BSM)
- ça fait de la [dla] FUN (NB – Wiesmath 2, E : 30)
- Les bas, les culottes, les hardes de dessous, les gilets, les chemises, tout en grand [tut ã grã] fait avec de la laine de mouton ! (TN – Brasseur 2001 : s.v. *hardes*, p. 243)
- là il est après faire de la [dla] charpente (LOU – Stäbler 1995 : 156, corpus)
- Eux-autres là-bas, ça boit beaucoup du vin. Nous-autres c'est plus de la [dla] bière. (LOU – *Découverte*, Marksville, Avoyelles)
- d'la graisse (LOU – Brandon 1955 : 420)

▶ **Pour les deux genres :** *de l'* **[d(ə)l] (+ voyelle)**
- i cherchait de l'eau [dlo] pour touT la famille là (NÉ – Hennemann, ILM, IS)
- j'pourrais m'sauver d'l'arhent pis j'sais pas/ […] (NÉ – Fritzenkötter 2015 : 249, BSM)

---

14 Notons que le schwa de la préposition *de* tombe conformément à la tendance à omettre le schwa si l'entourage syllabique le permet, *cf.* note 2.
15 Dans le corpus de Hennemann, la voyelle [i] dans *pis* s'assimile souvent à la voyelle suivante *a*.
16 *FUN* est considéré tantôt comme masculin, tantôt comme féminin, *cf.* le chap. « Le genre ».
17 À TN, l'initiale du mot *huile* peut avoir une valeur consonantique ; à côté de *le huile*, on trouve (rarement) l'agglutination de l'article : *luile* ; dans tous les cas de figure, *huile* est considéré comme étant de genre masculin (Brasseur 2001 : s.v. *huile*, p. 249). *Cf.* le chap. « Le genre », II.2. et III. 2.

- si tu veux de l'eau [dlo] (NB – Wiesmath 1, B : 8)
- pis là si t'as de l'herbe [dlɛrb] dedans icitte là t'arraches l'herbe là (NB – Wiesmath 1, B : 139)
- [...] Faulait que j'allions dans le bois donc, queri de l'écorce de bouleau, pour faire du tain. (TN – Brasseur 2001 : s.v. *tain*, p. 437)
- J'ai tout le temps dit que si jamais que j'avais des enfants que si ce tait dans mon pouoir qu'i ariont de l'école. (TN – Brasseur 2001 : s.v. *école*, p. 174, *avoir de l'école* « avoir de l'instruction »)
- et il a mis du gaz et de l'ecstricité dans la nouvelle maison (LOU – Stäbler 1995 : 87, corpus)
- d'l'eau, d'l'ouvrage (LOU – Brandon 1955 : 420)
- Je mangeais de l'ours déjà, mais ça venait pas d'ici. (LOU – *Découverte*, Isle Jean Charles, Terrebonne)
- [pour laver le linge] et il fallait réellement aller au bayou ou à une grande coulée là ayoù il y avait de l'eau [dlo]. (LOU – *Découverte*, Pointe Noire, Acadia)
- Et ça prendait de l'étoffe, eux-autres appelait ça du couétil (LOU – *Découverte*, Pointe-aux-Chênes, Terrebonne)
- Malgré qu'il s'a détruit, il a été enterré dans de la terre sacrée. (LOU – DLF 2010 : s.v. *malgré*, p. 380, LA)

III.2 L'article indéfini/partitif au pluriel

Les formes du pluriel de l'article indéfini ou partitif correspondent au FS :
- *des* [de] + consonne
  - quand je travaillais à l'église, je parlais beaucoup à des touristes. (NÉ – Hennemann, BSM, RG)
  - je sais que des vers ont passé dans la poumme (NB – Wiesmath 1, R : 617)
  - I appelont ça des... des cocos ici, des cocos de prusse, des petites bosses qui poussent sus les prusses, là hein. (TN – Brasseur 2001 : s.v. *coco*, p. 116)
  - Alle avait des gingas, des canards d'Inde, des pintales. (LOU – DLF 2010 : s.v. *un*, p. 638, VM)
- *des* [dez] + voyelle ; notons que la liaison n'est pas réalisée de manière systématique (*cf.* le chap. « Liaison et agglutination », I.1.1.).
  - Ben lui il est fort pour dounner des avis [dezavi] (NÉ – Hennemann, ILM, AF)
  - on a engagé des [dez] avocats et . (LOU – Stäbler 1995 : 39, corpus)

IV Les formes contractées et non-contractées de l'article

L'article défini n'est pas systématiquement contracté avec les prépositions *à* et *de* : c'est ainsi qu'on relève les formes *à le* (« au »), *de le* (« du »), *à les* (« aux »), *de les* (« des »).

Tous les corpus consultés confirment que les formes non-contractées sont bien présentes dans les parlers étudiés, à côté des formes contractées[18]. Pour le NB, Péronnet (1996 : 128) note que la dissociation des articles contractés est un phénomène qui ne s'observe que depuis une date récente dans cette variété, « quelle que soit la région »[19].

---

[18] En FL, les formes non-contractées sont attestées par Brandon (1955 : 419), Conwell/Juilland (1963 : 129s.), Papen/Rottet (1979 : 79), dans le corpus *Découverte* et dans le DLF (2010). Selon Conwell/Juilland (1963 : 129), les formes contractées avec la préposition *à* seraient relativement rares.
[19] *Cf* aussi Arrighi (2005 : 314s.), Hennemann (2014 : 185s., 219s.).

▶ **Formes contractées (= FS ; à titre d'exemple)**
- […] i tiont sus le côté du trottoir là. (NÉ – Hennemann, ILM, CL)
- Ben je l'ai amenée aux / aux canneberges l'autre jour. (NÉ – Hennemann, ILM, MS)

- pis après on est descendu euh au lever du drapeau (NB – Wiesmath 2, E : 3)
- on allait au couvent (NB – Wiesmath 2, F : 667)

- Ma défunte mère s'a marié avec un homme di Cap premier (TN – Brasseur 2001 : s.v. *di*, p. 160) (*di* – prononciation non-arrondie)
- […] Ça j'appelions ça des naveaux. I les poussiont pis i donniont ça aux animaux. (TN – Brasseur 2001 : s.v. *naveau*, p. 314)

- Ouais il jouait souvent comme à la maison mais aux bals c'était proche juste l'accordéon. (LOU – *Découverte*, Church Point, Acadia)

▶ **Formes non-contractées**
- […] le / le LIBRARY était dans le / dans la h/ dans la HALL de le couvent. (NÉ – Hennemann 2014 : 219, ILM)
- Euh / D.M., sa mère était une / une sœur à / à / à le père à Monseigneur F. (NÉ – Hennemann 2014 : 185, ILM)
- Et pis de les entrevues, i y-ont fait un livre. (NÉ – Hennemann 2014 : 220, ILM)
- … pis montiont sus les bordages attraper sus la rue à les maisons. (NÉ – Hennemann 2014 : 186, ILM)

- On est back à le niveau a-i-où ce qu'on était avant. (Sud-Est du NB – Péronnet 1996 : 128) (locuteur jeune)
- j'avais été me faire opérer de les yeux (NB – Wiesmath 3, D : 552)
- ben je suis pas savante parce j'ai jamais été à les universités (NB – Wiesmath 4, M : 461)
- i ont bâti un empire pis euh i donnent beaucoup beaucoup d'emplois à les gens de/ de Memramcook (NB – Wiesmath 13, H : 225)

- C'est l'école à côté de le … cemetière là. (TN – Brasseur 2001 : s.v. *d(e)*, p. 144)
- Faulait marcher d'ici Stephenville au … à le fond de la baie, là, St. Georges. (TN – Brasseur 2001 : s.v. *à*, p. 1)
- l'histoire de les Français, moi je sais pas beaucoup pace que je sus trop jeune (TN – Brasseur 2001 : s.v. *de*, p. 144)
- [La pêche industrielle.] Ça fait di tort à les petits pêcheurs, beaucoup. (TN – Brasseur 2001 : s.v. *à*, p. 1)

- L'eau était à peu près comme ça de le haut de la levée. (LOU – DLF 2010 : s.v. *de*¹, p. 181, SB)
- j'étais dans le clos après euh/ .mettre la terre à/ .à le jardinage (LOU – Stäbler 1995 : 190, corpus)
- il a donné mon nom à le monde au festival (LOU – *Découverte*, Marksville, Avoyelles)
- Durant le temps des fêtes. (LOU – DLF 2010 : s.v. *de*¹, p. 181, IB)
- Mon amise[20] qu'est canadien, elle montre le français à les enfants au Bayou Bœuf. (LOU – DLF 2010 : s.v. *mon*¹, p. 403, LF)
- on allait plus à les bals de maison (LOU – *Découverte*, Châtaignier, Évangéline)

Le choix de l'une ou de l'autre forme peut même avoir des implications sémantiques :

des = article partitif/indéfini
- il avait parti pour euh marquer des bêtes (LOU – Stäbler 1995 : 183, corpus)

---

[20] Pour la forme *amise*, *cf.* aussi chap. « Le genre », I.

de les = *de* + **article défini** *les*
- j'ai été chez un de les 'tits enfants (LOU – Stäbler 1995 : 139, corpus)

Commentaire

En principe, l'amalgame était déjà la règle en ancien français[21]. On note néanmoins de « très rares exemples de non-contraction », surtout avec la préposition *à* (*cf.* Foulet 1967 : 47).

En français moderne, la contraction de *à* et *de* avec l'article est une règle bien établie ; des formes déviantes sont néanmoins attestées dans le non-standard[22].

Des formes non-contractées avec les prépositions *à* et *de* sont attestées dans d'autres variétés de français, dont le franco-manitobain (Hallion 2000 : 389, 408), avec la préposition *à* « dans les dialectes du nord et du nord-ouest du domaine d'oïl » et en FQ parlé (Brasseur 2001 : s.v. *à*, p. 1, Arrighi 2005 : 314s.).

V Particularités d'emploi

Retenons quelques particularités concernant l'emploi de l'article dans les parlers étudiés ici.

V.1 L'article partitif devant le groupe adjectival

La forme de l'article partitif est parfois réduite à *de* devant un groupe adjectival au singulier.
- mon mari là [...] essaie à parler de beau français, ... (NÉ – Hennemann, ILM, IS)

Par contre, au pluriel, c'est la forme pleine de l'article, *des*, qui apparaît systématiquement dans ce contexte. La règle du standard, selon laquelle l'article prend les formes *de* [də] (+ consonne) et [d] (+ voyelle) devant le groupe adjectival (*cf.* Riegel et al. 2011 : 293), n'est pas respectée dans les variétés concernées.
- À c't' temps-là, les hivers étaient durs, les hivers. I y avait des grosses hivers ! (NÉ – Hennemann, ILM, AF)
- nous-autres on fait des petites pique-niques (NB – Wiesmath 2, E : 602)
- I appelont ça des... des cocos ici, des cocos de prusse, des petites bosses qui poussent sus les prusses, là hein. (TN – Brasseur 2001 : s.v. *coco*, p. 116)
- ses bras étaient plus là ( ) c'étaient juste des petits bouts (LOU – Stäbler 1995 : 89, corpus)
- Et ils aviont des grands filles, tu connais, des grands garçons (LOU – *Découverte*, Mamou, Évangéline)
- des belles tomates, des bons chemins (LOU – Conwell/Juilland 1963 : 173)

Commentaire

Jusqu'au XVIIe s., on trouvait « indifféremment la forme pleine ou la forme réduite de l'article partitif (ou indéfini) quand un adjectif précédait le nom » (Grevisse/Goosse 2008 : § 584, H1, p. 747). L'usage était flottant (et l'est encore aujourd'hui). Au singulier, la forme pleine de l'article défini dans ce contexte correspond aujourd'hui au standard ; au pluriel, la forme *de* est encore de mise selon la grammaire normative, mais la forme pleine, *des*, est largement répandue dans la langue parlée (*cf.* Bauche [2]1951: 79, Hanse 1991 : s.v. *article*, p. 99s.), aussi bien en France que dans les parlers d'outre-Atlantique, dont par ex. le français du Missouri (*cf.* Thogmartin 1970 : 64).

---

[21] Cela concernait aussi la préposition *en* : *el/ou* (= *en* + *le*), *ès* (= *en* + *les*) (*cf.* Foulet 1967 : 46).
[22] *Cf.* Frei (1929 : 197s.), Bauche ([2]1951 : 79), Foulet (1967 : 47), Gadet (1992 : 61).

V.2 L'article précédant les chiffres

L'article indéfini *un* accompagne les chiffres qui renvoient à une unité de mesure (par ex. le volume d'une bouteille), une somme d'argent ou une période de temps. À en juger par les données des corpus consultés, cet usage, elliptique, est très courant[23].

- asteure, un cent gallons d'huile asteure COSTS OVER FIVE HUNDRED DOLLARS. (NÉ – Hennemann, ILM, IS)
- dans des endroits EVEN seulement qu'un treize / treize milles d'ici (NÉ – Hennemann, PUB, ID) (« une distance de treize milles »)
- ça tienait un cinq gallons d'eau (NB – Wiesmath 1, B : 658)
- si tu payais on va dire avec un vingt dollars i t'araient donné des coupons de cinq dollars ou deux dollars (NB – Wiesmath 7, O : 353–355)
- pis t'avais toujours un quarante onces d'ALCOHOL i faisaient venir ça de Québec là (IdlM – Falkert 2010, corpus : 390–391, p. 466, CD-ROM)
- I voulait un quinze piasses pour son demi-gallon, pis vingt piasses pour le gallon ! (TN – Brasseur 2001 : s.v. *un*, p. 461)
- Ceuses-là qu'a dit ça, qu'ont fait un trente minutes de film couleuré là (TN – Brasseur 2001 : s.v. *un*, p. 461)
- ça c'était M. *and me* estiont bien au ras ras, il y avait un dix-huit mois de différence (LOU – *Découverte*, Châtaignier, Évangéline)
- Tu connais, vingt-cinq sous pour ton ticket, et là t'avais un dix sous extra pour payer les *cold drink* à ta belle, tu connais. (LOU – *Découverte*, Leleux, Vermilion)
- La dernière fois, il y a peu près je pense un cinq semaines peut-être six semaines de temps, j'étais couchée dans ma chambre. (LOU – *Découverte*, Mamou, Évangéline)

L'article indéfini peut aussi accompagner les chiffres *cent* et *mille*, au singulier pour insister sur le chiffre exact ; au pluriel, *des* indique au contraire, une approximation :

- i ont vendu un mille soixante et dix-huit chandelles ça fait que faulait qu'i y aye au moins un mille soixante et dix-huit personnes . qui marchaient avec des chandelles (NB – Wiesmath 2006 : 91, Wiesmath 6, L : 202)
- […] l'autre avait été bâti avec des sous celui-ci ç'a pris des cent piasses et des . mille piasses pour le bâtir […] (NB – Wiesmath 2006 : 90, Wiesmath 6, L : 18)

V.3 La forme pleine de l'article après les quantificateurs et la négation

Les quantificateurs indéfinis *assez de*, *beaucoup de*, *joliment de*, *peu de*, *plein de*, *un tas de*, sont couramment suivis de la forme pleine de l'article partitif *du*, *de la*, *de l'*, *des* (*cf.* le chap. « Les déterminants indéfinis ») :

---

[23] De fait, *un* remplace ici souvent des expressions comme *une bouteille de*, *une période de*, *un billet de*, mais d'autres cas témoignent d'une généralisation de cet emploi avec les chiffres : *cf.* « I voulait un quinze piasses » (Brasseur 2001 : s.v. *un*, p. 461). Nous ne saurions donc confirmer la remarque de Conwell/Juilland (1963 : 173), selon lesquels il s'agirait d'un usage plutôt rare. – Cet usage serait également fréquent en FQ (*cf.* Brasseur 2001 : s.v. *un*, p. 461).

- pis moi je mange beaucoup du yogourt (NÉ – Hennemann, ILM, EL)
- Il y a beaucoup des / des / des SEAL. [...] (NÉ – Hennemann, ILM, DO)
- on salait beaucoup du cochon pour l'hiver (NÉ – Arrighi 2005, corpus, Évangéline D. 23 : 18)
- ça mangue euh ça mange beaucoup des affaires comme ça là des bleuets (NB – Wiesmath 1, R : 344)
- Y avait joliment des Anglais par icitte. (TN – Brasseur 2001 : s.v. *joliment*, p. 261)
- Eux-autres là-bas, ça boit beaucoup du vin. (LOU – DLF 2010 : s.v. *là-bas*, p. 358, AV)
- Et la plus vieille, alle parle un petit peu du français mais pas plein (LOU – Rottet 2001 : 123, loc. âgé)
- Mame usait ça sur plein des affaires. (LOU – *Découverte*, Pointe-aux-Chênes, Terrebonne) (*ça* = « du sucre »)

Les exemples conformes à la norme ne manquent cependant pas :
- I y a beaucoup de personnes que vous counnaissez pas. (NÉ – Hennemann, ILM, IS)
- ça tienait un cinq gallons d'eau (NB – Wiesmath 1, B : 658)
- [...] i y avait beaucoup de problèmes itou [...] (NB – Wiesmath 2006 : 152, Wiesmath 1, B : 888)
- oh il contait beaucoup d'histoires (LOU – *Découverte*, Mamou, Évangéline)
- T'avais le planteur riche qu'était bien éduqué, qu'avait beaucoup d'argent. (LOU – *Découverte*, St. Martinville, Saint Martin)
- il plantait beaucoup de grandes récoltes (LOU – *Découverte*, Pointe Noire, Acadia)

Contrairement à l'usage standard, la forme pleine de l'article partitif apparaît fréquemment après les négations (*cf.* aussi Conwell/Juilland 1963 : 130, 173) (pour plus de détails, *cf.* le chap. « La négation », II.2.1.).
- pis dans c't temps-là i faisiont pas des grosses salaires sus BOOTS. (NÉ – Hennemann, ILM, MD)
- vous organisiez pas des / des jeux de bingo (ÎPÉ – Arrighi 2005, corpus, Georges ÎPÉ 7 : 40)
- ça lui fait pas du mal dans l'estomac (LOU – *Découverte*, Moreauville, Avoyelles)
- Je pense qu'on avait pas de l'argent pour s'acheter une porte pour mettre là (LOU – *Découverte*, Pointe-aux-Chênes, Terrebonne)
- ça se met pas des gants comme dit euh l'autre (LOU – *Découverte*, Mamou, Évangéline) (*ça* = « certaines personnes »)

Commentaire
Dans le non-standard hexagonal, la forme pleine de l'article partitif peut apparaître après les quantificateurs et les négations (*cf.* Frei 1929 : 198, Gadet 1992 : 60) : « je ne trouvais pas [du *boulot*] » (Blanche-Benveniste 2010 : 146, *cf.* aussi p. 147). Grevisse/Goosse (2008 : § 584b 1°, p. 748s.) attribuent la forme pleine de l'article après *beaucoup* à la langue populaire de « diverses régions ».

V.4 L'article indéfini devant les noms en fonction d'attribut du sujet

L'article indéfini peut apparaître devant un nom en fonction d'attribut du sujet indiquant la provenance ou la profession.
- i est un maître d'école là, j'appelons (NÉ – Hennemann, PUB, ID)
- Ben, j'uis un agent de développement rural (NÉ – Hennemann, ILM, BJ)
- j'uis un Acadien (NÉ – Hennemann, ILM, LL)

- Et ... y en a iun qui vient, billé en noir, et i dit : moi i dit je suis un prêtre. (TN – Brasseur 2001 : s.v. *billé*, p. 57)
- Alle est pas vieille, mais alle est ène vieille fille pace qu'alle est pas mariée. (TN – Brasseur 2001 : s.v. *a, alle*, p. 1) (« elle est vieille fille » au sens de « non-mariée »)
- et elle était/ elle était une oh / MIDWIFE (LOU – Stäbler 1995 : 132, corpus)
- il était un fermier (LOU – *Découverte*, Pointe-aux-Chênes, Terrebonne)

V.5 Absence de l'article

On note l'absence occasionnelle de l'article en FL et dans le parler des jeunes Acadiens, dont certaines formes suggèrent une influence de l'anglais, notamment les cas où il manque l'article partitif. Dans le corpus de Fritzenkötter (BSM, NÉ) qui reflète le parler des jeunes à Clare, fortement imprégné par l'anglais, l'article peut manquer dans les énumérations et les incises – anglaises ou françaises –, dans les toponymes – anglais ou français – et dans les noms qui désignent des sports (Fritzenkötter 2015 : 183–185).

- lui WATCH-e ø FOOTBALL/ ø WEATHER CHANNEL. (NÉ – Fritzenkötter 2015 : 183, BSM)
- le français c'est d'la misare/les verbes et pis/ ø synonymes/ ø antonymes/ha/ ø adjectifs (NÉ – Fritzenkötter 2015 : 184, BSM)
- [...] ouais parce ø Canada c'est un de mei/ben/c'est point un des meilleurs pays BUT à moi/c'est comme/ i y a que tout à/ [...] (NÉ – Fritzenkötter 2015 : 185, BSM)
- ça fait quatorze ans qu'j'joue à ø hockey. (NÉ – Fritzenkötter 2015 : 185, BSM)

- elle alle voulait qu'eusse soye dans lit par neuf heures (LOU – Dajko 2009 : 192) (*cf.* angl. « in bed »)
- Oublie pas aussi de mettre sel et persil dans le gumbo. (LOU – DLF 2010 : s.v. *dans*, p. 180, EV)
- quand vous avez eu musique (LOU – Conwell/Juilland 1963 : 174, LA)
- s'il aime mûres (LOU – Conwell/Juilland 1963 : 174, LA)

Brandon (1955 : 419) parle d'un phénomène fréquent, mais certains de ses exemples s'expliquent sans doute par le genre narratif où ils ont été relevés (*cf.* les termes *diablesse*, *géant*, *bougue* sont apparemment traités comme des noms propres).

- () maîtresse d'école dzit (LOU – Brandon 1955 : 419)
- () Djablesse 'tait apè 'ffiler (LOU – Brandon 1955 : 419)
- et () Géant dit (LOU – Brandon 1955 : 419)
- voler () ch'val à la vieille (LOU – Brandon 1955 : 419)
- j'sais pas comment () enfants ont pris ça (LOU – Brandon 1955 : 419)

Les déterminants et les pronoms démonstratifs

Préliminaires

I	**Les déterminants démonstratifs**
I.1	Les formes au singulier
I.1.1	Les formes épicènes
I.1.2	Les formes du féminin
I.2	Les formes au pluriel
II	**Les pronoms démonstratifs**
II.1	Les formes au singulier
II.1.1	Les formes du masculin
II.1.2	Les formes du féminin
II.1.3	Les formes épicènes
II.2	Les formes au pluriel
II.2.1	Les formes épicènes
II.2.2	Les formes du féminin
II.2.3	Les formes contenant l'article défini
II.3	Les démonstratifs neutres *ce* et *ça*
II.3.1	*ce*
II.3.2	*ça*
III	**Les particules de renforcement**
III.1	*-là*
III.2	*-ici* et *-icitte*
III.3	Remarques sur la présence ou l'absence de la particule
III.4	Le cumul des particules
III.5	*ça(-là)* (FL)
IV	**Remarques diasystématiques**

Les déterminants et les pronoms démonstratifs

Préliminaires

Dans la mesure où le contexte phonétique joue un rôle décisif dans le choix du démonstratif, le présent chapitre sera largement structuré selon les données orales[1], ce qui sera particulièrement évident dans la section sur les déterminants démonstratifs (I). L'oral constitue la seule base de systématisation logique en l'occurrence.

Un trait frappant dans le domaine des déterminants et des pronoms démonstratifs est le grand polymorphisme[2]. Dans le non-standard, les parlers dialectaux de France et les parlers d'outre-mer, les deux séries des démonstratifs de l'ancien français – la série dérivée de *cil* et celle dérivée de *cist* – se sont partiellement maintenues sans que se soient définitivement imposées dans leur fonctionnement la logique de l'ancien système ni celle du français contemporain. On se trouve face à la coexistence de différentes étapes historiques du système du démonstratif. Comme historiquement, les déterminants et les pronoms démonstratifs n'étaient pas distingués, il faut intégrer ici les deux catégories dans un même chapitre.

Alors qu'en FA traditionnel et en FTN les formes épicènes prédominent, sauf dans les productions influencées par la langue standard, la situation est assez complexe en FL. La distinction des genres y semble mieux respectée et les formes choisies s'approchent davantage de l'oral hexagonal que de l'acadien ; mais tout dépend aussi du contact avec le FS et du rôle du français dans les paroisses respectives.

Le choix du démonstratif dépend fortement de la dimension situative. Plus la situation est formelle, plus les locuteurs ont tendance à recourir aux formes du FS. C'est pourquoi il faut retenir que dans les variétés concernées ici, deux systèmes de particules démonstratives s'interpénètrent aujourd'hui : l'ancien système et le système standard dont les formes s'infiltrent dans tout discours jugé plutôt formel, en fonction bien sûr des compétences linguistiques du locuteur[3].

Dans les variétés étudiées ici, les démonstratifs sont généralement renforcés par les particules *-là* ou *-ici(tte)* (en FL, on trouve également *-ça*) fréquemment cumulées : *-là-là*, *-ici-là*, *-ça-là*, *-là-icitte* etc., *là* étant largement prépondérant. Arrighi a sans doute raison de souligner que l'usage de *là* est à tel point lié aux particules démonstratives « qu'il apparaît non comme un simple élément renforçateur du démonstratif mais comme partie intégrante du démonstratif en français acadien. » (Arrighi 2005 : 422) (*cf.* ci-dessous III).

---

[1] Nos sources sont certes basées sur des corpus oraux mais à l'occasion de leur mise en graphie, les auteurs les ont adaptées plus ou moins aux conventions écrites pour en faciliter la consultation.
[2] Étant donné ce grand polymorphisme, nous ne sommes pas en mesure de confirmer pour les parlers de NÉ, du NB, de TN et de LOU l'extrême simplification, voire la rationalisation du système démonstratif constatée par Falkert (2005 : 79) pour les Îles-de-la-Madeleine, où seuls le pronom *çui-là* et le déterminant [stə] font encore partie de l'usage actuel.
[3] *Cf.* les auto-corrections en contexte formel : « et puis ça ste/ cette image-là » (NB – Wiesmath 13, H : 268) (présentation de photographies devant un public), « i ont changé la loi tout à coup ste/ tout ce crime va disparaître » (NB – Wiesmath 14, Y : 200–201) (cours magistral).

I Les déterminants démonstratifs

En FA et en FTN, la distinction des genres est entièrement nivelée en ce qui concerne les déterminants démonstratifs à l'exception bien sûr des cas où la forme et l'emploi des démonstratifs correspondent à la norme hexagonale, notamment dans le langage des locuteurs les mieux familiarisés avec le FS[4].

I.1 Les formes au singulier

La distinction des genres, nivelée en FA et en FTN, est mieux respectée en FL.

I.1.1 Les formes épicènes
Les formes épicènes sont les suivantes :
- Devant consonne : [stə], [sə]/[s], rarement [ste][5]. En FA et en FTN, [stə] et [sə][6] sont des variantes libres en contexte singulier devant consonne, la forme la plus répandue étant [stə]. En FL, [sə] et [s] se combinent surtout avec les noms masculins, mais pas exclusivement, alors que la forme [stə] n'est plus courante en tant que forme épicène[7].
- Devant voyelle : [st], [sɛt] (= FS)
- Devant voyelle et consonne : [ɛs(t)] (FL) : En FL, un [ɛ] ou [ə] prosthétique peut apparaître, en tout premier lieu dans quelques expressions figées : [ɛst ete] (« cet été ») (Papen/Rottet 1997 : 80, *cf.* aussi Guilbeau 1950 : 135), [əsmatɛ̃] (« ce matin ») (Papen/Rottet 1997 : 80), [ɛstane] « cette année » (DLF 2010 : s.v. *ce*[1], p. 115, Daigle 1984).

Mais aussi en dehors des tours figés :
  • Este [ɛst] gâteau est pas beaucoup appétissant (DLF 2010 : s.v. *ce*[1], p. 115, LA)

Nota bene : Certains auteurs (*cf.* Brandon 1955 : 430) voient dans la construction « *le/la* + syntagme nominal + *(ça)-(là)* » une construction démonstrative alternative : *la confession-ça* (LOU – Conwell/Juilland 1963 : 136) ; *L'homme ça-là est escran.* (LOU – DLF 2010 : s.v. *ça*,

---

[4] Péronnet (1989a : 29) soutient que la distinction des genres est nivelée avec les formes renforcées et épicènes, alors qu'elle est respectée avec les démonstratifs simples. Vu le faible taux d'occurrences des formes simples dans son corpus, nous citons cette remarque sous toutes réserves. D'ailleurs, les données des corpus consultés ne nous permettent pas de confirmer cette hypothèse.
[5] Pour TN, *cf.* Brasseur (2001 : s.v. *c't(e)*, p. 138) qui note la forme [ste] au singulier ; Phillips (1936 : 36) atteste [ste] pour le féminin singulier en LOU. [ste] a une certaine fréquence comme forme du pluriel (*cf.* plus loin, I.2. de ce chapitre).
[6] Notons que [sə] est aussi une forme épicène, et cela non seulement en FTN, comme le suggère Brasseur (2001 : s.v. *ce*, p. 97), mais aussi en FA. – Pour la forme [s] devant consonne, nous rappelons qu'en français parlé en général, le *e caduc* tombe souvent « selon les règles de la phonétique syntactique [...] : *Je l'ai vu* CE *matin* [smatɛ̃], [...] *Je bouche* CE *trou* [sətru]. » (Grevisse/Goosse 2008 :§ 615, p. 794 ; § 29, p. 40) (*cf.* chap. « L'article », I.1.).
[7] Dans une source ancienne, *c'te* est attesté ; on trouve la forme devant les noms féminins et masculins : « C'te Pouponne, c'est la brebis, la perle de Bon Dieu ! » (LOU – De la Houssaye 1983 [1888] : 22) ; « J'f'rai un zaricot d'son corps à c'te bambocheux... » (De la Houssaye 1983 [1888] : 38).

p. 95, SM) ; *Quoi tu fais dans l'sac-là* (LOU – Brandon 1955 : 430). Notons pourtant que la particule *là* a en règle générale une fonction plus ample au niveau pragmatico-syntaxique, de sorte que son focus s'étend au-delà du groupe nominal auquel elle appartient (*cf.* ci-dessous III.1. et le chap. « La connexion », II.1.).

▶ **[stə] + consonne**

(forme épicène en FA/FTN, forme associée principalement aux noms féminins en FL, *cf.* I.1.2.)

- c'est beaucoup chaud dans c'te [stə] bord-là. (NÉ – Hennemann, ILM, AF)
- Si tu parles pas dans c'te [stə] monde-ci, tu vas pas parler dans l'autre monde. (NÉ – Hennemann, ILM, CL)
- SO c'te [stə] négresse-ici est arrêtée là, pis c'te [stə] journée-ici elle était là. (NÉ – Hennemann, ILM, SC)
- i y en a juste iun qui vit asteure pis c'est CLARA. TouT c'te [stə] famille-là est partie. (NÉ – Hennemann, ILM, AF)
- sus ste [stə] bord-icitte du chemin (NB – Wiesmath 3 : D10)
- pis maman ben . ste [stə] temps-là ben les femmes travailliont pas là (NB – Wiesmath 4 : M6)
- et ensuite là a' l'amarrait avec ste [stə] câble-là (NB – Wiesmath 13 : H106)
- tous les Acadiens de Memramcook qui vont monter vont rester là là [stə] place là (NB – Wiesmath 1, R : 1019–1020)
- c'était dense ste [stə] viande là pas la viande que t'achètes […] au STORE ça *taste* ça (ÎPÉ – Arrighi 2005 : 248, Théodore ÎPÉ 4 : 115–117)
- Alle a marié c'te [stə] gars icitte, là. (TN – Brasseur 2001 : s.v. *c't(e)*, p. 138)
- A rebeurçait son *baby*, pis a chantait c'te [stə] chanson-là. (TN – Brasseur 2001 : s.v. *rebeurcer*, p. 390)
- C'te [stə] vieille sorciaise-là a mis un souhait [swɛt] dessus ! (TN – Brasseur 2001 : s.v. *souhait*, p. 427)
- on va tous trouver un BOY-FRIEND avec un tas d'argent à cette [stə] noce icitte (LOU – Stäbler 1995 : 182, corpus)
- i dit je peux pas monter ce poteau-là dans <cette> [stə] pluie-là (LOU – Stäbler 1995 : 108, corpus)
- Ote woir ces grillots de sus c'te [stə] table. (LOU – Parr 1940 : 115, cité dans Rottet 2001 : 145)

▶ **[st] + voyelle**[8]

- mais si je peux penser à c't' [st] ange-là, le petit ange là… (NÉ – Hennemann, BSM, SC)
- Ce/ c't' [st] île icitte est poplée (NÉ – Hennemann, PUB, ArD)

En NÉ, rarement devant consonne :

- WHAT A PARTY c't'soirée-là que c't'famille-là avait eu. (NÉ – Hennemann, ILM, EL)
- i ont ben-m pas eu besoin de payer pour euh rendre st' [st] argent-là (NB – Wiesmath 2, F : 694)
- tu vas continuer à bouillir ça va venir en sucre st' [st] affaire-là (NB – Wiesmath 2, E : 530–531)
- S' t'aurais pas de marque ni rien, tu retrouveras pas c't' [st] endroit-là après. (TN – Brasseur 2001 : s.v. *marque*, p. 292)

---

[8] *Cf.* aussi l'expression *à c'tte heure* (LOU – Brandon 1955 : 429), [a st œr] (LOU – Guilbeau 1950 : 135) qui s'est figée en adverbe (*asteure*) non seulement dans les parlers étudiés, mais aussi dans les parlers laurentiens et dans les parlers du Nord et de l'Ouest de la France (*cf.* GPFC s.v. *astheure*). – Conwell/Juilland (1963 : 136) notent une forme avec dissimilation au féminin *e → o* : [stoɛr] « cette heure » ; la forme n'est pas confirmée par le DLF 2010.

- Asteure sa fille a tenait école mais ... c't' [st] année alle a pas de job. (TN – Brasseur 2001 : s.v. *tiendre*, p. 446)
- [st] enfant (LOU – Papen/Rottet 1997 : 80)
- [st õm la] (LOU – Guilbeau 1950 : 136)
- [st] année (LOU – DLF 2010 : s.v. ce^1, p. 115, Daigle 1984) (à côté de [ɛst] année)
- Là quand j'ai eu tout coulé ct'eau là (LOU – Dubois et al. 2006a : 166)
- J'ons élevé joliment d'poules c't'année [...] (LOU – De la Houssaye 1983 [1888] : 21, source écrite, historique)

▶ **[sə]/[s] + consonne**
- Pis tu vas à la messe ce dimanche ? (NÉ – Hennemann, ILM, AF)
- Oui, il y avait seulement que deux filles. Deux enfants dans ce famille-là. (NÉ – Hennemann, ILM, CL)
- i y avait pas de souliers ce temps-là (NB – Wiesmath 4, M : 340)
- pis le maire de/de ce place-là nous a parlé là (NB – Wiesmath 1, R : 1021)
- Toujou, i s'en vient trouver ce sorciére-là [sic], pour qu'a faisit [tʃœk afɛr] pour faire manquer c'te mariage-là. (NB – Péronnet 1989a : 192)
- J'allons chez ce gars-là, il avait ce jument-là ! (TN – Brasseur 2001 : *ce*, p. 97)
- I arrive donc à ce belle maison-là. (TN – Brasseur 2001 : *ce*, p. 97)
- Parce que asteur, ce jour icitte, c'est bon eusse connaît à parler en anglais (LOU – Rottet 2001 : 122, locuteur jeune)
- c' gros dinde, c'verre (LOU – Brandon 1955 : 429)
- Dans ce temps-ça, Pop observait tout tout tout ça là (LOU – *Découverte*, Mamou, Évangéline)
- Là, j'avais eu envie de ce grosse boule rouge là, puis je m'en ai acheté et je lui ai touché là là elle l'avait drette-là mais *it went way back*, ouais. (LOU – *Découverte*, Mamou, Évangéline)

Nota bene : En FL, [sə]/[s] accompagne surtout les noms masculins.

▶ **[sɛt] + voyelle (= FS)**
- Il a descendu cet été lui (NÉ – Hennemann, ILM, EL)
- dans cet homme-là (NB – Wiesmath 13, H : 167)
- cette étoile-là (NB – Wiesmath 10, X : 200)
- cette école de français-là (LOU – Rottet 2001 : 121, loc. âgé)
- C'est foutant quand même que je peux pas finir cet été. (LOU – DLF 2010 : s.v. ce^1, p. 115, SM)

I.1.2 Les formes du féminin

Rarement relevée en FA et en FTN, la forme du FS [sɛt] devant consonne est courante dans ce contexte en FL ; en ce qui concerne la forme [stə], essentiellement féminine dans le parler louisianais traditionnel, Guilbeau (1950 : 134) note dès 1950 qu'elle est restreinte à l'usage des locuteurs anciens (*cf.* Papen/Rottet 1997 : 80, *cf.* note 7).

▶ **[sɛt] + consonne (surtout en FL)**
- cette vision-là (NÉ – Hennemann, ILM, BJ)

- Comme moi, j'aurais peut-être pu le lire en français si que ... j'aurais pu avoir cette pratique-là. (TN – Brasseur 2001 : s.v. *si*, p. 420)
- tout ce qu'ils parle dans cette maison ici-là, [...], quand ça sort là, ça parle français. (LOU – Rottet 2001 : 125, loc. âgé)
- Va tremper cette serviette pour moi. (LOU – DLF 2010 : s.v. *ce*^{1}, p. 115, LF)

I.2 Les formes au pluriel

Les formes du pluriel des déterminants démonstratifs s'emploient pour les deux genres.
Ces formes sont les suivantes :
- [se] + consonne, [sez] + voyelle (FA/FTN/FL), conformément au FS[9]
- [ste] + consonne, [stez] + voyelle (FA/FTN ; formes non attestées en FL)[10]

▶ **[se(z)] – formes épicènes**
- J'ai point été pris à s/ à éc/ à aimer / à aimer de ces musiques-là. (NÉ – Hennemann, PUB, ID)
- pis ça c'était ses/ ses PET là ces deux chevaux-là là (NB – Wiesmath 13, H : 284)
- Ces alouettes-là i faisont leu nic dans les lacs. (TN – Brasseur 2001 : s.v. *alouette* I, p. 14)
- Quéqu'un de ces jours. (TN – Brasseur 2001 : s.v. *quèque*, p. 379)
- c'est comme ça que ça allait dans ces jhours-là (LOU – Rottet 2001 : 123, loc. âgé)
- Quelques mots comme tous ces autres jeunes, mais ça peut pas tiendre une conversation, tu vois. (LOU – Rottet 2001 : 133, loc. âgée)

▶ **[ste]/[stez] (FA/FTN) – formes épicènes**
- C'tés [ste] bateaux icitte vont porter tout leurs / tout leurs cages dans* une / un voyage. (NÉ – Hennemann, PUB, ArD)
- à c'tés [ste] temps ici, c'est pas un beau temps (pour y aller). (NÉ – Hennemann, ILM, MS)
- t'as été née dans c'tés-ans-là [stezãlɑ] (NÉ – Hennemann, ILM, EL)
- une de c'tés [ste] cassettes-là (NÉ – Hennemann, ILM, DO)
- Tous ceux-là de maintenant c'est pris sus c'tes [ste] chansons-là, c'est ... ramassé de là-dessus. (TN – Brasseur 2001 : s.v. *ramasser*, p. 388)

II Les pronoms démonstratifs

Tout comme les déterminants démonstratifs, les pronoms démonstratifs apparaissent généralement avec une particule de renforcement (*cf.* ci-dessous III).

---

9 *Cf.* pour la LOU : DLF (2010 : s.v. *ce*^{1}, p. 115), *cf.* Brandon (1955 : 429) : « *Ces* se comporte comme en [FS]. »
10 *Cf.* pour TN : Brasseur (2001 : s.v. *c'tes* [ste], p. 138) ; pour les Îles-de-la-Madeleine : Naud (1999 : s.v. *c'té*). – Pour la LOU, Phillips (1936 : 36) atteste la forme *c'té* pour le féminin au singulier, *cf.* note 5.

II.1 Les formes au singulier

Au singulier, des formes spécifiques pour le masculin et le féminin coexistent avec des formes épicènes en FA et en FTN ; en FL, la distinction des genres est généralement maintenue.

II.1.1 Les formes du masculin

Au masculin singulier, la forme du FS *celui* apparaît sous les variantes phonétiques suivantes :
- [səlɥi][11] (FA/FTN/FL), [sy] (FA/FTN/FL), [sɥi] (FA/FTN/FL)
- [sɪl], [sɪlɥi] (FL – *cf.* DLF 2010 : s.v. *celui*, p. 115)
- [sila] (FA – Arrighi 2005 : 423 ; FL – Brandon 1955 : 448)

Ces formes apparaissent avec ou sans particule *-(i)ci(t)* [si] / [sit] / [isi] ou *-là* [la] ; les formes « écrasées »[12] de *celui* apparaissent généralement avec la particule, par ex. *çui-là, çu-là*[13].

Cil-là [sila] n'est que rarement relevé en FA : Arrighi (2005 : 423) note la forme dans la variété du français du NB ; selon elle, *celui* et *là* auraient fusionné pour donner naissance à un pronom démonstratif « soudé » ([sila]) à l'intérieur duquel *là* – qui ne sert déjà plus à indiquer la distance – aurait définitivement perdu son statut de particule indépendante (cette dernière remarque vaut également pour les formes [stia], [stila], [stla], [sla], *cf.* II.1.3.).

▶ **En emploi absolu**
- I parle un pur acadien, celui-là. [...] Oui, i a tout les vieux mots de / de l'Acadie pis i a touT les vieux, celui-là. (NÉ – Hennemann, ILM, CL)
- Fait lui, çui-là je t'ai montré là les trasse, mais moi je trasse les miens. (NÉ – Hennemann, ILM, CL)
- pis a' m'avait dit qu'a'voulait jamais le vendre celui-là . que ça c'était son chef-d'œuvre [...] (NB – Wiesmath 13, H : 98–99)
- ah bon ben voyons t'sais si tu connais pas la maladie tu penses Mon Dieu [sila] est possédé du démon (NB – Arrighi 2005 : 423, Suzanne L. NB 18 : 97–98)
- Çui-là là c'est pas mal du bon coton. (TN – Brasseur 2001 : s.v. *mal (pas-)*, p. 286)
- je me rappelle pas qui c'était çulà . (LOU – Stäbler 1995 : 112, corpus)
- c'est celui-là j'adorais le plus (LOU – DLF 2010 : s.v. *celui*, p. 115)

▶ **Avec une expansion déterminative**
- T'sais comme les gens de la France m/ m'ont dit souvent que mon français était même mieux que celui-là du Québec parce que j'util/ j / je cherche mes mots. (NÉ – Hennemann, ILM, BJ)
- ceci c'est vraiment le bloc là du/d'amour là celui-là qu'était au sommet du triangle là (NB – Wiesmath 14, Y : 70–71)
- [À propos des cormes.] Ça fait du bon vin pour çui-là qu'il en fait. (TN – Brasseur 2001 : s.v. *çui-là, çu-là*, p. 139)

---

11 Forme la plus fréquente selon Conwell/Juilland (1963 : 150) en FL ; cela n'est pas vrai pour les autres parlers.
12 Pour ce terme, *cf.* Brunot/Bruneau (1949 : 252).
13 Formes également courantes aux Îles-de-la-Madeleine, *cf. çui-là, çu-là, çui-là-là* (IdlM – Falkert 2010, corpus : 111, p. 111 ; 382, p. 129 ; 105, p. 149, CD-ROM).

- Mais le chapelet du dimanche tait pus long que çui-là de la semaine (TN – Brasseur 2001 : s.v. *çui-là, çu-là*, p. 139)
- Le gallon américain est pus petit que çui-là de français; ç'a tout le temps été ! (TN – Brasseur 2001 : s.v. *gallon*, p. 218)
- celui-là qui est ici-là [sᵾ la ki e i sit la] (LOU – Conwell/Juilland 1963 : 150)
- je me rappelle pas qui c'était çula . mais l/ çula qu'a été né à l'école icitte (LOU – Stäbler 1995 : 112, corpus)
- On s'assoyait tous par terre auprès de celui-là qui contait des contes. (LOU – *Découverte*, Carencro, Lafayette)
- Ça fait, il a ramassé cil-là qu'avait pas de petit bonnet. (LOU – DLF 2010 : s.v. *celui*, p. 116, LA) (source écrite, Ancelet 1994)
- T'as entendu cil-là pour le Cadien. (LOU – DLF 2010 : s.v. *celui*, p. 116, IB) (source écrite, Ancelet 1994)

Nota bene : Brandon (1955 : 448) note, en outre, pour le FL, la forme *lui-là*, forme de *celui-là* avec aphérèse ou pronom tonique en fonction de démonstratif. De même, Arrighi constate la présence du pronom tonique *lui* pour le pronom démonstratif *celui* en FA[14] :
- oui . comme Jeff là lui que je travaille avec ça fait dix ans qu'i fait ça (NB – Arrighi 2005 : 231, Michelle NB 16 : 551–552).

II.1.2 Les formes du féminin
Au féminin singulier, les formes sont les suivantes :
- *celle* [sɛl] (FA/FTN/FL), *cette* [sɛt] (FA/FTN/FL)[15]
- *c'telle* [stɛl] (FA/FL), *c'ter* (FA)[16]
- *çar* [sar] (rare), *ceute* [søt] (FL – *cf.* DLF 2010 : s.v. *celui*, p. 115)

Ces formes apparaissent avec ou sans particule *-citte* [sit] ou *-là* [la].

La forme du FS, *celle*, est inégalement répartie. Elle est courante au NB et en LOU[17], mais fortement concurrencée par *cette* + particule en NÉ. La forme *cette* prédomine aussi à TN. En revanche, cette dernière n'est pas relevée au NB et n'est attestée que par certains endroits en LOU[18]. Parfois la forme masculine *celui* se substitue au pronom féminin.

▶ En emploi absolu
- [il parle d'attrapes] Celle-là était comme trois pieds gros. (NÉ – Hennemann, PUB, ArD)
- On en a eu plusieurs mais cette-citte était belle / vraiment belle ! (NÉ – Hennemann, ILM, CL)

---

14 Le DLF note le même phénomène également au féminin : « La seule qui parle français c'est Sherry, elle qui reste dans le TRAILER. » (LOU – DLF 2010 : s.v. *elle²*, p. 237, TB)
15 Dans le corpus de Wiesmath, on note aussi la forme [stəsit] dans cette fonction : « ça à coutume c'est une chanson ben ste-citte, c'est une petite JOKE » (NB – Wiesmath 8, A : 210).
16 Flikeid (1991 : 210) note la forme *c'telle* à Chéticamp, à Pubnico, à la Baie Sainte-Marie (« c'telle-là »), la forme *cette* à Pomquet et à l'ILM (« cette-là »). Poirier (1993 [1925] : s.v. *sti-cit*) confirme l'existence de la forme *stelle-là* pour le FA. À côté de *c'telle* on trouve, à la BSM, la forme *c'ter* (Flikeid 1991 : 210) ; cette forme est également présente dans les lettres de *Marichette* (*cf.* Gérin/Gérin 1982 : 130).
17 *Cf.* Conwell/Juilland (1963 : 150). Selon Brandon (1955 : 447), rare dans la paroisse de Vermilion.
18 Pour *cette* en LOU, *cf.* Conwell/Juilland (1963 : 150) : Ibéria, Jefferson, Jefferson Davis, Lafourche, St. Landry, Terrebonne.

- si vous preniez celle-là serait ben meilleure (NB – Wiesmath 4, M : 311)
- J'en avions ène porte en dedans pis ène en drors pour casser le mauvais temps. Ben sus cette-là je mettions ène clenche. (TN – Brasseur 2001 : s.v. *casser*, p. 95)
- Celle-là voulait être une NURSE. (LOU – DLF 2010 : s.v. *celui*, p. 116, SB)

▶ **Avec une expansion déterminative**
- quand-ce que notre économie est pas si bonne pis celle-là d'Amarique est très bonne [...] (NÉ – Hennemann, PUB, ArD)
- [la messe] C'est donné par / euh / ce/ cette-là de c'te semaine, elle est donnée par D.I. (NÉ – Hennemann, ILM, CL)
- euh celle-là qu'est euh à l'avant en plan (NB – Wiesmath 13, H : 156)
- Il en reste pas beaucoup de vieilles maisons, les vieilles de toutes. Mais cette-là qu'est ici, la grand maison à deux étages, alle est vieille. Alle a été refait en neuf. (TN – Brasseur 2001 : s.v. *neuf*, p. 316)
- celle-là qui est mariée [sɛl la ki e ma rje] (LOU – Conwell/Juilland 1963 : 150)
- celle-là qu'a fait le canal-là elle voulait leur argent d'après moi [...] (LOU – Stäbler 1995 : 73, corpus) (*celle-là* = « la compagnie »)
- on a resté longtemps dans / dans une maison faite comme cette-là à Mildred là devant-là (LOU – Stäbler 1995 : 51, corpus)
- Madame Arile, cette-là qui m'a TEACH mon catéchisme en français, elle, é contait des contes pour Compère Bouki et Compère Lapin. (LOU – DLF 2010 : s.v. *celui*, p. 116, SL)

Notons l'apparition occasionnelle de *çar-là* :
- Çar-là ch'parle pour. (LOU – DLF 2010 : s.v. *celui*, p. 115) (« The one I am talking about. »)

II.1.3 Les formes épicènes
Les formes épicènes du singulier sont :
- *ç'ti* [sti] : *-là* [stila], *-ci* [stisi] ; (FA/FTN, très rare en FL, *cf.* DLF 2010 : s.v. *celui*, p. 115)
- *stia* [stia] (NB), *sti-citte* [stisit] (NB) – formes plus ou moins amalgamées du pronom et de la particule
- *cil* [sil] – forme faisant généralement référence à un nom masculin, mais en LOU, selon le DLF (2010 : s.v. *celui*, p. 115), elle peut également se référer à un nom féminin.

Ces formes sont surtout répandues en FA et en FTN ; elles ne sont guère employées en FL[19].
Les formes composées à l'aide du pronom démonstratif [sti] sont généralement considérées comme étant de genre masculin[20]. Les données des corpus consultés suggèrent plutôt qu'au moins en FA, les formes contenant [sti] sont épicènes.

---

[19] La plupart de nos sources louisianaises n'attestent pas d'occurrence de la forme [stisit]/[stila] ; Dubois (2003 : 93, 2005 : 291s.) constate pourtant que [stila] est une forme attestée à Lafourche. Ditchy (1932 : s.v. *celui-ci/-là*) note également les formes *c'tui-ci, c'ty-là*. On en trouve une attestation dans le texte de De la Houssaye : « Le même qué ct'il à mam'. » « Le même que celui de Madame Labauve » (1983 [1888] : 25).
[20] Pour l'Acadie en général : Poirier (1993 [1925]) : s.v. *cticit*) ; pour la NÉ : Thibodeau (1988 : 120) ; pour TN : Brasseur (2001 : *ç'ti-ci, ç'ti-là*, p. 138) ; pour la LOU : DLF (2010 : s.v. *celui*, p. 115).

▶ **En emploi absolu**
- oui, ça c'est quand-ce que / ça c'était une belle journée ç'ti-là. (NÉ – Hennemann, BSM, RL)
- Il parle pas mal s'ti la. (NÉ – *Lettres de Marichette*, Gérin/Gérin 1982 : 131)
- Laurier tenait s'ti site par les cheveux pour y faire dire son crois-en-J'heu avant de caller (NÉ – *Lettres de Marichette*, Gérin/Gérin 1982 : 130–131)
- a' dit <sti-citte sait quoi ce qu'i fait> (NB – Wiesmath 8, T : 187) (*sti-citte* = « ce gars »)
- sti-là alle est lavée mais si tu la laves pas ça serait tout' de la vase hein (NB – Wiesmath 1, R : 152–153)
- Père Brian que je veux dire moi . qu'a té étudier là qui chante si ben c'est Brian . pis disont qu'i va peut-être venir tiendre par chez nous parce [stila] va peut-être laisser (NB – Arrighi 2005 : 423, Annie NB 10 : 577–579)
- Regarde ç'ti-ci ! (TN – Brasseur 2001 : s.v. *ç'ti-ci, ç'ti-là*, p. 138)
- As-tu jamais vu pareil maudit veau pour manger du beurre comme ç'ti-là ! (TN – Brasseur 2001 : s.v. *ç'ti-ci, ç'ti-là*, p. 138)

▶ **Avec une expansion déterminative**
- Pis là h'avons ç'ti-là du golfe dans le nord qui vint de / de / d'en dehors de PEI / euh / Québec pis ça pis... (NÉ – Hennemann, BSM, RL)
- Eum / pis ç'ti là qu'est salé légèrement c'est une traite qu'on mange en passant. (NÉ – Hennemann, BSM, RL)
- stia qu'avait pas d'argent . ben c'était le comté qui payait. (NB – Wiesmath 3, D : 41)
- ben i y avait ienque ça que/ pour graisser le pain sti/ stia qu'avait pas de farme avait pas de beurre. (NB – Wiesmath 3, D : 49–50)

II.2 Les formes au pluriel

En règle générale, au pluriel, la distinction des genres est nivelée, même dans les contextes formels et même dans les cas où la forme standard [sø] sans consonne finale est employée.

II.2.1 Les formes épicènes
Les formes épicènes du pluriel sont les suivantes :
- *ceusses* [søs] (FA/FTN/FL)[21], *cèzes* [sɛz] (FA/FTN/FL), *ceuzes* [søz] (FA/FTN/FL)
- *ceux* [sø] (FA/FTN/FL – *cf.* pour le FL : DLF 2010 : s.v. *celui*, p.115)

Ces formes apparaissent avec ou sans particule *-(i)ci(t)* [(i)si(t)] ou *-là* [la], parfois aussi en combinaison *-là-là, -là-icitte,* etc.

Les avis sont partagés quant à la classification des formes avec consonne finale. S'il est vrai que *ceuses-là* est utilisé assez souvent pour renvoyer à un référent féminin[22], il existe d'autre part trop de contre-exemples pour considérer la forme comme féminine. Les exemples

---
[21] Flikeid (1991 : 210) mentionne aussi les formes *c'teux* (Chéticamp), *ceur* (Pubnico) et *c'teur* (BSM) comme formes alternatives à *ceux/ceuses* au pluriel.
[22] Thibodeau (1988 : 29) qualifie la forme *ceuses* de féminin ; *cf.* aussi Poirier (1993 [1925]) : s.v. *ceux, ceuses*) et Gérin/Gérin (1982 : 131). – La forme *ceuses* est épicène aux Îles-de-la-Madeleine (*cf.* par ex. *ceuses-là* « ceux-là », IdlM – Falkert 2010, corpus : 239, p. 119, CD-ROM).

des corpus consultés indiquent qu'il s'agit bien d'une forme épicène ; nos observations se voient confirmées par Brasseur (2001 : s.v. *ceuses-là*, *cèses-là*, p. 99, et *ceusses*, p. 100) et par le DLF (2010 : s.v. *celui*, p. 115).

▶ **En emploi absolu**
- On p/ on prend pas ceux-là dans les / euh / dans nos attrapes. I sont trop gros. (NÉ – Hennemann, PUB, ArD)
- [les religieuses à Arichat] Oui, pis ceuses-là, i sont vieilles. QuanT ceuses-là seront parties, i y en a pus. (NÉ – Hennemann, ILM, MS)
- i ont une HUMP là oui les GRIZZLY ceux-là i vont attaquer (NB – Wiesmath 1, R : 330–331)
- Les maudites maraches, là, ceuses-là j'en ons peur. (TN – Brasseur 2001 : s.v. *marache*, p. 289)
- [...] À La Grand-Terre, y a des pigeons noirs, là. Ceux-là ici les petits pigeons blancs i sont pus petits. (TN – Brasseur 2001 : s.v. *pigeon*, p. 349)
- Le pêcheur, c'est pareil là, lui i pêche dans les … ruisseaux dans la mer et de quoi de même tu sais, mais c'est le même jubier comme ceuses-là, c'est de la même race, c'est la race de aigle tu sais. (TN – Brasseur 2001 : s.v. *pêcheur*, *pêcheux*, p. 341)
- Tes garçons ? Ceusses-là me donnent jamais du tracas. (LOU – DLF 2010 : s.v. *celui*, p.116, LF)

▶ **Avec une expansion déterminative**
- Pis on donne des prix, on donne des prix pour ceux-là qui sont le mieux habillé (NÉ – Hennemann, ILM, MS)
- [les Acadiens à Boston] Ceuses-là qui ont été déportés. (NÉ – Hennemann, ILM, MS)
- ensuite ç'a venu les machines électriques . qui est moins fatigant . ceux-là qu'i ont asteure . tu peux faire tout sortes de/ de brodage avec ça (NB – Wiesmath 6, L : 310–311)
- Ceuses-là qui *runiont* les FACTORY avriont pas d'argent (NB – Wiesmath 3, D : 86–87)
- Ça vit sus le poisson, surtout les bacaillères d'eau salée, i sont pires. Pace qu'y en a d'eau douce. Y en a pour l'eau salée, pis d'autres pour l'eau douce, qui se tient dans les lacs. I sont pus grosses, ça me ressemble i sont pus grosses ceux-là qui … ceux-là d'eau douce. (TN – Brasseur 2001 : s.v. *bacaillère*, p. 37)
- Tu prends les maisons de ce temps-là, i sont pas faits comme ceuses-là d'asteure. (TN – Brasseur 2001 : s.v. *ceuses-là*, *cèses-là*, p. 99)
- [À propos des fraises] Asteure ceuses-là qu'i poussont dans les jardins, i sont pas si … i sont pas si bonnes. (TN – Brasseur 2001 : s.v. *ceuses-là*, *cèses-là*, p. 99)
- Les plus forts et ceux-là qu'est auprès d'elle va manger mais les autres va rien avoir. (LOU – DLF 2010 : s.v. *celui*, p. 116, TB)
- Y a un Bon Dieu dans le ciel. Cèzes-là qui vole là, ils vont payer pour. (LOU – DLF 2010 : s.v. *celui*, p.116, TB)
- Cèzes-là-là, ces chênes là, on a planté ça ici. (LOU – DLF 2010 : s.v. *celui*, p.116, TB)
- Et il avait pris tous ses enfants et il avait tous les siens et ceusses là à Lois. (LOU – *Découverte*, Pointe Noire, Acadia)

II.2.2 Les formes du féminin

Rarement, la forme féminine standard, *celles*, est relevée. Elle est attestée par Brasseur (2001 : s.v. *celles-là*, p. 98) pour le FTN et par Ditchy (1932 : s.v. *ceux-ci/celles-ci*) et le DLF (2010 : s.v. *celui*, p. 116) pour le FL. Notons que même dans les cas où la forme standard est employée, l'emploi qui en est fait ne correspond pas nécessairement à la norme hexagonale (*cf.* l'apparition de la particule *là* devant l'expansion déterminative) :

- Celles-là que j'attrapons ça en dedans, j'appelons ça les pouffins. (TN – Brasseur 2001 : s.v. *pouffin*, p. 365)

- Il y avait des jours, j'en avais trente et euh celles là là des dames de club là, ouh !, eux-autres l'avient les cheveux arrangés beau beau rouge rouge, bien arrangés. (LOU – *Découverte*, Mamou, Évangéline)

Nota bene : La forme du féminin pluriel, *c'telles-là*, mentionnée par Poirier (1993 [1925] : s.v. *ceux, ceuses*) n'a pas été relevée dans les corpus consultés.

II.2.3 Les formes contenant l'article défini

Au féminin et au pluriel, le pronom démonstratif peut être précédé de l'article défini devant une expansion déterminative ; alors que Poirier (1993 [1925] : s.v. *celle*) parle d'un emploi « rare » en acadien, le procédé semble plus usuel en FTN et en FL : *la celle* [lasɛl], *les ceusses/ceuses/cèzes* [lesø], [lesøs], [lesøz], [lesɛz], *les celles* (rare !) [lesɛl][23].

- Les ceuses qui sont venues n'étaient pas drôles, [...]. (FA – Poirier 1993 [1925] : s.v. *ceux, ceuses*)
- C'est la-celle que je vous ai montrée. (FA – Poirier 1993 [1925] : s.v. *celle*)
- [...] Les ceusses qu'est sus les chaînes sont bons à manger mais ceux-ci on les mange pas, les petits calimaçons. (TN – Brasseur 2001 : s.v. *calimaçon*, p. 86)
- la celle que ton cœur aime (LOU – Brandon 1955 : 448)
- les ceux ici, les celles ici (LOU – Ditchy 1932 : s.v. *ceux-ci/celles-ci*)

II.3 Les démonstratifs neutres *ce* et *ça*

Les formes *ceci* et *cela* sont rares dans les variétés étudiées ici. Ce sont les formes *ce* (+ verbe *être*) et *ça* (aussi renforcé par *-là* ou *-làlà*, *-icitte*, *-icitte-là*) qui apparaissent :
- *ce* [sə] + verbe *être*
  ceci [səsi] (rare)
  cecitte [səsit] (surtout au NB) avec ou sans particule *-ici*, *-là*
  cela [s(ə)la] (FL – *cf*. DLF 2010 : s.v. *ceci* et *cela*, p. 115)
  ceça [səsa] (NÉ)
- *ça* [sa] avec ou sans particule *-ici* ou *-là*, parfois aussi en combinaison : *ça-là-là, ça-ici-là* (FA/FL)

II.3.1 *ce*

Dans la phrase présentative, *ce* est accompagné très fréquemment du démonstratif *ça* : *ça c'est...* Comme en français parlé hexagonal, *c'est* est en règle générale invariable en nombre. Notons à l'imparfait la forme *ce tait* [s(ə)tɛ] (FA, FTN) avec aphérèse du [e] dans le verbe (*cf.* Brasseur 2001 : s.v. *ce*, p. 97 et s.v. *être*, p. 190)[24].

---

23 Pour TN : Brasseur (2001 : s.v. *ceusses*, p. 100) ; pour la LOU : Ditchy (1932 : s.v. *ceux-ci, celles-ici*), Brandon (1955 : 448), DLF (2010 : s.v. *celui*, p. 115) ; pour les autres régions : Poirier (1993 [1925] : s.v. *celle*).
24 Brandon (1955 : 448s.) note des cas d'ellipse de *ce* devant *être* en FL : « était un vrai gros bœuf ». D'autres auteurs notent le remplacement régulier de *ce* par *ça* (*cf*. ci-dessous ; *cf*. Guilbeau 1950 : 164s.).

- [...] Ça c'était des écoles que/ que tu vas prendre moitié des cours en français, moitié des cours anglais. (NÉ – Hennemann, BSM, RG)
- c'est toutes des vieilles affaires (NB – Wiesmath 3, D : 19)
- ça ce tait dans l'hiver :: ce tait comme dans le mois de février (NB – Arrighi 2005 : 337, Odule NB 21 : 117)
- [au printemps] dehors ce tait fret pareil ça prenait des mitaines jusqu'au à la fin de mai là (NB – Arrighi 2005 : 380, Willy NB 9 : 302–303)
- Des *berrys* ça c'est ... c'est une tout petite graine, c'est tout petit, c'est gros comme ... des mocauques ! [rires] (TN – Brasseur 2001 : s.v. *berry*, p. 519)
- Pis son lait était riche c'était comme la crème ! Ce tait assez beau ! (TN – Brasseur 2001 : s.v. *être*, p. 190)
- Et ça c'est un langage que eux-autres devrait pas avoir jhonte... (LOU – Rottet 2001 : 127, loc. âgée)
- C'est eusse qui nous a soigné nous autres trois. (LOU – DLF 2010 : s.v. *être*, p. 265)

La forme *ceci* n'est pas en usage dans les parlers acadiens ; on relève, en NÉ et au NB, la forme *cecitte* [səsit] qui indique la proximité par contraste avec *ça*.
- Pis la chambre était touT cecitte-là, pis cecitte était la cuisine ... (NÉ – Hennemann, ILM, AS)
- c'était avec cecitte qu'i coupiont la laine sus les brebis (NB – Wiesmath 3, D : 148–149)
- cecitte c'est le devant pis ça c'est le derrière de l'arbre (NB – Wiesmath 8, Q : 65–66)

En NÉ, *ce* peut former un amalgame avec *ça* :
- Faut tu dis tout ceça que t'a passé THROUGH pareil que moi. (NÉ – Hennemann, ILM, AS)
- A moi / euh / la / euh / la soirée que j'ai lu ceça, on était à Ottawa, on était à la maison de Parlement. (NÉ – Hennemann, ILM, DO)

Les expressions impersonnelles avec le sujet vide *il* ne s'emploient guère ; on trouve à la place des constructions avec *ce*.
- asteure, le mois de juin, c'est pas vraiment chaud. (NB – Wiesmath 1, R : 498) (« il ne fait pas vraiment chaud »)
- [...] c'est important que la plupart des employés qui font face aux clients sont bilingues (NB – Arrighi 2005 : 156, Rachelle NB 1 : 170–171)
- [sete tã de s'ãn ale] (LOU – Guilbeau 1950 : 165) (« il était temps de s'en aller ») (à côté de la forme standard)

Avec le verbe *être*, *ce* peut remplacer un pronom personnel de la 3e pers. et renvoyer à des choses et à des personnes (*cf.* Brasseur 2001 : s.v. *ce*, p. 97, Conwell/Juilland 1963 : 150) (*cf.* aussi II.3.2. pour *ça*).
- J'ai connu ène vieille carlingue moi [rires], ce tait toutes des vieilles bonnes femmes, moi quand je tais jeune, ce tait vieux ça, pis ielle a fumait la pipe. (TN – Brasseur 2001 : s.v. *carlingue*, p. 93)
- il a rouvert les chambres, c'était plein d'argent (LOU – Brandon 1955 : 449)
- Laurence ... c'est toujours assise autour du foyer [lo rãs ... se tu ʒur a si o tur dy fwa je] (LOU – Conwell/Juilland 1963 : 150, Conwell/Juilland qualifient cet emploi d'« exceptionnel »)

II.3.2 *ça*

L'emploi du démonstratif neutre *ça* est élargi par rapport au FS, comme c'est aussi le cas en français familier de France. *Ça* peut remplacer *ce* dans toutes ses fonctions ; en outre, *ça* remplace fréquemment les pronoms personnels de la 3ᵉ pers., notamment au pluriel (sujet et objet, *cf.* le chap. « Les pronoms personnels », VII).

- [le] cochon restait suspendu là un bout de temps jusqu'à tant ça s'arrêtit de saigner (NÉ – Arrighi 2005 : 161, Édith NÉ 22 : 17–18)

- c'est pour ça qu'i vouliont avoir des gars du Nouveau-Brunswick on bossait . parce i savaient les gars dans le bois icitte [...] tout le temps ça travaillait solide (NB – Arrighi 2005 : 379, Willy NB 9 : 61–62)

- Tu sais les jeunes femmes asteur-là ? Ça se tracasse pas d'arien. (LOU – Rottet 2001 : 125, loc. âgée)

Ça apparaît seul ou sous forme renforcée : *ça là, ça là là, ça-ici(tte-là)*. Le cumul des particules est typique du FL (*cf.* Papen/Rottet 1997 : 81).

- Ça y a coûté temps pour s'en aller BACK au Québec. (NÉ – Hennemann, ILM, RG)
- Pis j'ui ai dit le mauvais mot, ben elle le sait. Mais aujourd'hui là, ej peut faire ça là. (NÉ – Hennemann, ILM, SC)
- Par rapport que il y a pas beaucoup de choses qui se passent pour le social et des choses comme ça-ici (NÉ – Hennemann, ILM, DO)
- j'aime ça couper . j'aime sécher les cheveux j'aime euh colorer [...] (NB – Arrighi 2005 : 370, Michelle NB 16 : 294–295)
- ouais . pareil coumme le/ le/ . sirop d'érable <hm> hein i mettont du sucre dans ça pis c'est pas de même coumme que c'était dans le temps passé (NB – Wiesmath 3, D : 57–59)
- i y avait pas de/ de petits magasins pis de restaurants pis de TIM HORTON coumme qu'i y a asteure i y avait pas de ça là faulait vivre à la maison. (NB – Wiesmath 4, M : 12–14)
- elle était bien capable encore beaucoup ben pour moi ça devait être que son/ son heure était était venue (ÎPÉ – Arrighi 2005 : 438, Aldine H. ÎPÉ 3 : 212–213)
- La racine de la dent est supposée d'être claire, mais ça là ce tait guéri dessus. (TN – Brasseur 2001 : s.v. *clair*, p. 113)
- Ça là c'est... de la graisse ça là. C'est de la graisse ça là. (TN – Brasseur 2001 : s.v. *ça*, p. 82)
- puis moi ça m'amusait pas de trop (LOU – Stäbler 1995 : 4, corpus)
- Je vas jamais oblier ça tant que je vas vivre. (LOU – DLF 2010 : s.v. *ça³*, p. 95, TB)
- Je me rappelle pas d'avoir vu ça-là. (LOU – DLF 2010 : s.v. *ça³*, p. 95, LF)
- Y y a plus personne qui pêche comme ça-là. (LOU – DLF 2010 : s.v. *ça³*, p. 95, TB)
- Ça ici, t'appelles ça en anglais PERCH mais ici on appelle ça patassa. (LOU – DLF 2010 : s.v. *ça³*, p. 95, TB)
- Ça-icitte-là, ça ça ramasse pas cent pour cent mais ça ramasse alentour de dans les NINETY PLUS. (LOU – DLF 2010 : s.v. *ça³*, p. 95, AS)

Ça, et non *ce*, sert d'antécédent à la subordonnée relative neutre[25] (pour plus de détails et l'omission de *que* dans ce cas, *cf.* le chap. « La relative », V.1., V.2.) :

- la pétoncle c'est ça que tu manges (NÉ – Hennemann, BSM, RG)

- euh ok j'aimerais ça que tu parles de : la région où t'as vécu là . Grand-Digue (NB – Arrighi 2005 : 274, Mathieu NB 15 : 1–2)

- I yi donne la moitié de ça qu'il avait. (TN – Brasseur 2001 : s.v. *ça*, p. 82)
- Ça tu mangeais dans ces temps-là, c'est beaucoup meilleur ça ce tu manges asteure. (TN – Brasseur 2001 : s.v. *ça*, p. 82)

---

[25] Dans le corpus de Falkert (2010), qui se réfère aux Îles-de-la-Madeleine, la forme *ce qui/ce que* est usuelle.

- Allons dire que t'as nettoyé un poulet, une poule, eh ben ça qui reste c'est les débris. (LOU – DLF 2010 : s.v. *ça³*, p. 95, LF)
- Il a ramassé ça qu'il a pu. (LOU – Papen/Rottet 1997 : 82)
- C'est ça je veux. (LOU – Papen/Rottet 1997 : 82)

III Les particules de renforcement

Les groupes démonstratifs sont généralement accompagnés d'une particule de renforcement dont la forme et l'emploi n'obéissent pas aux règles du FS.

III.1 *-là*

C'est la particule *-là* qui accompagne le groupe démonstratif de manière presque systématique[26].

- Oui, il y avait seulement que deux filles. Deux enfants dans ce famille-là (NÉ – Hennemann, ILM, CL)
- pis le maire de / de ce place-là nous a parlé là (NB – Wiesmath 1, R : 1021)
- chacun à son/ . à son idée dire moi ben . je crois dans ste religion-là ou je crois dans ste mode-là . ou je crois dans st'ouvrage-là (NB – Wiesmath 4, M : 322)
- J'ai entendu parler de ce place-là. (TN – Brasseur 2001 : s.v. *ce*, p. 97)
- C'te vieille sorciaise-là a mis un souhait [swɛt] dessus ! (TN – Brasseur 2001 : s.v. *souhait*, p. 427)
- Tu vas galféter un bateau ou de quoi de même, ben si t'as pas de ... du godron pour faire ... ou de la brai pour faire de quoi pour aller par dessus l'étoupe [...], tu mets c'te mastic-là par-dessus. (TN – Brasseur 2001 : s.v. *galféter*, p. 218)
- t'avais ce dix sous là extra (LOU – *Découverte*, Leleux, Vermilion)
- tu arrives à ce petit canal là (LOU – *Découverte*, Isle Jean Charles, Terrebonne)
- il dit je peux pas monter ce poteau-là dans <cette> [stə] pluie-là il dit ce vent-là ce/ est trop fort (LOU – Stäbler 1995 : 108, corpus)

En comparaison avec les particules qui marquent la proximité (*-ci*[27] et *-citte*, *-ici* et *-icitte*), *là* est de loin la particule la plus fréquente. *Là* est non-marqué pour le trait [± proximité], c.-à-d. que *là* ne renseigne pas / (plus) sur la distance[28]. Contrairement au FS, il n'y a donc pas d'opposition systématique entre *-ici(tte)* (proche) et *-là* (lointain). On a plutôt affaire à une relation d'inclusion entre les deux particules : une particule non marquée englobe les deux

---

26 Vu la généralisation de *là* dans ce cas, *là* adopte un rôle plus grammatical que déictique (*cf.* aussi Ludwig/ Pfänder 2003 : 271). – Chaudenson et al. (1993 : 109) parlent de la généralisation des « formes du démonstratif en *-là* [...] dans le français et les variétés populaires de cette langue », mais ils notent aussi que la valeur de *là* « va au-delà de celle d'une marque de démonstratif ».
27 *Ci* existe également comme élément autonome dans le tour figé *ci et ça* : « J'ieux dit comment faire et ci et ça là ! Et comment se ... se convartir parmi le monde et tout en grand ! » (TN – Brasseur 2001 : s.v. *convartir (se)*, p. 123) ; « Mais ma mémère, ma grand-mère était forte pour ça pour bouillir ci et ça, et c'était une médecine. (LOU – DLF 2010 : s.v. *ça³*, p. 95, SB).
28 *Cf.* Péronnet (1989a : 39), Arrighi (2005 : 422).

sens (*là*), alors que l'autre, marquée, insiste sur la proximité (*-ici(tte)*). Pour insister sur la distance, on peut soit cumuler la particule *là* (*làlà*), soit employer l'adverbe *là-bas*, qui peut à son tour être renforcé par *là* (*cf.* ci-dessous III.4.). Dans les cas où *là* a fusionné avec le pronom démonstratif pour former une nouvelle unité : *stila, sila* (« celui(-là) »), il a complètement perdu son indépendance sémantique et syntaxique (*cf.* Arrighi 2005 : 423).

Outre le groupe démonstratif au sens strict (*ce/cet/cette/ces* + syntagme nominal (+ *là*)), un groupe défini renforcé par *là* peut avoir une valeur démonstrative (déictique ou anaphorique) (Arrighi 2005 : 423, Brasseur 2001 : LII et s.v. *le, la, les*, p. 272). Ajoutons toutefois que d'autres fonctions, pragmatiques et syntaxiques, peuvent entrer en jeu pour motiver cet usage (pour les différents emplois de la particule polyfonctionnelle *là*, *cf.* le chap. « La connexion », II.1.).

- ça a besoin d'être le français-là qu'on apprend à l'école (NÉ – Hennemann, ILM, BJ)
- pis avait la chanson-là qu'avait le/ c'te message-là qu'est/ qu'est vraiment un message de jeunes (NÉ – Hennemann, BSM, BM)
- a l'a conduit dans une chambre dans le château là (NÉ – Arrighi 2005 : 423, Marcelin NÉ 2 : 376)
- je me retrouve d'habitude avec quelque chose que j'aime entre les deux radios là (NB – Arrighi 2005 : 423, Rachelle NB 1 : 285–286)
- elle était malade mentale là . la femme là elle voulait manger son petit garçon (NB – Arrighi 2005 : 423, Catherine NB 18 : 72–73)
- c'est pour ça qu'i ont fait les jeux là pour stimuler un peu l'économie (NB – Wiesmath 9, K : 60)
- comment c'est s'appelle le chien-là c'est dur me rappeler (LOU – Stäbler 1995 : 150, corpus)

Commentaire
Pour le français de Old Mines (Missouri, États-Unis), Thogmartin (1970 : 44) signale l'équivalence de la structure démonstrative avec *ce, cette*, etc. et une structure sans déterminant mais renforcée par *-là* : *blé sec-là*. Valdman (2005 : 220s.), se référant également à ce parler, commente à propos de l'exemple *dans tas d'pierre-là* : « Du point de vue sémantique, cette structure porte une valeur intermédiaire entre celle du déterminant défini et du déterminant démonstratif du F[rançais de] R[éférence], tout comme son homologue des C[réoles à] B[ase] L[exicale] F[rançaise] ». (p. 221). De même, en français parlé abidjanais (*cf.* Ploog 2006), *là* peut figurer seul comme déterminant du nom. Il en va autrement en français parlé au Congo. Ngamountsika observe pour *là* en tant qu'« actualisateur démonstratif » que *là* postposé au substantif apparaît dans les groupes : « article (défini ou indéfini) + nom + *là* », « démonstratif + nom + *là* » et « possessif + nom + *là* » : l'emploi de *là* implique toujours la présupposition de la part du locuteur que son interlocuteur sait de quoi il parle, et il vient toujours « en complément au déterminant premier du substantif » (Ngamountsika 2012 : 198).

III.2 *-ici* et *-icitte*

Les formes *-ci* et *-citte* sont rares en FA/FTN et presque inexistantes en FL, les formes traditionnelles étant *-ici* et *-icitte* (*cf.* Arrighi 2005 : 422)[29] : la particule [si(t)] peut fusionner avec le pronom démonstratif pour former une nouvelle unité, [stisi(t)]. La particule *ici(tte)* suggère toujours l'idée d'une certaine « proximité » qui peut être de différentes natures. La

---

[29] La forme [isit] est également bien répandue en France, « surtout le Grand-Ouest, mais aussi le Centre et une incursion jusque dans les Vosges », cette répartition indique que la forme « est clairement française et non patoise », mais elle est restreinte diastratiquement (Thibault 2009 : 82). Selon Thibault (2009 : 83), la forme avec le *t* final est « le résultat d'une hypercorrection ».

proximité exprimée par *ici*, *icitte* ou *citte* est principalement déictique, parfois anaphorique (renvoyant à quelque chose qui vient juste d'être dit). Elle peut aussi être d'ordre psychologique ou émotionnel.

► *ici* – **expression d'une proximité déictique ou anaphorique**
- Pis quand j'y parle en français, me faisait répéter en anglais. Pis ce soirée-ici, mais je pense i était un peu stressé OUT ou quelque chose. (NÉ – Hennemann, ILM, CL) (Référence à une soirée que CL avait mentionnée juste avant.)
- c'te fille icitte, al é/ al était mariée (NÉ – Hennemann, ILM, EL) (Référence à une jeune fille dont le nom vient juste d'être introduit dans le discours.)
- à c'tés temps ici, c'est pas un beau temps [pour y aller]. (NÉ – Hennemann, ILM, IS)
- Oui, s'ils veulent le faire dans c'te bout-ici aussi, c'est ... (NÉ – Hennemann, ILM, DO)
- un gars qui reste justement ce bord icitte dans le bureau de poste (NÉ – Hennemann, PUB, ID)

- quand je partirai dans les cieux ben je laisserai euh . ce cadeau-ici par derrière moi pour vous-autres (NB – Wiesmath 13, H : 11)

- Des années qu'y a il avions presque fini le foin, ce saison-ici ! Mais c't'année, le temps est si fanche ! (TN – Brasseur 2001 : s.v. *fanche*, p. 196)
- [À propos du margau.] Ça pond pas dans ces places-ici. Je n'ai jamais vu iun qu'a fait son nic à l'entour ici. (TN – Brasseur 2001 : s.v. *nic*, p. 317)
- Ça va te coûter pus cher ce coup-citte. (TN – Brasseur 2001 : s.v. *citte*, p. 113)
- I travaillait sus sa maison, c'te journée-citte. (TN – Brasseur 2001 : s.v. *citte*, p. 113)

- dans <cette> [stə] maison ici . y avait de l'eau jusqu'au SWITCH de/ de lumière-là (LOU – Stäbler 1995 : 110, corpus)
- SO, ça va pas crever dans cette famille icitte. (LOU – Rottet 2001 : 122, locuteur jeune)
- Parce que asteur, ce jour icitte, c'est bon eusse connaît à parler en anglais (LOU – Rottet 2001 : 122, locuteur jeune)
- Ça c'est les couvertes que ça faisait dans le vieux temps, ça-ici. (LOU – *Découverte*, Pointe-aux-Chênes, Terrebonne)

► *ici* – **expression d'une proximité psychologique ou émotionnelle**
- [L'enquêteur N interroge J sur une machine qui améliore la qualité de l'eau. Tandis que N se réfère à la machine en question par l'expression « cette machine-*là* », l'expert qui présente l'invention s'y réfère à l'aide de la particule *ici*. Sans renvoyer à une proximité déictique, *ici* renvoie à une proximité psychologique et émotionnelle. Ajoutons qu'un des emplois de *ici* est aussi motivé par le contraste de la machine en question avec d'autres machines fonctionnant avec du sel ou des produits chimiques.]
  N : cette machine-là (NB – Wiesmath 12, N : 173)
  J : les euh les chimiques et les sels et toutes ces choses-là sont / sont inacceptables mais les / ste machine-ici là c'est euh une / une machine électronique (NB – Wiesmath 12, J : 169–171) ;
  J : c'est que cette machine-ici va produire un petit peu de / d'ozone (NB – Wiesmath 12, J : 182)
- [Le conteur d'anecdotes plus ou moins amusantes et souvent croustillantes se sert d'*icitte* pour conférer une grande présence aux personnages de son histoire. Ainsi, il entre tout droit dans l'anecdote.]
  i y avait ce gars-icitte (NB – Wiesmath 8, Q : 47) [début de l'anecdote] – [...] i y avait ces trois couples-icitte (NB – Wiesmath 8, Q : 68) [début de l'anecdote]

- je voulais raconter ma petite histoire icitte (LOU – *Découverte*, Jennings, Jefferson Davis)

III.3 Remarques sur la présence ou l'absence de la particule

Les particules de renforcement postposées aux pronoms démonstratifs apparaissent indépendamment du contexte syntaxique, c.-à-d. qu'elles peuvent précéder une expansion (un complément prépositionnel, un participe passé, une proposition relative) (*cf.* dans le même sens Péronnet 1989a : 175) ; devant les relatives, cet emploi s'est généralisé jusque dans les situations de distance communicative (*cf.* aussi Wiesmath 2003 : 294).

- Eum/ pis çti-là qu'est salé légèrement c'est une traite qu'on mange en passant (NÉ – Hennemann, BSM, JL)
- c'est ceux-là de treize quatorze quinze [ans] là (NB – Wiesmath 2003 : 294)
- i sont tout' morts ceuses-là qu'aviont ça là (NB – Wiesmath 2003 : 294)
- ceci c'est vraiment le bloc là du/d'amour là celui-là qu'était au sommet du triangle là (NB – Wiesmath 14, Y : 70–71 – cours magistral)
- Celles-là que j'attrapons ça en dedans, j'appelons ça les pouffins. (TN – Brasseur 2001 : s.v. *pouffin*, p. 365) (*pouffin* = « variété de petite morue », *ibid.*)
- Et le monde du Marais Bouleur avait venu pour chasser ceux là de la Pointe Noire. (LOU – *Découverte*, Pointe Noire (Richard), Acadia)

À l'inverse, le pronom démonstratif est également (mais rarement) employé seul sans expansion. En somme, les occurrences sans particule renforçatrice sont plutôt rares (en comparaison avec la foule d'exemples avec particule).

▶ **En emploi absolu, sans particule**
- Pis lui est français, ç'ti, i parle souvent en anglais mais i comprend touT le français. (NÉ – Hennemann, ILM, EM)
- j'vas le tuer, çui, avant l'jour (LOU – Brandon 1955 : 447)

▶ **Devant une expansion déterminative, sans particule (conformément au FS)**
- Pis ceux qui veulent étudier peuvent étudier en anglais. Pis ceux qui veulent étudier en français, peuvent. (NÉ – Hennemann, ILM, BJ)
- On a trouvé l'ourse le matin, étendu au bord du chemin chi se frottait les yeux avec ses deux pattes de devant et déchirait la pelouse avec ceuse de darrière. (NÉ – *Lettre de Marichette*, Gérin/Gérin 1982 : 131)
- ceux de la Louisiane qu'aviont venu icitte ... (NB – Wiesmath 3, D : 556–557)
- Ceusses qui sont par ici i sont partout allieurs aussi, mais on a un nom pour. (TN – Brasseur 2001 : s.v. *allieurs*, p. 13)
- Tu vois, celui qui a fait *The Battle of New Orleans* là, il a dit, [...] (LOU – *Découverte*, Mamou, Évangéline)

III.4 Le cumul des particules

Les particules *ici(tte)*, *là-bas* et *là* peuvent être cumulées. Généralement, la première particule adopte alors une fonction déictique/anaphorique et la deuxième particule – *là* – une fonction pragmatico-syntaxique (*cf.* Arrighi 2005 : 424 et le chap. « La connexion », II.1.). Notons cependant que dans les cas où -*là* est cumulé (-*là-là*), le sens original de -*là* – insistant sur la distance – peut être réactivé. *Ici(tte)* insiste sur la proximité, *là-bas* sur la distance.

▶ *-là là*
- Mais eje vais / eje vais t'apporter ce livre-là-là pis je .... (NÉ – Hennemann, ILM, MS)
- je m'ai brûlé tout' le bout' des doigts parce qu'on faisait tout' à la main on ramassait [...] des biscuits . c'était sus des / c'est à peu près ce grandeur-là là pis on ramassait des grands/ pis là [...] (NB – Wiesmath 2, F : 638–640)
(Le premier *là* indique, déictiquement, la grandeur, le deuxième conclut cette pensée avant que le locuteur passe à la narration des prochaines étapes dans la production des biscuits.)
- quand ce les enfants ont venu grands assez . . j'ai commencé avec les / les plus vieux les garçons-icitte [c.-à-d. « ses fils »] . qui m'aidaient . . puis ça ç'a continué euh . de ce façon-là là . (NB – Wiesmath 5, C : 9–12)
(Le premier *là* aide à former le groupe démonstratif, le deuxième *là* ferme la pensée avant la conclusion qui porte sur le nombre d'années durant lesquelles le locuteur a travaillé comme pêcheur.)
- Et dans ce temps là là, eh ben eux autres cassait du maïs des fois et il était pas tout à fait assez sec (LOU – *Découverte*, Pointe-aux-Chênes, Terrebonne)

▶ *-ici là / -icitte là*
- j'avais fini là, pis c'te femme-icitte-là vienne me CALLER ... (NÉ – Hennemann, ILM, IS)
- ça arrive assez rarement . dans le/ ce temps-icitte là (NB – Wiesmath 5, C : 155) (S'emploie par contraste avec *ce temps-là là*)
- Alle a marié c'te gars-icitte, là. (TN – Brasseur 2001 : s.v. *c't(e)*, p. 138)
- De ces temps-ici là steure ben tu vas aoir des vents modères vois-tu. [...] (TN – Brasseur 2001 : s.v. *modère*, p. 301)
- Ça-icitte-là, ça ça ramasse pas cent pour cent mais ça ramasse alentour de dans les NINETY PLUS. (LOU – DLF 2010 : s.v. *ça*^{3}, p. 95, AS)

▶ *là-bas là*
- mais les maisons là-bas-là . il y a un tas du bois qu'il(s) vend . i / c'est / le vend ça pour faire des maisons (LOU – Stäbler 1995 : 70, corpus)

III.5 *ça(-là)* (FL)

En FL, *-ça* peut accompagner le groupe démonstratif ou un groupe nominal défini (Conwell/ Juilland 1963 : 136, DLF 2010 : s.v. *ça*^{3}, p. 95). Conwell/Juilland (1963 : 136) interprètent la forme *-ça*, postposée au nom à l'instar des particules *-ci* et *-là*, comme justement le croisement entre ces deux particules. Vu la quasi-inexistence de *-ci* sur le terrain ainsi que la fréquence de *ça* et de *là* aussi bien en emploi isolé qu'en emploi cumulé (*-ça-là*), on peut tout aussi bien supposer qu'il s'agit du pronom démonstratif neutre *-ça* qui aurait acquis une nouvelle fonction en tant que particule. Pour former le groupe démonstratif, *-ça* est très souvent accompagné de *-là*.
- ces jours-ça, cette petite fille-ça (LOU – Conwell/Juilland 1963 : 136)
- les dames qui travaillent là fait pas tout cet argent ça . et l'ecstricité ça [= « que »] eux/ eux usent là . eux payent meilleur marché . par KILOWATT que moi je paye (LOU – Stäbler 1995 : 209, corpus)
- [dans ce temps-là / dans ce temps ça-là / dans ces temps-ça] : Oui mais les ouragans était dangereux dans ce temps ça là. (LOU – DLF 2010 : s.v. *temps*^{1}, p. 609, SB)

- L'homme ça-là est escran. (LOU – DLF 2010 : s.v. *ça³*, p. 95, SM)
- Dans ce temps-ça Pop observait tout tout tout ça là, et moi j'observe joliment aussi pour le temps. (LOU – *Découverte*, Mamou, Évangéline) (*ça là* = « les nuages »)
- moi j'ai braillé ce soir ça là (LOU – *Découverte*, Mamou, Évangéline)
- on avait fait des patates cette année ça là (LOU – *Découverte*, Mamou, Évangéline)
- Et ça faisait tous ça dans ces années ça, plutôt qu'essayer de les parler bien, de les faire comprendre. (LOU – *Découverte*, Mamou, Évangéline)

IV Remarques diasystématiques

Les différents types des démonstratifs présentés dans ce chapitre sont bien ancrés dans l'histoire de la langue française et continuent à exister dialectalement. Là où le standard en a éliminé quelques-uns, les parlers non standard les ont conservés. L'ancien français connaît trois démonstratifs, *ce* (emploi neutre), *cil (icil)* (provenant du latin ECCE ILLE et marquant l'éloignement) et *cist (icist)* (provenant du latin ECCE ISTE et marquant le rapprochement) (Foulet 1967 : 167). Dans le non-standard comme dans les français d'outre-Atlantique, les deux séries, celle de *cist* et celle de *cil*, se sont maintenues mais ni les règles de l'ancienne langue ni celles du français contemporain ne sont respectées systématiquement. Nous nous trouvons donc face à une situation de coexistence de diverses formes, qui rappelle la situation en France du XVe au XVIIe s.

▶ *ce* neutre

Ce, neutre, survit en français moderne dans les emplois avec *être*[30], devant la proposition relative (*ce qui/ce que*) et dans les formes *ceci*, *cela*. *Ceci* et *cela* ne sont pas en usage en FA/FTN/FL pas plus qu'en français parlé de France. C'est la forme *ça* qui prédomine (*cf*. Bauche ²1951 : 92).

▶ *cil* et *cist*

En ancien français, la distinction entre les séries de *cil* et de *cist* n'est pas d'ordre syntaxique, mais essentiellement d'ordre sémantique, *cil* renvoyant à un référent situé à distance, *cist* à un référent se trouvant à proximité.

Quant à leur rôle syntaxique, notons que, jusqu'au XVIe s., *cil* est aussi bien déterminant que pronom (Foulet 1967 : 170) et que *cist* peut figurer comme pronom jusqu'au XVIe s. (Gougenheim 1974 : 75), même si la tendance va, dès le XIIIe s. et surtout le XVe s., vers un emploi comme déterminant (Foulet 1967 : 172, *cf*. FEW 4, 821b). En français moderne, la série de *cil* est devenue la série pronominale : *celui, celles, ceux, celles*. La série de *cist* s'est stabilisée en déterminant : *ce, cet, cette, ces*.

Les formes acadiennes [stə], [stisi], [stisit], [stila], [stela] sont des formes « écrasées » (Brunot/Bruneau 1949 : 252) de la série de *cist* qui, sauf [stə], ont complètement fusionné avec

---

[30] L'emploi comme forme tonique est aujourd'hui littéraire : *pour ce, ce faisant, sur ce...* (*cf*. Foulet 1967 : 167s., Fournier 1998 : § 291, p. 202).

les particules de renforcement *-ci, -citte* et *-là* ; elles remontent aux formes du cas régime de l'ancienne langue : *cestuy-ci, cestuy-là* (*cf.* FEW 4, 820b, *cf.* Poirier 1993 [1925] : s.v. *cticit*).

Notons à propos de ces formes :

- Les formes composées avec l'élément [sti] disparaissent de la langue littéraire en France au XIVᵉ s., mais il en reste des survivances dans le non-standard : les formes [stila], [stisi] sont attestées dans le langage parisien « vulgaire » ou « populaire » et elles sont largement répandues dans les dialectes hexagonaux ainsi qu'au Québec[31].
Les données des corpus consultés indiquent que la distinction des genres – [sti] (masc.) *vs.* [stə] (fém.) – tend à disparaître dans les parlers de l'Acadie des Maritimes, [sti] constituant une forme épicène. Notons à ce sujet que le GPFC distingue pour le FQ les pronoms démonstratifs du masculin *ceti* [sti], *c'ticite, c'tilà, c'tucite, c'tuici, c'tuicite, c'tuilà, c'tulà, çui, çui-ci/là* des pronoms du féminin *cetelle* [stɛl], *c'telle-cite, c'telle-là, cette-là* (*cf.* aussi Léard 1995 : 177).

- La forme [stə] ([stœ]/[stø]) apparaît dans le langage populaire hexagonal en tant que déterminant démonstratif épicène devant consonne (*çte chfal, çte femme*) et se prononce [st] devant voyelle (*çt homme, çt arbre, çt'ormoire*)[32]. Au XVIIᵉ s., [stə]/[st] sont des formes usuelles ; les formes *cet* ([sɛt] *homme*), *cette* ([sɛt] *femme*) au lieu de [st]/[stə] sont considérées comme une « affectation vicieuse » (Thomas Corneille) ; même « d'excellents prédicateurs » prononcent « *st'action, st'habitude* » (Vaugelas) (*cf.* Brunot/Bruneau 1949 : 253, Wolf 1987 : 21). [stə] et [st] restent attestés dans la littérature argotique du XVIIᵉ et du XVIIIᵉ s. (*cf.* Péronnet 1989a : 36) pour ensuite être jugés « populaires » ou « dialectaux » (*cf.* Brunot/Bruneau 1949 : 253). En FQ, [st(ə)] apparaît en lieu et place de *cet* et *cette*, et dans une moindre mesure également de *ce*, en tant que déterminants démonstratifs ; au masculin, on a donc le choix entre [stə] et [sə] devant consonne, mais seulement la forme [st] devant voyelle, alors que le féminin s'est complètement aligné sur le masculin (*ste femme-là* et *ce femme-là*) (Léard 1995 : 176s., pour le parler de l'Île-aux-Coudres, *cf.* Seutin 1975 : 70). [stə] en tant que déterminant démonstratif essentiellement du féminin existe aussi dans « divers parlers dialectaux de France (FEW 4, 820a-b ɪsᴛᴇ) » (Brasseur 2001 : s.v. *c't(e)*, p. 138, Péronnet 1989a : 36).

- La forme *cette-ci/cette-là* [sɛtsi/sɛtla] en tant que pronom démonstratif est une « survivance du moyen français » (Brasseur 2001 : s.v. *cette-ci, cette-là*, p. 99). La forme *cette* qui remonte à la série de *cist* de l'ancien français, n'est plus courante en tant que pronom dans la langue hexagonale moderne, mais elle se maintenait dans cette fonction à côté de *celle-là* jusqu'au XVIIᵉ s.[33]. *Cettui-ci/cette-ci* sont déclarés vieillis en France par Richelet dès la fin du XVIIᵉ s. En dehors du FA et du FTN, les formes restent attestées

---

31 *Cf.* pour le langage populaire : Bauche (²1951 : 91s.), Gérin/Gérin (1982 : 130s.), Poirier (1993 [1925]) : s.v. *cticit*), Brasseur (2001 : s.v. *ç'ti-ci, ç'ti-là*, p. 139) ; pour les dialectes hexagonaux et le FQ : FEW (4, 820b-821a), Brunot/Bruneau (1949 : 252), Brasseur (2001 : s.v. *ç'ti-ci, ç'ti-là*, p. 139), GPFC (s.v. *c'ticite, c'tilà, c'tuicite, c'tuilà, c'tulà*), Léard (1995 : 175–177). – Nyrop (1924, t.2 : 400) relève diverses formes écrasées (*ste, sti, stici, stilà, stuici, stuilà, stelle* et *stella*) dans la littérature argotique des XVIIᵉ et XVIIIᵉ s. en France.
32 *Cf.* Bauche (²1951 : 89), Gadet (1992 : 63), Brasseur (2001 : s.v. *c't(e)*, p. 138).
33 *Cf.* Brunot/Bruneau (1949 : 252), Haase (1965 : 44), Gougenheim (1974 : 75).

dialectalement en France et ailleurs, notamment dans l'Ouest et le Nord de la France ainsi qu'au Québec[34].
– Les formes du pluriel [søz] et [sɛz] en emploi pronominal se trouvent « en français populaire » et en Anjou et dans quelques départements du centre de la France (Poirier 1993 [1925] : s.v. *ceux, ceuses*), mais aussi en « Picardie, [en] Normandie et [dans la] Bretagne romane (FEW 4, 552b ILLE) » (Brasseur 2001 : s.v. *ceuses-là, cèses-là*, p. 99). Les formes [søz] et [søs] sont attestées, à côté de la forme du FS hexagonal [sø], par le GPFC pour le FQ et sont qualifiées de masculin (GPFC : s.v. *ceuses, ceusses*). Pour le FA, Poirier (1993 [1925] : s.v. *ceux, ceuses*) distingue la forme du masculin, *ceus*, de la forme féminine *ceuses*. Cette distinction n'est pas confirmée par les données des corpus à notre disposition où la forme avec consonne finale est une forme épicène. Se référant au non-standard hexagonal, Bauche (²1951 : 91s.) qualifie la forme [søs] de forme masculine ; au féminin, il note la forme du standard (*celles*).

▶ Formes simples ou formes renforcées

Les particules de renforcement, *ci* et *là*, rares en ancien français, entrent massivement en usage à partir du XVᵉ s. (Haase 1965 : 42, FEW 4, 821b). Aux XVIᵉ et XVIIᵉ s., *ci* est fréquemment remplacé par *ici* (Haase 1965 : 42, Wolf 1987 : 21). Vaugelas distingue l'usage de la Cour (*cet homme ici*) de l'usage parisien (*cet homme-ci*). L'usage de *ici* se perd vers la fin du XVIIᵉ s. et est déclaré « un peu archaïque » par Richelet (*Dictionnaire*). *Ici* survit pourtant régionalement en tant que particule de renforcement du démonstratif en France et au Québec, et dans le langage populaire[35]. *Icitte* est attestée régionalement dans quelques parlers de l'Ouest de la France et au Québec, tandis que la forme *citte* semble restreinte aux parlers acadiens[36].

Il ressort des études sur le français parlé hexagonal que la particule *là* est en train de supprimer l'ancienne distinction entre rapprochement et éloignement (Kerbrat-Orecchioni 1999 : 45, citée dans Arrighi 2005 : 422). Pour insister sur la distance ou la proximité, ce sont les particules *là-bas*[37] et *-ici* qui semblent préférées dans le non-standard (Bauche ²1951 : 90).

Dans l'ancien usage, le choix de la forme simple ou de la forme renforcée (*-ci, -là*) n'est pas réglé : les formes simples peuvent apparaître seules, alors que les formes renforcées peuvent avoir une expansion (Gougenheim 1974 : 63, *cf.* aussi Grevisse/Goosse 2008 : § 697c, p. 898). Jusqu'à la règle moderne, suggérée par Vaugelas (Haase 1965 : 47), l'usage d'une particule devant une expansion est tout à fait courant ; la particule n'y disparaît que vers la fin du XVIIᵉ s. (*cf.* Haase 1965 : 46) pour se maintenir, au XXᵉ s. dans cet environnement syntaxique uniquement dans la langue littéraire très recherchée (Grevisse/Goosse 2008 : § 697c, p. 898).

Inversement, jusqu'au début du XVIIᵉ s. la particule manque souvent quand un verbe est intercalé entre le pronom et la proposition relative : « Celui vraiment les a perdus qui les a estimés perdus » (Malherbe, cité dans Grevisse/Goosse 2008 : § 697c, p. 898).

---

34 *Cf.* Haase (1965 : 45), FEW (4, 820b-821a), Brasseur (2001 : s.v. *cette-ci, cette-là*, p. 99), GPFC (s.v. *cette*).
35 *Cf.* Haase (1965 : 42–43), Wolf (1987 : 21), Brasseur (2001 : s.v. *ici*, p. 251), GPFC (s.v. *ici*).
36 *Cf.* Brasseur (2001 : s.v. *icitte*, p. 251, s.v. *citte*, p. 113), Wolf (1987 : 21).
37 Pour l'emploi de *là-bas* pour insister sur la distance, *cf.* aussi Große (2006 : 136).

Régionalement en France, ainsi que dans les parlers français du Canada, les pronoms démonstratifs peuvent apparaître avec une particule devant une expansion, *cf. çui-là qu'est pas là* [...] (Bauche) (Grevisse/Goosse 2008 : § 697c, p. 898).

▶ **Le polymorphisme du pronom démonstratif dans le non-standard**
En ce qui concerne la série pronominale (*celui*, etc.), on constate un large polymorphisme dans la langue non standard. Bauche (^{2}1951 : 91s.) note les formes suivantes :
- *celui* → *çlui, çui ; çui-ci, çui-ici ; çui-là, çlui-là, çui-là-bas, çlui-là-bas ; çui-là-ici, çlui-là-ici*
- *celle* → *celle* ou *la celle ; celle-ci, celle-ici, la celle-ici ; celle-là, celle-là-bas, celle-là-ici, la celle-là-bas*, etc.
- *ceux* → « se prononce le plus souvent *ceuss* » ; *les ceuss ; ceux-ici ; ceux-là, ceux-là-bas, ceux-là-ici, les ceuss-là-bas*, etc.
- *celles* → *celles* ou *les celles ; celles-ici ; celles-là, celles-là-bas, celles-là-ici ; les celles-là-bas*.

L'emploi de l'article défini avec le pronom démonstratif est attesté par Brunot/Bruneau (1949 : 261) pour l'ancienne langue : ils citent un exemple de Ramus (*les ceux de Paris*) datant du XVIe s. Bauche (^{2}1951 : 91) confirme cet usage pour le langage populaire : selon lui, la forme *la celle* s'entend « parfois », alors que la forme *les celles* est moins fréquente ; *les ceuss* est, toujours selon Bauche, très courant. L'ajout de l'article défini aux pronoms démonstratifs est également attesté dans quelques dialectes hexagonaux (FEW 4, 821a) et en FQ (*cf.* GPFC : *les ceuses, les ceusses, les ceux*).

Les déterminants et les pronoms possessifs

Préliminaires

I	**Les déterminants possessifs**
I.1	Les formes du déterminant possessif
I.1.1	Singulier du possédé
I.1.2	Pluriel du possédé
I.2	Particularités d'emploi
I.2.1	Le renforcement du groupe possessif
I.2.2	Les particularités de l'accord
II	**Les pronoms possessifs**
III	**Autres constructions pour exprimer un rapport d'appartenance**
III.1	Le rôle de la préposition *à*
III.2	Le pronom personnel disjoint employé à la place du déterminant possessif
III.3	Les constructions pronominales

Les déterminants et les pronoms possessifs

Préliminaires

Les formes des déterminants et des pronoms possessifs correspondent largement au FS, notamment en FL où les formes du standard prédominent. Dans le présent chapitre, il s'agira donc avant tout de signaler quelques formes particulières relevées en FA et en FTN, ainsi que de présenter quelques particularités d'emploi de ces formes.

Soulignons que le recours aux déterminants et aux pronoms possessifs ne constitue qu'une stratégie parmi d'autres pour exprimer une relation d'appartenance (*cf.* aussi ci-dessous III).

I Les déterminants possessifs

I.1 Les formes du déterminant possessif

Les formes du déterminant possessif sont les suivantes :

I.1.1 Singulier du possédé
– 1ʳᵉ à 3ᵉ pers. sg., masc. : *mon, ton, son* + consonne/voyelle
– 1ʳᵉ à 3ᵉ pers. sg., fém. : *ma, ta, sa* + consonne ; *mon, ton*[1], *son* + voyelle
   parfois, en FTN : *sen* + voyelle
– 1ʳᵉ pers. pl. : *notre* [nɔt] (FA/FTN/FL) ; [nut][2] (FA/FTN) ; [nyt] (FTN – Brasseur 2001 : s.v. *noutre, nutre*, p. 320)
– 2ᵉ pers. pl. : *votre* [vɔt] ; [vut][3] (FA/FTN)
   parfois : [nɔtr], [vɔtr] + voyelle
– 3ᵉ pers. pl. :
   leur [lœr] + consonne/voyelle (FA/FTN/FL)
   leu [lø] + consonne, *leuz* [løz] + voyelle (FA/FTN[4])
   lor [lɔr] (FTN – Brasseur 2001 : s.v. *lor* II, p. 279, FL – Phillips 1936 : 38)

---

1 Le pronom personnel de la 2ᵉ pers. sg. est fréquemment employé en tant que forme impersonnelle équivalente à *on* (*cf.* chap. « Les pronoms personnels », VIII.2.) ; le pronom possessif a dans ce cas également une valeur impersonnelle : « la plupart du monde t'avais tout' cinq six vaches . t'avais eu euh . cinq six cochons t'avais eu des poules. SO ça te dounnait tes œufs . ça te dounnait ta poule [...] » (NB – Wiesmath 1, B : 533–537).
2 Le passage de [ɔ] à [u] est fréquent en FA et bien attesté au XVIᵉ s. (« l'ouïsme », *cf.* « Introduction »).
3 TN : *cf.* Brasseur (2001 : s.v. *voutre*, p. 473). Pour le FL, les formes *nout'* et *vout'* ne sont attestées que par Ditchy et Brandon : « voute homme, voute femme » (Ditchy 1932 : 215), « vout'e second frère » (Brandon 1955 : 428).
4 La forme *leu* [lø] est également courante aux Îles-de-la-Madeleine (*cf.* « leu=petit bébé », IdlM – Falkert 2010, corpus : 110, p. 64). Pour le FTN, *cf.* Brasseur (2001 : s.v. *leu* II, p.273s.). – Pour le FL, les formes *leu* et *leuz* ne sont attestées que par Ditchy (1932 : 138) et Brandon (1955 : 428 : « leu' premier pitit »). – Conwell/Juilland (1963 : 135), Papen/Rottet (1997 : 80) et le DLF (2010 : s.v. *leur*, p. 365) ne notent pour la 3ᵉ pers. pl. que les formes standard *leur, leurs* [lœr].

▶ *mon/ma, ton/ta, son/sa* ; *sen* **(TN)**
- on était cinquante-quatre dans ma classe h'ai gradué [...] (NÉ – Hennemann, BSM RG)
- J'aime assez ton appartement, c'est REALLY NICE. (NÉ – Hennemann, ILM AS)
- Elle a pas fini son école. (NÉ – Hennemann, ILM DO)

- non non moi j'ai été/ mon père était un charpentier par métier (NB – Wiesmath 2, E : 430)
- a' dit i ont pris ta harse là [...] (NB – Wiesmath 8, A : 220)
- pis i y avait . un gars de Shédiac . un Pellerin .. que . son bateau coulait (NB – Wiesmath 5, C : 30)

- Ma mère pis mon père avont travaillé avec ieusses, sus l'Île-Rouge. (TN – Brasseur 2001 : s.v. *ieusses*, p. 253)
- Pis c'est ta *job* ça ? (TN – Brasseur 2001 : s.v. *job*, p. 260) (pour le genre de *job*, *cf.* le chap. « Le genre », IV)
- Si tu l'acontres pis t'y parles, *I guess* tu peux savoir son langage. (TN – Brasseur 2001 : s.v. *encontrer, contrer, acontrer*, p. 178)
- Après sen ouvrage i soupait (TN – Brasseur 2001 : s.v. *sen*, p. 417)

- à mon père je dis j'avais mal aux reins (LOU – Stäbler 1995 : 4, corpus)
- Ton mari devrait parler à ses enfants là en mexicain [...] (LOU – Rottet 2001 : 125, loc. âgée)
- Là, la mère restait avec cinq z-enfants pour elle et quatre z-enfants pour son, pour sa belle-sœur, et là, ça a mouri jusqu'au grand printemps. (LOU – *Découverte*, Pointe Noire, Acadia)

▶ *notre/noutre, nutre* **(TN)** ; *votre/voutre*
- On avait des mitaines faits par notre grand-mère (NÉ – Hennemann, BSM, SC)
- dans noutre temps (NÉ – Hennemann, ILM, EL)
- Il y a quelqu'un qui revenait pis qui disait : « Votre français, il est pas bon ! » (NÉ – Hennemann, ILM, BJ)
- oubliez jamais voutre français (NÉ – Hennemann, ILM, CL)

- on allait à la messe à Sainte-Marie . pis euh <on était> [ɔ̃ntɛ] huit de notre famille (NB – Wiesmath 4, M : 3)
- pis là la . serveuse ieux disait vous mettez ça icitte là . quand vous mangez pour pas salir votre linge (NB – Wiesmath 4, M : 233)

- J'avions notre cave pas mal loin d'ici. [...] (TN – Brasseur 2001 : s.v. *arrière*, p. 27)
- Pour noutre noce, il aviont valsé ! (TN – Brasseur 2001 : s.v. *noutre, nutre*, p. 320)
- Je brochons nutre tête, je brochons la tête qui *fitte* c'te casier-là. (TN – Brasseur 2001 : s.v. *brocher*, p. 76).
- Si votre pudding est pas douce assez, mettez du sucre dedans ! (TN – Brasseur 2001 : s.v. *douce, doux*, p. 165)
- Si vous tendez voutre collet, là, il ira pas là, il avente, i vous avente. (TN – Brasseur 2001 : s.v. *voutre*, p. 473)

- J'aimerais voir notre langue française préservée. (LOU – DLF 2010 : s.v. *notre*, p. 418, LF)
- votre garçon [vɔt gaʳ sɔ̃], votre fille [vɔt fij] (LOU – Conwell/Juilland 1963 : 135)

À la 3ᵉ pers. pl., les formes [lø], [løz] et la forme standard [lœr] coexistent aujourd'hui en FA et en FTN, mais, dans le parler traditionnel, les formes [lø], [løz] semblent dominantes : la liaison peut s'effectuer avec [z] même en contexte singulier[5] ; Brasseur (2001 : s.v. *leu II*, p. 274) signale aussi des cas de liaison avec [n][6].

---

[5] Pour le Sud-Est du NB : Péronnet (1989a : 39) ; pour TN : Brasseur (2001 : s.v. *leu*, p. 274).
[6] Les exemples fournis par Brasseur (2001 : s.v. *leu II*, p. 274) sont ambigus puisqu'il s'agit de noms qui apparaissent souvent avec une consonne initiale agglutinée : *n-oncle* ; *z-ouvrage* (*cf.* le chap. « Liaison et agglutination », II).

Rottet (2005a : 245) note en outre la forme [lɔt] au sens de « leur » dans son corpus louisianais. Même si la forme est proche d'une forme attestée dans le patois poitevin ([lut]), il s'agit dans le cas de cette forme non pas d'une survivance dialectale, mais d'une création analogique de la 3ᵉ pers. pl. sur le modèle des deux autres formes du pluriel [nɔt] et [vɔt], d'autant plus que la forme n'est attestée que récemment et uniquement chez les locuteurs jeunes ou d'âge moyen (Rottet 2005a : 245).

▶ **[lø]**
- C'est leu métier. (NÉ – Hennemann, ILM, AF)
- C'est d'leu faute. (NÉ – Thibodeau 1988 : 77)

- pour prendre leu dollar (NB – Wiesmath 2, E : 162)
- parce la Sainte-Anne c'est leu/ leu patronne (NB – Wiesmath 2, F : 270)

- Chaque leu tour il ont venu avec leu famille. (TN – Brasseur 2001 : s.v. *chaque*, p. 103)
- [...] i ramassiont ça pou faire un drapeau pou leu petit. (TN – Brasseur 2001 : s.v. *drapeau*, p. 166)

▶ **[løz] + voyelle au singulier**
- Pis quanT qu'il aviont / i pardiont leur appétit [løzapeti][7] là i/ic/ i dounnaient une cuillérée a d/ à soupe de ça à tout les matins pour / pour / à pluS manger pis attraper ton appétit. (NÉ – Hennemann, ILM, EL)
- i faisiont leu-z-OWN savon (NB – Wiesmath 1, B : 810)
- i aviont tout' payé i aviont pris des assurances pour tout' qu'i ayont leu-z-argent pour payer le/ le/ le collège de leux enfants (NB – Wiesmath 2, F : 691)
- Y en a deux d'ieusses qui s'aviont fait un canot [kano] ; pis i les aviont sus le bord du cap u-ce que leu-z-échouerie tait. (TN – Brasseur 2001 : s.v. *échouerie*, p. 173)

▶ **[lor] (TN, LOU)**
- Si une personne va à la chasse ou de quoi de même, bien ... sus les darrières, loin de lor ... de lor chez ieusses, bien faut qu'i restont là la nuit. (TN – Brasseur 2001 : s.v. *lor II*, p. 279)
- lor chien, lors chiens (LOU – Phillips 1936 : 38)

▶ **La forme standard [lœr]**
- On a acheté des T-shirts, on a mis / des Tamoune / les Landry, c'est des Tamoune, c'est leur sobriquet. (NÉ – Hennemann, ILM, DO)
- la plupart ont leur OWN licence (NÉ – Hennemann, BSM, RL)
- comment que le monde va faire pour gagner euh comment qu'i gagneront leur vie [...] (NB – Wiesmath 3, G : 421)
- ça prendrait toute leur énergie (NB – Wiesmath 10, X : 59) (interview radiodiffusée)
- [...] Pis i preniont ça pour charrier leur boëtte les pêcheurs. Pis il appeliont ça un bidon. (TN – Brasseur 2001 : s.v. *bidon*, p. 55)

---

[7] Dans le corpus de Hennemann, *leur* se réalise généralement [lø] + consonne, [lœr] + voyelle ; la liaison avec [z] en contexte singulier est une exception.

- Et tout chacun élevait leur viande et leur volaille et tout ça. (LOU – DLF 2010 : s.v. *leur*[1], p. 365, AC) (pour les particularités de l'accord, *cf.* ci-dessous I.2.2.)
- j'ai été à leur église (LOU – *Découverte*, Isle Jean Charles, Terrebonne)

Commentaire

La forme *sen* de la 3e pers. sg., relevée à TN (Brasseur 2001 : s.v. *sen*, p. 417), « est au moins répandu[e] dans les parlers dialectaux de Picardie (Brasseur, enq. inédites), Normandie (Brasseur 1995 : 63 ; FEW 12, 481a suus) et Bretagne romane (Chauveau 1984 : 173–174) » ainsi que dans l'Est et en Suisse (FEW, *ibid.*, cité dans Brasseur 2001 : s.v. *sen*, p. 417). Foulet (1967 : 163) qualifie les formes *men*, *ten* et *sen* de « purement picardes ». Cette prononciation n'est pas signalée dans les autres parlers français du Canada (ALEC 1821c, 1859, 1872a). (*cf.* Brasseur 2001 : s.v. *sen*, p. 417).

L'amuïssement de *r+e* dans *notre*, *votre* est un fait ancien et un trait régulier de l'oral (*cf.* Blanche-Benveniste 2010 : 23s., *cf.* « Introduction »).

La forme *noutre* [nut] est dialectale et est attestée « notamment en poitevin et saintongeais (FEW 7, 194a noster) » (Brasseur 2001 : s.v. *noutre*, p. 320). L'antériorisation de la prononciation (*nutre* [nyt]) semble constituer une « évolution phonétique locale » de TN (Brasseur 2001 : XXXI et 320). La forme [vut], déjà attestée au XVIe s. (Brasseur 2001 : s.v. *voutre*, p. 473), se trouve également « dans le Centre et dans le sud-ouest du domaine d'oïl, en Nantais et Saintonge (FEW 14, 349b vester) » (Brasseur 2001 : s.v. *voutre*, p.473).

La prononciation de la forme *leur* sans [r] final devant consonne est la prononciation régulière en France aux XVIe et XVIIe siècles[8].

I.1.2 Pluriel du possédé

- 1re à 3e pers. sg. : *mes* [me(z)], *tes* [te(z)], *ses* [se(z)]
- 1re et 2e pers. pl. : *nos* [nɔ(z)], *vos* [vɔ(z)]
  en FL aussi : *notres* [nɔt] + consonne, [nɔtz] + voyelle ; [vɔtz] + voyelle[9]
- 3e pers. pl. :
  leu [lø] + consonne ; *leuz* [løz] + voyelle (FA/FTN[10])
  leur(s) [lœr] + consonne / [lœrz] + voyelle (FA/FTN/FL)
  En FL, les formes du standard, *leur(s)*, prédominent (*cf.* DLF 2010 : s.v. *leur*[1], p. 365), en FA/FTN, on relève tantôt l'une des formes, tantôt l'autre.
  rarement : *ieurs* [jœr] (FA) (Arrighi 2005 : 232)

▶ ***mes*, *tes*, *ses***
- La / la coutume était quanT j'étais de / dans l'hôpital, i me dounniont mes médecines à sept heures et d'mie. (NÉ – Hennemann, ILM, AF)
- Ah oui, ah oui, ah oui, tes sœurs jouent aux cartes, oui. (NÉ – Hennemann, ILM, CL)
- Pis elle m'a dit ses deux premiers maris est morts. (NÉ – Hennemann, ILM, CL)

- j'avais deux de mes frères qu'i ont été à la guerre (NB – Wiesmath 4, M : 51)

---

8 Prüßmann-Zemper (1986 : 53) note la forme *leu* dans le journal de Jean Héroard du début du XVIIe s., le premier médecin du dauphin, puis roi Louis XIII de France.
9 *Cf.* DLF (2010 : s.v. *notre*, p. 417), Papen/Rottet (1997 : 80), Guilbeau (1950 : 133). Les formes [nɔt^z] et [vɔt^z] sont attestées par Guilbeau (1950 : 133) surtout pour le langage des jeunes (à l'époque de son étude).
10 Pour le FTN, *cf.* Brasseur (2001 : s.v. *leu II*, p.274). Pour le FL, cette forme est attestée seulement par Ditchy (1932 : 138) : « Les femmes vienront avé leus hommes. » – La forme [løz] au pluriel est aussi courante aux Îles-de-la-Madeleine (*cf.* « pou leu=s études », IdlM – Falkert 2010, corpus : 243, p. 353).

- là tu pourrais faire goûter ça ton père pis tes parents pis zeux ont peut-être / . i saront peut-être quoi ce que c'est (NB – Wiesmath 1, B : 46–47)
- ben c'est plus moi qui pêche c'est le garçon pis ses deux garçons i s'amusont avec ça (NB – Wiesmath 3, D : 64)
- J'aimerais aller à France pour ène raison : pour voir si je pourrais découvrir mes racines (TN – Brasseur 2001 : s.v. *à*, p. 3)
- De même si tu le jouais, pas de danger, tes gages apetissiont oussi ! (TN – Brasseur 2001 : s.v. *apetisser*, p. 21)
- Ce tait un homme *smart*, Secardin. Oh ! I disent que quand qu'i était jeune i pouvait taper aussi bien avec ses pieds comme ses mains ! I tait tout à fait *smart* ! (TN – Brasseur 2001 : s.v. *smart*, p. 422)
- Je vas aux Opelousas pour ajuster mes lunettes. (LOU – DLF 2010 : s.v. *mon*[1], p. 403, SL)
- t'as du sang dessus tes mains et dessus ta chemise (LOU – Stäbler 1995 : 142, corpus)
- Il doit avoir proche ses quarante ans lui. (LOU – *Découverte*, Church Point, Acadia)

▶ *nos* (FA/FTN/FL) / *notres* (FL), *vos* (FA/FTN/FL)

- Et pis / euh / dans ces temps-là, dans nos jeunes temps, i y avait point de messe à matin. (NÉ – Hennemann, PUB, ID)
- [...] si vous voulez le traîner avec votre goule avec vos dents je vous donnerais un lapin (NÉ – Arrighi 2005, corpus, Marcelin NÉ 2 : 567–568)
- ah oui on *usait* nos bottes pour nos GOAL (NB – Wiesmath 1, B : 747)
- comment ce ça s'a / ça s'a passé toutes vos [voz] affaires ? (NB – Wiesmath 8, Q : 84)
- Nous autres avec nos rouets eh bien je faisons la marchette aller là, pis je faisons de même avec notre laine pis je la mettons sus le fuseau. (TN – Brasseur 2001 : s.v. *marchette*, p. 290)
- [...] Si vous faisez un dîner un bon dîner avec de la viande pis des patates, pis des choux-raves, de quoi de même, alors vous prenez vos doballes, vous mettez ça par-dessus. (TN – Brasseur 2001 : s.v. *doballes*, p. 163)
- Sur nos bateaux, ces trawleurs on parle tout français. (LOU – DLF 2010 : s.v. *notre*, p. 417)
- il fallait dire toutes nos prières [i fa le dir tu nɔt prijɛr] (LOU – Conwell/Juilland 1963 : 135[11])
- [...] on voulait pas parler français avec notres enfants (LOU – Rottet 2001 : 120, loc. âgée)
- Eusse nous mettait dessus notres genoux si on parlait en français. (LOU – DLF 2010 : s.v. *notre*, p. 417, TB)
- vos amis [voz ami] / [vɔtz ami] (LOU – R. Guidry, com. pers.)

▶ [lø] + consonne

- SO les enfants étaient touT là avec leux femmes. (NÉ – Hennemann, ILM, CL)
- après i-y-ont touT pris les frères pis les sœurs avec leux maris. (NÉ – Hennemann, ILM, CL)
- i teindiont leux hardes (NB – Wiesmath 1, B : 837)
- euh eux-autres am/ menaient leux vaches dans un parc qu'était avant le nôtre (NB – Wiesmath 7, O : 570)
- Les pus vieilles, i faisont des couettes ici là, i prenont leux cheveux pis i les roulont comme ça, i faisont une couette. (TN – Brasseur 2001 : s.v. *couette*, p. 127)

---

[11] Conwell/Juilland (1963 : 135) parlent de l'emploi du déterminant singulier dans un contexte pluriel ; précisons cependant que d'autres auteurs confirment que la forme [nɔt] est établie comme forme aussi bien du singulier que du pluriel en FL.

- Asteure par ici là, si i tiront leus quatre vaches là, t'aras encore pas assez de beurre. (TN – Brasseur 2001 : s.v. *tirer*, p. 447)

▶ **[løz] + voyelle**
- tant que les/ leux animaux à eux-autres arriivaient là [...] (NB – Wiesmath 7, O : 575–576)
- Asteure i... i nourrisiont leus enfants pour pas venir en famille. (TN – Brasseur 2001 : s.v. *famille (en-)*, p. 196)

▶ **[lœr(z)] (= FS)**
- Comme zeux asteure, pour aller à l'école, ça a des autos de vingt/ trente mille dollars à leurs parents que ça va à l'école avec. (NÉ – Hennemann, BSM, SC)
- ben c'est drôle de/ d'entendre leurs remarques hein (NB – Wiesmath 2, F : 753)
- J'yeux dis de montrer à leurs enfants parler français. (LOU – Rottet 2001 : 125, loc. âgée)
- mais leurs parents les a pas rien donné parce qu'ils étiont pas adoptés (LOU – *Découverte*, Hessmer, Avoyelles)

▶ *ieurs* **[jœr(z)]**
- i osent pas ien dire à ieurs frères pis ieurs sœurs (NB – Arrighi 2005 : 232, Zélia NB 17 : 194)
- c'est pas ieurs affaires (NB – Arrighi 2005, corpus, Zélia NB 17 : 196–197)

Par contraste avec le français de France, la liaison avec [z] ne s'effectue pas toujours devant voyelle.
- Oui, il faut que ses / ses [se] entrevues, pis-p-après ça. (NÉ – Hennemann, ILM, DO)

I.2 Particularités d'emploi

Notons quelques particularités d'emploi concernant l'usage des déterminants possessifs.
- Fréquemment, le groupe possessif est renforcé par la particule -*là*, rarement par -*(i)ci(tte)* (type : *mes beaux souliers clairs là*, Arrighi 2005 : 425). Comme ces particules accompagnent aussi d'autres déterminants (type : *le château là*, Arrighi 2005 : 423 ; *ste métier là*, Arrighi 2005 : 423), elles sont traitées séparément dans le contexte plus large des emplois divers de la particule *là* dans les chap. « Les déterminants et les pronoms démonstratifs », III.1., et « La connexion », II.1.
- Très fréquemment, le groupe possessif est renforcé par le pronom personnel disjoint, précédé de la préposition *à* : *mes propres enfants à moi* (*cf.* I.2.1.).
- On remarque certaines particularités plus ou moins systématiques concernant l'accord (*cf.* I.2.2.).

I.2.1 Le renforcement du groupe possessif

Les constructions avec renforcement du déterminant possessif par *à* + pronom personnel tonique correspondent certes à la norme du FS. Notons pourtant par rapport au FS
- la fréquence élevée de la construction (*cf.* dans le même sens Chaudenson et al. 1993 : 110) ;

– les formes particulières du pronom personnel tonique : *elle/ielle, nous-autres, vous-autres, eux-autres* ; *zeux* pour la 3ᵉ pers. pl. (FA/FTN) ; *moi* et, en FL, *mon* pour la 1ʳᵉ pers. sg. (*cf.* le chap. « Les pronoms personnels »).
- Les prêtres a leux / a leux idées à zeux (NÉ – Hennemann, ILM, EL)
- J'étais obligé d'y traduire à notre langage à nous-autres pour qu'il comprinît. (NÉ – Hennemann, ILM, CL)

- c'était mon cousin son père à lui c'était un frère à mon grand-père (NB – Wiesmath 7, O : 418)
- on a pas de décision à faire nous autres c'est notre décision à nous deux (NB – Wiesmath 2, F : 765)
- tant que les/ leux animaux à eux autres arrivaient là (NB – Wiesmath 7, O : 575)
- non non celle-là, c'était à mon / à . . l'homme de ma/ de ma sœur leu grand/ leu père à zeux (NB – Wiesmath 3, D : 20–21)

- De ma petitesse à moi mon grand-père, quand je grandissais un peu i avait déjà sa paye de vieux. (TN – Brasseur 2001 : s.v. *petitesse*, p. 344)
- il va pas la mettre avec ma voix à moi. moi je vote pas pour (LOU – Stäbler 1995 : 81, corpus)
- Et mon z'vas montrer à mes enfants à mon à parler en français [...] (LOU – Rottet 2001 : 122, locuteur jeune)
- WELL, tu sais qui est mon idée à mon, ça se croit de trop, ça veut pas parler français. (LOU – Rottet 2001 : 127, loc. âgée)
- on faisait notre maïs à nous-autres (LOU – Stäbler 1995 : 200, corpus)

Notons, dans ce contexte, que le pronom personnel tonique peut être renforcé à son tour par l'adverbe *-même* (*cf.* le chap. « Les pronoms personnels », VIII.6.) :
- mon plus vieux i a sa/ sa/ . sa RIG de pêche à lui-même. (NB – Wiesmath 5, C : 161–162)
- C'est sa façon à lui-même, sa jouerie. (TN – Brasseur 2001 : s.v. *jouerie*, p. 262)
- tes mots à toi-même [te mo a twa mɛm] (LOU – Conwell/Juilland 1963 : 150)
- Asteur moi j'ai ma compagnie à moi-même et je suis un politicien. (LOU – DLF 2010 : s.v. *moi-même*, p. 401, TB)
- On avait tout le manger naturel, on avait notre poulet à nous-autres-mêmes, on avait notre cochon à nous-autres-mêmes, on avait notre lait à nous-autres-mêmes. (LOU – DLF 2010 : s.v. *nous-autres*, p. 419, LF)
- Là, j'ai monté mon BAND à moi-même. (LOU – DLF 2010 : s.v. *moi-même*, p. 401, EV)
- Tes enfants à toi-même. (LOU – DLF 2010 : s.v. *toi-même*, p. 618, EV)

Pour la 3ᵉ pers. sg. notamment, la construction prépositionnelle aide à identifier le possesseur ; dans ce cas, le groupe prépositionnel (*à* + pronom tonique) s'emploie aussi en FS :
- Pis ça fait c'est son homme à ielle. (NÉ – Hennemann, ILM IS)
- j'asseye de me rappeler de son petit nom . à elle (NB – Wiesmath 7, O : 59)
- sa grand-mère à elle c'était une Rintenne (LOU – Stäbler 1995 : 139, corpus)
- C'est un enfant placé, mais alle l'aime comme ses enfants à elle. (LOU – DLF 2010 : s.v. *son*, p. 587, TB)
- ses petits à elle, sa femme à lui, sa fête à elle (LOU – Conwell/Juilland 1963 : 184)
- Alle avait un oncle, et c'était son oncle à elle aussitte (LOU – *Découverte*, Pointe-aux-Chênes, Terrebonne)

Parfois, la possession/l'appartenance est marquée de manière redondante par l'adjectif *propre* et le groupe prépositionnel.

- moi je disais euh <je suis trop française . pour aller parler anglais à mes propres enfants à moi> (NB – Wiesmath 2, F : 347)

Commentaire
Le renforcement de la construction possessive par le groupe prépositionnel (à + pronom personnel), déjà répandu aux XVe et XVIe s.[12], reste courant dans le langage parlé en France, au Québec et ailleurs dans le monde francophone[13].

La construction périphrastique est à l'origine des constructions exprimant la possession/l'appartenance dans les créoles des Antilles (Chaudenson et al. 1993 : 111, Chaudenson 2003 : 303–311).

I.2.2 Les particularités de l'accord

Les particularités concernant l'accord sont plus ou moins systématiques.

- Le déterminant possessif de la 3e pers. pl. apparaît systématiquement au lieu de *son, sa, ses* en présence d'un sujet collectif, notamment *le monde* « les gens », *tout chacun* (« tout le monde » ; mais la série du singulier *son/sa/ses* est également possible dans ce contexte) :
  - [...] ben i y a encore du monde je crois ben que leu parole est bonne mais i y en a qu'alle est pas (NB – Wiesmath 1, R : 879–880)
  - il 'n a du monde qui/ . qu'a pour travailler tout leur vie (LOU – Stäbler 1995 : 208, corpus)
  - Et tout chacun élevait leur viande et leur volaille et tout ça. (LOU – DLF 2010 : s.v. *leur*[1], p. 365, AC)

- Occasionnellement, on relève le déterminant possessif du singulier au lieu du pluriel, surtout à la 3e personne.
  - Oui, zeux / zeux visitiont beaucoup ici ses petits-enfants là (NÉ – Hennemann, PUB, ID)
  - ceux-là qu'avaient des <grands habits [grãdzabi]> ils aidaient à son voisin de . de mettre son coton (LOU – Stäbler 1995 : 200s., corpus)

- En FL, la distinction entre *tu* et la forme de politesse, *vous*, est devenue floue (*cf.* chap. « Les pronoms personnels », III et IV), ce qui se traduit également dans le choix du déterminant possessif.
  - vous rencontrez toutes tes FRIENDS (LOU – Conwell/Juilland 1963 : 135, note 26)

- Par contre, l'emploi plus conséquent de la forme du singulier de la 1re et de la 2e pers. devant un nom au pluriel ([mɔ̃n]/[tɔ̃n] au lieu de [me]/[te]), tel qu'il est relevé par Dajko (2009) et par Rottet (2001 : 217s., à propos de l'usage des semi-locuteurs) en FL, n'est pas signalé dans les autres régions et il constitue le signe évident d'une perte de compétences langagières.
  - mon parents travaillait bien dur qu'on va à l'école (LOU – Dajko 2009 : 194)
  - Ça c'est le tiroir évou tu mettes ton fourchettes ? (LOU – Rottet 2001 : 217, semi-locuteur) (L'exemple anglais à traduire en français prévoyait un pluriel: « your spoons » – « tes cuillers »)

---

12 *Cf.* Chaudenson et al. (1993 : 113), qui renvoient à Brunot (1967 : 478).
13 Pour le parler hexagonal, *cf.* par ex. Frei (1929 : 72), Brunot/Bruneau (1949 : 244), Bauche ([2]1951 : 90), Hanse (1991 : s.v. *Adjectifs possessifs*, p. 40). Pour le FQ, *cf.* par ex. le *Corpus de français parlé au Québec*, http://recherche.flsh.usherbrooke.ca.

• Mon cousinzes [kuzẽz] va à acheter gumbo. (LOU – Rottet 2001 : 218[14], semi-locutrice)

– Rottet (2001 : 217s.) note aussi, dans le parler des semi-locuteurs de moins de trente ans, des tendances à employer la forme du possessif masculin – *mon* – comme forme invariable (41 % des cas dans le corpus de Rottet) (*cf.* en anglais la forme invariable *my*).

II Les pronoms possessifs

Les pronoms possessifs sont rarement employés[15], notamment le pronom possessif de la 3ᵉ pers. pl. qui est même considéré comme « inexistant » par plusieurs auteurs.

D'autres stratégies servent, en général, à remplacer les pronoms possessifs, par ex. le tour *être à* + pronom personnel tonique : *c'est à zeux* (*cf.* Péronnet 1989a : 139).

Là où les pronoms possessifs sont employés, leurs formes et leur usage correspondent largement au FS.

Les formes des pronoms possessifs sont les suivantes :
Le possesseur est la...
– 1ʳᵉ pers. sg. : *le mien, la mienne, les miens, les miennes*
– 2ᵉ pers. sg. : *le tien, la tienne, les tiens, les tiennes*; notons que la consonne *t*, suivi de *i*, peut être affriquée : [tʃ] (*cf.* pour le FL : DLF 2010 : s.v. *tien*, p. 615, Guilbeau 1950 : 161).
– 3ᵉ pers. sg. : *le sien, la sienne, les siens, les siennes*
– 1ᵉ pers. pl. : *le, la, les nôtre(s)* [not] à côté de *le/la/les* [nɔt] (Péronnet 1989a : 139 ; DLF 2010 : s.v. *nôtre* [nɔt(r)], p. 418)
– 2ᵉ pers. pl. : *le, la, les vôtre(s)* [vot] à côté de *le/la/les* [vɔt] (Péronnet 1989a : 139 ; DLF 2010 : s.v. *vôtre* [vot(r)], p. 657)
– 3ᵉ pers. pl. : *le, la, les leur(s)* [lœr] ; *le, la, les leux* [lø] – très rare, voire inexistant[16]

Contrairement à ce qui se passe en FA/FTN pour le déterminant possessif, la forme du pronom possessif de la 3ᵉ pers. pl., *leur*, se prononce en règle générale avec la consonne finale *-r* [lœr]/[løʀ]. Nous pouvons avancer deux raisons pour expliquer ce phénomène : (1) il s'agit d'une forme standard et ce sont les locuteurs les plus standardisants qui s'en servent ; (2) le pronom n'étant pas suivi d'un nom, la prononciation avec la consonne finale s'impose.

En FTN et en FL, l'article défini peut être remplacé par le déterminant possessif : *leur leur* (TN – Brasseur 2001 : s.v. *leur leur* [løʀ løʀ], p. 274), *mon mien, ton tien* (LOU – DLF 2010 : s.v. *tien*, p. 615). Papen/Rottet (1997 : 87) situent cette forme dans la paroisse de Terrebonne (locuteurs jeunes).

---

14 Signalons que Rottet (2001 : 218) parle, dans ce cas, d'un « very imperfect speaker ». Pour la forme *cousinzes*, *cf.* le chap. « Le nombre », note 22.
15 Pour le FL, Conwell/Juilland (1963 : 150, note 63) différencient selon les paroisses : les pronoms possessifs seraient, selon eux, inexistants dans les paroisses LA, SL et SM ; en revanche, ils seraient « fréquents » dans les paroisses AV et TB.
16 Pour le Sud-Est du NB : Péronnet (1989a : 139) ; pour la LOU : Guilbeau (1950 : 162), Brandon (1955 : 450), Papen/Rottet (1997 : 87) ; non signalé dans le DLF 2010.

- Les temps étaient pluS durs dans c'té temps que c'est / il étiont dans le mien. Dans le mien, c'était dur mais zeux dans leur i étiont encore plus durs BECAUSE c'est pas / oui, c'est pas ... (NÉ – Hennemann, ILM, AF)
- pis des fois tu peux oublier tes médecines pis / coumme moi, j'ai oublié de prendre la mienne à matin. (NÉ – Hennemann, ILM, AF)
- Pis moi pis elle on s'en était tout seules avec le / avec son char. Pis lui ben i en mnait avec le sien. (NÉ – Hennemann, ILM, AF)
- Et pis son français est différent que le nôtre. (NÉ – Hennemann, ILM, CL)
- i dit <non BUT ça nen prendrait deusses comme la tienne pour nen faire la sienne> (NB – Wiesmath 8, Q : 130)
- pis on a chargé le bateau . à capacité là . on a été avec le voisin pour remplir le sien. (NB – Wiesmath 5, C : 44)
- on voulait pas que les vaches/ nos vaches allent dans leu parc pis que le leux viennent dans le nôtre . (NB – Wiesmath 7, O : 581)
- Le gars qui voulait des bas là, il a vu les miens, pis nen veut ène paire. (TN – Brasseur 2001 : s.v. *bas* II, p. 45)
- Le gars qui fauche mon foin, lui i met le sien en ballots pace qu'il a la mécanique pour. (TN – Brasseur 2001 : s.v. *mécanique*, p. 295)
- S'i avont siné comme quoi que ... c'est pas à ieusses pou le restant de leurs jours, bien... c'est ça, c'est leur leur. (TN – Brasseur 2001 : s.v. *leur leur*, p. 274)
- j'ai levé la couverte et le drap – aujourd'hui moi j'ai fait les miennes – oh, t'as fait les tiennes aujourd'hui – hoh ya ... mais j'ai fait les miennes avant de sortir de la chambre (LOU – Stäbler 1995 : 46, corpus)
- Tous mes mêmes numéros j'ai sur la mienne là, faut que tu l'aies sur la tienne [tʃẽn] avec mon nom et mon adresse et tout dessus. (LOU – DLF 2010 : s.v. *tien*, p. 615, TB)
- ils disent on peut pas louer les nôtres (LOU – Stäbler 1995 : 55, corpus)
- Le son de leur voix est différent que le nôtre. [...] (LOU – DLF 2010 : s.v. *nôtre*, p. 418, TB)

Retenons quelques spécificités du FL :
- La distinction des genres peut être nivelée dans la forme du pronom possessif qui résulte du double effet de l'assimilation régressive et de la prononciation de la consonne nasale au masculin comme au féminin : *le mien* [ləmjẽn], *la mienne* [lamjẽn] (*cf*. Brandon 1955 : 450) ; l'article indique le genre grammatical. La série complète des pronoms possessifs est alors : [mjẽn, tjẽn/tʃẽn, sjẽn, nɔt, vot, lør/lœr]. Le DLF (2010 : s.v.) atteste aussi les formes sans la consonne nasale [mjẽ], [tʃẽ], [sjẽ].
- Pour la 2ᵉ pers. sg., Ditchy (1932 : 22) indique aussi la variante phonétique *quien* [kjẽn][17].
- La première consonne du déterminant possessif du singulier précède parfois les formes de *mien*, *tien* et *sien* : [mləmjẽn] « le mien », [mlamjẽn] « la mienne », [mlemjẽn] « les miens », [tlətjẽn] « le tien », etc. (Papen/Rottet 1997 : 87, Guilbeau 1950 : 161s.). Papen/Rottet (1997 : 87) situent ce phénomène dans la paroisse de Lafourche.
  - Il a amené s'le sien [sləsjẽn] avec lui. (LOU – Papen/Rottet 1997 : 88)
  - T'as bu te le tien ? (LOU – DLF 2010 : s.v. *tien*, p. 615, LF) (« Did you drink yours ? »)

---

[17] Signalons dans ce contexte la forme du pronom possessif en créole louisianais avec [k], par ex. pour la 1ʳᵉ pers. sg. : [mɔtʃẽn]/[mɔkẽn] (*cf*. Neumann 1985 : 177, Klingler 2003 : 212–215).

– Les jeunes locuteurs de Terrebonne et de Lafourche ont tendance à placer le déterminant possessif, et non l'article, devant le pronom possessif : *ton tien* (Papen/Rottet 1997 : 87, *cf.* aussi DLF 2010 : s.v. *tien*, p.615, LF)
– Le DLF (2010 : s.v. *tien*, p. 615) signale aussi un exemple où le pronom tonique précède le pronom possessif : *eusse tien(ne)s* (*cf.* aussi Papen/Rottet 1997 : 87).
  • Mes paroles de ma bouche sort pas pareil comme eusse tiennes. (LOU – DLF 2010 : s.v. *tien*, p. 615, LF)

– Ditchy (1932 : 22s.) indique deux constructions périphrastiques de remplacement :
  – Le pronom démonstratif, renforcé par *-là*, précède le groupe prépositionnel *à* + pronom tonique : *cil-là à nous-autres* (« le nôtre »), *cil-là à vous-autres* (« le vôtre »), *cil-là à zeux* (« le leur »).
  – L'article défini précède ce groupe (dans ce cas, le pronom démonstratif n'est pas forcément renforcé par *-là*) : *la celle* ou *la c'telle à nous autres* (« la nôtre »), *la celle* ou *la c'telle-là à vous autres* (« la vôtre »), *la celle* ou *la c'telle-là à zeux* (« la leur »), *les ceux à moi* (« les miens »), *les ceux à toi* (« les tiens »), *les ceux à lui* (« les siens »).
  Nous ne sommes pas en mesure de confirmer ces constructions pour les corpus dépouillés.

Commentaire

Dans le non-standard hexagonal, la 1re et la 2e pers. pl. des pronoms et des déterminants possessifs se prononcent sans *-re* : [nɔt]/[nɔt], [vɔt]/[vɔt][18]. Les formes *la leur*, *les leurs* sont signalées comme étant « rares » (Bauche ²1951 : 95). Des périphrases comportant, par ex., les pronoms personnels disjoints – *à eux*, *à elles* – remplacent les pronoms possessifs (*cf.* Hanse 1991 : s.v. *Adjectifs possessifs*, p. 38). Si tant est qu'ils soient employés, les pronoms peuvent être renforcés par le pronom personnel disjoint : *le sien à elle, la sienne à elle, l'leur à eux* (Bauche ²1951 : 96).

III Autres constructions pour exprimer un rapport d'appartenance

III.1 Le rôle de la préposition *à*

Des constructions avec la préposition *à* qui marque la possession ou l'appartenance remplacent fréquemment les déterminants et les pronoms possessifs ; la préposition *à* est régulièrement préférée à *de* lorsqu'il s'agit de signaler un rapport spécial (notamment un lien de parenté)[19].
  • le frère à Judy (NÉ – Hennemann, ILM, CL)
  • touT ces enfants là, il étiont mariés, pis il aviont des petits-enfants à zeux. (NÉ – Hennemann, ILM CL)
  • ielle, c'est sa mère qu'était la première cousine à ma mère. (NÉ –Hennemann, ILM, CL)

---

[18] Pour la tendance générale en français parlé à la chute de *-re/-le* après les occlusives *cf.* « Introduction » et Blanche-Benveniste (2010 : 23s.).
[19] *Cf.* aussi Gérin/Gérin (1982 : 142s.), Arrighi (2005 : 327–329), Hennemann (2014 : 199), DLF (2010 : s.v. *à*, p. 3).

- nous-autres on va manger dimanche sus mon père pis l'on vient ici pis on va sus sa mère à mon homme... (NÉ – Hennemann, BSM SC)
- le gendre à Joe i avait onze cents livres la première pêche là presque douze cents (NB – Wiesmath 3, D : 418–419)
- ah ça c'est de la famille à Sylvain (NB – Wiesmath 6, L : 273–274)
- après ça ce tait un char à mon père (NB – Arrighi 2005, corpus, Suzanne L. NB 18 : 555)
- C'est le père à Mike qu'a fait cette-là. (TN – Brasseur 2001 : s.v. *cette-ci, cette-là*, p. 99)
- La femme à Édouard, elle avait déménagé. (LOU – DLF 2010 : s.v. *à*, p. 3, SL)
- [...] sa mère c'était une Carrière, une fille à Pierre Carrière (LOU – *Découverte*, Pointe Noire, Acadia)
- et 'na plein du monde eusse est après apprendre pour eusse-mêmes comment parler en français pour montrer à les enfants à eusse. (LOU – Rottet 2001 : 122, locuteur jeune)

De n'est que sporadiquement relevé dans cette construction[20] :
- Pis là, pour ses parents de lui, on l'avait fait à leur quarantième [...] (NÉ – Hennemann, BSM, SC)
- la femme de son/ de lui reste dans c'te maison-là (NÉ – Hennemann, ILM, EL)

Commentaire

Dans l'ancien usage, les deux prépositions – *à* et *de* – coexistent pour exprimer l'appartenance/la possession ; *à* sert notamment à exprimer un lien de parenté. *À* reste vivant dans cette fonction dans le non-standard de France ainsi que dans les variétés laurentiennes, dont le FQ, et dans le français de Old Mines (Missouri)[21]. Chaudenson et al. (1993 : 110s.) signalent des parallèles avec certains créoles à base française où la marque possessive remonte au pronom personnel tonique postposé.

III.2 Le pronom personnel disjoint employé à la place du déterminant possessif

Parfois, les pronoms personnels toniques au pluriel apparaissent dans la fonction et la position du déterminant possessif (TN, LOU) :
- *ieux* – TN (*cf.* Brasseur 2001 : s.v. *ieux*, p. 254 ; Brasseur qualifie cet emploi de *rare*.)
- *nous-autres, vous-autres, eux-autres, eusse* [/nuzɔt/, /vuzɔt/, /øzɔt/, /øs/] – LOU (Papen/Rottet 1997 : 80 ; DLF 2010 : s.v. *eusse*[1], p. 267).
  - [...] faulait qu'il alliont vendre ieux poisson, pis là acheter ieux provisions pour l'hiver. (TN – Brasseur 2001 : s.v. *ieux*, p. 254)
  - [nuzɔt mezɔ̃] « notre maison » (LOU – Papen/Rottet 1997 : 80)
  - C'est ça qu'eusse mettait eusse viande salée dedans. (LOU – DLF 2010 : s.v. *eusse*[1], p. 267, TB)
  - Et si un homme et sa femme s'accordaient pas, WELL, ça c'était eux-autres coutume à rester ensemble. Et ça boudait, ça se parlait pas, [...] mais y avait jamais de divorce. (LOU – DLF 2010 : s.v. *coutume*, p. 168, TB)

---

[20] *Cf.* aussi Haase (1965 : 32) : « Dans l'ancien français et souvent encore au XVIe siècle, on employait pour marquer la possession, à la place du pronom possessif *atone*, le pronom personnel *tonique* avec *de*. »
[21] Pour l'histoire, *cf.* Brunot (1966, 2/III : 614), Haase (1965 : 322), Poirier (1993 [1925] : s.v. *à*) ; pour le non-standard contemporain, *cf.* Grevisse/Goosse (2008 : § 352, p. 435), Bauche (^{2}1951 : 122 et 155). – Pour le FQ, *cf.* par ex. le *Corpus de français parlé au Québec* et le GPFC s.v. *à* ; pour Missouri, *cf.* Thogmartin (1970 : 65).

III.3 Les constructions pronominales

Les constructions pronominales peuvent servir à signaler l'appartenance ; c'est le cas, notamment, avec les parties du corps (mais *cf.* pour les différences par rapport à la langue standard, le chap. « Les constructions pronominales », II.3.).

- elle était tellement haute que fallait se lever la tête pour lui parler (NÉ – Hennemann, ILM, MS)
- [À propos d'un chien de chasse]. I se mettait la tête par-dessus ton épaule, pis i veillait, i regardait partout ! (TN – Brasseur 2001 : s.v. *veiller*, p. 465) (= « Il mettait sa tête sur ton épaule »)

En FA et en FL, on ajoute volontiers le pronom réfléchi pour signaler toute sorte d'appropriation (*cf.* Riegel et al. 2011 : 438 ; *cf.* le chap. « Les constructions pronominales », II.2.2.).

- Pis après ça je me faire [sic] cuire de la / des / des / les CHICKEN dans/dans le fourneau (NÉ – Hennemann, ILM, IS)
- hm ben eux i se faisaient pas mal d'argent hein (NB – Arrighi 2005, corpus, Ronald NB 9 : 154)
- ben c'est que tu dis ben au moins tu/tu/tu te sauves l'argent sus les impôts (NB – Arrighi 2005, corpus, Catherine NB 19 : 547–548)
- tu te prends un bateau (LOU – Stäbler 1995 : 140, corpus)
- et puis il a pour se gagner de la propriété à la sueur de son front (LOU – Stäbler 1995 : 202, corpus)

Les déterminants indéfinis

Préliminaires

I	**Les déterminants indéfinis simples**
I.1	*aucun, pas un*
I.2	*quelque*
I.3	Les déterminants de la pluralité indéfinie
I.3.1	*plusieurs* et *quelques*
I.3.2	*certains, certaines*
I.3.3	*différents*
I.4	*chaque*
I.5	*tel*
II	**Les déterminants indéfinis composés**
II.1	Le type : « adverbe de quantité + *de* + nom »
II.1.1	*assez de*
II.1.2	*beaucoup de*
II.1.3	*(pas) grand*
II.1.4	*gros de*
II.1.5	*joliment de*
II.1.6	*plein de*
II.1.7	*(si) tant de, (si) tellement de*
II.2	Le type : « *un(e)* + nom de quantité + *de* »
II.2.1	*une beauté de*
II.2.2	*un(e) couple de*
II.2.3	*un lot* [lo]/[lɔ] *de* / A LOT [lɔt] *de*
II.2.4	*en masse de*
II.2.5	*un (pe)tit peu de, un (pe)tit brin de, une miette de, un petit de*
II.2.6	*un tas de(s)*
II.2.7	*une tra(l)lée de*
II.2.8	*une tapée de*
II.3	Le déterminant composé *n'importe quel, n'importe qui*

Les déterminants indéfinis

Préliminaires

Le nombre de déterminants indéfinis en FA, FTN et FL est réduit par rapport au FS et on remarque quelques spécificités d'emploi de ceux qui sont utilisés dans les variétés concernées[1].

Notons que beaucoup de déterminants indéfinis fonctionnent aussi comme des pronoms (*pas un, plusieurs, certains, beaucoup, chaque* etc., *cf.* le chap. « Les pronoms indéfinis »), mais que ce n'est pas toujours le cas (*cf. quelques, différents*). Quelques déterminants indéfinis du standard (*certain, tel, différents*) ont un statut ambivalent en FA, FTN et FL : ils sont parfois accompagnés d'un article et parfois employés sans article, et ce dans une seule et même fonction. Leur statut oscille donc entre celui de déterminant et celui d'adjectif[2].

I Les déterminants indéfinis simples

I.1 *aucun, pas un*

Nul, aucun et *pas un* indiquent une quantité nulle. Alors que *nul* – relevant du registre littéraire en France – n'existe que dans le tour figé *(en) nulle part* (LOU – DLF 2010 : s.v. *nulle*, p. 420), *aucun* est attesté – rarement – dans toutes les régions. Dans le corpus acadien d'Arrighi (2005 : 401), *aucun* est le fait uniquement des locuteurs les plus standardisants et il n'apparaît que dans des situations formelles. Dans le corpus néo-brunswickois de Wiesmath (2006), il n'y a qu'une occurrence de *aucun* dans le sens négatif (« pas un »), et ce dans une situation de communication formelle.

Déterminant, *aucun* est variable en genre, mais la distinction des genres est neutralisée devant voyelle (*cf.* aussi le chap. « L'article », II, pour l'article indéfini *un*).

Signalons quelques particularités phonétiques :
- En FA, on note les formes [okɛ̃(n)], [otʃɛ̃(n)], [okyn], [otʃyn] (Péronnet 1989a : 73). En contexte vocalique, seules existent les formes [okɛ̃(n)], [otʃɛ̃(n)] pour les deux genres (Péronnet 1989a : 73).

---

1 Nous ne traiterons pas, dans le présent chapitre, des différents rôles de l'élément *tout, cf.* le chap. « Tout ».
2 En tant qu'adjectifs indéfinis, *même* et *autre* ne présentent pas d'écart par rapport au français hexagonal. Il en sera question dans leur emploi pronominal (*cf.* le chap. « Les pronoms indéfinis », III.1. et III.2.) et dans le contexte de la comparaison (*cf.* le chap. « La comparaison et le rapport proportionnel », II.1.). – Notons que la terminologie des grammairiens divergent entre *adjectifs* (par ex. Chevalier et al. 1964 : § 409ss., p. 265ss.) et *déterminants* (Riegel et al. 2011 : 292ss.) pour qualifier les éléments traités dans ce chapitre ainsi que d'autres éléments accompagnant le substantif. Pour une démarcation entre les deux catégories, *cf.* Riegel et al. (2011 : 276–278). Bien qu'inspiré de la terminologie de Riegel et al., le présent chapitre ne traitera pas des articles : pour permettre un tour d'horizon de l'emploi des articles définis et indéfinis, nous leur consacrons un chapitre spécifique (*cf.* le chap. « L'article »).

- En FTN, on relève la forme [okɛ̃]³ et la forme affriquée : [otʃɛ̃] (Brasseur 2001 : s.v. *aucun*, p. 32).
- Pour le FL, le DLF (2010 : s.v. *aucun*, p. 46) note les formes [okœ̃, okɛ̃, okyn, okœ̃n, okɛ̃n].

Aucun peut être employé sans particule négative mais souvent, il est précédé de *pas* ou d'une autre particule de négation (*plus, jamais*) (*cf.* aussi le chap. « La négation »).
- c'est comme j'ai dit on / on ferme pas les portes à aucun pays (NÉ – Hennemann, BSM, BM)
- la machine une / une euh . a une vie d'à peu près trente-cinq ans. puis euh i y a aucun euh aucune maintenance (NB – Wiesmath 12, J : 175–174)
- Pis y avait jamais aucun trouble. (TN – Brasseur 2001 : s.v. *trouble*, p. 458)
- À présent y a pas aucun jubier à oir, pas di tout (TN – Brasseur 2001 : s.v. *di*, p. 161)
- Il follait que ça soye bien bien bien soigné pour être sûr que aucun z-essence ou aucun n-huile va pas dans les eaux. (LOU – DLF 2010 : s.v. *aucun*¹, *e*, p. 46, LF)
- J'en veux pas aucune qualité. (LOU – DLF 2010 : s.v. *aucun*¹, *e*, p. 46, LF) (« I don't want any kind. »)
- Pas aucune femme. (LOU – DLF 2010 : s.v. *aucun*¹, *e*, p. 46, LF)
- Well, ça [sic] pas pris aucun temps. (LOU – DLF 2010 : s.v. *aucun*¹, *e*, p. 46)

Dans les cas où *aucun* n'est pas renforcé par *pas* ou une autre particule de négation, il peut avoir une valeur positive (« quelque », « quel qu'il soit », « n'importe ») :
- I a dit qu'[otʃɛ̃] temps que j'arais besoin de lui, d'aller le trouver (NB – Péronnet 1989a : 73) (« à n'importe quel moment »)
- [otʃyn] chose que je commanderai de rentrer dans mon sac, que ça y rentre (NB – Péronnet 1989a : 73) (« quoi que ce soit que... »)

Pour le FTN, Brasseur (2001 : s.v. *aucun*, p. 32s.) relève le canadianisme (TLF 3, 902b) *dans aucun temps* « promptement », « n'importe quand » et la forme originale *d'aucuns temps* « quelquefois » ; *cf.* aussi, pour le FL, le DLF (2010 : s.v. *aucun*¹, *e*, p. 46).
- [À propos d'un chien de chasse.] I nageait deux fois à la vitesse du jubier ! Il l'attrapait dans aucun temps ! (TN – Brasseur 2001 : s.v. *aucun*, p. 32)
- [À propos du chaouin]. S'i va pas s'enlever avec [la poule], d'aucuns temps il arait iu, il arait raché le cœur de dedans ! (TN – Brasseur 2001 : s.v. *arracher, racher*, p. 26)
- Il va être ici dans aucun temps. (LOU – DLF 2010 : s.v. *aucun*¹, *e*, p. 46, SM)

La forme analytique *pas un/pas une* s'emploie dans le sens de « aucun », « nul » comme en français hexagonal.
- huche pas un mot huche pas rien (NÉ – Arrighi 2005, corpus, Marcelin NÉ 2 : 97)
- je *mouve* à la ville parce que j'ai dit y aura pas un enfant d'instruit icitte (NB – Arrighi 2005, corpus, Évangéline M. NB 4 : 18)
- y a pas un homme là qu'on verrait là oh (NB – Arrighi 2005, corpus, Suzanne NB 18 : 4)

---

3 Dans le cas de la transcription [ocɛ̃], il s'agit sans doute d'une coquille dans Brasseur (2001 : s.v. *aucun*, p. 32).

- Pis y a d'autres endroits, tu trouveras pas un prusse pour te sauver la vie ! Tout [tut] du sapin ! (TN – Brasseur 2001 : s.v. *trouver*, p. 459)
- il y avait pas un cavalier à cheval (LOU – Brandon 1955 : 426)

Commentaire

La forme analytique *pas un(e)* peut remplacer les formes peu usitées *aucun* et *nul* + groupe nominal en français de France. Bauche (²1951 : 90) constate à ce sujet que « "[a]ucun" et "nul" s'emploient rarement en L[angage] P[opulaire]. On les traduit par *pas un, pas une, pas un de, pas une de, pas de, nib de*, etc. Ex. : "Aucun homme ne peut supporter cela", *pas un homme peut supporter ça.* » *Aucun* et *nul* sont généralement redoublés d'une particule de négation : *je n'ai pas vu aucun homme* (Bauche ²1951 : 91). Pour la fréquence du tour *pas un/une* en français parlé hexagonal, *cf.* aussi Grevisse/Goosse (2008 : § 627e, p. 808). *Pas un(e)*, dans cette fonction, est attesté dans l'ancienne langue et jusqu'au XVIIe s. (*cf.* pour le XVIIe s., Brunot/Bruneau 1949 : 472).

I.2 *quelque*

Quelque marque la singularité indéfinie. Il est rare en dehors des tours figés (*quelque part, quelque chose, en quelque sorte*, FL aussi : *quelque manière, quelque temps*). Parmi ces tours figés, l'expression *quelque affaire* (en FTN aussi : *quique* [kik] *affaire*, *cf.* Brasseur 2001 : s.v. *quèque, queuque, quique*, p. 378) dans le sens de « quelque chose » est très répandue en FA/FTN (*cf.* le chap. « Les pronoms indéfinis », I.7.).

En dehors de ces tours figés, *quelque* ne semble vraiment productif qu'au NB, aussi bien au singulier qu'au pluriel. Dans les autres régions – tout comme en français familier de France – *quelque* ne s'utilise guère au singulier (*cf.* Péronnet 1989a : 69, Chevalier et al. 1964 : § 413, p. 268).

- Ah, c'est [tʃœk][4] petite brise. (NB – Péronnet 1989a : 69)
- Je sais pas quoi ce c'était, [tʃœk] mot qu'il aviont pour de la nourriture qu'il aviont dans ces pays-là. (NB – Péronnet 1989a : 69)
- Un cabinet c'est ène place que tu mets queuque chose dedans … pareil comme des hardes ou de quoi de même. (TN – Brasseur 2001 : s.v. *quèque, queuque, quique*, p. 378)
- Et y a les loups de mer qu'est joliment pareil comme ça aussi mais… i sont plaqués. I sont plaqués… blanc, quique affaire comme un… un *leopard* [angl. « léopard »] là. (TN – Brasseur 2001 : s.v. *plaqué*, p. 356)
- J'ai essayé de penser à quelque manière de m'esquiver. (LOU – DLF 2010 : s.v. *quelque*, p. 506, ThCa, source écrite)
- Tu devrais aller autour de Lafayette pour quelque temps. (LOU – DLF 2010 : s.v. *quelque*, p. 506, TB)

Notons, dans le parler traditionnel du NB, la prononciation courante [tʃə] dans l'expression *à/en quelque part* (Péronnet 1989a : 69).

- Quantt i alliont [a tʃə par] ioù ce y avait une danse, i vouliont y aller. (NB – Péronnet 1989a : 69)

---

4 Pour les réalisations phonétiques de *quelque(s)*, *cf.* ci-dessous I.3.1.

I.3 Les déterminants de la pluralité indéfinie

I.3.1 *plusieurs* et *quelques*
Les déterminants indéfinis *plusieurs* et *quelques* s'emploient comme en FS.
Retenons les spécificités suivantes :
Quant à la pronciation :
- *plusieurs* : [plyzjør], [plyzjœr]. La liaison avec [z] est rare (pour les raisons historiques, *cf.* le chap. « Liaison et agglutination », I.2.3.).
- Quant à la prononciation de *quelques*, il faut distinguer selon la région :
  - En règle générale, en NÉ et en LOU, *quelques* se prononce, comme en français non-standard de France : [kek/kɛk/kɛlk(ə)] (*cf.* DLF 2010 : s.v. *quelque (quèque)*, p. 506)[5].
  - Au NB et en NÉ, la consonne initiale est souvent affriquée [tʃ] ; au NB, la voyelle est souvent arrondie à [œ] ([kœk], [tʃœk], *cf.* Péronnet 1989a : 68s.). La liaison n'est pas réalisée en contexte vocalique (*cf.* Péronnet 1989a : 69 ; *cf.* le chap. « Liaison et agglutination », I.2.3.).
  - À TN, on relève, en outre, les prononciations [tʃjɛk] / [tʃjœk] ou [tjɛk] / [tjœk] (Brasseur 2001 : s.v. *Quèque*, p. 378). La liaison n'est pas réalisée (*ibid.*).

Quant à l'emploi :
- Pour le FTN, Brasseur (2001 : s.v. *plusieurs*, p. 359) signale que *plusieurs* désigne un nombre plutôt considérable et peut être synonyme de « nombreux ».
- *Quelques* connaît un emploi pronominal en FL (Guilbeau 1950 : 175) : [il a kek de flœr] « il a quelques-unes des fleurs »

▶ *plusieurs*
- Là, à Chéticamp, i les laissont rentrer à plusieurs [plyzjœr] endroits. (NÉ – Hennemann, ILM, AF)
- ça se fait de même pour [plyzjør] années. (NB – Péronnet 1989a : 73)
- Auparavant y avait plusieurs enfants qui mouriont tout petits. Il appeliont ça *quick death* (TN – Brasseur 2001 : s.v. *plusieurs*, p. 359)
- Ouais j'ai rencontré plusieurs bougres. (LOU – DLF 2010 : s.v. *plusieurs*, p. 476, EV)
- il y avait plusieurs cents acres (LOU – DLF 2010 : s.v. *plusieurs*, p. 476, TB)

▶ *quelques*
- je te dis quelques mots en anglais icitte et là (NÉ – Hennemann, ILM, CL)
- [kœk] jours après, la vieille sorcière se « travelait » su les rues. (NB – Péronnet 1989a : 69)
- Ça fait que [tʃœk] années après ça, le roi pis la reine avont été toute la grandeur du monde, zeux, pour trouver, inviter tous les façons de princes. (NB – Péronnet 1989a : 69)
- J'avais vingt quèques années, [tʃjɛk ane], ce temps-là. (TN – Brasseur 2001 : s.v. *quèque, queuque, quique*, p. 378)

---

[5] La prononciation sans *l* est aussi usuelle aux Îles-de-la-Madeleine, *cf.* Falkert (2010, CD-ROM).

- Le vieux Secardin ça y a tapé dans l'idée, lui ... I dit si j'avions queuques casiers [...] (TN – Brasseur 2001 : s.v. *idée*, p. 252)
- què'ques années passées (LOU – Brandon 1955 : 426)
- Y avait quèques années qu'il avait arrêté de faire récolte. (LOU – DLF 2010 : s.v. *quelque (quèque)*, p. 507, VM)

Commentaire
La prononciation [kɛk]/[kek] est répandue dans le non-standard hexagonal (*cf.* Bauche ²1951 : 91) ; Grevisse/Goosse (2008 : § 632, p. 812s.) qualifient cette prononciation de « populaire » dans le français contemporain, mais elle est « bien attesté[e] et souvent admis[e] » au XVIIe s. (Thurot 2, 263–4, cité dans Brasseur 2001 : s.v. *quèque*, p. 379). Selon Brasseur (*ibid.*), cette prononciation est particulièrement fréquente dans les parlers de l'Ouest. Péronnet (1989a : 69, citant le FEW 2, 1412b) indique que la forme avec l'affriquée [tʃ] et la voyelle [œ] est répandue en Saintonge. La forme [kœk] existe aussi en FQ contemporain, de même que la variante phonétique *quique*, d'origine normande (GPFC : s.v. *queuque* et s.v. *quique* ; Brasseur 2001 : s.v. *quèque*, p. 379).

I.3.2 *certains, certaines*

Certains, au pluriel et – en FS – non précédé d'un article, désigne une quantité indéterminée, moins importante que celle désignée par *plusieurs* et à peu près égale à celle désignée par *quelques*.

Retenons les spécificités suivantes :
- Quant à la morphosyntaxe : dans les variétés étudiées ici, l'article indéfini peut accompagner *certains* dans la fonction de déterminant indéfini. *Certains* a donc formellement le statut d'un adjectif.
- Quant à la prononciation, signalons que le *e* devant *r* dans la première syllabe peut s'ouvrir et passer à [a] en FA/FTN : [sartɛ̃], [sartɛn] (pour le NB : Péronnet 1989a : 74), et passe à [æ] en FL (DLF 2010 : s.v. *certain, e*, p. 117) (*cf.* « Introduction »). Il existe une tendance à la nasalisation de la voyelle devant consonne nasale : [sæṛtɛ̃n] (DLF 2010 : s.v. *certain, e*, p. 117).

La liaison n'est pas réalisée systématiquement en contexte vocalique (*cf.* le chap. « Liaison et agglutination », I.2.3.).

▶ *des + certains/certaines*

- N'a des certaines marées que tu vas prendre de la goberge, n'a des certaines marées que tu vas prendre de la / de la molue. (NÉ – Hennemann, BSM, RL)
- pis le monde arrêtait à des certaines* endroits pis i couchiont, tu sais, et man/ et mangiont. (NÉ – Hennemann, PUB, ID)
- mais i y a des certaines parties de la province ici qu'on va passer on trouve des villages qui sont pauvres comme ça (NB – Wiesmath 6, L : 165)
- faulait qu'on leur réponde . . pour le/le/s'i demandaient des certaines explications (NB – Wiesmath 6, L : 289)
- Je pense qu'y a des certaines affaires que ça a travaillé. (LOU – Rottet 2001 : 171, loc. âgé)

▶ *certains/certaines* **non précédé d'un article**
- pis je te dis moi j'irai jamais consulter . ce monde là hein certains psychologues là (NB – Arrighi 2005, corpus, Catherine NB 18 : 387–388)
- euh chez les trappistes euh . i vont sortir euh . pour certaines affaires dans le village (NB – Wiesmath 6, L : 69)
- fallait que t'apprennes certains mots pour comprendre quelque chose (ÎPÉ – Arrighi 2005, corpus, André ÎPÉ 12 : 117–118)

En tant qu'adjectif, *certain* a deux acceptions possibles comme en français hexagonal : antéposé au groupe nominal, précédé de l'article indéfini et mis au singulier, il signifie « quelconque », « une sorte de » et « particulier » (DLF) ; postposé au groupe nominal, il est équivalent aux adjectifs *assuré, indubitable, incontestable*.

▶ *certain* – **adjectif : antéposé**
- Euh/mais t-êt qu'en a s/ une certaine partie qu'i se perdra (NÉ – Hennemann, PUB, ID)
- [à propos d'un arbre] i y a une / une certaine hauteur (NB – Wiesmath 8, Q : 55)
- Les enfants se rassemblaient en une certaine place. (LOU – DLF 2010 : s.v. *certain, e*, p. 117, LF)

▶ *certain* – **adjectif : postposé**
- C'est un remède certain. (LOU – DLF 2010 : s.v. *certain, e*, p. 117, SM)

I.3.3 *différents*

Différents exprime une quantité indéterminée, mais peu considérable, tout en y ajoutant encore la sémantique de l'adjectif de base, à savoir l'idée de la variété[6].

En tant qu'adjectif, *différent* au sens de « distinct », « dissemblable », est précédé d'un article et se place après le groupe nominal. Au pluriel, *différent* est placé devant ou après le groupe nominal selon le sens[7].

Retenons, pour les variétés étudiées ici :
- L'absence de distinction nette, sur le plan formel, entre la fonction adjectivale et la fonction d'indéfini (*cf. certains*), *différents* pouvant être précédé de l'article même en tant qu'indéfini.
- L'emploi fréquent de *différent* avec la préposition *de* en FL ; *différent de* « différent(e) ».
- L'absence sporadique des prépositions devant *différent(e)s*, surtout en FL.

▶ *des + différents*
- i y a beaucoup de règles, des différents règles pour tout les pêches et des certains / des certains zones qui sont fermées à cetté [sic] temps de l'année. (NÉ – Hennemann, PUB, ArD)
- mais c'est qu'y a des différentes compagnies (NB – Arrighi 2005, corpus, Stéphanie NB 11 : 276–277)

---

6 *Divers*, de même sens, n'est pas courant dans les variétés étudiées.
7 *les différents points de vue* ; *des points de vue différents* ; *les points de vue différents*, pour les distinctions de sens, *cf.* par ex. *Le Petit Robert* (2013 : s.v. *différent*).

- [...] Pas dire que c'est mauvais, ça a des différentes croyances. (LOU – DLF 2010 : s.v. *plein*³, p. 473, LF)
- il plantait des différentes choses (LOU – *Découverte*, Châtaignier, Évangéline)

▶ ***différents* non précédé d'un article**
- t'as différents modes ça fait c'est coumme aller au restaurant (NÉ – Hennemann, BSM, RL)
- alors on a différents endroits où-ce qu'a des peintures de/de/des artistes de la région (NB – Arrighi 2005, corpus, Angèle NB 13 : 110–111)
- Ils vont jouer différentes *games* (LOU – *Découverte*, Carencro, Lafayette)

▶ ***différent de* (LOU)**
- Il y a peut-être un peu de différent de mots et de manières mais il y a des différents de manières à parler français en France même. (LOU – DLF 2010 : s.v. *différent*, p. 213, SL)
- Oh, il y a toujours des traiteurs. Il y en a alentour dans différents de bayous. (LOU – DLF 2010 : s.v. *différent*, p. 213, TB)
- Dans le maïs, il y a des chenilles, différent de qualités de chenilles. (LOU – DLF 2010 : s.v. *différent*, p. 213, SL)

I.4 *chaque*

Le déterminant indéfini *chaque* a une valeur à la fois collective et distributive (contrairement à *tout* qui marque « la totalité globalisante », *cf.* Riegel et al. 2011 : 378 ; pour *tout*, *cf.* le chap. « Tout »).

Retenons, pour les variétés étudiées, les spécificités suivantes :
- Lorsque *chaque* est déterminant, son emploi suit les règles du FS, mais contrairement au FS, *chaque* est aussi pronom dans les variétés étudiées ici (*cf.* le chap. « Les pronoms indéfinis », I.2.).
- Les prépositions sont fréquemment omises devant le déterminant *chaque*. Retenons dans ce contexte le tour figé, très fréquent, *chaque bord* – sans préposition – au sens de « de chaque côté » (NÉ, TN, LOU).
  - la maîtresse corrigeait tout n-ouvrage à chaque fois. (NÉ – Hennemann, ILM, AF)
  - Y a des Havres chaque bord de la p'tite ville là. (NÉ – Hennemann, BSM, RL)
  - Pis y a deux rangées de parements de [ʃɑk] côté. (NB – Péronnet 1989a : 73)
  - [À propos du vigneau] Ce tait fait avec deux lices chaque bord, pis en travers ... (TN – Brasseur 2001 : s.v. *chaque*, p. 103)
  - Chaque bête avait un TAG sur le dos. (LOU – DLF 2010 : s.v. *chaque*¹, p. 122, VM)
  - Des petites rosettes pour mettre dessus chaque côté de le MANTLE. [...] (LOU – DLF 2010 : s.v. *chaque*¹, p. 122, TB)
  - Et on les coupait chaque boutte un petit brin. (LOU – *Découverte*, Châtaignier, Évangéline)

I.5 *tel*

Tel est rarement attesté[8] en tant qu'adjectif indéfini ; il n'est pas non plus courant comme déterminant.

Tel a un sens proche du déterminant démonstratif *ce* mais sans l'implication d'une détermination précise (*cf. Le Petit Robert* 2013 : s.v. *tel*).
- prendre des décisions d'aller chercher telle chose plutôt que d'autre chose (NB – Wiesmath 14, Y : 372) (cours magistral)
- Il dit, « juste dis tu veux de la pluie tel temps, et tu l'auras ». (LOU – DLF 2010 : s.v. *tel*[1], p. 608, SL)
- Un PARTY à soir telle et telle place. (LOU – DLF 2010 : s.v. *tel*[1], p. 608, EV)
- *So* il les a dit que tel et tel temps que il faudra qu'eux-autres déloge [...] (LOU – *Découverte*, Pointe-aux-Chênes, Terrebonne)

Tel peut aussi être un synonyme des adjectifs qualificatifs *pareil* et *semblable* (*cf. Le Petit Robert* 2013 : s.v. *tel*). La distinction entre les différents emplois de *tel* n'est toutefois pas nette dans les variétés étudiées :
- BECAUSE les jeunes d'aujourd'hui parlent / i y en a d'zeux qui parlent pas tel français qu'on le parlait nous-autres, dans noutre temps. (NÉ – Hennemann, ILM, CL)
- les vieux connaissiont ça des tels / . tel arbre dans le bois des telles affaires (NB – Wiesmath 4, M : 354)
- Le géant vert reste à une [tɛl] place. (NB – Péronnet 1989a : 74) (« à telle place »)

II Les déterminants indéfinis composés

Toute une série de déterminants indéfinis servent à indiquer un grand nombre (+ nom comptable) ou une grande quantité (+ nom non comptable). Vu la tendance de l'oral à l'expressivité, on s'explique facilement que le nombre de ces déterminants soit particulièrement élevé, de sorte que la liste de ceux présentés ci-dessous ne peut prétendre à l'exhaustivité. Soulignons néanmoins que les déterminants les plus usuels dans les variétés étudiées ici existent aussi en français de France, mais qu'ils y sont considérés soit comme familiers, soit comme vieillis ou régionaux.

Un trait typique des variétés étudiées (à l'exception du parler du NB) est l'emploi fréquent de la forme pleine de l'article partitif après les quantificateurs (*cf.* aussi le chap. « L'article », V.3.)[9]. Les déterminants traités ici existent aussi en fonction d'adverbe ou de locution adverbiale (*cf.* le chap. « Les adverbes »).

Notons que nous faisons abstraction du quantificateur *peu de*, qui existe dans les variétés concernées de même qu'en français de France.

---

8 *Tel* est aussi inusité dans le non-standard de France (*cf.* Bauche [2]1951 : 91).
9 Les données des corpus consultés ne confirment donc pas l'hypothèse de Brasseur (Brasseur 2001 : s.v. *beaucoup*, p. 48), selon qui ce phénomène serait un trait spécifiquement terre-neuvien.

II.1 Le type : « adverbe de quantité + *de* + nom »

II.1.1 *assez de*

Assez peut avoir, dans les variétés étudiées ici, diverses significations : « assez », « tellement », « beaucoup », « très » (*cf.* le chap. « Les adverbes », III.1.). En tant que déterminant indéfini, *assez* figure dans la proposition non niée dans l'acception de « suffisamment de » ; « beaucoup de », « tellement de », « tant de ». Nié, le tour *pas assez de* a le sens de « pas suffisamment de » tout comme en FS.

▶ *assez de*
- I y avait assez des belles costumes ! (NÉ – Hennemann, ILM, AF) (« tant de »)
- asteure y a assez de / de commodités [...] (NB – Wiesmath 4, M : 181–182) (« beaucoup de »)
- parce que je passe assez de temps à l'ordinateur au travail (NB – Arrighi 2005 : 384, Rachelle NB 1 : 290–291) (« beaucoup de temps »)
- ça a changé ben on peut dire je crois bien là la vie c'est plus la même vie on dirait y a assez de changes de la vie (ÎPÉ – Arrighi 2005 : 384, Rose ÎPÉ 7 : 72–73) (« beaucoup de »)
- j'ai assez d'argent sans ça (ÎPÉ – Arrighi 2005 : 384, Rose ÎPÉ 7 : 16) (« assez de », « suffisamment de »)
- J'ai eu assez peur, y avait assez des gros coups de tonnerre que j'ai allumé la chandelle et je l'ai mis sur la petite table-là [...] (LOU – DLF 2010 : s.v. *assez*, p. 41, TB) (« tellement de coups de tonnerre »)
- On avait assez des pacanes, des pistaches, les rats nous ont infestés. (LOU – DLF 2010 : s.v. *assez*, p. 41) (« tant de », « tellement de »)

▶ *pas assez de* (= FS)
- si qu'i y a pas assez de homard st'année (NB – Wiesmath 3, G : 422) (« pas suffisamment de »)
- Il a figuré qu'il avait pas assez de temps le soir. (LOU – DLF 2010 : s.v. *assez*, p. 41, LF) (« pas suffisamment de »)

II.1.2 *beaucoup de*

Le quantificateur *beaucoup* est suivi d'un nom au singulier ou au pluriel. Indiquons qu'en FL, *beaucoup de* est moins répandu que le tour synonyme *un tas de* (*cf.* ci-dessous, II.2.6.).
- SO ça fait beaucoup de manger. (NÉ – Hennemann, BSM, SC)
- Il y a beaucoup des / des / des SEAL (NÉ – Hennemann, ILM, DO)
- Mais ils ont beaucoup des maîtresses d'école pour les enseigner. (NÉ – Hennemann, ILM, MS)
- non ben les ours ça aime beaucoup de bleuets coumme / [...] ça mange euh ça mange beaucoup des affaires comme ça là des bleuets (NB – Wiesmath 1, B : 342–343 et R : 344)
- J'y ai jamais demandé, oir s'il avait beaucoup de parents ! (TN – Brasseur 2001 : s.v. *oir I, voir*, p. 323)
- Y a pas beaucoup des années de ça. (TN – Brasseur 2001 : s.v. *beaucoup*, p. 48)
- Et dans ce temps-là ils avaient pas beaucoup des affaires à faire d'autre chose que d'assir et se conter des contes. (LOU – DLF 2010 : s.v. *beaucoup*, p. 66, EV)

II.1.3 *(pas) grand*

Dans toutes les régions, la forme originellement adjectivale *grand* s'emploie comme quantificateur dans le même sens que *beaucoup*. Brasseur (2001 : s.v. *grand*, p. 231) pour le FTN et le DLF pour le FL en notent seulement l'emploi nié : *pas grand (de)* « pas beaucoup »[10]. De fait, les corpus indiquent que *grand* apparaît principalement dans le tour figé *i(l) (n')y a pas grand*[11].

Très rarement, *grand* est suivi de la préposition *de*, mais en règle générale, il précède immédiatement le nom qu'il quantifie. *Grand* peut être employé avec les noms comptables et non comptables, au singulier et au pluriel.

- À ce temps de l'année, i y a pas grand viande dedans. [dans les crabes] (NÉ – Hennemann, ILM, oral, 3)
- Il n'y a pas grand jeunes filles par icitte. (NÉ – Hennemann, ILM, oral 3)
- i y avait pas grand lumière (NÉ – Hennemann, ILM, MS)
- Y a pas grand neige à c't'hiver. (NÉ – É. Boudreau 1988 : 143)

- ben i y avait pas grand houmard hier (NB – Wiesmath 3, L : 399)

- Tu sais par ici un temps était eh bien ... y avait pas de ... des magasins là, des boutiques là, comme que je disons là hein, y avait pas grand de ça hein ! (TN – Brasseur 2001 : s.v. *grand*, p. 231)

- Il avait pas grand éducation. (LOU – DLF 2010 : s.v. *grand*¹, p. 318, SL)
- Je faisais pas grand argent. (LOU – DLF 2010 : s.v. *grand*¹, p. 318, SL)
- [...] Dans ce temps-là y avait pas grands chars. (LOU – DLF 2010 : s.v. *grand*¹, p. 318, TB)

Commentaire

Retenons quelques tours où *grand* apparaît dans le sens de « beaucoup » en FS et où la forme est qualifiée d'adjectivale. Soulignons l'absence d'article, ce qui témoigne d'un rôle modifié de l'adjectif *grand* :

- Il n'y a pas grand monde dans la salle. [...] Laver à grande eau, avec beaucoup d'eau. [...] À grands frais : en dépensant beaucoup. (*Le Petit Robert* 2013 : s.v. *grand*).

Cf. dans les variétés étudiées[12] :
- Mais i y a pas grand vieux monde asteure. (NÉ – Hennemann, ILM, MS)

- j'ai pas vu grand monde de retiré à six heures à quatre heures du matin (NB – Wiesmath 2, E : 188)

- Il n'y est pas grand monde dans la Louisiane (LOU – *Découverte*, Hessmer, Avoyelles)

Grand est adjectif dans le syntagme figé *de la grand neige* (TN) ; l'absence d'accord dans l'adjectif *grand* est historique.
- Quand que je débarquons de sus le train, i tombait de la grand neige. (TN – Brasseur 2001 : s.v. *grand*, p. 231)
- I commence à tomber de la grand neige l'endemain. (TN – Brasseur 2001 : s.v. *grand*, p. 231)

Grand employé comme adverbe d'intensité est considéré comme un régionalisme de Suisse romande (Brasseur 2001 : s.v. *grand*, p. 232, citant le TLF 9, 416b ; Rob 4, 1012a), mais son emploi est aussi attesté au Québec (ALEC 2310, 1252x, *cf.* Brasseur 2001 : s.v. *grand*, p. 232) ; Léard (1985 : 130) fait remarquer qu'en FQ, *grand*, adverbe, s'emploie surtout pour spécifier les verbes.

---

[10] Conwell/Juilland (1963 : 77) sont les seuls à citer un exemple non nié et suivi d'une préposition : « j'avais grand, grand des petits garçons. »

[11] Par fidélité à nos sources, nous avons gardé la graphie *grands* devant un groupe nominal au pluriel là où la source écrit un -s.

[12] *Grand* prend le sens de « long » dans les indications d'une durée dans le temps : « des fois tu passais des grands semaines c'est tout ce tu faisais tu pellais de la neige pour pas patiner » (NB – Wiesmath 1, B : 170). L'emploi existe aussi en français hexagonal (*cf. Le Petit Robert* 2013 : s.v. *grand*).

II.1.4 *gros de*

Gros de au sens de « beaucoup » est parfois employé comme quantificateur en FTN (Brasseur 2001 : s.v. *gros*, p. 237) et en FL ; *gros* est signalé comme adverbe modifiant le verbe dans d'autres régions (*cf.* DLF 2010 : s.v. *gros*², p. 323).

- Le Québec i vend le pouvoir de delà à l'Amérique, pis i fait là gros d'argent, ayu-ce que Terre-Neuve est là la gueule ouverte. (TN – Brasseur 2001 : s.v. *pouvoir*, p. 366)
- Comment gros de viande vous voulez ? (LOU – DLF 2010 : s.v. *gros*², p. 323, VM)

Commentaire
Gros de peut accompagner « très largement » un verbe ou un substantif en FQ ; *gros* est souvent suivi de la préposition *de* avec la forme pleine de l'article partitif : « Y avait gros du monde. » (*cf.* Léard 1985 : 130s.)

II.1.5 *joliment de*

Joliment de « beaucoup de », souvent suivi de la forme pleine de l'article partitif, est très courant en NÉ, à TN et en LOU.

Notons que *joliment* en fonction d'adverbe d'intensité et de quantificateur ne se trouve, dans les corpus consultés, qu'à l'intérieur des propositions non niées ; *joliment de* constitue donc une sorte de contrepartie positive de l'expression *pas grand (de)*. L'expression figée *il y a joliment du (de) monde* est la variante positive du tour nié : *i(l) (n)'y a pas grand monde* (*cf.* ci-dessus II.1.3.).

- I y a joliment de monde qu'a venu de Terre-Neuve sus [ʃy] les chalutiers pis … (NÉ – Hennemann, ILM, CL)
- Parce que i y a du m/ joliment du/ des vieillards asteure, i commençont à oublier de prendre leurs médicaments. (NÉ – Hennemann, ILM, AF)
- Il y avait joliment du monde à la messe de 10 heures. (NÉ – É. Boudreau 1988 : 157)
- On perd la pratique de joliment des affaires. (TN – Brasseur 2001 : s.v. *joliment*, p. 261)
- [À propos des rouets.] Y a joliment du monde qui les faisait par ici. Mon défunt père les faisait. (TN – Brasseur 2001 : s.v. *joliment*, p. 261)
- Y avait joliment des Anglais par icitte. (TN – Brasseur 2001 : s.v. *joliment*, p. 261)
- joliment du monde (LOU – Daigle, s.v. *joliment* ; DLF 2010 : s.v. *joliment*, p. 352)
- J'ai fait joliment de l'argent avec des mulets. (LOU – DLF 2010 : s.v. *joliment*, p. 352, AC)
- Ah huh, me rappelle de joliment des affaires (LOU – *Découverte*, Mamou, Évangéline)
- Il y a eu joliment des, des *rows* là aussi (LOU – *Découverte*, Cankton, St. Landry)

Commentaire
Grevisse/Goosse (2008 : § 584b 2°, p. 749) confirment l'existence de *joliment* – suivi éventuellement de la forme pleine de l'article partitif – en tant que quantificateur pour le français familier (pour l'emploi adverbial *cf.* aussi Brasseur 2001 : s.v. *joliment*, p. 261).

II.1.6 *plein de*

Plein de « beaucoup de » – éventuellement suivi de la forme pleine l'article partitif – est surtout courant en FL, mais le quantificateur est également attesté dans les parlers acadiens.

- On a eu du FUN, on a pris plein de photos … (NÉ – Hennemann, ILM, DO)
- j'ai beaucoup voyagé je:/ euh . . plein de places je/ (NB – Arrighi 2005, corpus, Michelle NB 16 : 13)
- Ouais, y a plein des jeunes aujourd'hui qui parle p'us français (LOU – Rottet 2001 : 119, loc. âgée)

- Ina plein du monde asteur-là. (LOU – Rottet 2001 : 122, loc. jeune)
- Il a plein d'argent. (LOU – DLF 2010 : s.v. *plein*[3], p. 473, VM)
- Mame usait ça [= du sucre] sur plein des affaires (LOU – *Découverte*, Pointe-aux-Chênes, Terrebonne)

Commentaire
Cet emploi est tout à fait courant en français familier de France (Grevisse/Goosse 2008 : § 627b, p. 808). Gougenheim (1974 : 102) en atteste l'ancienneté en citant un exemple de Montaigne (XVIe s.).

II.1.7 *(si) tant de, (si) tellement de*

Les expressions *tant de* et *tellement de* au sens de « une si grande quantité de », « un si grand nombre de » existent aussi en France. Signalons l'existence d'une forme renforcée par *si*, surtout courante en FL (*si tant de, si tellement de*)

▶ *(si) tant de*
- après tant de temps tu sais ta paille venait toute coumme plate là (NB – Wiesmath 1, B : 831)
- Les mangeurs de choux-raves ah oui ! I plantiont tant de choux-raves à c'te temps-là vois-tu ! (TN – Brasseur 2001 : s.v. *mangeur*, p. 287)
- Y a pas si tant d'années. (LOU – DLF 2010 : s.v. *tant*, p. 602)
- Il y avait tant de familles qui se mettaient ensemble, et tous les samedis, ils tuaient un veau, chacun à son tour. (LOU – DLF 2010 : s.v. *tant*, p. 601, SL)

▶ *(si) tellement de*
[On notera la position de *tellement* entre l'auxiliaire et le participe, donc séparé de la préposition *de*[13].]
- et je récitais « La cigale et la fourmi » au lieu de / de réciter mes prières. On l'avait tellement appris de fois que c'est ça que je faisais. (NÉ – Hennemann, ILM, MS)
- Il y avont si tellement de choses à compter. (LOU – DLF 2010 : s.v. *tellement*, p. 608, VM)
- jusqu'à présent alle a tellement de l'énergie (LOU – *Découverte*, Moreauville, Avoyelles)

II.2 Le type : « *un(e)* + nom de quantité + *de* »

La langue parlée hexagonale est particulièrement riche en déterminants indéfinis composés du type « *un/une* + nom (indiquant une quantité, une masse, un nombre) + *de* », comme par exemple *un tas de* (*cf.* pour une liste de ces expressions Grevisse/Goosse 2008 : § 627a, 4º, p. 807). À l'intérieur de cette structure, le nom de quantité a perdu sa valeur sémantique originelle pour être réduit à l'indication d'une quantité indéterminée, plus ou moins importante. Dans les variétés étudiées ici, ces formations jouent également un grand rôle.

---

[13] Cette position n'est pas insolite dans les variétés étudiées ici et existe aussi dans le parler familier en France (E. Faure, comm. pers.).

II.2.1 *une beauté de*

Différents auteurs relèvent l'expression *une beauté de* au sens de « beaucoup » en FA[14]. Il ne faut pourtant pas se fier à la graphie qui pourrait être due à une fausse étymologie. De fait, cette expression existe aussi en FQ, mais le GPFC la transcrit *une bôtée de*. Comme nous l'indiquons aussi dans le chap. « Les adverbes » (I.1.2.), le tour pourrait remonter à la forme de l'ancien et du moyen français *une boutée* (*cf.* FEW 1, 455b et 662), croisée avec l'adjectif *beau* qui, anciennement, s'employait aussi adverbialement pour *bien, beaucoup* (GPFC s.v. *bôtée (une)*, *cf.* aussi Arrighi 2005 : 388).

- Cette vache donne une beauté de lait. (NÉ – É. Boudreau 1988 : 59)
- Alle a ramassé une beauté de fraises. (NÉ – É. Boudreau 1988 : 59)
- Des fraises, j'en ai trouvé une beauté. (NÉ – Thibodeau 1988 : 18)

- J'ai une beauté de pommes dans mon jardin. (FA – Poirier 1993 [1925] : s.v. *beauté (une)*)

II.2.2 *un(e) couple de*

Synonyme du déterminant indéfini « quelques » (signalant une quantité moyenne ou faible), l'expression figée *un(e) couple de* est très courante en FA et en FTN, tandis qu'elle n'a pas été relevée dans nos sources louisianaises. On peut présumer que l'influence de l'expression synonyme anglaise *a couple of* pourrait être pour quelque chose dans la popularité de ce tour en FA/FTN.

Couple est accompagné de l'article indéfini au masculin (NÉ, TN) ou au féminin (NÉ, NB, TN) (pour TN : Brasseur 2001 : s.v. *couple*, p. 129). Signalons, pour le FTN, les variantes phonétiques [kup], [kupɛl] et [kupœl] (Brasseur 2001 : s.v. *couple*, p. 129), pour les Îles-de-la-Madeleine la prononciation [kupɛl] (Falkert 2010, corpus).

- Rienqu'un couple de fois, je m'ai trompé, pis i a / il m'a corrigé pis i m'a fait rire. (NÉ – Hennemann, ILM, CL)
- Et pis al est partie une couple d'années après ça. (NÉ – Hennemann, ILM, CL)
- I sait un couple de prières en anglais BUT ... Quand-ce qu'i est arrivé, pouvait pas dire un mot. (NÉ – Hennemann, ILM, CL)

- ça venait dur BECAUSE avant tu[15] i alliont travailler une couple de mois (NB – Wiesmath 1, B : 978)
- notre chère Ida Boudreau . euh dans sa cuisine . avec euh une / une couple d'exemples de/ des chefs-d'œuvre qu'a' faisait comme tapis (NB – Wiesmath 13, H : 96)

- une coupelle d'heures (IdlM – Falkert 2010, corpus : 243, p. 157, CD-ROM)

- Une couple de piasses, ça sera toujours autant. (TN – Brasseur 2001 : s.v. *couple*, p. 129)
- Je sais ène couple de mots en breton. (TN – Brasseur 2001 : s.v. *couple*, p. 129)

Commentaire
Brasseur (2001 : s.v. *couple*, p. 129) indique que le mot *couple* « est attesté avec les deux genres en français (FEW 2, 1159b COPULA ; Brasseur 1993 : 89) ». Au féminin, au sens propre, *couple* passe pour vieilli ou régional aujourd'hui ; dans le non-standard *une couple* indique un petit nombre. Au masculin, *couple* est régional et se combine de préférence avec les noms indiquant une durée (*un couple d'heures*) (Brasseur 2001 : s.v. *couple*,

---

14 É. Boudreau (1988 : 59), Thibodeau (1988 : 18), Poirier (1993 [1925] : s.v. *beauté (une)*). Le terme *une beauté* au sens d'une « grande quantité » est aussi attesté pour le parler des Îles-de-la-Madeleine par Naud (1999 : s.v. *beauté*).

15 *tu* = expression elliptique, « tu sais », traduite par « you know » par Wiesmath (1, B : 978).

p. 129). Grevisse/Goosse (2008 : § 466 R5, p. 586) confirment l'existence du groupe figé *une couple de* en fonction de déterminant indéfini avec les indications temporelles (*une couple d'heures, d'années, de journées*), mais ils qualifient cet usage de vieilli ou de régional.

La forme *un couple de* existe également à Saint-Pierre-et-Miquelon (Brasseur/Chauveau 1990 : s.v. *couple*, Brasseur 2001 : s.v. *couple*, p. 129).

Au Québec, *un couple* existe au sens propre (« groupe de deux êtres, généralement de sexe différent »), *une couple de* sert, dans le langage familier, de déterminant indéfini indiquant un petit nombre (deux et plus) (Léard 1985 : 138s., *Usito*). Léard (1995 : 182) qualifie *une couple de* au sens de « quelques » d'emprunt à l'anglais et en indique les prononciations [kup] et [kupøl].

II.2.3 *un lot* [lo]/[lɔ] *de* / *A LOT* [lɔt] *de*

L'expression *A LOT de* dans le sens de « beaucoup » existent en NÉ et en LOU[16]. L'emprunt à l'anglais est évident.

On notera que la forme de cette expression – avec les composantes « article indéfini » + « nom indiquant une quantité » + *de* – correspond parfaitement au mode de formation des déterminants indéfinis composés à base française (*un tas de,* etc.).

- Oui, i pouvait faire A LOT [lɔt] de magie avec les cartes. (NÉ – Hennemann, ILM, EL)
- BECAUSE il sarvait le midi pis sarvait touT et / il faisait un LOT [lɔt] de STUFF et ... (NÉ – Hennemann, ILM, CL)
- I y-ont A LOT de neige [lɔt:nɛʒ] pis de fret. (NÉ – Hennemann, ILM, CL)

Pour le FL, le DLF (2010 : s.v. *lot* [lo], p. 372) signale le tour *un lot de* (« une portion de », *cf.* aussi *Le Petit Robert* 2013 : s.v. *lot*) attesté aussi en français hexagonal plus ancien. Celui-ci semble avoir été influencé par l'anglais, de sorte que la distinction des deux tours, anglais et français, tend à s'effacer.

- J'ai acheté un lot [lo] de bois. (LOU – DLF 2010 : s.v. *lot* [lo], p. 372, VM) (Le DLF traduit par « a portion of wood », signalant une expression de souche française.)
- un lot [lo] de bêtes (LOU – DLF 2010 : s.v. *lot* [lo], p. 372 ; Daigle 1984) (Le DLF signale les deux sources possibles : « a herd or lot of cattle »)

II.2.4 *en masse de*

L'expression *en masse* pour indiquer une grande quantité est très fréquente en tant que locution adverbiale dans toutes les variétés étudiées ici et existe aussi en tant que telle en français hexagonal familier (*Le Petit Robert* 2013 : s.v. *masse*) / populaire (TLF, *cf.* Brasseur 2001 : s.v. *masse (en)*, p. 293) (*cf.* le chap. « Les adverbes », I.3.3.) et en FQ (Léard 1995 : 181)[17]. L'emploi adverbial, avec postposition de *en masse*, est l'emploi courant. Dans les parlers concernés ici, *en masse de* existe aussi en tant que déterminant avec antéposition du tour *en masse de* ; ces cas sont moins fréquents.

- En masse du poisson. (NÉ – Hennemann, ILM, EM)
  La postposition est plus courante : I y avait de l'eau en masse [= « beaucoup d'eau »] (NÉ – Hennemann, ILM, IS)

---

[16] *un LOT* est surtout courant en tant que pronom indéfini au NB (*cf.* corpus Wiesmath 2006 ; *cf.* le chap. « Les pronoms indéfinis », II.1.).
[17] L'expression est aussi tout à fait courante aux Îles-de-la-Madeleine (*cf.* Falkert 2010, CD-ROM).

- maman m'a dit en masse de fois pis papa que [...] (NB – Wiesmath 1, R : 765) (« beaucoup de fois »)
- mon mari en a fait en masse des coffres de mort . i faisiont les coques zeux-mêmes sus empremier (NB – Arrighi 2005, corpus, Annie NB 10 : 489–490)
- Si c'est le Bon Dieu qu'a fait tout ça mais il a eu en masse de l'ouvrage à faire ! (TN – Brasseur 2001 : s.v. *masse (en)*, p. 293)
- Il y avait en masse du monde au festival. (LOU – DLF 2010 : s.v. *masse*, p. 388, AV)
- Ils faisaient tout le temps un jardin, ils avaient en masse des légumes et si n'avait pas des légumes fraîches, ils avaient des légumes glacées, dans le FREEZER. (LOU – DLF 2010 : s.v. *masse*, p. 388, AV)

II.2.5 *un (pe)tit peu de, un (pe)tit brin de, une miette de, un petit de*

Les expressions *un (pe)tit peu de*, *un (pe)tit brin de*, *une miette de*, *un petit de* désignent une quantité minime et constituent ainsi les antonymes de *beaucoup de* et ses synonymes. Elles sont inégalement réparties sur le terrain, *une miette de*, *un petit de* n'ayant cours qu'en NÉ.

Ces locutions servent aussi couramment, en tant que locutions adverbiales, à modifier un verbe (*cf.* le chap. « Les adverbes », I.1.5., I.1.6.).

▶ *un (pe)tit peu de* (NÉ, NB, TN, LOU)
- Pis i y en a d'autres qui met un p'tit peu de beurre dedans. (NÉ – Hennemann, ILM, MS)

- alle a appris un petit peu de français à l'école (NB – Wiesmath 6, L : 234)
- là on l-a eu un petit peu des problèmes (NB – Arrighi 2005, corpus, Angèle NB 13 : 226)
- je fais des :: . un petit peu de tout là (NB – Arrighi 2005, corpus, Rachelle NB 1 : 76)
- Du lait revoyoux ... i mettiont un tit peu de farine dedans pis ... un tit peu de ... *pearl ash* [pɔʀlaʃ], i brassiont ça pis fous ça dans le *drum* pis ... mon homme ! I mangiont ça ! (TN – Brasseur 2001 : s.v. *lait*, p. 268)
- La dernière année c'était pas venue froid. À part qu'on a eu un petit peu de la neige au mois de mars. (LOU – DLF 2010 : s.v. *peu*, p. 458, LA)
- Il y a peut-être un peu de différent de mots et de manières mais il y a des différents de manières à parler français en France même. (LOU – DLF 2010 : s.v. *peu*[1], p. 458s., SL)

▶ *un (pe)tit brin de* (NÉ, NB, LOU)
- pis tu mettais un petit brin de sel, du poivre, c'était bon (NÉ – Hennemann, ILM, EL)
- Nous avons un brin d'neige à matonne. (NÉ – Thibodeau 1988 : 23)
- pis y avait un petit brin de compétition à élever un cochon (NÉ – Arrighi 2005, corpus, Édith NÉ 22 : 1–2)

- pis là i / i / . i se faisiont un petit brin d'argent (NB – Wiesmath 1, B : 979)
- je suis contre la violence mais ça si j'avais eu un brin de bois... (NB – Arrighi 2005, corpus, Suzanne NB 18 : 468–469)

- Donne-moi un petit brin de whiskey. (LOU – DLF 2010 : s.v. *brin*[1], p. 90, SM)
- J'ai un tit brin de quoi asteur qu'ils ont trouvé de l'huile dessus ma terre. (LOU – DLF 2010 : s.v. *quoi*[1], p. 511, VM)
- Tu mettais un petit brin du sel dedans. (LOU – *Découverte*, Pointe-aux-Chênes, Terrebonne)

▶ *une miette de* (NÉ)
- je mets [ma] des / des / euh / céleri, tu sais, eune miette de céleri et des affaires de même. (NÉ – Hennemann, PUB, ID)
- Je peux brûler eune miette de bois. Oui. (NÉ – Hennemann, PUB, ID)

▶ *un petit de* (NÉ)
- Y avait un petit de loi à ce temps-là (NÉ – Ryan 1998 : 99, BSM)
- Ça vivait avec un petit de bois. (NÉ – Ryan 1998 : 99, BSM)
- Bin y'a un p'tit d'excitement chu-nous, tu sais note p'tite Germaine va faire sa grousse communion dimanche asteur (FA – Cormier 1999 : s.v. *petit*, citant F. Thibodeau, *Dans note temps avec Marc et Philippe*, 1977, p. 19)

Commentaire
Les expressions citées ci-dessus sont anciennes en français de France[18], *un petit peu de* et *un brin de* étant encore courants, alors que *une miette de* est sorti de l'usage. Cormier (1999 : s.v. *petit*) note que *un petit de* est relevé, sur le sol français, dans les parlers du Nord-Ouest, de l'Ouest et du Centre.

II.2.6 *un tas de(s)*

La locution *un tas de* – parfois renforcée à son tour par un adjectif (*un gros tas de*) – au sens de « un grand nombre de » semble particulièrement courante en FL. Notons la forme *des tas de* de même sens au NB.

Outre l'emploi comme déterminant précédant un nom, *un tas* s'emploie aussi comme adverbe (*cf.* le chap. « Les adverbes », I.1.7.).

- s'i y a un gros tas de monde demain qui s'en va là s'i peuvent-ti prendre garde à ça c'est ça qu'est la question (NB – Wiesmath 2, E : 174)
- j'ai des tas de choses à Moncton que je vais faire (NB – Arrighi 2005, corpus, Zélia NB 17 : 384)
- Asteure, ces jeux-là, à la boule, y en a un tas de sortes (TN – Brasseur 2001 : s.v. *boule*, p. 69)
- il faut un tas du / de l'eau pour mettre là-dessus (LOU – Stäbler 1995 : 50, corpus)
- ils avoint un tas des esclaves parce que c'étaient des récolteurs (LOU – Stäbler 1995 : 139, corpus)
- Et je pense que un tas de le monde de mon âge et plus jeune, peut-être c'était jhonte, [...] (LOU – Rottet 2001 : 136, semi-locuteur)
- Ma mère élevait un tas des volailles qui pondaient un tas des œufs. (LOU – DLF 2010 : s.v. *tas*, p. 604, IB)
- Il a élevé un tas d'enfants. (LOU – DLF 2010 : s.v. *tas*, p. 604, VM)
- Ça faisait un tas de la crème. (LOU – *Découverte*, Châtaignier, Évangéline)

Commentaire
Un tas de, utilisé comme déterminant indéfini complexe au sens de « beaucoup de », est attesté en France dès le XVIe s. Selon Gougenheim (1974 : 102), le sens moderne de l'expression est déjà attesté dans Rabelais. Grevisse/Goosse (2008 : § 627a, 4°, p. 807) dressent toute une liste d'expressions synonymes, dont *un tas de*, *une foule de*, *une masse de*, *une flopée de* et soulignent ainsi la productivité de ce type de formation de mot (dans le même sens *cf.* aussi Bauche [2]1951 : 91). Le point commun de toutes ces expressions : un nom collectif y est grammaticalisé et ne retient de son sens originel que l'idée d'une quantité (grande ou petite, selon le cas) (*cf.* Riegel et al. 2011 : 307). *Un tas de* existe en FQ, mais l'expression s'y emploie moins souvent qu'en France et elle est concurrencée par le tour *un paquet de* (Léard 1995 : 181).

---

[18] *une miette*, XIIe s., *Le Petit Robert* (2013 : s.v. *miette*) ; *un brin de*, XVIe s., *Le Petit Robert* (2013 : s.v. *brin*) ; *un petit*, Xe s., *Le Petit Robert* (2013 : s.v. *petit*) ; *un peu de*, fin XIe s., *Le Petit Robert* (2013 : s.v. *peu*).

II.2.7 *une tra(l)lée de*

Rarement relevée, l'expression *une tra(l)lée de* est synonyme de « une grande quantité de », « un grand nombre de », « beaucoup »[19].

- une trâlée de poissons (FA – Cormier 1999 : s.v. *trâlée*)

- Il a une trallée d'enfants. (LOU – DLF 2010 : s.v. *trallée*, p. 628, SM)

Commentaire
Historiquement, le mot *une tralée* est attesté seulement depuis le milieu du XVIIIe s. ; *une tralée* a le sens de « bande, grande quantité de » (Wolf 1987 : 31) ou « une longue suite de » (*Le Petit Robert* 2013 : s.v. *tralée*) et s'emploie surtout en parlant des personnes (Wolf 1987 : 31, se référant à FEW 13/2, 175b) ; l'expression existe encore régionalement (Ouest de la France, Suisse, Canada, Antilles, *cf. Le Petit Robert* 2013 : s.v. *tralée*). Cormier (1999 : s.v. *trâlée*) atteste l'expression en Acadie des Maritimes, aux Îles-de-la-Madeleine, dans le Sud de la Gaspésie, dans la Basse-Côte Nord, au Québec (pour le FQ, *cf.* aussi GPFC : s.v. *trâlée*).

II.2.8 *une tapée de*

Notons aussi le tour *une tapée de* au sens de « beaucoup de » qui est également attesté dialectalement en France ainsi qu'au Québec[20].

- Il y avait une tapée de monde à l'assemblée. (FA – Poirier 1993 [1925] : s.v. *tapée*)
- J'ai pris une tapée de poisson dans mes filets. (FA – Poirier 1993 [1925] : s.v. *tapée*)

- Sus l'autre bord c'est toutes des îles, c'est une tapée de-z-îles, c't'endroit-là, vois-tu. Il avont appelé ça la Baie des Îles. (TN – Brasseur 2001 : s.v. *tapée*, p. 439)
- Oh y a ène tapée de-z-affaires j'ai oublié ! (TN – Brasseur 2001 : s.v. *tapée*, p. 439)

- Il a dit une tapée de menteries. (LOU – DLF 2010 : s.v. *tapée*, p. 602, VM)
- Il y a une tapée de monde. (LOU – DLF 2010 : s.v. *tapée*, p. 602, LA)
- J'ai apporté une tapée de viande. (LOU – DLF 2010 : s.v. *tapée*, p. 602, SB)

II.3 Le déterminant composé *n'importe quel, n'importe qui*

Comme en français de France, il existe, dans les variétés étudiées, le tour indéfini *n'importe quel* au sens de « quelconque » ou « tout (indistinctement) ». La forme *n'importe qui* – formellement pronom – est attestée, en FL, dans la fonction de déterminant indéfini (*cf.* aussi le chap. « Les pronoms indéfinis », I.8.)

Signalons que les prépositions disparaissent devant *n'importe quel* dans les indications d'un moment dans le temps.

- i disent si tu couperais ta langue, a s / al bougerait encore même si qu'elle est coupée. N'importe quelle langue. (NÉ – Hennemann, BSM, RG)

- B : oui . oui coumme dans ce temps-là ta MAIN STREET / a' était aussi grosse coumme a' y est [R : comme ouais comme] n'importe quelle autre ville (NB – Wiesmath 1, B : 952)

---

[19] Pour le FA : Cormier (1999 : s.v. *trâlée*), pour le FL : Guilbeau (1950 : 137), Papen/Rottet (1997 : 80s.), DLF (2010 : s.v. *trallée*, p. 628).

[20] *Cf.* FEW (13/1, 98b-99a), Poirier (1993 [1925] : s.v. *tapée*), Brasseur (2001 : s.v. *tapée*, p. 439), DLF (2010 : s.v. *tapée*, p. 602), GPFC (s.v. *tapée*).

- pis je crois que asteure en voyant les différents domaines que/que/qui existent que j'aurais pu moi autant que n'importe quelle autre personne j'aurais pu aller dans ce domaine là (NB – Arrighi 2005, corpus, Angèle NB 13 : 90–92)
- Tu sais comment ça que toutt les petits gars, là, ou n'importe [tʃœz] enfant, i faut que ça ialle ouère quoi ce que leu mame fait. (NB – Péronnet 1989a : 70)
- N'importe queul animau peut trouver ... [...] (TN – Brasseur 2001 : s.v. *animau*, p. 18)
- et il dit euh . j'ai jamais refusé .. quelqu'un est malade . t'as de l'argent ou pas . chaud ou froid trempe sec . n'importe quelle heure de la nuit . [...] il allait (LOU – Stäbler 1995 : 213, corpus)
- C'était le meilleur bois pour faire les ... la boucanée de la viande. Mais n'importe quel bois dur donc faisait de la bonne boucane. (LOU – *Découverte*, Pointe Noire, Acadia)
- De la mauve. J'en ai bu plein de ça avec défunte mémère. C'était pour te rafraîchir. Tu pouvais boire ça n'importe qui temps. (LOU – DLF 2010 : s.v. *importer*, p. 341, TB)

Les pronoms indéfinis

Préliminaires

I	**La singularité indéterminée**
I.1	L'emploi pronominal de *un*
I.2	*chacun* et *chaque*, *tout chacun*
I.3	*quelqu'un, quelques-uns* (et variantes phonétiques)
I.4	*aucun* et *l'aucun, des aucun(e)s*
I.5	*quelque chose* (et variantes phonétiques)
I.6	*de quoi*
I.7	*quelque affaire*
I.8	*n'importe qui, n'importe quoi*
I.8.1	*n'importe qui*
I.8.2	*n'importe quoi*
II	**La pluralité indéterminée**
II.1	*beaucoup* (+ synonymes) et *peu*
II.2	*certains* et *plusieurs*
III	**Les identificateurs : l'expression de l'identité/de la similitude et de la distinction**
III.1	*même*
III.2	*autre*
III.3	*tel*
IV	**Les pronoms indéfinis indiquant une quantité nulle**
IV.1	*personne*
IV.2	*rien, arien*
IV.3	*pas un*

Les pronoms indéfinis

Préliminaires

Les pronoms indéfinis sont, à quelques exceptions près, ceux du français de France. Le présent chapitre sera centré sur quelques spécificités d'usage notées dans les variétés étudiées[1].

Nota bene : Comme en FS, divers éléments ont plusieurs fonctions grammaticales : quelques déterminants indéfinis (*plusieurs, certains, aucun*) et la plupart des quantificateurs – du type *beaucoup* (ou *beaucoup de* + nom), *plein* (ou *plein de* + nom) –, de même que les adjectifs indéfinis *même, autre, tel*, sont également employés comme pronoms indéfinis. Les pronoms *tel, nul(le), autrui, certain* (au singulier), *quiconque, qui que* et *quoi que*, relevant tous d'un registre littéraire en français de France, n'existent pas dans les variétés étudiées ici ou n'y jouent qu'un rôle tout à fait marginal (*nul, certain, tel*).

I La singularité indéterminée

I.1 L'emploi pronominal de *un*

Un se réfère soit à une entité déterminée à l'intérieur d'un ensemble ou d'un groupe (*une de ces choses, un de ces hommes*), soit à un être humain indéterminé ; dans ce dernier cas, il se trouve aujourd'hui normalement en corrélation avec *autre* ((*l'*)*un – l'autre, les uns – les autres*).

Signalons quelques particularités quant à la prononciation de *un* en tant que pronom (soulignons que le FA et le FTN distinguent phonétiquement entre l'emploi de *un* comme article indéfini et numéral, [ɛ̃], [ɛ̃n], et en tant que pronom) :
- En NÉ et au NB, le pronom *un* est généralement prononcé [jɛ̃], la forme du féminin étant [jyn].
- À TN, on relève les prononciations [jɛ̃], [jɛn], [jœn] (Brasseur 2001 : s.v. *iun*, p. 256).
- En LOU, on ne rencontre pas de différence phonétique entre le pronom indéfini *un* et l'article indéfini : [ɛ̃, ɛ̃n] (masc.), [ɛ̃n, œ̃n] (Guilbeau 1950 : 178, DLF 2010 : s.v. *un*, p. 638).
  • Mais asteure iun de mes garçons, i a un poêle de bois et i a un poêle de KEROSENE. (NÉ – Hennemann, PUB, ID)
  • ah oui vas / vas vous conter une iune de noce icitte (NÉ – Arrighi 2005, corpus, Évangéline D. NÉ 23 : 262)
  • ben des grands crêpes grandes de même et on mettait touT de la mélasse dessus iune (NÉ – Arrighi 2005, corpus, Rosalie NÉ 23 : 182–183)

  • J'en ai jamais ramené [jɛ̃] (NB – Péronnet 1989a : 194)

---

1 Pour la classification des sous-groupes, nous suivons Riegel et al. (2011 : 380–382). Nous ne traiterons pas des numéraux cardinaux (p. 380) ; quant à l'élément *tout*, nous renvoyons au chap. « *Tout* ». – Pour l'emploi des pronoms personnels *on, tu, vous* en tant que pronoms indéfinis, *cf.* le chap. « Les pronoms personnels », VIII.2.

- i en aviont iune qui ouvrait le chemin pis/ (NB – Arrighi 2005, corpus, Sarah NB 20 : 329)
- ben si tu penserais qu'on s'arait manqué iun à l'autre pace on tait une grosse famille . ben non euh (NB – Arrighi 2005, corpus, Zélia NB 17 : 174–175)
- j'ai mis mes/ mes statuettes dehors . pis je les avais trop mis drouètes hein pis i y en a un qui tombe la face à terre (NB – Wiesmath 2006 : 80, Wiesmath 2, F : 97–99)
- L'anguille moi c'est iun de mes meilleurs poissons là, frais. (TN – Brasseur 2001 : s.v. *iun*, p. 256)
- T'as ène femme asteure, iène c'est assez ! (TN – Brasseur 2001 : s.v. *iun*, p. 256)
- T'as demandé pour un crayon ? Moi j'en ai un. (LOU – DLF 2010 : s.v. *un³*, p. 638, SM)

En corrélation avec *l'autre*, *un* ne prend généralement pas d'article dans les variétés étudiées ici :

- I y en avait qui avaient pluS iun que l'autre. (NÉ – Hennemann, ILM, IS)
- iun qui s'a fait couper une jambe . un autre s'a fait mal d'un pied (NB – Wiesmath 4, M : 51)
- I s'avont couché [jɛ̃] devant [lɔt]. (NB – Péronnet 1989a : 194)
- Y en a [jɛ̃] qui tombe d'un bord, pis [lɔt] tombe de l'aute. (NB – Péronnet 1989a : 194)
- Et tout ce que je faisions ce tait de conter des histoires iun et l'autre. (TN – Brasseur 2001 : s.v. *iun*, p. 256)
- Iun assayait d'apeurer l'autre, pour pas aller à la côte. (TN – Brasseur 2001 : s.v. *iun*, p. 256)
- Tu prenais ène scie pis tu coupais deux coches, à peu près à dix pouces de distance iun de l'autre. (TN – Brasseur 2001 : s.v. *iun*, p. 256)
- un était blanc et l'aut'e rouge (LOU – Brandon 1955 : 455)
- un et l'autre ramassait un jeune cochon pour une piasse ou deux, [...]. (LOU – DLF 2010 : s.v. *autre*, p. 48, TB)
- Quand un dansait avec la fille, l'autre dansait avec quelqu'un d'autre. (LOU – DLF 2010 : s.v. *un³*, p. 638, SL)

En FL, la conjonction *et* (*un et l'autre*) apparaît dans les tours qui expriment la réciprocité.

- [...] Si on est pas parents, tout chacun connaît un et l'autre et c'est une place qu'est bien tranquille icitte sur le bayou. (LOU – DLF 2010 : s.v. *autre*, p. 48, LF)
- Les deux batailleurs se sont empoignés un et l'autre au milieu du grand rond. (LOU – DLF 2010 : s.v. *un*, p. 48, LA)

Un et l'autre peut, en outre, avoir une valeur dépréciative en FL (« n'importe qui », « qui que ce soit », « le premier venu », Papen/Rottet 1997 : 89, Guilbeau 1950 : 178).

- I' sort avec un et l'autre. (LOU – Papen/Rottet 1997 : 89; *cf.* dans le même sens aussi Guilbeau 1950 : 178)

Commentaire
Quant aux particularités de la prononciation, les formes avec [j] initial sont largement documentées dans les parlers régionaux de l'Hexagone (FEW 14, 54a-b), dont également les parlers du Centre-Ouest, de la Bretagne et de la Normandie (Péronnet 1989a : 194).

I.2 *chacun* et *chaque, tout chacun*

Dans les variétés étudiées, la forme *chaque* sert aussi bien de déterminant que de pronom indéfini. En FTN, *chaque* est courant en tant que pronom, au point d'être plus fréquent que *chacun*, *chacune* dans cette fonction (Brasseur 2001 : s.v. *chaque*, p. 103). À en juger par les corpus à notre disposition, cela vaut également pour les autres parlers étudiés, notamment dans les cas où *chaque* figure comme attribut. C'est seulement dans le rôle du sujet que *chacun* (et en FL surtout *tout chacun*, *cf.* le chap. « *Tout* » II.2.2.) l'emporte sur *chaque*. Notons que dans ce cas, les éléments qui renvoient au pronom indéfini peuvent être accordés avec la personne grammaticale à laquelle se réfère le pronom selon le sens, *cf.* « c'était chacun noutre tour » (NÉ – Hennemann, ILM, EL) ou « Chacun allait 'oir pour leurs parents. » (Papen/Rottet 1997 : 88).

Retenons les réalisations phonétiques suivantes :
- [ʃakœ̃], [ʃakɛ̃] (FA/FTN), [satʃɛ̃] (NB), [səʃɛ̃] (NB, Péronnet 1989a : 194). Selon Péronnet, il s'agit de formes épicènes, mais, dans les corpus à notre disposition, la forme féminine ([ʃakyn]) est également relevée.
- Pour le FL, le DLF (2010 : s.v. *chacun* p. 118) note : [ʃakɛ̃, ʃakɛ̃n, ʃakœ̃, ʃakyn].

▶ *chacun*
- [...] c'était chacun noutre tour pour aller patiner sus le havre. (NÉ – Hennemann, ILM, EL)
- i ont chacun une catin à ielle pis la / la petit à mon garçon et pis Dora qu'a s'appelle (NÉ – Hennemann, ILM, CL)
- Ma fille veut que vous contiez [ʃakɛ̃] un histouère. (NB – Péronnet 1989a : 194)
- Leu mére ieuz a fait [səʃɛ̃] un saquet de nourriture. (NB – Péronnet 1989a : 194)
- Je peinturons les bouées, vous savez ... chacun, chacun une couleur. (TN – Brasseur 2001 : s.v. *peinturer*, p. 341)
- Ça s'accorde pas assez. I faisont [...] deux bouchures, chacune iène, ça fait que ça quitte ène allée. (TN – Brasseur 2001 : s.v. *allée*, p. 11)
- Et ils ontvaient[2] chacun une saquée, une avait une saquée de haricots de rame et l'autre avait une saquée de fèves plates. (LOU – DLF 2010 : s.v. *chacun, e*, p. 118, TB)
- Il, il nous a foutu chacune une raclée, chère, parce qu'on a pas resté là. (LOU – DLF 2010 : s.v. *chacun, e*, p. 118, EV)

▶ *tout chacun*
- Tout chacun mangeait chez eux. (TN – Brasseur 2001 : s.v. *tout chacun*, p. 452)
- Dessus le bayou je crois que tout chacun est parent. Si on est pas parents, tout chacun connaît un et l'autre et c'est une place qu'est bien tranquille icitte sur le bayou. (LOU – DLF 2010 : s.v. *chacun, e*, p. 118, LF)
- Et tout chacun élevait leur viande et leur volaille et tout ça. (LOU – DLF 2010 : s.v. *leur*[1], p. 365, AC)

▶ *chaque* en emploi pronominal
- Pis là, il aviont touT quatre pis cinq enfants pis six enfants – chaque. (NÉ – Hennemann, ILM, CL)
- Et ça fait qu'on avait chaque nos tours à marcher les dimanches. (NÉ – Hennemann, ILM, DO)
- pis tant ce qu'i prenait là la fessière pour couper du STEAK ben i coupait une SLICE de STEAK dans la boête une chaque (NB – Wiesmath 1, B : 453)

---

2 Pour la forme *ontvaient*, *cf.* le chap. « Les temps du passé » II.1.2.

- Chaque leu tour il ont venu avec leu famille. (TN – Brasseur 2001 : s.v. *chaque*, p. 103)
- J'avions chaque une fille, les deux sœurs. (TN – Brasseur 2001 : s.v. *fille*, p. 203)
- C'est des petits TWINS. Des petits bessons. Ça pesait sept livres et cinq-z-onces chaque quand ils sont énés. (LOU – DLF 2010 : s.v. *chaque*, p. 122, LF)
- Et là quand le candi était cuit dans la cheminée ça prendait une cuillère, je suppose, ça mettait ça dans chaque de les pailles. (LOU – DLF 2010 : s.v. *chaque*, p. 122, TB)

Commentaire

En ancien français, la forme *chascun* est à la fois pronom et déterminant (Foulet 1967 : 189). La tendance à remplacer *chacun(e)* par *chaque* se dessine dès le XVIIIe s. en France et va en se renforçant en français parlé moderne. Cet usage est surtout répandu dans la langue commerciale, mais il a également pénétré dans la littérature. Lorsque *chaque* apparaît en lieu et place de *chacun*, il est généralement l'attribut du sujet ou de l'objet de la phrase[3].

Brasseur confirme que cet emploi est courant « dans les parlers d'Amérique, au Québec [...], en Acadie [...] et à S[aint-]P[ierre-et-]M[iquelon] » (Brasseur 2001 : s.v. *chaque*, p. 103, pour le FQ : GPFC : s.v. *chaque*).

I.3 *quelqu'un, quelques-uns* (et variantes phonétiques)

Dans les variétés étudiées ici, *quelqu'un* – qui apparaît sous diverses formes phonétiques (*cf.* ci-dessous) – est souvent invariable en genre et en nombre. La forme du féminin est rare et comme en outre une consonne *z* de fausse liaison peut apparaître au singulier, les formes du singulier et celles du pluriel peuvent être identiques, du moins dans l'usage traditionnel, alors qu'aujourd'hui, les formes du standard sont également courantes.

Les variantes phonétiques sont les suivantes :
- Dans tous les parlers, mais particulièrement en FA et en FTN, la consonne initiale peut être affriquée [tʃ] ; de plus, la voyelle [e]/[ɛ] peut être arrondie pour devenir [ø]/[œ] au NB/en LOU ; en NÉ, le [e]/[ɛ] s'ouvre occasionnellement à [a] : [tʃakɛ̃].
- [l] devant [k] tombe assez régulièrement.

On obtient donc les formes suivantes :
- [kekɛ̃]/[kɛlkɛ̃], [kœkɛ̃], [tʃekɛ̃]/[tʃœkɛ̃], occasionnellement, au féminin : [kekɛ̃n]/[kekyn]/[tʃœkyn] en NÉ et au NB.
- [tʃjekɛ̃], [tjɛkɛ̃], plus rarement [tʃjɛkɛ̃] ; de même sens : *quiqu'un(s)* [tʃikɛ̃] à TN (Brasseur 2001 : s.v. *quèque*, p. 379).
- [kekɛ̃], [kekœ̃], [køkɛ̃], [tʃekɛ̃/tʃekɛ̃n] en LOU (DLF 2010 : s.v. *quelqu'un*, p. 506). Le DLF note aussi la forme du pluriel *quelques-uns*[4].

---

[3] *Cf.* Frei (1929 : 220), FEW (2, 482b), Chevalier et al. (1964 : § 417, p. 273), Péronnet (1989a : 194), Hanse (1991 : s.v. *chacun*, p. 223), Brasseur (2001 : s.v. *chaque*, p. 103), Grevisse/Goosse (2008 : § 748e, p. 961).

[4] Papen/Rottet (1997 : 88) précisent que *quelqu'un* est invariable en genre et en nombre ; selon Guilbeau (1950 : 88), les formes [kekœ̃], [kekœ̃n] alternent librement, la forme [kekœ̃n] étant apparemment « plus courante au pluriel ». Notons que c'est seulement Ditchy (1932) qui atteste la forme avec la fausse liaison au singulier également pour le FL.

En NÉ, au NB et en LOU, on note des cas de fausse liaison au singulier : [kœkzɛ̃]/[tʃɛkzɛ̃]/
[tʃœkzɛ̃] (pour le NB : Péronnet 1989a : 190 ; pour le FL : Ditchy 1932 : 175).

▶ *quelqu'un*, sg.
- i y a qu/ i y a quelqu'un [kɛlkœ̃] qu'est après faire brûler du foin. (NÉ – Hennemann, ILM, EL)
- I y a-ti des portraits à [tʃɛkzɛ̃] de ma famille ? (NÉ – Hennemann, ILM, EL)
- Et / et pis je te laisserai savoir si je connais quelqu'un [tʃɛkzɛ̃]. (NÉ – Hennemann, ILM, BJ)
- Mais si tu veux pas ça, cherche quelqu'un [tʃakɛ̃] d'autre. (NÉ – Hennemann, ILM, IS)

- Assaye à aouère [kœk z ɛ̃], sans faire trop de bruit, [...] (NB – Péronnet 1989a : 190)
- Je le dirai à [tʃœk z ɛ̃] en tcheque temps. (NB – Péronnet 1989a : 190)
- Faulit un docteur ou une garde-malade, [tʃœk z ɛ̃]. (NB – Péronnet 1989a : 190)

- N'importe qui-ce qui veut enteurprendre la job, ben y a tout le temps quéqu'un à l'entour qui peut yi montrer quoi-ce qu'i veut apprendre. (TN – Brasseur 2001 : s.v. *enteurprendre*, p. 182)
- Si quiqu'un ... coupe tout le bois, t'aras un désert, [...]. (TN – Brasseur 2001 : s.v. *désert*, p. 157)

- faulait quelqu'un tire les vaches (LOU – Stäbler 1995 : 11, corpus)
- Je pense quelqu'un avait été à l'école. (LOU – *Découverte*, Leleux, Vermilion)
- [j a kekœ̃ o magazɛ̃] « il y a quelqu'un au magasin » (LOU – Guilbeau 1950 : 88) (transcription adaptée)

▶ *quelques-uns, quelques-unes/quelqu'uns/quiqu'uns*, pl.[5]
- [à propos des suicides] SC : ... quelques'uns des jeunes. I y en a d'zeux que c'était MOSTLY pour de la drogue. (NÉ – Hennemann, BSM, SC)

- oui la majorité de mes clients sont anglophones mais j'en ai quelques-uns qui sont / qui sont francophones (NB – Arrighi 2005, corpus, Rachelle NB 1 : 144–145)
- oh oui y en a quelques-uns ben moi j'en connais pas beaucoup (NB – Arrighi 2005, corpus, Willy NB 9 : 356)

- [À propos des Indiens.] A Stephenville y en avait quiqu'uns là. (TN – Brasseur 2001 : s.v. *quèque, queuque, quique*, p. 379)
- Oui, y en avait quéqu'uns : ceusses qu'aviont pas de garçon : i preniont un homme à demi-ligne s'i pouviont le trouver. (TN – Brasseur 2001 : s.v. *quèque, queuque, quique*, p. 379)

- Quelques unes des femmes sont malades. (LOU – DLF 2010 : s.v. *quelqu'un*, p. 506, Daigle 1984)
- Y avait quelqu'uns de le police qui travaillait avec mon qui parlait français. (LOU – DLF 2010 : s.v. *quelqu'un*, p. 506, Daigle 1984) (« There were some of the police who spoke French. »)
- je crois dans tout le monde, c'est juste quelques-uns qui connaisaient vraiment la musique cadienne (LOU – *Découverte*, Marksville, Avoyelles)
- [j ã res kekœ̃] « il en reste quelques-uns », [kekœ̃ dez õm] « quelques-uns des hommes » (LOU – Guilbeau 1950 : 88) (transcription adaptée)

Notons, en FL, le tour *tout quelqu'un* au sens de « tout le monde », « tous sans exception ».

▶ *tout quelqu'un* (LOU)
- tout què'qu'un riait de lui (LOU – Brandon 1955 : 455)
- Et tout quelqu'un avait des bons couteaux. (LOU – DLF 2010 : s.v. *quelqu'un*, p. 506, SL)

---

[5] Notons pour le FL, notamment dans l'usage des jeunes semi-locuteurs, l'usage du pronom adverbial *zen* dans le sens de « quelques-uns » (*cf.* le chap. « *Y* et *en* et le présentatif *(il) y (en) a* », II.3.).

Commentaire
L'omission du [l] devant [k] est tout à fait courante dans le non-standard hexagonal (*cf.* Bauche ²1951 : 96, Grevisse/Goosse 2008 : § 758 R1, p. 968). Grevisse/Goosse (*ibid.*) notent au singulier la forme avec liaison fautive [kɛkzɛ̃], qu'ils qualifient de « vulgaire ».
    Les formes affriquées existent dans le Centre-Ouest de la France (FEW II/2, 1411b, 1412a). La forme *quique* est d'origine normande (Brasseur 2001 : s.v. *quèque*, p. 379).

I.4 *aucun* et *l'aucun, des aucun(e)s*

Le pronom indéfini *aucun* est rare dans les variétés étudiées ici. Il a habituellement une valeur positive, équivalant à *quelqu'un* ; dans ce sens, *aucun* peut être accompagné de l'article défini en FL (*l'aucun*). Toujours en FL, on relève *aucun* – adjectif ou pronom – également dans le sens négatif (« nul ») courant en FS ; dans ce sens, *aucun* est souvent précédé de la particule de négation *pas* : *pas aucun*. Pour le reste, le sens négatif de *aucun* est rendu de préférence par le tour *pas un, pas une* dans toutes les régions concernées (*cf.* ci-dessous IV.3.).
    Les formes du pluriel sont :
- *d'aucuns* « quelques-uns » (*cf.* pour le FA : Poirier 1993 [1925] : s.v. *d'aucuns* ; pour le FL, seulement dans l'usage traditionnel : Guilbeau 1950 : 176) et
- *des aucuns / des aucunes* en FL (DLF 2010 : s.v. *aucun*^{2}, p. 46).

Les variantes phonétiques sont les suivantes :
- [okɛ̃(n)], [otʃɛ̃(n)] (NÉ/NB/TN), [dotʃɔn] (NÉ – Thibodeau 1988 : 38), rarement au féminin [okyn].
- [okœ̃/(ɛ̃)] ; rarement au féminin [okyn]/[okœ̃n]/[okɛ̃n] (LOU).

▶ ***aucun* avec valeur positive – « quelqu'un »**
- Pis aucun sus le côté de l'est leux a offri un jour de venir [vnir] (NÉ – Hennemann, PUB, ID)
- Il y en a d'autchonne que je n'aime pas beaucoup. (NÉ – Thibodeau 1988 : 38)
- Aucun passe par le chemin. (TN – Brasseur 2001 : s.v. *aucun*, p. 32)
- Et là uh si l'aucun que le bateau est fait pour, il trouvait pas qu'il avait assez de tenture dedans, eh ben ça pouvait le fermer comme ça. (LOU – DLF 2010 : s.v. *aucun*^{2}, p. 46, LF) (« And then if the one that the boat was being made for found that there wasn't enough flair in it, well they could close it like that. »)

▶ ***aucuns* au pluriel – « certains, quelques personnes »**
- Il y a eu des aucuns qui peuvent faire le riz asteur. (LOU – Stäbler 1995 : 73, corpus) (énonciation d'une locutrice âgée de 83 ans en 1988)
- [dokœ̃ fe sa] (LOU – Guilbeau 1950 : 176)
- Il y a des aucuns. / Il y a des aucunes. (LOU – DLF 2010 : s.v. *aucun*^{2}, p. 46, citant Daigle 1984) (« There are some people. »)

▶ **(*pas*) *aucun* avec valeur négative, valeur généralement rendue par *pas un, pas une***
- Aucun de eux avait été à l'école. (LOU – DLF 2010 : s.v. *aucun*^{3}, p. 46, LF)
- J'en vois pas aucun. (LOU – DLF 2010 : s.v. *aucun*^{3}, p. 46, SB)

Commentaire
Tout comme les autres pronoms et particules de négation (*pas*, *personne*, *rien*, *miette*), *aucun* avait à l'origine et jusqu'au XVIIᵉ s. (Brunot/Bruneau 1949 : 511) une valeur positive (pour l'ancien français : *cf.* Foulet 1967 : 248)[6]. Dans ce sens, il est encore très fréquent au XVIᵉ s., mais le sens positif se perd au cours du XVIIᵉ s. (Haase 1965 : 103, Chevalier et al. 1964 : § 412, p. 267) et il n'en reste plus que des vestiges en français moderne. La langue parlée moderne emploie *quelqu'un* dans le sens positif et *personne* ou *pas un/pas une* dans le sens négatif. Aussi bien le singulier *aucun* (« quelqu'un ») que le pluriel *d'aucuns* (« certains », « plusieurs »)[7] passent aujourd'hui pour vieillis ou littéraires, même si le pluriel a beaucoup mieux résisté (*cf.* Gougenheim 1974 : 85, Brunot/Bruneau 1949 : 512) ; il subsiste « dans la langue écrite soignée, mais aussi dans la langue parlée de certaines régions (notamment l'Orléanais) » (Grevisse/Goosse 2008 : § 739, p. 948s.). *D'aucuns* est restreint au rôle du sujet de la phrase (*cf. Le Petit Robert* 2013 : s.v. *aucun*, Hanse 1991 : s.v. *aucun*, p. 119).

Notons que *aucun, e* est attesté dans le sens positif en FQ (GPFC : s.v. *aucun, e* ; Brasseur 2001 : s.v. *aucun*, p. 33).

I.5 *quelque chose* (et variantes phonétiques)

Quelque chose se réalise sous différentes variantes phonétiques :
- Le [l] devant [k] tombe régulièrement dans toutes les variétés concernées[8].
- En FA/FTN, on note pour *quelque* :
    - NÉ/NB : [kɛk], [tʃœk] ou [kœk]
    - au NB aussi : [tʃə] ou [kə] (Péronnet 1989a : 190–192)
    - TN : [tjɛk]/[tjœk] ou [tʃjɛk]/[tʃjœk] (Brasseur 2001 : s.v. *quèque*, p. 378)
    et pour *chose* : [ʃoz]/[ʃuz] (« ouïsme »)
- En FL : [kɛkʃoz], [kɛkʃɔʒ], [kɛtʃɔz], [kiʃoz] (DLF 2010 : s.v. *quelque chose*, p. 507, Papen/Rottet 1997 : 88).
- Les formes [kɛkʃoz, kɛkʃɔz], également courantes dans le non-standard hexagonal, prédominent (*cf.* Papen/Rottet 1997 : 88).

▶ *quelque chose*
- Pis aussitôt que t'as fini de travailler là, quelque chose [kɛkʃuz] as/ arrive. Hein ? (NÉ – Hennemann, ILM, IS)
- si on faisait quèque chose qui n'était pas bien on les mettait dans le coin. (NÉ – Hennemann, ILM, MS)

- Je sus obligé de faire [kœk ʃoz]. (NB – Péronnet 1989a : 192)
- Je vas aller charcher [tʃœk ʃuz] à manger. (NB – Péronnet 1989a : 192)

- Un cabinet c'est ène place que tu mets queuque chose dedans ... pareil comme des hardes ou de quoi de même. (TN – Brasseur 2001 : s.v. *quèque*, p. 378)

---

6 *Cf.* chap. « La négation » pour plus de détails sur les termes dits « polaires » *rien* et *aucun*, *cf.* aussi ci-dessous IV.2.
7 La forme du pluriel, *aucuns* (« quelques-uns »), « vieilli[e] au XVIIᵉ siècle », « ne se rencontre guère que dans La Fontaine » (Brunot/Bruneau 1949 : 512).
8 Comme aussi aux Îles-de-la-Madeleine, *cf.* corpus Falkert (2010).

- Et ça c'est quelque chose mon pape voulait tout le temps s'montrer[9] à mes enfants. (LOU – Rottet 2001 : 122, locuteur jeune)
- Il devrait nous donner de temps en temps une prêche en français, quelque chose, SUNDAY SCHOOL ou quelque chose. (LOU – Rottet 2001 : 125, loc. âgé)

▶ quichose (LOU)
- Il a trouvé quichose bien joli dans la malle. (LOU – DLF 2010 : s.v. *quelque chose*, p. 507, SB)

Nota bene : En FL, le pronom indéfini *quelque chose* peut être renforcé par l'adverbe *tout*. *Tout quelque chose* signifie « tout » (marquant la totalité).

▶ tout quelque chose (LOU)
- le pauvre bête avait tombé dans le bayou parce qu'il était après tousser et cracher et tout quelque chose (LOU – *Découverte*, Jennings, Jefferson Davis)
- Tout quelque chose était beau beau. (LOU – DLF 2010 : s.v. *quelque chose*, p. 507, EV)

I.6 *de quoi*

Dans les variétés étudiées, le pronom indéfini composé *de quoi* remplace très souvent le pronom *quelque chose* dans toutes ses fonctions[10]. Retenons aussi le tour figé très fréquent *de quoi de même* « une chose pareille », « quelque chose de semblable » (*cf.* aussi Arrighi 2005 : 260).

▶ *de quoi* « quelque chose »
- Y a jamais arrivé de quoi plus triste à Halifax depuis le commencement du monde. (NÉ – *Lettres de Marichette*, Gérin/Gérin 1982 : 133)
- quand il allait pour faire de quoi i l'arrêtiont (NÉ – Arrighi 2005, corpus, Marcelin NÉ 2 : 182)
- c'était de quoi qu'i faisiont dans ce temps-là longtemps passé (NB – Wiesmath 1, B : 489)
- J'ai jamais vu [d kwɑ] de pus beau ! (NB – Péronnet 1989a : 192)
- je veux de quoi complètement différent (NB – Arrighi 2005 : 260, Michelle NB 16 : 111–112)
- C'est de quoi qui m'a jamais arrivé. (TN – Brasseur 2001 : s.v. *quoi*, p. 383)
- Mais c'est de quoi faut que t'apprends ! (TN – Brasseur 2001 : s.v. *quoi*, p. 383)
- C'est peut-être de quoi que je connais pas. (LOU – DLF 2010 : s.v. *quoi*[1], p. 511, TB)
- Oh j'ai mangé de quoi de bon. (LOU – DLF 2010 : s.v. *quoi*[1], p. 511, LF)
- Quand y a de quoi qui va pour être voté dessus ... eh ben mon je me mets sus le RADIO et j'explique au vieux monde comment mon je crois qu'eux-autres devrait voter. (LOU – Rottet 2001 : 168, loc. âgé)

---

[9] *s'montre* « je montre », *cf.* le chap. « Les pronoms personnels » (I.1.1.) pour la prononciation du pronom *je* dans la paroisse Lafourche.

[10] *Cf.* pour la NÉ : Gérin/Gérin (1979 : 87) ; pour le FA : Arrighi (2005 : 260) ; pour le NB : Péronnet (1989a : 192) ; pour TN : Brasseur (2001 : s.v. *quoi*, p. 383) ; pour la LOU : Papen/Rottet (1997 : 88), Guilbeau (1950 : 175), Ditchy (1932 : 175). – Rottet (2004 : 178) signale la présence de la forme *de quoi* dans cette acception (« quelque chose ») aussi dans les zones de « *qui* inanimé » (*cf.* le chap. « L'interrogation », I.1.3.).

▶ *de quoi de même* « une chose pareille » (NÉ, NB, ÎPÉ, TN)
- Oui. Jamais de quoi de même avait arrivé par ici. (NÉ – Hennemann, BSM, SC)
- ceuses-là qu'avaient un petit brin d'argent qu'avaient des/ des farmes . des poules pis de quoi de même ben zeux i vendiont des œufs (NB – Wiesmath 3, D : 45–47)
- i faisiont des tartes ou de quoi de même aux pommes (ÎPÉ – Arrighi 2005 : 260, Rose ÎPÉ 7 : 223–224)
- Pousser des cris de rage, de quoi de même là, ça c'est heurler. [...] (TN – Brasseur 2001 : s.v. *heurler*, p. 247)

▶ *de quoi à* + infinitif
- J'voudrais de quoi à manger. (NÉ – É. Boudreau 1988 : 103)
- Greille-moi [d kwɑ] à manger. (NB – Péronnet 1989a : 192)
- Si t'avais de quoi à faire ... (TN – Brasseur 2001 : s.v. *quoi*, p. 383)
- Dit à Ti-Jean de venir me voir, j'ai de quoi à lui dire. (LOU – DLF 2010 : s.v. *quoi*[1], p. 511, VM)

Commentaire

Le pronom indéfini composé *de quoi* « quelque chose » existe de longue date en France (*cf.* Gérin/Gérin 1979 : 88 qui citent un exemple de Rabelais) ; en dehors des régions acadiennes, *de quoi* est attesté « dans les parlers dialectaux de Normandie (FEW 2, 1467b QUID) », en FQ (GPFC : s.v. *quoi*), à Saint-Pierre-et-Miquelon (Brasseur 2001 : s.v. *quoi*, p. 384, Brasseur/Chauveau 1990 : s.v. *quoi (de)*) et « dans plusieurs français nord-américains » (Arrighi 2005 : 260).

En français de France moderne, *de quoi* signifie « quelque chose qui fournit un moyen ou une raison de... » ou bien, en emploi absolu, « avoir une certaine aisance matérielle, des moyens d'existence » (*Le Petit Robert* 2013 : s.v. *quoi*). Cette acception existe aussi en FL : « J'ai travaillé dur tout ma vie, mais asteur j'ai de quoi. » (DLF 2010 : s.v. *quoi*[1], p. 511).

I.7 *quelque affaire*

Les variétés de l'Acadie des Maritimes et le FTN emploient couramment le tour *quelque affaire* (réalisé sous différentes formes phonétiques) dans le sens de « quelque chose » (emploi non attesté dans le DLF 2010 pour le FL).

Retenons les variantes phonétiques suivantes :
- [tʃak] *affaire* (NÉ)
- [tʃœk afɛr] (Péronnet 1989a : 192) et [tʃɛk afɛr] (corpus Wiesmath 2006)
- pour les variantes phonétiques de *quèque affaire* à TN, *cf.* la prononciation de *quel(-)* ci-dessus ; de plus, on relève la forme *quique affaire* (Brasseur 2001 : s.v. *quèque*, p. 378)

- As / t'as-tu emporté une BOWL ou un gobelet ou tchaque affaire pour le boère ? (NÉ – Hennemann, ILM, EL)
- tu peux faire de quoi avec ça pis/ . . que te ressemble <quelque> [tʃɛk] affaire ((rires)) (NB – Wiesmath 3, D : 191)
- Toujou, i s'en vient trouver ce sorcière-là, pour qu'a faisit [tʃœk afɛr] pour faire manquer c'te mariage-là. (NB – Péronnet 1989a : 192)
- Alle est pas mal sûre qu'a va aller en France ; a dit qu'y a quèque affaire qui lui dit d'aller ! (TN – Brasseur 2001 : s.v. *aller*, p. 12)

- C'est-ti le nom de quèque affaire ? (TN – Brasseur 2001 : s.v. *quèque, queuque, quique,* p. 378)
- Et y a les loups de mer qu'est joliment pareil comme ça aussi mais... i sont plaqués. I sont plaqués... blanc, quique affaire comme un... un *leopard* [angl. « léopard »] là. (TN – Brasseur 2001 : s.v. *plaqué,* p. 356)

Commentaire
Alors que les études de Bauche (^{2}1951) et de Gadet (1992) sur le français populaire et l'étude historique de Brunot/Bruneau (1949) ne signalent pas l'expression *quelque affaire* en tant que pronom indéfini, Brasseur (2001 : s.v. *affaire,* p. 9) en mentionne l'existence « dans quelques parlers dialectaux de France, notamment dans l'Ouest (FEW 3, 349b FACERE) ».

I.8 *n'importe qui, n'importe quoi*

Les tours indéfinis, relevant du registre littéraire ou soigné, *quiconque, qui que ce soit* et *quoi que ce soit* ne sont pas signalés pour les variétés étudiées ici. Ce sont des locutions créées sur la base de l'élément indéfini *n'importe* qui assument le rôle des pronoms indéfinis marquant une singularité indéterminée « de libre choix » (Riegel et al. 2011 : 381).

I.8.1 *n'importe qui*

La forme morphologique courante du pronom est *n'importe qui-ce (qui)* pour se référer aux personnes ; mais la forme du standard, *n'importe qui,* est également attestée. On notera que devant la subordonnée relative, *qui* est redoublé : *n'importe qui qui...* (« toute personne qui... »). Pour le FL, Guilbeau (1950 : 178) relève également la forme *n'importe lequel qui.*

- Mais n'importe qui-ce qui / qui fête un anniversaire va aller soit manger / euh / quelque part à un restaurant... (NÉ – Hennemann, BSM, SC)
- pis i donnent des cours euh : de natation pis aussi des/des/des/ cours de natation exercices pour des/des/des femmes enceintes pour/pour/pour n'importe qui qui veut le faire je crois (NB – Arrighi 2005, corpus, Michelle NB 16 : 503–506)
- N'importe qui-ce qui veut enteurprendre la job, ben y a tout le temps quéqu'un à l'entour qui peut yi montrer quoi-ce qu'i veut apprendre. (TN – Brasseur 2001 : s.v. *enteurprendre,* p. 182)
- N'importe qui sus le *West coast* [...] s'il est français, s'il est français c'est un *jackatar.* (TN – Brasseur 2001 : s.v. *jackatar,* p. 257)
- Et ça me semble, moi, que n'importe qui qui mérite le nom de musicien, c'est ça il faut qu'il fasse. (LOU – DLF 2010 : s.v. *importer*^{2}, p. 341, VM)
- N'importe qui aurait pu faire ça. (LOU – DLF 2010 : s.v. *importer*^{2}, p. 341, EV)
- Tu peux demander à n'importe qui alentour là ayoù Orange Grove est. (LOU – DLF 2010 : s.v. *importer*^{2}, p. 341, IV)

Notons que dans les régions louisianaises qui connaissent *qui* inanimé (*cf.* le chap. « L'interrogation », I.1.3.), *n'importe qui* permet aussi la référence aux choses.

- Ici, n'importe qui-ce qu'eux-autres peut faire pour te prendre de l'argent eux-autres le fait. (LOU – DLF 2010 : s.v. *importer*^{2}, p. 341, LF)
- Eusse dit qu'un Cadien va manger n'importe qui qui le mange pas à lui le premier. (LOU – DLF 2010 : s.v. *importer*^{2}, p. 341, LF)

- N'importe qui-ce que je fais dans mon idée à mon-même [...] c'est tout fait en français. (LOU – Rottet 2004 : 178)

I.8.2 *n'importe quoi*

La forme non-périphrastique *n'importe quoi* est courante pour se référer aux choses (à côté de la forme périphrastique *n'importe quoi-ce*). Le tour *n'importe quoi* n'est pas nécessairement connoté par la valeur négative dont il est imprégné en français de France moderne ; il a le sens de « quoi que ce soit », « tout ».
- Tu peux mettre / tu peux mettre n'importe quoi-ce tu veux. (NÉ – Hennemann, BSM, SC)
- Pis elle / elle faisait n'importe quoi. (NÉ – Hennemann, ILM, DO)
- oh HEY a' faisait n'importe quoi pour se débarrasser de toi hein (NB – Wiesmath 7, O : 528)
- Tu vas prendre un morceau de pain ou n'importe quoi, pis tu vas tout [tut] l'émietter, tout [tut] l'émietter tout fin, tout fin. C'est comme ça que je boëttons les geais, là, dans l'hiver. (TN – Brasseur 2001 : s.v. *boëtter*, p. 60)
- C'était un forgeron. Il pouvait faire n'importe quoi avec la forge. (LOU – DLF 2010 : s.v. *importer*^{2}, p. 341)

Signalons aussi l'existence des tours *n'importe* + pronom/adverbe interrogatif dans les variétés étudiées, dont notamment le tour *n'importe où* (et ses variantes phonétiques : *n'importe éiou, ayou, yoù*) « où que ce soit » (endroit indéterminé), « partout » (tous les endroits envisageables).
- Dans ces temps-là ben pour la compagnie ben tu tais … tu tais bienvenu n'importe you. (TN – Brasseur 2001 : s.v. *n'importe*, p. 317)
- Les vaches pouvaient aller n'importe ayoù. (LOU – DLF 2010 : *importer*^{2}, p. 341, IV)

II La pluralité indéterminée

II.1 *beaucoup* (+ synonymes) et *peu*

Les indéfinis qui indiquent une quantité considérable (*beaucoup, un tas de, joliment de*…), moindre (*certains, plusieurs*) ou faible (*peu*) apparaissent comme déterminants (+ nom) (*cf.* le chap. « Les déterminants indéfinis ») ou comme pronoms[11].

▶ *beaucoup* (= FS)
- i y en a beaucoup qu'allont / euh / à l'Amarique (NÉ – Hennemann, BSM, RL)
- i y 'n a beaucoup qui seraient pas contents (NB – Wiesmath 6, L : 116)

[non attesté dans cette fonction par le DLF 2010 : s.v. *beaucoup*, p. 66]

---

11 Pour *quelques-uns* au pluriel et *d'aucuns cf.* ci-dessus I.3. et I.4.

▶ *joliment*
- Pis / euh / de / i y en avait joliment qu'avaient pas de lumière. (NÉ – Hennemann, ILM, MS)
- Après que la pêche tait finie, ben i restont ici, ieusses, y en a joliment qui restint à La Grand-Terre ici là pis... au Cap, [...] (TN – Brasseur 2001 : s.v. *même (de-)*, p. 296)

[non attesté dans cette fonction par le DLF 2010 : s.v. *joliment*, p. 352, ni dans le corpus *Découverte*]

▶ *plein* – très répandu en LOU
- j'en connais plein qui ne viendront pas (LOU – Ditchy 1932 : 167)
- Les enfants devraient connaître, parce que ina pas plein qui va là, qu'a pas un pape ou une mame qui parle français. (LOU – Rottet 2001 : 125, loc. âgé)
- J'en connais plein qui vont pas venir (LOU – DLF 2010 : s.v. *plein*³, p. 473, SL)

▶ *un tas* – seulement en LOU
- y en a pas un tas donc qui parlent français dans les nègres (LOU – Stäbler 1995 : 60, corpus)
- ça fait moi je mange pas ça là. Pas asteur, non, mais j'en ai mangé un tas dans ma vie [des écrevisses] (LOU – *Découverte*, Châtaignier, Évangéline)
- y a z un tas qui sait pas (LOU – Brandon1955 : 497)

▶ *un LOT* (emprunt anglais)
- ben i y a/ passée ste semaine-là i/ i y en a un <lot> [lɔt] qui *runont* qu'à tous les deux jours si que ça travaille coumme les autres années (NB – Wiesmath 3, D : 409–411) (*runont* = « travaillent, marchent »)

▶ *peu* (= FS)
- i taient ben peu qui allaient ceusses qui avaient des grands fermes (NB – Arrighi 2005, corpus, Willy NB 9 : 173)

II.2 *certains* et *plusieurs*

Certains (rare) et *plusieurs* s'emploient, en tant que pronoms indéfinis, comme en FS. Notons pourtant que *certains* peut être précédé de l'article.

▶ *certains*
- on a des certains qui est / qui / i se la / i se lamentont sus touT, sus tout les prêtres. (NÉ – Hennemann, PUB, ID)

▶ *plusieurs*
- Pis moi, je me tiens avec plusieurs des vieillards. (NÉ – Hennemann, ILM, CL)
- i y en a à plusieurs d'eux autres qui sont euh en prison (NB – Wiesmath 7, O : 138)
- Il y en avait plusieurs là, là à l'école à *First School* xxx qui venaient là, là. (LOU – *Découverte*, Mamou, Évangéline) (*Plusieurs* renvoie au lexème *enfants*.)

III Les identificateurs : l'expression de l'identité/de la similitude et de la distinction

Même, *autre* et *tel* peuvent assumer plusieurs fonctions grammaticales : *même* a des emplois adjectivaux, adverbiaux, pronominaux ; *autre* – des emplois adjectivaux et pronominaux ; *tel* peut figurer comme déterminant, comme adjectif ou comme pronom.

Comprenant toujours une comparaison (plus ou moins explicite), *même* et *autre* expriment l'identité (*même*) ou la différence (*autre*). Précédés d'un article ou d'un déterminant, ils sont employés comme pronoms. Dans les acceptions « la même chose » et « autre chose », il existe les tours *la même chose/affaire* et *d'autre chose* ; on relève aussi la forme neutre *le même*, qui a disparu dans cet emploi en français contemporain de France.

III.1 *même*

L'identificateur *même* apparaît en principe dans des fonctions identiques à celles qu'il assume en FS, cependant, la forme *le même* apparaît, à côté de *la même chose* et *la même affaire*, également dans le sens neutre de « la même chose ».

- Les lapins c'est la même affaire. Ena point de CHEMICALS dedans. (NÉ – Hennemann, BSM, RL)
- hein i mettont du sucre dans ça pis c'est pas le même coumme que c'était un temps passé (NB – Wiesmath 4, D : 58)
- Un plaineau pis une prée, y a pas ène grande différence, pour sûr. Ça c'est le même, ien que c'est différent de nom. (TN – Brasseur 2001 : s.v. *plaineau*, p. 355)
- La même chose qu'i se servont quante que … quand i perdont du huile à la mer, les choses qu'i mettont tout le tour pour attraper l'huile là, je sais pas comment tu les appelles en français. (TN – Brasseur 2001 : s.v. *huile*, p. 250)
- Eusse parle un bon français […]. C'est aisé à comprendre mais c'est pas le même. (LOU – DLF 2010 : s.v. *même*[1], p. 382, TB)
- Tu vois, je suis manière COLORBLIND. Vert et bleu ça me ressemble les mêmes. (LOU – DLF 2010 : s.v. *même*[1], p. 392, TB)
- C'est tout la même chose. (LOU – DLF 2010 : s.v. *même*[1], p. 392, Daigle 1984)
- Et mom a répondu la même affaire que pop. (LOU – *Découverte*, Mamou, Évangéline)

III.2 *autre*

Le pronom indéfini *autre* apparaît seul (*un autre*, *l'autre*, *d'autres*, *les autres*) ou entre dans la formation de locutions pronominales en combinaison avec d'autres pronoms indéfinis (*quelqu'un d'autre*, *quelques autres*, *plusieurs autres*, etc.). Le renvoi aux référents inanimés s'effectue par la forme *d'autre chose*.

La prononciation de *autre* correspond au français familier hexagonal : [ɔt] ou [ɔt(r)] (LOU – DLF 2010 : s.v. *autre*, p. 48). Signalons l'existence de la forme [ɔtœr] au NB (Péronnet 1989a : 194) et à TN (Brasseur 2001 : s.v. *autre*, *auteur*, p. 33), forme inconnue dans l'Hexagone (*cf. ibid.*).

▶ *autre*
- J'ai construit deux autos et en a un autre que je conduis. (NÉ – Hennemann, PUB, LaD)
- A dit, en avez-vous d'[ot] ? Ben, la vieille dit, j'en ai un [ot]. (NB – Péronnet 1989a : 194)
- j'étais en chamaille avec l'autre (LOU – Stäbler 1995 : 38, corpus)
- Les autres, ils les ont eu bon, mais le lendemain la maîtresse à l'école, alle les a *check* dessus eux-autres. (LOU – *Découverte*, Mamou, Évangéline)

▶ *d'autre chose*
- Pis yeur a donné un tapis trassé pour avoir d'autre chose. T'sais pour avoir des affaires on échangeait (NÉ – Hennemann, ILM, MD)
- Y a pas d'[otœr] chouse, i dit, que le bon Djeu qui m'a emmené icitt. (NB – Péronnet 1989a : 194)
- je peux pas y demander de faire d'autre chose (LOU – Stäbler 1995 : 156, corpus)
- le monde ici après apprendre à donner des *claps* à les joueurs de musique mais là-bas là c'est d'autre chose qu'ici (LOU – *Découverte*, Mamou, Évangéline)
- Et mon père, lui il a jamais été d'autre chose qu'un pêcheur à la ligne, et il piégeait. (LOU – *Découverte*, Isle Jean Charles, Terrebonne)

Après *rien*, on emploie en franco-terre-neuvien la forme *d'autre chose* au lieu de *d'autre*.
- I faisont ça en temps perdu [pardy], il avont rien d'autre chose à faire. (TN – Brasseur 2001 : s.v. *autre*, p. 33)

III.3 *tel*

Tel, pronom qui marque la ressemblance ou la similitude (*cf. Le Petit Robert* 2013 : s.v. *tel*), relève du style recherché. Il est rare dans les variétés étudiées ici.
- i faut accepter les autres pour tels qu'i sont (NB – Wiesmath 2006 : 164, Wiesmath 11, U : 139) (situation de communication formelle)
- mais là tout d'un coup faut regarder l'autre pour tel qu'i est (NB – Wiesmath 11, U : 141) (situation de communication formelle)

Comme en français de France, *un tel* désigne une personne quelconque dont on ne peut ou ne veut pas spécifier l'identité :

▶ *un tel*
- y en a untel que j'ieux ai pas parlé là. telle personne a passé l'autre (IdlM – Falkert 2010, corpus : 193, p. 290, CD-ROM)
- Un tel m'a dit. (LOU – DLF 2010 : s.v. *tel²*, p. 608, Daigle 1984)

▶ *tel et tel* (« telle ou telle personne, l'un ou l'autre »)
- Mom me dit des fois des histoires parce que tel et tel avait vu le défunt grand-père assis dans le bois ou quelque chose. (LOU – DLF 2010 : s.v. *tel²*, p. 608, EV)

IV Les pronoms indéfinis indiquant une quantité nulle

(Pour plus de détails sur la négation en FA/FTN et en FL, *cf.* le chap. « La négation »)

Dans les variétés étudiées ici, la particule de négation *ne* n'existe pas. Les pronoms indéfinis indiquant une quantité nulle ont à eux seuls une valeur négative, mais sont souvent combinés avec la particule *pas*.

IV.1 *personne*

Quant à la présence de la particule *pas* nous retenons les points suivants :
- Lorsque *personne* est sujet de la phrase, il apparaît généralement seul pour exprimer le sens négatif (« aucun ») ; si un deuxième élément de négation apparaît, il est placé directement devant *personne* (*pas personne*).
- Lorsque *personne* est complément d'objet de la phrase, on relève généralement une deuxième particule de négation.

Notons que le *e* de la première syllabe peut s'ouvrir et passer à [a] : [parsɔn] (*cf.* « Introduction »).

▶ Emploi avec *pas*
(ou avec d'autres particules de négation : *plus, jamais*)

- Ben, non, j'ai connais / connais pas personne là. (NÉ – Hennemann, PUB, ArD)
- i y a plus personne qui reste là asteure hein (NB – Wiesmath 3, G : 504)
- i va pas tuer là [...] i tuera pas personne là (NB – Arrighi 2005 : 400, Suzanne L. NB 18 : 359–360)
- [...] pas personne pouvait dire encore que j'étais enceinte (NB – Arrighi 2005 : 400, Sarah NB 20 : 265–267)
- I parle i parle i parle, i entend pas parsonne d'autre, il blague pis i blague pis i blague, il est tout en blague. (TN – Brasseur 2001 : s.v. *blague*, p. 58)
- I'a pas vu personne. (LOU – Papen/Rottet 1997 : 88, Guilbeau 1950 : 174)
- C'est selon, si nous-autres était à l'école et je voulais pas personne connaît qui j'sutais après dire à mon frère, c'était français. (LOU – Rottet 2001 : 126, semi-locutrice)
- Il y avait pas eu personne de tué. (LOU – DLF 2010 : s.v. *personne*, p. 456, AC)

▶ Emploi sans deuxième élément de négation

- Pis on avait personne à Halifax dans le temps. (NÉ – Hennemann, ILM, BJ)
- ben tant j'arrivais là i y avait personne qui disait <t'étais paresseux pis t.as pas voulu venir> (NB – Wiesmath 1, B : 722)
- C'est pour ça aujourd'hui y a personne [paʀsɔn] par ici. I sont tout [tut] partis sus l'autre bord, au Canada. (TN – Brasseur 2001 : s.v. *bord*, p. 65)
- Personne te ferait rien de mal. (LOU – DLF 2010 : s.v. *personne*, p. 456, SL)

- Quand j'étais jeune enfant toujours ici dans la campagne on avait pas beaucoup d'amusements pour les enfants et même personne avait des radio et les TV dans ces temps là. (LOU – DLF 2010 : s.v. *personne*, p. 456, LA)

IV.2 *rien, arien*

L'emploi sans deuxième élément de négation est répandu ; si double négation il y a, c'est sous la forme *pas (...) rien*. Notons, pour le FL, les variantes phonétiques suivantes : [arjɛ̃ ; ərjɛ̃ ; rjɛ̃][12]. *Arien* est aussi attesté en FA.

▶ Emploi avec *pas*
(ou d'autres particules de négation : *plus, jamais*)

- Ça fait on avait pas rien pour nous occuper [...] (NÉ – Hennemann, ILM, EL)
- i y avait pas rien hein i y avait rien dans ce temps-là (NB – Wiesmath 1, R : 749)
- les Américains sont arrogants trop arrogants i sont pas éduqués sus nous-autres en touT i savent pas rien de Canada (NB – Arrighi 2005 : 399, Michelle NB 16 : 467–468)
- je me lamente pas de rien (ÎPÉ – Arrighi 2005 : 398, Rose ÎPÉ 7 : 95)
- Y avait pus rien, pus rien-i-tout (TN – Brasseur 2001 : s.v. *rien di tout, rien-i-tout, rien-ni-tout*, p. 398)
- J'ai té six semaines sus le carreau, je pouvais pas rien faire. (TN – Brasseur 2001 : s.v. *pas*, p. 337)
- ils avaient pas de pompiers dans le temps . de pas de pompe et pas rien pour l'éteindre (LOU – Stäbler 1995 : 92, corpus)
- Tu sais les jeunes femmes asteur-là ? Ça se tracasse pas d'arien. (LOU – Rottet 2001 : 125, loc. âgée) (= « Elles ne se soucient de rien. »)
- Tout le temps je dis à sa mame que je veux qu'elle apprend le français, et alle me répond pas arien du tout là-dessus. (LOU – Rottet 2001 : 129, loc. âgée)
- Et ça vous coûte pas arien. (LOU – DLF 2010 : s.v. *rien*^{2}, p. 557, EV) (« Et cela ne vous coûte rien. »)
- J'ai pas fait rien. (LOU – DLF 2010 : s.v. *pas*^{2}, p. 443, SM), mais aussi : J'ai pas rien fait. (LOU – DLF 2010 : s.v. *rien*^{2}, p. 557, Lavaud-Grassin 1988)

▶ Emploi sans deuxième élément de négation

- Il a pas ri, i a pas dit rien du tout. Arien du tout. Imagine-toi. (NÉ – Hennemann, ILM, IS)
- c'est rien de grave mais je peux aller avec vous autres (NB – Wiesmath 6, L : 75)
- Alle avait rien à manger. (LOU – Papen/Rottet 1997 : 88)
- Arien, tout nu, EXCEPT sa paire de TENNI'SHOES. (LOU – DLF 2010 : s.v. *rien*^{2}, p. 557)

Commentaire
Rien (du lat. REM, « chose ») et *personne* (du lat. PERSONA « masque de comédien », Chevalier et al. 1964 : § 412, p. 269) ont d'abord une valeur positive, mais suite à l'usage régulier avec *ne*, ils se chargent d'un sens négatif (*cf.*

---

[12] *Cf.* DLF (2010 : s.v. *rien*, p. 557) ; *cf.* aussi Brandon (1955 : 456), Ditchy (1932 : 40), Papen/Rottet (1997 : 88), Guilbeau (1950 : 174). – La forme *ien*, très courante dans les parlers acadiens dans l'adverbe figé *ienque* (« seulement », *cf.* le chap. « Les adverbes », III.8.), apparaît parfois aussi pour le pronom indéfini *rien* aux Îles-de-la-Madeleine, *cf.* « j'ai jamas eu =ien de volé » (IdlM – Falkert 2010, corpus : 109, p. 331, CD-ROM).

Haase 1965 : 108). Selon Martineau/Déprez (2004 : 34), *rien* aussi bien que *personne* et *aucun* (*cf.* ci-dessus I.4., IV.1.) restent pourtant des termes de polarité pendant des siècles, positifs ou négatifs selon la présence ou l'absence d'une négation. Pour les négateurs *rien* et *aucun*, Martineau/Déprez (2004 : 34) montrent que ceux-ci sont attestés du XVIe au XXe s. dans des constructions à trois termes (*ne... pas rien/aucun*), ce qui prouve selon ces auteurs qu'ils ne sont pas encore en eux-mêmes des négateurs, mais doivent être niés par *ne...pas* dans le sens négatif[13]. La négation du type *pas rien*, *pas personne* constitue donc selon cette hypothèse un conservatisme. Signalons que *rien* et *personne* peuvent encore revêtir le sens de « quelqu'un » ou « quelque chose » (*cf.* le chap. « La négation »).

La forme *arien* – qui remonte à (*ne*)...*pas rien* –, est « exclu[e] dès le XVIIe siècle de la langue châtiée », mais survit dans le langage populaire et est encore attestée dialectalement en France (FEW 10, 285b). Cette forme est aussi attestée dans les créoles français (*cf.* Chaudenson 1974, t.2, p. 685 ; *DECOI*).

IV.3 *pas un*

Pour insister sur la quantité nulle ou l'absence totale, c'est le pronom indéfini composé *pas un* qui apparaît, comme en français parlé hexagonal (*cf. Le Petit Robert* 2013 : s.v. *pas*²) ; *pas un* n'est pas nécessairement accordé en genre ; rappelons que *aucun* et *nul* ne sont pas courants dans ce sens dans les variétés étudiées ici. La prononciation sans liaison est courante : [paɛ̃].

- Mais i y en avait pas* un (NÉ – Hennemann, ILM, MS)
- pis i y en a pas une qui bougeait (NB – Wiesmath 8, Q : 42) (*Une* renvoie à l'antécédent *sœur religieuse*.)
- Et pis les guêpes à miel, ce tait criblé. On voit pas un à présent. (TN – Brasseur 2001 : s.v. *guêpe*, p. 238)
- Eusse a été élevés français, et tu connais qu'il y a pas un de mes garçons qui peut dire les jours de la semaine en français... (LOU – Rottet 2001 : 132, locutrice jeune)
- je m'ai levé hier au soir voir un petit/ . et y en avait pas un ici (LOU – Stäbler 1995 : 62s.)
- À soir on va se faire une grosse prâline de pistache. Là, on faisait un aussi ou si c'était pas une de pistache, on aurait fait un avec du benné (LOU – *Découverte*, Châtaignier, Évangéline)

---

13 *Cf.* Haase (1965 : 256) Gougenheim (1974 : 241), Martineau/Déprez (2004 : 40ss.), Hennemann (2014 : 178s.).

Tout

Préliminaires

I *Tout* – déterminant
- I.1   *Tout* dans le groupe déterminant indéfini
- I.2   *Tout* dans le groupe déterminant défini : *tout le (mon, ce)..., toute la (ma, cette...)*
- I.2.1   Les exemples de genre masculin
- I.2.2   Les exemples de genre féminin
- I.3   [tu], [tut] (pluriel) indiquant une périodicité

II *Tout* – pronom
- II.1   *tout* à valeur neutre
- II.2   [tu], [tut] – pronom se référant aux êtres animés
- II.2.1   [tut], [tu]
- II.2.2   *tout chacun, tout quelqu'un*

III *Tout* – adverbe
- III.1   *tout* adverbe devant l'adjectif et le participe
- III.2   *tout* adverbe devant un adverbe ou une locution adverbiale
- III.3   *Tout* dans les structures « (semi-)auxiliaire + *tout* + participe passé/ (infinitif) + objet direct »
- III.4   *c'est/c'était* + *tout* + syntagme nominal ou participe passé

IV En guise de résumé : polyvalence de l'élément *tout*
- IV.1   Le pronom *tout* : *tout, tous* ou *toutes* ?
- IV.2   *tout* adverbe ou *tout* pronom en apposition
- IV.3   *tout* déterminant ou *tout* pronom
- IV.4   *tout* déterminant ou *tout* adverbe

Tout

Préliminaires

Tout constitue un élément polyfonctionnel en français[1]. Cet élément peut assumer le rôle de déterminant, d'adjectif qualificatif (dans le sens de « entier », « complet »), de pronom, de nom et d'adverbe[2]. En FS, selon sa fonction, *tout* s'accorde avec le nom qu'il accompagne ou reste invariable.

Les règles d'emploi de *tout* dans les variétés étudiées ici ne correspondent pas à celles du FS.

En bref, nous observons les spécificités suivantes :
- Il n'existe que deux formes : [tu] et [tut][3]. La forme pronominale [tus] est absente des parlers étudiés (*cf.* Arrighi 2005 : 411)[4].
- La répartition des formes [tu] et [tut] ne suit pas une logique morphosyntaxique stricte ni une logique phonétique ; les deux formes apparaissent indépendamment de l'entourage phonétique, bien que la distribution des deux formes ne soit pas entièrement libre (*cf.* Arrighi 2005 : 412). On constate quelques tendances d'usage :
  - Lorsque *tout* est constituant d'un groupe déterminant exprimant la totalité (*tout mon...*, *tout le...*, *tout ce...*), les deux formes, [tu] et [tut], sont en usage, mais la distinction des genres n'est pas faite de manière systématique[5].
  - Par contre, lorsque *tout* a une fonction soit pronominale soit adverbiale, il est généralement invariable et c'est la forme avec *-t* final ([tut]) qui prédomine en FA/FTN (*cf.* Gesner 1981 : 88, Péronnet 1989a : 62s.). En FL, par contre, la forme [tut] est moins fréquente, [tu] étant la forme non marquée dans cette fonction (*cf.* Conwell/Juilland 1963 : 133, *cf.* DLF 2010 : s.v. *tout*, p. 624).

---

1 Pour une analyse détaillée de *tout* en FA, *cf.* Péronnet (1989a : 53–68) et Arrighi (2005 : 410–419). – Nous tenons à signaler qu'Arrighi (2005 : 410–419) procède à une analyse de *tout* quelque peu différente de la nôtre ; les exemples de son corpus que nous citons ne sont pas forcément placés dans les mêmes sous-rubriques dans notre étude.
2 Nous ne relevons pas d'exemple d'emploi nominal (*le tout...*) dans les corpus consultés.
3 Il en va de même en FQ (Léard 1995 : 130s., pour la variété de l'Île-aux-Coudres, Seutin 1975 : 418). En FQ, c'est la forme [tut] qui prédomine dans « tous les emplois » (Léard 1995 : 130).
4 Il en va de même dans la variété parlée aux Îles-de-la-Madeleine, *cf.* Falkert (2010, corpus). – L'absence de la forme *tous* [tus] s'explique par la chronologie : la forme [tus] est le fruit d'une analogie « artificiellement imposé[e] au XVIIIe siècle » (Léard 1995 : 130). La forme ancienne, issue de la forme latine TOTI, n'avait pas de *s* à la fin : TOTI → TOTTI → *TUITI → afr. *tuit* (Wolf/Hupka 1981 : § 136, p. 77).
5 Selon Péronnet (1989a : 50), les deux formes sont en distribution libre dans cette fonction : « sur 35 noms masculins, 19 seulement sont accompagnés de la forme [tu], tandis que 16 autres sont accompagnés de la forme [tut] ; de même, sur 17 noms féminins, 10 seulement sont accompagnés de la forme [tut], les 7 autres étant accompagnés de la forme [tu]. Au total, 23 écarts par rapport au genre. »

Nota bene : Dans les exemples du présent chapitre, nous indiquons la prononciation de l'élément *tout* entre crochets, explicitant ainsi les graphies diverses de nos sources écrites qui signalent, chacune à sa manière, la prononciation d'une occurrence.

I *Tout* – déterminant

Tout entre dans la composition de groupes déterminants définis et indéfinis[6]. Les variétés concernées ici emploient les deux formes [tu] et [tut], sans que le choix de l'une ou l'autre de ces formes soit nécessairement motivé par le genre du nom ainsi déterminé[7].

I.1 *Tout* dans le groupe déterminant indéfini

Tout suivi immédiatement d'un nom a une fonction de déterminant indéfini ; au singulier, [tu]/[tut] + nom se prête aux constats de nature générique (*cf.* Riegel et al. 2011 : 301). Au pluriel, [tu]/[tut] + nom se réfère à la totalité, à l'ensemble, sans exception (*Le Petit Robert* 2013 : s.v. *tout*).

Dans sa fonction de déterminant indéfini, *tout* apparaît principalement dans les formules figées *toute(s) sorte(s) d'affaires* et *toutes sortes de choses*[8]. Devant *sorte(s)*, nous trouvons les deux formes indistinctement dans les parlers acadiens[9] et généralement [tut] en FL ; devant *cas* (*en tout cas*), c'est la forme [tu] qui apparaît.

▶ [tu]
- Pis il avont tout [tu] sortes de chouse, tout, tout [tu]. (NÉ – Hennemann, BSM, RL)
- Je fais [tu] sortes de choses dans le jardinage, moi. (NB – Péronnet 1989a : 49)
- en tout [tu] cas (NB – Wiesmath 10, X : 159–160)

---

6 Pour la terminologie, *cf.* Riegel et al. (2011 : 290–292 ; 300–301). – On signalera l'existence de différentes terminologies dans les grammaires. *Tout* est nommé adjectif qualificatif dans le sens d'« entier », « unique », « complet » dans les structures *tout/toute* + déterminant + SN (Arrighi 2005 : 410, Hanse 1991 : s.v. *tout*, p. 945, Péronnet 1989a : 53–55) ; il est adjectif indéfini dans le sens de « les uns et les autres sans exception » (Arrighi 2005 : 410) dans les structures *tout(e)/tous/toutes* + déterminant + SN et dans les structures *tout(e)/tous/toutes* + SN (Brasseur 2001 : s.v. *tout*, p. 451) ; Arrighi (2005 : 417ss.) et Léard (1995 : 130ss.) parlent aussi de *tout* comme d'un « prédéterminant » (Arrighi) ou d'un « préarticle » (Léard) dans les cas où *tout* accompagne un SN. Selon Chevalier et al. (1964 : § 415, p. 271), *tout* est déterminatif en fonction d'article là où *tout* accompagne directement un SN, il est déterminatif complémentaire dans les structures du type *tout(e)/tous/toutes* + article défini + SN.
7 À propos de la prédominance de [tut] dans tous les contextes en FQ, Léard (1995 : 130) constate que la prononciation sans -*t* final est le plus facilement acceptable quand *tout* fait partie du groupe *tout le...*
8 Péronnet, qui parle dans ce contexte de *tout actualisateur* (1989a : 49), indique que dans son corpus, *tout* apparaît seulement avec les noms *sortes* et *cas* ; c'est pourquoi elle en vient à la conclusion que « *tout* n'existe pas comme actualisateur dans le parler décrit [le parler du Sud-Est du Nouveau-Brunswick], mais uniquement comme adjectif » (1989a : 50).
9 Gesner (1981 : 84) note pour les régions de Pubnico et de Methegan (NÉ) que *toutes sortes de choses* apparaît en règle général sans -*t* final (18 occurrences sans *t* contre une occurrence avec *t*).

- Allons cuire un gombo en tout [tu] cas que Patrick veut rester souper. (LOU – DLF 2010 : s.v. *cas*, p. 111, VM) (*en tout cas que* = « au cas où »)
- Tout [tu] chose tu voulais faire avec tes mains, [...] (LOU – *Découverte*, Châtaignier, Évangéline)

▶ **[tut]**
- ç'ti fait que i y a tant de MURDER pis touT [tut] sortes d'affaires (NÉ – Hennemann, ILM, IS)
- Pis là y avait des affaires de satin, [tut] sortes de couleur. (NB – Péronnet 1989a : 49)
- Tout [tut] poisson qu'est pris dans ène rets* est maillé. (TN – Brasseur 2001 : s.v. *tout*, p. 451)
- I portait des plantes de choux à mon défunt père, toutes [tut] sortes d'affaires, des grainages, tout [tu] ça. (TN – Brasseur 2001 : s.v. *grainage*, p. 230)
- et là on a élevé des vaches aussi . toute [tut] qualité (LOU – Stäbler 1995 : 53, corpus)
- des canards et des vaches et des cochons et toutes [tut] choses (LOU – Stäbler 1995 : 52, corpus)
- toutes [tut] sortes de places (LOU – Conwell/Juilland 1963 : 133)
- On s'amusait avec toutes [tut] sortes d'affaire comme ça des fois. (LOU – *Découverte*, Châtaignier, Évangéline)

▶ **Les deux formes**
- Mais par ici, n'y a / n'a tout [tu] sortes de / touT [tut] sortes de musique (NÉ – Hennemann, BSM, SC)
- touT [tut] sortes de choses, de / tout [tu] sortes d'affaires (NÉ – Hennemann, BSM, AnS)
- t'amènes tout l/ toutes [tut] sortes de monde . pis en ayant tout [tu] sortes de monde ben . t'as des problèmes (NB – Wiesmath 7, O : 142–144)

I.2 *Tout* dans le groupe déterminant défini : *tout le (mon, ce)..., toute la (ma, cette...)*

Dans le groupe déterminant défini (*tout le (mon, ce)..., tous les (mes, ces)*), les deux formes [tu] et [tut] sont possibles en FA/FTN, bien que la distinction des genres semble mieux respectée que dans les autres fonctions de *tout*, du moins au singulier[10].
- tout [tu] ces affaires-là (NB – Wiesmath 1, R : 393), toutes [tut] ces affaires-là (NB – Wiesmath 1, R : 533)[11]

Dans d'autres exemples, la forme [tut] apparaît indépendamment du genre et du nombre grammatical :
- [...] Tu prends ène hache pis t'enlèves tout [tut] les nœuds et toutes [tut] les écharpes et tout [tut] de dessus, [...] (TN – Brasseur 2001 : s.v. *écharpe*, p. 173)

---

10 Au singulier, le sens de *tout (le...)* « complet, entier, intégral » (*Le Petit Robert* 2013 : s.v. *tout*), peut être exprimé par WHOLE (angl.) en NÉ, *cf.* corpus Hennemann 2014 et Fritzenkötter (2015 : 188s., BSM) : « c'est point MUCH à dire ABOUT CUBA/ah ouais je nous avons soûlé/la WHOLE s'maine », « je vois rinque personne la WHOLE WEEKEND ». – En FL, *en plein* peut remplacer ou renforcer *tout* : *le mois en plein* (Guilbeau 1950 : 137) ; *tout le HALL en plein* (DLF 2010 : s.v. *plein*[3], p. 473).
11 Signalons aussi que le genre du nom *affaire* n'est pas fixé en FA/FTN/FL (*cf.* le chap. « Le genre », II.2.).

Certains usages sont plus ou moins figés : c'est ainsi que dans l'expression *[tu] la famille*, *tout* apparaît généralement sans *-t* final lorsque cette expression est considérée comme un collectif ; la reprise pronominale s'effectue alors par *ils* (*i, eux, zeux*) (pronom personnel), *leur* (pronom possessif). D'autres formes figées sont par ex. *tout* [tu] *le temps* (parfois [tut]) et *tout* [tu] *le tour*.

En FA et en FTN, [tu] et [tut] au singulier et au pluriel peuvent accompagner aussi bien les noms masculins que les noms féminins. En FL, [tut] n'est pas associé aux noms masculins ; au féminin, on relève [tut] et [tu] au singulier et au pluriel[12].

I.2.1 Les exemples de genre masculin

▶ **Masc. sg. [tu]**
- A fait **tout** [tu] son travail tout [tu] seule (NÉ – Gesner 1981 : 81)
- pis a' restait gelée tout [tu] l'hiver (NB – Wiesmath 1, B : 401)
- t'avais du manger t'avais tout [tu] le manger que tu voulais (NB – Wiesmath 1, B : 983)
- Un bidon c'est ène petite baille en bois qu'est amarrée tout [tu] le tour avec des filins, [...] (TN – Brasseur 2001 : s.v. *bidon*, p. 55)
- Quand tu fauches pis tu ... t'envoyais tout [tu] le foin d'un bord, vois-tu, ça c'est un andlain. (TN – Brasseur 2001 : s.v. *andlain, landain*, p. 17)
- Si quiqu'un ... coupe tout [tu] le bois, t'aras un désert, [...] (TN – Brasseur 2001 : s.v. *désert*, p. 157)
- pour faire l'ecstricité pour tout [tu] le village (LOU – Stäbler 1995 : 100, corpus)
- Nous-autres a parlé tout [tu] le temps anglais à les enfants (LOU – Rottet 2001 : 121, loc. âgé)

▶ **Masc. sg. [tut]**
- Mais touT [tut] ce temps-là, c'était lui qu'a /qu'avait le problème. (NÉ – Hennemann, ILM, DO)
- Tu allais acheter ton butin à la verge pis tu faisais toute [tut] ton butin. (NÉ – Flikeid 1996 : 313, ILM)
- c'est tout' [tut] le temps c'est tout' [tut] de quoi que... (NB – Wiesmath 2, E : 87–88)
- Ène fois que j'ai iu tout [tut] le bois de trouvé, j'ons té obougé de nous prendre [...] (TN – Brasseur 2001 : s.v. *prendre I*, p. 371)
- Pis je quittais ça là – je le débranchais pas – pour tout [tut] l'été. [...] (TN – Brasseur 2001 : s.v. *apiler, piler*, p. 21)
- J'avons tiendu à parler français. Sans pour ça j'arons perdu [paʀdy] tout [tut] notre français pis j'arons pas moyen de dire... p'têt un mot ici et là mais ... y ara pus d'anglais dedans que ça sera autre chose. (TN – Brasseur 2001 : s.v. *tiendre, tenir*, p. 447)

▶ **Masc. pl. [tu]**
- Presque tous [tu] les hommes vont à la pêche. (NÉ – Gesner 1981 : 83)
- Ben, dans tout [tu] les cas, c'est passé. (NÉ – Hennemann, ILM, AF)
- tous [tu] les Acadiens de Memramcook qui vont monter vont rester là là ste place là (NB – Wiesmath 1, R : 1019)

---

12 Selon le DLF (2010 : s.v. *tout*[1], p. 624), la forme [tu] n'est associée aux noms féminins qu'« occasionnellement ». De tels exemples sont pourtant nombreux dans les corpus consultés.

- mais c'est parce que tous [tu] les termes sont en anglais oùsque je travaille (NB – Arrighi 2005, corpus, Stéphanie NB 11 : 30–31)
- Tous [tu] les champs que tu vois là, ce tait tout du grand bois, ouais ! [...] (TN – Brasseur 2001 : s.v. *bois*, p. 61)
- Tous [tu] les bayous, c'est comme ça que c'est, le français s'en va. (LOU – Rottet 2001 : 128)

▶ **Masc. pl. [tut]**
- ben touT [tut] les gens de / de la communauté / euh / fait tout [tu] le temps de la nourriture (NÉ – Hennemann, ILM, DO)
- Et il avait dit touT [tut] les noms des personnes coumme / il avait dit le nom de mon mari (NÉ – Hennemann, ILM, DO)
- si tu vas par la population pis tout' [tut] les troubles qu.i ont avec euh ... avec la drogue (NB – Wiesmath 7, O : 166)
- j'abriais touT [tut] les enfants avec des couvertes autour à la poêle (NB – Arrighi 2005, corpus, Annie NB 10 : 311)
- ben là touT [tut] les élèves de toute la région (ÎPÉ – Arrighi 2005, corpus, André ÎPÉ 12 : 57–58)
- [...] mais quisiment tout [tut] les autres mondes, que je me rappelle, i filiont juste sus la broche, il aviont pas d'épinglier (TN – Brasseur 2001 : s.v. *épinglier*, p. 185)
- [...] j'ons té obougé de nous prendre, pis pelléyer, tout [tut] les chemins. (TN – Brasseur 2001 : s.v. *prendre I*, p. 371)

I.2.2 Les exemples de genre féminin

▶ **Fém. sg. [tut]**
- Il a passé toute [tut] sa vie à Charlottetown. (NÉ – Gesner 1981 : 80)
- I s'en allioint toute [tut] la journée (NÉ – Gesner 1981 : 82)
- toute [tut] la grandeur de la ferme (NB – Wiesmath 2, E : 450)
- tu coupais toute [tut] ta viande (NB – Wiesmath 1, B : 432–433)
- pis fallait veiller ça toute [tut] la nuit (NB – Arrighi 2005, corpus, Annie NB 10 : 498)
- Tu peux prendre la morue pour manger pis la saler tout [tut] légère, là. Pis là tu la quittes saler **toute** [tut] la nuit [...]. (TN – Brasseur 2001 : s.v. *légère*, p. 272)
- et ça avait soufflé toute [tut] la nuit (LOU – Stäbler 1995 : 93, corpus)
- J'ai parlé français toute [tut] ma vie. (LOU – DLF 2010 : s.v. *tout*[1], p. 624, SL)

▶ **Fém. sg. [tu]**
- tout [tu] ma famille avont été née icitte (NÉ – Gesner 1981 : 82)
- Si tu fais tout [tu] la marche, c'est quarante-cinq minutes à peu près. (NÉ – Hennemann, BSM, SC)
- pis on a eu un gros plaisir tout [tu] la nuit (NB – Wiesmath 8, T : 187)
- Alle donnera du lait tout [tu] sa vie si tu continues à la tirer, une vache. (TN – Brasseur 2001 : s.v. *tirer*, p. 447)
- Tu voyais tout [tu] notre piste, [...] (TN – Brasseur 2001 : s.v. *couvrir*, p. 132)
- J'ai resté tout [tu] ma vie ici. (LOU – DLF 2010 : s.v. *tout*[1], p. 624, SM)

- tout la famille [tu la famij] (LOU – Conwell/Juilland 1963 : 133)
- je va mettre tout [tu] la bière dans la glace (LOU – Stäbler 1995 : 151, corpus)
- un bête Cadien qu'a été élécté en place est après changer tout [tu] la mode qu'eusse avait l'habitude de. (LOU – Rottet 2001 : 168, loc. âgé)
- eh ben cette qualité de feuille là, halait tout [tu] cette fièvre là (LOU – *Découverte*, Pointe-aux-Chênes, Terrebonne)

▶ **Fém. pl. [tut]**
- Il a vu toutes [tut] ces femmes (NÉ – Gesner 1981 : 80)
- Mrs. Roper a été et alle a pacté toutes [tut] ses hardes. (NÉ – Gesner 1981 : 84)
- C'était de toutes [tut] les provinces du Canada (NÉ – Hennemann, ILM, DO)
- tu les vois-tu là toutes [tut] les boules (NB – Wiesmath 1, B : 32)
- pis dans des maisons presque toutes [tut] les maisons pis presque tout' [tut] les garages pis (NB – Wiesmath 7, O : 136)[13]
- les nouveaux touT [tut] les télévisions nouvelles (NB – Arrighi 2005, corpus, Angèle NB 1 : 67)
- j'ai gardé toutes [tut] mes valeurs (IdlM – Falkert 2010, corpus : 49, p. 20, CD-ROM)
- toutes [tut] les maisons y a pas mal du pignon qu'i appelont ça, [...]. (TN – Brasseur 2001 : s.v. *ramasser*, p. 387)
- tous les enfants j'ai soigné là, c'est toutes [tut] ces femmes de club là et d'autres (LOU – *Découverte*, Mamou, Évangéline)

▶ **Fém. pl. [tu]**
- Pour tous [tu] mes cousines et tous [tu] mes tantes (NÉ – Gesner 1981 : 84)
- et on allait et on passait à tous [tu] les maisons (NÉ – Arrighi 2005 : 418, Rosalie NÉ 23 : 143)
- Dans [tu] les villes que je vas ... (NB – Péronnet 1989a : 51)
- Y avait six papiers à tous [tu] les deux semaines. (TN – Brasseur 2001 : s.v. *papier*, p. 330) (pour les tours exprimant la périodicité, *cf.* ci-dessous I.3.)
- [BANG's DISEASE] ç'a pris dans / dans tous [tu] les bêtes-là y a fallu tous vendre (LOU – Stäbler 1995 : 13, corpus)
- j'ai ouvert tous [tu] les portes (LOU – Stäbler 1995 : 63, corpus)
- La couverture de tous [tu] les maisons qu'était bâti c'est des bardeaux. (LOU – DLF 2010 : s.v. *tout*[1], p. 624, LF)
- et là quand tu épluches tous [tu] ces écrevisses, [...] (LOU – *Découverte*, Châtaignier, Évangéline)
- Et là eux-autres mettait tous [tu] ces plumes là là-dedans (LOU – *Découverte*, Pointe-aux-Chênes, Terrebonne)

I.3 [tu], [tut] (pluriel) indiquant une périodicité

La forme [tu] prédomine dans les cas où *tout* indique une périodicité (*cf.* aussi Péronnet 1989a : 51) ; la plupart de ces syntagmes sont d'ailleurs de genre masculin (type : *à tous les*

---

[13] Pour le genre du terme *garage cf.* le chap. « Le genre », III.1.

matins[14]), ce qui contribue sans doute à la généralisation de la forme [tu] dans ces cas. Le syntagme [tu le smɛn] pour « toutes les semaines » est particulièrement fréquent.

▶ **Masc. pl. [tu]**
- on sort presque tous [tu] les soirs (NÉ – Gesner 1981 : 83)
- c'est pas tout le monde qui va à la messe à tous [tu] les dimanches encore (NB – Wiesmath 11, U : 157)
- oui y a des fois qu'i veniont à tous [tu] les deux dimanches (NB – Arrighi 2005, corpus, Annie NB 10 : 566–567)
- Tous [tu] les ans, en haut sus le faît de la butte là, il allont pis i ramassont ce qu'i voulont. (TN – Brasseur 2001 : s.v. *faît*, p. 195)
- À tous [tu] les matins i nous réveille. (TN – Brasseur 2001 : s.v. *à*, p. 3)
- Z'veux eusse va à l'église tous [tu] les dimanches. (LOU – Rottet 2001 : 254, loc. jeune)
- Mon grand-père et ma grand-mère allont au bal tous [tu] les samedis soirs. (LOU – DLF 2010 : s.v. *tout*, e^1, p. 624)

▶ **Masc. pl. [tut]**
- À tchaque fois qu'il va pour une marche / euh / à touT [tut] deux jours ou à touT [tut] les jours, il rentre chez nous. (NÉ – Hennemann, ILM, DO)
- à tout' [tut] les jours (IdlM – Falkert 2010, corpus : 82, p. 11, CD-ROM)
- tout' [tut] les ans (IdlM – Falkert 2010, corpus : 78, p. 445, CD-ROM)
- Asteure là si vous allez à l'hôpital, c'est dépaqué à tout [tut] les jours. (TN – Brasseur 2001 : s.v. *à*, p. 3)

▶ **Fém. pl. [tut]**
- toutes [tut] l/[tut] les semaines (NÉ – Hennemann, ILM, IS)
- à toutes [tut] les semaines (IdlM – Falkert 2010, corpus : 24, p. 18, CD-ROM)

▶ **Fém. pl. [tu]**
- i était là mais i était chez nous à tous [tu] les deux trois semaines (NB – Wiesmath 4, M : 5)
- mais i venait chez nous plus qu'à tous [tu] les semaines (ÎPÉ – Arrighi 2005, corpus, Rose ÎPÉ 7 : 157)
- Ça s'en revenait à tous [tu] les semaines dans le journau (TN – Brasseur 2001 : s.v. *journal, jornal, journau*, p. 262)
- [À l'Île-Rouge.] À tous [tu] les fois que je passais à la cabane, i me donnait ène *mug* de bière. (TN – Brasseur 2001 : s.v. *mug*, p. 310)
- et tous [tu] les deux semaines, ça payait pour le lait (LOU – Stäbler 1995 : 8, corpus)
- mon je vas te dire il aurait FAIL tous [tu] les années (LOU – Rottet 2001 : 121, loc. âgée)

---

14 Pour l'emploi assez régulier de la préposition *à* dans ce contexte, *cf.* le chap. « Les prépositions », I.1.2.

II *Tout* – pronom

En fonction pronominale, *tout* connaît trois formes en FS : [tu], [tut], [tus]. Dans les variétés qui nous intéressent ici, la forme [tus] du masculin pluriel n'existe pas. On peut distinguer les cas suivants :
- *Tout* neutre et ses emplois dans diverses formules figées ; *tout* renvoie à « la totalité non animée » ou bien il est « employé pour résumer les termes d'une énumération » (Riegel et al. 2011 : 378).
- [tu] pronominal est normalement employé de manière anaphorique, d'où, en FS, l'accord avec l'antécédent (Riegel et al. 2011 : 378). Soulignons qu'en FA, en FTN et en FL, l'accord ne se fait pas. En FA et FTN, c'est la forme [tut] qui prédomine, en FL, en revanche, c'est la forme [tu] (Papen/Rottet 1997 : 88[15]).
- Pour les êtres animés, c'est la forme *tout le monde* qui s'emploie généralement ; *tout le monde* se prononce généralement sans -*t* final[16].
    - i fait des canots pour tout [tu] le monde (NÉ – Gesner 1981 : 81)
    - tout [tu] le monde (NB – Wiesmath 1, B : 378 ; 2, F : 28)
    - Pas tout [tu] le monde ! Mais vous savez y en avait un ici et là. Moi pour le premier ! (TN – Brasseur 2001 : s.v. *premier, peurmier*, p. 370)
    - Tout [tu] le monde allait à la messe. (LOU – DLF 2010 : s.v. *tout*[1], p. 624, IV)

II.1 *tout* à valeur neutre

En FL, *tout* pronom indéfini à valeur neutre se réalise toujours [tu] (*cf.* aussi DLF 2010 : s.v. *tout*[3], p. 625, Papen/Rottet 1997 : 88) ; en revanche, en FA et en FTN, *tout* pronom neutre se prononce généralement [tut] (*cf.* aussi Péronnet 1989a : 62).

▶ [tut]
- On peut point toute [tut] blâmer su' l'école. (NÉ – Gesner 1981 : 88)
- J'avais été chanceux malgré toute [tut]. (NÉ – Gesner 1981 : 89)
- Dans le garbage n'avait un sac et il a toute [tut] tiré out ; [...] il a toute [tut] tiré [« jeté »] tout le tour de la place. (NÉ – Gesner 1981 : 89)
- on lave touT [tut] dans l'eau fret. (NÉ – Hennemann, ILM, CL)
- I ont [tut] conté. (NB – Péronnet 1989a : 64)
- Faut que [tut] seye prêt. (NB – Péronnet 1989a : 62)
- Rien qui manquait : un étable, les pus beaux chevals, des carosses, [tut], des serviteurs, [tut] était là. (NB – Péronnet 1989a : 62)
- parce que tout' [tut] coûte assez cher (NB – Wiesmath 4, D : 467)
- il m'avait tout' [tut] montré (IdlM – Falkert 2010, corpus : 309, p. 37)

---

15 Papen/Rottet (1997 : 88) déclarent qu'il n'y a pas de distinction de genre ni de nombre pour le pronom *tout* [tu].
16 Péronnet (1989a : 55) constate pourtant, en se fondant sur son corpus, que la prononciation varie.

- [...] Tout englacé ! Les lacs et tout [tut] taient tout plein de glace. (TN – Brasseur 2001 : s.v. *englacé*, p. 180)

▶ **[tu]**
- J'ai [tu] pardu. (NB – Péronnet 1989a : 64)
- Il comprend tout [tu] et il peut dire quelques affaires, mais il parle pas bien le français. (LOU – DLF 2010 : s.v. *tout*[3], p. 625, LF)
- [Enquêteur : Et eusse mettait tout [tu] dans le boudin ?] Ça mettait proche tout [tu]. (LOU – Rottet 2001 : 134, loc. âgée)

Le tour *tout ça* peut être ou bien anaphorique (« tout cela ») ou bien avoir l'acception figée de « et ainsi de suite », « et cetera » ; dans ce dernier cas, il connaît des variantes formelles (*et tout ci et ça, et (pis) tout ça, cf.* Brasseur 2001 : s.v. *tout*, p. 451). La prononciation est variable en NÉ et au NB ([tu sa], [tut sa] sont en variation libre, *cf.* Péronnet 1989a : 55), alors que [tu sa] semble prédominer en FTN et constituer la seule forme relevée en FL.

Dans les tours *pis tout, et pis tout* et *c'est tout* qui terminent une énumération ou mettent un point final à une argumentation, le *-t* final apparaît avec une certaine régularité en FA (*cf.* Arrighi 2005 : 414). Pour le FL, nous constatons une fois de plus que c'est la forme sans *-t* final qui apparaît.

▶ *tout ça* – **emploi anaphorique**
- [SC : al a pris eune BOWL] Pis elle avait pris / elle avait mis un ange dedans, des noix, des GRAPES / euh / des petits LIFE SAVER. A fait touT [tut] ça quand-ce qu'on était petits. (NÉ – Hennemann, BSM, SC)
- [il y avait un chevreuil] là l'année passée on les *watchait* on les *watchait* icitte là tout' [tut] ça dans le champ [...] (NB – Wiesmath 1, B : 12–13)
- on jetait tout' [tut] ça à la mer aujourd'hui i sauvent tout' [tut] ça (IdlM – Falkert 2010, corpus : 31–32, p. 8, CD-ROM)
- Dans ce temps-ça Pop observait tout tout tout [tu] ça là [i.e. les nuages], et moi j'observe joliment aussi pour le temps (LOU – *Découverte*, Mamou, Évangéline)

Dans cette fonction, on relève, occasionnellement, *ça tout* en FL :
- Ça, c'est les morceaux d'étoffe, de retailles d'étoffe que la vieille femme avait. Alle faisait ça tout [tu] pour que ça pouvait *match*. (LOU – *Découverte*, Pointe-aux-Chênes, Terrebonne)
- ça tout [tu] c'était fini (LOU – Stäbler 1995 : 110, corpus)

▶ *tout ça* – **tour figé « et cetera »**

[tu sa]
- Les inspecteux d'école et les médecins et les dentistes et tout [tu] ça, i'voudriont absolument pas trop parler acadien, vois-tu ? (NÉ – Gesner 1981 : 85)
- asteure la pollution pis tout [tu] ça euh (NB – Wiesmath 1, R : 298)
- même si on dit qu'on a le lavage à faire pis tout [tu] ça (IdlM – Falkert 2010, corpus : 325–326, p. 38, CD-ROM)

- Faulait bâtir des bâtisses et tout [tu] ça. (TN – Brasseur 2001 : s.v. *tout*, p. 451)
- Z'vas 'oir un vieux Monsieur B., mon z'vas le trouver de temps en temps pour lui me parler de les histoires en français et tout [tu] ça. (LOU – Rottet 2001 : 255, locuteur jeune)
- il a cuit un rôti de canard et tout [tu] ça (LOU – *Découverte*, Marksville, Avoyelles)

[tut sa]
- A' lave la vaisselle et toute [tut] ça. (NÉ – Gesner 1981 : 85) (« et cetera »)
- on entendait tirer du fusil pis tout' [tut] ça (NB – Wiesmath 4, M : 49–50) (« et cetera »)
- pis au lieu de dire ben moi je vais faire ma vie là autrement et touT [tut] ça elle a déménagé (NB – Arrighi 2005, corpus, Catherine NB 18 : 343–344)
- les grands restaurants pis tout' [tut] ça (IdlM – Falkert 2010, corpus : 11–12, p. 42, CD-ROM)
- [...] Ça disait pour le mois queul temps qu'i allait faire dans le mois, pour la lune et tout [tut] ça là. (TN – Brasseur 2001 : s.v. *queul*, p. 380) (« et cetera »)

▶ **[pi tut]**
- ben t/ t'allais pis tout' [tut] (NB – Wiesmath 1, B : 831–832)

En ce qui concerne la forme *tout ce* introduisant une subordonnée relative (« tout ce que »), c'est la forme [tu] qui apparaît assez régulièrement (*cf.* Péronnet 1989a : 55).

▶ *tout ce (que)*
- c'est tout [tu] ce que je veux (NÉ – Arrighi 2005, corpus, Marcelin NÉ 2 : 172)
- [tu] ce vous avez dit, ç'a toutt été correct. (NB – Péronnet 1989a : 55)
- Eh ben *boy*, tout [tu] ce que ça parlait c'était le gombo à Tante C., à force qu'eux-autres aimait ça. (LOU – *Découverte*, Pointe-aux-Chênes, Terrebonne)

mais aussi :
- on prend pas tout' [tut] ce qu'on a (NB – Wiesmath 10, X : 18)

II.2 [tu], [tut] – pronom se référant aux êtres animés

Lorsque [tu]/[tut] servent de pronom et renvoient à des êtres animés, c'est la forme [tut] qui prédomine en NÉ, au NB et à l'ÎPÉ[17]. À TN, on trouve les deux formes, [tu] et [tut] (Brasseur 2001 : s.v. *tous*, p. 450 et s.v. *tout*, p. 451), la première, plus rare, étant utilisée pour le masculin pluriel (« tous »). En FL, c'est la forme [tu] qui prédomine dans tous les contextes.

II.2.1 [tut], [tu]

▶ **[tut]**
- (les garçons) l' s'ont toute(s) [tut] réuni pour la fête. (NÉ – Gesner 1981 : 88)

---

[17] *Cf.* pour la NÉ : Gesner (1981 : 88) ; pour le NB : Péronnet (1989a : 62) ; pour le FA en général : Arrighi (2005 : 411).

- C'étaient toutes [tut] des sœurs. (NÉ – Gesner 1981 : 88)
- [les cochons] on les tuait pas touT [tut] en même temps (NÉ – Arrighi 2005 : 411, Évangéline D. NÉ 23 : 72)
- vous êtes touT [tut] des peureux moi je vous garantis ben que j'irai au fond (NÉ – Arrighi 2005 : 411, Marcelin NÉ 2 : 359)
- [mes petits-enfants] ben je les aime touT [tut] (NB – Arrighi 2005 : 411, Évangéline M. NB 14 : 100)
- oui ça faisait tout' [tut] de la pêche par icitte (NB – Wiesmath 3, L : 394)
- je veux dire la plupart du monde t'avais tout' [tut] cinq six vaches (NB – Wiesmath 1, B : 533)
- I travailliont [tut] comme i faut. (NB – Péronnet 1989a : 61)
- c'était comique de les entendre i chantiont touT [tut] (ÎPÉ – Arrighi 2005 : 411, Rosalie ÎPÉ 7 : 294)
- i sont tout' [tut] amis (IdlM – Falkert 2010, corpus : 218, p. 31, CD-ROM)
- on est tout' [tut] des déportés (IdlM – Falkert 2010, corpus : 108, p. 49, CD-ROM)
- il alliont tout' [tut] à l'école (IdlM – Falkert 2010, corpus : 47–48, p. 60, CD-ROM)
- I nous connaissont tout [tut], ieusses. (TN – Brasseur 2001 : s.v. *tout*, p. 451)
- Tous ces Français-là qu'a venu par ici i sont tout [tut] morts. (TN – Brasseur 2001 : s.v. *mourir*, p. 308)
- C'est comme en bas à la côte, le monde pêchiont là, mais tout [tut] tout [tut] se donnaient la main. [...] (TN – Brasseur 2001 : s.v. *main*, p. 285)[18]
- Dans notre temps nous autres en grandissant on voyait pas les femmes ac les cheveux coupés, il aviont toutes [tut] une couette : [...] (TN – Brasseur 2001 : s.v. *couette*, p. 127)

▶ [tu]
- Les Vieux Français i sont tous [tu] partis. [...] (TN – Brasseur 2001 : s.v. *Français*, p. 210)
- I crevont tous [tu]. (TN – Brasseur 2001 : s.v. *tous*, p. 450)
- ils sont tous [tu] morts (LOU – Stäbler 1995 : 60, corpus)
- ça parlent tous le français [sa parl tu lə frã se] ; on allait tous au bal [ɔ̃ na le tu o bal] (LOU – Conwell/Juilland 1963 : 133, note 23)
- La durance de la saison de pluie a été remarquée par tous [tu]. (LOU – DLF 2010 : s.v. *tous*[1] [tu], p. 624, TB)
- On peut tous [tu] s'en aller, [...]. (LOU – DLF 2010 : s.v. *tous*[1] [tu], p. 624, LF)
- J'en avais un frère et trois sœurs, mais c'est tout [tu] *gone*. (LOU – *Découverte*, Mamou, Évangéline)

II.2.2 *tout chacun, tout quelqu'un*

Le pronom indéfini complexe *tout chacun* dans le sens de « chaque personne » est une forme archaïque encore présente dialectalement (*cf.* Hanse 1991 : s.v. *tout*, p. 946 ; en FS : *tout un chacun*). L'expression semble surtout courante en FTN et en FL ; elle y apparaît sous la forme [tu ʃakɛ̃] ; en NÉ, nous relevons la forme [tut ʃakɛ̃].

▶ *tout chacun*
- Oui. Ça fait c'est touS [tus] / touT [tut] le / touT [tut] chacun leu part. (NÉ – Hennemann, ILM, AF)
- Tout [tu] chacun a sa façon de parler. (TN – Brasseur 2001 : s.v. *tout chacun*, p. 452)
- ça fait tout [tu] chacun s'a élevé qu'une bête (LOU – Stäbler 1995 : 54, corpus)

---

18 Léard (1995 : 135) note des redoublements similaires de *tout* en FQ. Selon lui, le premier [tut] joue alors le rôle d'un intensificateur (« vraiment tous »).

- Il les a touchés tout [tu] chacun sur la tête pour voir quel qu'avait pas de chapeau. (LOU – DLF 2010 : s.v. *tout*¹, p. 624, LA)

Tout quelqu'un [tu kɛlkẽ], tour fréquent dans le sens de « tous », « tout le monde », « qui que ce soit », se réalise toujours sous la forme [tu] et constitue une spécificité louisianaise.

▶ **tout quelqu'un (LOU)**
- et tout [tu] quelqu'un avait sa récolte de coton dans son hangar (LOU – Stäbler 1995 : 200, corpus)
- Ses frères a passé voir tout [tu] quelqu'un. (LOU – DLF 2010 : s.v. *tout*¹, p. 624, SM)
- Tout [tu] quelqu'un partait à leur maison à se coucher. (LOU – DLF 2010 : s.v. *tout*¹, p. 624, LF)
- Tout [tu] quelqu'un parlait français c'était pas comme asteur. (LOU – DLF 2010 : s.v. *tout*¹, p. 624, AC)

Commentaire
Le tour *tout chacun* est retraçable jusqu'au XIVᵉ s. (Grevisse/Goosse 2008 : § 750 H1, p. 962), il est fréquent aux XVIᵉ et XVIIᵉ s. pour ensuite disparaître de la langue standard à partir du siècle classique (Brunot/Bruneau 1949 : 309, Haase 1965 : 101) ; selon Chevalier et al. (1964 : § 417, p. 273), il a « complètement disparu » de l'usage contemporain en France, mais semble survivre dans un style littéraire archaïque (Wolf 1987 : 25) ainsi que dans certaines régions : Brasseur (2001 : s.v. *tout chacun*, p. 452) signale l'existence du tour *tout chacun* dans l'Ouest, dans le Nantais et (« sous des formes dialectales ») dans les parlers de l'Est (FEW 2, 482b). Le GPFC atteste l'existence de ce tour en FQ (s.v. *chacun*).

III *Tout* – adverbe

Nous distinguons les cas suivants : *tout* devant les adjectifs/participes (III.1.), *tout* adverbe accompagnant d'autres adverbes (III.2.), *tout* dans les structures « (semi-)auxiliaire + *tout* + participe passé/(infinitif) + objet direct » (III.3.) et *c'est/c'était/ce tait tout* + syntagme nominal (III.4.).

III.1 *tout* adverbe devant l'adjectif et le participe

Quand il modifie un adjectif/participe, *tout*, adverbe de quantité (*Le Petit Robert* 2013 : s.v. *tout*), vise la totalité d'une qualité et signifie « tout à fait », « entièrement », « complètement » ; mais souvent, *tout* indique aussi dans cette fonction une intensité (Riegel et al. 2011 : 655) et se rapproche alors davantage du sens de « très ». En FS, dans l'emploi adverbial, [tu] est invariable au masculin devant consonne ; la prononciation [tut] apparaît devant voyelle aux deux genres et devant consonne au féminin. C'est notamment cette dernière règle qui donne lieu à des hésitations entre une lecture adverbiale (« tout à fait ») et pronominale (pronom en apposition dans le sens de « chacun », « chacune ») (*cf.* Riegel et al. 2011 : 655 ; *cf.* ci-dessous section IV).

En FA et en FTN, les prononciations [tu] et [tut] apparaissent dans ce cas en variation libre devant les adjectifs (Péronnet 1989a : 58), mais [tut] semble prédominer[19]. Bien que les

---

[19] *Cf.* Gesner (1981 : 93), Arrighi (2005 : 413–417), Brasseur (2001 : s.v. *tout*, p. 451).

cas conformes à la norme existent, on note [tut] dans les contextes où le FS requiert [tu] et parfois inversement.

En FL, *tout* se réalise généralement [tu] au masculin devant consonne et [tut] devant voyelle (DLF 2010 : s.v. *tout²*, p. 624) ; la forme [tut] apparaît au féminin devant consonne, mais la forme [tu] est également qualifiée par le DLF d'« option » dans ce cas (*cf.* DLF 2010 : s.v. *tout²*, p.624). Le cas inverse – c'est-à-dire l'apparition de la forme [tut] pour [tu] – n'est pas courant en FL (contrairement à ce qui se passe en FA/FTN).

▶ **[tu] (= FS)**
- C'était des tout [tu] petits, rinque ça de long. (NÉ – Gesner 1981 : 92)[20]
- pis nos parents pouvaient pas le faire tout [tu] seuls non plus (NB – Wiesmath 7, O : 619–620)
- pis le gars était tout [tu] petit tout [tu] petit hein (NB – Wiesmath 8, Q : 50)
- i y a un cadre là tout [tu] prêt à faire euh . des tapis (NB – Wiesmath 13, H : 101)
- Auparavant y avait plusieurs enfants qui mouriont tout [tu] petits. [...] (TN – Brasseur 2001 : s.v. *plusieurs*, p. 359)
- Il est tout [tu] basané. (LOU – DLF 2010 : s.v. *tout²*, p. 624, JE)
- tes nerfs [nerf] étaient tout [tu] . racoquillés (LOU – Stäbler 1995 : 10, corpus)

▶ **[tut] (= FS)**
- J'avions appris ça quand j'étais toute [tut] petite à l'école. (NÉ – Gesner 1981 : 93)
- alle est toute [tut] brune (NB – Wiesmath 1, R : 214)
- là moi j'étais toute [tut] jeune (NB – Wiesmath 1, R : 275) (C'est une femme qui parle.)
- Mon père avait des belles de nuit jaunes dans sa cour. Les miennes sont toutes [tut] rouges. (LOU – DLF 2010 : s.v. *tout²*, p. 624)

▶ **[tu] (≠ FS)**
- une fille tout [tu] maigre (NÉ – Arrighi 2005 : 417, Marceline NÉ 2 : 200)
- Al était [tu] petite. (NB – Péronnet 1989a : 56)
- Quoi ce qu'a pouvait faire [tu] seule. (NB – Péronnet 1989a : 56)
- Y a ène grande plaine en haut là, eh bien là-dedans y a des platebières, c'est des graines qui vient ... grosses comme mon pouce, avec des tout [tu] petites graines dessus, c'est tout ensemble, vous savez. (TN – Brasseur 2001 : s.v. *plaquebière, platebière*, p. 356)
- je savais pas parce que j'étais tout [tu] petite (LOU – Stäbler 1995 : 3, corpus)

▶ **[tut] (≠ FS)**
- Et pis, il était touT [tut] gentil, [...]. (NÉ – Hennemann, ILM, DO)
- Ça c'est toute [tut] différent. (NÉ – Gesner 1981 : 93)
- Nous aut' mettons un arbre de Noël, toute [tut] décoré avec des lumières. (NÉ – Gesner 1981 : 92)

---

20 Indiquons que dans les tours *tout petit* et *tout seul*, c'est la forme [tu] qui est la plus courante pour les deux genres.

- il est touT [tut] rouillé un vieux sabre prends-lé pas (NÉ – Arrighi 2005 : 413, Marcelin NÉ 2 : 379)
- faulait qu'i marche sur les roches partout les pieds tout' [tut] pleins de sang [...] (NB – Wiesmath 1, R : 777)
- ça à l'automne là c'est tout' [tut] rouge rouge (NB – Wiesmath 1, B : 39)
- I sera [tut] paré. (NB – Péronnet 1989a : 56)
- une fois que l'arbre de Noël était touT [tut] greyé moi fallait que je parte pour aller à / à Saint-Jean (NB – Arrighi 2005 : 413, Sarah NB 20 : 209–110)
- les quatre chambres existent plus c'est touT [tut] défait ça là (ÎPÉ – Arrighi 2005 : 413, André ÎPÉ 12 : 44–45)
- avant ça le poisson état tout' [tut] salé (IdlM – Falkert 2010, corpus : 22–23, p. 7, CD-ROM) (*état* = « *était* »)
- Ah moi j'arais dû marquer ça en bas, ces mots-là, pace ça c'est tout [tut] nouveau à moi ! (TN – Brasseur 2001 : s.v. *bas*, p. 44)
- Le thé qu'on a asteure, c'est tout [tut] fin, ça passe à travers le couloir. (TN – Brasseur 2001 : s.v. *couloir*, p. 128)
- C'est comme un morceau de linge qu'est tout [tut] ... tout [tut] tordu, tout [tut] ... plissé tout [tut] en grand.... Ç'a té mis tout [tut] délavassant ! [...] (TN – Brasseur 2001 : s.v. *délavassant*, p. 153)
- [...] ç'a té dans l'eau, trop longtemps dans l'eau, c'est tout [tut] dévalassé. (TN – Brasseur 2001 : s.v. *dévalasser*, p. 159)

Fréquemment, il y a une ambiguïté entre *tout* – adverbe – et *tout* – pronom en apposition ; si des cas d'ambiguïté existent aussi en FS, ils sont plus nombreux dans les parlers étudiés ici, étant donné que la prononciation n'aide en rien à distinguer les différentes fonctions de *tout* (*cf.* Hanse 1991 : s.v. *tout*, p. 950 et *cf.* IV).

Commentaire
Bauche ([2]1951 : 119s.) signale qu'en français populaire, *tout* s'emploie « beaucoup [...] dans le sens de "très" : *Il est tout moche, c'est tout moche.* », et il ajoute qu'« employé de la même façon », *tout* a aussi le sens de « entièrement » : *C'est tout moche*, « tout est mauvais là-dedans », « c'est entièrement mauvais ».
    Les règles d'accord concernant la forme *tout* ne datent que du milieu du XVIIe s. ; Vaugelas en a fixé l'usage (Chevalier et al. 1964 : § 416, p. 273). Pourtant, on constate des flottements d'usage jusqu'au XIXe s. (et de fait, jusqu'à aujourd'hui, même chez les auteurs de référence[21], d'autant que les règles d'accord ne sont pas tout à fait cohérentes[22]).
    Selon Péronnet, la prononciation du -*t* final dans *tout* adverbe s'expliquerait par la tendance à prononcer les consonnes finales dans les monosyllabiques (1995 : 418). Arrighi voit dans la tendance à la généralisation de la prononciation [tut] en acadien une « régularisation par la généralisation d'une loi paradigmatique » : l'adverbe étant une catégorie invariable en français, les locuteurs abolissent l'exception que constitue l'adverbe *tout/toute* en optant pour la forme unique, [tut] (Arrighi 2005 : 418). La prédilection pour la forme [tut] s'expliquerait par « une contamination phonétique due à la fréquence des emplois de la forme [tut] » (Arrighi 2005 : 419). Se manifestent ici, ainsi que dans d'autres domaines grammaticaux, des tendances d'économie (Arrighi 2005 : 419) qui ont fini par abolir les différenciations d'usage de l'élément *tout* dans la prononciation.

---

21 « *La mère couchait* toute *habillée* », Balzac, (Chevalier et al. 1964 : § 416, p. 273). – Rappelons qu'à l'écrit, devant voyelle et *h* muet, *tout* est invariable au féminin. *Cf.* aussi un grand nombre d'exemples dans Hanse (1991 : s.v. *tout*, section sur l'accord, p. 950–953).
22 *Cf.* l'accord de l'adverbe *tout* avec l'adjectif/le participe passé au féminin, *cf.* Chevalier et al. (1964 : § 416, p. 272).

III.2 *tout* adverbe devant un adverbe ou une locution adverbiale

Lorsque *tout* accompagne un adverbe ou une locution adverbiale, il se réalise souvent sous la forme [tu], même en Acadie (Gesner 1981 : 93s., Péronnet 1989a : 58) et à TN. On notera en ce qui concerne le sens que dans ce cas, *tout* vise moins la totalité (« complètement ») qu'il ne sert à marquer l'intensité dans le sens de « très » ; avec certains adverbes, *tout* est figé au point de perdre son statut d'adverbe autonome (et parallèlement, sa valeur sémantique pleine) : *tout net, tout droit* ; *tout partout* (FL).

▶ [tu]
- Il a abandouné ça tout [tu] net. (NÉ – Gesner 1981 : 94)
- ... deux qui sont tout [tu] près de nous aut'. (NÉ – Gesner 1981 : 95)
- Oui, tout [tu] proche d'icitte. (NÉ – Gesner 1981 : 95)
- Si on avait passé [tu] drouett comme je voulais ... (NB – Péronnet 1989a : 58)
- i y avait beaucoup de monde ça se trouvait en avant du monument tout [tu] net ouais (NB – Wiesmath 2, F : 27–28)
- [À propos de la pomonaire]. Y en avait tout [tu] proche d'ici là. [...] (TN – Brasseur 2001 : s.v. *place*, p. 354)
- Deux étaient tués tout [tu] droite. (LOU – DLF 2010 : s.v. *tout*², p. 625)
- le bougre en arrière était tout [tu] bien habillé (LOU – *Découverte*, Jennings, Jefferson Davis)

▶ [tut]
- En dedans, là, i' plakont toute [tut] premier (NÉ – Gesner 1981 : 94) (*plakont* = « posent des planches »)
- Pi j'étais [tUt] en peur de de quoi (ÎPÉ – Ryan 2005 : 306)

Tout apparaît dans quelques tours figés dont nous nous contenterons de signaler les spécificités :
- *(pas) en tout, pantout* – la négation renforcée traditionnelle en FA se réalise sous la forme [tut][23].
- *(pas) du tout* (FA, FTN, FL) / *di tout* (FTN) – la négation renforcée influencée par le standard connaît les deux formes [tut], [tu] (Arrighi 2005 : 415).
- *Tout* prend un *-t* final dans *tout d'un coup* en Acadie (*cf.* Wiesmath 2, F : 133 ; Wiesmath 5, C : 45 ; Wiesmath 8, T : 205), mais non en LOU (DLF 2010 : s.v. *tout*², p. 625).
- *Tout* ne prend pas de *-t* final dans le tour figé *tout paré*, relevé à TN et en LOU, dans le sens de « tout à fait prêt » (Brasseur 2001 : s.v. *paré*, p. 334, DLF 2010 : s.v. *paré*, p. 438).
- On notera l'expression *tout en grand* [tut ã grã], rarement [tu ã grã], dans les acceptions « complètement, tout à fait » ou « tout (tous) sans exception » (Brasseur 2001 : s.v. *tout*, p. 451), à TN et l'expression *tout* [tu] *partout* (« partout sans exception ») en LOU (DLF 2010 : s.v. *partout*, p. 443).
  - c'est plus pareil en tout' [tut] (NB – Wiesmath 1, R : 386)
  - elle a pas changé du tout [tu] (NB – Wiesmath 13, H : 209s.)
  - alle a peur de rien pantouT [tut] (NB – Arrighi 2005, corpus, Catherine NB 18 : 473)

---

[23] *Cf.* Arrighi (2005 : 415s.), Brasseur (2001 : s.v. *pas*, p. 337) ; le corpus Wiesmath (2006) confirme ces résultats pour le Sud-Est du NB, le corpus Falkert (2010) pour les Îles-de-la-Madeleine.

- as-tu vu toutes les belles maisons neuves [?] ça/ça ressemble pus pantouT [tut] ste temps là (NB – Arrighi 2005, corpus, Annie NB 10 : 469)
- Je voulais pas y aller en [tUt], en [tUt] (ÎPÉ – Ryan 2005 : 306)
- I dormont pas en tout [tut] ! (TN – Brasseur 2001 : s.v. *pas*, p. 337)
- Les trois-quart di temps moi j'ai pas de *fun* di tout [tu]. (TN – Brasseur 2001 : s.v. *di*, p. 160)
- [À propos de bois de chauffage.] Trente et quarante piasses la charge. Tout [tu] paré scié. (TN – Brasseur 2001 : s.v. *paré*, p. 334)
- Des caneçons c'est tout [tut] en grand dans le même morceau. (TN – Brasseur 2001 : s.v. *caneçon*, p. 88)
- Mes mirlitons sont après filer tout [tu] partout dessus la galerie. (LOU – DLF 2010 : s.v. *tout*², p. 625)
- Et une journée on s'a décidé de commencer à faire des tartes, des tartes à la patate douce. On en avait tout [tu] partout, on en avait dans tous les vaisseaux. (LOU – *Découverte*, Pointe-aux-Chênes, Terrebonne)
- Tiens ton linge tout [tu] paré parce que je suis proche sûre on va te prendre là-bas (LOU – *Découverte*, Mamou, Évangéline)
- la première semaine je pouvais pas marcher du tout [tu] (LOU – *Découverte*, Mamou, Évangéline)
- Pauvre bête, il bégayait tellement mauvais que il pouvait pas user le PHONE du tout [tu]. (LOU – DLF 2010 : s.v. *tout*³, p. 625, LA)

III.3 *Tout* dans les structures « (semi-)auxiliaire + *tout* + participe passé/ (infinitif) + objet direct »

Dans l'entourage verbal, l'analyse grammaticale de l'élément *tout* s'avère difficile ; les structures permettent, en principe, une lecture adverbiale et une lecture pronominale de *tout* : dans le premier cas, *tout* modifie le verbe, dans le deuxième cas, *tout* est pronom en apposition, se référant à l'objet, voire au sujet[24].

> L'exemple « [...] i pourrait tout [tu] te conter ça » (NB – Wiesmath 1, B : 527) signifiera donc soit « il pourrait te conter tout ça », où *tout* serait en rapport plus étroit avec l'objet, soit « il pourrait te conter ça en détail/ complètement/entièrement », où *tout* serait en rapport plus étroit avec le verbe.

L'analyse des exemples indique que dans les structures de type « auxiliaire + *tout* + participe passé + objet direct » ainsi que dans celles de type « semi-auxiliaire + *tout* + infinitif[25] », *tout* exprime en général l'accomplissement jusqu'à son point final de l'action exprimée par le verbe et affectant l'objet (*cf.* Péronnet 1989a : 65 ; *cf.* aussi Gesner 1981 : 91). *Tout* aide donc à créer une vision de totalité à l'instar d'un mode d'action[26].

---

24 Deux mises en rapport possibles sont aussi signalées par Remacle qui voit, dans ce cas, *tout* soit employé en tant que pronom indéfini, soit en tant qu'adjectif : « [l]e groupement *avoir tout* + participe passé, qui, à l'origine signifiait sans doute *avoir tout fait* ou *avoir fait toute une chose* (avec *tout* pronom régime ou avec *tout* adjectif servant de *retouche*), mais qui, dans la suite, a signifié *avoir fait complètement qch.*, en vient à vouloir dire *avoir fini de faire qch.* » (Remacle 1952, I, p. 317, cité dans Péronnet 1989a : 65).
25 Avec *il faut*, la relation de subordination peut être exprimée par l'infinitif ou par une subordonnée formelle introduite par *que*.
26 Dans une analyse portant sur le FQ, Burnett (2012 : 227) se prononce expressément en faveur du caractère adverbial de *tout* dans ce cas. La construction sert à « forc[er] une interprétation maximale : [Jean a tUt lu le

Dans ces cas, *tout* se prononce, en général, [tut] en FA[27] et en FTN. En FL, lorsque *tout* s'accorde avec un objet de genre féminin, c'est la forme [tut] qui apparaît, sinon, c'est la forme [tu].

▶ **Auxiliaire + *tout* + participe passé + objet direct**
- Et l'eau, ç'avait toute [tut] floodé tous les ruisseaux (NÉ – Gesner 1981 : 90)
- I' aviont toute [tut] louté le sang qu'il avait dans lui. (NÉ – Gesner 1981 : 90) (*louté* = « enlevé »)
- Al a [tut] pris ses mesures. (NB – Péronnet 1989a : 64)
- Al avait [tut] conté l'histoire. (NB – Péronnet 1989a : 65)
- notre voisin avait/ sa grange avait brûlé avait touT [tut] perdu son foin et ses animals a rien pu sortir (NB – Arrighi 2005 : 413, Odule NB 21 : 132–133)
- un autre endroit i avaient té dans une cave i avont touT [tut] pris les navets (NB – Arrighi 2005 : 413, Odule NB 21 : 132–133)
- il avait tout' [tut] débranché l'ordinateur (IdlM – Falkert 2010, corpus : 13, p. 6, CD-ROM)
- Un coup je tions au Caillou peurcé en pêche, et … j'avons attrapé ène brise, ç'a quasiment tout [tut] brisé nos pots [pɔt]. (TN – Brasseur 2001 : s.v. *brise*, p. 75)
- j'ai toutes tué mes poules [ʒe tut ty e me pul] (LOU – Conwell/Juillland 1963 : 133)
- [il a tu pri lor e larʒɑ̃] (LOU – Guilbeau 1950 : 137) (transcription adaptée)
- Ça fait, ils ont tout [tu] vendu l'affaire là (LOU – *Découverte*, Mamou, Évangéline)
- Mais la maladie des chevaux a passé ; on a tout [tu] perdu nos chevaux. (LOU – *Découverte*, Kaplan, Vermilion)
- c'est lui qui a tout [tu] fait les mots de ces chansons là (LOU – *Découverte*, Mamou, Évangéline)
- moi j'ai tout tout [tu] oublié ça (LOU – *Découverte*, Châtaignier, Évangéline)

▶ **Semi-auxiliaire + *tout* + infinitif**
- Je vas [tut] signer quoi ce que j'ai à ma mère. (NB – Péronnet 1989a : 64)
- oui tu vas touT [tut] avoir ton argent pis touT [tut] ça (NB – Arrighi 2005, corpus, Catherine NB 19 : 127–128)
- Tu vas prendre un morceau de pain ou n'importe quoi, pis tu vas tout [tut] l'émietter, tout [tut] l'émietter tout fin, tout fin. C'est comme ça que je boëttons les geais, là, dans l'hiver. (TN – Brasseur 2001 : s.v. *boëtter*, p. 60)
- [il est question d'alcool au volant] ça se fait, tu vas tout [tu] voir ça faire une différence dedans, dans ton *drive* (LOU – *Découverte*, Mamou, Évangéline)

▶ **(il) faut + *tout* + infinitif / subordonnée, parfois : *tout* + faut + que**
- Pis (il) a toute [tut] foulu que j'aie quitté ça, là. (NÉ – Gesner 1981 : 90)
- c'était différent pour/ parce que faulait tout' [tut] tu dépenses l'argent dans le magasin là (NB – Wiesmath 7, O : 357)

---

livre] n'est vraie que si Jean a lu le livre au complet », tandis que « Jean a lu le livre » laisse un certain « créneau pragmatique » : on peut le dire même si Jean ne lit pas le livre au complet. – En FS, *tout* ne peut pas modifier le verbe (*cf.* Hanse 1991 : s.v. *tout*, p. 949) : **Il va tout se salir* (*cf.* Hanse, *ibid.*), alors que cette construction est courante en français populaire : « Tu vas tout salir le lit » (« entièrement, complètement ») (Bauche [2]1951 : 120).
[27] Il existe bien sûr des contre-exemples : « On a [tu] vendu ça qu'on avait. » (NB – Péronnet 1989a : 65) ; « t'avais tout [tu] pris l'eau chaude » (NB – Wiesmath 7, O : 642).

- Là, faulait tout [tut] taper les cercles [saʀk] à la hauteur d'un pied. (TN – Brasseur 2001 : s.v. *taper*, p. 439)
- Et là quand eux-autres était presque secs, fallait tout [tu] que tu casses les *beans* dessus les pieds et là tu mettais ça dans des sacs. (LOU – *Découverte*, Pointe-aux-Chênes, Terrebonne)

En l'absence d'un objet direct, le rôle adverbial de *tout*, intensificateur, devient plus net (Arrighi 2005 : 413s.) :

[...] ça fait j'ai touT [tut] travaillé pour l'acheter qu'est-ce que je voulais (NB – Arrighi 2005 : 414, Laura NB 8 : 8–9)

III.4 *c'est/c'était* + *tout* + syntagme nominal ou participe passé

Très souvent, les cas d'ambiguïtés naissent de la construction « *c'est (c'était) + tout +* syntagme nominal ». *Tout* est ici plutôt à considérer comme pronom en apposition (*tout cela c'est...*) et non pas comme adverbe.

- C'est [tut] des vieilles histoires. (NB – Péronnet 1989a : 66)
- c'est pas de l'ouvrage vous faisez là c'est touT [tut] de l'ouvrage au contraire du bon sens (NB – Arrighi 2005 : 414, Willy NB 9 : 22–23)
- mais si tu la laves ça serait tout' [tut] de la vase hein (NB – Wiesmath 1, R : 152–153)
- c'est tout' [tut] du poisson blanc (NB – Wiesmath 1, B : 293)
- asteure c'est tout' [tut] des / des VITAMINS (NB – Wiesmath 1, B : 570–571)
- [...] C'est tout [tut] des gros cailloux. (TN – Brasseur 2001 : s.v. *graveau*, p. 234)
- C'est tout [tut] du machis, tout [tut] petits morceaux. Tu peux pas aller là-dessus. (TN – Brasseur 2001 : s.v. *machis*, p. 283)

Dans les constructions « *c'est/c'était + tout +* participe passé », la lecture adverbiale est plus probable mais en principe, deux interprétations sont envisageables :

- C'est tout [tut] brassé ensemble. (TN – Brasseur 2001 : s.v. *brasser*, p. 74) (Les deux interprétations sont possibles : « tout cela » ou bien « complètement ».)
- mais ça c'était tout [tu] moudu (LOU – Stäbler 1995 : 6, corpus) (Stäbler favorise l'interprétation « tout ça, c'était moulu », mais on pourrait aussi penser à « ça c'était complètement moulu »)

Deux interprétations sont également possibles dans les tours « sujet + *être* + *tout* + complément prépositionnel » (*cf.* Péronnet 1989a : 66).

- La levée se fait [tut] avec de la terre. (NB – Péronnet 1989a : 66) (« toute la levée » / « se fait entièrement »)
- I avait une maison qu'était bâtie [tut] avec des pièces. (NB – Péronnet 1989a : 66)
- [...] Une fois qu'il a bouilli, ça vient tout [tut] d'un morceau, le lait [lɛt] vient tout [tut] d'un morceau. [...] (TN – Brasseur 2001 : s.v. *cruds*, p. 138)
- Mais quand i vient des pluies, le dégout s'en va tout [tut] en bas. (TN – Brasseur 2001 : s.v. *dégout*, p. 151)
- Il avont désserré tout ce terre-là, dans ce temps-là ce tait tout [tut] du bois. (TN – Brasseur 2001 : s.v. *désserrer*, p. 157)

Commentaire

Quant au marquage de ces tours en français de France, notons que Grevisse/Goosse (2008 : § 637b, 3, p. 816) différencient les cas où l'accord est fait avec le nom suivant et qui existent dans la langue standard (*Ce sont*

TOUTES *fables que vous contez là*, dans Littré, s.v. *tout*, cité dans Grevisse/Goosse, *ibid*.) des cas considérés comme familiers ou populaires où *tout* [tu] reste invariable (*C'est* TOUT *des histoires*, Maurois, cité dans Grevisse/Goosse, *ibid*.). Hanse (1991 : s.v. *tout*, p. 947) qualifie les cas du type TOUT + article indéfini + nom (*c'est tout des mensonges*) de faute qu'en entend « en Belgique mais aussi dans le français populaire ».

IV En guise de résumé : polyvalence de l'élément *tout*

Comme la prononciation de l'élément *tout* n'aide nullement à désambiguïser les différentes fonctions de *tout*, des cas d'ambiguïté surgissent, même dans un contexte donné.

IV.1 Le pronom *tout* : *tout*, *tous* ou *toutes* ?

La forme [tus] n'existant pas dans les parlers étudiés ici, il peut y avoir ambiguïté quant au référent :
- *tout* – pronom neutre en fonction d'objet
- *tout* – pronom en apposition, reprenant un référent animé (« tous », « toutes »)

Signalons que dans la plupart de ces exemples, *tout* est pronom en apposition avec référence au sujet (« tous », « toutes ») :
- [pour tuer le cochon] y avait Théodore pis Louis pis Charles: . zeux osaient touT [tut] (NÉ – Arrighi 2005 : 411, Évangéline D. NÉ 23 : 83)
  – « ils osaient tout »
  – « toutes les personnes énumérées osaient (tuer un cochon) »
  Dans le contexte donné, c'est la deuxième interprétation qui est la bonne.

- on change tout' [tut] jour à jour (NB – Wiesmath 10, X : 85)
  – « on change toutes les choses »
  – « nous tous, on change »
  Dans le contexte donné, c'est là aussi la deuxième interprétation qui est la bonne.

IV.2 *tout* adverbe ou *tout* pronom en apposition

Très souvent, il peut y avoir ambiguïté entre *tout* adverbe et *tout* pronom en apposition se référant au sujet ou à l'objet de la phrase (*cf*. ci-dessus III.3. et III.4.).

Ces ambiguïtés existent, pour certaines d'entre elles, également en FS[28].
- Dans les maisons, i'avont des pumpkins, là, des citrouilles, déjà toute(s) [tut] coupées, et i' faisont une face. (NÉ – Gesner 1981 : 93)
  – « toutes les citrouilles étaient coupées »
  – « les citrouilles étaient entièrement/complètement coupées »

---

28 *Cf. Ils sont tout ridés. / Elles sont toutes ridées* (Riegel et al. 2011 : 655). Riegel et al. (*ibid*.) soulignent l'ambiguïté de la forme *toutes* au féminin dans ce cas entre adverbe (« tout à fait ») et pronom (« chacune »). *Cf*. aussi Hanse (1991 : s.v. *tout*, p. 950). Pour la polyvalence de *tout* en FS, *cf*. aussi Chevalier et al. (1964 : § 415, p. 272).

- on était tout' [tut] pleines de vase on était tout [tu] vasées (NB – Wiesmath 1, R : 281)
  – « nous toutes, on était pleines de vase »
  – « on était complètement pleines de vase »
- [À propos des nuages.] I tiont tout [tut] brouillés ensemble. (TN – Brasseur 2001 : s.v. *brouiller*, p. 77)
- ils ont tout le temps resté bons amis. les SLOAN les FOREMAN qu'étaient tous [tu] mêlés là-dedans (LOU – Stäbler 1995 : 138, corpus) (Stäbler transcrit *tous* et suggère qu'il s'agit d'un pronom en apposition ; de fait, le contexte indique qu'il ne s'agit pas de l'adverbe *tout*.)

Dans quelques cas, *tout* pourrait se traduire par « seulement », « exclusivement », « rien d'autre que » (*cf.* aussi, pour le FQ, Leard 1995 : 140).
- Tu contes [tut] des mensonges, des menteries. (NB – Péronnet 1989a : 65)
- Mais nous autres, les Français par ici, je m'en souviens pas d'avoir entendu parsonne appeler ça ène chaise beurceuse, c'est tout [tut] ène chaise à beurcer ! (TN – Brasseur 2001 : s.v. *chaise*, p. 100)

Comme nous l'avons souligné en III.4., des ambiguïtés naissent aussi dans les constructions « *c'est/c'était* + *tout* + participe passé ou syntagme prépositionnel » :
- c'était tout' [tut] fait en bois (NB – Wiesmath 1, B : 548)
  – « tout cela était fait en bois »
  – « c'était entièrement fait en bois »
- pis mettiont ça en ballot le foin là c'est touT [tut] amarré là (NB – Arrighi 2005, corpus, Annie NB 10 : 214)
  – « tout le foin est amarré »
  – « le foin est complètement amarré »
  C'est la première interprétation qui est la bonne.

IV.3 *tout* déterminant ou *tout* pronom

Du point de vue de la forme, il peut aussi y avoir une ambiguïté entre le déterminant [tut] (*tout le...*, *toute la...*) et la forme pronominale *tout/tous/toutes* :
- ça c'est tout' [tut] ma terre (NB – Wiesmath 1, B : 6)
  – « tout cela, c'est ma terre »
  – « c'est toute ma terre »
  C'est la première interprétation qui est la bonne. Wiesmath traduit par « it's all my land ».

IV.4 *tout* déterminant ou *tout* adverbe

Si on suit l'hypothèse selon laquelle [tut] a une place « flottante » dans la phrase (Péronnet 1989a : 65), les structures du type « Al avait [tut] conté l'histoire », « A fait [tut] rentrer ça » (NB – Péronnet 1989a : 65) redevenant alors par déplacement « Al avait conté [tut] l'histoire », « A fait rentrer tout ça », on aurait affaire à l'ambivalence entre *tout* déterminant et *tout* adverbe. Telle est aussi l'analyse de Léard (1995 : 131–132) pour les structures pareilles en FQ. Arrighi (2005 : 419) note, elle aussi, les difficultés qu'il y a à différencier « [tut] prédéterminant agissant comme un quantificateur du nom [...] et [tut] marqueur adverbial de la totalité » et parle de « la double nature » de l'élément [tut].

Commentaire
Tous les cas d'ambiguïté montrent que *tout* est en premier lieu conçu comme élément invariable, donc de caractère adverbial, au détriment des autres rôles possibles qu'il peut avoir en FS. Vu l'absence d'occurrences pour *tout* adjectif, *tout* nom et pronom dans son corpus, Arrighi (2005 : 419) en conclut à une « réduction des natures possibles de l'élément *tout* » ; ajoutons que l'analyse de Léard portant sur le FQ va dans le même sens. Les spécificités de *tout* telles qu'on les a décrites dans le présent chapitre rapprochent le FA et le FTN du FQ (*cf.* Léard 1995 : 130–142[29]).

Dans la préférence pour la forme [tut], le FA et le FTN se distinguent du FL. En FL, c'est la forme [tu] qui prédomine dans le rôle du pronom neutre, du pronom indéfini pluriel (« tous ») et dans le rôle d'adverbe ; le FL partage cette prédilection pour la forme sans -*t* final avec le français parlé de France, où existe cependant la forme pronominale [tus].

---

29 Les caractéristiques principales de *tout* en FQ sont les suivantes : (1) l'inexistence de la forme pronominale [tus] ; (2) la prononciation de *tout* comme [tut] dans « tous les emplois » ; (3) la grande flexibilité syntaxique de l'élément *tout* ; (4) le pronom neutre simple *tout* est remplacé par *tout ... ça* ; le pronom neutre *tout* n'occupe plus la position sujet ; (5) l'acception « seulement », « exclusivement » de l'élément *tout* dans les cas où il n'est pas rattachable à un syntagme nominal (*cf.* pour tous les détails Léard 1995 : 130–142).

Les pronoms personnels

Préliminaires

I	**La 1re personne du singulier**
I.1	Les formes
I.1.1	*je* et variantes
I.1.2	*moi*
I.1.3	*me*
I.2	Les emplois
I.2.1	Sujet
I.2.2	Objet
I.2.3	Emploi disjoint
II	**La 1re personne du pluriel**
II.1	Les formes
II.1.1	*je + -ons*
II.1.2	*on*
II.1.3	*nous*
II.1.4	*nous-autres*
II.2	Les emplois
II.2.1	Sujet
II.2.2	Objet
II.2.3	Emploi disjoint
III	**La 2e personne du singulier**
III.1	Les formes
III.1.1	*tu* et variantes
III.1.2	*toi*
III.1.3	*te, t'*
III.2	Les emplois
III.2.1	Sujet
III.2.2	Objet
III.2.3	Emploi disjoint
IV	**La 2e personne du pluriel**
IV.1	Les formes
IV.1.1	*vous, ous*
IV.1.2	*vous-autres*
IV.1.3	La désinence *-ez*
IV.2	Les emplois
IV.2.1	Sujet
IV.2.2	Objet
IV.2.3	Emploi disjoint

V	La 3ᵉ personne du singulier
V.1	Les formes du masculin
V.1.1	*il* et variantes
V.1.2	*lui* et variantes, pronom tonique
V.1.3	*le, l'*
V.1.4	*lui* et variantes, pronom objet
V.2	Les formes du féminin
V.2.1	*elle* et variantes
V.2.2	*la*
V.3	Les emplois
V.3.1	Sujet
V.3.2	Objet
V.3.3	Emploi disjoint

VI	La 3ᵉ personne du pluriel
VI.1	Les formes du masculin
VI.1.1	*ils* et variantes
VI.1.2	*eux* et variantes
VI.1.3	La désinence *-ont*
VI.1.4	*les*
VI.1.5	*ieux* et *leur*
VI.2	Les formes du féminin
VI.3	Les emplois
VI.3.1	Sujet
VI.3.2	Objet
VI.3.3	Emploi disjoint

VII	*Ça* vers un pronom « passe-partout »
VII.1	*Ça* dans le rôle du sujet de la phrase
VII.2	*Ça* dans le rôle de l'objet direct de la phrase

VIII	Particularités d'emploi
VIII.1	Les dislocations et le redoublement
VIII.2	Les pronoms personnels en emploi générique
VIII.3	La place du pronom objet
VIII.3.1	Un seul pronom objet
VIII.3.2	Deux pronoms objets
VIII.4	Les pronoms personnels et l'impératif
VIII.4.1	L'impératif positif avec un seul pronom objet
VIII.4.2	L'impératif négatif avec un seul pronom objet
VIII.4.3	L'impératif avec deux pronoms objets
VIII.5	L'omission du pronom
VIII.5.1	L'omission du pronom sujet

VIII.5.2	L'omission du pronom objet	
VIII.6	Le renforcement des formes toniques par *-même(s)*	
IX	**Observations finales**	

Les pronoms personnels

Préliminaires

Bien que le présent chapitre soit essentiellement consacré aux pronoms personnels, on abordera également certains aspects des désinences verbales, car c'est uniquement dans l'interaction entre le pronom et la désinence verbale que la personne grammaticale se constitue. Alors qu'au singulier, les désinences des personnes grammaticales correspondent au FS, il s'agira de présenter les désinences des personnes du pluriel, *-ons*, *-ez* et *-ont*. Dans ce contexte, on ne parlera que du présent de l'indicatif tout en renvoyant, pour les désinences temporelles et modales, aux chapitres respectifs sur les temps et les modes. On attirera en outre l'attention sur le fait que la désinence de la 3e pers. sg. tend à être surgénéralisée dans les parlers étudiés ici, et tout particulièrement en FL, et à apparaître également avec les personnes grammaticales du pluriel (*cf.* aussi le chap. « Le non-accord du verbe »).

Le paradigme des pronoms personnels est très complexe[1] ; on se trouve face à un polymorphisme d'autant plus important que le brassage dialectal a fortement agi, que les strates historiques se chevauchent[2] et que le système des pronoms personnels est en pleine restructuration depuis un certain temps, notamment en FL (*cf.* ci-dessous, IX). D'autre part, on note la tendance à la surgénéralisation de certaines formes, ce qui devient particulièrement évident à la 3e pers. où la forme élidée [i] et les variantes [iʲ] et [il]/[l] sont employées au singulier comme au pluriel, au masculin comme au féminin[3].

On constate en outre que les formes qui, en français de France, sont plus ou moins spécialisées dans l'emploi disjoint[4], sont tout à fait courantes en emploi conjoint dans les parlers étudiés. La distinction opérée dans la grammaticographie traditionnelle entre *formes conjointes* et *formes disjointes* devient dès lors inopérable. Ceci est surtout vrai pour la 3e pers. pl., dans une moindre mesure pour la 1re et la 2e pers. Notons dans ce contexte que les

---

[1] De nombreuses études traitent des pronoms personnels ou de certains aspects du système pronominal dans les parlers d'outre-mer, *cf.* pour le FA : Péronnet (1989a), Ryan (1989), Richard/Gesner (1991), Beaulieu/Balcom (1998), Arrighi (2005 : 208–261), Chauveau (2009) ; pour le FTN : King/Nadasdi (1997), Brasseur (1998) ; pour le FL : Conwell/Juilland (1963 : 141–148), Rottet (1996), Papen/Rottet (1997), Rottet (2001, chap. 6+7, 2005a/b), S. Dubois (2001), Girard Lomheim (2016 ; nous citons la version provisoire de 2016, le livre de 2017 n'étant pas encore disponible au moment de la rédaction de notre ouvrage) ; plusieurs régions : Neumann-Holzschuh et al. (2005), King (2013 : 38–49). Pour le français laurentien : Blondeau (2011), Nadasdi (2000). – Pour la forme et l'emploi des pronoms réfléchis, *cf.* le chap. « Les constructions pronominales ».
[2] *Cf.* Richard/Gesner (1991 : 186) : « Le brassage des colons a [...] donné lieu à un système pronominal où les variantes sont nombreuses, et, mis à part le cas de "i" et l'emploi de "nous" à la première personne du pluriel, nous retrouvons en acadien la plupart des variantes relevées dans les différents parlers de l'Ouest que nous avons pu examiner ».
[3] La forme du féminin se maintient toutefois mieux au singulier qu'au pluriel ; pour tous les détails, *cf.* ci-dessous V et VI.
[4] Sauf à l'impératif positif où *moi* et *toi* apparaissent en emploi conjoint, et pour les pronoms de la 3e pers. (*lui*, *eux*) qui peuvent figurer comme sujet sans reprise pronominale. – Pour les fonctions des pronoms en pronoms conjoints et disjoints en FS, *cf.* par ex. Riegel et al. (2011).

pronoms toniques de la 3ᵉ pers. connaissent dès le Moyen Âge l'emploi conjoint[5]. Selon Foulet (1967 : 153), cet usage est encore rare au XIIᵉ s. et dans la première moitié du XIIIᵉ s., mais il gagne en popularité depuis, particulièrement ces derniers temps.

Sur cette toile de fond, on renoncera, dans le présent chapitre et en référence aux parlers étudiés à parler de *pronom conjoint* ou *disjoint*, réservant les termes *conjoint* et *disjoint* au seul niveau fonctionnel, c.-à-d. à l'emploi des pronoms[6]. Quant au côté formel, on recourra aux termes de *forme atone* pour se référer à *je, tu, il, ils*[7], de *forme tonique* pour *moi, toi, lui, eux*. Si nous utilisons ces termes, c'est dans un sens purement descriptif et sur la base du constat que, par rapport aux formes atones et plus fragiles, les formes toniques sont dotées d'un corps phonique plus robuste et, partant, plus saillant. Si les formes toniques apparaissent en emploi conjoint, cela n'implique pas nécessairement de valeur sémantique spécifique, notamment en FL contemporain. En revanche, en FA, en FTN et en FL traditionnel, un tel emploi peut avoir une valeur stylistique ou sémantique, par ex. contrastive[8], mais cet effet dépend aussi de la personne grammaticale : de fait, ces valeurs spécifiques sont moins nettes aux 3ᵉ personnes qu'aux 1ʳᵉˢ et 2ᵉˢ personnes.

En ce qui concerne la morphologie des formes toniques, on notera au pluriel la tendance à leur « étoffement » par l'adjectif indéfini *-autres*. Contrairement au français de France, l'élargissement de la forme tonique par *-autres* n'implique généralement ni contraste ni emphase. Les formes étoffées se sont grammaticalisées au point d'être tout à fait équivalentes aux formes simples qui continuent à exister (*nous* à côté de *nous-autres*, *vous* à côté de *vous-autres*, *(z)eux/eusse* à côté de *(z)eux-autres*)[9]. Elles apparaissent majoritairement en emploi disjoint, en redondance avec un pronom clitique ou après une préposition (Arrighi 2005 : 234). Mais on note aussi des tendances à employer les formes étoffées dans le rôle du sujet ou de l'objet de la phrase sans reprise, surtout en FL, rarement en FA/FTN (*cf.* aussi Arrighi 2005 : 234). En FL, les pronoms *nous-autres, vous-autres, eusse* et *eux-autres* se sont largement

---

5 Cependant, indépendamment de la personne grammaticale, la forme tonique n'est généralement pas reprise par un pronom atone en moyen français si elle sert d'antécédent à une relative, *cf.* Spillebout (1985 : 144) : « Et **moy** qui estois dans la ruelle, [...] **me faschois** de ne pouvoir tenir plus long registre [...]. »
6 Les emplois disjoints sont les suivants : (a) avec les prépositions (*chez moi*) et comme complément d'une construction comparative (*plus vite que moi*), (b) dans les phrases clivées (*c'est moi qui*) et dans les dislocations (*moi, on m'a dit que*), (c) dans les phrases sans verbe, (d) comme sujet coordonné avec un groupe nominal ou un autre pronom (*mon frère et moi*), (e) avec des modifications (*moi-même, moi seul*), (f) comme antécédent à une relative (*moi qui...*) (pour tous les détails en référence au FS, *cf.* Riegel et al. 2011 : 370s.).
7 En ce qui concerne *nous* et *vous*, ils figurent, en FS, dans les deux séries ; pourtant, dans les variétés étudiées ici, la forme tonique est largement représentée par la forme élargie *nous-autres, vous-autres* (*cf.* II.1.4., IV.1.2.). La forme *elle(s)* est également identique dans les deux séries ; dans les parlers concernés, elle est généralement rare, indépendamment de la fonction (*cf.* VI.2.).
8 Dans ce sens, King (2013 : 49) contraste le FL avec la variété conservatrice du français parlée à l'Anse-à-Canards, TN.
9 En français hexagonal, l'indéfini *-autres* peut renforcer les formes toniques du pluriel dès le Moyen Âge (*cf.* Nyrop, vol. 5, 1925 : 213ss., Brunot/Bruneau 1949 : 293s.). Ces formes, attestées encore dans le langage familier, opposent en général différents groupes les uns aux autres. De plus, elles apparaissent seulement en emploi disjoint. *Cf.* Bauche (²1951: 97 ; 98 ; 100), Hanse (1991, s.v. *autre*, p. 134), Gadet (1992 : 64), Brasseur (2001 : s.v. *autre*, p. 34), *Le Petit Robert* (2013 : s.v. *autres*, « fam. » ou « régional »). – Pour les formes en *-autres* en franco-manitobain, *cf.* Hallion (2000 : 258s.), en français laurentien, *cf.* ci-dessous IX.

généralisés dans le rôle sujet (Rottet 2001 : 152). L'emploi des formes étoffées semble aussi dépendre de facteurs situationnels et sociaux, du moins en FA : si dans les situations perçues comme formelles, les locuteurs les plus instruits continuent à les employer, c'est seulement en fonction de complément prépositionnel, moins souvent comme élément redondant avec une forme simple, et jamais en tant que clitique (Arrighi 2005 : 238s.).

I La 1re personne du singulier

I.1 Les formes

I.1.1 *je* et variantes
La forme du pronom sujet de la 1re pers. sg. (*je*, *j'*) varie fortement d'une région à l'autre.

Nous retenons les variantes suivantes :
- [ʒ] : à de rares exceptions près, le schwa de *je* tombe devant voyelle. Il peut aussi tomber devant consonne conformément aux facteurs qui déterminent la chute du schwa en général. La forme standard [ʒə] est rare et est qualifiée de presque « inexistante » en FL (Papen/Rottet 1997 : 82), servant essentiellement à des fins de clarté ou d'emphase[10] ; elle est également inexistante dans le corpus néo-écossais (Chéticamp, Pubnico) de Richard/Gesner (1991 : 179)[11], alors qu'elle est courante dans le corpus pan-acadien d'Arrighi (2005 : 211). Notons, pour le FTN, la variante aspirée[12], « très répandue » : *j(e)* [ʒh(ə)] (Brasseur 2001 : XXXV).
- [ʃ] : Devant une consonne sourde et en cas de chute du schwa, [ʒ] s'assourdit en [ʃ][13]. Signalons des réalisations amalgamées entre le pronom [ʒ]/[ʃ] et certaines formes verbales, notamment *je sais* [ʃe], *je suis* [ʃɥi], *je serai* [ʃrɛ], *je save* [ʃav], *je savais* [ʃavɛ] (pour la NÉ : Richard/Gesner 1991 : 178). En FL, [ʒ] ne se désonorise pas nécessairement[14] : *je suis fière* [ʒsɥi fjar], *je crois* [ʒkrwa] (Conwell/Juilland 1963 : 141), *j'étais après* [ʒtapre] (Stäbler 1995 : 78, corpus), *je suis* [ʒsy] (Stäbler 1995 : 120, corpus) (mais aussi : *je sais pas* [ʃpa] – Stäbler 1995 : 110, corpus, et *je sais* [ʃɛ] – Stäbler 1995 : 93, corpus, [ʃkɔ̃ne] – Rottet 2001 : 145, *j'parle pas assez* [ʃparlpɑase] – Girard Lomheim 2016 : 92).

---

10 *Cf.* Conwell/Juilland (1963 : 141), Papen/Rottet (1996 : 241), Girard Lomheim (2016 : 91).
11 Notons l'absence de la forme dialectale [i/j] en acadien : Richard/Gesner (1991) qui relèvent les grandes ressemblances entre les pronoms sujets de la 1re pers. à Chéticamp et Pubnico (NÉ) d'une part et dans deux communautés de l'Ouest de la France (département de la Vienne) d'autre part, soulignent que « [l]a différence la plus frappante entre l'acadien et les parlers de l'Ouest [...] est incontestablement l'absence de la forme "i" à la première personne en acadien ».
12 Cette aspiration concerne les consonnes [ʃ], [ʒ] en général (Brasseur 2001 : XXXIV).
13 Richard/Gesner (1991 : 176s.), Arrighi (2005 : 211), Rottet (2001 : 145).
14 Rottet (2001 : 145) indique la forme [ʃ] devant consonne, Conwell/Juilland (1963 : 141) déclarent que [ʒ] ne se désonorise pas, et selon Girard Lomheim (2016 : 92), *je* ne se désonorise que devant une consonne sourde, se prononçant alors [ʃ] ou [s].

- [əʒ]/[øʒ] et [əʃ], formes avec métathèse, sont les formes les plus fréquentes à côté de [ʒ] et [ʃ] en NÉ et en FL[15].
- [h] : *j'* peut se réaliser sous la forme de la fricative laryngale [h] dans les parlers acadiens, notamment à la BSM (NÉ)[16], et en FL dans les paroisses de TB et de LF[17] :
  - Devant une voyelle ouverte ([ɛ], [a], [ã]) : [h ãmæ̃n] « j'emmène », [he/ha] « j'ai » (Rottet 2001 : 145, Papen/Rottet 1997 : 82), [hɛm] « j'aime » (Dajko 2009 : 118).
  - En FL parfois aussi devant consonne : [h kɔ̃ne] « je connais » (Rottet 2001 : 145).

En LOU, par rapport à [ʒ] et [z], la variante [h] semble la moins prestigieuse (Dajko 2009 : 131). Outre les formes indiquées ci-dessus, nous notons, pour le FL :
- [s] + voyelle ou consonne sourde, [z] + voyelle et consonne sonore : *je connais* [s kɔ̃ne], *je prends* [s prã], *j'amène* [z ãmæ̃n] (Rottet 2001 : 145), *je parlais* [sparle], *je me rappelle* [zmørapɛl] (Girard Lomheim 2016 : 91s.).[18] La dépalatalisation semble notamment courante parmi les Amérindiens Houma des paroisses TB/LF[19], mais les Cadiens l'emploient également[20]. Il semble que les Amérindiens considèrent [z]/[s] comme la variante la plus prestigieuse (en comparaison avec [ʒ] et [h]) (Dajko 2009 : 122).

Commentaire

L'apocope et la désonorisation de *je* devant consonne sourde ([ʃʃ]) sont tout à fait courantes dans le non-standard de France (*cf.* Bauche ²1951 : 96s.) ; cette prononciation n'est plus socialement stigmatisante ; elle s'est étendue à toutes les couches sociales (*cf.* aussi Ryan 1989 : 207).

La réalisation de *j* comme [h] est également notée dans certaines régions du Québec ou limitrophes de cette province, dont Ottawa/Hull (Dajko 2009 : 119). En France, le phénomène est attesté notamment en Saintonge et dans le Poitou (Ryan 1989 : 207, Horiot 1995). Les prononciations [s] et [h] sont également relevées en franco-manitobain (Hallion 2000 : 247, 252).

---

15 Pour le FA : Richard/Gesner (1991 : 176s., Chéticamp, Pubnico), Fritzenkötter (2015 : 105s., BSM) ; pour le FL : Conwell/Juilland (1963 : 141, note 41), Papen/Rottet (1997 : 82), Rottet (2001 : 145). – Selon Richard/Gesner (1991 : 178), les formes avec métathèse servent à mettre en relief le pronom sujet.
16 Geddes (1908), Ryan (1989 : 207s.), Fritzenkötter (2015) ; pour le Sud-Est du NB, *cf.* corpus Wiesmath (2006).
17 Rottet (2001 : 145) ; selon Dajko (2009 : 124 ; 131), cette réalisation s'observe notamment dans le « corridor Larose-Golden Meadow ». – Notons que [h] apparaît aussi au lieu de [ʒ] dans d'autres contextes dans ces parlers et que le phénomène n'est pas restreint à la position initiale (Dajko 2009 : 118s.). – Stäbler (1995 : 42) relève cette variante du pronom personnel également chez une locutrice à Vermilion.
18 Dajko (2009 : 119) confirme une certaine tendance à employer [s] devant les consonnes sourdes, alors que [z] apparaît « dans tous les autres contextes ».
19 Papen/Rottet (1997 : 82), Rottet (2001 : 145), Dajko (2009 : 122). – Selon Dajko (2009 : 120), la dépalatalisation est particulièrement répandue à Dulac/Grand Caillou (TB). Le phénomène est également attesté, à moindre échelle, dans la paroisse d'Évangéline (Dajko 2009 : 123). – Fortier (1891 : 88) l'atteste pour St. Mary, St. Martin et Pointe Coupée, ce qui laisse supposer que le phénomène était plus répandu autrefois (Dajko 2009 : 122s.).
20 Pourcentage de [z] chez les Amérindiens : 44,7 % (style recherché), 19,9 % (style familier) ; chez les Cadiens : 19,2 % (style recherché), 12,9 % (style familier) (chiffres d'après Dajko 2009 : 122). – Rappelons (*cf.* « Introduction », II.3.1.) que Dajko (2009) emploie le terme *Cajuns* pour désigner les Francophones blancs par opposition aux *Indians* (les Amérindiens) francophones. Bien qu'employant ce terme, Dajko souligne que celui-ci n'implique aucunement la descendance acadienne du groupe nommé *Cadiens*. Pour son étude, Dajko a établi un corpus englobant 74 interviews avec des informants des deux groupes, originaires des paroisses de Terrebonne et de Lafourche, tous ayant plus de 60 ans et ayant le français comme langue première sans jamais avoir subi l'influence de la langue standard (*cf.* Dajko 2009 : 65ss.).

I.1.2 *moi*

Retenons les variantes suivantes du pronom *moi* :
- En règle générale, *moi* se réalise avec un *a* vélaire dans toutes les variétés : [mwɑ] ; mais la forme standard est aussi relevée[21].
- FA : Alors que [wɑ] passe pour la prononciation « acadienne » traditionnelle de *oi* en finale absolue (*cf.* Flikeid 1984 : 433s.)[22], on note néanmoins la prononcation [mwɛ] dans certaines régions, dont le Nord-Est du NB (Flikeid 1984 : 434[23]) et, à TN, à Cap-Saint-Georges (Brasseur 2001 : XXX).
- En FL on note la coexistence des formes [mwa], [mwɑ], [mwɔ][24], [mwɔ̃] et [mɔ̃], la dernière étant, selon certains chercheurs, la plus courante (*cf.* DLF 2010 : s.v. *moi*, p. 401, S. Dubois 2001 : 150, note 3). Selon Rottet (2001 : 194s.), [mɔ̃] peut se réduire à [m] devant voyelle en cas d'absence du pronom conjoint.

I.1.3 *me*

Les formes du pronom clitique en fonction d'objet correspondent au français parlé de France. *Me* est aussi la forme du pronom réfléchi.
- [mə], [m[25]] + consonne
- [m] + voyelle

I.2 Les emplois

I.2.1 Sujet
- Le pronom *je* (et variantes) est restreint à l'emploi comme sujet :
  - Je t'emmènerai, si h'en ai un, je te l'emmènerai. (NÉ – Hennemann, BSM, SC)
  - ej crois que/ […] (NÉ – Fritzenkötter 2015 : 135, BSM)
  - on dirait h'ai réalisé comben c'que le français/est assez important pis j'suis comme/ « MAN faut que j'faise l'effort » (NÉ – Fritzenkötter 2015 : 135, BSM)
  - i va avoir deux ans le vingt-huit de janvier que j'suis sortie de ma maison (NÉ – Hennemann, ILM, AF)
  - Je vas [ʒva] point noummer icitte. (NÉ – Richard/Gesner 1991 : 176, Pubnico)
  - Je [əʃ] peux pas croire qu'il dirait non. (NÉ – Richard/Gesner 1991 : 178, Chéticamp)
  - Pis crois-moi, je [əʒ] aimais point ça. (NÉ – Richard/Gesner 1991 : 178, Pubnico)

  - SO le lendemain soir tant [sic] j'arrivais [harive] de l'école la boête était vide SO faulait BACK je les remplise. faisais ça à tous les jours . pis là après ça t'ai/ f/ t'allais aider à tes parents à/ sus la/ ç/ ça que tu pouvais faire des fois faulait j'alle [hál] dans le carré pis garocher du foin. (NB – Wiesmath 1, B : 688–691)

---

[21] Par ex. à La Grand-Terre, TN, Brasseur (2001 : XXX). – Dans le parler du Nord-Est du NB, la variante standard apparaît « rarement » et seulement « chez des locuteurs dont le parler s'éloigne des réalisations traditionnelles sur de nombreux points » (Flikeid 1984 : 444s.).
[22] Par contraste avec le FQ où c'est la variante [mwɛ] qui apparaît (*cf.* Flikeid 1984 : 444).
[23] Le taux d'occurrences de [mwɛ] décroît sensiblement avec l'âge et est inversement proportionnel au niveau d'études.
[24] Parfois réduit à [mɔ] ou [mo] (*cf.* Girard Lomheim 2016 : 134 pour les paroisses de St. Landry et de Vermilion).
[25] Selon les règles qui déterminent la chute du schwa devant consonne à l'oral, *cf.* le chap. « L'article », note 2.

- j'ai eu la chance de voyager un peu oui je suis allée euh :: en Europe une fois hm je suis allée en Grèce et en Turquie (NB – Arrighi 2005 : 211, Rachelle NB 1 : 3–4)
- je m'en rappelle [ʒ m ã ʀapœl] (Brasseur 2001 : XXXIV)
- Et là euh… il avait une vieille place, ça fait, j'l'ai acheté [safe ʒleaʃte] (LOU – Girard Lomheim 2016 : 91, SL)
- Oh ouais, j'connais cuire. [owɛ ʃkonekɥir] (LOU – Girard Lomheim 2016 : 92, VM)
- j'avais [have] proche oublié quel âge j'avais là-là (LOU – Stäbler 1995 : 42, corpus)
- je [əʒ] savais pas (LOU – Stäbler 1995 : 176, corpus)
- Drette après que mon j'sutais inée, ma mame et mon pape a délogé au Bayou du Large. (LOU – Rottet 2001 : 145, loc. âgée)
- je peux [s pø], j'apprends [saprã], je veux [z vø] (LOU – Papen/Rottet 1997 : 82)
- J'crois j'parlais mieux le français que le nanglais. [skrwa sparlemjølfrãse kølnãgle] (LOU – Girard Lomheim 2016 : 92, VM)
- Mon s'a 'pris les prières en anglais, mais s'connais le Salut Marie, le HAIL MARY, en français. Là mon s'connais. (LOU – Rottet 2001 : 195, locuteur jeune)

– La forme tonique *moi/mon* est, en règle générale, reprise par *je* mais elle peut également figurer comme sujet, notamment dans l'usage des semi-locuteurs en FL.
- Moi suis né en quarante-deux (NÉ – Hennemann, ILM, CL)
- moi va l'aimer pis Edna va l'aimer pis (NÉ – Hennemann, ILM, LL)
- […] Pis moi me couchais sus le derrière du canot [kano], en espérant qu'i tait féni. (TN – Brasseur 2001 : s.v. *fénir*, p.200)
- Moi gouvernais pis toi tu tu vidais l'eau hein. (TN – King/Nadasdi 1997 : 277 ; Blondeau 2011 : 71)
- Un jour moi reviendrai. (LOU – DLF 2010 : s.v. *moi*, p. 401, VM ; Brandon 1955 : 433)
- Mon a déjà acheté zen. (LOU – Rottet 2001 : 194, semi-locuteur)
- M'arais eu zen si m'arais eu faim (LOU – Rottet 2001 : 195, semi-locutrice)
- Moi a deux 'tits enfants (LOU – S. Dubois 2001 : 150)

Notons pourtant que dans le parler louisianais (par ex. dans le corpus *Découverte*), on relève d'innombrables exemples du type *moi, je*, le redoublement y étant quasiment systématique (*cf.* ci-dessous I.2.3. et VIII.1.).

I.2.2 Objet
L'emploi du clitique *me, m'* correspond au FS (mais *cf.* également VIII.3. pour la postposition du pronom tonique en fonction d'objet).

▶ **Objet direct**
- i me pousse sus le bras, i dit : […] (NÉ – Hennemann, ILM, MS)
- pis je me tenais […] après la parche parce que là si j'étais couchée sus le long du voyage de foin là parsonne me voyait (NB – Wiesmath 2, F : 633)
- I vouliont pas me croire, i croyiont que j'ajoutais ! (TN – Brasseur 2001 : s.v. *ajouter*, p. 11)
- Tu me rends nerveuse. (LOU – DLF 2010 : s.v. *me*, p. 390, LA)

▶ **Object indirect**
- c'est elle qui m'a rouvri la porte (NÉ – Hennemann, ILM, AS)

- BUT là je veux me faire une grosse TANK (NB – Wiesmath 2, E : 595)
- tu me demandais pour les cannes (LOU – Stäbler 1995 : 3, corpus)

I.2.3 Emploi disjoint
Seule la forme tonique peut figurer en emploi disjoint :

▶ Double marquage, référence au sujet[26]
- moi j'ai jamais fait le boudin (NÉ – Arrighi 2005 : 299, Évangéline D. NÉ 23 : 48–49)
- ben moi j'arrive là à Paris . moi je pensais que c'était romantique et touT [...] (NB – Arrighi 2005 : 229, Catherine NB 18 : 156–157)
- parce que j'ai pas d'argent moi (NB – Arrighi 2005 : 230, Laura NB 8 : 142–143)
- sûrement que je pense moi si on avait vingt-cinq ou trente-cinq la livre (ÎPÉ – Arrighi 2005 : 230, Théodore ÎPÉ 4 : 62–63)
- moi je connais pas c'est c'est lui qui disait ça lui il connaissait (LOU – Stäbler 1995 : 28, corpus)
- lui il était iné sus Terrebonne et mon j'ai ité inée sus Lafourche. (LOU – Rottet 2001 : 145, loc. âgée)
- Mon s'a 'pris les prières en anglais, mais s'connais le Salut Marie, le HAIL MARY, en français. Là mon s'connais. (LOU – Rottet 2001 : 195, locuteur jeune)
- Elle a eu deux petits, c'est pas elle qui les a élevé, c'est sa belle-mère qui les a élevé. Ben moi, j'ai élevé mes deux petits [...] (LOU – *Découverte*, Mamou, Évangéline)

▶ Double marquage, référence à l'objet
- puis moi ça m'amusait pas de trop (LOU – Stäbler 1995 : 4, corpus)
- y a un qui m'a attrapé moi par en arrière et l'autre a attrapé défunt Pap (LOU – Stäbler 1995 : 37, corpus)

▶ Après les prépositions
- c'était pas mal frustrant pour moi à l'âge que j'étais rendue là (NÉ – Hennemann, ILM, DO)
- j'avais le beau-père pis la belle-mère avec moi (NB – Arrighi 2005 : 230, Annie NB 10 : 79–80)
- À moi ça me faisera pas une grosse différence [difarãs]. (TN – Brasseur 2001 : s.v. *à*, p. 2)
- J'étais un boss. Et j'avais des hommes en dessour de mon. (LOU – DLF 2010 : s.v. *dessous*[2] (*dessour*), p. 207, LF)

---

[26] Nous subsumons sous le terme de *double marquage* les redoublements du sujet et les dislocations (*cf.* VIII.1.).

II La 1ʳᵉ personne du pluriel

II.1 Les formes

À la 1ʳᵉ pers. pl., le polymorphisme est particulièrement grand dans la fonction de sujet. Soulignons qu'on doit tenir compte aussi bien du pronom que de la désinence verbale pour identifier la personne grammaticale.

II.1.1 *je* + *-ons*

Je + -[ɔ̃] – nommé *je collectif* – est considéré comme la forme acadienne traditionnelle[27] ; dans les régions acadiennes où la forme est courante, la désinence en *-ons* apparaît au présent, à l'imparfait, au conditionnel et au subjonctif présent[28] et constitue le seul marqueur pour distinguer le singulier du pluriel de la 1ʳᵉ personne. Pour le verbe *être*, la forme est *je sons*, pour le verbe *avoir*, on trouve *j'avons* et *j'ons* (*cf.* aussi le chap. « Formes verbales remarquables »).

Quant à l'attestation actuelle du type *je* + *-ons*, nous retenons les points suivants[29] :
- Le type survit bien dans les « isolats de la Nouvelle-Écosse » (Arrighi 2005 : 219), en tout premier lieu à certains endroits de la BSM : à Grosses Coques, par ex., l'usage de *je* + *-ons* est systématique (99 % selon King 2013 : 45[30]). Pour l'ILM, King (2013 : 45) avance un chiffre de 83 % d'occurrences de *je* + *-ons*, pour Pomquet 75 %, pour Pubnico 60 %, pour Chéticamp et pour Meteghan 59 %. Dans les zones où *je* + *-ons* est bien établi, la forme est attestée dans toutes les tranches d'âge. Il semble même y avoir, dans la jeune génération, une préférence pour la forme traditionnelle[31].
- Pour le Sud-Est du NB, Péronnet (1989a : 155) prévoit la disparition d'une forme qui est déjà « de plus en plus rare » ; le type *je* + *-ons* est stigmatisé dans la région dès le tournant du XXᵉ s., mais il reste attesté dans l'usage des locuteurs les plus âgés de la région de Moncton[32].

---

27 *Cf.* Poirier (1928), Massignon (1947 : 48), Gérin/Gérin (1982 : 125s.), Flikeid (1994a : 290–292), King (2000 : 63, 2013 : 40, 42s.), Arrighi (2005 : 219), Fritzenkötter (2015 : 107ss.). – Notons que nous n'avons relevé qu'une seule occurrence du *je collectif* dans le corpus madelinien de Falkert (2010).
28 À l'imparfait, au conditionnel et au subjonctif présent la désinence de la personne (*-ons*) s'ajoute bien sûr à la marque du temps et du mode respectifs. – Au passé simple et à l'imparfait du subjonctif, en revanche, la terminaison est homophone à celle de la 3ᵉ pers. pl. : *je furent, je partirent* « nous fûmes, nous partîmes » (Flikeid 1989a : 193, Chauveau 2009 : 47s.).
29 *Cf.* aussi Rottet (2006 : 179s.), King et al. (2011 : 501), King (2013 : 45–49).
30 King (2013 : 45) résume les résultats des études suivantes : Flikeid/Péronnet (1989), S. Dubois et al. (2004), King et al. (2004), King (2005), Comeau/King (2006), Beaulieu/Cichocki (2008).
31 Flikeid (1989a : 193, 1994a : 291), Richard/Gesner (1991 : 184), Arrighi (2005 : 219s.). Selon Flikeid (1991 : 203), ce constat pourrait s'expliquer par le fait que les jeunes ne sont pas (encore) familiarisés avec d'autres variétés du français, dont le standard. – Ajoutons pourtant que dans un corpus portant sur l'usage des jeunes à la BSM, établi en 2011, Fritzenkötter (2015 : 110) note pour le groupe des étudiants le pourcentage de 53,4 % pour le *je collectif*, alors que dans le groupe des lycéens, c'est *on* qui l'emporte largement avec 81,4 %. Dans son hypothèse, les étudiants optent consciemment pour la forme acadienne traditionnelle malgré leur familiarité avec le standard.
32 Flikeid (1988 : 87), Flikeid/Péronnet (1989), Arrighi (2005 : 219), Martineau (2011b : 167), King (2013 : 46). – Dans le corpus de Flikeid/Péronnet *je* + *-ons* apparaît « chez un seul informateur, pour un total de six occurrences seulement. » (Péronnet 1989a : 155).

- Le type *je + -ons* a complètement disparu du Nord-Est du NB (King 2013 : 46s., qui se réfère au corpus Beaulieu établi en 1990).
- À l'ÎPÉ, on note d'importantes différences régionales selon le degré d'exposition aux variétés exogènes : à Saint-Louis, par ex., le type *je + -ons* prédomine, à 76 %, par rapport à *on* ; à Abram-Village, par contre, endroit beaucoup plus ouvert à l'extérieur, *je + -ons* n'atteint qu'un pourcentage de 18 % (King 2013 : 45).
- Encore fréquent aux Îles-de-la-Madeleine dans les années trente, le type *je + -ons* n'y est guère plus repérable aujourd'hui (Falkert 2005 : 79, *cf.* aussi King 2013 : 46).
- À TN, *je + -ons* est bien attesté dans le corpus de Brasseur (2001) portant essentiellement sur la presqu'île de Port-au-Port[33].
- Le type *je + -ons*, hors d'usage aujourd'hui en FL, est attesté dans des sources écrites de la fin du XIXe et du début du XXe s., mais en général au sens de la 1re pers. du singulier (Rottet 2001 : 150–152, 2005b, 2006), les attestations ayant un sens pluriel sont rares[34]. L'ambivalence de la forme entre singulier et pluriel – ambivalence née du contact avec des dialectes qui favorisent le type *on* + désinence de la 3e pers. sg. à côté de la forme standard *nous + -ons* – ainsi que la stigmatisation de la forme pourraient avoir contribué à son élimination en FL[35].

Ce qu'on peut retenir pour le FA, c'est que *je + -ons* reste « la variante la plus utilisée dans les communautés acadiennes marginalement exposées à la pression normative des variétés exogènes » (Comeau/King 2010 : 71). Eu égard à l'hétérogénéité des résultats, il est difficile de formuler des hypothèses quant à l'avenir du type *je + -ons*, mais le fait que la forme soit parfois choisie par les locuteurs de manière emblématique pour afficher leur acadianité pourrait œuvrer en sa faveur (*cf.* Arrighi 2005 : 220, Fritzenkötter 2015 : 110).

Commentaire
Selon Grevisse/Goosse (2008 : § 659g, H8, p. 843), le type *je + -ons* existe en ancien français à côté de la forme *nos* (forme faible)/*no(u)s* (forme forte) + *-ons*.

Au XVIIe s., le type *je + -ons* apparaît surtout dans la littérature poissarde, satirique et burlesque pour caractériser le langage du peuple, mais la forme se réfère souvent à la 1re personne du singulier, ce qui a soulevé de vifs débats sur l'authenticité de ces représentations[36]. Il n'est pas sûr pour autant que le type *je + -ons* ait vraiment marqué le singulier à l'époque ; il pourrait tout aussi bien s'agir d'une forme de pluriel de majesté employée à des fins satiriques.

À l'âge classique au plus tard, la forme est devenue socialement stigmatisée ; néanmoins, elle survit dans « plus des trois quarts du territoire d'oïl » jusqu'au XXe s. (Arrighi 2005 : 220, qui se réfère à l'ALF carte 91), dans tout le Nord de la France, au centre et dans les parlers du Centre-Ouest et de l'Ouest jusqu'à la Gironde

---

33 Résultats confirmés pour l'Anse-à-Canards par King (2013 : 45).
34 Le type *je + -ons* dans le sens du pluriel est attesté par Ditchy (1932 : 24s.), dont la source remonte à l'année 1901. Fortier (1891 : 89) mentionne également ce type, mais ses exemples indiquent plutôt le sens du singulier : « Comme je me sentions lasse, j'va finir icite ma première lette ». – Dans ce contexte, il est remarquable que *je* soit complètement absent des lettres privées historiques en provenance de la Louisiane, même chez les personnes peu instruites ; c'est la forme *nous* qui apparaît (Comeau/King 2010 : 71).
35 Rottet (2005b : 222–224), Rottet (2006 : 181s.), *cf.* aussi Comeau/King (2010 : 70ss.).
36 *Cf.* Rottet (2001 : 152 ; 2005b : 219s., citant Molière et se référant à Deloffre 1961 : 167), *cf.* aussi Chaudenson et al. (1993 : 90).

(ALF carte 91, King et al. 2011 : 500), le *je collectif* étant, par contre, inconnu en Picardie[37] et dans le Sud de la Saintonge (Chauveau 2009 : 40) ; disparue dans les parlers urbains, la variante a pu se maintenir beaucoup plus longtemps dans les communautés rurales (King et al. 2011 : 500).

Bien que passant aujourd'hui outre-Atlantique pour une forme typiquement « acadienne », *je + -ons* est aussi sporadiquement attesté au Québec et en Ontario au tournant du XXe s., mais uniquement dans les milieux ruraux (King et al. 2011 : 501, note 57). Au Québec, la forme *je + -ons* n'a pas profité du soutien de la morphologie de *ils + -ont*, qui semble avoir été marginale dans le parler des colons originaires de Normandie, du Perche et Île-de-France qui se sont établis dans la vallée du Saint-Laurent. Dans le parler des colons établis en Acadie, en provenance du Poitou et de Saintonge, en revanche, les morphologies *je + -ons* et *ils + -ont* étaient bien implantées et semblent s'être mutuellement renforcées (Martineau 2005 : 187). C'est ainsi qu'en Acadie, « l'ancien système », tel qu'on le trouve dans les vernaculaires européens avant le XIXe s. (King et al. 2011 : 500), a pu se maintenir jusqu'à aujourd'hui.

II.1.2 *on*

La forme *on* – prononcée [ɔ̃] devant consonne, [ɔ̃n]/[ɔ̃l][38] devant voyelle et suivie de la désinence de la 3e pers. sg. (appelée aussi « forme à désinence zéro ») – présente, par rapport au type acadien traditionnel *je + -ons*, des atouts évidents :

- La forme *je + -ons* est morphologiquement plus complexe que les formes à désinence zéro (*je, tu, il/elle, on, (ils/elles)* [parl]).
- Le pronom *on* se réfère toujours à la 1re pers. pl., puisque dans les parlers étudiés ici, l'emploi générique de *on* est inconnu (Arrighi 2005 : 259, *cf.* ci-dessous VIII.2.) ; le type *je + -ons* est morphologiquement ambigu, à cheval entre singulier et pluriel.

On est inégalement réparti sur les régions acadiennes : dans les isolats conservateurs de NÉ, de TN et de l'ÎPÉ, le type *je + -ons* prédomine toujours ; au NB et dans les régions acadiennes subissant un contact sensible avec d'autres variétés du français en revanche, *on +* désinence zéro, considéré comme la forme prestigieuse (King 2000 : 64), a fini par s'imposer[39]. Là où *je + -ons* est encore courant aujourd'hui, *on* peut coexister avec la forme traditionnelle dans les productions d'un seul et même locuteur (Brasseur 2001 : s.v. *on*, p. 324).

Le type *on +* désinence zéro est le type privilégié dans la norme traditionnelle du FL[40]. Or, les études plus récentes montrent que la forme disjointe *nous-autres* est en train de gagner du terrain (Rottet 2001 : 198 ; *cf.* ci-dessous II.1.4.).

Non seulement en FL, mais aussi dans les parlers acadiens, le contact avec des formes concurrentes pour exprimer la 1re pers. pl. semble avoir entraîné « la perte de contrôle, pour ne pas dire l'effondrement, des normes traditionnelles » (Rottet 2006 : 187), perte qui est la plus avancée en FL, où la forme *je + -ons* n'a pas été transmise. Dans les autres parlers, on observe du moins une certaine insécurité de la part des locuteurs quant au sens de la forme *je*

---

[37] Ici, c'est la forme *nous* qui prédomine (King et al. 2011 : 500, note 54).
[38] Pour une discussion de la forme [ɔ̃l] devant voyelle dans les variétés françaises d'outre-Atlantique, *cf.* le chap. « Liaison et agglutination » (I.3.4.) et Papen/Rottet (1996 : 242), Papen (2006 : 164), Hallion (2000 : 256s.).
[39] *Cf.* aussi King (2005 : 204), King et al. (2011 : 501). – Dans le corpus acadien (NÉ, NB, ÎPÉ) d'Arrighi (2005 : 218), *on* est la « forme usuelle pour la 1re personne du pluriel » ; ici, Arrighi ne différencie pas selon les régions.
[40] Conwell/Juilland (1963 : 142, note 43), Papen/Rottet (1996 : 242), Rottet (2001 : 149), Dajko (2009 : 148), Girard Lomheim (2016 : 93).

+ -*ons* et à la formation correcte de la 1ʳᵉ pers. pl. En effet, l'introduction de *on* + désinence zéro a rompu la logique du système acadien traditionnel d'expression de la personne grammaticale, reposant sur l'identité des pronoms de la 1ʳᵉ pers. (*je*) du singulier et du pluriel et celle des désinences des 1ʳᵉ et 3ᵉ pers. du pluriel (*-ons*/*-ont*) (Chauveau 2009 : 48). Cette insécurité se traduit par les phénomènes suivants :

- La forme *je* + *-ons* est relevée au sens de la 1ʳᵉ pers. sg.⁴¹ :
  - J'avions appris ça quand j'étais toute petite. (NÉ – Gesner 1979a : 42, BSM, *cf.* aussi Rottet 2006 : 184)
  - J'sons pas docteur mais j'pouvons lui envoyer une dose de blue pills, comme on en fait ici à Chéticamp et à Methegan chil le ghérira in one snap. (NÉ – *Lettres de Marichette*, Gérin/Gérin 1982 : 81)
  - je j'suis sans doute fier/d'êt' eh/Acadien/ehm/ oh ça c'était/ ça c'était la g/j'm'excusons/la f/OK (NÉ – Fritzenkötter 2015 : 111, BSM)
  - ej veux aller partout où j'veux aller/h'avons une WHOLE liste y'où-ce que veux aller. (NÉ – Fritzenkötter 2015 : 111, BSM)

- La forme *je* + désinence zéro est relevée au sens de la 1ʳᵉ pers. pl. :
  - C'est le même jubier, le bavoleux. J'appelle ça les marlillons nous autres. (TN – Brasseur 2001 : s.v. *bavoleux, bovoleur, bovoleux*, p. 47) (Le pronom tonique *nous autres* indique qu'il s'agit de la 1ʳᵉ pers. pl.)

- La désinence en *-ons* se combine avec le pronom *on*. La forme *on* + *-ons*, relevant de « l'acadien avancé » (Chauveau 2009 : 48), est « bien attestée » à TN (Brasseur 2001 : s.v. *on*, p. 324). La forme s'explique par l'emprunt du pronom *on* « sans qu'il y ait de répercussions sur la désinence verbale » ; il s'agit donc d'une dédialectalisation partielle (Chauveau 2009 : 48). Rottet (2005b : 224) voit dans la forme *on* + *-ons* « une forme intermédiaire attribuable à la variation du type *j'avons* avec le type *on a* ». (*cf.* exemples en II.2.1.).

- Nous notons un flottement similaire historiquement dans l'expression de la 1ʳᵉ pers. dans les sources écrites du FL. À la fin du XIXᵉ s., on relève la coexistence des formes *on* + désinence zéro, *je* + *-ons*, *nous* + *-ons* et *on* + *-ons* en Louisiane, mais le plus souvent, *je* + *-ons* renvoie à la 1ʳᵉ pers. sg. (Rottet 2005b : 215s.). Dès lors que *je* + *-ons* renvoie à un singulier, la désinence *-ons* peut par la suite s'étendre à d'autres personnes du singulier (*tu, il, elle, vous*) (Rottet 2005b : 224) : de là les exemples de type *elle étiont* dans les sources écrites. Or, dans l'acadien actuel, on observe aussi bien le type *je* + *-ons* avec référence à la 1ʳᵉ pers. sg. que l'extension de *-ons* à d'autres personnes, voire à l'ensemble du paradigme (*cf.* Rottet 2005b : 224s.). À tout prendre, un développement qui caractérisait le FL à la fin du XIXᵉ s. pourrait donc s'esquisser aujourd'hui en FA/FTN.
  - M'sié le curé, j'savons signer mon nom : vous m'avez montré... (LOU – De la Houssaye 1983 [1888] : 65 ; source écrite historique, *cf.* aussi Rottet 2006 : 182)
  - T'nez, mon révérend, j'sommes pas distillée dans la vocation du parlementage, j'n'avons pas la parole en main comme vous, mais c'que j'sais, j'vas vous l'dire : [...] (LOU – De la Houssaye 1983 [1888] : 35, source écrite historique)

---

41 Les observations de Rottet (2006) sont confirmées pour l'usage des jeunes à la BSM par Fritzenkötter (2015 : 110s.).

- J'ons élevé joliment d'poules c't'année et pas une seule est mourte de maladie, mais la récolte des chorus (coqs) a manqué, et sur trois douzaines de fimelles j'pouvions vous donner seulement deux chorus, ça vous va t'y ? (LOU – de la Houssaye 1983 [1888] : 21, source écrite historique)
- Ah ! mame ! si vous aviez pu voir not' Pouponne d'autrefois ... alle étiont la pus belle fille du canton. (LOU – De la Houssaye 1983 [1888], source écrite historique, citée dans Rottet 2006 : 186)

Commentaire

À côté du type prédominant *je + -ons*, on ne note historiquement que quelques régions où *on* prédomine : le Maine, la Haute-Bretagne, le Berry (Chauveau 2009 : 40).

Il n'y a pas unanimité quant à l'importance du pronom *on* et à son sens exact aux différents stades de l'histoire de la langue (*cf.* la discussion approfondie dans Ayres-Bennett 2004 : 39–45). Ce qui est pourtant certain, c'est que dès l'ancien français, *on* pouvait remplacer des pronoms personnels ; loin d'être le synonyme de *nous*, *on* revêtait alors un « caractère omnipersonnel » (Moignet 1965 : 133) ; pour certains emplois relevés dans les textes, il est impossible de désambiguïser la forme.

Il paraît aussi assuré que *on* pouvait remplacer – entre autres – la 1re pers. pl., au moins à partir de l'époque de la colonisation (pour le rôle de *on* dans les parlers français d'outre-Atlantique, *cf.* Ayres-Bennett 2004 : 44s.). *On* occupant la fonction de *nous* s'observe d'abord dans les contextes d'une référence « non restreinte » – c'est à dire la référence à un groupe auquel le locuteur s'inclut, mais dont il ne connaît pas les membres (par ex. « les Acadiens », « les Québécois » etc.) – avant de se propager également dans les contextes de référence « restreinte » (groupe dont le locuteur connaît les membres, par ex. la famille) (Martineau 2009a : 137 ; 2009b : 234). D'autre part, les sources ne permettent pas de trancher nettement si *on* au sens de *nous* était stylistiquement ou dialectalement marqué au XVIIe s., ni comment *on* a pu se généraliser en tant que synonyme de *nous* dans tout l'Hexagone ainsi que dans certaines régions du Nouveau Monde (Ayres-Bennett 2004 : 45, Martineau 2009b : 234). C'est au cours du XXe s. que *on* + désinence zéro a pris le relais du type *je + -ons* comme type dominant dans les couches sociales inférieures avant de s'étendre, vers le milieu du XXe s., aux classes moyennes et supérieures (Comeau/King 2010 : 70s.). Dans les variétés laurentiennes du français, dont le FQ, l'ontarien, le franco-manitobain (Blondeau 2011 : 111, Arrighi 2005 : 218, Nadasdi 2000 : 20)[42], ainsi dans la langue parlée hexagonale, *on* s'est aujourd'hui généralisé au détriment de *nous + -ons* (Guiraud 1965 : 41, Söll 1980 : 135ss.).

II.1.3 *nous*

Le pronom standard pour exprimer la 1re pers. pl., *nous*, suivi de la désinence *-ons* est rare en FA et en FL[43]. En France, le type *nous + -ons* ne s'établit – avec réticence – qu'à partir du XVIe s. (Brunot 1967, vol. 2 : 225) ; dialectalement, dans le domaine d'oïl, il reste moins représenté que le type *je + -ons* (Arrighi 2005 : 220).

La forme *nous* est, comme en FS, également la forme courante de l'objet direct et indirect dans la 1re pers. pl. dans les variétés étudiées ici (*cf.* VIII.3. pour la postposition de la forme tonique dans le rôle d'objet de la phrase).

II.1.4 *nous-autres*

Signalons, pour *nous-autres* les particularités morphosyntaxiques et phonétiques suivantes :

---

42 En FQ, *on* apparaît au sens de « nous » dans presque 100 % des cas dès le XIXe s. (Blondeau 2008 : 257).
43 *Cf.* pour le FA : King et al. (2004 : 237), Flikeid (1989a : 193), Arrighi (2005 : 218) ; pour le FL : Conwell/Juilland (1963 : 142), Papen/Rottet (1996 : 242), Rottet (2001 : 149). – Pour le FQ, Blondeau (2011 : 222–228) note que *nous* est aujourd'hui une forme relevant de « l'hyperstyle » qui n'apparaît qu'exceptionnellement dans des contextes formels, voire figés.

- Après *nous-autres*, le verbe peut apparaître avec une désinence de la 3ᵉ pers. sg., notamment en FL.
- Il existe, en FL, une forme de débit rapide, *n'autres* [not]/[nɔt] (Rottet 2001 : 149s.).
- À TN (Grand-Terre, Cap-Saint-Georges), on relève des variantes phonétiques du pronom *nous* : [nyzot] (*nus-autres*) et [nizot] (*nis autres*) (Brasseur 2001 : *autre*, p. 33 et *passim*)[44].

II.2 Les emplois

II.2.1 Sujet
- Les formes *je* et *on* sont restreintes au rôle de sujet grammatical de la phrase. Le pronom *nous* est rare en fonction sujet. Signalons pour les variétés étudiées ici qu'avec *nous*, le verbe peut apparaître à la forme standard avec la désinence *-ons* ou bien, plus rarement, à la forme de la 3ᵉ pers. sg. (*nous sait*).

▶ *je + -ons*
- [ʒ nu mɛtjõ a la tab] (NÉ – Ryan 1989 : 204, BSM) (« je nous mettions à la table »)
- vraiment nous-aut' j'sons/corrects à cause que c'est nous-aut' originalement/c'est c'te français-là qu'a été dit SO vraiment. (NÉ – Fritzenkötter 2015 : 111, BSM)
- Si j'voulions voter pour lui il nous prêterait de l'argent. (NÉ – *Lettres de Marichette*, Gérin/Gérin 1982 : 126)
- en bas de chez nous je prenions à travers le parc (NB – Arrighi 2005 : 219, Annie NB 10 : 319)
- nous-autres icitte je pêchions le maquereau (ÎPÉ – Arrighi 2005 : 219, Théodore ÎPÉ 4 : 92)
- Dans Québec, i disont nous sommes/.../ ayou-ce que nous autres je disons je sons, *we are*, en anglais. (TN – Brasseur 2001 : s.v. *être*, p. 190)
- Y a des chesseuses asteure mais nous autres je disons ... nous autres usons le mot anglais, je disons le *dryer*. (TN – Brasseur 2001 : s.v. *chesseuse*, p. 108)

▶ *on + verbe à la 3ᵉ pers. sg.*
- Euh / des bateaux de pêche qu'on appelait des CAPE / euh / ça a v'nu que c'était des CAPE ISLAND BOAT. (NÉ – Hennemann, PUB, ID)
- on sauvait le lard on arrachait le lard ça on le salait (NÉ – Arrighi 2005 : 218, Édith NÉ 22 : 21–22)
- on l'était quatre enfants (NB – Arrighi 2005 : 218, Annie NB 10 : 6)[45]
- on a tout' perdu nos filets nous-autres (NB – Wiesmath 5, C : 33)
- on était pauvre . j'avions pas grand chose (ÎPÉ – Arrighi 2005 : 218, Délima ÎPÉ 5 : 1)
- On pensait pas que le langage allait s'en aller. C'était une grosse erreur de notre part à nous-autres. (LOU – Rottet 2001 : 123, loc. âgé)
- ça fait on plaintait douze rangs de cannes (LOU – Stäbler 1995 : 1, corpus)

---

44 La forme *nus-autres* existe aussi aux Îles-de-la-Madeleine, *cf.* Falkert (2010, CD-ROM). – Brasseur signale cette forme pour le FQ (2001 : s.v. *autre*, p. 34, *cf.* GPFC : s.v. *nus*) et Moreton (2001 : 153, 168s.) indique les variantes [ny] et [ni] pour le français du Mississippi (MGCF).
45 Pour la forme [ʃl], *cf.* le chap. « Liaison et agglutination », I.3.4.

▶ *on + -ons*
- Et pis c'est ça qu'on avons (NÉ – Hennemann, BSM, JG)
- je crois ben que l'ouvrage vous faisez pas vous coupez pas : quoi-qu'on couperons à deux (NB – Arrighi 2005 : 288, Willy NB 9 : 12–13)
- on n'avons pas beaucoup de ça asteure. (TN – Brasseur 1996 : 301, cité dans Rottet 2006 : 186)
- On dirons sa *stepdaughter.* (TN – Brasseur 2001 : s.v. *on*, p. 324)

▶ *nous + -ons* ou autre forme standard
- ANYWAY. Nous sommes venus, pis tout ça. (NÉ – Hennemann, ILM, AS)
- c'est que les pluies acides que nous recevons des États-Unis euh nous donnent déjà assez de misère (NB – Wiesmath 12, J : 16–17) (interview sur un sujet scientifique ; situation de distance communicative)
- nous avions une grande maison (LOU – Conwell/Juilland 1963 : 142)

▶ *nous* + verbe à la 3e pers. sg.
- [la saison de pêche à homard] Mais nous a saison dans les/ coumme dans les ATLANTIC SEASONS, tout le golfe, [...] (NÉ – Hennemann, BSM, RL)
- mais quand on parle avec quelques autres, on avait / nous sait que nous dit pas un bon français. (NÉ – Hennemann, ILM, FM)
- Quand l'eau vient trop platte pour les machines, nous hâle les pirogues, nous pagaille. (LOU – DLF 2010 : s.v. *nous*, p. 418, SM)

– En règle générale, en FA/FTN, la forme tonique *nous-autres* apparaît en emploi disjoint (*cf.* aussi Brasseur 2001 : s.v. *autre*, p. 34) et est reprise à l'intérieur de la phrase soit par le pronom *je* (+ *-ons*), soit par le pronom *on* (*cf.* ci-dessous II.2.3.). En FL, le type le plus courant pour exprimer la 1re pers. pl. est aujourd'hui *nous-autres, on* + désinence de la 3e pers. sg.[46]. Pourtant, dans toutes les régions, on relève aussi de nombreux cas où *nous-autres* précède immédiatement le verbe sans reprise par le clitique ; ceci est surtout vrai pour le FL, où *nous-autres* est une forme de plus en plus courante dans la jeune génération (Rottet 2001 : 198).

▶ *nous-autres + -ons*
- Nous-autres mangeons ben sain maintenant. (NÉ – Hennemann, PUB, ID)
- nous-autres l'avons aimé (NÉ – Hennemann, PUB, ID)
- pis nous-autres avons rien (NÉ – Arrighi 2005 : 233, Marcelin NÉ 2 : 255–256)
- Nous autres sons pas patients. (TN – King/Nadasdi 1997 : 277 ; Blondeau 2011 : 71)
- À la place de dire une fille, nous autres disons tout le temps i va voir sa blonde. (TN – Brasseur 2001 : s.v. *blonde*, p. 59)

---

[46] *Cf.* Stäbler (1995 : 85), Rottet (2005b : 214), Girard Lomheim (2016 : 94). – Le type *nous-autres, on* est aussi le type dominant pour l'expression de la 1re pers. pl. en FQ (Blondeau 2011 : 62). Pour les rares attestations de *nous-autres, ça* nous renvoyons à VII.1. ci-dessous.

- Y a des chesseuses asteure mais nous autres je disons ... nous autres usons le mot anglais, je disons le *dryer*. (TN – Brasseur 2001 : s.v. *chesseuse*, p. 108)

▶ ***nous-autres* (en LOU parfois : *n'autres*) + verbe à la 3ᵉ pers. sg. :**
- Et nous-autres a té *borné* par les MIDWIFE. (NÉ – Hennemann, ILM, CL)
- ben nous-autres avait un chien (ÎPÉ – Arrighi 2005 : 233, Théodore ÎPÉ 4 : 113)
- i tapait des pieds pis nous-autres *swing* (IdlM – Falkert 2010, corpus : 329, p. 462, CD-ROM)
- Ça te dit ça que... ici bien, faulait que nus autres parlait les deux langues, pour vivre, anglais et pis français. (TN – Brasseur 2001 : s.v. *autre*, p. 33)
- Nous-autres a parlé tout le temps anglais à les enfants... (LOU – Rottet 2001 : 121, loc. âgé)
- Quand-ce que nous-autres a commencé l'école on pouvait pas, ni elle ni moi pouvait parler en anglais. (LOU – Rottet 2001 : 121, loc. âgé)
- Mon plus vieux frère et mon frère après mon, nous-autres peut parler, THOUGH les autres, eusse aime pas ça. (LOU – Rottet 2001 : 126, semi-locutrice)
- Ça qui fait, nous-autres a une petite maison à deux salles, [...] (LOU – *Découverte*, Mamou, Évangéline)
- Nous-autres est après pomper le riz. (LOU – DLF 2010 : s.v. *nous-autres*, p. 419, VM)
- On voulait pas parler en français avec notres enfants pour pas qu'eusse aouèye les mêmes tracas que nous-autres on avait eu dès que n'autres avait été à l'école. (LOU – Rottet 2001 : 150, loc. âgé)

Dans la proposition infinitive avec sujet[47] :

- Ouais, on avait notre argent pour nous-autres se maintenir, nous autres et s'acheter de la viande et, tu connais ? (LOU – *Découverte*, Mamou, Évangéline)

II.2.2 Objet

L'emploi de *nous*, pronom objet, correspond au FS (mais *cf.* VIII.3. pour la postposition de la forme tonique en tant qu'objet de la phrase).

▶ **Objet direct**
- i nous emmenait là (NÉ – Hennemann, ILM, CL)
- le BOSS voulait nous avoir pour hâler OFF (NB – Arrighi 2005 : 221, Willy NB 10 : 51–52)
- À tous les matins i nous réveille (TN – Brasseur 2001 : s.v. *à*, p. 3)
- Eusse voulait pas on parle français, eusse nous punissait si on nous attrapait après parler français avec un autre. (LOU – DLF 2010 : s.v. *nous*, p. 418, IB)

▶ **Objet indirect**
- Pas une fois qu'al nous disait ça. (NÉ – Hennemann, ILM, CL)
- on allait au magasin pis i parliont anglais on allait pour nous acheter de quoi (NB – Wiesmath 4, M : 133)
- i nous emportait de la viande (ÎPÉ – Arrighi 2005 : 221, Délima ÎPÉ 5 : 6–7)

---

[47] En tant que sujet de la proposition infinitive, c'est la forme *nous-autres* qui apparaît, *cf.* le chap. « Les formes nominales du verbe », III.2.

- Ça nous prenait ène heure et demie pou descendre en bas là. (TN – Brasseur 2001 : s.v. *prendre I*, p.371)
- Après l'ouragan le gouvernement nous a donné du sucre et de la farine gratis. (LOU – DLF 2010 : s.v. *nous*, p. 418, VM)

II.2.3 Emploi disjoint

La forme tonique élargie par *-autres*, *nous(-)autres* ([nuzot]/[nuzɔt]) (à TN aussi : *nus-autres*, *nis-autres*), est la seule forme courante en emploi disjoint à la 1re pers. pl., la forme simple, *nous*, étant restreinte plus ou moins au tour figé *chez/chuz/sus nous* « chez nous à la maison »[48].

▶ nous-autres

Double marquage : ***nous autres... je + -ons*** **(FA)**
- Et pis nous-autres je gardions pis disions : [...] (NÉ – Hennemann, PUB, ID)
- nous-autres icitte je pêchions le/le maquereau (ÎPÉ – Arrighi 2005 : 232, Théodore ÎPÉ 4 : 92)
- Nous autres j'abrions les chevals. (TN – Brasseur 2001 : s.v. *abrier, brier*, p. 4)
- Nus autres je disons galancer, c'est comme ça que je disons ça ici à l'Anse-à-Canards, [...] (TN – Brasseur 2001 : s.v. *galance*, p. 216)

Double marquage : ***nous autres... on*** **;** ***on... nous-autres***
- ben nous-autres on était seulement cinq familles en ce temps-là (NÉ – Arrighi 2005 : 233, Évangéline D. NÉ 23 : 67–68)
- L'année passée, nous-autres on a eu / euh / six pièces et demie (NÉ – Hennemann, PUB, RéD)
- nous-autres on trouve que le bois est meilleur (NB – Wiesmath 5, C : 68)
- c'était un peu eux à choisir quoi ce qu'i voulaient faire pis nous-autres on les accompagnait (NB – Arrighi 2005 : 233, Rachelle NB 1 : 22–23)
- parce qu'on a une rivière juste ici nous autres (NB – Wiesmath 1, L : 186)
- nus autres là on s'arat assis là pis là on arait / on écoutait (IdlM – Falkert 2010, corpus : 222–223, p. 407, CD-ROM) (pour la forme [nyzot], *cf.* ci-dessus II.1.4.)
- [...] Des istorlets, on les appelle ça, nous autres. (TN – Brasseur 2001 : s.v. *istorlet, istarlet, isteurlin*, p. 255)
- Nous-autres on pouvait pas parler français du temps qu'on était à l'école, [...] (LOU – Rottet 2001 : 120, loc. âgée)
- Nous-autres, on use des saucisses boucanées dans notre gombo. (LOU – DLF 2010 : s.v. *nous-autres*, p. 419, EV)
- c'est comme ça qu'on a été élevé, nous autres (LOU – *Découverte*, Pointe-aux-Chênes, Terrebonne)

Après les prépositions
- C'est pas important pour nous-autres. (NÉ – Hennemann, ILM, BJ)
- i y a des bactéries euh qui sont néfastes ou des a/ des bactéries qui sont bons pour nous autres (NB – Wiesmath 12, J : 95)

---

48 Il en va de même en FQ, *chez nous* étant la forme généralisée (Blondeau 2011 : 90).

- Si je voulions pas couter, que je tions mauvais entre nous autres, j'accordions pas, ben j'arions iu le *booboo* qu'il appelîont [apɛljɔ̃] ici. Ouais ! Il arait venu après nous autres ! (TN – Brasseur 2001 : s.v. *booboo*, p. 64)
- Alle restait avec nous-autres pour vingt ans. (LOU – Rottet 2001 : 121, loc. âgé)
- Ouais, on avait des bêtes pour nous-autres, […] (LOU – DLF 2010 : s.v. *nous-autres*, p. 419, EV)
- Ils ont élargi le chemin en avant de chez nous-autres. (LOU – DLF 2010 : s.v. *nous-autres*, p. 419, LA)

Emploi isolé (cadre de l'énoncé)[49]
- Nous-autres, c'est beaucoup à seize ans les jeunes commencent à travailler. (NÉ – Hennemann, BSM, RG)
- nous-autres c'était une ferme on euh j'ai été élevée sus une ferme (NB – Wiesmath 2, F : 278)
- Mais nous autres, les Français par ici, je m'en souviens pas d'avoir entendu parsonne appeler ça ène chaise beurceuse, c'est tout [tut] ène chaise à beurcer (TN – Brasseur 2001 : s.v. *chaise*, p. 100)
- Nous autres chez nous le houmard, y a des rouge, pis là le vert qu'est dedans là, ça j'appelons ça du fars, c'est ça ce que c'est. (TN – Brasseur 2001 : s.v. *fars*, p. 197)
- nous autres, c'est plus de la bière (LOU – *Découverte*, Marksville, Avoyelles)

Dans la mise en relief (*cf.* aussi le chap. « Le non-accord du verbe », I.2.3.)
- Pis c'est/c'est/c'est nous-autres qui fait gérance aussi pis avec Daniel et moi, c'est/c'est nous qui/qui font touT les tites décisions (NÉ – Hennemann, BSM, BM)
- c'est/c'est nous-autres qu'ont/qu'avait le plus gros thon (NÉ – Hennemann, PUB, ArD)
- Et c'est nous-autres qui a gagné ! (LOU – *Découverte*, Mamou, Évangéline)
- On était petites mais c'est nous-autres qui fait, qui berçait R. (LOU – *Découverte*, Mamou, Évangéline)

▶ *nous*
- Ben Cap Sable point comme Cap Sable que nous on connaît. (NÉ – Hennemann, PUB, BeD)
- Pis des fois, i m'corrigeait qu'il était chez nous. Pis Paul, celui-là qui vient chez nous/ (NÉ – Hennemann, ILM, CL)
- moi j'arais pas emmené ça sus nous (NB – Wiesmath 1, R : 286)
- Chez nous les cochons tiont toujours emparqués. (TN – Brasseur 2001 : s.v. *emparquer*, p. 177)
- Avec nous, elle dit, « Quand vous jetez un mot anglais dans une phrase, ça me gêne ». (LOU – DLF 2010 : s.v. *nous*, p. 418, SL)

III La 2e personne du singulier

III.1 Les formes

III.1.1 *tu* et variantes

Les formes du pronom sujet de la 2e pers. sg. sont les suivantes :
- *tu* [ty], rarement *ti* [ti] devant consonne ; *ti* est surtout attesté en FL[50].

---

[49] En FS, cette fonction est explicitée par les locutions *en ce qui concerne* ou *quant à*. – Pour plus de détails sur ces constructions dans le français parlé de France, *cf.* Stark (1997).
[50] Arrighi (2005 : 212) parle pour *ti* d'un *hapax* dans son corpus panacadien. – *cf.* pour le FL : Conwell/Juilland (1963 : 143), Papen/Rottet (1997 : 82), Rottet (2001 : 146), Girard Lomheim (2016 : 97). – Brasseur indique également la forme [tə] pour TN (2001 : s.v. *te*, p. 441), mais il ajoute qu'il s'agit d'un *hapax* dans son corpus :

- *t'* [t] devant voyelle dans toutes les régions et devant [s], comme dans l'expression figée *t'sais* (Arrighi 2005 : 212, Fritzenkötter 2015 : 106).
- [tʃy] – forme avec affriquée, relevée par Conwell/Juilland (1963 : 143[51]) et courante surtout dans la paroisse d'Évangéline.

Commentaire
Bauche (²1951 : 98) note que *tu* « s'élide fréquemment devant voyelle » en français populaire ; cette élision s'est généralisée à l'oral vers la fin du XXᵉ s. au point de devenir « presque standard » en France (Gadet 1992 : 45). *Tu* est couramment élidé aussi devant consonne dans le tour *tu sais* [tse] ; avec d'autres verbes, en revanche, l'apocope devant consonne « fait populaire ou régional » (Gadet 1992 : 45).

III.1.2 *toi*
La forme tonique *toi* est prononcée avec *a* antérieur ou *a* postérieur : [twa]/[twɑ].

III.1.3 *te, t'*
Les formes du pronom objet et du pronom réfléchi correspondent au FS[52] :
- *te* [tə] + consonne
- *t'* [t] + voyelle

III.2 Les emplois

III.2.1 Sujet
- Le pronom *tu* et ses variantes sont restreints au rôle de sujet. *Tu* renvoie à une 2ᵉ personne du singulier, mais il est également couramment employé dans le sens générique de « on » (*cf.* ci-dessous VIII.2.).

▶ *tu*
- Quoi c'est que tu voudrais savoir ? C'est/voulais-tu savoir si j'allais marier encore ? (NÉ – Hennemann, ILM, IS)
- tu attendras le soir (NB – Arrighi 2005 : 212, Odule NB 21 : 27–28)
- Chesse-toi bien après tu sors de la baignoire. (LOU – DLF 2010 : s.v. *tu (t')*, p. 636, LA)
- Ça veut tu [ty] l'ouvres et l'lire. (LOU – Girard Lomheim 2016 : 98, SL)

▶ *t'*
- T'sais ici c'est tout des vieillards. T'as pas de / peur de rien (NÉ – Hennemann, ILM, MD)
- pis ça c'était/t'sais/c'était une pas mal grousse c'était un pas mal grousse affaire ça (NÉ – Fritzenkötter 2015 : 106, BSM)

« Quoi faire te l'as pas demandé? » (TN – Brasseur 2001 : s.v. *quoi*, p. 384). Cet emploi existe, selon lui (2001 : s.v. *te*, p. 441), « dans divers parlers dialectaux de France (FEW 13/2, 382b TU) ».

51 « tu sais » [tʃy se] (LOU – Conwell/Juilland 1963 : 143)
52 Pour le FA : Arrighi (2005 : 212) ; pour le FL : Conwell/Juilland (1963 : 143), DLF (2010 : s.v. *te*, p. 607), Girard Lomheim (2016 : 117).

- si t'es capable de me dire quoi ce qu'est le devant . pis le derrière de l'arbre i dit t'as la JOB (NB – Wiesmath 8, Q : 62)
- t'sais i z-ont un gros réseau de distribution (NB – Arrighi 2005 : 212, Rachelle NB 1 : 125)
- c'était dense ste viande là pas la viande que t'achètes [...] au STORE ça *taste* ça (ÎPÉ – Arrighi 2005 : 248, Théodore ÎPÉ 4 : 116–117)
- Quand t'es fatiqué, tu t'accores. [...] (TN – Brasseur 2001 : s.v. *accorer (s')*, p. 6)
- Faulait que t'avais ton âge avant que tu pouvais bouger de chez vous. (TN – Brasseur 2001 : s.v. *âge*, p. 9) (*avoir son âge* = « être majeur »)
- jusque tu peux t'apercevoir assez que t'as froid (LOU – Städler 1995 : 45, corpus)
- Tu [ty] dis t'aimes jouer de la musique, toi ? (LOU – Girard Lomheim 2016 : 97, SL)

▶ *ti*
- les deux autres ti as ma parole qu'i est bon (NÉ – Arrighi 2005 : 212, Marcelin NÉ 2 : 413–414) (*hapax*)
- « tu pouvais » [ti pu ve], « tu sais » [ti se] (LOU – Conwell/Juilland 1963 : 143)
- [...] Tu [ty] vas prendre le bouton et tu [ti] vas peser le bouton et tu [ti] vas pousser le soufflet, i va faire une clé. Tu [ti] vas tiendre le bouton. Lâche pas le bouton ! Tu [ti] hâles le soufflet, fait un différent son. Ça fait pas juste faut tu [ti] connais quel bouton faut pousser, mais faut tu [ti] connais si faut tu [ti] hâles ou pousser le soufflet. (LOU – Girard Lomheim 2016 : 98, VM)

- La forme tonique *toi* apparaît aussi en fonction de sujet unique sans reprise pronominale. En FA/FTN, cet emploi peut impliquer un contraste, ce qui n'est pas nécessairement le cas en FL.
  - Toi remplisais une, moi je remplis une. (NÉ – Hennemann, ILM, DO) (impliquant un contraste)
  - Toi peux donner du gombo à eusse ? (LOU – Rottet 2001 : 212, semi-locuteur)
  - [...] il peut dire des paroles en français, BUT pas équand toi veut lui pour parler français. [...] Comment toi dis ça, FADE OUT ? (LOU – Rottet 2001 : 126, semi-locutrice)
  - Moi et toi peut aller, mon mari va nous prêter le TRUCK. (LOU – DLF 2010 : s.v. *toi*, p. 618, LF)

- En FL, la distinction entre la forme de politesse, *vous*, et la forme informelle, *tu*, tend à s'estomper, alors qu'en FA/FTN, *vous* continue à avoir également le rôle de forme de politesse (*cf.* ci-dessous, IV) ; dans le langage louisianais traditionnel, *vous* s'employait encore en tant que forme de politesse, mais seulement dans les « situations exigeant une politesse exceptionnelle » (Brandon 1955 : 147), essentiellement envers les aînés et parfois envers une femme venant de l'extérieur de la communauté (Rottet 2001 : 146), mais rarement au-delà. Conwell/Juilland (1963 : 143, note 45) notent déjà l'interchangeabilité de *vous* et de *tu*, *tu* étant beaucoup plus courant (*cf.* aussi Byers 1988, Rottet 2001 : 147). Ces résultats sont confirmés par Girard Lomheim (2016 : 95ss.) pour les paroisses de Saint Landry et de Vermilion qui constate que « le tutoiement est de loin le plus répandu » et il est systématique chez les plus jeunes ; si certains locuteurs recourent encore au vouvoiement, c'est d'une manière non conséquente, étant donné qu'ils alternent tutoiement et vouvoiement dans les entretiens.
  - [Le locuteur s'adresse à l'enquêteur.] Je vas te dire ça en anglais. SIXTY FIVE YEARS SEPTEMBER THE FIFTEENTH, qu'on est mariés. Vous vois pas ça souvent asteur ! (LOU – Rottet 2001 : 147, loc. âgée) (Avec *vous* il pourrait aussi s'agir d'une forme générique dans cet exemple, *cf.* ci-dessous VIII.2.)

- Et tu connais aussi, c'est pas pour changer la conversation, mais tu sais quoi c'est j'me rappelle... et j'peux juste manière me rappeler de ça, mais j'me rappelle, vous connait les pompes (LOU – Girard Lomheim 2016 : 97, VM)

L'usage de *vous* a fortement diminué en FL parmi les (semi-)locuteurs jeunes (Rottet 2001 : 147) : dans la tranche d'âge des moins de trente ans, la forme de politesse est exprimée dans 83 % des cas par *tu* (Rottet 2001 : 204)[53]. Chez les semi-locuteurs, *tu* peut aujourd'hui recouvrir également le sens de *vous* pluriel[54] (*cf.* ci-dessous IV.1.).

III.2.2 Objet
L'emploi du pronom objet *te, t'* correspond au FS (mais *cf.* VIII.3. pour la postposition de la forme tonique en tant qu'objet de la phrase).

▶ **Objet direct**
- tu mourras pas icitte je viendrai te chercher (NÉ – Arrighi 2005 : 212, Marcelin NÉ 2 : 108)
- i dit je t'engagerai à une condition (NB – Wiesmath 8, Q : 62)
- Appelle-moi ! Je vais aller te queri. [...] (TN – Brasseur 2001 : s.v. *accoutume (d')*, p. 6)
- ça t'apprend rester tranquille sur ta chaise (LOU – Stäbler 1995 : 175, corpus)

▶ **Objet indirect**
- [...] si h'en ai un, je te l'emmènerai. (NÉ – Hennemann, BSM, SC)
- Elie a encore de la peine qu'i t'as vendu une bouteille d'érable je te donne celle-citte (NB – Wiesmath 2, F : 461)
- Ça veut dire te faire penser avant tu le fais (TN – Brasseur 2001 : s.v. *avant*, p. 34)
- Là, je vas te jouer une valse t'as jamais entendu. Je connais pas si ça va sonner bien, mais je vas te la jouer quand même. (LOU – DLF 2010 : s.v. *te*, p. 607, JD)

III.2.3 Emploi disjoint
La forme tonique *toi* est utilisée en emploi disjoint.

▶ **Double marquage**
- t'étais tout petit dans le berceau toi (NÉ – Arrighi 2005 : 230, Marcelin NÉ 2 : 200–201)
- tire-toi d'icitte avec ta patate toi (NÉ – Arrighi 2005 : 230, Marcelin NÉ 2 : 506–507)
- cinq piasses tu peux voir toi (NB – Arrighi 2005 : 230, Willy NB 9 : 478)
- toi tu veux dire pour bercer les petits (NB – Arrighi 2005 : 230, Annie NB 10 : 482)
- Toi tu vas pas rire autant, je pense. (LOU – DLF 2010 : s.v. *toi*, p. 618, TB)

---

[53] L'influence de l'anglais peut être pour quelque chose dans l'indistinction entre *tu* et *vous*.
[54] Papen/Rottet (1997 : 84), Rottet (2001 : 200), Dajko (2009 : 153). – Dajko (2009 : 154s.) avance un taux de presque 30 % d'emploi de *tu* dans un sens pluriel ; Rottet (2001 : 200), en référence au parler des semi-locuteurs, indique le taux de 45 % de *tu* contre 35 % de *vous-autres* dans le sens pluriel.

- Oh, mais t'es pas là, toi. (LOU – *Découverte*, Mamou, Évangéline)

▶ **Après les prépositions**
- Oh, en tout cas, ça m'a fait plaisir de parler avec toi. (NÉ – Hennemann, ILM, MS)
- avant que je peuve t'engager i faut que je passe un test avec toi (NB – Wiesmath 8, Q : 51)
- je crois j'ai de quoi pour toi (NB – Arrighi 2005, corpus, Sarah NB 20 : 243–244)
- si quelqu'un venait après toi t'avais pas besoin de te tracasser pour d'autres (ÎPÉ – Arrighi 2005, corpus, André ÎPÉ 12 : 278–279)
- Tu yeux parles français, eusse rit après toi. (LOU – Rottet 2001 : 127, loc. âgée)
- Mais je lui dis, « c'est pas après toi il est fâché, c'est après moi il est fâché ». (LOU – DLF 2010 : s.v. *toi*, p. 618, EV)
- j'ai un job pour toi (LOU – *Découverte*, Mamou, Évangéline)

IV La 2ᵉ personne du pluriel

IV.1 Les formes

IV.1.1 *vous, ous*
Retenons, pour la forme et le choix du pronom :
- *vous* [vu] + consonne, [vuz] + voyelle, forme de la 2ᵉ pers. pl. (FA, FTN) et forme de politesse (FA/FTN/(FL)). Précisons que *vous* en tant que sujet n'est plus guère employé en FL aujourd'hui et qu'il s'agit de la forme de politesse, et non de celle du pluriel. Dans tous les parlers, *vous* est la forme courante de l'objet direct et indirect à la 2ᵉ pers. pl.
- *ous* [u] – forme enclitique en FA/FTN, réservée aux questions, après les verbes *aoir/avoir*, *saoir/savoir* et *aller* (*cf.* Brasseur 2001 : s.v. *ous*, p. 327)[55].

IV.1.2 *vous-autres*
La forme tonique est élargie par l'adjectif indéfini *-autres* : *vous-autres* se réalise sous les formes [vuzɔt] en FA/FTN/FL ou [wɔt] en FL (Papen/Rottet 1997 : 84).
Précisons que *vous-autres* est la forme courante de la 2ᵉ pers. pl. en FL.

IV.1.3 La désinence *-ez*
En ce qui concerne la désinence, on signalera les points suivants :
- La désinence de la 2ᵉ pers. pl., *-ez*, apparaît régulièrement avec le pronom *vous* en FA, à l'exception des formes interrogatives raccourcies des verbes *avoir*, *savoir* et *aller*.

---

[55] Forme « bien attesté[e] dans les parlers normands et gallos » (Brasseur 2001 : s.v. *ous*, p. 328) ; la forme réduite était admise dans la langue écrite : *Av'ous mal aux dents ?* (Pathelin, 1256, *cf.* Grevisse/Goosse 2008 : § 659, H3, p. 842). *Cf.* le chap. « L'interrogation », V.2. Cette forme enclitique est aussi courante aux Îles-de-la-Madeleine (*cf.* Falkert 2010, CD-ROM). – La réduction de *vous* à [u] ou [vz] est observable « dans la langue parlée très familière », notamment dans *s'il vous plaît* [sjuplɛ] (Grevisse/Goosse 2008 : § 659, p. 842). – Pour le franco-manitobain, Hallion (2000 : 250 et 290) atteste les formes réduites [u], [vz] et [z] pour *vous*.

- À TN, on note une certaine tendance à l'emploi de la forme verbale de la 3ᵉ pers. sg. après *vous*.
- En FL, la désinence en *-ez* a subi un recul important au XXᵉ siècle[56]. Aussi bien pour la forme de politesse, *vous*, que pour la forme du pluriel, *vous-autres*, la possibilité de l'absence de la désinence standard a déjà été signalée par Conwell/Juilland (1963 : 143s. ; *cf.* aussi Brandon 1955 : 462). La désinence *-ez*, bien qu'étant en net recul, peut s'observer après *vous*, notamment chez les locuteurs plus âgés, mais la désinence de la 3ᵉ pers. sg. est quasiment généralisée avec *vous-autres* indépendamment des facteurs sociolinguistiques (*cf.* les comparaisons intergénérationnelles à TB/LF dans Rottet 2001 : 200s.). Parfois, dans le langage traditionnel, la forme *vous-autres* induit l'accord avec la 3ᵉ pers. *pluriel* (Rottet 2001 : 155).

IV.2 Les emplois

En principe, le pronom de la 2ᵉ pers. pl. est employé pour l'adresse d'un groupe de plus d'une personne ou bien d'une (ou plusieurs) personne(s) inconnue(s) (forme de politesse).

En acadien traditionnel, le vouvoiement ne semble pas avoir été courant. Cet emploi est toutefois attesté de nos jours, même si à certains endroits, « le tutoiement est plus fréquent qu'en France, même dans les situations relativement formelles » (*cf.* Arrighi 2005 : 221)[57] ; Arrighi (2005 : 221) note à ce sujet qu'il pourrait s'agir dans le cas du vouvoiement d'une influence récente du standard. Pour le FL, nous signalons la disparition quasi-totale du pronom sujet *vous*, aussi bien en tant que forme de politesse qu'en tant que forme allocutive adressée à plusieurs interlocuteurs[58]. Mais la situation est très complexe, étant donné que les différences entre la norme traditionnelle et le langage des jeunes semi-locuteurs sont considérables (Rottet 2001 : 153–155 ; 198–202, *cf.* ci-dessus III.2.1.).

Les pronoms *vous* et *vous-autres* connaissent en outre un emploi générique et remplacent dans cette fonction le pronom indéfini *on* (*cf.* VIII.2.).

IV.2.1 Sujet
- Comme en français de France, *vous* peut figurer comme sujet de la phrase ; il sert aussi, à côté de *ça* (Conwell/Juilland 1963 : 143), comme pronom de reprise. Rappelons qu'en FL, *vous* est aujourd'hui rare et uniquement une forme de politesse (*cf.* ci-dessus IV.1.1.).

---

[56] Par contre, la forme standard *vous + -ez* est encore relevée dans les études plus anciennes sur les parlers louisianais : Guilbeau (1950 : 181), Parr (1940), Chaudoir (1937), Faulk (1977) (*cf.* Rottet 2001 : 148).
[57] Pour les parlers conservateurs de TN, Brasseur (2001 : LII) note par contre le maintien du vouvoiement « dans les mêmes conditions qu'en français d'aujourd'hui » tout en soulignant quelques « traces d'une situation plus ancienne où, par exemple, une sœur vouvoie son frère de quelques années plus âgé qu'elle, parce qu'il est son parrain. »
[58] Conwell/Juilland (1963 : 143 et *ibid.*, note 46) notent dès le début des années 60 que *vous* est considéré essentiellement comme étant une forme du singulier qui remplace *tu* dans les contextes de politesse. *Cf.* aussi Girard Lomheim (2016 : 97).

▶ ***vous + -ez***
- MS : Ah, vous avez eu un congé ? – EL : Oui, j'avons eu un congé pour l'après-midi. (NÉ – Hennemann, ILM, MS)
- Est-ce que vous avez été visiter l'école Beauport ? (NÉ – Hennemann, ILM, DO)
- si vous preniez celle-là serait ben meilleure . serait plus' facile (NB – Wiesmath 4, M : 311)
- vous autres je sais pas si vous comprenez ça (NB – Wiesmath 4, M : 55)
- Comment que vous pelez ça, vous ? (TN – Brasseur 2001 : s.v. *appeler, peler*, p. 23)
- Si vous ergardez dans in puits le premier de mai vous allez woir la personne que vous allez marier. (LOU – Parr 1940 : 216 cité dans Rottet 2001 : 148)
- j'ai dit vous allez pas sortir j'ai dit au v/ au vieux homme vous allez pas sortir (LOU – Stäbler 1995 : 113, corpus)

▶ ***vous* + verbe à la 3ᵉ pers. sg. (FL)**
- Et vous dit votre père est mort quand vous était jeune ? (LOU – Girard Lomheim 2016 : 96, VM)
- Et quand t'entends dire, euh... le Mardi Gras, à qui vous jongle (LOU – Girard Lomheim 2016 : 97, VM)
- Si vous se fait prendre, les FINE est mauvais. (LOU – DLF 2010 : s.v. *vous*, p. 658, TB)

▶ ***ous* (NÉ, NB, IdlM, TN), forme enclitique**
- Asteur, à / en Allemagne, av'ous l'hiver comme nous-autres ? (NÉ – Hennemann, ILM, CL)
- av'ous des chevals en France (NB – Wiesmath 3, D : 181)
- a-vous té vous avez pas été à Havre-Aubert depuis que vous êtes ici ? (IdlM – Falkert 2010, corpus : 216–217, p. 257, CD-ROM)
- a-vous fait plusieurs places ici sus=es îles ? (IdlM – Falkert 2010, corpus : 630, p. 483, CD-ROM)
- Av'ous té à l'école ? (TN – Brasseur 2001 : s.v. *ous*, p. 327)
- Vous l'av'ous mangé ? i dit. (TN – Brasseur 2001 : s.v. *ous*, p. 327)
- All'ous vendre votre jument ? (TN – Brasseur 2001 : s.v. *ous*, p. 328)

– La forme *vous-autres* en tant que sujet de la phrase sans reprise pronominale est courante en FTN et surtout en FL, où *vous* ne s'emploie plus guère aujourd'hui en référence à plusieurs locuteurs ; en tant que forme de politesse, *vous* est, en FL, en train de disparaître en faveur de *tu*. La forme courante du pluriel est *vous-autres* (Rottet 2001 : 153) – et, chez les jeunes semi-locuteurs, également *tu*[59]. Il n'existe donc pas en FL d'opposition entre une forme essentiellement employée en fonction conjointe – *vous* – et une forme employée en fonction disjointe – *vous-autres* (Stäbler 1995 : 85). Occasionnellement, *vous-autres* est employé vis-à-vis d'une seule personne (Rottet 2001 : 205)[60]. En FA, *vous-autres* est essentiellement employé en fonction disjointe, les contre-exemples sont rares (*cf.* IV.2.3.).

---

[59] Rottet (2001 : 199ss.), Dajko (2009 : 154), DLF (2010 : s.v. *vous-autres*, p. 658). – Dajko (2009 : 154) constate que les groupes des Cadiens et des Amérindiens choisissent tous les deux majoritairement la forme *vous-autres* dans les contextes du pluriel.
[60] Rottet (2001 : 205) voit dans le choix de *vous-autres* une sorte de compromis dans les cas où le choix entre *vous* (forme de politesse) et *tu* (forme informelle) est difficile et parle d'une forme « neutre » quant au degré de formalité.

▶ **vous-autres + -ez**
- je suis sûr vous-autres avez des/ des chevaux et des boguets dans le temps longtemps passé (LOU – Stäbler 1995 : 196, corpus)

▶ **vous-autres + verbe à la 3ᵉ pers. pl. (rare ; *cf.* Rottet 2001 : 155)**
- Vous-autres vont faire mettre l'estrécité ? (LOU – Parr 1940 : 92, Rottet 2001 : 155)
- Vous-autres sont heureux d'a'oir été si bien soignés. (LOU – Guilbeau 1950 : 209, Rottet 2001 : 155)
- Vous-autres sont chanceux ANYWAYS. Vous-autres sont à deux. (LOU – Rottet 2001 : 155, loc. âgé)
- Vous-autres allent pas à des bals ? (LOU – Girard 2008 : 129, LA)

▶ **vous-autres + verbe à la 3ᵉ pers. sg. (courant, FTN, FL)**
- avec quo-ce que vous-autres s'amusait quand vous étiez jeunes ? (IdlM – Falkert 2010, corpus : 489–490 p. 427)
- Vous autres va aller à la chasse [...] (TN – Brasseur 2001 : s.v. *autre*, p. 34)
- je sais vous-autres fait la boucherie; combien de cochons vous-autres tue? (LOU – Conwell/Juilland 1963 : 144)
- Vous-autres veut pas d'autre chose à boire ? (LOU – Rottet 2001 : 154, loc. âgée)
- Vous-autres est bien à la fraîche, mais c'est l'heure de rentrer la trawl. (LOU – DLF 2010 : s.v. *vous-autres*, p. 658)
- vous-autres veut cuir ça à soir hein (LOU – Stäbler 1995 : 224, corpus)
- et je dis, « Si vous-autres ferait comme mon W. là, quand vous-autres se rejoindrait, vous-autres s'aimerait, vous-autres connaît pas si vous-autres s'aime comme ça ! » (LOU – *Découverte*, Mamou, Évangéline)

avec ellipse du verbe :
- mais je lui dis comme ça, « vous-autres après mettre du trouble entre moi et mon mari [...] » (LOU – *Découverte*, Mamou, Évangéline)[61]

Les pronoms *vous* et *vous-autres* et les formes verbales avec la désinence en *-ez* et la désinence de la 3ᵉ pers. sg. peuvent apparaître dans un même énoncé :
- Faut vous soit pas canaille, faut pas vous-autres va trop loin. (LOU – DLF 2010 : s.v. *vous*, p. 658, LA)
- vous sentez l'escousse dans la seine vous sait. (LOU – Stäbler 1995 : 23s., corpus) (*Vous sait* est une expression figée.)

IV.2.2 Objet
L'emploi du pronom objet *vous* correspond au FS (mais *cf.* VIII.3. pour la postposition de la forme tonique en tant qu'objet de la phrase).

▶ **Objet direct**
- ... pour vous tchiendre en santé (NÉ – Hennemann, ILM, CL)
- je pourrai pas même vous amener voir la sucrerie (NB – Wiesmath 2, E : 486)

---

[61] Pour la forme *après faire* sans verbe *être*, *cf.* le chap. « Les périphrases verbales », II.1.1.

- i vous acoutait vous savez [...] (TN – Brasseur 2001 : s.v. *acouter, couter*, p. 7)
- C'est juste pour voir si ça vous tente. (LOU – DLF 2010 : s.v. *vous*, p. 658, LF)

▶ **Objet indirect**
- je vous les dounnais (NÉ – Hennemann, ILM, MS)
- je peux vous en donner la bouteille là j'en ai icitte là (NB – Wiesmath 2, E : 503)
- je vas vous raconter un rêve que j'ai rêvé [...] (ÎPÉ – Arrighi 2005 : 221, Aldine H. ÎPÉ 3 : 120)
- Mais je vous dis que c'te maringouin-là est là encore ! (TN – Brasseur 2001 : s.v. *c't(e)*, p. 138)
- je vas vous raconter comment le/ . les environs ça change (LOU – Stäbler 1995 : 1, corpus)
- Prenez-vous un morceau. (LOU – DLF 2010 : s.v. *vous*, p. 658, VM) (Pour la fonction de « datif étendu », *cf.* le chap. « Les constructions pronominales », II.2.2.)
- pop a décidé on aurait resté avec lui et il dit, « Je vas vous faire une petite maison », il dit, « Vous-autres va m'aider à finir de ramasser le coton » (LOU – *Découverte*, Mamou, Évangéline)

IV.2.3 Emploi disjoint

Vous-autres apparaît couramment (FL) – en FA exclusivement – en emploi disjoint, mais *vous* se maintient également dans cet emploi, notamment après les prépositions[62]. *Vous-autres* est reprise par *vous* ou, parfois, par *ça* (FL, Conwell/Juilland 1963 : 143, Girard Lomheim 2016 : 101, *cf.* ci-dessous VII.1.)[63]. Selon Stäbler (1995 : 86), la reprise de *vous-autres* par *ça* constitue un stade intermédiaire qui a permis d'employer la terminaison de la 3e pers. sg. au lieu de la terminaison en -ez, avant que *vous-autres* soit toujours combiné avec cette forme même sans élément de reprise.

▶ ***vous-autres***

Double marquage
- Vous-autres a-v/ est-ce que vous avez la poule de Pâques ? (NÉ – Hennemann, BSM, SC)
- vous l'avez peut-être fait, vous-autres aussi, on ramassait pour l'hiver (NÉ – Hennemann, ILM, CL)

- ben vous-autres qu'est-ce que vous avez/ [...] vous avez rencontré Marie (NB – Wiesmath 7, O : 42)
- avez-vous déjà fait du sirop d'érable vous autres (NB – Wiesmath 3, G : 59–60)

- C'est du lait crudzé vous voulez dire vous autres, crudzé. [...] (TN – Brasseur 2001 : s.v. *crudzé*, p. 138)
- Tout le monde a la figure cachée, pis moi je cache la rotte. C'est ien que moi qui sait. Faut que vous la trouviez vous autres. (TN – Brasseur 2001 : s.v. *rotte*, p. 403)

- vous-autres, ça va à l'école (LOU – Conwell/Juilland 1963 : 143)
- Euh, vous-autres, ç'a comme é... échangé des plats ? (LOU – Girard Lomheim 2016 : 102, VM)

Après les prépositions et dans les comparaisons
- voilà une fille pour vous-autres (NÉ – Arrighi 2005, corpus, Marcelin NÉ 2 : 475–476)

---

[62] Signalons qu'en FQ, la forme tonique *vous-autres* se réfère toujours à un pluriel, il ne s'agit jamais de la forme de politesse (Blondeau 2011 : 117).
[63] Oukada (1977 : 191) (*cf.* Rottet 2001 : 153) note l'indéfini *on* comme pronom de reprise de *vous-autres* ; c'est toutefois la seule source qui note cet emploi à un stade où *vous-autres* était encore considéré comme une forme exclusivement disjointe : « Vous-autres on parle du bon français » (LOU – Oukada 1977 : 191, Rottet 2001 : 153).

- je pourrais aller avec vous autres si vous voulez (NB – Wiesmath 6, L : 73)
- i y en a-ti déjà de vous autres qu'a déjà assayé d'embarquer déjà dans une euh dans une ville là a assayé d'embarquer sus l'autobus (NB – Wiesmath 8, Q : 132–133)
- i a gradué en même temps que vous-autres (NB – Arrighi 2005 : 233, Christiane NB 19 : 475–476)
- C'est pas mon désir personnel, c'est pour vous-autres que je fais ça. (LOU – DLF 2010 : s.v. *vous-autres*, p. 658s., VM)
- Ton grand-père jouait avec vous-autres (LOU – Girard Lomheim 2016 : 150, SL)

Dans la mise en relief (*cf.* aussi le chap. « Le non-accord du verbe », I.2.3.)
- c'est vous-autres qui l'avont l'eau qui rajeunit pas lui (NÉ – Arrighi 2005, corpus, Marcelin NÉ 2 : 266–267)

▶ *vous* **(forme du pluriel et forme de politesse)**
- J'ais pas comment c'est par chez vous (NÉ – Hennemann, BSM, SC)
- comment est-ce que les autres ont réagi autour de vous là (NB – Wiesmath 9, I : 39)
- Pis je dis tout le monde tait bon à vous. (TN – Brasseur 2001 : s.v. *à*, p. 3)

V La 3ᵉ personne du singulier

À la 3ᵉ pers. du singulier, la distinction des genres est parfois neutralisée, *i(l)* apparaissant en lieu et place de *a(lle)*[64] ; les formes élidées – *i* et *a/e* – jouent un rôle important dans les parlers concernés. (Pour l'emploi du pronom *ça*, *cf.* ci-dessous VII).

V.1 Les formes du masculin

V.1.1 *il* et variantes
Les réalisations phonétiques sont les suivantes :
- Formes élidées :
    - [i] apparaît régulièrement devant consonne, mais aussi devant voyelle, bien qu'inégalement selon la région et souvent modifié sur le plan phonétique (palatalisation de *i* à [j] ou ajout du yod [iʲ])[65] :
    En NÉ, [i] apparaît régulièrement devant consonne et peut aussi apparaître devant voyelle (*i est*, *i a*) à côté de [il].

---

[64] Le pronom de la 3ᵉ pers. fém. sg. se maintient pourtant beaucoup mieux que la forme du pluriel. Le DLF, par ex., indique que *il* remplace *elle* « localement » (*cf.* DLF 2010 : s.v. *il*, p. 339), notamment dans la paroisse de TB. – Pour la paroisse de LF, Dajko (2009 : 162) constate une différence ethnique : la neutralisation du genre est plus avancée dans la communauté amérindienne que dans la communauté cadienne.

[65] *Cf.* pour le FA : Péronnet (1989a : 141), Ryan (1989 : 209), Arrighi (2005 : 213) ; pour le Nord-Est du NB : Beaulieu/Balcom (1998), King (2013 : 47) ; pour le FL : Conwell/Juilland (1963 : 144), Papen/Rottet (1997 : 84), DLF (2010 : s.v. *il*, p. 339), Girard Lomheim (2016 : 103). – Pour le français du Manitoba et d'autres variétés nord-américaines du français, *cf.* Hallion (2000 : 286). – *Cf.* pour le Maine (États-Unis) Smith (2005 : 229–237), qui discute les conséquences de l'amuïssement du [l] sur le degré de synthétisme/analytisme de la langue.

Au NB, les variantes [i]/[iʲ]/[j]/[il] semblent varier librement devant voyelle (*cf.* Péronnet 1989a : 141s.).

En FTN, [i] apparaît devant consonne et devant la voyelle *a* (*cf.* pour TN, Brasseur 2001 : s.v. *i*, p. 251).

En FL, la règle phonétique du français parlé est assez bien suivie : [il] + voyelle, [i] + consonne, mais Brandon (1955 : 434) note également la forme [j] + voyelle.
– [l] + en position intervocalique[66].
– La forme [il] peut apparaître devant voyelle, mais elle semble minoritaire par rapport aux formes élidées même dans ce contexte (Arrighi 2005 : 213). [il] + consonne est rarement relevé[67].

La réalisation (ou non) du *l* du pronom personnel ne dépend pas nécessairement du contexte morphophonématique, mais elle semble se faire, du moins partiellement, en fonction du registre linguistique ; c'est ainsi que dans le corpus panacadien d'Arrgihi, *l* est généralement présent dans les situations de communication plus formelles, alors qu'il manque dans les situations de proximité communicative (*cf.* Arrighi 2005 : 243–247).

Commentaire
En France, dans le langage parlé, on emploie au singulier [i] devant consonne et [il] ou parfois [l] devant voyelle (Gadet 1992 : 63 ; *cf.* Péronnet 1989a : 142 pour les parlers dialectaux). Notons que la variante [i] devant consonne passe encore pour la prononciation correcte au XIXᵉ s. (Blanche-Benveniste 2010 : 24). Les différentes formes du pronom *il*, dont les formes élidées, sont également signalées pour « de nombreux français d'Amérique du Nord » (Arrighi 2005 : 213), dont le FQ (GPFC : s.v. *i*) et le franco-manitobain ([i], [ij], [j], [il], [l], Hallion 2000 : 247).

La variante contextuelle [j]/[i] + voyelle est rare en France (Péronnet 1989a : 142) ; Péronnet (en référence à l'ALF 1086) constate que cette variante n'est attestée que « dans quelques localités dispersées » (par ex. Vendée, Indre).

Au singulier, la neutralisation du genre est moins avancée qu'au pluriel, mais elle est signalée aussi pour le non-standard hexagonal. Frei (1929 : 145) fait remarquer que *il* peut renvoyer à un antécédent féminin, si celui-ci est identifiable dans le contexte : *Ma femme il est venu*. Hallion (2000 : 254s.) confirme la neutralisation du nombre et du genre pour le franco-manitobain, Papen (2004 : 118) pour le français mitchif.

V.1.2 *lui* et variantes, pronom tonique
Les réalisations phonétiques de *lui*, pronom tonique du masculin singulier, sont les suivantes :
– [lɥi], [li] (FA/FL)
– [ɥi] (NB)
– [ly] (FL, rare) (Conwell/Juilland 1963 : 147, DLF 2010 : s.v. *lui*, p. 373)

---

66 Pour le FA : Arrighi (2005 : 213) ; pour le FL : Brandon (1955 : 434). Pour le franco-manitobain, Hallion (2000 : 292, 296) note la réduction de *il* à *l* devant voyelle dans les verbes *être* et *avoir*.
67 En FTN, devant la consonne initiale *t* des formes avec aphérèse du verbe *être*, on note la forme [il] : *il tait* « il était » (Brasseur 2001 : s.v. *il*, p. 254) (Pour la forme *tait*, *cf.* le chap. « Les temps du passé », II.1.1.). – Signalons aussi, pour le FL, la forme avec transformation de *l* en *n* : [in] + voyelle (Papen/Rottet 1997 : 84 ; non attestée dans le DLF 2010). Cette transformation est également attestée aux Îles-de-la-Madeleine, *cf.* « [les Acadiens] i n-ont été à Havre-Aubert i n-ont été à Pointe-aux-Loups i n-ont été à:/à Cap-aux-Meules (IdlM – Falkert 2010, corpus : 270–271, p. 458, CD-ROM).

V.1.3 *le, l'*
Les formes du pronom objet direct correspondent au FS.
Au masculin/neutre :
- *le* [lə] + consonne, [le] à l'impératif (*cf.* VIII.4.)
- *l* + voyelle

Retenons pour les pronoms du complément d'objet direct (masculins comme féminins) :
- En contexte intervocalique *l* est redoublé [ll][68] :
    - On [ll] invitait pour aller aux « parties ». (NB – Péronnet 1989a : 159)
    - je l-l'ai vu (IdlM – Falkert 2010, corpus : 143–144, p. 113, CD-ROM)
    - Tu coupes du bois à la lune profitante, et pis tu peux le mettre là pour trois ans. Et quand que tu vas l-l'arracher de delà, il est pus lourd que quand que tu l-l'as mis là. Pis tu vas le couper dans la même année dans la lune déclinante, et tu vas l-l'arracher de delà i pèse arien. Il est sec. (TN – Brasseur 2001 : s.v. *lune*, p. 281)
    - les oiseaux l'avaient mangé [lez uazo ll ave mãʒe] (LOU – Papen/Rottet 1997 : 85)

Notamment après les pronoms sujets [i] et [a], le redoublement sert à marquer la présence d'un pronom objet direct par contraste avec la consone de liaison (Péronnet 1989a : 161).
    - A [ll] a appelé. « Elle l'a appelé. » *vs.* [al] a dit... « Elle a dit... » (NB – Péronnet 1989a : 161)
    - A [ll] a vu. « Elle l'a vu. » *vs.* [al] a vu les lettres initiales. « Elle a vu les lettres initiales. » (NB – Péronnet 1989a : 161)

- On note des cas de neutralisation de genre, *le* apparaissant en tant que forme non marquée pour les deux genres[69] (pour la neutralisation des genres à l'impératif, *cf.* VIII.4.).
    - j'en reviens pas c'est comme qu'elle lisait une histoire comme elle le racontait encore (ÎPÉ – Arrighi 2005 : 216, Aldine H. ÎPÉ 3 : 116–117)

Commentaire
Notons que le redoublement du [ll] est également un trait caractéristique du langage populaire hexagonal (Frei 1929 : 188, *cf.* aussi Bauche ²1951 : 99) pour marquer la présence d'un pronom objet : ainsi, selon Bauche (²1951 : 99), « celle qui l'aime » se prononce, dans le langage populaire, *celle qui ll'aime* avec redoublement, tandis que *celle qu'il aime* se prononce comme en FS.

V.1.4 *lui* et variantes, pronom objet
Le polymorphisme est grand pour le pronom objet indirect épicène de la 3ᵉ pers. sg. Notons les tendances d'usage suivantes selon les régions :

---

[68] Pour le Sud-Est du NB : Péronnet (1989a : 159) ; pour la LOU : Papen/Rottet (1996 : 143), Papen/Rottet (1997 : 84s.). – Le redoublement du *l* en fonction d'objet direct est très courant aux Îles-de-la-Madeleine, *cf.* Falkert (2010, corpus).
[69] De même, Nadasdi (2000 : 86) note la neutralisation de la distinction du genre de l'objet direct chez certains locuteurs du français ontarien : « la fille... ils étaient pour le donner à King Kong » (Pembroke).

- *i* [i] : La forme dominante dans toutes les régions et la variante contextuelle [j] devant voyelle[70].
- *lui* [lɥi] : la forme standard apparaît, selon Péronnet (1989a : 161), « en position accentuée ». La variante standard est notée pour le FL par Brandon (1955 : 443) et Conwell/Juilland (1963 : 144).
- *li* [li]
- *lu* [ly] : notée pour le FL par Conwell/Juilland (1963 : 144, note 48) et le DLF (2010 : s.v. *lui*[1], p. 373).
- *ui* [ɥi] : dans le corpus panacadien d'Arrighi, *ui* est – à côté de *i* – la forme la plus usuelle du pronom objet indirect (Arrighi 2005 : 217) ; cette forme est aussi attestée en FL (Brandon 1955 : 443, Girard Lomheim 2016 : 124).
- *yi* [ji] : est une variante relevée au NB (Péronnet 1989a : 161) et à TN (Brasseur 2001 : s.v. *yi*, p. 476).

Commentaire
En ancien français, le pronom objet indirect atone au singulier est *li* pour les deux genres. Outre *li*, on note les formes fortes : *lui* au masculin, *li* au féminin (Marchello-Nizia 1999 : 93). Dès l'ancien français, la forme *lui* remplace d'abord *li* masculin atone, plus tard aussi la forme féminine *li* ; d'où le pronom objet indirect moderne : *lui* pour les deux genres (Foulet 1967 : 109). Quant à la forme [li] dans les parlers modernes, il s'agit soit du résidu de l'ancienne langue, soit du résultat d'une évolution phonétique « normale » de *lui* (Chaudenson 2003 : 399) : la première hypothèse est avancée par Foulet (1967 : 109)[71].

En ce qui concerne la forme [i] pour « lui », Foulet est d'avis qu'il s'agit du pronom adverbial *y* : « *I* dans le même emploi [c'est-à-dire, l'emploi avec les personnes] a complètement disparu du français correct, mais il est encore très vivant dans la langue populaire : "Dis-y qu'i vienne". » (Foulet 1967 : 297)[72]

La forme [li] prédomine dans les parlers d'oïl ; mais les formes [i] et [j] sont présentes, « en contexte inaccentué et après un impératif », « dans de nombreuses régions, dont le Maine, l'Anjou, la Touraine et le Berry » (Péronnet 1989a : 163, ALF 785, 786).

En FQ et en franco-manitobain, les formes courantes sont [i] et [j] (Léard 1995 : 83, Hallion 2000 : 259s.), [ɥi]/[ji] étant plus rares (Brasseur 2001 : s.v. *yi*, p. 476) ; la variante [zi] est caractéristique de l'impératif dans le parler de l'Île-aux-Coudres (FQ, Seutin 1975 : 76), variante non courante en FA (*cf.* Péronnet 1989a : 163). Pour le français du Missouri, Thogmartin (1970 : 48) note l'équivalence de la forme du pronom objet indirect *lui* et du pronom adverbial *y*.

Pour le langage non standard hexagonal, on note également un grand polymorphisme (partiellement en fonction du contexte phonétique et syntaxique) : [lɥi, i, j, ij, ɥi, ɥij, ɥiz, ɥizij, lɥiz, lɥizij] (Bauche [2]1951 : 99, Gadet 1992 : 63). La distinction entre objet direct et objet indirect n'est pas systématiquement respectée : *Elle l'apprend à mal faire* (« elle lui apprend »), *elle lui a empêché de sortir* (« elle l'a empêché »), *il l'a conseillé de rester* (« il lui a conseillé ») (Bauche [2]1951 : 32).

---

70 Pour le FA : Arrighi (2005 : 216), pour le Sud-Est du NB : Péronnet (1989a : 161), pour les Îles-de-la-Madeleine, *cf.* Falkert (2010, corpus) ; pour le FL : Conwell/Juilland (1963 : 144, note 48), Papen/Rottet (1997 : 85), Stäbler (1995 : 9), Girard Lomheim (2016 : 123s.). Le DLF (2010 : s.v. *lui*[1], p. 373) note quatre variantes phonétiques : [lɥi, ly, li, i]. – *Cf.* aussi pour le Maine (États-Unis) Smith (2005 : 232) les variantes [i] et [ji].
71 De même, Péronnet (1989a : 163) note que [li] « remonte à l'afr et au mfr (FEW[4], p.550b, sous *ILLE*) ».
72 *Cf.* aussi Haase (1965 : 25) : « Au XVIIe siècle, **y** tenait couramment la place des pronoms de la 1re et de la 2e pers. et, dans une mesure bien plus large qu'aujourd'hui, celle des pronoms de la 3e pers. » (*cf.* dans le même sens Brunot/Bruneau 1949 : 288, Price 1971 : 154s.). – *Cf.* Bauche ([2]1951 : 100) sous *Y*: « En L(angage)P(opulaire), remplace certains pronoms "lui", "eux", "leur", etc. ».

V.2 Les formes du féminin

V.2.1 *elle* et variantes
Au singulier, la distinction du genre se maintient mieux qu'au pluriel (Arrighi 2005 : 215). On trouve, au féminin, les formes suivantes :
- *a* [a] et *alle* [al] (FA/FTN/FL) – [a] devant consonne (mais pas exclusivement), [al] surtout devant voyelle (mais pas exclusivement)[73].
- *è, é* [ɛ]/[e] + consonne
- *elle* [ɛl] + voyelle/consonne
- *ielle* [jɛl] (forme tonique ; non attestée en FL par le DLF 2010, mais signalée par Ditchy (1932 : 22) sous la graphie *yel*) (*cf.* pour le FA : Arrighi 2005 : 213).
- [l] en position intervocalique (*cf.* pour le FA : Arrighi 2005 : 214 ; pour le FL : Brandon 1955 : 435).

Les sources attestent un large polymorphisme et une variation assez libre entre les formes avec pour l'initiale [a] et celles ayant pour l'initiale [ɛ/e][74]. Les variantes peuvent coexister dans un même énoncé (pour le FA : Arrighi 2005 : 215, pour le FL : Girard Lomheim 2016 : 104).

- YA, ielle, al parle, a gêne pas combien qu'i comprennent, qu'i comprennent pas, elle parle. (NÉ – Hennemann, ILM, EL)

- a sait pas ça quand qu'elle rentre à la pharmacie elle argarde la couleur sus la boite elle dit j'aime ça é se met ça dans les cheveux c'est pas ça la/ la plupart du temps c'est pas ça qu'alle a (NB – Arrighi 2005 : 215, Michelle NB 16 : 251–253)

En ce qui concerne l'emploi de ces formes, notons qu'
- [al] est la forme atone en fonction conjointe, la variante [ɛl] étant moins fréquente, mais possible dans cet emploi, la variante [jɛl] y étant occasionnellement relevée (Arrighi 2005 : 232) ;
- en emploi disjoint, on ne relève que les formes [ɛl] (sauf à TN) et [jɛl].

Les formes du féminin renvoient toujours à un antécédent féminin (contrairement à la forme non marquée *i(l)* qui peut englober les deux genres).

Commentaire
Les formes [a] et [al] sont considérées comme populaires ou dialectales[75] : elles existent « dans divers français nord-américains » (Arrighi 2005 : 214), dont le FQ (GPFC : s.v. *a* et *alle*, Léard 1995 : 79), le franco-manitobain (Hallion 2000 : 247), le parler de Saint-Pierre-et-Miquelon (Brasseur/Chauveau 1990 : 21), le parler français du Maine (États-Unis, *cf.* Smith 2005 : 231).

---

73 *Cf.* pour le FA : Poirier (1993 [1925] : s.v. *elle*), Arrighi (2005 : 213ss.) ; pour le Sud-Est du NB : Péronnet (1989a : 142) ; pour les Îles-de-la-Madeleine, *cf.* Falkert (2010) ; pour le FTN : Brasseur (2001 : s.v. *a, alle*, p. 1) ; pour le FL : Papen/Rottet (1997 : 84), DLF (2010 : s.v. *alle*, p. 21), Girard Lomheim (2016 : 104). – Péronnet (1989a : 142) parle d'une règle établie : *alle* + voyelle, *a* + consonne.
74 Selon le DLF (2010 : s.v. *alle*, p. 21), les formes [ɛ/e] en emploi conjoint représentent la minorité en FL.
75 FEW (4, 550b), Bauche (²1951 : 98), Gadet (1992 : 63), Brasseur (2001 : s.v. *a, alle*, p. 1).

Pour ce qui est des parlers dialectaux de France, en diachronie les formes [a/al] ont été documentées pour les parlers de l'Ouest et du Nord de la France par les atlas linguistiques, qui reflètent certes la situation de la 1ʳᵉ moitié du XXᵉ s. (Arrighi 2005 : 214). Aujourd'hui, ces formes semblent survivre tout au plus localement, par ex. « dans le français rural de Haute-Normandie » (Gadet 2009 : 176, note 6).

La forme élidée – *l–* est signalée pour le langage populaire (Gadet 1992 : 63).

Quant à la forme *ielle*, elle est attestée dans « quelques parlers dialectaux de l'ouest de la France, spécialement en Haute-Bretagne (FEW 4, 440b-551a ILLE) » (Brasseur 2001 : s.v. *ielle, ielles*, p. 252).

V.2.2 *la*

Les formes de l'objet direct au féminin sont :
- *la* + consonne
- *l'* + voyelle
- *a* – forme avec aphérèse signalée par Arrighi (2005 : 216)

L'accord n'est pas effectué au participe passé (*cf.* le chap. « Le non-accord du verbe », II). En contexte intervocalique, *l* est redoublé en [ll] (*cf.* ci-dessus V.1.3.).

V.3 Les emplois

V.3.1 Sujet

- Les formes [il], [i], [j] et [a], [al] ainsi que la forme intervocalique [l] sont restreintes au rôle du sujet de la phrase. Le pronom standard *elle* apparaît également dans ces rôles. Notons que *il* a normalement une référence spécifique mais qu'il peut également figurer comme sujet indéfini dans les tours *il y a*, *il faut* et avec les verbes météorologiques ; dans ces cas, il est cependant souvent omis (*y a*, *faut*) ou remplacé par *ça* (*ça mouille* « il pleut ») (*cf.* pour le FL : Girard Lomheim 2016 : 106s.).

▶ **[il], [i], [j], référent sg. masc.**
- J'ais pas comment-ce qu'i fait BUT / euh/ ... (NÉ – Hennemann, BSM, SC)
- i est mort dans le bois (NB – Arrighi 2005 : 213, Annie NB 10 : 16)
- Ben, [j] a dit à sa mére, [j] a dit, je voudrais bien, i dit, rencontrer c'te petite fille-là. (NB – Péronnet 1989a : 142)
- I volait les animaux, i les tuait pis [il] apportait la viande dans sa cave. (NB – Péronnet 1989a : 142)
- Romain i s'appelait le père à mon père . pis i a été marié à trois fois (ÎPÉ – Arrighi 2005 : 213, Aldine A. ÎPÉ 6 : 1)
- Il l'avait acheté de lui, je crois. (TN – Brasseur 2001 : s.v. *acheter, ageter*, p. 7)
- [À propos d'un veau.] I le tient marré là ; i le change de place une fois le temps. (TN – Brasseur 2001 : s.v. *amarrer, marrer*, p. 15)
- I fait comme qu'i a fait à les autres malades. (TN – Brasseur 2001 : s.v. *i*, p. 251)
- I' nous a vus, à nous-autes. (LOU – Guilbeau 1950 : 159)
- il a laissé [i la lɛ se], il est retourné [i le rətur ne] (LOU – Conwell/Juilland 1963 : 144)
- il venait [i və ne], il voulait [i vu le] (LOU – Conwell/Juilland 1963 : 144)
- Et i' a follu jh'apprends ça avant d'apprendre à lire et écrire et faire les autres affaires. Et il follait jh'apprends à parler nanglais, [...] (LOU – Rottet 2001 : 120, loc. âgée)

- il était [ite] embarrassé avec du monde […] (LOU – Stäbler 1995 : 212, corpus)

▶ **[il], [i], [j], référent sg. fém.**
- **i** avait gardé deux vieilles avec ielle a dit qu'elle avait gardé ces deux vieilles (NB – Arrighi 2005 : 215, Willy NB 9 : 509–510)
- T'as de quoi ac une personne [paʁsɔn], tu vas y … le desputer pis y dire… Ça c'est y donner ène chale : y dire ça qu'il est, tout ça, vois-tu. (TN – Brasseur 2001 : s.v. *achale, chale*, p. 6)
- Ma grand-mère elle il va appeler ça-là là un tamis. (LOU – DLF 2010 : s.v. *il*, p. 339, TB)

▶ **[a]/[al], référent sg. fém.**
- A voulait m'embrasser, al était excitée à mort. (NÉ – Hennemann, ILM, DO)
- Poulette serait belle si a se fesait mette des dents. (NÉ – *Lettres de Marichette*, Gérin/Gérin 1982 : 129)
- c'était Anne notre plus jeune alle a trente ans elle alle arait juste parlé anglais (NB – Wiesmath 2, F : 330)
- i y avait une femme . a' voulait refaire semeller ses souliers . pis alle a été voir le cordonnier pis i était Anglais . pis ielle a' était comme moi a' savait pas parler anglais une maudit miette. (NB – Wiesmath 8, A : 161).
- […] pis là alle tient le/ le BLUENOSE . pis a' m'avait dit qu'a' voulait jamais le vendre celui-là. (NB – Wiesmath 13, H : 96)
- ma mère était malade une fois pis euh: . alle a resté là (ÎPÉ – Arrighi 2005 : 214, Aldine A. ÎPÉ 6 : 45)
- ça veut dire que le gilet ou la casque ou la mitaine qu'alle a fait va ieux FITTER (IdlM – Falkert 2010, corpus : 550–551, p. 477, CD-ROM)
- A peurçoit un caberouet s'en venir. (TN – Brasseur 2001 : s.v. *aparçoir, parçoir, peurçoir*, p. 21)
- Iène des sœurs de ma mère alle restait à l'Anse-à-Canards justement en bas d'Émile. (TN – Brasseur 2001 : s.v. *bas I*, p. 44)
- Et la plus vieille, alle parle un petit peu du français mais pas plein. (LOU – Rottet 2001 : 123, loc. âgé)
- Alle a juste neuf mois. Tout le temps je dis à sa mame que je veux qu'elle apprend le français, et alle me répond pas arien du tout là-dessus. Et je dis alle va venir ici tout à l'heure et dès qu'alle est au ras assez de mon alle va parler français, je vas 'i montrer. (LOU – Rottet 2001 : 129, loc. âgée)
- A va pas venir, alle est malade. (LOU – DLF 2010 : s.v. *alle*, p. 21)
- A vient de … Richard […] [avjɛ̃dø riʃar] (LOU – Girard Lomheim 2016 : 104, SL)

▶ **[ɛl]/[ɛ]/[e], référent sg. fém.**
- Elle a fait / è a fait un travail merveilleux (NÉ – Hennemann, ILM, MS)
- é travaillait dans la cuisine elle aimait bien ça (NB – Arrighi 2005 : 213, Angèle NB 13 : 23)
- ma mère è décollait pis alle allait faire des pâtés chez le/ chez la voisine (IdlM – Falkert 2010, corpus : 144, p. 495, CD-ROM)
- Elle va encore pour faire sûr. (TN – Brasseur 2001 : s.v. *sûr*, p. 434)
- [la vache] elle est un membre de la famille parce que quand elle arrête de donner du lait il faut tu la défais […] (LOU – Stäbler 1995 : 14s., corpus)
- Elle tenait la maison et cuisait à dîner pour nous-autres, elle lavait notre linge. (LOU – DLF 2010 : s.v. *alle*, p. 21, IB)
- Elle, elle parle français […] [ɛl ɛparlfrãse] (LOU – Girard Lomheim 2016 : 104, SL)

▶ **[l] en position intervocalique pour les deux genres**
- alle a fait une lettre pis l a donné son nom dessus pis son portrait (NÉ – Arrighi 2005 : 214, Marcelin NÉ 2 : 115–116) (Dans cet exemple, il pourrait aussi s'agir d'une consonne *l* de fausse liaison.)
- le chien s'a jeté à l'eau l a parti (NÉ – Arrighi 2005 : 213, Marcelin NÉ 2 : 26)
- [ma sœur] l a été aux Etats (NB – Arrighi 2005 : 214, Annie NB 10 : 13)
- 'lle a dit; / 'lle a tué (LOU – Brandon 1955 : 435)
- puis 'l a parti (LOU – Brandon 1955 : 434)

Notons que les syntagmes nominaux sont généralement repris par un pronom clitique (*cf.* VIII.1. et Arrighi 2005 : 247).

– Les formes toniques sont couramment employées en tant que sujet unique de la phrase sans reprise pronominale. En FA/FTN, cet emploi peut impliquer un contraste, ce qui n'est pas nécessairement le cas en FL.

▶ *lui* **comme sujet unique**
- lui a la râpure acadienne. (NÉ – Hennemann, BSM, SC)
- lui a té labouré [sic] toute l'après-midi (NÉ – Arrighi 2005 : 231, Évangéline D : NÉ 23 : 268)
- mon père mangeait ça lui aimait ça (NB – Wiesmath 1, B : 285)
- lui reste à Halifax (NB – Arrighi 2005 : 213, Annie NB 13 : 23)
- On dit qu'il venait de Mont-Carmel mais lui venait vraiment d'Abram-Village. (ÎPÉ – King 2000 : 65)
- Lui contait des contes. (TN – King/Nadasdi 1997 : 278)
- mais lui voulait te guérir. (LOU – Stäbler 1995 : 212, corpus)
- […] ça fait au bout de trois semaines, on a fait les noces. Lui était faraud, il avait un joli *suit* […] (LOU – *Découverte*, Mamou, Évangéline)
- et là lui tue la z-huître (LOU – *Découverte*, Isle Jean Charles, Terrebonne)
- Lui était marié avec une sœur de ma maman (LOU – Girard Lomheim 2016 : 155, SL)

▶ **[jɛl] (FA/FTN) comme sujet unique**
- Parce que ielle est cap/ est capable de faire... (NÉ – Hennemann, ILM, AF)
- Ielle a té née/ ielle a té née dans* octobre (NÉ – Hennemann, ILM, CL)
- [ma mère] ielle a certains plats que/ que j'ai quand même gardé les recettes (NB – Arrighi 2005 : 213, Rachelle NB 1 : 335–336)
- ielle tait couchée ielle (NB – Arrighi 2005 : 231, Laura NB 8 : 40) (*ielle* employé dans les deux fonctions, d'abord comme pronom conjoint puis comme pronom disjoint)
- Pis ielle le laimait pas, hein, le stimait pas. (TN – Brasseur 2001 : s.v. *stimer, timer*, p. 430)
- […] Elle [jɛl] est Française. (TN – King/Nadasdi 1997 : 278)

V.3.2 Objet
– Les formes *le, la, l'* sont employés en tant qu'objet direct, mais la distinction du genre n'est pas toujours respectée (*cf.* ci-dessus V.1.3.).

▶ *le, l'*
- à ton âge, tu peux le faire. YOU'RE VERY FORTUNATE. Je vas te le dire, t'es chanceuse. (NÉ – Hennemann, ILM, AF)
- i ont appelé les/ les camions à feu qui l'ont éteindu. [le feu] (NB – Wiesmath 6, L : 10)
- Je vas aoir un bateau neuf, mais que je le trouve. (TN – Brasseur 2001 : s.v. *mais que*, p. 285)
- ça fait un gros arbre faut tu vas puis le couper (LOU – Stäbler 1995 : 55, corpus)

▶ *la, l'*
- Ça fait je l'ai quitté là pis demain matin je la prendrais. (NÉ – Hennemann, ILM, AF)
- euh la bâtisse on la voyait c'était . euh . c'était une marque pour le village. (NB – Wiesmath 6, L : 21)
- i voulait pas la payer (ÎPÉ – Arrighi 2005 : 216, Délima ÎPÉ 5 : 9)
- La viande, i dit, pilotez-la dans le champ ! Pilotez-la ! (TN – Brasseur 2001 : s.v. *apiloter, piloter*, p. 22)
- mais comment ça se fait que tu la barres pas [la porte] (LOU – Stäbler 1995 : 65, corpus)

▶ *a*
- pis aviont la laine là il alliont (l)a payer asteure (NB – Arrighi 2005 : 216, Annie NB 10 : 295–296)

– Les formes *lui* et variantes apparaissent en tant que pronom objet indirect.

▶ [i]
- ben j'y ai demandé pourquoi-ce qu'alle appelait pas (NÉ – Hennemann, ILM, AF)
- allez-vous en et dites i qu'i vient icitte (NÉ – Arrighi 2005 : 217, Marcelin NÉ 2 : 277–278)
- je vas i dire bonjour HELLO (NB – Arrighi 2005 : 217, Suzanne L. NB 18 : 491–492)
- [...] é vient me voir à tous les soirs pis je peux i demander (NB – Arrighi 2005 : 217, Sarah NB 20 : 70–71)
- oh oui i faisait du travail ben on li a offri de l'argent i voulait pas i voulait pas mais on **i** en faisait prendre temps en temps (ÎPÉ – Arrighi 2005 : 217, Rose ÎPÉ 7 : 177–178)
- j'i donnais à elle (ÎPÉ – Arrighi 2005 : 217, Délime ÎPÉ 5 : 55–56)
- là i faut que j'y en faisse d'autres-là (IdlM – Falkert 2010, corpus : 139, p. 286, CD-ROM)
- [...] Sa femme arait p'têt venu y donner la main. (TN – Brasseur 2001 : s.v. *main*, p. 285)
- il y a cassé les mâchoires (LOU – Stäbler 1995 : 96, corpus)
- Mame avait *Diabetes*. Et fallait qu'a prend un *shot* pour son *Diabetes* tous les jours. Et c'est mon frère là là qui venait y mettre son *shot*. (LOU – *Découverte*, Pointe-aux-Chênes, Terrebonne)

▶ [j]
- e 'i a dit [e ja di] ; / i' 'i ont donné [i jɔ̃ dɔ̃ne] (LOU – Brandon 1955 : 444)
- [ɔ̃ va j ãlve] (LOU – Papen/Rottet 1996 : 243 ; Papen/Rottet 1997 : 85) (« On va le lui enlever. ») (pour l'omission du pronom objet, *cf.* VIII.5.2.)

▶ *lui* [lɥi]
- Moi, sais pas quoi lui dire. (NÉ – Hennemann, ILM, AS)

- tu sais que tu pourrais aller lui parler. (NB – Wiesmath 7, O : 70)
- I lui vend le pot [pɔt] pour un autre cinq cents piasses (TN – Brasseur 2001 : s.v. *autre*, p. 33)
- je lui ai dit [ʒlɥi e di], je lui donne ça [ʒə lɥi dɔ̃ sa] (LOU – Conwell/Juilland 1963 : 144)
- On lui a acheté un gâteau et un cadeau. (LOU – DLF 2010 : s.v. *lui*¹, p. 373, TB)

▶ *li*
- i dit à son pus vieux garçon . i li dit à son pus vieux garçon. (NE – Arrighi 2005 : 217, Marcelin NÉ 2 : 317)
- J'allons li donner la main. (TN – Brasseur 2001 : s.v. *li*, p. 274)
- Donne-li ça pour moi. (LOU – DLF 2010 : s.v. *lui*¹, p. 373, SM)

▶ *ui* [ɥi]
- i m'a écrit pis m'a écrit pis m'a dit m'a demandé voir si je voulais me marier . ah j'ui ai pas répondu tout de suite (NB – Arrighi 2005 : 217, Sarah NB 20 : 164–165)
- i manquait des petits morceaux qu'on achetait pis qu'on ui donnait . pour mettre (ÎPÉ – Arrighi 2005 : 217, Rose ÎPÉ 7 : 145–146)
- i veut que j'ui fasse un livre (IdlM – Falkert 2010, corpus : 138, p. 286, CD-ROM)
- a 'ui a vidé le bassin / ça 'ui a pris / les yeux 'ui sortaient (LOU – Brandon 1955 : 444)
- Non, sa conscience le … euh… lui faisait pas mal, ça fait [ø ɥifezepɑmal safe] (LOU – Girard Lomheim 2016 : 124, SL)

▶ *yi* [ji]
- Redonne-yi ses deux sous ! (TN – Brasseur 2001 : s.v. *yi*, p. 476)
- I yi donne la moitié de ça qu'il avait. (TN – Brasseur 2001 : s.v. *ça*, p. 82)

– Le pronom objet direct peut remplacer le pronom indirect[76] (notons que cela concerne surtout le pluriel, *cf.* VI.3.2.) :

- mais le gars qui l avait dit oùsqu'était la fille (NÉ – Arrighi 2005 : 217, Marcelin NÉ 2 : 149–150)
- [...] c'est plutôt pour le faire plaisir qu'on va y aller (NB – Arrighi 2005 : 217, Rachelle NB 1 : 357–359)
- j'ai un de mes garçons qui le ressemble là (IdlM – Falkert 2010, corpus : 460, p. 424, CD-ROM)
- I va te dire de quoi, toi tu vas toujours le dire le contraire, ça c'est estiner une personne. (TN – Brasseur 2001 : s.v. *l(e)*, p. 272)
- Donner de la gueule ça veut dire [...] assayer de le faire faire queuque chose, quoi. (TN – Brasseur 2001 : s.v. *gueule*, p. 239)

---

[76] Pour le FA : Arrighi (2005 : 217) ; pour le FL : Brandon (1955 : 444), DLF (2010 : s.v. *le*², p. 364). Girard Lomheim (2016 : 120s.) souligne que le remplacement du pronom objet indirect par le pronom objet direct n'est possible que si le pronom se réfère à un antécédent animé. Nadasdi (2000 : 122ss.) constate le même syncrétisme des formes en français ontarien, notamment chez les locuteurs à usage restreint. – Girard (2008 : 131, Girard Lomheim 2016 : 120) note aussi la possibilité de remplacement du pronom objet direct par le pronom indirect.

- la vieille djablesse l'a répondu (LOU – Brandon 1955 : 444)
- Le Bon Dieu l'a donné un GIFT. (LOU – DLF 2010 : s.v. *le²*, p. 364, TB)
- « Mais pour toi adoucir une vache, » je dis, « il faut tu la manies, il faut tu la parles, et la donnes à manger un peu ... et ça. » (LOU – *Découverte*, Châtaignier, Évangéline)
- Je la parlais anglais. (LOU – Girard 2008 : 131)
- Grandpa Jules l'prenait et puis i disait : « Ça, c'est un portrait, ça, c'est une chaise » *and he*, i l'a montré à parler (LOU – Girard Lomheim 2016 : 120, VM)
- J'vas la dire à elle l'acheter (LOU – Girard Lomheim 2016 : 121, VM)

V.3.3 Emploi disjoint

Les formes toniques, *lui* et *elle/ielle*, s'utilisent en emploi disjoint :

▶ *lui* et variantes

Double marquage
- i sont venus chez eux et lui i s'a dégreyé . et: i a quitté la femme au logis (NÉ – Arrighi 2005 : 231, Évangéline D. NÉ 23 : 267–268)
- Il a descendu cet été lui. (NÉ – Hennemann, ILM, AF)
- Ça fait, li c'est comme ça qu'il est, ... (NÉ – Hennemann, ILM, LL)

- i est mort dans le bois lui (NB – Arrighi 2005 : 231, Annie NB 10 : 16)
- moi je restai [sic] avec les enfants pis ui i restait pas à la maison (NB – Arrighi 2005 : 231, Laura NB 8 : 188–189)
- lui i travaillait pas lui non (NB – Wiesmath 1, B : 992)
- ui i rentre i s'assit i dit rien (NB – Arrighi 2005 : 229, Michelle NB 16 : 587)

- Lui il était mort y avait un grand bout (TN – Brasseur 2001 : s.v. *bout*, p. 71)
- Il était au lit li. (TN – Brasseur 2001 : s.v. *li*, p. 274)
- Mon défunt père arrangeait toutes sortes d'affaires, li, jusqu'à des cochons. [...] (TN – Brasseur 2001 : s.v. *arranger, ranger*, p. 27)

- lui [lɥi], c'est un bon ouvrier (LOU – Conwell/Juilland 1963 : 147)
- Il était beaucoup terrible, lui. (LOU – *Découverte*, Mamou, Évangéline)
- Lui il parle bien français. Sa femme parle pas français. (LOU – DLF 2010 : s.v. *lui*, p. 373, TB)
- Mon et lui on cause tout le temps en français. (LOU – DLF 2010 : s.v. *lui*, p. 373, TB)

Dans la mise en relief
- je pense c'est lui qu'a affaire avec le festival acadien (NÉ – Hennemann, ILM, BJ)
- Les dernières années c'est lui qui tenait le boutique pour ieusses, ici. (TN – Brasseur 2001 : s.v. *boutique*, p. 72)
- *Oh yeah*, c'est lui qui a tout fait les mots de ces chansons là. (LOU – *Découverte*, Mamou, Évangéline)

Après les prépositions
- Il dit qu'il *bettait* dix piastres que je vais m'en aller avant lui. (NÉ – Hennemann, ILM, AS)
- Quante tu le mets dans ène charrette ou dans un caberouet ou dans ène traîne, ben tu mets son gréement sus lui. (TN – Brasseur 2001 : s.v. *gréement*, p. 235)
- Ils avaient été chez lui, mais ils l'ont pas pris, lui. (LOU – *Découverte*, Pointe Noire, Acadia)

Emploi isolé (cadre de l'énoncé)
- [ArD explique à l'enquêtrice ce que le dénommé STEVE faisait dans l'usine de poisson.] Lui, c'est pluS lel / le hareng. (NÉ – Hennemann, PUB, ArD)

- SO lui sa JOB était ... lui i tranchait (NB – Wiesmath 1, B : 447–448)
- Et lui, c'était le temps de la ramasse de coton. Ça fait, lui fallait il prend son sac de coton puis il va aller le ramasser tout seul. (LOU – *Découverte*, Mamou, Évangéline)

▶ *ielle* [jɛl] (NÉ, NB, TN)

Double marquage
- Ben ielle itou, alle est morte. (NÉ – Hennemann, ILM, AF)
- son portrait qu'elle avait fait ielle (NÉ – Arrighi 2005 : 232, Marcelin NÉ 2 : 116–117)
- je sais pas si a' me comprend ielle. (NB – Wiesmath 4, M : 20)
- pis ielle a'c'était comme moi a'savait pas parler anglais une maudit miette (NB – Wiesmath 8, A : 161)
- pis ma fille ielle elle avait pas l'âge de rester à l'Ontario ça fait a tait obligée venir (NB – Arrighi 2005 : 231, Zélia NB 17 : 33–34)
- Là ! En v'là iène qu'arrive ! Ielle a pourra blaguer avec toi. (TN – Brasseur 2001 : s.v. *blaguer*, p. 58)
- Ielle a prend le boiler, pis a fait un feu, pis a met de l'eau dedans [...] (TN – Brasseur 2001 : s.v. *boiler*, p. 60)

Après les prépositions
- Pis a me *callit* pour si j'y/ si j'y irais avec ielle quand qu'elle ara son bébé. (NÉ – Hennemann, ILM, IS)
- j'ai venu icitte avec ielle (NB – Arrighi 2005 : 232, Annie NB 10 : 39–40)
- son mari à ielle (NB – Arrighi 2005 : 232, Zélia NB 17 : 471)
- Si c'est bon assez pour ielle, c'est bon assez pour moi. (TN – Brasseur 2001 : s.v. *ielle, ielles*, p. 252)

Emploi isolé
- moi et ielle (IdlM – Falkert 2010, corpus : 364, p. 417, CD-ROM)

▶ *elle* [ɛl] (NÉ, NB, LOU)

Double marquage
- c'était Anne notre plus jeune alle a trente ans elle alle arait juste parlé anglais (NB – Wiesmath 2, F : 330)
- Et elle alle pouvait pas parler en anglais, [...] (LOU – Rottet 2001 : 121, loc. âgé)
- Et sa femme C., je crois pas qu'alle parle français, elle. (LOU – Rottet 2001 : 133, loc. âgée)
- Des fois elle et moi on va parler en anglais. (LOU – DLF 2010 : s.v. *elle*^{2}, p. 237, TB)
- Elle... a parle français [ɛl aparlfrãse] (LOU – Girard Lomheim 2016 : 104, SL)

Après les prépositions
- a jasait avec elle (NÉ – Hennemann, ILM, DO)
- [elle disait que...] c'était sa parenté pis qu'alle était chez elle icitte hein c'était beau de/ (NB – Wiesmath 2, F : 19)
- Tous ses enfants à elle parle français. (LOU – DLF 2010 : s.v. *elle*^{2}, p. 237, LF)
- Avec ma mère je parle en français avec elle tout le temps, mais elle alle parle moitié en anglais. (LOU – DLF 2010 : s.v. *elle*^{2}, p. 237, TB)

Dans la mise en relief
- c'est elle qui m'a rouvri la porte, là-bas dans le coin (NÉ – Hennemann, ILM, AS)
- et la vieille femme, c'est elle qui l'a délivré (LOU – *Découverte*, Châtaignier, Évangéline)

Introduisant une relative
- La seule qui parle français c'est Sherry, elle qui reste dans le TRAILER. (LOU – DLF 2010 : s.v. *elle*^{2}, p. 237, TB) (au lieu du pronom démonstratif *celle qui*).

VI La 3ᵉ personne du pluriel

La distinction des genres est largement neutralisée au pluriel[77], *ils* et ses variantes et *eux* et ses variantes constituant les formes épicènes du pluriel ; les formes du féminin sont occasionnelles. Étant donné que les formes [i], [il], [j] et [l], apparaissent au pluriel comme au singulier, on constate aussi la neutralisation du nombre grammatical. Notons en outre que le pronom neutre *ça* remplace couramment les pronoms personnels traditionnels (*cf.* VII).

Commentaire
L'emploi de la forme du masculin pour les deux genres est très courant aux XIVᵉ et XVᵉ s. (Marchello-Nizia 1999 : 93) ; le phénomène s'observe aussi en français parlé moderne, « surtout dans les régions du Nord » (Péronnet 1989a : 152, ALF 869, 93). Ailleurs, cet usage passe pour populaire[78].
   Il arrive aussi dans d'autres variétés nord-américaines, dont le FQ (GPFC : s.v. *i*), le franco-manitobain (Hallion 2000 : 247) et le parler de Saint-Pierre-et-Miquelon (Brasseur/Chauveau 1990 : 21) que la distinction du genre et du nombre soit neutralisée à la 3ᵉ pers. *Ils* pour *elles* serait même « la règle » dans le parler québécois de l'Île-aux-Coudres (Seutin 1975 : 77, *cf.* Arrighi 2005 : 225s.).

VI.1 Les formes du masculin

Dans toutes les variétés, la forme standard *ils* – et ses variantes – est concurrencée par la forme tonique *eux* et ses variantes.

VI.1.1 *ils* et variantes
La 3ᵉ pers. pl. est marquée par un fort polymorphisme[79] :
- [i] – forme dominante devant consonne qui peut, dans certaines variétés, apparaître en contexte vocalique[80]
- [il] – devant voyelle[81]
- [iz] – devant voyelle dans toutes les régions mais plutôt rare en FA/FTN[82]

---

[77] *Cf.* pour le FA : Ryan (1989 : 204s.) ; pour le FTN : *cf.* Brasseur (2001 : s.v. *i*, p. 251) ; pour le FL : Brandon (1955 : 437s.), Conwell/Juilland (1963 : 145), Papen/Rottet (1997 : 84), Rottet (2001 : 155s.), DLF (2010 : s.v. *ils*, p. 339), Girard Lomheim (2016 : 111).
[78] *Cf.* Frei (1929 : 145), Guiraud (1965 : 40), Price (1971 : 142), Blanche-Benveniste (1997 : 42s.), Arrighi (2005 : 225).
[79] Pour le FA : Arrighi (2005 : 222, 224), pour la BSM (NÉ) : Fritzenkötter (2015 : 112) ; pour le Sud-Est du NB : Péronnet (1989a : 145) ; pour le Nord-Est du NB, *cf.* tableau dans King (2013 : 47) ; pour le FL : Rottet (2001 : 155s.), DLF (2010 : s.v. *ils*, p. 339), Girard Lomheim (2016 : 110).
[80] Dans les communautés plus conservatrices, par ex. dans les isolats francophones à TN, [i] apparaît seulement devant consonne, [j] devant voyelle (King 2013 : 47). – De même, dans le parler du Maine (États-Unis), *cf.* Smith (2005 : 231). – Aux Îles-de-la-Madeleine, on note les variantes [i] + consonne et [il] / [iz], parfois [i] + voyelle (*cf.* Falkert 2010, corpus).
[81] [il] également devant *l* à TN selon Brasseur (2001 : s.v. *il*, p. 254). En FL, on note aussi le passage de *l* à *n* : *ils ont* [inɔ̃] (*cf.* Girard Lomheim 2016 : 111, *cf.* V.1.1.).
[82] Emploi « inexistant » dans le Sud-Est du NB selon Péronnet (1989a : 145). – *Cf.* pour le FTN : Brasseur (2001 : s.v. *is*, p. 255) ; pour le FL : Rottet (2001 : 155s.), DLF (2010 : s.v. *ils*, p. 339).

- [j] – en contexte vocalique[83]
- [l] – aphérèse en contexte vocalique (Arrighi 2005 : 222), parfois ailleurs (pour la LOU, *cf.* les exemples de Stäbler 1995 : 173, corpus)
- [z] – aphérèse en contexte vocalique ; selon Arrighi (2005 : 248), le [z] de liaison se maintient en cas d'absence du pronom sujet, alors que la liaison n'est que rarement respectée dans d'autres contextes (*cf.* le chap. « Liaison et agglutination »)[84] (*cf.* pour [z] au sens de *ils*, Brandon 1955 : 437 et ci-dessous VI.3.1.).

Commentaire
En ancien français, le pronom sujet masculin est *il* au singulier (lat. ɪʟʟᴇ) comme au pluriel (lat. ɪʟʟɪ). Ce n'est qu'au cours du XIVe s. que, par analogie, un *-s* est ajouté au pluriel. La prononciation de la forme reste pourtant [il] en tout contexte (par ex. [ilɔ̃]) jusqu'au XVIIe s., du moins dans le langage du peuple, alors que « la plupart des hommes instruits » font sonner le [z] de liaison avant voyelle ([izɔ̃], *cf.* Brunot/Bruneau 1949 : 268). La prononciation standard moderne [ilzɔ̃] ne se répand qu'avec la généralisation de la scolarisation.

Dans le langage parlé actuel, on relève, au pluriel, les formes normatives [il] + consonne/[ilz] + voyelle, mais également [i] + consonne, [iz] + voyelle (Gadet 1992 : 63).

Dialectalement, on note [i] + consonne, [il]/[j] + voyelle ([j] étant pourtant rare) (*cf.* Péronnet 1989a : 148ss., ALF 509, 1449). La forme sans [z] au pluriel domine dialectalement dans le domaine d'oïl, à l'exception de la Touraine, de la Picardie et de la Région parisienne ; la forme avec [z] semble aussi bien implantée dans la zone occitane (Chauveau 2009 : 40).

[il] au pluriel sans [z] de liaison est attesté dans d'autres parlers nord-américains dont le parler québécois de l'Île-aux-Coudres (Seutin 1975 : 430), le parler de Saint-Pierre-et-Miquelon (Brasseur/Chauveau 1990 : 21) et le parler français du Missouri (Carrière 1937 : 243, Thogmartin 1970 : 47) (*cf.* aussi Arrighi 2005 : 222). En franco-manitobain, on note les formes [i] + consonne et [i]/[(i)j], [il], [iz] et [z] + voyelle (Hallion 2000 : 247, 251, 255s.).

VI.1.2 *eux* et variantes
Quant à la répartition géographique des formes, on peut faire les observations suivantes :
- *eux* [ø], *eusse* [œs]/[øs] et *eux-autres* [øzɔt] – formes toniques qui existent dans toutes les régions. En FL, les formes *eux* et *eusse*[85] – formes originairement toniques et employées comme pronoms disjoints – sont aujourd'hui couramment employées comme formes conjointes ; *eusse* [œs]/[øs]/[øz] est plus fréquent en tant que sujet que *eux* [ø]. Il n'y a donc plus d'opposition entre des formes qui apparaissent en emploi conjoint et celles qui apparaissent en emploi disjoint (*cf.* aussi Stäbler 1995 : 90). La forme tonique *eux-autres* [øzɔt]/[øzot], d'abord en emploi uniquement disjoint, apparaît aujourd'hui aussi en emploi conjoint, et connaît les variantes de débit rapide [hɔt] (LF) et [zɔt]/[zot] (Rottet 2001 : 156, Papen/Rottet 1996 : 242) ou [ot] (Girard Lomheim 2016 : 110).
- *ieux* / *ieusses* [jø/jøs] – formes toniques courantes à TN[86] ; Arrighi (2005 : 237) relève en outre la forme *ieux-autres* dans son corpus panacadien.

---

[83] Pour le Sud-Est du NB : Péronnet (1989a : 145) ; pour le Nord-Est du NB : Beaulieu/Balcom (1998), King (2013 : 47).
[84] Dans l'analyse d'Arrighi (2005 : 223), ni [iz] ni [z] ne constituent des allomorphes de *ils*.
[85] Papen/Rottet (1997 : 84), Stäbler (1995 : 89s.), Rottet (2001 : 156), DLF (2010 : s.v. *eux*, p. 267).
[86] La forme existe aussi aux Îles-de-la-Madeleine : « pour pas qu'ieux trouvent le bateau » (IdlM – Falkert 2010, corpus : 394, p. 419, CD-ROM).

- *zeux* [zø] – forme tonique particulièrement vivante en FA, notamment au NB (Péronnet 1989a : 168) mais aussi en NÉ (BSM, *cf.* Fritzenkötter 2015 : 112), est également établie en FTN, mais elle semble peu courante en FL[87]. En de rares occasions, on note la forme *zeusse* [zøs][88]. La forme tonique *zeux-autres* [zøzot] est relevée occasionnellement en FA (*cf.* Fritzenkötter 2015 : 112)

En FL, le choix d'une des variantes du pronom dépend fortement de facteurs géographiques[89], sociolinguistiques (groupes d'âge et compétences linguistiques) et ethniques. En gros, quatre formes – *ils*, *eusse*, *eux-autres*, *ça* et leurs variantes phonétiques – se concurrencent :
- Les formes se répartissent inégalement sur les tranches d'âge : en ce qui concerne les paroisses de TB/LF, où toutes les formes semblent en « variation libre » (Rottet 2001 : 157), on note pourtant que *ils* et *eux-autres* apparaissent principalement chez les aînés, alors que ces formes sont « extrêmement » rares dans la jeune génération (Papen/Rottet 1996 : 242, Rottet 2001 : 156) et tendent à disparaître aujourd'hui (Rottet 2001 : 207s.). Les formes dominantes, chez les jeunes, sont [øs] pour renvoyer aux êtres animés, *ça* pour renvoyer aux choses (Rottet 2001 : 207) ; dans certaines régions *ça* peut tout aussi bien renvoyer aux êtres animés (Stäbler 1995 : 90s., LA, AV, AS, Girard Lomheim 2016 : 190ss., VM, SL).
- Outre le facteur de l'âge, c'est l'appartenance ethnique qui est décisive pour le choix du pronom : dans le corpus de Dajko (2009, TB, LF), il se dessine parmi 7 variantes courantes une préférence des Cadiens pour *eusse*, *eux-autres* et *ils*, des Amérindiens pour *eusse*, *ça* ou zéro[90].
- En ce qui concerne la répartition géographique, notons que *ils*, bien que présent dans toutes les paroisses, est loin d'être le pronom le plus utilisé aujourd'hui et semble même en net déclin. *Ils*, *eux-autres*, *eusse* et *ça* coexistent, même si certaines formes sont mieux représentées dans certaines paroisses (*cf.* Rottet 2001 : 155–157), comme *eusse* à Vermilion, *eux-autres* à Saint-Landry (Girard Lomheim 2016 : 109).

Commentaire
La forme *eusse*, dont Bauche ([2]1951 : 100) signale les variantes [øs] et [œs] (*cf.* aussi Grevisse/Goosse 2008 : § 659, p. 842), est attestée en français populaire dès le XVIIe s. (Thurot 1881, vol. 2 : 35). La forme composée *eux-autres*, déjà courante à l'époque classique, est considérée comme « populaire » en français hexagonal (Gadet 1992 : 64, Brasseur 2001 : s.v. *eux*, p. 191).

La forme *zeux* [zø] est attestée, selon Péronnet (1989a : 168s.), dans le Centre-Ouest (Deux-Sèvres, Charente, Charente-Maritime, Vendée) et en Lorraine ainsi que « dans les départements de l'Allier, de Saône-et-Loire, du Jura, de Côte-d'Or et de l'Aube » ; *cf.* aussi Brasseur (2001 : s.v. *zeux*, p. 477). D'après Péronnet

---

87 La forme [zø] est attestée pour le FL par Ditchy (1932) et par Girard Lomheim (2016 : 159, VM, emploi après une préposition) et indiquée comme une prononciation possible de *eusse* par Rottet (2001 : 156), mais elle n'est pas signalée par Dajko 2009 ni par le DLF 2010. – Signalons l'absence de la forme *zeux* dans le corpus de Falkert (2010), qui se réfère aux Îles-de-la-Madeleine.
88 Arrighi (2005 : 237) suggère qu'il s'agit du féminin.
89 Les études varient quant à l'importance des formes *eusse*, *eux-autres* et *ça* dans les différentes paroisses (*cf.* Rottet 2001 : 156s. pour un tour d'horizon sur les études en la matière).
90 *Cf.* Dajko (2009 : 143–147) ; pour des résultats légèrement différents dans le détail, *cf.* Rottet (2001 : 207).

(1989a : 168), la forme remonte à l'agglutination d'un *z* de liaison ; les occurrences fréquentes du syntagme prépositionnel *chez eux* [ʃyzø] plaident, selon elle, en faveur de cette hypothèse.

La forme *ieux* est attestée, selon Brasseur (2001 : s.v. *ieux*, p. 254) « en Normandie, Haute-Bretagne et Touraine (FEW 4, 551a ILLE) ».

La distinction des genres est neutralisée au pluriel en FQ, la forme *eux-autres* est épicène (Blondeau 2011 : 120). La forme *ieusses* n'y est pas signalée (*cf.* Brasseur 2001 : s.v. *ieusses*, p. 253).

VI.1.3 La désinence *-ont*

Dans les parlers acadiens, la distinction du nombre est traditionnellement indiquée par la désinence personnelle verbale [ɔ̃] au pluriel (c.-à-d. *-ont* au présent, *-iont* à l'imparfait, au subjonctif, au conditionnel)[91].

- En dehors des provinces Maritimes, la désinence [ɔ̃] est courante en FTN (Brasseur 2001 : XXXVIIIs.) et elle est également relevée en FL dans les paroisses du centre de l'Acadiana, surtout à Vermilion et à St. Landry, et dans une moindre mesure dans les paroisses du Nord comme Avoyelles et de l'Est comme Terrebonne et Lafourche ; dans ces dernières, *-ont* a cependant disparu dans le langage des jeunes[92]. Selon l'hypothèse de Byers (1988), il y a une certaine corrélation entre l'usage du pronom interrogatif *quoi* et la terminaison « acadienne » en *-ont* d'une part et du *qui* « inanimé » et la terminaison en *-ent* d'autre part[93].
- Dans toutes les variétés qui nous intéressent ici, la forme en [ɔ̃] est fortement concurrencée par celle du FS – de fait, les deux formes semblent en variation libre (Arrighi 2005 : 103) – et par celle de la 3ᵉ pers. sg. (notamment en FTN et en FL). Le maintien de la forme dépend aussi du temps et du mode (*cf.* les chap. « Les temps du passé », « Le subjonctif », « Le conditionnel »)[94].
- Dans le Nord-Est du NB et en LOU, la désinence traditionnelle, si tant est qu'elle soit employée, n'apparaît qu'en corrélation avec le pronom sujet *ils* (*cf.* aussi Beaulieu/Cichocki 2004 : 135). Les autres pronoms de la 3ᵉ pers. pl. (*eux, eusse, eux-autres, ça*) et les syntagmes nominaux sont suivis de la désinence de la 3ᵉ pers. sg.[95]. Il ressort de la comparaison intergénérationnelle en LOU que la disparition de la désinence traditionnelle [ɔ̃] va de pair avec la disparition du pronom sujet *ils* (Rottet 2001 : 208). Cette corrélation n'existe pas dans les autres variétées étudiées, où [ɔ̃] est également relevé avec les variantes de *eux* et avec les syntagmes nominaux.
- Par rapport à la forme *je...-ons* (*cf.* ci-dessus II.1.1.), le type *ils...-ont* semble moins stigmatisé : c'est ainsi que *je...-ons* a complètement disparu dans le Nord-Est du NB et en

---

91 *Cf.* pour le FA : Gérin/Gérin (1982 : 133ss.), Arrighi (2005 : 103), King (2013 : 42–46), Hennemann (2014 : 116s.) ; pour le Sud-Est du NB : Péronnet (1989a : 145, 250) ; pour le Nord-Est du NB : Beaulieu/Cichocki (2005).
92 *Cf.* Byers (1988 : 195), Rottet (2001 : 158s. ; 208), S. Dubois (2015 : 645).
93 Rottet (2004 : 181) dresse un tableau plus nuancé en présentant, avec les paroisses de Terrebonne et de Lafourche, des endroits où *qui* inanimé coexiste avec la terminaison en *-ont* de la 3ᵉ pers. pl. du présent (*cf.* aussi Rottet 2001 : 158). *Cf.* aussi les chap. « Les temps du passé », II.1.1., « L'interrogation », I.1.3.
94 Pour le Nord-Est du NB, *cf.* Beaulieu/Cichocki (2005 : 178–183) qui discutent les facteurs qui pourraient jouer un rôle dans le maintien de la forme, dont la reprise pronominale et la catégorie et le temps du verbe.
95 *Cf.* Rottet (2001 : 158s.), Beaulieu/Cichocki (2004 : 125 *passim* ; 2005 : 178), King (2013 : 48).

LOU, alors que la forme *ils...-ont* se maintient encore, même si c'est une variante minoritaire et en recul dans ces variétés. Aussi bien en FA qu'en FL, le maintien de *-ont* dépend également de facteurs extralinguistiques. Ainsi, dans le Nord-Est du NB, *ils...-ont* sert aujourd'hui de marqueur social et identitaire ; au NB et en LOU, la fréquence de *-ont* dépend en plus du facteur âge[96].

- le roi avait dit que si i rameniont l'eau qui rajeunissait i donnerait la moitié de sa fortune et sa couronne (NÉ – Arrighi 2005, corpus, Marcelin NÉ 2 : 254–255)
- Le lendemain, pendant que les femmes allons à l'église recevoir les cendres, les hoummes sont au logis malade. (NÉ – *Lettres de Marichette*, Gérin/Gérin 1982 : 134)
- les bus touT passont par là les bus arrêtont icitte (NB – Arrighi 2005 : 103, Annie NB 10 : 45–46)
- je faisais quoi ce que zeux disiont (NB – Arrighi 2005, corpus, Zélia NB 17 : 509)
- j'ai vu des fois i metiont z-un chapelet ou une médaille du sanctuaire je fais pas ça (ÎPÉ – Arrighi 2005, corpus, Rose ÎPÉ 7 : 19)
- il étiont dans une place à d'autres i saviont pas ce qu'iz étaient (IdlM – Falkert 2010, corpus : 5–6, p. 390, CD-ROM) (*ce qu'* « où », *cf.* chap. « L'interrogation », IV.1.)
- Pace comme que c'est là asteure, du monde qui... de Stephenville où de n'importe qu'éyou-ce qu'i devient, s'i venont par ici il allont au bout di Cap là, i faut qu'i revirent [əʀviʀ] de bord. (TN – Brasseur 2001 : s.v. *devenir*, p. 160)
- Et quand ils étiont petits, les enfants, ça se courait en dessous de la maison pour jouer. (LOU – *Découverte*, Church Point, Acadia)

Commentaire

Dans quelques parlers dialectaux, notamment dans le Centre-Ouest, la 3e pers. pl. non seulement du futur (comme en FS), mais aussi de l'indicatif du présent, de l'imparfait et du conditionnel se forme avec -[ɔ̃] (Haut-Poitou), -[ɑ̃] (Bas-Poitou, Aunis, Angoumois, Indre) ou -[ɛ̃] (Limousin) (Chauveau 2009 : 41). Les formes sont retraçables jusqu'à l'ancien français et se répandent surtout à partir du XIIIe s. ; chez Molière (*Dom Juan*, II, 1), le type en *-ont* caractérise le langage des paysans[97].

VI.1.4 *les*

Le pronom en fonction d'objet direct de la 3e pers. pl. correspond au FS : *les* [le] + consonne, [lez] + voyelle. Notons toutefois que le pronom objet peut fusionner avec le pronom sujet de la 1re personne : *je les ai donné* [ʒezedone][98].

---

[96] *ils...-ont* se maintient dans les groupes sociaux fermés et indique l'appartenance à un même groupe, *cf.* Beaulieu/Cichocki (2004 : 136, 2005 : 180 ; 2008) ; King et al. (2004 : 253). Pour une discussion des raisons du maintien du type *ils ... -ont*, *cf.* aussi King (2013 : 45s.). Pour le FL, *cf.* Rottet (2001 : 158s.).
[97] *Cf.* Gérin/Gérin (1982 : 134s.), *cf.* aussi Nyrop (1924, vol. 2 : p. 45s.), Péronnet (1989a : 148).
[98] Pour le FL : Stäbler (1995 : 17, corpus) ; pour le FA, *cf.* aussi Arrighi (2005 : 216, 226) qui qualifie la chute du *l*-initial de « rare ». Pour les Îles-de-la-Madeleine, *cf.* Falkert (2010, corpus) : ici, la chute du *l* peut apparaître aussi après le pronom *on*, *cf.* : « on=es a repoussés un peu » (Falkert 2010, corpus : 145–146, p. 303, CD-ROM). – La chute du *l* dans les pronoms clitiques de la 3e pers. est également signalée pour le français ontarien par Nadasdi (2000 : 69), pour le franco-minnesotain, le franco-albertain et le manitobain par Papen (2006 : 163 ; pour le manitobain, *cf.* aussi Hallion 2000 : 248) et pour le parler du Maine (États-Unis) par Smith (2005 : 232), qui signale la forme élidée aussi pour d'autres contextes : « pouvoir les [e] parler », « tu les [tye] uses pas trop ».

VI.1.5 *ieux* et *leur*

On relève de nombreuses formes dans le rôle de l'objet indirect de la 3ᵉ pers. pl. :
- *ieux* [jø] (on entend aussi : *ieur* [jœr]) + consonne ; [jøz] + voyelle – formes dominantes en FA/FTN et dans l'usage traditionnel louisianais[99]
- *leu* [lø] + consonne ; [løz] + voyelle – forme occasionnelle en FA[100]
- *leur* [lœr] – forme du standard qui n'est relevée que chez les locuteurs les plus standardisants (Arrighi 2005 : 226). En FL, la forme [lœr] ([lœrz] + voyelle) coexiste avec *ieu(x)* (dans les sources aussi : *yeux*) dans certaines paroisses et constitue la seule forme du pronom objet indirect dans d'autres[101]. Pour les paroisses TB/LF, la comparaison intergénérationnelle effectuée par Rottet (2001 : 210) fait ressortir le recul des formes traditionnelles [jø]/[jøz] et [lœr]/[lœrz], notamment chez les Amérindiens et davantage chez les hommes que chez les femmes (Rottet 2001 : 210s.). Chez les moins de trente ans (date de référence : 2001), ces formes ne sont plus relevées.
- *eux* [ø] – forme occasionnelle en FA (corpus Hennemann et Wiesmath)

Les pronoms en fonction d'objet indirect sont souvent évités ; notons les stratégies de remplacement suivantes :
- *les* – l'objet direct remplace souvent l'objet indirect, notamment en FL, où ce remplacement est particulièrement fréquent, de sorte que les formes *leur/ieux* ont pratiquement disparu[102].
- *lui* et les variantes *ui/i* – la forme du singulier apparaît dans le sens du pluriel (pour le FA : Arrighi 2005 : 227) ; dans le corpus de TB/LF de Rottet, cette stratégie de remplacement est particulièrement répandue chez les moins de 30 ans[103].
- *à* + pronom tonique – le clitique est remplacé par un syntagme prépositionnel ; l'ordre S-V-O est maintenu (*cf.* ci-dessous VIII.3.).

---

99 Pour le Sud-Est du NB : Péronnet (1989a : 163) ; pour le FA : Arrighi (2005 : 232) ; pour le FL : Guilbeau (1950 : 151), Brandon (1955 : 444), Papen/Rottet (1997 : 85), Rottet (2001 : 160 ; 210), DLF (2010 : s.v. *yeux*¹, p. 662), Girard Lomheim (2016 : 127).
100 En FA, la forme *leu* [lø] est celle du déterminant possessif, alors que *ieux* est la forme dominante du pronom en fonction d'objet indirect de la 3ᵉ pers. pl. : *cf.* « ça ieux dounnait leu viande » (NB – Wiesmath 1, B : 539–540). Pour la prononciation *leu*, *cf.* aussi Arrighi (2005 : 227).
101 *Cf.* Guilbeau (1950), Daigle (1984), Brandon (1955 : 444), Conwell/Juilland (1963 : 145), Rottet (2001 : 160).
102 *Cf.* Brandon (1955 : 445), Conwell/Juilland (1963 : 146), Papen/Rottet (1997 : 85), Girard (2008 : 131). Girard Lomheim (2016 : 126s.) note que *les* au lieu de *leur/ieux* a toujours un antécédent animé. – Dans le corpus de Rottet (TB/LF), *les* apparaît dans 24 % (locuteurs de moins de 30 ans) à 29 % (locuteurs de plus de 55 ans) des cas où il s'agit d'exprimer l'objet indirect de la 3ᵉ pers. pl. (Rottet 2001 : 210). Les résultats de Rottet sont confirmés par l'étude de Dajko. Dans son corpus, *les* est la forme privilégiée de l'objet indirect, si le pronom est exprimé ; pourtant, dans la majorité des cas, le pronom n'est pas exprimé (Dajko 2009 : 141). – Pour le remplacement du pronom objet indirect par le pronom objet direct en franco-ontarien, *cf.* Nadasdi (2000 : 122–124), et en franco-manitobain, *cf.* Hallion (2000 : 267).
103 3 % des plus de 55 ans utilisent le pronom objet indirect singulier dans un contexte pluriel, contre 10 % des moins de 30 ans, *cf.* Rottet (2001 : 210).

Commentaire
La forme [jø] est attestée au centre du domaine d'oïl en France. La variante contextuelle [jøz] (+ voyelle) est attestée par le FEW (4, 551a) et par Brunot (1967, vol. 2 : 313) (*cf.* Péronnet 1989a : 166). Les formes avec la marque fautive du pluriel – [lœrz] et [løz] + voyelle – sont bien attestées dans le langage populaire, « à Paris et ailleurs » (Grevisse/Goosse 2008 : § 659, p. 842).

L'amuïssement du *r* final dans la forme [lø] (= *leur*) est un fait historique (*cf.* Chaudenson 2001 : 183s.) datant du XVIe s. et usuel « presque partout sur le territoire d'oïl » (Péronnet 1989a : 166) : en Picardie, en Normandie, dans le Centre-Ouest, en Lorraine, dans les régions de l'Est[104].

L'emploi de *les* au lieu de *ieux/leur*, est, selon Brasseur (2001 : s.v. *les*, p. 273), « sans doute [l]'effet de régularisation du paradigme du pronom personnel », qui s'observe également dans la langue populaire en France. Conwell/Juilland (1963 : 145s.) voient dans l'emploi de *les* au lieu de *ieux/leur* le double effet de la régularisation du paradigme et de la pression de l'anglais où la forme *them* englobe les deux rôles grammaticaux.

VI.2 Les formes du féminin

Les formes du féminin – *elles* ainsi que les formes toujours atones *é* et, à TN aussi, *alles* – sont très rares ; *elles* apparaît pourtant dans l'usage orienté au FS. En général, le pronom masculin est employé pour les deux genres.

Au vu de son corpus panacadien où figurent aussi des formes du féminin pluriel, Arrighi (2005 : 225s.) suggère des critères favorisant l'apparition de la forme *ils* avec un référent féminin. Outre les facteurs sociolinguistiques, ce sont certains facteurs linguistiques ; somme toute, *ils* est privilégié si le référent est identifié et marqué par le genre dans le cotexte, soit par un groupe nominal coréférent adjacent ou bien par une structure de coordination ou de subordination. Dans le corpus d'Arrighi, *i* pour *elles* renvoie toujours à des référents humains, jamais à des choses.

- une journée i se rencontrèrent les deux filles sus la rue (NÉ – Arrighi 2005 : 225, Marcelin NÉ 2 : 6–7)
- A les r'garde en disant, oh qui (qu'i) sont grasses ses filles là. (NÉ – *Lettres de Marichette*, Gérin/Gérin 1982 : 129)

- i sontaient pas beaucoup ce tait probablement cinq femmes à cinquante hommes (NB – Arrighi 2005 : 226, Michelle NB 16 : 704–705)

- [...] on voyait pas les femmes ac les cheveux coupés, il avient toutes une couette : [...]. (TN – Brasseur 2001 : s.v. *couette*, p. 127)

Selon certaines sources, il existerait en Acadie la forme *zelles* en tant que forme tonique (Gérin/Gérin 1982 : 130, Brasseur 2001 : s.v. *zeux*, p. 477[105]) ; elle est pourtant absente des corpus à notre disposition. Pourtant, on note occasionnellement une forme du féminin créée sur le modèle de la forme tonique du singulier : *ielle* → *ielles* (Arrighi 2005 : 226). Les deux formes – *ielle* et *ielles* – existent d'ailleurs « dans quelques parlers dialectaux de l'ouest de la

---

104 Pour le français du Missouri, Thogmartin (1970 : 48) atteste la forme [lø^z] ; *leu* est aussi la forme pour *leur* du FS en franco-manitobain (Hallion 2000 : 253).
105 Poirier (1993 [1925] : s.v. *Z*, p. 401) parle dans ce contexte d'un phénomène de liaison restreint à la combinaison entre la préposition *avec* et le pronom personnel : *avec-z-elles*. Il ne s'agit donc pas d'une forme figée et autonome.

France, spécialement en Haute-Bretagne (FEW 4, 550b-551a ILLE) » (Brasseur 2001 : s.v. *ielle, ielles*, p. 252).

Pour le FL, aucune forme tonique n'est signalée pour le féminin pluriel (*cf.* DLF 2010).

VI.3 Les emplois

Pour ce qui est de l'emploi des pronoms, on constate que les formes toniques peuvent apparaître en emploi conjoint, notamment en FL. En FA et en FTN, les formes toniques sont essentiellement employées de façon disjointe mais pas exclusivement. En FL, le clitique *ils* est affaibli, les formes toniques sont aujourd'hui dominantes.

VI.3.1 Sujet
– *Ils* et ses variantes et les formes du féminin – *é* et *alles*, si tant est qu'elles soient relevées – s'emploient uniquement comme sujet de la phrase. Ces formes peuvent renvoyer à un antécédent animé ou non-animé mais la référence à un être animé est nettement plus fréquente (*cf.* aussi ci-dessous VII à propos de *ça*).

▶ ***ils* et variantes**
- Oh, i aviont trois enfants. (NÉ – Hennemann, ILM, AF)
- Y feson encore engraisser un autre p'tit beau (veau) pour l'hiver t'chi viegne. (NÉ – *Lettres de Marichette*, Gérin/Gérin 1982 : 127).
- asteure i voulont s'échapper (NÉ – Arrighi 2005 : 129, Marcelin NÉ 2 : 245)
- il-avont venu icitte (NÉ – Arrighi 2005 : 222, Marcelin NÉ 2 : 242–243)
- Pis is ont arrêté ici pis il étiont après regarder la / leur carte (NÉ – Hennemann, ILM, MS)
- i z-avont donné un verre d'eau (NÉ – Arrighi 2005 : 224, Marcelin NÉ 2 : 269–270)

- pis zeux quand ce qu'i sont venus icitte c'était un dollar et vingt-cinq qu'ils avaient SO (NB – Wiesmath 2, E : 163–164)
- des femmes faisiont de l'étoffe . i semiont du lin qu'on appelait (NB – Wiesmath 4, M : 393)
- ici aussi comme à côté de chaque machine y a un numéro 1–800 que les gens peuvent appeler si i ont des/ des / si i ont / si i réalisent qu'i ont des troubles d'addiction. (NB – Arrighi 2005 : 222, Stéphanie NB 11 : 62–64)
- je sais pas ce que c'est tout à fait le nom de / de / du festival mais i z-ont quelque chose maintenant (NB – Arrighi 2005 : 224, Rachelle NB 1 : 434–435)
- oh oui z-étaient vraiment corrects pour ça y en avait des ROUGH (NB – Arrighi 2005 : 224, Willy NB 9 : 111)
- pis des années après les étudiants qu'ont gradué ben je les vois des fois i venont sus le campus (NB – Arrighi 2005 : 124, Zélia NB 17 : 355–357)
- C'était un homme pis une femme, pis [j avjɔ̃] un petit gars. (NB (Sud-Est) – Péronnet 1989a : 145)
- [jarivɔ̃] (NB (Nord-Est) – King 2013 : 47, citant Beaulieu/Balcom 1998)

- ils m'ont layé off (ÎPÉ – Arrighi 2005 : 222, Théodore ÎPÉ 4 : 125)
- i [= les religieuses] vouliont pas je/ je m'en allais m'en/ m'en fut je crois qu'i saviont si ((rires)) (ÎPÉ – Arrighi 2005 : 224, Délima ÎPÉ 5 : 47–50)
- moi je dis il-ariont dû continuer (ÎPÉ – Arrighi 2005 : 222, Rose ÎPÉ 7 : 290)

- [...] Les Québécois i usont les tabernacles [tabaʀnak] et ça, [...] (TN – Brasseur 2001 : s.v. *user, huser*, p. 461)

- I dit ces mouches-là i veniont pis i se posiont sus toi i preniont un morceau pis i alliont se poser sus une chousse le manger ! (TN – Brasseur 2001 : s.v. *chousse*, p. 112)
- [...] en anglais is appelont ça des *caraways* [angl. « cumin »], *caraway seeds*, ça c'est des graines d'anis [...] (TN – Brasseur 2001 : s.v. *anis*, p. 18)
- ils étiont [il etjɔ̃] (LOU – Brandon 1955 : 437)
- Euh, ils ont pas eu... ils ont pas eu la pratique... ça se fait, euh... ils ont oublié [ø ilɔ̃pɑjylapratik safe ø ilɔ̃ubjije] (LOU – Girard Lomheim 2016 : 111, SL)
- ils appelaient [iˡ za ple], ils [n']avaient jamais vu ça [iˡ za ve ʒa me vy sa] (LOU – Conwell/Juilland 1963 : 145)
- ils ont commencé [i lɔ̃ kɔ mɔ̃ se] (LOU – Conwell/Juilland 1963 : 145)
- ils aiment ça [i lɛm sa] (LOU – Conwell/Juilland 1963 : 145)
- ils avaient [i za ve], ils ont mis ça extra [i zɔ̃ mi sa ɛk stra] (LOU – Conwell/Juilland 1963 : 145)
- [...] ils adoraient leur grand-mère [izadoreløɡrãmɛr] (LOU – Girard Lomheim 2016 : 111, VM)
- j'étais huit mois avant qu'ils [i] m'opèrent (LOU – Städler 1995 : 41, enregistrement)
- [...] ils n'aimons [sic] [inemɔ̃] (LOU – Girard Lomheim 2016 : 111, VM) (pour *l → n*, *cf.* le chap. « Liaison et agglutination »)
- z'on[t] monté (« ils ont monté ») / z'appelaient moi (« ils m'appelaient ») / z'on[t] parlé d'moi (« ils ont parlé de moi ») ? (LOU – Brandon 1955 : 437).
- les jeunes et les/. les parents ont parti au bal ils ont [lɔ̃] arrivé au HALFWAY puis . (LOU – Städler 1995 : 173, corpus) (réduction du pronom à *l*)

▶ **elles, é, (è), alles**

- non les personnes / c'est pour ça que les personnes qu'étaient / qu'étaient nées avant ça ben elles restaient sans d'éducation [...] (NB – Wiesmath 7, O : 461–462)
- les coiffeuses é boivent du café pis ça fume . c'est ça qu'i font (NB – Arrighi 2005 : 225, Michelle NB 16 : 187)
- [mes sœurs] elles étiont plus jeunes (ÎPÉ – Arrighi 2005 : 224, Délima ÎPÉ 5 : 11–12)
- L'année passée je les ai perdues, pace que j'ai viré mon jardin pis je pensais pas qu'alles taient là hein ! (TN – Brasseur 2001 : s.v. *virer*, p. 470)
- Et il les [les briques] a tout mis en tas jusqu'à le jour que on a commencé la maison. Elles estiont tout parées et le bois là, il a tout ôté tant qu'il y avait un clou dedans. (LOU – *Découverte*, Mamou, Évangéline)

– Les formes toniques sont tout à fait courantes en emploi conjoint, parfois avec une nuance contrastive ou emphatique en FA/FTN. Elles renvoient à un antécédent animé.

▶ **eux, eusse/eux-autres, zeux/zeux-autres, ieux/ieusses en emploi conjoint**

- on est en train de faire la même chose aux anglophones que eux-autres nous ont fait lors de la déportation (NÉ – Hennemann, ILM, BJ)
- c'est difficile parce que eux-autres ont pas même d'intérêt d'intégrir le français du tout (NÉ – Hennemann, ILM, BJ)
- Ben, bon je me sens mal parce que zeux pouvont parler vraiment bien. (NÉ – Flikeid 1997 : 281)
- zeux ramassiont point le sang (NÉ – Arrighi 2005 : 235, Évangéline D. NÉ 23 : 52)
- zeux va se cacher (NÉ – Arrighi 2005 : 235, Rosalie NÉ 23 : 378)
- j'comprends pas coumment zeux-autr' ont fait. (NÉ – Fritzenkötter 2015 : 112, BSM)

- [les deux fils vivent à Ottawa et en Ontario] pis ma fille qu'était mariée avec le militaire eux autres restent en Alberta (NB – Wiesmath 6, L : 129–130)
- on haïssait pas les Anglais coumme / coumme que zeux les haïssont hein (NB – Wiesmath 3, D : 492)
- zeux aviont le homard hein (NB – Arrighi 2005 : 235, Willy NB 9 : 258)
- zeux restaient juste en face de chez vous (ÎPÉ – Arrighi 2005 : 235, Georges ÎPÉ 6 : 39)
- zeux [mes sœurs] s'en souvenont pas beaucoup (ÎPÉ – Arrighi 2005 : 236, Délima ÎPÉ 5 : 11)
- Eusse parliont plus anglais que nous-autres. (TN – King 2013 : 49, impliquant un contraste)
- Je savions pas faire de bière avant que les Français a venu par ici. Zeux savaient. Faisiont la bière. (TN – Brasseur 2001 : s.v. *zeux*, p. 477)
- […] Si ieux pouaient le ramasser dans ène bouteille ou de quoi de même, ce tait bon … pour le sang, pour la santé quoi (TN – Brasseur 2001 : s.v. *ramasser*, p. 387)
- Chez nous y avait pas de fouleries mais … à travers de la Baie ici là, à Codroy là, ieusses aviont des fouleries. I aviont des métiers, i faisiont des couvartes, pis il aviont des fouleries. (TN – Brasseur 2001 : s.v. *foulerie*, p. 209)
- Et puis là, eux gardait des braises. (LOU – DLF 2010 : s.v. *eux*, p. 267, SL)
- Dès que eux me dit bon de s'en aller, je vas. (LOU – *Découverte*, Chênière Caminada, Jefferson)
- Je connaissais du monde de la Nouvelle Ibérie qu'allait à LSU, et eusse restaient au collège, eusse revenaient pour la fin de la semaine. (LOU – DLF 2010 : s.v. *eux*, p. 267, IB)
- Les Indiens eusse parlent français. (LOU – DLF 2010 : s.v. *eux*, p. 267)
- Quand mon a été élevé, eux-autres apé assayer de se défaire du français. Ça fait eux-autres te donnait pas de chances d'apprendre le français à l'école du tout. Eux-autres voulait défaire le langage. (LOU – Rottet 2001 : 118, loc. âgé)
- Equand-ce qu'on allait à l'école, c'est une tristesse je pense parce que si c'est que eux-autres a un enfant parler français sus la terre d'école, eux-autres était punis, eux-autres pouvait pas parler français. (LOU – Rottet 2001 : 119, loc. âgée)
- Non, y avait peut-être euh… ceux-là qu'avait des chevals, eux-autres [øzot] marchait dedans la parade avec leur cheval. Mais eux-autres [zot], ils est, eux-autres [ot], eux-autres [ot] avait pas un… un… un courir de Mardi Gras comme eux-autres [ot] a ici, eux-autres [ot] allait pas faire ça, non. (LOU – Girard Lomheim 2016 : 110, SL) (réduction d'*eux-autres* à [zot], [ot])

Dans les paroisses de TB/LF, *ils*, *eusse/eux-autres* et *ça* sont souvent employés côte à côte dans un même énoncé :
- Et mon z'vas montrer à mes enfants à mon à parler en français parce que ça a besoin de connaître éiou eusse devient, […] (LOU – Rottet 2001 : 122, locuteur jeune)
- Mais SURE, eux-autres serait contents, tu les appelles voir, parce que ça travaille tard, eusse a un grand jardin en arrière, et ils travaillont tard, des fois ils sont tard dans la maison. (LOU – Rottet 2001 : 157, loc. âgée)
- […] que le monde qu'avait été au docteur avec ce *flu* là, eux-autres ils sont tout morts. Et eusse qu'a appris les remèdes du vieux temps, ça se faisait du thé de l'estragon […] (LOU – *Découverte*, Pointe aux Chênes, Terrebonne)

▶ *ielles* (fém. ; très rare)
- Pis les poummes de pré, zeux / ielles appellent ça d'une canneberge. (NÉ – Hennemann, ILM, MS)

VI.3.2 Objet
– L'objet direct s'exprime comme en FS par le pronom *les* (mais *cf.* VIII.3. pour la postposition de la forme tonique en tant qu'objet direct).

▶ **[le]/[lez]**
- On est obligé de les avoir de Québec ... (NÉ – Hennemann, ILM, MS)
- tu les vois-tu là toutes les boules (NB – Wiesmath 1, B : 32)
- Il avait coupé assez loin à descendre qu'il a pas pu les aoir ! (TN – Brasseur 2001 : s.v. *à*, p. 2)
- Et il y a du monde de couleur, il faut pas les appeler « nègres », faut que tu les appelles un homme de couleur (LOU – *Découverte*, Pointe-aux-Chênes, Terrebonne)

▶ **Chute du *l* et amalgame avec le pronom personnel**
- i pouvait en avoir [des frères et des sœurs] que je (l)es [ʒe] connaîtrais pas. (ÎPÉ – Arrighi 2005 : 226, Rose ÎPÉ 7 : 130–131)
- j=es ai pas fréquentés beaucoup (IdlM – Falkert 2010, corpus : 129, p. 50, CD-ROM)
- [il est question de vaches] j'en ai jamais tué un j'ai commencé avec deux paires . j'ai fini avec vingt-sept paires . et HUEY me dit ça assez . je les ai [ʒøze] donné . plutôt que les tuer je les ai [ʒeze] donné je pouvais pas . je pouvais pas les tuer (LOU – Stäbler 1995 : 17, corpus)

La distinction du nombre grammatical n'est pas toujours respectée, *le* apparaissant au lieu de *les*.

▶ **Neutralisation de la distinction du nombre**
- J'ai tiré les crocs de dessus, mais les empis pis les *trawls* je l'ai pas coupé. (TN – Brasseur 2001 : s.v. *empi*, p. 177)

– Dans l'expression de l'objet indirect, le polymorphisme est grand et le remplacement du pronom objet indirect par le pronom direct est fréquent.

▶ *ieux* [jø(z)], *ieur*
- Pis ben sûr nous-autres, on ieux a servi un gros repas, c'était ROASTED BEEF. (NÉ – Hennemann, ILM, CL)
- I [jøz] avait renchargé de tout le temps écouter Jacques su n'importe quoi ce qu'i [jø] dirait. (NB – Péronnet 1989a : 163)
- pis alle allait ieux porter ça (NB – Wiesmath 3, D : 209)
- on commençait à ieux donner du manger (NB – Wiesmath 4, M : 77)
- ça va ieur prendre probablement dans les trente à quarante ans à se rattraper (ÎPÉ – Arrighi 2005 : 232, André ÎPÉ 12 : 371–372)
- ça ieux faisait rien (IdlM – Falkert 2010, corpus : 133, p. 112, CD-ROM)
- Y a du grand monde aussi ! Des fois y a du grand monde, on peut pas ieux parler i braillont ! (TN – Brasseur 2001 : s.v. *brailler*, p. 73)
- J'yeux ai dit de se préparer pour aller à l'église. (LOU – Rottet 2001 : 210, loc. âgée)
- Tu pourrais yeux en donner (LOU – Rottet 2001 : 211, loc. âgé)
- Et là y a longtemps on s'écrit p'us asteur. Mon je connaissais pas écrire en français pour yeux envoyer des lettres. (LOU – Rottet 2001 : 160, loc. âgée)
- Il fallait les habiller dans le linge que les voisins nous donnaient pour yeux mettre. (LOU – DLF 2010 : s.v. *yeux*[1], p. 662, EV)

▶ *eux* [ø] (forme occasionnelle)
- Leur père eux avait fait un MOTOR BOAT de cinq/cinque HORSE POWER (NÉ – Hennemann, PUB, ID)
- pis asteure faulait <ieux> [ø] donner du lait à la bouteille (NB – Wiesmath 4, M : 75)
- j'eux ai envoyé des choses pour qu'i vendent mes/mes/mon artisanat (IdlM – Falkert 2010, corpus : 267–268, p. 35, CD-ROM)

▶ *leur* [lø(z)]/ [lœr(z)]
- Mais le bon Dieu, il leus [løz] a permis d'y aller. (NÉ – Hennemann, BSM, AnS)
- Oui, V. pis L., je leur-z-ai acheté le/ les billets hier (NÉ – Hennemann, ILM, EL)
- Mais c'est pas moi qui leur-z-avais montré [Enquêtrice : Ah oui.] … i était en/ bien enseignés. (NÉ – Hennemann, ILM, LL)
- SO tu leu mettais deux CAN là (NB – Wiesmath 1, B : 670)
- i y a des enfants d'aujourd'hui si t'allais leu donner un orange à Noël ben t'arais une claque dans la face (NB – Wiesmath 1, R : 769)
- j'ai toujours les mêmes clients et puis je vais rencontrer ces clients là pour leur parler euh : de:/ (NB – Arrighi 2005 : 226, Rachelle NB 1 : 109–110)
- il a dit quo-ce que c'est qu'il avat à leu-dire (IdlM – Falkert 2010, corpus : 201–202, p. 154, CD-ROM)
- Pis je leu faisions des chuals et pis des petites charrettes là avec du bois. (TN – Brasseur 2001 : s.v. *cheval (s), chual(s)*, p. 109)
- il leur-z-a mis des bonnets (LOU – Brandon 1955 : 444)
- Tu voudrerais leurs en donner ? (LOU – Rottet 2001 : 210, loc. âgée)
- Moi je leur donnais des petits ROSE BUSH, des petits rosiers là. (LOU – DLF 2010 : s.v. *leur²*, p. 365, EV)

▶ **Neutralisation de la distinction du nombre – *lui* et variantes**
- ça ui plaisait pas eux-autres (NB – Arrighi 2005 : 227, Willy NB 9 : 59–60)
- pis euh : les étudiants ça ui donnent une chance à faire une paye (NB – Arrighi 2005 : 227, Zélia NB 17 : 246–247)
- Tu peux y donner un petit peu ? (LOU – Rottet 2001 : 210, semi-locuteur) (Le texte à traduire prévoyait le pluriel, angl. *them* « leur »)
- Je lui [aux enfants] réponds (LOU – Brandon 1955 : 445)

▶ *les* en fonction d'objet indirect
- ceusses qui travailliont . habillaient les plus petits pis moi je les achetais à manger (NB – Arrighi 2005 : 227, Laura NB 8 : 137–138)
- parce que qu'est-ce qu'i arrivait c'est que les jeunes […] i avaient pas assez de connaissance […] c'est pas parce que on les avait pas donné de même c'est comme j'ai dit là la qualité de l'éducation (ÎPÉ – Arrighi 2005 : 227, André ÎPÉ 12 : 203–209)
- la banque les avat prêté de l'argent (IdlM – Falkert 2010, corpus : 80, p. 247, CD-ROM)
- [les moutons] Vous le ralliez, vous le mettez là-dedans, pour les donner à manger dehors [dəhoʀ]. (TN – Brasseur 2001 : s.v. *rallier*, p. 387)
- tu les offrais ça [ty le zo fre sa], on les a donné des exemples [ɔ̃ le za dɔ̃ ne de zɛk zãmp] (LOU – Conwell/Juilland 1963 : 145)

- Ça reste toujhours en bas Boudreaux Canal, ej les donne la main à eux-autres, c'est du monne pauvre mais c'est du monne bien fier. (LOU – Rottet 2001 : 161, loc. âgé)
- Moi je les donne du maïs quand je veux les tuer, ouais. (LOU – *Découverte*, Isle Jean Charles, Terrebonne)
- Et ça faisait tous ça dans ces années ça, plutôt qu'essayer de les parler bien, de les faire comprendre. (LOU – *Découverte*, Mamou, Évangéline)
- Non non, mom les préparait du manger pour eux-autres manger. (LOU – *Découverte*, Châtaignier, Évangéline)
- Et je … j'les ai montré comment faire du beurre. (LOU – Girard Lomheim 2016 : 125, SL)

VI.3.3 Emploi disjoint

En emploi disjoint, ce sont les formes toniques qui apparaissent.

▶ *eux, eusse, eux-autres*

Double marquage
- Pis quanT qu'i venions de la messe, eux, i rentreriont ici. (NÉ – Hennemann, ILM, CL)
- eux-autres, il ont un programme qui s'appelle … (NÉ – Hennemann, ILM, BJ)
- je suis sûre que eux autres i trouvent que ç'a changé beaucoup beaucoup (NB – Wiesmath 1, R : 387)
- vos grands-parents euh est-ce qu'i parlaient eux autres de la déportation (NB – Wiesmath 3, G : 483– 484)
- eux-autres i voyaient ça comme si que on avait leurs filles tu sais ça marchait pas (ÎPÉ – Arrighi 2005 : 237, André ÎPÉ 12 : 337–338)
- Eux, ils sont trop gâté. (ÎPÉ – King 2000 : 65)
- eux-autres. i nous faisent les prix (IdlM – Falkert 2010, corpus : 111–112, p. 195, CD-ROM)
- les/ les bruns oui peut-être . parce que eux [œs] i / ils aimont/ ça parle tout nè/ tou/ nègre (LOU – Stäbler 1995 : 60, corpus)
- Eux, ils étaient dans l'Afrique du Nord, […] (LOU – DLF 2010 : s.v. *eux*, p. 267, SL)
- et eux-autres, ça sentait bon bon (LOU – *Découverte*, Mamou, Évangéline)

Après les prépositions
- Parce que si les / la police va après eux, i pouvont aller dans les routes ici (NÉ – Hennemann, BSM, SC)
- Avez-vous jamais pensé qu'ils veulent pas parler français parce que c'est forcé sur eux-autres ? (NÉ – Hennemann, ILM, BJ)
- on est collé sus eux-autres [les Américains] mais on croit pas/ on croit pas quoi-ce qu'i croyont (NB – Arrighi 2005 : 237, Michelle NB 16 : 460–461)
- les institutrices qu'on l-avait . la plupart du temps c'était des femmes pis la plupart d'eux-autres était probablement pas diplômées […] pis y en avait d'eux-autres qu'avaient vraiment pas beaucoup […] de formation comme institutrices y en a d'eux-autres qu'avaient fait qu'est-ce qu'i z-appelaient dans le temps l'école normale (ÎPÉ – Arrighi 2005 : 238, André ÎPÉ 12 : 70–76)
- Alle aimait s'assir avec eux et parler en français, ça lui a fait un petit TAPE une fois que alle parlait français avec eux. (LOU – DLF 2010 : s.v. *eux*, p. 267, LF)
- Et ils auriont fait un souper pour eux-autres le soir. (LOU – DLF 2010 : s.v. *eux-autres*, p. 267, SL)
- […] et 'na plein du monde eusse est après apprendre pour eusse-mêmes comment parler en français pour montrer à les enfants à eusse. (LOU – Rottet 2001 : 122, locuteur jeune)
- il y en avait de mes *friend* là eux-autres, les *boyfriend* allaient chez eux-autres, deux trois fois par semaine (LOU – *Découverte*, Mamou, Évangéline)

Dans la mise en relief
- Ça c'est eux-autres qui contrôlait qui les Cadiens peut avoir, qui eux-autres pourrait apprendre, combien d'argent eux-autres pourrait emprêter. (LOU – DLF 2010 : s.v. *eux-autres*, p. 267, TB)
- C'est eusse qui m'a juré à moi (LOU – *Découverte*, Pointe-aux-Chênes, Terrebonne)

Emploi isolé (cadre de l'énoncé)
- mais eux, c'est plus un développement de la langue tout de suite (NÉ – Hennemann, ILM, BJ)

▶ *ieux, ieusses* (TN), *ieux-autres* (NB)

Double marquage
- les Syriens [...] i ramassiont achetiont du vieux câble dans ce temps-là . oh oui i ramassaient du vieux câble là de mer ieux-autres dans des sacs là (NB – Arrighi 2005 : 237, Willy NB 9 : 373–374)
- Y a des lapins entour ici. Pis ieusses, dans l'hiver i sont blancs on dirons, pis dans l'automne là, i sont gris. (TN – Brasseur 2001 : s.v. *lapin*, p. 270)
- Pis i marchiont pas sus le *sidewalk* [angl. « trottoir »], ieux ! Dret dans le méliou de la rue ! (TN – Brasseur 2001 : s.v. *dret*, p. 167)
- Le vieux Chrétien avait sept ou huit-z-hommes qui pêchaient pour lui. C'est là-dessus qu'elle les nourrissait, ieusses : la soupe aux noves ! (TN – Brasseur 2001 : s.v. *dessus*, p. 158)

Après les prépositions
- Ma mère pis mon père avont travaillé avec ieusses, sus l'Île-Rouge. (TN – Brasseur 2001 : s.v. *ieusses*, p. 253)

▶ *zeux* (pas en LOU), rarement *zeusse* et *zeux-autres*

Double marquage
- Pis les femmes, zeux, ben ça filait. (NÉ – Flikeid 1996 : 318, Pomquet)
- [Discussion du terme un KETTLE] Une bombe. C'est différent. Zeux-autres... Mes/mes parents disaient une bombe. (NÉ – Hennemann, ILM, EL)
- zeux i dérivaient le saumon.. nous-autres on pêchait le maquereau. (NB – Wiesmath 5, C : 38)
- mes parents se/ se/ sont pas icitte/ i/ i sont morts zeux (NB – Arrighi 2005 : 235, Zélia NB 17 : 44–45)

Après les prépositions
- c'est excitant pour zeux de voir si tant de monde sus l'estrade (NÉ – Hennemann, BSM, BM)
- on a été dehors avec zeux (NÉ – Arrighi 2005 : 236, Rosalie NÉ 23 : 336)
- [ils] disent à leurs amis les anglais que Clare est tout pour zeux (NÉ – *Lettres de Marichette*, Gérin/Gérin 1982 : 128)
- moi euh je reste pas par derrière quand les affaires changent je change avec zeux (NB – Wiesmath 13, H : 123)
- les gens me demandent des conseils de décoration pour magasiner pour zeux (NB – Arrighi 2005 : 236, Rachelle NB 1 : 65–66)
- i aviont pas dit à zeusses [référent féminin] (NB – Arrighi 2005 : 236, Willy NB 9 : 445)
- les femmes pouvont rester icitte pis si qu'on trouve du travail on:/ on envoyera pour zeux (NB – Arrighi 2005 : 236, Zélia NB 17 : 72–73)
- Je sais pas quo-ce qu'y a rivé enteur zeux. (TN – Brasseur 2001 : s.v. *arriver, river*, p. 29)
- Y en a de zeux qui a été à la Louisiane, aux États. (TN – Brasseur 2001 : s.v. *États*, p. 189)

Emploi isolé (cadre de l'énoncé)
- c'est pas le même champ de b[leu]ets coumme que j'ai là moi ben zeux i y a pas d'arbres i y a pas de varnes (NB – Wiesmath 1, B : 590–592)

▶ *ielles*
- sais-tu a dit à ielles [deux femmes] i a dit vous allez haler un gros lots [sic] (NB – Arrighi 2005 : 235, Willy NB 9 : 461)
- Les deux autres, ben i sont pas si beulles, ielles. (TN – Brasseur 2001 : s.v. *beulle*, p. 53)

VII *Ça* vers un pronom « passe-partout »

Ça peut remplacer tout pronom personnel de la 3ᵉ pers., au singulier, mais aussi, voire surtout, au pluriel en fonction de sujet ou d'objet ; *ça* connaît des emplois conjoints et disjoints.

Au singulier, la distinction du genre grammatical est donc fragilisée principalement par deux développements : premièrement, le remplacement du féminin par le masculin (*cf.* ci-dessus V, VI), deuxièmement, l'emploi du pronom neutre *ça*[106] ; *ça* est le pronom de choix pour renvoyer à des antécédents inanimés, mais il s'emploie également très souvent en référence à des antécédents animés et même humains sans que cet usage implique une connotation péjorative ; en FL, il semble s'agir d'un développement récent, *ça* étant en forte hausse dans la jeune génération[107]. Le remplacement des pronoms personnels de la 3ᵉ pers. par *ça* concernant le singulier et le pluriel, il entraîne également la perte de la distinction selon le nombre (*cf.* le chap. « Les déterminants et les pronoms démonstratifs », II.3.2.).

Notons que devant le verbe *être*, c'est la forme *c'* qui apparaît.

VII.1 *Ça* dans le rôle du sujet de la phrase

Signalons que *ça* ne remplace les pronoms personnels que dans les cas où le référent est identifiable dans le contexte ; il peut s'agir d'énoncés de type généralisant (*cf.* « Un cadien, ça travaillait pas », Girard 2008 : 129, « les femmes, ça peut pas jouer à ça », Hennemann, BSM, RG), mais il faut souligner – par contraste avec le français parlé hexagonal – que *ça* peut aussi renvoyer à un référent singulier et défini (Stäbler 1995 : 87)[108]. Dans l'emploi de *ça* en tant que sujet, il n'y a aujourd'hui aucune connotation péjorative ou autre dans les parlers qui nous intéressent ici (Arrighi 2005 : 256, Stäbler 1995 : 87), même dans les cas où *ça* renvoie à un être humain. Notons que *ça* sert couramment de pronom résomptif d'une forme tonique de la 3ᵉ pers. du singulier ou du pluriel ou d'un syntagme nominal, mais qu'il reprend parfois

---

106 Pour le FA : Péronnet (1989a : 187), King (2000 : 65), Arrighi (2005 : 256–258) ; pour le FL : Stäbler (1995 : 86–92), Rottet (2001 : 156 ; 208), Girard (2008 : 130), Girard Lomheim (2016 : 190ss.), DLF (2010 : s.v. *ça*¹, p. 95). – Pour le français ontarien, *cf.* Nadasdi (2000 : 71).
107 Rottet (2001 : 207s.), Stäbler (1995 : 87, 89s.), Conwell/Juilland (1963 : 145). – Tandis que Guilbeau (1950 : 146) attribue à *ça* en référence à un être humain une note soit émotionnelle soit péjorative, Stäbler (1995 : 87) souligne l'équivalence de *ça* avec *ils* dans l'usage contemporain.
108 Notons que dans le corpus madelinien de Falkert (2010), *ça* renvoie toujours à un référent au pluriel, de manière aussi bien généralisante que spécifique, *cf.* « les belles-mères ça restait avec les/les/les/. les enfants », « leurs chums venaient là-bas ça parlat anglais » (IdlM – Falkert 2010, corpus : 238, p. 352 et 123, p. 50, CD-ROM)

aussi les formes toniques *nous-autres*, *vous-autres* (emploi qualifié d'occasionnel par Conwell/Juilland 1963 : 143 et Rottet 2001 : 153). La reprise par *ça* est possible même si le nom de référence est accompagné d'un quantificateur.

▶ **Référence aux choses et aux animaux**
- Ça a m'nu vrai, c'histoire-là. (NÉ – Hennemann, ILM, EL)
- mon ordinateur est complètement retardé ça a pas d'auto correcteur/ça a coumme/ pas d'accents/ça a rien. (NÉ – Fritzenkötter 2015 : 107, BSM)
- [le] cochon restait suspendu là un bout de temps jusqu'à tant ça s'arrêtit de saigner (NÉ – Arrighi 2005 : 161, Édith NÉ 22 : 17–18)
- ah il était plus beau [le monument] mais c'était un ancien ç'avait été bâti en dix-neuf cent/ dix-neuf cent douze était l'ouverture officielle. (NB – Wiesmath 6, L : 16)
- Et le bigorneau, lui ça prend à peu près dix sept [pour cent d'eau salée] (LOU – *Découverte*, Isle Jean Charles, Terrebonne)
- On a eu des *otter*. Ça ça se vend un peu. (LOU – *Découverte*, Isle Jean Charles, Terrebonne)
- Tu vois ça-ici, c'est un de ces *speedboats*, ou un *crewboat*. Et ça ça va vite ça. (LOU – *Découverte*, Isle Jean Charles, Terrebonne)

▶ **Référence à des êtres humains**
- mon onc' ça vient du Nouveau-Brun/ du NEW BRUNSWICK. (NÉ – Fritzenkötter 2015 : 107, BSM)
- tchetchun qui vient point d'par icitte/ehm/et pis ils arrivont pis/ça départ/coumme/dans/coumme/ français d'icitte. (NÉ – Fritzenkötter 2015 : 107, BSM)
- Comme zeux asteure, pour aller à l'école, ça a des autos de vingt / trente mille dollars à leurs parents que ça va à l'école avec. (NÉ – Hennemann, BSM, SC)
- Pis les femmes, zeux, ben ça filait (NÉ – Flikeid 1996 : 318, Pomquet)
- oh non, les femmes, ça peut pas jouer à ça. (NÉ – Hennemann, BSM, RG)
- C'est pas une boune à rien [sa], al est trop instruit ; [sa] doit être de quoi de bon ; [sa] doit être une boune fille. (NB – Péronnet 1989a : 187)
- Les autes, [sa] arrive avec des fleurs pis un petit patchet de rien. (NB – Péronnet 1989a : 187)
- les gars du Nouveau-Brunswick [...] i restont là dans les/ tout le temps . ça travaillait solide (NB – Arrighi 2005 : 257, Willy NB 9 : 61–62)
- Ça vient d'Abram-Village. (ÎPÉ – King 2000 : 65) (« She/he comes from Abram-Village »)
- y a des femmes aujourd'hui ça broche pas (ÎPÉ – Arrighi 2005 : 257, Rose ÎPÉ 7 : 50)
- [À propos d'un prêtre] Tu le connais pas avec les autres hommes ! Ça danse et ça boit ! Oh mon homme ! (TN – Brasseur 2001 : s.v. *connaître*, p. 121)
- Quand que je suis entour ici là, avec ieusses, avec les Cornect et … ces gars-là pis les enfants d'ieusses, ça parle pas anglais. C'est français. (TN – Brasseur 2001 : s.v. *entour*, p. 183)
- Mes parents, ça viendait du Cap-Breton. (TN – Brasseur 2001 : s.v. *venir*, p. 466)
- Un Cadien, ça travaillait pas, ça buvait tout le temps. (LOU – Girard 2008 : 129)
- Elle, ça dit la bonne aventure. (LOU – Girard 2008 : 129, LA)
- Alle est avec eusse asteur parce qu'alle est malade un petit peu. SO alle couche là. Ça a quatre-vingt-six ans. (LOU – DLF 2010 : s.v. *ça*^{1}, p. 95, SL)
- [...] j'ai demandé à ma grand-mère plus tard, je voulais savoir. Et alle m'a montré. [...] J'ai demandé et ça m'a montré. (LOU – Rottet 2001 : 136, semi-locuteur)

- Ouais, y a plein des jeunes aujhourd'hui qui parle p'us français parce que quand ça allait à l'école, eusse les faisait parler juste en anglais dans le temps qu'eusse était dans l'école, tu vois ? (LOU – Rottet 2001 : 191s., loc. âgée)
- Tu sais les jeunes femmes asteur-là ? Ça se tracasse pas d'arien. (LOU – Rottet 2001 : 125, loc. âgée)
- les deux [les parents du locuteur, INH/JM] pouvaient chanter, ça aimait la musique (LOU – *Découverte*, Basile, Évangéline)
- je peux pas dire que j'étais élevé un Cadien pauvre à la crève de faim parce que il n-a un tas de mes amis, ça l'aime dire ça, mais pour moi c'était pas le cas. (LOU – *Découverte*, Jennings, Jefferson Davis)
- Il y avait des jours, j'en avais trente et euh celles là là des dames de club là, ouh ! eux-autres l'aviont les cheveux arrangés beau beau rouge rouge, bien arrangés. Ça amenait les petits, ils sont sales en arrière des oreilles, et cette tête sale sale. C'est ça la chose fallait je fais premier, c'était les baigner et les laver leur tête propre propre et eux-autres ça sentait bon bon, tu vas me dire (LOU – *Découverte*, Mamou, Évangéline)
- Ça parlait en anglais, et si ça voulait pas les enfants connaît quoi c'était après dire, ça parlait en français. (LOU – DLF 2010 : s.v. *ça*[1], p. 95, AC)

▶ **Référence aux choses et aux êtres humains dans le même énoncé**
- Il aviont ça pour des graviers, pour faire chesser le poisson. Ça c'est des gamins de quinze seize ans, dix-huit ans. I preniont ça avec ieusses pour faire chesser leu poisson. (TN – Brasseur 2001 : s.v. *gravier*, p. 234)
- [...] les hommes allaient dans les bas et ramassaient de la mousse et mettaient ça dans la charrette, ça amenait ça à la maison (LOU – *Découverte*, Pointe-aux-Chênes, Terrebonne)

▶ **Reprenant *nous-autres* et *vous-autres***
- Nous autes, des rois pis des princes, [sa] se marie pas sans que [sa] save qui ce que c'est. (NB – Péronnet 1989a : 187)
- vous-autres, ça va à l'école (LOU – Conwell/Juilland 1963 : 143)
- Euh... et là euh... vous autres, ç'a comme é... échangé des plats ? (LOU – Girard Lomheim 2016 : 195, VM)

▶ **Reprenant un sujet quantifié**
- Tu connais le monde, un tas de monde ça veut *copy* (LOU – Girard Lomheim 2016 : 195, SL)

Ça peut remplacer le pronom *il* dans les tours impersonnels, et dans les expressions se référant au temps qu'il fait[109].

▶ ***ça* au lieu de *il* impersonnel**
- De nouveau parce que ça dégèle le lendemain matin, descend pour aller nourrir les racines. (NB – Wiesmath 2, E : 516–517)
- asteure, le mois de juin, c'est pas vraiment chaud. (NB – Wiesmath 1, R : 498)
- c'est pour ça que c'est important d'acheter des plans d'éducation là pour les nouveaux-nés (NB – Arrighi 2005, corpus, Stéphanie NB 11 : 270–271)
- ça serait je/joliment difficile à dire les premières familles (NB – Arrighi 2005, corpus, Annie NB 10 : 58–59)
- ça prenait ien que quinze vingt minutes (NB – Arrighi 2005, corpus, Willy NB 9 : 488)

---

[109] *Cf.* Arrighi (2005 : 256), Stäbler (1995 : 88), Girard (2008 : 130), Girard Lomheim (2016 : 107). – Pour le français familier/populaire de France, *cf.* ci-dessous « Commentaire ».

- Mais dans ce temps là ça peut-être prendait trois heures pour venir à la Pointe. (LOU – *Découverte*, Pointe-aux-Chênes, Terrebonne)
- ça fait chaud hein (LOU – Stäbler 1995 : 190, corpus, Stäbler 1995 : 88)
- Ça mouille dehors (LOU – DLF 2010 : s.v. *ça*^{1}, p. 95, SM) (« il pleut dehors »)

VII.2 *Ça* dans le rôle de l'objet direct de la phrase

Employé en tant qu'objet, *ça* renvoie généralement à des objets inanimés ou à des animaux sans connotation particulière ; la référence à un être humain, beaucoup plus rare, peut impliquer en FL une connotation péjorative, surtout au singulier, ce qui n'est pas le cas en FA (Arrighi 2005 : 256, Stäbler 1995 : 92s.).

L'emploi de *ça* en tant que pronom, postposé au verbe, permet le maintien de l'ordre canonique S-V-O de la phrase[110] (*cf.* aussi ci-dessous VIII.3.).

▶ **En tant qu'objet renvoyant aux choses et aux animaux**
- Moi, j'en ai mangé aussi, j'ai aimé ça. (NÉ – Hennemann, ILM, DO)
- Quand que la verrure est grosse assez, tu peux parcer [sa]. (NB – Péronnet 1989a : 188)
- Nous autres chez nous le houmard, y a des rogues, le rouge, pis là le vert qu'est dedans là, ça j'appelons ça du fars, c'est ça ce que c'est. (TN – Brasseur 2001 : s.v. *fars*, p. 197)
- Des laîches ? [...] J'usions ça pour... pêcher les truites et les anguilles. (TN – Brasseur 2001 : s.v. *laîche, lainche, lainge*, p. 267)
- c'était un plaisir aller à la chasse perdrix, ici on trouvait ça tout partout (LOU – Stäbler 1995 : 194, corpus)
- [je connaissais pas parler anglais] Et i' a follu jh'apprends ça avant d'apprendre à lire et écrire et faire les autres affaires. (LOU – Rottet 2001 : 120, loc. âgée)
- « moi je suis pas prêt lui dire pour il arrête parce que c'est un job il peut faire et il fait de l'argent avec ça », et je dis, « il aime ça ». (LOU – *Découverte*, Mamou, Évangéline)
- il faulait tirer ça à la main [= les vaches] (LOU – Stäbler 1995 : 9, corpus, Stäbler 1995 : 92)

▶ **En tant qu'objet renvoyant aux être humains**
- I a mis sa fille à bord avec des charpentchers pis i a enwoyé [sα] su un île. (NB – Péronnet 1989a : 187)
- ah ben i avions trouvé ça ben ben malaisé parce quand i ont été attaqués pour les déporter . i les prenont de famille pis i en mettiont iun ou deux dans un bateau pis i *shipiont* ça i les séparaient tout' là . ben sûr ça pleurait ce monde-là ça voulait/ ça arait voulu être ensemble hein (NB – Wiesmath 4, M : 255–258)
- [elle parle de sa fille] elle avait presque deux ans là et ien que deux trois jours ce temps-là on menait pas ça à l'hôpital (NB – Arrighi 2005 : 256, Annie NB 10 : 532–533)
- je connais pas si tu veux te marier avec ça (LOU – Stäbler 1995 : 183, corpus, Stäbler 1995 : 92) (avec une nuance ironique ou péjorative, *cf.* Stäbler 1995 : 93)
- Ça prend des portraits de ça (LOU – *Découverte*, Châtaignier, Évangéline) (ça = « les embryons »)

---

110 Pour le non-standard hexagonal, *cf.* Gadet (1992 : 65) dans le même sens. – La position de *ça* après le verbe permet aussi, en principe, d'éviter l'accord du participe passé ; mais dans les parlers étudiés ici, l'accord n'est généralement pas réalisé, de sorte que cet argument ne constitue pas un motif supplémentaire pour l'emploi de *ça*.

Commentaire

Ça remplace couramment les pronoms de la 3ᵉ pers. dans le non-standard hexagonal et dans les parlers laurentiens du français (dont le FQ, le franco-albertain, le franco-manitobain, le franco-minnesotain[111]). Dans le français familier de France, s'il y a référence à un être humain, *ça* est jugé péjoratif ou affectif[112].

En tant que sujet, *ça* réfère souvent à des collectifs : *les femmes, ça veut toujours plus qu'on leur en donne* (Bauche ²1951 : 77).

Ça peut également remplacer *il* impersonnel en français familier, voire populaire (*Ça a neigé toute la nuit*, *cf.* Le Petit Robert 2013 : s.v. *ça*; *cf.* aussi Bauche ²1951 : 92 : *ça pleut*).

VIII Particularités d'emploi

VIII.1 Les dislocations et le redoublement

Dans les variétés étudiées, les syntagmes nominaux et les pronoms toniques en fonction de sujet ou d'objet sont repris dans la majorité des cas par un pronom clitique placé auprès du verbe, de sorte qu'il y a double marquage[113].

Comme en français hexagonal, le procédé est courant dans les dislocations à gauche et à droite. Loin de se restreindre aux parlers étudiés ici, ces constructions sont caractéristiques de toutes les variétés orales du français. Dans les dislocations, un constituant, dont le rôle pragmatique est celui du thème de l'énoncé, est projeté hors du cadre de la phrase, à gauche ou à droite. Il reçoit un accent d'insistance et est séparé de la phrase par une pause. À l'intérieur de la phrase, il est repris (dislocation à gauche) ou annoncé (dislocation à droite) par un pronom personnel ou démonstratif (*cf.* Riegel et al. 2011 : 719s.).

Par contraste avec la dislocation, le redoublement du sujet[114] se caractérise
- sur le plan syntaxique, par le fait que le sujet et le clitique se trouvent toujours à la gauche du verbe,
- sur les plans sémantique et pragmatique, par le fait que le redoublement n'implique ni contraste ni emphase et qu'il ne s'agit pas d'une thématisation,
- sur le plan prosodique, par le fait qu'il n'y a ni accent d'insistance sur la dernière syllabe du syntagme nominal ni pause entre le sujet nominal et le clitique (*cf.* Nadasdi 2000 : 39),

---

111 Papen (2006 : 163), *cf.* aussi Hallion Bres (2006 : 117) ; pour le FQ : Brasseur (2001 : s.v. *ça*, p. 82), Péronnet (1989a : 188), Blondeau (2011 : 65).

112 *Cf.* pour le français hexagonal : Frei (1929 : 144), Gadet (1992 : 65), *Le Petit Robert* (2013 : s.v. *ça*), Hanse (1991 : s.v. *ça*, p. 193).

113 Nous parlons de *double marquage* aussi bien dans les cas du redoublement que dans les dislocations, indépendamment de la place du pronom à gauche ou à droite de la proposition, le seul critère étant la double expression du même rôle grammatical. – Pour les phénomènes du double, voire triple marquage en franco-manitobain, *cf.* Hallion (2000 : 272).

114 Pour la syntaxe de l'oral hexagonal, *cf.* aussi Blanche-Benveniste (2010). – Pour plus de détails concernant les facteurs linguistiques et sociaux qui influencent le redoublement du sujet en français de France et dans des variétés d'outre-Atlantique, *cf.* par ex. Sankoff (1982), Auger/Villeneuve (2010) et Zahler (2014) ; pour le français du Missouri, *cf.* Thogmartin (1970 : 65s.). – Chaudenson et al. (1993 : 93s.) tirent des parallèles entre les constructions présentes dans les français « marginaux » (*cf.* « Introduction ») et populaires et les créoles à base française de l'Océan Indien, où l'élément de reprise est grammaticalisé.

- par le fait que le redoublement du sujet n'est pas restreint à la phrase matrice mais peut également apparaître dans les subordonnées (*cf.* Nadasdi 2000 : 51).

Le redoublement du sujet est d'autant plus probable que le sujet est haut placé sur un continuum de spécificité (Nadasdi 2000 : 46). C'est pourquoi avec les pronoms de la 1re et de la 2e personne du sg. en début de phrase (*moi, toi*), le redoublement est même considéré comme obligatoire dans beaucoup de parlers régionaux. Rappelons que cette obligation n'existe pas dans les parlers étudiés ici (*cf.* ci-dessus I.2.1., III.2.1.)[115]. Pourtant, certains cas de redoublement apparaissent presque systématiquement, comme *moi je* en FL et *nous-autres on* dans tous les parlers, ou bien la reprise d'un syntagme nominal par le pronom ; Arrighi (2005 : 247) note à ce sujet que la reprise « n'a aucune valeur stylistique, mais [qu']elle pourrait montrer que le pronom, devenu une simple marque de la personne et du nombre, est perçu comme indispensable au verbe ».

Il n'est pas toujours possible de distinguer la dislocation à gauche du redoublement du sujet, même si l'on effectue une analyse prosodique, comme par ex. Girard Lomheim (2016). Selon elle, l'existence du redoublement du sujet peut être revendiquée pour le FL, bien qu'elle souligne que les difficultés de distinction avec la dislocation persistent dans bien des cas (Girard Lomheim 2016 : 184). Pour la variété conservatrice parlée à L'Anse-à-Canards (TN), King/Nadasdi (1997 : 279 *passim*) suggèrent, eux, que le redoublement du sujet n'existe pas. Selon eux, là où le pronom tonique ou un syntagme nominal est repris par un pronom sujet, il s'agit toujours d'une dislocation à gauche. En effet, dans cette variété, les pronoms sujets clitiques (atones) sont des éléments syntaxiques et non pas – tels les affixes – des éléments morphologiques, contrairement à leur statut dans d'autres variétés parlées du français, notamment dans les variétés laurentiennes et le français parlé hexagonal[116].

Le même problème de distinction se pose entre les dislocations à droite et les cas de redoublement de l'objet. En effet, dans les variétés concernées, un pronom objet clitique placé avant le verbe annonce souvent l'objet pronominal ou nominal placé en fin de phrase (*cf.* Arrighi 2005 : 255s.) sans qu'on note les caractéristiques prosodiques de la dislocation. Dans le cas du redoublement de l'objet, c'est l'élément rhématique qui est ainsi annoncé et non pas, comme dans la dislocation, le thème de la phrase (Stäbler 1995 : 94)[117].

---

115 Notons que l'emploi de la forme tonique de la 3e pers. sans reprise pronominale est accepté en FS, *cf.* Chevalier et al. (1964 : § 358, p. 233), Foulet (1967 : 153) ; par contre, les pronoms de la 1re et de la 2e pers. sont nécessairement accompagnés du clitique : « On peut dire : *moi, j'y étais*, et *j'y étais, moi*, mais non pas *moi y étais.* » (Foulet 1967 : 153). En revanche, cet emploi est possible en FA/FTN/FL (*cf.* Brasseur 1998 : 77s., Girard Lomheim 2016 : 137, Neumann-Holzschuh 2008 : 364s.). – C'est à la 3e pers. sg. et pl. que l'emploi conjoint des formes toniques n'est pas rare en franco-manitobain (Hallion 2000 : 270). – Pour le Nord-Est du NB, Beaulieu/ Cichocki (2005 : 177s.) observent que l'emploi du pronom de reprise *i* dépend de facteurs linguistiques (par ex. le temps verbal) et extralinguistiques (par ex. l'âge du locuteur).
116 Ils avancent plusieurs critères contre le statut affixal des pronoms sujets atones à TN, comme la possibilité d'omettre le pronom sujet dans une phrase coordonnée ou le fait que tous les pronoms toniques connaissent des emplois conjoints (King/Nadasdi 1997 : 278). – Pour plus de détails *cf.* King/Nadasdi (1997).
117 Selon Stäbler, le procédé fait penser à une conjugaison objective dont le trait typique est justement le marquage de l'objet sur le verbe (*cf.* la discussion dans Stäbler 1995 : 99).

Le soin de distinguer ces différents procédés dépassant largement le cadre de la présente étude, on retiendra pour les exemples cités ci-dessous que faute d'indications prosodiques, les cas univoques de dislocation sont ceux où le constituant se trouve syntaxiquement détaché du reste de la phrase.

▶ Dislocation à gauche du sujet et redoublement du sujet

- [Autrefois les Anglais apprenaient le français. Maintenant, c'est l'inverse.] Si tu maries un Anglais, tu / toi tu parles en anglais pour lui. (NÉ – Hennemann, ILM, MD)
- Pis son père après qu'on l'avait fait, il a mouri quatre ans après ça. (NÉ – Hennemann, BSM, SC)
- Pis ielle a prend pas de pilule, a prend rien. (NÉ – Hennemann, ILM, EL)
- moi j'ai eu cinq enfants pis i sont tout' nés aux États j'ai eu une/ on restait à HUDSON . moi j'ai jamais euh parlé anglais aux enfants (NB – Wiesmath 2, F : 321–322)
- nous-autres on fait des petits pique-niques là (NB – Wiesmath 2, E : 602)
- ma sœur é s'est mariée quand moi j'avais cinq ans (NB – Arrighi 2005 : 247, Angèle NB 13 : 8)
- MAM a porte des lunettes pour lire (NB – Arrighi 2005 : 247, Catherine NB 18 : 9)
- SO lui sa JOB était lui i tranchait (NB – Wiesmath 1, B : 447–448)
- eux-autres faulait qu'i allent beaucoup aux bleuets (NB – Wiesmath 1, R : 762–763)
- les gars de Québec i étiont corrects (NB – Arrighi 2005 : 247, Willy NB 9 : 105)
- ben mes chats i sont dégriffés et à cause de ça je veux pas qu'ils aillent dehors là […] mais les chats à ma sœur i sont pas dégriffés (NB – Arrighi 2005 : 247, Stéphanie NB 11 : 96–99)
- Romain i s'appelait le père à mon père (ÎPÉ – Arrighi 2005 : 247, Aldine A. ÎPÉ 6 : 1)
- Nous autres j'appelons ça ène cravate. On les fait ac la laine, pareil comme… Oh moi je brochais ça, surtout avec ma mécanique que j'ai là moi. (TN – Brasseur 2001 : s.v. *ac*, p. 5)
- Ielle a va dans sa chambre, pis a braillait, pis là lui i se gréait [gʀije] pour s'en aller. (TN – Brasseur 2001 : s.v. *brailler*, p. 73)
- mais moi quand je m'ai marié là, il fallait je me contente avec deux berceuses (LOU – *Découverte*, Mamou, Évangéline)
- eh ben, moi je m'ai revenu, j'ai pris *back* le pont (LOU – *Découverte*, Pointe-aux-Chênes, Terrebonne)
- Et là j'ai élevé mes enfants et je y-eux, j'avais dit que j'allais jamais montrer à mes enfants à parler français parce que j'avais pris ça trop dur quand moi j'allais à l'école, et de voir que moi je connaissais pas parler n-anglais. (LOU – *Découverte*, Pointe-aux-Chênes, Terrebonne)
- Et le roi, il a envoyé une lettre à son mari […] (LOU – *Découverte*, Bayou Sorrel, Iberville)
- Ouais, des fois Pop il voyait ça lui, tu connais, il était là. (LOU – *Découverte*, Mamou, Évangéline)
- Les Américains, ça l'appelle ce petit village « Mermentau », mais nous-autres, les Cadiens, on appelle ce voisinage là, la Mentau. (LOU – *Découverte*, Jennings, Jefferson Davis)
- Et W., lui, c'est l'ayou son nombril il a été enterré (LOU – *Découverte*, Mamou, Évangéline)
- C'est là où j'ai vu que peut-être il aurait fait bien avec moi mais quand l'autre madame B. elle est venu [sic], elle était derrière lui, lui. (LOU – *Découverte*, Mamou, Évangéline)

▶ Dislocation à droite du sujet

- Non, je mets pas de beurre moi. (NÉ – Hennemann, ILM, IS)
- Elle faisait / oui, ben comme tu fais toi. (NÉ – Hennemann, BSM, AnS)
- je deverions nous marier moi pis toi (NÉ – Hennemann, ILM, IS)
- Pis yoù-ce que c'est qu'i vient lui ? (NÉ – Hennemann, ILM, EL)
- c'est pas le même champ de b[leu]ets coumme que j'ai là moi (NB – Wiesmath 1, B : 590–592)
- à cause que je travaillais moi (NB – Wiesmath 2, D : 67)

- [les Indiens] i s'installiont à la côte là eux-autres là teniont des tentes là (NB – Arrighi 2005 : 237, Willy NB 9 : 391)
  - je crois moi ça aurait été un garçon (LOU – *Découverte*, Châtaignier, Évangéline)
  - Oh t'es pas là toi (LOU – *Découverte*, Mamou, Évangéline)
  - ça fait peur ça (LOU – *Découverte*, Mamou, Évangéline)
  - je crois pas ça va arriver ça comme ça (LOU – *Découverte*, Mamou, Évangéline)
  - Pop avait une place, lui [...] (LOU – *Découverte*, Mamou, Évangéline)
  - eusse était pas instruit eusse (LOU – *Découverte*, Isle Jean Charles, Terrebonne)

▶ **Dislocation à gauche de l'objet**
  - moi des cannes ç/ça me dit pas de rien (NÉ – Hennemann, ILM, EL) (Il s'agit même ici d'une double dislocation, de l'objet et du sujet)
  - ça maman me l'a dit (NB – Wiesmath 1, R : 763)
  - moi eusse m'a dit ça mais moi ça m'a pas fait rien (LOU – *Découverte*, Isle Jean Charles, Terrebonne)
  - Mais tu connais, mon mari là, lui je lui ai jamais demandé une fois pour se lever et bercer un bébé. (LOU – *Découverte*, Mamou, Évangéline)
  - ça j'aime pas ça (LOU – *Découverte*, Mamou, Évangéline)
  - toi une barque, la même chose, c'est comme ça t'appelles ça ? Ou un bateau ? (LOU – *Découverte*, Isle Jean Charles, Terrebonne) (De fait, il s'agit d'une double dislocation, du sujet et de l'objet.)
  - Et les chaouis, eusse piège ça aussi ? (LOU – *Découverte*, Isle Jean Charles, Terrebonne)
  - Lui, il y avait longtemps qu'elle essayait de me l'ôter tu connais ? (LOU – *Découverte*, Mamou, Évangéline)

▶ **Dislocation à droite de l'objet et redoublement de l'objet**
  - on le pendait le cochon à le saigner (NÉ – Arrighi 2005 : 256, Édith NÉ 22 : 6)
  - ben ça nous *helpait* nous-autres (NB – Arrighi 2005 : 256, Willy NB 9 : 267)
  - je l'ai fait la pêche aux homards là (NB – Arrighi 2005 : 256, Odule NB 21 : 53)
  - j'avais tout' perdu mes sennes j'avais coupé mes sennes pour alles les sauver zeux (NB – Wiesmath 3, D : 132)
  - pis dans l'hiver . tant ce tu voulais un pot' ça tu sortais ça pis tu le mettais ça dans le poêle pis tu l faisais réchauffer avec des patates pis des carottes (NB – Wiesmath 1, B : 438)
  - pis les minerais sont dans l'eau mais tu les vois pas . mais tu les passes ça dans l'ozone. (NB – Wiesmath 12, J : 84)
  - Quitte-[mwa]-[lɛ], ce quartier de viande-là. (NB – Péronnet 1989a : 173) (pour la forme [lɛ] du pronom objet direct à l'impératif, *cf.* ci-dessous VIII.4.)
  - je pouvais pas l'emporter l'argent (ÎPÉ – Arrighi 2005 : 256, Délima ÎPÉ 5 : 55)
  - [...] C'est là-dessus qu'elle les nourrissait, ieusses. La soupe aux noves ! (TN – Brasseur 2001 : s.v. *dessus*, p. 158)
  - Tu l'assirais elle [la poule] dedans un baril d'eau. (LOU – DLF 2010 : s.v. *asseoir*, p. 41, IV)
  - Ça fait moi j'allais avec mon prétendu la rejoindre elle. (LOU – *Découverte*, Châtaignier, Évangéline)
  - Les Américains, ça l'appelle ce petit village « Mermentau » [...] (LOU – *Découverte*, Jennings, Jefferson Davis)
  - y a un qui m'a attrapé moi par en arrière (LOU – Stäbler 1995 : 37, corpus)
  - si ils nous auraient appelé nous-autres pour d'aller l'éteindre aussi (LOU – Stäbler 1995 : 91, corpus)
  - il nous a assisté nous-autres (LOU – Stäbler 1995 : 212, corpus)
  - et là après ça tu peux pas l'user ça (LOU – Stäbler 1995 : 182, corpus)

- y a fallu l'opérer ma jambe (LOU – Stäbler 1995 : 94 et 1995 : 41, corpus)
- J'veux tu m'dis à moi quoi c'qui les fait rire. (LOU – Girard Lomheim 2016 : 211, VM)

En FL, la forme tonique postposée au verbe est souvent introduite par la préposition *à*, même si le pronom est l'objet direct de la phrase ; ce marquage est systématique s'il y a référence à une personne (Papen/Rottet 1997 : 85).

- Je l'ai vue, à elle. (LOU – Guilbeau 1950 : 158, Papen/Rottet 1997 : 85)
- l'nous a vus, à nous-autres. (LOU – Guilbeau 1950 : 159, Papen/Rottet 1997 : 85)
- Elle l'aimait à lui. (LOU – Guilbeau 1950 : 159)
- il faut que je – les voye à eusse (LOU – Dajko 2009 : 193)

VIII.2 Les pronoms personnels en emploi générique

L'emploi générique de *on* (« une personne quelconque ») est inconnu en acadien traditionnel ; dans les parlers étudiés ici, *on* exprime toujours la 1ʳᵉ pers. pl.[118].

En FA/FTN/FL, le sens générique est exprimé en premier lieu par les formes de la 2ᵉ pers. – *tu*[119] et, plus rarement, *vous*, voire, rarement, *vous-autres*[120] ; *tu* et *vous* peuvent apparaître côte à côte dans ce sens dans le même énoncé :

- Mais vous-autres, là faut que vous faisiez écoler parce que aujourd'hui c'est malcommode quanT tu peux sa / t'as pas de savoir. (NÉ – Hennemann, ILM, MS)

En outre, on trouve, dans ce rôle
- en FA/FTN, les formes *n-on* [nɔ̃] et *no* [no] (dénasalisé), suivies d'un verbe à la 3ᵉ pers. sg.[121], dont nous ne sommes pourtant pas à même de confirmer la vitalité faute d'exemples dans les corpus consultés ;
- en FA/FTN et surtout en FL, les pronoms de la 3ᵉ pers. (*il, ils, eusse* – pour *ils*), le pronom neutre *ça* ou le tour indéfini *tout le monde*[122].

▶ *tu*
- CL : [dans notre temps] euh / euh / le / tu prenais ton grade onze et douze au couvent à Arichat BECAUSE i enseigniont rienque un couple de grades ... EL : jusqu'à la grade dix. (NÉ – Hennemann, ILM, CL)

---

118 *Cf.* Péronnet (1989a : 140), Arrighi (2005 : 219, 259), Chauveau (2009 : 48). – Ajoutons que sous l'influence d'autres variétés du français on ne saurait exclure aujourd'hui l'existence du *on* générique dans les variétés concernées (*cf.* Péronnet 1989a : 157).
119 *Tu* fait également partie intégrante du marqueur discursif figé *tu sais*. – Le corpus Falkert (2010) témoigne lui aussi de la vitalité de *tu* en emploi générique aux Îles-de-la-Madeleine.
120 *Cf.* Arrighi (2005 : 259), Papen/Rottet (1997 : 88), Girard Lomheim (2016 : 103). Notons qu'en fonction de complément, *vous* s'emploie aussi en FS dans le sens générique (*cf. Le Petit Robert* 2013 : s.v. *vous*).
121 *Cf.* Brasseur (2001 : s.v. *no, non*, p. 317 et p.324), Poirier (1993 [1925] : s.v. *n'on*, p. 321s.), Chauveau (2009 : 48). Selon É. Boudreau (1988 : 179), *nous* est également relevé dans cet emploi, mais il précise que « *nous*, pronom indéfini, n'est probablement pas d'un emploi général, en Acadie » : *Coumme nous dit*. (« Comme on dit. »), *Nous est mal à son aise quand il fait chaud coumme ça*. (É. Boudreau 1988 : 179).
122 *Cf.* Guilbeau (1950 : 147), Papen/Rottet (1997 : 88), Girard (2008 : 130). – Girard Lomheim (2016 : 108) relève de rares cas d'emploi de *on* à valeur indéfinie dans son corpus portant sur St. Landry et Vermilion.

- Quand tu perds ta jeunesse, tu perds touT. (NÉ – Hennemann, ILM, EL)
- au lieu de demander si le serveur parle en français tu pourrais juste commencer à parler (NB – Arrighi 2005 : 259, Stéphanie NB 11 : 147–149)
- parce que tu vendais le homard pour quasiment pour rien (ÎPÉ – Arrighi 2005 : 259, Théodore ÎPÉ 4 : 11–13)
- *So* dans notre temps nous autres, t'allais pas au boutique acheter des... de quoi pour chiquer, de la gomme, [...]. (TN – Brasseur 2001 : s.v. *chique*, p. 110)
- Ej voulais pas qu'eux-autres aye la misère que mon j'ai eu pour apprendre le nanglais. Parce que si tu vas à l'école, l'école est en anglais. Et là, si tu connais pas parler nanglais, t'as de la misère. (LOU – Rottet 2001 : 120, loc. âgée)

▶ *vous* et *vous-autres* (FL)
- on dirait qu'on a manière de honte . à cause vous l'avez pas appris (NB – Wiesmath 4, M : 161)
- Et par-dessus la paillasse, y a un autre drap de lit et par-dessus vous y a un autre drap de lit, pis là les couvartes. [...] (TN – Brasseur 2001 : s.v. *couvarte*, p. 131)
- Tous les travaillants, ça fait, c'est plus comme une famillle, et eusse travaille près ensemble et euh si vous avez observé, à beaucoup de les restaurants vous-autres va aller et vous-autres aura une personne qu'est assigné votre table. Et y aura une personne qui va venir vous servir et voir quoi vous-autres a peut-être besoin et vous amener ça. (LOU – Girard Lomheim 2016 : 103, VM)

▶ *n'on, no*
- Quand qu'on veille les morts, no travaille pas ! (TN – Brasseur 2001 : s.v. *no, non*, p. 317)

▶ *eusse*
- [Le français] va jamais crever, eusse croit ça va crever, mais ça va pas crever. (LOU – Rottet 2001 : 122, locuteur jeune)

Commentaire
La forme *non* (« on ») est attestée « dans le Haut-Maine, la Saintonge et le Centre (FEW 4, 457a, HOMO) » (Brasseur 2001 : s.v. *no, non*, p. 317). L'origine de la forme *no* (TN) est douteuse. Il s'agit ou bien du résultat de la dénasalisation de *non,* ou bien d'un phénomène à part (probablement d'origine normande) ; la forme aurait d'ailleurs été attestée dans le parler populaire parisien à la fin du XIXe s. (Brasseur 2001 : s.v. *no, non*, p. 317).

En FQ, le sens impersonnel de *on* tend de plus en plus à être assumé par le pronom *tu,* plus rarement par *vous* ; il s'agit d'un développement récent (pratiquement inconnu au XIXe s.) et rapide qui a pris son origine dans l'usage des jeunes hommes de la classe ouvrière (Blondeau 2008 : 258ss., 2011 : 239)[123].

VIII.3 La place du pronom objet

VIII.3.1 Un seul pronom objet
En présence d'un seul pronom objet atone, la position de ce pronom dans la phrase affirmative et interrogative correspond généralement au FS.

---

[123] Selon Léard (1995 : 89s.), le sens générique est exprimé par *ça, tu* ou *i* (*cf.* aussi Gadet 2009 : 178).

▶ **Objet direct**
- mais c'est quelqu'un qui l'a ramassée (NÉ – Hennemann, BSM, SC)
- moi je peux pas manger ça prrr . tu les fais cuire pis faut que tu mettes beaucoup de sucre (NB – Wiesmath 1, R : 89)
- Quand que je croyions que ce tait bouilli assez eh bien... je le mettions le bord à frédir. (TN – Brasseur 2001 : s.v. *frédir*, p. 210)
- elle les entend / la nature nous conserve / il les a vendus / on peut le prononcer (LOU – Conwell/Juilland 1963 : 181)

▶ **Objet indirect**
- C'est le docteur, l'autre jour, qui m'a dit ça, [...] (NÉ – Hennemann, ILM, AS)
- moi, sais pas quoi lui dire. (NÉ – Hennemann, ILM, AS)
- i te dounnait trois boisseaux de naveaux pis toi tu y dounnais trois boisseaux de patates (NB – Wiesmath 1, B : 867)
- J'ieux dit comment faire et ci et ça-là ! [...] (TN – Brasseur 2001 : s.v. *convartir (se)*, p. 123)
- Ça fait eux-autres te donnait pas de chances d'apprendre le français à l'école du tout. (LOU – Rottet 2001 : 118, loc. âgé)
- pour yeux montrer à parler français quand eux-autres était petit, j'ai pas fait ça (LOU – Rottet 2001 : 121, loc. âgée)

Pourtant, aux temps composés, le pronom se trouve parfois placé devant le participe :
- Mais h'étais me levée le matin. (NÉ – Hennemann, BSM, SC)
- il a s'endormi avec une cigarette (LOU – Stäbler 1995 : 97, corpus)
- ils ont l'ouvert (LOU – Stäbler 1995 : 50, corpus)

Dans l'exemple suivant, *me* apparaît devant l'auxiliaire et devant l'infinitif :
- J'ai venu oir i dit, si vous m'ariez pu me dire ma fortune. (TN – Brasseur 2001 : s.v. *fortune*, p. 208)

Si en général, les pronoms objets sont des clitiques atones antéposés au verbe, on note d'autre part, notamment en FL, que les formes toniques remplacent ces formes : elles sont alors postposées au verbe, leur rôle syntaxique étant éventuellement spécifié après coup par une préposition[124]. L'ordre canonique S-V-O est ainsi maintenu[125]. Ces constructions répondent à la tendance du langage parlé à remplacer les morphèmes faibles et peu saillants par des morphè-

---

124 Ce marquage n'est toutefois pas consistent : il arrive que le pronom objet direct soit introduit par *à* et qu'à l'inverse, le pronom objet indirect ne soit pas marqué par une préposition. – Le même phénomène est attesté en français ontarien. S'il s'agit d'un autre pronom que *ça* et qu'il y ait référence aux personnes, le procédé n'est courant que chez les locuteurs très restreints : « Chips... il a payé eux-autres » ; « La pollution commence à détruire nous-autres. », « Quand j'leur parle là, i'comprend moi en français » (Nadasdi 2000 : 71s.). – Thogmartin (1970 : 67s.), qui atteste la construction pour le français du Missouri, l'attribue à l'influence anglaise : « I' dzit à lui » (« Il lui dit »), « M'as manger lui. » (« Je vais le manger »).
125 *Cf.* Rottet (2001 : 210 et 220s.) pour le passage de *leur/yeux* à *à eusse* ; *cf.* aussi Neumann-Holzschuh (2009b : 53s.), Girard Lomheim (2016 : 211, 213).

mes libres et saillants, tendance qu'on note aussi dans le domaine des pronoms sujets (*cf.* ci-dessous « Commentaire »).

Certaines de ces constructions sont plus courantes que d'autres : dans tous les parlers étudiés ici, le pronom neutre *ça* remplace fréquemment l'objet direct neutre *le*, notamment dans quelques tours quasi figés : *aimer ça, détester ça*[126] ; *faire ça*. De même, les pronoms adverbiaux *y* et *en* sont couramment remplacés par des syntagmes prépositionnels *sur/à/dans/de + ça* (*cf.* le chap. « *Y* et *en* et le présentatif *(il) y (en) a* », I). Le remplacement des pronoms en fonction d'objet direct ou indirect par les pronoms toniques, en revanche, est plus inhabituel[127]. Dans les parlers étudiés ici, le procédé est surtout courant à TN et en LOU et concerne avant tout l'objet indirect avec certains verbes (par ex. : *dire à, parler à*). À TN, la postposition du pronom tonique est fréquente dans les cas où le pronom est l'objet indirect (*cf.* Brasseur 2001 : LI). En FL, le phénomène gagne en importance d'une génération à l'autre, comme l'indiquent les chiffres : le remplacement du pronom clitique indirect de la 3e pers. pl., par ex., s'élève à 7 % chez les plus de 55 ans et passe à 20 % chez les moins de trente ans (Rottet 2001 : 210).

▶ **La forme tonique en fonction d'objet direct avec référence aux personnes**
- Je gardais tout le temps zeux. (NB – Motapanyane 1997 : 41)
- là j'ai pensé/ je regardais zeux là . y en avait des femmes . ça picolait (NB – Arrighi 2005 : 236, Sarah NB 20 : 204–205)
- Son amie venait ici trouver ielle. (TN – Brasseur 2001 : s.v. *ielle*, p. 252)
- Je vas venir voir vous-autres. (LOU – DLF 2010 : s.v. *vous-autres*, p. 658, VM)
- s'il a pu rencontrer elle. (LOU – Conwell/Juilland 1963 : 181)
- [...] il peut dire des paroles en français, BUT pas équand toi veut lui pour parler français. (LOU – Rottet 2001 : 126, semi-locutrice) (*cf.* la construction anglaise *to want s. o. to do s.th.*)
- Il aurait tout le temps embrassé moi et les enfants, et si mom est là, il aurait embrassé elle aussi. (*Découverte*, Church Point, Acadia)

▶ **Postposition de *ça* avec référence aux choses (*cf.* ci-dessus VII.2.)**
- Moi j'ai tout le temps aimé ça. (NÉ – Hennemann, PUB, ID)
- j'y ai dit si qu'alle voulait faire goûter ça sus les parents pis ienque par une couple / non alle a aimé ça (NB – Wiesmath 1, B : 84–85)
- du bingo moi je joue pas pace j'aime pas ça (IdlM – Falkert 2010, corpus : 216, p. 307, CD-ROM)
- [À propos de l'encornet farci.] Tu prends les cornes, ben tu peux couper ça pis mettre ça dans ton *stuffing* aussi. (TN – Brasseur 2001 : s.v. *corne*, p. 126)
- C'est juste que il a venu, il m'a emmené ça et il m'a dit à peu près comment il fallait je fais ça. (LOU – *Découverte*, Kaplan, Vermilion)

---

[126] Les verbes « à valeur subjective », tel *aimer*, sont fréquemment construits avec *ça* (Nadasdi 2000 : 85).
[127] Dans le corpus franco-ontarien dépouillé par Nadasdi, ce type de postposition est le fait des seuls locuteurs restreints (Nadasdi 2000 : 71ss.).

▶ La forme tonique en fonction d'objet indirect

- ben mon fils a dit à se/à sa sœur i dit i a pas dit à moi (NB – Arrighi 2005, corpus, Zélia NB 17 : 410)
- i aviont pas dit à zeusses [référent féminin] (NB – Arrighi 2005 : 236, Willy NB 9 : 445)

- Il fait moi le manger. (TN – Nadasdi 2000 : 72)
- Ouvrez ! Pis il ont ouvert à lui ! (TN – Brasseur 2001 : LI)
- Je faisais tous les commissions à lui. (TN – Brasseur 2001 : LI)

- mais il a dit à moi [...] (LOU – *Découverte*, Châtaignier, Évangéline)
- le bougre [...], il parlait en anglais à nous-autres. [...] le bougre, il dit à nous-autres, il dit « *Well boys* », il dit [...] (LOU – *Découverte*, Jennings, Jefferson Davis)
- J'ai donné le violon à lui. (LOU – *Découverte*, Church Point, Acadia)
- Si j'aurais assez de temps, je ferais à eusse un gombo. (LOU – Rottet 2001 : 210, semi-locuteur)
- Ça fait elle, alle a venu demander à moi quoi c'était. (LOU – Girard Lomheim 2016 : 211, VM)

▶ Les tours prépositionnels avec *ça* remplaçant *y* et *en*

- Mais faut quand même arrêter de / de juste penser à ça, pis juste ça. Pis tout le monde se / se colle / se collait beaucoup à ça. (NÉ – Hennemann, BSM, BM)
- t'sais je me passionne de ça (NÉ – Hennemann, ILM, BJ)

- pis on a pensé à ça (NB – Wiesmath 2, E : 121)

- j'ai rêvé à ça cette nuit (IdlM – Falkert 2010, corpus : 254, p. 158, CD-ROM)

- mais j'ai parlé de ça (LOU – Stäbler 1995 : 184, corpus)

Commentaire

La postposition d'un pronom objet unique sous forme tonique est largement pratiquée en ancien français, pour diverses raisons : marquer une forte opposition ; éviter le cumul de deux pronoms devant le verbe ou coordonner un pronom objet et un autre objet ; éviter qu'un pronom à forme faible n'occupe la première position dans la phrase ; à l'impératif positif (*cf.* Foulet 1967 : 113–121). Certaines de ces constructions se sont maintenues jusqu'au XVIIe s., voire jusqu'à aujourd'hui (*cf.* la postposition du pronom à l'impératif).

Notons que c'est surtout l'objet indirect qui est concerné par la postposition (Brunot/Bruneau 1949 : 277). Cet usage, très courant aux XVIe et XVIIe s. (Haase 1965 : 26), est encore vivant avec le verbe *parler à* en FA/FTN et dans le non-standard en France (Spillebout 1985 : 146). La postposition de *ça* en fonction d'objet direct est elle aussi tout à fait courante à l'oral en général[128].

Malgré l'attestation du phénomène dans l'histoire du français, les cas de postposition du pronom objet discutés ci-dessus nous semblent constituer un développement plus récent et d'une tout autre ampleur. Il y a plusieurs raisons à cela : l'objet direct est également concerné ; contrairement à ce qui se passe dans les cas semblables en ancien français, les pronoms toniques ainsi postposés n'ont généralement pas de valeur emphatique ni contrastive, même si cette valeur n'est pas exclue ; on n'a pas affaire à un trait de la langue traditionnelle, et il se trouve au contraire que les locuteurs plus jeunes et moins performants tendent davantage à employer les formes toniques que les locuteurs plus âgés et plus familiarisés avec le français[129].

Vu qu'en anglais les pronoms sont toujours postposés au verbe, on peut se demander dans quelle mesure l'anglais est pour quelque chose dans ce phénomène (*cf.* par ex. Girard Lomheim 2016 : 211). Étant donné que certaines des constructions mentionnées existent historiquement et encore dans l'oral hexagonal moderne, l'extension du phénomène aux pronoms en fonction d'objet direct à référent humain se situe sans doute dans

---

128 Pour l'oral hexagonal, *cf.* l'exemple dans Gadet (1992 : 65) : *je lui raconterai ça* (« je le lui raconterai »).
129 *Cf.* pour le français d'Ontario : Nadasdi (2000 : 133ss.) ; pour le FTN : King (1983) ; pour le FL : Rottet (2001 : 144).

une « évolution interne naturelle »[130] et l'influence anglaise ne constitue « qu'un facteur qui appuie une tendance déjà entamée » en français parlé en général (Nadasdi 2000 : 134)[131].

VIII.3.2 Deux pronoms objets
Si un des pronoms est un pronom de la 1re ou de la 2e pers. en fonction d'objet indirect, les constructions standard ne sont pas inconnues :
- I me l'ont dit (NÉ – Hennemann, BSM, SC)

- eux autres faulait qu'i allent beaucoup aux bleuets . ça maman me l'a dit (NB – Wiesmath 1, R : 762)
- alle voulait pas te le dire je crois (NB – Wiesmath 1, R : 92)
- je savais ça parce que mon père me l'avait dit (NB – Arrighi 2005, corpus, Odule NB 21 : 22)

- il dit je veux en manger et il dit faut tu me le cuis (LOU – Stäbler 1995 : 232, corpus)
- Enfin, il m'a donné la maison, et ils l'ont tout défait et pis ils ont halé ça au village et il me l'ont refait. (LOU – *Découverte*, Kaplan, Vermilion)

Mais le cumul de deux pronoms objets est souvent évité, notamment lorsqu'il s'agit de deux pronoms de la 3e personne (*cf.* par ex. Rottet 2001 : 161 ; 211 pour le FL).

Nous relevons les stratégies suivantes pour éviter un tel cumul[132] :
- L'un des pronoms atones, à savoir celui de l'objet indirect, est remplacé par le pronom tonique et postposé au verbe ; dans cette position, il est normalement, mais pas systématiquement introduit par la préposition *à* (*cf.* ci-dessus VIII.3.1.).
    - Comme je l'avais conté à toi. (TN – Brasseur 2001 : LI)
    - je le donne à lui (TN – King 1982 : 109)

    - on l'a apporté eux (LOU – Stäbler 1995 : 114, corpus)
    - Je l'envoie à elle. (LOU – Papen/Rottet 1996 : 244)

- L'un des deux pronoms atones est remplacé par *ça* et postposé au verbe :
    - j'tais après y dire ça. (NÉ – Hennemann, ILM, EL)

    - vas-tu te rappeler de ça (NB – Wiesmath 1, R : 218–219)

    - Je vas y dire ça. (LOU – Papen/Rottet 1996 : 244)
    - Pop lui a dit ça, je me souviens pas ça (LOU – Conwell/Juilland 1963 : 182)
    - [je] me rappelle pas de ça (LOU – Stäbler 1995 : 30, corpus)

- L'un des pronoms, souvent l'objet direct, est omis. Selon Péronnet (1989a : 173, pour le Sud-Est du NB), l'omission est systématique si les deux pronoms sont de la 3e pers. : « [e]n présence des pronoms *lui* et *leur*, les pronoms objets *le*, *la* et *les* sont toujours omis » (*cf.* aussi ci-dessous VIII.5.2.).

---

130 La tendance inhérente va vers le remplacement des clitiques par les formes disjointes, la régularisation du paradigme des pronoms, l'emploi des formes transparentes et saillantes, l'ordre régulier S-V-O (*cf.* Introduction III.3.).
131 *Cf.* aussi Neumann-Holzschuh (2009b : 54), Girard Lomheim (2016 : 213s.).
132 Pour le FA : *cf.* Arrighi (2005 : 255) ; pour le FL : *cf.* Girard (2008 : 130s.), Girard Lomheim (2016 : 131) et Rottet (2001 : 161), qui discute la littérature consacrée à ce sujet.

- Ça fait, i a fait un papier, pi i [j] a donné, pis le prince a parti avec son papier. (NB – Péronnet 1989a : 175) (« il le lui a donné ») (Par les crochets, l'auteure signale la prononciation du pronom objet indirect *lui*.)
- Vous avez in que... pas me blâmer moi, mais blâmer celui-là qui m'a dit. (TN – Brasseur 2001 : LI) (« celui qui me l'a dit »)
- Je vas lui dire. (LOU – Papen/Rottet 1996 : 244) (« Je vais le lui dire. »)
- [ʒ va i done] (LOU – Papen/Rottet 1997 : 85) (« On va le lui donner. »)
- Et i voulait pas m'[le] dire parce qu'il avait trop peur de moi. (LOU – Girard Lomheim 2016 : 131, SL) (Par les crochets, l'auteure signale l'omission du pronom *le*.)

Commentaire
L'évitement du cumul de deux pronoms en fonction d'objet – notamment à la 3ᵉ personne – est un fait ancien qui se poursuit sans interruption dans les parlers oraux modernes. Ainsi Foulet (1967 : 147s.) note-t-il pour l'ancien français la faible fréquence du cumul de deux pronoms objets de la 3ᵉ personne, l'objet direct étant en règle générale omis dans ce cas. Les critiques des remarqueurs et grammairiens du XVIIᵉ s. ainsi que les témoignages anciens de l'usage oral confirment également la fréquence de l'omission de l'objet direct pour éviter le cumul des pronoms (Ayres-Bennett 2004 : 39). Cet usage, prohibé à l'écrit, s'est maintenu dans la langue parlée moderne (*cf.* Foulet 1967 : 148, Gadet 1992 : 65).

Rare à l'oral en France[133], la combinaison de deux pronoms de la 3ᵉ pers. (*le/la/les* + *lui/leur*) semble exclue en français canadien. Nadasdi (2000 : 97) note qu'« une telle séquence n'est pas possible en français canadien ».

VIII.4 Les pronoms personnels et l'impératif

VIII.4.1 L'impératif positif avec un seul pronom objet

En présence d'un seul pronom objet de la 1ʳᵉ ou de la 2ᵉ pers., le pronom se place derrière le verbe dans sa forme tonique, les formes étant : *moi* (en FL aussi : *mon*), *toi, nous* (en FL aussi : *nous-autres*), *vous* (en FL aussi : *vous-autres*). À la 3ᵉ pers., la distinction du genre et du nombre est généralement neutralisée. Une forme unique remplace *le, la, les*[134] :
– [lɛ] : NB
– [le] : NÉ, NB, LOU
– [lə] : TN

---

[133] Pour l'oral en France, *cf.* Blanche-Benveniste (2010 : 115) : « La grammaire du français parlé permet de réaliser des suites de deux pronoms clitiques compléments qui sont en fait assez peu représentées dans la pratique. » Dans le corpus de l'oral hexagonal, CORPAIX (1 500 000 mots), « aucun exemple de *les* + *lui* ni de *le* + *leur* » n'a été relevé.

[134] *Cf.* pour le FA : Arrighi (2005 : 215) ; pour TN : Brasseur (2001 : L et 272) ; pour le FL : Stäbler (1995), Papen/ Rottet (1996 : 244, 1997 : 85), DLF (2010 : sv. *le*², p. 364), Girard Lomheim (2016 : 122s., 127) ; pour le Sud-Est du NB : Péronnet (1989a : 157) qui constate : « [lɛ] est la forme unique du pronom personnel de la 3ᵉ personne en fonction objet et placé après un impératif. Dans ce contexte, il y a donc neutralisation des oppositions de genre et de nombre [...]. » – À TN, il ne s'agit pas d'une forme réservée à l'impératif ; c'est tout simplement la forme masculine du pronom qui apparaît au lieu de la forme féminine ou plurielle, *cf.* aussi : « Tu rallies les moutons pis, mettons qu'y a de quoi comme un parc devant votre grange. Vous le ralliez, vous le mettez là-dedans, pour les donner à manger dehors. » (Brasseur 2001 : L)

▶ **Les 1res et les 2es personnes**
- Imagine-toi seize enfants ! (NÉ – Hennemann, ILM, IS)
- tire-toi d'icitte avec ta patate toi (NÉ – Arrighi 2005 : 230, Marcelin NÉ 2 : 506–507)
- Pis coumment de fois qu'i nous disait ça : tenez-vous clair. (NÉ – Hennemann, ILM, EL)
- Pis i nous disait : habillez-vous comme il faut ! (NÉ – Hennemann, ILM, MS)

- arrange-toi avec tes ressources naturelles (NB – Wiesmath 6, L : 321)
- ben avant de te marier là . *enjoye*-toi quelques années (NB – Arrighi 2005 : 230, Rita NB 18 : 188–189)

- Assis-toi là ! Assisez-vous iène au ras l'autre ! (TN – Brasseur 2001 : s.v. *assir (s')*, p. 30)
- Appelle-moi ! Je vais aller te queri. [...] (TN – Brasseur 2001 : s.v. *accoutume (d')*, p. 6)

- il dit, « dis-mon pour sûr » (LOU – DLF 2010 : s.v. *il*, p. 339, TB)
- Donne-moi une palette de gomme. (LOU – DLF 2010 : s.v. *moi*, p. 401, VM)
- Je vas parler dans la maison de cour, ça va être jeté à côté, crois-mon. (LOU – DLF 2010 : s.v. *moi*, p. 401, LF)
- Mets-toi un petit plomb sur ta ligne. Tu vas attraper des poissons plus vite. (LOU – DLF 2010 : s.v. *toi*, p. 618, LA)
- Prenez-vous un morceau. (LOU – DLF 2010 : s.v. *vous*, p. 658, VM)
- Ervenez vous-autres icitte ! (LOU – Rottet 2001 : 154, loc. âgée) (« Revenez tous ici. »)

Selon Conwell/Juilland (1963 : 182), le pronom est parfois séparé du verbe par un adverbe en FL :
- enterre donc moi (LOU – Conwell/Juilland 1963 : 182)

▶ **Les 3es personnes**

Distinction du nombre et du genre
- Ben, emprunte-la. (NÉ – Hennemann, BSM, SC)

- a' va être aigre beaucoup BUT goûte-la pareil (NB – Wiesmath 1, B : 35)

- il dit, « amène-la » (LOU – *Découverte*, Châtaignier, Évangéline)

Sans distinction de nombre et de genre
- a dit marie-lé [ce garçon] mais je/ je te garantis que [...] (NÉ – Arrighi 2005 : 215, Marcelin NÉ 2 : 9–11)
- j'ai une dent qui grouille pus dans le fond arrache-lé (NÉ – Arrighi 2005 : 216, Marcelin NÉ 2 : 434–435)

- encagez-lé pour dire HEY (NB – Arrighi 2005 : 215, Catherine NB 18 : 547) (La locutrice parle d'un orignal empaillé.)
- tiens . . la veux-tu ta GODDAM de robe tu vas l'avoir alle est là là prend-lé (NB – Arrighi 2005 : 216, Suzanne L. NB 18 : 617–618)
- A dit à ses souris, allez là pis étranglez-[lɛ] tous les quate. (NB – Péronnet 1989a : 159)
- Ben, i dit, assaye-[lɛ]. Si ça réussit pas, je te paierai de soir. (NB – Péronnet 1989a : 159)
- Hale ouère la branche, là, baisse-[lɛ] ouère que je peuve sauter vis-à-vis d'icitt. (NB – Péronnet 1989a : 159)

- Si vous avez ... misère avec une personne [paʀsɔn] et pis vous êtes bon avec votre poing, tapez-le en bas l'oreille ici là [...] (TN – Brasseur 2001 : s.v. *misère*, p. 300)
- Prends de l'eau pis fais-le bouillir ! (TN – Brasseur 2001 : L)

- O.K. mais sors-lé [= le SIX PACK] [...] parce que ça va glacer là dedans. (LOU – Stäbler 1995 : 151, corpus)
- Appelle-lé. (LOU – DLF 2010 : s.v. *le^2*, p. 364, IB) (« Call her. »)
- Surfais-lé, tu l'as pas bien fait. (LOU – DLF 2010 : s.v. *le^2*, p. 364, TB) (« Do it again, you didn't do it right. »)
- « Allez mange ! C'est une pomme vert. Goûte-lé, i dit, tu vas voir. » (LOU – Girard Lomheim 2016 : 123, SL)

Quant aux pronoms de la 3ᵉ pers. en fonction d'objet indirect, ils sont extrêmement rares à l'impératif et apparaissent sous les formes [li] ou [i] (« lui »), [lø] ou [jø] (« leur »).

- [...] dites i qu'i vient icitte (NÉ – Arrighi 2005 : 217, Marcelin NÉ 2 : 277–278)
- j'ai dit pognez-ieux la corne là, i sont pas malades (NB – Arrighi 2005 : 232, Willy NB 9 : 211–212)
- Donne y ça (LOU – Papen/Rottet 1997 : 87)

Commentaire
Dès l'ancien français, les pronoms sont postposés à l'impératif positif pour éviter qu'un pronom atone n'apparaisse en tête de phrase. Or, en postposition, on trouve normalement la forme tonique de la 1ʳᵉ et de la 2ᵉ pers., alors que, pour la 3ᵉ pers., on relève les formes atones *le, la, les* en fonction d'objet direct, et soit les formes atones (*li, lor*), soit la forme tonique *lui*[135] en fonction d'objet indirect (Foulet 1967 : 121s.).

L'ALF ne fournissant pas de données en la matière, il est difficile de se prononcer sur l'existence de la forme unique à la 3ᵉ pers. sur le territoire français (*cf.* Péronnet 1989a : 159). On peut tout au plus dire qu'il existe des variantes phonétiques [lɛ] (« dans quelques rares localités du Nord-Ouest ») et [le] (« un peu plus répandue dans la même région ») pour le pronom masculin *le* (Péronnet 1989a : 159). Moignet (1973 : 132s.) atteste des formes analogiques toniques de *le, la* : *lei, lai* en postposition pour l'ancien français dans les dialectes de l'Ouest et dans le Nord (*cf.* aussi Girard Lomheim 2016 : 208).

La forme de l'objet direct à l'impératif est également [le] en franco-manitobain (Hallion 2000 : 253, *cf.* aussi Arrighi 2005 : 215).

VIII.4.2 L'impératif négatif avec un seul pronom objet

À l'instar de l'impératif positif, les pronoms objets se trouvent postposés au verbe dans les formes de l'impératif négatif. Comme les pronoms restent ainsi en position tonique, ce sont les formes toniques qui apparaissent (aux 1ʳᵉˢ et les 2ᵉˢ pers.)[136].

- Dis-moi pas tu sais pas le nom à Margaret (NÉ – Hennemann, ILM, IS)
- Mais, inquiète-toi pas (NÉ – Hennemann, ILM, MS)
- Asseyez-vous pas sur une chaise. (NÉ – Hennemann, ILM, CL)

- pis euh Louisiane l'été euh vas-y pas . i fait chaud (NB – Wiesmath 2, E : 151)
- Je m'en vas te donner un gâteau, pis donne-[lɛ] pas à parsoune. (NB – Péronnet 1989a : 159)
- si t'es pas mariée ben marie-toi pas (NB – Arrighi 2005 : 230, Suzanne L. NB 18 : 216–217)
- pis Alex dit inquiète-toi pas pour moi moi je joue juste au solitaire (NB – Arrighi 2005 : 397, Catherine NB 18 : 402–403)

- Demande-moi pas ! (TN – Brasseur 2001 : LI)

- Frappe-nous pas ! (LOU – Papen/Rottet 1996 : 244)
- Tape nous-autes pas. (LOU – Papen/Rottet 1997 : 85)
- Dis-mon pas ça comme ça (LOU – Rottet 2001 : 132, semi-locutrice)
- Effrayez-vous-autres pas. (LOU – DLF 2010 : s.v. *vous-autres*, p. 659, LA)
- Penche-toi pas trop près de cette tortue cocodril, tu vas te faire chaponner. (LOU – DLF 2010 : s.v. *toi*, p. 618, VM)

---

135 La forme masculine *lui* a tôt fait de remplacer la forme *li* – forme faible pour les deux genres et forme forte du féminin (*cf.* Foulet 1967 : 122s.) (*cf.* ci-dessus V.1.4. « Commentaire »).
136 *Cf.* entre autres pour le FA : Arrighi (2005 : 229) ; pour le FTN : Brasseur (2001 : LI) ; pour le FL : Brandon (1955 : 443), Papen/Rottet (1997 : 85).

À l'impératif, le pronom adverbial *en* est généralement lié à l'élément précédent par un [z] de liaison (liaison fréquemment « fautive », *cf.* ci-dessous VIII.4.3.)[137]. Parfois, le pronom est postposé à la négation, parfois accompagné d'une préposition :
- Demande pas à moi ! (TN – Brasseur 2001 : LI)
- N'oublie pas-z-en ! (TN – Brasseur 2001 : LI)
- enterre pas moi (LOU – Conwell/Juilland 1963 : 182)

VIII.4.3 L'impératif avec deux pronoms objets

En présence de deux pronoms objets, l'ordre des pronoms est généralement objet indirect + objet direct (*donne-moi-le*), à l'inverse du FS (*donne-le-moi, dis-le-lui*). Selon Péronnet (1989a : 173), « la priorité des personnes » est préférée à la « priorité des fonctions ». Le pronom adverbial *en* est rattaché au pronom tonique le précédant par *z-* (*cf.* le chap. « *Y et en* et le présentatif *(il) y (en) a* », II.3.).

- j'apporte une prune la plus belle prune que j'as pu trouvée dans notre jardin elle a dit donne-moi lé (NÉ – Arrighi 2005 : 216, Marcelin NÉ 2 : 434–435)
- [À propos d'autres visiteurs qu'Edna devrait héberger pour La Picasse.] Envoie-moi-z'en pus d'autres. (NÉ – Hennemann, ILM, Corpus oral 2)
- oùsqu'elle/ qu'elle a pris son cours d'éducation sexuelle elle là [...] envoie-moi lé j'en/ j'en donnerai un cours moi là (NB – Arrighi 2005 : 216, Suzanne L. NB 18 : 617–618)
- Quitte-[mwa]-[lɛ], ce quartier de viande-là. (NB – Péronnet 1989a : 173)
- Ben, dis-[mwɑ]-[lɛ]. I voulait le saouère. (NB – Péronnet 1989a : 173)
- choisis-toi-z-en eune couple (IdlM – Falkert 2010, corpus : 42, p. 367)
- prends-toi-z-en trois (IdlM – Falkert 2010, corpus : 44, p. 367)
- Donne-moi-lé. (LOU – Papen/Rottet 1996 : 244) (= « donne-le/la/les-moi »)
- Donne mon en [zã] pas. (LOU – Papen/Rottet 1997 : 87)
- Donnez-nous-autres-lé. (LOU – Rottet 2001 : 144)
- Donne nous-autes en [zã]. (LOU – Papen/Rottet 1997 : 87)
- Donne yeux les. (LOU – Papen/Rottet 1997 : 87) (= « donne-le/la/les-leur »)
- aye toi du NUTRIA et lave-toi-lé propte-toi-lé moi je va pas les propter je va te le cuire (LOU – Stäbler 1995 : 232, corpus, DLF 2010 : s.v. *le²*, p.364)

Dans l'exemple suivant, pourtant, l'objet indirect – renforcé par *mêmes* – est postposé au pronom objet direct :
- donnons-les nous-autres mêmes (NB – Wiesmath 10, X : 159)

Le cumul de deux pronoms objets est souvent évité par l'omission de l'un des deux ou par des stratégies de remplacement : l'un des pronoms peut être lié à l'impératif, tandis que l'autre en est détaché et accompagné d'une préposition ; souvent, le pronom objet direct est remplacé par *ça* et postposé pour trouver la place habituelle de l'objet non pronominal.
- Mets-lui pas ça dans l'idée. (NÉ – Hennemann, ILM, EL)
- et oui, dis-y ça (NÉ – Hennemann, ILM, EL)
- Parle-moi pas de ça, [...] (NÉ – Hennemann, ILM, EL)

---

[137] *Cf.*, pour le FTN : King (1989 : 236s.), Brasseur (2001 : LI) ; pour le FL : Papen/Rottet (1997 : 87), Rottet (2001 : 212–213) ; *cf.* le chap. « *Y et en* et le présentatif *(il) y (en) a* », II.3.

- Envoie-moi-z-encore. (NÉ – Hennemann, ILM, DO) (« Envoie-m'en encore. ») (*en* n'est pas exprimé)
- dounne-moi ça je ferai lever des petites vieilles debout' (NB – Wiesmath 3, D : 215)
- Donne-lé pas à nous-autres. (LOU – Papen/Rottet 1996 : 244)
- Apportez-lé pour vous-autres. (LOU – Papen/Rottet 1996 : 244)
- Donne y [= lui] ça. (LOU – Papen/Rottet 1997 : 87)

Commentaire

En ancien français, le pronom objet indirect suit toujours l'objet direct dans la combinaison d'un pronom de la 1re ou de la 2e pers. avec un pronom de la 3e pers. : « Onques mes ne *le m'*osa dire. » (*La Chastelaine de Vergi* d'après Foulet 1967 : 149). Or, dès le XIVe s., on relève l'ordre inverse qui donne toujours la priorité aux personnes : c'est l'ordre privilégié en FA/FTN/FL et dans le non-standard : *dis-moi-le, dis-moi-le pas*[138]. En outre, dialectalement, l'ordre du moyen français est relevé dans « presque tout le domaine d'oïl, sauf pour quelques zones dans le Nord (en Bretagne, Normandie et Picardie), ainsi qu'en Anjou et en Touraine […] » (Péronnet 1989a : 173). Par contre, en FS moderne, l'ordre des pronoms varie selon la personne grammaticale des pronoms et le type de phrase ; face à cette complexité dans le standard, Foulet (1967 : 149) qualifie l'ordre non standard de « plus logique ».

Les variétés étudiées ici partagent donc quelques traits importants avec le non-standard de France en ce qui concerne la position et le choix des pronoms personnels à l'impératif.

- Les pronoms se trouvent généralement postposés au verbe à l'impératif, qu'il soit positif ou négatif[139].
- En présence de deux pronoms objets, l'ordre des pronoms est souvent inversé par rapport au standard (Gadet 1992 : 66, Riegel et al. 2011 : 374 : *Rends-moi-le – Dis-nous-le*). En général, l'ordre des pronoms est plus souple qu'en français standard : *tiens-y-toi, tiens-toi-z-y, donne-moi-z-en, donne-t-en moi* (Gadet 1992 : 66).
- Pour éviter le cumul des pronoms, le pronom objet direct, *le*, est souvent omis (*donne-moi* au lieu de *donne-le-moi*) ou remplacé par *ça* (*donne-moi ça*) (Gadet 1992 : 66). Blanche-Benveniste (2010 : 119) note qu'en général, « [en] se fiant aux conduites les plus naturelles en français parlé, on devrait dire que l'impératif n'accepte pas les combinaisons de deux clitiques compléments, sinon avec quelques verbes très fréquents et parfois au détriment du purisme. »
- On relève aussi la tendance à postposer les pronoms adverbiaux *y, en* sous la forme [zi] et [zã] : Gadet (1992 : 66) voit dans la coexistence des formes avec et sans *z* initial un phénomène d'allomorphisme, les allomorphes des pronoms adverbiaux étant réservés à la position à l'impératif après les pronoms *moi, toi, lui, leur*[140].

L'ordre spécifique des pronoms à l'impératif négatif (impératif + pronom tonique + *pas*) est également courant dans d'autres variétés de français d'Amérique du Nord, dont le FQ (Léard 1995 : 88, pour l'Île-aux-Coudres : Seutin 1975 : 169) et le français manitobain (Hallion 2000 : 268) (*cf.* aussi Arrighi 2005 : 229). Pour le français du Missouri, Thogmartin (1970 : 66) atteste l'ordre « pronom indirect » + « pronom direct » à l'impératif : « apporte-moin[muẽ]-la ».

---

[138] *Cf.* Frei (1929 : 165), Bauche (^{2}1951 : 99), Foulet (1967 : 149), Price (1971 : 150), Gadet (1992 : 66).
[139] *Cf.* Bauche (^{2}1951 : 109), Gadet (1992 : 66), Riegel et al. (2011 : 374).
[140] Blanche-Benveniste (2010 : 116) note aussi l'ordre inverse : *emmène-Z-y moi, envoie-Z-en-moi*.

VIII.5 L'omission du pronom

VIII.5.1 L'omission du pronom sujet
En FA/FTN/FL, le pronom sujet est souvent omis si certaines conditions sont réunies[141].
– Dans tous les parlers étudiés ici, l'ellipse est très fréquente, sinon systématique, dans les expressions impersonnelles avec le sujet *il*. Le sujet tombe d'autant plus facilement que le tour « *il* + verbe » perd son autonomie pour adopter une fonction pragmatico-syntaxique, comme dans le tour *(il) faut (que)* (à tous les temps verbaux) comme marque modale ; de plus, *il* tombe fréquemment dans la formule *(y) a(vait)* (« il y a(vait) ») – selon le contexte formule de présentation ou indication temporelle, mais il faut noter à ce sujet qu'il pourrait aussi s'agir d'un amalgame (*i y a* [ja], *i y avait* [javɛ], *cf.* Arrighi 2005 : 254). De plus, *(il)* peut être omis dans le tour *(il) fait* pour se référer au temps qu'il fait.

- Mais vous-autres là faut que vous faisiez écoler parce que aujourd'hui c'est malcommode quanT tu peux sa/ t'as pas de savoir. (NÉ – Hennemann, ILM, MS)
- l'hiver qu'on avait un temps chaud * fallait manger le co/ la viande vite vite pour pas la perdre (NÉ – Arrighi 2005 : 253, Évangéline D. NÉ 23 : 96–97)
- tu m'apporteras le meilleur/ le meilleur morceau de viande qu'* a sus la table (NÉ – Arrighi 2005 : 254, Marcelin NÉ 2 : 25–26)
- quand tu travailles dans un salon avec une franchise * faut te faire payer au salaire (NB – Arrighi 2005 : 253, Michelle NB 16 : 53–54)
- ici aussi comme à côté de chaque machine y a un numéro 1–800 que les gens peuvent appeler (NB – Arrighi 2005 : 222, Stéphanie NB 11 : 62–64)
- pis * va avoir beaucoup d'appels de partout dans l'Atlantique (NB – Arrighi 2005 : 253, Stéphanie NB 11 : 43)
- oh pis * faisait un fret mortel (NB – Arrighi 2005 : 253, Suzanne L. NB 18 : 687)
- oui ben argarde si tu t'en vas par chez vous à la France tu vas/ tu vas voir le change qu'* a eu pis là je suis certain qu'* a eu du change (NB – Arrighi 2005 : 254, Zélia NB 17 : 554–555)
- moi je/ je trouvais pas qu'y avait pas rien de mal à i parler […] (ÎPÉ – Arrighi 2005 : 217, Rose ÎPÉ 7 : 177–178)
- les français sont très bien vus dans le reste de l'Île tout le monde sait qu'* a des français dans ce bouT là (ÎPÉ – Arrighi 2005 : 254, André ÎPÉ 12 : 303–305)
- Lui il était mort y avait un grand bout (TN – Brasseur 2001 : s.v. *bout*, p. 71)
- Faulait que t'avais ton âge avant que tu pouvais bouger de chez vous. (TN – Brasseur 2001 : s.v. *âge*, p. 9) (*avoir son âge* = « être majeur »)
- ça fait un gros arbre faut tu vas puis le couper (LOU – Stäbler 1995 : 55, corpus)
- Ça fait, pas juste faut tu connais quel bouton faut pousser, mais faut tu connais si faut tu hâles ou pousser le soufflet. (LOU – Girard Lomheim 2016 : 106, VM)
- Y en a plein qui veut p'us parler français […] (LOU – Rottet 2001 : 129, loc. âgée)
- Y en a deux mes filles qui peut parler jholiment bien en français […] (LOU – Rottet 2001 : 130, loc. âgé)
- Y avait [javɛ] des trous dans le tuyau. (LOU – Girard Lomheim 2016 : 106, SL)

---

[141] Pour les difficultés d'analyse des formes verbales sans sujet et les conséquences morphosyntaxiques de cette ellipse, *cf.* Brasseur (1998). – Pour l'ellipse du pronom impersonnel *il* en FA, *cf.* Arrighi (2005 : 253s.), en FL, *cf.* Girard (2008 : 130) et Girard Lomheim (2016 : 106).

– Le pronom personnel peut manquer lorsque le sujet est considéré comme étant bien établi dans le contexte. C'est surtout le cas lorsqu'il y a une série de verbes coordonnés ou juxtaposés, parfois même dans la première proposition dès le début et même s'il y a changement de sujet (Arrighi 2005 : 251). De plus, on relève des cas d'ellipse dans la suite d'une principale et d'une subordonnée (ou vice versa), s'il y a équivalence de sujet dans les deux propositions. L'ellipse dans les structures coordonnées et juxtaposées semble particulièrement fréquente à TN[142].

- ben/moi/j'sais point quoi c'qu'veux faire après/l'école/ou l'université (NÉ – Fritzenkötter 2015 : 113, BSM)
- et pis ej WATCH-ons/un MOVIE/pis que la WATCH-ons/ej la mets en français pour qu'a peuve comprend' (NÉ – Fritzenkötter 2015 : 113, BSM)
- Pis quand j'y parle en français, me faisait répéter en anglais. (NÉ – Hennemann, ILM, CL)
- quand il allait pour faire de quoi il-arrêtiont s'il allait pour parler i le faisiont taire * peut pas dire un mot (NÉ – Arrighi 2005 : 252, Marcelin NÉ 2 : 182–183)

- SO ça a' descend. De nouveau parce que ça dégèle le lendemain matin, descend pour aller nourrir les racines. (NB – Wiesmath 2, E : 516–517) (= « elle descend »)
- i m'a écrit pis m'a écrit pis m'a dit m'a demandé vois si je voulais me marier (NB – Arrighi 2005 : 217, Sarah NB 20 : 164–165)
- j'interacte avec aussi tant [de monde] qu'avant mais au moins * sont pas soul [sic] ((rires)) tu sais pis charmants là pis/ pis tu sais au moins * sont/ sont/ sont polis pis ça marche (NB – Arrighi 2005 : 251, Michelle NB 16 : 396–398)
- tu prenais des ciseaux pis tu tondais des brebis [...] pis là la lavais (NB – Arrighi 2005 : 251, Annie NB 10 : 179–181)
- les gros fermiers ben y a pas beaucoup qui allaient dans les chantiers eux-autres i fermiont sus les terres pis * ramassiont leur récolte pis * vendiont pis * aviont des animaux [...] dans ce temps-là là * tuiont ça i tait pas difficile comme asteure * tuiont pis * vendiont le viande (NB – Arrighi 2005 : 251, Willy NB 9 : 163–167)

- pis son ouvrage i arrangeait des musiques et pis * chantait ben * priait bien (ÎPÉ – Arrighi 2005 : 250, Rose ÎPÉ 7 : 121–122)
- [mon père] * a resté là * a resté là (ÎPÉ – Arrighi 2005 : 251, Aldine A. ÎPÉ 6 : 19)
- j'aime les cartes là * joue aux cartes des fois (ÎPÉ – Arrighi 2005 : 251, Rose ÎPÉ 7 : 6)
- * aviont des petites écoles eux-autres aussi (ÎPÉ – Arrighi 2005 : 251, André ÎPÉ 12 : 53)
- là j'ai té élevée chus Maurice Breau * m'ont pris à élever ce tait de la parenté (ÎPÉ – Arrighi 2005 : 252, Rose ÎPÉ 7 : 8–9)

- Ben il avait pas dépaqué sa *suitcase*. Prend sa *suitcase* pis s'en va. (TN – Brasseur 2001 : s.v. *dépaquer*, p. 155)
- [...] I mettiont ça sus le four, sus le derrière du poêle au sec, pis une fois que ce tait sec, preniont ça à deux d'ieusses, chaque un bord [...]. (TN – Brasseur 2001 : s.v. *bord*, p. 64)
- [...] tu prends ça pis le manges, [...] (TN – Brasseur 2001 : s.v. *bouffie*, p. 68)
- Je savions pas faire de bière avant que les Français a venu par ici. Zeux savaient. Faisiont la bière. (TN – Brasseur 2001 : s.v. *zeux*, p. 477)

- Quand moi j'étais bien jeune, bien petit garçon, étais élevé à la campagne. (LOU – Girard Lomheim 2016 : 92, SL)

---

[142] Notons que le FS permet l'ellipse du pronom sujet « dans une série de verbes coordonnés de valeur identique » ; le pronom « réapparaît pourtant dès qu'intervient une raison d'opposer les verbes (contrastes d'affirmation et de négation, de temps ou modes différents, détachement stylistique...) [...] » (Chevalier et al. 1964 : § 355, p. 231). – *Cf.* pour le FTN : King/Nadasdi (1997), Brasseur (1998 : 78) ; pour le FL : Girard (2008 : 130).

- il a yeu une jambe cassée . et un genoux fêlé . travaillait sur béquilles (LOU – Stäbler 1995 : 102, corpus)
- Mais ici, quand tu viens dessus le chemin là à travers là, qui tu regardes de chaque bord de toi, qui tu vois, juste de l'eau, hein ? *Well*, était habitude d'être la prairie ça ! (LOU – *Découverte*, Isle Jean Charles, Terrebonne)

Pour le FL, Guilbeau (1950) et Dajko (2009 : 157) constatent que l'ellipse concerne surtout le pronom sujet de la 1re pers. du singulier (qui est toujours « donné » dans l'énoncé) ; Girard Lomheim (2016 : 92 ; 98) souligne, en revanche, la faible fréquence de l'effacement du pronom sujet de la 1re comme d'ailleurs de la 2e pers. Rottet (2001 : 196) constate une tendance générale à l'omission du pronom personnel sujet dans le parler des jeunes, sans restreindre le phénomène à une personne grammaticale particulière. Il semble aussi y avoir une différence ethnique : selon Dajko (2009 : 157), l'omission du pronom sujet est mieux acceptée par les Amérindiens que par les Cadiens.

– Certains verbes sont plus touchés que d'autres. Sont principalement concernés les verbes modaux (*vouloir*, *pouvoir*, *devoir*), le verbe *savoir*[143] et les verbes pronominaux, dont – en tout premier lieu – *se rappeler*/*se souvenir*, et, dans ce dernier cas, c'est de fait la 1re pers. sg. qui est particulièrement touchée[144]. En général, la redondance du marquage de la personne grammaticale est fréquemment évitée : est ainsi omis soit le pronom sujet soit le pronom réfléchi (*cf.* le chap. « Les constructions pronominales », I).

- tu sais que veux dire ? (NÉ – Fritzenkötter 2015 : 113, BSM)
- Souvent du monde va nous contacter de / de l'Hollande, Angleterre ça / ç'a pas encore arrivé mais je pense ça va. Sais que c'est tellement un gros travail à juste concentrer sur / juste la France [...] (NÉ – Hennemann, BSM, BM)
- Quand-ce qu'i' est arrivé, pouvait pas dire un mot. (NÉ – Hennemann, ILM, CL)
- Pis m'imagine t'en as bu toi aussi. (NÉ – Hennemann, ILM, EL)
- oui. * m'en souviens on se mettions de la ALL SPICE (NÉ – Arrighi 2005 : 252, Évangéline D. NÉ 23 : 31–32)

- c'est souvent que je disais ça comme . avoir connu ma mère plus/ euh :: peut-être je l'ai connu assez * m'en rappelle de elle là elle tait malade (NB – Arrighi 2005 : 252, Zélia NB 17 : 504–505)
- ben oui a dormait * s'en a aperçu ça l'a réveillée cause ça avait brassé tout/ tout avait brassé (NB – Arrighi 2005 : 252, Suzanne L. NB 28 : 586–587)
- * peux aller * visiter [une sucrerie] (NB – Wiesmath 2, E : 589) (« tu peux », le pronom objet *la* manque également)

- c'est comme j'ai dit là .. la plupart des/des/des problèmes c'est juste dans les petits villages immédiats aux alentours de la région française * me rappelle pas d'avoir été à Summerside et d'avoir eu des gros problèmes dans les restaurants ou dans les magasins (ÎPÉ – Arrighi 2005 : 253, André ÎPÉ 12 : 319–322)

- Ah huh, me rappelle de joliment des affaires. (LOU – *Découverte*, Mamou, Évangéline)
- Me rappelle pas comment cher ils étiont. (LOU – *Découverte*, Church Point, Acadia)
- Moi je pourrais pas jouer avec, je suis trop estropié. Pourrais pas sortir du chemin ! (LOU – *Découverte*, Isle Jean Charles, Terrebonne)

---

143 Au NB, *sais* sert en outre – à côté de *tu sais*, YOU KNOW – de marqueur de discours (fonction phatique) : « [...] pis tu prenais un aiguille sais pour coudre un bouton là » (NB – Wiesmath 1, B : 234)
144 Pour le FA : Arrighi (2005 : 252) ; pour le FL : Guilbeau (1950), Papen/Rottet (1996 : 241), Rottet (2001 : 196), Girard Lomheim (2016 : 92s.).

D'après Brasseur (1998 : 80), l'omission du pronom sujet a toujours un effet stylistique particulier : l'ellipse accélère le rythme, évoque la rapidité, voire la simultanéité des actions verbales et sert ainsi à densifier le tissu textuel. Arrighi (2005 : 252) confirme cette valeur de l'ellipse « pour une bonne part des occurrences » de son corpus panacadien. Dans d'autres cas, l'ellipse a, selon Brasseur, une « valeur d'explication » : le verbe est repris ou remplacé par un synonyme, l'ellipse apparaissant dans la proposition coordonnée.

Si on ne peut nier certains effets de style produits par l'omission du sujet dans les variétés traditionnelles[145], cet effet se perd dans la mesure où l'omission du pronom sujet devient plus fréquente, comme c'est le cas en FL où l'on observe une tendance marquée à l'omission chez les jeunes (Papen/Rottet 1996 : 241, Rottet 2001 : 196 ; 221)[146].

Commentaire
En ancien français, l'emploi des pronoms sujets dépend de critères sémantiques, syntaxiques et pragmatiques particuliers. Le pronom est un sujet à part entière, dont la place dans la phrase est plus libre qu'en français moderne (*cf.* Foulet 1967 : 150)..

Aux XVe et XVIe s., l'omission du pronom sujet est encore assez fréquente malgré les recommandations opposées de Ronsard. L'omission est courante lorsque le verbe marque clairement la personne verbale (comme dans *suis*) ainsi que dans les constructions impersonnelles ; elle est également courante dans les cas où un complément circonstanciel se trouve en tête de phrase. Au XVIIe s., l'emploi du pronom sujet se généralise, à l'exception des tours impersonnels. Dans le français contemporain, l'ancien usage survit dans quelques locutions figées et, dans le non-standard, principalement dans les tours impersonnels[147].

L'omission du pronom sujet est un phénomène courant dans les variétés du français parlées au Canada dès l'origine (Wolf 1987 : 22). L'effacement du pronom sujet, surtout de la 3e pers. sg. et pl., est attesté en français manitobain par Hallion (2000 : 271), en français mitchif par Papen (2004 : 119). Notons que King (2005 : 204, 2013 : 127, note 26, de même King/Nadasdi 1997) voit dans cette possibilité d'omettre le pronom sujet lorsque la référence est évidente un argument contre le statut affixal des pronoms sujets dans les variétés qu'elle étudie (des variétés parlées à TN et à l'ÎPÉ) (*cf.* ci-dessus VIII.1.).

VIII.5.2 L'omission du pronom objet

Le cumul de deux pronoms objets est souvent évité à l'oral (*cf.* ci-dessus VIII.3.2., VIII.4.3.). Dans ce contexte, l'omission d'un des deux pronoms est tout à fait usuelle.

Mais il arrive aussi que le seul pronom objet requis par la construction soit omis. Arrighi (2005 : 217) indique que « l'omission du pronom complément d'objet indirect de la 3e personne est l'une des omissions de pronom les plus fréquentes » (*cf.* aussi Arrighi 2005 : 254s.). Cela dit, l'omission du pronom objet direct est également bien attestée[148].

---

145 De même, pour le FL traditionnel, Guilbeau (1950) note l'accélération de la narration ou bien un certain effet humoristique qui peut résulter de l'omission du pronom sujet (*cf.* Rottet 2001 : 196).
146 Soulignons que l'ellipse du pronom sujet chez les jeunes semi-locuteurs va à contre-courant d'une autre évolution linguistique importante en FL, à savoir l'emploi des formes toniques en fonction conjointe (Rottet 2001 : 221).
147 *Cf.* pour les données historiques, Nyrop (1925, vol. 5 : 208ss.), Haase (1965 : 13), Gougenheim (1974 : 68), Spillebout (1985 : 143).
148 Dans son étude sur le français ontarien, Nadasdi (2000 : 97–100) constate que les pronoms en fonction d'objet direct sont rarement omis par rapport aux pronoms indirects ; quoi qu'il en soit, l'omission des pronoms est surtout le fait des locuteurs restreints ; *cf.* aussi Nadasdi (2000 : 111s. ; 116–118).

- le roi s'a jeté aux pieds de son garçon pis * a demandé des mille pardons (NÉ – Arrighi 2005 : 255, Marcelin NÉ 2 : 306–307)
- on allait qu'ri les vaches dans l'étable et on * mettait dans la grange on tirait (NÉ – Arrighi 2005 : 255, Évangéline D. NÉ 23 : 57–58)
- peux aller * visiter [une sucrerie] (NB – Wiesmath 2, E : 589) (« la visiter ») (Le pronom sujet *tu* manque également.)
- moi selon moi ça c'est du vieux français pis on devrait * conserver (NB – Arrighi 2005 : 255, Fréd. NB 15 : 144–145)
- si jamas que je me marie pis j'ai des enfants. le premier qui mandera pour que=que chose [...] j'y donnerai (IdlM – Falkert 2010, corpus : 165–166, p. 152, CD-ROM) (« je le lui donnerai »)
- Les Français auparavant i parliont de la fleur, mais nous autres j'ons toujours appelé la farine. (TN – Brasseur 2001 : LI)
- c'est ça je mange pour essayer de * faire maigrir (LOU – Conwell/Juilland 1963 : 182) (« me faire »)
- je voyais la domestique * faire (LOU – Conwell/Juilland 1963 : 182) (« le faire »)
- comment tu * fais prendre des ROOTS (LOU – Conwell/Juilland 1963 : 182) (« leur fais prendre »)
- mais lui, tu pourrais juger nègre (LOU – *Découverte*, Pointe-aux-Chênes, Terrebonne) (« le juger »)

VIII.6 Le renforcement des formes toniques par *-même(s)*

L'élément *-autres* est largement grammaticalisé pour former le pronom tonique sans qu'il y ait connotation d'emphase ou de contraste (*cf.* « Préliminaires ») ; c'est dans ce contexte qu'il faut analyser les formes renforcées par l'ajout de l'indéfini *-même*, aussi bien au singulier qu'au pluriel : *moi-même, toi-même, lui-même, elle/ielle-même, nous-autres-mêmes, vous-autres-mêmes, eux-autres-mêmes/zeux-mêmes/eusse-mêmes* (pour *zeux-mêmes*, *cf.* Arrighi 2005 : 237 ; pour le FL : Conwell/Juilland 1963 : 146).

Les fonctions assumées par *même* en FA/FTN/FL peuvent être les mêmes qu'en FS :
- insister sur le fait que l'auteur de l'action fait l'action en personne,
- mettre en relief « l'identité de la personne »,
- mettre en relief « le caractère réfléchi de l'action » (Blondeau 2011 : 181 citant Gougenheim 1969 : 161).

Mais vu la masse d'exemples et le fait que certains d'entre eux ne sauraient être rendus par *même* en FS, il faut en conclure que *même* a élargi son emploi pour constituer un élément de renforcement sans qu'il y ait nécessairement mise en relief de l'identité exprimée à l'origine dans l'indéfini.

▶ *moi-même*
- j'ais pas moi j'aime la COUNTRY MUSIC moi-même (NÉ – Hennemann, PUB, ArD)
- Pis j'ai pensé à moi-même : m'en vas pas ieux dire qui-ce qui j'suis (NÉ – Hennemann, ILM, EL)
- je peux m'a/m'aider à moi-même (NB – Arrighi 2005, corpus, Évangéline M. NB 14 : 88)
- moi-même, je comprends [mwa mɛm ʒkɔ̃ prɔ̃] (LOU – Conwell/Juilland 1963 : 146)
- Et en temps perdu, plein souvent j'ai continué à lire son livre et à étudier moi-même. (LOU – DLF 2010 : s.v. *moi-même*, p. 401, LF)

▶ **toi-même**
- tu sais toi-même (NÉ – Hennemann, ILM, CL)
- toi-même, tu es une créole [twa mɛm ty e yn krɛ ɔl] (LOU – Conwell/Juilland 1963 : 147)

▶ **lui-même**
- Ce soir là, quand il s'est réveillé lui-même, il a arrêté tout ça. (LOU – *Découverte*, Mamou, Évangéline)

▶ **nous-autres-mêmes**
- BUT nous[-]autres-mêmes on peut dire on l'a tout le temps su le cœur [tʃœʀ] (NB – Wiesmath 10, I : 143)
- on s'en prend après nous-autres[-]mêmes (NB – Wiesmath 10, X : 141)
- Et là j'ai commencé à travailler pour nous-autres mêmes. (LOU – *Découverte*, Pointe-aux-Chênes, Terrebonne)

▶ **vous-autres-mêmes**
- avez-vous fait la chasse vous[-]autres[-]même[s] (NB – Wiesmath 3, G : 226)
- Vous avez sali votre place, vous allez bien la balier vous autres-mêmes ! (TN – Brasseur 2001 : s.v. *autre*, p. 34)

▶ **zeux-mêmes, eux-autres-mêmes, eusse-mêmes**
- les bœufs zeux-mêmes arrêtent pas quand tu veux (NB – Arrighi 2005 : 237, Willy NB 9 : 218)
- i faisiont ça zeux-mêmes les hommes (NB – Arrighi 2005 : 237, Annie NB 10 : 486)
- ben oui i se médecinaient zeux-mêmes (NB – Arrighi 2005 : 237, Annie NB 10 : 388)
- Et eux-autres moulait du gru, eux-autres faisait leur gru eux-autres-mêmes. (LOU – *Découverte*, Pointe-aux-Chênes, Terrebonne)
- Le monde payait le maître d'école eusse-mêmes. (LOU – *Découverte*, Isle Jean Charles, Terrebonne)

Même sert aussi couramment à renforcer l'idée de possession (*cf.* le chap. « Les déterminants et les pronoms possessifs », I.2.1.) :
- mon plus vieux i a sa/ sa/ . sa RIG de pêche à lui-même. (NB – Wiesmath 5, C : 161–162)
- on peut voyager pis ramasser des/des/des cartes comme ça des pamphlets comme ça . pis mettre ça dans un album à toi-même (NB – Arrighi 2005, corpus, Zélia NB 17 : 580–581)
- t'as plus de temps libre à toi-même (NB – Arrighi 2005, corpus, Marco NB 15 : 26–27)
- C'est sa façon à lui-même, sa jouerie. (TN – Brasseur 2001 : s.v. *jouerie*, p. 262)
- Là, j'ai monté mon BAND à moi-même. (LOU – DLF 2010 : s.v. *moi-même*, p. 401, EV)
- Tes enfants à toi-même. (LOU – DLF 2010 : s.v. *toi-même*, p. 618, EV)
- On avait tout le manger naturel, on avait notre poulet à nous-autres-mêmes, on avait notre cochon à nous-autres-mêmes, on avait notre lait à nous-autres-mêmes. (LOU – DLF 2010 : s.v. *nous-autres*, p. 419, LF)

Commentaire
Pour le FQ, Blondeau (2011 : 185) note que, contrairement à *-autres* qui ne sert plus d'emphase en québécois actuel (*cf.* ci-dessous, IX) – le modificateur *-même* a gardé sa pleine valeur sémantique d'insistance ; bien plus rare que *-autres*, *-même* n'a pas subi d'effet d'usure ni de grammaticalisation[149].

---

149 *Cf.* pour l'évaluation du modificateur *-même* en FQ, Blondeau (2011 : 182–185).

IX Observations finales

Par rapport au FL, c'est en FA et en FTN que nous constatons la meilleure conservation des formes acadiennes traditionnelles. Si dans tous les parlers étudiés ici, le redoublement du sujet est une tendance marquée aujourd'hui (*cf.* pour le FA : Arrighi 2005 : 247, pour le FL : Girard Lomheim 2016), en revanche, la tendance à employer les formes toniques en fonction conjointe est beaucoup moins prononcée en FA/FTN qu'en FL et la forme atone *i(ls)* de la 3ᵉ pers. pl. ainsi que la forme de politesse *vous* se maintiennent bien en FA/FTN. Les pronoms objets restent en règle générale préposés au verbe en FA ; en FTN on note pourtant également une nette tendance à la postposition (surtout pour les pronoms en fonction d'objet indirect). Comme en FL, on évite aussi en FA et en FTN le cumul de deux pronoms objets.

En FL, le système des pronoms personnels est en pleine restructuration[150]. On note la coexistence du système traditionnel, plus proche de l'acadien et vivace surtout dans le parler des locuteurs âgés, et d'un système innovatif et simplifié tel qu'il ressort de l'usage des jeunes semi-locuteurs. Cette coexistence est d'ailleurs un des facteurs expliquant la grande diversité des formes sur le terrain[151]. Sur la base des observations de Rottet (2001 : 220–223), nous résumons ici les traits les plus importants du système des pronoms personnels en FL actuel :
– Les pronoms toniques tendent à apparaître dans le rôle du sujet sans qu'il y ait nécessairement de reprise pronominale :
  – Moins les locuteurs sont âgés, plus ils recourent aux pronoms toniques en redoublement ou en remplacement des clitiques, sans qu'il y ait connotation d'emphase ou de mise en relief[152]. Il ressort de l'étude de Rottet (2001 : 146, 194) que le choix du pronom semble fortement lié à l'âge du locuteur et à son exposition au FL traditionnel : les locuteurs les plus âgés emploient la forme redoublée (*moi, je...*) principalement pour exprimer l'emphase ou le contraste, la forme *je* dans les autres cas. Chez les moins de trente ans, les valeurs spécifiques du double marquage se sont perdues et la forme *moi/mon* (*mon* « moi ») est en train de s'établir comme forme non marquée (Rottet 2001 : 196). Rottet (2001 : 195) propose la séquence évolutive suivante : *je* > *mon, je* > *mon* > *m'* [m] (à quoi on pourrait ajouter, dans certains contextes syntaxiques, le stade final : *zéro*). Les divers stades coexistent d'ailleurs actuellement :

---

150 *Cf.* Stäbler (1995 : 83–92), Rottet (2001 : 220ss.), S. Dubois (2001), Neumann-Holzschuh (2008 : 364s.), Girard (2008). – Pour une évaluation du statut des pronoms personnels en FL (VM, SL) actuel, *cf.* Girard Lomheim (2016), qui distingue, à côté du paradigme des pronoms disjoints, deux classes de pronoms conjoints, à savoir les pronoms faibles et les clitiques ; il ressort de son analyse que les clitiques ne sont pas (encore) réduits au statut d'affixes dans ce parler (2016 : 189), mais « se situent à la charnière entre clitiques et affixes marqueur d'accord » (2016 : 202). – Chaudenson et al. (1993 : 106) constatent deux tendances en français quant aux pronoms personnels : d'une part, leur fragilisation, d'autre part, leur renforcement.
151 Outre d'autres facteurs, telle la diversité de la provenance des locuteurs au cours de diverses vagues d'installation en LOU, ou, aujourd'hui, l'influence du FS (*cf.* Papen/Rottet 1996 : 239, Rottet 2001 : 220ss. ; *cf.* aussi « Introduction » II.3.).
152 *Cf.* aussi King (2013 : 47s.). – Pour TN, King (1983) relève une évolution similaire : en préférant les formes toniques aux formes atones, les locuteurs plus jeunes optent pour les morphèmes plus saillants, transparents et libres (Rottet 2001 : 223).

> [...] Mon s'a 'pris [« moi j'ai appris »] les prières en anglais, mais s'connais [« je connais »] le Salut Marie, le HAIL MARY, en français. Là mon s'connais [« moi je connais »]. Mémère m'a montré. ø [zéro] Veux apprendre les autres, mais c'est pour m'asir là, aller dire que mon ø vas lé apprendre [« que moi * vais les apprendre »], mais ça c'est le seul qui mon s'connais [« moi je connais »]. (Rottet 2001 : 195, locuteur jeune, Amérindien)

La tendance à l'emploi généralisé des formes toniques s'explique sans doute par le fait que les formes à corps phonique plus robuste sont plus expressives et plus saillantes, et ainsi plus facilement retenues et maintenues par les locuteurs faiblement exposés à la norme traditionnelle (Rottet 2001 : 222 et 224)[153].
- Les anciennes formes disjointes *nous-autres* et *vous-autres* sont devenues tout à fait courantes en emploi conjoint et apparaissent même en tant que formes enclitiques à l'impératif.
- La forme de politesse *vous* est éliminée et remplacée par *tu* au singulier. Au pluriel, les formes *tu* ou *vous-autres* remplacent *vous*.
- La gamme des pronoms de la 3ᵉ personne du pluriel (*i, is/iz, il, ils, eux-autres, eusse, ça*) tend à se réduire à *eusse* pour les personnes, à *ça* pour les choses mais aussi pour les personnes, et ce sans connotation péjorative, du moins en fonction sujet.
- Les pronoms en fonction d'objet indirect de la 3ᵉ pers. tendent à être remplacés par les pronoms objets directs ou par les formes toniques, qui sont alors postposées au verbe (*cf.* VIII.3.). Ce dernier phénomène touche aussi les pronoms d'objet direct, mais dans une moindre mesure. Le pronom adverbial *en* (si tant est qu'il apparaisse) tend à être postposé sous la forme *zen* (Rottet 2001 : 213 ; 221). On constate donc une tendance à la postposition des pronoms objets et à l'ordre régulier S-V-O, quelles que soient les configurations syntaxiques[154]. Selon Girard Lomheim (2016 : 218), par rapport au français de France, la tendance à la fixité de l'ordre S-V-O est plus marquée en FL.
- La morphologie verbale tend à se niveler par la surgénéralisation de la forme de la 3ᵉ pers. sg. : la désinence de la 2ᵉ pers. pl. (*-ez*) disparaît progressivement d'une génération à l'autre ; la désinence acadienne traditionnelle de la 1ʳᵉ pers. pl. (*je + -ons*) a disparu, la forme *i(ls) + -ont* est fragilisée (*cf.* aussi le chap. « Le non-accord du verbe », I.1.).

---

153 Selon S. Dubois (2001 : 161 ; 164s.), c'est justement le faible degré d'exposition au français cadien qui est responsable des occurrences de *moi* en emploi conjoint (à côté de *moi je* et de *je*). L'emploi de *moi* seul dans le groupe des locuteurs restreints ne doit donc pas être considéré isolément, mais il s'associe à d'autres phénomènes, telles la régularisation de certains verbes et la création de formes « disparates », l'absence d'auxiliaire aux temps du passé ou l'utilisation de l'infinitif à la place d'une forme finie (*moi est, moi a, moi demandé, moi croire que*) (*cf.* S. Dubois 2001 : 165). S'il arrive occasionnellement aux locuteurs non restreints d'employer de telles formes, ils utilisent majoritairement *moi je* dans ce contexte. Dubois en conclut que l'emploi de *moi* seul – simplification morphologique – remonte à une origine phonologique, à savoir la chute du clitique *je* ([ʒ]/[ʃ]) dans le groupe des locuteurs restreints (S. Dubois 2001 : 163).
154 Nadasdi fait le même constat pour l'usage des locuteurs restreints du français ontarien ; il établit l'hypothèse d'une « évolution interne naturelle » vers la postposition des pronoms objets : plus on s'éloigne du FS, plus les pronoms sont postposés. L'aboutissement de cette évolution s'est matérialisé selon Nadasdi dans les créoles, qui ont généralisé la postposition. Nadasdi propose donc le continuum suivant : *français standard → français populaire → usage des locuteurs restreints du français ontarien → créoles français* (Nadasdi 2000 : 134).

Le tableau ci-dessous résume les tendances évolutives du système des pronoms sujets en FL.

Pers.	Ancien paradigme des pronoms personnels[155]	Nouveau paradigme des pronoms personnels
1re sg.	Formes atones et conjointes : [əʒ, ʒ, ʃ, s, z, h] Formes toniques disjointes : [mõ, mwõ, mwa, mwɔ]	Toutes les formes existent encore, mais la tendance est à l'emploi des formes toniques en fonction de sujet : *moi (je)*...
2e sg.	Formes atones et conjointes : [ty, ti, t'] Forme tonique et disjointe : [twa]	Toutes les formes existent encore, mais la tendance est à l'emploi de la forme tonique : *toi (tu)*...
politesse	Forme de politesse : [wu] + verbe en [-e]	Remplacement de *vous* par *tu* (rarement par *vous-autres*)
3e sg.	Formes atones et conjointes : [i, il, in ; a, al ; (ɛ/ ɛl = rare)] Formes toniques et disjointes : [lɥi, li ; ɛl ; ([sa] = encore rare)]	Toutes les formes existent encore, mais il y a une tendance à l'emploi – du masculin pour le féminin – de *ça* pour les deux genres – de la forme tonique : *lui (i) dit*...
1re pl.	Forme atone et conjointe : *on* + verbe à la 3e pers. sg. rarement : *nous* + [-õ], (*je* + [-õ]), (*on* + [-õ]) Forme tonique et disjointe : [nuzɔt, (nu = rare)]	Forme atone et conjointe : *on* + verbe à la 3e pers. sg. Forme tonique : *nous-autres* Tendance – à l'emploi redondant: *nous-autres on*... ou – à l'emploi du pronom tonique seul. Le verbe apparaît à la 3e pers. sg.
2e pl.	Forme atone et conjointe : [wu] + [-e] Forme tonique et disjointe : [wuzɔt, ([wu] = rare)]	Tendance – à l'emploi de la forme unique : *vous-autres* + verbe à la 3e pers. sg., ou – au remplacement de *vous* par *tu*
3e pl.	Formes atones et conjointes : [i, iz, il, in] + verbe en [-õ] (dans certaines paroisses) Formes toniques et disjointes : [ø], [øs], [œs], [øzɔt]	Tendance – au remplacement des clitiques par la forme tonique *eusse* et *eux-autres* [øzɔt], [zot], [ot] – à l'emploi de *ça* – à la disparition des formes verbales en [-õ] Le verbe apparaît à la 3e pers. sg.

Commentaire

Pour le FQ, Blondeau (2011 : 229ss.), constate que le système des pronoms personnels est également en pleine restructuration, mais avec un résultat différent des parlers étudiés ici.
– La distinction entre les formes clitiques et les formes disjointes est maintenue, voire systématisée : les formes clitiques (*je, tu, il/a(l), on, vous, i*, cf. aussi Léard 1995 : 84, Blondeau 2011) se distinguent nettement des formes disjointes (*moi, toi, lui/elle, nous(-autres), vous-autres, eux-autres*) à toutes les personnes.

---

[155] Le système traditionnel est courant jusque dans le deuxième tiers du XXe s., *cf.* Stäbler (1995 : 83, 85 et 91). Pour la description de la norme traditionnelle, *cf.* Rottet (2001 : 142–163). *Cf.* aussi Girard Lomheim (2016).

- L'indéfini -*autres* s'est grammaticalisé en tant que marqueur de pluralité (*cf.* aussi Leard 1995 : 84, *cf.* Gadet 2009 : 176).
- Les formes disjointes ne peuvent apparaître sans clitique dans le rôle du sujet qu'à la 3e pers. comme en FS (*moi/toi* + verbe étant agrammatical, Blondeau 2011 : 71 ; 123, note 13).
- Il existe deux séries de pronoms disjoints au pluriel de fonction équivalente, les formes simples et les formes en -*autres*. Les formes en -*autres*, dénuées de toute valeur d'emphase (Blondeau 2011 : 85, 108, 123 *passim*), sont majoritaires dans cet emploi par rapport à la forme simple (87 % contre 13 % d'occurrences de la forme simple, Blondeau 2011 : 106). Les deux séries se distinguent essentiellement sur le plan sociostylistique (Blondeau 2011 : 229ss.)[156]. Mais globalement, l'usage des formes simples progresse au fil du temps[157].

---

[156] Selon Blondeau, il s'effectue dans la communauté linguistique un changement global allant dans le sens d'une augmentation des formes simples (Blondeau 2011 : 204s.). C'est surtout à la 1re pers. pl. que l'importance du recours à la forme simple s'accroît (Blondeau 2011 : 209) : ici, l'opposition entre la forme disjointe simple – *nous* – et la forme clitique – *on* – est suffisamment nette pour motiver l'abandon de la forme composée *nous-autres*. À l'inverse, la forme composée *vous-autres* s'avère assez stable. La création d'une forme composée à la 3e pers. pl. malgré l'existence d'une opposition nette entre la forme clitique (*ils*) et la forme disjointe (*eux*) s'explique selon Blondeau (2011 : 122s.) par l'analogie : -*autres*, désormais marqueur de pluralité, s'est généralisé en tant que tel à l'ensemble du paradigme du pluriel. Blondeau constate aussi que plus le locuteur se situe en haut de l'échelle sociale et plus la situation de communication est formelle, plus la fréquence de la forme simple augmente par rapport à la forme composée (Blondeau 2011 : 201s., 237).
[157] Blondeau chiffre les occurrences des formes simples et des formes composées dans le corpus *Récit du français québécois d'autrefois* (1re moitié du XXe s.) et les compare avec les données des corpus plus récents (2e moitié du XXe s.) : le taux des formes simples augmente, passant de 3 % à 13 % au cours du siècle (Blondeau 2011 : 168). *Cf.* aussi Blondeau (2008 : 264ss.).

Y et *en* et le présentatif *(il) y (en) a*

Préliminaires

I *y*

II *En*
II.1 Emploi conforme au FS
II.2 [nã(n)] en position préverbale
II.3 [zã] en position postverbale
II.4 Emploi redondant de *en*
II.5 Ellipse de *en* et substitution lexicale

III Le présentatif *il y a* et ses variantes

Y et *en* et le présentatif *(il) y (en) a*

Préliminaires

Comme en FS, *y* et *en* se réfèrent généralement à des objets, *en* pouvant cependant aussi se référer à des êtres animés[1]. Pour les variétés qui nous intéressent ici, on note dans l'usage des pronoms adverbiaux un certain affaiblissement qui se manifeste sous deux aspects :
- Le remplacement des clitiques par des formes non clitiques, notamment des syntagmes prépositionnels contenant le pronom *ça* (*de ça, à ça, sur ça*, etc. ; *cf.* aussi le chap. « Les pronoms personnels », VIII.3.1.).
- L'omission des pronoms adverbiaux.

Commentaire

Dès l'ancien français, les pronoms adverbiaux *y* et *en* renvoient couramment aux humains (Fournier 1998 : § 285, p. 198). La langue classique est caractérisée « par une indétermination du trait sémantique » [+humain] / [-humain], ce qui a suscité la réaction des grammairiens et remarqueurs, « qui commencent dès la première moitié du [XVIIe] siècle à spécifier les pronoms, réservant les uns aux personnes, les autres pour la référence aux animaux et aux choses » (Fournier 1998 : § 278, p. 195). *En* est mieux accepté que *y* pour se référer aux humains ; en anaphore partitive, *en* est même obligatoire jusqu'à aujourd'hui pour renvoyer aux humains (Fournier 1998 : § 285, p. 199). Eu égard à l'historique des pronoms adverbiaux, de nombreux auteurs considèrent la référence aux humains comme un usage « littéraire », « recherché », « archaïsant » ou « vieilli » (Chevalier et al. 1964 : § 367, p. 237, *Le Petit Robert* 2013 : s.v. *en*). D'autres y voient plutôt le trait de l'usage familier et régional (courant au Canada, *cf.* Wolf 1987 : 23). Notons que Riegel et al. (2011 : 370) parlent d'une tendance actuelle conduisant à étendre aux humains l'emploi du pronom adverbial *en* : les tours *je me méfie de lui* et *je m'en méfie*, *il est jaloux d'elle* et *il en est jaloux*, coexistent.

I *y*

Y n'est réellement vivant que dans le tour figé *i(l) y (en) a* (*cf.* ci-dessous, III).

Signalons que la forme du pronom adverbial *y* [i] est identique à l'une des variantes du pronom de la 3e pers. sg. en fonction d'objet indirect ([i] s'emploie à côté de [li], [lɥi], [ɥi], *cf.* le chap. « Les pronoms personnels », V.1.4.). Lorsque [i] renvoie donc à des personnes, on pourrait suggérer deux sources possibles de cette occurrence : soit il s'agit d'une forme courte de *lui*, soit il s'agit du pronom adverbial *y* et l'on aurait alors un exemple de la référence de *y* aux êtres humains, telle qu'on la note effectivement dans l'ancien usage à d'autres personnes également[2].

---

[1] En ce qui concerne l'usage de *y* et *en*, *cf.* pour l'Acadie des Maritimes : Arrighi (2005 : 227s.) ; pour TN : Brasseur (2001 : s.v. *y*, p. 476) ; pour TN et l'ÎPÉ : King (2000 : 65) ; pour la LOU : Papen/Rottet (1997 : 85), Conwell/Juilland (1963 : 149 ; 182), Rottet (2001, chap. 7.8). – L'emploi de *y/en* dans le MGCF correspond largement au FL (Moreton 2001 : 184s.).

[2] *Cf.* par ex. Foulet (1967 : 297) ; *cf.* aussi Haase (1965 : 25) : « Au XVIIe siècle, *y* tenait couramment la place des pronoms de la 1re et de la 2e pers. et, dans une mesure bien plus large qu'aujourd'hui, celle des pronoms de la

L'emploi de *y* en tant que pronom renvoyant aux groupes prépositionnels introduits par *à, sur, dans* etc., est très rare dans les corpus à notre disposition.
- Ben BRIER ISLAND on y a été beaucoup. (NÉ – Hennemann, BSM, AnS)
- [le Festival Acadien] Et on y était un couple de fois s'i y a des déjeuners, des choses, des fêtes qui se passent [Enquêtrice : Hmhmhm. Ah oui.] ... on y va. (NÉ – Hennemann, ILM, DO)

- dans ce temps-là si que moi j'avais de quoi à faire chez nous sus la ferme pis je pouvais pas **y** aller [...] ben tant j'arrivais là i y avait personne qui disait « t'étais paresseux pis t'as pas voulu venir » (NB – Wiesmath 1, B : 720–723)
- faulait que tu y alles (NB – Wiesmath 7, O : 585)

- Pense y plus ! (TN – Brasseur 2001 : LI)

- Allons-y. (LOU – DLF 2010 : s.v. *y*, p. 662, Daigle 1984)

En règle générale, *y* est évité au profit de moyens plus explicites : on rencontre alors les adverbes *là* et *là-bas* ou *dedans* et *là-dedans*, *dessus* et *là-dessus* (et d'autres, similaires) ou des syntagmes prépositionnels contenant le pronom neutre *ça* (*sur/sus ça, à ça, dans ça*, etc.)[3].
- Moi, je peux pas la faire quanT que je vas là parce qu'i faut je travaille [...] (NÉ – Hennemann, ILM, EL)
- [il vient avec] une chaise de vieux tracteur de fermier pis s'assit sus ça pis joue (NÉ – Hennemann, ILM, LL)

- [...] BECAUSE moi je mets pas de poison dessus (NB – Wiesmath 1, B : 602–603)
- hein i mettont du sucre dans ça (NB – Wiesmath 3, D : 58)

- Tu vas faire de la soupe, tu peux faire des petites doballes, grosses comme ça, pus petit que ça, pour mettre dedans, pour l'épaissir. (TN – Brasseur 2001 : s.v. *doballe*, p. 163)
- Je mettions ça dedans en place d'avoir du riz, du vrai riz, ben... [...] (TN – Brasseur 2001 : s.v. *doche*, p. 163)

- mais ses deux garçons 'l ont resté là quelque temps après . leur maman est mort (LOU – Stäbler 1995 : 90, corpus)[4]
- Quand je pense à ça, des fois, je ris, bonne sœur ! (LOU – DLF 2010 : s.v. *penser*, p. 453, TB)

Il arrive que *y* soit simplement omis :
- S'i y a des fêtes à l'église, on va participer. (NÉ – Hennemann, ILM, DO)

- je vais aller à Minto là je * vas dans/ dans l'automne (NB – Arrighi 2005 : 227, Zélia NB 17 : 203–204)

3e pers. » (*cf.* dans le même sens Brunot/Bruneau 1949 : 288, Price 1971 : 154s.). – *Cf.* Bauche (^{2}1951 : 100) sous *Y* : « En L(angage)P(opulaire), remplace certains pronoms "lui", "eux", "leur", etc. ».
3 Le même constat est fait par Nadasdi (2000 : 104 ; 114s.) pour le français ontarien. Selon lui, au sens local, *y* apparaît presque exclusivement avec les verbes téliques, notamment *aller* (66 %) ; cela le conduit à qualifier *y* de *clitique télique*. Dans les emplois locaux atéliques, c'est *là* qui apparaît.
4 Le *l* devant *ont* pourrait être un *l* purement euphonique, assez courant dans les variétés étudiées (*cf.* le chap. « Liaison et agglutination », I.3.4.), mais comme la reprise après les syntagmes nominaux sujets est de règle dans ces variétés, il pourrait aussi s'agir du pronom de reprise *il(s)* avec aphérèse (pour la forme du pronom sujet *il* au pluriel, *cf.* le chap. « Les pronoms personnels », VI.1.1.).

II En

En se maintient beaucoup mieux que *y*, et ce non seulement dans les tours figés très fréquents (*(il) y en a, s'en aller, s'en venir*, également : *s'en souvenir de*), mais aussi dans les autres emplois. Par ailleurs, on note des stratégies d'évitement ou de remplacement de *en* (*cf.* ci-dessous II.5.).

En connaît les variantes morpho-phonologiques suivantes :
- En position préverbale, le pronom adverbial peut apparaître sous la forme *nen* dans toutes les variétés concernées. En FTN, *nen* peut être réduit à *n-n'* devant les voyelles [a] et [ɔ] ou bien à *n'* devant les voyelles [a] et [e] (Brasseur 2001 : s.v. *nen, n', n-n'*, p. 315). La réduction de *en* à *'n* est également notée par Brandon (1955 : 442) pour le FL. Remarquons qu'en FL, cette réduction concerne surtout le tour figé *il y en a*, qui connaît les formes réduites *ina, ena* ou *na* (DLF 2010 : s.v. y^1, p. 662) (*cf.* ci-dessous III).
- En position postverbale (c'est-à-dire principalement à l'impératif, *cf.* ci-dessous II.3.), le pronom adverbial prend la forme *z-en*[5]. En FTN et en FL, *z-en* en position postverbale est même attesté dans la phrase affirmative[6]. Examinant l'emploi de *en* en temps apparent en FL (TB/LF), Rottet (2001 : 213s.) note des changements d'une génération à l'autre. Il en conclut à une évolution linguistique en cours qui semble encore s'accélérer du fait du déclin des compétences linguistiques. Comme c'est le cas pour les pronoms personnels, il existe selon Rottet deux tendances marquées : le remplacement de la forme clitique par des formes non clitiques et la généralisation de l'ordre S-V-O, ce qui permet d'expliquer les constructions de type « Mon j'ai déjà acheté zen » (Rottet 2001 : 213).

II.1 Emploi conforme au FS

Comme en français de France, *en* peut remplacer des compléments précédés de la préposition *de*. En FS, il a souvent une valeur partitive (*j'en ai beaucoup, il en a cinq*, etc.) ; dans ce cas, *en* est souvent omis dans les variétés étudiées ici, surtout en FL (*cf.* ci-dessous II.5.). Dans l'usage traditionnel, les exemples conformes à la norme ne manquent pas : ainsi, dans le corpus louisianais de Rottet, *en* est courant dans le parler des aînés (plus de 55 ans ; Rottet 2001 : 211). Soulignons encore que *en* peut renvoyer aux personnes sans connotation péjorative.

- Euh/ Adrienne en a un petit là dans son office que tu peux emprunter. (NÉ – Hennemann, BSM, SC) (*en* = « un éventail »)
- la bête à sept têtes doit paraître dans cinq minutes pis a dit au lieu d'en manger un é va en manger deux (NÉ – Arrighi 2005, corpus, Marcelin NÉ 2 : 137–138)

---

[5] Arrighi (2005) ne signale que la forme *nen*, et pas la forme *zen* pour les parlers acadiens (*cf.* aussi Chaudenson et al. 1993 : 84). Nous en avons pourtant trouvé une occurrence dans le corpus néo-écossais, *cf.* ci-dessous II.3. Brasseur (2001 : LI) confirme l'existence de la forme pour le FTN.

[6] *Cf.*, pour le FTN : King (1989 : 236s.), Brasseur (2001 : LI) ; pour le FL : Papen/Rottet (1997 : 87), Rottet (2001 : 212s.).

- je me lamente pas de rien . j'ai passé une vie pas mal . de . WORRY . mais je m'en lamente pas asteure (ÎPÉ – Arrighi 2005, corpus, Rose ÎPÉ 7 : 95–96)
- Elle en a mangé. (ÎPÉ – King 2000 : 65)
- Les maudites maraches, là, ceuses-là j'en ons peur ! (TN – Brasseur 2001 : s.v. *marache*, p. 289)
- il court vers les joueurs, en attrape un (LOU – Brandon 1955 : 442)
- mais je dis je va pas en manger (LOU – Stäbler 1995 : 232, corpus) (*en* = « du nutria »)
- J'avais une belle-sœur, elle nous lisait toute qualité d'histoires en français. [L]à y [= il] en reste, oh il y a des cents dans ce vieux monde là. (LOU – *Découverte*, Isle Jean Charles, Terrebonne)
- J'avais un padna qui travaillait là-bas, il a été *feed* des veaux pour un an. Et il m'avait demandé si je voulais un *buffalo*. Il m'en aurait amené un et ça m'aurait coûté sept cents piastres. (LOU – *Découverte*, Isle Jean Charles, Terrebonne)
- Alle a pas eu d'enfants pour elle-même. Alle en a adopté une. (LOU – DLF 2010 : s.v. *en*^{2}, p. 244, TB)
- Asteur ils voulont défaire ma vieille maison et m'en rebâtir une neuve. (LOU – DLF 2010 : s.v. *en*^{2}, p. 244, VM)

II.2 [nã(n)] en position préverbale

[nã] + consonne / [nãn] + voyelle est l'allomorphe, plus ou moins fréquent[7], de *en* en position préverbale et apparaît notamment « après un mot à finale vocalique » (Arrighi 2005 : 227). Rottet (2001 : 212) voit dans la forme *nen* une variante renforcée de *en* (*cf. j'en prends* vs. *je nen prends*, la deuxième forme étant plus saillante).

- c'est mieux de faire des petits pas pour grandir que n-en faire des grands (NÉ – Hennemann, ILM, LL)
- I n-en parlait pus. I n-en parlait pas. (NÉ – Hennemann, ILM, MD)
- On va n-en manger chacun un. (NÉ – Hennemann, ILM, EL)
- i prend plus de nouvel client faut qu'i / faut qu'i arrête là i n-en a trop (NB – Arrighi 2005 : 228, Michelle NB 16 : 552–553) (« trop de clients »)
- je vas y penser là je vas n-en parler à ma fille (NB – Arrighi 2005 : 228, Zélia NB 17 : 436–437)
- je crois là ça fait Valmont ien que deux . . Normand n-en a eu trois [...] Normand n-en a eu trois euh: Patsi n-en a élevé une pis a/ alle a eu deux garçons . . pis Félice . Félice n-en eut deux . pis euh ma/ Charles et Irène en a eu un ce là qu'est mort pis euh Lise n-en a deux pis (NB – Arrighi 2005 : 228, Évangéline M. NB 14 : 96–99)
- i n-en a réchappé (IdlM – Falkert 2010, corpus : 174, p. 288, CD-ROM)
- il n'en ont jeté (IdlM – Falkert 2010, corpus : 303, p. 123, CD-ROM)
- Oh oui vous pouvez nen trouver ! (TN – Brasseur 2001 : s.v. *nen, n', n-n'*, p. 315)
- Vous voulez oir èné arména, nen v'la iène ! (TN – Brasseur 2001 : s.v. *armana*, etc., p. 25)
- Je nen prendrais si j'aurais faim. (LOU – Rottet 2001 : 212)
- [ty nã prã] (LOU – Papen/Rottet 1997 : 87)
- Asteur il n-en mange, mais pas d'un temps il n-en mangeait pas. (LOU – *Découverte*, Pointe-aux-Chênes, Terrebonne)

---

7 Les formes *nen, n-n', n'* (« en ») sont tout à fait courantes, notamment en FTN (*cf.* Brasseur 2001 : 315), mais aussi aux Îles-de-la-Madeleine (*cf.* Falkert 2010, corpus). Pour le FL, Papen/Rottet (1997 : 87) et Rottet (2001 : 212) considèrent *nen* comme une variante fréquente. En revanche, pour son corpus panacadien, Arrighi (2005 : 227s.) qualifie *n-en* d'une variante qui apparaît « parfois » et est, somme toute, « rare ». Les exemples relevés dans les corpus à notre disposition témoignent cependant de la vitalité de cette forme.

Pour le FTN, Brasseur (2001 : s.v. *nen, n', n-n'*, p. 315) note aussi les réductions de *nen* à *n-n'* + voyelle [a] et [ɔ̃] ou *n'* + voyelle [a] et [e]. Cette réduction formelle est aussi attestée au NB, aux Îles-de-la-Madeleine et en FL.

- je suis sûr tu 'n as déjà bu de l'eau de source (NB – Wiesmath 1, B : 8) (pour l'expression redondante de *en, cf.* ci-dessous II.4.)
- je n-n'avais plus' sus=es mains que dans le plat (IdlM – Falkert 2010, corpus : 20–21, p. 18, CD-ROM) (« j'en avais plus sur les mains que dans le plat »)
- ben i n-n'a plus (IdlM – Falkert 2010, corpus : 540, p. 139, CD-ROM)
- les COOP y n-n'avait pas (IdlM – Falkert 2010, corpus : 15, p. 176, CD-ROM)
- [À propos du fumier.] Tu n-n'avais trop pour tes jardins, tu l'éparais sus ton foin. (TN – Brasseur 2001 : s.v. *nen, n', n-n'*, p. 315)
- Dipoté ça veut dire que... tu n'as assez de quiqu'un d'autre [...] (TN – Brasseur 2001 : s.v. *dipoté*, p. 162)
- I n-n'ont fait du trouble avec les Indiens, promis de siner des documents et pis après ça les casser... (TN – Brasseur 2001 : s.v. *siner*, p. 421)
- [...] il faisait du sirop. Et il n-amenait à la maison des siaux de cinq gallons. (LOU – *Découverte*, Pointe-aux-Chênes, Terrebonne)

Commentaire

La forme [nã(n)] en position préverbale est attestée en FQ (GPFC : s.v. *n'en*) et dans quelques dialectes de France (ALF, carte n° 807 ; FEW 4, 635b, Brasseur 2001 : s.v. *nen, n-n', n'*, p. 315), notamment en Normandie (Arrighi 2005 : 228) ; Dauzat (1922 : 101) atteste *nen* comme une des trois formes de *en* dans un « patois d'Auvergne ».

En français mitchif et en franco-manitobain ainsi qu'en FQ, les prononciations [nãn] et [n] sont répandues en position intervocalique[8].

II.3 [zã] en position postverbale

En position postverbale – donc principalement à l'impératif –, c'est l'allomorphe [zã] qui apparaît assez régulièrement (*cf.* le chap. « Liaison et agglutination », I.3.2.).

En FL et – plus rarement – en FTN, la postposition de la forme *zen* est également attestée en dehors de l'impératif. King (1989 : 236s.) voit dans cet emploi le résultat d'une extension analogique. Dans le corpus louisianais de Rottet, la postposition de *zen* en tant qu'anaphore partitive constitue principalement une caractéristique des locuteurs jeunes et moins familiarisés avec le français (Rottet 2001 : 213)[9]. La tendance à placer le pronom adverbial sous la forme *zen* en position postverbale correspond à la tendance à la généralisation de l'ordre S-V-O, qu'on relève également dans le remplacement des clitiques en fonction d'objet direct et indirect par les formes toniques postposées au verbe en FL (*cf.* le chap. « Les pronoms personnels », VIII.3.1.). Mais elle peut de surcroît être favorisée par l'influence de l'anglais où le partitif *some* se trouve toujours dans cette position (Rottet 2001 : 213)[10].

---

8 *Cf.* Hallion (2000 : 260s.), Hallion Bres (2006 : 119s.), Arrighi (2005 : 228).
9 Pour certains locuteurs, l'évolution vers la forme postposée *zen* semble passer par une phase d'expression redondante de la forme : « Tu pourrais les en donner zen ? » (Rottet 2001 : 213, locuteur jeune).
10 Le même phénomène est retenu par Moreton (2001 : 179) pour le MGCF : *e plăte zẽ l ane pase, e œs a pa puse* « Planted a few [= cotton seeds] last year, and they didn't even sprout ».

- [À propos d'autres visiteurs qu'Edna devrait héberger pour La Picasse.] Envoie-moi-z'en pus d'autres. (NÉ – Hennemann, ILM, Corpus oral 2)
- choisis-toi-z-en eune couple (IdlM – Falkert 2010, corpus : 42, p. 367, CD-ROM)
- prends-toi-z-en trois (IdlM – Falkert 2010, corpus : 44, p. 367, CD-ROM)
- N'oublie pas-z-en ! (TN – Brasseur 2001 : LI)
- « Il me fait en manger » à côté de « Il me fait manger-z-en » (TN – King 1989 : 236)
- Il achète-z-en. (TN – King 1989 : 237).
- Donne nous-autres en [zã]. Donne mon en [zã] pas. (LOU – Papen/Rottet 1997 : 87)
- Ina des Billiot tu SPELL B-E-O. Parce que n'a rencontré zen. (LOU – Rottet 2001 : 213, locuteur jeune)
- Et ina zen s'est marié a'ec du monde de couleur, SO ça pourrait se faire c'est tout emmêlé. (LOU – Rottet 2001 : 213, locuteur jeune)

Commentaire

L'allomorphe *z-en* [zã] est attesté, au même titre que *z-y* [zi], à l'impératif dans le non-standard hexagonal (Gadet 1992 : 66) ; les deux formes apparaissent « systématiquement après *moi* et *toi*, facultativement après *lui* et *leur* ». Gadet récuse l'hypothèse selon laquelle il s'agirait d'une consonne de fausse liaison ; selon elle, il s'agit plutôt de « variantes de *en* et *y* » qui seraient « réservées à cette position » ; ces variantes ne sont d'ailleurs pas inconnues dans la langue standard : *donnes-en* [dɔn(ə)zã], *vas-y* [vazi].

II.4 Emploi redondant de *en*

Hormis les cas de redondance de *en* dans l'expression *y en a* (cf. ci-dessous III), on trouve d'autres cas où *en* annonce un objet qui sera exprimé par la suite[11]. Notons qu'il ne s'agit pas nécessairement d'un objet introduit par la préposition *de*. Il est parfois difficile de juger s'il s'agit d'un emploi redondant ou bien d'une construction disloquée[12]. Dans quelques tours, *en* est figé et ne sert plus d'anaphore (par ex. dans l'expression *s'en souvenir de*, cf. « je m'en souviens de lui », NÉ – Hennemann, ILM, CL)[13].

- pis là tu fais en du JAM avec ça (NB – Wiesmath 1, B : 27) (On notera le déplacement de *en*.)
- c'est des CRANBERRY . tu peux acheter ça en CAN . j'en ai icitte ça itou (NB – Wiesmath 1, B : 16)
- on en voit pas beaucoup asteure ces affaires-là (NB – Wiesmath 1, B : 358)
- Tu nen trouves dans la morue des fois de ceuses-là (TN – Brasseur 2001 : s.v. *nen, n-n', n'*, p. 315)
- J'en avions ène porte en dedans pis ène en drors pour casser le mauvais temps. […] (TN – Brasseur 2001 : s.v. *casser*, p. 95)
- ça nous en donne une belle tomate (LOU – Conwell/Juilland 1963 : 182)
- Et je m'en a aperçu la même journée que ça devait faire du bien. (LOU – *Découverte*, Pointe-aux-Chênes, Terrebonne)
- Et ça, moi je m'en rappelle de ça. (LOU – *Découverte*, Pointe-aux-Chênes, Terrebonne)

---

11 Dans tous ces cas, on peut se demander si on assiste ici au développement d'une « conjugaison objective », qui marquerait l'objet par un élément affixal au verbe (cf. aussi le chap. « Les pronoms personnels », VIII.1.).
12 Les signes suprasegmentaux peuvent aider à désambiguïser la construction.
13 Nadasdi (2000 : 121) note pour le français ontarien la tendance à la lexicalisation de *en*, indiquant les exemples *s'en rappeler, s'en souvenir*.

Selon Conwell/Juilland (1963 : 182), l'expression redondante de *en* peut être un moyen d'emphase.

II.5 Ellipse de *en* et substitution lexicale

L'emploi du pronom adverbial *en* est fréquemment évité :
- Le pronom adverbial *en* peut être remplacé par le syntagme prépositionnel *de* + *ça* et, dans le sens local, par *de* + *là-bas*[14]. Rottet (2001 : 213) signale aussi la substitution de *en* par *quelques* (calque direct de l'anglais *some*).
- Une autre stratégie consiste à répéter le syntagme nominal au lieu de le reprendre par un pronom ; selon Rottet (2001 : 212), c'est la stratégie préférée (33 %) des locuteurs les plus jeunes (moins de 30 ans) de son corpus.
- *En* est fréquemment omis (Arrighi 2005 : 227 ; pour le FL, *cf.* déjà Brandon 1955 : 443), notamment dans son rôle partitif (*cf.* Conwell/Juilland 1963 : 149, qui suggèrent une influence de l'anglais). Pour son corpus louisianais Rottet (2001 : 212) constate que moins le locuteur est familiarisé avec la langue, plus il a tendance à laisser tomber *en* ; cela concerne en tout premier lieu les locuteurs jeunes[15].

▶ **Substitution**
- Moi je dis, on a point de ça. (NÉ – Hennemann, BSM, SC)
- Bon, j'étais accoutumé de ça. (NÉ – Hennemann, ILM, AS)

- alle-a-ti mangé de ça ? (NB – Wiesmath 1, R : 97)

- [...] Y a des âbres de prusses ici qui sont chargés de ça ! [...] (TN – Brasseur 2001 : s.v. *dinguette !*, p. 162)

- Le français apé s'en aller, j'ai peur de ça. (LOU – Rottet 2001 : 119, loc. âgé)
- Ça me passe des frissons quand je parle de ça. (LOU – *Découverte*, Mamou, Évangéline)
- Ça prend des portraits de ça (LOU – *Découverte*, Châtaignier, Évangéline)

▶ **Omission**
- les gros fermiers ben y * a pas beaucoup qui allaient dans les chantiers (NB – Arrighi 2005 : 227, Willy NB 9 : 163–164)

- Vous pourrais yeux * donner ? (LOU – Rottet 2001 : 214, locuteur jeune)
- j'*ai pas mangé un tas (LOU – Stäbler 1995 : 236s., corpus)
- et on * a un peu repris et on l'a fait . on a bouilli ça dehors (LOU – Stäbler 1995 : 243, corpus)
- il [en] reste encore quelques-unes (LOU – Conwell/Juilland 1963 : 182) (Par les crochets, les auteurs signalent le mot omis.)
- Cain Guidry [en] achetait un (LOU – Conwell/Juilland 1963 : 182)
- t'en as déjà mangé? Non, mais mon frère a vu un bougue qu'( ) a mangé (LOU – Brandon 1955 : 443)

---

14 Usage confirmé pour le non-standard hexagonal par Gadet (1992 : 65).
15 Rottet signale aussi que dans le groupe des semi-locuteurs le pronom objet direct *le* est parfois employé à la place de *en* : « Tu peux le donner à eusse ? » (LOU – Rottet 2001 : 214, semi-locuteur) (« tu peux leur en donner »).

III Le présentatif *il y a* et ses variantes

(Pour l'accord dans la subordonnée introduite par *il y a qui*, *cf.* le chap. « Le non-accord du verbe », I.2.2.)

C'est à l'intérieur du tour figé *(i) y (en) a* que les pronoms adverbiaux *y* et *en* trouvent leur véritable place[16]. Les tours *(i) y a* et *(i) y en a* sont synonymes et s'emploient de façon identique, *en* n'étant pas nécessairement un élément anaphorique.

Notons que le sujet impersonnel *i* tombe fréquemment[17] ; l'omission du *l* dans le pronom *il* ainsi que l'omission du pronom entier dans les tours impersonnels sont des faits historiques qui se maintiennent dans le langage parlé.

Des formes non-nasalisées – *ina* et *ena* pour « il y en a » – ont été relevées en FL[18].

« Il y a » apparaît sous les formes suivantes :
- [ija], [ja]
- [a] (dans les subordonnées, *cf.* les ex. ci-dessous)
- [i(n)jãna], [jãna], [nãna]
- [ina], [ena], [na]

Dans les contextes formels, c'est la forme [ija] qui apparaît. Soulignons que les formes [nãna], [injãna], [na] ont un sens positif[19].

▶ **[ija]**
- On dirait qu'i/ comme i y a un manque de bénévoles aussi. (NÉ – Hennemann, BSM, JG)
- i y a un ruisseau plus bas (NB – Wiesmath 1, B : 7)
- il crie il dit HEY il y a un homme ici dedans (LOU – Stäbler 1995 : 95, corpus)

▶ **[ja] / [javɛ]**
- Euh des endroits ça y a encore. (NÉ – Hennemann, BSM, AnS) [*ça* = « les magasins fermés le dimanche »]
- les gros fermiers ben y a pas beaucoup qui allaient dans les chantiers eux-autres i fermiont sus les terres [...] (NB – Arrighi 2005 : 251, Willy NB 9 : 163–167)
- y a de la jalouserie aussi hein . ouais y a des familles non mais des fois c'est ::: (NB – Arrighi 2005 : 253, Zélia NB 17 : 199)
- y a iu (IdlM – Falkert 2010, corpus : 15, p. 365) (« il y a eu »)

---

16 Papen/Rottet (1997 : 86), qui notent également pour le FL que le pronom *y* n'est courant que dans l'expression *il y a*, estiment qu'à l'intérieur du tour *il y a*, *y* n'est même pas perçu comme pronom, mais comme le premier segment du verbe.

17 *Cf.* le chap. « Les pronoms personnels. », VIII.5.1. *Cf.* aussi Arrighi (2005 : 254) pour l'hypothèse qu'avec la forme [ja] il pourrait aussi s'agir d'un amalgame entre *i* et *y*.

18 *Cf.* DLF (2010 : s.v. *avoir*, p. 51, et s.v. *y*, p. 662), Stäbler (1995, corpus). *Ina* existe également aux Îles-de-la-Madeleine (Falkert 2010, corpus) et en franco-manitobain (Hallion 2000 : 261).

19 Selon Chaudenson (2003 : 377s.), les formes *nana/ena/na* du créole réunionnais remontent au tour *il y en a* qui est attesté sous la forme *n'en a* dans une source ancienne (1799). Dans les créoles de l'Océan Indien, *nana* signifie « avoir ».

- Y a d'autres sortes de jubiers que j'appelons une cheveuche; [...] (TN – Brasseur 2001 : s.v. *chavèche, cheveuche, saveuche,* p. 107)
- Y a des années qu'y a je mangions des patates... la deuxième semaine de juillet. (TN – Brasseur 2001 : s.v. *y,* p. 476)
- y avait de l'eau jusqu'au SWITCH de/ de lumière-là [...] (LOU – Stäbler 1995 : 110, corpus)
- y a du monde qui veut pas parler français (LOU – Rottet 2001 : 129, loc. âgé)

▶ [a]
(dans les subordonnées après *que* conjonction subordonnante ou pronom relatif, *cf.* Arrighi 2005 : 253s.)
- oui ben argarde si tu t'en vas par chez vous à la France tu vas/ tu vas voir le change qu'a eu pis là je suis certain qu'a eu du change (NB – Arrighi 2005 : 254, Zélia NB 17 : 554–555)
- les [F]rançais sont très bien vus dans le reste de l'Île tout le monde sait qu'a des [F]rançais dans ce bouT là (ÎPÉ – Arrighi 2005 : 254, André ÎPÉ 12 : 303–305)

▶ [i(n)jāna]
- i y en a beaucoup de mon âge qu'a pas vu leurs grands-parents... (NÉ – Hennemann, ILM, CL)
- i n'y en a seulement deux qu'a pu rester au Petit de Grat... (NÉ – Hennemann, ILM, AF)
- i y en a un <lot> qui *runont* qu'à tous les deux jours si que ça travaille coumme les autres années (NB – Wiesmath 3, D : 410)
- Les chaouis, mais il y en a presque plus de ça. (LOU – *Découverte,* Isle Jean Charles, Terrebonne)

▶ [jāna] / [jānavɛ]
- Y en avait un endroit qui s'appelait / euh / CHURCH POINT (NÉ – Hennemann, PUB, ID)
- pis y en avait d'eux-autres qu'avaient vraiment pas beaucoup [...] de formation comme institutrices y en a d'eux-autres qu'avaient fait qu'est-ce qu'i z-appelaient dans le temps l'école normale (ÎPÉ – Arrighi 2005 : 238, André ÎPÉ 12 : 70–76)
- y en a trois de mort (IdlM – Falkert 2010, corpus : 7, p. 364, CD-ROM)
- Y en avait des enfants, je pense, à cause qu'i compreniont pas l'anglais et ça, i trouviont que ce tait si dur à apprendre leus leçons [...] (TN – Brasseur 2001 : s.v. *ça,* p. 82)
- Les savèches, les petites savèches là oui ! Ça, y en a pus de ça ! I tiont jolis ! (TN – Brasseur 2001 : s.v. *chavèche, cheveuche, saveuche,* p. 107)
- Y en a plein qui veut p'us parler français [...] (LOU – Rottet 2001 : 129, loc. âgée)
- Y en a deux mes filles qui peut parler jholiment bien en français [...] (LOU – Rottet 2001 : 130, loc. âgé)

▶ [nāna]
- Pis n-en a neuf-cent soixante et une licences. (NÉ – Hennemann, BSM, RL)
- Pis n-en a du monde que après la messe de minuit, i vont à la messe pis après la messe de minuit, il avont un/ comme un goûter après là. (NÉ – Hennemann, BSM, SC)

▶ **[ina]/[inavɛ]/[(e)na]**
- autour des îles i n-a eu des naufrages (IdlM – Falkert 2010, corpus : 219–220, p. 454, CD-ROM)
- 'n a personne qui va te prendre et dire faut tu guimbles (LOU – Stäbler 1995 : 83, corpus)
- T'es pas malade. E-n'a pas arien avec toi. (LOU – DLF 2010 : s.v. *rien*[2], p. 557, SM)
- Il n-a beaucoup de monde partout dans la Louisiane qui, qu'a des chèques de Belle-Île. (LOU – *Découverte*, St. Martinville, St. Martin)
- Souvent des fois il n-a des prononciations qu'est un peu pareilles. (LOU – DLF 2010 : s.v. *y*, p. 662, SL)
- Là il n-avait des soldats de Napoléon. (LOU – *Découverte*, St. Martinville, St. Martin)
- L'année passée, il n'a eu une terrible récolte d'écrivisses. (LOU – DLF 2010 : s.v. *y*, p. 662, Lavaud-Grassin 1988)

Le groupe verbal

Le non-accord du verbe

Préliminaires

I	**Le non-accord sujet-verbe**
I.1	Le non-accord dans la principale
I.1.1	Sujet au pluriel sans reprise pronominale
I.1.2	Sujet au pluriel avec reprise pronominale
I.2	Le non-accord dans la subordonnée
I.2.1	Le non-accord dans la proposition relative introduite par *qu(i)*
I.2.2	Le non-accord dans les structures présentatives
I.2.3	Le non-accord dans la mise en relief
I.2.4	Cas aléatoires
I.3	Spécificités de l'accord après les termes collectifs
I.3.1	*le monde / du monde*
I.3.2	*les mondes*
I.3.3	*les gens*
I.3.4	*tout le monde* et *tous les autres, les autres, d'autres*
II	**Le non-accord du participe passé**

Le non-accord du verbe

Préliminaires

Dans les variétés étudiées ici, les cas de non-accord sont nombreux ; à côté des occurrences aléatoires de non-accord qui caractérisent l'oral en général, on peut distinguer dans ces parlers des facteurs syntaxiques et lexicaux spécifiques favorisant le non-accord, de sorte qu'on peut parler d'une certaine régularité du phénomène[1].

La première section de ce chapitre est consacrée au non-accord entre le sujet et le verbe, la deuxième, au non-accord du participe passé. Alors que ce dernier constitue un phénomène très répandu dans toutes les variétés de français, y compris le français de France, les variétés divergent quant à l'importance du phénomène du non-accord entre le sujet et le verbe.

Dans les variétés étudiées ici, le non-accord sujet-verbe concerne avant tout la 3e personne dans des contextes syntaxiques et lexicaux spécifiques :
– Dans la proposition principale, les occurrences du non-accord sont plutôt rares. Elles s'observent entre autres dans les phrases coordonnées et juxtaposées. Dans ce cas, la marque du pluriel n'est pas répercutée sur chacun des verbes (Arrighi 2005 : 184) (*cf.* ci-dessous I.1.1.).
– Le non-accord est attesté occasionellement dans les cas où le sujet au pluriel (*les gens, les parents, les enfants, les Américains,* etc.) est perçu comme constituant un groupe cohérent. À l'inverse, le terme collectif *le monde* « les gens » (et, rarement, d'autres termes collectifs, par ex. *le peuple, cf.* I.3.) peut être suivi d'une forme verbale au pluriel. On parle dans ces contextes d'« accord sémantique ».
– Si le pronom relatif a le rôle du sujet de la subordonnée relative (*qui/qu*'[2]), le verbe apparaît fréquemment avec la forme de la 3e pers. sg., indépendamment du nombre grammatical de l'antécédent. La tendance à l'invariabilité du verbe est particulièrement nette dans les structures présentatives (*(il) y a (X) qui..., j'ai X qui...*) et dans la mise en relief (*c'est X qui...*) (*cf.* ci-dessous I.2.1.-I.2.3.).

En ce qui concerne la 1re et la 2e pers. pl., l'accord est bien respecté en FA et en FTN, abstraction faite de quelques rares occurrences de la forme de la 3e pers. sg. après *nous-autres* et *vous-autres*, surtout dans la mise en relief (*cf.* les exemples en I.1.1. et I.2.3.). La tendance à employer la 3e pers. sg. comme forme unique du verbe, indépendamment de la personne grammaticale, est en revanche très avancée en FL. Elle a déjà été notée par Conwell/Juilland (1963 : 156s.), qui font remarquer en outre que les verbes ayant un radical particulier à la 3e pers. pl. – *font, sont, ont* – sont ceux qui résistent le mieux à cette tendance.

---

[1] Ne seront pris en compte ici que les cas permettant une distinction phonétique univoque entre le singulier et le pluriel, soit dans le radical (*il vient – ils viennent*), soit dans la désinence (*-ont* pour le pluriel). Pour les cas ambigus *cf.* aussi les remarques de King (2013 : 72s.).

[2] Pour la forme *qu'* comme pronom relatif sujet *cf.* le chap. « La relative ».

Dans l'ensemble, on peut faire les observations suivantes selon les régions :
- En NÉ, il y a des différences nettes entre l'Isle Madame (le non-accord est très répandu dans la relative introduite par *qui*) et la Baie Sainte-Marie, Pubnico et Chéticamp (où le marquage de la personne grammaticale sur le verbe se maintient assez bien), alors que Pomquet occupe une position intermédiaire[3] (*cf.* ci-dessous I.2.).
- Dans le Nord-Est et le Sud-Est du NB, y compris en chiac, le non-accord est principalement attesté dans la relative introduite par *qui*, parfois dans d'autres contextes syntaxiques ; dans le Sud-Est, il semble s'agir d'un phénomène récent (Perrot 2005b : 190ss.)[4]. Perrot (2005b : 194) indique qu'en chiac, l'accord est mieux respecté avec les verbes très fréquents *aller*, *avoir* et *être*. Mais en fin de compte, l'influence du facteur « fréquence du verbe » reste limitée. Avec les verbes de faible fréquence, l'hésitation entre la désinence acadienne traditionnelle et la forme standard pourrait constituer selon Perrot (1995b : 194) un facteur pour expliquer le non-accord chez certains locuteurs.
- La situation à TN est semblable à celle de l'Isle Madame (NÉ) (King 1994, Perrot 2005b : 190).
- En FL, la prédominance d'une forme unique et homonyme à la 3e pers. sg. dans tous les contextes syntaxiques, bien que constituant un phénomène de date récente, est assez marquée pour laisser prévoir un nivellement quasi total du système des désinences verbales (*cf.* Stäbler 1995 : 71ss., King 2013 : 47s.) (*cf.* le chap. « Les pronoms personnels »).

Commentaire

En tenant compte des français populaires anciens (XVIIe et XVIIIe s.) et des variétés modernes de français populaire ou régional aussi bien que des créoles français, Chaudenson et al. (1993 : 88ss.) voient à l'œuvre, dans la syntaxe des parlers français non standard en France et ailleurs, des processus importants de restructuration concernant le système verbal. L'un de ces processus majeurs est, selon eux, la « recherche d'une désinence unique par généralisation "verticale" » (1993 : 91) : pour régulariser les paradigmes, les locuteurs tendent à recourir à la 3e pers. sg., qui semble avoir un statut particulier dans le système verbal (*ibid.*). Ces tendances pourraient aller jusqu'à la perte des désinences verbales au profit d'une seule forme invariable pour toutes les personnes[5]. Ce serait alors aux seuls pronoms personnels qu'incomberait la tâche d'indiquer la personne grammaticale. La tendance à surgénéraliser la forme de la 3e pers. sg. à toutes les personnes est donc observable à travers toute l'aire francophone, « en Louisiane, dans le Missouri » tout autant que « dans les Îles anglo-normandes » (Chaudenson et al. 1993 : 93) et dans le non-standard en France (Frei 1929, Bauche [2]1951, Gadet 1992). Le phénomène est moins prononcé aux 1re et 2e pers. pl. qu'à la 3e pers. pl. et peut être fonction de variables sociolinguistiques, comme en franco-ontarien ou en franco-manitobain (*cf.* ci-dessous). Vu que toutes les variétés orales du français sont – plus ou moins – concernées par le non-accord, il est évident que ce n'est pas l'influence de l'anglais qui en est responsable, même si l'anglais contribue sans doute dans certaines régions à exacerber et à accélérer le phénomène.

Pour le non-standard hexagonal, Bauche ([2]1951 : 181s.) atteste trois types de non-accord, tous également relevés dans les variétés concernées ici : le non-accord (1) dans la principale après un sujet non pronominal au pluriel : *Si tu fermes pas la fenêtre, les moustiques va rentrer* ; (2) dans la proposition relative introduite par *qui* : *J'aime pas les femmes qui boit* ; (3) dans la mise en relief (concernant toutes les personnes grammatica-

---

3 *Cf.* Flikeid (1989 : 194s.), Arrighi (2005 : 192), King (2013 : 71).
4 *Cf.* Beaulieu et al. (2001), Beaulieu/Cichocki (2004) et King (2013 : 47) pour le Nord-Est du NB.
5 Cette évolution a atteint son point d'aboutissement dans les langues créoles, où il n'y a qu'une forme verbale pour toutes les personnes grammaticales (basée sur l'infinitif ou sur la 3e pers. sg. du français).

les) : *C'est nous qui a gagné le gros lot* (non-accord du nombre et de la personne). *C'est nous qui sont les maîtres à çt'heure* (non-accord de la personne). Gadet (1992 : 58) note en outre le phénomène du non-accord après le pronom de reprise *i* qui est dans la langue populaire aussi bien forme du singulier que du pluriel et peut induire une forme verbale au singulier : *les enfants / i sait bien qu'on est à leur disposition* (Gadet 1992 : 58) (*cf.* aussi ci-dessous I.1.2.).

En ce qui concerne les variétés de français en Amérique, quelques études sont ciblées sur le maintien ou l'absence d'une forme distinctive de la 3ᵉ pers. pl.

En franco-ontarien, dans les endroits majoritairement francophones, le non-accord concerne principalement les verbes dans la relative introduite par *qui* et les cas où un sujet nominal est repris par le pronom *ils*. En dehors de ces contextes syntaxiques, la fréquence du verbe semble jouer un certain rôle pour expliquer le maintien de la forme distinctive de la 3ᵉ pers. pl. À cela s'ajoute un critère sociolinguistique : dans les situations d'anglo-dominance, les locuteurs à usage restreint ont tendance à ne plus accorder les verbes peu fréquents à la 3ᵉ pers. pl.[6].

De même, en franco-manitobain, le non-accord concerne surtout la proposition relative introduite par *qui* et affecte, au moins dans la mise en relief (*c'est X qui...*), toutes les personnes grammaticales (et pas seulement la 3ᵉ pers. pl.)[7]. Mais Hallion (2000 : 349) atteste également des cas de non-accord de la 3ᵉ pers. pl. dans la principale après le pronom *ils* ou un syntagme nominal pluriel et retient que « [c]e phénomène de neutralisation affecte assez largement l'ensemble des locuteurs du corpus puisqu'au moins une occurrence de nivellement a été relevée chez la plupart d'entre eux [...]. ». Selon elle, les facteurs « fréquence du verbe » et « degré d'anglicisation des locuteurs » sont décisifs pour déterminer l'ampleur du non-accord dans ce parler[8].

Pour le français québécois de l'Île-aux-Coudres, Seutin (1975 : 285) signale le non-accord dans la relative introduite par *qui* et, dans d'autres contextes, après la reprise pronominale par [i] (*cf.* aussi Arrighi 2005 : 185).

I Le non-accord sujet-verbe

Le type de phrase, l'absence ou la présence d'un pronom de reprise et la sémantique du sujet constituent autant de facteurs qui favorisent ou entravent le phénomène du non-accord.

I.1 Le non-accord dans la principale

À l'exception des régions les plus conservatrices, où l'accord est bien respecté dans la principale (BSM ; isolats à l'ÎPÉ et à TN, *cf.* King 2005 ; 2013 : 69ss., 76), le phénomène du non-accord concerne toutes les régions et s'observe surtout après les sujets non pronominaux (Perrot 2005b : 193, Brasseur 2009 : 87).

I.1.1 Sujet au pluriel sans reprise pronominale

Dans toutes les variétés concernées, on relève le non-accord à la 3ᵉ pers. pl. après des syntagmes nominaux au pluriel, surtout lorsque le sujet renvoie à un groupe d'individus qui peut être perçu comme un ensemble homogène.

---

6 *Cf.* Mougeon/Beniak (1991), Mougeon/Nadasdi (1996 : 64), Chaudenson et al. (1993 : 58s.), Arrighi (2005 : 185), Perrot (2005b : 193), King (2013 : 69).
7 Hallion (2000 : 349) note pourtant que si l'accord de la personne n'est plus respecté, il peut rester réalisé en nombre, *cf.* : « c'est moi qui est maître icitte », « c'est nous autres qui ont eu le première choix [sic] des terres ».
8 *Cf.* Hallion (2000 : 352s.), Hallion Bres (2006 : 121s.), *cf.* Arrighi (2005 : 185).

▶ **Le non-accord avec la 3ᵉ pers.**
- deux mois a passé pas de lettre (NÉ – Arrighi 2005 : 184, Marcelin NÉ 2 : 628–629)
- Moi mes enfants est bilingues. (NÉ – Hennemann, ILM, MD)
- Les prêtres a leux / a leux idées à zeux. (NÉ – Hennemann, ILM, CL)

- pis les plages comment est-ce que les plages est là-bas (NB – Arrighi 2005 : 184, Chantale NB 13 : 186)

- les tourisses va juste venir trois mois par année (IdlM – Falkert 2010, corpus : 65–66, p. 234, CD-ROM)
- les Indiens a fui . s'en a été . (IdlM – Falkert 2010, corpus : 11–12, p. 390, CD-ROM)

- Les isteurlins a la queue pointue ieusses. C'est tout petit ! (TN – Brasseur 2001 : s.v. *istorlet, istarlet, isteurlin*, p. 255)
- Les fumelles de houmard va à terre en dessous des cailloux pis les mâles de houmard les coursent, en dessous. (TN – Brasseur 2001 : s.v. *fumelle*, p. 213)

- Les animals est tout le temps pareil à boire la même eau tout le temps, [...] (LOU – *Découverte*, Mamou, Évangéline)
- C'est pas pour *brag* mais les *biologist* peut pas me montrer grand-chose comme éclore les huîtres, parce que j'ai fait ça quand j'étais petit [...] (LOU – *Découverte*, Isle Jean Charles, Terrebonne)
- Les enfants va jouer à la pelote. (LOU – *Découverte*, Carencro, Lafayette)
- les canards sort le soir (LOU – Stäbler 1995 : 33, corpus)

Le non-accord peut affecter un verbe qui apparaît dans une proposition coordonnée à une autre ; le marquage du nombre n'est donc pas exprimé sur chacun des verbes :
- pis c'est bon i [mes fils] z-avont touT réussi i sont pas touT des anges mais a touT des JOB (NB – Arrighi 2005 : 186, Odule NB 21 : 189–190)

En FA et en FTN, la 1ʳᵉ et la 2ᵉ pers. pl. sont moins concernées, même si des cas de non-accord sont relevés après les pronoms toniques *nous-autres*, et, exceptionnellement, *vous-autres*.

▶ **Le non-accord avec la 1ʳᵉ et la 2ᵉ pers. pl. en FA/FTN**
- nous-autres restait (à le bois?) (NB – Arrighi 2005 : 233, Willy NB 9 : 48)

- ben nous-autres avait un chien (ÎPÉ – Arrighi 2005 : 233, Théodore ÎPÉ 4 : 113)

- Ça te dit ça que... ici bien, faulait que nus autres parlait les deux langues, pour vivre, anglais et pis français. (TN – Brasseur 2001 : s.v. *autre*, p. 33)
- Vous autres va aller à la chasse [...] (TN – Brasseur 2001 : s.v. *autre*, p.34)

En revanche, en FL, la surgénéralisation de la forme de la 3ᵉ pers. sg. affecte toutes les personnes grammaticales. Le fait que *nous-autres* soit presque systématiquement repris par *on* et que les syntagmes nominaux soient fréquemment repris par *ça* a sans doute contribué à exacerber le nivellement (*cf.* Conwell/Juilland 1963 : 143s., Rottet 2001 : 155). Ce nivellement est déjà plus ou moins accompli en ce qui concerne le pronom sujet *vous-autres*, toujours suivi de la forme de la 3ᵉ pers. sg., sauf quelques rares occurrences où le verbe apparaît à la 3ᵉ pers. du pluriel dans les sources anciennes ou dans la génération âgée. De même, les pronoms sujets *eusse* et *eux-autres* sont systématiquement suivis de la forme verbale de la 3ᵉ pers. sg., alors que la désinence de la 3ᵉ pers. pl. se maintient mieux après le pronom sujet *ils*[9].

---

9 Pour davantage de détails, *cf.* le chap. « Les pronoms personnels ».

▶ **Le non-accord avec la 1ʳᵉ pers. pl. en FL**
- Nous-autres a parlé tout le temps anglais à les enfants ... (LOU – Rottet 2001 : 121, loc. âgé)
- Ça fait nous autres a une petite maison à deux salles (LOU – *Découverte*, Mamou, Évangéline)

▶ **Le non-accord avec la 2ᵉ pers. pl. en FL**

vous-autres + 3ᵉ **pers. sg. (emploi quasi systématique)**
- je sais vous-autres fait la boucherie (LOU – Conwell/Juilland 1963 : 144)
- Vous-autres veut pas d'autre chose à boire ? (LOU – Rottet 2001 : 154, loc. âgée)
- WELL vous-autres vient de la Pointe, vous-autres c'est pas le monne du Bayou. C'est pour ça vous-autres a pas appris mieux. (LOU – Rottet 2001 : 154, jeune locuteur)
- vous-autres va m'aider à finir de ramasser le coton (LOU – *Découverte*, Mamou, Évangéline)
- vendredi vous-autres veut pas venir danser avec moi (LOU – Stäbler 1995 : 178, corpus)

vous-autres + 3ᵉ **pers. pl. (rare, Rottet 2001 : 155)**
- Vous-autres vont faire mettre l'estrécité ? (LOU – Parr 1940 : 92 ; Rottet 2001 : 155)
- Vous-autres sont chanceux ANYWAYS. Vous-autres sont à deux. (LOU – Rottet 2001 : 155, loc. âgé)

▶ **Le non-accord systématique avec *eusse* et *eux-autres* en FL**
- La seule qui peut parler français et tiendre une conversation c'est ma plus vieille. Les autres comprend mais eux-autres peut pas le parler. Eux-autres assaye, mais ils peut pas. (LOU – Rottet 2001 : 120, loc. âgé)
- eusse a été élevés français (LOU – Rottet 2001 : 132)
- Ina plein du monde asteur-là, asteur eusse connaît qui eusse après faire, et 'na plein du monde eusse est après apprendre pour eusse-mêmes [...] (LOU – Rottet 2001 : 122, jeune locuteur)

I.1.2 Sujet au pluriel avec reprise pronominale

La reprise d'un syntagme nominal par le pronom [i] a été identifiée comme un facteur potentiel pour favoriser le non-accord dans certaines variétés laurentiennes du français (FQ, franco-manitobain, franco-ontarien) et dans le non-standard en France, [i] pouvant renvoyer à un singulier aussi bien qu'à un pluriel (« accord par proximité », Arrighi 2005 : 185) (*cf.* ci-dessus « Commentaire »)[10]. Cette règle n'est pourtant pas opérationnelle en ce qui concerne le FA, le FTN et le FL. Tout au contraire, l'apparition du pronom *i(ls)*, qu'il soit pronom de reprise ou sujet principal, semble plutôt œuvrer en sens inverse (pour TN : King 2013 : 80). Toujours est-il que le pronom *i(ls)* induit assez régulièrement le marquage du pluriel sur le verbe, notamment dans les régions où la désinence acadienne traditionnelle *-ont* est encore courante (*cf.* le chap. « Les pronoms personnels », VI.1.3.)[11].

---

10 *Cf.* Chaudenson et al. (1993 : 93) dans un aperçu panlectal : « cette généralisation [de la troisième personne du singulier] s'opère soit directement, soit par l'intermédiaire de marques de reprise dont la fonction est de ramener plus sûrement au type canonique de la troisième personne du singulier: [...] ». – Nous pouvons parler, avec Arrighi (2005 : 191), d'« accord de proximité » dans les cas où le sujet – *qui* ou *i(ls)* – ne porte pas de marque de la pluralité et peut donc être interprété comme une forme du singulier.

11 *Cf.* pour TN : King (2005 : 226, note 32), pour le Nord-Est du NB : Beaulieu/Cichocki (2004, 2005), pour le FL : S. Dubois et al. (2004). En LOU, la terminaison *-ont* n'apparaît qu'avec le sujet *i(ls)* mais survit difficilement, et ce uniquement dans certaines régions (VM, AS, dans une moindre mesure à TB, SM, AC, LA) et chez les locuteurs âgés (Rottet 2001 : 158s.).

- Pis n-en a du monde que après la messe de minuit, i vont à la messe pis après la messe de minuit, il avont un / comme un goûter après là. (NÉ – Hennemann, BSM, SC)
- Les/les/les vrais Acadiens, il ét/ i / il étiont bien / euh / plus ça là. (NÉ – Hennemann, ILM, EL)
- les Indiens a fui . s'en a été . il ont clairé les Îles-de-la-Madeleine (IdlM – Falkert 2010, corpus : 11–12, p. 390, CD-ROM)
- Ceusses qui sont par ici i sont partout allieurs aussi, mais on a un nom pour. (TN – Brasseur 2001 : s.v. *allieurs*, p. 13)
- Aussi, eux-autres ils estiont bien instruits. (LOU – *Découverte*, Châtaignier, Évangéline)
- les filles, ils ont pris des noms qui avaient déjà eu il y a des années passées dans la famille (LOU – *Découverte*, Mamou, Évangéline)

Dans les corpus consultés, les occurrences du non-accord restent marginales dans ce cas :
- ielle a dit engageras-tu mille hommes i sera pas capable de rouvrir la porte (NÉ – Arrighi 2005 : 185, Marcelin NÉ 2 : 210–211)

Par contre, la reprise, fréquente, d'un syntagme nominal – animé ou inanimé – par *ça* est suivie tout naturellement par un verbe au singulier (*cf.* le chap. « Les pronoms personnels » VII).
- les francophones, ça diminue (NÉ – Hennemann, BSM, RG)
- les femmes, ça peut pas jouer à ça (NÉ – Hennemann, BSM, RG)
- non ben les ours ça aime beaucoup de bleuets coumme à/ (NB – Wiesmath 1, B : 342–343)
- ce temps là le monde ça aidait une beauté . i veniont beaucoup beaucoup (NB – Arrighi 2005, corpus, Annie NB 10 : 458)
- Quand que je suis entour ici là, avec ieusses, avec les Cornect et ... ces gars-là pis les enfants d'ieusses, ça parle pas anglais. C'est français. (TN – Brasseur 2001 : s.v. *entour*, p. 183).
- Dans le vieux temps, les hommes quand ça allait à la mer [...] (LOU – *Découverte*, Pointe-aux-Chênes, Terrebonne)
- Il disait mes quatre, quatre petits garçons, ça sera mes musiciens. (LOU – *Découverte*, Church Point, Acadia)

I.2 Le non-accord dans la subordonnée

Dans certains types de subordonnées, l'accord sujet-verbe est « nettement fragilisé » (Arrighi 2005 : 186), notamment dans la proposition relative introduite par *qu(i)* en fonction de sujet[12]. Notons à ce propos :
- C'est surtout la 3e personne qui est concernée, sauf pour la mise en relief, où le phénomène affecte toutes les personnes (*cf.* ci-dessous I.2.3.).
- Le non-accord ne concerne pas les relatives en général mais seulement les cas où le pronom relatif est le sujet de la proposition (*cf.* aussi King 2005 : 213s. ; 2013 : 73s.).

---

12 *Cf.* entre autres les études de Beaulieu/Cichocki (2004, 2005), Beaulieu et al. (2001), King (2005 ; 2013 : 69–81), Perrot (2005b), Arrighi (2005 : 184, 191–192). Pour le franco-manitobain, *cf.* Hallion (2000 : 348s.).

– Le non-accord n'affecte que la catégorie du nombre, alors que l'accord en genre reste respecté (King 2005 : 215 ; 216 ; King 2013 : 75), dans la mesure où cette catégorie est également respectée dans d'autres contextes[13].

I.2.1 Le non-accord dans la proposition relative introduite par *qu(i)*

Ce paragraphe présente les cas de non-accord séquentiel où un sujet au pluriel dans la principale est repris dans la subordonnée par le pronom relatif *qu(i)* en fonction de sujet, suivi d'un verbe au singulier[14] (*cf.* aussi le chap. « La relative », I.3.). Dans ce contexte syntaxique spécifique, le phénomène du non-accord est si répandu qu'il apparaît même dans les variétés les plus conservatrices, où l'accord est bien respecté dans tous les autres environnements syntaxiques (King 2005 : 210s., 216 ; 2013 : 73s.)[15], et affecte même le discours des locuteurs les plus familiarisés avec le standard (*cf.* Arrighi 2005 : 186). On retiendra donc qu'un locuteur qui respecte l'accord dans la principale ne le fera pas nécessairement dans la subordonnée introduite par *qui* :

> *Cf.* les deux phrases prononcées par la même locutrice plutôt standardisante :
>
> **Relative introduite par *qui* :**
> • les gens qui y va t'sais y en a de tous les côtés (NB – Arrighi 2005, corpus, Rachelle NB 1 : 263)
>
> *vs.*
>
> **Autres contextes syntaxiques :**
> • quand les gens me disent oh ben tu parles / tu parles anglais on réalise même pas que t'as un accent là [...] (NB – Arrighi 2005, corpus, Rachelle NB 1 : 153–154)

En ce qui concerne le FA et le FTN, on note pourtant d'importantes différences régionales quant à l'ampleur de cet « accord de proximité » : alors que dans tous les autres contextes, la désinence traditionnelle de la 3ᵉ pers. pl. – *-ont* – s'avère robuste dans ces variétés, ces dernières divergent quant à la réalisation de l'accord dans la relative introduite par *qui*[16] :
– NÉ : à l'Isle Madame, le non-accord est systématique dans ce contexte syntaxique ; en revanche, à Chéticamp, à Pubnico et à la BSM l'accord est réalisé dans 70 % des cas, voire plus ; Pomquet présente une situation intermédiaire.
– NB : dans le Sud-Est, l'accord reste bien respecté (Wiesmath 2006 : 191s.). Pour le Nord-Est, Beaulieu/Cichocki (2004 : 135) soulignent « les fréquences très basses de *-ont* » dans les relatives introduites par *qu(i)* sujet.

---

13 Précisons qu'il n'y a pas de différence, concernant le respect de la catégorie du genre grammatical, entre la relative et les autres contextes syntaxiques ; cela ne veut pas dire que l'accord en genre soit généralement respecté, *cf.* le chap. « Le genre » et, pour ce qui est du participe passé, *cf.* ci-dessous II.
14 En ce qui concerne les cas d'accord sémantique où le sujet est au singulier et le verbe au pluriel, nous renvoyons à I.3. ci-dessous. – Pour une approche générativiste destinée à expliquer la structure des propositions relatives introduites par *qui* avec ou sans antécédent « ouvert », *cf.* King (2013 : 76ss.).
15 King (2005 : 221s., 2013 : 73) souligne par ex. pour L'Anse-à-Canards (TN) l'importance de la structure syntaxique pour expliquer le non-accord : l'accord, qui est respecté dans 97 % des cas dans tous les autres contextes syntaxiques, ne l'est plus qu'à 12 % dans la relative introduite par *qui*.
16 Pour les différences régionales, *cf.* Flikeid (1989a : 194s.), Flikeid/Péronnet (1989 : 230), Arrighi (2005 : 192), King (2005 : 211, 2013 : 71), Wiesmath (2006 : 191s.).

- TN : dans la communauté de L'Anse-à-Canards, la situation correspond à celle de l'ILM (NÉ), le non-accord étant majoritaire, sinon systématique, dans les relatives introduites par *qui* (King 2005 : 221, 2013 : 70–73, *cf.* ci-dessous). Selon King (2013 : 80–81), le non-accord dans la relative n'est pas un trait acadien originel, mais semble dater du retour des Acadiens après les années d'exil, ou bien de la 1re installation des Acadiens exilés à TN. Ces deux régions ont en commun d'avoir toujours été isolées et privées de toute influence de la langue standard.
- LOU : le non-accord est systématique dans ce contexte (*cf.* King 2013 : 81 et corpus *Découverte*).

▶ **Non-accord**
- Les Acadiens qu'a été dispersé en dix-sept cent cinquante-cinq. [...] (NÉ – Hennemann, ILM, CL)
- i faut toujours aller au salon funérailles pour dire les prières pour les personnes qui est décédé. (NÉ – Hennemann, ILM, DO)
- suis certain que tes enfants pis mes enfants qui est parti i veulent tout le temps devenir quanT qu'on a des affaires pour les Acadjiens. (NÉ – Hennemann, ILM, MS)
- oui . mais/mais les Canadiens qu'a la maladie de Tourette peut génétiquement aller en France (NB – Arrighi 2005 : 186, Suzanne L. NB 18 : 102–103)
- je prends des cours d'aquarelle des choses comme ça mais ça c'est plutôt personnel versus des cours qui va être utilisé en fin de travail (NB – Arrighi 2005 : 186, Rachelle NB 1 : 50–52)
- des Français qu'a veni (IdlM – Falkert 2010, corpus : 359, p. 215, CD-ROM)
- Les petits avions qui vient ici là i n-n'avont iun de peinturé sus la queue là. (TN – Brasseur 2001 : s.v. *peinturer*, p. 341)
- Tu vas dans le bois pis tu charches deux sapins, ou deux prusses qu'est droit [dRwat], pis tu les pelures comme i faut. (TN – Brasseur 2001 : s.v. *pelurer*, p. 343)
- ces chers petits enfants-là qui a si bien fait (LOU – Conwell/Juilland 1963 : 195)
- mais elle a appris avec les enfants qui a été à l'école à repondre en anglais (LOU – *Découverte*, Mamou-Évangéline)
- les maladies dedans les femmes qui est en famille (LOU – *Découverte*, Mamou, Évangéline)
- C'est à cause ces gros bateaux-là qui vient de tous ces pays-là. (LOU – DLF 2010 : s.v. *venir*, p. 645, SM)

▶ **Respect de l'accord**
- c'est à cause des Terre-Neuviens qui sont venus ici pour exploiter le poisson (NÉ – Hennemann, ILM, BJ)
- Parce que les Jeux, c'est pas touT les / les gens qui sont doués de devenir des athlètes (NÉ – Hennemann, ILM, LL) (pour *les gens*, *cf.* I.3.3.)
- la majorité de mes clients sont anglophones mais j'en ai quelques-uns qui sont/ qui sont francophones (NB – Arrighi 2005 : 191, Rachelle NB 1 : 144–145)
- tous les Acadiens de Memramcook qui vont monter vont rester là là ste place là (NB – Wiesmath 1, R : 1019–1020)
- ceux-là qu'ont jamais parti des Îles (IdlM – Falkert 2010, corpus : 80, p. 22, CD-ROM)

En ce qui concerne la 1re et la 2e pers. pl., le non-accord ne s'observe en FA que dans les structures présentatives et dans les mises en relief (*cf.* ci-dessous I.2.2. et I.2.3.).

I.2.2 Le non-accord dans les structures présentatives

Les cas de non-accord augmentent considérablement si l'on ajoute aux relatives introduites par *qu(i)* les structures présentatives – *il y (en) a (X) qui, j'ai X qui/tu as X qui…* – et la mise en relief – *c'est moi/toi* etc. *qui*.

En ce qui concerne l'accord dans les structures présentatives, retenons ceci pour les différentes régions[17] :

- TN : pour la variété conservatrice parlée à L'Anse-à-Canards (TN), King constate que l'accord ne se fait que dans les structures présentatives du type *il y en a qui…* où l'antécédent n'est pas identifiable ; par contre, en présence d'un antécédent identifiable (*il y (en) a X qui…*)[18], le non-accord est systématique (King 2013 : 74–79 ; 2005 : 216 ; 219). Dans les cas, donc, où il n'y pas d'antécédent lexical marqué en nombre, cette marque apparaît dans la forme verbale (*cf.* Perrot 2005b : 191, King 2013 : 79).
- NÉ : à en juger par le corpus Hennemann, l'accord est généralement bien respecté à la BSM, même dans la tournure présentative introduite par *qui*. Si on note des cas de non-accord, c'est seulement après un antécédent au pluriel identifiable dans le contexte (*il y a X qui*), ce qui confirme la règle de tendance de King (2005, 2013). En revanche, à l'ILM, le non-accord est de règle dans la structure présentative, indépendamment de la présence ou de l'absence d'un antécédent identifiable (*cf.* King 2005).
- NB : dans le Sud-Est, *il y en a qui* et *il y en a X qui* sont assez régulièrement suivis du pluriel. Cette variété se montre assez conservatrice à cet égard. Le phénomène du non-accord y semble de date plutôt récente (Perrot 2005b : 190). Dans le tour *il y (en) a beaucoup qui*, en revanche, l'accord au singulier dans la subordonnée semble majoritaire, l'accord de proximité l'emportant sur l'accord sémantique (Arrighi 2005 : 189).

En ce qui concerne le chiac, le pluriel est systématique selon Perrot (2005b : 191) après *il y en a qui*. Elle constate que, dans son corpus, c'est la présence du pronom adverbial *en* qui « dans les présentatives induit régulièrement l'accord » (*ibid.*), que l'antécédent soit identifiable ou non.

- LOU : rappelons pour le FL la prédominance de la forme du singulier dans tous les cas de figure.

▶ *il y a X qui…*

Verbe au singulier
- i y a pas beaucoup de choses qui est vieux ici (NÉ – Hennemann, BSM, RG)
- Y a pas beaucoup qui va dans le confessionnal. (NÉ – Hennemann, ILM, CL)

- y a des centres d'appel qui est comment un des gros/ euh/ des gros employeurs de la région (NB – Arrighi 2005 : 186, Rachelle NB 1 : 137–138)
- y avait des Amaricains qu'a venu icitte (NB – Arrighi 2005 : 191, Willy NB 9 : 182)
- y a beaucoup de / beaucoup qui a de la misère avec ça là avec français là (NB – Arrighi 2005 : 190, Sybille NB 15 : 49–50)

---

17 Aux Îles-de-la-Madeleine, l'accord est réalisé de manière aléatoire dans la structure présentative, indépendamment de la présence ou de l'absence d'un sujet identifiable (*cf.* corpus Falkert 2010).
18 Notons que le tour *il y a* existe sous diverses formes, dont *y en a*, *n'en a* dans les parlers étudiés ici (*cf.* le chap. « *Y* et *en* et la structure présentative *(il) y (en) a* »).

- y a des bonnes familles pis y a des familles qu'est moins bonnes que d'autres (IdlM – Falkert 2010, corpus : 520–521, p. 226, CD-ROM)
- y a des:/Français qui va à l'école anglaise . vice versa des Anglais qui vient à l'école française (IdlM – Falkert 2010, corpus : 73–74, p. 298, CD-ROM)
- Il y a ti d'autres histoires qui vous vient dans l'idée ? (TN – King 2005 : 211 ; 2013 : 72)
- Il y a deux hommes qu'a venu à la porte (TN – King 2005 : 216)
- Il y a un tas de femmes qui est comme ça, ouais chère, et des hommes (LOU – *Découverte*, Mamou, Évangéline)
- il y a autant de petits qui naît pas comme il faut (LOU – *Découverte*, Mamou, Évangéline)
- Na plein qui veut pas parler français, mais mon je veux (LOU – Rottet 2001 : 128)

Verbe au pluriel
- Mais là i y a des / i y a quelques groupes qu'avont sorti de / du Nouveau-BRUNSWICK (NÉ – Hennemann, BSM, BM)
- pis i y a des autres qui faisiont cuire ça (NB – Wiesmath 1, B : 468)
- aux États-Unis i y a quarante millions d'Américains qui sont pas couverts par de l'assurance maladie (NB – Wiesmath 14, Y : 310–311) (cours magistral)
- i disaient la messe [...] mais : les Québécois y en a pas beaucoup [...] i avait beaucoup qui alliont pas mais i veniont les prêtres i veniont (NB – Arrighi 2005 : 191, Willy NB 9 : 125–127)
- y arait des affaires que/ qu'ont aucun sens (IdlM – Falkert 2010, corpus : 482–483, p. 224, CD-ROM)

▶ *il y en a X qui...*

Verbe au singulier
- I y en a joliment d'zeux maintenant qui a la misère à parler le français. Et pis, les noms / t'sais / i y en a d'zeux qu'a changé les noms en anglais. (NÉ – Hennemann, ILM, CL)
- Mais i y en a beaucoup de mon âge qu'a pas vu leurs grands-parents (NÉ – Hennemann, ILM, CL)
- mais i y en a nous-autres qui est bâti pour être des LEADERS (NÉ – Hennemann, ILM, LL)
- les enfants travaillent à l'Ontario: dans l'Ouest pis i retournent à la maison avec tes parents je sais qu'y en a beaucoup qui fait ça ben les miens jus/ jusqu'asteure i avont jamais ça / i aviont jamais fait ça (NB – Arrighi 2005 : 190, Zélia NB 17 : 372–375)
- y en a. deux qui s'a noyé dans=a même journée (IdlM – Falkert 2010, corpus : 170, p. 348, CD-ROM)
- I nen a ... Y a des chats qu'a trois parties par an, pis y en a qui a quatre ou cinq chats par partie. T'arais jamais moyen de nourrir ces chats-là. (TN – Brasseur 2001 : s.v. *partie*, p. 336)
- Il y en a dix-huit qu'a été tué. (TN – King 2005 : 216)
- y en a plein qu'est seuls et ils ont pas peur d'être tués (LOU – Stäbler 1995 : 66, corpus)

Verbe au pluriel
- I y en a là là / i y en a beaucoup qu'allont / euh / à l'Amarique (NÉ – Hennemann, BSM, RL)
- Des 'tites, i y en a beaucoup qui les quittont parce faut les faire grandir (NÉ – Hennemann, BSM, RL)
- y en a des *movies* canadiens qui sont *pretty good* (NB – Perrot 2005b : 191, chiac)
- y en a de zeux qui portont les hardes de leur père (NB – Perrot 2005b : 191, chiac)
- i y en a deux qu'avont mouri qu'étiont petits (NB – Wiesmath 3, D : 530)
- les autres y en a beaucoup / beaucoup qui avont té aux z-a/ aux/ en Amérique (NB – Arrighi 2005, corpus, Willy NB 9 : 343–344)
- y en a. deux qui y ont été (IdlM – Falkert 2010, corpus : 74, p. 376, CD-ROM)

▶ *il y en a qui...*
Verbe au singulier
- Mais i y a pluS d'élèves que ça parce qu'i y en a qui va à l'école anglaise. (NÉ – Hennemann, ILM, MD)
- il y en a qui va à la messe avec des enfants, il y en a qui va à la messe de minuit. (NÉ – Hennemann, ILM, DO)
- dans l'hiver/ je barre pas [les portes] . en été des fois je barre / y en a qui s'a fat vider leu=congélateur là à Gros-Cappis (IdlM – Falkert 2010, corpus : 493, p. 136, CD-ROM)
- Des palourdes ça c'est des ... y en a deux sortes, y en a qu'est des *scallops*, i sont à peu près ça de gros, pis les palourdes c'est ... i sont pus petits, pis i sont pus épaisses. (TN – Brasseur 2001 : s.v. *palourde, paloude*, p. 330)
- Il y en a pas qui naît sans pattes, ils vont peut-être né avec une patte plus courte [...] (LOU – *Découverte*, Mamou, Évangéline)
- Il y en a qui a dit même ça on va plus jamais reboire de limonade sans avoir un peu de sucre dedans. (LOU – *Découverte*, Mamou, Évangéline)
- il y en a qui a du regret (LOU – *Découverte*, Mamou, Évangéline)

Verbe au pluriel (*cf.* les observations de King et la discussion ci-dessus)
- i y en a qui faisont la râpure avec les petites coques pis les grosses coques ensemble. (NÉ – Hennemann, BSM, SC)
- I y en a qui mangeont les / les / les queues crues et ça, i contont que c'est bon. (NÉ – Hennemann, BSM, RL)
- i y en a qu'ont revenu pis i y en a qui sont encore là (NB – Wiesmath 1, R : 969)
- i y en a qu'avoint landé à Québec (NB – Wiesmath 2, F : 733)
- oui y en a qui vont en Allemagne des Îles là eux autres (IdlM – Falkert 2010, corpus : 141, p. 333, CD-ROM)
- Des fois il y en a qui s'assisont sur les jambes (TN – King 2005 : 216 ; 2013 : 75)

▶ *j'ai X qui / tu as X qui...*
- Tu vas avoir un million de personnes qui va dire : « I AM ACADIAN! » (NÉ – Hennemann, ILM, BJ)
- On a eu des gens qu'a venu faire la généalogie au musée (NÉ – Hennemann, PUB, BeD)
- Et asteur j'en ai trois, deux ou trois qui peut parler manière baroque français (LOU – *Découverte*, Pointe-aux-Chênes, Terrebonne)
- Oh oui, j'ai mes deux sœurs qui vient. (LOU – *Découverte*, Diamond, Plaquemines)
- J'ai des amis qui est joliment malades. (LOU – DLF 2010 : s.v. *joliment*, p. 352, SM)

I.2.3 Le non-accord dans la mise en relief
Dans toutes les régions, la mise en relief du type *c'est moi / toi... qui* se présente généralement sous la forme figée *c'est X qui* + verbe à la 3e pers. sg.[19]
- C'est moi qu'a coupé les CAKE là. (NÉ – Hennemann, ILM, IS)
- c'est nous-autres qui fait gérance aussi (NÉ – Hennemann, BSM, BM)

---

[19] Parfois, l'accord est respecté : « [À propos des lunots.] C'est ieusses qui mangeont les cocos, les cocos de... de prusse. » (TN – Brasseur 2001 : s.v. *coco*, p. 116).

- c'est moi qui va[20] les gêner (NB – Wiesmath 8, Q : 239)
- c'est nous autres qui est les meilleurs (NB – Wiesmath 2, M : 318)
- c'est nous autres qu'a pris la barque (NB – Wiesmath 4, C : 4)
- mais si on éteint le feu c'est nous-autres qui l'éteint (NB – Wiesmath 10, X : 210)
- c'est pas nous-autres qui fait les prix c'est celui-là qui l'achète (IdlM – Falkert 2010, corpus : 108, p. 195, CD-ROM)
- [...] mais c'est pas nous qu'est *smart*, c'est le bœuf qu'est *smart*. [...] (TN – Brasseur 2001 : s.v. *éventer, venter, aventer*, p. 191)
- [À propos des Antilles] C'est les premières terres qu'a té découvries sus l'Amérique [...], les Indes du Ouest. (TN – Brasseur 2001 : s.v. *découvrir*, p. 149)
- Et c'est nous-autres qui a gagné ! (LOU – *Découverte*, Mamou, Évangéline)
- on était petit mais c'est nous-autres qui fait, qui berçait R. (LOU – *Découverte*, Mamou, Évangéline)
- c'est eusse qui m'a juré à moi. (LOU – *Découverte*, Pointe-aux-Chêne, Terrebonne)

On relève dans les parlers acadiens des cas de mise en relief où l'accord en nombre est respecté, mais pas l'accord de la personne grammaticale[21]. En FL, le phénomène est aussi relevé en dehors de cette structure syntaxique spécifique (*cf.* ci-dessus I.1.1.). Pour expliquer la forme *c'est nous autres qui vont rester*, Arrighi (2005 : 192) suggère qu'elle résulte d'une réanalyse du pronom relatif *qui* en *qu'i(ls)*.

- avec Daniel et moi, c'est / c'est nous qui / qui font touT les 'tites décisions. (NÉ – Hennemann, BSM, BM)
- c'est vous-autres qui l'avont l'eau qui rajeunit pas lui (NÉ – Arrighi 2005, corpus, Marcelin NÉ 2 : 266–267)

omission de *c'est* :

- c'est des mots acadiens que nous/ juste nous autres qui comprendent (NB – Wiesmath 1, R : 1050) (« c'est juste nous autres qui... »)

I.2.4 Cas aléatoires

Tout comme dans la principale, on note des cas non systématiques de non-accord dans une subordonnée circonstancielle ou une complétive, notamment (mais pas exclusivement) avec les sujets nominaux :

- dans l'ancien temps . . une vieille fille là . . . tout le monde disait ça faisait pitié mais asteure je trouve les femmes mariées fait pitié (NB – Arrighi 2005 : 184, Suzanne L. NB 18 : 227–228)
- oh oui j'ai plusieurs clients pis clientes qui vient me voir . pis ça fait longtemps qu'i vient me voir pis je suis assez habituée à eux-autres qui vient me voir i rentront i *takent* un SEAT pac pac pac c'est faiT i décollont pis c'est vite faiT pis c'est / c'est ce manière là i aiment ça i veulent pas perdre une heure à faire ça (NB – Arrighi 2005 : 186, Michelle NB 16 : 596–600) (pour le non-accord après *qui cf.* ci-dessus I.2.1.)
- [À propos des poissons volants.] Drès que leurs ailes vient secs, i tombont. (TN – Brasseur 2001 : s.v. *drès que*, p. 167)
- Je trouve que les Indiens a pas autant de mots que nous-autres. (LOU – DLF 2010 : s.v. *nous-autres*, p. 419, TB)

---

20 Wiesmath transcrit *c'est moi qui vas* – vu le non-accord du verbe à l'intérieur de la mise en relief, nous préférons la transcription *c'est moi qui va*.
21 C'est ce que relève Hallion (2000 : 352s.) pour le franco-manitobain, *cf.* note 7 ci-dessus.

I.3 Spécificités de l'accord après les termes collectifs

Après les termes collectifs au singulier grammatical, on relève des formes verbales au pluriel ; dans ce cas, c'est le sens du sujet qui décide du choix de la forme verbale. C'est pourquoi on parle ici d'« accord sémantique ».

I.3.1 *le monde* / *du monde*

En ce qui concerne le terme *le monde* au sens de « les gens, les hommes » / *du monde* au sens « des gens, des hommes », on notera les points suivants :
- En NÉ, le verbe apparaît généralement au singulier si le terme *le monde* a une valeur collective ; après l'expression *beaucoup de monde*, on trouve aussi le pluriel.
- Au NB et à TN, on relève tantôt le singulier, tantôt le pluriel. Dans le Sud-Est du NB, c'est la forme du singulier qui prédomine (Péronnet 1989a : 113 ; *cf*. aussi corpus Wiesmath 2006)[22].
- En LOU, la forme du singulier prédomine[23].

▶ ***le monde* + singulier**
- SO je crois que c'est pour ça que le monde a vi si vieux. (NÉ – Hennemann, ILM, MS)
- je vais pas faire ça à cause je sais que le monde va penser la même affaire pis le monde va demander c'est qui qu'a faiT tes cheveux (NB – Arrighi 2005 : 188, Michelle NB 16 : 165–167)
- Bien rare asteure que le monde fait ène bâtisse qui seit pas en ciment ! (TN – Brasseur 2001 : s.v. *bâtisse*, p. 45)
- Le vieux monde croyait dans rien de ça, ieusses. (TN – Brasseur 2001 : s.v. *monde*, p. 303 ; le pluriel aurait la terminaison *-iont* à l'imparfait)
- Ça va menir que le vieux monde va s'en aller [...] (LOU – Rottet 2001 : 125, loc. âgée)
- Parce que asteur le monde est misérable, le monde fait pas une vie comme on faisait dans ce temps là (LOU – *Découverte*, Pointe-aux-Chênes, Terrebonne)
- ça va venir dans l'avenir le monde sera assez éduqué (LOU – *Découverte*, Mamou, Évangéline)
- Et mon pape connaissait parler n-anglais parce que lui i travaillait en dehors avec du monde qui l'a appris. (LOU – *Découverte*, Pointe-aux-Chênes, Terrebonne)

---

22 Pour son corpus panacadien (NÉ, NB, ÎPÉ), Arrighi (2005 : 187s.) note pourtant une prédominance du pluriel après le sujet *le monde*, même si cet accord sémantique n'est pas systématique.

23 Dans les parlers étudiés, *le monde* est, dans une de ses acceptions, synonyme de « la famille », toujours suivi dans ce cas d'une forme verbale au singulier : « ça se fait elle a parti et mon père a resté lui et son petit frère . avec euh . le monde de mon/ mon grand-père » (Stäbler 1995 : 125, corpus) ; « C'est son monde qui vient. » (LOU – DLF 2010 : s.v. *monde*[1], p. 403, IB). Dans le sens « (une) personne », *le monde* peut être spécifié par un numéral : « on a yeu deux/ . deux mondes de nés » (Stäbler 1995 : 111, corpus). – Pour le FTN, *cf*. Brasseur (2001: s.v. *monde*, p. 302s.) : *le monde* : « être humain », « les gens, les hommes (Sg. à valeur collective) », « ancêtres, personnes de la famille » ; *du bon (beau) monde* « de braves gens », *le (du) grand monde* « les gens, les adultes », *le vieux monde* « les vieilles personnes », *le jeune (petit) monde* « les enfants, les jeunes ». – Pour les différentes acceptions de *monde* en FA, *cf*. Poirier (1993 [1925] : s.v. *monde*), É. Boudreau (1988 : 173), en FL *cf*. aussi DLF (2010 : s.v. *monde*, p. 403). – L'expression *le grand monde* existe aussi en FQ, *cf*. GPFC (s.v. *monde*).

▶ *le monde* + pluriel

- I y a / i y a beaucoup de monde qui / qui le savent pas. (NÉ – Hennemann, BSM, BM)
- le monde savent pas quoi ce qui neutralise quelle couleur (NB – Arrighi 2005 : 187, Michelle NB 16 : 246–247)
- je fais une très très bonne BUSINESS ici à cause l'économie est euh : égale avec quoi ce que je charge le monde sont habitués à payer ste/ste/ste montant là (NB – Arrighi 2005 : 187, Michelle NB 16 : 322–324)
- je crois le monde avont disputé (NB – Arrighi 2005, corpus, Suzanne L. 18 : 546)
- pis y avait du monde . qui pêchiont là i mettiont le BOAT-là (ÎPÉ – Arrighi 2005 : 188, Théodore ÎPÉ 4 : 8)
- Le monde disiont auparavant que le bior c'est un jubier qu'avait sè fiels ! [...] (TN – Brasseur 2001 : s.v. *bior*, p. 57) (*sè* = « sept »)
- Le monde ont changé. (TN – Brasseur 2001 : s.v. *monde,* p.302)
- Et euh, dans chaque place on a trouvé du monde qui aimiont la musique qui [...] (LOU – *Découverte*, Marksville, Avoyelles)
- La cuisine est différent là-bas que ici, euh, mais le monde sont, ça qui est pareil c'est le monde sont vaillants comme icitte (LOU – *Découverte*, Marksville, Avoyelles)

Les pronoms *i(ls)*, *ça*, *les*, *leur* sont utilisés pour renvoyer à l'antécédent *le monde*. La reprise du sujet *monde* par *i(ls)* induit l'accord au pluriel pour la forme verbale, la reprise par *ça* le singulier[24]. En LOU, dans le rôle du sujet, outre *i(ls)* et *ça*, on trouve également *eusse* et *eux-autres*, suivis de la forme de la 3ᵉ pers. sg.

▶ *le monde – i(ls)* + pluriel

- Asteure le monde n-en a trop et pis i sont pas contents. (NÉ – Hennemann, ILM, IS)
- Le monde, i restont pas ensemble asteure. (NÉ – Hennemann, ILM, IS)
- y a du monde qui va voir une goûte [sic] de sang à terre pis i vont/ i vont évanouir (NB – Arrighi 2005 : 188, Suzanne L. NB 18 : 407–408)
- C'est du beau monde ! I sont bons à toi pis i faut pas les faire tort ni rien du tout. I te feront ça qu'i pouont pour toi ! [...] (TN – Brasseur 2001 : s.v. *monde*, p. 302)
- il 'n a du monde qui/ . qu'a pour travailler tout leur vie . s'ils ont pas eu de chance (LOU – Stäbler 1995 : 208, corpus)
- ça va venir dans l'avenir le monde sera assez éduqué, ils vont plus se comprendre proche (LOU – *Découverte*, Mamou, Évangéline)

▶ *le monde – ça* + singulier

- ce temps-là le monde ça aidait une beauté . i veniont beaucoup beaucoup (NB – Arrighi 2005, corpus, Annie NB 10 : 458)
- là le monde ça se marie pis ça se laisse (ÎPÉ – Arrighi 2005, corpus, Rose ÎPÉ 7 : 74)
- Et là, fallait que le vieux monde, le monde va veiller chez ce monde là, et fallait que ça se met des grosses *nightgown*. (LOU – *Découverte*, Pointe-aux-Chênes, Terrebonne)

---

[24] Rappelons donc que la reprise pronominale par *i(ls)* ne constitue pas, en FA/FTN, un facteur qui favorise l'accord au singulier, *cf.* I.1.2.

- Le monde les attrape et ça les vend vivants. (LOU – *Découverte*, Isle Jean Charles, Terrebonne) (*les* = « les loutres »)

▶ ***le monde – eux-autres* + singulier (LOU)**[25]
- Et il y avait du monde de, eux-autres appelle, appelait ça des Indiens qui restaient en bord du bayou, eux-autres avait une petite cabane, un petit *camp* que ça restait dedans. (LOU – *Découverte*, Pointe-aux-Chênes, Terrebonne)
- Et il avait quitté du monde rester là-dedans parce que eux-autres avait pas de place à rester. (LOU – *Découverte*, Pointe-aux-Chênes, Terrebonne)

En fin de compte, l'usage est flottant et il est tout à fait courant qu'on relève après le terme *le monde* « dans les productions des mêmes locuteurs » (Arrighi 2005 : 189) tantôt une forme verbale au singulier, tantôt une forme au pluriel :

- i y a du monde qui part avec quatre roues, pis i y a d'autre monde qui vont en canot (NÉ – Hennemann, BSM, RG)
- les couettes comme ça là . ça prend du monde brun du monde qu'est:/ . qu'ont le teint brun [...] (NB – Arrighi 2005 : 188, Suzanne L. NB 18 : 141–143)

D'autres termes renvoyant à des collectifs peuvent aussi être suivis du pluriel ; l'usage est flottant.

▶ **Autres termes collectifs**
- [il faut que] le peuple disent comme O.K. on a le droit (NB – Arrighi 2005 : 189, Stéphanie NB 11 : 151–152)
- moi je trouve que la génération d'asteure veulent plus [...] de matériel que nous-autres on en voulait (NB – Arrighi 2005 : 189, Angèle NB 13 : 63–64)

Après l'expression *la plupart*, l'accord est toujours sémantique (Arrighi 2005 : 191), comme en FS.

▶ ***la plupart***
- ben la plupart des femmes mariées disent ben si t'es pas mariée ben marie-toi pas (NB – Arrighi 2005 : 191, Suzanne L. NB 18 : 216–217)

I.3.2 *les mondes*

En FTN et en FL, le terme *le monde* peut renvoyer à une personne individuelle et, dans cette acception, il peut être mis au pluriel : *les mondes* « les hommes, les gens, les êtres humains »[26]. En FTN, l'accord se fait alors au pluriel ; en ce qui concerne le FL, nous rappelons

---

[25] Les formes de l'imparfait ne nous permettent pas de juger s'il s'agit du singulier ou du pluriel dans les exemples du type « *le monde… eusse/eux-autres* + verbe » donnés ci-dessus, mais nous montrons en détail dans le chap. « Les pronoms personnels » (section VI) que *ça*, *eusse* et *eux-autres* sont toujours suivis du singulier en FL.
[26] Le *Dictionnaire* de Furetière (1690) et même le *Dictionnaire* de l'Académie de 1935 attestent historiquement ce sens du terme *le monde*, mais il s'est perdu depuis. Il n'est pas non plus attesté en FQ, mais se trouve par ex. en créole haïtien (Brasseur 2001 : s.v. *monde*, p. 302 ; FEW 6/3 219a).

que la forme de la 3ᵉ pers. sg. peut toujours apparaître aujourd'hui après un sujet au pluriel, indépendamment du contexte syntaxique.

Signalons l'absence d'exemple dans le corpus néo-écossais[27] ; en revanche, cet usage a été noté en chiac (NB), avec hésitation quant à l'accord du verbe.

- i disont *well* si je parle à elle quoi-ce que les autres mondes va dire / i *car*-ont trop *about* quoi-ce que les autres mondes vont dire (NB – Perrot 2005b : 195, chiac)
- Ma défunte mère ielle alle filait avec un épinglier, mais quisiment tout [tut] les autres mondes, que je me rappelle, i filiont juste sus la broche, il aviont pas d'épinglier. (TN – Brasseur 2001 : s.v. *épinglier*, p. 185)
- Mais il y a quelques mondes qui ça prend des fois une cinquantaine, soixantaine d'une année, ça. (LOU – *Découverte*, Isle Jean Charles, Terrebonne)

I.3.3 *les gens*

Après le terme *les gens*, le verbe est mis au pluriel, rarement au singulier. Précisons que le mot apparaît plutôt dans les situations de communication formelles ou chez les locuteurs plutôt standardisants (*cf.* aussi Arrighi 2005 : 89), le terme vernaculaire étant *le monde*. De là s'explique aussi que l'accord soit généralement respecté après *les gens* (à l'exception de la proposition relative, *cf.* ci-dessus I.2.1.). En FL, à côté du terme *les gens*, relevé sporadiquement, on note également un emploi au singulier, *le gens* dans l'acception « une personne » (*cf.* DLF 2010 : s.v. *gens*, p. 312).

▶ *les gens* + **singulier**
- si quelque chose arrive comme un feu ou quelque chose / euh / les gens se met ensemble (NÉ – Hennemann, ILM, MS)
- on s'inquiète un peu quoi ce que les gens fait (NB – Arrighi 2005 : 184, Angèle NB 13 : 140)
- pis on dirait que les gens a:/ a du temps un peu (IdlM – Falkert 2010, corpus : 153, p. 186, CD-ROM)

▶ *les gens* + **pluriel**
- T'sais comme les gens de la France m'/ m'ont dit souvent que mon français était même mieux que celui-là du Québec (NÉ – Hennemann, ILM, BJ)
- si euh les gens sont intéressés de participer à ça (NB – Wiesmath 11, Z : 115–116)
- les gens' [ʒɑ̃s] des Îles sont à peu près tout' [tut] des gros travaillants (IdlM – Falkert 2010, corpus : 208, p. 307, CD-ROM)

Comme pour *monde*, la reprise s'effectue naturellement par le pronom *i(ls)* suivi du pluriel :
- On a eu des gens qu'a venu faire la généalogie au musée et i disent / euh / on veut aller à CAPE SABLE (NÉ – Hennemann, PUB, BeD)
- Les gens de delà, ils parlont curieux. (TN – King 2013 : 70)

---

[27] Nous n'en relevons pas d'occurrence non plus dans le corpus madelinien de Falkert (2010).

I.3.4 *tout le monde* et *tous les autres, les autres, d'autres*

Après le pronom indéfini *tout le monde,* le verbe apparaît au singulier. L'accord sémantique est rare dans les corpus dépouillés[28]. Quant aux pronoms indéfinis *(tous) les autres* et *d'autres,* ils peuvent régir un verbe au singulier, à l'instar de l'expression *tout le monde.*

▶ ***tout le monde***

Verbe au singulier
- c'est là que tout le monde veut se rendre (NÉ – Hennemann, PUB, ArD)
- Ben, tout le monde, tout le monde euh / est ensemble (NÉ – Hennemann, ILM, DO)

- c'est probablement pour ça que tout le monde euh . a du cancer pis toutes ces affaires-là moi je crois (NB – Wiesmath 1, R : 577–578)
- tout le monde est pas mal libre de faire quoi-ce qu'i veulent faire (NB – Arrighi 2005, corpus, Angèle NB 13 : 141)
- pis comme tout le monde est pas mal cool cause tout le monde se connaît [...] (NB – Arrighi 2005, corpus, Annabelle NB 15 : 83–84)
- tout le monde sait qu'a des Français dans ce bouT là (ÎPÉ – Arrighi 2005, corpus, André ÎPÉ 12 : 304–305)
- tout le monde se connaît (IdlM – Falkert 2010, corpus : 57, p. 85, CD-ROM)
- Pis je dis tout le monde tait bon à vous. (TN – Brasseur 2001 : s.v. *à,* p. 3)
- et là depuis ce temps là, tout le monde l'a reconnu, bout là, la résidence *Promised Land* (LOU – *Découverte,* Mamou, Évangéline)
- Asteur tout le monde se connaît (LOU – *Découverte,* Pointe Noire, Acadia)

Verbe au pluriel (rare, FA)
- tout le monde peuvent trouver son endroit vite (NÉ – Hennemann, PUB, ID)
- Tout le monde, sont au champs après planter. (NÉ – *Lettres de Marichette,* Gérin/Gérin 1982 : 159)

- quelqu'un est dans la misère tout le monde se mettent ensemble (NB – Arrighi 2005 : 188, Catherine NB 18 : 338–339)

▶ ***(tous) les autres, d'autres* + verbe au singulier**
- TouT les autres est parti. [...] TouT les autres est en dehors de la province. (NÉ – Hennemann, ILM, CL)

- toi t'es resté à chanter là dedans pendant que les autres a té là dans [sic] à faire des tours (NB – Arrighi 2005, corpus, Odule NB 21 : 135–136)
- Nous autres j'allons dire un *platform* [angl. « plancher »] pis d'autres va dire un pavé. (TN – Brasseur 2001 : s.v. *pavé,* p. 339)
- Si les autres me comprend pas, comme i disont : *bad luck* ! (TN – Brasseur 2001 : L)
- Tous les autres est gone (LOU – *Découverte,* Châtaignier, Évangéline)
- Et lui il l'a vu. Et plusieurs d'autres l'a vu. Sur le Tit Caillou. (LOU – *Découverte,* Pointe-aux-Chênes, Terrebonne) (*le* = « le lion »)

---

28 *Cf.* Péronnet (1989a : 113, 177) pour le Sud-Est du NB. Notons que dans le corpus madelinien de Falkert (2010) *tout le monde* est systématiquement suivi du singulier.

Commentaire
L'accord sémantique est un phénomène largement répandu dans les variétés orales, dont le français hexagonal parlé[29]. Le GPFC (s.v. *monde*) atteste le phénomène pour le terme *le monde* (suivi du pluriel) pour le québécois (« Le monde vont venir »), Seutin pour le parler québécois de l'Île-aux-Coudres (1975 : 285, *cf.* aussi Arrighi 2005 : 188). Hallion (2000 : 342–348) note pour le franco-manitobain l'existence de trois cas de figure : *le monde* + singulier et *les gens* + pluriel, toutes deux formes « standardisantes », à côté de la forme vernaculaire *le monde* + pluriel. Dans le corpus de Hallion, le choix de la forme est fonction de facteurs sociolinguistiques.

Notons que la langue standard tolère dans une certaine mesure l'accord sémantique, si un nom collectif est suivi d'un complément du nom au pluriel (pour plus de détails, *cf.* Riegel et al. 2011 : 498s.).

II Le non-accord du participe passé

L'accord du participe passé en genre et/ou en nombre se fait de manière aléatoire dans les variétés étudiées. En général, l'invariabilité semble prédominer (*cf.* Arrighi 2005 : 194). Cela concerne aussi bien l'accord après l'auxiliaire *être* que, surtout, l'accord du participe passé avec l'auxiliaire *avoir*. Le non-accord concerne aussi l'adjectif, mais dans une moindre mesure (*cf.* le chap. « Le genre »)[30].

Le non-accord avec *avoir* est aujourd'hui courant, au point d'affecter le langage des locuteurs les plus instruits, même dans les situations de distance communicative.

Pour ce qui est du FL, l'accord du participe passé y est presque inexistant. Une fois de plus, cette variété se trouve en avance sur les autres du point de vue de certaines tendances à l'invariabilité dans la syntaxe. Dès le milieu des années 1950, Brandon (1955 : 473) déclare que l'accord du participe passé n'existe pas. Papen/Rottet (1997 : 98) confirment ce constat tout en précisant que les participes passés qui se sont figés en adjectifs, peuvent être accordés en genre : *mort(e)*, *ouvert(e)*, *cuit(e)*, *pourri(te)*. Mais dans ces cas aussi, l'accord reste sporadique.

Arrighi (2005 : 193) mentionne à juste titre qu'il n'est pas rare dans les variétés acadiennes que le *t* final soit prononcé dans les monosyllabes, ce qui n'a pourtant rien à voir avec le phénomène de l'accord. De fait, le *t* se prononce aussi dans de très nombreux cas où l'accord n'est pas de mise (« si tu as faiT de quoi qu'est pas beau [...] », Arrighi 2005 : 193, Michelle NB 16 : 105–106), et, à l'inverse, le *t* ne se prononce pas dans les cas où l'accord serait attendu (« j'avais une petite brouette fait [fɛ] avec des roues », Arrighi 2005 : 193, Odule NB 21 : 17).

▶ **Le non-accord après l'auxiliaire *être***

Adjectif attribut (*cf.* le chap. « Le genre », V)
- Mais je pense que la province est ouvert (NÉ – Hennemann, ILM, GL)

- [...] quand j'étais encore à l'école j'étais encore indécis (NB – Arrighi 2005 : 194, Michelle NB 16 : 10–12)
- je suis ben content avec ma vie (NB – Arrighi 2005 : 194, Angèle NB 13 : 97)

---

[29] *Cf.* Frei (1929 : 60), Bauche (^{2}1951 : 91), Guiraud (1965 : 35).
[30] Dans son étude sur le parler acadien du Sud-Est du NB, Péronnet (1989a : 102) souligne que l'accord est plutôt bien respecté pour l'adjectif, mais l'est moins en ce qui concerne le participe passé. Seutin confirme ce constat pour le français parlé à l'Île-aux-Coudres (Québec) (1975 : 138, *cf.* Péronnet 1989a : 102).

- je suis pas beaucoup instruit je suis pas instruit (ÎPÉ – Arrighi 2005 : 194, Délima ÎPÉ 5 : 56)
- A tait breton ielle ! (TN – Brasseur 2001 : L)
- alle est mort (LOU – Papen/Rottet 1997 : 98)

Participe passé
- je peux t'assurer qu'i y a une chose qui s'est produit ici (NÉ – Hennemann, ILM, LL)
- i me semble je me vois là je tais assis dans le char . tout le monde m'argardait (NB – Arrighi 2005 : 194, Suzanne L. NB 18 : 726–727)
- J'ai une lett'r dans ma poche, [ekri] par sa main. (NB – Péronnet 1989a : 102)
- mais ses deux garçons 'l ont resté là quelque temps après . leur maman est mort (LOU – Stäbler 1995 : 90, corpus) (*après* = « après que »)

▶ **Le non-accord après l'auxiliaire** *avoir*
- c'est toi qu'a trouvé l'eau qui rajeunit pour ton père oui d'où tu l'as pris (NÉ – Arrighi 2005 : 193, Marcelin NÉ 2 : 294–295)
- L'histoire acadienne, on l'a appris en lisant des livres. (NÉ – Hennemann, ILM, MS)
- c'est une décision que eux-autres avont pris (ÎPÉ – Arrighi 2005 : 193, André ÎPÉ 12 : 180)
- Tit Jean a ôté la mousse ... et l'a mis dans son petit sac (LOU – Brandon 1955 : 474)

Commentaire
Les conventions concernant l'accord du participe passé en ancien français rappellent les règles du FS moderne, esquissées pour une large part par Clément Marot au XVIe s. (Riegel et al. 2011 : 503). Précisons pourtant qu'en ancien français, quelques-unes des règles d'usage sont mieux suivies que d'autres et que les flottements sont nombreux dans ce domaine[31]. Pour le français moderne, on note une tendance à l'invariabilité du participe (Riegel et al. 2011 : 503, Rem.). Cette tendance se fait remarquer dans toutes les variétés orales du français, dans le parler populaire (*cf.* Bauche [2]1951 : 110, Gadet 1992 : 55s.), mais aussi dans la langue parlée courante.

---

31 *Cf.* Foulet (1967 : 105) : « [...] le contraste le plus marqué entre les deux syntaxes vient surtout de ce que l'ancien français n'apporte nulle rigueur à l'application des règles d'accord du participe. »

Les verbes auxiliaires *avoir* et *être*

Préliminaires

I	**L'auxiliation par *être* et *avoir***
I.1	*être* avec les verbes intransitifs
I.2	Les fonctions sémantiques du choix de l'auxiliaire
I.3	L'emploi généralisé d'*avoir*
I.4	L'alternance entre *être* et *avoir* avec les verbes *naître* et *mourir*
I.4.1	*avoir* + *mourir/naître*
I.4.2	*être* + *mourir/naître*
II	**L'auxiliaire *avoir* avec les verbes pronominaux**

Les verbes auxiliaires *avoir* et *être*

Préliminaires

En FA/FTN, l'auxiliation avec *avoir* est presque systématique. *Avoir* s'emploie non seulement avec tous les verbes transitifs, mais aussi avec la presque-totalité des verbes intransitifs et avec les verbes pronominaux. En FL, on observe également une tendance marquée à l'usage de l'auxiliaire *avoir* avec tous les verbes indistinctement, mais les occurrences avec *être* ne manquent cependant pas (*cf.* ci-dessous)[1].

Parler de la formation des temps composés, c'est donc avant tout repérer les (rares) résidus de l'emploi de l'auxiliaire *être*. La préférence pour l'auxiliaire *avoir* existe de longue date en français (Rideout 2011), et c'est donc une régularisation en direction de la forme prépondérante qui se dessine dans les variétés concernées.

En outre, c'est principalement avec les verbes *mourir* et *naître* qu'on « relève une possibilité d'alternance assez forte entre les deux auxiliaires » (Arrighi 2005 : 114).

Notons les spécificités suivantes :

- Le champ d'application de l'auxiliaire *être* se restreint en FA, selon l'hypothèse de Gesner (1979a : 44), à l'expression de l'aspect résultatif. Dans cette perspective, *être* ne doit toutefois pas être considéré comme un verbe auxiliaire[2], mais comme une copule, et le participe passé, comme un adjectif. Il incombe donc au seul auxiliaire *avoir* de former les temps composés.
- Les verbes *mourir* et *naître* se démarquent des autres verbes intransitifs par le maintien des deux auxiliaires dans leur paradigme.
- En ce qui concerne le FL, l'auxiliaire *être* est plus souvent relevé que dans les variétés de l'Acadie des Maritimes, de sorte que le FL se rapproche ici davantage du français de France (*cf.* King 2013 : 133, note 5).
  - En effet, Conwell/Juilland (1963 : 156) parlent d'un usage hésitant entre *avoir* et *être* avec les verbes qui demandent *être* en FS. Papen/Rottet (1997 : 101) notent qu'*être* est employé avec les verbes de mouvement comme *venir*, *sortir*, *arriver* par « quelques locuteurs plus âgés ». Reprenant les observations de Guilbeau (1950 : 206s.), ils ajoutent que le recours à l'auxiliaire *être* peut impliquer une focalisation sur le résultat d'une action ; *avoir*, en revanche, met le focus sur l'action elle même (*cf.* aussi Gesner 1979a, ci-dessus).
  - Avec les verbes pronominaux, Conwell/Juilland (1963 : 152) considèrent l'usage de l'auxiliaire *avoir* comme une « exception ». Aujourd'hui, en revanche, la formation

---

[1] *Cf.* Gesner (1979a : 43ss.), Ryan (1982 : 402 *passim*), Gérin/Gérin (1982 : 137s.), Papen/Rottet (1997 : 101), Bollée/Neumann-Holzschuh (1998 : 184s.), Arrighi (2005 : 113–116), King/Nadasdi (2005 : 109), King (2013 : 83–90). – Dans le corpus madelinien de Falkert (2010), l'auxiliation des verbes pronominaux avec *avoir*, bien que très courante, n'est pas systématique.

[2] De manière similaire, King/Nadasdi (2005 : 103s.) excluent de leur analyse des cas tels que *il est parti*, en arguant qu'*être* est ici copule et que *parti* constitue le résultat d'une action antérieure.

des temps composés des verbes pronominaux s'effectue systématiquement à l'aide de l'auxiliaire *avoir* (Papen/Rottet 1997 : 101, Stäbler 1995 : 80).
- Il ressort du corpus de Stäbler (1995) et du corpus *Découverte* qu'outre le verbe *mourir*, qui constitue un cas à part dans toutes les régions, les verbes *arriver*, *partir*, *venir* (dans les deux acceptions de « venir » et de « devenir ») et *revenir* apparaissent également avec l'auxiliaire *être*, dans le corpus *Découverte* parfois les verbes pronominaux. Si l'auxiliaire *être* joue encore un certain rôle en FL, au moins jusqu'au deuxième tiers du XXe s., la généralisation de l'auxiliation avec *avoir* semble tout de même presque achevée aujourd'hui (*cf.* Stäbler 1995 : 80 qui parle d'un développement récent) (*cf.* I.1. pour les verbes conjugués avec *être*).
- Quant à l'usage des verbes *avoir* et *être* comme verbes pleins, Rottet (2001 : 219s.) signale pour la jeune génération une tendance à employer *être* dans quelques tours figés exigeant en FS le verbe *avoir*, comme *être X ans* (Rottet 2001 : 219). L'introduction du verbe *être* dans ce contexte est sans aucun doute due à l'influence anglaise (*cf. to be X years old*) (*cf. ibid.*). Mentionnons dans ce contexte aussi les tours *être peur*, *être honte*, *être habitude* (« to be afraid/ashamed/used to »)[3].

Commentaire
Dès l'ancien français, on constate certaines hésitations dans l'auxiliation avec *avoir* ou *être* pour les verbes intransitifs, même si pour la plupart des autres verbes l'auxiliation en ancien français correspondait déjà largement aux règles modernes (Foulet 1967 : 100s.)[4].

L'analyse de la grammaticographie du XVIe s. effectuée par Rideout (2011) fait ressortir l'ancienneté du phénomène de généralisation de l'auxiliaire *avoir* au détriment d'*être* avec les verbes intransitifs et pronominaux. L'auxiliation est à l'époque largement fonction de facteurs sociaux et régionaux, mais la tendance à généraliser *avoir* en tant qu'auxiliaire se dessine nettement dans les témoignages du temps. Cette généralisation est alors complètement achevée dans les dialectes du Nord et du Nord-Est de la France, comme l'atteste par ex. la grammaire de Gilles du Wes (1532), qui reflète le parler picard, et où *avoir* est systématique avec tous les verbes intransitifs et avec les verbes pronominaux (Rideout 2011). L'auxiliation commence à être régulée à partir du XVIIe s. et la pression normative s'accroît au XVIIIe s. (Fournier 1998 : § 375, p. 255). Dialectalement, *avoir* se maintient avec les verbes intransitifs et pronominaux, comme l'atteste l'ALF pour le Nord et le Poitou (*cf.* King 2013 : 85). La généralisation d'*être* avec les verbes pronominaux dans le standard remonte à des efforts normatifs, mais elle ne s'est pas imposée dans le langage populaire, même moderne (*cf.* Rideout 2011). Dès le début, une certaine « liberté d'auxiliation » fait donc partie intégrante « du système du français » (Fournier 1998 : § 376, p. 260), mais cette liberté, tout à fait relative aujourd'hui, était beaucoup plus grande dans l'ancienne langue, y compris la langue classique.

Aujourd'hui, il reste « un certain flottement » (Gadet 1992 : 55) dans l'usage non standard, flottement qui va jusqu'au remplacement total d'*être* par *avoir*. Bauche ([2]1951 : 105) note que l'auxiliaire *avoir* remplace souvent *être* pour les « verbes neutres ou pronominaux » : *j'ai monté au deuxième, j'ai sorti le tantôt, il a rentré ce matin, je m'ai fait mal*. Brunot/Bruneau (1949 : 357) attestent également les formes *j'ai parti, je m'ai blessé* dans la « langue populaire et de nombreux patois ». Grevisse/Goosse (2008 : § 812 b 2°, p. 1032) notent que l'usage de l'auxiliaire *avoir* au lieu d'*être* se fait soit « par archaïsme littéraire », « soit par imitation d'usages locaux ou populaires [...] ».

---

[3] *Cf.* aussi Neumann-Holzschuh/Mitko (à paraître). – Mougeon (1993 : 69) note le même phénomène dans le groupe des locuteurs à usage restreint du parler franco-ontarien et cite en exemple *je suis peur (I am scared), je suis douze (I am twelve)*. *Cf.* aussi Mougeon et al. (2005 : 109s.).
[4] Pour un tour d'horizon historique, *cf.* King (2013 : 84s.). *Cf.* aussi Mougeon/Beniak (1986 : 300), Martineau (2011a : 309), Ducos/Soutet (2012 : 96).

Bref, il ressort de cet aperçu que « [s]'il y a écart entre le français hexagonal et le français canadien, c'est non pas dans la présence du phénomène mais dans son extension » (Martineau 2011a : 309), la tendance à la généralisation d'*avoir* étant particulièrement prononcée dans les parlers qui nous intéressent ici.

Les variétés laurentiennes, quant à elles, font preuve de la même tendance, mais à moindre échelle[5]. Dans ces variétés, ce sont surtout les verbes intransitifs qui sont concernés, et non les verbes pronominaux[6]. Mais des changements sont en cours, dans un sens comme dans l'autre, et ce dans les variétés laurentiennes comme dans les variétés acadiennes : sous l'influence du standard, *être* tend à réapparaître en fonction d'auxiliaire à certains endroits (par ex. à Moncton, cf. King 2013 : 89), alors qu'ailleurs, là où le français ne joue pas de rôle dans la formation scolaire, c'est *avoir* qui gagne encore du terrain : Mougeon/Beniak (1986 : 299s.) constatent pour le franco-ontarien un flottement en synchronie, tout en supposant que « les adolescents franco-ontariens en voie d'assimilation » vont « faire avancer davantage ces cas de variation vers son point d'aboutissement logique, à savoir le nivellement complet de l'auxiliaire *être* par *avoir* au sein des temps composés » (*cf.* aussi Stäbler 1995 : 81 et note 41 ; Chaudenson et al. 1993 : 87s.).

I L'auxiliation par *être* et *avoir*

Comme l'auxiliation se fait systématiquement par *avoir* dans les constructions transitives, nous n'examinerons dans ce qui suit que les constructions intransitives.

I.1 *être* avec les verbes intransitifs

L'auxiliation avec *être* se fait dans le domaine central d'emploi de cet auxiliaire, l'emploi avec les verbes désignant un mouvement ou un changement d'état. Il ressort des études d'Arrighi (2005 : 113–115) et de King/Nadasdi (2005 : 106) que l'auxiliaire *être* n'apparaît que chez les locuteurs les plus standardisants, dans les situations de communication plutôt formelles. Dans le corpus de l'ÎPÉ de King/Nadasdi, cela ne concerne d'ailleurs que les verbes *partir* et *venir* (2005 : 106).

De manière générale, l'influence du standard reste (encore[7]) marginale. L'auxiliaire *avoir* est si bien établi avec les verbes intransitifs et les verbes pronominaux que « même les jeunes qui ont fréquenté des écoles francophones ne semblent pas avoir été influencés par le français standard pour cette variable » (King/Nadasdi 2005 : 106).

---

5 King/Nadasdi (2005 : 111, tableau 2) et King (2013 : 86, tableau 5.1.) indiquent la fréquence de l'auxiliaire *avoir* avec 16 verbes intransitifs dans les variétés acadiennes et dans quelques variétés laurentiennes de français. Dans les variétés laurentiennes, on note des pourcentages non négligeables de l'auxiliaire *être* : à Montréal, par ex., le pourcentage d'emploi d'*avoir* varie entre 90 % pour le verbe *passer* et 0,7 % pour le verbe *aller*. – Pour le FQ, *cf.* Léard (1995 : 204).
6 *Cf.* King (2013 : 88), Seutin (1975 : 286–289). *Cf.* pour le franco-ontarien : Beniak/Mougeon (1989 : 98) ; pour le FQ : La Follette (1969 : 97s.), Seutin (1975), Sankoff/Thibault (1977) ; pour le franco-manitobain : Papen (1984 : 127), Hallion (2000 : 354s.) ; pour le franco-albertain : Rochet (1993 : 12) ; pour Saint-Pierre-et-Miquelon : Brasseur/Chauveau (1990 : 22) ; pour le français mitchif : Papen (2004 : 119). *Cf.* aussi Arrighi (2005 : 115), King (2013 : 86ss.). *Cf.* le commentaire ci-dessous en II, pour les raisons historiques.
7 Mais *cf.* les remarques de King (2013 : 89) sur les changements d'usage à Moncton.

▶ *aller*

(en FA/FTN/FL, *je suis allé* est rare, la construction préférée est *j'ai été*, *cf.* ci-dessous I.3.)[8]

- Euh / après les études secondaires, j'suis allé à Saint FX, à l'université Saint FX (NÉ – Hennemann, ILM, BJ)
- je suis allé en Belgique (IdlM – Falkert 2010, corpus : 70, p. 108, CD-ROM)
- pis euh aussi euh en dix-neuf cent quatre-vingt-quatorze j'étais allé à Polytech euh à Lyon . sur/ c'était un hm une exposition environnementale internationale sur l'environnement (NB – Wiesmath 12, JH : 128–129)

▶ *arriver*[9]

- Parce que c'qui est arrivé, c'est que [...] (NÉ – Hennemann, ILM, BJ) (Le même locuteur, plus tard : « Pis ce qu'avait arrivé, c'est que [...]. ») (L'emploi d'*être* est tout à fait exceptionnel avec le verbe *arriver*, *cf.* I.3.)
- Ça fait, chère, on a pris le chemin, on a été, on est arrivé chez Pop, on était si contents. (LOU – *Découverte*, Mamou, Évangéline)

▶ *descendre*[10]

- il y avait coumme quinze personnes qui étaient descendues de la Colombie Britannique, notre famille (NÉ – Hennemann, ILM, DO)
- le quinze d'août c'est que on a été euh . dans la messe le matin . pis après on est descendu euh au lever du drapeau (NB – Wiesmath 2, E : 2)
- i' sont descendus (LOU – Brandon 1955 : 472)

▶ *devenir* et *venir* au sens de « devenir »[11]

- ce milieu-là est devenu un milieu anglophone (NÉ – Hennemann, ILM, RF)
- elle est devenue veuve assez jeune (ÎPÉ – Arrighi 2005, corpus, Georges ÎPÉ 3 : 17)
- là c'est venu assez mauvais que ils avaient pas de marché pour (LOU – Stäbler 1995 : 198, corpus)
- Mais pop a tout le temps dit, quand il est né ce garçon, c'est venu assez grand, ils l'auraient envoyé à l'école. (LOU – *Découverte*, Châtaignier, Évangéline)

---

8 Le tour *être allé quelque part* apparaît donc *a priori* toujours dans les contextes formels ; *cf.* Ryan (1982 : 391), King (2013 : 86). – Selon les sources citées par King (2013), la fréquence d'*avoir* avec *aller* s'élève à 22 % à Hawkesbury, à 30 % au Vermont, à 0,7 % à Montréal (King 2013 : 86, tableau 5.1.).
9 Fréquence d'*avoir* avec *arriver* : 43 % à Ottawa-Hull, 10 % à Québec, 60 % à Hawkesbury, 31 % au Vermont, 11 % à Montréal, 100 % en NÉ, au NB, à l'ÎPÉ (King 2013 : 86, tableau 5.1.).
10 Fréquence d'*avoir* avec *descendre* : 59 % à Ottawa-Hull, 67 % à Québec, 91 % à Hawkesbury, 50 % à Montréal, 100 % au NB et à l'ÎPÉ (King 2013 : 86, tableau 5.1.).
11 Fréquence d'*avoir* avec *devenir* : 12 % à Ottawa-Hull et 100 % à l'ÎPÉ (King 2013 : 86, tableau 5.1.).

► *partir*[12]
- pis on a beaucoup qui sont partis au collège communautaire (NÉ – Hennemann, BSM, RG)
- nos voisins ben i sont tout' / . i sont tout' partis par les États-Unis pis i y en a/ i y en a qu'ont revenu pis i y en a qui sont encore là (NB – Wiesmath 1, R : 968–969)
- mais ça c'est un garçon qu'est parti à l'ouvrage (LOU – Stäbler 1995 : 202s., corpus)
- quand j'ai vu que ce *truck* a passé et que il était parti en bas tu vois, eh ben moi je m'ai revenu, j'ai pris back le pont [...] (LOU – *Découverte*, Pointe-aux-Chênes, Terrebonne)

► *sortir*[13]
- I y ara / i va avoir deux ans le vingt-huit de janvier que j'suis sortie de ma maison (NÉ – Hennemann, ILM, AF)
- tu sais après un bouT je/je . j'avais trop vu . pis j'étais écœurée de [sta] pis je suis sortie de ça (NB – Arrighi 2005, corpus, Michelle NB 16 : 380–381)
- Je suis sortie là sur la galerie, j'ai vu le boghei est venu. (LOU – *Découverte*, Mamou, Évangéline)

► *(re)venir*[14]
- Le soir, quand ce qu'on était revenu de l'école, il fallait marcher un mille ... (NÉ – Gesner 1978 : 17, BSM)
- pis zeux quand ce qu'i sont venus icitte c'était un dollar et vingt cinq qu'ils avaient SO . le monde de delà pouvait dépenser plus' (NB – Wiesmath 2, E : 163)
- Élise a resté à l'Île, Roger est venu à Moncton (ÎPÉ – Arrighi 2005, corpus, André ÎPÉ 12 : 226)
- deux cents [sic] mille personnes qu'est venu pour le/ . le festival de CRAWFISH (LOU – Stäbler 1995 : 218, corpus)
- quand on est revenu tout l'affaire était prêt (LOU – *Découverte*, Mamou, Évangéline)

I.2 Les fonctions sémantiques du choix de l'auxiliaire

À côté des exemples conformes au standard (*cf.* I.1.), les données des corpus consultés font ressortir que les locuteurs peuvent profiter de la concurrence des deux auxiliaires pour assigner une fonction sémantique au choix de l'un ou de l'autre.

En FS, ce choix dépend, pour quelques verbes, de la construction, une construction transitive demandant l'auxiliaire *avoir*, une construction intransitive exigeant l'auxiliaire *être* (*monter*, *rentrer*). Cette différenciation n'existe pas dans les variétés étudiées ici. Avec ces verbes, les locuteurs utilisent de préférence *avoir*, indépendamment du sens[15].

---

12 Fréquence d'*avoir* avec *partir* : 66 % à Ottawa-Hull, 9 % à Québec, 41 % à Hawkesbury, 54 % au Vermont, 36 % à Montréal, 100 % en NÉ et au NB, 94 % à l'ÎPÉ (King 2013 : 86, tableau 5.1.).
13 Fréquence d'*avoir* avec *sortir* : 81 % à Ottawa-Hull, 29 % à Québec, 74 % à Hawkesbury, 75 % au Vermont, 69 % à Montréal, 100 % en NÉ, au NB, à l'ÎPÉ (King 2013 : 86, tableau 5.1.).
14 Fréquence d'*avoir* avec *venir* : 20 % à Ottawa-Hull, 24 % à Québec, 63 % à Hawkesbury, 24 % au Vermont, 7 % à Montréal, 100 % en NÉ et au NB, 99 % à l'ÎPÉ (King 2013 : 86, tableau 5.1.).
15 *Cf.* dans ce contexte la remarque de King/Nadasdi (2005 : 104), qui constatent que « les verbes qui ont une contrepartie transitive favorisent l'emploi de *avoir* (par ex. : *sortir*, *descendre*, *partir*) ».

En revanche, on relève parfois un autre type de différenciation : *être* est choisi pour insister sur le résultat d'une action, *avoir* pour souligner l'action dans le passé ou, avec certains verbes (*cf.* les exemples avec *partir*), pour focaliser le stade initial de l'action[16].

Les verbes qui figurent dans la liste d'exemples dressée ci-dessous se construisent tantôt avec *être*, tantôt – et beaucoup plus souvent – avec *avoir*. En l'absence d'une focalisation explicite sur le résultat, *avoir*, l'auxiliaire non-marqué pour former les temps du passé, peut apparaître avec n'importe quel verbe (*cf.* Arrighi 2005 : 116).

La différenciation sémantique effectuée grâce au choix de l'auxiliaire se dégage nettement de quelques-uns des exemples cités ; il ne faut toutefois pas les surinterpréter, car il s'agit de tendances d'usage plutôt que de règles.

▶ *partir*

être (*cf.* aussi I.1.)
- Les forgerons, ça, c'est un métier qui est parti asteur. (NÉ – Gesner 1978 : 17, BSM) (c'est-à-dire que ce métier n'existe plus)
- Aujourd'hui, c'est beaucoup différent parce que les vieillards est parti. (NÉ – Hennemann, ILM, EL)
- i ont leurs propres projets . qu'i sont partis . ben c'est une réadaptation pour le couple (NB – Wiesmath 11, Z : 216) (Wiesmath traduit en anglais par « (now that) they have left ». *I sont partis* focalise bien le résultat de l'action : l'absence au moment de l'énonciation.)
- [...] Et pas deux semaines après, c'te verrure-là était partie. (TN – Brasseur 2001 : s.v. *verrure*, p. 467)
- tu vois mon garçon il travaillait du OFFSHORE . et il était parti sept jours et il s'en revenait sept jours (LOU – Stäbler 1995 : 58, corpus) (= « il était absent pendant sept jours »)

avoir
- Pis zeux i ont parti samedi à tuer deux / deux canards noirs (NÉ – Hennemann, ILM, EL)
- Il a parti avant nous-autres. (ÎPÉ – King 2000 : 68)
- [...] pis la castrole a sorti de ses mains pis a parti en l'air. [...] (TN – Brasseur 2001 : s.v. *castrole*, p. 96)
- mais en tous cas on a a parti . de la plante (LOU – Stäbler 1995 : 108, corpus) (= « on a quitté l'usine »)

▶ *sortir*

être (*cf.* aussi I.1.)
- Ben hier, je l'a pas / je l'a pas atttrapée parce qu'elle était sortie. (NÉ – Hennemann, ILM, CL)
- C'est l'ayoù la Valse de B. là il l'a joué la première fois. Elle était pas sortie encore, mais il l'a chanté là-bas. (LOU – *Découverte*, Mamou, Évangéline)

avoir
- ben juste en face i avait sorti là pis c'est là qu'i l'avont *shooté* (NB – Wiesmath 1, B : 319)
- j'attendais pis la femme a sorti devant la porte (NB – Arrighi 2005, corpus, Odule NB 21 : 209)
- [...] pis la castrole a sorti de ses mains pis a parti en l'air. [...] (TN – Brasseur 2001 : s.v. *castrole*, p. 96)
- [...] mais quand le petit jeune homme a sorti, ils l'ont pris, lui, droite là, et là, ils ont rentré ils ont pris l'homme là (LOU – *Découverte*, Pointe Noire, Acadia)

---

16 Pour le FA : Gesner (1979a : 44) ; pour le FL : Guilbeau (1950 : 206), Papen/Rottet (1997 : 101). *Cf.* aussi le commentaire ci-dessous pour le français hexagonal.

▶ tomber[17]

être
- J'allions couper du bois à feu – le bois qu'était tombé ou ben du bois franc. (NÉ – Gesner 1978 : 17, BSM) (= c'est-à-dire, le bois qui était maintenant par terre)

Usage parallèle d'*être* et *avoir*
- c'est juste qu'i avait pas timbé droète là i avait marché plus loin mais i est timbé (NB – Wiesmath 1, B : 426–427)

avoir
- [...] dans c'te temps, j'ai tombé enceinte pour ma plus vieille fille (NÉ – Hennemann, ILM, EL)
- j'ai tombé plusieurs fois (NB – Wiesmath 1, R : 274)
- Ils avront tombé dans l'eau. (ÎPÉ – King 2013 : 87)
- [...] le *haddeck* donne un coup de queue il a tombé, pis les deux marques, les mains du Diable ont resté chaque bord du *haddeck* ! (TN – Brasseur 2001 : s.v. *haddeck*, p. 241)
- La femme a tombé par terre. (LOU – DLF 2010 : s.v. *tomber*, p. 618, AV)
- [...] Là, elle a tombé malade et elle est morte (LOU – *Découverte*, Mamou, Évangéline)

▶ venir/menir, revenir

(*Venir/menir* et *revenir* se conjuguent assez régulièrement avec *avoir*, lorsqu'il ne s'agit pas de mettre l'accent sur le résultat exprimé par le verbe. On remarquera que dans beaucoup d'exemples avec *avoir*, ce sont les indications temporelles et locales qui constituent le véritable focus de l'énoncé, et non l'action exprimée par le verbe.)

être (*cf.* aussi I.1.)
- mais ensuite i sont BACK revenus ensemble (NB – Arrighi 2005, corpus, Catherine NB 18 : 323)
- oui i tait / i tait venu visiter l'université . à Moncton (NB – Arrighi 2005, corpus, Ronald NB 21 : 273)
- j'ai faiT deux années au collège à Québec je suis revenu pis [...] (ÎPÉ – Arrighi 2005, corpus, André ÎPÉ 12 : 128–129)
- ils, ils sont venus drette pour moi là (LOU – *Découverte*, Mamou, Évangéline)

avoir
- Et puis, l'électricité a rinque venu icitte dans dix-neuf cent vingt-huit. (NÉ – Gesner 1978 : 17, BSM)
- Et puis Briand a venu deux ans après ça. (NÉ – Gesner 1978 : 17, BSM)
- quand qu'elle a venu pas loin de lui i l'a connu sa femme (NÉ – Arrighi 2005, corpus, Marcelin NÉ 2 : 38)
- [...] j'avais dix-huit ans j'ai déménagé de nouveau à Fredericton au moins un an pis j'ai revenu encore (NB – Arrighi 2005 : 113, Michelle NB 16 : 13–15)
- l'autre matin j'ai venu ramasser des bleuets (NB – Wiesmath 1, B : 10)
- Plusieurs avont venu du Nouveau-Brunswick. (ÎPÉ – King 2000 : 68)
- Il avront une moyenne petite maison de fait [fɛ], c'est là-dedans que j'ai venu au monde. (TN – Brasseur 2001 : s.v. *moyen*, p. 310)
- et j'avais . menu me chercher du linge aussi (LOU – Stäbler 1995: 111, corpus)

---

[17] Selon les sources citées dans King, la fréquence d'*avoir* avec *tomber* s'élève à 88 % à Ottawa-Hull, à 62 % à Québec, à 92 % à Hawkesbury, à 85 % au Vermont, à 72 % à Montréal, à 100 % en NÉ et à l'ÎPÉ (King 2013 : 86, tableau 5.1.).

- et quand il a revenu ils ont levé à la vigilance que ça appelait ça (LOU – *Découverte*, Pointe Noire, Acadia)

▶ *devenir/venir* au sens de « devenir »

être (*cf.* aussi I.1.)
- c'est l'ayoù je suis venue grande (LOU – *Découverte*, Châtaignier, Évangéline)

avoir
- C'était un / après ça ça a devenu une / euh / une coopérative (NÉ – Hennemann, ILM, MD)
- Les narfs dans le derrière de la jambe a venu tout longés. (TN – Brasseur 2001 : s.v. *élonger, longer*, p. 176)
- quand j'ai venu grand j'ai pris à coudre (LOU – *Découverte*, Pointe Noire, Acadia)
- Mais là, il a venu beaucoup malade, lui, et là il est mort (LOU – *Découverte*, Pointe Noire, Acadia)

I.3 L'emploi généralisé d'*avoir*

En FA et en FTN, l'auxiliaire *avoir* apparaît de manière quasi généralisée avec les verbes *arriver*[18], *monter, passer, rentrer/retourner* et *rester*. Comme nous l'avons mentionné en I.1., les temps composés du verbe *aller* se construisent avec *avoir* et le participe du verbe *être* dans tous les parlers étudiés ici : *avoir été*[19] ; le participe est souvent tronqué en FA/FTN : *avoir té* (*cf.* le chap. « Les temps du passé » III.1.). Rappelons également qu'en France, « [a]*voir été* est en concurrence avec *être allé* dans la langue familière pour tous les temps composés du verbe » (*Le Petit Robert* 2013 : s.v. *aller*).

▶ *aller → avoir (é)té*
- pis après, il a été à Montréal. Depsi/depis ce temps-là, il a été plusieurs fois (NÉ – Hennemann, BSM, AnS)
- J'ai été à SOBEYS hier pis il avont c'te saumon-là là (NÉ – Hennemann, ILM, EL)
- je nous en avons été (NÉ – Hennemann, ILM, EL)
- j'ai pas été parce que j'ai marié mon mari que j'ai rencontré quand j'avais quatorze ans (NB – Arrighi 2005 : 181, Angèle NB 13 : 32–33)
- on avait été dans le bois pour assayer de le faire sortir (NB – Wiesmath 1, B : 316–317)
- j'ai été passer mes fêtes avec mes enfants (IdlM – Falkert 2010, corpus : 197, p. 70, CD-ROM)
- J'ai té à lui un an après. (TN – Brasseur 2001 : s.v. *aller*, p. 12)
- Il [= le vieux diable] s'est levé, il a été au lit, mais il faisait noir. (LOU – *Découverte*, Carencro, Lafayette)
- et on a été là-bas et . on a pas pu éteindre le feu (LOU – Stäbler 1995 : 88, corpus)
- on a été jouer tout tout partout dans la France (LOU – *Découverte*, Marksville, Avoyelles)

---

18 Dans le corpus d'Arrighi (2005) on relève aussi pour *arriver* tout un nombre d'exemples avec l'auxiliaire *être* dans le tour impersonnel *qqch. arrive à qqn*.
19 *Être allé* est presque inexistant. Pour *avoir été*, *cf.* également le chap. « Les périphrases verbales », II.1.2.

▶ ***arriver* (FA/FL), *(ar)river* (FTN) (constructions personnelles et impersonnelles)**
- pis là j'ai arrivé en France (NÉ – Hennemann, BSM, JG)
- c'est un accident qui m'a arrivé (NÉ – Arrighi 2005 : 113, Marcelin NÉ 2 : 610–611)
- moi j'ai arrivé à l'hôpital (NB – Arrighi 2005, corpus, Suzanne L. NB 18 : 573)
- pis ma sœur lui avait demandé de/ d'écrire des choses que/qu'avaient arrivées [sic] dans/dans sa vie (ÎPÉ – Arrighi 2005, corpus, Aldine H. ÎPÉ 3 : 155–156)
- Quand qu'il a rivé à peu près à moitié route u-ce qu'i faulait qu'il alle [...] (TN – Brasseur 2001 : s.v. *aller*, p. 12)
- Une heure après, le prêtre a arrivé. (LOU – DLF 2010 : s.v. *arriver*, p. 39, TB)
- pour voir quoi ce qu'avait arrivé (LOU – Stäbler 1995 : 134, corpus)

▶ ***monter***
- Pis mon CHOLESTEROL a / a monté de dernier coup j'ai été. (NÉ – Hennemann, ILM, IS)
- De delà il ont monté jusqu'à Alaska, partout. (TN – Brasseur 2001 : s.v. *de*, p. 145)
- elle a remonté à terre et puis elle a amorti icitte elle a resté d/ (LOU – Stäbler 1995 : 106, corpus)
- Mais les ratons laveurs et les serpents ont monté pour prendre les œufs et tuer les petits oiseaux. (LOU – DLF 2010 : s.v. *monter*, p. 404, TB)

▶ ***passer*[20]**
- il y avait une grosse FLU qu'avait passé (NÉ – Hennemann, ILM, EL)
- Le cinquième, c'était un garçon ... Il a passé, il est pus dans cette vie. (LOU – DLF 2010 : s.v. *passer*, p. 445, EV) (« il est mort »)
- le bougre a passé avec ses moutons (LOU – *Découverte*, Mamou, Évangéline)

▶ ***rentrer* (au sens de « retourner » ou d'« entrer dans »)/*retourner***
- Pis là, j'ai / j'ai retourné. (NÉ – Hennemann, ILM, CL)
- on avait rentré dans le bois (NB – Wiesmath 1, B : 316)
- Quand qu'il avont retorné [...] (TN – Brasseur 2001 : s.v. *retorner*, p. 396)
- il a rentré dedans la maison à Coralie . (LOU – Stäbler 1995 : 142, corpus)
- On a rentré par la porte d'en arrière. Grandm'man, elle, avait rentré par la porte d'en avant. (LOU – DLF 2010 : s.v. *rentrer*, p. 544)

▶ ***rester*[21] (au sens de « rester, demeurer » et d'« habiter, vivre »)**
- Ah ok, al a toujours resté ici. (NÉ – Hennemann, ILM, EL)
- j'ai resté là un an [...] (NB – Arrighi 2005 : 113, Michelle NB 16 : 13–15)

---

20 Le verbe intransitif *passer* se construit avec *avoir* ou *être* en FS, *être* étant devenu plus courant, *cf. Le Petit Robert* (2013 : s.v. *passer*). En FA/FTN/FL, par contre, *avoir* apparaît systématiquement.
21 *Cf.* le tableau 5.1. dans King (2013 : 68) : la fréquence d'*avoir* pour ce verbe atteint 100 % en Acadie.

- [...] le *haddeck* donne un coup de queue il a tombé, pis les deux marques, les mains du Diable ont resté chaque bord du *haddeck* ! (TN – Brasseur 2001 : s.v. *haddeck*, p. 241)
- il a resté avec une de ses vieilles tantes (LOU – *Découverte*, Parks, St. Martin)
- J'ai resté tout ma vie ici. (LOU – DLF 2010 : s.v. *rester*, p. 551, SM)

Commentaire

Exemples littéraires à l'appui, Fournier (1998 : § 375, p. 256–260) relève toute une liste de verbes marquant le mouvement, l'absence de mouvement ou le changement et qui se construisent selon le sens tantôt avec *avoir*, tantôt avec *être* en français classique, dont *apparaître*, *baisser*, *courir*, *descendre*, *disparaître*, *échapper*, *entrer*, *partir*, *passer*, *rentrer*, *rester*, *retourner*, *sortir*, *tomber*. On note la tendance à employer *avoir* pour insister sur l'action ou le début de l'action, *être* pour mettre l'accent sur le résultat acquis.

De façon parfois aléatoire, les remarqueurs et les grammairiens du XVIIe s. ont essayé d'établir « des oppositions de divers ordres » (sémantique, syntaxique, référentielle ou stylistique) pour régler le choix de l'auxiliaire (*cf.* pour plus de détails Fournier 1998 : § 376, p. 261).

Comparant l'usage classique et l'usage acadien des auxiliaires, Poirier (1928 : 62) souligne que « [l']emploi des auxiliaires *être* et *avoir* est resté », dans ces parlers, « ce qu'il était, en France, au commencement du XVIIe siècle, à la cour et dans les provinces où se parlait le meilleur français populaire » (*cf.* dans le même sens Gesner 1978).

Il semble en être de même dans le non-standard hexagonal contemporain, pour lequel Gadet (1992 : 55) retient la règle de tendance du français classique : le choix de l'auxiliaire se fait suivant une logique sémantique, *avoir* insistant sur l'action, *être* sur le résultat (*cf.* de même, Frei 1929 : 86).

I.4 L'alternance entre *être* et *avoir* avec les verbes *naître* et *mourir*

Avec *naître* et *mourir*, l'auxiliaire *être* se maintient fermement à côté de l'auxiliaire *avoir*[22]. L'apparition de l'auxiliaire *être* dans ce contexte ne semble rien devoir à l'influence du standard, car on ne constate aucune corrélation entre le choix de cet auxiliaire et les facteurs sociaux[23].

La tendance mentionnée en I.2. s'avère assez pertinente pour les verbes *naître* et *mourir*. *Avoir* marque le procès, *être* le résultat. *A priori*, donc, *être* déclenche une lecture statique et est à considérer comme copule[24]. Soulignons dans ce contexte qu'avec *avoir*, le verbe *mourir* forme un participe passé régularisé, ce qui donne l'opposition suivante : *il a mouri* (procès) vs. *il est mort* (résultat) :

- (Elle parle de son mari.) Puis il a mouri à soixante et seize. Ça fait cinq ans qu'il est mort. (NÉ – Gesner 1979a : 44, BSM)

---

22 *Cf.* pour le FA : Arrighi (2005 : 114) ; pour le parler de l'ÎPÉ : King/Nadasdi (2005 : 106) ; pour le FL : Bollée/Neumann-Holzschuh (1998 : 185).
23 *Cf.* pour le FA : Arrighi (2005 : 114) ; pour le parler de l'ÎPÉ : King/Nadasdi (2005 : 107s.) – King/Nadasdi (*ibid.*) réfutent ainsi une hypothèse de Gesner (1978), selon laquelle le choix de l'auxiliaire serait fonction du niveau stylistique.
24 Arrighi (2005 : 115) est d'avis qu'avec *être* les participes passés de *mourir* et de *naître* sont toujours à considérer comme des adjectifs, *être* figurant toujours comme copule.

Mais nonobstant cette tendance, *être* admet également une lecture dynamique avec les deux verbes, de sorte qu'il subsiste une ambiguïté (*cf.* I.4.2.).

I.4.1 *avoir* + *mourir/naître*
L'auxiliaire *avoir* implique toujours une lecture dynamique :
- SO j'étions sept nous-autres, on a touT né dans la maison (NÉ – Hennemann, ILM, IS)
- Tchelle année que t'as énée ? (NÉ – Hennemann, ILM, IS)
- il a mouri, il est enterré aujourd'hui (NÉ – Hennemann, AnS, BSM)
- ben moi asteure j'ai né ma mère a mouri (NB – Arrighi 2005, corpus, Annie NB 10 : 5)
- i y en a deux qu'avont mouri qu'étiont petits (NB – Wiesmath 3, D : 529)
- pis après ça i avont mouri i avont mouri pis là c'est iun de mes oncles qu'a pris ça OVER pis (NB – Wiesmath 3, D : 170)
- Ils ont dit qu'il a mouri, je crois, en allant ... en allant à l'hôpital (ÎPÉ – King / Nadasdi 2005 : 106)
- Elle a mouri après qu'elle a eu son petit. (TN – Brasseur 2001 : s.v. *mourir*, p. 308)
- Alle a mouri pis il a marié la sœur de mon défunt père là. (TN – Brasseur 2001 : s.v. *marier*, p. 290)
- Et dans la nuit elle a eu, son petit a né dans l'avant jour, et son... son nègre a été chercher une vieille femme à *Happy Hill* (LOU – *Découverte*, Châtaignier, Évangéline)
- elle a pas voulu son petit. Quand il a né, elle l'a cogné à côté (LOU – *Découverte*, Mamou, Évangéline)
- et il a mis le bois . pour faire son cercueil quand il aurait mouri (LOU – Stäbler 1995 : 86, corpus)
- On était onze mais il n-a trois qu'a mouri. (LOU – DLF 2010 : s.v. *mourir*, p. 408, SM)
- Eux-autres a mouri trois semaines de distance. (LOU – DLF 2010 : s.v. *mourir*, p. 408, AV)

I.4.2 *être* + *mourir/naître*
Bien que la lecture résultative soit la lecture privilégiée avec *être*, la lecture dynamique n'est pas exclue. *Il est mort/né* – sans indications supplémentaires – étant ambigu, d'autres moyens peuvent être déployés pour assurer une interprétation correcte ; *être* peut figurer respectivement comme auxiliaire ou comme copule (*cf.* King/Nadasdi 2005 : 106 ; 108) :
- L'usage de l'auxiliaire *être* dans une subordonnée temporelle (*quand il est mort...*) ou la présence d'indications temporelles assurent la lecture dynamique : *Il est mort en '60, il avait 80* (King/Nadasdi 2005 : 106)[25].
    - mon père vivait encore mais là i est mort un an après (NB – Arrighi 2005 : 114, Zélia NB 17 : 160)
    - on s'a bâti une maison au bout de quatre ans i est mort (NB – Wiesmath 4, M : 84)
    - I avait quateur-vingt-deux quand qu'il est mort. (TN – Brasseur 2001 : s.v. *quatre*, p. 378)
    - il avait soixante-dix ans ou plus quand il est mort (LOU – Stäbler 1995 : 126, corpus)
    - À côté de dix heures du soir, ça venait nous dire elle était morte (LOU – *Découverte*, Mamou, Évangéline)
    - et quand il est né t'avais oublié tes bé/ tes béquilles (LOU – Stäbler 1995 : 103, corpus)
- Le recours au passé surcomposé peut, lui aussi, garantir une lecture dynamique[26].

---

25 Dans ce contexte, il est intéressant de noter que dans le corpus de King/Nadasdi (2005 : 107 ; ÎPÉ), on note la présence d'une précision temporelle dans 84 % des occurrences d'*être mort* contre seulement 16 % dans le cas d'*avoir mouri*. C'est donc qu'avec *avoir mouri*, l'interprétation est toujours dynamique.
26 King/Nadasdi (2005 : 107) constatent pour l'acadien que dans leur corpus, *être né* apparaît dans 28 % des cas, *avoir été né* dans 72 % des cas.

- J'ai été née à Saulnierville. (NÉ – Hennemann, BSM, SC)
- Ben j'ai resté chus nous treize ans après que R. a té mort depuis ce temps-là. (NÉ – Hennemann, ILM, IS)

- c'est là que ma mère avait été née (NB – Wiesmath 1, B : 49)
- de Saint-Nicolas c'est là où j'ai été né (ÎPÉ – Arrighi 2005, corpus, Rose ÎPÉ 7 : 1)
- Je sais pas quelle année qu'elle a été née. (ÎPÉ – King/Nadasdi 2005 : 107)
- Elle a né icitte, sa maman viendait d'icitte, son popa a été né dans le Texas. (LOU – DLF 2010 : s.v. *venir*, p. 645, AV) (Notons la coexistence des deux constructions.)
- Il a été né et élevé dans le petit village de Mire. (LOU – DLF 2010 : s.v. *naître*, p. 411, LA)
- Quand moi j'ai été né ici là, il y avait pas de chemin (LOU – *Découverte*, Isle Jean Charles, Terrebonne)

Signalons que le verbe *naître* existe sous deux formes et connaît deux constructions, dont l'une intransitive (*naître* et *énéer* « venir au monde », d'où la construction acadienne : *j'ai né*[27]), l'autre transitive (*éner qqn.* et *naître qqn.* dans le sens de « donner naissance à », « mettre au monde »)[28]. Avec la forme *j'ai été né*, il peut donc s'agir soit d'une forme passive mise au passé composé, soit d'une forme surcomposée du verbe intransitif. Ajoutons que le tour *j'ai été né* doit sans doute sa fréquence au tour anglais passif *I was born*, sur lequel il pourrait être calqué (Gesner 1979a : 47, King/Nadasdi 2005 : 108).

– D'autres indications, comme la précision des causes ou de l'endroit de la mort ou de la naissance, peuvent également élucider le sens.
- pis euh alle avait pas peur a/ à parler que sa mère était née à Memramcook (NB – Wiesmath 2, F : 17)
- elle est morte des grands fièvres (NB – Arrighi 2005 : 114, Annie NB 10 : 9)
- Il y a trois qui sont morts [= résultat], tous les trois. Iun est mort à St-Jean [= procès]. Un autre est mort à Bradford, Ontario. Un autre est mort à Toronto. (ÎPÉ – King/Nadasdi 2005 : 106)
- Elle est née à Maximeville, ielle aussi (ÎPÉ – King/Nadasdi 2005 : 107)
- je suis née à Abbéville (LOU – Städler 1995 : 42, corpus)
- l'enfant est né sur la berge (LOU – Städler 1995 : 112, corpus)
- une 'tite fille qu'était morte de la fièvre jaune (LOU – Städler 1995 : 124, corpus)
- il voyait proche pas il voyait assez pour lui euh *get by*, tu connais ? [Enquêteur : Oui, *get by*.] Pour se défendre, mais il voyait pas assez pour prendre un job comme... [Enquêteur : Et il était tout le temps comme ça. Il était né comme ça ?] Il était né comme ça. (LOU – *Découverte*, Church Point, Acadia)

---

[27] La forme *énéer* au sens de « venir au monde » est signalée par Städler, mais elle n'est pas notée dans le DLF. « [..] assister à attraper / faire énéer deux mille enfants » (Städler 1995 : 210, corpus). – Signalons, dans ce contexte, les difficultés d'analyse du tour *j'[e] fatigué*, examiné par Péronnet (2005). Chez les locuteurs moins compétents en français, il s'agit vraisemblablement d'une régularisation des formes du verbe *être* au singulier (*suis* → [e]) ; dans les milieux francophones, par contre, il s'agit sans doute du tour *j'ai fatigué*, *fatiguer* connaissant, dans l'ancienne langue, régionalement et dans le parler familier, un usage intransitif (*j'ai fatigué* « cela m'a fatigué ») (Péronnet 2005 : 97, 101). Par contre, une autre hypothèse, celle d'une intrusion du verbe *avoir* dans le domaine de *être* en tant que copule, est à exclure selon Péronnet, qui s'appuie sur la comparaison inter-variationnelle et les processus connus de restructurations dans le domaine des désinences verbales (2005 : 99, 101).

[28] *Cf.* pour TN : Brasseur (2001 : s.v. *éner*, p. 180 et s.v. *naître*, p. 313). – *Cf.* Brasseur (2001 : s.v. *éner*, p. 180) : « Quand alle est morte, alle avait êné passé trois cents enfants. » – Quant à la forme *éner*, elle est sans doute construite à partir du participe passé du verbe *naître* (*né*) (Brasseur 2001 : s.v. *éner*, p. 180).

Néanmoins, l'ambiguïté peut malgré tout se maintenir (même dans un contexte donné)[29].

Commentaire
Les avis divergent quant à la chronologie de l'apparition de l'auxiliaire *avoir* avec *naître*. King/Nadasdi (2005 : 108), considérant *avoir* comme l'auxiliaire régulier avec tous les verbes en FA, cherchent à expliquer l'apparition d'*être* avec le verbe *naître* en supposant qu'il s'agit d'un emploi dû à l'analogie avec le verbe *mourir*. Par contre, Péronnet (2005 : 100) précise que l'auxiliaire *être* est l'auxiliaire traditionnel avec le verbe *naître*, alors que les formes *j'ai né* et *j'ai été né*, relevées en Louisiane par Conwell/Juilland au milieu du XXe s. (1963 : 156[30]), apparaissent seulement « récemment » en Acadie. Péronnet ajoute que l'apparition de l'auxiliaire *avoir* dans ces « nouvelles formes » (2005 : 100) correspond bien à « la règle générale qui consiste à toujours utiliser l'auxiliaire *avoir* pour conjuguer les verbes d'action, y compris les verbes de mouvement et les verbes pronominaux, règle bien connue dans les parlers populaires et régionaux à la fois en France et dans la francophonie en général ».

    Les verbes *mourir* et *naître* constituent également des cas à part dans d'autres variétés du français, dans lesquelles les verbes intransitifs se construisent également assez couramment avec *avoir*. Dans la variété parlée à Montréal, par ex., *mourir* et *naître* se construisent toujours avec *être* comme en FS (Sankoff/Thibault 1977, cités dans Arrighi 2005 : 114).

    Gadet (1992 : 55) note que dans le non-standard hexagonal, le choix de l'auxiliaire se fait pour le verbe *mourir* selon la distinction sémantique « action » vs. « résultat ».

II L'auxiliaire *avoir* avec les verbes pronominaux

Avec les verbes pronominaux, l'emploi de l'auxiliaire *avoir* est systématique dans les variétés acadiennes (à l'exception des Îles-de-la-Madeleine) et il tend à se généraliser en FL[31].

▶ *avoir*
- je m'ai emoyée moi voir si elle était là parce qu'asteure, tu sais, a coummence à être âgée là (NÉ – Hennemann, ILM, AF)
- pis mon père s'avait acheté une scie à viande (NB – Wiesmath 1, B : 407)
- on dirait qu'on s'a adapté vite hein à la vie d'icitte (NB – Wiesmath 2, F : 354)
- après ça je m'ai marié (NB – Arrighi 2005 : 113, Laura NB 8 : 130)
- Quand que la veille s'a levé, le gars était parti. (NB – Péronnet 1991 citée dans King 2013 : 87)
- Je m'ai toute dégreyé. (ÎPÉ – King/Nadasdi 2005 : 105 ; King 2013 : 87) (*se dégreyer/se dégréyer* = « se déshabiller »)
- Je m'ai bâti une maison. (ÎPÉ – King 2000 : 68)
- quand je m'ai marié j'étais encore là mais j'avais été aux États (ÎPÉ – Arrighi 2005 : 113, Délime ÎPÉ 5 : 30–31)

---

29 Dans le corpus de King/Nadasdi (ÎPÉ), les exemples ambigus atteignent 28 % des occurrences de *mourir* contre seulement 8 % d'exemples ambigus avec *partir* et *venir* (2005 : 108).
30 Conwell/Juilland (1963 : 156) parlent d'hésitations entre *je suis né* et *j'ai né*.
31 *Cf.* pour le FA : Gérin/Gérin (1982 : 138s.), Arrighi (2005 : 113), King (2013 : 86s.) ; pour l'ÎPÉ : King/Nadasdi (2005 : 105) ; pour le FL : Stäbler (1995 : 80), Bollée/Neumann-Holzschuh (1998 : 184). Les verbes pronominaux se construisent systématiquement avec *avoir* dans le corpus de Stäbler (1995), alors qu'on note certaines formes avec *être* dans le corpus de *Découverte*. – *Cf.* aussi le chap. « Les constructions pronominales ». – Dans le corpus de Falkert (2010), établi aux Îles-de-la-Madeleine, la construction avec *avoir* est prédominante, mais loin d'être systématique (*cf.* ci-dessus, note 1).

- Je m'ai dragué à genoux au pied de mon lit. (TN – Brasseur 2001 : s.v. *draguer*, p. 166)
- Je m'avais coupé le doigt un coup moi ici, de delà à venir jusqu'en bas ici [...] (TN – Brasseur 2001 : s.v. *de*, p. 145)

- Je m'ai bien amusé avec ça. (LOU – DLF 2010 : s.v. *amuser*, p. 27, EV)
- Le bateau a calé. Et lui il s'a sauvé sur un baril en bois. (LOU – DLF 2010 : s.v. *sauver*, p. 572, LF)
- Et c'est un navire qui a calé son bateau. Et il s'a noyé. (LOU – DLF 2010 : s.v. *caler*, p. 101, TB)
- tout chacun s'a élevé qu'une bête (LOU – Stäbler 1995 : 54, corpus)

▶ *être* (IdlM, LOU)
- i s'est acheté un permis (IdlM – Falkert 2010, corpus : 177, p. 54, CD-ROM)
- pis sa femme s'est cassé un poignet (IdlM – Falkert 2010, corpus : 152, p. 113, CD-ROM)
- j'ai pas : été à l'école longtemps par rapport que j'ai un de mes frères qui s'est fait' brûler les yeux à A. i s'en a venu aux Îles (IdlM – Falkert 2010, corpus : 4–5, p. 294, CD-ROM)

- un char de trois cents et quelques piastres elle s'est acheté et elle s'est rencontré un jeune bougre (LOU – *Découverte*, Mamou, Évangéline)
- Et tout naturel lui, il s'est caché un peu loin. (LOU – *Découverte*, Carencro, Lafayette)
- Ça fait la vieille s'est rentournée, [...] (LOU – *Découverte*, Mamou, Évangéline)

Commentaire
King (2013 : 83–90) montre qu'en recourant systématiquement à l'auxiliaire *avoir* avec les verbes pronominaux dès les premières attestations écrites, les variétés acadiennes se distinguent nettement (de la plupart) des variétés laurentiennes[32]. Pour expliquer cette différence, King avance des raisons historiques : (1) les colons de la colonie laurentienne venaient, pour une partie d'entre eux, des régions en France où, à l'époque, *être* prédominait déjà avec les verbes pronominaux, à savoir la région comprise entre la Seine et la Loire, dont l'Île-de-France (*cf.* King 2013 : 88). Les colons qui s'installaient en Acadie, par contre, venaient des régions où c'est *avoir* qui était le plus fréquent avec ces verbes (notamment le Poitou, King 2013 : 85). (2) De plus, les habitants de la colonie laurentienne appartenaient à des couches sociales diverses et les couches les plus favorisées tendaient à se référer à la norme hexagonale ; or, celle-ci avait commencé à stigmatiser *avoir* dans les constructions pronominales dès le XVIᵉ s., l'éliminant au XVIIᵉ s. (Rideout 2011, King 2013 : 88). (3) En outre, en Nouvelle France l'accès à la scolarité, avec la référence à la norme que cela impliquait, était plus facile et plus ancien qu'en Acadie (*cf.* Martineau 2011c : 244ss.) (4) À cela s'ajoute le faible contact des variétés acadiennes avec d'autres variétés de français (King 2013 : 89), alors qu'au Québec, on a maintenu plus longtemps un échange étroit avec la France.

En somme, le choix de l'auxiliaire semble dépendre, aujourd'hui, de toute une gamme de facteurs : région d'origine des colons, degré d'isolement d'une variété (*avoir* s'imposant ou se maintenant dans les isolats), la pression normative exercée sur cette variété, type de verbe et aussi âge du locuteur (*cf.* King 2013 : 89s.).

---

32 Selon King (2013 : 90), les variétés laurentiennes en situation minoritaire pourraient évoluer vers la généralisation d'*avoir* comme les communautés acadiennes. Elle cite une étude de Canale et al. (1977) portant sur Welland, Sudbury et Rayside (Ontario), où le français est minoritaire et où *avoir* apparaît avec la majorité des verbes intransitifs et aussi dans 27 % des cas avec les verbes pronominaux. – Dans le même sens, *cf.* Mougeon/Beniak (1986 : 299s.) sur le franco-ontarien, *cf.* « Commentaire » dans la section « Préliminaires ».

Les constructions pronominales

Préliminaires

I	**Aspects morphologiques**
I.1	1re pers. sg. : *me, m', (se)*
I.2	2e pers. sg. : *te, t'*
I.3	1re pers. pl. : *nous, se, s'*
I.4	2e pers. pl. : *vous, se, s', vous-autres*
I.5	Le pronom réfléchi de la 3e pers. : *se, s'*
II	**Spécificités morphosyntaxiques**
II.1	Le rattachement du pronom réfléchi au verbe plein
II.2	Les changements de valence
II.2.1	« La dépronominalisation »
II.2.2	« La pronominalisation »
II.3	Construction pronominale *vs.* construction à objet externe

Les constructions pronominales

Préliminaires

Ce chapitre est axé sur les différents types de constructions dites *pronominales*, dont la caractéristique principale est la présence d'un pronom complément coréférentiel au sujet (*cf.* Riegel et al. 2011 : 457). On distingue plusieurs types de constructions pronominales :
- Groupe 1 : les verbes pronominaux au sens strict
    - Les verbes « essentiellement (ou intrinsèquement) pronominaux »[1] ne connaissent que la forme pronominale, une forme non pronominale leur faisant défaut. Le pronom réfléchi fait partie intégrante de la forme lexicale, il apparaît comme une « sorte de particule préfixée au verbe », redoublant « automatiquement le sujet » (Riegel et al. 2011 : 463). En II.2.1., on verra que la « vacuité formelle » (Riegel et al. 2011 : 463) du pronom réfléchi, c.-à-d. un rendement fonctionnel nul, favorise manifestement son omission dans les parlers étudiés (ainsi que dans d'autres variétés parlées du français) (*s'évanouir* → **évanouir*).
    - Les verbes « autonomes » connaissent une forme pronominale et une forme non pronominale, mais les deux constructions diffèrent sensiblement quant à leur sens. Sémantiquement, la forme pronominale s'est donc complètement affranchie de la forme non pronominale (*trouver – se trouver*) (Riegel et al. 2011 : 464). En II.2.2., on verra l'importance de ce groupe : c'est en effet dans ce domaine que l'on relève le plus grand nombre de cas de « pronominalisations », l'ajout à la forme verbale d'un pronom réfléchi absent en FS. Parmi ces constructions figurent notamment les constructions à datif réfléchi, également très courantes en français familier en France (*cf.* Riegel et al. 2011 : 465).
- Groupe 2 : les constructions pronominales des verbes « réflexivables » (*cf.* Riegel et al. 2011 : 459)
    - À part les verbes pronominaux au sens strict, on relève d'autres constructions pronominales avec des verbes transitifs qui connaissent plusieurs constructions, dont l'une justement pronominale, sans que le sémantisme du verbe change sensiblement d'une construction à l'autre : le pronom réfléchi y est parfaitement commutable avec d'autres pronoms objets ou avec des compléments nominaux. C'est le cas pour les constructions pronominales réflexives (*se gratter (soi-même)*) et les constructions pronominales réciproques (*se gratter l'un l'autre*) (Riegel et al. 2011 : 457). Nous subsumons ici également les constructions pronominales passives[2]. On verra que dans les parlers

---

[1] Pour la terminologie, *cf.* Riegel et al. (2011 : 463). – Pour une étude approfondie des constructions pronominales en français et une critique de la classification traditionnelle de ces constructions, *cf.* l'ouvrage de Mélis (1990).
[2] Dans le cadre de ce chapitre, il n'est pas nécessaire de consacrer des paragraphes spécifiques aux constructions pronominales réciproques ou aux constructions pronominales passives, leur comportement syntaxique et le choix du pronom réfléchi étant identiques aux autres constructions pronominales.

étudiés, quelques-uns de ces verbes privilégient une construction différente du FS, par ex. *marier* (*cf.* II.2.1.).
- Groupe 3 : les verbes pronominaux « neutres »
  Les verbes pronominaux « neutres » (Riegel et al. 2011 : 462) se trouvent à l'intersection des deux autres groupes en raison de leur proximité avec les verbes autonomes. Ils connaissent deux constructions, la forme pronominale constituant le correspondant intransitif de la forme non pronominale (*se lever – lever*). Le pronom réfléchi ne doit donc pas être interprété comme un véritable objet du verbe ; ces verbes dénotent souvent des mouvements concrets ou des changements d'état.

I Aspects morphologiques

Les formes des pronoms réfléchis sont les suivantes :
- pour la 1re pers. sg. : *me, m', (se)*
- pour la 2e pers. sg. : *te, t'*
- pour la 1e pers. pl. : *nous, se, s'*
- pour la 2e pers. pl. : *vous* (FA/FTN), *se, s', vous-autres* (FL)
- pour les 3e personnes : *se, s'*

Retenons quelques particularités des variétés étudiées :
- Le pronom réfléchi de la 3e personne, *se*, s'étend à toutes les personnes du pluriel, tendant ainsi à remplacer *nous* et *vous*, notamment en FL. On constate ainsi le décumul des fonctions, le pronom réfléchi ne servant qu'à renvoyer au sujet sans redoubler l'information sur la personne grammaticale. En ce qui concerne le FA et le FTN, cette tendance s'observe, pour l'instant, seulement à l'infinitif : le pronom réfléchi peut être « soudé » au verbe à l'infinitif sous la forme figée *se* ; dans ce cas, rare, *se* peut également remplacer un pronom réfléchi de la 1re pers. sg.
- Il existe une certaine tendance à éviter la redondance du marquage de la personne grammaticale. Le cumul des pronoms *je me, tu te, il se*, etc., est évité par l'omission soit du pronom sujet (*cf.* le chap. « Les pronoms personnels », VIII.5.1. ; *cf.* Arrighi 2005 : 252), soit du pronom réfléchi :

  Ellipse du pronom sujet
  • oui . * m'en souviens on se mettions de la ALL SPICE (NÉ – Arrighi 2005 : 252, Évangéline D. NÉ 23 : 31–32)

  Ellipse du pronom réfléchi
  • j'* en souviens plus juste le nom en touT (NÉ – Arrighi 2005 : 252, Évangéline D. NÉ 23 : 263)

- Dans les régions où le *je* collectif est courant (*cf.* le chap. « Les pronoms personnels », II.1.1.), le pronom réfléchi correspondant est *nous* (et pas *me*).
  • J'avais une grand famille mais je nous déhalions bien ! (TN – Brasseur 2001 : s.v. *déhaler*, p. 152)

- Les constructions pronominales forment les temps composés avec l'auxiliaire *avoir* (*cf.* le chap. « Les verbes auxiliaires *avoir* et *être* », II).

- ben là i était dans la / dans le BATHROOM pis s'a dégréé pis a sorti. (NÉ – Hennemann, ILM, AF)
- pis on s'a assis là pis j'as entendu ben quelque chose comme/ (NB – Arrighi 2005 : 113, Odule NB 21 : 215)
- Ils s'avont moqué de nous-autres (ÎPÉ – King 2000 : 68)
- Je m'avais acheté un *suit* à Deer Lake pour Nouel [...] (TN – Brasseur 2001 : s.v. *suit*, p. 432)
- Je m'ai bien amusé avec ça. (LOU – DLF 2010 : s.v. *amuser*, p. 27, EV)

I.1 1re pers. sg. : *me, m', (se)*

L'usage correspond largement au FS, les cas de remplacement de *me* par *se* constituant une exception et se restreignant à l'infinitif.

▶ *me*
- Et je me mandais pourquoi-ce que j'avais beaucoup faim. (NÉ – Hennemann, ILM, DO) (*mander* = « demander »)
- pis là j'ai travaillé cinq ans . pis là j'ai rencontré mon mari . je m'ai mariée . j'avais dix-neuf ans (NB – Wiesmath 4, M : 67)
- Si je peux me rendre là, je m'en vas arranger le chien. (TN – Brasseur 2001 : s.v. *arranger, ranger*, p. 27)
- Et la vaisselle sale était d'une boutte à l'autre dans son TRAILER, je me rappelle, quand j'avait ité là. (LOU – Rottet 2001 : 214)

▶ *se* – dans le tour figé « *comment s'y prendre* »
- je savais pas trop quoi ce/ comment s'y prendre là (NB – Wiesmath 5, C : 118)

I.2 2e pers. sg. : *te, t'*

Nous ne notons aucun écart par rapport au standard :
- coumment-ce tu veux t'y prendre ? (NÉ – Hennemann, ILM, CL)
- tu te fesses les mains pis tu te coupes (NB – Wiesmath 2, F : 540)
- [Contre les insectes.] De la graisse de mouton ou de la graisse de bœuf. Tu faisais ça bouillir, tu fondais ça, pis tu mettais ça en bouteilles, pis tu te graissais avec. [...] (TN – Brasseur 2001 : s.v. *graisser (se)*, p. 231)
- et . tu t'habitues pas à voir des choses comme ça (LOU – Stäbler 1995 : 98, corpus)

I.3 1re pers. pl. : *nous, se, s'*

À côté des combinaisons *je* (pron. personnel) + *nous* (pron. réfléchi) en FA/FTN et *on* (pron. personnel) + *se* (pron. réfléchi) en FA/FTN/FL, nous relevons aussi *nous* (pron. personnel) + *se* (pron. réfléchi), notamment en FL. La combinaison du standard, *nous nous*, n'est pas courante.

En FL, le pronom réfléchi *nous* n'apparaît que dans l'usage des personnes âgées et dans les cas de l'exhortatif (type : *allons nous/se coucher*) (*cf.* Papen/Rottet 1996 : 245) ; pour le reste, *se* s'est généralisé (rappelons à ce sujet que *on* est le pronom usuel de la 1re pers. du pluriel en FL, *cf.* le chap. « Les pronoms personnels », II.1.2.).

▶ *je nous*
- je nous en avons été (NÉ – Hennemann, ILM, EL)
- Je nous assisions là pis là tu sais jusqu'à je tombions endormis ! (TN – Brasseur 2001 : s.v. *jusque, yusque*, p. 264)

▶ *nous se*
- Nous avons une lange et s'avons s'en servir (NÉ – *Lettres de Marichette*, Gérin/Gérin 1982 : 127) (*une lange* = « une langue », *s'avons* = « savons »)
- nous avons besoin de manger alors nous avons besoin de / de / de s'alimenter . de se vêtir et de s'habiller comme . des besoins primaires à satisfaire (NB – Wiesmath 14, Y : 213–215) (cours magistral ![3])
- Ouais, on avait notre argent pour nous-autres se maintenir, nous-autres et s'acheter de la viande et, tu connais ? (LOU – *Découverte*, Mamou, Évangéline)

▶ *se* dans l'exhortatif
- Allons se faire un feu. (LOU – *Découverte*, Jennings, Jefferson)
- il dit hé allons se coucher (LOU – Stäbler 1995 : 7, corpus)

▶ *on se*
- Pis quanT dans l'hiver, on / on se mettait à genoux là-dessus. C'était un traîneau pour nous-autres. (NÉ – Hennemann, ILM, MS)
- les autres on va être des bonnes personnes on va bien les traiter mais comment ce qu'on se traite nous autres-mêmes (NB – Wiesmath 10, X : 18)
- Quand que ça venait dans les temps de Nouel on se faisait des petits gâteaux à la melasse. (TN – Brasseur 2001 : s.v. *venir*, p. 466)
- Autrement, si on après se parler qu'on veut pas que les enfants connaît qui-ce qu'on après dire. (LOU – Rottet 2001 : 124, locutrice jeune)

I.4 2e pers. pl. : *vous, se, s', vous-autres*

Pour la NÉ et TN, nous n'avons pas d'écart à signaler par rapport au FS, mais le réfléchi *vous* est très rare : il apparaît surtout dans les cas où le pronom sujet *vous* n'est pas exprimé : dans les impératifs (*allez-vous-en*) et dans les infinitifs (*pour vous tchiendre en santé*), rarement

---

[3] L'emploi du pronom *se* est facilité par le fait qu'il s'agit d'une remarque généralisante, *nous* désignant « les êtres humains » en général.

dans les interrogations (*vous jouiez-vous... ?*). Le cumul des deux pronoms homophones (*vous vous*) est apparemment jugé lourd.

Il ressort des exemples néo-brunswickois qu'aujourd'hui, le remplacement de *vous* par *se* concerne seulement les constructions à infinitif où le pronom réfléchi a fusionné avec le verbe et où il est séparé du verbe principal.

Pour le FL, Conwell/Juilland (1963 : 147) soulignent qu'à la différence des pronoms réfléchis de la 1re et de la 2e pers. sg. (*me*, *te*) ainsi que de la 3e pers. (*se*), ceux de la 1re et de la 2e pers. pl. sont largement inconnus en FL ; il n'y a aucune occurrence du réfléchi *vous* dans leur corpus (Conwell/Juilland 1963 : 148). Papen/Rottet (1996 : 245) signalent que « le paradigme des pronoms réfléchis est réduit à trois formes : [mə], [tə], [sə] » et qu'on « utilise [sə] pour la 2e personne singulier formelle ainsi que pour la 2e personne pluriel »[4]. En revanche, le DLF (2010), tout en confirmant l'extension de *se* à la 2e pers. pl. (*cf.* s.v. *se*, p. 574), note également la forme réfléchie *vous* (forme de politesse) et, au pluriel, la forme du pronom tonique, *vous-autres*, dans un emploi réfléchi (*cf.* DLF 2010 : s.v. *vous* et *vous-autres*, p. 658s.).

L'extension de l'usage de *se* se situe dans le contexte des simplifications constatées dans le système des désinences en FL (*cf.* chap. « Les pronoms personnels ») : la désinence non marquée de la 3e pers. s'étant généralisée à toutes les personnes grammaticales et notamment à la 2e pers. pl., le pronom réfléchi *se* de la 3e pers. se généralise également.

▶ *vous*

- Pis i nous disait : habillez-vous comme il faut ! (NÉ – Hennemann, ILM, MS)
- c'est la maître affaire pour vous tchiendre en santé (NÉ – Hennemann, ILM, EL)
- Vous jouiez-vous à HOPSCOTCH ? (NÉ – Hennemann, ILM, EL) (*se jouer à* = « jouer à un jeu »)
- fatiguez-vous pas à prendre pis à assayer de trouver (NB – Wiesmath 2, F : 779–780)
- Et pis alle a dit aux enfants : mettez-vous d'à genoux ! (TN – Brasseur 2001 : s.v. *de*, p. 146)
- Si vous êtes trop feignant pour nager, vous pouvez vous assir là, dans le cul-de-beurgot pis ... veiller ! (TN – Brasseur 2001 : s.v. *beurgot, borgot, bourgot*, p. 54)
- Prenez-vous un morceau. (LOU – DLF 2010 : s.v. *vous*, p. 658)

▶ *se*

- est-ce que c'est vous quand même qui avez décidé de / de s/ de se rendre au Madagascar (NB – Wiesmath 9, I : 47)
- Pop dit, « OK », il dit « ça me fait pas rien vous-autres se marie » mais il dit, « faut que vous-autres jongle bien, bien, bien là qui vous-autres après faire », [...]. (LOU – *Découverte*, Mamou, Évangéline)
- Là, elle dit, « Il faut vous-autres se couche » (LOU – *Découverte*, Carencro, Lafayette)
- Si vous se fait prendre, les FINE est mauvais. (LOU – DLF 2010 : s.v. *se*, p. 574, TB)

▶ *vous-autres*

- Effrayez vous-autres pas. (LOU – DLF 2010 : s.v. *vous-autres*, p. 659, LA)

---

[4] Le type « *vous se* + verbe » est également signalé pour le français du Missouri, *cf.* Thogmartin (1970 : 69) : « Si vous s'ennuie... », « Vous s'porte bien », « V'nez se coucher ».

I.5 Le pronom réfléchi de la 3ᵉ pers. : *se, s'*

Le pronom réfléchi de la 3ᵉ pers. sg./pl. est *se/s'*. Il n'y a pas d'écart à signaler par rapport au FS.

▶ *se, s'* – pronom réfléchi renvoyant à la 3ᵉ pers. sg.
- dans l'eau chaude, la poudre se DISSOLVE coumme il faut. (NÉ – Hennemann, ILM, CL)
- le salange se met dedans (NB – Wiesmath 1, R : 150)
- Mais mon défunt père lui i parlait un... i pouvait se déhaler en anglais, [...] (TN – Brasseur 2001 : s.v. *déhaler*, p. 152)
- Une serpent, oh ouais, lui il s'a battu avèt une bétaille sus Pointe de Farm, pas Pointe de Farm, en arrière de les Harrison là-bas. (LOU – Rottet 2001 : 214, loc. âgée)

▶ *se, s'* – pronom réfléchi renvoyant à la 3ᵉ pers. pl.
- Les années se passent. (NÉ – Hennemann, ILM, AF) (Pour le changement de valence, *cf.* II.2.2. ci-dessous.)
- i mettiont presque n'importe quoi quand qu'i se brûliont (NB – Arrighi 2005 : 227, Annie NB 10 : 545)
- zeux s'en souvenont pas beaucoup parce qu'elles étiont jeunes (ÎPÉ – Arrighi 2005 : 227, Délima IPE 5 : 11–12)
- Je crois que les enfants s'en aperçoit de ça asteur, [...] (LOU – Rottet 2001 : 123, loc. âgé)

Commentaire
Dans le français populaire, le non-accord du pronom réfléchi constitue une exception au singulier : *je s'arrête, je s'en fous, tu se feras bousiller* (*cf.* Bauche ²1951 : 101). Le phénomène semble plus courant au pluriel, mais il concerne surtout les cas où le réfléchi n'a pas le rôle d'objet ou bien où ce rôle est devenu opaque à l'intérieur d'une expression figée : *nous s'en foutons, nous s'en allons, vous s'en foutez, vous s'en allez, nous s'arrêtons*, mais aussi : *nous se reconduisons, vous se feriez mal, nous devons se laisser exploiter*, etc. (Bauche ²1951 : 100s., Guiraud 1965 : 40).

II Spécificités morphosyntaxiques

II.1 Le rattachement du pronom réfléchi au verbe plein

Généralement, la place du pronom réfléchi correspond aux règles du FS. Signalons néanmoins deux particularités concernant sa place :
- Il arrive que le réfléchi soit rattaché directement au participe passé, donc au verbe au sémantisme plein au lieu d'accompagner le verbe auxiliaire.
    - Ah ne sais pas. Mais h'étais me levée le matin. (NÉ – Hennemann, BSM, SC). (= « je m'étais levée le matin... »)
    - il a s'endormi avec une cigarette [...] quand il s'a réveillé . c'est qu'/ le/ le feu était bien pris . (LOU – Stäbler 1995 : 97, corpus) (= « il s'est endormi avec une cigarette... »)

– Il arrive, rarement, que le pronom réfléchi soit exprimé à la fois devant l'auxiliaire ou le semi-auxiliaire et devant le verbe plein :
  • Puis là, le monde se commencit à se havrer à la vitre puis voir, sortir dehors. (NÉ – King 2013 : 116, BSM)
  • ça vous disait euh comment vous vous devrait se tenir quand vous était au bal (LOU – *Découverte*, Mamou, Évangéline)

Commentaire
Guiraud (1965 : 40) note que, dans le non-standard, le pronom tend à s'amalgamer avec le radical (*cf.* aussi Bauche ²1951 : 101), entraînant d'une part des formes comme *nous s'en allons* ou – plus rare – *je s'ai trompé* au singulier. D'autre part, cela a des conséquences pour la formation des temps composés. Dans les verbes « essentiellement (intrinsèquement) pronominaux », où la fonction du pronom réfléchi n'est pas transparente, *se* peut être réanalysé comme faisant partie intégrale du radical, ce qui explique aussi les constructions de type *il a s'agi* (Gadet 1992 : 53s.). Grevisse/Goosse (2008 : § 781, p. 1001), qui remarquent aussi le manque de transparence de certains verbes pronominaux, signalent à titre d'exemple que « la langue parlée négligée » traite le verbe pronominal *s'agir* comme un amalgame : *sagir* : « *Il* Y S'AGIT *de*… ».

II.2 Les changements de valence

Nous observons des changements de valence de certains verbes dans les deux sens par rapport au standard : la « dépronominalisation » d'une part, la « pronominalisation » d'autre part[5].

II.2.1 « La dépronominalisation »

L'omission du pronom réfléchi concerne au premier chef les verbes « essentiellement pronominaux » et les verbes « neutres » (*cf.* « Préliminaires »). Sont concernés, en outre, quelques verbes possédant plus d'une construction, les parlers étudiés ici choisissant une construction non pronominale là où le FS prévoit une construction pronominale. Il s'agit principalement de verbes d'emploi intransitif.

L'omission du pronom réfléchi est aléatoire dans tous les parlers étudiés ici : tantôt il tombe, tantôt il se maintient (Brasseur 2001 : XLVIII, Arrighi 2005 : 178)[6]. Brasseur (2001 : XLVIII) note aussi que « beaucoup de verbes peuvent avoir un emploi pronominal en l'absence de toute marque » (comme par ex. *néyer* « se noyer »).

Pour le FL traditionnel, Conwell/Juilland (1963 : 152) présument qu'à la 1ʳᵉ pers. sg./pl. et à la 2ᵉ pers. pl., c'est le souci d'éviter le cumul qui provoque l'omission d'un des pronoms

---

[5] Nous employons les termes de *pronominalisation* et de *dépronominalisation* – qui figurent dans l'étude d'Arrighi (2005 : 177s.) – sous toutes réserves, puisqu'ils impliquent une comparaison avec le FS qui n'est pas toujours de mise ici. – Pour le changement de valence dans le contexte des verbes factitifs, *cf.* le chap. « Les formes nominales du verbe », VI.

[6] Pour le FL de Lafayette, Conwell/Juilland (1963 : 152) résument la situation comme suit : les constructions pronominales du FS se présentent souvent sous une forme non pronominale en français de Lafayette (*laver → je lave mes oreilles, sentir → il (ne se) sentait pas bien, dépêcher → qui voulaient même (se) dépêcher*) ; d'autre part, certains verbes se construisent avec un pronom réfléchi dans les cas où le complément d'objet direct externe qui les accompagne normalement est absent (*j'y passais → je me passais, je voulais aller bâtir ma maison auprès de lui → je voulais aller me bâtir auprès de lui.*). – Nous analysons cela plus en détail en II.2.1., II.2.2., II.3.

((*je*) *me souviens* ou *je (me) souviens, nous nous lèverons* ou *nous lèverons*). La tendance à l'omission du pronom réfléchi semble s'accentuer dans la jeune génération (Rottet 2001 : 214).

Pour quelques-uns des verbes cités ci-après, l'influence de l'anglais semble être une des pistes privilégiées pour expliquer la dépronominalisation (*cf.* Arrighi 2005 : 178, Rottet 2001 : 214s.), les constructions françaises pronominales correspondant souvent à des équivalents anglais non pronominaux. Les tendances intrasystémiques à la dépronominalisation là où le réfléchi n'est pas porteur de sens sont donc renforcées par le parallélisme avec des structures correspondantes non pronominales en anglais. Rappelons en outre, en ce qui concerne les verbes intransitifs, que le français dispose de verbes intransitifs qui se construisent de manière non pronominale (*marcher, courir, augmenter...*), ce qui pourrait faciliter l'extension de la construction non pronominale à d'autres verbes intransitifs.

Ajoutons encore une remarque phonétique : Wiesmath (2006 : *Introduction au CD-ROM*) fait remarquer que devant un verbe commençant par [s] (*se servir, se sentir*), le pronom réfléchi *se* n'est pas ou guère audible ; il n'est donc pas toujours possible de décider s'il est présent.

▶ Verbes essentiellement pronominaux et autonomes

évanouir « s'évanouir » – *to faint* (angl.)
- y a du monde qui va voir une goutte de sang à terre pis i vont / i vont * évanouir (NB – Arrighi 2005 : 177, Suzanne L. NB 18 : 407–408)
- [...] i pensait pas qu'i y arait des hôpitals assez grandes pour tout' ramasser pis amener le monde qui va euh qui va évanouir pis qui va être malade (NB – Wiesmath 2, F : 157)
- Elle avait évanoui. (LOU – DLF 2010 : s.v. *évanouir*, p. 267, SL)

relaxer « se reposer, se relaxer » – *to relax* (angl.)
- tu dis j'ai fini d'étudier j'ai ma JOB . . pourquoi faire que tu irais pas relaxer un couple d'années (NB – Arrighi 2005 : 177, Rita NB 18 : 189–190)

sentir « se sentir » – *to feel* (angl.)
- Et pis al a dit, ben penses-tu qu'i sent mieux ? (NÉ – Hennemann, ILM, DO)
- je veux dire les enfants sentent pas aimés i sentent pas protégés i sentent pas/ (NB – Wiesmath 7, O : 176–177)
- [Suzanne F. emploie tantôt la forme pronominale, tantôt une forme dépronominalisée.] voyais-tu comme une différence comme tu sentais comme des paroisses françaises comme je sais pas à Charlottetown voyais-tu une différence comme des / comment tu te sentais comme minorité quand/ (ÎPÉ – Arrighi 2005, corpus, Suzanne F. ÎPÉ 12 : 247–250)
- mais je veux dire comment que tu te sentais comme en disant t'es français ou quand t'arrives . je veux dire dire sentais-tu comme/ (ÎPÉ – Arrighi 2005, corpus, Suzanne F. ÎPÉ 12 : 312–313)
- Si je sentais mieux, je peurr' lire ça pour eux-autres assoir. (LOU – Rottet 2001 : 242, semi-locuteur)

souvenir de, rappeler (de) « se souvenir de, se rappeler » – *to remember sth.* (angl.)
- j'* en souviens plus juste le nom en touT (NÉ – Arrighi 2005 : 252, Évangéline D. NÉ 23 : 31–32)
- j'essaye d'*en rappeler de toutes les affaires de toutes les petites affaires qu'i aiment (NB – Arrighi 2005 : 177, Michelle NB 16 : 590–591)
- Je peux te dire une histoire, je rappelle comme du monne comme vous-autres a mnu de LSU pour parler avec mon grand-père. (LOU – Rottet 2001 : 214, jeune locuteur)

▶ **Verbes « neutres »**

battre « se battre », « lutter » – *to fight* (angl.)
- Mon veux aller dans l'Armée ... Mon veux 'ller battre là-bas (LOU – Rottet 2001 : 214, jeune locuteur)

arrêter « s'arrêter » – *to stop* (angl.)
- Ça fait c'te maison-là était une des maisons yoù-ce que les / le monde venait * arrêter. (NÉ – Hennemann, PUB, ID)

- alle était dans:: son CAR . pis en s'en revenant alle * a arrêté sus le bord du chemin (NB – Arrighi 2005 : 177, Catherine NB 18 : 678–679)

- J'arrête au bord du chemin, j'ai du tracas avec mon char. (LOU – DLF 2010 : s.v. *arrêter*, p. 38, TB)

lever « se lever » – *to rise, to get up* (angl.)
- non . à ce temps-là on / on * levait à six heures . on allait qu'ri les vaches dans l'étable (NÉ – Arrighi 2005 : 177, Évangéline D. NÉ 23 : 56–57)

- nous [nous] lèverons du matin (LOU – Conwell / Juilland 1963 : 182)

noyer « se noyer » – *to drown* (angl.)
- Et mon frère avait quasiment néyé aussi mais lui s'a sauvé, [...] (TN – Brasseur 2001 : s.v. *néyer*, p. 316[7])

▶ **Verbes réflexivables**

L'omission du pronom réfléchi est moins courante.

concentrer sur « se concentrer sur » – *to concentrate on* (angl.)
- on * concentre sur lancer notre nouveau disque XY en France (NÉ – Hennemann, BSM, BM)

- je peux pas * concentrer sus le livre à lire (NB – Arrighi 2005 : 177, Zélia NB 17 : 447)

adapter à « s'adapter à » – *to adapt to* (angl.)
- on fait des spectacles aux États-Unis pis ça se passe bien, on * adapte à / à la langue là où-ce qu'on va (NÉ – Hennemann, BSM, BM)

- ben la plupart du monde que je fais parlent les deux si parlont pas les deux je peux * adapter à n'impor/ euh les deux langues (NB – Arrighi 2005 : 177, Michelle NB 16 : 80–82)

marier « se marier » – *to marry, to get married* (angl.)[8]
- elle allait à / aux États pis a / elle a marié avec Jeremy (ÎPÉ – Arrighi 2005 : 181, Délima ÎPÉ 5 : 23–24)

---

7 À TN, le verbe *néyer* existe dans une construction transitive (*néyer qqn.*) aussi bien que dans une construction intransitive (*néyer* « se noyer »). La forme réfléchie avec un sens intransitif existe elle aussi : *se néyer* (cf. Brasseur 2001 : s.v. *néyer*, p. 316).

8 Le verbe *marier* connaît plusieurs constructions en FA/FTN/FL : (1) construction avec un sens résultatif *être marié* (comme en FS) ; (2) construction intransitive *marier* « se marier » (qui n'existe pas en FS) (« dépronominalisation ») ; (3) construction transitive *marier qqn.* avec deux sens, « unir deux personnes en mariage » (comme en FS ; rare), « épouser qqn. » (absent en FS ; emploi très fréquent dans les parlers concernés ici) : « Al avait marié un Bonna, al a gardé deux noms. » (NÉ – Hennemann, ILM, CL) ; « j'ai pas été parce que j'ai marié mon mari que j'ai rencontré quand j'avais quatorze ans » (NB – Arrighi 2005 : 181, Angèle NB 13 : 32–33), « Il a marié la fille à notre voisin. » (LOU – DLF 2010 : s.v. *marier*, p. 386) ; (4) la construction pronominale *se marier* sans objet externe : « Ouais, j'ai un portrait quand-ce qu'alle s'a marié. » (Rottet 2014 : 214, loc. âgée). (5) La construction *se marier à/avec qqn.* n'est guère courante dans les parlers étudiés ici, cf. « Je pense pas je vais me marier avec un anglophone ». (NÉ – Hennemann, BSM, RG) ; « C'est trop triste quand quelqu'un se marie à un garçon qu'est pas bon. » (LOU – DLF 2010 : s.v. *marier*, p. 386, TB).

- Les premiers Français qu'habitaient la Baie Saint-Georges, c'était des Benoît, c'était des Acadiens. Pis i avont marié pis i s'avont mêlé avec les Indiens. (TN – Brasseur 2001 : s.v. *marier*, p. 291)
- J'sutais dix-sept équand j'ai marié la première fois (LOU – Rottet 2001 : 214, jeune locuteur)
- La première année on a marié, on a resté à Catahoula. (LOU – DLF 2010 : s.v. *marier*, p. 386, SM)

Commentaire
Quelques-uns des verbes cités ci-dessus se construisent avec ou sans pronom réfléchi en ancien et en moyen français sans qu'il y ait nécessairement distinction de sens[9]. C'est le cas, par ex., pour le verbe *marier* qui a dans la langue commune le sens d'*épouser* jusqu'au XVIe s. (Grevisse/Goosse 2008 : § 779 H6, p. 997, *cf.* aussi Arrighi 2005 : 181). Ce sens subsiste aujourd'hui « en français populaire et dans certaines régions de France[10], en Belgique, en Suisse, au Canada » (Hanse 1991 : s.v. *marier*, p. 582).

Pour d'autres verbes, certains auteurs suggèrent une tendance à la dépronominalisation de date plutôt récente : c'est ainsi qu'Arrighi (2005 : 177) note que les verbes *arrêter* et *relaxer* se construisent aujourd'hui généralement sans pronom réfléchi dans les parlers acadiens, alors que Poirier, dans son *Glossaire*, retenait encore pour *arrêter* les deux variantes, pronominale et non pronominale (1993 [1925] : s.v. *arrêter*). Pour le FL, Rottet (2001 : 214s., 2005a : 256s.) montre, statistiques à l'appui, qu'on assiste à l'heure actuelle à un processus de dépronominalisation qui va en se renforçant, et ce à toutes les personnes grammaticales : plus les locuteurs sont jeunes et peu familiarisés avec la norme traditionnelle, plus ils sont enclins à laisser tomber les pronoms réfléchis. Rottet (2005a : 256) souligne dans ce contexte l'influence de l'anglais (concernant par ex. les verbes *se marier, se taire, se changer, se sentir*).

La tendance à la dépronominalisation est également attestée dans d'autres variétés nord-américaines de français, dont le franco-ontarien[11]. Pour le groupe des locuteurs à usage restreint du franco-ontarien, Mougeon (1993 : 63) note l'élimination du pronom réfléchi dans les cas où « le rendement fonctionnel » du pronom est « faible ou nul ». Ajoutons que la catégorie des verbes pronominaux n'existe pas dans les créoles (Chaudenson 2003 : 395).

II.2.2 « La pronominalisation »

Si pour quelques verbes la dépronominalisation est fréquente dans les parlers étudiés ici, il n'en reste pas moins que la tendance inverse existe également (*cf.* Arrighi 2005 : 178).

▶ Cas aléatoires

La pronominalisation peut concerner, par ex., des verbes possédant plusieurs constructions, dont la construction pronominale, employée alors dans un autre sens qu'en FS[12]. La forme

---

9 Gougenheim (1974 : 126) mentionne que pour certains verbes, la construction pronominale est tardive : « plusieurs verbes qui n'ont aujourd'hui que la voix pronominale sont employés au XVIe siècle avec la voix active ».
10 Il s'agit du Nord de la France (*Le Petit Robert* 2013 : s.v. *marier*).
11 Pour le franco-manitobain, Hallion (2000 : 335ss.) constate une tendance à la « dépronominalisation » pour certains verbes (*figurer, *améliorer, *spécialiser, *souvenir), une « pronominalisation » pour d'autres (*se pratiquer* « s'exercer », *se visiter, s'endurer, s'ouvrir la bouche, se divorcer, s'empirer* et d'autres).
12 Le verbe *ennuyer* existe en tant que verbe réflexivable dans le sens de « manquer à qqn. », « souffrir de l'absence de qqn. ». Arrighi note les constructions suivantes : *s'ennuyer de qqn.* (« souffrir de l'absence de qqn. »), mais aussi *s'ennuyer* (« languir ») sans objet externe et *ennuyer qqn.* avec complément d'objet direct (*cf.* Arrighi 2005 : 181s.). Arrighi (*ibid.*) présume l'influence du verbe transitif *to miss someone* pour expliquer la construction directement transitive *ennuyer qqn.* qui, à la différence de *s'ennuyer de qqn.* n'est pas présente en France, alors que *s'ennuyer de qqn.* existe, dans ce sens, anciennement et régionalement (Arrighi 2005 : 181) : « à cause que j'ai une très très bonne relation avec mes/ mes. COWORKERS on est vraiment proche on est toutes

pronominalisée du verbe *passer*, *se passer*, a par ex. le sens de « se produire », « arriver » en FS. Or, en NÉ, *se passer* existe aussi dans le sens de « s'écouler », « passer (*intransitif*) ».

Souvent, l'origine de telles formes réside sans doute dans le croisement de deux constructions. Ce croisement peut être motivé par le parallélisme formel (*se passer* existe bel et bien en FS) ou sémantique (*passer* et *s'écouler*).

- Les années se passent. (NÉ – Hennemann, ILM, AF)

- c'est ça i brisaient rien mais i pouvaient passer des heures à: à s'échanger les devantures de portes (NB – Arrighi 2005 : 178, Odule NB 21 : 130–131)

- Oh ! J'haïssais assez à entendre l'anglais que je pouvais pas m'endurer ! (TN – Brasseur 2001 : s.v. *endurer (s')*, p. 179) (*s'endurer* = « supporter une chose pénible » ; non-pronominal en FS)

- je pouvais pas me comprendre je croyais je l'ai mis dedans euh en bas . et là j'ai juste vu un en bas et un en haut. (LOU – Stäbler 1995 : 151, corpus) (= croisement de *comprendre* et de *s'expliquer qqch.*)

La coexistence en français de constructions pronominales et non pronominales pour les verbes dénotant un mouvement ou un changement d'état (*cf. courir, marcher* vs. *se rendre quelque part, se lever*) peut se répercuter sur d'autres verbes, où l'on constate un flottement entre les deux formes. C'est le cas, par ex., pour l'anglicisme très courant *traveler* : *traveler* et *se traveler* « voyager ».

- J'avais jamais *travellé*. (NÉ – Hennemann, ILM, IS)

- on *se travelait* avec un vieux CAR (NB – Arrighi 2005 : 142, Annie NB 10 : 239–240)

- on s'arait eu *travelé* nu-pieds (NB – Wiesmath 1, B : 782)

cf. de façon analogue :

- Et quand ils étiont petits, les enfants, ça se courait en dessous de la maison pour jouer (LOU – *Découverte*, Church Point, Acadia)

Comme chaque verbe a sa propre histoire, il faut établir au cas par cas s'il s'agit, dans une construction pronominale donnée, d'un emploi historique, de l'influence possible ou additionnelle de l'anglais, d'un datif étendu ou du croisement d'une construction avec une autre (*cf.* Arrighi 2005 : 178).

- l'autre jour . j'ai manqué me pouffer de rire . [...] (NB – Arrighi 2005 : 178, Christiane NB 19 : 225–226) (*cf.* les verbes *s'esclaffer* et *pouffer (de rire)*)

- c'est sûr que en espérant le / les polices i tait assis pis se marmonnait tout seul [...] (NB – Arrighi 2005 : 178, Catherine NB 19 : 119–121) (*cf.* en anglais *to mutter to oneself* dans le sens de « parler bas à soi-même »)

- Moi je me semble de le voir encore. (TN – Brasseur 2001 : s.v. *sembler (se)*, p. 417) (construction réfléchie au lieu de la tournure impersonnelle *il me semble*).

- mais guette-toi (LOU – Stäbler 1995 : 217, corpus) (= « prends garde ») (en FS, *guetter qqn.* « surveiller »)
- Guette-toi de pas tomber. (LOU – DLF 2010 : s.v. *guetter*, p. 325, LA)

---

des/ des bonnes bonnes chums hors de l'ouvrage aussi . SO i m'ennuiont SO : i s'ennuient de moi mais moi aussi je m'ennuie ben mes clients s'ennuient à cause que je suis pas là quand qu'i me veulent pis s'ennuient pour ça » (NB – Arrighi 2005 : 181, Michelle NB 16 : 634–639).

▶ Cas plus systématiques

Distinguons des cas indiqués ci-dessus, plutôt aléatoires, d'autres cas plus systématiques dans les parlers étudiés ici :
- Parfois, les formes pronominales reflètent un ancien usage. C'est le cas des tours figés *s'en venir/s'en menir*, *s'en revenir*, *se retourner/s'en retourner* au sens de « rentrer », « revenir », qui se construisent systématiquement de façon pronominale en présence du pronom adverbial *en*[13] ; ces formes sont tout à fait courantes dans les variétés concernées. Parallèlement, on relève également les formes non-pronominales : *revenir, retourner, venir BACK*.
    - [Délima est actuellement à Halifax avec une jambe cassée. EL présume :] Je pense que une fois qu'a va être O.K., a va s'en revenir. (NÉ – Hennemann, ILM, EL)
    - i y a beaucoup de monde qui s'en est venu de Louisiane par ici même st'année . i y en a qui s'en ont revenus (NB – Wiesmath 1, R : 1038–1040)
    - Tu le voyais apé s'en venir en travers de la savane. (LOU – DLF 2010 : s.v. *venir*, p. 645, SL)
    - il s'en menait pas (LOU – Stäbler 1995 : 124, corpus) (= « il ne revenait pas »)

- Les constructions à « datif réfléchi » sont fréquentes, dont le sous-groupe des constructions à « datif étendu » (« je me mange une pomme ») (Riegel et al. 2011 : 465 ; 407), où le pronom réfléchi ne fait que signaler que le sujet parlant est intéressé par le processus décrit[14]. Sont ainsi créées des constructions pronominales « autonomes », dans lesquelles le pronom réfléchi sert à signaler « différents modes d'appropriation » (Riegel et al. 2011 : 465) : le pronom réfléchi apparaît très fréquemment dans les contextes où il s'agit d'indiquer qu'on se procure quelque chose ou qu'on œuvre pour soi-même. Le procédé, qui existe dans une certaine mesure aussi en FS, est très répandu dans les parlers concernés de même que dans le langage familier en France (*cf. ibid.*)[15].
    - tout les employés qui travaillaient comme aux usines de poissons / poissons ont eu besoin de se / s'entraîner davantage, **se recevoir une nouvelle formation** (NÉ – Hennemann, ILM, BJ)
    - i s'avient trouvé une petite JOB (NB – Wiesmath 1, B : 389–390)
    - SO on s'engageait des petits jeunes (NB – Wiesmath 1, B : 641–642)
    - Les années a passé je m'a appris en anglais un peu. (TN – Brasseur 2001 : s.v. *apprendre*, p. 23)
    - Et je m'ai fait un violon moi-même. Je m'ai composé ça avec une boîte de cigares. (LOU – DLF 2010 : s.v. *faire*, p. 274, LA)
    - et puis il a pour se gagner de la propriété à la sueur de son front (LOU – Stäbler 1995 : 202, corpus)
    - On se tuait des bœufs quand on avait faim. (LOU – *Découverte*, Isles Jean Charles, Terrebonne)
    - il s'a ôté les choses (LOU – *Découverte*, Mamou, Évangéline)

---

13 Au XVIe s., la construction pronominale a dans ce cas un sens inchoatif (*cf.* Gesner 1979a : 31).
14 Grevisse/Goosse (2008 : § 672, e, p. 865) signalent qu'il s'agit du *dativus ethicus* de la grammaire latine (*cf.* le chap. « L'impératif et l'exclamatif », I.4.). Riegel et al. (2011 : 407) réservent ce terme aux pronoms de la 2e pers., le destinataire étant ainsi invité « à s'investir affectivement dans l'action décrite » : « *Au Mont Saint-Michel, la mer te monte à une de ces vitesses* (C. Leclerc : 1976) » (cité dans Riegel et al.).
15 Le procédé signale toujours une implication emotionnelle élevée de la part du locuteur, *cf.* pour le non-standard en France, Bauche ([2]1951 : 97), Grevisse/Goosse (2008 : § 672,e, p. 865s.), Riegel et al. (2011 : 407).

Grâce à ce procédé, de nouveaux verbes strictement pronominaux peuvent voir le jour : dans le cas du verbe *bâtir*, par ex., le verbe pronominal *se bâtir* « construire une maison (pour soi-même) » (*cf.* DLF 2010 : s.v. *bâtir*, p. 64) a été créé sur la base d'une ancienne construction à « datif réfléchi » et avec ellipse du complément d'objet direct. *Se bâtir*, dans ce sens, est attesté à TN et en LOU ; en ce qui concerne les parlers acadiens, le tour existe dans la variété des Îles-de-la-Madeleine (*cf.* Falkert 2010, corpus).
- des Blancs qui se bâtissaient ici-là (IdlM – Falkert 2010, corpus : 11–12, p. 390, CD-ROM)
- on s'a bâti (IdlM – Falkert 2010, corpus : 120, p. 399, CD-ROM)
- j'ai un de mes garçons qui le ressemble là . i s'est bâti ici-là (IdlM – Falkert 2010, corpus : 460, p. 424, CD-ROM)
- Ça prenait du temps pour se bâtir à ce temps-là. (TN – Brasseur 2001 : s.v. *bâtir*, p. 45)
- il y a un tas de monde qu'a s/ qui s'a bâti depuis moi j'étais petite (LOU – Stäbler 1995 : 50, corpus)
- On s'est bâti en 1960. (LOU – DLF 2010 : s.v. *bâtir*, p. 45)

– Dans d'autres cas, le pronom réfléchi souligne la réciprocité :
- c'est la plus belle saison. l'hiver c'est pace qu'on:/ on sort beaucoup on se voisine (IdlM – Falkert 2010, corpus : 133–134, p. 302, CD-ROM)[16]
- c'est pas se voisiner sûr (LOU – Stäbler 1995 : 215, corpus)
- on s'avait visité assez (LOU – *Découverte*, Mamou, Évangéline)[17]

II.3 Construction pronominale *vs.* construction à objet externe

Pour certains verbes, la construction varie en FS selon la nature de l'objet : la construction non pronominale est de mise lorsqu'un sujet-*agent* agit sur un objet externe, la construction pronominale lorsque le sujet est dans le rôle du *patient* : *cf. casser qqch.* vs. *se casser la jambe*. Dans ce domaine aussi, on note quelques flottements en FA/FTN/FL.

En FL, on relève la construction non pronominale même si le sujet est le patient, surtout avec les parties du corps : *j'ai cassé ma jambe*. L'influence de l'anglais pourrait être pour quelque chose dans cet emploi, même s'il faut aussi garder présent à l'esprit que de telles constructions existent aussi historiquement jusqu'au XVIIe s.[18]
- après que j'ai cassé ma jambe (LOU – Stäbler 1995 : 103, corpus)
- ôte ta chemise je vas la laver et puis lave tes mains (LOU – Stäbler 1995 : 142, corpus)

---

16 *se voisiner* « entretenir de bonnes relations de voisinage ». En FS, *voisiner* existe comme verbe transitif avec complément d'objet direct dans le sens de « visiter, fréquenter ses voisins », mais cet usage est marqué comme littéraire ou vieilli, *cf. Le Petit Robert* (2013 : s.v. *voisiner*).
17 *Se visiter*, exprimant la réciprocité, existe aussi en franco-manitobain, *cf.* ci-dessus note 11. – *Visiter* au sens de « rendre visiste à qqn. » est marqué comme régional ou vieilli ; aujourd'hui, *visiter* signifie soit « se rendre auprès de qqn. (un malade, par exemple), par charité, pour le soigner » ou bien « aller voir (un autre pays, un musée, qqch. d'intéressant », *cf. Le Petit Robert* 2013 : s.v. *visiter*). Dans toutes ces acceptions, le verbe est non pronominal.
18 À l'époque, le déterminant possessif, tout à fait courant avec les parties du corps, est employé à la place d'un datif : « il frotte ses mains [il se frotte les mains] » (Haase 1965 : 33).

À l'inverse, on relève en FA des constructions pronominales au lieu d'une construction à objet externe pour signaler l'appartenance (*cf.* le chap. « Les déterminants et les pronoms possessifs », III.3.) :

- Et pis on savait qu'i allait pas vivre parce qu'i voulait pas se rouvrir la bouche même pour boire du / de l'eau ... (NÉ – Hennemann, ILM, AF)[19]
- elle était tellement haute que fallait se lever la tête pour lui parler (NÉ – Hennemann, ILM, MS)
- [...] je me ferme les deux yeux pis j'arrache la petite pis ben sûr ça / ça / ça l'a arrêté hein (NB – Arrighi 2005 : 178, Suzanne NB 18 : 731–734)
- [À propos d'un chien de chasse]. I se mettait la tête par-dessus ton épaule, pis i veillait, i regardait partout ! (TN – Brasseur 2001 : s.v. *veiller*, p. 465)

---

19 Le tour *s'ouvrir la bouche* existe aussi en franco-manitobain, *cf.* ci-dessus note 11.

Le Subjonctif

Préliminaires

I	**Aspects morphologiques**
I.1	Les formes du subjonctif présent
I.2	Les formes du subjonctif passé
I.3	Les formes du subjonctif imparfait
I.4	Le plus-que-parfait du subjonctif
II	**Les emplois du subjonctif**
II.1	Le subjonctif dans les complétives
II.1.1	Le subjonctif après *(il) faut (que)*
II.1.2	Le subjonctif dans le domaine volitif
II.1.3	Le subjonctif dans le domaine « affectif »
II.1.4	Le subjonctif dans le domaine dubitatif
II.2	Le subjonctif dans les subordonnées circonstancielles
II.2.1	Dans les subordonnées de but
II.2.2	Dans les subordonnées de temps
II.2.3	Dans les subordonnées d'opposition et de concession
II.2.4	Après les locutions conjonctives hypothétiques
II.3	Le subjonctif dans la proposition principale
II.4	Le subjonctif dans la proposition relative
III	**Les stratégies de remplacement et d'évitement du subjonctif**
III.1	L'indicatif
III.1.1	L'indicatif présent
III.1.2	Les temps du passé
III.1.3	Le futur
III.2	Le conditionnel
III.3	Constructions alternatives
III.3.1	Évitement de la complétive
III.3.2	L'infinitif

Le Subjonctif

Préliminaires

Dans la plupart des parlers étudiés, on peut constater une fragilité considérable du mode subjonctif, dont l'emploi se restreint à deux domaines centraux : après *il faut que* et dans le domaine volitif. La fréquence de ces cas joue sans doute en faveur du maintien du subjonctif dans ces contextes ; mais même ici, le subjonctif n'apparaît pas de façon catégorique[1]. Il existe plusieurs stratégies de remplacement ou d'évitement du subjonctif, dont l'emploi de l'indicatif présent ou du conditionnel (*cf.* section III). On note des « fluctuations individuelles et/ou occasionnelles de la part des informateurs » de sorte qu'on peut « rencontrer l'un ou l'autre mode pour une même construction syntaxique » (Arrighi 2005 : 155s.) et que les formes du subjonctif qui subsistent ont plutôt le statut d'allomorphes par rapport aux formes de l'indicatif. Alors que dans les parlers acadiens, le subjonctif ne risque pas de disparaître prochainement dans les cas prototypiques de son emploi, son avenir est douteux en FL où l'on relève d'importants changements intergénérationnels allant en direction de l'étiolement du subjonctif (*cf.* Rottet 2001 : 248–257).

Du côté formel, la forme du subjonctif présent prédomine ; existent en outre les formes du passé et, selon la région, de l'imparfait (pour les différences régionales *cf.* I.3.).

Nous assistons sans doute à certains processus de restructurations allant dans le sens d'une réduction formelle et fonctionnelle. Le subjonctif ayant perdu sa valeur modale (Neumann-Holzschuh 2005b : 126), c'est le conditionnel qui vient souvent combler la lacune dès qu'il s'agit d'insister sur l'éventualité ou le caractère hypothétique de la subordonnée, et l'indicatif est choisi si le locuteur ne tient pas à rendre une quelconque nuance modale.

Mais il ressortira également de ce qui suit que l'absence du subjonctif n'est pas toujours et pas nécessairement le résultat d'un recul récent : dans bien des cas – par exemple dans le domaine « affectif » (après les verbes exprimant un sentiment, une émotion ou un jugement, de type *j'ai peur que*, *cf.* ci-dessous II.1.3.) –, l'absence du subjonctif peut aussi bien être l'héritage des époques préclassique et classique. Dans ce domaine, l'usage du subjonctif n'était pas fermement établi et n'a été codifié qu'à partir du XVIIe s. (*cf.* « Commentaire ») – il s'agit là donc d'une évolution qui a largement échappé aux variétés d'outre-Atlantique.

Là où le subjonctif recule, on note des effets cruciaux pour la syntaxe (Wiesmath 2002 : 229ss.). Étant donné que cette forme est de plus en plus devenue une servitude grammaticale, elle se fragilise au point de disparaître[2]. Les marques de la subordination sont alors, outre la

---

[1] *Cf.*, pour le subjonctif en FA et FL, Rottet (2001 : 174ss., 248ss.), Neumann-Holzschuh (2005b), Arrighi (2005 : 153–165), Comeau (2011), Hennemann (2014 : 133–147) ; pour le franco-ontarien Laurier (1989), pour le franco-manitobain Hallion (2000 : 374ss.), pour le FTN et pour Saint-Pierre-et-Miquelon Chauveau (1998), pour le français mitchif Papen (2004 : 120).

[2] À la différence de l'usage moderne où le subjonctif n'est qu'une marque additionnelle de la subordination, en ancien français, le subjonctif pouvait marquer à lui seul la subordination en l'absence du subordonnant *que* : « Gardés, dist li rois, *ne s'en aille.* » (*La Male Honte*, 137) – « Gardez *qu*'il s'en aille, qu'il ne s'en aille. » (Foulet 1967 : 335). – Au Moyen Âge, le subjonctif peut aussi apparaître dans la principale (*cf.* Foulet 1967 : 207).

sémantique du verbe de la principale qui demande un complément d'objet direct, la postposition de la phrase subordonnée et la présence du subordonnant *que* ; or, dans les cas fréquents où ce dernier est omis dans les variétés qui nous concernent ici, il ne reste plus que la position de la complétive pour marquer la hiérarchie des phrases (*cf.* Wiesmath 2006 : 177 ; *cf.* le chap. « La subordination »).

Quant à l'emploi du subjonctif, nous retenons quelques différences régionales majeures :
- La variété de français parlée à la BSM (NÉ) s'avère plus conservatrice que les autres dans la mesure où (1) le subjonctif y est fermement enraciné dans le domaine central (*faut que*, verbes volitifs) et (2) il ne semble pas y exister de variabilité d'usage en synchronie[3] ni, diachroniquement, de tendances d'affaiblissement de ce mode (*cf.* Comeau 2011 : 145s.[4]).
- Le subjonctif se maintient également bien dans d'autres régions de l'Acadie des Maritimes :
    - En NÉ et dans le Sud-Est du NB, il est bien enraciné dans les domaines de l'expression de la volonté et de la nécessité. Il apparaît aussi, à certaines conditions, dans les subordonnées de but introduites par *pour que* et *pour pas que* (Arrighi 2005 : 157s. ; 162–164 ; Hennemann 2014 : 135–147)[5].
    - Le subjonctif est aussi relevé dans les domaines dubitatif (*je ne crois pas que...*) et affectif (*je trouve intéressant que...*).
    - Quant à l'aspect formel, retenons l'existence dans certaines régions (*cf.* I.3.) de l'imparfait du subjonctif, forme qui a complètement disparu d'autres variétés de français parlées en Amérique du Nord et en Europe.

    Pour la NÉ et le Sud-Est du NB, nous préférons donc parler avec Arrighi (2005 : 154 ; 164) d'une « réduction » ou d'une « spécialisation » de son emploi, et non de « l'étiolement » du subjonctif.
- À TN, le subjonctif subsiste encore, mais « souffre d'une certaine instabilité » (Chauveau 1998 : 107). Selon Brasseur (2001 : XLVI), l'indicatif prédomine là où le FS demande le subjonctif. L'apparition d'une forme du subjonctif dépend non seulement de l'élément introducteur, mais aussi du verbe de la subordonnée ; seuls quelques verbes très fréquents et irréguliers sont mis au subjonctif (*avoir, être, faire* et *aller, cf.* Brasseur 2009). Le subjonctif ne marquant plus la modalité, les locuteurs recourent généralement au conditionnel ou au futur pour exprimer celle-ci (Chauveau 1998 : 109s.).
- Pour la LOU, il faut distinguer l'usage louisianais traditionnel – très proche de l'acadien des Maritimes en la matière – du parler des jeunes et des semi-locuteurs (*cf.* Rottet 2001 : 174ss ; 248ss.). Guilbeau (1950 : 226) retient en 1950 divers emplois du subjonctif, notamment après *il faut* et dans les domaines affectif (*J'ai peur qu'il ne vienne demain*) et dubitatif (*Je ne crois pas qu'il vienne.*). Mais il signale déjà des stratégies de remplace-

---
3 À la seule exception du tour *point croire* où le choix du mode dépend de critères syntaxiques et sémantico-pragmatiques (*cf.* Comeau 2011 : 157–171).
4 Comeau (2011) adopte une approche à la fois sociolinguistique et formelle, qui diffère d'autres études dédiées au subjonctif citées plus haut. – Reprenant l'approche de Poplack (1992), Comeau (2011 : 100) tient exclusivement compte de la norme « locale » telle qu'elle ressort des corpus oraux, tout en refusant délibérément toute comparaison avec la langue standard.
5 À en juger par le corpus Falkert (2010), ce constat reflète également la situation aux Îles-de-la-Madeleine.

ment : le recours à l'indicatif, au conditionnel, au futur ou à l'infinitif (1950 : 226s.)[6]. Conwell/Juilland (1963 : 154) parlent d'une certaine persistance du subjonctif avec les verbes irréguliers (*cf.* aussi Brandon 1955 : 468). De tous les parlers qui nous intéressent ici, c'est en FL que le subjonctif s'avère le plus affaibli. Aujourd'hui, l'usage du subjonctif est fortement sensible aux variables sociolinguistiques. S'il apparaît (notamment après *(i(l)) faut*, et avec les verbes irréguliers *avoir*, *être* et *savoir*, Stäbler 1995 : 79, plus rarement avec les verbes *voir*, *pouvoir* et *faire*, Papen/Rottet 1997 : 98), ce sera selon toute probabilité statistique plutôt chez un Cadien que chez un Amérindien[7] et plutôt chez une personne âgée de plus de quarante ans que chez les plus jeunes. Dans la catégorie des moins de trente ans, on remarque une nette tendance à l'usage de l'indicatif ou d'une forme non-finie (Rottet 2001 : 251–259)[8].

Commentaire

Le recul du subjonctif est aussi noté pour le franco-ontarien (Laurier 1989), le franco-manitobain et la variété de français parlée à Saint-Pierre-et-Miquelon (Arrighi 2005 : 154)[9]. Dans ces variétés, on note aussi de fortes tendances à remplacer le subjonctif par des constructions alternatives (Neumann-Holzschuh 2000 : 259s., Laurier 1989 : 115s.)[10].

En revanche, le subjonctif résiste en FQ (Léard 1995 : 190), et dans le français parlé en France il « est encore très vivace » (Blanche-Benveniste 2010 : 143 ; *cf.* aussi Foulet 1967 : 205, Gadet 1992 : 55, 89s.) malgré certaines tendances à l'éviter. Il est de règle après *il faut que*, « viennent ensuite, par ordre de fréquence décroissante, *vouloir*, *avoir peur*, *attendre*, *valoir mieux*, *préférer*, *aimer*, *dire*, *admettre*, *ne pas penser que*, *demander*, *éviter* » (Blanche-Benveniste 2010 : 144). Pour Foulet (1967 : 205s.), l'absence ou la présence du subjonctif en français parlé moderne est plutôt une question de style et de la situation communicative.

I Aspects morphologiques

Ce sont surtout les verbes les plus fréquents et à morphologie irrégulière (*cf.* aussi Brasseur 2001 : XLVI) qui apparaissent au subjonctif, comme *avoir* et *être* et, avec une moindre fréquence, *aller*, *savoir*, *pouvoir*, *venir*, *faire*, *dire*.

---

6 Pour les stratégies de remplacement, *cf.* aussi Brandon (1955 : 468–473), Stäbler (1995 : 79), Papen/Rottet (1997 : 99), Rottet (2001 : 248ss.), Neumann-Holzschuh (2005b).
7 Dajko (2009 : 196s.) note que les Cadiens utilisent trois fois plus le subjonctif que les Amérindiens francophones. – Pour le terme de *Cajun/Cadien* chez Dajko (2009), *cf.* « Introduction », note 68.
8 Rottet signale (2001 : 248ss.) que les semi-locuteurs de moins de trente ans n'utilisent pratiquement jamais le subjonctif.
9 Arrighi (2005 : 154) se réfère entre autres aux études de Brasseur (2001 : XLVIs) et de Chauveau (1998 : 105–119) pour TN, de Laurier (1989 : 105–126) pour le franco-ontarien, de Hallion (2000 : 319) pour le franco-manitobain, de Neumann-Holzschuh et Bollée (1989 : 186) pour le FL, de Brasseur et Chauveau (1990 : 22 ; Chauveau 1998 : 105–119) pour Saint-Pierre-et-Miquelon.
10 L'étude de Laurier (1989) sur le subjonctif en franco-ontarien résume à titre exemplaire les facteurs (socio-)linguistiques qui influencent l'emploi du subjonctif dans un cadre anglo-dominé : il se maintient bien dans les groupes des bilingues et des franco-dominants, alors que les anglo-dominants tendent à « éliminer la distinction modale » (Laurier 1989 : 119). Les formes vernaculaires (*faire* → [fɛz], *aller* → [al], *avoir* → [ɛj], *être* → [swaj]/[sɛj]) subsistent mieux chez les bilingues que chez les franco-dominants et les anglo-dominants, qui, pour des raisons différentes (variation situationnelle / ignorance des formes vernaculaires), optent pour les formes standard dans le cadre de l'interview (1989 : 122s.).

I.1 Les formes du subjonctif présent

Pour les verbes irréguliers, nous relevons des formes vernaculaires qui coexistent aujourd'hui avec les formes standard.

Retenons en ce qui concerne les désinences que la forme de la 3e pers. pl. peut se terminer en *-iont* (*cf.* Arrighi 2005 : 151s., Neumann-Holzschuh 2005b : 128) dans les régions où la désinence acadienne est encore en usage ; cette forme semble plutôt rare au subjonctif, alors qu'elle est fréquente à l'imparfait[11].

- ID : Pis sa mère faisait presque tout le manger, t'sais. [Enquêtrice : D'accord.] ID : Pour que zeux i mangiont. (NÉ – Hennemann, PUB, ID)

- faulait qu'i alliont . dehors chercher (NB – Wiesmath 1, R : 811)
- si faut qu'i passiont dans mon chemin (NB – Arrighi 2005 : 152, Annie NB 10 : 210–211)
- pace faut seyont deux milles à passer là (NB – Arrighi 2005 : 162, Robert NB 19 : 435)

Quant au radical, on notera que les formes vernaculaires obéissent pour une large partie à la logique de régularisation du paradigme, selon laquelle le subjonctif se forme toujours sur la base de la 3e pers. pl. de l'indicatif présent (*cf.* aussi pour TN : Brasseur 2009 : 96) : *cf. ils peuvent* → *que je peuve* ; *ils faisent* (forme acadienne) → *que je faise* ; *ils savent* → *que je save* ; *il(s) allont* (forme acadienne) → *que j'alle*.

La liste dressée ci-dessous contient les principales formes relevées dans les corpus consultés, sans prétendre à l'exhaustivité[12].

▶ **Les formes du subjonctif des verbes les plus fréquents**

aller : *alle* (NÉ, NB, TN, LOU)[13]

avoir
[aj] *aïe*, [ɛj], [ej] *aye* (NÉ, NB, TN, LOU)
[awej]/[awɛj] (LOU – Dajko 2009 : 193, Papen/Rottet 1997 : 98)

être
[sɛj], [sej] *seye* (NÉ, NB, TN, LOU), [sɛjõ] *seyont* (NB, TN)
[swɛj] *soye* (TN, LOU), [swɛjõ] *soyont* (TN)
[swaj] *soye* (LOU)
[swe] *soit* (TN)
[se] *seis*, *seit* (TN), *séyont* [sejõ][14]

---

11 Pour la désinence *-ont* à la 3e pers. pl., *cf.* le chap. « Les pronoms personnels », VI.1.3.
12 Pour les exemples et un aperçu sur les verbes les plus importants, *cf.* entre autres Arrighi (2005 : 149–152) pour le FA, Brasseur (2001 : XLVI, 190 ; 2009 : 94–98) pour le FTN, Guibeau (1950 : 183), Papen/Rottet (1997 : 98), Rottet (2001 : 249) pour le FL, et ci-dessous en II, l'emploi du subjonctif. – Notons les formes *aye* (← *avoir*), *seye* (← *être*), *faise/faisse/fasse* (← *faire*), *peuve* (← *pouvoir*), *voye* (← *voir*) dans le corpus madelinien de Falkert (2010) ; les formes sont donc les mêmes que celles usuelles dans les autres variétés acadiennes.
13 Selon Brasseur (2009 : 96), il n'est pas besoin d'avancer l'hypothèse diachronique, selon laquelle *alle* est d'origine dialectale (présent notamment dans les dialectes normanno-picards). La régularité de la formation suffit à expliquer l'existence de la forme.
14 [se] et [sɛj] sont d'origine dialectale, la forme [se] étant « directement héritée des parlers de l'Ouest de la France » (Brasseur 2009 : 98).

[sez] *seise* (rare, « peut-être idiolectal », Brasseur 2009 : 98, TN)
[swɛt] (semi-locuteurs, LOU, *cf.* Rottet 2001 : 249)

faire : *faisse, faise* (NÉ – Gesner 1979a : 51, Hennemann 2014 : 134) ; *faise, faisiez, fasse* (NB) ; *faise* [fez], *faisse* [fes], *feuse* [føz] (rare, Brasseur 2001 : XLVI, 2009 : 97) (TN) ; *faise* (LOU – Guilbeau 1950 : 183, Papen/Rottet 1997 : 98[15])

mourir : *moure* (NÉ, NB, LOU)

pouvoir : *peuve* (NÉ, NB, TN, LOU) (*cf.* par ex. pour la NÉ – Hennemann 2014 : 134 (ILM), pour la LOU – Papen/Rottet 1997 : 98, Guilbeau 1950 : 183) ; *pouve* (NÉ – Gesner 1979a : 51), *puisse* [pys] (LOU – Guilbeau 1950 : 183)

savoir : *save* (NÉ, NB, TN, LOU) ; *saye* (NB) ; *saille* (NB – Arrighi 2005 : 150, TN – Brasseur 2001 : s.v. *saoir*, p. 410) ; *seye* [sej] (LOU – Papen/Rottet 1997 : 98, Guilbeau 1950 : 183)

vouloir : *voulent* (NÉ) ; *veule* (NB)

▶ Quelques formes moins fréquentes relevées dans les corpus

s'assir (« s'asseoir », *cf.* Brasseur 2001 : s.v. *assir*, p. 30s. ; DLF 2010 : s.v. *asseoir, assir, assoyer*, p. 40) : *assise* (NB ; TN)

coudre : *coude* (NÉ, TN)

prendre : *prende* (LOU)

(r)emplir : *(r)emplise* (NB)

venir : *venne/vienne* (NÉ – Gesner 1979a : 51)

voir : *veyes/voyes* [wej] (NÉ, NB) ; *oie* [wɛj] (TN) ; [vwej]/[wej] (LOU – Papen/Rottet 1997 : 98, Dajko 2009 : 192)

Commentaire
La majorité des formes déviantes de la liste citée ci-dessus sont attestées dans le français populaire de France (*cf.* Frei 1929 : 168, Bauche ²1951). Chez Bauche (²1951 : 112–115), on trouve, entre autres, [souày] (→ *être*) (p. 112), [èy] ou [eille] (→ *avoir*) (p. 112), *j'alle* (→ *aller*; forme ancienne, bien ancrée dans la tradition) (p. 114), [crouày] (→ *croire*) (p. 114), *peuve* (→ *pouvoir*) (p. 115), *save* (→ *savoir*) (p. 115), [vouày] (→ *voir*) (p. 115) et *veule* (→ *vouloir*) (p. 115). Les formes avec consonne finale [j] sont typiques du subjonctif populaire. Elles correspondent à un usage ancien (Stäbler 1995 : 79). Selon Gadet (1992 : 55), le yod final peut aujourd'hui être considéré comme la marque spécifique du subjonctif non standard. Blanche-Benveniste (2010 : 68) attribue les formes régularisées de type *aye* [ɛj] (→ *avoir*), *soye* [swaj] (→ *être*), *jouve* [ʒuv] (→ *jouer*) et *croive/croye* [krwav/krwaj] (→ *croire*) au langage enfantin.

Pour le franco-ontarien, Laurier (1989 : 122), notant la survie des formes vernaculaires, considère ce fait comme le signe « de l'existence d'une communauté linguistique bien établie à l'intérieur de laquelle les formes vernaculaires peuvent être transmises » (*cf.* aussi note 10 ci-dessus). Pour le franco-manitobain, Hallion (2000 : 315, 317) note certes des formes vernaculaires *alle, aye, soye, voye, peuve, save, veule*, mais elle en retient un taux de fréquence très faible par rapport au formes standard (14 % contre 86 %).

---

[15] Conwell/Juilland (1963 : 164) notent la forme standard [fas], qui n'est cependant pas attestée par Dajko (2009 : 192) et Papen/Rottet (1997). Elle ne figure pas non plus dans le corpus *Découverte*.

I.2 Les formes du subjonctif passé

Dans les parlers étudiés ici, le subjonctif passé ne joue qu'un rôle marginal (*cf.* Arrighi 2005 : 159, Comeau 2011 : 144[16]) ; contrairement au FS, l'auxiliaire *avoir* est pratiquement généralisé (*cf.* le chap. « Les verbes auxiliaires *avoir* et *être* »).

- avant qu'y ait eu des probytères là ben i veniont dire la messe les dimanches pis s'en retourniont BACK (NB – Arrighi 2005 : 159, Annie NB 10 : 561–563)
- touT d'un coup ça arrive ça . ça arrête ça . ça venait d'Ontario . . c'était trois Indiens . . i ont demandé si on voulait embarquer ben non non j'ai dit si vous allez à Shédiac . j'ai donné le numéro de téléphone icitte pensais Robert va venir nous chercher . . pis ce tait des anglais i dit WHERE IS SHEDIAC i savaient même pas oùsqu'était Shédiac les esclaves . en tout cas avant qu'i aient trouvé Shédiac pis s'aient trouvé un téléphone . . ah mais ça arrive ça (NB – Arrighi 2005 : 159, Suzanne L. NB 18 : 699–705)
- pis on se faisait assimiler . euh beaucoup plus avant que . . on l'ait eu des écoles avant qu'on l'ait-eu l'éducation en français (ÎPÉ – Arrighi 2005 : 159, André ÎPÉ 12 : 161–162)
- Mais asteur, ça peut dire avant tu aies eu ton petit (LOU – *Découverte*, Châtaignier, Évangéline)

Notons qu'en France, le subjonctif passé a une certaine importance en tant que substitution du subjonctif imparfait, qui a disparu de l'usage courant ; le subjonctif passé sert ainsi à donner un relief temporel, alors que, traditionnellement, c'était une forme d'accompli et non d'antériorité (*cf.* Riegel et al. 2011 : 573). Dans certaines régions acadiennes, en revanche, le subjonctif imparfait s'est maintenu. Dans les autres parlers, on recourt ou bien au subjonctif passé ou bien, plus couramment, à l'un des temps de l'indicatif pour donner un relief temporel[17].

I.3 Les formes du subjonctif imparfait

Alors qu'en France l'imparfait du subjonctif est banni de l'usage courant (*cf.* par ex. Riegel et al. 2011 : 571), il subsiste encore dans quelques îlots linguistiques d'Amérique du Nord et se maintient plus ou moins bien :
- En NÉ, il subsiste à la BSM, à Chéticamp, à l'Isle Madame (Comeau 2011 : 145, Hennemann 2014 : 141ss.). Comeau (2011 : 144s., BSM) – de même que Gesner (1979a : 38, BSM) – note qu'il n'y a pas de signe de la disparition de cette forme à la BSM, le subjonctif imparfait apparaissant dans 82 % des cas où le subjonctif est requis après un verbe à l'imparfait ou au conditionnel dans la principale. Un signe de la vitalité du subjonctif imparfait est son apparition avec les emprunts anglais (Hennemann 2014 : 141).
- Il subsiste à l'ÎPÉ (*cf.* Comeau 2011 : 145) et dans le Sud-Est du NB, où il semble pourtant en déclin (Arrighi 2005 : 176). Selon Arrighi (2005 : 163s., à propos des parlers de l'Acadie des Maritimes), le subjonctif imparfait est essentiellement le fait des locuteurs les plus âgés. De même, Wiesmath (2006 : 155) constate, au sujet de la situation du Sud-Est du

---

16 *Cf.* les chiffres fournis par Comeau (NÉ-BSM 2011 : 123) : après le verbe *falloir* il note, dans son corpus, 144 formes du subjonctif présent, 83 pour le subjonctif imparfait et 21 pour le subjonctif passé, ce dernier apparaissant surtout après un conditionnel dans la principale.

17 *Cf.* Arrighi (2005 : 159), Rottet (2001 : 176). Brandon (1955 : 469) constate l'absence du subjonctif passé et son remplacement par « le plus-que-parfait ou le passé composé de l'indicatif » en FL.

NB, que « l'indicatif tend à se généraliser dans les temps du passé, là où le subjonctif imparfait s'était longtemps maintenu ». C'est surtout après le verbe *falloir* à un temps du passé que le subjonctif imparfait subsiste encore (Arrighi 2005 : 163s.).
- Il est très rare, voire quasiment inexistant à TN (Chauveau 1998 : 106s. ; 117, Brasseur 2001 : XLV[18]).
- Il a complètement disparu du FL (Conwell/Juilland 1963 : 154).

Sur le plan formel, il faut souligner le syncrétisme des formes du subjonctif imparfait et du passé simple[19] : les terminaisons sont en [i]/[ir] pour la grande majorité des verbes, et en [y]/[yr] pour un nombre réduit de verbes irréguliers fréquents[20] :

▶ **singulier [i], pluriel [ir]**[21]

aller → *allis* (NÉ, NB), *allisse* (TN) ; *s'asseoir* → *s'assisit, s'assisirent* (NÉ, NB) ; *commencer* → *commencit* (NÉ) ; *coucher* → *couchit* (NÉ) ; *être* → *sit* (ÎPÉ), *seyis/seyit* (NB) ; *faire* → *fis, firent* (NÉ – Gesner 1979a : 50), *fissis* (NB, *cf.* Arrighi 2005 : 163) ; *finir* → *finisis, finisirent* (NÉ – Gesner 1979a : 49), *finît* (NB) ; *marcher* → *marchis* (NÉ, NB) ; *pouvoir* → *puit* (NÉ), *rentrer* → *rentris* (NB, *cf.* Arrighi 2005 : 163) ; *tenir* → *tis* (NB, *cf.* Arrighi 2005 : 163) ; *voir* → *voyit* (ÎPÉ, *cf.* Arrighi 2005 : 163)

▶ **singulier [y], pluriel [yr]**

avoir → [y(r)], [ey(r)], *être* → [fy(r)], *pouvoir* → [py(r)] (Gesner 1979a : 50), *voir* → *vurent* [vyr] (Gesner 1979a : 39)

Commentaire
L'homophonie du subjonctif imparfait avec le passé simple et la généralisation de la désinence en -*i* sont des faits historiques, notés dès le XVIe s., et attestés jusqu'à l'époque moderne dans certains parlers dialectaux de France[22].

En France, le subjonctif imparfait disparaît des parlers de l'Est au début du XVIIe s., dans l'usage parisien vers les XVIIIe/XIXe s. (Lodge 2004 : 134, Comeau 2011 : 87). La disparition de la forme est expliquée par sa relative rareté et le recul des formes du passé simple, auquel il est morphologiquement lié (Price 1971 : 215).

À l'oral, le subjonctif imparfait est remplacé par le subjonctif présent – dans tous les milieux – et, dans un style plus relâché, par « l'imparfait de l'indicatif, le conditionnel et l'infinitif » (à propos du langage populaire : Bauche ²1951 : 109). Ajoutons à cela l'emploi du subjonctif passé qui peut également combler la lacune laissée par la disparition du subjonctif imparfait (*cf.* ci-dessus I.2.).

---

18 Bien que Brasseur (2001 : XLV) note l'inexistence du subjonctif imparfait à TN, on en trouve un exemple (*allisse*) dans son dictionnaire (*cf.* les exemples ci-dessous en II.1.1.). – Notons l'inexistence de la forme dans le corpus madelinien de Falkert (2010).
19 *Cf.* Arrighi (2005 : 111), Gesner (1979a : 58–60), Comeau (2011 : 105s.), King (2013 : 43, tableau 3.1.). – Ryan (1989 : 206, note 6) en conclut qu'il s'agit de formes du passé simple.
20 *Cf.* Gesner (1979a), Flikeid (1991 : 203), Arrighi (2005 : 112 ; 164), Wiesmath (2006 : 172).
21 Pour les exemples et les sources, *cf.* ci-dessous en II, l'emploi du subjonctif.
22 *Cf.* Comeau et al. (2012 : 322), Comeau (2011 : 87–91 ; 105s.) ; Comeau (2011 : 90) renvoie à Jones (2000) pour la variété parlée à Guernesey.

I.4 Le plus-que-parfait du subjonctif

Le plus-que-parfait du subjonctif ne joue aucun rôle dans les variétés étudiées ici, même s'il est parfois attesté dans les corpus. *Cf.* les exemples suivants (avec l'auxiliaire *être*) :

- des fois tu marchais dix quinze vingt minutes avant que tu seyis rendu ioù ce que tu startais à travailler (NB – Wiesmath 2006 : 138, Wiesmath 3, D : 269)
- ben fallait ben ça seyit eu une famille qu'était au loin dans le ruisseau par . chez Joseph à André (NB – Arrighi 2005 : 163, Annie NB 10 : 159–160)

Commentaire
Le plus-que-parfait du subjonctif entame son déclin dès les XVIIe/XVIIIe s. (Grevisse/Goosse 2008 : § 898, p. 1107) pour ne survivre que régionalement. L'imparfait et le plus-que-parfait du subjonctif sont restreints « au français soigné ou littéraire » et ne paraissent acceptables qu'à la 3e pers. sg. (Riegel et al. 2011 : 571) ; même dans le style recherché, on évite aujourd'hui les formes en *-ss-* (Price 1971 : 215) (*que vous sussiez, que je visse*), qui sont décriées comme contraires à l'euphonie et qui passent pour comiques ou ridicules (Riegel et al. 2011 : 573).

II Les emplois du subjonctif

Dans les variétés étudiées ici, l'emploi du subjonctif est restreint par rapport au français parlé de France. Mais malgré les tendances enregistrées à éviter le subjonctif (*cf.* ci-dessous III), on peut trouver quelques contextes où celui-ci se maintient plutôt bien : en tout premier lieu, le subjonctif subsiste après le tour impersonnel *(il) faut* et après les verbes volitifs, ainsi qu'après certaines conjonctions de subordination, notamment *pour que* et *pour pas que*[23].

Le subjonctif étant le mode de la non-assertion, on s'explique facilement que le domaine volitif ait toujours été et soit encore le domaine central de son emploi.

Toutefois, pour les variétés qui nous concernent ici, Arrighi (2005 : 164) note à juste titre qu'aujourd'hui, le maintien du subjonctif dans ce domaine est certainement moins l'effet du sémantisme des verbes qu'une question de fréquence : les tours, notamment *il faut que*, sont extrêmement fréquents et puisque « [l]es tournures fréquentes résistent mieux à la généralisation / régularisation » (Arrighi 2005 : 164), le subjonctif s'y maintient mieux que dans d'autres contextes[24].

II.1 Le subjonctif dans les complétives

Le subjonctif n'apparaît pratiquement plus dans les principales (mais *cf.* ci-dessous II.3.), mais il se maintient dans certains types de complétives. Notons que le subordonnant *que* peut manquer, même dans les régions les plus conservatrices, et que l'omission de *que* ne préjuge

---

23 *Cf.* Rottet (2001 : 174s.), Arrighi (2005 : 164), Neumann-Holzschuh (2005b), Comeau (2011 : 102, tableau 4.2.).
24 Laurier (1989 : 118) fait la même observation à propos du franco-ontarien, et Hallion (2000 : 377) à propos du franco-manitobain.

pas de l'emploi ou non du subjonctif (*cf.* NÉ : « Oh, je crois pas j'y alle aujourd'hui. », Comeau 2011 : 126, BSM) (pour *que* dans les complétives, *cf.* le chap. « La subordination », I).

II.1.1 Le subjonctif après *(il) faut (que)*

Dans toutes les régions, sans exception, c'est après le tour impersonnel *(il) faut (que)* que le subjonctif se maintient le mieux (Arrighi 2005 : 162). Dans les régions les plus conservatrices de la NÉ – notamment à la BSM – l'emploi du subjonctif est même jugé « catégorique » dans ce cas (Comeau 2011 : 104, Comeau et al. 2012 : 322). Notons la chute presque systématique du pronom sujet *il* (*cf.* le chap. « Les pronoms personnels », VIII.5.1.).

- Faut pas que ça seye [sej] du f/ du poisson frais. (NÉ – Hennemann, BSM, SC)
- Pis i faut que je faise / faut que je faise le dîner asteure (NÉ – Hennemann, ILM, CL)
- Puis si que ça manque, ils ont point de repairman puis faut qu'ils caillont la compagnie et puis. (NÉ – Comeau 2011 : 105, BSM)

- faudra qu'alle alle à Moncton (NB – Wiesmath 1, B : 61)
- faut qu'on ait du FUN asteure à l'âge qu'on a (NB – Wiesmath 2, F : 135)
- faut que les vieilles mouriront pis quand i y en aura mouri assez be/ si en mourt iune/ faut qu'i en moure dix (...) pour que iune ait une place (NB – Wiesmath 3, D : 461)
- pis pas ien que ça faut que t'ayes un fusil (NB – Arrighi 2005 : 150, Jacques NB 19 : 262)
- fallait que tu fissis des crêpes (NB – Arrighi 2005 : 163, Annie NB 10 : 271)
- fallait que je *babysittis* là (NB – Arrighi 2005 : 163, Laura NB 8 : 63)

- ces postes là étaient complètement [sic] anglais alors fallait que tu connaisses un petit d'anglais pour comprendre les émissions surtout les western (ÎPÉ – Arrighi 2005 : 162, André ÎPÉ 12 : 102–104)

- faut pas qu'y aye trop de chaleur (IdlM – Falkert 2010, corpus : 367, p. 128, CD-ROM)

- Pis faut que tu seis [se] là pour la cassée du jour. (TN – Brasseur 2001 : s.v. *être*, p. 190)
- Faut que ça soye tout [tut], tout [tut] le framage. (TN – Brasseur 2001 : s.v. *framage*, p. 209)
- Mais moi je peux pas rester assis là si j'ai pas de quoi à faire, faut que je faisse toutes sortes de brochures (TN – Brasseur 2001 : s.v. *brochure*, p. 77)

- Ça faut que tu le vends vivant, *though*. Il est dur à empoigner. Mais si, tu peux avoir cinquante ou soixante piastres le morceau, ben faut qu'il soye vivant. (LOU – *Découverte*, Isle Jean Charles, Terrebonne)
- Et j'ai eu un docteur pour tous mes petits, excepté un, il a fallu que je prende une vieille femme, mais la vieille elle a travaillé aussi bien qu'un docteur. (LOU – DLF 2010 : s.v. *vieux, vieille*, p. 650, EV)

En FL, l'omission de *que* est très fréquente (*cf.* Stäbler 1995 : 160) après la forme figée *faut* au présent ; dans ce cas, l'indicatif (*cf.* III.1.) prédomine : *cf.* « c'est ça faut tu comprends » (Stäbler 1995 : 82, corpus), mais on relève aussi des exemples au subjonctif. Quant aux parlers acadiens et au FTN, l'omission de *que* s'observe également. Dans ce cas, on trouve soit l'indicatif soit le subjonctif dans la subordonnée, sans qu'il y ait une différence fonctionnelle entre les deux formes (*cf.* Neumann-Holzschuh 2005b : 131).

▶ **Omission de** *que*
- Faudrait tu veyes touT les tapis pis des … (NÉ – Hennemann, ILM, MS)
- Faut je me guérisse quelque mode de façon. (NÉ – Comeau 2011 : 101, BSM)
- faut j'aille la chercher (NB – Arrighi 2005 : 149, Sarah NB 20 : 99)
- pace faut seyont deux milles à passer là (NB – Arrighi 2005 : 162, Robert NB 19 : 435)
- faut pas tu perdes la tête (IdlM – Falkert 2010, corpus : 308, p. 211, CD-ROM)
- Faut ça soit tout des filles. (TN – Brasseur 2001 : s.v. *être*, p. 190)
- mais là faut tu viens . faut pas tu sois fatigué quand tu vas venir (LOU – Stäbler 1995 : 156s., corpus)
- il dit, « il faut ça soye le dernier » (LOU – *Découverte*, Mamou, Évangéline)
- Et là faut tu ayes un bon couvert (LOU – *Découverte*, Châtaignier, Évangéline)
- Et si la femme veut être avec, tu connais, il faut tu veuilles pareil pour être capable. (LOU – *Découverte*, Mamou, Évangéline)

Excepté les régions les plus conservatrices, la concordance des temps n'est pas observée dans les parlers étudiés ici. Dans ces régions, en revanche, notamment à la BSM (NÉ) (Comeau 2011), le subjonctif imparfait jouit encore d'une certaine vitalité.

▶ **Non-respect de la concordance des temps**
- fallait qu'on apprenne écrire en anglais (NÉ – Hennemann, ILM, RF)
- une fois que l'arbre de Noël était touT greyé moi fallait que je parte pour aller à/à Saint-Jean (NB – Arrighi 2005 : 162, Sarah NB 20 : 109–110)
- faulait que la boîte à bois soit toujours remplie (NB – Wiesmath 7, O : 493)
- la boëte était vide SO faulait BACK je les remplise (NB – Wiesmath 1, B : 689)
- faulait que t'alles là pis tu remplisses les papiers en anglais (NB – Wiesmath 7, O : 359)
- pour s'instruire faulait que s'en allent en dehors (IdlM – Falkert 2010, corpus : 37, p. 244, CD-ROM) (Le sujet *le monde* est omis dans la subordonnée.)
- Faulait que le monde faise de quoi (TN – Brasseur 2001 : s.v. *faire*, p. 194)
- Une femme qui trouvait un bîbi chez nous dans ce temps-là, fallait qu'a seise [sez] neu jours couchée. (TN – Brasseur 2001 : s.v. *être*, p. 190)
- Les samedis matins pour sept heures là, follait qu'on soye à l'église. (LOU – Papen/Rottet 1997 : 99)
- Dès que la grand'nuit s'a fait eusse se couchait, 'ce que dans ce temps-là il avait assez de moustiques, il follait que t'aouèyes des baires pour te couvère avec, les moustiques t'aurait manjhé. (LOU – Rottet 2001 : 175, loc. âgée)
- C'était vivre de la terre. Et follait que tu te le faises. (LOU – Rottet 2001 : 175, loc. âgé)

▶ **Respect de la concordance des temps**
- Fallait qu'ils gagnirent de l'argent. (NÉ – Gesner 1979a : 39, BSM)
- Quand même qu'il faisait laid ou qu'il faisait beau, follait tu marchis. Pis follait je charrirent notre eau pour boire dans l'école. (NÉ – Flikeid 1997 : 267)
- Il baillait une piastre par jour pis follait tu shoppis à sa shop (NÉ – Flikeid 1996 : 314, BSM)
- non j'avais pas/ pas ma OWN chambre fallit que je couchis avec la fille (NB – Arrighi 2005 : 163, Laura NB 8 : 50–51)
- fallait tu marchis ça à Memrancook (NB – Arrighi 2005 : 163, Annie NB 10 : 271)

- l'automne fallait que tu rentris pas loin de trente cordes d'une chaîne à bras (NB – Arrighi 2005 : 163, Annie NB 10 : 274)
- fallait que j'allis y travailler moi (NB – Wiesmath 5, R : 115)
- fallait qu'i voyit son chemin de l'avant (ÎPÉ – Arrighi 2005 : 163, Rose ÎPÉ 7 : 126)
- Faulait qu'alle allisse sus une montagne, à tous les matins, sarvir des moutons. (TN – Brasseur 2001 : s.v. *sarvir*, p. 412 ; *cf.* aussi Chauveau 1998 : 107)

Parfois, le subjonctif imparfait apparaît après *il faut* au présent. Deux hypothèses pourraient expliquer le phénomène (*cf.* Hennemann 2014 : 142s.) :
– Le subjonctif imparfait a ici un caractère temporel, comme c'est le cas dans les exemples analogues en français classique[25].
– Comme l'insertion dans un récit au passé ne s'observe qu'avec *il faut*, on peut suggérer que l'expression impersonnelle perd ici son caractère verbal pour jouer simplement le rôle d'une particule modale figée indiquant la nécessité. Le subjonctif imparfait se placerait donc correctement dans un récit au passé[26].
- Pis faut* y tu payis les sœurs pour aller au couvent. (NÉ – Hennemann, ILM, EL)
- Auparavant, i BRAINWASHIONT pis i faut ben t'écoutis. (NÉ – Hennemann, ILM, EL)
- Faut pas que les gars rencontrît les filles avec les sœurs parce que c'était pas permis. (NÉ – Hennemann, ILM, EL)

Notons aussi qu'en NÉ les formes de l'imparfait, du conditionnel et du futur de *faut* ne sont pas nettement distinguées : *il fallait/faulait, fau(d)ra, fau(d)rait* peuvent avoir le sens de « il fallait que », apparaître dans les mêmes contextes et être suivis du subjonctif imparfait (*cf.* le chap. « Les temps du passé », II.1.1.).
- Faudrait qu'i sortît BACK. (NÉ – Hennemann, ILM, CL)
- Et pis à deux heures après minuit, si je m'en allais chez nous sans nettoyer le restaurant, faudra que je fus au restaurant avant huit heures pour le nettoyer le matin. (NÉ – Hennemann, ILM, CL)
- Parce dans ce temps-là, faura qu'i eût sept ans pour aller à l'école. (NÉ – Hennemann, ILM, CL)

L'apparition du subjonctif imparfait après le conditionnel correspond parfaitement aux règles de la langue classique ; le subjonctif présent ne s'établira définitivement dans ces contextes qu'au cours du XVIIIe s. (Riegel et al. 2011 : 574, Fournier 1998 : § 588, p. 391). Le corpus dépouillé par Comeau (NÉ-BSM, Comeau 2011) fait ressortir l'importance du rôle du conditionnel dans la principale pour déclencher le subjonctif imparfait dans la subordonnée (surtout après *aimerait que* et *il faudrait que*).
- [fodrɛ k vu la rãwajir] (NÉ – Ryan 1989 : 206, BSM ; *cf.* ci-dessous note 26)
- Euh non, elle aimerait qu'il movit. (NÉ – Comeau 2011 : 143, BSM)

---

25 En français classique, le subjonctif imparfait est très fréquent après un verbe introducteur au présent pour exprimer (1) le caractère non assertif et passé (imp. du subj. = imparfait) ou bien (2) le caractère non assertif et hypothétique (imp. du subj. = conditionnel) : (1) Crois-tu [...], que je ne susse [« savais »] pas à fond tous les sentiments de mon père [...] (Molière, cité dans Fournier 1998 : § 583, p. 389). (2) On craint qu'il n'essuyât [« essuierait (un jour) »] les larmes de sa mère. (Racine, cité dans Fournier 1998 : § 584, p. 389).
26 Notons que Ryan voit dans les formes en -*i* des formes du passé simple (1989 : 206, note 6, *cf.* ci-dessus note 19).

La présence de *faut* en règle générale sans pronom neutre *il* a sans doute contribué à la réanalyse de cette forme comme simple marqueur modal, des constructions personnelles devenant dès lors possibles[27] ; on trouve dans ce cas un pronom personnel en position sujet :
- Ça faut être là pour midi. (LOU – Rottet 2001 : 261, semi-locuteur jeune) (« Il faut qu'ils soient là à midi. », « Ils doivent être là à midi. »)
- Pour pas elle soye fondue de trop, elle aurait pas fallu aller derrière mais merci bon dieu, mon grand-père avait un char et grand-père a été l'emmener chercher sa glace. (LOU – *Découverte*, Mamou, Évangéline)

cf. en franco-ontarien :
- Tu faut pas parler aux gens. (ONT – Laurier 1989 : 116)

II.1.2 Le subjonctif dans le domaine volitif

Le domaine volitif (*cf.* Arrighi 2005 : 161 ; 164, Comeau 2011[28]) constitue un autre domaine central de l'emploi du subjonctif. C'est notamment après *vouloir* qu'on note une certaine fréquence du subjonctif dans la complétive introduite (ou non) par *que*. Signalons encore des différences régionales : le subjonctif se maintient mieux en NÉ et au NB qu'à TN – où son emploi est plutôt rare dans ce domaine – et qu'en LOU, où il se perd rapidement d'une génération à l'autre (*cf.* les statistiques dans Rottet 2001 : 249).
- Mais je veux pas qu'il alle touT seul asteure parce que tu sais … C'est un peu TRICKY. (NÉ – Hennemann, ILM, CL)
- comment-ce que vous voulez que je me batte (NÉ – Arrighi 2005 : 162, Marcelin NÉ 2 : 374)
- Pis quanT que i avont descendu de Nashville là pour le / le faire eune star, i vouliont que Jason y fût. (NÉ – Hennemann, ILM, EL)
- ils demandent que les personnes soient bilingues (NB – Wiesmath 7, O : 339)
- ouais je monte à Montréal la semaine prochaine [N : quoi faire là ?] oh travailler sus ma thèse là . ben c'est ma directrice qui veut que je viens/ que j'y alle parce que je donne une conférence à Halifax . au début de juin là . pis : préparer ça là (NB – Arrighi 2005, corpus, Catherine NB 19 : 169–171)
- je veux que ça soye un endroit touristique là (IdlM – Falkert 2010, corpus : 192, p. 95, CD-ROM)
- Avant, a dit, que je conte mon histoire, eh bien je veux que toutes les portes soyent fermées. (TN – Brasseur 2001 : s.v. *être*, p. 190)
- Ej voulais pas qu'eux-autres aye la misère que mon j'ai eu pour apprend' le nanglais. (LOU – Papen/ Rottet 1997 : 99, Rottet 2001 : 120, loc. âgée)
- Je souhaite que t'as fait une bonne vie, pauvre bête, et qu'alle aye une bonne vie, tu connais. (LOU – Rottet 2001 : 177, loc. âgée)

---

27 À en juger par les corpus consultés, il y a une construction figée en FA de type « *c'est* + pronom tonique + [*faut*] + *qui* », où *faut* jouxte le pronom tonique et sert de marque modale :: « pis un autre soir c'était peut-être toi faulait qu'aides tes parents » (NB – Wiesmath 2006 : 189, Wiesmath 1, B : 724), « j'avas pas peur des chevals alors c'est moi faulait qui:/ qui fasse l'ouvrage presque d'un homme » (IdlM – Falkert 2010, corpus : 19–20, p. 144, CD-ROM).
28 Après *vouloir*, le subjonctif apparaît dans 100 % des cas dans le corpus de Comeau (2011 : 111, NÉ-BSM).

Le verbe *espérer* « attendre que »[29] entraîne le subjonctif, de même que *guetter*, de même sens (Comeau 2011 : 111).

- J'espère j'en aie. (NÉ – Comeau 2011 : 111, BSM) (Selon Comeau, il s'agit ici du sens du FS moderne.)
- Moi je vas guetter qu'ils veniont icitte. (NÉ – Comeau 2011 : 124, BSM)
- pis sa femme était à l'hôpital pis espérait qu'elle sortit (NB – Arrighi 2005 : 162, Évangéline M. NB 14 : 70–72)
- espérons pas que les autres vienniont (NB – Wiesmath 10, X : 159)

Commentaire
L'histoire du subjonctif en français de France est marquée par les hésitations et les revirements sauf dans le domaine volitif où il était de tout temps bien établi[30]. Dans les parlers régionaux de France, on note toutefois certaines tendances à employer l'indicatif dans ce domaine, Gérin (1979 : 160) mentionne notamment la Bretagne et la Picardie.

Les complétives introduites par *il faut* ou par *vouloir* constituent également un domaine privilégié d'emploi du subjonctif dans les variétés laurentiennes du français[31].

II.1.3 Le subjonctif dans le domaine « affectif »

Après les verbes et les constructions exprimant un sentiment, une émotion ou un jugement, le subjonctif subsiste bien en NÉ et au NB[32], quoiqu'il soit concurrencé par le conditionnel. Il n'est pas en usage en LOU.

- C'est bon que tu peuves t'en souvenir de touT ça. (NÉ – Hennemann, ILM, EL)
- Il avait peur que quelque chose m'arrivît pis que j'allais mourir. (NÉ – Hennemann, ILM, DO)
- j'avais vraiment peur qu'i se rende malade parce que i allait tellement vite (NB – Wiesmath 13, H : 25)
- j'ai peur que mon cousin vienne (NB – Wiesmath 8, T : 197)
- zeux i sont plus inquieTs que je seye bien que je seye pas malade pis:: que je faise/j'alle voir le médecin (NB – Arrighi 2005 : 162, Zélia NB 17 : 380–381)
- j'ai peur qu'i se défasse en le/l'emmenant (IdlM – Falkert 2010, corpus : 262–263, p. 158, CD-ROM)

Commentaire
Historiquement, on note une grande fluctuation dans l'usage du subjonctif dans ce domaine jusqu'au XVIIe s. inclus. Tout au long du siècle classique l'usage de l'indicatif reste possible (*cf.* Fournier 1998 : § 504s., p. 347s.). Les variétés acadiennes semblent encore refléter ces fluctuations.

Notons qu'en franco-manitobain, le subjonctif est rare dans les domaines affectif et dubitatif (Hallion 2000 : 378s.).

---

29 Pour ce sens « vieilli ou régional [Picardie, Ouest, Midi de la France, Québec] (TLF 8, 139a) », *cf.* Brasseur (2001 : s.v. *espérer*, *aspérer*, *spérer*, p. 187) et FEW 12, 164–165a. – Comeau (2011 : 111) relève également le subjonctif après *espérer* dans le sens moderne.
30 Nyrop (1930, t.6 : 276) constate que « [l]e subjonctif est primitivement à regarder comme le mode de l'irréel, de la possibilité et de l'incertitude », et qu'il « sert surtout à exprimer un désir, un souhait, un ordre ». Pour la langue classique, *cf.* Fournier (1998 : § 498, p. 343s.) ; pour le non-standard : par ex. Guiraud (1965 : 37), Gadet (1992 : 89s.), Comeau (2011 : 120).
31 *Cf.* Neumann-Holzschuh (2000 : 259), Hallion (2000 : 377s.), Laurier (1989 : 108), Arrighi (2005 : 164), Comeau (2011).
32 *Cf.* Gérin (1979, 1982), Neumann-Holzschuh (2005b : 132), Comeau (2011), Hennemann (2014 : 139).

En français non standard, il est difficile de juger si le subjonctif est ici en recul ou s'il ne s'est jamais fermement établi. Foulet suggère la première hypothèse en constatant que dans des propositions telles que *je suis content que vous êtes là*, l'indicatif « tend à devenir de plus en plus naturel » (Foulet 1967 : 204).

II.1.4 Le subjonctif dans le domaine dubitatif

Le subjonctif est exceptionnel après les verbes et les tours exprimant l'ignorance, le doute ou la possibilité[33].

Dans le corpus de Comeau (2011) portant sur la BSM, le tour *ne point croire que* est le seul, parmi les expressions verbales pouvant déclencher le subjonctif, à permettre la variation entre l'indicatif et le subjonctif dans la subordonnée (Comeau 2011 : 111 ; 154ss. ; *cf.* ci-dessous III.1.1. ; III.1.3.). L'indicatif est de règle s'il y a une référence au passé ; le subjonctif n'apparaît que si le verbe de la principale est au présent ; son emploi dépend de l'assertion ou de la non-assertion de la complétive[34].

Après *(point/pas) penser que*, le subjonctif est attesté dans certains parlers acadiens (par ex. à l'ÎPÉ et dans le Sud-Est du NB), mais pas à la BSM en NÉ (*cf.* Comeau 2011 : 179ss.).

- [əʒ krwa pwẽ k a séj də mèᶦm] (NÉ – Ryan 1982 : 293, BSM) (« Je crois pas qu'a seye de même. »)
- Oh, je crois pas j'y alle aujourd'hui. (NÉ – Comeau 2011 : 126, BSM)
- Bien, je crois point qu'elle pouve trouver la fournaise. (NÉ – Comeau 2011 : 158, BSM)

mais aussi :
- Tu crois point qu'il minderait ? (NÉ – Comeau 2011 : 161, BSM)

Commentaire
On note d'importantes fluctuations de l'emploi du mode dans le domaine dubitatif du Moyen Âge au français moderne. L'usage moderne, qui prévoit l'indicatif après les verbes d'opinion et une alternance des deux modes si ceux-ci sont niés, se dessine au XVIIᵉ s. (Foulet 1967 : 208, Fournier 1998 : § 510s., p. 350s.).

II.2 Le subjonctif dans les subordonnées circonstancielles
(Pour plus de détails, *cf.* le chap. « La subordination », II)

En principe, l'indicatif peut toujours apparaître au lieu du subjonctif après les conjonctions de subordination exigeant en FS l'emploi du subjonctif.

Le subjonctif se maintient assez bien après les conjonctions finales *pour que* et *pour pas que* : dans le corpus dépouillé par Comeau (2011 : 139s. ; 173, NÉ-BSM), son emploi ne connaît pas d'exception dans ce contexte.

La variation est notable après les conjonctions temporelles qui demandent le subjonctif en FS. On notera que la référence temporelle joue un rôle essentiel dans le choix du mode.

Exception faite de la BSM en NÉ, nous pouvons confirmer pour toutes les régions ce que Chauveau (1998 : 109) note pour TN : une fluctuation aussi bien dans les circonstancielles

---

33 *Cf.* par ex. Hennemann (2014 : 140) pour l'ILM (NÉ), où l'indicatif est de règle après *pas croire/penser que*. – Il en va de même dans d'autres parlers d'outre-Atlantique, tel le manitobain (Hallion 2000 : 378).
34 Pour tous les détails, *cf.* Comeau (2011) ; pour le français classique dans le même sens, *cf.* Fournier (1998 : § 511, p. 350).

finales introduites par *pour que* que dans les circonstancielles de temps introduites par *avant que*. La distinction entre indicatif et subjonctif y semble « en pleine déliquescence » : au lieu du subjonctif, on note l'indicatif pour spécifier la référence temporelle, le conditionnel pour exprimer la modalité. Ajoutons à cela une préférence pour les constructions infinitives s'il y a une correspondance entre le sujet de la principale et celui de la subordonnée (pour les constructions infinitives avec sujet propre, *cf.* le chap. « Les formes nominales du verbe », III.2.).

II.2.1 Dans les subordonnées de but

Un des domaines privilégiés et relativement stables du subjonctif est la subordonnée finale introduite par *pour (que)* (Arrighi 2005 : 157s.) et notamment par *pour pas (que)*[35] : pour la NÉ (ILM), le NB, TN et la LOU, Hennemann (2014 : 138) constate, corpus à l'appui[36], la tendance à l'emploi du subjonctif après la forme niée *pour pas (que)*, alors que l'indicatif ou le conditionnel tendent à remplacer le subjonctif après la forme positive *pour que*. L'indicatif reste d'ailleurs toujours une option lorsqu'il y a une référence au passé.

▶ *pour (que)*
- Pour que mes enfants pis pis leurs enfants puissent avoir ce que moi j'ai jamais eu. (NÉ – Hennemann, ILM, BJ)
- faut que les vieilles mouriont pis quand i y en aura mouri assez be/ si en mourt iune/ faut qu'i en moure dix [...] pour que iune ait une place (NB – Wiesmath 3, D : 461)
- c'est mieux si tu le mets dans le MICROWAVE comme un couple de secondes pour ça devienne chaud (NB – Arrighi 2005 : 157, Catherine NB 19 : 321–322)
- [la morue] pis : y en a pas assez pour : t'sais pour que ça soit commercial (IdlM – Falkert 2010, corpus : 295–296, p. 123, CD-ROM)
- Ça fait que le lendemain je peux ien que rentrer chez nous à ène heure de l'après-midi, avant que ça puisse mender assez pour que je peuve gagner. (TN – Brasseur 2001 : s.v. *gagner*, p. 216)
- Mais elle nous faisait comprendre qu'il follait qu'on parle l'anglais pour qu'on peuve apprendre. (LOU – Rottet 2001 : 175, loc. âgé)
- Et ça mettait tout ces pailles-là là-dedans, la grandeur d'un matelas. Et pour que ça soye FLUFFY, il follait que t'étilles ça. (LOU – Rottet 2001 : 177, loc. âgée)

▶ *pour pas (que)*
- pis on se met un masque / euh / pour pas que personne nous connaisse (NÉ – Hennemann, ILM, MS)
- pour pas qu'i y aye des vers [dans les pommes] <…> faut qu'i les SPRAY (NB – Wiesmath 1, B : 601)
- i s'a caché en-dessous du lit [...] pour pas qu'i allent le trouver (IdlM – Falkert 2010, corpus : 392–393, p. 419, CD-ROM)

---

[35] *Cf. Pour que* est la « seule conjonction de subordination disponible » pour l'expression des rapports de but (Wiesmath 2006 : 155). – Pour le français de Manitoba, Hallion (2000 : 381s.) note l'emploi du subjonctif après *pour que*, les contre-exemples étant rares dans son corpus.
[36] Hennemann a dépouillé, à cette fin, les corpus de Wiesmath (2006), de *Découverte* (2003) et le *Dictionnaire* de Brasseur (2001).

- on voulait pas parler français avec notres enfants pour pas qu'eusse aouèye les mêmes tracas que nous-autres on avait dès que nous-autres avait été à l'école. (LOU – Rottet 2001 : 120, loc. âgée)
- fallait chercher de la glace après trois milles plus loin [...] pour pas elle soye fondue de trop (LOU – *Découverte*, Mamou, Évangéline)

Ce n'est que rarement qu'on relève des formes au subjonctif imparfait chez les « locuteurs âgés et uniquement néo-écossais » (Arrighi 2005 : 158 ; pour la BSM : Comeau 2011).
- J'avions point assez de bois scié pour que je purent faire une piastre. (NÉ – Gesner 1979a : 39, BSM)
- Puis là ils ont callé pour qu'il jouit une tune à Smiley Bates su le guitare. (NÉ – Comeau 2011 : 138, BSM)
- avait mis un banc dans le jardin pour que s'assisirent (NÉ – Arrighi 2005 : 175, Marcelin NÉ 2 : 329)
- i avont pris un mouchoir pis l avont amarré sus la goule pour pas qu'i juchit pis l avont té le mettre dans la forêt (NÉ – Arrighi 2005 : 175, Marcelin NÉ 2 : 190–192)
- [le cochon] il était touT passé sus l'eau bouillante pour / pour le faire le::/ pour qu'on pût arracher le poil là (NÉ – Arrighi 2005 : 158, Édith NÉ 22 : 9)

II.2.2 Dans les subordonnées de temps

Dans les subordonnées introduites par *avant (que)*, *mais que* et *jusqu'à (tant) que*, le subjonctif se maintient plus ou moins bien, selon la région et selon la référence temporelle.

Notons les tendances suivantes :
- Dans les régions les plus conservatrices, le subjonctif apparaît après *avant que* et *jusqu'à tant que* si le verbe de la principale est au présent (100 % NÉ-BSM, Comeau 2011 : 174), l'indicatif concurrençant le subjonctif si le verbe de la principale est à un temps du passé (indicatif : *avant que* – 50 % ; *jusqu'à tant que* – 80 %, *cf. ibid.*) ; après *mais que*, le subjonctif est de règle dans tous les cas de figure[37]. On observe les mêmes tendances dans le Sud-Est du NB (Arrighi 2005 : 159s., Wiesmath 2006 : 131s. ; 138ss.). Dans le corpus de Hennemann portant sur l'ILM (NÉ), par contre, le subjonctif n'apparaît guère plus après *jusqu'à tant que*[38] et *avant que* et l'indicatif est même prédominant après *mais que* avec trois attestations sur quatre (Hennemann 2014 : 137).
- À TN et en LOU, le subjonctif apparaît de manière aléatoire après *avant que* (*cf.* pour TN : Chauveau 1998 : 109). Après *jusqu'à tant que*, l'indicatif est de règle (*cf.* Chauveau 1998 : 108, Neumann-Holzschuh 2005b : 132). En LOU, on relève quelques occurrences du subjonctif après *jusqu'à que* chez les locuteurs âgés, bien que, chez eux aussi, l'indicatif soit toujours une option (*cf.* Rottet 2001 : 177). *Mais que* n'existe pas en FL.

Notons que contrairement au français parlé de France (Gadet 1992 : 98, Fournier 1998 : § 528, p. 356s.), l'indicatif prédomine largement après *après que* dans les parlers étudiés ici (ce qui correspond au FS) (*cf.* Arrighi 2005 : 160, Comeau 2011 : 132) ; dans ce cas, l'indicatif se maintient aussi dans d'autres parlers français nord-américains, tels le manitobain et le franco-ontarien[39].

---

[37] *Mais que* est attesté pour le parler des Îles-de-la-Madeleine par Naud (1999 : s.v. *mé que*) ; dans l'exemple indiqué dans son dictionnaire, c'est le conditionnel qui apparaît après *mé que*.
[38] De fait, il n'y a aucune attestation du subjonctif après *jusqu'à tant que* dans le corpus de Hennemann portant sur l'ILM (Hennemann 2014 : 137, note 180).
[39] *Cf.* Arrighi (2005 : 160), Hallion (2000 : 380) et Laurier (1989 : 116).

▶ avant (que)

- Pis avant que le document devienne officiel, avant que je présente ça à notre conseil administratif, il fallait que je le repasse à travers de l'équipe. (NÉ – Hennemann, ILM, BJ)
- Ça, ben, c'était avant que le carême commencit, je crois ben. (NÉ – Flikeid 1997 : 267)
- avant que l'hôpital de Saint-Antoine seye bâti là en avont pas du tout à Boutouche [sic] (NB – Arrighi 2005 : 159, Sarah NB 20 : 313–314)
- moi je veux pas d'enfant avec toi avant * tu prennes une assurance-vie (NB – Arrighi 2005 : 289, Catherine NB 19 : 500–501)
- avant qu'y ait eu des probytères là ben i veniont dire la messe les dimanches pis s'en retourniont BACK (NB – Arrighi 2005 : 159, Anne NB 10 : 561–563)
- pis là tu t'en menais avant que les officiers vienniont (NB – Wiesmath 2, F : 327)
- des fois tu marchais dix quinze vingt minutes avant que tu seyis rendu ioù ce que tu *startais* à travailler (NB – Wiesmath 2006 : 138, Wiesmath 3, D : 269)
- elle a dit que . que avant que/qu'elle soit/soit mariée pis après aussi elle lisait pour son frère André (ÎPÉ – Arrighi 2005 : 149, Aldine H. ÎPÉ 3 : 109–110)
- avant que je bâtisse la maison ici (IdlM – Falkert 2010, corpus : 150, p. 113, CD-ROM)
- I disent que ce sera comme ène … semaine et demi ou deux semaines encore avant qu'i séyont mûres. (TN – Brasseur 2001 : s.v. *être*, p. 190)
- On a pas eu d'estricité dans la maison avant que je soye en-dedans HIGH SCHOOL (LOU – Rottet 2001 : 177, loc. âgé)

▶ mais (que)

(« dès que », « une fois que », parfois « quand », occasionnellement « pourvu que », *cf.* le chap. « La subordination », II.1.8.) :

- Mais que tu seyes dans grade deux, tu pourras y aller. (NÉ – Comeau 2011 : 137, BSM)
- Je peux sortir pour trente jours c't été mais qu'il faise beau. (NÉ – Gesner 1984/85 : 100)
- mais que tu saves quoi ce qu'est le mot là tu me le diras (NB – Wiesmath 2006 : 132)
- mais tu dises à ton père regarde i mangeont des tétines de souris là ben tu diras ris pas c'est vrai (NB – Wiesmath 2006 : 132, Wiesmath 1, B : 111)
- […] mais qu'i vouliont tourner du bois i le *steamiont* [de l'angl. *to steam* « étuver »] là-dedans un alambic, i le mettiont pour le *steamer*, pour le mollir pour le tourner (TN – Brasseur 2001 : s.v. *alambic*, p. 11)

▶ jusqu'à tant (que), jusqu'à ça/ce que, en FL aussi : jusqu'à que

- Je vas rester icitte jusqu'à tant qu'on vienne me chercher. (NÉ – Gesner 1979a : 101, BSM)
- Ils l'aviont toute louté jusqu'à ça qu'ils vurent une goutte de sang rouge. (NÉ – Gesner 1979a : 39, BSM)
- [le] cochon restait suspendu là un bout de temps jusqu'à tant ça s'arrêtit de saigner (NÉ – Arrighi 2005 : 161, Édith NÉ 22 : 17–18)
- jusqu'à ce qu'on s'en revienne (NB – Wiesmath 2, F : 327)
- faut que tu bouilles l'eau […] jusqu'à ce que de l'eau seye sortie de dedans (NB – Wiesmath 2006 : 140, Wiesmath 2, E : 523)
- là jusqu'à tant que ça seye passé moi je suis de même moi là si quelqu'un est malade ben là faut que je save quoi-ce qu'il a (NB – Arrighi 2005 : 160, Évangéline M. NB 14 : 160–161)
- il a resté ici-là chez nous pour:/ jusqu'à tant qu'il seye mort (IdlM – Falkert 2010, corpus : 78–79, p. 329, CD-ROM)

- Tu coudais ça à la main ou à la machine jusqu'à que tu n'ayes assez grand pour couvrer un lit. (LOU – Rottet 2001 : 177, loc. âgée)

Commentaire
Dans l'ancienne langue, *avant que* est occasionnellement suivi de l'indicatif (Haase 1965 : 197) ; le subjonctif est de règle en français classique. On note une variation après *jusqu'à ce que/jusqu'à tant que* (Fournier 1998 : § 529s., p. 357, Gesner 1979a : 41).

Le subjonctif après *jusqu'à tant que* est relevé dans d'autres variétés nord-américaines de français, dont le FQ (GPFC, s.v. *jusqu'à tant que*), le français du Manitoba (Hallion 2000 : 381, à côté de l'indicatif), à Saint-Pierre-et-Miquelon (Brasseur/Chauveau 1990 : s.v. *jusqu'à tant que*), en franco-ontarien (Laurier 1989 : 117) (*cf.* Arrighi 2005 : 161, Comeau 2011 : 135s.).

II.2.3 Dans les subordonnées d'opposition et de concession

Le subjonctif joue un rôle marginal après les conjonctions exprimant des rapports de concession et d'opposition (*cf.* le chap. « La subordination », II.5., II.6.).[40]

Les conjonctions standard *bien que* et *quoique* ne font pas partie de l'usage acadien traditionnel. La conjonction la plus courante dans ce domaine – *quand même (ti) (que)* – et la conjonction synonyme, mais rare, *co(u)mment que*, sont régulièrement suivies de l'indicatif. Le subjonctif ne s'y est jamais établi.

Les locutions à caractère concessif *soit que...soit que* et *que...ou que* n'ont guère cours dans les parlers étudiés ici (pour la NÉ-BSM : Comeau 2011 : 178). La conjonction complexe *sans que* est rare.

▶ *que...ou que*
- Qu'il le save ou qu'il le save point. Moi, je lui ai point dit. (NÉ – Comeau 2011 : 178, BSM)
- les femmes des / des trentaines les femmes des cinquantaines se colorent les cheveux [...] que ça seye pour couvrir leur gris ou ajouter de/ plus de mèches ou:/ ou plus être blondes (NB – Arrighi 2005 : 150, Michelle NB 16 : 305–306)
- Le monde ... qu'i seit rouge ou noir ... tout en grand est bon pour moi, c'est toute du monde. (TN – Chauveau 1998 : 108)

▶ *sans que*
- il a appris à tirer de la flèche . avait (...) sans qu'i puit tuer avec sa flèche (NÉ – Arrighi 2005 : 175, Marcelin NE 2 : 92–93)
- sans qu'on veuille beaucoup de froid (IdlM – Falkert 2010, corpus : 142, p. 26, CD-ROM)
- Et on veillait le mort, bien sûr. On aurait jamais laissé le mort sans que quelqu'un soit là. (LOU – DLF 2010 : s.v. *sans*, p. 570, TB)

---

40 Pour le franco-manitobain, Hallion (2000 : 382) constate que l'indicatif est de règle dans ce contexte.

II.2.4 Après les locutions conjonctives hypothétiques

Les conjonctions complexes *à moins que*, *en tout/tous cas que* (NÉ/NB/TN/LOU[41]), *d'abord que* (NÉ, LOU)[42], *autrement que* (LOU) peuvent être suivies du subjonctif ; mais ce sont l'indicatif et le conditionnel qui prédominent (Comeau 2011 : 141, Rottet 2001 : 177) (*cf.* le chap. « La subordination », II.7.).

▶ *à moins que* (= FS) « sauf si »
- non ça y dit pas trop tu sais là à moins qu'i seye quelque chose de spécial (NB – Wiesmath 7, O : 87) (« no he doesn't like it too much unless there's something special », trad. Wiesmath)

▶ *en (tout) cas que* « au cas où »
- Oh, en tout cas qu'il s'en vienne ? (NÉ – Comeau 2011 : 141, BSM)
- En tout cas qu'i vienne. (NÉ – É. Boudreau 1988 : 77)

- Il avront un couteau au ras ieux sus la table [...] en tous cas qu'y en ait iun qui faisait son croche ac les cartes. (TN – Brasseur 2001 : s.v. *croche*, p. 135)
- Is donniont le nom et pis l'eau en cas qu'il arrive ène affaire, qu'i moure. (TN – Chauveau 1998 : 108)

▶ *d'abord que* « pourvu que »
- Tu peux venir, d'abord que tu sois tranquille. (LOU – DLF 2010 : s.v. *d'abord*, p. 179, LF)

▶ *autrement que* « sauf que »
- autrement qu'on aye une licence (LOU – Guilbeau 1950 : 263)

Commentaire
À moins que relève de la langue standard et est peu courant dans les parlers concernés ici. Présent également dans d'autres parlers d'outre-Atlantique, il est suivi, en manitobain, par ex., majoritairement de l'indicatif, plus rarement du subjonctif (Hallion 2000 : 383). Pour ce qui est du tour *en (tout/tous) cas que*, Brasseur (2001 : s.v. *cas*, p. 95) note que la locution, appartenant à la langue classique et vieillie aujourd'hui, est régulièrement suivie du subjonctif en FS. À TN, *en (tous) cas que* gouverne soit l'indicatif, soit le conditionnel, soit le subjonctif.

II.3 Le subjonctif dans la proposition principale

Dans les parlers étudiés ici, le subjonctif n'est pas courant dans la proposition principale.

Pour le FL, Rottet (2001 : 178) signale des occurrences du subjonctif dans la proposition principale pour exprimer un souhait. L'exemple cité ci-dessous a été relevé chez un locuteur âgé ; nous le citons avec toutes les réserves requises car il s'agit en l'occurrence d'une formule fortement figée, empruntée au langage de l'Église. De même, Conwell/Juilland (1963 : 191) notent dans leur étude plutôt ancienne des occurrences du subjonctif pour exprimer un souhait (Conwell/Juilland parlent d'un exclamatif) ; notons que l'un des exemples indiqués

---

41 Les exemples fournis par le DLF (2010 : s.v. *cas*, p. 111) sont tous à l'indicatif.
42 *D'abord que* est également attesté dans le corpus madelinien de Falkert (2010), où il est suivi du futur.

par Conwell/Juilland semble être repris tel quel au « Notre Père » et ne peut pas être pris en compte.
- Il est mort asteur, que le Bon Dieu aye pitié de son âme. (LOU – Rottet 2001 : 178, loc. âgé)
- Et comme de quoi comme ça arrive, que t'ayes un avartissement là, c'est de quoi que t'oublies jamais (LOU – Rottet 2001 : 178, loc. âgée)

Rottet (2001 : 178) signale aussi qu'une étude réalisée par Trappey (1940 : vii) dans la paroisse d'Ibéria atteste l'usage du subjonctif en tant qu'impératif. Il s'agit d'un usage isolé, non relevé ailleurs en LOU (Rottet 2001 : 178). Ajoutons que le corpus de Hennemann (2014) atteste également l'usage du subjonctif en tant que forme de l'impératif :
- pis suis avec toi qu'i dit aïe pas peur. I dis viens-t'en avec toi. (NÉ – Hennemann, ILM, IS)
- Disions pas ça. (LOU – Rottet 2001 : 178, reprenant Trappey 1940 : vii)
- T'en ailles pas. (LOU – Rottet 2001 : 178, reprenant Trappey 1940 : vii)

II.4 Le subjonctif dans la proposition relative

Dans les variétés étudiées ici, l'indicatif est de règle dans la relative, indépendamment de la structure donnée[43]
Les occurrences du subjonctif dans les relatives suivantes sont sans doute des cas d'hypercorrection :
- acceptons aussi la lumière que les autres puissent nous donner (NB – Wiesmath 12, X : 159)
- parfois c'est bon de savoir que i y a encore d'autres qui … aillent encore à la messe (NB – Wiesmath 11, U : 162)

III Les stratégies de remplacement et d'évitement du subjonctif

Les stratégies suivantes sont mises en œuvre pour remplacer ou éviter le subjonctif :
- Le recours à l'indicatif, notamment dans les cas où il importe de préciser un moment dans le temps (le passé ou le futur).
- L'emploi du conditionnel, dans les cas où il s'agit d'exprimer une modalité (possibilité, insécurité, crainte ; hypothèse).
- L'emploi de l'infinitif, surtout dans les cas où le sujet de la subordonnée et celui de la principale sont identiques.

Commentaire
Ces stratégies visant à éviter le subjonctif ont été notées pour le non-standard hexagonal, non seulement dans la langue populaire, mais aussi « dans un oral familier » (Gadet 1992 : 89). Dans les contextes qui requièrent

---

[43] Dans certains cas de figure, le FS requiert l'emploi du subjonctif dans une proposition relative déterminative (*cf.* Chevalier et al. 1964 : § 243, p. 160).

en FS l'emploi du subjonctif, il est toujours possible de trouver l'indicatif présent (*malgré qu'il est là*), l'imparfait (*il se peut qu'il voulait dire autre chose*), le futur (*souhaiterons qu'il viendra, je doute qu'il saura, j'ai peur qu'il criera*) et surtout le conditionnel (*ibid.* : 88s.)[44].

III.1 L'indicatif

Le recours à l'indicatif est le moyen le plus courant pour éviter le subjonctif[45].

III.1.1 L'indicatif présent

L'indicatif employé au lieu du subjonctif confère à la proposition subordonnée davantage d'autonomie ; cette indépendance relative devient encore plus nette dans les cas où le subordonnant *que* est omis. La structure complexe a ainsi un caractère moins cohésif, la subordination n'existant plus qu'au niveau sémantique sans marque ouverte (pour la subordination implicite, *cf.* le chap. « La subordination », I.4.1.).

▶ *il faut*
- pis sont un beau bouT, faut qu'ils travaillont là-bas aux États. (NÉ – Hennemann, ILM, EL)
- [...] avant vous marier vous devrez euh faut que vous sortez ensemble (NB – Arrighi 2005 : 153, Angèle NB 13 : 221–222)
- Faut que tu prends la gaffe pour la monter à bord. (TN – Brasseur, hors corpus)
- il faut tu vas vider ton pot de chambre (LOU – *Découverte*, Mamou, Évangéline)
- ça, faut que tu le vends vivant, *though* (LOU – *Découverte*, Isle Jean Charles, Terrebonne)

▶ **Verbes à caractère volitif**
- Parce que je veux pas qu'i rentront avec des cigarettes. (NÉ – Hennemann, ILM, CL)
- elle a dit « toi je veux pas tu viens pace que tu nous causeras ien que du tort [...] » (NÉ – Arrighi 2005, corpus, Marcelin NÉ 2 : 89–90)
- ben c'est ma directrice qui veut que je viens (NB – Arrighi 2005 : 153, Catherine NB 19 : 170)
- [Dans un conte.] J'ai un pet [pɛt] là en dedans de la bouteille, pis i dit je veux que tu fais un nœud dans ce pet [pɛt]-là. (TN – Brasseur 2001 : s.v. *pet*, p. 344)
- je veux pas qu'ils venont me tuer non ... j'aime pas ils venont me tuer (LOU – Stäbler 1995 : 66, corpus)
- Je veux qu'ils sont contents. (LOU – Rottet 2001 : 248) (locuteur amérindien)

---

44 En ce qui concerne d'autres variétés transatlantiques, les stratégies de remplacement du subjonctif sont également courantes. Notons par ex. pour le manitobain l'apparition de l'indicatif (présent, imparfait, passé composé, futur périphrastique) et du conditionnel (présent et passé) à côté de rares emplois du subjonctif dans les domaines affectif et dubitatif (Hallion 2000 : 378s.).
45 À la BSM (NÉ), le subjonctif apparaît dans 100 % des cas après quelques verbes et expressions clé (*il faut, aimer, vouloir, pour que*) (Comeau 2011) ; dans les autres régions, il n'y a pas de domaine où le remplacement du subjonctif par l'indicatif soit impossible. En LOU, l'affaiblissement du subjonctif concerne même l'usage traditionnel (*cf.* Rottet 2001 : 174).

▶ **Verbes et expressions à caractère affectif ou qui portent un jugement**
- Oh, j'uis assez contente que t'es ici. (NÉ – Hennemann, ILM, MS)
- j'ai peur qu'i y en a une qui se casse (NB – Wiesmath 2, E : 539)

▶ **Verbes et expressions à caractère dubitatif (*cf.* les remarques en II.1.4.)**
- Je crois point qu'y en a de soixante à soixante et dix ans qui parlont point anglais. (NÉ – Gesner 1979a : 40, BSM)
- Je crois pas que c'est pécher de travailler dimanche. (NÉ – Hennemann, ILM, AnS)
- [...] pis je doute ben qu'i allont le faire ça va être moi plutôt qui va aller là (NB – Arrighi 2005 : 180, Zélia NB 17 : 372–376) (Arrighi 2005 : 181 voit dans cette construction une interférence avec le verbe anglais *to doubt*.)
- Je crois pas je fais une *mistake* de dire [...] (LOU – *Découverte*, Isle Jean Charles, Terrebonne)

▶ *pour (pas) que*
- Pour que dans vingt ans on peut se dire on a cent pour cent de français. (NÉ – Hennemann, ILM, BJ)
- tu diras au garçon du roi qu'il attelle son meilleur cheval pis le meilleur caboroit pour qu'i vient me chercher (NÉ – Arrighi 2005 : 153, Marcelin NÉ 2 : 30–31)
- pour que l'eau peut sortir (NB – Wiesmath 1, B : 203)
- mais le bon Dieu i a fait ça pour ça.. pour que le monde s'en sert (IdlM – Falkert 2010, corpus : 56–57, p. 191, CD-ROM)
- et ils vouliont le monde met / élève des bêtes pour manger le riz rouge . pour pas que ça va dedans le riz blanc tu sais (LOU – Stäbler 1995 : 54, corpus)

▶ *avant que*
- avant ça se finit tu t'auras aperçu que [...] (LOU – Stäbler 1995 : 214, corpus)
- Avant il fait son jardin. (LOU – DLF 2010 : s.v. *avant²*, p. 49) (« Before he plants his garden. »)

▶ *à moins que*
- on en voit pas beaucoup asteure . ces affaires-là à moins qu'on sait pas je crois ben (NB – Wiesmath 1, R : 358)

La *concordance des temps* n'est pas toujours respectée, de sorte qu'après un verbe introducteur au passé, c'est l'indicatif présent qui peut apparaître, même chez les locuteurs âgés et bien familiarisés avec la langue (Rottet 2001 : 175s.)[46]. Selon Rottet (2001 : 175s.; *cf.* aussi Chauveau 1998 : 108), l'absence de la concordance des temps est à elle seule déjà une marque de modalisation : le choix de l'indicatif présent dans les contextes qui demanderaient l'emploi du subjonctif confère à l'indicatif un caractère « a-temporel », voire « irréel » qui l'apparente d'autant du subjonctif. Le présent, forme défective (dans la mesure où elle ne comporte aucun indice temporel), serait donc tout à fait comparable au subjonctif, qui serait « sous-jacent » à

---

[46] Pour le franco-manitobain, Hallion (2000 : 377) observe que « quel que soit le temps de la principale, l'indicatif présent est très largement employé dans la subordonnée. »

l'emploi de l'indicatif présent dans ces cas (Rottet 2001 : 176) ; les fonctions modale et syntaxique du subjonctif restent donc, à un certain degré, enracinées dans la conscience linguistique, même si elles ne s'expriment pas nécessairement par la morphologie du subjonctif.

- j'ai décidé là j'allais rester icitte j'ai arrangé ça là là-bas jusqu'à tant que je peux (NB – Arrighi 2005 : 153, Évangéline M. NB 14 : 91–92)
- en ce temps-là tu pouvais pas acheter un SUIT touT faiT fallait tu fais faire ta/ ta SUIT (ÎPÉ – Arrighi 2005 : 153, Délima ÎPÉ 5 : 27–28)
- Et si tu voulais planter, la journée était bonne à planter cette journée-là, il follait qu'tu vas faire les trous pour mettre tes graines le soir d'avant. (LOU – Rottet 2001 : 176, loc. âgée)
- c'était longtemps avant que je me marie (LOU – *Découverte*, Pointe-aux-Chênes, Terrebonne, Rottet 2001 : 176, loc. âgé)
- Et un matin alle s'a levé et il faisait froid, mais avant qu'alle peut allumer le *stove*, il fallait qu'alle ôte la glace d'en haut (LOU – *Découverte*, Pointe-aux-Chênes, Terrebonne)

III.1.2 Les temps du passé

Si la référence se trouve dans le passé, l'apparition d'un temps verbal correspondant est très courante dans tous les parlers étudiés ici, même dans les régions les plus conservatrices. Mais ajoutons que dans les domaines centraux du subjonctif (*faut que, vouloir que, pour (pas) que*), celui-ci reste prédominant.

▶ L'imparfait

Les parlers étudiés ici peuvent recourir à l'imparfait ou au passé composé (*cf.* ci-dessous) au lieu du subjonctif pour situer un événement dans le passé[47].

Quant aux occurrences de *(il) faut* [ifo]/[fo] dans un contexte passé, nous rappelons que ce tour fortement figé sert principalement à signaler la modalité déontique, alors qu'il incombe au verbe de la subordonnée de situer l'événement sur l'axe temporel.

(il) faut/fallait
- pis longtemps après ça faut qu'elle allait à l'hôpital à Saint-Jean (NB – Arrighi 2005 : 153, Zélia NB 17 : 94)
- faut que ça allait pus vite (IdlM – Falkert 2010, corpus : 383, p. 465, CD-ROM)
- Faulait que t'avais ton âge avant que tu pouvais bouger de chez vous. [...] (TN – Brasseur 2001 : s.v. *âge*, p. 9)
- Eh ben, à travers de la plairie là, on allait rencontrer le GANG là-bas pour couper les cannes ... Follait qu'on **allait** là éiou-ce qu'eusse était après couper, et follait qu'on marche là, et follait qu'on soye là à l'heure de commencer. (LOU – Rottet 2001 : 176, loc. âgé)
- Faut que j'allais chercher d'l'eau au ruisseau. (LOU – Charles 1975 : 113)
- Et faut que là c'était un avertissement (LOU – *Découverte*, Pointe-aux-Chênes, Terrebonne)

---

[47] Rottet (2001 : 252) note à juste titre qu'en FL, il n'est pas toujours facile de distinguer une forme de l'imparfait d'une occurrence de l'infinitif, dès lors que dans cette variété, on ne distingue pas l'*é* fermé et l'*è* ouvert en finale ; c'est l'*é* fermé qui apparaît dans les deux cas (*parler, il parlait* [parle]) (*cf.* le chap. « Les temps du passé », II.1.1.).

Verbes à caractère volitif
- La mère de la fille là voulait pas asteure qu'a marissait un homme qui tait pauvre. A voulait asteure qu'a mariait un homme qui tait tout à fait [tut a fɛt] riche avec en masse de l'argent. (TN – Brasseur 2001 : s.v. *marier*, p. 290)
- Il voulait pas que les enfants jurait (LOU – Rottet 2001 : 178, loc. âgée)

pour (pas) que
- son père (...) l'a tout le temps tient sus la ferme pour pas qu'i allait à la guerre (NB – Arrighi 2005 : 153, Annie NB 10 : 68–69)
- Alle faisait ça tout pour que ça pouvait *match*. (LOU – *Découverte*, Pointe-aux-Chênes, Terrebonne)

avant que
- j'étions encore chez mon grand-père avant que notre maison était bâ / euh / construit. (NÉ – Hennemann, PUB, ID)
- [...] et tous les dimanches, avant la messe, avant qu'on allait à l'église il passait et il avait de la viande qu'était tout arranjhée. (LOU – Rottet 2001 : 178, loc. âgé)

jusqu'à tant que, jusqu'à (que)
- J'ai été à l'école jusqu'à tant que j'avais un grade neuf (NÉ – Gesner 1979a : 40, BSM)
- [À propos d'une jument]. A voulait pas aller hein ! Pis faulait qu'i la pinçait par le nez jusqu'à tant qu'a tombait sus ses genoux, pis là a tait O.K. Mais a venait assez têtuse là ! (TN – Brasseur 2001 : s.v. *têtuse*, p. 444)
- on aurait mangé les écrevisses jusqu'à on avait assez (LOU – *Découverte*, Châtaignier, Évangéline)

▶ Le passé composé et le plus-que-parfait

Le passé composé marque dans un premier temps l'aspect accompli, mais il sert aussi à marquer l'antériorité dans le temps (*cf.* le chap. « Les temps du passé », III.2.). Il peut également apparaître dans ces fonctions dans des contextes qui exigeraient en FS l'emploi du subjonctif ; c'est le cas par ex. après les conjonctions subordonnantes *avant que* et *jusqu'à (tant) que* pour se référer à des événements réalisés dans le passé. L'indicatif est la règle dans ce contexte[48].

avant que
- Avant qu'on a eu une radio communautaire... (NÉ – Hennemann, ILM, BJ)
- Je savions pas faire de bière avant que les Français a venu par ici. [...] (TN – Brasseur 2001 : s.v. *zeux*, p. 477)
- ils avaient beaucoup miséré avant qu'ils ont pu revenir (LOU – *Découverte*, Pointe Noire, Acadia)

jusqu'à (tant) que
- quand qu'on s'a marié on a vi dans une: / une euh dans un MINIHOME pour jusqu'à tant qu'on a eu notre fille (NB – Arrighi 2005 : 161, Angèle NB 13 : 230–231)
- mais il jouait en cachette de son défunt père jusqu'à il a appris à jouer (LOU – *Découverte*, Church Point, Acadia)

---

[48] Pour une discussion de la « contrainte temporelle » (*tense constraint*), *cf.* les observations de Comeau (2011 : 136).

Après *avant que* et selon la succession des événements dans le temps, on trouve parfois aussi le plus-que-parfait.
- Elle tenait école euh, avant qu'ils avoint été à Boston. (NÉ – Comeau 2011 : 175, BSM)

Notons que le passé composé s'emploie aussi dans d'autres contextes lorsqu'il est fait référence au passé, par exemple dans le domaine affectif :
- ça m'étonne qu'on l-a pas mouru (NB – Arrighi 2005 : 153, Annie NB 10 : 305–306)[49]
- « Je suis assez content tu l'as fait danser parce que, » elle dit, « il aime, il aime ça » (LOU – *Découverte*, Mamou, Évangéline)

III.1.3 Le futur

On relève le futur périphrastique ainsi que le futur simple dans les contextes qui exigeraient en FS l'emploi du subjonctif, dès qu'il s'agit de renvoyer à des événements à venir, indépendamment du verbe introducteur et du degré de probabilité d'une réalisation ultérieure.

Signalons que par sa nature, le futur oscille entre temps et mode. Rappelons aussi les problèmes d'analyse qui peuvent naître du syncrétisme formel du futur et du conditionnel (*cf.* les chap. « Le conditionnel », I.2., « Le futur », I.1.).

Comme nous l'avons souligné pour les exemples au passé, *(il) faut* peut ici aussi être inséré tel quel, même en référence à des événements à venir.

▶ *(il) faut*
- S'i y a du beau temps dimanche faut qu'i sorteront. (NÉ – Hennemann, ILM, EL)
- faudrait pas […] qu'a voira pis j'y montre ça (NÉ – Hennemann, ILM, IS)
- Faudrait que vous vivrez sus six cents par jour. (TN – Chauveau 1998 : 110)
- Il faut qu'eusse va être là pour midi. (LOU – Rottet 2001 : 250, semi-locuteur)

▶ **Verbes volitifs**
- Je voudrais qu'i me parleront toute anglais. (TN – Chauveau 1998 : 110)

▶ **Verbes de sentiment ou de jugement**
- J'sont contente, M. l'Éditeur, que les femmes pourront voter bientôt. (NÉ – *Lettres de Marichette*, Gérin/Gérin 1982 : 162)
- moi j'ai peur je vas pas apprendre la même, le *main important thing* (LOU – *Découverte*, Mamou, Évangéline)

▶ **Domaine dubitatif**
- So tu crois point que tu vas rester dans Clare pour le restant de ta vie ? (NÉ – Comeau 2011 : 161, BSM)
- Mais je crois pas que ça va travailler (NÉ – Comeau 2011 : 163, BSM)
- je pense pas qu'i y aura jamais une personne sus la terre qui peut dire […] (NB – Wiesmath 10, X : 150)

---

49 Pour le *l* « euphonique », *cf.* le chap. « Liaison et agglutination », I.3.4.

- si t'en manges euh troises par jour euh pour euh vingt ans euh grande possibilité que tu vas/ tu vas avoir du cholestérol dans ton sang (NB – Wiesmath 2006 : 245, Wiesmath 12, N : 148)
- Je crois pas ça va arriver ça comme ça (LOU – *Découverte*, Mamou, Évangéline)

▶ *hormis que*
- Je pouvons pas aller hormis que j'arons 4 quinteaux de morue sur le dos. (TN – Chauveau 1998 : 110)

▶ *pour (que)*
- Allons parler anglais à nos enfants pour quand ils vont commencer l'école, eusse pourra apprendre plus vite. (LOU – Rottet 2001 : 121, loc. âgé)

▶ **Dans la proposition relative**
- i y a / c'est la seule qui pourra rester (NB – Wiesmath 2, F : 654)

En ce qui concerne le futur périphrastique, retenons qu'il est également employé si l'événement en question n'est pas situé dans l'avenir, mais qu'il s'agit seulement de rendre la note modale ; c'est le cas par ex. pour le tour fréquent *c'est rare que*, souvent suivi du futur périphrastique, mais aussi dans d'autres contextes, notamment en FL :
- ej fais des stages RIGHT pis/toutes les fois que jentre dans la HIGHSCHOOL/pas/c'est rare que tu vas entend' du français [...] (NÉ – Fritzenkötter 2015 : 98, BSM)
- c'est rare que tu vas voir . quelqu'un là qui va/ (IdlM – Falkert 2010, corpus : 90–91, p. 317)[50]
- l'eau montait un peu plus que s/ asteur . c'est rare tu vas voir l'eau monter (LOU – Stäbler 1995 : 24, corpus)
- c'est bien rare tu vas entendre un a coupé l'autre (LOU – Stäbler 1995 : 61, corpus)
- Je veux pas que tu vas être dedans une chambre pour toi tout seule (LOU – *Découverte*, Mamou, Évangéline)

III.2 Le conditionnel

Si le conditionnel (présent ou passé) apparaît au lieu du subjonctif, c'est souvent – mais non nécessairement – par attraction modale, l'emploi du conditionnel dans la subordonnée étant « motivé » par le conditionnel de la principale[51].

Selon Wiesmath (2006 : 179), le choix du conditionnel au lieu du subjonctif s'explique par le caractère plus nettement modal du conditionnel, en particulier par sa capacité à marquer plus explicitement « le caractère hypothétique de l'action ».

Tandis que le phénomène semble bien répandu en FA et en FTN, pour le FL, il faut tenir compte de l'âge du locuteur. Le conditionnel remplace fréquemment le subjonctif dans le parler des locuteurs les plus âgés (Rottet 2001 : 178 ; 186 ; 248). Les locuteurs jeunes, par

---

50 Dans le corpus de Falkert (2010), *c'est rare* est suivi soit du subjonctif, soit de l'indicatif (imparfait, présent, futur périphrastique).
51 *Cf.* pour l'Acadie des Maritimes : Arrighi (2005 : 168) ; pour le NB : Wiesmath (2006 : 175) ; pour la LOU : Rottet (2001 : 186 ; 248). *Cf.* le chap. « Le conditionnel », II.1.3.

contre, préfèrent l'emploi de l'indicatif ou bien ils optent pour la construction infinitive introduite par [pur], provenant soit du subordonnant *pour*, soit du conditionnel de la 3ᵉ pers. sg. *pourrait* (*cf.* Rottet 2001 : 255–257 ; 261) (*cf.* le chap. « Les formes nominales du verbe », III.2.).

▶ *(il) faut*
- pis i mangeait pas coumme faudrait qu'i ariait eu (NÉ – Hennemann, ILM, IS)
- asteure faurait qu'il irait coumme à Fredericton pour avoir des papiers. (NB – Wiesmath 2, E : 412)
- faurait que je prenrais ma retraite (IdlM – Falkert 2010, corpus : 34–35, p. 190, CD-ROM)
- faurait que ça serait fait (IdlM – Falkert 2010, corpus : 90, p. 194, CD-ROM)
- Faut que tu la rentrais pis que tu l'arais laissée 4 ou 5 jours dans le magasin, à suer (TN – Chauveau 1998 : 109)[52]
- faut je sors dessus la galerie pour la barrer [la porte]. là faurrait je marcherais d'en bas et puis revenir (LOU – Stäbler 1995 : 65, corpus)
- I' fau'rait que j'aurais de l'argent. (LOU – Guilbeau 1950 : 223, Papen/Rottet 1997 : 99)

▶ **Domaine volitif**
- Et j'aimerais t'arais entendu ce qu'a nous a dit à ma belle-sœur, tu sais, dans les vieux temps [...] (NÉ – Hennemann, ILM, EL)
- M. Véritas, kerjé, voudrait que je metterait mon vieux Pite dans l'ombre [...] (NÉ – *Lettres de Marichette*, Gérin/Gérin 1982 : 163)
- je voudrais pas qu'elle ferait un fricot au lapin (NB – Wiesmath 1, B : 519)
- je sais que ma fille aimerait ça que j'irais par là là (NB – Arrighi 2005 : 168, Zélia NB 17 : 382)
- qu'est-ce ça serait d'autre que tu voudrais que je dirais (NB – Arrighi 2005 : 168, Zélia NB 17 : 46–47)
- Jh'aimerais que je pourrais en parler dix, des langages. (LOU – Rottet 2001 : 186, loc. âgé)
- J'aimerais que ça pourrait revenir comme c'était dans le vieux temps (LOU – *Découverte*, Pointe-aux-Chênes, Terrebonne)

▶ **Domaine dubitatif**
- ben si tu penserais qu'on s'arait manquer l'un à l'autre cause qu'on était une grosse famille ben non (NB – Arrighi 2005 : 169, Zélia NB 17 : 173–174)

▶ **Verbes de sentiment ou de jugement**
- i pouvait le faire mais ça serait pas drôle qu'i le ferait par rapport . des/ des musiques de quoi de même (ÎPÉ – Arrighi 2005 : 168, Rose ÎPÉ 7 : 187–188).
- Mon papa a eu peur [qu']il aurait peut-être été [trop] malade. (LOU – Conwell/Juilland 1963 : 154 ; les auteurs notent seulement une occurrence de ce phénomène de remplacement par le conditionnel passé.)
- Il avait peur les rats ou les souris auraient peut-être coupé ou vouloir rentrer. (LOU – *Découverte*, Mamou, Évangéline)

---

[52] Dans cet exemple, le conditionnel passé n'exprime pas l'hypothèse, mais marque l'aspect habituel tout comme l'imparfait, *cf.* le chap. « Le conditionnel », II.2.2.

▶ **Constructions finales**
- je pense que les propriétaires pourraient faire en sorte que leurs employés seraient bilingues à cause de la demande francophone de nos régions (NB – Arrighi 2005 : 168, Suzanne NB 11 : 161–164)

Commentaire

De tout temps, le subjonctif a été concurrencé par le conditionnel en français hexagonal (Brunot/Bruneau 1949 : 368) et ailleurs. Le phénomène d'attraction modale, c.-à-d. l'apparition du conditionnel au lieu du subjonctif après une introduction au conditionnel, est attesté en FTN et dans certaines variétés laurentiennes du français, tels le FQ, le franco-ontarien et le manitobain[53].

Cf. par ex. pour le FQ :
- Mais quand c'est le temps d'arrêter, faudrait qu'y arrêterait. (Québec, Corpus Estrie, VI, 119,5 – Neumann-Holzschuh 2000 : 260)
- Ça serait ben à conseiller qu'y parleraient mieux anglais. (Québec, Corpus Estrie, VI, 3,12 – Neumann-Holzschuh 2000 : 260)

En Acadie, le phénomène est attesté dès la fin du XIXe s. (Arrighi 2005 : 169). En français parlé moderne, le conditionnel est souvent préféré au subjonctif lorsqu'il s'agit d'insister sur l'éventualité : « *supposons que je voudrais, à moins que j'aurais su* » (pour le langage populaire, Gadet 1992 : 88s. ; *cf.* aussi Wiesmath 2006 : 233).

III.3 Constructions alternatives

Le subjonctif peut être évité si la complétive est remplacée par une subordonnée circonstancielle, introduite par ex. par *quand* ou *si* (III.3.1.) ou par une construction non finie (III.3.2.).

III.3.1 Évitement de la complétive

L'une des stratégies d'évitement du subjonctif peut être d'introduire la subordonnée par une conjonction différente, notamment *quand* ou *si* :
- Euh / j'uis / j'uis pas / euh / je ne suis pas trop contente quanT / euh / par exemple si on dit « I/ il faut que tu alles ». (NÉ – Hennemann, ILM, MS)
- Je suis contente s'il a pu rencontrer elle. (LOU – Conwell/Juilland 1963 : 154, Rottet 2001 : 178)
- Je doute si i va venir. (LOU – Phillips 1936 : 61, Rottet 2001 : 179)

Le procédé est également signalé pour d'autres parlers d'outre-Atlantique, dont le franco-ontarien (Laurier 1989 : 116) :
- J'aime quand i'met de la musique. (ONT – Laurier 1989 : 116)
- Ce serait important si tout le monde pourrait croire. (ONT – Laurier 1989 : 116)

---

53 *Cf.* Seutin (1975 : 302), Neumann-Holzschuh (2000 : 259s.), Hallion (2000 : 375s.), Brasseur (2001 : XLVI), Arrighi (2005 : 169).

III.3.2 L'infinitif
(pour plus de détails, *cf.* le chap. « Les formes nominales du verbe »)

Une construction infinitive peut également servir à éviter le subjonctif.
- L'infinitif est obligatoire avec les verbes modaux s'il y a correspondance de sujet entre la subordonnée et la principale (*vouloir, devoir, pouvoir*).
- La construction infinitive est optionnelle, mais fréquente avec *falloir* (*cf.* Arrighi 2005 : 165).
    - Pis là fallait aller à la chasse aux caribous, [...] (NÉ – Hennemann, BSM, RL)
    - ben fallait avoir de la misère si on voulait . si on voulait vivre (NB – Arrighi 2005 : 165, Annie NB 10 : 452)
    - si tu voulais sortir du village même pour aller magasiner fallait savoir l'anglais (ÎPÉ – Arrighi 2005 : 165, André ÎPÉ 12 : 154–156)
    - i s'ont beaucoup intéressés à nous-autres là faut / faut apprécier ça (IdlM – Falkert 2010, corpus : 29–30, p. 279, CD-ROM)
    - Faulait yi donner la main à tout sus la ferme [faʀm], [...] (TN – Brasseur 2001 : s.v. *main*, p. 285)
    - fallait faire ça encore le soir (LOU – Stäbler 1995 : 10, corpus)

    Faut avec sujet personnel et infinitif (*cf.* ci-dessus II.1.1.) :
    - Ça faut être là pour midi. (LOU – Rottet 2001 : 261, semi-locuteur jeune) (« Il faut qu'ils soient là à midi. », « Ils doivent être là à midi. »)

    cf. en franco-ontarien :
    - Tu faut pas parler aux gens. (ONT – Laurier 1989 : 116)

- Les conjonctions (*avant de, après, pour, sans*, etc.) admettent des constructions infinitives à condition que le sujet de la subordonnée corresponde à celui de la principale. La construction *pour* + infinitif est un moyen privilégié d'expression du but (*cf.* Arrighi 2005 : 158).
    - i l'avont vendu presque pour rien pour avoir de l'argent pour boire (NÉ – Arrighi 2005, corpus, Marcelin NÉ 2 : 243–244)
    - c'est une jeune plante hein <hein> si t'attends trop longtemps avant d'aller la ramasser alle/ ça vient / ça vient gros <trop grosse> pis ça vient trop dur là. (NB – Wiesmath 2006 : 235, Wiesmath 1, R : 163)
    - alors euh : c'est définitivement pour goûter à la culture à la nourriture voir comment les gens sont et pis c'est/ c'est ça qui me plaît le plus de voyager (NB – Arrighi 2005 : 158, Rachelle NB 1 : 14–16)
    - asteure y avait un bon endroit . pour mettre le bateau/ le BOAT à l'abri (ÎPÉ – Arrighi 2005 : 158, Théodore ÎPÉ 4 : 3–4)
    - T'aurais acheté ton ticket pour aller danser. (LOU – *Découverte*, Leleux, Vermilion)

- Avec les conjonctions *pour* et *sans*, on relève des propositions infinitives avec sujet explicite en FTN et en FL (pour une analyse détaillée du procédé, *cf.* Rottet 2001 : 249–255). Notons qu'en FL, la proposition infinitive introduite par *pour* apparaît également en dehors du contexte final ; le verbe *vouloir* permet notamment des constructions infinitives introduites par *pour, à, de* ou sans préposition introductrice – Rottet (2001) explique ces constructions innovatrices par l'étiolement linguistique (*cf.* chap. « Les formes nominales du verbe », III.2.).

Le conditionnel

Préliminaires

I	**Aspects morphologiques**
I.1	Spécificités concernant le radical
I.2	Spécificités concernant la désinence
I.3	Remarques sur la formation du conditionnel passé/composé et du conditionnel surcomposé
II	**Les emplois du conditionnel**
II.1	Emplois modaux
II.1.1	Le conditionnel dans les structures hypothétiques
II.1.2	Le conditionnel comme moyen d'atténuation
II.1.3	Le conditionnel remplaçant le subjonctif
II.2	Emplois temporels
II.2.1	Le futur dans le passé
II.2.2	L'habitude dans le passé
II.3	Emplois du conditionnel surcomposé
III	**Observations finales**

Le conditionnel

Préliminaires

Le conditionnel constitue une forme particulièrement complexe sous l'angle aussi bien morphologique que syntaxique et sémantique. D'importants processus de régularisations morphologiques, de restructurations syntaxiques et de réanalyse sont actuellement en plein déroulement, notamment en FL (*cf.* Rottet 2011, *cf.* ci-dessous, III). Au terme de ces changements, les formes et l'emploi du conditionnel dans les variétés étudiées différeront sensiblement de l'usage hexagonal. Certains des processus qu'on présentera ci-dessous semblent restreints aux régions où le français se trouve en situation minoritaire accentuée.

I Aspects morphologiques

Parmi tous les temps et modes verbaux, le conditionnel « présente sur le plan désinentiel la situation la plus complexe » (Gesner 1985 : 17)[1]. À côté des formes standard, on relève une multiplicité de formes vernaculaires, dont une partie est également attestée dans le non-standard hexagonal, de sorte qu'on se trouve face à un polymorphisme difficilement classifiable, où chaque forme a sa propre histoire.

I.1 Spécificités concernant le radical

La variation allomorphique est considérable.
– On remarque une forte tendance à la régularisation du paradigme. Dans tous les groupes verbaux, mais notamment le 3ᵉ groupe (Arrighi 2005 : 111), on note des formes où une syllabe [(ə)rə] est insérée entre le thème verbal et la désinence : [ərə] si le thème verbal se termine par une consonne, [rə] s'il se termine par une voyelle (*cf.* Gesner 1979a : 60). Dans d'autres cas, c'est un simple [ə] épenthétique qui s'intercale entre le thème verbal et la désinence du conditionnel pour éviter les séquences de plus de deux consonnes, donc essentiellement au pluriel devant [j] : *deverions, viveriont, vouderiont*[2]. Ces formes sont surtout courantes dans l'Acadie des Maritimes et à TN, mais elles sont également relevées en LOU dans le parler traditionnel (Rottet 2001 : 185) :
  • Les hommes boirerions le p'tit peu de religion avec leu whiskey. (NÉ – *Lettres de Marichette*, Gérin/Gérin 1982 : 134)

---

[1] La remarque de Gesner concerne le parler de Pubnico (NÉ), mais elle est valable pour toutes les régions concernées. – Les observations concernant le radical valent également pour la formation du futur (*cf.* le chap. « Le futur »).

[2] Nous considérons le [r] comme partie intégrante de la désinence du futur et du conditionnel ; ces formes sont parfois appelées les « formes en -R » (Chevalier et al. 1964 : § 434, p. 288s.).

- I dit sais-tu quoi-ce je deverions faire moi pis toi, IDA ? I dit je deverions nous ramasser. (NÉ – Hennemann, ILM, IS)
- [finirərjõ] pour *finir*, [vãdərərjõ] pour *vendre*, [purərjõ] pour *pouvoir*, [fərərjõ] pour *faire*, [arərjõ] pour *avoir*, [sərərjõ] pour *être* (NÉ – Gesner 1979a : 60s., BSM)
- euh s'i veulent / LET'S SAY qu'i vouderiont dix employés (NÉ – Hennemann, ILM, CL)
- ah si le monde se voyait de même asteure oh i tiendreriont[3] pas longtemps (NB – Arrighi 2005 : 111, Annie NB 10 : 343–344)
- i ont dit i viendreriont le vingt-cinq (NB – Arrighi 2005 : 111, Évangéline M. NB 14 : 105–106)
- [...] i y a des enfants d'aujourd'hui si t'allais leu donner un orange à Noël ben t'arais une claque dans la face i direriont quoi c'est que ça hein un orange (NB – Wiesmath 1, R : 769–770)[4]
- I les ont tués, je pense i viveriont encore, pace que je crois qu'un corbeau vit cent ans. (TN – Brasseur 2001 : s.v. *vivre*, p. 472)
- je voudrerais (LOU – Rottet 2001 : 185).
- Y en a pas un tas qui vouderiont le faire. (LOU – Guidry 1982 : 17 dans Rottet 2001 : 180)

Le phénomène peut même toucher les verbes du 1er groupe :
- [rɛstərərjõ] pour *rester* (NÉ – Gesner 1979a : 61, BSM)

- je mangererais (LOU – Rottet 2001 : 185)

- Les hypothèses suivantes sont avancées pour expliquer ces formes « élargies » du conditionnel :
  - Insertion d'une syllabe additionnelle pour rendre plus perceptible la consonne [r], considérée comme la « marque du conditionnel » (Rottet 2001 : 185) ; le phénomène est soit restreint au seules formes du pluriel (NÉ – Gesner 1979a : 60s.), soit également présent au singulier (LOU – Rottet 2001 : 185). Gesner (1979a : 61) observe pour son corpus (NÉ-BSM) que les formes ainsi « élargies » tendent à se généraliser ; cette observation est pourtant relativisée par Arrighi (2005 : 111), qui note pour son corpus panacadien que les formes sur-marquées « restent [...] assez marginales et s'appliquent surtout à des verbes du 3e groupe ». Rottet se demande s'il s'agit d'une innovation qui se serait effectuée indépendamment dans plusieurs régions, ou plutôt d'un acadianisme importé en LOU (Rottet 2001 : 185).
  - Régularisation à partir d'une forme pleine de l'infinitif (par ex. *tiendre*, *viendre* + r + désinences des personnes) (*cf.* Arrighi 2005 : 111; *cf.* aussi ci-dessous) pour assimiler les formes du conditionnel de tous les groupes à celles du 1er groupe (*mange* + r + désinences des personnes).

---

3 Signalons l'existence de l'infinitif *tiendre* dans les parlers étudiés ici, *cf.* à TN (*cf.* Brasseur 2001 : s.v. *tiendre*, *tenir*, p. 446), en FL (Rottet 2001 : 120 ; 133, DLF 2010 : s.v. *tiendre*, p. 615), au Québec et dans divers parlers dialectaux de France (*cf.* Brasseur 2001 : s.v. *tiendre*, *tenir*, p. 446). La forme *viendre* est attestée pour le FL par le DLF (2010 : s.v. *viendre*, p. 649). Les formes *tiendre* et *viendre* sont signalées dialectalement en France par le FEW (13/1, 209a et 14, 240a).

4 Mentionnons à ce sujet qu'une forme régularisée *direr* existe à côté de la forme *dire* dans les parlers acadiens (*cf.* aussi le corpus néo-écossais de Hennemann 2014).

- Hypercorrection en réaction à la prononciation fréquente sans schwa ([ə]) au conditionnel du 1ᵉʳ groupe dans la langue parlée (*cf. nous aimrions* pour *nous aimerions*, Bauche ²1951 : 108).
- Dans le cas des verbes qui ont plus d'un radical, plusieurs formes de conditionnel coexistent selon le processus d'analyse sous-jacent (*cf.* Rottet 2001 : 179–185). Un certain nombre des écarts s'expliquent, selon Rottet (2001 : 182), par le fait que les formes du futur et du conditionnel sont réanalysées comme se composant toutes de la forme de l'indicatif présent et de la désinence en *-rai(s)*, etc. Selon Guilbeau (1950, *cf.* Rottet 2001 : 184), ce sont surtout les jeunes locuteurs qui forment le conditionnel sur la base de l'indicatif présent[5].

être → *est* → [ere][6], *vouloir* → *veut* → [vøre], *pouvoir* → *peut* → [møre] ou, avec consonne épenthétique [d] : [pødre], *aller* → *va* → [vadre] (Rottet 2001 : 246). La forme *peurrais* est également relevée à TN :

- Si tu peurrais faire ça... (TN – Brasseur 2001 : s.v. *pouvoir*, p. 366)

De plus, une partie du polymorphisme a pour son origine l'alternance des formes de l'indicatif présent avec ou sans consonne finale. C'est ainsi qu'à côté des formes *je* [fini-re], *je* [di+re], *j'* [ekri+re], Guilbeau (1950 : 192) note les formes *je* [finis+re] (*cf.* la forme du pluriel *nous finissons*), *je* [diz+re] (*cf. nous disons*), *j'* [ekriv+re] (*cf. nous écrivons*) comme des variantes occasionnelles qu'il attribue au langage des jeunes (*cf.* aussi Rottet 2001 : 183).

D'autres formes sont forgées sur la base de l'infinitif :
être → [etre], *aller* → [aləre] (Rottet 2001 : 246)

À titre d'exemple : la concurrence des formes du conditionnel du verbe *faire*

[fre], forme standard [fərɛ] avec chute du *e caduc*

[fere], forme créée soit sur la base de l'infinitif (*fair+ -ais*), soit sur celle de l'indicatif présent (*je fais + -rais*) (Rottet 2001 : 183)

[fərərjõ] (Gesner 1979a : 60) avec insertion de la syllabe [rə] (*cf.* ci-dessus)

[fezre]/[fəzre]/[fɛzre], forme avec [z] créée à partir du pluriel de l'indicatif présent (acadien !) (*je faisons, vous faisez, i faisent/faisont*) et/ou par analogie avec le subjonctif (*que je faise*) ; dans les deux cas, le [z] serait analysé comme faisant partie du radical (Rottet 2001 : 183).

- vous faisriez (NÉ – Gesner 1985 : 18, PUB)
- [je] faiserais ma vie ici finalement (IdlM – Falkert 2010, corpus : 26, p. 231, CD-ROM)
- [fəzʀa] (TN – Brasseur 2001 : XLI, forme du futur et du conditionnel présent)[7]

---

5 Pour plus de détails et d'exemples, *cf.* les remarques morphologiques approfondies dans Rottet (2001 : 179–185). – Rottet (2001 : 246) indique que les formes restructurées du conditionnel apparaissent avec un taux de 3 % chez les aînés, de 7 % chez les jeunes et les semi-locuteurs.
6 Pour la prononciation de la désinence, *cf.* ci-dessous I.2.
7 [fəz], [fez] et [fɛz] sont les radicaux courants du futur et du conditionnel en FTN (Brasseur 2001 : s.v. *faire*, p. 194 et 2009 : 97).

- non, il faiserait pas d'argent comme ça (LOU – *Découverte*, Pointe-aux-Chênes, Terrebonne)

    [fedre] (Rottet 2001 : 184), avec insertion d'un [d] épenthétique par analogie avec d'autres verbes où la consonne [d] sert de glide (*voudrais, tiendrais, viendrais*).

– Les formes du conditionnel des verbes *avoir* et *savoir* sont :
    – [arɛ/a], [sarɛ/a] en FA/FTN (*cf.* Brasseur 2001 : s.v. *aoir*, p. 20, s.v. *saoir*, p. 410) ;
    – [ore][8] (Rottet 2001 : 184, Conwell/Juilland 1963 : 166) et [sore]/[sɔre] (Guilbeau 1950 : 202, Conwell/Juilland 1963 : 167) en FL.
    - […] i sarait point que c'est un / un Acadien ça mange le même manger (NÉ – Hennemann, PUB, LaD)
    - avait une fille . pis l arait voulu qu'é se ma/ qu'é s'arait mariée et pis é se mariait pas (NÉ – Arrighi 2005 : 130, Marcelin NÉ 2 : 498–499)
    - i sariont peut-être quoi ce que c'est (NB – Wiesmath 1, B : 46)
    - ça arrêtait le feu i mettiont presque n'importe quoi . quand qu'i se brûliont parce que y a pas de médecine asteure . asteure i arait des médecines pour le monde qui/ qui se brûlerait (NB – Arrighi 2005 : 110, Annie NB 10 : 543–547)
    - si tout le monde s'aimerait pis se pardonnerait y arat pas des guerres (IdlM – Falkert 2010, corpus : 458, p. 222, CD-ROM) (pour la prononciation de la désinence, *cf.* ci-dessous I.2.)
    - Quand même je le oirais je sarais pas. J'ai pas té montré vois-tu. (TN – Brasseur 2001 : s.v. *montrer*, p. 303)
    - Faudrait que j'arais la chance de penser pour un bout [but] premier. (TN – Brasseur 2001 : s.v. *chance*, p. 101)
    - Notre mame nous disputerait si on les appellerait pas – qu'on aurait pas de respect pour eusse. (LOU – Rottet 2001 : 186, loc. âgée)

– Le verbe *falloir* et les verbes qui, en FS, ont une consonne épenthétique au conditionnel (*prendre* et *venir*) ou dont le radical se termine en [d] (*se plaindre, éteindre, coudre*) ou en [t][9], peuvent apparaître sans consonne occlusive : *fau-/pren-/ven-/se plain-/étein-/cou-* + désinence (*cf.* Rottet 2001 : 184, tableau 6–11)[10].
    - Faurait vraiment que / ça / ça vaut la peine d'y aller (NÉ – Hennemann, ILM, EL)
    - [prɛnre] (« je prendrais »), (NÉ – Gesner 1985 : 92, PUB)
    - a' va attaquer pis là faurait que tu prendrais tes jambes (NB – Wiesmath 1, R : 336s.)
    - faurait que je prenrais ma retraite (IdlM – Falkert 2010, corpus : 34, p. 190, CD-ROM)
    - t'arais pas mal de poisson encore qui vienrait dans le golfe (IdlM – Falkert 2010, corpus : 74, p. 193, CD-ROM)

---

8 Rottet (2001 : 246) signale également la forme [are] dans son corpus (TB/LF).
9 L'omission du [t] comme dans *battre* → *je* [bare] (« je battrais ») est seulement signalée par Guilbeau (1950 : 183, 194) pour le FL (*cf.* Rottet 2001 : 183s.). C'est encore la forme de l'indicatif présent des personnes du singulier qui semble servir de base pour le paradigme.
10 Dans les corpus consultés de TN et de NÉ, les formes sans glide sont attestées seulement au futur, *cf. tu vienras demain* (NÉ – Hennemann, ILM, EL), *je me souvienrai tout le temps la première qu'a rentré acheter une SANDWICH* (NÉ – Hennemann, ILM, EL), *je prenra* (Brasseur 2001 : s.v. *prendre I*, p. 371), *Si vous venera ici* […] (Brasseur 2001 : s.v. *bouqué*, p. 70), mais on peut en conclure que le même phénomène existe au conditionnel. – Notons aussi la forme du futur *faulera*, relevée aux Îles-de-la-Madeleine (Falkert 2010, corpus), exceptionnelle par rapport à *faura(it)* et *faudra(it)*.

- ça c'est bon . mais faurait toi tu payes pour malheureux (LOU – Stäbler 1995 : 82, corpus)
- [atɑ̃re] (« entendrais/t ») (LOU – Guilbeau 1950 : 194), [prãre] (« prendrais/t ») (LOU – Guilbeau 1950 : 196), [plẽre] (« plaindrais/t ») (LOU – Guilbeau 1950 : 197)
- [tjẽre]/[tʃẽre] (« tiendrai/t »), [vjẽre] (« viendrais/t ») (LOU – Guilbeau 1950 : 199) (transcription légèrement adaptée, INH/JM)

- En revanche, dans le langage des jeunes et des semi-locuteurs louisianais, on relève parfois le phénomène inverse, c'est-à-dire, l'ajout d'un *d* épenthétique dans des formes qui n'en ont pas : *aimer* → [æ̃mdre] (« j'aimerais »), *'oir* → [wadre] (« je verrais ») (LOU – Rottet 2001 : 246).

Commentaire
Quelques-unes des formes citées ci-dessus sont courantes en ancien français, par ex. *arai(s)* et *sarai(s)* – notamment dans le Nord de la France mais également à Paris, où elles sont attestées jusqu'au XVI[e] s. (Pope 1952 : 368) – et les formes sans glide [d] (*tenrai*) (Rheinfelder 1967 : 240, 304, 312). Quelques-unes ont survécu aussi dans le non-standard de France. Le radical [a] pour le futur et le conditionnel d'*avoir* est attesté « sporadiquement » (Brasseur 2001 : s.v. *aoir*, p. 20) dans les dialectes (du Nord-Ouest) et dans le langage populaire. Il s'agit donc, dans les parlers étudiés ici, de survivances et non pas d'innovations (Rottet 2001 : 246). D'autres formes, par ex. *vadrais*, sont en revanche des innovations.
   Les formes « élargies » du conditionnel sont également courantes dans le non-standard : *vous finireriez, nous receverions, vous romperiez, vous voudreriez* (Bauche [2]1951 : 108), et dans le langage enfantin (par ex. *cousera(it), coudera(it)*, *cf.* Blanche-Benveniste 2010 : 76, Gadet 1992 : 54). Ces formes semblent gagner en importance dans les variétés outre-atlantiques ces derniers temps.

I.2 Spécificités concernant la désinence

Les formes du conditionnel sont les suivantes[11] :

	FA/FTN	FL
1re pers. sg.	*je* + -[rɛ], -[ræ], -[ra]	*je* + -[re]
2e pers. sg.	*tu* + -[rɛ], -[ræ], -[ra]	*tu* + -[re]
3e pers. sg.	*il, alle* + -[rɛ], -[ræ], -[ra]	*il, alle* + -[re]
politesse	*vous* + -[r(j)e]	*vous* + -[r(j)e]
1re pers. pl.	*je* + -[r(j)ɔ̃], *on* + -[rɛ], -[ræ], -[ra]	*on* + -[re]
2e pers. pl.	*vous* + -[r(j)e]	*vous-autres* + -[re]
3e pers. pl.	*ils (alles)*[12] + -[r(j)ɔ̃], -[rɛ], -[ræ], -[ra]	*ils (alles)* + -[rjɔ̃] (régional), *eusse* + -[re]

Nous analysons le [r] comme partie intégrante de la désinence du futur et du conditionnel (*cf.* note 2).
- On constate, en FA et en FTN, l'ouverture du -[rɛ] (Gesner 1979a : 60 ; Ryan 1982 : 339) / [ræ] (pour la BSM : Ryan 1982 : 339) en [ra] (*cf.* ci-dessous). Dans les cas où la qualité de la voyelle du conditionnel, [ɛ], reste entière, le futur et le conditionnel sont distingués

---

[11] Pour le FA : Gesner (1979a : 60), Ryan (1982 : 339), Motapanyane (1997 : 37), Arrighi (2005 : 110) ; pour le FL : Brandon (1955 : 470), Guilbeau (1950 : 183), Rottet (2001 : 180s.).
[12] Pour la prononciation des pronoms personnels et la neutralisation de la distinction des genres au pluriel, *cf.* le chap. « Les pronoms personnels », VI.

également à la 1ʳᵉ pers. sg. : *-rai* [re] (futur) *vs. -rais* [rɛ] (conditionnel) (*cf.* Poirier 1928 : 61). En FL, la désinence *-ais/-ait* est prononcé soit [e], soit [ɛ], avec une nette tendance à la fermeture du [e][13] ; dans ce cas, il n'y a pas de distinction entre le futur et le conditionnel à la 1ʳᵉ pers. sg. Notons pourtant que le paradigme du futur subit aussi un processus de régularisation et qu'au futur, c'est la désinence en [a] qui tend à s'imposer à toutes les personnes, de sorte que la distinction avec le conditionnel est rétablie (*cf.* le chap. « Le futur », I.1., *cf.* Rottet 2001 : 180).

– Retenons pour la 1ʳᵉ pers. pl. la coexistence, en FA/FTN, de la forme acadienne traditionnelle *je* + [r(j)õ][14] et de la forme *on* + -[rɛ]/-[ra], alors que *on* + -[re] est la forme courante en FL (*cf.* chap. « Les pronoms personnels », II.1.1., II.1.2.).
– À la 2ᵉ pers. pl., on note la forme *vous* + [r(j)e] en FA. La forme *vous-autres* + [re] est courante au conditionnel en FL[15]. Pour la forme de politesse – certes très rare en FL –, une homophonie avec la forme du futur est possible : *vous* [dire][16].
– À la 3ᵉ pers. pl. on note aujourd'hui la concurrence entre la désinence traditionnelle [(j)õ] (Chauveau 2009 : 41) et les formes du FS en [rɛ] (Arrighi 2005 : 111, Gesner 1979a : 60). En FL, la désinence « acadienne » est repérable localement chez les locuteurs âgés, là où la désinence *-ont* est aussi relevée à l'indicatif présent (*cf.* Rottet 2001 : 180 et le chap. « Les pronoms personnels », VI.1.3.).

▶ **-[rɛ]**
- I n-en parleraient pas. (NÉ – Hennemann, ILM, MD) (Notons pourtant que MD forme l'imparfait avec la désinence en *-iont*.)
- i ont décidé que l'an/ l'année passée que ça serait fait avec Dieppe pis qu'i supporteraient pis cette année que ça serait fait ici (NB – Wiesmath 2, F : 206–207)
- i devraient pus donner de permis (IdlM – Falkert 2010, corpus : 106, p. 195, CD-ROM)
- mais I CAN DANCE THE WALTZ . je crois je pourrais toujours si mes jambes me faiseraient pas mal (LOU – Stäbler 1995 : 47, corpus)
- Je crois que les enfants s'en aperçoit de ça asteur, parce qu'eux-autres aimerait être capable pour le parler. (LOU – Rottet 2001 : 123, loc. âgé)

▶ **-[rjõ]**
- je sais pas si[17] en mangeriont asteure (NÉ – Arrighi 2005 : 111, Rosalie NÉ 23 : 189)
- y a rien qui pousse avec ça planteriont pas ça asteure (NB – Arrighi 2005 : 111, Annie NB 10 : 610–611)
- ben ouais i sariont peut-être quoi ce que c'est (NB – Wiesmath 1, B : 46)

---

13 *Cf.* le chap. « Les temps du passé », II.1.1., pour la prononciation de la désinence de l'imparfait.
14 Gesner (1979a : 60), Motapanyane (1997 : 37), Chauveau (2009 : 41).
15 La forme du futur se termine en [a] avec le pronom *vous-autres* (*cf.* le chap. « Le futur », I.1.).
16 Rottet (2001 : 180s.) relève [e] et se montre sceptique quant à l'existence de la forme [je] signalée par des sources plus anciennes (Ditchy 1932, Charles 1975). Il suppose que les rares attestations de la terminaison [je] dans la littérature sont dues à une influence de l'orthographe standard et ne reflètent pas une distinction phonétique.
17 Il s'agit soit de l'omission du pronom personnel, soit de la contraction de *si + i(ls)*.

- j'ai été opérée de l'appendicite pis . . pis encore j'étais en famille . le premier . i saviont pas si[18] réchapperiont iun pis l'autre (ÎPÉ – Arrighi 2005 : 111, Rose ÎPÉ 7 : 68–70)
- des bouées qui se montreriont pas mal de loin (ÎPÉ – Arrighi 2005 : 111, Théodore ÎPÉ 4 : 80)
- pace qu'i m'auriont pas pris (IdlM – Falkert 2010, corpus : 484, p. 172, CD-ROM)
- J'ai tout le temps dit que si jamais que j'avais des enfants que si ce tait dans mon pouvoir qu'i ariont de l'école. (TN – Brasseur 2001 : s.v. *école*, p. 174)
- Y en a pas un tas qui vouderiont le faire. (LOU – Guidry 1982 : 17 ; Rottet 2001 : 180)
- Il y en a là, c'était juste du pain de maïs tout ce ils auriont. Ils auriont jamais du bon manger, tu connais ? (LOU – *Découverte*, Mamou, Évangéline)

— Le [j] des formes du pluriel (*-ions/-iez/-iont*) est parfois analysé comme constituant du radical en FA, de sorte qu'on l'ajoute également au singulier :
- pis i mangeait pas coumme faudrait qu'i ariait eu mangé, t'sais (NÉ – Hennemann, ILM, IS)
- surtout si que ta pluie pren/prendriait hein (NB – Wiesmath 1, B : 645)

— En général, on note en FA/FTN une tendance à ne pas distinguer les formes du conditionnel de celles du futur, les désinences [ra] (1re à 3e pers. sg., 3e pers. pl.)[19], [rɔ̃] (1re pers. pl., 3e pers. pl.) et [re] (2e pers. pl.) (indiquant donc *a priori* un futur) apparaissant fréquemment dans la fonction du conditionnel (*cf.* le chap. « Le futur »)[20]. Dans le corpus de Gesner (1985 : 19, NÉ-PUB), ce syncrétisme des formes (au profit du futur) s'observe même dans 79,6 % des cas. Selon Brasseur (2009 : 87s. à propos de TN), il s'agit d'un phénomène d'ordre phonétique et non fonctionnel, le [e/ɛ] en final ayant tendance à s'ouvrir dans ces parlers, surtout après la consonne ouvrante -*r*[21]. Brasseur (2009) présume que c'est par un processus d'analogie que les formes du futur ont également fait leur apparition au pluriel. Gesner (1985 : 18) avance par contre des arguments phonétiques pour expliquer le phénomène au pluriel : selon lui, la suite *consonne-consonne*-[j]-*voyelle* (par ex : *aimerions* [ɛmrjɔ̃]) « ne semble pas se manifester en acadien » et est partant évitée par différents moyens, dont le plus courant est constitué justement par l'omission du [j]. Motapanyane (1997 : 37) qui signale aussi les formes du conditionnel sans [j] au pluriel, indique que le [j] est « optionnel » et qu'il obéit à la variation régionale. Le syncrétisme des formes du conditionnel et du futur semble moins accusé en FL. Bien que le corpus de Stäbler (1995) atteste le phénomène, la distinction des formes semble

---

18 *Cf.* note précédente.
19 Gesner (1985 : 17) note pour PUB (NÉ) : « D'ailleurs, les chiffres ne laissent pas de doute là-dessus, c'est surtout la désinence [-ra] ([-rɑ] sous l'accent) qui caractérise les trois personnes. » – L'inverse ne se produit généralement pas : une forme du conditionnel n'apparaît jamais dans les contextes qui demandent une forme du futur. – L'ouverture de *e* en *a* concerne d'ailleurs tous les environnements phonétiques respectifs, et pas seulement le paradigme verbal. – Retenons que ce trait phonétique est très accusé dans le parler des Îles-de-la-Madeleine (*cf.* Falkert 2010, corpus).
20 *Cf.* pour le FA : Gesner (1985 : 19), Motapanyane (1997 : 37) ; pour le FTN : Brasseur (2001 : XLVII). Le syncrétisme des formes est confirmé par Hallion (2000 : 385) pour le parler français de Manitoba.
21 Le phénomène s'observe notamment « dans les familles de souche acadienne du Cap Saint-Georges, mais aussi à la Grand-Terre » (Brasseur 2009 : 87s.).

s'être en général maintenue. Rottet (2001 : 180s.) note pour toutes les personnes grammaticales la désinence en [a] pour le futur, en [e] pour le conditionnel.

- pi le tit crabe jamas qu'on arat mangé ça nous autres (IdlM – Falkert 2010, corpus : 457, p. 134, CD-ROM) (« aurait mangé »)
- pis son habit est fini faut j'y achète un habit . ben moi je savais bien qu'i le laisserat pas avec pas d'habits (IdlM – Falkert 2010, corpus : 168–170, p. 153–154, CD-ROM) (« laisserait »)
- Je pourra pas dire quoi-ce qu'est le nom en anglais. (TN – Brasseur 2001 : s.v. *quo*, etc., p.383) (« je ne saurais dire »)
- Ielle a nous apprenait ça qu'a pouvait, hein ! Ben sans pour ça j'arons pas fait. (TN – Brasseur 2001 : XLVII) (« Sans cela nous n'aurions pas réussi. »)
- il devra y avoir une limite . mais ça ressemble comme si . il 'n a a [sic] pas de limite (LOU – Stäbler 1995 : 202, corpus) (« il devrait y avoir une limite »)

Commentaire
Notons, pour le français de France, le syncrétisme des formes du futur et du conditionnel à la 1re pers. sg. : l'homophonie des désinences (-*ai*, -*ais* [ɛ]) – critiquée encore par Bauche (^{2}1951 : 107) comme étant populaire –, est aujourd'hui un fait acquis dans le français parlé courant.

Pour les autres personnes, la distinction entre conditionnel et futur reste entière (Bauche ^{2}1951 : 108). Bauche constate que les différences entre les désinences du futur et du conditionnel sont suffisamment nettes pour ne pas prêter à confusion. Par contre, dialectalement et du moins en ce qui concerne le verbe *avoir*, la « similitude morphologique du futur et du conditionnel » semble « largement répandue dans les parlers français, notamment dans le Centre (ALF 99 "vous auriez") » (Brasseur 2001 : s.v. *aoir*, p. 20).

L'apparition du morphème [j] à la 3e pers. pl. et l'homonymie entre la 1re et la 3e pers. pl. est aussi un trait du parler poitevino-saintongeais (Chauveau 2009 : 42) (*cf.* aussi le chap. « Les pronoms personnels », II.1.1., VI.1.3.).

I.3 Remarques sur la formation du conditionnel passé/composé et du conditionnel surcomposé

Dans les parlers étudiés ici, les temps composés se forment systématiquement avec l'auxiliaire *avoir* (*cf.* le chap. « Les verbes auxiliaires *avoir* et *être* »).

- S'il y avait eu un syndicat, ça arait pas arrivé, hein ? (NÉ – Hennemann, ILM, CL)
- tu t'arais tué des MOOSE (NB – Wiesmath 1, B : 443)
- Sénon pour moi il arait pas vi, il arait mouri. (TN – Brasseur 2001 : s.v. *sénon*, p. 418)
- je savais ROY aurait revenu de l'hôpital (LOU – Stäbler 1995 : 46, corpus).

Le conditionnel surcomposé se compose de l'auxiliaire *avoir* au conditionnel (*a(u)rait*), du participe passé du verbe *avoir* (*eu*, *iu*) et du participe passé du verbe plein. Il joue un rôle plus important dans les variétés étudiées ici que dans l'Hexagone (*cf.* pour TN : Brasseur 2001 : XLVII) (pour les fonctions du conditionnel surcomposé, *cf.* II.3. ci-dessous).

- ça fat mon docteur m'a envoyée à Québec . ben c'état pas/ ce tat pas grave si j'aras iu : connu quoi j'avas (IdlM – Falkert 2010, corpus : 125–127, p. 332, CD-ROM)
- Si j'arions iu rentré dans la maison, la première chose que le vieux arait iu dit : eh ben décollez d'hors hein ! […] (TN – Brasseur 2001 : s.v. *décoller II*, p. 149)

II Les emplois du conditionnel

Le conditionnel connaît des emplois modaux et temporels. Dans les deux cas, on observe des différences majeures avec le FS, notamment en ce qui concerne les emplois temporels (*cf.* Rottet 2011 : 305).

II.1 Emplois modaux

En tant que *mode* verbal, le conditionnel a largement empiété sur les domaines traditionnels du subjonctif, tandis que le subjonctif a largement perdu son caractère modal[22] (*cf.* le chap. « Le subjonctif », III.2.).

II.1.1 Le conditionnel dans les structures hypothétiques
Les structures hypothétiques explicites ou implicites constituent le domaine central du conditionnel.

▶ **Structures hypothétiques explicites**
Le conditionnel est courant après la conjonction *si (que)*[23] dans les structures hypothétiques contre-factuelles, et cela même dans le style plutôt formel[24].
 Notons les différences régionales suivantes[25] :
- Dans les zones plus conservatrices de l'Acadie des Maritimes, l'imparfait et le conditionnel apparaissent côte à côte après *si (que)* hypothétique.
- En FL, le conditionnel est aujourd'hui presque systématique dans les subordonnées hypothétiques contre-factuelles.

---

22 Dans le même sens, Harris (1988 : 231 ; 241) note que ce sont le futur, et encore plus le conditionnel, qui servent à exprimer les nuances modales en français moderne ; en tant que marqueur modal, le conditionnel s'introduit même dans les subordonnées hypothétiques après *si* dans le substandard et régionalement (*ibid.* : 240). – Très courant dans le langage journalistique hexagonal (Rottet 2011 : 305 ; Riegel et al. 2011 : 560), l'emploi du conditionnel dans les informations non certifiées (emploi épistémique) est rarissime dans les parlers étudiés ici (pour le FL : Rottet 2011 : 305). Avec le tour *supposé (d')être*, calqué sur l'anglais, les parlers disposent d'un moyen périphrastique plus explicite pour remplir cette fonction (*cf.* le chap. « Les périphrases verbales », IV.4.3.).
23 Soulignons que nous ne parlons pas de l'emploi temporel de *si*, où l'indicatif est la norme. Pour la conjonction *si que*, *cf.* le chap. « La subordination », II.7.
24 Pour le FA : Arrighi (2005 : 166), pour le Sud-Est du NB : Wiesmath (2006 : 144). – Notons dans ce contexte qu'en chiac, le conditionnel s'est presque généralisé dans la subordonnée hypothétique exprimant l'irréel après *si* (le conditionnel se trouve dans 90 % des propositions hypothétiques irréelles dans le corpus chiac de Perrot 1995, *cf.* Wiesmath 2006 : 145).
25 *Cf.* pour le FA (NB) et le FL : Wiesmath (2006 : 144) ; pour le FL : Stäbler (1995 : 78), Papen/Rottet (1997 : 99s.), Rottet (2001 : 238 ; 2011 : 302). – À la différence de Rottet (2011 : 302), Conwell/Juilland (1963 : 153s.) notent dans leur étude la prédominance de la construction standard. – Dans le corpus de Stäbler (1995), nous comptons 7 exemples avec le conditionnel (passé) après *si* pour exprimer le potentiel ou l'irréel contre 2 exemples avec l'imparfait ou le plus-que-parfait.

***si (que)* + conditionnel présent pour exprimer le potentiel ou l'irréel au présent**
- si on arait le froid pis la neige, ça ferait pas BAD. (NÉ – Hennemann, BSM, SC)
- i disent si tu couperais ta langue, a s/ al bougerait encore même si qu'elle est coupée (NÉ – Hennemann, BSM, RG)
- si ma mère vivrait (...) je te garantirais je vous ferais manger de quoi (NB – Wiesmath 1, B : 429)
- si ça serait cuit tu arais de la viande de cochon avec ça ça serait ben meilleur (NB – Wiesmath 1, B : 145)
- je pourrais le faire si je voudrais (NB – Arrighi 2005 : 168, Michelle NB 16 : 266)
- Si je les conterais asteure, hein, ce serait différent [difaʀã] hein ! Pace que je pourrais les mettre ensemble ! (TN – Brasseur 2001 : s.v. *mettre*, p. 299)
- Si je serais veuve je la marierais pas ! J'irais rester avec toi putôt ! (TN – Brasseur 2001 : s.v. *veuve*, p. 468)
- OF COURSE le jeune monde d'asteur-là, si ça irait back dans ce temps-là, eux-autes serait bien misérab (LOU – Papen/Rottet 1997 : 100, Rottet 2001 : 186, loc. âgée)
- Si tous les pêcheurs iraient dans la récolte on pourrait pas faire une vie. (LOU – Guilbeau 1950 : 220, Rottet 2011 : 301)
- Si je le voirais asteur je pourrais dire son nom. (LOU – Rottet 2011 : 302, LF)

***si (que)* + conditionnel passé pour l'expression de l'irréel au passé**
- si qu'alle arait dit « je m'en vas dans une couple de jours » j'y en [= des poummes de pré] arais donné (NB – Wiesmath 1, B : 82s.)
- [...] si ça aurait été autrement on aurait fait un peu plus différemment (NB – Arrighi 2005 : 166, Rachelle NB 1 : 20–24)
- Comme moi, j'aurais peut-ête pu le lire en français si que ... j'aurais pu avoir cette pratique-là. (TN – Brasseur 2001 : s.v. *si*, p. 420)
- WELL, si j'aurais pas connu à faire tout ça, eh bien j'aurais eu p'us de tracas à faire ma vie que j'ai eu (LOU – Rottet 2001 : 185, loc. âgé)
- [...] La seule manière t'aurais pu te mettre en tracas, c'est si t'aurais tombé là et assayé de t'occuper avec la femme d'un autre bougre ou quelque chose, là t'aurais proche sûr eu une bataille. (LOU – Rottet 2011 : 304, TB)

On relève aussi des formes de l'imparfait ou du plus-que-parfait après *si* pour exprimer le potentiel ou l'irréel comme en FS ; mais somme toute, ces constructions sont moins fréquentes que celles avec le conditionnel (Arrighi 2005 : 167, Rottet 2011 : 302).

***si* + imparfait**
- si j'avais l'argent j'aimerais d'aller ... (NB – Wiesmath 6, L : 183)
- ça serait idéal si j'avais un TANK en STAINLESS STEEL (NB – Wiesmath 2, E : 595)
- je sais pas c'était assez vrai pis a/ c'est comme si elle se mettait dans l'histoire (ÎPÉ – Arrighi 2005 : 167, Aldine H. ÎPÉ 3 : 71–72)
- Si j'avais plus de temps, jh'aurais fait un gateau aussi. (LOU – Rottet 2001 : 240, locuteur jeune)
- S'il n'y avait que les cannes du pays [...] on serait obligé d'arrêter de faire des cannes. (LOU – Guilbeau 1950 : 344 ; Rottet 2011 : 302)
- si il pouvait faire ça . il aurait pu prendre la terre de mon grand-père (LOU – Stäbler 1995 : 128, corpus)
- Qui vous-autres aurait fait si j'avais pas de licence ? Eux-autres dit : On aurait pris la viande que t'as dans le *freezer*. (LOU – Rottet 2011 : 303, TB)

***si* + plus-que-parfait**
- S'il y avait eu un syndicat, ça arait pas arrivé. (NÉ – Hennemann, ILM, CL)

- parce que si l'esclave-là avait parti marron . euh autant d'argent et autant d e/ euh de RESOURCES que eux ils aviont . ils l'auriont cherché. (LOU – Stäbler 1995 : 141, corpus)
- Ben je pense si, il lui aurait peut-être mis la main à Mom si nous-autres on avait pas été là (LOU – *Découverte*, Mamou, Évangéline)

Il arrive aussi qu'un plus-que-parfait remplace le conditionnel passé dans la principale pour exprimer l'irréel du passé :
- Sénon que tu m'arais pas rafraîchi, i dit, j'avais oublié ça. (TN – Brasseur 2001 : s.v. *rafraîchir*, p. 386)

Dans l'expression des conditions réelles, c'est l'indicatif présent qui apparaît dans la subordonnée introduite par *si* (Rottet 2011 : 302).
- [...] je pense si un étranger vient dans Pubnico, i peut p/ et qu'i voit point les drapeaux acadiens, i sarait point que c'est un / un Acadien ça mange le même manger (NÉ – Hennemann, PUB, LaD)
- si qu'i y a des historiens icitte i pourraient vous dire plus long (NB – Wiesmath 13, H : 149s.)
- moi je peux pas t'acheter le COAT de sept piasses là . j'ai pas d'argent si tu veux celui là de quatre piasses tu peux l'avoir (NB – Arrighi 2005 : 167, Laura NB 8 : 19–20)
- Et si vous voulez aller là-bas et voir les bateaux, on peut aller là-bas après qu'on a fini ici. (LOU – Rottet 2011 : 302, LF)

Commentaire
Dans la subordonnée hypothétique introduite par *si* et exprimant l'irréel, le plus-que-parfait a remplacé le plus-que-parfait du subjonctif, courant en ancien français, à partir du XVIe s., mais il y reste rare jusqu'au XVIIe s. De l'ancien usage il ne reste que quelques traces dans la langue littéraire très soignée (Brunot/Bruneau 1949 : 553s.). Jusqu'au XVIe s., on peut trouver l'imparfait du subjonctif au lieu de l'imparfait de l'indicatif (Grevisse/Goosse 2008 : § 1155, H1, p. 1515), courant, en principe, à partir du XIIe s.
  Quant au conditionnel, soulignons que jusqu'au XVIIe s., il n'est pas rare qu'on le trouve après *si* hypothétique (Haase 1965 : 160) ; il s'agit alors en général de l'expression d'une éventualité très peu probable (« si par hasard... », « s'il arrivait que... ») (Brunot/Bruneau 1949 : 553–555). En revanche, le futur après *si* hypothétique est plus rare (Grevisse/Goosse 2008 : § 1155, p. 1516).
  Après *si* hypothétique, le conditionnel reste vivant dans le langage enfantin, familier ou populaire[26].
  Le conditionnel après *si* hypothétique est attesté dans d'autres variétés nord-américaines du français, dont le FQ et le franco-manitobain[27].

▶ Structures hypothétiques implicites
Le conditionnel sert également à exprimer des hypothèses, des faits purement imaginés, l'éventualité ou l'irréel en dehors des constructions hypothétiques explicites (*cf.* Arrighi 2005 : 169, Rottet 2011 : 303).
- Je pourrais point te dire. (NÉ – Hennemann, BSM, SC)

---

[26] *Cf.* Bauche ([2]1951 : 108), Wolf (1987 : 26), Gadet (1992 : 89), Grevisse/Goosse (2008 : § 1155, p. 1515), Blanche-Benveniste (2010 : 180), Riegel et al. (2011 : 558).
[27] *Cf.* pour le FQ : Seutin (1975 : 395s. pour le parler de l'Île-aux-Coudres), Wolf (1987 : 26), Léard (1995 : 194s.) ; pour le franco-manitobain : Hallion (2000 : 375s.).

- ça serait plus une aide technique que je ferais mais le numéro en 1800 qu'est à côté des machines ça ça serait l'aide psychologique que les gens pourraient aller là là là pour leur addiction (NB – Arrighi 2005 : 169, Stéphanie NB 11 : 68–70)[28]
- W : vous êtes attaché à/ [...] à cet endroit – B : moi j'irais pas euh j'aime ça Memramcook (NB – Wiesmath 1, B : 54)
- Acter ! Je sarais pas le mot pour ça en français. (TN – Brasseur 2001 : s.v. *acter*, p. 8)
- tu pouvais passer en boghei en wagon . mais pas en char . a-ah t'aurais resté tout bourbé tout partout ici (LOU – Stäbler 1995 : 195, corpus)
- Elle est bon cœur. Elle ferait n'importe quoi pour toi. (LOU – DLF 2010 : s.v. *cœur*, p. 141, SM ; Rottet 2011 : 303)
- Dans ce temps-là il (y) avait assez de moustiques, il faulait que t'ayes des baires pour te couvère avec, les moustiques t'auraient mangé. (LOU – Rottet 2011 : 303, TB)
- Il y en a plein comme, *well*, ma maman voulait être, allait être une *nurse*. Mais ses parents ont jamais voulu la laisser aller. Et elle aurait pu aller à l'Hôpital de Charité. Elle aurait pu aller et apprendre mais ils voulaient pas elle va. (LOU – Rottet 2011 : 303, Paroisse de Saint-Jacques)

On relève aussi des cas de subordination implicite sans introduction de la subordonnée par *si* :
- T'arais té ici la semaine passée après la pluie que j'avons iue, t'arais vu l'alondement que ç'a fait. (TN – Brasseur 2001 : s.v. *alondement*, p. 14)
- Aujourd'hui, les enfants, mais cher Bon Dieu, mais tu y-eux dirais d'aller chercher une brassée de bois dans [sic], eux-autres croirait qu'eux-autres allait mourir. Eux-autres appellerait la loi, eux-autres dirait « C'est contre la loi de mame et dad me faire travailler dur comme ça. » (LOU – *Découverte*, Pointe-aux-Chênes, Terrebonne)

II.1.2 Le conditionnel comme moyen d'atténuation

En dehors des structures hypothétiques, le choix du conditionnel implique toujours une certaine restriction de l'assertion. Cet effet est renforcé par le choix du conditionnel passé qui, « en rejetant fictivement le procès dans le passé », augmente d'autant la distance (Riegel et al. 2011 : 560).

▶ **Requêtes, demandes polies, regrets ou reproches**

Comme en FS, le conditionnel sert à atténuer les requêtes, les demandes polies ou les reproches et à souligner l'intensité d'un regret portant sur un vœu non exaucé ; souvent, le conditionnel apparaît ici en association avec un semi-auxiliaire modal (*devoir, falloir, pouvoir, vouloir, cf.* Riegel et al. 2011 : 559s.).

Conditionnel présent
- Faudrait tu veyes touT les ... tapis pis (NÉ – Hennemann, ILM, MS)
- Quoi c'est que tu voudrais savoir ? (NÉ – Hennemann, ILM, IS)

- tu devrais te changer (NB – Wiesmath 1, B : 59)
- [...] i a dit « prendrais-tu une bière ? » (NB – Wiesmath 8, T : 177)

---

[28] Pour l'attraction modale qui, selon Arrighi (2005 : 168), agit dans cet exemple, *cf.* aussi ci-dessous, II.1.2. et II.1.3. Arrighi (*ibid.*) note que « la présence du conditionnel dans la principale entraîne la présence de ce mode dans la subordonnée ».

- on dirait c'est se lamenter . mais c'est pas se lamenter c'est juste . mettre la vérité yoù la vérité . devrait d'être oui (LOU – Stäbler 1995 : 207, corpus)
- J'ai venu voir si t'aurais pas quelque chose pour me donner à manger. (LOU – Ancelet 1994 : 155 ; Rottet 2011 : 304; St. Landry)
- Tu ferais mieux le guetter. C'est un fameux canaille. (LOU – DLF 2010 : s.v. *mieux*[1], p. 398, SM)

Conditionnel passé
- j'arais bien aimé que les / les trois araient pu faire le même métier là (NB – Wiesmath 5, C : 166–167)
- ben ça fait ça fait trois ou quatre . ben sûr peut-être plus qu'i l'avont abandonné ça mais moi je dis i l-ariont dû continuer parce ça faisait du bien (ÎPÉ – Arrighi 2005 : 117, Rose ÎPÉ 7 : 289–291)
- Si t'arais vu la négoce qu'i avions les gars ! (TN – Brasseur 2001 : s.v. *négoce*, p. 314) (vœu non exaucé ; exclamation)
- ils auriont pas dû faire ça (LOU – Stäbler 1995 : 55, corpus)

▶ Expressions d'incertitude ou de doute

Le conditionnel est aussi le moyen de choix d'atténuer la force assertive en cas d'incertitude ou de doute (*cf.* Arrighi 2005 : 168).
– La nuance modale peut être marquée sur le verbe introducteur de la complétive dont le contenu est mis en doute :
  - Ben, je dirais c'est mieux pour / pour les Acadiens (NÉ – Hennemann, PUB, ID)
  - Je / je *wonderais* asteure coumment que le monde pouvait fee/ euh / euh / élever c'tés enfants-là. (NÉ – Hennemann, ILM, IS)
  - non j'ai / j'ai aimé ça là travailler avec les ordinateurs c'était plaisant mais on aurait dit qu'on avait p/ plus' d'ouvrage à faire (NB – Wiesmath 6, L : 45)
  - moi je croirais c'est ça là (NB – Arrighi 2005 : 168, Christiane NB 19 : 122)
  - en tout cas la discipline a lâché peut-être dans les : années/ vers la fin des années cinquante je penserais (ÎPÉ – Arrighi 2005 : 168, André ÎPÉ 12 : 18–20)
  - moi je croirais que : les Îles devraient avoir. ça devrait être limité (IdlM – Falkert 2010, corpus : 367–368, p. 215, CD-ROM)

  Notons que *je croirais* a deux sens : le tour sert soit d'atténuation, soit, au contraire, d'affirmation :
  - EL : Oui, ben je croirais. (NÉ – Hennemann, ILM, EL) (« Je le crois bien. »)
  - Je connais pas, mais je croirais ça, tu connais, il lui aurait mis la main (LOU – *Découverte*, Mamou, Évangéline)

– La nuance modale peut aussi être marquée à même le prédicat qui exprime le fait incertain :
  - Quel âge qu'il arait asteure le/ euh / V.F., celui qu'a fait évêque ? (NÉ – Hennemann, ILM, EL)
  - en français ça ferait quoi ? (NÉ – Hennemann, BSM, SC)
  - je sais pas comment du monde ferait ça là comme partir sans tes animaux pis faire sûr que/ pas faire sûr que pour eux-autres là je sais pas comment quelqu'un ferait ça (NB – Arrighi 2005 : 168, Stéphanie NB 11 : 125–127)
  - c'est euh : . l'homme vient de France . a dit lui parle français a dit je sais pas si ça serait le même français comme toi (NB – Arrighi 2005 : 168, Sarah NB 20 : 232–233)
  - ça serait ABOUT vingt-six vingt-sept ans passés (NB – Wiesmath 1, B : 312) (Le locuteur ne se rappelle plus la date exacte de l'événement raconté.)

- je sais pas comment qu'on appellerait ça (ÎPÉ – Arrighi 2005 : 110, Aldine H. ÎPÉ 3 : 136)
- Il dit que quelqu'un a venu peindre sa bêtaille vert. Il dit, « Qui-ce qui aurait fait ça ? » (LOU – Ancelet 1994 : 86, cité par Rottet 2011 : 303, SL)

L'attraction modale (Arrighi 2005 : 168) est très courante : un premier conditionnel dans la principale entraîne dans son sillage l'usage d'autres formes du conditionnel, dans des propositions juxtaposées, coordonnées ou subordonnées (pour plus d'exemples, *cf.* II.1.3. ci-dessous) :

- qu'est-ce que ça serait d'autre que tu voudrais que je dirais (NB – Arrighi 2005 : 168, Zélia NB 17 : 46–47)
- c'est tout de même une des endroits où je penserais que je pourrais avoir du service (NB – Arrighi 2005 : 168, Rachelle NB 1 : 205–206)
- Tu croirais que ç'arait té coupé avec un galendard [galɑ̃doʀ]. (TN – Brasseur 2001 : s.v. *galendard*, p. 217)
- on dirait le président devrait avoir quelque chose à faire avec ça . (LOU – Stäbler 1995 : 205, corpus)

II.1.3 Le conditionnel remplaçant le subjonctif

C'est par l'attraction modale qu'on s'explique, partiellement, l'apparition du conditionnel au lieu du subjonctif dans la complétive[29], notamment dans le domaine central du subjonctif, le domaine volitif (*j'aimerais que*, *je voudrais que*). Étant donné que d'autres contextes sont aussi concernés, il faut garder à l'esprit qu'à l'époque préclassique, l'usage du subjonctif était encore flottant. Dans le domaine dubitatif ainsi qu'après les expressions d'émotion et de jugement, par ex., le subjonctif ne s'est établi que tardivement, au cours du siècle classique (*cf.* le chap. « Le subjonctif », II.1.3. et II.1.4.). Là où il s'agit de rendre la note modale, les parlers étudiés ici préfèrent généralement le conditionnel au subjonctif qui, lui, n'a plus cette valeur.

- pis i mangeait pas coumme faudrait qu'i ariait eu ... mangé, t'sais. (NÉ – Hennemann, ILM, IS)
- J'aurais aimé t'aurais entendu ça (NÉ – Hennemann, ILM, EL)
- j'arais bien aimé que les trois araient pu faire le même métier là (NB – Wiesmath 5, C : 167)
- je sais que ma fille aimerait ça que j'irais par là là (NB – Arrighi 2005 : 168, Zélia NB 17 : 382)
- je pense que les propriétaires pourraient faire en sorte que leurs employés seraient bilingues à cause de la demande francophone de nos régions (NB – Arrighi 2005 : 168, Stéphanie NB 11 : 161–164)
- i pouvait le faire mais ça serait pas drôle qu'i le ferait par rapport . des/ des musiques de quoi de même (ÎPÉ – Arrighi 2005 : 168, Rose ÎPÉ 7 : 187–188)
- les phoques faurait ça serait tué (IdlM – Falkert 2010, corpus : 49, p. 191, CD-ROM)
- faurait que les Îles pourraient prendre ça en main (IdlM – Falkert 2010, corpus : 370–371, p. 215, CD-ROM)
- Je crois pas que je pourrais faire une femme vivre. (TN – Brasseur 2001 : XLVIII)
- J'arais pas voulu qu'il arait passé. (TN – Brasseur 2001 : XLVI)
- Jh'aimerais que je pourrais en parler dix, des langages. (LOU – Rottet 2001 : 186, loc. âgé)
- J'ai oblié un chandelier dans l'cimetière, j'aimerais t'irais m'le charcher. (LOU – Brandon 1955 : 221, VM ; Rottet 2011 : 301)

---

29 *Cf.* Arrighi (2005 : 168s.), Papen/Rottet (1997 : 100), Neumann-Holzschuh (2005b), Rottet (2011 : 301).

- Je serais content que tu pourrais aller te prendre une saucée avec mon. Ma fille et son mari l'autre bord, ils pourraient ENJOY ça. (LOU – Rottet 2011 : 328, TB)

Comme en français parlé de France (*cf.* Brunot/Bruneau 1949 : 367), le conditionnel remplace le subjonctif dans une relative déterminative pour indiquer une « qualité requise » (Riegel et al. 2011 : 560) ou après les expressions du superlatif[30] :
- I MEAN, je peux pas avoir quelqu'un que laisserait un enfant de onze, douze, treize ans de vieux regarder ça à la journée. (NÉ – Hennemann, BSM, SC)
- j'ai pas ni pitié ni pardon [...]. pantouT pantouT pantouT si c'était une petite jeune de treize: quatorze quinze ans qui viendrait me dire qu'alle est enceinte . oui. mais pas une femme de trente-cinq ans (NB – Arrighi 2005 : 166, Suzanne L. NB 18 : 256–257).
- y a juste les riches qui pourraient aller à l'hôpital (LOU – Stäbler 1995 : 206s., corpus)

Commentaire
Le phénomène de « l'attraction modale » remonte loin dans l'histoire. En français classique, il n'était pas rare que la nuance de doute ou d'incertude soit exprimée dans tous les verbes de la phrase (Arrighi 2005 : 169, Brunot/Bruneau 1949 : 545). Le phénomène subsiste dans les « parlers du Nord-Ouest de la France » (Arrighi 2005 : 169). C'est ainsi que Dauzat (1949 : 98) constate un « nouveau recul du subjonctif au profit du conditionnel » et considère le phénomène comme un trait typique des parlers de l'Ouest, sans spécifier davantage les contextes ni donner d'exemples.

En dehors de l'Acadie – où le phénomène est attesté dès la fin du XIXe s.[31] –, l'attraction modale est signalée pour les variétés laurentiennes[32].

II.2 Emplois temporels

En ce qui concerne les emplois temporels du conditionnel présent et passé, on relève des différences majeures avec le français hexagonal.

II.2.1 Le futur dans le passé

Alors que le conditionnel présent se maintient bien dans le domaine modal (*cf.* aussi Rottet 2011 : 326s.), il est peu courant pour exprimer le futur dans le passé. Dans cette fonction, le conditionnel simple se voit remplacer par diverses constructions[33] :
– la périphrase *aller* + infinitif placée à l'imparfait (construction conforme à la norme) ;

---

30 Usage très courant en français de France, *cf.* par ex. *Le Petit Robert* (2013 : s.v. *reproche*) : « Le seul reproche que je ferais à cette cuisine, c'est... » – Pour l'oral, Gadet (1992 : 89) note en outre que le conditionnel est préféré au subjonctif après les expressions marquant une éventualité : « supposons que je voudrais, à moins que j'aurais su » (*ibid.*).
31 *Cf.* ces attestations dans des lettres de *Marichette* : « Ma sœur Mouchette voudrait que jy'rait rester à l'Évangéline [...] », « M. Véritas, kerjé, voudrait que je metterait mon vieux Pite dans l'Ombre [...] » (Gérin/Gérin 1982 : 71 ; 82).
32 *Cf.* pour la variété de l'Île-aux-Coudres : Seutin (1975 : 302) ; pour le Manitoba : Hallion (2000 : 375) ; *cf.* aussi Arrighi (2005 : 169). – Grevisse/Goosse (2008 : § 889, b3, p. 1100) notent le même phénomène d'attraction modale « [d]ans l'usage populaire de diverses provinces et du Québec ».
33 Ajoutons qu'en FS, le conditionnel est également concurrrencé dans cette fonction par des auxiliaires à l'imparfait : *aller* ou *devoir* + infinitif (*cf.* Riegel et al. 2011 : 557).

- le conditionnel passé ;
- l'indicatif présent ou le futur périphrastique (surtout en FL, *cf*. III), phénomène de non-respect de la concordance des temps qui peut d'ailleurs également se produire à l'oral en France.

▶ Le conditionnel présent et la périphrase *aller* + infinitif comme futur dans le passé
Très rarement, le conditionnel présent apparaît dans la fonction du futur dans le passé :
- Pis a me *callit* pour si j'y / si j'y irais avec ielle quand qu'elle ara son bébé. (NÉ – Hennemann, ILM, IS)
- e pis i ont décidé que l'an / l'année passée que ça serait fait avec Dieppe pis qu'i supporteraient pis que cette année ça serait fait ici. (NB – Wiesmath 2, F : 206)
- Eux-autres m'a dit qu'eux-autres seraient tard pour le *party*. (LOU – Rottet 2011 : 308, loc. âgée) (Il s'agit d'une phrase à traduire de l'anglais.)

La périphrase *aller* + infinitif, placée à l'imparfait, peut remplacer le conditionnel présent dans cette fonction comme en FS :
- Je t'ai dit j'allais point t'aïder trop. (NÉ – Hennemann, BSM, SC)
- I y avait personne qu'allait nous attaquer. (NÉ – Hennemann, BSM, AnS)
- i a décidé lui qu'i allait pas laisser la petite église euh tomber coumme ça (NB – Wiesmath 2, F : 250)
- ah oui i mettiont deux bottes pour euh ioù ce que le/la rondelle allait rentrer (NB – Wiesmath 1, R : 748s.)
- Eusse m'a dit qu'eux-autres allait être tard pour le PARTY. (LOU – Rottet 2001 : 245, loc. âgé) (Il s'agit d'une phrase à traduire de l'anglais.)
- Eux-autres a dit qu'eux-autres allait l'avoir de besoin. (LOU – Rottet 2001 : 246, loc. âgée)

▶ Le conditionnel passé comme futur dans le passé
Le conditionnel passé exprime couramment des événements postérieurs à un point situé dans le passé qui sert de point d'ancrage de l'énoncé (« futur dans le passé »). Cet usage est très répandu à TN et en LOU et s'observe avant tout après les verbes cognitifs (*savoir, penser, croire, décider*) ou discursifs (*dire, demander, répondre, expliquer*) (pour le FL : Rottet 2011 : 305).

Pour le FL, Rottet signale la diffusion du phénomène dans toute la Louisiane francophone, à l'oral aussi bien qu'à l'écrit, dans l'usage courant aussi bien que dans les contes folkloriques[34] et les chansons traditionnelles (Rottet 2001 : 87 ; 2011 : 309s.) ; le phénomène est retraçable au moins jusqu'à la génération née au milieu du XIXe s.[35]
- je pensais que j'arais manqué mon avion (NÉ – Hennemann, ILM, DO)
- j'avais quatorze quinze ans je faisais les foins, pis là pis les soirs des fois j'ai vu honze heures douze heures le soir on/ on avait pas fini surtout si que ta pluie pren/ prendrait hein si que / si qu'i arait mouillé demain ben/ si t'avais (NB – Wiesmath 1, B : 645s.)

---

[34] Il ressort de l'analyse de l'usage du conditionnel passé dans les contes folkloriques recueillis par Barry Ancelet (1994) que sur les 40 occurrences du conditionnel passé en emploi temporel, 33 servent à exprimer le futur dans le passé (7 pour le passé habituel) (Rottet 2011 : 310s.). Rottet (2011 : 312) constate que « [l]e conditionnel passé est de loin la construction préférée pour exprimer le futur dans le passé dans Ancelet (1994). »
[35] *Cf.* les contes folkloriques publiés par Sylvain Loupe (1932) (Rottet 2001 : 187, 2011 : 315).

- Y ava eune bâtisse pis y ava du foin qui poussa dsus, eh ? Pis i *wonderiont* comment-ç-qu'il ariont pu faire pour aller en haut asteure pou que la vache mange le foin. (TN – Thomas 1983 : 204 ; Rottet 2011 : 323)
- I criyait qu'il arait mouri à l'âge de sa mère, mais il est deux ans passés. (TN – Brasseur 2001 : s.v. *croire*, p. 136)
- [À propos de « l'ange gardien ».] I se croyait pus haut que le Bon Dieu, i croyait qu'il arait *handlé* le… l'affaire hein ! (TN – Brasseur 2001 : s.v. *handler*, p. 243)
- i woyait des chevreuils tout long ju bord ju chemin. I pensait à lui-même qu'il aurait pu tchuer plein des chevreuils. (LOU – Loupe 1932 : 45, cité dans Rottet 2001 : 187)
- Alle a descendu en bas, et puis un fois en bas, alle s'assit à 'ne tite tab'e jongler comment elle et son beau auraient appelé leu' premier pitit, quand eux s'auraient mariés. (LOU – Brandon 1955 : 330, citée dans Rottet 2001 : 188)
- Alle a décidé alle aurait été au village. (LOU – Brandon 1955 : 201, citée dans Rottet 2001 : 188)
- Eusse m'a dit qu'eusse arait 'té tard pour le PARTY. (LOU – Rottet 2001 : 245, Rottet 2011 : 308, loc. âgé) (Il s'agit d'une phrase à traduire.)
- Là, j'ai décidé j'aurais arrêté [= que j'arrêterais] ça, j'aurais repris [= je reprendrais] à jouer du violon. (LOU –Rottet 2011 : 309, EV, source écrite, Ancelet, *cf.* aussi DLF 2010 : s.v. *reprendre*, p. 547, EV)
- Un jour, j'ai décidé j'aurais vendu [= que je vendrais] tous les bêtes. J'étais lasse et puis c'était dur pour nous-autres. (LOU – Rottet 2011 : 309, SL, *cf.* aussi DLF 2010 : s.v. *lasse*, p. 362, SL)
- Je lui avais dit qu'il s'aurait tout bousillé [= qu'il se barbouillerait] s'il jouait dehors. (LOU – Rottet 2011 : 309, LA, *cf.* aussi DLF 2010 : s.v. *bousiller*, p. 86, LA)

Pour expliquer le remplacement du conditionnel présent par le conditionnel passé dans ce contexte, des motifs intrasystémiques et intersystémiques (Rottet 2011 : 317) sont mis en avant.

- Il y a, dans toutes les variétés du français, une tendance marquée à l'expression des catégories grammaticales par des moyens analytiques plutôt que synthétiques. La forme synthétique (en l'occurrence le conditionnel présent) tend à être évitée au profit d'une forme analytique (en l'occurrence le conditionnel passé). Dans la comparaison de tous les parlers étudiés ici, c'est en FL que la préférence pour l'expression analytique des catégories grammaticales est le plus marquée.
- Le futur dans le passé s'exprime en anglais par la forme analytique *would* + infinitif. Dans l'hypothèse intersystémique, le remplacement du conditionnel présent par le passé serait dû à un copiage de code (*cf.* Johanson 2002), les locuteurs adoptant en français la forme anglaise « verbe auxiliaire + verbe à sémantisme plein » et essayant ainsi de « rapprocher leurs deux langues en maximisant l'isomorphisme » (Matras/Sakel 2007, cités dans Rottet 2011 : 319). Dans la construction française, le verbe plein est cependant au participe passé (et non à l'infinitif) de sorte que l'isomorphisme entre les constructions anglaise et française reste partiel (Rottet 2011 : 319). Mais pour la grande masse des verbes réguliers du premier groupe la distinction entre l'infinitif (*-er*) et le participe passé (*-é*) n'est pas perceptible à l'oreille[36].

---

[36] Notons que la construction analytique semble faciliter l'emprunt des verbes anglais en FL (Rottet 2011 : 327s.), qui ne sont généralement pas assimilés au système français, mais insérés tels quels commes des « formes nues » (« bare forms », Picone 1997, *cf.* Rottet 2011 : 328, *cf.* « Introduction », III.3.) : « Pascal a guetté ça. L'autre le guettait aussi, voir si ça l'aurait *impress*. » (LOU – Ancelet 1994 : 74, cité par Rottet 2011 : 328, EV)

Commentaire
À en juger par les données des corpus consultés et par les résultats obtenus par Rottet (2011: 322s.), le conditionnel passé dans la fonction du futur dans le passé est particulièrement répandu dans les régions où l'influence de l'anglais est forte et où la pression du français standard est faible. Cela concernce donc les variétés étudiées[37], mais aussi par ex. le parler d'Old Mines (Missouri) :
- Il a offert eune bonne somme d'argent pour n'importe qui y'aurait donné ein avis pour attraper Sam'son. (MISS – Carrière 1937, Rottet 2011 : 322)

Dans ces régions, les facteurs internes et externes se conjuguent (*cf.* Rottet 2011 : 325) sans aucun doute pour expliquer l'ampleur du phénomène.

Le fait que cet emploi spécifique du conditionnel passé soit inconnu en FQ et dans le non-standard hexagonal indique selon Rottet (2011 : 323) qu'il s'agit d'une évolution plutôt récente, motivée par l'anglais[38], qui serait née indépendamment dans différentes zones.

II.2.2 L'habitude dans le passé

Le conditionnel peut servir à marquer une habitude dans le passé et assumer ainsi la fonction de l'imparfait. Dans cette fonction, c'est généralement le conditionnel passé qui apparaît, mais on relève quelques occurrences du conditionnel surcomposé (*cf.* ci-dessous section II.3.) ainsi que de rares cas de conditionnel présent. Il ressort des exemples que l'imparfait s'insère facilement parmi les formes du conditionnel pour exprimer l'habitude dans le passé. Au total, sur les deux formes équivalentes dans ce contexte, l'imparfait reste la forme dominante (Rottet 2011 : 316).

Il est fort probable que c'est sous l'influence de l'anglais (Papen/Rottet 1997 : 100, Rottet 2011 : 320) que la construction s'est répandue dans les parlers étudiés ici.
- Bien que l'emploi du conditionnel présent dans l'expression du passé habituel constitue sans doute un calque sémantique et fonctionnel de la forme anglaise *would* + infinitif, un facteur interne peut également expliquer le phénomène : en effet, dans les parlers étudiés ici, l'imparfait et le conditionnel sont employés indistinctement dans de nombreux contextes, notamment dans les structures hypothétiques, où on constate des remplacements dans un sens comme dans l'autre (*cf.* ci-dessus II.1.).
- Pour ce qui est du conditionnel passé dans cette fonction, il s'agit sans doute d'un calque formel : la construction anglaise, se composant d'un auxiliaire (*would*) et d'un verbe à sémantisme plein, est copiée en français. Ici, le même phénomène de convergence semble à l'œuvre que celui décrit en II.2.1. pour le futur dans le passé. Le fait que la construction anglaise *would* + infinitif soit régulière dans les deux fonctions, a sans doute contribué à l'extension de la construction [ore] + participe passé dans les mêmes fonctions en français (Rottet 2011 : 320s.).
- Notons pourtant l'existence de cette construction dans le parler des IdlM, moins exposé à l'influence de l'anglais.

---

[37] Rottet (2011 : 322s.) parle notamment du NB, de TN et de la LOU.
[38] Rottet (2011 : 324, note 21) note pourtant que l'explication ne vaut pas pour Terrebonne/Lafourche où le phénomène est plus répandu chez les Amérindiens que chez les Cadiens, alors que les Amérindiens ont moins de contact avec l'anglais. Dans leur cas, on ne peut alléguer qu'une explication interne, à savoir la préférence pour l'analyticité.

L'emploi du conditionnel passé à la place de l'imparfait n'est pas un phénomène nouveau : de fait, il est déjà noté par Conwell/Juilland (1963 : 155s., Rottet 2011 : 317).

▶ **Le conditionnel présent**
- Ben quand-ce que moi, quand j'étais enfant, on avait point d'électricité, faudrait touT faire à la main [...] (NÉ – Hennemann, BSM, AnS)[39]
- Et pis les fins de semaines, je travaillais. Et pis je travaillais après l'école, des fois, vnait avec mon/ma sacoche d'l'école [...] dessus le BUS, l'autobus me *landait* drouète là. [...] Je rentrerais au restaurant pis-y était BUSY, faudrait reste ici. Aïdais avant de retorner à la maison. Pis là, je travaillais les fins de semaines pis je travaillais touT l'été. (NÉ – Hennemann, ILM, CL)
- Maman a lisait dans la BIBLE pis tout-ce que c'est que maman dit ça sarait : [...] (NÉ – Hennemann, ILM, IS)
- Des fois, on aurait une grosse prâline le soir de pistache ou de tac-tac. [...] (LOU – *Découverte*, Châtaignier, Évangéline)
- Not' mame nous disputerait si on les appellerait pas//qu'on aurait pas de respect pour eusse (LOU – Papen/Rottet 1997 : 100) (Papen/Rottet traduisent en anglais par : « Our mom would scold us if we wouldn't call them// that we wouldn't have respect for them. ») (contexte habituel)

▶ **Le conditionnel passé**
- De mon temps, de / quand j'étais étudiant, on aurait dit par exemple / euh : « Ça c'tait un beau CAR rouge ». (NÉ – Hennemann, ILM, RF)
- c'est de même que le monde vivait tu tuais des DEER là tu t'arais tué des MOOSE pis tant ce tu tuais un MOOSE c'était pas ienque pour toi là (NB – Wiesmath 1, B : 443–444)
- des fois t'arais eu un/ . un petite / petite plaque de neige de reste pis t'arais sauté par dessus (NB – Wiesmath 1, B : 496–497)
- ça fait que j'ai juste euh arrêté de coudre ce temps-là j'aurais coudu des choses simples . choses qu'araient été vite (NB – Wiesmath 6, L : 316)
- pour le temps des fêtes t'arais pu faire menir quarante onces d'ALCOHOL de Québec (IdlM – Falkert 2010, corpus : 317–318, p. 461, CD-ROM)
- on arat été:/ on arat discuté p=t-être bien deux heures. mais là ça finissait pas là . on compait des comptes (IdlM – Falkert 2010, corpus : 44–45, p. 245, CD-ROM)
- le soir on:/ on arat broché on arat fat de l'ouvrage à la main (IdlM – Falkert 2010, corpus : 162, p. 347, CD-ROM)
- Tu n-n arais iu pt-être iun ... iun ou deux dans ène traînée qu'arait fait cinq longueurs de traîne. (TN – Brasseur 2001 : s.v. *traînée*, p. 452)
- Faut que tu la rentrais pis que tu l'arais laissée 4 ou 5 jours dans le magasin, à suer. (TN – Chauveau 1998 : 109)
- parce que . dans ces temps-là le monde qu'aurait fait une boucherie . aurait fait boucherie puis là ça partageait (LOU – Stäbler 1995 : 143, corpus)
- Quand j'aurais fini la tirer, elle s'aurait levé. (LOU – *Découverte*, Châtaignier, Évangéline)

---

[39] Flikeid (1991 : 209) note pour la BSM et pour Pubnico – plus rarement à l'ILM – que les formes *faurait* et *faudrait* apparaissent régulièrement dans les fonctions de l'imparfait. Il ne s'agit pas, ici, d'un phénomène de calque.

- Dans les vieux temps, le monde déménageait des bâtisses. Ça aurait mis [= ils mettaient] des rolons en dessous et ça l'aurait halé [= ils le tiraient] avec des mulets. (LOU –Rottet 2011 : 316, LA, *cf.* DLF 2010 : s.v. *rolon*, p. 560, LA)
- On avait des chiens à lapins. On aurait tué [= tuait] peut-être huit, dix lapins en allant là-bas. Et s'aurait fait [= on se faisait] une grosse cuite, bien mangé. (LOU – Rottet 2011 : 316, SL, *cf.* DLF 2010 : s.v. *cuite*, p. 177, SL)
- Le samedi d'après, un autre aurait tué [= tuait] son veau et il aurait séparé [= séparait] la viande parmi les autres, c'étiont comme un groupe. (LOU – Rottet 2011 : 316, AC, *cf.* DLF 2010 : s.v. *parmi*, p. 440, AC)

II.3 Emplois du conditionnel surcomposé

La forme surcomposée, rarement employée en français hexagonal, exprime « l'accompli ou l'antériorité par rapport à la forme composée correspondante » (Riegel et al. 2011 : 452 ; *cf.* aussi Grevisse/Goosse 2008 : § 891 b, p. 1101). À la différence du français hexagonal, le conditionnel surcomposé n'est pas rare dans les parlers concernés, mais il y remplit d'autres fonctions ; de fait, il a la même fonction que le conditionnel passé[40].

Les fonctions du conditionnel surcomposé sont les suivantes :
- L'expression de l'irréel du passé ; le conditionnel surcomposé insiste davantage sur le caractère irréel de l'événement que le conditionnel passé.
    - la batterie arait venu qu'i y arait/ alle arait été / alle arait eu mouru pis on arait pas eu de pouvoir dessus pour/ . (NB – Wiesmath 6, L : 110)
    - Si tu l-l'arais iu gratté trop, ç'arait laissé des petites marques. (TN – Brasseur 2001 : XLVII)
    - Et euh, pop m'a pas poussé, mom aurait eu aimé que je retourne mais pop a pas... il a pas poussé sur ça, tu connais. (LOU – *Découverte*, Mamou, Évangéline)

- Le remplacement du subjonctif à un temps du passé :
    - I prenait pas ses PILLS pis i mangeait pas coumme faudrait qu'i arait eu mangé, t'sais. (NÉ – Hennemann, ILM, IS)
    - faulait qu'i araient eu resté à Saint-Antoène. (NB – Wiesmath 7, O : 454)
    - I croyait jamais qu'i l'arait iu fait (TN – Brasseur 2001 : XLVII)

Un regret très fort ou un vœu non exaucé peut être souligné par la forme surcomposée (Rottet 2011 : 304) :
- Asteur je voudrais bien que j'aurais eu fini mais ça m'a jamais arrêté, j'ai fait une vraie bonne vie. (LOU – Rottet 2011 : 305, TB)

- L'expression d'une habitude dans le passé :
    - BUT trois quarts du temps on s'arait eu *travelé* nu-pieds (NB – Wiesmath 1, B : 782) (« Les trois quarts du temps on marchait nu-pieds. »)
    - Ses quatre garçons auraient eu été ses musiciens. L'aurait eu son ... Ça aurait été son *band* à lui-même. (LOU – *Découverte*, Church Point, Acadia)

---

40 Pour le FTN : Brasseur (2001 : XLVII) ; pour le FL : Guilbeau (1950 : 226).

Pour expliquer la fréquence (relative) du conditionnel surcomposé, on doit sûrement tenir compte du fait que les fonctions du conditionnel simple/présent et du conditionnel composé/passé ne sont pas toujours distinguées nettement dans les parlers concernés (*cf.* les passages ci-dessus). Le recours au conditionnel surcomposé pourrait ainsi constituer une stratégie pour exprimer de façon univoque l'irréel du passé. De plus, dans ce cas, le conditionnel surcomposé peut constituer un moyen d'obtenir davantage d'isomorphisme avec l'anglais : *aurait* prendrait alors la fonction de *would*, *eu/iu* celle de « have » et le participe correspondrait au participe anglais, *cf. alle* [la batterie] *arait eu mouru* « it would have died » (NB – Wiesmath 6, L : 110).

III Observations finales

Résumons les particularités d'emploi du conditionnel :
- Dans toutes les variétés étudiées ici, le conditionnel apparaît à la place de l'imparfait
  - dans les subordonnées hypothétiques pour exprimer le potentiel ou l'irréel : le phénomène est bien documenté dans l'histoire de la langue et il est courant dans le français hexagonal non standard ;
  - dans l'expression d'une habitude dans le passé, probablement sous l'influence de l'anglais : le phénomène est restreint aux parlers nord-américains qui subissent une forte pression de l'anglais.
- Le conditionnel étant perçu comme le moyen par excellence d'exprimer une modalité, il apparaît également dans les contextes où le standard demande l'emploi du subjonctif. Ce dernier, plus ou moins vivant selon la région, n'est plus considéré comme un mode verbal (*cf.* le chap. « Le subjonctif »). Le phénomène de remplacement est courant dans l'histoire de la langue et dans le non-standard hexagonal d'aujourd'hui.
- Le conditionnel présent est fragilisé dans sa fonction temporelle d'expression du futur dans le passé.
  - La périphrase *aller* + infinitif à l'imparfait peut exprimer le futur dans le passé comme en FS (*cf.* ci-dessus II.2.1.)
  - Le conditionnel passé remplace le conditionnel présent (*cf.* II.2.1. ; Rottet 2001 : 188). Ce développement n'est pas signalé pour le français hexagonal.
  - L'indicatif présent ou le futur périphrastique apparaissent au lieu du conditionnel, sans respecter la concordance des temps (notamment en FL).

Une comparaison intergénérationnelle sur l'expression du futur dans le passé effectuée par Rottet (2001 : 245 ; Rottet 2011 : 307) fait ressortir que le conditionnel présent, ainsi que la périphrase *aller* à l'imparfait, sont en voie de disparition dans cette fonction, alors que le conditionnel passé se maintient bien. Mais ce sont surtout le futur périphrastique ou d'autres moyens (comme l'indicatif présent) qui apparaissent dans cette fonction[41], *cf.* par ex. :

---

41 *Cf.* Rottet (2001 : 245, tableau 8–10 ; Rottet 2011 : 307) : génération des plus de 55 ans/des 30 à 54 ans/ des moins de 30 ans : *allait* + Inf. (36 %/19 %/0 %), conditionnel passé (27 %/ 19 %/ 26 %), conditionnel présent

- Eusse m'a dit qu'eusse va être tard pour le *party*. (LOU – Rottet 2011 : 308, locuteur jeune)
- Ils m'ont dit qu'eusse sera tard pour le *party*. (LOU – Rottet 2011 : 308, loc. âgée)

(Il s'agit des phrases à traduire.)

Les tendances suivantes caractérisent, selon l'étude de Rottet (2001), le langage des jeunes et des semi-locuteurs en LOU (TB/LF).
- Recul général du conditionnel présent (Rottet 2001 : 238s. ; 247), remplacé par des constructions périphrastiques (*aller* + infinitif, *vouloir* + infinitif, conditionnel passé, *cf.* Rottet 2001 : 241 ; 247). On voit une fois de plus le recours aux moyens analytiques pour exprimer les catégories grammaticales[42].
- Dans les structures hypothétiques le conditionnel se maintient mieux, même si globalement, l'emploi du conditionnel diminue aussi. La comparaison intergénérationnelle montre, chez les jeunes et les semi-locuteurs, l'augmentation du présent de l'indicatif même dans les propositions hypothétiques irréelles/contrefactuelles où le conditionnel était traditionnel (Rottet 2001 : 239s.) ; la distinction entre les conditions réelles et les conditions irréelles (Rottet 2011 : 302) n'est plus opérée, ce qui peut entraver la compréhension (*cf.* Rottet 2001 : 240)[43].
    - Si j'ai plus de temps, je vas faire un gateau aussi. (LOU – Rottet 2001 : 239, semi-locuteur) (La tâche consistait à traduire la phrase « If I had more time I would also make them a cake. »)

- L'emploi du conditionnel comme moyen d'atténuation semble tomber en désuétude, tant sa chute est nette d'une génération à l'autre (Rottet 2001 : 244) ; c'est l'indicatif du présent ou l'infinitif qui apparaissent dans ce cas. Rottet (*ibid.*) signale que dans une situation d'étiolement linguistique, c'est la compétence de différenciation des styles qui se perd la première.

▶ **Conditionnel (locuteurs âgés)**
- Irene c'est la personne que tu devrais demander pour. (LOU – Rottet 2001 : 244, loc. âgé)
- J'aimerais que vous-autres pourrais revenir vers 7h30. (LOU – Rottet 2001 : 244, loc. âgé)
- Tu pourrais yeux en donner ? (LOU – Rottet 2001 : 244, loc. âgé)

▶ **Constructions d'évitement et de remplacement du conditionnel (jeunes et semi-locuteurs)**
- Irene c'est la femme que tu 'mandes pour quand tu vas au magasin. (LOU – Rottet 2001 : 244, locuteur jeune)
- J'aime vous-autres remenir à 7h30. (LOU – Rottet 2001 : 244, locuteur jeune)
- Tu peux les donner zen ? (LOU – Rottet 2001 : 244, locuteur jeune) (« Tu pourrais leur en donner ? »)

(9 %/6 %/0 %), futur périphrastique (24 %/53 %/53 %), d'autres moyens (3 %/3 %/21 %). – Signalons néanmoins le nombre plutôt limité d'occurrences sur lequel reposent ces chiffres.

42 Rottet y voit un signe de plus de l'étiolement linguistique en FL. Notons pourtant que la tendance à l'analyticité caractérise également le français hexagonal.

43 Les occurrences sporadiques de phrases hypothétiques standard (*si* + imparfait) dans cette génération pourraient s'expliquer par les structures parallèles en anglais standard (*if* + past) (Rottet 2001 : 239s.).

- Le remplacement du conditionnel présent par le conditionnel passé (*cf.* ci-dessus II.2.) dans les emplois temporels est particulièrement avancé en FL (Rottet 2011 : 320).
- Quelques semi-locuteurs aspirent à l'isomorphisme total entre la construction anglaise (*would* + infinitif) et la construction française correspondante en remplaçant le participe passé par l'infinitif : *aurait lire* (« he/she would read »), *aurait pouvoir, aurait finir* (Rottet 2011 : 319, note 16).
- L'une des structures privilégiées de remplacement du conditionnel en FL est le recours à un verbe modal qui apparaît sous une forme figée du conditionnel et qui est suivi d'un verbe plein mis à l'infinitif (Rottet 2001 : 241 ; 295). L'avantage de la stratégie est évident : employant une forme figée – [pure], [vudre] – devant l'infinitif, le locuteur n'aura pas à mémoriser les formes du conditionnel des verbes pleins (*cf.* Rottet 2001 : 241).
    - Je serais content que tu pourrais aller te prendre une sauce avec mon. Ma fille et son mari l'autre bord, ils pourrait ENJOY ça. (LOU – Rottet 2001 : 242, loc. âgée)
    - Si je [vøre] me senter bien, je [vøre] lire le livre à soir (LOU – Rottet 2001 : 241, locutrice jeune)
    - Je pourrais m'en prendre si j'aurais faim. (LOU – Rottet 2001 : 241, loc. âgée)

Le futur

Préliminaires

I   Aspects morphologiques
I.1   Les désinences du futur simple
I.2   Les formes périphrastiques
I.2.1 Les variantes en FA/FTN/FL
I.2.2 Remarques sur les formes *m'as*, *vais* et *vas* en français laurentien
I.3   Le futur antérieur

II   Observations sur le futur simple
II.1   Facteurs favorables à l'emploi du futur simple
II.2   Emploi temporel du futur simple
II.3   Lecture « gnomique » et « habituelle » du futur simple

III Observations sur le futur périphrastique
III.1 Le sens littéral de la périphrase
III.2 Du sens intentionnel au sens temporel
III.3 Le sens temporel
III.4 Lecture « gnomique » et « habituelle » du futur périphrastique
III.5 À propos de la périphrase *s'en aller* + infinitif

IV   Valeurs dites modales des formes du futur
IV.1   Prédictions et conjectures
IV.2   Injonctions/exhortations
IV.3   Atténuation d'une assertion
IV.4   Les formes du futur tenant lieu de subjonctif

V   Le futur antérieur

Le futur

Préliminaires

L'objectif principal de ce chapitre consiste à comparer, sur la base des corpus à notre disposition ainsi que des études déjà effectuées dans ce domaine, les fonctions du futur simple avec celles du futur périphrastique. Il s'agira de se demander s'il existe des facteurs qui favorisent l'apparition d'une forme plutôt que de l'autre[1]. Dans les parlers qui nous intéressent ici, cela implique essentiellement l'analyse des contextes favorisant l'apparition du futur simple, étant donné qu'en général – exception faite de localités isolées à TN et à l'ÎPÉ (*cf.* King/Nadasdi 2003, King 2013 : 50ss.) –, c'est le futur périphrastique qui prédomine largement. Il n'y a aucune fonction du futur simple, temporelle ou modale, qui ne puisse être remplie par le futur périphrastique (*cf.* aussi King/Nadasdi 2003 : 324). Il n'est pas dans notre intention de procéder à une étude statistique des différents moyens d'expression du futur ; nous nous contenterons de renvoyer aux analyses quantitatives effectuées par d'autres auteurs[2].

Les différences régionales se présentent comme suit :
- Dans les isolats conservateurs de NÉ (BSM, Comeau 2011), de l'ÎPÉ et de TN (*cf.* King/Nadasdi 2003, King 2013 : 51), le futur simple est bien vivant, mais même dans ces zones conservatrices, la fréquence des deux formes varie considérablement d'une localité à l'autre, comme le montre la comparaison des études de King/Nadasdi (2003) sur trois communautés à l'ÎPÉ et à TN, et de Comeau (2011 : 225) sur Grosses Coques et Meteghan (BSM)[3].
- Au NB, on constate des divergences entre les régions plus « avancées » (le Nord-Ouest et le Nord-Est) où prédomine le futur périphrastique, et une zone plus conservatrice au Sud-Est (Chevalier 1996 : 85), où le futur simple se maintient bien (*cf.* corpus Wiesmath 2006), notamment en présence d'une négation et dans les subordonnées temporelles introduites par *quand* (Chevalier 1996 : 81)[4]. Nonobstant les difficultés qu'il y a à comparer les chiffres

---

[1] Nous sommes tout à fait conscientes du fait qu'il existe, dans les variétés étudiées ici comme à l'oral en général, d'autres moyens pour exprimer des événements à venir, notamment le présent futural (*cf.* Arrighi 2005 : 173s.). – Quant aux périphrases aspectuelles *aller pour*, *être pour* et les valeurs secondaires des périphrases dites duratives-progressives, *cf.* le chap. « Les périphrases verbales », II, IV.1.1., IV.1.2.

[2] Pour un tour d'horizon des études quantitatives consacrées à l'emploi du futur dans les variétés du français nord-américaines, laurentiennes, acadiennes et européennes, *cf.* Comeau (2011 : 189–211).

[3] L'étude de King/Nadasdi (2003) a été effectuée sur la base d'interviews enregistrées à Abram-Village (ÎPÉ), à Saint-Louis (ÎPÉ) et à L'Anse-à-Canards (TN). Pour l'étude concernant l'expression du futur, les interviews de 8 personnes par commune ont été analysées. Les résultats : pour Saint-Louis et Abram-Village à l'ÎPÉ, King/Nadasdi (2003 : 332) indiquent des chiffres de presque 60 % pour le futur simple contre 40 % de formes du futur périphrastique ; dans la commune de L'Anse-à-Canards, située à TN, les chiffres s'élèvent à 40 % pour le futur simple contre 60 % pour le futur périphrastique (King/Nadasdi 2003 : 332, King 2013 : 51) ; notons que les auteurs ne tiennent pas compte du présent futural, ni des emplois non temporels des deux formes. – Pour Grosses Coques (BSM), Comeau (2011 : 225) indique les chiffres suivants : futur périphrastique : 54,8 % ; futur simple : 36,1 % ; présent futural : 9,1 %. Pour Meteghan : futur périphrastique : 70,4 % ; futur simple : 28 % ; présent futural : 1,6 %.

[4] Chevalier (1996 : 80) indique le chiffre global de 24,7 % d'usage du futur simple contre 75,2 % pour le futur périphrastique (tous usages du futur confondus). Ce chiffre masque pourtant des distributions régionales

fournis par les différentes études, difficultés dues à des approches méthodologiques différentes, on peut sûrement donner raison à King/Nadasdi (2003 : 332) qui constatent que l'emploi du futur simple s'avère très robuste dans les communautés acadiennes et que cette forme ne disparaîtra pas de si tôt dans ces régions, contrairement à ce qui se passe dans d'autres variétés nord-américaines de français (*cf.* ci-dessous « Commentaire »)[5]. De même, Arrighi (2005 : 171) note – prudemment et en renonçant à fournir des chiffres – qu' «[i]l ne semble […] pas que le futur périphrastique ait très largement supplanté le futur simple »[6].

– En FL, on note une forte tendance à exprimer le futur de manière analytique (Conwell/ Juilland 1963 : 156, note 89)[7]. Cette évolution s'aligne sur une tendance générale en FL à exprimer les catégories grammaticales par des moyens analytiques, qui s'observe également dans d'autres domaines de la morphosyntaxe (*cf.* Stäbler 1995 : 73s.).

Commentaire

Par l'emploi stable du futur simple pour se référer aux événements à venir, les variétés du français acadien les plus conservatrices se distinguent des variétés laurentiennes de français aussi bien que du FL[8].

Les parlers acadiens montrent un caractère plus conservateur que d'autres variétés nord-américaines du français en maintenant une morphologie flexionnelle riche qu'on ne trouve ni au Québec ni dans les autres variétés nord-américaines. Selon King/Nadasdi (2003 : 325), Comeau (2011) et King (2013 : 50), ils fournissent par leurs traits conservateurs des renseignements précieux sur des stades antérieurs du français[9].

En ce qui concerne les variétés laurentiennes, diverses études révèlent le taux élevé du futur périphrastique (entre 79 et 83 % à Montréal[10], 78 % à Ottawa-Hull[11], 89 % en Ontario[12]), qui est encore en progression[13]. Le futur simple est presque entièrement confiné aux propositions niées, la négation se révélant *le*

---

diverses : de fait, la fréquence du futur simple est très faible dans le Nord-Ouest (7,9 %), médiocre dans le Nord-Est (20,2 %), mais assez considérable dans le Sud-Est du NB (37,1 %). – King/Nadasdi (2003 : 327, note 3) indiquent leur réticence vis-à-vis des chiffres fournis par Chevalier, celle-ci incluant dans son étude des formes à valeur non temporelle. King/Nadasdi excluent ces cas, de sorte qu'il est impossible de comparer directement les chiffres respectifs, *cf.* aussi Comeau (2011 : 204).

[5] Autre indice de la vitalité du futur simple : les verbes récemment empruntés à l'anglais peuvent apparaître au futur simple tout comme les verbes de souche française.

[6] Arrighi ajoute pourtant que dans son corpus panacadien « l'expression du futur passe le plus souvent […] par l'utilisation du futur périphrastique (et moindrement du présent) » (Arrighi 2005 : 172).

[7] Selon nos recherches, la référence à des événements à venir s'effectue dans le corpus de Stäbler (1995) au moyen du futur périphrastique dans 85,8 % des cas, et du futur simple dans 14,2 % des cas. Apparaissent à la forme synthétique principalement les verbes *avoir* et *être*, dans une bien moindre mesure également *pouvoir*, *vouloir*, *devoir*, *falloir*. Soulignons que la négation ne joue aucun rôle dans le choix du futur simple. Toutes les formes relevées, sauf une, apparaissent dans des phrases affirmatives.

[8] *Cf.* aussi King/Nadasdi (2003 : 332), Comeau (2011 : 191ss.), King (2013 : 50–53).

[9] Pour étayer leur hypothèse, les auteurs se réfèrent aussi au maintien du passé simple, du subjonctif imparfait et de la désinence -*(i)ont* à la 3ᵉ pers. pl. (*cf.* King/Nadasdi 2003, Comeau 2011, King 2013).

[10] *Cf.* pour Montréal : Emirkanian/Sankoff (1985) : 79 % ; Zimmer (1994 : 215) : 83,33 % ; Sankoff/Evans Wagner (2006) : 74 %.

[11] Le chiffre présenté par Poplack/Turpin (1999 : 148) est de 73 %, mais les auteurs incluent le présent futural ; si l'on ne considère que les formes du futur simple et celles du futur périphrastique, le chiffre pour le futur périphrastique s'élève à 78 % (Grimm 2010 : 90).

[12] *Cf.* pour Ontario : Grimm/Nadasdi (2011 : 181). De toutes les variétés laurentiennes, le franco-ontarien est la variété où la prédominance du futur périphrastique est la plus nette (Grimm 2010 : 90, Grimm/Nadasdi 2011 : 174).

[13] *Cf.* Zimmer (1994 : 214 *passim*), Chevalier (1996 : 78s. ; 85), Grimm (2010 : 91).

facteur par excellence pour motiver le choix de la forme du futur dans ces variétés[14] ; mais aujourd'hui, le futur périphrastique semble même s'étendre à ces contextes[15]. Dans les variétés laurentiennes, l'emploi du futur simple dépend aussi du facteur « âge » et du milieu socio-économique des locuteurs. Blondeau (2006) constate, pour un corpus recueilli à Montréal, que les locuteurs jeunes emploient davantage le futur périphrastique que les locuteurs plus âgés, mais elle souligne aussi l'effet de la gradation d'âge : les mêmes locuteurs, interviewés à des années d'intervalle, augmentent l'usage du futur simple et cette augmentation semble coïncider avec leur entrée dans la vie professionnelle. Par contre, les facteurs linguistiques conditionnant l'emploi du futur simple restent identiques dans le temps. Au vu de ces résultats, Blondeau (2006) est réticente face à l'hypothèse d'une disparition de la forme simple. Quant à l'autre facteur social qui joue un rôle ici, il apparaît que les locuteurs ayant fait des études supérieures recourent plus souvent au futur simple, de sorte que celui-ci peut être considéré comme la variante formelle[16].

Dans d'autres variétés nord-américaines de français, le futur périphrastique s'est de même largement substitué au futur simple[17].

Pour ce qui est du non-standard hexagonal, la popularité du futur périphrastique est largement confirmée[18]. Chevalier et al. (1964) parlent même d'une tendance, à l'oral, à remplacer de plus en plus le futur simple par la forme périphrastique, mais le facteur « polarité » semble jouer également en français hexagonal, dans la mesure où « la périphrase du futur est rare, sinon évitée, dans des phrases négatives » (Dörper 1990 : 103).

D'autres auteurs émettent pourtant des réserves quant à une éventuelle extension du futur périphrastique au détriment du futur simple. Blanche-Benveniste (1990 : 199–202) souligne la différence de valeur sémantique des deux formes, tandis que Schrott (1997 : 195–208) insiste sur les différences pragmatiques liées à l'usage du futur périphrastique, du présent futural ou du futur simple[19]. Gadet (1992 : 54s.) observe que le futur est « bien intégré au système » nonobstant les écarts constatés dans sa formation. Les chiffres fournis par Sokol (1999 : 88) révèlent qu'à l'oral, le futur simple occupe la deuxième position dans l'expression du futur, juste après le présent futural et avant même le futur périphrastique[20]. Le corpus du GARS (Groupe Aixois de Recherches en Syntaxe) fait également ressortir « une légère avance » du futur simple sur la forme périphrastique (corpus Blanche-Benveniste/Jeanjean, recueilli dans le sud de la France ; Jeanjean 1988, cf. Chevalier 1996 : 76).

---

14 Pour le FQ : Chevalier (1996 : 78 ; 85) ; pour le montréalais : Blondeau (2006 : 87) ; pour la ville de Québec : Deshaies/Laforge (1981) et Laurendeau (2000) ; pour Ottawa-Hull : Poplack/Turpin (1999) ; pour l'ontarien : Grimm/Nadasdi (2011) ; cf. aussi Comeau (2011 : 194ss.).

15 Pour Montréal : Zimmer (1994 : 216) ; pour Ontario/Hawkesbury : Grimm (2010 : 83 passim) ; cf. aussi Comeau (2011 : 194ss.).

16 Pour Montréal : Sankoff/Evans Wagner (2006), cf. aussi Comeau (2011 : 198) ; cf. dans le même sens Chevalier (1996 : 79). – En revanche, pour Hawkesbury (Ontario), Grimm constate que le futur périphrastique est actuellement engagé dans un processus de revalorisation, le futur simple n'étant plus considéré comme la seule variante prestigieuse (2010 : 89 ; 91). – Pour une discussion des facteurs sociaux (âge, sexe, éducation) qui pourraient exercer une certaine influence sur le choix de la forme du futur, nous renvoyons aux études de King/Nadasdi (2003) et de Comeau (2011) pour le FA. Les auteurs constatent que les facteurs sociaux sont moins importants que la question de la distance ou de la proximité de l'événement à venir (cf. ci-dessous).

17 Cf. aussi Arrighi (2005 : 171) ; pour le Manitoba et l'Alberta : Hallion (2000 : 370s.), Hallion Bres (2006 : 115).

18 Cf. Dörper (1990 : 102s.), Chevalier et al. (1964 : § 504, p. 352), Riegel et al. (2011 : 553).

19 Dans cette hypothèse, le locuteur se porte garant de la réalisation de l'action en recourant au présent futural ou à la forme périphrastique, alors que la présentation de cette même action au futur simple laisse planer le doute sur sa volonté réelle de passer à l'action (cf. Schrott 1997 : 205).

20 Cf. Sokol (1999 : 88) : présent futural : 41,59 % ; futur simple : 34,25 % ; futur périphrastique : 24,16 %. Sokol (1999) part de l'hypothèse d'une différence aspectuelle des formes du futur. Les corpus oraux utilisés dans son étude sont les suivantes : Ludwig, Ralph, *Texte des gesprochenen Französisch. Materialien I*, Tübingen, 1988, et Eschmann, Jürgen, *Texte aus dem « français parlé »*, Tübingen, 1984 (cf. Sokol 1999 : 82).

En conclusion, l'oral hexagonal semble se trouver à mi-chemin entre les variétés les plus avancées (en Amérique du Nord) et les variétés les plus conservatrices d'Acadie : l'usage du futur simple y reste vivace et son taux d'emploi est élevé – et ce, d'autant plus que le niveau d'études est élevé –, mais l'importance du futur périphrastique semble s'accroître depuis quelque temps (Blanche-Benveniste 2010 : 78).

I Aspects morphologiques

Pour les spécificités morphologiques concernant les radicaux verbaux servant à former le futur, nous renvoyons au chapitre sur le conditionnel (*cf.* les chap. « Le conditionnel », I.1., et « Formes remarquables du verbe »). Les remarques valent telles quelles aussi pour la formation du futur. Rappelons-en ici les principaux points :
- La tendance à la régularisation des paradigmes en recourant à une forme fréquente de l'indicatif présent (*peurrai*) ou à l'infinitif comme base des formes du futur (*mourirai*)[21].
- L'alignement sur les verbes du premier groupe (*écrire* → *écriver* → *écriverai*).
- L'insertion de la syllabe *-er-* (*mangererai, direrai*).
- L'omission fréquente du glide (*prenrai, tienrai, vienrai, faura*).
- Les formes d'*avoir*, *savoir* et de *voir* sont *arai*, *sarai* et *voirai*.

Ce sont les formes des verbes ayant une fréquence élevée et une forme du futur dite *irrégulière* qui se maintiennent le mieux au futur simple, ce qui n'exclut ni l'apparition des verbes réguliers dans une forme de futur simple ni l'apparition d'un verbe irrégulier dans une forme du futur périphrastique (Arrighi 2005 : 171, *cf.* les exemples cités en II).

I.1 Les désinences du futur simple

Les désinences du futur simple sont les suivantes[22] :

	FA/FTN	FL
1re pers. sg.	*je* + -[re], -[ra]	*je* + -[re], -[ra]
2e pers. sg.	*tu* + -[ra]	*tu* + -[ra]
politesse	*vous* + -[re]	*vous* + -[re]
3e pers. sg.	*il, alle* + -[ra]	*il, alle* + -[ra]
1re pers. pl.	*je* + -[rõ], *on* + -[ra]	*on* + -[ra]
2e pers. pl.	*vous* + -[re]	*vous-autres* + -[ra]
3e pers. pl.	*ils (alles)* + -[rõ][23]	*ils (alles)* + -[rõ] (régional), *eusse / eux-autres* + -[ra]

---

21 Pour le français populaire, Gadet (1992 : 54s.) signale les régularisations, où le présent ou l'infinitif servent généralement de base à la formation du futur – *je couvrerai, j'allerai, j'envoirai, je cuiserai, je mourirai, il voira*.
22 *Cf.* pour les désinences Arrighi (2005 : 110), Gesner (1979a : 60, 1985 : 16), Ryan (1982 : 334), Motapanyane (1997 : 33), Rottet (2001 : 180).
23 Pour la prononciation des pronoms personnels et la rareté des formes du féminin pluriel, *cf.* le chap. « Les pronoms personnels », VI.

Dans tous les parlers, la désinence en [a] de la 2ᵉ et la 3ᵉ pers. sg. s'entend également à la 1ʳᵉ pers. sg.[24]. Rottet (2001 : 180) signale en outre pour le FL la désinence en [a] dans la forme de politesse et aux 2ᵉ et 3ᵉ pers. pl.[25].

Les formes du conditionnel et celles du futur ne sont pas toujours distinguées, notamment en FA et en FTN, les désinences [ra] (1ʳᵉ à 3ᵉ pers. sg.), [rɔ̃] (1ʳᵉ pers. pl., 3ᵉ pers. pl.) et [re] (2ᵉ pers. pl.) (indiquant donc *a priori* un futur) apparaissent également en fonction de conditionnel[26] (pour plus de détails, *cf.* le chap. « Le conditionnel », I.2.).

- pi le tit crabe jamas qu'on arat mangé ça nous autres (IdlM – Falkert 2010, corpus : 457, p. 134, CD-ROM) (« on n'aurait jamais mangé ça »)
- Je pourra pas dire quoi-ce qu'est le nom en anglais. (TN – Brasseur 2001 : s.v. *quo*, etc., p. 383) (« je ne saurais dire »)
- Ielle a nous appreneait ça qu'a pouvait, hein ! Ben sans pour ça j'arons pas fait. (TN – Brasseur 2001 : XLVII) (« nous n'aurions pas réussi »)
- il devra y avoir une limite . mais ça ressemble comme si . il 'n a a [sic] pas de limite (LOU – Stäbler 1995 : 202, corpus) (« il devrait y avoir une limite »)

I.2 Les formes périphrastiques

En ce qui concerne la forme périphrastique du futur, les variétés étudiées se distinguent nettement du français laurentien, puisque la forme *m'as*, très fréquente au Québec et courante dans d'autres variétés laurentiennes du français, ne joue aucun rôle dans les parlers concernés, où elle n'apparaît qu'occasionnellement[27] (*cf.* I.2.2.).

I.2.1 Les variantes en FA/FTN/FL

Le futur périphrastique existe en deux variantes :
- *aller* + infinitif est la forme dominante en NÉ, au NB, à l'ÎPÉ, en LOU ;
- *s'en aller* + infinitif, relevé en NÉ, est très courant à TN ; le tour est occasionnel au NB et en LOU, il existe également aux Îles-de-la-Madeleine. (*cf.* Falkert 2010, corpus) :
    - ah m'en vas vous conter le conte du chien noir (NÉ – Arrighi 2005, corpus, Marcelin NÉ 2 : 1)
    - je m'en vas proche aller à Paris (IdlM – Falkert 2010, corpus : 111, p. 149, CD-ROM)
    - je m'en vas être grutier à : M/ à Québec (IdlM – Falkert 2010, corpus : 13, p. 230, CD-ROM)

---

24 Pour le FA : Motapanyane (1997 : 33, 37) ; pour le FTN : Brasseur (2009) ; pour le FL : Rottet (2001 : 180), Stäbler (1995 : 73).
25 *Cf.* aussi Brandon (1955 : 466), Guilbeau (1950 : 182), Stäbler (1995 : 73).
26 *Cf.* pour le FA : Gesner (1985 : 19), Motapanyane (1997 : 37) ; pour le FTN : Brasseur (2001 : XLVII). Phénomène marginal en FL, *cf.* Conwell/Juilland (1963 : 154, 156) ; Rottet (2001 : 181) souligne même le souci des locuteurs de bien distinguer les formes du futur et celles du conditionnel par la surgénéralisation de [a] à toutes les personnes du futur, et de [e] au conditionnel.
27 *Cf.* Dörper (1990 : 114), Arrighi (2005 : 109), Martineau (2011a : 308). – Dans le corpus madelinien de Falkert (2010), la forme *m'as* apparaît chez un seul locuteur, dont le père vient de Montréal : « m'as faire mes études à Québec », « m'as faire le tour du monde » (IdlM – Falkert 2010, corpus : 83, p. 235 et 143, p. 239, CD-ROM).

- Y en a iun qui dit : moi je vas prendre une chance, je m'en vas rester, à Terre-Neuve [taʀ nøv]. (TN – Brasseur 2001 : s.v. *chance*, p. 102) (*prendre une chance* « prendre un risque, risquer »)

La périphrase *s'en aller* + infinitif est moins grammaticalisée qu'*aller* + infinitif (*cf.* III.5.).
– La forme figée [va] est employée à toutes les personnes du singulier, et en FL, on note une tendance à la généralisation de la forme [va] comme marque du futur à toutes les personnes grammaticales indistinctement (*cf.* Rottet 2001 : 38). La forme *je vais* est extrêmement rare.

FA/FTN : *je/tu/i(l)/a(l)/on* + [va], *j*' + *allons, vous* + *allez, i(ls)*+ *vont* (Arrighi 2005 : 109) / *i(ls)* + *allont* (Motapanyane 1997 : 33)
FL : *je/tu/i(l)/a(l)/on/nous-autres/vous-(autres)/ça/eusse/eux-autres* + [va]
- Non, non, je vas pas marier. (NÉ – Hennemann, ILM, IS)
- je vas touT salir mes beaux soulier (NÉ – Arrighi 2005 : 108, Marcelin NÉ 2 : 517)
- moi je vas te dire tout de suite tu vas / tu vas dire <ou c'est aigre> (NB – Wiesmath 1, B : 22–23)
- je vas premièrement demander d'être servie en français (NB – Arrighi 2005 : 108, Rachelle NB 1 : 187–188)
- je vas faire du pain jusqu'à tant je serai crevée (IdlM – Falkert 2010, corpus : 69–70, p. 21, CD-ROM)
- Je m'en vas pas me *djinguer* là-dessus. (TN – Brasseur 2001 : s.v. *djagger/djinguer (se)*, p. 163) (« se soûler »)
- Et mon z'vas montrer à mes enfants à mon à parler en français parce que ça a besoin de connaître éiou eusse devient, [...]. (LOU – Rottet 2001 : 122, locuteur jeune)
- Vous-autres va m'écouter ou bien je vas dire à votre Popa ! (LOU – *Découverte*, Mamou, Évangéline)
- Après eusse va apprendre à parler en anglais. (LOU – Rottet 2001 : 122, locuteur jeune)

– À la 1re pers. sg., la périphrase *s'en aller* + infinitif peut apparaître, à TN, sous des formes raccourcies : *je m'en as* + infinitif ou *je m'en* + infinitif (Brasseur 2001 : s.v. *aller*, p. 13) :
- Je m'en as faire à mon mieux pour toi. (TN – Brasseur 2001 : s.v. *aller*, p. 13)
- Je m'en faire un *bargain* avec toi, a dit. (TN – Brasseur 2001 : s.v. *aller*, p. 13)

Commentaire
La forme de la 1re pers. sg., *je vas*, est bien attestée dans l'histoire à partir du XVIe s. (Dörper 1990 : 103). Privilégié encore par Vaugelas, *je vas* est remplacé par *je vais* à la Cour pendant le XVIIe s., *je vas* passe par la suite pour « populaire »[28]. La forme reste néanmoins régionalement très vivante en France et ailleurs[29]. *Je vas* existe en outre en franco-manitobain (Rodriguez 1991, Hallion 2000 : 303ss.), en FQ (Sankoff/Thibault 2011, Wolf 2000), en franco-ontarien (Mougeon 1996, Mougeon/Beniak 1991 et Mougeon et al. 2009a) (*cf.* aussi Arrighi 2005 : 109).

Le futur périphrastique est attesté sous les deux variantes *aller* + infinitif et *s'en aller* + infinitif dès le XVe s. (Dörper 1990 : 102), mais c'est la forme non pronominale qui prédomine dès le début (Dörper 1990 : 104, Mougeon 1996 : 66)[30]. Au siècle classique, en revanche, le tour *aller* + infinitif est fortement concurrencé par

---

[28] *Cf.* Mougeon (1996 : 67), Dörper (1990 : 104), Hallion (2000 : 303s.), Mougeon et al. (2009a : 342s.), Wolf (1987 : 21s., 1991).
[29] *Cf.* Dörper (1990 : 104s.), Arrighi (2005 : 109), Mougeon (1996 : 71).
[30] Dans la période de 1400 à 1600, la forme pronominale de la périphrase apparaît dans 12 à 30 % des cas (Dörper 1990 : 104, Sankoff/Thibault 2011 : 336).

s'en aller + infinitif[31]. Stigmatisé au XVIIIe s. et en net recul depuis[32], *s'en aller* + infinitif a pourtant survécu dans les variétés d'outre-Atlantique et, dans une moindre mesure, dans le non-standard hexagonal, où l'on relève régionalement aussi des formes courtes (en picard, en saintongeais, en franco-provençal, Dörper 1990 : 106–108, Gougenheim 1971 : 105). En France, la périphrase est aujourd'hui marquée comme « vieille » ou « populaire » (*cf. Le Petit Robert* 2013 : s.v. *aller*).

I.2.2 Remarques sur les formes *m'as*, *vais* et *vas* en français laurentien

Dès les premières attestations, la périphrase pronominale apparaît principalement à la 1re pers. sg., ce qui peut expliquer selon l'hypothèse de Dörper (1990 : 121) qu'une forme de débit rapide se soit développée et ensuite grammaticalisée : *je m'en vas* + infinitif → *m'as* + infinitif (*cf.* aussi Mougeon 1996 : 73). Cette forme est attestée dans diverses variétés de français d'outre-mer (Dörper 1990 : 108ss., Mougeon et al. 2010) : français du Québec, de l'Ontario, franco-manitobain[33], franco-albertain, français mitchif, parler de Brunswick (Maine/États-Unis) et de la région de Détroit, français du Missouri ainsi que de Saint-Barthélémy et de Saint-Thomas. Dans le parler d'Old Mines, Missouri, il existe de plus une forme raccourcie de la 2e pers. sg., *t'as* + infinitif[34].

Dans les variétés laurentiennes, le polymorphisme est grand à la 1re pers. sg., puisque plusieurs variantes ont pu se maintenir : [va]/[ʒva], [ma]/[ʒma], [ve]/[ʒve], [mãva]/[ʒmãva], [ʒmãve], dont les plus courantes, [va]/[ʒva], [ma]/[ʒma], [ve]/[ʒve], représentent à elles seules un total de 95 % des occurrences du futur périphrastique en FQ et en franco-ontarien (Mougeon 1996 : 64s.).

Face à ce polymorphisme, on a pu établir une certaine répartition de ces formes selon des critères sociolinguistiques et sémantiques[35] :
– Comme dans les autres parlers d'outre-Atlantique, en FQ, la forme [va] est la forme la plus courante et non marquée socialement, qui se répand au détriment aussi bien de *vais* que de *m'as* (Mougeon 1996 : 66). *Vais* est une forme marginale utilisée par les locuteurs les plus standardisants dans les contextes formels, alors que *m'as*, employé par les locuteurs les moins scolarisés, est socialement stigmatisé (Sankoff/Thibault 2011 : 344s.) ; *m'as* passe aujourd'hui pour « populaire » (Mougeon 1996 : 66) et pourrait se restreindre à quelques contextes lexicalisés, notamment *m'as dire...* (Sankoff/Thibault 2011 : 350) ; le recul de cette forme est confirmé pour deux communautés en Ontario (Hawkesbury/Pembroke) par Mougeon et al. (2009a) dans une étude sociolinguistique en temps réel (1978–2005)[36].

---

31 *Cf.* Dörper (1990 : 104s.), Sokol (1999 : 172), Brasseur (2001 : s.v. *s'en aller*, p. 13).
32 *Cf.* Gougenheim (1971 : 101ss.), Dörper (1990 : 105), Mougeon (1996 : 67), Comeau (2011 : 189, note 70).
33 *M'as* est cependant rare en franco-manitobain (*cf.* Hallion 2000 : 310).
34 Thogmartin (1979 : 115), Chaudenson et al. (1993 : 86s.), Dörper (1990 : 113), Hallion Bres (2006 : 115). – Pour les formes du futur périphrastique dans les parlers laurentiens, *cf.* aussi les études de Mougeon (1996) et de Mougeon et al. (1988 ; 2009a).
35 Pour une synthèse des différents travaux sur la distribution des variantes *je vais/je vas/m'as* dans les variétés laurentiennes, *cf.* aussi Martineau (2014 : 168s.).
36 Le statut du français diverge largement dans les deux communautés, tout comme leur structure socio-économique : langue majoritaire à Hawkesbury, le français est minoritaire à Pembroke. À Pembroke, c'est la forme standard, *je vais*, qui se répand, alors qu'à Hawkesbury, c'est la forme vernaculaire *je vas* qui domine (*cf.* Mougeon et al. 2009a).

Selon Mougeon (1996 : 75s.), « la faiblesse de la pression normative en Nouvelle-France » et l'irrégularité de la forme standard *vais* par opposition à la forme régulière *va(s)* sont les facteurs qui expliquent que *vais* n'ait pu s'établir comme forme standard au Québec et que la variation se soit préservée (Mougeon/Beniak 1994 : 37, Mougeon 1996 : 75).
– L'analyse par Mougeon et al. (2010 : 175ss.) des trois variantes principales *je vas*, *m'as* et *je vais* en ontarien (Welland), en manitobain (Saint-Boniface), en français mitchif (Saint-Laurent) et en albertain (Bonnyville) fait ressortir les points suivants :
  – L'association de *m'as* avec l'expression du futur (Saint-Boniface, Saint-Laurent, Bonnyville), de *je vas* avec l'expression de l'habituel (Welland, Saint-Laurent, Bonnyville).
  – L'association de *je vais* aux classes sociales supérieures (Welland, Saint-Boniface, Bonnyville) et aux locuteurs anglo-dominants (Welland, Bonnyville) et le lien de *m'as* avec les classes inférieures (Welland, Saint-Boniface, Bonnyville) et les locuteurs de sexe masculin (Welland, Saint-Boniface).
  – La neutralité sociale de *je vas* en co-présence de *m'as* et *vais*[37].
  – La place à part du français mitchif de Saint-Laurent, où la vitalité de *m'as* est particulièrement grande et où cette variante ne dépend pas de facteurs sociaux.

Commentaire
En ce qui concerne le français européen, Brasseur note l'existence de la forme *m'as* « dans le parler normand de l'île de Sercq » (Brasseur 2001 : s.v. *s'en aller*, p. 13) ; en outre, la forme est attestée dans la région picarde (Mougeon et al. 2009a : 342, Martineau 2011a : 310), mais ses occurrences semblent sporadiques, de sorte que Mougeon et al. (2009a : 342) en concluent que la présence de *m'as* dans les variétés nord-américaines « n'a donc toujours pas été rattachée à une forme équivalente ou similaire dans les variétés de français hexagonal populaire anciennes ou modernes ». Cependant, la disparité de sa répartition géographique actuelle et son existence « dans les créoles d'Haïti jusque dans l'Océan Indien » laissent supposer que la forme « a dû exister dans le français populaire à date ancienne [...] » (Martineau 2011a : 310)[38].

I.3 Le futur antérieur

Le futur antérieur, rarement employé, se compose de l'auxiliaire *avoir* au futur simple et du participe passé. L'auxiliaire *être* n'est pas courant dans les parlers étudiés (*cf.* le chap. « Les verbes auxiliaires *avoir* et *être* »).

- I s'ara farouché par ... par la peur, par de quoi, par ène bête ou... (TN – Brasseur 2001 : s.v. *faroucher, enfaroucher*, p. 197)

- quand il aura arrivé (LOU – Brandon 1955 : 466)
- avant ça se finit tu t'auras aperçu que quelqu'un avait mis la main (LOU – Stäbler 1995 : 214, corpus)

---

37 Si en revanche, *m'as* est absent, *je vas* est associé aux classes sociales inférieures, et si *je vais* est absent, *je vas* peut être associé aux classes sociales élevées (ce dernier cas de figure ne concerne que Hawkesbury, *cf.* Mougeon et al. 2010 : 144).
38 Dans le même sens Dörper (1990 : 119ss.), Mougeon (1996 : 74), Mougeon et al. (2009a : 342). – Divers parlers créoles d'Amérique et de l'Océan Indien forment le futur (ou l'une des formes possibles pour exprimer le futur) avec [a] à côté de [va] et [ava] (Dörper 1990 : 115, Chaudenson 2003 : 356–359).

II Observations sur le futur simple

Face à une situation de forte concurrence entre la forme simple et la forme périphrastique, il y a lieu de s'interroger sur les facteurs favorisant l'emploi d'une forme ou de l'autre[39].

II.1 Facteurs favorables à l'emploi du futur simple

Ces facteurs sont d'ordre morphologique, syntaxique, sémantique et pragmatique.
- Facteur morphologique : en FL, le futur simple n'apparaît plus qu'avec quelques verbes très fréquents et irréguliers[40], mais le recul de la forme semble s'accentuer depuis le milieu du XXe s. (Stäbler 1995 : 74) et concerner également les verbes irréguliers. En effet, dans le corpus de Stäbler, le futur simple apparaît principalement avec les verbes *avoir*, *être* et *falloir*.
    - il 'n a un homme et sa femme-là qui va marier son garçon et ils seront dans une de ces grosses bâtisses à Lafayette-là (LOU – Stäbler 1995 : 188, corpus)
    - parce que là il y aura du COMPETITION là-là... il n'a un qui va BANKRUPT l'autre, pas peut-être, il n'a un qui va manquer (LOU – Stäbler 1995 : 218, corpus)
    - N : il faura laver les écrevisses maman ... [S : il faudra laver les écrevisses . et les savonner . et les passer au <CHLOROX>] N : oh . ça va être tout crevé quand c'est fini [S : ça va nous empoisonner] (LOU – Stäbler 1995 : 145, corpus)

- Facteurs syntaxiques : dans les variétés laurentiennes, la présence d'une négation constitue *le* facteur décisif pour expliquer le choix du futur simple[41]. Cette règle de tendance est confirmée, à moindre échelle, pour le Sud-Est du NB par Chevalier (1996 : 81 ; *cf.* aussi Comeau 2011 : 204), et elle semble avoir un certain fondement pour le FL traditionnel (Guilbeau 1950 : 219, Papen/Rottet 1997 : 101). Par contre, elle n'est pas valide pour les variétés plus conservatrices d'Acadie, où les deux formes du futur peuvent apparaître dans les contextes affirmatifs et avec les négations[42] ; on note ici une différence majeure entre les variétés laurentiennes et les variétés acadiennes (*cf.* Comeau

---

39 La présence de deux formes pour exprimer une catégorie peut (1) entraîner la perte de l'une des deux formes (« concurrence ») ou (2) mener à la différenciation sémantico-fonctionnelle (« spécialisation ») : la concurrence caractériserait, selon Chevalier (1996 : 76), la situation des deux formes du futur dans les variétés laurentiennes, la spécialisation la situation dans le Sud-Est du NB.
40 *Cf.* Brandon (1955 : 465s.), Conwell/Juilland (1963 : 156 ; 168), Papen/Rottet (1997 : 100ss.). – Conwell/Juilland (1963 : 156) se limitent au parler de Lafayette, tout en indiquant (note 89) la prédominance de la forme périphrastique dans les dialectes d'Avoyelles, d'Évangéline, de Jefferson, de Jefferson Davis, de Lafourche, de St. Charles, de St. Martin, de Terrebonne et de Vermilion.
41 *Cf.* Léard (1995 : 198), Comeau (2011 : 210s. *passim*), King (2013 : 51). – King (2013 : 53) suppose que la restriction du futur simple à ces contextes est un développement récent qui ne concerne pas les variétés plus conservatrices du français. Par contre, Comeau (2011 : 209) suggère que ce développement pourrait bien dater de l'époque pré-coloniale. – *Cf.* pour le rôle de ce facteur à Québec : Deshaies/Laforge (1981) et Laurendeau (2000) ; pour Montréal : Zimmer (1994) ; pour Ottawa-Hull : Poplack/Turpin (1999) ; pour Ontario : Grimm (2010), Grimm/Nadasdi (2011).
42 *Cf.* King/Nadasdi (2003 : 335), Arrighi (2005 : 171), Comeau (2011), King (2013 : 51–53).

2011 : 205s. ; 211). La personne grammaticale n'est pas décisive pour le choix de la forme dans les variétés acadiennes (King/Nadasdi 2003 : 335), contrairement à ce qu'on a constaté dans les variétés laurentiennes, où la 1re pers. sg. favorise le choix de la forme périphrastique, et *vous* formel l'apparition de la forme simple[43].
– Facteurs sémantiques : Selon certaines études, le futur simple est favorisé par la présence d'un indicateur temporel non spécifique, alors que l'absence d'un tel indicateur favoriserait le choix du futur périphrastique[44]. Ce facteur ne joue qu'un rôle marginal dans les variétés acadiennes[45], même si l'on peut constater une certaine prédilection à combiner le futur simple avec les adverbes non spécifiques (Comeau 2011 : 229). Dans les variétés acadiennes conservatrices, le facteur décisif pour le choix de la forme du futur est, selon King/Nadasdi (2003 : 333s., ÎPÉ, TN), Comeau (2011 : 211 *passim*, NÉ-BSM) et King (2013 : 51–53), la distance temporelle entre le moment d'énonciation et le moment de réalisation (potentielle) de l'événement : le futur périphrastique s'avère un futur « proche » au sens littéral du terme (King 2013 : 52, Comeau 2011 : 227), même si les variétés semblent se distinguer quant à la notion de « l'imminence » de l'événement envisagé. Notons pourtant que cette règle de tendance n'exclut nullement l'emploi du futur proche pour référer à des événements lointains (*cf.* ci-dessous, III).
– Facteurs sémantico-pragmatiques : le degré de certitude semble également jouer un rôle, une certitude plus assurée ou affichée favorisant le choix de la forme périphrastique[46]. Chevalier (1996 : 85) suggère que dans le français du Sud-Est du NB, comme en FQ, le futur simple serait en voie de se spécialiser pour les valeurs modales, le futur périphrastique pour les valeurs temporelles. Le futur simple présenterait les événements à venir avec une note de doute, d'incertitude, alors que le futur périphrastique présenterait les faits à venir comme inéluctables.

Tandis que les avis divergent quant au rôle de ces facteurs en FA (*cf.* Arrighi 2005 : 172), on peut constater qu'en FL, ils ne jouent pas/(plus) un rôle décisif pour le choix de la forme ; c'est le futur périphrastique qui s'est quasiment généralisé.

II.2 Emploi temporel du futur simple

Le futur simple peut apparaître en série (Riegel et al. 2011 : 551) ou isolé ; si la forme est isolée, l'ancrage dans le temps est souvent assuré par un indicateur temporel, une proposition subordonnée ou par le contexte.

---

43 Pour *vous* + futur simple : Poplack/Turpin (1999 : 154 ; Ottawa-Hull) ; pour *je* + forme périphrastique : Grimm (2010 : 88 ; Ontario/Hawkesbury) ; *cf.* aussi King/Nadasdi (2003 : 330), Comeau (2011 : 224s.).
44 Pour Ottawa-Hull, *cf.* Poplack/Turpin (1999). Pour le FQ, Léard (1995 : 199) souligne l'importance de la présence d'un adverbe temporel pour l'apparition du futur simple (« une chance sur quatre »), sans pourtant spécifier davantage la nature de l'adverbe.
45 Ce facteur est écarté comme insignifiant dans l'analyse de King/Nadasdi (2003 : 329) concernant trois communautés linguistiques conservatrices à l'ÎPÉ et à TN.
46 King (2013 : 52), *cf.* aussi Léard (1995 : 198s.), Laurendeau (2000), Comeau (2011 : 191).

- ben oui je le ferai c't après-midi-là. (NÉ – Hennemann, BSM, RG)
- prends c'te pilule pis si ça fait pas du bien aujourd'hui tu vienras demain pis là i dounnent une autre sorte de pilule (NÉ – Hennemann, ILM, EL)
- i viendra en avion (NB – Arrighi 2005 : 170, Zélia NB 17 : 417)
- alle avait toujours dit quelque temps je m'en retournerai à Ontario (NB – Arrighi 2005 : 170, Zélia NB 17 : 39–40)
- mais que tu saves quoi ce qu'est le mot là tu me le diras (NB – Wiesmath 2006 : 132)
- I dit va dans l'hôpital, pis i dit je te voirai à soir ! (TN – Brasseur 2001 : s.v. *oir I*, *voir*, p. 323)
- Je prenra la pioche et pis je brisera la terre là. (TN – Brasseur 2001 : s.v. *prendre I*, p. 371)
- asteur ils ont toute sorte de belles 'tites affaires [...] y en a bien vite ils pourront pas apporter là où/ où ils voudront aller (LOU – Stäbler 1995 : 43 corpus)
- J'pourra érussir d'yeux montrer le langage (LOU – Rottet 2001 : 130, loc. âgé)
- *So* il les a dit que tel et tel temps que il faudra qu'eux-autres déloge [...] (LOU – *Découverte*, Pointe aux Chênes, Terrebonne)

II.3 Lecture « gnomique » et « habituelle » du futur simple

Comme en FS, les formes du futur simple peuvent apparaître dans les contextes habituels et omnitemporels (gnomiques)[47].

Notons que dans le corpus louisianais de Stäbler (1995), les valeurs habituelle et gnomique sont réservées au seul futur périphrastique (*cf.* ci-dessous III.4.)[48].

- on est plus avec la culture coumme c'est des concerts et des choses comme ça on sortira. Mais elle, elle y ira des fois mais pas toujours. (NÉ – Hennemann, ILM, DO)
- l'étoile qu'i y a à l'intérieur de nous autres a' brille pour nous autres . plus' qu'on la laissera briller plus' joyeux qu'on sera plus' de vie qu'on pourra donner à l'extérieur pis à nous autres-mêmes (NB – Wiesmath 2006 : 122, Wiesmath 10, X : 192)
- Tu oiras souvent les cigales voler autour des lacs ... j'en ai tué des centaines. (TN – Brasseur 2001 : s.v. *oir I*, *voir*, p. 323)

---

47 La lecture *gnomique*, *omnitemporelle* ou *générique* implique qu'une réalité est « devenue indépendante des situations particulières » (Kleiber 1987 : 29, LeBlanc 2009 : 94) ; la lecture habituelle implique la répétition d'un nombre non-spécifié d'occurrences dans le temps, par contraste avec l'itérativité qui exprime une « répétition à l'intérieur d'une seule occurrence délimitée dans le temps » (Brinton 1987 : 205, LeBlanc 2009 : 95). – Cet emploi est parfois considéré comme modal : la lecture temporelle étant exclue par la sémantique de l'adverbe dans le contexte, une réinterprétation (lecture gnomique et habituelle) s'impose. Les emplois non temporels sont exclus des études quantitatives de King/Nadasdi (2003), de Comeau (2011), de King (2013).

48 Pour Ottawa-Hull, Poplack/Turpin (1999 : 160) signalent que le futur simple, rare dans l'ensemble, s'emploie surtout au sens temporel. – Pour une analyse statistique de trois formes verbales qui peuvent servir à exprimer le présent habituel – l'indicatif présent, le futur simple, le futur périphrastique – dans la communauté de Hull, *cf.* LeBlanc (2009). Dans le corpus dépouillé par elle (total : 2665 formes), l'habituel est exprimé tout d'abord par l'indicatif présent (70%) devant le futur périphrastique (20%), alors que le futur simple y est tout à fait marginal (1%), comme dans les autres emplois temporels et modaux en français québécois moderne. – Pour l'expression de l'habituel par la forme périphrastique à Montréal, *cf.* les remarques de Zimmer (1994 : 218s.).

III Observations sur le futur périphrastique

La périphrase *aller* + infinitif a toujours été polyvalente, et l'est jusqu'à nos jours (*cf.* Riegel et al. 2011 : 17 ; 452) : elle conserve la gamme de valeurs sémantiques dont elle disposait dès le XVIIe s., et apparaît encore à divers degrés de grammaticalisation. On a donc affaire à une structure de base qui produit divers effets de sens selon le contexte. La visée vers l'avenir (visée prospective) est ancrée dans la sémantique même du verbe de mouvement et fait partie intégrante de la périphrase dès le début[49].

L'interprétation de la périphrase entière dépend largement du verbe qui apparaît à l'infinitif et de la nature du sujet (humain *vs.* non-humain). En effet, *aller* + infinitif est, tout d'abord, une périphrase dont le sens fondamental est, selon Larreya (2005 : 348), l'idée de « mouvement vers l'accomplissement d'un événement »[50].

L'idée de l'intention est souvent tangible dans les emplois du futur périphrastique. Celle de l'imminence de l'événement y est fortement liée. De là s'explique aussi que les études quantitatives fassent ressortir la forte corrélation entre l'idée d'imminence et le choix du futur périphrastique (comme l'étude de King/Nadasdi 2003 et de Comeau 2011). Cependant, le critère de l'imminence n'est pas un préalable à l'emploi du futur périphrastique ; la périphrase peut aussi se référer à des événements situés dans un avenir très distant, voire incertain (*cf.* les chiffres fournis par Comeau 2011 : 227).

III.1 Le sens littéral de la périphrase

Soulignons que dans de nombreux cas, le sens littéral du verbe de mouvement *aller* affleure, la périphrase exprimant un mouvement concret ; si la sémantique du verbe à l'infinitif permet une telle interprétation dynamique, il est souvent difficile d'établir si c'est la valeur prospective (futurale) ou la valeur concrète qui prédomine[51].

- Tous les samedis soir, je vas danser. (NÉ – Hennemann, ILM, IS)
- Tu manges pour trois jours, I MEAN, tu/ pis là tu vas manger comme / nous-autres on va manger dimanche sus mon père pis l'on vient ici pis on va sus sa mère à mon homme (NÉ – Hennemann, BSM, SC)
- Des temps là, j'allons dîner là. (NÉ – Comeau 2011 : 213, BSM)
- tu sais là ben à la ville si tu vas acheter ça à la ville tu sais pas quoi ce que c'est qu'i ont mis sus ça (NB – Wiesmath 1, R : 586–587)

---

49 *Cf.* Sokol (1999 : 172ss.). – Dans les premières attestations de la périphrase en moyen français, on relève toujours des adverbes indiquant un moment du temps à venir, généralement un avenir proche (Fleischman 1982 : 84, Comeau 2011 : 187s.). Le terme de « futur prochain » – aujourd'hui remplacé par « futur proche » – est attesté pour la première fois en 1753 (Poplack/Turpin 1999 : 136, Dörper 1990 : 102 ; *cf.* aussi le tour d'horizon dans Comeau 2011 : 187s.).
50 Postulant cette valeur fondamentale, Larreya (2005 : 344) considère la périphrase comme étant essentiellement modale, le sens futural ne constituant, selon lui, qu'un effet contextuel.
51 À juste titre, Comeau (2011 : 214) exclut ces cas de son analyse quantitative sur le futur à la BSM (NÉ). – La difficulté à établir la valeur exacte de la forme périphrastique est également soulignée par Mougeon et al. (2009a : 345).

- tu sors le matin tu vas travailler t'arrives tu sais (NB – Wiesmath 1, R : 1006–1007)
- ça va guimbler à LAS VEGAS ça va tout partout (LOU – Stäbler 1995 : 84, corpus)
- on a yeu un appel pour aller aider à/ . à un petit village du voisin (LOU – Stäbler 1995 : 92, corpus)
- on va danser comme ça dimanche au soir (LOU – Stäbler 1995 : 179, corpus)

III.2 Du sens intentionnel au sens temporel

Dans d'autres cas, la périphrase oscille entre une interprétation essentiellement intentionnelle et une interprétation futurale/temporelle. Les deux sens sont étroitement liés lorsque le locuteur se réfère à une action qu'il est sur le point d'entamer. Malgré la prévalence du sens temporel, l'idée d'un acte intentionnel est évidente.

- Mais je crois pas je vas / je vas continuer (NÉ – Hennemann, BSM, JG)
- demain matin on va aller à la ville (NÉ – Arrighi 2005 : 170, Marcelin NÉ 2 : 87–88)
- je vas y penser là . je vas n-en parler à ma fille là (NB – Arrighi 2005 : 170, Zélia NB 17 : 436–437)
- je vais y montrer quoi ce qu'est des Acadjens (NB – Wiesmath 1, B : 60)
- je disais . regarde avant de marier un fermier je me marie pas . je vas rester coumme que je suis non (NB – Wiesmath 2006 : 235)
- Tu les as vues les aiguilles à rets ? Je vas te montrer comment-ce que c'était fait ! (TN – Brasseur 2001 : s.v. *aiguille*, p. 10)
- J'allons atablir ici, là, moi et toi, i dit, mon cher maître ! (TN – Brasseur 2001 : s.v. *atablir*, p. 31)
- Appelle-moi ! Je vais aller te queri. [...] (TN – Brasseur 2001 : s.v. *d'accoutume*, p. 6)
- il dit euh . on va faire récolte .. il dit on va pas crever la faim il dit bon Dieu a quelque chose pour nous-autres il dit s/ il va pas nous quitter crever la faim [...] il dit ils vont l'acheter (LOU – Stäbler 1995 : 200, corpus)
- je vas aller à mariner ma viande dehors (LOU – Stäbler 1995 : 224, corpus)
- je vas te donner ton argent tu t'en vas en ville tu te prends un bateau (LOU – Stäbler 1995 : 140, corpus)
- eh bien, aie pas peur on va pas parler après toi en arrière de ton dos (LOU – *Découverte*, Pointe-aux-Chênes, Terrebonne)

Dans bien des cas, notamment avec les verbes de dire, la visée prospective est pratiquement réduite à zéro, le tour périphrastique remplaçant simplement le présent.

- Pis je vais te raconter qu'est-ce qui est arrivé (NÉ – Hennemann, ILM, DO)
- moi je vas te dire moi là là là y a un homme qui m'a demandé de quoi là l'autre fois t'sais un petit village là ça / ça veut tout savoir là . . [...] (NB – Arrighi 2005 : 170, Suzanne L. NB 18 : 219–222)
- je **vas te dire** tout de suite tu vas / tu vas dire <ouh c'est aigre> ((rires)) (NB – Wiesmath 1, B : 23)
- je vas vous raconter comment le/ . les environs ça change (LOU – Stäbler 1995 : 1, corpus)

III.3 Le sens temporel

Le sens temporel est le plus net dans les cas où la sémantique du verbe plein (par ex. verbe statique[52]), la construction (voix passive[53]) ou la nature du sujet (non-humain) empêchent une interprétation intentionnelle.

- BECAUSE la/ la pêche à [h]omard va commencer à la fin de novembre (NÉ – Hennemann, PUB, ArD)
- tu vas voir quoi ça ressemble (NB – Wiesmath 1, R : 116) (« tu comprendras »)
- I vont venir pus proche et pus proche tout le temps (TN – Brasseur 2001 : s.v. *pus*, p. 375)
- P't-ête bien que ce banc-là va aller passer ailleurs, vois-tu ! Tu peux pas aller par ça. (TN – Brasseur 2001 : s.v. *aller*, p. 13)
- quand on va mourir là on on va partager [...] j'ai cinq enfants . ils vont avoir ma place . ma part et puis la part de / à Henri . (LOU – Stäbler 1995 : 71, corpus)
- y a juste les riches qui pourraient aller à l'hôpital .. les riches va continuer à vivre et les pauvres va tous mourir je pense . comme ça ça va aller je pense connais pas (LOU – Stäbler 1995 : 206s., corpus)
- le BUS va pas espérer (LOU – Stäbler 1995 : 170, corpus)

III.4 Lecture « gnomique » et « habituelle » du futur périphrastique

Le futur périphrastique se réfère fréquemment à des événements détachés du temps, apparaissant dans les contextes omnitemporels (gnomiques) et habituels.

En FL, seule la forme périphrastique apparaît dans cette fonction, le futur simple ne connaissant pas cet emploi.

- si vous êtes pas malades, i allent vous rendre malade (NÉ – Hennemann, ILM, EL) (*ils* = « les médecins »)
- des fois faut/ faut/ faut que j'alle dans le langage anglais pour trouver le mot pis je vais tirer ça dans une phrase française (NB – Arrighi 2005 : 170, Michelle NB 16 : 75–77)
- [l']ourse] ouais si qu'alle a ses petits là ben là tu sais alle va faire/ a' va les protéger ben sûr (NB – Wiesmath 2006 : 83)
- lorsque t'as un tuyau tu vas avoir un problème de/ de tuyau qui va se boucher à cause du calcium qu'est dans l'eau (NB – Wiesmath 2006 : 188, Wiesmath 12, J : 163) (*tu* généralisant)
- c'est pas un sujet qu'est abordé euh quand tu sors euh à un/ à une fête le soir euh . tu vas pas parler de la religion (NB – Wiesmath 2006 : 128, Wiesmath 11, U : 160) (*tu* généralisant)
- Faut le couper quand la lune décline, oui ! Là i chesse, le bois chesse pi y a pas beaucoup qui va repousser (TN – Brasseur 2001 : s.v. *décliner*, p. 148)
- mais quand t'as un passe-temps tu l'/ tu l'aimes et . tu vas pas le lâcher . pas peut-être (LOU – Stäbler 1995 : 194, corpus) (*tu* généralisant)
- un musicien va pas menir riche ça c'est connu [...] un avocat lui va menir . millionnaire s'il reste dans son office (LOU – Stäbler 1995 : 189s., corpus)

---

[52] Le fait que les verbes statiques et ceux marquant des transitions (par ex. *mourir*) soient admis dans la construction constitue selon Sokol (1999 : 195, à propos du français hexagonal), un développement récent et marque le point d'aboutissement du processus de grammaticalisation.

[53] On ne relève pas d'exemple de ce type dans les corpus consultés ; notons que la construction passive est rare dans les parlers étudiés ici.

- Je connais élever des huîtres. Oui. C'est pas pour *brag* mais les *biologist* peut pas me montrer grand-chose comment éclore des huîtres, parce que j'ai fait ça quand j'étais petit, et j'ai tout le temps voulu faire ça, et j'aimais faire ça. *So* je peux te dire ayoù les huîtres va prendre, ayoù ça va crever. (LOU – *Découverte*, Isle Jean Charles, Terrebonne)

Une habitude dans le passé peut être exprimée par la périphrase *aller* + infinitif à l'imparfait :
- Et dans le jeune temps à nous-autres là, quand on allait à l'école, on allait à l'école au catéchisme, tu vois, l'école des sœurs qu'on appelait ça, et nos parents nous a montré que le soir avant de te coucher et que t'allais te mettre d'à genoux, et t'allais dire tes prières et t'allais le dire fort avec lui. Et le matin pareil. (LOU – *Découverte*, Pointe-aux-Chênes, Terrebonne)

Commentaire

L'emploi de la périphrase dans ce contexte, jugé encore « vulgaire » par Damourette et Pichon (1911–1936 : 116), semble s'être récemment largement répandu en français de France et n'est plus du tout réservé au seul langage « vulgaire » (Larreya 2005 : 346). Le procédé est notamment courant dans la langue des médias.

III.5 À propos de la périphrase *s'en aller* + infinitif

La périphrase *s'en aller* + infinitif est une variante conservatrice, rare aujourd'hui en français hexagonal (Dörper 1990 : 105, King 2013 : 128, note 33). Elle est courante en NÉ et surtout à TN, et s'observe occasionnellement au NB, aux Îles-de-la-Madeleine et en LOU. Les occurrences de la périphrase *s'en aller* + infinitif dans les corpus consultés suggèrent un moindre degré de grammaticalisation que pour la périphrase *aller* + infinitif[54] :
- En effet, la périphrase n'apparaît qu'à la 1re pers. sg. ; cette restriction n'existe pas pour la périphrase *aller* + infinitif. *A fortiori*, elle est impossible avec les sujets non-animés (*ça*, *il* neutre) : *cf. Je m'en vais t'arranger une tasse, une belle tasse de cocoa chaud, ça va te faire du bien.* (TN – King/Nadasdi 2003 : 330)[55]
- Les verbes à l'infinitif impliquent toujours un mouvement ou une action intentionnelle.
- L'événement/l'action dont il est question, est nécessairement situé(e) dans le futur immédiat.
- La périphrase *je m'en vas* + infinitif ne semble pas à même d'exprimer le sens habituel (*cf.* pour l'ontarien Mougeon et al. 2009a : 345). De même, Sankoff/Thibault (2011 : 341), qui se réfèrent au FQ, notent que la variante *m'as* est préférée pour exprimer le futur immédiat, la variante non pronominale, *(je) vas*, pour exprimer l'habituel.
  • la première chose que je / je fais, je m'en vas me laver. (NÉ – Hennemann, ILM, AF)

---

54 Dans le même sens pour le français de France : Dörper (1990 : 102) ; pour le FQ : Sankoff/Thibault (2011 : 338).
55 Soulignons que King/Nadasdi (2003 : 328) ne distinguent pas les deux formes de la périphrase futurale ; selon eux, les deux périphrases ont exactement les mêmes fonctions. – La périphrase *s'en aller* + infinitif est occasionnellement relevée aux Îles-de-la-Madeleine, où elle n'est pas restreinte à la 1re pers. sg. (*cf.* Falkert 2010, corpus : 299–300, p. 37, CD-ROM) : « pis ça sera sa décision [Enquêtrice : hm] ça sera lui qui s'en va faire c=te choix-là pis/ ».

- I était marié avec une fille d'Escousse, je m'en vas te dire avec qui-ce qui était marié (NÉ – Hennemann, ILM, IS)
- je m'en vas vous donner de l'argent pour votre voyage vous allez parti aller de place en place de pays en pays (NÉ – Arrighi 2005 : 170, Marcelin NÉ 2 : 186–187)
- le docteur i dit <ça je vas faire là> i dit <je m'en vas me servir des palettes à qui se/. poussent à long là pis je vas mettre ça à faire le tour je vas l'embourrer> pis i dit . <par la soirée> i dit <tu seras O.K.> (NB – Wiesmath 8, Q : 13–14)
- Asteure je m'en vas vous conter une histoire vraie. (TN – Brasseur 2001 : s.v. *asteure*, p. 31)
- Moi je m'en vas aller au brûlage ramasser des graines. (TN – Brasseur 2001 : s.v. *brûlage*, p. 78)
- Je m'en faire un bargain avec toi, a dit. (TN – Brasseur 2001 : s.v. *aller*, p. 13) (pour les formes raccourcies, *cf.* ci-dessus I.2.)
- Elle prenait sa couture, son panier de couture. Elle disait, « Ben, moi, je m'en vas coudre en dessous de ces arbres là » (LOU – *Découverte*, Diamond, Plaquemines)

IV Valeurs dites modales des formes du futur

La liste des fonctions modales du futur simple généralement dressée dans les grammaires englobe l'expression d'une injonction, d'une promesse, d'une prédiction, de l'indignation, d'une conjecture, de l'atténuation d'une assertion (*cf.* Riegel et al. 2011 : 551–553). Soulignons dans ce contexte que fonction modale et fonction temporelle peuvent être liées et qu'il est souvent difficile de les distinguer[56]. Le sens futural jouxte le sens modal. Alors qu'il est tout à fait établi que le futur simple revêt des valeurs modales, de sorte que certains auteurs le considèrent essentiellement comme *mode* dont la tâche principale est de « réduire la force assertive » (par ex., pour la variété de Québec, Laurendeau 2000), il est à noter qu'à en juger par les corpus consultés, le futur périphrastique peut également adopter des valeurs modales tout à fait comparables avec celles traditionnellement exprimées par le futur simple[57].

IV.1 Prédictions et conjectures

Les deux formes du futur peuvent exprimer des prédictions et des conjectures[58] :

---

56 *Cf.* Zimmer (1994 : 218), Sokol (1999 : 78), Riegel (2001 : 551ss.).
57 Pour le sens modal et temporel des périphrases *aller pour* et *être pour*, *cf.* le chap. « Les périphrases verbales », IV.1.1., IV.1.2.
58 Larreya (2005 : 345) note qu'en français hexagonal, le futur périphrastique apparaît rarement dans les conjectures : « Il *va* encore *avoir* oublié de donner à manger au chien. » (*France Inter*, 8 mars 2002, Larreya 2005 : 343/5). Blanche-Benveniste (2010 : 209) confirme que *aller* + infinitif est « assez incongru » pour exprimer « la modalité du possible » (type : *il va encore avoir fait des bêtises*). Ces conjectures s'expriment en FS au futur antérieur.

▶ **Le futur simple**
- J'ai dit à mes enfants, à MARGARET toujours : vous travaillerez pas comme nous travaillions. (NÉ – Hennemann, ILM, IS)
- J'oublierai jamais la journée que j'ai quitté. (NÉ – Hennemann, ILM, IS)
- moi j'y vas ce soir et je vous garantirai ben que je m'endormirai pas (NÉ – Arrighi 2005 : 110, Marcelin NÉ 2 : 336–337)
- j'ai dit <ça c'est un chemin de ver> là j'ai dit <tu mourras pas tu mourras pas> ((rires)) (NB – Wiesmath 1, B : 619–620)
- i saront peut-être quoi ce que c'est ben ouais i saront peut-être quoi ce que c'est (NB – Wiesmath 1, B : 47)
- j'oublierai jamais ça (ÎPÉ – Arrighi 2005 : 110, Délima ÎPÉ 5 : 10)
- C'est bon les têtes de morue ! Oh oui c'est bon, avec de la graisse de lard et pis des patates ! Vous laimerez ça. (TN – Brasseur 2001 : s.v. *lard*, p. 270)
- Il avait confiance dedans l'affaire d'éducation, mais euh il dit, « Un jour il y aura trop de de éducation » (LOU – *Découverte*, Mamou, Évangéline)

▶ **Le futur périphrastique**
- Pis ça va venir pire que c'est asteure encore. (NÉ – Hennemann, ILM, IS)
- a' [la mûre] va être aigre beaucoup BUT goûte-la pareil . ça te dounnera une idée quoi ça a goût (NB – Wiesmath 1, B : 35–36)
- ça va devenir assez à un moment donné pace que : c'est petit on est/ on est juste eune petite/ eune petite île on va couler ((rit)) on va couler i va avoir trop de monde on va couler c'est sûr ((rit)) non on coulera pas là mais : (IdlM – Falkert 2010, corpus : 72–75, p. 46, CD-ROM)

IV.2 Injonctions/exhortations

Mises à la 2ᵉ personne, les deux formes du futur peuvent exprimer une injonction ou une exhortation. Le caractère injonctif est particulièrement net en présence d'une négation[59].

▶ **Le futur simple**
- toi t'amèneras de l'avoine . toi t'amèneras du bois et lui des patates moi des salades (NB – Arrighi 2005 : 171, Odule NB 20 : 114–115)
- Tu iras pas. (LOU – Guilbeau 1950 : 219 ; Papen/Rottet 1997 : 101)

---

[59] Pour la répartition du futur simple et du futur périphrastique dans cette fonction dans le parler de la ville de Québec, *cf.* Deshaies/Laforge (1981 : 34s.). – Laurendeau (2000) signale pour cette variété une différence sémantico-pragmatique entre les deux formes : l'injonction exprimée par le futur périphrastique est plus virulente ; renvoyant à l'exemple « Tu y goûteras , voir c'est méchant, weark ! », il explique que « la forme synthétique atténue ici l'impération en mobilisant une morphologie tendant à **désasserter** […] » (les caractères gras sont de l'auteur). – *Cf.* aussi le chap. « L'impératif et l'exclamatif », I.3.

▶ **Le futur périphrastique**
- Tu peux fumer si tu veux, mais tu vas pas fumer en dedans. (NÉ – Hennemann, ILM, CL)
- Ben vous **allez mettre** ça dessus pis ça va le guérir. […] (TN – Brasseur 2001 : s.v. *poison*, p. 361)
- j'ai dit vous allez pas sortir j'ai dit […] vous allez pas sortir .. (LOU – Stäbler 1995 : 113, corpus)
- « C'est pas bien oh ! » il dit, « Toi tu vas pas tirer les vaches, on va dire, toi tu vas faire les lits, tu vas faire les xxx [sic] de ta chambre là-bas et elle, elle va tirer les vaches ! » (LOU – *Découverte*, Mamou, Évangéline)

Selon Guilbeau (1950 : 219), le futur simple sert couramment à exprimer une injonction en FL, notamment dans les phrases niées (*cf.* Papen/Rottet 1997 : 101) ; il est toutefois douteux que cette fonction soit encore vivante aujourd'hui.

IV.3 Atténuation d'une assertion

Le futur simple ne semble pas très courant pour atténuer l'énoncé. Par contre, on relève des cas où le futur périphrastique apparaît dans cette fonction avec le verbe *dire* à la 1re pers.[60] :

▶ **Le futur simple**
- Ben du STEW, tu peux faire ch/ rechauffer ça pis on dira c'est ben meilleur rechauffé. (NÉ – Hennemann, ILM, EL)

▶ **Le futur périphrastique**
- Ça fait on va / on va dire / euh / on va dire c'est tout. (NÉ – Hennemann, ILM, EL)
- [Rita, Catherine et Suzanne se moquent de la mode de combiner des prénoms anglais avec les noms de famille acadiens. Rita donne un exemple.] c'est touT des noms des Tony euh va dire Cormier ben c'est vrai là oui (NB – Arrighi 2005, corpus, Rita NB 19 : 31–32)
- ben dans ce temps-là. on va dire que dans ce temps-là que : le:/ on va dire le/ c'état pas cher : (IdlM – Falkert 2010, corpus : 81–82, p. 62, CD-ROM)
- même si t'as un bon JOB ou t'as une/ t'as une place de BUSINESS **on va dire** . aujourd'hui j'observe . et s'il après faire beaucoup bien .. mais guette-toi . il 'n a quelqu'un qui va acheter le terrain droit au ras-là et puis il va bâtir quelque chose joliment proche pareil (LOU – Stäbler 1995 : 216s., corpus)
- Elle est morte comme c'est il y a trois ou quatre ans. C'est comme ses trois frères, je peux pas me rappeler exact [LO : Ouais] tu connais on va dire trois ans. (LOU – *Découverte*, Mamou, Évangéline)

IV.4 Les formes du futur tenant lieu de subjonctif

Les formes du futur peuvent apparaître dans des cas où le FS prévoit l'emploi du subjonctif (*cf.* le chap. « Le subjonctif », III.1.3.).
– Dans un premier cas de figure, le futur est employé pour rendre la visée prospective.

---

[60] Cette fonction est relevée pour le français hexagonal par Sokol (1999 : 189s.).

▶ **Le futur simple**
- faudrait pas [...] qu'a voira pis j'y montre ça (NÉ – Hennemann, ILM, IS)
- J'sont contente, M. l'Éditeur, que les femmes pourront voter bientôt. (NÉ – *Lettres de Marichette*, Gérin/Gérin 1982 : 162)
- je pense pas qu'i y aura jamais une personne sus la terre qui peut dire [...] (NB – Wiesmath 10, X : 150)
- Allons parler anglais à nos enfants pour quand ils vont commencer l'école, eusse pourra apprendre plus vite. (LOU – Rottet 2001 : 121, loc. âgé)

▶ **Le futur périphrastique**
- si t'en manges euh troises par jour euh pour euh vingt ans euh grande possibilité que tu vas/ tu vas avoir du cholestérol dans ton sang (NB – Wiesmath 2006 : 245, Wiesmath 12, N : 148)
- Je crois pas ça va arriver ça comme ça (LOU – *Découverte*, Mamou, Évangéline)

– Dans un deuxième cas de figure, le futur apparaît dans une fonction purement modale sans visée prospective (notamment en FL) ; rappelons que le subjonctif ne revêt plus ce sens modal dans ces parlers.

▶ **Le futur simple**
- Je voudrais qu'i me parleront toute anglais. (TN – Chauveau 1998 : 110)
- mon j'les réveille de bon matin qu'eusse aura assez de temps (LOU – Rottet 2001 : 250, semi-locuteur) (« je les réveille tôt le matin pour qu'ils aient assez de temps »)

▶ **Le futur périphrastique**
- Il faut qu'eusse va être là pour midi. (LOU – Rottet 2001 : 250, semi-locuteur)

– Dans le tour très fréquent *c'est rare (que) tu vas* + infinitif (*tu* étant employé de façon généralisante), la périphrase *aller* + infinitif apparaît pour rendre le caractère générique de l'énoncé (*cf.* ci-dessus III.4.) :
- ej fais des stages RIGHT pis/toutes les fois que j'entre dans la HIGHSCHOOL/pas/c'est rare que tu vas entend' du français [...] (NÉ – Fritzenkötter 2015 : 98, BSM)
- c'est rare tu vas voir . quelqu'un là qui va/ y en a qui va dans les bars mais [...] (IdlM – Falkert 2010, corpus : 90–91, p. 317, CD-ROM)
- l'eau montait un peu plus que s/ asteur . c'est rare tu vas voir l'eau monter (LOU – Stäbler 1995 : 24, corpus)
- c'est bien rare tu vas entendre un a coupé l'autre (LOU – Stäbler 1995 : 61, corpus)

V Le futur antérieur

Le futur antérieur est rare dans les corpus consultés. À côté de l'emploi temporel, il connaît aussi une valeur modale et exprime alors une conjecture (« lecture épistémique »)[61].

---

61 Pour le remplacement du conditionnel passé par le futur composé, *cf.* le chap. « Le conditionnel ».

▶ **Emploi temporel**
- quand i y en aura mouri assez ben / s'i en mourt iune ben . ça / ça / faut qu'i en moure dix [pour que iune ait une place] (NB – Wiesmath 3, D : 460–461)
- quand il aura fini cette charpente-là je va y dire mais là faut tu viens . faut pas tu sois fatigué quand tu vas venir je veux tu viens . euh quand t'es pas fatigué (LOU – Stäbler 1995 : 156s., corpus)
- Avant la fin du mois, j'aura nettoyé la maison deux fois. (LOU – Papen/Rottet 1997 : 100)

▶ **Emploi modal**
- elle ara pas osé (NB – Wiesmath 1, R : 256)
- probablement qu'alle aura eu de l'argent [...] du gouvernement (NB – Wiesmath 2, E : 239)
- I s'ara farouché par ... par la peur, par de quoi, par ène bête ou... (TN – Brasseur 2001 : s.v. *faroucher, enfaroucher*, p. 197)
- qui c'est tu crois qu'aura brûlé ça un des . ((rire)) des voisins . (LOU – Stäbler 1995 : 90, corpus)

Dans l'emploi temporel, le futur antérieur est, selon Papen/Rottet (1997 : 102), souvent remplacé par une forme périphrastique en FL :
- Tu crois qu'il va l'avoir fini pour demain? (LOU – Papen/Rottet 1997 : 102)

Les temps du passé

Préliminaires

I	**Le passé simple**
I.1	Aspects morphologiques
I.2	L'emploi du passé simple
II	**L'imparfait**
II.1	Aspects morphologiques
II.1.1	Les formes de l'imparfait en FA/FTN/FL traditionnel
II.1.2	Formes restructurées : *sontaient, ontvaient, sutais*
II.2	L'emploi de l'imparfait
II.2.1	Les emplois temporels traditionnels de l'imparfait
II.2.2	La concurrence entre l'imparfait et le passé composé
III	**Les temps composés**
III.1	Aspects morphologiques : le participe passé
III.2	L'expression de l'antériorité : le passé composé et le plus-que-parfait
III.3	Le plus-que-parfait : temps relatif et temps absolu
IV	**Les temps surcomposés**
IV.1	Le passé surcomposé
IV.2	Autres formes surcomposées
IV.2.1	Le plus-que-parfait surcomposé
IV.2.2	L'infinitif surcomposé

Les temps du passé

Préliminaires

Les résultats d'une étude effectuée par Comeau et al. (2012) sur un corpus établi à Grosses Coques (NÉ-BSM), indiquent qu'au moins pour ce qui est des variétés acadiennes conservatrices, la distinction entre imparfait et passé composé (dans le discours) ou passé simple (dans le récit) s'avère stable et correspond (presque) parfaitement aux règles d'usage du siècle classique (Comeau et al. 2012: 338, King 2013: 53–57)[1]. Dans ce corpus, pour se référer aux événements passés, l'imparfait et le passé composé sont employés à peu près à fréquence égale (40 %), alors que le passé simple atteint un taux de 20 % (King 2013: 54, Comeau et al. 2012: 329).

En ce qui concerne les autres parlers qui nous intéressent ici, le système des temps verbaux montre certains parallèles avec l'usage parlé hexagonal ; mais il apparaît aussi que ce système est en mutation actuellement ; exceptées les régions les plus conservatrices, l'usage est assez flottant et les distinctions des fonctions des temps verbaux ne sont pas toujours nettes.

Nota bene : À l'oral, le présent de l'indicatif, dit « de narration », peut toujours remplacer un temps simple du passé, une fois le cadre temporel établi soit par les temps du passé explicites, soit par les indications temporelles données dans le contexte (*cf.* Arrighi 2005: 174). Ici, nous ne parlerons pas de l'usage de ce présent de narration comme temps du passé.

I Le passé simple

L'usage du passé simple à l'oral constitue en tout premier lieu une spécificité des régions acadiennes les plus conservatrices : bien présent à la BSM (NÉ), il joue un certain rôle à Chéticamp (NÉ) et à l'ILM (NÉ) ; dans les autres régions, le passé simple est rare (Pubnico, Pomquet en NÉ, Sud-Est du NB, l'ÎPÉ) ou absent (Nord du NB, Îles-de-la-Madeleine, TN, LOU)[2]. Les communautés où le passé simple est encore en usage s'avèrent conservatrices dans un double sens : par le maintien même de la forme, mais aussi par sa formation avec les désinences en [i]/[ir], qui datent de l'époque pré-classique[3].

---

[1] Contrairement à ce que constatent les remarqueurs au XVIIe s. pour le français classique, il n'y a pas dans le corpus établi à Grosses Coques de corrélation entre la présence d'un indicateur temporel comme *hier* et l'apparition du passé simple (Comeau et al. 2012: 335s.). – Notons que selon King/Nadasdi (2003), Comeau (2011), King (2013), les variétés conservatrices d'Acadie peuvent nous renseigner par certains aspects sur les stades antérieurs du français : parmi ces indices compte le maintien du futur simple et du passé simple, du subjonctif imparfait et de la désinence *-(i)ont* à la 3e pers. pl.
[2] *Cf.* Flikeid/Péronnet (1989), Arrighi (2005: 174s), Neumann-Holzschuh/Wiesmath (2006: 240), King (2013: 56s.), Hennemann (2014: 126, 130, 132s.) ; Flikeid (1994b: 423) s'intéresse à Pubnico-Ouest.
[3] Notons dans ce contexte que les formes avec le radical en *-i-* du verbe *mettre* sont des formes du présent en FTN, et non du passé simple, *cf.* « I prend sa *suitcase* pis i mit ses hardes dedans. », « Pis je misons les patates dans la *bed* » (Brasseur 2001 : s.v. *mettre*, p. 298, s.v. *suitcase*, p. 433 ; *cf.* aussi Brasseur 2009 : 91).

Quant à la répartition géographique du passé simple en NÉ, retenons les points suivants :
- Le passé simple est resté vivant à la BSM (NÉ)[4], du moins jusqu'au début du XXIe s. Plusieurs signes témoignent de sa vitalité dans cet isolat : la fréquence de la forme dans le récit, son emploi à travers toutes les classes d'âge[5] et toutes les couches sociales et le fait que même les emprunts anglais récents apparaissent au passé simple (*cf.* Comeau et al. 2012 : 326, King 2013 : 54–56).
- En outre, le passé simple reste attesté à Pubnico et à Pomquet, où il est pourtant rare, et à l'Isle Madame et à Chéticamp (Hennemann 2014 : 136). Mais dans ces régions, où il est en train de disparaître, il n'est employé que par les locuteurs âgés, ce qui laisse présager l'extinction de ce temps à court ou moyen terme (Hennemann 2014 : 133, Flikeid 1992 : 20).

La situation dans les autres régions :
- On note de rares occurrences du passé simple dans le Sud-Est du NB[6] ; la forme y est selon Arrighi (2005 : 176) restreinte au parler des « plus vieux des locuteurs ». Flikeid/Péronnet (1989) avaient déjà signalé la disparition du passé simple au NB dès les années 1980, alors que le subjonctif imparfait – forme homonyme – s'y maintient mieux (*cf.* Comeau et al. 2012 : 318, King 2013 : 56).
- Dans le Nord-Est du NB, le passé simple (de même que le subjonctif imparfait) a disparu de la langue dès la fin du XIXe s. (Geddes 1908 : 274, cité dans King 2013 : 56).
- À l'ÎPÉ, on relève des formes sporadiques du passé simple (King 2013 : 56).
- Le passé simple (ainsi que l'imparfait du subjonctif) n'est pas attesté dans le parler des Îles-de-la-Madeleine (Falkert 2005 : 80, King 2013 : 57).
- À TN, le passé simple n'existe plus (*cf.* Brasseur 2001 : XLV) ; il est même absent des isolats conservateurs comme L'Anse-à-Canards (King 2013 : 56).
- En LOU, le passé simple a disparu[7]. Les vestiges qu'on en trouve dans les chansons ou les contes populaires n'entrent pas en ligne de compte ici, faute de refléter l'oral spontané[8].

Les grandes divergences entre les régions s'expliquent, selon King (2013 : 56s.), par des histoires coloniales spécifiques et uniques pour chaque région (*cf.* « Introduction ») et, par là-même, par une exposition plus ou moins intense au contact dialectal (*ibid.*) : le contact dialectal et la structure spécifique de la colonisation de chaque région expliquent ainsi

---

[4] *Cf.* par ex. Gesner (1979a), Ryan (1982 : 341ss. ; 1989), Flikeid/Péronnet (1989), Comeau (2011 : 31–33), Comeau et al. (2012), King (2013).
[5] Toutefois, dans une étude sur le parler des adolescents basée sur un corpus recueilli en 2011 à la BSM, Fritzenkötter (2015 : 130s.) souligne la rareté de ces formes et fait un parallèle avec la situation de l'ILM, où le passé simple n'est plus relevé que chez les locuteurs âgés.
[6] *Cf.* Wiesmath (2006 : 46, note 92), Arrighi (2005 : 176), Hennemann (2014 : 130–132). – Flikeid note la disparition complète du passé simple dans le Sud-Est du NB (1992 : 19).
[7] Guilbeau (1950), Conwell/Juilland (1963 : 168), Papen/Rottet (1997 : 100s.), King (2013 : 57).
[8] *Cf.* Brandon (1955 : 471) ; *cf.* aussi les contes recueillis dans la paroisse d'Avoyelles en 1923 et publiés par Saucier en 1956, King (2013 : 57).

pourquoi le passé simple est absent des parlers de L'Anse-à-Canards (TN) et de Saint-Louis (ÎPÉ) qui s'avèrent plutôt conservateurs à d'autres égards.

Commentaire

Dès l'ancien français (*cf.* Riegel et al. 2011 : 538, Fournier 1998 : § 616, p. 405), le passé composé se trouve en concurrence avec le passé simple. Pour régler l'usage des deux formes, Henri Estienne fixe, en 1569, la loi dite « des 24 heures » (Comeau et al. 2012 : 316), érigée par la suite en norme par l'Académie (Fournier 1998 : § 596, p. 398). Cette règle a toujours été artificielle, ne reflétant jamais l'usage et faisant même l'objet de critiques de la part des puristes, dont Vaugelas (Bruneau/Brunot 1949 : 380s.). La concurrence entre les deux formes s'exacerbe au cours du XVIIᵉ s. (Fournier 1998 : § 612, p. 403), même si à l'époque, le passé simple reste encore très vivace « dans l'usage oral spontané » et ne subit « un net recul » qu'au XVIIIᵉ s. (Fournier 1998 : § 597, p. 399 ; *cf.* aussi Grevisse/Goosse 2008 : § 882a H, p. 1093). Aujourd'hui, le passé simple est quasi-inexistant à l'oral (Blanche-Benveniste 2010 : 73) et absent du langage populaire (Bauche ²1951 : 104s.).

Dans certaines régions de France, il a mieux résisté pendant un certain temps : au début du XXᵉ s., il est courant « dans le Midi de la France, sur les confins de la Normandie et de la Bretagne, et en Lorraine » (Brunot/Bruneau 1949 : 381) ; Chaurand atteste l'existence du passé simple dans quelques variétés de l'Ouest et du Sud de la France pour la seconde moitié du XXᵉ s. ; Jones note la survivance de la forme dans la variété de Jersey[9].

À l'écrit, le passé simple se maintient mieux, même si les locuteurs n'en maîtrisent plus forcément la morphologie (Blanche-Benveniste 2010 : 73 ; 77). Blanche-Benveniste suggère que contrairement à ce qui s'est passé dans les dialectes, où le passé simple est mieux conservé, la rareté du passé simple en français courant moderne « n'a pas permis d'en "négocier" les formes en les faisant évoluer vers un système plus régulier » (*cf.* ci-dessous I.1. pour les régularisations morphologiques en FA). Il n'en reste pas moins que le passé simple est le temps du récit par excellence et en tant que tel, il apparaît surtout dans le style narratif, « même chez les jeunes enfants » (Gadet 1992 : 54, note 1 ; *cf.* aussi Guiraud 1965 : 23). Il semble plus ou moins restreint aux 3ᵉˢ pers. et n'apparaît que rarement à la 1ʳᵉ pers. pl. (Blanche-Benveniste 2010 : 73).

I.1 Aspects morphologiques

Les traits suivants caractérisent la morphologie du passé simple en FA :
- Le nombre des paradigmes est réduit de quatre types à deux (*-i, -u*) et les désinences sont radicalement simplifiées :
    - Les conjugaisons qui forment en FS le passé simple en [a] (*-ai, -as, -a, -âmes, -âtes, -èrent*) et celles qui le forment en [i] (*-is, -is, -it, -îmes, -îtes, -irent*) ont fusionné en un seul type. La voyelle [i] s'est généralisée au point de pouvoir apparaître même avec les verbes dont le passé simple est formé avec [y] (*il fallit, il avit*[10]).
    - La désinence [i] apparaît à toutes les personnes du singulier, la désinence [ir] à toutes celles du pluriel[11]. Pour certains verbes, on relève les formes [y]/[yr] (*cf.* ci-dessous).
    verbes en *-er* : *je commencis, je passis, il arrivit, je dansirent, ils donnirent*.
    verbes en *-ir* : *je finissis, il l'endormit, il morit*.
    verbes en *-re* : *il descendit*.
    verbes en *-oir* : *il avit* (*avoir*), *il fallit* (*falloir*).

---

9 Chaurand (2000 : 646) et Jones (2001 : 22s.), cités dans Comeau et al. (2012 : 317).
10 Les formes *il fallit* et *il avit* sont notamment relevées au NB, *cf.* Arrighi (2005 : 112) et Hennemann (2014 : 131s.).
11 Gesner (1979a : 60), Ryan (1989 : 205–207), Hennemann (2014 : 121).

- Le type en [i] est encore productif aujourd'hui : même les verbes dont le radical est emprunté à l'anglais forment le passé simple avec [i] (*cf.* aussi Hennemann 2014 : 120).
    - Il se levit. Il divit [dɑɪvi] la tête la première dans la place (NÉ – Comeau et al. 2012 : 326 ; King 2013 : 54, BSM) (*to dive* = « plonger »)

- Les formes standard du premier groupe (*-er*) sont très rares, surtout en NÉ, et ont probablement été introduites récemment sous l'influence de la langue standard, car les formes acadiennes traditionnelles se forment avec [i] dans toutes les régions acadiennes sans exception (*cf.* Hennemann 2014 : 131s.).
    - une journée i se rencontrèrent tous les deux filles (NÉ – Arrighi 2005 : 112, 175, Marcelin NÉ 2 : 6)
    - vers dix heures et quart je vois qu'i avont venu chercher le char. . la mènent à l'ouvrage .. après i me présenta . la facture (NB – Arrighi 2005 : 112, 175, Suzanne L. NB 18 : 742–744)[12].

Notons que les formes de l'imparfait peuvent se terminer en [a] en FA[13], ce qui peut rendre la distinction avec le passé simple parfois délicate, surtout si la forme de l'imparfait varie chez un seul locuteur. Toutefois, les formes standard du premier groupe étant rares, les cas d'ambiguïté restent très limités.
- Les radicaux verbaux sont en grande partie régularisés : *(il) venit/venut* (← *venir*) à côté de *vint* (Gesner 1979a : 67), *disit* à côté de *dit* (plus fréquent, Gesner 1979a : 62), *lisit* (← *lire*, Gesner 1979a : 63), *(tu) tenis* (← *tenir*). Parfois, la régularisation s'arrête à mi-chemin et ne concerne que la désinence, et non le radical : *tu tis* (← *tenir*)[14].
- Il existe quelques formes en [y]/[yr], conformes ou non au FS : *venurent* (← *venir*), *vurent* (← *voir*), *crut* (← *croire*), *furent* (← *être*).
- Les formes irrégulières du standard avec le radical [ɛ̃] (*tins* et *vins* et dérivés) sont rares.

Les formes du passé simple et celles du subjonctif imparfait sont homonymes en FA (*cf.* aussi le chap. « Le subjonctif », I.3.)[15]. Ce nivellement des paradigmes peut fort bien avoir contribué à la meilleure conservation du passé simple et du subjonctif imparfait en Acadie (Arrighi 2005 : 111). Les deux formes se distinguent pourtant par leur répartition géographique : le subjonctif imparfait, relevé encore dans l'Est de la NÉ, à l'ÎPÉ et à moindre degré dans le Sud-Est du NB (Arrighi 2005 : 176, Wiesmath 2006 : 46), est géographiquement plus répandu que le passé simple.

---

12 *Cf.* le commentaire d'Arrighi (2005 : 112) : « [...] il semble peu probable que nous ayons affaire à un imparfait. Car si *-ait* peut devenir [a], ce trait de prononciation est absent de l'idiolecte de la locutrice en tout autre endroit de sa production. »
13 *Cf.* Arrighi (2005 : 112), Comeau et al. (2012 : 326), Falkert (2010, corpus), Hennemann (2014 : 131). – Comeau et al. (2012 : 326, note 13) signalent cette prononciation pour quelques variétés acadiennes et laurentiennes ; la prononciation est aussi documentée dans « des variétés européennes » du français. *Cf.* ci-dessous II.1.1.
14 Faute de statistiques, nous ne sommes pas à même d'évaluer l'importance respective des différentes formes régularisées de *tenir*, *venir*, *avoir* et *falloir*. La forme *tis*, relevée par Arrighi (2005) au NB, nous semble moins fréquente que la forme régularisée *tenis* ; *venit* est attesté par Comeau et al. (2012 : 328) pour la BSM (NÉ) ; à l'ILM (NÉ), *venurent* est tout à fait courant.
15 *Cf.* Gesner (1979a : 58–60), Arrighi (2005 : 111), Comeau (2011 : 105s.), King (2013 : 43, tableau 3.1.).

Même dans les régions conservatrices, les locuteurs le plus familiarisés avec le standard tendent apparemment à éviter les formes du passé simple, notamment celles du pluriel en -*irent*/-*urent*, qui s'écartent de façon particulièrement nette du standard et risquent ainsi d'être stigmatisées (*cf.* le même phénomène pour la forme *je -ons*, *cf.* King 2013 : 56, Péronnet/Flikeid 1989 ; *cf.* aussi le chap. « Les pronoms personnels », II.1.1.).

Commentaire
L'origine des formes du passé simple en Acadie est bien « le système des marques flexionnelles qui a été général dans le français de l'Ouest » (Chauveau 2009 : 47), mais il n'y a de correspondance absolue avec aucun des dialectes hexagonaux, donc pas non plus avec les parlers du Poitou et de Saintonge d'où venaient pourtant les colons partant pour l'Acadie (*cf.* Chauveau 2009 : 37, Hennemann 2014 : 124). Le morphème -*i* pour le 1er, le 2e et le 3e groupe caractérise les dialectes occidentaux de la France, mais tous n'ont pas simplifié les désinences des personnes autant que l'acadien, car ils maintiennent en général la différenciation des personnes au pluriel (Haute-Bretagne, Normandie, Jersey, Maine, Haut-Poitou, Marais vendéen)[16].

La surgénéralisation des formes en [i] au passé simple des verbes du 1er groupe précède de beaucoup l'époque coloniale. Les formes sont certes encore rarement attestées au Moyen Âge, mais elles gagnent en importance à partir des XIVe et XVe s., et connaissent leur apogée au XVIe s. (Bougy 1995 : 355, et aussi 359, *cf.* également Brunot/Bruneau 1949 : 349), où des formes concurrentes (formes régulières du premier groupe ou formes en [y]) restent elles aussi largement attestées (Bougy 1995 : 357ss.). Ces formes analogiques constituaient selon Bougy (1995 : 356) un phénomène plutôt diastratique que diatopique : « [...] ces formes en -*i* ne sont pas à cette époque caractéristiques d'un parler précisément localisé, mais plutôt d'un niveau de langue et très probablement aussi d'instruction » (*cf.* aussi Hennemann 2014 : 123). Combattues par les grammairiens dès le XVIe s.[17], elles n'apparaissent plus à l'écrit au XVIIe s., sauf dans les textes qui prétendent refléter l'usage oral (tels *Les Mazarinades*) (Comeau et al. 2012 : 320). Mais elles survivent encore jusqu'à la seconde moitié du XVIIIe s. dans le langage populaire de Paris (Lodge 2004 : 169, 177, *cf.* Chauveau 2009 : 37) et restent attestées jusqu'au XXe s. dans les parlers locaux, dont les parlers de l'extrême Ouest et du Nord de la France, ainsi que dans les îles anglo-normandes (*cf.* Bougy 1995 : 361ss.)[18].

L'hésitation sur les formes correctes du passé simple (*vesquit* ou *vescut*, *prévit* ou *prévut*, *interdit* ou *interdisit*, *cf.* Price 1971 : 228) s'étend tout au long du siècle classique (*cf.* Grevisse/Goosse 2008 : § 882a H, p. 1093) et reste actuelle au XXe s., où ce sont toutefois plutôt les formes du premier groupe qui tendent à être surgénéralisées (Bauche ²1951 : 105, Bougy 1995 : 369) (si tant est qu'une forme du passé simple soit employée, par ex. à l'écrit) (*cf.* les ex. donnés par Blanche-Benveniste 2010 : 77, dont *ils sourièrent, ils acquérèrent, ils élisèrent, ils se taisèrent*).

I.2 L'emploi du passé simple

En tant qu'« aoriste de récit » le passé simple reste parfaitement intact dans les zones conservatrices de NÉ, notamment à la BSM. Son emploi dépend essentiellement du type de texte : à la BSM, le passé simple est toujours principalement le temps de la narration dans les récits[19], indépendamment de facteurs sociaux comme l'âge ou le sexe du locuteur[20]. De plus,

---

16 Tout comme le FA, le parler gallo des Côtes-d'Armor a simplifié également les désinences des personnes : le singulier se termine en [i], le pluriel en [it] (Chauveau 2009 : 37).
17 Bougy (1995 : 359), *cf.* aussi Brunot/Bruneau (1949 : 349), Gougenheim (1974 : 113), Hennemann (2014 : 122).
18 Pour un aperçu de la vitalité de ces formes en Normandie, *cf.* Bougy (1995) ; elles ne semblent s'y raréfier qu'à la fin du XXe s.
19 *Cf.* Gesner (1979a : 36–38 ; 1979b : 128), Comeau et al. (2012 : 326 ; 330 ; 338) ; King (2013 : 56).
20 D'après les résultats de Comeau et al. (2012 : 333), *cf.* aussi King (2013 : 54).

la question de la distance temporelle semble jouer un certain rôle pour expliquer l'apparition de la forme, de sorte que dans l'ensemble, l'usage du passé simple semble correspondre parfaitement à l'usage classique[21]. Le développement du passé composé en « prétérit » n'est pas encore achevé au XVIIe s., de sorte que du temps de la colonisation, le passé composé n'avait pas encore supplanté le passé simple comme temps de narration ; selon Comeau et al. (2012 : 338), cette situation est figée dans l'usage contemporain des deux formes à la BSM.

En ce qui concerne les autres régions, on peut retenir les constats suivants : Arrighi (2005 : 174) note pour son corpus panacadien que l'emploi du passé simple est « beaucoup plus restreint que dans le français acadien traditionnel », la forme se limitant plus ou moins à la narration des contes à l'exception de quelques exemples figurant dans la « "conversation ordinaire" avec des informateurs de tout âge » (2005 : 175). Les données des autres corpus consultés aux fins de notre étude suggèrent que l'emploi du passé simple présuppose un certain détachement psychologique par rapport à la narration pour voir ce temps effectivement préféré au passé composé ou à l'imparfait. De même, Gesner (1979a : 38, 1979b : 128) note que le passé simple peut toujours être remplacé par le passé composé dès qu'il s'agit de conférer « une grande proximité psychologique » au récit.

Rarement, le passé simple apparaît en emploi isolé, « hors récit »[22]. Dans ce cas, la forme est selon Gesner (1979a : 38, 1979b : 128s.) généralement – mais pas nécessairement – accompagnée d'une indication temporelle pour marquer explicitement le détachement du moment de l'énonciation.

Le passé simple apparaît aussi bien dans des récits sans implication du locuteur que dans les récits d'histoires personnelles, de sorte qu'il n'est pas confiné aux 3es personnes.

- [Les événements racontés par la locutrice ont eu lieu une quinzaine de jours plus tôt.] Murielle et Germaine m'appellirent, vinrent icitte pour me voir, puis j'étais point au logis. Ça fait que là, je fus voir. Je callis sa mère. Sa mère dit : « Elles sont au Club Richelieu ». Ça fait que là, j'avais ... ça s'adonnit que j'avais un cahier à chansons dans mon portefeuille que j'avais depuis le bon vieux temps, là, au collège Ste. Anne. C'était ... je recommençais à regarder là-dedans, puis là, mais, je dis : « En voilà une icitte, "Chansons de Nicolas". C'est un Nicolas, là. » Puis là, je braquis à yeux chanter ça. Mais c'était juste, juste ça qu'elles voulaient, juste ! [...] Moi, j'yeux chantis, puis elles me "tépirent". Puis là, yelle a changé les mots. (NÉ – Gesner 1979a : 36, 1979b : 125, BSM) (*caller* = « téléphoner », *téper* = « enregistrer »)
- Y avait une femme. Elle était dans le lit, malade. Et ils dirent: « Y point rien à faire », parce que son mari était à ... aux États, en Amérique, là. [...] Le lendemain son homme arrivit. Six enfants ! Fallait laver, là, comme ça, là, tu sais, puis j'avais pas quatorze ans. Puis je restis là neuf semaines. Ça fait, quand ce que j'ai eu resté là neuf semaines, mame vint. [...] Mame dit : « Elle a-ti gagné cinquante cennes par semaine ? » « Oh », mais ils dirent ; « oui ». Ils me donnirent quatre piastres et demie pour être restée là neuf semaines. Six enfants et l'homme et la femme – et moi ! (NÉ – Gesner 1979a : 36, 1979b : 124s., BSM)
- Je commencis le grade sept dans septembre, je passis dans grade huit à Noël, dans grade neuf à Pâques pis je finissis mon grade neuf dans la même année. (NÉ – Flikeid 1996 : 312, Chéticamp)

---

[21] La règle des 24 heures se voit en partie confirmée par les résultats statistiques de Comeau et al. (2012 : 329 ; 336 ; 338). Mais les auteurs soulignent à juste titre l'interdépendance des facteurs : le récit présuppose l'existence d'une histoire avec début et fin, et donc un certain recul dans le temps (*cf. ibid.* 329 ; King 2013 : 54 ; *cf.* aussi la critique de la règle des 24 heures dans Fournier (1998 : 398s.) en référence à l'âge classique).

[22] Dans 4,3 % des cas, le passé simple apparaît hors de la narration dans le corpus de Comeau et al. (2012 : 329) ; dans le corpus très réduit de Gesner (1979b : 36–38), 10 des 43 formes relevées sont « hors récit ». Cet emploi est aussi confirmé dans « une minorité des attestations » pour l'ILM par Hennemann (2014 : 128).

- Pis je fis à confesse, hein, pis je me confessis que j'avais bu du *juice*, hein … ça fait là je fus obligée de m'en m'nir. (NÉ – Flikeid 1997 : 267, BSM)
- une journée i décidit laquelle des deux qu'il allait marier i décidit de marier la fille pauvre à cause qu'elle était belle mais la fille riche ça la soutait pas elle était pas contente (NÉ – Arrighi 2005 : 175, Marcelin NÉ 2 : 3–6)
- i se couchit […] tout d'un coup a reveillit (NÉ – Arrighi 2005 : 175, Marcelin NÉ 2 : 603–605)
- Le lendemain matin quand je descendirent en bas, i y avait un homme là pis pas de danger. Quand nous emmenirent BACK, j'avions pas manqué la PLANE, *worry* pas. I venurent nous mener en CAR jusqu'à la PLANE. (NÉ – Hennemann, ILM, IS)
- Bien je nous greyirent, je nous levirent, je nous habillirent, je nous en furent back aux Grosses Coques. (NÉ – Comeau et al. 2012 : 332, BSM)
- i est mort dans le bois lui d'un attaque de cœur avait été au bois pis morit dans le bois avec son cheval i tait vieux i avait élevé i avait élevé douze enfants . pis a mori touT d'un coup (NB – Arrighi 2005 : 175, Annie NB 10 : 16–17)
- non j'avais pas/ pas ma OWN chambre fallit que je couchis avec la fille (NB – Arrighi 2005 : 175, Laura NB 8 : 50–51)

Le corpus oral sur lequel est basée l'analyse de Comeau et al. montre, à la différence de celui de Gesner, que le passé simple n'est guère employé avec des indications de temps. Dès qu'il y a une indication de temps, comme *hier, hier à soir, hier après-midi*, c'est le passé composé qui est privilégié (Comeau et al. 2012 : 331)[23] :

- J'ai goûté hier à soir su May là, tu sais. (NÉ – Comeau et al. 2012 : 331, BSM)

La répartition des formes du passé simple et de l'imparfait correspond en grande partie aux attentes. Les contextes narratifs favorisent l'emploi du passé simple, les descriptions et les actions habituelles, celui de l'imparfait.

Pourtant, on relève parfois le passé simple dans des contextes habituels :

- [Du temps de la jeunesse des deux locutrices, tout était différent. Entre autres, il n'y avait pas encore les résidences pour personnes âgées.] I aviont pas de PENS/ de pension pis i faulit ben que tu les sougnis. (NÉ – Hennemann, ILM, EL)

Des analyses ultérieures seront nécessaires pour situer le passé simple non seulement dans le contexte du passé composé et de l'imparfait, mais aussi dans celui du présent et des temps composés et surcomposés.

II L'imparfait

L'imparfait – d'une fréquence au moins égale, sinon supérieure à celle du passé composé[24] – apparaît aussi bien dans son rôle traditionnel que dans le rôle du passé composé (ou du passé

---

[23] Ce constat est présenté sous toutes réserves par les auteurs (2012 : 334). Il contredit les résultats de Gesner (1979b) : en outre, les grammairiens du siècle classique soulignent bien l'affinité du passé simple avec les indications de temps, mais lorsqu'elles renvoient à un passé plutôt lointain (Comeau et al. 2012 : 330s.).

[24] Ryan (1982 : 402). Selon Arrighi (2005 : 174), l'imparfait « prédomine » même « nettement sur les autres temps du passé, notamment sur le passé composé ». Cette dominance n'est pourtant pas confirmée pour Grosses

simple) en tant que temps narratif dans les récits. Nous renoncerons dans ce chapitre à présenter les emplois multiples du passé composé – qui peut assumer le rôle d'un « parfait » prototypique et celui d'un aoriste (Riegel et al. 2011 : 534s.) – dans la mesure où ils correspondent à l'usage courant en français hexagonal ; nous nous restreindrons à relever quelques particularités concernant son usage, le mettant en comparaison avec les emplois de l'imparfait d'une part, du plus-que-parfait, d'autre part (*cf.* ci-dessous II.2.2., III.2.).

II.1 Aspects morphologiques

La formation de l'imparfait présente quelques spécificités dans les variétés étudiées ici, dues aux processus de régularisation qui influencent massivement la morphosyntaxe des parlers oraux non soumis à une pression normative[25].

II.1.1 Les formes de l'imparfait en FA/FTN/FL traditionnel

Quant au radical, retenons que ce sont, en FA et en FTN, « les formes les plus pleines (celles dont le corps phonique est plus consistant) » qui servent de base dérivationnelle (*cf.* pour TN : Brasseur 2009 : 89).

- On boivait [bwɛvɛ] ça (NÉ – Gesner 1979a : 65, BSM)
- pis trois quarts de vaches boivaient deux des fois trois CAN d'eau (NB – Wiesmath 1, B : 661–662)
- je sais pas si i boiviont là à le CAMP (NB – Arrighi 2005 : 128, Sarah NB 20 : 182)
- I boivait beaucoup. Oh ! ce tait un gros boiveur, mon défunt père ! (TN – Brasseur 2001 : s.v. *boiveur*, p. 63, Brasseur 2009 : 89)
- I doivait de quoi mais... i le payait. (TN – Brasseur 2001 : s.v. *devoir*, p. 160, Brasseur 2009 : 93)

▶ **Les désinences**
– La désinence de l'imparfait *-ais/-ait/-aient* est prononcée soit [ɛ] comme en FS, soit [e], soit [a] dans les parlers étudiés ici[26].
  – La tendance à fermer la voyelle *e* en finale, réalisée [e], est particulièrement nette en LOU[27]. L'analyse intergénérationnelle de S. Dubois (2015 : 644s.) fait ressortir que [e] et [ɛ] se sont maintenus à peu près à égalité depuis le début du XXe s., mais la variante fermée a peu à peu gagné du terrain au cours des décennies et c'est aujourd'hui la variante qui prédomine pour les terminaisons de l'imparfait (58 %

Coques par Comeau et al. (2012 : 329) et King (2013 : 54), chez qui l'imparfait et le passé composé atteignent des taux de fréquence presque égaux (39 % et 41 %), mais où le passé simple joue également un rôle considérable (20 %).

25 Pour un tour d'horizon des processus de régularisation observables dans la morphologie verbale en franco-terre-neuvien, *cf.* Brasseur (2009). Pour le FA, *cf.* Arrighi (2005 : 99ss.).

26 Précisons qu'il s'agit de la réalisation de *e* en finale des mots en général, et pas seulement à l'imparfait (*cf. mais* [ma], *j'ai* [ʒa], Brasseur 2001 : XXXI). *Cf.* aussi les chap. « Introduction », « Le conditionnel », I.2.

27 Le phénomène se reflète déjà dans la correspondance historique en Louisiane, *cf.* Neumann-Holzschuh (2015 : 369s.). – *Cf.* également Salmon (2009 : 87), qui constate une prédominance de 59 % de [e] dans la terminaison de l'imparfait à la 3e pers. sg.

pour [e] dans la génération née entre 1935 et 1945). Dans le corpus de Stäbler (1995 : xiii, corpus) et de Conwell/Juilland (1963), [e] est systématique. Rottet (2001 : 252), qui confirme cette prononciation pour Terrebonne/Lafourche, signale les difficultés existant par conséquent dans la distinction entre l'imparfait et l'infinitif. Wiesmath (2006 : 78) confirme la désinence en [e] pour le parler du Sud-Est du NB et parle, elle aussi, des difficultés qui en résultent pour distinguer entre la forme finie et l'infinitif. Brasseur, qui atteste [e] à l'imparfait pour le franco-terre-neuvien (2001 : XXXIX, Brasseur 2009 : 90), signale qu'une forme verbale du premier groupe, comme [mãʒe], peut être un imparfait, un infinitif ou un participe passé (Brasseur 2001 : XLII) (*cf.* le chap. « Les formes nominales du verbe », II.1.).

- D'autre part, on note la variante [a] à l'imparfait, surtout en NÉ et surtout à la 3ᵉ pers. sg. (Arrighi 2005 : 108, Hennemann 2014 : 131, note 169), mais aussi aux Îles-de-la-Madeleine et régionalement en franco-terre-neuvien (Brasseur 1998 : 76, 2001 : XXXI) et rarement en FL (S. Dubois 2015 : 644s.) : *il était* [i ta] (Brasseur 2001 : XXXI), *i s'avait* [ava] *embrassé* (Arrighi 2005, corpus, Marcelin NÉ 2 : 38–39). En FTN, l'ouverture de la désinence en [ɛ]/[e] à [a] concerne surtout, mais pas exclusivement, la voyelle placée après la consonne ouvrante [r] et est courante dans les parlers terre-neuviens du Cap Saint-Georges et de La Grand-Terre (Niederehe 1991 : 225ss., Brasseur 2009 : 88s.). Pour les Îles-de-la-Madeleine, Falkert (2005 : 76) parle d'un phénomène très fréquent, indépendamment de la consonne qui précède : [ava] (« avait »), [fəza] (« faisait »), [il ala]/[il alɛ]. Le phénomène existe également dans certaines variétés laurentiennes, dont le parler ontarien (*cf.* Golembeski/Rottet 2004 : 133, note 5 ; Falkert 2005 : 76) et le franco-manitobain (Hallion 2000 : 295).

- La forme acadienne traditionnelle de la 3ᵉ pers. pl. est *-iont*. Cette forme coexiste aujourd'hui avec la forme en *-aient* (*cf.* par ex. Arrighi 2005 : 104s.). À TN, cette dernière est la forme dominante aujourd'hui (Brasseur 1998 : 76). En LOU, la terminaison *-(i)ont* à la 3ᵉ pers. pl. est selon l'hypothèse de Byers (1988) un des traits qui distinguent les régions de colonisation acadienne[28]. En ce qui concerne l'imparfait, le type « acadien » – *-iont* – est fréquent dans la paroisse de Vermilion, coexiste avec *-aient* dans d'autres paroisses (comme celle d'Évangéline et d'Avoyelles) et est absent ailleurs. Dans les paroisses de Terrebonne et de Lafourche, où la terminaison en *-ont* est encore relevée au présent (sauf dans le langage des jeunes), elle a complètement disparu à l'imparfait (Golembeski/Rottet 2004 : 138, Rottet 2001 : 208).

- Pis i vouliont-i savoir qui j'étais (NÉ – Hennemann, ILM, EL)

- ah oui i partiont sus une / une STOOL là (NB – Wiesmath 4, M : 164)

- les deux autres femmes qu'étiont là (ÎPÉ – Arrighi 2005 : 105, Délima ÎPÉ 5 : 23)

- il alliont tout' à l'école (IdlM – Falkert 2010, corpus : 47–48, p. 60, CD-ROM)

- Les vieilles femmes, les vieilles femmes ou les jeunes femmes avec les enfants étiont assis tout le tour dessus des bancs [...] (LOU – *Découverte*, Leleux, Vermilion)

---

[28] *Cf.* aussi Rottet (2001 : 158, 2004 : 181) et les chap. « Les pronoms personnels », VI.1.3., et « L'interrogation », I.1.3.

- C'était beaucoup triste comment ils étiont malades. (LOU – *Découverte*, Pointe Noire, Acadia)
- Il savait que ils vouliont le perdre. (LOU – *Découverte*, Carencro, Lafayette)
- Ils aviont proche pas le temps d'aller voir pour des choses comme ça [...] (LOU – *Découverte*, Mamou, Évangéline)
- Et euh, dans chaque place on a trouvé du monde qui aimiont la musique qui [...] (LOU – *Découverte*, Marksville, Avoyelles)

— Les verbes du 1er groupe dont le radical se termine par une voyelle (*scier*, *tuer*) et les verbes en *-ir/-ire*, reçoivent souvent une sifflante [z] ou [s] à l'imparfait : *ils scisiont, ils tusiont, ils joussiont,* etc. ; le même phénomène est signalé pour le FQ (Brasseur 2009 : 91)
- c'étaiT comme une pierre de roche comme ça pis t'écrisais dessus avec un/ c'était pas un crayon (NÉ – Hennemann, ILM, EL)

- Un homme en haut sus le chevalet [ʃfɑle] pis l'autre en bas : i scisiont des... de la planche. Comme ça que le monde scisait la planche avant. (TN – Brasseur 2001 : s.v. *scier*, p. 415, Brasseur 2009 : 92)
- Ils écrisiont des lettres, comme ... comme mes cousins, vois-tu. (TN – Brasseur 2001 : s.v. *écrire*, p. 174)

- Et quand il était plus jeune, il s'assisait là à la table et il disait, [...]. (LOU – Rottet 2001 : 121, loc. âgée)
- Pour déjeuner, on s'assisait tous ensemble. (LOU – *Découverte*, Mamou, Évangéline)

▶ **Autres particularités**

— L'imparfait de *il faut* est *faulait* (FA/FTN/FL), *follait* (FL, DLF 2010 : s.v. *falloir*, p. 275), *foulait* (FA/FTN, *cf.* Gesner 1979a : 67, Brasseur 2001 : s.v. *falloir*, p. 196[29]). À la BSM, à PUB et – plus rarement – à l'ILM (NÉ), les formes *faurait* et *faudrait* figurent aussi bien comme formes du conditionnel que de l'imparfait (Flikeid 1991 : 209, *cf.* le chap. « Le conditionnel », I.1.).

- faulait que ça fût effacé pour faire d'autre ouvrage (NÉ – Hennemann, ILM, AF)
- S'i / s'i me la foulait en anglais, je la traduisais en anglais. (NÉ – Hennemann, ILM, CL)
- le / le ver de terre faulait que tu le passes de bout' à bout' pis l'enfiler (NB – Wiesmath 1, R : 235–236)
- non je sus partie des Îles à quinze ans pace que : faulait que j'alle voir autre chose t'sais (IdlM – Falkert 2010, corpus : 70–71, p. 21, CD-ROM)
- nous-autres foulat faire notre manger (IdlM – Falkert 2010, corpus : 41–42, p. 59, CD-ROM)
- les gens' qui nous servent . follat qu'il ayaient pris des/des études comme vous autres vous faites là (IdlM – Falkert 2010, corpus : 13–14, p. 347, CD-ROM)
- Foulait qu'alle seye en bas, avec les garants tout parés pour crocheter sus le dory. (TN – Brasseur 2001 : s.v. *crocheter*, p. 136)
- Les Français laissaient leurs affaires là, tabac et... et boisson et... tout ce qu'i faulait pour la pêche et tout [tut]. I laissiont tout [tut] ça là : faulait des gardiens. (TN – Brasseur 2001 : s.v. *falloir*, p. 196)
- Quand j'étais jeune, j'ai pas été à l'école, parce qu'il faulait que j'aide mon pape, faire récolte, travailler. (LOU – DLF 2010 : s.v. *falloir*, p. 275, TB)
- Et il follait qu'on parle comme les autres dan' Amérique. (LOU – Rottet 2001 : 119, loc. âgé)

— En ce qui concerne l'imparfait de la forme *être*, il convient de souligner deux points :

---

[29] Brasseur (2001 : s.v. *falloir*, p. 196) note la prononciation systématique [(i) foli] pour l'imparfait chez un locuteur de son corpus.

- La voyelle initiale [e] tombe très souvent en FA et en FL, et systématiquement en FTN (aphérèse du [e])[30].
  - i tait assis dans une chaise berceuse (NÉ – Hennemann, ILM, EL)
  - j'tais pas bien vieux (NÉ – Hennemann, ILM, CL)
  - le roi i tait en train de lire le papier (NÉ – Arrighi 2005, corpus, Marcelin NÉ 2 : 183–184)
  - i tait tout seul (NB – Arrighi 2005, corpus, Laura NB 8 : 219)
  - on tait pas si pale qu'on est steure (NB – Arrighi 2005 : 131, Évangéline M. NB 14 : 155)
  - i tait plusieurs couleurs . y avait du rouge y avait du blanc de/ (ÎPÉ – Arrighi 2005, corpus, Rose ÎPÉ 7 : 247)
  - ça chauffait au bois ce tait du bois mais là on est à l'huile (IdlM – Falkert 2010, corpus : 127–128, p. 399, CD-ROM)
  - je/tu/i/alle/ce tait, je tions, vous tiez, i tiont (TN – Brasseur 2001 : s.v. *être*, p. 190)
  - Un baril c'est ça que la farine tait dedans auparavant [...] (TN – Brasseur 2001 : s.v. *baril*, p. 42)
  - Quand qu'y avait des patates à planter i tait supposé de donner un petit coup de main aussi. (TN – Brasseur 2001 : s.v. *supposé*, p. 434)
  - alle serait pas venu [mny] si elle connaissait vous autres 'tait là (LOU – Klingler, com. pers.)
  - on 'tait marié quinze ans (LOU – Klingler, com. pers.)

- En FL la forme *était* est souvent apocopée à *ét'* ou même raccourcie à *'t'* dans la périphrase verbale *être après faire* à l'imparfait (*cf.* le chap. « Les périphrases verbales », II.1.1.).
  - on <était après > [etapre] / en train la ramasser .. (LOU – Stäbler 1995 : 200s., corpus)
  - 't'après [j'étais après] voir un article sur la gazette-là les différentes parties de l'Amérique . ayoù la chambre la plus chère (LOU – Stäbler 1995 : 206, corpus)

- On note des formes particulières de l'imparfait en FA/FTN pour les verbes (et leurs dérivés) *tenir* et *venir* : *je tiennais* ou *je tiendais* (avec affriquée [tʃ]) ; *i v(i)ennait* ou *il viendait*[31].
  - Et mon grand-père vienait du Petit-ts-Anse [sic]. (NÉ – Hennemann, ILM, DO)
  - Pis c'était / euh / Th. Th. qui [tʃɛne] ça. (NÉ – Hennemann, ILM, AF)
  - pis je me [tʃɛne] après la parche (NB – Wiesmath 2, F : 633–643)
  - Ça tiennait [tʃɛne] le... le nez du canot [kano] dans le vent. (TN – Brasseur 2001 : s.v. *tiendre*, *tenir*, p. 446)

Selon Brasseur (2009 : 93), ces particularités sont le résultat de processus régulateurs qui, loin de constituer des signes d'étiolement linguistique, visent plutôt à une « optimisation du système de la conjugaison ». On observe de tels processus de régularisation également pour d'autres temps et modes (*cf.* les chap. respectifs du présent ouvrage).

---

30 Arrighi (2005 : 131), Wiesmath (2006 : *Introduction au CD-ROM*). – Cette aphérèse est très courante aux Îles-de-la-Madeleine à l'imparfait après un pronom personnel (*ce/il/a tait* « c'/il/elle était ») et au passé composé (*a té* « a été ») (*cf.* Falkert 2010, corpus).
31 Pour la NÉ : Gesner (1979a : 65 ; 67), Flikeid (1991 : 208) ; pour TN : Brasseur (2009 : 92s.).

II.1.2 Formes restructurées : *sontaient, ontvaient, sutais*

Dans les variétés laurentiennes du français, on relève des formes de l'imparfait remodelées sur les formes du présent, pour les verbes irréguliers et fréquents, *être* et *avoir* : *sontaient* et – plus rarement – *ontvaient*. De par leur répartition géographique, ces formes ont une certaine importance dans quelques variétés transatlantiques de français[32]. Notons en plus, pour le français mitchif et pour le parler du Missouri, l'apparition occasionnelle de la forme *font(s)saient* du verbe *faire*[33].

Or, on constate que les formes *sontaient* et *ontvaient* sont également signalées pour le FL pour « tous les âges » (Golembeski/Rottet 2004 : 138), mais tout particulièrement chez les jeunes. En FA, les formes restructurées sont rarement attestées : la forme *sontaient* a été relevée à l'ÎPÉ et au NB, *ontvaient* au NB (Arrighi 2005 : 125), mais il faut reconnaître qu'elles restent toutes deux marginales ; leur occurrence dans ces variétés est probablement due au contact linguistique avec les variétés laurentiennes (Chauveau 2009 : 48).

▶ Formes restructurées du pluriel

– *sontaient* – en FL, la deuxième forme la plus répandue des formes restructurées après *sutais* (*cf.* ci-dessous) ; *sontaient* renvoie à la 3e pers. pl. ou, rarement, à la 1re pers. pl. (*cf.* Golembeski/Rottet 2004 : 138) ; forme rare à l'ÎPÉ et au NB.
  - une : vieille ((rires)) pis un vieux i venaient d'Amérique [...] sontaient des/ des connaisseux là ((rires)) de l'académie là (NB – Arrighi 2005 : 125, Willy NB 9 : 201–203)
  - i sontaient pas beaucoup ce tait probablement cinq femmes à cinquante hommes (NB – Arrighi 2005 : 125, Michelle NB 16 : 704–705)
  - y avait des un/ des centaines gens qui s'en abriaient sontaient obligés d'agrandi ça (ÎPÉ – Arrighi 2005 : 125, Théodore ÎPÉ 4 : 4–5)
  - Et au revers de là aioù-ce qu'eusse sontaient y avait une grande butte de coquilles là. (LOU – Golembeski/Rottet 2004 : 139, LF)
  - Quand nous-autres sontaient jeunes, nous-autres mangeaient du gombo tout le temps. (LOU – Golembeski/Rottet 2004 : 139, TB)

– *ontvaient*, rare (Guilbeau 1950 : 202s., Golembeski/Rottet 2004 : 138s.), hapax dans le corpus d'Arrighi (NB, *cf.* Arrighi 2005 : 125).
  - Ils ont tout perdu ça qu'ils ontvaient. (LOU – Golembeski/Rottet 2004 : 139, LF)

---

[32] *Sontaient* : en FQ ; en franco-ontarien, franco-albertain, franco-minnesotain, franco-manitobain et en Nouvelle-Angleterre ; en français mitchif ; dans le parler français du Missouri ; à Saint-Barthélémy et Saint-Thomas (Caraïbes) ; *ontvaient* (en français mitchif : *ontaient*) : dans les mêmes régions américaines sauf Saint-Barthélémy et Saint-Thomas (*cf.* Hallion 2000 : 330s., Golembeski/Rottet 2004 : 131ss., Hallion Bres 2006 : 115, 124 et 127, note 5, Papen 2006 : 162 ; 168, Papen/Bigot 2010 : 202s.). – C'est en français mitchif que les formes sont les plus courantes, mais *sontaient* reste en concurrence avec *étaient* (taux d'usage : 63 % *sontaient* contre 37 % pour *étaient*), surtout dans la phrase négative (Papen/Bigot 2010 : 220s.).

[33] *Cf.* Thogmartin (1979 : 57), Golembeski/Rottet (2004 : 126 ; 141), Papen/Bigot (2010 : 202s.).

▶ **Formes restructurées du singulier**
- *j'sutais* – constitue la forme restructurée la plus fréquente dans le corpus dépouillé par Golembeski/Rottet, relevée « auprès de douze locuteurs de tous les âges » (Golembeski/Rottet 2004 : 138, TB/LF)[34]
    - si nous-autres était à l'école et je voulais pas personne connaît qui j'sutais après dire à mon frère, c'était français. (LOU – Rottet 2001 : 126, semi-locutrice)
    - Drette après que m'on j'sutais énée, ma mame et mon pape a délogé (LOU – Golembeski/Rottet 2004 : 138s., TB)
- *j'évais* « j'avais », rare (Golembeski/Rottet 2004 : 139, TB/LF)
    - Mon j'évais les vers étout. (LOU – Golembeski/Rottet 2004 : 139, TB)

Commentaire
À l'origine de ces formes restructurées se trouve la réinterprétation des formes de l'imparfait : la désinence de l'imparfait est interprétée comme étant composée d'une consonne (qui peut être [t], [z], [d], [v], Golembeski/Rottet 2004 : 142s) et de la voyelle [e] ; les consonnes [z] et [d] sont les plus fréquentes et se rencontrent aussi à l'imparfait d'autres verbes en FL : *suisait* (« suivait »), *écrisait* (« écrivait »), *lidait* (« lisait ») (Golembeski/Rottet 2004 : 140). Les formes *sontaient* (*ils sont* + [te]), *ontvaient* (*ils ont* + [ve]), *j'sutais* (*je su(i)s* + [te]), *j'évais* (*j'ai* + [ve]) suivent la même logique. La question reste ouverte de savoir si ces formes sont le résultat d'erreurs enfantines non corrigées dans un contexte d'étiolement linguistique (Golembeski/Rottet 2004 : 150) ou bien si elles appartiennent à un fonds linguistique commun de l'époque pré-coloniale[35]. En ce qui concerne la forme la plus répandue, *sontaient*, elle semble s'être répandue en Amérique du Nord à partir d'un foyer central situé au Québec pour arriver aux « diasporas » québécoises (Golembeski/Rottet 2004 : 145ss.), ce qui expliquerait aussi sa rareté en FA et son absence en FTN. S'il s'agit d'une innovation, c'en est donc une qui « remonte dans le temps » (attestation à Montréal en 1883) (Golembeski/Rottet 2004 : 147).

Pour ce qui est de la présence de la forme en FL, Golembeski/Rottet (2004 : 149) favorisent l'hypothèse d'un développement indépendant, mais parallèle, de la forme, même si la possibilité d'une importation en FL ne peut pas être complètement exclue. Selon ces auteurs, les autres formes analogiques, moins répandues, semblent bien être des créations indépendantes et individuelles ou spécifiques de quelques petites communautés linguistiques (Golembeski/Rottet 2004 : 148)[36].

II.2 L'emploi de l'imparfait

À côté des emplois traditionnels de l'imparfait (II.2.1.), on note des cas où l'imparfait entre en concurrence avec le passé simple/passé composé (II.2.2.).

II.2.1 Les emplois temporels traditionnels de l'imparfait

L'imparfait envisage les événements et procès comme n'ayant ni début ni fin (*cf.* Chevalier et al. 1964 : § 485, p. 341, Riegel et al. 2011 : 540ss.). De là son aptitude à décrire les actions ou procès habituels, à établir des relations de simultanéité entre différents procès, ou à présenter les faits d'arrière-plan sur lesquels se détachent les actions/procès présentés au passé

---

34 *sutais* est également attesté à Montréal (Golembeski/Rottet 2004 : 136).
35 Papen/Bigot (2010 : 206) notent d'ailleurs des occurrences de la forme *sontaient* en français européen (France, Belgique) et africain (Burkina Faso).
36 Remarquons en passant que ni le corpus *Découverte* ni le DLF (2010) n'attestent ces formes.

composé/passé simple. Dans ces emplois, les variétés étudiées ne se distinguent pas du français courant de France.

- je travaillais seulement eune fois par semaine (NÉ – Hennemann, BSM, JG)
- tant ce qu'on allait aux poulamons t'avais pas d'haim tu prenais un câble avec un aiguille pis tu prenais une lêche [...] (NB – Wiesmath 1, B : 225–226)
- Quand mon défunt père a venu ici premier, tu sais yu-ce qu'est Lourdes, pis y a trois milles et demi d'ici, y avait ien qu'un petit chemin, justement large assez pour marcher. (TN – Brasseur 2001 : s.v. *justement*, p. 265)
- C'est jhusse, c'est comme ça que ça allait dans ces jhours-là, tout le monde faisait ça comme ça. (LOU – Rottet 2001 : 123, loc. âgé)

II.2.2 La concurrence entre l'imparfait et le passé composé

Outre l'emploi traditionnel, l'imparfait est fermement établi, dans les variétés étudiées, dans la narration d'événements ponctuels (c.-à-d. non habituels, uniques) qui s'enchaînent, empiétant ainsi sur le terrain qu'occupait traditionnellement le passé simple et qu'occupe aujourd'hui le passé composé (mais *cf.* aussi ci-dessus section I pour les parlers les plus conservateurs) :

- Dans les parlers conservateurs telle la variété de français de Grosses Coques (NE-BSM), l'imparfait est, certes, majoritairement employé de façon prototypique ; il n'empêche que, même dans cette localité très conservatrice, l'imparfait apparaît dans un contexte « ponctuel »[37] dans 22,2 % des cas (*cf.* Comeau et al. 2012 : 334, tableau 5).
- Concernant les variétés de français parlées en NÉ, au NB et à l'ÎPÉ, Arrighi (2005 : 174) note que « les narrations se font assez souvent à l'imparfait ».
- En FTN, l'imparfait semble s'être généralisé en tant que temps de la narration (Brasseur 2001 : XLV).
- Pour le FL, Conwell/Juilland (1963 : 155) notent que l'imparfait peut être équivalent au passé composé. Dans les contextes ponctuels, les deux formes sont interchangeables (*cf. ibid.*).

Il semble donc que les fonctions des différents temps du passé ne soient plus nettement distinguées. La disparition du passé simple dans la plupart des variétés étudiées ici (tardive par rapport au français parlé de France) a sans doute été pour quelque chose dans la répartition nouvelle des rôles de l'imparfait et du passé composé[38]. Mais le changement central concerne sûrement moins le passé composé que l'imparfait.

Dans ce contexte, la thèse avancée par Conwell/Juilland (1963 : 155) pour le FL nous semble assez pertinente : comme l'aspect duratif-progressif tend à être systématiquement exprimé par la périphrase verbale *être après faire* et – c'est nous qui l'ajoutons – que l'aspect habituel est très fréquemment exprimé par le conditionnel passé (*cf.* le chap. « Le condition-

---

37 Comeau et al. (2012 : 334) parlent de « punctual sentential aspect ».
38 *Cf.* dans un autre contexte, la remarque de Comeau et al. (2012 : 318).

nel », II.2.2.) ou par la périphrase *habitude (de)* + infinitif (LOU – Papen/Rottet 1997 : 102)[39], ces deux valeurs fondamentales de l'imparfait risquent de se perdre, et par la suite, la distinction entre l'imparfait et le passé composé devient floue. Là où le passé simple a disparu et où l'influence de l'anglais est grande, un autre aspect pourrait encore avoir joué en faveur de l'imparfait : les locuteurs privilégieraient, dans cette hypothèse, une forme non composée (l'imparfait) pour atteindre davantage d'isomorphisme avec la forme simple (*simple past*), courante en anglais dans la narration d'événements singuliers.

L'imparfait apparaît pour exprimer des événements uniques, non habituels, dans les exemples suivants :

- lui il l'apporte une pomme . . quand qu'il arrivait là il a montré la pomme à la fille du roi (NÉ – Arrighi 2005 : 175, Marcelin NÉ 2 : 510–511)
- ben mon mari ùsqu'i travaillait lui [= arrière-plan] ben i fermiont la:/ la:/ la: SHOP là pis (NB – Arrighi 2005 : 175, Zélia NB 17 : 30–31)
- Rachelle elle travaillait [= arrière-plan] dans les fleurs pis l/ l'ours sortait là pis i se levait debout' pis i rentrait BACK dans le bois (NB – Wiesmath 1, B : 312–314)
- à partir de . dix ans je/ je déménageais à Eckmenby proche de l'église (ÎPÉ – Arrighi 2005 : 174, Aldine H. ÎPÉ 3 : 1–2)
- [Il y avait eu du bruit dans la maison la nuit précédente.] Mais au soir mon frère arrivait de la guerre […]. Bè ça c't un avartissement ! (TN – Brasseur 2001 : s.v. *avartissement*, p. 35)
- [À propos d'un loup-marin.] I prénait la fumelle là, par le mélieu, dans sa gueule, pis i la levait comme ça de haut de la glace là, pis i la *shakait* comme ça. (TN – Brasseur 2001 : s.v. *shaker*, p. 419)
- quand le jour du mariage arrivait, on était éché (LOU – Conwell/Juilland 1963 : 155)
- Il a sauté en dedans là. Le petit cheval là calait. Au lieu nager, essayer nager, je pense il pouvait pas, mais il marchait le... le *bottom*. Puis là il sautait. Ouais. Puis là, les cheveux à André sortaient. […] Et il faisait « Houuu. ». Il soufflait … […] Le petit cheval là allait en bas encore. […]. Là il sortait encore. […]. Moi j'étais l'autre bout après rire après. (LOU – *Découverte*, Pacanière (Opelousas), St. Landry)

Parfois, c'est l'inverse qui se produit, le passé composé apparaissant dans le rôle d'un imparfait pour exprimer des états, des faits d'arrière-plan ou des habitudes dans le passé (pour la LOU : Conwell/Juilland 1963 : 155 ; pour la NÉ : Gesner 1979a : 41).

- Et quand j'ai été petit garçon icitte, y avait un forgeron. Il s'appelait Louis à Joe Gaudet. (NÉ – Gesner 1979a : 41, BSM)
- Quand ce que j'avons été jeune, une maîtresse d'école, c'était moyennement quelqu'affaire. (NÉ – Gesner 1979a : 42, BSM)
- I avait dit oui mais là après ça, i a / i a repris i a pas voulu. Je crois qu'i a eu peur ou froid aux pieds. (NÉ – Hennemann, ILM, LL)
- SO on s'engageait des petits jeunes mon père engageait des petits jeunes moi j'étais petit jeune moi itou j'étais pas plus grand/. j'avais quatorze quinze ans je faisais les foins . pis là quand on halait le foin/ pis les soirs des fois j'ai vu honze heures douze heures le soir on / on avait pas fini (NB – Wiesmath 1, B : 644–645)

---

39 *Cf.* le chap. « Les périphrases verbales », II.1.1. et II.2.2. ; pour le FL, Rottet (2011 : 315, note 14 et 320, note 17) fait remarquer que dans le passé, un procès en cours est systématiquement exprimé par la périphrase *être après faire* mise à l'imparfait et non par l'imparfait seul.

- Pop a élevé des bêtes, on a jamais eu une qui a né estropiée ni *blind* et ils ont tout le temps donné leur lait comme il fallait. (LOU – *Découverte*, Mamou, Évangéline)
- Des années passées tout partout ayoù tu avais habitude d'aller c'était en boghéi et cheval. – Oh oui. Tant qu'on **a eu** des chevaux. Mais la maladie des chevaux a passé; on a tout perdu nos chevaux. (LOU – *Découverte*, Kaplan, Vermilion)
- on a été / . on a été à peu près deux / tr / deux mois mariés quand on a acheté cette / cette terrain ici là (Stäbler 1995 : 50s., corpus)
- ils plantaient tant d'arbre, et ils ont coupé tant (LOU – Conwell/Juilland 1963 : 155) (contexte habituel)
- ils recevaient des masques ... et là ils ont demandé (pour) une poule (LOU – Conwell/Juilland 1963 : 155) (contexte habituel)

III Les temps composés

Le passé antérieur n'existant pas dans les variétés concernées, l'antériorité par rapport à un point de repère au passé est exprimée par d'autres formes : le plus-que-parfait, le passé composé et le passé surcomposé (*cf*. IV.1.).[40]

Le passé composé et le plus-que-parfait se composent de l'auxiliaire et du participe passé.

L'auxiliaire est généralement *avoir* (*cf*. le chap. « Les verbes auxiliaires *avoir* et *être* »), qui se conjugue au présent comme suit :

- La 1re pers. sg. apparaît sous la forme *j'ai* ou sous la forme analogique *j'a* (NÉ, NB, IdlM, TN, LOU)[41] ; pour TN, Brasseur (2001 : s.v. *aoir*, p. 19) signale en outre la forme *j'i*, qui est cependant rare selon lui.
- 2e pers. sg. : *tu as*
- 3e pers. sg. : *il/alle a*
- 1re pers. pl : *j'avons* ou *ons* (NÉ, NB, TN[42]), *on a*
- 2e pers. pl. : *vous avez*
- 3e pers. pl. : *i(l) avont* (NÉ, NB, IdlM, TN) ou *ont* (NÉ, NB, IdlM, LOU).

En ce qui concerne les formes du pluriel de l'indicatif présent, notons pour la variation intrarégionale en NÉ la prédominance des formes *avons* et *avont* à Chéticamp, à Pomquet et à Pubnico, et la prédominance des formes *ons* et *ont* à l'ILM, alors qu'à la BSM les deux paires de formes coexistent (Flikeid 1991 : 207).

Quant aux formes du participe passé, on retiendra également quelques spécificités.

---

[40] Papen/Rottet (1997 : 98) notent pour le FL que le passé composé et le plus-que-parfait sont généralement employés comme en FS. Il nous paraît toutefois nécessaire de relativiser cette remarque dans ce qui suit.

[41] *Cf*. Arrighi (2005 : 108s.), Brasseur (2001 : s.v. *aoir*, p. 19), Rottet (2001 : 168). Pour la forme [ʒa] « j'ai » aux Îles-de-la-Madeleine, *cf*. le corpus de Falkert (2010).

[42] *Cf*. Brasseur (2001: s.v. *aoir*, p. 19) et corpus Hennemann (2014), corpus Wiesmath (2006). *Cf*. le chap. « Formes verbales remarquables ».

III.1 Aspects morphologiques : le participe passé

Les formes du participe passé divergent sur plusieurs points du FS :
– Les verbes en *-ir* forment leur participe passé sur le radical de l'infinitif avec la désinence en *-i* (FA/FTN/FL)[43] : *couri* (à côté de *couru*), *couvri*, *découvri*, *offri*, *ouvri*, *rouvri*, *souffri*, *mouri*, *veni*. La forme *mouri* coexiste avec *mort* et – plus rarement – *mouru* (NB) ; il peut y avoir une spécialisation sémantico-fonctionnelle, *mouri* signalant le procès (construit avec *avoir*), *mort* le résultat (construit avec *être*) ; de même pour *rouvart*/*rouvert* (« ouvert »), *découvart*/*découvert* (« découvert ») vs. *rouvri* et *découvri* (cf. aussi Ryan 1982 : 394). Rarement, ces verbes se terminent par *-u* : *sentu* (à côté de *senti*) (pour le FTN : Brasseur 2001 : XXXIX ; pour le FL : DLF 2010 : s.v. *sentir*, p. 577).
  - Pis son père après qu'on l'avait fait, il a mouri quatre ans après ça. (NÉ – Hennemann, BSM, SC)
  - pis l a té à passer le château . tout d'un coup il a rouvri une porte de chambre à lit (NÉ – Arrighi 2005, corpus, Marcelin NÉ 2 : 226–227).
  - i avons été à pieds i/ i avont couri (NÉ – Arrighi 2005 : 119, Rosalie NÉ 23 : 329)

  - pis après ça i avont mouri (NB – Wiesmath 3, D : 170)
  - moi asteure j'ai né ma mère a mouri (NB – Arrighi 2005 : 119, Annie NB 10 : 5)
  - la batterie arait venu qu'i y arait / alle arait été / alle arait eu mouru pis on arait pas eu de pouvoir dessus pour /. (NB – Wiesmath 6, L : 110–111)
  - ça m'étonne qu'on l-a pas mouru (NB – Arrighi 2005 : 122, Annie NB 10 : 305–306)

  - Il a mouri de vieillesse. (ÎPÉ – King/Nadasdi 2005 : 107)
  - j'étions pauvre . pauvre MUM a assez souffri aussi (ÎPÉ – Arrighi 2005 : 119, Délima ÎPÉ 5 : 19)
  - oh oui i faisait du travail ben on li a offri de l'argent i voulait pas i voulait pas mais on i en faisait prendre temps en temps (ÎPÉ – Arrighi 2005 : 119, Rose ÎPÉ 7 : 177–178)
  - parce que toutes seules j'allions été couvri de ste/ de neige (ÎPÉ – Arrighi 2005 : 122, Délima ÎPÉ 5 : 16–17)

  - quante Jean Cartier a découvri / il a découvri les Îles-de-la-Madeleine (IdlM – Falkert 2010, corpus : 7–8, p. 390, CD-ROM)
  - des Français qu'a veni (IdlM – Falkert 2010, corpus : 359, p. 215, CD-ROM)

  - Comme il a vu de quoi qu'a couri derrière la chousse [...] (TN – Brasseur 2001 : s.v. *courir*, p. 130)
  - Ça p't-ête tout le temps été, pis ç'a jamais été découvert. (TN – Brasseur 2001 : s.v. *découvrir*, p. 149)
  - Quand qu'alle a rouvri la porte, alle l'a regardé ! (TN- Brasseur 2001 : s.v. *rouvrir*, p. 405)
  - Son homme est ien que mouri l'année passée. (TN – Brasseur 2001 : s.v. *mourir*, p. 308)
  - J'ai passé ma langue, j'ai pas sentu rien. (TN – Brasseur 2001 : s.v. *sentir*, p. 418)

  - sa mère était mort et plusieurs que/ qu'avaient mouri (LOU – Stäbler 1995 : 42, corpus)
  - l'eau a monté là premier avant de/ et on a couri ça (LOU – Stäbler 1995 : 107, corpus)

– Les verbes en *-re* prennent la désinence *-u* : *avoindu* (« saisi, attrapé »), *coudu* (à côté de *cousu*), *déteindu* (« éteint », à côté de *déteint*), *ressou(r)du* (« réapparu à la surface de l'eau », à côté de *ressoud*), *soudu* (FTN, « soudé », l'infinitif est *soudre*), *teindu* (à côté de

---

[43] *Cf.* pour le FA : Gérin/Gérin (1982 : 136), Ryan (1982) ; pour le FTN : Brasseur (2001 : XXXIX et s.v. *mourir*, p. 308), Brasseur (2009 : 98) ; pour le FL : Conwell/Juilland (1963 : 162) : *veni* ; DLF (2010 : s.v. *mourir*, p. 408 ; s.v. *courir*, p. 165 ; s.v. *découverre*, p. 189 ; s.v. *offère*, p. 424).

teint). Rarement, ces verbes finissent en *-i*: *entendi*[44]. Pour *sourdre*, le DLF (2010 : s.v. *sourdre*, p. 591) note les formes *sourdu*, *sourdé* et *sourd*.
- [...] i tiont coudus ensemble. (TN – Brasseur 2001 : s.v. *logans*, p. 278)
- Oh ! Alle a ressourdu oh comme cinquante varges du doury, l'arrière ! (TN – Brasseur 2001 : s.v. *ressourdre*, p. 395)
- Tu l'arrachais de delà, mon homme, ce tait teindu, ce tait joli, couleur d'or. (TN – Brasseur 2001 : s.v. *homme*, p. 247)

- Il a teindu la chemise. (LOU – DLF 2010 : s.v. *teindre*, p. 607, AV)
- Il a arsoud le chapeau. (LOU – DLF 2010 : s.v. *ressourdre*, p. 550, LF) (« He recovered the hat from below the surface of the water. »)
- Tout d'un coup, il a arsoudu. (LOU – DLF 2010 : s.v. *ressourdre*, p. 550, JE) (« All at once he came up. »)

– Les participes passés de *lire*, *vivre*, *survivre* et *plaire* sont : *li*, *vi*, *survi*, *plait*[45].
- tu prends deux personnes qu'ont vi leu vie (NB – Wiesmath 2, E : 740)
- j'ai vi là (NB – Arrighi 2005 : 122, Michelle NB 16 : 15)
- pis j'ai bien aimé ça on a vi avec/ avec une famille là-bas (NB – Arrighi 2005 : 122, Angèle NB 13 : 175)
- il a vi aux Îles (IdlM – Falkert 2010, corpus : 461, p. 275, CD-ROM)
- Elle a li la lettre. (TN – Brasseur 2001 : s.v. *lire*, p. 277)
- Il arait vi tout à fait vieux. [...] (TN – Brasseur 2001 : s.v. *vivre*, p. 472)
- On était huit qu'a vi. (LOU – DLF 2010 : s.v. *vivre*, p. 654, SM)

– Le verbe *tiendre* « tenir » a plusieurs formes de participe passé : [tʃɛ̃d]/[tʃɔn] (NÉ, Ryan 1982 : 394), *tient* (Arrighi 2005 : 123, Brasseur 2001 : XL), *tiendu* et *tiennu* avec affriquée [tʃ] (TN : Brasseur 2001 : XL). Ryan (1982 : 394) relève une occurrence de la forme [vɛ̃d] pour le participe passé de *venir* (normalement : *v'nu*).
- [al avè tʃɛ̃d l ékòl] (NÉ – Ryan 1982 : 394, BSM) (« elle avait tenu l'école »)
- [lé dòktœr õ tʃɔn a m ékrir] (NÉ – Ryan 1982 : 394, BSM) (« les docteurs ont tenu à m'écrire »)
- après (ielle ?) a tient un SHOP (NÉ – Arrighi 2005 : 123, Évangéline D. NÉ 23 : 123–124)
- oh i a té à l'Aboujagane l a tient par chez nous sept ans (NB – Arrighi 2005 : 123, Annie NB 10 : 569–570)

– Le participe passé du verbe *être* apparaît souvent sous une forme avec aphérèse : *té* [te][46]. Notons que *(é)té* est le participe passé aussi bien d'*être* que d'*aller* (*cf.* le chap. « Les verbes auxiliaires *avoir* et *être* », I.3.). La forme *être allé* est presque inexistante et témoigne toujours d'une influence du standard[47]. Nous signalons également qu'en

---

44 Pour le FTN : Brasseur (2001 : XXXIX), Brasseur (2009 : 98s.) ; pour le FL : DLF (2010 : s.v. *coudre*, p. 161 ; s.v. *déteindre*, p. 209 ; s.v. *ressourdre*, p. 550 ; s.v. *teindre*, p. 607).
45 Pour le FA : Arrighi (2005 : 122) ; pour la NÉ : Ryan (1982 : 393s.) ; pour le FTN : Brasseur (2001 : XL) ; pour le FL : Conwell/Juilland (1963 : 163), DLF (2010 : s.v. *lire*, p. 368 ; s.v. *vivre*, p. 654 ; s.v. *survivre*, p. 597 ; s.v. *plaire*, p. 470).
46 *Cf.* Arrighi (2005 : 131), Brasseur (2001 : XLI et s.v. *être*, p. 191) ; pour les Îles-de-la-Madeleine, *cf.* le corpus de Falkert (2010).
47 Le tour *être allé quelque part* apparaît donc *a priori* toujours dans les contextes formels ; *cf.* Ryan (1982 : 391), King (2013 : 86). *Cf.* aussi pour le FA : Gesner (1979a : 66), pour le FL : le DLF (2010), où le participe passé *allé* ne figure pas (*cf.* s.v. *été*², p. 263).

France, « [a]voir été est en concurrence avec être allé dans la langue familière pour tous les temps composés du verbe » (*Le Petit Robert* 2013 : s.v. *aller*). Nous faisons aussi remarquer que le participe passé [te] est homophone avec l'imparfait du verbe *être* dans le cas fréquent de l'aphérèse du [e] : *tait* [te]. Notons en outre qu'à la 1re pers. sg., il peut y avoir une ambiguïté entre *j'ai té* et *j'étais*.

- Moi j'avais jamais té dans* une PLANE avant, hein ? (NÉ – Hennemann, ILM, IS)
- As-tu té danser hier à soir, SHIRLEY ? (NÉ – Hennemann 2014 : 191, ILM)
- [EL :] Le frère à Charlie a té administré hier soir. (NÉ – Hennemann 2014 : 299, ILM)
- lui a té labouré [sic] toute l'après-midi (NÉ – Arrighi 2005 : 23, Évangéline D. NÉ 23 : 268)
- j'ai té élevée chus Maurice B. (NB – Arrighi 2005 : 131, Annie NB 10 : 8–9)
- ça c'est après ma fille a déménagé à Ontario ben là on a té là pour Noël avec zeux (NB – Arrighi 2005 : 160, Zélia NB 17 : 469–470)
- j'ai té pécher jusqu'à trois-cent trappes (ÎPÉ – Arrighi 2005 : 131, Théodore ÎPÉ 4 : 69–70)
- on a té à l'église (IdlM – Falkert 2010, corpus : 248, p. 157, CD-ROM)
- j'ai té obligé de me faire placer eune batterie au cœur (IdlM – Falkert 2010, corpus : 585–586, p. 479, CD-ROM)
- Je ne sais pas. Ces petits jubiers-là, j'ai jamais té instruit sur leur nom. (TN – Brasseur 2001 : s.v. *être*, p. 191)
- [...] J'arais té ieux dire ça, il aront... fait des farces de moi ! (TN – Brasseur 2001 : XLVIIe)

– Notons la forme fréquente *éné* [ene]/[ɛ̃ne] pour « né » (*cf.* DLF 2010 : s.v. *naître*, p. 411) et les variantes phonétiques du participe passé du verbe *avoir* : [y], [jy] (très fréquente en FTN[48]), rarement [zy] en FTN (*cf.* Brasseur 2001 : s.v. *aoir*, p. 20). Pour *avoir*, Conwell/Juilland (1963 : 165s.) signalent aussi la forme analogique *avé* ; le participe de *voir* est *vu* ou *vi* (Conwell/Juilland 1963 : 167).

- Tchelle année que t'as énée ? NINETEEN quoi ? (NÉ – Hennemann, ILM, IS)
- Je tais pas éné encore dans ce temps-là. (TN – Brasseur 2001 : s.v. *éné*, p. 179)

Commentaire
Le non-standard hexagonal connaît également des formes analogiques du participe passé, dont notamment la forme *mouru* (Gadet 1992 : 55, Bauche ^{2}1951 : 115). Bauche note aussi *sentu* « senti » et *pouvu* « pu » (*ibid.*). Beaucoup de ces formes datent de l'ancien et du moyen français (*cf.* Price 1971 : 224). Les formes créées sur la base de l'infinitif des verbes en *-ir* (*souffri* etc.) sont appelés participes « bretons » au XVIIe s. (Gérin/Gérin 1982 : 136), on les relève jusqu'à l'époque contemporaine dans les dialectes du Nord de la France (*cf.* par ex. FEW 2/2, 1141a pour *couvrir*).

III.2 L'expression de l'antériorité : le passé composé et le plus-que-parfait

Le plus-que-parfait apparaît dans les subordonnées temporelles après *lorsque, quand, après que, dès que* pour marquer « l'antériorité, quelle qu'elle soit par rapport à un autre moment

---

48 Le participe passé *iu* (« eu ») est aussi courant aux Îles-de-la-Madeleine (*cf.* Falkert 2010, corpus).

passé » (*cf.* pour le français européen, Hanse 1991 : s.v. *plus-que-parfait*, p. 744). Signalons l'absence du passé antérieur dans les parlers étudiés ici (*cf.* aussi ci-dessous IV.1.).

- Pis son père après qu'on l'avait fait, il a mouri quatre ans après ça. (NÉ – Hennemann, BSM, SC)
- quand ce qu'i avait décoré l'église parce c'était tout' bien décoré hein pis i a dit […] (NB – Wiesmath 2, F : 65–66)
- après que l'eau la/la pluie avait arrêté, j'ai venu ici dedans (LOU – Stäbler 1995 : 110, corpus)
- Ça fait, après que le bougre s'avait chauffé un petit brin là, le gros Cadien qui était assis qui était sec là, ça fait le bougre, il dit à nous-autres, il dit […] (LOU – *Découverte*, Jennings, Jefferson Davis)

À côté du plus-que-parfait, on note que le passé composé apparaît fréquemment pour exprimer l'antériorité par rapport à un point de repère dans le passé (*cf.* pour le FL Conwell/ Juilland 1963 : 156)[49]. Dans la plupart des cas, cela se produit dans le contexte d'une subordonnée temporelle introduite par *quand*, *après que*, etc. Notons que cet usage est répandu partout, y compris dans les régions conservatrices telle la BSM (NÉ)[50]. Gesner (1979a : 47) présume qu'à long terme, ce sera le passé composé qui l'emportera en FA pour exprimer « l'antériorité par rapport à l'antériorité » après la conjonction *quand*.

En dehors des subordonnées temporelles, l'ordre des phrases peut refléter à lui seul, de manière iconique, la chronologie des faits. Parfois, les connaissances générales suffisent à assurer la bonne interprétation.

- Quand j'ai arrivé à l'âge de soixante et cinq ans, ils ont dit : « T'es trop vieux ; va-t-en ! » (NÉ – Gesner 1979a : 46, BSM)
- Puis, après qu'il a vu son homme venir, son mari, il se plantit dans la porte, tu sais… (NÉ – Hennemann, ILM, IS)
- la seule manière qu'i ont vu qu'il était là c'est qu'i / après / après que les mi-carêmes a été jugés là, ben là i était dans la / dans le BATHROOM pis s'a dégréé pis a sorti. (NÉ – Hennemann, ILM, AF)
- puis après un bout de temps ben là quand ce les enfants ont venu grands assez . . j'ai commencé avec les/ . les plus vieux les garçons icitte . qui m'aidaient (NB – Wiesmath 2006 : 128, Wiesmath 5, C : 8)
- ça c'est après ma fille a déménagé à Ontario ben là on a té là pour Noël avec zeux (NB – Arrighi 2005 : 160, Zélia NB 17 : 469–470)
- pis:: après qu'elle a parti de la Chine elle m'a demandé pour mon adresse pis moi aussi (NB – Arrighi 2005 : 160, Zélia NB 17 : 276–277)
- Alors, après eux ils ont parti, il a commencé marcher trouver les pierres où il avait marqué le chemin, […] (LOU – *Découverte*, Carencro, Lafayette)
- Ben, mais écoute, chère, elle a perdu un cher petit garçon de deux ans avec son premier mari. Ben après il est mort, elle a quitté chez son popa et elle a été là-bas à Church Point, là. (LOU – *Découverte*, Mamou, Évangéline)
- KENNETH a/ .. mais non KENNETH a été né/ j'étais avec/ après que j'ai cassé ma jambe (LOU – Stäbler 1995 : 103, corpus)
- après qu'il a parti de chez eux il a jamais retourné (LOU – Stäbler 1995 : 128, corpus)

---

[49] Cette possibilité s'explique par la perte d'une contrainte grammaticale, selon laquelle le point de référence du passé composé est le point d'énonciation.
[50] *Cf.* Gesner (1979a : 47) ; *cf.* l'exemple 6b dans Comeau et al. (2012 : 326) : « Marie itou a arrêté après qu'elle a été amener sa car à la garage. » (« Marie also stopped by after she went to bring her car to the garage. »)

Les problèmes d'interprétation surgissent lorsque l'enchaînement des phrases ne suit pas la chronologie des faits ; l'interprétation est d'autant plus difficile que le subordonnant *que* de la conjonction temporelle composée (*après que*) peut être omis[51] :
- J'ai / j'ai commencé à faire la pêche juste après j'ai fini l'école, oui. (NÉ – Hennemann, PUB, ArD)
- mais ça c'était après . longtemps après DADDY a RETIRE ça (LOU – Stäbler 1995 : 76, corpus)
- mais ses deux garçons 'l ont resté là quelque temps après . leur maman est mort [...] (LOU – Stäbler 1995 : 90, corpus)

Commentaire
Foulet (1967 : 227) observe que dès l'ancien français, le « *plus-que-parfait* et le *passé antérieur* sont équivalents », même si le passé antérieur s'est plus ou moins spécialisé dans les subordonnées temporelles après certaines conjonctions. En français moderne, le passé antérieur n'existe plus dans l'usage courant ; il est restreint à un registre écrit formel, étant remplacé généralement, à l'oral, par le plus-que-parfait.

L'emploi du passé composé après les conjonctions temporelles *quand, lorsque, après que, sitôt que* est fréquent dès le XVIe s., mais il y est banni dès le XVIIe s. pour ne survivre, dans cet emploi que « dans le langage du peuple » (Haase 1965 : 155s.). Il reste tout à fait courant à l'oral aujourd'hui après ces conjonctions[52]. En français parlé et même écrit de France, *après que* est souvent suivi du subjonctif passé (*cf.* le chap. « Le subjonctif », II.2.2.).

III.3 Le plus-que-parfait : temps relatif et temps absolu

Les occurrences du plus-que-parfait dans les corpus consultés suggèrent que le plus-que-parfait n'est pas seulement un temps verbal relatif à un autre temps (simple), mais qu'il figure également comme temps absolu : en effet, il apparaît aussi bien dans les narrations d'événements ponctuels et racontés en chaîne, à l'instar du passé composé/passé simple, que dans les descriptions, à l'instar de l'imparfait :
- Ils avaient mangé ça quand même. Parce qu'on jetait pas de manger. (NÉ – Hennemann, ILM, MS) (« ils mangeaient ça »)
- l'autre jour j'avais trouvé une grousse bouillée de mûres (NB – Wiesmath 1, B : 75) (« j'ai trouvé »)
- [Chasse d'un ours.] pis euh mon oncle pis moi on avait rentré dans le bois moi pis mon oncle Yvon . on avait été dans le bois pour assayer de le faire sortir [l'ours] . ben i avait sorti juste en face tu sais ioù ce que Philippe reste son père .. juste en / [ ] son père là [ ] ben juste en face i avait sorti là pis c'est là qu'i l'avont *shooté* [le résultat apparaît au passé composé] (NB – Wiesmath 1, B : 315–319)
- moi j'avais eu une bounne emploi dans le temps (NB – Wiesmath 2, F : 680–681) (« j'avais »)
- Je suis après chercher le savon. Je m'en avais servi pour me laver les mains tout à l'heure. (LOU – DLF 2010 : s.v. *être*, p. 266) (« Je m'en suis servi. »)
- j'ai venu je l'ai faulu je le plonge parce qu'il avait été en bas l'eau . je l'ai plongé je l'ai débranché [...] (LOU – Stäbler 1995 : 110, corpus) (= « parce qu'il était sous l'eau » : le poste de radio était encore sous l'eau lorsque le locuteur est venu le chercher en plongeant.)
- Même dans ces temps-là les affaires avíont cômencé à changer. (LOU – Guidry 1982 : 11, cité dans Golembeski/Rottet 2004 : 138)

---

51 Ce sont les marqueurs suprasegmentaux qui assurent la bonne interprétation : *après* – non détaché par une pause du segment suivant – est bien conjonction (*après que*) et non adverbe.
52 Et pas seulement dans le langage « très familier », comme l'affirme Gesner (1979a : 47).

IV Les temps surcomposés

La forme *surcomposée* se compose de l'auxiliaire, lui-même à un temps composé, et du participe passé (*cf.* Chevalier et al. 1964 : § 467, p. 330) : *il a eu fait, il avait eu fait, il aura eu fait, il aurait eu fait*[53]. L'auxiliaire généralisé dans les parlers concernés est *avoir*. Si l'auxiliaire *être* apparaît parfois, la forme surcomposée sert à marquer le résultatif dans le passé et se réfère à un acte ou résultat qui ne perdure plus au moment de l'énonciation[54].

Vu la complexité morphologique des formes surcomposées, celles-ci vont à contre-courant des tendances à l'économie, voire de la simplification qu'on attribue souvent à la langue orale (*cf.* déjà Frei 1929).

Sans tenir compte de l'emploi du conditionnel surcomposé qui, contrairement au français de France, jouit d'une certaine importance dans les variétés étudiées ici (*cf.* le chap. « Le conditionnel », II.3.), l'emploi des temps surcomposés en FA/FTN/FL correspond largement à l'usage hexagonal oral (si tant est que celles-ci soient en usage, *cf.* « Commentaire »).

Résumons les caractéristiques des formes surcomposées :
- La forme surcomposée la plus courante est le passé surcomposé ; les autres formes surcomposées sont rares.
- Le conditionnel surcomposé tient un rôle non négligeable dans l'expression de l'irréel (*cf.* le chap. « Le conditionnel », II.3.).
- Les formes surcomposées apparaissent presque exclusivement dans les subordonnées temporelles introduites par *après que* et *quand* ; rarement, on en relève des occurrences dans la principale pour exprimer une antériorité (*cf.* Gadet 1992 : 56).
- Le passé surcomposé sert à marquer l'antériorité temporelle par rapport à un autre temps du passé, tout en insistant également sur l'information aspectuelle de l'accompli (*cf.* Arrighi 2005 : 116). Comme en français hexagonal (*cf.* « Commentaire »), il apparaît principalement dans la subordonnée temporelle, et se combine le plus aisément avec les verbes qui focalisent les phases d'un procès, notamment *commencer* et *finir*. Il a une certaine importance dans l'expression quasi-figée *quand j'ai (tu as, il a,...) eu fini*.

IV.1 Le passé surcomposé

Quant à la répartition géographique du passé surcomposé, on peut faire les constatations suivantes :
- Les formes surcomposées sont bien établies en NÉ. Si, en français parlé de France, le passé composé et le passé surcomposé ont fini par remplacer entièrement le passé simple et le passé antérieur, nous constatons pour les zones les plus conservatrices de NÉ un stade antérieur du développement, où le passé simple subsiste à côté du passé composé

---

[53] Nous ne traiterons dans ce qui suit que les constructions de diathèse active tout en étant conscientes du fait que la définition englobe en principe aussi les constructions passives (*cf.* Chevalier et al. 1964 : § 467, p. 330s.).
[54] « J'ai été parti un an. » (NÉ – Gesner 1978 : 46, BSM) (= « j'étais absente, mais je suis revenue »). – *Cf.* aussi Gesner (1979a : 46), Stéfanini (1970 : 292), Squartini (1998 : 204).

mais où par ailleurs, le passé antérieur a été remplacé par d'autres formes, dont le passé surcomposé[55].
- Au NB, on note une certaine réticence quant à l'emploi du passé surcomposé ; dans le corpus de Wiesmath (2006), on n'en relève qu'une occurrence. Arrighi (2005 : 176) confirme, pour son corpus panacadien, que les formes du passé surcomposé sont « extrêmement rares » ; elles sont restreintes aux subordonnées temporelles introduites par *quand* et *après que* ; de plus, elles apparaissent parfois en dehors de la subordonnée temporelle, à côté d'un indicateur temporel indiquant « la succession de faits dans le passé (avec *après*, *pis*) » (*ibid.*).
- À TN, le passé surcomposé semble restreint au cas prototypique (*quand*/*après que* + verbe de phase *finir*).
- En LOU, le passé surcomposé est rare ; il semble avoir reculé pendant la 2e moitié du XXe s. La forme est mentionnée par Brandon (1955) et par Guilbeau (1950). Selon Brandon (1955 : 465), l'usage du passé surcomposé « se limite aux propositions temporelles » ; Guilbeau mentionne que la forme s'emploie chez quelques informateurs plutôt âgés (1950 : 225). La forme est également attestée dans le corpus de Stäbler (1995, *cf.* par ex. p. 96, p. 210), plus ou moins restreinte pourtant à l'expression *quand* + verbe de phase *finir*. Papen/Rottet (1997 : 100) signalent l'absence des formes surcomposées dans leur corpus à l'exception de la forme *j'ai été éné*[56].

En corrélation avec le passé surcomposé dans la subordonnée, on trouve, dans la principale, le passé composé, l'imparfait, le présent (historique) et même (rarement) le passé simple (NÉ-BSM).

▶ **Le cas prototypique :** *quand...*, *après que...* + passé surcomposé
- Puis je restis là neuf semaines. Quand ce que j'ai eu resté là neuf semaines, mame vint. (NÉ – Gesner 1979a : 45, BSM)
- J'ai passé trois mois sur les champs de bataille, puis je m'en ai revenu. Après que j'ai été venu, j'ai resté avec mon père et ma mère. (NÉ – Gesner 1979a : 45, BSM)
- Après que j'ai été sorti de dans l'armée, ça, j'ai été travailler à Halifax. (NÉ – Gesner 1979a : 46, BSM)
- Pis asteure quand j'ai eu dit à mes enfants à moi comment-ce j'ai été élevée pis / quand j'ai eu dit, i me croyaient pas, tu sais. (NÉ – Hennemann, ILM, IS)
- oui pis quand / ah oui mon père / avait/ a/ après qu'i a eu euh: . vendu sa maison ben là a acheté i a venu sa maison i a eu de l'argent (NB – Arrighi 2005 : 117, Sarah NB 20 : 33–35)
- apras qu'alle a iu été dans le coma (IdlM – Falkert 2010, corpus : 166, p. 288, CD-ROM)
- quand i a eu découvri les Îles-de-la-Madeleine (IdlM – Falkert 2010, corpus : 11–12, p. 390, CD-ROM)
- après qu'il a eu mangé il a été se coucher (LOU – Guilbeau 1950 : 225s.) (graphie adaptée, INH/JM)

---

55 Même pour la variété conservatrice parlée à la BSM, Gesner (1979a : 46) constate : « nous ne pensons pas que l'acadien, pas plus que le français parlé, fasse appel à ce temps "littéraire" – nous n'avons pas relevé d'occurrences du passé antérieur dans le corpus. » – Le passé surcomposé est également bien établi aux Îles-de-la-Madeleine, *cf.* le corpus de Falkert (2010).
56 Qui pourrait toutefois constituer un passif (*cf.* le chap. « Les verbes auxiliaires *avoir* et *être* », I.4.).

- Là il dit, « quand elle a eu lâché ça », il dit, « elle a pris à prendre du repassage [...] » (LOU – *Découverte*, Mamou, Évangéline)
- et quand j'ai eu fait un peu des grosses bâtisses ici euh . avec un bon succès ... il 'n a une compagnie du nord de Louisiane à MONROE LOUISIANA qui m'a engagé pour je va.. faire des SHOPPIN' CENTER pour eux (LOU – Stäbler 1995 : 187, corpus)

▶ **Spécialement avec le verbe de phase *finir***
- Oui, quand j'ai / quand j'ai eu fini de travailler, j'avais dix et soixante. (NÉ – Hennemann, ILM, CL)
- pis quand j'ai eu fini, j'étais pour marcher / euh / pour descendre de l'estrade (NÉ – Hennemann, ILM, DO)
- après . qu'i ont eu fini les cérémonies religieuses là i y avait des chants . de la musique acadienne (NB – Wiesmath 2006 : 136, Wiesmath 6, L : 204)
- apras qu'alle a eu fini là, on y a donné à manger (IdlM – Falkert 2010, corpus : 101, p. 13, CD-ROM)
- quand on a eu fini . il ont menu là au bord du théâtre (IdlM – Falkert 2010, corpus : 406, p. 167, CD-ROM)
- Ène fois que j'avons iu féni de ça (TN – Brasseur 2001 : s.v. *fénir*, p. 200)
- Et ça fait, quand ils ont eu fini ils ont venu me chercher. (LOU – *Découverte*, Pointe Noire, Acadia)

▶ **Le passé surcomposé dans la principale**[57]
- Les Allemands ont fait le tour ; ben nous autres, on a été enallé. (NÉ – Gesner 1979a : 46, BSM)
- J'ai été à Korea. Oui, c'est là ce que j'ai été. J'ai été parti un an. (NÉ – Gesner 1979a : 46, BSM) (*cf.* ci-dessus note 54)
- le monde a eu écouté et applaudi aussi (IdlM – Falkert 2010, corpus : 86–87, p. 299, CD-ROM)
- Ça fait on a été resté là et j'avais un *stove* à bois, ouais, un *stove* à bois. (LOU – *Découverte*, Mamou, Évangéline)

IV.2 Autres formes surcomposées

Abstraction faite du conditionnel surcomposé (*cf.* le chap. « Le conditionnel », II.3.) et des cas – plus ou moins figés – d'emploi du passé surcomposé, les formes surcomposées sont extrêmement rares.

IV.2.1 Le plus-que-parfait surcomposé
Hennemann (corpus, 2014) pour la NÉ, Guilbeau (1950 : 225) pour le FL, notent de rares occurrences du plus-que-parfait surcomposé ; en FL, la forme est le fait des locuteurs les plus âgés.
- J'avais eu juste mis de la gazette, tu sais, pour tchiend mon oreiller ouverT. (NÉ – Hennemann, ILM, EL)
- après que j'avais eu fini avec lui il s'en a été (LOU – Guilbeau 1950 : 225) (graphie adaptée, INH/JM)

---

[57] Selon Gadet (1992 : 56), cet emploi est stigmatisé et considéré comme régional bien qu'on l'entende également à Paris (*je l'ai eu fait / mais je ne le fais plus depuis longtemps*).

IV.2.2 L'infinitif surcomposé

En FS, l'infinitif, ne contenant aucune information temporelle, ne fait que marquer « l'aspect non-accompli » (infinitif présent) ou « l'aspect accompli » (infinitif composé/passé) ; c'est donc par « le contexte seul » que lui est attribuée « une coloration temporelle » (Chevalier et al. 1964 : § 534–535, p. 370)[58]. L'infinitif surcomposé peut signaler l'antériorité par rapport à un point de repère du passé et – si la sémantique du verbe s'y prête – le résultat acquis à un point de repère du passé. Soulignons la rareté de la forme dans les parlers concernés.

- Je me rappelle pas de l'avoir eu entendu. (TN – Brasseur 2001 : XLVII)

- Oh ! mais je dis qui moi j'ai fait de jamais avoir eu rencontré ce garçon là. Il était aussi un beau garçon ! (LOU – *Découverte*, Mamou, Évangéline)

Commentaire

Haase (1965 : 167s.) note la grande vitalité des formes surcomposées avec les verbes intransitifs (*venir, partir* et autres) dans « l'ancienne langue » (notamment au XVIIe s. ; *cf.* dans le même sens Hanse 1991 : s.v. *passé antérieur*, p. 711).

Riegel et al. signalent une certaine vitalité des formes surcomposées « surtout depuis le XVIIe siècle », mais, contrairement à Foulet (1967 : 220) et à Hanse (1991 : s.v. *passé antérieur*, p. 711)[59], ils en relativisent l'importance dans la langue actuelle ; les formes surcomposées sont plus ou moins restreintes aux subordonnées temporelles introduites par *quand, après que* (Riegel et al. 2011 : 451, Rem.), remplaçant ainsi le passé antérieur qui est sorti de l'usage : de plus, on remarque une certaine restriction d'usage, puisqu'elles s'emploient essentiellement avec les semi-auxiliaires qui focalisent une certaine phase du procès, notamment avec *finir* (*cf.* Chevalier et al. 1964 : § 467, p. 331). À cause de leur connotation régionale et/ou populaire, les formes surcomposées sont stigmatisées en français hexagonal[60].

Selon certains auteurs, le développement du passé surcomposé est étroitement lié au recul du passé simple et du passé antérieur : « dans la mesure où *il a eu* s'étendait au détriment de *il eut*, à côté de *il eut aimé* apparut *il a eu aimé* » (Chevalier et al. 1964 : § 467, p. 331). Grevisse/Goosse s'opposent à cette hypothèse, en indiquant d'une part des raisons chronologiques (le passé surcomposé existe dès le XIIIe s.), d'autre part la coexistence des formes surcomposées avec le passé simple dans certains parlers régionaux jusqu'à nos jours (par ex. le wallon). Pour expliquer l'essor des temps surcomposés, Grevisse/Goosse mettent en avant la nécessité de marquer l'accompli par rapport aux temps composés (2008 : § 818 H, p. 1040) ; l'atout de la forme surcomposée réside donc avant tout dans sa valeur aspectuelle (*cf.* aussi Stéfanini 1970 : 292, Harris 1988 : 229–230).

En ce qui concerne la répartition géographique des formes surcomposées, les sources sont unanimes à situer les formes principalement dans le Sud de la France et en Suisse[61].

---

[58] En fait, l'infinitif passé peut être corrélé au futur, au présent ou à un temps du passé et c'est par cette corrélation qu'il est situé temporellement.

[59] Selon Foulet (1967 : 220), le passé surcomposé serait « fort employé » dans la langue actuelle. Hanse (1991 : s.v. *passé antérieur*, p. 711) note : « On lui [au passé antérieur] substitue souvent (en principale ou en subordonnée) le passé surcomposé (*j'ai eu fini*) quand il est en rapport avec un passé composé. L'usage est courant dans la langue parlée ; [...] ». Gadet (1992 : 56) souligne également la vitalité de la forme dans la subordonnée temporelle.

[60] *Cf.* Chevalier et al. (1964 : § 467, p. 331), Gadet (1992 : 56), Blanche-Benveniste (2010 : 14), Riegel et al. (2011 : 451, Rem.).

[61] *Cf.* Chevalier et al. (1964 : § 467, p. 331), Squartini (1998 : 204 ; 322, note 20), Blanche-Benveniste (2010 : 14), Riegel et al. (2011 : 451, Rem.).

Les périphrases verbales

Préliminaires

I	**Définition**
II	**Les périphrases aspecto-temporelles**
II.1	Le procès en cours de réalisation
II.1.1	*être après (de)/(à)*
II.1.2	*être à*
II.1.3	Les périphrases du type *être* + *en* + nom (*train, frais, fait*) + (*de*) + infinitif
II.2	L'expression de l'habituel et de l'aspect gnomique
II.2.1	La valeur secondaire des périphrases dites « duratives-progressives »
II.2.2	*coutume* et *habitude*
II.3	Le stade post-terminal
II.3.1	Le résultatif
II.3.2	Le passé récent
III	**Les semi-auxiliaires aspectuels**
III.1	*finir de faire* – un tour ambivalent
III.1.1	Le stade égressif
III.1.2	Le passé récent
III.2	Le stade ingressif/inchoatif
III.2.1	*prendre à*
III.2.2	*commencer à/(de)*
III.2.3	*(se) braquer à*
III.2.4	*partir à*
III.2.5	*se mettre à*
III.2.6	*STARTER à*
IV	**Les périphrases modales**
IV.1	*aller / être + pour*
IV.1.1	*aller pour*
IV.1.2	*être pour*
IV.2	*avoir à, avoir pour*
IV.3	*aller + pis* + forme verbale finie
IV.4	Autres constructions modales
IV.4.1	*pouvoir* et *connaître*
IV.4.2	*manquer (de), passer/venir proche de*
IV.4.3	*être supposé (de) / être censé (de)*
V	**Tableau récapitulatif**

Les périphrases verbales

Préliminaires

Dans les parlers étudiés, les périphrases verbales jouent un rôle central dans l'expression des catégories aspecto-temporelles et modales. Malgré leur nombre et leur importance dans le système aspecto-temporel, elles n'ont pas encore fait l'objet d'études synoptiques et comparatives détaillées[1].

Le présent chapitre vise à présenter les périphrases verbales courantes en FA/FTN/FL dans une perspective essentiellement mais pas exclusivement sémasiologique[2], tout en évoquant le cas échéant certains aspects diachroniques et diasystématiques concernant les périphrases les plus importantes. Ces éléments explicatifs ne sauraient en aucun cas remplacer des études plus approfondies sur le rôle des périphrases dans les parlers concernés et sur les processus de changement linguistique en cours dans ce domaine[3].

Les périphrases verbales constituent un exemple typique de l'expression des catégories grammaticales par des éléments prédéterminants et analytiques. Dans le système verbal, ce procédé n'est pas seulement transparent, il est aussi économique, le marqueur grammatical étant antéposé au verbe plein dont la forme reste invariable.

Quant à savoir s'il y a ou non influence de l'anglais dans l'usage de certaines périphrases, la question reste difficile à trancher. La vitalité et la fréquence des périphrases progressives par ex. pourraient s'expliquer en partie par la présence, sur le terrain, d'une *progressive form* anglaise entièrement grammaticalisée. D'autre part, il faut souligner que les périphrases verbales sont bien enracinées dans l'histoire du français[4]. Étant donné que les survivances et les innovations coexistent, le rôle de l'anglais est plutôt celui d'un catalyseur (Arrighi 2005 : 203), renforçant les facteurs intrasystémiques qui favorisent déjà l'expression périphrastique des catégories aspecto-temporelles.

---

1 Signalons dans ce contexte les premières études dans le domaine acadien, fournies par Wiesmath (2005) et Arrighi (2005 : 197ss.), ainsi que les réflexions théoriques sur les périphrases progressives en FA/FL, développées par Pusch (2005).
2 On trouvera en fin de chapitre un résumé présenté sous la forme d'un tableau récapitulatif onomasiologique.
3 Les périphrases verbales sont particulièrement intéressantes pour la genèse des marques aspecto-temporelles dans les langues créoles, *cf.* par ex. Chaudenson et al. (1993 : 95–97), Bollée/Neumann-Holzschuh (1998), Chaudenson (2003 : 339s., 344–349), Wiesmath (2005).
4 Le français, comme toutes les langues romanes, recourt à une « stratégie verbale » pour exprimer l'aspectualité, la temporalité et la modalité (*cf.* Lehmann 1990 : 177). Il ressort d'un volume dirigé par Shyldkrot/Le Querler (éds., 2005) que le français de France est très riche en périphrases verbales modales et aspecto-temporelles et qu'il semble même s'en former de nouvelles. L'absence dans la langue actuelle de tours médiévaux présents outre-Atlantique ne signifie donc pas que l'expression des catégories verbales par les périphrases y joue un moindre rôle que dans les autres variétés du français.

I Définition

Une périphrase verbale se compose de deux verbes $v_1 + v_2$ éventuellement reliés par une préposition ou une locution prépositionnelle (Gougenheim 1929 : I)[5]. Le sens de v_1 est plus ou moins réduit à une information purement grammaticale ; modifiant v_2 de manière aspectuelle, temporelle ou modale, il porte les marques grammaticales, tandis que v_2 – verbe de sens plein (Riegel et al. 2011 : 451) – apparaît sous une forme dite *nominale* du verbe (Gougenheim 1929 : I), c.-à-d. généralement à l'infinitif ou, rarement, au participe (présent[6] ou passé) (pour l'hypothèse de l'existence d'une périphrase paratactique, *cf.* ci-dessous IV.3.).

Or, sous des structures identiques ($v_1 + (préposition) + v_2$), se cachent des degrés de grammaticalisation différents selon le degré d'auxiliarisation de v_1 et de fusion de la structure. En cas de grammaticalisation avancée, la périphrase n'est interprétable qu'en prenant en compte la structure entière qui, au niveau du texte, prend un sens dépassant celui des éléments singuliers qui la composent (*cf.* Gougenheim 1929 : I, Werner 1980). D'autres configurations du type $v_1 + v_2$, en revanche, se composent d'éléments plus faiblement reliés, dont chacun conserve plus ou moins son sémantisme à l'intérieur de la structure : en position v_1, on trouve alors un verbe modal (*devoir, pouvoir, savoir, vouloir, oser, sembler, paraître*) ou bien un semi-auxiliaire aspectuel qui, à l'instar des périphrases aspectuelles, sert à saisir différents stades d'un procès (*commencer à*, etc.). Bien que n'obéissant pas à la définition stricte d'une périphrase verbale, ces dernières structures seront inclues dans le présent chapitre dès lors qu'elles ont une fonction très proche de celle des périphrases verbales au sens strict (*cf.* aussi Riegel et al. 2011 : 451ss.). La notion de verbe *auxiliaire* et, par la suite, celle de *périphrasticité* constituent donc un phénomène scalaire, ou du moins graduel[7].

Il est important de distinguer le terme d'*aspect verbal* de celui de *mode d'action* (*cf.* par ex. Quesada 1994). L'aspect verbal est une catégorie morphosyntaxique, le terme de *mode d'action*, par contre, se réfère aux qualités sémantiques inhérentes au verbe (et à ses actants, *cf. il mange des pommes*, aterminatif, *vs. il mange trois pommes*, terminatif). La prise en compte du mode d'action dans l'analyse (verbes ayant les qualités [±statique], [±terminatif], [±ponctuel]) constitue un élément important pour évaluer le degré de grammaticalisation d'une périphrase et pour comprendre les modifications d'interprétation en fonction du verbe placé en position v_2[8].

---

[5] Pour une définition *cf.* aussi Werner (1980), Pusch/Wesch (2003), Riegel et al. (2011 : 451ss.).
[6] Les périphrases avec participe présent en position v_2 – notamment le tour médiéval *être* + verbe *-ant* – ne jouent aucun rôle dans les parlers concernés (*cf.* aussi Pusch 2005 : 160s.).
[7] *Cf.* Squartini (1998 : 19s.), Pusch/Wesch (2003 : 4). *Cf.* aussi la discussion dans Leeman (2005 : 373s.), qui plaide pour une ouverture de la définition de verbe *auxiliaire*, puisqu'il faut, selon elle, « admettre que l'auxiliaire ou le semi-auxiliaire sont des aspects parmi d'autres de la polysémie du verbe en discours, dont il reste à expliquer pourquoi ils concernent tels verbes et non tels autres, et pourquoi ils connaissent telles propriétés et non telles autres, en relation avec leur identité fondamentale en langue ».
[8] Pour l'étude de l'interaction entre aspect grammatical et mode d'action en français de France moderne, *cf.* Mitko (2000).

II Les périphrases aspecto-temporelles

Les périphrases verbales aspecto-temporelles saisissent
- le stade antérieur au début du procès (« stade imminentiel » ou « prospectif », *être sur le point de* en FS)
- le début (« stade ingressif » ou « inchoatif »)
- le déroulement (« aspect progressif » ou « duratif »)
- le stade « égressif » ou « terminal », précédant immédiatement la fin du procès
- le « stade post-terminal », immédiatement après le stade final

Certaines périphrases permettent aussi une perspective habituelle ou omni-temporelle (« gnomique »).

II.1 Le procès en cours de réalisation

Ce paragraphe sera centré sur les périphrases dont le rôle principal consiste à présenter un procès en cours de réalisation ; on les qualifie généralement de « progressives » ou de « duratives »[9].
- *être après (de) / (à)* + infinitif
- *être à* + infinitif
- *être en train de, être enfrais de, être en fait de* + infinitif

Toutes les périphrases indiquées ci-dessus sont aptes à exprimer une progressivité focalisée aussi bien qu'une progressivité durative[10] ; dans le premier cas de figure, le procès est vu dans son déroulement au moment même de la référence. Ces cas sont pourtant relativement rares en comparaison avec les cas de progressivité durative, où il y a référence à un procès qui, dans toute une période perçue comme parallèle au point de référence, se déroule de temps à autre, pas nécessairement en continu (*cf.* Pusch 2005 : 164). Les deux valeurs partagent le caractère inachevé du procès ou de l'action focalisés. De plus, certaines de ces périphrases ont des valeurs secondaires : elles expriment l'itérativité, l'habituel ou servent même à marquer des événements (récemment) passés (*cf.* ci-dessous).

Au passé et dans les contextes habituels, la configuration dite « schéma d'incidence » (Pollak 1960, Pusch 2005 : 163) a une grande importance : la forme progressive présente une action en déroulement qui est interrompue par une nouvelle action.

Il est important de souligner que tant qu'il existe un choix entre forme simple et forme périphrastique[11], le recours à la périphrase est toujours un choix conscient, impliquant un

---

9 Il faut cependant noter que le déroulement n'implique pas nécessairement la progression ; en FS, par ex., *être en train de* dénote le déroulement (*je suis en train d'écrire une lettre*), alors que *aller (en)* + participe présent marque la progression graduelle (*la crise va (en) augmentant*).
10 La terminologie de Bertinetto (1995 ; 2000) est reprise par Pusch (2005 : 164).
11 En FA/FTN, il semble y avoir encore le choix entre forme simple et forme périphrastique, tandis qu'en FL, la forme périphrastique est aujourd'hui obligatoire pour marquer un procès en cours de réalisation (*cf.* ci-dessous).

message additionnel adressé à l'interlocuteur. Ceci est très net en dehors du domaine strict de l'expression d'une action en cours, quand valeur aspectuelle et valeur modale coexistent. La note modale est surtout présente dans les périphrases aspectuelles remontant à des tours originellement modaux (*cf. être en train de*[12]).

Toutes les périphrases dites « progressives » – parmi lesquelles *être en train de faire* du FS –, partagent les spécificités suivantes :
- Elles apparaissent seulement au présent et à l'imparfait.
- Le verbe auxiliaire *être* en position v_1 est supprimé dans certaines conditions, ce qui témoigne d'un degré de cohésion plutôt faible de l'ensemble de la structure[13]. *Être* peut tomber dans les cas suivants :
    - En présence d'expressions dénotant une localisation dans l'espace ; dans ces contextes, le tour « préposition + infinitif » est attribut du sujet.

    • I était assis dans le banc après écouter la messe pis i a tombé mort. (NÉ – Hennemann, ILM, EL)
    • On était pas à la rue après attendre l'autobus. (NÉ – Hennemann, ILM, EL)
    • I étaient dehors dans le coin après fumer. (NÉ – Hennemann, ILM, EL)

    • [le linge] là il est pendu après sécher (LOU – DLF 2010 : s.v. *après*[3], p. 34)
    • eusse était dans le *truck* après me courser (LOU – *Découverte*, Pointe-aux-Chênes, Terrebonne)

    - après les verbes de perception (*sentir, entendre, voir, regarder*), après *découvrir, surprendre* et *rencontrer* et après l'expression *il y a*. Dans ces contextes, le tour « préposition + infinitif » est attribut de l'objet.

    • il y a deux femmes après hooker des mats (NÉ – Hennemann, ILM, oral 36)

    • Tu le voyais apé s'en venir en travers de la savane. (LOU – DLF 2010 : s.v. *venir*, p. 645, SL)

    En dehors de ces cas, *être* peut aussi être omis dans les variétés étudiées ici, et notamment en FL (*cf.* ci-dessous II.1.1.).
- L'auxiliaire *être* peut être séparé du reste de la périphrase par des adverbes ou des locutions adverbiales et des pronoms indéfinis :

    • Pis là quand j'ai vu qu'i étiont touT sus la place après danser, j'ai été dans le tembours pis j'ai sorti. (NÉ – Hennemann, ILM, EL)

    • Et il était juste après étudier (LOU – *Découverte*, Isle Jean Charles, Terrebonne)
    • ma femme est toujours après souffert (LOU – *Découverte*, Châtaignier, Évangéline)[14]

Commentaire
Sur la base d'une analyse de quatre corpus, Pusch (2005 : 162) a calculé une moyenne d'occurrence de formes progressives tous les mille mots[15]. Les taux du français de France et du NB sont presque identiques ; mais sous

---

12 Pour une analyse détaillée des valeurs de la périphrase *être en train de*, *cf.* Mitko (1999), Lachaux (2005).
13 Dans ce contexte, il serait intéressant d'établir des parallèles avec le participe présent (verbe + -*ing*) en anglais.
14 Pour la forme verbale *souffert*, *cf.* le chap. « Formes verbales remarquables » s.v. *ouvrir/ouverre*.
15 Ces corpus sont : le corpus québécois de l'Estrie, le corpus de Wiesmath établi dans le Sud-Est du NB (2006), et deux corpus louisianais (corpus *Découverte* et corpus Stäbler 1995). Sous toutes réserves, vu l'échantillon relativement limité mais néanmoins représentatif, il indique les taux suivants : sur 1000 mots, on trouve une moyenne de 0,13 formes progressives dans le corpus de l'Estrie (QUÉ), de 0,22 dans le corpus de Wiesmath (NB)

ce chiffre se cache une différence importante : en France, c'est la forme *être en train de* qui est pratiquement la seule forme employée (54 occurrences d'*être en train de* contre une occurrence d'*être à*) ; dans le corpus néo-brunswickois de Wiesmath, par contre, les périphrases *être en train de* et *être après* coexistent avec un taux presque égal, mais inégalement réparties selon les registres. *Être en train de* apparaît dans les contextes plus formels, alors qu'*être après* apparaît dans les situations moins formelles (*cf.* aussi Pusch 2005 : 165). En FL, où le taux d'occurrence des périphrases dépasse de beaucoup celui relevé dans les autres parlers concernés, c'est la périphrase *être après* qui domine largement (125 occurrences d'*être après* contre 3 occurrences d'*être en train de* dans l'ensemble des deux corpus dépouillés par Pusch) (Pusch 2005 : 162).

II.1.1 *être après (de)/(à)*

Être après (de)/(à) faire est la périphrase la plus courante pour exprimer un procès en cours, aussi bien dans l'Acadie des Maritimes (pas à TN !) qu'en LOU.

▶ *être après (de) / (à)* – valeur progressive / durative

Quant à la répartition géographique de la périphrase *être après* + infinitif, on peut faire les observations suivantes :

- Cette périphrase est très vivante en NÉ sous la forme *être après faire* (corpus Hennemann 2014, BSM, PUB, ILM) et *être après de faire* (corpus Fritzenkötter 2015, BSM), le v_1 n'étant que rarement supprimé. *Être après faire* coexiste avec d'autres périphrases de sens assez proche : *être en train de*, et de rares occurrences de *être enfrais de* et *être en fait de faire*.
- Elle est très bien établie au NB, où elle apparaît de préférence sous la forme *être après de faire* ; elle y coexiste avec le tour standard *être en train de*[16].
- Aux Îles-de-la-Madeleine, on note la coexistence des tours *être après faire*, *être après à faire* et *être en train de faire* (*cf.* Falkert 2010, corpus).
- La périphrase n'est pas attestée dans le *Dictionnaire des régionalismes franco-terreneuviens* de Brasseur (2001).
- Très vivante en LOU, elle apparaît dans diverses variantes morpho-phonologiques, ce qui ne ressort pas toujours des sources, puisqu'elles normalisent largement la graphie :
  - Suppression fréquente du verbe *être*, notamment – mais pas exclusivement – au présent (Golembeski/Rottet 2004 : 140) en dehors des cas présentés en II.1. ci-dessus :
    - oh ça va être un gros noce . un de mes petits nièces après se marier (LOU – Stäbler 1995 : 180, corpus)
    - mais je lui dis comme ça, « vous-autres après mettre du trouble entre moi et mon mari [...] » (LOU – *Découverte*, Mamou, Évangéline)
    - Le monde ici après apprendre à donner des *claps* à les joueurs de musique. (LOU – *Découverte*, Mamou, Évangéline)
    - *Man*, tous les affaires après venir assez aisés, on avait pas ça dans ce temps-là (LOU – *Découverte*, Pointe-aux-Chênes, Terrebonne)
    - On après te tiendre icitte ? (LOU – DLF 2010 : s.v. *tenir*, p. 610, LF) (« Are we keeping you ? »)
    - Quand mon a été élevé, eux-autres apé assayer de se défaire du français. (LOU – Rottet 2001 : 118, loc. âgé)

---

et de 1,04 dans l'ensemble des deux corpus louisianais ; dans le seul corpus de Stäbler, le score atteint 1,16. Le dépouillement du corpus du Crédif pour le français de France, donne un taux de 0,20 occurrences pour 1000 mots (Pusch 2005 : 162).
16 *Cf*. Pusch (2005 : 161), Wiesmath (2005 : 150), Arrighi (2005 : 198s.).

- Apocope de *étais/était* en *ét'* à l'imparfait[17] :
  - [je] voulais pas le monde save j'ét'après cuire des NUTRIA (LOU – Stäbler 1995 : 240, corpus)
  - on <était après > [etapre] / en train la ramasser .. ils ont rouvert le marché . paou . mais là tout le monde était content (LOU – Stäbler 1995 : 200s., corpus)

Parfois, à l'imparfait, *être* est réduit à la consonne *t* :
- 't'après [= j'étais après] voir un article (LOU – Stäbler 1995 : 206, corpus)
- on t'après faire ça, on t'après jouer une fois à Nouveau-Brunswick (LOU – Klinger, com. pers., St. Landry)

- Aphérèse de la préposition *après* ('*près*) :
  - éoù y a pas de bêtes-là les arbres sont 'près/'près prendre le dessus (Stäbler 1995 : 55, corpus)
  - et aujourd'hui ils sont 'près demander des dix et quinze et vingt mille piastres l'acre (Stäbler 1995 : 203, corpus)

- Simplification de la préposition par la réduction du nœud consonantique *-pr-* à *p* (*apé*) :
  - Asteur j'sus apé travailler avec mes petits enfants (LOU – Rottet 2001 : 130, loc. âgé)
  - Le français apé s'en aller, j'ai peur de ça. (LOU – Rottet 2001 : 119, loc. âgé)

- Alternance entre *après/apé* au singulier et *ontprès* au pluriel chez certains locuteurs, forme créée sans doute par analogie (*a – ont*) (Golembeski/Rottet 2004 : 140).
  - Chaud comme il fait, ils *ontpé* pondre des œufs. Et si que le monde les chasse, ils *ontpé* tuer les pitits. (LOU – Golembeski/Rottet 2004 : 140, TB)

- Présence – tout à fait exceptionnelle – d'une deuxième préposition devant l'infinitif (Pusch 2005 : 161)[18] :
  - la dame, elle, elle est après boire des pilules, elle est après là... boire du whiskey, elle est après de fumer, elle est après faire toutes sortes de xxx (LOU – *Découverte*, Mamou, Évangéline)

Les changements morpho-phonologiques constituent l'indicateur fiable d'un degré avancé de grammaticalisation : la forme, devenue opaque, subit l'érosion phonétique. Soulignons qu'*être après* compte, en FL, parmi les périphrases « fortement paradigmatisé[e]s » et « quasi obligatoires » pour l'expression d'un procès en cours (Bollée/Neumann-Holzschuh 1998 : 198)[19].

---

17 Dans les parlers concernés, la forme *était* est très souvent tronquée en *tait*, mais ce phénomène n'est pas restreint au contexte qui nous intéresse ici, *cf.* les chap. « Les temps du passé », II.1.1.
18 Il s'agit du seul exemple relevé dans le corpus *Découverte* où une seconde préposition soit présente.
19 Les restructurations qu'a subies cette périphrase en FL font ressortir les rapports historiques entre les français régionaux d'outre-mer et les créoles à base française (cf. Bollée/Neumann-Holzschuh 1998 : 190ss.) ; pour *ape*, *cf.* Chaudenson (2003 : 344s.).

Ainsi, Rottet (2011 : 315 note 14, p. 320 note 17) signale qu'au passé, l'aspect progressif ne s'exprime pas par l'imparfait en FL mais uniquement par la périphrase *être après faire*[20].

Présent
- EL : Pis quoi-ce qu'i est après faire ? CL : I est après arracher des fleurs [...] (NÉ – Hennemann, ILM, EL et CL)
- on est après de parler à propos de rioN (NÉ – Fritzenkötter 2015 : 137, BSM)
- pis là i est après de mettre son aiguille dans son moulin (NB – Wiesmath 13, H : 254) [Présentation de photos ; sur la photo, un cordonnier est en train de mettre l'aiguille dans la machine à coudre.]
- j'ai dit je suis après de fouiller mon poche pis je trouve rien (NB – Arrighi 2005 : 198, Suzanne L. NB 18 : 680)
- je suis après me motiver pis j'aimerais de voyager maintenant (NB – Arrighi 2005 : 198, Angèle NB 13 : 260–261)
- Je suis après chercher le savon. Je m'en avais servi pour me laver les mains tout à l'heure. (LOU – DLF 2010 : s.v. *être*, p. 266)
- là il est après faire de la charpente (LOU – Stäbler 1995 : 156, corpus)
- Et asteur eusse est après assayer de ramener ça back, mais c'est trop tard. (LOU – Rottet 2001 : 119, loc. âgée)

Imparfait
- Je / I WAS THINKING ABOUT IT. J'étais après penser ça. (NÉ – Hennemann, ILM, EL)
- i était après manger pis i a échappé un de ses SANDWICH (NB – Wiesmath 8, Q : 124)
- Jeanne itou a tait pas après de rire [...] (NB – Arrighi 2005 : 198, Suzanne L. NB 18 : 643–644)
- F. pis L. qu'était après à y parler (IdlM – Falkert 2010, corpus : 233, p. 72, CD-ROM)
- on était après à s'amuser ensemble là (IdlM – Falkert 2010, corpus : 54, p. 281, CD-ROM)
- je marchais dehors, j'étais après rêver (LOU – Stäbler 1995 : 7, corpus)
- les RADIO étaient juste après/ après sortir dans ces temps-là (LOU – Stäbler 1995 : 6, corpus)
- le coton était après rouvert faulait quelqu'un ramasse le coton (LOU – Stäbler 1995 : 214s., corpus)[21]
- Mon et N. était après parler français aujourd'hui, et eusse voulait savoir qui nous-autres était après parler (LOU – Rottet 2001 : 126, semi-locutrice)

Imparfait et présent
- Et moi et l'autre capitaine de l'autre bateau on parlait juste français entre nous-autres. Et ça fait qu'il croyait qu'on était après parler après lui. Et je dis « On est pas après parler toi là », je dis, « Je suis pas un homme de dire à ta figure en anglais, eh ben aie pas peur on va pas parler après toi en arrière de ton dos, parce qu'on a pas été élevé comme ça. » (LOU – *Découverte*, Pointe-aux-Chênes, Terrebonne)

Omission d'*être*
- Ben, al_après prendre son THERAPY pis [...] ce que j'ai compris. Donna a m'nu la semaine passée y chercher du butin. (NÉ – Hennemann, ILM, AF)
- Alle après cuire asteur-là. (LOU – DLF 2010 : s.v. *là*, p. 358, JE)
- MACDONALD après bâtir une bâtisse là-là (LOU – Stäbler 1995 : 217s., corpus)
- Ç'après menir plus en plus que les jeunes peut pas dire français asteur (LOU – Rottet 2001 : 125, loc. âgée)

---

20 Selon Conwell/Juilland (1963 : 155), cet usage affaiblit le sens « duratif » de l'imparfait, celui-ci devenant synonyme du passé composé, de sorte qu'il y a des remplacements de ces deux temps dans un sens comme dans l'autre (*cf.* le chap. « Les temps du passé », II.2.2.).
21 Pour la forme *rouvert*, *cf.* le chap. « Formes verbales remarquables », s.v. *ouvrir/ouverre*.

- Ina plein du monde asteur-là, asteur eusse connaît qui eusse après faire, et 'na plein du monde eusse est après apprendre pour eusse-mêmes (LOU – Rottet 2001 : 122, locuteur jeune)
- Le français apé s'en aller, j'ai peur de ça. (LOU – Rottet 2001 : 119, loc. âgé)
- Quand mon a été élevé, eux-autres apé assayer de se défaire du français. (LOU – Rottet 2001 : 118, loc. âgé)

Signalons en outre qu'en FL, la périphrase peut apparaître avec un verbe statique en position v_2, ce qui signifie que la périphrase n'exprime pas seulement un procès en cours, mais peut aussi se référer à des états existant au moment de référence :
- Ta culotte est après pendre si bas que je te vois le tchu. (LOU – DLF 2010 : s.v. *être*^{2}, p. 266, VM)
- La viande est tout après attirailler les mouches. (LOU – DLF 2010 : s.v. *être*^{2}, p. 266, TB)

▶ *Être après* – valeur imminentielle et prospective (« être sur le point de »)

Avec les verbes duratifs-terminatifs, la périphrase *être après faire* saisit les instants qui précèdent le point d'achèvement indiqué dans le verbe[22]. Cet usage semble surtout répandu en FL[23]. Une note modale d'intentionnalité est souvent perceptible, si le sujet est un référent humain et que l'action verbale admet l'idée d'un acte volontaire.
- i sont après de vendre parce que c'est trop cher [...] i sont après de vendre parce que ça coûte trop cher (NB – Arrighi 2005 : 198, Zélia NB 17 : 607–609)
- là t'as pus rien faut que tu paies pour tout' [Enquêtrice : hm] fait qu'on est après tout perdre (IdlM – Falkert 2010, corpus : 68, p.21, CD-ROM)
- c'est que le GAMEWARDEN a menu nous rejoindre dans le clos (rires). et euh . on s'avait levé on ét'après/ on ét/ après s'en menir (se racle la gorge) et ils vouliont . on arrête pour nous fouiller (LOU – Stäbler 1995 : 36, corpus)

Parfois, la périphrase est même équivalente à un futur proche (*cf.* Wiesmath 2005 : 146, Pusch 2005 : 166).
- oh ça va être un gros noce, un de mes petits nièces après se marier (LOU – Stäbler 1995 : 180, corpus) (L'emploi de la périphrase pourrait s'expliquer par le fait que les préparatifs du mariage sont déjà en cours.)

▶ *Être après* – valeur de passé récent et de « present perfect progressive »

À en juger par les exemples, la périphrase *être après faire*, mise à l'imparfait, peut aussi se référer à des événements uniques qui ont eu lieu dans un passé récent (*cf.* Pusch 2005 : 167) :
- EL : Ça fait quoi-ce que t'as fait aujourd'hui ? [...] CL : Pas grand-chose, j'tais après mettre les / le GARBAGE dehors pour demain. (NÉ – Hennemann, ILM, CL) (L'action est achevée au moment de la conversation.)
- J'étais après y dire l'autre soir, tu souviens-tu quand j'avions des carreaux de fils. (NÉ – Hennemann, ILM, EL)
- icitte j'étais après me faire une pompe là (NB – Wiesmath 3, D : 201) (*cf.* aussi Pusch 2005 : 167) (La pompe est achevée.)

---

22 *Cf.* Bollée/Neumann-Holzschuh (1998 : 193), Wiesmath (2005 : 146), Pusch (2005 : 166).
23 Le constat de Wiesmath (2005 : 149) selon qui *être après faire* ne sert pas à signaler le début d'un procès dans le parler néo-brunswickois ne peut être confirmé ici.

- Moi j'étais après prendre des tests la semaine passée, pour supposé j'avais des trous dans mes tripes, le docteur m'avait dit ça. (LOU – DLF 2010 : s.v. *avoir*², p. 52, LF)[24] (« I was taking tests last week, supposedly I had holes in my intestines, the doctor had told me that. »)
- 't'après [j'étais après] voir un article sur la gazette-là les différentes parties de l'Amérique . ayoù la chambre la plus chère (LOU – Stäbler 1995 : 206, corpus ; *cf.* Pusch 2005 : 167) (La lecture s'est déroulée à un moment du passé non précisé.)
- il y avait un *sign*, j'étais après penser à ça l'autre jour (LOU – *Découverte*, Isle Jean Charles, Terrebonne)

Certains cas sont apparemment équivalents au *present perfect progressive* de l'anglais : *être après faire* y marque une action qui a commencé à un moment précis du passé pour s'étendre jusqu'au moment de référence. Il s'agit en l'occurrence d'une innovation qui s'explique sans doute par un processus de copiage de la forme anglaise[25] (*cf.* aussi, pour le FL, DLF 2010 : s.v. *après*³, p. 34).

- juste asteure là après midi là j'ai travaillé un petit peu dehors ben là j'étais a/ après de faire du tissage (NB – Wiesmath 6, L : 297) (Lorsque l'intervieweur est venu interrompre cette activité.)
- J'ai commencé à aller aux *trawls* dans 1941. Ça fait qu'il y a longtemps que je suis après jouer avec ce maillage. (LOU – DLF 2010 : *après*³, p. 34, TB) (« So I've been playing with that mesh for a long time. »)

Commentaire

La périphrase *être après faire* pour exprimer l'aspect « duratif » (Gougenheim 1929 : 56) remonte à la seconde moitié du XVIe s. et est attestée « dans les écrits en prose de caractère familier » au XVIIe s. (Wiesmath 2005 : 146, note 1, Arrighi 2005 : 199). Selon Vaugelas, *être après faire* « dénote "une action présente et continüe" », mais la valeur imminentielle existe également à l'époque ; le tour est attesté au XVIIe s. avec ou sans préposition supplémentaire (*être après de/(à) faire*) (*cf.* Wiesmath 2005 : 146). Il est condamné par les grammairiens du XVIIe s. et passe pour vieilli au XXe s. (Arrighi 2005 : 199).

Pour ce qui est de l'usage contemporain, le tour *être après faire* n'est pas signalé dans *Le Petit Robert* (2013), mais il est relevé par Hanse sous les formes *être après à faire qqch.* (« être occupé à »), « admis par l'Académie » mais « vieilli », et *être après faire qqch.* qu'il considère comme « nettement régional » (Hanse 1991 : s.v. *après*, p. 87). Grevisse/Goosse (2008 : § 821, R1, p. 1046) remarquent que le tour *être après faire* sans préposition est selon certaines sources à localiser « dans le Berry, la Franche-Comté, la région franco-provençale [...], en Auvergne et au Québec » (*cf.* aussi Arrighi 2005 : 199, Squartini 1998 : 122). Gadet (1992 : 57) confirme l'existence de la périphrase pour le parler populaire et régional.

Les périphrases vivantes sont, selon Hanse (1991 : s.v. *après*, p. 87), *être à* et *être en train de faire*.

Être après faire survit également dans les variétés laurentiennes du français[26]. Les exemples fournis par Pusch (2005 : 164) suggèrent pour le FQ la restriction de l'emploi de *être après faire* à l'expression de la progressivité focalisée et durative.

---

24 Pour *supposé*, *cf.* ci-dessous, IV.4.3.
25 Pour la terminologie, *cf.* Johanson (2002).
26 Pour le FQ : GPFC (s.v. *après*), Léard (1995 : 206), pour l'Île-aux-Coudres : Seutin (1975 : 292, 343) ; pour le Missouri : Thogmartin (1970 : 54, 1979 : 115). Pour le franco-manitobain, Hallion (2000 : 372s.) relève les tours *être en train de faire*, *être à faire*, *être après faire* et *être après à faire* pour exprimer « l'aspect duratif » ainsi que les tournures *être rendu à* et *se trouver à faire* de même sens. Pour les variétés laurentiennes de l'Ouest, *cf.* aussi Papen (2006 : 162).

II.1.2 *être à*

La périphrase aspectuelle *être à faire* est rare dans les corpus consultés[27]. Attesté dans la paroisse de Vermilion par Brandon (1955 : 488), ce tour semble avoir disparu du FL moderne (*cf.* aussi l'absence de la périphrase dans le DLF 2010). Contrairement aux autres régions, la périphrase semble jouer un rôle non négligeable à TN (*cf.* Brasseur 2001 : s.v. *à*, p.2 ; mais *cf.* aussi « Commentaire ») ; rappelons que cette variété ne connaît pas la périphrase *être après faire* (*cf.* aussi Wiesmath 2005 : 151).

En tant que périphrase progressive, *être à faire* apparaît à l'imparfait et au présent. La position v_2 est occupée par un verbe aterminatif et duratif.

- [elle] a dit mon homme est à travailler au bois (NB – Arrighi 2005 : 198, Odule NB 21 : 211)
- Tu ois des petits ègneaux le printemps se mettre à jouer là, pis sauter en l'air et courir ; i fringont. Ben ça va pour le monde aussi, la jeunesse... i sont à fringuer. (TN – Brasseur 2001 : s.v. *fringuer*, p. 212)
- Oui, mais le temps qu'a tait à se baigner, y a ène grosse bête poilouse qu'a sorti, [...] (TN – Brasseur 2001 : s.v. *poiloux*, p. 360)
- la fille était à s'préparer (LOU – Brandon 1955 : 488)

Signalons que la structure du type *être* + *à* + infinitif ne constitue généralement pas une périphrase progressive au sens strict. Dans la plupart des cas, *être* garde son sens plein de verbe locatif et l'infinitif introduit par *à* apparaît après un indicateur locatif (type : *je suis/reste/me trouve là à attendre*) :

- l'auto était là à m'attendre là (IdlM – Falkert 2010, corpus : 293, p. 412, CD-ROM)
- i avaent pas entendu les enfants ce tat dehors à courir (IdlM – Falkert 2010, corpus : 106, p. 284, CD-ROM)
- Les Basques tiont ici à pêcher ben peut-être avant que ... avant que l'Angleterre a découvri Terre-Neuve. (TN – Brasseur 2001 : s.v. *à*, p. 2)
- Avant ça y avait les Canadiens, i tiont à Terre-Neuve à faire santier à leu compte, faulait couper les pitounes. (TN – Brasseur 2001 : s.v. *pitounes*, p. 353)

De là au sens progressif, il n'y a pourtant qu'un pas, surtout dans les cas où *être* n'est pas accompagné d'un indicateur locatif.

Le participe *été* est généralement équivalent à *allé*. Cet emploi est également courant en FS et dans d'autres variétés du français nord-américain[28]. En FS, l'infinitif suit directement le verbe *être* dans cette fonction. En FA, l'infinitif peut être introduit par la préposition *à*.

- ce petit gars ici, il avait été à chercher deux ou trois pelletées de neige pis i-l-avait mis ça par-dessus. (NÉ – Hennemann, ILM, MS)
- pis l a été à passer le château . tout d'un coup il a rouvri une porte de chambre à lit (NÉ – Arrighi 2005 : 198, Marcelin NÉ 2 : 226–227)
- j'ai été passer mes fêtes avec mes enfants (IdlM – Falkert 2010, corpus : 197, p. 70, CD-ROM)

---

[27] Le constat est confirmé par Pusch (2005 : 161) en référence aux quatre corpus qu'il a dépouillés (*cf.* ci-dessus note 15) et par Arrighi (2005 : 198) en référence à son corpus panacadien, où le tour s'observe seulement « chez les plus vieux informateurs ».

[28] *Cf.* aussi par ex. FEW (3, 246a) et les chap. « Les verbes auxiliaires *avoir* et *être* » I.3., « Les temps du passé », III.1. – *Cf.* de même dans le parler de Missouri : « L'bouki a été s'cacher dans l'bois » (Carrière 1937 : 24).

- je me rappelle du ( ) deux gros rechauds au charbon y a mis sur (le) char-là il a été chercher (LOU – Stäbler 1995 : 70, corpus)
- T. a été chercher du whiskey et il est venu me l'amener (LOU – *Découverte*, Mamou, Évangéline)
- on a été jouer tout tout partout dans la France (LOU – *Découverte*, Marksville, Avoyelles)

Commentaire
L'origine de la périphrase *être à faire* réside dans l'emploi substantivé de l'infinitif[29] ; le tour apparaît sans article à partir du XVe s. (Wiesmath 2005 : 151), époque où *être à faire* gagne une certaine importance (Werner 1980 : 319) pour ensuite supplanter, au cours du XVIe s., la périphrase *être* + participe présent (*cf.* Werner 1980 : 387). Mais à l'époque du moyen français, la périphrase n'atteindra jamais la popularité que connaissent les autres périphrases progressives. C'est le siècle classique qui l'emploiera régulièrement pour marquer une action « en voie d'accomplissement » (Brunot/Bruneau 1949 : 389), alors que les périphrases *être* + participe présent et *(s'en) aller + -ant* sont bannies de l'usage (*cf.* ci-dessus note 6). À en juger par les témoignages du XIXe s., *être à faire* est alors de moins en moins accepté en tant que périphrase progressive ; de fait, c'est de cette période que date l'essor de *être en train de* comme marqueur aspectuel (Squartini 1998 : 124s. ; 127).

En tant que périphrase progressive, *être à faire* existe encore aujourd'hui (*cf.* par ex. Hanse 1991 : s.v. *être*, p. 398, Grevisse/Goosse 2008 : § 821 d, p. 1045), mais le tour n'est pas courant (Brasseur 2001 : s.v. *à*, p. 2) et, selon certains, il passe pour « littéraire » (Brunot/Bruneau 1949 : 389), alors que d'autres le qualifient au contraire de populaire ou régional (Gadet 1992 : 57). Il est parfois difficile de faire le partage entre l'acception locative du verbe *être* (*être à son travail*) et la valeur aspectuelle (*être à travailler*)[30].

II.1.3 Les périphrases du type *être* + *en* + nom (*train, frais, fait*) + (*de*) + infinitif

Les périphrases analysées dans ce paragraphe sont issues de tours modaux qui exprimaient à l'origine une volonté, une intention ou une disposition du sujet à faire quelque chose.

▶ *être en train de*

La périphrase *être en train de faire* est attestée dans toutes les régions, mais avec une fréquence très inégale. En ce qui concerne les parlers acadiens, il semble que la périphrase, au sens progressif, soit un emprunt récent au FS. Quant au FL, *être en train de* ne semble pas établi pour traduire l'aspect progressif ; le tour apparaît pour saisir le stade imminentiel, généralement avec une valeur modale.

Il convient donc de distinguer selon les régions :
– En NÉ, la périphrase *être après (de)* est la forme vernaculaire et la forme préférée dans le parler traditionnel. Dans le corpus de Hennemann (2014), *être en train de* est surtout relevé chez les locuteurs les plus standardisants. Dans le corpus de Fritzenkötter (2015 : 137), basé sur des interviews effectuées auprès d'adolescents de la Baie Sainte-Marie et de Pubnico, *être en train de* est pourtant la forme privilégiée par rapport à *être après de faire* et *être en fait de faire*, de même sens. On pourrait penser ici à une influence du standard à travers l'école. Cette remarque vaut également pour la situation au NB (voir ce qui suit).

---

29 *Cf.* « Il estoit ung jour au disner. » (Gougenheim 1929 : 50) ; Wiesmath (2005 : 151) ; *cf.* aussi Squartini (1998 : 122).

30 Pour le FS, signalons deux autres emplois du tour *être à faire* : la construction passive (*il est à signaler que*) et la périphrase modale, où *être* a la valeur d'un semi-auxiliaire : *les choses qui sont à venir*.

- Au NB, la périphrase *être en train de faire* coexiste avec la périphrase traditionnelle[31], mais il semble y avoir une nette différenciation de style, *être en train de* relevant du registre formel et étant choisi dans les situations de distance communicative (*cf.* Pusch 2005 : 165, Arrighi 2005 : 198) ; Arrighi (2005 : 198) note aussi qu'outre les locuteurs standardisants, ce sont les locuteurs jeunes qui y recourent, ce qui renforce l'hypothèse d'un emprunt récent au standard (Wiesmath 2005 : 150). Du point de vue formel, retenons que la préposition *de* est parfois remplacée par *à* : *être en train à*.
- Le tour *être en train de faire* coexiste avec *être à faire* à TN.
- En LOU, *être en train de* est très rare (Conwell/Juilland 1963 : 215, Pusch 2005 : 162). Quant à la forme, signalons des cas d'ellipse de la préposition *de*. En ce qui concerne le sens de la périphrase, soulignons que le DLF (2010 : s.v. *train*, p. 627) ne signale que la valeur imminentielle (et souvent, intentionnelle) de la périphrase (« être sur le point de »), même avec les verbes qui permettraient en principe une lecture progressive (*manger, laver son char, cf.* les exemples ci-dessous). Le DLF (2010 : s.v. *train*, p. 627) propose par ailleurs deux graphies : *être en train de*, *être entrain de*.

être en train de avec une valeur progressive/durative

Présent
- on est en train de faire la même chose aux anglophones que eux-autres nous ont fait lors de la déportation (NÉ – Hennemann, ILM, BJ)
- est-ce que t'es toujours en train de / d'enregistrer ? (NÉ – Hennemann, ILM, BJ)
- j'ai fondé la radio communautaire qui est en train de se / s'établir dans la région (NÉ – Hennemann, ILM, LL)
- ben je sais pas à quel point ça / c'est en train de / de croître au point de vue euh : affaire entreprise (NB – Arrighi 2005 : 198, Rachelle NB 1 : 130–132)
- en tout cas on est justement en train de découvert [dekuvɛʀ] présentement ces différentes choses-là (NB – Wiesmath 2005 : 151)[32]
- [...] ça c'est du monde comme moi là qui sont au bout du fil qui sont en train à aider les gens (NB – Arrighi 2005 : 198, Stéphanie NB 11 : 63–65)
- i sont en train de refaire la jetée du quai (IdlM – Falkert 2010, corpus : 131, p. 238, CD-ROM)

Imparfait
- Charlie avait déjeuné, ielle a était après prendre / en train de prendre son déjeuner pis moi ... (NÉ – Hennemann, ILM, EL)
- on était en train de mentionner que à Moncton qu'on a des problèmes de plomb dans l'eau (NB – Wiesmath 12, N : 116, Wiesmath 2005 : 151) (L'interview portait sur la présence de plomb dans l'eau quand elle a été interrompue pour passer de la musique.)
- il étiont : en train de s'amuser a=ec leurs jouets (IdlM – Falkert 2010, corpus : 196–197, p. 405, CD-ROM)
- [...] Le Diable tait en train de pêcher une journée pis il attrapait ien que ces *haddecks*-là pis il l'a pris par le dos, et pis ah mon gars ! i dit, je t'ai ce coup-ici, mon *haddeck* ! [...] (TN – Brasseur 2001 : s.v. *haddeck*, p. 241)

---

31 Rappelons que les tours *être après (à) faire* et *être en train de faire* coexistent également aux Îles-de-la-Madeleine (*cf.* Falkert 2010, corpus).
32 Pour l'infinitif [dekuvɛʀ], *cf.* le chap. « Formes verbales remarquables », s.v. *ouvrir/ouverre*.

Ellipse de l'auxiliaire[33] :
- [...] et ces petites affaires-là [les oiseaux] sus le faît des âbres en train de chanter ! (TN – Brasseur 2001 : s.v. *russe (petite)*, p. 407)

être en train de au sens intentionnel et imminentiel
- je suis en train de dire non là mais je pense pas (NB – Arrighi 2005 : 198, Stéphanie NB 11 : 435–436)
- Je suis en train de commencer. (LOU – DLF 2010 : s.v. *train*⁴, p. 627, Da84) (Le DLF traduit par « I am about to begin. »)
- Je suis entrain de manger. (LOU – DLF 2010 : s.v. *train*⁴, p. 627, Da84) (Le DLF traduit par « I am about to eat ».)
- Il est en train de dire quelque chose à ce bougre. (LOU – DLF 2010 : s.v. *train*⁴, p. 627. VM) (Le DLF traduit par « He is about to tell that fellow something. »)
- Je suis en train de laver mon char. (LOU – Guidry 2000, DLF 2010 : *train*⁴, p. 627) (« I'm about to wash my car. »)

Commentaire
Alors que les périphrases *être après (de) faire* et *être à faire* constituaient aux XVIᵉ et XVIIᵉ s. le moyen privilégié pour exprimer l'aspect duratif-progressif, la transformation de la locution adverbiale *être en train* en périphrase verbale suivie de l'infinitif est tardif[34]. À la suite de diverses évolutions sémantiques, le nom *train* avait fini par apparaître dans un tour périphrastique marquant d'abord la disposition du sujet à faire quelque chose (*Le Grand Robert*, t.6, s.v. *train*, p. 1374a). Le tour *être en train de faire* n'a pris son essor qu'à partir du premier tiers du XVIIIᵉ s. (*cf.* FEW 13, II, 164a), passant du sens intentionnel au sens imminentiel ; la valeur durative-progressive n'est incontestablement établie qu'au XIXᵉ s. (Gougenheim 1929 : 64, Wiesmath 2005 : 150). Au vu de la chronologie des faits, la présence de la périphrase *être en train de faire* dans l'acception moderne en FA est sans doute due à un emprunt récent au FS (Wiesmath 2005 : 150, Arrighi 2005 : 198). Le tour standardisant est relevé principalement dans les discours publics, ou du moins dans les contextes formels (*cf.* Pusch 2005 : 165). Seutin (1975 : 292) note pour le parler de l'Île-aux-Coudres que le tour *être en train de faire* est plus rare qu'*être après faire*.

▶ **être enfrais/en frais de**
En NÉ et au NB ainsi qu'aux Îles-de-la-Madeleine, *être enfrais/en frais (de)* suivi de l'infinitif exprime l'aspect duratif-progressif ; le tour est cependant rarement attesté (*cf.* Gesner 1979a : 48). Nous ne trouvons, dans la position du sujet, que des référents humains. La préposition *de* peut être omise (NB).

- Si je suis en frais de baranquer avec quelques-uns, comme mon père... (NÉ – Gesner 1979a : 48, BSM) (*baranquer* = « causer »)
- Mais dans le même temps le roi avait le papier. Il était en frais de lire. Il voyait sur le papier qu'il y avait une princesse aux cheveux d'or. (NÉ – 1957, Chéticamp, dans G.E. Aucoin, *L'oiseau de la vérité*, 1980, p. 88, cité d'après Cormier 1999 : 219)
- J'su en frai de couper mon bois à feu pour l'hiver. (NÉ – Thibodeau 1988 : 58)
- alle était en frais d'écrire comme un livre sus l'histoire des/ l'Acadie (NÉ – Wiesmath, corpus Chéticamp 2005 non publié, Evelyne)

- a s'a-ti pas aperçu qu'i était enfrais s'amuser a'/ qu'alle était enfrais s'amuser avec un petit gars. (NB – Wiesmath 2005 : 151)

---

[33] Pour les conditions de l'ellipse de l'auxiliaire, *cf.* II.1.
[34] Pour l'historique détaillé et la voie de grammaticalisation du tour, *cf.* Mitko (1999), Squartini (1998 : 126s.), Mortier (2005 : 85s.).

- t'es en frais de rêver en couleur (IdlM – Falkert 2010, corpus : 349, p. 416, CD-ROM)

Par contre, le tour *se mettre en frais de* focalise le stade imminentiel et implique l'intention de faire qqch. Dès lors que *se mettre à* met l'accent sur un point initial, le tour peut apparaître tout naturellement à un temps verbal à valeur perfective (par ex. le passé simple).

- Mais nous voulions braver ce feu et nous disions: « courons, suivons-le ! » Nous nous mettions en frais de le suivre. (NB – 1963, Saint-Paul-de-Caraquet (Gloucester, NB), dans C. Jolicœur, *Le vaisseau fantôme*, p. 221, cité d'après Cormier 1999 : 219)
- Et dès le lendemain, Bonne-Femme se mit en frais de confectionner à ses fils des vêtements de voyage et du linge de rechange [...]. (NB – 1986, A. Maillet, *Le huitième jour,* p. 34, cité d'après Cormier 1999 : 219)

Commentaire
L'origine de la tournure *être/se mettre en frais de* est l'expression *en frais de*, attestée encore dans les dictionnaires. L'expression est retraçable jusqu'au siècle classique. À l'époque, on trouve des occurrences de la tournure *se mettre en frais* au sens de « faire des efforts (notamment pour plaire) » (*Le Petit Robert* 2013 : s.v. *frais*²). Suivant cette chronologie, le chemin de grammaticalisation d'*en frais de* ressemblerait à celui d'*en train de* : partant de l'intention de faire qqch., il passe par la focalisation sur le point initial pour aboutir à l'expression d'une action en cours. Le tour est attesté principalement dans l'Acadie des Maritimes (sauf dans le Nord-Ouest) (*cf.* Wiesmath 2005 : 151, Cormier 1999 : s.v. *frais de, en*).

▶ *être en fait de*
Le tour *être en fait de faire* avec une valeur progressive est relevé en NÉ (BSM, Chéticamp).

- Moi, je suis dans la room en fait de dormir. (NÉ – Starets 1986 : 131)
- c'est l'même que moi je le vois rinque comme/un KID en fait d'/FREAK-er OUT en tout (NÉ – Fritzenkötter 2015 : 137, BSM)
- i y a beaucoup plus d'anglais [dans le français acadien de la Baie Sainte-Marie]/SO j'trouve que c'est en fait d'FAD-er une miette. (NÉ – Fritzenkötter 2015 : 137, BSM)
- So RIGHT asteur vous êtes en fait de vous organiser pour aujourd'hui là (NÉ – corpus Wiesmath, cité dans Neumann-Holzschuh/Wiesmath 2006 : 243, BSM)

II.2 L'expression de l'habituel et de l'aspect gnomique

Les périphrases dites « duratives-progressives » peuvent apparaître dans les contextes habituels ou omni-temporels (gnomiques) (II.2.1.). À côté de ces périphrases, des expressions basées sur les termes *coutume* et *habitude* servent à exprimer l'aspect habituel (II.2.2.).

II.2.1 La valeur secondaire des périphrases dites « duratives-progressives »

Loin d'exprimer uniquement un procès en cours de réalisation, les périphrases qu'on vient de présenter en II.1. apparaissent également dans des contextes *a*- ou plutôt *omni*-temporels, c.-à-d. habituels ou gnomiques[35]. Très souvent, mais pas nécessairement, c'est le schéma d'incidence qui est sous-jacent à cet emploi.

---

[35] Cela vaut également pour la *progressive form* anglaise et pour *être en train de* en français (*cf.* Mitko 1999 : 89).

Il se peut aussi que la périphrase apparaisse dans un contexte où un adverbe temporel souligne justement le caractère habituel du procès : *tout le temps*, *toujours*, etc. Comme en anglais, où l'emploi de la *progressive form* avec de tels adverbes est également tout à fait courant, cet usage est chargé d'une forte nuance modale (expression de l'incrédulité, l'étonnement, la colère ou quelque autre émotion)[36].

▶ *être après (de)*
- EL : Fin on est tout le temps fiers de nout culture ! MS : Oh absolument, absolument. EL : Moi, si je vas à quelle part pis qu'i sont / qu'i sont après parler anglais, je vas yeu/ les adresser en français. (NÉ – Hennemann, ILM, EL)
- quelqu'un est dans la misère tout le monde se mettent ensemble tu t'aperçois si t'es dans le jardin après de désherber ou quelque-chose le voisin s'en vient pis i te baille l'aide . . pis (NB – Arrighi 2005 : 199, Catherine NB 18 : 657–659)
- Arthur lui i travaillait au CN pis i rouvrait sa/ sa forge le soir pis les fins de semaine pis . i était tout le temps après de faire de quoi . (NB – Wiesmath 13, H : 302)
- on a pratiqué assez longtemps on après jouer ensemble on se connaît tous un à l'autre (LOU – Stäbler 1995 : 188, corpus)
- Je sais pas, comme je vous dis, c'est selon avec qui j'après parler. (LOU – DLF 2010 : s.v. *qui*^{2}, p. 509, TB)
- Quand tu vas te déranger tu connais plus qui t'après faire, tu connais plus qui tu dis. (LOU – DLF 2010 : s.v. *qui*^{3}, p. 509)
- si nous-autres était à l'école et je voulais pas personne connaît qui j'sutais après dire à mon frère, c'était en français (LOU – Rottet 2001 : 126, semi-locutrice)[37]
- Elle est tout le temps après tapocher ses enfants. (LOU – DLF 2010 : s.v. *être*, p. 266, VM)
- C'est pour ça j'ai réussi si bien, j'étais après faire ça réellement je voulais faire. (LOU – DLF 2010 : s.v. *après*^{3}, p. 34, SM)

▶ *être à*
- ils avont dit oui papa mais quoi ce que vous allez faire de notre frère qui est toujours à vous importuner ici (NÉ – Arrighi 2005 : 198, Marcelin NÉ 2 : 188–190)
- T'es tout le temps à picocher après lui. (TN – Brasseur 2001 : s.v. *picocher*, p. 347)

▶ *être en train de*
- MS : Si je vas à l'église… EL : Oui. MS : … et pis quelqu'un est en train de lire pis je l'entends, tout de suite ça fait mal à l'oreille pis je pourrais dire c'est pas comme ça, c'est comme ça (NÉ – Hennemann, ILM, MS)
- on est toujours en train de courir on est toujours en train de faire quelque chose euh ça va ça va ça va si qu'on est pas après de travailler pour nous-autres mêmes en train de conduire les enfants icitte et pis de conduire les enfants là euh un moment donné faut s'assir pis dire est-ce qu'on travaille pour vivre ou on vit pour travailler (NB – Wiesmath 11, U : 108–112 ; Pusch 2005 : 165)

---

36 Tout comme la *progressive form* anglaise, la périphrase progressive française peut revêtir un caractère modal et notamment insister sur un contraste ou corriger une première opinion émise par l'interlocuteur ; on parle, dans ce contexte, de la valeur « interprétative » de la périphrase, comme ici : « i était pas après de fare coumme un HATE CRIME il était rinque en fait d'exprimer/ses eh ses VIEW sur eh les Acadiens I GUESS eh ouais/les Acadiens » (NÉ – Fritzenkötter 2015 : 137, BSM). – Pour les valeurs subjectives et modales de la périphrase, *cf.* par ex. Schopf (1984) pour l'anglais, et, pour le français, Lachaux (2005), Dubos (1994 : 59).
37 Pour la forme *sutais*, *cf.* les chap. « Les temps du passé », II.1.2., et « Formes verbales remarquables ».

II.2.2 *coutume* et *habitude*

Les périphrases *avoir coutume* et *avoir/être (l')habitude (de/à)* constituent des moyens lexicaux pour exprimer une habitude[38].

- C'est coumme que, tu sais, coumme qu'on / qu'on a coutume de dire : l'ouvrage tue pas une personne (NÉ – Hennemann, ILM, EL)
- Ben moi, j'ai l'habitude d'aller à la messe touT les fins de semaine (NÉ – Hennemann, ILM, CL)
- i y-ont [sic] pluS l'habitude à parler anglais (NÉ – Hennemann, ILM, EL)
- J'ai coutume pêcher des hameçons mais depuis les POND à poissons, ils ont commencé farmer les CATFISH. (LOU – DLF 2010 : s.v. *coutume*, p. 168, SM)

Notons aussi les tours *être coutumé à* et *accoutumé de*[39]. En NÉ, on relève également le tour *avoir coutumé*.

- On a pas coutumé d'avoir / euh / l'humidité comme qu'on l'a. (NÉ – Hennemann, BSM, SC)
- je suis accoutumée de veiller tard (IdlM – Falkert 2010, corpus : 165, p. 68, CD-ROM)
- Des paroles que t'es coutumé à dire. Ça, c'est un diton, ça ! (TN – Brasseur 2001 : s.v. *coutumé*, p. 131)

À noter :
- Un référent non-animé peut apparaître dans la position du sujet :
  - Cette maison, elle avait coutume d'être un Bed & Breakfast (NÉ – Hennemann, ILM, oral)

- Des verbes dénotant des états temporaires peuvent apparaître en position v_2 :
  - c'est pas aussi cloîtré que ç'avait l'habitude (NB – Wiesmath 6, L : 68–69)
  - j'aurais tout le temps eu l'habitude d'avoir un docteur et donc moi fallait toujours j'en ai eu un (LOU – *Découverte*, Châtaignier, Évangéline)[40]

En ce qui concerne le FL, on note divers emplois de l'ancien nom *habitude*[41]. Il existe un emploi adverbial, *habitude* (à côté de *d'habitude*) ayant le sens soit de « d'habitude, de coutume, habituellement », soit de « autrefois, anciennement » (*cf.* DLF 2010 : s.v *habitude*², p.326s.)[42]. Faisant écho à ces deux sens, deux périphrases verbales sont en usage dont l'une est équivalente à « être accoutumé à » (correspondant à l'anglais *to be used to sth./doing sth.*) et se construit souvent avec *être* au lieu de *avoir* pour atteindre davantage d'isomorphisme

---

[38] L'aspect habituel est d'ailleurs très fréquemment exprimé par les adverbes et les locutions adverbiales (*d'habitude, à coutume, accoutume, cf.* Wiesmath 2005 : 152, Arrighi 2005 : 305, DLF 2010 : s.v. *coutume*, p. 168 ; s.v. *habitude*, p. 326s.). – Pour l'expression de l'aspect habituel dans les parlers concernés, *cf.* Neumann-Holzschuh/Mitko (à paraître).

[39] *Coutumé* constitue une forme avec aphérèse de *accoutumé, cf.* Brasseur (2001 : s.v. *coutumé*, p. 131).

[40] On notera aussi l'emploi du conditionnel passé en tant que marqueur de l'aspect habituel dans cet exemple. *Cf.* le chap. « Le conditionnel », II.2.2.

[41] Pour la prononciation de *habitude* en FL, retenons les formes suivantes : [abityd], [abityb] (*cf.* Stäbler 1995 : 77), [abitfyd] (DLF 2010 : s.v. *habitude*¹, p. 326), [abytyd] (Rottet 2001 : 122, DLF 2010 : s.v. *habitude*¹, p. 326).

[42] *Cf.* les exemples du DLF : « Habitude, je vas au village le lundi matin. », « Habitude je suivais les règlements. » (équivalent à l'anglais *usually*) et « Habitude on avait TV5 ; on a p'us » (équivalent à l'anglais *formerly*).

avec la forme anglaise, et l'autre – *avoir habitude (de)* – renvoie à une habitude dans le passé qui s'est perdue depuis (correspondant à l'anglais *used to*).

▶ **avoir habitude**
- Quand alle était plus jeune alle avait habitude de coudre. (LOU – DLF 2010 : s.v. *habitude*¹, p. 326, JE) (« she used to sew »)
- J'ai habitude travailler pour une piastre par jour. (LOU – DLF 2010 : s.v. *habitude*¹, p. 326, EV) (« I'm used to working for one dollar a day. »)
- tout partout ayoù tu avais habitude d'aller c'était en boghei et cheval (LOU – *Découverte*, Kaplan, Vermilion) (« used to go »)

▶ **être habitude**
- [les boucheries] Et j'étais habitude. (LOU – *Découverte*, Isle Jean Charles, Terrebonne) (« Et j'y étais accoutumé. »)
- Moi, j'étais habitude de, j'ai fait ça plein quand j'étais jeune, j'ai commencé. (LOU – *Découverte*, Isle Jean Charles, Terrebonne) (avec préposition orpheline) (« Moi, j'y étais accoutumé. »)
- Et il y en avait plein, il y avait de la prairie qu'ils pouvaient piéger, mais il y a plus de ça asteur autrement que loin dans l'eau douce. Mais ici, quand tu viens dessus le chemin là à travers là, qui tu regardes de chaque bord de toi, qui tu vois, juste de l'eau, hein ? *Well*, était habitude d'être la prairie ça ! Tu comprends ? (LOU – *Découverte*, Isle Jean Charles, Terrebonne) (« used to be »)

Or, dans cette deuxième acception – donc, quand il s'agit de marquer un état de fait du passé qui n'est plus valable au moment de l'énonciation[43] – la périphrase semble s'être engagée dans un processus de réanalyse et de grammaticalisation au terme duquel *habitude (de)* pourrait finir par exprimer le passé habituel (*cf.* aussi Stäbler 1995 : 77, Papen/Rottet 1997 : 102) dans le sens de l'expression anglaise *used to*. Retenons les changements morphologiques et syntaxiques suivants :
- L'ancien nom – *l'habitude* – apparaît sans article, ce qui réduit son statut nominal.
- La préposition *de* est souvent omise.
- Le verbe est fréquemment omis. Le tour *habitude (de)* peut exprimer à lui seul que le procès exprimé à l'infinitif se déroulait dans le passé, mais plus dans le présent ; signalons que le verbe ne semble pas pouvoir être omis s'il y a référence au présent.

▶ **Référence au passé (angl. « used to »)**
Auxiliaire au présent
- Anciennement, il y avait pas de réfrigérateur. [...] [on appelait ça] des boucheries de quartier, ayoù il y avait tant de familles qui se mettaient ensemble [...] Moi, j'ai habitude d'aller à chercher la viande pour ma famille à moi, mon père et ma mère et mon grand-père et ma grand-mère. Et ça, ça durait pour le

---

[43] Soulignons qu'aussi bien en anglais qu'en français louisianais, cette forme n'est pas un marqueur originaire de l'habituel : *used to* sert avant tout à marquer qu'un état de fait valable dans le passé n'est plus valable au moment de référence (*cf.* Binnick 2005 : 348–351). *Used to* n'est donc pas une périphrase habituelle – même si la valeur habituelle est une « extension pragmatique » (Bertinetto 1997 : 217) qui en découle facilement ; au fond, la périphrase souligne « le confinement dans le passé » (« confinamento nel passato », Bertinetto 1997 : 220).

samedi et le dimanche. Là, lundi, il fallait faire, il fallait soit saler la viande ou la mettre à, à la, à la boucane [...] (LOU – *Découverte*, Swords, St. Landry)

Omission de l'auxiliaire ; pronom + habitude
- et là j'ai eu un HEART ATTACK . c'est ça qui a/ . qu'a tout arrêté l'affaire . et Dieu merci je suis pas/ . je suis pas frappé des bras . c'est mes jambes qu'est/ . qu'est . manière mal installé . peux plus marcher . comme j'habitude[44] (Stäbler 1995 : 187, corpus) (« as I used to », trad. INH/JM)
- j'habitube de chanter [ʒabitybd ʃãte] (LOU – Stäbler 1995 : 77) (« I used to sing », trad. INH/JM)
- « Equand tu vas les montrer à parler en français ? » Et mon habutude de dire « Après eusse va apprendre à parler en anglais. » (LOU – Rottet 2001 : 122, locuteur jeune)[45]

Cas ambigu (ça ou ç'a – absence ou présence de l'auxiliaire au présent)
- ç'a[46] habitude d'être du mêche mais . c'est tout déséré asteur (LOU – Stäbler 1995 : 32, corpus)
- ç'a pas habitude de moisir comme ça (LOU – Stäbler 1995 : 158, corpus)

Alors que Stäbler (1995) traduit tous les cas de son corpus par l'adverbe « früher » (« autrefois ») et suggère donc un emploi adverbial du tour, il pourrait bien s'agir, dans des cas comme ceux cités précédemment – lorsqu'un pronom sujet ou tonique jouxte l'expression ou que l'expression *(j')habitude* est suivie par *de* + infinitif –, de cas de réduction formelle de la périphrase. L'isomorphisme avec l'anglais serait alors total : *j'* + *habitude* + *de* + infinitif égalant à *I* + *used* + *to* + infinitif (*cf.* Neumann-Holzschuh/Mitko à paraître).

Commentaire
En français européen, plusieurs tours coexistent, dont l'usage semble toutefois plus ou moins réduit aujourd'hui. Le tour *être accoutumé de/à faire* survit « dans la langue courante » (Grevisse/Goosse 2008 : § 814, p. 1035). Le tour *avoir accoutumé de faire*, considéré comme « vieilli » par ex. par l'Académie (« depuis 1932 ; "classique" depuis 1992 »), appartient pourtant, selon Grevisse/Goosse (*ibid.*), « encore à la langue soignée ». L'ancien français connaissait les tours *avoir à costume/en costume/de costume* (Grevisse/Goosse *ibid.*), le français moderne utilise encore *avoir coutume de*, qui est cependant remplacé dans la langue courante par *avoir l'habitude de* (*cf.* Le Petit Robert 2013 : s.v. *coutume*).

Le tour *avoir coutume de* est courant dans d'autres variétés nord-américaines de français, dont le parler du Missouri (Carrière 1937 : 20, Thogmartin 1970 : 50) et, sous la forme *avoir de coutume*, il est signalé pour le FQ (GPFC : s.v. *coutume*).

II.3 Le stade post-terminal

Le passé composé n'est aujourd'hui pas seulement une forme du résultatif (emploi aspectuel), mais peut également se référer à des événements passés (même dans un passé éloigné), d'où une certaine ambiguïté de la forme ; pour exprimer le résultatif de façon univoque, les variétés concernées recourent à la structure *avoir* + *qqch.* + *de* + participe passé, qui existe

---

44 L'hypothèse d'un amalgame *j'a habitude* → *j'habitude* n'est pourtant pas à exclure, la 1ʳᵉ pers. sg. du verbe *avoir* apparaissant sous les formes [e] ou [a]. *Cf.* la note 46 pour *ça* / *ç'a*.
45 En FL, *mon* est la forme tonique du pronom personnel, correspondant à *moi* en FS (*cf.* chap. « Les pronoms personnels », I.1.2.).
46 La graphie n'est pas évidente : il pourrait tout aussi bien s'agir de *ça habitude d'être* avec omission du verbe auxiliaire *avoir*.

certes également en FS, mais semble régionalement en passe de se grammaticaliser en tant que forme de l'aspect résultatif (II.3.1.).

Pour exprimer le passé récent, il existe plusieurs périphrases : *arriver de, sortir de, avoir juste/justement fait de*, rarement *venir de* et *finir de* (II.3.2., III.1.2.).

II.3.1. Le résultatif

La construction *avoir* + *qqch.* + *de* + participe passé pour exprimer l'aspect résultatif est très répandue dans tous les parlers étudiés ici[47].

- Dans le corpus néo-écossais, on trouve essentiellement les cas prototypiques de la structure telle qu'elle existe en FS :
    - présentatif (*voici, il y a, voilà*) + sujet/objet + *de* + participe passé/adjectif
    - *avoir* + complément d'objet direct + *(de)* + participe passé/adjectif
- Dans le Sud-Est du NB, le tour semble avoir récemment gagné du terrain (Wiesmath 2005 : 154) et est très populaire aujourd'hui.
- *Avoir qqch. de* + participe passé est tout à fait courant aux Îles-de-la-Madeleine (*cf.* Falkert 2010, corpus).
- Ce tour est également fréquent dans tous les registres des variétés terre-neuvienne et louisianaise.

  • Il y a un de mort à Louisdale. (NÉ – Hennemann, ILM, oral 8)
  • Dans ce temps-là fallait que tu charries de l'eau dans une fontaine. Y avait la fontaine dans le parc. Tu la charriais en dedans pour boire. Ils avions pas de fontaine de creusée. (NÉ – Flikeid 1996 : 317, ILM)

  • moi j'avais déjà ste série-là d'encadrée (NB – Wiesmath 13, H : 314, Wiesmath 2005 : 154)
  • présentement j'en ai d'installées euh euh dans la région ici (NB – Wiesmath 12, J : 177, Wiesmath 2005 : 154)
  • sur ma palette j'ai touT les noms des couleurs d'écrites parce que là je les mélangerais là je serais perdue (NB – Arrighi 2005 : 277, Rachelle NB 1 : 97–99)
  • j'ai touT ça de marqué dans mes cahiers là (NB – Arrighi 2005 : 277, Zélia NB 17 : 232–233)

  • j'ai une petite fille de venue là une/ (IdlM – Falkert 2010, corpus : 14, p. 57, CD-ROM)
  • y en a trois de mort (IdlM – Falkert 2010, corpus : 7, p. 364, CD-ROM)
  • j'en ai de fait' vraiment en laine de mouton (IdlM – Falkert 2010, corpus : 422–423, p. 421, CD-ROM)

  • [Dans la neige.] Il avions un souterrain de creusé d'une distance pour aller à la cabane. (TN – Brasseur 2001 : s.v. *distance*, p. 162)
  • Ène fois que j'ai iu tout [tut] le bois de trouvé, j'ons té obougé de nous prendre, pis pelléyer, tout [tut] les chemins. (TN – Brasseur 2001 : s.v. *prendre I*, p. 371)

  • Et puis ça voulait s/ ... si tu avais ton *homework* de fait, ça pouvait te le voler, ils te l'auront pris, chère. (LOU – *Découverte*, Mamou, Évangéline)

Dans certains contextes, la construction évite une construction passive de type *être* + participe passé :

  • Il y avait pas eu personne de tué. (LOU – DLF 2010 : s.v. *personne*[2], p. 456, AC) (« No one was killed. »)

---

[47] Arrighi (2005 : 277) considère cette structure comme une « construction qui permet d'éviter l'emploi d'une relative », où le locuteur peut se passer aussi bien d'un terme de relation que d'une forme verbale conjuguée.

- Et il y a plusieurs mondes ici à la Pointe qu'eux-autres avait eu des gris-gris de donné. Et asteur t'attends plus parler de ça, je crois plus que le monde a le temps de faire un gris-gris. (LOU – *Découverte*, Pointe-aux-Chênes, Terrebonne)
- il y avait pas de portraits de pris ces années ça, chère (LOU – *Découverte*, Mamou, Évangéline)

Parfois, le contexte rend une lecture résultative impossible et favorise une lecture temporelle ; rappelons que le passé composé doit également son origine à une construction résultative latine qui a subi une réinterprétation temporelle[48].

- il y a une fille de morte à cinq ans : Madonna (NÉ – Hennemann, ILM, CL) (La précision *à cinq ans* induit une lecture temporelle.)
- Du mouron ! Oui ! On n'en a pas ici ! *Goddam* ! Il l'avont de coupé ! (TN – Brasseur 2001 : s.v. *mouron, muron*, p. 308) (Le contexte indique qu'il ne reste plus rien de cette plante nuisible. Une lecture temporelle de la construction *avoir qqch. de fait* nous semble la seule possible.)
- A vit avec pas de rognons. Alle a iu son dernier [daʁɲe] rognon de retiré là dans l'hiver passé. (TN – Brasseur 2001 : s.v. *rognon*, etc., p. 401) (La précision temporelle induit une lecture temporelle.)
- Je regardais ça hier, en nous en allant. C'est de voir le bois comment-ce qu'il avont le bois de ruiné. Pis pas nen planter d'autre ! (TN – Brasseur 2001 : s.v. *ruiner*, p. 406)
- il y avait pas de portraits de pris ces années ça, chère (LOU – *Découverte*, Mamou, Évangéline) (pour le sens passif, *cf.* ci-dessus)

Commentaire

Les auteurs parlent généralement de *de explétif* (*cf.* Guiraud 1965 : 71, Brasseur 2001 : s.v. *de*, p. 146) ou *inverseur* (Grevisse/Goosse 2008 : § 1052a, p. 1357) pour expliquer la forme du tour *avoir qqch. de* + adjectif ou participe passé. Selon Grevisse/Goosse (2008 : § 244 H2, p. 267), qui font remonter l'existence de la structure jusqu'au XVIIIe s., la construction sert à distinguer l'adjectif épithète de l'attribut. Il s'agit donc d'un tour ancien dont la fréquence semble pourtant augmenter en français moderne[49].

Wiesmath (2005 : 155), qui analyse la situation dans le Sud-Est du NB, met en avant une certaine proximité du tour avec l'anglais *to have sth. done* tout en insistant sur le fait que le succès de la périphrase française est sans doute principalement dû à des raisons intrasystémiques.

Le tour existe aussi en français européen avec la valeur résultative. On notera cependant que dans les parlers étudiés ici, ces structures apparaissent également en l'absence d'une indication de quantité, qui les accompagne généralement en FS (article indéfini, numéraux, déterminants indéfinis, *cf.* Grevisse/Goosse 2008 : § 1052 a, p. 1357).

II.3.2 Le passé récent

Les tours *arriver de, venir de* et *sortir de* + infinitif servent à exprimer un passé récent (pour *finir de* + infinitif, *cf.* III.1.)[50].

---

48 Wiesmath (2005 : 154) note que « d'un point de vue universel, le résultatif est particulièrement soumis à des restructurations. »

49 *Cf.* Guiraud (1965 : 71), Grevisse/Goosse (2008 : § 1052a, p. 1357) ; *cf.* aussi la discussion dans Wiesmath (2005 : 155).

50 En NÉ et au NB, le passé récent est fréquemment exprimé non pas par une périphrase, mais par le passé composé et l'adverbe *juste/justement* : « on a juste décidé, on va faire partie d'un TROUP de revue musicale acadienne » (NÉ – Hennemann, BSM, BM) ; « J'ai justement eu soixante-quatre [ans] » (NÉ – Hennemann, PUB ; LaD). En outre, on relève le tour *avoir juste fait de* : « h'avais justement fait de COPY, des / des desserts dans un

▶ *arriver de* **(NÉ)**

En NÉ, la périphrase *arriver (de) faire* – souvent accompagnée de l'adverbe *juste/justement* – sert à marquer un passé récent. Les occurrences du corpus suggèrent que le référent en position sujet doit toujours être [+animé] dans cette structure. Par comparaison, *venir de* admet aussi des sujets non-animés. *Arriver de* en tant que périphrase marquant un passé récent existe également « dans la langue familière ou populaire » en français de France (Foulet 1967 : 232).

- Elle arrive de finir son contrat avec le gouvernement. (NÉ – Hennemann, ILM, Corpus oral 2)
- On arrivait justement de parler de ielle. (NÉ – Hennemann, ILM, Corpus oral 2)

▶ *venir de*

À la différence du français de France, la périphrase *venir de faire* semble assez marginale dans les parlers concernés ici (*cf.* pour le NB : Wiesmath 2005 : 152), même si elle y est signalée (*cf.* par ex. pour le FL : DLF 2010 : s.v. *venir*, p. 645).

- Pis dans c't temps-là, LEOLA vient de le dire asteure, un cent gallons d'huile asteure COSTS OVER FIVE HUNDRED DOLLARS (NÉ – Hennemann, ILM, IS)
- je viens juste d'avoir un emploi neuve hein (NB – Wiesmath 2, F : 724, Wiesmath 2005 : 152)
- son mari vient de mourir (IdlM – Falkert 2010, corpus : 267, p. 121, CD-ROM)
- Venir d'arriver. (LOU – DLF 2010 : s.v. *venir*, p. 645, Da84) (source écrite)

▶ *sortir de*

En FL, le verbe *sortir* suivi de l'infinitif forme une périphrase exprimant un passé très récent (Ditchy 1932 : 195[51]), dont la vitalité est soulignée par Guilbeau (1950 : 212) et confirmée par Papen/Rottet (1997 : 102s.) et par le DLF (2010 : s.v. *sortir*, p. 588).

En FTN, où la périphrase est également signalée (Brasseur 2001 : s.v. *sortir*, p. 425), *sortir de* semble plutôt mettre l'accent sur le stade égressif (« finir de »).

- Et quand qu'il avont sorti de manger, il avont regardé. *Goddam* ! Leu bateau s'en allait en drive ! (TN – Brasseur 2001 : s.v. *drive*, p. 167)
- Irene c'est la 'oisine que sa fille sort de se marier. (LOU – Rottet 2001 : 235, semi-locuteur)
- Alle sort de me parler de ça. (LOU – DLF 2010 : s.v. *sortir*, p. 588, VM)
- Il sort de finir l'ouvrage. (LOU – DLF 2010 : s.v. *sortir*, p. 588, Lv88)

Commentaire

Selon Brasseur (2001 : s.v. *sortir de*, p. 425, se référant au FEW 12, 127b), *sortir de* au sens de « venir de » est attesté en français au XIXe s. et persiste dans quelques dialectes de l'Ouest et du Centre aussi bien qu'au Canada et en LOU. Foulet (1967 : 232), confirmant l'existence de la périphrase *sortir de* dans une fonction temporelle, attribue cet usage à la langue « familière ou populaire ». Grevisse/Goosse (2008 : § 821 m, p. 1050) qualifient la périphrase de familière et déclarent qu'elle « sert à marquer un passé récent (et non

---

livre là, ben là. » (NÉ – Hennemann, BSM, SC) ; « a' fait juste d'avoir son onzième enfant » (NB – Wiesmath 2005 : 154, Wiesmath 7, O : 400).

51 Ditchy (1932 : 195) cite l'exemple *il sort de sortir* pour *il vient de sortir* et atteste par là le haut degré de grammaticalisation du tour. En effet, la possibilité de placer le même verbe en position v_1 et v_2 sans qu'il y ait tautologie est l'un des critères majeurs pour évaluer le stade d'auxiliarisation de v_1.

seulement quand on quitte un lieu, comme dans *Je sors d'entendre le sermon*, – condition exigée par Littré) ». Chaudenson et al. (1993 : 87) suggèrent qu'en FL la périphrase est déjà arrivée à un stade de « morphologisation » ; son emploi ressemble à celui des langues créoles. Les données des langues créoles (DECOI 2007 : s.v. *sortir*²) aussi bien que les survivances de la périphrase dans le non-standard hexagonal laissent supposer qu'elle jouait un rôle important dans des stades antérieurs du français.

III Les semi-auxiliaires aspectuels

À l'aide des semi-auxiliaires aspectuels, un procès est saisi à différents stades (ou différentes phases) de sa réalisation (Riegel et al. 2011 : 453)[52].
Ce paragraphe sera centré sur les verbes suivants :
– *Finir de* pour saisir le procès à son stade final ou juste avant celui-ci ; selon la sémantique du verbe en position v_2, *finir de* exprime soit l'arrêt pur et simple d'une action, soit l'achèvement (le stade final/conclusif) ; au NB, *finir de* peut en outre avoir les fonctions d'un passé récent (« venir de ») (III.1.) ;
– *Prendre à, braquer à, STARTER à, commencer de/à, se mettre à* pour saisir le procès à son début (stade ingressif ou inchoatif) (III.2.).

Les parlers étudiés emploient, en général, les mêmes semi-auxiliaires aspectuels que le français hexagonal. C'est pourquoi on s'arrêtera ici seulement sur quelques particularités d'emploi, en négligeant les verbes *arrêter de*[53], *achever de*, *continuer à*.
– Nous notons quelques emplois qui n'existent plus en France ou subsistent uniquement dans le non-standard (sociolectal ou dialectal). Le tour *prendre à faire* au sens de *commencer à/de faire* en est l'exemple le plus saillant.
– Signalons l'emprunt *STARTER à faire*, bien présent sur le terrain, au sens de *commencer à/de faire*.
– Les différences les plus marquées par rapport au français de France concernent le verbe *finir*. Ci-dessus (II.3.2.), nous avons attiré l'attention sur la quasi-absence de la périphrase *venir de faire* dans les variétés étudiées ici. Cette lacune est en partie comblée par les périphrases aspectuelles (*arriver de* en NÉ, *faire juste de* en NÉ et au NB, *sortir de* en LOU et à TN, *avoir qqch. de fait*, et quelques périphrases progressives). Or, en NÉ et au NB, c'est la forme *finir de faire* qui semble en passe de se grammaticaliser pour saisir le procès juste après son stade final, figurant ainsi comme passé récent (*cf.* Wiesmath 2005 : 152s.). Le verbe *finir* est donc soit semi-auxiliaire, soit auxiliaire et le tour périphrastique *finir de faire* est plus ou moins grammaticalisé.

---

52 Pour la terminologie, *cf.* Riegel et al. (2011 : 451), qui appellent les verbes qui « saisissent le procès à différents stades de sa réalisation », les *auxiliaires d'aspect*. Signalons que les auteurs y incluent les périphrases *aller faire, être sur le point de, être en passe de, être en train de, aller -ant*, et *venir de*, traitées dans la première partie de ce chapitre. – Pour les verbes qui sont analysés dans cette section, nous préférons parler de *semi-auxiliaires* (*cf.* ci-dessus section I. « Définition »).
53 Le verbe *cesser de* n'est pas attesté dans les corpus consultés.

III.1 *finir de faire* – un tour ambivalent

Finir de + infinitif connaît deux emplois dans les parlers étudiés ici.

III.1.1 Le stade égressif

Dans cet emploi, *finir de* existe dans tous les parlers concernés ; au NB, pourtant, cet emploi semble plutôt rare (Wiesmath 2005 : 152). Il existe à TN la variante phonétique *fénir de*. Au passé, le tour *être féni de* apparaît au sens d'« avoir fini de » (*cf.* Brasseur 2001 : s.v. *fénir*, p. 200).

Comme en FS, *finir de* apparaît dans deux acceptions (selon le verbe et le contexte) :
- « conduire une action jusqu'à son terme » (« aspect conclusif », Wiesmath 2005 : 152)
- « arrêter de », « cesser de », « mettre un terme à » (« non-conclusif »)
  - Ça fait quant t'avais fini de boère ton thé, ben des / des feuilles étaient calées dans la BOWL. (NÉ – Hennemann, ILM, AF)
  - les jeunes filles ils finissent de danser (NÉ – Hennemann, BSM, BM)
  - quand j'ai eu fini de travailler, j'avais dix et soixante (NÉ – Hennemann, ILM, CL)
  - un homme va acheter une maison [...] son petit fils . va hériter de la maison pis a' dit i y a encore des payements à faire sur la maison i ont pas fini de payer i payent i payent i payent (NB – Wiesmath 6, L : 176, Wiesmath 2005 : 152)
  - tu commences le matin pis : tu finis de les faire cuire sur l'heure du souper là vers quatre cinq heures là (IdlM – Falkert 2010, corpus : 33–35, p. 19, CD-ROM)
  - Une fois que t'as fini de trancher, tu la prends pis tu la sales [...] (TN – Brasseur 2001 : s.v. *trancher*, p. 453)
  - À peine a tait féni de parler, la vieille se vire à moi. [...] (TN – Brasseur 2001 : s.v. *virer*, p. 471)
  - Ça s'a donné qu'alle avait justement féni de baratter là. (TN – Brasseur 2001 : s.v. *justement*, p. 265)
  - Et on finit de jouer à la pelote et on va au SWIMMING POOL et on se baigne dans le POOL. (LOU – DLF 2010 : s.v. *finir*, p. 286, TB)
  - Quand ça arrivait proche à la fin de la saison, qu'eux-autres avait fini de mouler les cannes, il faisait du sirop. (LOU – *Découverte*, Pointe-aux-Chênes, Terrebonne)

La préposition *de* est parfois omise (NÉ, LOU).
- après j'ai eu fini les sougner, j'étais bénaise qu'i furent s'en aller. (NÉ – Hennemann, ILM, IS)
- Elle [= la vache] aurait resté couché par terre là jusqu'à je finis la tirer. (LOU – *Découverte*, Châtaignier, Évangéline)

Occasionnellement, on relève *finir de* au sens de *finir par*[54] :

finir de « finir par »
- va pas à l'hôpital le BILL ça ils vont te donner ça ça va finir de tuer ça (LOU – Stäbler 1995 : 206, corpus)

finir par
- on va finir par perdre notre langue (NÉ – Hennemann, ILM, BJ)
- Après tant d'années de chicane, ils ont fini par se divorcer. (LOU – DLF 2010 : s.v. *finir*, p. 286, EV)

---

54 Avec *finir par*, un procès est placé dans une série par rapport à d'autres procès : à la fin, on arrive, « après une série de faits, à tel ou tel résultat » (*Le Petit Robert* 2013 : s.v. *finir*).

III.1.2 Le passé récent

En NÉ (ILM) et au NB, le tour *finir de* + infinitif peut aussi saisir le stade post-terminal et exprimer ainsi un passé récent ; *finir de* apparaît donc au lieu de *venir de* + infinitif (Wiesmath 2005 : 152). À ce stade, *finir* s'est davantage auxiliarisé et sert principalement de marqueur aspecto-temporel[55].

- MARGARET finissait de m'nir avec TELMA pis i aviont resté. (NÉ – Hennemann, ILM, IS)
  - quand ce que j'ai arrivé en bas pis i m'ont dit <ben là là> i m'ont tout dit ça je finis de vous dire (NB – Wiesmath 2, F : 657, Wiesmath 2005 : 153)
  - pis on finit d'avoir l/ là je finis d'avoir la réponse qu'on a gagné le premier prix (NB – Wiesmath 2, F : 80, Wiesmath 2005 : 153)
  - j'ai dit je finis de passer sus un orignal HEY HEY HEY HEY HEY […] (NB – Arrighi 2005 : 200, Suzanne L. NB 18 : 569–570)

III.2 Le stade ingressif/inchoatif

III.2.1 *prendre à*

Le tour *prendre à faire* sert à saisir le stade initial (ingressif/inchoatif) d'un procès.
- Ce tour est très vivant au NB et en LOU (Wiesmath 2005 : 147s.), au NB, il est plus fréquent que *commencer de (à)* (Wiesmath 2005 : 148).
- *Prendre à* + infinitif est également noté en NÉ et à TN, mais le tour y est moins courant que dans les autres régions (Wiesmath 2005 : 148). En NÉ, il semble être le fait des locuteurs âgés (*cf.* les ex. d'Arrighi 2005 : 200) ; il est complètement absent du corpus Hennemann (2014). *Commencer à faire* y constitue le tour courant.
- À TN, la périphrase est présente sous deux formes, dont l'une pronominale : *se prendre à* + infinitif, de même sens.
- À TN et en LOU, *prendre* (à TN également *se prendre*, de même sens) est aussi attesté au sens de « commencer » comme verbe plein[56].

Selon Wiesmath (2005 : 148), *prendre à* apparaît en acadien du NB dans les contextes présents et passés avec une prépondérance des seconds ; en LOU, la périphrase est plus ou moins restreinte aux contextes passés (Stäbler 1995 : 76, Bollée/Neumann-Holzschuh 1998 : 196).

▶ *prendre à*
- il a passé la nuit dans le bois lendemain matin il a pris à marcher mais à/ à lieu d'aller par le chemin il allait contre (NÉ – Arrighi 2005 : 200, Marcelin NÉ 2 : 97–99)
  - quand ce qu'i étaient gros assez j'ai pris à/ commencé à les couper (NB – Wiesmath 2, E : 441, Wiesmath 2005 : 148)
  - J'ai tout le temps resté là jusqu'à tant j'ai pris à *traveler* (NB – Wiesmath 3, D : 166, Wiesmath 2005 : 148)

---

55 Pour le rôle de *fin* et de ses variantes en tant que marqueur de l'aspect accompli et du passé récent dans les parlers créoles, *cf.* Chaudenson (2003 : 354s.), Wiesmath (2005 : 153). Cependant, son rôle varie beaucoup dans les différents créoles.

56 *Cf.* Brasseur (2001 : s.v. *prendre*, p. 371), DLF (2010 : s.v. *prendre*, p. 492).

- Là mon mari a pris à avoir mal à une jambe (NB – Wiesmath 4, M : 83)
- pis mon père a parti il a pris à marcher vers près à Tignish (ÎPÉ – Arrighi 2005 : 200, Aldine A. ÎPÉ 6 : 15)
- Pis là il a pris à marcher tout le temps (TN – Brasseur 2001 : s.v. *prendre*, p. 371)
- il a pris à dormir (LOU – Brandon 1955 : 488)
- Camille Doucet ça fait . prenait à parler de ça ça il fait (LOU – Stäbler 1995 : 237, corpus)
- on après s'en aller . et euh ils ont pris à nous suivre (LOU – Stäbler 1995 : 37, corpus)
- Le monde prendait à couper. Et le soir quand ils achèvent, WELL mon père comptait les compas. (LOU – DLF 2010 : s.v. *achever*, p. 11, AS)
- J'ai pris à rire quand il m'a dit ça. (LOU – DLF 2010 : s.v. *prendre*, p. 492, SM)
- Et ça a pris à me faire mal. (LOU – DLF 2010 : s.v. *prendre*, p. 492, SL)

▶ *se prendre à* **(TN)**
- [À propos des pourcils.] Tout qu'i se prenont à aller, bè ça va vite. (TN – Brasseur 2001 : s.v. *prendre*, p. 371) (*pourcil* = « marsouin »)

Commentaire
En FS, le tour pronominal *se prendre à* a le sens de « se mettre à », « commencer à » et implique en général le commencement inopiné d'un procès (*Le Petit Robert* 2013 : s.v. *prendre*). Cette implication est absente du tour *prendre à* dans les parlers concernés[57]. Attesté dès l'ancien français[58], le tour passe aujourd'hui pour littéraire (*Le Petit Robert* 2013 : s.v. *prendre*, *cf.* aussi Arrighi 2005 : 200). La forme non-pronominale n'est pas signalée pour le français hexagonal. En FQ, on note le tour lexical *prendre son ouvrage* dans le sens de « se mettre à l'ouvrage » (GPFC : s.v. *prendre*).

III.2.2 *commencer à/(de)*

Dans les variétés étudiées ici, la forme *commencer à faire* est courante pour saisir le stade inchoatif tout comme en français hexagonal. Rarement, on relève la préposition *de* au lieu de *à*, tour fréquent dans la langue écrite en français de France, mais qui y passe pour littéraire (Grevisse/Goosse 2008 : § 907, p. 1123). En LOU, on note aussi l'omission de la préposition.

▶ *commencer à*
- Pis là je commençais à leur parler en français (NÉ – Hennemann, BSM, RG)
- Parce ici, le monde commence à v'nir âgé aussi (NÉ – Hennemann, ILM, EL)
- ah alle commence-ti à venir rouge là (NB – Wiesmath 1, R : 88)
- vous pourrez écouter mais le premier qui commence à parler là ou ben à chamailler i ira à sa couche (NB – Arrighi 2005 : 199, Laura NB 8 : 203–204)
- i commencent à envoyer leurs enfants à les écoles bilingues (ÎPÉ – Arrighi 2005 : 199, André ÎPÉ 12 : 372–373)
- Il commence à faire un peu trop chaud pour travailler sur ça. (LOU – DLF 2010 : s.v. *commencer*, p. 145, LF)
- Equand-ce que lui, on l'a élevé à lui, la vieille belle-mère commençait à être joliment vieille… (LOU – Rottet 2001 : 121, loc. âgé)

---

[57] Dans plusieurs créoles français, la construction *pron* + thème verbal s'emploie dans la même fonction que *prendre à faire* en FA/FTN/FL (Wiesmath 2005 : 148).
[58] *Cf.* Brunot/Bruneau (1949 : 348), DHLF (1998 : s.v. *prendre*), Wiesmath (2005 : 149).

▶ *commencer de*
- ok ben tu peux peut-être commencer de penser de peut-être d'en acheter un (NB – Arrighi 2005 : 199, Stéphanie NB 11 : 403–404)
- C'est là que on a commencé de faire notres affaires en char. (LOU – *Découverte*, Kaplan, Vermilion)
- Et l'eau a commencé de monter. Et l'eau a commencé de monter en dessous de mon *camp*. (LOU – *Découverte*, Chênière Caminada, Jefferson)

▶ *commencer faire*
- Et là, dans quarante-huit j'ai commencé travailler pour un coopératif qui fait des prêts agricoles. (LOU – DLF 2010 : s.v. *commencer*, p. 145, SL)

III.2.3 *(se) braquer à*

Selon Flikeid (1996 : 312), le verbe *braquer*, synonyme de *commencer* et connaissant les mêmes constructions que ce dernier (*braquer qqch.* et *braquer à faire*), n'est relevé qu'à la Baie Sainte-Marie (NÉ)[59]. Flikeid n'y a noté que la forme non-pronominale du verbe. *Braquer à faire* saisit soit le stade imminentiel (« être sur le point de »), soit le stade ingressif/inchoatif (« commencer à »).

- Comme tu te lèves le matin, n'y a une grosse gelée blanche, une grosse rosée, ben tu peux rinque braquer à ramasser des pommes une fois que c'est sec vers neuf heures. (NÉ – Flikeid 1996 : 312, BSM)
- Mais j'ai braqué à aller servante ; j'avais pas quatorze ans. (NÉ – Gesner 1979a : 28, BSM)
- Puis là, je braquis à yeux chanter ça. (NÉ – Gesner 1979a : 36, BSM)
- Ça fait les industries s'ont braqués à acheter les licences [...] (NÉ – Hennemann, BSM, RL)

Commentaire

Massignon atteste *se braquer* également pour Pubnico-Ouest et pour Pointe de l'Église (BSM) (Flikeid 1996 : 312). Poirier (1993 [1925] : s.v. *braquer (se)*) note des emplois pronominaux et non pronominaux, dont, entre autres, pour la NÉ, le verbe transitif *braquer* au sens de « commencer » : *braquer son ouvrage*, alors que *se braquer (sur qqn.)* signifie « se diriger, se lancer sur » ; pour le parler de Rivière-Bourgeois, Cap Breton, É. Boudreau (1988 : 70) indique les acceptions suivantes : *braquer* « aller », *se braquer* « se jeter », *être braqué* « penser ; être disposé ». Pour le FL, le DLF glose *se braquer* par « se mettre dans une position » (2010 : s.v. *braquer*, p. 88), l'acception « commencer » n'y est pas attestée.

Braquer n'est pas non plus signalé au sens de « commencer » pour les dialectes européens, ni dans l'ancienne langue ni dans la langue moderne (*cf.* FEW 1, 484b-485 : s.v. *BRACHITARE). En FS, le verbe *braquer* existe au sens de « diriger » (généralement une arme) sur qqch./qqn. (*cf. Le Petit Robert* 2013 : s.v. *braquer*) ; *se braquer* est noté au sens de « se cabrer » (*ibid.*).

III.2.4 *partir à*

Le tour *partir à faire* saisit un procès (même non intentionnel) à son stade ingressif.
    Quant à la répartition géographique du tour, on fera les observations suivantes :
– *Partir à* semble rare dans cet emploi en NÉ et au NB.

---

[59] L'expression périphrastique n'est relevée ni par Arrighi (2005 ; corpus panacadien), ni par Wiesmath (2005 ; corpus néo-brunswickois), ni par Brasseur (2001 ; corpus terre-neuvien) et elle est absente du corpus madelinien de Falkert (2010).

- Brasseur (2001 : s.v. *partir*, p. 336) note pour TN ainsi que Chéticamp (NÉ) le tour figé *partir à s'en venir* « quitter un lieu pour se rendre chez soi », le mettant en parallèle avec les tours *partir à s'en aller* – (Nantais, Brasseur 1993 : 191a) – et *partir à se sauver* relevé par Ditchy en LOU ; Brasseur considère ces tours comme des survivances de l'emploi *partir à* au sens de « se mettre à ».
- Relevée dans les sources anciennes en LOU, la périphrase semble rarement employée de nos jours, mais elle y reste attestée[60].
  - le chien s'a jeté à l'eau pis l a parti à couri (NÉ – Arrighi 2005 : 200, Marcelin NÉ 2 : 26)
  - il a parti à s'sauver (LOU – Brandon 1955 : 488)
  - À chaque fois que je partais à tousser, je me buvais un petit *sip* ... (LOU – Découverte, Mamou, Évangéline)
  - Là quand le jour s'est fait, il a cherché pour trouver son chemin parce qui était marqué avec les pierres. Il l'a trouvé. Alors il a parti à suivre les pierres, il s'a retourné chez lui. (LOU – Découverte, Carencro, Lafayette)
  - Les bêtes ont parti à s'sauver en travers la savanne. (LOU – DLF 2010 : s.v. *partir*, p. 442, Gu82)

Commentaire

Seutin (1975 : 341) relève le tour *partir à faire* dans le français de l'Île-aux-Coudres (QU), Hallion (2000 : 374) signale l'existence de la périphrase pour le parler du Manitoba tout en soulignant sa faible fréquence. Grevisse/Goosse (2008 : § 821 i, p. 1048) attestent *partir à* dans le sens inchoatif pour le français de France ; cet emploi passe aujourd'hui pour vieilli (Brasseur 2001 : s.v. *partir*, p. 336) ou populaire (*Le Petit Robert* 2013 : s.v. *partir*) ; il subsiste essentiellement, à l'oral, dans le tour *partir à rire* (*cf.* Arrighi 2005 : 200).

III.2.5 *se mettre à*

La périphrase *se mettre à faire* au sens de « commencer à faire », bien attestée en français de France mais rare dans les parlers étudiés ici, apparaît principalement au passé composé[61].
  - Et pis i a arrivé pis s'a mis à faire son gazon. Et pis il a déboulé mort – HEART ATTACK. (NÉ – Hennemann, ILM, CL)
  - là a se met à rire (NB – Arrighi 2005, corpus, Suzanne L. NB 18 : 641)
  - elle a dit tout d'un coup je vois arriver ta/ta mère à la porte elle dit pis elle dit elle se met à s'assir pis à parler (ÎPÉ – Arrighi 2005 : 200, Aldine H. ÎPÉ 3 : 193–194)
  - Tu ois des petits ègneaux le printemps se mettre à jouer là, pis sauter en l'air et courir ; i fringont. Ben ça va pour le monde aussi, la jeunesse… i sont à fringuer. (TN – Brasseur 2001 : s.v. *fringuer*, p. 212)
  - J'aurais pas dû faire ça do, mais je pouvais plus STAND, je m'ai mis à rire. (LOU – DLF 2010 : s.v. *mettre*, p. 396, LF) (*do* = « though »)

III.2.6 *STARTER à*

L'anglicisme *STARTER à faire* au sens de « commencer » est courant en NÉ (ILM), au NB et sur l'ÎPÉ. À la différence du tour *prendre à faire*, qui semble plus ou moins restreint à l'utilisation

---

[60] *Cf.* Brandon (1955 : 488), Stäbler (1995 : 76, note 20), Wiesmath (2005 : 149), DLF (2010 : s.v. *partir*, p. 442).
[61] Hallion (2000 : 374) confirme pour le français du Manitoba que *se mettre à* est peu usité. – Carrière (1937 : 45) signale la périphrase dans le parler français du Missouri.

au passé composé, on constate pour *STARTER à faire* un nombre considérable d'exemples à l'imparfait et au présent.

- C'est comme avec les personnes qu'est malade : tu *startes* pas à *worrier* avant tu t'en alles pour des tests. (NÉ – Hennemann, ILM, Corpus oral 2)
- des fois tu marchais dix quinze vingt minutes avant que tu seyis rendu ioù ce tu *startais* à travailler pis . (NB – Wiesmath 3, D : 268)
- on faisait pas trop trop d'argent . parce que le homard était CHEAP quand j'ai vu / j'ai *starté* à pêcher disons dans les trentes j'avais ABOUT dix-sept ou dix-huit ans tu vendais du homard pour cinq ou six cents la livre (ÎPÉ – Arrighi 2005 : 199, Théodore ÎPÉ 4 : 59–60)

À TN, on relève le verbe *STARTER* dans un sens différent : *STARTER* « démarrer, mettre en route » et le tour *être STARTÉ à* (*cf.* Brasseur 2001 : s.v. *starter*, p. 430 et s.v. *lancer (se)*, p. 269). De même, en LOU, on ne relève que le verbe plein *STARTER*, emprunt direct à l'anglais, dans le sens de « démarrer une machine » (*cf.* DLF 2010 : s.v. *starter*, p. 593)[62].

- Quand qu'i ont vu que les enfants taient bien ... *startés* à couper du bois, eh bien i se lançont pour la maison, ieusses. (TN – Brasseur 2001 : s.v. *lancer (se)*, p. 269)

IV Les périphrases modales

À l'exception du semi-auxiliaire *connaître* « savoir » en FL, on consacrera ici peu de place aux semi-auxiliaires modaux (type : *pouvoir*, *devoir*, *vouloir*), qui ne présentent pas de spécificités régionales. Ce paragraphe s'intéressera donc avant tout à quelques tours périphrastiques, vivants dans les parlers concernés, mais en partie tombés en désuétude en France.

IV.1 *aller / être + pour*

Les périphrases basées sur les verbes *aller* et *être* et la préposition *pour* sont à cheval entre l'expression de la modalité et celle de la temporalité. La préposition *pour* dénote l'intention d'atteindre un but, également exprimée dans le cas de *aller pour* par le verbe de mouvement. Quant au sens, le sens modal (l'intention) jouxte le sens futural (« futur proche »).

IV.1.1 *aller pour*

La périphrase *aller pour faire* exprime « une action qu'on se dispose à faire, même sans déplacement » ; elle se traduit par « être sur le point de » (Grevisse/Goosse 2008 : § 820c, p. 1043), le procès exprimé dans la périphrase ne s'effectue pas nécessairement, mais peut être interrompu avant[63] ; en français de France, le tour passe aujourd'hui pour vieilli (*Le Petit Robert* 2013 : s.v. *aller*), alors qu'il est vivant en NÉ et au NB.

---

62 Il en va de même dans le corpus madelinien de Falkert (2010).

63 Pusch (2005 : 166) emploie ici l'expression « imminence frustrée », à propos de la périphrase *être après faire*. – Notons le tour *partir pour* dans le même sens qu'*aller pour* aux Îles-de-la-Madeleine, *cf.* : « on partat pou s'en aller ce tait / c'était le dimanche i avat pas d'école . ben i a dit [...] » (IdlM – Falkert 2010, corpus : 4–5-, p. 6,

- Je le sais quant t'as jamais sorti d'une contrée pis tu vas pour aller / euh / t'sais tu vas dans* une ville ou de quoi de même t'es ben / t'es ben nerveux (NÉ – Hennemann, ILM, EL)
- quand il allait pour faire de quoi i l'arrêtiont s'il allait pour parler i le faisiont taire (NÉ – Arrighi 2005 : 173, Marcelin NÉ 2 : 182–183)
- tu vas pour chanter (NB – Arrighi 2005 : 173, Odule NB 21 : 101)
- Et chaque coup j'allais pour la tirer là, j'amarrais son veau. (LOU – *Découverte*, Châtaignier, Évangéline) (*la* = « la vache »)

Dans le cas prototypique, la position sujet est occupée par un référent humain. Là, où ce n'est pas le cas, une lecture futurale s'impose :
- ç'allait pour les tuer (NÉ – Arrighi 2005 : 173, Édith NÉ 22 : 3)

IV.1.2 *être pour*

La périphrase *être pour faire* existe dans toutes les régions, avec une fréquence toutefois très inégale. D'après les données des corpus, elle est très vivante en NÉ (ILM) et à TN, alors qu'elle est rare en LOU (Guilbeau 1950 : 216) et guère attestée au NB[64].

Quant au sens, ce tour peut hésiter entre une valeur modale, exprimant la volonté de faire qqch. – volonté qui, souvent, ne se traduit pas dans les faits[65] –, et la valeur temporelle d'un futur proche. Dans ce dernier cas, la forme exprime un fait à venir considéré comme inéluctable (Arrighi 2005 : 174).

Notons que la périphrase n'apparaît que rarement avec une forme verbale perfective.
- QuanT qu'i a té en haut, quanT qu'i a été pour faire la première STEP, timba bas les escaliers. (NÉ – Hennemann, ILM, EL)
- J'étions pour faire du SIGHT-SEEING, mais il fait pas beaucoup beau. (NÉ – Hennemann, ILM, oral)
- J'étais pour y aller aujourd'hui mais là Ethel a appelé, a dit je peux pas y aller aujourd'hui. (NÉ – Hennemann, ILM, IS)
- Mais là, Suroît j'y ai pas té, et pis j'étais pour y aller, ben après j'y ai pas té, pis j'avais un FREE TICKET. (NÉ – Hennemann, ILM, CL)
- i sont pour vendre là parce que ça coûte trop cher (NB – Arrighi 2005 : 173, Zélia NB 17 : 608–609)
- quand on était pour avoir des tempêtes là (IdlM – Falkert 2010, corpus : 599, p. 435, CD-ROM)
- I tait pou aller prêtre. Il a venu proche d'aller prêtre ! (TN – Brasseur 2001 : s.v. *aller*, p. 12, Wiesmath 2005 : 147)
- À dix heures tapant i tiont pou se quitter. (TN – Brasseur 2001 : s.v. *pour*, p. 367, Wiesmath 2005 : 147)
- [À propos du salve.] Tu vas nen mettre sus un morceau de coton pis tu vas te paquer ton mal avec, pis ça va guérir. Sé c'est pour pourrir ça pourrira, pis après ça ça va guérir (TN – Brasseur 2001 : s.v. *paquer*, p. 331) (*salve* = « onguent, pommade, baume », Brasseur 2001 : s.v. *salve*, p. 409)

CD-ROM). – Pour une discussion sur l'origine du marqueur *pu* exprimant l'obligation et le futur dans quelques créoles à base française, *cf.* Chaudenson (2003 : 359–360).

64 Le tour n'apparaît pas dans le corpus de Wiesmath (*cf.* Wiesmath 2005 : 147) ; Arrighi (2005 : 174), qui considère la périphrase comme un moyen d'exprimer le futur, souligne qu'il s'agit d'une forme rare et sans doute archaïque. – *Être pour faire* est attesté dans le corpus madelinien de Falkert (2010).

65 *Cf.* notamment les exemples à l'imparfait.

- l'vieux djab'e était pou' attraper la queue (LOU – Brandon 1955 : 493) (« sur le point de »)
- J'sus pour partir (Papen/Rottet 1997 : 102, Wiesmath 2005 : 147) (« sur le point de »)[66]
- Il avait été empoigner ses trawls parce que la trawl était pour commencer. (LOU – DLF 2010 : s.v. *être*[1], p. 265, TB) (« ... because the trawling season was about to begin »)

Signalons la variante *être après pour faire* en LOU, avec chevauchement des périphrases *être après faire* et *être pour faire*.
- J'étais après pour t'appeler. (LOU – DLF 2010 : s.v. *après*, p. 35, EV) (« I was just about to call you. »)

Commentaire
Le tour *être pour faire* est attesté depuis le XVe s. (Werner 1980 : 308, Brasseur 2001 : s.v. *pour*, p. 368). Il gagne une certaine importance au XVIe s. pour saisir le stade imminentiel (« être sur le point de ») ou exprimer un futur proche (« aller faire ») (*cf.* Werner 1980 : 302) ; à côté de la valeur aspecto-temporelle, il existe déjà une valeur modale (« être destiné à », « être de nature à », Grevisse/Goosse 2008 : § 821 d3, p. 1046). La périphrase est décriée comme « basse » et « archaïque » par les remarqueurs au siècle classique (Fournier 1998 : § 372, p. 254, Haase 1965 : 169) et tombe par la suite en désuétude. Chaudenson (2003 : 153) signale la faible fréquence de *être pour* – et d'*avoir pour* – dans les textes du français populaire du XVIIe et du XVIIIe s. Régionalement, la périphrase *être pour* subsiste avec la valeur d'un futur proche « sans nuance spéciale » (Franche-Comté, Ouest, Picardie, Midi ; Gougenheim 1929 : 120s., *cf.* aussi Brasseur 2001 : s.v. *pour*, p. 368).

En ce qui concerne d'autres variétés de français d'outre-mer, retenons qu'*être pour faire* est noté par Meney (1999 : s.v.) et par Léard (1995 : 206)[67] pour le FQ et par Seutin (1975 : 291) pour le parler québécois de l'Île-aux-Coudres (*cf.* aussi Arrighi 2005 : 174). Seutin assigne à la périphrase la valeur d'un futur proche (« aller faire ») tout en indiquant qu'elle peut aussi servir à saisir le stade imminentiel d'un procès (« être sur le point de »). De même, en français du Missouri, la périphrase saisit le stade imminentiel ou vise un événement futur qui va inéluctablement se produire : « Tsu peux tout l'aouère, si tsu la gagnes. – Eh ben, j'sus pour la gagner. » (Carrière 1937 : 20). Dans la variété du Manitoba, *être pour* est peu courant et s'emploie surtout à l'imparfait dans le sens d'un futur vu d'un point du passé : « ils pensaient qu'on était pour faire l'ouvrage » (*cf.* Hallion 2000 : 370).

IV.2 *avoir à, avoir pour*

Le tour *avoir à faire*, qui existe aussi en FS, équivaut au verbe modal *devoir* et exprime l'obligation de faire qqch.[68]. Il est rare dans les variétés concernées.
- Et puis i n' / i n'avait jamais eu à communiquer beaucoup avec les anglophones parce que i faisait la pêche, [...] (NÉ – Hennemann, ILM, RF)

---

66 Papen/Rottet (1997 : 102) signalent la périphrase *venir/menir pour*, de même sens (*A m'nait pour partir*. « Elle était sur le point de partir »), qui n'est pourtant pas attestée dans le DLF (2010) ; elle est également signalée pour le FQ (Léard 1995 : 206, *cf.* la note suivante).

67 Léard (1995 : 206) note les synonymes *être pour, être proche, être sur le bord de, venir pour, venir proche de, venir sur le bord de*.

68 Brasseur relève le tour *avoir à faire* au sens de « avoir l'habitude de » à TN ; *cf.* : « C'est ça qu'ils aviont à dire auparavant. » (TN – Brasseur 2001 : s.v. *aoir à*, p. 21). Il ajoute que cet emploi est « particulier » et n'existe pas dans les autres variétés de français. – Dans un sens littéral, le tour n'est pas rare aux Îles-de-la-Madeleine (*cf.* Falkert 2010, corpus), par ex. dans l'expression *avoir qqch. à dire*.

- quand je demeurais à Saint-Jean j'avais rencontré euh: sus la rue euh: un ami d'ici alors on commence à jaser en français et puis euh y a quelqu'un qui s'a arrêté emprès de nous puis i dit ben c'est quoi ça tu peux pas parler en anglais [...] oui [...] quelqu'un arrête pour nous dire qu'on aurait à parler anglais (NB – Arrighi 2005 : 201s., Rachelle NB 1 : 438–445)
- c'était sur une ferme que vous viviez vous aviez euh : à vous occuper de la ferme (ÎPÉ – Arrighi 2005 : 201, Georges ÎPÉ 7 : 88–89)
- i avaient une autre journée à faire (IdlM – Falkert 2010, corpus : 325, p. 38, CD-ROM)
- Quand il dépendait son béquine là, on avait à casser de la paille de … la paille de maïs là (LOU – Découverte, Mamou, Evangéline)

En FL, on relève dans le même sens la périphrase *avoir pour*, qui semble beaucoup plus fréquente[69] :
- il a pour se gagner de la propriété (LOU – Stäbler 1995 : 202, corpus)
- après ça t'as pou' continuer (LOU – Brandon 1955 : 493)
- J'ai pour laver le linge demain. (LOU – DLF 2010 : s.v. *pour*, p. 486, SM)
- T'as pour avoir de quoi pour avoir une femme. (LOU – DLF 2010 : s.v. *quoi*, p. 511, SL)
- C'était moi tout le temps qui avais pour y aider à faire n'importe qui il avait pour faire. (LOU – DLF 2010 : s.v. *avoir*[1], p. 51, EV)
- Il a pour aller aujourd'hui. (LOU – DLF 2010 : s.v. *avoir*[1], p. 51, LA)

Selon le DLF, *avoir pour faire* peut équivaloir à « vouloir » :
- J'ai pour aller au show ce soir. (LOU – DLF 2010 : s.v. *pour*, p. 486, SM) (« I want to go to the movie tonight. »)

IV.3 *aller* + *pis* + forme verbale finie

Dans quelques langues romanes (*cf.* Wiesmath 2005 : 156, Squartini 1998 : 33s.), mais pas en français de France, il existe des structures appelées depuis Coseriu (1966) périphrases verbales « paratactiques ». Wiesmath (2005 : 156) émet l'hypothèse que le tour « [*aller*, forme finie] + *pis* + [verbe$_2$, forme finie] » constitue justement une structure périphrastique paratactique de ce genre. À l'intérieur de ce tour, *aller* n'est pas employé comme verbe de mouvement, ce dont témoigne entre autres le fait que les verbes de mouvement ou de stationnement peuvent apparaître en position de v_2 sans qu'il y ait redondance ou contraste. Cette construction semble plutôt avoir un sens à la fois modal et aspectuel, présentant l'action du v_2 comme résolument entamée et destinée à être parachevée. De futures recherches devront montrer si l'apparition de la construction dans les parlers concernés est due à une influence de l'anglais[70], vu l'absence du tour en français de France (Wiesmath 2005 : 156), ou s'il s'agit plutôt d'un développement indépendant et parallèle dans plusieurs langues.

---

[69] Selon Stäbler (1995 : 76), le tour oscille entre une lecture modale (« devoir ») et une valeur aspecto-temporelle (expression du stade imminentiel). – Il s'agit sans doute d'un des cas dans lesquels la préposition *à* a été remplacée par *pour* (*cf.* Chaudenson et al. 1993 : 98).
[70] *Cf.* Coseriu (1966 : 17) qui relève la construction « Don't you go and worry about it ! ».

Notons encore que dans les exemples relevés dans les corpus, la périphrase paratactique basée sur *aller* se trouve de préférence au début d'une série d'actions à accomplir ; de plus, « [*aller*] + *pis* + *v₂* » semble surtout courant dans les tours généralisants où la position sujet est occupée par *tu* au sens de « on » (*cf.* le chap. « Les pronoms personnels », VIII.2.) ou par *ils*.

- tu vas pis tu y ramasses une poignée de b[leu]ets [...] pis tu y donnes pis après ça alle est ALRIGHT. (NB – Wiesmath 1, B : 339, Wiesmath 2005 : 156)
- pis après ça tu vas pis tu passes dans l'eau dans un système de filtration (NB – Wiesmath 12, J : 89, Wiesmath 2005 : 156)
- Tu les quittes là, pis dans l'automne, tu vas pis tu les coupes, à la bonne lune. [...] (TN – Brasseur 2001 : s.v. *mort-pelé*, p. 305)
- Mais steure le monde l'avont si aisé, asteure i pouvont aller pis prendre des cours. (TN – Brasseur 2001 : s.v. *aoir*, p. 20)

Rarement, *pis* manque dans la construction :
- alors euh on / on se place là pis euh tu vas tu t'assis pis ti/ tu réponds à tes / tes / ton petit questionnaire (NB – Wiesmath 11, U : 83, Wiesmath 2005 : 156)

IV.4 Autres constructions modales

Loin de prétendre à l'exhaustivité, ce paragraphe ne traitera que de quelques particularités d'emploi par rapport au FS.

IV.4.1 *pouvoir* et *connaître*

Dans les parlers étudiés ici, le verbe *pouvoir* peut renvoyer à une capacité intellectuelle ; il introduit ainsi régulièrement le verbe *parler* pour exprimer l'aptitude à parler une langue étrangère. *Pouvoir faire* englobe donc le sens de *savoir faire*.

▶ *pouvoir*
- i pouviont parler anglais BUT la plupart du temps i parliont français. (NÉ – Hennemann, PUB, LaD)
- I y avait des universités françaises pour lesquelles je n'étais pas préparé parce que je / je ne pouvais lire presque pas, je lisais presque pas ou je n'écrivais presque pas en français standard. (NÉ – Hennemann, ILM, RF)
- [ma bru] elle est pas française euh alle a appris un petit peu de français à l'école . pis a' peut le lire ben i y a des fois qu'a' sait pas ce que ça veut dire (NB – Wiesmath 6, L : 233-235)
- comme je peux parler aussi bien anglais que français (NB – Arrighi 2005, corpus, Michelle NB 16 : 83)
- Ène femme qui coudait bien, qui pouvait coudre toutes sortes de choses, i disiont c'ène bonne couturiaise. (TN – Brasseur 2001 : s.v. *couturiaise*, p. 131)
- et elle alle pouvait pas parler en anglais (LOU – Rottet 2001 : 121, loc. âgé)
- alle peut lire en français (LOU – *Découverte*, Isle Jean Charles, Terrebonne)

En FL, le verbe *connaître* a largement supplanté le verbe *savoir* dans tous ses emplois : comme verbe plein[71], comme marqueur discursif (*tu connais* « tu sais »)[72] et comme semi-auxiliaire. *Connaître* apparaît dans le tour périphrastique *connaître faire* pour exprimer l'aptitude intellectuelle. L'infinitif peut être introduit par une préposition (*connaître à faire*).

▶ *connaître* (LOU)
- Equand mon jh'allais à l'école, tout ce que je connaissais dire c'était Yes ma'am et No ma'am. [...] parce que jh'avais pris ça trop dur quand mon jh'allais à l'école et de voir que mon je connaissais pas parler nanglais. (LOU – Rottet 2001 : 120, loc. âgée)
- Là, mon plus vieux de mes garçons, lui il connaît parler joliment parler français. Et elle alle connaît un peu. (LOU – Rottet 2001 : 121, loc. âgée)
- Parce que asteur, ce jour icitte, c'est bon eusse connaît à parler en anglais parce que eusse pourr'aller plus loin en anglais. (LOU – Rottet 2001 : 122, locuteur jeune)
- Je connais lire et je connais compter. (LOU – DLF 2010 : s.v. *connaître*, p. 151, SM)

IV.4.2 *manquer (de), passer/venir proche de*

Pour exprimer la réalisation manquée (en FS : « faillir », « manquer de »), les parlers étudiés ici recourent principalement à deux moyens :
- La périphrase *manquer (de) faire* avec ou – plus rarement – sans préposition.
- En FL, l'adverbe *proche* qui s'insère facilement dans différentes constructions syntaxiques.

▶ *manquer faire*
- Ah j'ai manqué geler. (NÉ – Hennemann, ILM, DO)
- Il est tellement abîmé, j'ai manqué pas le reconnaître. (LOU – DLF 2010 : s.v. *manquer*, p. 384, SM)

▶ *manquer de faire*
- [ma mère] a s'a élogé le bras pa al a manqué de me taper, pa a m'a dit : va-t'en, [...] (NÉ – Hennemann, ILM, EL)[73]
- ben la belle-mère a manqué de chavirer (NB – Arrighi 2005 : 202, Annie NB 10 : 525–526)
- j'ai dit ça moi une journée j'arrive à travailler je dis HEY j'ai manqué de brasser de tuer un ELK (NB – Arrighi 2005 : 202, Suzanne L. NB 18 : 531–533)
- pis il a manqué de laisser sa vie là (IdlM – Falkert 2010, corpus : 466–467, p. 275, CD-ROM)[74]
- il ont manqué de le tuer (IdlM – Falkert 2010, corpus : 172, p. 288, CD-ROM)
- Alla a manqué de me faire mourir de peur. (LOU – DLF 2010 : s.v. *manquer*, p. 384, TB)
- J'ai tombé dans un trou de cocodrie quand j'étais petit, et j'ai manqué de jamais de m'en débourber. (LOU – DLF 2010: s.v. *manquer*, p. 384, VM)

---

71 *Cf.* « tu connais quoi c'est une seine » (LOU – Stäbler 1995 : 52, corpus) ; « Je connais que vous-autres est après parler de nous-autres parce que vous avez parlé en français ». (LOU – DLF 2010 : s.v. *connaître*, p. 151, SL).
72 *Cf.* « Il y a des fois, on plantait ça dans le clos, tu connais. » (LOU – DLF 2010 : s.v. *connaître*, p. 151, SL)
73 *Pa* correspond à *pis* devant « a ».
74 Dans le corpus madelinien de Falkert (2010), le tour *manquer de faire* est le moyen courant pour exprimer la réalisation manquée.

À TN et en LOU, l'adverbe *proche* joue un rôle majeur pour exprimer la réalisation manquée. Ici – rarement aussi en NÉ[75] –, on relève une périphrase verbale, construite à la base d'un verbe de mouvement (*passer, venir*), de l'adverbe *proche (de/à)* et de l'infinitif.

▶ *passer proche de faire*
- J'ai passé proche d'arrêter icitte hier. (NÉ – É. Boudreau 1988 : 199) (« Pour un peu je me serais arrêté ici hier. »)

▶ *venir proche de faire* (TN)
- Ben *my son* j'ai venu proche de vomir sus la table ! (TN – Brasseur 2001 : s.v. *proche*, p. 373)
- I tait pou aller prêtre. I a venu proche d'aller prêtre ! (TN – Brasseur 2001 : s.v. *aller*, p. 12)
- Il y a des fois D., là, il venait proche à s'endormir sur le violon (LOU – *Découverte*, Mamou, Évangéline)

En FL, l'adverbe *proche* se combine facilement avec les verbes, les adjectifs ou avec d'autres adverbes et locutions adverbiales dans le sens de « presque » (*cf.* aussi DLF 2010 : s.v. *proche*, p. 496)[76]. Le sémantisme du tour *proche* + verbe se rapproche parfois très nettement des périphrases *manquer de* et *faillir faire*.
- <j'avais> [have] proche oublié quel âge j'avais là-là (LOU – Stäbler 1995 : 42, corpus)
- Le bougre qui a vendu le boghei, il lui a proche donné (LOU – *Découverte*, Mamou, Évangéline)
- il y a un tas des musiciens qui avaient euh gâtés proche leur réputation de boire de trop (LOU – *Découverte*, Mamou, Évangéline)
- « Mam tu m'as proche fait peur des garçons pour même ! » (LOU – *Découverte*, Mamou, Évangéline)

Commentaire
À côté du tour *faillir faire*, il existe dès le XVIIe s. la périphrase modale *manquer à/de faire* au sens de « oublier », « négliger » ; cette périphrase, aujourd'hui vieillie, subsiste en français moderne à la forme négative : *ne pas manquer de faire* « ne pas oublier de », « ne pas négliger de » ; si la position sujet est occupée par un référent non-animé, *ne pas manquer de* exprime l'inéluctabilité d'un événement. En outre, le tour *manquer (de) faire* (avec ou sans préposition) s'est établi, à côté de *faillir faire*, pour exprimer la réalisation manquée (*cf.* Hanse 1991 : s.v. *manquer*, p. 580). Dans tous ces tours, le « sens primitif de *manquer* a visiblement disparu » (Brunot/Bruneau 1949 : 391), *manquer* sert donc uniquement d'auxiliaire.

Notons que l'existence du tour *manquer (de) faire* au sens de *faillir faire* est signalée pour le français du Manitoba par Hallion (2000 : 408). Léard (1995 : 206) note le tour *venir proche de* dans le sens de « être sur le point de » en FQ.

IV.4.3 *être supposé (de)/être censé (de)*
La périphrase *être censé faire* ne semble jouer aucun rôle dans les parlers étudiés ici. Nous la relevons dans une seule interview avec un locuteur standardisant en NÉ ; notons qu'ici, le tour exprime une obligation morale ou une attente sociale (« devoir »).

---

75 En NÉ et au NB, c'est l'adverbe *presque* qui est courant dans ce contexte.
76 *Proche* recouvre donc les sens de « presque » et de « proche » du FS (*cf.* DLF 2010 : s.v. *proche*, p. 496). *Cf.* le chap. « Les adverbes », I.2.8.

▶ *être censé (de)*
- On est censés d'être a/ accueillant, cha/ t'sais comme gentils, hein, comme misé/ comment est-ce tu dis ça « FORGIVING » ? Miséricordieux ou quelque chose. (NÉ – Hennemann, ILM, BJ)
- les Acadiens sont censés être fiers aux Acadiens, pour moi, ça fait pas de suite. (NÉ – Hennemann, ILM, BJ)

La périphrase modale *être supposé (de) faire* est sûrement calquée sur l'anglais (*to be supposed to do sth.*, *cf.* Arrighi 2005 : 202 ; *cf.* aussi Brasseur 2001 : s.v. *supposé*, p. 434)[77]. Elle peut être paraphrasée par « être considéré comme devant être ou devant faire quelque chose »[78] : l'accent est donc mis soit sur une attente non confirmée, soit sur l'obligation morale ou le devoir social plus ou moins contraignants de faire qqch. Avec les sujets non-animés, le tour exprime la façon dont les choses devraient normalement/généralement se passer ; nié, il peut désigner une interdiction plus ou moins formelle (*cf.* son équivalent anglais).

▶ **être supposé (de) faire exprimant une attente non confirmée**
- LL : GARY est supposé d'être là pis i me laisseraient savoir. EL : I laisseraient savoir s'il vient. (NÉ – Hennemann, ILM, LL)
- pis là moi j'avise-ti pas qu'i y avait une place là qui ce / qui était supposée d'avoir un statue pis i y avait rien (NB – Wiesmath 2, F : 127–128)
- on serait supposé d'avoir beaucoup plus de touristes que ça aux Îles (IdlM – Falkert 2010, corpus : 154–155, p. 198, CD-ROM)
- [tout est noir et triste] ça serait supposé d'être illuminé partout là (IdlM – Falkert 2010, corpus : 248, p. 33, CD-ROM)
- I tait supposé d'aoir iu settlé à la Baie-des-Îles et de delà il a monté en haut ici et pis i s'a marié. (TN – Brasseur 2001 : s.v. *supposé*, p. 434)
- ils ont dit que le vieux était . supposé d'être en dedans (LOU – Stäbler 1995 : 88, corpus) (Une maison est en flammes et les secouristes ne savent pas s'il y a une personne à l'intérieur.)

▶ **être supposé (de) faire « devoir »**
- Mais ils sont supposés touT emporter parce que / euh / le GARBAGE REGARDLESS quoi-ce que c'est que c'est. (NÉ – Hennemann, ILM, EL)
- je suis supposée d'avoir une classe à soir mais c'est pas / ç'a pas d'importance (NB – Wiesmath 6, L : 73–74)
- comment ça se fait vous avez mis ça Jeudi Saint c'est supposé d'être la journée des Apôtres (NB – Arrighi – 2005 : 202, Robert NB 19 : 433–435)

---

77 Remarquons au passage que le tour *c'est supposé que* (NÉ) et les adverbes *supposément* (NB) et *supposé* (LOU – DLF 2010 : s.v. *supposé*², p. 595) permettent de se référer à une hypothèse, à un « on-dit » ou à une rumeur : « Ben ANYWAY c'est supposé que / euh / c'est supposé qu'a va le marier. » (NÉ – Hennemann, ILM, EL) ; « mais supposément là d'après Armance pis euh le / comité i ont eu des appels » (NB – Wiesmath 2, F : 212–213) ; « On dirait, c'est manière drôle de dire ça, BUT supposé ça a arrivé. C'est une histoire vraie. » (LOU – DLF 2010 : s.v. *supposé*², p. 595, SL) (Le DLF traduit par « supposedly ».)
78 www.larousse.fr, 9 mai 2016 à propos du lemme *être censé (de) faire*.

- i est supposé de me donner des nouvelles après les fêtes (IdlM – Falkert 2010, corpus : 162, p. 497, CD-ROM)
- L'eau salée monte dans une rivière, pis elle est grande, pis elle est creuse, mais un russeau est supposé d'être plat [plat]. (TN – Brasseur 2001 : s.v. *rivière*, p. 400)
- [À propos de l'homme à demie-ligne] Quand qu'y avait des patates à planter i tait supposé de donner un petit coup de main aussi. (TN – Brasseur 2001 : s.v. *supposé*, p. 434) (*l'homme à demie-ligne* = « matelot rémunéré au quart de la pêche, nourri et logé par le patron », Brasseur 2001 : s.v. *ligne*, p. 276)
- ma sœur, elle, elle était supposée de faire l'ouvrage là-bas et vider son pot de chambre (LOU – *Découverte*, Mamou, Évangéline)
- Dès que la maîtresse allait me demander de quoi, j'étais supposé de répondre YES OR NO. (LOU – DLF 2010 : s.v. *supposé*[1], p. 595, LF)

▶ **ne pas être supposé de « ne pas avoir le droit de »**
- I sont pas supposés commencer avant ça. (NÉ – Hennemann, ILM, EL)
- t'es pas supposé de passer les LIGHT rouges de même (NB – Wiesmath 8, T : 167s.)
- Je sus pas supposé de fumer […]. Mais je fume pareil. Pus vite ça me tue, tant meilleur ! (TN – Brasseur 2001 : s.v. *meilleur*, p. 296)
- T'es pas supposé de le dire. (TN – Brasseur 2001 : s.v. *supposé*, p. 434)
- À la bouilliture de chevrettes il a pas beaucoup mangé. C'est parce qu'il est pas supposé de manger trop de chevrettes. (LOU – DLF 2010 : s.v. *trop*, p. 634, TB)
- Pour le Vendredi Saint t'es pas supposé de fouiller dans la terre. (LOU – DLF 2010 : s.v. *supposé*[1], p.595, TB)

Commentaire
Le tour *être supposé (de) faire* est très vivant dans tous les parlers étudiés ici ; son essor est probablement de date récente (*cf.* Arrighi 2005 : 202). L'expression semble particulièrement fréquente dans les situations de contact étroit avec l'anglais : cela est vrai pour les parlers étudiés ici, mais aussi pour le FQ (Meney : s.v. *supposé*) et le français du Manitoba (Hallion 2000 : 373), et, en Europe, pour les parlers des îles anglo-normandes (Brasseur 2001 : s.v. *supposé*, p. 434), où la périphrase est également attestée.
    Le Petit Robert (2013 : s.v. *supposé*) note le tour au sens de « être censé » comme un régionalisme critiqué, courant au Canada ; il en date l'avènement à la fin des années trente (de fait, il indique l'année 1937 comme première attestation). Hanse (1991 : s.v. *supposer*, p. 912) note le tour *Il est supposé avoir compris* (« être censé ») sans marque diasystématique ou régionale.

V Tableau récapitulatif

Valeur aspectuelle	Périphrase utilisée
•aspect progressif/duratif	•*être après, être à, être en train de, être en frais de, être en fait de*
•habitude	•*être (ac)coutumé à, avoir coutume de, avoir habitude (de), habitude* ; les périphrases dites « duratives-progressives », en règle générale avec une nuance modale additionnelle

Valeur aspectuelle	Périphrase utilisée
•stade imminentiel (« être sur le point de »)	•être après, être en train de, se mettre en frais de, aller pour, être pour
•stade ingressif/inchoatif (« commencer à »)	•prendre à, commencer de/à, (se) braquer à, partir à, se mettre à, STARTER à
•stade égressif/final/terminal	•finir de
•stade post-terminal : résultatif	•avoir qqch. de + participe passé
•stade post-terminal : passé récent	•arriver de, avoir juste/justement fait de, sortir de, venir de, finir de, être après (à l'imparfait)

Valeur modale	Périphrase utilisée
•disposition à faire qqch., occasionnellement valeur imminentielle (« être sur le point de ») et futural (« aller faire »)	•aller pour, être pour
•obligation	•avoir à/pour, être supposé (de)
•capacité intellectuelle (« savoir faire »)	•pouvoir, connaître (FL)
•réalisation manquée (« faillir faire »)	•manquer (de), passer/venir proche de

Les formes nominales du verbe : L'infinitif, le gérondif et le participe présent

Préliminaires

I	**Aspects morphologiques**
II	**« L'infinitif substitut »**
II.1	« L'infinitif substitut » dans un contexte de juxtaposition ou de coordination
II.2	« L'infinitif substitut » dans les subordonnées
II.2.1	*(il) faut* ou verbe de volition + forme verbale finie + *pis/et/et pis* + infinitif
II.2.2	Verbe d'obligation ou de volition + infinitif avec sujet explicite
III	**Les constructions à caractère final**
III.1	Les infinitifs avec *pour* sans sujet explicite
III.2	Les infinitifs avec sujet explicite introduits par la préposition *pour*
III.3	Absence de la préposition *pour* : « infinitif substitut » ou construction de but ?
IV	**Les formes nominales en concurrence**
IV.1	*à* + infinitif en fonction de complément circonstanciel
IV.2	L'infinitif dans le rôle d'une proposition relative
IV.3	Le gérondif
IV.4	Le participe présent
V	**Spécificités concernant l'emploi des prépositions devant l'infinitif**
V.1	L'infinitif attribut du sujet dépendant d'un tour impersonnel
V.2	L'infinitif complément d'un verbe
V.3	L'infinitif complément d'un nom ou d'un adjectif
V.4	L'infinitif complément circonstanciel
VI	**Les constructions factitives ou causatives**
VI.1	*faire faire* et *laisser faire*
VI.2	Choix des pronoms
VI.3	Insertion de l'objet entre l'auxiliaire et l'infinitif
VI.4	Changement de valence
VI.5	*quitter qqn. faire qqch.*

Les formes nominales du verbe : L'infinitif, le gérondif et le participe présent

Préliminaires

Comme dans d'autres domaines de la grammaire, nous relevons dans le système verbal des tendances à l'expression économique des catégories grammaticales, qui se manifestent notamment par l'évitement de la redondance du marquage grammatical et la préférence accordée aux formes invariables par rapport aux formes variables ; nous assistons donc dans les variétés étudiées ici (à un niveau inégal, il est vrai), au « passage d'un système verbal à morphèmes désinentiels à un système où des formes invariables jouent un rôle plus important » (Neumann-Holzschuh 2003 : 76) ou bien, comme le note Arrighi (2005 : 207), à « un processus de nivellement vers des formes non marquées »[1].

Les paragraphes suivants montreront que l'infinitif peut se substituer à n'importe quel temps verbal (*cf.* Brasseur 1998 : 86, Arrighi 2005 : 195) : en règle générale, le remplacement devient possible dès que l'infinitif est inséré dans une structure complexe de coordination ou de juxtaposition. Soulignons d'emblée qu'il y a des « zones d'ombres », où il est difficile d'évaluer le degré d'indépendance syntaxique de l'infinitif. C'est pourquoi nous proposons pour les constructions contenant un infinitif le modèle d'un continuum entre deux pôles[2] : du côté du premier pôle figurent les cas nets d'infinitif dit *substitut*[3] (remplaçant une forme finie) et, à l'autre pôle, les cas où l'infinitif dépend d'un verbe fini et/ou d'une préposition. Entre ces deux pôles, on distingue une zone intermédiaire, dont les exemples se prêtent à différentes interprétations.

– Pôle 1:
    – Infinitif substitut dans une principale coordonnée qui suit une autre principale (*cf.* ci-dessous II.1.)
        • [Pour conserver la glace, autrefois.] On la paquait dans du son du scie, mettait dans ène bâtisse, pis mettre à peu près un pied de son de scie dans les bords, chaque bord de la bâtisse pis là tu... tu mettais ta glace, pis tu mettais à peu près ... un autre pied de son de scie par-dessus. [...]. (TN – Brasseur 2001 : s.v. *son de scie*, p. 424, Brasseur 1998 : 85)

---

[1] L'infinitif est une forme grammaticale à cheval entre le nom et le verbe. Remarquons dans ce contexte l'ambivalence de l'infinitif en ancien français : il est à la fois forme verbale et « véritable *substantif* » (Foulet 1967 : 216). En tant que tel, l'infinitif de l'ancienne langue peut être accompagné d'un déterminant, il peut se décliner (prendre un s au cas-sujet singulier) ou être suivi d'un complément déterminatif (Foulet 1967 : 216).

[2] Rottet (2001 : 253–257) avance lui aussi l'idée d'un continuum entre des phrases qui contiennent indubitablement un verbe fini et celles où le verbe est placé à l'infinitif. Il distingue ainsi l'usage louisianais traditionnel de l'usage innovateur des semi-locuteurs. Entre les pôles, il peut y avoir des structures ambiguës où l'on ne saurait dire s'il s'agit d'une structure finie ou d'une structure non-finie.

[3] Le principe d'économie sous-jacent à ce procédé est déjà signalé par Remacle : « l'infinitif substitut, qui suit toujours une forme verbale complète, se présente lui-même comme une forme verbale aussi nue, aussi réduite que possible ; on dirait que le locuteur ne trouve plus nécessaire de recourir une seconde fois à tous les moyens [...] » (Louis Remacle, *Syntaxe du parler wallon de La Gleize*, vol. 2, Paris, 1956, p. 142, cité, entre autres, par Brasseur 2001 : XLIX ; 1998 : 86).

- Infinitif substitut dans la subordonnée à la place d'une forme du subjonctif, en dehors du contexte de la coordination ou de la juxtaposition (seulement dans le parler des semi-locuteurs louisianais).
  - Je veux qu'eusse avoir une bonne vie. (LOU – Rottet 2001 : 250)

- Zone intermédiaire :
  - L'infinitif dans une subordonnée coordonnée à une première subordonnée introduite par *que* (cas très fréquent après *il faut que* + verbe fini + *et/pis* + infinitif) (*cf.* ci-dessous II.2.1) :
    - faulait qu'i se mettent de genoux pis laver ça avec une brousse (NB – Wiesmath 1, R : 816–817)

Fondamentalement, ces cas se prêtent à deux interprétations : il s'agit soit d'un infinitif substitut remplaçant une deuxième forme finie (c'est l'avis de la plupart des auteurs, *cf.* p.ex. Falkert 2007), soit de l'ellipse du verbe *falloir* (« il fallait qu'il se mettent à genoux, il fallait laver ça avec une brosse »).

- L'infinitif coordonné à un autre infinitif, mais situé à une certaine distance de celui-ci. La question est alors de savoir s'il s'agit d'un infinitif dépendant du verbe fini ou bien d'un infinitif substitut, remplaçant une forme finie :
  - pis là j'as té obligé de travailler dans les maisons aider les enfants pis essayer de ieux donner quoi-ce qui vouliont (NB – Arrighi 2005 : 203, Laura NB 8 : 131–132)

Soulignons que *pis* sert de conjonction de coordination à part entière dans les parlers concernés (*cf.* le chap. « La connexion », II.2.3.).

Très souvent, il y a ambiguïté entre une construction finale non introduite par *pour* (*cf.* III.3.) et l'infinitif substitut. La construction finale est évidente après les verbes désignant un mouvement (*venir faire qqch., se rendre quelque part [pour] faire qqch., etc.*) et après les indications locatives. Le FS connaît d'ailleurs aussi l'infinitif de but, non introduit par *pour* ou *à*, après les verbes de mouvement (*cf.* Riegel et al. 2011 : 831). Dans d'autres cas, la distance entre le verbe régissant un premier infinitif et le second infinitif est trop grande pour établir une dépendance de la deuxième forme ; on a alors affaire à un infinitif substitut.
  - i venaient / i veniont une fois ba [sic, INH/JM] tous les mois une fois par mois euh : confesser i disaient la messe (NB – Arrighi 2005 : 203, Willy NB 9 : 46–47)
  - Faulait que t'allais ac un cheval premier de tout, faire un coupelle de tours avec le cheval ou avec le bœuf ou quoi-ce que c'est pis après ça tu venais prendre la traîne avant de sortir, [...] (TN – Brasseur 2001 : s.v. *battre*, p. 46s.)

- Pôle 2 : l'infinitif dépend d'un verbe fini et/ou d'une préposition (*cf.* ci-dessous V) :
Nous distinguons les cas où le sujet de l'infinitif correspond au sujet de la principale :
  - Oui, il essayont à trouver d'ouvrage. (NÉ – Hennemann, ILM, CL)

  - Arrête de conter des affaires comme ça ! (LOU – *Découverte*, Mamou, Évangéline)

et ceux où des constructions infinitives avec sujet explicite remplacent une subordonnée (*cf.* III.2.) :

- Un petit trou pour l'air sortir. (TN – Brasseur 2001 : XLVIII)
- Eusse y a donné de l'argent pour lui aller au magasin. (LOU – Guilbeau 1950 : 223)
- il 'n a pas de place pour eux fourrer là (LOU – Stäbler 1995 : 193, corpus)

À côté des constructions infinitives, dans le contexte desquelles il sera aussi question des constructions factitives ou causatives (*cf.* ci-dessous VI), on évoquera brièvement d'autres structures verbales nominales pour en évaluer le rôle dans les parlers étudiés ici : le gérondif et le participe présent (*cf.* ci-dessous IV).

I Aspects morphologiques

Quant aux aspects morphologiques, on peut faire les observations suivantes :
- Comme la majorité des verbes français appartiennent au premier groupe (*-er*), on constate dans les parlers étudiés de fortes tendances à la régularisation des paradigmes, notamment en FL, pour aligner les conjugaisons des autres groupes sur celle du premier (*cf.* aussi les notes sur la formation du conditionnel dans le chap. consacré à ce mode : *vouderais, prenderais*).
    - des journées on ferra deux cordes parce qu'y a pas de bois le bois est clair pis :: courer d'un arbre ici là (NB – Arrighi 2005 : 118, Willy NB 9 : 30–31)
    - on i donnait pour s'offrir ses cigarettes ou quoi de même (ÎPÉ – Arrighi 2005 : 118, Rose ÎPÉ 7 : 179–180)
    - *taiser* « taire », *vouiller* « bouillir » (LOU – Brandon 1955 : 474)

- Les verbes empruntés à l'anglais, s'ils sont morphologiquement adaptés au système français[4], appartiennent tous au premier groupe.
    - tu peux les *feeder* (NÉ – Hennemann, BSM, RL)
    - pis c'tte femme icitte là vienne me *caller* (NÉ – Hennemann, ILM, IS)
    - je vas *checker* les cosses (NB – Wiesmath 1, R : 453)
    - *manager* [mɛnidʒe] « réussir » (TN – Brasseur 2001 : s.v. *manager*, p. 287)

- Les verbes terminés en *-ir* sont fréquemment prononcés sans *r* : [i] (*cf.* Arrighi 2005 : 118). Il s'agit d'une prononciation ancienne en français.
    - comment t'as fait pour rouvri la porte (NÉ – Arrighi 2005 : 118, Marcelin NÉ 2 : 296–297)
    - y a peut-être du monde qui va mouri de faim on sait pas (NB – Arrighi 2005 : 118, Annie NB 10 : 348–349)
    - y avait des un/ des centaines gens qui s'en abriaient sontaient obligés d'agrandi ça (ÎPÉ – Arrighi 2005 : 118, Théodore ÎPÉ 4 : 4–5)

---

4 En FL, les emprunts sont rarement adaptés au système français (Klingler et al. 1997) ; en FA, en revanche, les cas de non-adaptation sont l'exception (*cf.* aussi Arrighi 2005 : 139). *Cf.* le chap. « Introduction », III.3.

• Pour la LOU, Brandon (1955: 474) note les formes *nourri', ri', couri', vini'* (*cf.* aussi Conwell/Juilland 1963 : 62)

– Le groupe « consonne + *re* » en fin de verbe est réduit ; *-re* tombe régulièrement : *mettre* [mɛt], *être* [ɛt][5].
– Certains verbes appartiennent à d'autres groupes qu'en FS ; notons à titre d'exemple :
    – Le verbe *s'asseoir* appartient au groupe des verbes en *-ir* dans les parlers concernés : *s'assir* (*cf.* le chap. « Formes verbales remarquables »). Cette forme est également répandue dans les parlers dialectaux de France (FEW 11, 395b-396a, Brasseur 2001 : s.v. *assir (s')*, p. 31).
  • Mais, je veux pas aller m'assir là AND JUST THINK. (NÉ – Hennemann, ILM, EL)
  • pis j'adore ça je peux m'assir en classe pour écouter pis parler de la couleur la journée longue (NB – Arrighi 2005, corpus, Michelle NB 16 : 228–229)
  • elle se met à s'assir pis à parler (ÎPÉ – Arrighi 2005, corpus, Aldine H. ÎPÉ 3 : 193–194)
  • pis y avait une grosse couverture là dans-dedans pour s'assir dessus (IdlM – Falkert 2010, corpus : 186, p. 404, CD-ROM)
  • Y a rien à faire que t'assir pis ... blaguer, garder ! C'est joli tu vois la mer tout le tour. » (TN – Brasseur 2001 : s.v. *assir (s')*, p. 30)
  • Tu viens t'assir au ras de moi là. (LOU – *Découverte*, Mamou, Évangéline)

– Le verbe *tenir* apparaît aussi sous la forme *tiendre* en FA/FTN/FL (*cf.* le chap. « Formes verbales remarquables »).
  • j'ai pas pu le tiendre j'ai arraché des plumes mais j'ai pas pu le tiendre (NÉ – Arrighi 2005 : 129, Marcelin NÉ 2 : 346–347)
  • c'était-ti ça assez d'argent pour te tiendre (NB – Arrighi 2005 : 129, Steven NB 8 : 58–59)
  • je remercie le Bon Dieu de me tiendre la santé (ÎPÉ – Arrighi 2005 : 129, Rose ÎPÉ 7 : 96–97)
  • ça pourrait tiendre un petit peu (IdlM – Falkert 2010, corpus : 408, p. 218, CD-ROM)
  • Je pouvais pas me tiendre sus mes jambes. (TN – Brasseur 2001 : s.v. *tiendre, tenir*, p. 446)
  • Ça prend un peu plus d'eau salée pour le tiendre à lui en vie. (LOU – *Découverte*, Isle Jean Charles, Terrebonne)

---

5 *Cf.* « Introduction », I.5.3. Ces réductions consonantiques « constituent une caractéristique générale et systématique du phonétisme de l'acadien, sans pour autant que la réalisation d'un tel groupe en position finale soit une impossibilité » (Ryan 1982 : 129). De telles réductions sont également courantes en FL ainsi que dans d'autres variétés parlées, dont le français parlé en France. *Cf.* Gesner (1979a : 61, 1985 : 11), Arrighi (2005 : 118), Wiesmath (2006, Introduction au CD-ROM), Stäbler (1995 : xvii, corpus), Ryan (1982 : 129s.), Bauche ([2]1951 : 113).

II « L'infinitif substitut »

Dans certains contextes, l'infinitif apparaît en lieu et place d'une forme finie du verbe ; à la suite de Remacle (1956), on parle d'un « infinitif substitut »[6].

II.1 « L'infinitif substitut » dans un contexte de juxtaposition ou de coordination

Dans un contexte de juxtaposition ou de coordination, les verbes qui suivent un premier verbe conjugué peuvent rester à l'infinitif (*cf.* pour le NB, Arrighi 2005 : 195 ; pour TN : Brasseur 1998). Quant à la macro-structure qui favorise l'apparition de l'infinitif substitut, il s'agit généralement d'une suite d'actions ou d'événements reliés à la phrase précédente par *(et) pis* ou *ou bien*. L'infinitif substitut figure ici « comme un moyen "économique" d'assurer la progression du récit » (Falkert 2007 : 72).

Les énumérations peuvent aussi renvoyer à des actions ou des événements récurrents (Falkert 2007 : 72). Notons qu'il peut y avoir une ambiguïté entre une forme infinitive et l'imparfait, les deux se prononçant de façon identique[7] ; même dans les régions où l'imparfait peut aussi se terminer en [a] (surtout NÉ, IdlM, TN), l'ambiguïté subsiste puisque les terminaisons en [a] et en [ɛ/e] peuvent apparaître chez le même locuteur[8].

Pour la répartition de l'infinitif substitut sur les différentes régions, retenons les éléments suivants :
- Le procédé n'est pas relevé dans le corpus néo-écossais de Hennemann (2014), mais à en juger par d'autres sources, il semble exister sur le terrain.
- L'infinitif substitut est bien présent aux Îles-de-la-Madeleine (Falkert 2007).
- Les corpus d'Arrighi (2005) et de Wiesmath (2006) enregistrent une certaine présence de l'infinitif substitut au NB.
- Brasseur (1998 ; 2001 : XLIX) souligne l'abondance des exemples pour TN.
- En LOU, malgré la présence de quelques exemples de ce type, les constructions infinitives apparaissent principalement dans les subordonnées (*cf.* ci-dessous II.2.).
  - Vous les netteyez comme i faut pis vous prenez des foies, pis de la farine et pis des ègnons pis mettre ensemble (NÉ – exemple pris dans Flikeid, cité dans Brasseur 1998 : 86)
  - je faisais plus la chasse aux chevreuils ou bien tuer des chevreuils (NB – Wiesmath 1, B : 306)
  - vous jouez au hockey ou juste patiner (NB – Wiesmath 1, G : 714)
  - je vas / je me mets debouT pis je mange vite pis je bois mon eau pis : c'est mon dîner ou mon souper pis je vas vite c'est de même je m'assis pas pis je sors pas pis ((souffle)) prendre un café (NB – Arrighi 2005 : 195, Michelle NB 16 : 659–661)
  - i faisiont ça avec du papier pis coller avec du beurre (NB – Arrighi 2005 : 195, Odule NB 21 : 147)

---

6 Le terme est repris, entre autres, par Brasseur (1998 : 84ss., 2001 : XLVIII), Arrighi (2005 : 195, 203), Falkert (2007).
7 *Cf.* Wiesmath (2006 : 78), Brasseur (2001 : XLII), Rottet (2001 : 252), Dubois (2015). *Cf.* chap. « Les temps du passé », II.1.1.
8 Falkert (2007) indique cependant que dans ces régions, « les confusions possibles sont réduites ».

- pis il [mon professeur] me dira / pourquoi ça pourquoi est-ce-que t'as pas pris le temps pis essayer de repenser au mot français (NB – A. Boudreau 1998, ll. 487–489)
- Il a dit aux hommes vite levez-vous. fait que les hommes s'a levé. et pis s'habiller. pis il ont mis les loups-marins à bord du canot. pis s'en ont été sus =a glace. prendre des barils des barils à la/la grosse glace. pis quand il ont arrivé là la/ la glace a té tout' défait (IdlM – Falkert 2007 : 71)
- Tu te levais le matin pis tu t'en allais faire ène marée de pêche. Pousser ton doury pis t'allais au large. [...] (TN – Brasseur 1998 : 85 ; 2001 : s.v. *marée (de pêche)*, p. 290)
- I alliont veiller dans les maisons, pis i contiont des contes et i chantiont, i jouiont aux cartes, boire de la bière, du *home-brew*. (TN – Brasseur 1998 : 87 ; 2001 : XLIX)
- On le coupait par blocs et le fendre pis on faisait un feu pis le brûler à mesure. (TN – Brasseur 2001 : XLIX)
- Une personne qu'arait iu les ... les TV-cameras [...], une personne n-n'arait iu ène à ce temps-là pis, ramasser tout [tut] ça. (TN – Brasseur 1998 : 87 ; 2001 : XLIX)
- et habitude tu pouvais payer de la terre . à la travailler . faire du coton des patates du maïs des bêtes . et vivre dessus tu pouvais la payer (LOU – Stäbler 1995 : 203, corpus)
- les voisins se mettont ensemble dans un après-midi . ramasser peut-être huit dix douze balles de coton (LOU – Stäbler 1995 : 215, corpus) (exemple ambigu entre infinitif substitut et construction finale, *cf.* III.3.)

Nous signalons dans le chapitre sur la connexion que *pis* constitue une conjonction de coordination à part entière, de même sens et de même fonction que la conjonction *et* en FS, et même beaucoup plus fréquente que cette dernière. Vu sous cet angle, les occurrences suivantes peuvent s'interpréter comme des infinitifs coordonnés dépendant d'une forme verbale finie ; dans cette hypothèse, il ne s'agit donc pas d'infinitif substitut au sens strict :

- Pis là je peux aller sus VERONICA pis rester une semaine [...] (NÉ – Hennemann, ILM, IS)
- je vas aller travailler pour moi pis moi l'acheter (NB – Arrighi 2005 : 203, Laura NB 8 : 21)
- je peux pas voir que t'arais le droit de pas d'être assuré pis conduire (NB – Arrighi 2005 : 195, Stéphanie NB 11 : 436–437)
- Tu ois des petits ègneaux le printemps se mettre à jouer là, pis sauter en l'air et courir : [...] (TN – Brasseur 2001 : s.v. *fringuer*, p. 212)

Rarement, on relève un infinitif isolé, qui n'est pas ou difficilement reliable à un verbe précédent :
- [Autrefois, la vie était difficile.] T'sais... pis pas d'eau, pis haler de l'eau pis t/ tu sais pis travailler de/ d'esclave. (NÉ – Hennemann, ILM, IS)
- Faulait faire la grand démande mais j'ai pas pris de boisson. Travailler un peu de la tête. (NB – cité dans Brasseur 1998 : 88)
- C'est ça qu'on faisait : scier du bois. Les femmes à la maison, tu sais, carder la laine pis toutes ces affaires-là. (NB – cité dans Brasseur 1998 : 88)
- pauvre MUM a assez souffri aussi... perdre son homme (ÎPÉ – Arrighi 2005 : 195, Délima ÎPÉ 5 : 19)
- je sais il y a du monde . qui l'a usé . pas faire exprès . mais ça pouvait pas . et il les a traité (LOU – Stäbler 1995 : 213, corpus) (« je sais qu'il y a[vait] des gens qui abusaient de sa bonté ; ils ne le faisaient pas exprès ; mais ils pouvaient pas... et il [le médecin] les a traités »)

Commentaire
Gadet (1992 : 91) note l'existence de « l'infinitif substitut » dans le français populaire. L'infinitif apparaît à l'intérieur de structures coordonnées ou juxtaposées qui font suite à une forme verbale finie au moins ; cette dernière sert à établir le cadre temporel de la série d'événements. Le procédé constitue ainsi un moyen économique de faire avancer le récit. Remacle (1956) avance l'hypothèse que « l'infinitif substitut » pourrait avoir son origine dans des participes coordonnés – du type *il l'a pris et mangé* – où le participe des verbes du 1er groupe aurait été pris par erreur pour une forme de l'infinitif (*cf.* Brasseur 1998 : 85s.).

Quant à la répartition géographique du phénomène, « l'infinitif substitut » est attesté, d'après les recherches de Brasseur dans un parler normand (île de Sercq) et dans d'autres variétés du français, en Suisse, en Lorraine, ainsi que dans le parler québécois de l'Île-aux-Coudres (Seutin 1975 : 294–296) (Brasseur 1998 : 86)[9].

En dehors de la coordination, « l'infinitif substitut » est courant, à l'oral, dans les impératifs : la pause en facilite l'interprétation : « *si vous avez un problème / venir me le dire* » (Gadet 1992 : 91).

II.2 « L'infinitif substitut » dans les subordonnées

Comme dans la principale, « l'infinitif substitut » peut apparaître dans une subordonnée coordonnée :

- Oui il aura des coliques carrément si tu le prends et le garder sur toi là. (LOU – *Découverte*, Mamou, Évangéline)

Mais il y a d'autres cas où le phénomène est plus systématique ; nous distinguons deux types principaux :
- le type « *il faut* ou verbe de volition + (*que*) + forme verbale finie + *pis/et pis* + infinitif »
- le type « verbe d'obligation et de volition + pronom disjoint + infinitif » (notamment en LOU)

II.2.1 *(il) faut* ou verbe de volition + forme verbale finie + *pis/et/et pis* + infinitif

Dans ce premier cas de figure, l'infinitif se trouve dans une subordonnée coordonnée à une autre subordonnée introduite par *(il) faut (que)* contenant une forme verbale finie (*cf.* Neumann-Holzschuh 2003 : 74, Falkert 2007) : *(il) faut* + forme verbale finie + *puis/pis/et/et pis* + infinitif.

- faulait j'alle dans le carré pis garocher du foin (NB – Wiesmath 1, B : 691)

- Tu restais pas couché j=qu'à midi là faulait se lever de bonne heure. on coupait du bois surtout quand i donnait du mauvais temps là faulait que t'arranges tu coupes tout le bois quand i faisait beau pis aller chercher du foin dans les dunes (IdlM – Falkert 2007 : 74)

- Je les coupions pis je les taillions pour qu'i faisiont sus le césain du soulier. Faulait que tu tailles le césain pis tailler la hausse [ʀɔs] pour qu'a fasse dessus. (TN – Brasseur 2001 : s.v. *cesain*, *césain*, p. 99)

- Faut/faut je sors dessus la galerie . là faurrait je marcherais d'en bas et puis revenir (LOU – Stäbler 1995 : 65, corpus)

- faudra tu lâches et pis aller faire d'la soupe (LOU – Brandon 1955 : 472)

---

[9] Brasseur (1998 : 86) signale que quelques-unes des constructions avec « infinitif substitut » peuvent évoquer les constructions verbales sérielles des langues créoles. *Cf.* aussi Brasseur (2001 : XLVIIIs.) et Remacle (1956, vol. 2 : 125–142).

On relève des constructions analogues avec les verbes d'obligation et de volition (Neumann-Holzschuh 2003 : 75). Notons que la construction a déjà été signalée par Brandon pour le FL (1955 : 471).

- j'arais bien aimé que les / les trois araient pu faire le même métier là ( ) pas se lancer dans la pêche (NB – Wiesmath 5, C : 167)
- Je veux que tu bûches tout ça aujourd'hui, et pis tout piler (TN – Brasseur 1998 : 87 ; 2001 : s.v. *bûcher*, p. 79)
- Asteure, si tu veux que ta gomme hale, tu la brûles ien qu'à un certain point, pis si tu veux pas qu'a hale, ien que guérir, tu la quittes brûler noire. (TN – Brasseur 2001 : s.v. *brûler*, p. 226s.)
- z'veux qu'tsu feed [les chevaux] et 'es étriller (LOU – Brandon 1955 : 472)

Commentaire

« L'infinitif substitut » semble assez courant dans les subordonnées hypothétiques en québécois et en franco-ontarien (Falkert 2007 : 74s.) :

- Si tout le monde faisait sa part / commencer à nettoyer chez eux pis faire / faire tout ce qu'ils peuvent / eux autres même / faire attention quand y vont au lac / pis pas jeter les affaires dans l'eau (FQ – Estrie, cité dans Falkert 2007 : 74)

Alors qu'en règle générale, « l'infinitif substitut » à valeur conditionnelle apparaît après une forme verbale finie au moins, il arrive aussi qu'il remplace la subordonnée introduite par *si*. Il s'agit d'une « innovation proprement canadienne » (Martineau 2011a : 310) :

- Avoir une auto, j'irais, certain (FQ – Léard 1995 : 192 ; Falkert 2007 : 75)
- Avoir su ça, je serais pas venu. (FQ – Seutin 1975 : 296 ; Falkert 2007 : 75, Île-aux-Coudres)
- Maintenant, j'pense que recommencer, j'f'rais une garde-malade. (ONT – F. Mougeon 1995 : 114 ; Falkert 2007 : 75)

II.2.2. Verbe d'obligation ou de volition + infinitif avec sujet explicite

La construction infinitive peut remplacer une subordonnée avec un verbe au subjonctif. À en juger par les données des corpus consultés ainsi que par les observations de Rottet (2001) et de Stäbler (1995), la tendance à remplacer les subordonnées contenant un subjonctif par des constructions infinitives est très avancée en FL, notamment chez les semi-locuteurs (*cf*. Rottet 2001 : 251). Rottet signale d'ailleurs l'ambiguïté de ces structures. Selon lui, il n'est pas toujours possible de déceler, dans un exemple donné, s'il s'agit d'une forme particulière du subjonctif (*Je veux qu'ils êt' contents*), et donc d'une forme finie, ou s'il s'agit bel et bien de l'infinitif (2001 : 253). Les constructions infinitives, avec ou sans préposition (*à*, *de* ou *pour*), constituent une innovation en FL et semblent directement calquées sur l'anglais (*to want s. o. to do sth.*) : la fréquence de la construction est inversement proportionnelle à l'âge et aux compétences linguistiques du locuteur : plus celui-ci est jeune et moins il est familiarisé avec le français, plus il recourra souvent à la proposition infinitive (pour plus de détails, *cf*. Rottet 2001 : 250–257)[10].

Les restructurations dans le domaine de la subordination, entraînant dans la foulée la perte progressive de la catégorie du subjonctif en FL, peuvent être interprétées comme les

---

10 Pour une analyse approfondie des structures infinitives en FL, nous renvoyons à l'étude de Rottet (2001 : 250ss.). Les phrases sont issues d'une enquête auprès de locuteurs de différentes tranches d'âge à TB et LF.

signes d'un étiolement linguistique en cours, bien plus avancé en LOU qu'en Acadie des Maritimes.

III Les constructions à caractère final

L'infinitif joue un rôle central dans l'expression de la finalité. En fait, la subordonnée introduite par la conjonction *pour que* (suivie ou non du subjonctif, *cf.* le chap. « Le subjonctif », II.2.1., et « La subordination », II.3.) est très couramment remplacée par une structure infinitive (pour le NB, *cf.* Wiesmath 2006 : 232).

III.1 Les infinitifs avec *pour* sans sujet explicite

Le FS admet les infinitifs à condition qu'il y ait identité de sujet entre la principale et l'infinitif :

- i prit son pistolet pour le tuer mais i le manquit (NÉ – Arrighi 2005, corpus, Marcelin NÉ 2 : 340)
- pis tu mettais tout' le beurre dedans pour faire la livre de beurre (NB – Wiesmath 2006 : 232, Wiesmath 1, R : 555)
- On avait juste un éventail comme ça pour t'éventer avec ta main, et il faisait chaud pareil comme il fait ici asteur. (LOU – DLF 2010 : s.v. *pour*, p. 486, LF)
- Ces filles là t-avaient pas de frères [...]. Il fallait que ça marche en avant pour venir prendre le bus pour aller à l'école. (LOU – *Découverte*, Pointe-aux-Chênes, Terrebonne)

La langue parlée admet également l'infinitif si le sujet de l'infinitif n'est pas coréférent au sujet de la principale. Le changement de sujet peut rester implicite, l'objet de la principale devenant sujet de l'infinitif. Cette construction existe dans tous les parlers étudiés ici.

- i disiont, i t'envoyiont à la mère pour te taper (NÉ – Hennemann, ILM, EL)
- dans ce temps-là / i / ils gardiont pour les enfants pour être servants de chœur (NÉ – Hennemann, ILM, EL)
- Pis c'est lui qui m'a appelé une fois pour envoyer quelque chose. Pis je l'ai envoyé, pis maintenant, c'était publié. (NÉ – Hennemann, ILM, DO)
- on gardait des chats à la grange pour manger des souris (NB – Wiesmath 2006 : 232, Wiesmath 7, O : 555)
- on i donnait pour s'offrir ses cigarettes ou quoi de même (ÎPÉ – Arrighi 2005 : 118, Rose ÎPÉ 7 : 179–180)
- Moi je pouvais pas avoir le garçon pour venir à la maison pour vivre. Fallait il vient la journée, l'après-midi après dîner. (LOU – *Découverte*, Mamou, Évangéline)
- mais pauvre bête, ça lui a pas payé pour faire ça. (LOU – *Découverte*, Church Point, Acadia)

(En ce qui concerne les constructions de type *pour (v)oir si*, nous renvoyons au chap. « L'interrogation », V.5.2.).

III.2 Les infinitifs avec sujet explicite introduits par la préposition *pour*
(*cf.* les chap. « Le subjonctif », II.2.1., « La subordination », II.3.)

L'infinitif peut aussi avoir un sujet explicite[11] : *pour* + sujet + *infinitif*. Cette construction est particulièrement fréquente en FTN et en FL, alors qu'elle ne semble pas ou peu en usage dans les autres parlers étudiés ici[12].

Pour le FL, Guilbeau (1950 : 223) avait déjà relevé, au milieu du XXe s., l'importance de l'infinitif avec sujet (nominal ou pronominal) dans l'expression de la finalité. Rottet (2001 : 179 ; 255), qui signale les parallèles entre ces structures et les structures anglaises de type *for (s. o.) – to (do sth.)*, en note l'existence dans le non-standard de France. Il discute également le problème de savoir s'il s'agit de formes finies ou non-finies en FL (*cf. ibid.*).

- EL : Pis tout était *rationné* /euh/ parce que tu ... EM : *Rationné.* EL : ... avais pas de manger assez pour le monde, pour le monde acheter. (NÉ – Hennemann, ILM, EL)
- Un petit trou pour l'air sortir. (TN – Brasseur 2001 : XLVIII)
- [...] Mais dame quand ça venait à l'automne, je le débranchais pis je l'apilais, pis je faisais un chemin pour le bœuf aller au bout. (TN – Brasseur 2001 : s.v. *apiler, piler*, p. 21)
- I venait proche assez pour moi tirer dessus. (TN- Brasseur 2001 : s.v. *proche*, p. 373)
- Je piquais la morue, et décollais pour lui la trancher. (TN – Brasseur 2001 : s.v. *piquer*, p. 351)
- E' m'a donné du linge pour mon me changer. (LOU – Guilbeau 1950 : 160, Rottet 2001 : 179)
- mes parents a travaillé bien dur pour mon aller à l'école (LOU – Dajko 2009 : 194)
- il faullait que t'aies une licence pour toi *drive* un char (LOU – Dajko 2009 : 193)
- Eusse i a donné de l'argent pour lui aller au magasin (LOU – Guilbeau 1950 : 223, Rottet 2001 : 179)
- Moi fallait je reste avec son mari pour elle aller confesser avec le Père N. (LOU – *Découverte*, Mamou, Évangéline)
- Avant ma sœur là aye une machine pour elle coudre [...] (LOU – *Découverte*, Mamou, Évangéline)
- Z'vas 'oir un vieux Monsieur B., mon z'vas le trouver de temps en temps pour lui me parler de les histoires en français et tout ça. (LOU – Rottet 2001 : 255, semi-locuteur)
- [...] c'est lui qu'a été . responsable pour Auguste d'être tué (LOU – Stäbler 1995 : 137, corpus)
- il a fait faite un grand plancher pour nous-autres danser dessus (LOU – Stäbler 1995 : 181, corpus)
- Ouais, on avait notre argent pour nous-autres se maintenir, nous autres et s'acheter de la viande et, tu connais ? (LOU – *Découverte*, Mamou, Évangéline)
- Je vous ai amenés ici pour vous autres s'amuser (LOU – Guilbeau 1950 , Rottet 2001 : 179)
- Ça fait, il vous avait euh demandé pour vous se, pour vous se marier (LOU – *Découverte*, Mamou, Évangéline)
- Amenez vous-autres bébelles en-dedans pour eusse pas être trempés. (LOU – Rottet 2001 : 202, semi-locutrice)
- [...] mom les préparait du manger pour eux-autres manger. (LOU – *Découverte*, Châtaignier, Évangéline)

Pour expliquer la fréquence de la structure, il faut tenir compte du fait que le FL, en particulier, est caractérisé par une tendance inhérente à la simplification paradigmatique. D'autre part, l'existence sur le terrain d'une construction formellement proche en anglais

---

11 Le standard admet les subordonnées infinitives avec certains verbes : avec les verbes *faire, laisser*, avec les verbes causatifs de mouvement, les verbes de perception (*cf.* Riegel et al. 2011 : 584).
12 *Cf.* pour la TN : Brasseur (2001 : XLVIII) ; pour le FL, entre autres : Papen/Rottet (1997 : 97) ; pour le NB : Wiesmath (2006 : 234). – Notons qu'on relève également ce type d'infinitif avec la préposition *sans* : « Sans ieux saouèr » (TN – Brasseur 2001 : XLVIII) (« sans qu'ils sachent »).

plaide fortement en faveur d'une influence de l'anglais. Les tendances inhérentes au français et l'influence externe se conjuguent ainsi pour accentuer le changement morphosyntaxique[13].

Rottet (2001 : 255s.) note en outre que les semi-locuteurs louisianais adoptent la construction *pour* + sujet + infinitif même dans les cas où le sens final est affaibli, voire absent ; il suggère qu'il s'agit là d'un croisement entre la préposition *pour* et la forme tronquée de *pourr'[ait]* (2001 : 257). *Pour* possède alors la double fonction de marquer la subordination et la modalité déontique (*cf.* Rottet 2001 : 261).

- Si mon j'savais que vou' aurait mnu aujourd'hui-là, mon j'aurais dit pour lui porter sa guitare. (LOU – Rottet 2001 : 256)

Rottet signale aussi des exemples où le pronom précède l'élément [pur].

- Le petit bougue, des fois, il peut dire des paroles en français, BUT pas équand toi veut lui pour parler français. (LOU – Rottet 2001 : 126, semi-locutrice)
- Je veux eusse [pur] être contents (LOU – Rottet 2001 : 256, semi-loc.) (Par les crochets, Rottet signale la prononciation de la forme.)
- Qué magasin tu veux mon [pur] aller ? (LOU – Rottet 2001 : 256, semi-locuteur) (Par les crochets, Rottet signale la prononciation de la forme.)

Commentaire
La proposition infinitive avec sujet explicite est courante dans le non-standard de France. Frei (1929 : 93) et Bauche (²1951 : 109s.) signalent déjà la popularité d'une construction qui combine les avantages de la simplicité et de la brièveté (le locuteur évite une subordonnée) et celui de la clarté (signalement du sujet de la proposition infinitive). Les deux auteurs jugent la popularité de la proposition infinitive « récente ». Bauche (²1951 : 109s.) présume que la construction est en passe de se propager dans le premier quart du XXe s., époque de référence de son étude.

« Depuis quelques années, le L[angage]P[opulaire] marque une tendance très forte à remplacer le subjonctif par l'infinitif toutes les fois qu'il est possible de le faire. [...] *Il lui a donné ce jouet pour elle s'amuser. Il m'a écrit pour moi venir* [...]. [...] *Alors, on m'a lancé la ceinture de sauvetage pour moi le secourir.* » (Bauche ²1951 : 109s.)

Hanse (1991 : s.v. *pour*, p. 756) signale pourtant l'ancienneté du phénomène, qui remonte à l'ancien français et subsiste « dans le français populaire, dans des dialectes et dans des français régionaux ». De même, Haase (1965 : 201) indique que « la langue ancienne » ajoutait souvent « un sujet explicite à l'infinitif prépositionnel », non seulement après *pour*, mais également après d'autres prépositions[14].

L'origine de la construction semble se trouver dans « des régions du Nord de la France », d'où elle se serait propagée à Paris (Bauche ²1951 : 110, Gadet 1992 : 90). Gadet (1998 : 63) précise que le phénomène serait, selon certains auteurs, localisé « dans la région du Nord-Est, y compris la Wallonie »[15].

Signalons qu'il faut bien spécifier de quel type de construction infinitive on parle pour évaluer l'ancienneté du phénomène. Des constructions plus anciennes jouxtent en effet des types plus innovateurs. Le type *pour* + pronom tonique + infinitif (*pour moi lire*), courant dans le non-standard de France et très caractéristique

---

13 *Cf.* Neumann-Holzschuh (2003 ; 2008 : 374 ; 2009b : 53), Papen/Rottet (1997 : 97), Rottet (2001 : 255).
14 *Cf.* : « C'est seulement depuis hier qu'elle a pu se résoudre à nous signer [= à ce que nous signions] mutuellement une promesse de mariage. (Mol[ière], *L'Av*[are], V,3) ». De même, Grevisse/Goosse (2008 : § 902, p. 114 H3) notent qu'« [a]u Moyen Âge, l'infinitif prépositionnel, notamment avec *pour*, pouvait être accompagné d'un sujet ».
15 Guiraud (1965 : 37), par ex., situe la construction dans le Nord-Est de la France.

du FL, est sans doute une survivance des temps pré-classiques. Par contre, « l'infinitif substitut » et les constructions innovatrices avec *pour* dans un sens non final nous semblent bien de date récente.

III.3 Absence de la préposition *pour* : « infinitif substitut » ou construction de but ?

Dans les parlers étudiés, il arrive fréquemment, par économie d'expression, que l'infinitif à caractère final ne soit pas introduit par *pour*[16].

L'analyse est parfois difficile en présence d'un infinitif non introduit par la préposition finale *pour*. Après les verbes de mouvement, ces constructions existent aussi en FS et le sens final s'en dégage facilement. L'interprétation finale est aussi à privilégier après les indicateurs locaux (« se trouver/être/rester quelque part *pour* faire qqch. »). Dans les autres cas, l'ambiguïté reste entière : s'agit-il d'un infinitif complément circonstanciel de but ou d'un « infinitif substitut » remplaçant une forme verbale finie[17] ?

- En a beaucoup de monde qui vont sus le bout de la Pointe là, touS **voir** les/ les bateaux s'en aller là (NÉ – Hennemann, PUB, ArD)
- On avait des COLEMAN STOVE. bouillir ça dessus (NB – Wiesmath 2006 : 233, Wiesmath 2, E : 436)
- pis on a des grands salons * s'assir tout' se mettre dans un petit coin (NB – Wiesmath 2006 : 233, Wiesmath 2, E : 404)
- j'ai des portraits ieux montrer (NB – corpus Wiesmath, cité dans Neumann-Holzschuh 2003 : 75)
- i faut toujours débuter avec un échantillonnage d'eau * savoir qu'est-ce que c'est qu'i faut traiter (NB – Wiesmath 2006 : 233, Wiesmath 12, J : 183)
- quand tu avais cinquante cordes ben tous ces cinquante cennes là cinquante cordes ça te faisait un bon montant hein . payer toutes les dépenses (NB – Arrighi 2005 : 203, Willy NB 9 : 46–47)
- i venaient / i veniont une fois b[en] tous les mois une fois par mois euh : confesser i disaient la messe (NB – Arrighi 2005 : 203, Willy NB 9 : 124–125)
- pis là j'as té obligé de travailler dans les maisons aider les enfants pis essayer de ieux donner quoi-ce qui vouliont (NB – Arrighi 2005 : 203, Laura NB 8 : 131–132)
- On passait de l'un à l'autre, les granges, battre son grain (TN – Brasseur 1998 : 85)
- I se ramassiont dans les maisons veiller (TN – Brasseur 1998 : 85)
- Faulait que t'allais ac un cheval premier de tout, faire un coupelle de tours avec le cheval ou avec le bœuf ou quoi-ce que c'est pis après ça tu venais prendre la traîne avant de sortir, [...] (TN – Brasseur 2001 : s.v. *battre*, p. 46s.)
- ça fait y a fallu j'arrête . pour revenir icitte . tirer les vaches . et j'ai jamais retourné (LOU – Stäbler 1995 : 11, corpus)
- les voisins se mettont ensemble dans un après-midi . ramasser peut-être huit dix douze balles de coton (LOU – Stäbler 1995 : 215, corpus)
- on était parti pêcher des crabes (LOU – Stäbler 1995 : 244, corpus)

---

16 *Cf.* Arrighi (2005 : 203), Neumann-Holzschuh (2003 : 75), Wiesmath (2006 : 233).
17 Falkert (2007) fait l'hypothèse que l'infinitif complément circonstanciel de but serait « systématiquement [précédé] d'une pause ». Nous ne sommes pas à même de confirmer cette hypothèse.

Si certaines des constructions mentionnées ci-dessus existent dans le non-standard de France, il convient néanmoins d'en souligner la grande fréquence en FA, FTN et FL. Dans certaines conditions sociolinguistiques, telles que les présentent justement les variétés périphériques du français, il semble y avoir une tendance à l'invariabilité (*cf.* Chaudenson et al. 1993, Neumann-Holzschuh 2003 : 76). Les tendances sont plus prononcées en FL que dans les parlers acadiens[18], et à l'intérieur des parlers acadiens, on peut aussi distinguer des zones plus « innovatrices » que d'autres. Ainsi certaines zones en NÉ se présentent-elles comme très conservatrices (BSM ; sous certains aspects aussi l'ILM). Au NB, certaines des constructions « innovatrices » sont très populaires (« l'infinitif substitut » dans les phrases coordonnées et juxtaposées), tandis que d'autres n'y ont pas cours (*pour* + pronom disjoint + infinitif). À TN, nous relevons les constructions à « infinitif substitut » et les subordonnées infinitives avec un sujet explicite, mais on n'y trouve pas les structures avec *pour* non final, relevées par Rottet chez les jeunes et les semi-locuteurs du FL.

IV Les formes nominales en concurrence

Dans les parlers concernés, l'infinitif se trouve en concurrence avec le gérondif et le participe présent. Les trois formes se concurrencent déjà en ancien français et ne se voient attribuer des fonctions distinctes qu'aux XVIIe et XVIIIe s. au cours des processus de codification de la langue.

IV.1 *à* + infinitif en fonction de complément circonstanciel

L'infinitif introduit par *à* revêt fréquemment la fonction d'un complément circonstanciel, apparaissant ainsi souvent au lieu du gérondif, notamment dans sa fonction temporelle ou modale[19]. Quant à l'ampleur du phénomène, Brasseur (2001 : XLV) remarque que « [l]a tournure *en* + participe présent est le plus souvent éliminée au profit de *à* + infinitif » (*cf.* aussi Arrighi 2005 : 120).

- I-y-a mouri tout d'un coup à faire son gazon (NÉ – Hennemann, ILM, CL)
- I allaient pas survivre à pas manger. (NÉ – Hennemann, ILM, corpus oral 2)
- Rienqu'à / rienqu'à le / à le dire, ça fait engraisser. Piou. (NÉ – Hennemann, BSM, SC)

- on apprenait pas beaucoup l'anglais c'est/ on a pris à apprendre l'an/ l'anglais quand/ à *traveler* on était jeune homme pis tu *travelais* parmi les Anglais (NB – Wiesmath 2006 : 230, Wiesmath 3, D : 477)
- c'est comme deux heures de voyage d'icitte là à conduire là (NB – Arrighi 2005 : 120, Zélia NB 17 : 61–62)

- Pis il a sifflé tout le long à s'en aller. (TN – Brasseur 2001 : s.v. *à*, p. 1)
- Enquêteur: « Où-ce que vous avez entendu ça ? » – Informateur: « Oh bien, à oir le monde de Québec à venir ici ! » (TN – Brasseur 2001 : s.v. *à*, p. 1)
- Alle a grandi à parler anglais, anglais et français. (TN – Brasseur 2001 : s.v. *à*, p. 1)

---

18 Le FA est « plus conservateur que ses congénères nord-américains par la préservation de traits morphosyntaxiques dans le système verbal (Valdman 1980 : 12) » (Arrighi 2005 : 207).
19 Riegel et al. (2011 : 856) notent également la proximité de l'infinitif introduit par *à* et du gérondif en FS.

- je dis je suis tout trempe .. je peux pas me tremper plus à ça à rentrer et et sortir du char (LOU – Städler 1995 : 109, corpus)
- il faut t'aies un gros JOB à côté là-bas pour payer ça .. et habitude tu pouvais payer de la terre . à la travailler . faire du coton des patates du maïs des bêtes . et vivre dessus tu pouvais la payer (LOU – Städler 1995 : 203, corpus)

Les cas où l'infinitif suit un verbe statique et une indication temporelle ou spatiale sont, pour certains d'entre eux, également courants en FS. *Cf.* les exemples suivants (*cf.* aussi le chap. « Les périphrases verbales » II.1.2.) :
- croyez pas vous allez rester ici à la table à faire rien (NÉ – Hennemann, ILM, EL)
- qui a fait ça tout tu savais parce que toi t'es resté à chanter là-dedans (NB – Arrighi 2005 : 120, Odule NB 21 : 135–136)
- y en a qui reste là à travailler (IdlM – Falkert 2010, corpus : 243–244, p. 353, CD-ROM)

IV.2 L'infinitif dans le rôle d'une proposition relative

L'infinitif introduit par *à* se rapportant à un nom ou à un pronom peut remplacer une proposition relative (*cf.* Wiesmath 2006 : 231). Ces structures sont, pour certaines d'entre elles, également courantes en FS, parfois introduites par d'autres prépositions que dans les parlers étudiés.
- J'ai ben des choses à faire là. (NÉ – Hennemann, BSM, JG)
- I y avait pas de place à aller. (NÉ – Hennemann, ILM, IS)

- euh i y avait beaucoup de choses à regarder après (NB – Wiesmath 2006 : 231, Wiesmath 6, L : 293)
- les jeunes ont un problème tu sais là qu'i ont pas d'endroit à/ à s'amuser trop tu sais là <hm> pis tant que t'as pas d'endroit à t'amuser ben . (NB – Wiesmath 2006 : 231, Wiesmath 7, O : 127)
- ça c'est eune autre route à faire (IdlM – Falkert 2010, corpus : 88, p. 342, CD-ROM)
- Clair de ça il auront pas de place à les mettre. (TN – Brasseur 2001 : s.v. *clair*, p. 114) (*clair de* = « sans »)
- Je porte eune ceinture en dedans là, pis des hardes à tiendre les ranches ensemble. (TN – Brasseur 2001 : s.v. *ranche*, p. 388) (*les ranches* = « les hanches »)
- on avait pas de place à rester (LOU – *Découverte*, Pointe-aux-Chênes, Terrebonne)
- tout chacun avait sa chose à faire (LOU – *Découverte*, Pointe Noire, Acadia)

IV.3 Le gérondif

En ce qui concerne l'emploi du gérondif, nous faisons les observations suivantes :
- En NÉ et au NB, le gérondif apparaît dans les mêmes fonctions qu'en FS ; il est pourtant rare dans les fonctions temporelles et modales où il est remplacé par l'infinitif, mais il a une certaine importance dans l'expression de la cause (Wiesmath 2006 : 224–229, Arrighi 2005 : 119s.). Le corpus de Wiesmath (2006) révèle qu'à la différence du FS, le gérondif antéposé à la principale peut exprimer la cause connue, remplaçant ainsi soit une subordonnée introduite par *puisque*, soit le participe présent qui est « extrêmement rare » (Wiesmath 2006 : 227). En fonction causale, le gérondif s'est établi depuis peu au NB

dans les situations de communication formelles (médias, université), d'où son emploi s'est élargi à d'autres contextes (Wiesmath 2006 : 226).
- En LOU, la fonction du gérondif se limite plus ou moins à l'expression de la simultanéité (Stäbler 1995 : 191). La forme n'est pas rare dans le corpus *Découverte*.
- Le gérondif peut apparaître même dans les cas où le sujet de la principale et celui du gérondif divergent. C'est ainsi qu'avec quelques verbes de mouvement, il apparaît en alternance avec l'infinitif dans des expressions figées, issues de gérondifs à valeur hypothétique (*si on...*) ou temporelle-répétitive (*quand...*) et qui sont aujourd'hui synonymes de prépositions locales (*en montant* ; *en descendant* ; *en s'en allant* Arrighi 2005 : 119)[20]. Dans le tour *en grandissant*, le gérondif remplace une subordonnée temporelle (« quand X grandissait ») ou un complément circonstanciel de temps (« dans ma/ta/sa jeunesse »). Notons aussi l'existence des tours synonymes *en attendant (que)* (comme en FS) et *en espérant (que)*.
- Dans quelques (rares) cas, le gérondif peut être introduit par une autre préposition que *en*[21].

▶ **Emploi non figé**
- Pis aussi je suis le CA de la Fédération des Parents Acadiens de la Nouvelle-Ecosse / eum / en représentant le CJP, les jeunes. (NÉ – Hennemann, BSM, RG)
- Pis a / a m'a dit : Euh / lis l'enseigne ! T'sais coumme... Pis je l'ai regardée en voulant dire, ben, quoi-ce qu'arrive si je peux pas lire pis écrire ou quoi ? (NÉ – Hennemann, ILM, DO)

- ça fait que j'ai pensé moi en allant travailler que je pouvais l'acheter (NB – Arrighi 2005 : 120, Laura NB 8 : 7–8) (« si j'allais travailler »)
- en n-en revenant j'ai déménagé à Winnipeg (NB – Arrighi 2005 : 119, Michelle NB 16 : 17)
- fait en / en ayant pas d'argent i donnaient leur temps i travaillaient des/ des/ . des grands soirées (NB – Wiesmath 2006 : 226, Wiesmath 7, O : 756) (« puisqu'ils n'avaient pas d'argent ils donnaient leur temps »)
- pis souvent en se mettant dans les souliers qu'on FIT pas . on se conduit à/ à la faillite (NB – Wiesmath 2006 : 225, Wiesmath 10, X : 36)
- [...] en vendant ça tu pouvais acheter quoi ce t'avais besoin (NB – Wiesmath 2006 : 228, Wiesmath 6, L : 96)

- pis fas attention de pas le casser en t'en allant là (IdlM – Falkert 2010, corpus : 369, p. 268, CD-ROM)

- j'ai pas vu personne là-dedans . mais j'avais regardé par un châssis en éteindant le feu (LOU – Stäbler 1995 : 94, corpus)
- il l'a vue en/ . en navigant dans son/ son pirogue dans sa / son SKIP (LOU – Stäbler 1995 : 117, corpus)
- vous-autres après mettre du trouble entre moi et mon mari [...] en croyant peut-être on va se quitter [...] (LOU – *Découverte*, Mamou, Évangéline)
- les petits s'en allaient tout en dansant en arrière de lui (LOU – *Découverte*, Mamou, Évangéline)
- il arrête ici, et là en débarquant de sa porte, il crie [...] (LOU – *Découverte*, Pointe aux Chênes, Terrebonne)

---

20 L'infinitif est plus fréquent dans cette fonction : *à descendre* « en bas, vers le bas ». *Cf.* le chap. « Les prépositions », III.20.1.
21 Par ex. : « Pis i l'avont TAPÉ avant / à chantant touT les chansons d'église. » (NÉ – Hennemann, ILM, EL). Il s'agit vraisemblablement d'une contamination entre l'infinitif introduit par *à* et le gérondif. – Dans l'ancien usage, le gérondif pouvait être introduit par d'autres prépositions que *en* (*cf.* « Commentaire »).

- J'ai manqué de mourir dessus mon bicycle en allant chez Henry (LOU – *Découverte*, Jennings, Jefferson Davis)

Notons la divergence de sujet entre la principale et le gérondif :
- non ça change pas ma perception pis ça a pas amélioré euh . ma perception . euh des couleurs mais ça a amélioré ma confiance euh : . en faisant . l'aquarelle (NB – Arrighi 2005 : 120, Rachelle NB 1 : 101–103)
- si on/ en allant en quelque part ben là les vaches sortaient (NB – Wiesmath 2006 : 225, Wiesmath 7, O : 508) (« si nous nous abstentions, les vaches se seraient échappées », trad. Wiesmath, *ibid.*)
- j'ai peur qu'i se défasse en le/l'emmenant (IdlM – Falkert 2010, corpus : 262–263, p. 158, CD-ROM) (« si je l'emmène »)

▶ **Tours figés**
- Comme ici, en grandissant, on avait ein TQS puis Radio Canada à la télé ... (NÉ – Hennemann, ILM, BJ)
- pis y avait un moulin y avait un école en descendant asteure y a pus rien en touT (NB – Arrighi 2005 : 119, Annie NB 10 : 80–81)
- en attendant je veux dire ça a de l'air éduquée mais [...] (NB – Arrighi 2005 : 120, Suzanne L. NB 18 : 262–266)
- pis de delà en montant icitte tout' derrière ma maison t'as un ruisseau qui monte (NB – Wiesmath 2006 : 225, Wiesmath 1, B : 209)
- Pointe-aux-Loups vers l'est en allant vers Grande Entrée là (IdlM – Falkert 2010, corpus : 2–3, p. 440, CD-ROM)
- en allant par la Grande-Entrée partout là c'était gelé là (IdlM – Falkert 2010, corpus : 557–558, p. 432, CD-ROM)
- Dans notre temps nous autres en grandissant on voyait pas les femmes ac les cheveux coupés, il avaient toutes une couette : [...] (TN – Brasseur 2001 : s.v. *couette*, p. 127)
- Le plus vieux parle bien bien français. Le deuxième, pas tout à fait autant. Et là en descendant équand ça arrive au dernier là, eh bien il a de la misère à comprendre. (LOU – Rottet 2001 : 121, loc. âgé)

IV.4 Le participe présent

Le participe présent n'est pas courant aujourd'hui dans les parlers étudiés ici[22].

Extrêmement rare en fonction de proposition circonstancielle (*cf.* Wiesmath 2006 : 227), il apparaît, comme en FS, dans quelques tours figés.

▶ **Emploi isolé**
- on sentirait pas bien chantant en anglais pour le moment (NÉ – Hennemann, BSM, BM) (= « si on chantait ») (Une influence anglaise nous semble probable.)
- pis euh un moment donné j'ai commencé à chanter pis euh j'ai beaucoup aimé ça . pis euh soyant à l'église euh tu te fais pas payer SO personne peut rien dire dans le temps que t'es bénévole (NB –

---

[22] *Cf.* pour le FA : Arrighi (2005 : 119) ; pour le NB : Wiesmath (2006 : 227) ; pour TN : Brasseur (2001 : XLV) ; pour la LOU : Guilbeau (1950 : 227), Conwell/Juilland (1963 : 153), Papen/Rottet (1997 : 98). – Nous ne parlerons pas ici des adjectifs verbaux qui, tout en se terminant en *-ant* comme le participe présent, représentent un groupe fermé dont la description relève du lexique.

Wiesmath 2006 : 227, Wiesmath 11, U : 182) (Wiesmath présume qu'il s'agit ici d'une influence de l'anglais : « being at Church you don't get paid so nobody can say anything. »)

▶ **Tours figés**
- certains appelaient le guette dans le temps on allait le s/ l'après-midi tard . au s/ au/ .. au soleil couchant (LOU – Stäbler 1995 : 118, corpus) (*le soleil couchant* – « le coucher du soleil », DLF 2010 : s.v. *couchant*, p. 160)

Commentaire
L'absence de distinction nette entre les fonctions de l'infinitif, du gérondif et du participe présent est caractéristique de l'ancienne langue (*cf.* Foulet 1967 : 90ss., Fournier 1998 : § 421ss., p. 291ss.)[23]. La distinction entre les trois formes en -*ant* (gérondif, participe présent, adjectif verbal), entamée par l'Académie en 1679 (distinction entre participe présent et adjectif verbal), fut achevée au XVIIIe s. : l'emploi de *en* devant le gérondif s'est alors généralisé (Riegel et al. 2011 : 589). Notons que le participe présent est absent du langage parlé de France et relève aujourd'hui du style formel, juridique ou littéraire.

V Spécificités concernant l'emploi des prépositions devant l'infinitif

Dans le chapitre sur les prépositions, nous présenterons quelques-unes des spécificités concernant leur emploi. Ajoutons à ces remarques, dans le cadre du présent chapitre, quelques observations concernant les prépositions devant l'infinitif. On notera surtout l'usage d'*à* au détriment d'autres prépositions, par ex., *de*.

V.1 L'infinitif attribut du sujet dépendant d'un tour impersonnel

L'infinitif dépendant d'un tour impersonnel et ayant le rôle d'attribut du sujet est introduit soit par *de* comme en FS, soit par *à* (emploi très fréquent) :

▶ *à*
- ça est de la misère à les attraper très bien là (NÉ – Hennemann, BSM, SC)
- Ça va être intéressant à voir ça en Allemagne. (NÉ – Hennemann, ILM, EB)
- ç'a dû prendre beaucoup de temps à organiser hein euh la fête (NB – Wiesmath 2, G : 190–191)
- c'est très difficile à/ à t'implanter avec des Québécois (NB – Arrighi 2005 : 328, Angèle NB 13 : 153)
- c'est difficile à s'habituer à ça (IdlM – Falkert 2010, corpus : 4, p. 357, CD-ROM)
- Ça chesse la gorge, à parler. (TN – Brasseur 2001 : s.v. *à*, p. 1)

---

23 Pour quelques tours figés en FS, témoignant de la présence de différentes prépositions dans le gérondif et de l'indistinction entre gérondif et participe présent dans l'ancien usage, *cf.* Riegel et al. (2011 : 589) : *à son corps défendant, de son vivant, sur mon séant, chemin faisant*. – L'absence de distinction entre participe présent et adjectif verbal est reflétée dans quelques tours relevant de la langue juridique : *les ayants droit, toutes affaires cessantes* (Riegel et al. 2011 : 589).

- c'est magnifique à rester ici dès qu'il y a pas d'ouragan (LOU – *Découverte*, Chênière Caminada, Jefferson)

▶ **Sans préposition**
- c'tait difficile avoir des leçons avec lui à Comeauville (NÉ – Hennemann, BSM, RG)
- c'est bien difficile donc [d']essayer (LOU – Conwell/Juilland 1963 : 190) (Conwell/Juilland, *ibid.*, parlent de cas « exceptionnels » d'omission de *de* dans ce cas.)

Le tour figé *c'est à qqn. de faire qqch.* du FS se construit systématiquement avec *à* devant l'infinitif dans les parlers étudiés ici.

▶ *c'est à qqn. à faire qqch.*
- C'est à nous autres à les ragorner (« les vieux mots »), les ramasser, pis les mettre dans un livre. (NÉ – Gesner 1979a : 86, BSM)
- c'était un peu eux à choisir quoi-ce qu'i voulaient faire pis nous-autres on les accompagnait (NB – Arrighi 2005 : 318, Rachelle NB 1 : 22–23) (Notons l'absence de la préposition devant le pronom *eux*.)
- quante [ça] a menu à lui à parler (IdlM – Falkert 2010, corpus : 81–82, p. 299, CD-ROM)
- C'est *up* à toi i dit à chercher yu-ce que c'est. (TN – Brasseur 2001 : s.v. *up*, p. 461) (« c'est à toi, il dit, de chercher où c'est. »)
- C'est à les parents à le montrer à leurs enfants pour le garder. (LOU – Rottet 2001 : 125, loc. âgée)

V.2 L'infinitif complément d'un verbe

En tant que complément du verbe, l'infinitif est construit de manière directe (sans préposition, *espérer faire, aimer faire, vouloir faire, sortir faire,* etc.) ou de manière indirecte (introduit par *à* ou *de*) selon le verbe introducteur.

Les parlers étudiés ici choisissent fréquemment une construction prépositionnelle là où le FS demande une construction directe et *vice versa*, par ex. *laisser à*, mais d'autre part : *finir faire*. Certains verbes peuvent être suivis d'une autre préposition qu'en FS : *inviter de, essayer (à), réussir de*.

- après j'ai eu fini les sougner, j'étais bénaise qu'i furent s'en aller (NÉ – Hennemann, ILM, IS)
- Pis on essaie aïder aux / aux enfants (NÉ – Hennemann, ILM, DO[24])
- On est touT ensemble pour essayer à avoir / euh / pluS de choses (NÉ – Hennemann, ILM, DO)
- j'ai invité quelques jeunes de venir (NÉ – Hennemann, ILM, LL)
- faut juste leu laisser à savoir qu'est-ce qui se passe (NÉ – Hennemann, BSM, BM)
- on invitera des gens d'aller voir ça (NB – Wiesmath 9, I : 76)
- je vais essayer à m'arranger d'une manière ou d'ène autre (IdlM – Falkert 2010, corpus : 86–87, p. 148, CD-ROM)
- pou=es inviter d'entrer (IdlM – Falkert 2010, corpus : 407, p. 271, CD-ROM) (« pour les inviter à entrer »)

---

24 Notons qu'*aider* se construit régulièrement avec un complément d'objet indirect dans les parlers étudiés ici (*cf.* par ex. Gesner 1979a : 24).

- ceux-là qu'avaient des grands chambres invitaient monde d'aller pour une 'tite soirée (LOU – Stäbler 1995 : 48, corpus)
- et quand on a réussi d'éteindre le feu . on a regardé . (LOU – Stäbler 1995 : 92, corpus)
- c'est là que j'ai assayé plus à parler français (LOU – Rottet 2001 : 138, semi-locuteur)

Après les verbes de perception (*voir, entendre, sentir*) et les verbes de volition (*préférer, vouloir, haïr*, mais notamment *aimer*), ainsi qu'après les expressions d'opinion et de pensée (*penser, savoir/connaître* (FL)), on relève souvent les prépositions *à* ou – surtout – *de* comme éléments introducteurs de l'infinitif. Dans le corpus d'Arrighi, par ex., les locuteurs âgés optent plutôt pour la construction *aimer à*, les autres utilisant « massivement *aimer de* » (Arrighi 2005 : 317 ; 338) ; dans son corpus néo-écossais (BSM), Gesner (1979a : 25s.) ne relève que la préposition *de* après *aimer* ; il fait le même constat pour *espérer* et considère les constructions comme des archaïsmes, vivants au XVIIe s.

- Et / euh / j'allons point si souvent mais j'aime à aller au thé qu'ils ont les mercredis. (NÉ – Hennemann, PUB, ID)
- Et pis moi j'aime pas d'a/ jamais aimé d'imposer, j'aime toujours de réagir et de faire. (NÉ – Hennemann, ILM, LL)
- J'espérons d'en avoir un. (NÉ – Gesner 1979a : 25, BSM)
- je préférerai de te marier pour le riche (NÉ – Arrighi 2005 : 339, Marcelin NÉ 2 : 622–623)
- mon père . comme fermier . alors euh je l'ai toujours vu à travailler euh dans la grange (NB – Wiesmath 13, H : 71)
- j'aime mieux de la manger tant ce que tu la cuis là (NB – Wiesmath 1, B : 149)
- je veux / je veux pas d'être dessus toi là (NB – Arrighi 2005 : 339, Suzanne L. NB 18 : 99–100)
- on avait de la FUN avec lui . je sais ben chez nous paraîssait aimer à/ à venir parce qu'on parlait souvent avec (ÎPÉ – Arrighi 2005 : 317, Rose ÎPÉ 7 : 193–194)
- on aime à parler avec tout le monde (IdlM – Falkert 2010, corpus : 202, p. 499 CD-ROM)
- Oh ! J'haïssais assez à entendre l'anglais que je pouvais pas m'endurer ! (TN – Brasseur 2001 : s.v. *endurer (s')*, p. 179)
- Et tout d'un coup j'ai senti quelqu'un, quelque chose de venir par en-arrière de mon et me GRAB comme ça. (LOU – DLF 2010 : s.v. *arrière*, p. 38, TB)
- [...] s'il était à l'école dans son temps à lui, et qu'il aurait pas connu à parler nanglais, mon je vas te dire il aurait FAIL tous les années. (LOU – Rottet 2001 : 121, loc. âgée)
- et j'attendais les autres à parler (LOU – Stäbler 1995 : 61, corpus ; selon Stäbler, *attendre* équivaut ici à *entendre*)

En FL, dans la jeune génération, l'infinitif est de préférence introduit par *pour* (Rottet 2001 : 256, *cf.* ci-dessus III.2. à propos de *pour* en dehors des constructions de but):
- T'aimerais pour avoir du COFFEE ? (LOU – Rottet 2001 : 256)

Nous soulignons qu'on relève également de nombreuses constructions tout à fait conformes à la norme qui côtoient les constructions non conformes. Pour certains verbes, comme les verbes modaux (*pouvoir, vouloir, devoir*), les exemples conformes au FS sont majoritaires.

V.3 L'infinitif complément d'un nom ou d'un adjectif

Comme complément de nom, l'infinitif est le plus souvent précédé, comme en FS, par la préposition *de*, excepté toute une série de noms composés, qui, relevant du lexique, n'entrent pas en considération dans le cadre de notre étude.

En FA et en FTN, *à* remplace fréquemment *de* et *pour* dans ce contexte, notamment pour indiquer un but.

- c'est bon moi je trouve . j'ai pas d'enfant j'ai / je suis pas mariée . célibataire . vingt-neuf ans ((souffle)) . c'est / c'est pas le temps à fumer quand que t'as des enfants pis : [...] (NB – Arrighi 2005 : 328, Michelle NB 16 : 189–193)
- Les bat-de-la-gueule là, ça parle tout le temps ça. T'as pas de chance à parler. C'est lui qui parle ! (TN – Brasseur 2001 : s.v. *gueule*, p. 239)
- [...] c'est lui qu'avait iu la *job* là ... à soigner ça. (TN – Brasseur 2001 : s.v. *job*, p. 260)

En FL, les constructions avec *de* semblent dominantes, mais on relève également les tours avec *à* ou sans préposition ; le dernier cas est qualifié de « fréquent » par Conwell/Juilland (1963 : 184).

- Mes amis, je regrette beaucoup que j'aie pas plus de temps à rester ici parmi tout cette vaillante bande de Cadiens (LOU – *Découverte*, Moreauville, Avoyelles) (normalement avec *de* dans le corpus *Découverte*)
- Là, on a eu la chance à grimper dedans un arbre moi et ma sœur. (LOU – *Découverte*, Mamou, Évangéline) (normalement avec *de* dans le corpus *Découverte*)
- ils avaient le droit rester (LOU – Conwell/Juilland 1963 : 184) (toujours avec *de* dans le corpus *Découverte*)
- il a jamais l'occasion beaucoup parler français (LOU – Conwell/Juilland 1963 : 184) (avec *de* dans le corpus *Découverte*)

En tant que complément de l'adjectif, l'infinitif est précédé de la préposition requise par l'adjectif en question. Les variétés étudiées préfèrent souvent d'autres prépositions que la langue standard.

- pt-être qu'il est intéressé de faire la technique ou quelque chose d'autre pus tard (NÉ – Hennemann, ILM, LL) (*il* = « l'élève »)
- si euh les gens sont intéressés de participer à ça (NB – Wiesmath 11, Z : 115–116)
- parce qu'eux-autres aimerait être capables pour le parler (LOU – Rottet 2001 : 123, loc. âgé)
- Et y a des grouillants. Ça c'est bon pour manger. (LOU – Rottet 2001 : 256, semi-locuteur)

Commentaire

L'emploi de la préposition *à* au lieu de *pour* dans un sens final n'est certes pas inconnu en France et persiste aussi dans certaines expressions lexicalisées (du type : *une machine à laver*). Pourtant, en français de France, *à* est largement remplacé par *pour* dans cet emploi. On peut dire que sur ce point, les parlers acadiens se rapprochent davantage de la langue classique, où *à* avait un emploi plus large qu'en français contemporain (cf. Fournier 1998 : § 415, p. 284, Brasseur 2001 : s.v. *à*, p. 1 en référence au GLLF) : « La place m'est heureuse à vous y rencontrer » (Molière, *École des Femmes*, 1142, cité dans Fournier 1998 : § 415, p. 284, sens de « pour »).

Arrighi (2005 : 328) note que la prédilection pour *à* au lieu de *pour* dans certains tours à sens final est aussi présente dans la variété du Manitoba (cf. Hallion 2000 : 392) et « dans la langue des vieux conteurs québécois » (Arrighi 2005 : 328 faisant référence à La Follette 1969 : 143).

V.4 L'infinitif complément circonstanciel

En tant que complément circonstanciel, l'infinitif est introduit par différentes prépositions, selon le sens ; en tant que tel, il pourrait être remplacé par une subordonnée ou, selon le cas, par le gérondif (*cf.* ci-dessus IV.1.). Les parlers étudiés ici emploient souvent d'autres prépositions que la langue standard pour introduire l'infinitif dans ce sens ; on notera surtout que la préposition *à* a un rôle plus large qu'en FS.

▶ **Proposition de but introduite par *à***
- on le pendait le cochon à le saigner (NÉ – Arrighi 2005 : 328, Édith NÉ 22 : 6)
- ça va ieur prendre probablement dans les trente à quarante ans à se rattraper (ÎPÉ – Arrighi 2005 : 328, André ÎPÉ 12 : 371–372)
- I allait se coucher dans la grange de foin là, le soir, hein, à lire. (TN – Brasseur 2001 : s.v. *à*, p. 1)
- Dans l'hiver, un poudrin, i pouvait prendre sa pelle et pis pellier son *car* à sortir là et pis il a marché ici avec sa canne. (TN – Brasseur 2001 : s.v. *poudrin*, p. 365)
- Je vais aller à mariner ma viande dehors (LOU – Stäbler 1995 : 224, corpus)

Après les indications temporelles, l'emploi de *à* au lieu de *pour* est systématique.

▶ **Après les indications temporelles**
- Puis ça prenait une journée à scier un mille de bois. (NÉ – Gesner 1979a : 85, BSM)
- parce que ça va me prendre un p'tit bout de temps à les trouver. (NÉ – Hennemann, ILM, MS)
- [...] SO j'ai vingt vingt-cinq minutes à manger (NB – Arrighi 2005 : 328, Michelle NB 16 : 653–657)
- On travaillait toute la journée, à prendre de la chevrette, là le soir il fallait qu'on vient bouillir ça aux plate-formes (LOU – *Découverte*, Pointe-aux-Chênes, Terrebonne)

VI Les constructions factitives ou causatives

Cette section est consacrée à quelques brèves observations concernant les constructions dites « factitives » (appelées aussi « causatives »)[25] dans les parlers étudiés. Il s'agit des tours *faire faire* et *laisser faire*, ainsi que du tour *quitter qqn. faire qqch.* (VI.5.), synonyme courant de *laisser faire* dans ces parlers.

VI.1 *faire faire* et *laisser faire*

En FS, les pronoms objets sont toujours antéposés à l'auxiliaire factitif *faire* : *je le lui fais faire*. L'objet nominal direct ou indirect est postposé à l'infinitif : *faire faire qqch. (à qqn.)* (Hanse 1991 : s.v. *infinitif*, p. 512s.). Ces constructions sont aussi attestées dans les parlers étudiés (mais *cf.* ci-dessous VI.3.).

---

25 Pour la terminologie, *cf.* p.ex. Riegel et al. (2011 : 454), Arrighi (2005 : 182).

▶ **_faire_ + infinitif**
- Pis je vas vous raconter eune autre petit anecdote qui / qui / qui va vous faire rire ben c'est / c'est acadien. (NÉ – Hennemann, ILM, MS)
- ça fait rire beaucoup de monde (NB – Wiesmath 10, X : 70)
- à des fois tu te faisais prendre dans la glace (IdlM – Falkert 2010, corpus : 179, p. 451, CD-ROM)
- on ieux faisait manger ça aux petits (IdlM – Falkert 2010, corpus : 494, p. 427, CD-ROM) (Pour le redoublement de l'objet, *cf.* le chap. « Les pronoms personnels », VIII.1.)
- J'ai fait haler ma maison icitte. (LOU – DLF 2010 : s.v. *faire*, p. 273, AC)
- Ils ont fait croire aux parents que [...] (LOU – Rottet 2001 : 119, loc. âgé)
- Équand-ce qu'il a fini la cale on a été pour le faire enregistrer avec le COAST GUARD (LOU – DLF 2010 : s.v. *faire*, p. 273, TB)
- Et ça faisait tous ça dans ces années ça, plutôt qu'essayer de les parler bien, de les faire comprendre. (LOU – *Découverte*, Mamou, Évangéline)

En ce qui concerne *laisser faire*, la place des pronoms objets correspond au FS. S'il n'y a qu'un seul pronom objet, celui-ci est toujours placé devant l'auxiliaire factitif. En présence de deux pronoms objets, l'un est placé devant l'auxiliaire, l'autre devant l'infinitif. Quant aux objets nominaux, *laisser* admet deux constructions en FS, dont l'une – usuelle aujourd'hui – consiste à insérer l'objet direct nominal entre l'auxiliaire et l'infinitif, à l'instar des verbes de perception : *laisser qqn. faire qqch.* La deuxième construction possible – *laisser faire qqch. à qqn.* –, plus rare en FS[26], est totalement absente des corpus acadiens et louisianais que nous avons consultés.

▶ **_laisser_ + infinitif**
- Oui, le monde / le monde allait là pis se laissiont traîner. (NÉ – Hennemann, ILM, EL)
- on peut pas laisser les gens comme ça nous / nous insulter pour-ə-rien. (NÉ – Hennemann, ILM, DO)
- mon père nous laissait les cacher dans le foin (NB – Wiesmath 7, O : 608–609)
- c'est quasiment pareil coumme des pois pis des cosses ANYTHING si tu les laisses venir gros c'est pas si bon que tant ce qu'i sont plus petits (NB – Wiesmath 1, B : 166–167)
- je vas laisser euh . Gaëtan jouer ses morceaux (NB – Wiesmath 8, T : 240)
- ici nos parents pourraient pas nous laisser aller marcher tout seuls (IdlM – Falkert 2010, corpus : 56, p. 85, CD-ROM)
- le prêtre a pas pu : les laisser s'en aller (IdlM – Falkert 2010, corpus : 21, p. 243, CD-ROM)
- On va te laisser parler. (LOU – *Découverte*, Kaplan, Vermilion)
- Il y avait du monde qui tuait jusqu'à des six et sept cochons à la fois, ça faisait un tas de *bacon*. Là, ça le laissait tremper des... à peu près huit jours là. (LOU – *Découverte*, Pointe Noire, Acadia)
- quand ils commenciont à tirer la vache . ils laissaient plus le veau téter . (LOU – Stäbler 1995 : 15, corpus)

Notons l'expression figée *laisser savoir* dans le sens de « faire savoir » dans tous les parlers étudiés ici (en FL aussi : *laisser connaître*, *cf.* DFL 2010 : s.v. *connaître*, p. 151) ; il s'agit sans doute, selon Brasseur (2001 : s.v. *laisser*, p. 268), d'un calque de l'expression anglaise *to let s.o. know sth.* (*cf.* aussi Arrighi 2005 : 182) :

---

[26] La construction dépend toutefois aussi d'autres facteurs, comme la nature de l'objet (pronominal/nominal) (pour plus de détails, *cf.* Hanse 1991 : s.v. *infinitif*, p. 511ss.).

▶ *laisser savoir*
- i me laisserait savoir (NÉ – Hennemann, ILM, LL)
- j'ai dit je sais pas je te laisserai savoir (NB – Arrighi 2005 : 182, Zélia NB 17 : 290–291)
- On nous a pas laissé savoir qu'il arrivait. (TN – Brasseur 2001 : s.v. *laisser*, p. 268)
- T'envoyais ça dessus le radio dans différentes places pour les laisser savoir équand le navire allait laisser le port et quand il devrait arriver là-bas et qui-ce qu'il y avait dessus le navire. (LOU – DLF 2010 : s.v. *laisser*, p. 359, LF)

Rarement, l'infinitif est remplacé par le participe passé (calqué sans doute sur l'anglais *to have sth. done*), voire par une forme fléchie du verbe. Signalons que Hallion (2000 : 335) relève le même phénomène en franco-manitobain, où l'un des locuteurs de son corpus emploie systématiquement la construction *faire* + participe passé (par ex. « on s'est faite pris », *ibid.*).
- il a fait faite un gros plancher pour nous-autres danser dessus (LOU – Stäbler 1995 : 181, corpus)
- L'eau va te faire profiter l'huître pareil comme l'herbe va te faire profiter une vache. Mais s'il y a trop d'eau salée il va te faire un bigorneau vient, et là lui tue la z-huître. (LOU – *Découverte*, Isle Jean Charles, Terrebonne)

VI.2 Choix des pronoms

S'il n'y a qu'un seul objet pronominal, c'est le pronom direct qui est généralement choisi, que l'infinitif régisse lui-même un objet nominal direct ou non[27] :
- Le whiskey là et la bière et tout ça, ça boit là, c'est ça qui les fait faire des mauvaises choses. (LOU – DLF 2010 : s.v. *faire*, p. 274, EV)
- Tu peux les [= « les cochons »] faire manger la viande, mais je crois pas tu peux les faire tuer. (LOU – DLF 2010 : s.v. *faire*, p. 274, TB) (*les faire tuer*, ici : « les inciter à tuer »)

De même avec le pronom démonstratif *ça* comme deuxième objet :
- je vas la faire faire ça (LOU – *Découverte*, Mamou, Évangéline)

Dans quelques rares exemples, on relève un pronom objet indirect :
faire
- on a coummencé à y [= lui] faire écrire son/ son nom (NÉ – Hennemann, ILM, EL)

laisser
- laissons-nous leur-z-expliquer exactement qu'est-ce qui s'est passé (NÉ – Hennemann, ILM, BJ)

Parfois, le marquage du complément d'objet indirect est effectué par une autre préposition que *à* :
- j'y ai dit si qu'alle voulait faire goûter ça sus les parents [...] (NB – Wiesmath 1, B : 84)

Le pronom *ça* remplace souvent les pronoms atones *le, la, les* et est placé soit derrière l'infinitif, soit entre l'auxiliaire et l'infinitif (pour ce dernier cas, *cf.* ci-dessous VI.3.).

---

[27] Rappelons que le FS admet également les deux formes : *je leur fais manger la soupe* et *je les fais manger la soupe*, *cf. Le Petit Robert* (2013, s.v. *faire*), Hanse (1991 : s.v. *infinitif*, p. 514s.).

- Ma mère nous faisait brousser ça là (NÉ – Hennemann, ILM, EL)
- pis tu fais cuire ça (IdlM – Falkert 2010, corpus : 38, p. 19, CD-ROM)
- je vas la faire faire ça (LOU – *Découverte*, Mamou, Évangéline)

De plus, les pronoms sont souvent omis :
- i a décidé qu'i allait pas laisser la petite église euh tomber comme ça [...] i a mis du monde à l'ouvrage i a fait peinturer pis [...] (NB – Wiesmath 2, F : 250–253) (omission du pronom *les*)
- j'ai rien que fait enrager (NB – Wiesmath 1, B : 618) (omission du pronom *la*)
- j'ai fait rire (NB – Wiesmath 2, F : 662) (omission du pronom *les*)

- on les faisait fâcher (LOU – *Découverte*, Isle Jean Charles, Terrebonne) (omission de *se*)

VI.3 Insertion de l'objet entre l'auxiliaire et l'infinitif

La construction avec l'auxiliaire factitif *faire* s'aligne souvent sur celle de *laisser* + infinitif : *faire qqn. faire qqch.* (« factitif à pivot »). Cette construction semble particulièrement répandue à TN (Brasseur 2001 : XLVIII) et en LOU, mais on en trouve aussi des occurrences ailleurs.
- Et pis je voulais pas essayer ma tâche mais ils m'ont fait l'essayer quand même. (NÉ – Hennemann, ILM, DO)
- Pis on a fait les / les / touT les familles signer leurs noms sur les drapeaux. (NÉ – Hennemann, ILM, DO)
- Ma mère a faisait ça bouillir touT une/ touT une journée là (NÉ – Hennemann, ILM, IS)

- I fait le petit garçon entrer. (TN – Brasseur 2001 : XLVIII)
- Je crois pas que je pourrais faire une femme vivre. (TN – Brasseur 2001 : XLVIII)
- C'est du bon fumier pour faire l'herbe pousser. (TN – Brasseur 2001 : XLVIII)

- on serait bien misérable parce que tu pourrais pas faire les enfants travailler (LOU – *Découverte*, Pointe-aux-Chênes, Terrebonne)
- ça faisait le bois durer plus longtemps (LOU – *Découverte*, Pointe Noire, Acadia)
- il a fait le petit jeune homme sortir (LOU – *Découverte*, Pointe Noire, Acadia)
- ça fait le sang grouiller (LOU – *Découverte*, Church Point, Acadia)
- ça faisait le plancher venir jaune (LOU – *Découverte*, Pointe aux Chênes, Terrebonne)

Notons aussi l'exemple suivant où l'objet apparaît en tant que clitique avant le verbe factitif et est répété dans la forme tonique avant l'infinitif :
- S'il pouvait les faire eux venir et danser, eux, ils auraient dépensé. (LOU – *Découverte*, Cankton, St. Landry)

Commentaire
En notant la fréquence de la construction avec insertion de l'objet en franco-terre-neuvien, Brasseur (2001 : XLVIII) suggère qu'il s'agit d'un calque de l'anglais. Mais il signale que la construction existe aussi en français de France, où elle passe pour littéraire (*ibid.*)[28].

---

[28] *Cf.* aussi Gougenheim (1929 : 357–358) et Hanse (1991 : s.v. *infinitif*, p. 512s.). – Cette construction est également courante en français des Antilles, *cf.* Faure (2001 : 62, 65).

VI.4 Changement de valence

L'auxiliaire factitif *faire* sert à augmenter la valence du verbe à l'infinitif : un verbe intransitif peut alors régir un complément d'objet direct : *mourir* → *faire mourir* « tuer », et un verbe transitif peut admettre une construction avec deux objets.

- i y a quelqu'un qu'est après faire brûler du foin (NÉ – Hennemann, ILM, EL)
- j'ai des restants du dîner je vas me faire chauffer ça (NÉ – Hennemann, ILM, IS)

- c'est pas aigre pour te faire mourir là (NB – Wiesmath 1, B : 36–37) (en parlant d'une mûre)
- tu les fais cuire (NB – Wiesmath 1, B : 89)
- pis à / l'hiver ben on les fait / tu les fais désaler (NB – Wiesmath 7, O : 28)

- pis là j'ai fat menir mes enfants (IdlM – Falkert 2010, corpus : 395, p. 166, CD-ROM)

- [...] l'eau a [= elle] dit qui fait venir vieux et l'eau qui réjeunit encore. (TN – Brasseur 2001 : s.v. *réjeunir*, p. 391)

- et là ils ont été passés dans l'acide pour les faire tourner toutes sortes de couleurs (LOU – Stäbler 1995 : 201, corpus)
- Eusse mettait le lait dedans le siau, et ça le mettait dans le puits pour tiendre le lait frais. Comme ça, la chaleur le faisait pas aigrir. (LOU – DLF 2010 : s.v. *faire*, p. 274, LF)

Certains verbes se voient attribuer une valeur factitive sans l'ajout du verbe *faire* (Brasseur 2001 : XLVIII), mais ce phénomène semble marginal (Arrighi 2005 : 182) ; Brasseur note, par ex., que « *cuire*, en emploi transitif, se rencontre souvent pour le français de référence *faire cuire* » (Brasseur 2001 : s.v. *cuire*, p. 139)[29].

Conwell/Juilland (1963 : 188) notent, pour le FL, une tendance à omettre le verbe factitif *faire* après un premier infinitif. Ces cas sont rares dans les corpus consultés.

- [...] j'aimais pas ça mais je le faisais parce que fallait bien vivre ma famille (NB – Arrighi 2005 : 182, Odule NB 21 : 69–73) (= « faire vivre »)

- Faire une rigole pour couler l'eau. (TN – Brasseur 2001 : XLVIII) (« faire couler »)

- Tu peux le mettre dedans et le coudre et là, le cuire. (LOU – *Découverte*, Pointe Noire, Acadia)

VI.5 *quitter qqn. faire qqch.*

Dans les parlers étudiés ici, *quitter* peut remplacer le verbe *laisser* dans toutes ses valeurs, aussi bien en tant que verbe plein qu'en tant qu'auxiliaire factitif[30]. La construction correspond à la construction usuelle du verbe *laisser* : *quitter qqn. faire qqch*[31].

---

29 Léard (1995 : 208) note pour le FQ que certains verbes acceptent la présence ou l'absence du verbe factitif *faire* avec des sens identiques, dont *chauffer*, *plier* et *casser*.
30 *Quitter* est également employé dans le sens courant en FS : « abandonner » ; « partir ». – Naud (1999 : s.v. *quitter*) atteste l'emploi factitif du verbe *quitter* pour les Îles-de-la-Madeleine ; notons l'absence d'exemples dans le corpus de Falkert (2010).
31 Ajoutons en passant qu'on relève parfois le tour *quitter de faire* dans le sens de « arrêter de faire », cf. « je travaillais au (SHOP ?) j'avais justement marié . hm. pis j'avais quitté de travailler » (NÉ – Arrighi 2005, corpus, Rosalie NÉ 23 : 362–363). *Cf*. pour le même emploi en FQ : GPFC (s.v. *quitter*).

- I te quitteront pas rester icitte. (NÉ – E. Boudreau 1988 : 202)
- je le quitte pas aller touT seul (NÉ – Hennemann, ILM, EL)
- Oui, i les quittont pas passer. (NÉ – Hennemann, ILM, EL)

- Quitte-moi faire tout seul. (NB – Cormier 1999 : s.v. *quitter*)
- On lés a fait attendre une p'tite élan, pis on lés a quittés entrer. (NB – Cormier 1999 : s.v. *quitter*)

- Quitte-nous dormir ! (TN – Brasseur 2001 : s.v. *quitter*, p. 382)
- I vouliont pas quitter savoir au monde que [...]. (TN – Brasseur 2001 : s.v. *quitter*, p. 382)
- I quittaient ça travailler là pour une semaine. (TN – Brasseur 2001 : s.v. *travailler*, p. 454) (*travailler* = « fermenter »)

- ils sont après quitter ce beau français s'en aller (LOU – Rottet 2001 : 125, loc. âgé)
- ça rouvrait l'é/ l'école et ça quittait le monde rentrer là pour l'ouragan (LOU – Stäbler 1995 : 93, corpus)
- Ah huh, là quitte moi dire une autre chose aussite (LOU – *Découverte*, Mamou, Évangéline)
- le monde les quitte plus sortir asteur (LOU – *Découverte*, Châtaignier, Évangéline)
- Il fallait que tu les quittes sécher (LOU – *Découverte*, Pointe aux Chênes, Terrebonne)

Commentaire

Le verbe *quitter* au sens de « laisser » existe régionalement en France, par ex. en Normandie et en Saintonge (*cf.* aussi FEW 2, 1474a). Outre-Atlantique il est également signalé pour le FQ (GPFC : s.v. *quitter*) et le parler de Saint-Pierre-et-Miquelon (Brasseur/Chauveau 1990 : s.v. *quitter*) ainsi que dans les créoles français de l'Océan Indien et des Caraïbes (Chaudenson 1974 : 729) (Brasseur 2001 : s.v. *quitter*, p. 382).

La phrase

L'interrogation

Préliminaires

I	**Les pronoms interrogatifs**
I.1	*Qui* et ses variantes périphrastiques
I.1.1	*qui* – sujet [+ animé]
I.1.2	*qui* – objet direct, indirect et prépositionnel [+ animé]
I.1.3	*qui* – sujet et objet [-animé] en FL
I.2	*Quoi* et ses variantes périphrastiques
I.2.1	*Quoi* – sujet et attribut du sujet (inanimé)
I.2.2	*Quoi* – objet (inanimé)
I.3	*Qu'est-ce qui/Qu'est-ce que*
I.4	*Ça*
II	**L'interrogatif *quel/lequel***
II.1	Les réalisations phonétiques de l'interrogatif *quel*
II.2	L'indistinction entre les termes interrogatifs *quel* et *lequel*
II.2.1	En fonction de déterminant interrogatif
II.2.2	En fonction de pronom interrogatif
II.3	*Que* explétif
II.4	*Quoi c'est que, quoi-ce que* + syntagme nominal
III	**Les mots interrogatifs *comment* et *combien***
III.1	L'interrogatif *combien*
III.1.1	*combien* et les variantes périphrastiques
III.1.2	*combien* pronom interrogatif
III.1.3	*combien de* déterminant interrogatif
III.1.4	*combien* adverbe dans le tour figé *combien longtemps*
III.2	L'interrogatif *comment*
III.2.1	*comment/coumment* et les variantes périphrastiques
III.2.2	*comment* adverbe interrogatif de manière ou de moyen
III.2.3	*comment* adverbe interrogatif portant sur un adjectif ou un adverbe
III.2.4	*comment* employé dans les fonctions de *combien*
IV	**Les adverbes interrogatifs *où*, *quand* et *pourquoi***
IV.1	L'adverbe interrogatif locatif *où*
IV.2	L'adverbe interrogatif temporel *quand*
IV.3	Les adverbes interrogatifs de cause *pourquoi* et *quo(i) faire*
V	**L'interrogation totale directe et indirecte**
V.1	L'interrogation par intonation
V.2	L'inversion simple
V.3	L'interrogation au moyen de la particule interrogative *-ti*

V.3.1	La particule interrogative *-ti*
V.3.2	La particule interrogative *-tu* [ty]
V.3.3	*-ti/-tu* dans d'autres contextes
V.4	*Est-ce que*
V.5	Remarques sur l'interrogation indirecte
V.5.1	*si* dans l'interrogation indirecte
V.5.2	Le rôle du tour *(pour) voir (si)*
V.5.3	Les formes *ce qui/ce que* et *ça qui/ça que* dans l'interrogation indirecte
V.5.4	L'omission du subordonnant dans l'interrogation indirecte

L'interrogation

Préliminaires

Dans les variétés qui font l'objet de cette étude, les démarcations entre l'interrogation directe, l'interrogation indirecte et la proposition relative ne sont pas nettes[1].
– Interrogation directe *vs.* interrogation indirecte : Contrairement au FS, les pronoms et les adverbes interrogatifs peuvent apparaître dans les deux types d'interrogation sous une forme périphrastique, c.-à-d. élargis par les éléments *ce*, *ce que* ou *que*, moins fréquemment par *ça (que)* et *c'est que*. Ces dernières formes sont dotées d'une valeur de mise en relief que n'ont pas les éléments périphrastiques plus fréquents (*ce*, *ce que*, *que*). Les indices suprasegmentaux (intonation et/ou pause dans le débit) peuvent aider à distinguer les deux types d'interrogation, mais la distinction reste souvent floue[2]. En FS, la périphrase – sous la forme *est-ce que* – est réservée aux questions directes. Dans le présent chapitre, les exemples d'interrogations directes et indirectes sont dressés sous les mêmes rubriques, mais on ajoutera, en V.5., quelques remarques concernant uniquement l'interrogation indirecte.
– Interrogation indirecte *vs.* proposition relative[3] : Les relatives sans antécédent ou à antécédent neutre (*ce qui/que* en FS) peuvent apparaître sous une forme périphrastique : *qui-ce qu(i)/que* et *quoi-ce qu(i)/que* (et d'autres variantes périphrastiques), et donc sous une forme identique aux interrogatifs[4] ; il en va de même pour le locatif *où*, presque systématiquement élargi par des éléments périphrastiques dans les relatives comme dans les interrogatives (*yoù-ce que*, *où-ce que*, etc.) (*cf.* le chap. « La relative », IV et V). Les pronoms relatifs *qui* ou *que*, introduisant des relatives adjectives, ne sont généralement pas élargis par des éléments périphrastiques, à la différence des pronoms interrogatifs *qui* et *que/quoi*, qui apparaissent régulièrement sous une forme périphrastique (*cf.* Arrighi 2005: 308, Hennemann 2014 : 309).

Il ressort de la comparaison entre le FA, le FTN, le FL et le français parlé de France quelques différences concernant la formation et l'emploi des différents types d'interrogation.

▶ L'interrogation directe partielle
Faisons les observations suivantes pour l'interrogation directe partielle :

---

[1] Pour l'interrogation, *cf.* notamment les études de Gesner (1984/85), King (1991), Rottet (2004, 2006), Arrighi (2005 : 305–310 ; 2007), Hennemann (2014 : 246–310). Pour le FQ, *cf.* Léard (1995 : 104–107), pour le français mitchif, *cf.* Papen (2004 : 123–126).
[2] Pour les difficultés à distinguer entre interrogation directe et interrogation indirecte, *cf.* aussi la discussion dans Hennemann (2014 : 303s.).
[3] Rottet (2001 : 190, note 23) signale aussi des similitudes structurelles entre interrogation directe (de type non standard : *Quel enfant que t'as vu?*) et proposition relative (du type : *Ça c'est l'enfant que t'as vu*).
[4] *Cf.* « Asseyons pas de changer qui ce qu'on est » (NB – Wiesmath 2006, 10 : X28, Hennemann 2014 : 309).

- La périphrase (formée d'un mot interrogatif et des éléments *ce que*, *ce* ou *que*) constitue le type de formation dominant en FA et en FTN, l'élément périphrastique le plus fréquent étant *ce que*[5]. En FL, en revanche, les formes simples sont tout à fait courantes, l'interrogation se formant par intonation (*Qu*SV ou SV*Qu*[6]).
- L'inversion est absente[7].
- L'interrogation par la particule *-ti* (rarement : *-tu*) est quasiment absente[8] (Hennemann 2014 : 301, Gesner 1984/85 : 134) (*cf*. néanmoins V.3.3.).
- L'interrogation par intonation montante (*Qu*SV) est bien attestée en FA/FTN comme en FL, mais il ne s'agit pas, en FA/FTN, du type privilégié.
- Le pronom ou adverbe interrogatif peut être placé en fin de phrase : *tu parles de qui ?*; *c'est quoi ?*; *tu t'y prends comment ?* (SV*Qu*, placement du mot interrogatif *in situ*, « *Qu*-in situ »)[9]. Le procédé semble tout à fait marginal en FA/FTN (Gesner 1984/85 : 148s., Hennemann 2014 : 302)[10] et ne compte pas parmi les procédés interrogatifs privilégiés en FL, même s'il existe dans cette variété. En revanche, il est très courant en français parlé en France (Coveney 2002 : 112, tableau 4.3.[11]), où il est même accepté comme « standard » parlé (*ibid.* : 98).

▶ L'interrogation totale directe

Pour l'interrogation totale directe, nous retenons les points suivants :
- La périphrase en *est-ce que* ne joue qu'un rôle marginal en FA/FTN, elle semble mieux établie en FL (*cf*. V.4.).
- L'inversion simple est le type le plus fréquent d'interrogation totale en FA si le sujet est pronominal (Hennemann 2014 : 251 *passim*). En FL, l'inversion est généralement évitée (*cf*. V.2.).
- L'inversion complexe n'existe ni dans les parlers étudiés ici ni dans le français parlé de France. Il existe, pourtant, en FA/FTN et – dans une bien moindre mesure en FL –, l'interrogation avec la particule invariable *-ti* postposée au verbe, qui apparaît souvent dans les cas où la langue standard exige l'inversion complexe (*cf*. V.3.).

---

5 Pour la BSM (NÉ) Gesner (1984/85 : 157) : *ce que* (67, 9 %), *ce* (21,4 %), *que* (7,1 %), *c'est que* (3,6 %).
6 Pour les abréviations, nous suivons Coveney (2002). *Qu* – mot interrogatif ; *S* – sujet ; *V* – verbe.
7 C'est également vrai pour les variétés laurentiennes du français (Mathieu 2009 : 71).
8 L'interrogation partielle est déjà suffisamment marquée par le mot interrogatif ; dans l'interrogation totale, en revanche, « *-ti* fait – dans la plupart des cas – la différence entre la phrase déclarative et la proposition interrogative » (Hennemann 2014 : 302).
9 *Cf*. en anglais « WH-*in situ* » (King 1991 : 66), également appelé « [i]nterrogation avec un terme interrogatif occupant la place du constituant concerné » (Riegel et al. 2011 : 679).
10 Arrighi (2007) note l'absence de ce type de questions dans son corpus acadien et la tendance à placer le terme interrogatif en première position. Dans le corpus établi à l'ILM par Hennemann, les questions *in situ* atteignent un taux de 16 % (2014 : 303).
11 Pour les contraintes pragmatiques du type « *Qu*- in situ » en français parlé de France, *cf*. Coveney (2002 : 218–227). – Dans les variétés laurentiennes du français, le type « *Qu*- in situ » n'est pas rare, mais il semble beaucoup moins important qu'en France. En revanche, les interrogations avec des éléments de renforcement sont nettement plus fréquentes dans les variétés laurentiennes que dans l'Hexagone (*cf*. Mathieu 2009 : 69s.).

- L'interrogation par intonation montante est bien attestée, mais son rôle pragmatique semble tout autre en FA/FTN qu'en français parlé de France et en FL. Elle est souvent rhétorique, reprend ce qui vient d'être dit, elle n'appelle pas nécessairement de réponse et constitue en somme plutôt un moyen de maintenir le contact avec l'interlocuteur qu'une véritable question (pour la NÉ : Hennemann 2014 : 257). En FL, par contre, elle constitue un type majeur de procédé interrogatif.

En ce qui concerne les interrogations indirectes, nous comptons parmi celles-ci toute proposition complétive de « verbes qui posent implicitement une question » ou de « verbes déclaratifs dont le mode ou le contexte supposent une question ou une exclamation » (Chevalier et al. 1964 : § 176, p. 120 ; *cf.* aussi Riegel et al. 2011 : 837). Parmi ces verbes comptent, par exemple : *demander, ne pas savoir, ignorer, chercher, examiner* ; *dire, annoncer, expliquer, penser* ; *voir, sentir, entendre*.

▶ **L'interrogation indirecte**
À propos de l'interrogation indirecte, nous faisons les observations suivantes :
- En FS, l'interrogation indirecte est introduite par un verbe qui régit un objet direct. Dans les parlers concernés, par contre, les interrogations indirectes peuvent tout aussi bien être introduites par des adjectifs ou des noms, ainsi que par des verbes qui régissent un objet indirect ou prépositionnel.
  - Fout [sic] j'sayons sûre quoi c'qu'est l'affarre avant. (NÉ – Gesner 1984/85 : 159, BSM)
  - Oh, ça dépend si t'es une personne de la ville. (NÉ – Hennemann, BSM, JL)
  - et ça dépend quoi c'est que le prix du poisson autant que ce prix change toujours (NÉ – Hennemann, PUB, ArD)
  - Lui, i est intéressé quoi-ce le gouvernement fait. (NÉ – Hennemann, ILM, EL)

  - ça te dounnera une idée quoi ça a goût (NB – Wiesmath 1, B : 35–36)
  - ils me tiennent au courant pareil quosse qui se passe pis ça là (NB – A. Boudreau 1998, ll. 109–110)
  - tu penses comment que ça se fait que le français est rendu là (NB – A. Boudreau 1998, ll. 443–444)
  - ça dépend comment / à quel point de vue que tu vois ça là (NB – A. Boudreau 1998, ll. 222–223)

  - pis là ben y avat ène soirée chez la mariée ou/ le marié dépendant comment ce tait arrangé (IdlM – Falkert 2010, corpus : 322–323, p. 265, CD-ROM)

  - Ça dépend comment grand la chaudière, tu connais ? (LOU – *Découverte*, Châtaignier, Evangéline) (pour l'usage de *comment* + adj., *cf.* ci-dessous III.2.3.)
  - La raison pourquoi que mon je parle toujours français c'est que mes grands-parents tout le temps parlait français. (LOU – DLF 2010 : s.v. *que*[5], p. 505, LF)

L'interrogation peut être introduite par la préposition *selon* :
  - C'est selon la qual/ c'est selon coumben-ce n'a du Houmard pis la qualité. (NÉ – Hennemann, BSM, RL)

- *Que* peut suivre n'importe quel mot interrogatif dans l'interrogation partielle directe et indirecte (type : *quand que ?*) et se combine occasionnellement avec le subordonnant *si* dans l'interrogation totale indirecte (*si que*, *cf.* V.5.1.). Dans de rares cas, *que* apparaît devant l'élément introducteur du discours indirect. *Que* – élément subordonnant par excellence – est alors marqueur de la subordination malgré la présence d'un autre élément subordonnant :

- mais sais que dans tcheul DISTRICT du village vous demeurez (NÉ – Hennemann, ILM, CL)
- et je sais pas que si ils s'ont pas aperçu ou quoi (LOU – Stäbler 1995 : 166, Stäbler 1995 : 96, corpus)

Commentaire
De tout temps, le langage parlé témoigne du besoin de renforcer les termes interrogatifs par des périphrases (*cf.* pour l'ancien français Grevisse/Goosse 2008 : § 398b, H2, p. 501).

Évolution et évaluation de la périphrase en *est-ce que*
Est-ce que apparaît d'abord dans les interrogations sujet (Mathieu 2009 : 72 ; 77), puis dans les questions introduites par *que* (XIIIe s.) pour se répandre à toutes les interrogations partielles par la suite (XIVe/XVe s.) (Léard 1995 : 222) ; au XVIIe s., les formes périphrastiques sont « parfaitement intégrées au système du français » et y « sont extrêmement fréquentes, avec tous les mots interrogatifs et dans tous les genres [...] » (Fournier 1998 : § 184, p. 127). Apparaissent, également au XVIIe s., les périphrases renforcées : *qu'est-ce que cela ?*, *qu'est-ce que c'est (ce) que cela ?*, relevant de « l'oral spontané », mais aussi attestées « dans la prose soutenue de Pascal (très fréquent) ou de La Bruyère » (Fournier 1998 : § 185, p. 129).

Dans l'interrogation totale, en revanche, la périphrase ne devient courante qu'au XVIe s. (Grevisse/Goosse 2008 : § 397, H1, p. 498, Mathieu 2009 : 73), mais elle reste considérée comme « très familière », voire comme « populaire », et elle est restreinte à l'oral jusqu'au XXe s. (Léard 1995 : 222, Ayres-Bennett 2004 : 50).

Foulet (1967 : 186s.) signale que sous les structures apparemment identiques du français moderne et de l'ancien français se cachent des différences sémantiques et pragmatiques, les tours périphrastiques constituant selon lui des mises en relief en ancien français (*cf.* aussi Fournier 1998 : § 184, p. 128s.). Cette hypothèse a été contestée (*cf.* Grevisse/Goosse 2008 : § 397, H1, p. 498) ; de fait, « [l]e latin vulgaire connaissait déjà des périphrases analogues », le procédé n'aurait donc rien eu de nouveau ni de particulièrement saillant (*ibid.*).

La périphrase en *est-ce que* s'est rapidement introduite dans l'interrogation indirecte, emploi pourtant condamné au XVIIe s. Malgré les interventions des puristes, la périphrase reste courante à l'oral dans l'interrogation indirecte jusqu'à nos jours[12].

Variantes périphrastiques
Bruneau/Brunot (1949 : 530) signalent l'existence d'une variante de la périphrase *est-ce que* et *est-ce* dans l'interrogation dès le moyen français : « mot interrogatif + *c'est (qui/que)* ». Ce type d'interrogation périphrastique est bien attesté dans la littérature poissarde et ailleurs aux XVe et XVIe s. (*cf.* Brunot/Bruneau 1949 : 250, Gougenheim 1974 : 237) et il a survécu dans la langue populaire moderne : « qui *c'est* qui t'a dit ça ? » (Bruneau/Brunot 1949 : 530, *cf.* aussi Bauche [2]1951 : 94). De plus, dans le français populaire (Gadet 1992 : 82), voire dans la langue parlée courante, le mot interrogatif peut être renforcé par *ça* (*quand ça, comment ça, où ça*)[13].

Les avis sont partagés quant à l'origine de l'élément périphrastique [sk(ə)][14], typique des parlers acadiens et existant également dans certaines variétés européennes du français (par ex. en Wallonie) et au Québec (King 2000 : 78).

– Il pourrait s'agir d'une forme contractée de la périphrase *est-ce que* (Behnstedt 1973 : 62, Price 1971 : 267).

---

12 *Cf.* Haase (1965 : 92), Stäbler (1995 : 166), Arrighi (2005 : 306). – Haase (1965 : 92) considère le procédé comme « populaire », Gadet (1992 : 81) le qualifie de « parlé » ; nous tenons à souligner que de telles assignations comportent inévitablement une part de subjectivité (*cf.* la discussion des « registres » dans Gadet 1989 : 18–20, et le chap. « Introduction », III.4.). – Selon Chaudenson et al. (1993 : 114), les types d'interrogation non standard sont essentiels pour comprendre les formes de l'interrogation existant dans les créoles à base française.
13 Il existe encore d'autres particules de renforcement, *cf.* Gadet (1992 : 82) : *comment donc que tu voudrais faire ?, où donc il va ?, qui diable qu'a pu dire ça ?*
14 Pour une présentation des différentes approches, *cf.* aussi Hennemann (2014 : 277ss.).

– Cela pourrait être une forme contractée de la structure emphatique présentative *c'est que* (*cf.* par ex. Gesner 1984/85 : 139).
– Plus récemment, King (1991 ; 2000 ; 2013 : 133, note 11) a pris position d'une manière plus nuancée à ce sujet : selon elle, en français hexagonal, *ce-que* peut en effet avoir son origine dans la périphrase *est-ce que* ; en français acadien, par contre, il s'agirait de l'allomorphe de *que* réservé à la position suivant un mot interrogatif placé en tête de phrase (King 2000 : 78).

L'élément périphrastique [sk(ə)] (*oùsque, quansque, combiensque*) est attesté par Foulet (1921, cité dans Behnstedt 1973 : 62[15]), par Grevisse/Goosse (2008 : § 398, p. 501) et par Price (1971 : 267). Beaumarchais semble déjà avoir décrié cet usage comme « vulgaire » (Behnstedt 1973 : 62). Encore de nos jours, [sk(ə)] compte selon Grevisse/Goosse (2008 : § 398b, p. 501) parmi les « introducteurs de l'interrogation partielle, franchement populaires ».

La liste des interrogations populaires fournie par Bauche (²1951 : 117) se veut ouverte : *où c'est-il que, où que c'est i que, où que c'est que*, etc.[16]. Gadet (1992 : 82) signale qu'« il est encore possible d'ajouter *c'est* à des formes comportant déjà *est-ce que* ou *c'est que* : *quand est-ce que c'est qu'il arrive?*, *c'est quand est-ce qu'il arrive?*, *quand c'est que c'est qu'il arrive?*, *c'est quand que c'est qu'il arrive?* ». Tous les types ne sont pourtant pas jugés « populaires » ; certains apparaissent également dans le style familier : *quand c'est que, c'est quand que, il est venu quand* (Gadet 1989 : 138s.).

Le renforcement des mots interrogatifs par *que* seul, dit « *que* vide » ou « *que* parasitaire » (type : *qui que, quand que*), ne semble pas attesté avant le XVIIIe s. dans l'interrogation directe ; les emplois de « *que* vide » antérieurs, attestés dès l'ancien français, montrent la restriction de cet usage à l'interrogation indirecte, ce qui se rattache selon Grevisse/Goosse (2008 : § 398b, H2, p. 501) à l'emploi de *que* renforçateur des conjonctions. Il reste à savoir si ces formes élargies par *que* constituent l'ajout de *que* à un mot interrogatif (tel qu'on le connaît également pour les conjonctions de subordination) ou bien le « reliquat de la forme étoffée » avec *est-ce/c'est + que* (Arrighi 2007, Grevisse/Goosse 2008 : § 398b, H2, p. 501). Les interrogations avec « *que* vide » semblent socialement marquées en France : elles sont apparemment très répandues (Gadet 1992 : 100), mais surtout dans les milieux ouvriers (Behnstedt 1973, Coveney 2002 : 96) ; « *que* vide » peut accompagner tout pronom ou adverbe interrogatif, de même qu'il accompagne couramment les conjonctions (*cf.* le chap. « La subordination ») : *combien que, pourquoi que, quand que, comment que*[17].

I Les pronoms interrogatifs

En FA, FTN et FL, le système des pronoms interrogatifs diffère du FS et du français parlé en France.
– On note toute une série de formes périphrastiques. Ces formes sont composées du pronom interrogatif et d'un élément périphrastique : *ce, ce qui/que* ou *que*, plus rarement *c'est qui/que* (*cf.* Gesner 1984/85 : 163 pour NÉ-BSM).
– Malgré la multitude des formes en usage, nous pouvons distinguer deux grands groupes, le premier centré autour du pronom *qui*, le deuxième autour du pronom *quoi*. Les formes les plus importantes sont :

---

15 Selon Behnstedt, la « réduction » de *est-ce que* à [skə] ou [sk] est attestée dans le langage populaire, mais ces éléments périphrastiques restent selon lui sporadiques et individuels (Behnstedt 1973 : 62).
16 Notons que dans le corpus de Coveney (2002 : 96), aucune forme périphrastique populaire n'a été relevée. Le corpus porte sur le parler informel de jeunes locuteurs (17 à 37 ans) provenant du Nord de la France et issus de différents milieux sociaux à l'exception du milieu ouvrier.
17 *Cf.* Bauche (²1951 : 117), Guiraud (1965 : 73), Gadet (1989 : 139 ; 1992 : 81s., 100).

- *qui-ce qu(i)* [kisk(i)/tʃisk(i)] [+ animé][18] et *quoi-ce qu(i)* [kwask(i)]/[kɔsk(i)] [non-animé] dans les interrogations sur le sujet et l'attribut du sujet ;
- *qui-ce qu(e)* [kisk(ə)/tʃisk(ə)] [+ animé] et *quoi-ce qu(e)* [kwask(ə)/kɔsk(ə)], rarement *quou-ce que* [kwusk(ə)] (NÉ – Hennemann 2014 : 286) [non-animé] dans les interrogations sur l'objet de la phrase et l'attribut du sujet dans les tours *qui/quoi-ce que c'est*.

- Les formes simples, non élargies par des éléments périphrastiques, sont rares ; si elles apparaissent, c'est dans la plupart des cas dans le rôle de l'objet de l'interrogation, surtout lorsqu'il s'agit d'un objet prépositionnel.
- Les constructions à préposition dite « orpheline » sont courantes, mais elles s'observent surtout dans la relative (*cf.* les chap. « La relative », II.5., « Les prépositions », V).
- Le paradigme du pronom interrogatif *lequel* est inconnu dans l'usage traditionnel (FA/FTN/FL).
- Les formes *qui est-ce qui, qui est-ce que, qu'est-ce qui, qu'est-ce que* semblent réservées aux situations formelles et sont plus usuelles en FL que dans les parlers acadiens.
- Dans certaines paroisses de LOU, le pronom interrogatif *qui* en fonction de sujet ou d'objet se réfère non seulement aux êtres humains, mais aussi aux choses. Nous consacrerons un paragraphe spécifique à cette particularité (*qui* « inanimé », *cf.* I.1.3.).

I.1 *Qui* et ses variantes périphrastiques

Le pronom *qui* apparaît rarement en tant que sujet sans renforcement périphrastique. Ce sont surtout les éléments périphrastiques *ce* [sə] et *ce que* [skə] qui entrent en jeu, mais on rencontre aussi les éléments de mise en relief *c'est (qui/que)*. Les éléments périphrastiques peuvent aussi apparaître dans l'interrogation indirecte, mais on y constate une plus grande « hésitation entre les tournures sans et avec périphrase » (Gesner 1984/85 : 163 pour NÉ-BSM).
- Forme simple :
  qui (rare en NÉ, NB, TN, mais attesté en LOU – DLF 2010 : s.v. *qui*², p. 509)[19]
- Formes périphrastiques :
  - sujet :
    qui ce qui [kiski] (NÉ, NB, LOU), [tʃiski] (NÉ, TN)/[(NB)] – la forme la plus répandue
    qui c'est qui
    qui-ce que c'est qui
    Notons que le [i] de *qui* tombe devant voyelle : *qui ce qu'/qui c'est qu'/ qui-ce que c'est qu'*.
  - objet et attribut du sujet :
    qui ce qu(e) [kisk(ə)]/ [tʃisk(ə)], *qui-ce*
    qui c'est que, qui c'est
    qui-ce que c'est que
    qui que

---

18 *Cf.* toutefois I.1.3. à propos de *qui* [- animé] en LOU.
19 *Cf.* aussi Gesner (1984/85 : 138), selon lequel *qui* « ne s'emploie guère en acadien ».

En acadien traditionnel, le *qui* relatif se prononce [ki], *qui* interrogatif se prononce avec affriquée [tʃ] (King 2013 : 131, note 25) ; le dépouillement des corpus à notre disposition révèle que, s'il est vrai que le *qui* relatif se prononce toujours [ki], on note en revanche les variantes avec et sans affriquée pour le *qui* interrogatif (*cf.* aussi Gesner 1984/85 : 140 pour NÉ-BSM), la forme affriquée constituant semble-t-il la variante la plus rare (Hennemann 2014 : 283). À TN, la prononciation [tʃi] semble être la forme courante du pronom interrogatif dans les isolats (Brasseur 2001 : s.v. *qui-ce qui*, p. 380).

Commentaire
La prononciation palatalisée de *k* ([tʃ]) devant les voyelles antérieures [e, ɛ, œ, ø, ə, i, y, ɛ̃] et la semi-consonne [ɥ] (Brasseur 2001 : XXXVII), relevée en FA et en FTN, est bien attestée dans les dialectes d'oïl en France, dont des parlers dans le Centre-Ouest et le Nord (*cf.* « Introduction »)[20].

I.1.1 *qui* – sujet [+ animé]

Qui ce qui est la forme la plus répandue en FA/FTN ; elle est également bien attestée en FL (*cf.* Papen/Rottet 1997 : 105, DLF 2010 : s.v. *qui*³, p. 509)[21].

▶ *qui* sujet

qui sans éléments périphrastiques
- Qui vous a dit ça ? (NÉ – Gesner 1984/85 : 138, BSM)
- i y avaient passé de l'argent . le . Parcs Canada ou <je sais> pas qui y avait passé de l'argent pour faire des démarches pour asseyer de sauver l'église. (NB – Wiesmath 2, E : 259–261)
- Qui a dit ça ? (LOU – Conwell/Juilland 1963 : 151)
- Je connais pas si je vas aller, c'est dépendant qui sera là avec nous-autres. (LOU – DLF 2010 : s.v. *qui*³, p. 509, LA)

qui ce qui [kiski, tʃiski] + consonne ; [kisk] + voyelle
- Tchi ce qui veut l'darnier morceau ? (NÉ – Gesner 1984/85 : 138, BSM)
- Mais qui-ce qui te l'a dit [...] ? (NÉ – Hennemann, ILM, CL)
- Tchi c'qui parle ? (NÉ – Thibodeau 1988 : 123)
- si tu veux aller passer la nuit dans mon jardin et me dire qui-ce qui vole la pomme demain matin je te donner[ai] la moitié de ma fortune (NÉ – Arrighi 2005 : 308, Marcelin NÉ 2 : 318–319)
- On a eu une p'tite *fight* parmi les hommes et les femmes pour savoir chisqui travaillait pu dur, la femme ou l'houmme. (NÉ – *Lettres de Marichette*, Gérin/Gérin 1982 : 166)
- Je sais pas qui-ce qui l'a écrit mais . c'est pas bien écrit. (NB – Wiesmath 6, L : 349–350)
- Qui ce qui parte ? (ÎPÉ – King 2000 : 77)
- qui-ce qui mène le bal de même dans l'autobus là (IdlM – Falkert 2010, corpus : 281, p. 159, CD-ROM)
- I se ramassiont dans des maisons, et pis i contiont des histoires, qui-ce qu'arait conté la plus belle menterie ! (TN – Brasseur 2001 : s.v. *ramasser*, p. 389)
- [...] je te dirai qui-ce qui fait le *moonshine* i dit dans le ... Moonshine Valley. (TN – Brasseur 2001 : s.v. *moonshine, shine*, p. 304)

---

[20] Le FEW (II, 2 : 1464a) atteste *tchi, ti* pour le pronom relatif en nantais, *tchi* pour le pronom interrogatif à Tourcoing. Pour la palatalisation des consonnes *k, g, d, t*, *cf.* aussi Thurot II (1881–83 : 197s. pour le français du XVIIᵉ s.) ; ALF 306 (*cœur*), 374 (*curé*), 672 (*guêpe*), 1120 (*queue*), 1296 (*tiens bien*).
[21] Conwell/Juilland (1963 : 151) ne mentionnent pas [kiski].

- Je peux pas dire qui-ce qui a venu après ça. (TN – Brasseur 2001 : s.v. *qui-ce qui*, p. 381)
- Qui-ce qu'après vivre icitte avec vous-autres dans les forêts ? (LOU – Rottet 2004 : 175)
- Qui-ce qui va soigner les petits poulets ? (LOU – *Découverte*, Bayou Goula, Iberville)
- Là, j'ai été voir qui ce qui faisait ça. (LOU – *Découverte*, Golden Meadow, Lafourche)
- Mais qui ce qui va les CHECK là-bas s'ils ont tout pris ou pas ? (LOU – DLF 2010 : s.v. *qui*^{3}, p. 509, LF)
- À ce matin je savais pas qui-ce qu'était après appeler de bon matin comme ça. (LOU – DLF 2010 : s.v. *qui*^{3}, p. 509, TB)

qui c'est qui (rare)
- On a su le lendemain qui c'est qui l'avait pris. (NÉ – Hennemann, ILM, MS)
- i dit <qui c'est qui t'a appris à *driver* ANYWAY> (NB – Wiesmath 8, T : 168)
- pis y avait eune / eune grand : carte là pis tous les/ tous les noms qui c'est qui devaent aller en [...] vacances (IdlM – Falkert 2010, corpus : 99–101, p. 110, CD-ROM)
- je me rappelle pas qui c'est qui l'a acheté (LOU – *Découverte*, Châtaignier, Évangéline)

qui-ce que c'est qui
- qui-ce que c'est qui t'as renseigné pour ça (IdlM – Falkert 2010, corpus : 640–641, p. 484, CD-ROM)

Lorsque la question porte sur l'attribut du sujet, la forme la plus répandue est *qui c'est (que)*. Dans l'interrogation indirecte, c'est encore la forme *qui-ce qui/que* (à l'exception du tour *qui-ce que c'est*) qui apparaît.

▶ **qui attribut du sujet**

qui + présentatif
- Qui c'est le président ? (NÉ – Gesner 1984/85 : 154, BSM)
- Qui c'était que l'autre team ? (NÉ – Gesner 1984/85 : 154, BSM)
- Tchi c'est que ça ? (NÉ – Gesner 1984/85 : 154, BSM)

- Qui c'est ça ? (LOU – DLF 2010 : s.v. *qui*^{3}, p. 509, LA)
- Qui c'est que ça ? (LOU – DLF 2010 : s.v. *qui*^{3}, p. 509, JE)

qui que + présentatif
- j'ai dit t'as pas gardé qui que c'état qui parlat (IdlM – Falkert 2010, corpus : 223–224, p. 71, CD-ROM)

qui-ce que/qui-ce qui
- J'ai mandé à Norma s'a savait qui-ce qui était l'inspecteur parce c'était pas ieunne de l'Isle Madame. (NÉ – Hennemann 2014 : 307, ILM)
- Non, i vouliont savoir qui-ce que j'étais. (NÉ – Hennemann, ILM, EL)
- Tchi c'que tu crois que c'est ? (NÉ – Thibodeau 1988 : 123)
- qui ce qu'était lui ? (NB – Wiesmath 7, O : 417)
- faut que m'assure qui-ce que c'est (IdlM – Falkert 2010, corpus : 228, p. 72, CD-ROM)
- Mais je sais pas qui-ce qui tait l'armateur de mon défunt père [...] (TN – Brasseur 2001 : s.v. *owner*, p. 328)
- Qui-ce que c'est le pape à L. ? (LOU – DLF 2010 : s.v. *qui*^{3}, p. 509, TB)
- J'ai dit qui-ce que j'étais. (LOU – DLF 2010 : s.v. *qui*^{3}, p. 509, LF)

Commentaire
Bauche (^{2}1951 : 94) énumère toute une gamme de variantes du pronom interrogatif *qui* en français populaire, dont la forme [kiski]. Il note aussi la forme, rare, *qui qui*, dont l'existence dans le non-standard est confirmée

par Gadet (1992 : 82, 1997 : 106). Quant aux parlers étudiés ici, *qui qui* est noté par Rottet (2004 : 175) mais marqué d'un point d'interrogation ; le DLF (2010) ne le mentionne pas.

En FQ, on note – à côté de *qui est-ce qui/ qui est-ce que* – également les formes [kiki]/ [kikə]/([ləkɛlkə]) et [kiski] (Léard 1995 : 96). Pour le français michtif, Papen (2004 : 125) note les formes sujet *qui qui* et *qui c'est qui*, les formes objets *qui qu(e)* et *qui c'est qu(e)*.

I.1.2 *qui* – objet direct, indirect et prépositionnel [+ animé]

Si la question porte sur l'objet animé, la forme périphrastique *qui-ce que* est concurrencée par *qui* simple et par les formes *qui-ce* et *qui que*. *Qui* simple apparaît surtout après les prépositions. Le pronom interrogatif simple peut apparaître en tête ou en fin d'énoncé : Qu*SV, SVQu* ; l'inversion n'est pas courante dans les interrogations partielles[22].

▶ **Forme simple**

qui – objet [+animé], surtout après les prépositions : Qu*SV*
- Qui il veut ? (LOU – DLF 2010 : s.v. *qui*³, p. 509, La89) (« Whom does he want ? »)
- et de qui d'autre on pourrait parler asteur ? (LOU – Rottet 2001 : 170, loc. âgée)
- À qui ce livre appartient ? (LOU – Rottet 2001 : 170, loc. âgée)
- Avec qui tu as été au village ? (LOU – DLF 2010 : s.v. *qui*³, p. 509, VM)
- Qui elle travaille pour ? (LOU – DLF 2010 : s.v. *qui*³, p. 509)

dans l'interrogation indirecte
- ben je peux pas vous dire avec qui . i restait là (ÎPÉ – Arrighi 2005, corpus, Rose ÎPÉ 7 : 154–155)

SV*Qu* – *qui* « in situ »
- Tu as vu qui ? (ÎPÉ – King 2000 : 77)

▶ **Formes périphrastiques**

Préposition + *qui que*
- Pour qui qu'on travaille-là ? (NÉ – Hennemann, ILM, BJ)

qui-ce qu(e)
(Pas d'exemple dans le corpus de Gesner 1984/85, mais ses informateurs acadiens qualifient l'interrogation avec *qui-ce que* (objet, humain) de « parfaitement normale », p. 142)
- [...] a dit : suis a/ suis après parler avec toi mais sais pas tchi-ce que je parle (NÉ – Hennemann 2014 : 307, ILM)
- tu sais avec qui-ce qu'a reste ? (NÉ – Hennemann 2014 : 307, ILM)
- à qui à qui-ce que tu penses quand-ce tu dis ça [?] (NB – A. Boudreau 1998, l. 281)
- Qui-ce que t'as vu ? (ÎPÉ – King 2000 : 77)

qui ce
- A tchi ce [tʃis] vous avez vendu la maverick ? (NÉ – Gesner 1984/85 : 146, BSM) (attesté une seule fois dans le corpus de Gesner)
- t'sais pas à qui-ce t'as à faire (IdlM – Falkert 2010, corpus : 103–104, p. 331, CD-ROM)

---

[22] *Cf.* Gesner (1984/85 : 142) pour la BSM (NÉ), Hennemann (2014 : 303) pour l'ILM (NÉ), King (2000 : 78) pour l'ÎPÉ.

I.1.3 *qui* – sujet et objet [-animé] en FL

Un trait spécifique de certaines régions de Louisiane est la neutralisation de la distinction [+animé] *vs.* [-animé] dans les interrogations sur les sujets et les objets, *qui* constituant le pronom interrogatif dans les deux cas de figure[23].

La forme *quoi* dans les interrogations est courante dans les paroisses du (Centre-)Ouest suivantes : Acadia, Assumption, Lafayette, Vermilion, Jefferson Davis (Rottet 2004 : 174). On y rencontre une distinction entre *qui* (interrogation sur les personnes) et *quoi* (interrogations sur les choses). Dans d'autres zones, par contre, on relève la forme *qui* dans les interrogations sur les personnes comme sur les choses : dans les paroisses du Nord (Avoyelles, Évangéline) et dans celles du Sud-Est (Terrebonne et Lafourche) (Rottet 2004 : 174). Les autres paroisses constituent des zones de transition (par ex. une partie de St. Landry, de St. Martin, d'Iberia, *cf. ibid.*), où les deux usages coexistent, parfois même chez un seul locuteur. Là où il y a contact interdialectal, le conflit entre *qui* et *quoi* est résolu localement de manière différente d'un lieu à l'autre (Rottet 2006 : 179).

Approfondissant une hypothèse de Byers (1988), Rottet (2004, 2006) montre qu'il y a une corrélation entre le type de pronom interrogatif employé dans une zone et l'histoire de l'installation des francophones sur le terrain. Il ressort de cette comparaison que le pronom *quoi* – ainsi que, d'ailleurs, la désinence « acadienne » traditionnelle de la 3e pers. pl. *-ont* (*cf.* le chap. « Les pronoms personnels », VI.1.3.) – est aujourd'hui en usage dans les paroisses où les Acadiens se sont installés à partir de 1764 et jusqu'en 1785 ; en revanche, là où les colons français s'étaient installés dès le début du XVIIIe s. pour fonder des plantations (les zones dites « créoles »), le pronom interrogatif *quoi* ne s'est jamais établi ; dans ces régions, *qui* s'est toujours employé dans les interrogations sur les personnes comme sur les choses (Rottet 2004 : 180).

Dans la paroisse de Lafourche, on note l'emploi de *qui* « inanimé » malgré l'installation des Acadiens dans la région ; or, Rottet (2004 : 180s.) signale que vers 1870, le groupe des « créoles » avait déjà largement dépassé celui des Acadiens ; de plus, les Acadiens qui y étaient arrivés, avaient passé une vingtaine ou une trentaine d'années en France (en Bretagne, dans le Poitou) ; il est donc possible selon lui qu'ils aient adopté l'interrogation avec le *qui* « inanimé » lors de leur séjour en France (2004 : 181). Selon Rottet, les deux raisons peuvent expliquer la prédominance du *qui* « inanimé » dans cette paroisse[24].

Pour prouver l'origine pré-acadienne du *qui* « inanimé », Rottet (2004 : 182) souligne également le fait que le créole louisianais emploie le *qui* « inanimé » (*quoi* n'existant généralement que dans des expressions figées *kofèr, pourkwa*) ; or, le créole s'est formé dans la première moitié du XVIIIe s., c.-à-d. avant l'arrivée des Acadiens en Louisiane (*cf.* Klingler 2003 : 69–92)[25].

---

23 Pour l'analyse de *qui vs. quoi* « inanimé », *cf.* les études de Byers (1988), Papen/Rottet (1997 : 105), Rottet (2004, 2006).

24 Reste à savoir si le *qui* « inanimé » n'existait pas déjà comme forme marginale dans le parler des premiers colons acadiens. – Soulignons que les deux phénomènes – la forme du pronom interrogatif et la désinence *-ont* – ne sont pas strictement corrélés : alors que dans les paroisses de l'Ouest, on note effectivement *quoi* et *-ont*, à Terrebonne/Lafourche, on trouve en revanche *qui* et *-ont*. Pour l'emploi de *qui* dans les sites périphériques et extérieurs de l'Acadiana, *cf.* Picone (2006).

25 En créole louisianais les pronoms interrogatifs sujets *ki, kisaki, kisesa, saki* et *kiki* sont employés pour des référents animés et inanimés (*cf.* Neumann1985 : 335, Klingler 2003 : 330, Rottet 2004, 2006).

Ceci étant dit, il convient de préciser que la forme *quoi* est aussi présente dans les zones non-acadiennes comme la paroisse de Natchitoches (Klingler 2009 : 99s.). Selon Klingler, cela signifie que le français acadien n'est sans doute pas la seule source de la forme *quoi* en LOU ; la concurrence entre *quoi* et *qui* conduit à se demander s'il n'y avait pas un « certain degré d'homogénéité fondamental parmi toutes les populations francophones coloniales » (Picone 2006 : 228, *cf.* le chap. « Introduction », II.3.2.).

▶ **Le pronom interrogatif est le sujet de l'interrogation**

qui-ce qui [kiski] + consonne / [kisk] + voyelle « inanimé » (« qu'est-ce qui »)
- Qui-ce qui va m'arriver demain ? (LOU – Rottet 2004 : 175, LF)
- Oh Lord, j'ai pensé entre moi-même, mais là, Qui arrive ? Qui-ce qui va arriver asteur ? (LOU – *Découverte*, Pointe-aux-Chênes, Terrebonne)

▶ **Le pronom interrogatif est l'attribut du sujet**

qui (« qu'est-ce que »)
- Le mélange de mariage avec d'autres cultures s'est fait, mais qui est devenu de ce mélange ? (LOU – Reed 1976 : 27, cité d'après Rottet 2004 : 175)
- Mon grand-père a tapé des chousses, tu connais qui un chousse est ? (LOU – DLF 2010 : s.v. *qui*[3], p. 509, LF)

qui c'est
- Mame, qui c'est le nom de cette femme-là ? (LOU – Rottet 2004 : 176, TB) (« quel est le nom »)
- Qui c'est ça ? (LOU – DLF 2010 : s.v. *qui*[3], p. 509, SM) ; Qui c'est que ça ? (LOU – DLF 2010 : s.v. *qui*[3], p. 509, AC, AV, JE, LF, SJ, SM, TB) ; Tu sais qui c'est une bouillabaisse ? (LOU – DLF 2010 : s.v. *qui*[3], p. 509, LF)
- Dis-mon pas ça comme ça, qui c'est que ça ? (LOU – Rottet 2001 : 132, LF, semi-locutrice)

qui-ce que [kisk(ə)]
- Qui-ce que des croquemitaines ? (LOU – Rottet 2004 : 176, TB)
- Qui-ce que c'est ? ; Qui-ce que ça c'est ? ; Qui-ce que c'est ça ? (LOU – DLF 2010 : s.v. *qui*[3], p. 509, TB)

▶ **Le pronom interrogatif est l'objet**

qui (« qu'est-ce que ») : *QuSV*
- Qui vous-autres aurait fait si j'avais pas de licence ? (LOU – Rottet 2004 : 176, LF)
- Qui tu fais avec ces *tape* que tu ramasses ? T'apprends de quoi là-dessus ? (LOU – Rottet 2004 : 178)
- Qui tu veux dire ? (LOU – DLF 2010 : s.v. *qui*[3], p. 509, LF)
- Quand l'eau est après monter qui faut tu fais ? (LOU – DLF 2010 : s.v. *qui*[3], p. 509, SM) (« [...] qu'est-ce qu'il faut que tu fasses ? »)

QuSV avec préposition orpheline
- qui la table est fait avec ? (LOU – Rottet 2001 : 169, TB, loc. âgée) (« De quoi la table est-elle faite ? »)
- Qui t'es intéressé pour ? (LOU – Rottet 2001 : 169, TB, loc. âgée) (« À quoi est-ce que tu t'intéresses ? »)

SVQu – *qui* « in situ »
- Je sus pas tracassée. Tracassée pour qui ? (LOU – DLF 2010 : s.v. *qui*[3], p. 509, VM)

qui-ce que [kisk(ə)]
- Qui-ce que tu veux savoir là ? (LOU – Rottet 2004 : 176, TB)
- Qui-ce que vous-autres faisait pour Christmas dans ce temps-là ? (LOU – *Découverte*, Pointe-aux-Chênes, Terrebonne)

- Et qui-ce que les enfants jouaient avec quand vous étiez petite ? (LOU – *Découverte*, Pointe-aux-Chênes, Terrebonne) (avec préposition orpheline)

qui-ce **(surtout avant *tu*)**
- Qui-ce tu veux d'autre que je dis ? (LOU – *Découverte*, Pointe-aux-Chênes, Terrebonne)
- Et là qui-ce t'après faire, un livre ? (LOU – Rottet 2004 : 177, LF)

▶ **Dans l'interrogation indirecte**

qui
- Mon et N. était après parler français à dîner aujourd'hui, et eusse voulait savoir qui nous-autres était après parler, N. a dit eusse peut apprendre et eusse comprendrait. (LOU – Rottet 2001 : 126, LF, semi-locutrice)
- si nous-autres était à l'école et je voulais pas personne connaît qui j'sutais après dire à mon frère, c'était français. (LOU – Rottet 2001 : 126, LF, semi-locutrice)
- Quand tu vas te déranger tu connais plus qui t'après faire, tu connais plus qui tu dis. (LOU – DLF 2010 : s.v. *qui*[3], p. 509, TB)
- Et là tu connais qui on faisait pour du *fun*, pour avoir de quoi à s'exciter ? (LOU – *Découverte*, Pointe-aux-Chênes, Terrebonne)
- Y avait du monde de la Floride qui menait ici ramasser des huîtres, et des fois tu voyais ça dans le TRAILER, tu vois... je sais pas **dans qui** ça mettait ça avant. (LOU – Rottet 2001 : 169, loc. âgé)

Si *qui* est l'objet d'un infinitif, on ne relève que la forme simple, sans éléments périphrastiques (Rottet 2004 : 177) :
- Tout ce qu'il fait c'est les montrer qui faire. (LOU – Rottet 2004 : 177, LF) (« quoi faire »)

qui-ce que
- Ça dépend de qui-ce que je parle. (LOU – Rottet 2004 : 177, LF)
- Autrement si on après se parler qu'on veut pas que les enfants connaît qui-ce qu'on après dire. (LOU – Rottet 2001 : 124, TB, locutrice jeune)

qui c'est que [kisek(ə)]
- Tu disais qui c'est que tu voulais, alle te faisait. (LOU – Rottet 2004 : 176, LF)

qui ça [kisa] au sens de [ki]/[kise]
- Fallait qu'on frotte de la brique sur le plancher. Je sais pas qui ça ça faisait, ça faisait le plancher venir jaune. (LOU – *Découverte*, Pointe-aux-Chênes, Terrebonne)

▶ *qui* **en emploi isolé**

(Dans ce cas, on ne relève pas les formes périphrastiques, Rottet 2004 : 177.)
- Mon je sais pas s'il était après venir en enfance, ou qui. (LOU – Rottet 2004 : 177, TB) (« Je ne sais pas s'il est en train de retomber en enfance ou quoi. »)
- Qui, tu rôdailles toute la journée icitte ? (LOU – Rottet 2004 : 177, TB) (« Quoi, tu traînes ici toute la journée ? »)

Vu la neutralisation de l'opposition entre les personnes et les choses dans les zones utilisant le *qui* « inanimé », certains cas d'interrogation sont ambigus :
- Qui c'est qui fait ce train ? (LOU – Rottet 2004 : 175, LF, ex. de Guilbeau 1950 : 169) (« Qui fait / qu'est-ce qui fait ce vacarme ? »)

Commentaire

L'emploi de *qui* avec des référents inanimés est retraçable jusqu'au XIIe s. en France et il est encore tout à fait courant au siècle classique[26] : *qui* « inanimé » apparaît notamment en fonction de sujet ou d'attribut du sujet dans l'interrogation directe, il s'observe dans l'interrogation indirecte aussi en fonction d'objet[27]. *Qui* « inanimé » peut aussi remplacer l'adjectif interrogatif *quel*. La distinction entre *qui* – pronom – et *quel* – adjectif – remonte seulement au XVIIIe s. (Rottet 2004 : 172).

En moyen français, il existe donc une certaine confusion entre *qui* et *que*, qui a duré jusqu'aux XVIIe et XVIIIe s.[28]. Suite à la condamnation du *qui* « inanimé » au siècle classique, il est remplacé par *qu'est-ce qui* dans l'interrogation directe et par *ce qui* dans l'interrogation indirecte ; il survit régionalement (et ressurgit parfois même au XXe s. dans le style poétique, Rottet 2004 : 172) et dans quelques expressions figées : *Qui vous amène* « Qu'est-ce qui vous amène ? » (Price 1971 : 135). *Qui* « inanimé » reste aussi implanté dialectalement, en Normandie, dans l'Est de la Bretagne, dans le Poitou, en Anjou, dans une partie de la Saintonge et du Berry ; contrairement à l'usage classique, dans ces régions, le *qui* « inanimé » peut également figurer comme objet direct et entrer dans des formes périphrastiques (Rottet 2004 : 173).

Dans quelques zones qui emploient *qui* « inanimé », on relève également cette forme comme constituant de l'adverbe interrogatif *pourquoi* : *pourqui* (Normandie), *pourtchi* (gallo), *peurqui / peur qu'y feire* (Saintonge) (Rottet 2004 : 173) (*cf.* aussi ci-dessous IV.3. pour *pourqui* en FL).

En Amérique, *qui* « inanimé » semble encore attesté en FQ : « Qui que t'as de besoin ? » (FQ – GPFC s.v. *qui*) et dans la variété québécoise parlée à l'Île-aux-Coudres (Seutin 1975 : 156s., Rottet 2004 : 184).

Pour le FTN, Brasseur (2001 : s.v. *qui-ce qui*, p. 381) signale l'existence de la forme *qui-ce qui* au sens de « qui » et « ce qui », sans pourtant donner d'exemple univoque pour *qui* « inanimé ».

Dans l'ensemble, on est donc fondé à supposer que du temps de la colonisation, la répartition géographique du *qui* « inanimé » était plus large que de nos jours[29].

I.2 *Quoi* et ses variantes périphrastiques

Dans les questions portant sur les choses, *quoi* et les variantes périphrastiques constituent les pronoms interrogatifs dominants. En cela, les parlers étudiés ici se distinguent aussi bien du FS (où l'on relève les formes *qu'est-ce qui/que* pour l'interrogation directe et *ce qui/ce que* dans l'interrogation indirecte, *quoi* étant limité dans son usage) que du français parlé hexagonal qui fait certes un large emploi du pronom interrogatif *quoi*, mais pas sous les formes périphrastiques *quoi-ce qui*, *quoi-ce que* (en français non standard, *quoi* peut être élargi par *que* ou, dans une forme périphrastique, par *c'est que* : *quoi que*, *quoi c'est que*, Gadet 1992 : 81s.). La périphrase *qu'est-ce qui/que* n'est pas acadienne et n'apparaît que dans le style formel (Gesner 1984/85 : 145 pour NÉ-BSM).

En comparaison avec les formes périphrastiques, les formes standard de l'interrogation indirecte – *ce qui*, *ce que* et *ce* + préposition + *quoi/lequel* – ne jouent qu'un rôle marginal dans les parlers étudiés. *Ce qui/ce que* apparaît d'ailleurs généralement sous la forme renforcée *ça qui/ça que* (*cf.* V.5.3. et le chap. « La relative », V.1.).

---

26 *Cf.* FEW (II, 2 : 1464b–1465b), Nyrop (1925 : 358), Fournier (1998 : § 173s., p. 123s. ; § 298s., p. 206–208), Rottet (2004 : 172), Grevisse/Goosse (2008 : § 730b, H2, p. 938).
27 Rottet (2004 : 172) indique que le *qui* inanimé apparaît aussi dans les rôles d'object indirect ou prépositionnel.
28 *Cf.* Bruneau/Brunot (1949 : 524), Haase (1965 : 85), Price (1971 : 135), Fournier (1998 : § 297, p. 206), Grevisse/Goosse (2008 : § 730 b, H2, p. 938).
29 *Cf.* aussi Picone (2006) et Baronian (2016 : 311s.). – *Qui* « inanimé » est aussi attesté pour le MGCF par Moreton (2001 : 193).

Rappelons qu'en LOU, le pronom interrogatif inanimé ne prend la forme *quoi* que dans certaines zones, les autres employant *qui* (*cf.* Rottet 2006 : 177; *cf.* I.1.3. ci-dessus).
Retenons les réalisations phonétiques suivantes :
- [kwɑ/kwa], [kwo], [kɔ]/[ko][30]
- [kwu] (NÉ, rare – Hennemann 2014 : 286).

Le pronom interrogatif apparaît surtout sous la forme périphrastique.
- Forme simple :
  quoi (surtout en fonction d'object direct, indirect ou prépositionnel, aussi en fonction d'attribut du sujet)
- Formes périphrastiques :
  - sujet :
    quoi-ce qui, quoi c'est qui
  - attribut du sujet :
    quoi que, quoi-ce que, ainsi que la forme de mise en relief : *quoi-ce que c'est que*
  - objet :
    quoi-ce, quoi-ce que, quoi c'est, ainsi que quelques rares formes de mise en relief : *quoi ce que c'est que, quoi-ce que que*.

Commentaire
La prononciation *quo* [ko] (« quoi ») est aussi attestée dans divers parlers dialectaux (Brasseur 2001 : s.v. *quo*, etc., p. 383, se référant au FEW 2, 1467a) ; elle a été relevée en français populaire du XIXe s. (*ibid.*). La variante [kɔ] est fréquente en FQ (Léard 1995 : 96). Les formes périphrastiques mentionnées ci-dessus apparaissent aussi dans les variétés laurentiennes (pour le français mitchif, *cf.* Papen 2004 : 125).

I.2.1 *Quoi* – sujet et attribut du sujet (inanimé)
La forme la plus courante est *quoi ce qui* [kwɑski/kɔski] ; elle correspond à la forme *qu'est-ce qui* du FS. Le *i* tombe devant voyelle.

▶ **L'interrogation porte sur le sujet**

quoi **sans périphrase en tête de phrase interrogative (rare en tant que sujet)**
- Quoi a des yeux et ne voit pas ? (LOU – Brandon 1955 : 14, cité dans Rottet 2004 : 176, VM)

quoi-ce qu(i) **[kwɑsk(i)/kwosk(i)/kɔsk(i)] – forme de loin la plus répandue**[31]
- Quoi c'qui se passe ? (NÉ – Gesner 1984/85 : 141)
- Euh / c'est ALL RIGHT pour zeux mais quoi-ce qu'arrive pour les enfants ? (NÉ – Hennemann, ILM, CL)

- [ouais quoi ce que vous croyez] qu'a/quoi ce qu'a arrivé qu'a changé ça (NB – Wiesmath 1, G : 899–900)
- à regarder quoi ce qui se passe quand ce t'as des enfants (NB – Wiesmath 2, F : 760–761)

- Après je lui ai demandé quoi-ce qu'a arrivé. (ÎPÉ – King 2000 : 71)

---

30 Pour la forme [kɔ] en FTN, *cf.* Brasseur (2001 : s.v. *quo*, p. 382), en FL, *cf.* Rottet (2006 : 175). La forme est bien présente dans le corpus néo-brunswickois d'A. Boudreau et de L. Dubois et dans le corpus madelinien de Falkert (2010). – [ko] est signalé par le DLF (2010 : s.v. *quoi*, p. 511) et dans *quoi faire* [kofær] « pourquoi » par Rottet (*cf.* Rottet 2004 : 178, Stäbler 1995 : 185, corpus). *Cf.* ci-dessous IV.3.
31 *Cf.* par ex. le tableau dans Gesner (1984/85 : 156).

- quo-ce qui se passe (IdlM – Falkert 2010, corpus : 188, p. 154, CD-ROM)
- Quoi-ce qu'est dans le coin là hein, as-tu tendu dire c'est une guérission ? (TN – Brasseur 2001 : s.v. *guérission*, p. 239)
- Je sais pas quoi-ce qui te donne le loquet, c'est ton cœur qui fait ça. (TN – Brasseur 2001 : s.v. *loquet*, p. 279)
- Quoi-ce qui bouche le trou ? (LOU – DLF 2010 : s.v. *quoi*³, p. 511, AC)
- [...] je sais pas quoi-ce qui va nous arriver. (LOU – DLF 2010 : s.v. *quoi*³, p. 511, AS ; Rottet 2004 : 175, AS)
- je veux voir quoi ce qui cogne (LOU – Stäbler 1995 : 67, corpus)

quoi c'est qui [kwasɛki]³²
- Quoi c'est qui se brasse là-bas ? (LOU – Faulk 1977 : 276, cité dans Rottet 2004 : 175, VM) (« Qu'est-ce qui se passe là-bas ? »)

▶ **L'interrogation porte sur l'attribut du sujet**
SV*Qu* – *quoi* « in situ »
- C'est quoi la religion d'après vous, Madame ? (NÉ – Gesner 1984/85 : 154, BSM)
- « monsieur » a' dit « votre problème c'est quoi ? » (NB – Wiesmath 8, Q : 96)
- on dit c'est quoi la lettre du petit chat ? (IdlM – Falkert 2010, corpus : 470, p. 171, CD-ROM)
- i vont montrer avec des films c'est quoi la pêche (IdlM – Falkert 2010, corpus : 199, p. 350, CD-ROM)

quoi + *c'est/c'était* et structure emphatique *quoi c'est que c'est/ça*
- Quoi c'est la car qui s'en vonne par là ? (NÉ – Gesner 1984/85 : 154, BSM)
- Quoi c'est que ça ? (NÉ – Gesner 1984/85 : 154, BSM)
- Pis j'ais point quoi c'est que la raison. (NÉ – Hennemann, BSM, SC)
- Ok, savais pas quoi c'était en anglais. (NÉ – Hennemann, ILM, MS)

- a' comprenait pas quoi c'était alle avait jamais vu ça (NB – Wiesmath 2006 : 183, Wiesmath 6, L : 241)
- quoi c'est que c'est ? (NB – Wiesmath 2, E : 767)
- l'arithmétique je crois ben qu'a' se demande quoi c'est que ça . hein le calcul là (NB – Wiesmath 4, M : 148)
- quossé qui serait pluS difficile [?] (NB – A. Boudreau 1998, l. 230)

- il ont dit quoi c'est eune poupée en chiffon (IdlM – Falkert 2010, corpus : 154, p. 152, CD-ROM)

- I savont pas quo c'est, marcher ! (TN – Brasseur 2001 : s.v. *quo*, etc., p. 383)

- Quoi c'est ça, une plaque ? (LOU – Ancelet et Guidry 1981 : 284, cités dans Rottet 2004 : 176, SL)
- vous connaît quoi c'est du maïs (LOU – Stäbler 1995 : 6, corpus)
- Tu connais quoi c'est, un *flask* ? (LOU – *Découverte*, Kaplan, Vermilion)

quoi que (c'est) (TN)
- [...] Quoi que c'est ? (TN – Brasseur 2001 : s.v. *vieux*, p. 469)
- Je disais moi-même bien, *I wonder* quoi que c'est. (TN – Brasseur 2001 : s.v. *quo*, etc., p. 383)
- Tu sais quoi qu'est un coupe-vitre ! (TN – Brasseur 2001 : s.v. *coupe-vitre*, p. 129)

quoi-ce que (c'est) (que) [kwɑsk(ə)/kwɔsk(ə)/kɔsk(ə) + sɛ(kə)]
- Oui. Pis quoi-ce que c'était ? (NÉ – Hennemann, ILM,AF)

---

32 Dans une source écrite, Rottet (2004) relève un exemple de *quoi qu'* + voyelle : « Mais quoi qu'a arrivé ? » (Ancelet 1994 : 202, cité dans Rottet 2004 : 178).

- moi je suis directeur à l'intégration l'intégration tu sais quoi-ce que c'est ça c'est le/ le/ l'handicapé là (NB – Arrighi 2005 : 307, Odule NB 21 : 196–197)
- pis alle a dit en anglais <quoi-ce qu'est des b/ bêtes à cornes en français> (NB – Wiesmath 6, L : 239–240)
- oui ben quoi-ce que c'est que son nom de famille à ielle (NB – Arrighi 2005 : 307, Sarah NB 20 : 78–79)
- tu sais quoi ce qu'est une CAN de cinq gallons [?] (NB – Wiesmath 1, B : 654)
- là faut tu penses pis quosse qu'est le mot français pour ça pis (NB – A. Boudreau 1998, l. 212)
- ouaille parce-que tu peux pas / vraiment débattre quosse qu'est le meilleur à quoi (NB – A. Boudreau 1998, ll. 246–247)
- tu sais quo-ce que c'est (IdlM – Falkert 2010, corpus : 131, p. 65, CD-ROM)
- [...] Vous savez quoi-ce que c'est que la ciguë ? [...] (TN – Brasseur 2001 : s.v. *ciguë*, p. 113)
- J'arais pas pu oir proche assez pour savoir quoi-ce que ce tait. (TN – Brasseur 2001 : s.v. *proche*, p. 373)
- Sais-tu quoi-ce qu'est le *bucksaw* ? [...] (TN – Brasseur 2001 : s.v. *affiler, filer*, p. 9)
- Quoi ce que c'est ? (LOU – DLF 2010 : s.v. *quoi*³, p. 511, IV)
- vous connaissez quoi ce que l'ortie est (LOU – *Découverte*, Bayou Goula, Iberville)

Dans les variétés étudiées ici, les constructions avec *quoi* remplacent régulièrement des questions introduites par *quel* dans les interrogations sur l'attribut du sujet (du type : *Quoi ce qu'est le signal* « quel est le signal », Gesner 1984/85 : 152 ; *cf.* ci-dessous II.4.).

I.2.2 *Quoi* – objet (inanimé)

En FA/FTN, parmi la multitude des formes, c'est la forme périphrastique *quoi-ce qu(e)/quo-ce qu(e)* [kwɑsk(ə)/kɔsk(ə)] qui est privilégiée ; notons la prononciation occasionnelle [kwuskə] à l'ILM (Hennemann 2014 : 286). La particule *que* peut tomber, notamment devant le pronom personnel *tu* : *quoi-ce + tu* (Gesner 1984/85 : 144), de même que devant *ce* et le présentatif *il y a/n'y a*. Pour le FL, nous notons en fonction d'objet l'importance de la périphrase *quoi c'est (que)*, mais aussi la forme non périphrastique *quoi* placée en tête de phrase sans qu'il y ait inversion (*QuSV*) (Rottet 2004 : 176, *cf.* aussi DLF 2010 : s.v. *quoi*³, p. 511), alors que la périphrase *quoi-ce que* y semble plutôt rare.

Dans les variétés concernées, *quoi-ce que* et les autres variantes périphrastiques remplissent les fonctions de *qu'est-ce que* du FS. Si *quoi* est objet indirect ou prépositionnel, le pronom interrogatif apparaît aussi sans périphrase ; les constructions à préposition orpheline sont courantes. Par rapport aux formes périphrastiques, les exemples non périphrastiques sont moins fréquents en FA/FTN, mais tout à fait usuels en FL (*QuSV* et *SVQu*).

▶ **Forme simple**

quoi [kwa, kɔ] – objet direct : *QuSV*
- ben quoi ça veut dire ça en français (NB – Arrighi 2005 : 307, Rita NB 19 : 44–46)
- Quo je peux faire pour toi ? (TN – Brasseur 2001 : s.v. *quo*, p. 382)
- il arrivait lundi matin . tout excité et aujourd'hui il dit « Mom », il dit, « quoi on va manger ? » (LOU – Stäbler 1995 : 234, corpus)
- Quoi tu veux je te fais cuire ? (LOU – Conwell/Juilland 1963 : 151)
- Mais je dis : « quoi je vas faire ? » (LOU – DLF 2010 : s.v. *quoi*³, p. 511, AC)
- Quoi tu mets sur le hameçon ? (LOU – DLF 2010 : s.v. *quoi*³, p. 511, JE)

quoi – objet prépositionnel – en tête de phrase
- Sur quoi, je mets ça ? (LOU – Conwell/Juilland 1963 : 151; Rottet 2004 : 177) (la virgule figure dans l'original)

SV*Qu* – *quoi* « in situ » (rare en FA/FTN/FL)
- Non / a / non, al a descendue, la / la dernière week-end, c'tait dans quoi, dans / dans septembre, c'est-ti ? (NÉ – Hennemann, ILM, CL)

▶ **Formes périphrastiques**

quoi-ce que [kwɑsk(ə)/[kɔsk(ə)]
- Quoi ce que vous aimeriez d'avoir pour Noël ? (NÉ – Gesner 1984/85 : 144)
- quoi-ce que tu vas faire icitte dans un pays que tu connais pas (NÉ – Arrighi 2005 : 307, Marcelin NÉ 2 : 416–418)
- Quoi-ce que vous faisiez pour vous amuser après l'école ? (NÉ – Flikeid 1996 : 313, Pubnico)
- Non, ils croyiont pas, asteure ils croyiont pas quoi-ce qu'on a été THROUGH. (NÉ – Hennemann, ILM, CL) (avec préposition orpheline) (angl. : « what we have gone through »)
- pis i dit <quoi ce que je vas faire euh [...]> (NB – Wiesmath 1, R : 1002)
- pis quoi-ce que vous faisiez sus vos soirées (NB – Arrighi 2005 : 306, Steven NB 8 : 71–72)
- ben quoi-ce tu crois toi quoi-ce que je devrais faire ? (NB – Wiesmath 10, X : 117–118)
- t'as pas d'idée quosse qu'elle parle *about* là des fois (rires) (NB – A. Boudreau 1998, ll. 262–263) (avec préposition orpheline)
- Quoi ce qu'i veut ? (ÎPÉ – King 2000 : 77)
- avec quo-ce que vous-autres s'amusait quand vous étiez jeunes (IdlM – Falkert 2010, corpus : 489–490, p. 427, CD-ROM)
- Pour l'amour du Bon Dieu quo-ce que t'as donc ? (TN – Brasseur 2001 : s.v. *dieu*, p. 161)
- Quoi-ce que le monde vivait dessus dans ce vieux temps-là [...]. (TN – Brasseur 2001 : s.v. *quo*, etc., p. 383) (avec préposition orpheline)
- Il dit, « Quoi-ce qu'il y a, maman ? On dirait que t'es jongleuse. » (LOU – DLF 2010 : s.v. *quoi*[3], p. 511s., IB)
- Quoi ce que t'as ? (LOU – DLF 2010 : s.v. *quoi*[3], p. 511, IV)
- T'as pour y dire quoi-ce qu'il faut qu'il fait. (LOU – Rottet 2004 : 176, AV)
- je veux voir quoi ce qu'on/ qu'on mène sur le terrain (LOU – Städler 1995 : 66, corpus)
- je pouvais pas expliquer en français quoi ce que je lisais en anglais (LOU – *Découverte*, Pointe Noire, Acadia)

quou-ce que [kwuskə] (rare, NÉ- ILM)
- Ça fait que j'ai sorti, j'ai dit : ben, quou-ce que je vas faire maintenant ? (NÉ – Hennemann 2014 : 286, ILM)

quoi ce
- Quoi-ce tu veux pour Noël, toi ? (NÉ – Gesner 1984/85 : 144, BSM)
- Quoi ce c'est pour ? (NÉ – Gesner 1984/85 : 148) (avec préposition orpheline)
- SO quoi-ce tu fais cuire pour souper ? (NÉ – Hennemann, ILM, IS)
- quoi ce tu fais (NB – Wiesmath 2, F : 492)
- oui je sais quoi ce tu veux dire (NB – Wiesmath 8, Q : 30)
- [kɔs ty vwɑ] (NB – Massignon 1947 : 50, citée d'après Rottet 2006 : 175)
- ça prend pluS de temps à penser pis [...] comme à réfléchir à quosse tu veux dire pis ça (NB – A. Boudreau 1998, ll. 350, 352)
- faut tu saves quosse tu parles *about* (NB – A. Boudreau 1998, ll. 365–366) (avec préposition orpheline)

- ben quoi-ce t'avas (IdlM – Falkert 2010, corpus : 147, p. 151, CD-ROM)
- [...] i dit : quoi-ce tu vas faire demain, toi ? [...] (TN – Brasseur 2001 : s.v. *cemetière*, p. 98)
- T'as ène lavette de vaisselle, pis ène lavette de plancher, c'est selon quoi-ce tu fais avec. (TN – Brasseur 2001 : s.v. *lavette*, p. 272)
- Ça fait, quoi-ce tu voulais qu'on faise, nous-autres (LOU – Guidry 1982 : 3, cité dans Rottet 2004 : 177, VM)

quoi-ce que c'est que, quoi-ce que que
- Tu veux que je dise... pour la terre quoi-ce que c'est qu'on faisait ? (NÉ – Flikeid 1996 : 315, ILM)
- quoi-ce que c'est que t'emportes (NÉ – Arrighi 2005 : 307, Marcelin NÉ 2 : 519)
- je vas 'i dire quoi ce que c'est que tu disais (NB – Wiesmath 6, L : 364)
- pis quoi-ce que qu'i faisait pour gagner sa vie votre grand-père (ÎPÉ – Arrighi 2005 : 307, Georges ÎPÉ 6 : 5)
- il a dit quo-ce que c'est qu'il avat à leu=dire (IdlM – Falkert 2010, corpus : 201–202, p. 154, CD-ROM)

quoi c'est (que)
- Quoi c'est que tu voudrais savoir ? (NÉ – Hennemann 2014 : 286, ILM)
- quoi c'est d'autre vous aviez ? [comme animaux à la ferme] (NB – Wiesmath 3, G : 141)
- Je peux pas ouère quoi c'est qu'ils avont contre les sapins. (NB – Maillet 1975 : 23, citée dans Rottet 2006 : 176)
- oui quossé que tu t'attends faire l'an prochain (NB – A. Boudreau 1998, l. 22)
- quoi-ce que/ quoi c'est qu'a chante (IdlM – Falkert 2010, corpus : 289, p. 160, CD-ROM)
- Quoi c'est tu fais avec ma belle, toi ? (LOU – Ancelet/Guidry 1981 : 286, citée dans Rottet 2004 : 177, SL)
- quoi c'est ton père faisait pour une vie ? (LOU – *Découverte*, Châtaignier, Evangéline)
- tu comprends quoi c'est je veux dire (LOU – Stäbler 1995 : 141, corpus)
- Quoi c'est tu brasses là ? (LOU – DLF 2010 : s.v. *quoi*³, p. 511, VM)

Les exemples de l'interrogation indirecte correspondent au français de France si, dans l'interrogation indirecte, le pronom interrogatif constitue l'objet de l'infinitif : *quoi* apparaît alors toujours sous la forme non périphrastique (*cf.* Rottet 2004 : 177).

▶ L'interrogation indirecte du type *quoi faire*
- J'avais pas quoi faire. (NÉ – Hennemann, ILM, DO)
- i saviont pas quoi faire avec (NÉ – Hennemann, ILM, EL)
- i saviont pas quoi faire de ça (NB – Wiesmath 4, M : 233)
- ben ma mère elle dit là qu'elle sait pas encore quoi faire là (NB – A. Boudreau 1998, ll. 46–47)
- Je sais pas quoi faire. (ÎPÉ – King 2000 : 77)
- Je sais pas quoi faire. (LOU – DLF 2010 : s.v. *quoi*², p. 511)

Signalons que *quoi* (et les variantes périphrastiques) peut remplacer l'adverbe interrogatif *comment* avec le verbe *appeler* (*cf.* Gesner 1984/85 : 145[33]).

---

[33] Il est vrai que la construction est ambiguë ; il pourrait aussi s'agir de l'attribut de l'objet, comme le remarque aussi à juste titre Gesner (1984/85 : 145), mais il écarte cette possibilité.

▶ *quoi/qui + appeler* au sens de « comment »
- Quoi vous appelez ça en français ? (NÉ – Gesner 1984/85 : 145, BSM)
- Eum, les / les / mais quoi-ce tu appelleras en français ? Des FISHCAKES ? (NÉ – Hennemann, BSM, SC)
- Je ne sais pas quoi-ce que les Français l'appellent. (TN – Brasseur 2001 : s.v. *quo*, etc., p. 383)

avec *qui* « inanimé » en LOU :
- Qui t'appelles ça ? (LOU – DLF 2010: s.v. *qui*[3], p. 509, JE)

Commentaire
Parmi la multitude de formes créées autour du pronom *quoi* que Bauche ([2]1951 : 94s.) énumère pour le non-standard hexagonal, on note l'absence notable du pronom interrogatif acadien le plus courant pour renvoyer aux choses : *quoi-ce qui/que* [kwɑski/kwɑskə].

Gadet signale la vitalité du pronom *quoi* dans le non-standard : il apparaît seul ou renforcé par *que* ou *c'est que* : *quoi qu'il y a ?, quoi qu'il dit, ce feignant-là ?, c'est quoi qu'il fait ?, quoi c'est qu'il fait ?* (Gadet 1992 : 81s.).

Soulignons la grande popularité des types QuSV (type : *quoi tu fais ?*)[34] et SVQu (type : *tu fais quoi ?*) en français parlé moderne[35].

I.3 *Qu'est-ce qui / Qu'est-ce que*

Les interrogations formées à partir de la périphrase *est-ce que* ne font pas partie de l'acadien traditionnel (*cf.* Gesner 1984/85 : 133 ; 145) et relèvent de « l'hyperstyle »[36]. La forme sujet *qu'est-ce qui* est très rare. Notons que ceux qui emploient la périphrase l'emploient dans l'interrogation directe et indirecte indistinctement. *Qu'est-ce que* [kɛsk(ə)] peut être réduit à *qu'est-ce* [kɛs], notamment devant le pronom *tu* et devant *ça/ce*. Le recours à une forme plus proche du standard (*qu'est-ce que* au lieu de *quoi-ce que*) ne signifie donc pas que son emploi soit conforme aux règles de celui-ci.

Pour le FL, Conwell/Juilland (1963 : 151) notent que parmi les périphrases formées avec *est-ce que*, la forme *qu'est-ce que* est la seule à jouir d'une certaine popularité. Selon Rottet (2004 : 174), les attestations des périphrases *qu'est-ce que, quèque, qu'est-ce que c'est qui* sont seulement « sporadiques » en comparaison avec les formes en *quoi* et en *qui* (selon la région). Elles sont attestées un peu partout en LOU, mais pas de façon systématique. Aujourd'hui, on note la co-présence des formes traditionnelles et des formes standard, due à des influences externes de date plutôt récente (Rottet 2006 : 176).

Introduite par *qu'est-ce que*, l'interrogation devient plus explicite, voire emphatique ; c'est pourquoi la périphrase est bien établie dans les interviews, où elle apparaît de préférence pour introduire un nouveau thème ou sous-thème.

Notons aussi que *qu'est-ce que* peut être combiné avec le présentatif *c'est que* : *qu'est-ce que c'est que*.

---

34 Le marquage du registre dépend également du mot interrogatif utilisé, *quoi tu fais* étant moins acceptable que *pourquoi tu pars* ou *où tu vas* en français parlé courant (comm. pers. E. Faure).
35 *Cf.* Gesner (1984/85 : 148), Coveney (2002 : 205), Blanche-Benveniste (2010 : 167s. ; 172).
36 Terme employé par Elsig/Poplack (2009) en référence à la même situation en FQ moderne. *Cf.* aussi Arrighi (2005 : 306), qui note la rareté des occurrences de *qu'est-ce que*.

▶ **qu'est-ce qui (rare)**
- DO : Pis je vais te raconter qu'est-ce qui est arrivé, qu'est-ce que [Enquêtrice : Hmhm.] j'ai été pour / euh / le livre [Enquêtrice : Hmhm.] quand il y a eu lancement du livre. (NÉ – Hennemann, ILM, DO)
- qu'est-ce qui t'intéresse tant ABOUT l'Italie (NB – Arrighi 2005 : 306, Chantale NB 13 : 189)
- tu te dis qu'est-ce qui va arriver là (IdlM – Falkert 2010, corpus : 253, p. 34, CD-ROM)
- alle dit qu'est-ce qui vous fait rire (IdlM – Falkert 2010, corpus : 502–503, p. 173, CD-ROM)

▶ **qu'est-ce que**
- tu sais qu'est-ce que je veux dire (NÉ – Hennemann, BSM, BM)
- pis qu'est-ce que tu veux faire dans ta vie (NB – Arrighi 2005 : 306, Mathieu NB 15 : 28–29)
- pis qu'est-ce que ça fait ces machines-là ? (NB – Wiesmath 12, N : 80)
- qu'est-ce-qu'est la *gum* en français (rires) (NB – A. Boudreau 1998, l. 294)
- si je fais des fouilles sur l'internet je sais exactement qu'est-ce que je veux (NB – Arrighi 2005 : 272, Rachelle NB 1 : 292–293)
- [...] tu disais toujours mais qu'est-ce que qu'elle va dire (ÎPÉ – Arrighi 2005 : 306, Aldine ÎPÉ 3 : 66–68)
- on peut se demander qu'est-ce que ces gens-là font sus ène île (IdlM – Falkert 2010, corpus : 279, p. 261, CD-ROM)
- je sais pas qu'est-ce que c'est (IdlM – Falkert 2010, corpus : 15, p. 371, CD-ROM)
- qu'est-ce que vous aut'es fait ? (LOU – Brandon 1955 : 456, VM)
- Qu'est-ce que c'est ça ? (LOU – DLF 2010 : s.v. *que*[4], p. 505, VM)

▶ **qu'est-ce que c'est qui/que**
- qu'est-ce que c'est que l'autre, que que j' / que je t'ai dit / euh... (NÉ – Hennemann, ILM, EL) (« l'autre » se réfère à une blague)
- oui c'est/ qu'est-ce que c'est que vous aviez pris comme photos ? (NB – Wiesmath 9, I : 18–19)
- ça fait là je sais pas qu'est-ce que c'est qu'on va faire là (NB – Wiesmath 1, R : 1028)
- on vérifiait qu'est-ce que c'est que les parents faisaient (IdlM – Falkert 2010, corpus : 109, p. 493, CD-ROM)

▶ **qu'est-ce**
- Qu'est-ce ça veut dire, ça ? (NÉ – Hennemann, ILM, RF)
- on passait là comme ça pour voir qu'est-ce c'était un ordinateur (NB – Wiesmath 14, Y : 288) (cours magistral)
- OK hum / c'est intéressant qu'est-ce tu vas faire à l'université l'année prochaine (NB – A. Boudreau 1998, l. 42–43)
- je disas. toi qu'est-ce tu fais (IdlM – Falkert 2010, corpus : 356, p. 164, CD-ROM)
- mais a dit mais qu'est-ce t'as menu faire ici (IdlM – Falkert 2010, corpus : 504–505, p. 173, CD-ROM)
- qu'est-ce tu fais ? (LOU – Brandon 1955 : 456, VM)

Commentaire

Les formes *qu'est-ce qui/que* sont relevées dans l'interrogation directe et indirecte en FQ (*cf.* Léard 1995 : 96). Mais le parler québécois connaît également les formes en *quoi* (*quoi que, quoi qui, quosque*) et les structures renforcées avec le présentatif *c'est* : *c'est quoi qui...* Tout comme dans les parlers acadiens, *que* peut s'effacer, notamment devant *tu* et *ça* : *Qu'est-ce tu fais ? Quos ça donne ?* (Léard 1995 : 96).

Dans le non-standard hexagonal, la forme interrogative périphrastique *qu'est-ce que* – réservée à la question directe en FS – introduit couramment les interrogations indirectes (*cf.* Gadet 1992 : 100). Les formes périphrastiques *est-ce que* et *c'est que* dans l'interrogation indirecte connaissent une longue histoire et demeurent encore largement attestées en France dans la langue familière (*cf.* Grevisse/Goosse 2008 : § 420 H, p. 525, Arrighi 2005 : 306).

En français parlé relâché en France, *que* est couramment omis dans les interrogations sur l'objet : *qu'est-ce* *[kɛs], notamment devant *tu* (*cf.* aussi Arrighi 2007). Vu les parallèles avec les parlers nord-américains (non seulement acadiens), Arrighi (2007) suggère l'existence d'une évolution identique mais autonome.

I.4 *Ça*

Ça peut être synonyme de *qu'est-ce que* dans les régions de LOU en contact étroit avec le créole louisianais. Plus rare que *quoi* ou *qui* (selon la région respective), *ça* est donc sans aucun doute un créolisme en FL (Rottet 2004 : 174, note 11). Dans le parler créole, le pronom privilégié pour interroger sur les choses est justement *sa* (Neumann 1985 : 334, Klingler 2003 : 332).
- Ça i-n-a avec toi ? (LOU – DLF 2010 : s.v. *ça²*, p. 95, SM)
- Ça tu veux ? (LOU – DLF 2010 : s.v. *ça²*, p. 95, SM)

II L'interrogatif *quel/lequel*

II.1 Les réalisations phonétiques de l'interrogatif *quel*

Dans les variétés étudiées ici, on note, à côté des formes standard [kɛl]/[kɛlz], les réalisations phonétiques suivantes :
- [kɛl]/[kœl] et surtout, avec affriquée, [tʃœ]/[tʃø] + consonne, [tʃœl]/[tʃøl]/[tʃɛl], [tʃœz] + voyelle en FA/FTN[37].
- En FL, les formes [ke], [kø], [eke], [ake] sont fréquents devant consonne (DLF 2010 : s.v. *quel¹*, p. 506) ; les formes en -*l* ([kɛl], [kal], [kœl], [ekɛl], [akɛl]) apparaissent devant voyelle, mais elles ont également possibles devant consonne.
- Pour les parlers acadiens et le franco-terre-neuvien, nous constatons également ce que Péronnet (1989a : 70) note pour le Sud-Est du NB, à savoir que dans l'usage traditionnel, l'interrogatif *quel* sous ses diverses réalisations phonétiques est invariable en genre et en nombre ; il s'agit pour les formes en -[z] d'une variante combinatoire devant voyelle. En LOU, le -*s* de liaison dans les formes *quels*, *quelles* est rarement réalisé (*cf.* pour le FL Conwell/Juilland 1963 : 136).

Notons qu'il existe, pour *lequel/laquelle*, des variantes avec ou sans affriquée comme pour *quel* :
- [lətʃœl] et [latʃœl] (FTN)

---

37 Gesner (1984/85 : 167, note 25, pour NÉ-BSM) note [tʃø] + consonne, [kɛl] + voyelle.

- [ləkɛl] (FA, FL), [løkɛl], [løkøl] (FL – DLF 2010 : s.v. *quel²*, p. 506) et [lakɛl] (FA, FL)

Commentaire
La prononciation avec affriquée [tʃ] existe dans quelques parlers dialectaux de France. Péronnet (1989a : 70) signale que « la forme [tʃø] est attestée en quelques localités du Centre-Ouest », mais que les formes [kjø] et [kø] « sont beaucoup plus répandues, dans tout l'Ouest » (ALF 1115, 1291). Ont aussi été relevées, en contexte vocalique, les formes [tʃel] (Charente-Maritime), [tʃøl] (Cher) et [tʃøl]/[tʃœl] (département du Nord) (*cf.* Péronnet 1989a : 73).

La prononciation avec voyelle arrondie ouverte [œl] est « déjà condamnée » au XVIIe s., ce qui n'empêche pas qu'elle « subsiste dans divers parlers dialectaux de France (FEW 2, 1412a QUALIS) », notamment de l'Ouest (Brasseur 2001 : s.v. *lequel, laquelle*, p. 273) et en FQ (GPFC : s.v. *queu, quequel, queule* et *lequeul, laqueulle*, Brasseur 2001 : s.v. *quelà*, p. 380).

Pour le non-standard en France, Bauche (²1951 : 95) note la prononciation [ke] + consonne pour la série en *quel* dans l'exclamatif.

II.2 L'indistinction entre les termes interrogatifs *quel* et *lequel*

En règle générale, c'est une forme de la série *quel* qui apparaît dans les deux fonctions de déterminant comme de pronom interrogatif dans les parlers étudiés ici. La série du pronom interrogatif *lequel* n'est pas courante[38]. Les termes interrogatifs *quel/lequel* s'emploient sans éléments périphrastiques ; l'ordre des mots reste celui de la phrase affirmative : sujet-verbe, indépendamment du rôle syntaxique du groupe interrogatif en tête de phrase. L'inversion est inconnue.

Souvent, une structure clivée est le moyen choisi pour construire des interrogations avec l'interrogatif *quel* (rarement : *lequel*) (*cf.* ci-dessous II.3.).

II.2.1 En fonction de déterminant interrogatif

▶ ***quel* et variantes**
- A quelle heure t'as arrivé de Moncton, toi ? (NÉ – Gesner 1984/85 : 152, BSM)
- Tcheux jeux vous jouiez quand vous étiez à l'école? (NÉ – Hennemann 2014 : 298, ILM)
- ma femme me mande tchelle heure t'arrives BACK (NÉ – Hennemann, ILM, CL)
- quelle pomme ah la pomme là du mois d'août ouais i y a des vers (NB – Wiesmath 1, R : 71)
- on peut remarquer. euh les gens/ de quel endroit i viennent sus les Îles par leur prononciation (IdlM – Falkert 2010, corpus : 82–83, p. 87, CD-ROM)
- À quelle heure l'école commence ? (LOU – Conwell/Juilland 1963 : 190)
- Quel âge tu as ? (LOU – Conwell/Juilland 1963 : 191)
- Queu mal je te fais ? (LOU – DLF 2010 : s.v. *quel¹*, p. 506, Ditchy 1932)
- Qué cheval est pour vous ? (LOU – DLF 2010 : s.v. *quel¹*, p. 506, SB)

---

38 *Cf.* Gesner (1984/85 : 153) : « Aucune occurrence du pronom interrogatif *lequel* n'est attestée dans nos deux corpus » ; d'après l'informateur de Gesner, *lequel* – pronom interrogatif – ne fait pas partie « du système à l'étude » (NÉ-BSM). – *Lequel* n'a pas d'entrée dans le DLF 2010, qui renvoie au lemme *quel* ; Brandon (1955 : 458) constate l'absence du pronom interrogatif *lequel* dans son corpus ; de même : Conwell/Juilland (1963), Papen/Rottet (1997 : 105). Notons également l'absence de *lequel* dans le corpus *Découverte*.

- ça a besoin de connaître éiou eusse devient, qué langage les mames et les papes et les grands-pères et les grands-grands-pères parlait. (LOU – Rottet 2001 : 122, locuteur jeune)
- me rappelle pas dans quel livre il était dedans (LOU – *Découverte*, Church Pointe, Acadia)

On note parfois l'emploi de *qui* au lieu de *quel* dans le parler des semi-locuteurs en LOU :
- Qui magasin tu veux nous-autres on va ? (LOU – Rottet 2001 : 254, semi-locuteur)

▶ *équel(le), équé* (FL)
- Équelle fille tu parlais pour ? (LOU – DLF 2010 : s.v. *quel*¹, p. 506, VM) (avec préposition orpheline)
- Il va faire 29 ans dans janvier pour sûr, je me rappelle pas juste équé date c'était. (LOU – DLF 2010 : s.v. *quel*¹, p. 506, TB)

▶ *lequel* et variantes (rare)
- Pour dire asteure dans laqueulle [latʃœl] place qu'il tait [...] je peux pas m'en rappeler (TN – Brasseur 2001 : s.v. *lequeul, laqueulle*, p. 273)

II.2.2 En fonction de pronom interrogatif

▶ *quel* et variantes
- [EL :] Le frère à Charlie a té administré hier soir. [IS :] Tchel des zeux ? (NÉ – Hennemann 2014 : 299, ILM)
- C'est quel des deux qu'est l'aîné ? (LOU – DLF 2010 : s.v. *quel*², p. 506, LA)

▶ *équel(le), aquel(le)* (FL)
- Aquelle de mes sœurs ? (LOU – DLF 2010 : s.v. *quel*², p. 506, TB)
- Équel tu as fait ça pour ? (LOU – DLF 2010 : s.v. *quel*², p. 506, LF) (avec préposition orpheline)
- Je sais pas équel c'est qu'a tiré le premier coup. (LOU – DLF 2010 : s.v. *quel*², p. 506, VM)

▶ *lequel* et variantes (rare)
- laquelle des trois vous prenez ? (NB – Wiesmath 14, Y : 388) (cours magistral ; situation de communication formelle)
- Lequel vous veut (LOU – Ditchy 1932 : 23)

Notons en passant que le déterminant interrogatif *quel* s'emploie aussi dans les exclamations (comme en FS) (*cf.* le chap. « L'impératif et l'exclamatif », II.3.).
- mon Dou tcheu misère tcheu misère (NB – Wiesmath 4, M : 50)
- Quelle beauté ! (LOU – DLF 2010 : s.v. *quel*¹, p. 506)

Commentaire

Dans l'ancienne langue, jusqu'au XIVᵉ s., le déterminant interrogatif *quel* et le pronom interrogatif *lequel* s'emploient indistinctement (Grevisse/Goosse 2008 : § 623, H, p. 802). C'est à partir du XVᵉ s. que se dessine la tendance à employer *lequel* surtout comme pronom (*cf.* Marchello-Nizia 1997 : 215), mais la répartition des fonctions entre *quel* et *lequel* n'est pas encore « totalement stabilisée en français classique » (Fournier 1998 : § 177, p. 124 ; *cf.* aussi Haase 1965 : 85s.).

II.3 *Que* explétif
(*cf.* les chap. « La relative », VIII, et « La subordination », I.2.)

Si le groupe interrogatif est placé en tête de l'interrogation, il est souvent isolé du reste de la phrase par la conjonction *que*. Grâce à cette construction, le groupe placé à gauche de *que* est focalisé[39]. Il apparaît dans l'interrogation directe ou indirecte : ainsi la structure interrogative se combine-t-elle avec la focalisation. Notons qu'avec l'adjectif interrogatif *quel*, c'est la seule structure courante en FA/FTN : dans le corpus d'Arrighi, par ex., « [l]es structures sans *que* sont [...] absentes » (Arrighi 2007).

▶ **En fonction de déterminant interrogatif**
   quel et variantes
   - Et pis dans quelle année que ton mari a mouri ? (NÉ – Hennemann, ILM, EL)
   - Quelle heure qu'il est maintenant ? (NÉ – Hennemann, ILM, EL)
   - Jusqu'à tchelle heure qu'a travaille ? (NÉ – Hennemann, ILM, BJ)
   - A tcheu messe que vous allez d'monne ? (NÉ – Gesner 1984/85 : 152, BSM)

   - quel âge qu'elle a Véronique (NB – Arrighi 2005 : 308, Catherine NB 19 : 177)
   - à quelle école que t'allais (NB – Arrighi 2005 : 308, Chantale NB 13 : 16)
   - [tʃœl] âge que t'as ? (NB – Péronnet 1989a : 70)
   - Je vas vous dire pour [tʃœ] raison qu'on a fait ça (NB – Péronnet 1989a : 70)

   - Quelle heure qu'elle a arrivé à ? (ÎPÉ – King/Roberge 1990 : 354, cités dans Rottet 2001 : 168) (avec préposition orpheline)

   - quel jour . que vous préférez dans l'année (IdlM – Falkert 2010, corpus : 187, p. 154, CD-ROM)

   - Steure de quelle part de France que vous devenez vous autres (TN – Brasseur 2001 : s.v. *part*, p. 335)
   - Ma mère ielle, si alle atendait quiqu'un parler, a savait de queulle baie qu'i viennait, juste pour son accent. (TN – Brasseur 2001 : s.v. *pour*, p. 367)

   - Qué jour qu'on est aujourd'hui ? (LOU – DLF 2010 : s.v. *quel*[1], p. 506)
   - Qué magasin que tu voudrais qu'on va ? (LOU – Rottet 2001 : 234, loc. âgée)
   - Dans quelle année que t'es né ? (LOU – DLF 2010 : s.v. *quel*[1], p. 506)
   - Quel âge que tu as ? (LOU – DLF 2010 : s.v. *quel*[1], p. 506)

   équel(le), aquel(le) (FL)[40]
   - Équel magasin que tu voudrais que j'irais ? (LOU – Rottet 2001 : 234, loc. âgée)
   - [akɛl] magasin vous-autres voudrait qu'on va ? (LOU – Rottet 2001 : 234, locutrice jeune)
   - À équeu magasin que tu veurais que z'vas ? (LOU – Rottet 2001 : 235, loc. âgée)
   - Equel âge que Tante L. a ? (LOU – DLF 2010 : s.v. *quel*[1], p. 506, TB)

▶ **En fonction pronominale**
   quel et variantes
   - Tcheule que tu préfères ? (NÉ – Thibodeau 1988 : 122)

---

[39] *Cf.* Arrighi (2005 : 304s. ; 308s.), Wiesmath (2006 : 223), Muller (2013 : 135). – Gadet (1992 : 92) assigne entre autres à *que* le rôle d'une « marque d'antéposition » ou d'« indicateur d'inversion » qui peut « introduire une proposition sous la dépendance d'un nom, d'un adjectif, d'un adverbe, et de beaucoup d'autres catégories ».
[40] Les exemples de Rottet sont des traductions de phrases anglaises.

équel(le), aquel(le) **(FL)**
- Ça c'est mes chevals. Équel que tu veux acheter ? (LOU – DLF 2010 : s.v. *quel²*, p. 506)
- A équelle de tes sœurs que cet enfant appartient ? (LOU – DLF 2010 : s.v. *quel²*, p. 506)
- Équel c'est que tu parlais pour ? (LOU – DLF 2010 : s.v. *quel²*, p. 506, VM)
- D'équel que tu parles ? (LOU – DLF 2010 : s.v. *quel²*, p. 506)
- Équel tu as fait ça pour ? (LOU – DLF 2010 : s.v. *quel²*, p. 506, LF)
- Je sais pas équel c'est qu'a tiré le premier coup. (LOU – DLF 2010 : s.v. *quel²*, p. 506, VM)

lequel, laquelle **(rare)**
- mais une journée i décidit laquelle des deux qu'il allait marier (NÉ – Arrighi 2005, corpus, Marcelin NÉ 2 : 4–5)
- De lequel que tu parlais (LOU – Guilbeau 1950 : 170, cité dans Rottet 2001 : 170)

Parfois, et à condition que le groupe *quel* (+ nom) soit le sujet de l'interrogation, la focalisation est effectuée par le relatif *qui* + consonne / *qu'* + voyelle :
- Comment-ce qu'elle sait quel mot qui va là là ? (NÉ – Hennemann, ILM, MS)
- faut tu saves tcheulle qu'est tcheulle (NÉ – Hennemann, BSM, RL)

- tous les deux veulent un auto pis tous les deux veulent une vacance mais quel qui va le premier (NB – Wiesmath 11, U : 19) (« lequel (des deux) va le premier »)
- ben je pourrais pas dire quelle qu'est meilleure là (NB – A. Boudreau 1998, ll. 222–223)
- Quel qui est le plus fort ? (LOU – DLF 2010 : s.v. *quel²*, p. 506) (« Lequel est le plus fort ? »)

Commentaire

Les constructions qui combinent interrogation et focalisation moyennant le marqueur *que* placé après le groupe interrogatif, sont aussi courantes en français parlé en France[41]. Selon Arrighi (2005 : 308), la structure s'explique par la tendance à éviter l'inversion et par la « propension à utiliser *que* dans le contexte de l'interrogative » (*cf.* ci-dessous III et IV).

II.4 *Quoi c'est que, quoi-ce que* + syntagme nominal

Dans les variétés étudiées, le déterminant interrogatif *quel* ne s'emploie pas en fonction d'attribut du sujet[42]. Les périphrases *quoi-ce que c'est que* et *quoi c'est (que)* apparaissent là où le FS requiert l'usage de la série en *quel* + *être* + syntagme nominal (*cf.* ci-dessus I.2.1)[43]. Retenons qu'il s'agit de tours figés ; l'accord en nombre n'est pas toujours effectué.

---

41 *Cf.* Bauche (²1951 : 95), Gadet (1989 : 169, 1992 : 82, 1996/1997 : 108s.), Arrighi (2005 : 308), Muller (2013 : 134–136).
42 *Cf.* par ex. pour la NÉ, Gesner (1984/85 : 152) et Hennemann (2014 : 299).
43 En FS, en fonction d'attribut, on utilise *qui* ou *quel* lorsque le substantif sujet renvoie à une personne, et *quel* dans les autres cas (Chevalier et al. 1964 : § 390, p. 252). En FS, une interrogation introduite par *que* / *qu'est-ce que* est d'ordre général et requiert une définition ; *quel*, par contre, se réfère à un cas concret. En FA/FTN/FL, les périphrases en *quoi* s'emploient dans les deux cas de figure. – La langue parlée évite également les interrogations du type *quel* + *être* + syntagme nominal en recourant à la structure *qu'est-ce que* – X – *pour/comme* : *Qu'est-ce que c'est pour un homme ?* (Hanse 1991 : s.v. *est-ce que*, p. 395, s.v. *qu'est-ce que*, p. 803, il juge le tour « populaire » (p. 213)).

- oh j'ais pas quoi c'est que les noms (NÉ – Hennemann, BSM, SC)
- et ça dépend quoi c'est que le prix du poisson autant que ce prix change toujours (NÉ – Hennemann, PUB, ArD)
- ah mon Dieu, quoi-ce qu'est son nom ? (NÉ – Hennemann 2014 : 299, ILM)
- Oui, quoi-ce que c'est qu'est le projet ? (NÉ – Hennemann 2014 : 299, ILM)

- DAMN c'était-ti pas deux ben dou / deux piasses par jour qu'i avaient quoi-ce qu'étaient les gages là en France là ? (NB – Wiesmath 3, D : 449–450)
- je me rappelle plus quoi ce qu'est la ville . . la place là la place en/ en Louisiane qu'est parrainée avec nous autres ici (NB – Wiesmath 1, R : 1018–1019)
- Je pourra pas dire quoi-ce qu'est le nom en anglais. (TN – Brasseur 2001 : s.v. *quo*, etc., p. 383)

- Quoi c'est ton nom ? (LOU – DLF 2010 : s.v. *quoi³*, p. 511)
- Quoi c'est le tracas, quoi i-n-a ? (LOU – DLF 2010 : s.v. *quoi³*, p. 511, LA) (« Quel est le problème, qu'est-ce qu'il y a ? »)

III Les mots interrogatifs *comment* et *combien*

Combien, adverbe de degré (notamment dans les exclamations), figure dans l'interrogation en tout premier lieu comme déterminant quantitatif (*combien de* + syntagme nominal) et comme pronom (Grevisse/Goosse 2008 : § 728b, p. 937). En tant qu'adverbe interrogatif, *combien* sert à interroger sur le degré, comme dans les exclamations : *combien souvent ?* Cet emploi est tout à fait courant dans les parlers étudiés.

Le terme interrogatif *comment* connaît des emplois plus larges qu'en français de France. En tant qu'adverbe interrogatif, il accompagne soit un verbe dans les questions sur la manière/le moyen, soit un adjectif ou un adverbe, notamment dans le tour figé *comment longtemps*, très fréquent dans les variétés étudiées. *Comment* figure également comme déterminant quantitatif complexe et comme pronom interrogatif, assumant ainsi les fonctions de *combien (de)*, qui est plutôt rare.

III.1 L'interrogatif *combien*

Bien que souvent remplacé par *comment* dans toutes ses fonctions (Wiesmath 2006 : 184), l'interrogatif *combien* est également attesté dans les parlers étudiés.

III.1.1 *combien* et les variantes périphrastiques

Outre la forme simple, *combien*, on relève des structures élargies par des éléments périphrastiques : *combien c'que*, *combien que*, *combien est-ce que* (rare), *combien c'est-ti* (rare ; *cf.* ci-dessous V.3.3.).

En FA/FTN, les formes périphrastiques sont moins courantes qu'avec les autres mots interrogatifs ; en FL, la forme simple *combien* est la seule forme courante.

Les réalisations phonétiques de *combien* sont les suivantes :
- [kɔ̃bjɛ̃] (FA/FL)
- En FA, la prononciation *coumbien* avec [ũ] nasalisé dans la première syllabe (« ouïsme »).

- Variantes sans nasale dans la première syllabe : [kobjẽ/kɔbjẽ] (FA/FL), [kubjẽ] (NÉ)[44], ou dans les deux syllabes : [kobe] (FL) (LOU – DLF 2010 : s.v. *combien*, p. 144).
- Variantes sans glide [j] dans la deuxième syllabe [kɔ̃bẽ/kobẽ] (FA/FL)[45].
- Avec consonne nasale au lieu de l'occlusive labiale : [kɔ̃mjẽ] (LOU – DLF 2010 : s.v. *combien*, p. 144)[46].

III.1.2 *combien* pronom interrogatif

En tant que pronom interrogatif, *combien* apparaît seul ou appuyé sur *en* (dans les cas où il est objet direct ou sujet logique ou réel) (Grevisse/Goosse 2008 : § 728b, p. 937).

▶ *combien*
- Pouvez-vous cartchuler [calculer] comben ça fait? (NÉ – Gesner 1984/85 : 160, BSM)
- t'es ici pour combien:/couple de sem [Enquêtrice : pour trois mois] trois mois ouais ? (IdlM – Falkert 2010, corpus : 632–633, p. 483, CD-ROM)
- Me rappelle pas combien ils étiont dans ce temps là. (LOU – *Découverte*, Church Point, Acadia)
- Combien ça coûte, ça ? (LOU – DLF 2010 : s.v. *combien*[1], p. 144, SM)

▶ *combien que*
- Comben que vous êtes su' vot' team ? (NÉ – Gesner 1984/85 : 150, BSM)
- combien qu'i payont je crois trois piasses et demi (NB – Arrighi 2005 : 309, Willy NB 9 : 45)
- Combien tu connais qu'il y en a qui vient blanc, ou qui naît sans pattes et tout ça ? (LOU – *Découverte*, Mamou, Évangéline)

▶ *combien ce que*
- Sais pas combien ce qu'i allont engager, ils veulent un QUALIFIED CARPENTER (NÉ – Hennemann, ILM, CL)
- comben-ce qu'y en a venu soixante/ soixante-quatre mille (IdlM – Falkert 2010, corpus : 484–485, p. 426–427, CD-ROM)
- Sais-tu combien ce qu'i me chargeait ? Vingt-cinq cents à l'heure ! (TN – Brasseur 2001 : s.v. *charger*, p. 104)

▶ *combien est-ce que*
- tu t'aperçois t'es/ … combien est-ce qu'il y en a, cette année, il y en a joliment là… (NÉ – Hennemann, ILM, CL)

---

44 Avec ouïsme et sans nasale, forme attestée dans le corpus de Hennemann (2014 : 295s.)
45 Pour la NÉ : Gesner (1984/85 : 149s.), Hennemann (2014 : 294) ; pour le FL : DLF (2010 : s.v. *combien*, p. 144). Pour la variante *comben* [kɔ̃bẽ] aux Îles-de-la-Madeleine, *cf.* le corpus de Falkert (2010).
46 Pour le MGCF, Moreton (2001 : 340) signale aussi la forme sans occlusive labiale : [kõjẽ].

III.1.3 *combien de* déterminant interrogatif

Le syntagme nominal du groupe interrogatif est introduit par la préposition *de* : *combien de* SN ; en FA, la particule de focalisation *que* est presque systématique dans ce type d'interrogation si le groupe *combien de* + SN se trouve en tête (*cf.* Hennemann 2014 : 295 ; 301 ; *cf.* les remarques à propos de *quel* + SN + *que*, ci-dessus, II). Si la forme périphrastique *combien-ce que* apparaît, le groupe prépositionnel (*de* + SN) est postposé au verbe, l'interrogation prenant une forme discontinue[47].

▶ *combien de*
- Pis combien de sœurs pis de frères vous aviez ? (NÉ – Hennemann 2014 : 295, ILM)
- elle lisait pour son frère André là je m'en souviens pas combien de livres (ÎPÉ – Arrighi 2005, corpus, Aldine H. ÎPÉ 3 : 109–110)
- je sais pas combien d'années (IdlM – Falkert 2010, corpus : 85–86, p. 283, CD-ROM)
- J'ai vu je sais pas combien de vaches dans le clos. (LOU – DLF 2010 : s.v. *combien*[1], p. 144, SM)
- Ça c'était à peu près deux heures d'un bateau doucement, je connais pas combien de milles ça c'est. (LOU – *Découverte*, Isle Jean Charles, Terrebonne)

▶ *combien de X que*
- Asteure, dans la famille de ton père, combien d'enfants qu'il y avait ? (NÉ – Hennemann 2014 : 296, ILM)
- Pis coubien [kubjẽ] d'enfants que vous aviez ? (NÉ – Hennemann 2014 : 296, ILM)
- combien de frères que tu as (NB – Arrighi 2005, corpus, Zélia NB 17 : 631–632)
- le prêtre de la paroisse était . . le recenseur . . i/i recensait/ .i/ i/ i aurait marqué combien d'enfants qu'i y avait (NB – Wiesmath 2006 : 184, Wiesmath 6, L : 236)
- combien de cartes que vous jouez (ÎPÉ – Arrighi 2005 : 309, Georges ÎPÉ 7 : 10–11)

▶ *combien-ce que*
- Cobin c'que vous êtes de parsounnes à rester icitte? (NÉ – Gesner 1984/85 : 149, BSM)
- comben-ce qu'y a encore de filles d'en vie (IdlM – Falkert 2010, corpus : 449, p. 274, CD-ROM)

III.1.4 *combien* adverbe dans le tour figé *combien longtemps*

Le tour *combien longtemps* « combien de temps » est très fréquent ; il s'agit sans doute du résultat d'un croisement entre les tours *combien de temps* (standard) et *comment longtemps* (très fréquent en FA/FTN/FL, *cf.* ci-dessous III.2.3.) (Brasseur 2001 : s.v. *combien longtemps*, p. 118)[48]. Une fois de plus, la focalisation au moyen de *que* est courante :

---

[47] Les interrogations discontinues sont « très anciennes » : « elles semblent faire leur apparition dès le XVIe siècle » (Mathieu 2009 : 80), mais sans les éléments périphrastiques : « Dieu scet combien j'euz de maulx En tracassant parmy la ville » (Anonyme, *Sottie des sots ecclésiastiques qui jouent leurs bénéfices*, 1511, *cf.* Mathieu 2009 : 80).

[48] Brasseur (2001 : s.v. *combien longtemps*, p. 118) parle pourtant d'un « hapax » dans son corpus.

- Combien longtemps que vous êtes ici encore ? (NÉ – Hennemann 2014 : 296, ILM)
- Pis j'ai demandé s'i pouvait me dire combien longtemps qu'on avait besoin pour aller / euh / sur l'avion. (NÉ – Hennemann, ILM, DO)
- Je sais pas combien longtemps qu'a boivait. (TN – Brasseur 2001 : s.v. *combien longtemps*, p. 118)
- Combien longtemps, vous avez resté dans ce village ? (LOU – Conwell/Juilland 1963 : 181) (La virgule figure dans l'original.)
- Combien longtemps il restait quand il venait pour visiter chez vous ? (LOU – DLF 2010 : s.v. *longtemps*, p. 371, EV)
- Je sais pas combien longtemps que ça se conservait. (LOU – *Découverte*, Pointe-aux-Chênes, Terrebonne)

Les deux adverbes peuvent être séparés l'un de l'autre :
- pis tu pouvais travailler combien tu travaillais longtemps, t'avais pas de tra/ ... [...] Il y avait pas d'union / euh / pas de syndicat. (NÉ – Hennemann, ILM, CL)
- pis monsieur i tait assis à côté de moi qui regardait mande-moi pas combien ça faisait longtemps qu'i tait là je le sais pas (NB – Arrighi 2005 : 133, Suzanne L. NB 18 : 452–458)

Commentaire
En France, *combien* est rare dans la langue moderne dans les interrogations sur le degré devant un adverbe : *combien souvent*, *combien longtemps* ; *combien* spécifiant un adverbe de quantité est déjà relevé au siècle classique : *combien peu* (*cf.* Grevisse/Goosse 2008 : § 997b, p. 1251s. ; *cf.* aussi TLFQ s.v. *combien*, qui donne des exemples de la fin du XVIIIe et du début du XIXe s.).

III.2 L'interrogatif *comment*

Les fonctions de l'interrogatif *comment* dans les variétés qui nous intéressent ici englobent les fonctions de *combien*, de *comment* et de *comme* en français de France.

III.2.1 *comment/coumment* et les variantes périphrastiques
Nous constatons pour l'adverbe interrogatif *comment* les formes et les tendances d'usage suivantes :
- La forme simple *comment* et les variantes périphrastiques *comment que, comment ce, comment ce que, comment c'est que* existent dans tous les parlers. Pour le FA/FTN, notons, outre la forme *comment* [komã/komã/komɔ̃], la variante *coumment* avec [u] : [kumɔ̃] (« ouïsme »).
- Dans l'usage adverbial, la forme simple et les formes périphrastiques coexistent.
    - En NÉ, toutes les variantes sont présentes sans qu'on puisse relever de préférence marquée pour l'une ou l'autre variante. Tout au plus peut-on relever une tendance à choisir la variante *comment-ce* (sans *que*) devant le pronom personnel *tu* et à opter pour une variante avec *que* devant voyelle (Hennemann 2014 : 294).
    - Au NB, *comment ce que* est la forme la plus fréquente (*cf.* Wiesmath 2006 : 184)[49].

---

49 Il en va de même dans le corpus madelinien de Falkert (2010).

- *Comment que* semble prédominer à l'ÎPÉ (*cf.* les ex. dans Arrighi 2005 : 309) et à TN (*cf.* les ex. dans Brasseur 2001 : s.v. *comment*, p. 120).
- En LOU, c'est la forme simple qui semble majoritaire, malgré l'existence des formes périphrastiques[50].
- En tant que pronom interrogatif et déterminant interrogatif, *comment* apparaît en règle générale sans éléments périphrastiques ; pourtant, la particule de focalisation *que* est presque systématique après le groupe en FA/FTN : *comment de* + SN + *que* (Hennemann 2014 : 301) (*cf.* ci-dessous III.2.4.).

III.2.2 *comment* adverbe interrogatif de manière ou de moyen
Dans cette fonction, centrale pour cet adverbe interrogatif en FS, forme simple et formes périphrastiques coexistent.

▶ ***comment* : QuSV**
- Comment t'as trouvé ça ? (NÉ – Hennemann, ILM, BJ)
- t'as vu comment c'est fait' un vaporateur là ? (NB – Wiesmath 2006 : 184, Wiesmath 2, E : 498)
- Comment tu t'as fait mal ? (LOU – DLF 2010 : s.v. *comment*, p. 145, EV)
- Tu sais pas comment il l'aime. (LOU – DLF 2010 : s.v. *comment*, p. 145, SM)
- Moi je sais pas comment les femmes du vieux temps faisaient pour tout faire ça et avoir du temps pour aller veiller chez les voisins. (LOU – *Découverte*, Pointe-aux-Chênes, Terrebonne)

▶ ***comment que***
- J'ai dit à RAYMOND, mon homme : comment que je pouvais faire pour brocher ? (NÉ – Hennemann 2014 : 294, ILM)
- J'pouvons pas voir comment qu'il ont pu apporté tout ça. (NÉ – *Lettres de Marichette*, Gérin/Gérin 1982 : 151)
- oh comment qu'i s'appelle [sila] qui passe de Radio Canada (NB – Arrighi 2005 : 308, Zélia NB 17 : 298–299)
- je me demandais comment qu'elle fait pour s'en souvenir après tant d'années (ÎPÉ – Arrighi 2005 : 309, Aldine H. ÎPÉ 3 : 141–142)
- tu veux savoir comment qu'on:/ qu'on s'organisait quand on était : plus jeune (IdlM – Falkert 2010, corpus : 1–2, p. 486, CD-ROM)
- Comment que vous avez venu de la France … par *plane* ? (TN – Brasseur 2001 : s.v. *plane*, p. 355)
- [À propos d'une chanson.] Je sais pas comment que ça va sonner. (TN – Brasseur 2001 : s.v. *comment*, p. 120)
- Mais je dis comment que tu vas aller parler avec ce monde-là ? (LOU – DLF 2010 : s.v. *que*[5], p. 505, LF)

▶ ***comment ce (que)***
- Tu prends les patates, tu / euh / les / euh / euh / comment-ce tu diras ça ? Tu les g/ les *grates* là. (NÉ – Hennemann, BSM, SC)
- Coument c'que t'as v'nu ? (NÉ – Thibodeau 1988 : 34)

---

50 Stäbler (1995 : 165) parle de la présence « occasionnelle » de *ce* dans les pronoms et adverbes interrogatifs.

- J'sais point comment c'qu'i peut fier sa girlfriend tout seule avec in étranger. (NÉ – Gesner 1984/85 : 160, BSM)
- T'es bin chanceux, toi, mais comment-ce tu t'y prend ti ? (NÉ – *Lettres de Marichette*, Gérin/Gérin 1982 : 152)
- l'Université de Moncton comment-ce que tu trouves ça (NB – Arrighi 2005 : 309, Mathieu NB 15 : 21–22)
- on l-avait un:: comment-ce que t'appellerais ça un rouleau (NB – Arrighi 2005 : 309, Annie NB 10 : 149)
- je sais pas comment ce que le reste des/ des Acadiens au Nouveau-Brunswick ou dans les provinces maritimes prendraient ça (NB – Wiesmath 2006 : 184, Wiesmath 6, L : 329)
- ils comprenaient même pas comment-ce comment-ce que lui parlait là (NB – A. Boudreau 1998, ll. 202–203)
- comment-ce que tu trouves que ç'a été m'interviewer ? (IdlM – Falkert 2010, corpus : 225, p. 308, CD-ROM)
- comment-ce qu'a s'appelle alors la fille à C. ? (IdlM – Falkert 2010, corpus : 20, p. 365, CD-ROM)
- pis : comment-ce tu trouves ça aux Îles-de-la-Madeleine (IdlM – Falkert 2010, corpus : 55, p. 393, CD-ROM)
- I dit comment-ce que t'as brassé ? [...] (TN – Brasseur 2001 : s.v. *brasser*, p. 74) (*brasser* = « réussir à faire »)
- Et tu connais comment-ce que le monde faisait du beurre dans ce temps là, moi j'en ai fait, du beurre déjà. (LOU – *Découverte*, Pointe-aux-Chênes, Terrebonne)
- Mais tout ça, je me rappelle c'est comment ce qu'il.... ça faisait froid. (LOU – *Découverte*, Jennings, Jefferson Davis)
- Je m'en rappelle bien de ça, comment ce que, alle a pris ça assez dur, la fille alle pleurait. (LOU – *Découverte*, Pointe-aux-Chênes, Terrebonne)

On relève aussi, en FA et en FTN, des périphrases plus complexes à valeur emphatique, mais elles sont cependant rares (*cf.* Arrighi 2005 : 309).

▶ **Périphrases à valeur emphatique**
- comment que ce que tu veux que je te monte en haut .a/ a dit deux cents pieds je suis pas un/ un oiseau je suis pas un chat (NÉ – Arrighi 2005 : 309, Marcelin NÉ 2 : 483–484)
- I faut tu faises attention coumment-ce que c'est que tu parles (NÉ – Hennemann, ILM, EL)
- Je sais pas comment que c'est que ça se travaille ça moi. (TN – Brasseur 2001 : s.v. *travailler*, p. 455) (*se travailler* = « fonctionner, marcher »)
- Ça vous allez dire c'est trompant pace que vous comprenez pas au juste comment-ce que c'est que ça travaille. (TN – Brasseur 2001 : s.v. *trompant*, p. 457)

La variante en *est-ce que* est rare et influencée par le standard.

▶ ***comment est-ce que*** (rare)
- [BJ pose une question rhétorique ; il est indigné] : Alors, comment est-ce qu'on peut s'attendre qu'une p'tite communauté comme le Petit de Grat ou l'Isle Madame va changer leur français pour être conforme à qui ? (NÉ – Hennemann, ILM, BJ)
- il a dit comment est-ce que j'ai vu dans ses yeux. que c'était quelqu'un de f/ de vraiment vrai là (IdlM – Falkert 2010, corpus : 83–84, p. 283, CD-ROM)
- Comment est-ce que tu vas *better* ? (TN – Brasseur 2001 : s.v. *better*, p. 53) (*better* = « parier »)
- Alors comment est-ce qu'il traitait tout ça ? (LOU – *Découverte*, Pointe-aux-Chênes, Terrebonne)

Signalons aussi le tour figé et emphatique *comment (ça) se fait que*, courant aussi en français familier en France (*cf.* en FS : « comment se fait-il que »).

▶ *comment (ça) se fait que*
- Pis comment ça se fait qu'i-y-avont mis / i-y-ont *turné* ça en basque ? (NÉ – Hennemann 2014 : 297, ILM)
- Comment se fait t'es en dedans là ? (LOU – *Découverte*, Mamou, Évangéline)
- Comment ça se fait t'as pas été ? (LOU – DLF 2010 : s.v. *comment*, p. 145, SM)

Dans l'interrogation indirecte, *comment* peut être remplacé par *comme (que)*[51].

▶ *comme que*
- ça m'a donné une bonne idée de quoi comme c'était dans les écoles (NB – Arrighi 2005, corpus, Stéphanie NB 11 : 336–337)
- ben elle a juste dit comme que c'était (NB – Arrighi 2005 : 311, Sarah NB 20 : 144) (« comme c'était », « comment c'était »)
- je reste chez mes parents pis je me/. je me fais vivre comme qu'on pourrait dire là (IdlM – Falkert 2010, corpus : 76–77, p. 47, CD-ROM)
- Tu vois comme je t'aime ? (LOU – DLF 2010 : s.v. *comme*, p. 144, EV)

III.2.3 *comment* adverbe interrogatif portant sur un adjectif ou un adverbe

Très souvent, l'adverbe *comment* se combine avec un adjectif dans les interrogations sur le degré ou l'intensité de la qualité exprimée par l'adjectif. Le recours à l'adverbe *comment* dans ces constructions est sans doute un calque de l'anglais *how* + adjectif (Brasseur 2001 : s.v. *comment*, p. 120).

▶ *comment* portant sur un adjectif
- J'ai commencé j'ais pas comment j'étais vieux. (NÉ – Hennemann, BSM, ArD) ([ʒe] = « je sais »)
- je sais pas comment longt/ comment bas que ça va venir (NB – Wiesmath 2006 : 184, Wiesmath 3, D : 432–433)
- Tu demandes, là, comment grand qu'est un arpent ? Je sais pas ! [...] (TN – Brasseur 2001 : s.v. *arpent*, p. 26)
- Pis tout le temps i poussait à ça : comment important que c'était d'apprendre à lire pis écrire. (TN – Brasseur 2001 : s.v. *comment*, p. 120)
- Comment doux tu l'aimes ? (LOU – DLF 2010 : s.v. *comment*, p. 145, LF) (*le* = « le café »)
- Comment grand il est ? (LOU – DLF 2010 : s.v. *comment*, p. 145, SM)

Comment peut aussi porter sur un autre adverbe. Retenons notamment le tour fréquent *comment longtemps* dans le sens de « combien de temps » (*cf.* aussi III.1.4. pour l'expression

---

[51] Dans l'ancienne langue, jusqu'au siècle classique, *comme* apparaît dans le sens de « comment » dans l'interrogation directe et indirecte (*cf.* Chevalier et al. 1964 : § 620, p. 426 ; *cf.* aussi Riegel et al. 2011 : 688, Hanse 1991 : s.v. *comme*, p. 245, Fournier 1998 : § 178, p. 125) ; dans l'interrogation indirecte, cet usage est encore possible en FS, mais il est rare (Chevalier et al. 1964 : § 620, p. 426).

combien longtemps). Le tour *comment beaucoup (de)*, relevé seulement en FL, est sans doute calqué sur l'anglais (« how much »).

▶ ***comment* portant sur un adverbe**
- Sais pas comment longtemps ça va tiendre BUT ANYWAY (NÉ – Hennemann, ILM, IS)
- penser comment loin. je dirais que .... comment ce qu'i y a longtemps – ah ben pas plus. que douze à quinze ans pour sûr (NB – Wiesmath 2, E : 454–455)
- Nantes ... Comment loin que c'est du port de Saint-Malo ? (TN – Brasseur 2001 : s.v. *comment*, p. 120)
- Comment longtemps que tu vas rester par ici steure ? (TN – Brasseur 2001 : s.v. *comment*, p. 120)
- je connais pas comment longtemps, mais c'est pas trop trop longtemps (LOU – DLF 2010 : s.v. *longtemps*, p. 371, TB)
- et alle m'a écrit une lettre pour me laisser savoir comment beaucoup du bien ça lui avait fait. (LOU – *Découverte*, Moreauville, Avoyelles)

III.2.4 *comment* employé dans les fonctions de *combien*

En FA/FTN, l'interrogatif *comment* couvre toutes les fonctions de l'interrogatif *combien* du FS ; à ce titre, il sert à interroger sur la quantité et sur l'intensité.

La position après le verbe (SVQu – question « in situ »), rare en FA/FTN pour les autres mots interrogatifs, a une certaine importance dans le cas de *comment* (Hennemann 2014 : 302) ; dans la position « in situ », *comment* apparaît sous la forme non-périphrastique ; il en va de même dans les cas où *comment* figure comme déterminant quantitatif (*comment* de SN, usage attesté principalement dans les corpus de l'Acadie des Maritimes). Dans ce dernier cas, *que* « explétif » est quasi systématique si le groupe prépositionnel se trouve en tête de phrase (*cf.* Hennemann 2014 : 301 ; *idem* pour *combien de* + SN).

▶ **Emploi au sens de *combien* adverbe ou pronom**
- Coumment-ce qu'i pesait ? (NÉ – Hennemann, BSM, RG)
- Sais-tu coumment-ce le docteur me dounnait pour sougner les femmes ? Trois s/ trois piastres par semaine. (NÉ – Hennemann, PUB, ID)
- I étiont coumment ? – Douze ? – Treize ? (NÉ – Hennemann 2014 : 295, ILM)
- moi ma mère était d'eune famille de coumment ? (NÉ – Hennemann 2014 : 295, ILM)
- i sont comment neuf ou dix enfants pis i sont presque tout' musiciens (NB – Wiesmath 2, F : 25)
- je veux savoir comment ce que t'en sais sus le/ tu sais sus le bois (NB – Wiesmath 2006 : 184, Wiesmath 8, Q : 52)
- je me rappelle pas comment-ce qu'on payait ça . je crois que c'état quarante cennes (IdlM – Falkert 2010, corpus : 149–150, p. 346, CD-ROM)

▶ **Emploi en tant que déterminant**
- Mais coumment d'enfants qu'i a, GERALD? (NÉ – Hennemann 2014 : 295, ILM)
- Tu sais coumment d'ouvrage qu'i y a alentour. (NÉ – Hennemann, ILM, CL)
- comment d'expérience que t'as ? (NB – Wiesmath 2006 : 184, Wiesmath 2, E : 715)
- pis i y avait je sais pas comment de doubles de papier [peint] (NB – Wiesmath 2006 : 184, Wiesmath 1, R : 821)

Dans les rares cas où *comment*, déterminant quantitatif, apparaît sous la forme périphrastique, le groupe prépositionnel (*de* + *SN*) est postposé au verbe (*cf.* aussi Hennemann 2014 : 296), l'interrogation prenant une forme discontinue (*cf.* ci-dessus pour *combien-ce que*, III.1.3.) :
- J'ais pas comment-ce t'as de temps. (NÉ – Hennemann, PUB, ArD)
- Pis tu sais coumment là / on la ga/ la salle / la salle coumment-ce qu'a tchient de monde, la salle ? (NÉ – Hennemann 2014 : 296, ILM)
- comment-ce t'as de jours aux Îles là ? (IdlM – Falkert 2010, corpus : 479, p. 426, CD-ROM)

Commentaire
Comment se substitue également à *combien* en français « populaire du Québec » (Grevisse/Goosse 2008 : § 728b, R4, p. 937) et y « cumule les emplois de *combien* et de *comment* du français » (pour le français de l'Île-aux-Coudres, Seutin 1975 : 321 ; pour le FQ, *cf.* aussi GPFC : s.v. *comment*).

En FS, *comment* apparaît, rarement, avec un adjectif attribut dans une question discontinue, « impliqu[ant] une comparaison et ne concern[ant] pas vraiment le degré » (Grevisse/Goosse 2008 : § 997b, p. 1251s.) : « *Comment le dragon est-il grand ?/ [...]/ Grand comme un bœuf.* » (France, cité *ibid.*).

Le renforcement des adverbes interrogatifs par *que* est attesté de longue date dans le non-standard de France. La forme *comment que* y est courante, de même que les formes emphatiques de type : *comment que c'est que tu vas ?*[52].

IV Les adverbes interrogatifs *où*, *quand* et *pourquoi*

En FA/FTN traditionnel, les adverbes interrogatifs *où*, *quand* et *pourquoi* apparaissent majoritairement, sinon systématiquement, sous une forme périphrastique, notamment avec l'élément périphrastique *ce que* mais aussi avec *que*, *ce* et (plus rarement) *c'est que*[53] ; l'inversion est inconnue avec les adverbes interrogatifs (Gesner 1984/85 : 142 *passim* ; King 2000 : 78). À la BSM (NÉ), les formes simples semblent uniquement le fait des locuteurs jeunes (Gesner 1984/85 : 149). En revanche, en FL, les formes périphrastiques sont fortement concurrencées par les formes simples.

Les éléments périphrastiques [s], [sə], [skə] forment des amalgames avec les adverbes interrogatifs : ainsi, diverses formes ([us], [uskə], [juskə], etc.) ont vu le jour. Les formes périphrastiques peuvent introduire l'interrogation directe et indirecte.

IV.1 L'adverbe interrogatif locatif *où*

La forme standard *où* est rare ; ce sont certaines formes périphrastiques – comportant, de fait, un amalgame entre l'adverbe et l'élément périphrastique – qui sont employées de préférence en FA/FTN, alors que les formes simples semblent prédominer en FL (*cf.* ci-dessous). En ce qui concerne la périphrase en *est-ce que* du FS (*où est-ce que*), elle est rare et résulte de

---

52 *Cf.* Gadet (1992 : 82), Arrighi (2005 : 309), *Le Petit Robert* (2013 : s.v. *comment*), *comment que* étant qualifié de « populaire » et de « fautif ».
53 Selon Gadet (1992 : 88, *cf.* aussi p. 81), tous les adverbes interrogatifs peuvent être renforcés par le tour *c'est que* en français populaire, ce moyen étant apparemment plus courant que dans les parlers étudiés ici.

l'influence du standard ; de même, les formes périphrastiques emphatiques *où c'est que/ioù c'est que* sont rares dans les parlers étudiés ici. Notons que toutes les formes peuvent être précédées de *de* dans les questions sur la provenance[54].

On relève toute une gamme de variantes :
- *où*
  - *où* [u] : LOU (DLF 2010 : s.v. *ayoù*, p. 52)
  - *où-ce (que)* [us(k)] : NÉ, NB (Arrighi 2005 : 280), IdlM (Falkert 2010, corpus), TN (Brasseur 2001 : s.v. *où*, p. 326), LOU (DLF 2010 : s.v. *ayoù*, p. 52)
  - *où que* [u kə] : IdlM (Falkert 2010, corpus), LOU (DLF 2010 : s.v. *ayoù*, p. 52)
- *ioù*
  - *ioù-ce (que)* [jus(k)] : NÉ et NB (Péronnet/Kasparian 1998 : 252, Arrighi 2005 : 281), IdlM (Falkert 2010, corpus), TN (Brasseur 2001 : s.v. *où*, p. 326), LOU (DLF 2010 : s.v. *ayoù*, p. 52)
  - *ioù* [ju] : NÉ, IdlM, TN, LOU (DLF 2010 : s.v. *ayoù*, p. 52)
- *ayoù/éyoù*
  - *ayoù-(ce que)* [aju(sk)] : NB (rare), TN (Brasseur 2001 : s.v. *où*, p. 326), LOU (Papen/Rottet 1997 : 105, DLF 2010 : s.v. *ayoù*, p. 52)
  - *éyoù-(ce que)* [eju(sk)] : NÉ (*cf.* Brasseur 2001 : s.v. *où*, p. 327), TN (Brasseur 2001 : s.v. *où*, p. 326), LOU (DLF 2010 : s.v. *ayoù*, p. 52, Papen/Rottet 1997 : 105)
  - *éoù, aoù, évoù, avoù* [eu] / [au] / [(e)vu] / [avu] : LOU (DLF 2010 : s.v. *ayoù*, p. 52 ; *évoù* et *avoù* sont rares, *cf.* Papen/Rottet 1997 : 105)[55]
- *là voù*
  Après *là* locatif, on note à côté de *là où* aussi la forme *voù* : *là voù* (DLF 2010 : s.v. *ayoù*, p. 52)
- *ce (que)* [sk(ə)] : FA, TN

On peut faire les observations suivantes, selon la région :
- FA : Les formes *où ce (que)* [us(k)] et *ioùsque* [jus(k)] sont les formes acadiennes traditionnelles[56] ; elles prédominent en NÉ et au NB. On notera que *que* tombe facilement devant le pronom personnel *tu* (Hennemann 2014 : 290) : « Ben i dit : où-ce tu vas les mettre ? » (NÉ – Hennemann, ILM, IS). Parfois, la forme palatalisée *ùsque* [ysk] est relevée au NB (*cf.* Arrighi 2005 : 280s., *cf.* le chap. « La relative », IV).
- FTN : la voyelle est fréquemment palatalisée : [jy], [ajy], [y] (*cf.* Brasseur 2001 : s.v. *où*, etc., p. 326).
- FL : La variété des formes est grande, les formes simples coexistant avec les formes périphrastiques, mais *ayoù/éyoù* semblent particulièrement courants ; le mot interrogatif est de préférence placé en tête sans qu'il y ait inversion.

---

54 Nous signalons aussi que les tours *où(sque) il devient/ayoù il devient* sont synonymes de *d'où il vient* dans les variétés sur lesquelles porte notre étude.
55 Moreton (2001 : 338) signale également, pour le MGCF, les formes [au] et [eu].
56 Pour *iousque* [jusk], *cf.* Poirier (1993 [1925]) : s.v. *iousque*, p. 231), Péronnet/Kasparian (1998 : 252), Brasseur (2001 : s.v. *où*, etc., p. 327).

▶ Formes simples (notamment en LOU)

[u]
- Où t'achètes ça ? (NÉ – Hennemann 2014 : 289, ILM) (rare dans le corpus)
- Ça fait t'as été née où ? (NÉ – Hennemann, ILM, AS)

- où tu vas ? (LOU – Brandon 1955 : 485, VM)
- J'sais pas où ça mnait, mais ça parlait bien bien français. (LOU – Rottet 2001 : 170, loc. âgée)
- Lui, il a été éné droite là la même place là où il reste asteur, il a resté lui toute sa vie droite là. (LOU – DLF 2010 : s.v. *ayoù*, p. 52, TB)

[aju], [eju], [ju], [e(v)u]
- ANYWAY... Ça fait t'as été énée you ? (NÉ – Hennemann 2014 : 290, ILM)

- vous-autres vous venez de ioù ? (IdlM – Falkert 2010, corpus : 25, p. 58, CD-ROM)

- I savait you aller. (TN – Brasseur 2001 : s.v. *où*, etc., p. 326)

- L'anglais, tu ramasses ça n'importe ayoù dans le *garbage can* ! [LAUGHTER] C'est vrai, hein ? Ayoù tu vas ramasser du bon français ? T'en trouves pas plein. (LOU – *Découverte*, Isle Jean Charles, Terrebonne)
- Je ne connais pas ayoù il a passé. (LOU – DLF 2010 : s.v. *ayoù*, p. 52, VM)
- parce que ça a besoin de connaître éiou eusse devient (LOU – Rottet 2001 : 122, locuteur jeune)
- ils ont jamais trouvé le/ l'esclave . ils ont jamais trouvé éyoù il avait passé ni son corps ni pas rien (LOU – Stäbler 1995 : 140, corpus)
- et j'avais jamais vu éyoù ça faisait ça (LOU – *Découverte*, Kaplan, Vermilion)
- ils connaissient yoù il était (LOU – Stäbler 1995 : 141, corpus)
- Et le monde a pas d'ouvrage, évoù ils vont prendre l'argent pour guimbler ? (LOU – DLF 2010 : s.v. *ayoù*, p. 52, TB)
- Éoù t'es parti ? (LOU – DLF 2010 : s.v. *ayoù*, p. 52, SM, Da84)

▶ Formes périphrastiques

[ukə]
- y avait un SHOW là je sais pas où que c'est fait (IdlM – Falkert 2010, corpus : 221–222, p. 203, CD-ROM)

- D'où que tu viens ? (LOU – DLF 2010 : s.v. *que*[5], p. 505, Lv88)

[us(k)] (NÉ, NB, ÎPÉ, IdlM, TN, LOU) (fréquent) / [ys(k)] (TN, NB)
- Où-ce que t'as pris ça, la morue pis du HADDECK ? (NÉ – Hennemann, ILM, DO)
- Où ce qu'il est ? (NÉ – Gesner 1984/85 : 149, BSM)
- je peux pas je suis écarté je sais pas oùsque je suis (NÉ – Arrighi 2005 : 280, Marcelin NÉ 2 : 107)

- ùs t'as pris ça . quoi-ce que c'est (NB – Arrighi 2005 : 281, Christiane NB 19 : 323)
- tout' d'un coup i avont dit <où ce qu'est Florence> (NB – Wiesmath 2, F : 133)

- Je sais pas où ce qu'elle a été. (ÎPÉ – King 2000 : 78)

- où-ce qu'alle est ? (IdlM – Falkert 2010, corpus : 12, p. 364, CD-ROM)
- il ont montré où-ce que j'étais (IdlM – Falkert 2010, corpus : 284–285, p. 159, CD-ROM)

- Je sais pas d'u-ce qu'i venait. (TN – Brasseur 2001 : s.v. *où*, etc., p. 326)

- où ce qu'il est ? (LOU – Ditchy 1932 : 157)
- Ousque tu vas ? (LOU – DLF 2010 : s.v. *ayoù*, p. 52, SM)
- et on a arrêté là où ce qu'on avait parti (LOU – *Découverte*, Golden Meadows, Lafourche)

[jus(k)] (NÉ, NB, IdlM, TN)⁵⁷, [jys(k)] (TN/NB) :
- Iousqu'i s'en va ? (NÉ – É. Boudreau 1988 : 156)
- i voyait sus le papier qu'i avait de l'eau qui rajeunissait dans le monde mais ça disait pas ioùsqu'elle était (NÉ – Arrighi 2005 : 281, Marcelin NÉ 2 : 184–185)
- Ils me disiont que j'avais une catin dans les bras pis j'avais quitté ma catin aller dans le puits pis je voulais revoir... yoù-ce que la catin avait timbé, je pense. Pis je pense, j'ai timbé dans le puits. (NÉ – Flikeid 1996 : 316, Pomquet)
- tu es tout seul dans le bois pis va dire ioùsque est le nord (NB – Arrighi 2005 : 281, Odule NB 21 : 306)
- ioù-ce que tu restes là ? (IdlM – Falkert 2010, corpus : 208, p. 70, CD-ROM)
- Ces ... Acadiens, là ç'a venu ... de l'Acadie. Yu-ce qu'est l'Acadie en France je ne sais pas ! (TN – Brasseur 2001 : s.v. *où*, etc., p. 326)
- Je ne sais pas you-ce qu'i devient. (TN – Brasseur 2001 : s.v. *devenir*, p. 160) (« Je ne sais pas d'où il vient. »)

[ajus(k)], à TN aussi [ajys(k)] :
- pour ceuses-là qui se demandent à ioù ce que je viens je viens du fond de la baie (NB – Wiesmath 8, Q : 4)
- Ayou-ce que vous devenez ? De Québec ? (TN – Brasseur 2001 : s.v. *devenir*, p. 160) (« D'où venez-vous ? »)
- Et pis ayu-ce ça devient, je sais pas. Ça vient d'à queuque part ! (TN – Brasseur 2001 : s.v. *part*, p. 335)
- Des racoins c'est des petits morceaux, des petits morceaux de... de terre vous savez qui... qui restent, ayu-ce que c'est étroit [etʀwat] et pis c'est des coins, des racoins, ça. [...] (TN – Brasseur 2001 : s.v. *racoin*, p. 385)

[ejus(k)] (NÉ, TN, LOU) :
- A pourra nous dire par éyou c'qu'ils allont. (NÉ – Gesner 1984/85 : 160, BSM)
- Pace comme que c'est là asteure, du monde qui... de Stephenville où de n'importe qu'éyou-ce qu'i devient, s'i venont par ici il allont au bout di Cap là, i faut qu'i revirent [əʀviʀ] de bord. (TN – Brasseur 2001 : s.v. *devenir*, p. 160)
- Éiou(-c'qu') il a mis ça ? (LOU – Papen/Rottet 1997 : 105)

La forme périphrastique peut à son tour être étoffée par une périphrase de mise en relief (*cf.* dans le même sens, pour le non-standard de France, Gadet 1992 : 82) :
- Et al a été à / où-ce que c'est que t'as été ? (NÉ – Hennemann 2014 : 289, ILM)
- Pis yoù-ce que c'est qu'i vient lui ? (NÉ – Hennemann 2014 : 290, ILM)

Remarquons que la forme *ce (que)* est employée dans un sens local dans les variétées parlées à TN (Brasseur 2001 : s.v. *où*, p. 326) et en Acadie, surtout dans l'interrogation indirecte (pour la NÉ, *cf.* Hennemann 2014 : 290s. ; 308).

▶ *ce que*
- [...] ce que t'as té aujourd'hui, Edna ? J'y dis : ben j'étais sus le docteur pour mon CHECK-UP (NÉ – Hennemann 2014 : 291, ILM)

---

57 Le DLF (2010 : s.v. *ayoù*, p. 52) signale l'existence de la forme *iousque* sans en fournir d'exemple.

- I aviont pris quelqu'un de la hall pour m'nir me suire avec un char pour voir ce que j'allais (NÉ – Hennemann, ILM, EL)
- Fallait pas qu'ils vurent ce qu'il alliont. (NÉ – Hennemann, ILM, IS)
- il étiont dans une place à d'autres i saviont pas ce qu'iz étaient (IdlM – Falkert 2010, corpus : 5–6, p. 390, CD-ROM) (*i* = « les Acadiens après le Dérangement »)
- Je pourrais pas vous dire ce qu'il a té. (TN – Brasseur 2001 : s.v. *où*, etc., p. 326)

Cet emploi n'est pas complètement inconnu au NB et en LOU où on relève *ce que* dans le sens de *où* en fonction de pronom relatif après l'adverbe *partout* (*cf.* le chap. « La relative », V.1.).

Commentaire
Diverses variantes de l'adverbe interrogatif *où* existent en France (*cf.* aussi Bauche [2]1951 : 117) et dans les parlers français d'Amérique, comme le note Brasseur (2001 : s.v. *où*, p. 326s.) :
- [uskə] est une forme populaire en France, relevée aussi en FQ, tout comme *où que* et *où que c'est que* (GPFC : s.v. *où ce que*, s.v. *où que*, s.v. *où que c'est que*).
- [ju] est « largement répandu dans les parlers dialectaux de France (FEW 14, 1b UBI) » (Brasseur 2001 : s.v. *où*, etc., p. 327) et est également attesté en FQ (GPFC : s.v. *ioù*).
- [juskə] existe au Québec (GPFC : s.v. *iousque*) et est relevé, en France, dans le Nantais (Brasseur 2001 : s.v. *où*, p. 327).
- [aju] est attesté en Wallonie et en Haute-Normandie (FEW 14, 2a).
- [eju] est attesté dans les dialectes du Centre et du Nord de la France (FEW 14, 1).

Pour les parlers de l'Ouest du Canada, Hallion Bres (2006 : 118) note *où est-ce que*, *où que* et *où c'est que*. Papen (2004 : 124) et Hallion Bres (2006 : 124) signalent pour le français mitchif la forme *ivoù (c'que)*, que Hallion Bres qualifie d'archaïque.

IV.2 L'adverbe interrogatif temporel *quand*

L'adverbe interrogatif *quand* apparaît sous les formes suivantes :
- [kã] : La forme standard sans périphrase, *quand*, apparaît en FA surtout dans le type plutôt rare d'interrogation « *Qu-*in situ ».
- [kãsk(ə)], [kãs] : les formes traditionnelles sont *quand-ce que* et *quand-ce* ; la particule *que* tombe surtout devant le pronom personnel *tu*.
- [kãsɛk(ə)] : La forme renforcée *quand c'est que* – en NÉ aussi *quand ça que* [kãsak(ə)] (Hennemann 2014 : 291) – est bien représentée dans les corpus. Sous cette forme, l'adverbe interrogatif se distingue de la conjonction temporelle qui, elle, apparaît régulièrement sous la forme : *quand-ce (que)*.
- [kã(t)ɛsk(ə)] : La forme périphrastique du standard, *quand est-ce que*, est restreinte aux contextes formels.
- [ekã] : Fréquemment employée en FL, la forme *équand* (Papen/Rottet 1997 : 105, DLF 2010 : s.v. *quand*^{2}, p. 503), se construit avec ou sans éléments périphrastiques.

Notons que le *t* final peut être prononcé dans tous les contextes : [kãt] (*cf.* Brasseur 2001 : s.v. *quand*, p. 376, DLF 2010 : s.v. *quand*^{2}, p. 503).

Rappelons que l'ordre S-V-O est maintenu même si l'adverbe interrogatif apparaît sous sa forme simple (*QuSV*).

Quand peut prendre une forme périphrastique avec les éléments *que* et *ce que* en tant qu'adverbe interrogatif et en tant que conjonction temporelle (*cf.* le chap. « La subordination », II.1.1.).

▶ Formes simples
quand
- Tu pars quand t/ d'ici? (NÉ – Hennemann, ILM,MS)
- Quand j'allons avoir la Valiant ? (NÉ – Gesner 1984/85 : 149, BSM)

équand (LOU)
- « Équand tu vas les montrer à parler en français ? » (LOU – Rottet 2001 : 122, locuteur jeune)
- Et je connaissais pas équand il fallait que je dis *yes ma'am* (LOU – *Découverte*, Pointe-aux-Chênes, Terrebonne)
- Ça fait, tu savais pas équand c'est (LOU – *Découverte*, Leleux, Vermilion)
- Et quand [ekã] tu vas venir ? (LOU – DLF 2010 : s.v. *quand*², p. 503)[58]

▶ Formes périphrastiques
quand-ce (que)
- Quand ce que tu vas aller voir tes chums, toi ? (NÉ – Gesner 1984/85 : 149, BSM)
- Non, h'ai d'mandé si/ quand-ce que tu t'en retournes parce que des fois on va à la pêche au maquereau (NÉ – Hennemann, BSM, JL)
- c'était coumme euh i savont quand ce qu'i avaient soif (NB – Wiesmath 1, R : 667)
- quand-ce t'as arrivé (IdlM – Falkert 2010, corpus : 475, p. 426, CD-ROM)
- Je pourrais pas te dire quand-ce qu'il ont venu. (TN – Brasseur 2001 : s.v. *quand-(ce) que*, etc., p. 376)
- Quand-ce tu comptes arriver là-bas ? (LOU – DLF 2010 : s.v. *quand*², p. 503, TB)

équand ce que (rare, LOU)
- Équand ce que tu reviens, mon bon vieux mari ? (LOU – DLF 2010 : s.v. *quand*², p. 503 ; chanson)

quand c'est que / quand ça que (emphatique)[59]
- Quand c'est que t'as fini tes examens ? (NÉ – Gesner 1984/85 : 151, BSM)
- [...] quand ça que t'as dis tu t'en alles/... ? (NÉ – Hennemann 2014 : 291, ILM)
- [...] mais quand ça que t'as pris ça ? Quand ça que t'as été chez nous prendre ça ? (NÉ – Hennemann 2014 : 292, ILM)
- quand c'est que vous avez commencé avec le sirop d'érable (NB – Wiesmath 2, G : 434)

quand est-ce (que) (rare et formel)
- quand est-ce que vous allez faire cette exposition (NB – Wiesmath 9, I : 35) (interview)

Notons que l'étoffement par *que* « vide » (*quand que*) est courant pour *quand* lorsqu'il s'agit de la conjonction (*cf.* Brasseur 2001 : s.v. *quand*, p. 376, *cf.* le chap. « La subordination », II.1.1.).

---

[58] Signalons les ambiguïtés qu'il peut y avoir entre le connecteur *et* suivi de l'adverbe interrogatif (*et quand*) et la forme figée *équand*.
[59] *Cf.* aussi pour le français hexagonal, Gadet (1992 : 82) : « il part quand ça ? ».

Commentaire
La prononciation [kãt] est attestée largement dans les dialectes en France (par ex. en Normandie, à Paris, dans le nantais, dans le Poitou, en Saintonge et dans quelques parlers de l'Est, *cf.* FEW 2, 1416b) et dans le parler populaire, voire familier ; elle est courante en FQ (GPFC : s.v. *quant'*). Le FEW (2, 1416b) signale aussi la présence des variantes périphrastiques *quand que* (par ex. en Picardie) et *quand c'est que* (Alençon) pour « quand » adverbe interrogatif ainsi que la forme *aquand* (par ex. guernesais).

IV.3 Les adverbes interrogatifs de cause *pourquoi* et *quo(i) faire*

Dans les interrogations portant sur la cause, nous relevons les formes suivantes :
- *pourquoi* et les variantes périphrastiques *pourquoi que*, *pourquoi est-ce que*, *pourquoi c'est que* (NÉ, NB, TN, LOU), *pourquoi ce*, *pourquoi ce que* (NÉ, NB, TN) ; la variante *pourquoi c'est que* est emphatique. Signalons la forme [parkwa] avec assimilation régressive en LOU (DLF 2010 : s.v. *pourquoi*, p. 487).
- *pour quoi faire* (NÉ – É. Boudreau 1988 : 197), *quoi faire* [kwa fɛʀ] (TN – Brasseur 2001 : s.v. *quoi*, p. 384), [kofær] (LOU – Rottet 2004 : 178, DLF 2010 : s.v. *quoi faire*, p. 512)[60]
- *pourqui* (en LOU, dans les paroisses avec le *qui* « inanimé », notamment, selon Rottet 2004 : 178, à Évangéline[61])

La forme simple *pourquoi* est la plus fréquente. En LOU, le choix de la forme – *pourquoi* ou *pourqui* – dépend de la région (*cf.* ci-dessus I.1.3.).

Dans les cas où *pourquoi* est placé en tête, il n'y a pas d'inversion : QuSV.

▶ **Formes simples**

pourquoi
- Pourquoi ils fermont ? (NÉ – Hennemann 2014 : 297, ILM)
- il fallait que j'écrive une grand lettre de trois cents mots qui disait pourquoi je voulais appliquer pour c'te cours-là (NB – A. Boudreau 1998, ll. 124–126)
- Pourquoi ça a choisi Louisiane pour ça ? (LOU – *Découverte*, Hessmer, Avoyelles)
- Pourquoi les mâles brillent et les femelles est toujours cachées ? (LOU – DLF 2010 : s.v. *pourquoi*, p. 487)

pourqui
- Pourqui tu vas ? (LOU – DLF 2010 : s.v. *pourqui*, p. 487, IB)
- Pour qui t'as fait ça? (LOU – DLF 2010 : s.v. *qui*³, p. 509, LF) (Malgré la graphie, le DLF traduit *pour qui* par « WHY » en anglais (« pourquoi »)).

▶ **Formes périphrastiques**

pourquoi que
- Il y a encore deux autres qui manquent. Pourquoi qu'i fermont ? (NÉ – Hennemann 2014 : 297)
- pourquoi que c'est comme ça ? (NB – Wiesmath 2006 : 183, Wiesmath 2, F : 280)

---

60 Moreton (2001 : 339) note, pour le MGCF, entre autres, la forme *kwo-fer*.
61 Rottet se réfère à Reed (1976 : 59). Reed (*ibid.*) atteste aussi la forme *qui faire*, dont nous ne sommes pourtant pas en mesure de confirmer l'existence dans les sources et les corpus dépouillés.

- pourquoi que vous l'avez pris chez vous (ÎPÉ – Arrighi 2005 : 307, Georges ÎPÉ 7 : 132)
- Pourquoi que tu viens pas chez nous pour une partie de blague ? (TN – Brasseur 2001 : s.v. *blague*, p. 58)
- Pourquoi que tu lui dis pas qu'il arrête ? (LOU – *Découverte*, Mamou, Évangéline)
- La raison pourquoi que mon je parle toujours français c'est que mes grands-parents tout le temps parlaient français. (LOU – DLF 2010 : s.v. *que*^{5}, p. 505s., LF)

pourquoi ce (que) **(FA)**
- [...] mais pourquoi-ce tu y vas pas avec les / tes CHUM ? (NÉ – Hennemann 2014 : 297, ILM)
- J'ai jamais pu comprendre pourquoi c'que mon frère s'avait amarré avec in affarre coumme ça. (NÉ – Gesner 1984/85 : 160, BSM)
- à matin, a m'a dit qu'al avait pas dormi la nuit avant soère, ben j'y ai demandé pourquoi-ce qu'al appelait pas. (NÉ – Hennemann, ILM, AF)
- asteure je comprends pourquoi ce t'es maquereau (NB – Wiesmath 2006 : 183, Wiesmath 8, Q : 6)
- je voirais pas pourquoi-ce il y aurait une différence (NB – A. Boudreau 1998, ll. 313–314)
- pourquoi-ce nous-autres faudrait qu'on dirait des mots anglais (NB – A. Boudreau 1998, ll. 331–332)
- pourquoi-ce tu vas pas le chercher ? (IdlM – Falkert 2010, corpus : 252, p. 157, CD-ROM)
- pourquoi-ce que vous pourriez pas réussir vous autres (IdlM – Falkert 2010, corpus : 79, p. 247, CD-ROM)

pourquoi c'est que **(rare)**
- Pourquoi c'est que t'apportes pas ta moppe pis ton siau si tu vas forbir la place de la stâtion. (NÉ – Melkersson 1979 : 175 dans Gesner 1984/85 : 167, note 24)
- y en a qui m'avait demandé pourquoi c'est que je restais à la même JOB tout le temps (NB – Arrighi 2005 : 307, Zélia NB 17 : 480–481)

pourquoi est-ce que **(variante formelle)**
- Puis je leur ai demandé pourquoi est-ce que j'ai échoué. (NÉ – Hennemann, ILM, BJ)
- pis il [mon professeur] me dira / pourquoi ça pourquoi est-ce-que t'as pas pris le temps pis essayer de repenser au mot français (NB – A. Boudreau 1998, ll. 487–489)

▶ *pour quoi faire (que)* **(NÉ)** et *quoi faire (que)* **(TN, LOU)**, *quo'faire* **(LOU)**
- Pour quoi faire qu'i est parti ? Pour quoi faire que vous vienderiez pas ? (NÉ – É. Boudreau 1988 : 197)
- [...] quoi faire que tu me donnes pas le pot [pɔt]-là ? (TN – Brasseur 2001 : s.v. *quoi*, p. 384)
- Quoi faire qu'il achetont les poules de mer, c'est pour leus rogues. [...] (TN – Brasseur 2001 : s.v. *poule*, p. 366)
- Je sais pas quoi faire qu'il auront pas été bons. (TN – Brasseur 2001 : s.v. *quoi*, p. 384)
- Quoi faire Monsieur Latiolais a fait tout ça ? (LOU – DLF 2010 : s.v. *quoi faire*, p. 512, Hi02)
- Mais quo' faire tu restes pas jusqu'à qu'il vient ? (LOU – DLF 2010 : s.v. *jusque*, p. 356, TB)
- I' travaillont tout l'temps et quo'faire ? (LOU – DLF 2010 : s.v. *quoi faire*, p. 512)
- Je connais pas quo'faire on fait ça, mais on a tout le temps fait ça. (LOU – Rottet 2004 : 178, LF)
- Il a été, il l'a ramené, puis les a dit quoi faire il l'avait ramené. (LOU – *Découverte*, Mamou, Evangéline)
- Ça lui mande quo' faire que tu viens jamais nous visiter. (LOU – DLF 2010 : s.v. *que*^{5}, p. 506, LF)

Commentaire
En LOU, la répartition des adverbes interrogatifs *pourquoi*, *quoi faire* et *pourqui* n'obéit pas strictement aux mêmes principes que celle des pronoms interrogatifs *quoi* et *qui* « inanimé » (*cf.* ci-dessus I.1.3.), bien qu'il y ait des recoupements (*cf.* aussi Baronian 2005, 2010, Rottet 2004).

Pourquoi (que) est relevé surtout dans les zones de *quoi* « inanimé » au (Centre)-Ouest. Baronian (2010 : 236) suggère que cette forme a été introduite dans cette région par les réfugiés acadiens. Notons cependant qu'elle est également attestée dans d'autres régions (*cf.* DLF 2010), comme dans la paroisse d'Évangéline, zone de *qui* « inanimé ».

La forme *quoi faire* se trouve avant tout dans les deux zones de *qui* « inanimé », c.-à-d. les zones périphériques peu ou faiblement peuplées par les Acadiens, comme Évangéline au Nord et Lafourche à l'Est. Baronian (2005, 2010) en conclut que *quoi faire* a sans doute une origine pré-acadienne et qu'elle est la forme louisianaise la plus ancienne. Ajoutons cependant que *quoi faire* est aussi attesté dans le Sud-Ouest et dans le centre (Rottet 2004 : 178, DLF 2010).

Tandis que la répartition de *pourquoi* et de *quoi faire* ne correspond pas strictement à celle des pronoms *quoi* et *qui* « inanimé », l'adverbe *pourqui* est bien restreint aux zones de *qui* « inanimé ». Rottet (2004 : 178, se référant à Reed 1976 : 59) localise la forme à Évangéline, où elle coexiste avec *quoi faire* ; le DLF (2010 : s.v. *pourqui*, p.487 ; s.v. *qui*³, p. 509) témoigne en outre de l'existence de la forme dans les paroisses d'Ibéria et de Lafourche[62].

Les formes *pourquoi* et *quoi faire* sont donc également présentes dans les zones de *qui* « inanimé ». Selon Rottet, cela tient au fait qu'il s'agit de tours figés qui sont souvent les seules variantes courantes (2004 : 178).

Pourquoi faire, *quoi faire* et *pourqui* existent également dans d'autres aires francophones. En ce qui concerne le tour *pourquoi faire (que)*, attesté par É. Boudreau (1988) en NÉ, notons qu'il existe également en FQ et à Saint-Pierre-et-Miquelon ; en France, la forme est attestée en Bretagne romane (FEW 9, 401a, *cf.* Brasseur 2001 : s.v. *quoi*, p. 384).

La locution *quoi faire (que)* est également attestée « dans les parlers du Canada » et, en France, dans le Berry et en Saintonge (FEW 2, 2, 1467b) (pour les sources *cf.* Brasseur 2001 : s.v. *quoi*, p. 384)[63].

Pourqui est attesté en FQ (GPFC : s.v. *pourqui*) et dans les parlers dialectaux du Nord-Ouest de la France qui connaissent aussi le *qui* « inanimé » ; pourtant, on relève également dans ces zones des formes dialectales qui remontent à *quoi faire/pourquoi* (*cf.* Rottet 2004 : 173 ; FEW 9, 401).

V L'interrogation totale directe et indirecte

En reprenant et en approfondissant quelques idées déjà énoncées dans l'introduction générale de ce chapitre, nous résumons comme suit les spécificités de l'interrogation totale (*cf.* aussi Wiesmath 2006 : 182).

L'interrogation totale directe est caractérisée
- par l'absence de l'inversion (complexe) dans les cas où le sujet est un syntagme nominal, alors qu'en FA/FTN, l'inversion simple est de règle dans les cas où le sujet est un pronom de la deuxième personne (*-tu*, *-vous*)[64].
- par la faible fréquence de la périphrase *est-ce que* en FA/FTN[65] – ce qui distingue le FA/FTN du FL qui, dans l'interrogation totale, semble moins réticent à l'emploi de la périphrase (sous la forme *est-ce que*). L'emploi de la périphrase *est-ce que* est, selon Wiesmath (2006 : 182), le signe d'une influence du FS et n'apparaît que dans les contextes formels. Au NB, la forme standard semble avoir gagné du terrain ces derniers temps[66].

---

62 En ce qui concerne le créole louisianais, la forme *kofe/kofèr* « pourquoi » existe dans le créole de Breaux Bridge (*cf.* Neumann 1985 : 95 ; 294) et de la Pointe Coupée (Klingler 2003 : 335). *Pouki* existe marginalement à Pointe Coupée et est tout à fait courant à St. Tammany, à côté de *kofè* (Klingler 2003 : 335).
63 Dans les corpus néo-écossais, néo-brunswickois et madelinien, *quoi faire* s'emploie au sens littéral : « que faire ».
64 *Cf.* Gesner (1984/85 : 163), Arrighi (2007 : 50), Hennemann (2014 : 251).
65 *Cf.* aussi Gesner (1984/85 : 133), Melkersson (1979 : 173), Hennemann (2014 : 264).
66 *Cf.* aussi Gesner (1984/85 : 133 ; 163, BSM), Hennemann (2014 : 264s., NÉ/NB), Arrighi (2007 : 51, NB).

- par l'absence des éléments périphrastiques qui caractérisent l'interrogation partielle ; nous venons de voir ci-dessus qu'en FA/FTN, en présence d'un mot interrogatif, les interrogations se construisent régulièrement avec ces éléments.
- par la haute fréquence de la particule interrogative *-ti* postposée au verbe en FA/FTN. En FL, le procédé est rare et constitue un moyen d'emphase dans l'interrogation et dans l'exclamation (Papen/Rottet 1997 : 106, Hennemann/Neumann-Holzschuh 2014 : 122). La particule interrogative *-tu* [ty], typique du FQ et d'autres variétés laurentiennes, est aussi relevée en NÉ, au NB et aux Îles-de-la-Madeleine. Son apparition non seulement dans les régions limitrophes au Québec mais aussi dans le Sud-Est du NB est qualifiée, par Péronnet (1996 : 130), de trait nouveau faisant intrusion dans l'acadien traditionnel. Dans l'inversion simple, en revanche, *-tu* postposé au verbe est tout à fait courant ; il s'agit bien évidemment du pronom personnel de la 2e pers. sg.
- En FL, l'interrogation totale directe peut aussi être introduite par *que*, *qui* ou *si* (*cf.* Papen/Rottet 1997 : 105).

L'interrogation totale indirecte
- est introduite généralement par la conjonction *si*, comme en FS ;
- est fréquemment introduite par le tour figé *voir/oir si* (*cf.* ci-dessous V.5.2.).

V.1 L'interrogation par intonation

L'interrogation par intonation est courante dans tous les parlers, mais à un niveau très inégal d'une région à l'autre. Alors qu'en NÉ et au NB, l'interrogation par intonation montante apparaît dans 20 à 26 % des cas selon la région[67], elle constitue la méthode privilégiée pour formuler une interrogation totale en LOU[68]. En FA, l'interrogation par intonation semble avoir avant tout une fonction phatique ; il est intéressant de constater qu'elle apparaît souvent dans une phrase négative, répétant un fait déjà nié précédemment dans le discours (Hennemann 2014 : 257).

- Il a encore ses béquilles ? (NÉ – Gesner 1984/85 : 130, BSM)
- Vous connaissez point parsoune qu'envoyait les verrues, là ? (NÉ – Gesner 1984/85 : 130, BSM)
- [IS :] Hier à soir, j'ai té au BINGO. Ben j'ai pas gagné. [...] [EL :] Pis t'as pas gagné ? (NÉ – Hennemann 2014 : 255, ILM)
- vous passez beaucoup de temps dans les bois [?] (NB – Wiesmath 1, G : 1)
- vous avez pas resté pour la danse hier soir hein la/la/la je veux dire le concert [?] (NB – Wiesmath 2, E : 198)
- Y a pas d'*haddeck* là-dedans ? (TN – Brasseur 2001 : s.v. *haddeck*, p. 240)
- [...] vous avez jamais ça, les Jacques de terre ? [...] (TN – Brasseur 2001 : s.v. *jackatar*, p. 257)
- « Et bien, » elle dit, « tu peux me montrer le petit garçon qui a fait ça ? » (LOU – *Découverte*, Mamou, Évangéline)

---

67 BSM (NÉ) : 22,9 % (seulement cas non elliptiques) (Gesner 1984/85 : 137), ILM (NÉ) : 26 %, NB : 19 % (corpus Wiesmath) (Hennemann 2014 : 268 et 270).
68 *Cf.* Brandon (1955 : 485), Conwell/Juilland (1963 : 191), Papen/Rottet (1997 : 105).

- Tu connais ? // Tu manges pas ? // Il aime pas du gru le matin ? // On bâtit une nouvelle maison ? (LOU – Conwell/Juilland 1963 : 191)

V.2 L'inversion simple

Rare en FL (*cf.* Conwell/Juilland 1963 : 190, Papen/Rottet 1997 : 106), l'inversion simple joue un rôle primordial en FA/FTN dans les interrogations totales[69]. Il ressort des corpus que les taux élevés résultent de l'inversion des pronoms sujets de la 2e personne (*tu, vous*), qui sont naturellement bien représentés dans l'interrogation[70]. Le procédé semble même peu ou prou limité à la 2e pers. (King 2013 : 65)[71].

- Pouvez-vous tapisser ? (NÉ – Gesner 1984/85 : 130, BSM)
- Veux-tu m'dire quoi c'que tu fais ? (NÉ – Gesner 1984/85 : 130, BSM)
- En aviez-vous chus vous ? (NÉ – King 2013 : 65, BSM)
- Crois-tu dans des ghosts ? (NÉ – King 2013 : 65, BSM)
- As-tu mangé la râpure aux coques encore? (NÉ – Hennemann, BSM, SC)
- Savais-tu tchelle page que c'est? (NÉ – Hennemann, BSM, JL)
- Me comprends-tu là ? (NÉ – Hennemann, ILM, IS)

- hm as-tu déjà mangé des pommes de pré [?] (NB – Wiesmath 1, B : 14)
- sais-tu quoi ce qu'est un CAUSEWAY [?] (NB – Wiesmath 1, B : 192)
- te rappelles-tu pas toi pis ton père vous avez venu acheter mes livres [?] (NB – Wiesmath 2, F : 665–666)
- avez-vous déjà fait du sirop d'érable vous autres [?] (NB – Wiesmath 3, G : 59–60)
- depuis que tu restes icittes là as-tu/ te fais-tu des jardins l'été [?] (NB – Arrighi 2005 : 310, Chantale NB 14 : 125–126)
- des fois je vas dire ah ben as-tu euh lavé ce morceau de linge-là [?] (NB – A. Boudreau 1998, ll. 90–91)

- travailles-tu à quelque part ? (IdlM – Falkert 2010, corpus : 249, p. 353, CD-ROM)
- voulez-vous boire que=que chose ? (IdlM – Falkert 2010, corpus : 93, p. 377, CD-ROM)

- As-tu vu Danny à matin […] ? (TN – Brasseur 2001 : s.v. *ti*, p. 445)
- Nen voulez-vous iène ? (TN – Brasseur 2001 : s.v. *iun, iène, ieune*, p. 256)

- As-tu vu mon fils Jésus ? (LOU – Conwell/Juilland 1963 : 190) (Les auteurs notent que l'inversion est « très rare » et que l'exemple a son origine dans une prière qui ne reflète évidemment pas l'usage oral spontané.)

---

[69] ILM (NÉ) : 51 % (Hennemann 2014 : 268), NB : 56 % (corpus Wiesmath) (Hennemann 2014 : 270).

[70] Elsig/Poplack (2009 : 264) soulignent la prédominance de la 2e pers. dans les interrogations et y voient une clé pour expliquer le maintien de l'inversion en FQ. – Gesner (1984/85 : 131, BSM) constate que l'inversion est favorisée par les verbes auxiliaires et semi-auxiliaires (*aller, être, savoir, devoir, pouvoir, vouloir* et *voir* dans le tour figé *vois-tu ?*). Hennemann note, par contre, pour son corpus (ILM) que « plus de la moitié des verbes (76 sur 131) sont des verbes à sens plein » (2014 : 252).

[71] *Cf.* Gesner (1984/85 : 131), Hennemann (2014 : 251). – Mathieu (2009 : 70) constate, pour les variétés laurentiennes, que dans les interrogations totales, les inversions avec *-tu* et *-vous* n'ont rien de formel, qu'elles sont même « tout à fait informelle[s] », alors que « [p]our les autres personnes […], l'inversion est tout à fait impossible à générer […] ».

Notons, pour le FA et le FTN, des formes raccourcies *av'ous* et *all'ous*, amalgames des verbes *avoir* et *aller* avec le pronom *vous* ; le procédé est attesté « dans les parlers normands et gallos » (Brasseur 2001 : s.v. *ous*, p. 327s., Hennemann 2014 : 253 ; *cf.* le chap. « Les pronoms personnels », IV.1.1.) :

- A'vous des portraits ? (NÉ – Hennemann 2014 : 253, ILM)
- a'vous ça en Allemagne ? (NÉ – Hennemann 2014 : 253, ILM)

- av'ous des chevals en France (NB – Wiesmath 3, D : 181)

- a-vous té vous avez pas été à Havre-Aubert depuis que vous êtes ici ? (IdlM – Falkert 2010, corpus : 216–217, p. 257, CD-ROM)
- a-vous fait plusieurs places ici sus=es îles ? (IdlM – Falkert 2010, corpus : 630, p. 483, CD-ROM)

- Av'ous té à l'école ? (TN – Brasseur 2001 : s.v. *ous*, p. 327)
- All'ous vendre votre jument ? (TN – Brasseur 2001 : s.v. *ous*, p. 328)

V.3 L'interrogation au moyen de la particule interrogative *-ti*

L'interrogation basée sur la particule *-ti* est attestée avant tout en FA et en FTN[72]. Bien présente dans le parler traditionnel, elle demeure attestée dans le parler des jeunes Acadiens (*cf.* Arrighi 2005 : 310)[73].

Précisons qu'en FL, l'interrogation avec la particule *-ti* est peu courante, bien qu'elle soit attestée dans les sources anciennes du parler louisianais et qu'elle reste encore attestée dans le DLF (2010)[74]. Les types en *est-ce que* ou l'intonation semblent nettement préférés à l'interrogation en *-ti*. Papen/Rottet (1997 : 106), qui notent des occurrences « occasionnelles » de *-ti* en FL, attribuent une valeur d'emphase à ce procédé (de même : DLF 2010 : s.v. *ti*^{1}, p. 614). Cette note d'emphase est absente des exemples acadiens.

V.3.1 La particule interrogative *-ti*

En FA/FTN, l'interrogation en *-ti* est très vivante dans le contexte de l'interrogation totale à la 3e personne (sg./pl.) – où la particule a pris son origine (*cf.* ci-dessous « Commentaire ») –, mais elle est relevée aussi à la 1re personne (sg./pl.). En revanche, selon la région, elle est rare ou inexistante à la 2e personne, où l'inversion simple prédomine[75].

En FL, par contre, *-ti* constitue plus un moyen d'emphase qu'une particule d'interrogation neutre, et on y note de nombreuses occurrences à la 2e personne (*cf.* aussi Hennemann/Neumann-Holzschuh 2014 : 123s., King 2013 : 67s.).

---

72 ILM (NÉ) : 20 %, NB : 22 % (corpus Wiesmath) (Hennemann 2014 : 268 et 270).
73 Selon Arrighi (2005 : 310), *-ti* est souvent remplacé par *-tu*, notamment par les locuteurs néo-brunswickois. En ce qui concerne la particule *-tu* en québécois, Elsig/Poplack (2009 : 266) constatent l'augmentation de son usage dans le parler des jeunes (moins de 35 ans).
74 *Cf.* « j'pouvions vous donner seulement deux chorus [= "coqs"], ça va t'y ? » (LOU – de la Houssaye 1983 [1888] : 21) ; « c'est-y assez, mame ? » (LOU – de la Houssaye 1983 [1888] : 25).
75 *Cf.* Gesner (1984/85 : 134, BSM) ne note aucune occurrence de *-ti* avec les pronoms *tu* et *vous*.

▶ *-ti*

- Je peux-t-y a'oir du pain et du beurre ? (NÉ – Thibodeau 1988 : 134)
- Je te l'ai ti point dit ? (NÉ – King 2013 : 64, BSM)
- I mange-ti bien ? (NÉ – Hennemann, ILM, EL)
- I s'en vient-ti ? (NÉ – É. Boudreau 1988 : 229)
- Pis i est-ti encore / i est-ti malaisé à comprendre quanT qu'il parle ? (NÉ – Hennemann, ILM, EL)
- Je t'avons-ti dit que Tilmon avait eu un accident de motorcycle ? (NÉ – Gesner 1984/85 : 133, BSM)
- J'avons ti parlé de ça hier à la club ? (NÉ – King 2013 : 65, BSM)
- Chez-vous, y faisont-y leux messes su les tchais ? (NÉ – Gesner 1984/85: 133, BSM)
- ton père et ta mère, i ont-ti été élevés / euh / par ici ? (NÉ – Hennemann 2014 : 259, ILM)

- on a été à MacDonald's pis euh je voulais un sundæ / OK je peux-ti avoir un sundæ s'il-vous-plaît [?] (NB – A. Boudreau 1998, ll. 294–296)
- alle a-ti compris là crois-tu qu'alle a compris [?] (NB – Wiesmath 2006 : 182, Wiesmath 1, B : 195)
- le pape a-ti pas canonisé je sais pas combien de monde là toujours [?] (NB – Arrighi 2005 : 310, Christiane NB 19 : 182–183)
- ça existe-ti ben encore la quoi/ la sorcellerie [?] (NB – Arrighi 2005 : 310, Rita NB 18 : 60–61)
- Al a-ti des marques que tu peux dire ? (NB – Motapanyane 1997 : 46, *cf.* Péronnet Corpus 3 : 140925)
- ça vous dérangeait-ti beaucoup ça [?] (NB – Wiesmath 3, G : 384)

- Il allont ti au party avec nous-autres ? (ÎPÉ – King 2000 : 79 ; 2013 : 66)

- j'ai dit je pourrais-ti vous rencontrer . il a dit oui… (IdlM – Falkert 2010, corpus : 464, p. 170, CD-ROM)
- a boirait-ti un quelque chose un verre de jus de XXX (IdlM – Falkert 2010, corpus : 627–628, p. 437, CD-ROM)
- ça répond-ti un peu à ta question ? (IdlM – Falkert 2010, corpus : 39, p. 296, CD-ROM)

- Tu vas ti en bas à la côte ? (TN – King 2013 : 66)
- J'ons-ti aoir un *party* à soir ? (TN – Brasseur 2001 : s.v. *party*, p. 337)
- Vous voyez-ti ? (TN – Brasseur 2001 : s.v. *ti*, p. 445)
- Vous avez ti assez mangé ? (TN – King 2013 : 66)
- Il avont-ti ça ici des raveillons le samedi ? (TN – Brasseur 2001 : s.v. *réveillon*, etc., p. 397)

- Tu vas ti venir ou non ? (LOU – DLF 2010 : s.v. *ti*^{1}, p. 614, SM)
- I' va-ti mouiller ? (LOU – Papen/Rottet 1997 : 106) (= « Va-t-il pleuvoir ? »)
- Ta sœur s'a-ti marié ? (LOU – Papen/Rottet 1997 : 106)
- Vous avez ti soupé ? (LOU – DLF 2010 : s.v. *ti*^{1}, p. 614, TB)
- Vous parle-ti français ? (LOU – Papen/Rottet 1997 : 106)
- vous logeriez-ti un militaire en payant [?] (LOU – Brandon 1955 : 486)

La particule interrogative apparaît dans les tours fréquents *c'est-il* (dans les sources aussi : *c'est-y*, *c'est-i*, *c'est-ti*)[76] et *y a-ti*. S'il y a référence au passé, l'expression *c'est-ti* peut rester invariable si *être* est partie intégrante d'une mise en relief, mais elle peut aussi apparaître à l'imparfait. Si *être* figure comme verbe plein, *être* est placé à l'imparfait.

---

[76] *Cf.* Hennemann (2014 : 259). – En NÉ, *c'est-ti* – raccourci en *ç-ti* – peut avoir le sens de *n'est-ce pas* (Hennemann 2014 : 266s.) : « non, al a descendue la / la dernière long week-end, c'tait dans quoi, dans / dans septembre, c'est-ti ? », « T'étais saoûle là, ç-ti ? ». – Guiraud (1965 : 48s.) signale le tour *c'est-i que* « est-ce que » pour le langage populaire de France.

▶ *c'est-i, c'était-i*
- Ton livre, c'est-y intéressant ? (NÉ – Gesner 1984/85 : 133, BSM)
- C'est-ti vrai ? (NÉ – Hennemann, BSM, SC)
- C'était-ti dans la mer ici là qu'i pêchait ? (NÉ – Hennemann, ILM, EL)

- ça c'était-ti à Cocagne ou par icitte [?] (NB – Wiesmath 3, G : 71–72)
- c'est-ti le prêtre qui vous l'a donnée [?] (NB – Wiesmath 3, G : 7)
- c'est / c'est-ti en soixante et six qu'on a attrapé le gros STORM [?] (NB – Wiesmath 3, D : 362–363)

- c'était-ti ingénieux pareil. de/de/t'sais de/d'avoir fait ça hein ? (IdlM – Falkert 2010, corpus : 147, p. 151, CD-ROM)

- Un gobelet eh bien ça c'est-ti pas un verre, un verre avec un... un pied dessus ? (TN – Brasseur 2001 : s.v. *gobelet*, p. 225)
- C'est-ti bon à manger ces... *sunfishs*-là I *wonder* ! (TN – Brasseur 2001 : s.v. *sunfish*, p. 433)

- C'est-ti vrai ? (LOU – Papen/Rottet 1997 : 106, Guilbeau 1950 : 147)

▶ *y a-ti*
- y a-ti / y a-ti des enfants qu'ont ça [?] (NB – Arrighi 2005 : 310, Catherine NB 18 : 90)
- y a-ti une qu'est meilleure [?] (NB – Wiesmath 5, G : 68)
- il y a-ti un groupe de personnes en quelque part [...] que toi tu trouves qui parlent un bon français [?] (NB – A. Boudreau 1998, ll. 179) (enquêteur)

- Y a-ti des Bisson dans la France ? (TN – Brasseur 2001 : s.v. *ti*, p. 445)

- y a-ti d'l'apparence [?] (LOU – Brandon 1955 : 486)

V.3.2 La particule interrogative *-tu* [ty]

La particule interrogative *-tu* [ty] – fonctionnellement identique à la particule *-ti* – est typique des variétés laurentiennes du français[77] mais on en relève également des exemples dans les parlers étudiés ici.

- j'ai hésité une miette pis h'ai dit / « eh/ CAN I/eh j'peux-tu avoir un billet de ceci ? » (NÉ – Fritzenkötter 2015 : 270, BSM)
- t'as-tu té à Halifax aussi ? (NÉ – Hennemann 2014 : 261, ILM)
- [Au téléphone] Edna est-tu là ? (NÉ – Hennemann 2014 : 261, ILM) [Edna n'est pas elle-même à l'appareil.]

- je peux-tu être CAN I BE CANDID de même [?] (NB – Arrighi 2005 : 310, Michelle NB 16 : 3–4)
- tu comprends-tu [?] (NB – Arrighi 2005 : 310, Michelle NB 16 : 156–157)
- pis ta fille là elle a-tu encore resté avec son homme là [?] (NB – Arrighi 2005 : 310, Zélia NB 17 : 636–637)
- i y a-tu du nettoyage à faire au niveau de la machine [?] (NB – Wiesmath 12, N : 176)
- Elle est tu âgée ? (NB – King 2013 : 67)

- Tu connais tu ton père ? (ÎPÉ – King 2013 : 66)

- Y en a qui disaient tu t'ennuies-tu (IdlM – Falkert 2010, corpus : 287, p. 209, CD-ROM)
- elle alle est-tu aux Îles ? (IdlM – Falkert 2010, corpus : 67 p. 10, CD-ROM)
- y avait-tu de l'électricité dans ce temps-là (IdlM – Falkert 2010, corpus : 119, p. 399, CD-ROM)

---

77 *Cf.* Léard (1995 : 220–223), Brasseur (2001 : s.v. *-ti*, p. 445), Wiesmath (2006 : 182), Papen/Rottet (1997 : 106), Mathieu (2009), King (2013 : 64).

Les hypothèses divergent quant à l'origine de la particule [ty] : il s'agit soit d'une variante phonétique de -ti[78], soit d'une réinterprétation de -ti comme tu, donc d'une généralisation de -tu à toutes les personnes grammaticales, alors que la forme avait d'abord été restreinte à la 2ᵉ pers. sg., (*cf.* Léard 1995 : 221, King 2013 : 64)[79]. La particule -tu se répand au Québec à partir du milieu du XXᵉ s. suite à la stigmatisation de -ti dans les années 40 et 50 (stigmatisation tardive par rapport au français de France) (Léard 1995 : 220s.)[80]. Ajoutons que -tu est aussi attesté en franco-albertain, en franco-manitobain et en français mitchif ; en franco-albertain et en français mitchif, il existe aussi la variante -ti (Hallion Bres 2006 : 118 et 127, note 9). Pour le Missouri, Thogmartin (1970 : 70s.) signale les formes [ti] et [tsi].

La fréquence de la particule -tu en FA/FTN varie fortement d'une région à l'autre[81]. King (2013 : 65ss.) distingue, dans son tour d'horizon sur l'emploi de -ti/-tu, non seulement selon les régions où ces particules sont courantes mais aussi selon les personnes grammaticales auxquelles elles sont attestées dans ces régions :

- À Grosses Coques (NÉ-BSM), la particule -ti n'apparaît qu'à la 3ᵉ et à la 1ʳᵉ pers., l'intonation et notamment l'inversion apparaissant à la 2ᵉ pers. (King 2013 : 64s.)[82].
- À l'Anse-à-Canards (TN), -ti est surtout courant à la 3ᵉ et à la 1ʳᵉ pers., mais a étendu son emploi également à la 2ᵉ pers. (King 2013 : 66) ; la particule « laurentienne » -tu n'y est pas signalée.
- À mi-chemin entre ces deux variétés King (2013 : 66s.) situe la variété parlée sur l'ÎPÉ, où -ti apparaît à la 3ᵉ et à la 1ʳᵉ pers., alors qu'il y a une hésitation entre les deux particules, -ti et -tu, à la 2ᵉ pers. sg.
- Dans le Nord-Est du NB, il y a apparemment une variation libre entre -ti et -tu à toutes les personnes, -tu constituant sans doute une innovation sous l'influence laurentienne (King 2013 : 67).
- Une situation identique au Nord-Est du NB est signalée par Falkert pour les Îles-de-la-Madeleine (Falkert 2005 : 80, King 2013 : 68).

---

78 Grevisse/Goosse (2008 : § 395, R1, p. 493), par ex., y voit une variante phonétique : « Dans le fr. pop. du Québec, on prononce souvent [ty] [...]. »

79 King (2013 : 64) se réfère à Morin (1985 : 794, note 12), qui note que -ti apparaissait seulement aux 1ʳᵉ et 3ᵉ pers., -tu et -vous aux 2ᵉ pers., mais que tu s'est « apparemment récemment » substitué à -ti, puis aussi à -vous, alors que parallèlement, à la 2ᵉ pers., les pronoms sujets tu et vous ont commencé à être retenus devant le verbe en coprésence de -tu enclitique.

80 En revanche, Elsig/Poplack (2009 : 266) sont d'avis que la particule n'a pas été stigmatisée en québécois, mais ils ne s'expliquent pas sur les causes du changement de -ti en -tu.

81 King (2013 : 64–68) avance l'idée d'une évolution en plusieurs étapes de la répartition des particules -ti et -tu dans les régions acadiennes, selon qu'elles s'alignent plus ou moins sur l'usage laurentien à la suite du contact interdialectal.

82 De même, dans le corpus établi par Hennemann (2014), la particule -ti prédomine largement à la 1ʳᵉ et à la 3ᵉ pers. et l'inversion est le moyen privilégié à la 2ᵉ pers. ; on relève toutefois également la particule -tu, et cela à la 3ᵉ et à la 2ᵉ pers., même à la BSM : « Étais-tu/ quand-ce t'as arrivé, t'étais-tu ici ? » (2014 : 261, BSM). Selon Hennemann, (2014 : 261), il s'agit bien de la particule et non du pronom personnel. Selon elle, cet emprunt au FQ a été « facilité par l'omniprésence de l'inversion dans les interrogations totales de la deuxième personne du singulier en acadien. » Ajoutons que dans le corpus du parler des jeunes à la BSM de Fritzenkötter (2015), -tu est également possible à la 3ᵉ pers. sg.

- Dans le Sud-Est du NB, la particule *-tu* semble s'introduire ces dernières décennies sous l'influence du contact avec le FQ[83]. Arrighi (2005 : 310) précise pour le NB que *-tu* peut apparaître avec toutes les personnes grammaticales et assumer les mêmes fonctions que *-ti* ; selon elle, *-tu* y serait aujourd'hui même plus fréquent que *-ti*.
- En LOU, on ne signale que la particule *-ti* à toutes les personnes (*cf.* V.3.1.).

V.3.3 *-ti/-tu* dans d'autres contextes

Dans les parlers où la particule *-ti* a une certaine importance dans les interrogations totales, elle apparaît aussi dans
- les interrogations partielles (rarement)
- les phrases exclamatives (*cf.* le chap. « L'impératif et l'exclamatif », II.1.)
- les structures hypothétiques (rarement)
- les interrogations indirectes (rarement)
- l'adverbe ou la conjonction *(quand) même-ti* (emploi courant) (*cf.* le chap. « La subordination », II.5.2.).

▶ *-ti* dans l'interrogation partielle

Les occurrences de la particule *-ti* dans l'interrogation partielle sont peu nombreuses :

- t'as pas su comment ce-ti Gérard pis zeux avoint ? (NB – Wiesmath 2006 : 184, Wiesmath 3, L : 416) (« tu n'as pas su combien Gérard et eux en avaient (pêché) ? »)

- comment-ce qu'elle s'appelle-ti (ÎPÉ – Arrighi 2005 : 309, Aldine A. ÎPÉ 6 : 31)

▶ *-ti* dans l'exclamation

La particule *-ti* est courante dans les exclamations. Notons qu'une phrase dont la structure correspond à une phrase déclarative se charge d'emphase par le biais de la particule *-ti* pour exprimer l'étonnement, l'indignation ou la surprise :

- Pis la première soirée j'ons eu un d'ELECTROLIGHT, ah mon Dieu, c'était-ti beau. (NÉ – Hennemann, ILM, IS)
- Pis i vouliont-i savoir qui j'étais. I avoint pris quelqu'un de la hall pour mnir me suire avec un char (NÉ – Hennemann, ILM, EL)
- Ça dépasse-ti la limite là ! (NÉ – Hennemann, PUB, ID)

- j'aras-ti aimé d'avoir un dictionnaire ah oui ah oui ah oui [...] (IdlM – Falkert 2010, corpus : 240, p. 259, CD-ROM)

- Oh, j'ai ti regretté mon petit bracelet, chère. (LOU – *Découverte*, Mamou, Évangéline ; Hennemann/Neumann-Holzschuh 2014 : 124)
- Ils en ont ti fait des canailleries quand ils étaient jeunes. (LOU – DLF 2010 : s.v. *ti*[1], p. 614, LA)

---

[83] *Cf.* Wiesmath (2006 : 182), Péronnet/Kasparian (1998 : 252). King (2013 : 69) souligne le contact étroit entre Moncton et le Québec depuis les années 1960.

▶ -*ti* dans la phrase hypothétique

En FS littéraire, l'inversion constitue un moyen pour coder la phrase hypothétique[84]. En FA, c'est l'inversion avec -*ti* qui peut équivaloir à une structure hypothétique :

- j'ai pas forcé mes enfants d'aller à les / d'aller faire des sœurs, ni forcé mes enfants d'aller à l'église. I veulent-ti aller par soi-même, allez*-y. Voulez-vous pas* y aller, fais ce c'que vous voulez. (NÉ – Hennemann, ILM, EL)
- ça va changer pace que je vas pouvoir faire des choses que je faisais pas avant ça serait-ti juste aller : jouer au POOL au Dooley's t'sais (IdlM – Falkert 2010, corpus : 109–111, p. 318, CD-ROM)

▶ -*ti* dans l'interrogation indirecte

Dès lors que les frontières entre interrogation directe et interrogation indirecte sont floues dans le langage parlé, -*ti* peut aussi s'introduire dans le discours indirect :

- l'affaire d'aller à la Louisiane ça va être la même affaire tu sais pour/ . s'i peuvent-ti tout' prendre garde au monde qu.était par icitte . s'i y a un gros tas de monde demain qui s'en va là s'i peuvent-ti prendre garde à ça c'est ça qu'est la question i vont travailler après ça là savoir ce qu'en est ben (NB – Wiesmath 2, E : 173)

▶ *(quand) même-ti* – adverbe et conjonction

L'expression *quand même-ti* – au NB aussi *même-ti* – se rencontre comme adverbe ou comme conjonction concessive ; dans ce dernier cas, *quand même-ti* est équivalent à « même si » (*cf.* le chap. « La subordination », II.5.2.) :

- Pis tu peux dire / euh / quand même-ti tu les connais pas très bien, Tu sais, i t/ le monde / sont erconnus par ici que le monde va se / s'aidera. (NÉ – Hennemann 2014 : 264, BSM)
- quand même-ti qu'on avait rien on avait rien c'est tout' <hm> c'est pour ça qu'asteure on est de même veux dire qu'on s'écoute pas quand même-ti que / qu'on a pas tout' ce qu'on veut tout ce que tout' a là hein tout le monde a ça nous fait pas différence on se trouve ben comme qu'on est si on est pas malade (NB – Wiesmath 2006 : 157)
- comme j'essaie de/ d'utiliser comme de de parler pluS français que je peux là mais [Enquêteur : Oui.] c'est pas euh même-ti même ti que je largue tchèques mots anglais tu sais (rires) [Enquêteur : mm] c'est pas [Enquêteur : ça te dérange pas] (NB – A. Boudreau 1998, ll. 303–307)
- quand-même-ti lui/ lui-même il ne l'a pas tiré (LOU – Stäbler 1995 : 138, corpus)

V.4 *Est-ce que*

L'interrogation totale introduite par *est-ce que* semble ne jouer aucun rôle en FA/FTN[85]. *Est-ce que* ne fait pas partie de l'acadien traditionnel, la périphrase relève du style formel et résulte de l'influence du FS[86].

La périphrase semble mieux établie en FL (*cf.* Conwell/Juilland 1963 : 190), où elle sert, à côté de l'interrogation par intonation, à éviter l'inversion du sujet. Brandon (1955 : 485)

---

[84] *Cf.* p.ex. « Ai-je *la puissance de me venger, j'en* perds l'envie (CHATEAUBRIAND) » (Chevalier et al. 1964 : § 213, p. 141).
[85] ILM (NÉ) : 3 %, NB : 3 % (corpus Wiesmath) (Hennemann 2014 : 268 et 270).
[86] *Cf.* Gesner (1984/85 : 133), Hennemann (2014 : 264), Wiesmath (2006 : 182).

atteste l'existence de l'interrogation périphrastique sous la forme *c'que*. Selon Papen/Rottet (1997 : 105), les interrogations totales sont formées par l'intonation ou par un mot introducteur qui peut être *est-ce que*, mais qui peut aussi être *que*, *qui* ou *si*[87].

▶ *est-ce que* (rare)
- Vous-autres a-v/ est-ce que vous avez la poule de Pâques ? (NÉ – Hennemann, BSM, SC)
- Ça fait là tout de suite, il y a touT la question de c'est quoi vraiment la culture acadienne : est-ce que c'est la langue française en premier lieu ? Ou est-ce que c'est être accueillant, puis chaleureux, puis charmant, puis ouvert, pis avoir un esprit d'entraide ? (NÉ – Hennemann, ILM, BJ)

- est-ce que c'est vous quand même qui avez décidé de/ de s/ de se rendre au Madagascar ? (NB – Wiesmath 9, I : 46) (interview radiodiffusée)
- est-ce que ces sessions ont toujours lieu aux mêmes/ même endroit (NB – Wiesmath 11, Z : 34) (interview radiodiffusée)
- [La locutrice s'adresse à l'enquêtrice.] est-ce que vous comprenez bien mes paroles ? (IdlM – Falkert 2010, corpus : 47–48, p. 145, CD-ROM)
- Est-ce qu'on chantait ? // Est-ce qu'on dansait les lanciers ? // Est-ce que vous souvenez le nom de ça ? (LOU – Conwell/Juilland 1963 : 190)
- Est-ce que vous voulez du café ? (LOU – Papen/Rottet 1997 : 105)
- Est-ce que t'as bu ton lait ? (LOU – DLF 2010 : s.v. *être*, p. 265, LF)

▶ *que, qui* et *si* (LOU)
- Est-ce que vous voulez du café ? = Que vous voulez du café ? = Qui vous voulez du café? = Si vous voulez du café ? // [...] Vous voulez du café ? [...] (LOU – Papen/Rottet 1997 : 105)

Commentaire

Historique des différents types d'interrogation totale
Dans l'interrogation totale, l'inversion simple est de règle dans l'ancienne langue jusqu'au XVIe s., que le sujet soit pronominal ou nominal (Foulet 1967 : 233, Gougenheim 1974 : 236) ; elle va être remplacée, par la suite, par l'inversion complexe dans les cas où le sujet est un syntagme nominal (Fournier 1998 : § 167, p. 121). C'est aussi au XVIe s. qu'un *t* euphonique s'intercale en position intervocalique (type *va-t-il*) (Chevalier et al. 1964 : § 135, p. 93). L'inversion est encore majoritaire au XVIIe s., dépassant largement l'interrogation par intonation[88] ; la périphrase en *est-ce que* est encore rare dans la 1re moitié du XVIIe s. et passe pour familière (Ayres-Bennett 2004 : 55) ou populaire (Léard 1995: 222). Dans la seconde moitié du siècle, le nombre des occurrences de l'interrogation par *est-ce que* et de l'interrogation par intonation augmente sensiblement (Ayres-Bennett 2004 : 56[89]). La périphrase en *est-ce que* est d'abord un moyen de mise en relief et le temps du verbe *être* varie encore à l'intérieur de la périphrase jusqu'au XVIIe s. (Grevisse/Goosse 2008 : 397 H1, p. 498 ; *cf.* aussi Gougenheim 1974 : 236). À l'époque, les types non-inversés (interrogation par intonation ; *est-ce que*)

---

[87] Moreton (2001 : 334ss.) note, pour le MGCF, les périphrases [eske], [eski], [ki] et [ske] dans le style formel : [ki ti e mari] « Est-ce que tu es marié ? »
[88] Au début du XVIIe s., la prédominance de l'interrogation totale par inversion est bien documentée par le *Journal d'Héroard* ; *est-ce que* est absent du *Journal*, l'interrogation par intonation s'élève à moins de 6 % (Ayres-Bennett 2004 : 51). – Les comédies du XVIIe s. attestent la prédominance de l'inversion : inversion (73,4 %), intonation (26 %), *est-ce que* (0,6 %) (*cf.* Ayres-Bennett 2004 : 54).
[89] *Cf.* 1re moitié du XVIIe s. : 94,2 % (inversion), 5,8 % (intonation) ; seconde moitié : 81,2 % (inversion), 17,3 % (intonation), 1,5 % (*est-ce que*) (Ayres-Bennett 2004 : 56).

restent des formes « marquées » ; ils sont généralement dotés d'une valeur sémantique spécifique (question rhétorique, indignation, surprise)[90].

Attestée dès le XVIIe s. (King 2013 : 64, Léard 1995 : 220), la particule interrogative *-ti* est très répandue aux XVIIIe/XIXe s. malgré son faible prestige. Elle apparaît au début du XXe s. même « dans la langue correcte » en France comme au Québec (Léard 1995 : 221). Stigmatisé en France au début du XXe s., *-ti* y est remplacé par *est-ce que* ; au Québec, la stigmatisation ne datant que des années 1940–50, *-ti* est en recul une trentaine d'années plus tard pour être remplacé par *-tu* (Léard 1995 : 221). La particule *-ti* résulte d'une réanalyse de la construction par inversion du pronom de la 3e personne ([verbe-(*t*)-*il*])[91]. En tant que particule interrogative *-ti* s'emploie avec toutes les personnes grammaticales. Dans les textes, la particule apparaît sous des graphies variées : *t'y, ty, t-y, t'i, t'il, t-il, ti* (Grevisse/Goosse 2008 : § 395, p. 492s.).

L'interrogation totale à l'oral en France

De nombreuses études ont souligné l'importance de l'interrogation par intonation dans le français parlé de France[92] ; elle correspond parfaitement au principe d'économie et respecte l'ordre canonique sujet-verbe (Price 1971 : 268).

En revanche, la langue parlée contemporaine évite l'inversion, sauf dans quelques types d'interrogation figés[93].

L'interrogation par *est-ce que* constitue toujours en français parlé moderne un type « marqué » par rapport à l'interrogation par intonation[94]. Elle est un moyen assez formel de poser une question, qui passe pour plus « poli » (Coveney 2002 : 240s. *passim*) que l'interrogation par intonation. Dotée d'une haute valeur socio-stylistique, la périphrase en *est-ce que* est plus fréquente dans le parler des personnes plus âgées et dans les classes plus élevées ; la fréquence d'*est-ce que* augmente avec l'écart social entre les interlocuteurs et l'absence de familiarité entre eux. La particule apparaît typiquement dans l'interview, et notamment aux charnières de la conversation pour marquer un nouveau thème (*cf.* Coveney 2002 : 234 ; 240s. *passim*).

Les études sur le français parlé de France divergent quant à l'importance accordée à la particule *-ti* en français moderne. Les études plus anciennes tendent à en relever la fréquence dans le non-standard : c'est ainsi que Bruneau/Brunot (1949 : 531), par ex., notent que *-ti* interrogatif « s'étend, en français populaire, à toutes les personnes » et que cet interrogatif serait « aujourd'hui » préféré « à tous les autres ». Mais, en dépit des atouts de *-ti* interrogatif[95], cette particule semble bien loin d'être établie dans le français moderne. Il faut sans doute donner raison à Gadet (1992 : 80s.), qui affirme que « [c]ombattues par l'école et tournées en ridicule, ces formes [*tu veux ti ? il vient ti ? pourquoi vous êtes ti sortis ?*] ont de nos jours à peu près disparu de l'usage urbain réel de France. »[96] Chevalier et al. (1964 : § 135, p. 93) sont d'avis que « [c]ette particule [...] n'a jamais dépassé les limites du parler campagnard ou d'une littérature faussement populaire ».

---

90 *Cf.* Ayres-Bennett (2004 : 51–54 ; 58) ; *cf.* aussi Koch/Oesterreicher ([2]2011 : 174s.), Fournier (1998 : § 164, p. 119s.).

91 *Cf.* Brunot/Bruneau (1949 : 531), Price (1971 : 268), Gérin/Gérin (1982 : 150s.), Gesner (1984/85 : 133s.), Wiesmath (2006 : 182), Hennemann (2014 : 258).

92 *Cf.* par ex. Bauche ([2]1951 : 117), Koch/Oesterreicher ([2]2011 : 173s.), Coveney (2002), Elsig/Poplack (2009 : 258), Ayres-Bennett (2004 : 50). – Dans son corpus oral, Gadet donne les chiffres suivants pour les interrogations totales : intonation – 136 –, *est-ce que* – 16 –, inversion – 2 (*cf.* Gadet 1996/1997 : 112).

93 Pohl (1965) : 0 %, Terry (1970) : 11 %, Ashby (1977) : 9 %, Söll (1980) : 1 %, pour les chiffres, *cf.* Elsig/Poplack (2009 : 258). Pour les types figés d'inversion, *cf.* par ex. Gadet (1992 : 80) et Bauche ([2]1951 : 116).

94 *Cf.* Koch/Oesterreicher ([2]2011 : 174s.) ; *cf.* aussi Elsig/Poplack (2009 : 256 et 258 tableau 2).

95 *Cf.* Guiraud (1965 : 48) : « Cette construction a l'avantage de conserver la séquence progressive normale (sujet avant le verbe), de placer un morphème accentué à la fin du syntagme, de réaliser un système d'oppositions simple et homogène entre les formes positives, interrogatives et négatives » : *tu viens, tu viens pas, tu viens ti ?* (*cf.* aussi Gadet 1992 : 81, Bauche [2]1951 : 12s.).

96 Elle note pourtant le vestige de *-ti* dans le tour populaire « *c'est ti que tu as pas lu le journal ?* », exprimant l'incrédulité (Gadet 1992 : 81).

D'autre part, Behnstedt (1973 : 18), Gadet (1992 : 81) et Désirat/Hordé (1976 : 152) soulignent le caractère dialectal de la particule qui, dans la foulée de l'urbanisation et de l'exode rural vers la capitale, a pu arriver à Paris où elle s'est maintenue « pendant un temps pour aujourd'hui disparaître » (Désirat/Hordé 1976 : 152). Dialectalement, la particule s'emploie dans le département du Nord, en Haute-Marne, en Meurthe-et-Moselle, dans les Vosges, en Loire-Atlantique, dans le Puy-de-Dôme et le Cantal ; si *-ti* est donc une forme populaire, il s'agit cependant avant tout d'une forme rurale (Behnstedt 1973 : 18). Grevisse/Goosse (2008 : § 395, p. 492s.) soulignent la vitalité de *-ti* en Normandie et de *-tu* au Québec[97].

L'interrogation totale dans les variétés laurentiennes
Dans leur étude de la formation des interrogations totales en FQ, Elsig/Poplack établissent un parallèle entre la structure du système interrogatif du québécois actuel et celle courante en France au XVIIe s. (2009 : 264–267). Ils considèrent la répartition des types d'interrogation privilégiés au Québec comme le reflet de l'usage classique, à quelques nuances près. L'inversion est bien implantée (26 %) et constitue même le type privilégié si le sujet est pronominal ; si l'interrogation s'adresse à la 2e pers. sg. (*tu*), l'inversion apparaît dans 100 % des cas. La périphrase *est-ce que* n'est pas courante (6 %) et semble avoir été introduite tardivement au Québec sous l'influence du standard, constituant aujourd'hui une marque de « l'hyperstyle ». L'inversion complexe n'existe plus, mais elle a été remplacée par l'interrogation par la particule *-tu* (33 %) ; l'interrogation par intonation est surtout répandue dans la négation[98] et passe plutôt pour formelle (35 %). Il y a, en FQ, trois types d'interrogation courants, alors qu'un seul type (intonation) domine nettement dans l'oral actuel en France (Elsig/Poplack 2009 : 258–261).

Vu l'importance qu'occupe la formation de l'interrogation au moyen de *-ti* (3e, 1re pers., FA) / *-tu* (FQ et autres parlers canadiens/(FA)) et de l'inversion (2e pers., FA, FQ), la postdétermination joue dans les parlers canadiens un rôle non négligeable dans ce domaine grammatical (*cf.* Hennemann 2014 : 263). Le FL diffère de ces variétés par la prédilection pour l'intonation, par la moindre fréquence de l'inversion et de la particule *-ti* ainsi que par une certaine importance de la périphrase en *est-ce que* et s'aligne ainsi davantage sur le français hexagonal.

V.5 Remarques sur l'interrogation indirecte

V.5.1 *si* dans l'interrogation indirecte

En ce qui concerne l'interrogation indirecte totale, il y a peu d'écarts par rapport au FS. La conjonction introductrice standard *si* est aussi la forme privilégiée en FA, en FTN et en FL (Gesner 1984/85 : 158, Wiesmath 2006 : 182). *Si* peut être réduit à *s'* devant le pronom sujet féminin *a(lle(s))/e(lle(s))* (Hennemann 2014 : 305 ; 310), parfois également devant le pronom de la 2e pers. sg. *t'/tu*[99] ; l'apocope devant *il* n'est pas systématique (*si i* à côté de *s'i*).

L'étoffement de la conjonction *si* à l'aide d'un *que* « parasitaire » n'est courant que pour *si* hypothétique (*cf.* chap. « La subordination », II.7.1.). En revanche, *si* introducteur de l'interrogation indirecte est souvent renforcé par *voir* (*cf.* ci-dessous V.5.2.).

---

97 *Cf.* aussi Léard (1995 : 220–223), Papen/Rottet (1997 : 106), Brasseur (2001 : s.v. *ti*, p. 445), Elsig/Poplack (2009). – Selon Gadet (1992 : 81, note 4), ces formes « ne sont réellement vivantes que dans quelques usages régionaux (ouest de la France), et au Québec. »
98 De même, pour la BSM (NÉ), Gesner (1984/85 : 165, note 11) suggère qu'il pourrait y avoir une corrélation entre la négation et le choix de l'interrogation par intonation.
99 Le phénomène est attesté dans le corpus madelinien de Falkert (2010).

▶ *si*
- J'sais point si ça pouvait faire du bon, mais j'ai assayé. (NÉ – Gesner 1984/85 : 158, BSM)
- Je voulaîs rinque sa'oir si y était sorti avec mon Zacharie. (NÉ – Gesner 1984/85 : 158, BSM)
- I WONDER s'a va encore avec lui. (NÉ – Hennemann 2014 : 305, ILM)
- je sais pas si a' me comprend ielle. (NB – Wiesmath 4, M : 20)
- sais pas si i travaillait à d'autres places (ÎPÉ – Arrighi 2005, corpus, Aldine A. ÎPÉ 6 : 6)
- si tu vas à / à un gars qui cherche quelqu'un pour pomper du gaz va i demander **si** i sait parler les deux langues (ÎPÉ – Arrighi 2005, corpus, André ÎPÉ 12 : 349)
- je sais pas si je suis capable de vous espliquer ça-là (IdlM – Falkert 2010, corpus : 114–115, p. 250, CD-ROM)
- je sais pas s=t'as vu ça des écardes t'as vu ça ? (IdlM – Falkert 2010, corpus : 419, p. 468, CD-ROM)
- [...] *I wonder* si ce sera pas ma fille qui fait ça, là ! *I wonder* ! (TN – Brasseur 2001 : s.v. *I wonder*, p. 256)
- Et il m'avait demandé si je voulais un *buffalo* (LOU – *Découverte*, Isle Jean Charles, Terrebonne)

▶ *si que*
- j'ais pas si qu'i y a vraiment une raison ou / ou quoi (NÉ – Hennemann, ILM, BJ)

En FL, la conjonction *si* peut être renforcée par *c'est que*.

▶ *si c'est que*
- Dans ce temps-là il y avait des traiteuses qui pouvaient dire si c'est que t'avais eu un gris-gris. (LOU – DLF 2010 : s.v. *si*^{2}, p. 581, TB)

V.5.2 Le rôle du tour *(pour) voir (si)*

Fréquemment, l'interrogation indirecte est introduite par le syntagme figé *voir (si)* ou *pour voir (si) (que)* (*cf.* Brasseur 2001 : s.v. *oir*, *voir*, p. 323, Hennemann/Neumann-Holzschuh 2014 : 120s.), notamment, mais pas exclusivement, pour l'interrogation totale[100].

Il est difficile de trancher sur le statut grammatical de l'élément *voir*, à cheval entre verbe et adverbe (pour *voir* à l'impératif, *cf.* le chap. « L'impératif et l'exclamatif », I.2.).

▶ *voir* – élément introducteur de l'interrogation indirecte

Voir, introduit par la conjonction *pour*, a un caractère nettement verbal et sert à introduire une interrogation indirecte : la valeur sémantique de base du verbe *voir* y est encore perceptible :
- J'ai dit: mo/ barre la / barre la porte pis moi vas sortir pour voir si la porte est barrée. (NÉ – Hennemann, ILM, IS)

---

[100] Notons une occurrence de *voir* dans l'interrogation partielle : « Elle dit à Monsieur Viator, elle lui a demandé voir combien est-ce qu'il vendait ses œufs. » (LOU – DLF 2010 : s.v. *demander*, p. 198, IV) (Le DLF traduit par : « [...] she asked him how much he sold his eggs for »).

Or, dans les parlers concernés, *pour* peut facilement tomber dans les constructions finales. Le tour *voir si*, très courant, pourrait donc remonter à une construction finale où *pour* aurait été effacé (*cf.* aussi Brasseur 1998 : 85, Wiesmath 2006 : 233).

Rappelons que le FS ne permet la jonction d'une interrogation indirecte à une principale qu'après un verbe régissant un objet direct (*savoir*, *dire*, *demander*, etc.)[101] ; dans les autres cas, la langue standard a recours ou bien à des périphrases contenant un tel verbe (*la question de savoir si*) ou bien à une jonction relative (*la raison pour laquelle*). Une périphrase contenant le verbe *voir* remplit la même fonction.

- Parce que je vais parler à mon patron voir si que je pourrais pas t'inviter comme observatrice. (NÉ – Hennemann 2014 : 305)

- Comme un mois après, je pense, j'ai iu un message du boss, oir si je voulais descendre pour le drive. (TN – Brasseur 2001 : s.v. *drive II*, p. 167)
- Je *minderais* bien de l'assayer, oir s'i me gagnera ! (TN – Brasseur 2001 : s.v. *minder*, p. 300)
- T'arais té ici assis sus le bord du cap là, à regarder au large pour du jubier, oir si t'en arais vu […] (TN – Brasseur 2001 : s.v. *pour*, p. 367)

Il est intéressant de constater que la périphrase *voir si (que)* apparaît aussi dans des contextes où il n'y a pas de nécessité grammaticale à y recourir : à savoir, après un verbe susceptible d'introduire une interrogation indirecte. *Voir si* peut même apparaître dans le contexte d'un verbe ayant le même sémantisme (*regarder*, *voir*). Il apparaît donc nettement que *voir si* s'est vidé de son sens lexical pour adopter un rôle grammatical.

- Je me demandais voir s'i connaissiont, i ont / lui a dit qu'i counnai / qu'i counnaiss / i counnaissait (NÉ – Hennemann 2014 : 306)

- ouais . asteure je sais pas voir si/ voir si ça va durer ou pas hein (NB – Wiesmath 3, D : 415, Hennemann 2014 : 306)

- nous autres faulait/ . faulait jongler tout la nuit voir si on allait pouvoir les trouver le lendemain [les trappes] (NB –Wiesmath 3, D : 330)
- i m'a écrit pis m'a écrit m'a dit m'a demandé voir si je voulais me marier . ah j'ui ai pas répondu tout de suite (NB – Arrighi 2005 : 217, Sarah NB 20 : 164–165)

- ça fat j'ai demandé. voir si je pouvas aller (IdlM – Falkert 2010, corpus : 62, p. 146, CD-ROM)
- y avat deux trois là il ont demandé voir si y avait quelqu'un qui savat la chanson de l'ouverture du festival de l'Étang-du-Nord (IdlM – Falkert 2010, corpus : 444–446, p. 169, CD-ROM)

- J'y ai jamais demandé, oir s'il avait beaucoup de parents ! (TN – Brasseur 2001 : s.v. *oir I*, *voir*, p. 323)

- *Check* tout partout, voir s'il coulait pas. (LOU – *Découverte*, Pointe-aux-Chênes, Terrebonne)

▶ *voir* [ouère] – particule d'insistance

Dans d'autres cas, en revanche, *voir* (prononcé *ouère*) semble avoir la fonction d'une particule d'insistance. C'est le cas dans les exemples littéraires que Melkersson (1979 : 176) a trouvés dans le roman *Mariaagélas* d'Antonine Maillet :

- Quand c'est ouère qu'il l'avont largué, le Bidoche ? (NB – Maillet 1973 : 91)
- Ben qui c'est ouère, d'abord, qui l'a libéré, le Bidoche ? (NB – Maillet 1973 : 91)

---

[101] Cette restriction ne vaut pas pour les parlers étudiés ici, *cf.* « Préliminaires ».

V.5.3 Les formes *ce qui/ ce que* et *ça qui / ça que* dans l'interrogation indirecte

En règle générale, les pronoms de l'interrogation directe *quoi-ce qui/que* (et variantes) introduisent également l'interrogation indirecte, les formes standard – *ce qui/que* – sont rares. Si la distinction entre discours direct et indirect est néanmoins faite, c'est souvent au moyen de la forme renforcée *ça qui/que* que l'interrogation indirecte est introduite (*cf.* aussi le chap. « La relative », V.1.)[102].

- Tes parents sortont point assez du logis pour 'oir ça qui se passe. (NÉ – Gesner 1984/85 : 160, BSM)
- J'sais même pas s'il se rappelle ce qu'est une Bible. (NÉ – Gesner 1984/85 : 160, BSM)
- La pelure, tu sais ce que c'est. (NÉ – Hennemann, ILM, MD)

- ça me dérange pas de parler chiac mais si y a du monde qu'ont de la difficulté à comprendre ça que je dis ben je vas essayer parler plus français que je peux là pour me faire comprendre là (NB – Arrighi 2005, corpus, Annabelle NB 15 : 97–99)

- Eusse connaît pas ça qu'eusse a. (LOU – Rottet 2001 : 126, semi-locutrice, LF)

Le démonstratif manque parfois, notamment dans le tour *que c'est* (« ce que c'est »).

- Tu peux pas oublier ça. Tu connais que c'est le pouvoir, c'est quelque chose qui t'a fait voir ça. (LOU – *Découverte*, Pointe-aux-Chênes, Terrebonne)

V.5.4 L'omission du subordonnant dans l'interrogation indirecte

La conjonction *si* est parfois omise, de sorte que l'interrogation reste implicite. Le procédé n'est courant que dans l'interrogation indirecte totale. Dans l'interrogation partielle, où le mot interrogatif est un constituant essentiel de la phrase, celui-ci joue un rôle clé dans le décodage et ne saurait être omis (Stäbler 1995 : 149s. ; 164).

- moi je sais pas * c'était de France ben (NB – Wiesmath 4, M : 122) (Wiesmath traduit par « I don't know if it was from France, well »)

- je sais pas * il n'a quelqu'un qui connaît comment vieux la France est . Paris (LOU – Stäbler 1995 : 150, Stäbler 1995 : 196, corpus)

Les distinctions entre style direct et style indirect deviennent floues :

- je sais pas i y a-ti . quinze ans vingt ans que je fais de deça là vraiment là (NB – Wiesmath 2, E : 453–454)

---

102 Pour *ce que* au sens de « où » locatif, *cf.* IV.1. ci-dessus.

La relative

Préliminaires

I	**Le pronom relatif *qui***
I.1	Formes du pronom relatif sujet
I.2	*que* au lieu de *qui*
I.3	Non-accord du verbe dans la subordonnée
I.4	Décumul du pronom relatif sujet *qui*
I.4.1	La « relative résomptive » : *que* + pronom clitique en fonction de sujet
I.4.2	*que c'est, que ça, que ça c'est* au lieu de *qui*
I.5	Préposition + *qui*
II	**La particule *que***
II.1	Le rôle clé de *que* dans les constructions relatives
II.2	*que* – complément d'objet direct
II.3	La « relative réduite » : *que* – complément indirect et prépositionnel sans élément de rappel
II.4	La « relative résomptive » : *que* suivi d'un élément de rappel
II.4.1	Élément de rappel : pronom personnel ou *ça*
II.4.2	Élément de rappel : déterminant possessif ou pronom adverbial *en*
II.5	*que* + préposition orpheline et *preposition stranding*
II.5.1	*que* + préposition « forte »
II.5.2	*que* + préposition « faible »
III	**Omission du pronom relatif**
III.1	Omission du pronom relatif *qui*
III.2	Omission de *que*
III.3	La particule *là* en fin de relative
IV	***où* et ses variantes**
V	**Les relatives indépendantes introduites par *ça (ce) qui/(que)* et par *quoi***
V.1	*ça (ce) qui/que*
V.2	Omission de l'antécédent neutre *ça/(ce)*
V.3	*quoi* et variantes périphrastiques, *qu'est-ce que*
VI.	**Particularités d'emploi et développements récents en FL**
VI.1	*ça* – pronom relatif en FL
VI.2	*qui* remplaçant *que*

VII   **Les emprunts à l'anglais**
VII.1   *WHICH que*
VII.2   *WH-ever (que)*

VIII   *que* **explétif**

La relative

Préliminaires

Dans les variétés concernées ici, le système des relatives est réduit et simplifié par rapport au standard[1]. Le connecteur *que*, forme à la fois « non-marquée, [...] régulière, fréquente et sémantiquement générale » (Arrighi 2005 : 263), constitue le pivot du système. À côté de *que*, la jonction relative est principalement exprimée par *qui* et *où*. La tendance à l'invariabilité du relatif est partagée par tous les parlers étudiés. *Dont* n'est pas courant, pas plus que la série basée sur *lequel*[2].

Les relatives obliques – c.-à-d. celles où le relatif représente un objet indirect ou un complément prépositionnel – sont souvent évitées au profit de constructions avec *que* « passe-partout »[3]. De fait, *que* connaît des « emplois circonstanciels, connectifs, ou concurrençant le système des relatifs » (Gadet 1989 : 113)[4]. Des trois fonctions du pronom relatif (démarcation, anaphore et indice de la fonction grammaticale dans la subordonnée, *cf.* Riegel et al. 2011 : 795s.), *que* « passe-partout » n'en remplit qu'une seule : la démarcation entre la principale et la subordonnée. Le rapport entre la subordonnée et l'antécédent n'est pas spécifié (« relative réduite », *cf.* II.3.) ou bien il n'est spécifié qu'après coup par un élément de rappel (« relative résomptive », *cf.* I.4.1., II.4.) ou par une préposition placée après le verbe (« préposition orpheline », *cf.* II.5.).

Le sémantisme de *que* « passe-partout » étant très réduit, le connecteur est souvent éliminé, notamment dans son rôle d'introducteur des complétives et des circonstancielles (*cf.* le chap. « La subordination », I.4.) ; mais l'omission de *que* concerne également les propositions relatives (*cf.* ci-dessous III).

Que n'introduit pas nécessairement une subordonnée. Dans certaines structures, il sépare le rhème du thème de la phrase et remplit un rôle pragmatique (*cf.* ci-dessous VIII).

---

1 Pour les relatives dans les parlers étudiés ici, *cf.* pour le FA : Arrighi (2005 : 263–277), Wiesmath (2006 : 186–223) ; pour le FL : Conwell/Juilland (1963 : 195–196), Stäbler (1995 : 181–188), Papen/Rottet (1997 : 196s.), Rottet (2001 : 163–174, 228–237).
2 Le relatif *lequel* est également rare en français parlé hexagonal (Gadet 2003 : 251, Arrighi 2005 : 268, Blanche-Benveniste 2010 : 103) et dans les variétés laurentiennes du français, dont le FQ (Léard 1995 : 102). En français parlé de France, *lequel* est surtout vivant à l'intérieur du tour figé *la raison pour laquelle* ; pour le reste, seuls « certains locuteurs » l'emploient et, en général, « le pronom *lequel* provoque beaucoup d'accords non normatifs (près d'un sur quatre), aussi bien dans les discours familiers que dans les discours publics très surveillés » (Blanche-Benveniste 2010 : 104).
3 Notons la coexistence des termes *que* « passe-partout » (Gadet 2003 : 261, Arrighi 2005 : 267, Blanche-Benveniste 2010 : 98), *que* « invariable » (Riegel et al. 2011 : 810) et *que* « polyvalent » (Schafroth 1993 : 371, Riegel et al. 2011 : 810). Koch/Oesterreicher ([2]2011 : 257) réservent le terme *que passe-partout* à la conjonction *que*. Dans le présent ouvrage, nous employons ce terme en référence aussi bien au rôle de *que* dans certaines relatives qu'à certains emplois de *que* lorsqu'il est conjonction.
4 Gadet fait ici référence aux mêmes traits dans le « français ordinaire » de France.

I Le pronom relatif *qui*

I.1 Formes du pronom relatif sujet

Si le pronom relatif est le sujet de la subordonnée, il prend les formes suivantes :
- *qui* [ki] + consonne
- *qu'* [k], rarement *qui* [ki] + voyelle[5]
- *ti, t'* – forme occasionnellement relevée en FL (*cf.* DLF 2010 : s.v. *qui*[2], p. 508)[6]

À la différence du pronom interrogatif *qui* qui connaît aujourd'hui deux prononciations (traditionnellement [tʃi] à côté de la forme standard [ki]), *qui* relatif se prononce toujours sans affriquée : [ki] (*cf.* King 2013 : 131, note 25 ; *cf.* le chap. « L'interrogation », I.1.).

▶ ***qui* + consonne ou voyelle**
- c'est ma tante et mon oncle qui m'ont élevé moi (NÉ – Arrighi 2005 : 269, Évangéline NÉ 23 : 71)
- pis moi je reste dans le chemin qui va à Pré-d'en-Haut à Saint-Joseph (NB – Wiesmath 2, F : 275)
- y a beaucoup de/ beaucoup qui a de la misère avec ça là avec français là (NB – Arrighi 2005 : 270, Shirley NB 15 : 49–50)
- c'est un missionnaire qui avait venu ici (ÎPÉ – Arrighi 2005 : 270, Aldine H. ÎPÉ 3 : 45–46)
- c'est putôt des gens' qui vient d'eune autre place (IdlM – Falkert 2010, corpus : 204–205, p. 117, CD-ROM)
- J'ai tendu un cochon, un cochon qui grondait là, qui s'en venait. (TN – Brasseur 2001 : s.v. *entendre, tendre, atendre*, p. 181)
- Mais il y a des enfants, il y a des enfants qui a été à l'école là, chère, ça me faisait de la peine. (LOU – *Découverte*, Mamou, Évangéline)
- C'est quelqu'un qui donne des candjas. (LOU – DLF 2010 : s.v. *qui*[2], p. 508, TB)
- Y avait un homme eh ben il était arrêté avec sa machine qui voulait pas prendre et partir. (LOU – DLF 2010 : s.v. *qui*[2], p. 508s., TB)

▶ ***qu'* + voyelle**
- il y a quelqu'un qu'a venu au collège avec moi, m'aider à pratiquer (NÉ – Hennemann, ILM, DO)
- on avait toujours la cave qu'était/ qu'était fraîche (NÉ – Arrighi 2005 : 270, Édith NÉ 22 : 50–51)
- ceuses-là qu'avoint un petit brin d'argent qu'avoint des/ des farmes . des poules pis de quoi de même ben zeux i vendiont des œufs (NB – Wiesmath 3, D : 45)
- j'ai mon frère qu'a une machine qui coupe le bois pis qu'enlève toutes les branches (NB – Wiesmath 7 O : 243)
- les deux autres femmes qu'étiont là (ÎPÉ – Arrighi 2005 : 269, Délima ÎPÉ 5 : 23)
- pis j'ai un frère qu'est ici au Havre-aux-Maisons (IdlM – Falkert 2010, corpus : 85, p. 329, CD-ROM)

---

5 *Cf.* Arrighi (2005 : 269), Wiesmath (2006 : 188), Papen/Rottet (1997 : 106), DLF (2010 : s.v. *qui*[2], p. 508).
6 Moreton (2001 : 185) atteste la forme *ti* pour le MGCF. – Klingler (2003 : 227) note des occurrences sporadiques du relatif *ti* pour « ki » dans le créole louisianais de la Pointe Coupée.

- Mais ici, ben...je sons ène famille qu'a pas alloué les chats à venir dans la maison. (TN – Brasseur 2001 : s.v. *allouer*, p. 14)

- un tas de monde dans la paroisse . de/ oh . deux ou trois cents . je me rappelle pas . qu'a arrêté de faire des 'tites récoltes et qu'a monté des laiteries (LOU – Stäbler 1995 : 8s., corpus)
- C'est mémère qu'avait une vache qui s'appelait Caillette. (LOU – DLF 2010 : s.v. *qui*^{2}, p. 508, TB)

▶ *qui que* (rare) (« relative plébéienne »)

(*cf.* « Commentaire » en II.1. ci-dessous)
- on a té vraiment eune population qui que s'est dépendu seulement sus un cheval (NÉ – Hennemann, ILM, GL)

- t'as pas gardé qui que c'état qui parlat (IdlM – Falkert 2010, corpus : 223–224, p. 71, CD-ROM)

▶ *ti* + consonne, *t'* + voyelle (LOU)
- C'est lui t'a fait ça. (LOU – DLF 2010 : s.v. *qui*^{2}, p. 508, LA)
- Un grognard, il y a quequechose ti fait du train, tu vois. (LOU – DLF 2010 : s.v. *qui*^{2}, p. 509, JE)

I.2 *que* au lieu de *qui*

En règle générale, le pronom sujet *qui* se maintient assez bien (Wiesmath 2006 : 189) et les cas où *que* se substitue à *qui* sont plutôt rares (Arrighi 2005 : 270). Notons que la distinction des deux formes n'est possible que devant consonne.

- J'ai été à l'école de / euh / que commençait à l'âge de sept ans jusqu'à honze au Cap Auguet [...] (NÉ – Hennemann, ILM, AF)
- la fille que restait avec moi (NÉ – Hennemann, ILM, EL)
- [SC énumère des gâteaux qui se font à la BSM.] I y en a d'zeux **que** faisent – je suis touT à fait nulle, oh j'ais pas quoi c'est que les noms (NÉ – Hennemann, BSM, SC)
- quand tu/ tu ramasses de quoi à terre pis t'examines ça . tu peux faire de quoi avec ça pis/ . . que te ressemble quelque affaire (NB – Wiesmath 3, D : 191–192) (« qui te semble [représenter] quelque chose »)

Commentaire
La forme standard du pronom relatif sujet est restée identique depuis l'époque de l'ancien français : *qui*. Les formes *tchi* et *ti* sont pourtant notées, par l'ALF (29), pour le nantais (FEW II, 2, p. 1464).

Dès l'ancien français, on relève de nombreux exemples de la forme *que* en tant que pronom sujet, notamment dans les textes de l'Est, mais on en trouve aussi des occurrences dans le Nord et dans l'Ouest de la France[7]. Les occurrences de *que* sujet au lieu de *qui* s'expliquent par l'extension de l'usage de la forme régime *que* au cas sujet, et notamment par l'extension de la forme neutre. De fait, dans les sources anciennes du XIIe au XVIe s., *que* sujet apparaît principalement dans la relative périphrastique avec antécédent neutre (*ce que* pour *ce qui*) (Wolf/Hupka 1981 : 170). Mais dans la région lyonnaise, limitrophe au domaine franco-provençal, on relève également *que* en fonction de sujet se référant à un être humain (Grevisse/Goosse 2008 : § 718, H1, p. 920).

Devant voyelle, les deux formes *que* et *qui* (pronom relatif sujet) se réduisent à *qu'* depuis l'époque de l'ancien français. En français parlé moderne, *qui* + voyelle est également réduit à [kj] ou à [k], et cela « chez tous les locuteurs, dans tous les types sociaux »[8].

---

7 *Cf.* Foulet (1967 : 176s.), Gougenheim (1974 : 90), FEW (2, 2, p. 1465a).
8 Blanche-Benveniste (1997 : 95). *Cf.* aussi Blanche-Benveniste (2010 : 31), Gadet (1992 : 63), Arrighi (2005 : 270), Wiesmath (2006 : 188, note 364).

Qui et *que* n'étant pas distingués devant voyelle, le statut exact de *qu'* + voyelle a fait l'objet de débats pour savoir si ce [k] cache la forme *qui* ou *que* (*cf.* Foulet 1967 : 176s., Gougenheim 1974 : 90). Se référant au français populaire, Guiraud (1966 : 43s.) souligne qu'il y a une tendance ancienne à généraliser *que*, et cela également au détriment du pronom relatif sujet *qui*. Ajoutons que la fréquence des formes élidées devant voyelle dans le rôle du sujet (*qui* → *qu'*) et l'indistinction entre *qui* et *que* qui s'en est suivie sont sans doute responsables des occurrences occasionnelles de *que* dans le rôle du sujet devant consonne.

L'élision de *i* est attestée pour la variété de Saint-Thomas par Highfield (1979 : 1239) et par Valdman (1979 : 193) pour la variété de Frenchville (Pennsylvanie) et la variété d'Old Mines (Missouri) (*cf.* aussi Thogmartin 1970 : 64).

I.3 Non-accord du verbe dans la subordonnée

Dans les cas où le pronom relatif est le sujet de la subordonnée, le verbe ne s'accorde pas toujours en nombre avec l'antécédent (*cf.* King 2013 : 73-74). Le phénomène est plus ou moins prononcé selon la région : très avancé à l'Isle Madame (NÉ) et à TN (par ex. à L'Anse-à-Canards) ainsi qu'en LOU, le phénomène du non-accord est moins prononcé à Pubnico (NÉ), à Chéticamp (NÉ), à la Baie Sainte-Marie (NÉ), alors que Pomquet (NÉ) et le Sud-Est du NB se situent entre les deux extrêmes (King 2013 : 71, qui fait référence à Flikeid/Péronnet 1989). Selon King (2013 : 81), le point commun des parlers où le non-accord est le plus marqué est historiquement l'absence de pression de la langue standard. En LOU, où l'érosion linguistique constitue sans doute un autre facteur propice au non-accord, le phénomène est déjà en train de se généraliser (Conwell/Juilland 1963 : 195, Stäbler 1995 : 182).

Pour plus de détails, notamment le non-accord dans les structures présentatives de type *il y en a qui/il y a X qui*, nous renvoyons au chapitre « Le non-accord du verbe » (I.2.1.-I.2.3.).
- i y a pas beaucoup de choses qui est vieux ici (NÉ – Hennemann, BSM, RG)
- pour dire les prières pour les personnes qui est décédé (NÉ – Hennemann, ILM, DO)
- i y a beaucoup de papiers qu'a été détruits (NB – Wiesmath 2, E : 411s.)
- je pourrais monter aussi une fin de semaine à Québec à Montréal pace que j'ai deux trois de mes tantes mes oncles qu'est là là (IdlM – Falkert 2010, corpus : 47–48, p. 314, CD-ROM)
- [...] Les ceusses qu'est sus les chaînes sont bons à manger mais ceux-ci on les mange pas, les petits calimaçons. (TN – Brasseur 2001 : s.v. *calimaçon*, p. 86)
- Tous ces Français-là qu'a venu par ici i sont tout [tut] morts. [...] (TN – Brasseur 2001 : s.v. *mourir*, p. 308)
- Il y a ti d'autres histoires qui vous vient dans l'idée ? (TN – King 2013 : 72)
- ceux-là qui veut guimbler ils vont guimbler (LOU – Stäbler 1995 : 182, corpus)
- je veux vous demander pour les automobiles qu'est fait dans l'Allemagne (LOU – Stäbler 1995 : 182, corpus)
- tu connais il y en a qu'a payé (LOU – Conwell/Juilland 1963 : 195)

Commentaire
Le non-accord dans la relative est signalé en France pour le langage populaire (Frei 1929, Bauche [2]1951, *cf.* aussi King 2013 : 69) ainsi que pour d'autres variétés de français, dont le franco-ontarien (Mougeon/Beniak 1991, *cf.* King 2013 : 69) et la variété d'Old Mines (Missouri) (Thogmartin 1970 : 69).

I.4 Décumul du pronom relatif sujet *qui*

Nous distinguons deux cas de figures :
- *que* + pronom clitique en fonction de sujet de la subordonnée (rare) (I.4.1.)
- *que* + *c'est*, construction très répandue dans les parlers de l'Acadie des Maritimes (I.4.2.).

I.4.1 La « relative résomptive » : *que* + pronom clitique en fonction de sujet

Ce type de relative résomptive est rare en FA/FTN/FL, mais pas inconnu (notamment dans l'usage traditionnel du FL, Rottet 2001 : 171). Le décumul consiste à dissoudre la synthèse entre le subordonnant et l'élément anaphorique. Remarquons qu'il n'y a pas de différence auditive entre le pronom sujet *qui* et la forme décumulée *qu'i* devant consonne dans les parlers étudiés ici, puisque le *l* du pronom sujet *il* ne se prononce pas (Arrighi 2005 : 271). Ne figurent donc dans la liste d'exemples que les cas univoques de décumul.

▶ *que* + *i(l)(s)*
- Louis J. Robichaud [...] lui que pendant son mandat i a / i a établi les chances égales pour tous (NB – Arrighi 2005 : 270, Stéphanie NB 11 : 239–244)
- Pis n-en a du monde que après la messe de minuit, i vont à la messe pis après la messe de minuit, il avont un / comme un goûter après là (NÉ – Hennemann, BSM, SC)
- mais : y en a pas mal pareil qui/ qu'ici i remplacent leur père pis : (IdlM – Falkert 2010, corpus : 145–146, p. 198, CD-ROM)
- deux Cajains [sic] qu'ils travaillent (LOU – Brandon 1955 : 452)
- les ceux qu'ils sont habillés (LOU – Brandon 1955 : 452) (Brandon 1955 : 451 évoque la confusion « possible » entre *qui* et *qu'il*, *qu'ils*.)

▶ *que* + *a/alle/elle*
- ça a réveillé Cécile / Cécile qu'a couchait en bas (NB – Arrighi 2005 : 271, Sarah NB 20 : 319–320)
- je la vois comme une personne comme ça qu'elle aurait été capable de/ d'être seule sur . le STAGE [...] (ÎPÉ – Arrighi 2005 : 271, Aldine H. ÎPÉ 3 : 173–176)

▶ *que* + *on*
- C'est nous-autres qu'on a eu le premier* autobus. (NÉ – Hennemann, ILM, CL)

▶ *que* + *eux-autres*
- Et y a plusieurs mondes ici à la Pointe qu'eux-autres avait eu des gris-gris de donné. (LOU – Rottet 2001 : 171, loc. âgée)

Commentaire
Dans deux études consacrées aux relatives non standard en français de France, Gadet (1995, 2003) signale la haute fréquence du décumul du relatif[9], en tout premier lieu lorsque celui-ci est le sujet de la phrase : « c'est lui qu'il arrive en général au travail à 10 heures » (Gadet 2003 : 252s. ; *cf.* aussi Blanche-Benveniste 2010 : 98).

---

9 Notons au passage que dans une étude de 2013, Gadet prend ses distances vis-à-vis du terme de « décumul » (2013 : 80).

Ces constructions sont, selon elle, si fréquentes en français parlé de France qu'elles passent presque inaperçues et sont « peu stigmatisantes », du moins dans les cas où c'est un clitique de la 3ᵉ pers. masculin qui sert de pronom de rappel (donc *qu'il / qu'ils* au lieu de *qui*) (Gadet 2003 : 252, *cf.* aussi Blanche-Benveniste 1997 : 103). Au pluriel, par ex., le *l* du pronom personnel tombant très fréquemment devant consonne, le type non standard ne se distingue du type standard que par l'ajout du [z] de liaison : *les enfants qu'ils arrivent* [lezãfãkizariv] (Gadet 1992 : 49). Selon Gadet (2003 : 253), la consonne [z] pourrait tout aussi bien s'expliquer par l'antéposition de la marque du pluriel (*qui-z-*voyelle).

Dans une moindre mesure (Gadet 2003 : 253), le phénomène s'observe à d'autres personnes : « c'est moi que je partirai », « c'est nous qu'on devra le faire » (Gadet 1992 : 95), « c'est une femme qu'elle a pas beaucoup de courage » (Gadet 2003 : 252).

Ce type de décumul est également relevé en FQ, mais de même que dans les parlers étudiés ici, il y est rare (*cf.* aussi Schafroth 1993 : 206ss., 216, note 410).

I.4.2 *que c'est, que ça, que ça c'est* au lieu de *qui*

La relative résomptive n'est véritablement vivante que dans le tour figé *que c'est*, *que ça* (Wiesmath 2006 : 191). La tournure figée *que c'est* existe aussi en français parlé de France (Gadet 1992 : 95) et en FQ (Wiesmath 2006 : 190).

- je dirais n'y en a pt-êt un / un ptit groupe là que c'est francophone mais la plupart, ça ferait anglophone. (NÉ – Hennemann, BSM, SC)
- c'est des routes là comme ça fait tout le tour. Pis n'en a une des zeux que ça te ramènera sus le bord de la mer. (NÉ – Hennemann, BSM, SC)
- t'as été entreprendre des choses que c'était pas pour toi (NB – Wiesmath 11, X : 61)
- y a des endroits que c'est assez beau que c'est assez bien décoré oui (IdlM – Falkert 2010, corpus : 294–295, p. 76, CD-ROM)
- Et je dis si tu es pas jalouse pour lui faire du mal un tas e/ c'était je lui disais des affaires que ça c'est mauvais à lui tu comprends. (LOU – *Découverte*, Mamou, Évangéline)
- Pour la fièvre typhoïde. 'N'a plein du monde que ça a mouri de ça. (LOU – Rottet 2001 : 171, loc. âgée)

I.5 Préposition + *qui*

En FS, le pronom relatif *qui* apparaît aussi après une préposition, lorsque l'antécédent est humain. Pour les parlers concernés ici, nous pouvons retenir que le relatif *qui* est rare dans toute autre fonction que celle de sujet de la phrase ; la structure *que* + préposition « orpheline » remplace couramment le type « préposition + *qui* » (*cf.* II.5.) ; là où *qui* apparaît après une préposition, sa forme est stable, la voyelle *i* ne s'élidant pas[10]. En référence aux choses, les parlers étudiés n'emploient pas la série en *lequel* mais recourent, en règle générale, également à une structure avec préposition orpheline.

- au travail euh : je suis chanceuse parce que je travaille dans un milieu où tout/ . les gens avec qui je travaille proche euh alors mon milieu proche euh : de travail est français alors ça ça me plaît énormément. (NB – Arrighi 2005 : 271, Rachelle NB 1 : 167–169)

---

10 Arrighi (2005 : 271s.) – Pour le FL, Rottet (2001 : 166) note la possibilité de la structure « préposition + *qui* » tout en en soulignant la faible fréquence par rapport au français standard.

- ben je veux dire faut/ faut t'essayes de voir qui-ce qui l'appartenait avant pis si c'est des gens fe/ à qui tu peux te fier là (NB – Arrighi 2005 : 272, Stéphanie NB 11 : 408–410)
- Je sais pas, comme je vous dis, c'est selon avec qui j'après parler. (LOU – Rottet 2001 : 169, loc. âgée)
- l'homme à qui je parle (LOU – Rottet 2001 : 166)

Notons que dans les zones de LOU qui connaissent *qui* « inanimé » dans les interrogations (*cf.* le chap. « L'interrogation », I.1.3.), on emploie la forme *qui* également en tant que pronom relatif en référence aux choses après une préposition (Rottet 2001 : 166). Mais Rottet (2001 : 166) signale aussi des occurrences de *quoi* après préposition dans ce cas.
- la plume avec qui j'écris (LOU – Papen/Rottet 1997 : 106)
- la table sur qui j'écris (LOU – Rottet 2001 : 166)
- la table sur quoi j'écris (LOU – Rottet 2001 : 166)

Commentaire
Les relatives introduites par une préposition (« préposition + *qui* », mais aussi « préposition + *quoi* » et « préposition + *lequel* ») sont peu répandues dans le langage parlé en France (Wiesmath 2006 : 205)[11]. Dans cette structure, *qui* peut se référer dans le non-standard aux choses et aux êtres humains. Ajoutons que le *qui* prépositionnel se réfère couramment aux antécédents non humains tout au long du XVIIe s. malgré la critique des grammairiens : « les exemples en sont innombrables » (Fournier 1998 : § 280, p. 196).

II La particule *que*

II.1 Le rôle clé de *que* dans les constructions relatives

La haute fréquence de la particule *que* dans les relatives est un trait prononcé dans les parlers étudiés ici, qu'ils partagent cependant avec d'autres variétés parlées du français dont le FQ et le non-standard hexagonal[12]. Cela tient surtout au fait que la particule *que* est le moyen privilégié pour exprimer des relations obliques. Les constructions indirectes et prépositionnelles (*à qui, auquel,* etc.) et les formes secondaires (*dont, où*) sont évitées (Arrighi 2005 : 264, Rottet 2001 : 165s.). Le pronom relatif *dont* n'existe même pas[13] ; il n'est attesté que dans les contextes formels chez les locuteurs les plus standardisants. En suivant Rottet (2001 : 167–174 ; 232), qui étudie le FL, nous pouvons distinguer pour tous les parlers étudiés ici trois stratégies pour exprimer des relations obliques dans la relative :
- *Que* introduit la subordonnée sans que « la nature du lien entre relative et antécédent » soit précisée (« relative réduite ») (Gadet 2003 : 253) ; selon Rottet (2001 : 232), c'est la stratégie privilégiée avec les prépositions dites « faibles » (*cf.* II.3.).
- La nature du lien entre la relative et l'antécédent est précisée à l'intérieur de la relative par un élément de rappel, soit un pronom clitique, soit le pronom neutre *ça*, soit un

---
11 *Cf.* aussi Blanche-Benveniste (2010 : 98) : « Certains usages ignorent totalement l'emploi de *à qui, à quoi, auquel* […]. »
12 *Cf.* Arrighi (2005 : 276s.), Gadet (1995 : 145, 2003), Blanche-Benveniste (2010 : 104).
13 Nous préférons éviter de parler du « remplacement » de *dont* par *que* (*cf.* par ex. la terminologie d'Arrighi 2005 : 265s.), étant donné que dans les parlers que nous analysons, le pronom relatif *dont* ne s'est jamais établi.

pronom possessif ou encore le pronom adverbial *en* (« rélative résomptive ») ; en FL, dans le corpus de Rottet, les relatives résomptives ne dépassent jamais le seuil de 5 %, mais jouissent d'une certaine popularité sous la forme *que* + pronom possessif ou *que* + pronom personnel pour exprimer le sens de *dont* du FS (Rottet 2001 : 232) (*cf.* II.4.).
– Le lien entre la relative et l'antécédent est précisé par une préposition dite « orpheline » ; en FL, c'est la stratégie privilégiée avec les prépositions « fortes » (Rottet 2001 : 232) (*cf.* II.5. et le chap. « Les prépositions », V.5.).

Sauf dans les cas où *que* figure comme objet direct (comme en FS, *cf.* ci-dessous II.2.), cumulant ainsi les fonctions de démarcation, d'élément anaphorique et d'objet dans la subordonnée, on peut difficilement le considérer comme un pronom relatif. Dans les constructions à décumul et dans les relatives réduites, « *que* a pour seule fonction la démarcation, ou entrée dans une subordonnée » (Gadet 2003 : 260 ; *cf.* aussi Gadet 2013 : 80s.). Dans ces cas, *que* est à considérer non comme un pronom, mais comme une particule (Gadet 2013 : 81).

Commentaire
Les avantages des relatives non standard par rapport aux constructions standard sont nombreux[14]. Gadet, se référant à Schafroth (1993), les résume ainsi :
« analycité, décumul et répartition des fonctions sur l'axe syntagmatique, généralisation d'un morphème invariable, fréquent et polyfonctionnel [dans ce cas : *que*, INH/JM], emploi d'une seule forme (au lieu d'un polymorphisme), facteurs psycholinguistiques tels qu'une faible planification syntaxique du discours, un haut degré de spontanéité et l'avantage d'une jonction directe entre la proposition principale et la relative à l'aide d'un élément passe-partout, tout en préservant l'ordre des mots dans la proposition relative » (Gadet 2003 : 261)

En France, les relatives réduites et les relatives résomptives ne sont pas toujours socialement stigmatisantes (Gadet 1995 : 151). Ces constructions ne sont pas le fruit d'incapacités linguistiques, mais de « l'immédiat communicatif » (Gadet 2003 : 268).
Il en va autrement pour les relatives « pléonastiques » et « plébéiennes »[15] (Gadet 1995 ; 2003). Dans les premières, le lien syntaxique entre la relative et l'antécédent est exprimé deux fois : par la forme du pronom et par l'élément de rappel dans la relative (Gadet 1995 : 144) : « tous les gens auxquels je leur en ai parlé / ils m'ont dit la même chose » (Gadet 1992 : 96 ; 2003 : 255). Les relatives pléonastiques sont rares et constituent des hypercorrections socialement stigmatisées (Gadet 1995 : 151, 2013 : 79). Sont également stigmatisées les relatives dites « plébéiennes » (Gadet 1995 : 144, 2003 : 266), dans lesquelles *que* « passe-partout » s'associe à un pronom relatif : « ça vient justement le jour où que j'ai du travail » (Gadet 2003 : 255). Seul le type *où que* a d'ailleurs une certaine importance en français parlé de France.
Dans les parlers étudiés ici, les structures pléonastiques ne jouent aucun rôle (Arrighi 2005 : 276) ; quant aux « plébéiennes », notons que le *que* s'associe fréquemment à une conjonction de subordination, mais rarement à un pronom relatif comme dans : « la législature de l'État de la Louisiane a passé une loi en quoi que ils auront plus accept[é] ça » (LOU – *Découverte*, Hessmer, Avoyelles).
Par ailleurs, on note certes les formes « étoffées » par des éléments périphrastiques (type : *où-ce que*) en FA ; mais il reste à déterminer si l'origine de ces éléments (notamment [sk]) réside vraiment dans le *que* « passe-partout » (*cf.* Arrighi 2005 : 280) ou bien plutôt dans la périphrase *est-ce que* ou la structure empha-

---

14 Pour un résumé des constructions non standard, *cf.* aussi Riegel et al. (2011 : 810), Gadet (1992 : 93–98 ; 1995 ; 1996/1997 : 115–123 ; 2003 ; 2013).
15 Les termes *pléonastiques* et *plébéiennes* remontent à Damourette/Pichon (1911–1927) ; pour une discussion critique, *cf.* par ex. Gadet (2013 : 79s.). Le terme *plébéienne* est notamment fortement critiqué, dans la mesure où la « qualification n'est plus du tout formelle mais seulement sociale » (p. 79).

tique *c'est que* (*cf.* le chap. « L'interrogation », « Préliminaires »). Nous doutons que les relatives introduites par ces éléments constituent des relatives plébéiennes au sens explicité par Gadet (1995, 2003).

Schafroth (1993 : 206–217), qui constate l'existence des différents types de relatives non standard en FQ également, souligne l'héritage du français de France et partant, l'ancienneté des constructions non standard[16].

II.2 *que* – complément d'objet direct

Que fonctionne comme complément d'objet direct dans la relative, comme en FS ; notons, pour les variétés qui nous intéressent ici, que le participe passé ne s'accorde pas avec l'antécédent (*cf.* les chap. « Le non-accord du verbe », II, « Le genre », V.2.2.).

En FL, l'usage du pronom relatif *que* en fonction d'objet direct de la relative est le fait des locuteurs plutôt âgés, alors que les jeunes (semi-)locuteurs tendent à omettre le relatif ou à le remplacer par *ça que*, et dans une moindre mesure par *qui* (Rottet 2001 : 229; *cf.* ci-dessous, VI, pour l'emploi de *ça* et *qui* en FL).

- Là, le chouse que vous voyez là là, c'tait l'usine de poisson. (NÉ – Hennemann, ILM, CL)
- c'est ça la vie moi que j'ai fait (NB – Wiesmath 4, M : 355)
- Mais si tu veux, tu peux enwoyer un … un ordre là, pis i t'enwèyont la laine que tu veux. […] (TN – Brasseur 2001 : s.v. *envoyer, enwoyer*, p. 183)
- Il y a une gigue asteure qu'ils jouent. (TN – King 2013 : 74)
- C'est une robe bleuse qu'alle s'a acheté. (LOU – DLF 2010 : s.v. *bleu*, p. 75, TB)

II.3 La « relative réduite » : *que* – complément indirect et prépositionnel sans élément de rappel

Les relatives réduites jouent un rôle primordial pour éviter les relatifs *dont*, *où* et la série en *lequel*. Dans ces relatives, la nature du lien entre la relative et l'antécédent reste implicite[17]. La préposition est absente et *que* apparaît seul pour exprimer diverses relations non spécifiées, d'où les termes « *que* passe-partout », « *que* polyvalent » ou « *que* invariable » (*cf.* ci-dessus « Préliminaires »). Cette stratégie est notamment choisie lorsque c'est une préposition « faible » qui serait de mise dans la construction. En principe, la nature du lien entre la relative et l'antécédent reste implicite, mais, selon la structure, il est plus ou moins évident de rétablir ce lien. Très souvent, ce lien est reconstructible par la valence du verbe ou la structure du groupe (Gadet 1995 : 149)[18].

---

16 L'étude de leur répartition par classes d'âge et couches sociales fait en outre ressortir que ces constructions semblent moins stigmatisées en FQ qu'en français hexagonal. – Pour le FQ, *cf.* aussi Léard (1995 : 98–104), pour le français mitchif, *cf.* Papen (2004 : 126s.).
17 *Cf.* Gadet (1995 : 14, 2003 : 253 s., 2013), Arrighi (2005 : 275).
18 Selon la possibilité de rétablir le lien syntaxique, Gadet (2003 : 264s.) voit un continuum entre la relative réduite (« c'est un pas de porte que pour entrer chez elle il faut qu'elle descende »), l'expansion d'un nom introduite par *que* (« j'ai un grand menton que tout le monde me dit attention vous allez marcher dessus »), et

Tandis que dans l'usage acadien traditionnel, le lien entre la relative et l'antécédent est généralement précisé par un élément de rappel (« relative résomptive », *cf.* II.4.) ou une préposition dite « orpheline », la « relative réduite » constitue un trait nouveau, mais qui gagne du terrain dans ces parlers (*cf.* pour le NB : Péronnet/Kasparian 1998 : 257). En FL, elle est l'une des solutions privilégiées pour construire les relatives « obliques » (Rottet 2001 : 232s.), notamment chez les locuteurs plus âgés ; les semi-locuteurs préfèrent les constructions à préposition orpheline (Rottet 2001 : 233)[19].

▶ *que* au sens de « dont » en FS

- c'est pas les mots acadiens que nous-autres, on servait (NÉ – Hennemann, ILM, MS)
- ben c'est pareil comme des/ les femmes qui/ que le ménage va mal ben ah on va se faire faire un enfant pis ça va arranger les affaires (NB – Arrighi 2005 : 265, Suzanne L. NB 18 : 238–240)
- les régionalismes je pense c'est ça que tu parles (NB – Arrighi 2005 : 265, Fred NB 15 : 141)
- ielle a certains plats que/ que j'ai quand même gardé les recettes (NB – Arrighi 2005 : 265, Rachelle NB 1 : 335–336)
- La seule affaire que je nous servons nus autres, c'est un bois pour planter des choux-raves et des choux. (TN – Brasseur 2001 : L)
- Le garçon que je te parle. (LOU – DLF 2010 : s.v. *que*^{3}, p. 505, Lv88)
- Ça a jhonte de parler français. Et c'est un langage que eux-autres devrait pas avoir jhonte ø[20]. (LOU – Rottet 2001 : 170, loc. âgée)
- Ça c'est les enfants que j'sus si fier ø. (LOU – Rottet 2001 : 233, loc. âgé)

Que apparaît systématiquement dans le sens de *dont* comme complément du syntagme *avoir (de) besoin*[21] et dans les expressions figées de type *la raison que, la manière que* (*cf.* aussi Arrighi 2005 : 265).

- pour acheter ça qu'on a besoin (NÉ – Hennemann, ILM, DO)
- donner quelque chose au public que ils ont besoin (FA – Kasparian/Péronnet 1998 : 252)
- La raison qu'il aime la musique, en premier lieu, c'est à cause de notre culture acadienne. (NÉ – Hennemann, ILM, BJ)
- à ce temps-là faulait que tu produises sus la ferme ce que t'avais de besoin (NB – Wiesmath 6, L : 119)
- la manière qu'elle écrit ce/ ça que c'est comme si elle venait je/ juste de le rêver ça à la minute (ÎPÉ – Arrighi 2005 : 266, Aldine H. ÎPÉ 3 : 120–122)
- j'aime la manière que tout le monde se parle (IdlM – Falkert 2010, corpus : 36–37, p. 83, CD-ROM)
- ça fait c'est=a raison que la morue c'est rendu. qu'on peut pus en prendre beaucoup (IdlM – Falkert 2010, corpus : 63–64, p. 192, CD-ROM)
- des choses qu'on avait strictement besoin (IdlM – Falkert 2010, corpus : 12, p. 242, CD-ROM)
- Il y a bien des choses que j'ai besoin. (LOU – DLF 2010 : s.v. *que*^{3}, p. 505, Re31)

---

les structures binaires « thème + commentaire » (« le dictionnaire des mots il n'y a que moi qui les connais ») (*cf.* pour plus de détails Gadet 2003 : 265).

19 Pour une comparaison intergénérationnelle, *cf.* Rottet (2001 : 235–237).
20 Rottet ajoute « ø » pour marquer qu'il manque l'expression de la relation « oblique » par la préposition *de* (pour les prépositions orphelines, *cf.* ci-dessous II.5.).
21 En FQ, la locution *avoir (de) besoin* se construit comme en FA/FTN/FL : « les crayons qu'j'avais besoin » (La Follette, *Quatre contes folkloriques du Canada français*, 1969, cité dans Schafroth 1993 : 214).

Les structures implicites pour exprimer une relation oblique[22], exigeant une certaine compétence d'inférence de la part des locuteurs et assez courantes en FL traditionnel, n'apparaissent plus dans le langage des locuteurs peu performants (Rottet 2001 : 235 ; 237).

▶ *que* **complément indirect ou prépositionnel, l'antécédent étant un être humain**
(FS : préposition + *qui*)
- i n'y a du monde que, après la messe de minuit, il n'y a rien qui se passe (NÉ – Hennemann, BSM, SC) (« chez qui »)

- Y a des personnes que tu vas avoir des conflits. (NB – Kasparian/Péronnet 1998 : 256)
- je travaillais pour le BOSS * qu'appartenait ça (NB – Arrighi 2005 : 264, Laura NB 8 : 113)
- on a rencontré aussi un famille là-bas que/ qu'on se contacte encore asteure (NB – Arrighi 2005 : 305, Angèle NB 13 : 177–179)

- Quante tu dis à ène personne que tu veux faire croire n'importe quoi, tu dis qu'il est pas tout là (TN – Brasseur 2001 : L) (« à qui »)

- la femme qu'est / que le canal appartient (LOU – Stäbler 1995 : 74, corpus)
- C'est les seuls mondes des TOURIST que j'ai parlé ø en français, que je connais. (LOU – Rottet 2001 : 170, loc. âgée)
- Mon je vas voir un homme que j'ai été dans le service [avec], à Opelousas. Et ça parle bien français. (LOU – Rottet 2001 : 171, loc. âgé)

Où a une fonction locative et temporelle en français moderne. Dans la fonction temporelle, les parlers étudiés ici emploient en règle générale *que* et non *où* (Arrighi 2005 : 264) ; le relatif locatif *où* (et ses variantes respectives courantes en FA/FTN/FL) se maintient mieux (*cf.* ci-dessous IV), mais *que* peut tout aussi bien figurer dans le contexte locatif.

▶ *que* **complément de lieu**
- dans le grand lac que je t'ai emmené hier (NÉ – Hennemann, ILM, EL)
- je trouve les accents sont différents dans tout les régions que tu vas (NÉ – Hennemann, BSM, RG)
- Ça c'était des écoles que / que tu vas prendre moitié des cours en français, moitié des cours anglais. (NÉ – Hennemann, BSM, JG)

- comme la partie de la France que j'ai été j'ai trouvé que ç'avait l'air . . un peu pauvre (NB – Wiesmath 6, L : 164)
- c'est les deux endroits que j'ai travaillé (NB – Wiesmath 3, D : 299)
- y a-tu d'autres endroits que t'aimerais aller (NB – Arrighi 2005 : 265, Chantale NB 13 : 264–265)
- [on avait] une vieille maison qu'on voyait les étoiles [...] (NB – Arrighi 2005 : 435, Évangéline M. NB 14 : 59–61)

- iz ont des prisons qu'ils ont pas de place pour se coucher seulement (IdlM – Falkert 2010, corpus : 488–489, p. 136, CD-ROM)
- y a tout le temps eune place que tu peux respirer de la bonne air frais (IdlM – Falkert 2010, corpus : 93, p. 236, CD-ROM)

---

22 « Ça c'est le monde que le feu a commencé l'été passé » (c'est-à-dire « dans la maison de qui... ») (Rottet 2001 : 235).

- Chez nous oussi, y avait ène allée enteur les champs, justement t'sais ... ène place que tu marches, là. (TN – Brasseur 2001 : s.v. *enteur*, p. 182)
- [...] Y a des places que ça se tient les piteaux. (TN – Brasseur 2001 : s.v. *piteau*, p. 353)
- Ça c'est le magasin que mon je vas tout le temps. (LOU – Rottet 2001 : 229, loc. âgée)
- Dans ce temps-là c'était un chemin que tu pouvais menir [dessus] avec des chevals. (LOU – Rottet 2001 : 171, loc. âgé)
- On avait plein des canards, *though*, à manger, plein des, des oies, pas beaucoup parce que ça c'était pas une place que les oies venaient. (LOU – *Découverte*, Isle Jean Charles, Terrebonne)

▶ *que* complément de temps

- Et l'année que je m'ai marié, j'ai déménagé ici. (NÉ – Hennemann, ILM, DO)
- c'est ce temps-là les / les hivers que j'ai été aux Etats-Unis là le houmard avait manqué icitte là (NB – Wiesmath 3, D : 426)
- il y avait une journée que son mari était parti à la pêche (ÎPÉ – Arrighi 2005 : 265, Aldine H. ÎPÉ 3 : 190)
- la journée qu'on a parti pour s'en menir (IdlM – Falkert 2010, corpus : 3, p. 6, CD-ROM)
- y en avait pas autant que ça les touristes dans le temps que j'étais jeune (IdlM – Falkert 2010, corpus : 61–62, p. 45–46, CD-ROM)
- Et les premières années qu'il a venu, moi et lui avaient fait bon padnas, il venait avec le prêcheur à l'église là. (LOU – *Découverte*, Isle Jean Charles, Terrebonne)
- Mais ça que j'ai appris dans le petit brin que j'ai été à l'école en anglais, j'avais beaucoup vite appris (LOU – *Découverte*, Pointe Noire, Acadia)

Commentaire

Quelques-unes des constructions où *que* figure seul pour introduire la relative sont bien ancrées dans l'histoire de la langue. En effet, dans la langue classique, *que* introduit couramment la relative qui suit une indication de lieu, de temps ou de manière ; cet usage, désormais sporadique en français de France, passe pour vieilli ou littéraire – mais aussi, pour populaire[23].

En français dit « populaire », *que* est bien établi comme connecteur passe-partout[24]. Le pronom relatif *dont* est quasiment absent du non-standard, comme c'est aussi le cas dans les autres variétés orales du français : « *je voulais faire [un stage de formation* que *j'avais besoin]* » (Blanche-Benveniste 2010 : 104). En France, l'emploi du relatif *dont* se restreint plus ou moins aux contextes stéréotypés : *dont* apparaît avec un groupe restreint de verbes, dont *parler* (Arrighi 2005 : 268, Blanche-Benveniste 2010 : 102s.). De même, la série en *lequel* est évitée dans les variétés orales du français[25] ; il arrive même aux professionnels du langage d'enfreindre les règles du standard (*cf.* les observations sur la langue des médias dans Blanche-Benveniste 2010 : 101 ; 103–105).

Que « passe-partout » est attesté pour le FQ ; il apparaît au lieu de *dont* et dans l'expression de relations diverses : locales, temporelles, modales et autres (*cf.* Schafroth 1993 : 210s.). Il existe aussi dans la langue standard en tant que résidu de l'ancien usage « dans certaines expressions » (Riegel et al. 2011 : 802), par ex.

---

23 *Cf.* Chevalier et al. (1964 : § 398, p. 257), Hanse (1991 : s.v. *que*, p. 793). – Pour l'aspect historique, *cf.* également Chevalier et al. (1964 : § 398, p. 257) : « Après un substantif, un adverbe ou équivalent, marquant le temps et le lieu (et aussi la manière), on employait aux siècles classiques *que* [...]. » – Hanse (1991 : s.v. *que*, p. 793) : « Le moyen âge et la langue classique ont souvent substitué *que* à *dont* ou bien à *où* ou à un pronom relatif précédé d'une préposition (*dans lequel*, etc.). »
24 *Cf.* Price (1971 : 138), Guiraud (1966 : 46ss.), Schafroth (1993, 1995), Gadet (1995, 2003), Rottet (2001 : 173), Arrighi (2005 : 266ss.).
25 *Cf.* Arrighi (2005 : 266ss.), Gadet (1995, 2003), Schafroth (1995).

après les termes *aujourd'hui, à présent, il y a (deux ans, longtemps*...) et d'autres ; *que* reste ainsi vivant comme représentant d'un complément circonstanciel de temps.

II.4 La « relative résomptive » : *que* suivi d'un élément de rappel

Dans les relatives résomptives, la fonction de subordonnant est séparée de la fonction d'anaphore ; il s'agit donc d'une construction relative à décumul[26].

II.4.1 Élément de rappel : pronom personnel ou *ça*

Le marquage du rôle de l'antécédent dans la subordonnée relative par un pronom personnel ou par *ça* n'est pas très fréquent en FA/FTN[27] ; en ce qui concerne le FL, le procédé est mieux attesté dans le parler traditionnel que dans celui des semi-locuteurs (Rottet 2001 : 172 ; 237) (pour *qui* décumulé, *cf.* ci-dessus I.4.).

- on prend des poissons qu'on en / qu'on les / on les voit ienque tant qu'on est sus l'eau [...] (NB – Wiesmath 3, D : 377)
- j'ai trois quatre chums anglais comme ça que que je vas les voir (IdlM – Falkert 2010, corpus : 112–113, p. 237, CD-ROM)
- l'homme qu'il a pris la lampe de lui (TN – Brasseur 2001 : L)
- Le seul que je l'a. (TN – Brasseur 2001 : LII)
- Y a joliment des paroles que je les disons pas en français. (TN – Brasseur 2001 : LII)
- Ça c'est elle qu'il faut que tu 'mandes au magasin pour elle. (LOU – Rottet 2001 : 233, loc. âgée)
- Ça ici c'est les enfants que j'sus bien fier d'eux-autres. (LOU – Rottet 2001 : 233, loc. âgé)
- Je tire pas des cartes, non. C'est pas de quoi que je m'embête de ça. (LOU – Rottet 2001 : 171, loc. âgée)
- Pour la fièvre typhoïde. 'N'a plein du monde que ça a mouri de ça. (LOU – Rottet 2001 : 171, loc. âgé)
- la femme qu'on 'i a donné du linge (LOU – Guilbeau 1950 : 173, Rottet 2001 : 172)

II.4.2 Élément de rappel : déterminant possessif ou pronom adverbial *en*

Parmi les relatives résomptives, le type *que* + déterminant possessif est mieux attesté que le type *que* + *en*.

- pis i y avait . un gars de Shédiac . un Pellerin .. que son bateau coulait (NB – Wiesmath 5, C : 30–31)
- un Français que sa langue maternelle est français (NB – A. Boudreau 1998, l. 248)
- j'ai une de mes amies que sa mère est anglaise là (IdlM – Falkert 2010, corpus : 111–112, p. 89, CD-ROM)
- ça c'est l'homme que j'ai trouvé son chapeau (LOU – Rottet 2001 : 166)
- l'homme que son garçon est mort (LOU – Guilbeau 1950 : 173, Rottet 2001 : 172)
- la femme, tu sais, elle que j'ai donné un job à son garçon (LOU – Guilbeau 1950 : 173)
- C'est une famille que dans la Paroisse Terrebonne y en a plusieurs, des Bergeron. (Rottet 2001 : 171, loc. âgé)
- Irène c'est la 'oisine que sa fille sort de se marier ? (LOU – Rottet 2001 : 235, semi-locuteur)

---

[26] *Cf.* Gadet (1995 : 143, 2003, 2013), Arrighi (2005 : 274s.), Rottet (2001 : 171s.).
[27] Pour le FA, *cf.* Gadet (2003 : 261), qui fait référence à Péronnet et note la rareté des occurrences des clitiques dans les relatives résomptives ; pour TN, *cf.* Brasseur (2001 : LII) : « le pronom personnel reprend parfois l'antécédent d'une relative ».

Commentaire
Le décumul du relatif en fonction d'objet direct est un phénomène ancien attesté dès Chrétien de Troyes[28]. En revanche, dans le non-standard actuel, les résomptives sont plus courantes dans les cas où l'élément résomptif est l'objet indirect ou prépositionnel de la relative. Notons pour le non-standard hexagonal et québécois, les exemples suivants[29] :
- Ceux que le malheur des autres les amuse/Mon mari que je n'ai pas de nouvelles de lui (Frei 1929 : 190)
- un copain que j'ai passé mon enfance avec lui (Gadet 1992 : 95)
- C'est vraiment la seule prof qu'on peut se confier à elle. (Gadet 2003 : 253)
- Le gars que tu me parlais de lui est venu. (FQ – Léard 1995 : 104)
- Mais les films que... que j'en ai tellement vu dans... (FQ – Échantillon 105/232, cité dans Schafroth 1993 : 211)
- Y a un de mes frères que son garçon se fiançait là (FQ – Échantillon 131/44, cité dans Schafroth 1993 : 212).

Les avis des auteurs divergent pourtant sur l'importance réelle du phénomène, qui semble aussi dépendre de la nature du lien entre la relative et l'antécédent[30].

II.5 *que* + préposition orpheline et *preposition stranding*

(Pour une discussion des termes et davantage d'exemples, *cf.* le chap. « Les prépositions », V)

Il est très courant que le lien entre la relative et l'antécédent soit spécifié par une préposition ou par un adverbe placés après le verbe ; dans un cas comme dans l'autre, on parle de « préposition orpheline ». Cela concerne notamment les prépositions et les adverbes suivants : *avec, avant, après, pour, sus, dedans, dessus, dessous*[31]. Notons que le subordonnant *que* peut être omis.

Nous distinguons deux cas de figure selon la nature de la préposition. La construction n'est vraiment courante qu'avec les prépositions dites « fortes » (dont nous venons de mentionner quelques-unes dans la liste donnée ci-dessus). Les occurrences avec les prépositions dites « faibles » (*à, de, en*) sont absentes ou peu nombreuses dans certaines régions, alors qu'elles jouissent d'une certaine popularité dans d'autres (surtout à l'ÎPÉ, *cf.* King 2013 : 90–98). Notons la faible fréquence des constructions à préposition orpheline dans le corpus madelinien de Falkert (2010), où la construction est par ailleurs exclue avec les prépositions « faibles ».

II.5.1 *que* + préposition « forte »

Péronnet/Kasparian (1998 : 256) notent que la construction à préposition orpheline est le moyen traditionnel en FA pour construire les relatives lorsque le pronom relatif dépend d'une préposition « forte ». Encore fréquent aujourd'hui, ce type est néanmoins en recul en

---

28 *Cf.* Gadet (1995 : 143) ; pour le XVIIe s., *cf. Le Journal d'Héroard* (Ernst 1985 : 101), Gadet (2003 : 258).
29 *Cf.* Bauche ([2]1951 : 98), Guiraud (1966 : 46ss.), Price (1971 : 138), Gadet (1992 : 95), Schafroth (1993 : 206ss.), Rottet (2001 : 172–174), Gadet (2003 : 252s., 2013).
30 *Cf.* Blanche-Benveniste (2010 : 104) pour le langage parlé en France : « on ne rencontre presque jamais la solution soi-disant populaire qui consisterait à décumuler le *dont* sous la forme *que + en*, *que + de lui* ».
31 Notons que *dedans, dessus, dessous* fonctionnent aussi bien comme adverbes que comme prépositions dans les parlers étudiés ici (*cf.* le chap. « Les prépositions »).

Acadie des Maritimes au profit de la relative réduite avec *que* seul, parce qu'aujourd'hui, selon Péronnet/Kasparian (*ibid.*), « la préposition en fin de proposition est fortement stigmatisée ».

En FL, les constructions à préposition orpheline sont bien ancrées dans l'usage. Elles sont le moyen privilégié de construire la relative si le relatif dépend d'une préposition « forte » ; contrairement à ce que constatent Péronnet/Kasparian (1998) pour l'Acadie, ce type de construction relative gagne encore en importance d'une génération à l'autre (Rottet 2001 : 232). L'influence de l'anglais pourrait jouer un rôle dans cette évolution (mais *cf.* aussi « Commentaire »).

▶ *que + avec*
- ça a des autos de vingt / trente mille dollars à leurs parents que ça va à l'école avec. (NÉ – Hennemann, BSM, SC)
- j'ai des forces icitte là ça qu'on tondait des berbis avec là (NB – Wiesmath 3, D : 146)
- beaucoup de personnes que je travaille avec (NB – Arrighi 2005 : 274, Michelle NB 16 : 8)
- C'est du matériau qu'i faisiont des chemins avec, du gravail (TN – Brasseur 2001 : s.v. *gravail*, p. 233)
- Asteur y a rien qu'on peut jouer avec. (LOU – Rottet 2001 : 233, loc. âgé)
- Cette femme qu'il a marié avec. (LOU – Conwell/Juilland 1963 : 196)

▶ *que + dedans*
- Et t'aimes ça là, le domaine que t'es dedans ? (NÉ – Hennemann, ILM, DO)
- ce temps-là i saliont ça [le poisson] des bocaux de ((rires)) des/ des/ des grous là les qua/ les quarts que la menasse était dedans. (NB – Wiesmath 3, D : 517)
- Un baril c'est ça que la farine tait dedans auparavant. [...] (TN – Brasseur 2001 : s.v. *baril*, p. 42)
- Que ça c'est le tiroir que vous gardez votre cullières dedans ? (LOU – Rottet 2001 : 233, loc. âgée)
- le chemin qu'il avait semé le gravois dedans (LOU – Guilbeau 1950 : 172, Rottet 2001 : 167)
- La première paire de souliers que mon j'ai mis mes pieds dedans là, eh ben, j'ai payé pour moi-même. (LOU – DLF 2010 : s.v. *que*³, p. 505, TB ; Rottet 2001 : 168)

▶ *que + dessus*
- Ça, c'était la meilleure [PARTY], la puS belle que j'étais jamais servie dessus. (NÉ – Hennemann, ILM, EL)
- c'est coumme une BOWL [...] une planche là tu sais que tu / tu frottais dessus là tu frottais des hardes dessus <euh> dessus (NB – Wiesmath 1, B : 807)
- [A propos de loup-marin] Ça a goût de poisson, c'est ça que ça vit dessus (TN – Brasseur 2001 : s.v. *dessus*, p. 158)
- Quand y a de quoi qui va pour être voté dessus... eh ben mon je me mets sus le RADIO et j'explique au vieux monde comment mon je crois qu'eux-autres devrait voter. (LOU – Rottet 2001 : 168, loc. âgé)

▶ *que + pour*
- la dernière compagnie que tu étais assuré pour (FA – Péronnet/Kasparian 1998 : 256)

- C'est de quoi que j'ons pas grande attention pour. (TN – Brasseur 2001 : s.v. *attention*, p. 32)
- J'assaye [ʒ asɛj] de penser des casions qu'i disiont ce mot-là pour. (TN – Brasseur 2001 : s.v. *casion*, p. 95)
- Y a pas arien que quelqu'un attrape que je les traite pas pour. (LOU – Rottet 2001 : 168, loc. âgée)
- Irène c'est la personne que tu devrais demander pour au magasin. (LOU – Rottet 2001 : 229, loc. âgé)

Commentaire
Les constructions à préposition orpheline « forte » sont très répandues en français parlé de France : *le docteur qu'il est question qu'elle se marie avec* (Bauche ²1951 : 128), *prends le pot que c'est écrit dessus* (Gadet 1995 : 95).

Vu l'ancienneté du phénomène, sa présence dans toutes les variétés orales du français[32] et aussi le fait que des constructions pareilles sont attestées dans d'autres langues romanes (dont l'italien, le portugais, l'occitan), voire en bas-latin (Gadet 1995 : 145), on ne saurait attribuer l'existence de ces relatives en FA, en FTN et en FL à la seule influence de l'anglais (Rottet 2001 : 172–174). Ceci étant, il n'en reste pas moins que la fréquence élevée de ces relatives non standard ainsi que l'apparition de types inconnus en français de France (par ex. la relative avec préposition orpheline « faible », *cf.* II.5.2., et l'omission du *que* dans la relative, *cf.* ci-dessous III) sont sans aucun doute favorisées par les structures parallèles dans la langue dominante (*cf.* aussi ci-dessous « Commentaire » en III et VI).

II.5.2 *que* + préposition « faible »

La postposition des prépositions « faibles » est beaucoup moins fréquente ; de fait, elle n'est possible que dans certaines régions :
- En FA, *de* peut entrer sporadiquement dans la construction ; *à* est rarement postposé (*cf.* pour le NB, Wiesmath 2006 : 213).
- Le procédé ne semble pas courant en FTN ni dans le parler des Îles-de-la-Madeleine.
- En FL, la construction à préposition orpheline « faible » ne fait pas partie de l'usage traditionnel[33]. Dans l'usage des semi-locuteurs, pourtant, les prépositions « faibles » commencent à apparaître dans ces structures, qui sont, tous types de préposition confondus, en nette augmentation d'une génération à l'autre (*cf.* Rottet 2001 : 232). En outre, le remplacement des prépositions « faibles » par les « fortes » en position « orpheline » souligne la tendance à employer des moyens syntaxiques plus explicites et des formes grammaticales plus saillantes dans ce groupe (Rottet 2001 : 234).
- Il n'y a qu'à l'ÎPÉ que la postposition des prépositions « faibles » soit tout à fait établie aujourd'hui. Roberge (1998 : 53), comparant les variétés du français québécois, de l'Alberta, de l'Ontario et de l'ÎPÉ, constate que dans cette dernière région, la construction avec préposition orpheline est même « moins contrainte qu'elle ne l'est en anglais quant à l'adjacence du verbe et de la préposition » (pour plus de détails, *cf.* le chap. « Les prépositions », V) (*cf.* aussi King 2000 et 2013 : 90–98).

▶ *que* + préposition « faible »
- et d'quoi d'aut' que moi/j'suis une vraiment BIG FAN de c'est/le manger (NÉ – Fritzenkötter 2015 : 259)
- ej vas m'adapter à la situation pis à la parsounne que je parle à. (NÉ – Fritzenkötter 2015 : 259)

---

[32] *Cf.* par ex. Léard (1995 : 102) pour le FQ, où seules les prépositions « fortes » sont admises dans la construction, et Papen (2006 : 164) pour le franco-minnesotain, le franco-albertain et le franco-manitobain.
[33] *Cf.* Guilbeau (1950 : 171s.), Papen/Rottet (1997 : 107), Rottet (2001 : 168).

- on a peut-être pas parlé de tout' ça qu'on voulait parler de (NB – Wiesmath 2006 : 212, Wiesmath 11, U : 149)
- i ont pas d'enfants pis i ont jamais eu rien * s'attacher à (NB – Wiesmath 2006 : 213, Wiesmath 2, F : 759)
- Ça, c'est le weekend que je me souviens de (ÎPÉ – King 2000 : 136)
- La fille que j'ai donné la job à. (ÎPÉ – Roberge 1998 : 54)
- Mon jh'a été élécté y a seize ans déjà, ça fait, ... un bête Cadien qu'a été élécté en place est après changer tout la mode qu'eusse avait l'habitude de. (LOU – Rottet 2001 : 168, locuteur jeune, *cf.* aussi King 2013 : 97)
- Jha c'est le magasin que je vas tout le temps à (LOU – Rottet 2001 : 233, loc. âgée, *cf.* aussi King 2013 : 96)

▶ **Remplacement des prépositions « faibles » par des prépositions « fortes »**
avec **au lieu de** *à*
- Et le vieux que mon pape a acheté la terre avec a dit une histoire à mon pape. (LOU – Rottet 2001 : 169, loc. âgée)

après **au lieu de** *de*
- Ça c'est les enfants mon jh'est bien content après. (LOU – Rottet 2001 : 234, semi-locuteur)

dedans **au lieu de** *à*
- Pis c'est ça que nous-autres on a participé dedans (NÉ – Hennemann, BSM, RG)

pour **au lieu de** *à/de/par*
- la dernière compagnie que tu étais assuré pour (FA – Péronnet/Kasparian 1998 : 256)
- C'est de quoi que j'ons pas grande attention pour. (TN – Brasseur 2001 : s.v. *attention*, p. 32)
- Ça c'est les enfants que j'sus si fier pour. (LOU – Rottet 2001 : 234, loc. âgé)
- Qui t'es intéressé pour ? (LOU – Rottet 2001 : 169, loc. âgée)
- et puis la place je te conte pour là [...] (LOU – *Découverte*, Grand Louis, Évangéline) (« dont je te parle »)

Commentaire
Les prépositions « faibles » n'entrent pas dans les structures à préposition orpheline en français parlé de France ni en FQ (*cf.* Léard 1995 : 102 et le chap. « Les prépositions », V).

Vinet (1984 : 239) atteste des occurrences de prépositions orphelines « faibles » dans le français de Montréal tout en soulignant la rareté du phénomène : *Marie est une fille que j'ai confiance en* ; *le gars que j'ai parlé à* (cité dans King 2000 : 138). Pour la variété de Moncton, Roy (1979) en relève les exemples suivants : *C'est la chose que je veux vous parler de. Si que la personne j'ai adressée... je m'ai adressé à peut pas me comprendre...* (cité dans King 2000 : 144).

III Omission du pronom relatif

Dans les variétés étudiées dans cet ouvrage, on note une certaine tendance à omettre le pronom relatif, notamment le pronom *que* en fonction d'objet direct et de *que* « passe-partout » dans les relatives réduites et résomptives[34].

---

[34] Pour le FA : Arrighi (2005 : 276 ; 287s.) ; pour le FL : Guilbeau (1950 : 172), Brandon (1955 : 452), Papen/Rottet (1997 : 106), Rottet (2001 : 161 ; 170 ; 229 ; 231).

Que peut tomber justement parce qu'il est passe-partout. Paradoxalement donc, la surgénéralisation de *que* en facilite l'élimination[35].

III.1 Omission du pronom relatif *qui*

Contrairement à *que*, le pronom sujet *qui* est rarement omis dans les variétés analysées[36].
- ben asteure zeux aviont des enfants * alliont à l'école (NB – Arrighi 2005 : 270, Sarah NB 20 : 120)
- un p'tit garçon * avait jamais eu peur (LOU – Brandon 1955 : 452)

En revanche, lorsque deux relatives sont coordonnées par *pis* dans la fonction de *et*, la deuxième proposition n'est pas nécessairement introduite par *qui* (*cf.* Arrighi 2005 : 302)[37] :
- Pis i y a du monde qui s'asseye rienque pis mange rienque des Homards. (NÉ – Hennemann, BSM, RL)
- on emportait du tabac à un vieux . qui fumait pis * avait pas de moyen de s'acheter du tabac i tait à l'hospice (NB – Arrighi 2005 : 302, Laura NB 8 : 213-214)
- j'ai décidé de venir ici pace c'est une place qui marchait bien pis * vient de plus en plus gros à toutes les années (NB – Arrighi 2005 : 302, Michelle NB 16 : 4-5)

III.2 Omission de *que*

Dans toutes les fonctions qu'il peut adopter – complément d'objet direct, complément prépositionnel ou simple subordonnant –, *que* est fréquemment omis dans tous les parlers concernés[38]. Soulignons qu'il est surtout omis en tant qu'introducteur d'une complétive ou d'une circonstancielle (*cf.* le chap. « La subordination », I.4.), alors qu'il se maintient mieux dans les structures relatives. Dans celles-ci, le phénomène est indépendant du statut de *que*, pronom relatif à part entière cumulant les fonctions de subordonnant et d'élément de rappel du référent, ou *que* « passe-partout », dans le cas du décumul, marquant seulement le début de la subordonnée (*cf.* Arrighi 2005 : 299).

Les études récentes sur le FL sont unanimes à souligner l'ampleur du phénomène et à juger décisive l'influence de l'anglais pour l'expliquer (Stäbler 1995 : 186)[39] ; il semble

---

35 Pour une étude approfondie des contextes dans lesquels *que* peut tomber en FA, *cf.* Arrighi (2005 : 287-304) ; Arrighi étudie également les cas d'ellipse de la conjonction *que* dans les complétives et les circonstancielles.
36 Pour le FA : Arrighi (2005 : 288), Wiesmath (2006 : 188). Pour le FL, Rottet (2001 : 163s.) signale seulement la possibilité de l'omission de *que*, et pas de *qui* sujet.
37 Ajoutons que cela concerne également d'autres relatifs et aussi les circonstancielles coordonnées : la conjonction subordonnante n'y est pas nécessairement reprise (*cf.* le chap. « La subordination », I.4.).
38 Pour le FA : Arrighi (2005 : 287), Wiesmath (2006 : 195) ; pour le FTN : Brasseur (2001 : L-LI) ; pour le FL : Brandon (1955 : 452), Stäbler (1995 : 186), Rottet (2001 : 164 ; 229 ; 232). – Conwell/Juilland (1963 : 195) et Papen/Rottet (1997 : 106) qualifient cependant ce phénomène de « rare » et « d'occasionnel ».
39 L'influence anglaise est déjà considérée comme décisive par Brandon (1955 : 452).

également que la tendance se renforce avec le temps : Rottet (2001 : 229) note un déclin qualifié de « dramatique » dans l'usage de *que* d'une génération à l'autre[40].

Après l'antécédent neutre *ça (ce)* (*cf.* ci-dessous V) et dans certaines tournures figées – *la manière que* (en FA/FTN/FL pour « la manière dont »), *la raison que* (en FA/FTN/FL pour « la raison pour laquelle ») –, l'ellipse de *que* est particulièrement fréquente.

▶ **Omission de *que* en fonction de complément d'objet direct**

- Halifax, il y a s/ six ou sept places. Et là ANYWAY, sur le papier * je t'ai apporté, c'est dessus. (NÉ – Hennemann 2014 : 218, ILM)
- je vas parler aussi d'une / . une chanson Angèle Arsenault * Marcel fera jouer euh plus tard (NB – Wiesmath 10, X : 179)
- moi la première job * j'ai eu c'est la/ la/ la première chose * j'ai fait je suis allée me chercher de l'assurance-vie (NB –Arrighi 2005 : 268, Catherine NB 19 : 486–487)
- pis tu me racontais des choses * j'avais jamais entendues (NB – Arrighi 2005 : 267, Odule NB 21 : 265–266)
- [...] Mais moi la meilleure explication * j'ai jamais entendu pour *les jackatars* – les Anglais avont changé – les Jacques de terre, vous avez jamais entendu ça, les Jacques de terre ? [...] (TN – Brasseur 2001 : s.v. *jackatar*, p. 257)
- Tu peux faire la grosseur * tu veux. (TN – Brasseur 2001 : L)
- c'était la seule ecstricité * y avait dans Gueydan (LOU – Stäbler 1995 : 185, Stäbler 1995 : 99, corpus)
- mais c'est la chose en bois [que] j'ai oubliée (LOU – Conwell/Juilland 1963 : 195)
- c'est une femme [que] je connais pas (LOU – Conwell/Juilland 1963 : 196, note 72)
- c'est du bois * je t'ai envoyé chercher (LOU – Guilbeau 1950 : 172, Papen/Rottet 1997 : 106)

▶ **Omission de *que* complément d'objet direct après l'antécédent *ce/ça***

Nota bene : parfois, notamment après *tout*, l'antécédent neutre tombe aussi (pour la relative indépendante, *cf.* V, pour le rôle de *ça* en FL, *cf.* VI.1.) :

- c'est tout * je trape itou (NÉ – Hennemann, BSM, RL)
- pis c'est un petit peu ça * j'avais à vous dire (NB – Wiesmath 10, X : 133)
- SO tu ce * tu mettais c'était un drap (NB – Wiesmath 1, B : 404)
- ah oui c'était tout * je pouvais faire (NB – Arrighi 2005 : 302, Laura NB 8 : 163–164)
- pis c'est ça * je veux dire (IdlM – Falkert 2010, corpus : 51, p. 489, CD-ROM)
- N'importe quoi ce * tu vas maudire c'est un jurement. Si tu maudis une vache, un chien ... c'est jurer. (TN – Brasseur 2001 : s.v. *jurement*, p. 264)
- Ça * tu mangeais dans ces temps-là, c'est beaucoup meilleur ça ce * tu manges asteure. (TN – Brasseur 2001 : s.v. *ça, ç'*, p. 82)
- Faulait que tu faises ce * tu pouais pour faire ène vie. (TN – Brasseur 2001 : s.v. *vie*, p. 468)
- je peux pas y faire faire ça * je veux tu connais (LOU – Stäbler 1995 : 155, corpus)
- C'est ça * je veux. (LOU – Papen/Rottet 1997 : 82)
- Donne-moi ça * tu m'a promis. (LOU – DLF 2010 : s.v. *ça*[3], p. 95, SM)
- C'est pour ça j'ai réussi si bien, j'étais après faire ça réellement * je voulais faire. (LOU – DLF 2010 : s.v. *après*[3], p. 34, SM)

---

[40] La baisse de l'usage de *que* s'explique principalement par l'augmentation des cas d'ellipse et de l'usage de *ça* au lieu de *que* (*cf.* ci-dessous VI.1.) – ces deux évolutions sont considérées comme le signe de l'étiolement linguistique et de l'influence croissante de l'anglais (Rottet 2001 : 231, Neumann-Holzschuh 2009b : 54).

- ramasse ça * tu veux, fais ça tu * veux [...] (LOU – *Découverte*, Châtaignier, Évangéline)
- si j'peux deviner ça [qu']i'veut (LOU – Brandon 1955 : 453, Rottet 2001 : 164)
- c'est pas ça * tu sens (LOU – Brandon 1955 : 453)
- Quand moi j'ai été né ici là, il y avait pas de chemin, il y avait pas d'autre chose qu'une île, c'est tout ce * t'avais (LOU – *Découverte*, Isle Jean Charles, Terrebonne)

▶ **Omission de *que* au sens locatif, temporel et après les expressions de manière**
- Oui, c'est là * je l'avais rencontrée. (NÉ – Flikeid 1996 : 318, BSM)
- J'oblirai jamais ... la première journée * j'ai appris comment me baigner. (NÉ – Flikeid 1996 : 314, ILM)
- c'est la seule manière * tu vas pouvoir vivre (NB – Wiesmath 2006 : 195 ; Wiesmath 2, E : 712)
- non on avait pas sorti ste soir-là le soir * i s'aviont neyés là (NB – Wiesmath 3, D : 369)
- les dernières années * j'étas à Montréal je travaillais dans les/les habits d'homme (IdlM – Falkert 2010, corpus : 225–226, p. 386, CD-ROM)
- Ça c'est le magasin * je vas aller aussi. (LOU – Rottet 2001 : 229, loc. âgé)
- Évangéline, c'est là * j'ai été née (LOU – *Découverte*, Châtaignier, Évangéline)

Si *que* est omis alors qu'il y a un élément de rappel dans la subordonnée, le pas est franchi vers la parataxe. Il est alors difficile de juger si on a affaire à une structure relative ou segmentée[41] :
- c'est une bâtisse * i vendont du / mettont du butin dedans (NÉ – Hennemann, PUB, ID)
- pis y avait/ y avait une maison * i y avait une femme dedans (NB – Arrighi 2005 : 267, Laura NB 8 : 206–207)
- parce que euh: ta mère était assez une personne * tu pouvais jaser avec elle (ÎPÉ – Arrighi 2005 : 267, Aldine H. ÎPÉ 3 : 185–186)
- Y a des femmes, les hommes pouvont pas s'en démettre. (TN – Brasseur 2001 : s.v. *démettre (se)*, p. 154)
- Ça c'est ça le livre * les enfants a vidé de la crème dessus. (LOU – Rottet 2001 : 229, loc. âgée)

Commentaire
Pour le non-standard contemporain, Gadet souligne que les locuteurs du français sont « habitués à une certaine interchangeabilité entre structures avec et sans *que* » (1995 : 148, *cf.* aussi 2003 : 260, 2013 : 76), mais elle ajoute aussi que l'omission de *que* concerne principalement les complétives et les circonstancielles. Quant aux relatives, elle note pour le français parlé en France que l'omission « n'est pas très fréquente » ; elle apparaît notamment après les présentatifs *c'est*, *il y a* (Gadet 2003 : 260 ; 262).

La fréquence de l'omission de *que* dans les parlers qui nous intéressent ici s'explique par la convergence de facteurs internes et externes (Wiesmath 2002 : 405, 2006 : 196). Parmi les facteurs intrasystémiques à l'origine de certaines tendances évolutives du français, on peut compter la préférence de la parataxe à l'hypotaxe (Arrighi 2005 : 303). D'autre part, il y a sans doute une influence non négligeable de l'anglais, où l'omission de *that* correspond parfaitement au standard. Mais le fait que l'omission de *que* dans les variétés fortement anglicisées ne soit pas un phénomène nouveau et le constat que l'omission concerne même les variétés faiblement anglicisées, dont le français parlé de France, plaident en faveur d'un processus causé par plusieurs facteurs[42].

La tendance à l'omission de *que* est également attestée dans les variétés laurentiennes du français (Martineau 1993) et dans le français mitchif du Manitoba (Papen 2004).

---

41 *Cf.* Gadet (2003 : 260) à propos des relatives résomptives et des structures segmentées (aussi appelées « détachements ») : « une relative à laquelle on ôte *que* est un détachement, un détachement auquel on ajoute *que* donne une résomptive ».
42 *Cf.* Neumann-Holzschuh (2009b : 54), *cf.* aussi Rottet (2001 : 173), Wiesmath (2002 : 405), Gadet (2013 : 77).

III.3 La particule *là* en fin de relative
(*cf.* également le chap. « La connexion », II.1.3.)

La particule *là* apparaît souvent en fin de subordonnée comme signal de clôture, et donc également en fin de relative. *Là* se situe ici à un « nœud du discours » et joue un rôle syntaxique (Arrighi 2005 : 426).

- l'analyse que j'ai faiT là (NÉ – Hennemann, ILM, BJ)
- c'est coumme une BOWL [...] une planche là tu sais que tu / tu frottais dessus là tu frottais des hardes dessus <euh> dessus (NB – Wiesmath 1, B : 807)
- Un homme qu'est fronté là hein, bien i va pas spérer si i a faim là [rires], i va pas spérer que quiqu'un li donne à manger, i va prendre à manger lui-même ! [...] (TN – Brasseur 2001 : s.v. *affronté, fronté*, p. 9)
- Y a de la planche qui se met ensemble là, un bord t'as ène *groove* [angl. « rainure »], pis l'autre t'as un bec qui se fait iun dans l'autre. (TN – Brasseur 2001 : s.v. *bec*, p. 48)
- « Un homme qui veut là », je dis, « il peut gagner le pot comme un petit [...] » (LOU – *Découverte*, Mamou, Évangéline)
- Et l'homme euh... qu'elle sort avec là, manière c'était un homme marié, ouais (LOU – *Découverte*, Mamou, Évangéline)

Or, dans les cas où le pronom relatif est omis, la particule *là* reste la seule marque de la subordonnée. En l'absence de *que*, « *là* joue un rôle pragmatique visant à réduire l'ambiguïté » (Arrighi 2005 : 427). Contrairement au pronom relatif, cette marque est postposée à la relative.

- puis euh le bâtiment * vous voyez en arr/ pas le bâtiment ben le bateau * vous voyez en arrière de lui là . ça c'est euh . à ma connaissance la dernière des SKOW (NB – Wiesmath 13, H : 144)
- Ça fait, c'est cet argent * il a gagné là qui nous a donné le chifferobe et quatre chaises neufs. (LOU – *Découverte*, Mamou, Évangéline)
- et puis la place * je te conte pour là, *Hick's Wagon Wheel* là, il y avait un tas de monde qu'allait en boghei et à cheval et euh en wagon là (LOU – *Découverte*, Grand Louis, Évangéline)

Reste à savoir si, dans ces cas, nous assistons à la naissance d'une nouvelle structure relative, où la particule *là* adopterait implicitement la fonction du pronom manquant (*cf.* Arrighi 2005 : 427, Wiesmath 2006 : 222)[43]. Cette hypothèse appelle toutefois une réserve : l'omission de *que* n'est pas assez avancée dans les parlers étudiés pour conclure à un rôle clé de la particule *là* comme marque de la proposition relative. Sa présence n'entraîne pas systématiquement la chute du *que*, la particule se trouvant dans la majorité des cas en co-présence avec *que* (*cf.* Arrighi 2005 : 427s.). Pour l'instant, nous considérons *là* comme un signal de clôture de la subordonnée et également, dans les cas où l'énoncé continue, comme une charnière entre la subordonnée et la principale.

---

[43] Cette observation revêt d'autant plus d'importance qu'on connaît dans certains créoles la grammaticalisation de la particule *la* comme marque de la relative (*cf.* Ludwig/Pfänder 2003).

IV *où* et ses variantes

Que apparaît fréquemment à la place de *où*, notamment dans l'emploi temporel (*cf.* ci-dessus II.3.). Dans l'emploi locatif, *où* se maintient mieux, de sorte qu'il semble y avoir une certaine spécialisation de *où* au sens strictement locatif (Arrighi 2005 : 264s.). Les constructions avec une préposition locative et la série en *lequel* (*dans lequel*, *auquel*, *sur lequel* etc.) sont inexistantes dans les variétés concernées.

Notons les spécificités suivantes :
- Pour les formes périphrastiques de *où* et leur répartition géographique, nous renvoyons au chap. « L'interrogation » (IV.1.) ; le pronom relatif prend les mêmes formes que le *où* interrogatif. La variation des formes est grande, même à l'intérieur d'un seul énoncé (Arrighi 2005 : 281).
- *Où* peut être remplacé par *ce que* en NÉ, aux Îles-de-la-Madeleine et à TN et, dans le tour *partout ce que* également au NB et en LOU (*cf.* V.1.).
- *Où* relatif et ses variantes peuvent aussi faire partie de structures à proposition orpheline :
  - Le garde-grain c'est le... le *wall-plate* [angl. « plaque d'assise »] yu-ce que les chevrons sont mis dessus [...]. (TN – Brasseur 2001 : s.v. *garde-grain*, p. 219)

- L'adverbe locatif *là* sert souvent d'antécédent à *où*.

▶ Formes simples (surtout en FL)
[u]
- dans l'hôpital là où j'étais y avait pas seulement que des Allemands (IdlM – Falkert 2010, corpus : 18–19, p. 105, CD-ROM)
- Lui, il a été éné droite là la même place là où il reste asteur. (LOU – DLF 2010 : s.v. *ayoù*, p. 52, TB)

[ju]
- j'étais ioù vous voyez là (NB – Wiesmath 13, H : 164s.)
- et là yoù il a les cocodries il fait chaud (LOU – Stäbler 1995 : 19, corpus)

[aju]
- Ça c'est là aiou je vas tout le temps (LOU – Rottet 2001 : 230, loc. âgée)

[eju]
- je vas vous raconter comment le/ . les environs ça change. droit éyoù votre chaise est asteur-là . y avait une pièce de coton éyoù on est assis asteur c'était/. c'était un clos. c'était une pièce de coton (LOU – Stäbler 1995 : 9, corpus)

▶ Formes périphrastiques
[u kə]
- ça marche très très bien ce::/ vraiment c'est un succès où que je/ que je travaille (NB – Arrighi 2005 : 280, Michelle NB16 : 7–8)

[usk(ə)] (FA/FTN), [ysk(ə)] (FA/FTN)
- Mais les houmards sont pluS dans des fonds rocheux là où-ce qu'i peut se cacher dans des trous et du STUFF de même. (NÉ – Hennemann, BSM, RL)

- et puis sa petite maison à côté où ce qu'alle a élevé euh neuf enfants euh tout seule (NB – Wiesmath 13, H : 106)
- ben mon mari ùsqu'il travaillait lui ben i fermiont la:/ la:/ la SHOP (NB – Arrighi 2005 : 280, Zélia NB 17 : 30–31)
- pis euh aux maisons oùsque t'allais travailler (NB – Arrighi 2005 : 280, Steven NB 8 : 152)
- à Memramcookies là c'est un autre chemin par chez nous là qu'i appelont ça le chemin des Breau . oùsqu'était le moulin sus empremier là (ÎPÉ – Arrighi 2005 : 280, Rose ÎPÉ 9 : 9)
- pis il a revenu s'asseoir où-ce qu'il était (IdlM – Falkert 2010, corpus : 296, p. 263, CD-ROM)
- [...] Tu peux faire quo-ce que tu veux, tu peux aller où-ce que tu veux. (TN – Brasseur 2001 : s.v. *âge*, p. 9)
- Y en a deux d'ieusses qui s'aviont fait un canot [kano] ; pis i les aviont sus le bord du cap u-ce que leu-z-échouerie tait. (TN – Brasseur 2001 : s.v. *échouerie*, p. 173)

[uɛsk]
- on est d'un milieu où est-ce qu'i y a beaucoup d'Anglais (NÉ – Hennemann, ILM, LL)

[jus(k)(ə)] (FA/FTN/FL[44]) et [jysk(ə)] (TN)
- Ben, je marchions su ma tante C., su le fait de la rail du pont, pas droite dans le milieu yoù-ce que y avait les steel, là, ben su le côté-là yoù-ce qu'y avait les madriers de bois. (NÉ – Flikeid 1996 : 316, ILM)
- i y en a d'autres dans le foyer iouze vous avez été là (NB – Wiesmath 7, O : 52)
- à Fort Beauséjour là l'autre bord de MONCTON là ioù ce qu'i avont/ ioù ce qu'i les avont déportés là où ce qu'i les avont chassés là (NB – Wiesmath 4, M : 250)
- j'allais travailler là ioùsque je pouvais m'en aller chez nous le soir (NB – Arrighi 2005 : 281, Laura NB 8 : 97–98)
- Je vas aller les amener ici pis les mettre dans un petit parc yu-ce que je peux les attraper, je vas aller les amiauler. (TN – Brasseur 2001 : s.v. *amiauler, ramiauler*, p. 16)
- [...] ce tait le *dining-room* [angl. « salle à manger »] yu-ce que je dinions et de quoi de même. (TN – Brasseur 2001 : s.v. *barrer*, p. 43)

[vusk(ə)] (FL)
- Oh, j'ai ité inée à la Pointe aux Chênes, drette au long sus le Bayou Lafourche. Proche vis-à-vis de là voù-ce que mon mari était iné [...] (LOU – Rottet 2001 : 145, loc. âgée)

[ejusk(ə)]
- Pace comme que c'est là asteure, du monde qui... de Stephenville ou de n'importe qu'éyou-ce qu'i devient, s'i venont par ici il allont au bout di Cap là, i faut qu'i revirent [ərvɪʀ] de bord. (TN – Brasseur 2001 : s.v. *devenir*, p. 160)

- On passe à tous les cimitières éiou-ce qu'on a des parents. (LOU – Rottet 2001 : 164, loc. âgée)
- Ça c'est le tiroir éiou-ce que vous gardez les cullières [sic] ? (LOU – Rottet 2001 : 230, loc. âgé)

[aju kə]/[ajusk(ə)]
- Une échouerie c'est une place ayou que le monde pêche. (TN – Brasseur 2001 : s.v. *échouerie*, p. 173)
- Mon oncle qui reste en travers là du chemin ayoù ce que j'ai été élevé de chez mame et pape (LOU – *Découverte*, Pointe-aux-Chênes, Terrebonne)
- Il a pris à le retracer en regrichant la trace, ayoù ce qu'il devenait. (LOU – DLF 2010 : s.v. *ayoù*, p.52, AC, An94) (« He started to retrace the trail, backtracking, in the direction that it [the deer] had come from. »)

---

44 Le DLF (2010 : s.v. *ayoù*, p. 52) atteste la forme *iousque* en FL ; notons l'absence d'exemple dans le corpus *Découverte*.

[ju kə sɛ]
- Une savane, de quoi de même, you que c'est qu'y a des trous de vase. (TN – Brasseur 2001 : s.v. *savane*, p. 414)

V Les relatives indépendantes introduites par *ça (ce) qui/(que)* et par *quoi*

Les relatives indépendantes[45] et les pseudo-clivées (*cf.* Blanche-Benveniste 2010 : 164ss., Wiesmath 2006 : 201) – que nous incluons dans la présente section – se construisent en FS avec les formes *ce qui/ce que*, tandis que les parlers concernés ici recourent aux formes renforcées *ça qui/ça que* ou bien à l'interrogatif *quoi* et à ses variantes périphrastiques. Notons que le démonstratif neutre *ça* peut aussi être omis (*cf.* V.2.).

Les pronoms relatifs et interrogatifs étant interchangeables dans les variétés analysées ici, on trouvera, parmi les exemples cités dans cette partie, des propositions introduites par les pronoms qui apparaissent également sous la même forme dans l'interrogation directe et indirecte (*cf.* le chap. « L'interrogation »).

Commentaire
En FS, *ce qui/ce que* s'emploient dans les relatives indépendantes et dans l'interrogation indirecte. Dans la langue familière, la relative indépendante peut également être introduite par les éléments périphrastiques de l'interrogation directe : « c'est qu'est-ce que je te dis depuis deux heures » (Gadet 1992 : 97) (« ce que »). Il en va de même en FQ : « Je ferai qu'est-ce qui te plaît. / Je pense à qu'est-ce que tu penses. » (Léard 1995 : 101).

V.1 *ça (ce) qui/que*

Pour la forme et l'usage des relatives indépendantes[46] nous observons les faits suivants :
- L'antécédent neutre apparaît sous la forme forte, *ça*, au lieu de *ce*.
  - Cet emploi est presque systématique dans les variétés parlées en NÉ et au NB[47]. Wiesmath (2006 : 199) note que malgré « une multitude surprenante de variantes possibles » pour introduire la relative indépendante, la forme *ça (qui/que)* reste la plus fréquente. Ce n'est qu'après l'indéfini *tout* que nous relevons un nombre considérable d'occurrences de *ce* (*tout ce (que)*) (*cf.* aussi Gesner 1979a : 101).
  - L'antécédent neutre est souvent doublement marqué, notamment à TN : *ça ce que*.
  - Dans le parler traditionnel en LOU, on note la coexistence des formes *ce qui/que* et *ça qui/que*[48]. Notons que dans le parler des semi-locuteurs, *ça que* ne sert pas seulement à introduire une relative indépendante mais apparaît également dans les relatives adjectives, à côté de *ça* seul qui tend à remplacer le relatif *que* (Rottet 2001 : 229 ; *cf.* ci-dessous VI.1.).

---

45 Muller (2013 : 128). – Riegel et al. (2011 : 814s.) emploient le terme *relative périphrastique à antécédent neutre*.
46 Pour *ça qui/ ça que* dans l'interrogation indirecte, *cf.* le chap. « L'interrogation », V.5.3.
47 Notons que dans le corpus madelinien de Falkert (2005) la forme *ce qui/ce que* est usuelle.
48 Rottet (2001 : 164) ; *cf.* aussi Brandon (1955 : 453), Conwell/Juilland (1963 : 196, note 75).

- L'antécédent neutre peut être omis, surtout en FTN (notamment après l'indéfini *tout*) et en FL (Conwell/Juilland 1963 : 196) (*cf.* V.2.)[49].
- *Que* peut être omis, l'antécédent *ça* (occasionnellement *ce*) introduisant alors seul la relative (*cf.* III.3.).
- *Ce que* peut avoir le sens de « où » locatif, aussi bien dans les propositions relatives que dans les interrogations (*cf.* le chap. « L'interrogation », IV.1.).
- Pour l'emprunt anglais *which (que)*, *cf.* VII.1.

▶ *ce qui/ce que* (surtout après *tout*)
- i dit a fait tout-ce qu'a peut (NÉ – Hennemann, ILM, EL)
- six piasses pour tout ce qu'alle avait besoin (NB – Wiesmath 2, F : 669)
- Tout ce que tu vas voir c'est des bois et de la mousse. (LOU – Rottet 2001 : 164, loc. âgée)

▶ *ça qui* (FA/FTN/FL), *ça ce qui* (FTN)
- Et pis ça qui faisait dur dans les maisons c'est quanT que t'es / t'es / tu nettoyais des planchers des bois. (NÉ – Hennemann, ILM, IS)
- le maître de poste « sais tout ça qui se passe dans le monde » (NÉ – *Lettres de Marichette*, Gérin/Gérin 1982 : 132)
- c'est pas ça qu'est ma passion c'est pas ça qui / qui / qui me *drive* . c'est pas ça qui me donne du jus dans le corps tu sais (NB – Arrighi 2005 : 269, Michelle NB 16 : 219–220)
- L'aile de la charrue, ou l'oreille de la charrue, mais c'est quasiment tout l'aile, ça qui chavire la terre, qui chavire le gazon, ce-pas ? (TN – Brasseur 2001 : s.v. *aile*, p. 10)
- Le bec de la charrue, hein, c'est ça ce qui passe sous la terre, c'est ça ce qui gouvarne la charrue dans la terre. (TN – Brasseur 2001 : s.v. *bec*, p. 48)
- Allons dire que t'as nettoyé un poulet, une poule, eh ben ça qui reste c'est les débris. (LOU – DLF 2010 : s.v. *ça*^{3}, p. 95, LF)
- Vous connaît ça qui fait la différence, ça qui fait mauvais, c'est comme jh'ai dit à lu' (LOU – Rottet 2001 : 164, locutrice jeune)

▶ *ça que* – *que* en fonction de complément d'objet direct, indirect ou prépositionnel
- pour acheter ça qu'on a besoin (NÉ – Hennemann, ILM, DO)
- t'avais ça que t'appelles une boête à bois derrière ton poêle (NB – Wiesmath 2006 : 200, Wiesmath 1, B : 677)
- les régionalismes je pense c'est ça que tu parles (NB – Arrighi 2005 : 265, Fred. NB 15 : 141)
- la seule chose qui:/ je trouve plate des Îles-de-la-Madeleine ça qu'on pourrat mettre dans les points négatifs aussi ça me revient c'est les:/ le fait de pas avoir de/de CEGEP là pour des études là que/ (IdlM – Falkert 2010, corpus : 143–145, p. 320–321, CD-ROM)
- I yi donne la moitié de ça qu'il avait. (TN – Brasseur 2001 : s.v. *ça, ç'*, p. 82)
- Ça ce qu'il avont fait là, il avont fait ça avec de la terre. (TN – Brasseur 2001 : s.v. *ça, ç'*, p. 82)

---

[49] Cela concerne aussi les relatives périphrastiques avec un antécédent humain (*celui*, etc. *qui*) : *il y a là [ceux] qui appellent ça une piroque* (Conwell/Juilland 1963 : 196, note 73).

- C'est ça que mon père faisait aussi, il piégeait. [...] (LOU – DLF 2010 : s.v. *ça³*, p. 95, LF)
- Un homme qui avait tout ça qu'il avait de besoin. (LOU – DLF 2010 : s.v. *besoin*, p. 70, SL)
- Alle vendait tout ça qu'y avait dans la maison. (LOU – Rottet 2001 : 164, loc. âgée)
- Parlez avec R., et la motchié de ça qu'il va vous dire c'est en anglais. (LOU – Rottet 2001 : 133, loc. âgé)

▶ *ce que* [sk(ə)] au sens de « où » locatif
- on est / libre d'aller ce qu'on veut (IdlM – Falkert 2010, corpus : 218, p. 500, CD-ROM)

Ce que dans le sens de « où » apparaît surtout après l'adverbe locatif *partout* ; il ne semble pas exclu qu'il s'agisse ici d'un phénomène morphophonématique, c.-à-d. de la fusion de la deuxième syllabe de l'adverbe avec le pronom *où*.
- pis partout ce qu'on allait on avait assez peur (NB – Wiesmath 4, M : 50)
- partout ce qu'y a des salles [Interlocuteur : Âge d'Or] partout où-ce qu'y a des salles d'Âge d'Or (IdlM – Falkert 2010, corpus : 609, p. 481, CD-ROM)
- i a travaillé là. un peu partout ce qui pouvait (IdlM – Falkert 2010, corpus : 18, p. 509, CD-ROM)
- et on est bien reçu tout partout ce qu'on va (LOU – Stäbler 1995 : 183, Stäbler 1995 : 188, corpus)

Commentaire
Grevisse/Goosse (2008 : § 697 R3, p. 898) signalent la présence de la forme *ça que* pour *ce que* dans certaines régions de France (Auvergne) et parlent d'un cas « d'empiètement » de *ça* dans le domaine de *ce*.

V.2 Omission de l'antécédent neutre *ça/(ce)*

Le pronom démonstratif neutre qui sert d'antécédent à la relative peut tomber[50] ; en FTN, cela concerne surtout le tour *tout ce qui/que*.
- qui est SAD, les Francophones, ça diminue (NÉ – Hennemann, BSM, RG) (« ce qui est triste »)
- i ont eu des chorales i ont eu tout sortes de choses là aussi [...] qu'est bon parce que lui i trouve que [...] (NB – Wiesmath 2, F : 248) (= « ce qui est bon parce que... »)
- ensuite ç'a venu les machines électriques . qui est moins fatigant (NB – Wiesmath 6, L : 310) (= « ce qui est moins fatigant »)
- Y a des vers dans la morue, c'est tout qu'y a. (TN – Brasseur 2001 : s.v. *tout*, p. 451)
- C'est tout que j'avions. C'est tout [tut] ! Deux trois petits *candys* et pis un petit morceau de pomme. [...] (TN – Brasseur 2001 : s.v. *candy*, p. 88)
- tout * qu'il a vu (LOU – Brandon 1955 : 453)
- c'est [ce] que Laurence a fait (LOU – Conwell/Juilland 1963 : 196)
- WELL, tu sais qui est mon idée à mon, ça se croit de trop, ça veut pas parler français. (LOU – Rottet 2001 : 127, loc. âgée) (« ce qui est mon idée à moi »)

Commentaire
En ancien français, la chute de l'antécédent neutre est tout à fait courante dans les propositions relatives indépendantes, *qui* seul renvoyant au contenu d'une phrase entière (Foulet 1967 : 178). Cet emploi survit dans la « langue littéraire archaïsante » (Grevisse/Goosse 2008 : § 709e 3, p. 912). Dans la langue classique, *qui* au sens de « ce qui » et *que* au sens de « ce que » peuvent encore s'employer pour introduire une interrogation

---

50 Conwell/Juilland (1963 : 196) considèrent l'ellipse de l'antécédent neutre comme le cas usuel.

indirecte ; dans la relative « sans antécédent », par contre, *qui* renvoie toujours à un référent humain (*qui* équivaut alors à « celui qui ») (Fournier 1998 : §§ 299–300, p. 208) et *que* n'est plus possible que dans les tours figés : « Je n'ay que faire de vous » (Oudin, cité dans Fournier 1998 : § 310, p. 210)[51]. Pour le reste, *ce qui*/*ce que* sont devenus la norme dans les relatives.

V.3 *quoi* et variantes périphrastiques, *qu'est-ce que*

Parmi la « multitude » de variantes possibles (Wiesmath 2006 : 199) pour introduire une relative indépendante, on trouve les formes créées à partir de l'interrogatif *quoi*. Ces variantes sont certes plus fréquentes dans les interrogations directes et indirectes, mais elles peuvent tout aussi bien introduire une relative.

Notons les formes suivantes :
- En FA : *quoi, quoi ce, quoi ce que, quoi c'est que, quoi ce que c'est que, qu'est ce que, qu'est ce* (à titre d'exemple, pour le NB, Wiesmath 2006 : 199s.).
- En FTN, on relève en outre les formes *quo c'est que, quo-ce que, quo que* (Brasseur 2001 : s.v. *quo*, etc., p. 382s.).
- En FL, les formes basées sur l'interrogatif *quoi* sont plutôt rares dans le contexte des relatives à antécédent neutre (Papen/Rottet 1997 : 107) ; dans l'interrogation indirecte, par contre, *quoi* est très vivant.

Notons que *que* tombe souvent devant le pronom personnel *tu*.

▶ *quoi ce qu(i)* « ce qui »
- [L'enquêtrice veut savoir comment la pêche se déroule normalement. BeD exhorte RéD à raconter depuis le début :] Ça fait commence du rocher, quoi-ce qui se / quoi-ce qui se passe quand-ce t'arrives du rocher. (NÉ – Hennemann, PUB, BeD)
- quoi-ce qu'arrive ici. c'est qu'i/ donc le monde s'est grié de toilettes. dans les maisons (IdlM – Falkert 2010, corpus : 223–224, p. 257, CD-ROM)

▶ *quoi ce (que)* et *quoi (que)* « ce que » (emploi fréquent)
- j'ai finalement décidé quoi-ce que j'allais faire avec ma vie (NB – Arrighi 2005 : 261, Michelle NB 16 : 18–19)
- j'aime bien quoi-ce que je fais (NB – Arrighi 2005 : 273, Angèle NB 13 : 88)
- en vendant ça tu pouvais acheter quoi ce t'avais besoin (NB – Wiesmath 6, L : 97)
- on mange quoi-ce qu'on veut (IdlM – Falkert 2010, corpus : 189, p. 154, CD-ROM)
- Ben, quo-ce qu'i faisont asteure, i chantont tous [tu] des nouvelles [nuvœl] affaires (TN – Brasseur 2001 : s.v. *quo*, etc., p. 383)
- T'as ton âge, tu peux faire quoi-ce tu veux (TN – Brasseur 2001 : s.v. *quo*, etc., p. 383)

---

51 Dans le langage du jeune Louis XIII, au début du XVIIe s., par contre, *que* et *qui* peuvent encore apparaître au lieu de *ce que*/*qui* dans les interrogations indirectes et dans les relatives indépendantes. Schafroth (1993 : 146, se référant à l'étude du *Journal d'Héroard* d'Ernst 1985 : 89ss.) cite entre autres : « je scai bien que je ferai ; je veu voi que (= qu'elle) m'apote », « fefé poté moy a boire, qui eté au buffé ».

- Ben j'avions quoi-ce qu'il appeliont des capestans. (TN – Brasseur 2001 : s.v. *quo*, etc., p. 383)
- Des fois i aviont quoi qu'i appeliont des bûcheries : [...] (TN – Brasseur 2001 : s.v. *bûcherie*, p. 80)
- Quo que j'appelle gouémon, c'est quo-ce qui vient à la côte. [...] (TN – Brasseur 2001 : s.v. *gouémon*, p. 228)
- Tu vas pas mettre quoi je dis sur le TAPE? (LOU – DLF 2010 : s.v. *quoi*², p. 511, Lv88) (= « ce que je dis »)

▶ *qu'est-ce (que)* « ce que » (dans le parler des locuteurs plus standardisants[52])
- je pense pas qu'est-ce que je dis est complètement irraisonnable (NÉ – Hennemann, ILM, BJ) (= « je pense pas que ce que... »)
- on a des bons professeurs pis tout ça c'est pas ça mais t'es limité à qu'est-ce que tu peux faire (NB – Wiesmath 7, D : 194)
- je sais on dirait je peux moins concentrer sur qu'est-ce je leur dis parce que j'essaie de concentrer sur la manière [...] (NB – A. Boudreau 1998, ll. 172–173)

Ajoutons que le tour *n'importe quoi (ce) (que)* sert à créer une relative indéfinie de sens concessif (« quoi que ce soit ») (*cf.* aussi ci-dessous VII.2.).

▶ *n'importe quoi (ce) (que)*
- Tu peux mettre / tu peux mettre n'importe quoi-ce tu veux. (NÉ – Hennemann, BSM, SC)
- j'aimais beaucoup les étoiles euh n'importe quoi faire avec la nature biologie ou : (NB – Arrighi 2005, corpus, Angèle NB 13 : 26–27)
- Y a tout le temps deux bords sus la *jig*. N'importe quoi-ce que tu joues, y a deux bords dessus. (TN – Brasseur 2001 : s.v. *bord*, p. 65)

VI Particularités d'emploi et développements récents en FL

La comparaison de l'usage louisianais traditionnel avec l'usage des jeunes et des semi-locuteurs fait ressortir les tendances suivantes (*cf.* Rottet 2001 : 229–237) :
- L'omission croissante du relatif *que*, renforcée sans doute par l'influence de l'anglais où le relatif *that* tombe facilement lorsqu'il n'est pas sujet de la relative (*cf.* ci-dessus III.2.).
- Le remplacement des formes peu saillantes et des structures implicites par d'autres, plus saillantes et plus explicites :
  - Dans les constructions à préposition orpheline, les prépositions « faibles » tendent à être remplacées par les « fortes » (Rottet 2001 : 237 ; *cf.* ci-dessus II.5.2.).
  - La relative adjective peut être introduite par *ça que* ou par *ça* (*cf.* ci-dessous VI.1.).
  - Le relatif *qui* [ki] peut apparaître dans les fonctions de *que* (*cf.* ci-dessous VI.2.).

---

[52] On observe donc le même phénomène que pour l'interrogatif *qu'est-ce que* : si les locuteurs les plus standardisants privilégient une forme plus proche du standard, cela ne veut pas dire que l'usage soit conforme à la norme.

VI.1 *ça* – pronom relatif en FL

Ce paragraphe traite de *ça* en tant qu'élément introducteur d'une relative indépendante (« ce que ») et d'une relative adjective (« que »). Stäbler (1995 : 186s.) signale pour le FL des relatives indépendantes introduites par *ça* seul au sens de « ce que » (*cf.* ci-dessus III.2., V.1.) :
- ça il peut faire . <excuse-moi> . il peut garder ça-là (LOU – Stäbler 1995 : 186, Stäbler 1995 : 182, corpus) (« ce qu'il peut faire »)

De même, dans l'exemple suivant, $ça^1$ et $ça^3$ introduisent une relative indépendante (« ce que »), $ça^2$ constitue le pronom sujet :
- $Ça^1$ $ça^2$ coupait, c'est $ça^3$ on usait. (LOU – Girard Lomheim 2016 : 199, VM) (« Ce qu'ils coupaient, c'est ce qu'on utilisait. »)

En outre, Stäbler relève des structures où deux occurrences de *ça* sont enchaînées dans des fonctions différentes (*cf.* aussi Wiesmath 2006 : 198) :
- [C. D.] prenait à parler de $ça^1$ $ça^2$ il fait (LOU – Stäbler 1995 : 187, Stäbler 1995 : 237, corpus) (« ce qu'il fait »)

Dans cette structure, $ça^1$ est l'antécédent neutre (« ce »), $ça^2$, par contre, introduit la relative (« que »). *Ça*, joint à *que*, introduit couramment la relative indépendante (*cf.* V.1.), mais la particule *que* peut aussi tomber dans cette structure. De ce fait, Stäbler (1995 : 187) suppose que *ça* a été réanalysé comme pronom relatif. Il semble bien que ce processus de réanalyse soit en train de s'opérer à l'heure actuelle ; au terme de cette évolution, *ça* pourrait apparaître dans la structure relative dans les mêmes fonctions que *que* (*ibid.*)[53], et donc également dans les relatives adjectives.

Certes, ce remplacement de *que* (et parfois aussi de *qui*, *cf.* les exemples ci-dessous) relatif par *ça* est déjà attesté occasionnellement à date plus ancienne dans les paroisses de Lafayette, d'Évangéline et de Vermilion[54]. Mais il apparaît plus récemment dans d'autres paroisses, comme Terrebonne/Lafourche (Rottet 2001 : 165 ; 230), où le phénomène n'existait pas dans l'usage traditionnel. Dès lors que cet emploi est inconnu en français populaire de France et qu'il n'est mentionné dans aucun ouvrage consacré aux parlers dialectaux, Rottet (2001 : 165) présume qu'il s'agit d'une innovation spécifique à l'usage louisianais[55].
- l'homme ça son garçon est mort (LOU – Phillips 1936 : 47, Rottet 2001 : 165, EV)
- I voulait manger du dinne ça m'sieur le roi avait (LOU – Brandon 1955 : 452, Rottet 2001 : 165, VM)
- Tu vas au BATHROOM ça se trouve dehors. (LOU – Conwell/Juilland 1963 : 196, Rottet 2001 : 165, LA) (Faute d'indices suprasegmentaux, on n'est pas en mesure de décider dans ce dernier exemple s'il s'agit d'une relative ou de la juxtaposition de deux phrases.)

---

[53] Pour le processus de grammaticalisation de *ça* en tant que particule introductrice de la relative, *cf.* Stäbler (1995 : 187), Wiesmath (2002 : 402s., 2006 : 197–199), Rottet (2001 : 166 ; 229–231).
[54] *Cf.* Conwell/Juilland (1963 : 196), Philipps (1936), Brandon (1955) pour LA, ÉV et VM.
[55] Rottet émet l'hypothèse que l'homophonie existant en anglais entre *that* démonstratif et *that* relatif a pu contribuer à l'emploi du démonstratif *ça* dans les deux rôles en français également (p. 230s.).

Les études plus récentes indiquent qu'aujourd'hui, cet emploi est plus fréquent ; *ça* tenant lieu de *que* « passe-partout » dans les relatives adjectives :
- t'as pas de l'argent ben . va pas à l'hôpital le BILL **ça** ils vont te donner ça ça va finir de tuer ça (LOU – Stäbler 1995 : 206, corpus)
- les dames qui travaillent là fait pas tout cet argent ça . et l'ecstricité ça eux/ eux usent là . eux payent meilleur marché . par KILOWATT que moi je paye (Stäbler 1995 : 186, Stäbler 1995 : 209, corpus)
- Ça c'est le livre ça les enfants a fait de la crème dessus. (LOU – Rottet 2001 : 229, semi-locutrice)
- C'est les padnas ça 's tu apé parler dessus sus le TELEPHONE ? (LOU – Rottet 2001 : 229, semi-locutrice)[56]
- si tu me paies pas cet argent ça tu me dois [...], la prochaine fois je vas te tuer, ouais (LOU – *Découverte*, Jennings, Jefferson Davis)

Nous suggérons donc les pistes suivantes pour élucider la réanalyse de la structure relative :
- Le démonstratif *ça* apparaît, dans tous les parlers concernés ici, dans une position-pivot entre la principale et la subordonnée dans les relatives adjectives et indépendantes (*cf.* aussi V ci-dessus).
  - *ça* peut servir de pronom « emphatique et récapitulatif » (Wiesmath 2006 : 198) dans les relatives adjectives :
    - Asteure c'est un déshonneur ça qu'i montront. (NÉ – Hennemann, ILM, IS)
    - j'ai des forces icitte là ça qu'on tondait des berbis avec là (NB – Wiesmath 2006 : 199, Wiesmath 3, D : 146)
    - Ça c'est le magasin ça que mon je vas tout le temps (LOU – Rottet 2001 : 229, semi-locutrice)
    - Ça c'est le livre ça que les 'tits bougs a capoté de la crème dessus. (LOU – Rottet 2001 : 229, semi-locuteur)
  - Dans les relatives indépendantes – introduites en FA/FTN/FL par *ça que* – le pronom relatif *que* peut être omis, *ça* ayant à lui seul le sens du « ce que » du FS (*cf.* III.2., V), *cf.* « c'est pas ça tu sens » (LOU – Brandon 1955 : 453).
- Le phénomène est plus avancé en FL : ici, la chute du pronom relatif concerne *que*, mais aussi dans une moindre mesure *qui*, tant dans les relatives indépendantes que dans les relatives adjectives, de sorte que *ça* demeure la seule particule introductrice de la relative.

VI.2 *qui* remplaçant *que*

Une autre tendance, moins prononcée et restreinte aux semi-locuteurs, consiste à remplacer *que* par *qui* dans toutes les fonctions traditionnellement adoptée par *que* dans le parler louisianais (*cf.* Rottet 2001 : 230).
- Ça c'est le magasin qui on va tout le temps. (LOU – Rottet 2001 : 230, semi-locuteur)
- Ça c'est le livre qui les enfants a capoté de la crème dessus. (LOU – Rottet 2001 : 230, semi-locuteur)

---

56 La forme [sas] constitue probablement une forme abrégée de *ça ce que*, avec des éléments périphrastiques connus par l'interrogation et d'autres pronoms relatifs (Rottet 2001 : 261, note 1).

Rottet (2001 : 230) explique ce phénomène par la plus grande saillance de *qui* par rapport à *que*.

VII Les emprunts à l'anglais

Dans le domaine des pronoms relatifs, les emprunts à l'anglais sont très limités. En FA, ils ne semblent jouer un certain rôle qu'à l'ÎPÉ et en NÉ ; mais alors que les études plus anciennes attestent les pronoms relatifs anglais seulement dans les communautés traditionnellement fortement exposées à l'anglais (en NÉ : Pubnico, Pomquet, Isle Madame)[57], des études plus récentes signalent des relatifs anglais également pour les parlers autrefois isolés, comme la BSM (NÉ) (*cf.* Fritzenkötter 2015 : 256). Ces emprunts ne sont pas attestés en FL[58].

VII.1 *WHICH que*

King (2000 : 151–166) note pour l'ÎPÉ quelques occurrences de l'emprunt anglais *WHICH* redoublé par le pronom relatif français *qui/que*. Elle constate que *WHICH qui/que* introduit la relative uniquement lorsque le pronom renvoie à un antécédent inanimé. Ainsi, une nouvelle opposition animé (= *qui*) – inanimé (= *WHICH qui/que*) s'est-elle établie dans cette variété (King 2000 : 159s.). Selon cette auteure, l'emploi de *WHICH* serait globalement rare et socialement marqué : ce sont les couches sociales inférieures et les locuteurs les plus exposés à l'anglais qui utilisent ce pronom.

Or, dans les études parues plus récemment, *WHICH qui/que* a été relevé dans le Sud-Est du NB (Wiesmath 2006 : 201) et en NÉ, à la BSM, du moins dans le langage des jeunes (Fritzenkötter 2015 : 256), où il figure, à l'instar de l'anglais, dans les relatives adjectives (« qui/que ») et indépendantes (« ce qui/ce que »).

- i n'y avait un/une personne de BARRINGTON/WHICH qu'est/un heure et demie d'icitte. (NÉ – Fritzenkötter 2015 : 256, BSM)
- mes loisirs c'est comme/pas mal n'importe quoi c'qui a à fare avec la musique WHICH qu'est coumme chanter apprend' le GUITAR pis l'PIANO/ehm/dessiner/écrire (NÉ – Fritzenkötter 2015 : 256, BSM)
- le gouvernement/eh/donne rinque pour même c'te école-icitte eh/trois-cent [sic] bourses/par été/pour app/d'EXPLORE pour apprend' le français/WHICH que/moi j'trouve/ça c'est/ça c'est vraiment. (NÉ – Fritzenkötter 2015 : 256, BSM)
- c'était tout' fait à la main je/ WHICH que je l'ai fait itou (NB – Wiesmath 2006 : 201, Wiesmath 1, B : 634)
- L'argent which qu'il a donné à Desmond est su la table. (ÎPÉ – King 2000 : 159)
- Les livres which qui sont su le plancher sont à nous-autres. (ÎPÉ – King 2000 : 160)

---

57 *Cf.* Flikeid (1989b), King (2000 : 166, 2013 : 107s.).
58 Rottet (2001 : 236) signale toutefois l'emprunt *WHOSE* au sens de « dont », qui semble s'infiltrer dans le parler des semi-locuteurs en LOU : « Irene c'est la 'oisine WHOSE fille s'a marié ? ».

VII.2 *WH-ever (que)*

Les formes anglaises en *WH-ever* (au premier rang desquelles *WHATEVER*) sont présentes dans toutes les variétés acadiennes qui se trouvent en contact intense avec l'anglais, pour former des relatives indéfinies à valeur concessive (King 2013 : 107) ; aujourd'hui, *WHATEVER que* est même attesté à la BSM, du moins dans le langage des jeunes (*cf.* Fritzenkötter 2015 : 256s.).

King (2013 : 108) signale que le tour *quoi que (ce soit qui/que)* n'est pas disponible dans les variétés acadiennes pour former les relatives indéfinies ; les combinaisons de *quoi* avec un élément périphrastique (*que/ce que/ce*) ont toujours une lecture définie dans ces parlers – *quoi* figurant comme complément d'objet – et introduisent régulièrement les interrogations et certains types de relatives. En revanche, les tours empruntés permettent une lecture indéfinie et concurrencent les tours *n'importe qui/quoi*, etc. dans les variétés acadiennes.

Du point de vue diachronique, King (2013 : 108) suggère que *WHATEVER* est d'abord adopté en tant que marqueur discursif avant de développer une fonction grammaticale[59]. Dans les parlers conservateurs de TN étudiés par King, *WHATEVER* figure jusqu'à présent seulement comme marqueur discursif. Dans les autres parlers, l'emprunt apparaît d'abord appuyé sur un relatif français : *WHATEVER quoi-ce que* (forme qualifiée de « transitoire » par King, présente notamment en NÉ et au NB). C'est seulement dans un deuxième temps que se développe la forme pleinement intégrée *WHATEVER que* (présente notamment à l'ÎPÉ et en NÉ, *cf.* King 2013 : 108).

Les formes anglaises en *WH-ever* ne sont pas toutes présentes dans tous les parlers. C'est la variété du français parlée à l'ÎPÉ qui semble la plus avancée en la matière ; ici, toutes les formes du type anglais *WH-ever* ont été adoptées, à l'exception seulement de *HOWEVER* et de *WHYEVER* (King 2000 : 152). Ces formes sont employées dans toutes les tranches d'âge, par les deux sexes et indépendamment du niveau de familiarisation avec le standard (King 2000 : 157). Dans d'autres régions – dont la BSM et le Sud-Est du NB – *WH-ever* ne semble avoir développé une fonction grammaticale que vers la fin du XXe ou le début du XXIe s. et à l'heure actuelle, *WH-ever* est attesté dans cette fonction principalement dans le parler des jeunes (*cf.* King 2013 : 108, Fritzenkötter 2015 : 256s.). Pour le chiac, King (2013 : 107), se référant au corpus de Perrot (1995), relève des exemples de *WHOEVER qui* et *WHENEVER*[60].

▶ **WHATEVER quoi-ce que/ WHATEVER que**
- C'est un fusil avec un scope, whatever que c'est. (NÉ – Grosses Coques, King 2013 : 107, BSM)
- c'est évident dans les dernières trente années ou WHAT WHATEVER c'était que le le français a définitivement baissé. (NÉ – Fritzenkötter 2015 : 256, BSM)

---

[59] Les emprunts ayant dans la langue source des fonctions discursives et des fonctions grammaticales servent d'abord de marqueurs discursifs dans la langue emprunteuse, avant de développer – éventuellement – des fonctions grammaticales (King 2013 : 106 ; *cf.* le cas de *BUT* et *SO*, le chap. « La connexion », II.3.3., II.4.2.).

[60] Roy (1979) n'atteste pas encore les interrogatifs du type *WH-ever* dans la variété de Moncton tels qu'on les trouve dans des corpus ultérieurs (King 2013 : 108). – Signalons que *WHATEVER* est largement attesté dans le corpus chiac de Perrot (1995) en tant que marqueur du discours.

- coumme ça vaudra/coumme trois fois plus d'admission qu'aller au club « 1657 » ou WHATEVER qu'est l'club-là eh. (NÉ – Fritzenkötter 2015 : 257, BSM)
- ben comme par icitte comme quand-ce t'as une phrase à dire ben *whatever* quosse qui te *pop* comme si que c'est ça qui te vient à / à l'idée ben tu le dis OK si c'est anglais ou français *whatever* (NB – A. Boudreau 1998 : ll. 205–208)
- Je m'en vas l'acheter whatever quoi ce-qu'elle veut pour Noël. (ÎPÉ – King 2000 : 153; King 2013 : 107)

▶ **WHOEVER qui/que**
- Il voulait parler à whoever qu'il y avait su le telephone [sic]. (NÉ – King 2013 : 107, Grosses Coques, BSM)
- Je faisions du travail à ce temps-là, whoever qui voulait. (NÉ – Flikeid 1989b : 198, PUB, dans King 2000 : 166)
- whoever qui travaille à McDonald's (NB – Perrot 1995, chiac, dans King 2013 : 107)
- Il fallait whoever qu'avait la balle, fallait qu'il alle faire de quoi. (ÎPÉ – King 2000 : 151)

▶ **WHENEVER (que)**
- whenever je watch ça (NB – Perrot 1995, chiac, dans King 2013 : 107)
- Je partirons whenever que tu veux. (ÎPÉ – King 2008 : 168)

▶ **WHEREVER que/où ce-que**
- Tu peux aller wherever où ce-que tu veux. (ÎPÉ – King 2000 : 153)
- Il courait wherever que ç'a arrêté. (ÎPÉ – King 2013 : 107)

▶ **WHICHEVER + nom + que**
- Tu peux peinturer la maison whichever couleur que tu veux. (ÎPÉ – King 2008 : 168)

VIII *que* explétif
(*cf.* aussi les chap. « L'interrogation », II.3., et « La subordination », I.2.)

Dans certaines structures rappelant en surface les structures relatives, il est difficile d'assigner une valeur sémantique spécifique à *que* ; c'est pourquoi dans ces cas, on parle de *que* « explétif » (Wiesmath 2006 : 223, Arrighi 2005 : 304s.). La particule *que*, qui n'est pas ici un pronom relatif[61], n'est pourtant pas « vide » de sens sur le plan informationnel de l'énoncé.

– *Que* « explétif » peut être proche d'un élément coordonnant, le locuteur ajoutant à l'aide de *que* des informations supplémentaires ou un commentaire à ce qui précède :

---

[61] Muller (2013) y voit une « conjonction », Gadet (2013) parle, en général, d'une « particule ». Notons que ces structures existent aussi en français parlé en France.

- je suis spécialiste de couleurs que ça prend beaucoup d'éducation à travers après mon cours original de coiffure (NB – Arrighi 2005 : 304, Michelle NB 16 : 1–2)
- j'ai aussi eu la chance d'aller en Autriche avec mon mari que j'ai bien aimé on a rencontré aussi une famille là-bas que/ qu'on se contacte encore asteure (NB – Arrighi 2005 : 305, Angèle NB 13 : 177–179)
- [les loups marins] faisient un trou dans la senne qu'était ça de grand . c'était/ . i brisient ça ça/ des printemps là que c'était joliment BAD (NB – Wiesmath 2006 : 223, Wiesmath 3, D : 387)
- je sais pas ma mère c'était quelque chose de vraiment vraiment spé/spécial qu'on pourrait dire (ÎPÉ – Arrighi 2005 : 304, Aldine H. ÎPÉ 3 : 10–11)
- il y a du monde qui gâte leurs petits assez mauvais là que c'est comme ça là [...] (LOU – *Découverte*, Mamou, Évangéline)

– Plus fréquents sont cependant les cas où *que* sert à mettre en relief l'élément qui le précéde et à « introdui[re] un segment d'arrière-plan » (Muller 2013 : 121 ; 135, *cf.* aussi Wiesmath 2006 : 223), divisant ainsi nettement la phrase en deux. C'est le cas dans les structures suivantes :
  – Les interrogations portant sur un complément circonstanciel, notamment si le locuteur aborde ainsi un nouveau sujet de discussion ; soulignons l'extrême fréquence de ce procédé (*cf.* le chap. « L'interrogation », II.3.) :
- Et pis dans quelle année que ton mari a mouri ? (NÉ – Hennemann, ILM, EL)
- Pis coubien d'enfants que vous aviez ? (NÉ – Hennemann, ILM, EL)

  – L'introduction d'un nom propre ou d'un syntagme nominal dans le discours, notamment en combinaison avec le verbe *appeler* (*cf.* aussi Arrighi 2005 : 305) ; les éléments en tête de phrase sont ainsi mis en exergue :
- les MINI-LIGHTS qu'il appelont ça. (NÉ – Hennemann, BSM, SC)
- Euh / quoi-ce qu'i n'y a ? I y a le fricot qu'i appelont. (NÉ – Hennemann, PUB, ID)
- en a comme des TRAFFIC LINES [linz] qu'i appelont ça. (NÉ – Hennemann, PUB, ArD)
- accoutume on avait la chambre du nord qu'on appelait (NÉ – Arrighi 2005 : 305, Rosalie NÉ 23 : 313)
- y a un festival à/ à chaque été de/à Shédiac le festival du homard qu'i appellent [...] (NB – Arrighi 2005 : 305, Catherine NB 18 : 469–470)
- hm hm . oui y avait deux choses la/ la chandeleur pis le carême la mi-carême qu'on appelait (NB – Arrighi 2005 : 305, Odule NB 21 : 123–124)
- on coupait du bois avec eune. sciotte qu'on appelle aujourd'hui (IdlM – Falkert 2010, corpus : 186, p. 116, CD-ROM)
- y avait des : snowmobiles qu'il appellent là (IdlM – Falkert 2010, corpus : 167, p. 403, CD-ROM)
- Ah ça c'est l'abeille, la guêpe de miel que j'appelons nus autres. (TN – Brasseur 2001 : s.v. *guêpe*, p. 238)
- Asteure y a des charognes, que j'appelions, là. (TN – Brasseur 2001 : s.v. *charogne*, p. 104)
- un z-yeux noirs qu'on appelle—l'[A]méricain appelle ça un œil brun mais nous-autres, le [F]rançais on appelle ça un z-yeux noirs (LOU – *Découverte*, Hessmer, Avoyelles)

  – Les exclamations (*cf.* le chap. « L'impératif et l'exclamatif », II.2.) :
- C'est le Diable ! Des pattes de chual, qu'il a ! (TN – Brasseur 2001 : s.v. *cheval(s), chual(s)*, p. 109)

– Après l'antéposition du rhème en tête de phrase (*cf.* le chap. « L'impératif et l'exclamatif », II.2.) :
• à Cocagne qu'i avont eu ça là (NB – Wiesmath 2006 : 223 ; Wiesmath 3, D : 549)

L'impératif et l'exclamatif

Préliminaires

I	**L'impératif**
I.1	L'impératif en l'absence de pronom(s) objet(s) ou réfléchi(s)
I.2	La particule discursive *voir* à l'impératif positif
I.3	*Allons/(allez)* dans l'expression de l'impératif analytique
I.4	Le *datif étendu* à l'impératif
II	**L'exclamatif**
II.1	*-ti* dans les phrases exclamatives
II.2	Le rhème en tête de phrase
II.3	Les mots interrogatifs dans l'exclamation

L'impératif et l'exclamatif

Préliminaires

Par certains aspects remarquables, les variétés étudiées ici suivent d'autres règles que la langue standard pour former l'impératif et l'exclamatif ; les particularités relevées se retrouvent en partie également dans le non-standard en France.

En ce qui concerne l'impératif, on notera qu'en l'absence de pronom(s) objet(s) (ou réfléchi(s))
- l'impératif positif se forme comme en FS[1], à l'exception de la présence éventuelle de la particule *voir*.
- Dans la phrase négative, la particule négative *ne* est absente (cette caractéristique du non-standard ne concerne bien sûr pas seulement l'impératif) (*cf.* le chap. « La négation »).

Par contre, les parlers étudiés suivent d'autres règles que la langue standard en présence d'au moins un pronom objet, et ce du point de vue à la fois du choix et de la place des pronoms dans la phrase impérative. On trouvera davantage de détails à ce sujet dans le chapitre « Les pronoms personnels » (VIII.4.).

Quant à la phrase exclamative, soulignons surtout le rôle de la particule *-ti* comme marqueur de l'exclamatif.

I L'impératif

I.1 L'impératif en l'absence de pronom(s) objet(s) ou réfléchi(s)

En l'absence de pronom, la forme de l'impératif ne diffère généralement pas de la langue standard, sauf pour l'omission catégorique de la particule *ne* à la forme négative :
- Pis a / a m'a dit : Euh / lis l'enseigne ! T'sais coumme... Pis je l'ai regardée en voulant dire, ben, quoi-ce qu'arrive si je peux pas lire pis écrire ou quoi ? (NÉ – Hennemann, ILM, DO)
- aïe pas peur (NÉ – Hennemann, ILM, IS)
- J'y ai dit : toi là, bavarde pas ben je vas te tuer. (NÉ – Hennemann, ILM, EL)
- viens pis je t'en dounnerai une petite poignée (NB – Wiesmath 2006 : 131, Wiesmath 1, B : 44)
- espérons pas que les autres vienniont (NB – Wiesmath 2006 : 173, Wiesmath 10, X : 159) (*espérer* = « attendre »)
- je lui ai dit allez vous promener gardez pas pour moi pou l'amour de Dieu allez-vous-en. gardez pas pou moi les autres (IdlM – Falkert 2010, corpus : 120–121, p. 65, CD-ROM)
- Garde, i dit, alle a sauté dans le champ ! (TN – Brasseur 2001 : s.v. *garder II*, p. 219)

---

[1] Pour quelques rares formes verbales de l'impératif qui divergent du FS, *cf.* le chap. « Formes verbales remarquables ».

- reste tranquille (LOU – Stäbler 1995 : 45, corpus)
- Touche pas ça, il faut que tu restes drette là [...]. (LOU – Rottet 2001 : 129, loc. âgée)

I.2 La particule discursive *voir* à l'impératif positif

Dans toutes les variétés concernées, la particule discursive *voir*[2] apparaît fréquemment à l'impératif positif. L'emploi de *voir*, synonyme de *donc*[3] dans sa fonction de particule discursive, s'observe notamment dans les cas où il n'y a pas de pronom objet qui puisse porter l'accent tonique. À la différence du français familier hexagonal (*cf.* ci-dessous « Commentaire ») où la particule est restreinte à quelques expressions figées, dans les parlers étudiés, *voir* se combine librement avec tous les verbes[4].

Pour le FL, Brandon (1955 : 467) souligne l'importance de cette particule, considérant la forme comme un « infinitif ». Pourtant, il ressort des exemples que la sémantique de l'élément *voir* n'a rien à voir avec le verbe homophone (*cf. écoute voir, WATCHE voir, mets voir*).

Papen/Rottet (1997 : 100) qualifient *voir* de marque « pléonastique » de l'impératif, alors que celui-ci se démarque déjà suffisamment par l'omission du sujet et la position des pronoms éventuels par rapport au verbe. La remarque de Papen/Rottet est particulièrement vraie pour les expressions lexicalisées de type *viens voir ici* (« viens (donc) par ici »). Dans les exemples non figés, *voir* peut avoir une fonction discursive consistant à ajouter à l'impératif une nuance d'insistance ou de renforcement.

Si ce renforcement grâce à la particule est tangible dans de nombreux exemples, il faut néanmoins ajouter que l'effet d'insistance diminue avec la fréquence de son emploi. On peut alors se demander dans quelle mesure cette particule est engagée dans un processus de grammaticalisation la transformant en une simple marque de l'impératif.

- Oui, écoute voir ben qui-ce tu dis qu'a est ? (NÉ – Hennemann, ILM, IS)
- *Watche* vouère le chouse là ! (NÉ – Hennemann, ILM, CL)
- Mets vouère ça sus la fait de la table (NÉ – Hennemann, ILM, Corpus oral 2)
- [Le téléphone sonne.] Réponds vouère (NÉ – Hennemann, ILM, EL)
- Va voir le qu'ri. (NÉ – É. Boudreau 1988 : 241) (« Va donc le chercher. »)

- si tu t'en vas par / par / par FOX CREEK là arrête voir sus <IGA> [chaîne de supermarchés] (NB – Wiesmath 1, B : 171)
- faites voir ça comme cecitte pis fais voir ça comme ça nous autres on a vu l'expérience (NB – Wiesmath 2, E : 769–770) (Wiesmath traduit en anglais par « do this like this and do that like that... »)
- Cent mille piasses, pensez ouère ! (NB – Motapayane 1997 : 47 citant Maillet)

- il a dit viens voir il a dit. (IdlM – Falkert 2010, corpus : 353, p. 416, CD-ROM)
- [gard wɛr] (IdlM – Naud 1999 : s.v. *voir*)

---

2 La particule *voir* est prononcée [vwɛr]/[wɛr] en FA/FTN, [vwar]/[war] en FL, prononciations possibles également en FA (Hennemann/Neumann-Holzschuh 2014 ; pour le FTN : Brasseur 2001 : s.v. *oir*, p. 323 ; pour les Îles-de-la-Madeleine, Naud 1999 : s.v. *voir* ; pour le FL : Papen/Rottet 1997 : 100, DLF 2010 : s.v. *voir*[3], p. 655). – Pour *voir* dans l'interrogation indirecte, *cf.* le chap. « L'interrogation », V.5.2.

3 *Cf.* DLF (2010 : s.v. *voir*, p. 655) : « please » ; « then, so, indeed ».

4 Pour les Îles-de-la-Madeleine, Naud (1999 : s.v. *voir*) souligne la fréquence élevée de cette particule, notamment dans l'expression figée *écoute voir* pour attirer l'attention de l'interlocuteur.

- Montre voir. (TN – Brasseur 2001 : s.v. *montrer*, p. 303) (présent aussi en français familier de France, *cf.* ibid.)
- Espère oir. (TN – Brasseur 2001 : s.v. *espérer*, p. 187) (« Attends. »)
- Arrête-woir de garocher les coquilles. (LOU – Parr 1940 : 108, cité dans Papen/Rottet 1997 : 100) (« Arrête de jeter les coquilles. »)
- Ote-woir ces grillots de sus c'te table. (LOU – Parr 1940 : 115, cité dans Papen/Rottet 1997 : 100) (« Enlève les miettes de la table. »)
- Garde voir. Tu bois droite yoù la craque, telle comme moi ! (LOU – DLF 2010 : s.v. *tel*[1], p. 608, LF)
- racontez voir à Nick euh Tante Boula (LOU – Stäbler 1995 : 164, corpus)
- Je sais pas éiou c'est. Ouvre voir ce cabinet-là. (LOU – DLF 2010 : s.v. *voir*[3], p. 655, TB)
- Viens voir icitte. (LOU – *Découverte*, Mamou, Évangéline)

En présence de la particule *voir*, le pronom objet peut apparaître sous sa forme atone, puisque c'est la particule qui porte l'accent.

- Imagine-te vouère i voulait savoir le nom à MARGARET pis il l'avait oublié. (NÉ – Hennemann, ILM, IS)

En FL, on relève de nombreux exemples du tour figé *allons voir* qui figure aujourd'hui comme marqueur d'hésitation (*cf.* ci-dessous I.3.).

Commentaire

La particule *voir*, restreinte à l'impératif et qualifiée d'« adverbe explétif » par Grevisse/Goosse, est attestée dans « bien des régions (plus rarement en Belgique, sauf en Gaume), dans l'Est de la France et en Suisse romande » ; la forme remonte au XVIe s. (Grevisse/Goosse 2008 : § 957, p. 1184 H3).

Le *Petit Robert* (2013 : s.v. *voir*) attribue cette particule au langage familier, Hanse au langage populaire (*Regardez voir. Attendez voir. Écoutez voir. Voyons voir !*, Hanse 1991 :s.v. *voir*, p. 1016s.). Gadet (1992 : 83s.) attire l'attention sur le fait qu'en français (populaire) hexagonal la particule n'est possible qu'« avec quelques verbes seulement », dont *dire, regarder, montrer*.

Les avis sont partagés quant à l'origine de la particule. Les uns suggèrent qu'il s'agit d'un infinitif figé (*cf.* le classement de la forme *voir* sous le lemme *voir* dans *Le Petit Robert*) et plus spécialement de la réduction d'un infinitif marquant le but – *pour voir* – (Hanse 1991 : s.v. *voir*, p. 1016s.). D'autres, par contre, font remonter l'origine de la forme à l'adverbe *voire* « vraiment » de l'ancien français, qui aurait été « contaminé par l'infinitif » (Gadet 1992 : 84), d'où une modification de la graphie de *voire* en *voir* (*cf.* Grevisse/Goosse 2008 : § 957, p. 1184, H3 qui se réfèrent au FEW 14, p. 332).

I.3 *Allons/(allez)* dans l'expression de l'impératif analytique

- En FA/FTN, l'impératif de la 1re pers. pl. est rare en dehors de quelques tours figés comme *disons* – qui sert essentiellement de marqueur d'ouverture ou d'hésitation – ou *allons-y* – tour qui a lui aussi perdu son sens concret pour signifier une exhortation à passer à l'acte (au propre comme au figuré). Les variétés concernées ne se distinguent en rien du français hexagonal sur ce point.
    - ça c'est la langue qu'il ont apprise en premier, français seulement à la maison, disons de l'âge de zéro à cinq ans (NÉ – Hennemann, ILM, BJ)
    - ben allons-y donc . avec ces/ces thèmes-là (NB – Wiesmath 11, Z : 75)

Quant à l'impératif figé *allez* (non suivi d'un infinitif), il s'agit d'un simple élément d'exhortation qui renforce l'impératif qui suit :

- allez allez allez ôte pas tes souliers (NB – Wiesmath 1, B : 62)

Cette dernière forme, exhortative, peut également être suivie de l'infinitif, formant alors une sorte d'impératif analytique :
- allez vous assir (NB – Wiesmath 1, R : 74)
- je lui ai dit allez vous promener (IdlM – Falkert 2010, corpus : 120–121, p. 65, CD-ROM)

— Or, on observe justement une telle formation analytique de l'impératif en FL à la 1re pers. pl. : l'ancien impératif, désormais figé, *allons*, précède un deuxième verbe à l'infinitif, formant ainsi un impératif analytique périphrastique. Brandon (1955 : 467) signale l'existence de ce type d'impératif dès le milieu des années 1950, observant qu' «[à] la première personne on se sert souvent du verbe *allons* comme auxiliaire qui n'exprime pas un futur immédiat ». Elle remarque aussi que « [c]et usage s'étend parfois à la deuxième personne : *va* t'assire » (Brandon 1955 : 467). Papen/Rottet (1997 : 96), qui notent l'absence de la désinence -*ons* à la 1re pers. pl. en FL (*cf.* le chap. « Les pronoms personnels », II.1.3.), soulignent néanmoins le maintien de la forme figée *allons*, possédant justement cette désinence. Suivi d'un infinitif, *allons* sert à former un impératif analytique cumulant tous les atouts dont disposent les moyens analytiques d'expression des catégories grammaticales par rapport aux moyens synthétiques : un élément figé et invariable (*allons*), porteur de l'information grammaticale (= impératif-exhortatif), est antéposé à l'infinitif (autre forme invariable), qui contient l'information lexicale. Si le procédé existe également en français hexagonal (*cf. Le Petit Robert* 2013 : s.v. *aller*), son usage est plus souple en FL, vu l'aisance avec laquelle *allons* se combine même avec les verbes synonymes d'*aller* sans qu'il y ait pléonasme. La perte de la valeur sémantique originelle du verbe *aller* est aussi évidente dans les cas où le deuxième verbe exclut l'idée d'un mouvement.
- SO, « Allons parler anglais à nos enfants pour quand-ce qu'ils vont commencer l'école, eusse pourra apprendre plus vite. » (LOU – Rottet 2001 : 121) (= « parlons donc... »)
- allons se mett'e d'à genoux (LOU – Brandon 1955 : 467)
- allons arracher l'arb'e (LOU – Brandon 1955 : 467)
- Allons aller, moi et toi. (LOU – *Découverte*, Hessmer, Avoyelles)
- Allons s'en aller d'icitte. (LOU – *Découverte*, Jennings, Jefferson Davis)

Dans les autres cas, le sens originel du verbe *aller* peut toujours affleurer[5] :
- il dit hé . allons se coucher (LOU – Stäbler 1995 : 7, corpus)
- « Allons chercher W. », il dit (LOU – *Découverte*, Mamou, Évangéline)
- il venait me chercher à chaque fois, « allons danser E. » (LOU – *Découverte*, Mamou, Évangéline)

---

5 Il en va de même de l'exemple cité dans Papen/Rottet (1997 : 96), *allons manger* ; faute de contexte, il pourrait tout aussi bien impliquer un mouvement et donc être employé au sens littéral (« allons quelque part pour manger quelque chose »).

Outre les formations spontanées mentionnées ci-dessus, on relève de nombreuses occurrences du tour figé *allons voir*, à l'intérieur duquel le sens des verbes *aller* et *voir* sont complètement affaiblis, l'expression servant de simple marqueur d'hésitation.
- On s'est marié, c'était dans le mois de euh, allons voir ... September (LOU – *Découverte*, Mamou, Évangéline)
- Ouais, euh, moi, j'avais, euh, allons voir, j'ai commencé l'école à sept ans. (LOU – *Découverte*, Mamou, Évangéline)

– Les cas présentés ci-dessus sont à distinguer de ceux où une forme du futur – futur simple ou futur périphrastique – prend le sens d'une injonction ou d'une exhortation (*cf.* le chap. « Le futur », IV.2.). Cette fonction est particulièrement nette dans les négations.
  Futur simple
  - j'ai dit venez avec moi voirez (NB – Arrighi 2005 : 128, Willy NB 9 : 20)
  - Tu iras pas. (LOU – Guilbeau 1950 : 219 ; Papen/Rottet 1997 : 101)

  Futur périphrastique
  - Tu peux fumer si tu veux, mais tu vas pas fumer en dedans. (NÉ – Hennemann, ILM, CL).
  - Ben vous allez mettre ça dessus pis ça va le guérir. [...] (TN – Brasseur 2001 : s.v. *poison*, p. 361)
  - tu vas fermer ta gueule. (LOU – *Découverte*, Mamou, Évangéline)
  - j'ai dit vous allez pas sortir j'ai dit [...] vous allez pas sortir .. (LOU – Stäbler 1995 : 113, corpus)

I.4 Le *datif étendu* à l'impératif

À cheval entre l'impératif proprement dit (qui s'adresse à un interlocuteur) et l'exclamatif (qui témoigne tout d'abord de l'état émotionnel du locuteur), on trouve l'impératif à datif étendu (Riegel et al. 2011 : 407), également appelé datif éthique (Grevisse/Goosse 2008 : § 672 e, p. 865)[6]. Ici, l'un des pronoms objets est « de trop » dans la construction, la valence du verbe étant déjà saturée ; le pronom objet évoque alors « une personne qui est indirectement intéressée par le processus dénoté par le verbe et ses actants » (Riegel et al. 2011 : 407). Dans les exemples relevés, le pronom renvoie surtout au sujet parlant lui-même. De cette façon, le locuteur signale à quel point il se sent personnellement et émotionnellement impliqué. Cet emploi est particulièrement fréquent dans le corpus néo-écossais que nous avons dépouillé, mais essentiellement dans les tours figés *garde-moi* (« regarde donc ! »), *pense-moi* (« imagine ! »). Brandon (1955 : 467) note des occurrences de la 2ᵉ pers. sg. (*toi*) pour le FL.

Soulignons aussi que la particule de renforcement de l'impératif *voir* peut apparaître dans ces contextes.
- Pense-moi, voère. (NÉ – Hennemann, ILM, MS)
- ANDREW, i dit : garde-moi c'te deux filles-là, i dit, c'est-ti jolies ! (NÉ – Hennemann, ILM, IS)
- Une fille de seize ans. Pense-moi. (NÉ – Hennemann, ILM, IS)
- Oui, pense-moi, toi. (NÉ – Hennemann, ILM, CL)

---

[6] Riegel et al. (2011 : 407) réservent le terme de *datif éthique* aux pronoms de la 2ᵉ pers., le destinataire étant ainsi invité « à s'investir affectivement dans l'action décrite » » : « *Au Mont Saint-Michel, la mer te monte à une de ces vitesses* (C. Leclerc : 1976) » (cité dans Riegel et al.).

- écoute-moi ça (NB – Arrighi 2005, corpus, Suzanne L. NB 18 : 354)
- va-toi // 'coute-toi // rent'e-toi (LOU – Brandon 1955 : 467)

Commentaire
En français parlé de France, les constructions à datif étendu – qui existent aussi ailleurs qu'à l'impératif (*cf.* le chap. « Les constructions pronominales », II.2.2.) – sont très fréquentes pour marquer une implication émotionnelle élevée de la part du locuteur[7].

II L'exclamatif

Une exclamation peut être marquée par divers moyens linguistiques. Dans la présente section il ne sera pas question des moyens lexicaux (les interjections) ni des moyens suprasegmentaux (l'intonation) servant à marquer une phrase exclamative ; toute phrase de type déclaratif peut devenir exclamative sous l'effet de l'intonation. En outre, les divers types de phrase segmentée constituent un moyen privilégié pour former des exclamations (pour le français de France, *cf.* Chevalier et al. 1964 : § 141, p. 97) ; mais là encore, c'est surtout l'intonation qui fait ressortir le caractère exclamatif de la phrase.

Les remarques de cette section seront centrées sur quelques moyens syntaxiques permettant de marquer la phrase exclamative : la particule -*ti*, le rhème en position initiale de la phrase et le rôle des mots interrogatifs et de la conjonction *si*.

II.1 -*ti* dans les phrases exclamatives

La phrase exclamative partage certains traits avec la phrase interrogative. En FS, ce sont l'inversion (*Est-elle jolie !*) et les mots interrogatifs (*Quel spectacle ! Qu'est-ce qu'elle fume !* Riegel et al. 2011 : 683s.) qui s'emploient aussi pour former des exclamations. Dans les variétés concernées ici, les constructions avec la particule -*ti* peuvent apparaître là où on forme en FS l'interrogation par inversion (*cf.* le chap. « L'interrogation », V.3.). On ne s'étonnera donc pas que ce soit cette même particule qui constitue une marque formelle majeure de l'exclamation. Ce procédé constitue un archaïsme, il est déjà attesté pour le XVIIe s. en France (*cf.* Léard 1995 : 224, Hennemann/Neumann-Holzschuh 2014 : 124s.). Il est surtout courant en Acadie, les exemples louisianais sont rares ; en LOU, -*ti* semble surtout survivre dans la conjonction concessive *quand même-ti* (*cf.* le chap. « La subordination », II.5.2.).

La particule -*ti* confère à l'énoncé une nuance d'étonnement, de joie, d'excitation ou d'indignation :
- [à propos de Noël] Oh mais, on avait assez, on avait seulement un cadeau, hein ? Un cadeau ou deux. Et pis asteure, tu peux point n'avoir assez. [...] Ça dépasse-ti la limite là ! (NÉ – Hennemann, PUB, ID)
- Mon Dieu, i dit, c'tes enfants là sont-ti jolis ! I aimait beaucoup les enfants, c'est-ti[8]. (NÉ – Hennemann 2014 : 263, ILM)

---

7 *Cf.* Bauche ([2]1951 : 97), Grevisse/Goosse (2008 : § 672,e, p. 865s.), Riegel et al. (2011 : 407).
8 Dans cette variété, *c'est-ti* s'emploie au sens de « n'est-ce pas » (Hennemann 2014 : 266s.).

- Pis j'a / j'avais vu eune / eune catin. Al était dans* une boîte. Et j'arais-ti aimé d'avoir c'te affaire-là. (NÉ – Hennemann, ILM, EM)
- Elle a ti pas venu m'j'cheter au nez que j'étais une vieille petraque. (NÉ – *Lettres de Marichette*, Gérin/Gérin 1982 : 150)
- Ah, le roi était-ti fier ! (NB – Motapanyane 1997 : 47)
- ah elle commence-ti à venir rouge là (NB – Wiesmath 1, R : 88)

Ryan (2005 : 306) note, à Abram-Village (ÎPÉ), la prononciation avec assibilation [tsi] :
- Oh ben, là, on a [tsi] enjoyé ça ! (ÎPÉ – Ryan 2005 : 306)
- On a [tsi] eu de la fun ! (ÎPÉ – Ryan 2005 : 306)

- j'aras-ti aimé d'avoir un dictionnaire ah oui ah oui ah oui [...] (IdlM – Falkert 2010, corpus : 240, p. 259, CD-ROM)
- c'était-ti ingénieux pareil. de/de/t'sais de/d'avoir fait ça hein ? (IdlM – Falkert 2010, corpus : 145–146, p. 151, CD-ROM)
- Les années passées faisait-i beau soleil ! (TN – Brasseur 2001 : XLIX)[9]
- Oh j'ai ti regretté mon petit bracelet, chère ! (LOU – *Découverte*, Mamou, Évangeline)
- Ils en ont ti fait des canailleries quand ils étaient jeunes. (LOU – DLF 2010 : s.v. *ti*[1], p. 614)

Commentaire
(pour plus de détails, *cf.* le chap. « L'interrogation » V.3.)

La particule interrogative *-ti* n'est plus courante dans le non-standard en France. Elle a pourtant résisté dans certains tours exclamatifs, notamment après *voilà* : *voilà ti pas qu'on s'arrête même à Epinay !* (Gadet 1992 : 83) ; selon Chevalier et al. (1964 : § 135, p. 93), l'usage de *-ti* « n'a jamais dépassé les limites du parler campagnard ou d'une littérature faussement populaire » et ne connaît une certaine importance que « comme élément de renforcement d'un *voilà* nié » dans la langue familière. Bauche relève encore d'autres cas de l'usage de *-ti* dans l'exclamation, mais nous sommes sceptiques quant à leur fréquence en français contemporain : *C'est ti beau ! Nous en avons ti vu des blessés cette année !* (Bauche [2]1951 : 117).

Léard (1995 : 225) note que contrairement au français de France, où *-ti* ne s'emploie plus que de façon plaisante dans l'exclamation, la particule a pu se maintenir en FQ dans l'interrogation comme dans l'exclamation, mais apparaît principalement sous la forme *-tu* aujourd'hui : « *Faut-ti être niaiseux pour dire ça ! / Faut-tu être niaiseux pour dire ça !* ».

II.2 Le rhème en tête de phrase

Dans le langage parlé, il est toujours possible que pour exprimer une émotion, le rhème apparaisse en tête de phrase, qu'il ait le rôle de l'attribut du verbe *être* (*Bête qu'il est !*) ou celui de l'objet du verbe *avoir* et ses équivalents (*Quelle idée il a !*) (*cf.* Chevalier 1964 et al. : § 141, p. 96).

Des exemples similaires existent aussi en FA/FTN/FL. En FA/FTN, on observe surtout dans ce contexte emphatique que le reste de la phrase est presque systématiquement connecté au rhème par *que* « explétif » (*cf.* Brasseur 2001 : XLIX[10]) :

---

[9] Exemple ambigu : inversion du pronom impersonnel *il* ou particule d'exclamation *-ti* ? Selon Brasseur (2001 : XLIX), la phrase exclamative est ici marquée par l'inversion du pronom sujet *il*.
[10] Pour le même phénomène dans le parler de Saint-Pierre-et-Miquelon, *cf.* Brasseur/Chauveau (1990 : 22).

▶ **Rhème en tête de phrase + *que*...**
- à Cocagne qu'i avont eu ça là [une réunion de famille] (NB – Wiesmath 2006 : 223, Wiesmath 3, D : 387)
- Sale qu'il tait ! (TN – Brasseur 2001 : XLIX)
- Ça fait, oh, une petite fierté qu'i tait ! (TN – Brasseur 2001 : XLIX)
- A dit : bonne à rien que t'es ! (TN – Brasseur 2001 : XLIX)

▶ **Rhème en tête sans *que***
- Oh y a ène tapée de-z-affaires j'ai oublié ! (TN – Brasseur 2001 : s.v. *tapée*, p. 439)

Commentaire
La structure emphatique-exclamative avec *que* « explétif » existe aussi en France dans le langage parlé (Grevisse/Goosse 2008 : § 402,e, p. 507s.). Selon Chevalier et al. (1964 : § 141, p. 96), l'exclamation formée à partir d'une construction relative sert à en augmenter l'expressivité : *Le sot projet qu'il a de se peindre !* (Pascal), *Friponne que tu es* (Marivaux), *Incapable que je suis !* (ex. pris dans Chevalier et al. 1964 : § 141, p. 96s.). (*Cf.* aussi les chap. « La relative », VIII, et « La subordination », I.2.).

II.3 Les mots interrogatifs dans l'exclamation

Tout comme en français de France, les mots interrogatifs (*quel, comme, comment, combien*) servent dans les parlers étudiés ici à marquer l'exclamation (pour le français de France : Riegel et al. 2011 : 687s.).
- Pis coumment de fois qu'i nous disait ça : tenez-vous clair. (NÉ – Hennemann, ILM, EL)
- comme ej DRIV-ais dans un tour de Clare et pis ej pense **comme** je suis fiare que j'suis icitte. (NÉ – Fritzenkötter 2015 : 267, BSM)
- mon Dou tcheu misère tcheu misère (NB – Wiesmath 4, M : 50) (« quelle misère ! »)
- ah quel brigand [!] (IdlM – Falkert 2010, corpus : 417, p. 272, CD-ROM)
- Quelle beauté ! (LOU – DLF 2010, s.v. *quel*[1], p. 506, Da84)

La conjonction *si* – introduisant normalement une interrogation indirecte totale – peut apparaître en tête d'une phrase exclamative ; sous un angle strictement grammatical, celle-ci est alors incomplète.
- C't un bon homme ! C't un Français ben comment ! Goddam ! Si les Français sont pas bons ! (TN – Brasseur 2001 : s.v. *goddam !*, p. 225)

Commentaire
En France, dans le langage familier, ce sont les mots interrogatifs *quel, comment, combien* et *comme* et, plus récemment, *ce que* et *qu'est-ce que* qui sont très courants en fonction exclamative[11]. Les exclamations avec *si* interrogatif existent également dans certains contextes discursifs (*cf.* Riegel et al. 2011 : 686s.).

---

11 *Cf.* Bauche (^{2}1951 : 117), Gadet (1992 : 83), Riegel et al. (2011 : 689).

La négation

Préliminaires

I.	Omission et maintien de la particule *ne*

II	**La négation simple**
II.1	Particularités d'emploi du négateur *pas*
II.2	Emploi de l'article après les négateurs
II.2.1	Négateur + article indéfini et partitif
II.2.2	Négateur + *de*
II.3	La négation partielle simple

III	**La double négation à valeur négative**

IV	**Traits conservateurs du français néo-écossais**
IV.1	Le négateur *point*
VI.2	L'adverbe négatif *nâni, nenni*

V	**La négation renforcée**
V.1	*(pas/rien/pas rien…) en tout, du tout, pantoute, ni rien*
V.2	*pas une miette*

VI	**La négation restrictive**
VI.1	*rienque, yienque, juste(ment)*
VI.2	*pas seulement, pas juste, pas rienque*

La négation

Préliminaires

La négation telle qu'elle s'effectue à l'oral s'est largement émancipée des règles du standard. Cela concerne principalement la particule négative *ne*, dont le statut est devenu très précaire dans le français parlé contemporain. En France, la présence de la particule *ne* à l'oral est fonction d'un nombre de facteurs intra- et extralinguistiques : type de syntagme, type du deuxième élément de la négation, vitesse du débit, situation de communication, niveau d'études du locuteur[1]. Les raisons avancées pour expliquer la disparition de *ne* sont également multiples[2]. Somme toute, on constate en français parlé de France une nette prédominance statistique des négations sans la particule *ne*, sans qu'on puisse pour autant parler de généralisation du phénomène[3]. Pour le français populaire, Bauche (^{2}1951 : 121) constate que *ne* est « presque toujours » omis.

Les parlers sur lesquels porte notre étude se conforment largement à l'usage populaire tel que le décrit Bauche. La particule de négation *ne* n'y existe pratiquement pas. Quelques rares exemples sont dus à un effort de renforcement de la négation (qui s'effectue normalement par d'autres moyens, *cf.* ci-dessous, V). Par contre, les facteurs favorisant le maintien de *ne* dans le français (même parlé) de France ne sont pas valables pour les parlers étudiés (Arrighi 2005 : 396s.).

Signalons aussi la (quasi-)absence des particules *ni* (mais *cf.* ci-dessous V.1. et *cf.* le chap. « La connexion », I.4.) et *non* (comme particule de négation partielle ou élément de formation de mot), du tour *n'est-ce pas* et de l'indéfini *nul* (à l'exception du tour figé *nulle part*) dans les parlers étudiés (Arrighi 2005 : 401).

---

[1] Pour plus de détails sur les facteurs qui motivent l'omission de *ne* ou, au contraire, son maintien, *cf.* Ashby (1976), Koch/Oesterreicher (^{1}1990 : 157, ^{2}2011 : 172s.), Gadet (1996/1997 : 99–103), Dufter/Stark (2007). Pour une étude sociolinguistique approfondie de la négation (et de l'interrogation) en français hexagonal moderne, *cf.* aussi Coveney (2002). – Parmi les facteurs qui jouent un rôle dans le maintien ou l'omission de *ne*, il faut notamment nommer la nature du deuxième élément de la négation (omission plus fréquente avec *pas* qu'avec les autres forclusifs), le choix du verbe (*falloir, y avoir, être* non-auxiliaire favorisent l'omission) et surtout le contenu lexical ou pronominal du sujet (le sujet lexical favorise le maintien de *ne*, le sujet pronominal son omission) (Dufter/Stark 2007 : 119). Pour d'autres facteurs (nature de la proposition, mode du verbe, rapidité du débit, ainsi que les facteurs diaphasiques et diastratiques), *cf.* Arrighi (2005 : 396), Gadet (1996/1997 : 99–103).
[2] *Cf.* Arrighi (2005 : 395s.). Sont mentionnés les facteurs suivants : (1) le faible corps phonétique de *ne* ; (2) la plus grande précision sémantique du deuxième élément de la négation (*pas, plus, jamais, rien*) qui adopte un sens négatif dès le XVIIe s. (*cf.* Gérin/Gérin 1982 : 149, Hennemann 2014 : 168) ; (3) la rupture, par *ne*, de la fusion du clitique sujet avec le verbe (Arrighi 2005 : 395s., Gadet 1996/1997 : 99). (4) Ajoutons à ces raisons le fait que, contrairement à *ne*, le deuxième élément de négation (*pas, plus, jamais, rien, personne*) peut occuper la place du rhème et porter l'accent de la phrase.
[3] *Cf.* Riegel et al. (2011 : 697 ; 703s. Remarque), Arrighi (2005 : 396), Hennemann (2014 : 168s.).

I Omission et maintien de la particule *ne*

Étant donné l'absence de la particule *ne*, c'est *pas* qui constitue selon Arrighi (2005 : 395) « l'élément de négation par excellence ». Arrighi considère le processus de l'omission de *ne*, bien en cours dans le français de France contemporain, comme achevé dans les parlers acadiens (*cf.* aussi Hennemann 2014 : 169). Pour le FL, Guilbeau (1950 : 241ss.), Conwell/Juilland (1963 : 180) et Brandon (1955 : 486) sont unanimes à constater le taux extrêmement faible de fréquence de *ne*, aussi bien en corrélation avec *pas* qu'avec les autres particules de négation. Phillips (1936 : 63) souligne dès les années 1930 que *pas* est le seul élément de négation en FL. Ce constat est confirmé à la fin du XXe s. par Papen/Rottet (1997 : 92).

Précisons que l'influence du standard, qui se traduit par la présence de *ne*, n'est pas exclue[4]. Si l'on relève quelques occurrences de la particule *ne*, c'est chez les locuteurs les plus standardisants (Hennemann 2014 : 170). Deux contextes favorisent sa présence :
- *Ne* peut constituer un moyen pour mettre la négation en relief.
- Dans le tour *je ne sais pas*, *ne* pourrait être un vestige historique dans une expression hautement figée.

▶ **Le maintien de la particule *ne* avec le verbe *savoir***
- Je ne sais pas comment l'espeller. Sais-tu comment l'espeller ? (NÉ –Hennemann 2014 : 170, ILM, Hennemann, ILM, MS)
- Ah, j'ais pas du tout. Ah ne sais pas. (NÉ – Hennemann 2014 : 170, BSM)
- ben je ne sais pas si ça va répondre à ta question ben […] (NB – A. Boudreau 1998 : l. 160)
- c'est p=t-être un qu'a besoin de que=que chose on ne sait jamais pis i veut p=t-être téléphoner (IdlM – Falkert 2010, corpus : 231–232, p. 72, CD-ROM)
- Ah, je ne sais pas. (*rire*) Je fais pas des recettes […] (LOU – *Découverte*, Swords, St. Landry)

▶ **Autres exemples**
- Oh, ça ne fait pas de différence. (NÉ – Hennemann, PUB, LaD)
- Mais lui c'est un monsieur d'Arichat, i parle français mais i ne chante pas français. (NÉ – Hennemann, ILM, LL)
- I m'a dit : et je ne veux pas / jamais chanter (NÉ – Hennemann 2014 : 171, ILM)
- si ils disent qu'ils ne parlent pas français je demande pour être servie en français (NB – A. Boudreau 1998 : l. 138)
- i y a des choses que vous savez même pas qu'i existent aujourd'hui dans dix ans si vous l'avez pas ben c'est presque aussi euh mal à l'être à l'aise que ne pas euh manger euh ou déjeuner (NB – Wiesmath 14, Y : 216–218) (cours magistral)
- tout le monde ne fait pas de la même façon (NB – Wiesmath 14, Y : 264–265) (cours magistral)
- l'ancienne Union Soviétique qui n'existe plus maintenant (NB – Wiesmath 14, Y : 266–267) (cours magistral)

---

4 Soulignons néanmoins que même dans les parties les plus formelles du corpus Wiesmath (2006 ; cours magistral), la présence de *ne* reste tout à fait marginale.

- on ne parle seulement pas de ça (IdlM – Falkert 2010, corpus : 56, p. 360, CD-ROM)
- Il y avait des jours où il ne jouait pas du tout. (LOU – *Découverte*, Church Point, Acadia)

Commentaire
Dans certains contextes, l'omission de *ne* est courante dès l'ancien et le moyen français, la présence de *ne* ne constituant qu'une option, par ex. dans les questions où le verbe est placé devant le sujet (Martineau 2009c : 165, Martineau/Vinet 2005). En dehors des interrogations, la tendance à laisser tomber la particule *ne* a été relevée dans le journal d'Héroard, datant du début du XVIIe s. et qui entend refléter la langue du jeune Louis XIII (Dufter/Stark 2007). Elle a également été signalée pour les témoignages écrits de la langue populaire du XVIIe s. Les études de Martineau (par ex. 2009c) montrent pourtant que, même si l'omission de *ne* est attestée à l'âge classique, elle reste alors dans l'ensemble un phénomène marginal ; c'est seulement à partir du XIXe s. qu'on relève une augmentation importante[5]. Le développement semble être né dans la classe populaire (Martineau 2009c : 170). Toujours est-il que l'absence de *ne* dans divers parlers français et dans les créoles à base française suggèrent que son omission était déjà un trait caractéristique de la langue française parlée à l'époque de la colonisation[6]. Dans les variétés nord-américaines de français, l'omission de *ne* est plus avancée qu'en français parlé de France[7] ; cette différence se dessine dans les sources disponibles sur le français canadien dès le XVIIIe s. (Martineau 2009c : 168ss.).

En français parlé de France, la forte tendance à laisser tomber *ne* – surtout dans la langue peu soignée – n'empêche pas que la double négation (*ne ... pas, ... plus, ... rien...*) reste toujours disponible dans le système, de sorte que *ne* est employé dès que les conditions linguistiques, prosodiques et sociolinguistiques sont réunies pour le réintroduire dans un discours donné (*cf.* Gadet 1996/1997 : 102s.).

II La négation simple

La particule *pas* est la particule privilégiée pour exprimer la négation totale simple.

II.1 Particularités d'emploi du négateur *pas*

Notons quelques particularités concernant l'emploi du négateur *pas*[8].

---

5 Les chiffres sont les suivants : 0,2 % au XVIIe s., 1,5 % au XVIIIe s., 24 % au XIXe s. et 31,9 % au début du XXe s. dans les journaux intimes et des textes dialogiques et littéraires (Martineau 2009c : 166). – Pour un aperçu historique de l'évolution de la négation depuis le latin jusqu'au français moderne, *cf.* Kawaguchi (2009 : 193–210) et Hennemann (2014 : 175, tableau 29) ; *cf.* aussi Gérin/Gérin (1982 : 149), qui notent que dès le XVIIe s., et même dans le parler des gens cultivés, « *pas, point* suffisaient à nier une réponse ».
6 Pour une discussion de cette question, *cf.* Ayres-Bennett (1994). – Dufter/Stark (2007 : 125) insistent davantage sur les facteurs linguistiques, notamment la nature du sujet (lexical ou pronominal), pour expliquer la présence ou l'absence de la particule *ne* dans la langue parlée aujourd'hui et dans l'histoire. Ils contestent l'hypothèse d'une origine récente de l'omission du *ne* et soulignent que si tendance à l'omission il y a, c'est une « évolution lente, mais constante depuis le XVIIe siècle vers l'omission de *ne* de négation après un sujet pronominal *dans le code phonique* ».
7 Pour le FQ, *cf.* Seutin (1975 : 310, parler de l'Île-aux-Coudres), Léard (1995 : 213ss.), Gadet (1996/1997 : 103), Neumann-Holzschuh (2000) ; *cf.* aussi Hennemann (2014 : 168ss.). Pour le français du Missouri, Thogmartin (1970 : 69).
8 Les mêmes remarques sont valables pour *point* à la BSM et à Pubnico (*cf.* IV.1.).

- La particule de négation *pas* est postposée au verbe conjugué et se place normalement entre l'auxiliaire et le participe aux temps composés.
  - A va pas le croire. (NÉ – Hennemann, ILM, IS)
  - Follait que tu fus ben malade que tu pouvais pas aller à l'église ... parce si que t'avais pas une bonne excuse, follait que tu y fus. (NÉ – Flikeid 1996 : 310, Pomquet)

  - pis c'est ça . j'ai pas été voir . parce j'étais sûr que j'allais pas gagner (NB – Wiesmath 9, K : 9)
  - je sais pas pourquoi qu'on enlève ça parce si tu vas dans des gros restaurants i les enlèvent pas (NB – Wiesmath 7, O : 11)

  - Nis autres je disons les *eaves* mais c'est pas des *eaves*, je sais pas comment que t'appelles ça en français. (TN – Brasseur 2001 : s.v. *eave*, p. 171)
  - [À propos de la fumée de tabac.] J'ai pas pu le haler en dedans mon estomac ! (TN – Brasseur 2001 : s.v. *estomac*, p. 188)

  - dans la Campagne on avait pas beaucoup d'amusement pour les enfants (LOU – *Découverte*, Carencro, Lafayette)
  - ils aviont pas compris encore qu'eux-autres aurait pu garder la langue française (LOU – Rottet 2001 : 119, loc. âgé)

- *Pas* forme avec la conjonction subordonnante *pour que* une conjonction complexe pour introduire une proposition finale négative (*pour pas que*) (cf. Arrighi 2005 : 398s., Wiesmath 2006 : 156) (cf. le chap. « La subordination », II.3.2.).
- *Pas* forme avec la préposition *avec* une préposition composée équivalente à « sans » : *avec pas (de)/ac pas (de)* (cf. Arrighi 2005 : 332s., 399, Brasseur 2001 : s.v. *pas*, p. 337, cf. le chap. « Les prépositions », II.1.2.).
- Le tour *pas...pis pas* tend à remplacer le tour *ne...ni...ni* dans les parlers étudiés ici (cf. Arrighi 2005 : 399) (cf. le chap. « La connexion », I.4.)
- Parfois c'est le verbe de la subordonnée qui est nié à la place de celui de la principale[9] :
  - dans ma vie j'ai fait une bonne chose faut que je me lamente pas là (NB – Arrighi 2005 : 398, Odule NB 21 : 234–235) (« il ne faut pas que je me lamente »)

- Une négation dans la principale peut, par « attraction », en induire une autre dans la subordonnée ou avec l'infinitif :
  - le monde fait leurs petites choses pis y a personne qui dérange y a pas personne qui dérange personne (NB – Arrighi 2005 : 400, Angèle NB 13 : 139–140)
  - j'ai pas rien que j'ai pas fait (NB – Arrighi 2005 : 400, Odule NB 21 : 82–83)
  - c'est pour ça qu'i a pas voulu que personne amène rien (NB – Arrighi 2005 : 400, Sarah NB 20 : 9)

  - I n'ont pas la peine d'aller à nulle part pour oir ! (TN – Brasseur 2001 : s.v. *part*, p. 335)

- *Pas* se combine fréquemment avec les adverbes et les pronoms de la négation partielle pour former une double négation à valeur négative : *pas rien, pas personne, pas jamais, pas aucun* (cf. ci-dessous III).

---

9 Il s'agit d'un « transfert de la négation » (Arrighi 2005 : 398), qui existe aussi en français populaire.

II.2 Emploi de l'article après les négateurs

L'article indéfini et l'article partitif se maintiennent très souvent après les négateurs, même dans les situations de communication formelles. Il ne s'agit néanmoins pas d'un maintien généralisé. Les constructions avec *de* seul et celles avec les formes de l'article indéfini ou partitif co-existent dans toutes les régions.

II.2.1 Négateur + article indéfini et partitif

- Je connais pas des gens de la Louisiane mais j'ai / j'ai beaucoup / quand je travaillais à l'église, je parlais beaucoup à des touristes. (NÉ – Hennemann, BSM, RG)
- Le monde se donne pas des cadeaux / euh (NÉ – Hennemann, BSM, SC)
- Parce le gouvernement nous / nous donnait point encore des livres français. (NÉ – Hennemann, PUB, ID)
- Al a jamais pris une piqûre pour la FLU pis garde ! (NÉ – Hennemann, ILM, EL)
- pis dans ce temps-là i aviont pas des PAMPER (NB – Wiesmath 1, B : 814)
- y en avait pas des radios on en avait pas des téléphones (NB – Wiesmath 4, M : 163)
- tu fais pas un champ de patates avec ça là (IdlM – Falkert 2010, corpus : 65, p. 21, CD-ROM)
- moi j'ai pas une chasse là (IdlM – Falkert 2010, corpus : 550, p. 432, CD-ROM)
- on a été élevé sus une ferme mais pas des grosses fermes là (IdlM – Falkert 2010, corpus : 4, p. 17, CD-ROM)
- Ça commence à pardre ! Je disons pas des mots de par avant assez. (TN – Brasseur 2001 : s.v. *avant*, p. 34)
- Tu connais ça tient pas des petits. (LOU – *Découverte*, Mamou, Évangéline)
- Non il y en avait pas des *Sears* dans ce temps là. (LOU – *Découverte*, Pointe-aux-Chênes, Terrebonne)
- Ils auriont jamais du bon manger (LOU – *Découverte*, Mamou, Évangéline)
- On peut plus élever des bétailles, proche (LOU – *Découverte*, Isle Jean Charles, Terrebonne)

Le maintien de l'article indéfini peut aussi constituer une mise en relief (*pas un seul, pas une seule*) comme en FS :

- y avat rien du tout y avat pas une cenne qui venat du gouvernement (IdlM – Falkert 2010, corpus : 468–469, p. 134, CD-ROM)
- Pis y a d'autres endroits, tu trouveras pas un prusse pour te sauver la vie ! Tout [tut] du sapin ! (TN – Brasseur 2001 : s.v. *trouver*, p. 459)

Comme en FS, l'article indéfini apparaît régulièrement si la négation ne porte pas sur l'objet entier mais sur une qualification ou une spécification de celui-ci ; l'article se maintient bien sûr aussi dans les cas où le verbe est *être*.

- Pis y avait pas des autobus partout. (NÉ – Hennemann, ILM, CL) (C.-à-d. qu'il y avait des autobus, mais pas *partout*.)
- Entre nous-autres c'est meilleur mais quand on parle avec quelques autres, on avait / nous sait que nous dit pas un bon français. (NÉ – Hennemann, ILM, EM) (« On parle une sorte de français, mais ce n'est pas le bon français. »)
- mais n-en a du poisson qu'a été / euh / cinq six jours là. T'sais, ça a pas un bon goût. (NÉ – Hennemann, ILM, IS)

- dans ce temps-là tout le monde vivait sus la ferme . t'avais pas des grosses fermes . c'était pas des gros fermiers (NB – Wiesmath 1, B : 529)
- on n'a pas un langage de France (NB – Wiesmath 1, R : 1044)

- Parce que asteur le monde est misérable, le monde fait pas une vie comme on faisait dans ce temps là. (LOU – *Découverte*, Pointe-aux-Chênes, Terrebonne)

II.2.2 Négateur + *de*

La construction « négateur + *de* » apparaît de préférence quand c'est l'objet entier dont on nie l'existence ; c.-à-d. dans les cas où il n'y a pas de spécification de l'objet sous forme d'adjectif, de complément prépositionnel ou de proposition relative qui puisse être ciblée par la négation.
- Pis t'as pas de choix là. (NÉ – Hennemann, ILM, BJ)
- En a point de CHEMICALS dedans. (NÉ – Hennemann, BSM, RL)

- (i y a pas) de télévision pas de téléphone (NB – Wiesmath 1, B : 3–4)
- par / pas ici i y a pas de GRIZZLY (NB – Wiesmath 1, R : 332)[10]
- pis ma mère dit Laura moi je * peux pas t'acheter le COAT de sept piasses là . j'* ai pas d'argent (NB – Arrighi 2005 : 396, Laura NB 8 : 18–20)
- y avait pas d'ouvrage [...] (ÎPÉ – Arrighi 2005 : 400, André ÎPÉ 12 : 236–239)
- c'est vrai y a jamais de cannes chez nous (IdlM – Falkert 2010, corpus : 147, p. 27, CD-ROM)
- J'avions pas de radios j'avions pas de *television* [pron. angl.] ni rien di tout, mais j'avions du plaisir. (TN – Brasseur 2001 : s.v. *rien di tout* , p. 398)
- Il y a des petits bébés qui naît qui a pas de bras et qui a pas de mains. (LOU – DLF 2010 : s.v. *naître*, p. 411, EV)
- Et mon grand-père avait pas de dents. (LOU – *Découverte*, Pointe-aux-Chênes, Terrebonne)

II.3 La négation partielle simple

La négation partielle s'effectue également sans la particule *ne* :

▶ *personne*
- Personne veut aller à l'école. (NÉ – Hennemann, ILM, MS)
- I y avait personne qu'allait nous attaquer autre que les / les Anglais si t/ venus avec leus armées mais pouvint point s'y rendre. (NÉ – Hennemann, BSM, Ans)

- pis personne veut les amener (NB – Wiesmath 7, O : 132)
- i y avait personne qu'avait de salle de bain (NB – Wiesmath 7, O : 637)
- ça fait personne/personne se chamaillait pis personne parlait on écoutait BOYS pareil on arait pu tendre une épingle dans la place (NB – Arrighi 2005, corpus, Laura NB 8 : 204–205)
- la vieille maison de l'autre bord [Enquêtrice : hm] actuellement y a personne dedans (IdlM – Falkert 2010, corpus : 150–151, p. 113, CD-ROM)
- 'n a personne qui va te prendre et dire faut tu guimbles (LOU – Stäbler 1995 : 83, corpus) (*Nota bene* : *'n a* n'est pas une négation, mais une forme du syntagme figé « il y a »)

---

[10] *Cf.* par contraste, avec spécification, la même locutrice : « [...] s i y avait pas de l'eau qui/ qu'allait là ça pousserait pas » (NB – Wiesmath 1, R : 182–183).

▶ *rien/arien*[11]

- J'avais pas de WASHER, j'avais pas de DRYER, j'avais rien de ça. (NÉ – Hennemann, ILM, IS)
- i y a rien de WRONG avec ça (NB – Wiesmath 2, F : 757–758)
- on était sage on disait rien (NB – Wiesmath 2, F : 657)
- l'automne après la pêche on avait/on avait à dire qu'on avait rien à faire d'autre je coupais du bois pour l'hiver (ÎPÉ – Arrighi 2005, corpus, Théodore ÎPÉ 4 : 110–111)
- i sont malheureux. i ont rien à faire (IdlM – Falkert 2010, corpus : 329, p. 39, CD-ROM)
- je veux arien (LOU – Ditchy 1932 : 40)
- Et j'ai pas été au docteur parce que je savais qu'il pouvait rien faire pour une enflure. (LOU – *Découverte*, Pointe-aux-Chênes, Terrebonne)

▶ *jamais*

- 5 J'oublierai jamais la journée que j'ai quitté. (NÉ – Hennemann, ILM, IS)
- Les Anglais, i se mettont jamais dans le genou pour personne. (NÉ – Hennemann, ILM, CL)
- j'ai jamais fait de décor en neune part (NB – Wiesmath 2, F : 105) (*neune part* = « nulle part »)
- j'avais jamais vu ça (NB – Wiesmath 3, D : 223)
- parce que je suis jamais allée là [à Caraquet] lors des fêtes acadiennes (NB – Arrighi 2005, corpus, Rachelle NB 1 : 382)
- j'ai dit je retourne plus jamais là-bas (IdlM – Falkert 2010, corpus : 5, p. 42, CD-ROM)
- Vous avez jamais vu un gobarge ? [...] (TN – Brasseur 2001 : s.v. *gobarge*, p. 225)
- I ont jamais su d'you-ce que... quoi-ce qu'avait parvenu de lui ni rien. (TN – Brasseur 2001 : s.v. *parvenir*, p. 337)
- Je vas jamais là. (LOU – DLF 2010 : s.v. *jamais*, p. 348, TB)
- J'ai jamais attendu G. parler français. (LOU – DLF 2010 : s.v. *jamais*, p. 348, TB)

▶ *plus*[12]

- je m'en souviens plus de la date (NÉ – Hennemann, ILM, CL)
- i y en ara plus de LABOUR (NB – Wiesmath 2, E : 718)
- asteure c'est plus de même y a plus de sorte touT . c'est touT de la farine de boucouïte/ (NB – Arrighi 2005, corpus, Annie NB 10 : 260)
- j'ai jeté ça c'est pace qu'astheure je me servais plus de tout' ça (IdlM – Falkert 2010, corpus : 132, p. 380, CD-ROM) (*ça* = « les recettes typiques des Îles »)
- Ouais, y a plein des jeunes aujourd'hui qui parle p'us français [...] (LOU – Rottet 2001 : 119s., loc. âgé)
- J'avais faim, mais j'ai p'us faim depuis j'ai mangé. (LOU – DLF 2010 : s.v. *pus, p'us, plus*, p. 502, SM)

---

11 Pour la forme *arien*, *cf.* le chap. « Les pronoms indéfinis », IV.2. Notons, pour la BSM, la prononciation [rjon] pour *rien* (Fritzenkötter 2015 : 123), caractéristique de l'*acadjonne* (*cf.* aussi l'« Introduction » II.1.2.).
12 La prononciation courante de *plus* est [py] en FL (DLF 2010 : s.v. *pus, p'us, plus*, p. 502).

III La double négation à valeur négative

Très souvent, *pas* – régionalement *point* (*cf.* ci-dessous IV.1.) – s'associe à un terme de la négation partielle pour former une double négation à valeur négative : *pas personne, pas rien, pas jamais, pas aucun*[13].

De tous les termes de la négation partielle, les pronoms indéfinis *personne* et *rien* sont ceux qui se combinent le plus aisément avec *pas* et cela non seulement quand ils font partie d'un syntagme prépositionnel (*pas...à / de personne*) mais aussi dans le rôle d'objet direct de la phrase[14]. Dans le corpus louisianais de *Découverte*, la double négation est quasiment systématique avec *rien* et elle est majoritaire avec *personne* si le pronom ne se trouve pas en tête de la phrase ; en revanche, elle est rare avec *jamais*. Notons pour tous les parlers concernés que la double négation reste exceptionnelle si *personne* et *rien* occupent la position de sujet de la phrase et dans le tour figé *i y a/avait personne/rien* « il n'y a/avait personne/rien ».

Quant au négateur *plus* – souvent prononcé [py] –, il est plutôt rare dans les corpus consultés et apparaît surtout en antéposition à d'autres particules de négation, d'où résultent des combinaisons tout à fait conformes au FS (*plus jamais, plus personne, plus rien*)[15] ; *plus* n'est jamais introduit par *pas* pour former une double négation au sens de « ne...plus »[16].

▶ ***pas personne***
- Moi, ça c'est / c'est de même je prends la vie. Fais pas tort à personne, je / je vis qu/ de mieux que je peux. (NÉ – Hennemann 2014 : 178, ILM)
- Pis i y avait pas un homme de[h]ors, pas personne. (NÉ – Hennemann, ILM, AF)
- tu l'dis point à personne/pis tu l'gardes à toi (NÉ – Fritzenkötter 2015 : 123, BSM)
- i va pas tuer là [...] i tuera pas personne là (NB – Arrighi 2005 : 400, Suzanne L. NB 18 : 359–360)
- j'ai travaillé pas mal longtemps j'étais pas grasse pis ben pas personne pouvait dire que j'étais enceinte (NB – Arrighi 2005 : 400, Sarah NB 20 : 265–267)
- on a pas personne/ j'ai pas personne dans ma famille. qui va à la chasse aux phoques (IdlM – Falkert 2010, corpus : 181–182, p. 383, CD-ROM)
- I parle i parle i parle, i entend pas parsonne d'autre, i blague pis i blague pis i blague, il est tout en blague. (TN – Brasseur 2001 : s.v. *blague*, p. 58)
- Et la bataille a pris. Et ... il y avait pas eu personne de tué (LOU – *Découverte*, Pointe Noire, Acadia)
- je pouvais pas engager personne dans ce temps là (LOU – *Découverte*, Châtaignier, Évangéline)

---

13 *Cf.* pour la NÉ : Hennemann (2014 : 172ss.) ; pour TN : Brasseur (2001 : s.v. *pas*, p. 337). – La négation simple reste pourtant majoritaire : dans le corpus de Fritzenkötter (2015 : 123), par ex., basé sur une enquête parmi les jeunes à la BSM et à PUB, la double négation à valeur négative n'apparaît que quatre fois.

14 Dans la langue classique, si double négation il y avait, c'était surtout dans les tours figés (*ne pas faire semblant de rien, ne pas se servir de rien*) et dans les cas où le pronom ou l'adverbe de négation suit la préposition (*cf.* Martineau/Déprez 2004 : 40).

15 *Cf.* « i y a pus personne qui va à la messe » (NÉ – Hennemann, ILM, CL), « quand ce que le FROSTING est sorti i y a plus rien i y a plus ienque le CAKE » (NB – Wiesmath 2, E : 742–743), « Mais il y a plus rien alentour de là. » (LOU – *Découverte*, Isle Jean Charles, Terrebonne).

16 *Pas plus que* est lexicalisé dans le sens de « de même que...ne...pas ».

▶ *pas rien*
- Dans c't' temps-là, tu pouvais pas t'acheter rien. (NÉ – Hennemann 2014 : 178, ILM)
- Pour nous chauffer, on avait pas rien. (NÉ – Hennemann 2014 : 278, ILM)
- Il a pas ri, i a pas dit rien du tout. Arien du tout. Imagine-toi. (NÉ – Hennemann, ILM, IS)
- i y a point d'ADVERTISING i y a point rioN. (NÉ – Fritzenkötter 2015 : 123, BSM)
- j'aime/la vie dans ma région/et il y a pas rien que cha/que j'aimerais d'changer. (NÉ – Fritzenkötter 2015 : 123, PUB)
- tu peux pas rien dire (NB – Wiesmath 2, E : 770)
- pis euh i se greyiont du STUFF pour euh de l'avant . des patates SO i cuiviont ça i achetiont pas rien i se / i se / i se greyiont du STUFF tant que le / à / l'été pour l'hiver (NB – Wiesmath 3, D : 509–511)
- les Américains sont arrogants trop arrogants i sont pas éduqués sus nous-autres en touT i savent pas rien de Canada (NB – Arrighi 2005 : 399, Michelle NB 16 : 467–468)
- je me lamente pas de rien (ÎPÉ – Arrighi 2005 : 398, Rose ÎPÉ 7 : 95) (« je ne me lamente de rien »)
- dans ce temps-là y avait pas rien (IdlM – Falkert 2010, corpus : 494–495, p. 427, CD-ROM)
- Il ont pas rien appris à l'école (TN – Brasseur 2001 : XLV)
- J'ai té six semaines sus le carreau, je pouvais pas rien faire. (TN – Brasseur 2001 : s.v. *pas*, p. 337)
- Alle mangeait pas. Et eux-autres l'a amené au docteur et tout, et il y avait pas de guérison, et le docteur pouvait pas rien trouver. (LOU – *Découverte*, Pointe-aux-Chênes, Terrebonne)
- Ça parle de trop mais ça dit pas rien. (LOU – DLF 2010 : s.v. *rien^2*, p. 557, IB)
- Et ça vous coûte pas arien. (LOU – DLF 2010 : s.v. *rien^2*, p. 557, EV) (« Et cela ne vous coûte rien. »)
- Mais K. était gênée, gênée un tas plus que moi. Moi ça me faisait pas rien. (LOU – *Découverte*, Mamou, Évangéline)

▶ *pas... nulle/nunne/noune part*[17]
- I y a pas de bouchure à nulle part asteure. (NÉ – Hennemann, ILM, AF)
- Y en a pas nun part. noune part. (NÉ – É. Boudreau 1988 : 180)
- I en a pas trouvé noune part. (NÉ – É. Boudreau 1988 : 180)
- [...] j'ai jamais été malade j'ai quatre-vingt cinq j'ai pas mal . à nulle part (NB – Arrighi 2005 : 400, Annie NB 10 : 125–126)

▶ *pas jamais* (rare)[18]
- oh oui pas moi j'ai pas jamais vu (NB – Arrighi 2005, corpus, Willy NB 9 : 412)
- [...] le cholestérol a pas jamais monté à cause de ça (NB – Arrighi 2005 : 400, Évangéline M. NB 14 : 41–45)
- l'été on pouvait pas jamais aller à nulle part (NB – Wiesmath 7, O : 508)

---

17 Pour le FQ, le GPFC (s.v.) note les formes *neulle*, *neune* et *nunne* pour « nulle », qui existent aussi dialectalement en France (*cf.* FEW 7, 233a). – Poirier (1993 [1925] : s.v. *nunne*) note la substitution de *n* à *l* comme phénomène occasionnel en Acadie, au Québec et ailleurs (*cf.* aussi *l'on* – *n'on*, Poirier 1993 [1925] : s.v. *n'on* et chap. « Les pronoms personnels », VIII.2.). – Précisons aussi que le tour *à nulle part*, relevé dans les parlers étudiés ici, équivaut à *nulle part* en FS (*cf.* Brasseur 2001 : s.v. *nulle part (à)*, p. 320).
18 La double négation *pas jamais* est rare dans les corpus consultés. Hennemann (2014 : 180) affirme dans ce contexte que « [j]*amais* semble déjà avoir achevé complètement son évolution vers un pronom négatif [...] » et, partant, n'est que rarement accompagné de *pas*.

- Je tais pas jamais un gros fumeur. Et boire non pus. J'ai jamais bu beaucoup. [...] (TN – Brasseur 2001 : s.v. *soûlasse*, p. 427)
- Je t'ai pas jamais vue, mais je connais que t'es réellement une belle fille. (LOU – DLF 2010 : s.v. *mais*^{2}, p. 378, EV)
- Eusse a savonné sa langue ! Et il a pas jamais rejuré après ça. (LOU – DLF 2010 : s.v. *pas*^{2}, p. 443, TB)

▶ ***pas aucun/aucun...pas***
- Et pas aucun / pas d'électricité ... aucune (NÉ – Hennemann, ILM, MD)
- oh moi ça fait pas aucune différence (NÉ – Fritzenkötter 2015 : 123, BSM)
- À présent y a pas aucun jubier à oir, pas di tout. (TN – Brasseur 2001 : s.v. *di*, p. 161)
- elle prend pas aucun pilule et elle prend pas d'eau (LOU – *Découverte*, Mamou, Évangéline)
- Il follait que ça soye bien bien bien soigné pour être sûr que aucun z-essence ou aucun n-huile va pas dans les eaux. (LOU – DLF 2010 : s.v. *aucun*^{1}, p. 46, LF)

Commentaire

La double négation à valeur négative constitue une étape dans l'évolution cyclique de la négation en français où se succèdent les phases de renforcement et d'affaiblissement des négateurs. Selon le modèle cyclique de Jespersen (1917 : 4–22), qui se réfère à tous les termes négatifs, la double négation à valeur négative s'explique ainsi : suite à l'affaiblissement de la particule *ne*, qui a commencé aux XIIIe/XIVe s., les deuxièmes éléments de la négation – jadis éléments de renforcement de sens originairement positif mais ayant eux-mêmes adopté une valeur négative – apparaissent d'abord seuls avant de s'affaiblir à leur tour et d'être renforcés par *pas* (Martineau 2009c : 164s., 170s., Hennemann 2014 : 173–176)[19].

Cette hypothèse de Jespersen est pourtant modifiée par d'autres auteurs, du moins en ce qui concerne les pronoms de négation *aucun*, *rien* et *personne*[20]. Deux arguments s'opposent à cette théorie, le premier visant la chronologie. La double négation composée de *pas* + 2^e négateur a de fait une longue histoire et est attestée dans toutes les périodes du français (Martineau/Déprez 2004 : 35). Le deuxième argument concerne la sémantique des pronoms négatifs : en effet, les pronoms *aucun*, *rien* et *personne* ont été pendant des siècles des termes de polarité, positifs ou négatifs selon la présence ou l'absence d'une négation. Pour les négateurs *rien* et *aucun*, Martineau/Déprez (2004 : 34) montrent que ceux-ci sont attestés du XVIe au XXe s. dans des constructions à trois termes (*ne... pas rien/aucun*), ce qui prouve selon ces auteurs qu'ils ne sont pas en eux-mêmes des négateurs, mais doivent être niés par *ne...pas* dans le sens négatif[21]. Mais du fait qu'ils apparaissent surtout dans les contextes négatifs, ces éléments adoptent à partir du XVIIIe s., donc plusieurs décennies après le départ de la majorité des colons, une valeur exclusivement négative et c'est à partir de ce moment-là que la négation à trois termes régresse et que ces pronoms sont construits avec *ne* seul en FS (*ne...rien/aucun*) (Martineau/Déprez 2004 : 41s.). La négation de type *pas rien* et *pas aucun*, telle qu'elle est courante dans les parlers concernés ici, constitue donc selon cette hypothèse un conservatisme, puisqu'il s'agit d'un héritage du français classique (*cf.* Martineau/Déprez 2004 : 46). Le fait que *personne* et *rien* puissent encore revêtir le sens de « quelqu'un » ou « quelque chose » vient soutenir cette hypothèse, *cf.*

- Pis ça a toujours été personne qu'est en charge dans les personnes qu'a la culture pis la langue à cœur (NÉ – Hennemann 2014 : 181, ILM)

---

19 Les stades de ce modèle seraient donc les suivants : (1) *ne* seul (ancien fr. et quelques vestiges en fr. actuel) → (2) double négation (FS moderne) : *ne...pas, plus, jamais, rien, personne...* → (3) fr. oral (moderne), 2e élément seul : *pas, plus, jamais, rien, personne* → (4) langage peu soigné, renforcement du 2e élément par *pas* : *pas jamais, pas rien, pas personne*.

20 Pour une critique différenciée de cette théorie, *cf.* entre autres Martineau (2009c) qui s'exprime également sur *pas, point* et *mie*. – *Cf.* aussi Léard (1995 : 213–216), Martineau/Déprez (2004).

21 *Cf.* Haase (1965 : 256), Gougenheim (1974 : 241), Martineau/Déprez (2004 : 40ss.), Hennemann (2014 : 178s.).

- Tu pouvais pas aller dans les magasins pour acheter rien. (NÉ – Hennemann 2014 : 181, ILM)

Aujourd'hui, la norme interdit la co-présence de *pas* avec *rien*, *personne*, *aucun*, *jamais*, *guère* et *ni* (si ce n'est dans les affirmations du type *ce n'est pas rien* « c'est bien quelque chose »), ce qui n'empêche pas que cet emploi reste vivant non seulement dans les parlers étudiés ici, mais aussi en FQ et dans d'autres variétés laurentiennes et dans le non-standard hexagonal[22].

IV Traits conservateurs du français néo-écossais

Pour la NÉ, nous constatons que le négateur *point* est encore vivant à la BSM et à PUB[23]. *Point* peut apparaître dans les mêmes fonctions que *pas*, y compris dans celle de quantificateur négatif (*point de*, Hennemann 2014 : 165) ; il n'y a aucune différence sémantique entre les deux négateurs.

Quant à l'adverbe de négation *nenni* – ou *nâni* –, mentionné par Poirier (1993 [1925] : s.v. *nâni*) et É. Boudreau (1988 : 177) comme l'équivalent de *non*, il n'est pas attesté dans les corpus à notre disposition. Si la tournure survit encore, elle est extrêmement rare et semble réduite à l'usage des locuteurs les plus âgés.

IV.1 Le négateur *point*

Étant donné que la négation avec *point* est encore vivante dans le Sud-Ouest de la NÉ, c.-à-d. à la BSM et à PUB, les variétés parlées dans ces régions s'avèrent sous cet angle plus conservatrices que les autres variétés acadiennes. De fait, *point* reste tout à fait exceptionnel à l'Isle Madame[24], à Chéticamp et à Pomquet et il avait déjà disparu de l'usage au NB au XIXe s. (Martineau 2009d : 312).

Hennemann (2014 : 167) explique les différences régionales par le degré plus ou moins grand d'ouverture vers l'extérieur de ces régions. Le Nord-Est étant plus exposé aux influences externes, le trait conservateur très marqué que constitue la négation avec *point* n'a pu se maintenir. En ce qui concerne la fréquence de *point* dans les différentes régions de la NÉ, Flikeid (1994a : 295) indique le chiffre de 79 % pour *point* à Pubnico, de 72 % à la Baie Sainte-Marie, alors que le taux s'élève à seulement 1 % à l'Isle Madame, à Chéticamp et à Pomquet.

---

22 *Cf.* Bauche (^{2}1951 : 121), Price (1971 : 256), Gadet (1992 : 79), Léard (1995 : 213–216), Brasseur (2001 : s.v. *pas*, p. 337), Hennemann (2014 : 176). Pour le français du Missouri, *cf.* Thogmartin (1970 : 70). – Certaines constructions de la langue populaire peuvent prêter à confusion, *cf.* Gadet (1992 : 79).

23 Flikeid (1991 : 211, 1992 : 21, 1994a : 295, 1997). – *Cf.* aussi Neumann-Holzschuh/Wiesmath (2006 : 239s.), Arrighi (2005 : 402), Hennemann (2014 : 164–168), Comeau (2011 : 81, note 38), Fritzenkötter (2015 : 119ss.). – Le corpus d'Arrighi ne reflète pas toute l'ampleur de l'emploi de *point* ; Arrighi (2005 : 402) indique seulement que *point* est « attesté quelquefois dans les productions de deux informatrices de la Baie-Sainte-Marie ». – Pour d'autres traits conservateurs de ces parlers, la survivance du passé simple et de l'imparfait du subjonctif, *cf.* les chap. « Les temps du passé » (I) et « Le subjonctif » (I.3.).

24 Hennemann (2014 : 167) note deux occurrences de *point* dans le sens de « point du tout » dans son corpus de l'ILM. Elle suggère qu'« il s'agit de la survivance d'un trait linguistique autrefois répandu à l'Isle Madame. » (*ibid.* : 168).

Le maintien de *point* dans les parlers du Sud-Ouest de la NÉ est confirmé par Thibodeau (1988 : 103), Cormier (1999 : s.v. *point*) et Martineau (2005 : 204)[25]. Pour Pubnico Hennemann note la nette prédominance de *point* chez les plus âgés mais aussi la tendance à son abandon dans le groupe d'âge des moins de 60 ans allant jusqu'à la disparition quasi complète de *point* dans la jeune génération, sans doute due à la confrontation avec la langue standard à l'école (Hennemann 2014 : 166). En revanche, en ce qui concerne la BSM, les chiffres fournis par Fritzenkötter (2015 : 120–122) montrent que le négateur se maintient à un niveau élevé même dans le groupe des étudiants (74,6 % *point*) et des lycéens (64,1 % *point*). Dans le corpus de Grosses Coques (BSM) de Comeau, *point* prédomine encore plus nettement, apparaissant dans 83 % des cas [26].

▶ **Baie Sainte-Marie**
- Je leux arais point baillé plus que quinze, seize ans de vieilles. (NÉ – Flikeid 1996 : 453, BSM)
- [À propos de l'idée que son futur mari parle seulement anglais.] J'ais pas si j'aimerais l'idée de point pouvoir parler avec parce que je trouve ça plus facile … (NÉ – Hennemann 2014 : 165, BSM)
- i allont m' 'garder/i allont point comprendre rioN. (NÉ – Fritzenkötter 2015 : 123, BSM)
- oh non y en avait point MUCH (NÉ – Arrighi 2005 : 402, Évangéline NÉ 23 : 136)
- moi je veux point regarder ça je veux point entendre ça (NÉ – Arrighi 2005 : 402, Édith NÉ 22 : 5)

▶ **Pubnico**
- Mais c'est point moi h'avais la responsabilité (NÉ – Hennemann 2014 : 165, PUB)
- Tu peux point rinque aller comme dans le cafeteria et t'assir avec une gang que tu connais point. (NÉ – Flikeid 1996 : 310, PUB)
- Je mind point d'aller à la côte me baigner, but je peux point nager comme il faut. (NÉ – Flikeid 1996 : 310, PUB)

▶ **Isle Madame**
- [Elle voit une femme dans la rue.] WHO THE HELL IS THAT? Je l'ai point connue. (NÉ – Hennemann 2014 : 167, ILM)

Commentaire
Point est attesté à côté de *pas* dès l'époque de l'ancien français (XIIe s., FEW 9, 593a). Il semble y avoir une prédilection pour le choix de *point* en contexte partitif (*point de* + nom), pour *pas* en contexte non-partitif (négation du verbe) (Martineau 2005 : 195, 2009b : 236ss.). Pourtant, à partir du moyen français et jusqu'au XVIe s., *point* se propage massivement dans les contextes non partitifs et devient l'adverbe de négation

---

[25] Cormier (1999 : s.v. *point*) atteste également *point* à Cap Breton et aux Îles-de-la-Madeleine. Naud (1999 : s.v. *point*) confirme l'existence du négateur aux Îles-de-la-Madeleine, suggérant cependant qu'il était surtout courant à l'époque de la colonisation ; il n'y en a aucune occurrence dans le corpus de Falkert (2010). – Dans les *Lettres de Marichette*, dont l'auteure, Émilie C. LeBlanc (1863–1935), originaire de Memramcook (Nouveau-Brunswick), s'est ensuite établie à Weymouth en Nouvelle-Écosse, dans le comté de Digby (*cf.* aussi fr.wikipedia.org), *pas* prédomine sur *point* (Gérin/Gérin 1979 : 80 et 1982 : 150).

[26] Dans ce corpus, *pas* apparaît surtout dans les tours figés (*je sais pas*, *c'est pas*) ; en dehors de ces tours, *pas* est le fait des locuteurs de sexe masculin instruits d'un certain âge. Selon Comeau, ce fait sociolinguistique plaide en faveur de l'hypothèse que l'apparition de *pas* dans cette communauté se fait par le biais de l'ouverture vers l'extérieur et l'exposition à la variante standard.
(*cf.* https://www.ling.upenn.edu/NWAV/abstracts/nwav36_comeau.pdf, consulté le 24/06/2016)

privilégié dans la littérature (Price 1971 : 253). Au XVIIe s. (Kawaguchi 2009 : 208, Riegel et al. 2011 : 706), on note le déclin de *point* en contexte non-partitif. À l'époque, des différenciations sémantiques commencent à être discutées concernant les deux adverbes de négation[27]. C'est également à l'âge classique que *point* commence à être considéré comme plus intense que *pas*[28]. Cette impression est sûrement due au fait que *point*, désormais en déclin, était devenu une forme plus saillante et plus marquée que *pas* (cf. Hanse, [2]1991 : s.v. *pas*, p. 708). En outre, *point* semble avoir été préféré dans les interrogations impliquant un doute, notamment les phrases au conditionnel (Riegel et al. 2011 : 706).

Point achève son déclin au XVIIIe s. pour ne survivre, au-delà du XIXe s., que dans certaines régions de France (Picardie, Poitou, Aunis, Saintonge, Angoumois, cf. ALF carte 12, Martineau 2005 : 195) et dans le Nouveau Monde[29]. Au moment de la colonisation, il y a donc encore une hésitation entre les deux négateurs et *point* s'est maintenu plus longtemps outre-Atlantique qu'en France (Martineau 2005 : 195ss.), et davantage dans les zones acadiennes isolées (BSM, Pubnico) que dans les régions plus ouvertes vers l'extérieur ; c'est ainsi qu'en FQ, *point* a quasiment disparu à la fin du XIXe s. (Martineau 2005 : 204s.)[30].

Dans le français de France moderne, la négation *ne... point* est marquée comme « vieille » ou « littéraire » (*Le Petit Robert* 2013 : s.v. *point*). Elle reste présente dans « certaines régions » mais peut aussi être employée pour marquer une « négation plus vigoureuse que *pas* » ou bien pour « varier l'expression » (Grevisse/Goosse 2008 : § 1015, p. 1277). L'emploi de *point* seul, sans *ne*, est qualifié de « rural » ou « paysan »[31].

VI.2 L'adverbe négatif *nâni, nenni*

L'adverbe négatif *nenni*, aussi réalisé *nâni* (Poirier 1993 [1925] : s.v. *nâni*), n'est attesté qu'en NÉ et ce, exclusivement chez les locuteurs les plus âgés (É. Boudreau 1988 : 177). Selon ces auteurs, *nenni*, équivalent de *non*, est doté d'une nuance d'insistance, tout en constituant un refus plus poli que *non*. *Nenni* implique toujours une affirmation de la part de l'interlocuteur, à laquelle on réplique par la négative, tout en affichant un ton respectueux. C'est ainsi qu'à la phrase « je vous remercie », on pourrait répondre :

- Nenni, j'vous remercie. (NÉ – É. Boudreau 1988 : 177)

faisant ainsi comprendre que c'est bien au locuteur, et non à son interlocuteur, qu'il incombe de remercier.

---

27 Cf. Brunot/Bruneau (1949 : 517), Martineau (2005 : 196, 2009c : 173), Riegel et al. (2011 : 706), Hennemann (2014 : 164).
28 Cf. Haase (1965 : 254), Hanse ([2]1991 : s.v. *pas*, p. 708), Hennemann (2014 : 164).
29 Les régions de France où *point* survit sont précisément les régions d'où provenait la majorité des personnes ayant émigré vers l'Acadie. Mais Martineau (2005 : 205) a certainement raison d'affirmer que la « filiation poitevine » n'est pas responsable du maintien de *point* dans certaines régions acadiennes, car *point* avait une répartition géographique bien plus importante que la seule Acadie. C'est plutôt l'isolement géographique de ces zones acadiennes qui constitue un facteur d'explication de cette survivance (cf. aussi Martineau 2009c : 174s.).
30 Cormier (1999 : s.v. *point*) note qu'on relève encore la forme sporadiquement au Québec, ce qui est confirmé par Seutin (1975 : 313) pour le français de l'Île-aux-Coudres. *Point* n'est pas attesté par Hallion (2000, 2006) et Papen (2006) pour les parlers de l'Ouest du Canada.
31 Bauche ([2]1951 : 121), Hanse ([2]1991 : s.v. *pas*, p. 708), *Le Petit Robert* (2013 : s.v. *point*), Hennemann (2014 : 164).

Commentaire

La forme *nenni*, qui se compose de *nen* – forme atone de *non* – et de *il*, remonte à l'ancien français (FEW 7, 183bss.) et est attestée sous diverses variantes phonétiques : [nɛni] ou, plus souvent, [nɛni] (*cf.* Hanse ²1991 : s.v. *nenni*, p. 625), *naie*, *nenil* (*cf.* Brunot/Bruneau 1949 : 509), *nanni*, *nani* (É. Boudreau 1988 : 177 ; FEW 7, 183bss.).

Nenni est employé par Molière et il est mentionné dans le dictionnaire de Richelet de 1680 (Brunot/Bruneau 1949 : 510). Aujourd'hui, ce terme est tombé en désuétude en français de France et il n'est plus employé que régionalement ou par plaisanterie (FEW 7, 183bss., *Le Petit Robert* 2013 : s.v. *nenni*).

V La négation renforcée

Des termes figés contenant l'élément *tout* ainsi que, rarement, le tour *pas une miette* servent à renforcer la négation.

V.1 *(pas/rien/pas rien…) en tout, du tout, pantoute, ni rien*

Les termes de renforcement les plus courants sont *(pas/rien/pas rien* etc.*) … en tout* [ãtut], *(pas/rien/pas rien* etc.*) du tout* et *pantoute* [pãtut] (*cf.* Arrighi 2005 : 391s., 401)[32].

- La forme traditionnelle acadienne est *en tout*, qui se combine avec un élément au moins de la négation (*pas en tout, pas rien en tout, rien en tout*). Le *t* final se prononce toujours (Arrighi 2005 : 415). La forme *pantoute* [pãtut], québécisme relevé également au NB (*cf.* « Commentaire »), est sans aucun doute une contraction lexicalisée de *pas en tout* ; *pantoute* est toujours placé en fin de phrase (Arrighi 2005 : 392). En FL, *en tout* et *pantoute* n'existent pas.
- *(Pas) du tout*, la variante standard, est moins fréquente en FA et constitue peut-être un emprunt récent (Arrighi 2005 : 415). Elle est néanmoins relevée non seulement auprès des locuteurs les plus standardisants, mais aussi « dans les productions des informateurs les plus vieux et les moins instruits » (Arrighi 2005 : 401). En FA, le *t-* final est soit prononcé, soit muet. *Di tout* et *du tout* sont les formes courantes en FTN (*cf.* Brasseur 2001 : s.v. *di*, p. 160) et en FL (Conwell/Juilland 1963 : 50[33], Guilbeau 1950 : 243), le *t-* final ne se prononçant généralement pas. Si c'est le terme *rien* qui est ainsi renforcé, il arrive en FTN que l'occlusive dentale initiale [d] du terme de renforcement (*di tout*) s'assimile complètement à la consonne nasale « n » de *rien* : *rien-i-tout, rien-ni-tout* (Brasseur 2001 : s.v. *rien di tout*, p. 398).
- Le terme de renforcement peut être séparé du terme de la négation :
    - Comprends pas c'tés affaires-là, moi, du tout, ça. (NÉ – Hennemann, BSM, SC)

---

[32] *Cf.* également le chap. « Tout », III.2., où l'on trouvera des remarques concernant la prononciation du -*t* final.
[33] *Cf.* Conwell/Juilland (1963 : 50) : « Preceded by a dental or labial consonant, /y/ frequently alternates with /i/ […] ».

– Signalons aussi les expressions *ni rien, ni (rien) du tout* (« ni rien d'autre non plus », « aucune chose de ce genre non plus »), *ni moi* (« moi non plus »), où la conjonction de coordination *ni*, rare en FA/FTN/FL, a perdu son autonomie pour former des expressions figées de renforcement de la négation (*cf.* pour le NB Wiesmath 2006 : 110s. ; *cf.* aussi le chap. « La connexion », I.4.).

▶ *en tout* [ãtut] (FA/FTN)

- é disait papa moi je marierai pas Petit Jean pas en touT (NÉ – Arrighi 2005 : 392 et 415, Marcelin NÉ 2 : 530–531)
- L1 : Pis i est-ti encore / i est-ti malaisé à comprendre quanT qu'il parle ? L2 : Non ! Pas en touT. (NÉ – Hennemann, ILM, AF)
- on passe des fois pis on voit pus rien en touT de ça . ça tait :: abouti je sais pas quoi qu'i avont fait avec ça (NB – Arrighi 2005 : 392, Annie NB 10 : 417–419)
- non y avait pas rien en touT en ste temps-là non non pas de coopérative y avait rien (NB – Arrighi 2005 : 415, Willy NB 9 : 239–240)
- i y en a de zeux qui voulont pas parler anglais en tout' (NB – Wiesmath 3, D : 496–497)
- dans à peu près une deux trois ans i la comprendront pas en tout' parce que euh je me sers pas du / du système métrique dessus (NB – Wiesmath 8, Q : 91)
- dans l'hiver y avait pas d'ouvrage en touT (ÎPÉ – Arrighi 2005 : 415, Délima ÎPÉ 5 : 32)
- non on s'ennuie pas pas en tout' nous autres (IdlM – Falkert 2010, corpus : 133, p. 302, CD-ROM)
- c'est pas pire pas en toute [sic] (IdlM – Falkert 2010, corpus : 53, p. 233, CD-ROM)
- Je disons pas en tout [pa ã tut] ! *No way* [...] c'est en anglais ça ! (TN – Brasseur 2001 : s.v. *pas*, p. 337)
- I dormont pas en tout [pa ã tut] ! (TN – Brasseur 2001 : s.v. *pas*, p. 337)

▶ *pantoute* [pãtut] (NB)

- quand j'ai eu les deux autres c'était pas pareil pantouT c'était comme le jour et la nuit (NB – Arrighi 2005 : 392, Sarah NB 20 : 294–295)
- écoute Christiane Christiane elle a peur de rien ielle . hein a l-a peur de rien pantouT (NB – Arrighi 2005 : 392, Catherine NB 18 : 472–473)
- j'ai pas ni pitié ni pardon de ça . pantouT pantouT pantouT (NB – Arrighi 2005 : 392, Suzanne L. N 18 : 256–257)

▶ *du tout / di tout*

- de la WATER GLASS je pourrais pas vous dire du touT quoi c'était [...] (NÉ – Arrighi 2005 : 416, Évangéline D. NÉ 23 : 116–118)
- on a point mangé du touT (NÉ – Arrighi 2005 : 392, Rosalie NÉ 23 : 173)
- j'aime pas ça du tout mais je peux l'écouter. (NÉ – Hennemann, BSM, SC)
- Moi je *mind* pas le froid du tout. (NÉ – Hennemann, BSM, SC)
- c'est touT une différente vie. C'est pas du tout la même vie. (NÉ – Hennemann, BSM, AnS)
- oh oui je trouve que quand les gens me disent que j'ai pas d'accent du tout c'est comme si que j'étais Anglaise si/si je passe comme ((rires)) alors là je vas forcer un petit peu un petit accent français (NB – Arrighi 2005, corpus, Rachelle NB 1 : 157–160)
- acheter des bonbons c'était le FUN . alle a pas changé du tout (NB – Wiesmath 13, H : 209–210)

- Mon Doux y en avait des fois t'es obligé d'aller d'un SCOOP à l'autre tu pouvais pas du touT . asteure y a moins de misère (ÎPÉ – Arrighi 2005 : 416, Théodore ÎPÉ 4 : 12–14)
- je l'ai soigné deux trois jours mais. i n'en gagnait pas du tout i tait toujours pareil (IdlM – Falkert 2010, corpus : 118–119, p. 14, CD-ROM)
- ça j'ai rien contre du tout (IdlM – Falkert 2010, corpus : 196, p. 96, CD-ROM)
- Mais non je chante pas di tout. (TN – Brasseur 2001 : s.v. *di*, p. 160)
- Y avait pus rien, pus rien-i-tout. (TN – Brasseur 2001 : s.v. *rien di tout*, p. 398)
- ça aurait été mieux peut-être je coupe pas du tout, je cousais j'aimais ça beaucoup. (LOU – *Découverte*, Châtaignier, Évangéline)
- Alle a juste neuf mois. Tout le temps je dis à sa mame que je veux qu'elle apprend le français, et alle me répond pas arien du tout là-dessus. (LOU – Rottet 2001 : 129, loc. âgée)
- Proche tous mes frères et mes sœurs parlent pas français du tout. (LOU – DLF 2010 : s.v. *tout*, p. 624, SL)
- *du tout* [dy tu], [di tu] (LOU – Conwell/Juilland 1963 : 50)

▶ **ni rien, ni (rien) du tout, ni moi**
- Pas d'eau dans la maison, rien du tout pas de WASHER ni rien, pas de BATHROOM ni rien. (NÉ – Hennemann, ILM, IS)
- Il y avait pas d'union / euh / pas de syndicat, ni du tout. (NÉ – Hennemann, ILM, CL)
- Sais pas. J'ai pas été ni moi. (NÉ – Hennemann, ILM, CL)
- [B : je voudrais pas qu'alle ferait un fricot au lapin] R : non pas au lapin . ni moi (NB – Wiesmath 1, R : 520)
- dans ce temps-là ben ton poisson je crois ben était meilleur qu'asteure itou c'était coumme tout le restant l'eau était pas polluée pis ni rien hein SO tu pouvais pêcher de même (NB – Wiesmath 1, B : 298)
- ça fait que l'hiver le monde a resté avec pas de pain ni rien du tout (IdlM – Falkert 2010, corpus : 13, p. 242, CD-ROM)
- là on payat ni taxes ni rien du tout là (IdlM – Falkert 2010, corpus : 135–136, p. 286, CD-ROM)
- Y avait pas de société ni rien di tout y avait que du bois en arrière. (TN – Brasseur 2001 : s.v. *rien di tout, rien-i-tout, rien-ni-tout*, p. 398)
- J'avions pas de radios j'avions pas de *television* [pron. angl.] ni rien di tout, mais j'avions du plaisir. (TN – Brasseur 2001 : s.v. *rien di tout* , p. 398)
- On avait tout le temps comme deux bonnes vaches à lait, pas des Guernsey et ni rien de ça, non. (LOU – *Découverte*, Mamou, Évangéline)

Commentaire
Pantoute, que Meney (1999 : s.v. *pantoute*) qualifie de « corruption de "pas en tout(e)" », est une forme caractéristique et largement répandue en FQ (*cf.* Brasseur 2001 : s.v. *pas*, p. 337). Seutin (1975 : 313) parle d'une « marque "d'appellation contrôlée" du français du Québec ». Notons que *pantoute* se combine aussi avec d'autres négateurs : *J'veux pas pantoute.* (GPFC : s.v. *pantoute*), *On voyait pus rien pantoute. [...] i mettaient leurs bateaux à l'eau sans y toucher pantoute.* (Seutin 1975 : 313).

V.2 *pas une miette*

Le tour *(e)une (tite) miette* au sens d'« un peu » est assez courant en NÉ et à TN (*cf.* le chap. « Les adverbes », I.1.5.). Rarement, on relève le tour nié *pas ... (e)une miette* dans le sens de « pas du tout »[34].

- je n'ai pas dormi une miette de la nuit (FA – Poirier 1993 [1925] : s.v. *miette*)
- I m'en reste pas eune miette (NÉ – É. Boudreau 1988 : 172)

VI La négation restrictive

Les tours *rienque, yienque, juste(ment)* pour « ne...que, seulement » et *pas seulement, pas rienque, pas juste(ment)* pour « pas seulement » servent à former la négation restrictive ou exceptive, ou bien son annulation (*cf.* Riegel et al. 2011 : 700).

VI.1 *rienque, yienque, juste(ment)*

La négation restrictive ou exceptive n'est pas une négation au sens propre, mais une construction à l'aide de laquelle le locuteur restreint le champ de la validité de l'énoncé au seul terme introduit par *que* ou par l'adverbe. Elle est exprimée par les moyens suivants :
- Rarement, par *que* seul au lieu de *ne... que* (*cf.* l'absence de *ne* dans les parlers concernés ici).
- Principalement par les formes *rienque, yienque* dans le sens de « seulement » (*cf.* le chap. « Les adverbes », III.8.), notamment en FA/FTN (mais ces formes existent aussi en FL, *cf.* Guilbeau 1950 : 242) ; il s'agit d'une forme contractée de la forme standard *rien que*[35], qui s'est généralisée à tous les emplois de l'adverbe *seulement*.
- Par l'adverbe *juste* – réalisé, en FA sous les formes [ʒys], [ʒyst] et en FL sous les formes [ʒys], [ʒyst], [ʒyʃ] et [yʃ] (DLF 2010 : s.v. *juste*², p. 356) ; on relève aussi la forme *justement* au sens de « seulement » que Brasseur (2001 : s.v. *justement*, p. 265) qualifie de calque de l'anglais *just*[36].
- Par l'adverbe *seulement* comme en français de France.

---

[34] Pour le FA, *cf.* É. Boudreau (1988 : 172), Poirier (1993 [1925] : s.v. *miette*). Le tour est aussi signalé pour le FL (DLF 2010 : s.v. *miette*, p. 397), notons pourtant l'absence d'exemples dans le DLF et dans le corpus *Découverte*. – Une *miette* est également signalé dans ce sens comme élément du style familier par *Le Petit Robert* (2013 : s.v. *miette*).

[35] *Cf.* en FS : « On le reconnaît *rien qu*'à sa démarche. » (Riegel et al. 2011 : 701).

[36] Pour les emplois de *juste* et *justement cf.* les chap. « Les adverbes », III.7. *Justement* n'est pas nécessairement un calque, son emploi dans ce contexte peut aussi s'expliquer par le fait que les formes *juste* et *justement* ne sont pas bien distinguées dans les parlers concernés.

▶ que

- i mettent la cage là pis là y a que la peine de pousser à l'eau (IdlM – Falkert 2010, corpus : 328–329, p. 125, CD-ROM)
- Y avait pas de société ni rien di tout y avait que du bois en arrière. (TN – Brasseur 2001 : s.v. *rien di tout*, p. 398)
- [il a k di pjas dã la poʃ] « Il n'a que dix piasses dans la poche. » (LOU – Guilbeau 1950 : 242) (transcription adaptée, INH/JM)
- C'était beaucoup une petite école. Il y avait que la maîtresse d'école et un enfant qui parlaient en français (LOU – *Découverte*, Pointe Noire, Acadia)

▶ rienque, yienque, ienque/ien que

- Pis maintenant i y a yienque moi pis mon pus jeune frère qui vit. (NÉ – Hennemann, ILM, AF)
- Quand on était enfant [...] t'avais un puits dehors, pis y avait yinque une route pour aller au puits [...] (NÉ – Flikeid 1996 : 317, Chéticamp)
- tu nous causeras ien que du tort (NÉ – Arrighi 2005, corpus, Marcelin NÉ 2 : 90)
- ça durera ien que trois jours ça (NÉ – Arrighi 2005, corpus, Marcelin NÉ 2 : 520)
- par ici avant ça i y avait ienque coumme une religion i y avait ienque coumme nous autres là . la religion catholique pis protestant. (NB – Wiesmath 4, M : 173)
- mon père travaillait ien que à la CN ce tait malaisé d'élever une grosse famille de douze (NB – Arrighi 2005, corpus, Laura NB 8 : 12–13)
- mon père est mort j'avais ien que neuf ans quand mon père est mort (ÎPÉ – Arrighi 2005, corpus, Délima ÎPÉ 5 : 2)
- tantôt les maisons où qu'y en avat sept huit c'est pus ienque un deux un deux des fois. des fois souvent les maisons vides (IdlM – Falkert 2010, corpus : 418–419, p. 131, CD-ROM)
- mais nous autres on est ienque deux (IdlM – Falkert 2010, corpus : 508–509, p. 137, CD-ROM)
- [....] y avait ien qu'un petit chemin, justement large assez pour marcher. (TN – Brasseur 2001 : s.v. *justement,* p. 265)
- Le taureau i va ien que beugler s'i s'enrage, lui ! (TN – Brasseur 2001 : s.v. *ien que,* p. 253)
- Ça c'est rien que B qui peut parler français. (LOU – DLF 2010 : s.v. *rien^2*, p. 557, TB)
- Il a yienque une piasse. (LOU – DLF 2010 : s.v. *rien^2*, p. 557, SM)

▶ juste et justement au sens de « seulement »

- Oh, j'avais / euh / justement dix-neuf à vingt ans. (NÉ – Hennemann, PUB, ID)
- on la fait cuire juste un petit brin (NB – Wiesmath 1, B : 144)
- les cochons i *raisiont* ça justement pour nous autres pour manger (NB – Wiesmath 3, D : 143–144) (*raisiont* = « élevaient »)
- j'ai juste eune de mes sœurs aux Îles (IdlM – Falkert 2010, corpus : 169, p. 304, CD-ROM)
- [À propos d'une vache accidentée.] A marche dessus [sur sa patte]. Alle est juste une petite miette... perdue, [...] (TN – Brasseur 2001 : s.v. *miette (une-),* p. 299)
- Il l'agèteront justement pour ... pour ène fois à manger ou de quoi de même, mais... i pourront pas l'acheter pour ... l'aoir tout le temps. (TN – Brasseur 2001 : s.v. *justement,* p. 265)
- Quand j'ai commencé l'école à l'âge de six ans je connaissais pas parler en anglais du tout. Juste français. (LOU – Rottet 2001 : 119, loc. âgée)

- Ouais, y a plein des jeunes aujourd'hui qui parle p'us français parce que quand ça allait à l'école, eusse les faisait parler juste en anglais [...] (LOU – Rottet 2001 : 119s., loc. âgé)
- Mais tu connais, si ma chaudière c'était pas embarrassé là, je veux justement te montrer. (LOU – *Découverte*, Châtaignier, Évangéline)

VI.2 *pas seulement, pas juste, pas rienque*

Les expressions *pas seulement*, *pas rienque* ou *pas yienque* et *pas juste(ment)* annullent une restriction.

▶ *pas seulement*
- Mais tu sais ça a pas seulement arrivé dans l'Église catholique. (NÉ – Hennemann, ILM, CL)
- euh ce / ce/ S.O.F. ça s.adresse euh pas seulement nécessairement aux jeunes couples (NB – Wiesmath 11, Z : 46)
- Et il a pas seulement le prêtre qu'a pu venir le voir. (LOU – *Découverte*, Pointe Noire, Acadia)

▶ *pas rienque, pas yienque* « pas seulement »
- a se fait pas yienque une sandwich là, a / a mange très ben. (NÉ – Hennemann, ILM, IS)
- Pas ienque les jeunes travaillaient (NB – Motapanyane 1997 : 44, citant Péronnet)
- pis touT ça pas ien que ça faut qu'i seyont tout le temps bien habillés aussi (NB – Arrighi 2005, corpus, Zélia NB 17 : 258)
- pis pas ien que ça faut que t'ayes un fusil (NB – Arrighi 2005, corpus, Jacques NB 19 : 262)
- y a pas ienque nous autres qu'en souffrent là (IdlM – Falkert 2010, corpus : 188, p. 255, CD-ROM)
- hm pas ienque lui y en a plusieurs (IdlM – Falkert 2010, corpus : 277, p. 458, CD-ROM)

▶ *pas juste, pas justement* « pas seulement »
- Beaucoup de voyages. Pas juste acadiens mais francophones en général. (NÉ – Hennemann, BSM, RG)
- Je fais point justement [...] le OLD-FASHIONED (NÉ – Hennemann, PUB, ID)
- parce c'est normal c'est pas juste nous autres c'est tout le monde on est tout' pareil . (NB – Wiesmath 10, X : 153)
- fais ça pour toi de même c'est pas juste pour ton père . fais-lé pour toi-même (NB – Arrighi 2005, corpus, Odule NB 21 : 55–56)
- on ramaissait tout sorte de choses . ce tait pas juste pour faire le repas du soir là (NB – Arrighi 2005, corpus, Odule NB 21 : 88)
- mais j'essaie de leur montrer ça comme ça [Enquêtrice : hm] que Noël c'est magique c'est pas juste les cadeaux (IdlM – Falkert 2010, corpus : 160–161, p. 27–28, CD-ROM)
- Mais on, on était pas juste nous-autres, non, il y en avait un tas comme ça dans mon temps chère. (LOU – *Découverte*, Mamou, Évangéline)

Notons que le tour *pas juste, pas justement* peut équivaloir à « pas simplement » :
- tu peux pas juste t'assir pis euh surveiller le / la télévision tout le temps . (NB – Wiesmath 1, R : 1005)

- « [...] puis tu penses tout d'un coup ça saute à t'embrasser, tu peux pas justement », il dit, « les, les écraser, comme ça » (LOU – *Découverte*, Mamou, Évangéline)

Pas seulement et *seulement pas* (/*point*) sont aussi employés au sens de « même pas » ; dans cette acception, *seulement* peut être placé en fin de phrase[37].

▶ ***pas seulement/seulement pas* au sens de « même pas »**
- comment-ce que vous voulez que je me batte j'as seulement point un couteau de poche pour me défendre (NÉ – Arrighi 2005, corpus, Marcelin NÉ 2 : 374–375)
- On savait pas / i y avait pas de rien pour nous dire / on avait pas seulement des téléphones ! (NÉ – Hennemann, BSM, AnS) (« on n'avait même pas de téléphones »)
- mais dans ce temps-là je/on parle seulement pas de ça [de ses incapacités] (IdlM – Falkert 2010, corpus : 56, p. 360, CD-ROM)
- ils s'en ont revenu avec pas rien pas seulement un char pour / pour / pour se promener dedans (LOU – Stäbler 1995 : 160s., corpus)
- Lui il est mort quand-ce que mon grand-père était enfant, il se rappelle pas de son pape seulement. (LOU – DLF 2010 : s.v. *seulement*, p. 580, TB)
- Dans ce temps là, là on avait pas seulement de char. (LOU – DLF 2010 : s.v. *seulement*, p. 580, ÉV)
- Le monde connaissait pas seulement lire leur nom. (LOU – DLF 2010 : s.v. *seulement*, p. 580, TB)

---

37 En FS, dans les tours négatifs ou interrogatifs, *seulement pas* prend le sens de « même pas » dans un style littéraire ou soutenu. *Cf.* : « *Il ne savait seulement pas comment on charge un fusil.* » (Montherland, cité d'après *Le Petit Robert* 2013 : s.v. *seulement*).

La connexion

Préliminaires

I	**Les conjonctions de coordination**
I.1	*et*
I.2	*ou/ou bien/ou ben/ou que*
I.3	*soit ... ou (bien)*
I.4	*ni*
I.5	*car*
II	**Les connecteurs polyvalents**
II.1	La particule *là*
II.1.1	*là* déictico-anaphorique
II.1.2	*là* pragmatique
II.1.3	*là* pragmatico-syntaxique
II.2	*pis*
II.2.1	*pis/puis* connecteur temporel
II.2.2	De *pis* additif à *pis* particule de discours
II.2.3	*pis* coordonnant
II.3	Les rapports d'opposition et de restriction
II.3.1	*mais*
II.3.2	*ben*
II.3.3	*BUT*
II.3.4	*(ben)/(mais) toujours*
II.3.5	*pourtant, quand même*
II.4	Les rapports de conséquence
II.4.1	*(ça) fait (que)*
II.4.2	*SO*
II.4.3	*donc* et *alors*
III	**Les liens transphrastiques anaphoriques**
III.1	Les rapports de cause
III.2	Les rapports temporels
III.2.1	*après ça*
III.2.2	*avant ça*
III.3	La restriction hypothétique
III.3.1	*sans ça*
III.3.2	*autre(ment) (que) (ça)*

La connexion

Préliminaires

Le présent chapitre sera centré sur les connecteurs qui servent, de manière explicite, à relier des parties du discours, des membres de phrases ou des propositions entières de même rôle[1] : par contraste avec l'enchaînement par asyndète, tout à fait courant dans les parlers étudiés ici[2], les liens entre les (parties de) phrases sont explicités, mais la structure reste – généralement – au niveau de la parataxe[3]. C'est donc ici que nous allons parler d'une zone médiane entre les deux pôles syntaxiques de l'agrégation et de l'intégration (Raible 1992, Wiesmath 2006), domaine où il s'avère particulièrement difficile d'attribuer une place précise à une particule donnée. C'est pourquoi Wiesmath parle à juste titre d'un continuum de la jonction (2006 : 96).

Étant donné que les conjonctions de coordination au sens strict du terme servent simplement à relier des (parties de) phrases, leur poids sémantique est faible : elles informent d'une manière très générale sur le rapport entre les phrases : rapports d'inclusion (ex. *et*) et d'exclusion (ex. *ni*), d'alternative (ex. *ou*), de cause (ex. *car*) et de conséquence (ex. *donc*, *alors*), d'opposition (ex. *mais*), de restriction hypothétique ou d'exception (ex. *autrement*) (*cf.* Wiesmath 2006 : 97). Outre ces connecteurs courants en FS, d'autres jouent un rôle primordial dans les parlers concernés pour organiser le discours : *là, pis, ben, ça fait (que)*, BUT et SO, dont il s'agira de présenter non seulement les fonctions en tant que connecteurs coordonnants mais aussi celles d'adverbes (pour certains d'entre eux) et de marqueurs de discours[4]. Il ressort en effet de l'analyse que les différentes fonctions sont souvent difficiles à distinguer. La polyvalence sémantique de ces éléments est justement « [l']une des propriétés du style agrégatif [...] » (Wiesmath 2006 : 104 dans le contexte de *pis*) et la polyfonctionnalité qui les caractérise constitue leur atout et un moyen d'économie de l'expression, typique de l'usage oral en général (*cf.* Arrighi 2005 : 432).

Les difficultés qui se présentent lors d'une tentative de classement de certains connecteurs et particules en français acadien et louisianais sont donc typiques de l'oral en général. De là s'ensuit également « la très réelle difficulté grammaticale de distinguer entre coordination et subordination » constatée par Gadet (1992 : 87) pour le français populaire de France. Le connecteur polyvalent[5] *ça fait (que)* est un cas d'espèce : connecteur transphrastique

---

[1] Pour une analyse exhaustive de l'enchaînement des phrases dans le parler du Sud-Est du NB, *cf.* Wiesmath (2006).
[2] Stäbler (1995 : 136) constate pour le FL que l'asyndète est même le moyen préféré d'enchaînement dans le récit d'événements chronologiques.
[3] Pour la subordination implicite, *cf.* le chap. « La subordination », I.4.1.
[4] En ce qui concerne leur rôle en tant que marqueurs de discours, on ne saurait entrer dans tous les détails de la question dans le cadre de cette étude. Pour une analyse détaillée des marqueurs de discours en NÉ, *cf.* Petraş (2016). *Cf.* aussi Léard (1996), King (2000, 2013), Rottet (2000), Chevalier (2000, 2002, 2007), Neumann-Holzschuh (2009c, 2014).
[5] Pour un résumé de la problématique, *cf.* par ex. Stäbler (1995 : 137ss.), Wiesmath (2006 : 93).

anaphorique, conjonction de coordination (voire de subordination implicite) et marqueur discursif, *ça fait (que)* doit s'analyser au cas par cas, faisant preuve d'un degré d'intégration variable « d'un exemple à l'autre » (Wiesmath 2006 : 93 ; *cf.* aussi Stäbler 1995 : 155).

Plus proches du pôle d'agrégation syntaxique que les termes coordonnants, les locutions de jonction renforcent les liens transphrastiques au moyen de l'anaphore : soit par le pronom anaphorique *ça*, soit par la structure *c'est...que* (*c'est à cause que*, etc.) (Wiesmath 2006 : 85)[6]. Or, une fois de plus, il est difficile d'attribuer un rôle fixe à ces structures : la valeur de l'élément anaphorique *ça* est souvent affaiblie au point que *ça* peut aussi être omis (*ça fait que* → *fait que*) ; il s'ensuit que ces locutions de jonction apparaissent sous différentes formes, flottant entre le pôle agrégatif et le pôle intégratif selon le marquage plus ou moins explicite de l'anaphore.

Mentionnons, à côté des difficultés de classement typiques de la syntaxe de l'oral, d'autres spécificités concernant les connecteurs dans les variétés étudiées :
– La concurrence, parmi les termes copulatifs, entre la conjonction classique *et* et la particule *pis/et pis*.
– La coexistence de plusieurs connecteurs pour assumer une seule fonction (par ex. les termes copulatifs : *et/puis/pis/pis là*, et les termes adversatifs : *mais/ben/BUT/pourtant*).
– La multitude des variantes pour une variable fréquemment exprimée (*ça fait que, ça fait là, fait que, fait, fait là*, Wiesmath 2006 : 93 ; 96).
– L'adjonction occasionnelle d'un *que* « parasitaire » à une conjonction de coordination (surtout : *ou que*) (*cf.* le chap. « La subordination », I.2.).
– La faible fréquence, voire l'inexistence, de certains connecteurs du FS, par ex. *car* et *sinon* (*cf.* Wiesmath 2006 : 121, 123, *cf.* ci-dessous I.5. et III.3.).
– L'emprunt de conjonctions anglaises qui coexistent avec les conjonctions françaises : *SO* et *BUT*.

Concernant les emprunts dans ce domaine, il s'agit d'emprunts dits *noyaux* (de l'anglais *core borrowing*, *cf.* par ex. Myers-Scotton 2006, Chaudenson et al. 1993 : 70), qui ne comblent pas un vide sémantique dans la langue emprunteuse. Ils sont le fruit d'une situation de contact intense où la langue considérée comme plus prestigieuse – en l'occurrence, l'anglais – sert de langue source, de sorte que ces emprunts sont hautement symboliques (Chaudenson et al. 1993 : 71–72). Les connecteurs et les marqueurs discursifs figurent tout en haut de la hiérarchie des emprunts : ils constituent des charnières discursives importantes placées aux points stratégiques de la conversation et ont ainsi un degré élevé de saillance. L'emprunt s'effectue d'autant plus facilement que la fonction de ces particules est identique dans les langues en contact concernées[7].

---

6 *Cf.* Wiesmath (2006 : 85) : [à propos de l'anaphore] « Il s'agit là d'un procédé encore essentiellement agrégatif, proche de l'asyndète. Contrairement à celle-ci, le lien transphrastique est renforcé par un élément anaphorique [...] que contiennent bon nombre de locutions de jonction. »
7 Pour l'emprunt des mots fonctionnels, *cf.* Matras (2009 : 157ss., 2007) et note 4.

Commentaire
Notons des parallèles entre les parlers étudiés ici et le langage parlé de France (Gadet 1992 : 87) :
- Les connecteurs *puis*, *après*, *alors*, *de plus* s'associent fréquemment, de manière presque stéréotypée, à *et*.
- *Puis*, très souvent prononcé [pi], est l'équivalent et le concurrent de *et*, « surtout dans les récits » (Gadet 1992 : 87). Il semble pourtant que l'emploi de *pis* dans le sens de « et » soit beaucoup plus répandu dans les variétés concernées ici qu'en français parlé (Wiesmath 2006 : 98s., Brasseur 2001 : s.v. *là*, p. 267).
- *Puis* est souvent utilisé dans le contexte d'une subordonnée coordonnée : *y a des tas de gens qui font rien et puis qui gagnent de l'argent* (Gadet 1992 : 87)[8].
- *Ou* est fortement concurrencé par *ou bien*.
- *Mais* et les adverbes comme *alors* servent souvent de particules discursives, surtout de marqueurs d'ouverture.

I Les conjonctions de coordination

Cette section est consacrée à la présentation des termes additifs (*et/éyet*) et disjonctifs[9] (*ou, ou b(i)en, soit (que)... ou (que), ni*). Il manque dans cette liste un certain nombre de connecteurs importants qui apparaissent dans plusieurs fonctions, dont celle de conjonction de coordination, par ex. *pis, mais, ben, ça fait que, SO*. Ces adverbes et connecteurs seront traités à part, en une présentation détaillée de leurs différents emplois (*cf.* II).

I.1 *et*

La conjonction *et* est fortement concurrencée dans les parlers étudiés ici par *pis* [pi] et *et pis* (*cf.* II.2.3.) et elle est très fréquemment associée à *là*, surtout en FL (*cf.* II.1.3.). Wiesmath (2006 : 99–102) constate que, dans son corpus de proximité communicative établi dans le Sud-Est du NB, *et* est quasiment absent comme coordonnant de deux syntagmes ou des propositions entières, de sorte que la conjonction semble réservée « à des emplois marginaux », c.-à-d. aux expressions figées (les chiffres ou les quantités : *un mois et demi*) (*cf.* ci-dessous II.2.). Pour le chiac, on a aussi signalé l'absence de *et* sauf dans les tours figés, les fonctions de *et* étant entièrement remplies par *pis*[10]. Sous l'influence du standard, *et* s'introduit récemment dans les situations de distance communicative. En FL, *et* constitue la conjonction de coordination privilégiée pour l'enchaînement purement additif des phrases et des syntagmes.

▶ *et*
- C'était point cher et n'avait point de poisson et ça se vendait point. La même chose avec les homards, toute ... Ça allait du mauvais temps et des bonnes ânnées et des mauvaises ânnées. (NÉ – Flikeid 1996 : 310, Pubnico)

---

8 *Puis* prend ici un sens concessif, également possible en FA/FTN/FL.
9 Pour la terminologie *cf.* Riegel et al. (2011 : 880).
10 *Cf.* aussi Arrighi (2012 : 185) et Wiesmath (2006 : 100), qui analyse le corpus chiac de Perrot (1995).

- la messe de huit durait jusqu'un quart de dix pis la messe de dix durait jusqu'un quart de douze. <ouf> et ça durait – c'était longtemps (NB – Wiesmath 2006 : 99, Wiesmath 7, O : 671)
- Tu prends des carottes et des choux ... et de quoi de même, ç'a tout [tut] un bâton. (TN – Brasseur 2001 : s.v. *bâton*, p. 46)
- après il a yeu . l'argent <comme ça>. et il a bâti une nouvelle maison . pour sa femme .. et il a mis du gaz et de l'ecstricité dans la nouvelle maison il avait pas ça dans la vieille maison . et il allait . le jour.. visiter et manger ses repas à la maison (LOU – Stäbler 1995 : 87, corpus)
- [La plus vieille] comprend plusse par rapport à sa belle-mère, elle soignait sa belle-mère et elle, la vieille, alle connaissait pas parler l'anglais. Et i follait qu'eux-autres se fait comprendre l'une à l'autre. Et comme ça alle a appris mieux là que avec nous-autres. (LOU – Rottet 2001 : 123, loc. âgé)
- c'était beaucoup une petite école. Il y avait que la maîtresse d'école et un enfant qui parlaient en français (LOU – *Découverte*, Pointe Noire, Acadia)
- Et dans le jeune temps à nous-autres là, quand on allait à l'école, on allait à l'école au catéchisse, tu vois, l'école de sœurs qu'on appelait ça, et nos parents nous a montré que le soir avant de te coucher et que t'allais te mettre d'à genoux, et t'allais dire tes prières et t'allais le dire fort avec lui. Et le matin pareil. (LOU – *Découverte*, Pointe-aux-Chênes, Terrebonne)

Notons, pour le FTN, l'existence de la variante *éyet*.

▶ *éyet*
- I prend un cochon de dessus le *wagon*, le *buggy* qu'il avait éyet tue le cochon, stourbit le cochon (TN – Brasseur 2001 : s.v. *buggy*, p. 80)
- Les gadelles noires que j'appelons ça, c'est des graines noires, pis t'arraches la racine éyet tu bouilles ça (TN – Brasseur 2001 : s.v. *gadelle*, p. 215)

En FTN, avec les chiffres, *et* (tout comme *et puis*) peut apparaître dans le sens de « ou » dans les évaluations approximatives (*cf*. Brasseur 2001 : s.v. *et*, p. 188s.) ; en dehors de TN, cet usage n'a été relevé qu'à Saint-Pierre-et-Miquelon (*ibid*. et Brasseur/Chauveau 1990 : s.v. *et*).

▶ *et (pis)* au sens de « où »
- Elle avait trois et quatre vaches. (TN – Brasseur 2001 : s.v. *et*, p. 188)
- Il faisoint six et sept pigasses, pis i allioint à l'Île[-Rouge] pis i vendioint ça. (TN – Brasseur 2001 : s.v. *et*, p. 188)
- Je tions jusqu'à soixante, cinquante et pis soixante par cabane. (TN – Brasseur 2001 : s.v. *et*, p. 189)

En FA/FTN, les chiffres dont la première composante est *soixante*, sont reliés avec *et* (*cf*. Brasseur 2001 : s.v. *soixante*, p. 423)[11] ; cet usage n'est pas courant en FL (*cf*. DLF 2010 : s.v. *soixante-dix* p. 586).

- Ça c'était le soixante et cinquième anniversaire. (NÉ – Hennemann, BSM, AnS)
- on pêchait tous les deux soixante et quinze trappes. à deux vieux pêcheux (NB – Wiesmath 2006 : 99, Wiesmath 3, L : 356)
- j'ai fait' la pêche au homard. de quatorze ans. à soixante-et-six (IdlM – Falkert 2010, corpus : 2–3, p. 364, CD-ROM)
- Le vieux Tacanou i tait veuve, il avait soixante et quinze ans. (TN – Brasseur 2001 : s.v. *veuve*, p. 468)

---

[11] *Cf*. par contraste le chiffre *quatre-vingts* : « Quatre-vingt-onze ou quatre-vingt-douze qu'al a mouri. » (c.-à-d. elle est morte à 91–92 ans) (NÉ – Hennemann, ILM, EL)

I Les conjonctions de coordination — 605

Commentaire
En ce qui concerne la forme *éyet*, relevée à TN, elle est aussi attestée en Hainaut picard et dans le Morbihan (Brasseur 2001 : s.v. *éyet*, p. 191s.). Brasseur (*ibid.*) y voit un parallèle avec la forme *éyou*, selon la règle *et* + yod antihiatus + *et/où*. La forme semble spécifique à TN.

Les règles concernant la formation des chiffres composés en français s'établissent au cours du XVIIe s. Au XVIe s., l'ancien usage, où les unités sont reliées aux dizaines par la conjonction *et* (Haase 1965 : 115), prédomine encore ; on en trouve encore des occurrences au XVIIIe s., par ex. dans Voltaire (Brunot/Bruneau 1949 : 297).

I.2 *ou/ou bien/ou ben/ou que*

La conjonction préférée pour exprimer un rapport d'exclusion ou d'alternative est *ou/ou bien* comme en FS. Comme en français parlé en général, *bien* perd souvent la semi-consonne [j]. À l'instar de *où* interrogatif ou relatif (*cf.* les chap. « La relative », IV, et « L'interrogation », IV.1.) et par analogie avec les conjonctions de subordination (dont la grande majorité se construit avec *que*), la conjonction peut être élargie par *que* sans qu'il y ait subordination : *ou que*[12] (*cf.* Wiesmath 2006 : 108).

▶ *ou*
- I MEAN, i y a du monde qui fera peut-être un / eum / un BAKED HAM ou quelque chose, un GLACED HAM ou quelque chose de même. Mais USUALLY c'est la râpure ou un dinde. (NÉ – Hennemann, BSM, SC)
- ben sûr c'est la vie chacun à son / . à son idée <hm> dire moi ben je crois dans ste religion-là ou je crois dans ste mode-là . ou je crois dans st'ouvrage-là . asteure c'est tout' c'est tout' différent (NB – Wiesmath 2006 : 108, Wiesmath 4, M : 322)
- Il a havré ici, ène soirée ou deux, à l'abri du vent, de la mer. (TN – Brasseur 2001 : s.v. *havrer*, p. 246)
- Et je pense que un tas de le monde de mon âge et plus jeune, peut-être c'était jhonte, ou les parents était jhontes de parler français ... Anglais premier, français après. Parce que je voulais. Pas dans l'école ou pas rien comme ça, j'ai demandé à ma grand-mère plus tard, je voulais savoir. Et alle m'a montré. Juste parce que je voulais savoir. C'est pas quelque chose que on a appris à l'école ou avec nôtres parents ou grand-mère, pas rien comme ça. (LOU – Rottet 2001 : 136, semi-locuteur)
- Bien mais, ça se ressemble ou ça se ressemble pas ? (LOU – DLF 2010 : s.v. *ou*, p. 430, EV)

▶ *ou ben/bien*
- i y avait aussi des femmes qui disaient la fortune. Ils avaient un patchet de cartes et pis touT les cartes ét/ euh / si t'avais un / la r / euh / le / la reine ou ben si t'avais le roi ou si t'avais un LORD, i disont les cartes. (NÉ – Hennemann, ILM, EL)
- je faisais plus la chasse aux chevreuils ou bien tuer des chevreuils (NB – Wiesmath 2006 : 108, Wiesmath 1, B : 306)

---

[12] *Ou que* peut aussi relier deux subordonnées (comme en FS) (*cf.* Wiesmath 2006 : 108s.). Signalons que contrairement au standard, une première conjonction subordonnante n'est pas nécessairement reprise par *que* (*cf.* le chap. « La subordination », I.1., I.4.).

- des coiffeuses c'est comme la pêche ou ben c'est. quelque chose qu'est/ qui pogne là (IdlM – Falkert 2010, corpus : 51–52, p. 314, CD-ROM)
- Jongler c'est penser ou bien donc ... se parler tout seul. (TN – Brasseur 2001 : s.v. *jongler*, p. 261)
- Vous-autres va m'écouter ou bien je vas dire à votre Popa ! (LOU – DLF 2010 : s.v. *ou*, p. 430, EV)

▶ *ou que/ou bien que*
- pis eux autres les Indiens là i/ i/ i venaient par euh Memramcook ou qu'i venaient de DORCHESTER visiter leu/ leu/ leu parenté pis c'était une grand marche là (NB – Wiesmath 2006 : 108, Wiesmath 2, F·: 279)
- Je vas bouillir de l'eau pour faire du thé, ou du café si tu veux ou bien donc que tu voudrais un coup de boisson ? (TN – Brasseur 2001 : s.v. *boisson*, p. 63)

Dans les évaluations approximatives, la conjonction *ou* peut être omise, comme en français parlé de France.

▶ **Omission de *ou***
- pour deux trois jours ç'allait ben ben la troisième quatrième journée le diable a pris dans la cabane. (NB – Wiesmath 8, A : 216)
- j'ai deux trois de mes tantes mes oncles qu'est là là (IdlM – Falkert 2010, corpus : 48, p. 314, CD-ROM)
- V'là comme quatre cinq ans je pense y a pas iu de loups-marins. Pourtant c'est pas faute qu'y en a pas ! (TN – Brasseur 2001 : s.v. *faute*, p. 198)
- cinq six livres (LOU – Guilbeau 1950 : 257s.)

I.3 *soit ... ou (bien)*

Les termes corrélatifs présentés dans cette section présentent une alternative de manière plus marquée que la seule conjonction *ou* (*cf.* Wiesmath 2006 : 109). On remarquera, à l'étude des exemples, la prépondérance du tour corrélatif *soit...ou* dans les parlers concernés ici[13], tandis que ce tour passe aujourd'hui pour littéraire en français européen (Grevisse/Goosse 2008 : § 1093b, p. 1401s.), la forme courante étant *soit (que) ... soit (que)*.

Les termes corrélatifs d'alternative coordonnent principalement des syntagmes, rarement des propositions entières (*cf.* pour le NB : Wiesmath 2006 : 109). Dans les cas où deux propositions subordonnées sont reliées par un terme signalant l'alternative, le subordonnant *que* peut manquer. Dans les corpus consultés, *soit que* est généralement, mais pas exclusivement, suivi de l'indicatif.

---

[13] Par contre, le tour préclassique *ou soit*, combinaison des termes corrélatifs exprimant l'alternative, ne semble pas avoir cours dans les variétés étudiées ici (Wiesmath 2006 : 110).

▶ *soit ... ou*
- Euh / les jeunes par ici pour les activités I MEAN, le pluS qu'i faisont c'est soit aller comme au club de WHATEVER pour des danses ou / euh / se promener en / en FOUR WHEELER là / en chouse. (NÉ – Hennemann, BSM, SC)
- noutre dîner le midi et les soirs, je mangeons soit des SANDWICH ou de la soupe ou quelque chose ou des patates réchauffées ... (NÉ – Hennemann, PUB, ID)
- Danny tu nous as parlé de / des thèmes de/ des dix rencontres qui ont lieu soit à Moncton ou dans les/ dans les paroisses ... (NB – Wiesmath 2006 : 110, Wiesmath 11, Z : 117)
- on sait qu'elle est morte . soit d'une crise cardiaque ou quelque chose au cœur (NB – Arrighi 2005, corpus, Catherine NB 19 : 83–84)
- la plupart des jeunes quand qu'i finissaient l'école . soit en douzième année ou quand qu'i z-avaient faiT la dixième année y en a qui s'en allait dans les Forces Armées (ÎPÉ – Arrighi 2005, corpus, André ÎPÉ 12 : 210–212)
- c'est soit pour finir une soirée ou avant de commencer (IdlM – Falkert 2010, corpus : 91–92, p. 317, CD-ROM)
- [...] quand qu'y avait en masse la crème dessus là, bien ieusses le décrémait, soit avec ène cuère [...] ou ... (TN – Brasseur 2001 : s.v. *décrémer*, p. 149)
- Et là il y a soit peut-être du TREASURE qu'est enterré, ou c'est peut-être quelqu'un qu'est mort. (LOU – DLF 2010 : s.v. *ou*, p. 430, TB)
- Eusse travaillait tout sur l'eau. Soit la pêche aux chevrettes ou la pêche aux huîtres ou la pêche aux poissons. T'avais toute sorte de pêche à faire. (LOU – DLF 2010 : s.v. *soit*, p. 585, LF)

▶ *soit ... soit* (rare)
- i vont pouvoir faire un choix : soit étudier en français, soit étudier en anglais (NÉ – Hennemann, ILM, RF)
- vous pouvez décider à mesure que c'est vous aimeriez hein <hm . > soit avocat soit . prêtre (NB – Wiesmath 2006 : 110, Wiesmath 4, M : 302)
- soit t'es musicien soit t'as artisan (IdlM – Falkert 2010, corpus : 119, p. 25, CD-ROM)

▶ *soit ... pis* (rare)
- on s'en a revenu en soixante et huit ben t'allais au bureau de poste c'était tout' du monde que tu connaissais . je veux dire tout le monde qu'était là c'était soit le / le garçon à / à pis la fille à ... (NB – Wiesmath 2006 : 110, Wiesmath 7, O : 149)

▶ *soit (que) ... ou (que)*
- C'est soit qu'on va déménager dans la ville ou ben je [vas aller] faire de quoi pour nous aïder. (NÉ – Hennemann, ILM, MD)
- c'est soit une légende ou que c'est vrai je le sais pas pour sûr (NB – Wiesmath 2006 : 109, Wiesmath 2, F : 558)
- les femmes des cinquantaines se colorent les cheveux pour paraître plus jeunes soit que ça seye pour couvrir leur gris ou ajouter de/plus de mèches (NB – Arrighi 2005, corpus, Michelle NB 16 : 305–307)
- ben je sais pas soit qu'i avait bu ou qu'i avait pris quoi que chose (NB – Arrighi 2005, corpus, Catherine NB 19 : 131)

- Soit que tu viens asteur ou bien tu peux rester jusqu'à demain. (LOU – DLF 2010 : s.v. *ou*, p. 430, LA)
- Soit qu'il vient ou qu'il vient pas. (LOU – DLF 2010 : s.v. *soit*, p. 585)
- Et dans le temps de ma mame et de mon pape il fallait que ça va à Montegut à l'église. Et soit fallait que ça marche, ou que ça va en boghei (LOU – *Découverte*, Pointe-aux-Chênes, Terrebonne)

▶ *soit que ... soit que*
- c'est soit qu'i vont faire pire soit qu'i viendront pus du tout (NB – Arrighi 2005, corpus, Stéphanie NB 11 : 135)

I.4 *ni*

La conjonction négative *ni*, l'opposé de *et* et de *ou*, coordonne des termes ou des propositions à l'intérieur d'une structure négative commune qui, en FS, est marquée par la particule *ne* placée avant le verbe (Riegel et al. 2011 : 881). Soulignons que la double négation standard *ne...ni...(ni)* n'existe pas dans les parlés étudiés ici (*cf.* le chap. « La négation », V.1.). *Ne* étant absent, *ni* est généralement corrélé à *pas* ou à *jamais* et nie un ou plusieurs autres éléments après une première négation. La corrélation avec *ni* (donc la forme *ni...ni*) est rare.

Ni n'est vraiment courant que dans quelques tours figés, surtout dans *ni rien, ni rien du tout, ni du tout, ni pas rien* – qui renforcent la négation –, et dans *ni l'un ni l'autre* ; le tour *ni moi* est la formule usuelle pour « moi non plus » (*cf.* Wiesmath 2006 : 110s.)[14].

▶ *ni* dans les tours figés
- T'as pas besoin de faire cuire la poule ni rien. (NÉ – Hennemann, BSM, SC)
- ni un ni l'autre veut participer à des événements (NÉ – Hennemann, ILM, BJ)
- Sais pas. J'ai pas été ni moi. (NÉ – Hennemann, ILM, CL)
- ceuses-là sont pas *varnishées* ni rien (NB – Wiesmath 2006 : 110, Wiesmath 3, D : 208)
- B : je voudrais pas qu'alle ferait un fricot au lapin ((rires)) R : non pas au lapin . ni moi ((rires)) (NB – Wiesmath 1, R : 520-521)
- ça fait que l'hiver le monde a resté avec pas de pain ni rien du tout (IdlM – Falkert 2010, corpus : 13, p. 242, CD-ROM)
- J'avions pas de radio j'avions pas de *television* [prononciation anglaise] ni rien di tout, mais j'avions du plaisir. (TN – Brasseur 2001 : s.v. *rien di tout*, etc., p. 398)
- J'ai *cooké* un coup tout seul, pas de *cooky* ni rien de ça, pour soixante-dix hommes pour trois semaines. [...] (TN – Brasseur 2001 : s.v. *cooker*, p. 123)
- ils ont jamais trouvé éyoù il avait passé ni son corps ni pas rien (LOU – Stäbler 1995 : 140, corpus)
- Si ni ein et ni l'autre travaillait, là, Nagok faisait le cheval boire à peu près ein demi gallon d'huile à purger pour le délacher et soulager. (LOU – DLF 2010 : s.v. *ni*, p. 415)

---

14 Dans le corpus panacadien d'Arrighi, *ni* est « quasiment absen[t] » (2005 : 399) en dehors des tours figés. – Signalons que *ni* est également rare en France dans la langue parlée « sauf dans les formules figées » (Riegel et al. 2011 : 881). – *Cf.* aussi le chap. « La négation », V.1.

▶ *ni* en dehors des tours figés

- I y avait pas de cahier ni de crayon, c'était les ardoèses, c'étaiT coumme une pierre de roche comme ça (NÉ – Hennemann, ILM, AF)
- T'as jamais vu ta grand-mère ni ton grand-père sus le bord à ton père (NÉ – Hennemann, ILM, EL)
- ... pis dans c'te temps-là, le monde pouvait pas lire ni écri. (NÉ – Hennemann, ILM, EL)
- tu peux pus aller à Montréal ni à Québec les routes sont bloquées (IdlM – Falkert 2010, corpus : 215–216, p. 351, CD-ROM)
- Bien le vieux temps-là hein, quand un petit *baby* mourait, s'il avait pas l'eau ni baptisé, i contiont qu'i tiont pas alloués de le terrer dans la terre bénite. [...] (TN – Brasseur 2001 : s.v. *allouer*, p. 14)
- ni elle ni mon pouvait parler en anglais (LOU – Rottet 2001 : 121, loc. âgé)
- Il y avait pas de berceau dans ce temps là, [...]. Ni il y avait pas de *stove*, on avait une cheminée (LOU – *Découverte*, Pointe Noire, Acadia)
- Pop a élevé des bêtes, on a jamais eu une qui a né estropié ni *blind* (LOU – *Découverte*, Mamou, Évangéline)

Notons que, contrairement à la langue standard, *ni* peut être accompagné d'un autre coordonnant : *et ni* ou *pis ni*[15].

▶ *et ni* / *pis ni*

- dans ce temps-là ben ton poisson je crois ben était meilleur qu'asteure itou c'était coumme tout le restant l'eau était pas polluée pis ni rien hein SO tu pouvais pêcher de même (NB – Wiesmath 2006 : 110, Wiesmath 1, B : 298)
- On avait tout le temps comme deux bonnes vaches à lait, pas des Guernesey et ni rien de ça, non (LOU – *Découverte*, Mamou, Évangéline)
- Je crois pas que c'est bon ni un et ni l'autre ! (LOU – DLF 2010 : s.v. *ni*, p. 415)

Pour éviter l'emploi de *ni*, le négateur *pas* est tout simplement répété ou bien – procédé courant en FA – c'est l'élément *pis* qui est corrélé à la négation précédente, parfois accompagné de *pas* : [négateur 1] + ...*pis* / ...*pis pas* (Arrighi 2005 : 399, Wiesmath 2006 : 111s.).

▶ *pis pas*

- ça change pas ma perception pis ça a pas amélioré ma perception des couleurs (NB – Arrighi 2005 : 399, Rachelle NB 1 : 101–102)
- i y avait pas de / de petits magasins pis de restaurants pis de <TIM HORTON> coumme qu'i y a asteure i y avait pas de ça là ... (NB – Wiesmath 4, M : 12–13)
- faulait se mettre de genoux pis laver ça à la brosse . c'é/ c'était beaucoup d'ouvrage . i y avait pas de laveuse pis de sécheuse pis de quoi de même (NB – Wiesmath 2006 : 111, Wiesmath 4, M : 187)
- y avait pas de brume. pis y avait pas de vent (IdlM – Falkert 2010, corpus : 504, p. 473, CD-ROM)

---

15 *Et ni* est attesté en France dans la langue littéraire, *cf. Le Petit Robert* (2013 : s.v. *ni*).

I.5 *car*

La conjonction de coordination *car* est tout à fait marginale dans les parlers étudiés ici. Il n'y a donc pas de conjonction de coordination causale propre à ces parlers (*cf.* aussi le tableau dans Wiesmath 2006 : 97 qui ne contient aucune conjonction de coordination causale). C'est par des tours plus complexes comportant l'élément anaphorique *ça* que les rapports de cause sont principalement exprimés (*cf.* ci-dessous III.1.). Appartenant à la langue des savants aux XVIe et XVIIe s., *car* n'a jamais pénétré dans le langage du peuple. Wiesmath (2006 : 123) qualifie la conjonction d'« emprunt récent à la langue écrite ». Pour le français de Lafourche (LOU), Guilbeau (1950 : 259) note l'inexistence de la conjonction, mais elle est signalée dans le DLF 2010.

- [comme enfant, il devait travailler dans un restaurant] Car h'ons été onze enfants. (NÉ – Hennemann, ILM, CL)
- si je m'en vas avec ces trois lapins i faudra que tu y couches pour le restant de ta vie car ton père m'a promis [...] je t'arais en mariage (NÉ – Arrighi 2005, corpus, Marcelin NÉ 2 : 580–582)
- aujourd'hui euh on va peut-être euh se diriger dans une solution euh pour qu'on puisse avoir de/de la bonne eau et puis de se garder en bonne santé car on a appris hier que c'était peut-être un effet euh néfaste au niveau de la santé (NB – Wiesmath 12, N : 6)
- on pouvait s'arranger car le STUFF était CHEAP (ÎPÉ – Arrighi 2005, corpus, Théodore ÎPÉ 4 : 98)
- Fais courir tes paroles avec ce prisonnier car les messieurs de la justice ne tarderont pas longtemps. (LOU – DLF 2010 : s.v. *car*, p. 107, Daigle 1984)

II Les connecteurs polyvalents

Ce ne sont pas les coordonnants « classiques » (ci-dessus, I) qui sont les moyens privilégiés pour unir des parties de discours dans les parlers étudiés ici, mais des connecteurs polyvalents, qui apparaissent dans différents rôles et dont le statut n'est identifiable qu'au cas par cas, dans le discours. La polyvalence est l'une des caractéristiques principales de ces particules[16]. Certains de ces connecteurs, initialement adverbes, ont également des fonctions pragmatiques, voire syntaxiques (*là*, *pis*, *ben*)[17]. D'autres, d'abord conjonctions, acquièrent des fonctions pragmatiques (*mais*). Ce sont en tout premier lieu les fonctions pragmatiques et syntaxiques qui nous intéresseront dans les pages suivantes, dans la mesure où ces particules contribuent largement à la construction du discours oral et font partie intégrante de la grammaire de l'oral. En revanche, la fonction phatique de ces éléments passera au second plan et le présent chapitre fera aussi abstraction de tous les marqueurs discursifs essentiellement phatiques – dont certains d'origine anglaise (par ex. *WELL*)[18] – qui servent principale-

---

[16] Nous renvoyons ici aux études approfondies d'Arrighi (2005 : 420ss.) et de Wiesmath (2006) ; *cf.* aussi Stäbler (1995), Ludwig/Pfänder (2003), Wiesmath (2003), Arrighi (2012).
[17] Arrighi (2005 : 420s.) appelle *là*, *pis* et *ben* mots de discours qui, au-delà de leur fonction d'organisation du texte, ont acquis des fonctions syntaxiques précises.
[18] Pour les études consacrées aux marqueurs de discours, *cf.* note 4.

ment à guider l'interaction (*cf.* Riegel et al. 2011 : 1052) –, ainsi que des interjections, témoins de l'implication émotionnelle du locuteur.

II.1 La particule *là*

Là constitue une particule clé dans les parlers étudiés ici et, vu son caractère polyfonctionnel, c'est sans doute l'élément le plus complexe de tous les connecteurs et particules présentés dans cette section[19]. Comme l'a démontré Wiesmath (2003 : 289–293), l'interprétation de l'élément *là* dépend essentiellement du contexte et de facteurs prosodiques ; on fera toutefois abstraction de ces derniers dans le cadre de cette étude.

Si nous parlons ici de différentes fonctions de *là*, ce n'est pas sans souligner la polyvalence qui caractérise pratiquement chaque emploi de la particule même si, bien sûr, dans un exemple donné, une fonction peut primer sur les autres (*cf.* Ludwig/Pfänder 2003 : 271). Mais la classification de *là*, même dans un contexte donné, s'avère souvent délicate. Pour expliquer la polyvalence de *là*, Wiesmath suggère le modèle d'un continuum, avec d'un côté les emplois prototypiquement déictiques de *là* – spatial et temporel – et, à l'autre extrême du continuum, les emplois de *là* comme élément qui « ne comporte plus aucune valeur référentielle et sert simplement à segmenter le discours ou l'énoncé » (Wiesmath 2003 : 293). Wiesmath parle dans ce contexte de *là* « ponctuant ». Au milieu se situent les emplois textuels et pragmatiques. Pour *là* en tant qu'élément de renforcement du groupe démonstratif, nous renvoyons au chap. « Les déterminants et les pronoms démonstratifs » (III.1.).

Commentaire
En français parlé de France (*cf.* Ludwig/Pfänder 2003, Große 2006), *là* est également employé comme adverbe spatial et temporel – cette dernière valeur gagnant apparemment du terrain dans la langue contemporaine –, comme moyen de balisage textuel et comme marqueur de discours, à savoir de marqueur de clôture ou bien, joint à *alors* et à *ben*, de marqueur d'ouverture. La différence avec les parlers étudiés ici semble résider d'une part dans la fréquence d'emploi de *là* dans ces derniers, d'autre part dans la gamme de ses fonctions, car *là* revêt, en FA, FTN et FL, des fonctions syntaxiques qui ne sont pas décrites pour le parler hexagonal (*cf.* ci-dessous II.1.3.)[20].

II.1.1 *là* déictico-anaphorique

Là peut renvoyer à la situation et au moment même de l'énonciation ; il est alors adverbe déictique. *Là* peut aussi se référer à des endroits ou des moments mentionnés précédemment dans le discours ou, au contraire, à ceux qui seront mentionnés juste après : il a alors une valeur anaphorique ou cataphorique.

La valeur déictique de *là* peut être soulignée par une mise en relief :
- C'est / c'est là que j'ai appris à faire la cuisine (NÉ – Hennemann, ILM, MS) (*là* = « à Saulnierville »)

---

[19] *Cf.* Wiesmath (2003), Ludwig/Pfänder (2003), Arrighi (2005 : 421–428), pour le FL : Neumann-Holzschuh (2016).
[20] Pour une étude approfondie de l'emploi de *là* dans les créoles français, notamment en créole guyanais, *cf.* Wiesinger (2017).

- le printemps c'était là qu'on pêchait le hareng (ÎPÉ – Arrighi 2005 : 421, Théodore ÎPÉ 4 : 11–12) (valeur temporelle)
- C'est là que on a commencé de faire notres affaires en char (LOU – *Découverte*, Kaplan, Vermilion) (valeur temporelle) (*là* = « en 1955/1957 »)

▶ *là* spatial

Là sert à indiquer un lieu situé à une distance plus ou moins éloignée, unissant ainsi les fonctions de *ici* et de *là* du FS (*cf.* Arrighi 2005 : 422, *cf.* le chap. « Les déterminants et les pronoms démonstratifs », III) : *là* constitue donc la forme non marquée qui englobe proximité et distance, alors qu'*ici/icitte* constitue la forme marquée, qui renvoie toujours à une proximité d'ordre déictique, anaphorique ou psychologique. Wiesmath (2003 : 289) constate que *là* adverbe de sens plein est toujours marqué par un accent tonique qui le distingue des autres emplois de *là*[21]. Quant au contexte morphosyntaxique, *là* adverbe est identifiable par « le verbe exigeant un complément de lieu [...], par le contenu sémantique du verbe si *là* porte un accent tonique [...], et par la préposition qui le précède » (Wiesmath 2003 : 295).

- J'ais pas pourquoi-ce qu'il a si longtemps resté là. (NÉ – Hennemann, BSM, SC)
- pas de vacances euh : faut que tu seyes là . quand que tes clients te veut là (NB – Arrighi 2005 : 422, Michelle NB 16 : 357)
- ça qu'on appelait la CHOCOLATE RIVER venait jusqu'à là (NB – Wiesmath 2003 : 295)
- y avait du monde qui pêchiont là (ÎPÉ – Arrighi 2005 : 422, Théodore ÎPÉ 4 : 8)
- mais. : je dirais qu'en : majorité les jeunes veulent revenir aux Îles. probablement pace qu'i ont resté là. dans leur jeu/ jeune âge (IdlM – Falkert 2010, corpus : 62–64, p. 85, CD-ROM)
- Le Québec i vend le pouoir de delà à l'Amérique [amaʀik], pis i fait là gros d'argent, ayu-ce que Terre-Neuve est là la gueule ouvert. (TN – Brasseur 2001 : s.v. *pouoir*, p. 366) (*le pouoir* = « l'électricité »)
- Il a été. Il s'est posé là. (LOU – DLF 2010 : s.v. *là*, p. 358, EV) (*Il a été.* = « il s'en est allé »)
- Et pop restait juste à peu près deux ou trois arpents de là, à la droite. (LOU – *Découverte*, Châtaignier, Évangéline)
- parce que j'avais mal là dans le dos (LOU – Stäbler 1995 : 4, corpus)

Pour insister sur la valeur spatiale ou signaler une certaine distance, il existe deux moyens : le recours à l'adverbe *là-bas*[22] ou bien le redoublement (ou même le triplement) de *là*[23].

---

[21] De même, Ploog (2006 : 313) constate pour *là* en français abidjanais que *là* locatif est caractérisé, en tant que constituant de la phrase, par « – un contour mélodique propre, haut [placé avant le prédicat] ou bas [en position postverbale] suivant la fonction syntaxique du groupe, – une intensité forte, une durée variable, avec un allongement possible ».

[22] Dans les corpus acadiens consultés, *là-bas* est toujours adverbe de lieu, jamais particule de renforcement. En FL, *là-bas* peut aussi renforcer un syntagme nominal : « mais les maisons là-bas-là » (LOU – Stäbler 1995 : 70, corpus). Les transitions entre l'une et l'autre fonction sont parfois floues, *là-bas* ayant une indépendance syntaxique plus ou moins grande.

[23] Pour le FA : Wiesmath (2003 : 295). – Guilbeau (1950 : 135) note qu'en FL, on indique un objet plus proche par [isi], un objet plus éloigné par [laba] ou [la] seul. Selon lui, l'usage de *là-bas* serait alors préféré. Papen/Rottet (1997 : 81) signalent que le FL a tendance à cumuler les particules ; la distance serait alors exprimée iconiquement : plus l'objet est éloigné, plus la forme grammaticale sera longue : *là* →*làlà*→*làlàlà*. Ils notent par ailleurs également la possibilité d'employer *là-bas* pour signaler l'éloignement.

là-là
- assis-toi là là (NÉ – Hennemann, ILM, EL)
- Moi je marchais pis c'tait la neige jusqu'à là là. (NÉ – Hennemann, ILM, MD)
- les Acadiens de Memramcook qui vont monter vont rester là là ste place-là (NB – Wiesmath 1, B : 1019s.)
- coumme asteure là ben là là ça c'est tout ma terre (NB – Wiesmath 2003 : 295, Wiesmath 1, B : 6)
- tout d'un coup y avait un gros bateau là là (IdlM – Falkert 2010, corpus : 367, p. 417, CD-ROM)
- MACDONALD après bâtir une bâtisse là-là (LOU – Stäbler 1995 : 218, corpus)

là-bas(-là)
- faut qu'ils travaillont là-bas aux États (NÉ – Hennemann, ILM, EL)
- ce langage-là est encore vivant là-bas, ok ? (NÉ – Hennemann, ILM, RF)
- i m'a dit ça va être un succès là-bas (IdlM – Falkert 2010, corpus : 411, p. 167, CD-ROM)
- parce que l'habitude l'eau montait euh . à la bassière là-bas-là (LOU – Stäbler 1995 : 24, corpus)

▶ *là* temporel

Là temporel est déictique lorsqu'il renvoie au moment de l'énonciation (Arrighi 2005 : 421) ou, dans un sens élargi, à l'époque considérée comme contemporaine de l'acte de l'énonciation (« actuellement », « en ce moment »). Ajoutons qu'il est souvent difficile « de séparer la valeur déictique temporelle de la spatiale » (Große 2006 : 127) ; c'est pourquoi Ludwig/Pfänder (2003 : 271) parlent de l'emploi *situativo-temporel* de *là*.

Là a une valeur temporelle dans les exemples suivants :
- C'est comme Roger a dit l'autre jour a va y avoir c't étude de golf. Là a pourra point jouer à golf pour à peu près un mois à cause de l'accident qu'elle a eu [...] (NÉ – Hennemann, BSM, JL)
- Ben : ça a changé . ben on peut le dire je crois bien **là** la vie tu sais c'est plus la même vie on dirait y a assez de changes de la vie . là le monde ça se marie pis ça se laisse pis (ÎPÉ – Arrighi 2005 : 421, Rose ÎPÉ 7 : 72–74)
- **là** il est après faire de la charpente . quand il aura fini cette charpente-là je va y dire . mais **là** faut tu viens (LOU – Stäbler 1995 : 156s., corpus)

Là peut renvoyer à un moment du passé (Arrighi 2005 : 421), identifiable grâce au contexte (« à cette époque-là », « alors ») :
- Et après, j'étais / quand j'étais LAY OFF, là j'ai retourné au village. (NÉ – Hennemann, ILMCL) (On notera la double fonction de *là* : renvoi au moment indiqué avant dans le discours et charnière entre la subordonnée et la principale.).
- on a prié la guerre arrêtait au bout de quatre ans alle a duré quatre ans ah ben là on était content . là on a commencé à avoir/ . pouvait manger mieux (NB – Wiesmath 4, M : 60)
- nous autres on a eu un/ un bout' de temps dur BUT là ç'a menu un petit brin meilleur (NB – Wiesmath 3, D : 397–398) (Wiesmath traduit par « but then it got a little bit better ».)
- i était un bout' que : t'sais la y avait des chums pis des blondes que fait que **là** t'avais pas le choix. mais asteure c'est moins : on arait dit/ ça arait été une mode un moment donné par chez nous toutes les filles sortaient avec les Anglais là [...] mais c'est passé ((rit)) (IdlM – Falkert 2010, corpus : 125–126, p. 50, CD-ROM)
- Et à peu près quinze ans après que j'avais commencé à faire l'école c'est là que CODOFIL a venu ici dans la paroisse de Lafourche. (LOU – DLF 2010 : s.v. *là*, p. 358, LF)

Dans les cas, fréquents, où *là* se joint à un adverbe temporel, il est difficile de juger si *là* a à lui seul une valeur temporelle ou s'il sert plutôt de ponctuant, insistant sur la précision temporelle indiquée par l'adverbe[24].

- Demain là, tu partiras. (NÉ – Hennemann, ILM, MS) (Dans ce contexte, *là* sert principalement à mettre en relief le moment indiqué.)
- al est pas par ici asteure là mais... (NÉ – Hennemann, BSM, SC)
- là maintenant ça fait environ six sept ans que je fais de l'aquarelle (NB – Arrighi 2005 : 421, Rachelle NB 1 : 70–71)
- tout' est cher astheure là (IdlM – Falkert 2010, corpus : 472, p. 471, CD-ROM)
- moi je l'ai fait assez mais là maintenant c'est pus moi qui le fera (IdlM – Falkert 2010, corpus : 51–52, p. 374, CD-ROM) (*le* = « un repas en famille à Noël »)
- Auparavant là la glace venait pis a pilait à peu près à un mille de la côte là, a pilait à peu près vingt pieds de haut je pense, mais de delà à venir à la terre ce tait plange comme ... la place. (TN – Brasseur 2001 : s.v. *apiler, piler*, p. 21)
- Alle après cuire asteur-là. (LOU – DLF 2010 : s.v. *là*, p. 358, JE)
- j'aimais pas sortir de trop et là asteur je voudrais sortir je peux pas marcher tant bien (LOU – Stäbler 1995 : 41, corpus)
- Tu sais les jeunes femmes asteur-là ? Ça se tracasse pas d'arien. (LOU – Rottet 2001 : 125, loc. âgée)

▶ *là* **textuel**

Le renvoi effectué par *là* peut se faire au niveau purement textuel, *là* signalant surtout « la relation avec d'autres éléments de l'énoncé et du texte » (Große 2006 : 127).

- [BJ évoque les éventuels problèmes si le tourisme est privilégié au détriment des entreprises de pêche, par ex.] Parce que là, il va avoir à nettoyer son terrain un peu plus souvent ou faire venir quelqu'un pour nettoyer, ramasser les déchets. (NÉ – Hennemann, ILM, BJ)
- on arat discuté p=t-être bien deux heures . mais là ça finissait pas **là** (IdlM – Falkert 2010, corpus : 44, p. 245, CD-ROM)

Avec les verbes de dire, *là* peut renvoyer à l'acte d'énonciation même :

- Ça, c'est pour ça qu'asteure, moi je dis là, j'ai pas forcé mes enfants d'aller à les/ d'aller faire des sœurs, ni forcé mes enfants d'aller à l'église. (NÉ – Hennemann, ILM, EL)
- là après a' s'a bouchée a' s'a bouchée vite euh je / je dis pas **là** quand ç/ je vas dire soixante et cinq [...] (NB – Wiesmath 1, B : 923–924)
- ça c'est vieux. ((rit)) c'est vraiment je dis là/ il était/ c'est bon à jeter (IdlM – Falkert 2010, corpus : 144–145, p. 151, CD-ROM)

II.1.2 *là* **pragmatique**

Au-delà des fonctions déictiques, *là* sert de marqueur de structuration du discours et d'interaction.

---

24 Pour Arrighi (2005 : 421), il s'agit du *là* temporel. – Wiesmath (2003 : 295), par contre, y voit une particule de renforcement. De même, le DLF parle, en anglais, d'un « intensifier » (2010 : s.v. *là*, p. 358).

▶ *là* signal d'ouverture

Là, antéposé, peut figurer comme signal d'ouverture pour introduire une nouvelle idée. En début d'énoncé, le locuteur peut signaler la prise de parole par l'emploi de *là*. Soulignons une fois de plus la polyvalence de *là* : la valeur déictique est souvent co-présente dans la fonction pragmatique :
- là j'ai été à ONTARIO vers / c'tait justement après la guerre (NÉ – Hennemann, PUB, ID)
- [F commence deux fois son tour de parole ; comme G ne s'interrompt pas lors de la première prise de parole, F recommence avec *là* et finit par « l'emporter ».] F : pis on finit d'avoir le / [G parle parallèlement ; F reprend :] là je finis d'avoir la/la/la r/ la réponse qu'on a gagné le premier prix (NB – Wiesmath 2, F : 80–81)
- [G intervient.] là vous avez gagné st'année ça vous en/ ça va vous encourager... (NB – Wiesmath 2, G : 108–109)
- **Là**, faulait tout [tut] taper les cercles [saʀk] à la hauteur d'un pied, pis tout en grand [tut ã gʀã], pis là faulait les attacher, là, un clou chaque bout [but]. (TN – Brasseur 2001 : s.v. *taper*, p. 439)
- là la maladie . de bêtes a pris . s'appelle le b/euh . BRUCELLOSIS (LOU – Stäbler 1995 : 140)
- et là quand tu arrives t'es . t'es un étranger (LOU – Stäbler 1995 : 195, corpus)
- [N intervient dans la conversation entre L et S] N : là il faura laver les écrevisses maman (LOU – Stäbler 1995 : 194, corpus)

Il ressort de ces exemples que *là* en début de phrase peut être synonyme d'« écoute bien », « fais attention » et souligne la nouveauté et/ou l'unicité (Neumann-Holzschuh 2016 : 252) ; il sert ainsi de signal d'ouverture, tout autant que d'élément phatique. Arrighi (2005 : 425) met justement en avant « l'effet d'attente » ainsi créé dans les discours argumentatifs et les narrations.

▶ *là* signal de clôture

S'il est placé en finale absolue et – éventuellement – suivi d'une pause, *là* peut servir de signal de clôture (Arrighi 2005 : 424). Le locuteur, terminant une idée, s'assure ainsi que son allocutaire a bien compris ses propos tout en lui offrant, du même coup, la possibilité de prendre le tour de parole ou du moins de réagir (Wiesmath 2003 : 297) – ce qui s'observe d'ailleurs régulièrement : l'allocutaire réagit d'une manière ou d'une autre, donnant un signe d'assentiment (*hm, oui*, etc.) ou s'emparant du tour de parole pour une intervention plus ou moins longue.
- [ID explique qu'il y a des régions en Europe où l'on dit également *huitante, nonante* et conclut :] Oui. Septante, huitante et nonante là. (NÉ – Hennemann, PUB, ID)
- D : moi j'av/ les / les à l'Espagne les poules avant des/ des plumes tu vois ienque le bout' des griffes **là** [W : ah bon elles sont différentes] D : là c'est tout' les / les pattes c'est ça de grous c'est tout' en plume (NB – Wiesmath 3, D : 185–187) (W intervient au moment où D signale, par le premier *là*, la fin de la pensée développée ; or, D l'interrompt par un deuxième *là* pour s'emparer de nouveau du tour de parole.)
- j'avais quatre ans pis mon petit frère avait deux ans pis les autres étiont pus vieux là (NB – Arrighi 2005 : 426, Annie NB 10 : 7–8)
- c'est pareil comme tu vas à bord d'un char de/sus le chemin . faut pas tu perdes la tête ça tu gardes la tête à toi et/ [Enquêtrice : hm] c'est=a même chose sus la mer c'est=a même chose là [Enquêtrice : hm] .

hm. ((tape avec les doigts sur la table)) [Ensuite, l'enquêtrice pose une autre question.] (IdlM – Falkert 2010, corpus : 307–310, p. 210–211, CD-ROM)

- [Enquêteur : Ça fait, elle était après reprendre votre place ?] L1 : Ouais, elle était juste après me remplacer là. Ça fait, nous-autres, on a *gone* là-bas au Lake Charles. [...] (LOU – *Découverte*, Mamou, Évangéline)
- « Si je le commence, je vas tout le défaire là. » Et je les... et je les défaisais. Là, je commençais là, tu connais, tu t'en vas en rond, **là**. [Enquêteur : ouais, ouais.] (LOU – *Découverte*, Mamou, Évangéline)
- Oui il aura les coliques carrément si tu le prends et le garder sur toi là. [Enquêteur : Je me rappelle [...]] (LOU – *Découverte*, Mamou, Évangéline)

Là peut marquer une hésitation :
- la dame, elle, elle est après boire des pilules, elle après là .... boire du whiskey, elle est après de fumer, elle est après faire toutes sortes de xxx (LOU – *Découverte*, Mamou, Évangéline)

En finale des interrogations, *là* a une triple fonction :
- Dans les cas où l'interrogation totale est marquée seulement par l'intonation, *là* apparaît souvent pour clore la question (Arrighi 2005 : 428)[25] ; dans les cas où l'interrogation totale est marquée par l'inversion ou par *-ti* et dans les interrogations partielles, *là* est un marqueur additionnel de l'interrogation, qui a surtout une fonction pragmatique (voir les points suivants).
- *Là* sert de signal de clôture ; le locuteur va céder la parole à son allocutaire.
- *Là* est un signal phatique : il établit le contact avec l'allocutaire et l'encourage à répondre.
  - As / t'as vu où-ce qu'était son / son morceau [marso] de terre là ? (NÉ – Hennemann, ILM, CL)
  - oui ben ielle son nom de famille ça sera pas une (– – –) là (NB – Arrighi 2005 : 428, Sarah NB 20 : 77–78) (Interrogation totale, exprimée par l'intonation et par l'élément *là*.)
  - tu vois ioù ce qu'i y a des varnes là (NB – Wiesmath 1, B : 18) (La question est marquée par *là* et par l'intonation montante.)
  - c'est-ti enregistré là ? (IdlM – Falkert 2010, corpus : 332, p. 213, CD-ROM)
  - fait-ti longtemps que t'es aux Îles toi-là ? (IdlM – Falkert 2010, corpus : 64, p. 340, CD-ROM)
  - [la mine de sel] à la Grosse Île là je sais pas si t'as vu ça-là ? (IdlM – Falkert 2010, corpus : 474, p. 426, CD-ROM)
  - Et ça, c'est tout pris, ça je parle là ? (LOU – *Découverte*, Châtaignier, Évangéline) (L'informateur s'assure auprès de l'enquêteur que tout ce qu'il dit est enregistré.)

▶ *là* signal d'interaction

Établissant le contact avec l'allocutaire, *là* opère non seulement comme élément organisationnel du discours, mais également comme élément phatique. Ce rôle est d'autant plus prononcé que *là* s'ajoute à d'autres particules discursives marquant l'interaction : *tu sais là, fait là* (Wiesmath 2003 : 297). *Là*, postposé dans cette fonction, signale une certaine connivence avec l'interlocuteur :

---

[25] Pour Arrighi (2005 : 428), « [l']utilisation de ce petit mot de discours dans le contexte de l'interrogation directe nous semble la plus probante manifestation de grammaticalisation de cet élément. »

- [Comment faire des petits anges pour Noël.] SC : Pis là les mains, les / ben, les mains de l'ange, c'est deux petits morceaux [mɔrʃo] de MACARONI. [Enquêtrice : Ah.] SC : de même. Tu sais **là** ? SO... [Enquêtrice : Aha.] (NÉ – Hennemann, BSM, SC)
- le/ bilingue euh i / tu sais là ça fait là i / i sont / i trouvent que c'est important que leux enfants apprennent le français aussi (NB – Wiesmath 7, O : 326–327)
- fait que là ben on cherche qu'est-ce qu'on pourrait faire pis t'sais **là** on se dit qu'à Québec ou à Montréal ou à eune autre place on aurait pu aller à une place [Enquêtrice : hm] mais ici/ (IdlM – Falkert 2010, corpus : 277–279, p. 102, CD-ROM)

L'insertion des anglicismes constitue un exemple typique de ce procédé (*cf.* Wiesmath 2003 : 298s.) : *là*, placé après l'anglicisme, se révèle être un outil économique pour signaler aussi bien l'insertion de l'élément étranger dans le discours que la présupposition que l'interlocuteur va l'identifier et le comprendre.

- Les poutines, c'est / euh / tu prends les patates comme si que je fais un f/ un fricot. Tu prends les patates, tu / euh / les / euh / euh / comment-ce tu diras ça ? Tu les G/ les GRATE là. (NÉ – Hennemann, BSM, SC)
- C'est CUTE là. ((rires)) (NÉ – Hennemann, BSM, SC)
- au commencement c'est la HONEY MOON là (NB – Wiesmath 2003 : 298, Wiesmath 11, U : 52)
- j'ai été prendre une/ une/ une DRIVE là (NB – Wiesmath 2003 : 298, Wiesmath 2, E : 194)
- on avait des BOAT qui trempaient vois-tu pis là on allait à bord des BOAT **là** (ÎPÉ – Arrighi 2005 : 426, Théodore ÎPÉ 4 : 35)
- et puis on engage ène COOK là . une cuisinière (IdlM – Falkert 2010, corpus : 20, p. 295, CD-ROM)
- on montait nos bateaux à tous les soirs avec un sorte de WINCH là (IdlM – Falkert 2010, corpus : 62, p. 297, CD-ROM)
- la bataille a pris mais là mon / le/ y a un qu'avait cogné mon père sur le bord de la tête-là, dans la tempe. Il avait moitié KNOCK-OUT-là (LOU – Stäbler 1995 : 38, corpus)

II.1.3. *là* pragmatico-syntaxique

Postposé à des groupes syntaxiques de nature diverse – syntagmes nominaux, verbaux, prépositionnels, adverbiaux et phrases entières –, *là* a en outre acquis d'importantes fonctions pragmatico-syntaxiques. Apparaissant souvent en série, *là* découpe ainsi « des unités syntaxiques et surtout informationnelles » (Arrighi 2005 : 425). Le caractère déictique de *là* est plus ou moins absent[26]. La distinction avec les cas cités en II.1.2. ci-dessus est souvent difficile à établir, étant donné la polyfonctionnalité présente dans presque chaque emploi de l'élément *là*.

▶ *là* avec les syntagmes nominaux et les pronoms toniques
Là peut accompagner
- les noms propres ou les pronoms personnels toniques : « Manuel là » (Arrighi 2005 : 425), « moi-là » (Stäbler 1995 : 64, corpus)

---

26 Rappelons que ce sont des facteurs prosodiques qui aident à identifier le rôle de *là* dans un contexte donné, *là* non-déictique ne portant pas d'accent, contrairement à *là* déictique (*cf.* aussi Wiesmath 2003, Ploog 2006).

- les groupes nominaux définis : article défini + nom + *là* : « le GAZOLINE là » (Arrighi 2005 : 425)
- les groupes possessifs : déterminant possessif + nom + *là* : « mes beaux souliers clairs là » (Arrighi 2005 : 425)
- les groupes nominaux indéfinis : article indéfini + nom + *là* : « un rouleau là » (Arrighi 2005 : 425)

Associé aux syntagmes nominaux, aux noms propres et aux pronoms, *là* sert souvent à marquer ou à réactiver le thème du discours qui est « deven[u] moins saillan[t] au fil de l'échange » (Ploog 2006 : 309). Le thème en question a déjà figuré dans un énoncé antérieur ou bien il est considéré comme « connu » ou « donné » grâce au contexte et/ou au savoir partagé entre les interlocuteurs ; *là* signale la présupposition qu'une base de connaissance commune existe entre ceux-ci[27].

là après un pronom (y compris *ça*) ou un nom propre
- Non, non. Moi là, j'ai / j'ai pus de confiance là-dedans. (NÉ – Hennemann, ILM, EL) (« quant à moi »)
- nous-autres on a pas eu d'école. Mais vous-autres là faut que vous faisiez écoler... (NÉ – Hennemann, ILM, EL) (« en ce qui vous concerne »)

- pis ielle là c'était pas trop une pêcheuse de même (NB – Wiesmath 2003 : 299, Wiesmath 1, B : 268)
- nous-autres là c'était pas coumme toi (NB – Wiesmath 2003 : 299, Wiesmath 1, B : 675)
- alors vous avez tout' euh. im/ euh immortalisé ça là dans vos photos (NB – Wiesmath 9, I : 73)
- ben tu [« tu sais »] i faisent ça partout i l'ont fait à Moncton là à RIVERVIEW là[28] (NB – Wiesmath 2003 : 291)

- y en avait plusieurs par chez nous . Manuel là que je disais qui jouait du violon (ÎPÉ – Arrighi 2005 : 425, Rose ÎPÉ 7 : 282–283) (Le thème est réactivé.)

- ben lui-là jeudi i s'en va là (IdlM – Falkert 2010, corpus : 111, p. 64, CD-ROM)
- l'évêque i dit je crois qu'elle-là qu'elle est bonne (IdlM – Falkert 2010, corpus : 383, p. 165, CD-ROM)
- moi à Québec là je FEELAIS pendant/ j'ai mal FEELÉ pendant six mois (IdlM – Falkert 2010, corpus : 95–96, p. 236, CD-ROM)

- Mais Tante Lydie là a parle drôle (Stäbler 1995 : 44, corpus)
- et donc moi-là j'étais SAFE avec ça-là (LOU – Stäbler 1995 : 63s., corpus)
- pas loin ici à peu près vingt et quelques milles-là . en bas de Gueydan-là (LOU – Stäbler 1995 : 32, corpus)
- Chère enfant, ils ont vendu des tickets et moi là j'ai dansé avec K.I., un bon bon danseur. (LOU – *Découverte*, Mamou, Évangéline)
- Et on faisait de la bonne musique. Joe, Joe Falcon là a venu danser sur notre musique. (LOU – *Découverte*, Eunice, St. Landry)

là après les groupes nominaux définis
- pis eux-autres les Indiens là i / i / i venaient par euh Memramcook (NB – Wiesmath 2, E : 279)
- pis a' travaille au HOME des vieux là à la Villa là (NB – Wiesmath 3, D : 214)

- on était souvent avec les Anglais là à l'été là (IdlM – Falkert 2010, corpus : 251, p. 503, CD-ROM)

- Comme du gouémon, as-tu tendu le mot-là, gouémon ? (TN – Brasseur 2001 : s.v. *le, la, les*, p. 272)

---

27 Pour les fonctions pragmatiques de *là*, *cf.* aussi Ploog (2006).
28 C'est par l'intonation montante, rappelant l'intonation interrogative, que *là* se révèle ici particule de discours et non adverbe de lieu (Wiesmath 2003 : 291s.).

- Mais la planche-là est trop faible, je veux la forcir, je vas prendre le clabord-là, je vas le mettre par-dessus, je vas le clouter ensemble pis ça forcit l'autre morceau. (TN – Brasseur 2001 : s.v. *forcir*, p. 207)
- j'ai des (nappes) d'accrochées dessus de la porte là-bas-là . qui va dedans un/ un autre affaire-là là-là devant les grouilles-**là** (LOU – Stäbler 1995 : 66s., corpus)

là avec les groupes possessifs
- MS : Elle nous a touT montré ses tapis **là** qu'elle a fait là sur / sur c'te / [EL : Oui ?!] MS : sur c'te/ YEAH ! (NÉ – Hennemann, ILM, MS) (Le premier *là* ponctue le thème, le deuxième *là* est spatial.)
- pis mon père là [...] il a fait un rêve (IdlM – Falkert 2010, corpus : 338, p. 416, CD-ROM)
- Si t'as la grippe pis t'as des fois la... ta gorge **là** c'est ... [il fait mine de tousser] t'es angoissé là, [...] (TN – Brasseur 2001 : s.v. *angoissé*, p. 18)
- Mais tu prends comme d'ici à descendre en bas chez les Rozes, là, faut que tu faisses ton échouerie **là** tout [tut] des gros cailloux gros comme ça là, pis gros comme le poêle. Faut que t'artires tout ça là, pour que tu peuves échouer ton doury. (TN – Brasseur 2001 : s.v. *échouerie*, p. 173)
- Et ce matin même là on a su que son oncle à lui est mort. Mais tu vois mon pape et son oncle **là** a travaillé plein ensemble. (LOU – *Découverte*, Pointe-aux-Chênes, Terrebonne)

Comme l'indiquent les exemples, les unités informationnelles segmentées par *là* sont souvent davantage précisées, spécifiées ou explicitées par la suite (*cf.* aussi Wiesmath 2003 : 298) :
- DAMN c'était-ti pas deux ben dou/ deux piasses par jour qu'i avions quoi ce qu'étaient les gages là en France là coumme de / des / quelques années passées là . quinzaine d'années passées (NB – Wiesmath 3, D : 449–450)
- pis maman faisait des différents gâteaux là pour Noël là (NB – Wiesmath 2003 : 298, Wiesmath 4, M : 208)
- lui-là son/son/son copain là son chum i / il étaient de la même âge (IdlM – Falkert 2010, corpus : 348, p. 416, CD-ROM)
- [À propos des mouches à cheval.] Tu vas oir un cheval manger, là. I mange, là. Pis tout d'un coup i part le galop : Y en a iène, là, qu'arrive yu-ce qu'il est. Je pense pas que ça les mord, mais ça chie sus le cheval. Pis le cheval là, après un bout [but] ça vient que ça démange. [...] (TN – Brasseur 2001 : s.v. *partir*, p. 336)

Cela est d'autant plus vrai pour les groupes indéfinis : associé à un groupe indéfini, *là* fait certes partie du rhème de la phrase, mais là aussi, il marque le groupe ainsi ponctué comme donné ou connu, quitte à le spécifier davantage après coup par une apposition, une proposition relative, un adjectif, un syntagme prépositionnel etc.

là avec les groupes indéfinis
- On peut aller souvent et si qu'on a eune carte là tu sais, YES, tu peux aller n'importe quand. (NÉ – Hennemann, PUB, ID)
- [ID a une mauvaise vue.] Et / euh / ça fait que je lis seulement des grouses / grous caractères là et j'écoute les nouvelles (NÉ – Hennemann, PUB, ID)
- tu sais un rouleau **là** . pour pêcher l'eau [...] (NB – Arrighi 2005 : 425, Annie NB 10 : 151–155)
- ben on s'arrangeait ben pis on apportait notre dîner dans une petite CAN là i y 'n'avait pas coumme qu'i avont asteure . des LUNCH-CAN là des petits CAN de saindoux là qu'on avait là ((rires)) (NB – Wiesmath 4, M : 23–25)
- D : sus l'empremier i avions des pompes de bois là hein [G : hmhm] (NB – Wiesmath 3, D : 202)

- Pop avait deux grands barils. Quand il dépendait son béquine là, on avait à casser de la paille de… la paille de maïs là [L0 : ouais ouais] tu connais, des robes **là**. On les nettoyait propre, propre là, et puis on aurait rempli le baril avec ça. (LOU – *Découverte*, Mamou, Évangéline)
- Le fi-folet ? Soit disant si tu es après faire là, il va tuer et tandis il est après tuer si tu creu/ creuses une coulée là d'eau l'eau *it disappeared*, tu connais ? (LOU – *Découverte*, Mamou, Évangéline)
- Et ça prendait de l'étoffe, eux-autres appelait ça du couétil. Parce que du couétil là, c'était de quoi d'épais. (LOU – *Découverte*, Pointe-aux-Chênes, Terrebonne)

▶ *là* charnière entre les propositions

Situé à droite sur le continuum suggéré par Wiesmath (2003 : 293), *là* syntaxique, placé « aux nœuds du discours » (Arrighi 2005 : 426), a perdu sa valeur déictique. En finale d'une (partie de) phrase, *là* signale les charnières entre les unités de discours :

- le homard **là** hm i travaillont encore ste semaine-là (NB – Wiesmath 2003 : 298, Wiesmath 4, M : 439)

Ce rôle est particulièrement net lorsque *là* est placé entre des propositions de hiérarchie diverse.

- ça fait quatre / trois, quatre ans que je l'ai fait à l'ordinateur là pis il est touT fini pis… (NÉ – Hennemann, ILM, MS)
- C'est meilleur là quand que c'est rechauffé. (NÉ – Hennemann, ILM, IS)
- je suis pas sûre là mais j'aimerais comme élever mes enfants là si j'en ai là parce que comme c'est une bonne air puis c'est QUIET là mais ça dépend oùsque je vais travailler aussi là (NB – Arrighi 2005 : 424, Shirley NB 15 : 41–43)
- non à / euh étudier euh : c'est TOUGH j'sais ben une fois c'est fini là . ben avant de te marier là . *enjoye*-toi tcheques années (NB – Arrighi 2005 : 425, Rita NB 18 : 187–189)
- quand ce qu'on savait ben le lire là on pouvait lire là s/ sans/ pas par cœur là on pouvait le lire là (NB – Wiesmath 2003 : 299, Wiesmath 4, M : 30)
- je me fais vivre comme qu'on pourrait dire là (IdlM – Falkert 2010, corpus : 76–77, p. 47, CD-ROM)
- Un homme qu'est fronté là hein, bien i va pas spérer si i a faim là [rires], i va pas spérer que quiqu'un li donne à manger, i va prendre à manger lui-même ! […] (TN – Brasseur 2001 : s.v. *affronté, fronté*, p. 9)
- Le monde ici, mes grands-petits enfants, tout ce qu'ils parle dans cette maison ici-là, si eusse reste assez longtemps **là**, quand ça sort **là**, ça parle français. (LOU – Rottet 2001 : 125, loc. âgé)

Là est particulièrement fréquent dans l'entourage de la subordonnée relative. *Là* peut précéder ou suivre la relative, ou bien il est placé à la fois avant et après (Wiesmath 2003 : 300). Comme nous l'avons vu pour *là* ponctuant les syntagmes nominaux, *là* peut servir à séparer des unités informationnelles qui sont enchaînées les unes aux autres, contenant des spécifications, des définitions, des explications.

là + relative
- tu sais les lêches là qu'on ramasse dans la terre (NB – Wiesmath 2003 : 300, Wiesmath 1, B : 227)
- ben là si/ t'allas voir au châssis pis qu'y avait des filles **là** qui s'intéressaent à un gars ou/ ou autre. pou=es inviter d'entrer a mettaient un pot d'eau sus la table avec des verres et tout ça (IdlM – Falkert 2010, corpus : 406–408, p. 271, CD-ROM)
- Mais chère, il y a des momans aussi oh, qui étaient *tough*. Chère, il y [a] des momans là qui étaient dures, oui. (LOU – *Découverte*, Mamou, Évangéline)

Relative + *là*
- Là [déictique et ouverture], le [EL : Oui.] chouse que vous voyez là [déictique] **là** [ferme la relative], [Enquêtrice : Oui.] c'tait l'usine de poisson. (NÉ – Hennemann, ILM, CL)
- quoi c'est d'autre itou qu'i y a de/ de euh qui est rouge **là** j'en ai pas/ j'en ai pas icitte j'en ai pas vu là icitte (NB – Wiesmath 2003 : 300, Wiesmath 1, B : 349)
- pis on tondait des brebis tu sais les brebis qu'a la laine **là** (NB – Arrighi 2005 : 427, Annie NB 10 : 180)
- y a des chars qui montent **là** y en a encore monté l'été passé là (NB – Arrighi 2005 : 424, Annie NB 10 : 79–80)
- Et l'homme euh ... qu'elle a sorti avec **là**, manière c'était un homme marié, ouais. (LOU – *Découverte*, Mamou, Évangéline)
- il y a du monde qui gâte leurs petits assez mauvais **là** que c'est comme ça là [...] (LOU – *Découverte*, Mamou, Évangéline)

là **+ relative +** *là*
- Il a des MUFF/ des muffins là qui sont [Enquêtrice : Ah.] comme gros de même là. (NÉ – Hennemann, BSM, SC)
- c'est coumme une BOWL [...] une planche là tu sais que tu / tu frottais dessus là tu frottais des hardes dessus <euh> dessus (NB – Wiesmath 1, B : 807)
- oui i y avait une nièce **là** qui chantait **là** . Marie-Jo . Marie-Jo Thério a' chantait là (NB – Wiesmath 2, E : 14–15)
- tu sais mon beau chat là que j'avais là . ben i l'ont pris pis i l'ont tout' *shavé* (NB – Wiesmath 2003 : 300, Wiesmath 8, A : 247)
- peut-être des veuves **là** qui tombaent **là**. qui tombaent toutes seules. avec des familles d'enfants . ben là faulat que chacun passe à la charité . pou demander pou aider (IdlM – Falkert 2010, corpus : 88–90, p. 283, CD-ROM)
- celui-là qui est avec elle-là lui qui est bâti ici-là . lui ça fait vingt ans qu'i travaille à la mine (IdlM – Falkert 2010, corpus : 473–474, p. 425–426, CD-ROM)
- Mettons qu'y a quéqu'un **là** qui a ène voiture **là**, pis ... qu'ène personne [parsɔn] va là pis qu'i ... grafigne son... la voiture, ben ça, c'est malicieux ça, c'est fait par malice hein. (TN – Brasseur 2001 : s.v. *malicieux*, p. 286s.)
- C'est à cause ces gros bateaux-là qui vient de tous ces pays-là (LOU – DLF 2010 : s.v. *venir*, p. 645, SM)

En l'absence d'un pronom relatif introducteur, *là* remplit seul la fonction du relatif (Wiesmath 2003 : 300, Arrighi 2012 : 178) :

Absence du pronom relatif
- puis euh le bâtiment * vous voyez en arr/ pas le bâtiment ben le bateau * vous voyez en arrière de lui là ça c'est euh . à ma connaissance la dernière des SKOW (NB – Wiesmath 2003 : 301, Wiesmath 13, H : 144)
- tu sais les petites affaires rouges * t'as mangées là (NB – Wiesmath 1, citée dans Arrighi 2012 : 178)
- le texte * je vous ai donné là (ÎPÉ – Arrighi 2012 : 178)
- Ça fait, c'est cet argent * il a gagné là qui nous a donné le chifferobe et quatre chaises neufs. (LOU – *Découverte*, Mamou, Évangéline)

La présence de *là* en finale de la relative reste facultative et, le plus souvent, le début de la relative est marqué par le pronom relatif (*cf.* le chap. « La relative », III.3.). L'omission de *que* n'est pas assez avancée dans les parlers étudiés ici pour conclure à un rôle majeur de la particule *là* comme marqueur de la proposition relative. Soulignons pourtant dans ce contexte que, dans certains créoles, la particule *là* s'est grammaticalisée dans cette fonction[29]. Pour l'instant, dans les cas cités ci-dessus sans pronom relatif, nous considérons *là* comme signal de clôture de la subordonnée et, dans les cas où l'énoncé continue, simultanément comme charnière entre la subordonnée et la principale.

▶ *là* **coordonnant**

Charnière entre les propositions, *là* peut adopter diverses fonctions syntaxiques (Arrighi 2012 : 177s.). Il est vrai que dans ces fonctions, il se joint souvent à d'autres particules, mais on relève aussi des cas où *là* adopte à lui seul diverses valeurs équivalentes à certaines conjonctions de coordination.

- Généralement en combinaison avec *pis* et *et* (*pis là*, *et là*), *après* ou *ensuite* (*là après*, *là ensuite*), plus rarement seul, *là* sert à enchaîner les faits de manière additive sans que la chronologie entre nécessairement en ligne de compte[30]. Tandis que *pis là* est la forme préférée en FA/FTN (*cf.* II.2.1.), en FL, le tour *et là* est très fréquent dans cette fonction.
  - Le mot / nous-autres le / les Acadiens on a toujours dit haddeck. **Là** on a / on a créé / on a inventé ce mot-là je crois, hein ? Mais ce mot-là, il vient du mot HADDOCK en anglais. (NÉ – Hennemann, ILM, RF)
  - Puis, je / j'ai / puis, là ensuite j'ai travaillé pour la radio communautaire comme coordinateur du projet, là comme agent de promotion pour l'Intellicentre, là ensuite comme agent jeunesse pour la province, puis là ensuite comme agent de développement rural pour l'Isle Madame. (NÉ – Hennemann, ILM, BJ)
  - Eh / oui, dans les poissons qui sont / i y a les poissons qui sont séchés pis là i y a des poissons qui sont boucanés. (NÉ – Hennemann, BSM, JG)
  - **là** tu coupes la racine pis **là** si t'as de l'herbe dedans icitte là t'arraches l'herbe là (NB – Wiesmath 1, B : 138–139)
  - [dans une séquence narrative] i dit [...] . pis i dit [...] ah le prêtre dit « COME ON ». **là** i dit « là / là là je peux pas », i dit [...] (NB – Wiesmath 8, Q : 85ss.)
  - ça c'est dans les années quatre-vingt-/.. deux ou quatre-vingt-trois . . **là** je dis moi ce temps-là que le gouvernement aurait dû euh ... faire du changement là (NB – Wiesmath 5, C : 102ss.)
  - a dit « votre problème c'est quoi [?] ». **là** i dit [...] (NB – Wiesmath 8, Q : 96)
  - là je disas . toi qu'est-ce tu fais moi je danse ben là le joueur de violon ça sortait son violon t'sais ((rit)) pis là i dansait. là un autre i chantat l'autre i:/ (IdlM – Falkert 2010, corpus : 356–357, p. 164, CD-ROM)
  - C'est lui qui faisait venir le sel, pour les pêcheurs, pis là il achetait la morue du monde, lui. (TN – Brasseur 2001 : s.v. *acheter*, *ageter*, p. 7)
  - Pis ça fait neuf piasses juste pour les boutons ! Tu sais ! Pis là un autre p't-être quinze ou vingt piasses pour la laine. (TN – Brasseur 2001 : s.v. *autre*, *auteur*, p. 33)
  - Les vieilles femmes, les vieilles femmes ou les jeunes femmes avec les enfants étiont assis tout le tour dessus des bancs alentour du hall là, tu comprends. **Là**, la musique commençait. T'aurais acheté ton

---

29 Reste à savoir si, dans ces cas, nous assistons à la naissance d'une nouvelle structure relative, où la particule *là* adopterait implicitement la fonction du pronom manquant (*cf.* Arrighi 2005 : 427s., 2012 : 179, Wiesmath 2003 : 300s., 2006 : 222). En comparaison avec les créoles, Wiesmath (2003 : 301) situe les parlers étudiés ici à « une étape intermédiaire ». Pour *LA* dans les créoles, *cf.* aussi Ludwig/Pfänder (2003 : 279ss.), Wiesinger (2017 : 436s.).

30 Arrighi (2012 : 177). – Signalons que contrairement à ce qui se passe pour *pis* (*cf.* II.2. ci-dessous), *là* n'est pas grammaticalisé en tant que coordonnant dans le sens de « et » ; l'idée d'une succession temporelle ou narrative reste toujours présente (par ex., *là* ne peut pas relier deux syntagmes nominaux ou deux adjectifs, contrairement à *pis*).

ticket pour aller danser. **Là** tu voyais ta belle en dedans là. T'aurais été la prendre pour danser. **Là** quand la danse arrêtait, tu sortais. [...] Tu sortais. **Là**, la dame retournait se mettre ayoù elle était, s'assir ayoù elle était, tu connais. (LOU – *Découverte*, Leleux, Vermilion)
- Ej voulais pas qu'eux-autres aye la misère que mon j'ai eu pour apprendre le nanglais. Parce que si tu vas à l'école, l'école est en anglais. Et là, si tu connais pas parler nanglais, t'as de la misère. ... [...] Et là j'ai élevé mes enfants, [...]. Et asteur je me trompe, deux ou trois petits qui peut parler manière baroque français, mais mon, pour yeux montrer à parler français quand eux-autres était petits, j'ai pas fait ça. Là, mon plus vieux de mes garçons, lui il connaît parler joliment parler français. (LOU – Rottet 2001 : 120s., loc. âgée)
- Et eux-autres prendait des planches et eux-autres faisait manière comme une banquette et là le monde dansait là-dessus. (LOU – DLF 2010 : s.v. *là*, p. 358, TB)
- asteur ils plantent . juste du maïs .. et **là** ils venont avec ces COMBINE-là ils coupont ça à la terre c'est propre .. et **là** ils coupont les fèves (LOU – Stäbler 1995 : 193, corpus)
- Et là, à l'âge de sept ans, je connaissais tous mes prières. Et là, à neuf ans j'ai été à une école. (LOU – *Découverte*, Pointe Noire, Acadia)

- En ce qui concerne les rapports logiques exprimés par *là*, le rapport cause-conséquence compte parmi les plus importants, *là* s'approchant du sémantisme de *donc*. Ici aussi, *là* est fréquemment joint à *pis* mais aussi à *ça fait* et *SO* (Arrighi 2005 : 427, 2012 : 177).
  - On va utiliser l'anglais parce que tout le monde co / comprend l'anglais. Ça fait là tout de suite, il y a touT la question de c'est quoi vraiment la culture acadienne : [...] (NÉ – Hennemann, ILM, BJ)
  - Alors les gens ici trouvaient que leur français, le français acadien, était pas / j'sais pas comment dire en français « UP TO PAR » avec le français du Québec. Pis là tout c'qu'on apprenait à l'école, c'tait en anglais. (NÉ – Hennemann, ILM, BJ)
  - Eux-autres [les Terre-Neuviens] qui sont venus ici, pis là maintenant on a c'qu'on appelle des familles exogames [...] (NÉ – Hennemann, ILM, BJ)
  - j'avais huit-z-enfants . là faudrait travailler (NB – Arrighi 2005 : 427, Annie NB 10 : 114)
  - quand qu'il faut que tu fasses ta vie sur la ferme là c'est malaisé (NB – Arrighi 2005 : 427, Annie NB 10 : 114)
  - la garde a dit vous dormez pas . non. a m'en donne eune autre [= une pilule] ((rit)) là j'ai dormi (IdlM – Falkert 2010, corpus : 56–57, p. 107, CD-ROM)
  - Et là [« à cette époque-là »] alle i parlait français, c'était le seul langage qu'alle connaissait. SO **là** il a attrapé là-dessus. (LOU – Rottet 2001 : 135)

- Pour exprimer des rapports d'opposition, *là* se joint généralement à *ben* et à *mais* (cf. ci-dessous II.3.1.)[31], en FL aussi à *et* (*et là*). Soulignons que *là* peut aussi à lui seul prendre une valeur adversative.
  - [Enquêtrice : Donc à ce temps, vous aviez quel âge ?] ID : Oh, j'avais / euh / justement dix-neuf à vingt ans. [...] ID : Oui, là quand j'étais à ONTARIO, j'tais plus vieille que ça. (NÉ – Hennemann, BSM, ID)
  - Mais i y en a pus de mon âge mais là j'uis / je counnais tous les plus jeunes (NÉ – Hennemann, BSM, AnS)
  - j'ai l'aide de la famille là je ferai[s] pas ça avec pas de l'aide (NÉ – Arrighi 2012 : 177)
  - j'ai touT les noms des couleurs d'écrites parce que **là** je les mélangerais là je serais perdue (NB – Arrighi 2005 : 427, Rachelle NB 1 : 97–99) (« dans le cas contraire », « sinon »)
  - une fois qu'on a tout' été grands (rires) pis qu'on a décollé de la maison . mais là i avait une machine . pour traire les vaches (NB – Wiesmath 2003 : 297, Wiesmath 7, O : 588)

---

31 *Cf.* Wiesmath (2003 : 11), Arrighi (2005 : 427, 2012 : 177).

- on arat discuté p=t-être bien deux heures . mais là ça finissait pas là (IdlM – Falkert 2010, corpus : 44, p. 245, CD-ROM)
- moi je suis née aux Havre-aux-Maisons ici-là [...] ben là mon :/ mon beau/ mon père : a déménagé à la Grande Entrée . j'avas cinq ans quante j'ai parti d'ici (IdlM – Falkert 2010, corpus : 37-39, p. 326, CD-ROM)
- Elle en a mis sur la terre neuf, neuf z-enfants là. Là elle a perdu quatre fausses-couches, oui. (LOU – *Découverte*, Mamou, Évangéline)
- La promesse que tu m'avais fait, et là me tourner le dos pour t'en aller rejoindre un autre. (LOU – DLF 2010 : s.v. *là*, p. 358, EV)
- Parce que moi, j'étais pauvre, personne voulait pas de moi. Et là, j'ai eu la chance que moi, je m'ai fait de l'argent. (LOU – DLF 2010 : s.v. *et*, p. 263, chanson)

II.2 *pis*

Tout comme *là*, *pis* frappe par sa polyvalence dans les parlers étudiés ici, et il est parfois tout aussi difficile de saisir le sens exact de *pis*, même dans un contexte donné. Retenons d'abord qu'en FA et en FTN, il semble y avoir une distinction entre *puis* et *pis*, *puis* ayant mieux gardé la valeur temporelle d'origine, alors que celle-ci est plus ou moins absente aujourd'hui en ce qui concerne *pis* ; le FA et le FTN se rapprochent ainsi du FQ où la distinction des fonctions entre *puis* et *pis* d'une part, entre *pis* et *et* d'autre part a été relevée et étudiée dans la littérature scientifique[32]. En FL, en revanche, le connecteur semble s'être mieux maintenu sous la forme [pɥi], et [pɥi] et [pi] semblent tous deux avoir les mêmes fonctions. De plus, contrairement aux parlers de l'Acadie des Maritimes, *et* est en FL le connecteur neutre préféré.

En FA et en FTN, *pis* a fini par devenir un connecteur neutre sans que l'idée de la chronologie des événements entre en ligne de compte et il s'est donc rapproché de *et*. En outre, *pis* peut, en tant que particule de discours, structurer le discours[33]. Étant donné la variété des fonctions qu'il peut adopter, il est évident que toute catégorisation de *pis* est hasardeuse et quelque peu artificielle, dès lors que son sens peut englober à la fois les valeurs temporelle, additive/énumérative et discursive.

En FA, la prononciation [pi] est quasiment généralisée, sauf dans les situations formelles, où la prononciation standard est également relevée (*cf.* Wiesmath 2006 : 101), surtout au début d'un entretien et dans la mesure où la situation d'enregistrement est appréhendée (Arrighi 2005 : 428s.). La prononciation standard semble pourtant restreinte aux cas où *puis* garde sa valeur primitive et sert d'adverbe temporel ; dans les autres fonctions, la prononciation [pi] est systématique (Arrighi 2005 : 429). En FL, les deux prononciations [pi] et [pɥi] coexistent (DLF 2010 : s.v. *puis*, p. 501). De même, en français parlé de France, [pi] est une prononciation courante (Gadet 1992 : 43) à côté de la forme standard.

---

32 *Cf.* pour le FQ, par ex., Laurendeau (1983) et Dostie (2004).
33 Pour une analyse des différentes fonctions de *pis*, *cf.* Arrighi (2005 : 428-435, 2012 : 183-187), Wiesmath (2006 : 98-106).

II.2.1 *pis/puis* connecteur temporel

Pis, adverbe de temps, exprime une succession dans le temps (Arrighi 2005 : 429). Précisons pourtant que dans cette fonction, *pis* est presque systématiquement accompagné d'un autre adverbe de temps ou de *là*, ce qui indique un certain degré de désémantisation de l'adverbe qui doit être spécifié par un autre élément. Par contre, *puis* [pɥi] peut aussi à lui seul exprimer la chronologie.

Quant au cumul d'adverbes, retenons les observations suivantes :
- Au NB, on trouve « toute une panoplie » de combinaisons (Wiesmath 2006 : 87), dont *pis là* compte parmi les plus courantes (Arrighi 2005 : 429, Wiesmath 2006 : 104) : *pis là, pis là ensuite, pis après ça, pis ensuite après ça, (et/ben) après ça, ben là après ça*, etc. Cette observation est également valable pour la NÉ et les Îles-de-la-Madeleine.
- À TN, *pis là* est la forme courante pour marquer la succession dans le temps ; Brasseur qui paraphrase *pis là* par « et puis » mentionne la fréquence « particulièrement élevée » (2001 : s.v. *là*, p. 267) de cette constellation.
- En LOU, *puis* peut apparaître seul pour marquer la succession temporelle, mais il se joint souvent à *et* ou à la particule *là* dans cette fonction. Le DLF note les variantes *pis, épis, épuis, et puis* (2010 : s.v. *puis*, p. 501). Par contre, le cumul des adverbes temporels (*pis là après, pis ensuite*) ne semble pas aussi courant que dans les parlers acadiens. Apparemment, *puis* a donc mieux conservé sa valeur primitive d'adverbe temporel qui peut toujours être réactivée dans un contexte donné.

▶ *pis* seul en emploi temporel

Les attestations de *pis/puis* employé isolément dans un sens temporel sont plutôt rares ; c'est souvent l'idée de l'addition d'événements qui accompagne celle de la succession temporelle ou qui prime sur celle-ci (*cf.* ci-dessous II.2.2.).

- Il vient **pis** [= « et »] tape sus la bouteille que Claire avait. **Pis** [= « c'est alors que »] la bouteille s'éclatit sus le pied de fer de nout banc … (NÉ – Hennemann, ILM, MS)
- [ma mère] a s'a élogé le bras pa al a manqué de me taper, pa a m'a dit : va-t-en (NÉ – Hennemann, ILM, EL)[34]
- j'ai trouvé une JOB après ça **pis** j'ai eu mon fils pis ensuite euh:/ . j'ai/ j'ai eu ma fille (NB – Arrighi 2005 : 429, Zélia NB 17 : 106–107)
- on l'a acheté c=te morceau de terre là pour mettre notre maison plus sus/sus le chemin . mais on/on/on l-l'a pas su pis là il ont vendue à d'autres **pis** i s'ont bâti un/ s'ont bâti eune maison de même (IdlM – Falkert 2010, corpus : 96–98, p. 330, CD-ROM)
- lui au mois de mai il arrêtat l'école . pis il allat travailler pour son père . à l'usine là-bas (IdlM – Falkert 2010, corpus : 41–42, p. 8, CD-ROM)
- Appelle-moi ! Je vais aller te queri. Pace moi d'accoutume je descends **pis** je sus là p't-être pour ène heure, pis là je remonte à la maison. (TN – Brasseur 2001 : s.v. *accoutume*, p. 6)
- Y avait une broche dedans le roi là hein, pis là tu le mettais là-dessus, sus la broche-là, dans le milieu, et **pis** tu virais l'aroi avec ton pied **pis** … […] (TN – Brasseur 2001 : s.v. *aroi*, p. 26)

---

34 Dans le corpus néo-écossais de Hennemann (2014), on trouve des cas où [pi] est assimilé à un *a* suivant.

- Quand vous coupez là en dessous là pour mettre le fer ... le cheval ... un fer en dessous [...] ben ça c'est la sottille, qu'i appelont. Vous coupez ça pis vous mettez le fer à cheval dessus après. (TN – Brasseur 2001 : s.v. *sottille*, p. 425)
- les FRESHMEN ça rasait la tête et puis ça mettait un 'tit BEANY CAP (LOU – Stäbler 1995 : 11, corpus)
- il prenait un petit char-là . puis il a débarqué-là il m'avait acheté une banane . puis je mangeais de bananes (LOU – Stäbler 1995 : 42, corpus)
- On commence une conversation en français et puis on finit en anglais des fois. (LOU – DLF 2010 : s.v. *puis*, p. 501, SL)
- elle a chauffé de l'eau et puis elle a humecté de sel, puis elle lui a mis dessus et puis lui a amarré ça. (LOU – *Découverte*, Mamou, Évangéline)

▶ *pis là* en emploi temporel

Même si les connecteurs très fréquents *pis là* et *là* servent souvent simplement à énumérer une série d'événements de manière plus additive que temporelle, il n'en reste pas moins que *pis là* peut aussi situer un événement dans le temps. Selon le point de référence – un moment dans le passé ou dans le présent –, *pis là* est équivalent à « après », « ensuite » ou bien il peut, selon le contexte, également équivaloir aux tours « à un moment donné », « à cette époque-là », voire à « maintenant », « aujourd'hui » ; dans ce dernier cas il peut être précisé par *asteure* (Wiesmath 2006 : 112s.) ; dans une succession d'événements enchaînés par l'élément *pis*, c'est souvent le dernier élément de la série – point d'aboutissement – qui est introduit par *pis là*. Wiesmath (2006 : 113) note qu'*après ça, pis* et *pis là* sont beaucoup plus fréquents que les adverbes *après* et *ensuite*[35].

- EL : A plumait ça pis après a la lavait comme il faut [MS : Oui.] EL : **pis là** tu l'échaudais pis après ça tu la faisais cuire ben tu la coupais n'importe/ [MS : Oui.] EL : comment-ce que tu voulais. (NÉ – Hennemann, ILM, EL)
- J'ai été née à Saulnierville. [Enquêtrice : Hmhm.] Pis là j'ai déménagé à la Pointe-de-l'Église. (NÉ – Hennemann, BSM, SC)
- ah c'était ROBIN HOOD qu'était dessus [imprimé sur les sacs de pommes de terre] <ouais> pis là faulait qu'i / i/ qu'i enlèvent ça avec du Javex là i faisiont tremper ça pour enlever le ROBIN HOOD <ouais> pis là i faisiont du linge avec ça. (NB – Wiesmath 2006 : 104, Wiesmath 1, R : 842)
- J'ai été travailler au CN Canadien National . pis là je m'en ai venu . de . là tu sais je m'ai retiré (NB – Wiesmath 2006 : 113, Wiesmath 2, E : 432)
- ma mère a mouri [...] pis là j'ai été élevé chez Maurice (NB – Arrighi 2005 : 429, Annie NB 10 : 5–9)
- on avait des BOAT qui trempaient vois-tu pis là on allait (ÎPÉ – Arrighi 2005 : 429, Théodore ÎPÉ 4 : 21–22)
- pis j'y avais été là [à l'hôpital] eune semaine **pis là** ben i m'a remis à/dans six mois (IdlM – Falkert 2010, corpus : 51, p. 360, CD-ROM)
- Ielle a va dans sa chambre, pis [« et »] a braillait, pis là [« à ce moment-là »] lui i se gréait [grije] pour s'en aller. (TN – Brasseur 2001 : s.v. *brailler*, p. 73)
- Pis du monde avec l'eau arrêtée [...], il appelont ça du genièvre, i bouilliont ça. Ce tait fort, pis tu boivais ça pis là ça faisait l'eau passer. (TN – Brasseur 2001 : s.v. *arrêter*, p. 27)

---

35 Le tour *pis là* existe également en français populaire ou familier (Brasseur 2001 : s.v. *là*, p. 267), mais sa fréquence est particulièrement élevée en FA/FTN.

- mon oncle allait en arrière . et puis . il touchait . éyoù il était et puis là il l'enveloppait avec la/ avec la seine là (LOU – Städler 1995 : 24, corpus)
- Et puis là, il est arrivé. (LOU – DLF 2010 : s.v. *puis*, p. 501)
- Là quand j'ai eu tout coulé cette eau là, j'allumais mon feu et j'ai mis ça à cuire euh là où je, j'avais mon en ... mon entonnoir pour ça va dans cette baril là et là, j'ai fallait je colle ça avec de la pâte ... la pâte de farine, tout collait ça bien, et pis là, j'ai allumé mon *stove*. (LOU – *Découverte*, Kaplan, Vermilion)

▶ *pis* cumulé avec d'autres adverbes temporels

L'idée de la succession dans le temps est généralement exprimée par le cumul d'adverbes temporels.

- Pis là après on s'en mnait chez nous (NÉ – Hennemann, BSM, RG)
- puis ensuite je crois qu'on le mettait à tremper dans de l'eau . pour un autre bout de temps pis on suspendait ça (NÉ – Arrighi 2005 : 429, Édith NÉ 22 : 32–34)
- j'ai trouvé une JOB après ça pis j'ai eu mon fils pis ensuite euh:/ . j'ai/ j'ai eu ma fille (NB – Arrighi 2005 : 429, Zélia NB 17 : 106–107)
- c'était filé pis mis sus des fuseaux pis ensuite après ça ç'a venu mieux (NB – Wiesmath 2006 : 87, Wiesmath 4, M : 398)
- SO i arait forte possibilité de pas réussir pis là après ça ça s'en vient sus toi-même pis tu te diminues tu te descends (NB – Wiesmath 2006 : 87, Wiesmath 10 , X : 59)
- pis là après ça . ç'a commencé on avait la lampe à paraffine (IdlM – Falkert 2010, corpus : 24–25, p. 144, CD-ROM)
- le commerce à L. ce tat à nous autres on l-l'a donné à notre garçon et pis ensuite : on a voyagé beaucoup [...] (IdlM – Falkert 2010, corpus : 3–4, p. 278, CD-ROM)
- Quante j'ai tiré dessus il a calé pis après il a pus revenu. (TN – Brasseur 2001 : s.v. *caler*, p. 86)
- [...] Pis là après on le tire de dessus, on mit la laine sus l'écarde et on roule ... avec le dos de de l'autre écarde. [...] (TN – Brasseur 2001 : s.v. *écardon*, p. 172)
- Et je travaillais le matin à délivrer des gazettes et l'après-midi à délivrer des gazettes, et puis après ça je travaillais dans la pharmacie à Jennings. (LOU – *Découverte*, Jennings, Jefferson Davis)

II.2.2 De *pis* additif à *pis* particule de discours

Pis apparaît systématiquement dans les récits oraux pour présenter des événements de manière additive, sans hiérarchisation. C'est donc moins la succession dans le temps qui importe que l'énumération d'événements qui peuvent aussi se dérouler parallèlement. Une nuance temporelle peut accompagner cet usage de *pis* (*cf.* Wiesmath 2006 : 98), mais elle est tout à fait secondaire et, dans beaucoup d'exemples, *pis* sert d'abord à faire progresser le discours, à ajouter des idées à un thème développé ou à joindre des arguments les uns aux autres, structurant ainsi l'oral (*cf.* Wiesmath 2006 : 103, Arrighi 2005 : 430s.) sans que l'aspect temporel entre en ligne de compte. *Pis* additif assure ainsi la cohésion interphrastique (Arrighi 2005 : 430) et dans cette fonction, il est fréquemment joint à *et* : *et pis*.

Soulignons que les différentes fonctions peuvent être cumulées (*cf.* la polyfonctionalité des connecteurs).

- Ouais, ils avoint plus d'activités pour le monde dans ce temps-là qu'ils avont à c'te heure. À c'te heure ça parte pis ça va aux danses, pis ça va à la taverne, pis ça va icitte, pis ça va là. (NÉ – Flikeid 1996 : 310 ; Chéticamp)
- tu joues au crib pis là tu / tu visites et pis t'as un LUNCH et pis c'est le FUN. (NÉ – Hennemann, ILM, CL)

- je suis étudié ici à l'Université de Moncton . ((souffle)) en nutrition ((claque la langue)) et pis là depuis euh : j'ai fait quelques bouts en études [...] et pis : là maintenant ((souffle)) je prends juste des cours juste pas plutôt pour euh : pour avancer ma carrière mais juste des choses d'intérêt en général (NB – Arrighi 2005 : 434, Rachelle NB 1 : 49–56)
- cette journée-icitte j'avais amené un/ un ami Léonard Forêt avec moi . et puis euh Léonard lui discutait de quand ce qu'i avait fait le film Les Aboiteaux . et puis Gesner était en train de raconter euh. tout sortes de/ de/ d'histoires de sa jeunesse pis moi j'étais sus le faît de la table avec mon trépied (NB – Wiesmath 2006 : 103, Wiesmath 13, H : 65)
- on état aussi bien là comme ici . pace que . on pouvat / on a / moi j'avas eune femme de ménage .. et pis : on pouvat acheter notre manger (IdlM – Falkert 2010, corpus : 146–147, p. 66, CD-ROM)
- Y a les guêpes à miel, et pis y a les guêpes à cheval, que j'appelons. [...] (TN – Brasseur 2001 : s.v. *guêpe*, p. 239)
- [À propos du sapin.] Y a des bosses qui vient dessus, là. Pis tu défonces ça, pis ça c'est de la gomme toute claire, dedans. Pis si tu te coupes, là, il faut mettre ça sus la coupure, ça va guérir deux fois pus vite qu'un docteur va te guérir. (TN – Brasseur 2001 : s.v. *défoncer*, p. 151)
- Un jour, j'ai décidé j'aurais vendu tous les bêtes. J'étais lasse et puis c'était dur pour nous-autres. (LOU – DLF 2010 : s.v. *puis*, p. 501, SL) (Le DLF traduit en anglais par « furthermore », « besides »)
- et nonc Wallace nonc Wallace qui luttait les poissons armés . les poissons armés puis c'est fort un poisson armé (LOU – Stäbler 1995 : 22, corpus)
- il donne les NUTRIA la viande. et puis il a un gros moulin là dedans et il moud ça (LOU – Stäbler 1995 : 19, corpus)
- Pas elle, elle était une jeune personne qu'était plein gentille, et pis elle était bonne pour nous-autres. (LOU – Rottet 2001 : 119, loc. âgé)
- « Écoute si tu veux pas ça là ça défonce un de ces jours là, tu ferais mieux de mettre d'autres soliveaux, arranger ça plus solide. » Et puis c'était vrai ouais il a jonglé là-dessus. (LOU – *Découverte*, Châtaignier, Évangéline)

Même si *pis* est accompagné d'autres adverbes qui expriment tout d'abord la succession dans le temps, la succession ainsi marquée peut être de nature purement discursive et non pas temporelle :
- [c'est un homard de deux livres à / à / à quatre livres] Pis là après ça, c'est des pluS grous (NÉ – Hennemann, BSM, RL)
- oui il ont moins de casiers les pêcheurs ont beauc/ ont moins de c/ de cages/ de casiers . pis i font mieux pace que la cage pêche mieux pis ensuite de ça bien l'houmard se détruit pas (IdlM – Falkert 2010, corpus : 141–143, p. 251–252, CD-ROM)

Pis et *et pis*, placés en début d'énoncé, peuvent figurer comme marqueurs d'ouverture (Wiesmath 2006 : 103), introduisant un « nouvel enchaînement d'idées » (Arrighi 2005 : 430). En tant que tel, *pis* introduit fréquemment les questions (Arrighi 2012 : 184) :
- [JG intervient dans l'énoncé de RG pour apporter une nouvelle idée dans la conversation.] Et pis c'est ça qu'on avons. Ça c'était des écoles que / que tu vas prendre moitié des cours en français, moitié des cours anglais. (NÉ – Hennemann, BSM, JG)
- [BeD introduit un nouveau sujet dans la conversation.] Et pis lorsque moi, j'étais ce fin de semaine à une conférence sur l'écotourisme [Enquêtrice : Hm.] [BeD :] j'ai rencontré un monsieur d'Irlande. (NÉ – Hennemann, PUB, BeD)
- pis ta maison présentement est-ce que t'aimes ça où-ce que t'habites où/ (NB – Arrighi 2005 : 430, Chantale NB 13 : 196–197)

- pis euh : la femme à Maurice Breau ien que morte à voilà trois semaines (NB – Arrighi 2005 : 430, Annie NB 10 : 30–31)
- pis ta fille là elle va-tu encore rester avec son homme là ? (NB – Arrighi 2012 : 184)
- c'est la même chose disons que tu vas voir ton médecin . pis ton médecin te dit euh [...] (NB – Wiesmath 2006 : 101, Wiesmath 12, J : 109) (Le point marque une pause avant *pis*.)
- on va commencer avec la JOKE du jeune couple qui s'a marié . pis euh le jeune s'a marié [...] (NB – Wiesmath 8, Q : 7–8) (Le point marque une pause avant *pis*.)
- pis vous en veniez-vous là des fois ? (ÎPÉ – Arrighi 2012 : 184)
- [Enquêteur : Quoi ça fait ?] [Locuteur :] Et puis ça voulait s/ si tu avais ton *homework* de fait, ça pouvait te le voler [...] (LOU – *Découverte*, Mamou, Évangéline)

Si *pis* apparaît au début d'une principale après une subordonnée, il figure comme signal d'ouverture de la principale. Selon Wiesmath (2006 : 107), il pourrait s'agir là « d'un système transphrastique [...] à mi-chemin entre la parataxe et la subordination » :

- Et le garçon à / à D. [...] qui travaillait ici, pis lui était beaucoup dans la drogue. (NÉ – Hennemann, BSM, SC)
- pis ce tant ce que toi que / ta boête [remplie de viande] on va dire arrivait quasiment pleine **pis** t'arais dit regarde m/ moi j'en veux plus ben j'en ai assez (NB – Wiesmath 2006 : 106, Wiesmath 1, B : 457)

Wiesmath (2006 : 106s.) note pourtant que généralement, ce sont *mais là* et *là* plutôt que *pis* qui apparaissent dans cette fonction spécifique.

En général, en tant que particule de discours, *pis* a un usage plus restreint que *là*, et pas seulement en ce qui concerne l'introduction d'une principale après une subordonnée antéposée ; contrairement à *là*, *pis* ne sert pas de signal de clôture en fin d'énoncé (Arrighi 2005 : 430).

II.2.3 *pis* coordonnant

En FA, en FTN et en FL, *pis* s'emploie en tant que coordonnant dans le sens de « et ». Dans les parlers de l'Acadie des Maritimes, *pis* est même préféré à *et*. Dans cette fonction, *pis* a complètement perdu sa valeur primitive d'adverbe temporel et s'est grammaticalisé en tant que conjonction de coordination[36]. Cela vaut aussi bien pour la jonction de propositions entières qu'« à l'intérieur de groupes plus petits que la proposition » (Arrighi 2012 : 184).

On peut faire les observations suivantes selon les régions :
- Selon Flikeid (1996 : 310), *pis* en fonction de *et* est prépondérant dans l'Est de la NÉ, c.-à-d. à Chéticamp, à l'Isle Madame et à Pomquet, où le pourcentage de *et* est compris entre 9 à 13 % seulement, tandis que dans l'Ouest, à Pubnico, c'est *et* qui prévaut. La Baie Sainte-Marie « occupe une position intermédiaire » (*ibid.*). Là où *pis* prédomine, la particule peut remplir toutes les fonctions de *et*, mais l'inverse n'est pas vrai, *pis* ayant une gamme de fonctions plus large que *et*.
- Pour le Sud-Est du NB, Wiesmath (2006 : 99) constate que *et* est plus ou moins restreint aux emplois figés (par ex. dans les chiffres, *cf.* aussi Arrighi 2005 : 433, 2012 : 185), bien qu'aujourd'hui, on note une tendance récente à recourir à *et* dans les contextes formels,

---

36 *Cf.* Arrighi (2005 : 431ss., 2012 : 184ss.), Wiesmath (2006 : 98ss.), DLF (2010 : s.v. *puis*, p. 501).

probablement sous l'influence du standard. Dans les situations de proximité communicative, c'est *pis* qui adopte presque systématiquement la fonction du coordonnant additif au détriment de *et* (Wiesmath 2006 : 99–101 ; 123).
– Brasseur (2001) ne se prononce pas sur l'emploi de *pis*, mais il ressort de certains exemples dans le *Dictionnaire des régionalismes du français de Terre-Neuve* que *pis* a les mêmes fonctions à TN que dans les provinces Maritimes[37].
– En FL, *puis/pis* est également attesté en tant que coordonnant additif (*cf.* DLF 2010 : s.v. *puis*, p. 501, Stäbler 1995 : 133), mais cet emploi semble moins fréquent qu'en FA/FTN, tandis que la conjonction *et* reste tout à fait vivante dans ce parler.

▶ *pis* **coordonnant deux principales**

- ... c'est / euh / ben j'ai le cours de français pis j'ai le cours de mathématique / euh / j'ai un cours d'économie (NÉ – Hennemann, BSM, JG) (JG explique quels types de cours elle suit ; il ne s'agit pas d'indiquer la chronologie de son emploi du temps.)
- alors Émery était la/ la première personne que j'ai euh photographiée dans ma série . puis i a certainement été euh . . une personne clef [...] (NB – Wiesmath 2006 : 101, Wiesmath 13, H : 12)
- on avait pas le droit d'aller dans un/ . d'église anglaise . ah non on avait pas le droit pis zeux avient pas le droit de venir à l'église française (NB – Wiesmath 4, M : 178)
- je faisais vingt piasses par mois pis ce tait beaucoup ça (NB – Arrighi 2005 : 432, Évangéline M. NB 14 : 11–12)
- pis là a criat pis a criat. quoi-ce qu'a voulat je sais pas (IdlM – Falkert 2010, corpus : 96–97, p. 12, CD-ROM)
- Tous les ans, en haut sus le faît de la butte là, il allont pis i ramassont ce qu'i voulont. (TN – Brasseur 2001 : s.v. *faît*, p. 195)
- Une fois que t'as fini de trancher, tu la prends pis tu la sales : [...] (TN – Brasseur 2001 : s.v. *trancher*, p. 453)
- I se paque de quoi manger, des gâteaux et ci et ça, pis là i se pousse, **pis** i marche **pis** marche (TN – Brasseur 2001 : s.v. *paquer*, p. 331)
- [...] tu connais on chantait puis on dansait. (LOU – Stäbler 1995 : 3, corpus)

Alors que dans de nombreux cas où deux principales sont ainsi coordonnées, *pis* est encore polyvalent (structurant le récit, le cas échéant avec une valeur temporelle, mais également coordonnant les phrases), le rôle de *pis* comme conjonction est tout à fait net quand *pis* coordonne
– les modificateurs du nom,
– des syntagmes nominaux,
– des éléments de nature différente, notamment un pronom personnel et un nom,
– des infinitifs ou des subordonnées (*cf.* aussi Arrighi 2005 : 432s.).

---

[37] Il en va de même pour les Îles-de-la-Madeleine, où *pis* apparaît également dans toutes les fonctions de *et* (*cf.* le corpus de Falkert 2010).

▶ *pis* **coordonnant les modificateurs d'un nom**
- i a certainement été euh . . une personne clef parce que i était tellement accueillant pis euh gentil avec moi pis encourageant pis patient que [...] (NB – Wiesmath 2006 : 101, Wiesmath 13, H : 12)
- ben oui des portraits mêlés du Mali pis de la France (NB – Arrighi 2005 : 433, Catherine NB 18 : 131)

▶ *pis* **coordonnant deux syntagmes nominaux**
- il aviont pas de VACUMER pis des / des FRIDGE, et pis touT ça. (NÉ – Hennemann, ILM, AS)
- ton père pis ta mère, i ont-ti été élevés / euh / par ici ? (NÉ – Hennemann, ILM, AF)
- ben le fer minéral que on trouve dans l'eau . pis le fer que tu trouves dans tes légumes c'est pas le même fer (NB – Wiesmath 2006 : 101, Wiesmath 12, J : 109)
- on peut dire tout le monde avait des chiens pis des chats (NB – Wiesmath 2006 : 101, Wiesmath 1, B : 405)
- BUT coumme que c'est asteure faut que l'homme pis la femme travaillont pour pouvoir arriver parce tout' coûte assez cher (NB – Wiesmath 2006 : 102, Wiesmath 3, D : 466)
- Ronald pis Carmella aviont té au bois (NB – Arrighi 2005 : 433, Laura NB 8 : 146 ; Arrighi 2012 : 185)
- on mangeait des / des patates pis du pain pis de la mélasse beaucoup (ÎPÉ – Arrighi 2005 : 432, Aldine H. ÎPÉ 3 : 31–32 ; Arrighi 2012 : 184)
- j'ai resté chez nous pour aider mes frères pis mes sœurs (IdlM – Falkert 2010, corpus : 13–14, p. 17, CD-ROM)
- Auparavant les femmes *hookiont* [de l'angl. *to hook* « crocheter »] les mattes, avec des sacs pis du brayon. [...] (TN – Brasseur 2001 : s.v. *matte*, p. 293)
- Un corbeau pis une grolle c'est le même plumage. Ien que le corbeau est joliment pus gros ! (TN – Brasseur 2001 : s.v. *grolle*, p. 237)
- Ta mère puis ton père. (LOU – DLF 2010 : s.v. *puis*, p. 501)
- les Acadiens d'ici puis le monde de la France (LOU – *Découverte*, Marksville, Avoyelles)

▶ *pis* **coordonnant un pronom personnel et un nom (propre)**
- j'ai décidé de travailler parce que on tait sus Eaton moi pis ma mère [...] (NB –Arrighi 2005 : 431, Laura NB 8 : 16–26 ; Arrighi 2012 : 185)
- on *jokait* là moi pis Nicolas (NB – Arrighi 2005 : 433, Stéphanie NB 11 : 56)
- on a té moi pis Valmont . à la funéraille de ma belle-sœur qu'est morte la semaine passée (NB – Arrighi 2005 : 433, Évangéline M. NB 14 : 130–131)
- pis : moi pis ma sœur on est nés ici (IdlM – Falkert 2010, corpus : 72–73, p. 234, CD-ROM)

▶ *pis* **coordonnant deux infinitifs**
- j'ai appris le français pis l'anglais . à écrire **pis** à parler (NB – Arrighi 2005 : 433, Zélia NB 17 : 65–66)
- C'est le *central board* [angl. « dérive »] qui faisait la quille se lever pis se baisser. (TN – Brasseur 2001 : XLVIII)
- les petits juste qui commençaient à s'attraper puis se tenir là, je m'aurais assis au bout du cabinet [...], j'aurais tapé comme ça là *no ! no ! no !* (LOU – *Découverte*, Mamou, Évangéline)

Pis peut également coordonner des subordonnées. Si *pis* s'associe alors à *que*, *pis* est l'élément coordonnant, *que* reprend la conjonction subordonnante ou constitue la particule subordonnante d'une relative. Dans les cas où *pis* n'est pas accompagné de *que*, la question est de savoir si *pis* sert de coordonnant[38] ou bien s'il reprend (aussi) la conjonction subordonnante ou la particule relative[39]. Toujours est-il que *pis*, de même que *pis que* et *que* permettent de relier une structure subordonnée à une autre.

▶ *pis* **coordonnant deux subordonnées**
  pis qu(e)/qui
  - on essaye d'ajuster pour que tout le monde soit content pis que tout le monde euh soit satisfait (NB – Wiesmath 2006 : 105, Wiesmath 11, U : 101)
  - s'i y a des personnes qui aiment pas de parler . pis qui feraient mon travail [...] ça serait très difficile pour eux autres [...] (NB – Wiesmath 2006 : 114, Wiesmath 10, X : 56)
  - pis j'ai dit s'i va travailler pis qu'i gagne. j'ai dit son vingt-cinq piasses i le garde (IdlM – Falkert 2010, corpus : 170–171 p. 153, CD-ROM)
  - mais : à l'école y en a qui viennent de Grosse-Île pis qui font leurs/leurs études au secondaire. français avec nous autres (IdlM – Falkert 2010, corpus : 112–113, p. 89, CD-ROM)
  - un type qu'avat étudié la médecine pis qu'état calme (IdlM – Falkert 2010, corpus : 68, p. 108, CD-ROM)
  - Du bleu à hardes c'est ène bloc de bleu qu'est mis dans un morceau de linge pis qu'est saucé asteure dans l'eau pour couleurer l'eau. [...] (TN – Brasseur 2001 : s.v. *hardes*, p. 244)

  pis
  - mais faulait quand même tu travailles pis tu payes parce tes parents pouvaient pas le faire [...] à moins que tu peuves emprunter d'argent (NB – Wiesmath 2006 : 106, Wiesmath 7, O : 465)
  - si tu crois que t'as un problème pis t'es le seul qui l'a mais là ton problème est grave je veux dire (NB – Wiesmath 2006 : 106, Wiesmath 11, U : 81)
  - Ouais, je voulais pas, parce que mon je pouvais pas parler en anglais quand mon j'ai commencé l'école, tu vois, et c'était trop dur quand tu commences à l'école et pis tu peux pas parler anglais. (LOU – Rottet 2001 : 120, loc. âgée)

Outre les rapports purement additifs, *pis* peut exprimer des rapports logiques : cause-conséquence, avec un sens voisin de « donc », « alors », et même adversatifs[40] ; dans ce cas, il peut se joindre à *là* :

▶ *pis* **signalant des rapports cause-conséquence**
  - On a une bibliothèque pis [= « alors », « donc »] si on veut, si on a pas d'ordinateur pis [= « et si »] on veut l'user, c'est là. (NÉ – Hennemann, ILM, DO)
  - je peux pas [...] pis je vas touT salir mes beaux souliers (NÉ – Arrighi 2005 : 435, Marcelin NÉ 2 : 516–517) (Arrighi paraphrase par : « je peux pas sinon/parce que je vais salir mes beaux souliers »)
  - [on avait] une vieille maison qu'on voyait les étoiles ouais on a resté vingt ans de là dans pis on a gelé vingt ans (NB – Arrighi 2005 : 435, Évangéline M. NB 14 : 59–61 ; Arrighi 2012 : 187)
  - ben j'i dis marie-toi trouve-toi euh : un Canadien à marier . pis tu pourras rester (NB – Arrighi 2005 : 435, Catherine NB 18 : 175–176 ; Arrighi 2012 : 187)

---

38 Dans cette hypothèse, la conjonction subordonnante ne serait pas reprise, ce qui est tout à fait courant dans les variétés concernées, *cf.* les chap. « La relative » (III.1.) et « La subordination » (I.1.).
39 Telle est l'analyse de Wiesmath (2006 : 105s.) qui note que les trois formes – *pis que*, *pis* et *que* – reprennent la conjonction subordonnante.
40 Pour le FA : Wiesmath (2006 : 104s.), Arrighi (2005 : 435, 2012 : 186s.) ; pour le FL : Stäbler (1995 : 137).

- La glace est tout cassée par morceaux t'sais, pis tu peux pas aller dessus de quoi de même, c'est pas gelé dur assez pour aller dessus, [...] (TN – Brasseur 2001 : s.v. *machis*, p. 283)
- [...] Pour nourrir les bêtes tu jette le foin en bas dans l'allée, pis là tu nourris les bêtes. (TN – Brasseur 2001 : s.v. *allée*, p. 11)

- pis E. pareil lui il a arrêté pis il avait un problème de dos là (IdlM – Falkert 2010, corpus : 94–95, p. 446, CD-ROM) (Les problèmes de santé sont la cause de son arrêt de travail.)
- je voudrais : aller faire mes études à Rimouski fait que c'est comme pas trop changer pareil là c'est pas comme si j'iras. à Montréal là [Enquêtrice : hm] pis ça ferait plutôt différent là (IdlM – Falkert 2010, corpus : 32–34, p. 313, CD-ROM) (*Pis* introduit une explication.)

▶ *pis* exprimant des rapports adversatifs (« mais »)⁴¹
- je crois i mettion une solution dessus pis je pense pas juste combien (NÉ – Arrighi 2005 : 435, Édith NÉ 22 : 39–40) (« mais je ne sais pas combien au juste ») (Arrighi 2012 : 187)
- j'écoute à :: Radio-Canada à / français puis anglais **pis** ça dépend de quelles émissions pis quelles/ quelles journées (NB – Arrighi 2012 : 187)
- papa disait [...] laisse ta JOB je te dounnerai quoi j'ai besoin pis i a / i aviont pas d'argent (NB – Wiesmath 2006 : 104, Wiesmath 2, F : 646) (« mais »)
- aujourd'hui je suis rendu sur mon troisième ordinateur pis i est déjà dépassé pis c'est un Pentium alors euh on change à tous les trois ans (NB – Wiesmath 2006 : 104, Wiesmath 14, Y : 228) (« aujourd'hui, j'en suis à mon troisième ordinateur mais / et il est déjà dépassé bien que ce soit un Pentium » – paraphrase de Wiesmath, *ibid.*)
- les grosses familles c'était des / des douze quinze dix-sept [enfants] . tu sais là pis là asteure ça existe plus (NB – Wiesmath 2006 : 113, Wiesmath 7, O : 398)
- j'y ai dit pourquoi ce tu viens pas avec moi ah ben a' dit j'aimerais ça ça fait qu'alle a venu . pis elle avait seulement deux semaines de vacances . pis moi je voulais rester trois semaines ça fait qu'elle s'en a venu au bout de deux semaines (NB – Wiesmath 2006 : 93, Wiesmath 6, L : 155)
- je dirais qu'en : majorité les jeunes veulent revenir aux Îles. probablement pace qu'i ont resté là. dans leur jeu/jeune âge pis que ça leur manquerait beaucoup **pis** ça va dépendre aussi y en a qui veulent revenir mais que. par rapport à l/l'emploi qu'i veulent faire plus tard i. peuvent pas revenir aux Îles (IdlM – Falkert 2010, corpus : 63–66, p. 85–86, CD-ROM)
- Ç'a p't-être tout le temps été, pis ç'a jamais été découvri. (TN – Brasseur 2001 : s.v. *découvrir*, p. 149)
- lui il disait ça justement pour/ ... pour rire je pense puis moi ça m'amusait pas de trop . (LOU – Stäbler 1995 : 137s. ; Stäbler 1995 : 4, corpus) (« mais », « par contre »)
- Ouais, j'ai ramassé du coton, j'ai cassé du maïs, j'ai fouillé des patates, puis j'aimais pas mon *job*. Chère enfant, j'haïssais ça. (LOU – *Découverte*, Mamou, Évangéline)
- « C'est pareil comme les musiciens, si il va pour *shake hand* avec quelqu'une puis ça veut pas *shake hand* avec, » et il dit, « c'est pas bon signe pour le, pour le politicien » [...] (LOU – *Découverte*, Châtaignier, Évangéline)
- on ramassait ça [= le coton] dans... comme ça avec les mains puis xxx asteur ça ramasse avec des fers, des grosses machines (LOU – *Découverte*, Châtaignier, Évangéline)

Commentaire
Certaines des fonctions de *p(u)is* relevées ci-dessus dans les variétés concernées existent également en français parlé de France, mais il faut aussi retenir les différences existant entre les variétés et insister sur le

---

41 *Cf.* Wiesmath (2006 : 104) ; dans cet emploi, *ben* est beaucoup plus fréquent (Arrighi 2005 : 435).

fait que grâce à sa polyfonctionnalité, *pis* est plus fréquent dans les variétés concernées qu'en français hexagonal. En France, *puis* est adverbe de temps mais aussi particule de discours. Il peut notamment « introduire une nouvelle raison » (*Le Petit Robert* 2013 : s.v. *puis*) dans une argumentation. Mais tandis que dans les variétés qui nous intéressent ici, *pis* assure largement la progression discursive, en français de France, c'est le connecteur *alors* qui prédomine face à *p(u)is* dans cette fonction ; *alors* est pour sa part plutôt rare outre-Atlantique (*cf.* Arrighi 2005 : 431). De plus, dans certaines conditions, *pis/puis* peut également assumer la fonction d'un coordonnant en français hexagonal[42], à la différence qu'ici, *pis* n'est vraiment courant « qu'en tant que lien interpropositionnel ou interphrastique et non comme joncteur de mots ou de syntagmes » (Arrighi 2012 : 186 ; *cf.* aussi Arrighi 2005 : 434).

L'usage de *pis* en tant que coordonnant rapproche les parlers acadiens du FQ familier, où, fréquent comme lien interphrastique (Seutin 1975 : 368s.), *pis* peut également relier des mots et des syntagmes. De plus, tout comme dans les parlers acadiens, *pis* s'emploie pour l'expression de rapports logiques qui dépassent la simple addition (*cf.* Laurendeau 1983)[43].

Le FL se distingue à certains égards des parlers acadiens, se rapprochant par là même davantage de l'usage en France : d'abord, *p(u)is* apparaît souvent dans le rôle d'adverbe temporel sans que les adverbes soient cumulés pour préciser le sens, comme cela est typique des parlers acadiens ; il semble donc qu'en FL, *p(u)is* ait mieux conservé son sens primitif ; en outre, la coordination des subordonnées semble se réaliser principalement par *et* ou par *et p(u)is*, mais non par *p(u)is* seul. Si la coordination de deux syntagmes nominaux et des infinitifs par *p(u)is* est possible, de plus amples recherches devront montrer dans quelle mesure la coordination d'éléments de nature différente[44] et celle des modificateurs d'un nom sont réalisées par *p(u)is* dans ce parler.

II.3 Les rapports d'opposition et de restriction

Pour exprimer des rapports d'opposition et de restriction, plusieurs tours apparaissent, dont la variante standard *mais* ne constitue qu'un choix parmi d'autres : *mais, mais là, ben, ben là, BUT, mais/BUT…pareil, ben toujours* (Wiesmath 2006 : 117–121). Giancarli (2003) note, pour la variété traditionnelle du Sud-Est du NB et pour le chiac, que les trois connecteurs adversatifs en usage dans ces variétés (*ben, mais* et *BUT*) ont des valeurs différentes et ne sont pas interchangeables[45]. En ce qui concerne les occurrences de *ben, mais* et *BUT* dans les corpus à notre diposition, elles semblent confirmer ce que Giancarli (2003) constate pour le parler acadien traditionnel : *BUT* exprime un contraste direct et plus fort que *ben. Ben* exprime un rapport d'altérité plus faible, il est souvent plutôt concessif, et non adversatif, et l'opposition

---

42 *Cf.* pour la discussion Grevisse/Goosse (2008 : § 1005g, p. 1261) ; *cf.* aussi Gadet (1992 : 87), Arrighi (2005 : 432, se référant entre autres à Gülich 1970 : 26s.), Arrighi (2012 : 185s.), Wiesmath (2006 : 98 et note 201).
43 Dans les créoles à base française, *epi* sert de conjonction de coordination additive, *cf.* Chaudenson (2003 : 329s.), Haspelmath (2013 : 284).
44 L'exemple suivant, relevé dans le corpus *Découverte*, a pourtant été énoncé par l'enquêtrice : « qu'est-ce qu'il y avait de commun entre nous-autres puis les Français de là-bas ? » (LOU – *Découverte*, Marksville, Avoyelles)
45 Selon Giancarli (2003), *mais* est, dans l'usage traditionnel, la forme la plus fréquente et non-marquée. Il n'en est pas ainsi en chiac : ici, les trois connecteurs se sont spécialisés, *ben* pour l'expression d'une relation d'altérité faible et indirecte, *BUT* pour l'expression d'une opposition directe, *mais* pour l'expression d'une contradiction après une première proposition niée : *non X mais Y* (*cf.* aussi ci-dessous II.3.5.). Alors que l'étude de Giancarli est basée sur le corpus de Péronnet (1989) pour l'acadien traditionnel et le corpus de Roy (1979) pour le chiac, des recherches basées sur des corpus chiac plus récents (Perrot 1995) montrent la substitution de *BUT* à *mais* et *ben* dans toutes les fonctions, qui semble avoir eu lieu entre 1970 et 1990 (*cf.* Wiesmath 2006 : 119s.).

exprimée est souvent indirecte. *Mais* englobe les deux valeurs. Soulignons aussi que le choix de *mais* ou de *ben* se fait indépendamment du registre (Wiesmath 2006 : 118).

Mais, *ben* et *BUT* peuvent également servir de marqueurs de discours[46].

II.3.1 *mais*

Dans les parlers concernés, *mais* a les mêmes fonctions qu'en français hexagonal : la particule est conjonction de coordination de sens adversatif et particule de discours.

▶ ***mais* coordonnant**

Mais est employé en tant que conjonction adversative, même s'il est concurrencé par *ben* dans cette fonction. *Mais* et *ben* sont en outre concurrencés par *BUT*, emprunt qu'on relève en FA et chez les jeunes locuteurs du FL[47].

- je coummençais à aimer l'école. Mais j'ai point / j'ai quitté quand même [...]. Oui. Mais j'ai été à des tits cours après au Collège de l'Acadie pour améliorer mon français. (NÉ – Hennemann, ILM, ID)

- faulait que t'alles les chercher [les vaches] pour les amener à la grange pour les tirer tu sais pour leu/ leu outer le lait <les traire> ben . on allait là mais on allait nu-pieds (NB – Wiesmath 2006 : 117, Wiesmath 1, B : 784)

- j'ai dit oui j'aimerais ça j'ai dû penser ben i dit peux-tu venir cet après-midi . . c'était manière de vite mais j'ai dit oui (NB – Wiesmath 2006 : 117, Wiesmath 6, L : 31)

- là j'ai eu eune op/ eune opération dernièrement [Enquêtrice : hm] alors depuis : cette année là j'ai. commencé/ je fais encore de l/ de la compagnie mais je :/ je ralentis après là. j'ai soixante-et-treize ans (IdlM – Falkert 2010, corpus : 87–89, p. 181, CD-ROM)

- I tait p't-ête bien pauvre tout le temps de sa vie, mais il avait quitté l'Île-Rouge à sa famille. (TN – Brasseur 2001 : s.v. *quitter*, p. 382)

- La seule qui peut parler français et tiendre une conversation c'est ma plus vieille. Les autres comprend mais eux-autres peut pas le parler. Eux-autres assaye, mais ils peut pas. (LOU – Rottet 2001 : 120, loc. âgée)

- Et asteur eusse est après assayer de ramener ça back, mais c'est trop tard. (LOU – Rottet 2001 : 119, loc. âgée)

Mais peut être renforcé par un autre connecteur exprimant l'opposition :
- J'yeux dis ça à ce monde qui vient icitte mais quand même ça écoute pas. (LOU – Rottet 2001 : 125, loc. âgée)

La conjonction est fréquemment accompagnée de la particule *là* (*cf.* Wiesmath 2006 : 117 pour le Sud-Est du NB)[48]. Dans ce cas, *là* peut garder plus ou moins sa valeur déictique ; si le contexte ne se prête pas au sens spatial ou temporel de *là*, cette particule renforce le contraste.

---

[46] *Cf.* pour le FA : Giancarli (2003), Arrighi (2005 : 435–440), Wiesmath (2006 : 117–121), Petraş (2016 : 191–219) ; pour le FL : Stäbler (1995 : 138), Neumann-Holzschuh (2009c : 140s.), DLF (2010 : s.v. *mais*^{2}, p. 378).

[47] Notons l'absence de l'anglicisme *BUT* dans le corpus madelinien de Falkert (2010), où *mais* constitue la conjonction adversative la plus importante.

[48] Signalons que le DLF (2010 : s.v. *mais*^{2}, p. 378) note *mais là* seulement en tant que marqueur discursif (« well there ! »).

- Mais y en a pus [plus] de mon âge, mais là j'uis/ je counnais tous les plus jeunes / euh / j'uis occupée avec les pus jeunes (NÉ – Hennemann, BSM, AnS)
- J'étais pour y aller aujourd'hui mais là Ethel a appelé, a dit je peux pas y aller aujourd'hui. (NÉ – Hennemann, ILM, EL)
- A pouvait se débrouiller là mais pas assez mais là [= « mais à cette époque-là »] al avait pus peur. (NÉ – Hennemann, ILM, MD)
- le salange se met dedans [...] mais là faut que tu laves ça comme i faut par exemple [la passe-pierre] (NB – Wiesmath 2006 : 117, Wiesmath 1, R : 150)
- j'avais trouvé ça assez malaisé de penser qu'i alliont me faire laisser l'école mais là [= « mais à cette époque-là »] on était sage on disait rien (NB – Wiesmath 2006 : 117, Wiesmath 2, F : 656)
- y a été une couple d'années on arait dit que. y avait un mélange un petit peu là mais là depuis une couple d'années là. on a vraiment un/un bon groupe de/de tourisses qui vient (IdlM – Falkert 2010, corpus : 105–106, p. 182–183, CD-ROM)
- Vous avez vingt pieds en dehors. Auparavant, mais là ça pile pus asteure comme que ce tait. [...] (TN – Brasseur 2001 : s.v. *apiler*, *piler*, p. 22)
- Le monde du Marais Bouleur avait venu, et les Pointe Noire les a chassé. Mais là ils ont revenu en cachette. (LOU – *Découverte*, Pointe Noire (Richard), Acadia)

L'opposition est également soulignée par le tour *mais...pareil* (aussi : *BUT... pareil*).
- [Les repas étaient frugaux autrefois.] Mais on a vi, on a vi pareil, t'sais. (NÉ – Hennemann, ILM, EL)
- ça sonne pas ben mais c'est ça que c'est pareil (NB – Wiesmath 2006 : 121, Wiesmath 1, B : 98)
- ça coûte plus cher pour/pour s'or/ pour s'organiser pis:/ mais c'est beaucoup mieux pareil. on : vit mieux qu'on vivait dans ce temps-là (IdlM – Falkert 2010, corpus : 15–16, p. 188–189, CD-ROM)

Ajoutons que *mais* peut être élargi par un *que* « parasitaire » ; il n'y a subordination qu'en apparence (pour *mais que*, *cf.* aussi le chap. « La subordination », II.1.8.) :
- alors de plus' en plus' maintenant un ordinateur c'est essentiel à la vie d'après les gens mais que c'est pas vrai (NB – Wiesmath 2006 : 160, Wiesmath 14, Y : 218)
- la plupart du temps c'était des femmes pis la plupart d'eux autres était probablement pas . diplômée comme tel mais que : avait commencé à enseigner comme ça (ÎPÉ – Arrighi 2005 : 284, André ÎPÉ 12 : 70–72)

▶ *mais* particule de discours

En tant que particule de discours, *mais* apparaît dans les mêmes fonctions qu'en français de France :
– Comme élément d'assertion, renforçant ce qui vient d'être dit :
  - ID : M'ai fait un manteau à dix-sept ans. – [Enquêtrice : C'est pas mal !] – ID : Et mais oui. (NÉ – Hennemann, ILM, ID)

– Comme particule d'ouverture, toujours en tête de phrase, marquant la prise de parole de l'interlocuteur (Stäbler 1995 : 138, Neumann-Holzschuh 2009c : 140) ou une transition dans le discours (*cf. Le Petit Robert* 2013 : s.v. *mais*) ; si dans cet emploi, on distingue encore une valeur adversative – certes plus ou moins affaiblie –, c'est que le locuteur exprime son opposition à un acte verbal ou non verbal qui précède la prise de parole (Riegel et al. 2011 : 1052) :

- EL : Oui, c'est terrible. Ça s'arrive partout dans les villes quand même. – [Enquêtrice : Mmh.] – EL : Mais... – [Enquêtrice : Oui.] – EL : on connaît pas le monde. – [Enquêtrice : C'est ça.] – EL : Mais ici d'un petit village... – IS : Mais à D'Escousse i y a une femme /euh/ une crip et pis/ tu counnais Stella ? (NÉ – Hennemann, ILM, EL et IS)

- E : c'est de même que c'est ben là . c'est ça que la vie s'en vient c'est que/ – F : mais euh . . . sss c'est comme euh/ . c'est/ c'est que faut qu'on aye changé nous autres on est obligé d'a/ d'accepter (...) (NB – Wiesmath 2, E : 744, F : 745s.)

- « Quoi c'est que tu fais avec ça ? » « Mais, » il dit, « je mange ça. » (LOU – DLF 2010 : s.v. *mais*^{2}, p. 378) (Le DLF traduit par « well » en anglais).
- Ben mais, va, d'abord. (LOU – DLF 2010 : s.v. *ben*, p. 68, VM)

– Joint à une interjection, *mais* introduit un élément inattendu ou exprime la surprise (*cf.* *Le Petit Robert* 2013 : s.v. *mais*) (*cf.* Stäbler 1995 : 138) :

- Mais vous avez été chanceuse ! (NÉ – Hennemann, ILM, EL)

- Mais ça, c'est des drôles de noms quand même ! (LOU – DLF 2010 : s.v. *mais*^{2}, p. 378, SM)

II.3.2 *ben*

L'élément *ben* (*bien*) cumule plusieurs fonctions, par ailleurs souvent difficiles à distinguer : adverbe, particule de discours et interjection, *ben* sert aussi dans les parlers acadiens de conjonction de coordination concessive-adversative[49] et a donc une gamme de fonctions plus ample qu'en français de France (pour le français de France, *cf.* Ducrot et al. 1980 : 161–191). En FL, *ben* semble moins fréquent dans les fonctions discursives et adversatives que dans les parlers acadiens ; on y remarque une préférence, selon la fonction, pour les particules *mais*, *là*, *ça fait*, WELL (Neumann-Holzschuh 2009c : 146). *Ben* est d'abord, comme en français hexagonal, adverbe de manière et d'assertion, il se combine à *ou* pour exprimer l'alternative, il apparaît dans les tours figés (par ex. *ben sûr*) et il sert d'intensificateur d'un autre adverbe ou d'un adjectif ou de quantificateur d'un nom (*cf.* Arrighi 2005 : 436)[50].

- Ben [« well »] je crois **ben**. (NÉ – Hennemann, ILM, EL) (adverbe d'assertion)
- ben des choses à faire (NÉ – Hennemann, BSM, JG) (quantificateur)

- je crois ben que l'ouvrage vous faisez pas (NB – Arrighi 2005 : 436, Willy NB 9 : 12) (adverbe d'assertion)
- i vivaient ben . oh oui ça ce tait du monde qui vivait vraiment ben (NB – Arrighi 2005 : 436, Laura NB 8 : 35–36) (adverbe de manière)
- le premier qui commence à parler là ou ben à chamailler i ira à sa couche (NB – Arrighi 2005 : 436, Laura NB 8 : 203–204) (expression d'une alternative)

- Il chantait bien, et moi je jouais bien au violon. (LOU – *Découverte*, Eunice, St. Landry) (adverbe de manière)
- Il a bien mangé. (LOU – DLF 2010 : s.v. *bien* (*bin*)^3, p. 73, SM) (adverbe de manière)
- C'est un vieux village, bien vieux. (LOU – DLF 2010 : s.v. *bien*^{3} (*bin*), p. 73, SL) (intensificateur)

---

49 *Cf.* Chevalier (2002), Giancarli (2003 : 264), Neumann-Holzschuh (2009c).
50 Pour l'usage de *ben* en FQ, *cf.* Léard (1995 : 151ss.). Le tour québécois avec redoublement – *ben ben* (Léard 1995 : 154ss.) qui ne sert pas seulement de renforcement de *ben* seul, mais acquiert une certaine autonomie vis-à-vis des emplois de *ben* seul en tant que quantificateur d'un nom – ne s'emploie pas dans les parlers acadiens (Arrighi 2005 : 436). Le DLF (2010 : s.v. *bien*^{1}, p. 72) note le tour *bien bien* en FL seulement en tant que renforcement de *bien* intensificateur : « très bien ».

Retenons en ce qui concerne la prononciation que la forme avec la semi-consonne, [bjɛ̃], se maintient à côté de *ben* en fonction d'adverbe plein, alors que *ben* est la forme usuelle en fonction de particule de discours ou de coordonnant[51]. Pour le NB, Giancarli (2003 : 233) suggère que la réduction phonologique semble donc « aller de pair avec le passage du lexème (substantif ou adverbe) à un opérateur grammatical ».

▶ ***ben* particule de discours polyvalente**
Sur le plan pragmatique, *ben* cumule toute une gamme de fonctions : il est signal d'ouverture, d'hésitation ou de progression du discours et il est le moyen privilégié pour marquer le début d'un discours direct rapporté.
– En tant que particule d'ouverture, *ben* (également, mais plus rarement : *bien*) marque la prise de parole du locuteur. La particule peut servir à aborder un nouveau sujet.
  - UC2 : ej veux vraiment voyager pis/ – UC1 : ben coumme tu sais j'pense tu sais coumme/un bac en éducation ça vaudra pas-êt' point grand chose icitte à cause t'as point trop d'emplois. (NÉ – Fritzenkötter 2015 : 242, BSM)

Elle peut également servir à réagir directement à son interlocuteur. C'est ainsi que *ben* apparaît fréquemment pour introduire la réponse à une question, parfois même une question que le locuteur se pose à lui-même.
- [Enquêtrice : vous les avez construits vous-même ?] LaD : Ben je les ai construits des morceaux j'ai trouvés (NÉ – Hennemann, PUB, LaD)
- pourquoi j'ai choisi faire l'acquarelle [?] euh : . euh parce que je suis daltonienne ((rires)) euh : ben parce que je suis daltonienne (NB – Arrighi 2005, corpus, Rachelle NB 1 : 58–60)
- [Enquêtrice : autre question l'histoire des Îles ça vous intéresse. personnellement] L1 : **ben** j'aime ben (IdlM – Falkert 2010, corpus : 139, p. 91, CD-ROM) (Le deuxième *ben* sert d'intensificateur.)
- Enquêteur : Vous usez ce mot-là comment ? – Informateur : Ben si i s'adonne, si par cas. (TN – Brasseur 2001 : s.v. *si*, p. 420)
- [Enquêteur : Ça fait vous-autres faisait ça sur le week-end, je pense, sur le fin de semaine ?] – L1 : Ben à n'importe quand il aurait mouillé une grosse grosse avalasse. (LOU – *Découverte*, Châtaignier, Évangéline)
- [Le père de L1 savait quand il y aurait une éclipse.] [Enquêteur : Mais comment il connaissait ça ?] – L1 : Ben, il connaissait comment, quand la, quand le soleil et la lune se frottaient ensemble, ça fait, ça passait, tu connais ? (LOU – *Découverte*, Mamou, Évangéline)

Ben peut, au même titre que *pis*, indiquer « le démarquage initial » d'une question (Arrighi 2005 : 439), alors que *là* se place souvent en finale d'une question.
- ben a/ a/ a restait-ti vraiment à Saint-Antoine [?] (NB – Arrighi 2005 : 439, Sarah NB 20 : 67–68)

Découlant de sa fonction de marqueur d'ouverture, *ben* a fini par adopter un rôle primordial lorsqu'il s'agit de marquer le « changement de l'instance énonciative » (Arri-

---

51 Pour le FL, le DLF (2010 : s.v. *bien*³ *(bin)*, p.73) note les deux prononciations [bjɛ̃]/[bɛ̃] sans les distinguer selon les fonctions de *bien*.

ghi 2005 : 438). *Ben* est le moyen par excellence pour marquer le début d'un discours direct rapporté (*cf.* Arrighi 2005 : 439, 2012 : 182s.).
- I disait : Ben, tu sais, cette-là là, vois-tu, c'est cette-là. (NÉ – Hennemann, ILM, IS)
- ben l-a dit tes deux frères sont partis pour trouver l'eau qui rajeunit jamais qu'i la trouveront (NÉ – Arrighi 2005 : 439, Marcelin NÉ 2 : 298)
- ben son père a dit ah du coup je vais me débarrasser de toi (NÉ – Arrighi 2012 : 183)
- j'suis comme/ « ben/j'suis français acadienne. » (NÉ – Fritzenkötter 2015 : 242, BSM) (pour *être comme* en tant qu'élément introducteur du discours rapporté, *cf.* le chap. « Les adverbes », III.5.)
- i a dit ben ben moi je te quitte mais ensuite i sont BACK revenus ensemble (NB – Arrighi 2012 : 183)
- ben j'ai dit je pourrais payer le reste (NB – Arrighi 2005 : 440, Laura NB 8 : 144)
- i y avait un/ un couple . i parliont pas anglais . pis i vouliont avoir des enfants . adopter des enfants ça fait qu'i ont été sus les Français pour avoir des enfants pis là Godêche euh i n'aviont pas . i les avont envoyés sus les Anglais pis euh **ben** i ont dit euh on/ on parle pas anglais **ah ben** i a dit on va vous écrire une note pis i allont vous donner des enfants . i ont été là pis i ieux ont donné deux petits Anglais i avont emmené ça chez eux . pis là pour deux trois jours ç'allait ben [= « bien »] ben [= « mais »] la troisième quatrième jour le diable a pris dans la cabane [...] (NB – Wiesmath 2006 : 94, Wiesmath 8, A : 211)
- pis i dit si tu peux la démarrer de delà, i dit, ben i dit tu peux l'aoir ! (TN – Brasseur 2001 : s.v. *démarrer*, p. 154)
- [...] Ça fait que, y en a iun qui demande à l'autre, i dit : quoi-ce tu vas faire demain, toi ? i dit. Ben i dit : je pense je m'en vas haler, i dit, comme d'habitude [dabytyd]. Ça fait que l'autre yi demande i dit : quoi-ce tu comptes de faire, toi ? Bien, moi i dit, je m'en vas haler mon *boss* au cemetière ! [...] (TN – Brasseur 2001 : s.v. *cemetière*, p. 98)
- Elle disait, « Ben, moi, je m'en vas coudre en dessous de ces arbres là » (LOU – *Découverte*, Diamond, Plaquemines)
- « Ben, » il dit, « je crois moi ça aurait été un garçon, ben non elle a eu une autre encore. » (LOU – *Découverte*, Châtaignier, Évangéline)

- Le locuteur peut aussi introduire à l'aide de *ben* une réserve ou une insatisfaction par rapport à ce qu'il vient de dire, ajouter quelque chose à une idée développée précédemment ou tirer une conséquence de ce qu'il a dit auparavant (Neumann-Holzschuh 2009c : 146).
  - Pis lui ben i en m'nait avec le sien. (NÉ – Hennemann, ILM, EL)
  - i disiont tout l'temps que/comme/ben OBVIOUSLY/j'ai eh/ comme/j'enseignais ehm/culture acadienne (NÉ – Fritzenkötter 2015 : 242, BSM)
  - les grosses grosses [anguilles] ben tu les sauvais (NB – Wiesmath 1, B : 289–290)
  - [Le père de M. était souvent absent pour son travail.] pis maman ben . c'temps-là ben les femmes travailliont pas là les femmes étiont à la maison (NB – Wiesmath 4, M : 6–7)
  - la musique : . acadienne un peu ben c'est pas mon fort mais j'en écoute un petit peu mes/ mes/ mes goûts de musique sont un petit peu plus éclectiques que ça (rires) (NB – Arrighi 2012 : 181)
  - Des beurtelles, bien c'est ... de quoi pour tiendre les culottes en haut, quoi ! (TN – Brasseur 2001 : s.v. *beurtelle*, p. 55)
  - Des fois i aviont quoi qu'i appeliont des bûcheries : i aviont p't-ête bien cinq ou six hommes, **ben** i aront venu ici bûcher. (TN – Brasseur 2001 : s.v. *bûcherie*, p. 80)
  - Y a ène grande plaine en haut là, eh bien là-dedans y a des patebières, c'est des graines qui vient ... grosses comme mon pouce, [...] (TN – Brasseur 2001 : s.v. *plaquebière, platebière*, p. 356)
  - Et le soir quand je m'en revenais moi seul, eh ben, c'est pas moi qui l'avais fait, c'est eusse qui m'a juré à moi. (LOU – *Découverte*, Pointe-aux-Chênes, Terrebonne)

- *Ben* peut aussi figurer comme simple marqueur d'hésitation (Neumann-Holzschuh 2009c : 148), surtout si le locuteur cherche encore ses mots avant de corriger ou de préciser ce qu'il vient de dire. Dans cette fonction, *eh* se joint souvent à *b(i)en*.
    - CL : Ses enfants étaient jeunes quand-ce qu'al a mouri. – EL : Ben, je crois ben, ses enfants étaient jeunes. Eh ben toujours... [EL ne poursuit pas cette idée plus loin.] (NÉ – Hennemann, ILM, EL)
    - pis là tu fais en du JAM avec ça ben c'est pas vraiment du JAM BUT c'est b/ . c'est de la CRANBERRY-SAUCE (NB – Wiesmath 1, B : 27)
    - pis la bourse ça ben c'est ah ça c'est/ ça c'est de quoi je comp/ comprends pas trop bien (IdlM – Falkert 2010, corpus : 518–519, p. 138, CD-ROM)
    - Et eux-autres dit que cette femme là, eh bien, alle donnait des gris-gris, elle. [...] (LOU – *Découverte*, Pointe-aux-Chênes, Terrebonne)
    - Oh euh, ben, elle est mort, vous savez. (LOU – *Découverte*, Diamond, Plaquemines)

- *Ben* sert à baliser le cadre de validité de l'énoncé : *ben moi* = « pour ma part » ; *ben toi* = « tu en penses quoi ? » (Arrighi 2005 : 437), *ben nous-autres* « quant à nous », etc.
    - Ben moi, quand / quand-ce que j'uis à l'école, j'suis souvent occupée. (NÉ – Hennemann, BSM, JG)
    - R : c'est euh ben moi ça j'en ai jamais mangé. – B : ben moi je les mange crutes (NB – Wiesmath 1, R +B : 100–101)
    - Vous avez vu les sauterelles de foin, ben moi ça me ressemble le corps de la cigale est à peu près comme ça mais ien que ça y a deux ailes, deux grosses ailes. (TN – Brasseur 2001 : s.v. *cigale*, p. 112)
    - On connaissait juste YES MA'AM, nous-autres. Ben mon je disais YES MA'AM jusqu'à eux-autres ... m'a dit qu'il follait je disais YES SIR pour un homme. (LOU – Rottet 2001 : 119, loc. âgée)

- *Ben (bien)* sert à souligner une assertion. Il est alors souvent accompagné de *oui* ou de *là*. S'il est placé en finale, il sert, du même coup, de signal de clôture[52].
    - Il aime pas ça. Ah ! Ben là là, ça ça va l'emporter. Quand t'es d'un endroit que t'aimes pas (NÉ – Hennemann, ILM, EL)
    - IS : i y avait pas de place à aller. – EL : Ben i y avait pas de place à aller (NÉ – Hennemann, ILM, EL)
    - h'avais justement fait de COPY, des/des desserts dans un livre là, ben là. (NÉ – Hennemann, BSM, SC)
    - Les pommes de pré, bien oui. (NÉ – Hennemann, ILM, EL)
    - ben là ben sûr que je tais contente hein trois pièces par semaine (NB – Arrighi 2005 : 435, Laura NB 8 : 90–91)
    - ben ah je croirais ben **ben oui** a *plane* [= projette] de rester plusieurs jours oui (NB – Arrighi 2005 : 436, Rita NB 18 : 203)
    - i saront peut-être quoi ce que c'est ben ouais i sariont peut-être quoi ce que c'est (NB – Wiesmath 1, B : 46–47)
    - [L'enquêtrice veut savoir à qui ressemblent les Madelinots.] p=t-être Nouveau-Brunswick des fois [...] un peu de Québécois pareil là je dirais mélangé p=t-être ben oui (IdlM – Falkert 2010, corpus : 60–62, p. 315, CD-ROM)
    - Pis quante ça vient dans l'été eh bien, si tout est sec, oh ! **Bien** ! on a ène chesseresse. (TN – Brasseur 2001 : s.v. *chesseresse*, p. 108)
    - Mais bien oui, j'étais bonne danseuse (LOU – *Découverte*, Mamou, Évangéline)

---

52 Mais *cf.* aussi Arrighi (2005 : 437).

▶ ***ben* connecteur et coordonnant. Les fonctions syntaxiques.**
À côté des fonctions essentiellement pragmatiques dont on vient de parler, *ben/bien* assume des fonctions principalement syntaxiques à l'instar d'un connecteur transphrastique, voire d'une conjonction de coordination.

- L'idée introduite par *ben* peut constituer une suite logique de ce qui précède (« alors », « donc ») ou motiver ce qui vient d'être dit (« car », « c'est pour cela que »). *Ben* est donc un connecteur causal-consécutif ; il peut se joindre dans cette fonction à la particule *là* (Arrighi 2005 : 439 ; 2012 : 182) ou aux conjonctions causales.
  - toi là, bavarde pas ben je vas te tuer (NÉ – Hennemann, ILM, EL)
  - [Téléphoner ou écrire une lettre, ce n'est pas la même chose.] tu peux l'é/ tu peux lire deux trois fois si tu veux. ah oh ben là je vas faire ça t'sais (NB – Arrighi 2005, corpus, Zélia NB 17 : 574–575)
  - oui ben [= affirmatif] ça serait un travail à plein temps mais ça serait seulement pour un an **parce que ben** c'est ça je veux éventuellement retourner aux / aux études . ben [= « mais »] je me sens pas capable de continuer tout de suite (NB – Arrighi 2005 : 439, Stéphanie NB 11 : 12–14)
  - là la maison à côté de chez nous alle a été vendue ben là si je passe à pied . si vas cueillir des fraises dans son champ ben là le / le monsieur sera pas content pis i va chiâler (IdlM – Falkert 2010, corpus : 55–57, p. 45, CD-ROM)
  - y a:/ à la coopérative Lavernière tu trouves de tout'. oui on/ nous autres là notre coopérative est fermée là . ben là astheure on achète là (IdlM – Falkert 2010, corpus : 403–404, p. 130, CD-ROM)

- *Ben* joue un rôle important pour exprimer des rapports de concession, d'opposition, de restriction ou pour introduire une objection. *Ben* est alors coordonnant au même titre que *mais*, même si l'opposition exprimée par *ben* est moins prononcée par rapport à *BUT* et *mais*[53] ; cet emploi est très fréquent au NB (Wiesmath 2006 : 120) et en NÉ, mais il n'est pas signalé pour la LOU (*cf.* DLF 2010 : s.v. *ben*, p. 68).
  - Pis du vent comme de soixante et dix milles à l'heure. Pas soixante et dix kilomètres, soixante et dix milles à l'heure. Ben nous-autres, on est accoutumés, I MEAN (NÉ – Hennemann, BSM, SC)
  - j'étais pour y aller, ben après j'y ai pas té (NÉ – Hennemann, ILM, CL)
  - je veux éventuellement retourner aux/ aux études . ben je me sens pas capable de continuer tout de suite (NB – Arrighi 2012 : 180)
  - moi pis mon mari on a jamais acheté des grosses maisons parce on avait pas l'argent ben ce tait correct parce moi j'ai pas été élevée dans une grosse maison (NB – Arrighi 2005 : 438, Zélia NB 17 : 126–128 ; Arrighi 2012 : 181)
  - tu manges pas la tige même . ben i y en a qui la mangent peut-être je le sais pas (NB – Wiesmath 1, R : 121)
  - pis on avait le livre anglais qu'i appeliont . ben c'était pas beaucoup d'anglais (NB – Wiesmath 4, M : 16–17)
  - on a nos moments euh de grande joie ben on a certainement tous nos moments de grande euh tristesse (NB – Wiesmath 2006 : 118, Wiesmath 13, H : 182)
  - pour deux trois jours ç'allait ben$_1$ [= « bien »] ben$_2$ [= « mais »] la troisième quatrième journée le diable a pris dans la cabane. (NB – Wiesmath 2006 : 118, Wiesmath 8, A : 216)
  - non je tais pas de parenté entre zeux ben quand i passait dans le chemin i passait toujours nous voir (ÎPÉ – Arrighi 2005 : 439, Rose ÎPÉ 7 : 132–133)

---

53 *Cf.* ci-dessus II.3. et Giancarli (2003); *cf.* aussi Arrighi (2005 : 438s., 2012 : 180ss.), Wiesmath (2006 : 118ss.).

- [À propos du foyer d'accueil où elle vit.] on est bien accueilli : on est bien nourri : on est bien . **ben** on est pas pareil comme quand on est chez nous (IdlM – Falkert 2010, corpus : 2–3, p. 57, CD-ROM) (Signalons les différences dans la prononciation de l'adverbe plein – *bien* – et de *ben* en tant que particule, ici en fonction de conjonction de coordination.)
- ah oui on a tout. y a:/ à la coopérative Lavernière tu trouves de tout'. oui on/ nous autres là notre coopérative est fermée là . ben là astheure on achète là . **ben** on y achète moins souvent . on achète pour eune semaine ou deux (IdlM – Falkert 2010, corpus : 402–405, p. 130, CD-ROM)
- Auparavant... Pas asteure mais quante ç'a venu, là, ben i t'aront parlé **ben** c'est pareil comme t'aras té un *broad* quoi, [...]. (TN – Brasseur 2001 : s.v. *broad*, p. 75) (*broad* = « Surnom que les Francophones donnent aux Anglophones de Lourdes », *ibid.*)

– Précédant les conjonctions *mais* et *BUT*, *ben* sert d'élément corrélatif au sens de « il est vrai/certes...mais » :
- ben i pouvoint parler anglais BUT la plupart du temps i parliont français (NÉ – Hennemann, PUB, LaD)
- Ben h'aime de jouer au golf l'été mais h'aime mieux l'automne [...] (NÉ – Hennemann, BSM, RL)
- ben il est plus confortable en anglais mais il comprend il parle français (NB – Arrighi 2005, corpus, Rachelle NB 1 : 179)
- ben on avait des hardes cirées mais des fois y en avait pas touT qui avait des hardes cirées (NB – Arrighi 2005, corpus, Willy NB 9 : 297–298)

– *Ben/bien* est un pivot important entre la subordonnée et la principale. En tête de la principale, *ben/bien*, *eh bien* et *ben là* servent de charnière entre les phrases et marquent le début de la principale.
- Les vai/ la seule manière qu'i ont vu qu'il était là c'est qu'i / après / après que les mi-carêmes a été jugés là, ben là i était dans la / dans le BATHROOM pis s'a dégrée pis a sorti. (NÉ – Hennemann, ILM, EL)
- pis après qu'on a dîné pis lever du drapeau ben là les Boudreau là [...] i nous ont en/en/*entertainés* [...] (NB – Wiesmath 2, F : 24–26)
- si on peut pas se permettre ça ben ça serait tout BAD (NB – Wiesmath 2, F : 136)
- c'est après que ma fille a déménagé à Ontario ben là on a té là pour Noël avec zeux (NB – Arrighi 2005, corpus, Zélia NB 17 : 469)
- si y a eune petite chose qu'arrive ben là tout le monde t'sais c'est / le monde se mêle des affaires des autres (IdlM – Falkert 2010, corpus : 2–3, p. 311, CD-ROM)
- Tous ceuses-là qu'il avaient une croix ben il amarriont un ruban sus la perche [paʀʃ]. (TN – Brasseur 2001 : s.v. *ceuses-là*, p. 99)
- Quand le temps est mauvais, quand i viennont d'en d'hors du Cap, en pêche, bè quand i vienniont en dedans **eh bien** t'accostes la côte. (TN – Brasseur 2001 : s.v. *dehors*, etc., p. 153)
- Si ce tait ène belle journée de soleil, ben tu la mettais en petits ballots, en fagots comme j'appelons... [...] (TN – Brasseur 2001 : s.v. *fagot*, p. 193)
- [J'ai] neuf-z-enfants. [...] Le plus vieux parle bien bien français. Le deuxième, pas tout à fait autant. Et là en descendant équand ça arrive au dernier là, eh ben il a de la misère à comprendre. (LOU – Rottet 2001 : 121, loc. âgé)
- Si tu le dis « mercredi », eh ben, il va dire « Dis-mon pas ça comme ça, qui c'est que ça ? » (LOU – Rottet 2001 : 132, locutrice jeune)

Commentaire
Certains des emplois – adverbiaux, discursifs, argumentatifs, syntaxiques – sont attestés en FQ et en partie aussi en français familier de France, notamment les emplois en tant que marqueur discursif (*cf. Le Petit Robert*

2013 : s.v. *ben*). Par contre, *ben* n'est pas en usage en tant que coordonnant en France ni, à ce qu'il paraît, en FQ[54] et atteint donc, dans ces variétés, un degré de grammaticalisation moindre qu'en FA (Giancarli 2003 : 233). Pourtant, la valeur concessive-adversative de *bien* est présente dans l'adverbe dès l'ancien français : en témoigne, par exemple, l'emploi de *bien* en tant que conjonction concessive au XIIe s. qui est remplacée, dans cette fonction, par *bien que* au XIVe s. et se répandra sous cette forme surtout au XVIIe s. (Giancarli 2003 : 235s.). La valeur concessive-adversative n'est donc pas un développement nouveau dans les variétés acadiennes, mais était bien présente dans le parler des colons aux XVIe et XVIIe s.

II.3.3 *BUT*

Dans toutes les régions, l'emprunt anglais *BUT* cumule les fonctions d'une conjonction de coordination adversative et d'un marqueur discursif et interactif au sémantisme complexe[55]. Tout comme pour *mais* et *ben*, il faut retenir pour *BUT* que les différents rôles sont parfois difficiles à distinguer, car même dans l'emploi discursif, ces éléments « gardent un reste non-négligeable de leur signification propositionnelle » (Neumann-Holzschuh 2009c : 140). *BUT* ne connaît, dans la langue acadienne traditionnelle, qu'un emploi restreint (Arrighi 2005 : 443), et semble encore plus rare en FTN et en FL[56] où il fonctionne principalement comme marqueur de discours, notamment comme signal d'hésitation. En revanche, dans le chiac de Moncton, *BUT* est dès la fin des années 1970 la conjonction adversative la plus fréquente, par rapport à *mais* et *ben* (Giancarli 2003), et il semble avoir fini par se substituer complètement aux deux autres conjonctions dans cette fonction (Wiesmath 2006 : 119s., *cf.* aussi Perrot 1995 : 236).

Signalons que les cas de changement de code n'entrent pas en ligne de compte ici[57].

Là où *BUT* est employé en tant que coordonnant adversatif dans l'énoncé en français, il semble exprimer une opposition plus forte et directe que *ben* ; *mais*, par contre, englobe les fonctions de *BUT* et de *ben* (*cf.* ci-dessus II.3. et Giancarli 2003). En tant que particule de discours, *BUT* peut introduire la reprise d'un fil de pensée développé précédemment dans la conversation (Fritzenkötter 2015 : 232). En outre, *BUT* peut figurer comme marqueur d'hésitation ou de pause et même de clôture, souvent suivi de *ANYWAY*[58].

---

54 Dans les pages consacrées à *ben* dans la *Grammaire québécoise d'aujourd'hui*, Léard (1995 : 151s.) ne mentionne pas la possibilité d'employer *ben* en tant que coordonnant.
55 *Cf.* Giancarli (2003), Arrighi (2005 : 438–440), Wiesmath (2006 : 118–120), Neumann-Holzschuh (2009c : 140s., 2014 : 145), Petraş (2016 : 191s.). – Notons l'absence de la conjonction *BUT* dans le corpus madelinien de Falkert (2010).
56 En FL, on observe une réticence à emprunter des éléments syntaxiquement fortement intégrés tels que les conjonctions ; parmi ces dernières ne sont intégrées que celles qui peuvent aussi servir de marqueurs discursifs (Neumann-Holzschuh 2014 : 146 ; *cf.* aussi Wiesmath 2006 : 119, qui fait référence à Stäbler 1995). Notons dans ce contexte que selon King (2013 : 106), les emprunts qui servent aussi bien de marqueurs discursifs que de conjonctions dans la langue source, peuvent développer les deux fonctions dans la langue emprunteuse également, mais en apparaissant toujours d'abord dans les fonctions discursives avant d'assumer éventuellement (mais pas nécessairement) des fonctions grammaticales.
57 Comme, par ex. : « Oui, i / i fumait pas trop BUT HE WAS SECOND-HAND SMOKE » (NÉ – Hennemann, ILM, CL) ; « Dans la Floride là-bas ils ont des *scallops*, qu'eusse appelle. C'est une petite coquille comme un *clam, a little bit, but* il a des barres dessus. » (LOU – *Découverte*, Isle Jean Charles, Terrebonne).
58 Signalons que *THOUGH* constitue un emprunt attesté en NÉ et en LOU en fonction d'adverbe adversatif (« par contre », « pourtant ») et de connecteur au sens de « mais » ; dans le premier cas, *THOUGH* se place

▶ *BUT* au sens de « mais »

- I disont ici ben la poule de Pâques. BUT c'est le lapin de Pâques, oui. (NÉ – Hennemann, BSM, SC)
- I / i-y-ont marié des Françaises BUT la majorité d'zeux étaient tout le temps en mer. (NÉ – Hennemann, ILM, CL)
- Euh / j'étais faire mes études de post-secondaire à l'extérieur BUT j'ai retourné faire l'enseignement ici dans la région. (NÉ – Hennemann, ILM, GL)
- c'est point plus de FUN que Clare BUT c'est différent d'Clare eh. (NÉ – Fritzenkötter 2015 : 232, BSM)
- [L'enquêtrice veut savoir si R jouait du piano.] ben oui pas beaucoup BUT je pouvais faire vous savez des COMPLIMENT j'appelions ça (NÉ – Arrighi 2005, corpus, Rosalie NÉ 23 : 255–257)
- i avait pas pu tout' finir le projet BUT i ont refait le/ . le/ le/ le mur à qu/WALL qu'on appelle là le WALL de la cave là i a tout' fait ça à neuf (NB – Wiesmath 2006 : 120, Wiesmath 2, E : 263)
- le prêtre parlait longtemps c'était des grands prônes pis c'était tu sais . BUT t'avais pas de choix tu restais pas à (la) maison le dimanche matin là (NB – Wiesmath 2006 : 120, Wiesmath 7, O : 673)
- ça coûte plus à vivre but le monde fait de la belle argent (ÎPÉ – King 2000 : 94)
- Le petit bougue, des fois, il peut dire des paroles en français, BUT pas équand toi veut lui pour parler français. (LOU – Rottet 2001 : 126, semi-locutrice)
- On dirait, c'est manière drôle de dire ça, BUT supposé ça a arrivé. (LOU – DLF 2010 : s.v. *BUT*, p. 94, SL)
- moi je ne sais pas la raison pour ça BUT . euh . on dirait le président devrait avoir quelque chose à faire avec ça (LOU – Stäbler 1995 : 205, corpus)

▶ *BUT* particule de discours

- BUT t'as traversé le FERRY ? (NÉ – Hennemann, BSM, AnS)
- UC2 : c'est coumme/c'est dommage coumme/ – UC1 : mais coumme ça s/c'est/c'est ça/ BUT/sais-tu/tu sais ça donne ça donne des excuses à moi d'aller à Moncton les visiter zeux. (NÉ – Fritzenkötter 2015 : 232, BSM)
- I y en a / i y en a qui devraient pas d'en avoir BUT ANYWAY. (NÉ – Hennemann, BSM, SC)
- Des fois j'y aïde BUT / j'aime ça moi quanT quelqu'un y aïde. (NÉ – Hennemann, ILM, EL)
- [Enquêtrice : Ah oui.] – EL : Ah oui. – IS : BUT ANYWAY… – EL : [passe à un nouveau sujet] (NÉ – Hennemann, ILM, IS)
- UC1 : j'essaie d'le lire coumme/pendant l'été là BUT/ – UC2 : ouais/ – UC1 : j'trouve c'est/ça ça venait j'avais besoin d'fare du travail. (NÉ – Fritzenkötter 2015 : 232, BSM)
- Ce tait meilleur avant, dans mon temps, *but*… Je pouvions aller dans le bois, dans les cabanes, pis faire quèques piasses *anyhow*. (TN – Brasseur 2001 : s.v. *cabane*, p. 83)
- c'est pas se plaindre ça . moi je suis pas un plaignard . et fu/ il 'n a/ 'n a personne qui veut t'attendre quand tu commences à te plaindre ils veulent pas t'attendre . c'est pas joli ça . BUT euh .. on dirait c'est/ .. il 'n a quelque chose qu'est/. qu'est pas bien vue .. […] (LOU – Stäbler 1995 : 207, corpus)

---

généralement en fin d'énoncé, dans le deuxième, en tête, *cf.* pour NÉ, Fritzenkötter (2015 : 224, BSM) ; pour le FL : « Les enfants devrait connaître, parce que ina pas plein qui va là, qu'a pas un pape ou une mame qui parle français. Mais ça montre pas ça à leurs enfants THOUGH. » (LOU – Rottet 2001 : 125, loc. âgé), « Oh, avec deux de mes frères je peux parler français, THOUGH les autres, eusse veut pas parler français… […] » (LOU – Rottet 2001 : 126, semi-locutrice).

II.3.4 *(ben)/(mais) toujours*

L'expression *(ben)/(mais) toujours* peut être équivalente à « en tout cas », « quoi qu'il en soit » ou bien adopter un sens plus nettement concessif (« néanmoins »). Le tour est placé en tête de phrase (Brasseur 2001 : s.v. *toujours*, p. 450), qui peut d'ailleurs rester en suspens.

- [Enquêtrice : Donc / euh / l'église a joué un grand rôle / euh / dans la protection / dans la ...] – MS : Oh, absolument ! – [Enquêtrice : ...sauvegarde de... ?] – MS : Absolument ! Dans la sauvegarde de la langue française et oui, mais toujours je ons travaillé fort pour sauvegarder la langue et la culture acadiennes. (NÉ – Hennemann, ILM, MS)
- on était pas bien riche ben toujours on s'arrangeait bien (NB – Wiesmath 2006 : 120, Wiesmath 4, M : 7) (« néanmoins »)
- [on ne comprenait pas les lettres de l'oncle de France] ben toujours on aimait ça (NB – Wiesmath 4, M : 276)
- ça m'a vraiment touché au cœur j'ai trouvé ça vraiment gentil . toujours je les remercie pour la lettre de félicitations (NB – Wiesmath 9, K : 45–46) (Wiesmath traduit par « in any case ».)
- a [ma deuxième fille] m'avat dessiné un patron sus un:/ . eune feuille. j'y ai fait sa robe si sa robe i faisait numéro un . y avat rien du tout à faire . toujours je travaillais pas sus les patrons . je travaillais moi-même (IdlM – Falkert 2010, corpus : 238–241, p. 387, CD-ROM)
- Ben toujours par une bounne fois, y avait une place qui s'appelait [...] (TN – Brasseur 2001 : s.v. *fois*, p. 205)
- Je l'appelais.... Ah mon sang y a si longtemps de ça je me rappelle plus son nom ! Toujours alle tait belle, pis ce tait la première vache que j'avions eue. (TN – Brasseur 2001 : s.v. *toujours*, p. 449)
- J'ai été mordu. Toujours, c'était mauvais. (LOU – DLF 2010 : s.v. *toujours*, p. 622, EV) (Le DLF traduit par « in any case »)
- Le renard était dans le bois où ils habitent et, toujours, il avait beaucoup faim. (LOU – DLF 2010 : s.v. *toujours* p. 622, LA) (Le DLF traduit par « in any case ».)

II.3.5 *pourtant, quand même*

L'adverbe-connecteur *pourtant*, qui marque « l'opposition entre deux choses liées, deux aspects contradictoires d'une même chose » (*Le Petit Robert* 2013: s.v. *pourtant*), semble plutôt rare dans les parlers étudiés ici et est restreint aux contextes formels (pour le NB : Wiesmath 2006 : 121).

▶ *pourtant*

- J'ai dit : pourtant c'est ça la réponse que tu m'as donné quand que je t'ai pris en entrevue. (NÉ – Hennemann, ILM, BJ)
- vous avez un jardin . vous mangez des légumes de votre jardin pas grand fruits mais des légumes au moins alors c'est pas mesuré ça pourtant votre bien-être matériel est amélioré par les produits du jardin (NB – Wiesmath 2006 : 121, Wiesmath 14, Y : 94) (cours magistral)
- V'là comme quatre cinq ans je pense y a pas iu de loups-marins. Pourtant c'est pas faute qu'y en a pas ! (TN – Brasseur 2001 : s.v. *faute*, p. 198)
- J'ai encore pas rien dit. Quand même si je dis, il va me dire que je suis fou. Et pourtant je m'ai bien regardé à moi, je me sentais pas de mal (LOU – DLF 2010 : s.v. *pourtant*, p. 487, TB)

Le connecteur *quand même*, adverbe exprimant l'opposition, apparaît fréquemment dans le contexte de *mais*, renforçant ainsi le contraste ; ajoutons que *quand même(-ti) (que)* est courant comme subordonnant dans les parlers étudiés ici (*cf.* le chap. « La subordination », II.5.2.). Dans sa fonction discursive, *quand même* est un élément de renforcement et prend le sens de « vraiment »[59] (*cf.* DLF 2010 : s.v. *quand*[1], p. 503).

▶ *quand même* **exprimant une opposition**
- mais quand même c'est / c' / il y a pas d'excuse mais […] (NÉ – Hennemann, BSM, BM)
- quand même qu'i travaillait à gage i avait en / **quand même** des vaches pis euh . un jardin l'été (NB – Wiesmath 1, R : 391–392)
- J'yeux dis ça à ce monde qui vient icitte mais quand même ça écoute pas. (LOU – Rottet 2001 : 125, loc. âgée)
- Il le faisait quand même. (LOU – DLF 2010 : s.v. *quand*[1], p. 503, AC)
- Ouais, une sage-femme. […] Mais quand même elle était bonne bonne. (LOU – DLF 2010 : s.v. *quand*[1], p. 503, EV)

▶ *quand même* – **intensificateur**
- Merci, Edna, quand même ! (NÉ – Hennemann, ILM, LL)
- [autrefois on pouvait s'offrir davantage] on avait une place on avait un auto c'est/c'est quand même bien asteure faut vraiment que tu faises des bons salaires pour avoir un style de vie comme nous-autres vingt-cinq ans passés (NB – Arrighi 2005, corpus, Angèle NB 13 : 58–60)
- [On faisait soi-même la décoration pour Noël.] ça faisat / faisat beau ! quand même ! (IdlM – Falkert 2010, corpus : 141–142, p. 151, CD-ROM)
- Ça c'est fort quand-même. (LOU – DLF 2010 : s.v. *quand*[1], p. 503, Da84)
- Mais ça, c'est des drôles de noms quand même ! (LOU – DLF 2010 : s.v. *mais*[2], p. 378, SM)

Sont rares ou même absents des corpus consultés les connecteurs suivants : *néanmoins, cependant, par contre, en revanche, malgré cela* (*malgré* est par contre présent en tant que subordonnant : *malgré que*, *cf.* le chap. « La subordination », II.5.1.), *toutefois*.

II.4 Les rapports de conséquence

Les connecteurs de conséquence se trouvent quasi-systématiquement en position initiale absolue et se distinguent ainsi des connecteurs exprimant la cause. Ceux-ci font preuve d'un certain degré de flexibilité à l'intérieur de la phrase, puisqu'ils peuvent être précédés des connecteurs de conséquence (*alors c'est pour ça que* ; *Ça fait c'est pour ça que*), des conjonctions de coordination (*pis c'est pour ça que, et c'est pour ça que*) ou des particules discursives (*ben c'est pour ça que*). Nous constatons avec Wiesmath (2006 : 117) une « accumulation de variantes » pour exprimer les rapports cause-conséquence : *ça fait que, SO, donc* et *alors* sont co-

---

[59] Cette fonction de *quand même* existe aussi en français de France, *cf. Le Petit Robert* (2013 : s.v. *quand même*).

présents dans toutes les variétés, sans qu'aucun ne se généralise complètement au détriment des autres[60].

II.4.1 *(ça) fait (que)*

Le tour *(ça) fait (que)*, très fréquent dans toutes les variétés étudiées ici ainsi qu'en FQ (*cf.* Léard 1983, 1986, Falkert 2006), est polyfonctionnel[61]. Au sens littéral, il peut relier deux propositions de manière anaphorique (*ça*) ; il marque alors, grâce au sémantisme du verbe factitif *faire*, la conséquence qui découle de ce qui précède. Mais *(ça) fait (que)* s'est engagé dans un processus de grammaticalisation et le tour a fini par devenir le connecteur par excellence pour exprimer les rapports de cause-conséquence ; d'autres emplois révèlent que *(ça) fait (que)* s'est désémantisé au point de pouvoir figurer comme particule de discours marquant l'ouverture, la progression, l'hésitation ou la clôture. On note ainsi, pour *(ça) fait (que)*, « le glissement des emplois de la zone grammaticale des connecteurs vers la zone pragmatique » (Falkert 2006 : 41). Dans ce contexte, il est difficile de statuer sur le rôle du tour *(ça) fait (que)*, comme le reflètent aussi les jugements divergents dans la littérature. Stäbler (1995 : 155) voit dans *ça fait* (sans *que*), une particule de discours qui marque un rapport de subordination implicite. Wiesmath (2006 : 93) subsume *ça fait que* parmi les connecteurs transphrastiques anaphoriques, tout en le considérant comme subordonnant (implicite), « lorsque le connecteur *(ça) fait (que)* n'est pas précédé d'une pause et que les propositions sont étroitement liées par le rapport cause-conséquence ». Arrighi (2005 : 296s.) classifie *ça fait que* comme conjonction subordonnante. Retenons donc ici que les liens tissés par le connecteur entre les propositions sont plus ou moins étroits et que le statut de *ça fait que* peut varier d'un exemple à l'autre, ce qui implique qu'il faut en juger au cas par cas (*cf.* Wiesmath 2006 : 93, Stäbler 1995 : 154s.).

En ce qui concerne la place du tour, *(ça) fait (que)* se trouve toujours en début d'énoncé en tant que connecteur. En tant que particule de discours, en revanche, *(ça) fait (que)* est plus mobile.

Les changements sur le plan sémantique vont de pair avec la réduction phonologique du tour. En effet, l'élément anaphorique – *ça* – peut être omis, tellement il s'est désémantisé au sein du syntagme (ce qui rend le classement parmi les connecteurs anaphoriques plutôt problématique). La particule *que* tombe très fréquemment aussi bien en FA/FTN que, surtout, en FL (Arrighi 2005 : 296, Wiesmath 2006 : 91s.). Ainsi, le tour existe sous les formes *ça fait que, ça fait, ça fait là, fait que, fait, fait là*. En FL, on note en outre une forme avec pronom réfléchi : *ça se fait*, dans les mêmes fonctions.

---

[60] Pour le FL, Guilbeau (1950 : 259) observe l'absence des connecteurs *donc, ainsi, aussi* pour indiquer une conséquence et souligne l'importance de l'expression *ça fait que*. Soulignons pourtant que *donc* est bien présent dans les sources louisianaises dépouillées pour notre étude.

[61] Pour une analyse détaillée et comparative de *ça fait que* aux Îles-de-la-Madeleine, au Québec, en LOU et dans les parlers acadiens, *cf.* Falkert (2006). *Cf.* pour les parlers acadiens Arrighi (2005 : 296–298), Wiesmath (2006 : 91s.), Fritzenkötter (2015 : 235s.), Petraş (2016 : 119ss.) et pour les parlers acadiens et louisianais Neumann-Holzschuh (2009c : 141–143). Pour le FTN, Brasseur (2001 : s.v. *faire*, p.194). Pour le FL, Guilbeau (1950 : 259), DLF (2010 : s.v. *ça*, p. 95, et *faire*, p. 274). Pour le FQ, *cf.* Léard (1983, 1986), Forget (1985).

Ça fait que semble évoluer en simple marqueur d'interaction aux Îles-de-la-Madeleine ; relevé sous les formes *(ça) fait (que)* ou *ça fa (que), fa que, fa* (Falkert 2006 : 47), le tour n'établit, dans la majorité des cas, plus de rapport de cause-conséquence (Falkert 2006 : 50s.). Cette évolution semble favorisée par la prédominance du français sur le terrain ; en effet, *ça fait que* n'est pas concurrencé dans ce parler par le connecteur anglais *SO*, qui aurait pu empêcher son développement en tant que marqueur d'interaction (Falkert 2006 : 50, *cf.* ci-dessous II.4.2.).

Commentaire
Le tour *ça fait que* existe en français parlé populaire, voire familier de France (Gadet 1992 : 87, Arrighi 2005 : 297). Grevisse/Goosse attestent le tour *ça fait que* dans le sens littéral de « avoir pour conséquence » mais ils notent aussi le tour figé *ça fait que* qui, « dans la langue très familière », équivaut aux adverbes *donc, ainsi donc* et *alors* : à l'intérieur de ce tour, *ça* ne « représente plus rien de précis » et *fait* apparaît toujours à l'indicatif présent, « même à propos du passé » (Grevisse/Goosse 2008 : § 1143 R, p. 1498).

Contrairement au français de France, *ça fait que* relève du registre courant dans les parlers étudiés ici (Falkert 2006 : 50).

En français montréalais, le marqueur apparaît majoritairement sous la forme *fait que* et s'emploie comme conjonction de coordination marquant la conséquence et comme particule de discours signalant la progression, l'hésitation ou la clôture (Wiesmath 2006 : 92). En FQ, la prononciation courante est [sa fɛk(ə)], [fɛk(ə)], [sa fak] et [fak] (*cf.* Léard 1983, 1986, Falkert 2006 : 45).

▶ *ça fait (que)* **dans les rapports cause-conséquence**
Ça fait (que) – qui se compose du pronom démonstratif *ça* et du verbe factitif *faire* – signifie, au sens littéral, « cela entraîne (que) », « cela provoque (que) ».

Ça est pronom anaphorique, *que* (s'il est présent) introduit une subordonnée :
- on change tout' jour à jour on change ça fait qu'aujourd'hui peut-être ben je pense de ste manière-là ben demain peut-être ben que ah j'ai / j'ai découvert quelque chose d'autre (NB – Wiesmath 2006 : 91, Wiesmath 10, X : 85)
- sais-tu quoi ce qu'est un CAUSEWAY [...] ben i ont fait' ça là à Saint-Joseph ça fait là ça arrête l'eau de monter (NB – Wiesmath 2006 : 92, Wiesmath 1, R : 192)
- c'était toujours sauter les balais ç'appelait ça . ça faisait là/ à la loi . il avait pas de mariage c'était justement sauter le balai (LOU – Stäbler 1995 : 126, corpus)

Dans ce sens littéral, on note aussi un tour avec mise en relief : *c'est ça qui fait que*, qui à la différence de *ça fait que* est univoque :
- Pis je pense que c'est ça qui fait que le monde sait pas tellement de / de choses à propos de la / la culture acadienne. (NÉ – Hennemann, BSM, BM)
- Mais la boisson, c'est ça qui fait faire des affaires que le monde ça fait pas quand ils sont à jeun. (LOU – *Découverte*, Mamou, Évangéline)
- C'est ça qui fait on a autant de petits qui est aussi malheureux, c'est ça qui fait ça. (LOU – *Découverte*, Mamou, Évangéline)

Si, à l'aide de *ça fait (que)*, le locuteur insiste davantage sur une explication que sur la conséquence, le connecteur opère dans la logique d'une justification et équivaut à *c'est pourquoi, c'est pour cela*. Les deux rôles, consécutif et justificatif-causal, sont pourtant étroitement liés et beaucoup d'exemples pourraient être reformulés ou bien avec « donc », « de sorte que », ou bien à l'aide de « c'est pourquoi », « c'est la raison pour laquelle ». Les deux sens sont attestés pour le FL par le DLF (2010 : s.v. *ça*, p. 95), qui traduit en anglais par « so » et « therefore » (*cf.* Neumann-Holzschuh 2009c : 141s.).

- Mais moi j'aime pas de gras. Ça fait je mettrais pas de beurre. (NÉ – Hennemann, ILM, MS)
- on les tuait pas touT en même temps [...] ça fait * on avait du cochon frais là pour une escousse là (NÉ – Arrighi 2005 : 297, Évangéline D. NÉ 23 : 72–75) (*escousse* = « moment, intervalle »)
- on avait pas/ pas [...] de FRIDGE hein ça fait * on le mettait sus/sus le bord d'un:/ d'une : . de la chiweille (NÉ – Arrighi 2005 : 297, Évangéline D. 23 : 6–7)
- notre fille d'Ottawa était venue ça fait on a dit on va fêter qu'i aiment ça qu'i aiment pas ça on fête pareil [...] (NB – Wiesmath 2006 : 114, Wiesmath 5 ; C : 16)
- j'y ai dit pourquoi ce tu viens pas avec moi ah ben a' dit j'aimerais ça ça fait qu'alle a venu . pis elle avait seulement deux semaines de vacances . pis moi je voulais rester trois semaines ça fait qu'elle s'en a venu au bout de deux semaines (NB – Wiesmath 2006 : 93, Wiesmath 6, L : 155)
- sus dix enfants y en a trois à l'île trois au Nouveau-Brunswick deux en Ontario pis deux en Alberta ça fait que le/ la famille est pas mal éparpillée (ÎPÉ – Arrighi 2005 : 296, André ÎPÉ 12 : 229–231)
- mon homme a pris malade et pis i : coupait le bois devant la porte pis il rentrait par le fût ça fait * c'était malaisé de le mettre deHors (ÎPÉ – Arrighi 2005 : 297, Rose ÎPÉ 7 : 137–138)
- Après ça les Blancs a commencé à rentrer aux Îles-de-la-Madeleine. ça fait que là les Indiens s'en a été. (IdlM – Falkert 2006 : 48)
- J'ai té bon à ieusses, ça fait que je crois asteure i sont bons à moi. (TN – Brasseur 2001 : s.v. *asteure, steure*, p. 31)
- Il espérions chaque un bîbi, ça fait qu'il ont pas pu venir. (TN – Brasseur 2001 : s.v. *baby, bîbi*, p. 37)
- ... quand ça allait à l'école, eusse les faisais parler juste en anglais dans le temps qu'eusse était dans l'école, tu vois ? Ça fait c'est pour ça que la majheur partie des langages sont morts, c'est rapport à ça. (LOU – Rottet 2001 : 119s., loc. âgé) (*Ça fait* marque la conséquence et assure le rattachement à la phrase précédente ; *c'est pour ça que* rajoute l'explication.)
- Et elle alle pouvait pas parler en anglais, ça fait si les enfants voulait parler à leur grand-mère, il follait qu'eusse parle en français. (LOU – Rottet 2001 : 121, loc. âgé)
- J'a jamais étudié le français à l'école... Quand mon a été élevé, eux-autres apé assayer de se défaire du français. Ça fait eux-autres te donnait pas de chances d'apprendre le français à l'école du tout. Eux-autres voulait défaire le langage. (LOU – Rottet 2001 : 118, loc. âgé)
- J'ai ri, ça fait il s'a choqué. (LOU – DLF 2010 : s.v. *ça*, p. 95, VM) (Le DLF traduit en anglais par « consequently ».)
- ça fait moi je crois s/ euh BROOKSHIRE avait beaucoup d'argent . et il était marié avec . ma grande-tante tu vois . ça se fait lui il avait l'argent pour payer . l'esclave . (LOU – Stäbler 1995 : 140, corpus)
- asteur il y a / ils ont tous des grosses pompes pour eux-mêmes pour noyer leur riz . ça fait ils ont pas de besoin de canal (LOU – Stäbler 1995 : 73, corpus ; *cf.* Stäbler 1995 : 155)

▶ *ça fait (que)* **particule de discours**

Ça fait que sert à structurer l'énoncé tout en étant plus ou moins centré sur l'interlocuteur ; dans les cas où *ça fait que* marque une hésitation et a pour fonction principale de remplir une pause, la fonction phatique se révèle être la fonction principale du tour. En tant que signal de clôture, il donne à l'interlocuteur l'occasion de s'emparer du tour de parole.

En tant que particule de discours, *ça fait (que)* marque principalement la progression du récit et la succession des faits[62]. À l'aide de *ça fait (que)* le locuteur peut réorienter le thème

---

[62] *Cf.* Stäbler (1995 : 139), Wiesmath (2006 : 91, 94), Neumann-Holzschuh (2009c : 142).

de son discours ou revenir à un argument précédent après une (courte) digression (Falkert 2006 : 49). Selon le contexte, *ça fait (que)* sert de signal d'ouverture ou de progression du texte. Dans les cas où, tout en progressant dans le discours, le locuteur précise ce qu'il vient de dire, *ça fait (que)* prend un sens voisin de « c'est-à-dire »[63].

Marque de l'ouverture et de la progression
- ANYWAY ... Ça fait t'as été née où ? (NÉ – Hennemann, ILM, AS) (= *ça fait* marque le début d'une nouvelle idée ; il sert de signal d'ouverture)
- Ça fait j'ai écrit l'examen et ils m'avont baillé quarante-cinq dessus. (NÉ – Flikeid 1996 : 313, BSM) (=*ça fait* introduit une conclusion)
- WELL moi je joue du violon, ça fait que ça occupe de / du temps (NÉ – Hennemann, BSM, RG) (proche d'un simple coordonnant entre les phrases au sens de « et »)
- Pis il a encore le même violon qu'i joue, ça fait qu'i s'a acheté un violon pis il a eu l'habit quand même (IdlM – Falkert 2006 : 48) (La locutrice revient au fil de ses pensées après une courte digression.)
- Vous avez de la morue qu'est... sus la grave qu'est quisiment sec, et pis vous avez d'autres morues qu'a rien qu'un soleil ou deux. Ça fait qu'y a deux sortes de morues là : la ... quisiment sec et cette-là qu'est pas sec. Ça veut dire la morue varte pis la morue sec. (TN – Brasseur 2001 : s.v. *soleil*, p. 424) (« donc », « ce qui veut dire »)
- on était contents de les voir eux . ça fait les enfants faisaient pas de différence c'était juste les vieux qu'avaient fait une différence (LOU – Stäbler 1995 : 127, corpus) (« c'est-à-dire »)
- ils l'ont pas cherché .. ça fait ils l'ont pas cherché ailleurs (LOU – Stäbler 1995 : 141, corpus) (« c'est-à-dire »)

En FL, *(ça) fait* (plus rarement : *ça se fait*) est – à côté de *et là* – la particule de discours la plus fréquente ; généralement, il apparaît en série (Stäbler 1995 : 139), structurant ainsi le discours et reprenant les idées après une digression.
- [...] Je pense que c'était alentours de sept heures, on sortait des bois. Ça fait, on attend une voix couper à travers le brouillard. Et c'était une voix en anglais et c'était une voix d'homme. Ça fait la voix a dit, il dit, « *Eh, over there!* » il dit, « *You mind if we use your fire ?* » il dit, « *My partner fell in the water.* » Ça fait, nous-autres, on avait peur ; on avait juste treize ans. Ça fait, on répond, on dit, « *Sure, come on.* » Ça fait, le bougre, il vient et là, t'attendais la pagaille frapper l'eau, [...]. Et tu voyais que le pauvre bête avait tombé dans le bayou parce qu'il était après tousser et cracher et tout quelque chose. Ça fait, le bougre en arrière de la pirogue là, il plante le devant de la pirogue dans la terre grasse et il dit à nous-autres [...]. Et au bougre là, [....], il parlait en français. Ça fait, il prend sa pagaille, [...]. Imagine-toi, deux jeunes petits garçons de treize ans moitié gelés au long d'un bayou avec ce gros macaque, deux gros hommes assez vieux pour d'être nos papas, et l'un moitié mort et noyé, et l'autre tout en plume là ! Ça fait, il prend le bougre et il pousse un petit brin, là. Et le bougre, il vient et puis il était tellement faible jusqu'à il caracolait. Ça fait, le bougre s'assit là sus le chicot, et puis le feu était après le chauffer un petit brin et le grand Cadien là, celui là qui était tout sec, il se met à nous charmer, [...]. Tout le temps il parlait à nous-autres, il parlait en anglais. Ça fait, après que le bougre s'avait chauffé un petit brin là, le gros Cadien qui était assis qui était sec là, ça fait le bougre, il dit à nous-autres, il dit [...] (LOU – *Découverte*, Jennings, Jefferson Davis)
- [Quelques personnes en route pour Chicago.] Il avait acheté une grande chaudière à laver avec mom pour nous-autres faire du gumbo là-bas pour *advertise* notre gumbo. Et on a fait du boudin là-bas. Ça se fait, on a fait la route moi et T. et les petits. Là bien bien arrivé là-bas dedans Chicago, c'était *pollution*.

---

63 *Cf.* Stäbler (1995 : 155) pour le FL, qui voit dans *ça fait que* employé dans cette fonction, un signal d'ouverture à fonction récapitulative (de même que *donc, enfin* en français moderne ; Gülich 1970 : 171ss.).

[...] (LOU – *Découverte*, Mamou, Évangéline) (Par *ça se fait*, la locutrice reprend le récit du voyage à Chicago après la digression sur le gumbo.)

Dans les cas où *ça fait que* marque une hésitation, remplit une pause et signale la fin d'une idée développée avant, la particule peut être accompagnée d'autres marqueurs : *hein*, *pis*, *disons* (Falkert 2006 : 50), *tu sais là* (*cf.* aussi Wiesmath 2006 : 94s.). En tant que marqueur d'hésitation, *ça fait que* peut introduire le passage à une nouvelle idée dans le discours, en tant que marqueur de clôture, il offre la possibilité à l'interlocuteur d'intervenir.

Marque d'hésitation, de pause ou de clôture
- i s'aperçoivent que pour vivre dans le Nouveau-Brunswick si qu'i veulent continuer qu'i / qu'i / le / bilingue euh i / tu sais là **ça fait là** i / i sont / i trouvent que c'est important que leux enfants apprennent le français aussi ça fait i les envoient à l'école . à Saint-Antoine . plutôt qu'à Moncton (NB – Wiesmath 2006 : 95, Wiesmath 7, O : 324) (marque d'hésitation pour gagner du temps afin de reformuler l'argument)
- et le gros bois i le halait pis i le vendait à d'autres COMPANY ça fait que . [Ronald : ouais . heum] pis ben quoi-ce que tu pouvais faire [...] (NB – Arrighi 2005, corpus, Willy NB 9 : 147–148) (marque la clôture de la pensée développée, Ronald intervient par un signe d'acquiescement.)
- puis là on a retourné à la plante on a remis l'ecstricité . mais ç'a pas fait un tas de bien parce que avant le matin . avant la/le jour du matin ça c'était . dix onze l'heure le soir je pense que j'ai coupé ces fils . et avant la/ le/ le m/ le jour se refait . l'eau avait rentré dans la plante et y a faulu <fermer> tout ça .. ça fait . mais ça yeux a donné une heure ou deux de/ de plus de/ . d'ecstricité (LOU – Stäbler 1995 : 110, corpus) (*ça fait* signale la fin d'une idée développée avant ; par la suite (« mais... »), le locuteur introduit une nouvelle idée qui est reliée au macro-contexte « coupure d'électricité »).

II.4.2 *SO*

Les variétés étudiées ici ont récemment adopté le connecteur anglais *SO* pour signaler « qu'il y a une conclusion implicite à tirer de ce qui précède » (Neumann-Holzschuh 2009c : 142)[64]. En outre, *SO* s'emploie en tant que marqueur d'ouverture, de simple progression du récit ou bien en tant que marqueur d'hésitation/de pause. On constate donc que *SO* remplit des fonctions sensiblement identiques à *ça fait que*. Comme pour *ça fait que*, on observe qu'il n'y a pas de délimitation nette entre l'emploi en tant que connecteur et en tant que marqueur discursif.

Les avis des auteurs divergent quant à l'importance du connecteur anglais dans les parlers acadiens[65]. Pour l'ÎPÉ, King (2000 : 112) atteste l'existence de *SO* et de *BUT* dans toutes les couches sociales indistinctement. En référence à son corpus panacadien Arrighi (2005 : 442) parle, pour *SO* et pour *BUT*, « d'un usage restreint » ; *SO* s'observerait, selon elle,

---

[64] Wiesmath (2006 : 114) constate pour son corpus du Sud-Est du NB que la locutrice la plus âgée n'utilise jamais *SO*. Des études statistiques ultérieures devraient tenir compte des variables diatopiques, diastratiques et diaphasiques pour évaluer le poids réel de *SO* dans les parlers étudiés ici. – Notons l'absence de *SO* dans la variété parlée aux IdlM (*cf.* Falkert 2006 : 50).

[65] Nous ne sommes pas à même de nous prononcer sur la vitalité de *SO* à TN, les définitions des mots dans le *Dictionnaire* de Brasseur (2001) ne se prêtant pas à une telle étude.

seulement chez les locuteurs qui font « par ailleurs un usage assez important de l'anglais »[66] ; de plus, selon Arrighi (2005 : 394), *SO* s'emploie principalement comme connecteur discursif et moins comme conjonction (la relation de conséquence étant principalement exprimée par *ça fait que*). Wiesmath, en revanche, constate pour son corpus du Sud-Est du NB que *SO* s'est répandu au point d'apparaître même chez les locuteurs qui « n'utilisent aucune autre conjonction anglaise » ; mais elle ajoute aussi que l'emprunt anglais est rare dans les situations de distance communicative (Wiesmath 2006 : 113s.) ; si *SO* apparaît – rarement – dans ce contexte, c'est dans la valeur consécutive (*ibid.*). *SO* n'a pas d'entrée dans le DLF (2010) et n'est pas non plus mentionné dans l'étude de Stäbler (1995) ; il ressort pourtant des sources consultées que cette particule connaît un emploi non négligeable en FL[67].

Commentaire
Selon Falkert (2006 : 50 ; Îles-de-la-Madeleine) et Arrighi (2005 : 442s. ; corpus panacadien), *SO* n'est actuellement pas une concurrence sérieuse à *ça fait que* ni dans sa fonction de connecteur ni dans celle de particule de discours. Tandis que la situation aux Îles-de-la-Madeleine s'explique sans doute par l'influence du Québec, en NÉ, c'est le facteur de l'âge qui semble décisif : dans le langage des jeunes de la BSM interviewés par Fritzenkötter (2015) *SO* est de loin plus fréquent que *ça fait que* (env. 70 % contre 30 %). De même, en chiac, *SO* semble avoir complètement remplacé les marqueurs *ça fait*, *alors* et *donc* (Perrot 1995 : 236, Wiesmath 2006 : 116).

En ce qui concerne les variétes laurentiennes, *SO* semble absent du français parlé à Montréal[68]. Par contre, dans une analyse en temps réel effectuée dans la communauté majoritairement francophone de Hawkesbury (Ontario), Mougeon et al. (2009c) notent une augmentation aussi bien de la fréquence que de la dispersion du connecteur consécutif anglais *SO* chez les adolescents entre 1978 et 2005, même si la variante (*ça) fait (que)* figure encore largement en tête. La variante standard *alors* a disparu, *donc* n'a guère évolué. À Pembroke (Ontario), en revanche, où le français est minoritaire, la variante « anglaise » *SO* est la plus importante, mais c'est la variante standard, *donc*, qui a connu une augmentation spectaculaire entre 1978 et 2005 ; (*ça) fait (que)* occupe le dernier rang de fréquence et de dispersion. Dans un contexte où il n'y a plus que des locuteurs restreints, qui n'utilisent le français que dans le contexte scolaire, on note donc que l'usage s'oriente sur le standard.

▶ *SO* dans les rapports cause-conséquence

En principe, *SO* est employé dans les mêmes fonctions que *ça fait que*. Dans les parlers acadiens, *SO* est moins courant comme connecteur consécutif que comme marqueur discursif (*cf.* Arrighi 2005 : 442), alors qu'il apparaît fréquemment pour exprimer des rapports cause-conséquence en FL. Là où *SO* apparaît en tant que connecteur logique, il introduit souvent une conclusion de ce qui précède.

- J'ai té à ONTARIO après / après-ce que j'ai v'nu de la vallée. Je commence avoir envie de m'en vnir chez moi SO je m'en ai venu, j'ai été dans les / dans les endroits à poisson. (NÉ – Hennemann, PUB, ID)
- j'ai regardé, pis elle était là dans le milieu de la place, j'ai dit : Ah mon Dieu. SO j'avais besoin de marcher de nouveau à travers de l'estrade pis le ramasser. (NÉ – Hennemann, ILM, DO)

---

66 À en juger par les corpus que nous avons consultés, *SO* est pourtant très vivant en NÉ et au NB. Arrighi (2005 : 442) voit dans *SO* principalement un « signal de clôture », ce qui ne correspond que partiellement aux données des autres corpus.
67 Ce constat est confirmé par Dajko (2009 : 198), qui relève aussi la forme semi-intégrée *SO que*.
68 *Cf.* Chaudenson et al. (1993 : 70s.), Wiesmath (2006 : 113), Mougeon et al. (2009c : 176).

- mais coumme/zeux dit « char » par/par là/SO je commençais rinque à dire « char » quand j'ai venu par/par icitte (NÉ – Fritzenkötter 2015 : 235, BSM)
- i y a un petit porche en arrière là pis à un moment donné i faisait assez chaud dadedans [sic] pis je voulais pas que les mouches rentrent SO_1 euh c'est coumme une petite SHED hein SO_2 j'ai / j'ai mis mes/mes statuettes dehors (NB – Wiesmath 2006 : 113, Wiesmath 2, F : 95) (SO_1 marque, selon Wiesmath, l'hésitation et l'enchaînement du récit, alors que SO_2 introduit une conséquence).
- s'i y a des personnes qui aiment pas de parler . pis qui feraient mon travail [...] ça serait très très difficile pour eux autres ça prendrait toute leur énergie <hm hm> SO i arait forte possibilité de pas réussir (NB – Wiesmath 2006 : 114, Wiesmath 10, X : 56)
- euh là après ça t'avais une/ une séparation t'avais une/ une/ des petites grades si tu veux encore dans la même vieille école avec les quatre chambres SO au lieu d'avoir trois grades dans la même chambre t'en avais rinque deux (ÎPÉ – Arrighi 2005, corpus, André ÎPÉ 12 : 23–26 ; Arrighi 2005 : 442)
- Nous-autres on pouvait pas parler français du temps qu'on était à l'école, on était punis si on était collé à parler français. SO dès qu'on a eu notre famille, on voulait pas parler français avec notre enfants pour pas qu'eusse aouèye les mêmes tracas que nous-autres on avait dès que nous-autres avait été à l'école. (LOU – Rottet 2001 : 120, loc. âgée)
- Et mon z'vas montrer à mes enfants à mon à parler en français parce que ça a besoin de connaître éiou eusse devient, qué langage les mames et les papes et les grands-pères et les grands-grands-pères parlait. SO, ça va pas crever dans cette famille icitte. (LOU – Rottet 2001 : 122, loc. jeune)
- Et les deux plus vieux, eusse avait peur de parler français, peur que ça disait pas les bonnes paroles et qu'on allait rire après eux, SO ça a jhamais été intérêt-t-à parler français. (LOU – Rottet 2001 : 135, loc. âgée)
- Et quand il a retourné au Canada, il a follu qu'il paye les impôts dessus trente-sept mille dollars. So, il a follu qu'il emprête l'argent pour payer ses impôts. (LOU – DLF 2010 : s.v. *impôt*, p. 342, LF)
- Oh nous-autres on restait dans les deux chambres d'en avant, et eux-autres restait dans les deux chambres d'en arrière. Et il y avait une porte au milieu *so* moi j'ai mis mon garde-manger, tu connais qui-ce qu'un garde-manger est ? (LOU – *Découverte*, Pointe-aux-Chênes, Terrebonne)

▶ *SO* **particule de discours**

En tant que particule d'ouverture, *SO* possède plusieurs fonctions : le locuteur marque ainsi la prise de parole, il réoriente le discours ou bien il reprend le fil de ses pensées après une digression. À l'intérieur de l'énoncé, *SO* peut servir de marqueur de progression (*cf.* Wiesmath 2006 : 114, Neumann-Holzschuh 2009c : 141–143).

- [SC fait des angelots décoratifs.] C'est fait avec du / euh / deux ou trois modes de macaroni. C'est / euh / comme le corps de l'ange… c'est / euh / du macaroni qu'est seulement comme une long là comme ça. Un rondeur. Un trou avant. SO le corps est hautement de même blanc, tu peintures blanc pis la tête de l'ange c'est un / un noix / un noix de [...] (NÉ – Hennemann, BSM, SC)
- [EL introduit un nouveau détail.] Nous-autres, on a touT té nés chez nous. SO j'étions sept nous-autres, on a touT né dans la maison. (NÉ – Hennemann, ILM, EL)
- UC2 : pis asteure coumme/faut presque/avoir des/des/des emplois gouvernementales i faut qu'tu seyes bilingue/ – UC1 : c'est ça/ – UC2 : SO coumme/finalement il y a un avantage. (NÉ – Fritzenkötter 2015 : 236, BSM) (UC2 reprend son idée après l'intervention d'UC1.)
- pis tu y allais avec trois quatre . cannes tu sais tu te prenais juste des varnes cecitte faulait pas que t'alles avec une belle canne à pêche ou / euh BECAUSE t'étais dans la vase SO tu prenais une varne tu plantais ça dans … (NB – Wiesmath 1, B : 242–244) (Après une petite digression, B marque par *SO* le retour au sujet principal.)

- [dans un autobus] i y avait ce/ ce. m/ . monsieur âgé ou un peu âgé oui qui marchait avec une canne pis i était assis pis i y a ce femme-icitte qu'a rentré avec deux trois enfants . pis i manquait une place pour que la femme s'assise . SO le monsieur en voulant être un GENTLEMAN i/ . i donne sa place à/ . à la femme . SO le temps que l'autobus conduisait le/ l/ .. sa/ sa canne glissait hein. SO la/ . la jeune fille était là avec ses deux enfants a' dit monsieur a' dit euh . a' dit si tu mettais un RUBBER sus le bout' de ta canne là a' dit t'arais pas de problèmes i dit oui ben i dit si ton vieux arait mis une canne/ un RUBBER sus le bout de sa canne i dit j'arais une place pour m'assir ((rires et applaudissements)) (NB – Wiesmath 2006 : 114, Wiesmath 8, Q : 132) (*SO* marque la succession des faits.)
- *So* le roi y dit : quoi faire que tu me donnes pas le pot [pɔt]-là ? (TN – Brasseur 2001 : s.v. *quoi*, p. 384)
- *So* ma défunte mère ielle, ce tait ène chasse-femme, je pense alle a êné plus [plys] qu'un mille-z-enfants, ielle. (TN – Brasseur 2001 : s.v. *chasse-femme*, p. 105)
- *So* il demandait comment adoucir une vache. (LOU – *Découverte*, Châtaignier, Évangéline)
- *So* quand la guerre a fini, la guerre de *World War Two*, et là il y a eu des, on a eu l'électricité (LOU – *Découverte*, Pointe-aux-Chênes, Terrebonne)

SO figure aussi comme marque d'hésitation, voire de clôture, mettant un terme au développement d'une idée et donnant à l'interlocuteur la possibilité d'intervenir.
- EL : [...] ça fait j'ai pas trop participé. Pis j'avais trois enfants qu'allaient à l'école. – [Enquêtrice : Oui.] – EL : Pis je travaillais du matin au soir SO... – MD : Elle avait son propre BUSINESS elle aussi SO... – [Enquêtrice : Hm.] – EL : Oui. (NÉ – Hennemann, ILM, EL + MD)
- a sait pas ça quand qu'elle rentre à la pharmacie elle argarde la couleur sus la boîte elle dit j'aime ça é se met ça dans les cheveux c'est pas ça [...] ça sort jamais la manière qu'a veut y a pas de consultation y a pas/ y a pas euh : une éducation en arrière de :: de la décision . . SO (NB – Arrighi 2005 : 442, Michelle NB 16 : 251–255)
- Ça faisait un tas de la crème. YEAH, ça faisait un tas de la crème, *so*... (LOU – *Découverte*, Châtaignier, Évangéline)
- C'est la seule chose je connaissais faire, presque. *Trawler*, j'ai jamais fait grand-chose de ça. Et quand j'ai fait ça j'aimais pas un tas ça, *so*... (LOU – *Découverte*, Isle Jean Charles, Terrebonne)
- Je l'avais arrangé et tout, et là il est gâté après moi, *so*. Je veux pas dire gâté, mais j'aime les voir. (LOU – *Découverte*, Isle Jean Charles, Terrebonne)

II.4.3 *donc* et *alors*

Comme en FS, les connecteurs *donc* et *alors* peuvent avoir un sens consécutif ou figurer comme particules de discours dans les variétés étudiées ici ; dans le sens consécutif, ils se trouvent de préférence mais pas nécessairement en position initiale. La possibilité de les combiner avec d'autres particules ou conjonctions, et la place plus flexible dans la phrase sont des arguments contre leur classement comme conjonctions. Soulignons que leur fréquence est assez limitée dans les parlers concernés.

▶ *donc*

Tout comme en FS, mais peu fréquent par rapport à *ça fait que* et *SO*, *donc* sert de connecteur consécutif mais aussi de particule de discours. En tant que tel, il marque l'ouverture ou la progression, ou bien introduit une conclusion. Contrairement à *ça fait que* et *SO*, *donc* peut servir à renforcer l'énoncé (notamment dans les exclamations, les injonctions et les interrogations) et il est alors postposé au verbe ou à l'élément qu'il renforce. *Donc* peut aussi attribuer une note adversative à ce qui vient d'être dit (*cf.* ci-dessous). Toute tentative de catégorisation est pourtant très délicate, vu la polyfonctionnalité de cette particule et ses faibles contours sémantiques.

En NÉ et au NB, *donc* est employé par les locuteurs les plus standardisants ; s'il apparaît dans les situations de proximité communicative, c'est généralement dans son rôle de marqueur de clôture (Wiesmath 2006 : 116). À TN, *donc* joue un certain rôle comme connecteur consécutif et surtout comme élément de renforcement, entre autres dans les tours figés *oui-da !, ouais-da !, oui-dia !, ouis-donc !* « oui (ou si) en vérité » (Brasseur 2001 : s.v. *oui*, p. 327) et *ou mets donc, ou bien donc* « ou supposons, ou par exemple ! » (Brasseur 2001 : s.v. *ou*, p. 326). En LOU, *donc* est attesté dans le sens de « pourtant » par le DLF (2010 : s.v. *donc*, p. 218) ; Stäbler (1995 : 141s.) met cet usage en parallèle avec l'usage de l'adverbe concessif anglais *THOUGH*, phonétiquement proche dans ce parler[69].

donc connecteur consécutif
- j'uis né au mois de décembre, le seize décembre, donc j'aurai soixante ans / euh / dans quelques semaines / eum / le seize décembre (NÉ – Hennemann, ILM, RF)
- Alle envoie [ãwɛj] donc pour sa mère. (TN – Brasseur 2001 : s.v. *envoyer*, p. 184)
- I va à la boutique pis i s'agète donc un *suit*. (TN – Brasseur 2001 : s.v. *suit*, p. 432)
- Mais moi, j'aurais tout le temps eu l'habitude d'avoir un docteur et donc moi fallait toujours j'en ai eu un. (LOU – *Découverte*, Châtaignier, Évangéline)

donc signal d'ouverture ou de progression, ou d'insistance sur l'alternative (dans le tour *ou bien donc*)
- [Retour au sujet principal de la conversation après une digression] C'est ça. Donc / euh / j'aurai soixante ans / euh / en deux mille cinq. (NÉ – Hennemann, ILM, RF)
- C'est comme un ... un froncle ou ... ou bien donc un pénéris, ou du mal comme ça. (TN – Brasseur 2001 : s.v. *froncle*, p. 212)
- Je vas bouillir de l'eau pour faire du thé, ou du café si tu veux ou bien donc que tu voudrais un coup de boisson ? (TN – Brasseur 2001 : s.v. *boisson*, p. 63)
- ... il y avait peut-être des éventails mais il y avait pas d'*air conditioned*, tu connais, *no*. Faisait chaud chaud chaud dans ce hall, et à force il y avait du monde qui allait à ce bal, peut-être je t'ai dit ça l'autre fois, donc je crois qu'on a parlé de ça ... (LOU – *Découverte*, Châtaignier, Évangéline)
- *No*, elle s'est remariée sept fois. Donc tu vois là, là ça lui faisait le deuxième après son premier mari. (LOU – *Découverte*, Mamou, Évangéline)

donc signal de renforcement, souvent en fin d'énoncé
- Arrête donc ça. (NÉ – Hennemann, ILM, EL)
- Ah, quoi donc qu'i font en dessert ? (NÉ – Hennemann, BSM, SC)
- C'est beau donc, c'est beau. (NÉ – Hennemann, BSM, SC)

- ben mon Dou la vie c'était donc beau c'était donc beau on avait pas le moyen de l'acheter (NB – Wiesmath 4, M : 337–338)
- [...] c'est-ti vrai qu'i y avait un Dérangement . d'Acadie [acquiescement des interlocuteurs] oui c'est vrai ah ben . on va dire que c'est vrai c'est bon <rires> i nous ont maltraités donc (NB – Wiesmath 2006 : 117)

- mais dis-nous donc comment ça se fat (IdlM – Falkert 2010, corpus : 310–311, p. 161, CD-ROM)
- Pour l'amour du Bon Dieu quo-ce que t'as donc ? (TN – Brasseur 2001 : s.v. *Dieu*, p. 161)

---

69 Stäbler (1995 : 142) ajoute que beaucoup de locuteurs âgés réalisent le son anglais *th* comme [d].

- Le chien de mer c'est ien que ça de long ! C'est diable donc ! Ça mord aussi ! (TN – Brasseur 2001 : s.v. *chien*, p. 110)
- Informateur: « C'est des petites loches ! » – Enquêteur: « Non ! » – Informateur: « Ouais-da ! Tu peux être sûr de ça ! » (TN – Brasseur 2001 : s.v. *oui*, p. 327)
- Chère, il est venu puis c'est ça il est venu nous offert[70] pense donc d'acheter cette maison, si pauvre qu'on était. (LOU – *Découverte*, Mamou, Évangéline)
- L1 : C'était tout un plancher un joli plancher en bois donc, [L : Ouais.] L1 : et des planches larges comme ça. (LOU – *Découverte*, Châtaignier, Évangéline)

donc « pourtant » (généralement postposé, parfois antéposé)
- [Les gens d'autrefois avaient l'habitude de nettoyer le sol avec du sable. IS n'arrive pas à comprendre cette technique.] – EL : […] Mais il avient du / i faisiont ça. – IS : Donc je peux pas comprendre ça. (NÉ – Hennemann, ILM, IS)
- [MS est entrée au couvent.] Alors, finalement, je suis allée. Donc / euh/ mes parents n'étaient pas contents. Je suis allée sans leur consentement. (NÉ – Hennemann, ILM, MS) (*Donc* introduit une nouvelle idée, mais avec une note adversative : « pourtant »)
- et donc moi-là j'étais SAFE avec ça-là (LOU – Stäbler 1995 : 142, Stäbler 1995 : 64, corpus) (« et pourtant »)
- j'aime ça froid … mais ça reste pas froid longtemps donc (LOU – Stäbler 1995 : 141, Stäbler 1995 : 153, corpus) (équivalent de l'anglais *though*)
- y en a pas un tas donc qui parlent français dans les nègres (LOU – Stäbler 1995 : 60, corpus)
- et l'ecstricité ça eux / eux usent là . eux payent meilleur marché . par KILOWATT que moi je paye . parce que c'est un volume . c'est gros . et / . mais . leurs prix montent donc . leurs prix montent (LOU – Stäbler 1995 : 141, Stäbler 1995 : 209, corpus) (équivalent de l'anglais *though*)
- Et ils nous ont pas attrapés. Hé, j'avais peur, donc. (LOU – DLF 2010 : s.v. *donc*, p. 218, SL) (équivalent de l'anglais *though*)
- Ouh ! j'aimais faire ça [= la boucherie]. C'était haïssable pour vider ça il y avait dedans, donc. (LOU – *Découverte*, Mamou, Évangéline) (*dedans* = « dans le cochon »)

▶ *alors*

Alors, probablement un emprunt récent au standard, est restreint aux contextes plutôt formels et aux locuteurs les plus standardisants (*cf.* aussi Wiesmath 2006 : 115s.). Il est – rarement – adverbe temporel au sens de « puis », « à ce moment-là » ; de plus, il peut figurer comme connecteur consécutif mais il est surtout particule de discours, servant de signal d'ouverture, de progression ou de clôture. Placé en fin d'énoncé, *alors* peut renforcer une exclamation ou une injonction.

Le FL se distingue des autres parlers en ce sens qu'*alors* y est bien attesté et y figure comme adverbe temporel, connecteur consécutif et, principalement, particule de discours sans pourtant atteindre la fréquence de *ça fait*.

alors adverbe temporel
- I ont dit alors / quelqu'un a dit alors : « … » (NÉ – Hennemann, PUB, ID)
- souvent si quelqu'un . […] veut une aquarelle i vont avoir une photo ou quelque chose qu'i voudraient avoir qui va aller dans leur maison alors i vont me donner le sujet et moi je vas assayer de le reproduire (NB – Arrighi 2005, corpus, Rachelle NB 1 : 76–79)

---

[70] Pour l'infinitif [ofɛr] *cf.* le chap. « Formes verbales remarquables ».

- Alors i s'en revient *back*, pis i ieux dit ça. (TN – Brasseur 2001 : s.v. *back*, p. 38)
- « Mais », elle dit, « je veux vous-autres me laisses [sic] parler un élan. » Alors ils ont dit, « Tu peux dire tout ce que tu veux. » (LOU – DLF 2010 : s.v. *alors*, p. 23)

alors **connecteur exprimant des rapports « cause-conséquence »**
- Ensuite mes parents, on avait pas grand-chose. Alors j'ai dû laisser l'école pour aller travailler. (NÉ – Hennemann, ILM, MS)
- mon père . comme fermier . alors [= signal d'ouverture] euh je l'ai toujours vu à travailler euh dans la grange euh . dans les grands espaces . alors [= marquant la conséquence] c'est de même je l'ai photographié (NB – Wiesmath 2006 : 115, Wiesmath 13, H : 71)
- pis y a beau/ beaucoup de monde de l'extérieur aussi qui [...] viennent prendre les JOBS aux Îles . beaucoup [Enquêtrice : hm] pace qu'y a pas de personnes compétents aux Îles pour ça . alors i viennent de l'extérieur i prennent les JOBS là (IdlM – Falkert 2010, corpus : 245–248, p. 252, CD-ROM)
- Et là, la racine de cette herbe là c'était rouge et c'était bien bon à manger pour les canards et les oies. Alors eusse fouillait ça à peu près comme un des cochons après chercher pour du manger dans la boue. (LOU – DLF 2010 : s.v. *alors*, p. 23, TB)
- Ils [sic] m'a pas invité, alors j'ai pas été. (LOU – DLF 2010 : s.v. *alors*, p. 23, SM)

alors **signal d'ouverture ou de progression**
- Pis on avait des grandes tournées en / en France de planifiées. Là alors on a pris juste un p'tiT temps OFF, [...] (NÉ – Hennemann, BSM, BM) (*là alors* donne une direction légèrement modifiée à l'énoncé)
- [BJ a eu 12 emplois différents.] pis là ensuite [je travaillais] comme agent de développement rural [...]. Alors [= conclusion], c'tait vécu. C'est pas l'éducation qui m'a rendu là où j'uis, c'est ((rires)) la vie. [...] Alors, il y a des avantages et des désavantages. J'ai pas de bac, [...]. Alors, ça c'est la seul / la seul désavantage [...] (NÉ – Hennemann, ILM, BJ)
- au Canada t'arais jamais eu de chemins de fer si le gouvernement s'avait pas mêlé dedans . alors au Canada on arait pas les hôpitaux pis les universités qu'on a maintenant si le gouvernement s'était pas mêlé dedans . alors vous avez/ . et puis quand on parle de pôle de la coercition c'est que vous êtes obligés de faire ça . c'est par la force . qu'on change les choses dans l'économie c'est par la force qu'on oblige alors la force peut être . une force légale la taxation c'est vous forcer de donner vos ressources . au gouvernement pour qu'i fasse quelque chose avec ça . alors c'est de la force ça . i y a d'autres formes de force une personne peut améliorer son bien-être en vous attaquant avec un fusil pis en faisant un transfert alors c'est tout ce que c'est en économie c'est un transfert transfert de vous autres votre bien-être à leur bien-être . mais ça c'est de la force . mais i a annoncé [un économiste] qu'i y a un troisième pôle qui est un pôle/ le pôle de l'amour de la charité du bénévolat alors lui i parle de/ . de/ euh d'échange . i parle de coercition et d'amour . alors troisième pôle c'est encore un pôle . qui améliore le bien-être des gens (NB – Wiesmath 2006 : 115, Wiesmath 14, hors corpus, cours magistral)
- Ça manquait trois mois pour lui avoir dix-huit ans. Alors [= consécutif] il était exempti. Alors [signal d'ouverture de l'histoire] il a resté avec une des ses vieilles tantes, [...]. Ça fait.... Alors, mon père, quand Monsieur Dugas a commencé détailler les emplacements, les terrains ici, c'est là il avait dit : [...]. (LOU – *Découverte*, Mamou, Évangéline)

alors **signe d'hésitation ou de clôture, parfois avec renforcement**
- Eum, j'ais pas quoi-ce ils appeleront en France alors mais des/ eum (NÉ – Hennemann, BSM, SC)
- je suis rendue être beaucoup dans / dans la musique arabique dernièrement . oui alors euh [= marqueur d'hésitation] : la musique populaire c'est pas vraiment ça que j'écoute du tout . alors [= signale d'ouverture d'une nouvelle idée] c'est un petit plus : [...] (NB – Arrighi 2005, corpus, Rachelle NB 1 : 240–242)
- C'est compris, alors ! (LOU – DLF 2010 : s.v. *alors*, p. 23)

Commentaire
Dans le français de Montréal, *alors* est le marqueur de discours de la distance, tout comme dans les parlers acadiens : en fait, *(ça) fait que* est la seule variante courante dans « la classe populaire » ; dans la « classe professionnelle », quelques personnes n'emploient que *alors* et *donc*, d'autres emploient aussi bien *ça fait que* qu'*alors* (Wiesmath 2006 : 116). Pour *alors* en français ontarien, *cf.* ci-dessus Commentaire en II.4.2.

III Les liens transphrastiques anaphoriques

Les expressions présentées ci-dessous comportent toutes un élément nettement anaphorique, généralement le pronom neutre *ça (ce)*, qui établit le lien transphrastique. Ces tours ne subissent pas d'attrition formelle à l'exception de l'omission éventuelle de *que*.

III.1 Les rapports de cause

La conjonction *car* n'étant pas courante dans les parlers étudiés ici (*cf.* ci-dessus I.5.), les rapports de cause sont principalement exprimés par les connecteurs *c'est pour ça (que)*, *c'est pourquoi*[71], *c'est la raison pourquoi/que/qui fait que* (LOU), ainsi que *c'est parce que*, *c'est que* et *c'est à cause que*. Les propositions ainsi introduites contiennent la cause, l'explication ou la justification de ce qui précède. La cohésion de ces expressions est faible, des adverbes peuvent s'intercaler entre l'élément présentatif *c'est* et le reste du tour. Le pronom neutre *ça* sert d'anaphore. La particule *que* peut être omise, notamment dans le tour très fréquent *c'est pour ça que*[72]. Notons le tour raccourci *pour ça* en tête de phrase en FL.

▶ *c'est pour ça (que)*
- SO je crois que c'est pour ça que le monde a vi si vieux. (NÉ – Hennemann, ILM, MS)
- C'est pour ça * je vas à / à l'OTTAWA... (NÉ – Hennemann, ILM, MD)

- tu vois ioù ce qu'i y a des varnes là . c'est icitte [les canneberges] dans la petite pile là c'est pour ça * je les ai pas coupés là juste là. (NB – Wiesmath 2006 : 90, Wiesmath 1, B : 18)
- pour ceuses-là qui se demandent à ioù ce que je viens je viens du fond de la baie . c'est pour ça que ma femme quand qu'a' m'a rencontré a' dit asteure je comprends pourquoi ce t'es maquereau (NB – Wiesmath 2006 : 90, Wiesmath 8, Q : 4)
- je suis plus certaine c'est ça je vas faire c'est comme vraiment pour ça là que je prends un an là de congés (NB – Arrighi 2005, corpus, Stéphanie NB 11 : 326–328)
- SO c'est probablement pour ça que la personne a pas laissé de note (NB – Arrighi 2005, corpus, Stéphanie NB 11 : 430–431)
- j'ai été chanceuse j'ai eu du travail à Moncton un/un année après [Enquêtrice : ici] oui j'avais un.:/un résumé de mon patron à Ochawa pis euh : c'est pour ça je crois i m'avont embauchée . j'avais travaillé pour longtemps (NB – Arrighi 2005, corpus, Zélia NB 17 : 55–58)

---

[71] *C'est pourquoi* est rare dans les parlers étudiés ici, en revanche, le tour est très fréquent en français de France et en FQ, surtout à l'écrit (pour le FQ : Forget 1985 : 67).
[72] L'omission de *que* dans ce tour s'observe aussi en français familier de France (*cf.* Gadet 1995 : 148, citée dans Wiesmath 2006 : 90, note 192).

- je m'entendais vraiment très très bien avec elle je me / je me faisais pas chicaner je sais pas pourquoi mais euh : c'est pour ça peut-être que ça/ça allait très très bien (ÎPÉ – Arrighi 2005, corpus, Aldine H. ÎPÉ 3 : 12–14)
- [Tout le monde se connaît.] alors c'est pour ça que c'est pas comme une ville (IdlM – Falkert 2010, corpus : 149, p. 185, CD-ROM)
- WELL vous-autres vient de la Pointe, vous-autres c'est pas le monne du Bayou. C'est pour ça vous-autres a pas appris mieux. (LOU – Rottet 2001 : 154, loc. jeune)
- Mais en français, le nom de ce bateau-ci là c'est un bateau de course. Parce qu'il va plus vite qu'un *tug*, il va plus vite qu'un *lugger*, c'est pour ça que ça appelle ça un bateau de course. (LOU – *Découverte*, Pointe-aux-Chênes, Terrebonne)

▶ *pour ça* au sens de « c'est pour ça que »
- [M : et yoù y a pas de bêtes-là les arbres sont 'près/ 'près prendre le dessus] A : pour ça moi je loue ma/ .. mon te/ . ma/ . ma place à bas-là . c'est pour que/ . que les he/ le/ [les arbres] oui . là ils mangeont ça là tendre là (LOU – Stäbler 1995 : 55, corpus)
- il voulait pas parce que je marie tu vois. Pour ça il [le père] l'a pas payé. (LOU – *Découverte*, Church Point, Acadia)

▶ *c'est la raison pourquoi/que/qui fait*
- C'est ça la raison que j'étais en Europe, j'avais été le visiter [mon frère]. (NÉ – Hennemann, PUB, LaD)
- c'est euh un des / une des grosses raisons pour quoi [sic] je voyage (NB – Arrighi 2005, corpus, Rachelle NB 1 : 9–10)
- si tu parles pas l'anglais t'es perdu . tu sais c'est une des raisons pourquoi qu'on apprenait tous l'anglais si bonne heure c'est que / c'est qu'on avait pas le choix (ÎPÉ – Arrighi 2005, corpus, André ÎPÉ 12 : 152–154)
- Ça c'est la raison qui fait on part. (LOU – DLF 2010 : s.v. *raison*, p. 518, AV)
- c'est la raison pourquoi que nos acheteurs sont découragés (LOU – Guilbeau 1950 : 258)
- C'est la seule raison que j'ai ce ce ... (LOU – *Découverte*, Mamou, Évangéline)

▶ *c'est pourquoi* (rare)
- Tu vois, ça fait, c'est pourquoi t'avais trois ou quatre classes de Français. (LOU – *Découverte*, St. Martinville, St. Martin)

▶ *c'est à cause que*
- j'en savais assez beaucoup pis asteure je les ai tout oubliées là . c'est à cause qu'i y en a beaucoup qu'avont conté les miennes de soir là (NB – Wiesmath 2006 : 90, Wiesmath 8, T : 236)

▶ *c'est parce que*
- Euh / je crois que la raison que c'est beaucoup plus cher, c'est parce qu'il fait qu'ils payent un tarif / une taxe ... (NÉ – Hennemann, ILM, DO)
- [...] je sais pas [...] c'est peut-être parce qu'on avait grandi avec . euh la bâtisse là on la voyait c'était . euh . c'était une marque pour le village (NB – Wiesmath 2006 : 90, Wiesmath 6, L : 18)

- [les livres étaient en anglais, l'instruction en français] pis l'instruction se donnait en français . c'est parce que les bouquins existaient pas à l'Île-du-Prince-Édouard . en français (ÎPÉ – Arrighi 2005, corpus, André ÎPÉ 12 : 87–88)
- c'est la plus belle saison. l'hiver c'est pace qu'on:/ on sort beaucoup on se voisine (IdlM – Falkert 2010, corpus : 133–134, p. 302, CD-ROM)
- Ouais la différence que il y a, c'est parce que la vache, elle, elle mange ça il faut, et elle reste tranquille, [...] (LOU – *Découverte*, Mamou, Évangéline)

▶ *c'est (que)*[73]

- Oh j'aimais pas ça. I y a du monde qu'aime ça. [...] i y avait rien de mal avec l'emploi. C'est que moi j'aimais pas ça.[74] (NÉ – Hennemann, ILM, MD)
- pis euh Louisiane l'été [...] va-z-y pas . i fait chaud [...] SO euh . . asteure ce/ tout le monde pense à l'affaire à deux fois c'est que . on a chaud assez par icitte que si tu t'arrives une place là i y a pas de place aller ben t'as chaud t'as chaud (NB – Wiesmath 2006 : 89, Wiesmath 2, E : 151)
- c'est ça qu'i faisaient dans le temps i couchaient en haut ben juste au-dessus du poêle i y avait un trou dans la place pour réchauffer le haut [...] c'est * i divisaient pas le/ . les chambres dans le temps là (NB – Wiesmath 2006 : 90, Wiesmath 2, E : 378)
- hm c'est qu'y avait pas assez de fierté ou quelque chose comme par avant (ÎPÉ – Arrighi 2005 : 296, Suzanne F. ÎPÉ 12 : 178–179)
- [Enquêtrice : et maintenant c'est plus sûr plus :] L1 : ben c'est que le monde est plus équipé (IdlM – Falkert 2010, corpus : 113, p. 301, CD-ROM)
- Et là, il lui a dit qu'il fallait pas qu'elle se tracasse, qu'il allait parler au roi pour la soigner, pour prendre cas d'elle. Mais c'est que le roi, lui, il aurait voulu la prendre pour sa femme. (LOU – *Découverte*, Bayou Sorrel, Iberville)

Signalons pour la NÉ le tour explicatif *c'est ç'ti fait que* (« c'est ce qui fait que ») « voilà pourquoi ».

▶ *c'est ç'ti fait que*

- I y a pas de travail, c'est touT / euh / i y a pas de travail ici. C'est ç'ti fait que touT la jeunesse est partie. (NÉ – Hennemann, ILM, EL)
- C'esty fait qu'alle a pas venu. (NÉ – É. Boudreau 1988 : 79) (« Voilà pourquoi elle n'est pas venue. »)
- Tu ne prends pas garde; c'est c'ti fait que tu t'fais mal. (NÉ – Thibodeau 1988 : 26) (= « C'est pourquoi tu te fais mal. »)

---

73 Bien entendu, *c'est que* fait également partie des constructions pseudo-clivées, *cf.* « La raison [...] c'est que la population dans l'orphelinat était épaisse et ils ont décidé de venir dans le sud voir si ils aurions pas pu placer ces enfants là » (LOU – *Découverte*, Hessmer, Avoyelles). – *C'est que* est fréquent comme lien transphrastique causal également en français de France.

74 Comme l'indique l'exemple, *c'est que* – éventuellement élargi par *seulement* ou *juste* (Wiesmath 2006 : 90) – peut aussi introduire une justification dont le contenu est déjà établi dans ce qui précède.

III.2 Les rapports temporels

Les connecteurs *avant ça* et *après ça* expriment l'antériorité et la postériorité moyennant le pronom anaphorique *ça* (*cf.* Wiesmath 2006 : 87s.).

III.2.1 *après ça*
En ce qui concerne les connecteurs marquant la succession dans le temps, le trait caractéristique est le cumul des adverbes temporels. Comme nous l'avons vu dans le paragraphe consacré aux connecteurs *pis* et *là*, *après ça* s'associe fréquemment à *pis* et à d'autres éléments marquant la succession des événements : *ensuite*, *ben*, *là*. Il est difficile de décider si, en cas de cumul des adverbes temporels, *pis* a une valeur purement additive ou s'il garde également une valeur temporelle. Toujours est-il qu'il marque l'enchaînement des actions qui se succèdent les unes après les autres.

Notons la variante occasionnelle *après de ça*.

- Pis après ça, on a juste décidé, on va faire partie d'un troupe de revue musicale acadienne. (NÉ – Hennemann, BSM, BM)
- c'était filé pis mis sus des fuseaux pis ensuite après ça c'était broché (NB – Wiesmath 2006 : 87, Wiesmath 4, M : 398)
- c'était un pays pauvre . ben là après ça ç'a venu mieux (NB – Wiesmath 2006 : 87, Wiesmath 4, M : 238)
- pis là quand que j'ai arrêté j'ai faiT deux ans de grade neuf là . pis après ça i m'a demandé voir si je voulais aller enseigner les petits [...] (NB – Arrighi 2005, corpus, Évangéline M. NB 14 : 9–10)
- je décolle pou l'Australie xxx m'en irais en Australie après de ça le lendemain je dirais je m'en vas en Chine je m'en vas en Chine . après ça . t'sais en passant par quelques places l'Allemagne . la France l'Italie (IdlM – Falkert 2010, corpus : 145–147, p. 239, CD-ROM)
- [À propos du salve] Tu vas nen mettre sus un morceau de coton pis tu vas te paquer ton mal avec, pis ça va guérir. Sé c'est pour pourrir ça pourrira, pis après ça ça va guérir. (TN – Brasseur 2001 : s.v. *paquer*, p. 331) (*salve* = « onguent », « pommade », « baume », *cf.* Brasseur 2001 : s.v. *salve*, p. 409)
- j'ai compris un tas après de ça . que je connaissais pas en profitant . et là euh . après ça ils ont fait le le portrait le FILM . de Bélizaire (LOU – Stäbler 1995 : 129s., corpus)
- ça s'a bien vendu pour quelques années. Et là après ça ça a, il y a plus aucun qualité de peau qui se vend à part que les loutres (LOU – *Découverte*, Isle Jean Charles, Terrebonne)

III.2.2 *avant ça*
Beaucoup moins fréquent qu'*après ça*, l'expression temporelle anaphorique *avant ça* ne s'associe généralement pas à d'autres adverbes exprimant un rapport temporel (Wiesmath 2006 : 88s.) ; les particules *ben* (Wiesmath 2006 : 89) ou *pis* peuvent toutefois l'introduire.

- J'ai commencé à travailler, les enfants avaient sept huit ans. [...] Avant ça, je restais à la maison. (NÉ – Hennemann, ILM, MD)
- Pis là le monde a commencé à rester ici mais avant ça [...] tout le monde s'en allait pour travailler. (NÉ – Hennemann, ILM, MD)
- ben c'est dans le temps de la guerre que les / . que les gages avont monté à quarante-cinq piasses par mois [...] avant ça c'é/ i y avait pas d'argent i y avait pas de gages (NB – Wiesmath 2006 : 88, Wiesmath 3, D : 96)
- avant ça tous les étés i arrivont icitte (NB – Arrighi 2005, corpus, Willy NB 9 : 387–388)

- la pêche dans ce temps-là c'était trois cents cages avant ça ce tait quatre cents (IdlM – Falkert 2010, corpus : 16–17, p. 441, CD-ROM)
- C'était après quand il gonait, lui il venait m'embrasser. [...] Puis avant ça, si il gonait, avant là si je xxx là, lui il aurait été *sorry* [...] (LOU – *Découverte*, Mamou, Évangéline)

III.3 La restriction hypothétique

La conjonction de coordination *sinon* qui exprime la restriction hypothétique, est rare en FA/FTN (*cf.* Wiesmath 2006 : 89[75]) et n'existe pas en FL. L'absence de la conjonction est palliée par les tours plus agrégatifs *sans ça, autre que ça, autrement que ça* et par l'adverbe *autrement*. À TN, on relève le tour *sénon pour ça* dans le sens de « sinon », « sans ça » (pour *sénon que*, *cf.* le chap. « La subordination », II.7.4.)[76] :

- Ben sénon pour ça, je serais pas ici. (TN – Brasseur 2001 : s.v. *sénon*, p. 418)

III.3.1 *sans ça*

Sans ça est peu fréquent[77] en comparaison avec *autrement (que) (ça)*.

Notons la variante formelle *sans pour ça* à TN, qualifiée de « locution originale » par Brasseur (2001 : s.v. *sans pour*, p.410). Le tour n'est pas signalé par le DLF (2010) pour le FL.

- [...] c'est là ce que j'ai vu que pour moi la Baie Sainte-Marie c'est / c'est l'élément la plus importante pour moi. Sans ça, i y a / je perdrais mon accent, ma / ma culture et touT la / ma façon. (NÉ – Hennemann, BSM, BM)
- faulait que tu peuves avoir du crédit en quelque part . parce sans ça ç'arait trop coûté (NB – Wiesmath 7, O : 394–395) (Dans le corpus de Wiesmath, l'une des locutrices se sert du tour *sans ça* dans un contexte assez stéréotypé.)
- faudrait que t'achètes un cadeau sans ça tu vas te faire passe [sic] pour une mauvaise femme (NB – Arrighi 2005, corpus, Suzanne NB 19 : 281–282)
- t'sais faulait qu'i restent à la maison pour aider les parents à : les jardins les foins et : la pêche et : t'sais sans ça i ::/ ils allaient crever (IdlM – Falkert 2010, corpus : 257–258, p. 503, CD-ROM)
- [À propos de la maîtresse d'école.] Ielle a nous apprenait ça qu'a pouvait, hein ! Ben sans pour ça j'arons pas fait. (TN – Brasseur 2001 : s.v. *sans pour*, p. 410)
- J'avons tiendu à parler français. Sans pour ça j'arons perdu [paʀdy] notre français. (TN – Brasseur 2001 : s.v. *tiendre*, p. 447)

---

75 Pour le NB, Wiesmath (2006 : 121) relève quelques rares exemples de *sinon*. Notons aussi l'exemple suivant dans le corpus d'Arrighi : « ben avant que je tombe enceinte tu vas te chercher de l'assurance pis/parce que sinon moi je veux rien savoir de de ça » (NB – Arrighi 2005, corpus, Catherine NB 19 : 503–504). Selon Wiesmath (2006 : 121), le sens de *sinon* est parfois difficilement saisissable ; de fait *sinon* semble parfois tenir lieu de marqueur d'hésitation : « [...] nous autres on vit notre façon <hm> pis on regarde ça comme ça . ben si/sinon tu sais tu/ tu/. moi je parle de coumme... » (Wiesmath 2006 : 121).

76 *Sénon pour* au sens de « sans » apparaît également dans d'autres expressions : « Sénon pour moi il arait pas vi, il arait mouri. » (TN – Brasseur 2001 : s.v. *sénon*, p. 418)

77 L'expression *sans cela/ça* est aussi attestée en français hexagonal (*Le Petit Robert* 2013 : s.v. *sans* : « Partez, sans cela je me fâche »).

III.3.2 *autre(ment) (que) (ça)*

Divers tours comprenant l'adjectif/l'adverbe *autre(ment)* servent à exprimer la restriction hypothétique ou l'exception (pour *autrement que* « à moins que ... ne », *cf.* le chap. « La subordination », II.7.4.) :
- en NÉ : *autrement* et *autre que ça* ;
- au NB : *autrement*, *autrement que ça* (rare au NB, Wiesmath 2006 : 89) ;
- à TN : existence d'une forme avec métathèse, *auteurment que ça* (*cf.* Brasseur 2001 : s.v. *auteurment*, p. 33) ;
- en LOU : *autrement*, *autre que ça*, *autrement de/que ça*, *entrement de/que ça* (DLF 2010 : s.v. *autre* et *autrement (entrement)*, p. 48).

▶ ***autrement* (FA/FL), *auteurment* (FTN)**
- [On devait changer son nom en anglais pour trouver du travail.] Ah oui, autrement i ne vouliont pas nous dounner de travail. (NÉ – Hennemann, ILM, EL)
- pis les soldats asteure qui vouliont pas aller à la guerre étiont cachés dans le bois partout partout partout pis i aviont viré leux vêtements . à l'envers pour pas/ autrement le monde arait pris les numéros tu i y avait du numéro sus leux euh . on appelait ça les BADGE (NB – Wiesmath 4, M : 41)
- Auteurment faulait que tu coupes du *pulp* dans le bois. (TN – Brasseur 2001 : s.v. *auteurment*, p. 33)

▶ ***autrement que ça* (FA/FL), *auteurment que ça* (FTN), *autrement de ça* (FL)**
- [si t'avais pas l'argent pour payer pour...] Oui ben tu le marquais [...] pis tu payais les / mais autrement que ça tu faisais / [...] tu faisais [...] / [...] sans ça. (NÉ – Hennemann, ILM, MD)
- mais faut reconnaître que ça et ça aussi ç'a des effets sus le bien-être de la population . . parce qu'i y a de la production . parce qu'i y a de l'échange et puis i y a des gens qui bénéficent qui autrement que ça auraient pas ces biens et ces services-là (NB – Wiesmath 2006 : 89, Wiesmath 14, Y : 108) (cours magistral)
- Je laime de veiller écouter les nouvelles et de quoi de même, mais auteurment que ça je peux pas m'assir là pis veiller ça. (TN – Brasseur 2001 : s.v. *auteurment*, p. 33)
- Pour la première communion et tout ça on chantait mais autrement que ça non. (LOU – DLF 2010 : s.v. *autrement*, p. 48, IB)
- Mais autrement de ça il faut que tu les amènes sur le Bayou Black. (LOU – DLF 2010 : s.v. *autrement*, p. 48, TB)

▶ ***autre que ça***
- [BJ n'a pas de baccalauréat, ce qui constitue un désavantage pour lui.] Mais autre que ça ça changerait absolument rien. (NÉ – Hennemann, ILM, BJ)
- [L'enquêtrice ne sera plus à l'ILM lors de la fête.] EL : ... autre que ça on arait eu été. (NÉ – Hennemann, ILM, EL)
- Autre que ça, j'ai vu personne. (LOU – DLF 2010 : s.v. *autre*, p. 48)

▶ ***entrement de/que ça***
- Entrement que ça, je sais pas comment le monde aurait vi. (LOU – DLF 2010 : s.v. *autrement*, p. 48, AC)
- Entrement de ça peut-être le lendemain t'aurais manqué et quelqu'un te courait par-derrière. (LOU – DLF 2010 : s.v. *autrement*, p. 48, TB)

Commentaire
L'emploi de *autrement* au sens de « sinon », « sans quoi » est attesté en FS (*cf.* Grevisse/Goosse 2008 : § 1159, p. 1522, *Le Petit Robert* 2013 : s.v. *autrement*). L'expression *autrement que ça* – relevée en Anjou (Maine et Loire) – passe pour populaire en français[78]. La forme avec métathèse est signalée « dans divers parlers dialectaux de France (FEW 24, 355a ALTER) » (Brasseur 2001 : s.v. *auteurment*, p. 33) et est également attestée en FQ (GPFC : s.v. *auterment*).

---

[78] FEW (24, 355a), Grevisse/Goosse (2008 : § 1159 R1, p. 1522), Brasseur (2001 : s.v. *auteurment*, p. 33).

La subordination

Préliminaires

I	**Le rôle du subordonnant *que***
I.1	*Que* conjonction « passe-partout »
I.2	*Que* « parasitaire » ou « explétif »
I.3	Les conjonctions périphrastiques
I.4	L'omission de *que*
I.4.1	Vers la subordination implicite
I.4.2	L'omission de *que* dans les complétives
I.4.3	L'omission de *que* dans la mise en relief
II	**La proposition circonstancielle**
II.1	Les propositions de temps
II.1.1	*quand (ce) (que), équand (ce que)*
II.1.2	*lorsque, lorce*
II.1.3	*avant (que)*
II.1.4	*après (que)*
II.1.5	*une fois (que)*
II.1.6	*dès que, drès que*
II.1.7	*depuis (ce) (que)*
II.1.8	*mais que*
II.1.9	*jusqu'à (ce que), jusqu'à tant (que), jusque*
II.1.10	*le temps que, du temps que, par le temps que*
II.1.11	*tant (ce) (que)*
II.1.12	*comme (que)*
II.1.13	*pendant (que)*
II.1.14	*tandis (que), quandis que*
II.2	Les propositions de cause
II.2.1	*parce (que)*
II.2.2	*à cause (que)*
II.2.3	*(par/au) rapport (que)*
II.2.4	*d'abord que, depuis que*
II.3	Les propositions de but
II.3.1	*pour (que)*
II.3.2	*pour pas (que)*
II.4	Les propositions de conséquence
II.4.1	*assez ... que*
II.4.2	*(si) tellement ... que, (aus)si...que, à force*
II.5	Les propositions de concession
II.5.1	*malgré que*
II.5.2	*quand même (-ti) (que)*
II.5.3	*même si (que)*

II.5.4	*même que*
II.5.5	*combien même que, comment que*
II.6	Les propositions circonstancielles d'opposition
II.6.1	*tandis que*
II.6.2	*sans (que)*
II.7	Les propositions hypothétiques
II.7.1	*si (que)*
II.7.2	*en (tout) cas que*
II.7.3	*tandis que/atandis que/quandis que*
II.7.4	Autres locutions conjonctives hypothétiques
III	**Les conjonctions empruntées à l'anglais**
III.1	*BECAUSE (que), SINCE (que)*
III.2	*EXCEPT (que), UNLESS (que)*
III.3	*UNTIL, BY THE TIME (que), AS LONG (que), AS SOON (que)*
III.4	*ALTHOUGH, EVEN THOUGH (que)*

La subordination

Préliminaires

Parlers oraux, les variétés étudiées ici emploient des moyens explicites et implicites pour marquer la hiérarchie entre les phrases[1]. Bien que la subordination soit un domaine en restructuration et qu'on relève certaines stratégies pour éviter la subordination explicite[2], on note tout de même de nombreuses conjonctions subordonnantes dans les parlers étudiés[3]. Dans le présent chapitre, on suivra une approche principalement différentielle qui mettra en exergue les spécificités par rapport au français de France, en faisant largement abstraction des cas conformes à la norme.

Quelques conjonctions en usage dans les parlers étudiés ici datent de l'époque préclassique et sont sorties de l'usage en français de France. D'autres ont été créées plus récemment à partir de matériel externe (emprunts à l'anglais) ou interne (sur la base d'adverbes ou de locutions prépositionnelles).

I Le rôle du subordonnant *que*

La particule *que* constitue la marque par excellence de la subordination. *Que* est l'élément-clé pour introduire non seulement les complétives mais aussi les subordonnées circonstancielles et les relatives (*cf.* le chap. « La relative »). On note pourtant à propos de *que* deux « tendances inverses » (Arrighi 2005 : 263) ou « contradictoires » (Wiesmath 2002 : 404) :
– « Extension »[4] :
    – *Que* « passe-partout » : cette particule peut se substituer à presque toutes les conjonctions sémantiquement plus spécifiques (Arrighi 2005 : 277, Gadet 2013 : 73s.) (*cf.* ci-dessous I.1.). *Que* « passe-partout » joue également un rôle primordial dans les relatives comme substitut des pronoms relatifs[5].

---

[1] Pour le rôle de *que* et la subordination dans les parlers étudiés ici, *cf.* Arrighi (2005 : 277–304), Wiesmath (2006 : 124–181), Stäbler (1995 : 148–181). Dans une optique panfrancophone : Gadet (2013). Pour le français parlé de France, *cf.* Gadet (1996/1997 : 125–129).
[2] *Cf.* le chap. « Les formes nominales du verbe » à propos de l'infinitif substitut dans les subordonnées (II.2.).
[3] Dans les commentaires généraux, nous subsumons sous le terme de *conjonction* les conjonctions simples (*quand, comme, si*) et composées (préposition ou locution prépositionnelle + *que*, ainsi que les formes composées mais opaques en synchronie telles que *tandis que*) de même que les locutions conjonctives (groupe prépositionnel + *que*, locutions contenant les éléments *même, sauf, excepté*) (*cf.* pour la définition Riegel et al. 2011 : 843s.).
[4] Nous hésitons à employer le terme « d'extension » de l'emploi de *que* (le terme apparaît, par ex., chez Arrighi 2005 : 280), étant donné qu'il s'agit pour *que* « passe-partout » ou accompagnant d'autres conjonctions de phénomènes anciens. – Pour le français populaire de France, Gadet (1992 : 91–93) énumère trois tendances concernant l'usage de *que* : extension des emplois, disparition et remplacement. *Cf.* aussi Gadet (2013).
[5] Nous employons le terme de *que passe-partout* aussi bien pour *que* introduisant une relative que pour le rôle de conjonction (Riegel et al. 2011 : 810) ; *cf.* le chap. « La relative » (II.3.).

– *Que* « parasitaire » : *que* se joint facilement aux conjonctions de subordination simples (*quand, comme, si...*), aux mots interrogatifs et aux relatifs (*cf.* ci-dessous I.2.). *Que* « parasitaire » peut avoir une valeur explétive (*cf.* aussi les chap. « La relative », VIII, et « L'interrogation », II.3.).
– En tant qu'élément des conjonctions périphrastiques : *que* s'ajoute facilement aux adverbes et locutions prépositionnelles dans la formation de nouvelles conjonctions (*quand même* → *quand même que*, *par rapport* → *par rapport que*, *dans le temps* → *dans le temps que*) (*cf.* ci-dessous I.3.). Il peut aussi s'agir d'éléments exogènes : *AS LONG que* (*cf.* Wiesmath 2006 : 135) (*cf.* ci-dessous III).

– Omission (*cf.* Arrighi 2005 : 262s., 287–304) :
  – En tant qu'élément introducteur des complétives, *que* tombe notamment après *falloir* et dans la mise en relief ainsi qu'après les verbes d'opinion et les verbes volitifs et déclaratifs[6] (*cf.* ci-dessous I.4.).
  – En tant que partie intégrante de certaines conjonctions : les conjonctions complexes introduisant des propositions circonstancielles peuvent être simplifiées et réduites au premier élément : *pour* (« pour que »), *après* (« après que »), *parce* (« parce que »), *depuis* (« depuis que ») (Arrighi 2005 : 289, 300s.). Le phénomène est surtout attesté en FL[7] (*cf.* ci-dessous II).
  – *Que* « passe-partout » : *que* tombe fréquemment dans le rôle de particule introductrice d'une relative (*cf.* « La relative », III).

Pour compléter ce tableau, rappelons qu'il y a aussi un domaine où *que* est généralement remplacé par une autre particule : dans les comparatives, *comme* est la particule préférée, même si *que* peut aussi s'ajouter à *comme* pour introduire une subordonnée comparative (*cf.* le chap. « La comparaison et le rapport proportionnel », I.2.)[8].

I.1 *Que* conjonction « passe-partout »

Le sémantisme non spécifique de la conjonction *que* en facilite l'emploi dans les entourages demandant dans la langue standard une conjonction spécifique. Le procédé, répandu aussi dans d'autres variétés de français d'outre-mer et dans le non-standard de France, consiste à construire des phrases complexes sans spécifier le lien logico-sémantique entre la principale et la subordonnée[9]. Ce lien doit être inféré à partir du contexte linguistique ou extra-linguistique.

Que apparaît pour exprimer des relations de conséquence, de cause, de temps, de but, de concessivité ; il est particulièrement fréquent pour exprimer des relations de conséquence

---

6 *Cf.* Stäbler (1995 : 148s.), Wiesmath (2002 : 401), Arrighi (2005 : 291–295).
7 *Cf.* Conwell/Juilland (1963 : 193s.), Stäbler (1995 : 167 ; 170), Papen/Rottet (1997 : 104).
8 Il en va de même en français populaire de France, *cf.* Guiraud (1965 : 74), Gadet (1992 : 93).
9 Gadet (1992 : 91s., 1996/1997 : 125–129, 2013 : 73s.), Ball (2000 : 119ss.). *Cf.* aussi Ploog (2010 : 87), qui considère la sous-spécification dans le domaine de la subordination comme un exemple du flou dans l'expression (en anglais : « vagueness »), typique de l'oral.

(Arrighi 2005 : 277–279, Wiesmath 2006 : 152). L'emploi de *que* « passe-partout » ne se limite pas aux situations de proximité communicative, mais s'observe également chez les locuteurs les plus standardisants (*cf.* Arrighi 2005 : 287) et dans les situations formelles (*cf.* les extraits de cours magistraux dans le corpus de Wiesmath 2006). En FL, l'emploi de *que* « passe-partout » semble moins courant que dans les parlers acadiens (Wiesmath 2006 : 133, 152, Neumann-Holzschuh 2016).

▶ *que* **dans les relations de conséquence**
- Sur les première glaces, il l'exerçait et y le fesait aller le gallot que toute en flambait. (NÉ – *Lettres de Marichette*, Gérin/Gerin 1982 : 153–154)
- Follait que tu fus ben malade **que** tu pouvais pas aller à l'église … parce si que t'avais pas une bonne excuse, follait que tu y fus. (NÉ – Flikeid 1996 : 310, Pomquet)
- dans ce temps-là la neige a' venait / i y en avait beaucoup ben a' s'en allait . que l'été pouvait prendre tu sais (NB – Wiesmath 2006 : 152, Wiesmath 1, R : 506)
- pis j'avais ça dans le cou pis i ont dit ah tu as gagné une médaille que je pensais c'était ça qu'ils voulaient dire (NB – Wiesmath 2006 : 152, Wiesmath 9, K : 27)
- j'ai une sciatique icitte là dans le dos là que je peux pas/ je peux pas/ je peux pas travailler ben beaucoup . assis (ÎPÉ – Arrighi 2005 : 277, Rose ÎPÉ 7 : 59–60)
- on était pas riche mais on était heureux que: me/ moi j'ai/ je peux pas me lamenter de/ de/ de ma jeunesse (ÎPÉ – Arrighi 2005 : 278, Aldine H. ÎPÉ 3 : 32–33)
- Si tu criais fort une surprise, tu connais, quelqu'un aurait crié fort que ça t'aurais surpris […] (LOU – *Découverte*, Mamou, Évangéline)
- Donc tu connais, j'ai forcé là que il a fallu il m'arrête de forcer. (LOU – *Découverte*, Mamou, Évangéline)
- j'ai pris à tousser, tousser que je pouvais plus je faisais hun, il y avait pu moyen de ramener mon souffle en dedans, tu vois ? (LOU – *Découverte*, Mamou, Évangéline)

▶ *que* **dans les relations temporelles (« quand », « pendant que »)**
- dans l'hiver là qu'on avait un temps chaud fallait manger le co/ la viande vite vite pour pas la perdre (NÉ – Arrighi 2005 : 279, Évangéline D. NÉ 23 : 95–96)
- on a juste eu d'électricité que moi j'avais euh seize ans (NB – Wiesmath 2006 : 133, Wiesmath 7, O : 638)
- je l'ai fait que je tais jeune (NB – Arrighi 2005 : 279, Odule NB 21 : 45)
- parce-que votre père est mort que vous étiez jeune (ÎPÉ – Arrighi 2005 : 279, Georges ÎPÉ 5 : 1–2)
- Je me rappelle pour l'ouragan Hilda, j'avais glissé sur le bateau que je travaillais pour CENAC, j'avais foulé mon pied, et il avait venu enflé. (LOU – *Découverte*, Pointe-aux-Chênes, Terrebonne)

▶ *que* **dans les relations de but**[10]
- viens avec moi que je te montre mon HOME ma maison (NÉ – Arrighi 2005 : 279, Marcelin NÉ 2 : 641–642)
- il faut que ces eaux-là soient traitées autant que possible efficacement que possible et aussi naturellement que possible euh après que l'eau a/ a été nettoyée * qu'on puisse s'en servir au/ tu sais au/ aussi bien que possible (NB – Wiesmath 2006 : 156, Wiesmath 12, J : 21)

---

10 L'usage de *que* dans un sens final est conforme au FS.

- on a de l'argent de reste euh on a pres/ près de deux mille piasses [...] qui nous a resté que/ qu'on arait quelque chose pour commencer la boule à rouler (NB – Wiesmath 2006 : 152, Wiesmath 6, L : 278)
- mon parents travaillait bien dur qu'on va à l'école (LOU – Dajko 2009 : 194)
- Et là tu coupais ça une certaine manière que ça allait *fit* ensemble. (LOU – *Découverte*, Poine-aux-Chênes, Terrebonne)

▶ *que* dans le sens adversatif
- i faisont une plus belle vie parce qu'i avont l'argent . que nous autres qu'on avait pas l'argent pour faire ben une/ une belle vie (NB – Wiesmath 2006 : 162, Wiesmath 3, D : 468)

▶ *que* dans les relations de causalité
(rare, Arrighi 2005 : 278, Wiesmath 2006 : 151)
- Je n'ai pas beaucoup d'éducation et je ne peut pas écrire dans un aussi bon style que le Prof. Kanos de Halifax, qu'il faut tenir l'*Evangéline* d'une main, le dictionnaire de l'autre et le bébé sur les genoux. (NÉ – *Lettres de Marichette*, Gérin/Gérin 1982 : 153)
- je tais chanceuse . que j'avais un gros char pis que l'orignal avait timbé la bedaine dans la pelouse i avait quatre ferrailles en l'air . dans le chemin (NB – Arrighi 2005 : 278, Suzanne L. NB 18 : 562–564)
- c'est de valeur parce ça ieux faisait un endroit aller parce les jeunes tsh les jeunes ont un problème tu sais là qu'i ont pas d'endroit à/ à s'amuser trop tu sais là (NB – Wiesmath 2006 : 151, Wiesmath 7, O : 126)
- pis l'autre ben i voulat aller voir sa femme qu'alle avait un petit bébé (IdlM – Falkert 2010, corpus : 122, p. 65, CD-ROM)

En tête d'une proposition subordonnée coordonnée à une autre, *que* peut, tout comme en FS, reprendre n'importe quelle autre conjonction subordonnante.

▶ **Reprise d'une autre conjonction par *que***
- Un ours/ un ours est rienque dangereux si qu'il est mis d'un coin ou qu'i/ qu'il est en danger (NÉ – Hennemann, BSM, RL)
- quand que t'es marié pis que t'as des enfants t'as pas le choix (NB – Arrighi 2005 : 282, Robert NB 19 : 499)
- Et il me faisait de la peine de voir qu'il connaissait pas mieux parler français, mais d'une manière c'était une bonne chose parce que s'il avait été à l'école dans son temps à lui, et qu'il aurait pas connu parler n-anglais, moi je vas te dire il aurait *fail* tous les années. (LOU – *Découverte*, Pointe-aux-Chênes, Terrebonne)

Contrairement au FS, cette reprise est pourtant optionnelle dans les parlers concernés et *que* manque souvent. En FA/FTN, c'est généralement le coordonnant *pis* qui apparaît dans ce cas, en FL, *et*[11].

---

[11] Arrighi (2005 : 302) fait le même constat pour les relatives : une deuxième relative introduite par *qui*, coordonnée à une première, peut être introduite par *pis* au lieu de *qui* : « on emportait du tabac à un vieux . qui fumait pis * avait pas de moyen de s'acheter du tabac i tait à l'hospice » (NB – Arrighi 2005 : 302, Laura NB 8 : 213–214). *Cf.* le chap. « La connexion », II.2.3.

▶ **Absence de la reprise**
- on a jamais pâti parce qu'on avait des animaux pis on plantait (NÉ – Hennemann, ILM, AF)
- [...] en tout cas avant qu'i aient trouvé Shédiac pis s'aient trouvé un téléphone ... ah mais ça arrive ça (NB – Arrighi 2005 : 159, Suzanne L. NB 18 : 699–705)
- parfois quand qu'on/ qu'on parle pas ou qu'on s'assit pas pis on se pose pas les questions on sait pas qu'est-ce que l'autre attend (NB – Wiesmath 11, U : 15–16)
- alors lorsque tu vas aller / lorce tu vas avoir euh . tu vas aller voir ton médecin pis i va te donner la pénicilline la pénicilline va tuer les bactéries dans ton système (NB – Wiesmath 12, J : 98–100)
- [À propos de la laine.] Quand-ce que tu le broches, c'est un petit peu ... c'est pas serré là, mais si tu le laves pis tu le frottes comme i faut là, a se foule. (TN – Brasseur 2001 : s.v. *fouler*, p. 208)
- Et tu secouais la jarre jusqu'à que le beurre collait tout autour de la jarre et ça formait un petit brin de l'eau dedans, comme le... Et après de ça tu ôtais ça. (LOU – *Découverte*, Mamou, Pointe-aux-Chênes)

Commentaire
Signal de subordination au sémantisme très général, la conjonction *que* sert, dès l'ancien français, à exprimer des relations logiques diverses. Les conjonctions spécifiques se sont développées plus tard[12].

Le style littéraire et le non-standard connaissent encore aujourd'hui des emplois de *que* simple pour exprimer des rapports divers ; les registres diffèrent, pourtant, quant aux contextes où l'on note *que* « passe-partout ». Alors que, dans le style littéraire, les contextes linguistiques qui se prêtent à l'emploi de *que* sont bien définis et forment, pour ainsi dire, des cadres figés[13], la langue populaire dispose d'une aisance à employer *que* inconnue dans la langue standard : en langage populaire, il est « toujours possible d'indiquer une relation entre propositions au moyen de *que* » (Gadet 1992 : 91)[14]. *Que*, « joncteur large » (Gadet 2013 : 74), sert donc à exprimer toute une gamme de relations sémantiques et il incombe à l'interlocuteur de déchiffrer les liens exacts entre la principale et la subordonnée :

> « [...] *que* continue bien à jouer dans la langue populaire ce rôle [qu'il avait en ancien français] de conjonction minimum, de terme générique impliquant tous les autres ; on mettra un simple *que* là où la norme exigerait *parce que*, *puisque*, *sans que*, *au point que*, etc., le seul contexte précisant la nature de la corrélation. » (Guiraud 1965 : 72)

Rappelons que jusqu'à aujourd'hui, une conjonction subordonnante spécifique peut être reprise par *que* dans une structure coordonnée par *et*, *ou*, etc. ; dans l'ancienne langue, tout comme dans les variétés étudiées ici, cette reprise n'est pourtant pas obligatoire, alors que le standard moderne exige la répétition de la conjonction subordonnante ou la reprise de cette conjonction par *que*.

I.2 *Que* « parasitaire » ou « explétif »

On ne confondra pas *que* « passe-partout » – où il y a subordination – avec les cas où *que* n'est subordonnant qu'en apparence. On pourrait donc dans ces cas considérer *que* comme un élément « parasitaire », superflu du point de vue de la norme, et rendant d'ailleurs floue la distinction entre parataxe et hypotaxe. Pourtant, dans bien des cas, *que* a un rôle « explétif », en ce sens qu'il aide à structurer l'oral. Il relie par ex. une phrase coordonnée à la précédente, se joignant à une conjonction de coordination (*ou que*, *mais que*) ou à un adverbe (*pourtant*

---
12 *Cf.* Foulet (1967 : 291s.), Wiesmath (2006 : 133), Gérin/Gérin (1982 : 153s.), Guiraud (1965 : 72).
13 Pour *que* au sens temporel, final, causal, hypothétique, consécutif et également de « sans que » et « avant que », *cf.* par ex. Hanse (1991 : s.v. *que*, p. 796) et *Le Petit Robert* (2013 : s.v. *que*).
14 *Cf.* aussi Frei (1929 : 154), Gadet (1996/1997 : 125–129), Ball (2000 : 118ss.), Blanche-Benveniste (2010 : 181).

que). Ou bien il organise l'énoncé soit en rajoutant des informations à l'instar d'un élément coordonnant, soit en le divisant en parties rhématiques et thématiques. *Que* sert également à signaler les charnières entre un discours rapporté et le verbe de dire[15].

- Comme en français populaire, *que* « parasitaire » vient s'ajouter aux conjonctions de subordination simples (*cf.* I.3. et II) mais aussi aux conjonctions de coordination, surtout *ou (bien)*, parfois *mais* (*cf.* le chap. « La connexion », I.1.2., II.3.1.) :
  - pis eux autres les Indiens là/ i/ i venaient par euh Memramcook ou qu'i venaient de DORCHESTER visiter leu/ leu/ leu parenté pis c'était une grand marche là (NB – Wiesmath 2006 : 108, Wiesmath 2, F : 279)
  - alors de plus' en plus' maintenant un ordinateur c'est essentiel à la vie d'après les gens mais que c'est pas vrai (NB – Wiesmath 2006 : 160, Wiesmath 14, Y : 218) (« mais », à ne pas confondre avec *mais que*, *cf.* ci-dessous II.1.8.).
  - y en a qui veulent revenir mais que. par rapport à l/l'emploi qu'i veulent faire plus tard i. peuvent pas revenir aux Îles (IdlM – Falkert 2010, corpus : 64–66, p. 85–86, CD-ROM, example ambigu, cf. « La relative », I.4.1.)
  - J'ai tout le temps dit que si jamais que j'avais des enfants que si ce tait dans mon pouoir qu'i ariont de l'école. (TN – Brasseur 2001 : s.v. *école*, p. 174)
  - Je vas bouillir de l'eau pour faire du thé, ou du café si tu veux ou bien donc que tu voudrais un coup de boisson. (TN – Brasseur 2001 : s.v. *boisson*, p. 63)

- En France, la langue non standard tend à joindre *que* à un adverbe ou à une locution prépositionnelle sans qu'il y ait subordination (*cf.* Arrighi 2005 : 304s.). Cette tendance existe en FA/FTN comme en FL. Les frontières entre parataxe et hypotaxe deviennent floues, de sorte qu'il est parfois difficile de statuer sur le rôle grammatical de la combinaison d'un adverbe et du subordonnant *que*. En ce qui concerne par ex. *pourtant que*, le tour présente une analogie formelle avec les formations du type « adverbe + subordonnant *que* » (*quand même que, malgré que*).
  - BJ : [...] Je/vois-tu je connais pas l'histoire de cette région du tout. [Enquêtrice : Oui, oui.] BJ : Pourtant que je devrais. (NÉ – Hennemann, ILM, BJ)

Étant donné la facilité avec laquelle la langue parlée crée de nouvelles conjonctions et locutions conjonctives à partir d'un adverbe suivi du subordonnant *que*[16], il serait hâtif d'analyser *pourtant que* comme conjonction subordonnante figée. Il s'agit plutôt de la jonction de *que* à un adverbe sans subordination, comme on le relève aussi avec d'autres adverbes ou locutions adverbiales :
  - tes deux frères sont partis pour trouver l'eau qui rajeunit jamais qu'i la trouveront (NÉ – Arrighi 2005 : 305, Marcelin NÉ 2 : 201–202)
  - sûrement que vous avez eu une petite fille sûrement que / que vous allez la faire appeler comme moi Joséphine (NB – Arrighi 2005 : 304, Rita 19 : 14–15)
  - Christiane a gagne des concours de tartes hein [...] deux fois que t'as gagné Christiane (NB – Arrighi 2005 : 305, Catherine NB 19 : 330–331)

---

15 *Cf.* aussi les chap. « La relative », VIII, et « L'interrogation », II.3.
16 *Cf.*, pour le non-standard de France, *malgré que, moyennant que, à force que, en signe que* (Guiraud 1965 : 73) et de nombreux autres exemples (Gadet 1992 : 98s.).

- sûrement que je pense moi si on avait vingt-cinq ou trente-cinq la livre j'en aurais fait des fortunes (ÎPÉ – Arrighi 2005 : 304, Théodore ÎPÉ 4 : 62–63)
- pis le tit crabe jamas qu'on arat mangé ça nous autres (IdlM – Falkert 2010, corpus : 457, p. 134, CD-ROM)
- des fois qu'y a des enfants (IdlM – Falkert 2010, corpus : 234, p. 408, CD-ROM)
- s'y avait quelqu'un qui tuat eune belle bête là [...] soit un porc on appelle ça un cochon nous. ou bien un bœuf. souvent qu'il allat apporter un morceau au voisin (IdlM – Falkert 2010, corpus : 358–360, p. 267, CD-ROM)

– *Que* explétif est souvent proche d'un élément purement coordonnant (Gadet 1997 : 127, 2013 : 75), le locuteur rajoutant des informations supplémentaires à ce qui précède tout en conférant grâce à *que* une sorte de cohésion discursive à la séquence longue (Gadet 2013 : 84). Bien que le procédé soit plus courant en France que dans les variétés concernées ici (*cf.* Wiesmath 2006 : 133, note 256) – où on préfère la coordination par *pis*, *pis là*, *et pis* –, on relève également des exemples de cet emploi (*cf.* le chap. « La connexion », II.2.3.) :
- si j'ai pas l'homme qu'a trouvé l'eau qui rajeunit que je vas *caller* mon armée que je t'as engloutie la ville dans dix minutes (NÉ – Arrighi 2005 : 304, Marcelin NÉ 2 : 283–285)
- [les loups marins] faisiont un trou dans la senne qu'était ça de grand . c'était/ . i brisiont ça ça/ des printemps là que c'était joliment BAD (NB – Wiesmath 2006 : 223, Wiesmath 3, D : 387)
- je suis spécialiste de couleurs que ça prend beaucoup d'éducation à travers après mon cours original de coiffure (NB – Arrighi 2005 : 304, Michelle NB 16 : 1–2)
- j'ai aussi eu la chance d'aller en Autriche avec mon mari que j'ai bien aimé on a rencontré aussi une famille là-bas que/ qu'on se contacte encore asteure (NB – Arrighi 2005 : 305, Angèle NB 13 : 177–179)
- je sais pas ma mère c'était quelque chose de vraiment vraiment spé/ spécial qu'on pourrait dire (ÎPÉ – Arrighi 2005 : 304, Aldine H. ÎPÉ 3 : 10–11)
- il y a du monde qui gâte leurs petits assez mauvais là que c'est comme ça là [...] (LOU – *Découverte*, Mamou, Évangéline)

– *Que* sert à donner du relief à la proposition, mettant en exergue les éléments placés en tête de la phrase (*cf.* les chap. « L'interrogation », II.3., et « La relative », VIII, *cf.* Arrighi 2005 : 305, Wiesmath 2006 : 223). Cet usage est très souvent attesté dans le contexte du mot interrogatif *quel* et dans celui du verbe *appeler* (type : *XY qu'on appelle (ça)*).
- Et pis dans quelle année que ton mari a mouri ? (NÉ – Hennemann, ILM, EL)
- y a un festival à / à chaque été de/ à/ à Shédiac le festival du homard qu'i appellent . [...] (NB – Arrighi 2005 : 305, Catherine NB 18 : 469–470)
- à Cocagne qu'i avont eu ça là (NB – Wiesmath 2006 : 223, Wiesmath 3, D : 549)
- y avait des : *snowmobiles* qu'il appellent là (IdlM – Falkert 2010, corpus : 167, p. 403, CD-ROM)
- [le poisson est] exporté en déhors des Îles qu'a veut dire (IdlM – Falkert 2010, corpus : 92–93, p. 194, CD-ROM) [L2 explique à L1, ce que l'enquêtrice voulait dire.]
- Asteure y a des charognes, que j'appelions, là. (TN – Brasseur 2001 : s.v. *charogne*, p. 104)
- un z-yeux noirs qu'on appelle—l'[A]méricain appelle ça un œil brun mais nous-autres, le [F]rançais on appelle ça un z-yeux noirs (LOU – *Découverte*, Hessmer, Avoyelles)

- *Que* peut marquer une incise dans un discours rapporté sans qu'il y ait subordination. La construction avec *que* remplace ici pour ainsi dire une inversion (*dit-il*) (pour le français parlé de France, *cf.* Gadet 1997 : 127, Ball 2000 : 118) :
  - DON'T WORRY qu'i dit WHEN I WAS YOUNG, I USED TO TRAVEL i dit I USED TO BE THE SAME (NÉ – Hennemann, ILM, IS)

  - j'étais *wrong* de dire ça qu'il disait là j'ai arrê/ J'aimais mieux j'ai arrêté de plus jamais parler de ça, tu connais ? (LOU – *Découverte*, Mamou, Évangéline)

Le procédé semble exceptionnel en FA/FTN[17] et il est rarement relevé en FL, mais il a une certaine importance dans la langue populaire en France sans être pourtant le moyen privilégié pour construire une incise (Ball 2000 : 118).

I.3 Les conjonctions périphrastiques

Que se joint à divers adverbes et locutions adverbiales pour former des conjonctions complexes inconnues en FS, qui introduisent des propositions circonstancielles, comme par ex. *(par/au) rapport que, d'abord que, quand même que* (*cf.* ci-dessous II). Quelques-unes de ces formations se trouvent aussi en français de France, par ex. *malgré que*. Tandis que *que* est ici l'élément subordonnant nécessaire pour former une conjonction complexe, il est « parasitaire » lorsqu'il est ajouté à des conjonctions simples, notamment *quand, comme* et *si* hypothétique : *quand que, comme que* (*cf.* le chap. « La comparaison et le rapport proportionnel »), *si que* (*cf.* I.2. et II)[18]. Souvent, le subordonnant est rendu encore plus complexe par l'ajout de l'élément *ce* [s][19] : *quand-ce que* [kăsk]. La forme périphrastique des conjonctions est caractéristique de l'acadien traditionnel, mais elle se maintient bien dans le langage des jeunes dans tous les milieux et elle est même répercutée sur les emprunts anglais (*SINCE que*) (Arrighi 2005 : 283, 285, *cf.* ci-dessous II et III).

Les conjonctions périphrastiques contenant *que* – « parasitaire » ou seule marque de la subordination dans un tour complexe – ont l'avantage d'harmoniser le système de la subordination, la valeur sémantique et la fonction syntaxique étant alors toujours réparties sur différents éléments : *quand* indique par ex. le rapport temporel, *que* marque la subordination (*cf.* aussi Arrighi 2005 : 287). Notons que les formes périphrastiques sont plus répandues en FA/FTN qu'en FL, où prédominent les formes simples. Wiesmath (2006 : 144) suggère que deux tendances évolutives – la généralisation de *que* et l'effacement de *que* – se superposent et agissent en même temps ; ajoutons que la différence entre le FA et le FTN d'une part, le FL d'autre part, pourrait s'expliquer par le fait qu'en LOU, plusieurs variétés du français, dont certaines étaient proches du standard, ont toujours coexisté et se sont mutuellement influencées (*cf.* « Introduction », II.3.).

---

17 Pour le marquage du discours rapporté, *cf.* le chap. « Les adverbes », III.5. *comme*.
18 *Cf.* par ex. Gérin/Gérin (1982 : 151), Wiesmath (2002 : 392–398), Arrighi (2005 : 262s., 280–287), Gadet (2013 : 72s.).
19 Pour le même phénomène concernant les mots interrogatifs, *cf.* le chap. « L'interrogation » (I), où sont discutées diverses théories concernant l'origine des mots interrogatifs complexes.

Commentaire
En ce qui concerne la morphologie des conjonctions, on note dans le non-standard de France la tendance « évidente » à ajouter *que* à toutes les conjonctions subordonnantes et aux adverbes et pronoms interrogatifs introduisant des subordonnées (Ball 2000 : 111, Gadet 2013 : 72s.), prenant ainsi modèle sur les conjonctions composées et les locutions conjonctives, qui comprennent nécessairement le subordonnant *que* et constituent la majorité des conjonctions en français. L'ajout de *que* à d'autres éléments de subordination s'observe d'ailleurs dans diverses variétés diatopiques, diastratiques et diaphasiques du français[20].

Vu l'ancienneté du phénomène, il est parfois difficile de décider, dans le cas des conjonctions composées acadiennes, si l'on a affaire « à une survivance ou à une innovation » (Arrighi 2005 : 287). Arrighi (*ibid.*) suggère à juste titre que les survivances ont servi de modèle à la création de nouvelles conjonctions composées d'une locution adverbiale et de *que*.

Les conjonctions élargies par la « particule archaïque » (Stäbler 1995 : 169) *ce* (par ex. *quand ce que*), caractéristiques notamment du FA/FTN, sont attestées dès l'ancien français ; à l'époque, on hésitait entre les formes avec ou sans *ce* (Wiesmath 2006 : 129, Brunot/Bruneau 1949 : 458). Sont concernées en tout premier lieu les conjonctions formées à partir des prépositions : *sans ce que*, *por ce que* (Foulet 1967 : 291). Certaines formes ont été admises en FS : *parce que*, *lorsque*, *jusqu'à ce que*.

I.4 L'omission de *que*

À l'opposé de l'emploi de *que* dans les cas non prévus en FS, on distingue la tendance à son omission dans les complétives, les circonstancielles et les relatives (pour les relatives, *cf.* le chap. « La relative », III). Ce procédé agrégatif consistant à enchaîner les phrases semble plus important en FL qu'en FA (*cf.* Wiesmath 2002 : 395, 2006 : 177s.) ; notons que nous avons ajouté l'astérisque pour signaler l'omission de *que* dans les cas où cette clarification semblait nécessaire.

I.4.1 Vers la subordination implicite

En FA/FTN, des facteurs phonétiques, syntaxiques et lexicaux se conjuguent pour décider de la présence ou de l'absence de *que* (*cf.* Arrighi 2005 : 287ss.).
– Facteurs phonétiques : Wiesmath (2002 : 401, 2006 : 177) constate à propos de son corpus du Sud-Est du NB que la chute de *que* est « favorisée par un contexte sibilant » et s'observe notamment devant les pronoms *je* et *ce/ça*, alors que le subordonnant se maintient devant les pronoms à initiale vocalique. À l'ÎPÉ, la présence ou l'absence de *que* est, selon King (2013 : 110), prédictible selon une hiérarchie de sonorité : *que* se maintient mieux devant les voyelles, il est moins fréquent devant les consonnes sonores et il manque fréquemment devant les obstruantes (occlusives, fricatives, affriquées)[21].
– Facteurs lexicaux et syntaxiques : en général, *que* tend à tomber plus souvent devant les pronoms[22] (Wiesmath 2006 : 178) que devant les noms. L'ellipse est plus fréquente dans

---
20 *Cf.* Arrighi (2005 : 287) ; pour le français populaire, *cf.* Guiraud (1965 : 73), Gadet (1992 : 98s.) ; pour le français « ordinaire », *cf.* Gadet (1996/1997 : 125–129) et pour une vue panfrancophone, *cf.* Gadet (2013).
21 Pour le FQ, *cf.* les indications bibliographiques dans King (2013 : 110). Pour l'omission de *que* dans le parler des locuteurs L2 à Montréal et une comparaison avec l'omission de *that* anglais chez ces locuteurs, *cf.* Blondeau/Nagy (2008).
22 En ce qui concerne les pronoms *je* et *ce*, il y a évidemment chevauchement avec les facteurs phonétiques.

les complétives que dans les circonstancielles (Arrighi 2005 : 299). Elle est particulièrement fréquente après les verbes de dire, d'opinion[23] ou de volition, de même après *faut* (« il faut ») (Arrighi 2005 : 294, 301). Elle est d'autant plus probable que les verbes *croire*, *penser*, *savoir*, *trouver* apparaissent à la 1re pers. sg. La principale figure alors comme une sorte de proposition incise ou détachée et ne fait que modifier le contenu de la proposition subordonnée qui, elle, contient l'assertion de l'énoncé (pour l'ÎPÉ : King 2013 : 110s. ; *cf.* Wiesmath 2002 : 404). En ce qui concerne les circonstancielles, *que* manque surtout dans les subordonnées temporelles introduites par *il y a (une semaine, un mois...) que, ça fait (une semaine, un mois...) que, une fois que* (Arrighi 2005 : 298s.) et dans les causales introduites par *parce que*, *à cause que* (qui deviennent *parce, (à) cause*, Arrighi 2005 : 295). L'omission de *que* concerne en outre très souvent les propositions clivées (*c'est X que*) (Arrighi 2005 : 294, 301). Rappelons aussi que dans les parlers étudiés ici, une subordonnée coordonnée à une autre n'est pas nécessairement introduite par *que* ni par une autre conjonction subordonnante :

- **si** tu crois que t'as un problème **pis** t'es le seul qui l'a mais là ton problème est grave je veux dire (NB – Wiesmath 2006 : 106, Wiesmath 11, U : 81)

En FL, en revanche, l'omission de *que* est largement répandue et « [a]ucune contrainte syntaxique, phonétique ou lexicale n'y détermine ou n'y influence l'effacement du subordonnant » (Wiesmath 2002 : 404, 2006 : 179, *cf.* aussi Stäbler 1995 : 148s.).

Pour ce qui est de l'omission de *que* dans les conjonctions composées construites avec *que* en FS, *cf.* II ci-dessous.

À la suite de l'ellipse de *que* subordonnant, la subordination reste souvent implicite, ce qui rend délicate la distinction entre parataxe et hypotaxe (Stäbler 1995 : 153). Dans certains types de phrase, la subordonnée pourrait être marquée par le mode, le subjonctif ; or, il s'avère que le subjonctif est lui aussi en net recul dans les parlers acadiens et en voie de disparition complète en FL (*cf.* le chap. « Le subjonctif »).

En outre, tout comme *que*, les conjonctions introduisant les subordonnées circonstancielles peuvent être omises. Dans les cas où la subordination reste implicite, on note diverses stratégies pour pallier, du moins en partie, l'absence de moyens syntaxiques de hiérarchisation des phrases. La subordination « logique » est le plus souvent exprimée par la juxtaposition des propositions (*cf.* Stäbler 1995 : 153, Neumann-Holzschuh 2016) et ce sont l'intonation, les marqueurs discursifs et le sémantisme des verbes qui aident à hiérarchiser les unités d'information[24]. Si la subordination implicite est un trait de l'oral en général, c'est la fréquence avec laquelle elle est employée qui semble distinguer le FL aussi bien du FA/FTN que du français parlé de France (*cf.* aussi Wiesmath 2006 : 133, 153).

Cf. par ex. pour le rôle du sémantisme des verbes (verbes terminatifs ou aterminatifs) :

---

23 Pour la variété parlée à Saint-Louis (ÎPÉ), King (2013 : 111) constate la présence de *que* après les verbes introducteurs anglais, même après le groupe des verbes de dire et d'opinion, ce qu'elle explique par le besoin d'intégrer syntaxiquement le matériel exogène.

24 *Cf.* Stäbler (1995 : 153) ; pour le même phénomène en français parlé de France et le rôle de l'intonation, *cf.* par ex. Blanche-Benveniste (2010).

▶ **Rapport de postériorité (verbes terminatifs)**
- et tout quelqu'un avait sa récolte de coton dans son hangar . il allait au moulin . il moudait sa balle il ramenait sa balle il mettait en haut l'hangar (LOU – Städler 1995 : 136, corpus)

▶ **Rapport de simultanéité (verbe aterminatif)**
- J'ai commencé à travailler, les enfants avaient sept huit ans. (NÉ – Hennemann, ILM, MD)
- j'ai té bligé de lâcher l'école parce * ma mère tait malade * j'avais seize ans (NB – Arrighi 2005 : 300, Zélia NB 17 : 88–89)
- et on arrivait là-là * le dedans la maison brûlait joliment bien (LOU – Städler 1995 : 150)

Pour une structure hypothétique implicite, *cf.* l'exemple suivant, où la première partie de la phrase (« tu y-eux dirais [...] dans ») est sémantiquement subordonnée à la deuxième (« eux-autres croirait [...] »).

▶ **Structure hypothétique implicite**
- Aujourd'hui, les enfants, mais cher Bon Dieu, mais tu y-eux dirais d'aller chercher une brassée de bois dans [sic], eux-autres croirait qu'eux-autres allait mourir. (LOU – *Découverte*, Pointe-aux-Chênes, Terrebonne) (« si tu leur disais [...], ils croiraient [...] »)

Notons aussi le rôle primordial des connecteurs et des structures infinitives[25] pour hiérarchiser les unités informationnelles.

I.4.2 L'omission de *que* dans les complétives

Que disparaît principalement après *faut* (« il faut »)[26] et *vouloir* ; en FL, l'ellipse de *que* est même « systématique » après les formes du verbe *falloir* (Städler 1995 : 160).

L'influence de l'anglais est souvent invoquée pour expliquer l'ellipse de *que* dans les complétives[27]. Mais il faut mettre en garde contre la surévaluation de l'anglais pour expliquer l'absence de *que*. L'ancienneté du phénomène et sa présence dans les créoles français et « dans des variétés [de français] géographiquement éloignées », dont le non-standard de France, plaident fortement pour une explication intrasystémique[28]. Il n'en reste pas moins qu'il faut aussi tenir compte des parallèles avec les structures anglaises. Si l'influence anglaise n'est donc pas la source de l'omission de *que* en FA/FTN/FL, le contact des deux systèmes explique néanmoins la fréquence de cette omission dans les parlers étudiés, notamment en FL mais aussi en chiac de Moncton (Perrot 1995 : 52), deux variétés fortement

---

25 Pour le FA : Arrighi (2005 : 292, 304) ; pour le FL : Städler (1995 : 148ss. ; 164), Rottet (2001 : 260s.), Neumann-Holzschuh (2016). – *Cf.* aussi les chap. « Les formes nominales du verbe » (II.2.) et « La connexion ».
26 On peut s'interroger sur le caractère verbal de *faut* dans ce contexte : *faut* semble être en train d'évoluer vers un simple marqueur de la modalité déontique (obligation, permission, interdiction) étroitement lié au groupe verbal de la subordonnée. Dans cette analyse, l'insertion de *faut/fallait* dans des positions insolites deviendrait plus plausible, *cf.* « mais c'est elle fallait qui guide le cheval » (LOU – *Découverte*, L'Anse Bourbeuse, Évangéline). *Cf.* aussi Hennemann (2014 : 136 ; 144).
27 De même, d'ailleurs, en ce qui concerne le *que* relatif (*cf.* le chap. « La relative »).
28 Arrighi (2005 : 303) ; *cf.* aussi Wiesmath (2002 : 404s.), Neumann-Holzschuh (2009b : 54), Gadet (2013 : 77).

exposées à la pression de l'anglais. Il est intéressant de constater dans ce contexte que l'omission de *que* semble beaucoup moins avancée en France, où elle s'observe principalement « lorsque les sous-phrases ne présentent pas de rapport de subordination sémantique et après des "verbes d'énonciation" tels que *se souvenir, se rappeler, voir, savoir, trouver* qui remplissent en fait une fonction plutôt pragmatique » (Wiesmath 2002 : 405[29]). On ne peut donc nier que le changement structurel observable dans les variétés analysées est aussi dû à la situation de contact avec l'anglais.

▶ *faut*
- Pis là faut * tu faisses tout le manger. (NÉ – Hennemann, BSM, SC)
- faulait * ça soit changé comme ça . ça fait du bon sens (NB – Wiesmath 2006 : 177, Wiesmath 2, F : 701)
- faut pas * tu/ tu/ tu faut pas * tu t'amuses (NB – Arrighi 2005 : 292, Willy NB 9 : 24–25)
- ce temps là tu pouvais pas acheter un SUIT touT faiT fallait * tu fais faire ta/ ta SUIT (ÎPÉ – Arrighi 2005 : 292, Délima ÎPÉ 5 : 27–28)
- faut t'arais les deux langues au moins officielles ici au Canada l'anglais et français (IdlM – Falkert 2010, corpus : 206, p. 202, CD-ROM)
- Quand tu trapes ène échauffure, faut pas tu bois. [...] (TN – Brasseur 2001 : s.v. *échauffure*, p. 173)
- il a fallu * il va à l'hôpital pour une semaine (LOU – Stäbler 1995 : 10, corpus)
- mais quand je sortais faulait j'aye des béquilles (LOU – Stäbler 1995 : 160)

▶ *vouloir*
- elle a dit toi je veux pas * tu viens pace que tu nous causeras ien que du tort (NÉ – Arrighi 2005 : 293, Marcelin NÉ 2 : 89–90)
- i vouliont pas * je m'en allais (ÎPÉ – Arrighi 2005 : 293, Délima ÎPÉ 5 : 49–50)
- voulais pas * le monde save j'ét' après cuire des NUTRIA j'ai manière honte (LOU – Stäbler 1995 : 163, Stäbler 1995 : 240, corpus)

Très souvent, c'est dans son rôle d'élément introducteur du discours rapporté qu'on observe la chute de *que*, d'où des difficultés à distinguer discours direct et discours indirect. Notons qu'en FL, l'absence de *que* est plutôt la règle que l'exception, la subordination restant implicite (Stäbler 1995 : 162).

▶ **Ellipse de *que* après les verbes de dire, d'opinion et de croyance**
- Moi j'avais / je crois * j'avais onze douze ans moi quand il ont eu l'électricité chez nous. (NÉ – Hennemann, ILM, MD)
- Pis j'y disais des fois * on faisait des/le temps du carême, on faisait des plats de FUDGE. (NÉ – Hennemann, ILM, EL)
- je savais pas * c'était elle (NB – Wiesmath 2006 : 177, Wiesmath 7, O : 106)
- j'espère * vous le ferez pour le restant de vos jours [...] (NB – Wiesmath 2006 : 178, Wiesmath 14, Y : 382) (cours magistral)
- ah je crois * c'était la Petitcodiac (NB – Arrighi 2005 : 299, Suzanne L. NB 19 : 306)

---

[29] Wiesmath se réfère à l'étude d'Andersen (1993 : 7–10) sur le français parlé à Paris.

- selon moi ça c'est du vieux français puis on devrait conserver parce que je pense * c'est aussi valable que n'importe quel autre français (NB – Arrighi 2005 : 293, Fréd. NB 15 : 144–146)
- i me semble * je le vois moi je passe sus les quatre pattes (NB – Arrighi 2005 : 293, Suzanne L. NB 18 : 565–566)
- moi je crois * c'est ça qui la/ qui la tenait (ÎPÉ – Arrighi 2005 : 293, Aldine H. ÎPÉ 3 : 38)
- je pense * c'était une tradition familiale (ÎPÉ – Arrighi 2005 : 299, Georges ÎPÉ 3 : 58–59)
- moi je trouve c'est pas juste (IdlM – Falkert 2010, corpus : 137, p. 26, CD-ROM)
- oh je disas * cette année je pense pas * j'ai les moyens là [pour faire le voyage] (IdlM – Falkert 2010, corpus : 84–85, p. 148, CD-ROM)
- je crois * on a ène belle chorale tu diras après ça ((rit)) (IdlM – Falkert 2010, corpus : 439, p. 220, CD-ROM)
- Ou des fois si c'est trop plein, pis ça coule, ben j'allons dire * ça dégoutte. Moi je vas pas dire * c'est trop plein, je vais dire * ça dégoutte. (TN – Brasseur 2001 : s.v. *dégoutter*, p. 152) (Signalons toutefois qu'il pourrait tout aussi bien s'agir de l'insertion du style direct.)
- je crois pas * on parle de la même femme (LOU – Stäbler 1995 : 148, Stäbler 1995 : 75)
- mais c'était pas vrai et j'ai manière bégayé et alle a compris * j'étais après mentir (LOU – Stäbler 1995 : 149, Stäbler 1995 : 184, corpus)
- je suis sûr * vous-autres avez des/ des chevaux et des boguets [sic] dans le temps longtemps passé (LOU – Stäbler 1995 : 196, corpus)
- J'aurais pu apprendre à signer mon nom si j'avais dit * je voulais apprendre (LOU – *Découverte*, Châtaignier, Évangéline)
- nous trouvons * c'est un honneur (LOU – Conwell/Juilland 1963 : 194)

Commentaire
L'omission de *que* dans les complétives est attestée dès les XIIe et XIIIe s. dans les textes littéraires, et elle est encore relevée comme un trait du langage du jeune Louis XIII par Jean Héroard au début du XVIIe s. (King 2013 : 59). En ancien français, *que* manque notamment après les verbes *promettre, jurer, savoir, penser, vouloir* (Foulet 1967 : 333). L'omission de *que* est particulièrement fréquente, dans l'ancien usage, si le subjonctif de la subordonnée signale clairement la hiérarchie des phrases (Haase 1965 : 369, Stäbler 1995 : 161).

Pour le non-standard moderne, Gadet signale l'absence de *que* en tant que particule introductrice d'une subordonnée, qu'elle soit complétive, circonstancielle ou relative (*cf.* « elle parle tellement vite * on comprend rien », Gadet 1992 : 93 ; « ça fait huit ans * j'habite ici / quand même », « faut pas croire les élèves ils viennent avec des calibres en cours, hein / ils viennent tranquilles », Gadet 2003 : 260 ; « c'est maintenant tu l'entends », « ça fait longtemps elle est sortie », Gadet 2013 : 76) (*cf.* aussi Bauche [2]1951 : 124 pour l'ellipse de *que* après *vouloir*).

L'omission de *que* caractérise – avec des fréquences inégales, il est vrai – d'autres variétés du français comme le français de l'Ontario et le FQ[30].

Au vu de la coexistence de structures avec *que* et sans *que*, Gadet (2013 : 76) conclut que « les locuteurs francophones sont familiers d'une alternance de présence/absence de *que* ».

I.4.3 L'omission de *que* dans la mise en relief

Les phrases clivées et les présentatifs constituent un autre domaine de l'omission de *que* (Arrighi 2005 : 294s., *cf.* le chap. « La relative », III), ainsi que les tours *ça fait/(il) y a* + indication temporelle (Arrighi 2005 : 298).

---

30 *Cf.* aussi Arrighi (2005 : 290), Wiesmath (2002 : 404, 2006 : 178), King (2013 : 110) ; pour le FQ : Sankoff (1980), Léard (1995 : 207), Martineau (1993 : 85) ; pour le franco-ontarien : Martineau (1993, 1985, 1988), Dion (2003).

- Nous-autres, c'est beaucoup à seize ans * les jeunes commencent à travailler. (NÉ – Hennemann, BSM, RG)
- me rappelle c'est l'année [EL : Oui.] * j'ai commencé l'école (NÉ – Hennemann, ILM, CL)
- [...] y a trente ans * je suis mariée (NÉ – Arrighi 2005 : 298, Rosalie NÉ 23 : 361–362)
- je suis plus certaine c'est ça * je vas faire (NB – Arrighi 2005 : 294, Stéphanie NB 11 : 326)
- c'est ça * j'ai aimé à Grand-Digue c'est qu'on jouait dans les arénas [...] (NB – Arrighi 2005 : 302, Marco NB 15 : 2–3)
- ça fait des années * je l'ai pas vu (NB – Arrighi 2005 : 298, Catherine NB 19 : 382–383)
- ça fait trois semaines * j'avais le char (NB – Arrighi 2005 : 298, Suzanne L. NB 18 : 718–719)
- ah mais y a longtemps * j'=es connais (IdlM – Falkert 2010, corpus : 250–251, p. 206, CD-ROM) (« il y a longtemps que je les connais »)
- c'est elle * ils avront envoyé pour collecter (LOU – Stäbler 1995 : 74, corpus ; Arrighi 2005 : 294)
- c'était la seule ecstricité * y avait dans Gueydan (LOU – Stäbler 1995 : 99, corpus)

II La proposition circonstancielle

Dans ce qui suit, on présentera les conjonctions simples, composées et périphrastiques en usage dans les parlers étudiés ici. On notera que l'omission de *que* concerne également les conjonctions composées, notamment en FL[31]. Parfois, l'absence de *que* a pour effet de faire disparaître la distinction entre l'adverbe et la conjonction (*avant que* → *avant*), et avec elle la distinction entre enchaînement paratactique et enchaînement hypotactique. Dans ce cas, il ne reste que les signaux suprasegmentaux et la position de la particule dans la phrase pour renseigner sur la fonction de l'élément en question. Ce dernier sert de conjonction dans un enchaînement hypotactique – et non d'adverbe – si et seulement s'il est placé comme pivot entre la principale et la subordonnée (Stäbler 1995 : 167). Le procédé constitue un moyen plus agrégatif de former une phrase complexe que la subordination par conjonction.

Notons que le mode dans la subordonnée ne suit pas les règles du FS (*cf.* le chap. « Le subjonctif »). Mais dans nombre de cas, le mode ne peut pas être déterminé, les formes de l'indicatif correspondant à celles du subjonctif (tout comme en FS).

II.1 Les propositions de temps

De toutes les conjonctions temporelles, la plus répandue est *quand*, aussi bien dans les parlers étudiés ici qu'en France. Selon le temps verbal et le sémantisme du verbe, *quand* peut exprimer des rapports de simultanéité ou de succession entre la principale et la subordonnée[32].

II.1.1 *quand (ce) (que), équand (ce que)*
Retenons quant à la morphologie de la conjonction :

---

[31] *Cf.* aussi Conwell/Juilland (1963 : 193s.), Stäbler (1995 : 167 ; 170), Neumann-Holzschuh (2016).
[32] Suivi du conditionnel, *quand* peut exprimer un rapport d'opposition/de concession entre la subordonnée et la principale ; dans les parlers étudiés ici, *quand* est élargi par l'adverbe *même* (*quand même (que)*) dans ce cas (cf. II.5.2.).

- La forme acadienne traditionnelle *quand ce que* apparaît, en NÉ et au NB, en variation libre avec d'autres variantes, simples (*quand* [kã], [kãt]) ou périphrastiques (*quand que*, *quand ce*) (Wiesmath 2006 : 128s.)[33]. La consonne finale, *t*, est très souvent prononcée, même devant consonne : [kãt]. La forme *quand* a toujours coexisté avec la forme périphrastique *quand ce que* (Wiesmath 2006 : 129). Pour son corpus panacadien, Arrighi (2005 : 283) souligne la vitalité des formes périphrastiques à travers toutes les tranches d'âge et indépendamment du niveau d'étude du locuteur. Soulignons qu'un même locuteur peut utiliser plusieurs variantes, et cela au sein d'un seul énoncé (Wiesmath 2006 : 127) :
    - on avait des livres quand ce on savait ben lire là on pouvait lire là s/ sans/ par cœur là on pouvait le lire là on repre/ . prenait un autre jusqu'à six . quand qu'on avait passé six livres de même ben là on avait quatorze ans (NB – Wiesmath 2006 : 127, Wiesmath 4, M : 29)

    Wiesmath (2006 : 127) constate pour son corpus néo-brunswickois que la variation est caractéristique des situations de communication informelles ; dans les situations de distance, les locuteurs les plus standardisants tendent à employer la forme simple *quand*, ou bien à remplacer *quand* par *lors(que)* (*cf.* ci-dessous II.1.2.).
- À TN, la forme privilégiée est *quand/quante* [kã]/[kãt] *que*, comme aussi aux Îles-de-la-Madeleine[34]. Notons en outre la forme périphrastique : *quante que c'est que...*, dont l'effet d'emphase semble pourtant aujourd'hui affaibli (Brasseur 2001 : s.v. *quand-(ce) que*, p. 376).
- En FL, la conjonction acadienne traditionnelle, *quand ce que*, semble restreinte à certaines régions et, somme toute, marginale[35] ; la forme courante est *(é)quand* (DLF 2010 : s.v. *quand*[1], p. 503, Wiesmath 2006 : 129).

▶ *quand-ce que*
- Ça fait, quand ce que j'ai eu resté là neuf semaines, mama vint. (NÉ – Gesner 1979a : 36, BSM)
- Oh, c'est ça qu'on mangeait quand-ce qu'on était jeune. (NÉ – Hennemann, BSM, SC)

- Mais quand-ce qu'on s'en a revenu par icitte je l'ai mis dans l'école totalement française (NB – Wiesmath 2, F : 337)
- qu'i ait du FROSTING sus le CAKE c'est beau . quand ce que le FROSTING est sorti i y a plus rien i y a plus ienque le CAKE (NB – Wiesmath 2, E : 741)
- c'est déprimant quand-ce que t'as pas de famille (NB – Arrighi 2005 : 282, Catherine NB 19 : 266)

- [À propos de la laine.] Quand-ce que tu le broches, c'est un petit peu ... c'est pas serré là, mais si tu le laves pis tu le frottes comme i faut là, a se foule. (TN – Brasseur 2001 : s.v. *fouler*, p. 208)

- Quand-ce que nous-autres a commencé l'école on pouvait pas, ni elle ni mon pouvait parler en anglais. (LOU – Rottet 2001 : 121, loc. agé, Terrebonne)

---

33 Selon Wiesmath (2006 : 128), des études phonétiques plus approfondies sont nécessaires pour démontrer si la préférence pour telle ou telle forme est fonction de facteurs phonétiques.
34 Pour la fréquence élevée de la forme *quante*, *cf.* par ex. le corpus madelinien de Falkert (2010).
35 Guilbeau (1950 : 260, LF) note que [kã^t]/[ekã^t] est « fréquemment » suivi de [s (kə)]. – Les exemples de *quand ce que* et de *équand-ce que* dans le corpus *Découverte* sont tous relevés à Terrebonne.

- comme je t'ai dit . l'autre jour y avait trois pieds d'eau dans la plante quand ce que la pluie arrê/tait (LOU – Stäbler 1995 : 169, Stäbler 1995 : 107, corpus, Vermilion)
- Quand-ce que j'étais jeune petite fille, mon n-oncle qui restait, c'était le frère de mon pape qui restait premier voisin, et on allait veiller, soit nous-autres on allait veiller chez eux-autres, ou eux-autres venait veiller à la maison. (LOU – *Découverte*, Pointe-aux-Chênes, Terrebonne)
- Des pattes de cochons, mais ça c'était bon. Et *well* on mettait la tête et les oreilles, les pattes, eux-autres les bouillait. Mame les salait et là quand-ce que on voulait manger les pattes alle les bouillait. (LOU – *Découverte*, Pointe-aux-Chênes, Terrebonne)

▶ *quand ce*
- Quand-ce tu parles de tes bottes, tu me fais rire. (NÉ – Hennemann, ILM, CL)
- alors quand ce tu/ on revient en plénière . là tout d'un coup tu t'aperçois que sur les dix autres couples i y en a peut-être deux couples qu'ont exactement le même problème (NB – Wiesmath 2006 : 128, Wiesmath 11, U : 87)

▶ *quand/quante* [kã]/[kãt] *que*
- Quand que j'ai dit c'est son deuxième mari, je pense à ma sœur. (NÉ – Hennemann, ILM, CL)
- [...] Pis quand que la PLANE allait, t'sais ç/ ça grouillait. [...] (NÉ – Hennemann, ILM, IS)
- quand que le roi s'en fut le lendemain matin pour compter ses pommes i manquait encore une pomme (NÉ – Arrighi 2005, corpus, Marcelin NÉ 2 : 342–343)
- parfois quand qu'on/ qu'on parle pas ou qu'on s'assit pas pis on se pose pas les questions on sait pas qu'est-ce que l'autre attend (NB – Wiesmath 2006 : 128, Wiesmath 11, U : 15–16)
- du temps du hareng là . quand qu'on charge les bottes . les bateaux là . euh je me rappelle une fois à Caraquet là on avait sorti (NB – Wiesmath 2006 : 128, Wiesmath 5, C : 42)
- quand que t'es marié pis que t'as des enfants t'as pas le choix (NB – Arrighi 2005 : 282, Robert NB 19 : 499)
- quand qu'on s'en vient des fois la mer tait basse (ÎPÉ – Arrighi 2005 : 282, Théodore ÎPÉ 4 : 27)
- mon père conte quand qu'il était petit . qu'il était malin pour zeux (ÎPÉ – Arrighi 2005 : 282, Aldine A. ÎPÉ 6 : 9–10)
- quand que ça brasse trop j'ai le mal de mer (IdlM – Falkert 2010, corpus : 159–160, p. 52, CD-ROM)
- Quand que j'avions notre charge de morue, ben là je venions icitte là. (TN – Brasseur 2001 : s.v. *icitte*, p. 251)
- Quand que tu vois l'esprit d'une personne [paʀsɔn], et pis qu'i s'en vient à la maison, bien, i va vivre vieux. (TN – Brasseur 2001 : s.v. *quand-(ce) que*, etc., p. 376)
- Mais lui j'ai jamais pu l'appeler toi. Pis quante que j'étais petite, bien i faulait que je l'appelais vous pour li donner le respect, pace qu'il tait mon parrain. (TN – Brasseur 2001 : s.v. *appeler*, p. 23)
- Je vas venir quand que je pourra. (LOU – DLF 2010 : s.v. *quand*[1], p. 503, TB)

▶ *quante que c'est que* (TN)
- Quante que c'est que la vache amène, dans le printemps, le premier ou le deuxième lait, mais je crois que c'est le premier lait, i faisont cuire ça comme un gâteau, pis c'est appelé de la gâche. [...]. (TN – Brasseur 2001 : s.v. *gâche*, p. 215)

▶ *quand* [kã]/[kãt]
- Oui, quand j'ai / quand j'ai eu fini de travailler, j'avais dix et soixante. (NÉ – Hennemann, ILM, CL)
- Pis quand j'y parle en français, me faisait répéter en anglais. (NÉ – Hennemann, ILM, CL)

- ben on aimait tant les bananes quand les bananes arrivont ben i étiont toutes verts . toutes en grosses grosses boules là (NB – Wiesmath 2006 : 127, Wiesmath 4, M : 222)
- icitte j'en ai pas élevé quand j'étais sus mon grand-père là là on avait vingt/ vingt-quatre pièces d'animaux là (NB – Wiesmath 2006 : 127, Wiesmath 3, D : 139)

- on faisait pas trop trop d'argent . parce que le homard était CHEAP quand j'ai vu/ j'ai *starté* à pêcher disons dans les trentes j'avais ABOUT dix-sept ou dix-huit ans tu vendais du homard pour cinq ou six cents la livre (ÎPÉ – Arrighi 2005, corpus, Théodore ÎPÉ 4 : 59–60)

- on est plus du côté acadien. que du côté québécois. pace que quante je vas à Québec : ((se racle la gorge)) j'ai de la misère pas mal à me faire comprendre (IdlM – Falkert 2010, corpus : 77–79, p. 235, CD-ROM)
- La même chose qu'i se servont quante que ... quand i perdont du huile à la mer [...] (TN – Brasseur 2001 : s.v. *huile*, p. 250)
- Le matin quante le jour se fait c'est la cassée du jour. (TN – Brasseur 2001 : s.v. *faire*, p. 195)

- et là quand tout avait fini de manger et parler eux-autres s'en allait. (LOU – *Découverte*, Pointe-aux-Chênes, Terrebonne)
- Quand ça arrivait proche à la fin de la saison, qu'eux-autres avait fini de mouler les cannes, il faisait du sirop. (LOU – *Découverte*, Pointe-aux-Chênes, Terrebonne)

▶ *équand (ce que)* (LOU)
- Équand-ce qu'on allait à l'école, c'est une tristesse. (LOU – Rottet 2001 : 119, loc. âgée)
- Equand j'sutais jeune, et toujhours asteur ej dis des mots après équand c'est supposé d'être avant. (LOU – Rottet 2001 : 132, semi-locutrice)
- Lui mettait son pied par terre, équand il voulait que nous-autres on fait quelque chose. (LOU – DLF 2010 : s.v. *quand*¹, p. 503, TB)
- équand une poule avait éclore ses petits poulets, euh, tu voulais que cette poule commence à pondre aussi vite que tu peux (LOU – *Découverte*, Bayou Goula, Iberville)

Commentaire
La forme *quand que* est bien présente en français dit « populaire »[36]. Bauche (²1951 : 124) atteste aussi la prononciation [kãt] pour le non-standard, même devant consonne. Selon Brasseur (2001 : s.v. *quand-(ce) que*, etc., p. 376), cette prononciation remonte à la généralisation du *t* de liaison à tous les contextes. En FQ, on note les formes *quand c'est que, quand que* et *quand* [kãt] (GPFC s.v. *quand c'est que, quand que, quant'*). La forme non périphrastique est la variante prédominante (Wiesmath 2006 : 129).

La forme périphrastique *quand que* existe « dans de nombreux parlers de France (FEW 2, 1416b QUANDO) » (Brasseur 2001 : s.v. *quand-(ce) que*, etc., p. 376) et elle est également relevée en français mitchif du Manitoba (Papen 2004 : 127) et en français du Missouri (Chaudenson et al. 1993 : 118). La forme *équand* « lorsque » est attestée dans l'Yonne (Bourgogne) (FEW 2/2, 1416b).

II.1.2 *lorsque, lorce*

Synonyme de *quand* en emploi temporel, la conjonction composée *lorsque* est néanmoins beaucoup moins fréquente que celle-ci ; elle relève d'un registre plus recherché, voire

---

36 *Cf.* Bauche (²1951 : 124), Gadet (1992 : 98), Arrighi (2005 : 283), Wiesmath (2006 : 129).

littéraire (Riegel et al. 2011 : 849). Dans les corpus consultés, *lorsque* apparaît surtout dans les situations de distance communicative, pour marquer justement le caractère formel du discours (Wiesmath 2006 : 129s.). *Lorsque* peut être réduit à *lorce*[37]. La conjonction ne figure ni dans le DLF ni dans le corpus de *Découverte*.

▶ *lorsque*
- lorsque j'étais à l'école jusqu'à grade huitT, on avait du français mais après ça j'étais à eune école anglaise à YARMOUTH. (NÉ – Hennemann, PUB, LaD)
- Pis lorsque t'as été travailler, oh ben, t'as rencontré ton mari. (NÉ – Hennemann, ILM, MS)
- pis euh après la messe lorsqu'i a commencé à faire sombre i y avait la procession avec des flambeaux des chandelles (NB – Wiesmath 2006 : 130, Wiesmath 6, L : 199)
- les Anglais ont assez maltraité les Acadiens pis/ lorsqu'ils ont venu de France . d'après l'histoire qu'i nous faisent croire (NB – Wiesmath 6, L : 336)
- ça me manque comme des émissions comme euh ((claque la langue)) le matin Marie-France Bazot euh j'aime énormément écouter mais c'est seulement lorsque je suis en voiture que j'ai l'o/ l'opportunité de l'écouter (NB – Arrighi 2005, corpus, Rachelle NB 1 : 274–276)

▶ *lorce*
- du fromage <oui> c'est des bactéries . du vin c'est des bactéries <oui, oui, oui> du yoghourt . c'est des bactéries <oui> alors lorsque tu vas aller / lorce tu vas avoir euh . tu vas aller voir ton médecin pis i va te donner la pénicilline la pénicilline va tuer les bactéries dans ton système (NB – Wiesmath 2006 : 130, Wiesmath 12, J : 97–100)
- donc lorce vous produisez vous-mêmes . pour vous autres c'est aussi cette économie informelle domiciliaire i y a rien d'illégal là (NB – Wiesmath 2006 : 130, Wiesmath 14, Y : 98) (cours magistral)

II.1.3 *avant (que)*
Avant que[38] est employé pour exprimer la postériorité du fait exprimé dans la subordonnée par rapport à la principale, dans les cas où la subordonnée et la principale ont des sujets différents (dans le cas contraire, on emploie également l'infinitif, comme en FS, mais non systématiquement). Pour la morphologie et le mode employé dans la subordonnée, il faut distinguer selon les régions (*cf.* aussi le chap. « Le subjonctif », II.2.2.) :
- Le subjonctif après *avant que* se maintient bien dans les zones conservatrices en NÉ ainsi qu'au NB et aux Îles-de-la-Madeleine, même si l'indicatif est aussi relevé, notamment aux temps du passé[39]. Ajoutons qu'en règle générale, la concordance des temps n'est plus respectée. Le subjonctif imparfait est remplacé soit par un temps de l'indicatif – notamment l'imparfait –, soit par le subjonctif présent ou passé. Soulignons toutefois

---

[37] Précisons à ce sujet que les éléments de la conjonction, *lors* et *que*, longtemps écrits en deux mots, n'ont été soudés qu'aux XVe–XVIe s. (*Petit Robert* 2013 : s.v. *lorsque*) et qu'on trouve encore des exemples dans Molière où *lors* et *que* sont séparés par une incise (*cf. Petit Robert* 2013 : s.v. *lors*). Il est difficile de juger si *lorce* est une forme récente en Acadie, créée par l'ellipse de *que*, ou s'il s'agit d'une survivance (*cf.* Wiesmath 2006 : 130).
[38] La conjonction *devant que* de même sens, relevée en franco-manitobain (*cf.* Hallion 2000 : 381), ne figure pas dans les corpus consultés.
[39] Pour le FA, *cf.* Arrighi (2005 : 158s.), Wiesmath (2006 : 138) et le corpus de Falkert (2010) pour les Îles-de-la-Madeleine.

que le subjonctif imparfait est encore présent en FA, surtout en NÉ, même s'il est devenu rare[40].
- Le subjonctif après *avant que* est également attesté à TN, tandis qu'en LOU, l'indicatif est quasi-généralisé aujourd'hui, sauf pour quelques verbes fréquents (*avoir, être, savoir*)[41].
- En général, l'expression du temps verbal prime sur l'expression de la modalité dans toutes les régions : la référence au passé est généralement signalée comme telle par le choix d'un temps du passé.
- Le subordonnant *que* peut être omis dans la conjonction composée *avant que*. Cela arrive fréquemment en LOU, plus rarement dans les autres régions (Wiesmath 2006 : 139). Dans ce cas, ce sont la position de l'élément *avant* à la charnière entre les deux parties de la phrase complexe, l'emploi éventuel du subjonctif dans la subordonnée ainsi que l'intonation qui aident à distinguer *avant* adverbe temporel d'*avant* en fonction de conjonction (*cf.* aussi Wiesmath 2002 : 402).

▶ *avant que*
Suivi de l'indicatif
- Pis avant que le père a mouri, il avont pis une cassette / une TAPE (NÉ – Hennemann, ILM, CL)
- Je pense que mon grand-père était mort avant que j'étais éné. (NÉ – Hennemann, ILM, CL)
- pis là tu t'en menais avant que les officiers vienniont (NB – Wiesmath 2006 : 138, Wiesmath 3, D : 238)
- je l'avais amenée à la pêche aux poulamons on sortait ensemble coumme avant qu'on s'est marié hein (NB – Wiesmath 2006 : 138, Wiesmath 1, B : 265)
- Mais si la lune pousse, avant qu'alle est pleine, tu vas bûcher du bois […]. (TN – Brasseur 2001 : s.v. *pousser*, p. 369)
- Une morue faut qu'alle a sept ans avant qu'a peut … avant qu'a rogue. […] (TN – Brasseur 2001 : s.v. *roguer*, p. 402)
- j'ai pas connu ça avant que j'étais grande (LOU – Stäbler 1995 : 129, corpus)
- Et un matin alle s'a levé et il faisait froid, mais avant qu'alle peut allumer le *stove* il fallait qu'alle ôte la glace d'en haut. (LOU – *Découverte*, Pointe-aux-Chênes, Terrebonne)

Suivi du subjonctif
- Ça, ben, c'était avant que le carême commencit, je crois ben. (NÉ – Flikeid 1997 : 267)
- je vas faire une fermier [sic] de toi avant que tu t'en alles (NB – Wiesmath 2006 : 138, Wiesmath 1, B : 31)
- avant que je peuve t'engager i faut je passe un test avec toi (NB – Wiesmath 2006 : 138, Wiesmath 8, Q : 51)
- i y a deux de mes tantes qu'étaient des Bernard avant qu'i ayent marié les frères . à maman (NB – Wiesmath 2006 : 138, Wiesmath 6, L : 342)
- i se sont quittés juste avant qu'i/ qu'i z-aient les enfants […] (NB – Arrighi 2005 : 159, Catherine NB 18 : 320–322)
- avant que l'hôpital de Saint-Antoine seye bâti là en avont pas du tout à Bou[c]touche (NB – Arrighi 2005 : 159, Sarah NB 20 : 313–314)

---

[40] *Cf.* Neumann-Holzschuh (2005b), Wiesmath (2006 : 138s.). Le subjonctif imparfait n'est plus attesté aux Îles-de-la-Madeleine. – Wiesmath (2006 : 138) relève aussi une occurrence du plus-que-parfait du subjonctif dans son corpus.
[41] *Cf.* Stäbler (1995 : 78), Neumann-Holzschuh (2005b), Wiesmath (2006 : 139).

- elle a dit que . que avant que/ qu'elle soit/ soit mariée pis après aussi elle lisait pour son frère André là (ÎPÉ – Arrighi 2005 : 159, Aldine H. ÎPÉ 3 : 109–110)
- pis on se faisait assimiler . euh beaucoup plus avant que . . on l'ait-eu des écoles avant qu'on l'ait-eu l'éducation en français. (ÎPÉ – Arrighi 2005 : 159, André ÎPÉ 12 : 161–162)
- y avait pas de naufrages dans ce temps-là. p=utôt avant. avant qu'y ait des/des LIGHTS ce qu'on appelle là des/. (IdlM – Falkert 2010, corpus : 49–50, p. 368, CD-ROM)
- [...] à peu près un mois avant qu'i tue le cochon là, i achetait un sac de blé d'Inde, pour finir le cochon (TN – Brasseur 2001 : s.v. *feille*, p. 199 – Comme la forme verbale n'est pas au passé, on peut supposer qu'il s'agit d'un subjonctif.)
- Ça fait que le lendemain je peux ien que rentrer chez nous à ène heure de l'après-midi, avant que ça puisse mender assez pour que je peuve gagner. (TN – Brasseur 2001 : s.v. *gagner*, p. 216)
- on était pas pauvres comme ça-là avant qu'on aye la laiterie (LOU – Stäbler 1995 : 14, corpus)
- quelque temps avant qu'alle moure (LOU – Rottet 2001 : 121, loc. âgé)

▶ *avant*

Suivi de l'indicatif
- je me réveillais toujours comme cinq dix minutes avant le bus passait (NB – corpus Péronnet 1988, cité dans Wiesmath 2006 : 139)
- Ça veut dire te faire penser avant tu le fais. (TN – Brasseur 2001 : s.v. *avant*, p. 34)
- ç'avait deux ou trois enfants avant le prêtre avait venu pour les marier (LOU – Stäbler 1995 : 123, corpus)
- Ma mère était une F. avant elle s'a marié. (LOU – *Découverte*, Châtaignier, Évangéline)

Suivi du subjonctif
- C'est une chambre je te montrerai avant tu t'en alles [...] (NÉ – Hennemann, ILM, IS)
- moi je veux pas d'enfant avec toi avant * tu prennes une assurance-vie (NB – Arrighi 2005 : 289, Catherine NB 19 : 500–501)
- t'as pas de reins avant t'ayes vingt-et-un ans (LOU – Stäbler 1995 : 4, corpus)

Mode indéterminé
- [...] après ça, à quatre heures et demie dans l'après-midi, une demie heure avant tu manges, j'en prends dix de TORONTO pis avant que je me couche, j'en prenrai une autre dix de NPH. (NÉ – Hennemann, ILM, AF)
- et avant * je l'oublie aussi on a félicité... (NB – Radio Beauséjour, juin 1999, dans Wiesmath 2006 : 139)
- il faut vous-autres se couche, elle dit, avant le vieux diable arrive (LOU – *Découverte*, Carencro, Lafayette)

II.1.4 *après (que)*

Symétrique d'*avant que*, la conjonction *après que* est également bien établie en FA/FTN/FL.

Signalons à son propos les points essentiels suivants :
- Contrairement au français parlé hexagonal, *après que* est toujours suivi de l'indicatif dans les parlers étudiés ici[42].

---

[42] En France, dans la langue parlée, le subjonctif s'est presque entièrement substitué à l'indicatif après *après que*. *Cf.* entre autres Gadet (1992 : 98), Hanse (1991 : s.v. *après*, p. 87–89), Ball (2000 : 92). C'est l'analogie avec *avant que* qui semble avoir causé ce changement.

- En général, le subordonnant *que* se maintient bien (Wiesmath 2006 : 136) en FA/FTN. En FL, on note des formes avec et sans *que*.
- Le passé composé, le plus-que-parfait et le passé surcomposé se substituent au passé antérieur, qui n'est plus employé dans les variétés concernées (*cf.* le chap. « Les temps du passé »).

▶ *après que*
- Puis après qu'il a vu son homme venir, son mari, il se plantit dans la porte, tu sais… (NÉ – Hennemann, ILM, IS)
- Après que j'ai été sorti de dans l'armée, ça, j'ai été travailler à Halifax (NÉ – Gesner 1979a : 46, BSM)
- après . qu'i ont eu fini les cérémonies religieuses là i y avait des chants . de la musique acadienne (NB – Wiesmath 2006 : 136, Wiesmath 6, L : 204)
- quand ce qu'on était pus vieux après qu'on était marié on a pas sorti beaucoup (NB – Arrighi 2005 : 160, Laura NB 8 : 187–188)
- comment elle faisait pour vivre après que son mari était mort pis pour mettre le pain sur la table (ÎPÉ – Arrighi 2005 : 160, Georges ÎPÉ 3 : 23–24)
- j'ai fat beaucoup de couture après que. j'étais arrivée aux Îles (IdlM – Falkert 2010, corpus : 227, p. 386, CD-ROM)
- Ça me ressemblait que la picote, après que ce tait passé, des trous restaient dans la figure là (TN – Brasseur 2001 : s.v. *picote*, p. 347)
- Pis après que la boëtte est dedans vous prenez ça pis là vous … vous souquez ça […] (TN – Brasseur 2001 : s.v. *souquer*, p. 428)
- Ah huh, moi je leur donnais des petits *rose bush*, des petits rosiers là, et ça ils m'ont envoyé ça là quelques jours après que j'ai eu les rosiers ça là. (LOU – *Découverte*, Mamou, Évangéline)
- après qu'il a appris à jouer il a sorti l'accordéon (LOU – *Découverte*, Church Point, Acadia)
- Drette après que mon j'sutais née, ma mame et mon pape a délogé au Bayou (LOU – Rottet 2001 : 145, loc. âgée)

▶ *après*
- J'ai / j'ai commencé à faire la pêche juste après j'ai fini l'école, oui. (NÉ – Hennemann, PUB, ArD)
- après la viande est cuite on la faisait d'un: comment ce qu'on dit ça un:/ un:/ un: je sais pas comment est-ce qu'on dit ça en français un:/ […] CHOPPER (NÉ – Arrighi 2005 : 289, Évangéline NÉ 23 : 26–28)
- ça c'est après ma fille a déménagé à Ontario ben là on a té là pour Noël avec zeux (NB – Arrighi 2005 : 160, Zélia NB 17 : 469–470)
- mais ça c'était après, longtemps après DADDY a retiré ça (LOU – Stäbler 1995 : 76, corpus)
- Ben, mais écoute, chère, elle a perdu un cher petit garçon de deux ans avec son premier mari. Ben après il est mort, elle a quitté chez son popa et elle a été là-bas à Church Point, là. (LOU – *Découverte*, Mamou, Evangéline)

II.1.5 *une fois (que)*

La locution conjonctive *une fois (que)* est très répandue dans les parlers étudiés ici. Selon les données du corpus de Wiesmath (NB, 2006 : 135), *une fois que* est même plus fréquent qu'*après que* et encore davantage que *dès que*, *aussitôt que* et *depuis que*. Notons le remplacement du passé antérieur par le passé composé, le passé surcomposé ou même l'imparfait ou le plus-que-parfait. Le subordonnant *que* est rarement omis (Wiesmath 2006 : 135).

▶ *une fois que*
- Je pense que une fois qu'a va être O.K., a va s'en revenir. (NÉ – Hennemann, ILM, AF)
- i y avait ste TRUCK DRIVER-icitte [...] pis i a fait embarquer une belle fille s/ qui faisait du pouce sus le côté du chemin . . ça fait une fois qu'alle a été embarquée . i a dit prendrais-tu une bière (NB – Wiesmath 2006 : 135, Wiesmath 8, T : 175)
- Après un bout [but] eune fois que j'ai té marié là, ma femme me faisait des doyons. (TN – Brasseur 2001 : s.v. *doyon*, p. 166)
- Une fois que j'avons ieu féni de ça [...] (TN – Brasseur 2001 : s.v. *fénir*, p. 200)
- on le mettait debout dans le <trou> une fois qu/ une fois qu'on avait fouillé le trou et euh, on faisait tout (LOU – Stäbler 1995 : 171, Stäbler 1995 : 102, corpus)
- J'ai pas pu tout mettre là-dedans, alors une fois que t'es servi on peut vider l'autre là-dedans. (LOU – DLF 2010 : s.v. *fois*, p. 290, TB)

▶ *une fois*
- ça j'avais fauché la journée d'avant je *rakais* là je *balais* . une fois j'avais *balé* faulait je le rentre [le foin] (NB – Wiesmath 2006 : 135, Wiesmath 1, B : 640)
- quand j'ai besoin d'un alectricien j'appelle un alectricien . je le paye . . une fois la/la JOB fini BYE BYE (NB – Arrighi 2005, corpus, Suzanne L. NB 18 : 222–223)

II.1.6 *dès que, drès que*

La conjonction composée *dès que* a principalement été relevée dans les sources louisianaises. *Drès que*, de même sens, est signalé, pour le FA par Poirier (1993 [1925] : s.v. *drès, drès que*) comme « archaïsme », pour le FTN par Brasseur (2001 : s.v. *drès que*, p. 167) et pour le FL par le DLF (2010 : s.v. *dès (drès)*, p. 204). En FL, le sens de *dès que* est élargi par rapport au français hexagonal, la conjonction pouvant aussi être l'équivalent de « jusqu'à ce que » et de « aussi longtemps que » (DLF 2010 : s.v. *dès (drès)*, p. 204). *Que* se maintient généralement.

En ce qui concerne les temps employés après *dès que,* nous renvoyons aux remarques faites ci-dessus en II.1.4. et II.1.5.

▶ *dès que*
- dès que t'as soixante-cinq ans là ans t'sais c'est tout' payé par l/ par le Québec (IdlM – Falkert 2010, corpus : 73–74, p. 180, CD-ROM)
- Mais faut que tu fais attention dès que tu vas parler avec son pape. (LOU – DLF 2010 : s.v. *dès (drès)*, p. 204, LF)
- Dès que j'avais huit ans mon père nous a tout déménagés en bas du bayou. (LOU – DLF 2010 : s.v. *dès (drès)*, p. 204, LF)
- SO dès qu'on a eu notre famille, on voulait pas parler français avec notre enfants pour pas qu'eusse aouèye [awɛj] les mêmes tracas que nous-autres on avait dès que nous-autres avait été à l'école. (LOU – Rottet 2001 : 120, loc. âgée)

- C'est magnifique à rester ici dès qu'y a pas d'ouragan, mais dès qu'il y a des ouragans c'est pas trop NICE. (LOU – DLF 2010 : s.v. *dès (drès)*, p. 204, JE) (« It's wonderful to live here as long as there are no hurricanes, but as soon as there are hurricanes it's not too nice. »)
- Et le vent venait ça sifflait, et là ç'a pas pu connaître comment dès que la clarté du jour s'a fait le lendemain le dommage que ça ç'avait fait. (LOU – DLF 2010 : s.v. *dès (drès)*, p. 204, LF) (« And the wind came, it was blowing, and they couldn't know until daylight broke the next day the damage it had done. »)

▶ *drès que*
- Drès qu'il commencera à faire chaud, vous débaucherez. (FA – Poirier 1993 [1925] : s.v. *drès*)
- Je sus parti drès qu'il m'a remplacé. (FA – Poirier 1993 [1925] : s.v. *drès*)

- Mais drès que je relaxais encore, la musique commençait. (TN – Brasseur 2001 : s.v. *drès que*, p. 167)
- [À propos des poissons volants.] Drès que leurs ailes vient secs, i tombont. (TN – Brasseur 2001 : s.v. *drès que*, p. 167)

- Drès qu'il l'a bu, il a tombé malade. (LOU – DLF 2010 : s.v. *dès (drès)*, p. 204, VM)

Commentaire
Brasseur (2001 : s.v. *drès que*, p. 167) signale la présence de la conjonction *drès que* en français de France « depuis le 18ᵉ siècle » ; *drès que* serait encore aujourd'hui largement répandu dans les parlers dialectaux de France (FEW 3, 28a) (Brasseur, *ibid.*). Les variantes phonétiques *drès que* et *drés que* au sens de « dès que, aussitôt que » – ainsi que les prépositions *drès* et *drés* dans le sens de « dès » – sont également signalées pour le FQ par le GPFC (s.v. *drès/drés* et *drès que/drés que*) et sous la forme *dret que* par Seutin (1975 : 390).

II.1.7 *depuis (ce) (que)*
Depuis que est attesté dans tous les parlers. À propos de sa morphologie, on peut faire les observations suivantes :
- En NÉ, la forme périphrastique est très fréquente : *depuis c(e) que*, mais la forme sans subordonnant explicite est également relevée.
- Au NB et à TN, on relève la forme *depuis* à côté de la forme standard *depuis que*.
- En FL, le subordonnant *que* est généralement omis[43].

Quant à la prononciation, retenons pour toutes les régions que la semi-voyelle [ɥ] tombe en règle générale : *depis*, comme c'est par ailleurs possible en français parlé de France. Pour TN, Brasseur (2001 : s.v. *depis*, p. 156) signale aussi les réalisations phonétiques [dəpis] et [tpi]. Mentionnons aussi l'existence des formes *dempis (que)* [dãpi] à TN (*ibid.*) et *dempuis/dempus* [dãpɥi]/[dãpy], *depus* [dəpy] en LOU (DLF 2010 : s.v. *depuis*, p. 202). La forme *dempis* remonte au moyen français (*dempuis*) et est « bien attestée dans les Îles anglo-normandes » ainsi que « dans l'ouest de la France, de la Bretagne romane à la Saintonge (FEW 9, 244a POSTEA) » (Brasseur 2001 : s.v. *depis*, p. 156). Elle semble être tombée en désuétude en Acadie des Maritimes (*cf.* pour le Sud-Est du NB, Wiesmath 2006 : 138), bien qu'elle soit encore considérée comme un « acadianisme » à cause de sa présence dans les *Lettres de Marichette* (Gérin/

---
[43] Tandis que le corpus de Stäbler (1995) ne contient aucune forme de la conjonction avec le subordonnant *que* (*cf.* aussi Wiesmath 2006 : 137), le corpus *Découverte* fournit des exemples de sa présence dans la conjonction en FL. – Pour la valeur causale de *depuis que*, *cf.* ci-dessous II.2.4.

Gérin 1982 : 154) ; elle est également notée pour le FA par Poirier (1993 [1925] : s.v. *dempuis*) et É. Boudreau (1988 : s.v. *dempis*).

▶ *depuis (ce) que*
- Et al a perdu, je crois c'est vingt-cinq livres là depuis-ce qu'elle a commencé. (NÉ – Hennemann, ILM, DO)
- Quoi c'que t'as fait d'bon depis c' que j' t'ai vu ? (NÉ – Thibodeau 1988 : 41)
- j'ai toujours aimé à coudre <hm .> depuis que je suis tout jeune (NB – Wiesmath 2006 : 137, Wiesmath 6, L : 307)
- av-vous 'té vous avez pas été à Havre-Aubert depis que vous êtes ici ? (IdlM – Falkert 2010, corpus : 216–217, p. 257, CD-ROM)
- Seulement ben tous les ans depis qu'i ont la groupe française là, i avont un marchethon, hein, tous les ans, pour Saint-Jean-Baptiste là. (TN – Brasseur 2001 : s.v. *groupe*, p. 238)
- Seulement depis que je me rappelle, moi, les premières années que je peux m'appeler, y avait pas grand monde à l'entour ici. (TN – Brasseur 2001 : s.v. *depis*, p. 156)
- Mais il y a pas des années de ça ! Depuis qu'on est mariés il venait à cette maison ici. (LOU – *Découverte*, Pointe-aux-Chênes, Terrebonne)

▶ *depuis*
- depuis * suis vieille je passe à la mi-carême une fois (NÉ – Arrighi 2005 : 289, Évangéline D. NÉ 23 : 163–164)
- moi depuis j'ai arrêté au magasin là ça fait / ça fait treize ans j'en ai piqué au dessus de cinq cents [des couvertures/quilting] (NB – Wiesmath 2006 : 137)
- je l'ai pas contacté depuis * je suis arrivée de Campbellton (NB – Arrighi 2005 : 289, Michelle NB 16 : 494–495)
- ils ont bâti un tas de maisons depuis moi je m'ai marié (LOU – Stäbler 1995 : 49, corpus)
- Il est bien pour vivre depuis on a trouvé l'huile sur sa terre. (LOU – DLF 2010 : s.v. *depuis*, p. 202, SM)

▶ *dempis que*
- Note belle langue que j'parlons dampi que j'sont sortis des bois (NÉ – *Lettres de Marichette*, Gérin/Gérin 1982 : 154)
- Des petits *tom-cods* [angl. régional « petites morues immatures »], ça ç'a tout le temps été de la *cull*, ça dempis que je m'en souviens, ça a tout le temps passé pour de la nombeur trois. (TN – Brasseur 2001 : s.v. *nombeur*, p. 318)
- Ici c'est pareil. C'est pour ça que les petits pêcheurs i faisont pas grand chose dempis qu'il avont les pus grands bateaux. (TN – Brasseur 2001 : s.v. *dempis*, p. 155)

II.1.8 *mais que*

Inconnue en FS moderne, la conjonction composée *mais que* est attestée en FA et en FTN au sens temporel d'« une fois que, quand, dès que ». En ce qui concerne le FL, cette conjonction n'apparaît ni dans le corpus *Découverte* ni dans celui de Stäbler et elle n'est pas non plus attestée dans le DLF (2010). Elle régit généralement le subjonctif (Wiesmath 2006 : 131, Gesner 1979a : 100), sauf dans les cas où il y a référence au passé. Employé avec le présent ou l'imparfait, *mais que* peut aussi renvoyer à une vérité générale ou à une habitude dans le passé. Dans certains exemples, le sens de l'ancien usage « pourvu que » ne nous semble pas exclu. L'omission de *que* est rare[44].

▶ *mais que*
- « Mais que vous soyez enallé là », il dit, « vous irez là ce qu'y a des pompes. » (NÉ – Gesner 1979a : 100, BSM) (*là ce que* = « là où »)
- Parce que j'ai vu son frère de GLACE BAY ici là mais que j'ai rentré dans le corridor. (NÉ – Hennemann, ILM, AF)
- Mais que vous avez voutre éducation, prenez la porte parce que on peut pus vous/ *afforder* de vous sougner. (NÉ – Hennemann, ILM, EL)
- Oui, ma mère nous tout le temps dit, a dit : mais que l'électricité – i n-en parliont dans c't temps-là – vienne, je m'achète un radio, ça c'est la première chose. (NÉ – Hennemann, ILM, EL)
- Mesque tu viennes, veux-tu m'apporter une douzaine d'œufs ? (NÉ – Thibodeau 1988 : 84)
- Je peux sortir pour trente jours c't été mais qu'il fasse beau. (NÉ – Gesner 1979a : 100, BSM)
- i [le médecin] t'a donné une prescription pour mais que tu t'en alles (NB – Wiesmath 2006 : 131)
- ça me fera une bonne paye mais que je l'aye [le chèque] (NB – Wiesmath 2006 : 132)
- [À propos des porcs.] Mais qu'i te oyiont arriver, i s'en veniont manger (TN – Brasseur 2001 : s.v. *mais que*, p. 285)
- Mais que tu pouvais passer le pont, bè ce tait *alright*. (TN – Brasseur 2001 : s.v. *mais que*, p. 285)
- Je vas aoir un bateau neuf, mais que je le trouve. (TN – Brasseur 2001 : s.v. *mais que*, p. 285)

▶ *mais*
(sans subordonnant *que*, rare dans cette fonction)
- mais tu dises à ton père regarde i mangeont des tétines de souris là ben tu diras ris pas c'est vrai (NB – Wiesmath 2006 : 132, Wiesmath 1, B : 111)
- mais j'arrive ça sera fait (NB – Wiesmath 2006 : 132)

Soulignons que les fonctions de *mais que*, telles qu'on vient de les présenter ci-dessus, se distinguent nettement de celles du coordonnant adversatif *mais*, qui peut être élargi par *que* « parasitaire » et avoir ainsi la même forme que la conjonction composée, sans toutefois qu'il y ait subordination (*cf.* le chap. « La connexion », II.3.1.)[45]. Le coordonnant *mais* – élargi par *que* – marque l'opposition ou la restriction (*cf.* aussi Wiesmath 2006 : 160s.).

---

44 Soulignons le rôle que jouent alors le mode de la subordonnée (le subjonctif marquant la subordination) et l'intonation, en cas d'absence du subordonnant *que*, pour distinguer *mais* adversatif de *mais* conjonction temporelle. À propos de l'exemple *mais j'arrive ça sera fait* (« quand j'arriverai ça sera fait »), Wiesmath note que « c'est l'intonation montante sur le verbe *arriver* qui annonce l'enchaînement d'une principale » (NB – Wiesmath 2002 : 401s.).
45 Apparemment, la conjonction composée *mais que* est considérée comme une seule unité, prononcée [mɛk]/[mɛkə] (Poirier 1993 [1925] : s.v. *mèque*, *cf.* Wiesmath 2006 : 131, note 251), voire avec « s » (Thibodeau 1988 : s.v. *mesque*) ; cette prononciation la distingue ainsi nettement du *mais que* du français non standard de France, employé au sens adversatif de « mais ».

▶ **mais que coordonnant adversatif**
 • alors de plus' en plus' maintenant un ordinateur c'est essentiel à la vie d'après les gens mais que c'est pas vrai (NB – Wiesmath 2006 : 160, Wiesmath 14, Y : 218)

Commentaire
L'existence de la conjonction composée *mais que* est bien attestée dans l'histoire de la langue et dans les parlers dialectaux, d'abord au sens hypothétique de « pourvu que » – suivie du subjonctif –, mais également au sens temporel de « dès que », « lorsque » (FEW 6/1, 30b) ; dans ce dernier sens, la conjonction est encore signalée pour le XVIIe s.[46]. Rejetée par Vaugelas comme « populaire » (Grevisse/Goosse 2008 : § 1136 R7, p. 1484), la conjonction disparaît après le XVIIe s. dans la langue standard, mais elle se maintient en Normandie et dans les parlers de l'Ouest de la France de même qu'au Québec[47].

II.1.9 *jusqu'à (ce que), jusqu'à tant (que), jusque*
Les conjonctions construites à partir de la préposition *jusque* signalent le déroulement d'une action exprimée dans la principale jusqu'au commencement de l'action exprimée dans la subordonnée.
– *jusqu'à ce que* – forme standard, suivie du subjonctif, est rare en FA (*cf.* Wiesmath 2006 : 140) et en FTN ; en ce qui concerne le FL, elle n'est attestée ni dans le corpus *Découverte* ni dans le DLF. En revanche, la forme sans démonstratif, *jusqu'à que*, est bien présente en FL, mais pas en FA/FTN. Signalons l'existence de la variante *jusqu'à ça que* en NÉ et rappelons que *ça que* remplace souvent *ce que* dans ce parler (*cf.* Gesner 1979a : 101 ; *cf.* le chap. « La relative », V.1.).
– *jusqu'à tant que* (avec la variante orthographique *jusqu'à temps que*, *cf.* Wiesmath 2006 : 140, Arrighi 2005 : 160) est la forme courante en FA/FTN ; elle est suivie soit de l'indicatif (*cf.* pour TN, Chauveau 1998 : 108s., pour la LOU, Conwell/Juilland 1963 : 194, note 67), soit du subjonctif (*cf.* pour le Sud-Est du NB, Wiesmath 2006 : 140, Arrighi 2005 : 160s.). Notons pour TN les variantes phonétiques *yusqu'à tant que* (Chauveau 1998 : 108s., Brasseur 2001 : s.v. *jusque*, *yusque*, p. 264) et *jusque tant que* (Brasseur, *ibid.*).
– *jusqu'à* sans le subordonnant *que* est la forme privilégiée en FL[48] (avec quelques rares attestations de *jusque*) ; l'omission de *que* est occasionnelle dans les autres régions.

En général, le subjonctif se maintient mieux dans la subordonnée en NÉ, au NB et aux Îles-de-la-Madeleine qu'à TN et en LOU. Signalons pourtant que dès qu'il y a référence au passé, on observe la nette tendance à préciser le moment par l'un des temps du passé (*cf.* Arrighi 2005 : 153). La volonté de préciser le moment d'un événement prime ainsi sur l'expression de la modalité. À TN et en LOU, le subjonctif est peu fréquent dans tous les cas de figure (*cf.* le chap. « Le subjonctif », II.2.2.).

---
46 *Cf.* FEW (6/1, 30b), Foulet (1967 : 290), Haase (1965 : 376), Gougenheim (1974 : 231), Brasseur (2001 : s.v. *mais que*, p. 285).
47 *Cf.* Grevisse/Goosse (2008 : § 1136, p. 1484 R7), GPFC (s.v. *mais que*, pour le FQ), Seutin (1975 : 390, pour le parler de l'Île-aux-Coudres). *Cf.* aussi Brunot/Bruneau (1949 : 464), FEW (6/1, 30b), Brasseur (2001 : s.v. *mais que*, p. 285).
48 *Cf.* Guilbeau (1950 : 264), Conwell/Juilland (1963 : 194), Stäbler (1995 : 167). – Phillips (1936 : 65) indique également la forme *juchequ'à*.

▶ *jusqu'à ce que* **(FA, rare)**, *jusqu'à ça que* **(NÉ)**, *jusqu'à que* **(FL)**

Suivi de l'indicatif
- jusqu'à qu'on prend le bayou le bateau … (LOU – Guilbeau 1950 : 264)
- eusse a marché jusqu'à qu'eusse a vu une lumière rouge (LOU – Guilbeau 1950 : 264)
- il a ramassé des pierres il a mis dans ses poches jusqu'à qu'il a pu les serrer dans une place convenable (LOU – *Découverte*, Carenco, Lafayette)
- Mais quo'faire tu restes pas jusqu'à qu'il vient ? (LOU – DLF 2010 : s.v. *jusque*, p. 356, TB)

Suivi du subjonctif
- Ils l'avaient tout louté jusqu'à ça qu'ils vurent une goutte de sang rouge. (NÉ – Gesner 1979a : 101, BSM)
- faut que tu bouilles l'eau bouilles l'eau bouilles l'eau bouilles l'eau jusqu'à ce que de l'eau seye sortie de dedans (NB – Wiesmath 2006 : 140, Wiesmath 2, E : 523)
- il faut qu'il reste jusqu'à qu'il ait quinze ans (LOU – Guilbeau 1950 : 264)

▶ *jusqu'à tant (que)* **(FA, FL ; courant)**, *jusque tant (que)* **(rare)**

Suivi de l'indicatif
- J'ai été à l'école jusqu'à tant que j'avais un grade neuf. (NÉ – Gesner 1979a : 101, BSM)
- I faisaient travailler jusqu'à tant le poisson était touT fini, REGARDLESS coumben d'heures tu mettais. (NÉ – Hennemann, ILM, CL)
- pis là j'ai/ j'ai tout le temps resté là jusqu'à tant j'ai pris à *traveler* (NB – Wiesmath 2006 : 140, Wiesmath 3, D : 166)
- j'ai décidé là j'allais rester icitte j'ai arrangé ça là là-bas jusqu'à tant que je peux (NB – Arrighi 2005 : 153, Évangéline M. NB 14 : 91–92)
- quand qu'on s'a marié on a vi dans une:/ une euh dans un MINIHOME pour jusqu'à tant qu'on a eu notre fille (NB – Arrighi 2005 : 161, Angèle NB 13 : 230–231)
- je vas faire du pain jusqu'à tant je serai crevée (IdlM – Falkert 2010, corpus : 69–70, p. 21, CD-ROM)
- I fallait attendre là-bas là yusqu'à tant que… dans le soir [swɛʀ] le vent modérait. (TN – Brasseur 2001 : s.v. *jusque, yusque*, p. 264)
- La neige venait ici l'automne sus les chemins, pis ça restait là tout l'hiver, jusqu'à tant que le soleil le fondait au printemps. (TN – Brasseur 2001 : s.v. *jusque, yusque*, p. 264)
- Pis alle a joué jusque tant qu'alle a fini l'école. (TN – Brasseur 2001 : s.v. *jusque, yusque*, p. 264)
- Je vas espérer jusqu'à tant qu'il vient me prendre. (LOU – DLF 2010 : s.v. *jusque*, p. 356, VM)

Suivi du subjonctif
- Je vas rester icitte jusqu'à tant qu'on vienne me chercher. (NÉ – Gesner 1979a : 101, BSM)
- papa a été élevé là chus/ sus la ferme pis i a toujours travaillé là jusqu'à tant qu'i aye vendu la ferme (NB – Wiesmath 2006 : 140, Wiesmath 6, L : 88)
- là jusqu'à tant que ça seye passé moi je suis de même moi là si quelqu'un est malade ben là faut que je save quoi-ce qu'il a (NB – Arrighi 2005 : 160, Évangéline M. NB 14 : 160–161)
- pis on allait prendre avec nos bicycles on allait prendre une DRIVE jusqu'à tant qu'i fît noir pis là l'été i fait noir/ i fait noir tard hein (NB – Arrighi 2005 : 161, Laura NB 8 : 192–193)
- il a resté ici-là chez nous pour:/ jusqu'à tant qu'il seye mort (IdlM – Falkert 2010, corpus : 79, p. 329, CD-ROM)

▶ *jusqu'à* (surtout FL), rarement *jusque*[49]

Suivi de l'indicatif
- Je nous assisions là pis là tu sais jusqu'à je tombions endormis ! (TN – Brasseur 2001 : s.v. *jusque, yusque*, p. 264)
- tu bouilles ta viande jusqu'à elle est bien tendre (LOU – Conwell/Juilland 1963 : 194)
- Alle était tellement affaiblie et alle avait tellement maigri, la pauvre bête, jusqu'à alle caracolait. (LOU – *Découverte*, Moreauville, Avoyelles)
- mais il jouait en cachette de son défunt père jusqu'à il a appris à jouer (LOU – *Découverte*, Church Point, Acadia)
- Ça se fait, S. elle jouait comme ça là, jusqu'à elle est venue en famille, chère ! (LOU – *Découverte*, Mamou, Evangéline)
- une 'tite fièvre lente . jusque tu peux t'apercevoir assez que t'as froid (LOU – Stäbler 1995 : 45, corpus)
- Une mitaine [...] c'est comme un carreau tu plies comme ça là, on va dire, jusque tu peux mettre bien ta main dedans. (LOU – DLF 2010 : s.v. *jusque*, p. 355, EV)

Suivi du subjonctif
- enfin j'ai travaillé jusqu'à la saison ferme là-bas (LOU – *Découverte*, Isle Jean Charles, Terrebonne) (Comme il n'y a pas de concordance des temps, il s'agit probablement du subjonctif.)
- Tu coudais ça à la main ou avec une machine jusqu'à tu en ayes assez grand pour couvert un lit (LOU – *Découverte*, Pointe-aux-Chênes, Terrebonne) (pour la forme *couvert*, *cf.* le chap. « Formes verbales remarquables »)
- je suis restée là jusqu'à les Mardis Gras passent (LOU – Conwell/Juilland 1963 : 194) (Comme il n'y a pas de concordance des temps, il s'agit probablement du subjonctif, bien que Conwell/Juilland 1963 : 194, note 67 notent que la conjonction ne requiert pas le subjonctif.)

Commentaire
La forme acadienne privilégiée, *jusqu'à tant que*, attestée « dans la langue classique et chez de très rares écrivains modernes » (Hanse 1991 : s.v. *jusque*, p. 543), est qualifiée aujourd'hui, selon la source, d'« affectée » ou de « dialectale » (*ibid.*), d'« archaïque » ou de « régionale » (Grevisse/Goosse 2008 : § 1136a, p. 1480s.), de « classique » et de « littéraire » (GLLF, *cf.* Brasseur 2001 : s.v. *jusque, yusque*, p. 264), voire indiquée sans aucune marque (*Le Petit Robert* 2013 : s.v. *jusque, jusques*) (*cf.* aussi Arrighi 2005 : 161).

La graphie *jusqu'à temps que* semble avoir existé de tout temps à côté de *jusqu'à tant que* ; Gougenheim (1974 : 196) en relève des exemples datant du XVIe s. De nos jours cette graphie est, selon Hanse (1991 : s.v. *jusque*, p. 543), « nettement vieillie ».

Grevisse/Goosse (2008 : § 1136a, p. 1480s.) voient l'origine du tour *jusqu'à tant que* dans le croisement des formes *jusqu'à* et *tant que*. La forme est suivie du subjonctif (*cf. ibid.*), mais, selon Gesner, on relève aussi l'indicatif (Gesner 1979a : 41). Très fréquente en France jusqu'au XVIIe s. (*cf.* Grevisse/Goosse 2008 : § 1136a, p. 1480s.), elle tombe en désuétude à partir du XVIIIe s. (Brasseur 2001 : s.v. *jusque, yusque*, p. 264). Elle reste présente dans les parlers dialectaux de France, « notamment dans l'Ouest (FEW 14, 73a, USQUE) » (Brasseur, *ibid.*) et dans le Nord, en Auvergne, dans la région marseillaise, mais aussi, en Belgique, en Wallonie (Grevisse/Goosse, 2008 : § 1136a, p. 1480s.). Elle est attestée en franco-manitobain (Hallion 2000 : 381), en FQ (GPFC : s.v. *jusqu'à tant que*) et à Saint-Pierre-et-Miquelon (Brasseur/Chauveau 1990 : s.v. *jusqu'à tant que*). Notons qu'au Moyen Âge, la forme simple *jusques* pouvait aussi s'employer comme conjonction (Nyrop 1930, t.6 : 161).

---

49 Wiesmath (2006 : 141) relève une occurrence de *jusque* pour « jusqu'à ce que », mais il pourrait s'agir selon elle d'une forme due au débit rapide. On note aussi une forme de *jusque* dans le corpus louisianais de Stäbler (1995 : 45). Les occurrences sont trop peu nombreuses pour nous permettre de nous prononcer de manière certaine sur le rôle de cette variante.

II.1.10 *le temps que, du temps que, par le temps que*

En ce qui concerne les expressions construites à partir du substantif *temps* et du subordonnant *que*, il est parfois difficile de décider si on a affaire à une locution conjonctive ou si *temps* conserve son statut nominal, *que* introduisant alors une relative. Rappelons qu'après les indications temporelles, *que* sert régulièrement à introduire une relative (*cf.* le chap. « La relative », II.3.)[50].

> • parce que là euh . les dépenses du gouvernement canadien étaient plus grosses parce que le temps qu'i était là euh je pense qu'i s'a/ . le montant d'argent qu'i recevait par/ . par paye par deux semaines [...] i payaient un petit peu plus parce qu'il était en dehors de son pays (NB – Wiesmath 6, L : 141–145) (Wiesmath traduit par « in the time that he was there », suggérant donc le maintien du caractère nominal du substantif.)

À ces réserves près, on peut néanmoins retenir que les expressions *le temps que* et *du temps que*, qui existent aussi en français hexagonal[51], peuvent former des locutions figées et adopter le sens d'une conjonction temporelle. L'expression *le temps que*, dont le sémantisme recouvre celui de « pendant que » (Brasseur 2001 : s.v. *temps*, p. 443, Wiesmath 2006 : 134), « quand » et « une fois que », est courante dans les parlers acadiens et en FTN, mais elle n'a pas été relevée pour le FL. En FL, on note l'expression synonyme *du temps que*.

▶ *le temps que* (FA/FTN)

- Pis le temps qu'i / i s'assirent dans le tambour, pis lui pis Charlie, i parliont, ... (NÉ – Hennemann, ILM, CL) (« une fois que »)
- pour que je suis délivré i fallait que je trouve une fille qui voulait me marier le temps que je sus en chien (NÉ – Arrighi 2005, corpus, Marcelin NÉ 2 : 80–81) (« pendant que », conte folklorique)
- moi le temps que j'ai venu plus grande i y avait un autobus qui venait ramasser des personnes pour la messe (NB – Wiesmath 7, O : 678) (« quand ») (Wiesmath traduit par « when I got bigger ».)
- Oui, mais le temps qu'a tait à se baigner, y a ène grosse bête poilouse qu'a sorti, un gros poisson poilouх qu'a sorti dans l'eau, pis i l'emmène avec lui. (TN – Brasseur 2001 : s.v. *temps*, p. 443) (« pendant que »)

▶ *du temps que* (FL)

- Du temps que je travaillais pour Texaco, on travaillait toujours sur les bateaux. [...] (LOU – DLF 2010 : s.v. *temps*¹, p. 609, TB) (« quand », « pendant que »)

---

50 Nous laissons de côté les exemples les plus évidents où le substantif *le temps* maintient son caractère nominal : « [...] on a / on avait un / c'tait assez restreint le temps qu'on avait. » (NÉ – Hennemann, ILM, BJ) – L'expression *dans le temps que* est relevée une fois par Wiesmath, mais dans un sens causal (« du moment que », « puisque ») : « pis euh soyant à l'église euh tu te fais pas payer SO personne peut rien dire dans le temps que t'es bénévole » (Wiesmath 2006 : 135, Wiesmath 11, U : 184).

51 *Cf.* Wiesmath (2006 : 134, note 260), *Le Petit Robert* (2013 : s.v. *temps*), Hanse (1991 : s.v. *temps*, p. 931). Si *le temps que* est suivi du subjonctif, le tour introduit « une proposition qui précise une durée antérieure, une durée d'attente » (*Le Petit Robert* 2013 : s.v. *temps*) : « Le temps que tu y ailles, je serais déjà revenu. » (*Le Petit Robert*, *ibid.*).

La locution conjonctive *par le temps que* est attestée au NB et à TN dans le sens de « quand » et de « d'ici à ce que » (*cf.* Brasseur 2001 : s.v. *temps*, p. 443)[52]. Il pourrait s'agir d'un calque de l'anglais *by the time* (*cf.* Wiesmath 2006 : 142). Notons que le subordonnant *que* est parfois omis.

▶ *par le temps (que)*
- des fois j'allais prendre une photo d'un enfant qu'était assis par terre . pis par le temps j'ai ajusté mes/ . mon pose-mètre ou euh mon foyer i y 'n avait vingt-cinq dans la photo (NB – Wiesmath 2006 : 141, Wiesmath 9, K : 67)
- pis euh j'étais assez énervée que par le temps j'ai sorti de delà j'avais presque accroché dans mon trépied (NB – Wiesmath 2006 : 142, Wiesmath 13, H : 109)
- [...] C'est aussi bien que tu fumes ! Par le temps que t'es guéri, tu vas être bon... [Rires] (TN – Brasseur 2001 : s.v. *temps*, p. 443)
- D'habitude un jeune gars par le temps qu'il avait quinze ou seize ans, ben ... i savait quasiment tous les métiers. (TN – Brasseur 2001 : s.v. *temps*, p. 443)

II.1.11 *tant (ce) (que)*

Dans les variétés acadiennes et louisianaises, *tant que* a un sémantisme élargi par rapport à la même conjonction en français standard. En FL, *tant que* s'emploie largement dans le sens de « aussi longtemps que » comme en FS[53], mais aussi de « pendant que » (DLF 2010 : s.v. *tant que*, p. 602, Guilbeau 1950 : 267) ; ce sens est certes possible en français hexagonal, mais il semble surtout courant dans le tour *tant que j'y suis / tu y es* etc., condamné par certains[54]. En FA, *tant que* peut être équivalent à « aussi longtemps que », mais aussi à « quand » et « lorsque » (*cf.* Wiesmath 2006 : 130s.)[55]. Quant à la morphologie de cette conjonction composée, *tant que* apparaît aussi sous les formes *tant*, *tant ce* et *tant ce que* en FA.

▶ *tant que* (FA/FL)
- Tant qu'on entendait la radio, ça faisait drôle pour nous autres. (NÉ – Gesner 1979a : 101, BSM) (« quand »)
- t/tant qu'a joue aux cartes ben je vas faire un p'tit brin de DECORATION (NÉ – Hennemann, ILM, EL) (« aussi longtemps que », « pendant que »)

---

52 *Par le temps que*, suivi de l'indicatif (exceptionnellement du subjonctif), existe également en franco-manitobain (Hallion 2000 : 381).
53 *Aussi longtemps que* est extrêmement rare dans les corpus consultés. Il n'apparaît ni dans le corpus panacadien d'Arrighi (2005), ni dans *Découverte*. Wiesmath (2006 : 135) n'en relève qu'une seule occurrence : « aujourd'hui c'est pas pareil c'est pas la même chose aussi/ aussi longtemps que t'as de l'emploi tu peux aller emprunter » (Wiesmath 2006 : 135, Wiesmath 7, O : 382).
54 *Cf.* Hanse (1991 : s.v. *tant*, p. 922) : « On se gardera de dire [*tant que j'y suis, tant que j'y pense*], dans le sens de *pendant que j'y suis, que j'y pense*. » En revanche, *Le Petit Robert* (2013 : s.v. *tant*) indique le sens de « pendant que » sans remarque stylistique, mais qualifie le tour *tant que tu y es* d'« ironique ».
55 Gesner (1979a : 101) note que *tant que* « paraît également avoir le sens de *quand* en acadien », mais il relève aussi les acceptions *aussi longtemps que* et même *jusqu'à ce que*. Dans l'ensemble, Gesner ne parvient pas à attribuer un sens précis à *tant que* (*cf. ibid.*). Pour le sens de « jusqu'à ce que », *cf.* aussi l'exemple suivant : « i jetait à terre lui et pis tu pouvais fesser **tant** tu voulais **tant** il arait mourru dans le champ i s'arait pas levé . ah ben j'ai jamais vu un bœuf un bœuF si contrarieux » (Arrighi 2005 : 117, Willy NB 9 : 226-227)

- Pis tant et aussi longtemps qu'on parlait le français standard, on se comprenait. (NÉ – Hennemann, ILM, RF)

- tant que t'arrivais au mois de mars tu pouvais plus sortir . parce que là les chemins étaient tout' défaits (NB – Wiesmath 7, O : 434) (« quand »)
- j'ai été à l'école tant que/ . tant j'ai pu y aller (NB – Wiesmath 2006 : 131, Wiesmath 4, M : 287) (« aussi longtemps que »)
- c'est beaucoup d'Acadiens asteure pis on est tran/ un peu tranquille asteure i nous/ . i nous dérangeont pas <hm> tant qu'i commençont pas à bombarder pis de quoi de même (NB – Wiesmath 2006 : 131) (« aussi longtemps que »)
- j'ai pas le goût de partir astheure en tout cas [Enquêtrice : hm] tant que les Îles vont rester un petit morceau ((rit)) (IdlM – Falkert 2010, corpus : 207–208, p. 31, CD-ROM) (« aussi longtemps que »)
- on allat à la messe à tous=es soirs et. tant qu'on a pu aller on allat marcher (IdlM – Falkert 2010, corpus : 203, p. 70, CD-ROM) (« aussi longtemps que »)
- Je vas jamais oublier ça tant que je vas vivre. (LOU – DLF 2010 : s.v. *tant que*, p. 602, TB) (« aussi longtemps que »)
- Et tant qu'il y avait le sucre dans la chose, alle aurait mangé là. Il n'avait pas de tracas. Mais quand il n'avait plus de sucre, LOOK OUT. (LOU – DLF 2010 : s.v. *tant que*, p. 602) (« aussi longtemps que »)
- Et tant qu'on était là-bas y avait plusieurs familles qui délogeaient [...] (LOU – DLF 2010 : s.v. *tant*, p. 602, TB) (« pendant que »)
- Et tant qu'eux-autres ont charré, nous-autres on était après rire et charrer dedans la chambre là-bas à côté (LOU – *Découverte*, Mamou, Evangéline) (« pendant que »)

▶ *tant ce que* (FA)
- R : tu peux la manger crute B : oui R : tu peux manger ça cru ou cuit B : pis moi je la mange/ j'aime mieux de la manger tant ce que tu la cuis là là euh tant ce que l'eau monte hein euh le salange est droit' dessus (NB – Wiesmath 2006 : 130, Wiesmath 1, B : 148–150) (« quand »)

▶ *tant* (FA)
- moi tant j'allais à l'école on avait/ on avait juste notre livre de lecture français . tout' nos autres livres étaient anglais (NB – Wiesmath 2006 : 131, Wiesmath 7, O : 275) (« quand »)

▶ *tant ce* (FA)
- tant ce tu regardes dans les vies pis dans la façon que ça va aujourd'hui <hm> <ouais> tu vois des/ des séparations pis tu dis ah ça fait mal (NB – Wiesmath 2006 : 131, Wiesmath 2, F : 747) (« quand »)
- là tu prenais une brassée de bois . ben tant ce t'as six ans tu peux pas/ . tes bras/ tes bras sont pas si gros qu'asteure. (NB – Wiesmath 1, B : 684) (« quand »)

Commentaire
Tant que de même que *jusqu'à tant que* (*cf.* ci-dessus II.1.9.), tous deux suivis du subjonctif, étaient autrefois synonymes de *jusqu'à ce que*. Malgré la critique de Malherbe, cet emploi était largement en usage jusqu'au siècle classique (*cf.* aussi Haase 1965 : 373).

Au sens de « pendant que », *tant que* existait en ancien et en moyen français, laissant une trace dans la langue parlée en France dans l'expression *tant que j'y suis* ; en Belgique, ce sens existe aussi en dehors de cette expression (Grevisse/Goosse 2008 : § 1136 b, p. 1482, *cf.* note 54).

II.1.12 *comme (que)*

La conjonction *comme (que)* est polyfonctionnelle. Elle peut apparaître dans des constructions causales, comparatives et temporelles ; dans ce dernier cas, *comme (que)* exprime une relation de simultanéité entre la subordonnée et la principale. Wiesmath (2006 : 132) souligne que *comme* est rarement employé comme conjonction causale ou temporelle, mais qu'elle figure surtout dans les comparaisons (*cf.* le chap. « La comparaison et le rapport proportionnel », I.2.1.) sous la forme *co(u)mme que*. Dans les temporelles, c'est la forme simple qui prédomine, ce qui laisse suggérer une influence du standard.

▶ *comme*
- J'uis une personne têtue ((rires)) alors quanT que le temps a venu comme j'écrivais mes examens, j'écrivais mes tests, puis j'écrivais mes projets (NÉ – Hennemann, ILM, BJ)
- Comme tu te lèves le matin, n'y a une grosse gelée blanche, une grosse rosée, ben tu peux rinque braquer à ramasser des pommes une fois que c'est sec vers neuf heures. (NÉ – Flikeid 1996 : 312, BSM)
- i dit des LIGHT rouges i dit faut que t'arrêtes avec ça . ça fait i avont redécollé de nouveau . coumme ça arrive à une LIGHT verte i a arrêté ben carré <rires> le gars qui passait le test i dit comment ça se fait que t'arrêtes à la LIGHT verte (NB – Wiesmath 2006 : 133, Wiesmath 8, T : 170)
- Comme le monde est venu je suis parti. (LOU – DLF 2010 : s.v. *comme*, p. 144, SM)
- Viens comme tu peux. (LOU – DLF 2010 : s.v. *comme*, p. 144, SM) (= Le DLF traduit en anglais par « Come when you can. »)

▶ *comme que*
- Comme qu'il arrive à la porte, i commence à pousser des cris. (TN – Brasseur 2001 : s.v. *comme*, p. 119)

II.1.13 *pendant (que)*

Largement moins fréquente que *tant que*, la conjonction *pendant que*, de sens temporel, est rare et semble restreinte au registre formel (*cf.* Wiesmath 2006 : 134). L'omission de *que* est rare en FA mais tout à fait courante en FL[56].

▶ *pendant que*
- As-tu fait la pêche là pendant que t'es ici? (NÉ – Hennemann, ILM, RL)
- C'était juste l'été pendant qu'i faisiont la pêche [...] (NÉ – Hennemann, ILM, EB)
- i faut se reconnaître parce que pendant que les enfants étaient là . on a continué à évoluer nous autres (NB – Wiesmath 2006 : 134, Wiesmath 11, U : 63)
- Puis ils se sont couchés, mais pendant que tout ça était après aller, Petit Poucet a pris le bonnet de un des enfants du vieux diable qu'était à peu près sa grosseur à lui et il l'a mis sur sa tête à lui. (LOU – *Découverte*, Carencro, Lafayette)

---

[56] *Pendant que* peut parfois adopter un sens adversatif en FA/FTN (tout comme en FS), étroitement lié cependant au sens temporel, *cf.* : « i y en a un qui peut faire de la radio communautaire pendant que l'autre fait de la course » (NB – Wiesmath 2006 : 134, Wiesmath 11, Z : 131).

▶ *pendant*
- pis [les clients] *bookont/bookont* touT autour de / de mes vacances pis continuent à *booker* pendant je suis GONE là (NB – Arrighi 2005, corpus, Michelle NB 16 : 626–628)
- moi l'été là c'était comme je le *tap*-ais tout le temps je voulais pas le manquer / pi comme pendant je vas à l'école là je le *tap*[e] pas ma mère le *watch*[e] elle me dit tout ce qui va *on* (NB – Perrot 1995, vol. 2 : 105, chiac, citée dans Wiesmath 2006 : 134)
- Il a venu pendant j'étais dans le clos après ramasser mon gombo. (LOU – DLF 2010 : s.v. *pendant*, p. 452, Lv88)
- chacun de nous ... avait son melon à manger pendant [qu']on se baignait. (LOU – Conwell/Juilland 1963 : 194)
- Ça fait c'est proche juste les femmes et les petits qui s'assis [sic] dans l'église pour la messe pendant les hommes se plantent endéhors pour charrer. (LOU – DLF 2010 : s.v. *pendant*, p. 452s., Wh83)

II.1.14 *tandis (que), quandis que*

Historiquement, *tandis que* a commencé par marquer la simultanéité, avant d'adopter un sens adversatif (*cf. Petit Robert* 2013 : s.v. *tandis que*). L'emploi temporel de *tandis que* en tant que synonyme de *pendant que* est aujourd'hui marginal en français hexagonal[57]. Pour les parlers étudiés ici, il faut retenir les observations suivantes :
- Dans les corpus néo-écossais, néo-brunswickois et madelinien que nous avons consultés, *tandis que* a toujours une valeur adversative (*cf.* ci-dessous II.6.1.).
- Pour TN, Brasseur (2001 : s.v. *tandis que*, p. 437) signale les variantes *tandis (que)* et *atandis (que)*[58] au sens de « du moment que » et « à condition que » (*cf.* ci-dessous II.7.3.). En revanche, la forme *quandis que*, spécifique au parler terre-neuvien, peut avoir la valeur temporelle de « quand », « lorsque », « pendant le temps que ». Il s'agit du croisement entre *quand que* et *tandis* (Brasseur 2001 : s.v. *quandis que*, p. 376).
- En LOU, la valeur temporelle de *tandis (que)* (« pendant que ») prédomine dans les (rares) exemples des corpus consultés. *Que* peut être omis.

▶ *tandis que*
- tandisque <t'étais> après chier ton BUS t'a quitté (LOU – Stäbler 1995 : 170, corpus)
- Il sifflait, il chantait, mais tout d'un coup, tandis qu'il traversait un marais sec, il a vu des craques dans la terre, des grosses craques. (LOU – DLF 2010 : s.v. *tandis*, p. 601, EV, An94)

▶ *tandis*
- Le fi-folet ? Soit disant si tu es après faire là, il va tuer et tandis il est après tuer si tu creu/ creuses une coulée là d'eau l'eau *it disappeared*, tu connais ? (LOU – *Découverte*, Mamou, Évangéline)
- Je vas aller au village tandis tu vas au docteur. (LOU – DLF 2010 : s.v. *tandis*, p. 601, AV)
- Tandis tu vas marcher, moi je vas faire ça. (LOU – DLF 2010 : s.v. *tandis*, p. 601, AV)

---

57 *Tandis* existe en FQ en tant que préposition, avec le sens de « pendant » (GPFC : s.v. *tandis*).
58 *Atandis que* au sens de « pendant que » existe dans l'Isère (FEW 13/1, 72b, Brasseur 2001 : s.v. *tandis (que)*, *atandis (que)*, p. 437).

▶ *quandis que* (TN)
- Ça j'ai appris ça quandis que je tais fille. Popa chantait ça. (TN – Brasseur 2001 : s.v. *fille*, p. 202)

II.2 Les propositions de cause

II.2.1 *parce (que)*

Comme en français parlé de France, *parce que* est la conjonction privilégiée pour introduire une proposition circonstancielle de cause[59]. En ce qui concerne le sémantisme, la forme et la prononciation de *parce que* nous retenons les éléments suivants :
- Dans les parlers étudiés, la conjonction *parce que* recouvre aussi bien les fonctions de *parce que* que de *car*, *puisque* et *comme* en FS[60].
- La proposition subordonnée introduite par *parce que* peut précéder ou suivre la principale.
- L'ellipse de *que* est particulièrement fréquente : [pars]/[pas][61]. Elle s'observe, en FA, surtout devant [s] et [ʒ], dans une moindre mesure devant d'autres consones et rarement devant voyelle (Wiesmath 2006 : 148). En FL, en revanche, *que* peut être omis indépendamment de l'environnement phonétique de la conjonction (*cf.* Wiesmath 2006 : 148).
- Dans toutes les régions, le *r* tombe fréquemment dans le groupe consonantique [rsk], les prononciations courantes sont [pas] ou [pask(ə)], comme en français parlé de France[62].

▶ *parce que*
- J'avons fermé notre business y a quatre ans passés parce que j'avons point assez de bois scié pour que je purent faire une piastre. (NÉ – Gesner 1979a : 102, BSM)
- J'ais pas si j'aimerais l'idée de point pouvoir parler avec parce que je trouve ça plus facile (NÉ – Hennemann, BSM, RG)

---

[59] *Cf.* Wiesmath (2006 : 147). – Pour la BSM, Martineau (2011a : 299) indique les chiffres suivants : *à cause que* 13,5 %, *parce que* 86,5 %, *car* 0 % (milieu social inférieur ; âge : 20 à 84 ans). – Wiesmath (2006 : 149, note 292, en référence à Perrot 1995 : 236s.) note pour le chiac : 58 % des propositions causales sont introduites par *parce que*, 30 % par *BECAUSE/'CAUSE*, 11 % par *à cause (que)*. – Pour l'usage étendu de *parce que* en français parlé, *cf.* également Weidhaas (2013). – Dans le corpus *Découverte*, *parce que* est la seule conjonction causale subordonnante. – Pour les connecteurs *c'est pour ça (que)* et *c'est que*, *cf.* chap. « La connexion », III.1.

[60] Pour les différences sémantiques entre *parce que*, *comme* et *puisque*, *cf.* par ex. Hanse (1991 : s.v. *comme*, p. 244s.) et Weidhaas (2013). Dans les parlers étudiés ici, la conjonction *comme* n'est que rarement employée dans un sens causal : « ben comme mes chats sont dégriffés à cause de de ça je veux pas qu'i allent dehors [...] » (NB – Arrighi 2005 : 151, Stéphanie NB 11 : 96–98). *Puisque* ne s'utilise pas (*cf.* Arrighi 2005 : 277 ; 285), pas plus que *du moment que* et *dès lors que* au sens causal. Pour le FL, le DLF (2010 : s.v. *puisque (plusque)*, p. 501) atteste l'existence de la forme *plusque* « puisque » : « Plusque Pape veut pas, je peux pas aller » (VM). De même Guilbeau (1950 : 267).

[61] *Cf.* Arrighi (2005 : 300s.), Guilbeau (1950 : 266), Conwell/Juilland (1963 : 193). – Pour une discussion des facteurs phonétiques potentiels qui pourraient motiver ici l'absence de *que*, *cf.* Wiesmath (2006 : 148) et Arrighi (2005 : 300s.) et ci-dessus I.4.1.

[62] Pour le FA : Arrighi (2005 : 301), pour le FTN : Brasseur (2001 : s.v. *pace*, p. 329), pour le FL : Guilbeau (1950 : 266). – Pour le français hexagonal, outre [pask(ə)], Gadet (1992 : 45) note qu'on entend aussi les formes tronquées « [ask], [skə], [sk], et même [sə] ou [s] quand le débit s'accélère [...] ».

- tant que t'arrivais au mois de mars tu pouvais plus sortir . parce que là les chemins étaient tout' défaits […] (NB – Wiesmath 7, O : 434)
- on était pas jaloux parce qu'on était tout' pareil (NB – Wiesmath 2006 : 147, Wiesmath 4, M : 201)
- mais moi la ville a m'étouffe pace que je me sens bousculée (IdlM – Falkert 2010, corpus : 83–84, p. 22, CD-ROM)
- Et lui je le croirais, pace que ce tait pas un blagoux. (TN – Brasseur 2001 : s.v. *blagoux*, p. 58)
- C'est comme les… pour faucher le foin dans l'été, y a en masse du monde qui faisiont des faucheries aussi, pace qu'y a pas beaucoup de monde qu'avait des faucheuses pis des chevals. […] (TN – Brasseur 2001 : s.v. *faucherie*, p. 198)
- quand j'étais bien jeune qu'il follait pas qu'on parle français parce que on était moins que les autres si on parlait français (LOU – Rottet 2001 : 119, loc. âgé)
- On les amenait tout partout parce qu'eusse avait pas de char. (LOU – DLF 2010 : s.v. *parce que*, p. 438, TB)
- Dans le vieux temps, les hommes quand ça allait à la mer, le pain que leurs femmes faisaient, ça se conservait pas pour trop longtemps parce que ça venait à moisir. (LOU – *Découverte*, Pointe-aux-Chênes, Terrebonne)
- ça venait parce qui jouait aux cartes mais moi j'ai jamais joué aux cartes (LOU – *Découverte*, Châtaignier, Évangéline) ([paski] = « parce qu'il(s) »)

▶ *parce*
- Ma grand-mère, a disait : l'ouvrage, travaillez tant que vous voulez, parce ça, c'est la / ça, c'est la maître affaire pour vous tchiendre en santé. (NÉ – Hennemann, ILM, CL)
- Parce dans ce temps-là, faura qu'i eût sept ans pour aller à l'école. (NÉ – Hennemann, ILM, CL)
- Follait que tu fus ben malade que tu pouvais pas aller à l'église … parce si que t'avais pas une bonne excuse, follait que tu y fus. (NÉ – Flikeid 1996 : 310, Pomquet)
- c'était tard dans l'automne ça se gardait pace * c'était salé (NÉ – Arrighi 2005 : 300, Édith NÉ 22 : 36–37)
- BUT coumme que c'est asteure faut que l'homme pis la femme travaillont pour pouvoir arriver parce tout' coûte assez cher. (NB – Wiesmath 2006 : 147, Wiesmath 3, D : 466)
- je conduisais pis une chance qu'i y avait personne sus le chemin parce je l'arais probablement frappé (NB – Wiesmath 2006 : 147, Wiesmath 13, H : 388)
- j'ai té bligé de lâcher l'école parce * ma mère tait malade j'avais seize ans (NB – Arrighi 2005 : 300, Zélia NB 17 : 88–89)
- je l'aimais autant cou/ comme la famille parce * je savais qu'y en avait du monde qui l-aimait pas à le cevoir [sic] beaucoup moi je le recevais de même (ÎPÉ – Arrighi 2005 : 300, Rose ÎPÉ 7 : 167–169)
- i m'a appelée . pace j'étais présidente de l'Âge d'Or (IdlM – Falkert 2010, corpus : 313, p. 161, CD-ROM)
- ça en prend de la nourriture pace ça mange c'est vorace ça (IdlM – Falkert 2010, corpus : 95–96, p. 299–300, CD-ROM)
- là ça s'en va d'hors pace le vent est sus la terre (TN – Brasseur 2001 : s.v. *brise*, p. 75)
- […] y en a pas beaucoup qui pousse pace c'est tout [tut] coupé […] (TN – Brasseur 2001 : s.v. *ciguë*, p. 113)
- pace c'est défunt Donatien qu'a fait cette maison (LOU – Guilbeau 1950 : 266)
- et c'est peut-être ça qui y a sauvé qu'il a pas brûlé plus mauvais, parce y avait de l'eau qui coulait en dedans … parce, il a cas/cassé les tuyaux. (LOU – Stäbler 1995 : 172, Stäbler 1995 : 97, corpus)
- i y en a yeu un qu'a été né sur une berge parce le monde a été amené et marchait sur le chemin qui va là yoù on a été l'autre soir (LOU – Stäbler 1995 : 111, corpus)
- ça fait ça encore ça me fait croire parce dans ce temps-là les esclaves se faisaient <libérer> (LOU – Stäbler 1995 : 140, corpus)

II.2.2 *à cause (que)*

La locution conjonctive *à cause (que)* est courante dans les parlers acadiens pour introduire une subordonnée causale (Arrighi 2005 : 284). Si elle existe également en FL (Guilbeau 1950 : 266, DLF 2010 : s.v. *cause*, p. 114), elle y est pourtant rare aujourd'hui (Martineau 2011a : 300)[63]. *Que* et la préposition *à* peuvent tomber[64]. Exception faite de la prononciation, la forme qui en résulte, *cause*, est identique à la forme tronquée de la conjonction anglaise BECAUSE (*cf.* ci-dessous III.1.). Signalons en passant qu'*à cause de* existe également en tant que locution prépositionnelle causale, de même qu'en français de France.

▶ *à cause que*
- Il se plaignent, à cause que faut les enfants marchent dix pas. (NÉ – Gesner 1979a : 102, BSM)
- Puis à cause que je me suis inscrit tard, j'ai fait la/ la moitié de l'année (NÉ – Hennemann, ILM, BJ)
- J'l'avons pris pour un apôtre du ségneur a cause chi allait de maison en maison avec rien un livre. (NÉ – *Lettres de Marichette*, Gérin/Gérin 1982 : 154) (*a cause chi allait* = « parce qu'il allait »)
- c'est que les pluies acides que nous recevons des États-Unis euh nous donnent déjà assez de misère dans l'eau parce que lorsque la pluie f/ euh rentre dans le sol à cause qu'alle est acide ça veut dire que le PH est bas euh va certainement euh faire euh des effets euh n/ néfastes avec différents minerais dans les sols (NB – Wiesmath 12, J : 16)
- disons une femme rentre elle est : foncée comme toi pis : a veut être blonde à cause qu'elle voit comment beau le blond paraît sus d'autres mondes (NB – Arrighi 2005 : 284, Michelle NB 16 : 160–162)
- Carole m'avait demandé voir si je voulais parler à cause que j'étais concierge pis mon français était différent (NB – Arrighi 2005 : 285, Zélia NB 17 : 288–290)
- j'ai été chanter ce cotu-là-là... pas à cause que j'étais meilleure eune autre [sic] mais à cause j'étais plus' ((rit)) [les autres n'avaient pas osé] (IdlM – Falkert 2010, corpus : 436–437, p. 169, CD-ROM) (*le cotu* = « le cotillon »)
- À cause qu'i parlait français, i trouvint qu'il arait dû trouver ça aisé, mais quand ça venait pour le lire pis l'écrire, ce tait dur. (TN – Brasseur 2001 : s.v. *cause (à – que)*, p. 97)
- Y en avait des enfants, je pense, à cause qu'i comprenint pas l'anglais et ça, i trouvint que ce tait si dur à apprendre leus leçons. (TN – Brasseur 2001 : s.v. *ça*, p. 82)
- À cause que t'es comme ça, on va avoir du mal à s'adonner. (LOU – DLF 2010 : s.v. *cause*, p. 114, LA)

▶ *à cause*
- [...] i [mon frère Arthur] s'enrage après moi à cause je veux pas la prendre. (NÉ – Hennemann, ILM, IS) (*la* = « la piqûre pour la FLU »)
- on dirait qu'on a manière de honte . à cause vous l'avez pas appris (NB – Wiesmath 2006 : 148, Wiesmath 4, M : 161)
- je fais une très très bonne BUSINESS ici à cause * l'économie est euh:: égale avec quoi-ce que je charge pis c'est pas trop à charger (NB – Arrighi 2005 : 295, Michelle NB 16 : 322–324)
- depuis le mois d'avril c'est le Gouvernement qu'a comme pris contrôle pis à cause Loto Atlantic fait partie du Gouvernement . de façon indirecte là hm : [...] (NB – Arrighi 2005 : 295, Stéphanie NB 11 : 26–30)

---

[63] Pour une analyse détaillée d'*à cause que* en français hexagonal et dans les variétés du français nord-américain, *cf.* Martineau (2010, 2011a, *cf.* aussi 2009a : 135).
[64] *Cf.* Arrighi (2005 : 284 ; 295), Wiesmath (2006 : 148), Martineau (2011a : 302).

- oh Bernard c'est souvent qu'i m'a grondée ((rires)) à cause * mes coutures étaient pas assez ben (ÎPÉ – Arrighi 2005 : 295, Délima ÎPÉ 5 : 28–29)

▶ *cause que*
- pis * cause que ça tait brûlé (NB – Arrighi 2005 : 285, Sarah NB 20 : 13–14)
- ah : c'est * cause qu'elle m'a demandé pour bâter sus le dos (NB – Arrighi 2005 : 285, Willy NB 9 : 216–217)

▶ *cause*
- pis l'hiver fallait le faire transformer cause y en avait pas fallait le dessaler (NÉ – Arrighi 2005 : 295, Édith NÉ 22 : 29–30)
- WELL regarde quand c'est que je travaillais à Forêt Canada WHATEVER i en revenait pas *cause* j'avais pas de CAR (NB – Arrighi 2005 : 295, Christiane NB 19 : 205–206)
- pis comme tout le monde est pas mal cool *cause* tout le monde se connaît comme c'est vraiment une bonne atmosphère pis ça là (NB – Arrighi 2005 : 295, Annabelle NB 15 : 83–84)

Commentaire
La locution conjonctive *à cause que* est relevée dans les textes des XVIe et XVIIe s. Bien que non marquée comme appartenant à un registre spécifique par les grammairiens et les remarqueurs de l'époque, elle reste faiblement attestée à l'écrit (Martineau 2010 : 51s., 2011a : 262) et ses occurrences dans les comédies et les pièces satiriques suggèrent qu'elle est associée aux classes sociales inférieures (Martineau 2011a : 282). On en trouve pourtant des exemples dans Molière (lorsqu'il reproduit le langage parlé, il est vrai), et dans La Bruyère (Gérin/Gérin 1982 : 154–155). L'emploi de *à cause que* recule au XVIIIe s. dans tous les genres littéraires (Martineau 2011a : 269), avant que la conjonction ne disparaisse de l'usage courant en France vers le milieu du XIXe s. (Martineau 2010 : 53s., Wolf 1987 : 27[65]) et, avec un certain retard sur le français hexagonal, de la plupart des variétés laurentiennes au XXe s. (Québec, Ontario, Manitoba, Saskatchewan ; Martineau 2011a : 298). Elle survit dans les parlers acadiens, en français mitchif, et « dans certains créoles à base française comme le mauricien, le réunionnais ou le rodriguais […] » et, dans une moindre mesure, en FL (Martineau 2011a : 256s. ; 300). À l'encontre de la tendance générale à la disparition de *à cause que*, une analyse en temps réel a révélé dans le parler des jeunes de Hawkesbury entre 1978 et 2005 « une augmentation spectaculaire de la fréquence et de la dispersion de la variante vernaculaire *à cause que* […] au détriment de sa concurrente standard *parce que* » (Mougeon et al. 2009c : 175[66]). Pour Hawkesbury, d'autres variables linguistiques (par ex. *je vas* pour *je vais*) révèlent également que les changements linguistiques « se manifestent par une divergence accrue par rapport au parler standard » (*ibid.*).

Considéré comme « vieilli » mais jouissant également d'une certaine importance dans le langage populaire parisien[67], *à cause que* est devenu « margina[l] aujourd'hui dans les variétés de français européennes (France, Suisse, Belgique) », ce qui n'empêche pas son existence « dans les français ou les patois en région »

---

[65] « La locution est généralement donnée comme vieillie depuis Bescherelle (1845) » (Grevisse/Goosse 2008 : § 1139b, p. 1490, H).

[66] *Cf.* aussi Mougeon et al. (2009b), Martineau (2011a : 301). – En ce qui concerne l'augmentation de l'emploi de *(à) cause (que)* dans les régions majoritairement francophones, où l'influence de l'anglais n'est pas en cause, telles que Hawkesbury, par ex., Martineau (2011a : 302) suppose que *cause*, à l'oral, pourrait remplir le même rôle que *car*, à l'écrit, et figurer donc comme coordonnant causal (*vs.* le subordonnant *parce que*). Dans cette hypothèse, la fréquence de *cause* pourrait encore augmenter dans les années à venir.

[67] *Cf.* Bauche (^{2}1951 : 124), Gérin/Gérin (1982 : 155), Wolf (1987 : 27), Gadet (1992 : 99), Ball (2000 : 112), Brasseur (2001 : s.v. *cause (à – que)*, p. 97), Arrighi (2005 : 284), Grevisse/Goosse (2008 : § 1139b, p. 1490), Martineau (2011a : 298).

(Martineau 2011a : 258), notamment dans l'Ouest et le Centre[68]. Si la locution est employée aujourd'hui dans la littérature, c'est pour imiter la langue classique ou pour teinter le style d'une couleur régionale (Grevisse/ Goosse 2008 : § 1139b, p. 1490).

II.2.3 *(par/au) rapport (que)*

La locution conjonctive *(par/au) rapport (que)* est attestée aujourd'hui sporadiquement dans un sens causal en Acadie des Maritimes et semble s'être mieux maintenue à TN et en LOU, du moins dans l'usage traditionnel louisianais (Guilbeau 1950 : 259 ; 266). Elle manque dans le corpus du Sud-Est du NB de Wiesmath, mais elle est présente dans le roman *La Sagouine* d'Antonine Maillet et passe encore pour un acadianisme (*cf.* Wiesmath 2006 : 149). Elle est également attestée dans les corpus néo-écossais d'Arrighi et de Hennemann et dans le corpus madelinien de Falkert ; dans le corpus d'Arrighi, elle est restreinte à l'usage d'une locutrice âgée (Arrighi 2005 : 285).

Notons quelques spécificités formelles :
- En NÉ, aux IdlM et dans l'exemple littéraire néo-brunswickois (Antonine Maillet), la locution est attestée sous la forme *par rapport que*.
- À TN, c'est sous la forme *au rapport que*, de même sens, qu'elle est présente (Brasseur 2001 : s.v. *rapport*, p. 389).
- En FL, l'ancien nom – *rapport* –, réanalysé comme conjonction, peut à lui seul introduire la subordonnée causale.

Notons que *(par) rapport à* est présente comme locution prépositionnelle causale (« à cause de ») dans toutes les régions (*cf.* le chap. « Les prépositions », III.17.).

▶ **par rapport que (NÉ, (NB), IdlM, LOU)**
- i y a beaucoup de manque de / estime de soi des / des jeunes [Enquêtrice : hmhm] Par rapport que il y a pas beaucoup de choses qui se passent pour le social et [Enquêtrice : hmhm] des choses comme ça ici (NÉ – Hennemann, ILM, DO)
- et/ et je conservions nos œufs pis je mangions ceusses le premier hein. . par rapport que c'est en partie conservé (NÉ – Arrighi 2005 : 285, Évangéline D. NÉ 23 : 114–115)
- il savait pas où ce qu'il était par rapport qu'il avait perdu sa souvenance. (NB – Motapanyane 1997 : 58, ex. littéraire d'Antonine Maillet)
- Le prêtre a point voulu l'enterrer en terre sainte, par rapport qu'il s'avait nayé lui-même. (NB – ex. littéraire d'Antonine Maillet cité dans Wiesmath 2006 : 149)
- moi j'ai pas : été à l'école longtemps par rapport que j'ai un de mes frères qui s'est fait' brûler les yeux à Arvida [...] (IdlM – Falkert 2010, corpus : 4–5, p. 294, CD-ROM)
- Par exemple, on peut pas fouiller dans la terre le Vendredi Saint par rapport qu'on va 'oir le sang de Jésus et c'est ein péché mortel. (LOU – DLF 2010 : s.v. *par*, p. 437, source écrite, Théâtre Cadien)
- On est fier, nous-aut', que l'écrivisse est le symbole des Cadjins par rapport que c'est l'animal le plus courageux dedans le monde. (LOU – DLF 2010 : s.v. *rapport*[3], p.522, source écrite, Théâtre Cadien)

---

[68] *Cf.* FEW (2, 542b), Wolf (1987 : 27), Brasseur (2001 : s.v. *cause (à – que)*, p. 97), Martineau (2011a : 258).

▶ *au rapport que* (TN)
- Nous autres asteure je les appelons des bêtes de cave au rapport qu'auparavant, tout le monde avait ène cave sous la terre yu-ce qu'i mettiont leurs légumes, et puis ces bêtes-là se teniont en bas dans la cave dans la terre. (TN – Brasseur 2001 : s.v. *bête*, p. 53)
- [...] C'est comme ça qu'i les appelont, des piteaux de morue, au rapport qu'i mangeont la ... Pis quand tu casses la morue tu les trouves dedans. C'est tout à fait bon bon. (TN – Brasseur 2001 : s.v. *piteau*, p. 353)

▶ *rapport (que)* (LOU)
- et ils croyont que c'était lui qui l'avait tué . rapport qu'il aurait voulu la femme . pour lui-même (LOU – Stäbler 1995 : 125, corpus)
- c'était ça qu'était à la blâme pour tout ça . rapport il y avait un tas d'argent . et dans ce temps-là l'argent était si rare (LOU – Stäbler 1995 : 128s., corpus)

Commentaire

Inconnue en FS, la locution conjonctive causale existe en France sous les formes *rapport que* et *rapport à ce que* (Hanse 1991 : s.v. *rapport*, p. 816) dans le non-standard. Alors que Price (1971 : 162) suppose qu'il s'agit d'une création moderne, Grevisse/Goosse (2008 : § 1139c, p. 1492) en relèvent un exemple sous la forme *rapport à ce que* dans Balzac, *Le Père Goriot* (XIXe s.). Qualifiée de « populaire » (*cf.* par ex. Grevisse/Goosse 2008 : § 1139, p. 1492, *cf.* Brasseur 2001 : s.v. *rapport*, p. 389), la locution conjonctive est, selon Hanse (1991 : s.v. *rapport*, p. 816) « à proscrire ». Elle existe régionalement en Europe (attestée « dans le Hainaut belge » FEW 25, 48a, *cf.* Brasseur, 2001 : s.v. *rapport*, p. 389) et, outre-Atlantique, en FQ sous la forme *(par) rapport que* (GPFC : s.v. *rapport*, Seutin 1975 : 352) : « Il n'est pas venu par rapport que son père était malade. » (FQ – GPFC : s.v. *rapport*).

II.2.4 *d'abord que, depuis que*

D'abord que a un sens causal (« puisque », « comme ») ou hypothétique (« pourvu que », *cf.* ci-dessous II.7.4.). Dans le sens causal, le tour est attesté pour le FA par Poirier (1993 [1925] : s.v. *d'abord que*) et É. Boudreau (1988) ; pour le FL par le DLF (2010 : s.v. *d'abord*, p. 179). La subordonnée introduite par *d'abord que* précède la principale.

Dans un sens temporel équivalent à « dès que », « une fois que », « aussitôt que », la locution conjonctive est bien vivante jusqu'au XVIIe s. (*cf.* Haase 1965 : 372, Poirier 1993 [1925] : s.v. *d'abord que*). Du sens temporel au sens causal, il n'y a qu'un pas, un événement antérieur à un autre en est facilement interprété comme la cause.

▶ *d'abord que*
- D'abord qu'il le dit, il faut le croire. (FA – Poirier 1993 [1925] : s.v. *d'abord*)
- D'abord que tu vas à la boutique, apporte-moi une livre de clous à bardeaux. (NÉ – É. Boudreau 1988 : s.v. *d'abord*)

- D'abord que c'est plus à la mode, ça danse pas la valse, le deux-pas, le Jitterbug, ou le Contredanse Cajin, spécialement pas en publique. (LOU – DLF 2010 : s.v. *d'abord*, p. 179, Wh83)
- D'abord que ti veux pas, j'le fera pas. (LOU – DLF 2010 : s.v. *d'abord*, p. 179, EV, Ph36)

En FL, la conjonction temporelle *depuis/depus (que)* peut adopter le sens causal de « puisque », « comme ». Le subordonnant peut être omis.

▶ *depuis (que)*
- Depus toi tu restes, moi je vas rester aussite. (LOU – DLF 2010 : s.v. *depuis*, p. 202, VM)
- Depuis que je vas pas au bal je connais pus les coconnages. (LOU – DLF 2010 : s.v. *depuis*, p. 202, VM) (les deux sens – temporel et causal – sont possibles)

II.3 Les propositions de but

Pour introduire une subordonnée finale, la conjonction composée *pour que* est la seule à jouer un rôle important dans les parlers étudiés ici. Nous soulignons par ailleurs que pour exprimer des relations de but, les constructions infinitives (*pour* + infinitif) sont largement prédominantes (*cf.* le chap. « Les formes nominales du verbe », III)[69] ; en FL, cela concerne même les cas où le sujet de la principale et celui de la subordonnée ne sont pas coréférentiels. Rappelons que la particule *que* peut aussi introduire à elle seule une subordonnée finale (*cf.* ci-dessus I.1.).

II.3.1 *pour (que)*
En ce qui concerne le mode employé dans la subordonnée après *pour que* (si tant est que la forme verbale permette la distinction entre indicatif et subjonctif), nous retenons les observations suivantes (*cf.* le chap. « Le subjonctif », II.2.1.) :
- Sans être généralisé, le subjonctif se maintient plutôt bien en NÉ et au NB ainsi qu'aux Îles-de-la-Madeleine en référence au présent ou au futur ; en référence au passé, le recours à un temps du passé de l'indicatif est courant et semble même se généraliser (*cf.* Arrighi 2005 : 157s., Wiesmath 2006 : 155 ; 166). Le subjonctif imparfait survit dans les régions conservatrices en NÉ (Arrighi 2005 : 158, Hennemann 2014 : 141ss.), tandis qu'il est tombé en désuétude au NB (*cf.* Wiesmath 2006 : 155).
- Pour les autres régions, on constate que c'est surtout avec certains verbes irréguliers et courants comme *être* et *avoir* (comme verbe plein et comme auxiliaire) et avec le verbe auxiliaire *pouvoir* que le subjonctif se maintient. Dans d'autres cas, c'est le conditionnel ou un temps de l'indicatif qui se substituent au subjonctif.
- En FL, la subordonnée introduite par *pour (que)* est rare en comparaison avec le tour *pour* + infinitif (Stäbler 1995 : 174, Rottet 2001 : 255–257). Là où elle apparaît, le mode dominant est l'indicatif (Rottet 2001 : 248ss.).
- L'omission de *que* est occasionnelle (Conwell/Juilland 1963 : 194, Wiesmath 2006 : 156).

▶ *pour que*
Suivi de l'indicatif ou du conditionnel
- tu diras au garçon du roi qu'il attelle son meilleur cheval pis le meilleur caboroit pour qu'i vient me chercher (NÉ – Arrighi 2005 : 157, Marcelin NÉ 2 : 79–81)
- mais i avont des GATE pour que l'eau peut sortir là (NB – Wiesmath 2006 : 156, Wiesmath 1, B : 203)

---

[69] *Cf.* Arrighi (2005 : 158), Wiesmath (2006 : 155s. ; 232), Stäbler (1995 : 173).

- oui on entend bien bien bien les coyottes [sic] . pis les/ euh deux ans passés . pour que moi j'entends les coyottes . i étiont proches (NB – Arrighi 2005 : 158, Suzanne L. NB 18 : 496–497)
- mais le bon Dieu i a fait ça pour ça.. pour que le monde s'en sert (IdlM – Falkert 2010, corpus : 56, p. 191, CD-ROM)
- et puis. mettre un quota sus la morue. avec des dragues que les mailles seraient. assez grand [sic] pour que le/la/la petite morue pourrait passer facilement (IdlM – Falkert 2010, corpus : 71–72, p. 192, CD-ROM)
- [À Stephenville] Faut que j'allons là pou... pour que je sons au jubet ! [Rires] (TN – Brasseur 2001 : s.v. *jubet*, p. 263)
- Plutôt d'assayer d'étudier les enfants pour qu'eux-autres apprend à lire le français, eusse voulait pas seulement qu'eux-autres le parle. (LOU – Rottet 2001 : 119, loc. âgée)
- et là ils ont rouvert le/ des places pour que ils . bâtissont par place (LOU – Stäbler 1995 : 50, corpus)

Suivi du subjonctif
- J'avons fermé notre business y a quatre ans passés parce que j'avions point assez de bois scié pour que je purent faire une piasse. (NÉ – Gesner 1979a : 102, BSM)
- ... è tait tout le temps après parler anglais pour que son mari comprinît. (NÉ – Hennemann, ILM, CL)
- le roi fit faire un banc pour qu'i s'assisit dessus (NÉ – Arrighi 2005 : 158, Marcelin NE 2 : 321)
- [...] les hommes prenaient les chevals pis i rouvraient des chemins partout en travers des champs partout pour qu'on peuve aller à l'école (NB – Wiesmath 2006 : 155, Wiesmath 4, M : 375)
- on essaye d'ajuster pour que tout le monde soit content pis que tout le monde euh soit satisfait (NB – Wiesmath 2006 : 155, Wiesmath 11, U : 101)
- aujourd'hui euh on va peut-être euh se diriger dans une solution euh pour qu'on puisse avoir de/ de la bonne eau et puis de se garder en bonne santé (NB – Wiesmath 2006 : 155, Wiesmath 12, N : 5)
- c'est pour que le monde y alle (IdlM – Falkert 2010, corpus : 135, p. 400, CD-ROM)
- [...] Faut que t'artires tout ça là, pour que tu peuves échouer ton dory (TN – Brasseur 2001 : s.v. *échouerie*, p. 173)
- il follait qu'on parle l'anglais pour qu'on peuve apprendre (LOU – Rottet 2001 : 119, loc. âgé)
- il m'amenait des/des LUNCH de sirop parce que j'étais si canaille pour que je laisse MOM tranquille pour qu'elle peuve ramasser du coton (LOU – Stäbler 1995 : 19, corpus)
- Et si il y avait de la pluie qui venait eh ben il fallait qu'on hale du bois dans la maison et il fallait qu'on n-en hale dans l'hangar pour si le bois aurait trempé, pour qu'on ait du bois sec pour le *next* quelques jours. (LOU – *Découverte*, Pointe-aux-Chênes, Terrebonne)

▶ *pour*

Suivi de l'indicatif
- il n'a une compagnie du nord de Louisiane à MONROE LOUISIANA qui m'a engagé pour je va .. faire des SHOPPIN' CENTER (LOU – Stäbler 1995 : 187, corpus)
- il voulait te traiter pour/pour tu vas bien (LOU – Stäbler 1995 : 212, corpus)

Suivi du subjonctif
- à ce temps là les fermiers i bâtissaient toujours sus/ sus une côte pour * les cales suyent sèches (NB – Arrighi 2005 : 150, Odule NB 21 : 118–119)
- c'est mieux si tu le mets dans le MICROWAVE comme un couple de secondes pour * ça devienne chaud (NB – Arrighi 2005 : 289, Catherine NB 19 : 321–322)

Mode indéterminé
- ça nous a été donné pour on écoute (LOU – Stäbler 1995 : 216, corpus)
- il m'a prêché à moi pour je traverse (LOU – *Découverte*, Pacanière, St. Landry)

II.3.2 *pour pas (que)*

De même que le non-standard de France et d'autres variétés du français nord-américaines, les parlers étudiés ici emploient la conjonction composée négative *pour pas que*[70]. Le subordonnant *que* peut être omis, notamment en FL.

Pour l'emploi du mode, *cf.* le chap. « Le subjonctif », II.2.1.

▶ *pour pas que*

Suivi de l'indicatif ou du conditionnel
- [son père] l'a tout le temps tient sus la ferme pour pas qu'il allait à la guerre (NB – Arrighi 2005 : 153, Annie NB 10 : 68–69)
- [À propos des loups-marins.] faurait ça serait / eune certaine / certain nombre par année y arait /. si:/ un : mi/ million/ un million par année faut qu'i serait détruit à tous les ans [Enquêtrice : hm] pour. pas qu'y en arait trop (IdlM – Falkert 2010, corpus : 60–62, p. 192, CD-ROM)
- ils vouliont le monde met/élève des bêtes pour manger le riz rouge pour pas que ça va dedans le riz blanc tu sais (LOU – Stäbler 1995 : 54, corpus)

Suivi du subjonctif
- Pour pas que tu *slippis*, pis pour pas tu tombis. (NÉ – Hennemann, ILM, EL)
- Pendant l'hiver, tu mangerais de la viande fraîche pis pendant l'été, c'était salé pour pas que la viande se massacrît. (NÉ – Hennemann, ILM, AF)
- Et pis on se met un masque / euh / pour pas que personne nous connaisse. (NÉ – Hennemann, ILM, MS)
- pour pas que personne te weye (NB – Motapanyane 1997 : 52, corpus Péronnet 3 : 120508)
- pareil si tu vas dans un verger <...> pour pas qu'i aye de vers <...> faut qu'i les SPRAY (NB – Wiesmath 2006 : 157, Wiesmath 1, B : 601)
- [il] s'a caché en-dessous du lit pour pas qu'i allent le trouver (IdlM – Falkert 2010, corpus : 393, p. 419, CD-ROM)
- Ça fait que tu prenais ses poulets. Tu l'assirais elle dedans un baril d'eau. Ouais, pour pas qu'alle peuve couver. (LOU – *Découverte*, Bayou Goula, Iberville)
- on voulait pas parler français avec notres enfants pour pas qu'eusse aouèye les mêmes tracas que nous-autres on avait dès que nous-autres avait été à l'école (LOU – Rottet 2001 : 120, loc. âgée)

▶ *pour pas*

Suivi de l'indicatif
- On a joué pour les deux, deux salles de danse. Euh, on a mis assez de monde dans la place à, à Numa là que ils avaient mis une petite barrière pour pas le monde va dans la salle. (LOU – *Découverte*, Eunice, St. Landry)

Suivi du subjonctif
- Pour pas que tu *slippis*, pis pour pas que tu tombis. (NÉ – Hennemann, ILM, EL)

---

[70] *Cf.* Guilbeau (1950 : 267), Conwell/Juilland (1963 : 194), Gérin/Gérin (1982 : 157), Stäbler (1995 : 176) Wiesmath, (2006 : 156). – Pour le français familier ou populaire de France, *cf.* Grevisse/Goosse (2008 : § 1020a, 3, p. 1285), Hanse (1991 : s.v. *pour*, p. 757), Gadet (1992 : 99), Ball (2000 : 113s.). Pour le FQ, *cf.* GPFC (s.v. *pour*) : « Il a fait son possible pour pas que j'y aille » ; *cf.* aussi Seutin (1975 : 392).

- a savait comment faire ça / ça / ça poussait trop vite a mettait sa main pour pas/ pour pas * ça se déchire là (NB – Arrighi 2005 : 289, Sarah NB 20 : 259–260) (Comme le verbe n'apparaît pas à un temps du passé, on peut suggérer qu'il s'agit d'une forme du subjonctif.)
- Pour pas elle soye fondue de trop, elle aurait pas fallu aller derrière mais merci bon dieu, mon grand-père avait un char et grand-père a été l'emmener chercher sa glace. (LOU – *Découverte*, Mamou, Evangéline)

II.4 Les propositions de conséquence

Que « passe-partout » est particulièrement fréquent en FA pour exprimer un rapport de conséquence, tandis que cet usage semble moins courant en FL (Arrighi 2005 : 277, Wiesmath 2006 : 152). Notons aussi que dans tous les parlers étudiés ici, le connecteur *(ça) fait (que)* joue un rôle principal pour exprimer des rapports de conséquence (*cf.* le chap. « La connexion », II.4.1.)[71]. En outre, les expressions corrélatives suivantes sont employées pour marquer un rapport de conséquence[72] : *assez...que, (si) tellement que, (aus)si ... que*.

Le subordonnant *que* peut tomber en FL après *assez...* et *tellement...* (Stäbler 1995 : 176s., Wiesmath 2006 : 153).

Comme en FS, le mode est l'indicatif dans la subordonnée consécutive non niée.

II.4.1 *assez ... que*

Ce tour corrélatif introduit fréquemment une subordonnée de conséquence. Quant à la syntaxe, notons que l'adverbe *assez* peut être postposé au mot qu'il modifie.
- oh je connais plein de gens qui sont lâches assez qu'i pourraient jamais faire ma JOB ((rires)) (NB – Arrighi 2005 : 278, Michelle NB 16 : 730–731)

Assez peut accompagner un autre adverbe, un adjectif, un verbe et un groupe nominal[73].

▶ *assez ... que*
- C'était salé mais c'était salé assez que pen/ pendant qu'elles mangeaient, moi, une f/ fois de temps en temps, je me levais les yeux voir qu'est-ce qu'i faisaient. (NÉ – Hennemann, ILM, MS)
- Moi j'avais assez peur que je me foure sous le siège. (NÉ – *Lettres de Marichette*, Gérin/Gérin 1982 : 156)

---

[71] *Cf.* aussi Arrighi (2005 : 296) pour le rôle dominant de *ça fait (que)*. – Arrighi (2005 : 296s.) subsume *ça fait que* sous les locutions conjonctives subordonnantes ; d'autres auteurs, en revanche, considèrent ce tour comme un connecteur plus agrégatif (*cf.* Wiesmath 2006 : 91–95, Stäbler 1995 : 154s.).
[72] Les locutions conjonctives *de sorte que, si bien que, au point que, à tel point que* font défaut dans les corpus consultés (*cf.* aussi Wiesmath 2006 : 152).
[73] Pour tous les détails d'emplois de l'adverbe *assez* et les données historiques, *cf.* le chap. « Les adverbes », III.1. – Notons l'existence en FS de la tournure *assez ... pour* + infinitif / *assez ... pour que* + subordonnée dans un sens consécutif : « *Il est assez grand pour se tirer d'affaire, il est assez grand pour que nous lui fassions confiance* » (Hanse 1991 : s.v. *assez*, p. 107). Le tour consécutif « classique » *assez...de/que de* + infinitif est aujourd'hui littéraire : « *Je ne suis pas assez sotte QUE DE diminuer mes mérites aux yeux de Dieu* » (Balzac, cité dans Grevisse/Goosse 2008 : § 364 b 2°, p. 456).

- mais dans le fond on est/ moi j'étais assez française que je me disais/ assez ca/ acadienne que je me disais i y a pas de WAY que je pourrais vivre aux États longtemps (NB – Wiesmath 2006 : 153, Wiesmath 2, F : 351)
- on a chaud assez par icitte que si t'arrives une place là [en Louisiane] i y a pas de place aller ben t'as chaud t'as chaud (NB – Wiesmath 2006 : 153, Wiesmath 2, E : 153)
- i tait assez bourré de médicaments là que son père l'avait par le bras là (NB – Arrighi 2005 : 278, Suzanne L. NB 18 : 126–127)
- on tait assez une grosse famille que ben si tu penserais qu'on s'arait manqué iun à l'autre parce on tait une grosse famille ben non (NB – Arrighi 2005 : 278, Zélia NB 17 : 173–175)
- Il avait coupé assez loin à descendre qu'il a pas pu les aoir ! (TN – Brasseur 2001 : s.v. *à*, p. 2)
- Le vent a poussé la glace dans la nuit assez que les loups-marins ont venu proche. (TN – Brasseur 2001 : s.v. *assez*, p. 30)
- I mouillait assez dur que ça plangissait l'eau. (TN – Brasseur 2001 : s.v. *aplangir, plangir*, p. 22)
- Il a fait assez des navets que ça se poussait tout un à l'autre. (LOU – *Découverte*, Lafayette, Lafayette)
- Il dit il avait fait une chou assez grosse que il y a venu une pluie. (LOU – *Découverte*, Lafayette, Lafayette)
- L'eau était assez haute qu'il y a fallu qu'il s'en vient ici dans un pirogue (LOU – *Découverte*, Chênière Caminada)
- Tit Jean a mangé assez qu'il était gonflé (LOU – Brandon 1955 : 498)

▶ *assez*[74]
- c'est assez mauvais * ça les paye pas (LOU – Stäbler 1995 : 177, Stäbler 1995 : 56, corpus)
- le temps était assez mauvais [que] j'avais une voiture (LOU – Conwell/Juilland 1963 : 194)

II.4.2 *(si) tellement... que, (aus)si... que, à force*

Le tour *tellement... que* est courant en français de France et apparaît aussi, en FL et en français populaire, sous la forme renforcée *si tellement... que*[75]. À en juger par les données du corpus néo-brunswickois de Wiesmath, *tellement... que* relève du registre plutôt recherché (Wiesmath 2006 : 153).

▶ *(si) tellement... que*
- ... elle avait à peu près six pieds cinq, il é/ elle était tellement haute que fallait se lever la tête pour lui parler. (NÉ – Hennemann, ILM, MS)
- i a certainement été euh .. une personne clef parce que i était tellement accueillant pis euh gentil avec moi pis encourageant pis patient que j'ai/j'ai continué (NB – Wiesmath 2006 : 154, Wiesmath 13, H : 13)
- ben Madeleine à chaque fois qu'é s'en vient ici a pisse dans ses robes a rit là . . a rit tellement là qu'a verse. (NB – Arrighi 2005, corpus, Catherine NB 18 : 634–636)
- il est si tellement villain qu'il fait peur (LOU – Guilbeau 1950 : 268)
- il travaille si tellement bien qu'eusse voulait le garder (LOU – Guilbeau 1950 : 268)

---

[74] L'omission de *que* est courante en chiac de Moncton : « moi j'aurais assez peur * * je m'en irais en *car* je me perdrais » (NB – Perrot 1995, vol. 2 : 129, chiac, *cf.* Wiesmath 2006 : 153) Wiesmath (*ibid.*) fait remarquer que « ni la proportion corrélative ni la proportion de condition ne sont marquées explicitement par une conjonction ».
[75] *Cf.* pour le FL : Guilbeau (1950 : 268), Stäbler (1995 : 176s.) ; *cf.* pour le non-standard européen : Hanse (1991 : s.v. *tellement*, p. 929). – Pour le FQ : GPFC (s.v. *si*) : « Il est si tellement en colère que je n'ose aller lui parler. »

Si... que et *aussi... que* (dans le sens consécutif de *si/tellement... que*) sont occasionnellement relevés dans les corpus.

▶ *si... que/aussi...que*
- J'étions si pressés pendant les fêtes de Noël, à préparer pour les enfagnes, des étrennes, que j'ai pas pu vous écrire putôt. (NÉ – *Lettres de Marichette*, Gérin/Gérin 1982 : 126)
- Ça m'a fait aussi peur que j'ai jamais dit à personne ! – *No* j'ai jamais dit à personne jusqu'à j'ai venu grand. – Mais ça m'a fait aussi peur. Je pense ... peut-être je croyais si j'aurais pas dit que je l'aurais, je l'avais vu, que personne aurait cru. (LOU – *Découverte*, Mamou, Evangéline)

Notons aussi la construction consécutive inversée *à force (que)* en FA et en FL (*cf.* aussi le chap. « Les adverbes », I.3.2.).

▶ *à force (que)*
- I peut pu s'entraîner à force qu'i est faible. (NÉ – É. Boudreau 1988 : 39)
- À force il a pleuré, je l'ai laissé partir. (LOU – DLF 2010 : s.v. *force*, p. 291, SM)
- Je vas jamais oublier à force j'ai eu peur. (LOU – DLF 2010 : s.v. *force*, p. 291, VM)
- Mame tombait par terre à force qu'a braillait. (LOU – DLF 2010 : s.v. *force*, p. 291, EV)

II.5 Les propositions de concession

L'hypotaxe n'étant qu'une stratégie secondaire à l'oral pour exprimer des rapports de concession, les subordonnées concessives sont plutôt rares dans les corpus consultés[76]. Elles sont principalement introduites par *quand même (ti) (que)* et *malgré que*, ainsi que, rarement, par *combien même que* et *comment (que)*[77]. *Quand même (ti) (que)* est à cheval entre le sens concessif au sens strict de « bien que » et le sens concessif-hypothétique de « même si »[78] ; *même si* existe d'ailleurs également dans les parlers étudiés ici. Le sens concessif est parfois

---

[76] *Cf.* Arrighi (2005 : 284), qui note pour le FA : « ce sont surtout les particules énonciatives *ben*, *ben là*, *là* qui servent à exprimer ce rapport ». *Cf.* Wiesmath (2006 : 157) : « *Quand même que* et la variante *quand même-ti que* sont peu utilisés, la nécessité de l'expression du rapport logique de cause inefficace étant moins fréquente : [...] ».
[77] Wiesmath (2006 : 160) note encore le tour, rare, *c'est-ti ienque pour* au sens de « ne serait-ce que pour » : « les jeunes asteure hein ben sans éducation i y a pas grand chance même/ même euh c'est-ti ienque pour travailler n'importe où euh i faut quasiment que t'aies été/ que t'aies de l'éducation ». – Dans la forme *mais que* – qualifiée de « concessive » par Wiesmath (2006 : 160) – nous voyons plutôt l'expansion de l'adverbe adversatif *mais* par un *que* « parasitaire » (pour le non-standard hexagonal, *cf.* Gadet 1992 : 93) : *cf.* « alors de plus' en plus' maintenant un ordinateur c'est essentiel à la vie d'après les gens mais que c'est pas vrai » (Wiesmath 2006 : 160, Wiesmath 14, Y : 218) (cours magistral), *cf.* le chap. « La connexion », II.3.1.
[78] C'est pourquoi Chevalier et al. (1964 : § 213, p. 140) qualifient les locutions *quand même/même quand* + conditionnel et *même si/même quand* de conjonctions hypothétiques et ajoutent qu'« il est parfois difficile de faire la distinction entre une proposition hypothétique et une proposition d'opposition ».

souligné par la présence – redondante – de l'adverbe *quand même* dans la principale (Wiesmath 2006 : 160)[79].

Les conjonctions standard *bien que* et *quoique* n'ont pas cours dans la langue acadienne traditionnelle et ne sont employées qu'occasionnellement en FL, où le DLF les atteste (DLF 2010 : s.v. *bien*, p. 73, s.v. *quoique*, p. 512). Wiesmath (2006 : 161), relevant une occurrence de *bien que* et une de *quoique* dans un cours magistral qui fait partie de son corpus de distance, a sans doute raison d'y voir une influence de la langue écrite, bien que, contrairement à la règle du standard, les deux conjonctions soient en l'occurrence suivies de l'indicatif. De même, les autres conjonctions concessives sont généralement suivies de l'indicatif en FA/FTN/FL[80]. Le subjonctif ne s'emploie jamais (Wiesmath 2006 : 157), mais le conditionnel peut apparaître occasionnellement pour insister sur le caractère hypothétique de l'énoncé. Dans ce contexte, Gérin (1982 : 47) fait observer que, tout comme l'ancien usage, les parlers acadiens sont « attentifs à la nuance de certitude », le choix du mode étant fonction du degré de réalité ou de probabilité attribué au fait exprimé dans la subordonnée (Gérin 1982 : 53) : dans les cas où la concession « porte sur un fait ou un état réel », l'indicatif est employé, dans les cas où la concession « porte sur un fait supposé », c'est le conditionnel (*ibid.*) (*cf.* le chap. « Le subjonctif », II.2.3.).

L'usage de l'indicatif ou du conditionnel après les conjonctions concessives est aussi attesté dans la langue parlée de France, ce que Hanse (1991 : s.v. *bien que*, p. 170) considère comme un emploi « incorrect et familier, populaire ou archaïque ». Le subjonctif est obligatoire, dans la subordonnée concessive, depuis la fin du XVIIe s.

II.5.1 *malgré que*

La conjonction composée *malgré que* est attestée en NÉ, au NB, aux Îles-de-la-Madeleine et en LOU, mais elle n'est pas signalée pour TN par Brasseur (2001).

Le subordonnant *que* peut manquer en FL (Wiesmath 2006 : 161), où, cependant, la conjonction joue somme toute un rôle marginal (*cf.* Guilbeau 1950 : 265). *Malgré que* est suivi de l'indicatif ou du conditionnel.

▶ *malgré que*
- Donc / euh / malgré que les livres étaient en anglais, on se parlait en français. (NÉ – Hennemann, ILM, RF)
- malgré qu'il était un garçon du roi i s'a trouvé là avec pas la cenne et rien à manger (NÉ – Arrighi 2005 : 284, Marcelin NÉ 2 : 192–193)
- pis si qu'i se marient mais c'est l'anglais qui l'emporte sus le français là . malgré que les dernières années je remarque que i y a beaucoup d'enfants . qu'i en / qu'i envoient à l'école française (NB – Wiesmath 2006 : 161, Wiesmath 7, O : 322)

---

[79] « mais . même s'i y avait de l'ouvrage la plupart du temps i peuvent pas aller travailler quand même parce qu'une fois que tu as trois enfants à la maison . t'es prise là » (NB – Wiesmath 2006 : 160, Wiesmath 7, O : 186) – Pour le non-standard hexagonal, *cf.* Gadet (1992 : 88) : « *quand même il sait que c'est une connerie // il va y aller quand même* ».

[80] Il en va de même en franco-manitobain, *cf.* Hallion (2000 : 382), qui signale que l'indicatif apparaît après *bien que*, *malgré que*, *(quand) même que* et *quoique*.

- si le gouvernement fédéral dirait . . . à la province Québec . tu veux te séparer . arrange-toi avec tes ressources naturelles . pas d'aide du gouvernement fédéral le gouvern/ euh le Québec pourrait pas arriver <hm> malgré qu'i y a une femme qui m'a dit oui oui on a beaucoup de ressources naturelles non i pourraient pas arriver (NB – Wiesmath 2006 : 161, Wiesmath 6, L : 320)
- t'as eune taxe en partant de vente t'as eune taxe de / de:/ de transport qui se joint dans le prix malgré que tu la vois pas là souvent ben alle est jointe là (IdlM – Falkert 2010, corpus : 102–103, p. 236, CD-ROM)
- Malgré qu'il s'a détruit, il a été enterré dans de la terre sacrée. (LOU – DLF 2010 : s.v. *malgré*, p. 380, LA)

▶ *malgré*
- Pont Breaux est un 'tit village euh c'est petit ça ... malgré on figurait y avait deux cents/ . au-dessus de/ dans/ deux cents m/ deux cents mille personnes qu'est venu pour le/ . le festival de CRAWFISH (LOU – Stäbler 1995 : 218, corpus)
- ça fait malgré il avait lavé/ moi aussi oui/ après que TOM l'a yeu lavé je l'ai lavé moi aussi parce que je voulais . être sûre (LOU – Stäbler 1995 : 178, Stäbler 1995 : 233, corpus)

Commentaire
Malgré existe en tant que préposition dès l'ancienne langue (alors sous la forme *maugré*). Or, la conjonction composée *malgré que*, au sens de « bien que », ne prend son essor qu'au milieu du XIXe s. (Brunot/Bruneau 1949 : 462s., Hanse 1991 : s.v. *malgré*, p. 578). Vivement critiquée par les puristes en France, cette conjonction jouit néanmoins aujourd'hui d'une grande popularité dans le non-standard, faisant même son entrée dans la littérature. Elle est suivie de l'indicatif ou du subjonctif[81]. *Malgré que* existe également en FQ (cf. GPFC : s.v. *malgré que* ; selon Seutin 1975 : 394, il est « rare » dans le parler de l'Île-aux-Coudres).

II.5.2 *quand même(-ti) (que)*

La locution conjonctive *quand même que* peut être élargie par la particule -*ti*[82] (NÉ, NB, LOU).

▶ *quand même(-ti) que*
- ... i disait oui, oui THOMAS. Quand même qu'a savait que c'tait pas vrai. (NÉ – Hennemann, ILM, CL)
- pis quand même qu'i travaillait à gage i avait en / quand même des vaches [...] (NB – Wiesmath 2006 : 157, Wiesmath 1, R : 391)
- quand même-ti qu'on avait rien on avait rien c'est tout' <hm> c'est pour ça qu'asteure on est de même veux dire qu'on s'écoute pas quand même-ti que/ qu'on a pas tout' ce qu'on veut [...] (NB – Wiesmath 2006 : 157)
- c'était une bonne femme oh ((murmures)) Bon Doux savait pas savait pas se lamenter quand même qu'elle avait du mal elle se lamentait pas (ÎPÉ – Arrighi 2005 : 283, Rose ÎPÉ 7 : 83–85)
- on avait pas touT à souhaiT . pis asteure on a pas touT à souhaiT pace touT est cher qu'on peut pas touT l'avoir quand même qu'on voudrait (ÎPÉ – Arrighi 2005 : 110, Rose ÎPÉ 7 : 294–296)
- ben ça me faisat rien quand même que : je disais pas tout' des mots corrects et : puis mais j'ai fini par apprendre l'anglais . assez pour me : débrouiller (IdlM – Falkert 2010, corpus : 64–65, p. 298, CD-ROM)
- i passait voir sa mère. quand même qu'i était deux trois heures du matin (IdlM – Falkert 2010, corpus : 187–188, p. 305–306, CD-ROM)

---

[81] Cf. Gadet (1996/1997 : 120), Ball (2000 : 113), Arrighi (2005 : 284), Riegel et al. (2011 : 861).
[82] Pour d'autres emplois de -*ti, cf.* aussi les chap. « L'interrogation » (V.3.) et « L'impératif et l'exclamatif » (II.1.).

- [...] Quand même qu'i voit rien, ça fait pas de différence (TN – Brasseur 2001 : s.v. *animau*, p. 18)
- Si je sus assis au ras le poêle et pis que c'est chaud, quand même qu'i fait fret allieurs, tu *mindes* pas ! (TN – Brasseur 2001 : s.v. *quand même (que)*, p. 377)
- La laine de mouton, quand même que tu le mouilles tes mitaines ou de quoi, bien, c'est pas fret [fʀɛt] comme c'te laine-là. (TN – Brasseur 2001 : s.v. *c't(e)*, p. 138)
- Quand même que c'est prononcé un petit peu différent, le monde se comprend. (LOU – DLF 2010 : s.v. *quand*[1], p. 503, LF)
- L'hiver c'était plein froid. Quand même que t'étais en-dedans, c'était plein froid. (LOU – DLF 2010 : s.v. *quand*[1], p. 503, LF)

▶ *quand même/quand même-ti*

- Pis tu peux dire / euh / quand même-ti tu les connais pas très bien, tu sais, i t/ le monde / sont erconnus par ici que le monde va se / s'aidera. (NÉ – Hennemann, BSM, SC)
- Quand même j'ai pas de vache, y a de la peau en masse ! (TN – Brasseur 2001 : s.v. *quand même (que)*, p. 377)
- Quand même je le oirais je sarais pas. J'ai pas té montré vois-tu. (TN – Brasseur 2001 : s.v. *montrer*, p. 303)
- c'est bien possible que c'est lui qu'a été . responsable pour Auguste . d'être tiré . quand-même-ti lui/ lui-même il ne l'a pas tiré (LOU – Stäbler 1995 : 178, Stäbler 1995 : 137s., corpus)
- Eux-autres te paye quand même tu peux plus travailler. (LOU – DLF 2010 : s.v. *quand*[1], p. 503, TB)
- Et dans ces années là, eusse te donnait un job quand même t'avais pas de licence (LOU – *Découverte*, Isle Jean Charles, Terrebonne)

La construction corrélative *quand même que ... ou que* est employée en FA dans le sens de *(soit) que ... (soit) que*.

▶ *quand même que... ou que*

- Quand même qu'il faisait laid ou qu'il faisait beau, follait tu marchis. [...] (NÉ – Flikeid 1997 : 267)

Commentaire

Le tour *quand même que* est attesté en franco-manitobain (Hallion 2000 : 383, Arrighi 2005 : 283), dans le français de Saint-Pierre-et-Miquelon, et, en France, « dans les parlers de Haute-Bretagne (FEW 2, 1416b QUANDO) » (Brasseur 2001 : s.v. *quand même (que)*, p. 377, Brasseur/Chauveau 1990 : s.v. *quand même que*). Pour le FQ, le GPFC note la forme *qua même* en tant que locution conjonctive de même sens : « Qua même t'aurais pas toujours le meilleur morceau. » (FQ – GPFC : s.v. *qua même*).

II.5.3 *même si (que)*

La locution conjonctive *même si (que)* oscille entre le sens hypothétique, dû à l'élément *si*, et le sens purement concessif de « bien que ». *Même si (que)* apparaît dans les mêmes contextes que *quand même (ti) que*. Dans la subordonnée, on trouve soit l'indicatif soit le conditionnel.

Quant à la répartition géographique du tour *même si (que)*, nous pouvons faire les observations suivantes :

- En NÉ, *même si que* coexiste avec la forme standard *même si*, que l'on trouve chez les locuteurs les plus standardisants ; les deux tours sont pourtant moins fréquents que la conjonction *quand même que*.
- Au NB, *même si que* est rare, de même que la forme standard *même si* (Wiesmath 2006 : 159), qui, elle, est parfois relevée dans les contextes formels. Au NB on relève en revanche

le tour *même que*, de sens concessif (*cf.* ci-dessous II.5.4.). La forme *même que si*, relevée par Arrighi (2005 : 286) au NB, résulte du croisement entre *même si* et *même que*.
- *Même si que* n'est pas signalé pour TN par Brasseur (2001).
- En LOU, la locution apparaît sous la forme standard *même si*[83].

▶ *même si*
- Même si j'allais à l'école ici pis que le / tout les / touT les / tout [sic] les manuels scolaires étaient en anglais, en dehors de ça ej jouais en français, en acadien. (NÉ – Hennemann, ILM, RF)
- i a arrêté d'aller à l'école pis i a pris à travailler parce qu'i avaient une ferme ça fait i restait à la maison pis ça mais ma mère a plus' été à l'école même si alle a pas été beaucoup (NB – Wiesmath 2006 : 159, Wiesmath 7, O : 425)
- pour moi Noël c'est magique. même si les enfants aujourd'hui a une autre. vision de la fête de Noël (IdlM – Falkert 2010, corpus : 157–158, p. 27, CD-ROM)
- même si je vas l'appeler CANK . non il dit j'aime pas mon nom (LOU – Stäbler 1995 : 211, corpus)

▶ *même si que*
- i disent si tu couperais ta langue, a s/ al bougerait encore même si qu'elle est coupée. (NÉ – Hennemann, BSM, RG)
- on va apprendre l'anglais de toute façon alors même si qu'on l'apprendrait pas dans nos cours comme qu'on l'apprend à fond (NB – Arrighi 2005 : 166, Stéphanie NB 11 : 174–175)
- c'était devenu assez euh. . . intense comme au point de vue du côté anglais que même si que le français c'est ma langue maternelle . euh des fois on commence à/à: à chercher nos mots (NB – Arrighi 2005 : 286, Rachelle NB 1 : 301–304)

▶ *même que si* (rare)
- même que si t'as tes reçus pis eux dévaluont ça (NB – Arrighi 2005 : 286, Suzanne L. NB 19 : 513–514)

II.5.4 *même que*

La conjonction composée *même que* est signalée par Wiesmath (2006 : 159) pour la variété néo-brunswickoise du Sud-Est, où *même que* est même plus fréquent que son équivalent *quand même(-ti) que*[84].

Précisons qu'il ne s'agit pas de la locution comparative *de même que* « ainsi que » ni du tour populaire *même que* dans le sens additif de « bien plus », « et même », « et d'ailleurs » ; dans ce dernier cas, il s'agit d'ailleurs simplement de l'expansion de l'adverbe *même* par un *que* « parasitaire »[85]. Wiesmath (2006 : 159), qui relève *même que* dans un sens concessif dans

---

[83] Notons que dans le corpus madelinien de Falkert (2010), on ne relève que la forme standard *même si*.
[84] *Quand même que* et *même que* (+ indicatif ou conditionnel) dans le sens de « même si » sont « assez fréquent[s] » en franco-manitobain (Hallion 2000 : 382).
[85] *Cf.* Grevisse/Goosse (2008 : § 1121, p. 1444s.), Wiesmath (2006 : 159). Ball (2000 : 113) atteste l'existence de la variante *même que* dans le sens de « même si » pour le non-standard de France, tout en ajoutant que le tour a normalement un sens additif. – Dans la valeur additive, *même que* est noté à l'ÎPÉ par Arrighi (2005 : 286) : « i parlaient plutôt l'anglais pis i délaissaient le français même que j'ai un de mes sœurs qu'a élevé ses enfants à Summerside pis ses enfants ont surtout appris l'anglais » (ÎPÉ – Arrighi 2005 : 286, André ÎPÉ 12 : 169–171).

le Sud-Est du NB et note l'existence du tour « dans nombre d'autres variétés d'outre-mer », suppose l'influence de la locution conjonctive *même si* pour expliquer cet emploi. Ajoutons que le sens concessif peut aussi s'expliquer par le croisement avec la locution conjonctive *combien même que* (*cf.* II.5.5.).

- pis i avaient de la difficulté avec l'anglais tu sais là . même que Moncton est bilingue (NB – Wiesmath 2006 : 159, Wiesmath 7, O : 303)
- pis c'est moi qu'a couri pour faire ces livres-ici . même que ma fille a dit qu'alle les ferait (NB – Wiesmath 2006 : 159, Wiesmath 6, L : 282)
- mettons qu'on est résidant euh à Moncton ou à Dieppe euh on veut euh installer une machine euh même qu'on est branché sur la ville là on peut le faire quand même là (NB – Wiesmath 2006 : 160, Wiesmath 12, N : 121)
- moi je serais personnellement je me rouvrerais un compte personnel à la banque pis je me mettrais tout ça là [...] ouais même que j'ai pas de l'intérêt rien en touT (NB – Arrighi 2005 : 286, Robert NB 19 : 589–592)

II.5.5 *combien même que, comment que*

Combien même que (FA) et *co(u)mment que* (NÉ) sont rarement relevés. Quant à la morphologie de ces tours, signalons que la particule *-ti* est parfois ajoutée (Gérin 1982 : 48) et que le subordonnant *que* peut tomber. *Combien (même) que* est suivi de l'indicatif ou du conditionnel.

▶ *combien même (ti) que*

- Pite vaut encore mieux qu'un étranger combien même chil descendrait du paradis. (NÉ – *Lettres de Marichette*, Gérin/Gérin 1982 : 156)
- j'irai combien même que ce serait le dimanche (NÉ – *Lettres de Marichette*, Gérin/Gérin 1982 : 156)
- Combien même ti que tu viendras, ça n'changera rien. (NÉ – H.H. Lamèque, cité d'après Gérin 1982 : 48)

- non je pense que c'est que les gens cherchaient plus fort / plus' fort pour trouver de l'emploi / combien même que les gens disent qu'y a pas d'ouvrage si disons vraiment quelqu'un cherche pour se trouver un emploi / i va trouver quéque chose à faire (NB – Péronnet, *Corpus Défi 1988* : 12, cité dans Wiesmath 2006 : 158)

▶ *co(u)mment (que)*

- Coumment que c'est yienque les tiens, c'est / c'est pas pareil. (NÉ – Hennemann, ILM, IS)
- Mais comment qu'on était pauvre, on était propre. (NÉ – Hennemann, ILM, IS)

Les expressions concessives indéfinies standard *quelque/tout/si* + adjectif + *que* + subjonctif n'existent pas dans les parlers étudiés ici. Le tour *comment* + adjectif + *que* peut être employé dans ce sens (à côté de la locution figée *avoir beau* + infinitif).

▶ *comment* + **adjectif** + *que*

- Dans ce temps là, comment dur que la vie était à faire, t'avais toujours le temps d'aller veiller chez tes amis. (LOU – *Découverte*, Pointe-aux-Chênes, Terrebonne)

Commentaire
La conjonction composée concessive *combien que* – qui, dans les variétés étudiées ici, n'est attestée qu'historiquement dans les *Lettres de Marichette* (Gérin/Gérin 1982 : 155) – est retraçable dans l'histoire du

français hexagonal jusqu'au XVIIe s. pour ne survivre par la suite que régionalement[86]. Pour *combien même que* – non retraçable dans l'histoire du français –, il pourrait s'agir du croisement entre *combien que* et *quand bien même (que)* (Gérin/Gérin 1982 : 155).

Grevisse/Goosse (2008 : § 1149 c 5°, p. 1506) attestent le tour concessif *comment que* + subjonctif en français de France, qu'ils qualifient de « rare » aujourd'hui, mais qui était en usage au XVIIe s. ; soulignons qu'il s'agit là non pas de l'équivalent de « bien que » mais du tour concessif indéfini « de quelque façon que ce soit ».

II.6 Les propositions circonstancielles d'opposition

Les moyens privilégiés pour exprimer les rapports d'opposition sont les conjonctions de coordination *mais* et *BUT*, ainsi que les particules *ben* et *là*, qui peuvent aussi s'associer les unes aux autres : *ben là, mais là, ben toujours* (Wiesmath 2006 : 117–121[87]). Si le rapport d'opposition est exprimé par une structure subordonnante, c'est à l'aide de la conjonction standard *tandis que*.

II.6.1 *tandis que*
Au début temporelle et synonyme de *pendant que*, la conjonction *tandis que* a aujourd'hui, en règle générale, une valeur adversative. Notons les prononciations avec ou sans -s : [tãdi] et [tãdis][88].
– C'est la valeur adversative qui prédomine aujourd'hui en NÉ, où la valeur temporelle est extrêmement rare, et au NB, où la valeur temporelle n'est pas attestée (Wiesmath 2006 : 162)[89].
– La valeur temporelle est vivante à TN et en LOU (*cf.* ci-dessus II.1.14. ; pour une valeur hypothétique, *cf.* ci-dessous II.7.3.). En LOU, les occurrences de *tandis que* dans le sens adversatif sont très rares. Stäbler (1995) n'en relève aucun exemple. Quelques exemples sont ambigus, à cheval entre le sens adversatif et temporel.
– On note l'absence fréquente du subordonnant *que* en FL.

• SO ça ça / on a perdu beaucoup. Tandis qu'à la Baie, i ont pas eu / i ont pas eu ça. (NÉ – Hennemann, ILM, MD)
• Lorsqu'ils jouent / euh / au hockey, i parlent fran/ i parlent anglais. Tandis que moi, quand je jouais au base-ball, je le faisais en français. (NÉ – Hennemann, ILM, RF)
• C'tait toujours un CAR bleu. [...] Tandis qu'à la Baie Sainte-Marie, c'tait une CAR. Eux-autres, c'tait féminin là-bas. [...] Nous-autres, c'tait masculin. (NÉ – Hennemann, ILM, RF)
• i voit toutes ces affaires d'avance tandis que nous autres on/ on voit pas ce/ tout ce/ quand ça vient à des affaires de/ de machinerie ou de quoi comme ça (NB – Wiesmath 2006 : 162, Wiesmath 2, F : 494)

---

[86] *Cf.* Gérin (1982 : 47), Haase (1965 : 375), Gougenheim (1974 : 227), Wiesmath (2006 : 158).
[87] À propos de *ben*, Arrighi (2005 : 438) note pour le FA que « [d]ans bien des énoncés, [...], cet élément marque clairement un rapport d'opposition, de restriction ou une objection. » *Cf.* le chap. « La connexion », II.3.
[88] *Tandis que* se prononce souvent avec le -s aux Îles-de-la-Madeleine (*cf.* le corpus de Falkert 2010). Le DLF (2010 : s.v. *tandis*, p. 601) note une prononciation sans -s, Guilbeau (1950 : 266) avec un -s final.
[89] Dans le corpus madelinien de Falkert (2010), *tandis que* a toujours un sens adversatif.

- peut-être qu'i y a quelqu'un qui veut hum je sais pas par exemple prendre une vacance tandis que l'autre aimerait mieux d'avoir une auto mais tous les deux veulent un auto pis tous les deux veulent une vacance mais quel qui va le premier (NB – Wiesmath 2006 : 162, Wiesmath 11, U : 17)
- ça faut qu'i seyont tout le temps bien habillés aussi tandis qu'icitte tu peux porter ben t'sais [...] (NB – Arrighi 2005, corpus, Zélia NB 17 : 258–259)
- [à Montréal] c'est un va-et-vient tout ça tandis' qu'aux Îles c'est plus' / c'est plus' le calme (IdlM – Falkert 2010, corpus : 10, p. 311, CD-ROM)
- il est bon, lui tandis qu'elle, elle vaut pas grand chose (LOU – Guilbeau 1950 : 266)

II.6.2 *sans (que)*

Sans (que) est peu fréquent dans les parlers concernés (*cf.* pour le NB : Wiesmath 2006 : 125)[90]. On relève à TN et en LOU des tours infinitifs même si le sujet de la subordonnée n'est pas coréférent avec celui de la principale (*cf.* le chap. « Les formes nominales du verbe », note 12).

▶ *sans que*
- y avait pas de sociale comme astheure.. astheure t'as:/ y a de la maladie pis : i t'envoient à Québec sans que tu paies un sou (IdlM – Falkert 2010, corpus : 6–7, p. 336, CD-ROM)
- Et on veillait le mort, bien sûr. On aurait jamais laissé le mort sans que quelqu'un soit là. (LOU – DLF 2010 : s.v. *sans*, p. 570, TB)

▶ *sans*
- moi y a pas une journée sans je coupe mes trois cordes de bois pis les carder (NB – Arrighi 2005 : 156, Willy NB 9 : 16–17)
- ... je connais pas si votre petite aurait venu comme ça, sans quelqu'un vous aide (LOU – *Découverte*, Châtaignier, Evangéline)

▶ **Construction avec infinitif**
- Il a ramassé des, des pierres et il a mis dans ses poches jusqu'à il a pu les serrer dans une place convenable pour lui les prendre sans les frères et les sœurs s'apercevoir trop. (LOU – *Découverte*, Carencro, Lafayette)

II.7 Les propositions hypothétiques

Pour introduire une proposition hypothétique, nous relevons les conjonctions et locutions conjonctives suivantes[91] :
- *Si*, souvent élargi par *que* en FA/FTN, est la conjonction préférée pour marquer une proposition hypothétique.

---

[90] Wiesmath (2006 : 126) englobe *sans que* dans les relations d'exclusion ; elle n'en a pas relevé d'exemples dans son corpus (NB). En ce qui concerne la préposition *sans*, on notera la préférence pour le tour *avec pas* (*cf.* aussi Wiesmath 2006 : 125) (*cf.* le chap. « Les prépositions », II.1.2.).
[91] Pour *si* dans l'interrogation indirecte, *cf.* le chap. « L'interrogation », V.5.1. Pour *même si* dans un sens concessif, *cf.* ci-dessus II.5.3.

- La locution conjonctive ancienne *en cas que* persiste en FA/FTN – à côté des tours *à tout cas que*, *en tout cas que* –, tandis que l'usage hexagonal emploie aujourd'hui le tour *au cas où* + conditionnel.
- Avec *d'abord que*, le français néo-écossais et le FL disposent d'une locution conjonctive qui se prête à plusieurs interprétations, dont l'une correspond au sens hypothétique du tour « au cas où ».
- Signalons aussi la fréquence d'éléments corrélatifs (*là*, *ben*, *mais*) en tête de la principale après une subordonnée introduite par *si* (Wiesmath 2006 : 142s.) :
    - pis si qu'i alliont couper du bois ben i coupiont pas leu OWN bois (NB – Wiesmath 2006 : 142, Wiesmath 1, B : 980)
    - pis si qu'i se marient mais c'est l'anglais qui l'emporte sus le français là (NB – Wiesmath 2006 : 143, Wiesmath 7, O : 322)

    - si [je] vas cueillir des fraises dans son champ ben là le / le monsieur sera pas content pis i va châler (IdlM – Falkert 2010, corpus : 56–57, p. 45, CD-ROM)

II.7.1 *si (que)*

▶ Aspects morphologiques

En ce qui concerne l'élargissement de la conjonction par *que*, nous pouvons faire les observations suivantes :
- Dans les parlers acadiens, la forme élargie par un *que* « parasitaire » est très courante, même chez les locuteurs les plus standardisants. Arrighi note que *si que* est formé à l'instar d'autres conjonctions dont *que* fait partie intégrante ; elle précise pour son corpus panacadien que ce sont surtout les locuteurs âgés de moins de 50 ans qui emploient la forme complexe de la conjonction (Arrighi 2005 : 281).
- Pour le Nord-Est et le Sud-Est du NB Beaulieu (1996 : 102) et Wiesmath (2006 : 143, note 279) relèvent des facteurs phonétiques qui favorisent l'apparition de telle ou telle forme. Ainsi, *si que* semble être privilégié « quand l'élément lexical qui suit débute par un segment vocalique » (Beaulieu 1996 : 102), alors que la forme *si* apparaît devant consonne. Beaulieu retient aussi un facteur sociolinguistique, la variante *si que* étant favorisée dans les milieux centrés sur les « valeurs de la communauté », pour qui le choix de cette variante marque l'identité sociale, tandis que la variante *si* apparaît dans les réseaux sociaux plus ouverts et donc exposés davantage à d'autres variétés du français, dont le standard (1996 : 104s.).
- À TN, on relève la variante *sé* pour « si » (aussi bien pour introduire une phrase hypothétique que pour l'interrogation indirecte totale) ainsi qu'une forme élidée *s'* qui apparaît devant voyelle et devant le pronom personnel *tu*[92]. *Sé* et *si* varient librement.
    - Sé tu laboures, tu vires le seillon. (TN – Brasseur 2001 : s.v. *sé, s(e)*, p. 416)
    - S't'as pas faim tu manges pas ! (TN – Brasseur 2001 : s.v. *sé, s(e)*, p. 416)

---

[92] Il en va de même aux Îles-de-la-Madeleine : *s'* peut apparaître devant un pronom personnel commençant par une voyelle et devant *tu* (*cf.* le corpus de Falkert 2010), *cf.* « s=on avat seulement : eune trentaine de piasses par semaine ça/ça/ça nous aidat hein », « c'était chaud pis s=tu pouvais rester faut attendre ((rit)) » (IdlM – Falkert 2010, corpus : 64–65, p. 61 et 387, p. 466, CD-ROM).

- Si y a rien d'écrit vous savez eh bien ... vous pouvez pas le *owner*. Sé le Gouvernement [guvaʀnəmã] veut le prendre i va le prendre. (TN – Brasseur 2001 : s.v. *owner*, p. 328)

À TN, la conjonction *sé* se joint à la particule de négation *non* pour former la conjonction hypothétique négative *sénon* (*cf.* FS *sinon*) :
- Sénon que tu m'arais pas rafraîchi, i dit, j'avais oublié ça. (TN – Brasseur 2001 : s.v. *sénon*, p. 418)

– Le caractère hypothétique d'une condition peut être souligné par des adverbes ou des locutions adverbiales, placés entre les deux composantes de la conjonction : *si jamais que* (FA) et, à TN, *si par cas (que)*, *si par peu que* (Brasseur 2001 : s.v. *si*, p. 240).
– En LOU, la forme simple du FS, *si*, est la forme courante[93] (*cf.* ci-dessus I.2.).

Commentaire
Aujourd'hui considérée comme « populaire » en France[94], la forme *si que* est pourtant attestée de longue date (*cf.* Wiesmath 2006 : 143, Cormier 1999 : s.v. *si que*) en France et en FQ (*cf.* GPFC : s.v. *si*) ; elle reste vivante dans le non-standard, où l'on note « la tendance à régulariser le paradigme des subordonnants sur une composition à base de *que* » (Gadet 1992 : 98).

C'est sous la forme *se* que la conjonction hypothétique est courante en ancien français, *si* étant rare à l'époque (Foulet 1967 : 290). La forme, prononcée soit [se], soit [sə] a survécu « dans divers parlers dialectaux de France » (FEW 11, 561a), la forme élidée, *s'*, en revanche, est attestée « en wallon et normand devant voyelle (FEW, ibid.) » (Brasseur 2001 : s.v. *sé*, *s(e)*, p. 416).

Par cas « par hasard » est une survivance de l'ancien et du moyen français, relevée aussi régionalement en France, notamment en Saintonge (FEW 2, 471a) (Brasseur 2001 : s.v. *si*, p. 420). Brasseur (*ibid.*) rapproche la locution *si par cas que* de la forme *si en cas (que)*, attestée en Normandie ; la locution *si par peu que* serait, en revanche, une spécificité terre-neuvienne (Brasseur, *ibid.*).

▶ **Le mode dans la subordonnée hypothétique**
Rappelons que le futur et le conditionnel sont tout à fait courants dans une subordonnée introduite par *si (que)* hypothétique, et ce même dans les situations de communication à caractère formel chez les locuteurs les plus instruits (*cf.* Wiesmath 2006 : 144) (*cf.* le chap. « Le conditionnel », II.1.1.)[95].
– Si la condition est présentée comme réelle, l'emploi du futur simple est donc tout aussi possible que celui du présent de l'indicatif[96]. Dans la principale, en référence au futur,

---

93 Le DLF (2010 : s.v. *qui*[1], p. 508, AV) signale l'usage de *qui* dans le sens de *si* hypothétique pour le FL : « Qui elle en a, ça va faire. » Cette spécificité n'est pas mentionnée par Rottet (2001).
94 *Cf.* Wiesmath (2006 : 127), Grevisse/Goosse (2008 : § 1153a, p. 1511), Bauche (^{2}1951 : 124). – Notons au passage que les données des corpus consultés ne confirment pas le constat de Cormier (1999 : s.v. *si que*), selon lequel *si que* ne serait que « sporadique ». Les exemples en sont légion. Cormier confirme d'ailleurs la présence de la forme dans le Nord-Est et le Sud-Est du NB, dans le Sud-Ouest de la NÉ, sur la côte ouest de TN, dans le Sud de la Gaspésie et en note la présence sporadique en LOU (1999 : s.v. *si que*). *Si que* serait « vieilli » au Québec (*ibid.*).
95 Pour les structures hypothétiques complexes relevées dans l'usage des jeunes semi-locuteurs en LOU sur la base d'un questionnaire, *cf.* Rottet (2001 : 239-243). Elles constituent des cas à part et ne peuvent guère être cataloguées selon les types courants.
96 Signalons que les occurrences de *si* au sens temporel-itératif (« toutes les fois que », *cf.* Riegel et al. 2011 : 852) ne figurent pas dans la liste d'exemples présentée ci-dessous, *cf.* « Si qu'alle laimait pas de quoi que quiqu'un faisait alle les souhaitait pis ça arrivait. » (TN – Brasseur 2001 : s.v. *souhaiter*, *assouhaiter*, p. 427). « si

c'est généralement le futur périphrastique qui est employé, le futur simple étant beaucoup plus rare dans les variétés étudiées (cf. le chap. « Le futur »).
– Si la condition est présentée comme potentielle ou irréelle dans le présent, l'imparfait et le conditionnel coexistent en FA/FTN dans la subordonnée, même chez un seul locuteur dans un seul énoncé[97]. En revanche, en FL, c'est généralement le conditionnel qui apparaît dans ce contexte[98], l'imparfait étant rarement relevé.
– Pour présenter une condition comme irréelle dans le passé, c'est le conditionnel passé qui apparaît dans tous les parlers, le plus-que-parfait y étant très rare.

Voici un échantillon d'exemples des divers types de subordonnées hypothétiques introduites par *si* ou par *si que* :

Type I – la condition est présentée comme réelle
- si qu'on / si qu'on va pardre ceci ou si je perds mon téléphone, ma mère va m'en acheter un autre. (NÉ – Hennemann, BSM, SC)
- Pis si qu'on prend pas au sérieux, on va perdre notre langue. (NÉ – Hennemann, ILM, BJ)

- comment qu'i gagneront leur vie si qu'i/ . si qu'i y a pas assez de homard st'année (NB – Wiesmath 2006 : 143, Wiesmath 3, G : 421)
- si jamais que ton enfant va pas à l'université tu peux touT avoir l'argent (NB – Arrighi 2005 : 282, Stéphanie NB 11 : 273–274)
- ben si qu'elle a travaillé dans des HOME de même a/a devrait . être SMART pour des vieux (NB – Arrighi 2005 : 282, Sarah NB 20 : 81–82)

- si jamas que je me marie pis j'ai des enfants. le premier qui mandera pour que=que chose [...] j'y donnerai (IdlM – Falkert 2010, corpus : 165–166, p. 152, CD-ROM)

- si toi tu te maries ou si moi je marie je vas me . faire mes noces là-bas (LOU – Stäbler 1995 : 182, corpus)
- Et là, si tu connais pas parler nanglais, t'as de la misère. (LOU – Rottet 2001 : 120, loc. âgée)
- Si eusse yeux montre pas, eux-autres va pas l'apprendre. (LOU – Rottet 2001 : 125, loc. âgée)
- si vous-autres veut ça, je vas sûr le faire (LOU – *Découverte*, Mamou, Évangéline)

Type II – la condition est présentée comme potentielle ou irréelle dans le présent
si + **imparfait**
- si tu passais à COLLEGE BRIDGE là a' pourrait voir le pont là (NB – Wiesmath 2006 : 142, Wiesmath 1, R : 199)
- oh oui je trouve que quand les gens me disent que j'ai pas d'accent du tout c'est comme si que j'étais Anglaise si/ si je passe comme (NB – Arrighi 2005 : 282, Rachelle NB 1 : 157–158)

---

tu proptes un NUTRIA ça sent pas bon » (LOU – Stäbler 1995 : 179, Stäbler 1995 : 241, corpus). – Rappelons que le conditionnel passé peut exprimer une habitude dans le passé en FA/FTN/FL, cf. « Si mon père aurait été au village, il aurait acheté du pain, il nous aurait fait des sandwichs avec du pain. (LOU – DLF 2010 : s.v. *si*, p. 581, IB) (cf. le chap. « Le conditionnel », II.2.2.).
[97] Cf. « BJ : Pis vraiment c'est néfaste pour la communauté parce que si que les deux prenaient le/ ... [Enquêtrice : oui.] BJ : ... si que les deux combineraient leurs connaissances : WOW ! » (NÉ – Hennemann, ILM, BJ)
[98] Cf. Stäbler (1995 : 179), Wiesmath (2006 : 144), Arrighi (2005 : 166s.). – En chiac, le conditionnel est presque généralisé dans les hypothétiques à valeur irréelle (Wiesmath 2006 : 145, note 281) : « Dans le corpus chiac de Perrot (1995, vol. 2), 90 % des propositions de condition exprimant une condition irréelle sont construites avec le conditionnel dans la subordonnée et dans la principale. »

- si j'avais l'argent j'aimerais d'aller . . du côté d'où ce que mes ancêtres de viennent [sic] (NB – Wiesmath 2006 : 144, Wiesmath 6, L : 183)
- J'ai tout le temps dit que si jamais que j'avais des enfant[s] que si ce tait dans mon pouoir qu'i ariont de l'école. (TN – Brasseur 2001 : s.v. *école*, p. 174)
- Sus les chasses-galeries que je peux comprendre, que je vois asteure, si y avait ène bande de monde qu'arait venu là [...] ben il aront dit la chasse-galerie arrive. (TN – Brasseur 2001 : s.v. *chasse-galerie*, p. 105)
- c'était comme si on était parenté (LOU – *Découverte*, Marksville, Avoyelles)
- Si j'avais plus de temps, jh'aurais fait un gateau aussi. (LOU – Rottet 2001 : 240) (Traduction de *If I had more time, I would also make them a cake. Cf.* les remarques ci-dessous)

si + conditionnel
- si on arait le froid pis la neige, ça ferait pas BAD. (NÉ – Hennemann, BSM, SC)
- si j'arais la chance j'y retournerais (NB – Wiesmath 2006 : 144, Wiesmath 6, L : 154)
- si je serais par là-bas j'en ferais moins . . . parce que ::: . à Ochawa c'est trop grand (NB – Arrighi 2005 : 166, Zélia NB 17 : 385)
- on est quand même dans un milieu où y a beaucoup d'anglais que on va apprendre l'anglais de toute façon alors même si qu'on l'apprendrait pas dans nos cours comme qu'on l'apprend à fond (NB – Arrighi 2005 : 282, Stéphanie NB 11 : 173–176)
- on a des petits bars là tu rentres là comme si ce serait chez vous là (IdlM – Falkert 2010, corpus : 192–193, p. 55, CD-ROM)
- Si a serait mariée a serait amarrée pis faudra qu'a reste à la maison. (TN – Brasseur 2001 : s.v. *amarrer, marrer*, p. 15)
- S't'aurais pas de marque ni rien, tu retrouveras pas c't'endroit-là après. (TN – Brasseur 2001 : s.v. *marque*, p. 292)
- Of course le jeune monde d'asteur-là, si ça irait back dans ce temps-là, eux-autes serait bien misérab (LOU – Papen/Rottet 1997 : 100)
- mais I CAN DANCE THE WALTZ . je crois je pourrais toujours si mes jambes me faiseraient pas mal (LOU – Stäbler 1995 : 179, Stäbler 1995 : 47, corpus)
- Si vous-autres ferait comme mon W. là, quand vous-autres se rejoindrait, vous-autres s'aimerait (LOU – *Découverte*, Mamou, Évangéline)

Type III – la condition est présentée comme irréelle dans le passé
si + plus-que-parfait (rare)
- si l'autobus avait pris un::/ un embardé par là c'était final (NB – Arrighi 2005 : 167, Willy NB 9 : 78–80)
- si j'avais eu de l'argent. j'arais tout le temps pensé de le faire le tour du monde (IdlM – Falkert 2010, corpus : 212–213, p. 307, CD-ROM)
- J'aurais pu apprendre à signer mon nom si j'avais dit je voulais apprendre. (LOU – *Découverte*, Châtaignier, Évangéline)

si + conditionnel passé
- si ça aurait été le . disons que ça aurait été coumme le / dans le mitan de la semaine le mécredi ou de quoi le monde travaille le lendemain (NB – Wiesmath 2006 : 144, Wiesmath 2, E : 50)
- si ç'arait pas été de ça j'arais pas pu euh survivre (NB – Wiesmath 2006 : 144, Wiesmath 5, C : 117)
- si j'arais su je l'arais peut-être ben pas fait (NB – Wiesmath 2006 : 144, Wiesmath 13, H : 354)
- j'étas toute seule [Enquêtrice : oui] et pis : tiens si ç'arat té aux HLM mais : tout seule ici-là (IdlM – Falkert 2010, corpus : 203, p. 75, CD-ROM)

- Comme moi, j'aurais peut-être pu le lire en français si que … j'aurais pu avoir cette pratique-là. (TN – Brasseur 2001 : s.v. *si*, p. 420)
- [À propos d'un feu-follet] Pis s'tu l'arais suit i t'arait mis dans le danger. (TN – Brasseur 2001 : s.v. *sé, s (e)*, p. 416)
- si / si elle aurait pris un feu/. ( ) si ils nous auraient appelé nous-autres pour d'aller l'éteindre aussi .. mais oui en tout cas … (LOU – Stäbler 1995 : 91, corpus)

si + **conditionnel surcomposé**
- ça fat mon docteur m'a envoyée à Québec. ben c'était pas / ce tat pas grave si j'aras iu : connu quoi j'avas (IdlM – Falkert 2010, corpus : 126–127, p. 332, CD-ROM)
- Si j'arions iu rentré dans la maison, la première chose que le vieux arait iu dit : eh ben décollez d'hors hein. […] (TN – Brasseur 2001 : s.v. *décoller II*, p. 149)

Notons qu'après la reprise de *si* par *que* on ne trouve pas le subjonctif comme en FS ; si l'hypothèse est exprimée, c'est par le conditionnel :
- Et il me faisait de la peine de voir qu'il connaissait pas mieux parler français, mais d'une manière c'était une bonne chose parce que s'il était à l'école dans son temps à lui, et qu'il aurait pas connu à parler nanglais, mon je vas te dire il aurait FAIL tous les années. Et il aurait pas pu apprendre. (LOU – Rottet 2001 : 121, loc. âgée)

Les tours *si par cas que* et *si par peu que* (TN) sont également suivis du conditionnel :
- Si par cas, i dit, je pourrais russir […] (TN – Brasseur 2001 : s.v. *si*, p. 420)
- Si par cas que je ferais signe […] (TN – Brasseur 2001 : s.v. *si*, p. 420)
- Moi je sais pas, mais si par peu que je pourrais demander à Mike quand i va venir […] (TN – Brasseur 2001 : s.v. *si*, p. 420)

II.7.2 *en (tout) cas que*

On observe occasionnellement l'emploi du tour *en cas que*, attesté en France dès le XIVe s. (*Le Petit Robert* 2013 : s.v. *cas*) au sens de « au cas où ». Il peut être renforcé par *tout* (*en tout cas que*) et adopte alors le sens de « si jamais ». Dans la subordonnée on trouve l'indicatif ou le conditionnel, le subjonctif s'emploie rarement.
- En tout cas qu'i vienne. (NÉ – É. Boudreau 1988 : 77)[99]
- je veux l'avoir juste . en cas qu'i seraient intéressés (NB – Wiesmath 2006 : 146, Wiesmath 6, L : 355)
- espérons pas que les autres veniont en tout cas qu'i nous oubliont . nous autres on a pas besoin de s'oublier (NB – Wiesmath 2006 : 146, Wiesmath 10, X : 159–160)
- [À propos des bébés] I donniont le nom et pis l'eau en cas qu'i arrive ène affaire, qu'i mourt. (TN – Brasseur 2001 : s.v. *mourir*, p. 308)
- Il aviont un couteau au ras ieux sus la table […] en tous cas qu'y en ait iun qui faisait son croche ac les cartes (TN – Brasseur 2001 : s.v. *croche*, p. 135)
- Je peux le faire en cas que vous voulez. (LOU – DLF 2010 : s.v. *cas*, p. 111, SJ)
- C'est pour ça que mon j'ai un ANSWERING SERVICE, en tout cas qu'eusse m'appelle et que je suis pas là. (LOU – DLF 2010 : s.v. *cas*, p. 111)

---

[99] Pour le FA, É. Boudreau (1988 : 77) note aussi *à tout cas que* : « À tout cas (en tout cas) qu'i viendrait. »

Commentaire
Les tours *en cas que* et *au cas que* sont aujourd'hui considérés comme « littéraires » ou « vieillis » en France (*cf.* Hanse 1991 : s.v. *cas*, p. 206). Ils s'emploient avec le subjonctif, mais cet usage se perd. C'est le conditionnel qui prédomine tout comme dans le tour courant *au cas où*. Gadet (1992 : 99) signale l'existence de la locution *en cas que* dans le non-standard de France et précise que l'emploi de l'indicatif stigmatise la tournure comme populaire. Les tours *en (tout) cas que* et *en cas où* existent à Saint-Pierre-et-Miquelon (Brasseur/Chauveau 1990 : s.v. *cas*), *en tout cas que* au Québec (GPFC : s.v. *cas*), *si en cas que* a été relevé en Normandie (Brasseur 2001 : s.v. *si*, p. 420).

II.7.3 *tandis que/atandis que/quandis que*
Pour TN, Brasseur (2001 : s.v. *tandis que*, p. 437) signale les variantes *tandis (que)* et *atandis (que)* au sens de « du moment que » et « à condition que ». Il qualifie cet emploi de « particulier ». La forme *quandis que* – qui peut aussi prendre une valeur temporelle (*cf.* ci-dessus II.1.14.) – connaît également cet emploi particulier. Notons l'absence de cet usage dans les autres variétés concernées ici.

▶ *tandis que*
- Je tions trois frères pis je couchions dans le même lit tandis que je tions à la maison. (TN – Brasseur 2001 : s.v. *être*, p. 190)
- [À propos de l'écorchage des anguilles.] C'est pas dur... tandis que tu fends l'ambouri en deux. (TN – Brasseur 2001 : s.v. *ambouri*, p. 16)
- [À propos d'appâts pour la pêche.] Les plies de mer ... N'importe quoi est bon, tandis que c'est frais. (TN – Brasseur 2001 : s.v. *plie de mer*, p. 358)

▶ *atandis*
- [...] Y a pas moyen de ... de pléyer ta jambe pace que ... ça fait ça guérit ensemble, atandis c'est là. (TN – Brasseur 2001 : s.v. *cast*, p. 96)

▶ *quandis que*
- Y a du monde qu'appelle ça des choux-raves. Nous par icitte aussi. Y en a qui dit des naveaux. Les naveaux je sais pas quoi-ce qu'est la ... la vraie parole. Ça fait pas de différence quandis qu'on sait quo-ce que c'est. (TN – Brasseur 2001 : s.v. *chou-rave*, p. 111)

II.7.4 Autres locutions conjonctives hypothétiques
D'autres locutions conjonctives combinent l'hypothèse avec des valeurs sémantiques additionnelles :
– *D'abord que* (« pourvu que ») insiste sur un préalable nécessaire à la réalisation des faits exprimés dans la principale.
– *Autre(ment) que*, *sauf que*, *à part que*, *excepté (que)*, *hormis que* et *à moins que* combinent l'hypothèse avec la notion de réserve ou d'exception.
– *Que...ou que* présente des hypothèses alternatives.

▶ *d'abord que* (rare)
Un événement qui en précède un autre peut fort bien en être la cause ; il peut aussi en être la condition : de là s'explique que la valeur de la locution conjonctive *d'abord que* – *a priori*

temporelle – soit passée au sens causal (*cf.* ci-dessus II.2.4.) et au sens hypothétique de « pourvu que », « au cas où »[100].

En FA, l'emploi de *d'abord que* dans un sens hypothétique est rare ; la conjonction est suivie de l'indicatif. En LOU, *d'abord que* est employé dans les trois sens, temporel, causal et hypothétique. Employée au sens causal, la conjonction est suivie de l'indicatif (*cf.* ci-dessus II.2.4.) ; dans un sens hypothétique, on relève aussi le subjonctif.

- D'abord qu'il viendra (NÉ – É. Boudreau 1988 : 95) (= « pourvu qu'il vienne »)

- y a beaucoup de touristes là/ maintenant qu'a acheté des maisons aux Îles pis tout ça… [Enquêtrice : hm] d'abord qu'on sera pas envahi par ça (IdlM – Falkert 2010, corpus : 84–86, p. 376, CD-ROM) (« pourvu que »)

- Tu peux venir, d'abord que tu sois tranquille. (LOU – DLF 2010 : s.v. *d'abord*, p. 179, LF) (« pourvu que »)

▶ *autre que, autrement que*

Tout en constatant la quasi-absence de conjonctions qui expriment des rapports d'exclusion ou d'exception, Wiesmath (2006 : 125s.) relève néanmoins le tour *autre que* dans le sens de « sauf que » dans son corpus du Sud-Est du NB ; en outre, la forme française *excepté* et l'anglicisme EXCEPT s'emploient dans cette fonction (*cf.* ci-dessous III.2.)[101]. Notons aussi la locution conjonctive *autrement que* en LOU (Papen/Rottet 1997 : 104, DLF 2010 : s.v. *autrement*, p. 48) au sens de « sauf que », « à moins que » et « sinon ».

- i y a pas de différences euh autre que les entreprises et marchés sont simplement inversés (NB – Wiesmath 2006 : 126, cours magistral)

- Je vais pas autrement que tu vas aussi. (LOU – DFL 2010 : s.v. *autrement*, p. 48)
- autrement qu'on aye une licence (LOU – Guilbeau 1950 : 263)
- Je crois pas qu'il y a personne de la Louisiane qu'est là-bas autrement que c'est quelqu'un qui veut vraiment être. (LOU – *Découverte*, Isle Jean Charles, Terrebonne)

▶ *à part que*

Les locutions conjonctives *à part que* et *sauf que,* attestées occasionnellement, sont synonymes de *si ce n'est que, à cette exception près que.* En français hexagonal, le tour *à part que* passe pour « familier » (*Le Petit Robert* 2013 : s.v. *part ; sauf*). Notons qu'en FA, *à part que* est très courant en tant que préposition (*cf.* le chap. « Les prépositions », III.18.).

- La dernière année c'était pas venu froid. À part qu'on a eu un petit peu de la neige au mois de mars. (LOU – DLF 2010 : s.v. *part*, p. 441, TB)

À part que est suivi de l'infinitif dans :
- nos jeunes i s'en vont en déhors y a / y a pas de / à part que faire la pêche au homard pis au crabe (IdlM – Falkert 2010, corpus : 445–446, p. 133, CD-ROM)

---

100 Thibaudeau (1988 : 9) signale la forme *l'abord que* : « J'irai l'abord que j'aurais l'temps » dans un sens temporel (« dès que ») ou hypothétique (« pourvu que »).
101 *Sauf* est également rare en tant que préposition ; ce sont les tours *à part de/que, excepté* et *autre(ment) que* qui apparaissent dans cette fonction (*cf.* chap. « Les prépositions », III.18.).

▶ sauf que

La locution conjonctive *sauf que* est rare dans les variétés étudiées ici ; elle existe en français hexagonal.

- c'est comme n'importe quel pays sauf que c'est pas déc/ découvert par les / par les gens (IdlM – Falkert 2010, corpus : 41, p. 313, CD-ROM)
- Elle aurait eu du bois de cheminée sauf que son maudit mari était trop paresseux pour venir ici en chercher. (LOU – DLF 2010 : s.v. *sauf*, p. 571, LA)
- il s'en avait venu puis [...] qui . regardait par le/ sauf que c'est manière risqué mais ça va (LOU – Stäbler 1995 : 165, corpus)

▶ excepté (que)

Excepté (que) joue un certain rôle dans les variétés étudiées pour pallier la quasi-absence de *sauf que* ; la locution conjonctive existe aussi en français de France (*cf. Le Petit Robert* 2013 : s.v. *excepté*)[102].

- c'était pas mal pareil coumme la première fois excepté ce fois-icitte tour de chasse cinquante piasses (NB – Wiesmath 2006 : 125, Wiesmath 8, Q : 112) (« c'était à peu près pareil que la première fois sauf que / excepté que cette fois-ci [il a écrit dans le rapport] tour de chasse cinquante dollars », paraphrase Wiesmath)
- donc lorce vous produisez vous-même . pour vous autres c'est aussi cette économie informelle domiciliaire i y a rien d'illégal là . . excepté dans nos chiffres de production ça apparaît pas (NB – Wiesmath 2006 : 125, Wiesmath 14, Y : 98) (cours magistral)
- i avait toujours de quoi à manger. excepté que nos/nos/nos/ les premiers qu'a débarqué sus l'île ils ont eu des problèmes (IdlM – Falkert 2010, corpus : 227–229, p. 118–119, CD-ROM)
- Mais c'est pareil comme Murphy excepté que ti mets ein « Pi » au lieu d'ein M. (LOU – DLF 2010 : s.v. *excepté*, p. 269, source écrite, Théâtre cadien)

▶ hormis que

Hormis que « à moins que », « sauf que » est rarement attesté en NÉ et en LOU (Guilbeau 1950 : 263, DLF 2010 : s.v. *hormis*, p. 335), mais semble plus courant à TN (Brasseur 2001 : s.v. *hormis*, p. 248), où il existe aussi le tour *hormis de* + infinitif. *Que* est parfois omis.

- j'étais enchantée dans ce château là . pour (mille ans ?) endormi hormi je pu/ je mette un enfant au monde ben a/asteure je suis délivrée comme une autre fille (NÉ – Arrighi 2005, corpus, Marcelin NÉ 2 : 303–305)
- Je pouvons pas aller hormis que j'arons quatre quintaux de morue sus le dos. (TN – Brasseur 2001 : s.v. *hormis*, p. 248)
- J'ai jamais entendu parler, hormis que c'est, tu veux dire ... les gros jubiers qu'i y a dans les déserts là, en Amérique là, et au Canada, là. (TN – Brasseur 2001 : s.v. *hormis*, p. 248)
- Tu tais obligé de faire ton service [...], hormis de déserter [...]. (TN – Brasseur 2001 : s.v. *hormis*, p. 248)
- Alle voudra pas te parler hormis que mon je lui dis que toi tu veux pas lui faire de tort, tu comprends. (LOU – DLF 2010 : s.v. *hormis*, p. 335, TB)

---

[102] Dans les exemples du corpus néo-brunswickois de Wiesmath, *excepté* est employé sans le subordonnant *que*, ce qui pourrait s'expliquer par l'influence de la forme anglaise EXCEPT, également présente sur le terrain, *cf.* Wiesmath (2006 : 125). Pour EXCEPT, *cf.* ci-dessous III.2.

- Hormis qu'j'sus bien malade, je r'fuse jamais d'aller 'oir mes p'tits. (LOU – DLF 2010 : s.v. *hormis*, p. 335, TB, Guidry 1982)

Commentaire
La préposition *hormis* « sauf », « à part » aussi bien que la locution *hormis que/hormis de* sont très rares aujourd'hui en français hexagonal (Grevisse/Goosse 2008 : § 257b., p. 290) et passent pour vieillies ou littéraires (*cf.* Le Petit Robert 2013 : s.v. *hormis*), mais elles semblent avoir survécu outre-Atlantique aussi bien dans les parlers concernés ici qu'en FQ (GPFC : s.v. *hormis que*). Régionalement, en France, *hormis* survit en Anjou (GPFC : s.v. *hormis que*), en Saintonge et en Bretagne (Brasseur 2001 : s.v. *hormis*, p. 248). *Hormis que*, suivi du subjonctif ou de l'indicatif, est également relevé en franco-manitobain (Hallion 2000 : 383)

▶ *à moins que*

La locution conjonctive *à moins que* est suivie du subjonctif en FS, et de l'indicatif, du conditionnel ou du subjonctif en FA/FTN/FL ; complexe du point de vue sémantique et morphosyntaxique, elle est rare[103].

à moins que + **subjonctif**
- MS : Maintenant si tu leur demandes qu'est-ce que trente-deux et trente font, i/i peuvent pas te répondre à moins qu'ils aient ces ... [...] [Enquêtrice : Là, il faut les machines, oui, oui.] (NÉ – Hennemann, ILM, MS)
- mais faulait quand même tu travailles pis tu payes parce tes parents pouvaient pas le faire <hm> à moins que tu peuves emprunter d'argent (NB – Wiesmath 2006 : 145, Wiesmath 7, O : 465)
- ça c'est le problème de/ notre problème de vieillissement de la population c'est ça qu'arrive à la pyramide à moins que vous commenciez à faire des enfants (NB – Wiesmath 2006 : 146, Wiesmath 14, Y : 140) (cours magistral)
- à moins que tu faises assurer le chien pour en avoir (NB – Arrighi 2005 : 151, Suzanne L. NB 19 : 539–540)
- quante que ça arrivait sus la fin t'a/t'a/t'avais plus les moyens à moins que la pêche commence (IdlM – Falkert 2010, corpus : 153–154, p. 496, CD-ROM) (Comme la forme n'apparaît pas à l'imparfait, il s'agit probablement du subjonctif.)

à moins que + **conditionnel**
- i vont pas attaquer [...] non à/ à moins que tu/ que tu le/ le prendrais avec un petit ou de quoi comme ça tu sais là tu le surprendrais (NB – Wiesmath 2006 : 145, Wiesmath 1, R : 325)

à moins que + **indicatif ou mode indéterminé**
- on en voit pas beaucoup asteure . ces affaires-là à moins qu'on sait pas je crois ben (NB – Wiesmath 2006 : 145, Wiesmath 1, R : 358)
- Tu peux pas aller à moins que tu parles avec ton père avant. (LOU – DLF 2010 : s.v. *moins*[1], p. 402, LA)

▶ *que ... ou (que), soit (que)... ou (que)/soit que*

Les tours corrélatifs *que ... ou (que)* et *soit (que)... ou (que)/soit que* servent à introduire des hypothèses alternatives et sont suivis du subjonctif (notamment au NB) ou de l'indicatif. Signalons la possibilité de l'omission de *que* après *soit* et *ou*.

---

[103] *À moins que* est plus souvent suivi de l'indicatif que du subjonctif en franco-manitobain (Hallion 2000 : 383). – Wiesmath (2006 : 146) note l'absence de la locution conjonctive en chiac, où elle est remplacée par l'emprunt anglais *UNLESS (que)* (*cf.* ci-dessous III.2.).

que...ou (que)
- LL : Que ça soit de Suroît, ... EL : Hmhm. LL : ... que ça soit de Cayouche ou que ça soit de n'importe qui. (NÉ – Hennemann, ILM, LL)
- MD : [...] que la mère est anglophone ou que... [Enquêtrice : Oui, sûr.] MD : ... le père est anglophone ou WHATEVER qu'i/ [...] (NÉ – Hennemann, ILM, MD)
- nous autres que ça seye un Anglais ou un Français c'est la même affaire (NB – Wiesmath 2006 : 145, Wiesmath 3, D : 497)
- là on parle de comment ce qu'on peut les aider qu'i soient un an de vieux ou qu'i soient dix-sept dix-huit ans (NB – Wiesmath 2006 : 145, Wiesmath 11, U : 78)

soit (que)...ou (que)/soit que
- les femmes des/ des trentaines les femmes des cinquantaines se colorent les cheveux soit que ça seye pour couvrir leur gris ou ajouter de/ plus de mèches ou:/ ou plus être blondes (NB – Arrighi 2005, corpus, Michelle NB 16 : 305–306)
- Et uh, soit je vois sus le *TV* ou si j'entendais sus le radio, ça m'intéresse pas trop. (LOU – *Découverte*, Hessmer, Avoyelles)
- Et soit fallait que ça marche, ou que ça va en boghei. (LOU – *Découverte*, Pointe-aux-Chênes, Terrebonne)
- On n'avait pas de char dans ce temps là, fallait soit qu'on marche ou RIDE des bicycles (LOU – DLF 2010 : s.v. *soit*, p. 585, TB)
- Soit qu'il vient ou qu'il vient pas. (LOU – DLF 2010 : s.v. *soit*, p. 585, Da84)

III Les conjonctions empruntées à l'anglais

En FA, parmi les conjonctions de subordination, on relève quelques emprunts à l'anglais, dont *BECAUSE* (*'CAUSE*) est le plus important. Les conjonctions anglaises sont soit insérées telles quelles dans le discours français, soit partiellement adaptées au système français par l'ajout du subordonnant français *que*[104]. L'emploi des anglicismes grammaticaux semble plus rare en FL.

Les tendances à l'adaptation des conjonctions anglaises semblent particulièrement prononcées en chiac, où l'on relève les conjonctions mixtes *BECAUSE que*, *SINCE que*, *AS LONG que*, *BY THE TIME que*, *EXCEPT*, *UNLESS que*.

III.1 *BECAUSE (que), SINCE (que)*

Malgré l'existence de plusieurs conjonctions subordonnantes causales, on note l'introduction, sans doute récente (Wiesmath 2006 : 150), de l'anglicisme *BECAUSE*/*'CAUSE* dans les parlers étudiés ici. Perrot (2014a : 203) constate pour le chiac, statistiques à l'appui, que *BECAUSE* et notamment la forme avec aphérèse *'CAUSE* gagnent encore du terrain au

---

[104] Pour les conjonctions en FA empruntées à l'anglais, *cf.* Perrot (1995 : 236–245), King (2000 : 109), Arrighi (2005 : 285), Wiesmath (2006 : 124ss., 142, 146, 150), Fritzenkötter (2015 : 247–251). Notons l'absence des conjonctions anglaises dans le corpus madelinien de Falkert (2010). – Pour les conjonctions anglaises dans le français du Massachusetts, *cf.* Szlezák (2010 : 250).

détriment de *parce que* et *à cause que*. Remarquons que la forme abrégée de la conjonction *à cause que* – *cause* – donne le même résultat que la forme raccourcie anglaise, sauf pour la prononciation. La fréquence de la forme *cause* pourrait donc s'expliquer par deux sources qui peuvent d'ailleurs se renforcer mutuellement (*cf.* ci-dessus II.2.2.)[105].

▶ BECAUSE
- BECAUSE i ont un / i ont un / i ont chacun une catin à ielle pis la / la petite à mon garçon et pis Dora qu'a s'appelle ... (NÉ – Hennemann, ILM, CL)
- C'est pas si pire asteure BECAUSE le monde comprend deux langages. (NÉ – Hennemann, ILM, CL)
- i y avait personne qui disait t'étais paresseux pis t'as pas voulu venir . BECAUSE tout le monde était dedans le même bateau (NB – Wiesmath 2006 : 150, Wiesmath 1, B : 722)
- y avait pas tout le temps de la FUN en pêche ici ((souffle)) oui ((souffle)) non pas trop trop BECAUSE on *watch*ait le temps pis quand que/ si le vent se/ se levait trop là on s'en venait BACK à la côte (ÎPÉ – Arrighi 2005, corpus, Théodore ÎPÉ 4 : 48–51)

▶ BECAUSE que
- Les deux / pis j'ai / c'est / m'imagine que les deux qu'a té à l'hôpital, c'tait BECAUSE qu'i y avait des complications. (NÉ – Hennemann, ILM, CL)

▶ 'CAUSE
- CAUSE moi, j'allais [à l'école à Sainte-Anne-Ruisseau] mais / i / i y a un neuve école à Tusket maintenant là. (NÉ – Hennemann, PUB, ArD)
- Tenez-vous clair de c'tés gars-là. CAUSE si/si vous êtes pas malades, i allent vous rendre malade. (NÉ – Hennemann, ILM, EL)
- des fois tu passais des grands semaines c'est tout ce tu faisais tu pellais de la neige pas pour patiner <hm> 'CAUSE i neigeait quasiment à tous les jours pis ça foudréyait (NB – Wiesmath 2006 : 149, Wiesmath 1, B : 710)

La conjonction causale SINCE *(que)* a été notée en chiac (Perrot 1995 : 246, 2014a : 203, Wiesmath 2006 : 150) et en FA (Wiesmath 2006 : 150, Fritzenkötter 2015 : 249).

▶ SINCE
- [...] je me force parce que je sais pas comme / c'est important pour moi comme de faire ben pi ça là / *especially* cette année *since* c'est la dernière année là comme pour être acceptée à l'université pi ça là comme (NB – Perrot 1995 : 246, Wiesmath 2006 : 151, chiac)

▶ SINCE que
- droit asteure SINCE que j'vais êt' un enseignant/tu sais comme/si ej voudrais par exemp' enseigner dans une école anglaise/i y a des CUTBACKS/tu sais comme. (NÉ – Fritzenkötter 2015 : 249, BSM)

---

[105] En anglais non-standard, la première syllabe inaccentuée est fréquemment omise : *'bout* (« about »), *'cept* (« except »), *cf.* Schneider (2004 : 1126).

- pis l'automne dans ce temps-là t'avais pas une licence dans l'automne euh sus mon père à la cave/ <ouais i aviont tué des orignals tu sais là> SINCE que t'es pas un GAME WARDEN hein ((rires)) (NB – Wiesmath 2006 : 150, Wiesmath 1, B : 415)

III.2 *EXCEPT (que), UNLESS (que)*

L'anglicisme *EXCEPT* est relevé en FA et en FL[106] ; en chiac, le tour *EXCEPT que* a fini par remplacer les équivalents français *sauf que, à part que* (Wiesmath 2006 : 125). Il semble donc y avoir « restructuration des techniques servant à relier une principale et une subordonnée » (Wiesmath 2006 : 125).

▶ *EXCEPT*
- j'ai rien su hier . . EXCEPT i avont dit que ç'avait *slacké* (NB – Wiesmath 2006 : 125, Wiesmath 3, D : 417)
- Je connais pas *except* c'était justement ... ça se comprenait mal. (LOU – *Découverte*, Pointe Noire, Acadia)

▶ *EXCEPT que*
- [à propos des activités pour les jeunes] ... ou même avoir comme des / des *tourS* là comme / aller skier comme / juste avoir une *bus* pi *tak*-er *off* aller skier / *except* que / l'école / après que tu sors de l'école quoi-ce tu fais / tu travailles / tu gagnes ta vie (NB – Perrot 1995, vol. 2 : 85, chiac, Wiesmath 2006 : 125)
- Il est joli *except* qu'il est trop grand. (LOU – Guilbeau 1950 : 264)

L'emprunt anglais *UNLESS (que)* dans le sens de « à moins que (ne) » est principalement attesté pour le chiac, mais il s'observe également ailleurs en Acadie et a même été relevé dans le parler des jeunes de la BSM :

▶ *UNLESS*
- tu WATCH-es le TV/pis c'est en anglais/t'écoutes la RADIO/UNLESS c'est Cifa/pis c'est en anglais. (NÉ – Fritzenkötter 2015 : 249, BSM)
- y a pas vraiment d'événement qui m'a marqué / c'est yinque comme / quand-ce tu fais t'as la *fun* / *that's about it* / pi après ça / c'est pas comme / six mois plus tard tu dis ah / t'es tout *emotional unless* tu gagnes des médailles *or something* / pi je suis pas rendu là *yet* là (NB – Perrot 1995, vol. 2 : 91, chiac, Wiesmath 2006 : 146)

▶ *UNLESS que*
- SO i y a si tant / coumme / part de tous les villes / on te met si tant de TRASH dans l'air que / c'est vraiment / pas / pas une différence UNLESS qu'on va faire une différence coumme / au GLOBE c'qu'/ BROADSCALE (NÉ – Fritzenkötter 2015 : 249, BSM)

---

[106] Selon Guilbeau (1950: 264), [eksep] est courant dans le parler de Lafourche, notamment chez les jeunes. – Dans le corpus établi à la BSM par Fritzenkötter, *EXCEPT* n'est relevé que sous la forme de la préposition *EXCEPT (pour)* (2015 : 250).

- *well* moi je demande souvent comme / *whatever* je sors souvent *usually* / pi / des fois je *feel*[e] *kind of guilty* à cause que je demande *right* pour beaucoup d'argent pi / tu sais / i pouvont pas dire non pasque / *unless* qu'i disont *well* / qu'est-ce t'as fait avec l'argent de la semaine passée *well* (NB – Perrot 1995 : 246, chiac)

III.3 *UNTIL, BY THE TIME (que), AS LONG (que), AS SOON (que)*

Signalons que le chiac a aussi intégré des conjonctions temporelles anglaises : *UNTIL*, *AS LONG que*, *BY THE TIME que* (Perrot 1995 : 245ss.)[107]. Fritzenkötter (2015) relève également les conjonctions *AS SOON que* et *AS LONG que* dans le parler des jeunes à Pubnico (Argyle).

▶ *UNTIL*
- i est *right* bon comme / comme si que tu comprends pas là i va conter conter *until* tu comprennes là (NB – Perrot 1995, vol. 2 : 134, chiac, Wiesmath 2006 : 140)

▶ *BY THE TIME (que)*
- ben moi comme / je vas souvent à la Lanterne pi/ ma mère sait comme / ça finit yinque à deux / pi *usually* comme on reste là jusqu'à deux *so* / on s'en vient après / *by the time* qu'on arrive là / il est comme un quart de trois / *by the time you take* / ton *jacket* pi ça / qu'on *check*[e] là (NB – Perrot 1995, vol. 2 : 172, chiac, Wiesmath 2006 : 142)

▶ *AS LONG (que)* :
- AS LONG que/tu peux communiquer avec quelqu'un/tu parles bien/bon français. (NÉ – Fritzenkötter 2015 : 249, PUB)
- tant qu'à moi *as long que* l'argent rentre là / *so* je *car*[e] pas vraiment aioù-ce ça vient là / *but as long* l'argent rentre / *but* c'est plus *nice* de faire ton *own money* (NB – Perrot 1995, vol. 2 : 87, chiac, Wiesmath 2006 : 135)

▶ *AS SOON que* :
- [...] ehm on voit encore des jeunes qui parlent/ehm en acadien parmi leurs amis BUT/AS SOON que/ qu'un Anglais/ou un Anglophone ent' dans la chamb' i faut changer/eh/la façon qu'on parle [...] (NÉ – Fritzenkötter 2015 : 249, PUB)

III.4 *ALTHOUGH, EVEN THOUGH (que)*

Les conjonctions anglaises concessives *ALTHOUGH* (« bien que ») et *EVEN THOUGH* (« même si ») ont tout récemment été introduits en chiac (Perrot 2014a : 203) et Fritzenkötter (2015 :

---

[107] Le tour anglais *BY THE TIME que* pourrait être à l'origine de la locution conjonctive composée *par le temps que*, de même sens, relevée par Wiesmath pour le Sud-Est du NB (Wiesmath 2006 : 142) et par Brasseur pour TN (*cf.* ci-dessus II.1.10.).

248s.) en atteste également l'existence dans le parler des jeunes à la BSM (NÉ). Contrairement à *ALTHOUGH*, *EVEN THOUGH* peut être intégré au système français à l'aide du subordonnant *que*.

▶ *ALTHOUGH*
- j'pourrais m'sauver d'l'arhent pis j'sais pas/ça ferait/mieux de travailler/ALTHOUGH si que j'/si h'ai besoin de grouiller/eh/aller à tchequ'part d'aut' ça m'/ça m'fait point vraiment d'différence. (NÉ – Fritzenkötter 2015 : 249, BSM)
- h'ai jamais lit un livre français aut' que quand h'étais forcée à l'école coumme ALTHOUGH j'lis pas d'liv' ANYWAYS [...] (NÉ – Fritzenkötter 2015 : 249, BSM)

▶ *EVEN THOUGH que*
- [...] toute ma famille vent [sic] d'icitte/EVEN THOUGH que/la motché d'ma famille vent/ [de Par-en-Bas] (NÉ – Fritzenkötter 2015 : 248, BSM)

La comparaison et le rapport proportionnel

Préliminaires

I   Polyvalence de *comme*
I.1   *(Pareil) comme, coumme* particule comparative introduisant une partie du discours
I.2   *(Pareil) comme* particule de subordination
I.2.1   *(pareil) comme (que)* subordonnant ayant le sens de « comme » en FS
I.2.2   *(pareil) comme (si) (que)* ayant le sens de « comme si » en FS

II   Expression de l'identité et de l'égalité
II.1   L'identité : *le/la même ... que/comme*
II.2   L'égalité
II.2.1   *tel que/comme*
II.2.2   *(au)tant ... que/comme*
II.2.3   *(aus)si ... que/comme*

III   Relations d'inégalité
III.1   Le comparatif
III.2   Le superlatif
III.3   Les formes irrégulières

La comparaison et le rapport proportionnel

Préliminaires

À l'instar du français standard, les variétés étudiées ici disposent d'une série de particules et d'adverbes qui servent à établir des comparaisons et des rapports proportionnels entre deux (parties de la) phrase(s). On constate une certaine économie des moyens linguistiques employés : la particule comparative *comme* est le moyen par excellence pour établir une comparaison, elle englobe les fonctions que remplissent les particules *que* et *comme* dans les comparaisons en FS.

I Polyvalence de *comme*

Le moyen privilégié pour exprimer des rapports d'équivalence entre deux termes (ou deux phrases) ou pour comparer deux termes sur la base d'un prédicat commun, implicite ou explicite (Riegel et al. 2011 : 864), est la jonction par la particule *comme*[1] (Arrighi 2005 : 407), souvent prononcée avec un [u] ([kum][2]) en Acadie.

Par rapport au FS, *comme* semble disposer d'une plus grande flexibilité syntaxique et d'un sémantisme moins délimité dans les variétés concernées[3].

– Dans la comparaison :
  – Au sens comparatif, il est l'équivalent d'« ainsi que », « de même que » (comme en FS) (*cf.* ci-dessous I.1.).
  – *Comme* apparaît au lieu de *que* pour introduire le deuxième terme de la comparaison après *aussi*, *autant*, *tant* et *même* (*cf.* ci-dessous II).
  – *Comme* peut être l'équivalent de la locution « (comme) par exemple » (« Tu prendras comme / comme Antigonish, c'est MORE OR LESS SCOTCH, hein ? » (NÉ – Hennemann, ILM, CL)
– En tant que conjonction :
  – La conjonction *comme* peut introduire une subordonnée causale ou temporelle, mais cet emploi est rare dans les variétés concernées (*cf.* le chap. « La subordination », II.1.12.).
– En tant qu'adverbe et particule de discours :

---

1 Certains auteurs considèrent *comme* comparatif introduisant une proposition comme une conjonction (*cf.* par ex. Riegel et al. 2011 : 864), d'autres rejettent cette classification (*cf.* par ex. Muller 2013 : 130).
2 La prononciation [kum], fruit de « l'ouïsme » (*cf.* Poirier 1928 : 101ss. ; 174s.), est attestée depuis le moyen français et survit « dans les parlers dialectaux de France, notamment dans l'Ouest (FEW 2, 1542a-b QUOMODO) » (Brasseur 2001 : s.v. *comme, coume*, p. 118). *Cf.* aussi « Introduction », I.5.3.
3 *Comme* peut apparaître plus d'une fois dans une proposition, avec des sens différents. Dans l'exemple suivant, le premier *comme* est comparatif, le deuxième signifie « une sorte de » : « c'est comme tous les affaires qui vont lui donner comme un / un GOOD SELF ESTEEM » (NB – Arrighi 2005 : 170, Michelle NB 16 : 163–164).

- *Comme* peut prendre une valeur de modalité et exprime alors une approximation qualitative ou une atténuation (« j'ai dit c'est comme dommage », NB – Wiesmath 2006 : 165 ; Chevalier 2001).
- Avec les chiffres, *comme* exprime une approximation quantitative (« à peu près sus la route cent vingt-six . comme dix milles ce côté-ici de Moncton », NB – Wiesmath 2006 : 165 ; Chevalier 2001).
- Parfois le sémantisme est affaibli au point de faire de la particule un simple marqueur discursif, comme dans le tour figé fréquent *tu sais comme* où la fonction de marqueur discursif et celle de signal phatique se conjuguent (« t'avais pas de FREE-BIES tu sais coumme t'avais/ t'avais plus de luxe », NB – Wiesmath 1, B : 985–986).
- *Comme* sert dans le tour « pronom personnel + (*être*) *comme* » d'élément introducteur du discours rapporté direct et de l'autocitation dans le parler des jeunes en NÉ (« GREENWOOD vient-tu rinque visiter/j'coumme/ "ouais" », NÉ – Fritzenkötter 2015 : 270, BSM).

Les emplois très fréquents dans les variétés concernées de *comme* en tant qu'adverbe et de particule discursive ainsi que son emploi comme particule introductrice du discours direct sont largement calqués sur ceux de la particule anglaise *LIKE* (*cf.* le chap. « Les adverbes », III.5.)[4].

Vu la polyvalence de *co(u)mme*, on s'explique facilement que sa valeur comparative soit souvent soulignée par l'adverbe *pareil* venant s'ajouter à la particule ; le tour figé *pareil comme* est très courant dans toutes les variétés concernées[5].

Pour renforcer l'idée de la similitude, *pareil* peut à son tour être renforcé par l'adverbe *joliment* (*cf.* le chap. « Les adverbes », II.1.) :

- Et y a les loups de mer qu'est joliment pareil comme ça aussi mais ... i sont plaqués. I sont plaqués ... blanc, quique affaire comme un ... un *leopard* [angl. « léopard »] là. (TN – Brasseur 2001 : s.v. *plaqué*, p. 356)
- je suis toujours joliment pareil je suis malade souvent tu connais (LOU – *Découverte*, Mamou, Évangéline)

Pareil peut être accompagné d'un verbe à valeur sémantique proche, faisant alors double emploi avec celui-ci :

- Mais c'était joli de le voir, il avait un gros chapeau, et il ressemblait pareil à un *cowboy*. (LOU – *Découverte*, Isle Jean Charles, Terrebonne)

---

[4] Notons que la « prolifération de *comme* dans le discours adolescent » se fait au profit de la fonction approximative de *comme*, et remonte aux années 1990 (Chevalier 2001 : 13, note 1, en référence au chiac).
[5] *Cf.* Brasseur (2001 : s.v. *comme, coume*, p. 119), Arrighi (2005 : 407), Wiesmath (2006 : 163). – Selon Brasseur (2001 : s.v. *comme, coume*, p. 119), *pareil comme* est attesté dans l'Ouest de la France, mais il passe surtout pour « un régionalisme du Canada (TLF 12, 976b) ». Bauche (^{2}1951 : 87) signale la tournure *pareil que/pareil comme* dans le langage populaire, où, selon lui, le lexème *semblable* est inconnu.

I.1 *(Pareil) comme, coumme* particule comparative introduisant une partie du discours

La partie de la phrase introduite par *(pareil) comme/coumme* peut se trouver en tête, au milieu ou à la fin de la phrase. N'importe quel mot ou (partie de la) proposition, y compris un infinitif ou une subordonnée, peut être précédé par *comme/coume* ; la subordonnée peut être introduite à son tour par une conjonction.

▶ *(pareil) comme* + **pronom**
- Comme zeux asteure, pour aller à l'école, ça a des autos de vingt / trente mille dollars à leurs parents que ça va à l'école avec. (NÉ – Hennemann, BSM, SC)
- Ça fait, le / le / le / le parler au Petit-s-Anse pis au / dans l'Anse / euh / Samson's Cove était pas comme le nôtre. (NÉ – Hennemann, ILM, CL)
- i dit <non BUT ça nen prendrait deusses comme la tienne pour nen faire la sienne> (NB – Wiesmath 8, Q : 130)
- Chez nous ce tait tout [tut] des catholiques, mais y a un peu des gens comme moi trop trop … Je suis faible de croyance (TN – Brasseur 2001 : s.v. *faible de croyance*, p. 194)
- Comme quiqu'un qui coud bien, nous autres hein, je dirons ça c'ène coudeuse. (TN – Brasseur 2001 : s.v. *coudeuse*, p. 127)
- et laissez-moi vous dire, tout eusse peuvent chanter comme moi (LOU – *Découverte*, Diamond, Plaquemines)
- Mes paroles de ma bouche sort pas pareil comme eusse tiennes. (LOU – DLF 2010 : s.v. *tien*, p. 614, LF)

▶ *(pareil) comme* + **nom**
- j'ais pas comment-ce les autres font, ma maman les fait comme avec le bois, t'sais, coumme des TEA BISCUIT à faire. (NÉ – Hennemann, BSM, SC)
- C'est pareil comme les MOCCASIN qu'il avont asteure, hein ? (NÉ – Hennemann, ILM, IS)
- des poummes de pré c'est coumme du CRANBERRY […] (NB – Wiesmath 1, B : 40)
- c'était *sealé* pareil coumme une CAN GOODS que t'achètes asteure (NB – Wiesmath 1, B : 437)
- c'est quasiment pareil coumme des pois pis des cosses (NB – Wiesmath 1, B : 166)
- [Montréal] c'est une belle ville à visiter mais pour vivre j'ai pas aimé ça […] c'est une société très différente c'est française je suis Française mais à eux notre/ notre français est pas pareil comme / comme / comme . leur français (NB – Arrighi 2005 : 329, Angèle NB 13 : 145–148)
- eux autres [mon père et ma mère] c'était pareil comme des Anglais (IdlM – Falkert 2010, corpus : 78–79, p. 395, CD-ROM
- I tait pareil comme un père à nous autres. (TN – Brasseur 2001 : s.v. *à*, p. 3)
- ce soir-là je m'ai habillé comme comme une socere/soce/sosocière (LOU – *Découverte*, Châtaignier, Évangéline)
- […] Et elle regardait Geneviève pareil comme sa mère. […] (LOU – *Découverte*, Bayou Sorrel, Iberville)
- Il est pareil comme son père. (LOU – DLF 2010 : s.v. *pareil*, p. 438, VM)
- Les femmes travaillent dur pareil comme les hommes. (LOU – DLF 2010 : s.v. *pareil*, p. 438)

▶ *(pareil) comme* + **adverbe**
- Dans ce temps-là, c'est pas comme asteure. (NÉ – Hennemann, ILM, CL)

- coumme icitte là juste icitte on en avait nous autres un temps (NB – Wiesmath 1, B : 184)
- [le tourisme aux Îles] ce tait pas populaire comme astheure (IdlM – Falkert 2010, corpus : 62, p. 46, CD-ROM)
- on connaissait pas acheter des écrevisses comme asteur, non (LOU – *Découverte*, Châtaignier, Évangéline)
- [L0 : Puis là, dans une journée, vous-autres allait à quelle heure et vous finissait à quelle heure ?] L1 : *Well*, mais pareil comme asteur. (LOU – *Découverte*, Mamou, Évangéline)

▶ *(pareil) comme* + **subordonnée circonstancielle ou relative**
- C'était point du tout coumme quand-ce qu'i s'en a / quand-ce qu'i nous a laissés moi veux dire. (NÉ – Hennemann, ILM, CL)
- on sortait ensemble comme avant qu'on s'est marié hein . (NB – Wiesmath 1, B : 266)
- pis mon père s'avait acheté un livre coumme que Lisa t'a amené à tantôt (NB – Wiesmath 1, B : 408) (« comme celui que... »)
- [au foyer d'accueil] ben on est pas pareil comme quand on est chez nous (IdlM – Falkert 2010, corpus : 3, p. 57, CD-ROM)
- c'est pareil comme quand tu bois du vin de canne (LOU – *Découverte*, Kaplan, Vermilion)

▶ *(pareil) comme* + **infinitif**
- t'as différents modes ça fait c'est coumme aller au restaurant. (NÉ – Hennemann, BSM, RL)
- Ça fait sentir bien, tu sais ... à peu près pareil comme gratter ton dos équand ça te démange. (LOU – *Découverte*, Bayou Goula, Iberville)

Plus rarement, on trouve *pareil que* (introduisant une partie du discours).

▶ *pareil que*
- Faut tu dis tout ceça que t'a passé THROUGH pareil que moi. (NÉ – Hennemann, ILM, AS)
- Je voulais jongler à quelque chose d'autre qu'était pas pareil que ça. (LOU – *Découverte*, Basile, Évangéline)

Pour souligner l'idée d'approximation, *comme* est précédé ou bien du mot *manière* – qui a alors un rôle adverbial – ou bien de l'adverbe *quasiment/quisiment*.

▶ *manière comme, quasiment comme*
- Pis là c'est coumme des boîtes, manière coumme des boîtes (NÉ – Hennemann, BSM, RL)
- c'est quasiment coumme quand ce tu conduis un char hein (NB – Wiesmath 5, C : 53–54)
- tu ris quasiment pareil comme elle (IdlM – Falkert 2010, corpus : 296, p. 160, CD-ROM)
- [à l'Étang-des-Caps] dans l'hiver là c'est quasiment comme eune ville fantôme (IdlM – Falkert 2010, corpus : 257–258, CD-ROM)
- Une cadrosse c'est quisiment comme une bécaillère [...] Il est fait pareil comme la bécaillère, ien qu'il avont ène toute petite tête, [...] (TN – Brasseur 2001 : s.v. *cadrosse*, p. 85)
- et quand ç'a arrivé l'âge . de courtiser . c'était manière comme les Labri-là . c'était manière . hm ça fait ils s'ont décidé (LOU – Stäbler 1995 : 172s., corpus)
- c'était une grosse étoffe manière comme un *blue jean* (LOU – *Découverte*, Châtaignier, Évangéline)

I.2 *(Pareil) comme* particule de subordination

Dans les parlers étudiés ici, *comme* est rare en tant que conjonction temporelle et causale (*cf.* « La subordination », II.1.12.), mais il est le moyen privilégié pour introduire les propositions comparatives (comme en FS).

Pour ce qui est de la morphologie de *comme* comparatif, on relève
- en FA et en FTN, les formes *comme* et *comme que* (ou *coumme (que)*). Selon Wiesmath (2002 : 398, 2006 : 162), qui se réfère au NB, il y a une distribution fonctionnelle des deux formes : *coumme que* est la forme préférée pour introduire une subordonnée, alors que *coumme*, sans élargissement, précède les syntagmes nominaux, les adverbes, les groupes prépositionnels et les pronoms. À en juger par les données des corpus consultés, il faut pourtant préciser que contrairement aux conjonctions introduisant des circonstancielles, *comme* n'est pas régulièrement élargi par *que* en FA/FTN : on relève de nombreuses occurrences de *comme* subordonnant sans élargissement, par ex. dans le tour figé *comme il faut* (et jamais : **comme qu'il faut*)[6].
- en FL, la forme *comme* n'est jamais élargie par *que*.

I.2.1 *(pareil) comme (que)* subordonnant ayant le sens de « comme » en FS
En fonction de subordonnant aussi, *comme* est souvent précédé de l'adverbe *pareil*.

▶ *(pareil) comme*, sans élargissement par *que*
- Les animaux n'avaient pas d'injections comme ils ont maintenant, on les fait grossir, les poules, par exemple, ça pousse dans une semaine, hein ? (NÉ – Hennemann, ILM, MS)
- oui que tu seyes mariée c'est la même affaire [...] la même MOTION comme diraient là les Amaricains (NB – Arrighi 2005 : 150, Suzanne L. NB 18 : 183–184)
- moi comme tu peux voir j'ai un violon (IdlM – Falkert 2010, corpus : 156, p. 303, CD-ROM)
- Une arrime bè c'est piloter du bois, comme tu vois la pile de bois là, iun par-dessus l'autre [...] (TN – Brasseur 2001 : s.v. *pile*, p. 349)
- comme je t'avais dit au commencement (LOU – Stäbler 1995 : 36, corpus)
- C'est de quoi j'ai assayé d'yeux montrer mais ça a été coupé quand c'était plus jeunes que j'a pas pu yeux montrer le français comme jh'aurais aimé yeux montrer. (LOU – Rottet 2001 : 130, loc. âgé)
- Ce monde là parlait français pareil comme moi et toi parle asteur (LOU – *Découverte*, Isle Jean Charles, Terrebonne)
- C'était du beurre jaune, pareil comme t'achètes. (LOU – *Découverte*, Pointe-aux-Chênes, Terrebonne)
- il dit, « faisez jamais ça mes enfants », il dit, « restez comme vous-autres est », il dit, « buvez pas de trop » (LOU – *Découverte*, Mamou, Évangéline)

▶ *(pareil) comme que* (FA/FTN ; absent en FL)
- Y avait point d'amusettes dans les magasins à vendre comme qu'y en a aujourd'hui. (NÉ – Gesner 1979a : 85, BSM)
- Mais asteure i y a pus d'hiver, t'sais, i y a pus d'hiver coumme qu'on avait. (NÉ – Hennemann, ILM, AF)

---

6 Les innombrables occurrences de la tournure figée *comme il faut* ne sont pas prises en considération ici, *cf.* : « [...] pis ensuite i lavoint ça coumme i faut » (NB – Wiesmath 4, M : 397).

- je pense que le peuple francophone comme que j'ai dit i sont pas assez à revendiquer leur droiT (NB – Arrighi 2005 : 385, Stéphanie NB 11 : 220–222)
- i y avait pas de / de petits magasins pis de restaurants pis de TIM HORTON coumme qu'i y a asteure i y avait pas de ça là faulait vivre à la maison (NB – Wiesmath 4, M : 12–14)
- BUT coumme que c'est asteure faut que l'homme pis la femme travaillont pour pouvoir arriver parce tout' coûte assez chez [...] (NB – Wiesmath 3, D : 466–467)
- i pensent plus pareil coumme qu'i pensaient dans ce temps-là (NB – Wiesmath 1, R : 903–904)
- je me fais vivre comme qu'on pourrait dire là (IdlM – Falkert 2010, corpus : 76–77, p. 47, CD-ROM)
- Il ariont dû le quitter comme que ce tait. (TN – Brasseur 2001 : s.v. *comme, coume*, p. 119)
- Je parle comme que je parle. (TN – Brasseur 2001 : s.v. *comme, coume*, p. 119)
- Des bailles en bois, vous savez pace qu'i y avait pas de bailles en acier comme qu'i y a asteure. (TN – Brasseur 2001 : s.v. *baille*, p. 39)
- C'est pareil comme que c'est asteure. (TN – Brasseur 2001 : s.v. *comme, coume*, p. 119)

I.2.2 *(pareil) comme (si) (que)* ayant le sens de « comme si » en FS

Les comparaisons hypothétiques sont introduites par *(pareil) comme (que)*, *(pareil) comme si (que)* et *pareil comme*. Le joncteur *comme* peut avoir à lui seul le sens de *comme si*[7].

Toutes les locutions conjonctives mentionnées peuvent être suivies du conditionnel dans la subordonnée, dans un sens contre-factuel (pour l'emploi du conditionnel après *si*, *cf.* les chap. « Le conditionnel », II.1.1., et « La subordination », II.7.1.).

▶ *(pareil) comme*

- ça prend ben trop de temps pour quoi-ce que je peux charger ((rires)) je sais que ça sonne comme je suis / comme j'aime que l'argent (NB – Arrighi 2005 : 141, Michelle NB 16 : 207–208)
- [à bord d'un navire] c'est pareil comme tu vas à bord d'un char de / sus le chemin. faut pas tu perdes la tête (IdlM – Falkert 2010, corpus : 307–308, p. 210–211, CD-ROM)
- Alle l'a mis dans ses bras pis alle l'a bercé [bœʀsǝ] tout la nuit, comme ç'arait té un petit bîbi (TN – Brasseur 2001 : s.v. *baby, bîbi*, p. 37)
- À moi, ça c'était comme c'était tout proche. (TN – Brasseur 2001 : s.v. *comme, coume*, p. 119)
- Ah ! I prend son chat dans ses bras pis i le souque ! Avec son chat c'est pareil comme il était sauvé ; il avait l'univers dans ses bras ! (TN – Brasseur 2001 : s.v. *comme, coume*, p. 120)
- C'est pareil comme c'est ien qu'ieusses qu'y a dans le monde. I est haïssable pour ça vois-tu. I croit pas qu'y a personne d'autre comme lui. (TN – Brasseur 2001 : s.v. *comme, coume*, p. 120)

▶ *(pareil) comme si (que)*

- ah je me rappelle c'est coumme si je les voyais de nouveau (NB – Wiesmath 2006 : 163, Wiesmath 2, F : 285)
- on s'a assis on a rouvert le/le/la fenêtre pis on entendait la musique comme si qu'on était là (NB – Wiesmath 2002 : 398)
- ben moi ça c'est pareil comme si j'avais eu un : couteau au cœur (NB – Arrighi 2005 : 407, Sarah NB 20 : 159–160)

---

7 Cet emploi est déjà attesté en moyen français (*cf.* aussi Brasseur 2001 : s.v. *comme, coume*, p. 120).

- je voudrais : aller faire mes études à Rimouski fait que c'est comme pas trop changer pareil là c'est pas comme si j'iras. à Montréal là [Enquêtrice : hm] pis ça ferait plutôt différent là (IdlM – Falkert 2010, corpus : 32–34, p. 313, CD-ROM) (*j'iras* = « j'irais », *cf.* le chap. « Le conditionnel », I.2.)
- Ça semble pas comme si que ça serait intéressé d'apprendre. (LOU – Rottet 2001 : 124, locutrice jeune)
- mais ça ressemble pas comme si l'huile va recommencer (LOU – Stäbler 1995 : 56, corpus)
- c'est pareil comme si tu prendrais trop du *dope* (LOU – *Découverte*, Mamou, Évangéline)

II Expression de l'identité et de l'égalité
(Pour les locutions adverbiales *de même que* et *(si) tellement*, *cf.* le chap. « Les adverbes », I.3.4. et II.6.)

On notera en particulier qu'à la différence du français hexagonal moderne, la particule *comme* peut apparaître à la place de *que* après *même, tel, (aus)si* et *(au)tant*.

Commentaire
Jusqu'au XVIIe s., *comme* peut apparaître avant le deuxième terme de la comparaison dans l'expression de l'égalité après *aussi, autant* et *tel* en français de France (*cf.* Haase 1965 : 380s., Muller 2013 : 129). Dans ce contexte, *comme* est même « la conjonction héréditaire » (Guiraud 1965 : 74). Brasseur (2001 : s.v. *comme, coume*, p. 119), qui parle également d'une « construction ancienne (FEW 2, 1542b QUOMODO ; 11, 576b SIC) », en atteste l'existence au Canada, en Louisiane et à Saint-Pierre-et-Miquelon ainsi que « dans certains parlers de l'ouest de la France ».

Bauche ([2]1951 : 87), Guiraud (1965 : 74) et Gadet (1992 : 93) notent l'emploi usuel de *comme* au lieu de *que* dans le comparatif d'égalité en France dans le non-standard moderne : « *il est aussi grand comme moi, j'en veux une pareille comme lui, il en a pris autant comme lui* » (Gadet 1992 : 93).

II.1 L'identité : *le/la même ... que/comme*

L'adjectif *même* s'emploie pour constater l'identité entre les termes comparés ; dans les variétés étudiées ici, il remplit les mêmes fonctions qu'en FS[8].

Souvent, la comparaison reste implicite :
- C'est quasiment touT les mêmes portraits qu'est là. (NÉ – Hennemann, ILM , IS)
- Pis on est pas la même euh même climat (NB – Wiesmath 2, E : 155)

Si le deuxième terme est exprimé, il peut être introduit par *que* – comme en FS – mais souvent, c'est la particule *comme/coum(m)e* qui est employée :

▶ *même ... que*
- ça conduit les mêmes* autos, ça reste dans les mêmes maisons que les Anglais (NÉ – Hennemann, PUB, LaD)
- <pis la nou/ la nouvelle église a-ti-ti bâtie à la même place que / que la vieille> (NB – Wiesmath 3, G : 9)

---

8 L'expression de l'altérité se fait à l'aide de l'adjectif *autre*, tout comme en français de France.

▶ *même ... co(u)mme*
- c'est la même chose coumme par icitte (NB – Wiesmath 1, B : 511)
- [...] a dit je sais pas si ça serait le même français comme toi (NB – Arrighi 2005 : 407, Sarah NB 20 : 231-233)
- A vient de la même endroit comme vous ? (TN – Brasseur 2001 : s.v. *comme, coume*, p. 119)
- Asteure sus la côte du ouest, i prenont pas les mêmes morues comme nous autres. (TN – Brasseur 2001 : s.v. *ouest*, p. 327)
- et mom a répondu la même affaire comme pop (LOU – *Découverte*, Mamou, Évangéline)

▶ **Omission de *que* (FL)**
- Elle a perdu son vieux homme là la même année j'ai déménagé ici, tu vois ? (LOU – *Découverte*, Mamou, Évangéline)

II.2 L'égalité

Tel, autant/tant et *aussi/si* marquent des rapports d'égalité du point de vue de la qualité (*tel*), de la quantité (*autant/tant*) et du degré (*aussi/si*) (*cf.* Chevalier et al. 1964 : § 235, p. 155).

II.2.1 *tel que/comme*

Dans le présent chapitre, nous ne nous intéressons à *tel que* dans la mesure où il entre dans une comparaison entre deux termes[9]. *Tel* est peu employé dans les variétés étudiées.
- BECAUSE les jeunes d'aujourd'hui parlent / i y en a d'zeux qui parlent pas tel français qu'on le parlait nous-autres, dans notre temps. (NÉ – Hennemann, ILM, CL)

En FL, on relève le tour *tel comme* dans le sens de « de même que », « comme » :
- Et la vieille Indien à peu près cent ans, alle dit, « Garde voir. Tu bois droite ayoù la craque, telle comme moi ! » (LOU – DLF 2010 : s.v. *tel*[1], p. 608, LF)
- Les Miguez là, eusse salait les ours, telle comme tu sales la viande de cochon, ou quelque chose comme ça. (LOU – DLF 2010 : s.v. *tel*[1], p. 608, LF)

II.2.2 *(au)tant ... que/comme*

Les occurrences de *autant ... que* et de *tant... que* dans les structures comparatives explicites sont rares[10]. *Autant ... que/tant ... que* se combinent avec les verbes ou – précédés de la préposition *de* – avec les noms. En français moderne, *autant* a été remplacé par *aussi* et *si* devant les adjectifs dans la comparaison.

Dans les cas où la comparaison est explicite, *tant ... que* n'apparaît, en FS, que dans les propositions comparatives niées. Dans les comparaisons implicites, *tant* apparaît à côté de *autant*. Les distinctions d'emploi des adverbes *autant* et *tant*, réglées par la norme, ne sont

---

[9] En français standard, *tel* possède plusieurs fonctions : il connaît un emploi adjectival, pronominal, nominal et il peut figurer comme déterminant indéfini (*cf.* Riegel et al. 2011 : 1041. et les chap. « Les déterminants indéfinis », I.5., et « Les pronoms indéfinis », III.3.).
[10] Pour la vitalité de *tant (ce) que* comme conjonction temporelle, *cf.* le chap. « La subordination », II.1.11.

pas strictement suivies dans les variétés concernées. Dans les comparaisons, les deux adverbes sont utilisés indistinctement : il arrive que *tant ... que* apparaisse dans les comparaisons explicites non-niées ; d'autre part, on trouve *autant* au lieu de *tant* pour marquer un degré, un grand nombre, une intensité[11]. Notons aussi le tour pléonastique *si tant ... que*[12].

La particule comparative introduisant le deuxième terme de la comparaison peut être *comme* ou *que*. En cas de subordination, il arrive rarement que le subordonnant tombe[13].

▶ *autant...que*
- y en avait pas autant que ça les touristes dans le temps que j'étais jeune (IdlM – Falkert 2010, corpus : 61–62, p. 45–46, CD-ROM)
- Je trouve que les Indiens a pas autant de mots que nous-autres. (LOU – DLF 2010 : s.v. *nous-autres*, p. 419, TB)

▶ *autant...comme*
- I en a autant coumme lui. (NÉ – É. Boudreau 1988 : 51)
- je l'aimais autant comme la famille (ÎPÉ – Arrighi 2005 : 407, Rose ÎPÉ 7 : 167)
- c'est possible qu'i [= les anglophones] parlent autant français comme les. Français parlent anglais (IdlM – Falkert 2010, corpus : 43–44, p. 339, CD-ROM)
- Y a autant de menteries de dits comme de vérités [...] tu sais ! (TN – Brasseur 2001 : s.v. *comme, coume*, p. 119)
- J'aurais autant de piasses comme j'ai donné des coups d'avirons dans ma vie... ! [...] (TN – Brasseur 2001 : s.v. *comme, coume*, p. 119)
- Les familles avient autant de mâles comme de fumelles. (TN – Brasseur 2001 : s.v. *fumelle*, p. 213)
- Je vaux autant comme toi. (LOU – DLF 2010 : s.v. *autant*, p. 47, SM)

▶ *tant...(que)*
- Moi he crois pas tant dans l'Église que / que je faisais. (NÉ – Hennemann, BSM, AnS)
- tu pouvais pas avoir tant de sucre * tu voulais (NB – Wiesmath 2006 : 164, Wiesmath 1, R : 857)
- Mange pas tant que ça. (LOU – DLF 2010 : s.v. *tant*, p. 601)
- j'aimerais tant élever les serpents sonnettes que manier les cocodries (LOU – Stäbler 1995 : 20, corpus)

Hésitation entre *que* et *comme* :
- i avont pas pris ça tant à cœur . que / que / coumme Québec (NB – Wiesmath 3, D : 486)

---

11 *Autant* apparaît dans le sens de « tant de », « tellement de », dans : « il y a autant de petits qui naît pas comme il faut » (LOU – *Découverte*, Mamou, Évangéline).

12 Selon Arrighi (2005 : 389), la locution *si tant* n'est pas très fréquente et elle est essentiellement employée par les jeunes Néo-Brunswickois.

13 Wiesmath (2006 : 164) : « Les constructions corrélatives basées sur un adverbe de degré (ou un adjectif comparatif) et sur une proposition introduite par *que* sont nombreuses. Dans ce contexte, il est rare que le subordonnant introduisant la proposition corrélative soit éliminé [...]. »

▶ *si tant (que)*
- Asteure là, le monde visite pas si tant que / mais moi, he m'en souviens quand h'étais jeune (NÉ – Hennemann, BSM, SC)
- j'enseigne plus si tant que je faisais avant (NB – Arrighi 2005 : 389, Michelle NB 16 : 234)
- y a pas si tant de monde que ça (NB – Arrighi 2005 : 389, Annabelle NB 15 : 82)
- ben si/ t'as pas si tant engraissée que ça (NB – Arrighi 2005 : 389, Catherine NB 18 : 32–33)
- Il avait bu si tant d'eau. (TN – Brasseur 2001 : XLV, Arrighi 2005 : 389)
- Il y a pas si tant des années le monde connaît ça-là (LOU – *Découverte*, Châtaignier, Évangéline)

Commentaire
En dehors des cas prévus par la norme, *si* (*cf.* ci-dessous II.2.3.) et *tant* apparaissent régionalement à la place d'*aussi* et *autant*, notamment en Belgique et au Canada ; la présence de *tant* au lieu d'*autant* s'observe aussi en France dans le Midi (Grevisse/Goosse 2008 : § 985, p. 1225).

II.2.3 *(aus)si … que/comme*

Aussi et *si* précèdent les adjectifs, les adverbes ou les participes et établissent des rapports d'égalité sous l'aspect du degré entre les termes comparés. Notons la fréquence de la particule *comme* au lieu de *que* pour introduire le deuxième terme de la comparaison.

▶ *aussi/si…que*
- Aller à confesse / euh / si tu tues pas pis tu voles pas et pis tu fais pas tort à ton prochain, t'es aussi catholique pis t'es aussi bonne que n'importe qui. (NÉ – Hennemann, ILM, EL)
- chez les trappistes ben . . c'est de places . c'est pas aussi cloîtré que ç'avait l'habitude . asteure on peut voir les trappistines (NB – Wiesmath 2006 : 164, Wiesmath 6, L : 68)
- si tu les laisses venir gros c'est pas si bon que tant ce qu'i sont plus petits (NB – Wiesmath 2006 : 164, Wiesmath 1, B : 166)
- Alle est venue aussi lesse qu'un papillon dans une bol de beurre. (LOU – DLF 2010 : s.v. *aussi*, p. 47, AV) (« She became as lively as a butterfly in a bowl of butter. »)
- J'aurais jamais cru que j'aurais été aussi bête que ça. (LOU – DLF 2010 : s.v. *aussi*, p. 47, TB)

▶ *aussi…comme (que)*
- Ça faisait un pilot d'écopeaux aussi gros comme un huron de foin quasiment. (NÉ – Flikeid 1996 : 318, Chéticamp)
- I est aussi haut coumme Pierre. (NÉ – É. Boudreau 1988 : 51)
- a' s'a haussé le pied aussi haut coumme qu'alle a pu (NB – Wiesmath 2006 : 164, 8, A, hors corpus)
- aussi loin coumme tu pouvais voir (NB – Wiesmath 5, C : 146)
- on était aussi bien là comme ici (IdlM – Falkert 2010, corpus : 146, p. 66, CD-ROM)
- aussi bon comme la météo d'aujourd'hui (IdlM – Falkert 2010, corpus : 316, p. 211, CD-ROM)
- Aussi peu comme possible. (TN – Brasseur 2001 : s.v. *comme, coume*, p. 119)
- Il alliont dans le bois l'année d'avant pis i tiriont l'écorce de sus un arbre, ou de cinq ou six, ça qu'il aviont besoin aussi haut comme i pouviont, […]. (TN – Brasseur 2001 : s.v. *mort-pelé*, p. 305)
- Il arait vi tout à fait vieux. Il avait le cœur si fort, aussi bon comme un jeune homme. (TN – Brasseur 2001 : s.v. *vivre*, p. 472)

- Il est aussi gros comme moi. (LOU – DLF 2010 : s.v. *aussi*, p. 47, SM)
- Ça fait aussi froid comme hier. (LOU – DLF 2010 : s.v. *aussi*, p. 47)

La comparaison peut aussi être implicite :
- SO je crois que c'est pour ça que le monde a vi si vieux. (NÉ – Hennemann, ILM, EL)
- Ton maïs te fait une bonne viande, et si tu le donnes du slop, ta viande va pas être si bonne. (LOU – DLF 2010 : s.v. *si*^{1}, p. 581, TB)

III Relations d'inégalité

Comme en FS, les variétés étudiées ici se servent des adverbes *plus* et *moins* pour établir des rapports d'inégalité (de supériorité ou d'infériorité). Accompagnés de l'article défini, les adverbes *plus* et *moins* servent aussi à former le superlatif (*le plus haut, le moins jeune*). L'adverbe *davantage*, équivalent à *plus* en FS, n'est pas courant dans les parlers acadiens.

Notons deux spécificités phonétiques :
- *Plus* se prononce très fréquemment sans *l* : [py]. Cette prononciation est attestée dans le non-standard de France (Gadet 1992 : 42).
- Le *s* final de *plus* peut toujours être prononcé, indépendamment du rôle de l'adverbe, donc même dans les cas où *plus* modifie un adjectif[14].

III.1 Le comparatif

Les variétés concernées suivent en gros l'usage standard pour former le comparatif, sauf pour ce qui est des comparatifs irréguliers (*cf.* ci-dessous III.3.). Les adverbes *plus* et *moins* peuvent entrer dans diverses constructions syntaxiques : ils accompagnent des verbes, des noms, des adjectifs ou des adverbes, ou bien ils sont employés seuls.

▶ *plus/moins...que* **dans les comparaisons explicites**
- Eum / oui, le magasin d'alcool vend pluS de / d'alcool du temps de Pâques que du temps de Noël. (NÉ – Hennemann, BSM, RG)
- Ouais, ils aviont plus d'activités pour le monde dans ce temps-là qu'ils avont à c'te heure. (NÉ – Flikeid 1996 : 310)
- L'histoire était wellment plus grosse qu'elle aurait dû être. (NÉ – Ryan 1998 : 95, BSM)
- I travaillaient dur mais moi je pense qu'i travaillaient dur mais c'tait moins stressant que maintenant. (NÉ – Hennemann, ILM, MD)
- [...] avant j'avais plus de temps sus moi même qu'asteure que je travaille pour moi (NB – Arrighi 2005 : 350, Michelle NB 16 : 230–231)
- i y en a qui sont même plus vieilles qu'elle (NB – Wiesmath 7, O : 52)
- i a vendu euh vingt tonnes de moins que l'année passée (NB – Wiesmath 3, D : 404–405)

---

14 Dans le corpus de Hennemann (2014) et d'Arrighi (2005), ce trait phonétique est marqué par un *s* majuscule : *pluS* ; dans le corpus de Wiesmath (2006) et de Falkert (2010), par un *s* apostrophe : *plus'*. Pour TN, Brasseur (2001 : s.v. *plus*, p. 359) signale également les prononciations avec et sans *s*.

- [Des touristes en provenance des États-Unis.] beaucoup plus' que les autres années (IdlM – Falkert 2010, corpus : 126, p. 184, CD-ROM)
- Ça prendra plus que le luck pour avoir back ma licence. (TN – King 2000 : 121)
- Elle est un petit brin plus vieille que moi. La plus jeune est plus vieille que moi un peu. (LOU – *Découverte*, Isle Jean Charles, Terrebonne)
- Mais en français, le nom de ce bateau-là c'est un bateau de course. Parce qu'il va plus vite qu'un *tug*, il va plus vite qu'un *lugger*, c'est pour ça que ça appelle ça un bateau de course (LOU – *Découverte*, Pointe-aux-Chênes, Terrebonne)
- Il y en a moins que d'habitude. (LOU – DLF 2010 : s.v. *moins*, p. 402, VM)

▶ *plus/moins* dans les comparaisons implicites (emploi fréquent)

- Les temps qu'i fait chaud chaud chaud ici, i fait eune tite miette plus / moins / moins chaud. (NÉ – Hennemann, PUB, ID)
- si vous preniez celle-là serait ben meilleure . serait plus' facile (NB – Wiesmath 4, M : 311)
- i y en a qui sont moins euh euh . évolués (NB – Wiesmath 2, F : 732)
- [Les Îles se sont développées.] c'est plus' développé c'est plus' connu (IdlM – Falkert 2010, corpus : 18–19, p. 189, CD-ROM)
- ça ici c'est plus *fancy*, faire des couettes (LOU – *Découverte*, Pointe-aux-Chênes, Terrebonne)
- il faisait son rang un peu plus haut, tu connais (LOU – *Découverte*, Châtaignier, Évangéline)
- Asteur je mets pus de la viande salée ou du bacon dans mes fèves, je mets du tasso, c'est moins gras et plus sain, pis ça donne autant de goût. (LOU – DLF 2010 : s.v. *moins*, p. 401s.)

Notons que dans les cas où l'adverbe *plus* est suivi d'un chiffre[15], ce n'est pas la préposition *de* mais la particule *que* qui apparaît, comme cela arrive aussi dans la langue non standard en France (Muller 2013 : 129s.).

▶ *plus que* + chiffre

- les gossips sont assi drûs que les patates qu'on peut pas vendre plus que 20 cents le bushel (NÉ – *Lettres de Marichette*, Gérin/Gérin 1982 : 148)
- je pense qu'a avait pas pluS que cinquante ans. (NÉ – Hennemann, ILM, MD)
- on avait plus que deux CAN SO tu mettais deux CAN là (NB – Wiesmath 1, B : 672)
- pis euh l'autre ben alle a juste pu emprêter plus. qu'un mille piasses parce qu.on faisait trop de/ (NB – Wiesmath 2, F : 680)
- [La mine de sel offre des emplois pour 200 hommes.] i sont pas capables de prendre plus' que deux cents (IdlM – Falkert 2010, corpus : 163, p. 199, CD-ROM)
- So ma défunte mère ielle, ce tait ène chasse-femme, je pense alle a éné plus [plys] qu'un mille-z-enfants, ielle. (TN – Brasseur 2001 : s.v. *chasse-femme*, p. 105)
- Il fait plus que cinq piastres par jour. (LOU – DLF 2010 : s.v. *plus*[1], p. 475, SM)

---

[15] On peut présumer que c'est aussi le cas pour *moins*, dont nous n'avons toutefois pas relevé d'exemple dans les corpus consultés.

Les constructions indiquant une augmentation ou une diminution proportionnelle (*plus...,
plus.... / moins..., moins...*) sont rares. La corrélation est ponctuée par un *que* « parasitaire »,
qui accompagne l'adverbe de degré (*cf.* Wiesmath 2002 : 398), comme en français populaire
de France (E. Faure, comm. pers.).

▶ ***plus que...plus que, moins que...moins que***
- pis je voyais là que s/ plus longtemps qu'on restait là . plus' qu'alle arait gardé son anglais (NB – Wiesmath 2002 : 398)
- ben le plus long qu'i sont le moins épais que ça paraît (NB – Arrighi 2005, corpus, Michelle NB 16 : 150–151)
- [Ce sont surtout les personnes âgées qui vont à l'église.] plus' qu'i sont âgés plus' qu'i y vont (IdlM – Falkert 2010, corpus : 180, p. 95, CD-ROM)
- Et là ça commençait à faire des matelas de coton, et plus ça allait, moins que le couette le monde faisait (LOU – *Découverte*, Pointe-aux-Chênes, Terrebonne)

À TN, la structure corrélative respective apparaît élargie par l'adverbe de degré *tant* (*cf.*
Brasseur 2001 : s.v. *tant pus (que)... tant pus (que)*, p. 438)[16].

▶ ***tant pus*** **(dans différentes constructions)**
- [...] Toute la force qu'y a dans la bière, ça va tout [tut] là-dedans. Tant plus fort que tu fais ta bière, pis tant plus de *shine* que t'as ! (TN – Brasseur 2001 : s.v. *moonshine, shine*, p. 304)
- Un voleur, tant pus qu'i vole, tant pus qu'i veut voler. (TN – Brasseur 2001 : s.v. *tant pus (que)...*, p. 438)
- Tant pus [pu] vieux qu'i veniont, eh ben pus [pus] qu'i compreniont. (TN – Brasseur 2001 : s.v. *tant pus (que)...*, p. 438)

L'expression *tant plus qu'on peut* signifie « autant que possible ».
- Ça fait / euh / mais on va aller tant plus qu'on peut dans Chéticamp, Saint Joseph du Moine... (NÉ – Hennemann, ILM, EL)
- on essaie à t/ à tchiendre noutre langue tant pluS qu'on peut (NÉ – Hennemann, ILM, EL)

III.2 Le superlatif

Pour ce qui est de la construction du superlatif (article + *plus/moins* + adj./adv.), l'usage
correspond à l'usage hexagonal. Ajoutons que les parlers concernés n'emploient jamais le
subjonctif dans la subordonnée après une forme de superlatif dans la principale (*cf.* chap.
« Le subjonctif », II.4.).
- dans c't' temps, j'ai tombé enceinte pour ma plus vieille fille. (NÉ – Hennemann, ILM, EL)
- mon pus vieux frère était parrain... (NÉ – Hennemann, ILM, CL)
- pis y avait un petit brin de compétition à élever un cochon qui-ce qu'allait avoir le pus gros (NÉ – Arrighi 2005 : 308, Édith NÉ 22 : 1–2)

---

16 Ce tour « est admis en français (TLF 15, 1358b; FEW 13/1, 87b TANTUS) », quoique sorti de l'usage courant ; il existe également au Québec (Brasseur 2001 : s.v. *tant pus (que)... tant pus (que)*, p. 439).

- et un jour au bout d'un an et jour i entre dans le HALL la plus grosse frégate de guerre qu'il-avíont jamais vu (NÉ – Arrighi 2005, corpus, Marcelin NÉ 2 : 274–275)
- [...] on a tout le temps travaillé le pluS dur qu'on pouvait pour payer les BILL (NB – Arrighi 2005 : 218, Michelle NB 16 : 343–347)
- le plus beau [voyage] que j'ai pu faire dans ça. ç'a té:/ quand on a été à:/ à Vancouver Calgary Edmonton (IdlM – Falkert 2010, corpus : 102–103, p. 149, CD-ROM)
- La pus belle histoire que j'ai jamais li de ma vie, j'en ai li joliment, la pus beulle histoire jamais j'ai li de ma vie, ce tait appelé El Dorado. (TN – Brasseur 2001 : s.v. *beulle*, p. 53)
- La plus jeune est plus vieille que moi un peu. (LOU – DLF 2010 : s.v. *plus*[1], p. 475, TB)
- C'est peut-être lui le moins bête de la bande. (LOU – DLF 2010 : s.v. *moins*[1], p. 402, LA)

III.3 Les formes irrégulières

Comme le français de France, les variétés étudiées ici connaissent des formes de comparatif et de superlatif dites « irrégulières » ; il n'y a que les formes *meilleur*, *mieux* et *pire* qui soient en usage.

Retenons à ce propos :
- La forme *pire* peut être adverbe ou adjectif dans toutes les régions. Elle n'a pas nécessairement de sens comparatif : *pire* est couramment employé comme positif dans le sens de « mauvais » ou de « mal ». Dans ce dernier cas, c'est à l'adverbe *plus* qu'on recourt pour former le comparatif.
- À TN, *meilleur*, en principe forme adjectivale, figure aussi, à côté de *mieux*, comme adverbe (*cf.* Brasseur 2001 : s.v. *meilleur*, p. 296).

▶ *meilleur* (en emploi adjectival, surtout comme adjectif attribut)
- Asteure, c'est un petit brin meilleur. (NÉ – Hennemann, ILM, oral, 6)
- y a-ti une qu'est meilleure [?] (NB – Wiesmath 5, G : 68)
- i y en a qui disent <ah ben notre religion est ben meilleure [...]> (NB – Wiesmath 4, M : 311)
- je suis pas un gars qui va dire ben : la religion catholique elle est meilleure que la protestante (IdlM – Falkert 2010, corpus : 452–453, p. 221, CD-ROM)
- [...] J'ai arrêté dans le quatrième livre et euh j'étais encore un tas meilleur que lui, pauvre vieux Pop. (LOU – *Découverte*, Mamou, Évangéline)
- les dames qui travaillent là fait pas tout cet argent ça . et l'ecstricité ça eux/ eux usent là . eux payent meilleur marché (LOU – Stäbler 1995 : 209, corpus)
- Le meilleur buveur du pays (LOU – DLF 2010 : s.v. *meilleur*, p. 391 ; source : chanson folklorique)

▶ *meilleur* (emploi adverbial) (TN)
- Ielle alle arait dû saoir meilleur ! (TN – Brasseur 2001 : s.v. *meilleur*, p. 296)
- I parle meilleur que moi. (TN – Brasseur 2001 : s.v. *meilleur*, p. 296)

▶ *mieux* (emploi adverbial)
- Elle écrit un petit mieux que moi. (NÉ – Ryan 1998 : 99, BSM)

- on voulait pas que les vaches / nos vaches allent dans leu parc pis que le leux viennent dans le nôtre . mais les vaches savaient mieux que ça c'est intelligent une vache (NB – Wiesmath 7, O : 581)
- on parlait très très bien l'anglais et le français probablement mieux que ben d'autres rendus à le septième ou huitième grades (ÎPÉ – Arrighi 2005 : 314, André IPÉ 12 : 122–124)
- Il fait ça mieux que moi. (LOU – DLF 2010 : s.v. *mieux*, p. 397, VM)

▶ *pire* (emploi adjectival, comparatif)
- nos parents étiont encore pires que nous (NB – Wiesmath 1, B : 757)
- je m'en rappelle seulement qu'y avait des places qu'étaient pire [sic] que nous autres pareil (IdlM – Falkert 2010, corpus : 2–3, p. 242, CD-ROM)
- Enteur nous deux là, je sommes pire qu'une femme. (TN – Brasseur 2001 : s.v. *enteur*, p. 182)
- [Enquêteur : Vous était fière je pense de lui, et...] L1 : Pire comme H. On était *proud* là, tu connais, de notre mari là. (LOU – *Découverte*, Mamou, Évangéline)

▶ *pire* (emploi adverbial, comparatif)
- Et ça va pire en pire. (LOU – DLF 2010 : s.v. *pire*, p. 466, TB)

▶ *pire* (emploi adjectival, positif : « mauvais »), *plus/moins pire* (comparatif)
- i y en a des hivers que c'est plus pire que d'autres là comme / euh / l'hiver passé (NÉ – Hennemann, BSM, SC)
- on sortait d'ici quand-ce les chemins étiont pas trop pires là pis que tu pouvais voir yoù-ce t'allais. (NÉ – Hennemann, BSM, SC)
- st'année c'est pas si pire là (NB – Wiesmath 1, R : 501)
- c'est pas si pire que dans d'autres pays là-bas par chez vous (IdlM – Falkert 2010, corpus : 484, p. 224, CD-ROM)
- ah oui c'est vraiment pas pire l'Île d'Entrée (IdlM – Falkert 2010, corpus : 132, p. 238, CD-ROM)
- [la pollution] sus=a rive sud on va voir si c'est un petit peu moins pire (IdlM – Falkert 2010, corpus : 98, p. 236, CD-ROM)
- Les cormorans, les grands cous longs là, ça ce tait pas pire aussi ! (TN – Brasseur 2001 : s.v. *pire*, p. 352)
- Les pus jeunes c'est pas si pire. (TN – Brasseur 2001 : s.v. *pire*, p. 352)
- Il est pas trop pire, c'est pas mal un bon couteau. (TN – Brasseur 2001 : s.v. *pire*, p. 352)
- [ply pir] (LOU – Guilbeau 1950 : 130)

▶ *pire* (emploi adverbial, positif : « mal »)
- on s'arrangeait pas pire (NB – Wiesmath 4, M : 70)
- Ça va pas pire. (TN – Brasseur 2001 : s.v. *pire*, p. 352)

En FL, les formes irrégulières synthétiques sont souvent évitées et remplacées par des formes régulières analytiques.

▶ Formes analytiques
- Et il y a un goût de marron, *wild taste, you know*. Mais les canards asteur est plus bons. (LOU – *Découverte*, 823Isle Saint Jean, Terrebonne)

- Il y en avait de la plus bon marché [...] (LOU – *Découverte*, Châtaignier, Évangéline)
- Et ça qui était plus mauvais que tout là, vieille, quand la maîtresse d'école les mettait à genoux dedans le *cloak room* là, l'avant-midi, t'avais pas de dîner pour toi diner. (LOU – *Découverte*, Mamou, Évangéline)

Commentaire
Les parlers étudiés ici partagent quelques traits avec le français non standard de France à propos des formes irrégulières du comparatif.
- Les formes irrégulières et opaques sont souvent construites comme des formes positives de l'adjectif ; le deuxième terme de la comparaison peut être introduit par *comme* : *Madame, c'est aussi pire, plus pire comme un enfant* (Bauche ²1951 : 214) ; *c'est lui le plus meilleur de tous les autres ; c'est bien plus meilleur* (Bauche ²1951 : 87) ; *C'est bien plus mieux qu'avant* (Bauche ²1951 : 121 ; pour *plus pire, plus mieux*, cf. aussi Gadet 1992 : 61)[17].
- La forme *pire*, notamment, a le sens du positif « mauvais, très mauvais » : *il est aussi pire comme l'autre* (« il est aussi mauvais que l'autre ») (Bauche ²1951 : 87).
- D'autre part, la langue populaire a aussi tendance à régulariser les formes irrégulières, ce qui aboutit aux formes : *plus bon, le plus bon* (Bauche ²1951 : 86s.), ou, pour l'adverbe, *plus bien* (Bauche ²1951 : 122). Signalons que selon *Le Petit Robert* (s.v. *pire* et *pis*), les formes *plus mauvais* et *plus mal* relèvent du standard, *pire* (en tant que comparatif) et *pis* appartiennent à la langue littéraire.
- Le parler populaire remplace *pis* (comparatif de l'adverbe) par *pire, plus mauvais* ou *plus pire* (Bauche ²1951 : 87).

---

[17] Notons qu'à la différence de *pire* qui peut être un positif ou un comparatif, *meilleur* et *mieux* s'utilisent toujours comme des formes du comparatif dans les variétés étudiées ici, les tours *plus meilleur/plus mieux* n'existant pas dans les corpus consultés.

Les adverbes

Préliminaires

I	La transposition des catégories grammaticales (dérivation impropre)
I.1	Syntagmes nominaux en fonction d'adverbe
I.1.1	*apparence*
I.1.2	*une beauté/une bôtée*
I.1.3	*habitude*
I.1.4	*manière de, manière co(u)mme*
I.1.5	*une (petite) miette*
I.1.6	*un petit brin, un petit, un (petit) peu*
I.1.7	*un tas*
I.2	« Adjectifs adverbialisés »
I.2.1	*différent*
I.2.2	*(tout) droit*
I.2.3	*dur*
I.2.4	*grand*
I.2.5	*gros*
I.2.6	*pareil*
I.2.7	*plein*
I.2.8	*proche*
I.2.9	*solide*
I.2.10	*terrible*
I.3	Locutions prépositionnelles en fonction d'adverbe
I.3.1	*(sus) empremier*
I.3.2	*à force (que)*
I.3.3	*en masse*
I.3.4	*de même, pour (de) même*
I.3.5	*au moment*
II	Formations avec le suffixe -*ment*
II.1	*joliment*
II.2	*mêmement*
II.3	*moyennement*
II.4	*quasiment*
II.5	*seulement (que)*
II.6	*(si) tellement*
II.7	*vitement*
III	Particularités d'emploi de quelques adverbes fréquents
III.1	*assez*
III.2	*ast(h)eur(e)*
III.3	*aussi, aussit(t)e, itou(t)*

III.4	*beaucoup*
III.5	*comme*
III.6	*icitte*
III.7	*juste, justement*
III.8	*(r)ienque*
III.9	*tout de suite*
III.10	*(de) trop*

IV **Emprunts à l'anglais**
IV.1	ABOUT
IV.2	BACK
IV.3	RIGHT
IV.4	WELLment, WAYment

Les adverbes

Préliminaires

Dans les variétés concernées, les procédés de formation des adverbes correspondent à ceux du FS ; il y a une grande stabilité formelle (*cf.* Arrighi 2005 : 374).
   On note pourtant quelques spécificités[1] :
- La dérivation impropre est un moyen particulièrement fréquent pour les former, ce qui témoigne du principe d'économie dans leur formation : ce sont surtout les adjectifs qui apparaissent tels quels dans une fonction adverbiale (*cf.* Ryan 1998 : 94, Hummel 2000 : 430s., 2013 : 11s.) (*cf.* ci-dessous I). En revanche, le rôle du suffixe -*ment* pour former des adverbes est réduit (*cf.* Arrighi 2005 : 378, Papen/Rottet 1997 : 91).
- Certains adverbes, bien que présents en FS, en diffèrent pourtant quant au sens ou au comportement syntaxique (par ex. *aussi*). Se référant à la dimension sémantique, Ryan (1998 : 94) parle de « cas d'économie réalisée en raison d'une extension de l'emploi ». En ce qui concerne leur position, les adverbes occupent souvent en FA/FTN/FL la position finale de la phrase (Arrighi 2005 : 387) ; cela concerne notamment les adverbes sans marque morphologique qui apparaissent sous la forme adjectivale (par ex. *pareil*, *cf.* I.2.6.). Dans d'autres cas, les adverbes se trouvent placés de façon inhabituelle, si l'on en juge selon la norme (par ex. *comme*, *cf.* III.5.).
- Un certain nombre d'adverbes en usage dans les variétés concernées sont inconnus en français hexagonal : il s'agit soit de formes anciennes conservées dans ces parlers mais non en France[2], soit d'emprunts récents à l'anglais.
- Le redoublement constitue un moyen courant de renforcer l'adverbe, même s'il faut ajouter que ce procédé de renforcement ne se réduit pas aux seuls adverbes.
  - [...] faullait manger le co/ la viande vite vite pour pas la perdre (NÉ – Arrighi 2005 : 386, Évangéline D. NÉ 23 : 94–97)
  - quand tu pouvais avoir un cheval ben on travaillait pour le monde après ça on fermait bien bien on virait pour l'autre (NB – Arrighi 2005 : 385, Willy NB 9 : 190–191)
  - je me suis toujours bien bien accordé a/ avec elle (ÎPÉ – Arrighi 2005 : 385, Aldine H. ÎPÉ 3 : 9)
  - Le plus vieux parle bien bien français. (LOU – Rottet 2001 : 121, loc. âgé)[3]
  - eux-autres l'avont les cheveux arrangés beau beau rouge rouge, bien arrangés (LOU – *Découverte*, Mamou, Évangéline)

---

[1] Pour une étude plus détaillée des adverbes en Acadie, *cf.* aussi Ryan (1998) et Arrighi (2005 : 373–394). Dans une remarque introductrice au chapitre correspondant, Arrighi (2005 : 373) souligne : « [d]'emblée, il faut constater que, à quelques exceptions près, les variations de fonctionnement qui affectent les adverbes relèvent essentiellement de questions de position et de fréquence d'utilisation. » Pour les adverbes en FL, *cf.* Guilbeau (1950 : 228–247) et Papen/Rottet (1997 : 91s.).
[2] Pour le FA, Arrighi (2005 : 374) constate « un bon maintien de formes adverbiales relevant du français acadien traditionnel. » *Cf.* aussi Arrighi (2005 : 409).
[3] Pour le FL, le DLF note *bien bien* au sens de « très bien » (2010 : s.v. *bien*[1], p. 72).

- [...] Et si le monde était plein plein pauvre, *Well* il travaillait pour cinquante sous par jour. (LOU – *Découverte*, Pointe-aux-Chênes, Terrebonne)

Dans le cadre de cette étude, nous ne prétendons en aucun cas à l'exhaustivité quant aux spécificités lexicales des adverbes ; une telle présentation serait la tâche d'un dictionnaire. Le présent chapitre tournera essentiellement autour de questions de formation des mots et d'aspects syntaxiques. Pour ce qui est des particules polyvalentes *là* et *pis* qui peuvent, certes, figurer comme adverbes dans les parlers étudiés ici, mais qui revêtent aussi d'importantes fonctions syntaxiques et pragmatiques en tant que connecteurs et marqueurs discursifs, nous renvoyons au chap. « La connexion » (II.1., II.2.).

I La transposition des catégories grammaticales (dérivation impropre)

Dans les variétés hexagonales et non hexagonales du français, il est tout à fait courant qu'un syntagme nominal, un adjectif ou une locution prépositionnelle changent de rôle syntaxique et prennent une fonction adverbiale[4]. Se référant à l'argot en milieu urbain et aux dialectes en milieu rural, Hummel (2000 : 428) qualifie la dérivation impropre de mécanisme ancien pour créer des adverbes et met en garde contre la tentation d'y voir un développement récent de la langue non standard. Selon Hummel (2000 : 433, 2013 : 11s.), le procédé a toujours été productif en français avant que la normalisation de la langue n'y mette un terme. Ainsi, la tendance observée dans le Nouveau Monde à employer notamment les adjectifs en fonction adverbiale s'explique par le fait qu'il s'agit là d'un trait de la langue populaire telle qu'elle existait à l'époque de la colonisation et telle qu'elle continue d'exister en France et ailleurs.

I.1 Syntagmes nominaux en fonction d'adverbe

I.1.1 *apparence*
Apparence (que) dans le sens de « apparemment », « probablement » est attesté, à en juger par les sources consultées, en NÉ et à TN[5].
- Apparence c'était pacté. (NÉ – Hennemann, ILM, CL)
- Oui. Apparence que samedi soir, au / au Jason Brushette, / euh / a venu par icitte pour jouer. (NÉ – Hennemann, ILM, CL)
- Apparence qu'il est resté déconforté. (TN – Brasseur 2001 : s.v. *apparence que*, p. 22)

---

4 Dans le français de France, notamment le non-standard, on note en particulier les cas de dérivation impropre suivants : transposition d'un nom (*y aller pépère*), d'un adjectif (*déconner sec, il l'a fait facile, acheter utile, rouler français*), d'une préposition (*je l'ai rangé autour*) (Gadet 1992 : 108).
5 En FL, il existe le tour *y a pas d'apparence* dans le sens de « improbable, impossible » ou « ne pas avoir de sens » : « Y a pas d'apparence qu'on a été sortir dans un pareil temps. » (LOU – DLF 2010 : s.v. *apparence*, p. 31)

- Apparence que ... iène qui chantait bien, c'était la femme [...] (TN – Brasseur 2001 : s.v. *apparence que*, p. 22)

Commentaire
Selon Brasseur (2001 : s.v. *apparence que*, p. 22), la locution *il y a apparence* dans le sens de « probablement » existait en France du XVIe au XVIIIe s. (FEW 24, 24a). *Apparence* et *d'apparence* sont attestés en fonction adverbiale au Québec (*cf.* GPFC : s.v. *apparence*).

I.1.2 *une beauté/une bôtée*

Le nom *une beauté* existe en tant que pronom indéfini complexe servant de quantificateur, suivi de *de* (*une beauté de pommes,* Poirier 1993 [1925] : s.v. *beauté*), et en tant qu'adverbe dans le sens de « beaucoup, vraiment » en Acadie et aux Îles-de-la-Madeleine (Naud 1999 : s.v. *beauté*). Il est rare dans cette fonction, mais est également attesté au Québec sous la forme *bôtée* : *Il travaille une bôtée mieux que son père* (GPFC : s.v. *bôtée*). L'emploi pourrait remonter à la forme de l'ancien et du moyen français *une boutée* (*cf.* FEW 1, 455b et 662), croisée avec l'adjectif *beau* qui, anciennement, s'employait aussi adverbialement pour *bien*, *beaucoup* (GPFC : s.v. *bôtée*, *cf.* aussi Arrighi 2005 : 388).

- faisiont des FROLIC pour le bois [...] pour des:/ labourer des fois des grands champs pis étiont/ ce temps-là le monde ça aidait une beauté . i veniont beaucoup beaucoup (NB – Arrighi 2005 : 388, Annie NB 10 : 456–458)

I.1.3 *habitude*

À côté de la forme *d'habitude* en fonction d'adverbe dans le sens « habituellement, généralemet, d'ordinaire » – courante dans tous les parlers étudiés ici ainsi qu'en français de France –, on trouve, en FL, les formes *l'habitude* et *habitude* employées en tant qu'adverbe dans deux sens (*cf.* DLF 2010 : s.v. *habitude*, p.326)[6].

▶ *habitude* au sens de « habituellement, généralement, d'ordinaire »
- Habitude, je vas au village le lundi matin. (DLF 2010 : s.v. *habitude^2*, p. 326)

▶ *habitude* au sens de « par le passé, autrefois »
- Habitude on avait TV5 ; on a p'us. (LOU – DLF 2010 : s.v. *habitude^2*, p. 327, SL)
- Elle aimait-z-à cuire, habitude. Parce qu'elle alle connaît faire ça aussi. (LOU – DLF 2010 : s.v. *habitude^2*, p. 327)
- Les affaires de cinq sous, d'habitude, c'est trente sous asteur. (LOU – DLF 2010 : s.v. *habitude^2*, p. 327) (« autrefois »)
- l'habitude l'eau montait euh. à la bassière là-bas-là (LOU – Stäbler 1995 : 24, corpus)
- pas asteur . habitude (LOU – Stäbler 1995 : 73, corpus) (« plus maintenant . autrefois »)
- et habitude tu pouvais payer de la terre (LOU – Stäbler 1995 : 203, corpus) (« autrefois »)

---

6 Signalons que le DLF (2010 : s.v. *habitudement*, p. 327) indique aussi l'adverbe *habitudement* dans le sens de « d'habitude, de coutume » : « Habitudement t'avais trois hommes qui travaillaient dedans un skiff. »

- on dirait le monde est plus charitable asteur que autant que nous habitude [abityb]⁷ (LOU – Stäbler 1995 : 216, corpus)

C'est notamment dans ce deuxième sens que les exemples sont nombreux dans les sources du FL⁸.

I.1.4 *manière de, manière co(u)mme*

Les tours *manière de* (FA/FTN), *manière co(u)mme* (FA/FL) et *manière* +ø + nom/adjectif ou autre partie du discours (FA/FL), employés comme adverbes modaux, ont le sens de « un peu », « quelque peu », « en quelque sorte », « pour ainsi dire » ; les tours se rencontrent en FA – notamment en NÉ –, en FTN et en FL (Brasseur 2001 : s.v. *manière*, p. 288, Thibault 2009 : 121)⁹. Fréquemment, *manière* est employé pour atténuer la force de l'assertion, rendant un jugement moins tranché ou faisant preuve d'une relative incertitude de la part du locuteur. Dans cette fonction, *manière* peut aussi apparaître sans complément en finale de la phrase, relativisant ainsi ce qui vient juste d'être dit.

- ehm h'aime la vie dans not' région/eh à cause que/ben tout l'mounde se counnaît manière. (NÉ – Fritzenkötter 2015 : 274, BSM)

Dans tous ces emplois, l'influence de l'anglais (*kind of*) pourrait bien avoir joué un rôle (*cf.* pour le FL Conwell/Juilland 1963 : 176). D'autre part, l'emploi régional en France de *manière* comme adverbe (en Loire-Atlantique, FEW 6/1, 281a, *cf.* Brasseur 2001 : s.v. *manière*, p. 288) ainsi que la présence d'un usage similaire en créole haïtien (Valdman et al. 2007 : s.v. *manyè*¹) et louisianais (Neumann 1985 : 288) suggèrent une origine ancienne de cet emploi.

En FL, où *manière* semble particulièrement fréquent dans cette fonction, on note aussi des variantes phonétiques sans consonne nasale (DLF 2010 : s.v. *manière*², *(moyère)*, p. 383).

- Pis là c'est coumme des boîtes, manière coumme des boîtes (NÉ – Hennemann, BSM, RL)
- Ça fait là tu *watches* manière d'où-ce qu'i n'y a les / les courants (NÉ – Hennemann, BSM, RL)
- Pis hé m'ai marié pus tard, manière de tard. (NÉ – Hennemann, PUB, ID)
- I fait manière de fret à matin ! (NÉ – É. Boudreau 1988 : 168)
- moi/j'suis manière de/WORRY-é un 'tit pour la planète et ça avec le GLOBAL WARMING. (NÉ – Fritzenkötter 2015 : 273, BSM)
- le français c'est/c'est manière de difficile (NÉ – Fritzenkötter 2015 : 273, BSM)
- Clare [...] c'est manière y'où-c'qu'on a resté su' not' vie. (NÉ – Fritzenkötter 2015 : 273, BSM)

- on dirait qu'on a manière de honte (NB – Wiesmath 4, M : 161–162)
- c'était manière de vite mais j'ai dit « oui » (NB – Wiesmath 6, L : 32)

---

7 Pour la prononciation de *habitude*, retenons les formes suivantes : [abityd], [abityb] (*cf.* Stäbler 1995 : 77), [abitʃyd] (DLF 2010 : s.v. *habitude*¹, p. 326), [abytyd] (Rottet 2001 : 122, DLF 2010 : s.v. *habitude*¹, p. 326).

8 Pour *habitude* dans les périphrases verbales *avoir/être habitude de*, *cf.* chap. « Les périphrases verbales », II.2.2. Pour l'expression de l'aspect habituel dans les variétés concernées, *cf.* Neumann-Holzschuh/Mitko (à paraître). – En FA, on note aussi l'adverbe *accoutume* dans le sens de « d'habitude » : « accoutume on avait la chambre du nord qu'on appelait » (NÉ – Arrighi 2005 : 305, Rosalie NÉ 23 : 313).

9 Faisons remarquer que l'emploi substantival *une manière de* dans le sens de « une sorte de, une espèce de », ancien en français, est « illustré par des citations de Mérimée, Flaubert, Cocteau, Sainte-Beuve, Balzac » ; il passe aujourd'hui pour vieilli en France (Thibault 2009 : 121).

- Pis i parlait manière de drôle, vous savez, en anglais ! (TN – Brasseur 2001 : s.v. *manière*, p. 288)
- [À propos de la morue barbuse] Alle est manière de jaune. (TN – Brasseur 2001 : s.v. *manière*, p. 288) (*morue barbouse/barbuse* = « variété de morue non identifiée, qui possède un barbillon », Brasseur 2001 : s.v. *morue*, p. 305)
- [...] Les hardes vont venir humides, manière de trempes, là. (TN – Brasseur 2001 : s.v. *midité*, p. 299)
- j'ai manière menti j'ai dit oui y a des amis qui/ [...] et j'ai manière begayé et alle a compris [...] (LOU – Stäbler 1995 : 183s., corpus)
- elle avait ma'ière peur (LOU – Brandon 1955 : 498)
- Il est moyère paresseux. (LOU – DLF 2010 : s.v. *manière*², p. 383, JE, VM)
- Alle est manière folle. (LOU – DLF 2010 : s.v. *manière*², p. 383, VM)
- Quand ils étaient manière dix, douze ans. (LOU – DLF 2010 : s.v. *manière*², p. 383, Lv88)
- c'était manière comme un petit hall (LOU – *Découverte*, Mamou, Évangéline)
- ils sont manière comme gris et jaunes (LOU – *Découverte*, Mamou, Évangéline)

I.1.5 *une (petite) miette*

Le tour *une (petite) miette* dans le sens de « un peu » est attesté en FA et en FTN (Brasseur 2001 : s.v. *miette*, p. 299). Il est vieilli ou régional en France (Brasseur 2001 : s.v. *miette*, p. 299 se référant au FEW 6/2, 69a-b ; Grevisse/Goosse 2008 : § 991b, p. 1235s.), mais il reste attesté en FQ (GPFC : s.v. *miette*).

- Le câble est une miette trop court. (FA – Poirier 1993 [1925] : s.v. *miette*)
- Asteure c'est la saison des TUNA à cause de l'eau est chaude une miette. (NÉ – Hennemann, BSM, RL)
- Mais une palourde, c'est / c'est un / ça / ça vint manière OVAL une miette. (NÉ – Hennemann, BSM, RL)
- J'avions rinque parlé une miette [...] (NÉ – Flikeid 1996 : 318, BSM)
- j'coummence à êt' une miette eh/miette eh/énervé là/ouais (NÉ – Fritzenkötter 2015 : 142, BSM)
- c'étaient tous tes CHUM là avec toi pour une semaine à CUBA/ [...] h'avons fait une miette des fous (NÉ – Fritzenkötter 2015 : 142, BSM)
- normalement h'essaie de coumme/de changer une miette mon dialecte (NÉ – Fritzenkötter 2015 : 142, BSM)
- [À propos d'une vache accidentée.] A marche dessus [sur sa patte]. Alle est juste une petite miette... perdue, [...] (TN – Brasseur 2001 : s.v. *miette (une-)*, p. 299)

I.1.6 *un petit brin, un petit, un (petit) peu*

Un petit brin (NÉ, NB, IdlM, LOU), *un petit*[10] (NÉ) et, comme en français de France, *un (petit) peu* (NÉ, NB, IdlM, TN, rare en LOU, cf. Papen/Rottet 1997 : 90) s'utilisent pour indiquer un petit degré ou une fréquence minime.

▶ *un petit brin*
- c'est un petit brin dur pour nous-autres (NÉ – Hennemann, ILM, CL)
- Y a-ti neigé ? – Un p'tit brin. (NÉ – É. Boudreau 1988 : 71)
- I en a un p'tit brin peur. (NÉ – É. Boudreau 1988 : 71)
- la première j.y ai donnée alle était ienque rouge un tout petit brin [...]/ (NB – Wiesmath 1, B : 87)
- ah oh des fois c'était ennuyant un petit brin parce qu'on était jeune (NB – Wiesmath 3, D : 27)
- asteure [la pension] a va baisser un petit brin [...] (NB – Arrighi 2005 : 387, Sarah NB 20 : 32–33)

---

10 Nous subsumons ici *un petit* et *un peu* pour les aborder sous la même rubrique que l'expression synonyme *un brin*. – Signalons que ces expressions servent aussi de quantificateurs : *un petit peu de...*

- [Le prix du poisson a augmenté.] ça a monté un peu là c'est / c'est un petit brin plus vivable (IdlM – Falkert 2010, corpus : 14–15, p. 188, CD-ROM)
- j'ai un petit brin connaissance (IdlM – Falkert 2010, corpus : 338, p. 266, CD-ROM)
- Elle est un petit brin plus vieille que moi. (LOU – DLF 2010 : s.v. *brin*[1], p. 90, TB)
- On espérait une grosse pluie, mais ç'a juste mouillassé un petit brin. (LOU – DLF 2010 : s.v. *mais*[2], p. 378, Gu00)

▶ *un petit* (NÉ)
- Je dansais un petit à des noces. (NÉ – Ryan 1998 : 99, BSM)
- Elle écrit un petit mieux que moi. (NÉ – Ryan 1998 : 99, BSM)
- Avance un p'tit. (NÉ – Thibodeau 1988 : 100)

▶ *un (petit) peu*
- Mais c'était un peu meilleur que ça que n'y a asteure. (NÉ – Hennemann, BSM, SC)
- Al est un petit peu mêlée, oui. (NÉ – Hennemann, ILM, MS)

- quand i a venu un petit peu âgé i y vendu la ferme pour déménager au village ici. (NB – Wiesmath 6, L : 90)
- j'ai trouvé que ç'avait l'air . . un peu pauvre (NB – Wiesmath 6, L : 164)
- je m'ennuie de deça un petit peu les / les grands restaurants pis tout' ça (IdlM – Falkert 2010, corpus : 11, p. 42, CD-ROM) (Pour l'emploi du verbe *s'ennuyer*, *cf.* le chap. « Les constructions pronominales », note 12)

- Nous autres dans notre temps il appeliont ça un set, i dansiont un set. Et pis là y avait ène autre danse qu'il appeliont un huit : i dansiont un huit là. Ce tait un petit peu différent [difaʀɑ̃] hein, tu sais, i faisiont des petites différentes [difaʀɑ̃t] affaires. [...] (TN – Brasseur 2001 : s.v. *set*, p. 419)
- Il commence à faire un peu trop chaud pour travailler sur ça. (LOU – DLF 2010 : s.v. *peu*[1], p. 458, LF)
- Là si le bateau coulait un petit peu, que la craque s'avait pas bouché, ils prendont du coton exprès, du coton avec du godron dedans. (LOU – DLF 2010 : s.v. *peu*[1], p. 458, LF)

Commentaire
Un petit brin de, attesté en FA, existe aussi en français de France (*cf. Le Petit Robert* 2013 : s.v. *brin*, FEW 1, 529a), mais ce terme n'est pas attesté par le GPFC pour le FQ.

Le tour *un petit* dans le sens de « un peu », très fréquent dans l'ancienne langue (Haase 1965 : 245), est tombé en désuétude au XVIIe s. Qualifié de « populaire » et de « vieux » dès 1694 par l'Académie (Ryan 1998 : 99), il n'est plus courant aujourd'hui (Grevisse/Goosse 2008 : § 991b, p. 1235s., Haase 1965 : 245) ; les expressions *un petit* et *un petit de* survivent pourtant régionalement dans le Nord-Ouest, l'Ouest et le Centre (*cf.* Cormier 1999 : s.v. *petit, un*). Dans le corpus de Ryan (1998 : 99, BSM), *un petit* est inégalement réparti selon les tranches d'âge, le tour étant surtout courant chez les locuteurs les plus âgés.

I.1.7 *un tas*

En tant que pronom indéfini complexe servant de quantificateur, *un tas de* existe en FA/FTN/FL ainsi qu'en français de France (*cf. Le Petit Robert* 1993 : s.v. *tas*, *cf.* le chap. « Les déterminants indéfinis », II.2.6.). Or, en FL, *un tas* apparaît en outre en fonction de locution adverbiale dans le sens de « beaucoup ». *Un tas* peut être placé en fin de phrase.
- Ça va un tas plus vite. (LOU – DLF 2010 : s.v. *tas*, p. 604, SM)
- Il va mouiller un tas à soir. (LOU – DLF 2010 : s.v. *tas*, p. 604, Lv88)

- Ma sœur et moi parle en français un tas. (LOU – DLF 2010 : s.v. *tas*, p. 604, SL)
- Elle est jolie, mais pas un tas. (LOU – DLF 2010 : s.v. *tas*, p. 604, SM)

I.2 « Adjectifs adverbialisés »

L'adjectif non modifié morphologiquement est fréquemment employé en tant qu'adverbe en FA/FTN/FL[11]. Vu le nombre des formes adjectivales en fonction d'adverbe en FA, Arrighi (2005 : 378) note que par rapport au FS, « le phénomène le plus saillant est certainement la réduction notable d'emploi du suffixe *-ment* ». Alors que pour le FL, Guilbeau (1950 : 245) note la faible productivité de la formation de l'adverbe au moyen du suffixe *-ment*, celle-ci n'est même pas mentionnée dans l'étude de Conwell/Juilland sur le FL (1963 : 180), bien que les adverbes en *-ment* existent sur le terrain. Mais ce sont surtout les formes lexicalisées comme *joliment, vraiment, finalement* qui sont courantes.

En FA/FTN/FL, tout adjectif peut en principe fonctionner comme adverbe. Ryan (1998), relevant la vitalité de la conversion « adjectif → adverbe » à la BSM (NÉ), présume que le phénomène s'explique par deux facteurs convergents :
- Les tendances internes visant à une simplification formelle[12] et
- l'influence de l'anglais populaire, bien présent sur le terrain (Ryan 1998 : 102). De fait, les adjectifs qui sont adverbialisés de préférence ont une contrepartie en anglais (*People used to write different. She talks funny. I was brought up strict.*) ; de plus, Ryan (1998 : 100s.) relève deux emprunts directs, *RIGHT EASY* (« très facilement ») et *ROUGH* (*J'avais été élevé terriblement rough.*), et un calque structural et lexical (*Ça se comprend réel bon.*) qui témoignent d'une influence certaine de l'anglais.

Il faut néanmoins garder à l'esprit que les « adjectifs adverbialisés » sont également très courants en français de France (*cf.* Riegel et al. 2011 : 657, *manger gras/léger, rouler français, voter socialiste*), et notamment dans le langage non standard[13].

- Il a mouillé terrible. (FA – Poirier 1993 [1925] : s.v. *adverbe*)
- Ça se comprend réel bon. (NÉ – Ryan 1998 : 100, BSM)
- c'est travailler avec la cliente direct c'est ça j'aime plus (NB – Arrighi 2005 : 379, Michelle NB 16 : 240–241)
- C'était engraissé naturel là (NB – Wiesmath 1, B : 569)
- une fois que vous vendez légal (NB – Wiesmath 14, Y : 207–208, cours magistral !)
- pis on marche . un petit peu lent pis on va à l'église (ÎPÉ – Arrighi 2005 : 379, Rose ÎPÉ 7 : 114–115)

---

11 *Cf.* Poirier (1993 [1925] : s.v. *adverbe*), Ryan (1998 : 95ss.), Arrighi (2005 : 378ss.), Hummel (2000 : 430s., 2013 : 11s.). – Dans ce contexte Hummel (2000) parle d'« adjectif adverbialisé ».
12 Tendances qui se conjuguent à la tendance générale à l'économie de la langue parlée (populaire) (Ryan 1998 : 102s) ainsi qu'à une longue tradition de formation de tels adverbes dans le français hexagonal et en Acadie (*cf.* pour le FA, Poirier 1993 [1925] : s.v. *adverbes*, Arrighi 2005 : 379).
13 Hummel (2000 : 432) suppose toutefois que faute d'instance normative régulatrice, les « adjectifs adverbialisés » sont plus répandus dans les parlers d'outre-Atlantique que dans l'Hexagone. Pour le parler de l'Île-aux-Coudres (FQ), *cf.* Seutin (1975 : 307–322).

- on va vous placer correct (IdlM – Falkert 2010, corpus : 66, p. 108, CD-ROM)
- je vas aller direct (IdlM – Falkert 2010, corpus : 256, p. 158, CD-ROM)
- ça ça gelat massif là (IdlM – Falkert 2010, corpus : 12-13, p. 336, CD-ROM)
- Tu peux prendre la morue pour manger pis saler tout [tut] légère, là. (TN – Brasseur 2001 : s.v. *légère*, p. 272)
- [...], dans ce temps-là fallait que tu salais lourd pour sauver ton poisson. (TN – Brasseur 2001 : s.v. *lourd*, p. 280)
- il guettait content (LOU – Conwell/Juilland 1963 : 180) (Il s'agit sans doute d'un calque de l'anglais « he looked happy ».)
- et c'est peut-être ça qui y a sauvé qu'il a pas brûlé plus mauvais. parce y avait de l'eau qui coulait en dedans (LOU – Stäbler 1995 : 97, corpus)
- il y a du monde qui gâte leurs petits assez mauvais là que c'est comme ça là [...] (LOU – *Découverte*, Mamou, Évangéline)

Souvent, la forme adjectivale peut s'expliquer par la présence (mentale) d'un objet interne, sous-jacent, auquel sera attribuée une qualité (*cf.* par ex. *saler lourd*) (*cf.* pour le français hexagonal Riegel et al. 2011 : 657).

Certains verbes favorisent plus que d'autres le choix d'un « adjectif adverbialisé » : cela concerne en premier lieu les verbes de parole (*parler*, *dire*, *bégayer*, etc.), mais aussi le verbe *s'habiller*. Pour les verbes de parole, il existe des tours standard : *parler/crier haut/fort, parler bas*[14].

▶ Avec les verbes de parole
- Y avait des chuses qu'i' disait comique. (NÉ – Ryan 1998 : 100, BSM)
- lorsqu'a parle tu penses qu'a parle différent que son mari qui a été né à Pubnico. (NÉ – Hennemann, PUB, LaD)
- tu peux point dire « non tu parles point boN à cause tu parles pas coumme moi [...] » (NÉ – Fritzenkötter 2015 : 266, BSM)
- on pourra en parler un petit peu plus profond (NB – Wiesmath, citée dans Hummel 2013 : 12)
- j'ai *meeté* du monde pis ça tout est différent tout le monde parle différent mais on se comprend pareil (NB – Arrighi 2005 : 379, Marco NB 15 : 22-23)
- Pace que t'as parlé si gros et si *bossy*, i dit, ben tu vas aller porter à manger à Jack ! (TN – Brasseur 2001 : s.v. *bossy*, p. 67) (calque de l'anglais) (*parler gros* = « faire l'important », *cf.* Brasseur, s.v. *gros*, p. 237)
- Pauvre bête, il bégayait tellement mauvais que il pouvait pas user le phone du tout. (LOU – DLF 2010 : s.v. *tellement*, p. 608, LA)

▶ Avec le verbe *s'habiller*
- I s'habille drôle. (NÉ –Ryan 1998 : 100, BSM)
- Pis il étiont vraiment bien habillés, i s'habilliont / il étiont habillés modeste, m/ meilleur que la jeune génération d'aujourd'hui est habillée. (NÉ – É. Boudreau 1988 : 73)

---

14 Riegel et al. (2011 : 657) notent plusieurs constructions pour rendre l'objet interne explicite. Pour les verbes de dire, ce sera par exemple le recours à un complément indirect: *Il parle fort/bas.* → *Il parle d'une voix forte/à voix basse/à voix haute*.

Ci-dessous, on trouvera en outre des adjectifs qui assument systématiquement la fonction adverbiale.

I.2.1 *différent*

L'adjectif *différent* sert fréquemment d'adverbe, notamment dans les expressions quasiment figées *parler* (ou : *dire*) *différent* et *faire différent*.
- I parlont drôle. Meteghan parle différent que nous autres. (NÉ – Ryan 1998 : 100, BSM)
- Oh pis le monde mange différent. (NÉ – Hennemann, ILM, IS)

- les Acadiens aussi vivent très différent que les Québécois (NB – Arrighi 2005 : 379, Angèle NB 13 : 149–150)
- j'ai *meeté* du monde pis ça tout est différent tout le monde parle différent [...] (NB – Arrighi 2005 : 379, Marco NB 15 : 22–23)
- pis ça ferait plutôt différent là (IdlM – Falkert 2010, corpus : 33–34, p. 313, CD-ROM) (*faire différent* = « être autre chose »)
- les autres les fait différent (LOU – Conwell/Juilland 1963 : 180)
- Quand même que c'est prononcé un petit peu différent, le monde se comprend, [...] (LOU – DLF 2010 : s.v. *prononcer*, p. 499, LF)

I.2.2 *(tout) droit*

(Tout) droit – prononcé généralement [drɛt]/([drwɛt]) en FA, [drwat, drɔt, dret, drɛt, drwɛt] en FL (DLF 2010 : s.v. *droite*, p.223) – a toute une gamme de significations (*cf.* Ryan 1998 : 97, DLF 2010 : s.v. *droite*, p. 223), spatiales, temporelles et figuratives, et correspond très souvent à « directement » ou « justement », « exactement »[15] ; en outre il prend le sens spatial de l'adverbe anglais *straight* (« en ligne droite ») ; en emploi temporel, il peut être proche des expressions *tout de suite*, *immédiatement* et *sur le moment*.
- Boston est dret là. (NÉ – Ryan 1998 : 97, BSM)
- Oui, je t'amènerai tout dret. (NÉ – Ryan 1998 : 97, BSM)
- Il a justement timbé mort dret devant le char. (NÉ – Ryan 1998 : 97, BSM)
- Si tu veux me répondre, tu me répondras tout dret. (NÉ – Ryan 1998 : 97, BSM)
- Peut-être que tout dret, sur le point, là, elle va peut-être faire un petit effort, mais ça passe vite. (NÉ – Ryan 1998 : 97, BSM)
- Et / droiT asteure i pêchont les TUNA itou. (NÉ – Hennemann, BSM, RL)

- là euh tant ce que l'eau monte hein euh le salange est droit' dessus c'est là que moi je l'aime (NB – Wiesmath 1, B : 150)
- i va seulement passer un petit brin tout droit' là pis ... (NB – Wiesmath 2, E : 521)

- t'avas pas besoin de faire du pouce. t'arrêtas eune personne : arrêt[ez] vas-tu à Cap-aux-Meules oui embarque. aujourd'hui les bo/ les chars passent droit' (IdlM – Falkert 2010, corpus : 497, p. 136, CD-ROM)
- [la baie de Marconi] c'est droit' icitte (IdlM – Falkert 2010, corpus : 45, p. 360, CD-ROM)
- La maison s'trouvait drette-là ! (IdlM – Naud 1999 : s.v. *drette*)

---

[15] Les emplois de cet adverbe correspondent souvent à l'adverbe anglais *right*, par ex. dans l'expression *drette là* (« right there ») (*cf.* Naud 1999 : s.v. *drette*).

- Pis i marchiont pas sus le *sidewalk*, ieux ! Dret dans le mélieu de la rue ! (TN – Brasseur 2001 : s.v. *dret*, p. 167)
- si vous voulez venir, i dit, je vous mettrai droit [...] à sa porte. (TN – Brasseur 2001 : s.v. *droit*, p. 168)
- droit éyoù on est assis asteur c'était/ . c'était un clos. c'était une pièce de coton . et .. droit dans le milieu de la pièce de coton y avait douze rangs . où mon père plantait des cannes [...] (LOU – Stäbler 1995 : 1, corpus)
- Va drète pour un mille. (LOU – DLF 2010 : s.v. *droite*³, p. 223, SM) (« straight, straight ahead »)
- Sa maison est droite à côté. (LOU – DLF 2010 : s.v. *droite*, p. 223, IB) (« exactly, directly »)
- J'ai été éné dans 1914 drète à un mille et demi de ma maison. (LOU – DLF 2010 : s.v. *droite*, p. 223, TB) (« just »)
- Ils ont cassé le mariage drette-là. (LOU – *Découverte*, Mamou, Évangéline)
- Droit à midi je vas partir. (LOU – DLF 2010 : s.v. *droite*³, p. 223) (« precisely »)
- Droite avant 9 heures. (LOU – DLF 2010 : s.v. *droite*³, p. 223, SL) (« just »)

Commentaire
Droit s'emploie comme adverbe dès l'ancien français et connaît aujourd'hui en France les acceptions « en ligne droite » et « directement » (*cf. Le Petit Robert* 2013 : s.v. *droit,e*). La forme *drèt*, de même sens, est encore vivante dans les parlers de l'Ouest de la France (*cf.* Brasseur 2001 : s.v. *dret*, p. 167, FEW 3, 87b). En FQ, l'adverbe *dret* est courant dans les acceptions « en ligne droite » et « précisément, justement, exactement » (GPFC : s.v. *dret*).

I.2.3 *dur*

La forme adjectivale *dur* apparaît régulièrement en fonction adverbiale même en dehors du tour standard *travailler dur*. L'expression *boire dur* « boire beaucoup d'alcool » est calquée sur l'anglais :
- Pis icitte c'est quanT qu'a boit ? A boit dur. A boit de l'alcool là. (NÉ – Hennemann, ILM, IS)
- A boit dur. (NÉ – Ryan 1998 : 96, BSM)
- je vous dis le monde qui travaillait j'ai travaillé dur dans ma vie (ÎPÉ – Arrighi 2005 : 378, Délima ÎPÉ 5 : 40)
- Alle après assayer dur d'apprendre le français. (LOU – DLF 2010 : s.v. *dur*², p. 224, TB) (*cf.* l'expression anglaise *to try hard*)
- Mon, j'ai pris ça dur. Y avait juste trois mois qu'il était mort. (LOU – DLF 2010 : s.v. *dur*², p. 224, TB) (*prendre dur* = « to take s.th. hard, be badly distressed by s.th. »)

I.2.4 *grand*

L'adjectif *grand* existe en FA/FTN en usage adverbial dans le sens de « très », « beaucoup » (*cf.* Brasseur 2001 : s.v. *grand*, p. 231)[16].
- Je crois pas que je m'empoisonne grand, grand. (NÉ – Ryan 1998 : 96, BSM)
- [...] pis bientôt a se leuve, pas grand content... ! (TN – Brasseur 2001 : s.v. *grand*, p. 231)

---

16 En dehors de l'Acadie, *grand* est attesté dans cet emploi en Suisse romande (Brasseur 2001 : s.v. *grand*, p. 232). – La locution *pas grand (de)* dans le sens de « pas beaucoup de » figure comme quantificateur (*cf.* le chap. « Les déterminants indéfinis », II.1.3.) : « Carole a dit ça y aura pas grand personne c'est bon heure le matin » (NB – Arrighi 2005 : 387, Zélia NB 17 : 291–292).

L'expression figée *grand ouvert* existe aussi en France.
- Tout à l'heure, il s'en vient un bougre en travers de la salle qui avait la chemise déboutonnée avec le jabot grand ouvert. (LOU – DLF 2010 : s.v. *grand*³, p. 318, SL, An94)

I.2.5 *gros*

Gros (prononcé [gru] ou [gro]) dans le sens de « très » et de « beaucoup » est relevé en NÉ (Ryan 1998 : 96), aux Îles-de-la-Madeleine, à TN (Brasseur 2001 : s.v. *gros*, p. 237) et en LOU (DLF 2010 : s.v. *gros*², p. 323) ; il existe aussi au Québec[17] (*cf.* aussi, en FS, les expressions du type *risquer gros*).

- Il suait gros de même. (NÉ – Ryan 1998 : 96, BSM)
- j'écris gros (NÉ – Ryan 1998 : 96, BSM)
- Je ne joue rien que quand les chiffres sont gros hauts. (NÉ – Hennemann, ILM, Corpus oral, 6)
- [une baleine] ça ça mange pas gros on y donnait un maquereau (IdlM – Falkert 2010, corpus : 83, p. 11, CD-ROM)
- Pace que t'as parlé si gros et si *bossy*, i dit, ben tu vas aller porter à manger à Jack ! (TN – Brasseur 2001 : s.v. *bossy*, p. 67) (calque de l'anglais) (*parler gros* = « faire l'important », *cf.* Basseur 2001 : s.v. *gros*, p. 237)

I.2.6 *pareil*

Dans les variétés concernées, de même d'ailleurs qu'au Québec et dans le langage familier et populaire en France[18], *pareil* est très souvent employé comme adverbe, soit dans la comparaison dans le tour fréquent *pareil comme* (*cf.* le chap. « La comparaison et le rapport proportionnel », I.1.), soit employé seul dans l'acception « de la même façon », soit surtout en dehors de la comparaison dans le sens concessif de « quand même », « toutefois ». Selon Arrighi (2005 : 379s.), l'emploi adverbial de la forme adjectivale *pareil* est « complètement lexicalis[é] ». *Pareil* est souvent placé en fin d'énoncé.

▶ « de la même façon »
- un prêtre peut se tromper pareil comme nous-autres (NÉ – Ryan 1998 : 98, BSM)
- ben i coupait une SLICE de STEAK dans la boête une chaque . pis là un ROAST pareil (NB – Wiesmath 1, B : 454)
- le monde pense plus pareil euh. c'est plus les mêmes coutumes (NB – Wiesmath 1, R : 902)
- c'était beau là pareil i y avait beaucoup de monde. (NB – Wiesmath 2, F : 27)
- vous étiez bien habillés pareil (NB – Arrighi 2005 : 379, Steven NB 8 : 173–174)
- i prononcent pas pareil leurs mots comme nous autres (IdlM – Falkert 2010, corpus : 82, p. 87, CD-ROM)

---

[17] Léard (1985 : 14), Brasseur (2001 : s.v. *gros*, p. 237). – En tant que quantificateur, *gros de* apparaît par ex. dans : « Le Québec i vend le pouoir de delà à l'Amérique [...], pis i fait là gros d'argent, ayu-ce que Terre-Neuve est là la gueule ouvert. » (TN – Brasseur 2001 : s.v. *pouoir*, p. 366) (*cf.* le chap. « Les déterminants indéfinis », II.1.4.).

[18] Pour le FQ, GPFC (s.v. *pareil*) et Seutin (1975 : 329, Île-aux-Coudres). Pour le français hexagonal, *Le Petit Robert* (2013 : s.v. *pareil*).

- Mon défunt père arrangeait toutes sortes d'affaires, li, jusqu'à des cochons. *Jesus*! Y avait du train là ! [Rires]. *My son*! Ça s'arrange pareil comme ène autre bête. Ien que faut que tu le coupes dans deux endroits. (TN – Brasseur 2001 : s.v. *arranger, ranger*, p. 27)

- Moi j'avais mis mon garde-manger contre la porte et elle alle a fait pareil (LOU – *Découverte*, Pointe-aux-Chênes, Terrebonne)

▶ « quand même », « malgré tout »
- Il est guéri pareil. (FA – Poirier 1993 [1925] : s.v. *adverbe*)
- I veut pas m'laisser partir ; j'vas y aller pareil. (NÉ – É. Boudreau 1988 : 186)
- J'y allions pareil. (NÉ – Ryan 1998 : 98, BSM)

- (alle est) pas mûre ça/ a. va être aigre beaucoup là BUT goûte-la pareil (NB – Wiesmath 1, B : 34)
- […] pis i voulaient pas qu'i pratique sa religion pis i la pratiquait pareil (NB – Wiesmath 6, L : 58–59, aussi dans Arrighi 2012 : 187)
- ben : moi je suis mariée je suis libre pareil (NB – Arrighi 2005 : 380, Catherine NB 18 : 179)

- on vient nous envahir ((rit)) ben t'sais je veux pas./ je veux pas dire du mal des autres pareil (IdlM – Falkert 2010 corpus : 52–53, p. 45, CD-ROM)
- tout le temps la même affaire mais : c'est le FUN pareil (IdlM – Falkert 2010, corpus : 189–190, p. 55, CD-ROM)

- Une barque, oui, *well*, c'est selon qui tu veux faire. Y en a des ronds, les autres fois le monde en faisait des ronds, et des fonds plattes. C'est tout une barque pareil. (LOU – *Découverte*, Isle Jean Charles, Terrebonne)

I.2.7 *plein*

Plein, employé comme adverbe, possède le sens de « très », « beaucoup » en FL et en français familier de France. *Plein* est aussi attesté comme quantificateur (*plein de*) (*Le Petit Robert* 2013 : s.v. *plein*). Dans les corpus consultés portant sur la NÉ, le NB, les Îles-de-la-Madeleine et la TN, nous n'avons relevé que l'emploi adjectival et l'emploi en tant que quantificateur.
- elle était une jeune personne qu'était plein gentille (LOU – Rottet 2001 : 119, loc. âgé)
- […] ça va plein plus vite (LOU – DLF 2010 : s.v. *plein*³, p. 473, TB)
- Une paroisse qu'est long mais pas plein large (LOU – DLF 2010 : s.v. *plein*³, p. 473, LF)

I.2.8 *proche*

Proche existe en tant que locution prépositionnelle (« près de ») dans tous les parlers concernés et en tant qu'adverbe (« près ») en FA et en FTN (*cf.* le chap. « Les prépositions », III.19.). Or, pour le FL – et dans une moindre mesure dans la variété néo-écossaise[19] –, on observe que *proche*, employé comme adverbe, a le sens du FS « presque » dans toutes ses fonctions. En tant que tel, il se combine facilement – et fréquemment – avec les verbes, les adjectifs ou avec d'autres adverbes et locutions adverbiales (*cf.* aussi DLF 2010 : s.v. *proche*, p. 496). *Proche* entre également dans les périphrases verbales *passer/venir proche de/à faire* au sens

---

[19] L'existence de *proche* dans ce sens à la BSM est confirmée par le corpus Hennemann ainsi que par Starets (1986 : 335).

de « manquer de faire », « pour un peu » ; cet usage est attesté non seulement en FL, mais aussi en FA et en FTN (*cf.* le chap. « Les périphrases verbales », IV.4.2.).

▶ Emploi adverbial, « près » (FA/FTN)
- il habite pas proche proche (NÉ – Hennemann, BSM, ET)
- tu trouves si tu veux vraiment regarder de proche (NÉ – Hennemann, ILM, GL)
- pis là je branche de deçà pour aller visiter passer au ras les arbres aussi proche moi que je peux (NB – Wiesmath 2, E : 451–452)
- Le vent a poussé la glace dans la nuit assez que les loups-marins ont venu proche. (TN – Brasseur 2001 : s.v. *assez*, p. 30)
- J'arais pas pu oir proche assez pour saoir. (TN – Brasseur 2001 : s.v. *proche*, p. 373)
- Y a un roi qui vit là ici là tout proche. (TN – Brasseur 2001 : s.v. *proche*, p. 373)

▶ Emploi adverbial, « presque » (FA/FL)
- [Enquêtrice : Qu'est-ce que vous aimez comme musique ?] AnS : ben, proche n'importe quoi (NÉ – Hennemann, BSM, AnS)
- le soleil était proche couché (LOU – Brandon 1955 : 498)
- Quand ça arrivait proche à la fin de la saison […] (LOU – *Découverte*, Pointe-aux-Chênes, Terrebonne)
- Un bon boghei, il était proche neuf. (LOU – *Découverte*, Mamou, Évangéline)
- le chemin sale était proche trop mauvais pour un embarcation ou / un/ un char passer dessus (LOU – Stäbler 1995 : 195, corpus)
- Les perdrix, elle aurait proche tout le temps fait euh un jambalaya avec ça ou elle les aurait cuit dedans un gumbo. (LOU – *Découverte*, Mamou, Évangéline)
- Il pouvait proche pas marcher du tout. (LOU – DLF 2010 : s.v. *proche*, p. 496, SL)
- Proche tous mes frères et mes sœurs parlent pas français du tout. (LOU – DLF 2010 : s.v. *tout*[1], p. 624, SL)

▶ Élément de la périphrase verbale *passer/venir proche de/à* « manquer de faire », « pour un peu » (FA/FTN/FL)
- J'ai passé proche d'arrêter icitte hier. (NÉ – É. Boudreau 1988 : 199) (« Pour un peu je me serais arrêté ici hier. »).
- Ben *my son* j'ai venu proche de vomir sus la table ! (TN – Brasseur 2001 : s.v. *proche*, p. 373)
- I tait pou aller prêtre. I a venu proche d'aller prêtre ! (TN – Brasseur 2001 : s.v. *aller*, p. 12)
- Il y a des fois D., là, il venait proche à s'endormir sur le violon (LOU – *Découverte*, Mamou, Évangéline)

Commentaire

Selon Brasseur (2001 : s.v. *proche*, p. 373), les emplois adverbial et prépositionnel de *proche* (« près de ») existent dans « divers parlers dialectaux de France (FEW 9, 450b *PROPEANUS*) » ; pour le reste, ils passent aujourd'hui pour vieillis dans l'Hexagone (*Le Petit Robert* 2013 : s.v. *proche*, vx. ou région. « près de »). En France, *proche* est avant tout adjectif.

I.2.9 *solide*

Une spécificité acadienne nous semble être constituée par l'emploi de l'adjectif *solide* en tant qu'adverbe dans le sens de « continuellement », « toujours », « sans cesse ».

- On travaille à peu près six jours par semaine là solide. (NÉ – Hennemann, BSM, BM)

- Ma / ma mère, a disait solide s'i disais de quoi, i / i disait oui, oui THOMAS. Quand même qu'a savait que c'tait pas vrai. (NÉ – Hennemann, ILM, CL)
- Parce que euh/euh /mon/mon p/ mon plus vieux frère avait l'habitude quand je l'appelais tu sais i parlait solide en anglais. (NÉ – Hennemann, ILM, CL)
- I mouille solide depuis hier à soir. (NÉ – É. Boudreau 1988 : 219) (« sans cesse »)
- tout le temps ça travaillait solide (NB – Arrighi 2005 : 379, Willy NB 9 : 62) (*ça* = « les gars du NB »)

I.2.10 *terrible*

Terrible, en tant qu'adverbe, marque l'intensité.
- Il a mouillé terrible. (FA – Poirier 1993 [1925] : s.v. *adverbe*, *cf.* Arrighi 2005 : 379)
- ç'a changé terrible (IdlM – Falkert 2010, corpus : 431–432, p. 468–469, CD-ROM)
- [...] il y a un gros, gros chat, terrible gros chat qui a tombé derrière lui (LOU – DLF 2010 : s.v. *terrible*^{2}, p. 613, AC, An94)

On relève aussi la forme avec la marque morphologique *-ment* : *terriblement*, de même sens :
- J'ai été élevé très terriblement strict. (NÉ – Ryan 1998 : 100, BSM)

Cf. les deux formes dans le même sens :
- J'aimais terrible la musique et j'aimais terriblement danser et j'ai pas pour me vanter, j'étais une bonne danseuse. (LOU – DLF 2010 : s.v. *terrible*^{2}, p. 613, EV)

I.3 Locutions prépositionnelles en fonction d'adverbe

Dans les variétés concernées, on trouve en fonction d'adverbe quelques locutions prépositionnelles, rares en français de France, ou ayant même disparu de l'usage en France aujourd'hui.

I.3.1 *(sus) empremier*

(Sus [sy]*) empremier* ou *en premier* dans le sens d'« autrefois », « jadis », « dans l'ancien temps », « avant », « au commencement », est attesté en FA, surtout dans la génération la plus âgée, mais l'expression semble demeurer « encore courant[e] pour faire référence à "l'ancien temps" » (Arrighi 2005 : 405). Elle n'est pas signalée dans cette acception pour TN par Brasseur (2001).
- Empremier, le monde était meilleur qu'aujourd'hui. (FA – Poirier 1993 [1925] : s.v. *empremier*)
- En premier, le monde voyageait en bateau. (NÉ – É. Boudreau 1988 : 116)
- En premier, on fauchait à la main. (NÉ – É. Boudreau 1988 : 116)
- i aviont des mocassins de ce temps-là là . pis dit qui prenait des vieux pieds de bas sus ses mocassins. sus empremier coupiont pour rentrer des bas i coupiont les pieds là tu sais là pis mettiont ça j'sais pas des vieux pieds de bas i dit pour pas geler les pieds (NB – Arrighi 2005 : 405, Anna NB 10 : 332–335)
- j'ai né ma mère a mouri . j'avais ien que quatre ans. on l-était quatre enfants . elle est me/ morte des grands fièvres sus empremier là . pis moi j'avais quatre ans (NB – Arrighi 2005 : 405, Annie NB 10 : 5–7)
- pis je chantais les cotu[s] d'empremier (IdlM – Falkert 2010, corpus : 318, p. 161, CD-ROM) (*cotu* = « cotillon »)

Pour la LOU, le DLF signale le tour *en premier* au sens d'« au début » (en anglais : « at first »), mais l'acception « autrefois » ne nous semble pas exclue :
- En premier les dossières c'était deux morceaux de bois. (LOU – DLF 2010 : s.v. *premier*[3], p.491, LA)
- En premier c'était juste pour des passagers. Là quand mon j'ai commencé c'était du monde et des automobiles aussi. (LOU – DLF 2010 : s.v. *premier*[3], p.491, SJ)

Commentaire
Signalons que, contrairement à l'usage acadien, *en premier* signifie en FS « d'abord », « en tant que premier dans une suite de plusieurs » (*Il est arrivé en premier*, c'est-à-dire avant les autres). En FQ, *en premier* est attesté dans le sens de « tout d'abord » (GPFC : s.v. *premier*). L'usage acadien est attesté régionalement en France (FEW 9, 378a, *cf.* aussi Poirier, 1993 [1925] : s.v. *empremier*).

I.3.2 *à force (que)*

(*cf.* aussi le chap. « La subordination », II.4.2.)

À force s'emploie en NÉ, et aussi, sous la forme *à la force*, à TN (*cf.* Brasseur 2001 : s.v. *force (à la)*, p. 207) dans le sens de « enfin », « à la longue ».

▶ « enfin »
- À force, i m'a payé ce qu'il me doivait. (NÉ – É. Boudreau 1988 : 39)
- I est parti, à force ! (NÉ – É. Boudreau 1988 : 39)

▶ « à la longue »
- À la force, ça vient à fatiquer. (TN – Brasseur 2001 : s.v. *force (à la)*, p. 207)

En NÉ et en LOU, *à force* apparaît en outre dans les consécutives inversées au sens de « tellement », « tant », « à un si haut degré ». Le tour est ici souvent élargi par un *que* « parasitaire » joint à l'adverbe, il n'y a subordination qu'en apparence.

▶ « tant, tellement »
- I peut pu s'entraîner à force qu'i est faible. (NÉ – É. Boudreau 1988 : 39)
- A peut pu s'acheter de butin à force qu'alle est pauvre. (NÉ – É. Boudreau 1988 : 39)

- vers minuit au soir, ça m'a réveillé à force que le bateau roulait (LOU – *Découverte*, Pointe-aux-Chênes, Terrebonne)
- Mame tombait par terre à force qu'a braillait. (LOU – DLF 2010 : s.v. *force*, p. 291, EV)
- À force qu'il a travaillé il a réussi. (LOU – DLF 2010 : s.v. *force*, p. 291, SL)
- tout ce que ça parlait c'était le gombo de Tante C., à force qu'eux-autres aimait ça (LOU – *Découverte*, Pointe-aux-Chênes, Terrebonne)
- Je vas jamais l'oublier à force j'ai eu peur. (LOU – DLF 2010 : s.v. *force*, p. 291, VM)
- C'est pas vivable ici, à force il fait chaud. (LOU – DLF 2010 : s.v. *force*, p. 291, VM)

Commentaire
Le sens d'« à la longue » est marqué comme familier en français hexagonal (*cf. Le Petit Robert* 2013 : s.v. *force*). Notons que *à force* s'emploie communément, aujourd'hui, dans la locution *à force de* + infinitif, alors que l'ancienne locution adverbiale signifiant « beaucoup », « extrêmement » (XVIe s.) est aujourd'hui hors d'usage (*ibid.*).

I.3.3 *en masse*

L'expression *en masse* pour indiquer une grande quantité est très fréquente dans les variétés concernées et se place presque toujours en fin de phrase – position privilégiée des adverbes dans ces variétés (*cf.* Arrighi 2005 : 387). Signalons que cette locution adverbiale existe aussi en français familier (*Le Petit Robert* 2013 : s.v. *masse*)/populaire (TLF, *cf.* Brasseur 2001 : s.v. *masse (en)*, p. 293).

Pourtant, l'usage que font de cette locution les variétés étudiées ici est élargi par rapport à l'usage hexagonal. *En masse* sert de quantificateur aux syntagmes nominaux (*cf.* le chap. « Les déterminants indéfinis », II.2.4.[20]), mais peut aussi modifier un verbe à l'instar de *beaucoup* (*ils parlaient en masse* au sens d'« ils parlaient beaucoup ») ; cet usage est également attesté en FQ (GPFC : s.v. *masse*) et aux Îles-de-la-Madeleine (Naud 1999 : s.v. *masse*).

- la nuit de HALLOWE'EN . la nuit d'avant i volent à / en masse (NÉ – Arrighi 2005 : 386, Rosalie NÉ 23 : 355–356)

- a vu des chevreuils mais a pas pu les pogner en masse (NB – Arrighi 2005 : 386, Odule NB 21 : 259–260)

- la parenté hérite en masse (ÎPÉ – Arrighi 2005 : 386, Rose ÎPÉ 7 : 301–302)

- s'y avait quelqu'un qui tuat eune belle bête là qui état grasse en masse [Enquêtrice : hm] soit un porc on appelle ça un cochon nous. ou bien un bœuf. souvent qu'il allat apporter un morceau au voisin (IdlM – Falkert 2010, corpus : 358–360, p. 267, CD-ROM)

- Ils se parlaient entre eux-autres en français en masse. (LOU – DLF 2010 : s.v. *masse*, p. 388, AV)

I.3.4 *de même, pour (de) même*

De même au sens d'« ainsi », « pareillement », « de cette façon », « comme cela » est surtout courant en FA/FTN ; en tant que synonyme de *comme*, la locution *de même (que)* existe aussi en français de France. Ce qui est spécifique des parlers acadiens, c'est la grande flexibilité syntaxique de *de même*, souvent placé en fin d'énoncé.

▶ *de même* adverbe
- Je crois rien pas qu'a / que Harry était vieux de même. (NÉ – Hennemann, ILM, AF) (c'est-à-dire qu'il avait le même âge)
- Elle s'avait arrangé de même. (NÉ – Ryan 1998 : 101, BSM)
- là tu prenais ton amarre de même (NB – Wiesmath 1, B : 237)
- ben on travaillait fort de même (NB – Arrighi 2005 : 390, Willy NB 9 : 23)
- [Autrefois, il n'y avait pas l'eau du robinet.] faulait que le monde creuse : les puits dans la terre là [...] pis là ça pompait de même. (IdlM- Falkert 2010, corpus : 154–156, p. 402, CD-ROM)
- [Autrefois, on organisait des soirées entre amis.] ben ène autre soirée ben c'était chez un autre. t'sais on changeait de même (IdlM – Falkert 2010, corpus : 137–138, p. 495, CD-ROM)
- ta main virée par en dessous de même là, et pis tomber ton poids dessus, ben t'engorges ça ici là, des fois tu casses aussi. (TN – Brasseur 2001 : s.v. *engorger*, p. 181)

---

20 *Cf.* « j'ai de l'argent en masse » (NÉ – Arrighi 2005 : 386, Marcelin 2 : 14)

Les locutions figées *de quoi de même* (« quelque chose comme ça », « une chose pareille »)[21] et *c'est/c'était de même que* (« c'est ainsi que ») sont très fréquentes.

▶ ***de quoi de même, c'est/c'était de même que***
- Pis c'est de même qu'i mangeont. (NÉ – Hennemann, BSM, RL)
- Pis il aviont des / des danses / des KITCHEN RACKET pis de quoi de même. (NÉ – Hennemann, ILM, IS)
- ben moi mon père euh pis ton père itou c'était de même dans ce temps-là ça travaillait . (NB – Wiesmath 1, B : 800)
- c'était de même ça allait dans ce temps-là (NB – Wiesmath 3, D : 45)
- moi ça me dérange pas de parler chiac moi ça me dérange pas pis comme pis c'est de même que j'ai été appris pis c'est de même que c'est on dirait (NB – Arrighi 2005 : 391, Annabelle NB 15 : 89–92) (« ainsi »)
- i y a plus ienque moi qu'a de quoi de même (NB – Wiesmath 3, D : 31)
- je coupais du bois pour l'hiver . . c'est de même que ça allait (ÎPÉ – Arrighi 2005 : 391, Théodore ÎPÉ 4 : 111)
- pis des fois on jouait au bingo au . au GRAB BAG c'est/ au/ vous savez qu'est-ce que/ YOU KNOW de quoi de même (ÎPÉ – Arrighi 2005 : 391, Rose ÎPÉ 7 : 41–42)
- ça c'était de même que la pêche a se passait (IdlM – Falkert 2010, corpus : 42, p. 442, CD-ROM)
- Après que la pêche tait finie, ben i restiont ici, ieusses, y en a joliment qui restiont à La Grand-Terre ici là pis... au Cap, c'est de même qu'il ont venu à rester ici vois-tu. (TN – Brasseur 2001 : s.v. *même (de-)*, p. 297)
- Ène gournable ça c'*ène gaule de fer, un morceau de fer, tu sais, avec une tête dessus comme un clou ou de quoi de même, pour *driver* en bas dans le bois, pou faire des blocs ou de quoi de même, tu sais des *wharfs*. [...] (TN – Brasseur 2001 : s.v. *gournable*, p. 229)

Signalons dans ce contexte que *de même* s'emploie très fréquemment en tant qu'adjectif dans le sens de « pareil », « semblable ». Cet usage, inconnu en français de France contemporain, est attesté dans toutes les variétés concernées, même s'il semble plus courant en FA et en FTN qu'en FL.

▶ ***de même* adjectif**
- J'en ai iunne dans mon MICROWAVE de même. (NÉ – Hennemann, ILM, IS) (« J'en ai une pareille dans mon four à micro-ondes. »)
- Des affaires de même. (NÉ – Ryan 1998 : 101, BSM)
- oui là jusqu'à tant que ça seye passé moi je suis de même . moi là si quelqu'un est malade ben là faut que je save quoi ce qu'il a (NB – Arrighi 2005 : 391, Évangéline M. NB 14 : 160–161)
- tu vas à des places de même (NB – Wiesmath 2, E : 172)
- tu vas avoir du cholestérol dans ton sang des choses de même (NB – Wiesmath 12, N : 149–150)
- à Petit Rocher pis des places de même (IdlM – Falkert 2010, corpus : 112, p. 49, CD-ROM)
- [...] pis après ça tu venais prendre la traîne avant de sortir, après deux trois tours de même, tu pouais sortir ta charge de bois. Ça c'est battre un chemin. (TN – Brasseur 2001 : s.v. *battre*, p. 47)
- c'était une affaire de même (LOU – *Découverte*, Cankton, St. Landry)

---

21 *Cf.* Ryan (1998 : 101), Brasseur (2001 : s.v. *quoi*, p. 383), Arrighi (2005 : 391). *Cf.* aussi le chap. « Les pronoms indéfinis », I.6.

En FL, outre l'emploi adjectival et adverbial standard de *même*, on note le tour *pour (de) même* qui sert soit à affirmer l'assertion dans le sens de « réellement, vraiment », soit à signaler un contraste (« néanmoins, tout de même »).

▶ *pour (de) même*
- Tu dois croire que je suis couillon pour de même ! (LOU – DLF 2010 : s.v. *même²*, p. 393, TB) (« réellement, vraiment »)
- Pour même, je vais le faire. (LOU – DLF 2010 : s.v. *même²*, p. 393, VM) (« néanmoins, tout de même »)

Commentaire
L'emploi adjectival de *de même* dans le sens de « semblable », « pareil », reflète un usage ancien, attesté dès le XVIIe s. et relevé encore au XIXe s. On trouve également les traces de cet emploi dans les parlers de l'Ouest de la France et au Québec[22].

I.3.5 *au moment*

La locution adverbiale *au moment* dans le sens de « en ce moment », « à ce moment-là » est rare. Elle a été relevée dans le parler néo-brunswickois par Arrighi (2005 : 404) et en FTN par Brasseur (2001 : s.v. *moment (au)*, p. 302), qui note que cette locution existait en français de France au XIXe s. (FEW 6/3, 61b), mais qu'elle ne figure plus dans les dictionnaires aujourd'hui.
- j'aime bien quoi-ce que je fais au moment (NB – Arrighi 2005 : 404, Angèle NB 13 : 253–254)
- Jusqu'au moment, je pense qu'y a des charrues à cheval. (TN – Brasseur 2001 : s.v. *moment (au)*, p. 302)
- [...] y a ène *nurse* [angl. « infirmière »] qu'a passé au moment, faut croire qu'a m'a piqué en queuque part, j'ai tombé endormi, je m'en a [...] pas aperçu de rien ! (TN – Brasseur 2001 : s.v. *reparer*, p. 394) (« à ce moment-là »)

II Formations avec le suffixe *-ment*

En général, le suffixe *-ment* est peu productif pour former des adverbes dans les variétés étudiées ici. Exception faite de quelques adverbes lexicalisés et courants dans tous les registres (*joliment, vraiment, seulement, exactement*), les adverbes en *-ment* s'emploient plus rarement que les autres types d'adverbes et apparaissent surtout dans les contextes formels[23].

Ne seront présentées, dans ce qui suit, que quelques formations qui sont soit inconnues en FS contemporain, soit employées de manière spécifique.

---

22 *Cf.* Haase (1965 : 112), Wolf (1987 : 25), Ryan (1998 : 101), Brasseur (2001 : s.v. *même (de-)*, p. 296), FEW (4, 807b-808a) ; pour le FQ : GPFC (s.v. *même*), Meney (1999 : s.v. *même*), Seutin (1974 : 329, Île-aux-Coudres).
23 *Cf.* Arrighi (2005 : 378) et Hummel (2000 : 431, 2013 : 12), qui se réfère au corpus néo-brunswickois établi par Wiesmath. Pour le FL : Guilbeau (1950 : 245), Papen/Rottet (1997 : 91).

II.1 *joliment*

Joliment s'emploie très fréquemment dans les variétés concernées, surtout en FL, avec un sens intensif (« vraiment », « beaucoup », « très ») ou exhaustif (« tout à fait », « complètement »)[24] et peut aussi apparaître dans les contextes péjoratifs. En FL, *joliment* peut être renforcé par un autre adverbe intensificateur.

▶ « Vraiment », « beaucoup », « très »
- I fait joliment chaud à c'te semaine. (NÉ – É. Boudreau 1988 : 157)
- ça serait joliment difficile à dire (NB – Arrighi 2005 : 388, Annie NB 10 : 58–59)
- [...] pis y avait joliment une grosse famille zeux aussi (NB – Arrighi 2005 : 388, Annie NB : 435–436)
- J'avons joliment en masse du bois ici. (TN – Brasseur 2001 : s.v. *joliment*, p. 261)
- La peur peut faire joliment. (TN – Brasseur 2001 : s.v. *faire*, p. 195) (*faire* = « avoir une action, une influence », *ibid.*)
- et je me défends un tas joliment bien en anglais (LOU – *Découverte*, Mamou, Évangéline)
- Y en a deux mes filles qui peut parler jholiment bien en français, [...] (LOU – Rottet 2001 : 130, loc. âgé)
- Et j'ai été élevé joliment pauvre, comme tout le monde ici dans le bas de bayou (LOU – *Découverte*, Pointe-aux-Chênes, Terrebonne)
- J'ai resté joliment longtemps dans un *wheelchair*. (LOU – DLF 2010 : s.v. *joliment*, p. 352, VM)
- Ça coûte joliment mais c'est un bon passe-temps. (LOU – DLF 2010 : s.v. *joliment*, p. 352, SM)

▶ « Tout à fait », « complètement »
- Il a démanché le *truck* joliment. (TN – Brasseur 2001 : s.v. *démancher*, p. 154)
- Le mastic, c'est usé joliment ! [...] (TN – Brasseur 2001 : s.v. *craque*, p. 132)
- Et y a les loups de mer qu'est joliment pareil comme ça aussi [...] (TN – Brasseur 2001 : s.v. *plaqué*, p. 356)

Commentaire
Joliment est attesté dès le XVIIe s. avec un sens intensif en français métropolitain, où il passe aujourd'hui pour familier ou dialectal ; il est attesté en FQ[25].

II.2 *mêmement*

Mêmement est synonyme de *même*, mais selon Poirier (1993 [1925] : s.v. *mêmement*) « avec un sens plus énergique ». Ryan (1998 : 95) confirme l'existence de l'adverbe pour la BSM (NÉ). En

---

24 *Cf.* Brasseur (2001 : s.v. *joliment*, p. 261), Arrighi (2005 : 388), DLF (2010 : s.v. *joliment*, p. 352) ; pour les Îles-de-la-Madeleine, *cf.* Naud (1999 : s.v. *joliment*). – *Joliment* est donc employé dans le même sens que *mortellement*, adverbe noté par King (2013 : 99s.) pour le parler de l'ÎPÉ mais attesté également en français familier de France pour exprimer l'intensité, *cf.* : « L'église est mortellement belle. » (ÎPÉ). – Signalons que comme *beaucoup*, *joliment* peut être un quantificateur : « J'ai fait joliment de l'argent avec des mulets » (DLF 2010 : s.v. *joliment*, p. 352, AC) (*cf.* le chap. « Les déterminants indéfinis », II.1.5.).
25 *Cf. Le Petit Robert* (2013 : s.v. *joliment*), Grevisse/Goosse (2008 : § 584, p. 749), FEW (16, 286a-b), Brasseur (2001 : s.v. *joliment*, p. 261), Arrighi (2005 : 388), GPFC (s.v. *joliment* : « Son garçon est joliment capable. »).

France, la forme passe pour vieillie dès le XVIIe s. (Haase 1965 : 113 ; *cf.* aussi Brunot/Bruneau 1949 : 413). *Mêmement* renforce l'adjectif ou l'adverbe qui le suit :
- c'est mêmement mieux que cent piastres (NÉ – Ryan 1998 : 95, BSM)
- Il le croit ; il en est mêmement sûr et certain. (FA – Poirier 1993 [1925] : s.v. *mêmement*)

II.3 *moyennement*

Moyennement au sens d'« assez », « passablement » est attesté en NÉ et au NB. L'adverbe existe en français hexagonal (*Le Petit Robert* 2013 : s.v. *moyennement*) et dans les variétés laurentiennes du français, dont le FQ (TLFQ, King 2013 : 100).
- Ma cueillette est moyennement bonne. (FA – Poirier 1993 [1925] : s.v. *moyennement*) (*cueillette* = « récolte »)
- C'est moyennement malaisé à faire. (FA – Poirier 1993 [1925] : s.v. *moyennement*)
- Ma grange est moyennement chaude. (NÉ – É. Boudreau 1988 : 175)
- Y a mouêmement mouillé. (NÉ – Thibodeau 1988 : 87)

Notons les formes écrasées [mwenmã]/[mwemã] qui semblent encore avoir été courantes chez les locuteurs âgés au milieu du XXe s. (King 2013 : 100 pour la BSM, NÉ)[26].

II.4 *quasiment*

L'adverbe *quasiment* est assez répandu en FA et en FTN[27], où *presque* n'est guère courant (*cf.* dans ce sens, pour le sud du Cap-Breton, É. Boudreau 1988 : 201). En FTN, on note les variantes *quisiment* [kizimã], *quitiment* [kitimã], *quéïmant* [keimã], *quésiment* [kezimã] (TN – Brasseur 2001 : s.v. *quisiment*, p. 381). L'adverbe *quasiment* « presque », « à peu près », « en quelque sorte », est attesté en France dès le tout début du XVIe s., mais est aujourd'hui marqué comme « familier » ou « régional » (*Le Petit Robert* 2013 : s.v. *quasiment*).
- I fait quasiment noir. (NÉ – É. Boudreau 1988 : 201)
- c'est quasiment touT des Anglais (NÉ – Hennemann, PUB, ID)
- Ça faisait un pilot d'écopeaux aussi gros comme un huron de foin quasiment. (NÉ – Flikeid 1996 : 318, Chéticamp)
- C'était quasiment toute des prêtres de France. (NÉ – King 2013 : 101)

- ta boête on va dire arrivait quasiment pleine (NB – Wiesmath 1, B : 458)
- i achetiont de la farine . pour/quasiment pour l'hiver là (NB – Wiesmath 3, D : 507)
- moi je dirais . ça prend quasiment les deux langues . pour la paix (NB – Wiesmath 4, M : 132)

---

26 La forme *mouêmement* est également attestée par Thibodeau (1988 : 87). – Selon King (2013 : 100, qui se réfère à Ph. Comeau, comm. pers.), *moyennement* s'est aligné phonétiquement sur *wellment*, est aujourd'hui perçu comme un anglicisme et a subi une réanalyse sémantique (« vraiment », angl. *really*) à la BSM (*cf.* ci-dessous IV.4.).
27 Pour le FL, Ditchy (1932, s.v.) atteste la forme *quasiment* « presque », la qualifiant de canadianisme. Elle ne figure pas dans le corpus *Découverte*, mais elle est notée par le DLF (2010 : s.v. *quasiment*, p. 504) sans indication d'exemple.

- C'est quasiment pas explicable, tellement c'était beau. (ÎPÉ – Ryan 2005 : 306)
- tu vendais le homard pour quasiment pour rien (ÎPÉ – Arrighi 2005 : 378, Théodore ÎPÉ 4 : 56–57)
- mon dîner état quasiment cuit quante je partas (IdlM – Falkert 2010, corpus : 54, p. 60, CD-ROM)
- le monde ben : i vont chercher leu=manger quasiment fait' i faisent pas de pain ni rien (IdlM – Falkert 2010, corpus : 40–41, p. 59, CD-ROM)
- Et pis le cheval [...] il a pas voulu passer, il a quisiment tout [tut] brisé les menoires et tout [tut] ça. (TN – Brasseur 2001 : s.v. *quisiment*, p. 381)
- La terre grasse que j'appelons nous autres, c'est... c'est gris, pis c'est... de la terre qu'est tout à fait [...] tout à fait [...] quéïment comme la pâte, quéïment hein. (TN – Brasseur 2001 : s.v. *terre*, p. 443)
- Oh ! I tait quésiment queurvé le tit jubier. (TN – Brasseur 2001 : s.v. *queurvé, corvé*, p. 380)

II.5 *seulement (que)*

En FA, l'adverbe *seulement* peut apparaître sous une forme élargie par *que*, surtout dans le tour *avoir seulement que* et *y a seulement que* (« n'avoir que », « il n'y a que »). Dans les autres contextes, les adverbes synonymes *ienque/yienque/rien que* et *juste/justement* sont plus courants (*cf.* ci-dessous III.7. et III.8.). La présence du *que* « parasitaire » dans le tour *seulement que* pourrait s'expliquer justement par le croisement de *seulement* avec l'adverbe plus fréquent *rien que (ienque/yienque)*.

▶ *avoir seulement que* « n'avoir que »
- pis là t'arrives pis t'as seulement que t'endormir quelques heures mais cinq, six heures. (NÉ – Hennemann, BSM, SC)
- Je pense qu'y a seulement que les / les p/ les râpures que ça c'est vraiment un met qu'a resté acadien. (NÉ – Hennemann, BSM, RL)
- Pis il avait seulement qu'une sœur, [...] (NÉ – Hennemann, ILM, AF)
- il y a seulement qu'une motel dans le village (NB – Wiesmath 6, L : 292)
- y avait pas seulement que des Allemands (IdlM – Falkert 2010, corpus : 19, p. 105, CD-ROM)

▶ *seulement que* dans d'autres contextes
- i n'y en a point qui écoutent seulement que ça. (NÉ – Hennemann, BSM, SC)
- ben lui [le phoque malade] i était un peu mieux un petit comme le blanc mais seulement qu'il avat / il avat ce couleur-là un peu lui i avat pardu du poil (IdlM – Falkert 2010, corpus : 122–123, p. 14, CD-ROM)

▶ *seulement*
- si ça prend deux piasses i en donnent seulement une (NB – Wiesmath 2, E : 262)[28]
- j'ai seulement un de mes enfants qu'est par ici (NB – Wiesmath 6, L : 122)
- Il y a seulement lui qui aurait pu faire ça. (LOU – DLF 2010 : s.v. *seulement*, p. 580, LA)
- Il a été content, il pouvait pas parler bien seulement, tu connais ? (LOU – *Découverte*, Mamou, Évangéline)

---

[28] Dans le corpus de Wiesmath, la plupart des occurrences de *seulement* sans le *que* parasitaire proviennent du même locuteur.

Notons que lorsqu'il est nié, *seulement* peut être employé non seulement dans l'annulation d'une négation restrictive, mais aussi dans le sens « même pas ». Cet emploi est courant en FA et surtout en LOU (*cf.* Brandon 1955 : 500, DLF 2010 : s.v. *seulement*, p. 580) (*cf.* le chap. « La négation », VI.2.).

▶ *pas seulement, seulement pas* au sens de « même pas »
- comment-ce que vous voulez que je me batte j'ai seulement point un couteau de poche pour me défendre (NÉ – Arrighi 2005, corpus, Marcelin NÉ 2 : 374–375)
- On savait pas / i y avait pas de rien pour nous dire / on avait pas seulement des téléphones ! (NÉ – Hennemann, BSM, AnS) (« on n'avait même pas de téléphones »)
- on ne parle seulement pas de ça (IdlM – Falkert 2010, corpus : 56, p. 360, CD-ROM)
- et Tit Jean pouvait pas seul'ment lever les pinces (LOU – Brandon 1955 : 500)
- Dans ce temps là, là on avait pas seulement de char. (LOU – DLF 2010 : s.v. *seulement*, p. 580, EV)
- Le monde connaissait pas seulement lire leur nom. (LOU – DLF 2010 : s.v. *seulement*, p. 580, TB)
- Lui il est mort quand-ce que mon grand-père était enfant, il se rappelle pas de son pape seulement (LOU – DLF 2010 : s.v. *seulement*, p. 580, TB)

Poirier (1993 [1925] : s.v. *seurement*) explique qu'en FA, la forme *seurement* « [s]e dit pour *seulement*, par le changement assez fréquent [...], de *l* en *r* et inversement ».

▶ *seurement*
- Il ne m'a seurmant pas dit merci. (FA – Poirier 1993 [1925] : s.v. *seurement*)

II.6 *(si) tellement*

L'adverbe d'intensité *tellement*, qui accompagne un adjectif (*tellement grand*), un adverbe (*il fait tellement chaud*) ou un verbe (*elle avait tellement maigri*) ou sert de quantificateur devant un nom (*tellement de*), est courant dans toutes les variétés étudiées ici. En FL, comme d'ailleurs en France dans le non-standard (Bauche [2]1951 : 120), il est souvent intensifié à son tour par l'adverbe *si*. Dans les parlers acadiens, *tellement* se trouve en concurrence avec l'adverbe *assez*, de même sens (*cf.* ci-dessous III.1. et le chap. « La subordination », II.4.2.).

▶ *tellement*
- Mais la musique française, elle est [...] tellement belle, tellement belle ! (NÉ – Hennemann, ILM, EL)
- ben on fête tellement là le / le / l'affaire du / de la fête oui (NB – Wiesmath 2, E : 7)
- aujourd'hui, c'est tellement beau l'Île d'Entrée là (IdlM – Falkert 2010, corpus : 228, p. 32, CD-ROM
- Pauvre bête, il bégayait tellement mauvais que il pouvait pas user le phone tu tout. (LOU – DLF 2010 : s.v. *tellement*, p. 608, LA)
- Alle avait tellement maigri, la pauvre bête, jusqu'à alle caracolait. (LOU – DLF 2010 : s.v. *tellement*, p. 608, AV)

▶ *si tellement* (FL)[29]
- elle l'aimait si tellement (LOU – Brandon 1955 : 499)
- Le monde vit si tellement vieux. (LOU – DLF 2010 : s.v.*tellement*, p. 608, An94)
- Mais il y avait si tellement un bon constable là, seulement lui, il a cogné, ouais. (LOU – DLF 2010 : s.v. *tellement*, p. 608, SL, An94)
- Comme tu aimes Rover si tellement, je serais content de l'amener. (LOU – DLF 2010 : s.v. *tellement*, p. 608, LA, An94)

Tellement apparaît également dans les consécutives inversées dans le sens de « tant », « à un si haut degré ». Il est alors souvent, mais pas systématiquement, élargi par un *que* « parasitaire » sans qu'il y ait subordination.

▶ *tellement (que)* **consécutif**
- tellement qu'il adorait le lait gras (LOU – Brandon 1955 : 499)
- Il y en a un des petits ouaouarons qu'a vu un gros bœuf, et le bœuf lui a fait peur, tellement il était gros. (LOU – DLF 2010 : s.v. *tellement*, p. 608, LA, An94).
- tellement j'aime ça froid. je me dépêche à la boire tandis elle est froid (LOU – Stäbler 1995 : 153, corpus)

Notons dans ce contexte que *tant* précédant l'adverbe *bien* est synonyme de *tellement* avec un sens intensif[30].

▶ *tant b(i)en*
- pis moi je euh j'ai pas travaillé tant ben (NB – Wiesmath 2, F : 623)
- j'aimais pas sortir de trop et là asteur je voudrais sortir je peux pas marcher tant bien (LOU – Stäbler 1995 : 41, corpus)

II.7 *vitement*

En FL, le suffixe *-ment* est parfois ajouté à l'adverbe *vite* :
- et on l'a éteint . vitement (LOU – Stäbler 1995 : 94, corpus)
- Il court si vitement. (LOU – DLF 2010 : s.v. *vitement*, p. 653, Lv88)

III Particularités d'emploi de quelques adverbes fréquents

Quelques-uns des adverbes présentés dans cette section existent certes en français de France, mais présentent des particularités d'usage dans les variétés étudiées (*assez, aussi, beaucoup,*

---

29 *Si tellement* apparaît également dans les structures consécutives et sert par ailleurs de quantificateur devant un nom (*cf.* les chap. « La subordination », II.4.2., « Les déterminants indéfinis », II.1.7.).
30 *Tant* employé avec les adjectifs ou adverbes au sens de « tellement » est considéré aujourd'hui soit comme un archaïsme littéraire, soit comme un régionalisme, mais cet usage était encore très fréquent au XVIIe s. (Grevisse/Goosse 2008 : § 996a, p. 1250, Spillebout 1985 : 34).

comme, tout de suite, trop). D'autres, très fréquents, ne sont pas ou plus en usage en français hexagonal contemporain ; certains d'entre eux ont néanmoins existé antérieurement ou survivent régionalement (*asteur(e), icitte, rienque/ienque*). Rappelons que les adverbes occupent souvent la place finale dans la phrase ; Arrighi (2005 : 387 *passim*) considère ce trait comme étant l'un des traits spécifiques des variétés acadiennes (*cf.* ci-dessus « Préliminaires »).

III.1 *assez*

Assez compte parmi les adverbes les plus fréquents en FA/FTN/FL. Son emploi ne correspond qu'en partie à l'emploi standard.

Selon la place et l'environnement synaxique, *assez* prend des sens différents[31] :
- En antéposition à l'adjectif ou l'adverbe qu'il modifie, *assez* a le sens de « très », « tellement » et marque l'intensité[32] ; de même, dans l'entourage verbal, *assez* peut servir d'intensificateur dans le sens de « beaucoup », « vraiment » (*cf.* aussi Arrighi 2005 : 383s.).
- En postposition au terme qu'il modifie, *assez* prend le sens de « suffisamment » (Arrighi 2005 : 383) ; c'est également le sens pris fréquemment par cet adverbe dans la proposition niée ou en emploi autonome. La postposition d'*assez* s'accompagne généralement d'une intonation emphatique[33].
- En tant que quantificateur (*assez de* + nom), *assez* peut ou bien précéder le nom qu'il quantifie ou bien le suivre. Dans la proposition affirmative, la polysémie reste entière (« beaucoup de » ou « suffisamment de »), alors que dans la proposition niée, le tour *pas assez de* a généralement le sens de « pas suffisamment de » (*cf.* chap. « Les déterminants indéfinis », II.1.1.).
- Lorsqu'il se trouve dans une principale qui précède une proposition consécutive introduite par *que*, *assez* a le sens de « tellement », indépendamment de sa position par rapport au terme qu'il spécifie. En corrélation avec le subordonnant *pour (que)*, en revanche, *assez* signifie « suffisamment ».

▶ *assez* antéposé à un adjectif ou à un adverbe : « très », « tellement »
- Ah je suis assez contenT que t'es ici (NÉ – Hennemann, ILM, DO)
- I est assez mal élevé. (NÉ – É. Boudreau 1988 : 50)

- j'ai trouvé ça assez malaisé de penser qu'i alliont me faire laisser l'école mais là on était sage on disait rien (NB – Wiesmath 2, F : 656–657)
- tout' coûte assez cher (NB – Wiesmath 3, D : 466)
- oh je suis assez grosse […] faut que je maigrisse (NB – Arrighi 2005 : 384, Rita NB 18 : 28–29)

---

[31] *Cf.* pour le FA : Arrighi (2005 : 383s.) ; pour l'ÎPÉ : Ryan (2005 : 305) ; pour TN : Brasseur (2001 : s.v. *assez*, p. 30) ; pour la LOU : Guilbeau (1950 : 237), Brandon (1955 : 498), Papen/Rottet (1997 : 90).

[32] Cet emploi est également attesté pour le FQ (*cf.* GPFC : s.v. *assez* : *Elle est assez grand.* = « Elle est très grande. »).

[33] Poirier (1928 : 182) parle d'un « accent particulier » sur la seconde syllabe, Guilbeau (1950 : 237) d'une intonation emphatique sur la dernière syllabe. Papen/Rottet (1997 : 92) notent que *assez* – doté d'une intonation emphatique – signifie « très », « extrêmement ».

- on tait assez une grosse famille que ben si tu penserais qu'on s'arait manqué iun à l'autre parce on tait une grosse famille ben non (NB – Arrighi 2005 : 278, Zélia NB 17 : 173–175)
- J'étais assez happy, hein ! (ÎPÉ – Ryan 2005 : 305)
- y a des endroits que c'est assez beau (IdlM – Falkert 2010, corpus : 294–295, p. 76, CD-ROM)
- I sont assez fiers ! I sont achantés. (TN – Brasseur 2001 : s.v. *achanté*, p. 6)
- Pis son lait était riche c'était comme la crème ! Ce tait assez beau ! (TN – Brasseur 2001 : s.v. *être*, p. 190)
- Il est assez entêté. (LOU – DLF 2010 : s.v. *assez*, p. 41, Lv88)
- J'ai eu **assez** peur, y avait assez des gros coups de tonnerre que j'ai allumé la chandelle et je l'ai mis sur la petit table-là, parce que moi je peux pas coucher dans le noir. (LOU – DLF 2010 : s.v. *assez*, p. 41, TB)
- Pauvre bête, alle était assez maigre. (LOU – DLF 2010 : s.v. *assez*, p. 41, Lv88)
- il y a assez longtemps je suis malade (LOU – *Découverte*, Châtaignier, Évangéline)

▶ *assez* **postposé et dans les négations : « suffisamment »**

- Trois quarts de zeux sont / euh/ sont / euh/ pas OBESE mais tu sais là parce qu'i sont pas actifs assez. (NÉ – Hennemann, ILM, SC)
- C'est bon assez pour lui. (NÉ – É. Boudreau 1988 : 50)
- t'sais la vie va vite assez comme c'est là (NB – Arrighi 2005 : 383, Zélia NB 17 : 424)
- je sais pas si t'es grand assez (NB – Wiesmath 1, B : 910)
- pis les érables poussaient poussaient pis quand ce qu'i étaient gros assez j'ai pris à/commencé à les couper [...] (NB – Wiesmath 2, E : 441–442)
- la mer c'était pas assez creux (NB – Wiesmath 1, B : 923)
- je suis pas assez impliquée dans la/la politique pour ça (NB – Wiesmath 6, L : 327–382)
- ben tu gagneras pas ça ici ((rit)) y a pas de gros gros lot ici. pas assez pour acheter une maison pis une terre (IdlM – Falkert 2010, corpus : 317–318, p. 38, CD-ROM)
- [...] pis une fois que c'est chauffé assez, sé t'as de la morue ou n'importe quoi-ce que t'es à cuire, tu prends ça pour faire de la graisse, [...] (TN – Brasseur 2001 : s.v. *à*, p. 2) (*sé* = « si », *cf.* le chap. « La subordination », II.7.1.)
- Tu peux pas... tu pourras pas demander cher assez pour. (TN – Brasseur 2001 : s.v. *assez*, p. 30)
- si on avait le courage assez d'aller le dérober (LOU – *Découverte*, Pointe-aux-Chênes, Terrebonne)
- ça te voyait pas assez souvent (LOU – *Découverte*, Church Point, Acadia)

▶ **Dans l'entourage verbal, proposition non niée : « vraiment », « beaucoup »**

- Elle a assez une belle mémoire. (NÉ – Hennemann, ILM, Corpus oral, 5)
- j'arais assez aimé assez aimé d'aller par là (NB – Wiesmath 4, M : 97)
- j'aime assez de voyager en train (NB – Arrighi 2005 : 384, Zélia NB 17 : 420)
- pis je trouve assez qu'i a des belles dents [...] (NB – Arrighi 2005 : 384, Suzanne L. NB 18 : 371–372)
- Pi on a assez ri ! (ÎPÉ – Ryan 2005 : 305)
- Pi on a assez eu de fun ! (ÎPÉ – Ryan 2005 : 305)
- j'étais à Québec là j'avais un:/. un gros bloc en avant de chez nous on/onze étages je regardais dehors c'est ça que je voyais m'ennuyais assez de ma mer en face là (IdlM – Falkert 2010, corpus : 87–88, p. 47, CD-ROM)
- on a assez ri (IdlM – Falkert 2010, corpus : 225–226, p. 72, CD-ROM)
- Ben y a du monde qui mangeont assez pis qu'i venont rebutés ! (TN – Brasseur 2001 : s.v. *rebuté*, p. 391) (*rebuté* = « rassasié »)

- ça ça donne la fièvre moi je crois . une 'tite fièvre lente . jusque tu peux t'apercevoir assez que t'as froid .. (LOU – Stäbler 1995 : 45, corpus) (« vraiment »)
- On s'avait visité assez. C'était assez ouais, ah ouais. (LOU – *Découverte*, Mamou, Évangéline)

▶ *assez ... que* au sens de « tellement...que »

(*cf.* le chap. « La subordination », II.4.1.)
- il en avait assez mangé que je croyais qu'il en mourrait (NB – Poirier 1928 : 182)
- Le vent a poussé la glace dans la nuit assez que les loups-marins ont venu proche. (TN – Brasseur 2001 : s.v. *assez*, p. 30)
- ils l'ont jeté assez loin qu'il l'ont pas revu encore (LOU – Brandon 1955 : 498)
- l'affaire était assez par terre que . c'était pas une affaire de vivre .. [...] là c'est venu assez mauvais que ils avaient pas de marché pour . (LOU – Stäbler 1995 : 197s., corpus)

▶ *assez ... pour* (+ infinitif) ou *pour que* (+ subordonnée) au sens de « suffisamment...pour (que) »

- pis ensuite i les gardaient dehors à la gelée [...] i faisait froid assez pour les garder (NÉ – Arrighi 2005 : 383, Édith NÉ 22 : 44–45)
- quelqu'un qui s'occupe des voyages beaucoup disait qu'i pensait pas qu'i y arait des hôpitals assez grandes pour tout' ramasser pis amener le monde qui va euh qui va évanouir [...] (NB – Wiesmath 2, F : 157–159)
- j'ai fini par apprendre l'anglais. assez pour me : débrouiller (IdlM – Falkert 2010, corpus : 260–261, p. 34, CD-ROM)
- j'aurais jamais cru que j'aurais vi assez vieux pour voir une *television* (LOU – *Découverte*, Pointe-aux-Chênes, Terrebonne)
- Il était pas assez vieux pour avoir sa licence (LOU – *Découverte*, Church Point, Acadia)

Commentaire

La postposition de l'adverbe *assez* correspond à l'ancien usage en France (Haase 1965 : 312, Grevisse/Goosse 2008 : § 584b1, p. 748s.). Les occurrences contemporaines du phénomène constituent, selon Grevisse/Goosse (2008 : § 974a, p. 1215s. et H974), un « tour archaïque [...] resté vivant dans certaines régions de France » – Brasseur (2001 : s.v. *assez*, p. 30) indique le picard et le nantais –, mais aussi au Canada et en Belgique[34]. L'ancienneté de la postposition d'*assez* est d'ailleurs confirmée par le parallélisme avec la place de l'adverbe *ase* dans quelques langues créoles (pour le créole haïtien, *cf.* par ex. Valdman et al. 2007 : s.v. *ase*). Dans le langage populaire en France, *assez* (au sens de « suffisamment ») se place souvent en fin de phrase pour recevoir une intonation emphatique[35]. Dans les variétés étudiées ici, l'influence de l'anglais pourrait constituer un facteur additionnel pour expliquer la fréquence de la postposition de cet adverbe (*bon assez* ← *good enough*).

Quant au sens de l'adverbe, signalons qu'*assez* a évolué, passant du sens de « beaucoup », marquant couramment l'intensité en ancien français, à l'expression d'une quantité suffisante (« suffisamment »)[36]. On observe toutefois une certaine amplitude des significations en français de France, *assez* pouvant également « introduire un certain degré de relativité [...] » ou bien renforcer, ou au contraire atténuer « la qualité exprimée par le mot qu'il accompagne » (Hanse 1991 : s.v. *assez*, p. 107).

---

[34] *Cf. Laissez-le faire, il est grand assez. Il a de l'argent assez. Il court vite assez.* (Ex. figurant dans Hanse 1991 : s.v. *assez*, p. 107).
[35] Bauche (^{2}1951 : 120) indique les exemples suivants : *tu n'as pas d'argent assez ; il n'est pas riche assez*.
[36] *Cf.* FEW (24, 183b ; 1, 39), DHLF (s.v. *assez*), Hanse (1991 : s.v. *assez*, p. 107).

III.2 *ast(h)eur(e)*

Ast(h)eur(e), plus rarement *steure* (surtout après voyelle), est une forme contractée du syntagme *à cette heure* (*cf.* Arrighi 2005 : 376 ; 402ss., Brasseur 2001 : s.v. *asteure, steure*, p. 31) et renvoie au moment de référence, c.-à-d. généralement au moment de l'énonciation : dans les variétés concernées, c'est l'adverbe traditionnel, répandu dans toutes les tranches d'âge, pour exprimer le sens du FS « maintenant ». Mais *ast(h)eure* peut aussi renvoyer à un laps de temps plus étendu dans le présent (« à présent », « actuellement », « de nos jours », « ces temps-ci ») et même, surtout en FA, à un moment de référence dans le passé (« alors », « en ce temps-là », Arrighi 2005 : 402ss.)[37]. *Ast(h)eure*, adverbe temporel déictique, est souvent renforcé par un *là* déictique. Pour le FTN, Brasseur (2001 : s.v. *asteure, steure*, p. 31) signale en outre une fonction discursive de l'adverbe, *ast(h)eure* se rapprochant du sens de « donc », « au point où l'on en est/était » et enchaînant ainsi le fil des idées[38].

Signalons que l'adverbe *maintenant* – souvent réalisé sous une forme écrasée [mẽn(n)ã] (Arrighi 2005 : 374), comme elle peut également apparaître en français familier et populaire de France – est rare en FA/FTN/FL.

▶ « maintenant », « à présent », « ces derniers temps », « de nos jours »
- Asteure là, le monde visite pas si tant que / mais moi, he m'en souviens quand h'étais jeune... (NÉ – Hennemann, BSM, SC)
- asteure les femmes d'asteure i/ i font plus ça (NB – Wiesmath 1, R : 441–442) (« de nos jours »)
- tu mangeais mieux dans ce temps-là . que tu manges asteure (NB – Wiesmath 1, B : 567–568) (« ces derniers temps »)
- i y a beaucoup de monde asteure qu'est étudié qu'a été à. l'université pis . comme i parlent le bon français mieux que nous autres tu sais là (NB – Wiesmath 1, R : 1055) (« de nos jours »)
- ouais tu ris de ça steure (NB – Arrighi 2005 : 376, Suzanne L. NB 18 : 485) (« maintenant »)

- ce tait pas populaire comme asteure asteure la population a vient. triple presque quand/dans/dans l'été (IdlM – Falkert 2010, corpus : 62–63, p. 46, CD-ROM)

- Asteure je m'en vas vous conter une histoire vraie. (TN – Brasseur 2001 : s.v. *asteure, steure*, p. 31)
- Y avait du bon bois dans ces temps-là. C'est tout coupé, steure. (TN – Brasseur 2001 : s.v. *asteure, steure*, p. 31)
- Bien rare asteure que le monde fait ène bâtisse qui seit pas en ciment ! (TN – Brasseur 2001 : s.v. *bâtisse*, p. 45)

- [Le français] va jamais crever, eusse croit ça va crever, mais ça va pas crever. Ina plein du monde asteur-là, asteur eusse connaît qui eusse après faire, [...] (LOU – Rottet 2001 : 122, locuteur jeune)
- Ç'après menir plus en plus que les jeunes peut pas dire français asteur parce que les papes et les mames parle nanglais, tu vois. (LOU – Rottet 2001 : 125, loc. âgée)
- Alle après cuire asteur-là. (LOU – DLF 2010 : s.v. *asteur*, p. 42, JE)
- Les affaires de cinq sous d'habitude, c'est trente sous asteur. (LOU – DLF 2010 : s.v. *asteur*, p. 42, SL)

---

[37] Dans le corpus madelinien de Falkert (2010), *astheure* est équivalent à « maintenant » ou – rarement – à « donc », « au point où l'on en est ». Il ne renvoie pas à un moment dans le passé.
[38] Notons l'existence de cet emploi de l'adverbe *now* en anglais.

▶ « alors », « à cette époque-là », « en ce temps-là »
- là c'était/ asteure c'était / c'était là là i haliont sus le câble là c'était dans le faît . dans le haut dans le clocher (NB – Wiesmath 3, D : 6–7) (« à cette époque-là », « alors ») (Wiesmath traduit en anglais par « at that time ».)
- i aviont pas des grosses pensions asteure peut-être ben vingt piasses ou trente piasses (NB – Arrighi 2005 : 403, Sarah NB 20 : 25–26)
- Il a traité mon pied, et moi je voulais ça serait dit mon pied était *all right* asteur. (LOU – *Découverte*, L'Anse Bourbeuse, Évangéline)

▶ « donc », « au point où l'on est/était »
- ça va prendre trois ans pis quatre ans. asteure nous-autres ça nous a pris deux ans (IdlM – Falkert 2010, corpus : 83–84, p. 181, CD-ROM)
- alle alle a dit ah ben asteure ton loup-marin si tu veux pas le tuer va le porter sus la glace (IdlM – Falkert 2010, corpus : 126–127, p. 14, CD-ROM)
- L'anis asteure, quante c'est coupé de bonne heure, l'anis i le mangeont, et les piquants asteure, les chevals vont le manger. (TN – Brasseur 2001 : s.v. *anis*, p. 18)
- Y a des fois steure les bouchures sont pas bonnes, [...] (TN – Brasseur 2001 : s.v. *bouchure*, p. 68)
- Chez nous, je disions quitter assavoir. OK ? Mais steure, les Acadiens là, ieusses i usiont [yzjɔ̃] le nom laisse. Chez nous, quitter ! (TN – Brasseur 2001 : s.v. *assavoir*, p. 29)
- Auparavant asteure, y avait des grandes familles aux Maisons-d'hiver. (TN – Brasseur 2001 : s.v. *asteure, steure*, p. 31)
- Asteure, moi je savais pas que ça s'avait arrivé. (TN – Brasseur 2001 : s.v. *asteure, steure*, p. 31)

Commentaire
L'expression *à cette heure/ast(h)eure* au sens de « maintenant » existe depuis le moyen français et est considérée aujourd'hui comme « vieillie » ou « régionale »[39]. Elle reste bien attestée dans les parlers d'oïl (FEW 4, 469a-b), en Belgique (Hanse 1991 : s.v. *heure*, p. 480) et au Québec (GPFC : s.v. *astheure*, Meney : s.v. *à cette heure*), en chiac (Arrighi 2005 : 403) ainsi que dans les parlers de l'Ouest du Canada (Papen 2006 : 165) et dans les créoles français (DECOI : s.v. *heure*).

III.3 *aussi, aussit(t)e, itou(t)*

Pour l'adverbe *aussi* – qui apparaît également sous la forme *aussit(t)e* (DLF 2010 : s.v. *aussi*, p. 46) –, les spécificités syntaxiques et sémantiques suivantes sont à signaler :
- Il se place très souvent en position finale.
- D'autre part, *aussi* est fréquemment détaché en tête de phrase lorsqu'il s'agit d'ajouter un argument supplémentaire à une argumentation ; *aussi*, jouant ainsi le rôle d'une « quasi-conjonction », signifie alors « de plus », « en outre » (*cf.* aussi Gérin 1982 : 138).
- Devant les adjectifs, *aussi* peut indiquer un degré élevé, et prend alors le sens de « tellement », « si » en FL (DLF 2010 : s.v. *aussi*, p. 47).

---

[39] *Cf. Le Petit Robert* (2013 : s.v. *heure*), Brasseur (2001 : s.v. *asteure, steure*, p. 31) ; *cf.* aussi Thibault (2009 : 112).

- Pour la fonction de *aussi* dans la comparaison, *cf.* le chap. « La comparaison et le rapport proportionnel », II.2.3.[40].

▶ **En position finale d'(un segment de l')énoncé : « également »**
- On / le bois c'est beau aussite. (NÉ – Hennemann, BSM, AnS)

- pis ça fait moins d'ouvrage aussi (NB – Wiesmath 7, O : 253)
- i y a même un jus aussi (NB – Wiesmath 1, B : 42)
- je suis artisane aussi (IdlM – Falkert 2010, corpus : 75, p. 22, CD-ROM)

- eux-autres se chauffait au coal oil aussi (LOU – *Découverte*, Pointe-aux-Chênes, Terrebonne)

▶ **En tête de phrase : « de plus », « en outre »**
- j'ai un cours d'économie. Aussi j'ai un cours de anglais. (NÉ – Hennemann, BSM, JG)
- ça va déboucher ton tuyau mais aussi ça va empêcher que [...] (NB – Wiesmath 12, J : 165–166)
- pis aussi :. la chasse aux phoques. la chasse aux phoques ma mère faisait ça [...] (IdlM – Falkert 2010, corpus : 178–179, p. 54, CD-ROM)
- Aussi, eux-autres ils étiont bien instruits (LOU – *Découverte*, Châtaignier, Évangéline)

▶ **Devant l'adjectif : « tellement » (FL)**
- Il était aussi content ! (LOU – DLF 2010 : s.v. *aussi*, p. 47, EV)

Nous incluons dans ce paragraphe l'adverbe *itou(t)* – prononcé [itu] ou [itut] (Brasseur 2001 : s.v. *itout, itoute*, p. 256) et presque toujours placé en position finale –, de même sens (« aussi », « également », « de même »). Cette forme acadienne traditionnelle n'est pas fréquente aujourd'hui, mais elle semble se maintenir (Arrighi 2005 : 408). Le DLF signale également l'adverbe, sous les formes *itou, étou* et *étout*, pour le FL (2010 : s.v. *itou*, p. 347), mais il y est rare. Les formes *étout* et *itout* sont aussi attestées pour le FQ (GPFC : s.v. *itou*) et les parlers de l'Ouest du Canada (Papen 2006 : 165). Stigmatisé dès le XVIIe s. comme étant « rural » (*cf.* Gérin/Gérin 1982 : 148), cet adverbe est aujourd'hui vieilli en France et ne s'y emploie plus que régionalement ou par plaisanterie[41].

▶ ***itout(e), étou***
- Depi que j'ai commencé à vous écrire toute mes sœurs et cousines voulons écrire seux itou. (NÉ – *Lettres de Marichette*, Gérin/Gérin 1982 : 148)

- i y a beaucoup de besognes à faire l'hiver itou oui. (NB – Wiesmath 5, C : 60)
- j'étais deHors après de fumer regarder les étoiles touT d'un coup . un fameux crapaud monsieur i tait assis à côté de moi . pis argarde les étoiles lui itou (NB – Arrighi 2005 : 408, Suzanne L. NB 18 : 446–447)

---

[40] Gérin (1982 : 138) signale également que comme dans l'ancien usage, *aussi* peut figurer à l'intérieur d'une proposition niée, dans le sens de « non plus ». Faute d'exemples, nous ne sommes pas en mesure de confirmer cet usage.

[41] *Cf.* FEW (13/2, 125a), Brasseur (2001 : s.v. *itou, itoute*, p. 256), *Le Petit Robert* (2013 : s.v. *itou*).

- Y avait le village de La Barre là, il aviont ène école là itoute, y avait assez de monde là pour avoir ène école là oussi. (TN – Brasseur 2001 : s.v. *itou*, *itoute*, p. 256)
- Pas juste des Français mais du monde des autres pays qui parle français itou. (LOU – DLF 2010 : s.v. *itou*, p. 347, SM)
- Toi, étou, tu restes icitte. (LOU – DLF 2010 : s.v. *itou*, p. 347, VM)

III.4 *beaucoup*

À côté de *assez* et de *joliment*, *beaucoup* sert d'intensificateur et de quantificateur dans les variétés étudiées ici, le rôle d'intensificateur étant primordial (*cf.* Arrighi 2005 : 381 ; *cf.* aussi le chap. « Les déterminants indéfinis », II.1.2.).

Outre les emplois standard, les particularités suivantes sont à retenir :
- Il est tout à fait courant que *beaucoup* modifie un adjectif ou un adverbe ; il empiète ainsi sur le terrain de *très* et de *bien/ben*. *Très* est rare en FA (Arrighi 2005 : 381) ; de même, *bien/ben* est moins fréquent que *beaucoup* en fonction d'intensificateur (*cf.* « je trouve ça ben intéressant », Arrighi 2005 : 382, Rachelle NB 1 : 279–280 ; pour les fonctions de *ben* en tant que connecteur *cf.* le chap. « La connexion », II.3.2.).
- Il arrive que *beaucoup* soit séparé de l'élément qu'il modifie, ou même qu'il soit placé après. Souvent, *beaucoup* apparaît en fin d'énoncé (principalement en tant que quantificateur). S'il est placé devant un syntagme nominal indéfini, *beaucoup* se rapproche du sens de « vraiment ».
- Le tour négatif *pas beaucoup* remplace communément l'adverbe *peu* (Arrighi 2005 : 382).
- Contrairement au FS, les parlers étudiés ici n'hésitent pas à cumuler les adverbes intensificateurs (*beaucoup beaucoup*, *tellement beaucoup*).

▶ ***beaucoup* + adjectif/adverbe (« très »)**
- Elle est beaucoup jeune. (NÉ – Hennemann, ILM, Corpus oral, 5)
- C'est intéressant, beaucoup intéressant. (NÉ – Hennemann, ILM, Corpus oral, 5)

- on a le langage de/ des Acadiens nous autres on est beaucoup mêlé (NB – Wiesmath 1, R : 1045)
- c'est beaucoup souvent tu vois i sont quatre qui restent dans une maison (NB – Arrighi 2005 : 381, Angèle NB 13 : 71–72)
- ma mère tait beaucoup malade pis euh a tait épileptique (NB – Arrighi 2005 : 381, Zélia NB 17 : 93–94)
- […] mais j'ai dit ça *stande* pas beaucoup longtemps (NB – Arrighi 2005 : 381, Willy NB 9 : 205–206)

- elle s'accordait beaucoup bien avec son frère (ÎPÉ – Arrighi 2005 : 381, Aldine H. ÎPÉ 3 : 158–159)

- les gens sont beaucoup différents sus les Îles (IdlM – Falkert 2010, corpus : 136, p. 91, CD-ROM)

- […] Les rogues, les rogues est beaucoup cher. […] (TN – Brasseur 2001 : s.v. *poule*, p. 366)
- Y a ène femme là, pas beaucoup loin d'ici, qui nen fait. (TN – Brasseur 2001 : s.v. *beaucoup*, p. 48)

- c'était un clos beaucoup gros (LOU – *Découverte*, Châtaignier, Évangéline)
- mais ma maman elle était beaucoup fâchée parce que j'ai fait ça (LOU – Stäbler 1995 : 183, corpus)
- Avec douze piastres et demie, il pouvait pas aller beaucoup loin. (LOU – DLF 2010 : s.v. *beaucoup*, p. 66, SL)
- Ma femme vient avec moi beaucoup souvent. (LOU – DLF 2010 : s.v. *beaucoup*, p. 66, SM)

- On l'a vu il y a pas beaucoup longtemps (LOU – DLF 2010 : s.v. *beaucoup*, p. 66, IB)
- un beaucoup vieux homme (LOU – DLF 2010 : s.v. *beaucoup*, p. 66, An77)

▶ *beaucoup* **postposé à l'élément qu'il modifie**
- (alle est) pas mûre ça/ a. va être aigre beaucoup là BUT goûte-la pareil (NB – Wiesmath 1, B : 34)
- pis i a les rhumatiques beaucoup (NB – Arrighi 2005 : 382, Annie NB 10 : 20)
- on mangeait des/ des patates pis du pain pis de la mélasse beaucoup (ÎPÉ – Arrighi 2005 : 382, Aldine H. ÎPÉ 3 : 30–31)
- les Îles hein ben astheure ça/c'est amélioré beaucoup (IdlM – Falkert 2010, corpus : 93, p. 63, CD-ROM)
- y a des décorations beaucoup (IdlM – Falkert 2010, corpus : 293, p. 76, CD-ROM)
- mais il était occupé beaucoup (LOU – Stäbler 1995 : 211, corpus)

▶ *beaucoup* **+ syntagme nominal indéfini : « vraiment »**
- C'est pas beaucoup une belle route. (NÉ – Hennemann, ILM, Corpus oral, 2)
- c'est beaucoup un gros affaire (LOU – Stäbler 1995 : 180, corpus)
- j'avais beaucoup une grande maison là-bas (LOU – *Découverte*, Mamou, Évangéline)
- C'était beaucoup une grosse salle de danse. (LOU – DLF 2010 : s.v. *beaucoup*, p. 66, LA, An94)

▶ *beaucoup beaucoup* **: « très », « énormément », « vraiment »**
- ah YES SURE ça change . ça change beaucoup beaucoup oui (NÉ – Arrighi 2005 : 385, Évangéline NÉ 23 : 64–65)
- ben je suis une personne qu'aime beaucoup beaucoup aller dehors l'été je fais beaucoup beaucoup de camping (NB – Arrighi 2005 : 385, Stéphanie NB 11 : 84–85)
- ah oui pour elle c'était beaucoup/ c'était beaucoup beaucoup im/ important moi je crois (ÎPÉ – Arrighi 2005 : 385, Aldine H. ÎPÉ 3 : 37–38)
- pis : tu vois beaucoup beaucoup moins de jeunes qu'avant. aller à l'église (IdlM – Falkert 2010, corpus : 179, p. 94, CD-ROM)
- Il était beaucoup bon traceur ; beaucoup, beaucoup bon. Il traçait n'importe quoi. (LOU – DLF 2010 : s.v. *n'importe quoi*, p. 341, AC, An94)
- Ouais, ça était mauvais beaucoup beaucoup aussi (LOU – *Découverte*, Mamou, Évangéline)

Commentaire
Dans l'ancien usage jusqu'à la fin du XVIIe s., *beaucoup* pouvait également modifier un adjectif ou un adverbe[42]. Fréquent dans les parlers concernés ici, cet usage semble rare au Québec (selon Seutin 1975 : 324) ; il est pourtant attesté dans le non-standard de France (Bauche ²1951 : 120), notamment dans le Sud (Arrighi 2005 : 381, se référant à Blanche-Benveniste et al. 2002 : 18).

---

42 *Cf.* FEW (2, 868b), *Le Petit Robert* (2013, s.v. *beaucoup*) citant Molière : « Leur savoir à la France est beaucoup nécessaire. » *Cf.* aussi Haase (1965 : 242), Gougenheim (1974 : 56), Spillebout (1985 : 35), Wolf (1987 : 25), Brasseur (2001 : s.v. *beaucoup*, p. 48), Grevisse/Goosse (2008 : § 993a, p. 1237).

III.5 *comme*

Tout comme en français hexagonal, *comme* – prononcé [kɔm] ou [kum][43] – sert à « évaluer, qualitativement ou quantitativement, le degré de ressemblance » d'une entité « avec les objets de la classe de référence » (Chevalier 2001 : 17s.). De là résultent les trois fonctions de *comme*, à savoir la comparaison, l'exemplification et l'approximation (*ibid.* : 18)[44].

- Dans les variétés concernées, la fonction comparative est souvent exprimée par le tour *pareil comme* (*cf.* le chap. « La comparaison et le rapport proportionnel ») :
  • I tait pareil comme un père à nous autres. (TN – Brasseur 2001 : s.v. *à*, p. 3)

- *Comme* en fonction exemplifiante équivaut à « comme par exemple ».
- Par rapport au français hexagonal, les variétés étudiées ici se distinguent notamment par le recours fréquent à *comme* au sens approximatif. L'approximation ainsi exprimée peut être de nature quantitative ou qualitative[45]. La fréquence du *comme* « modal » pourrait s'expliquer par l'influence de l'adverbe anglais *like*, de même valeur[46]. En adoptant les sens de *like*, la particule *comme* conserve pourtant également ses fonctions originales : il y a donc extension d'usage (« le marqueur français acquiert des valeurs de l'anglais ») et « lissage ou [...] homogénéisation (un seul marqueur réunissant les valeurs du marqueur français et certaines valeurs du marqueur anglais) » (Perrot 1992 : 29s.).
- Devant les expressions numériques, *comme* approximatif équivaut à « environ », « à peu près »[47]. Notons que cet emploi est très fréquent dans les corpus à notre disposition.
- Dans d'autres contextes, *comme* approximatif est synonyme de l'adverbe atténuant ou modalisant acadien *manière (de)/manière comme* et a le sens de « un peu comme », « en quelque sorte », « un peu » (*cf.* ci-dessus I.1.4.). Cet emploi remonte selon Chevalier à une comparaison sous-jacente (« qqch. comme ») non exprimée à la surface, alors que la structure morphosyntaxique frise l'agrammaticalité : « il voulait comme parler » (chiac de Moncton, Chevalier 2001 : 18). Notons, pour le FL, la préférence du tour *manière (de)* dans cette fonction (*cf.* I.1.4.).
- Un emploi récent très fréquent qui s'observe chez les jeunes Acadiens (pour le chiac : Chevalier 2001, pour la BSM : Fritzenkötter 2015 : 269) et possède également une corres-

---

43 La prononciation [kum] est fréquente en FA/FTN ; elle n'est pas relevée dans les autres parlers français du Canada (Brasseur 2001 : s.v. *comme, coume*, p. 118). En revanche, elle est attestée dans quelques parlers dialectaux de France, notamment dans l'Ouest (FEW 2, 1542a-b, Brasseur 2001 : s.v. *comme, coume*, p. 118) (« ouïsme », *cf.* « Introduction », I.5.3.).
44 Pour le rôle de *comme* dans la phrase comparative, *cf.* le chap. « La comparaison et le rapport proportionnel ». – Pour *comme* en tant que conjonction de subordination, *cf.* le chap. « La subordination », II.1.12.
45 Pour le classement et la terminologie, *cf.* Chevalier (2001). Pour *comme* en tant que modalisateur en chiac, *cf.* Perrot (1992 : 23).
46 *Cf.* Chevalier (2001 : 16), Wiesmath (2006 : 165). – *Like* sert à établir une comparaison ou à introduire une exemplification ; il peut exprimer une approximation devant une expression numérique ; il introduit le discours rapporté ; il peut marquer une pause ou « remplir le discours en cas d'hésitation ou de panne lexicale » ; il peut servir de particule discursive, n'ayant aucune valeur sémantique et ne changeant ni « la valeur de vérité » ni « la grammaticalité de la phrase » (Tsedryk 2012 : 67ss.).
47 *Cf.* Chevalier (2001), Brasseur (2001 : s.v. *comme, coume*, p. 118), Wiesmath (2006 : 165).

pondance en anglais avec l'adverbe *like*, est l'utilisation de *comme* en tant que signal d'ouverture du discours rapporté direct ou de l'autocitation[48].
- GREENWOOD vient-tu rinque visiter/j'coumme/ « ouais » (NÉ – Fritzenkötter 2015 : 270, BSM)

– Parfois il est difficile d'attribuer un sens spécifique à l'adverbe, l'acte d'exemplification exprimé par *comme* s'étant affaibli, et l'adverbe ayant pris une valeur purement discursive. Dans cette fonction, il peut se placer à la charnière des unités discursives et faciliter l'enchaînement d'idées de différente nature. Il peut figurer comme signal de clôture ou d'hésitation[49]. Souvent, il est précédé d'une adresse à l'interlocuteur : *tu sais comme...*, cumulant ainsi la fonction de marqueur discursif et la fonction phatique. À en juger par les sources et les corpus consultés, cette fonction semble rare en FTN et en FL.

– Il ressort des exemples cités ci-dessous que *comme* se place souvent de façon inhabituelle du point de vue du FS ; pour le chiac, Chevalier constate que *comme* peut « s'insérer à tous les points syntaxiques possibles, même entre des constituants qui ont un très fort degré de cohésion », par ex. entre le déterminant et le nom (« As-tu un COMME malaise ? », Chevalier 2001 : 19, note 11) ou entre le sujet et le verbe (« Pis mon homme comme travaillerait »)[50]. D'autres cas sont aussi attestés dans d'autres parlers acadiens : *comme* entre le verbe et l'objet (« Tu prendras comme / comme Antigonish »), entre *être* et l'adjectif attribut (« c'est comme vraiment cher »), entre une préposition et le syntagme nominal (« pour coumme dix minutes ») ou entre le verbe conjugué et l'infinitif (« h'aimerais coumme/maintenir la culture acadienne ») (pour les exemples *cf.* ci-dessous).

▶ *comme* exemplifiant, « comme par exemple »
- Tu prendras comme / comme Antigonish, c'est MORE OR LESS SCOTCH, hein ? (NÉ – Hennemann, ILM, CL)
- Euh / les jeunes par ici pour les activités I MEAN, le pluS qu'i faisont c'est soit aller comme au club de WHATEVER pour des danses ou / euh / se promener en / en FOUR WHEELER là / en chouse. (NÉ – Hennemann, BSM, SC)
- i y a-ti des fois que vous prenez des poissons qu'on/qu'on voit pas souvent là comme des requins ou des /des tortues ou je sais pas (NB – Wiesmath 3, G : 376)
- on patinait pis on montait coumme icitte derrière i y a un ruisseau là SO ça *floodait* là itou hein (NB – Wiesmath 1, B : 731–732)

---

48 *Cf.* Péronnet (1995 : 436), Wiesmath (2006 : 165). – Chevalier (2001 : 21, note 17) note divers introducteurs de l'autocitation : *j'étais comme..., j'ai comme..., c'est comme...* Fritzenkötter (2015 : 269, BSM) souligne que la formule d'introduction *être comme* est particulièrement fréquente dans son corpus ; le discours direct y est introduit par *être comme* dans 74 % des cas, par une construction standard (verbe de dire) dans 26 % des cas (Fritzenkötter 2015 : 271). Elle attire également l'attention sur le fait que le verbe *aller* sert, de façon marginale, à introduire le discours, à l'instar de *to go* en anglais : « tout d'un coup ej vas/ "h'allons vous l'dire/quand c'est trop tard/pis asteure faut que [...]" » (Fritzenkötter 2015 : 272).
49 *Cf.* Perrot (1992 : 28), Wiesmath (2006 : 165), Tsedryk (2012 : 74), Fritzenkötter (2015 : 267s.). – Pour l'importance du « *comme* d'hésitation » dans le langage des préadolescents, notamment chez les enfants trilingues, à Halifax (NÉ), *cf.* Tsedryk (2012).
50 Ex. repris à Chevalier/Cossette (2002 : 75), cité dans Tsedryk (2012 : 75). – En revanche, la postposition de *comme* en fonction approximative, fréquente en FQ (Dostie 1995 ; Tsedryk 2012 : 72s.), est rare en acadien, *cf.* Chevalier (2001), Chevalier/Cossette (2002), Tsedryk (2012 : 74).

- pis on a pas peur de./ comme à Montréal t'as / t'écoutes aux nouvelles pis i a arrivé ça une fille qui s'est faite enlever un garçon tout' ça (IdlM – Falkert 2010, corpus : 37–38, p. 83, CD-ROM)
- Ène langue-de-bœuf ça pousse ayu-ce ... coume le long des petits ruisseaux et ça, quante le terrain est bien trempe là, c'est là que ça pousse les langues-de-bœuf. (TN – Brasseur 2001 : s.v. *langue*, p. 270)
- Mais il y avait des fois, il partait pour le week-end et revenait pas avant le lundi […] comme quand il allait dans le Texas (LOU – *Découverte*, Church Point, Acadia)
- Aussite le monde de Marksville et tout ça, la Paroisse de Avoyelles, y a des différentes mots. Comme une « chaudière », on appelle ça « une bombe ». (LOU – DLF 2010 : s.v. *comme*[1], p. 144, TB)

▶ *comme* exprimant une approximation quantitative, « à peu près », « environ »
- elle avait comme deux cents quelque chose dollars par semaine de l'assurance chômage. (NÉ – Hennemann, ILM, DO)
- h'ai besoin d'penser pour coumme dix minutes avant d'écrire quoi c'que j'pense coumment c'qu'on écrit ça. (NÉ – Fritzenkötter 2015 : 266, BSM)
- pis c'était une grand marche là ç'arait été coumme quatre heures de marche trois heures coumme à quatre heures (NB – Wiesmath 2, F : 281–282) (pour la forme de l'adjectif *grand*, *cf.* le chap. « Le genre », V)
- j'ai passé comme six ans à Ottawa (NB – Arrighi 2005 : 394, Rachelle NB1 : 1)
- pis ça fait comme deux trois ans/trois quatre ans là. qu'on voit ça du monde qu'est dehors au mois de mai i fait pas frette là (IdlM – Falkert 2010, corpus : 258–259, p. 34, CD-ROM)
- L'endemain matin je me leuve, y avait comme deux pieds de neige. (TN – Brasseur 2001 : s.v. *comme, coume*, p. 118)
- tu pouvais acheter comme deux *spread* ou trois *spread* (LOU – *Découverte*, Pointe-aux-Chênes, Terrebonne)
- il aurait planté comme un acre comme ça (LOU – *Découverte*, Mamou, Évangéline)
- il est mort comme à minuit à soir (LOU – *Découverte*, Pointe Noire, Acadia)

▶ *comme* exprimant une approximation qualitative, « une manière de », « un peu comme », « qqch. comme »
- Pis elle a fait comme un / un DOUBLE-CHECK-là (NÉ – Hennemann, ILM, BJ)
- C'est coumme malaisé à dire. (NÉ – É. Boudreau 1988 : 88) (« C'est plutôt difficile à dire. »)
- i mangeont ç/ n'importe quoi qui flotte coumme manière coumme la RED FEED ou des p'tits PARTICLE qui n'y a dans l'eau (NÉ – Hennemann, BSM, RL)
- h'aimerais **coumme**/maintenir la culture acadienne OBVIOUSLY/pis/tu sais si tu restes en ville/tu peux point vraiment fare ça/coumme/aussi/aisément (NÉ – Fritzenkötter 2015 : 266, BSM)
- là ils étiont coumme intéressés à cause qu'ils avjont appris le français standard. (NÉ – Fritzenkötter 2015 : 266, BSM)
- i y en a qui mettent coumme du DIESEL sus les carottes pour tuer l'herbe (NB – Wiesmath 1, R : 580–581)
- c'est coumme pas croyable hein (NB – Wiesmath 2, F : 217)
- c'est comme vraiment cher . ça doit être une grosse différence avec par chez vous là parce que chez vous c'est vraiment rien (NB – Arrighi 2005 : 356, Stéphanie NB 11 : 300–301)
- on est plus. comme proche des professeurs que. à l'extérieur par exemple (IdlM – Falkert 2010, corpus : 2–3, p. 81, CD-ROM)
- on est comme moins reconnu (IdlM – Falkert 2010, corpus : 211–212, p. 97, CD-ROM)

- nos amis i viennent rarement comme avec la famille là ((rit)) c'est plus' comme juste entre amis pis. entre famille hm (IdlM – Falkert 2010, corpus : 211–212, p. 97, CD-ROM)
- Il y avait comme une petite chambre qu'eux-autres, asteur eux-autres appellerait ça un *storage room* (LOU – *Découverte*, Pointe-aux-Chênes, Terrebonne)
- il y a comme un petit curve après que tu passes cette coulée là (LOU – *Découverte*, Châtaignier, Évangéline)
- *well*, j'ai un neveu, dire comme, le bougre est un neveu par alliance (LOU – *Découverte*, Isle Jean Charles, Terrebonne) (« un neveu pour ainsi dire »)

▶ **Signal d'ouverture du discours direct (jeunes locuteurs)**
- puis je faisais très bien, alors je pensais, tu sais, comme OK ben touT va bien, je vas avoir mon diplôme (NÉ – Hennemann, ILM, BJ)
- j'suis coumme/ « eh non moi j'suis j'suis déjà randu [sic] en Nouvelle-Écosse »/et il est comme « OK j'étais vraiment point sûr si t'avais à retourner au collège au Nouveau-Brunswick eh/j'étais au Nouveau-Brunswick l'année dernière »/ouais ça fait qu'c'est/c'est ça/eh/pis là il est comme eh/ « oh ben ça c'est OK »/pis là il est comme « SO j'vas te/j'vas te revoir eh l'été prochain »/pis j'suis coumme/ « eh/ALL RIGHT ». (NÉ – Fritzenkötter 2015 : 269, BSM)
- pis h'étais comme « oh/t'es bête » (NÉ – Fritzenkötter 2015 : 270, BSM)
- y a quelqu'un qui s'a arrêté emprès de nous puis i dit « ben c'est quoi ça tu peux pas parler en anglais [?] » j'étais coumme/ « une conversation privée [!] » mais par le fait qu'on était à Saint-Jean c'était pas / c'était pas vraiment bien vu (NB – Arrighi 2005, corpus, Rachelle NB 1 : 440–443)
- so ma sœur vient icitte pis c'est comme : « T'as pas un poste français sur ton chose ? » – Non, j'ai dit, je les ai éliminés. (NB – Chevalier 2001 : 21, chiac)
- pis là c'est comme : « O.K. : je rouvre-tu la porte ? Suffit que j'ai pas de chaîne. » (NB – Chevalier 2001 : 21, chiac)

▶ **Valeur discursive, souvent dans le tour figé *tu sais comme***
- Parce que pour moi, j'aime mon île, t'sais coumme / pis j'hais de voir une / t'sais un peuple séparé (NÉ – Hennemann, ILM, BJ)
- EL : C'est des / beaucoup de mots acadiens qu'a resté dans le village / euh / qu'a resté dans le village. Tu sais coumme... CL : Oui, ça a resté dans le village. EL : Oui, ça a resté dans le village coumme / euh / « arrête de radoter ». (NÉ – Hennemann, ILM, EL/CL)
- Et il avait dit touT les noms des personnes coumme / il avait dit le nom de mon mari [...] (NÉ – Hennemann, ILM, DO)
- X : l'étoèle des autres c'est à zeux laissez-les tranquilles coumme/ I : c'est ce que j'essaye de faire un lien avec euh (NB – Wiesmath 2006 : 165, Wiesmath 10, X : 201)
- dans ce temps-là ton animau grandissait naturel tu sais là coumme/ (NB – Wiesmath 1, B : 572–573)
- t'avais pas de FREEBIES tu sais coumme t'avais/ t'avais plus de luxe (NB – Wiesmath 1, B : 985–986)
- pis ensuite après ça coumme . on a vi on a vi on dirait avec la/ avec la vie de / de / de asteure (NB – Wiesmath 4 : 245–246)
- [En été, les appartements sont réservés aux touristes.] le monde savent qu'y a de l'argent à faire avec ça fait que. pfuit ! va-t'en [Enquêtrice : ah oui] **t'sais comme** : par chez nous là y a eune couple comme ça là. des/des amis qu'ont des/des appartements qu'i sont obligés de quitter pour : l'été (IdlM – Falkert 2010, corpus : 67–70, p. 46, CD-ROM)

Commentaire
Dans les variétés étudiées ici, *comme* est beaucoup plus fréquent qu'en français de France, ce qui s'explique sans aucun doute par l'influence de l'anglais *like*, dont *comme* a adopté les fonctions[51]. Dans une étude portant sur le chiac, Chevalier (2001) procède à une comparaison intergénérationnelle de l'usage de *comme*[52]. La « prolifération de *comme* dans le discours adolescent », constatée également par d'autres auteurs, remonte aux années 1990 (*ibid.* : 13, note 1) et se fait surtout au profit de la fonction approximative de *comme*. D'autres marqueurs d'approximation (*environ, à peu près, disons, peut-être, une espèce de, une sorte de, un peu, un genre de*) sont remplacés, dans le langage des jeunes, par la seule particule *comme* (*ibid.* : 28) – constat qui est confirmé pour la BSM par Fritzenkötter (2015 : 268), dont le corpus ne contient aucun de ces autres marqueurs. En ce qui concerne les autres fonctions de l'adverbe, l'emploi de *comme* exemplifiant se maintient selon Chevalier à peu près à travers les générations ; par rapport aux autres fonctions de *comme*, *comme* comparatif est rare dans le langage des jeunes (11,4 %) mais occupe une fonction centrale dans le langage des plus de 19 ans (32,4 % chez les 19–39 ans, 38,4 % chez les plus de 40 ans) (*cf.* Chevalier 2001 : 33).

III.6 *icitte*

(Pour *icitte* en tant que particule de renforcement du groupe démonstratif, *cf.* le chap. « Les déterminants et les pronoms démonstratifs », III.2.)

Signalons qu'en FA et en FTN, l'adverbe locatif déictique *ici* prend généralement la forme *icitte*, courante aux XVIe et XVIIe s. en France et considérée aujourd'hui comme un régionalisme de l'Ouest de la France et du français canadien[53]. La fréquence de la forme traditionnelle *icitte* dépasse largement la forme standard, *ici* et ce, indépendamment du « profil sociolinguistique » (Arrighi 2005 : 405) du locuteur. En FL, en revanche, c'est *ici* qui prédomine[54].

Icitte, adverbe locatif déictique, est souvent renforcé par la particule *là* (*cf.* Arrighi 2005 : 405)..
- on a pas de cochon par icitte (NÉ – Arrighi 2005 : 405, Évangéline D. NÉ 23 : 47)
- c'est icitte dans la petite pile là (NB – Wiesmath 1, B : 18–19)
- y a plein d'affaires icitte c'est/ pour une petite place Moncton c'est/ c'est y a beaucoup / A LOT OF FASHION asteure (NB – Arrighi 2005 : 405, Michelle NB 16 : 309–311)
- quand mon homme est mort j'ai mouvé icitte (ÎPÉ – Arrighi 2005 : 405, Rose ÎPÉ 7 : 2–3)
- j'avas venu au monde icitte (IdlM – Falkert 2010, corpus : 43, p. 359, CD-ROM)
- Ça vous plairait p't-ête de vivre icitte. (TN – Brasseur 2001 : s.v. *icitte*, p. 251)

---

51 *Cf.* Perrot (1992 : 28s.), Chevalier (2001), Fritzenkötter (2015 : 265ss.).
52 Pour une étude portant sur l'usage de *comme* chez les préadolescents (de la maternelle à la 6e) dans un contexte minoritaire (Halifax, NÉ), *cf.* Tsedryk (2012). Il confirme les résultats de Chevalier (2001) et Chevalier/ Cossette (2002) concernant l'importance de *comme* en tant que particule discursive au cours du passage à l'adolescence. Pour l'usage « proliférant » de *co(u)mme* dans le langage des jeunes à la BSM (NÉ), *cf.* Fritzenkötter (2015 : 265ss.).
53 *Cf.* FEW (4, 423b), Gérin/Gérin (1982 : 147), Cormier (1999 : s.v. *icitte*), Brasseur (2001 : s.v. *icitte*, p. 251), Arrighi (2005 : 406), GPFC (s.v. *icite*). – Notons que dans le corpus de Falkert portant sur les Îles-de-la-Madeleine, *ici* est tout à fait courant à côté d'*icitte*.
54 Dans le corpus *Découverte*, on relève 118 occurrences d'*ici*, 36 occurrences d'*icitte*.

- Quand que j'avions notre charge de morue, ben là je venions icitte là. (TN – Brasseur 2001 : s.v. *icitte*, p. 251)
- J'yeux dis ça à ce monde qui viens icitte mais quand même ça écoute pas. (LOU – Rottet 2001 : 125, loc. âgée)

Emploi mixte ou emploi de *ici* et de *ici là* en FL :
- Mais j'aime ce bayou icitte, y a pas de train ici. (LOU – DLF 2010 : s.v. *ici*[1] *(icite, icitte)*, p. 338, TB)
- Quand moi j'ai été né ici là, il y avait pas de chemin, il y avait pas d'autre chose qu'une île, c'est tout ce t'avais (LOU – *Découverte*, Isle Jean Charles, Terrebonne)

Introduit par la préposition *de*, *icitte* peut avoir un sens temporel (Arrighi 2005 : 406)[55] :
- faut tout le temps que tu traites tous tes clients de la même manière dix ans d'icitte juste comme ça doit être pareil comme la première journée (NB – Arrighi 2005 : 406, Michelle NB 16 : 123–125)

III.7 *juste, justement*

Les adverbes *juste* et *justement* – synonymes dans les variétés étudiées ici – sont très fréquents et ils connaissent des emplois élargis par rapport au FS. Aussi bien leur fréquence élevée que certains élargissements de sens pourraient être motivés, ou du moins renforcés, par l'influence de l'anglais (*cf.* l'adverbe anglais *just*). En effet, *juste* et *justement* peuvent adopter différents sens selon le contexte ; si le français familier connaît ces emplois pour l'adverbe *juste*, il n'en est pas ainsi pour *justement* :
- *Juste/justement* peuvent être synonymes de « exactement », « précisément », « tout juste » comme en FS.
- *Pas justement* peut avoir le sens de « pas simplement ».
- *Juste/justement* peuvent être équivalents à « seulement » dans les tours positifs ou niés, et signalent alors une négation restrictive ou l'annulation de la négation restrictive (*cf.* le chap. « La négation », VI).
- *Juste/justement* connaissent un emploi temporel et signalent soit (plus rarement et surtout en FL) une action en cours, soit (en FA et en FL) un passé très proche ; ils peuvent alors entrer dans des périphrases verbales : *être juste après faire* respectivement *avoir juste fait de* (*cf.* le chap. « Les périphrases verbales », II.3.2.).

Notons les prononciations
- [ʒys], [ʒyst] en FA
- [ʒys], [ʒyst], [ʒyʃ] et [yʃ] en FL (DLF 2010 : s.v. *juste*[2], p. 356)

▶ *juste/justement* « exactement », « précisément », « tout juste »
- Mais c'est juste ça. Ils volent ou i/tu sais. (NÉ – Hennemann, BSM, SC)
- c'est juste comme une grosse roche (NÉ – Hennemann, PUB, ArD)
- On / euh / j'ais pas juste quoi-ce tu / tu veux dire. (NÉ – Hennemann, PUB, ArD)

---

55 Il en va de même avec l'adverbe *ici* en FS (*cf. Le Petit Robert* 2013 : s.v. *ici*).

- i tourne endormi pis la pomme se volait juste à mênuit . à mênuit . le voleur vient voler la pomme (NÉ – Arrighi 2005, corpus, Marcelin : 323–324)
- une de mes amies qui restait juste en face (ÎPÉ – Arrighi 2005, corpus, Aldine H. ÎPÉ 3 : 78)
- y a des enfants qui veulent pas vivre ici justement pace qu'i ont le goût de / moi j'ai eu le goût d'aller voir ailleurs (IdlM – Falkert 2010, corpus : 195–197, p. 30, CD-ROM)
- juste pas loin du musée là (IdlM – Falkert 2010, corpus : 273, p. 458, CD-ROM)
- À la cassiée du jour... veut dire que le jour se casse justement là. (TN – Brasseur 2001 : s.v. *casser*, p. 96)
- on est venu l'ayoù l'ayoù le pop est mort, c'est dans la Paroisse Acadie, juste l'entrée dans l'Acadie (LOU – *Découverte*, Châtaignier, Évangéline)

▶ *(pas) juste/justement* « (pas) seulement »
- Donc, il ont pas juste ça donc [...]. Ils ont beaucoup d'autres choses. (NÉ – Hennemann, BSM, JG)
- ben c'est/c'est juste j'aime beaucoup travailler SO : (NB – Arrighi 2005, corpus, Michelle NB 16 : 625)
- je prends juste [ʒys] des cours juste [ʒys] pas plutôt euh pour euh: pour avancer ma carrière mais juste [ʒys] des choses d'intérêt général (NB – Arrighi 2005, corpus, Rachelle NB 1 : 54–56)
- y avait que le violon. juste le violon (IdlM – Falkert 2010, corpus : 517, p. 429, CD-ROM)
- y a pas juste de recevoir les/les/les/. les tourisses faut que tu donnes un service aussi hein (IdlM – Falkert 2010, corpus : 115–116, p. 183, CD-ROM)
- Si t'allais voir un gars, justement pour jaser, t'allais pour êne blague. (TN – Brasseur 2001 : s.v. *blague*, p. 58)
- Y a jhuste les vieux qui parle français (LOU – Rottet 2001 : 128)
- Et elle m'a montré. Juste parce que je voulais savoir. (LOU – Rottet 2001 : 136)
- [...] ramasser des œufs . ça .... juste pour nous-autres oui (LOU – Stäbler 1995 : 53, corpus)
- Mais tu connais, si ma chaudière c'était pas embarrassé là, je veux justement te montrer. (LOU – *Découverte*, Châtaignier, Évangéline)

▶ *pas juste/justement* « pas simplement »
- tu peux pas juste t'assir pis euh surveiller le / la télévision tout le temps . (NB – Wiesmath 1, R : 1005)
- « [...] puis tu penses tout d'un coup ça saute à t'embrasser, tu peux pas justement », il dit, « les, les écraser, comme ça » (LOU – *Découverte*, Mamou, Évangéline)

▶ *juste/justement* pour signaler le passé récent
- on a juste décidé, on va faire partie d'un TROUP de revue musicale acadienne (NÉ – Hennemann, BSM, BM)
- J'ai justement eu soixante-quatre [ans] (NÉ – Hennemann, PUB, LaD).
- h'avais justement fait de COPY, des / des desserts dans un livre là, ben là. (NÉ – Hennemann, BSM, SC)
- Pis i venait pour la visiter mais elle était justement partie (NÉ – Hennemann, ILM, AF)
- alors j'arrive justement il y a quelques semaines de la Jamaïque (NB – Arrighi 2005, corpus, Rachelle NB 1 : 5–6)
- a' fait juste d'avoir son onzième enfant (NB – Wiesmath 2005 : 154, Wiesmath 7, O : 400).
- il avait juste fini son école pour avocat (LOU – *Découverte*, Mamou, Évangéline)
- j'ai justement fini (LOU – DLF 2010 : s.v. *justement*, p. 356, Da84)

▶ *juste* **pour signaler une action en cours**
- Et il était juste après étudier [...] (LOU – *Découverte*, Isle Jean Charles, Terrebonne)

III.8 *(r)ienque*

L'adverbe *rienque* [rjɛ̃k] / *ienque* [jɛ̃k] – noté également *yienque* – est très fréquent dans toutes les variétés étudiées, principalement sous la forme *ienque*. *Ienque* peut avoir le sens restrictif de « seulement » (l'adverbe *seulement* étant moins fréquent, *cf.* ci-dessus II.5.), mais aussi le sens exceptif de « sauf que » (Brasseur 2001 : s.v. *ien que, in que*, p. 253)[56].

▶ *rienque, ienque* « **seulement** »
- Pis maintenant i y a yienque moi pis mon pus jeune frère qui vit. (NÉ – Hennemann, ILM, AF)
- c'est malaisé . on avait ienque le français. (NB – Wiesmath 4, M : 140)
- par ici avant ça i y avait ienque commme une religion i y avait ienque commme nous autres là . la religion catholique pis protestant. (NB – Wiesmath 4, M : 173)
- mais moi a m'a jamas tapée je pleurais ienque à voir la maîtresse d'école ((rit)) (IdlM – Falkert 2010, corpus : 263–264, p. 354, CD-ROM)
- C'est ien que la seule chose qu'y a moyen de faire. (TN – Brasseur 2001 : s.v. *ien que, inque*, p. 253)
- Y a ène tapée d'affaires que je nommons ien que français pis d'autres affaires c'est ien qu'anglais (TN – Brasseur 2001 : s.v. *ien que, inque*, p. 253)
- Ça c'est rien que B qui peut parler français. (LOU – DLF 2010 : s.v. *rien*², p. 557, TB)
- Il a yienque une piasse. (LOU – DLF 2010 : s.v. *rien*², p. 557, SM)

▶ *rienque, ienque* « **sauf que** »
- i y a plus rien i y a plus ienque le COKE (NB – Wiesmath 2, E : 743)
- je pense qu'on a pas mal toutes les/. les commodités qu'ils ont en dehors ienque faut prendre le bateau pour sortir des Îles (IdlM – Falkert 2010, corpus : 165–167, p. 382, CD-ROM)
- Une cadrosse c'est quisiment comme une bécaillère, ien que c'est pus petit. [...] (TN – Brasseur 2001 : s.v. *cadrosse*, p. 85)
- Y en a des cassis rouges [...], et pis des cassis noirs. I sont la même grosseur, ien qu'i sont différents de couleur. (TN – Brasseur 2001 : s.v. *cassis*, p. 96)
- Il y a pas rien que toi pour moi aimer dans le pays icite. (LOU – DLF 2010 : s.v. *rien*², p. 557, Chanson)

Notons que *ienque* employé dans le sens de « seulement » peut être séparé de l'élément sur lequel il porte ; il peut également être placé en fin de phrase (*cf.* Brasseur 2001 : s.v. *ien que, inque*, p. 253).

---

[56] Dans les *Lettres de Marichette*, la forme *rien* seule est attestée au sens de « rien que », « seulement » : « j'avons pris pour un apôtre du ségneur à cause chi allait de maison en maison avec rien un livre » (NÉ – *Lettres de Marichette*, Gérin/Gérin 1982 : 154, *cf.* aussi GPFC s.v. *rien*).

▶ **Séparation de l'élément de référence**
- ben alle [la cloche] est ienque là pour une parade a' sounne pas non i l'avont ienque mis là pour une parade (NB – Wiesmath 3, D : 16–17)
- pis i a ienque pu payer la moitié du houmard (NB – Wiesmath 3, D : 87–88)
- J'ai ien que té là une journée. (TN – Brasseur 2001 : s.v. *ien que, inque*, p. 253)
- I reste pas là. Il a ien que venu aujourd'hui, mais… (TN – Brasseur 2001 : s.v. *ien que, inque*, p. 253)
- I sont pas sûrs, justement i … présumont in que. Pis ça c'est pas bon. (TN – Brasseur 2001 : s.v. *ien que, inque*, p. 253)

Pour le FL, le DLF signale aussi une forme élargie par le suffixe *-ment* : [rjɛ̃ktəmɑ̃], [jɛ̃ktəmɑ̃] au sens de « seulement » ou « exactement ».

▶ *rienquetement* (FL)
- C'est rienquetement ça ! (LOU – DLF 2010 : s.v. *rienquetement*, p. 557, TB)

Commentaire
Rien que existe aussi en français de France, mais son emploi était plus courant autrefois qu'aujourd'hui (*cf.* Haase 1965 : 109). Les formes sans *r*- initial sont signalées pour la francophonie nord-américaine[57].

III.9 *tout de suite*

À côté du sens standard, *tout de suite* peut renvoyer en FA et en FTN au moment de l'énonciation, prenant alors le sens d'« à l'heure actuelle », « maintenant » (*cf.* Brasseur 2001 : s.v. *suite*, p. 433), « en ce moment » (Arrighi 2005 : 404). Selon Arrighi (2005 : 404), cet emploi caractérise l'usage des jeunes.

- C'est presque incontournable tout de suite. (NÉ – Hennemann, ILM, BJ)
- si ça va continuer à augmenter comme ça augmente tout de suite . ça sera juste les enfants des gens riches qui pourraient aller à l'université. (NB – Arrighi 2005 : 404, Stéphanie NB : 91–92)
- ben c'est ça tout de suite, je travaille pour Loto Atlantic […] (NB – Arrighi 2005 : 404, Stéphanie NB 11 : 3–5)
- j'ai deux chats tout de suite pis deux poissons ben en fait j'ai quatre chats tout de suite là parce que ma sœur vient de déménager pis elle nous a comme passé ses chats là (NB – Arrighi 2012 : 181)
- as-tu été [à l'Île d'Entrée] ? […] pace que là c'est l'hiver l'automne tout de suite là (IdlM – Falkert 2010, corpus : 91–92, p. 342, CD-ROM)
- Asteure, tout de suite, faut que je l'agètions. (TN – Brasseur 2001 : s.v. *acheter, ageter*, p. 7)

L'usage de *tout de suite* comme locution adverbiale de temps ne semble pas non plus inconnu en FL. Dans l'exemple suivant, *tout de suite* se réfère cependant non au moment de l'énonciation, mais au moment de référence (dans le passé) :

- on a été … on s'a marié à l'église […] on avait un petit *trailer* chez nous-autres tout de suite (LOU – *Découverte*, Church Point, Acadia) (« en ce temps-là », « alors »)

---

57 *Cf.* Brasseur (2001 : s.v. *ien que, in que*, p. 253), FEW (10, 286a) ; pour le FL : DLF (2010 : s.v. *yinque*, p. 662). Pour le FQ, le GPFC (s.v. *rien*) note les formes *rien que, rin que, yen que, nin que, din que* au sens de « seulement que [sic], rien de plus que ».

Commentaire

Selon Brasseur (2001 : s.v. *suite*, p. 433), *tout de suite* pour « maintenant », « à l'heure actuelle », est attesté à Saint-Pierre-et-Miquelon (Brasseur/Chauveau 1990 : s.v. *suite*) et, en ce qui concerne les parlers de France, « presque exclusivement en Normandie, tant dans les parlers locaux (FEW 11, 490a sequi) qu'en français régional (Brasseur 1990) ».

III.10 *(de) trop*

Comme en français parlé de France, *trop* – parfois prononcé [tru] (« ouïsme ») – n'indique pas seulement la surabondance, mais il sert aussi d'intensificateur dans le sens de « beaucoup », « très », « vraiment »[58] et entre ainsi en concurrence avec *en masse* et notamment avec *assez*, qui est cependant plus courant (*cf.* ci-dessus I.3.3., III.1., Arrighi 2005 : 385s.). De même, dans la négation, *pas trop* a le sens de « pas vraiment » (Arrighi 2005 : 385) ; nié, le tour *pas trop* est souvent renforcé par le redoublement de l'adverbe : *pas trop trop*. La préposition *de* peut devancer l'adverbe (*de trop*) et spécifie alors généralement un verbe. Notons pour le FTN la prononciation avec la consonne finale [trɔp] (Brasseur 2001 : s.v. *trop*, p. 458).

▶ *trop* « excessivement »
- Si que l'eau est trop fret, le Homard grouille pas. (NÉ – Hennemann, BSM, RL)
- si que t'espères trop longtemps tu vas avoir de la graine (NB – Wiesmath 1, B : 140)
- y a des fois qu'i sont obligés de téléphoner à des maisons privées pou les prendre [les touristes] y en a trop (IdlM – Falkert 2010, corpus : 195–196, p. 349, CD-ROM)
- Quand qu'i se lève, là, il est trop [trɔp] faible pour faire de quoi. (TN – Brasseur 2001 : s.v. *trop*, p. 458)
- Moi je pourrais pas jouer avec, je suis trop estropié. (LOU – *Découverte*, Isle Saint Jean, Terrebonne)
- Il s'a aperçu trop tard que l'eau montait. (LOU – DLF 2010 : s.v. *trop*, p. 634, LA)
- Ça se saoule trop, tu peux pas dépendre dessus eux-autres. (LOU – DLF 2010 : s.v. *trop*, p. 634, Lv88)

▶ *trop* « très », « beaucoup », « vraiment », *pas trop* « pas vraiment »
- Ce p'tit garçon est trop beau ! (« très ») (NÉ – É. Boudreau 1988 : 236)
- Là, i fait pas trop beau. (NÉ – Hennemann, PUB, ArD)
- Si c'est les petits, c'est pas trop BAD. (NÉ – Hennemann, ILM, CL)
- j'suis point troup sûre ABOUT ça (NÉ – Fritzenkötter 2015 : 220, BSM)
- pour ça je sais pas vraiment si ça me dirait trop (NB – Wiesmath 7, O : 410)
- le quinze d'août ç'a pas été fêté trop (NB – Wiesmath 2, E : 32).
- ben on savait pas trop que ça voulait dire (NB – Wiesmath 4, M : 116–117)
- dans ste temps là là là que j'étais plus jeune là on jouait pas trop aux cartes dans ce temps là (NB – Arrighi 2005 : 386, Laura NB 8 : 77–78)

---

[58] Pour le français de France, *cf. Le Petit Robert* (2013 : s.v. *trop*) ; pour la NÉ : É. Boudreau (1988 : 236) ; pour la LOU : DLF (2010 : s.v. *trop*, p. 634), Guilbeau (1950 : 238), Papen/Rottet (1997 : 90) ; pour le québécois de l'Île-aux-Coudres, Seutin (1975 : 328).

- ah c'est beau ! c'est trop beau (IdlM – Falkert 2010, corpus : 242–243, p. 73, CD-ROM)
- je suis pas trop au courant vraiment là (IdlM – Falkert 2010, corpus : 260, p. 100, CD-ROM)
- ça c'est de quoi je comp/ comprends pas trop bien (IdlM – Falkert 2010, corpus : 518–519, p. 138, CD-ROM)
- moi je crois pas c' est / . c'est trop juste ... (LOU – Städler 1995 : 207, corpus)
- « Oh, je veux t'embrasser. Je suis trop contente. » (LOU – *Découverte*, Châtaignier, Évangéline)
- Je me rappelle pas trop les mots de ce chanson. (LOU – *Découverte*, Church Point, Acadia)

▶ *pas trop trop* « pas vraiment », « pas beaucoup »
- zeux c'était ff/ c'était PROBABLY pas d'amusoir trop trop (NB – Wiesmath 1, B : 758–759)
- ben il était pas trop trop vieux mais ce tait un vieux garçon (ÎPÉ – Arrighi 2005 : 385, Rose ÎPÉ 7 : 120–121)
- je connais pas comment longtemps, mais c'est pas trop trop longtemps (LOU – *Découverte*, Pointe-aux-Chênes, Terrebonne)

▶ *de trop* « trop »
- Parce des fois, h'allions chez A. ou ben sus F. ramasser des œufs quand-ce qu'i avont de trop. (NÉ – Hennemann, ILM, CL)
- mais ça coûte un paquet de trop pour moi (IdlM – Falkert 2010, corpus : 54, p. 360, CD-ROM)
- I mangeont de trop [trɔp]. (TN – Brasseur 2001 : s.v. *trop*, p. 458)
- Le fait d'OFFSHORE je connais pas de trop. J'ai jamais pêché de trop là-bas. (LOU – DLF 2010 : s.v. *trop*, p. 634, TB)
- J'aime pas trotter un cheval. Ça te bouscule de trop. (LOU – DLF 2010 : s.v. *trop*, p. 634, LA)
- [Je parle] pas de trop en anglais. (LOU – DLF 2010 : s.v. *trop*, p. 634, LF)

Trop a souvent une position inhabituelle dans la phrase (du point de vue du FS).

▶ **Position inhabituelle de *trop***
- j'aimais pas ça la chasse aux MOOSE faulait trop que tu *travelis*. (NB – Wiesmath 3, D : 228)
- dans le bois faulait trop/trop que tu mettis de temps (NB – Wiesmath 3, D : 230)
- j'aime pas ça voyager en dehors trop (IdlM – Falkert 2010, corpus : 590, p. 480, CD-ROM)
- Il y avait un cheval, des fois on mettait deux chevaux si c'était trop un gros rang. (LOU – *Découverte*, Châtaignier, Évangéline)
- Là, ça c'était cuit, tu les ramassais par cueillerées comme ça là. Pas trop une grosse cueillère, mais assez grosse plus grosse qu'une cueillère à manger, [...] (LOU – *Découverte*, Châtaignier, Évangéline)

Commentaire
Notons que les valeurs de *trop* en tant qu'intensificateur (« beaucoup », « très », « vraiment ») correspondent à l'ancien usage ; à l'exception de quelques formules de politesse, elles passent aujourd'hui pour familières, régionales ou vieillies en France[59]. Dans la phrase négative, *trop* a pourtant gardé le sens affaibli : *je ne sais*

---

[59] *Cf.* Brunot/Bruneau (1949 : 410), Haase (1965 : 215), Grevisse/Goosse (2008 : § 993d, p. 1240s.), Hanse (1991 : s.v. *trop*, p. 964).

trop ..., je n'aime pas trop, etc. (cf. Hanse 1991: s.v. trop, p. 964 ; pour le FQ : Léard 1985 : 146s.). La prononciation [trɔp] était répandue aux XVIe et XVIIe s. en France et survit aujourd'hui en cas de liaison en FS (Brasseur 2001 : s.v. trop, p. 458). La forme de trop, spécifiant un verbe, existe aussi dans le non-standard de France : travailler de trop (Le Petit Robert 2013 : s.v. trop, Bauche ²1951 : 120)[60].

IV Emprunts à l'anglais

La catégorie des adverbes est relativement imperméable aux emprunts (Arrighi 2005 : 374). Le FL est plus réticent à adopter des emprunts que les variétés acadiennes[61] ; le chiac de Moncton (NB) est bien sûr le parler le plus ouvert aux anglicismes. Dans cette section, on ne trouvera que les emprunts qui présentent un intérêt non seulement sémantique mais aussi morphosyntaxique[62].

IV.1 *ABOUT*

ABOUT – courant également en tant que préposition en FA (*cf.* le chap. « Les prépositions », IV) – s'emploie en tant qu'adverbe dans le sens d'« à peu près », « environ » et apparaît principalement devant les chiffres (Arrighi 2005 : 393). En fonction adverbiale (mais généralement pas en fonction prépositionnelle, Fritzenkötter 2015 : 223), il peut être abrégé par l'aphérèse du *a* initial : *'BOUT*. Dans son corpus portant sur le langage des jeunes de la BSM, Fritzenkötter (2015 : 223s.) note deux spécificités, l'une syntaxique, l'autre sémantique, de l'adverbe emprunté *ABOUT* par rapport à l'anglais : dans le parler acadien, cet adverbe peut être placé en finale absolue. En outre, il semble avoir subi un élargissement sémantique, étant donné qu'en plus du sens signalé ci-dessus (qui correspond au sens anglais), il apparaît aussi dans le sens de « vraisemblablement », « peut-être », équivalant ainsi à l'adverbe anglais *probably*.

> ▶ *ABOUT* « environ », « à peu près »
> - Pis là h'avons point eu de neige pour ABOUT quinze ans (NÉ – Hennemann, BSM, RL)
> - j'sais/pas quoi c'que c'est/ACTUALLY/appelé/mais j'ai lit ABOUT quat' cinq fois oui (NÉ – Fritzenkötter 2015 : 223, BSM)
> - c'était ABOUT coumme la semaine après qu'il faisait beau (NÉ – Fritzenkötter 2015 : 223, BSM)
> - [...] c'est motché de son nom 'BOUT (NÉ – Fritzenkötter 2015 : 224, BSM) (« it's about half of her name »)

---

60 *De trop* – avec un nom, un pronom ou une expression numérale – est conforme au FS, de même que l'expression *être de trop* (*cf. Le Petit Robert* 2013 : s.v. *trop*).

61 Notons l'absence de mots fonctionnels empruntés à l'anglais dans le corpus madelinien de Falkert (2010) ; même l'adverbe *BACK* n'est pas relevé dans le corpus (pour *BACK* dans les autres variétés, *cf.* ci-dessous IV.2.).

62 Pour d'autres adverbes empruntés dont nous ne traiterons pas ici, soit parce qu'ils ne figurent pas dans les corpus consultés, soit parce qu'ils ne présentent qu'un intérêt purement lexical, *cf.* Ryan (1998 : 101, *ROUGH*), King (2013 : 102ss., *FULL*, *QUITE*), Fritzenkötter (2015 : tableau 222s. et *WAY* p. 252s.).

- ça serait ABOUT vingt-six vingt-sept ans passés (NB – Wiesmath 1, B : 311–312)
- pis euh c'était presque tout' *cleané* à/. ABOUT dix heures et demie honze heures [...] (NB – Wiesmath 2, E : 195–196)
- je me fais lire les cartes pour ABOUT trois ou quatre piasses (NB – Arrighi 2005 : 393, Willy NB 9 : 456–457)
- quand j'ai commencé à pêcher à dire que je mettions ABOUT/ABOUT cinquante trappes sur un ligne (ÎPÉ – Arrighi 2005 : 393, Théodore ÎPÉ 4 : 72–73)

▶ **'bout « vraisemblablement », « peut-être »**
- EC11 : c'est pus à la mode/ EC12 : moi j'crois que ça va venir BACK/ EC11 : 'BOUT/ouais. (NÉ – Fritzenkötter 2015 : 224, BSM)
- h'ai point de plans/SO h'vas 'BOUT rester dans la région. (NÉ – Fritzenkötter 2015 : 224, BSM)

Notons que *ABOUT* n'est pas courant en FL et que pour ce qui est des autres parlers concernés ici, *comme* en fonction approximative est beaucoup plus courant que l'emprunt (*cf.* ci-dessus III.5.).

IV.2 *BACK*

L'adverbe *BACK* est très productif dans les variétés concernées ici. Dans la littérature scientifique, l'adoption de l'emprunt *BACK* dans les communautés à fort contact linguistique a été mise en rapport avec la perte progressive de productivité du préfixe français *re-* (*cf.* King 2011 : 196). En effet, *BACK* a graduellement pris les fonctions de *re-* dans les variétés étudiées et, dans les régions qui ont parfaitement intégré l'emprunt, il est plus productif que ce préfixe, puisqu'il peut même se combiner par ex. avec les verbes *aller*, *être* et *avoir*.

Le degré d'intégration de *BACK* varie néanmoins fortement d'une région à l'autre[63].
- À l'ÎPÉ, à la BSM et dans le Sud-Est du Nouveau Brunswick, *BACK* a adopté les deux fonctions du préfixe français *re-*.[64] *BACK* peut donc avoir le sens de « retour à un endroit ou à un stade antérieurs » comme en anglais, mais il peut aussi indiquer la répétition et signifier « de nouveau ». En outre, dans ces régions, *BACK* a subi une réanalyse syntaxique et peut être placé aujourd'hui devant le verbe (King 2011 : 204s.). Les observations faites par King (2011 : 211) suggèrent que la réanalyse a d'abord affecté *BACK* dans le sens itératif, et plus tard dans le sens de « retour à ». Notons que le préfixe *re-* survit encore dans ces régions et qu'on trouve aussi des redoublements *BACK re-* ou *re- BACK*[65].

---

[63] Pour une analyse approfondie et récapitulative, *cf.* King (2011). *Cf.* aussi King (2000, chap. 7, 2008 : 162ss., 2013 : 95), Cormier (1999 : s.v. *back*), Comeau (2006 : 2s.), Flikeid (1997 : 279), Perrot (1995, 2014a), Wiesmath (2001), Rottet (2000), Fritzenkötter (2015 : 211ss., 2016). Pour l'hypothèse alternative de la relexification, *cf.* Tremblay (2005).

[64] King (2011 : 194) suggère que l'emprunt de *BACK* à l'ÎPÉ remonte au début du XXe s., vu que les locuteurs les plus âgés de son corpus – 79 et 81 ans en 1987 – employaient *BACK* dans les deux acceptions de « de nouveau » et « retour à un endroit ou à un stade antérieurs ».

[65] C'est le constat de Fritzenkötter (2016) pour l'usage des jeunes de la BSM, tel qu'il ressort de l'analyse de son corpus recueilli en 2011.

- À certains endroits, comme à Saint-Louis (ÎPÉ, King 2011 : 199s.), les deux sens de *re-* sont systématiquement exprimés par *BACK*, de sorte que *re-* a disparu de l'usage. Telle était également la situation en chiac dans les années 1990 (*cf.* Perrot 1995 : 155ss., 2014a : 210ss.). Or, dans une étude récente – étayée sur des corpus établis au début du XXIe s.[66] –, Perrot (2014a : 211) constate que *BACK* semble se trouver en chiac dans une « phase d'affaiblissement, notamment dans sa valeur itérative ». Elle observe une « re-francisation », dans la mesure où les équivalents français de l'anglais *BACK*, à savoir *de nouveau, une autre fois* et même *re-* + verbe, refont surface en chiac. D'autre part, une nouvelle forme anglaise fait son apparition, *AGAIN*, qui semble toutefois posséder « une dimension appréciative ajoutée par rapport à *back* » et s'utiliser par exemple dans les énoncés à connotation péjorative (Perrot 2014a : 212)[67].
- En LOU, *BACK* a les deux sens de *re-* en français. La comparaison intergénérationnelle montre que les plus âgés utilisent *BACK* comme particule de renforcement en redondance avec *re-*, alors que l'usage de *re-* se perd dans le langage des jeunes (Rottet 2000 : 120, King 2011 : 200s.). La position préverbale de *BACK* reste encore exceptionnelle.
- Dans d'autres variétés de français en contact avec l'anglais, *BACK* a été intégré seulement dans le sens courant dans la langue source (« retour à ») sans subir ni l'élargissement de sens ni la réanalyse syntaxique, occupant donc les mêmes positions qu'en anglais. En général, l'usage de *BACK* reste limité dans ces régions. Telle est la situation à Rayside en Ontario (King 2011 : 195s.) et à Ottawa-Hull (King 2011 : 197) ainsi que dans le Nord-Est du NB où la plus grande partie de la population est francophone (King 2011 : 200)[68]. Pour le français du Missouri, cet emploi est signalé par Thogmartin (1970 : 72). De même, à TN, *BACK* a été adopté dans un sens exclusivement locatif. *Re-* y est encore vivant. *BACK* apparaît soit en redondance avec *re-*, soit en remplacement de *re-* (King 2011 : 200).
- Dans un contexte où le français est dominant et où le contact avec l'anglais est moins intense, comme à Québec, aux Îles-de-la-Madeleine ou à Hawkesbury (Ontario), *BACK* n'a pas été adopté du tout (King 2011 : 196s., 212, Falkert 2010, corpus).

---

66 Corpus Boudreau-Perrot et corpus Young (2002). Quant au corpus Boudreau-Perrot, recueilli en l'an 2000, Perrot (2014a : 201) explique qu'il s'agit de « conversations entre adolescents et adolescentes âgés de 16 à 19 ans, élèves d'une secondaire de langue française située à Dieppe, dans l'agglomération de Moncton ». Les adolescents ont été enregistrés en l'absence des enquêtrices sur la base d'un questionnaire.

67 Perrot (2014a : 212, note 18) « formule provisoirement une hypothèse de travail sur la valeur d'*again*, qui marquerait la répétition en série (d'où le lien avec la dimension modale) tandis que *back* marquerait la répétition unique ». – Notons qu'*again* est également attesté une fois dans le corpus de Fritzenkötter : « ma mère a NEED-é d'aller à l'école AGAIN/après que h'étais née » (2015 : 218). En revanche, les équivalents français *encore une fois* et *de nouveau* ne sont pas attestés dans son corpus.

68 Mougeon (entre autres : 1993 : 66s.) enregistre une restriction supplémentaire quant à l'usage de *BACK* en franco-ontarien : en effet, le terme semble socialement stigmatisé dans ce parler et ce sont essentiellement « les jeunes issus d'un milieu ouvrier » qui l'emploient.

La latitude sémantique et la flexibilité syntaxique de l'adverbe *BACK* expliquent sa fréquence élevée dans les variétés étudiées.

▶ **(re-)+verbe + BACK « retour à »**
- Rentre BACK. (NÉ – Hennemann, ILM, IS)
- SO on restait là un peu de temps pis on s'en venait BACK par ici (NÉ – Hennemann, BSM, SC)
- i s'avont venu BACK. (NÉ – Fritzenkötter 2015 : 216, BSM)

- pis i se levait debout' pis i rentrait BACK dans le bois (NB – Wiesmath 1, B : 313)
- ça boévait ça dans NO TIME là c'était vite t'allais BACK à la pompe pis tu 'n amenais deux autres (NB – Wiesmath 1, B : 670)

- Elle viendra BACK après. (ÎPÉ – King 2000 : 125)

- Quand qu'a va revenir *back*, i dit, a va savoir quoi faire. (TN – Brasseur 2001 : s.v. *back*, p. 38)
- Tu peux le prendre *back*, je n'en veux pas. (TN – Brasseur 2001 : s.v. *back*, p. 38)
- Ça prendra plus que le luck pour avoir back ma licence. (TN – King 2000 : 121)
- Ils ont mis le goldfish back. (TN – King 2000 : 121)

- La dame est jamais revenue BACK. (LOU – DLF 2010 : s.v. *back*³, p. 53, IB)
- Et quelque temps après ça quand il s'est retourné *back* eusse s'en allait dans l'ouest (LOU – *Découverte*, Isle Jean Charles, Terrebonne)
- tu pouvais *afford* d'engager pour repousser le bateau *back* à l'eau (LOU – *Découverte*, Chênière Caminada, Jefferson)
- [à propos de la mousse qu'on mettait dans les matelas] Fallait que tu l'étiles. Et là tu mettais ça *back* dans le matelas, dans l'ensouillure et là tu coudait ça *back*, et là tu mettais ça *back* sur le lit (LOU – *Découverte*, Pointe-aux-Chênes, Terrebonne)

▶ **(re-)+verbe BACK « de nouveau »**
- allume BACK ma lampe (NÉ – Hennemann, ILM, IS)
- Je mangerais jamais back. (NÉ – Comeau 2006 : 3, BSM)
- c'était mon liv' FAVOURITE mon FAVOURITE liv'/h'essaie d'lire BACK après ça. (NÉ – Fritzenkötter 2015 : 217, BSM)

- t'avais juste le temps de finir pis i reneigeait BACK (NB – Wiesmath 1, B : 709)

- Elle va le refaire back. (ÎPÉ – King 2000 : 129)
- Tu peux aller leur dire back. (ÎPÉ – King 2000 : 117)

- J'ai commencé à refumer *back*. (LOU – Rottet 2000 : 120)
- Et je m'ai jamais ressoûlé BACK. (LOU – DLF 2010 : s.v. *back*³, p. 53, LF)
- Je vas chauffer le thé BACK. (LOU – DLF 2010 : *back*³, p. 53, Lv88)
- *well* il fallait qu'on défait ça *back* (LOU – *Découverte*, Pointe-aux-Chênes, Terrebonne)

▶ **BACK + verbe (dans tous les sens du préfixe français re-)**
- parce que je veux me BACK aller à FLORIDA (NÉ – Hennemann, ILM, Corpus oral, 2)
- Il a back amené la tape. (NÉ – Comeau, cité dans King 2011 : 210, BSM)
- ej veux BACK venir icitte (NÉ – Fritzenkötter 2015 : 217, BSM)
- ej crois faut quitter pis coumme BACK revenir (NÉ – Fritzenkötter 2015 : 217, BSM)
- c'est la chance à/à BACK voir le monde (NÉ – Fritzenkötter 2015 : 217, BSM)

- la boête était vide SO faulait BACK je les remplise (NB – Wiesmath 1, B : 689)

- c'était rendu de le *call*-er *so* je l'ai juste *call*-é *but* i était pas là / i m'a *back call*-é la même soirée (NB – Perrot 1995 : 164, chiac)
- Je l'avais assez haï que je l'ai jamais back fait. (ÎPÉ – King 2000 : 117)
- Puis je voulais pas back aller. (ÎPÉ – King 2000 : 116)
- Ça leur prend presque toute l'année à back payer ça. (ÎPÉ – King 2000 : 116)
- J'ai jamais back été dans un pool depuis. (ÎPÉ – King 2000 : 117)
- Ça fait, on s'a mis à marcher au long du bayou au ras du Bayou des Cannes pour aller *back* trouver nos bicycles ayoù on avait laissé ça dans les grandes herbes. (LOU – *Découverte*, Jennings, Jefferson)

Parfois, *re-* s'agglutine directement à *BACK* créant ainsi un nouvel adverbe *reback*.

► *reback*
- J'ai été reback à bord du train. (TN – King 2000 : 121)

IV.3 *RIGHT*

RIGHT a été emprunté en FA et en FTN non comme adjectif, mais seulement en tant qu'intensificateur modifiant généralement un adjectif ou un adverbe, rarement aussi un verbe, du moins en chiac de Moncton :
- J'ai right aimé ça. (NB – Perrot 1995, chiac, citée dans King 2013 : 101)
- J'aime right porter du linge loose. (NB – Chevalier/Hudson 2005 : 292, chiac)

De plus, cet adverbe renforce toujours une affirmation alors que *pantouT* et *du touT* renforcent la négation (*cf.* le chap. « La négation », V.1.)[69].

Dans les variétés concernées, *RIGHT* possède différents sens, mais soulignons qu'il est parfois difficile d'attribuer un sens précis à *RIGHT* :
- « correctement » (pour ce sens, *cf.* en anglais par exemple *You guessed right.*), valeur pourtant rarement relevée dans les variétés étudiées (Arrighi 2005 : 393)
- « complètement », « tout à fait », « entièrement » (Arrighi 2005 : 393, Brasseur 2001 : s.v. *right*, p. 398) (pour ce sens, *cf.* en anglais par exemple *I'm right out of ideas*)
  - I sont right rouges. (TN – Brasseur 2001 : s.v. *right*, p. 398)
  - J'avions des pots [pɔt] tendus *right* au ras la côte, tout le long. (TN – Brasseur 2001 : s.v. *right*, p. 398) (Le sens, courant en anglais, de « directement », « exactement » ne nous semble pas exlu ici.)

---

[69] *Cf.* King (2008 : 164) ; *cf.* aussi : Ryan (1998 : 100), Arrighi (2005 : 393), King (2013 : 101) ; pour la fréquence de *RIGHT*, *cf.* Brasseur (2001 : s.v. *right*, p. 398). – Pour une analyse approfondie de *RIGHT* en chiac de Moncton en comparaison aussi avec *FULL* en québécois, *cf.* Chevalier/Hudson (2005). – Signalons que dans les corpus de Wiesmath (2006) et de Hennemann (2014), *RIGHT* n'apparaît que dans les contextes du *code switching*. – Fritzenkötter (2015 : 252) s'étonne de la quasi-absence de *RIGHT* dans son corpus (une occurrence) ; en revanche, l'adverbe anglais *TIGHT* est relevé quatre fois au sens de l'adverbe anglais *really* : « ça m'fatigue TIGHT », « ça nous CONFUS-ait TIGHT » (2015 : 254).

– RIGHT peut servir d'intensificateur au sens de « vraiment », « véritablement » ; dans cette acception, l'adverbe emprunté correspond à *really* en anglais standard, mais *right* est relevé dans ce sens devant les adjectifs et les adverbes en anglais populaire des Maritimes, de sorte que Chevalier/Hudson (2005 : 291s.) suggèrent que l'emprunt s'est fait en FA « de la variété anglaise en usage dans la collectivité que côtoient et fréquentent les Acadiens ».

- Ils restint right proche à York University. (NÉ – King 2013 : 101, BSM)
- C'est right beau. (NB – Chevalier/Hudson 2005 : 292, chiac)
- Il parle right beaucoup. (NB – Chevalier/Hudson 2005 : 292, chiac)
- A i donne right beaucoup de cadeaux. (NB – Chevalier/Hudson 2005 : 292, chiac, King 2013 : 101)
- I faisait right beau. (ÎPÉ – Ryan 2005 : 306)
- Ça vient *right* grand. (TN – Brasseur 2001 : s.v. *right*, p. 398)

IV.4 WELLment, WAYment

L'adverbe anglais *WELL* est courant en tant que particule de discours dans toutes les variétés étudiées ici et ne sera pas analysé ici plus avant (*cf.* entre autres Neumann-Holzschuh 2009c, Petraș 2016). À côté de *WELL*, on relève parfois la forme *WELLment* avec le suffixe français *-ment* en tant que marque de l'adverbe. Sous cette forme, *WELLment* a une valeur intensive et correspond à « vraiment », « très » et « beaucoup ». *WELLment* a déjà été attesté par Starets (1986 : 469, BSM et PUB) et par Ryan (1998 : 95, BSM) et son existence est confirmée, du moins pour le langage des jeunes Acadiens, par Fritzenkötter (2015 : 146, BSM). À côté de *WELLment*, on note la forme *WAYment*, de même sens (King 2013 : 100)[70].

▶ **WELLment**
- L'histoire était wellment plus grosse qu'elle aurait dû être. (NÉ – Ryan 1998 : 95, BSM)
- Ça, c'est wellment beau. (NÉ – King 2013 : 100, BSM)
- êt' bilingue comme/pour trouver des JOB et du STUFF ça va êt' wellment plus aisé. (NÉ – Fritzenkötter 2015 : 146, BSM)
- moi j'suis wellment fier à mort de/d'êt'/Acadjonne pis/pouvoir le parler. (NÉ – Fritzenkötter 2015 : 146, BSM)
- mh/je sais qu'ma région c'est comme wellment différent c'est comme un monde à part entière. (NÉ – Fritzenkötter 2015 : 146, BSM)

▶ **WAYment**
- Hier, il a wayment venté. (NÉ – King 2013 : 100, BSM)

---

70 King (2013 : 100) estime qu'il s'agit, avec *wellment* et *wayment*, de formes dissimilées remontant à l'adverbe acadien *moyennement* qui aurait alors pris un sens plus intense ; *wellment* et *wayment* auraient donc été réinterprétés comme étant d'origine anglaise (*cf.* ci-dessus II.3.).

Ryan (1998 : 95) atteste aussi l'emploi de *WELLment de* comme quantificateur.

▶ ***WELLment de***
- Ça fit wellment du dégât. (NÉ – Ryan 1998 : 95, BSM).

Les prépositions

Préliminaires

I	**Les prépositions simples en concurrence : *à, dans, en, sur, de***
I.1	*à*
I.1.1	Emploi locatif
I.1.2	Emploi temporel
I.2	*dans*
I.2.1	Emploi locatif
I.2.2	Emploi temporel
I.3	*en*
I.3.1	Emploi locatif
I.3.2	Emploi temporel
I.3.3	Emploi explétif
I.4	*sus/sur*
I.4.1	Emploi locatif
I.4.2	*sus/sur, chez/chus*
I.4.3	Emploi temporel
I.4.4	*sus/sur* dans les expressions figées
I.5	*de*
I.5.1	Emploi locatif
I.5.2	Emploi temporel
I.5.3	Emploi explétif
II	**Autres prépositions simples**
II.1	*avec, avec pas*
II.1.1	*avec* et variantes
II.1.2	*avec pas*
II.2	*après*
II.3	*par* vs. *pour*
II.3.1	Emploi locatif
II.3.2	Emploi temporel
II.3.3	Emploi causal
II.3.4	*par* avec les moyens de transport
II.3.5	*par* explétif
II.4	*entre/enteur, parmi*
II.4.1	*entre*
II.4.2	*parmi*
II.5	*emprès, dempis, drès*
II.5.1	*emprès*
II.5.2	*dempis*
II.5.3	*drès*

III	**Les locutions prépositionnelles**
III.1	*alentours* et formations complexes
III.1.1	*alentour (de), à l'entour (de)*
III.1.2	*aux alentours de (à), dans l'alentour de, dans les alentours de*
III.2	*au ras (de)*
III.3	*autour/entour (de)*
III.4	*au/en/à travers (de)*
III.5	*bord (de), (à/aux) côté(s) (de)*
III.5.1	*bord (de)*
III.5.2	*(à/aux) côté(s) (de)*
III.6	*clair (de)*
III.7	*dans le mitan/au mitan de*
III.8	*dedans* et formations complexes
III.8.1	*dedans* « à l'intérieur de », « dans »
III.8.2	*en dedans de* (notamment en FA/FTN), *en dedans* (FL), *dans le dedans de* (FTN)
III.8.3	*de dans* et *de dedans* « de l'intérieur de », « hors de »
III.9	*dehors/hors* et formations complexes
III.9.1	*hors de*
III.9.2	*en dehors de*, en FL aussi : *dehors (de)*
III.10	*dessous* et formations complexes
III.11	*dessus* et formations complexes
III.11.1	*dessus*
III.11.2	*par-dessus* (*par* indiquant la direction)
III.11.3	*au-dessus de* au sens figuré de « plus de »
III.11.4	*de + sus* et *de dessus*
III.12	*en arrière (de)*
III.13	*en avant de*
III.14	*en bas (de)*
III.15	*en haut (de)*
III.16	*ensuite de*
III.17	*par rapport à*
III.18	*(à) part de/que, excepté*
III.19	*proche de*
III.20	Conversions à base verbale
III.20.1	*(à) aller/à venir (menir) (à)*
III.20.2	*dépassé*
IV	**Les emprunts**
V	**Les prépositions « orphelines »**
V.1	Définition
V.2	Préposition orpheline et *preposition stranding*
V.3	Remarques diasystématiques

V.4	Les constructions de type français
V.5	Les prépositions orphelines dans les relatives
V.6	Les prépositions orphelines dans l'interrogation et la phrase pseudo-passive

Les prépositions

Préliminaires

C'est à un dictionnaire, et non à une grammaire qu'il incomberait de traiter de manière approfondie la diversité des usages de chacune des prépositions du français. Dans la présentation des prépositions en FA, FTN et FL, nous tendrons donc moins à l'exhaustivité qu'à l'exemplarité : selon une approche différentielle avec en toile de fond le FS, nous nous contenterons pour l'essentiel de placer l'accent du présent chapitre sur la forme et les emplois non standard de quelques prépositions et locutions prépositionnelles qui suscitent un intérêt particulier[1]. L'usage est flottant et le système des prépositions est en pleine évolution dans les variétés étudiées (Hennemann 2014 : 182, Péronnet/Kasparian 2000 : 112).

Soulignons que c'est principalement l'emploi des prépositions dans les compléments circonstanciels qui nous intéressera ici. On n'abordera donc pas de façon systématique le rôle joué par les prépositions pour relier les verbes à leurs objets ou pour introduire les compléments d'un nom, d'un adjectif ou d'un adverbe (*cf.* Hennemann 2014 : 184), même si on n'en fera pas complètement abstraction dans la mesure où il s'agira de présenter quelques emplois fréquents[2]. On ne parlera pas non plus des cas occasionnels d'omission des prépositions[3].

Dans l'ensemble, les prépositions les plus courantes correspondent bien au FS, du moins sur les plans morphologique et phonétique, et en grande partie aussi sémantique. Mais on observe tout de même des écarts non négligeables quant à l'usage des prépositions les plus usuelles[4]. On relève de plus des libertés syntaxiques qui n'existent pas en français hexagonal et dont il sera question dans la section V.

---

[1] Pour les prépositions dans les variétés étudiées ici, *cf.* entre autres Gesner (1979a), Péronnet (1982), King (2000, 2013), Péronnet/Kasparian (2000, 2008), Brasseur (2005), S. Dubois et al. (2005), Wiesmath (2006 : 242ss.), Hennemann (2014 : 181ss.). – Parmi les études d'Arrighi sur les prépositions, nous nous référons principalement à la thèse de doctorat (Arrighi 2005 : 313–372) et non à sa contribution dans le volume de Brasseur/Falkert (éds., 2005, *cf.* Arrighi 2005a).

[2] C'est le cas notamment dans le contexte des prépositions *avec* et *après* (*cf.* ci-dessous II.1. et II.2.), qui entrent dans quelques tours qui n'existent pas dans le standard (ex. *aller* ou *courir après qqn.*). Pour le reste, on ne tiendra pas compte des nombreux cas où la rection verbale diffère du FS (ex. *aimer faire* à côté de *aimer à* ou *aimer de faire*) ; certains d'entre eux, dans la mesure où ils présentent une certaine régularité, sont abordés dans le contexte de l'infinitif et des périphrases verbales (*cf.* les chap. « Les formes nominales du verbe », « Les périphrases verbales »). D'autres, souvent calqués sur l'anglais (ex. *demander pour, appliquer pour*), devraient figurer dans un dictionnaire. Dans d'autres cas enfin, on voit à l'œuvre le principe du remplacement d'une préposition « faible » (*à, de*) par une préposition « forte » (ex. *être intéressé dans*), principe qu'on notera aussi dans d'autres exemples traités ci-dessous.

[3] *Cf.*, par exemple, l'omission de *à* dans : « i ont pas d'enfants pi i ont jamais eu rien * s'attacher » (NB – Wiesmath 2006 : 213, Wiesmath 2, F : 759).

[4] Selon le point de vue, l'accent est mis sur les différences ou sur les points communs avec le français commun : ainsi Wiesmath note-t-elle qu'un « grand nombre de prépositions ne diffèrent pas ou peu du français commun » (2006 : 255) (dans le même sens, pour le FL : Papen/Rottet 1997 : 103). – Selon Hennemann (2014 : 181), le système prépositionnel « compte parmi les sous-systèmes grammaticaux qui présentent le plus grand nombre d'écarts morphologiques par rapport au français de référence », alors qu'Arrighi (2005 : 313) considère qu'il y a

On soulignera en particulier les points suivants :
- Le flottement dans l'emploi et la forme des prépositions :
    - Il peut y avoir concurrence entre différentes prépositions pour exprimer le même rapport (ex. *dans*, *à* et *en* devant les noms de pays).
    - Il existe plusieurs variantes d'une seule préposition (*sus*, *sur*, *dessus*, *en dessus de*, ...).
- L'absence de distinction entre la catégorie des adverbes et celle des prépositions, comme c'était également le cas dans l'ancienne langue (*cf.* ci-dessous III).
- L'élargissement de l'emploi de certaines prépositions au détriment des autres (*sus*/*sur* et *dans* empiétant sur *en* et, selon le contexte, *à*).
- La faible fréquence de certaines prépositions du FS : *pendant* et *durant*[5], *près de*/*auprès de*[6], *sauf*[7], *vers*, *parmi*, *devant*, *hors*.
- L'usage plus courant qu'en FS des locutions prépositionnelles complexes, avec une nette tendance à la surspécification des rapports pour pallier le manque de transparence des prépositions simples, notamment dans l'expression des relations spatiales (*de delà*, *par en dessus de*, *de là aller jusqu'à* etc.) (*cf.* ci-dessous III) ; notons également dans ce contexte l'existence de locutions prépositionnelles avec un *que* « parasitaire » : *à part que*, *sauf que*, *excepté que* et *autrement que* dans le sens de « sauf » (*cf.* III.18.).
- L'emploi « explétif » des prépositions (ex. *hier à soir*, *à tous les soirs*, etc.).
- La survivance de certaines prépositions ou locutions prépositionnelles archaïques (*emprès*, *dempuis*, *drès*, *dans le mitan*, *cf.* ci-dessous II et III).
- L'influence importante de l'anglais, nette dans les cas d'emprunt direct (*cf.* ci-dessous IV), mais souvent difficile à évaluer dans les cas de calques sémantiques, a aussi des répercussions sur les types et la fréquence des constructions à préposition orpheline (mais *cf.* ci-dessous V).

« peu de faits notables au plan morphologique », tout en soulignant des spécificités dans la morphologie des locutions prépositionnelles (*ibid.* : 315). – Péronnet/Kasparian (2008 : 201) évaluent à 70 % les cas de standardisation dans l'usage des prépositions *à*, *de*, *pour*, *dans*, *sur* contre 30 % de variation qui subsiste (NB) : la variation consiste (1) à remplacer « la préposition standard par une autre préposition », (2) à employer une « préposition là où le standard ne l'utilise pas », et (3) à omettre une préposition là où le standard en demande (Péronnet/Kasparian 2008 : 201). – Chaudenson et al. (1993 : 97–102) signalent quelques parallèles dans ce domaine entre les variétés nord-américaines du français et les langues créoles à base française.

5 *Cf.* Wiesmath (2006 : 245), Arrighi (2005 : 343). *Durant* apparaît en FA chez les locuteurs les plus standardisants : « [...] mais y a aussi maintenant un festival francophone euh . durant l'été . à Saint-Jean » (NB – Arrighi 2005 : 343, Rachelle NB 1 : 429–431). En FL, il existe les formes *durant* (DLF 2010 : s.v. *durant*, p. 224) et *durant de* : « Mais durant du World War Two, il y avait pas ça. » (ça = « la télévision ») (*Découverte*, Pointe-aux-Chênes, Terrebonne). – Pour le FL, Guilbeau note à propos de *pendant* qu'il s'agit d'une forme rare, relevée chez quelques informateurs âgés (1950 : 253). *Cf.* aussi DLF (2010 : s.v. *pendant*, p. 452). *Cf.* ci-dessous I.2. (*dans*), I.3. (*en*), I.4. (*sus*/*sur*) et II.3. (*pour*).

6 La rareté de ces prépositions est notée par Arrighi (2005 : 362), Wiesmath (2006 : 248, note 464), Hennemann (2007 : 86, 2014 : 235). *Cf.* ci-dessous III.2., III.3. (*au ras*, *autour*/*entour*).

7 L'absence quasi-totale de cette préposition est relevée par Arrighi (2005 : 332), Wiesmath (2006 : 242), Guilbeau (1950 : 253). *Cf.* ci-dessous III.18. (*à part de/que*, *excepté*).

Tout au long de ce chapitre, on notera des différences entre les variétés acadiennes et le FTN d'une part, le FL d'autre part. Celui-ci se montre parfois plus proche de l'usage parlé en France que des variétés acadiennes, par exemple dans le maintien de la préposition *sans* ou la réticence à emprunter les prépositions anglaises.

I Les prépositions simples en concurrence : *à, dans, en, sur, de*

Les prépositions *à, dans, en, sur* et *de* sont les plus fréquentes et se trouvent souvent en concurrence dans les variétés étudiées ici. La présente section propose un tableau de la situation tout en insistant sur les différences d'usage avec le FS, dont la fréquence est telle qu'on peut parler de « normes locales » établies. Vu que les règles du standard concernant l'emploi de ces prépositions ont été principalement édictées au cours de l'âge classique, elles ne sont pas nécessairement valides pour les variétés non hexagonales (Arrighi 2005 : 322, 348).

Foulet (1967 : 304) signale qu'en gros, l'ancienne langue employait les mêmes prépositions que le français moderne. *À* et *de* étaient déjà les prépositions les plus employées. Il y a pourtant eu quelques changements d'usage et quelques prépositions ont disparu ou ont perdu beaucoup de terrain. L'un des cas est celui de *en*, fortement concurrencé notamment par la préposition *dans* à partir du milieu du XVIe s. (*cf.* TLF : s.v. *dans*). L'essor de *dans*, encore rare dans l'ancienne langue par rapport à *en* et à *dedans*, commence donc au moment du départ des Français pour l'Acadie. Ces prépositions ont été en concurrence un certain temps, avant que *dans* ne s'établisse comme la plus usuelle[8].

Les normes locales sont aujourd'hui ébranlées pour trois raisons : l'influence du FS, de l'anglais (plus ou moins forte selon la région), et la perte des compétences langagières dans la jeune génération. Ce qui frappe à présent, c'est la concurrence existant entre les prépositions simples et très fréquentes *à, dans, en, sus/sur* : en partie historique, elle est aussi le fruit de ces facteurs.

Commentaire
S. Dubois et al. (2005) analysent le changement d'usage dans quatre catégories de prépositions locatives sur cinq générations en LOU (Avoyelles, Lafourche, St. Landry, Vermilion). Selon la « norme locale », *à* (avec ou sans l'article) s'emploie devant les bâtiments, *chez* et *sur* se concurrencent devant les personnes, *au* s'utilise avec les professions ; *à* apparaît devant les noms de villes, alternant avec *au/à la* devant les noms de villes composés « comprenant un nom propre (*au* Jean Lafitte, *au* Pierre Part), un nom commun plus adjectif (*à la* Ville Platte, *au* Baton Rouge) et des noms de plans d'eau devenus des noms de ville (*au* Canal Yankee, *au* Lac Charles) » (S. Dubois et al. 2005 : 30). *Dans* et *à* + article apparaissent avec les noms de pays et d'États selon la nature du verbe (verbe statique ou verbe de mouvement).

Or, la comparaison intergénérationnelle montre que ces normes d'usage se sont fragilisées : « Chaque génération de locuteurs introduit ses propres innovations tout en adoptant celles introduites par la génération précédente » (*ibid.*), de sorte que d'autres configurations ont vu le jour, dont certaines, produites d'abord par

---

8 *Dans* « "s'est imposé dans l'usage de la langue postclassique, en éliminant totalement *dedans* et en se substituant à *en* dans de nombreux emplois [...]. Au XVIIe s., *en* et *dans* pouvaient s'employer en concurrence" (GLLF 1108c) » (Brasseur 2001 : s.v. *dans*, p. 143).

les locuteurs restreints puis adoptées par la génération suivante, frisent l'incompréhensibilité ou l'agrammaticalité : *à/en/sur école* (« à l'école »), *à Texas/au Louisiane*, *dans/en/sur Eunice*, *à/dans/en ma mère* (« chez ma mère ») (S. Dubois et al. 2005 : 34). S. Dubois et al. (2005 : 35) en arrivent à la conclusion que sous « l'effet combiné du degré de restriction linguistique (qui devient plus sévère avec le temps) et du changement linguistique à l'intérieur de chaque génération », le système des prépositions locatives est en cours d'érosion.

I.1 *à*

(Pour l'omission de la contraction entre la préposition et l'article – *à le, à les, de le, de les* –, *cf.* le chap. « L'article », IV ; pour le remplacement de *de* par *à* dans l'expression de la possession, *cf.* le chap. « Les déterminants et les pronoms possessifs », III.1.)

La préposition *à* apparaît dans toute une gamme de fonctions, ce qui fait sa force et en même temps sa faiblesse. En effet, malgré sa haute fréquence, elle se voit également concurrencée par des prépositions sémantiquement plus spécifiques, notamment *dans*[9].

I.1.1 Emploi locatif

À, la préposition à valeur locative la plus courante, indique une localisation spatiale très générale sans spécification de la situation exacte (se référant aussi bien à une destination qu'à un espace clos). Signalons notamment qu'en FA/FTN/FL *à* est traditionnellement employé avec les noms de pays[10].

- ▶ *à* avec les noms désignant des bâtiments et des institutions
    - j'ai été à eune école / école de Pubnico-Ouest (NÉ – Hennemann, PUB, LaD)
    - pis j'ai travaillé à la SHOP (NB – Arrighi 2005 : 321, Michelle NB 16 : 47)
    - y avait beaucoup de chicanes à les bars à ioùsque je travaillais (NB – Arrighi 2005 : 321, Michelle NB 16 : 399–400)
    - faulait apporter ça aux maisons pis faire sécher ça là au ras le poêle (NB – Wiesmath 2006 : 248, Wiesmath 4, M : 189)
    - ben je suis pas savante parce que j'ai jamais été à les universités (NB – Wiesmath 2006 : 252, Wiesmath 4, M : 461)
    - surtout quand j'étais aux [sic] HIGH SCHOOL (ÎPÉ – Arrighi 2005 : 322, André ÎPÉ 12 : 252–253)
    - Il y a pas trop longtemps j'étais à l'office du docteur, et il y avait un de nos amis d'ici en bas ... (LOU – *Découverte*, Pointe-aux-Chênes, Terrebonne)
    - Et là, à neuf ans, j'ai été à une école. (LOU – *Découverte*, Pointe Noire, Acadia)
    - ils ont joué à trois collèges à Chicago (LOU – *Découverte*, Mamou, Évangéline)

---

9 Péronnet/Kasparian (2008 : 206) réfutent la bipartition des prépositions en prépositions sémantiquement « vides » et sémantiquement « pleines », et parlent d'un continuum sémantique des prépositions depuis *de* – la plus abstraite avec le poids sémantique le plus faible – à une extrémité du continuum jusqu'aux prépositions plus concrètes – *pour, dans, sur*, etc. à l'autre extrémité. La préposition *à* occupe une position intermédiaire.
10 *Cf.* S. Dubois et al. (2005 : 30), Arrighi (2005 : 322) note que cette spécificité apparaît par exemple dans les *Lettres de Marichette, cf.* ex. ci-dessous.

Notamment après *aller*[11]
- EL : Dans c't' temps-là, les docteurs allaient aux maisons… – IS : I allaient aux maisons à… – EL : … quanT qu'i avion**T** des bébés. (NÉ – Hennemann, ILM, EL)
- comme si tu vas au/ au/ au euh centre d'achat (NB – Arrighi 2005 : 321, Stéphanie NB 11 : 141–142)
- y en a qui s'en allait à des TRADE SCHOOL (ÎPÉ – Arrighi 2005 : 321, André ÎPÉ 12 : 212–213)
- j'ai pas eu le ::/la possibilité d'aller aux études (IdlM – Falkert 2010, corpus : 51, p. 297, CD-ROM) (*aller aux études* = « faire des études »)

▶ **Autres cas**
- j'étais à la / au char (NÉ – Hennemann, ILM, EL) (« dans la voiture »)
- j'avais été sus une tournée de / à l'ouest du Canada (NÉ – Hennemann, BSM, BM) (« dans l'Ouest »)
- j'étais au bois (NB – Arrighi 2005 : 321, Willy NB 9 : 1)
- ça fait Ronald pis Carmella avion**T** té au bois pis z-avion**T** couper du PULP (NB – Arrighi 2005 : 321, Laura NB 8 : 146–147)
- a tait couchée en haut toute la longue journée à mon lit (NB – Arrighi 2005 : 321, Rita NB 15 : 72–73)
- combien d'habitants y avait à ton village (ÎPÉ – Arrighi 2005 : 321, Suzanne F. ÎPÉ 12 : 144)
- i s'a amusé à l'eau (IdlM – Falkert 2010, corpus : 133, p. 15, CD-ROM)

▶ ***à* avec les noms de villes**
(Comme en FS, mais avec l'article si le nom de la ville se compose d'un nom + spécification)
- je m'en ai m'nu au Petit de Grat ben j'ai toujours resté après (NÉ – Hennemann 2014 : 188, ILM)
- i y en avait beaucoup en Pré-d'en-Haut/ ben à Pré-d'en-Haut i y en a encore des poulamons (NB – Wiesmath 1, R : 216–217)
- nous-autres on restat au Gros-Cap […] mais avant ça il l'avion**T** eue au Havre-aux-Maisons (IdlM – Falkert 2010, corpus : 33–35, p. 59, CD-ROM) (*la* = « l'électricité »)
- Je fréquente pas assez souvent les affaires à Eunice (LOU – DLF 2010 : s.v. *à*, p. 3, LA)
- Et là, le samedi après-midi, on avait un *live broadcast, KVPI* à la Ville Platte. (LOU – *Découverte*, Grand Louis, Évangéline)

▶ ***à* avec les noms de pays ou de subdivisions administratives, y compris au féminin (au lieu de *en*)**[12]
- Pour ne pas payer le charrjage quanq qui sera débarqué à langleterre (NÉ – *Lettres de Marichette*, Gérin/Gérin 1982 : 143)
- à l'Allemagne (NÉ – Hennemann 2014 : 189, ILM)
- à la Chine (NÉ – Hennemann 2014 : 189, ILM)
- Mais quanT les Acadiens étaient déportés, c'est là qu'i-z-ont té déportés au / au / à l'Amarique. (NÉ – Hennemann 2014 : 189, ILM)

---

11 Pour *à* dans le sens de « jusqu'à » en franco-manitobain, *cf.* Hallion (2000 : 296). – Placé devant des noms qui désignent des fruits ou des animaux de chasse, la combinaison *verbe de mouvement* + *à* signifie « aller à la récolte/à la chasse à » : « Il veut aller dans le bois faire la chasse. Il veut aller aux orignaux. » (NÉ – Hennemann 2014 : 187, ILM)
12 Dans le parler de l'ILM, les toponymes anglais ou prononcés à l'anglaise, apparaissent toujours avec la préposition *à* : *à GERMANY, à FLORIDA, à ONTARIO* (Hennemann 2014 : 189).

- les enfants travaillent à l'Ontario (NB – Arrighi 2005 : 323, Zélia NB 17 : 372–373)
- J'aimerais aller à France pour ène raison : pour voir si je pourrais découvrir mes racines. (TN – Brasseur 2001 : s.v. *à*, p. 3)
- Un dictionnaire, à la France, c'est cher. (TN – Brasseur 2001 : s.v. *à*, p. 3)
- Y en a de zeux qui a été à la Louisiane, aux États. (TN – Brasseur 2001 : s.v. *États*, p. 189)
- Quand ça allait là, à la France et au Canada, et quand ça allait jouer à ces gros collèges, euh là bas, à à Chicago, ils ont joué à trois collèges à Chicago ouais ah huh. (LOU – *Découverte*, Mamou, Évangéline)

▶ *à* **avec les personnes au lieu de** *chez*
(notamment après les verbes de mouvement (*aller*...))
- Elle a été au dentiste. (NÉ – Gesner 1979a : 86, BSM)
- même quand je travaillais au Jean Raymond je prenais pas de dîner pis de souper (NB – Arrighi 2005 : 321, Michelle NB 16 : 570–571)
- j'allions souvent [...] à mon oncle (ÎPÉ – Arrighi 2005 : 320, Aldine A. ÎPÉ 6 : 35)
- I m'a dit faut que je vas *back* à lui. (TN – Brasseur 2001 : s.v. *aller*, p. 12)
- Il y avait pas de docteur, et le monde avait pas de char pour aller au docteur, fallait que ça va en boughei et en cheval (LOU – *Découverte*, Pointe-aux-Chênes, Terrebonne)

Commentaire
Retenons que certains des emplois mentionnés ci-dessus étaient tout à fait possibles dans la langue ancienne en France :
– *À* s'employait avec les termes géographiques, y compris les cas où la langue moderne tend à spécifier la localisation exacte par *dans* ou *sur*[13]. En ce qui concerne l'usage des prépositions avec les noms de pays et de subdivisions administratives, on constate que *à* est relevé surtout devant les pays lointains (vus depuis la France : *à la Chine, à l'Amérique*) ; cet usage persiste au moins jusqu'à la fin du XIXe s. (*cf.* par exemple Grevisse/Goosse 2008 : § 1051 H1, p. 1351, Haase 1965 : 314).
– L'usage de *à* après un verbe de mouvement et avec les personnes (*au docteur*) reflète un usage ancien qui a pu se maintenir aussi bien dans les variétés régionales, en France et ailleurs, que dans le non-standard[14]. Contrairement aux autres variétés étudiées ici, à l'ILM (NÉ), c'est toujours la préposition *sus* qui apparaît dans ce cas (Hennemann 2014 : 186, *cf.* ci-dessous I.4.2.).

I.1.2 Emploi temporel

Dans les compléments circonstanciels de temps, *à* est courant pour signaler la périodicité ou l'itérativité et s'emploie devant *chaque*... et *tous les*.... Arrighi (2005 : 324s., *cf.* aussi Hennemann 2014 : 192) parle de l'usage « explétif » de *à* dans ce contexte et, de fait, on trouve aussi des exemples sans préposition[15] ; en FL, l'usage sans préposition est quasi généralisé, sauf pour le tour *à chaque fois*.

---

13 *Cf.* Haase (1965 : 313), Brunot/Bruneau (1949 : 423), Gesner (1979a : 85), Brasseur/Chauveau (1990 : s.v. *à*), Hennemann (2014 : 186).
14 Pour le poitevin-saintongeais, *cf.* Jaguenau (1991 : 126), *cf.* pour le non-standard : Bauche ([2]1951 : 123), Gadet (1992 : 72), Ball (2000 : 128), Grevisse/Goosse (2008 : § 209c, p. 216), *cf.* pour le FA : Arrighi (2005 : 322), pour le FTN : Brasseur (2001 : s.v. *aller*, p. 12), pour le FL : Guilbeau (1950 : 247s.). – *À* au lieu de *dans* est également présent dans le français de Saint-Pierre-et-Miquelon (Brasseur/Chauveau 1990 : s.v. *à*, Arrighi 2005 : 322).
15 *Cf.* « touT les semaines i va patiner. » (NÉ – Hennemann, ILM, ID)

▶ *à + chaque… / tous les…, toutes les…*
- I vnait chez nous, à ma mère, à touT les jours. (NÉ – Hennemann, ILM, CL)
- oh on se rencontrait à tous les soirs (NÉ – Arrighi 2005 : 325, Évangéline D. NÉ 23 : 201)
- ah:: on allait à la messe à tous les dimanches . ah on allait à la messe à tous les dimanche à touT les euh : les premiers vendredis du mois (NB – Arrighi 2005 : 324, Laura NB 8 : 167.168)
- on s'en venait dîner à chaque midi (NB – Arrighi 2005 : 325, Angèle NB 13 : 16)
- i venait chez nous plus qu'à tous les semaines (ÎPÉ – Arrighi 2005 : 325, Rose ÎPÉ 7 : 156–157)
- Romain i s'appelait le père à mon père . pis i a été marié à trois fois (ÎPÉ – Arrighi 2005 : 325, Aldine A. ÎPÉ 6 : 1)
- y a beaucoup de monde qui y vient [Enquêtrice : ah oui] à tous les soirs (IdlM – Falkert 2010, corpus : 276, p. 75, CD-ROM)
- À tous les matins i nous réveille. (TN – Brasseur 2001 : s.v. *à*, p. 3)
- À chaque fois que je partais à tousser, je me buvais un petit *sip* (LOU – *Découverte*, Mamou, Évangéline)

L'expression *à* + *matin/midi/soir* peut exprimer aussi bien l'itérativité (*le matin/le midi/le soir*) que la singularité (*ce matin/ce midi/ce soir*) (Arrighi 2005 : 324). Notons le tour fréquent *hier à soir* à côté de *hier soir* ; le DLF atteste *hier au soir* (DLF 2010 : s.v. *hier*, p. 333), qui est également possible en français hexagonal (*cf. Le Petit Robert* 2013 : s.v. *hier*).

▶ *à + moment du jour*
- J'ai marché à matin sus VICTOR. (NÉ – Hennemann 2014 : 191, ILM)
- Et pis / euh / dans ces temps-là, dans nos jeunes temps, i y avait point de messe à matin. (NÉ – Hennemann, PUB, ID) (mais aussi : « Des fois / je mange bien le matin quand-ce que je me / me lève. », Hennemann 2014 : 191, ILM)
- As-tu té danser hier à soir, SHIRLEY ? (NÉ – Hennemann 2014 : 191, ILM) (Pour la forme *té*, *cf.* les chap. « Les verbes auxiliaires *avoir* et *être* », I.3., et « Les temps du passé », III.1.)
- après . le souper je m'en venais chez nous ah là j'avais pas besoin de retourner avant à matin (NB – Arrighi 2005 : 324, Laura NB 8 : 102–103)
- je l'ai fait à matin (NB – Arrighi 2005 : 324, Catherine NB 19 : 323)
- Vous avez pas fait votre ouvrage comme i faut à matin ! (TN – Brasseur 2001 : s.v. *matin*, p. 293)
- T'en vas-tu à soir, toi ? (TN – Brasseur 2001 : s.v. *soir*, p. 423)
- je me lève à matin (IdlM – Falkert 2010, corpus : 144–145, p. 239, CD-ROM)
- Il y a un bal à soir. (LOU – DLF 2010 : s.v. *soir*, p. 585, SM)
- Tu vas pas au SHOW à ce soir ? (LOU – DLF 2010 : s.v. *soir*, p. 585, VM)
- J'ai rêvé hier au soir que tu m'avais donné ton cheval. (LOU – DLF 2010 : s.v. *hier*, p. 333, SL, An94)
- T'es pas venue à matin. (LOU – DLF 2010 : s.v. *matin*, p. 389)

▶ *à + saison*
(plus fréquemment : *dans*, *cf.* ci-dessous, I.2.2.)
- à l'automne on mettait ses œuFs pour avoir des œuFs l'hiver (NÉ – Arrighi 2005 : 326, Évangéline D. NÉ 23 : 383)
- l'année prochaine là ou peut-être à l'automne je vas prendre un cours (NB – Arrighi 2005 : 326, Zélia NB 17 : 120–121)

- les gens se mariaent pas dans la/dans la belle saisons [Enquêtrice : hm] se marionnt à l'automne ou l'hiver (IdlM – Falkert 2010, corpus : 317, p. 264, CD-ROM)

▶ *à + ce temps...* « à l'époque », « en ce temps-là », « alors »

(pour *dans*, *cf.* ci-dessous, I.2.2.)

- à ce temps là on / on levait à six heures . on allait qu'ri les vaches dans l'étable (NÉ – Arrighi 2005 : 326, Évangéline D. NÉ 23 : 56–57)
- quand mon père est mort . j'étons la pauvre des plus pauvres de Tignish AT YET à ce temps là (ÎPÉ – Arrighi 2005 : 327, Délima ÎPÉ 5 : 3–4)
- j'étas pas ici à ce temps-là (IdlM – Falkert 2010, corpus : 135, p. 66, CD-ROM)
- j'avais à peu près quatorze, quinze ans à ce temps là (LOU – *Découverte*, Grand Louis, Évangéline)

Commentaire

En dehors des variétés étudiées ici, *à* marque également l'itérativité ou la périodicité à Saint-Pierre-et-Miquelon, en FQ et en franco-manitobain[16]. L'usage de *à* avec les moments de la journée est attesté en ancien et en moyen français ; cet emploi s'est maintenu dans la langue populaire jusqu'au XVIIe s. et subsiste dialectalement en France (Nord-Ouest, Sud-Est, Centre) et ailleurs[17].

I.2 *dans*

Dans est en forte concurrence avec la préposition *à* mais aussi avec *en* et *sur* (*cf.* aussi Hennemann 2014 : 205ss.). Par rapport à *à*, *dans* a l'avantage d'être sémantiquement plus spécifique (Arrighi 2005 : 334) (mais *cf.* le remplacement de *dans* par *à* en I.1.1.). D'autre part, *dans* peut aussi apparaître au lieu de prépositions plus spécifiques, par exemple *pendant*, qui est rare dans les variétés étudiées ici.

I.2.1 Emploi locatif

▶ *dans* avec les noms de villes
- Y avait un forgeron dans l'Anse des Blancs. (NÉ – Gesner 1979a : 84, BSM)
- I y avait yienque deux CAR dans le Petit de Grat. (NÉ – Hennemann 2014 : 208, ILM)

- Mais c'est presque pareil, parce que j'ai été déjà là-bas dans Cincinnati ayoù ça prêche, et j'ai été à leur église, tu connais. (LOU – *Découverte*, Isle Jean Charles, Terrebonne)
- J'étais née dans le, euh, Nouvelle Orléans, mais ma grand-mère et ma grand-père m'a : m'a élevée (LOU – S. Dubois et al. 2005 : 31)
- Et j'ai été visité dans Amsterdam (LOU – *Découverte*, Marksville, Avoyelles)

---

[16] *Cf.* pour St.-Pierre-et-Miquelon : Brasseur/Chauveau (1990 : s.v. *à*), pour le FQ : GPFC (s.v. *à*) et pour l'Île-aux-Coudres : Seutin (1975 : 342), pour le franco-manitobain : *cf.* Hallion (2000 : 395), Arrighi (2005 : 325), Hennemann (2014 : 192).

[17] *Cf.* Arrighi (2005 : 324), *cf.* aussi Brunot/Bruneau (1949 : 424), Poirier (1993 [1925] : s.v. *à*), Gougenheim (1974 : 202). *Cf.* Jagueneau (1991 : 128) pour une étude historique du poitevin-saintongeais.

▶ ***dans*** **(souvent suivi de l'article[18]) avec les noms de pays, de continents ou de subdivisions administratives**
- Bon, h'étais dans Europe deux fois et à travers le Canada et ... (NÉ – Hennemann, BSM, ET)
- pis i y en a partout dans la Nouvelle-Écosse yoù-ce qu'i y a des fêtes d'Acadiens (NÉ – Hennemann 2014 : 208, ILM)
- i y a ben des places que i devraient avoir dans le Nouveau-Brunswick (NB – Wiesmath 6, L : 368)
- [les gens ont été séparés] y en a dans la Nouvelle-Écosse. y en a dans la France (IdlM – Falkert 2010, corpus : 2, p. 390, CD-ROM)
- lui-là i s'en a été dans Ontario (IdlM – Falkert 2010, corpus : 236, p. 205, CD-ROM)
- Y avait pus de monde là-bas dans Saint-Pierre (TN – Brasseur 2001 : s.v. *dans*, p. 143)
- Pas ici beaucoup, mais ... dans le Canada i se tiennont [...] à l'entour des fermes [farm], dans les granges et ça. (TN – Brasseur 2001 : s.v. *dans*, p. 143)
- Dans Québec, i disont nous sommes/.../ ayoù-ce que nous autres je disons je sons, *we are*, en anglais. (TN – Brasseur 2001 : s.v. *être*, p. 190)
- Là-bas dans Canada y a des gazettes, c'est tout français à part que une petite partie qu'est en anglais sur la dernière page. (LOU – DLF 2010 : s.v. *sur (sus)*, p. 596, TB)
- et on a été jouer tout tout partout dans la France ... à Mâcon et des petits villages là-bas entour de là, dans le nord de la France, dans la Belgique, entour de Namur. (LOU – *Découverte*, Marksville, Avoyelles)

▶ ***dans*** **avec les points cardinaux « au (nord, etc.) de » et « dans le (nord, etc.) de »**
- nous-autres, on part comme dans l'sud-ouest (NÉ – Hennemann, PUB, ArD)
- [Les fils ont été absents pendant les fêtes.] y en a un qu'allat . dans l'Ouest canadien (IdlM – Falkert 2010, corpus : 114, p. 64, CD-ROM)
- À Charenton, dans le nord du lac Charenton, il y avait ce vieux Indien qui s'appelait Jim. (LOU – DLF 2010 : s.v. *dans*, p. 180, SM) (« au nord de »)
- Il était parti dans l'ouest. (LOU – DLF 2010 : s.v. *dans*, p. 180, EV) (« à l'ouest »)

▶ ***dans*** **– préposition « passe-partout » au sens de « à », « en », « sur »**
- Moi, j'ai travaillé dans / dans plusieurs places par icitte. (NÉ – Hennemann 2014 : 205, ILM)
- Les Anglais, i se mettont jamais dans le genou pour personne. (NÉ – Hennemann, ILM, CL)
- Et je me rappelle que on allait / on marchait là-bas dans le bout de la pointe avec un / un pneu, un TIRE, YOU KNOW. (NÉ – Hennemann 2014 : 207, ILM)
- j'ai coumme, j'ai regardé, pis elle était là dans le milieu de la place, [...] (NÉ – Hennemann 2014 : 207, ILM)
- On sait nous-autres, on est dans* un île isolé. (NÉ – Hennemann 2014 : 207, ILM)
- j'ai continué à travailler pour la compagnie euh : Jean Raymond dans la Place Champlain (NB – Arrighi 2005 : 334, Michelle NB 16 : 45–46)
- faut croire dans ce que je vas faire dans cette cliente là (NB – Arrighi 2005 : 334, Michelle NB 16 : 169)
- dans eune noce sais-tu c'état lui qu'état chargé de voir aux boissons (IdlM – Falkert 2010, corpus : 423, p. 272, CD-ROM)

---

18 Pour l'ILM (NÉ), Hennemann (2014 : 208) constate que le choix de *dans* devant un terme géographique implique généralement aussi l'emploi de l'article défini.

- Mon frère il a zu la mâchoire cassée dans deux places, et le nez coupé, la babine fendue en deux. (TN – Brasseur 2001 : s.v. *place*, p. 354) (Pour *zu* « eu », *cf.* le chap. « Formes verbales remarquables »)
- Tu vois, asteur, on attend les éclipses dans le *TV* et tout ça, tu connais ? (LOU – *Découverte*, Mamou, Évangéline)
- Euh, on a mis assez de monde dans la place à, à Numa là que ils avaient mis une petite barrière pour pas le monde va dans la salle (LOU – *Découverte*, Eunice, St. Landry)
- Ayoù tu vas ramasser du bon français ? T'en trouves pas plein. Ici sur l'île un peu [...]. Dans le bas du bayou, comme en bas du Caillou, tu vas en trouver [...] (LOU – *Découverte*, Isle Jean Charles, Terrebonne)

▶ ***dans* au lieu de *en* avec les pronoms personnels**[19]
- mais j'ai pas de musique dans moi [...] (NÉ – Hennemann 2014 : 207, ILM)
- c'est quoi que i y a de bon dans nous autres qu'on réalise pas (NB – Wiesmath 10, X : 185)
- pis t'as des bons amis pis euh : t'sais des amis que tu peux mettre ta confiance dans zeux (NB – Arrighi 2005 : 335, Zélia NB 17 : 610–611)
- Moi, j'ai mis ma confiance dans elle et le Bon Dieu et elle, et elle a mis sa confiance dans le Bon Dieu et dans moi. (LOU – *Découverte*, Pointe-aux-Chênes, Terrebonne)

▶ ***dans* + pronom personnel avec différentes valeurs**

« en ce qui concerne » (FL)
- Dans eux, quand même si je parlais français, chanter français c'était un différent langage. (LOU – DLF 2010 : s.v. *dans*, p. 180, VM)
- Dans toi, quoi tu crois ça va faire ? (LOU – DLF 2010 : s.v. *dans*, p. 180, LA)
- Dans lui, il est expert dans tout lui. (LOU – DLF 2010 : s.v. *dans*, p. 180, VM)

« parmi »
- [des femmes] ça picolait pis nous-autres pareil . pis je/je pensais si je reste trop longtemps ici . . c'est/c'est ça/ce je me voyais dans zeux là ça fait : : (NB – Arrighi 2005, corpus, Sarah NB 20 : 205–206)
- Y a personne dans vous-autres qui veut aller ? (LOU – DLF 2010 : s.v. *dans*, p. 180, VM)

▶ ***dans* au sens de « de », « hors de »**
- Va-t'en dire à Jack, i dit, qu'il retire [il œrtir] sa vache dans le champ. (TN – Brasseur 2001 : s.v. *dans*, p. 143)
- Les grosses femmes, i s'embourbiont ! Beau chemin ! C'est là où j'ai fait mon argent moi ! À racher les femmes dans la vase ! (TN – Brasseur 2001 : s.v. *arracher, racher*, p. 26)
- J'ai ôté la lancette dans mon doigt. (LOU – DLF 2010 : s.v. *dans*, p. 180, SL)

Devant voyelle, notamment devant l'article indéfini, *dans* est parfois raccourci et prend la forme *d'*[20].

---

[19] Gesner (1979a : 83) ; cet usage est attesté en France au XVIe s. (Gougenheim 1974 : 183). En FA, cet usage apparaît notamment dans le tour figé *avoir confiance dans qqn*.
[20] *Cf.* Papen/Rottet (1997 : 103), Arrighi (2005 : 314), Hennemann (2014 : 202–205). – Pour une discussion de *d'un* « dans », *cf.* Hennemann (2014 : 202–205), qui part de l'hypothèse que *d'* est un allomorphe de *dans* et qui observe le phénomène à l'ILM (NÉ) devant l'article indéfini au masculin, au féminin, devant l'article défini et avec les noms à initiale vocalique.

▶ *d'* au sens de « dans »
- Je n'ai pas beaucoup d'éducation et je ne peut pas écrire dans un aussi bon style que le Prof. Kanos de Halifax, qu'il faut tenir l'*Evangéline* d'une main, le dictionnaire de l'autre et le bébé sur les genoux. (NÉ – *Lettres de Marichette*, Gérin/Gérin 1982 : 153)
- Parce d'un petite communauté, c'est pas cach/ c'est pas caché longtemps (NÉ – Hennemann 2014 : 202, ILM)
- Pis il avait touT ça d'un sac. (NÉ – Hennemann 2014 : 202, ILM)
- le père à mon père a mouri d'église, à la messe (NÉ – Hennemann 2014 : 204, ILM)
- ah je vas te mettre dans un [dẽ] foyer, i dit, tu parles tout seule (NB – Wiesmath 2, F : 101–102)
- j'ai mouvé [dẽ] appartement (NB – Wiesmath 4, M : 86) (« dans un »)
- on avait pas le droit d'aller dans un/ . d'église anglaise . ah non on avait pas le droit pis zeux avaient pas le droit de venir à l'église française (NB – Wiesmath 4, M : 178)
- dans un an [dẽnã] (NB – Cichocki 2012 : 218, Tracadie)

- il est à Montréal hein c'=t un joueur dans/d=un orchestre (IdlM – Falkert 2010, corpus : 108–109, p. 64, CD-ROM)
- on va à eune soirée d=une maison eune soirée dans l'autre (IdlM – Falkert 2010, corpus : 155, p. 303, CD-ROM)
- j'ai rentré d=ène gare là pour prendre/ le train (IdlM – Falkert 2010, corpus : 75, p. 362, CD-ROM)

- Et là quelque temps avant qu'alle moure, un l'avait mis d'un HOME, [...]. (LOU – Rottet 2001 : 121, loc. âgé) [Un membre de la famille avait mis la vieille belle-mère dans une résidence pour personnes âgées.]
- J'ai commencé d'un *helicopter* longtemps passé (LOU – *Découverte*, Isle Jean Charles, Terrebonne)
- [i z ɔ̃ prI a 'marʃe, i z ɔ̃ arive dœ̃ villɑ:ʒ] (LOU – Brandon 1955 : 382) (« ils ont pris à marcher, ils ont arrivé d'un [= dans un] village »)

I.2.2 Emploi temporel

Dans constitue la préposition par excellence pour exprimer divers rapports temporels, surtout au détriment de *en* et de *pendant*. Pour cette raison, Wiesmath (2006 : 245) parle d'une tendance à la généralisation de *dans* en tant que préposition temporelle (*cf.* aussi, dans le même sens, Arrighi 2005 : 336).

▶ *dans* avec les dates, les mois, les saisons

Dans apparaît presque systématiquement avec les dates, les mois, les saisons et les années (« pendant », « en ») :

dans + saison
- Dans l'hiver là, ça prend comme vingt-quatre heures à faire notre / notre voyage … (NÉ – Hennemann, PUB, ArD)
- Papa était pas paresseux, dans l'hiver i s'en allait dans les BOAT et pis tu sais… (NÉ – Hennemann 2014 : 211, ILM)

- [...] parce la plupart des personnes travaillent dans l'été (NB – Wiesmath 2006 : 240, Wiesmath 7, O : 64)
- c'était dans l'automne . avions bûché tout l'été (NB – Arrighi 2005 : 336, Willy NB 9 : 102)

- j'ai été cinq fois à Montréal dans l'été (IdlM – Falkert 2010, corpus : 174–175, p. 305, CD-ROM)

- I délogeait là de bonne heure dans le printemps, pis i restait là jusqu'aux neiges. (TN – Brasseur 2001 : s.v. *dans*, p. 143)

- Mais son garaufier avait crevé dans l'hiver. [...] (LOU – DLF 2010 : s.v. *hiver*, p. 333)

dans + **date, mois, année**
- J'ai été né à St. Bernard dans dix-neuf cent quatre (NÉ – Gesner 1979a : 82, BSM)
- Pis dans tchelle année que vous avez té née ? (NÉ – Hennemann 2014 : 210, ILM)
- Non / a / non, al a descendu la / la dernière long week-end, c'tait dans quoi, dans / dans septembre, c'est-ti ? (NÉ – Hennemann 2014 : 211, ILM)

- pis a dit qu'elle viendrait dans le mois de novembre (NB – Arrighi 2005 : 337, Évangéline M. NB 14 : 77)
- ça ce tait dans l'hiver :: ce tait comme dans le mois de février (NB – Arrighi 2005 : 336, Odule NB 21 : 117)
- j'ai été dans le mois d'octobre j'ai été à New-York (ÎPÉ – Arrighi 2005 : 337, Rose ÎPÉ 7 : 64–65)
- y en a eune qu'a menu dans le mois de juin pis l'autre a menu dans le mois d'août (IdlM – Falkert 2010, corpus : 104, p. 64, CD-ROM)

- Je crois que ça commence seulement dans septembre. (TN – Brasseur 2001 : s.v. *dans*, p. 143)
- Moi je tais né dans 1930. (TN – Brasseur 2001 : s.v. *dans*, p. 143)

- Ma fête est dans février. (LOU – DLF 2010 : s.v. *dans*, p. 180, SL)
- J'ai couru dans 1952, et j'ai gagné […] (LOU – DLF 2010 : s.v. *dans*, p. 180, LF)

▶ ***dans*** **exprimant un intervalle**

En FA et en FTN, la préposition *dans* englobe traditionnellement les sens temporels de *en* et de *dans* du FS (Arrighi 2005 : 336) : *dans* peut donc se référer aussi bien au « début d'une action à venir » (« dans ») ou bien à « l'espace de temps pendant lequel une action » se produit (« en »)[21]. En FL, on relève, dans ce cas, principalement la préposition *dedans* (*cf.* ci-dessous III.8.).

dans **au sens de « en »**
- Les animaux n'avaient pas d'injections comme ils ont maintenant, on les fait grossir, les poules, par exemple, ça pousse dans une semaine, hein ? (NÉ – Hennemann 2014 : 210, ILM)
- Pis ça change toujours. Dans dix ans ça change. (NÉ – Hennemann, ILM, MD)

- i veulent que le bœuf seye cinq cents livres dans six mois pas dans deux ans (NB – Wiesmath 2006 : 246, Wiesmath 1, B : 574)
- […] alors dans deux semaines i avait tout' ramassé ça […] (NB – Wiesmath 2006 : 246, Wiesmath 13, H : 89)

- on a eu sept enfants. deux couples de jumeaux. sept dans cinq ans (IdlM – Falkert 2010, corpus : 179–180, p. 305, CD-ROM)

- Je peux engraisser dans deux jours, moi ! Ouais ! J'engraisse vite ! (TN – Brasseur 2001 : s.v. *dans*, p. 143)

- Et ça prendrait longtemps pour, ça prendrait peut-être, asteur tu peux aller en Bayou des Allemands dans une heure et demie peut-être, une heure. (LOU – *Découverte*, Pointe-aux-Chênes, Terrebonne)
- Et j'ai fait quatre robes dans la journée. (LOU – *Découverte*, Pointe Noire, Acadia)

dans **au sens de « pendant »**
- pis icitte ben dans les vingt ans que je tais icitte (NB – Arrighi 2005 : 337, Zélia NB 17 : 271)
- je t'ai trahi dans mon voyage (NB – Péronnet 1982 : 71, citée dans Arrighi 2005 : 337 et Wiesmath 2006 : 245)

---

[21] *Cf.* Brasseur (2005 : 251s.), *cf.* aussi Gesner (1979a : 83), Hennemann (2014 : 210).

- T'avais pas rien du tout, dans la dépression. C'était mauvais. (LOU – *Découverte*, Golden Meadow, Lafourche)

▶ *dans* dans les tours figés

Notons, dans toutes les régions, les tours figés extrêmement fréquents *dans le temps/dans ce(s) temps-(là)* au sens de « du temps de », « à ce moment-là », « alors » :
- dans le temps de nos ancêtres (NÉ – Hennemann, ILM, BJ)
- pis l'automne dans ce temps-là t'avais pas une licence dans l'automne (NB – Wiesmath 2006 : 246, Wiesmath 1, B : 415)
- l'année passée là i s'en ont tout' été dans le temps des fêtes (IdlM – Falkert 2010, corpus : 113, p. 64, CD-ROM)
- Dans les temps de Nouel là, ben y avait douze jours de fête, là. (TN – Brasseur 2001 : s.v. *temps*, p. 442)
- Oui mais les ouragans était dangereux dans ce temps ça là. [...] (LOU – DLF 2010 : s.v. *temps*[1], p. 609, SB)
- [...] Pape était mort dans ces temps-là. (LOU – DLF 2010 : s.v. *temps*[1], p. 609, TB)

Dans le temps de peut également correspondre à la préposition simple « pendant »[22] :
- Parce que sont juste / on a fait beaucoup de spectacles l'année passée dans / dans le temps du Congrès mondial. (NÉ – Hennemann 2014 : 238, BSM)

Commentaire

Dans au sens de « pendant » est ancien et reste possible au XVIe s. (Gougenheim 1974 : 200)[23]. Les emplois temporels indiqués ci-dessus sont également signalés pour le FQ, le parler de Saint-Pierre-et-Miquelon, le franco-manitobain et le non-standard de France[24].

I.3 *en*

Dans le sens locatif, *en* est aujourd'hui rare dans les variétés étudiées ici ; la préposition joue pourtant un rôle important en tant qu'élément des locutions prépositionnelles complexes (*en arrière de, en avant de, en bas de*, etc., *cf.* ci-dessous III) et dans les tours figés (Arrighi 2005 : 354). Dans les emplois isolés, *dans* est beaucoup plus fréquent que *en*.

I.3.1 Emploi locatif

En n'apparaît que de manière sporadique pour accompagner les noms de pays ou de subdivisions administratives ; il est probable que les cas conformes à la norme du FS ne relèvent pas de l'acadien traditionnel et sont dus à l'influence du standard[25].

---

22 Hennemann (2014 : 238) relève aussi *du temps de* et *de temps de* dans ce sens.
23 L'usage subsiste en français moderne dans quelques tours : notons par exemple *dans l'après-midi* (*Le Petit Robert* 2013 : s.v. *après-midi*), *dans la semaine* (*Le Petit Robert* 2013 : s.v. *dans*), *dans le temps* (« autrefois », « jadis », français familier, *cf. Le Petit Robert* 2013 : s.v. *temps*) et tant d'autres tours. *Cf.* aussi TLF (s.v. *dans*).
24 *Cf.* Seutin (1975 : 347, Île-aux-Coudres), GPFC (s.v. *dans*), Brasseur/Chauveau (1990 : s.v. *dans*), Hallion (2000 : 405s.), Arrighi (2005 : 337).
25 *Cf.* par exemple pour la norme locale du FL, S. Dubois et al. (2005).

▶ *en* avec les noms de villes
  • Il n'a le cochon de lait [festival]. En Mansura. (LOU – S. Dubois et al. 2005 : 31)

▶ *en* avec les noms de pays masculins[26]
  • j'aimerais d'aller en Portugal (NB – Arrighi 2005 : 355, Angèle NB 13 : 265–266)

▶ *en* avec d'autres localisations géographiques
  • et j'avais un n-oncle qui restait en Bayou des Allemands (LOU – *Découverte*, Pointe-aux-Chênes, Terrebonne)
  • Asteur tu peux aller en Bayou des Allemands dans une heure et demie peut-être, une heure. (LOU – DLF 2010 : s.v. *en*, p.243, TB)

Commentaire
Précisons que la préposition *en* fait toujours partie intégrante de tout un nombre de locutions figées (par exemple *en tout cas*) et qu'elle est même présente dans des tours apparus plus récemment (Brasseur 2005, Arrighi 2005 : 354).

Brasseur (2005), qui consacre un article à la préposition *en* dans quelques variétés de français d'Amérique, distingue les archaïsmes et les dialectalismes des innovations, les formations populaires des calques de l'anglais. Citons pour TN à titre d'exemple :
– Archaïsmes : *en milieu* (« au milieu »), *en guerre* (« à la guerre »), *en (tout) cas que* (« au cas où ») (Brasseur 2005 : 252) ;
– Dialectalismes : *en place de* (« à la place de », « au lieu de », également en Normandie, en Pays nantais, en Saintonge, dans le Centre, Brasseur 2005 : 253), *en travers (de)* (« à travers (de) ») (*ibid.*), *en campagne* (« à la campagne », aussi au Québec, au Manitoba, régionalement en France, notamment en Normandie, *ibid.*)
– Formations populaires : *en dedans (de), par en arrière de*, etc. (*cf.* ci-dessous III) (Brasseur 2005 : 254) et récemment formées : *en durant* (« durant », « pendant », Brasseur 2005 : 257), *en quelque part* (*ibid.*), *en en-bas de, en en-haut de* (Brasseur 2005 : 258) ;
– Calques de l'anglais : il s'agit souvent de tours figés ; *en* est la traduction de *in* qui, en anglais, recouvre les sens de *dans* et de *en* en français (Brasseur 2005 : 256), par exemple *aller en (grand) détail, en (d') autres mots, en affaires/en business* (Brasseur 2005 : 257 ; *cf.* aussi pour le NB, Arrighi 2005 : 354), *en* + adjectif + nom (*en gros barils, en gros trucks, en gros suits*, Brasseur 2005 : 257). *En* est très courant pour signaler une spécialisation (*un magasin en électronique, un certificat en enseignement, (je travaillais) en pharmaceutique* ; *cf.* Brasseur 2005 : 257 et Arrighi 2005 : 354) ;
– Spécificités du français d'Amérique : *haler qqch. en chien* (type : *en voiture, en bus*[27]), *se peigner en brosse* (« avec »), *partir en fou, en sauvage*, etc. (« comme ») (Brasseur 2005 : 259).

Brasseur (2005 : 258) signale qu'un entourage nasal peut être le motif de la présence de *en* au lieu du *à* attendu : *en l'envers* (« à l'envers »), *en entour* (« à l'entour »), *en neuf* (« à neuf », « de neuf ») (les trois tours existent aussi au Québec et au Manitoba). Un autre motif est le croisement avec une expression voisine (Brasseur 2005 : 258s.) : *en grande vitesse* (*en vitesse* + *à grande vitesse*), *prendre en feu* (*être en feu*), *en d'autres mots* (*en d'autres termes*, vraisemblablement un calque).

---

[26] Cet usage est signalé dans le *Glossaire acadien* de Poirier (1993 [1925] : s.v. *en*) : *en Canada* ; il n'y a qu'une occurrence dans le corpus panacadien d'Arrighi (2005 : 355), mais Seutin (1975 : 347) confirme cet emploi pour le québécois de l'Île-aux-Coudres.
[27] Assez souvent, *en* introduit les moyens de transport en FA : « Pis dans c't' temps-là, t'allais chercher les docteurs en / en cheval pis en carriole. » (Hennemann 2014 : 227, ILM), « c'est long en char pis c'est long en bateau » (IdlM – Falkert 2010, corpus : 88, p. 342, CD-ROM). – *Cf.* pour cet emploi en français populaire et familier (Ball 2000 : 128, Grevisse/Goosse 2008 : § 1051, p. 1353) : « en bicyclette/ en vélo/ en moto ».

Signalons pour le FL d'importants changements intergénérationnels, à la suite desquels *en* remplace *à* devant les bâtiments (*en école*, à côté de *à*, *au*, *sur*) et apparaît avec les personnes (*en ma mère*, « *chez* », à côté de *dans*, *à*) et avec les noms de villes (*en Eunice*, à côté de *dans*, *sur*) (S. Dubois et al. 2005 : 32) (*cf.* « Commentaire » ci-dessus, section I).

I.3.2 Emploi temporel

En est principalement relégué aux tours figés et ne joue qu'un rôle tout à fait marginal dans les indications temporelles. Il est parfois relevé avec les dates ou, plus rarement encore, au sens de « pendant ».

- la guerre a fini en dix-neuf cent quarante cinq (NÉ – Hennemann, PUB, LaD)
- Je suis énée en dix-neuf cent quatre vingt, oh non, non, en dix-huit cent quatre-vingt-dix-sept (LOU – *Découverte*, Pointe Noire, Acadia)
- Là en semaine là, on avait notre riz, notre viande, [...] (LOU – *Découverte*, Mamou, Évangéline)

Signalons le tour *en nuit* qui semble avoir une certaine fréquence dans les parlers traditionnels, notamment en NÉ et à TN :

- I est arrivé à dix heures en nuit. (NÉ – É. Boudreau 1988 : 116)
- J'avons rivé à minuit, en nuit. (TN – Brasseur 2001 : s.v. *arriver, river*, p. 320)
- Arrivé à la Coupée, i tait neuf heures en nuit. (TN – Brasseur 2001 : s.v. *arriver, river*, p. 320)

Commentaire
L'expression *en nuit* est attestée en FQ et dans les parlers acadiens ainsi qu'à Saint-Pierre-et-Miquelon, mais pas en français de France (Brasseur 2001 : s.v. *nuit (en-)*, p. 320, Brasseur/Chauveau 1990 : s.v. *nuit*) ni en FL, où l'on relève *dans* et *dedans la nuit*.

I.3.3 Emploi explétif

En, tout comme *de* et *par*, constitue une composante essentielle des formations complexes ; souvent, ces prépositions sont sémantiquement vides et leur emploi est considéré comme « explétif » (Arrighi 2005 : 356, Hennemann 2014 : 220s.) (*cf.* section III).

En FA et en FTN, les formations avec *en* suivent souvent la logique *en* + adverbe/préposition + *de* (ex. *en arrière de*), qui n'est pas inconnue en français de France, mais d'autres sont des « créations originales » (Brasseur 2005 : 257), comme *en durant*. Le tour *en quelque part* coexiste avec la forme usuelle *à quelque part* (« quelque part ») en FA et en FTN. Soulignons que *en* explétif est surtout courant en FQ : *en après* « après », *en par icite* « par ici, ici », *en par là* « par là, là », *en queuque part* « quelque part », *en avec* « avec » (*cf.* GPFC : s.v. *en*)[28].

- Y avait rien en durant le carême. (TN – Brasseur 2005 : 257)
- faulait que tu peuves avoir du crédit en quelque part (NB – Brasseur 2005 : 257)
- j'ai pas parti en quelque part (NB – Arrighi 2005, corpus, Suzanne L. 18 : 751)

---

[28] Brasseur (2005 : 257) relève aussi les formes *en en-bas* et *en en-haut de* dans l'ALEC. Les cas de cumul de *en* s'expliquent sans doute par l'opacité de l'expression [ãba]/[ão] : *en* n'est pas perçu comme préposition et est « réexplicité » (Brasseur 2005 : 257s.).

- pis c'est comme si. en que=que part j'y devais ça (IdlM – Falkert 2010, corpus : 310, p. 37, CD-ROM) (*y* = « lui »)

I.4 *sus/sur*

La préposition *sus/sur* joue un rôle majeur dans toutes les variétés concernées ici. Outre les emplois locatifs et temporels plus étendus que dans l'usage standard (*cf.* ci-dessous I.4.1. et I.4.3.), *sus/sur* s'est établi dans de nombreux tours lexicalisés, dont certains sont sans doute calqués sur l'anglais (*cf.* les traductions de la préposition *on*, par exemple *décider sur* « to decide on », *cf.* Arrighi 2005 : 350) (*cf.* « Commentaire » en I.4.4.).

Quant à la prononciation de la préposition, nous constatons, pour le FA et le FTN traditionnels, la variante courante *sus* [sy][29]. En FL, la forme *sur* [syr] est majoritaire, mais *sus* [sy] est également attesté :
- Et on était assis sus la galerie. (LOU – DLF 2010 : s.v. *sur (sus)*, p. 596)

Notons que *sus* peut apparaître dans les constructions à préposition orpheline où, en français hexagonal, seule la forme de l'adverbe – *dessus* – est admise (*cf.* section V) :
- je crois ben qu'en avait trois qu'avaient travaillé là sus hein (NB – Arrighi 2005 : 368, Odule NB 21 : 142–143)

I.4.1 Emploi locatif

Sus/sur, préposition déjà très importante dans l'usage traditionnel, tend aujourd'hui à élargir encore son emploi aux rapports traditionnellement exprimés par les prépositions *à*, *en*, *dans* et même *de*[30]. Certaines occurrences de *sur/sus* sont calquées sur l'anglais (*cf.* ci-dessous par exemple *cogner sur la porte*).

▶ *sus/sur* avec les noms de continents et d'îles
- Tu vas dire « rembris » ? Pis c'est compris icitte sus l'Isle Madame.[31] (NÉ – Hennemann 2014 : 214, ILM)
- on peut remarquer. euh les gens/ de quel endroit i viennent sus les Îles par leur prononciation (IdlM – Falkert 2010, corpus : 82–83, p. 87, CD-ROM)
- c'état un/un phare y en a plusieurs sus les Îles je pense (IdlM – Falkert 2010, corpus : 33–34, p. 373, CD-ROM)
- [À propos des phoques.] Ici sus Terre-Neuve tu peux les tuer quand tu veux. (TN – Brasseur 2001 : s.v. *sus*, p. 434)
- [À propos des Antilles.] C'est les premières terres qu'a té découvries sus l'Amérique [amarik], les Indes du Ouest. (TN – Brasseur 2001 : s.v. *découvrir*, p. 149)

---

[29] *Cf.* Wiesmath (2006 : 249), Hennemann (2014 : 212), Brasseur (2001 : s.v. *sus*, p. 434), Arrighi (2005 : 313s.).
[30] *Cf.* Arrighi (2005 : 346–351), Wiesmath (2006 : 250), Brasseur (2001 : s.v. *sus*, p. 434s.), S. Dubois et al. (2005), DLF (2010 : s.v. *sur (sus)*, p. 596), pour le remplacement de *à* par *sur*, *cf.* également Péronnet/Kasparian (2008 : 203). Pour le FQ, GPFC (s.v. *sur/sus*).
[31] Hennemann (2014 : 214) note que les locuteurs de l'ILM emploient *sus* en se référant à « leur » île, alors qu'ils emploient *à* avec les autres îles.

▶ *sur* avec les noms de villes et de lieux[32]
- J'ai été né sur la Pointe des Fougères. (NÉ – Hennemann 2014 : 212, ILM)
- Mais uh le *father* là, il a un travail sur le Bordelonville. (LOU – S. Dubois et al. 2005 : 31)
- sur Eunice (LOU – S. Dubois et al. 2005 : 32)
- Moi, j'ai été élevé ici sur la Pointe au Chien. (LOU – *Découverte*, Pointe-aux-Chênes, Terrebonne)

▶ *sus/sur* comme équivalent de « à », « dans »
- j'ai une petite cabane sus la montagne (NÉ – Arrighi 2005 : 348, Marcelin NÉ 2 : 534–535)
- pis on suspendait ça sus le logis sus la maison (NÉ – Arrighi 2005 : 348, Édith NÉ 22 : 43)
- Halifax, il y a s/ six ou sept places. Et là ANYWAY, sur le papier je t'ai apporté, c'est dessus. (NÉ – Hennemann 2014 : 218, ILM)[33]
- tes parents vivaient euh : sus une ferme (NB – Arrighi 2005 : 348, Chantale NB 14 : 29–30)
- l'a montré l'a té sus le papier hein ben : [...] (NB – Arrighi 2005 : 347, Willy NB 9 : 501–502)
- il travaillait sur le, sur le bar pour le *Fair* (LOU – S. Dubois et al. 2005 : 31)
- Et ça cognait sur la porte en arrière. (LOU – *Découverte*, Pointe-aux-Chênes, Terrebonne)
- quand elle a halé sur la guide, pauvre Bone [nom d'un cheval, INH/JM], lui, il croyait fallait il rentre dans ce fossé là (LOU – *Découverte*, L'Anse Bourbeuse, Évangéline)

Notons que l'emploi de *sus* s'est régularisé « devant des substantifs comme *bord*, *bout*, *côté*, *place* [...], *rue*[34], *chemin*, *route* et *STRETCH* » à l'ILM (NÉ) (Hennemann 2014 : 213), mais s'observe aussi systématiquement avec certains de ces substantifs dans d'autres régions (*cf.* Brasseur 2001 : s.v. *bord*, p. 65). (*cf.* aussi III.5.).

▶ *sus/sur* + *bord, côté, rue*
- Pis aucun sus le côté de l'est [...] (NÉ – Hennemann, PUB, ID)
- Oui, qu'on avait ch/ sus bord de la côte / euh / on ramassait des / euh / BALICOCO (NÉ – Hennemann 2014 : 213, ILM)
- une journée i se rencontrèrent tous les deux filles sus la rue (NÉ – Arrighi 2005 : 347, Marcelin NÉ 2 : 6–7)
- nous-autres on est sus une rue qu'est assez achalandée (NB – Arrighi 2005 : 347, Rachelle NB 1 : 474)
- ma mère a enseigné ma grand-mère était institutrice aussi pour nous-autres on était peut-être un peu avantagés sus ce côté là (ÎPÉ – Arrighi 2005 : 347, André ÎPÉ 12 : 124–126)
- sus le côté de l'Ontario (IdlM – Falkert 2010, corpus : 127, p. 184, CD-ROM)
- Sus le bord du nord surtout, y a rien qui pousse, ien qu'un petit paquet de bois, c'est tout ! (TN – Brasseur 2001 : s.v. *bord*, p. 65)
- on était paré pour prendre quelque chose sur Charles Street (LOU – DLF 2010 : s.v. *sur (sus)*, p. 596, IB)
- Et je crois qu'il y a eu un bal sur sur le chemin de Eunice [...] (LOU – *Découverte*, Châtaignier, Évangéline)
- Tu passais ton pouce sur le côté là, tu connais ? (LOU – *Découverte*, Châtaignier, Évangéline)

---

32 Selon S. Dubois et al. (2005 : 31s.), c'est un trait du parler des jeunes locuteurs du FL.
33 *Sur* avec le mot *journal, papier* est d'ailleurs déjà attesté dans les *Lettres acadiennes* de Marichette, ce qui confirme la présence de cet usage dans l'acadien traditionnel (Gérin/Gérin 1982 : 146). – *Cf.* aussi pour le FQ : *lire sur* (GPFC : s.v. *sur*).
34 En dehors du Canada, le tour *sur la rue* est également courant en Belgique (Grevisse/Goosse 2008 : § 1049 b1, p. 1342s.).

▶ **sus/sur au sens d'« en direction de », « vers »**
- Pis ben sûr quand le havre était gelé, i partait sus c'te ce coin ici, rentrait sus l'havre, pis allait voir ma grand-mère. (NÉ – Hennemann 2014 : 212, ILM)
- l'oiseau prit sus une grosse montain (NÉ – Arrighi 2005 : 347, Marcelin NÉ 2 : 341)

▶ **sus le/la faît de « sur » (FA)**[35]
- [À propos de la télécommande.] Mets-la sus le faît du TV là. (NÉ – Hennemann 2014 : 216, ILM)
- sus le faît de l'armouère (NB – Maillet, *La Sagouine*, Cormier 1999 : 207, Hennemann 2014 : 216).

Commentaire
En français non standard de France, *sur* empiète également sur le domaine de *à*, *vers* et *dans* pour indiquer une direction (« Moi, je rentre sur Courbevoie »), une situation, un endroit ou un lieu (« il existe des centaines d'entreprises de plomberie sur la région parisienne », « Sur Paris les 126 praticiens de SOS-Médecins ont effectué l'an dernier plus de 300000 visites ») et dans l'expression figée très répandue *lire qqch. sur le journal* (Ball 2000 : 125s.). Pour les divers emplois de *sur/sus* en FQ, *cf.* GPFC (s.v. *sur* et s.v. *sus*) et Seutin (1975 : 354s.).

I.4.2 *sus/sur, chez/chus*

Dans certaines variétés, la préposition *sus/sur* est bien établie dans le sens de « chez »[36]. Pour l'ILM (NÉ), Hennemann (2014 : 215) parle d'une généralisation de cet emploi avec les noms de métier, de personne et de magasins ou d'entreprises (*cf.* aussi Wiesmath 2006 : 249 pour le NB).

▶ **sus/sur au sens de « chez »**
- Elle reste sus sa fille. (NÉ – Hennemann, ILM, oral 9)
- Je m'en souviens. Il y avait une / une vieille qu'allait, al allait sus le docteur. (NÉ – Hennemann 2014 : 187, ILM)
- Elle a un rendez-vous sus le docteur. (NÉ – Hennemann 2014 : 215, ILM)
- i voulont pas nous laisser rentrer sus SOBEY'S non plus (NB – Wiesmath 2006 : 249, Wiesmath 8, Q : 90) (Le même locuteur emploie aussi *chez SOBEY's*.)
- après l'école là si que la mer montait <hm hm> ben on courait sus nous [...] (NB – Wiesmath 2006 : 249, Wiesmath 1, B : 252)
- j'avais té sus Fidèle l'oncle Fidèle restait au CORNER j'avais té sus Fidèle le soir d'avant (NB – Arrighi 2005 : 346, Sarah NB 20 : 316–317)
- je travaillais sus docteur Johnson dans l'hiver (ÎPÉ – Arrighi 2005 : 346, Délima ÎPÉ 5 : 32–33)
- J'ai appris à rester pour soigner les enfants, j'ai jamais voulu les laisser en arrière et je voulais pas aller sur mom pour euh parce qu'elle reste avec les enfants pour moi aller au bal, j'ai jamais voulu ça. (LOU – *Découverte*, Church Point, Acadia)
- *Well*, on va sur ma sœur, euh, qui reste à, à Tickfaw, à reste en haut de *Cameron* là euh, *Louisiana*, et on va sur son frère. (LOU – S. Dubois et al. 2005 : 29)

---

35 Le substantif *faît* [fe] (« cime ») est ancien en français et est attesté en NÉ, à TN, à l'ÎPÉ, en LOU et en FQ (Brasseur 2001 : s.v. *faît*, p. 195).
36 *Cf.* Hennemann (2014 : 215s.), Arrighi (2005 : 346s., 352s.). Selon Péronnet (1982 : 63), « [l']opposition *chez/sur* n'existe pas dans le parler acadien. » (citée dans Wiesmath 2006 : 250, note 468, Arrighi 2005 : 346). Pour *sur/sus* au sens de « chez » en FQ, *cf.* GPFC (s.v. *sur* et *sus*).

La préposition *chez* – dont la variante acadienne est *chus* [ʃy][37] – est rare dans les corpus néo-écossais et néo-brunswickois consultés, alors qu'elle est tout à fait courante aux Îles-de-la-Madeleine (*cf.* corpus de Falkert 2010) ainsi qu'en FL, où le DLF note les prononciations [ʃe], [se], [ʃø], [sø] (DLF 2010 : s.v. *chez*, p. 131)[38]. En NÉ et au NB, le domaine central de l'emploi de *chez/chus* est l'emploi avec les pronoms personnels, notamment dans les tours *chez/chus nous, chez/chus vous* (Arrighi 2005 : 346s., Péronnet 1982 : 63).

▶ *chus, chez*
- On fait ti mardi gras par chu vous ? (NÉ – *Lettres de Marichette*, Gérin/Gérin 1982 : 145)
- Pis il était jamais chez zeux. Pis elle, ben elle l'attend. (NÉ – Hennemann 2014 : 215, ILM)
- quand qu'ils arrivaient chus eux (NÉ – Arrighi 2005 : 347, Marcelin NÉ 2 : 58)
- il était chus eux la semaine qu'al e / qu'a / al accouchait pour ch/ pour son garçon. (NÉ – Hennemann 2014 : 215, ILM)
- i dit on a été chez SOBEY'S (NB – Wiesmath 2006 : 249, Wiesmath 8, Q : 85) (Le même locuteur emploie aussi *sus SOBEY'S.*)
- i ont été là pis i ieux ont donné deux petits Anglais i avont emmené ça [ʃy] eux. (NB – Wiesmath 2006 : 250, Wiesmath 8, A : 215)
- chus nous c'était très important aller à l'université (NB – Arrighi 2005 : 353, Angèle NB 13 : 78–79)
- peu importe où est-ce que je me promène en Acadie y a tout de même ce lien là qui est familier et qui est pour moi riche et c'est une partie d'être chez soi (NB – Arrighi 205 : 353, Rachelle NB 1 : 29–31)
- pis chez nous on était eune famille de onze (IdlM – Falkert 2010, corpus : 30, p. 144, CD-ROM)
- quand j'allas chez mon oncle y avat. eune orgue. j'adorais ça assayer à jouer (IdlM – Falkert 2010, corpus : 164–165, p. 152, CD-ROM)
- J'ai manqué de mourir dessus mon bicycle en allant chez Henry. (LOU – *Découverte*, Jennings, Jefferson Davis)
- moi je sais pas comment les femmes au vieux temps faisaient pour tout faire ça et avoir du temps pour aller veiller chez les voisins (LOU – *Découverte*, Pointe-aux-Chênes, Terrebonne)
- Il jouait des fois pour les *Christmas* chez son popa. (LOU – *Découverte*, Mamou, Évangéline)

À l'ILM (NÉ), le tour *nom propre + « chez nous »* indique que la personne en question appartient à la famille (Hennemann 2014 : 216)[39].

▶ nom propre + *chez nous*
- Ça c'est GERALD chez nous. (NÉ – Hennemann 2014 : 216, ILM) (« mon garçon GERALD », « GERALD de notre famille »)

---

37 *Cf.* Hennemann (2014 : 215), Wiesmath (2006 : 250), King (2013 : 61). Jaguenot (1991 : 130) constate l'indistinction entre *chus* et *sus* pour le poitevin-saintongeais. – Selon Littré, *chu* est d'origine picarde (Gérin/Gérin 1982 : 146, *cf.* aussi GPFC : s.v. *chuz*). Notons que la forme *chuz* coexiste avec la forme *cheuz* dans le sens de « chez » en FQ (GPFC : s.v. *cheuz* et s.v. *chuz*). Pour les formes *chuz* et *cheuz*, *cf.* également FEW (2/1, 450b).
38 Dans son corpus panacadien, Arrighi constate que *chez*, encore rare, semble gagner du terrain, probablement sous l'influence du standard (2005 : 241, 353).
39 Notons qu'en FQ, *cheuz/chuz* + pronom personnel peut également se référer à la famille, à la maison et aux gens « de chez » : « Cheuz nous sont allés se promener » (« mes gens sont allés se promener ») (FQ – GPFC : s.v. *cheuz*) ; « Cheuz nous est d'un côté de la rue, cheuz eux est de l'autre. » (« notre maison est d'un côté de la rue, la sienne, la leur est de l'autre ») (FQ – GPFC : s.v. *cheuz*).

Pour la répartition respective de *sus/sur* et *chez/chus*, nous pouvons faire les observations suivantes :
- Dans la plupart des variétés étudiées ici, c'est une répartition complémentaire qui se dessine : *chez/chus* accompagne les pronoms disjoints, *sus* apparaîtrait devant les syntagmes nominaux ; c'est la situation à l'ILM (NÉ) (Hennemann 2014 : 215), à l'ÎPÉ (Abram-Village et Saint-Louis, King 2013 : 61), dans le Nord-Est du NB (*chez* étant prononcé [ʃø], King 2013 : 62). Pour Grosses Coques (BSM, NÉ), King (2013 : 61) note [sy] + syntagmes nominaux, *chus* + pronoms disjoints au pluriel, *su* + pronoms disjoints au singulier (rare).
- Dans le Sud-Est du NB, *sur/sus* semble avoir élargi son emploi également aux pronoms personnels. Wiesmath (2006 : 249) relève les formes *sus nous, sus ieux* et en déduit que *sus* tend à supplanter la préposition *chez* ; *chus* [ʃy] n'est que rarement relevé (*cf.* Wiesmath 2006 : 250).
- Pour l'ÎPÉ, King (2013 : 62s.) parle d'une innovation (Abram-Village, ÎPÉ) qui consiste à cumuler les deux prépositions, apparemment due à une hypercorrection : *Ils étiont chez su Phillipe*. Le cumul est le fait des locuteurs ayant le plus de contact avec des variantes externes du français (*ibid.*).
- Aux Îles-de-la-Madeleine et à TN, *sus* n'est pas courant dans le sens de « chez ». À TN, cet usage existe cependant dans les isolats où se sont établis les émigrants de Chéticamp (Stephenville/Kippens, *cf.* King 2013 : 62) ; notons à ce propos l'absence d'exemples dans le dictionnaire de Brasseur (2001).
- Bien que non signalée par le DLF (2010 : s.v. *sur (sus)*, p. 596) pour la LOU, la préposition *sur/sus* est parfois employée dans le sens de « chez » avec des syntagmes nominaux. Il est probable que l'usage est ancien en LOU et qu'il est aujourd'hui en voie de disparition complète (*cf.* King 2013 : 62 qui parle d'un nivellement dialectal). En revanche, *chez* est bien attesté en FL.

I.4.3 Emploi temporel

Dans son emploi temporel, *sus/sur* introduit surtout les compléments de temps habituel (Hennemann 2014 : 216s.) pour lesquels le FS ne requiert pas de préposition. Mais on note aussi *sus/sur* temporel dans d'autres contextes. Il apparaît notamment avec le sens de la préposition « pendant »[40].

- on aime faire du CAMPING, on est censés à faire du CAMPING sus la fin de semaine. (NÉ – Hennemann 2014 : 217, BSM)
- Si je la manque sus eune lundi, faut je la prenne sus le mardi. La semaine d'après, faut je la prenne sus le mardi d'après. (NÉ – Hennemann 2014 : 216, ILM)
- I y a pas de MAIL sus les samedis. (NÉ – Hennemann 2014 : 216, ILM)
- Les autres messes, y en a deux français et / sur la semaine, c'est plutôt français, c'est toujours français, oui. (NÉ – Hennemann 2014 : 216, ILM)
- pis quoi ce que vous faisiez sus vos soirées (NB – Arrighi 2005 : 351, Steven NB 8 : 71–72)

---

[40] Le DLF note *sur/sus* également dans le sens de « vers » : « Ça tire sus midi. » (LOU – DLF 2010 : s.v. *sur (sus)*, p.596) (« Il est presque midi. »)

- é commence à faire des exercices une fois par semaine sus les lundis soir (NB – Arrighi 2005 : 251, Michelle NB 16 : 488–489)
- F : mais i y avait une messe obligatoère là . on allait à la messe le/ le/ – E : sus le quinze d'août oui (NB – Wiesmath 2006 : 250, Wiesmath 2, E et F : 57)
- on jouait à la boule pour passer le temps de dimanche après midi pas sus la semaine (IdlM – Falkert 2010, corpus : 73, p. 444, CD-ROM)
- sur un dimanche (LOU – Guilbeau 1950 : 252)
- Ça fait vous-autres faisait ça sur le week-end, je pense, sur le fin de semaine ? (LOU – *Découverte*, Châtaignier, Évangéline)

Commentaire
Le sens temporel de *sur*, sporadiquement attesté dans l'ancienne langue (*sor semaine*, XIIIe s., *sur la semaine*, XVIIe s., Grevisse/Goosse 2008 : § 1051 H7, p. 1357), est également relevé en FQ (GPFC : s.v. *sur semaine*, « en semaine », « dans le cours de la semaine ») ainsi que dans certains parlers de France (en français de Normandie, en poitevin-saintongeais, Hennemann 2014 : 217, Jagueneau 1991 : 129). La fréquence de l'emploi de *sus/sur* dans ce contexte en FA pourrait s'expliquer par l'influence convergente de l'anglais (*cf. on Monday, on Saturdays*) et d'un ancien usage (Hennemann 2014 : 217).

I.4.4 *sus/sur* dans les expressions figées

Certains emplois, notamment au sens figuré, sont sans doute calqués sur l'anglais (mais *cf.* ci-dessous « Commentaire » pour une discussion) ; c'est le cas entre autres de l'usage de *sus/sur* avec les moyens de transport et les médias[41].

▶ ***sus/sur* avec les moyens de transport**[42]
- voyager sus le train ah j'aime ça (NB – Arrighi 2005 : 247, Zélia NB 17 : 441)
- on : montait là sus les autobus là les vieux autobus . tu dirais qu'i allaient touT se défaire en chemin (NB – Arrighi 2005 : 347, Willy NB 9 : 75–76)
- embarquer sus l'autobus (NB – Wiesmath 2006 : 251 ; Wiesmath 8, Q : 133)
- On se promenait sur le BUS. (LOU – DLF 2010 : s.v. *sur (sus)*, p. 596, TB)
- Il partait sur son bicycle avec l'accordéon dans le panier. (LOU – DLF 2010 : s.v. *sur (sus)*, p. 596, LA)

▶ ***sus/sur* avec les médias (type : angl. *on TV*)**
- C'est sur la radio et sur le télévision. (NÉ – Gesner 1979a : 87, BSM)
- sus le téléphone (NB – Wiesmath 2006 : 250, Wiesmath 1, R : 1021)
- pis i *watchiont* les GAMES de HAWKS sur le TV (NB – Arrighi 2005 : 348, Laura NB 8 : 37)
- Je l'ai entendu su la télévision. (ÎPÉ – King 2000 : 74)
- on joue aux cartes à part quand y a de quoi sus la télévision qui nous intéresse là (IdlM – Falkert 2010, corpus : 160–161, p. 67, CD-ROM)
- Il avait entendu sus la télévision [...] (TN – Brasseur 2001 : s.v. *sus*, p. 435)

---

[41] *Cf.* les expressions figées *sus/sur* + *la télévision / la TV / le téléphone / la radio / le papier / le journal*, Hennemann (2014 : 217s.), Arrighi (2005 : 348), Wiesmath (2006 : 250), Brasseur (2001 : s.v. *sus*, p. 435), Guilbeau (1950 : 249, 251), DLF (2010 : s.v. *sur (sus)*, p. 596).
[42] Pour *en* et *par* avec les moyens de transport, *cf.* Commentaire en I.3., note 27, et ci-dessous II.3.4.

- [...] quand moi je parle à mon monde sus le RADIO ou sus le TELEVISION la moitié du temps je yeux parle en français. (LOU – DLF 2010 : s.v. *sur (sus)*, p. 596, TB)

Parmi les calques fréquents (*cf.* anglais *on*) figurent également les expressions lexicalisées *décider sur*, *vivre* (*nourrir...*) *sur* (« vivre de »), *dépendre sur*[43]. *Être sur qqch.* se réfère, selon le contexte, soit à un engagement au sein d'une équipe ou d'une organisation, soit à la dépendance par rapport à un médicament[44].

▶ Les calques
- Nous-autres à cause vraiment de la grosse industrie de / de BOOTH'S FISHERIES qui est venu ici en cinquante-trois, on a té vraiment eune population qui que s'est dépendu seulement sus un cheval. (NÉ – Hennemann 2014 : 218, ILM)
- Comme Robert, par exemple, il était sur le conseil administratif de la radio dans le temps quand que moi, j'étais là … là. (NÉ – Hennemann 2014 : 217, ILM)
- Pis je suis sur le / la Fédération des parents pour l'école. (NÉ – Hennemann 2014 : 217, ILM)
- Ah t'es / t'es sus les aiguilles maintenant. (NÉ – Hennemann 2014 : 218, ILM)
- [je travaillais jusqu'à] deux trois heures du matin des fois quatre heures du matin dépendant sus le nettoyage fallait que tu fasses après (NB – Arrighi 2005 : 349, Michelle NB 16 : 384–385)
- tu fais pas d'argent sus ça ? (NB – Wiesmath 2006 : 250, Wiesmath 2, E : 11)
- Y a assez longtemps que je dépendons sus vous. (TN – Brasseur 2001 : s.v. *dépendre*, p. 156)
- Faudrait que vous vivrez sus six *cents* [angl. « sous »] par jour. (TN – Brasseur 2001 : s.v. *sus*, p. 434)
- [À propos des vaches sélectionnées.] I sont nourries avec du grain tout le temps, mais ici ça tait pas le cas. L'hiver c'est sus le foin, pis l'été c'est sus le foin ! (TN – Brasseur 2001 : s.v. *sus*, p. 434)
- Y a des cent mille et des cent mille, qu'est sus le *drug* [angl. « drogue, stupéfiant »], qui vont bientôt queurver, bientôt … bientôt … mourir là. (TN – Brasseur 2001 : s.v. *queurver, corver*, p. 380)
- On peut dépendre sus lui. (LOU – DLF 2010 : s.v. *dépendre*, p. 200)
- L0 : [...] parce que tu pouvais proche pas vivre sur … L1 : Pas juste sur la musique (LOU – *Découverte*, Church Point, Acadie)

D'autres expressions remontent plus loin dans l'histoire du français. *Sus/sur* s'emploie fréquemment au sens d'« au sujet de », « en ce qui concerne » (Arrighi 2005 : 350, Brasseur 2001 : s.v. *sus*, p. 435) ; en moyen français, *sus* est effectivement attesté dans ce sens (Brasseur 2001 : s.v. *sus*, p. 435).

▶ *sus/sur* au sens de « au sujet de », « en ce qui concerne »
- on a des certains qui est / qui / i se la/ i se lamentont sus touT (NÉ – Hennemann, PUB, ID)
- SO euh c'était son oncle qui venait trancher la viande BECAUSE i était / i était bon sus ça lui (NB – Wiesmath 1, B : 446–447)
- je veux savoir comment ce que t'en sais sus le / tu sais sus le bois (NB – Wiesmath 8, Q : 52–53)
- Je tais pas bon sus la chasse, pour tirer avec le fusil. (TN – Brasseur 2001 : s.v. *sus*, p. 434)

---

43 *Cf.* Brasseur (2001 : s.v. *sus*, p. 435), Arrighi (2005 : 349s.), Wiesmath (2006 : 250s.), Péronnet/Kasparian (2008 : 206), Hennemann (2014 : 218). – *Dépendre* se construit cependant avec *de* dans le corpus madelinien de Falkert (2010).
44 *Cf.* Arrighi (2005 : 350), Hennemann (2014 : 218), Brasseur (2001 : s.v. *sus*, p. 435).

- Si t'es Anglais, Français ou Écossais ou... n'importe quoi, je dis, ton accent le dit sus toi. (TN – Brasseur 2001 : s.v. *écossois*, p. 174)

Commentaire
La préposition *sur* résulte d'un croisement entre la préposition de l'ancien français *seur* (du latin SUPER) et la forme *sus* (du latin SURSUM, devenu SUSU en latin vulgaire), qui s'employait également comme préposition ; les deux formes coexistent au XVIe s. et sont confondues (*cf.* Grevisse/Goosse 2008 : § 1071 H1, p. 1374, Brunot/Bruneau 1949 : 439). Suite à la chute de *r* en finale à l'époque du moyen français, leur prononciation est devenue identique (Gougenheim 1974 : 188). Rappelons que la forme acadienne traditionnelle est *sus*. La restitution du *-r* en fin de mot, donc aussi dans la forme du FS moderne [syr], s'est effectuée au XVIIe s. (Rheinfelder ⁵1987, vol. 1 : 300).

Dans l'acception de « chez », *sus/sur* est attesté en moyen français (FEW 12, 432a), mais cet usage a disparu de la langue standard au XVIIe s. pour ne survivre que dialectalement (Brasseur 2001 : s.v. *sus*, p. 435, King 2013 : 61). *Sur* au sens de « chez » est également attesté en FQ (GPFC : s.v. *sur* et *sus*, pour le français de l'Île-aux-Coudres, Seutin 1975 : 345s.). En français de France moderne, la forme *sus* employée en tant qu'adverbe fait encore partie intégrante de quelques tours figés (par exemple *susdit*). En outre, *sus* fait partie de la forme moderne de l'adverbe : *dessus*.

La question du rôle à attribuer à l'influence de l'anglais pour expliquer l'extension de l'usage de *sur* au détriment de *à*, *dans* et *chez* est amplement discutée dans la littérature[45]. Il n'y a sans doute pas d'explication monocausale, mais l'influence externe et les tendances inhérentes à la langue française semblent converger (*cf.* aussi Wiesmath 2006 : 250). Certaines expressions nommées ci-dessus (*lire sur le journal*, *marcher sur la rue*) sont aussi courantes en français continental (comme par exemple en Wallonie, Arrighi 2005 : 348) dans le registre familier ou populaire ainsi qu'en FQ, moins exposé à l'influence de l'anglais[46].

I.5 *de*

La préposition *de* a *grosso modo* les mêmes fonctions qu'en français commun[47].

I.5.1 Emploi locatif

En tant que préposition locative, *de* sert généralement à indiquer l'origine. Signalons que l'amalgame avec l'article défini n'est pas toujours effectué et que le *e caduc* ne tombe pas toujours devant *h muet* et voyelle : *de Irlande*, *de Ottawa* ; *de* reste systématiquement intact devant les noms anglais (Hennemann 2014 : 219s.)[48].

- Il vient de la / de l'autre coin de la province. (NÉ – Hennemann, ILM, CL)
- c'est sa sœur qui m'a appelée de OTTAWA (NÉ – Hennemann, ILM, EL)
- Moi, j'ai des / des amis de Autriche (NÉ – Hennemann, PUB, ID)

- elle vient de la France (NB – Arrighi 2005, corpus, Catherine NB 19 : 228)

---

45 *Cf.* Grevisse/Goosse (2008 : § 1049, b1, p. 1342s.), Brasseur (2001 : s.v. *sus*, p. 435), Arrighi (2005 : 348s.), Wiesmath (2006 : 250s.), Hennemann (2014 : 218).
46 *Cf. Le Petit Robert* (2013 : s.v. *sur*), Gadet (1992 : 72s.), Ball (2000 : 126), Grevisse/Goosse (2008 : § 1049, c3 et b1, p. 1345).
47 Pour quelques détails sur l'emploi de la préposition *de*, notamment dans les constructions verbe + *de*, *cf.* Arrighi (2005 : 337–342).
48 Pour la chute du *e caduc*, *cf.* le chap. « L'article », note 2. Pour *de* dans les prépositions complexes, *cf.* ci-dessous I.5.3. et III.

- Quand tu descends à la Grand Terre, du Cap, si tu regardes à ta gauche tu vois l'Île-Rouge. [...] (TN – Brasseur 2001 : s.v. *facer*, p. 193).
- Et là il y en a eu un ici qui venait de Canada. (LOU – *Découverte*, Pointe-aux-Chênes, Terrebonne)
- J'ai des *red wallers*, ça vient de *Australia*. (LOU – *Découverte*, Isle Jean Charles, Terrebonne)
- J'avais volé de *Empire* jusqu'à le *West Delta Black Thirty*. (LOU – *Découverte*, Isle Jean Charles, Terrebonne)

I.5.2 Emploi temporel
Signalons parmi les emplois temporels notables les cas suivants :
– Référence à une durée
- pis de quatre jours sa grange tait bâtie (NB – Arrighi 2005 : 342, Odule NB 21 : 115) (« en »)

– Référence à un moment de la journée (notamment dans le tour *de soir* au sens de « ce soir » (seulement en FA)[49])
- e pourrais p't-êt en faire une pour dessert de soir pour souper, une pomme de même. (NÉ – Hennemann 2014 : 192, ILM)
- Ben je vas pas au BINGO de soir. (NÉ – Hennemann 2014 : 192, ILM)
- de soir je pensais je vas peut-être mettre des SOCK pis à matin j'ai pensé non (NB – Arrighi 2005 : 342, Rita NB 18 : 35–36)

I.5.3 Emploi explétif
En ce qui concerne les emplois « explétifs » – les cas où *de* n'a donc pas de valeur sémantique identifiable –, notons deux grands domaines d'emploi : les dates, où *de* explétif est courant, mais pas systématique, et à l'intérieur de groupes prépositionnels complexes.

▶ *de* explétif dans les dates
- Pis le premier de janvier trente et un, on n'était pus alloués d'aller. (NÉ – Hennemann 2014 : 222, ILM)
- Ben moi je m'en étais à l'Amarique dans dix-neuf cent vingt-neuf, le vingt-neuf de mars, j'avais seize ans. (NÉ – Hennemann 2014 : 222, ILM)
- i a venu au monde le seize de mai (NB – Arrighi 2005 : 342, Sarah NB 20 : 112)
- des fois ç'allait au quinze de/d'avril (IdlM – Falkert 2010, corpus : 178, p. 451, CD-ROM)
- Du vingt d'avril au cinq de juillet. (TN – Brasseur 2001 : s.v. *de*, p. 145)
- C'était un quatre de juillet. (LOU – *Découverte*, Châtaignier, Évangéline)

mais aussi sans *de*
- C'était dans Octobre, le neuf Octobre (LOU – *Découverte*, Church Point, Acadia)

▶ *de* dans les locutions prépositionnelles complexes
de delà « de là »
- Et moi c'est / c'est de delà je viens. (NÉ – Hennemann, ILM, LL)
- tu peux quasiment pas sortir de delà avec un CANOE (NB – Wiesmath 1, B : 394)

---

49 *Cf.* Péronnet (1982), Arrighi (2005 : 342), Hennemann (2014 : 223).

- le monde de delà pouvait dépenser plus' (NB – Wiesmath 2, E : 164)
- mon grand-père i menait de Grand Pré lui-là mon grand-père oui mon grand-père O. là i menait de delà (IdlM – Falkert 2010, corpus : 275–276, p. 458, CD-ROM)
- De delà il ont monté jusqu'à Alaska, partout. (TN – Brasseur 2001 : s.v. *de*, p. 145)
- Mon grand-père, le pape de mon grand-père, ou son pape à lui, ça venait tout de la France. Là l'homme, mon *great-great* grand-père, il a délogé à l'Île à Jean Charles. C'est là ayoù ce qu'il restait. Et là de d'là, s'en a descen/ c'était des descendus jusqu'à que, c'est pour ça je connais qu'on vient de la France [...] (LOU – *Découverte*, Pointe-aux-Chênes, Terrebonne)

de deçà « de ça »
- mais à part de deçà les loups marins nous bâdriont pas plus' que ça c'était ienque le printemps <( )> non (NB – Wiesmath 3, D : 389) (*à part de de çà* est également relevé par Péronnet/Kasparian 2008 : 203)
- je m'ennuie de deçà un petit peu (IdlM – Falkert 2010, corpus : 11, p. 42, CD-ROM)
- à eune trentaine d'années de deçà c'était encore : pas mal : comme dans l'ancien temps (IdlM – Falkert 2010, corpus : 20–21, p. 487, CD-ROM)
- Pis il aviont ène rets qui prend de deçà pis qui va à la côte. [...] (TN – Brasseur 2001 : s.v. *rets*, p. 396)

dans le tour *de deci...de deçà*
- eune pièce de deci eune pièce de deçà pour faire un:/ un vêtement pour l'autre (IdlM – Falkert 2010, corpus : 71–72, p. 490, CD-ROM)

Autres cumuls
- Il n'y a pas de défi pour moi de travailler de là-dedans (NB – Péronnet/Kasparian 2008 : 203)
- elle voulait aller se coucher pour dormir [...] deux heures une heure deux heures de dedans deux heures et demi[e] (IdlM – Falkert 2010, corpus : 385, p. 465, CD-ROM)
- Faulait se mettre d'à genoux aux balustres. (TN – Brasseur 2001 : s.v. *de*, p. 146) (Notons à ce sujet que les expressions *se mettre dans genoux/à genoux* et *de genoux* coexistent et qu'il s'agit avec *d'à genoux* d'un croisement des formes.)

Signalons la fréquence de *de* explétif devant les participes passés et les adjectifs, nommé *de* « inverseur » qui signale selon Grevisse/Goosse (2008 : § 1052a, p. 1357) que l'adjectif suivant a le rôle de l'attribut, non de l'épithète. *De* « inverseur » apparaît notamment mais pas exclusivement après une expression de quantité pour « expliciter l'âge, la taille ou une dimension » (Hennemann 2014 : 221). Il existe également en français de France, où il est particulièrement fréquent dans le non-standard (*ibid.*).

▶ *de* inverseur
- [En parlant de son canapé] il a quarante-sept ans de vieux (NÉ – Hennemann 2014 : 221, ILM)
- neuf pieds de long (NB – Wiesmath 1, B : 321)
- c'était ça d'épais (NB – Wiesmath 1, B : 834)
- y en a trois de mort (IdlM – Falkert 2010, corpus : 7, p. 364)
- [À propos d'un ornithologue.] Il a passé cinq mille sortes de jubiers de... marqués, passé cinq mille ! (TN – Brasseur 2001 : s.v. *d(e)*, p.146)
- c'est pas du monde de riche, mais c'est du monde qui fait de l'argent un peu (LOU – *Découverte*, Isle Jean Charles, Terrebonne)

Dans les variétés qui nous intéressent ici, la fréquence élevée du *de* « inverseur » s'explique en partie par le fait qu'il joue un rôle important dans les constructions résultatives du type *avoir qqch. de* + participe passé (*cf.* le chap. « Les périphrases verbales », II.3.1.)

En outre, *de* apparaît dans quelques tours figés qui relèvent toutefois du lexique, comme *avoir de besoin* au NB et en LOU, tour également courant en FQ, en français populaire et régional (GPFC : s.v. *besoin*) mais qui, à en juger par les corpus consultés, est minoritaire par rapport à *avoir besoin de* dans les variétés étudiées ici.

▶ *avoir de besoin*
- t'as jamais conduit automatique [?] oh ben c'est comme plus facile que / que manuelle là parce que t'as rien de besoin de faire avec les pieds t'as vraiment juste de besoin des BRAKE I GUESS (NB – Arrighi 2005, corpus, Stéphanie NB 11 : 448–450)
- qu'est ce t'as de besoin d'avoir des assurances de dix mille piasses pour [?] l'assurance-vie t'as pas de besoin de de ça (NB – Arrighi 2005, corpus, Robert NB 19 : 490–492)
- tout ça que j'avais de besoin (LOU – *Découverte*, Isle Jean Charles, Terrebonne)

De n'est pas considéré comme explétif dans les cas où le *de* « parasitaire » est postposé à la préposition principale.

▶ *de* postposé à la préposition principale
- Les professeurs allaient pas après de eux, ça fait ... (NÉ – Hennemann, ILM, EB)
- c'est pour ça que les personnes qu'étaient / qu'étaient nées avant ça ben elles restaient sans d'éducation. (NB – Wiesmath 7, O : 461) (Il s'agit vraisemblablement du croisement du tour fréquent *avec pas de* avec la préposition peu usitée *sans*, de même sens.)
- toutes les images ont été faites avec euh la lumière naturelle à l'intérieur ou à l'extérieur sauf euh de deux deux images (NB – Wiesmath 13, H : 101) (Ici aussi, il s'agit probablement du croisement d'un tour fréquent, *à part de* et de la préposition de même sens, *sauf*, qui est peu usitée.)

Commentaire
L'usage du *de* explétif – antéposé à une autre préposition – n'est pas rare en français de France, y étant même attesté dès le XVIIe s., mais il semble gagner du terrain récemment et la langue parlée « en use fort librement » (*cf.* les tours *séparer X d'avec Y, divorcer d'avec, de par la loi*) (Grevisse/Goosse 2008 : § 1039 H6, p. 1326).

L'apparition de la préposition *de* dans les dates est également attestée au XVIIe s., et même considérée comme plus correcte à l'époque (Haase 1965 : 118, Hennemann 2014 : 222) ; le tour est « encore assez usité au début du XIXe s. », mais il est devenu « exceptionnel » depuis (Grevisse/Goosse 2008 : § 1046, p. 1338). Aujourd'hui, cet emploi est considéré comme populaire en France (*cf.* Brasseur 2001 : s.v. *de*, p. 144s.). La fréquence de cet emploi dans les variétés étudiées ici pourrait s'expliquer par la convergence avec l'anglais où la préposition *of* apparaît, à l'oral, entre le jour et le mois (Hennemann 2014 : 222).

Pour d'autres cumuls où *de* marque le prélèvement ou la provenance, très vivants dans la langue parlée (aussi bien en France que dans les variétés transatlantiques), *cf.* ci-dessous III (*de dessus, de dessous, de dedans* ; pour le français de France Grevisse/Goosse 2008 : § 1036, p. 1320).

II Autres prépositions simples

Dans cette partie, nous étudions quelques usages notables des prépositions *avec/ac*, *après*, *par/pour*, *entre/enteur* et *parmi*.

II.1 *avec, avec pas*

Les emplois de la préposition *avec* qui « exprime l'inclusion au sens large » (Arrighi 2005 : 332) correspondent largement au français commun, à l'exception du fait qu'*avec* entre couramment dans la construction d'une préposition complexe, *avec pas*, usuelle dans toutes les variétés étudiées ici dans la fonction de la préposition simple *sans* pour exprimer les rapports d'exclusion (*cf.* ci-dessous II.1.2.)[50].

II.1.1 *avec* et variantes
La forme standard *avec* [avɛk] est courante, mais il existe des formes amuïes :
- *ac* [ak] – forme occasionnelle en FA, fréquente à TN (Hennemann 2014 : 240, Brasseur 2001 : s.v. *ac*, p. 5)
- *a'ec* [aɛk], [aɛ] – notamment la forme [aɛk] est fréquente aux Îles-de-la-Madeleine (*cf.* corpus Falkert 2010 ; pour LOU, *cf.* Guilbeau 1950 : 117)
- *avé* [ave] – relevé aux Îles-de-la-Madeleine et en LOU (*cf.* corpus Falkert 2010, DLF 2010 : s.v. *avec*, p. 50).
- *ec* [ɛk] – relevé aux Îles-de-la-Madeleine et en LOU (*cf.* corpus Falkert 2010, Brandon 1955 : 381)

▶ *ac* [ak]
- N'y en a qui faisont le fricot avec / euh / la poule ... pis seulement ac des poutines pis pas de patates. (NÉ – Hennemann, BSM, SC)
- ... j'ai de la parenté ac ces Saindoux là BECAUSE i y a / ce Saindoux-là a marié ma cousine pis ses enfants est touT des parents ac moi. (NÉ – Hennemann 2014 : 240, ILM))
- faulait pas coucher a=c eune fille là. oh. (IdlM – Falkert 2010, corpus : 359–360, p. 464, CD-ROM)
- Pis là a montait sus la montagne ac sa brochure. (TN – Brasseur 2001 : s.v. *ac*, p. 5)

▶ *a'ec* [aɛk]
- pis là i va menir pro/probablement pou le jour de l'an. a=ec leu=petit bébé (IdlM – Falkert 2010, corpus : 109–110, p. 64, CD-ROM)
- [aɛk no bato] (LOU – Guilbeau 1950 : 315)

▶ *avé* [ave]
- i pêchat ave=mon frère (IdlM – Falkert 2010, corpus : 3–4, p. 143, CD-ROM)
- [ave l pɔ̃je] (LOU – Guilbeau 1950 : 379)

---

50 *Cf.* Wiesmath (2006 : 253), Arrighi (2005 : 332), Hennemann (2014 : 240), DLF (2010 : s.v. *avec*, p. 50).

▶ *ec* [ɛk]
- la terre a été fait =ec beaucoup de richesses (IdlM – Falkert 2010, corpus : 99, p. 194, CD-ROM)
- il y a un de ces hommes là qu'a sorti 'ec un drap blanc [ɛk ɛ̃ drɑ 'blɑ̃] (LOU – Brandon 1955 : 381)

Avec peut apparaître dans des contextes où l'on attendrait en FS d'autres prépositions ou locutions prépositionnelles telles que *dans, à, de, chez* ou *à l'aide de, au sujet de, à propos de* (Arrighi 2005 : 333). Quelques-uns des tours indiqués ci-dessous pourraient bien être calqués sur l'anglais, même si l'extension d'*avec* au détriment d'autres prépositions est aussi un phénomène bien connu dans le langage familier de France et en Belgique (*cf.* Hanse 1991 : s.v. *avec*, p. 142s.).

▶ *avec* au lieu d'*à, de, chez* ou d'autres prépositions
- Et puis, il était aussi impliqué avec la radio communautaire à un moment donné. (NÉ – Hennemann, ILM, BJ) (« dans »)
- Parle à Pete là mon cousin, mon j'uis accoutumé asteure avec lui. Mais i parle / i parle un peu vite des fois. (NÉ – Hennemann, ILM, CL) (« accoutumé à »)
- Pis c'est ielle, al a tout le temps demeuré avec sa fille, sa fille s'a marié, son mari a té dehors. (NÉ – Hennemann, ILM, CL) (« chez »)
- Pis j'tais après y dire après qu'on avait fini tirer la vache, on s'en alrait à la maison et pis on séparait le lait avec la crème. (NÉ – Hennemann, ILM, EL) (« séparer de »)
- je donne quoi-ce qu'i veulent i sont heureuses avec ça (NB – Arrighi 2005 : 333, Michelle NB 16 : 114)
- pis moi j'ai la/ la peau sensible tu croirais pas avec la couleur que je suis mais j'avais la peau/ ah pis faulait/ faulait (se) servir de quelque chose de fort pour enlever ste gomme-là (NB – Wiesmath 2006 : 251, Wiesmath 7, O : 632) (« vu », « étant donné » ; sens causal)
- Alle a venu alle a tombé en amour ac lui aussi. (TN – Brasseur 2001 : s.v. *amour*, p. 17)
- J'ai entendu différents [difaʁɑ̃] me dire qu'il avaient perdu leu cheval ac les botts. (TN – Brasseur 2001 : s.v. *botts*, p. 67) (sens causal ; *les botts* = « larves de l'œstre du cheval, provoquant une ulcération de l'estomac de cet animal », Brasseur, *ibid.*)
- Il avait emprunté ça avec un voisin. (LOU – DLF 2010 : s.v. *avec*, p. 50) (« à »)
- J'ai acheté mon char avec Léon. (LOU – DLF 2010 : s.v. *avec*, p. 50) (« à », « chez », le DLF traduit en anglais par « from »)
- il s'occupe avec eux (LOU – Guilbeau 1950 : 250) (« d'eux »)

II.1.2 *avec pas*

Pour exprimer l'exclusion, le FA et le FTN recourent généralement à la préposition complexe *avec pas* au lieu de la préposition simple *sans*, qui est plutôt rare. Le tour *avec pas* est si répandu qu'il apparaît même dans les situations de communication formelles. En FL, en revanche, *sans* prédomine mais *avec pas* est également attesté.
- Oui, pis i / i les chantait touT avec pas de livres. I les savait touT. (NÉ – Hennemann 2014 : 240, ILM)
- Al l'a vue hier avec pas un cheveu sus la tête. (NÉ – Hennemann 2014 : 240, ILM)
- i s'a trouvé là avec pas la cenne et rien à manger (NÉ – Arrighi 2005 : 332, Marcelin NÉ 2 : 161–162)
- je trouve qu'a beaucoup d'étudiants tout de suite qui sont en train de conduire avec pas d'assurance parce que l'assurance i peuvent pus la *forwarder*. (NB – Arrighi 2005 : 332, Stéphanie NB 11 : 427–429)

- i y a le charbon le charbon qui est fait avec . le coquillage des / du COCONUT . pis c'est/ c' est euh c'est brûlé avec pas d'oxygène . pis ça c'est à peu près une des inventions ou une / une des découvertes . dans notre siècle qui / pour les traitements de l'eau potable (NB – Wiesmath 2006 : 243, Wiesmath 12, J : 124)
- pis eux-autres les unilingues anglophones qui se pensaient si bons tout d'un coup dans le bas de l'échelle avec pas de possibilité de grimper en haut de l'échelle (ÎPÉ – Arrighi 2005 : 332, André ÎPÉ 12 : 363–365)
- l'hiver le monde a resté avec pas de pain ni rien du tout (IdlM – Falkert 2010, corpus : 12–13, p. 242, CD-ROM)
- C'est dur avec pas de compas ! (TN – Brasseur 2001 : s.v. *pas*, p. 337)
- J'ai fait justement un veste aussi là, ac pas de manches. (TN – Brasseur 2001 : s.v. *veste*, p. 468)
- Au commencement les bateaux étaient faits avec pas de machines dedans. Avec une voile, et le pousser. (LOU – DLF 2010 : s.v. *avec*, p. 50, LF)
- Et il voulait pas qu'on travaille avec pas de l'assurance dessus. C'était trop risqué. (LOU – DLF 2010 : s.v. *avec*, p. 50, TB)

Commentaire

L'hypothèse de l'origine anglaise de la préposition complexe *avec pas* (angl. : *without*) est amplement discutée – et critiquée – dans la littérature[51]. Il y a des objections sérieuses à une explication monocausale de la forme, et il apparaît que le français et l'anglais témoignent plutôt d'un phénomène universel (Wiesmath 2006 : 243s., Hennemann 2014 : 240) : loin d'être une spécificité canadienne, la formation *avec pas* et des formations analogues existent également en français de France et dans d'autres langues (Arrighi 2005 : 333), ce qui s'explique sans doute par la plus grande transparence de la forme composée par rapport à la forme simple, d'autant plus que, sur le plan cognitif, il y a « interdépendance de la relation d'inclusion et d'exclusion, cette dernière se définissant par rapport à la première » (Wiesmath 2006 : 243s., Raible 1992). Retenons au passage que Perrot relève pour le chiac un cas de contamination de la structure *avec pas de* par l'équivalent sémantique *sans*.
- i *extinct so* comme / on pourrait pas vivre avec sans d'animals (NB – Perrot 1995, vol. 2 : 123, chiac ; Wiesmath 2006 : 243)

II.2 *après*

Conformes au FS, les emplois temporels d'*après* – préposition[52] – ne seront pas étudiés ici (pour la variante *emprès*, *cf*. II.5.1.). Les différences par rapport au FS concernent aussi bien les constructions relevant de la valence du verbe que l'emploi dans les compléments circonstanciels. Pour la périphrase courante, *être après faire*, nous renvoyons au chapitre sur les périphrases verbales (II.1.1.).

Après, qui apparaît occasionnellement accompagné d'une seconde préposition (*après de*), peut être très couramment placé après un verbe de mouvement, pour indiquer la poursuite ou la recherche de qqch., comme en français parlé hexagonal (*cf. Le Petit Robert* 2013 : s.v. *après*).

---

51 *Cf*. par exemple Arrighi (2005 : 333), Wiesmath (2006 : 243s.), Hennemann (2014 : 240).
52 *Après* peut aussi faire figure de conjonction, si le subordonnant *que* est omis (*cf*. chap. « La subordination », II.1.4.).

▶ *après* **avec les verbes de mouvement**
- Parce que si les / la police va après eux, i pouvont aller dans les routes ici, dans les routes, tu sais là. (NÉ – Hennemann, BSM, SC)
- Les professeurs allaient pas après de eux, ça fait ... (NÉ – Hennemann, ILM, EB)
- j'avais assez peur qu'a' se fasse frapper pis moi faulait je coure après avec ma caméra (NB – Wiesmath 13, H : 128) (construction à préposition orpheline)
- alors là je vas aller après quelques livres en anglais (NB – Arrighi 2005, corpus, Rachelle NB 1 : 234–235)
- Aller après les loups-marins [...] (TN – Brasseur 2001 : s.v. *après*, p. 24)
- Et il dit, « si t'arrêtes pas de courir après ma femme », il dit, « la prochaine fois je vas te tuer, ouais ! » (LOU – DLF 2010 : s.v. *courir*, p. 165, JD)
- Sa fille est malade, ça fait il va après le docteur. (LOU – DLF 2010 : s.v. *aller*, p. 22, EV) (« va chercher »)

Par extension *après* peut exprimer « un mouvement spatial ou affectif en direction de qqch. ou qqn. » (*Le Petit Robert* 2013 : s.v. *après*) ; *après* se réfère ainsi souvent à un comportement (positif ou négatif) affiché à l'égard de qqn. (*cf.* Papen/Rottet 1997 : 103) et apparaît à la place des prépositions sémantiquement faibles *à* ou *de*.

▶ *après* **au sens figuré**
- I y avait un gars et i risait après moi. (NÉ – Hennemann, ILM, Corpus oral 2)
- c'est difficile à accepter qu'on a mal fait ça qu'on a réagi de telle façon on s'en prend après nous autres-mêmes (NB – Wiesmath 10, X : 140)
- pis quand t'argardes tu/ tu écoutes les femmes mariées tu parles quoi-ce que c'est des problèmes . là ça dispute après leu(r) homme dans la journée [...] (NB – Arrighi 2005 : 352, Suzanne L. NB 18 : 211–217)
- Je rêve après des choses que je vas faire. (LOU – DLF 2010 : s.v. *après*^{2}, p. 34, TB)
- Eh ben, aie pas peur on va pas parler après toi en arrière de ton dos, parce qu'on a pas été élevé comme ça. (LOU – DLF 2010 : s.v. *après*^{2}, p. 34, TB)
- il semble d'être beaucoup intéressé après elle (LOU – *Découverte*, Mamou, Évangéline)

Parfois, *après* revêt le sens locatif de *à* ou *dans*, notamment en FL[53].

▶ *après* **au sens locatif de « à », « dans »**
- [...] parce que je m'ai cramponné après le carreau de la porte je partais pis elle m'a attrapée (NB – Arrighi 2005 : 352, Sarah NB 20 : 296–302)
- Il y avait deux sangles après la selle. (LOU – DLF 2010 : s.v. *après*^{2}, p. 34, EV) (« attachés à »)
- J'ai mis les pentures après mes portes. (LOU – DLF 2010 : s.v. *après*^{2}, p. 34, TB)
- La clef est après la porte. (LOU – DLF 2010 : s.v. *après*^{2}, p. 34, LA)

Commentaire
Quelques-uns des emplois indiqués ci-dessus existent également dans le non-standard en France (*cf.* Gadet 1992 : 72, Bauche ^{2}1951 : 123). Hanse (1991 : s.v. *après*, p. 85) mentionne, entre autres, les tours *aboyer après*, *sauter après*, *courir après*, *chercher après* et, pour l'usage familier, *crier après*, *s'emporter après* etc. Historiquement, l'emploi d'*après* avec les verbes qui indiquent une poursuite était assez fréquent pour être critiqué par Malherbe au début du XVIIe s. (*cf.* Haase 1965 : 360).

---

[53] Des emplois similaires sont signalés pour le FQ, où *après* peut revêtir le sens locatif de « à, à même, le long de, contre » (GPFC : s.v. *après*).

II.3 *par* vs. *pour*

Les prépositions *par* et *pour*, très fréquentes, ont des emplois variés et sont intéressantes ici dans la mesure où elles sont « en concurrence ».

Signalons l'importance de la préposition *pour* dans un grand nombre de tours lexicalisés où elle introduit le complément d'objet indirect du verbe ; la présence de *pour*, dans ce contexte, s'explique en partie par le sens final inhérent à la préposition ; d'autre part, on note une certaine proximité avec les tours anglais correspondants, comme par exemple *chercher pour, demander pour, regarder pour, spérer (espérer) pour* ; en anglais, c'est la préposition *for* qui apparaît dans ces expressions[54].

Dans la préposition *pour*, la consonne finale -*r* s'amuït fréquemment : [pu].

II.3.1 Emploi locatif

▶ *par* locatif
- Il désigne alors la position dans un lieu :
  - tu ben vous autres par la France ça en est ça de nous autres (NB – Wiesmath 2006 : 248, Wiesmath 4, M : 259)

- Il peut également indiquer le mouvement en direction d'un lieu au sens de « du côté de », « aux alentours de », « vers » (emploi courant)[55] :
  - Tu vas un peu plus loin, peut-être deux milles, un mille et demi pis n'y a un chemin qui va / euh / par Concessions là. (NÉ – Hennemann, BSM, SC)
  - a demeure à Saint-Joseph-du-Moine, c'est par Chéticamp (NÉ – Hennemann 2014 : 228, ILM)
  - Quand j'ai mnu au tchai du gouvernement, ej ai déviré, lui s'en était par le pont. Pense moi-même : I GOT IT MADE, i est parti par le pont. (NÉ – Hennemann 2014 : 229, ILM)
  - i sont tout' partis par les États-Unis (NB – Wiesmath 2006 : 249, Wiesmath 1, R : 968) (« aux États-Unis »)
  - ben tu prends la rue Acadie . euh : en s'en allant par Saint-Anselme (NB – Arrighi 2005 : 355, Michelle NB 16 : 499–500)
  - en allant par la Grande-Entrée (IdlM – Falkert 2010, corpus : 557, p. 432, CD-ROM)
  - Y en a iun par West Bay là [...] (TN – Brasseur 2001 : s.v. *par*, p. 331)
  - Leuve ta robe pis tourne-toi par lui ! (TN – Brasseur 2001 : s.v. *par*, p. 331)
  - Et s'il aurait fallu que je viens et trouver ma femme par le chemin par le bayou par l'eau (LOU – *Découverte*, Pointe-aux-Chênes, Terrebonne)

- Il entre fréquemment dans la formation de locutions prépositionnelles pour y ajouter une nuance dynamique en indiquant la direction d'un mouvement :
  - Et tout d'un coup j'ai senti quelqu'un, quelque chose de venir par en-arrière de mon et me GRAB comme ça. (LOU – DLF 2010: s.v. *arrière*, p. 38, TB) (*Par* indique la direction d'où venait l'inconnu.)

---

[54] *Cf.* Brasseur (2001 : s.v. *espérer*, p. 187 et s.v. *pour*, p. 367), Papen/Rottet (1997 : 367), Arrighi (2005 : 344s.), Péronnet/Kasparian (2008 : 206), Hennemann (2014 : 225s.).
[55] *Cf.* Hennemann (2014 : 228). – Wiesmath (2006 : 249, note 466) signale à ce sujet qu'à la différence de *par* (locatif), la préposition *vers* s'emploie dans son corpus uniquement dans un sens temporel.

- Les cannes rentrent par en avant. (LOU – DLF 2001 : s.v. *par*, p. 437, AS)

L'emploi standard de *par* (« à travers », « via », Wiesmath 2006 : 248) est également usuel dans les variétés étudiées ici :
- pis on avait la lumière qui rentrait par la/ la fenêtre là (NB – Wiesmath 2006 : 248, Wiesmath 13, H : 165)
- Moi j'ai sauté par un chassis en arrière (LOU – DLF 2010 : s.v. *par*, p. 437, AV)

L'emploi de *par* dans le sens de « vers » est ancien en français et passe aujourd'hui pour vieilli ; cet emploi est également attesté à Saint-Pierre-et-Miquelon (Brasseur/Chauveau 1990 : s.v. *par*, Arrighi 2005 : 355).

▶ *pour* locatif
Pour peut également avoir le sens de « vers », « en direction de » ; cet usage est également courant en FS avec le verbe *partir* :
- Et ben, après j'ai parti pour l'université. (NÉ – Hennemann, ILM, GL)
- on va partir . pour chez nous (NÉ – Arrighi 2005, corpus, Marcelin NÉ 2 : 234)
- les ancêtres a pris pour les Îles-la-Madeleine [sic] (IdlM – Falkert 2010, corpus : 269, p. 457, CD-ROM)
- Là le chien s'a pris pour le nord. (TN – Brasseur 2001 : s.v. *prendre I*, p. 371)
- [À propos d'un poisson.] Arrivé au ras, i reprenait encore pour le fond. [...] (TN – Brasseur 2001 : s.v. *reprendre*, p. 394)
- Elle est en partance pour Lafayette. (LOU – DLF 2010 : s.v. *pour*, p. 486, Lv88)

II.3.2 Emploi temporel
Dans un sens temporel, *par* et *pour* sont bien distingués sémantiquement.

▶ *par* temporel
Il indique un moment dans le temps (accompagnant les dates ou les saisons de l'année).
- ce tait toujours par : l'automne (NÉ – Arrighi 2005 : 356, Édith NÉ 22 : 1)
- Alle dit p'têt par le premier d'octobre ça va p't-ête s'ouvrir. (TN – Brasseur 2001 : s.v. *par*, p. 332 ; Brasseur y voit un calque de l'anglais (« by ») ; *par* indique ici une date-limite à laquelle un événement est censé s'être produit.)

▶ *pour* temporel
Il se réfère à une durée et remplace ainsi la préposition *pendant*, qui n'est guère en usage dans les variétés concernées[56].
- J'avais travaillé pour la Croix Rouge **pour** une vingtaine d'années. (NÉ – Gesner 1979a : 87, BSM)
- Elle m'a pas parlé pour cinq semaines. (NÉ – Hennemann, ILM, BJ)
- il s[']a débattu pour une demi-heure comme un p'tit j'hable qui brûle. (NÉ – *Lettres de Marichette* – Gérin/Gérin 1982 : 147)

---

[56] *Cf.* Wiesmath (2006 : 245), Guilbeau (1950 : 254). – Pour un emploi similaire de la préposition *dans*, *cf.* ci-dessus I.2.2.

- on faisait ça pour un/ un mois le printemps là . . hein c'était contre la loi (NB – Wiesmath 2006 : 245, Wiesmath 3, D : 240)
- j'ai pas porté de robe rouge pour je sais pas comment d'années après parce j'avais assez détesté ste robe-là (NB – Wiesmath 2006 : 245, Wiesmath 7, O : 480)
- c'était un bon homme je l'ai eu chez nous pour un mois je le connais comme i faut (ÎPÉ – Arrighi 2005 : 343, Rose ÎPÉ 7 : 122–123)
- pis je suis allé à l'université de Moncton pour une couple d'année[s] de génie mécanique (ÎPÉ – Arrighi 2005 : 323, André ÎPÉ 12 : 130–131)
- J'ai bûché pour un mois. (TN – Brasseur 2001 : s.v. *pour, pou*, p. 367)
- Alle a tenu école pour trente-neuf ans, ielle. (TN – Brasseur 2001 : s.v. *pour, pou*, p. 367)
- On a pas eu l'eau haute pour plusieurs années. (LOU – DLF 2010 : s.v. *pour*, p. 486, TB)
- il a fallu il va à l'hôpital pour une semaine (LOU – Stäbler 1995 : 10, corpus, Arrighi 2005 : 344)

Notons que le DLF signale l'acception « jusqu'à » pour la préposition *pour* dans le contexte de l'indication de l'heure :
- Dix minutes pour midi. (LOU – DLF 2010 : s.v. *pour*, p. 486)

Commentaire

L'emploi de *pour* au sens de « pendant » existe aussi en français de France (*cf. Le Petit Robert* 2013 : s.v. *pour*) en référence à une durée dans le futur ; en revanche, pour exprimer une durée dans le passé ou le présent, on recourt à la préposition *pendant*. On note donc un usage plus large de *pour* dans les variétés étudiées ici (Gérin/Gérin 1982 : 147, Hennemann 2014 : 225). Celui-ci pourrait être motivé partiellement par les emplois que connaît la préposition *for* en anglais (*cf.* Brasseur 2001 : s.v. *pour*, p. 367). Mais Wiesmath (2006 : 245) a sans doute raison lorsqu'elle constate que, si influence anglaise il y a, celle-ci se traduit surtout dans la fréquence de l'emploi de *pour* au lieu de *pendant* ; plutôt que d'un phénomène de calque, on devrait parler d'un phénomène de convergence entre les deux langues.

Pour au sens de « pendant » est également attesté au Québec et au Manitoba[57].

II.3.3 Emploi causal

Par et *pour* expriment aussi un rapport causal (« pour cause de »).

▶ *par* causal

Par est rare en emploi causal en NÉ, où l'on utilise plutôt la locution prépositionnelle *par rapport à* dans un sens causal (Hennemann 2014 : 239) (*cf.* III.17.)

- [le monde] qui va évanouir pis qui va être malade par le/la chaleur pis l'humidité (NB – Wiesmath 2, F : 159–160)
- y a quelqu'un qui s'a arrêté emprès de nous puis i dit « ben c'est quoi ça tu peux pas parler en anglais [?] » j'étais comme/ « une conversation privée » mais par le fait qu'on était à Saint-Jean c'était pas / c'était pas vraiment bien vu (NB – Arrighi 2005, corpus, Rachelle NB 1 : 440–443)
- I tricolait, par la faim. (TN – Brasseur 2001 : s.v. *par*, p. 331)
- I s'ara farouché par … par la peur, par de quoi, par ène bête ou… (TN – Brasseur 2001 : s.v. *faroucher, enfaroucher*, p. 197)

---

57 *Cf.* GPFC (s.v. *pour*), Hallion (2000 : 421), Arrighi (2005 : 344).

- il pouvait plus travailler par la maladie (LOU – *Découverte*, Pointe-aux-Chênes, Terrebonne)

Par causal était courant dans la langue classique en France (Brunot/Bruneau 1949 : 435) ; devant l'infinitif, il sort de l'usage au XIXe s. (TLF).

▶ *pour* causal[58]
- j'étais opéré pour mon APPENDIC... (NÉ – Hennemann, ILM, AF)
- i y a même des étudiants qu'ont poursuivi . des professeurs pour des théories qu'i enseignaient en classe aux États-Unis (NB – Wiesmath 2006 : 251) (cours magistral)

II.3.4 *par* avec les moyens de transport

Les moyens de transport sont accompagnés dans les variétés étudiées ici avant tout des prépositions *sur* et *en* (*cf.* ci-dessus note 27 et I.4.4.), mais on relève également la préposition *par*.
- Lorsque mes grands-parents 'saient [faisaient] la pêche, c'était seulement par / euh / tit bateau. (NÉ – Hennemann, PUB, BeD)
- i les amenaient à la SEA là là à la SEA par la traîne (NÉ – Arrighi 2005, corpus, Édith NÉ 22 : 10–11)
- tu vas par l'auto là (NB – Arrighi 2005, corpus, Zélia NB 17 : 521)
- [Enquêtrice : ça coûte assez cher en avion] en avion plus que par bateau (IdlM – Falkert 2010, corpus : 158–159, p. 93, CD-ROM)
- La seule manière tu peux arriver là c'est par bateau. (LOU – DLF 2010 : s.v. *par*, p. 437, TB).

II.3.5 *par* explétif

Par explétif est associé à une autre préposition sans en changer le sens, si ce n'est qu'il ajoute une nuance de renforcement :
- *Par* explétif est très fréquent, en FA, dans le tour figé *par chez nous (vous)* « dans notre région/pays »[59] (Hennemann 2014 : 216, Arrighi 2005 : 355).
  - Par chez nous, c'est ça qu'i appeliont ça. (NÉ – Hennemann, ILM, CL)
  - J'tais après dire à Julia l'autre soir, i y a / i y a une fille de par chez nous, al a / s'avait trouvé un BOYFRIEND sus l'INTERNET. (NÉ – Hennemann 2014 : 216, ILM)
  - c'est comme vraiment cher . ça doit être une grosse différence avec par chez vous là parce que chez vous c'est vraiment rien (NB – Arrighi 2005 : 356, Stéphanie NB 11 : 300–301)
  - oui y en avait plusieurs par chez nous (ÎPÉ – Arrighi 2005 : 355, Rose ÎPÉ 7 : 282)
  - y en a par chez vous des quilles ces affaires-là ? (IdlM – Falkert 2010, corpus : 262, p. 207, CD-ROM)

- *Par* est la composante d'un nombre important de locutions prépositionnelles complexes, spatiales et temporelles (Arrighi 2005 : 356) (*cf.* aussi en français hexagonal *par ici, par là*) :

---

58 *Pour* causal apparaît couramment devant l'infinitif (présent comme passé).
59 Hennemann (2014 : 216) indique pour l'ILM que *par chez nous* se distingue donc de *chez nous* qui se réfère à la maison (« chez nous à la maison »).

- il a dit sésame rouvre-toi la porte s'a rouvri sésame ferme-toi é s'a fermé par dessus lui (NÉ – Arrighi 2005 : 356, Marcelin NÉ 2 : 217–218)
- Pis on amenait touT les enfants du village de / de par en haut de la baie (NÉ – Hennemann 2014 : 230, ILM)
- Je la prendrais pas par avant demain matin, ça fait… (NÉ – Hennemann 2014 : 237, ILM)
- I peut pas y aller par avant aujourd'hui. (NÉ – Hennemann 2014 : 237, ILM)[60]

- je vas changer de chaise là parce que j'ai peur de tomber par en arrière là (NB – Arrighi 2005 : 356, Stéphanie NB 11 : 340–341)
- on s'en a venu une par derrière l'autre moi je m'en ai venue une semaine après (NB – Wiesmath 6, L : 158) (Alors que *derrière* est normalement remplacé par *en arrière de*, il apparaît dans de rares cas, introduit par *par*.)

- hm c'est qu'y avait pas assez de fierté ou quelque chose comme par avant (ÎPÉ – Arrighi 2005 : 356, Suzanne F. ÎPÉ 12 : 178–179)

- Il avait été nommé par derrière son pape. (LOU – Papen/Rottet 1997 : 104) (« il était nommé d'après son père »)
- Le petit a sorti de par-dessous la table. (LOU – DLF 2010: s.v. *par-dessous*², p. 438, EV)
- Je vais par en haut ce matin. (LOU – DLF 2010 : s.v. *haut*³, p. 331, SM) (*par en haut* = « up the parish, northern part of St. Martin Parish (Breaux Bridge, Cecilia, Arnaudville) »)
- LO : ça a pas gêné votre père le soir ça ? L1 : Non pas de là, mais par après, il voulait pas je sors avec (LOU – *Découverte*, Church Point, Acadia)

Commentaire

L'emploi de *par* explétif, en renforcement, est courant au Moyen Âge et jusqu'au XVIIe s. ; il subsiste dans l'Ouest de la France et en Normandie (Wolf 1987 : 25 ; *cf.* aussi Haase 1965 : 359, qui signale *par après* chez Descartes).

L'expression *par chez nous* est courante en FQ (GPFC : s.v. *par*, Arrighi 2005 : 355, qui fait référence à Meney 1999) et en français populaire. Pour le FQ, le GPFC (s.v. *par*) note quelques occurrences de *par* explétif avec d'autres prépositions, dont *par après* « après », *par dans* « dans », *par sus/sur* « par dessus », « sur », *par sous/sour* « sous », *par en haut de* « dans la partie supérieure de » (par exemple d'une rivière), et dans les locutions adverbiales : *par ainsi*, *par exprès* (*cf.* aussi Arrighi 2005 : 356) ; le DLF (2010 : s.v. *par*, p. 437) atteste aussi les expressions *par ainsi*, *par après* pour le FL.

II.4 *entre/enteur, parmi*

Les emplois des prépositions *entre* et *parmi* correspondent largement au FS. Ces deux prépositions figurent, dans le corpus d'Arrighi (2005 : 357s.), parmi les « prépositions rares », notamment *parmi* (remplacé par *entre* et *dans*) (dans le même sens : Hennemann 2014 : 229). En FL, *parmi* est surtout courant dans le tour figé *parmi le monde*.

Notons les particularités suivantes :

II.4.1 *entre*

- Cette préposition peut englober les sens de « entre » et de « parmi » du FS (Arrighi 2005 : 358) :

---

60 Hennemann (2014 : 237) signale qu'*avant* seul semble restreint à un langage proche du standard, la forme traditionnelle étant *par avant*.

- • j'étais la seule fille euh / en / entre dix coiffeuses qui faisait ça (NB – Arrighi 2005 : 358, Michelle NB 16 : 669–670)
- • J'allions souvent entre eux (ÎPÉ – Arrighi 2005 : 358, Aldine A. ÎPÉ 6 : 35)

– Elle marque aussi la possession partagée :
- • Et ils ont quatre petits-enfants entre / entre deux. (NÉ – Hennemann, ILM, MS) (C'est à dire : à eux deux, ils ont quatre petits-enfants.)
- • Ils avaient quarante sous dans leurs poches entre eux-autres deux. (LOU – DLF 2010 : s.v. *entre*, p. 254, SL) (« à eux deux ») (Le DLF traduit par « between the two of them ».)

– On relève à TN la forme *enteur*, prononciation « attestée dans quelques parlers dialectaux de France (FEW 4, 747b INTER) » (Brasseur 2001 : s.v. *enteur*, p. 182).
- • [À propos des poules.] Je pense qu'i se parlont enteur ieusses, mais quoi qu'i disont, je sais pas. (TN – Brasseur 2001 : s.v. *enteur*, p. 182)
- • Comme nous autres, ben je tions trois frères, ben je couchions ensemble : mais enteur les trois ça faisait de la chaleur, après un petit bout [but]. (TN – Brasseur 2001 : s.v. *enteur*, p. 182)
- • [À propos de la chasse à l'orignal.] Y a vingt permi [paʀmi] … enteur le monde [...] Mon garçon en a iu iun c't' année-ici. (TN – Brasseur 2001 : s.v. *enteur*, p. 182)

– On note occasionnellement l'emploi adverbial (FL) :
- • Ouais, tu mettais du coton entre, et tu mettais deux morceaux d'étoffe, et tu peux ramasser des retailles d'étoffe. (LOU – *Découverte*, Pointe-aux-Chênes, Terrebonne)

– *Entre* peut apparaître avec un pronom singulier dans le tour figé *penser entre soi(-même)* (FL) :
- • J'ai regardé dans la cour, il y avait pas rien. *Oh Lord*, j'ai pensé entre moi-même, mais là, Qui arrive ? Qui-ce qui va arriver asteur ? (LOU – *Découverte*, Pointe-aux-Chênes, Terrebonne)
- • J'ai pensé entre moi-même quoi tu crois lui il est après faire ? (LOU – DLF 2010 : s.v. *entre*, p. 254, LA)

II.4.2 *parmi*

– Cette préposition est parfois employée dans le sens locatif de « au milieu de » avec les choses, usage ancien attesté au XVIIe s. (Haase 1965 : 356) :
- • Ah oui, on allait parmi les maisons pis i jouiont de la musique pis on / on dansait pis on avait du FUN. (NÉ – Hennemann 2014 : 229, ILM)
- • j'ai jamais vu une chose si mal écrit . . ç'a p/ c'est écrit en anglais . i y a des mots français mêlés parmi ça (NB – Wiesmath 6, L : 347–348)

– Elle s'emploie couramment devant un nom singulier s'il y a référence à un collectif (*cf.* FS) :
- • ça va faire du trouble parmi le monde (LOU – *Découverte*, Mamou, Évangéline)
- • ça me donne un gros plaisir d'être icitte parmi tout cette vaillante bande de Cadiens (LOU – *Découverte*, Moreauville, Avoyelles)

– Elle connaît un emploi adverbial (« au milieu »), comme historiquement – mais rarement – en français de France (Grevisse/Goosse 2008 : § 1040, p. 1329) :
- • Ces pommes sont bonnes, mais j'en ai trouvé des gâtées parmi. (FA – Poirier 1993 [1925] : s.v. *parmi*)

- trente-sept qui s'avaient noyés ouais mais i y avait /. parmi i y avait des enfants là . qu'avaient été avec leux parents euh . le soir d'avant (NB – Wiesmath 2006 : 248, Wiesmath 5, C : 36)[61]
- Pis tu le faisais bouillir sus le poêle, avec un peu de sang parmi. (TN – Brasseur 2001 : s.v. *parmi*, p. 334)
- Y en a des petits pis y en a des gros parmi. (TN – Brasseur 2001 : s.v. *parmi*, p. 334)

Notons qu'on peut également rencontrer la préposition *dans* au lieu de *parmi* :
- pis dans les six frères i n'y en a seulement deux qu'a pu rester au Petit de Grat (NÉ – Hennemann, ILM, AF) (en FS, *sur* ou *des*)
- Y a trois dans eux qui restent avec nous. (LOU – DLF 2010 : s.v. *dans*, p. 180, SM)
- Il y avait personne dans ses enfants qui voulait 'i aider tellement il avait été méchant pour leur défunte mère. (LOU – DLF 2010 : s.v. *dans*, p. 180, VM)

Commentaire
Considéré comme vieux ou populaire (Robert), vieilli ou littéraire (TLF) aujourd'hui, l'emploi adverbial de *parmi* était pourtant courant dans la langue classique et survit régionalement dans l'Ouest de la France (FEW 6/1, 622a-b) ainsi qu'en FQ et à Saint-Pierre-et-Miquelon (Brasseur 2001 : s.v. *parmi*, p. 335, Brasseur/Chauveau 1990 : s.v. *parmi*). On verra ci-dessous (*cf.* III), les difficultés à distinguer les adverbes des prépositions dans les variétés étudiées ici.

II.5 *emprès, dempis, drès*

Les prépositions *emprès*, *dempis* et *drès* ne sont relevées que très occasionnellement et n'existent pas ou plus, sous cette forme, en français hexagonal moderne.

II.5.1 *emprès*
La préposition *emprès*, relevant de l'acadien traditionnel (Arrighi 2005 : 352), apparaît dans le corpus acadien dans un emploi spatial (« près de ») et, chez les locuteurs âgés, dans un emploi temporel (« après »). Dans ce dernier sens, elle est également attestée en FTN (Brasseur 2001 : s.v. *emprès*, p. 177), mais elle n'est pas signalée pour le FL.

▶ **Sens spatial**
- et puis euh y a quelqu'un qui s'a arrêté emprès de nous (NB – Arrighi 2005, corpus, Rachelle NB 1 : 440)

▶ **Sens temporel**
- nous-autres on était comme : la même famille icitte ces deux maisons icitte on en tuait un plus tôt euh on gardait toujours un autre pour tuer plus tard . emprès Noël (NÉ – Arrighi 2005 : 352, Évangéline D. NÉ 23 : 98–100)
- y a des immigrants qu'ont venu emprès la guerre tu sais (NB – Arrighi 2005 : 352, Willy NB 9 : 530–531)
- c'est euh l'année d'emprès ça (NB – Wiesmath 3, D : 120)
- le tourisse qu'arrive ici. pis : qui décide d'acheter des propriétés [Enquêtrice : hm] pis qu'emprès ça qu'i clôture tout le tour [...] ça j'aime pas ça (IdlM – Falkert 2010, corpus : 191–193, p. 499, CD-ROM)
- Il est venu emprès la guerre. (TN – Brasseur 2001 : s.v. *emprès*, p. 177)

---

61 Pour Wiesmath (2006 : 248), il s'agit ici d'une préposition.

Emprès s'emploie aussi comme adverbe dans le tour *le/la (jour/semaine/mois/année) + de + emprès*.

▶ *le/la (jour/semaine/mois/année) d'emprès*
- C'est juste la semaine d'emprès (NÉ – Hennemann 2014 : 237, note 320, ILM) (seule attestation dans le corpus Hennemann)
- Le samedi d'emprès. (TN – Brasseur 2001 : s.v. *emprès*, p. 177)

Commentaire
Selon Brasseur (2001 : s.v. *emprès*, p. 177), *emprès* existe encore « dans les parlers dialectaux de France, notamment de l'Ouest, en Normandie et Saintonge (FEW 24, 179a AD PRESSUM) » ; la préposition n'est pas attestée en FQ (*cf.* GPFC). À TN, *emprès* connaît un emploi adjectival qui n'est pas signalé ailleurs :
- Ça fait, *anyhow*, pas c't'année-là mais l'emprès, i s'a arrangé avec ma défunte mère, [...] (TN – Brasseur 2001 : s.v. *emprès*, p. 177)

Dans l'ancienne langue, *emprès* est attesté dans la signification « près de » (Gougenheim 1974 : 185).

II.5.2 *dempis*
À côté de la forme courante *depis* (« depuis ») avec chute de la semi-voyelle [ɥ] – usuelle également en français familier ou populaire de France –, la préposition *depuis* existe sous une forme occasionnelle avec nasale : *dempuis/dempis*[62].
- Les peddlar sont encore pires dampi chectemps. (NÉ – *Lettres de Marichette*, Gérin/Gérin 1982 : 145)
- [À propos de la pêche au homard.] Ça c'est fini dempis le cinq de juillet. (TN – Brasseur 2001 : s.v. *dempis*, p. 155)

Commentaire
La forme *dempuis* est attestée dès le moyen âge et semble avoir été courante – à côté de la forme familière *depis* – aux XIVe et XVe s. (Gérin/Gérin 1982 : 145). Brasseur (2001 : s.v. *dempis*, p. 155) note que *depis* et *dempis* subsistent « dans les Îles anglo-normandes et dans l'ouest de la France, de la Bretagne romane à la Saintonge (FEW 9, 244a POSTEA) ». *Dempis* n'est pas signalé pour le FQ par le GPFC ni par Seutin (1975).

II.5.3 *drès*
Drès au sens de « dès » est une forme très rare, qui semble avoir été tout à fait courante « dans la vieille langue » en France (Poirier 1993 [1925] : s.v. *drès*). Signalons qu'elle est également attestée par le DLF pour le FL.
- J'irais drès demain matin. (FA – Poirier 1993 [1925] : s.v. *drès*)
- On l'a fait drès le lendemain. (LOU – DLF 2010 : s.v. *dès*, p. 204, TB)

Commentaire
Brasseur (2001 : s.v. *drès que*, p. 167) n'atteste pas l'emploi prépositionnel de *drès* mais signale l'existence de la conjonction *drès que* au sens de « dès que » à TN. Il ajoute qu'en dehors du Canada et de la LOU, cette locution est « attestée en français depuis le 18e siècle » et est « largement répandue dans les parlers dialectaux de France (FEW 3, 28s. DE EX) ». Seutin (1975 : 349) confirme l'existence de la préposition *dret* de même sens – qui est cependant rare – pour le parler québécois de l'Île-aux-Coudres. (*cf.* aussi le chap. « La subordination », II.1.6.)

---

62 Le DLF note en outre les variantes [depi, dɑ̃py, dəpy] (*cf.* DLF 2010 : s.v. *depuis*, p. 202).

III Les locutions prépositionnelles

Les variétés étudiées ici sont caractérisées par la multitude et la fréquence d'emploi des locutions prépositionnelles.
- Le polymorphisme est grand, surtout en FA et en FTN : on note un nombre élevé de variantes pour marquer un seul et même rapport, par exemple : *arrière, en arrière de, par en arrière de* (« derrière »). Les formations complexes sont constituées à l'aide des composantes *de, en* et *par* (généralement « explétives », et donc sémantiquement vides) (*cf.* ci-dessus I.3.3., I.5.3., II.3.5.).
- L'« accroissement du corps phonique » (Brasseur 2005 : 257), et ainsi « l'enrichissement » des prépositions (Gadet 2011 : 125) est un trait caractéristique de la formation des prépositions dans la langue parlée en général.
- Les variétés concernées ici ne font pas de distinction nette entre adverbes et prépositions. Certains adverbes du FS moderne – *dessus, dessous, dedans, dehors* – figurent tout aussi bien comme prépositions que comme adverbes ; de plus, ils font partie intégrante de locutions prépositionnelles diverses (qui existent, il est vrai, en partie aussi en FS : *cf. au-dessous de*). Ces variantes formelles ne sont pas distinguées sur le plan sémantique. Signalons à cet égard que l'indistinction formelle était un trait de l'ancien usage (*cf.* Foulet 1967 : 304s.) : *dedans, dessus, dessous, dehors (de)* sont des prépositions tout à fait courantes jusqu'à la fin du XVIIe s. (*cf.* pour le XVIe s. : Gougenheim 1974 : 140 ; pour le XVIIe s. : Haase 1965 : 351).
- Certaines formes témoignent de la tendance à surspécifier les rapports exprimés.

dedans + sus :
- i y avait une femme dedans sus la rue (NB – Arrighi 2005 : 347, Laura NB 8 : 222)

sur + en arrière (« avant », « dans le passé ») :
- sur en arrière le/ le pape a-ti pas canonisé je sais pas combien de monde là toujours (NB – Arrrighi 2005 : 355, Christiane NB 19 : 182–183)

sur + dessus :
- Mais je m'ai défendu sur dessus le *phone*, donc (LOU – *Découverte*, Mamou, Évangéline)

(sortir + de) + par + dessous :
- Le petit a sorti de par-dessous la table. (LOU – DLF 2010 : s.v. *par-dessous*^{2}, p. 438, EV)
(Tour qui existe aussi en français familier/populaire de France.)

- Signalons également les conversions *bord, côté* et *(à) aller à/(à) venir à* ainsi que *dépassé*, servant à former des prépositions spécifiques et transparentes.

Commentaire
La cause principale des formations complexes est sans doute le manque de transparence des prépositions simples, leur faiblesse phonique et – en ce qui concerne les prépositions les plus fréquentes qui ont de faibles contours sémantiques – leur polyvalence.

Le non-standard hexagonal partage avec les variétés étudiées ici certaines de ces locutions prépositionnelles complexes, de même que l'indistinction entre prépositions et adverbes[63].

III.1 *alentours* et formations complexes

Les prépositions *près de* et *auprès* sont rares dans les variétés étudiées[64]. Parmi les possibilités d'exprimer la notion de proximité, on compte, entre autres, *alentour(s) (de)*, *au ras de*, *autour/entour (de)*, *proche de*[65].

La préposition *alentour* apparaît également dans les sources sous la graphie *à l'entour* et *alentours* et jouxte des formations complexes construites à partir de la préposition *alentour* : *aux alentours de* (rarement : *à*), *dans l'alentour de* et *dans les alentours de*. *Alentour* est la forme courante de la préposition en FA (Arrighi 2005 : 361), les locutions complexes étant surtout employées en tant qu'adverbes. Notons les sens spatiaux (« autour de », « dans les environs de », « près de »), temporel (« vers ») et figuré (« environ », « vers »).

III.1.1 *alentour (de), à l'entour (de)*

▶ **Sens spatial**
- On faisait rinque de s'amuser entre ... alentour du logis. (NÉ – Gesner 1979a : 89, BSM)
- J'alloue pas personne fumer alentour ici pace que ça / ça / ça pue. (NÉ – Hennemann 2014 : 232, ILM)

- mais ste personne-là qui meurt . comment de vide qu'a' fait à l'entour d'elle (NB – Wiesmath 10, X : 169)
- quand que tu vois juste ça. a/ a/ alentours de toi (NB – Arrighi 2005 : 361, Michelle NB 16 : 376)
- ma mère dit deux choses tu te maries là a dit si tu peux avoir juste deux enfants . pis a dit reste pas alentours de la famille (NB – Arrighi 2005 : 361, Zélia NB 17 : 183–185)
- i menait des bateaux à l'entour de la terre ici (IdlM – Falkert 2010, corpus : 358–359, p. 417, CD-ROM)

- [À propos de l'original.] I va se tiendre là, i se tient à l'entour là, mais c'est ène bête qu'est dure à oir. (TN – Brasseur 2001 : s.v. *entour*, p. 183)

- J'ai vu tous les chandelles allumées à l'entour de ton cercueil. (LOU – DLF 2010 : s.v. *alentour (à l'entour)*, p. 20)
- Il vient d'à l'entour de Mamou. (LOU – DLF 2010 : s.v. *alentour (à l'entour)*, p. 20, Lv88)
- Il reste alentour St. Martin. (LOU – DLF 2010 : s.v. *alentour (à l'entour)*, p. 20, SM)

▶ **Sens temporel**
- Chéticamp ça rouvre dans / ça me semble c'est alentour de avril. (NÉ – Hennemann, BSM, RL)
- d'habitude alentours de/ de six heures ou quelque chose i font le défilé (NB – Arrighi 2005 : 361, Rachelle NB 1 : 387)

---

63 *Cf.* Foulet (1967 : 305), Bauche (²1951 : 123), Grevisse/Goosse (2008 : § 1036, p. 1320).
64 Arrighi (2005 : 362) signale que « les formes *près de*, *auprès de* ne sont jamais relevées dans le corpus », Wiesmath (2006 : 246, note 464) et Hennemann (2014 : 235s.) soulignent également la faible fréquence de *près de*, rareté également attestée dans le corpus *Découverte* pour le FL.
65 À quoi s'ajoutent : *sur le bord de* (Arrighi 2005 : 362), *à bord de*, *aux côtés de/à côté de* (*cf.* ci-dessous III.5. et Hennemann 2014 : 235).

- je crois que le quinze ou alentour du quinze on va commencer (NB – Wiesmath 2, F : 622)
- l'automne suivant on tuait le cochon là alentours de la Noël (ÎPÉ – Arrighi 2005 : 361, Théodore ÎPÉ 4 : 114–115)
- À l'entour de huit heures et demie il avïont leu déjeuner. (TN – Brasseur 2001 : s.v. *déjeuner*, p. 153)
- il *gonait* à l'entour de cinq heures (LOU – *Découverte*, Mamou, Évangéline)
- Avec ça je suis resté alentour de deux mois et demi là (LOU – *Découverte*, Mamou, Évangéline)

▶ **Sens figuré**
- i doit avoir à l'entour de quatre cents [de bateaux de pêche] (IdlM – Falkert 2010, corpus : 104–105, p. 195, CD-ROM)
- Y avait à l'entour de douze pieds de neige. (TN – Brasseur 2001 : s.v. *entour*, p. 183)
- Il a alentour de cinquante ans. (LOU – DLF 2010 : s.v. *alentour* (*à l'entour*), p. 20, SM)
- J'ai alentour trente vaches. (LOU – DLF 2010 : s.v. *alentour* (*à l'entour*), p. 20, SL)

III.1.2 *aux alentours de (à), dans l'alentour de, dans les alentours de*

▶ **Sens spatial**
- aux alentours à Bouctouche ou (NB – Arrighi 2005 : 361, Chantale NB 14 : 3)
- Et dans les alentours de l'Anse Couche-Couche t'as deux fleuves là (LOU – *Découverte*, Jennings, Jefferson Davis)

▶ **Sens temporel**
- aux alentours de Noël (NÉ – Arrighi 2005 : 361, Évangéline NÉ 23 : 98–101)
- [des suicides] à Noël ça a de de l'air qu'en a pas mal . dans les alentours de Noël, (...) (NB – Arrighi 2005 : 361, Catherine NB 19 : 264–265)

▶ **Sens figuré**
- Elle a dans les alentours de dix-huit ans. (LOU – DLF 2010 : s.v. *alentour*, p. 20, JE)
- J'avais dans l'alentour de cent poulets. (LOU – DLF 2010 : s.v. *alentour*, p. 20, IB)

Commentaire
En français de France, le tour *à l'entour de* est sorti de l'usage au cours du XVIIe s. (*cf.* Haase 1965 : 366) et passe aujourd'hui pour vieilli (*Le Petit Robert* 2013 : s.v. *entour*). Il survit – sous la forme *à l'entour de* ou *alentour de* – dans la langue littéraire et « dans la langue parlée de diverses régions » (Grevisse/Goosse 2008 : § 1073 b2, p. 1379). Les formes *entour (de)/à l'entour (de)* – avec ou sans *de* – survivent en FQ ; de même, en franco-manitobain, le tour *à l'entour* est relevé avec et sans préposition *de*[66].

Quant à la graphie *alentour(s)* vs. *à l'entour*, elle varie selon qu'on considère *alentour* comme un morphème unique, désormais opaque, ou qu'on y voit encore une locution complexe qui se compose de plusieurs éléments (*à* + déterminant + *entour*). Dans les régions où *entour* est bien vivant en tant que préposition (par exemple à TN), la graphie analytique (*à l'entour*) est usuelle. Là où *entour* n'existe qu'à l'intérieur du tour [alɑ̃tuʀ] – éventuellement introduit lui-même par une préposition (*aux alentours*, *dans les alentours*, *dans l'alentour*) –, c'est la graphie en un mot qui prédomine (*cf.* pour *autour/entour* ci-dessous III.3.).

---

66 *Cf.* Brasseur (2001 : s.v. *entour*, p. 183), GPFC (s.v. *entour de*), Seutin (1975 : 365), Hallion (2000 : 401s.), Arrighi (2005 : 361).

III.2 *au ras (de)*

La locution prépositionnelle *au ras (de)* – régionalement *à ras*[67] – est très répandue dans les variétés concernées, avec une signification sensiblement modifiée par rapport au FS : *au ras* signifie « près de », tour qui est peu répandu dans ces mêmes variétés[68]. En FA et en FTN, [ɔʁa] se construit majoritairement sans *de*[69], même si des occurrences avec la préposition sont également relevées. L'unité phonétique [ɔʁa] doit certainement être considérée comme un morphème grammatical unique (Wiesmath 2006 : 248). En FL, en revanche, *au ras* se construit assez régulièrement avec la préposition *de*.

▶ *au ras*
- Charlie quitte la clé au ras son COMPUTER. (NÉ – Hennemann, ILM, corpus oral 2)
- Y en a ein qui pêche auras le cap La Ronde. (NÉ – É. Boudreau 1988 : 51)
- Tu le trouveras au râ la porte. (NÉ – Thibodeau 1988 : 109)
- faulait apporter ça aux maisons pis faire sécher ça là au ras le poêle (NB – Wiesmath 2006 : 248, Wiesmath 4, M : 189)
- i ventait fort pis i se/ i s'en viennent d'au ras la côte là t'avais chance à les tirer (NB – Wiesmath 2006 : 248, Wiesmath 3, D : 245)
- il accostaient le:/le/ i/i venaient pas vraiment au ras la terre là (IdlM – Falkert 2010, corpus : 322, p. 414, CD-ROM)
- Le squelette vient ici, au ras moi, i marche avec moi ! (TN – Brasseur 2001 : s.v. *ras*, p. 390)
- Pis là i rentront à la maison là, et pis là i s'assisont ici au ras le poêle. (TN – Brasseur 2001 : s.v. *ras*, p. 390)
- Elle reste au ras la poste. (LOU – DLF 2010 : s.v. *ras*^{2}, p. 523, SM)
- on a été au ras chez son père à lui (LOU – *Découverte*, Church Point, Acadia)

▶ *au ras de*
- Nous-autres, si j'avions un BOYFRIEND ma mère s'assisait au s/ au ras de nous-autres avec une lampe à KEROSENE. (NÉ – Hennemann 2014 : 234, ILM)
- C't un autre gars qui tait là, au ras de moi. (TN – Brasseur 2001 : s.v. *ras*, p. 390)
- Il avait une petite maison au ras de la maison à Mame et Pape. (LOU – DLF 2010 : s.v. *ras*^{2}, p. 523, EV)
- Elle me mettait couché au ras d'elle pour me tiendre chaud, pour pas j'attrape du mal. (LOU – DLF 2010 : s.v. *ras*^{2}, p. 523, SL)
- J'ai planté mon rosier droite au ras de ma porte de devant. (LOU – DLF 2010 : s.v. *ras*^{2}, p. 523, VM)

---

[67] Dans le corpus madelinien de Falkert (2010), on relève les formes *au ras* et *à ras*. En tant que locution adverbiale, Brasseur (2001 : s.v. *ras*, p. 390) relève la forme plus rare *à ras* : « [...] Oh tu peux les faire venir à ras devant toi. [...] » (Brasseur 2001 : s.v. *marionnettes*, p. 291). – Les locutions adverbiales *à ras* et *à rase* sont attestées en FL dans le sens de « rempli jusqu'au bord » (*cf.* DLF 2010 : s.v. *ras*, p. 523), *cf.* de même en FS l'expression *à ras bord(s)* (*Le Petit Robert* 2013 : s.v. *ras*^{3}).

[68] *Cf.* Arrighi (2005 : 362), Wiesmath (2006 : 248), Hennemann (2014 : 234s.), Brasseur (2001 : s.v. *ras*, p. 390). Notons cependant qu'Arrighi (2005 : 362) ne relève aucune occurrence d'*au ras de* dans son corpus, mais qu'elle indique que le tour est signalé pour l'acadien traditionnel par Péronnet.

[69] *Cf.* É. Boudreau (1988 : 51), Hennemann (2014 : 235), Wiesmath (2006 : 248).

▶ *à ras*
- ceux-là qu'étaient à ras le/le/le poêle là. il avaent chaud (IdlM – Falkert 2010, corpus : 266, p. 354, CD-ROM)
- je pense que. c'est en face de chez L. [...] où-ce que c'est qu'i faisent des bateaux qu'i faisaient des bateaux avant d'astheure/ astheure i sont à Cap-aux-Meules mais ça ce tait au Gros-Cap ça à ras le bord de l'eau (IdlM – Falkert 2010, corpus : 68–70, p. 61, CD-ROM)

En FL, *au ras de* peut aussi revêtir le sens figuré d'« environ », « à peu près », « vers », sans doute une influence de l'adverbe anglais *around* (*cf.* DLF 2010 : s.v. *ras*, p. 523, qui traduit par « approximately », « about », « around »).

▶ *au ras* au sens de « environ », « à peu près », « vers » (FL)
- L'oragan Audrey a tué au ras de cinq cents personnes. (LOU – DLF 2010 : s.v. *ras*², p. 523)
- Au ras de Christmas. (LOU – DLF 2010 : s.v. *ras*², p. 523)

Parfois, *au ras de* est relevé dans le sens plus restreint du français commun : « au plus près de la surface de », « au même niveau » (*cf. Le Petit Robert* 2013 : s.v. *ras*³).

▶ *au ras* au sens de « au plus près de la surface », « au même niveau »
- ben c'est salé parce que tu trouves ça euh . au ras la / au ras les levées pis ça là où ce que la mer monte (NB – Wiesmath 1, R : 122–123)
- Et savez-vous comment attraper les rasoirs ? Avant que la mer commence à monter i sortont au ras de l'eau, tu le croches après l'autre bout [but] pis i faut que hales vite [...] (TN – Brasseur 2001 : s.v. *rasoir*, p. 390) (*rasoir* = « coquillage bivalve »)
- [les biors] i preniont leur vol au ras de moi ... je tombais quasiment ! (TN – Brasseur 2001 : s.v. *bior*, p. 57) (*bior* = « oiseau, probablement butor d'Amérique »)
- Il a des petits poissons que ça attrapait dans le bord d'une coulée. Ils étiont au ras d'une coulée. (LOU – *Découverte*, Pointe Noire, Acadia)

Commentaire
Ras, à ras (de), au ras (de) sont les locutions prépositionnelles formées à partir de *ras* qui existent dans presque tous les parlers français d'Amérique du Nord au sens de « près de » (Hennemann 2014 : 235), dont le FQ (*cf.* GPFC : s.v. *ras* qui note *à/au ras (de)*) et le parler de Saint-Pierre-et-Miquelon[70]. La formation complexe est attestée, dans ce même sens, dialectalement en France, dans l'Ouest et le Centre (FEW 10, 102a, Brasseur 2001 : s.v. *ras*, p. 390), par exemple en poitevin-saintongeais (sous la forme *à ras de* et *ras*, Jagueneau 1991 : 130).

III.3 *autour/entour (de)*

Tout comme *alentour* et ses formations complexes, *autour/entour* revêt plusieurs sens : les sens spatiaux « autour » et « dans les environs de », le sens temporel de « vers » et les sens figurés « autour (d'un sujet) » et « environ », « à peu près ». Notons l'absence occasionnelle de la préposition *de*. Les sens figurés pourraient être calqués sur l'adverbe anglais *around*.

---

[70] *Cf.* Brasseur/Chauveau (1990 : s.v. *ras*), Brasseur (2001 : s.v. *ras*, p. 390), Arrighi (2005 : 362).

▶ **Sens spatial**
- Tu travaillais / tu savais juste quoi-ce que i y avaiT entour de toi. (NÉ – Hennemann 2014 : 232, ILM, AF)
- C'était un médecin qui / euh / avait / eum / ramassé des histoires de tout autour le monde. (NÉ – Hennemann, ILM, DO)
- O.k. ben t'es autour de touT ça là t'sais c'est un environnement qu'est TOUGH (NB – Arrighi 2005, corpus, Stéphanie NB 11 : 385–386)
- y avait des naufrages entour les Îles oui (IdlM – Falkert 2010, corpus : 50, p. 368, CD-ROM)
- Quisiment tous les pêcheurs de France veniont d'entour de Saint-Malo, je crois, la pus grande partie. (TN – Brasseur 2001 : s.v. *entour*, p. 133)
- Si la couronne entour de la lune est tout proche de la lune, i fera mauvais temps le lendemain; si la couronne est au loin, i fera bon temps. (TN – G. Barter, citée dans Brasseur 2001 : s.v. *couronne*, p. 130)
- Une cravate c'est ... pour mettre autour le cou, pour tiendre chaud. (TN – Brasseur 2001 : s.v. *autour*, p.33)
- Je reste autour de Lafayette. (LOU – DLF 2010 : s.v. *autour* (*entour*), p. 48, SM) (« near »)
- Il y avait pas de chemin de fer autour ici. (LOU – DLF 2010 : s.v. *autour* (*entour*), p. 48, EV) (« around »)
- le bougre était entour son maïs (LOU – *Découverte*, Port Barré, St. Landry)
- Quand ce qu'il a passé entour du bois, l'ours a descendu. (LOU – *Découverte*, Golden Meadow, Lafourche)

▶ **Sens temporel**
- [i] *bookont* touT autour de/de mes vacances (NB – Arrighi 2005, corpus, Michelle NB 16 : 627)
- Une matinée, y a entour de dix-huit ans de ça (TN – Brasseur 2001 : s.v. *entour*, p. 183)
- Et c'était autour de cinq heures et demie le matin (LOU – *Découverte*, Pointe-aux-Chênes, Terrebonne)
- I sont venus à Mamou entours de 1922. (LOU – DLF 2010 : s.v. *autour* (*entour*), p. 48, Wh83, source écrite)

▶ **Sens figuré**
- pis l'autre pesait 750, pis l'autre autour de 800 livres (NÉ – Hennemann 2014 : 232, ILM)
- j'étais toujours entour mes cheveux pis les cheveux des autres tout le temps des bonnes idées à propos de:/ ABOUT FASHION (NB – Arrighi 2005 : 362, Michelle NB 16 : 24–25)
- faut que je *recédule* touT mes clients autour de ma vie pis moi d'habitude je *cédule* autour de leur vie (NB – Arrighi 2005, corpus, Michelle NB 16 : 615–616)
- J'ai reçu autour de trois cents piastres aujourd'hui. (LOU – DLF : 2010 : s.v. *autour* (*entour*), p. 48, SM) (« about »)

Commentaire
La forme *autour* est attestée sans préposition *de* en moyen français (Brasseur 2001 : s.v. *autour*, p. 33). En FS contemporain, on emploie les tours *aux alentours de* et *autour de*, mais *entour* est attesté « dans les parlers normands, et aussi en Saintonge (FEW 13/2, 52b-53a TORNARE) » (Brasseur 2001 : s.v. *entour*, p. 183).

III.4 *au/en/à travers (de)*

Les locutions prépositionnelles *au travers/en travers/à travers* se construisent avec ou sans la préposition *de*. Les tours ont un emploi plus large qu'en FS, ce qui est partiellement dû à l'influence de l'anglais.

Au/en/à travers (de) – dans un sens spatial – correspond à « à travers qqch. » ou « au travers de » du FS.

▶ **au/en/à travers (de) au sens de « à travers qqch. », « au travers de »**
- On avait un (camarade) qu'avait une balle au travers d'une jambe. (NÉ – Gesner 1979a : 89, BSM)
- Pis à travers la rue, i avait des moutons. (NÉ – Hennemann 2014 : 233, ILM)
- [pour le tintamarre] i sont commencé [sic] au marché [...] et puis i sont défilés [sic] à travers de la ville (NB – Arrighi 2005 : 363, Rachelle NB 1 : 389–390)
- il a pris le fusil pis il a tiré au travers de la/la cabane ((rit)) (IdlM – Falkert 2010, corpus : 587, p. 434, CD-ROM)
- Le bois est si épais, tu peux pas passer à travers, tu peux pas passer à travers des brousses. (TN – Brasseur 2001 : s.v. *brousse*, p. 77)
- Ça a passé à travers de leu corps, comme ç'arait té de l'ectricité. (TN – Brasseur 2001 : s.v. *leu*, p. 273)
- Comme ça la graisse passe en travers les petits trous. (LOU – DLF 2010 : s.v. *travers*[1], p. 630, SL)

En outre, *à travers (de)* et *en travers* sont relevés dans le sens de « en face de », « de l'autre côté de », le tour *en face de* étant plutôt rare (Hennemann 2014 : 233) ; l'influence de la préposition anglaise équivalente *across* constitue une piste probable pour expliquer cet usage.

▶ **à/en travers (de) au sens de « en face de »**
- C'tait juste à travers de ça, il y avait une usine. (NÉ – Hennemann 2014 : 233, ILM)
- Le restaurant était à travers de la rue. (NÉ – Hennemann 2014 : 233, ILM) (« de l'autre côté de »)
- J'ai resté à travers le havre. (NÉ – Hennemann, ILM, DO)
- à travers du pont de GAYTON on voit en arrière euh deux/ deux euh granges (NB – Wiesmath 13, H : 33)
- La nouvelle boutique drouète en travers de la rue de la banque. (LOU – DLF 2010 : s.v. *travers*[1], p. 630, EV)

Dans le sens temporel, *au/en/à travers (de)* est équivalent à « au cours de », « pendant », ce qui pourrait s'expliquer du moins en partie par l'influence de la préposition anglaise *through*.

▶ **au/en/à travers (de) au sens temporel**
- moi j'ai tout le temps ét[é] célibataire à travers de mon métier (NB – Arrighi 2005 : 363, Michelle NB 16 : 361) (« pendant »)
- L'endedans des tuyaux avait calciné à travers les années. (LOU – DLF 2010 : s.v. *travers*[1], p. 630, LA) (« The inside of the pipes had calcified through the years. »)
- Des fois il travaillait en travers de beaucoup de z-heures. (LOU – DLF 2010 : s.v. *travers*[1], p. 631) (« Sometimes he worked many hours. »)
- La saison d'écrevisses court en travers de septembre et d'octobre. (LOU – DLF 2010 : s.v. *travers*[1], p. 630s., Lv88) (« Crawfish season runs through September and October »)

Au figuré, les emplois de *au/en/à travers (de)* sont sans doute calqués sur ceux de la préposition anglaise *through* (cf. aussi Brasseur 2001 : s.v. *travers*, p. 455 à propos du tour *aller / passer à travers de*).

▶ **au/en/à travers (de) au sens figuré**
- il fallait que je le [le document] repasse à travers de l'équipe (NÉ – Hennemann, ILM, BJ)
- Moi, c'était à travers de la Fédération Canadienne d'alpha français. (NÉ – Hennemann, ILM, DO) (« par le biais de », « par l'intermédiaire de »)

- c'est à tout' à travers de ça qu'on grandit. (NB – Wiesmath 2, F : 661)
- il a passé à travers de tout ça (IdlM – Falkert 2010, corpus : 469–470, p. 275, CD-ROM)
- Mais mes filles avont pas été à travers de ça. (TN – Brasseur 2001 : s.v. *travers*, p. 455)
- J'ai appris tout ça je connais à travers mon papa. (LOU – DLF 2009 : s.v. *travers*[1], p. 631, Lv88) (« I learned everything I know through my dad. »)
- J'ai eu ça en travers d'une grosse compagnie. (LOU – DLF 2009: s.v. *travers*[1], p. 631, Lv88) (« I got that through a big company. »)

Commentaire
Au siècle classique, il y avait un vif débat sur le bon usage de la locution prépositionnelle *à travers de* (Haase 1965 : 367) : Vaugelais défendait les formes *à travers* sans préposition *de* par contraste avec *au travers de* ; dans l'usage moderne on distingue les formes *en travers de* (« dans une position transversale »), *au travers de* (« en passant de part en part (d'un obstacle) ») et *à travers* ø (« par un mouvement transversal d'un bout à l'autre ») (*cf. Le Petit Robert* 2013 : s.v. *travers*), mais la distinction entre *à travers* et *au travers de* semble s'être « affaiblie jusqu'à disparaître couramment dans l'usage moderne » (Hanse 1991 : s.v. *travers*, p. 960). Les formes *à travers de* et *en travers de* telles qu'elles sont employées dans les variétés étudiées ici, ne sont plus admises en français moderne (*cf.* Brasseur 2001 : s.v. *travers*, p. 455, *cf.* aussi Arrighi 2005 : 364). L'usage dans ces variétés reflète donc celui d'avant la régularisation du XVIIe s. Pour le FQ, le GPFC (s.v. *travers*) signale également les trois formes synonymes *à travers de*, *en travers* et *au travers* dans le sens de « à travers » et « au travers de ».

III.5 *bord (de), (à/aux) côté(s) (de)*

Le nom *côté* est fortement concurrencé dans les parlers concernés par le terme *bord*, et ce jusque dans les tours lexicalisés et les locutions prépositionnelles.

III.5.1 *bord (de)*

Le substantif *bord* connaît de nombreux emplois dans les variétés étudiées : très fréquemment employé au sens propre (1. le bord d'un navire ; 2. la bordure, la périphérie), *bord* remplace en outre couramment le substantif *côté* et apparaît dans un certain nombre d'expressions figées, parmi lesquelles *sur le bord* (« sur le côté », « du côté de »), *pour le bord de qqn.* (« pour qqn. »), *virer de bord* (« tourner »), *de mon bord* (« pour moi »)[71]. Signalons aussi les tours fréquents *bord ici(tte)* « de ce côté » et *(de) chaque bord (de)* « de chaque côté (de) ». L'expression *sur le bord de* existe dans un sens spatial et également figuré. On notera qu'à l'instar de *côté* (*cf.* ci-dessous III.5.2.), *bord* n'est pas nécessairement introduit par une préposition : *un bord* signifie « sur un côté », « d'un côté », *l'autre bord* « de l'autre côté », *ce bord-ici* « de ce côté »[72].

---

[71] *Cf.* É. Boudreau (1988 : 61), Arrighi (2005 : 360), Brasseur (2001 : s.v. *bord*, p. 64s.), Hennemann (2014 : 213 ; 235), *cf. revirer de bord* Wiesmath (1, B : 925), *de mon bord* (IdlM – corpus Falkert 2010, LOU – DLF 2010 : s.v. *bord*, p. 79).

[72] *Cf.* pour les tours mentionnés ci-dessus, Arrighi (2005, corpus), Hennemann (2014, corpus), Wiesmath (2006, corpus), Brasseur (2001 : s.v. *bord*, p. 64), Papen/Rottet (1997 : 104), DLF (2010 : s.v. *bord*, p. 79).

▶ **Sens spatial : « côté »**
- I y avait un STORM DRUM [...], sus l'autre bord du pont (NÉ – Hennemann, ILM, EL)
- sus le bord à Bouctouche (NB – Arrighi 2005 : 360, Sarah NB 20 : 94–95)
- il ont menu là au bord du théâtre (IdlM – Falkert 2010, corpus : 406, p. 167, CD-ROM)
- Les rochers qu'i y a ce bord-ici de La Grand-Terre là, il appeliont ça les Vaches. (TN – Brasseur 2001 : s.v. *bord*, p. 64)
- Sur le bord du nord surtout, y a rien qui pousse, ien qu'un petit paquet de bois, c'est tout ! (TN – Brasseur 2001 : s.v. *bord*, p. 65)
- [À propos du ferrage des bœufs]. Y a un morceau chaque bord de la sottille. (TN – Brasseur 2001 : s.v. *sottille*, p. 425)
- Tu restes l'autre bord du grand bois. (LOU – DLF 2010 : s.v. *bord*, p. 79) (« on the other side »)
- A reste bord icitte l'église. (LOU – Papen / Rottet 1997 : 104) (« Elle habite de ce côté de l'église. »)

▶ **Sens figuré, indiquant très souvent une relation de parenté[73]**
- Il étiont une grand bande sus le / sus le bord de ma mère. (NÉ – Hennemann 2014 : 213, ILM)
- T'as jamais vu ta grand-mère ni ton grand-père sus le bord à ton père. (NÉ – Hennemann 2014 : 213, ILM)
- J'uis [ʃy] une vraie Acadienne. [...] Et j'uis sus le bord des Acadiens. (NÉ – Hennemann, PUB, ID)
- Et ma défunte grand-mère aussi, elle alle a vi cent trois ans sur le bord à défunt pape, et ma grand-grand-mère sur le bord de défunte mame alle a vi cent quatre ans. (LOU – *Découverte*, Pointe-aux-Chênes, Terrebonne)

Commentaire

Le substantif *bord*, originellement terme maritime, est courant dans l'acception « côté » non seulement en Acadie et en Louisiane, mais aussi au Québec (GPFC : s.v. *bord*) et dans les parlers de l'Ouest et du Nord de la France (FEW 15/1, 180a) et existe en outre à Saint-Pierre-et-Miquelon et dans les créoles antillais (Brasseur 2001 : s.v. *bord*, p. 65, Brasseur/Chauveau 1990 : s.v. *bord*).

III.5.2 *(à/aux) côté(s) (de)*

Le tour standard *à côté de* est relevé dans toutes les variétés étudiées ici mais on note aussi les locutions *au(x) côté(s) de*, surtout en NÉ (Hennemann 2014 : 234s.), et *côté de* ou *côté* en LOU[74]. C'est surtout en FL que les tours formés à partir du substantif *côté* jouent un rôle majeur. Ici, le substantif *côté*, dépouillé de son caractère nominal, peut aussi remplacer à lui seul les prépositions et locutions prépositionnelles *à*, *à côté de*, *chez*, *près de* et *auprès de* et, dans un sens figuré, *environ* (précédant les chiffres). Signalons que le DLF (2010 : s.v. *côté*[1] et *côté*[2], p. 159) considère *côté* – suivi de la préposition *de* – comme un nom, alors qu'il parle d'une préposition dans les cas où *côté* apparaît seul. Toujours est-il que le substantif *côté* montre des signes évidents de dénominalisation qui vont de pair avec la grammaticalisation de *côté* en tant que préposition.

---

[73] *Cf.* Hennemann (2014 : 213), DLF (2010 : s.v. *bord*, p. 79).
[74] Phillips (1936 : 64) et le DLF (2010 : s.v. *collé*[2], p. 143) attestent également la préposition *à collé de* au sens de « près de ». – Signalons l'existence de la préposition *kote* dans les sens « près de », « à côté de », « du côté de », « vers » dans plusieurs créoles à base française (DECOI : s.v. *côté*, p. 310).

▶ à côté de, aux côtés de

Sens spatial
- Dans la vieille école qu'était au temps yoù-ce qu'est / euh / aux côtés du bureau de poste là. (NÉ – Hennemann 2014 : 234, ILM)
- Si on allait manger, il sauvait une place à côté de lui. (NÉ – Hennemann 2014 : 234, ILM)
- si je te trouve tu seras pendu à côté de mon château (NÉ – Arrighi 2005, corpus, Marcelin NÉ 2 : 423) (Il s'agit d'un conte.)
- à côté de chaque machine y a un numéro 1–800 (NB – Arrighi 2005, corpus, Stéphanie NB 11 : 62)
- tout est assez proche touT est alentours touT est : . à côté de moi (NB – Arrighi 2005, corpus, Zélia NB 17 : 391–392) (L'exemple montre l'équivalence entre *proche*, *alentours* et *à côté de*.)
- t'as un voisin à côté de toi (IdlM – Falkert 2010, corpus : 150, p. 185, CD-ROM)
- il s'en a été là-bas au Grosse Tête là-bas, à côté de Baton Rouge là-bas (LOU – *Découverte*, Pointe Noire, Acadia)

Sens temporel
- Mais il arrivait à côté d'une heure et il *gonait* à l'entour de cinq heures. (LOU – *Découverte*, Mamou, Évangéline)

▶ côté de

Sens spatial
- côté du Havre-Aubert c'est pas croyable quoi ce qu'a été vendu (IdlM – Falkert 2010, corpus : 376–377, p. 216, CD-ROM)
- Ça a arrivé côté de la ville, dans la rivière. (LOU – DLF 2010 : s.v. *côté*[1], p. 159, TB) (« near the city »)
- Rester côté de la maison. (LOU – DLF 2010 : s.v. *côté*[1], p. 159) (« near the house »)
- Elle m'a poussé côté de la machine, [...] (LOU – *Découverte*, Pointe Noire Acadia)

Sens figuré
- Il a reçu côté de dix piastres. (LOU – DLF 2010 : s.v. *côté*[1], p. 159, VM) (« He got about ten dollars. »)

▶ côté

(Notons que la préposition *côté* précède toujours un référent humain.)

Sens spatial
- On reste côté pape. (LOU – DLF 2010: s.v. *côté*[2], p. 159, SM) (« We live next door to dad. »)
- Hier après-midi on a été là-bas côté sa mame. (LOU – DLF 2010 : s.v. *côté*[2], p. 159, TB) (« Yesterday afternoon we went down to his mother's. »)
- T'as été côté Dovie ? (LOU – DLF 2010 : s.v. *côté*[2], p. 159, TB) (« Have you been to Dovie's ? »)
- Viens côté moi. (LOU – DLF 2010: s.v. *côté*[2], p. 159, SB) (« Come to me. »)

Sens figuré
- Je vais emprunter l'argent côté mon frère. (LOU – DLF 2010 : s.v. *côté*[2], p. 159, Lv88) (« I'm going to borrow money from my brother »)

Notons qu'aux Îles-de-la-Madeleine, on relève *côté* en emploi prépositionnel également au sens de « en ce qui concerne », emploi courant en français parlé de France.

▶ côté « en ce qui concerne » (IdlM)

- comme côté sécurité et tout' ça (IdlM – Falkert 2010, corpus : 42–43, p. 84, CD-ROM)

- i ont plus' de difficultés côté des résultats scolaires là (IdlM – Falkert 2010, corpus : 116–117, p. 89–90, CD-ROM)

Commentaire
Dans la langue parlée hexagonale, *côté* est employé aujourd'hui en tant que préposition dans le sens de « pour ce qui est de », « en ce qui concerne », « quant à » : « *Côté argent, tout va bien.* » (*Le Petit Robert* 2013 : s.v. *côté*, *cf.* aussi Ball 2000 : 125).

III.6 *clair (de)*

Clair est à l'origine un adjectif, attesté au sens de « libre », « libéré », « dégagé » dans divers parlers canadiens, dont le FTN (Brasseur 2001 : s.v. *clair*, p. 113s.), le FQ (GPFC : s.v. *clair, -e*) et le parler des Îles-de-la-Madeleine (Naud 1999 : s.v. *clair*)[75]. On ne peut pas exclure qu'il s'agisse d'un calque de l'anglais *clear*.

▶ *clair* **adjectif**
- y a pas de bois le bois est clair pis :: (NB – Arrighi 2005, corpus, Willy NB 9 : 31)
- Je suis clair de lui. (TN – Brasseur 2001 : s.v. *clair*, p. 113) (« être débarrassé (de), en avoir fini (avec) »)

Or, on relève également en NÉ (Hennemann 2014 : 231), aux Îles-de-la-Madeleine et à TN de même que dans l'acadien traditionnel du NB (Péronnet 1989c : 245), une locution prépositionnelle formée à partir de l'adjectif *clair*, suivi généralement (mais pas toujours) de la préposition *de* : *clair de*, qui a les significations de « loin de », « en dehors/hors de », « à l'écart de » et, en outre, « au large de » (*cf.* Brasseur 2001 : s.v. *clair*, p. 114 pour TN). À TN et en FQ, *clair de* est aussi attesté dans le sens de « sans » (Brasseur 2001 : s.v. *clair*, p. 114 et GPFC : s.v. *clair*). L'hypothèse d'un calque sur l'anglais *clear of* paraît plausible, notamment dans les tours *se tenir clair de* (« rester loin de ») – calqué sur le tour anglais *to keep/stay clear of* (*cf.* Hennemann 2014 : 231s.) – et *aller clair de*[76] ; cette hypothèse est d'autant plus probable que *clair (de)* n'est pas signalé en France par le FEW. Ces sens et emplois spécifiques de *clair* ne sont pas signalés pour le FL (*cf.* DLF 2010 : s.v. *clair*).

▶ *clair de* **préposition au sens de « loin de », « en dehors/hors de », « à l'écart de », « au large de »**
- Eux-autres, ils sont venus là. Comme mon patron il est venu après dix-sept ans clair de la région. (NÉ – Hennemann 2014 : 231, ILM)
- il faut que tu mettes ton canot clair des roches (NÉ – Hennemann 2014 : 231, ILM)
- I dit : tenez-vous clair de c'tés docteurs là. Tenez-vous clair de c'tés gars-là. (NÉ – Hennemann 2014 : 231, ILM)
- On peut pas aller clair du Canada WITHOUT A PASSPORT. (NÉ – Hennemann 2014 : 232, ILM)

---

[75] *Clairer* au sens de « libérer » est attesté dans le corpus madelinien de Falkert (2010) : « les Indiens a fui . s'en a été. il ont clairé les Îles-à-Madeleine » (Falkert 2010, corpus : 12, p. 390, CD-ROM).
[76] Brasseur (2001 : s.v. *clair*, p.114) indique en outre la construction avec infinitif *clair de faire*, calqué sur l'anglais *clear of doing* : « Y avait rien à faire, clair de couper du bois ». (*ibid.*)

- A se tenait clair de lui. (NB – Péronnet 1989c : 245, acadien traditionnel)
- Quand les glaces étaient claires des Îles, on mettait nos boueilles (IdlM – Naud 1999 : s.v. *clair*)
- Ben ça c'est la boîte de châssis, clair des vitres. (TN – Brasseur 2001 : s.v. *boîte*, p. 63) (« sans »)
- Clair de Terre-Neuve (TN – Brasseur 2001 : s.v. *clair*, p. 114) (« en dehors de »)
- Faulait le terrer clair du cemetière. (TN – Brasseur 2001 : s.v. *allouer*, p. 14) (« en dehors de »)

Notons l'omission occasionnelle de la préposition *de*.

▶ *clair* **préposition (non suivie de *de*)**
- on était pas loin, un mille clair la terre (NÉ – Hennemann 2014 : 231, ILM)

Ajoutons que le tour adverbial *clair de ça*, est synonyme d'*à part ça, de plus, en outre* (Hennemann 2014 : 230 ; Brasseur 2001 : s.v. *clair*, p. 114).

III.7 *dans le mitan/au mitan de*

Occasionnellement, on relève l'expression *dans le mitan de* ou *au mitan de* (Arrighi 2005 : 360) dans le sens d'« au milieu de » (emploi spatial ou temporel). La locution est attestée dans le roman *La Sagouine* d'Antonine Maillet et reste présente actuellement dans le langage des jeunes (*cf.* corpus Fritzenkötter 2015). Le DLF (2010 : s.v. *mitan*, p. 400) atteste l'existence du substantif *mitan* pour le FL, sans donner d'exemple ni mentionner la locution prépositionnelle sous ce lemme.

- [à propos de sa date de naissance] Oui, dans le mitan de la guerre, oui, oui. (NÉ – Hennemann, PUB, LaD)
- i se tenait un:/ un poteau dans le mitan de la chambre qu'était touT entouré d'outils (NÉ –Arrighi 2005 : 360, Marcelin NÉ 2 : 377–378)
- moi xxx arrêté dans le mitan de la/de la SLIDE (NÉ – Fritzenkötter 2015 : 142, BSM)
- et pis là il LAND-e dans/eh/dans l'mitan des bois/et pis il a SQUAW-ø une couple de mois. (NÉ – Fritzenkötter 2015 : 142, BSM)
- disons que ç'aurait été coumme le/ dans le mitan de la semaine le mécredi ou de quoi (NB – Wiesmath 2, E : 51)
- il me r'semble que passer ma vie au mitan des anges, pis des papes, pis des cardinals, pis des saints siéges, il me r'semble que je serais pas à mon aise. (NB – *Sagouine* d'Antonine Maillet, citée dans Gérin 1980 : 87)

Commentaire
En France, le substantif *mitan* « milieu », « centre » est considéré comme vieux, régional (Lyon, Normandie, Anjou) ou populaire par *Le Petit Robert* (2013 : s.v. *mitan*), qui le signale également pour le français des Antilles. Le substantif est attesté en FQ (GPFC : s.v. *mitan*).

III.8 *dedans* et formations complexes

La préposition simple *dans* étant employée dans des contextes divers, spatiaux et autres (*cf.* I.2.), ce sont des formations complexes à particules cumulées qui interviennent de préférence

lorsqu'il s'agit d'insister sur la signification spatiale, concrète (« à l'intérieur de ») (ce qui n'empêche pas en outre l'existence d'exemples au sens figuré).
– Adverbe en FS, la forme *dedans* – prononcée [ddã] (Brasseur 2001 : s.v. *dedans*, p. 150)/ [dədã] (DLF 2010 : s.v. *dedans*³, p. 190) – sert de préposition et d'adverbe dans les variétés étudiées et apparaît fréquemment au lieu de *dans*⁷⁷ ; dans le même sens, on relève les formations complexes *en dedans de* et *dans le dedans de*. Nous observons ici une surspécification du rapport exprimé. La préposition *dedans* s'emploie surtout dans un sens spatial en FA/FTN, alors qu'en FL, les sens temporel et figuré sont fréquemment relevés.
– Notons l'indistinction entre les formes *dedans* « dans » et *de dans* « hors de » : phonétiquement proches ou identiques, ces formes se distinguent pourtant nettement sur le plan sémantique, de sorte qu'il n'y a généralement pas d'ambiguïté. *De dans* apparaît couramment dans le contexte des verbes qui désignent l'acte de retirer ou ôter qqch. d'un intérieur (*sortir, vouter* « ôter », *ôter, tirer*) (*cf.* Hennemann 2014 : 209). Dans le même sens, on relève aussi la forme – univoque, celle-ci – *de dedans*, aussi bien préposition qu'adverbe.

III.8.1 *dedans* « à l'intérieur de », « dans »

▶ **Sens spatial**
- tu vas mettre tes trois lapins dedans la cour y a du manger dans la cabane en masse pour un an (NÉ – Arrighi 2005 : 357, Marcelin NÉ 2 : 535–536)
- Oui. Si on a du maquereau dedans le frigidaire. (NÉ – Hennemann 2014 : 209, ILM)
- On est des parents, des étudiants / euh / des enseignants et d'autre monde dedans le public. (NÉ – Hennemann, ILM, DO)
- le/ la sève . monte dedans l'arbre . dedans le milieu de l'arbre (NB – Wiesmath 2, E : 508)
- les fêtes là Noël et Jour de l'an c'est dedans des maisons (IdlM – Falkert 2010, corpus : 295–296, p. 459, CD-ROM)
- […] L'arçon c'est ça qu'allait dedans le jouc. (TN – Brasseur 2001 : s.v. *arçon*, p. 35)
- aller dedans le bois (LOU – Guilbeau 1950 : 251)
- on a commencé à faire des PARTIES dedans une grand chambre (LOU – Stäbler 1995 : 48, corpus)
- Eusse qui était élevés dedans Golden Meadow, eusse croyait que… (LOU – Rottet 2001 : 126, semilocutrice)

▶ **Sens temporel**
- c'était la tradition dedans ce temps-là là (IdlM – Falkert 2010, corpus : 423, p. 468, CD-ROM)
- seulement dedans / dedans / entre / dedans vingt jours ils aviont . ramassé trois hommes (LOU – Stäbler 1995 : 133, corpus) (« en »)
- Je vais dedans mai. (LOU – DLF 2010 : s.v. *dedans*³, p. 190, SM)
- J'ai fait mon devoir dedans le passé. (LOU – DLF 2010 : s.v. *dedans*³, p. 190, VM)
- Dedans ce temps là fallait frobir à la brique. (LOU – DLF 2010 : s.v. *dedans*³, p. 190, EV)
- Les nouvelles du temps dedans juste cinq minutes. (LOU – DLF 2010 : s.v. *dedans*³, p. 190, EV) (« in juste five minutes »)
- dedans la nuit (LOU – *Découverte*, Mamou, Évangéline)

---

77 Bien que l'emploi de *dedans* soit essentiellement adverbial, l'emploi prépositionnel n'est pas rare.

▶ **Sens figuré (FL)**
- On est dedans la misère icitte. (LOU – DLF 2010 : s.v. *dedans*³ ; p. 190, VM)
- Ils sont dedans la pauvreté. (LOU – DLF 2010 : s.v. *dedans*³, p. 190, SM)

III.8.2 *en dedans de* (notamment en FA/FTN), *en dedans* (FL), *dans le dedans de* (FTN)

▶ **Sens spatial**
- Mais nous-autres en dedans de / d'un demi-mille, un mille i n'y a / tu peux chasser les ours, [...] (NÉ – Hennemann, BSM, RL)
- mais tu pouvais voir tu voyais en / en dedans des doigts tu pouvais voir les os là (NB – Wiesmath 6, L : 65)
- [À propos de fumée de tabac]. J'ai pas pu le haler en dedans [ã ndã] mon estomac ! (TN – Brasseur 2001 : s.v. *estomac*, p. 188, pour la prononciation, *cf.* Brasseur 2001 : s.v. *dedans*, p.150)
- Son go il est ... en dedans, dans le dedans de son corps. (TN – Brasseur 2001 : s.v. *go*, p. 225) (go = « gosier »)
- Il est en dedans la maison. (LOU – DLF 2010 : s.v. *dedans*³, p. 190, VM)

▶ **Sens temporel (« en »)**
- pis en dedans de vingt minutes, il est rouge (NÉ – Hennemann, BSM, RL)
- t'emplis un panier [...] dans je sais pas moi dans trente cinquante . oui / en dedans d'une heure (IdlM – Falkert 2010, corpus : 340–342, p. 126, CD-ROM)

▶ **Sens figuré**
- ben dans le fond la fête du quinze août on/ moi je/ dans en/ en/ en dedans de moi je l'ai tout le temps fêtée (NB – Wiesmath 2, F : 39)

III.8.3 *de dans* et *de dedans* « de l'intérieur de », « hors de »
- Après que j'ai été sorti de dans l'armée, ça j'ai été travailler à Halifax. (NÉ – Gesner 1979a : 46, BSM)
- Dans ce temps-là, les docteurs, tu sais / tu / les voutaient de dans les maisons yoù-ce qu'étaient les enfants, les pounémiques dans ce temps-là. (NÉ – Hennemann 2014 : 209, ILM) (*pounémiques* = « personne atteinte de tuberculose »)
- Déchousser ça veut dire tirer la chousse de dans la terre, couper tout le tour pis ... le tirer de dedans. (TN – Brasseur 2001 : s.v. *déchousser*, p. 148)
- Ène soirée je descendions de dans le bois à la maison pour la nuit [...] (TN – Brasseur 2001 : s.v. *soirée*, p. 423)
- Ça c'était du monde français, ça venait de dans l'ouest. (LOU – *Découverte*, Isle Jean Charles, Terrebonne)
- Tu ôtes le fumier de dans ton chaudin (LOU – *Découverte*, Pointe Noire, Acadia)
- il avait été enterré ils ont / d / soulevé de dedans la terre (LOU – Stäbler 1995 : 134, corpus)
- Démarre-moi de dedans le sac ! (LOU – *Découverte*, Mamou, Évangéline)

Notons de même en emploi adverbial :
- t'as besoin de ça faut que tu bouilles l'eau bouilles l'eau bouilles l'eau jusqu'à ce que de l'eau seye sortie de dedans (NB – Wiesmath 2, E : 523)

Commentaire

Les attestations historiques de l'emploi prépositionnel de *dedans* sont nombreuses ; *dedans* est même attesté plus tôt dans cette fonction que *dans*[78], et continue à exister jusqu'au XVIIe s. (Brunot/Bruneau 1949 : 405, Haase 1965 : 338) et, dans le non-standard, jusqu'à nos jours (Bauche [2]1951 : 123) ; il se maintient aussi dans cette fonction dans les parlers régionaux[79].

III.9 *dehors/hors* et formations complexes

La préposition *hors*, sans régime et employée dans le sens de « à l'extérieur de » n'existe que dans les tours figés[80] ; la locution prépositionnelle *hors de* (« en dehors de ») est très rare. Pour le Sud-Est du NB, Wiesmath (2006 : 244) note *hors* seulement dans l'expression *hors saison*. En NÉ et à TN, *en dehors de/hors de* existent dans le sens d'« au large de » (Hennemann 2014 : 230, Brasseur 2001 : s.v. *dehors*, p. 153 et *hors de*, p. 248) et on note également le tour *(en) dehors (de) ça* (« à part ça »). En outre, à TN, *hors de* apparaît dans quelques tours figés, souvent calqués sur l'anglais (*cf.* Brasseur 2001 : s.v. *hors de*, p. 248), comme *hors de shape* ou *hors de place*. Le DLF (2010 : s.v. *hors*, p. 335) signale les tours *hors d'âge*, *hors de moi-même*, *hors de prix*, *hors de service* (FS : *hors service*), courants dans l'Hexagone.

Dehors et les formations complexes *en dehors de*, *dehors de*, *en dehors*, recouvrent les sens de « hors de », « en dehors de » et « au dehors de » en FS. On remarquera que *de* peut être omis dans le tour *en dehors de*.

Quant à la prononciation de la préposition *dehors*, retenons les éléments suivants :
- Le *h aspiré* peut être prononcé en NÉ (notamment à la BSM), au NB, à l'ÎPÉ, à TN (Brasseur 2001 : s.v. *dehors*, p. 153), en LOU (DLF 2010 : s.v. *dehors*[3], p. 196).
- Il existe les formes *déhors* avec un [e] fermé, [deɔʀ], et *dihors* avec [i], [diɔʀ], aux Îles-de-la-Madeleine (*cf.* Falkert 2010 : 187).
- Il y a coexistence des formes [dəhoʀ], [dhoʀ], [thoʀ], [dʀoʀ] à TN (Brasseur 2001 : s.v. *dehors*, p. 153).
- En LOU, les variantes phonétiques sont [dejɔr, deɔr, dihɔr, dijɔr, diɔr, djɔr] (DLF 2010 : s.v. *dehors*[3], p. 196).

Dehors est également courant comme adverbe et s'emploie, en tant que tel, comme en FS.

III.9.1 *hors de*

- Ielle a venait de l'Île-aux-Marins là, hors de Saint-Pierre. (TN – Brasseur 2001 : s.v. *hors de*, p. 248) (« au large de »)

- Arrache-toi hors de mon chemin. (LOU – DLF 2010 : s.v. *hors*, p. 335, VM)

---

[78] *Cf.* Gougenheim (1974 : 140) ; *cf.* aussi Brasseur (2001 : s.v. *dedans*, p. 150), Foulet (1967 : 11), TLF (s.v. *dedans*).
[79] *Cf.* Grevisse/Goosse (2008 : § 1036, p. 1320), qui qualifient la préposition *dedans* de « vieille » ou « régionale » ; *cf.* aussi Brasseur (2001 : s.v. *dedans*, p. 150), qui mentionne cet usage notamment pour les parlers de l'Ouest de la France.
[80] La forme *hors* sans préposition *de* est qualifiée de vieillie en FS moderne (*cf. Le Petit Robert* 2013 : s.v. *hors*).

III.9.2 *en dehors de*, en FL aussi : *dehors (de)*

▶ **Sens spatial**
- Un / un temps passé, tout jeune de Meteghan allait point pêcher en dehors de Yarmouth. Pis asteur, à Meteghan, i y en a qui sont en dehors de Yarmouth. (NÉ – Hennemann 2014 : 230, BSM)
- Al allait avec un gars en dehors d'icitte. (NÉ – Hennemann, ILM, IS)
- Oui, les Îles-de-la-Madeleine. C'est / c'est / c'est en dehors de Québec. (NÉ – Hennemann 2014 : 230, ILM)
- i payaient un petit peu plus parce qu'il était en dehors de son pays . . (NB – Wiesmath 6, L : 144)
- [les enfants] apprenaient plutôt l'anglais si les parents avaient déménagé de / en deHors de la région immédiate (ÎPÉ – Arrighi 2005, corpus, André ÎPÉ 12 : 166–167)
- [le poisson est] exporté en dehors des Îles (IdlM – Falkert 2010, corpus : 92–93, p. 194, CD-ROM)
- Quand le temps est mauvais, quand i viennont [...] d'en d'hors du Cap, en pêche, bè quand i vienniont en dedans eh bien t'accostes la côte. (TN – Brasseur 2001 : s.v. *dehors, d'hors, drors*, p. 153)
- [À propos d'une volaille.] I la croche par le cou, i l'arrache dehors [dəhoʀ] de la cage, i déchire la cage hein, pis i la prend [...] (TN – Brasseur 2001 : s.v. *déchirer*, p. 148)
- Elle est en dehors la maison. (LOU – DLF 2010 : s.v. *dehors*², p. 195, SM)
- La maison a flotté dehors des bloques. (LOU – DLF 2010 : s.v. *dehors*², p. 196, SL) (« The house floated off of its blocks. »)
- Quand ça va arriver au milieu un peu de l'année, ça va venir un petit peu plus clair dehors des gros gros *cloud* (LOU – *Découverte*, Mamou, Évangéline)

▶ **Sens figuré**
- Il connaît pas arien en dehors de ça. (LOU – DLF 2010 : s.v. *dehors*², p. 196, SM)

Commentaire

Dehors et *dehors de* au sens de « hors de » sont attestés au XVIe s. (Gougenheim 1974 : 140). En ce qui concerne la concurrence entre la préposition simple *hors* et la locution prépositionnelle *hors de*, Vaugelas renonce à trancher pour savoir quel tour préférer, alors que « Bouhours distingue comme on le fait aujourd'hui » (Haase 1965 : 361).

Pour le parler de l'Île-aux-Coudres (Québec), Seutin (1975 : 347) signale l'inexistence de la locution prépositionnelle *hors de* et remarque que « la forme est toujours *en dehors de* ». *Hors* n'est pas non plus signalé dans le GPFC.

III.10 *dessous* et formations complexes

Les prépositions *dessous*, *en dessous (de)*, parfois *au-dessous (de)*, ainsi que la variante *en dessour (de)* signalée par le DLF (2010) pour le FL, apparaissent couramment avec le sens de *sous* (FS), notamment en FL[81]. Au figuré, *en dessous de* peut, tout comme la préposition simple *sous*[82], prendre le sens de « sous l'autorité de », « sous le contrôle de » ainsi que « moins de » ; il s'agit sans doute des calques de l'anglais *under* (*cf.* Brasseur 2001 : s.v. *dessous*, p. 158, *sous*, p. 429).

---

[81] Guilbeau (1950 : 252) indique que la préposition *sous* est « rare » en FL.
[82] *Cf.* « Terre-Neuve a té la dernière colonie aller sous le Canada. » (TN – Brasseur 2001 : s.v. *sous*, p. 428).

Notons que *de* peut être omis.

▶ Sens spatial (« sous » et « au-dessous de »)

- Et pis on les met en-dessous de l'ar/ de c'te arbre-là. (NÉ – Hennemann 2014 : 229, ILM)
- J'ai dit j'étais embarrassée, j'aurais pu m'en aller au-dessous du plafond. (NÉ – Hennemann 2014 : 229, ILM)
- pis elle avait mis l'étui en dessous du euh du sofa. (NB – Wiesmath 13, H : 137)
- alle l'a caché en-dessous de sa robe (IdlM – Falkert 2010, corpus : 200–201, p. 117, CD-ROM)
- Tu fourres les guimbarges [...] en dessous le foin [...]. (TN – Brasseur 2001 : s.v. *guimbarge*, p. 240)
- Y a des racines qui courent sus la terre en dessous... en dessous la pelouse, ben c'est des racinages ça. (TN – Brasseur 2001 : s.v. *racinage*, p. 385)
- on menait ça on mettait ça en dessous du lit où il faisait frais (LOU – Stäbler 1995 : 2, corpus)
- Il est assis en-dessous l'arbre là-bas. (LOU – DLF 2010 : s.v. *dessous²*, p. 207)
- Et l'eau a commencé de monter en dessous de mon camp. (LOU – DLF 2010 : s.v. *dessous²*, p. 207) (« And the water started rising underneath my camp. »)
- Et le *moonshine* parce que tu faisais là, tu... il sortait de dans un baril au-d/... au dessous de la... la terre ? (LOU – *Découverte*, Kaplan, Vermilion)
- il a été en dessour de la chaise (LOU – Guilbeau 1950 : 252)

▶ « sous l'autorité de »

- On n'était pas dans le Canada dans ce temps-là, on était en dessous de l'Anglais (TN – Brasseur 2001 : s.v. *dessous*, p. 158)
- J'étais un boss. Et j'avais des hommes en dessour de mon. (LOU – DLF 2010 : s.v. *dessous²*, p. 207, LF)

▶ « moins de »

- J'avais en dessous de neuf dix ans, mais je m'en rappelle bien. (TN – Brasseur 2001 : s.v. *dessous*, p. 158)
- Et dans ce temps là il y avait pas de loi comme il y a asteur pour si c'est que t'es d'en dessous de seize ans fallait que tu vas à l'école. (LOU – *Découverte*, Pointe-aux-Chênes, Terrebonne)

Commentaire

Notons que *dessous* est attesté en tant que préposition dès l'ancien français (*cf.* Foulet 1967 : 304s.) et subsiste en tant que telle dans le non-standard de France : *elle était dessous la table, en dessous la table* (Bauche ²1951 : 123).

La forme *sour* « sous », résultat du rétablissement fautif d'une consonne finale devenue muette en moyen français[83], est attestée en FQ (GPFC : s.v. *sour, dessour*, Chauveau 2009 : 89) (notamment en tant qu'élément des formes *dessour, en-dessour (de), par-dessour*) ainsi que dialectalement en France (Chauveau 2009 : 84). La forme en -r (*dessour*) pourrait aussi s'expliquer par l'analogie avec *sur*[84].

---

[83] Les consonnes finales, devenues muettes suite à un processus d'amuïssement de la consonne finale (à partir du XIIe s. selon la position, mais acquis seulement au XVIIe s.), sont partiellement rétablies, parfois de manière fautive. Quelques formes ont trouvé leur place dans la langue standard : *br(o)uillaz* (afr.) → *brouillas* → *brouillard* (XVe s.) (Chauveau 2009 : 88).

[84] Guilbeau (1950 : 252), Hennemann (2014 : 229). – Pour *dessur* aux Îles-de-la-Madeleine, *cf.* ci-dessous III.11.

III.11 *dessus* et formations complexes

- À côté de la préposition simple, *sus/sur*, on relève la forme *dessus*, de même sens, notamment en FL[85]; le DLF atteste également la forme *dessur* (2010 : s.v. *dessus*³ (*dessur*), p. 207)[86], forme créée sans doute par analogie avec la préposition *sur*.
- *Dessus* est surtout employé en tant qu'adverbe, ainsi que dans les constructions à préposition orpheline (*cf.* section V).
- On note beaucoup d'expressions calquées sur l'anglais, aussi bien dans l'emploi de la préposition *dessus* que celui des prépositions complexes formées à partir de *dessus* : *par-dessus* et *au-dessus*, qui font écho aux prépositions anglaises *over* et *on* (*cf.* Brasseur 2001 : s.v. *dessus*, p. 158s.). Notons que le tour *au dessus de* n'est employé dans les exemples des corpus dépouillés qu'au sens figuré de « plus de ».
- Sous la même forme phonétique se cache aussi le cumul des prépositions *de* et *sus* : le tour *de sus* marque la provenance et est équivalent à *de dessus*, avec lequel il coexiste.
- En outre, *de* peut faire partie d'une locution prépositionnelle précédente et *sus* équivaloir à la préposition « chez » : *en haut de sus Suzanne là* (Hennemann, ILM, MD) (pour *sus* dans l'acception de « chez », *cf.* ci-dessus I.4.2.).

III.11.1 *dessus*

▶ **Sens spatial**
- Pis tu l'arraches BACK pis la viande se décolle touT dessus la coquille pis ça ça le fait JUICY. (NÉ – Hennemann, BSM, RL)
- Faulait faire chauffer son eau dessus le poêle (NÉ – Hennemann, BSM, AnS)
- Tu les mettais tout iun dessus l'autre comme ça. (TN – Brasseur 2001 : s.v. *dessus*, p. 158)
- Il a des têtes de chevreuils dessus les murs de sa maison. (LOU – DLF 2010 : s.v. *dessus*³ (*dessur*), p. 207, Lv88)
- J'ai un oncle, il a toujours travaillé dessus les habitations. (LOU – DLF 2010 : s.v. *dessus*³ (*dessur*), p. 207, IV)

▶ **Sens figuré**
- Il a des idées fortes dessus la politique. (LOU – DLF 2010 : s.v. *dessus*³ (*dessur*), p. 207) (« He has strong ideas regarding politics. »)
- Tu peux pas dépendre dessus eux-autres. (LOU – DLF 2010 : s.v. *dessus*³ (*dessur*), p. 207) (« You cannot depend on them. »)
- Il est dessus un vacance. (LOU – DLF 2010 : s.v. *dessus*³ (*dessur*), p. 207) (« He is on vacation. »)
- On va nous mettre une autre taxe dessus le dos. (LOU – DLF 2010 : s.v. *dessus*³ (*dessur*), p. 207, VM) (« They are going to put another tax on our backs. »)

---

85 Hennemann (2014 : 218) souligne la faible fréquence des prépositions formées à partir de *dessus* à l'ILM (NÉ).
86 Notons l'existence de la forme *dessur* aux Îles-de-la-Madeleine en usage adverbial : « on frottait le linge là-dessur » (IdlM – Falkert 2010, corpus : 96–97, p. 397, CD-ROM).

▶ Sens temporel
- Dessus la veille de Chrismise. (LOU – DLF 2010 : s.v. *dessus³ (dessur)*, p. 207) (« On Christmas Eve. »)

III.11.2 *par-dessus* (*par* indiquant la direction)

▶ Sens spatial
- la porte s'a rouvri « sésame ferme-toi » é s'a fermé par dessus lui (NÉ – Arrighi 2005, corpus, Marcelin NÉ 2 : 218)
- et là fallait faire ça il-appeliont ça une saumure . de l'eau et du sel pis le vider . par dessus tout ça (NÉ – Arrighi 2005, corpus, Édith NÉ 22 : 28–29)
- là ça passait par dessus les levées pis ça *floodait* tout' les marais (NB – Wiesmath 1, B : 181)
- y avait de la neige par dessus les arbres là (IdlM – Falkert 2010, corpus : 612–613, p. 436, CD-ROM)
- la mère. regardait par dessus des lunettes de même là (IdlM – Falkert 2010, corpus : 426, p. 468, CD-ROM)
- ben elle aurait raccordé les culottes à pop là jusqu'à quatre fois par dessus la même pièce (LOU – *Découverte*, Châtaignier, Évangéline)

Notons la surspécification :
- Et là tu mettais de la cendre et des petits bouteilles de feu par dessus sur le couvert, et là tu n-en mettais en dessous aussi, [...] (LOU – *Découverte*, Pointe-aux-Chênes, Terrebonne)

▶ Sens figuré
- si t'aimes vraiment ben tu passes par-dessus des choses (NB – Wiesmath 2, F : 726–727)
- Pis le prêtre a prié par-dessus les vaches [...] (TN – Brasseur 2001 : s.v. *dessus*, p. 159)[87]
- Le monde qu'est par-dessus soixante ans en bas c'est tout du monde qui parle proche juste le cadien. (LOU – DLF 2010 : s.v. *dessus³ (dessur)*, p. 207, TB) (« People who are over 60 down... »)

III.11.3 *au-dessus de* au sens figuré de « plus de »
- elle a au / au-dessus de trois cents dollars par semaine cette fois (NÉ – Hennemann 2014 : 219, ILM)
- j'ai fait au-dessus de quarante personnages (NB – Wiesmath 13, H : 16)
- premièrement t'es une femme pis t'as pas eu d'accident pis t'as au dessus de 25 ans je pense que tes / tes taux seraient pas si pire[s] là (NB – Arrighi 2005, corpus, Stéphanie NB 11 : 441–442)
- Il est supposé d'avoir ... petit peu au-dessus de sè mille différents [...] jubiers. (TN – Brasseur 2001 : s.v. *dessus*, p. 158)
- Ils ont au-dessus trente ans d'expérience. (LOU – DLF 2010 : s.v. *dessus³ (dessur)*, p. 207, EV)
- Alle coûte au-dessus de huit cent mille piastres. (LOU – DLF 2010 : s.v. *dessus³ (dessur)*, p. 207, TB)

---

[87] Selon Brasseur (2001 : s.v. *dessus*, p. 159), il s'agit ici du sens de la préposition anglaise *over* « sur ».

III.11.4 *de + sus* et *de dessus*

▶ **Marquant la provenance**
- Leu grand-grand-mère, i vnait de sus l'Isle Madame (NÉ – Hennemann 2014 : 214, ILM)
- I débarquont de sus le *raft* [angl. « radeau »], mais il l'amarront pas ! (TN – Brasseur 2001 : s.v. *débarquer*, p. 146)
- I grattaient la graisse de sus l'en-dedans de la peau [...] (TN – Brasseur 2001 : s.v. *dedans*, p. 150)
- Nus autres prenait ça de dessus les glais. (TN – Brasseur 2001 : s.v. *de*, p. 145)

▶ **Locution contenant *de* + préposition *sus* « chez »**
- Pas loin de sus Madeleine là. (NÉ – Hennemann, ILM, EL)
- Pis i y en avait une autre en haut de sus Suzanne là (NÉ – Hennemann, ILM, MD)

III.12 *en arrière (de)*

En arrière (de) se rencontre couramment là où le FS emploie la préposition *derrière*. Outre le sens locatif, *en arrière (de)* connaît des emplois temporels et figurés. La préposition *de* peut être omise. La forme occasionnelle [ɛrjɛr] (NÉ), est aussi attestée dans des parlers du Nord et de l'Ouest de la France (*cf.* FEW 24, 180b).

Signalons aussi qu'*en arrière* s'emploie également en tant qu'adverbe.

▶ **Sens spatial**
- pis bien sûr, i/ i/ i coupait en arrière les parcs. I coupait en arrière d'une / d'une parc. Il filait la côte, icitte en arrière de la SWAMP. (NÉ – Hennemann 2014 : 230, ILM)
- Le g'val est en êrrière de la grange (NÉ – É. Boudreau 1988 : 119)
- tu mouilleras ton yacht en arrière d'un île qu'y avait dans le large (NÉ – Arrighi 2005 : 354, Marcelin NÉ 2 : 23–24)
- pis ça a de l'air qu'elle regrette aussi parce qu'il est toujours en arrière de la porte en train de l'achaler (NB – Arrighi 2005 : 354, Catherine NB 18 : 347–348)
- pis y avait beaucoup de personnes en arrière de mon dos ça fait je voyais personne (NB – Arrighi 2005 : 354, Zélia NB 17 : 295–296)
- E. s'en a menu pas loin en arrière de lui (IdlM – Falkert 2010, corpus : 246, p. 157, CD-ROM)
- je voyais pas moi tout le monde qu'était en arrière de moi (IdlM – Falkert 2010, corpus : 371–372, p. 165, CD-ROM)
- Y a pas longtemps de ça, en arrière de chez ma mère, i avont brûlé des plaques de terre sus la montagne pour faire pousser des beluets. (TN – Brasseur 2001 : s.v. *beluet, beulvet*, p. 50) (« derrière la maison de ma mère »)
- J'avions notre chual emparqué en arrière de la grange, là. (TN – Brasseur 2001 : s.v. *emparquer*, p. 177)
- En arrière chez nous. (LOU – DLF 2010 : s.v. *arrière*, p. 38) (« Behind our house. »)
- Il a caché le char en arrière de sa maison. (LOU – DLF 2010 : s.v. *arrière*, p. 38, LA) (« He hid the car behind his house. »)

► **Sens temporel**
- Ouais, elle avait juste trois ans et demi en arrière de moi et (...) (LOU – *Découverte*, Châtaignier, Évangéline)
- Il est en arrière de son ouvrage. (LOU – DLF 2010 : s.v. *arrière*, p.38, Lv88) (« He is behind in his work. »)[88]

► **Sens figuré**
- y a pas de consultation / y a pas / y a pas euh/ une éducation en arrière de ::/ de la décision (NB – Arrighi 2005 : 354, Michelle NB 16 : 254–255)
- [L1 imite la chansonneuse Mary Bolduc.] j'ai commencé. euh sus un disque. de la Bolduc . pis elle a faisait/ a:/ a chan/ a riat. pis moi je rias en arrière d'elle. pis iz ont dit tu ris quasiment pareil comme elle (IdlM – Falkert 2010, corpus : 294–296, p. 160, CD-ROM)
- Il a fait ça en arrière sa Mom. (LOU – DLF 2010 : s.v. *arrière*, p. 38) (« behind his mother's back »)

Arrière peut aussi se référer à la partie postérieure d'une chose ; ici, *en* n'est pas explétif mais indique la localisation.

► **« à la partie postérieure de »**
- j'ai té en arrière du bateau à genou de même (IdlM – Falkert 2010, corpus : 96, p. 12, CD-ROM)
- Il été parti passer son après midi avec ein huitaine d'autres vieux hommes à jouer aux cartes en arrière de la boutique à Edwin Guillory. (LOU – DLF 2010 : s.v. *arrière*, p. 38) (« in the back of Edwin Guillory's shop »)

Commentaire

La forme *en arrière (de)* est attestée dans le sens de « derrière et à une certaine distance » dès le début du XVIIe s. (FEW 24, 183a, Brasseur 2001 : s.v. *arrière*, p. 28). L'emploi de la locution dans les variétés étudiées ici excède de loin celui prévu par les règles du standard (*cf.* Brasseur 2001 : s.v. *arrière*, p. 28, *cf.* aussi Hennemann 2014 : 230). La locution *en arrière (de)* est également courante en FQ et au Manitoba[89].

III.13 *en avant de*

La préposition *devant* peut être remplacée par la locution prépositionnelle *en avant de* dans tous les sens que peut prendre la préposition simple (Hennemann 2014 : 229).
- Parce qu'i sont touT soit assis en avant d'un ordinateur, pis i faisont pas d'activités. (NÉ – Hennemann, BSM, SC)
- En avant de la porte là j'avais un beau carré de pois, un beau carré de fèves et pis un beau carré de fayots à rames. (NÉ – Flikeid 1996 : 310, ILM)
- [Dans un conte.] Il a vu un poteau en vitre en avant de lui. (TN – Brasseur 2001 : s.v. *vitre*, p. 472)
- Ils ont élargi le chemin en avant de chez nous-autres. (LOU – DLF 2010 : s.v. *nous-autres*, p. 419, LA)

---

[88] *En arrière* est couramment employé en tant que locution adverbiale au sens d'« en retard » : « On est un petit peu en arrière dessus le job. » (LOU – DLF 2010 : s.v. *arrière*, p. 38, LA) (« We're running a little behind on the job. »). *L'arrière* en tant que nom au sens de « retard » est également courant en FQ (*cf.* GPFC : s.v. *arrière*).
[89] Pour le parler de l'Île-aux-Coudres : Seutin (1975 : 344), pour le franco-manitobain : Hallion (2000 : 417), *cf.* aussi Arrighi (2005 : 354).

- Les Mardi Gras sont pas supposés d'aller en avant du capitaine. (LOU – DLF 2010 : s.v. *avant*¹, p. 49, LA)
- Il passait un char en avant de chez lui. (LOU – DLF 2010 : s.v. *avant*¹, p. 49) (« A car was going by in front of his house ».)
- Quand on allait coucher le weekend, pour pas on ait froid l'hiver, 'tit Mam mettait un matelas droit en avant de le foyer. (LOU – DLF 2010 : s.v. *avant*¹, p. 49, SL) (« [...] Mom put a mattress right in front of the fireplace »)

III.14 *en bas (de)*

La locution prépositionnelle *en bas (de)* est courante dans l'emploi standard, mais elle peut également adopter les fonctions des prépositions et locutions prépositionnelles *sous*, *au-dessous de* et *en dessous de*. Il s'agit là d'un usage conservateur (Gadet 2011 : 125). Avec certains verbes, *en bas de* apparaît au sens de la préposition sémantiquement faible *de* (*cf.* les expressions *tomber* ou *sauter en bas de*). La préposition *de* est parfois omise : *en bas/haut qqch*. *En bas* est également tout à fait courant dans un emploi adverbial.

- Euh / en bas du quai, en bas de chez moi. (NÉ – Hennemann, ILM, DO)
- pis i a adonné avoir une malchance pis i a tombé en bas de l'escabeau (NB – Wiesmath 8, Q : 9)
- à ce saison ici i faisat pus froid que ça-là. tat en bas de zéro (IdlM – Falkert 2010, corpus : 220, p. 118, CD-ROM) (« au-dessous »)
- I coupe en bas de l'ambouri, pis il retire [...] ça yusqu'au bout [...] là, pis i la mettent dans une baillée d'eau. (TN – Brasseur 2001 : s.v. *ambouri*, p. 16) (« au-dessous de »)
- Si vous avez ... misère avec une personne [...] et pis vous êtes bon avec votre poing, tapez-le en bas l'oreille ici là, pis vous avez tourdi là... pis vous avez pas besoin de taper un gros coup ! (TN – Brasseur 2001: s.v. *misère*, p. 300) (« au-dessous de l'oreille »)
- *Well*, je vas mettre mon boghei là, et ma bêtaille en bas de la lumière-là. (LOU – DLF 2010 : s.v. *bas*⁴, p. 62, SL) (« underneath the light there »)
- Il est couché en bas le lit. (LOU – DLF 2010 : s.v. *bas*⁴, p. 62, SM) (« He is sleeping under the bed. »)
- Il est caché en bas du lit. (LOU – DLF 2010 : s.v. *bas*⁴, p. 62, Lv88) (« It is hidden under the bed. »)
- Alors, il a sauté en bas du lit [...] (LOU – DLF 2010 : s.v. *bas*⁴, p. 62, EV, An94) (« So he jumped down from the bed [...] »)

III.15 *en haut (de)*

Symétrique d'*en bas (de)*, la locution prépositionnelle *en haut de* assume, dans les variétés concernées, les mêmes fonctions qu'en FS, mais elle apparaît également au sens de *sur* et *au-dessus de*[90]. Tout comme *en bas*, *en haut* s'emploie aussi comme locution adverbiale.

- Pis i y en avait une autre en haut de sus Suzanne là (NÉ – Hennemann, ILM, MD)
- [les Anglophones] réalisent que les Acadiens sont en Haut [ho] de l'échelle parce que i savent parler les deux langues (ÎPÉ – Arrighi 2005, corpus, André ÎPÉ 12 : 362–363)

---

[90] La prononciation (plus ou moins courante) avec *h* aspiré [ho] est signalée pour la BSM (NÉ, Hennemann, corpus), l'ÎPÉ (Arrighi 2005, corpus), TN (Brasseur 2001 : s.v. *haut*, p. 245) et la LOU (DLF 2010 : s.v. *haut*³, p. 330).

- on est pas équipé pour recevoir des gens : en haut de cinquante soixante mille là (IdlM – Falkert 2010, corpus : 120–121, p. 183, CD-ROM) (« au-dessus de »)
- nous on a tout' maigri un peu on était tout' en haut de deux cents livres (IdlM – Falkert 2010, corpus : 242–243, p. 205, CD-ROM) (« au-dessus de »)
- L'école tait en dedans... à monter en haut le chemin qui court en haut la butte là (TN – Brasseur 2001 : s.v. *à*, p. 2)
- *Well*, on va sur ma sœur, euh, qui reste à, à Tickfaw, â reste en haut de *Cameron* là euh, *Louisiana*, et on va sur son frère. (LOU – S. Dubois et al. 2005 : 29)
- Mets-les en haut la table. (LOU – DLF 2010 : s.v. *haut*³, p. 331, VM) (« Put them on the table. »)
- Ça flotte en haut de l'eau. (LOU – DLF 2010 : s.v. *haut*³, p. 331, AC) (« It floats on top of the water. »)

III.16 *ensuite de*

Ensuite de – également relevé sous la graphie *en suite de* – indique un « après » temporel ou spatial (élément situé après un autre dans une série). Le tour, occasionnellement relevé dans un emploi prépositionnel, est surtout courant en combinaison avec le pronom neutre *ça*, avec lequel il forme une locution adverbiale *ensuite de ça* (aussi : *de deçà*) ayant le sens d'« en outre », « puis », « après cela »[91].

- ... il ont une maison d'été ensuite de chez Mary-Ann, la maison ensuite. (NÉ – Hennemann, BSM, ET)
- Puis, ensuite de ça [...] ils avont envoyé des hommes à la lune. (NÉ – Gesner 1979a : 88, BSM)
- et puis ensuite de ça [dsa] (NB – Arrighi 2005, corpus, Rachelle NB 1 : 280–281)
- ensuite de deçà (IdlM – Falkert 2010, corpus : 261, p. 121 et 409–410, p. 131, CD-ROM)
- Le nez c'est l'étrave. Et en suite de ça ben y a le parc à mouillages. Le parc à mouillages i va en dedans de ça lui. [...] (TN – Brasseur 2001 : s.v. *parc*, p. 332)
- Asteure y avait la famille au vieux Kerfont là, en suite de nous autres là, eh ben ieusses [...] (TN – Brasseur 2001 : s.v. *suite*, p. 433)
- Là, c'est la sœur d'ensuite de moi, tu vois, [...] (LOU – *Découverte*, Châtaignier, Évangéline)

Commentaire
La locution prépositionnelle *ensuite de* « immédiatement après » (FEW 11, 490b), courante à l'époque classique (Haase 1965 : 366), survit en français hexagonal essentiellement dans les tours *ensuite de cela* et *ensuite de quoi* au sens de « conformément », « en considération de » et relève de la langue juridique à part quelques rares occurrences dans la littérature[92]. En outre, cette locution prépositionnelle subsiste dans des usages régionaux en France, au Québec et en Suisse (Grevisse/Goosse 2008 : § 1073 b11, p. 1382).

III.17 *par rapport à*

La locution prépositionnelle *par rapport à* est synonyme du tour standard *à cause de* qui existe également dans les variétés concernées ici, notamment dans l'expression *à cause de ça*

---

[91] *Ensuite* au sens spatial existe aussi en tant qu'adverbe : « un MISTER COOK qu'est droit là-là HAMBURGER juste en suite-là . MACDONALD après bâtir une bâtisse là-là qui a coûté Dieu sait combien d'argent » (LOU – Stäbler 1995 : 217s., corpus)

[92] *Cf.* FEW (11, 490b), *Le Petit Robert* (2013 : s.v. *ensuite*), Grevisse/Goosse (2008 : § 1073 b11, p. 1382).

(*cf.* par exemple Hennemann 2014 : 239). À TN et aux Îles-de-la-Madeleine[93], le tour prend la forme *rapport à* (comme en français de France familier ou populaire et en FQ, *cf.* GPFC : s.v. *rapport*). *Rapport à* est également signalé dans le sens causal à Saint-Pierre-et-Miquelon (Brasseur/Chauveau 1990 : s.v. *rapport à, par rapport à*) et existe dialectalement en France, notamment dans les parlers de l'Ouest (FEW 25, 48a, Brasseur 2001 : s.v. *rapport*, p. 389), mais il est jugé « très familier » ou « populaire » en français européen[94].

- Et pis c'est par rapport à ça le scandale qu'a arrivé. (NÉ – Hennemann 2014 : 239, ILM)
- j'ose pas la mettre trop forte rapport à la dame qu'est à côté hein (IdlM – Falkert 2010, corpus : 168–169, p. 68, CD-ROM)
- y en a qui veulent revenir mais que. par rapport à l'/ l'emploi qu'i veulent faire plus tard i. peuvent pas revenir aux Îles (IdlM – Falkert 2010, corpus : 64–66, p. 85–86, CD-ROM)
- rapport à les mouches, pour pas qu'i chiont dessus. (TN – Brasseur 2001 : s.v. *rapport*, p. 389)
- [Le locuteur devait travailler au lieu d'aller à l'école.] [...] j'ai arrête l'école par rapport à ça (LOU – *Découverte*, Church Point, Acadia)
- Eux-autres avait bien de la misère à comprendre, c'était par rapport à son parlage. (LOU – *Découverte*, Pointe-aux-Chênes, Terrebonne)

III.18 *(à) part de/que, excepté*

Le substantif *part* fait partie intégrante de locutions adverbiales (*à part de ça, à part que ça, à part de tout ça* au sens d'« en outre », « de plus ») et forme une locution prépositionnelle (*à part de/que X*) servant à exprimer l'exception ; le tour est fréquemment relevé dans les variétés étudiées ici, où la préposition *sauf*, de même sens, est très rare (*cf.* Préliminaires)[95]. *À part* est généralement accompagné de la préposition *de* (contrairement au français de France) (*cf.* Péronnet/Kasparian 2000 : 116, Hennemann 2014 : 240) ; on note aussi le redoublement de la préposition *de* : *à part de de ça* (Péronnet/Kasparian 2008 : 203). À l'ILM (NÉ), la variante *à part que* – relevée aussi dans d'autres régions de l'Acadie comme les Îles-de-la-Madeleine – est la forme courante (Hennemann 2014 : 241).

▶ *à part de*
- [L'enquêtrice veut savoir si l'informateur a toujours vécu sur l'île.] À part de six mois. J'ai fait six mois à Guelph en Ontario pour apprendre un peu notre culture. (NÉ – Hennemann 2014 : 241, ILM)

---

93 Aux Îles-de-la-Madeleine, on relève *rapport à* et *par rapport à*, de même sens.
94 *Cf.* Hanse (1991 : s.v. *rapport*, p. 816), Grevisse/Goosse (2008 : § 1047, p. 1340), *Le Petit Robert* (2013 : s.v. *rapport*).
95 *Cf.* Guilbeau (1950 : 253), Arrighi (2005 : 359), Wiesmath (2006 : 242). – *Sauf* (FA/FL) et *sauf que* (FL) sont parfois relevés : « Ils ont tous échappé sauf le petit. » (LOU – DLF 2010 : s.v. *sauf*, p. 571, LA), « Ma mère a invité tout le monde sauf que pour mon frère. » (LOU – DLF 2010 : s.v. *sauf*, p. 571, LA). – Signalons également que les tours *autre que* + nom (FA) et *autrement que* (FL) apparaîssent occasionnellement dans le sens de « sauf ». *Cf.* « [Tout était en anglais à l'école ?] Autre que le livre de français ; c'était en français, ça. » (NÉ – Gesner 1979a : 90, BSM) ; « [les rats musqués] mais il y a plus de ça asteur autrement que loin dans l'eau douce » (LOU – *Découverte*, Isle Jean Charles, Terrebonne).

- mais à part de deçà les loups marins nous bâdriont pas plus' que ça (NB – Wiesmath 3, D : 389)
- touT les coiffeurs coiffeuses que je connais à part de Jeff prenons [sic] un souper pis un dîner (NB – Arrighi 2005 : 359, Michelle NB 16 : 647–648)
- c'est ça qui est individuel à propos de ste BUSINESS ici à part de toutes les autres affaires que tu peux faire comme métier (NB – Arrighi 2005 : 359, Michelle NB 16 : 567–568)
- J'ai tout le temps travaillé à la maison à part d'école ici. (LOU – DLF 2010 : s.v. *part*, p. 441, TB) (« I've always worked at home, besides going to school »)

▶ *à part que*
- les messes sont françaises, à part que une dimanche matin, à neuf heures. (NÉ – Hennemann 2014 : 240, ILM)
- On peut y aller n'importe quand la semaine prochaine à part que le vendredi. (NÉ – Hennemann 2014 : 240, ILM)
- [il est question d'une voiture] j'ai jamais eu de misère avec à part que l'autre jour là y a quelqu'un qui m'a frappé dedans là (NB – Arrighi 2005 : 367, Stéphanie NB 11 : 416–419)
- i pouvait tout changer ses morceaux à part que un BELT (IdlM – Falkert 2010, corpus : 240, p. 157, CD-ROM)
- ici à part que çui-là qui pêche pis s'i peut trouver eune JOB et:/. c'est difficile de garder les jeunes aux Îles (IdlM – Falkert 2010, corpus : 405–406, p. 218, CD-ROM)
- Là-bas dans Canada y a des gazettes, c'est tout français à part que une petite partie qu'est en anglais sur la dernière page. (LOU – DLF 2010 : s.v. *sur (sus)*, p. 596, TB)

Coexistant avec *à part de/que*, la forme *excepté*, courante aussi en français hexagonal, est l'une des possibilités pour exprimer des rapports d'exception dans les parlers concernés. Dans quelques-uns – comme en chiac (Perrot 1995) et en FL –, il existe aussi l'emprunt anglais *EXCEPT* avec les variantes phonétiques [ɛbsɛp, ebsep] (pour le FL, *cf.* DLF 2010 : s.v. *excepté*, p. 269). Notons la présence occasionnelle d'un *que* « parasitaire » dans le tour *ebsèpe que* (*excepté que* peut aussi introduire une subordonnée, *cf.* le chap. « La subordination », II.7.4.).

▶ *excepté*
- [À propos des heures d'ouverture des magasins en NÉ] asteure i sont permis de rouvrir excepté la REMEMBERANCE DAY (NÉ – Hennemann, ILM, Corpus oral 2, CL)
- un autre STATEMENT qui arrive c'était pas mal pareil coumme la première fois excepté ce fois-icitte tour de chasse cinquante piasses . (NB – Wiesmath 8, Q : 111)
- la musique que j'aime *well* / j'aime presque tout / excepté la *country* / j'aime pas / je peux pas *stand*-er la *country*. (NB – Perrot 1995, vol. 2 : 120, chiac, Wiesmath 2006 : 243)
- tous les maisons sont habités par des/. ah excepté quelques-uns là (IdlM – Falkert 2010, corpus : 262, p. 121, CD-ROM)
- Et j'ai eu un docteur pour tous mes petits, excepté un, il a fallu que je prende une vieille femme, mais la vieille elle a travaillé aussi bien qu'un docteur. (LOU – *Découverte*, Châtaignier, Évangéline)
- Ils ont parlé avec tout le monde excepté les enfants. (LOU – DLF 2010 : s.v. *excepté*, p. 269, LA)

▶ **EXCEPT et variantes phonétiques**
- Eusse a tous été récordés à la maison *except* un, *The Love Bridge Waltz*. (LOU – *Découverte*, Church Point, Acadia)
- Ils sont tous venus ebsèpe lui. (LOU – DLF 2010 : s.v. *excepté*, p. 269, SM)
- J'aime toute la famille ebsèpe que lui. (LOU – DLF 2010 : s.v. *excepté*, p. 269, VM)

L'influence anglaise est par ailleurs également tangible dans le tour *EXCEPT pour*, calque direct de l'anglais *except for*.

▶ **EXCEPT pour**
- moi je regarde jamais la *TV* / jamais / *except* pour *Saturday Night Live* (NB – Perrot 1995, vol. 2 : 43, chiac, Wiesmath 2006 : 243)

Commentaire
Le tour *à part ça* – toujours sans la préposition *de* – au sens d'« en outre » est courant en français parlé. Gérin (1983 : 40) voit dans *à part de* un calque de l'anglais *apart from* (« en outre », « de plus ») (*cf.* Arrighi 2005 : 359). La préposition *de*, présente dans les tours acadiens, est aussi relevée, par exemple, en FQ (*cf.* GPFC : s.v. *part* et Hennemann 2014 : 241) et dans le parler de Saint-Pierre-et-Miquelon (*cf.* Brasseur/Chauveau 1990 : s.v. *part*).

III.19 *proche de*

Proche forme avec la préposition *de* une locution prépositionnelle correspondant au FS *près de*, rare dans les variétés concernées, surtout au sens spatial ; la locution *au proche de* relevée par Brasseur (2001 : s.v. *proche*, p. 373) à TN a toujours un sens spatial. Signalons que *proche* joue également un rôle primordial en tant qu'adjectif, avec le sens du standard, et en tant qu'adverbe, dans le sens de « presque » ; en tant que tel, il entre aussi dans des périphrases verbales (*cf.* les chap. « Les périphrases verbales », IV.4.2., « Les adverbes », I.2.8.).

▶ **Sens spatial**
- I reste tout proche d'icitte. (NÉ – É. Boudreaux 1988 : 199)
- Pis i allont mettre le PLAYGROUND pas / plus proche de la maison des jeunes prob/ probablement. (NÉ – Hennemann, ILM, CL)
- Ma sœur reste proche du musée SO ielle marche au musée souvent pour les activités. (NÉ – Hennemann, PUB, ID)
- c'est pas coumme dans les grands mers t'es proche de la côte (NB – Wiesmath 3, D : 102–103)
- même ça passait tout proche du quai là (NB – Wiesmath 5, C : 149)
- beaucoup d'étudiants stationnent vraiment proche des autos parce qu'i veulent être plus proches de la porte (NB – Arrighi 2005, corpus, Stéphanie NB 11 : 425–426)
- je déménageais à Eckmenby proche de l'église (ÎPÉ – Arrighi 2005, corpus, Aldine H. ÎPÉ 3 : 1)
- on est proche de l'hôpital pis on est proche de tout' (IdlM – Falkert 2010, corpus : 129–130, p. 65, CD-ROM)
- I commenciont à arriver proche de la Terre Sainte. (TN – Brasseur 2001 : s.v. *proche*, p. 373)
- Faulait […] que tu bâtisses au proche de l'eau : y avait pas de lieu d'avoir de l'eau claire de ça. (TN – Brasseur 2001 : s.v. *proche*, p. 373)

- Ils ont grouillé dans les Avoyelles proche de Bunkie. (LOU – DLF 2010 : s.v. *proche*, p. 496, AV)
- Ceux-là qui jete [sic] la pacane plus proche de la ligne commencent le jeu. (LOU – DLF 2010 : s.v. *proche*, p. 496, Wh83)

▶ **Sens temporel**
- elle se levait à cinq heures et pis al arrivait chez eux des fois le soir à proche de huit heures (NÉ – Hennemann, ILM, DO)

Commentaire
Au XVIIe s., *proche de* était « parfaitement acceptable » en tant que préposition (Gérin/Gérin 1982 : 144). Cet usage passe aujourd'hui pour vieilli en France, mais il est attesté dans divers parlers dialectaux de France, le tour *au proche de* étant relevé en Anjou (FEW 9, 450b, Brasseur 2001 : s.v. *proche*, p. 373).

III.20 Conversions à base verbale

L'infinitif des verbes *aller* et *venir* et le participe passé du verbe *dépasser* constituent la base de prépositions relevées occasionnellement dans les parlers étudiés ici[96].

III.20.1 *(à) aller/à venir (menir) (à)*

On rencontre en FA et en FTN les infinitifs *aller* et *venir (menir)* – normalement suivis de *à*, parfois précédé de *à* – avec la fonction de la préposition *jusqu'à* dans un sens spatial voire, par métaphore (Wiesmath 2006 : 246), temporel (Hennemann 2014 : 201). Selon Wiesmath (2006 : 247), on observe ici « sur le vif qu'un verbe non fini, thématisant sémantiquement une relation spatiale, a pu être grammaticalisé en tant que préposition ».

On relève aussi les tours *(à) aller/venir jusqu'à* et *aller à ce que*. Une fois de plus, on note ici une tendance à la surspécification des rapports et à la richesse formelle pour exprimer un seul et même rapport.

▶ *(à) aller (à)*
  Sens spatial
  - Ça fait on / on voyageait de / de Halifax aller à Windsor, c'est juste vingt minutes de chauffage... (NÉ – Hennemann 2014 : 201, ILM)
  - De NORTH SYDNEY aller à Port-aux-Basques, c'est sept heures. (NÉ – Hennemann 2014 : 201, ILM)
  - Dans noutre temps, on avait une grosse ligne de là aller à l'autre coin. (NÉ – Hennemann 2014 : 201, ILM)

  - pis là i avont halé ça de delà aller icitte (NB – Wiesmath 2006 : 247, Wiesmath 2, E : 374)

---

96 Pour TN, Brasseur (2001 : s.v. *à*, p. 2) note les tours *à descendre*, *à monter*, *à sortir*, trois autres conversions où l'infinitif n'est toutefois pas employé en tant que préposition, mais en tant qu'adverbe (*à monter* « et au-delà, et au-dessus », *à descendre* « ou moins, et au-dessous », *à sortir* « et au-delà (dans l'expression de la date) ») : « De soixante-cinq à monter, oh y en a ... cinq ou six ! », « Dans les dix-neuf cents à sortir. » (TN – Brasseur 2001 : s.v. *à*, p. 2). – Pour la LOU, on rencontre également – rarement – la préposition *accordant*, conversion du participe présent du verbe *accorder* (DLF 2010 : s.v. *accordant*, p. 8). *Accordant* est synonyme de « conformément à », « selon » et semble calqué sur la préposition anglaise *according to* : « Accordant la TELEVISION, il va faire frette à soir. » (LOU – DLF 2010 : s.v. *accordant*, p. 8).

- neuf pieds de long avec les bouts de pattes aller à la tête. i était gros (NB – Wiesmath 2006 : 247, Wiesmath 1, B : 321)
- D'un demi-pouce aller à quatre pouces. (TN – Brasseur 2001 : s.v. *à*, p. 2)

Sens temporel
- il y a un SUPER MEAT PIE OR SEAFOOD CHOWDER de quatre heures aller à six heures. (NÉ – Hennemann 2014 : 201, ILM)
- Al travaille de quatre heures aller à six heures. (NÉ – Hennemann 2014 : 201, ILM)

▶ *aller à ce que* et *(à) aller jusqu'à* au sens temporel
- on faisait la chasse aller à ce que neuf heures là (NB – Wiesmath 2006 : 246, Wiesmath 3, D : 234)[97]
- de décembre à aller jusqu'au mois de mars là (IdlM – Falkert 2010, corpus : 353–354, p. 463, CD-ROM)
- de douze ans aller jusqu'à : eune vingtaine d'années là (IdlM – Falkert 2010, corpus : 132–133, p. 495, CD-ROM)
- Du jour de Nouel à aller jusqu'aux Rois. (TN – Brasseur 2001 : s.v. *à*, p. 2)
- J'ai travaillé là vers le quinze d'août à aller jusqu'à deux jours avant Nouel. (TN – Brasseur 2001 : s.v. *à*, p. 2)

▶ *à venir (menir) à/jusqu'à*

Sens spatial
- È dit que le mal était de / dans ses deux épaules a m'nir au coude. (NÉ – Hennemann 2014 : 201, ILM)
- Je traversions en canot de la Coupée là à venir jusqu'à West Bay (TN – Brasseur 2001 : s.v. *à*, p. 2)

Sens temporel
- Deux mille cinq à m'nir asteure, on a encore perdu de la population. (NÉ – Hennemann 2014 : 201, ILM)
- Depuis la guerre de dix-neuf cent quatorze à venir jusqu'à cent ... dix-neuf cent cinquante-cinq, là, la grosse trouvaille, c'était les radios. (NÉ – Gesner 1979a : 85, BSM)

Commentaire
Le tour *à aller jusque* « jusque » est également attesté à Saint-Pierre-et-Miquelon (Brasseur/Chauveau 1990 : s.v. *aller*) et en FQ (*Échantillon de textes libres*, cf. Wiesmath 2006 : 247). Les locutions *à venir à* et *à aller à* existent en FQ dans un sens spatial (GPFC : s.v. *à* et *aller*, Brasseur 2001 : s.v. *à*, p. 2). Pour le parler québécois de l'Île-aux-Coudres, Seutin (1975 : 337) confirme l'existence de la forme élargie *à partir de... aller/venir (jusqu')à* au sens des prépositions simples *de...à*.

III.20.2 *dépassé*

La forme *dépassé*, équivalente à la préposition *passé* du FS, est parfois relevée en FA et en FTN, dans un sens spatial (« passé », « derrière »), et en FL, dans un sens spatial (« derrière ») ou temporel (« après ») (Brasseur 2001 : s.v. *dépassé*, p. 156, DLF 2010 : s.v. *dépassé*, p. 200)[98].

---

[97] Wiesmath (2006 : 247) considère le tour *aller à ce que* comme le fruit du croisement entre l'infinitif *aller à* et la conjonction *jusqu'à ce que* ; cette hypothèse est, selon elle, corroborée par l'attestation du tour *aller jusqu'à* en FQ.

[98] La forme *dépassé* est également signalée dans le sens temporel d'« après » pour le parler de Saint-Pierre-et-Miquelon (Brasseur/Chauveau 1990 : s.v. *dépassé*). – Également issu d'une conversion du participe passé, *traversé* est attesté en NÉ dans le sens d'« en face de », « de l'autre côté de », mais assez rarement : « Asteur, c'est Frank Deveau, là, à Saulnierville, traversé l'église (qui s'occupe du restaurant). » (NÉ – Gesner 1979a : 89, BSM).

▶ **Sens spatial**
- est-ce que c'est dépassé la maison des Belliveau ou euh : avant ça (NB – Arrighi 2005, corpus, Ronald NB 10 : 33–34)
- [À propos de la compagnie Abbott and Aliborton.] Dans l'été il avient ène petite boutique ici en bas au bord di cap, pus loin là, dépassé l'église, en bas au Dégrat. (TN – Brasseur 2001 : s.v. *dépassé*, p. 156)
- Juste dépassé l'hôpital. (LOU – DLF 2010 : s.v. *dépassé*, p. 156, EV)

▶ **Sens temporel**
- Quand-même il est dépassé quatre heures, je l'espère toujours. (LOU – DLF 2010 : s.v. *dépassé*, p. 200, VM)

IV Les emprunts

En général, le domaine des mots-outils – à l'exception des marqueurs de discours – résiste plutôt bien aux emprunts (*cf.* par exemple Matras 2009 : 193–209) et le nombre des prépositions empruntées reste ainsi assez limité en FA/FTN/FL[99] ; de fait, seul l'emprunt *ABOUT* semble jouer un certain rôle dans les variétés concernées ici. Hennemann (2014 : 243) constate, pour son corpus de l'ILM, que « les prépositions ne représentent [...] qu'un pourcentage minime de 1,44 % parmi tous les lexèmes empruntés à l'anglais » ; ce chiffre est confirmé par Flikeid (1989b) pour la NÉ (ILM, PUB et Chéticamp)[100]. Vu les résultats tout à fait comparables, on peut donc constater que « même sur une période de plus de 20 ans, les chiffres des différents îlots francophones de Nouvelle-Écosse se ressemblent fortement » (Hennemann 2014 : 244).

Il n'empêche que quelques prépositions ont été empruntées directement à l'anglais, dans certaines régions à plus grande échelle que dans d'autres[101]. Il semble que le nombre des prépositions empruntées soit particulièrement élevé dans le parler de l'ÎPÉ et en chiac, et c'est notamment dans le contexte des verbes à particules (type : *finder OUT*) que se déroule l'adoption des prépositions[102]. Soulignons aussi que la fréquence d'une préposition empruntée est naturellement fonction du degré d'exposition à l'influence de l'anglais aux niveaux communautaire et individuel. Certaines prépositions qui ont fait leur entrée dans le chiac (*OFF, OUT (OF), OVER* et *AROUND*, Perrot 1995 : 146ss.) n'apparaissent dans les variétés étudiées ici qu'en tant qu'élément intégrant des verbes à particule[103].

---

99 *Cf.* Perrot (1995 : 146), Arrighi (2005 : 358), Neumann-Holzschuh (2014), Fritzenkötter (2015 : 219).
100 Notons aussi que dans leur vaste corpus d'environ deux millions de mots portant sur Ottawa-Hull, Poplack et al. (1988 : 64) n'ont trouvé aucune préposition empruntée à l'anglais.
101 À condition d'être suffisamment important, cet emprunt, phénomène *a priori* purement lexical, entraîne des conséquences majeures sur le plan syntaxique (*cf.* ci-dessous V ; pour plus de détails, *cf.* King 2000 : 135–149, 2013 : 91). – Notons l'absence de prépositions empruntées dans le corpus madelinien de Falkert (2010).
102 *Cf.* King (2000 : 141s., 2013 : 91s.) ; pour le chiac, *cf.* Perrot (1995), Chevalier/Long (2005).
103 Notons par exemple le tour fréquent *lay-er OFF* ou *taker OFF*, *cf.* par exemple corpus Arrighi (2005) et Hennemann (2014), pour d'autres particules, dont *IN, WITH, DOWN, UP, ON*, *cf.* Fritzenkötter (2015 : 202ss.) pour le parler des jeunes à la BSM.

Comme c'est le cas pour d'autres mots grammaticaux, nous constatons pour le FL une réticence à adopter des emprunts (*cf.* le chap. « La subordination », III)[104].

La préposition *ABOUT*, avec le sens de « concernant », a une certaine implantation à la Baie Sainte-Marie (Comeau 2006 : [3]), du moins dans le parler des jeunes (Fritzenkötter 2015 : 219ss.). En outre, Arrighi (2005 : 358) confirme l'existence de la préposition pour le NB, King (2000 : 136, 2013 : 91) pour l'ÎPÉ[105].

▶ ABOUT

- Bien il m'a toute radoté about une fois que sa femme l'a quitté. (NÉ – Comeau 2006 :[3], BSM, Hennemann 2014 : 245)
- moi h'ai point vraiment de/parlé ABOUT CUBA SO peut-êt' (NÉ – Fritzenkötter 2015 : 219, BSM)
- on baraque à propos/ABOUT des ch/affares là. (NÉ – Fritzenkötter 2015 : 220, BSM)
- j'sais point vraiment quoi d'aut' dire ABOUT not' langue (NÉ – Fritzenkötter 2015 : 220, BSM)
- ben c'est comme une série ABOUT la formule ONE (NB – Arrighi 2005 : 358, Jacques NB 19 : 363–364)
- qu'est-ce que t'intéresses tant ABOUT l'Italie (NB – Arrighi 2005 : 358, Chantale NB 13 : 189)
- Quoi ce-qu'ils parlont about ? (ÎPÉ – King 2000 : 136, 2013 : 91) (pour le « *preposition stranding* », *cf.* ci-dessous, V)

Soulignons que dans les variétés étudiées ici, *ABOUT* est loin d'atteindre la popularité qu'il connaît en chiac où la préposition « présente un fort degré d'intégration », les occurrences de *ABOUT* étant « réparties sur l'ensemble du corpus de façon homogène » (Perrot 1995 : 150). Dans une étude ultérieure Perrot (2014a : 208) constate toutefois que malgré un niveau élevé d'intégration dans le parler chiac, *ABOUT* semble en recul ces derniers temps avec les verbes français (par exemple *penser ABOUT* et *parler ABOUT*) au profit des équivalents français de cette préposition (par exemple *penser à* et *parler de*).

Notons en passant l'existence de la préposition *ACROSS* en NÉ (Hennemann 2014 : 245) et en chiac de Moncton (NB) (Perrot 1995 : 149), qui apparaît au sens de la locution prépositionnelle acadienne *à travers* couvrant aussi bien le sens d'« à travers », « au travers » et « en face de » du FS (*cf.* ci-dessus III.4.)[106].

---

[104] L'intégration de matériel anglais semble être freinée par le fait que selon les résultats d'une enquête effectuée par Rottet (2001 : 265s.), le bilinguisme équilibré se perd et qu'un grand nombre de locuteurs abandonne le français en faveur de l'anglais (*cf.* aussi Neumann-Holzschuh 2014 : 147).

[105] En FA, *ABOUT* et *'BOUT* existe aussi en tant qu'adverbe dans le sens d'« à peu près », « environ », « en gros », « approximativement » (Arrighi 2005 : 393, Fritzenkötter 2015 : 221) : « je me fais lire les cartes pour ABOUT trois ou quatre piasses » (NB – Arrighi 2005 : 393, Willy NB 9 : 456–457) ; *cf.* le chap. « Les adverbes », IV.1.

[106] Pour l'ILM (NÉ), Hennemann (2014 : 235, 245) signale en outre les emprunts *NEXT de*, *NEXT DOOR* (ayant toutes deux le sens de « près de », « à côté de ») et *THROUGH* : « Ah tu / ah, t'as vnu ici, droête NEXT DOOR du cimetière là ? NEXT DOOR du cimetière. » (NÉ – Hennemann 2014 : 235, ILM), « Le couvent était droête là. NEXT de où-ce que le / les curés / le curé demeurait. » (NÉ – Hennemann 2014 : 235, ILM). Selon Hennemann (2014 : 245), *THROUGH* compte parmi les prépositions empruntées à l'anglais « les plus ancrées dans l'acadien de l'Isle Madame » ; signalons pourtant que *THROUGH* apparaît souvent dans le contexte d'alternance de code : « Et pis, c'tait enregistré THROUGH LAW, hein ? » (NÉ – Hennemann 2014 : 245, ILM).

▶ **ACROSS**
- était assis ACROSS la table de moi, son troisième mari (NÉ – Hennemann 2014 : 245, ILM) (« en face de »)
- j'ai couru *across* le *parking lot* (NB – Perrot 1995 : 150, chiac) (« à travers »)

V Les prépositions « orphelines »

V.1 Définition

Dans les constructions à préposition dite « orpheline », une préposition, postposée au verbe, apparaît sans régime tout en renvoyant à un antécédent dans le co-texte ou bien à un référent donné dans le contexte extralinguistique[107]. En français, l'antécédent n'a pas nécessairement le statut d'argument de la phrase ; si l'antécédent est identifiable, il n'y a même pas besoin de le verbaliser.

Les constructions à préposition orpheline sont très vivantes dans toutes les variétés étudiées ici et jouent un rôle majeur dans la construction de propositions relatives favorisant le décumul du relatif, où elles semblent avoir pris leur origine[108]. De plus, elles apparaissent dans les dislocations où le thème se trouve détaché à gauche de la phrase, mais aussi dans d'autres contextes syntaxiques pourvu que le thème soit aisément inférable du contexte. Les locuteurs recourent « très librement et assez fréquemment » à ces constructions (Arrighi 2005 : 367), notamment avec les prépositions *avec, après, pour, dedans* (rarement : *dans*) et *sus/dessus*. Le renvoi à un référent humain est tout à fait courant[109].

- y avait des Indiens qui allint pis eux-autres i / i faisont coucher là i les connaissint pas mal tu sais pis i jasiont avec pis c'est du beau monde (NB – Arrighi 2005 : 367, Willy NB 9 : 402–403).

Les constructions à préposition orpheline sont anciennes en français. Elles remontent au XIVᵉ s. (King 2013 : 92). Signalons qu'il faut employer le terme de *préposition* avec prudence ici, étant donné qu'à l'instar de la langue préclassique et du non-standard en France, les variétés étudiées ici distinguent mal entre adverbes et prépositions ; il est donc difficile de se

---

107 Pour plus de détails, *cf.* entre autres Zribi-Hertz (1984), Vinet (1984), King/Roberge (1990), King (2000, 2013), Arrighi (2005 : 367–372), Wiesmath (2006 : 297–215), Rottet (2001, 2016).
108 L'ampleur du phénomène dans les variétés étudiées semble d'ailleurs s'expliquer en partie par la fréquence de l'effacement de *que* dans la relative, et plus précisément par la nécessité ressentie par le locuteur de spécifier les rôles syntaxiques « après coup » par la préposition postposée au verbe (Roberge/Rosen 1999 : 166, Wiesmath 2006 : 213). La préposition serait donc réanalysée comme marque obligatoire du « cas ».
109 En français de France, les prépositions sont généralement suivies du pronom personnel tonique, lorsqu'il y a renvoi à un être humain, alors que la construction à préposition orpheline apparaît lorsqu'il y a renvoi à une chose (*il se plante devant lui* [par exemple : son copain] vs. *il se plante devant* [par exemple : le tableau]). En effet, dans la langue courante, les pronoms toniques sont habituellement associés à un référent humain, alors qu'il n'existe pas de pronoms exclusifs pour renvoyer aux choses ; selon Zribi-Hertz (1984), la construction à préposition orpheline sert alors à pallier cette absence de pronoms toniques « non-animés ». Ajoutons cependant qu'il s'agit d'une règle de tendance et que la construction à préposition orpheline avec renvoi à un être humain n'est pas exclue en français européen, selon la nature de la préposition et le registre linguistique.

prononcer sur la nature exacte de la particule donnée (*cf.* aussi Wiesmath 2006 : 214, note 417). De là aussi les différences d'analyse existant à propos de ces constructions (King 2013 : 90) : les uns voient dans les particules postposées des éléments adverbiaux (homonymes ou variantes des prépositions)[110], d'autres parlent de prépositions en emploi absolu (le cas échéant sous la forme modifiée en *de-*) après « l'effacement du groupe nominal représenté » (*cf.* Riegel et al. 2011 : 404).

Selon la nature de la particule et la nature du référent, les constructions sont plus ou moins acceptées dans la langue commune (*cf.* Grevisse/Goosse 2008 : § 1040, p. 1327ss.). Jugées dans un premier temps « régionales », puis « populaires » (*cf.* Bauche ²1951 : 128), elles ont fini par entrer dans le registre familier en français de France. Les constructions avec *dedans, dessus, dessous* (en référence à un complément non-animé) sont communément acceptées[111].

V.2 Préposition orpheline et *preposition stranding*

Devant cet arrière-plan historique, le problème qui se pose pour les variétés concernées est de juger à sa juste valeur l'influence de l'anglais sur le phénomène[112]. L'anglais connaît aussi des constructions où une préposition apparaît en position postverbale. Le phénomène dit de *preposition stranding* – Rottet (2016) parle de « préposition échouée » – apparaît dans les relatives, les constructions pseudo-passives et les interrogations[113]. Or, les auteurs ayant examiné les prépositions orphelines en français et en anglais insistent sur le fait qu'il ne s'agit que d'une ressemblance superficielle entre les constructions respectives[114]. La plupart des constructions françaises ne sauraient être traduites par une construction nommée *preposition stranding* en anglais (Roberge 1998 : 51, en référence à Vinet 1984). La raison en est qu'à l'intérieur de la construction anglaise, le régime manquant est la « trace résultant d'un déplacement »[115], alors qu'en français, l'opération sous-jacente à la construction est l'ellipse d'un pronom ou autre élément de reprise. Dans le cas du *preposition stranding*, l'antécédent a donc nécessairement le statut d'argument de la phrase. En français, il suffit que le référent soit identifiable (par exemple grâce à la situation communicationnelle) pour que le renvoi par une préposition orpheline soit possible[116].

---

110 Hanse (1991 : s.v. *avec*, p. 142) parle du « passage de la préposition à l'adverbe », inégalement accepté selon la préposition en question. Il accepte *avec* dans ces constructions (s'il y a renvoi à un antécédent non animé), alors qu'il rejette *pour* (*cf.* Hanse 1991 : s.v. *avec*, p. 142, et s.v. *pour*, p. 755s.).
111 *Cf.* Gadet (1992 : 73, 94s.), Ball (2000 : 121ss.), Arrighi (2005 : 367). – *Le Petit Robert* (2013 : s.v. *avec*) qualifie ce type de construction, avec un référent non humain, de « familier », et avec un référent humain, de « régional » (Nord, Alsace). Il accepte les constructions dans les cas des adverbes *dessus, dessous, dedans*.
112 *Cf.* Arrighi (2005 : 367) : « Il est, en fait, malaisé de démêler, dans un premier temps, ce qui tient des tournures archaïques et ce qui pourrait effectivement être emprunté à l'anglais (calques de structure). »
113 Relative : *This is the chair that John climbed on* ; phrase pseudo-passive : *This chair was climbed on* ; interrogation : *What chair did John climb on ?* (Rottet 2016 : 268 ; *cf.* aussi King 2013 : 90). – Notons que dans les relatives, les constructions des deux langues convergent.
114 *Cf.* King (2000 : 135–149), Arrighi (2005 : 370), Rottet (2016).
115 *Cf.* aussi Zribi-Hertz (1984), Roberge (1998 : 51), Arrighi (2005 : 370s.), King (2013 : 90).
116 *Cf.* Arrighi (2005 : 371) : « En anglais, un tour à préposition orpheline implique toujours un déplacement alors que la construction française appelle un complément de préposition qui, parce qu'il ne constitue qu'un

À la différence des variétés européennes de français (King 2013 : 90), quelques-unes des variétés étudiées ont justement calqué sur l'anglais les constructions avec *preposition stranding* dans les interrogations et les pseudo-passives[117]. Dans quelques variétés, même les prépositions dites « faibles », *à* et *de*, apparaissent dans la construction. Selon Wiesmath (2006 : 214), le procédé à l'œuvre est ici l'analogie : une fois les prépositions « fortes » établies, les locuteurs en étendent l'emploi à d'autres prépositions.

Pour expliquer la possibilité du *preposition stranding* dans quelques variétés nord-américaines, King avance l'hypothèse selon laquelle l'emprunt à grande échelle de prépositions anglaises induit dans son sillage un calque de structure : l'emprunt lexical a donc des conséquences syntaxiques[118]. Dans ce contexte, les verbes à particule semblent jouer un rôle majeur. En effet, dans le corpus de King établi à l'ÎPÉ, on note de nombreuses combinaisons de type « verbe français + préposition anglaise » (*parler ABOUT*), « verbe d'origine anglaise + préposition anglaise » (*LAYER OFF*) et « verbe d'origine anglaise + préposition française » (*CRASHER dedans*) (2013 : 91). Il s'avère que les variétés qui admettent le *preposition stranding* admettent également les constructions avec les verbes à particule[119] (King 2013 : 91s., 2000 : 141–145). Les variétés qui sont en général réticentes à l'emprunt des prépositions anglaises ne connaissent pas le *preposition stranding*, à l'instar du FQ (King 2013 : 97). Signalons dès à présent que selon Rottet (2016, *cf.* ci-dessous V.3.), l'hypothèse de King n'est pas valide pour le FL, où d'autres processus sont à l'origine du *preposition stranding*[120].

Le fait que les constructions à préposition orpheline remontent à une date ancienne et existent dans toutes les variétés du français plaide contre l'hypothèse d'un simple calque de l'anglais. Il n'empêche que l'aisance avec laquelle les locuteurs des variétés étudiées ici se servent de ces constructions pourrait bien être due à l'existence en anglais de structures rappelant en surface la construction française. L'anglais jouerait donc le rôle d'un « catalyseur supplémentaire » (Arrighi 2005 : 367)[121], d'autant plus efficace que les conditions sociolinguistiques s'y prêtent puisque le français s'affaiblit sous la pression de la langue dominante. L'influence de l'anglais se traduit donc d'abord dans la fréquence du phénomène et dans le fait que les constructions gagnent du terrain d'une génération à l'autre (pour le changement intergénérationnel, *cf.* Rottet 2001 : 174) ; de plus, l'impact de l'anglais est indéniable dans le *preposition stranding*, surtout avec les prépositions « faibles ». En résumé, Arrighi (2005 : 371) considère qu'il s'agit d'un

---

élément de rappel, peut, sous certaines conditions, être omis. [...] » et : « En fait, seules les prépositions qui appellent un élément de rappel peuvent devenir orphelines. [...] lorsque le complément de la préposition est autre chose qu'un élément de rappel, il n'est jamais omis par nos locuteurs. »

117 Pour la situation en Ontario et en Alberta, *cf.* Roberge (1998 ; King 2000 : 147) ; pour l'Alberta (Roberge/Rosen 1999 et Walker 2004, cités dans King 2013 : 98).
118 Entre autres : King/Roberge (1990), King (2000 : 135–149, 2008 : 170–173, 2013 : 90–98).
119 L'inverse n'étant pas nécessairement vrai (King 2013 : 92).
120 En FL, les verbes à particule sont adoptés tels quels comme des unités inséparables et généralement intégrés à l'état « nu » dans le discours ; la préposition n'est donc pas analysée comme telle à l'intérieur de l'emprunt (Rottet 2016 : 273s.).
121 *Cf.* aussi Roberge (1998 : 57), Rottet (2001 : 174), Szlezák (2010 : 273).

« archaïsme de construction qui se serait maintenu en raison de motivations intrasystémiques et peut-être avec l'appui de l'existence de structures en apparence proches dans la langue d'adstrat. »

V.3 Remarques diasystématiques

Alors que les constructions à préposition orpheline existent dans tous les parlers français, y compris le français hexagonal, il n'en est pas ainsi avec le *preposition stranding*. King (2000, 2013 : 90–98), qui étudie le *preposition stranding* dans une perspective contrastive, présente les résultats suivants concernant la répartition géographique du phénomène :
- Le *preposition stranding* est admis en NÉ et en chiac (NB) ; dans ces variétés, on note cette construction également avec les prépositions « faibles »[122].
- Dans le Sud-Est du NB, les prépositions « faibles » *à*, *de* sont relevées dans le *preposition stranding* à l'intérieur de la relative (Wiesmath 2006 : 214). Mais le *stranding* est exclu dans les interrogations et les phrases passives.
- Le phénomène est apparemment inconnu dans le Nord-Est du NB (King 2013 : 95)[123].
- La variété parlée à l'ÎPÉ semble être le plus avancée dans l'adoption du *preposition stranding*, mais sans avoir adopté les contraintes syntaxiques valables en anglais[124].
- À TN, la construction est peu répandue ; elle n'apparaît qu'avec les verbes à particule calqués sur l'anglais, comme *voter pour* (King 2013 : 95).

Le FL constitue un cas à part : malgré l'inexistence de prépositions empruntées à l'anglais, cette variété permet les constructions à préposition orpheline du français aussi bien que le *preposition stranding* de l'anglais. Ce n'est donc pas, comme le présume King pour certaines variétés acadiennes, par l'emprunt lexical que la construction s'est introduite dans cette variété, mais c'est après la réanalyse des constructions à préposition orpheline comme équivalentes au *preposition stranding* que le modèle s'est propagé dans des contextes non admis en français européen (interrogations et pseudo-passives) (Rottet 2016, *cf.* aussi Neumann-Holzschuh 2009b : 55s.). L'étape intermédiaire est constituée par les relatives, où les constructions des deux langues convergent (Rottet 2016 : 278s.). Le *preposition stranding* reste pourtant tout à fait exceptionnel avec les prépositions « faibles » qui se prêtent mal à cet emploi : pour la jeune génération, Rottet (2001 : 232–234 ; 2016) signale deux stratégies destinées précisément à éviter l'échouement des prépositions « faibles », la première consistant à omettre la préposition, la deuxième, à remplacer la préposition « faible » par une autre,

---

122 Pour la NÉ : *cf.* King (2013 : 94), qui se réfère à Flikeid et au *Butler Sociolinguistic Corpus*, Grosses Coques, BSM ; pour le chiac : *cf.* Perrot (1995), Young (2002), King (2013 : 94).
123 Notons également l'absence du *preposition stranding* dans le corpus de Falkert (2010) portant sur les Îles-de-la-Madeleine.
124 En effet, en anglais le procédé n'est possible que dans les cas où la préposition – juxtaposée au verbe – peut être réanalysée comme formant avec celui-ci un verbe complexe. King explique la liberté de la construction à l'ÎPÉ par le fait qu'en français, la construction à préposition orpheline ne connaît pas non plus cette restriction (King 2000 : 146s.).

« forte » (*cf.* le remplacement de *de* dans *être content après*, *être fier pour*, Rottet 2001 : 234 ; *cf.* aussi Rottet 2016 : 277s.).

V.4 Les constructions de type français

Les cas suivants présentent des prépositions orphelines dans des constructions qui n'impliquent pas le déplacement d'un régime et qui ne sauraient être traduites par une préposition échouée en anglais, mais qui sont anciennes en français. On rappellera – spécificité des variétés étudiées ici par rapport au langage parlé hexagonal – la fréquence de la référence à un être humain. Notons aussi que contrairement aux parlers concernés, *dans* et *sus* (*cf.* ci-dessous) ne pourraient figurer comme prépositions orphelines en français hexagonal ; on opterait pour les formes en *de-* : *dedans*, *dessus*[125].

▶ *avec*
- J'ai été travailler avec le maître de poste à Meteghan River. J'ai travaillé quatre ans là avec. (NÉ – Gesner 1979a : 88, BSM)
- RG : Je pense pas je vais me marier avec un anglophone. JG : Oui, moi non plus mais... RG : J'ais pas si j'aimerais l'idée de point pouvoir parler avec [...] (NÉ – Hennemann, BSM, RG)
- ça c'était une fille y a deux gars qu'allaient avec (NÉ – Arrighi 2005 : 370, Marceline NÉ 2 : 620)
- [il est question d'une voiture] j'ai jamais eu de misère avec à part que l'autre jour là y a quelqu'un qui m'a frappé dedans là (NB – Arrighi 2005 : 367, Stéphanie NB 11 : 416–419)
- i réveillat sa mère pis a descendat en bas pis i parlat au moins eune heure avec (IdlM – Falkert 2010, corpus : 188, p. 306, CD-ROM)
- tu fais frire avec (LOU – Guilbeau 1950 : 251)
- Il attrape une poule et puis parte avec. (LOU – DLF 2010 : s.v. *avec*, p. 50, SL)
- Et cet homme, elle a pas resté avec, non. (LOU – *Découverte*, Mamou, Évangéline)

▶ *après*
- j'avais assez peur qu'a' se fasse frapper pis moi faulait je coure après avec ma caméra (NB – Wiesmath 13, H : 128)
- i marchiont sus la rue de NEW YORK pis i y a deux gars qu'avont commencé à courir après. (NB – Wiesmath 8, T : 157)

▶ *contre*
- ça j'ai rien contre du tout (IdlM – Falkert 2010, corpus : 196, p. 96, CD-ROM)

▶ *dans/dedans*
- les sports j'ai toujours été intéressé là dans pis j'ai appliqué (NB – Arrighi 2005 : 368, Marco NB 15 : 30–31)

---

125 Notons à ce sujet que *sus* figurait comme adverbe dans quelques locutions verbales ainsi que dans le tour *là sus* « là haut » en moyen français (*cf.* Gougenheim 1974 : 188).

- c'était le pus beau bateau qu'il avait fait' pour lui. il avait pêché quatre ans dedans (IdlM – Falkert 2010, corpus : 447–448, p. 423, CD-ROM)

- Il ont besoin d'un bol pour mettre du ponche dedans. (LOU – Rottet 2001 : 233, loc. âgée)

▶ dessus

- i voulont point faire tr/travail dessus ? (NÉ – Fritzenkötter 2015 : 260, BSM)

- il ont tué la bête pis à chaque coup de couteau qu'i donnot dessus i se fripat la/la/la lame du couteau avec la langue ((rit)) (IdlM – Falkert 2010, corpus : 173–175, p. 254, CD-ROM)

- Et il voulait pas qu'on travaille avec pas de l'assurance dessus. C'était trop risqué. (LOU – DLF 2010 : s.v. *avec*, p.50, TB)

▶ pour

- Y avait de la demande pour. Fallait ferrer les bœufs… (NÉ – Gesner 1979a : 88, BSM)
- Je me souviens encore combien ce qu'il avait payé pour – six cent trente piastres ! (NÉ – Gesner 1979a : 88, BSM)
- Mais j'ai de la médication pour (NÉ – Hennemann, ILM, CL)
- j'aimais beaucoup les étoiles euh n'importe quoi faire avec la nature . biologie ou : […] je m'avais inscrit pour je voulais d'aller dans les sciences (NB – Arrighi 2005 : 368, Angèle NB 13 : 26–29)
- i assayait d'embarquer dans le BUS sans avoir une *drive* pour (NB – Arrighi 2005 : 368, Christiane NB 19 : 116)

- Charche pas pour ! (TN – Brasseur 2001 : s.v. *charcher, chercher*, p. 104)
- Mais ça j'avions pas de prix pour. (TN – Brasseur 2001 : s.v. *pour*, p. 368)

- Après parce qu'il a eu son accordéon, il l'a vendu, et me rappelle pas quoi il a eu pour (LOU – *Découverte*, Church Point, Acadia)

▶ sus

- elle a tiené la porte là pis ça prenait grand élan pis elle mettait du câble pis elle amarrait autour d'amarres pis elle amarrait ça sus (ÎPÉ – Arrighi 2005 : 368, Délima ÎPÉ 5 : 17–18)

- je crois ben qu'en avait trois qu'avaient travaillé là sus hein (NB – Arrighi 2005 : 368, Odule NB 21 : 142–143)

V.5 Les prépositions orphelines dans les relatives

Les prépositions orphelines sont très fréquentes dans les relatives (*cf.* le chap. « La relative », II.5.) : favorisant le décumul du relatif[126], elles existent également en français parlé de France, où elles sont plus rares qu'en FQ et dans les variétés étudiées ici[127]. Ces structures ont une correspondance en anglais[128]. La fréquence avec laquelle les variétés étudiées emploient la

---

[126] Notons que si la préposition échouée est omise, nous avons affaire à des relatives défectives avec *que* passe-partout (*cf.* le chap. « La relative », II.3.), tout à fait possibles dans les variétés étudiées ici et préférées dans la jeune génération en FL (*cf.* Rottet 2001 : 233, King 2013 : 96).
[127] *Cf.* Schafroth (1993 : 189), Wiesmath (2006 : 208), pour le langage parlé de France, *cf.* Ball (2000 : 48).
[128] Selon l'hypothèse de Rottet (2016 : 276), cette convergence a motivé l'expansion des prépositions échouées dans d'autres contextes, admis en anglais mais non en français européen.

construction dans la relative pourrait justement résulter du parallélisme avec les structures anglaises. Le plus souvent, ce sont les prépositions « fortes » qui interviennent dans ces structures. Tout comme en anglais, le *stranding* est aussi possible dans les constructions infinitives qui remplacent les relatives.

▶ *après*

- euh i y avait beaucoup de choses à regarder après pis je voudrais pas le refaire un autre année non courir après . (NB – Wiesmath 6, L : 293 ; *regarder après* – calque de l'anglais *to look after*)

▶ *avec*

- ... oui, Amélia, le mari qu'al est avec / euh / est anglais. (NÉ – Hennemann, ILM, CL)
- j'ai une cousine que j'ai je suis proche avec (NB – Arrighi 2005 : 370, Zélia NB 17 : 214)
- j'ai des forces icitte là ça qu'on tondait des b[re]bis avec là (NB – Wiesmath 3, D : 146)
- j'ai pas fait de barge de foin à la main mais les autres affaires c'était des outils que j'ai travaillé avec (NB – Wiesmath 2006 : 207, Wiesmath 2, E : 90)
- C'est du matériau qu'i faisiont des chemins avec, du gravail (TN – Brasseur 2001 : s.v. *gravail*, p. 233)
- je vas donner ça à ma fille, elle que t'as parlé avec là (LOU – Rottet 2016 : 270)
- Ça c'est tes padnas que tu 't'après parler avec sus le TELEPHONE ? (LOU – Rottet 2001 : 234, locutrice jeune)

▶ *dedans* (rarement : *dans*)

- Ah ça c'est la cuisine / la cuisine qu'il étiont dedans. (NÉ – Hennemann, ILM, EL)
- i aiment pas que tu dises des prières que le mot enfer est dedans (NB – Wiesmath 2006 : 207, Wiesmath 7, O : 708)
- je connaissais pas trop quoi c'est les domaines que je pouvais aller dedans . alors j'ai appliqué pour aller dans le domaine des/ de diététicienne (NB – Arrighi 2005 : 368, Angèle NB 13 : 29–31)
- c'est pas ça que je suis spécialisée dedans (NB – Arrighi 2005 : 370, Michèle NB 16 : 194–195)
- i voyait justement pour se conduire . d'une maison qu'il était habitué dans . mais quand il allait deHors c'est coumme i dit fallait qu'i voyit son chemin de l'avant (ÎPÉ – Arrighi 2005 : 370, Rose ÎPÉ 7 : 124–126)
- Une fois que c'est cuit, tu manges ce qu'i y a dedans, pis après ça tu prends pis ... tu liches ! Tu liches le vaisseau que ce tait cuit dedans. (TN – Brasseur 2001 : s.v. *vaisseau*, p. 462)
- Que ça c'est le tiroir que vous gardez votres cuillières dedans ? (LOU – Rottet 2001 : 233, loc. âgée)

▶ *dessus*

- c'est coumme une BOWL [...] une planche là tu sais que tu / tu frottais dessus là tu frottais des hardes dessus <euh> dessus (NB – Wiesmath 1, B : 807)
- [A propos de loup-marin] Ça a goût de poisson, c'est ça que ça vit dessus (TN – Brasseur 2001 : s.v. *dessus*, p. 158)
- il y avait tout le temps une bande de petits veaux à / à donne à / téter avec ces/ avec ces siaux qu'avaient le gros biberon dessus là (LOU – Stäbler 1995 : 15, corpus)
- Et là, ils vont mettre un plancher là qu'ils pourrait marcher dessus. (LOU – DLF 2010 : s.v. *dessus*[1], p. 207, LF)

▶ *pour*
- et pis j'ai dit à / à la femme que je travaillais pour / euh / je dis (NÉ – Hennemann, BSM, SC)
- ça dépend de ce que tu veux espérer pour (NB – Arrighi 2005 : 368, Suzanne L. NB 19 : 546–547)
- J'assaye [ʒ asɛj] de penser des casions qu'i disaient ce mot-là pour. (TN – Brasseur 2001 : s.v. *casion*, p. 95)
- Oh ouais, c'était pas quelque chose pour charrer pour (LOU – *Découverte*, Mamou, Évangéline)

Dans quelques-unes des variétés, on relève la construction avec une préposition dite « faible », *à* ou *de*. En NÉ et dans le Sud-Est du NB (exception faite du chiac) la construction est plus ou moins restreinte au tour *parler de*. Dans le corpus portant sur le parler des jeunes à la BSM établi par Fritzenkötter (2015), les prépositions « faibles » apparaissent aussi dans d'autres contextes. Sous cet angle, cette variété ressemble au chiac de Moncton et au parler de l'ÎPÉ. En LOU, les prépositions « faibles » restent exceptionnelles dans cette construction.

▶ **Prépositions « faibles »**
- Celui que je t'ai parlé de, sa femme vient d'Allemagne (NÉ – Hennemann, ILM, Corpus oral, 2)
- et d'quoi d'aut' que moi/j'suis une vraiment BIG FAN de c'est/le manger. (NÉ – Fritzenkötter 2015 : 259, BSM)
- je pense qu'il est très intéressant à écouter et/ehm découvrir où les mots viennent de (NÉ – Fritzenkötter 2015 : 259, BSM)
- ej vas m'adapter à la situation pis à la parsounne que je parle à. (NÉ – Fritzenkötter 2015 : 259, BSM)
- on se marie pis des fois on a peut-être pas parlé de tout' ça qu'on voulait parler de (NB – Wiesmath 2006 : 212, Wiesmath 11, U : 149)
- c'est pas le même fer qu'on parle de à Moncton avec les problèmes de plomb là (NB – Wiesmath 2006 : 212, Wiesmath 12, N : 113)
- pour expliquer aux gens un petit peu le PH qu'on parle de aujourd'hui là le PH c'est euh c'est une classe de huit (NB – Wiesmath 2006 : 212, Wiesmath 12, N : 24)
- i ont pas d'enfants pis i ont jamais eu rien * s'attacher à (NB – Wiesmath 2006 : 213, Wiesmath 2, F : 759)
- moi j'aime la musique que tu peux danser à pasque/ j'aime danser (NB – Perrot 1995, vol. 2 : 92, chiac, Wiesmath 2006 : 213)
- C'est la chose que je veux vous parler de (NB – Roy 1979, Moncton, *cf*. King 2013 : 93)
- Tu connais pas la femme que je te parle de. (ÎPÉ – King 2000 : 139)
- Ça c'est le weekend que je me souviens de (ÎPÉ – King 2000 : 136)
- La femme que j'ai donné la job à reste à Charlottetown (ÎPÉ – King 2000 : 141)
- Jha c'est le magasin que je vas tout le temps à. (LOU – Rottet 2001 : 233, loc. âgée) (aussi King 2013 : 96)
- Mon jh'a été élécté y a seize ans déjà, ça fait, ... un bête Cadien qu'a été élécté en place est après changer tout la mode qu'eusse avait l'habitude de. (LOU – Rottet 2001 : 168, locuteur jeune) (aussi King 2013 : 97)

Souvent, on note que la préposition « faible » – *à* ou *de* – est remplacée par une préposition « forte » pour s'intégrer à la structure (Rottet 2016 : 277).

▶ **Remplacement de la préposition « faible »**
- Pis c'est ça que nous-autres on a participé dedans (NÉ – Hennemann, BSM, RG)[129]
- C'est papa qui avait une car que moi je me souviens pas du tout about. (NÉ – Flikeid 1989b, citée dans King 2000 : 144)
- Ça c'est les enfants que j'sus si fier pour. (LOU – Rottet 2001 : 234, Rottet 2016 : 277)

V.6 Les prépositions orphelines dans l'interrogation et la phrase pseudo-passive

L'influence de l'anglais est indéniable lorsque la préposition orpheline – « faible » ou « forte » – apparaît dans une structure pseudo-passive ou qu'elle se réfère au pronom interrogatif. Ces constructions ne sont pas admises en français parlé hexagonal. Elles sont relevées principalement à l'ÎPÉ et en LOU.

▶ **Dans l'interrogation directe**
- Quoi-ce tu crois que je te calle pour ? Viens vite ! (NÉ – King 2013 : 119, BSM)
- [la WAITRESS] [...] pis a dit eh/ « y'où-c'que vous venez de ? » (NÉ – Fritzenkötter 2015 : 259, BSM)

- Quoi ce-qu'ils parlont about ? (ÎPÉ – King 2000 : 136, King 2013 : 91)
- Qui ce-que t'as fait le gâteau pour ? (ÎPÉ – King 2000 : 139)
- Quoi-ce que tu travailles dessus ? (ÎPÉ – King 2000 : 139, King 2013 : 90)
- Où ce-qu'elle vient de ? (ÎPÉ – King 2000 : 136, King 2013 : 93)
- Quelle heure qu'il a arrivé à ? (ÎPÉ – King 2000 : 139, King 2013 : 93)

- Quoi c'est que tu vas soigner cette femme-là avec ? (LOU – Ancelet 1994 : 85, Rottet 2016 : 271)
- Qui la table est fait avec ? (LOU – Rottet 2016 : 272) (trad. Rottet : « What is the table made of ? »)
- Quoi c'est il traitait pour ? (LOU – Ancelet 1994 : 197, Rottet 2016 : 272)
- Combien vous-autres veux me vendre ces écrevisses pour ? (LOU – Whatley 1983 : 171, Rottet 2016 : 272)
- Équelle fille tu parlais pour ? (LOU – DLF 2010 :s.v. *quel*[1], p. 506, Rottet 2016 : 272 et 277) (remplacement de la préposition « faible » par une préposition « forte »)
- Qui-ce qu'on peut parler après ? (LOU – Rottet 2016 : 277) (remplacement de la préposition « faible » par une préposition « forte »)

▶ **Dans l'interrogation indirecte**
- oh j'aimerais ça [rester dans les Maritimes] ça/ ça dépend où est-ce que ma femme vient de pis la JOB que je vas avoir plus tard (NB – Arrighi 2005 : 369, Marco NB 15 : 7–8)
- tu sais quoi-ce que je parle de là (NB – Perrot 1995, vol. 2 : 68, chiac, citée d'après Wiesmath 2006 : 213)
- Après parce qu'il a eu son accordéon, il l'a vendu, et me rappelle plus quoi il a eu pour (LOU – *Découverte*, Church Point, Acadia)

---

129 Le même locuteur utilise *participer à* devant un syntagme nominal : « Différents régions participent aux "Jeux de l'Acadie". » (NÉ – Hennemann, BSM, RG)

▶ **Dans la phrase pseudo-passive**
- Ce lit-là a été couché dedans. (ÎPÉ – King 2000 : 139)
- Le ciment a été marché dedans avant d'être sec. (ÎPÉ – King 2000 : 141, King 2013 : 90)

- Quand y a de quoi qui va pour être voté dessus (LOU – Rottet 2016 : 272)
- c'est plus le même Mardi Gras que nous-autres on a été élevés avec (LOU – Rottet 2016 : 272)
- le LOG, le l-arbre que ç'a été fait avec (LOU – Rottet 2016 : 272)
- je traite pour tous ces affaires, tout ça que quelqu'un a de besoin d'être traité pour. (LOU – Rottet 2016 : 272)

Annexe

Formes verbales remarquables

Dans plusieurs chapitres de cet ouvrage, on évoque, exemples à l'appui[1], des traits particuliers de la morphologie verbale des variétés étudiées. Dans ces chapitres, les formes sont non seulement mentionnées, mais également expliquées et placées dans une perspective plus large, à la fois historique et diasystématique. Le présent chapitre ne reviendra pas sur ces questions, mais vise à offrir des tableaux synoptiques de quelques verbes très fréquents dits « irréguliers », dont certaines formes s'écartent du français standard.

Lorsque nous parlons de *formes remarquables*, nous n'entendons pas par ce terme les formations régulières marquées par les désinences qui passent pour « acadiennes » et dont on trouvera tous les détails dans les chapitres sur les temps et les modes du verbe ainsi que dans celui sur les pronoms personnels[2]. Dans ce dernier, il s'agit surtout de présenter l'interdépendance entre le pronom personnel et la désinence pour exprimer la personne grammaticale, la désinence ne constituant que le deuxième élément d'un morphème discontinu dont il faut aussi considérer la première partie. Nous nous contenterons donc ici de rappeler quelques principes fondamentaux des désinences dites « acadiennes » (*cf.* par exemple Gesner 1979a : 52–61), qui se retrouvent d'ailleurs également en partie en FL.

- La terminaison de la 3e pers. pl. de l'indicatif et du subjonctif présent ainsi que de l'imparfait et du conditionnel correspond traditionnellement à la 1re pers. pl. : [õ] ou [ɔ̃] respectivement [jõ] ou [jɔ̃] (*cf.* les chap. « Les pronoms personnels », « Le subjonctif »)[3].
- Rappelons la tendance au syncrétisme des formes du futur et du conditionnel au singulier, [ɛ] tendant nettement vers [a] dans les variétés acadiennes (à l'exception du Nouveau-Brunswick) et en FTN. Cette tendance concerne d'ailleurs également la terminaison [ɛ] de l'imparfait, surtout à la 3e pers. et notamment en Nouvelle-Écosse, aux Îles-de-la-Madeleine et à Terre-Neuve mais aussi, par exemple, en français manitobain (*cf.* les chap. « Introduction », « Les temps du passé »).
- Toutefois, on constate également, surtout en FL, la tendance à fermer le [ɛ] ouvert dans les terminaisons, [ɛ] passant à [e], de sorte qu'il y a dans le premier groupe des verbes (-*er*) un syncrétisme des formes de l'infinitif, de l'imparfait et du participe passé (*cf.* les chap. « Les temps du passé », « Les formes nominales du verbe »).
- Signalons l'omission fréquente du -*r* de l'infinitif des verbes en -*ir*, omission lexicalisée dans le cas du verbe *quérir*, qui se prononce [kri][4].

---

[1] Il s'agit principalement des chapitres « Les pronoms personnels », « Le conditionnel », « Le futur », « Les temps du passé », « Le subjonctif », « Les formes nominales du verbe ».
[2] Si nous mentionnons dans ce qui suit également quelques formations « acadiennes » régulières, c'est principalement dans le but de fournir davantage de renseignements sur celles-ci, par exemple pour parler de la fréquence et de la distribution géographique de la forme « acadienne » par rapport à la forme standard.
[3] Pour la vitalité de ces formes et leur concurrence avec les formes du français standard, *cf.* les commentaires dans les chapitres respectifs.
[4] *Cf.* pour le FA : Arrighi (2005 : 118), Wiesmath (2006) ; en ce qui concerne le FL, Conwell/Juilland (1963 : 62) qualifient l'ellipse du *r* en finale des mots de variante fréquente (*venir* [vni]). – *Cf.* le chap. « Les formes nominales du verbe »).

– Dans les régions où ces formes subsistent, il existe un syncrétisme des formes du passé simple et de l'imparfait du subjonctif, les personnes du singulier se terminant – en règle générale – par [i], les personnes du pluriel par [ir], sauf quelques exceptions pour les formes monosyllabiques (ex. *eut* [y] ou *sut* [sy]) (*cf.* le chap. « Les temps du passé »)[5].

Soulignons la nette tendance en FL à abolir le marquage de la personne grammaticale au verbe ; celle-ci tend à être exprimée exclusivement par le pronom préposé au verbe. Les variétés acadiennes s'avèrent plus conservatrices à cet égard (*cf.* aussi Arrighi 2005 : 148s.).

Nous ne nous pencherons pas non plus sur les phénomènes suivants, récurrents dans toutes les variétés concernées, y compris le FL (*cf.* aussi « Introduction », I.5.3.) :
– L'amuïssement de la liquide après consonne en fin de mot, par exemple *prendre* [prãd]. Cette réduction constitue « une caractéristique générale et systématique du phonétisme de l'acadien, sans pour autant que la réalisation d'un tel groupe en position finale soit une impossibilité » (Ryan 1982 : 129)[6]. De telles réductions sont également courantes en FL, ainsi que dans d'autres variétés parlées outre-Atlantique et en français parlé en France (Ryan 1982 : 129s.).
– La simplification du groupe [vw] à [w] – par ex. *voir* [war/wɛr], *avoir* [awar] – dans toutes les variétés étudiées, tendance pourtant inégalement répartie sur les régions qui nous intéressent et en partie liée à la rapidité du débit (*cf. pouvoir* ci-après) ; elle est par exemple systématique à la BSM (Ryan 1982 : 279[7]) et très prononcée en FTN.
– En ce qui concerne la prononciation du groupe *oi* en Acadie, réalisé soit [wɛ], soit [wɑ]/[wa] en fonction du mot considéré, de l'environnement phonétique et du registre, on trouvera quelques indications dans les tableaux ci-dessous.
– Les temps composés se forment généralement avec l'auxiliaire *avoir* dans toutes les variétés étudiées (*cf.* les chap. « Les verbes auxiliaires *avoir* et *être* », « Les temps du passé »).

***

Les verbes seront classés ici par ordre alphabétique. Ne figureront dans les pages qui suivent que les formes relevées dans nos sources et dans les corpus dépouillés aux fins de notre analyse[8]. Notons qu'une comparaison exhaustive de la morphologie verbale très complexe des variétés concernées serait l'objet d'un ouvrage à part et ne peut être notre but ici. Sans

---

[5] *Cf.* le commentaire de Gesner (1979a : 60) à propos de cette économie formelle : « En français standard "classique" nous retrouvons douze morphèmes temporels différents (ø [zéro], [-e], [-a], [-ɛ], [-i] et [-y] pour le passé simple et les mêmes (sauf [-e] et [-ɛ]) plus [-as], [-asj], [-is], [-isj], [-ys] et [-ysj] pour l'imparfait du subjonctif). Si nous réunissons ces morphèmes temporels avec les six morphèmes personnels du français standard pour ces deux temps [...], nous avons 33 "combinaisons" désinentielles possibles contre deux en acadien ! L'on peut parler d'une économie de 94 %. » – *Cf.* aussi Arrighi (2005 : 112).
[6] *Cf.* aussi Gesner (1985 : 11), Arrighi (2005 : 118), Wiesmath (2006 : Introduction au CD-ROM).
[7] Selon Gesner (1979a : 65), qui étudie le parler de la BSM, « [l]a combinaison [v+w] ne semble pas exister en acadien [...] ».
[8] Pour des études approfondies consacrées à la morphologie verbale à la BSM, *cf.* Gesner (1979a) et Ryan (1982) ; pour Pubnico, *cf.* Gesner (1985). Pour le FL, on trouve quelques pages consacrées à la morphologie dans

prétendre donc à l'exhaustivité, nous nous contenterons de mentionner des formes qui, dans les corpus consultés, suscitent un intérêt particulier ou incitent à une remarque particulière. Il suffit qu'au moins une de nos sources témoigne d'une forme remarquable par région pour que celle-ci figure dans le tableau. Si une forme n'est pas mentionnée pour toutes les régions qui nous intéressent ici, cela n'exclut nullement qu'elle soit présente sur le terrain : cela signifie simplement que nous n'en avons pas relevé d'occurrence dans les corpus consultés. Les formes répertoriées ont des fréquences très inégales, ce qui ne ressort toutefois pas des tableaux, non chiffrés. On trouvera de plus amples renseignements à ce sujet dans les chapitres consacrés aux temps et aux modes.

On constate une tendance marquée à la régularisation des paradigmes. Ce sont surtout les verbes du 3e groupe qui s'alignent sur les conjugaisons du 1er et dans une moindre mesure du 2e groupe (ex. pour ce dernier cas : *s'asseoir* → *s'assir*) (Arrighi 2005 : 127). La régularisation peut concerner l'infinitif, tous les paradigmes du verbe concerné ou seulement quelques-uns, comme le conditionnel (*cf.* le conditionnel *peurrais* à partir de *je peux + rais* (LOU)). La plupart des régularisations s'effectuent à l'intérieur des paradigmes d'un seul et même verbe, en généralisant le radical le plus courant, soit celui de l'infinitif, soit le « radical du présent de l'indicatif des personnes du singulier » (Arrighi 2005 : 128s.) : *cf. boire* → *boivons, boivais*.

Dans l'ensemble, on note dans toutes les variétés étudiées des mécanismes de régularisation des paradigmes verbaux et une nette économie formelle par rapport au français standard[9]. Comparant le nombre des thèmes verbaux de 24 verbes en français acadien et en français standard, Gesner (1979a : 69) chiffre cette économie formelle en FA à 23,3 % (79 thèmes verbaux différents contre 103 en français standard pour les 24 verbes étudiés)[10].

Nota bene : Les formes standard coexistent avec les formes contenues dans les listes ci-après et la tendance à l'adaptation au standard (selon la région au standard soit québécois, soit hexagonal) s'accroît sous l'influence des médias et de l'école[11]. Bien que souvent relevées dans les corpus consultés, les formes standard ne figureront pas dans les tableaux ci-après.

Conwell/Juilland (1963), ainsi que des renseignements précieux dans Phillips (1936), Guilbeau (1950), Papen/Rottet (1997), Rottet (2001).

9 Pour le FA : Arrighi (2005 : 99–152), Gesner (1979a : 69–71) ; pour TN : Brasseur (2009) ; pour la LOU : Rottet (2001) et Golembeski/Rottet (2004).

10 De même Ryan (1982 : 108) constate dans le groupe des « lexèmes à thème variable » qui constituent « les unités de loin les plus fréquemment utilisées » des tendances à la « régularisation » et à la « simplification morphologiques » par rapport au français standard. *Cf.* dans le même sens Arrighi (2005 : 104 et 130). Certaines de ces formes régularisées ont une longue histoire et se retrouvent en partie également en français populaire de France. Selon Gesner (1979a : 71), « il faudrait surtout y voir une tendance à la simplification par analogie. Frei signale souvent la même tendance en "français avancé". »

11 *Cf.* dans le même sens, Arrighi (2005 : 99) : « ces formes coexistent généralement avec les variantes standard, à l'échelle du corpus ».

aller

Temps et mode	Forme	Source
indicatif présent sg.	1ʳᵉ pers. sg. *vas* [va]/[vɑ]	NÉ – Hennemann[12], BSM/PUB/ILM ; Gesner (1979a : 66), BSM ; Gesner (1985 : 80), PUB NB – Wiesmath 2006 IdlM – Falkert 2010 TN – Brasseur (2001 : s.v. *aller*, p. 12) LOU – Guilbeau (1950 : 190), *Découverte*, Mamou, Évangéline ; Stäbler (1995 : 224, corpus)
indicatif présent pl.	1ʳᵉ pers. pl. : *j'allons*	NÉ – Hennemann, ILM NB – Wiesmath 2006 TN – Brasseur (2001 : s.v. *aller*, p. 13)
	j'ons/je vons	TN – Brasseur (2001 : s.v. *aller*, p. 12)
	3ʳᵉ pers. pl. : *allont*	NÉ – Hennemann, BSM, PUB, ILM, Gesner (1979a : 66), BSM, Ryan (1982 : 185), BSM, Gesner (1985 : 80), PUB NB – Wiesmath 2006, Arrighi (2005 : 124) TN – Brasseur (2001 : s.v. *aller*, p. 12) LOU – Guilbeau (1950 : 190)
	allent	IdlM – Falkert 2010
subjonctif présent	1ʳᵉ à 3ᵉ pers. sg. : *alle* [al]	NÉ – Hennemann, ILM ; Gesner (1979a : 66), BSM ; Ryan (1982 : 187), BSM ; Gesner (1985 : 80), PUB ; Arrighi (2005 : 151) NB – Wiesmath 2006 IdlM – Falkert 2010 TN – Brasseur (2001 : s.v. *aller*, p. 12)
passé simple	*allit, allirent*	NÉ – Ryan (1982 : 188), BSM
futur et conditionnel	*allerai(s)*	NÉ – Gesner (1985 : 80), PUB NB – Wiesmath 2006
conditionnel	formes avec insertion de *-er-* : *irerions, ireriez, ireriont*	NÉ – Gesner (1979a : 60), BSM
subjonctif imparfait	*allis*	NÉ – Flikeid (1997 : 267) NB – Wiesmath 2006
	allisse	TN – Brasseur (2001 : s.v. *aller*, p. 12)
participe passé	*(té)/(été)*[13]	NÉ – Gesner (1979a : 66), BSM, (1985 : 80), PUB ; Hennemann BSM, PUB, ILM NB – Wiesmath 2006 IdlM – Falkert 2010 TN – Brasseur (2001 : s.v. *aller*, p. 12) LOU – DLF (2010 : s.v. *aller*, p. 21)

---

12 Pour la description des corpus, *cf.* « Introduction ».
13 Selon Gesner (1979a : 66), le participe passé *allé* existe en acadien pour le verbe *enaller*. Dans toutes les variétés qui nous intéressent ici, la forme du français standard – *je suis allé* – est généralement exprimée par *j'ai (é)té* (*cf.* les chap. « Les verbes auxiliaires *avoir* et *être* », « Les temps du passé »).

Commentaire
Gesner (1979a : 66) note qu'au présent de l'indicatif, *vont* et *allont* sont en usage, mais que les locuteurs considèrent *allont* comme « plus acadien ».

s'assir

Temps et mode	Forme	Source
infinitif	(s')assir(e) [asir]	NÉ – Gesner (1979a : 62), BSM ; Hennemann, BSM, PUB, ILM ; Gérin/Gérin (1979 : 94) NB – Wiesmath 2006 IdlM – Falkert 2010 TN – Brasseur (2001 : s.v. *assir (s')*, p. 30) LOU – Guilbeau (1950 : 204)
	asseoir, assir, assoyer [aswar, asir, aswaje]	LOU – DLF (2010 : s.v. *asseoir*, p. 40)
indicatif présent	je m'assis[14] [asi], tu t'assis, il s'assit, je/nous nous assisons, vous vous assisez, i s'assisont/s'assisent	NÉ – Hennemann, BSM/PUB/ILM NB – Wiesmath 2006 ; Arrighi (2005 : 127) TN – Brasseur (2001 : s.v. *assir (s')*, p. 30) LOU – *Découverte*, Mamou, Évangéline
subjonctif présent	[asiz] et [asi] (qu'on) s'assise	NÉ – Gesner (1985 : 56), PUB NB – Wiesmath 2006
imparfait	1re à 3e pers. sg.: [asizɛ] 3e pers. pl.: [asizjɔ̃]/[asizɛ]	NÉ – Hennemann, ILM ; Ryan (1982 : 151), BSM NB – Arrighi (2005 : 127) TN – Brasseur (2009 : 91), Brasseur (2001 : s.v. *assir*, p. 30) LOU – *Découverte*, Châtaignier, Évangéline ; Stäbler (1995 : 3, corpus) ; Rottet (2001 : 121) ; DLF (2010 : s.v. *asseoir*, p. 41)
futur et conditionnel	sg. : [asire] / [asirɛ] / [asira]	NÉ – Ryan (1982 : 151), BSM LOU – *Découverte*, Bayou Goula, Iberville ; DLF (2010 : s.v. *asseoir*, p. 41)
	[asizra][15] et [asira]	NÉ – Gesner (1985 : 56), PUB
passé simple	3e pers. pl. : [asir]	NÉ – Hennemann, ILM
	3e pers. sg. : [asizi] 3e pers. pl. : [asizir]	NÉ – Ryan (1982 : 155), BSM ; Arrighi (2005 : 127)
impératif	assis-toi [asitwa]	NÉ – Hennemann, ILM ; Gesner (1979a : 62), BSM TN – Brasseur (2001 : s.v. *assir*, p. 30)

---

[14] De même, pour *mettre*, Brasseur (2009 : 91) souligne que les formes [mi] (*je mis*) et [miz-] (*je misons*) sont des formes de l'indicatif présent en franco-terre-neuvien.

[15] De même, pour *finir* : [finisra] à côté de [finira] au futur et au conditionnel (Gesner 1985 : 54, PUB). – Pour ce même verbe, Arrighi (2005 : 122) note une forme remarquable du passé simple : *(je) finissis*.

Commentaire

Dans le même groupe, on compte le verbe *lire* qui s'écarte du français de France par les formes suivantes :
- infinitif : parfois omission de la consonne finale : *lire* [li]¹⁶ (NÉ – Ryan 1982 : 156, BSM)
- participe passé : *li* (NÉ – Hennemann, PUB ; NÉ – Ryan 1982 : 151, BSM ; TN – Brasseur 2001 : s.v. *lire*, p. 277 ; LOU – Conwell/Juilland 1963 : 165, DLF 2010 : s.v. *lire*, p. 368)
- passé simple : *(i) lisit* (NÉ – Ryan 1982 : 151, BSM)

avoir

Temps et mode	Forme	Source
infinitif	[awar]	NÉ – Ryan (1982 : 279), BSM
		NÉ – Gesner (1985 : 98), PUB
		NB – Wiesmath 2006
		LOU – Conwell/Juilland (1963 : 166), DLF (2010 : s.v. *avoir*, p. 51)
	[awɛʀ]	TN – Brasseur (2001 : s.v. *aoir*, p. 19)
	[avwɛʀ]	
	[wɛʀ]	
indicatif présent	1ʳᵉ pers. sg. *j'a* [ʒa] à côté de *j'ai* [ʒe] (= FS)	FA – Arrighi (2005 : 108s.)
		NÉ – Ryan (1982 : 265), BSM
		TN – Brasseur (2001 : s.v. *aoir*, p. 19)
		LOU – Rottet (2001 : 168) ; Guilbeau (1950 : 202)¹⁷
	j'i [ʒi] (rare)	TN – Brasseur (2001 : s.v. *aoir*, p. 19)
	1ʳᵉ pers. pl. : *(j')avons* [avɔ̃]	NÉ – Hennemann, PUB ; Gesner (1979a : 69), BSM ; Ryan (1982 : 268), BSM ; Gesner (1985 : 98), PUB
		NB – Wiesmath 2006
	(j')ons [ɔ̃]	NÉ – Gesner (1981 : 90), BSM ; Ryan (1982 : 268), BSM ; Hennemann, ILM ; Gesner (1985 : 98), PUB
		TN – Brasseur (2001 : s.v. *aoir*, p. 19)
	3ᵉ pers. pl. : *avont* [avɔ̃]	NÉ – Hennemann BSM, PUB, ILM ; Gesner (1979a : 69), BSM ; Ryan (1982 : 268), BSM ; Gesner (1985 : 98), PUB
		NB – Wiesmath 2006
		NB, ÎPÉ – Arrighi (2005 : 123)
		IdlM – Falkert 2010
		TN – Brasseur (2001 : s.v. *aoir*, p. 20)

---

16 *Cf.* Ryan (1982 : 157) : « En l'absence [...] de tout conditionnement contextuel aisément identifiable, cette transformation de /r/ en "zéro" semble se comporter plutôt comme variation libre. »

17 Selon Guilbeau (1950 : 202), la forme *j'a* est surtout le fait des locuteurs jeunes (à l'époque de son étude).

Temps et mode	Forme	Source
subjonctif présent	1ʳᵉ à 3ᵉ pers. sg. : [e] / [ej] / [εj]	NÉ – Gesner (1979a : 69), BSM ; Ryan (1982 : 274), BSM
	sg. : [aj] / [e] pl. : [ajɔ̃] / [avɔ̃] / [avjɔ̃] etc.	NÉ – Gesner (1985 : 98), PUB
	[ej]	NB – Wiesmath 2006 ; Arrighi (2005 : 150) IdlM – Falkert 2010 LOU – Guilbeau (1950 : 202), Stäbler (1995 : 4, corpus), Rottet (2001 : 120)
	aouèye [awεj]	LOU – Rottet (2001 : 120) ; Guilbeau (1950 : 202)
imparfait	*(j')évais* (rare) *(ils) ontvaient* (rare)	LOU – Golembeski/Rottet (2004 : 139), TB/LF ; Guilbeau (1950 : 202s.)
	forme avec aphérèse: *vait*	FA – Arrighi (2005 : 132)
passé simple	[ey], [eyr]	NÉ – Gesner (1979a : 50), BSM
	forme régularisée : *avit*	NB – Arrighi (2005 : 112)
futur et conditionnel	sg. : *arai(s)* [are] / [arε] / [ara] etc.	FA – Arrighi (2005 : 130) NÉ – Hennemann, PUB ; Gesner (1979a : 69), BSM ; Ryan (1982 : 275s.), BSM NB – Wiesmath 2006 IdlM – Falkert 2010 TN – Brasseur (2001 : s.v. *aoir*, p. 20) LOU – Rottet (2001 : 245)
	[are/a] et [avre/a] etc. pluriel du conditionnel: [arɔ̃] / [arjɔ̃] / [avrɔ̃] etc.	NÉ – Gesner (1985 : 98), PUB
	formes du pluriel avec insertion de *-er-* : [arərjɔ̃]	NÉ – Gesner (1979a : 60s.), BSM
participe passé	[ey]	NÉ – Gesner (1979a : 69), BSM
	[jy]	NÉ – Ryan (1982 : 276), BSM[18] ; Gesner (1985 : 98), PUB IdlM – Falkert 2010
	[jy] et [zy]	TN – Brasseur (2001 : s.v. *aoir*, p. 19) et Brasseur (2001 : XLII)
	avé	LOU – Conwell/Juilland (1963 : 165)

---

[18] [y] est la variante préférée après consonne, [jy] après voyelle à la BSM (Ryan 1982 : 277s.).

Temps et mode	Forme	Source
formes interrogatives syncopées et figées	[avu] (« avez-vous »)	NÉ – Hennemann, BSM NB – Wiesmath 2006 IdlM – Falkert 2010 TN – Brasseur (2001 : s.v. *aoir*, p. 20)
impératif	[ej]	NÉ – Ryan (1982 : 268), BSM[19] LOU – Guilbeau (1950 : 202)
	[aj], [ajɔ̃], [aje]	NÉ – Gesner (1985 : 98), PUB

Commentaire

Les sources et les corpus témoignent de l'hésitation à la 1re et la 3e pers. pl. de l'indicatif présent entre *ons/ont* [ɔ̃] et *avons/avont* [avɔ̃][20]. Selon Flikeid (1991 : 207, *cf.* aussi Flikeid 1992 : 21s.), il existe une variation intrarégionale en NÉ, les formes *avons* et *avont* étant largement prédominantes à Chéticamp, à Pubnico et à Pomquet, les formes *ons* et *ont* à l'ILM, alors qu'à la BSM les possibilités coexistent.

boire

Temps et mode	Forme	Source
infinitif	[bwɛr][21]	NÉ – Gesner (1979a : 65), BSM ; Ryan (1982 : 198), BSM
indicatif présent	1re à 3e pers. du pluriel *(je/nous) boivons, (vous) boivez, (i) boivont*	NÉ – Ryan (1982 : 199), BSM ; Gesner (1985 : 82), PUB TN – Brasseur (2001 : s.v. *boire*, p. 61)
subjonctif présent	1re à 3e pers. sg. [bwɛv] / [bwa] pluriel : [bwavɔ̃] / [bwavjɔ̃] [bwave] / [bwavje] [bwavɔ̃] / [bwavjɔ̃] / [bwɛv]	NÉ – Gesner (1985 : 82), PUB
imparfait	*(je, tu, il/alle...) boivais, boivait* etc.	NÉ – Gesner (1979a : 65), BSM NB – Wiesmath 2006 TN – Brasseur (2001 : s.v. *boiveur*, p. 63)
	bouvais	NÉ – Hennemann, ILM

---

19 Forme non produite spontanément, mais indiquée dans l'enquête.

20 Gesner (1979a : 69) compte 7 occurrences de *j'ons* « nous avons » contre 15 de *j'avons* et 18 occurrences de *ont* « ils ont » contre 11 de *ils avont*. Vu la répartition des formes selon les classes d'âge, les formes « déviantes » sont, selon Gesner (*ibid.*), « peut-être [...] en train de se perdre ». Dans le corpus oral de Ryan (1982 : 269s.), *j'avons* et *(il) avont* sont plus fréquents que *j'ons* et *(il) ont*, la différence entre les fréquences étant particulièrement nette à la 1re pers. pl. (*cf.* le tableau Ryan 1982 : 270).

21 Gesner (1979a : 65) indique pour la BSM que la forme [bwa] apparaît au singulier de l'indicatif présent et devant *-r*, [bwɛ] apparaissant en revanche devant [v] : « il semblerait que ce soit la consonne suivante qui conditionne le changement [wa]→ [wɛ] ». Selon Ryan (1982 : 198, BSM), il y a variation libre entre les deux réalisations. Dans son corpus établi à Pubnico, Gesner (1985 : 82) relève la forme avec [ɛ] uniquement au subjonctif présent.

Temps et mode	Forme	Source
futur et conditionnel	avec insertion de -er-: (je) boirerais	NÉ – Gesner (1985 : 82), PUB
	(i) boireriont	NÉ – Gérin/Gerin (1979 : 89)
	buvrai	LOU – Guilbeau (1950 : 204)
	pluriel : [bwarɔ̃] / [bwavjɔ̃] [bware] / [bwavje] [bwarɔ̃] / [bwavjɔ̃]	NÉ – Gesner (1985 : 82), PUB

Commentaire

Bauche (²1951 : 114) indique les formes occasionnelles *je boivais* (imparfait) et *je boivrai* (futur) pour le langage populaire de France.

doir «avoir à payer à qqn.» (FA)

Temps et mode	Forme	Source
infinitif	*doir* [dwar]	NÉ – Ryan (1982 : 191), BSM ; Gesner (1985 : 74), PUB
indicatif présent	1ʳᵉ à 3ᵉ pers. sg.: [dwa] (= FS) pluriel : [dwajɔ̃], [dwaje], [dwajɔ̃]	NÉ – Gesner (1985 : 74), PUB
	pluriel : *(je) doivons* [dwavɔ̃], *(vous) doivez* [dwave], *(i) doivont* [dwavɔ̃]	NÉ – Ryan (1982 : 199), BSM
	doivent [dwav] (= FS)	NÉ – Hennemann, ILM
subjonctif présent	[dwaj]/[dwa]	NÉ – Gesner (1985 : 74), PUB
	pluriel : [dwajɔ̃], [dwaje], [dwajɔ̃]/ [dwa]	NÉ – Gesner (1985 : 74), PUB
imparfait	*(je...) doivais...* [dwavɛ]	NÉ – Hennemann, ILM ; Ryan (1982 : 199), BSM TN – Brasseur (2001 : s.v. *devoir*, p. 160)
	[dwajɛ] etc.	NÉ – Gesner (1985 : 74), PUB
futur et conditionnel	[dware], [dwara] etc.	NÉ – Ryan (1982 : 201), BSM
	[dwajre/a] / [dware/a] Au conditionnel, Gesner (1985 : 74) note au pluriel une alternance entre les formes avec et sans [j] : [dwarɔ̃] / [dwarjɔ̃] [dware] / [dwarje]	NÉ – Gesner (1985 : 74), PUB

Commentaire

Ryan (1982 : 191) signale l'existence de « deux lexèmes verbaux distincts, bien que partiellement syncrétiques, là où le français standard ne présente qu'une seule unité polysémique » :
- [dwa-r][22] « être dans l'obligation de »,
- [dwa-r] « avoir à payer, à fournir à quelqu'un ».

Notons que dans l'acception « être dans l'obligation de », on relève *dev-* [dv-] + désinence (Ryan 1982 : 201, BSM) aux personnes du pluriel du présent – y compris la 3ᵉ pers. pl. *devont* (Arrighi 2005 : 137) –, à toutes les personnes de l'imparfait et au pluriel du subjonctif. Dans cette acception, on note pour le conditionnel des formes avec *e* épenthétique : *deverions* (NÉ – Hennemann, ILM), à côté de la forme standard *devr-* (NÉ – Ryan 1982 : 195, BSM, NB – Wiesmath 2006).

Pour le parler de Pubnico, Gesner (1985 : 88) note également pour *devoir* « être dans l'obligation de » les formes suivantes :
indicatif présent, 1ʳᵉ à 3ᵉ pers. pl. : [dwavɔ̃], [dwave], [dwavɔ̃]
imparfait : [dwavɛ] etc., [dwavjɔ̃], etc.
futur : [dwavre] etc.
conditionnel, pluriel : [dwavrɔ̃] / [dwavrjɔ̃] / [dwavrijɔ̃] etc.
Pour la LOU, Conwell/Juilland (1963 : 166) attestent pour le verbe *devoir* la forme [dwaje] à l'imparfait.

Signalons qu'en dehors de la NÉ, la différenciation en deux lexèmes verbaux distincts n'existe pas, le verbe *devoir* ayant les deux sens « être dans l'obligation de » et « avoir à payer à qn. ».

dire

Temps et mode	Forme	Source
indicatif présent	2ᵉ pers. pl. *vous disez*	NÉ – Hennemann, BSM, PUB, ILM ; Gesner (1985 : 58), PUB NB – Wiesmath 2006 ; Arrighi (2005 : 124) TN – Brasseur (2001 : s.v. *dire*, p. 162) LOU – Guilbeau (1950 : 181)
subjonctif présent	*(que je)* [di]	NÉ – Gesner (1985 : 58), PUB NÉ – Gérin/Gérin (1979 : 91)
impératif	*disez !*	*cf.* la forme de l'indicatif présent
passé simple	*disit*	NÉ – Gesner (1979a : 63), BSM ; Ryan (1982 : 170), BSM
futur et conditionnel	futur et conditionnel : *disera* [dizra/ɛ]	NÉ – Gesner (1985 : 58), PUB
	conditionnel avec insertion de *-er-* : *direriont*	NB – Wiesmath 2006

Commentaire

Bauche (²1951 : 114) indique la forme *vous disez* pour le langage populaire de France (*cf.* dans le même sens, Brasseur 2001 : s.v. *dire*, p. 162).

---

[22] « simplification, constatée régulièrement dans notre parler, du groupe consonantique [vw] » (Ryan 1982 : 195, BSM)

écrire

Temps et mode	Forme	Source
présent	*(je, vous, i) écrisons* [ekrizɔ̃], *ecrisez, écrisont*	TN – Brasseur (2001 : s.v. *écrire*, p. 174)
subjonctif présent	1ʳᵉ à 3ᵉ pers. sg. : [ekri]	NÉ – Gesner (1985 : 60), PUB
imparfait	*écrisais* [ekrizɛ], *écrisais, écrisait, écrisions, écrisiez, écrisiont*	NÉ – Hennemann, ILM TN – Brasseur (2001 : s.v. *écrire*, p. 174)
futur et conditionnel	*écrivera(is)* etc. [ekrivra] / [ekrivrɛ]	NÉ – Gesner (1985 : 60), PUB LOU – Guilbeau (1950 : 192)[23] ; Papen/Rottet (1997 : 94)
	pluriel du conditionnel : [ekrivrɔ̃] et [ekrivjɔ̃]	NÉ – Gesner (1985 : 60), PUB

Commentaire
Pour PUB (NÉ), Gesner (1985 : 60 *passim*) note que devant les désinences du pluriel (*-ions, -iez, -iont*), le groupe consonantique *v + r* peut être simplifié en [vj].

être

Temps et mode	Forme	Source
infinitif	*être* [et]	NÉ – Ryan (1982 : 290), BSM ; Gesner (1985 : 100), PUB
	éter [etər] + consonne	NÉ – Ryan (1982 : 290), BSM
	étère, tère [(e)tɛʀ]	TN – Brasseur (2001 : s.v. *être*, p. 160)
indicatif présent	1ʳᵉ pers. sg. : [ʃy]	NÉ – Ryan (1982 : 282), BSM ; Gesner (1979a : 68), BSM ; Gesner (1985 : 100), PUB LOU – Guilbeau (1950 : 195)
	[əʃy]	NÉ – Ryan (1982 : 283), BSM
	j'uis [ʃɥi]	NÉ – Hennemann, BSM, PUB, ILM
	je sus [ʒ sy] / [əʒ sy]	NÉ – Gérin/Gérin (1979 : 94) ; Ryan (1982 : 284), BSM NB – Wiesmath 2006, Introduction au CD-ROM IdlM – Falkert 2010 TN – Brasseur (2001 : s.v. *être*, p. 190) LOU – Guilbeau (1950 : 195) ; Conwell/Juilland (1963 : 164) ; Rottet (2001 : 233)

---

[23] Selon Guilbeau (1950 : 192), en FL, la forme [ekrivre] est surtout courante chez les jeunes (à l'époque de son étude).

Temps et mode	Forme	Source
	1ʳᵉ pers. pl. : *je sons*	NÉ – Gesner (1979a : 68), BSM ; Gérin/Gérin (1979 : 94) ; Ryan (1982 : 287), BSM ; Gesner (1985 : 100), PUB ; Fritzenkötter (2015 : 111), BSM TN – Brasseur (2001 : s.v. *être*, p. 190)
subjonctif présent	*seye* [sɛj] / [sej] *(vous) seyez* *(i) seyont*	NÉ – Hennemann, BSM, PUB, ILM ; Gesner (1979a : 68), BSM ; Ryan (1982 : 292s.), BSM NB – Wiesmath 2006 ; Arrighi (2005 : 150) IdlM – Falkert 2010
	[saj] / [sɛj]	NÉ – Gesner (1985 : 100), PUB
	formes amalgamées possibles à la 1ʳᵉ pers. sg. et pl. : *je seye* [ʃej] *je séyons* [ʃejɔ̃]	NÉ – Ryan (1982 : 293), BSM
	(il) seit [se]	FA – Arrighi (2005 : 149)
	[swe, swɛj, se, sɛj, sez] *(i) soyont* [swɛjɔ̃] *séyont* [sejɔ̃]	TN – Brasseur (2001 : s.v. *être*, p. 190) ; Brasseur 2009
	soye [swej/swaj], *soit* [swa] *(ils)* [swajɔ̃]/[swejɔ̃]²⁴	LOU – Guilbeau (1950 : 184, 195)
imparfait	*étiont*	NÉ – Gesner (1979a : 50), BSM NB – Péronnet (1989 : 50) ; Wiesmath 2006 IdlM – Falkert 2010 LOU – Guilbeau (1950 : 181)
	i sontaient	rare en Acadie (ÎPÉ, NB – Arrighi 2005 : 101, 125s.) LOU – Golembeski/Rottet (2004 : 139)
	je sutais	LOU – Golembeski/Rottet (2004 : 138), Rottet (2001 : 145)
	formes avec aphérèse : *tais, etc., tions, tiez, tiont*	NÉ – Ryan (1982 : 289), BSM ; Gesner (1985 : 100), PUB²⁵ NB – Wiesmath 2006, Introduction au CD-ROM NÉ, NB, ÎPÉ – Arrighi (2005 : 101, 131) IdlM – Falkert 2010 TN – Brasseur (2001 : s.v. *être*, p. 190)
	(je) tions [ʃtjɔ̃]	NÉ – Gesner (1985 : 100), PUB

---

24 Les formes [swajɔ̃]/[swejɔ̃] à la 3ᵉ pers. pl. sont qualifiées de « uncommon variants » par Guilbeau (1950 : 195).

25 Gesner (1985 : 100, PUB) parle d'une variante après [s] : *c'tait* [stɛ].

Temps et mode	Forme	Source
subjonctif imparfait	*(tu) seyis*	NB – Wiesmath 2006
	je sus	ÎPÉ – Arrighi (2005 : 113)
futur et conditionnel	pluriel du conditionnel : *(je/i)* [sərjõ] / [sərərjõ]	NÉ – Gesner (1979a : 50), BSM[26]
	sg. du conditionnel : *sérait* [sere] [sɛra]	LOU – Guilbeau (1950 : 195) LOU – Conwell/Juilland (1963 : 164)
	1ʳᵉ pers. sg. et pl., formes amalgamées au futur et au conditionnel : [ʃrɛ], [ʃrõ]	NÉ – Ryan (1982 : 291), BSM
participe présent	[sajã] / [sɛjã]	NÉ – Gesner (1985 : 100), PUB
	soyant [swajõ]	NB – Wiesmath 2006
participe passé	*té*	NÉ – Gesner (1981 : 82), BSM ; Gesner (1985 : 101), PUB IdlM – Falkert 2010 TN – Brasseur (2001 : s.v. *être*, p. 191)
	ité	LOU – Rottet (2001 : 145)

Commentaire

Le français de France connaît la forme amalgamée [ʃui] à la 1ʳᵉ pers. sg. (Ryan 1982 : 284) et en présence du sujet *ce*, la forme avec aphérèse à l'imparfait : [stɛ] (Ryan 1982 : 289).

La forme de l'infinitif avec voyelle d'appui et aphérèse – *tère* – est relevée à TN (Brasseur 2001 : s.v. *être*, p. 190) ; la forme avec voyelle d'appui est également signalée pour l'Acadie (*ibid.*).

Pour l'existence potentielle d'une forme régularisée à la 1ʳᵉ pers. sg. du verbe *être*, [e], dans les expressions de type *j'[e] tanné*, *j'[e] malade*, *j'[e] fatigué* dans deux corpus recueillis au NB, *cf.* Péronnet (2005 : 95–102). Péronnet discute les origines de la forme [e] dans ce contexte pour en conclure que *j'[e] tanné* et *j'[e] malade* représentent sans doute une forme régularisée de *être* (*je/tu/il/on* [e] à l'instar de *je/tu/il/on* [va]), et que pour *j'[e] fatigué*, deux options existent : dans les milieux faiblement familiarisés avec le français, il pourrait s'agir d'une forme du verbe *être* ; dans les milieux francophones, par contre, il pourrait s'agir de la forme *j'ai fatigué* dans le sens de « cela m'a fatigué », puisque *fatiguer* connaît anciennement et régionalement un emploi intransitif.

---

[26] Notons que Gesner (1985 : 100) relève pour PUB des formes avec la consonne initiale *f-* au lieu de *s-* au futur et au conditionnel. Dans son corpus, ces formes sont même plus fréquentes que celles en *s-*. Nous ne sommes pas en mesure de confirmer ce constat pour les corpus consultés ni pour les autres sources.

faire

Temps et mode	Forme	Source
infinitif	*faire* [fɛr]/[fær], « se réalise souvent »[27] [far]	NÉ – Gesner (1979a : 66), BSM ; Ryan (1982 : 262), BSM LOU – Conwell/Juilland (1950 : 164)
	[fær]	LOU – DLF (2010 : s.v. *faire*, p. 273)
indicatif présent	1ʳᵉ à 3ᵉ pers. sg. : [fa]	NÉ – Gesner (1985 : 84), PUB
	pluriel : *(je) faisons*[28], *(vous) faisez, (i) faisent / faisont*[29]	NÉ – Hennemann, BSM, ILM ; Gesner (1979a : 66), BSM ; Ryan (1982 : 257), BSM NB – Wiesmath 2006 ; Arrighi (2005 : 124) TN – Brasseur (2001 : s.v. *faire*, p. 194) LOU – Guilbeau (1950 : 181), Conwell/Juilland (1963 : 164), Stäbler (1995 : 112, corpus)
	faisent, faissent	IdlM – Falkert 2010
subjonctif présent	*(je, tu...) faise* [fɛz], *faises, faise, faisions, faisiez, faisiont/faisent*	NÉ – Hennemann, BSM ; Gesner (1979a : 66), BSM ; Gérin/Gérin (1979 : 94s.) ; Ryan (1982 : 259), BSM ; Gesner (1985 : 84), PUB NB – Wiesmath 2006 ; Arrighi (2005 : 151) TN – Brasseur (2001 : s.v. *faire*, p. 194) LOU – Guibeau (1950 : 183)
	singulier : *(je) faisse* [fɛs], etc.[30]	NÉ – Hennemann, BSM, ILM IdlM – Falkert 2010 TN – Brasseur (2001 : s.v. *faire*, p. 194)
	i feuse [føz]	TN – Brasseur (2001 : s.v. *faire*, p. 194)
imparfait	[fɛze]	LOU – Conwell/Juilland (1963 : 164)
futur	*faiserai*, etc.	NÉ – Ryan (1982 : 262), BSM ; Gesner (1985 : 84), PUB IdlM – Falkert 2010 TN – Brasseur (2001 : s.v. *faire*, p. 194)

---

27 Gesner (1979a : 66, BSM). – Dans le corpus oral de Ryan (1982 : 262, BSM), *faire* se réalise « sans exception » [far].
28 Brasseur (2009) note pour le *e* du radical [fəz] des hésitations entre [e], [ə] et [ɛ], Ryan (1982 : 257, 260) et Gesner (1985 : 84) indiquent pour la BSM et pour PUB un flottement entre les réalisations [f(ə)z] et [fɛz] + désinences *-ons, -ez, -ont, -ais, ait, ions-, -iez, -iont*.
29 La forme standard *font* est tout à fait marginale dans le corpus oral de Ryan (1982 : 258, BSM) et inexistante dans le corpus de Gesner (1985 : 84, PUB). Elle est courante en LOU.
30 Pour la BSM, Ryan (1982 : 259) note la réalisation [fɛs] devant consonne sourde, [fɛz] devant consonne sonore ou voyelle. Devant les désinences *-ions, -iez, -iont*, ce sont les formes [fz] et [fɛz] qui apparaissent.

Temps et mode	Forme	Source
conditionnel	pluriel avec insertion de *-er-* : [fərərjɔ̃]	NÉ – Gesner (1979a : 60), BSM
	faiserais, faiserait	NÉ – Gesner (1985 : 84), PUB IdlM – Falkert 2010 TN – Brasseur (2001 : s.v. *faire*, p. 194) LOU – Guilbeau (1950 : 192) ; Stäbler (1995 : 47, corpus) ; *Découverte*, Pointe-aux-Chênes, Terrebonne ; Rottet (2001 : 181)
	[fedre]	LOU – Rottet (2001 : 181)
subjonctif imparfait	*fessis*	NB – Arrighi (2005 : 112)
impératif	[fɔ̃] « faisons »	NÉ – Ryan (1982 : 258), BSM
	faisez	FA – Arrighi (2005 : 121)

Commentaire
Bauche (²1951 : 115) note la forme de l'indicatif présent *vous faisez* pour le langage populaire.

il faut

Temps et mode	Forme	Source
indicatif présent	*faut*[31] (= FS)	NÉ, NB, TN, LOU
subjonctif présent	*falle* [fal][32]	NÉ – Ryan (1982 : 215), BSM
imparfait	*faulait / follait*	NÉ – Hennemann, ILM NB – Wiesmath 2006 IdlM – Falkert 2010 TN – Brasseur (2001 : s.v. *falloir*, p. 196) LOU – Conwell/Juilland (1963 : 166), Stäbler (1995 : 228, corpus) ; Rottet (2001 : 121) ; DLF (2010 : s.v. *falloir*, p. 275)
	foulait	NÉ – Gesner (1979a : 67), BSM ; Hennemann, ILM TN – Brasseur (2001 : s.v. *falloir*, p. 196)

---

31 « [N]euf fois sur dix », *il* est omis dans le corpus de Ryan (1982 : 212, BSM). À la différence du français de France, on note aussi des constructions avec les pronoms personnels *je, tu, on* : *je faut* (pour *je* et *on*, cf. Ryan 1982 : 212).
32 Formes non produites spontanément, mais fournies dans l'enquête.

Temps et mode	Forme	Source
passé simple	*follut*	NÉ – Flikeid (1991 : 208), Chéticamp, BSM, Pomquet, PUB
	fallit	NÉ – Ryan (1982 : 215), BSM
	fallit / fallut (= FS) */ follit / follut*	NÉ – Flikeid (1991 : 208), ILM
	fallit	NB – Arrighi (2005 : 112)
	faulit	NB – Wiesmath 2006
	faulut	LOU – Stäbler (1995 : 115, corpus)
futur et conditionnel	*foudra, foudrait*	NÉ – Gesner (1979a : 67), BSM ; Gesner (1985 : 78), PUB
	faur(r)a, faur(r)ait	NÉ – Ryan (1982 : 216), BSM NB – Wiesmath 2006 IdlM – Falkert 2010 LOU – Guilbeau (1950 : 203), Stäbler (1995 : 82, 205, corpus)
	faulera	IdlM – Falkert 2010
participe passé	*foulu*	NÉ – Gesner (1979a : 67), BSM
	follu	LOU – Rottet (2001 : 120)
	faulu	LOU – Stäbler (1995 : 110, corpus), DLF (2010 : s.v. *falloir*, p. 275)

mourir

Temps et mode	Forme	Source
infinitif	*mourir* [muri]	Acadie (*cf.* le chap. « Formes nominales du verbe »), *cf.* par ex. NÉ – Ryan (1982 : 180), BSM
	[mørir]	LOU – Papen/Rottet (1997 : 93)
indicatif présent	*(je, tu, il...) mours* [mur], *mours, mourt*	NÉ – Gesner (1979a : 64), BSM ; Gesner (1985 : 32), PUB NB – Arrighi (2005 : 122) TN – Brasseur (2001 : s.v. *mourir*, p. 308) LOU – Papen/Rottet (1997 : 93)
	(il se meurt) [mɔɛr]	LOU – Conwell/Juilland (1963 : 163)
	mourissont	TN – Brasseur (2001 : s.v. *mourir*, p. 308)

Temps et mode	Forme	Source
	(vous) meurez *mouront / meuront*	LOU – Guilbeau (1950 : 200) ; Papen/Rottet (1997 : 93)
subjonctif présent	1re à 3e pers. sg.: *(je, tu...) moure* [mur]	NÉ – Gesner (1979a : 64), BSM ; Gesner (1985 : 32), PUB NB – Wiesmath 2006 LOU – Rottet (2001 : 121)
imparfait	*meurais*	LOU – Guilbeau (1950 : 199)
passé simple	*(il) mourit* [muri]	NÉ – Gesner (1979a : 56), BSM ; Ryan (1982 : 182), BSM
	morit	NB – Arrighi (2005 : 122)
futur et conditionnel	*mourirai(s)* [murire] *etc.*	NÉ – Ryan (1982 : 179), BSM TN – Brasseur (2001 : s.v. *mourir*, p. 308) LOU – Guilbeau (1950 : 200)
	forme avec insertion de *-er-* : [murərjõ]	NÉ – Gesner (1985 : 32), PUB
	meurrai(s)	LOU – Guilbeau (1950 : 200)
participe passé	*mouri*[33]	NÉ – Hennemann, ILM ; Gesner (1979a : 64), BSM ; Gesner (1985 : 32), PUB ; Ryan (1982 : 180), BSM NB – Wiesmath 2006 ; Arrighi (2005 : 122) TN – Brasseur (2001 : s.v. *mourir*, p. 308) LOU – Stäbler (1995 : 86, corpus)
	mourri	LOU – *Découverte*, Mamou, Évangéline
	mouru	NB – Arrighi (2005 : 122)

Commentaire

La forme du futur et du conditionnel – [muri] + *-rai(s) etc.* – n'est pas rare en français populaire (Ryan 1982 : 179).

---

[33] La forme *mort* est en revanche réservée aux emplois adjectivaux (*cf.* par ex. Ryan 1982 : 180 et les chap. « Les verbes auxiliaires *avoir* et *être* », « Les temps du passé »).

ouvrir[34]

Temps et mode	Forme	Source
infinitif	*ouvrir* [uvri][35]	Acadie (*cf.* le chap. « Formes nominales du verbe »)
	ouverre	LOU – Guilbeau (1950 : 198)[36] ; DLF (2010 : s.v. *ouverre*, p. 431)
imparfait et subjonctif présent	pluriel : [uvrɔ̃] et [uvjɔ̃]	NÉ – Gesner (1985 : 46), PUB
futur et conditionnel	pluriel du conditionnel : [uvrɔ̃] et [uvjɔ̃]	NÉ – Gesner (1985 : 46), PUB
	ouvrai(s) etc.	LOU – Guilbeau (1950 : 198s.)[37]
participe passé	*ouvri*[38]	NÉ – Ryan (1982 : 177), BSM ; Gesner (1985 : 46), PUB NB – Wiesmath 2006 IdlM – Falkert 2010 TN – Brasseur (2001 : s.v. *ouvrir*, p. 328)

Commentaire
Gesner (1985 : 46, PUB) note qu'au pluriel du subjonctif, de l'imparfait et du conditionnel (désinences *-ions, -iez, -iont*), le groupe [v] + [r] peut être simplifié en [v].

pouvoir

Temps et mode	Forme	Source
infinitif	*pouoir* [puwar]	NÉ – Ryan (1982 : 243), BSM LOU – DLF (2010 : s.v. *pouvoir*, p. 489)
	[pwar]	NÉ – Ryan (1982 : 243), BSM
	[puwɛr], rarement [pwɛr]	TN – Brasseur (2001 : s.v. *pouvoir*, p. 366)

---

34 De même pour *rouvrir, offrir, souffrir, couvrir, découvrir*. – *Rouvrir* s'emploie fréquemment au sens d'*ouvrir* dans les variétés étudiées ici. – Arrighi (2005 : 118) note aussi des formes des verbes en *-ir* alignées sur les verbes du 1re groupe : *courer, offrer*.
35 *Cf.* Ryan (1982 : 177, BSM): « il n'est pas rare que l'infinitif se réalise "zéro" dans le contexte des lexèmes de ce groupe. »
36 Guilbeau (1950 : 198) note que l'infinitif en [ɛr] est plus courant que celui en [ir]. Pour les verbes *couvrir, offrir, ouvrir, souffrir* Conwell/Juilland (1963 : 157s., 161) signalent l'infinitif en *-ar* : ex. *couvar*.
37 Au futur et au conditionnel, Guilbeau (1950 : 199) considère les formes en [uvr-] comme plus courantes que celles en [uvri-].
38 Selon Arrighi (2005 : 119), les formes « refaites en *-i* [*souffri, offri*, etc.] caractérisent plutôt le parler des locuteurs âgés et non néo-brunswickois. »

Temps et mode	Forme	Source
indicatif présent	pluriel : *(je) pouons, (vous) pouez*	NÉ – Ryan (1982 : 239), BSM[39] ; Gesner (1985 : 96), PUB (« débit rapide ») TN – Brasseur (2001 : s.v. *pouoir*, p. 366)
	(tu/elle) [pɥi]	LOU – Conwell/Juilland (1963 : 165)
	pouvont	NÉ – Hennemann BSM, PUB, ILM NB – Wiesmath 2006 TN – Brasseur (2001 : s.v. *pouoir*, p. 366)
	pouont, peuvont	TN – Brasseur (2001 : s.v. *pouoir*, p. 366)
subjonctif présent	1re à 3e pers. : *peuve* pluriel : *pouv-* [puv-] *i pouvent, i peuvent*	NÉ – Ryan (1982 : 236), BSM ; Gesner (1985 : 96), PUB NB – Wiesmath 2006 ; Arrighi (2005 : 151) IdlM – Falkert 2010 TN – Brasseur (2001 : s.v. *pouoir*, p. 366) LOU – *Découverte*, Mamou, Évangéline ; Stäbler (1995 : 3, corpus), Papen/Rottet (1997 : 95)
	1re à 3e pers. sg. : *pouve*	NÉ – Gesner (1979a : 51), BSM ; Ryan (1982 : 236), BSM
	pusse [pys]	LOU – Guilbeau (1950 : 201)
imparfait	*pouais*	NÉ – Gesner (1985 : 96), PUB (« débit rapide ») TN – Brasseur (2001 : s.v. *pouoir*, p. 366)
	peuvais	TN – Brasseur (2001 : s.v. *pouoir*, p. 366)
passé simple	*puvirent* (rare)	NÉ – Ryan (1982 : 238), BSM
subjonctif imparfait	*purent*	NÉ – Gesner (1979a : 39), BSM
conditionnel	[puvre]	NÉ – Gesner (1985 : 96), PUB
	pluriel : [purɔ̃] / [puvrɔ̃] / [puvjɔ̃] etc.	NÉ – Gesner (1985 : 96), PUB ; Gesner (1979a : 60), BSM
	avec insertion de *-er-* au pluriel : *pourreriont*	TN – Brasseur (2001 : s.v. *pouoir*, p. 366)
	peurrais etc. [pur]/[pør]	LOU – (Rottet 2001 : 242) (récent)

Commentaire
Bauche (^{2}1951 : 115) note la forme du subjonctif *peuve* pour le langage populaire.

---

[39] Ryan (1982 : 239, BSM) note que *pouv-* + [ɔ̃], [e] ou [ɛ] se prononce [puv], [puw] ou [pw] ; l'accent tonique sur la désinence semble influencer la réalisation.

prendre

Temps et mode	Forme	Source
infinitif	[prɑ̃]	LOU – Guilbeau (1950 : 196) ; Conwell/Juilland (1963 : 165), DLF (2010 : s.v. *prendre*, p. 491)
indicatif présent	devant désinence à initiale vocalique, variation libre : [pœrn-], [prən-] (= FS), [prɛn-] + *-ons, -ez, -ont*	NÉ – Ryan (1982 : 229, 231), BSM
	[prənɔ̃] / [prɛnɔ̃]	NÉ – Gesner (1985 : 92), PUB
	prendons, prendez, prendont/ prenont	TN – Brasseur (2001 : s.v. *prendre I*, p. 370)
imparfait	devant désinence à initiale vocalique, variation libre : [pœrn-], [prən-] (= FS), [prɛn-] + *-ais etc.*	NÉ – Ryan (1982 : 229, 231), BSM
	[prən-] (= FS), [prɛn-] + *-ais etc.*	NÉ – Gesner (1985 : 92), PUB
	métathèse [pœrnɛ]	NB – Wiesmath 2006
	[prɛne], [prəne] (= FS), [prone]	LOU – Conwell/Juilland (1963 : 165)
	prendais etc.	NB – Wiesmath 2006 TN – Brasseur (2001 : s.v. *prendre I*, p. 370) LOU – DLF (2010 : s.v. *achever*, p. 11) ; Stäbler (1995 : 117, corpus)
	pranais/prénais etc.	TN – Brasseur (2001 : s.v. *prendre I*, p. 370)
passé simple	*(i) prenit* [prɛni]	NÉ – Ryan (1982 : 231, 233), BSM
futur et conditionnel	formes sans *glide* : *prenra(i)(s)*	NÉ – Hennemann, PUB, ILM IdlM – Falkert 2010 TN – Brasseur (2001 : s.v. *prendre I*, p. 371) LOU – Guilbeau (1950 : 194, 196)[40] ; Papen/Rottet (1997 : 94)
	[prɛnre/a] etc. pluriel du conditionnel : [prɛnrɔ̃] / [prɛnjɔ̃] [prɛnre] / [prɛnje] [prɛrɔ̃] / [prɛnjɔ̃]	NÉ – Gesner (1985 : 92), PUB

---

40 Selon Guilbeau (1950 : 194), pour tous les verbes en *-re*, les formes avec et sans *glide* sont très courantes au futur et au conditionnel.

Formes verbales remarquables — 905

Temps et mode	Forme	Source
	formes régularisées au conditionnel : *(je) prenderions*	NÉ – Hennemann, ILM
	prendriait	NB – Wiesmath 2006

savoir

Temps et mode	Forme	Source
infinitif	*saoir* [sawar]/[sawɑr]	NÉ – Ryan (1982 : 221), BSM ; Gesner (1985 : 86), PUB NB – Wiesmath 2006 LOU – DLF (2010 : s.v. *savoir*[1], p. 573)
	[sawɛʀ], rarement *savoir* [savwɛʀ]	TN – Brasseur (2001 : s.v. *saoir*, p. 410)
indicatif présent	*je sais* [ʃɛ]	NÉ – Ryan (1982 : 222), BSM
	[ʃe] / [se]	NÉ – Gesner (1985 : 86), PUB
subjonctif présent	*save*	NÉ – Hennemann, BSM ; Gesner (1979a : 68), BSM ; Ryan (1982 : 223), BSM NB – Wiesmath 2006 ; Arrighi (2005 : 151) TN – Brasseur (2001 : s.v. *saoir*, . 410) LOU – Guilbeau (1950 : 202), Stäbler (1995 : 239, corpus)
	[sav] / [se] / [sej] / [sɛj]	NÉ – Gesner (1985 : 86), PUB
	saille, saillions, saillent	FA – Arrighi (2005 : 150) TN – Brasseur (2001 : s.v. *saoir*, p. 410)
futur et conditionnel	*sarai(s)* [sare] *etc.*	NÉ – Hennemann PUB, ILM ; Gesner (1979a : 68), BSM ; Ryan (1982 : 226), BSM NB – Wiesmath 2006 IdlM – Falkert 2010 TN – Brasseur (2001 : s.v. *saoir*, p. 410)
	[savre] et [sare][41] *etc.* pluriel du conditionnel : [savrɔ̃] / [sarɔ̃] / [sarjɔ̃], *etc.*	NÉ – Gesner (1985 : 86), PUB
participe présent	*savant*	NÉ – Gesner (1979a : 68), BSM ; Gesner (1985 : 86), PUB

---

[41] Gesner (1985 : 86) note la forte concurrence entre les formes archaïques [sare/a] etc. du futur et du conditionnel et les formes analogiques [savre/a] etc., ajoutant qu'« à la lumière des données déjà passées en revue, on pourrait postuler que ce sera [sic] les formes analogiques qui l'emporteront à la longue ».

Temps et mode	Forme	Source
impératif	*save ! savons ! savez !*[42]	NÉ – Ryan (1982 : 224), BSM

Commentaire
La forme *je sais* [ʃɛ] est également tout à fait courante en France (*cf.* Ryan 1982 : 222). Bauche (²1951 : 115) note la forme du subjonctif *save* pour le langage populaire.

tenir/tiendre

Temps et mode	Forme	Source
infinitif	*tiendre* [tʃɛ̃d][43]	NÉ – Hennemann BSM, ILM ; Ryan (1982 : 246), BSM ; Gesner (1985 : 76), PUB
	[tʃjɛ̃d], [tniʀ]	TN – Brasseur (2001 : s.v. *tiendre*, p. 446)
	[tjɛ̃d]	NB – Wiesmath 2006 FA – Arrighi (2005 : 129) IdlM – Falkert 2010
	[tjɛ̃n], [tjɛ̃d(r)], [tʃɛ̃n], [tʃɛ̃d(r)] [t(ə)nir]	LOU – DLF (2010 : s.v. *tenir*, p. 610)
	[tenir]	LOU – Guilbeau (1950 : 199)
indicatif présent	1ʳᵉ à 3ᵉ pers. sg. : [tʃɛ̃]	NÉ – Gesner (1979a : 65), BSM ; Ryan (1982 : 248), BSM ; Gesner (1985 : 76), PUB
	(je / i) [tʃɛnɔ̃]	NÉ – Gesner (1985 : 76), PUB
	tiennont [tʃjenɔ̃] *tiendont* [tʃjɛ̃dɔ̃]	TN – Brasseur (2001 : s.v. *tiendre*, p. 446)
imparfait	*tienait* [tʃjɛne] *(i) tienniont* [tʃjɛnjɔ̃]	NÉ – Hennemann ILM NB – Wiesmath 2006
	1ʳᵉ à 3ᵉ pers. sg. : [tʃənɛ]	NÉ – Ryan (1982 : 248), BSM
	[tʃɛnɛ]	NÉ – Gesner (1985 : 76), PUB
	tiennais [tʃjene] / *tiendais* [tʃjɛ̃de] *(i) tiennaient* [tʃjɛne]	TN – Brasseur (2001 : s.v. *tiendre*, p. 446 et s.v. *beurrier*, p. 55)
passé simple	1ʳᵉ à 3ᵉ pers. sg. : [tʃɛ̃]	NÉ – Ryan (1982 : 248), BSM
	(il se) tienit	NÉ – Hennemann ILM

---

42 Formes non produites spontanément, mais fournies dans l'enquête.
43 Dans le corpus de Wiesmath (2006), l'affriquée est récurrente mais loin d'être systématique. Dans le corpus de Falkert (2010 : 255), « [l]a palatalisation a été relevée uniquement pour les témoins de 60 ans et plus ».

Temps et mode	Forme	Source
subjontif imparfait	*(tu) tis*	NB – Arrighi (2005 : 113)
futur et conditionnel	*tiendrai* [tʃɛ̃dre] etc.	NÉ – Ryan (1982 : 249), BSM
	tiendrai [tʃjɛ̃dre]	NB – Wiesmath 2006
	formes sans *glide* : *tienrai(s)* [tʃɛnre/a]	NÉ – Gesner (1985 : 76), PUB
	tienrai(s) [tjɛ̃re]/[tʃɛ̃re]	LOU – Guilbeau (1950 : 199)
	formes avec insertion de *-er-* au pluriel : *tiendreriont*	NB – Arrighi (2005 : 111)
participe passé	*tient* [tʃɛ̃]	NÉ – Gesner (1979a : 65), BSM ; Gesner (1985 : 76), PUB
	tient [tjɛ̃][44]	NB – Arrighi (2005 : 123)
	[tʃɛ̃d] [tʃɔn] – « sous un accent énergique »	NÉ – Ryan (1982 : 250s.), BSM
	tiené [tjene]	ÎPÉ – Arrighi (2005 : 129)
	tient [tʃɛ̃] / *tiendu* [tʃɛ̃dy]/ *tiennu* [tʃɛny]	TN – Brasseur (2001 : s.v. *tiendre*, p. 446)

Commentaire
La forme *tiendre* est signalée en France pour le français populaire (Brasseur 2009 : 92) et dans les dialectes (FEW 13/1, 209a-b).

venir/menir/viendre

Temps et mode	Forme	Source
infinitif	*venir* [vni(r)]	NÉ – Ryan (1982 : 247), BSM ; Gesner (1985 : 94), PUB IdlM – Falkert 2010 TN – Brasseur (2001 : s.v. *venir*, p.466)
	menir [mni(r)]	NÉ – Ryan (1982 : 246), BSM ; Gesner (1985 : 94), PUB IdlM – Falkert 2010[45] LOU – Guilbeau (1950 : 199) ; Papen/Rottet (1997 : 95)

---

44 Dans le corpus d'Arrighi (2005 : 123), la forme *tient* du participe passé « caractérise essentiellement les productions des vieux locuteurs ».
45 La forme avec *-m* initial est bien documentée dans le corpus madelinien de Falkert (2010).

Temps et mode	Forme	Source
	venir [vnir] / [mnir] *viendre* [vjɛ̃n] / [vjɛ̃d(r)]	LOU – DLF (2010 : s.v. *venir*, p. 645)
	[venir]	LOU – Guilbeau (1950 : 199)
	forme avec aphérèse : [nir]	NÉ – Gesner (1985 : 95), PUB
indicatif présent	1ʳᵉ à 3ᵉ pers. sg. : [vɛ̃][46] 3ᵉ pers. pl. : [vɛnɔ̃] [vənɔ̃]	NÉ – Gesner (1979a : 67), BSM ; Ryan (1982 : 244), BSM ; Gesner (1985 : 94), PUB NB – Wiesmath 2006 ; Arrighi (2005 : 124) LOU – Stäbler (1995 : 66, corpus)
	(i) vonne [vɔn] – variante « sous un accent de phrase ou d'insistance »	Ryan (1982 : 245), BSM
	viennont	TN – Brasseur (2001 : s.v. *venir*, p. 466)
subjonctif présent	1ʳᵉ à 3ᵉ pers. sg. : *venne(s)* [vɛn][47] *(i) veniont*	NÉ – Hennemann, BSM ; Gesner (1979a : 67), BSM
	(je) vennions [vɛnjɔ̃]	NÉ – Gesner (1979a : 67), BSM
	(i) vienniont	NB – Wiesmath 2006
imparfait	*vienait* [vjɛnɛ] *(i) venniont* [vɛnjɔ̃]	NÉ – Hennemann, ILM NÉ – Hennemann, PUB ; Gesner (1979a : 67), BSM
	[vən-] (= FS) / [vɛn-]	NÉ – Gesner (1985 : 94), PUB
	viendait, viennait, vienniont	NÉ – Flikeid (1991 : 208) TN – Brasseur (2001 : s.v. *venir*, p. 466)
	mena(i)t *menait*	IdlM – Falkert 2010 LOU – Guilbeau (1950 : 199)
passé simple	*venit*	NÉ – Gesner (1979a : 67), BSM
	(i) vonne [vɔn] – variante « sous un accent de phrase ou d'insistance »	Ryan (1982 : 245), BSM

---

[46] Les données des corpus consultés ne permettent pourtant pas de confirmer – pour l'indicatif présent – la remarque de Gesner (1979a : 67), selon qui « le [j] qui se manifeste en français [vjɛ̃], [vjɛ̃n], [vjɛ̃d] est normalement absent en acadien ». Nous ne relevons qu'une occurrence sans [j] à l'indicatif présent, dans le corpus de Hennemann, pour la forme *je me souvins* (NÉ-PUB). Gesner note aussi deux formes avec [j] – *il vient* et *on vienne* –, qu'il attribue à l'influence du français standard (*ibid.*).

[47] Gesner (1985 : 94, PUB), qui relève le plus souvent la forme standard, [vjɛn], au subjonctif, présume qu'il s'agit de l'influence du français standard à l'école (notons que son corpus se base sur une enquête réalisée en milieu scolaire).

Temps et mode	Forme	Source
futur et conditionnel	*vindrai* [vɛ̃dre] *etc.*	NÉ – Gesner (1979a : 67), BSM
	formes sans *glide* : *vennera, venera*	NÉ – Flikeid (1991 : 208), PUB ; Gesner (1985 : 94), PUB
		TN – Brasseur (2001 : s.v. *venir*, p. 466)
	vienrai(s)	IdlM – Falkert 2010
		LOU – Guilbeau (1950 : 199) ; Papen/Rottet (1997 : 95)
	formes avec insertion de *-er-* au pluriel :	
	(je/i) [vɛ̃dərərjɔ̃] / [vɛ̃dərjɔ̃]	Gesner (1979a : 51), BSM
	(i) viendreriont	NB – Arrighi (2005 : 111)
participe passé	*menu*	NÉ, IdlM
	[vɛ̃d] (forme marginale)	NÉ – Ryan (1982 : 251), BSM
	forme avec aphérèse : [ny]	NÉ – Gesner (1985 : 95), PUB
	veni	LOU – Conwell/Juilland (1963 : 163)
impératif	[vɛ̃]	NÉ – Ryan (1982 : 244), BSM

Commentaire

En ce qui concerne les formes *venir* et *menir* en NÉ, notons qu'à l'infinitif et aux formes du participe (*m'nir, m'nu, m'nant*), la forme avec *m* prédomine à l'ILM (78 %), à Pomquet (70 %), à Chéticamp (66 %), alors qu'elle est minoritaire à Pubnico (8 %) et à la Baie Sainte-Marie (6 %) (Flikeid 1991 : 208). Pour les autres formes du verbe, la variante en *v-* prédomine dans toutes les régions. Dans le corpus de Gesner (1985 : 95, PUB), la fréquence de *m-* et de *v-* est à peu près égale.

Aussi bien la forme *viendre* que celle en *m-* initial – *menir* [mni] – sont attestées dialectalement en France (FEW 14, 240a).

voir

Temps et mode	Forme	Source
infinitif	[vwɛʀ]	TN – Brasseur (2001 : s.v. *oir l*, p. 323)
	oir [wɛʀ]	
	[war]/[wɑr]	NÉ – Gesner (1979a : 65), BSM ; Ryan (1982 : 204), BSM
		LOU – DLF (2010 : s.v. *voir¹*, p. 654)
indicatif présent	1ʳᵉ à 3ᵉ pers. sg. : [wɛ]	TN – Brasseur (2001 : s.v. *oir l*, p. 323)
	rarement : [wa]	
	(vous) oyez [wɛje]	
	(i) oyont [wɛjɔ̃], *(i) vèyent* [vɛj]	

Temps et mode	Forme	Source
subjonctif présent	*oie* [wɛj]	NÉ – Ryan (1982 : 208), BSM TN – Brasseur (2001 : s.v. *oir I*, p. 323)
	voye [vwaj]	NB – Arrighi (2005 : 150)
	1ʳᵉ à 3ᵉ pers. sg. : [vwaj]/[vwa] pluriel : [vwajɔ̃], [vwaje], [vwajɔ̃]/ [vwaj]/[vwa]	NÉ – Gesner (1985 : 72), PUB
imparfait	*oyais* [wɛjɛ]	TN – Brasseur (2001 : s.v. *oir I*, p. 323)
passé simple et subjonctif imparfait	*(i) vurent*	NÉ – Hennemann, ILM ; Ryan (1982 : 208), BSM
futur et conditionnel	*voirai(s), oirai(s)* etc. [vware] / [ware]	NÉ – Hennemann, ILM ; Gesner (1979a : 65), BSM ; Gérin/Gérin (1979 : 95) ; Ryan (1982 : 207), BSM NB – Arrighi (2005 : 128) ÎPÉ – King (2000 : 60) IdlM – Falkert 2010 TN – Brasseur (2001 : s.v. *oir I*, p. 323)
	[vwajre] etc., parfois avec insertion de -ə- : [vwajəre]	NÉ – Gesner (1985 : 72), PUB
participe passé	*vi*	LOU – Conwell/Juilland (1963 : 167)

Commentaire
Bauche (²1951 : 115) note la forme du futur *je voirai* pour le langage populaire.

vouloir

Temps et mode	Forme	Source
indicatif présent	*(i) voulont*[48]	NÉ – Gesner (1979a : 67), BSM[49] ; Ryan (1982 : 218), BSM NB – Arrighi (2005 : 129) IdlM – Falkert 2010
	(i) [vø], [vøl], [vœl]	LOU – Conwell/Juilland (1963 : 167)
subjonctif présent	*(je) voule*	NÉ – Gesner (1979a : 67), BSM ; Ryan (1982 : 220), BSM
	(je) veule, (i) vouliont	NB – Wiesmath 2006

---

[48] Dans le corpus de Ryan (1982 : 218, BSM), la forme standard *veulent* est « tout à fait marginal[e] ». Dans le corpus de Falkert (2010, IdlM), la forme standard *veulent* est majoritaire par rapport à la forme *voulont*.
[49] *Cf.* Gesner (1979a : 67) : « Les allothèmes [vœl] et [vœj] ne paraissent pas en acadien – [vul] les remplace partout où on les trouve en français. »

Temps et mode	Forme	Source
passé simple	*(il) voulit*	NÉ – Gesner (1979a : 56), BSM ; Ryan (1982 : 220), BSM
futur et conditionnel	1ʳᵉ à 3ᵉ pers. sg.: [vulra/ɛ] pluriel : [vudrɔ̃] / [vudrijɔ̃] / [vulrɔ̃] etc.	NÉ – Gesner (1985 : 66), PUB
	formes avec *e* épenthétique : *(i) vouderiont*	NÉ – Hennemann, ILM
	formes avec insertion de *-er-* : *voudrerais*	LOU – Rottet (2001 : 185)
	[vore], [vodre]	LOU – Guilbeau (1950 : 203)
	[vøre]	LOU – Rottet (2001 : 241) (développement récent *veux + rais*)

Commentaire

Bauche (²1951 : 115) note la forme du subjonctif *veule* pour le langage populaire.

Bibliographie

A

Aikhenvald (2006) = Aikhenvald, Alexandra Y., « Grammars in Contact : A Cross-Linguistic Perspective », dans : Aikhenvald, Alexandra Y./Dixon, Robert M.W. (éds.), *Grammars in Contact. A Cross-Linguistic Typology*, Oxford : Oxford University Press, 2006, 1–66.

ALBRAM = Guillaume, Gabriel/Chauveau, Jean-Paul, *Atlas linguistique et ethnographique de la Bretagne romane, de l'Anjou et du Maine*, Paris : CNRS, t.2 (1983), cartes 281–598.

ALCe = Dubuisson, Pierrette, *Atlas linguistique et ethnographique du Centre*, Paris : CNRS, t.1 (1966), cartes 1–318.

ALEC = Dulong, Gaston/Bergeron, Gaston, *Le parler populaire du Québec et de ses régions voisines. Atlas linguistique de l'est du Canada*, Québec : Éditeur officiel, 1980.

ALF = Gilliéron, Jules/Edmont, Edmond, *Atlas linguistique de la France*, Paris : Honoré Champion, 1902–1910.

ALIFO = Simoni-Aurembou, Marie-Rose, *Atlas linguistique et ethnographique de l'Île-de-France et de l'Orléanais*, Paris : CNRS, t.2 (1978), cartes 319–687.

ALN = Brasseur, Patrice, *Atlas linguistique et ethnographique normand*, Paris : CNRS, t.2 (1984), cartes 374–779.

Ancelet (1994) = Ancelet, Barry, *Cajun and Creole Folktales. The French Oral Tradition of South Louisiana. Avec annotations de l'auteur*, Jackson : University Press of Mississippi, 1994.

Ancelet/Guidry (1981) = Ancelet, Barry/Guidry, Richard, « Martin Weber et les Marais-Bouleurs », dans : Allain, M./Ancelet, Barry (éds.), *Littérature française de la Louisiane : Anthologie*, Bedford, NH : National Materials Development Center for French, 1981, 277–298.

Andersen (1993) = Andersen, Hanne Leth, « Les complétives non introduites en français parlé », *Travaux linguistiques du CERLICO* 6 (1993), 5–14.

Arrighi (2014) = Arrighi, Laurence, « Le français parlé en Acadie : description et construction d'une "variété" », *Minorités linguistiques et société / Linguistic Minorities and Society* 4 (2014), 100–125.

Arrighi (2013) = Arrighi, Laurence, « Un bagage linguistique diversifié comme capital humain : esquisse d'un (nouveau) rapport aux langues en Acadie », *Revue de l'Université de Moncton* 44/2 (2013), 7–34.

Arrighi (2012) = Arrighi, Laurence, « Quelques processus de grammaticalisation dans le français parlé en Acadie », dans : Bigot, Davy/Friesner, Michael/Tremblay, Mireille (éds.), *Le français d'ici et d'aujourd'hui*, Québec : Presses de l'Université Laval, 2012, 173–193.

Arrighi (2007) = Arrighi, Laurence, « L'interrogation dans un corpus de français parlé en Acadie. Formes de la question et visées de l'interrogation », *LINX* (online) 57 (2007), Online since 06 July 2011. (http://linx.revues.org/277 DOI : 10.4000/linx.277 ; consulté le 08 June 2015).

Arrighi (2005) = Arrighi, Laurence, *Étude morphosyntaxique du français parlé en Acadie. Une approche de la variation et du changement linguistique en français*, Thèse de doctorat, Moncton, 2005.

Arrighi (2005a) = Arrighi, Laurence, « Des prépositions dans un corpus acadien : Évolution du système linguistique français, archaïsmes et/ou calques de l'anglais ? », dans : Brasseur, Patrice/Falkert, Anika (éds.), *Français d'Amérique : Approches morphosyntaxiques. Actes du colloque international « Grammaire comparée des variétés de français d'Amérique » (Université d'Avignon, 17–20 mai 2004)*, Paris : L'Harmattan, 2005, 239–247.

Ashby (1977) = Ashby, William J., « Interrogative Forms in Parisian French », *Semasia* 4 (1977), 35–52.

Ashby (1976) = Ashby, William J., « The Loss of the Negative Morpheme *ne* in Parisian French », *Lingua* 39 (1976), 119–137.

Atran-Fresco (2016) = Atran-Fresco, Laura, *Les Cadiens au present: Revendications d'une francophonie en Amérique du Nord*, Québec : Presses de l'Université Laval, 2016 (coll. « Langues officielles et sociétés »).

Auger/Villeneuve (2010) = Auger, Julie/Villeneuve, Anne-José, « La double expression des sujets en français saguenéen », dans : Remysen, Wim/Vincent, Diane (éds.), *Hétérogénéité et homogénéité dans les pratiques langagières : Mélanges offerts à Denise Deshaies*, Québec : Presses de l'Université Laval, 2010, 67–86.

Ayres-Bennett (2004) = Ayres-Bennett, Wendy, *Sociolinguistic Variation in Seventeenth-Century France*, Cambridge : Cambridge University Press, 2004.

Ayres-Bennett (1994) = Ayres-Bennett, Wendy, « Negative Evidence : or another Look at the Non-Use of Negative *ne* in Seventeenth-Century French », *French Studies* XLVIII (1994), 63–85.

B

Bakker/Papen (1997) = Bakker, Pieter/Papen, Robert A., « Mitchif : A mixed language based on French and Cree », dans : Thomason, Sarah (éd.), *Contact languages : A wider perspective*, Amsterdam : Benjamins, 1997, 295–363.

Ball (2000) = Ball, Rodney, *Colloquial French Grammar : A practical guide*, Oxford/Malden : Blackwell, 2000.

Barbaud et al. (1982) = Barbaud, Philippe/Ducharme, Ch./Valois, Daniel, « D'un usage particulier du genre en canadien-français : la féminisation des noms à initiale vocalique », *Revue canadienne de linguistique* 27–2 (1982), 103–133.

Baronian (2016) = Baronian, Luc, « Au carrefour des Amériques françaises : enquête sur les sources linguistiques du français louisianais », dans : Dessens, Nathalie/Le Glaunec, Jean-Pierre (éds.), *Interculturalité : La Louisiane au carrefour des cultures*. Québec : Presses de l'Université Laval, 2016, 295–318.

Baronian (2010) = Baronian, Luc, « L'apport linguistique québécois en Louisiane », dans : Iliescu, Maria/Siller Runggaldier, Heidi/Danler, Paul (éds.), *Actes du XXVe Congrès International de linguistique et de philologie romanes*, vol. 7, Berlin : Mouton de Gruyter, 2010, 231–240.

Baronian (2006) = Baronian, Luc, « Les français d'Amérique : états des faits, état de la recherche, perspectives futures », dans : Papen, Robert A./Chevalier, Gisèle (coord.), *Les variétés de français en Amérique du Nord. Évolution, innovation et description. Revue canadienne de linguistique appliquée/ Canadian Journal of Applied Linguistics* 9/2 (2006). *Revue de l'Université de Moncton* 37/2 (2006), 9–20.

Baronian (2005) = Baronian, Luc, « Pre-Acadian Cajun French », *Proceedings of the 31st Annual Meeting of the Berkeley Linguistics Society*, Berkeley, 2005, 37–48.

Basque et al. (1999) = Basque, Maurice/Barrieau, Nicole/Côté, Stéphanie, *L'Acadie de l'Atlantique*, Moncton : Centré d'études acadiennes, Université de Moncton, 1999.

Bauche (^{2}1951) = Bauche, Henri, *Le langage populaire*, Paris : Payot, ^{2}1951 [1928].

Beaulieu (1996) = Beaulieu, Louise, « "Qui se ressemble s'assemble" et "à s'assembler on finit par se ressembler" : une analyse sociolinguistique de la variable *si / si que* en français acadien du Nord-Est du Nouveau-Brunswick », dans : Dubois, Lise/Boudreau, Annette (éds.), *Les Acadiens et leur(s) langue(s) : Quand le français est minoritaire, Actes du Colloque, Moncton 1994*, Moncton : Les Éditions d'Acadie, 1996, 91–111.

Beaulieu/Balcom (1998) = Beaulieu, Louise/Balcom, Patricia, « Le statut des pronoms personnels sujets en français acadien du Nord-Est du Nouveau-Brunswick », *Linguistica Atlantica* 20 (1998), 1–27.

Beaulieu/Cichocki (2008) = Beaulieu, Louise/Cichocki, Wladyslaw, « La flexion postverbale *-ont* en français acadien : une analyse sociolinguistique », *Canadian Journal of Linguistics / Revue canadienne de linguistique* 53/1 (2008), 35–62.

Beaulieu/Cichocki (2005) = Beaulieu, Louise/Cichocki, Wladyslaw, « Facteurs internes dans deux changements linguistiques affectant l'accord sujet-verbe dans une variété de francais acadien », dans : Brasseur, Patrice/Falkert, Anika (éds.), *Français d'Amérique : Approches morphosyntaxiques. Actes du colloque international « Grammaire comparée des variétés de français d'Amérique » (Université d'Avignon, 17–20 mai 2004)*, Paris : L'Harmattan, 2005, 171–186.

Beaulieu/Cichocki (2004) = Beaulieu, Louise/Cichocki, Wladyslaw, « Grammaticalisation et perte des marques d'accord sujet-verbe en français acadien du Nord-Est », dans : Clarke, Sandra (éd.), *Proceedings from the 26th Annual Meeting of the Atlantic Provinces Linguistic Association, November 8–10, 2002 – Actes du 26e Colloque annuel de l'Association de Linguistique des Provinces Atlantiques*. Saint John's : Memorial University of Newfoundland, 2004, 121–143.

Beaulieu et al. (2001) = Beaulieu, Louise/Cichocki, Wladyslaw/Balcom, Patricia, « Variation dans l'accord verbal en français acadien du Nord-Est du Nouveau Brunswick », dans : Jensen, John T./Van Herk, Gerard (éds.), *Les actes du congrès annuel de l'association canadienne de linguistique*, (tenu du 25 au 27 mai 2001), Ottawa : Université d'Ottawa, 2001, 1–12.

Behnstedt (1973) = Behnstedt, Peter, *Viens-tu? Est-ce que tu viens ? Tu viens ? Formen und Strukturen des direkten Fragesatzes im Französischen*, Tübingen : Narr, 1973.

Beniak/Mougeon (1989) = Beniak, Édouard/Mougeon, Raymond, « Recherches sociolinguistiques sur la variabilité en français ontarien », dans : Mougeon, Raymond/Beniak, Édouard (éds.), *Le français canadien parlé hors Québec : Aperçu sociolinguistique*, Québec : Presses de l'Université Laval, 1989, 69–103.

Bertinetto (2000) = Bertinetto, Pier Marco, « The progressive in Romance, as compared with English », dans : Dahl, Östen (éd.), *Tense and aspect in the languages of Europe*, Berlin et al. : Mouton de Gruyter, 2000, 559–664.

Bertinetto (1997) = Bertinetto, Pier Marco, *Il dominio tempo-aspettuale. Demarcazioni, intersezioni, contrasti*, Rosenberg & Sellier : Torino, 1997.

Bertinetto (1995) = Bertinetto, Pier Marco, « Vers une typologie du progressif dans les langues d'Europe », *Modèles linguistiques* 16 (1995), 37–61.

Besters-Dilger et al. (éds., 2014) = Besters-Dilger, Juliane/Dermarkar, Cynthia/Pfänder, Stefan/Rabus, Achim (éds.), *Congruence in Contact-Induced Language Change: Language Families, Typological Resemblance, and Perceived Similarity*, Berlin/Boston : de Gruyter, 2014.

Binnick (2005) = Binnick, Robert I., « The markers of habitual aspect in English », *Journal of English Linguistics* 22 (2005), 339–369.

Blanche-Benveniste (2010) = Blanche-Benveniste, Claire, *Le français. Usages de la langue parlée*, Leuven : Peeters, 2010.

Blanche-Benveniste (1997) = Blanche-Benveniste, Claire, *Approches de la langue parlée en français*, Paris : Ophrys, 1997.

Blanche-Benveniste (1990) = Blanche-Benveniste, Claire, *Le français parlé. Études grammaticales*, Paris : CNRS, 1990.

Blanche-Benveniste et al. (2002) = Blanche-Benveniste, Claire et al. (éds.), *Choix de textes de français parlé – 36 extraits*, Paris : Honoré Champion, 2002.

Blondeau (2011) = Blondeau, Hélène, *Cet « autres » qui nous distingue*, Québec : Presses de l'Université Laval, 2011.

Blondeau (2008) = Blondeau, Hélène, « The dynamics of pronouns in the Québec languages in contact dynamics », dans : Meyerhoff, Miriam/Nagy, Naomi (éds.), *Social Lives in Language : Sociolinguistics and Multilingual Speech Communities*, Amsterdam/Philadelphia : Benjamins, 2008, 249–271.

Blondeau (2006) = Blondeau, Hélène, « La trajectoire de l'emploi du futur chez une cohorte de Montréalais francophones entre 1971 et 1995 », dans : Papen, Robert A./Chevalier, Gisèle (coord.), *Les variétés de français en Amérique du Nord. Évolution, innovation et description. Revue canadienne de linguistique appliquée/Canadian Journal of Applied Linguistics* 9/2 (2006). *Revue de l'Université de Moncton* 37/2 (2006), 73–98.

Blondeau/Nagy (2008) = Blondeau, Hélène/Nagy, Naomi, « Subordinate clause marking in Montreal Anglophone French and English », dans : Meyerhoff, Miriam/Nagy, Naomi (éds.), *Social Lives in Language : Sociolinguistics and Multilingual Speech Communities*, Amsterdam/Philadelphia : Benjamins, 2008, 273–313.

Blyth (1997) = Blyth, Carl, « The sociolinguistic situation of Cajun French : The effects of language shift and language loss », dans : Valdman, Albert (ed.), *French and Creole in Louisiana*, New York : Plenum, 1997, 25–46.

Bollée/Neumann-Holzschuh (1998) = Bollée, Annegret/Neumann-Holzschuh, Ingrid, « Français marginaux et créoles », dans : Brasseur, Patrice (éd.), *Français d'Amérique. Variation, créolisation, normalisation. Actes du colloque « Les français d'Amérique du Nord en situation minoritaire »* (Université d'Avignon, 8–11 octobre 1996), Avignon : CECAV, 1998, 181–203.

Bouchard/Tremblay (1995) = Bouchard, Gérard/Tremblay, Marc, « Le peuplement francophone du Canada », dans : Gauthier, Pierre/Lavoie, Thomas (éds.), *Français de France et français du Canada – Les parlers de*

l'Ouest de la France, du Québec et de l'Acadie, Lyon : Centre d'Études Linguistiques Jacques Goudet, 1995, 309–343.
Boudreau (2016) = Boudreau, Annette, *À l'ombre de la langue légitime. L'Acadie dans la francophonie*, Paris : Classiques Garnier, 2016.
Boudreau (2012) = Boudreau, Annette, « Discours, nomination des langues et idéologies linguistiques », dans : Bigot, Davy/Friesner, Michael/Tremblay, Mireille (éds.), *Les français d'ici et d'aujourd'hui. Description, représentation et théorisation*, Québec : Presses de l'Université Laval, 2012, 89–109.
Boudreau (2011) = Boudreau, Annette, « La nomination du français en Acadie : parcours et enjeux », dans : Finney, James de/Destrempes, Hélène/Morency, Jean (éds.), *L'Acadie des origines : mythes et figurations d'un parcours littéraire et historique*, Sudbury : Éditions Prise de parole, 2011, 71–94.
A. Boudreau (1998) = Boudreau, Annette, *Représentations et attitudes linguistiques des jeunes francophones de l'Acadie du Nouveau-Brunswick*, Thèse de doctorat inédite, Paris S, Nanterre, 1998. (= corpus Boudreau-Dubois)
Boudreau/L. Dubois (2007) = Boudreau, Annette/Dubois, Lise, « Français, acadien, acadjonne : Competing discourses on language preservation along the shores of the baie Sainte-Marie », dans : Duchêne, Alexandre/Heller, Monica (éds.), *Discourses of Endangerment. Ideology and Interest in the Defence of Languages*, London/New York : Continuum, 2007, 99–120.
Boudreau/LeBlanc-Côté (2003) = Boudreau, Annette/LeBlanc-Côté, Mélanie, « Les représentations linguistiques comme révélateurs des rapports à "l'Autre" dans la région de la Baie Sainte-Marie en Nouvelle-Écosse », dans : Magord, André (éd.), *L'Acadie plurielle. Dynamiques identitaires collectives et développement au sein des réalités acadiennes*, Moncton : Centre d'études acadiennes, 2003, 289–305.
Boudreau/Perrot (2010) = Boudreau, Annette/Perrot, Marie-Ève, « Le chiac c'est du français », dans : Boyer, Henri (éd.), *Hybrides linguistiques : genèses, statuts, fonctionnement*, Paris : L'Harmattan, 2010, 51–82.
É. Boudreau (1988) = Boudreau, Éphrem, *Glossaire du vieux parler acadien : mots et expressions recueillis à Rivière-Bourgeois (Cap-Breton)*, Montréal : Éditions du Fleuve, 1988.
Bougy (1995) = Bougy, Catherine, « Quelques remarques sur le passé simple en -*i* dans les verbes du type I (de l'ancien français au français moderne et aux parlers locaux de Normandie) », dans : Simoni-Aurembou, Marie-Rose (éd.), *Dialectologie et littérature du domaine d'oïl occidental. Lexique des plantes. Morphosyntaxe. Actes du cinquième colloque tenu à Blois-Seillac du 5 au 7 mai 1993,* Fontaine-lès-Dijon : ABDO, 1995, 353–372.
Brandon (1955) = Brandon, Elizabeth, *Mœurs et langue de la paroisse Vermilion*, Ph. Diss., Université Laval, Québec, 1955.
Brasseaux (1998) = Brasseaux, Carl A., « Acadian Settlement Patterns, 1765–1900 », dans : Binder, Wolfgang (éd.), *Creoles and Cajuns : French Louisiana – La Louisiane française*, Frankfurt a. M. : Peter Lang, 1998, 17–32.
Brasseaux (1996 [1987]) = Brasseaux, Carl A., *The Founding of New Acadia. The Beginnings of Acadian Life in Louisiana, 1765–1803*, Baton Rouge : Louisiana State University Press, 1987 (Paperback edition 1996).
Brasseaux (1992) = Brasseaux, Carl A., *Acadian to Cajun : Transformation of a People, 1803–1877*, Jackson/London : University Press of Mississippi, 1992.
Brasseaux (1991) = Brasseaux, Carl A., *Scattered to the Wind : Dispersal and Wanderings of the Acadians, 1755–1809,* Lafayette : Center for Louisiana Studies, 1991.
Brasseaux (1990) = Brasseaux, Carl A., *The « foreign French », Nineteenth-century French immigration into Louisiana*, 3 vols., vol. 1, 1990 : 1820-1839, vol. 2, 1992 : 1840–1848, vol. 3, 1993 : 1849–1852, Lafayette : Center for Louisiana Studies, 1990–1993.
Brasseur (2009) = Brasseur, Patrice, « La régularisation des paradigmes verbaux en franco-terre-neuvien », *Langage et Société* 127 (2009), 85–102.
Brasseur (2005) = Brasseur, Patrice, « La préposition *en* dans quelques variétés de français d'Amérique », dans : Brasseur, Patrice/Falkert, Anika (éds.), *Français d'Amérique: approches morphosyntaxiques. Actes du colloque international « Grammaire comparée des variétés de français d'Amérique » (Université d'Avignon, 17–20 mai 2004)*, Paris : L'Harmattan, 2005, 249–262.

Brasseur (2001) = Brasseur, Patrice, *Dictionnaire des régionalismes du français de Terre-Neuve*, Tübingen : Niemeyer, 2001.

Brasseur (1998) = Brasseur, Patrice, « De l'ellipse du pronom personnel aux formes verbales non marquées dans les parlers acadiens », dans : Brasseur, Patrice (éd.), *Français d'Amérique. Variation, créolisation, normalisation*, Actes du colloque « Les français d'Amérique du Nord en situation minoritaire » (Université d'Avignon, 8–11 octobre 1996), Avignon : CECAV, 1998, 75–91.

Brasseur (éd., 1998) = Brasseur, Patrice (éd.), *Français d'Amérique. Variation, créolisation, normalisation. Actes du colloque « Les français d'Amérique du Nord en situation minoritaire » (Université d'Avignon, 8–11 octobre 1996)*, Avignon : CECAV, 1998.

Brasseur (1997) = Brasseur, Patrice, « Créoles à base lexicale française et français marginaux d'Amérique du Nord : quelques points de comparaison », dans : Hazaël-Massieux, Marie-Christine/de Robillard, Didier (éds.), *Contacts de langues, contacts de cultures, créolisation : Mélanges offerts à Robert Chaudenson à l'occasion de son soixantième anniversaire*, Paris : L'Harmattan, 1997, 141–166.

Brasseur (1996) = Brasseur, Patrice, « Changements vocaliques initiaux dans le français de Terre-Neuve », dans : Lavoie, Thomas (éd.), *Français du Canada – français de France. Actes du 4e colloque international de Chicoutimi, Québéc, du 21 au 24 septembre 1994*, Berlin : De Gruyter, 1996, 295–306.

Brasseur (1995) = Brasseur, Patrice, « La morphologie de l'article dans l'Atlas linguistique de Normandie », dans : Bougy, Catherine/Boissel, Pierre/Garnier, Bernard (éds.), *Mélanges René Lepelley : recueil d'études en hommage au professeur René Lepelley. Cahiers des Annales de Normandie 26*, Caen : Musée de Normandie, 1995, 51–64.

Brasseur (1993) = Brasseur, Patrice, *Le parler nantais de Julien et Valentine*, Nantes : Presses de l'Université de Nantes, 1993.

Brasseur (1990) = Brasseur, Patrice, *Le parler normand*, Paris : Rivages, 1990.

Brasseur/Chauveau (1990) = Brasseur, Patrice/Chauveau, Jean-Paul, *Dictionnaire des régionalismes de Saint-Pierre-et-Miquelon*, Tübingen : Niemeyer, 1990.

Brasseur/Falkert (éds., 2005) = Brasseur, Patrice/Falkert, Anika (éds.), *Français d'Amérique : Approches morphosyntaxiques. Actes du colloque international « Grammaire comparée des variétés de français d'Amérique » (Université d'Avignon, 17–20 mai 2004)*, Paris : L'Harmattan, 2005.

Brinton (1987) = Brinton, Lauren, « The aspectual nature of states and habits », *Folia Linguistica* XXI (1987), 195–214.

Brunot (1966 ; 1967) = Brunot, Ferdinand, *Histoire de la langue française des origines à 1900*, vol.1 : Paris : Armand Colin, ^{2}1966 ; vol. 2 : Paris : Armand Colin, 1967.

Brunot/Bruneau (1949) = Brunot, Ferdinand/Bruneau, Charles, *Précis de grammaire historique de la langue française*, Paris : Masson, ^{3}1949.

Burnett (2012) = Burnett, Heather, « Structure événementielle et modification pragmatique : On connait-tu tout sur /tUt/ ? », dans : Bigot, Davy/Friesner, Michael/Tremblay, Mireille (éds.), *Les français d'ici et d'aujourd'hui. Description, représentation et théorisation*, Québec : Presses de l'Université Laval, 2012, 211–230.

Byers (1988) = Byers, Bruce, *Defining norms for a non-standardized language : a study of verb and pronoun variation in Cajun French*, Ph. D. diss., Bloomington : Indiana University, 1988.

C

Canale et al. (1977) = Canale, Michael/Mougeon, Raymond/Bélanger, Monique/Main, Christine, « Recherches en dialectologie franco-ontarienne », *Travaux de recherches sur le bilinguisme* 14 (1977), 1–20.

Carrière (1937) = Carrière, Joseph Médard, *Tales from French Folk-Lore in Missouri*, Chicago : Northwestern University, 1937.

Charles (1975) = Charles, Arthur Howard, *A comparative study of the grammar of Acadian and Cajun narratives*, Ph. D. diss., Washington D.C. : Georgetown University, 1975.

Charpentier (1996) = Charpentier, Jean Michel, « Les variétés dialectales françaises et leur influence sur les parlers acadiens : le problème des archaïsmes et des dialectalismes (mots dialectaux) », dans : Dubois, Lise/Boudreau, Annette (éds.), *Les Acadiens et leur(s) langue(s) : quand le français est minoritaire*, Moncton : Les Éditions d'Acadie, 1996, 15–28.

Charpentier (1994) = Charpentier, Jean Michel, « Le substrat poitevin et les variantes régionales acadiennes actuelles », dans : Poirier, Claude (éd.), *Langue, espace, société. Les variétés du français en Amérique du Nord*, Sainte-Foy : Presses de l'Université Laval, 1994, 41–67.

Chaudenson (2005a) = Chaudenson, Robert, « Français marginaux et théorie de la créolisation : les cas des marques personnelles », dans : Brasseur, Patrice/Falkert, Anika (éds.), *Français d'Amérique : Approches morphosyntaxiques. Actes du colloque international « Grammaire comparée des variétés de français d'Amérique » (Université d'Avignon, 17–20 mai 2004)*, Paris : L'Harmattan, 2005, 15–25.

Chaudenson (2005b) = Chaudenson, Robert, « Français d'Amérique et créoles francais : origines et structures », dans : Valdman, Albert/Auger, Julie/Piston-Hatlen, Deborah (éds.), *Le français en Amérique du Nord. État présent*, Saint-Nicolas, Québec : Presses de l'Université Laval, 2005, 505–516.

Chaudenson (2003) = Chaudenson, Robert, *La créolisation : théorie, applications, implications*, Paris : L'Harmattan, 2003.

Chaudenson (2001) = Chaudenson, Robert, *Creolization of language and culture*, revised in collaboration with Salikoko S. Mufwene, London : Routledge, 2001.

Chaudenson (1998) = Chaudenson, Robert, « Variation, koïnèisation, créolisation : français d'Amérique et créoles », dans : Brasseur, Patrice (éd.), *Français d'Amérique. Variation, créolisation, normalisation. Actes du Colloque « Les français d'Amérique du Nord en situation minoritaire » (Université d'Avignon, 8–11 octobre 1996)*, Avignon : CECAV, 1998, 163–179.

Chaudenson (1995) = Chaudenson, Robert, « Les français d'Amérique ou le français d'Amérique. Genèse et comparaison », *Revue québécoise de linguistique théorique et appliquée* 12 (1995), 3–19.

Chaudenson (1994) = Chaudenson, Robert, « Français d'Amérique du Nord et créoles français parlé par les immigrants du XVIIe siècle », dans : Mougeon, Raymond/Beniak, Édouard (éds.), *Les origines du français québécois*, Québec : Presses de l'Université Laval, 1994, 167–180.

Chaudenson (1992) = Chaudenson, Robert, *Des îles, des hommes, des langues. Langues créoles, cultures créoles*, Paris : L'Harmattan, 1992.

Chaudenson (1989) = Chaudenson, Robert, *Créoles et enseignement du français*, Paris : L'Harmattan, 1989.

Chaudenson (1974) = Chaudenson, Robert, *Le lexique du parler créole de la Réunion*, 2 vols., Paris : Champion, 1974.

Chaudenson et al. (1993) = Chaudenson, Robert/Mougeon, Raymond/Beniak, Édouard, *Vers une approche panlectale de la variation du français*, Paris : Didier Érudition, 1993.

Chaudoir (1937) = Chaudoir, Charles, *A study of the grammar of the Avoyelles French dialect*. Master's Thesis. Baton Rouge : Louisiana State University, 1937.

Chaurand (2000) = Chaurand, Jacques, « Les variétés régionales du français », dans : Antoine, Gérald/Cerquiglini, Bernard (éds.), *Histoire de la langue française 1945–2000*, Paris : CNRS, 2000, 643–664.

Chauveau (2009) = Chauveau, Jean-Paul, « Le verbe acadien, concordances européennes », dans : Bagola, Beatrice (éd.) avec la coll. de Hans-J. Niederehe, *Français du Canada – français de France VIII. Actes du 8e Colloque international, Trèves, du 12 au 15 avril 2007*, Tübingen : Niemeyer, 2009, 35–56.

Chauveau (1998) = Chauveau, Jean-Paul, « La disparition du subjonctif à Terre-Neuve, Saint-Pierre et Miquelon et en Bretagne : propagation ou récurrence », dans : Brasseur, Patrice (éd.), *Français d'Amérique. Variation, créolisation, normalisation. Actes du colloque « Les français d'Amérique du Nord en situation minoritaire » (Université d'Avignon, 8–11 octobre 1996)*, Avignon : CECAV, 1998, 105–119.

Chauveau (1984) = Chauveau, Jean-Paul, « Le gallo : une présentation », *Studi* 26 (1984), 5–128, et 27 (1984), 131–252.

Chevalier (2007) = Chevalier, Gisèle, « Les marqueurs discursifs réactifs dans une variété de français en contact intense avec l'anglais », *Langue française* 154 (2007), 61–77.

Chevalier (2002) = Chevalier, Gisèle, « La concurrence entre "ben" et "well" en chiac du sud-est du Nouveau-Brunswick (Canada) », dans : Leray, Christian/Manzano, Francis (éds.), *Langues en contact. Canada, Bretagne, Cahiers de sociolinguistique* 7 (2002), Rennes : Presses universitaires de Rennes, 65–81.

Chevalier (2001) = Chevalier, Gisèle, « Comment *comme* fonctionne d'une génération à l'autre », *Revue québécoise de linguistique* 30/2 (2001), 13–40.

Chevalier (2000) = Chevalier, Gisèle, « Description lexicographique de l'emprunt *well* dans une variété de français parlé du sud-est du Nouveau-Brunswick », dans : Latin, Danièle/Poirier, Claude (éds.), *Contacts de langues et identités culturelles. Perspectives lexicographiques*. Québec : Presses de l'Université Laval, 2000, 85–97.

Chevalier (1996) = Chevalier, Gisèle, « L'emploi des formes du futur dans le parler acadien du sud-est du Nouveau-Brunswick », dans : Dubois, Lise/Boudreau, Annette (éds.), *Les Acadiens et leur(s) langue(s) : Quand le français est minoritaire, Actes du Colloque, Moncton 1994*, Moncton : Éditions d'Acadie, 1996, 75–89.

Chevalier/Cossette (2002) = Chevalier, Gisèle/Cossette, Isabelle, « *Comme*, tic ou marqueur d'oralité ? », *Port Acadie. Revue interdisciplinaire en études acadiennes* 3 (2002), 65–87.

Chevalier/Hudson (2005) = Chevalier, Gisèle/Hudson, Chantal, « Deux cousins en français québécois et en chiac de Moncton : *right* et *full* », dans : Brasseur, Patrice/Falkert, Anika (éds.), *Français d'Amérique : Approches morphosyntaxiques. Actes du colloque international « Grammaire comparée des variétés de français d'Amérique » (Université d'Avignon, 17–20 mai 2004)*, Paris : L'Harmattan, 2005, 289–302.

Chevalier/Long (2005) = Chevalier, Gisèle/Long, Michael, « *Finder out, pour qu'on les frig pas up, comment c'qu'i workont out* : les verbes à particules en chiac », dans: Brasseur, Patrice/Falkert, Anika (éds.), *Français d'Amérique : Approches morphosyntaxiques. Actes du colloque international « Grammaire comparée des variétés de français d'Amérique » (Université d'Avignon, 17–20 mai 2004)*, Paris : L'Harmattan, 2005, 201–212.

Chevalier et al. (1964) = Chevalier, Jean-Claude/Blanche-Benveniste, Claire/Arrivé, Michel/Peytard, Jean, *Grammaire Larousse du français contemporain*, Paris : Larousse, 1964.

Cichocki (2012) = Cichocki, Wladyslaw, « An overview of the phonetics and phonology of Acadian French spoken in northeastern New Brunswick (Canada) », dans : Gess, Randall/Lyche, Chantal/Meisenburg, Trudel (éds.), *Phonological Variation in French : Illustrations from Three Continents*, Philadelphia : Benjamins, 2012, 211–233.

Comeau (2011) = Comeau, Philip, *A window on the past, a move toward the future : sociolinguistic and formal perspectives on variation in Acadian French*, Phil. Diss., York University, 2011.

Comeau (2007) = Comeau, Philip, « *Pas* vs. *Point* : Variation in Baie Sainte-Marie Acadian French », Contribution à *New Ways of Analyzing Variation 36, Philadelphia, 12/10/2007*, https://www.ling.upenn.edu/NWAV/abstracts/nwav36_comeau.pdf (consulté le 24 juin 2016).

Comeau (2006) = Comeau, Philip, « The integration of words of English origin in Baie Sainte-Marie Acadian French », Contribution aux *Actes du congrès annuel de l'Association canadienne de linguistique (du 27 au 30 mai 2006). Proceedings of the 2006 annual conference of the Canadian Linguistic Association*, [1–8] http://cla-acl.ca/actes-2006-proceedings/

Comeau/King (2010) = Comeau, Philip/King, Ruth, « Variation morphosyntaxique dans deux corpus franco-louisianais », dans : Dubois, Sylvie (éd.), *Une histoire épistolaire de la Louisiane*, Québec : Presses de l'Université Laval, 2010, 61–74.

Comeau/King (2006) = Comeau, Philip/King, Ruth, « Subject Pronouns in Grosses Coques, Nova Scotia Acadian French », 2006, unpublished ms., (cité dans King 2013).

Comeau et al. (2012) = Comeau, Philip/King, Ruth/Butler, Gary R., « New insights on an old rivalry : The *passé simple* and the *passé composé* in spoken Acadian French », *French Language Studies* 22 (2012), 315–343.

Conwell/Juilland (1963) = Conwell, Marilyn J./Juilland, Alphonse, *Louisiana French Grammar*, vol.1 : *Phonology, Morphology and Syntax*, The Hague : Mouton, 1963.

Cormier (1999) = Cormier, Yves, *Dictionnaire du français acadien*, Québec : Fides, 1999.

Coseriu (1966) = Coseriu, Eugenio, « *Tomo y me voy*. Ein Problem vergleichender europäischer Syntax », *Vox Romanica* 25 (1966), 13–55.

Côté (2010) = Côté, Marie-Hélène, « Le statut des consonnes de liaison : l'apport de données du français laurentien », dans : Neveu, Frank/Muni-Toke, Valelia/Klingler, Thomas (éds.), *Congrès mondial de linguistique française – CMLF 10*, Paris : Institut de linguistique française, 2010, 1279–1288.

Couturier (2002) = Couturier, Jacques Paul, « La République du Madawaska et l'Acadie. La construction identitaire d'une région néo-brunswickoise au XXe siècle », *Revue d'histoire de l'Amérique française* 56/2 (2002), 153–185.

Coveney (2002) = Coveney, Aidan, *Variability in spoken French. A sociolinguistic study of interrogation and negation*, Bristol : Ellm Bank, 2002.

D

Daigle (1984) = Daigle, Jules O., *A Dictionary of the Cajun Language*, Ann Arbor : Edwards Brothers, 1984.

Dajko (2009) = Dajko, Nathalie, *Ethnic and Geographic Variation in the French of the Lafourche Basin*, Phil. Diss., Tulane University, 2009.

Damourette/Pichon (1911–1940) = Damourette, Jacques/Pichon, Édouard, *Des mots à la pensée. Essai de grammaire de la langue française*, 7 vols., Paris, 1911–1940.

Dauzat (1949) = Dauzat, Albert, *Précis d'histoire de la langue et du vocabulaire français,* Paris : Larousse, 1949.

Dauzat (1922) = Dauzat, Albert, *La géographie linguistique*, Paris : Flammarion, 1922.

DECOI = Bollée, Annegret, *Dictionnaire étymologique des créoles français de l'Océan Indien. Première Partie. Mots d'origine française P-Z*, Hamburg : Buske, 2007.

Découverte = Piston-Hatlen, Deborah. (éd.), *À la découverte du français cadien à travers la parole / Discovering Cajun French through the Spoken Word*. CD-ROM. Bloomington : Indiana University Creole Institute, 2003.

Deloffre (1999 [1961]) = *Agréables Conférences de deux paysans de Saint-Ouen et de Montmorency sur les affaires du temps (1649–1651)*. Éd. critique par Frédéric Deloffre, Genève : Slatkine Reprints, ^{2}1999 [Paris : Les Belles Lettres, 1961].

Deshaies/Laforge (1981) = Deshaies, Denise/Laforge, Ève, « Le futur simple et le futur proche dans le français parlé dans la ville de Québec », *Langues et linguistique* 7 (1981), 21–37.

Désirat/Hordé (1976) = Désirat, Claude/Hordé, Tristan, *La langue française au vingtième siècle*, Paris : Bordas, 1976.

Dessens (2007) = Dessens, Nathalie, *From Saint-Domingue to New Orleans. Migration and Influences*, Gainesville : University Press of Florida, 2007.

Dessens/Le Glaunec (éds., 2016) = Dessens, Nathalie/Le Glaunec, Jean-Pierre (éds.), *Interculturalité : La Louisiane au carrefour des cultures*. Québec : Presses de l'Université Laval, 2016.

DHLF = Rey, Alain et al., *Dictionnaire historique de la langue française*, Paris : Dictionnaires le Robert, 1998.

Dion (2003) = Dion, Nathalie, *L'effacement du que en français canadien : une étude en temps réel*. M. A. thesis, University of Ottawa, 2003.

Dionne (1974 [1909]) = Dionne, Narcisse-Eutrope, *Le parler populaire des Canadiens français*, Québec : Presses de l'Université Laval, 1974 [1909].

Ditchy (1932) = Ditchy, Jay K., *Les Acadiens louisianais et leur parler*, Paris : Droz, 1932.

DLF (2010) = Valdman, Albert/Rottet, Kevin et al. (éds.), *Dictionary of Louisiana French. As spoken in Cajun, Creole, and American Indian Communities*, Jackson : University Press of Mississippi, 2010.

Dörper (1990) = Dörper, Sven, « Recherches sur *ma* + INF "Je vais" en français », *Revue québécoise de linguistique* 19/1 (1990), 101–127.

Dostie (2004) = Dostie, Gaétane, « Considérations sur la forme et le sens de *pis* en français québécois : une simple variante de *puis* ? Un simple remplaçant de *et* ? », *Journal of French Language Studies* 14/2 (2004), 113–128.

Dostie (1995) = Dostie, Gaétane, « *Comme, genre* et *style* postposés en français du Québec : une étude sémantique », *Linguisticae Investigationes* 19/2 (1995), 247–263.

Drescher/Neumann-Holzschuh (2010) = Drescher, Martina/Neumann-Holzschuh, Ingrid, « Les variétés non-hexagonales du français et la syntaxe de l'oral. Première approche », dans : Drescher, Martina/Neumann-Holzschuh, Ingrid (éds.), *La syntaxe de l'oral dans les variétés non-hexagonales du français*, Tübingen : Stauffenburg, 2010, 9–35.

L. Dubois/Boudreau (éds., 1996) = Dubois, Lise/Boudreau, Annette (éds.), *Les Acadiens et leur(s) langue(s) : quand le français est minoritaire*, Moncton : Les Éditions d'Acadie, 1996.

S. Dubois (2016) = Dubois, Sylvie, « Le héros cadien ou comment sublimer le réel », dans : Arrighi, Laurence/Boudreau, Annette (éds.), *Langue et légitimation : La construction discursive du locuteur francophone*, Québec : Presses de l'Université Laval, 2016, 143–165.
S. Dubois (2015) = Dubois, Sylvie, « Whither Cajun French. Language Persistence and Dialectal Upsurges », dans : Picone, Michael D./Evans Davies, Catherine (éds.), *New Perspectives on Language Variety in the South – Historical and Contemporary Approaches*, Tuscaloosa : University of Alabama Press, 2015, 641–654.
S. Dubois (2014) = Dubois, Sylvie, « Autant en emporte la langue : la saga louisianaise du français », dans : Mufwene, Salikoko/Vigoureux, Cécile B. (éds.), *Colonisation, globalisation et vitalité du français*, Paris : Odile Jacob, 2014, 155–178.
S. Dubois (éd., 2010) = Dubois, Sylvie (éd.), *Une histoire épistolaire de la Louisiane*, Québec : Presses de l'Université Laval, 2010.
S. Dubois (2005) = Dubois, Sylvie, « Un siècle de français cadien parlé en Louisiane », dans : Valdman, Albert/Auger, Julie/Piston-Hatlen, Deborah (éds.), *Le français en Amérique du Nord. État présent*, Saint-Nicolas, Québec : Presses de l'Université Laval, 2005, 287–305.
S. Dubois (2003) = Dubois, Sylvie, « Pratiques orales en Louisiane », *La Tribune Internationale des Langues Vivantes* 33 (2003), 89–95.
S. Dubois (2002) = Dubois, Sylvie, « Le statut du français et les politiques linguistiques dans les provinces maritimes canadiennes et en Louisiane », dans : Kirsch, Fritz Peter/Zacharasiewicz, Waldemar (éds.), *Kanada und die USA – Interkulturelle Perspektiven (Internationales Symposium Wien, 12.-14. April 2000)*, Wien : Zentrum für Kanada-Studien, 2002, 123–137.
S. Dubois (2001) = Dubois, Sylvie, « Attrition linguistique ou convergence dialectale : JE, MOI/JE et MOI en français cadien », dans : Donabédian, Anaïd (éd.), *Langues de diaspora. Langues en contact. Faits de Langue. Revue de Linguistique* 18 (2001), 149–165.
S. Dubois/Melançon (1997) = Dubois, Sylvie/Melançon, Megan, « Cajun is dead – Long live Cajun : Shifting from a linguistic to a cultural community », *Journal of Sociolinguistics* 1/1 (1997), 63–93.
S. Dubois et al. (2006a) = Dubois, Sylvie/Salmon, Carole/Noetzel, Sibylle, « Le français cadien comme héritage linguistique en Louisiane », dans : Clermont, Guy/Beniamino, Michel/Thauvin-Chapot, Arielle (éds.), *Mémoires francophones : La Louisiane*, Limoges : Presses de l'Université Lavalim, 2006, 163–177 (= Collection francophonie).
S. Dubois et al. (2006b) = Dubois, Sylvie/Noetzel, Sibylle/Salmon, Carole, « L'usage des pratiques bilingues dans la communauté cadienne », dans : Papen, Robert A./Chevalier, Gisèle (coord.), *Les variétés de français en Amérique du Nord. Évolution, innovation et description. Revue canadienne de linguistique appliquée/Canadian Journal of Applied Linguistics* 9/2 (2006). *Revue de l'Université de Moncton* 37/2 (2006), 207–219.
S. Dubois et al. (2005) = Dubois, Sylvie/Noetzel, Sibylle/Salmon, Carole, « Les innovations en français cadien : interférences ou changements motivés de façon interne au système ? », dans : Brasseur, Patrice/Falkert, Anika (éds.), *Français d'Amérique : Approches morphosyntaxiques. Actes du colloque international « Grammaire comparée des variétés de français d'Amérique » (Université d'Avignon, 17–20 mai 2004)*, Paris : L'Harmattan, 2005, 27–38.
S. Dubois et al. (2004) = Dubois, Sylvie/Nadasdi, Terry/King, Ruth, « Past and Present Agreements : A Comparison of Third Person Plural Marking in Acadian and Cajun French », Paper presented at Sociolinguistics Symposium 15, Newcastle, U.K., August 1–4, 2004 (cité dans King 2013).
Dubos (1994) = Dubos, Ulrika, *L'explication grammaticale du thème anglais*, Paris : Nathan Université, 1994.
Ducos/Soutet (2012) = Ducos, Joëlle/Soutet, Olivier, *L'ancien et le moyen français*, Paris : PUF, 2012.
Ducrot et al. (1980) = Ducrot, Oswald et al., *Les mots du discours*, Paris : Minuit, 1980.
Dufter/Stark (2007) = Dufter, Andreas/Stark, Elisabeth, « La linguistique variationnelle et les changements linguistiques "mal compris" : le cas du *ne* de négation », dans : Combettes, Bernard/Marchello-Nizia, Christiane (éds.), *Études sur le changement linguistique en français*, Nancy : Presses Universitaires de Nancy, 2007, 115–128.
Dufter/Stark (2002) = Dufter, Andreas/Stark, Elisabeth, « La variété des variétés : combien de dimensions pour la description ? Quelques réflexions à partir du français », *Romanistisches Jahrbuch* 53 (2002), 81–108.

Durand/Lyche (2008) = Durand, Jacques/Lyche, Chantal, « French liaison in the light of corpus data », *Journal of French Language Studies* 18 (2008), 33–66.

E

Ehlich (1993) = Ehlich, Konrad, « HIAT : A Transcription System for Discourse Data », dans : Edwards, Jane A./Lampert, Martin D. (éds.), *Talking Data : Transcription and Coding in Discourse Research*, Hillsdale : Lawrence Erlbaum Associaties, 1993, 123–148.

Elsig/Poplack (2009) = Elsig, Martin/Poplack, Shana, « Synchronic Variation in Diachronic Perspective : Question Formation in Quebec French », dans : Dufter, Andreas/Fleischer, Jürg/Seiler, Guido (éds.), *Describing and Modeling Variation in Grammar*, Berlin : De Gruyter, 2009, 255–270.

Emirkanian/Sankoff (1985) = Emirkanian, Louisette/Sankoff, David, « Le futur simple et le futur périphrastique. », dans : Lemieux, Monique/Cedergren, Henrietta J. (éds.), *Les tendances dynamiques du français parlé à Montréal*, vol. 1, Montréal : Office de la langue française, 1985, 189–204.

Ernst (2010) = Ernst, Gerhard, « "qu'il ny a ny ortographe ny virgule encorre moins devoielle deconsol et pleinne delacunne" : la norme des personnes peu lettrées (XVIIe et XVIIIe siècles) », dans : Iliescu, Maria/Siller-Runggaldier, Heidi/Danler, Paul (éds.), *Actes du XXVe congrès international de linguistique et philologie romane*, vol. 3, Berlin : Mouton de Gruyter, 2010, 543–551.

Ernst (1985) = Ernst, Gerhard, *Gesprochenes Französisch zu Beginn des 17. Jahrhunderts. Direkte Rede in Jean Héroards « Histoire particulière de Louis XIII » (1605–1610)*, Tübingen : Niemeyer, 1985.

Ernst/Wolf (éds., 2005) = Ernst, Gerhard/Wolf, Barbara (éds.), *Textes français privés des XVIIe et XVIIIe siècles*, Édition électronique, Berlin : Mouton De Gruyter, 2005.

F

Falkert (2010) = Falkert, Anika, *Le français acadien des Îles-de-la-Madeleine. Étude de la variation phonétique*, Paris : L'Harmattan, 2010.

Falkert (2007) = Falkert, Anika, « Valeur sémantique et comportement syntaxique de l'infinitif substitut dans quelques corpus oraux », *LINX* 57 (2007), 69–78, mis en ligne le 15 février 2011, consulté le 6 mai 2012, http://linx.revues.org/76 ; DOI:10.4000/linx.76.

Falkert (2006) = Falkert, Anita, « La mutation achevée du connecteur *ça fait que* dans le français acadien des Îles-de-la-Madeleine », dans : Papen, Robert A./Chevalier, Gisèle (coord.), *Les variétés de français en Amérique du Nord. Évolution, innovation et description. Revue canadienne de linguistique appliquée.* 9/2 (2006), Revue de l'Université de Moncton vol. 37,2 (2006), 39–53.

Falkert (2005) = Falkert, Anika, « Quelques spécificités du français acadien des Îles-de-la-Madeleine », dans : Brasseur, Patrice/Falkert, Anika (éds.), *Français d'Amérique : Approches morphosyntaxiques. Actes du colloque international « Grammaire comparée des variétés de français d'Amérique » (Université d'Avignon, 17–20 mai 2004)*, Paris : L'Harmattan, 2005, 71–82.

Faribault (2000) = Faribault, Marthe, « Le choc des patois, y'a-tu eu lieu, coudon, à fin ? Le problème de l'origine du francoquébécois », dans : Bagola, Beatrice (éd.), *Le Québec et ses minorités. Actes du Colloque de Trèves du 18 au 21 juin 1997 en l'honneur de Hans-Josef Niederehe*, Tübingen : Niemeyer, 2000, 45–59.

Faulk (1977) = Faulk, James Donald, *Cajun French I*, Abbeville, LA : Cajun Press, 1977.

Faure (2001) = Faure, Emmanuel, « Französisch und Kreolisch auf Guadeloupe », dans : Born, Joachim (éd.), *Mehrsprachigkeit in der Romania. Französisch im Kontakt und in der Konkurrenz zu anderen Sprachen, Akten des 2. Frankoromanistenkongresses, Dresden, 25.-27. September 2000*, Wien : Edition Praesens, 2001, 54–70.

FEW = Wartburg, Walther von, *Französisches Etymologisches Wörterbuch*, 25 vols., Basel : Zbinden 1922–2002.

Fleischman (1982) = Fleischman, Suzanne, *The future in thought and language : diachronic evidence from Romance*, Cambridge : Cambridge University Press, 1982.

Flikeid (1997) = Flikeid, Karin, « Structural aspects and current sociolinguistic situation of Acadian French », dans : Valdman, Albert (éd.), *French and Creole in Louisiana*, New York : Plenum, 1997, 255–286.

Flikeid (1996) = Flikeid, Karin, « Exploitation d'un corpus sociolinguistique acadien à des fins de recherches lexicales », dans : Lavoie, Thomas (éd.), *Français du Canada – français de France. Actes du IVe colloque international de Chicoutimi*, Tübingen : Niemeyer, 1996, 307–320.

Flikeid (1994a) = Flikeid, Karin, « Origines et évolution du français acadien à la lumière de la diversité contemporaine », dans : Mougeon, Raymon/Beniak, Édouard (éds.), *Les origines du français québécois*, Québec : Presses de l'Université Laval, 1994, 275–326.

Flikeid (1994b) = Flikeid, Karin, « L'éclairage réciproque de la sociolinguistique et de la dialectologie », dans : Poirier, Claude (éd.), *Langue, espace, société. Les variétés du français en Amérique du Nord*, Sainte-Foy : Presses de l'Université Laval, 1994, 409–432.

Flikeid (1992) = Flikeid, Karin, « The Geography of Language Variation : Issues in Acadian Sociolinguistics », *Journal of the Canadian Association of applied Linguistics / Revue de l'Association canadienne de linguistique appliquée. Actes du colloque annuel tenu à l'Université de Moncton* 23 (1992), 7–26.

Flikeid (1991) = Flikeid, Karin, « Les parlers acadiens de la Nouvelle-Écosse (Canada) : diversification des origines ou origines diverses ? », dans : Horiot, Brigitte (éd.), *Français du Canada – français de France, Actes du 2e Colloque international de Cognac du 27 au 30 septembre 1988*, Tübingen : Niemeyer, 1991, 195–214.

Flikeid (1989a) = Flikeid, Karin, « Recherches sociolinguistiques sur les parlers acadiens du Nouveau-Brunswick et de la Nouvelle-Écosse », dans : Mougeon, Raymond/Beniak, Édouard (éds.), *Le français canadien parlé hors Québec. Aperçu sociolinguistique*, Québec : Presses de l'Université Laval, 1989, 183–199.

Flikeid (1989b) = Flikeid, Karin, « *"Moitié français, moitié anglais"* ? Emprunts et alternances de langues dans les communautés acadiennes de la Nouvelle Écosse », *Revue québécoise de linguistique théorique et appliquée* 8 (2), 1989, 177–228.

Flikeid (1988) = Flikeid, Karin, « Stylistic Variation in Nova Scotia Acadian French », dans : Thomas, Alan R. (éd.), *Methods in Dialectology : Proceedings of the 6th International Conference held at the University College of North Wales, 3rd-7th August 1987*, Clevedon et al. : Multilingual Matters, 1988, 79–88.

Flikeid (1984) = Flikeid, Karin, *La variation phonétique dans le parler acadien du nord-est du Nouveau-Brunswick. Étude sociolinguistique*, New York et al. : Peter Lang, 1984.

Flikeid/Péronnet (1989) = Flikeid, Karin/Péronnet, Louise, « "N'est-ce pas vrai qu'il faut dire : j'avons été ?" Divergences régionales en acadien », *Le français moderne* 57.3/4 (1989), 219–242.

Forget (1985) = Forget, Danielle, « "C'est pourquoi votre fille est muette", ou l'analyse sémantique d'un connecteur argumentatif », *Revue québécoise de linguistique* 15/1 (1985), 51–76.

Fortier (1891) = Fortier, Alcée, *The Acadians of Louisiana and their Dialect*, Baltimore : Publications of the Modern Language Association of America, 1891.

Fouché (1967) = Fouché, Pierre, *Morphologie historique du français : le verbe*, Paris : Klincksieck, 1967.

Foulet (1967) = Foulet, Lucien, *Petite syntaxe de l'ancien français*, Paris : Champion, 1967.

Fournier (1998) = Fournier, Nathalie, *Grammaire du français classique*, Paris : Belin, 1998.

Fox/Smith (2005) = Fox, Cynthia/Smith, Jane, « La situation du français franco-américain : aspects linguistiques et sociolinguistiques », dans : Valdman, Albert/Auger, Julie/Piston-Hatlen, Deborah (éds.), *Le français en Amérique du Nord. État présent*, Saint-Nicolas, Québec : Presses de l'Université Laval, 2005, 117–141.

Frei (1929) = Frei, Henri, *La grammaire des fautes*, Genève : Bellegarde, 1929.

Fritzenkötter (2016) = Fritzenkötter, Stefanie, « BACK à la BAIE ?! La particule adverbiale BACK dans le parler acadien de la Baie Sainte-Marie (Nouvelle-Écosse, Canada) », dans : Neumann-Holzschuh, Ingrid/Bagola, Beatrice (éds.), *L'Amérique francophone – Carrefour culturel et linguistique, Actes du 10e Colloque international « Français du Canada – français de France », Trèves, 19–21 juin 2014*, Frankfurt am Main : Peter Lang, 2016, 191–204.

Fritzenkötter (2015) = Fritzenkötter, Stefanie, *Das akadische Französisch an der Baie Sainte-Marie/ Neuschottland/ Kanada. Ausgewählte soziolinguistische, morphosyntaktische und lexikalische Aspekte in einem jugendsprachlichen Korpus*, Berlin : Erich Schmidt Verlag, 2015.

G

Gadet (2014) = Gadet, Françoise, « Quelques réflexions sur la notion de *variété*, en référence à l'acadien », dans : Arrighi, Laurence/LeBlanc, Matthieu (éds.), *La francophonie en Acadie. Dynamiques sociales et langagières. Textes en hommage à Louise Péronnet*, Sudbury : Éditions Prise de Parole, 2014, 61–79.

Gadet (2013) = Gadet, Françoise, « *Que*, une ressource discursive panfrancophone ? », dans : Jacob, Daniel/ Ploog, Katja (éds), *Autour de que – El entorno de que*, Berlin et al. : Peter Lang, 2013, 71–88.

Gadet (2011) = Gadet, Françoise, « La palette variationnelle des français », dans : Martineau, France/Nadasdi, Terry (éds.), *Le français en contact. Hommages à Raymond Mougeon*, Québec : Presses de l'Université Laval, 2011, 117–148.

Gadet (2009) = Gadet Françoise, « Un regard dialinguistique sur les "français marginaux" », dans : Baronian, Luc/Martineau, France (éds.), *Le français d'un continent à l'autre : Mélanges offerts à Yves Charles Morin*, Québec : Presses de l'Université Laval, 2009, 171–191.

Gadet (2007) = Gadet, Françoise, *La variation sociale en français*, Paris : Ophrys, 2007.

Gadet (2003) = Gadet, Françoise, « La relative française, difficile et complexe », dans : Kriegel, Sybille (éd.), *Grammaticalisation et réanalyse. Approches de la variation créole et française*, Paris : CNRS, 2003, 251–268.

Gadet (1998) = Gadet, Françoise, « Le "français avancé" à l'épreuve de ses données », dans : Bilger, Mireille/ van den Eynde, Karel/Gadet, Françoise (éds.), *Analyse linguistique et approches de l'oral. Recueil d'études offert en hommage à Claire Blanche-Benveniste*, Louvain/Paris : Peeters, 1998, 59–68.

Gadet (1989 ; 1996/1997) = Gadet, Françoise, *Le français ordinaire*, Paris : Armand Colin, 1989 ; ²1996/1997.

Gadet (1995) = Gadet, Françoise, « Les relatives non standard en français parlé : le système et l'usage », dans : Andersen, Hanne Leth/Skytte, Gunver (éds.), *La subordination dans les langues romanes. Actes du colloque international Copenhague 5.5.-7.5.1994*. Kopenhagen : Munksgaard, 1995, 141–162.

Gadet (1992) = Gadet, Françoise, *Le français populaire*, Paris : PUF, 1992.

Gadet/Jones (2008) = Gadet, Françoise/Jones, Mari, « Variation, contact and convergence in French spoken outside France », *Journal of language contact* – THEMA 2, (2008), 238–248 [www.jlc-journal.org].

Geddes (1908) = Geddes, James, *Study of an Acadian-French Dialect spoken on the North of the Baie-des-Chaleurs*, Halle : Niemeyer, 1908.

Gérin (1983) = Gérin, Pierre, « Emplois aberrants de quelques prépositions dans le français des Acadiens », *Papers from the Annual Meeting of the Atlantic Provinces Linguistic Association* 7 (1983), 39–53.

Gérin (1982) = Gérin, Pierre, « "Je suis fier que tu as pu venir" : remarques sur le mode, dans l'usance franco-acadienne, des propositions subordonnées introduites par *que* complétant des verbes ou locutions exprimant un sentiment », *Si que* 5 (1982), 25–41.

Gérin (1980) = Gérin, Pierre, « Des caporals, jouals et autres animaux », *Papers from the Annual Meeting of the Atlantic Provinces Linguistic Association* 4 (1980), 86–94.

Gérin (1979) = Gérin, Pierre, « Remarques sur le mode de certaines propositions subordonnées complétives introduites par *que* dans l'usance franco-acadienne », *Papers from the Annual Meeting of the Atlantic Provinces Linguistic Association* 3 (1979), 154–167.

Gérin/Gérin (1982) = Gérin, Pierre/Gérin, Pierre M. (éds.), *Marichette. Lettres acadiennes 1895–1898*. Édition commentée, Sherbrooke, Québec : Naaman, 1982.

Gérin/Gérin (1979) = Gérin, Pierre/Gérin, Pierre M., « Éléments de la morphologie d'un parler franco-acadien. Remarques sur la langue de Marichette. (*Lettres* publiées à Weymouth, N.-E., 1895–1898) », *Si que* 4 (1979), 79–110.

Gesner (1985) = Gesner, Edward, *Description de la morphologie verbale du parler acadien de Pubnico (NÉ) et comparaison avec le français standard*, Québec : Centre international de recherche sur le bilinguisme, 1985.

Gesner (1984/1985) = Gesner, Edward, « Les structures interrogatives dans le parler acadien de la Baie Sainte-Marie (Nouvelle-Écosse) », *Journal of the Atlantic Provinces Linguistic Association. Revue de l'Association de Linguistique des Provinces atlantiques* 6/7 (1984/1985), 124–171.

Gesner (1981) = Gesner, Edward, « Observations sur le comportement morphosyntaxique de "tout" en acadien », *Proceedings of the Annual meeting of the Atlantic Provinces Linguistic Association* 5 (1981), 78–98.

Gesner (1979a) = Gesner, Edward, *Étude morphosyntaxique du parler acadien de la Baie Sainte-Marie, Nouvelle-Écosse (Canada)*, Québec : Centre international de recherche sur le bilinguisme, 1979.
Gesner (1979b) = Gesner, Edward, « L'emploi du passé simple dans le français canadien de la Baie Sainte-Marie, Nouvelle-Écosse », *Cahiers de Linguistique* 9 (1979), 123–130.
Gesner (1978) = Gesner, Edward, « Les auxiliaires *avoir* et *être* dans le parler acadien de la Baie Sainte-Marie, Nouvelle Écosse », dans : Patterson, G. (éd.), *Papers from the Second Annual Meeting of the Atlantic Provinces Linguistic Assocation*, Halifax : Mount Saint Vincent University, 1978, 16–22.
Giancarli (2003) = Giancarli, Pierre-Don, « *Ben/mais/but*, pluralité organisée de coordonnants adversatifs en acadien traditionnel et en chiac du sud-est du Nouveau-Brunswick, Canada », dans : Magord, André (éd.), *L'Acadie plurielle. Dynamique identitaires collectives et développement au sein des réalités acadiennes*, Poitiers : Institut d'études acadiennes et québécoises, Moncton : Centre d'études acadiennes, 2003, 229–266.
Girard (2008) = Girard, Francine A., « Le cadien : un français avancé ? », dans : Holter, Karin/Skattum, Ingse (éds.), *La Francophonie aujourd'hui. Réflexions critiques*, Paris : Organisation internationale de la francophonie. Institut de la francophonie, 2008, 127–139.
Girard Lomheim (2016) = Girard Lomheim, Francine, *L'expression de la personne dans un français de Louisiane. Grammaire du pronom cadien dans les paroisses de Saint-Landry et de Vermilion*. Thèse de Doctorat inédite. Université d'Oslo, Norvège, 2016. [Le livre a paru en 2017 sous le titre *Le pronom dans le français de Louisiane. Trois siècles de cheminement*, chez L'Harmattan, Paris.]
GLLF = Guilbert, Louis/Lagane, René/Niobey, Georges (dir.), *Grand Larousse de la langue française*, Paris : Larousse, 1971–1978.
Golembeski/Rottet (2004) = Golembeski, Dan/Rottet, Kevin, « Régularisation de l'imparfait dans certaines variétés de français parlées aux Amériques », dans : Coveney, Aidan/Hintze, Marie-Anne/Sanders, Carol (éds.), *Variation et francophonie*, Paris : L'Harmattan, 2004, 131–154.
Gougenheim (1974) = Gougenheim, Georges, *Grammaire de la langue française du seizième siècle*, Paris : Picard, 1974.
Gougenheim (1971 [1929]) = Gougenheim, Georges, *Étude sur les périphrases verbales de la langue française*, Paris : Nizet, 1971 [1929].
Gougenheim (1969) = Gougenheim, Georges, *Système grammatical de la langue française*, Paris : Éditions d'Artrey, 1969.
GPFC = *Glossaire du parler français au Canada,* Québec : Presses de l'Université Laval, 1968 [^{1}1930].
Grevisse/Goosse (2008) = Grevisse, Maurice/Goosse, André, *Le Bon Usage. Grammaire française*, Bruxelles et al. : De Boeck et al., ^{14}2008.
Grimm (2010) = Grimm, D. Rick, « A real-time study of future temporal reference in spoken Ontarian French », *University of Pennsylvania Working Papers in Linguistics* 16 (2010), 83–92.
Grimm/Nadasdi (2011) = Grimm, D. Rick/Nadasdi, Terry, « The future of Ontario French », *Journal of French Language Studies* 21 (2011), 173–189.
Große (2006) = Große, Sybille, « *Alors là... j'sais pas* – les emplois de *là* dans le français moderne », dans : Drescher, Martina/Frank-Job, Barbara (éds.), *Les marqueurs discursifs dans les langues romanes*, Frankfurt a. M. et al. : Peter Lang, 2006, 121–140.
Gülich (1970) = Gülich, Elisabeth, *Makrosyntax der Gliederungssignale im gesprochenen Französisch*, München : Fink, 1970.
Guidry (1982) = Guidry, Richard, *C'est p'us pareil : monologues*, Lafayette : Center for Louisiana Studies, University of Southwestern Louisiana, 1982.
Guilbeau (1950) = Guilbeau, John, *The French spoken in Lafourche Parish, Louisiana*, Ph. Diss., Chapel Hill : University of North Carolina, 1950.
Guiraud (1966) = Guiraud, Pierre, « Le système du relatif en français populaire », *Langages* 3 (1966), 40–48.
Guiraud (1965 ; 1969) = Guiraud, Pierre, *Le français populaire*, Paris : PUF, 1965 ; 1969.

H

Haase (1965) = Haase, Albert, *Syntaxe française du XVIIe siècle*, nouv. éd. trad. et rem. par M. Olbert, Paris et al. : Delgrave & Hueber, 1965.

Hall (1992) = Hall, Gwendolyn Midlo, *Africans in colonial Louisiana : The development of Afro-Creole culture in the eighteenth century*. Baton Rouge : Louisiana State University Press, 1992.

Hallion (2000) = Hallion, Sandrine, *Étude du français parlé au Manitoba*, Thèse de Doctorat, Université Aix-Marseille I, Université de Provence, 2000.

Hallion Bres (2006) = Hallion Bres, Sandrine, « Similarités morphosyntaxiques des parlers français de l'Ouest canadien », dans : Papen, Robert A./Chevalier, Gisèle (coord.), *Les variétés de français en Amérique du Nord. Évolution, innovation et description. Revue canadienne de linguistique appliquée/Canadian Journal of Applied Linguistics* 9/2 (2006). *Revue de l'Université de Moncton* 37/2 (2006), 111–131.

Hanse (1991) = Hanse, Joseph, *Nouveau dictionnaire des difficultés du français moderne*, Paris : Duculot, ^{2}1991.

Harris (1988) = Harris, Martin, « chapter 6 : French », dans : Harris, Martin/Vincent, Nigel (éds.), *The Romance Languages*, London/Sydney : Croom Helm, 1988, 209–245.

Haspelmath (2013) = Haspelmath, Martin, « Nominal and verbal conjunction », dans : Michaelis, Susanne Maria/Maurer, Philippe/Haspelmath, Martin/Huber, Magnus (éds.), *The atlas of Pidgin and Creole language structures*, Oxford : Oxford University Press, 2013, 284–287.

Heine/Kuteva (2005) = Heine, Bernd/Kuteva, Tania, *Language Contact and Grammatical Change*, Cambridge : Cambridge University Press, 2005.

Hennemann (2014) = Hennemann, Julia, *Le parler acadien de l'Isle Madame/Nouvelle Écosse, Canada. Cadre sociolinguistique et spécificités morphosyntaxiques*, Berlin : Erich Schmidt, 2014.

Hennemann (2007) = Hennemann, Julia, « Remarques à propos du système prépositionnel de l'acadien en Nouvelle-Écosse », *LINX* 57 (2007), 79–90.

Hennemann/Neumann-Holzschuh (2014) = Hennemann, Julia/Neumann-Holzschuh, Ingrid, « Les particules *voir* et *-ti* dans le français acadien et louisianais – deux particules à cheval entre lexique et syntaxe », dans : Arrighi, Laurence/LeBlanc, Matthieu (éds.), *La francophonie en Acadie. Dynamiques sociales et langagières*, Sudbury : Prise de parole, 2014, 107–134.

Horiot (1995) = Horiot, Brigitte, « Éléments morphologiques communs », dans : Gauthier, Pierre/Lavoie, Thomas (éds.), *Français de France et français du Canada – Les parlers de l'ouest de la France, du Québec et de l'Acadie*, Lyon : Centre d'Études Linguistiques Jacques Goudet, 1995, 69–73.

De la Houssaye (1983 [1888]) = Houssaye, Sidonie de la, *Pouponne et Balthazar*, Texte établi avec notice biographique et glossaire par May Rush Gwin Waggoner, Lafayette : The Center for Louisiana Studies, University of Southwestern Louisiana, 1983 [1888].

Hummel (2013) = Hummel, Martin, « Attribution in Romance : Reconstructing the oral and written tradition », *Folia Linguistica Historica* 34 (2013), 1–42.

Hummel (2000) = Hummel, Martin, *Adverbale und adverbialisierte Adjektive im Spanischen. Konstruktionen des Typs* Los niños duermen tranquilos *und* María corre rápido, Tübingen : Narr, 2000.

J

Jagueneau (1991) = Jagueneau, Liliane, « Les prépositions dans le français parlé au Canada et en poitevin-saintongeais », dans : Horiot, Brigitte (éd.), *Français du Canada – français de France. Actes du deuxième Colloque international de Cognac du 27 au 30 septembre 1988*, Tübingen : Niemeyer, 1991, 125–136.

Jeanjean (1988) = Jeanjean, Colette, « Le futur simple et le futur périphrastique en français parlé. Étude distributionnelle. », dans : Stéfanini, Jean/Blanche-Benveniste, Claire/Chervel, André/Gross, Maurice (éds.), *Grammaire et histoire de la grammaire, Hommage à la mémoire de Jean Stéphanie*, Aix-en-Provence : Publication de l'Université de Provence, 1988, 235–257.

Jespersen (1917) = Jespersen, Otto, *Negation in English and Other Languages*, Copenhague : Høst, 1917.

Johanson (2002) = Johanson, Lars, « Contact-Induced Change in a Code-Copying Framework », dans : Jones, Mari C./Esch, Edith (éds.), *Language Change. The Interplay of Internal, External and Extra-Linguistic Factors*, Berlin/New York : Mouton de Gruyter, 2002, 285–313.

Jones (2001) = Jones, Mari, *Jersey Norman French. A Linguistic Study of an Obsolescent Dialect*, Oxford : Blackwell, Publications of the Philological Society, 2001.

Jones (2000) = Jones, Mari, « The subjunctive in Guernsey Norman French », *Journal of French Language Studies* 10 (2000), 73–99.

K

Kawaguchi (2009) = Kawaguchi, Yuji, « Particules négatives du français : *ne, pas, point* et *mie* – un aperçu historique », dans : Baronian, Luc/Martineau, France (éds.), *Le français d'un continent à l'autre. Mélanges offerts à Yves Charles Morin*, Québec : Presses de l'Université Laval, 2009, 193–210.

Kerbrat-Orecchioni (1999) = Kerbrat-Orecchioni, Catherine, *L'énonciation. De la subjectivité dans le langage*, Paris : Armand Colin, 1999.

King (2013) = King, Ruth, *Acadian French in Time and Space. A Study in Morphosyntax and Comparative Sociolinguistics*, Publication of the American Dialect Society 97. Supplement to *American Speech* vol. 87, 2013.

King (2011) = King, Ruth, « Back to *back* : the trajectory of an old borrowing », dans : Martineau, France/Nadasdi, Terry (éds.), *Le français en contact. Hommages à Raymond Mougeon*, Québec : Presses de l'Université Laval, 2011, 193–216.

King (2008) = King, Ruth, « *Chiac* in context : overview and evaluation of Acadie's *Joual* », dans : Meyerhoff, Miriam/Nagy Naomi (éds.), *Social Lives in Language : Sociolinguistics and Multilingual Speech Communities*, Amsterdam/Philadelphia : Benjamins, 2008, 137–178.

King (2005) = King, Ruth, « Morphosyntactic Variation and Theory : Subject-Verb Agreement in Acadian French », dans : Cornips, Leonie/Corrigan, Karen (éds.), *Syntax and Variation : Reconciling the Biological and the Social*, Amsterdam/Philadelphia : Benjamins, 2005, 199–229.

King (2000) = King, Ruth, *The Lexical Basis of Grammatical Borrowing*, Amsterdam : Benjamins, 2000.

King (1994) = King, Ruth, « Subject-noun agreement in Newfoundland French », *Language Variation and Change* 6 (1994), 239–253.

King (1991) = King, Ruth, « *WH*-words, *WH*-questions, and Relative Clauses in Prince Edward Island French », *Canadian Journal of Linguistics* 36/1 (1991), 65–85.

King (1989) = King, Ruth, « Le français terre-neuvien : aperçu général », dans : Mougeon, Raymond/Beniak, Édouard (éds.), *Le français canadien parlé hors Québec : aperçu sociolinguistique*, Québec : Presses de l'Université Laval, 1989, 227–244.

King (1983) = King, Ruth, *Variation and Change in Newfoundland French : A Sociolinguistic Study of Clitic Pronouns*, Ph. D. Diss., Memorial University of Newfoundland, 1983.

King (1982) = King, Ruth, « Étude de certains traits communs au français et à l'anglais terre-neuviens », *Si que* 5 (1982), 99–114.

King/Butler (2005) = King, Ruth/Butler, Gary, « Les Franco-Terreneuviens et le franco-terre-neuvien », dans : Valdman, Albert/Auger, Julie/Piston-Hatlen, Deborah (éds.), *Le français en Amérique du Nord. État présent*, Saint-Nicolas, Québec : Presses de l'Université Laval, 2005, 169–186.

King/Nadasdi (2005) = King, Ruth/Nadasdi, Terry, « Deux auxiliaires qui voulaient *mourir* en français acadien », dans : Brasseur, Patrice/Falkert, Anika (éds.), *Français d'Amérique : Approches morphosyntaxiques. Actes du colloque international « Grammaire comparée des variétés de français d'Amérique » (Université d'Avignon, 17–20 mai 2004)*, Paris : L'Harmattan, 2005, 103–112.

King/Nadasdi (2003) = King, Ruth/Nadasdi, Terry, « Back to the future in Acadian French », *Journal of French Language Studies* 13/3 (2003), 323–337.

King/Nadasdi (1997) = King, Ruth/Nadasdi, Terry, « Left Dislocation, Number Marking, and (Non-)Standard French », *Probus* 9/3 (1997), 267–284.

King/Roberge (1990) = King, Ruth/Roberge, Yves, « Preposition Stranding in Prince Edward Island French », *Probus* 2/3 (1990), 351–369.

King/Ryan (1989) = King, Ruth/Ryan, Robert, « La phonologie des parlers acadiens de l'Île-du-Prince-Édouard », dans : Mougeon, Raymond/Beniak, Édouard (éds.), *Le français canadien parlé hors Québec. Aperçu sociolinguistique*, Québec : Presses de l'Université Laval, 1989, 245–259.

King et al. (2011) = King, Ruth/Martineau, France/Mougeon, Raymond, « The Interplay of Internal and External Factors in Grammatical Change : First-Person Plural Pronouns in French », *Language. Journal of the Linguistic Society of America* 87 (2011), 470–509.
King et al. (2004) = King, Ruth/Nadasdi, Terry/Butler, Gary, « First Person Plural in Prince Edward Island Acadian French : The Fate of the Vernacular Variant *je...ons* », *Language Variation and Change* 16/3 (2004), 237–255.
Kleiber (1987) = Kleiber, Georges, *Du côté de la référence verbale. Les phrases habituelles*, Bern : Lang, 1987.
Klingler (2015) = Klingler, Thomas A., « Beyond Cajun : Towards an Expanded View of Regional French in Louisiana », dans : Picone, Michael D./Evans Davies, Catherine (éds.), *New Perspectives on Language Variety in the South. Historical and Contemporary Perspectives*, Tuscaloosa : The University of Alabama Press, 2015, 627–640.
Klingler (2009) = Klingler, Thomas, « How much Acadian is there in Cajun? », dans : Mathis-Moser, Ursula/Bischof, Gunter (éds.), *Acadians and Cajuns : the Politics and Culture of French Minorities in North America*, Innsbruck : Innsbruck University Press, 2009, 91–103.
Klingler (2005) = Klingler, Thomas A., « Le problème de la démarcation des variétés de langues en Louisiane : étiquettes et usages linguistiques », dans : Valdman, Albert/Auger, Julie/Piston-Hatlen, Deborah (éds.), *Le français en Amérique du Nord. État présent*, Saint-Nicolas, Québec : Presses de l'Université Laval, 2005, 349–367.
Klingler (2003) = Klingler, Thomas, *If I could turn my tongue like that : the Creole Language of Pointe Coupée Parish, Louisiana*, Baton Rouge : Louisiana State University Press, 2003.
Klingler/Lyche (2012) = Klingler, Thomas/Lyche, Chantal, « "Cajun" French in a non-Acadian community », dans : Gess, Randall Scott/Lyche, Chantal/Meisenburg, Trudel (éds.), *Phonological variation in French : illustrations from three continents*, Amsterdam/Philadelphia : Benjamins, 2012, 275–312.
Klingler et al. (1997) = Klinger, Thomas/Picone, Michael/Valdman, Albert, « The lexicon of Louisiana French », dans : Valdman, Albert (éd.), *French and Creole in Louisiana*, New York : Plenum, 1997, 145–181.
Koch/Oesterreicher (1990 ; 2011) = Koch, Peter/Oesterreicher, Wulf, *Gesprochene Sprache in der Romania. Französisch, Italienisch, Spanisch*. Tübingen : Niemeyer, ^{1}1990 ; Berlin/New York : De Gruyter, ^{2}2011.
Kolboom (2005) = Kolboom, Ingo, « Die Akadier – Frankreichs vergessene Kinder. Der lange Weg zu einer Nation ohne Grenzen », dans : Kolboom, Ingo/Mann, Roberto (éds.), *Akadien : ein französischer Traum in Amerika. Vier Jahrhunderte Geschichte und Literatur der Akadier*, Heidelberg : Synchron, 2005, 5–322.
Kortmann/Schneider (éds., 2004) = Kortmann, Bernd/Schneider, Edgar W. (éds.), *A Handbook of Varieties of English. A Multimedia Reference Tool*, 2 vols., Berlin/New York : Mouton de Gruyter, 2004.
Kortmann/Szmrecsanyi (2004) = Kortmann, Bernd/Szmrecsanyi, Benedikt, « Global Synopsis. Morphological and Syntactic Variation in English », dans : Kortmann, Bernd/Schneider, Edgar (éds.), *A Handbook of Varieties of English*, vol. 2 : *Morphology and Syntax*, Berlin/New York : Mouton de Gruyter, 2004, 1142–1202.

L

Lachaux (2005) = Lachaux, Françoise, « La périphrase *être en train de*, perspective interlinguale (anglais-français) : une modalisation de l'aspect ? », dans : Shyldkrot, Hava Bat-Zeev/Le Querler, Nicole (éds.), *Les périphrases verbales*, Amsterdam/Philadelphia : Benjamins, 2005, 119–142.
La Follette (1969) = La Follette, James E., *Étude linguistique de quatre contes folkloriques du Canada français. Morphologie et syntaxe*, Québec : Presses de l'Université Laval, 1969.
Laks (2009) = Laks, Bernard, « Dynamiques de la liaison en français », dans : Baronian, Luc/Martineau, France (éds.), *Le français d'un continent à l'autre. Mélanges offerts à Yves Charles Morin*, Québec : Presses de l'Université Laval, 2009, 237–267.
Larreya (2005) = Larreya, Paul, « Sur les emplois de la périphrase *aller* + infinitif », dans : Shyldkrot, Hava Bat-Zeev/Le Querler, Nicole (éds.), *Les périphrases verbales*, Amsterdam/Philadelphia : Benjamins, 2005, 337–360.
Laurendeau (2000) = Laurendeau, Paul, « L'alternance futur simple/futur périphrastique : une hypothèse modale », *Verbum* 22 (2000), 277–292.

Laurendeau (1983) = Laurendeau, Paul, « Sur la systématique et la combinatoire du joncteur *pi* en québécois », dans : Léard, Jean-Marcel (éd), *Travaux de linguistique québécoise 4. Langue française au Québec*, Québec : Presses de l'Université Laval, 1983, 13–57.

Laurier (1989) = Laurier, Michel, « Le subjonctif dans le parler franco-ontarien : un mode en voie de disparition ? », dans : Mougeon, Raymond/Beniak, Édouard (éds.), *Le français canadien parlé hors Québec. Aperçu sociolinguistique*, Québec : Presses de l'Université Laval, 1989, 105–126.

Léard (1996) = Léard, Jean-Marcel, « *Ti/-tu, est-ce que, qu'est-ce que, ce que, hé que, don* : des particules de modalisation en français ? », *Revue québécoise de linguistique* 24/2 (1996), 107–124.

Léard (1995) = Léard, Jean-Marcel, *Grammaire québécoise d'aujourd'hui : comprendre les québécismes*, Montréal : Guérin Universitaire, 1995.

Léard (1986) = Léard, Jean-Marcel, « Le statut de *pi* et *fak* en québécois et leur compatibilité avec certaines opérations », dans : *Morphosyntaxe des langues romanes. Actes du XVIIe congrès international de linguistique et philologie romanes (Aix-en-Provence, 29 août – 3 septembre 1983)*, vol. 4, Aix-en-Provence, 1986, 527–540.

Léard (1985) = Léard, Jean-Marcel, « Syntaxe et sémantique de quelques quantificateurs en franco-québécois », *Revue Canadienne de Linguistique / Canadian Journal of Linguistics* 30/2 (1985), 125–157.

Léard (1983) = Léard, Jean-Marcel, « Le statut de *fak* en québécois : un simple équivalent de *alors* ? », *Travaux de linguistique québécoise* 4 (1983), 59–100.

LeBlanc (2009) = LeBlanc, Carmen, « Expression verbale de l'habituel présent en français parlé », dans : Martineau, France/Mougeon, Raymond/Nadasdi, Terry/Tremblay, Mireille (éds.), *Le Français d'ici. Études linguistiques et sociolinguistiques sur la variation du français au Québec et en Ontario*, Toronto : Gref, 2009, 91–125.

LeBlanc/Boudreau (2016) = LeBlanc, Mélanie/Boudreau, Annette, « Discourses, Legitimization, and the Construction of Acadianité », *Signs and Society* 4/1 (2016), 80–107.

Leeman (2005) = Leeman, Danielle, « Un nouvel auxiliaire : *aller jusqu'à* », dans : Hava Bat-Zeev Shyldkrot / Le Querler, Nicole (éds.), *Les périphrases verbales*, Amsterdam/Philadelphia : Benjamins, 2005, 361–377.

Lehmann (1990) = Lehmann, Christian, « Towards lexical typology », dans : Croft, William A./Kemmer, Suzanne/Denning, Keith (éds.), *Studies in Typology and Diachrony. Papers Presented to Joseph H. Greenberg on his 75th Birthday*, Amsterdam/Philadelphia : Benjamins, 1990, 161–185.

Le Menestrel (2015) = Le Menestrel, Sara, *Negotiating Difference in French Louisiana Music. Categories, Sterotypes, and Identifications*, Jackson : University Press of Mississippi, 2015.

Le Menestrel (1999) = Le Menestrel, Sara, *La voie des Cadiens. Tourisme et identité en Louisiane*, Paris : Belin, 1999.

Le Petit Robert = Rey-Debove, Josette/Rey, Alain (dir.), *Le Petit Robert. Dictionnaire alphabétique et analogique de la langue française. Nouvelle édition du Petit Robert de Paul Robert. Texte remanié et amplifié*, Paris : Le Robert, 2013.

Lodge (2004) = Lodge, Anthony, *A sociolinguistic history of Parisian French*, New York : Cambridge University Press, 2004.

Loupe (1932) = Loupe, Sylvain Robert, *Acadian Folklore of « La Côte Française »*, Thèse de maîtrise, Baton Rouge : Université d'État de Louisiane, 1932.

Lucci (1972) = Lucci, Vincent, *Phonologie de l'acadien. Le parler de la région de Moncton, Nouveau-Brunswick, Canada*, Montréal et al. : Didier, 1972.

Ludwig/Pfänder (2003) = Ludwig, Ralph/Pfänder, Stefan, « La particule *là / la* en français oral et en créole caribéen : grammaticalisation et contact de langues », dans : Kriegel, Sibylle (éd.), *Grammaticalisation et réanalyse. Approches de la variation créole et français*, Paris : CNRS, 2003, 269–284.

Lyche (2010) = Lyche, Chantal, « Mot prosodique, mot graphique et liaison dans quelques lettres de Louisiane », dans : Dubois, Sylvie (éd.), *L'histoire épistolaire de la Louisiane*, Quebec : Presses de l'Université Laval, 2010, 27–43.

Lyche (1999) = Lyche, Chantal, « Le mot phonologique en cadien », *French Language Studies* 9 (1999), 25–38.

Lyche (1995) = Lyche, Chantal, « Schwa metathesis in Cajun French », *Folia Linguistica* XXIX/3–4 (1995), 369–393.

M

Magord (éd., 2003) = Magord, André (éd.), *L'Acadie plurielle. Dynamiques identitaires collectives et développement au sein des réalités acadiennes*, Moncton : Centre d'Études acadiennes, 2003.

Magord (1995) = Magord, André, *Une minorité francophone hors Québec : Les Franco-Terreneuviens*, Tübingen : Niemeyer, 1995.

Maillet (1975) = Maillet, Antonine, *Évangéline deusse*, Ottawa : Leméac, 1975.

Maillet (1973) = Maillet, Antonine, *Mariaagélas*, Montréal : Leméac, 1973.

Marchello-Nizia (1999) = Marchello-Nizia, Christiane, *Le français en diachronie : douze siècles d'évolution*, Paris : Ophrys, 1999.

Marchello-Nizia (1997) = Marchello-Nizia, Christiane, *La langue française aux XIVe et XVe siècles*, Paris : Nathan, 1997.

Martineau (2014) = Martineau, France, « Le français des pionniers de la Saskatchewan : quelques pistes de réflexion », dans : Papen, Robert A./Hallion, Sandrine (éds.), *À l'ouest des Grands Lacs : communautés francophones et variétés du français dans les Prairies et en Colombie-Britannique*, Québec : Presses de l'Université Laval, 2014, 155–187.

Martineau (2011a) = Martineau, France, « Normes et usages dans l'espace francophone atlantique », dans : Lusignan, Serge/Martineau, France/Morin, Yves Charles/Cohen, Paul (éds.), *L'introuvable unité du français. Contacts et variations linguistiques en Europe et en Amérique (XIIe-XVIIIe siècle)*, Québec : Presses de l'Université Laval, 2011, 227–317.

Martineau (2011b) = Martineau, France, « Written Vernacular : Variation and Change in 19th Century Acadian French », dans : Pooley, Tim/Lagorgette, Dominique (éds.), *On Linguistic Change in French : Socio-Historical Approaches. Le changement linguistique en français : aspects socio-historiques. Studies in honour of R. Anthony Lodge. Études en hommage au Professeur R. Anthony Lodge*, Chambéry : Université de Savoie, 2011, 153–173.

Martineau (2011c) = Martineau, France, « Les français en Amérique du Nord : hier et aujourd'hui », dans : Ertler, Klaus Dieter/Gill, Steward/Hodgett, Susan/James, Patrick (éds.), *Canadian Studies : The State of the Art / Études canadiennes : Questions de recherche*, Frankfurt a. M. et al. : Peter Lang, 2011, 233–254.

Martineau (2010) = Martineau, France, « De France en Louisiane : *à cause que/parce que/car* », dans : Dubois, Sylvie (éd.), *Une histoire épistolaire de la Louisiane*, Québec : Presses de l'Université Laval, 2010, 45–59.

Martineau (2009a) = Martineau, France, « Le français laurentien avant la Conquête : usages des élites », dans : Martineau, France/Mougeon, Raymond/Nadasdi, Terry/Tremblay, Mireille (éds.), *Le français d'ici. Études linguistiques et sociolinguistiques sur la variation du français au Québec et en Ontario*, Toronto : Éditions du Gref, 2009, 127–143.

Martineau (2009b) = Martineau, France, « À distance de Paris : usages historiques en France et en Nouvelle France à l'époque classique », dans : Aquino-Weber, Dorothée/Cotelli, Sara/Kristol, Andres (éds.), *Sociolinguistique historique du domaine gallo-roman. Enjeux et méthodologies*, Bern et al. : Peter Lang, 2009, 221–242.

Martineau (2009c) = Martineau, France, « Modeling Change : A Historical Sociolinguistics Perspective on French Negation », dans : Kawaguchi, Yuji/Minegishi, Makoto/Durand, Jacques (éds.), *Corpus Analysis and Variation in Linguistics*, Amsterdam/Philadelphia : Benjamins, 2009, 159–178.

Martineau (2009d) = Martineau, France, « Vers l'Ouest : les variétés du français laurentien », dans : Baronian, Luc/Martineau, France (éds.), *Le français d'un continent à l'autre. Mélanges offerts à Yves Charles Morin*, Québec : Presses de l'Université Laval, 2009, 291–325.

Martineau (2005) = Martineau, France, « Perspectives sur le changement linguistique : aux sources du français canadien », *Canadian Journal of Linguistics / Revue canadienne de linguistique* 50/1–4 (2005), 173–213.

Martineau (1993) = Martineau, France, « Rection forte et rection faible des verbes : l'ellipse de *que* en français du Québec et de l'Ontario », *Francophonies d'Amérique* 3 (1993), 79–90.

Martineau (1988) = Martineau, France, « Variable Deletion of *que* in the spoken French of Ottawa-Hull », dans : Birdsong, David/Montreuil, Jean-Pierre (éds.), *Advances in Romance Linguistics*, Dordrecht : Foris, 1988, 275–287.
Martineau (1985) = Martineau, France, « L'élision variable de *que* dans le parler d'Ottawa-Hull », *Cahiers Linguistiques d'Ottawa* 14 (1985), 53–70.
Martineau/Déprez (2004) = Martineau, France/Déprez, Viviane, « *Pas rien/pas aucun* en français classique : variation dialectale et historique », *Langue française* 143 (2004), 33–47.
Martineau/Tailleur (2011) = Martineau, France/Tailleur, Sandrine, « Written Vernacular : Variation and Change in 19th Century Acadian French », dans : Polley, Tim/Lagorgette, Dominique (éds.), *On Linguistic Change in French : Socio-Historical Approaches/Le changement linguistique en français : aspects socio-historiques*, Chambéry : Université de Savoie, 2011, 153–173.
Martineau/Vinet (2005) = Martineau, France/Vinet, Marie-Thérèse, « Microvariation in French Negation Markers : A Historical Perspective », dans : Batllori, Montserrat/Roca, Francesc (éds.), *Grammaticalization and Parametric Change*, Oxford/New York : Oxford University Press, 2005, 194–205.
Massignon (1962) = Massignon, Geneviève, *Les parlers français d'Acadie : Enquête linguistique*, 2 vols., Paris : Klincksieck, 1962.
Massignon (1947) = Massignon, Geneviève, « Les parlers français d'Acadie », *The French Review* XXI/1 (1947), 45–53.
Mathieu (2009) = Mathieu, Éric, « Les questions en français : micro- et macro-variation », dans : Martineau, France/Mougeon, Raymond/Nadasdi, Terry/Tremblay, Mireille (éds.), *Le Français d'ici. Études linguistiques et sociolinguistiques sur la variation du français au Québec et en Ontario*, Toronto : Gref, 2009, 61–90.
Matras (2009) = Matras, Yaron, *Language Contact*, Cambridge : Cambridge University Press, 2009.
Matras (2007) = Matras, Yaron, « The Borrowability of Structural Categories », dans : Matras, Yaron/Sakel, Jeannette (éds.), *Grammatical Borrowing in Cross-Linguistic Perspective*, Berlin/New York : Mouton de Gruyter, 2007, 31–73.
Matras/Sakel (2007) = Matras, Yaron/Sakel, Jeanette, « Investigating the Mechanisms of Pattern Replication in Language Convergence », *Studies in Language* 31/4 (2007), 829–865.
Melis (1990) = Melis, Ludo, *La* voie *pronominale. La systématique des tours pronominaux en français moderne*, Paris : Duculot, 1990.
Melkersson (1979) = Melkersson, Anders, « Quelques remarques sur les constructions interrogatives en français acadien », *Moderna Sprak* 73 (1979), 169–178.
Meney (1999) = Meney, Lionel, *Dictionnaire québécois-français*, Montréal : Guérin, 1999.
Mesthrie/Bhatt (2008) = Mesthrie, Rajend/Bhatt, Rakesh M., *World Englishes. The Study of New Linguistic Varieties*, Cambridge : Cambridge University Press, 2008.
Mitko (2000) = Mitko, Julia, *Aspekt im Französischen. Eine semantisch-funktionelle Analyse*, Tübingen : Narr, 2000.
Mitko (1999) = Mitko, Julia, « Zur Herausbildung einer formalen Aspektopposition auf der temporalen Nullstufe : *être en train de* + Infinitiv als teilgrammatikalisierte Verlaufsform des Gegenwartsfranzösischen », dans : Lang, Jürgen/Neumann-Holzschuh, Ingrid (éds.), *Reanalyse und Grammatikalisierung in den romanischen Sprachen*, Tübingen : Niemeyer, 1999, 75–95.
Moignet (1973) = Moignet, Gérard, *Grammaire de l'ancien français. Morphologie – Syntaxe*, Paris : Klincksieck, 1973.
Moignet (1965) = Moignet, Gérard, *Le pronom personnel français : Essai de psycho-systématique historique*, Paris : Klincksieck/ Frankfurt a. M. : Diesterweg, 1965.
Moreton (2001) = Moreton, Rebecca Larche, *Mississippi Gulf Coast French : Phonology and Morphology*, Phil. Diss., New Orleans : Tulane University, 2001 (Ann Arbor, University Microfilms 3037879).
Morin (2003) = Morin, Yves- Charles, « Remarks on prenominal liaison consonants in French », dans : Ploch, Stefan (éd.), *Living on the edge*, Berlin et al. : De Gruyter, 2003, 385–400.
Morin (1985) = Morin, Yves-Charles, « On the two French subjectless verbs *voici* et *voilà* », *Language* 61/4 (1985), 777–820.

Morin (1982) = Morin, Yves-Charles, « De quelques [l] non étymologiques dans le français du Québec : Notes sur les clitiques et la liaison », *Revue québécoise de linguistique* 11/2 (1982), 9–47.

Mortier (2005) = Mortier, Liesbeth, « Les périphrases aspectuelles "progressives" en français et en néerlandais », dans : Shyldkrot, Hava Bat-Zeev/Le Querler, Nicole (éds.), *Les périphrases verbales*, Amsterdam/Philadelphia : Benjamins, 2005, 83–102.

Motapanyane (1997) = Motapanyane, Virginia, *Acadian French*, München/Newcastle : Lincom Europe, 1997.

F. Mougeon (1995) = Mougeon, Françoise, *Quel français parler ? Initiation au français parlé au Canada et en France*, Toronto : Éditions du Gref, 1995.

Mougeon (1996) = Mougeon, Raymond, « Recherche sur les origines de la variation *vas, m'as, vais* en français québécois », dans : Lavoie, Thomas (éd.), *Français du Canada – français de France. Actes du 4ᵉ Colloque International de Chicoutimi, Québec, du 21 au 24 septembre 1994*, Tübingen : Niemeyer, 1996, 60–77.

Mougeon (1993) = Mougeon, Raymond, « Le français en Ontario : bilinguisme, transfert à l'anglais et variabilité linguistique », dans : Robillard, Didier de/Beniamino, Michel (éds.), *Le français dans l'espace francophone*, vol. 1, Paris : Champion, 1993, 53–77.

Mougeon/Beniak (1994) = Mougeon, Raymond/Beniak, Édouard, « Présentation », dans : Mougeon, Raymond/Beniak, Édouard (éds.), *Les origines du français québécois*, Québec : Presses de l'Université Laval, 1994, 1–55.

Mougeon/Beniak (éds., 1994) = Mougeon, Raymond/Beniak, Édouard (éds.), *Les origines du français québécois*, Québec : Presses de l'Université Laval, 1994.

Mougeon/Beniak (1991) = Mougeon, Raymond/Beniak, Édouard, *Linguistic Consequences of Language Contact and Restriction : the Case of French in Ontario*, Oxford : Clarendon Press, 1991.

Mougeon/Beniak (1989) = Mougeon, Raymond/Beniak, Édouard (éds.), *Le français canadien parlé hors Québec. Aperçu sociolinguistique*, Québec : Presses de l'Université Laval, 1989.

Mougeon/Beniak (1986) = Mougeon, Raymond/Beniak, Édouard, « Le français en situation de contact et la variation linguistique : le français parlé en Ontario (Canada) », dans : *Actes du XVIIᵉ Congrès international de Linguistique et Philologie Romanes, Aix-en-Provence 1983*, vol. 6 : *Variation linguistique dans l'espace : dialectologie et onomastique*, 1986, 291–313.

Mougeon/Nadasdi (1996) = Mougeon, Raymond/Nadasdi, Terry, « Discontinuités variationnelles dans le parler des adolescents franco-ontariens », *Revue du Nouvel-Ontario : la langue française en Ontario* 20 (1996), 51–76.

Mougeon et al. (2010) = Mougeon, Raymond/Hallion Bres, Sandrine/Papen, Robert/Bigot, Davy, « Convergence vs. divergence : variantes morphologiques de la première personne de l'auxiliaire *aller* dans les variétés de français laurentien du Canada », dans : LeBlanc, Carmen/Martineau, France/Frenette, Yves (éds.), *Vues sur les français d'ici*, Québec : Presses de l'Université Laval, 2010, 131–184.

Mougeon et al. (2009a) = Mougeon, Raymond/Nadasdi, Terry/Rehner, Katherine, « Évolution de l'alternance *Je vas/Je vais/Je m'en vas/Je m'en vais/M'as* dans le parler d'adolescents franco-ontariens », dans : Baronian, Luc/Martineau, France (éds.), *Le français d'un continent à l'autre. Mélanges offerts à Yves Charles Morin*, Québec : Presses de l'Université Laval, 2009, 327–374.

Mougeon et al. (2009b) = Mougeon, Raymond/Nadasdi, Terry/Rehner, Katherine, « Patterns of Sociolinguistic Change and Situational Variation in Ontario French : The Case of Causal Conjunctions », *New Ways of Analyzing Variation* 38 (2009), 22–25 oct., Université d'Ottawa. http://www.sociolinguistics.uottawa.ca/nway38/abstracts/Mougeon(2009)

Mougeon et al. (2009c) = Mougeon, Raymond/Nadasdi, Terry/Rehner, Katherine, « Évolution de l'usage des conjonctions et locutions de conséquence par les adolescents franco-ontariens de Hawkesbury et de Pembroke (1978–2005) », dans : Martineau, France/Mougeon, Raymond/Nadasdi, Terry/Tremblay, Mireille (éds.), *Le français d'ici. Études linguistiques et sociolinguistiques sur la variation du français au Québec et en Ontario*, Toronto : Éditions du Gref, 2009, 145–184.

Mougeon et al. (2005) = Mougeon, Raymond/Nadasdi, Terry/Rehner, Katherine, « Contact induced linguistic innovations on the continuum of language use : the case of French in Ontario », *Bilingualism : Language and Cognition* 8 (2), 2005, 99–115.

Mougeon et al. (1988) = Mougeon, Raymond/Beniak, Édouard/Valli, André, « *Vais, vas, m'as* in Canadian French : a sociohistorical study », dans : Ferrara, Kathleen/Brown, Becky/Walters, Keith/Bauch, John (éds.), *Linguistic Change and Contact. Proceedings of the Sixteenth Annual Conference on New Ways of Analyzing Variation*, University of Texas : Department of Linguistics, 1988, 250–262.

Muller (2013) = Muller, Claude, « *Que* entre conjonction et pronom clitique en français », dans : Jacob, Daniel/Ploog, Katja (éds.), *Autour de* que – *El entorno de* que, Berlin et al : Peter Lang, 2013, 113–138.

Myers-Scotton (2006) = Myers-Scotton, Carol, *Multiple Voices. An Introduction to Bilingualism*, Malden & Oxford : Blackwell, 2006.

N

Nadasdi (2000) = Nadasdi, Terry, *Variation grammaticale et langue minoritaire : le cas des pronoms clitiques en français ontarien*, München : Lincom Europa, 2000.

Naud (1999) = Naud, Chantal, *Dictionnaire des régionalismes du français parlé des îles de la Madeleine*, L'Étang-du-Nord : Vignaud, 1999.

Ngamountsika (2012) = Ngamountsika, Édouard, « Analyse morphosyntaxique du morphème LÀ en français parlé en République du Congo », *Le Français en Afrique* 27 (2012), 189–199.

Neumann (1985) = Neumann, Ingrid, *Le créole de Breaux Bridge, Louisiane. Étude morphosyntaxique – textes – vocabulaire*. Hamburg : Buske, 1985.

Neumann-Holzschuh (2016) = Neumann-Holzschuh, Ingrid, « Le français louisianais et la syntaxe de l'oral », dans : Neumann-Holzschuh, Ingrid/Bagola, Beatrice (éds.), *L'Amérique francophone – Carrefour culturel et linguistique, Actes du 10e Colloque international « Français du Canada – français de France », Trèves, 19–21 juin 2014*, Frankfurt am Main : Peter Lang, 2016, 235–264.

Neumann-Holzschuh (2015) = Neumann-Holzschuh, Ingrid, « Early Louisiana French Correspondence. Auf den Spuren des Kolonialfranzösischen im 18. und 19. Jahrhundert », dans : Bernsen, Michael/Eggert, Elmar/Schrott, Angela (éds.), *Historische Sprachwissenschaft als philologische Kulturwissenschaft. Festschrift für Franz Lebsanft zum 60. Geburtstag*, Bonn : Bonn University Press, 2015, 363–378.

Neumann-Holzschuh (2014) = Neumann-Holzschuh, Ingrid, « "Carrefour Louisiane". Aspects of Language Contact in the History of Louisiana French », *Journal of Language Contact* 7 (2014), 124–153.

Neumann-Holzschuh (2010) = Neumann-Holzschuh, Ingrid, « Nivellement linguistique et koïnèisation en Louisiane », dans : Iliescu, Maria/Siller-Runggaldier, Heidi/Danler, Paul (éds.), *Actes du XXVe congrès international de linguistique et philologie romanes*, vol. 7, Berlin : Mouton de Gruyter, 2010, 261–272.

Neumann-Holzschuh (2009a) = Neumann-Holzschuh, Ingrid, « La diaspora acadienne dans une perspective linguistique », dans : Mathis-Moser, Ursula/Bischof, Günter (éds.), *Acadians and Cajuns. The Politics and Culture of French Minorities in North America. Acadiens et Cajuns. Politique et culture des minorités francophones en Amérique du Nord*, Innsbruck : Innsbruck University Press, 2009, 107–122.

Neumann-Holzschuh (2009b) = Neumann-Holzschuh, Ingrid, « Contact-induced structural change in Acadian and Louisiana French : mechanisms and motivations », *Langage et société* 129 (2009), 49–68.

Neumann-Holzschuh (2009c) = Neumann-Holzschuh, Ingrid, « Les marqueurs discursifs "redoublés" dans les variétés du français acadien », dans : Bagola, Beatrice (éd.) avec la coll. de Hans-J. Niederehe, *Français du Canada – français de France VIII. Actes du 8e Colloque international. Trèves, du 12 au 15 avril 2007*, Tübingen : Niemeyer, 2009, 137–155.

Neumann-Holzschuh (2008) = Neumann-Holzschuh, Ingrid, « À la recherche du "superstrat". What North American French can and cannot tell us about the input to creolization », dans : Michaelis, Susanne (éd.), *Roots of Creole Structures*, Amsterdam/Philadelphia : Benjamins, 2008, 357–383.

Neumann-Holzschuh (2006) = Neumann-Holzschuh, Ingrid, « Gender in French Creoles », dans : Clancy Clements, J./Klingler, Thomas A./Piston-Hatlen, Deborah/Rottet, Kevin J. (éds), *History, Society and Variation. In honor of Albert Valdman*, Amsterdam : Benjamins, 2006, 251–272.

Neumann-Holzschuh (2005a) = Neumann-Holzschuh, Ingrid, « *The survival of the fittest*... Französisch, Spanisch und Englisch in Louisiana », dans : Dahmen, Wolfgang (éd.), *Englisch und Romanisch*, Tübingen : Narr, 2005, 267–295.

Neumann-Holzschuh (2005b) = Neumann-Holzschuh, Ingrid, « Le subjonctif en français acadien », dans : Brasseur, Patrice/Falkert, Anika (éds.), *Français d'Amérique : Approches morphosyntaxiques. Actes du colloque international « Grammaire comparée des variétés de français d'Amérique » (Université d'Avignon, 17–20 mai 2004)*, Paris : L'Harmattan, 2005, 125–144.
Neumann-Holzschuh (2003) = Neumann-Holzschuh, Ingrid, « Les formes verbales invariables en créole : un cas de réanalyse », dans : Kriegel, Sybille (éd.), *Grammaticalisation et réanalyse. Approches de la variation créole et français*, Paris : CNRS, 2003, 69–86.
Neumann-Holzschuh (2000) = Neumann-Holzschuh, Ingrid, « "Nous-autres on parle peut-être pas bien français, mais…" Untersuchungen zur Morphosyntax des *français québécois parlé* », dans : Stein, Peter (éd.), *Frankophone Sprachvarietäten / Variétés linguistiques francophones. Hommage à Daniel Baggioni*, Tübingen : Stauffenburg, 2000, 251–274.
Neumann-Holzschuh/Mitko (à paraître) = Neumann-Holzschuh, Ingrid/Mitko, Julia, « L'aspect habituel en français d'Acadie, de Terre-Neuve et de Louisiane » dans : Hallion, Sandrine/Rosen, Nicole (éds.), *Les français d'ici*, Québec : Presses de l'Université Laval.
Neumann-Holzschuh/Wiesmath (2006) = Neumann-Holzschuh, Ingrid/Wiesmath, Raphaële, « Les parlers acadiens : un continuum discontinu », *Revue canadienne de linguistique appliquée* 9/2 (2006), 233–249.
Neumann-Holzschuh et al. (2005) = Neumann-Holzschuh, Ingrid/Brasseur, Patrice/Wiesmath, Raphaële, « Le français acadien au Canada et en Louisiane : affinités et divergences », dans : Valdman, Albert/Auger, Julie/Piston-Hatlen, Deborah (éds.), *Le français en Amérique du Nord. Etat présent*, Saint-Nicolas, Québec : Presses de l'Université Laval, 2005, 479–503.
Niederehe (1991) = Niederehe, Hans-Josef, « Quelques aspects de la morphologie du franco-terre-neuvien », dans : Horiot, Brigitte (éd.), *Français du Canada – français de France. Actes du deuxième Colloque international de Cognac du 27 au 30 septembre 1988*, Tübingen : Niemeyer, 1991, 215–233.
Nyrop (1924 ; 1925 ; 1930) = Nyrop, Kristoffer, *Grammaire historique de la langue française*, Copenhague et al. : Gyldendal, vol. 2 : 1924, vol. 5 : 1925 ; vol. 6 : 1930.

O

Oukada (1977) = Oukada, Larbi, *Louisiana French : A linguistic study with a descriptive analysis of Lafourche dialect*, Ph. D. diss., Louisiana State University, 1977.

P

Papen (2011) = Papen, Robert A., « *Un nours, un zours, un lours*? La question de la liaison en mitchif », dans : Martineau, France/Nadasdi, Terry (éds.), *Le français en contact. Hommages à Raymond Mougeon*, Québec : Presses de l'Université Laval, 2011, 217–245.
Papen (2006) = Papen, Robert A., « Les parlers français oubliés d'Amérique : le franco-minnesotain et le franco-dakotain », dans : Papen, Robert A./Chevalier, Gisèle (coord.), *Les variétés de français en Amérique du Nord. Évolution, innovation et description. Revue canadienne de linguistique appliquée/ Canadian Journal of Applied Linguistics* 9/2 (2006). *Revue de l'Université de Moncton* 37/2 (2006), 149–171.
Papen (2005) = Papen, Robert A., « Le mitchif : langue franco-crie des Plaines », dans : Valdman, Albert/Auger, Julie/Piston-Hatlen, Deborah (éds.), *Le français en Amérique du Nord. État présent*, Saint-Nicolas, Québec : Presses de l'Université Laval, 2005, 327–347.
Papen (2004) = Papen, Robert A., « Sur quelques aspects structuraux du français des Métis de l'Ouest canadien », dans : Coveney, Aidan/Hintze, Marie-Anne/Sanders, Carol (éds.), *Variation et francophonie*, Paris : L'Harmattan, 2004, 105–129.
Papen (1984) = Papen, Robert A., « Quelques remarques sur un parler français méconnu de l'Ouest canadien : le métis », *Revue québécoise de linguistique* 14/1 (1984), 113–139.
Papen/Bigot (2010) = Papen, Robert A./Bigot, Davy, « *Sontaient, ontvaient* et *fontsaient* en français mitchif : variation et systématicité », dans : LeBlanc, Carmen/Martineau, France/Frenette, Yves (éds.), *Vues sur le français d'ici*, Québec : Presses de l'Université Laval, 2010, 201–225.

Papen/Hallion (éds., 2014) = Papen, Robert A./Hallion, Sandrine (éds.), *À l'Ouest des Grands Lacs : communautés francophones et variétés de français dans les Prairies et en Colombie-Britannique*, Québec : Presses de l'Université Laval, 2014.

Papen/Rottet (1997) = Papen, Robert A./Rottet, Kevin, « A structural sketch of the cajun French spoken in Lafourche and Terrebonne Parishes », dans : Valdman, Albert (éd.), *French and Creole in Louisiana*, New York : Plenum, 1997, 71–108.

Papen/Rottet (1996) = Papen, Robert A./Rottet, Kevin, « Le français cadjin du bassin Lafourche : sa situation sociolinguistique et son système pronominal », dans : Dubois, Lise/Boudreau, Annette (éds.), *Les Acadiens et leur(s) langue(s) : Quand le français est minoritaire, Actes du Colloque, Moncton 1994*, Moncton : Les Éditions d'Acadie, 1996, 233–252.

Parr (1940) = Parr, Una M., *A glossary of the variants from Standard French in Terrebonne Parish. With an appendix of popular beliefs, superstitions, medicine and cooking recipes*. Master's Thesis, Louisiana State University, 1940.

Péronnet (2005) = Péronnet, Louise, « J'[e] fatigué en français acadien : j'ai fatigué ou j'es fatigué ? », dans : Brasseur, Patrice/Falkert, Anika (éds.), *Français d'Amérique : Approches morphosyntaxiques. Actes du colloque international « Grammaire comparée des variétés de français d'Amérique » (Université d'Avignon, 17–20 mai 2004)*, Paris : L'Harmattan, 2005, 95–102.

Péronnet (1996) = Péronnet, Louise, « Nouvelles variétés de français parlé en Acadie du Nouveau-Brunswick », dans : Dubois, Lise/Boudreau, Annette (éds.), *Les Acadiens et leur(s) langue(s) : quand le français est minoritaire. Actes du colloque, Moncton 1994*, Moncton : Les Éditions d'Acadie, 1996, 121–135.

Péronnet (1995) = Péronnet, Louise, « Le français acadien », dans : Gauthier, Pierre/Lavoie, Thomas (éds.), *Français de France et français du Canada – Les parlers de l'Ouest de la France, du Québec et de l'Acadie*, Lyon : Centre d'Études Linguistiques Jacques Goudet, 1995, 399–439.

Péronnet (1991) = Péronnet, Louise, « Système de modalités verbales dans le parler acadien du sud-est du Nouveau-Brunswick », *Journal of the Atlantic Provinces Linguistic Association* 13 (1991), 85–98.

Péronnet (1989a) = Péronnet, Louise, *Le parler acadien du Sud-Est du Nouveau-Brunswick*, Frankfurt et al. : Peter Lang, 1989.

Péronnet (1989b) = Péronnet, Louise, « La question du genre dans le parler acadien du sud-est du Nouveau-Brunswick », dans : Mougeon, Raymond/Beniak, Edouard (éds.), *Le français canadien parlé hors Québec. Aperçu sociolinguistique*, Québec : Presses de l'Université Laval, 1989, 213–225.

Péronnet (1989c) = Péronnet, Louise, « Analyse des emprunts dans un corpus acadien », *Revue québécoise de linguistique théorique et appliquée* 8/2 (1989), 229–251.

Péronnet (1986) = Péronnet, Louise, « Les parlers acadiens », dans : Gallant, Melvin (éd.), *Langues et littératures au Nouveau-Brunswick*, Moncton : Les Éditions d'Acadie, 1986, 69–93.

Péronnet (1982) = Péronnet, Louise, « Les prépositions dans le parler acadien du sud-est du Nouveau Brunswick », *Si que* 5 (1982), 57–81.

Péronnet/Kasparian (2008) = Péronnet, Louise/Kasparian, Sylvia, « Le français standard acadien (à l'oral). Analyse des prépositions : procédés de variation », dans : Horiot, Brigitte (éd.), *Français du Canada – français de France. Actes du septième Colloque international de Lyon, du 16 au 18 juin 2003*, Tübingen : Niemeyer, 2008, 199–207.

Péronnet/Kasparian (2000) = Péronnet, Louise/Kasparian, Sylvia, « Description du processus de standardisation d'une langue régionale : le cas de la préposition *de* dans le français standard acadien », *Papers from the Annual Meeting of the Atlantic Provinces Linguistic Association* 24 (2000), 109–118.

Péronnet/Kasparian (1998) = Péronnet, Louise/Kasparian, Sylvia, « Vers une description du "francais standard acadien" : Analyse des traits morphosyntaxiques », dans : Brasseur, Patrice (éd.), *Français d'Amérique. Variation, créolisation, normalisation. Actes du colloque « Les français d'Amérique du Nord en situation minoritaire » (Université d'Avignon, 8–11 octobre 1996)*, Avignon : CECAV, 1998, 249–259.

Perrot (2014a) = Perrot, Marie-Ève, « Le trajet linguistique des emprunts dans le chiac de Moncton : quelques observations », *Minorités linguistiques et sociétés / Linguistic Minorities and Society* 4 (2014), 200–218.

Perrot (2014b) = Perrot, Marie-Ève, « Représentations du chiac dans *L'Acadie Nouvelle Contemporaine* (2000–2010) : définition, désignation, évaluation », dans : Arrighi, Laurence/LeBlanc, Matthieu (éds.), *La franco-

phonie en Acadie. Dynamiques sociales et langagières. Textes en hommage à Louise Péronnet, Sudbury : Collection Agora, 2014, 183–204.

Perrot (2005a) = Perrot, Marie-Ève « Le chiac de Moncton : description synchronique et tendances évolutives », dans : Valdman, Albert/Auger, Julie/Piston-Hatlen, Deborah (éds.), *Le français en Amérique du Nord. État présent*, Saint-Nicolas, Québec : Presses de l'Université Laval, 2005, 307–326.

Perrot (2005b) = Perrot, Marie-Ève, « Le non-accord sujet-verbe à la 3e personne du pluriel dans un corpus chiac », dans : Brasseur, Patrice/Falkert, Anika (éds.), *Français d'Amérique : Approches morphosyntaxiques. Actes du colloque international « Grammaire comparée des variétés de français d'Amérique » (Université d'Avignon, 17–20 mai 2004)*, Paris : L'Harmattan, 2005, 187–198.

Perrot (1995) = Perrot, Marie-Ève, *Aspects fondamentaux du métissage français/anglais dans le chiac de Moncton*, Thèse de doctorat, Université de la Sorbonne nouvelle, Paris III, 2 vols., Paris, 1995.

Perrot (1992) = Perrot, Marie-Ève, « Fonctionnement du marqueur *comme* à partir d'un corpus "chiac" (Région de Moncton, Canada) », dans : Perrin, Isabelle (éd.), *Approches énonciatives de l'énoncé complexe*, Louvain-Paris : Peeters, 1992, 21–30.

Petraş (2016) = Petraş, Cristina, *Contact de langues et changement linguistique en français acadien de la Nouvelle-Écosse. Les marqueurs discursifs*, Paris : L'Harmattan, 2016.

Phillips (1979) = Phillips, Hosea, « Le français parlé de la Louisiane », dans : Valdman, Albert (éd.), *Le français hors de France*, Paris : Champion, 1979, 93–110.

Phillips (1936) = Phillips, Hosea, *Étude du parler de la Paroisse Évangéline, Louisiane*, Paris : Droz, 1936.

Picone (2015) = Picone, Michael D., « French Dialects of Louisiana : a Revised Typology », dans : Picone, Michael D./Evans Davies, Catherine (éds.), *New Perspectives on Language Variety in the South – Historical and Contemporary Approaches*, Tuscaloosa : University of Alabama Press, 2015, 267–287.

Picone (2006) = Picone, Michael D., « Le français louisianais hors de l'Acadiana », dans : Papen, Robert A./Chevalier, Gisèle (coord.), *Les variétés de français en Amérique du Nord. Évolution, innovation et description. Revue canadienne de linguistique appliquée/Canadian Journal of Applied Linguistics* 9/2 (2006). *Revue de l'Université de Moncton* 37/2 (2006), 221–231.

Picone (1997) = Picone, Michael D., « Code-switching and loss of inflection in Louisiana French », dans : Bernstein, Cynthia/Nunally, Tom/Sabino, Robin (éds.), *Language Variety in the South Revisited*, Tuscaloosa : University of Alabama Press, 1997, 152–162.

Picone/Valdman (2005) = Picone, Michael D./Valdman, Albert, « La situation du français en Louisiane », dans : Valdman, Albert/Auger, Julie/Piston-Hatlen, Deborah (éds.), *Le français en Amérique du Nord. État présent*, Saint-Nicolas, Québec : Presses de l'Université Laval, 2005, 143–165.

Pignon (1960) = Pignon, Jacques, *L'évolution phonétique des parlers du Poitou*, Paris : Artrey, 1960.

Ploog (2010) = Ploog, Katja, « L'ambiguïté constructionnelle dans la dynamique langagière (l'exemple du nouchi) », dans : Drescher, Martina/Neumann-Holzschuh, Ingrid (éds.), *La syntaxe de l'oral dans les variétés non-hexagonales du français*, Tübingen : Stauffenburg, 2010, 81–94.

Ploog (2006) = Ploog, Katja, « Du continuum pragmatico-sémantique aux types prosodiques de LA en (français) abidjanais », *Le français en Afrique* 21 (2006), 303–323.

Pohl (1965) = Pohl, Jacques, « Observations sur les formes d'interrogation dans la langue parlée et dans la langue écrite non-littéraire », dans : Straka, Georges (éd.), *Linguistique et philologie romanes. Actes du Xe congrès international de linguistique et philologie romanes*, t.1, Paris : Klincksieck, 1965, 501–513.

C. Poirier (1994a) = Poirier, Claude, « La langue parlée en Nouvelle France : vers une convergence des explications », dans : Mougeon, Raymond/Beniak, Édouard (éds.), *Les origines du français québécois*, Québec : Presses de l'Université Laval, 1994, 237–273.

C. Poirier (1994b) = Poirier, Claude, « Les causes de la variation géolinguistique du français en Amérique du Nord », dans : Poirier, Claude (éd.), *Langue, espace, société. Les variétés du français en Amérique du Nord*. Québec : Presses de l'Université Laval, 1994, 69–95.

Poirier (1993 [1925]) = Poirier, Pascal, *Le Glossaire acadien*. Édition critique établie par Pierre M. Gérin, Moncton : Les Éditions d'Acadie, 1993 [1925].

Poirier (1928) = Poirier, Pascal, *Le parler franco-acadien et ses origines*, Québec : Imprimerie fransciscaine missionnaire, 1928.

Pollak (1960) = Pollak, Wolfgang, *Studien zum « Verbalaspekt » im Französischen*, Wien : Rohrer, 1960.
Pope (1952) = Pope, Mildred, *From Latin to Modern French with Especial Consideration of Anglo-Norman*, Manchester : Manchester University Press, 1952.
Poplack (1992) = Poplack, Shana, « The Inherent Variability of the French Subjunctive », dans : Läufer, Christiane/Morgan, Terrell A. (éds.), *Theoretical Analyses in Romance Linguistics*, Amsterdam/Philadelphia : Benjamins, 1992, 235–263.
Poplack/Turpin (1999) = Poplack, Shana/Turpin, Danielle, « Does the *futur* have a future in (Canadian) French ? », *Probus* 11 (1999), 133–164.
Poplack et al. (1988) = Poplack, Shana/Sankoff, David/Miller, Christopher, « The social correlates and linguistic processes of lexical borrowing », *Linguistics* 26/1 (1988), 47–104.
Price (1971) = Price, Glanville, *The French Language : Present and Past*, London : Arnold, 1971.
Prüßmann-Zemper (1986) = Prüßmann-Zemper, Helga, *Entwicklungstendenzen und Sprachwandel im Neufranzösischen*, Pädagogik und Hochschulverlag, 1986.
Pusch (2005) = Pusch, Claus D., « L'expression de la progressivité dans les français d'Amérique », dans : Brasseur, Patrice/Falkert, Anika (éds.), *Français d'Amérique : Approches morphosyntaxiques. Actes du colloque international « Grammaire comparée des variétés de français d'Amérique » (Université d'Avignon, 17–20 mai 2004)*, Paris : L'Harmattan, 2005, 159–170.
Pusch/Wesch (2003) = Pusch, Claus D./Wesch, Andreas, « Verbalperiphrasen zwischen Grammatik, Lexikon und Pragmatik. Zu den Beiträgen dieses Bandes », dans : Pusch, Claus D./Wesch, Andreas (éds.), *Verbalperiphrasen in den (ibero-)romanischen Sprachen*, Hamburg : Buske, 2003, 1–10.

Q
Quesada (1994) = Quesada, Juan Diego, *Periphrastische Aktionsart im Spanischen : das Verhalten einer Kategorie der Übergangszone*, Frankfurt am Main et al. : Peter Lang, 1994.

R
Raible (1992) = Raible, Wolfgang, *Junktion. Eine Dimension der Sprache und ihre Realisierungsformen zwischen Aggregation und Integration*, Heidelberg : Winter, 1992.
Rebourcet (2008) = Rebourcet, Séverine, « Le français standard et la norme : l'histoire d'un "nationalisme linguistique et littéraire" à la française », *Communication, Lettres et Sciences du Langage* 2/1 (2008), 107–118.
Reed (1976) = Reed, Revon, *Lâche pas la patate : Portrait des Acadiens de la Louisiane*, Montréal : Éditions Partis Pris, 1976.
Remacle (1956) = Remacle, Louis, *Syntaxe du parler wallon de La Gleize*, vol. 2, Paris : Les Belles Lettres, 1956.
Rey (2001) = Rey, Alain (dir.), *Le Grand Robert de la langue française*, Paris : Robert, vol. 6 : Romb-Z, [2]2001.
Rhodes (2009) = Rhodes, Richard A., « The Phonological History of Métchif », dans : Baronian, Luc/Martineau, France (éds.), *Le français d'un continent à l'autre. Mélanges offerts à Yves Charles Morin*, Québec : Presses de l'Université Laval, 2009, 423–442.
Rheinfelder (1987) = Rheinfelder, Hans, *Altfranzösische Grammatik*, vol. 1 : *Lautlehre*, München : Max Hueber Verlag, [5]1987.
Rheinfelder (1967) = Rheinfelder, Hans, *Altfranzösische Grammatik*, vol. 2 : *Formenlehre und Syntax*, München : Max Hueber Verlag, 1967.
Richard/Gesner (1991) = Richard, Ginette/Gesner, Edward, « Les pronoms personnels sujets de la première personne dans deux parlers acadiens de la Nouvelle-Écosse et comparaison avec les parlers de l'Ouest de la France », dans : Horiot, Brigitte (éd.), *Français du Canada – français de France. Actes du deuxième Colloque international de Cognac du 27 au 30 septembre 1988*, Tübingen : Niemeyer, 1991, 173–193.
Rideout (2011) = Rideout, Douglas L., « Auxiliary Selection in 16th Century French : Imposing Norms in the Face of Language Change », dans : Johanson, Sara/Hazenberg, Evan/Power, Suzanne (éds.), *Memorial Occasional Papers in Linguistics*, vol.2 : *Proceedings of the 33rd Atlantic Provinces Linguistics Association*, Memorial University of Newfoundland, 2011, http://www.mun.ca/linguistics/MLWPL/ (consulté le 22 juillet 2017).

Riegel et al. (2011) = Riegel, Martin/Pellat, Jean-Christophe/Rioul, René, *Grammaire méthodique du français*, Paris : PUF, 2ᵉ tirage, 2011 [1ᵉʳ tirage, ⁴2009].

Roberge (1998) = Roberge, Yves, « Les prépositions orphelines dans diverses variétés de français d'Amérique du Nord », dans : Brasseur, Patrice (éd.), *Français d'Amérique. Variation, créolisation, normalisation. Actes du colloque « Les français d'Amérique du Nord en situation minoritaire » (Université d'Avignon, 8–11 octobre 1996)*, Avignon : CECAV, 1998, 49–59.

Roberge/Rosen (1999) = Roberge, Yves/Rosen, Nicole, « Preposition stranding and *que*-deletion in varieties of North American French », *Linguistica Atlantica* 21 (1999), 153–168.

Rochet (1993) = Rochet, Bernard, « Le français parlé en Alberta », *Francophonies d'Amérique* 3 (1993), 5–24.

Rodriguez (1991) = Rodriguez, Liliane, « De l'Atlantique français à la Prairie canadienne : Aspects morphologiques et syntaxiques du parler franco-manitobain », dans : Horiot, Brigitte, *Français du Canada – français de France. Actes du deuxième Colloque international de Cognac du 27 au 30 septembre 1988*, Tübingen : Niemeyer, 1991, 161–172.

Ross (2001) = Ross, Sally, *Les écoles acadiennes en Nouvelle-Écosse, 1758–2000*, Moncton : Centre d'études acadiennes, 2001.

Rottet (2016) = Rottet, Kevin, « La *préposition échouée* en français louisianais et en français acadien : perspectives comparées », dans : Neumann-Holzschuh, Ingrid/Bagola, Beatrice (éds.), *L'Amérique francophone – Carrefour culturel et linguistique, Actes du 10ᵉ Colloque international « Français du Canada – français de France », Trèves, 19–21 juin 2014*, Frankfurt am Main : Peter Lang, 2016, 265–280.

Rottet (2011) = Rottet, Kevin, « Les emplois du conditionnel passé en français louisianais », dans : Martineau, France/Nadasdi, Terry, *Le français en contact. Hommages à Raymond Mougeon*, Québec : Presses de l'Université de Laval, 2011, 299–330.

Rottet (2006) = Rottet, Kevin J., « Évolution différente de deux traits de contact interdialectal en français louisianais : les cas de *quoi* et *j'avons* », dans : Papen, Robert A./Chevalier, Gisèle (coord.), *Les variétés de français en Amérique du Nord. Évolution, innovation et description. Revue canadienne de linguistique appliquée/Canadian Journal of Applied Linguistics* 9/2 (2006). *Revue de l'Université de Moncton* 37/2 (2006), 173–192.

Rottet (2005a) = Rottet, Kevin, « Variation et étiolement en français cadien : perspectives comparées », dans : Valdman, Albert/Auger, Julie/Piston-Hatlen, Deborah, *Le français en Amérique du Nord. État présent*, Saint-Nicolas, Québec : Presses de l'Université de Laval, 2005, 243–260.

Rottet (2005b) = Rottet, Kevin, « Attestation et disparition du type *j'avons* en français cadien », dans : Brasseur, Patrice/Falkert, Anika (éds.), *Français d'Amérique : Approches morphosyntaxiques. Actes du colloque international « Grammaire comparée des variétés de français d'Amérique » (Université d'Avignon, 17–20 mai 2004)*, Paris : L'Harmattan, 2005, 213–227.

Rottet (2004) = Rottet, Kevin, « Inanimate interrogatives and settlement patterns in Francophone Louisiana », *French Language Studies* 14 (2004), 169–188.

Rottet (2001) = Rottet, Kevin, *Language Shift in the Coastal Marshes of Louisiana*, New York et al. : Peter Lang, 2001.

Rottet (2000) = Rottet, Kevin, « The calquing of phrasal verbs in language contact », dans : Auger, Julie/Word-Allbritton, Andrea (éds.), *The CVC of sociolinguistics : contact, variation, and culture. Indiana University Working Papers in Linguistics* 2 (2000), 109–126.

Rottet (1996) = Rottet, Kevin, « Language change and language death : some changes in the pronominal system of declining Cajun French », *Plurilinguismes* 11 (1996), 117–152.

Rottet/Golembeski (2001) = Rottet, Kevin/Golembeski, Dan, « Vers une étude comparée des lexiques français d'Amérique du Nord : l'influence lexicale anglaise en français canadien et en français cadien », dans : Latin, Danièle/Poirier, Claude (éds.), *Contacts de langues et identités culturelles : perspectives lexicographiques. Actes des quatrièmes journées scientifiques du réseau « Étude du français en francophonie »*, Québec : Presses de l'Université Laval, 2001, 99–112.

Roy (1979) = Roy, Marie Marthe, *Les conjonctions anglaises* but *et* so *dans le français de Moncton : une étude sociolinguistique de changements linguistiques provoqués par une situation de contact*, Thèse de maîtrise, Montréal : Université du Québec, 1979.

Ryan (2005) = Ryan, Robert W., « "C'est intéressant à mort !" Des procédés d'intensification du message observés chez une locutrice acadienne de l'Île-du-Prince-Édouard », dans : Brasseur, Patrice/Falkert, Anika (éds.), *Français d'Amérique : Approches morphosyntaxiques. Actes du colloque international « Grammaire comparée des variétés de français d'Amérique » (Université d'Avignon, 17–20 mai 2004)*, Paris : L'Harmattan 2005, 303–311.

Ryan (1998) = Ryan, Robert W., « Des manifestations d'économie formelle et sémantique observées au sein du système adverbial du parler franco-acadien de la Baie Sainte-Marie (Nouvelle-Écosse) », dans : Brasseur, Patrice (éd), *Français d'Amérique. Variation, créolisation, normalisation. Actes du colloque « Les français d'Amérique du Nord en situation minoritaire » (Université d'Avignon, 8–11 octobre 1996)*, Avignon : CECAV, 1998, 93–104.

Ryan (1989) = Ryan, Robert W., « Économie, régularité et différentiation formelles : cas des pronoms personnels sujets acadiens », dans : Mougeon, Raymond/Beniak, Édouard (éds.), *Le français canadien parlé hors Québec : aperçu sociolinguistique*, Québec : Presses de l'Université Laval, 1989, 201–212.

Ryan (1982) = Ryan, Robert W., *Analyse morphologique du groupe verbal du parler franco-acadien de la Baie Sainte-Marie, Nouvelle-Écosse (Canada)*, Québec : Centre international de recherche sur le bilinguisme, 1982.

S

Salmon (2009) = Salmon, Carole, *Cent ans de français cadien en Louisiane. Étude sociolinguistique du parler des femmes*, New York et al. : Peter Lang, 2009.

Sankoff (1982) = Sankoff, Gillian, « Usage linguistique et grammaticalisation : Les clitiques sujets en français », dans : Dittmar, Norbert/Schlieben-Lange, Brigitte (éds.), *La sociolinguistique dans les pays de langue romane*, Tübingen : Narr, 1982, 81–85.

Sankoff (1980) = Sankoff, Gillian, *The social life of language*, Philadelphia : University of Pennsylvania Press, 1980.

Sankoff/Evans Wagner (2006) = Sankoff, Gillian/Evans Wagner, Suzanne, « Age-grading in retrograde movement : The inflected future in Montréal French », *University of Pennsylvania Working Papers in Linguistics* 12/2 (2006), 203–216.

Sankoff/Thibault (2011) = Sankoff, Gillian/Thibault, Pierrette, « Sur les traces de *m'as* en français québécois de 1971 à 2011 », dans : Martineau, France/Nadasdi, Terry (éds.), *Le français en contact. Hommages à Raymond Mougeon*, Québec : Presses de l'Université de Laval, 2011, 331–354.

Sankoff/Thibault (1977) = Sankoff, Gillian/Thibault, Pierrette, « L'alternance entre les auxiliaires *avoir* et *être* en français parlé à Montréal », *Langue française* 34 (1977), 81–108.

Saucier (1956) = Saucier, Corinne, *Traditions de la paroisse des Avoyelles en Louisiane*, Philadelphia : American Folklore Society, 1956.

Schafroth (1995) = Schafroth, Elmar, « À propos d'une typologie panromane des relatifs "non normatifs" », dans : Bougy, Catherine/Boissel, Pierre/Garnier, Bernard (éds.), *Mélanges René Lepelley : recueil d'études en hommage au professeur René Lepelley. Cahiers des Annales de Normandie* 26, Caen : Musée de Normandie, 1995, 363–374.

Schafroth (1993) = Schafroth, Elmar, *Zur Entstehung und vergleichenden Typologie der Relativpronomina in den romanischen Sprachen. Mit besonderer Berücksichtigung des Substandards*, Tübingen : Niemeyer, 1993.

Schneider (2011) = Schneider Edgar W., *English around the World. An Introduction*, Cambridge : Cambridge University Press, 2011.

Schneider (2007) = Schneider, Edgar W., *Postcolonial English : Varieties around the World*. Cambridge : Cambridge University Press, 2007.

Schneider (2004) = Schneider, Edgar W., « Global synopsis : phonetic and phonological variation in English world-wide », dans : Kortmann, Bernd/Schneider Edgar (éds.), *A Handbook of Varieties of English*, vol. 1 : *Phonology*, Berlin/New York : Mouton de Gruyter, 2004, 1111–1137.

Schopf (1984) = Schopf, Alfred, *Das Verzeitungssystem des Englischen und seine Textfunktion*, Tübingen : Niemeyer, 1984.

Schrott (1997) = Schrott, Angela, *Futurität im Französischen der Gegenwart. Semantik und Pragmatik der Tempora der Zukunft*, Tübingen : Narr, 1997.
Seutin (1975) = Seutin, Émile, *Description grammaticale du parler de l'Île-aux-Coudres, Québec*, Montréal : Presses de l'Université de Montréal, 1975.
Shyldkrot/Le Querler (éds., 2005) = Shyldkrot, Hava Bat-Zeev/Le Querler, Nicole (éds.), *Les périphrases verbales*, Amsterdam/Philadelphia : Benjamins, 2005.
Smith (2005) = Smith, Jane S., « L'effet de la chute du *l* dans l'acadien de la vallée du Haut Saint-Jean », dans : Brasseur, Patrice/Falkert, Anika (éds.), *Français d'Amérique : Approches morphosyntaxiques. Actes du colloque international « Grammaire comparée des variétés de français d'Amérique » (Université d'Avignon, 17–20 mai 2004)*, Paris : L'Harmattan 2005, 229–237.
Söll (1982) = Söll, Ludwig, « L'interrogation directe dans un corpus de langage enfantin », dans : Hausmann, Franz Josef (éd.), *Études de grammaire française descriptive*, Heidelberg : Groos, 1982, 45–54.
Söll (1980) = Söll, Ludwig, *Gesprochenes und geschriebenes Französisch*, bearbeitet von Franz Josef Hausmann, Berlin : Schmidt, ²1980.
Sokol (1999) = Sokol, Monika, *Das Zusammenspiel der Verbalkategorien und die französischen Futura*, Tübingen : Niemeyer, 1999.
Spillebout (1985) = Spillebout, Gabriel, *Grammaire de la langue française du XVIIe siècle*, Paris : Picard, 1985.
Squartini (1998) = Squartini, Mario, *Verbal Periphrases in Romance. Aspect, Actionality and Grammaticalization*, Berlin/New York : Mouton de Gruyter, 1998.
Stäbler (1995) = Stäbler, Cynthia, *Entwicklung mündlicher romanischer Syntax. Das français cadien in Louisiana*, Tübingen : Narr, 1995.
Stäbler (1995, corpus) = Stäbler, Cynthia, *La vie dans le temps et asteur. Ein Korpus von Gesprächen mit Cadiens in Louisiana*, Tübingen : Narr, 1995.
Starets (1986) = Starets, Moshé, *Description des écarts lexicaux, morphologiques et syntaxiques entre le français acadien des enfants acadiens néo-écossais et le français standard*, Québec : CIRB, 1986.
Stark (1997) = Stark, Elisabeth, *Voranstellungsstrukturen und « topic »-Markierung im Französischen. Mit einem Ausblick auf das Italienische*, Tübingen : Narr, 1997.
Stéfanini (1970) = Stéfanini, Jean, « Note sur les formes surcomposées », *Travaux de linguistique et de littérature* 8 (1970), 287–296.
Szlezák (2010) = Szlezák, Edith, *Franco-Americans in Massachusetts : « No French no mo' 'round here »*. Tübingen : Narr, 2010 (Language in Performance 40).

T

Terry (1970) = Terry, Robert, *Contemporary French Interrogative Structures*, Montréal : Éditions Cosmos, 1970.
Thibault (2016) = Thibault, André, « Le français de Louisiane et son ancrage historique dans la francophonie des Amériques », dans : Dessens, Nathalie/Le Glaunec, Jean-Pierre (éds.), *Interculturalité : La Louisiane au carrefour des cultures*, Québec : Presses de l'Université Laval, 2016, 247–294.
Thibault (2009) = Thibault, André, « Français d'Amérique et créoles/français des Antilles : nouveaux témoignages », *Revue de Linguistique Romane* 73/289–290 (janvier-juin 2009), 77–137.
Thibault (2003) = Thibault, André, « Histoire externe du français au Canada, en Nouvelle-Angleterre et à Saint-Pierre-et-Miquelon », dans : Ernst, Gerhard/Gleßgen, Martin-Dietrich/Schmitt, Christian/Schweickard, Wolfgang (éds.), *Romanische Sprachgeschichte. Ein internationales Handbuch zur Geschichte der romanischen Sprachen*, vol. 1, Berlin/New York : Mouton de Gruyter, 2003, 895–911.
Thibodeau (1988) = Thibodeau, Félix E., *Le parler de la Baie Sainte-Marie (Nouvelle-Écosse)*, Yarmouth : Ed. Lescarbot, 1988.
Thogmartin (1979) = Thogmartin, Clyde Orville, « Old Mines, Missouri et la survivance du français dans la haute vallée du Mississippi », dans : Valdman, Albert (éd.), *Le français hors de France*, Paris : Champion, 1979, 111–118.
Thogmartin (1970) = Thogmartin, Clyde Orville, *The French Dialect of Old Mines, Missouri*, Ph.Diss., University of Michigan, 1970.

Thomas (1983) = Thomas, Gerald, *Les deux traditions. Le conte populaire chez les Franco-Terreneuviens*, Montréal : Bellarmin, 1983.
Thomas (1979) = Thomas, Rosemary Hyde, *Some aspects of the French language and culture of Old Mines, Missouri*, Phil. Diss. University of St. Louis, 1979.
Thomas/Thomas (1981) = Thomas, Rosemary Hyde/Thomas, Ronald W., « *It's good to tell you* ». *French Folktales from Missouri*, Columbia/London, 1981.
Thomason/Kaufman (1988) = Thomason, Sarah Grey/Kaufman, Terrence, *Language Contact, Creolization and Genetic Linguistics*, Berkeley et al. : University of California Press, 1988.
Thurot (1881) = Thurot, Charles, *De la prononciation française depuis le commencement du XVIe siècle, d'après les témoignages des grammairiens*, Paris : Imprimerie Nationale, 1881.
TLF = Imbs, Paul (vol. 1–7)/Quemada, Bernard (vol. 8–16) (dir.), *Trésor de la langue française. Dictionnaire de la langue française du XIXe et du XXe siècle (1789–1960)*, 16 vol. + supplément, 1971–1994.
TLFQ = *Trésor de la langue française au Québec*, http://www.tlfq.ulaval.ca
Trappey (1940) = Trappey, Maud Marie, *The French Speech of Iberia Parish*. Master's Thesis, Louisiana State University, 1940 (cité dans Rottet 2001).
Tremblay (2005) = Tremblay, Mireille, « *Back* en français acadien : archaïsme ou innovation ? », dans : Brasseur, Patrice/Falkert, Anika (éds.), *Français d'Amérique : Approches morphosyntaxiques. Actes du colloque international « Grammaire comparée des variétés de français d'Amérique » (Université d'Avignon, 17–20 mai 2004)*, Paris : L'Harmattan, 2005, 263–273.
Trépanier (1993) = Trépanier, Cécyle, « La Louisiane française au seuil du XXe siècle. La commercialisation de la culture », dans : Bouchard, Gérard (éd.), *La construction d'une culture. Le Québec et l'Amérique française*. Sainte-Foy, Québec : Presses de l'Université Laval, 1993, 361–394.
Trépanier (1991) = Trépanier, Cécyle, « The Cajunization of French Louisiana. Forging a Regional Identity », *The Geographical Journal* 157/2 (1991), 161–171.
Tsedryk (2012) = Tsedryk, Egor, « Sur l'usage extensif de *comme* à la préadolescence dans un milieu francophone minoritaire », dans : Bigot, Davy/Friesner, Michael/Tremblay, Mireille (éds.), *Le français d'ici et d'aujourd'hui*, Québec : Presses de l'Université Laval, 2012, 67–88.
Turpin (1998) = Turpin, Danielle, « "Le français, c'est le *last frontier*" : The Status of English-Origin Nouns in Acadian French», *International Journal of Bilingualism* 2/2 (1998), 221–233.

U
Urbain (2016/2017) = Urbain, Émilie, « Hiérarchisation des langues et des locuteurs : différenciation sociale et discours sur la langue dans la francophonie louisianaise depuis la Guerre de Sécession », *Revue transatlantique d'études suisses* 6/7 (2016/2017), 199–220.
Usito = Cajolet-Laganière, Hélène/Mortel, Pierre/Masson, Chantal-Édith (dir.), *Dictionnaire de la langue française – Le français vu du Québec*, Université de Sherbrooke, https://www.usito.com

V
Valdman (2015) = Valdman, Albert, « Du français colonial aux parlers créoles », dans : Thibault, André (éd.), *Du français aux créoles. Phonétique, lexicologie et dialectologie antillaises*, Paris : Classiques Garnier, 2015, 425–460.
Valdman (2011) = Valdman, Albert, « Vers la reconstitution du français colonial, cible de la créolisation », dans : Martineau, France/Nadasdi, Terry (éds.), *Le français en contact. Hommages à Raymond Mougeon*, Québec : Presses de l'Université de Laval, 2011, 393–413.
Valdman (2005) = Valdman, Albert, « Le français vernaculaire des isolats américains », dans : Valdman, Albert/ Auger, Julie/Piston-Hatlen, Deborah (éds.), *Le français en Amérique du Nord. État présent*, Saint-Nicolas, Québec : Presses de l'Université Laval, 2005, 207–227.
Valdman (1994) = Valdman, Albert, « Restructuration, fonds dialectal commun et étiolement linguistique dans les parlers vernaculaires français d'Amérique du Nord », dans : Poirier, Claude (éd.), *Langue, espace, société. Les variétés du français en Amérique du Nord*, Sainte-Foy : Presses de l'Université Laval, 1994, 3–24.

Valdman (1980) = Valdman, Albert, « L'Acadie dans la francophonie nord-américaine », *Journal of the Atlantic Provinces Linguistic Association* 2 (1980), 3–18.
Valdman (1979) = Valdman, Albert, « Créolisation, français populaire et le parler des isolats francophones d'Amérique du Nord », dans : Valdman, Albert (éd.), *Le Français hors de France*, Paris : Champion, 1979, 181–197.
Valdman et al. (2007) = Valdman, Albert/Iskrova, Iskra/Hebblethwaite, Benjamin, *Haitian Creole – English bilingual Dictionary*, Bloomington : Indiana University, Creole Institute, 2007.
Valdman et al. (éds., 2005) = Valdman, Albert/Auger, Julie/Piston-Hatlen, Deborah (éds.), *Le français en Amérique du Nord. État présent*, Saint-Nicolas, Québec : Presses de l'Université Laval, 2005.
Vinet (1984) = Vinet, Marie-Thérèse, « La syntaxe du québécois et les emprunts à l'anglais », *Revue de l'Association québécoise de Linguistique* 3/3 (1984), 221–242.

W

Walker (2011) = Walker, Douglas C., « Liaison in the vernacular : the case of Albertan French », dans : Martineau, France/Nadasdi, Terry (éds.), *Le français en contact. Hommages à Raymond Mougeon*, Québec : Presses de l'Université de Laval, 2011, 415–426.
Walker (2004) = Walker, Douglas C., « Le vernaculaire en Alberta », dans : Papen, Robert A./Fauchon, André (éds.), *Cahiers franco-canadiens de l'Ouest*. Numéro thématique : *Le français dans l'Ouest canadien* 16.1/2 (2004), 53–65.
Weidhaas (2013) = Weidhaas, Thomas, *Die kausalen Konjunktionen des Französischen*, Phil. Diss., München, 2013.
Werner (1980) = Werner, Edeltraud, *Die Verbalperiphrasen im Mittelfranzösischen. Eine semantisch-syntaktische Analyse*, Frankfurt et al. : Lang, 1980.
Whatley (1983) = Whatley, Randall P., *Du chicot : A collection of essays*, Baton Rouge : Chicot Press, 1983.
Wiesinger (2017) = Wiesinger, Evelyn, *Le syntagme nominal en créole guyanais. Une étude synchronique et diachronique du marqueur LA*, Hamburg : Buske, 2017.
Wiesmath (2006) = Wiesmath, Raphaële, *Le français acadien. Analyse syntaxique d'un corpus oral recueilli au Nouveau-Brunswick/Canada*, Paris : L'Harmattan, 2006.
Wiesmath (2005) = Wiesmath, Raphaële, « Les périphrases verbales en français acadien », dans : Brasseur, Patrice/Falkert, Anika (éds.), *Français d'Amérique : Approches morphosyntaxiques. Actes du colloque international « Grammaire comparée des variétés de français d'Amérique » (Université d'Avignon, 17–20 mai 2004)*, Paris : L'Harmattan, 2005, 145–158.
Wiesmath (2003) = Wiesmath, Raphaële, « La particule *là* dans le parler acadien du Nouveau-Brunswick / Canada », dans : Kriegel, Sybille (éd.), *Grammaticalisation et réanalyse. Approches de la variation créole et française*, Paris : CNRS, 2003, 285–302.
Wiesmath (2002) = Wiesmath, Raphaële, « Présence et absence du relatif et conjonctif *que* dans le français acadien : tendances contradictoires ? », dans : Pusch, Claus D./Raible, Wolfgang (éds.), *Romanistische Korpuslinguistik. Romance Corpus Linguistics. Korpora und gesprochene Sprache. Corpora and Spoken Language*, Tübingen : Narr, 2002, 393–408.
Wiesmath (2001) = Wiesmath, Raphaële, « *Français acadien traditionnel*, *chiac* und *français cadien* in Neubraunschweig und Louisiana : drei Spielarten des akadisch-englischen Sprachkontakts », dans : Born, Joachim (éd.), *Mehrsprachigkeit in der Romania. Französisch im Kontakt und in der Konkurrenz zu anderen Sprachen*, Wien : Edition Praesens, 2001, 151–173.
Wittmann (1995) = Wittmann, Henri, « Grammaire comparée des variétés coloniales du français populaire de Paris du 17e siècle et origines du français québécois », *Revue québécoise de linguistique théorique et appliquée* 12 (1995), 281–334.
Wolf (2000) = Wolf, Lothar, « Aspects historiques du bon usage québécois », dans : Simoni-Aurembou, Marie-Rose (éd.), *Français du Canada – français de France. Actes du cinquième Colloque international de Bellême du 5 au 7 juin 1997*, Tübingen : Niemeyer, 2000, 25–36.
Wolf (1991) = Wolf, Lothar, « Le langage de la Cour et le français canadien », dans : Horiot, Brigitte (éd.), *Français du Canada – français de France. Actes du 2e Colloque international de Cognac du 27 au 30 septembre 1988*, Tübingen : Niemeyer, 1991, 115–123.

Wolf (1987) = Wolf, Lothar, *Französische Sprache in Kanada*, München : Vögel, 1987.
Wolf/Hupka (1981) = Wolf, Lothar/Hupka, Werner, *Altfranzösisch. Entstehung und Charakteristik. Eine Einführung*, Darmstadt : Wissenschaftliche Buchgesellschaft, 1981.

Y

Young (2002) = Young, Hilary Adrienne Nicole, *« C'est either que tu parles français, c'est either que tu parles anglais » : A Cognitive Approach to Chiac as a Contact Language*, Ph. Diss., Rice University, 2002.

Z

Zahler (2014) = Zahler, Sara, « Variable Subject Doubling in Spoken Parisian French », *University of Pennsylvania Working Papers in Linguistics* 20 (2014), 361–371.
Zimmer (1994) = Zimmer, Dagmar, « "Ça va tu marcher, ça marchera tu pas, je le sais pas", le futur simple et le futur périphrastique dans le français parlé à Montréal », *Langues et linguistique* 20 (1994), 213–226.
Zribi-Hertz (1984) = Zribi-Hertz, Anne, *Orphan Prepositions in French and the Concept of « Null Pronoun »*, Bloomington : Indiana, 1984.